全国人民代表大会
——年　鉴——

【2020年卷】

中国民主法制出版社

图书在版编目(CIP)数据

全国人民代表大会年鉴. 2020年卷/宋锐主编. —
北京:中国民主法制出版社, 2021.9
ISBN 978-7-5162-2656-8

Ⅰ. ①全… Ⅱ. ①宋… Ⅲ. ①全国人民代表大会—
2020—年鉴 Ⅳ. ①D622-54

中国版本图书馆CIP数据核字(2021)第174136号

责任编辑 陈 偲 封面设计 聂 强

书名/全国人民代表大会年鉴 **2020** 年卷
QUANGUO RENMIN DAIBIAO DAHUI NIANJIAN 2020 NIAN JUAN
作者/宋 锐 主编

出版·发行/中国民主法制出版社
地址/北京市丰台区右安门外玉林里7号(100069)
电话/(010)63055259(总编室) 83910658 63056573(人大系统发行)
传真/(010)63055259
开本/16开 880毫米×1230毫米
印张/85 **字数**/2530千字
版本/2021年9月第1版 2021年9月第1次印刷
印刷/三河市宏达印刷有限公司

书号/ISBN 978-7-5162-2656-8
定价/450.00元

《全国人民代表大会年鉴》
编辑委员会

《全国人民代表大会年鉴》

编　辑　部

《全国人民代表大会年鉴》

编　辑　部

主　编：宋　锐

副主编：陈　勇　黄朝椿　翟　炜

成　员：艾志鸿　万其刚　田　威　赵　燕
尹卫中　施祖军　王海冰　秦　蓁
焦艳璐　杨　轶　孙琳琳　关德录
宋　超　谢　甦　王靖祺　程志强
杨　毅　雷　珉　陈芳芳

目　录

第一编　第十三届全国人民代表大会第三次会议

二、常委会会议议程日程

第三编　委员长讲话

附：在国内执法检查和调研座谈时的新闻通稿

第四编　立法工作

一、法律及有关法律问题和重大问题的决定

二、全国地方立法工作座谈会

第五编 批准公约和条约

第六编 监督工作

一、听取和审议专项工作报告

二、审查和批准决算，听取和审议计划、预算执行情况和审计工作报告

三、检查法律实施情况

四、规范性文件备案审查

五、特别行政区报送备案的法律目录

第七编　人事任免

第八编　代表工作

一、代表议案审议

二、代表建议办理

三、代表资格审查

第九编　对外交往

一、委员长国内外事活动

二、委员长出席多边会议情况的书面报告

三、对外定期交流机制

四、发表的谈话、声明

第十编 专门委员会工作

第十一编 常委会重要活动

一、深入学习贯彻习近平总书记关于坚持和完善人民代表大会制度的重要思想 坚持党的领导、人民当家作主、依法治国有机统一交流会

二、制度建设

三、副委员长和秘书长讲话及有关文稿

第十二编　大事记

第十三届全国人民代表大会第三次会议

在第十三届全国人民代表大会第三次会议上的讲话

（2020 年 5 月 28 日）

全国人大常委会委员长　栗战书

各位代表：

第十三届全国人民代表大会第三次会议已经圆满完成各项议程，是一次民主、团结、求实、奋进的大会。

会议高度评价过去一年多来党和国家的工作。代表们一致认为，在以习近平同志为核心的党中央坚强领导下，在习近平新时代中国特色社会主义思想指引下，按照党中央决策部署，全党全国各族人民紧密团结，乘风破浪推进党和国家事业发展取得新的重大成果。新冠肺炎疫情发生后，习近平总书记亲自指挥、亲自部署，用 1 个多月时间初步遏制了疫情蔓延势头，用 2 个月左右时间将本土每日新增病例控制在个位数以内，用 3 个月左右时间取得疫情防控重大战略成果。对我们这样一个拥有 14 亿人口的大国来说，这样的成效来之不易。这是中国人民的英雄壮举，这是中国特色社会主义的伟大力量！

会议审议批准了政府工作报告和其他报告，对今后一个阶段的工作作出部署。我们要认真贯彻落实大会精神，依法履职、担当尽责，统筹推进疫情防控和经济社会发展工作，确保完成决战决胜脱贫攻坚目标任务，全面建成小康社会。

会议审议通过的民法典是新中国第一部以法典命名的法律，是推进全面依法治国、完善中国特色社会主义法律体系的重要标志性立法，必将为新时代改革开放和社会主义现代化建设提供更加完备的民事法制保障。我们要带头学习、宣传、遵守这部法律，在全社会普及这部法典。全社会都自觉依法从事民事活动，就能够维护社会公平正义，减少民事纠纷，化解民事矛盾，促进社会文明、和谐、稳定。

会议作出了关于建立健全香港特别行政区维护国家安全的法律制度和执行机制的决定。这是贯彻落实党的十九届四中全会精神、坚持和完善“一国两制”制度体系的重大举措，符合宪法和香港特别行政区基本法，符合包括香港同胞在内的全体中国人民的根本利益。全国人大常委会将依法制定香港特别行政区维护国家安全的相关法律，依法维护国家主权、安全、发展利益，维护香港长治久安和长期繁荣稳定，确保“一国两制”事业行稳致远。

各位代表！

中国人民具有伟大创造精神、伟大奋斗精神、伟大团结精神、伟大梦想精神，这是我们风雨无阻、奋勇前行的根本力量。让我们更加紧密地团结在以习近平同志为核心的党中央周围，增强“四个意识”、坚定“四个自信”、做到“两个维护”，坚持人民至上，紧紧依靠人民，不断造福人民，牢牢植根人民，同心协力、砥砺奋进，谱写新时代中国特色社会主义伟大事业新篇章！

中华人民共和国主席令

第四十五号

《中华人民共和国民法典》已由中华人民共和国第十三届全国人民代表大会第三次会议于 2020 年 5 月 28 日通过，现予公布，自 2021 年 1 月 1 日起施行。

中华人民共和国主席　习近平

2020 年 5 月 28 日

中华人民共和国民法典

（2020年5月28日第十三届全国人民代表大会第三次会议通过）

目 录

第一编　总　则

第一章　基本规定

第一条　为了保护民事主体的合法权益，调整民事关系，维护社会和经济秩序，适应中国特色社会主义发展要求，弘扬社会主义核心价值观，根据宪法，制定本法。

第二条　民法调整平等主体的自然人、法人和非法人组织之间的人身关系和财产关系。

第三条　民事主体的人身权利、财产权利以及其他合法权益受法律保护，任何组织或者个人不得侵犯。

第四条　民事主体在民事活动中的法律地位一律平等。

第五条　民事主体从事民事活动，应当遵循自愿原则，按照自己的意思设立、变更、终止民事法律关系。

第六条　民事主体从事民事活动，应当遵循公平原则，合理确定各方的权利和义务。

第七条　民事主体从事民事活动，应当遵循诚信原则，秉持诚实，恪守承诺。

第八条　民事主体从事民事活动，不得违反法律，不得违背公序良俗。

第九条 民事主体从事民事活动，应当有利于节约资源、保护生态环境。

第十条 处理民事纠纷，应当依照法律；法律没有规定的，可以适用习惯，但是不得违背公序良俗。

第十一条 其他法律对民事关系有特别规定的，依照其规定。

第十二条 中华人民共和国领域内的民事活动，适用中华人民共和国法律。法律另有规定的，依照其规定。

第二章 自 然 人

第一节 民事权利能力和民事行为能力

第十三条 自然人从出生时起到死亡时止，具有民事权利能力，依法享有民事权利，承担民事义务。

第十四条 自然人的民事权利能力一律平等。

第十五条 自然人的出生时间和死亡时间，以出生证明、死亡证明记载的时间为准；没有出生证明、死亡证明的，以户籍登记或者其他有效身份登记记载的时间为准。有其他证据足以推翻以上记载时间的，以该证据证明的时间为准。

第十六条 涉及遗产继承、接受赠与等胎儿利益保护的，胎儿视为具有民事权利能力。但是，胎儿娩出时为死体的，其民事权利能力自始不存在。

第十七条 十八周岁以上的自然人为成年人。不满十八周岁的自然人为未成年人。

第十八条 成年人为完全民事行为能力人，可以独立实施民事法律行为。

十六周岁以上的未成年人，以自己的劳动收入为主要生活来源的，视为完全民事行为能力人。

第十九条 八周岁以上的未成年人为限制民事行为能力人，实施民事法律行为由其法定代理人代理或者经其法定代理人同意、追认；但是，可以独立实施纯获利益的民事法律行为或者与其年龄、智力相适应的民事法律行为。

第二十条 不满八周岁的未成年人为无民事行为能力人，由其法定代理人代理实施民事法律行为。

第二十一条 不能辨认自己行为的成年人为无民事行为能力人，由其法定代理人代理实施民事法律行为。

八周岁以上的未成年人不能辨认自己行为的，适用前款规定。

第二十二条 不能完全辨认自己行为的成年人为限制民事行为能力人，实施民事法律行为由其法定代理人代理或者经其法定代理人同意、追认；但是，可以独立实施纯获利益的民事法律行为或者与其智力、精神健康状况相适应的民事法律行为。

第二十三条 无民事行为能力人、限制民事行为能力人的监护人是其法定代理人。

第二十四条 不能辨认或者不能完全辨认自己行为的成年人，其利害关系人或者有关组织，可以向人民法院申请认定该成年人为无民事行为能力人或者限制民事行为能力人。

被人民法院认定为无民事行为能力人或者限制民事行为能力人的，经本人、利害关系人或者有关组织申请，人民法院可以根据其智力、精神健康恢复的状况，认定该成年人恢复为限制民事行为能力人或者完全民事行为能力人。

本条规定的有关组织包括：居民委员会、村民委员会、学校、医疗机构、妇女联合会、残疾人联合会、依法设立的老年人组织、民政部门等。

第二十五条 自然人以户籍登记或者其他有效身份登记记载的居所为住所；经常居所与住所不一致的，经常居所视为住所。

第二节 监 护

第二十六条 父母对未成年子女负有抚养、教育和保护的义务。

成年子女对父母负有赡养、扶助和保护的义务。

第二十七条 父母是未成年子女的监护人。

未成年人的父母已经死亡或者没有监护能力的，由下列有监护能力的人按顺序担任监护人：

（一）祖父母、外祖父母；

（二）兄、姐；

（三）其他愿意担任监护人的个人或者组织，但是须经未成年人住所地的居民委员会、村民委员会或者民政部门同意。

第二十八条 无民事行为能力或者限制民事行为能力的成年人，由下列有监护能力的人按顺序担任监护人：

（一）配偶；

（二）父母、子女；

（三）其他近亲属；

（四）其他愿意担任监护人的个人或者组织，但是须经被监护人住所地的居民委员会、村民委员会或者民政部门同意。

第二十九条 被监护人的父母担任监护人的，

可以通过遗嘱指定监护人。

第三十条 依法具有监护资格的人之间可以协议确定监护人。协议确定监护人应当尊重被监护人的真实意愿。

第三十一条 对监护人的确定有争议的,由被监护人住所地的居民委员会、村民委员会或者民政部门指定监护人,有关当事人对指定不服的,可以向人民法院申请指定监护人;有关当事人也可以直接向人民法院申请指定监护人。

居民委员会、村民委员会、民政部门或者人民法院应当尊重被监护人的真实意愿,按照最有利于被监护人的原则在依法具有监护资格的人中指定监护人。

依据本条第一款规定指定监护人前,被监护人的人身权利、财产权利以及其他合法权益处于无人保护状态的,由被监护人住所地的居民委员会、村民委员会、法律规定的有关组织或者民政部门担任临时监护人。

监护人被指定后,不得擅自变更;擅自变更的,不免除被指定的监护人的责任。

第三十二条 没有依法具有监护资格的人的,监护人由民政部门担任,也可以由具备履行监护职责条件的被监护人住所地的居民委员会、村民委员会担任。

第三十三条 具有完全民事行为能力的成年人,可以与其近亲属、其他愿意担任监护人的个人或者组织事先协商,以书面形式确定自己的监护人,在自己丧失或者部分丧失民事行为能力时,由该监护人履行监护职责。

第三十四条 监护人的职责是代理被监护人实施民事法律行为,保护被监护人的人身权利、财产权利以及其他合法权益等。

监护人依法履行监护职责产生的权利,受法律保护。

监护人不履行监护职责或者侵害被监护人合法权益的,应当承担法律责任。

因发生突发事件等紧急情况,监护人暂时无法履行监护职责,被监护人的生活处于无人照料状态的,被监护人住所地的居民委员会、村民委员会或者民政部门应当为被监护人安排必要的临时生活照料措施。

第三十五条 监护人应当按照最有利于被监护人的原则履行监护职责。监护人除为维护被监护人利益外,不得处分被监护人的财产。

未成年人的监护人履行监护职责,在作出与被监护人利益有关的决定时,应当根据被监护人的年龄和智力状况,尊重被监护人的真实意愿。

成年人的监护人履行监护职责,应当最大程度地尊重被监护人的真实意愿,保障并协助被监护人实施与其智力、精神健康状况相适应的民事法律行为。对被监护人有能力独立处理的事务,监护人不得干涉。

第三十六条 监护人有下列情形之一的,人民法院根据有关个人或者组织的申请,撤销其监护人资格,安排必要的临时监护措施,并按照最有利于被监护人的原则依法指定监护人:

(一)实施严重损害被监护人身心健康的行为;

(二)怠于履行监护职责,或者无法履行监护职责且拒绝将监护职责部分或者全部委托给他人,导致被监护人处于危困状态;

(三)实施严重侵害被监护人合法权益的其他行为。

本条规定的有关个人、组织包括:其他依法具有监护资格的人,居民委员会、村民委员会、学校、医疗机构、妇女联合会、残疾人联合会、未成年人保护组织、依法设立的老年人组织、民政部门等。

前款规定的个人和民政部门以外的组织未及时向人民法院申请撤销监护人资格的,民政部门应当向人民法院申请。

第三十七条 依法负担被监护人抚养费、赡养费、扶养费的父母、子女、配偶等,被人民法院撤销监护人资格后,应当继续履行负担的义务。

第三十八条 被监护人的父母或者子女被人民法院撤销监护人资格后,除对被监护人实施故意犯罪的外,确有悔改表现的,经其申请,人民法院可以在尊重被监护人真实意愿的前提下,视情况恢复其监护人资格,人民法院指定的监护人与被监护人的监护关系同时终止。

第三十九条 有下列情形之一的,监护关系终止:

(一)被监护人取得或者恢复完全民事行为能力;

(二)监护人丧失监护能力;

(三)被监护人或者监护人死亡;

(四)人民法院认定监护关系终止的其他情形。

监护关系终止后,被监护人仍然需要监护的,应当依法另行确定监护人。

第三节 宣告失踪和宣告死亡

第四十条 自然人下落不明满二年的,利害关系人可以向人民法院申请宣告该自然人为失踪人。

第四十一条 自然人下落不明的时间自其失去音讯之日起计算。战争期间下落不明的，下落不明的时间自战争结束之日或者有关机关确定的下落不明之日起计算。

第四十二条 失踪人的财产由其配偶、成年子女、父母或者其他愿意担任财产代管人的人代管。

代管有争议，没有前款规定的人，或者前款规定的人无代管能力的，由人民法院指定的人代管。

第四十三条 财产代管人应当妥善管理失踪人的财产，维护其财产权益。

失踪人所欠税款、债务和应付的其他费用，由财产代管人从失踪人的财产中支付。

财产代管人因故意或者重大过失造成失踪人财产损失的，应当承担赔偿责任。

第四十四条 财产代管人不履行代管职责、侵害失踪人财产权益或者丧失代管能力的，失踪人的利害关系人可以向人民法院申请变更财产代管人。

财产代管人有正当理由的，可以向人民法院申请变更财产代管人。

人民法院变更财产代管人的，变更后的财产代管人有权请求原财产代管人及时移交有关财产并报告财产代管情况。

第四十五条 失踪人重新出现，经本人或者利害关系人申请，人民法院应当撤销失踪宣告。

失踪人重新出现，有权请求财产代管人及时移交有关财产并报告财产代管情况。

第四十六条 自然人有下列情形之一的，利害关系人可以向人民法院申请宣告该自然人死亡：

（一）下落不明满四年；

（二）因意外事件，下落不明满二年。

因意外事件下落不明，经有关机关证明该自然人不可能生存的，申请宣告死亡不受二年时间的限制。

第四十七条 对同一自然人，有的利害关系人申请宣告死亡，有的利害关系人申请宣告失踪，符合本法规定的宣告死亡条件的，人民法院应当宣告死亡。

第四十八条 被宣告死亡的人，人民法院宣告死亡的判决作出之日视为其死亡的日期；因意外事件下落不明宣告死亡的，意外事件发生之日视为其死亡的日期。

第四十九条 自然人被宣告死亡但是并未死亡的，不影响该自然人在被宣告死亡期间实施的民事法律行为的效力。

第五十条 被宣告死亡的人重新出现，经本人或者利害关系人申请，人民法院应当撤销死亡宣告。

第五十一条 被宣告死亡的人的婚姻关系，自死亡宣告之日起消除。死亡宣告被撤销的，婚姻关系自撤销死亡宣告之日起自行恢复。但是，其配偶再婚或者向婚姻登记机关书面声明不愿意恢复的除外。

第五十二条 被宣告死亡的人在被宣告死亡期间，其子女被他人依法收养的，在死亡宣告被撤销后，不得以未经本人同意为由主张收养行为无效。

第五十三条 被撤销死亡宣告的人有权请求依照本法第六编取得其财产的民事主体返还财产；无法返还的，应当给予适当补偿。

利害关系人隐瞒真实情况，致使他人被宣告死亡而取得其财产的，除应当返还财产外，还应当对由此造成的损失承担赔偿责任。

第四节 个体工商户和农村承包经营户

第五十四条 自然人从事工商业经营，经依法登记，为个体工商户。个体工商户可以起字号。

第五十五条 农村集体经济组织的成员，依法取得农村土地承包经营权，从事家庭承包经营的，为农村承包经营户。

第五十六条 个体工商户的债务，个人经营的，以个人财产承担；家庭经营的，以家庭财产承担；无法区分的，以家庭财产承担。

农村承包经营户的债务，以从事农村土地承包经营的农户财产承担；事实上由农户部分成员经营的，以该部分成员的财产承担。

第三章 法 人

第一节 一般规定

第五十七条 法人是具有民事权利能力和民事行为能力，依法独立享有民事权利和承担民事义务的组织。

第五十八条 法人应当依法成立。

法人应当有自己的名称、组织机构、住所、财产或者经费。法人成立的具体条件和程序，依照法律、行政法规的规定。

设立法人，法律、行政法规规定须经有关机关批准的，依照其规定。

第五十九条 法人的民事权利能力和民事行为能力，从法人成立时产生，到法人终止时消灭。

第六十条 法人以其全部财产独立承担民事责任。

第六十一条　依照法律或者法人章程的规定，代表法人从事民事活动的负责人，为法人的法定代表人。

法定代表人以法人名义从事的民事活动，其法律后果由法人承受。

法人章程或者法人权力机构对法定代表人代表权的限制，不得对抗善意相对人。

第六十二条　法定代表人因执行职务造成他人损害的，由法人承担民事责任。

法人承担民事责任后，依照法律或者法人章程的规定，可以向有过错的法定代表人追偿。

第六十三条　法人以其主要办事机构所在地为住所。依法需要办理法人登记的，应当将主要办事机构所在地登记为住所。

第六十四条　法人存续期间登记事项发生变化的，应当依法向登记机关申请变更登记。

第六十五条　法人的实际情况与登记的事项不一致的，不得对抗善意相对人。

第六十六条　登记机关应当依法及时公示法人登记的有关信息。

第六十七条　法人合并的，其权利和义务由合并后的法人享有和承担。

法人分立的，其权利和义务由分立后的法人享有连带债权，承担连带债务，但是债权人和债务人另有约定的除外。

第六十八条　有下列原因之一并依法完成清算、注销登记的，法人终止：

（一）法人解散；

（二）法人被宣告破产；

（三）法律规定的其他原因。

法人终止，法律、行政法规规定须经有关机关批准的，依照其规定。

第六十九条　有下列情形之一的，法人解散：

（一）法人章程规定的存续期间届满或者法人章程规定的其他解散事由出现；

（二）法人的权力机构决议解散；

（三）因法人合并或者分立需要解散；

（四）法人依法被吊销营业执照、登记证书，被责令关闭或者被撤销；

（五）法律规定的其他情形。

第七十条　法人解散的，除合并或者分立的情形外，清算义务人应当及时组成清算组进行清算。

法人的董事、理事等执行机构或者决策机构的成员为清算义务人。法律、行政法规另有规定的，依照其规定。

清算义务人未及时履行清算义务，造成损害的，应当承担民事责任；主管机关或者利害关系人可以申请人民法院指定有关人员组成清算组进行清算。

第七十一条　法人的清算程序和清算组职权，依照有关法律的规定；没有规定的，参照适用公司法律的有关规定。

第七十二条　清算期间法人存续，但是不得从事与清算无关的活动。

法人清算后的剩余财产，按照法人章程的规定或者法人权力机构的决议处理。法律另有规定的，依照其规定。

清算结束并完成法人注销登记时，法人终止；依法不需要办理法人登记的，清算结束时，法人终止。

第七十三条　法人被宣告破产的，依法进行破产清算并完成法人注销登记时，法人终止。

第七十四条　法人可以依法设立分支机构。法律、行政法规规定分支机构应当登记的，依照其规定。

分支机构以自己的名义从事民事活动，产生的民事责任由法人承担；也可以先以该分支机构管理的财产承担，不足以承担的，由法人承担。

第七十五条　设立人为设立法人从事的民事活动，其法律后果由法人承受；法人未成立的，其法律后果由设立人承受，设立人为二人以上的，享有连带债权，承担连带债务。

设立人为设立法人以自己的名义从事民事活动产生的民事责任，第三人有权选择请求法人或者设立人承担。

第二节　营利法人

第七十六条　以取得利润并分配给股东等出资人为目的的成立的法人，为营利法人。

营利法人包括有限责任公司、股份有限公司和其他企业法人等。

第七十七条　营利法人经依法登记成立。

第七十八条　依法设立的营利法人，由登记机关发给营利法人营业执照。营业执照签发日期为营利法人的成立日期。

第七十九条　设立营利法人应当依法制定法人章程。

第八十条　营利法人应当设权力机构。

权力机构行使修改法人章程，选举或者更换执行机构、监督机构成员，以及法人章程规定的其他职权。

第八十一条 营利法人应当设执行机构。

执行机构行使召集权力机构会议，决定法人的经营计划和投资方案，决定法人内部管理机构的设置，以及法人章程规定的其他职权。

执行机构为董事会或者执行董事的，董事长、执行董事或者经理按照法人章程的规定担任法定代表人；未设董事会或者执行董事的，法人章程规定的主要负责人为其执行机构和法定代表人。

第八十二条 营利法人设监事会或者监事等监督机构的，监督机构依法行使检查法人财务，监督执行机构成员、高级管理人员执行法人职务的行为，以及法人章程规定的其他职权。

第八十三条 营利法人的出资人不得滥用出资人权利损害法人或者其他出资人的利益；滥用出资人权利造成法人或者其他出资人损失的，应当依法承担民事责任。

营利法人的出资人不得滥用法人独立地位和出资人有限责任损害法人债权人的利益；滥用法人独立地位和出资人有限责任，逃避债务，严重损害法人债权人的利益的，应当对法人债务承担连带责任。

第八十四条 营利法人的控股出资人、实际控制人、董事、监事、高级管理人员不得利用其关联关系损害法人的利益；利用关联关系造成法人损失的，应当承担赔偿责任。

第八十五条 营利法人的权力机构、执行机构作出决议的会议召集程序、表决方式违反法律、行政法规、法人章程，或者决议内容违反法人章程的，营利法人的出资人可以请求人民法院撤销该决议。但是，营利法人依据该决议与善意相对人形成的民事法律关系不受影响。

第八十六条 营利法人从事经营活动，应当遵守商业道德，维护交易安全，接受政府和社会的监督，承担社会责任。

第三节 非营利法人

第八十七条 为公益目的或者其他非营利目的成立，不向出资人、设立人或者会员分配所取得利润的法人，为非营利法人。

非营利法人包括事业单位、社会团体、基金会、社会服务机构等。

第八十八条 具备法人条件，为适应经济社会发展需要，提供公益服务设立的事业单位，经依法登记成立，取得事业单位法人资格；依法不需要办理法人登记的，从成立之日起，具有事业单位法人资格。

第八十九条 事业单位法人设理事会的，除法律另有规定外，理事会为其决策机构。事业单位法人的法定代表人依照法律、行政法规或者法人章程的规定产生。

第九十条 具备法人条件，基于会员共同意愿，为公益目的或者会员共同利益等非营利目的设立的社会团体，经依法登记成立，取得社会团体法人资格；依法不需要办理法人登记的，从成立之日起，具有社会团体法人资格。

第九十一条 设立社会团体法人应当依法制定法人章程。

社会团体法人应当设会员大会或者会员代表大会等权力机构。

社会团体法人应当设理事会等执行机构。理事长或者会长等负责人按照法人章程的规定担任法定代表人。

第九十二条 具备法人条件，为公益目的以捐助财产设立的基金会、社会服务机构等，经依法登记成立，取得捐助法人资格。

依法设立的宗教活动场所，具备法人条件的，可以申请法人登记，取得捐助法人资格。法律、行政法规对宗教活动场所有规定的，依照其规定。

第九十三条 设立捐助法人应当依法制定法人章程。

捐助法人应当设理事会、民主管理组织等决策机构，并设执行机构。理事长等负责人按照法人章程的规定担任法定代表人。

捐助法人应当设监事会等监督机构。

第九十四条 捐助人有权向捐助法人查询捐助财产的使用、管理情况，并提出意见和建议，捐助法人应当及时、如实答复。

捐助法人的决策机构、执行机构或者法定代表人作出决定的程序违反法律、行政法规、法人章程，或者决定内容违反法人章程的，捐助人等利害关系人或者主管机关可以请求人民法院撤销该决定。但是，捐助法人依据该决定与善意相对人形成的民事法律关系不受影响。

第九十五条 为公益目的成立的非营利法人终止时，不得向出资人、设立人或者会员分配剩余财产。剩余财产应当按照法人章程的规定或者权力机构的决议用于公益目的；无法按照法人章程的规定或者权力机构的决议处理的，由主管机关主持转给宗旨相同或者相近的法人，并向社会公告。

第四节 特别法人

第九十六条 本节规定的机关法人、农村集体经济组织法人、城镇农村的合作经济组织法人、基层群众性自治组织法人,为特别法人。

第九十七条 有独立经费的机关和承担行政职能的法定机构从成立之日起,具有机关法人资格,可以从事为履行职能所需要的民事活动。

第九十八条 机关法人被撤销的,法人终止,其民事权利和义务由继任的机关法人享有和承担;没有继任的机关法人的,由作出撤销决定的机关法人享有和承担。

第九十九条 农村集体经济组织依法取得法人资格。

法律、行政法规对农村集体经济组织有规定的,依照其规定。

第一百条 城镇农村的合作经济组织依法取得法人资格。

法律、行政法规对城镇农村的合作经济组织有规定的,依照其规定。

第一百零一条 居民委员会、村民委员会具有基层群众性自治组织法人资格,可以从事为履行职能所需要的民事活动。

未设立村集体经济组织的,村民委员会可以依法代行村集体经济组织的职能。

第四章 非法人组织

第一百零二条 非法人组织是不具有法人资格,但是能够依法以自己的名义从事民事活动的组织。

非法人组织包括个人独资企业、合伙企业、不具有法人资格的专业服务机构等。

第一百零三条 非法人组织应当依照法律的规定登记。

设立非法人组织,法律、行政法规规定须经有关机关批准的,依照其规定。

第一百零四条 非法人组织的财产不足以清偿债务的,其出资人或者设立人承担无限责任。法律另有规定的,依照其规定。

第一百零五条 非法人组织可以确定一人或者数人代表该组织从事民事活动。

第一百零六条 有下列情形之一的,非法人组织解散:

(一)章程规定的存续期间届满或者章程规定的其他解散事由出现;

(二)出资人或者设立人决定解散;

(三)法律规定的其他情形。

第一百零七条 非法人组织解散的,应当依法进行清算。

第一百零八条 非法人组织除适用本章规定外,参照适用本编第三章第一节的有关规定。

第五章 民事权利

第一百零九条 自然人的人身自由、人格尊严受法律保护。

第一百一十条 自然人享有生命权、身体权、健康权、姓名权、肖像权、名誉权、荣誉权、隐私权、婚姻自主权等权利。

法人、非法人组织享有名称权、名誉权和荣誉权。

第一百一十一条 自然人的个人信息受法律保护。任何组织或者个人需要获取他人个人信息的,应当依法取得并确保信息安全,不得非法收集、使用、加工、传输他人个人信息,不得非法买卖、提供或者公开他人个人信息。

第一百一十二条 自然人因婚姻家庭关系等产生的人身权利受法律保护。

第一百一十三条 民事主体的财产权利受法律平等保护。

第一百一十四条 民事主体依法享有物权。

物权是权利人依法对特定的物享有直接支配和排他的权利,包括所有权、用益物权和担保物权。

第一百一十五条 物包括不动产和动产。法律规定权利作为物权客体的,依照其规定。

第一百一十六条 物权的种类和内容,由法律规定。

第一百一十七条 为了公共利益的需要,依照法律规定的权限和程序征收、征用不动产或者动产的,应当给予公平、合理的补偿。

第一百一十八条 民事主体依法享有债权。

债权是因合同、侵权行为、无因管理、不当得利以及法律的其他规定,权利人请求特定义务人为或者不为一定行为的权利。

第一百一十九条 依法成立的合同,对当事人具有法律约束力。

第一百二十条 民事权益受到侵害的,被侵权人有权请求侵权人承担侵权责任。

第一百二十一条 没有法定的或者约定的义

务，为避免他人利益受损失而进行管理的人，有权请求受益人偿还由此支出的必要费用。

第一百二十二条 因他人没有法律根据，取得不当利益，受损失的人有权请求其返还不当利益。

第一百二十三条 民事主体依法享有知识产权。

知识产权是权利人依法就下列客体享有的专有的权利：

（一）作品；

（二）发明、实用新型、外观设计；

（三）商标；

（四）地理标志；

（五）商业秘密；

（六）集成电路布图设计；

（七）植物新品种；

（八）法律规定的其他客体。

第一百二十四条 自然人依法享有继承权。

自然人合法的私有财产，可以依法继承。

第一百二十五条 民事主体依法享有股权和其他投资性权利。

第一百二十六条 民事主体享有法律规定的其他民事权利和利益。

第一百二十七条 法律对数据、网络虚拟财产的保护有规定的，依照其规定。

第一百二十八条 法律对未成年人、老年人、残疾人、妇女、消费者等的民事权利保护有特别规定的，依照其规定。

第一百二十九条 民事权利可以依据民事法律行为、事实行为、法律规定的事件或者法律规定的其他方式取得。

第一百三十条 民事主体按照自己的意愿依法行使民事权利，不受干涉。

第一百三十一条 民事主体行使权利时，应当履行法律规定的和当事人约定的义务。

第一百三十二条 民事主体不得滥用民事权利损害国家利益、社会公共利益或者他人合法权益。

第六章 民事法律行为

第一节 一般规定

第一百三十三条 民事法律行为是民事主体通过意思表示设立、变更、终止民事法律关系的行为。

第一百三十四条 民事法律行为可以基于双方或者多方的意思表示一致成立，也可以基于单方的意思表示成立。

法人、非法人组织依照法律或者章程规定的议事方式和表决程序作出决议的，该决议行为成立。

第一百三十五条 民事法律行为可以采用书面形式、口头形式或者其他形式；法律、行政法规规定或者当事人约定采用特定形式的，应当采用特定形式。

第一百三十六条 民事法律行为自成立时生效，但是法律另有规定或者当事人另有约定的除外。

行为人非依法律规定或者未经对方同意，不得擅自变更或者解除民事法律行为。

第二节 意思表示

第一百三十七条 以对话方式作出的意思表示，相对人知道其内容时生效。

以非对话方式作出的意思表示，到达相对人时生效。以非对话方式作出的采用数据电文形式的意思表示，相对人指定特定系统接收数据电文的，该数据电文进入该特定系统时生效；未指定特定系统的，相对人知道或者应当知道该数据电文进入其系统时生效。当事人对采用数据电文形式的意思表示的生效时间另有约定的，按照其约定。

第一百三十八条 无相对人的意思表示，表示完成时生效。法律另有规定的，依照其规定。

第一百三十九条 以公告方式作出的意思表示，公告发布时生效。

第一百四十条 行为人可以明示或者默示作出意思表示。

沉默只有在有法律规定、当事人约定或者符合当事人之间的交易习惯时，才可以视为意思表示。

第一百四十一条 行为人可以撤回意思表示。撤回意思表示的通知应当在意思表示到达相对人前或者与意思表示同时到达相对人。

第一百四十二条 有相对人的意思表示的解释，应当按照所使用的词句，结合相关条款、行为的性质和目的、习惯以及诚信原则，确定意思表示的含义。

无相对人的意思表示的解释，不能完全拘泥于所使用的词句，而应当结合相关条款、行为的性质和目的、习惯以及诚信原则，确定行为人的真实意思。

第三节 民事法律行为的效力

第一百四十三条 具备下列条件的民事法律行为有效：

（一）行为人具有相应的民事行为能力；

（二）意思表示真实；

（三）不违反法律、行政法规的强制性规定，不违背公序良俗。

第一百四十四条　无民事行为能力人实施的民事法律行为无效。

第一百四十五条　限制民事行为能力人实施的纯获利益的民事法律行为或者与其年龄、智力、精神健康状况相适应的民事法律行为有效；实施的其他民事法律行为经法定代理人同意或者追认后有效。

相对人可以催告法定代理人自收到通知之日起三十日内予以追认。法定代理人未作表示的，视为拒绝追认。民事法律行为被追认前，善意相对人有撤销的权利。撤销应当以通知的方式作出。

第一百四十六条　行为人与相对人以虚假的意思表示实施的民事法律行为无效。

以虚假的意思表示隐藏的民事法律行为的效力，依照有关法律规定处理。

第一百四十七条　基于重大误解实施的民事法律行为，行为人有权请求人民法院或者仲裁机构予以撤销。

第一百四十八条　一方以欺诈手段，使对方在违背真实意思的情况下实施的民事法律行为，受欺诈方有权请求人民法院或者仲裁机构予以撤销。

第一百四十九条　第三人实施欺诈行为，使一方在违背真实意思的情况下实施的民事法律行为，对方知道或者应当知道该欺诈行为的，受欺诈方有权请求人民法院或者仲裁机构予以撤销。

第一百五十条　一方或者第三人以胁迫手段，使对方在违背真实意思的情况下实施的民事法律行为，受胁迫方有权请求人民法院或者仲裁机构予以撤销。

第一百五十一条　一方利用对方处于危困状态、缺乏判断能力等情形，致使民事法律行为成立时显失公平的，受损害方有权请求人民法院或者仲裁机构予以撤销。

第一百五十二条　有下列情形之一的，撤销权消灭：

（一）当事人自知道或者应当知道撤销事由之日起一年内、重大误解的当事人自知道或者应当知道撤销事由之日起九十日内没有行使撤销权；

（二）当事人受胁迫，自胁迫行为终止之日起一年内没有行使撤销权；

（三）当事人知道撤销事由后明确表示或者以自己的行为表明放弃撤销权。

当事人自民事法律行为发生之日起五年内没有行使撤销权的，撤销权消灭。

第一百五十三条　违反法律、行政法规的强制性规定的民事法律行为无效。但是，该强制性规定不导致该民事法律行为无效的除外。

违背公序良俗的民事法律行为无效。

第一百五十四条　行为人与相对人恶意串通，损害他人合法权益的民事法律行为无效。

第一百五十五条　无效的或者被撤销的民事法律行为自始没有法律约束力。

第一百五十六条　民事法律行为部分无效，不影响其他部分效力的，其他部分仍然有效。

第一百五十七条　民事法律行为无效、被撤销或者确定不发生效力后，行为人因该行为取得的财产，应当予以返还；不能返还或者没有必要返还的，应当折价补偿。有过错的一方应当赔偿对方由此所受到的损失；各方都有过错的，应当各自承担相应的责任。法律另有规定的，依照其规定。

第四节　民事法律行为的附条件和附期限

第一百五十八条　民事法律行为可以附条件，但是根据其性质不得附条件的除外。附生效条件的民事法律行为，自条件成就时生效。附解除条件的民事法律行为，自条件成就时失效。

第一百五十九条　附条件的民事法律行为，当事人为自己的利益不正当地阻止条件成就的，视为条件已经成就；不正当地促成条件成就的，视为条件不成就。

第一百六十条　民事法律行为可以附期限，但是根据其性质不得附期限的除外。附生效期限的民事法律行为，自期限届至时生效。附终止期限的民事法律行为，自期限届满时失效。

第七章　代　理

第一节　一般规定

第一百六十一条　民事主体可以通过代理人实施民事法律行为。

依照法律规定、当事人约定或者民事法律行为的性质，应当由本人亲自实施的民事法律行为，不得代理。

第一百六十二条　代理人在代理权限内，以被代理人名义实施的民事法律行为，对被代理人发生效力。

第一百六十三条 代理包括委托代理和法定代理。

委托代理人按照被代理人的委托行使代理权。法定代理人依照法律的规定行使代理权。

第一百六十四条 代理人不履行或者不完全履行职责,造成被代理人损害的,应当承担民事责任。

代理人和相对人恶意串通,损害被代理人合法权益的,代理人和相对人应当承担连带责任。

第二节 委托代理

第一百六十五条 委托代理授权采用书面形式的,授权委托书应当载明代理人的姓名或者名称、代理事项、权限和期限,并由被代理人签名或者盖章。

第一百六十六条 数人为同一代理事项的代理人的,应当共同行使代理权,但是当事人另有约定的除外。

第一百六十七条 代理人知道或者应当知道代理事项违法仍然实施代理行为,或者被代理人知道或者应当知道代理人的代理行为违法未作反对表示的,被代理人和代理人应当承担连带责任。

第一百六十八条 代理人不得以被代理人的名义与自己实施民事法律行为,但是被代理人同意或者追认的除外。

代理人不得以被代理人的名义与自己同时代理的其他人实施民事法律行为,但是被代理的双方同意或者追认的除外。

第一百六十九条 代理人需要转委托第三人代理的,应当取得被代理人的同意或者追认。

转委托代理经被代理人同意或者追认的,被代理人可以就代理事务直接指示转委托的第三人,代理人仅就第三人的选任以及对第三人的指示承担责任。

转委托代理未经被代理人同意或者追认的,代理人应当对转委托的第三人的行为承担责任;但是,在紧急情况下代理人为了维护被代理人的利益需要转委托第三人代理的除外。

第一百七十条 执行法人或者非法人组织工作任务的人员,就其职权范围内的事项,以法人或者非法人组织的名义实施的民事法律行为,对法人或者非法人组织发生效力。

法人或者非法人组织对执行其工作任务的人员职权范围的限制,不得对抗善意相对人。

第一百七十一条 行为人没有代理权、超越代理权或者代理权终止后,仍然实施代理行为,未经被代理人追认的,对被代理人不发生效力。

相对人可以催告被代理人自收到通知之日起三十日内予以追认。被代理人未作表示的,视为拒绝追认。行为人实施的行为被追认前,善意相对人有撤销的权利。撤销应当以通知的方式作出。

行为人实施的行为未被追认的,善意相对人有权请求行为人履行债务或者就其受到的损害请求行为人赔偿。但是,赔偿的范围不得超过被代理人追认时相对人所能获得的利益。

相对人知道或者应当知道行为人无权代理的,相对人和行为人按照各自的过错承担责任。

第一百七十二条 行为人没有代理权、超越代理权或者代理权终止后,仍然实施代理行为,相对人有理由相信行为人有代理权的,代理行为有效。

第三节 代理终止

第一百七十三条 有下列情形之一的,委托代理终止:

(一)代理期限届满或者代理事务完成;

(二)被代理人取消委托或者代理人辞去委托;

(三)代理人丧失民事行为能力;

(四)代理人或者被代理人死亡;

(五)作为代理人或者被代理人的法人、非法人组织终止。

第一百七十四条 被代理人死亡后,有下列情形之一的,委托代理人实施的代理行为有效:

(一)代理人不知道且不应当知道被代理人死亡;

(二)被代理人的继承人予以承认;

(三)授权中明确代理权在代理事务完成时终止;

(四)被代理人死亡前已经实施,为了被代理人的继承人的利益继续代理。

作为被代理人的法人、非法人组织终止的,参照适用前款规定。

第一百七十五条 有下列情形之一的,法定代理终止:

(一)被代理人取得或者恢复完全民事行为能力;

(二)代理人丧失民事行为能力;

(三)代理人或者被代理人死亡;

(四)法律规定的其他情形。

第八章 民事责任

第一百七十六条 民事主体依照法律规定或

者按照当事人约定,履行民事义务,承担民事责任。

第一百七十七条　二人以上依法承担按份责任,能够确定责任大小的,各自承担相应的责任;难以确定责任大小的,平均承担责任。

第一百七十八条　二人以上依法承担连带责任的,权利人有权请求部分或者全部连带责任人承担责任。

连带责任人的责任份额根据各自责任大小确定;难以确定责任大小的,平均承担责任。实际承担责任超过自己责任份额的连带责任人,有权向其他连带责任人追偿。

连带责任,由法律规定或者当事人约定。

第一百七十九条　承担民事责任的方式主要有:

(一)停止侵害;

(二)排除妨碍;

(三)消除危险;

(四)返还财产;

(五)恢复原状;

(六)修理、重作、更换;

(七)继续履行;

(八)赔偿损失;

(九)支付违约金;

(十)消除影响、恢复名誉;

(十一)赔礼道歉。

法律规定惩罚性赔偿的,依照其规定。

本条规定的承担民事责任的方式,可以单独适用,也可以合并适用。

第一百八十条　因不可抗力不能履行民事义务的,不承担民事责任。法律另有规定的,依照其规定。

不可抗力是不能预见、不能避免且不能克服的客观情况。

第一百八十一条　因正当防卫造成损害的,不承担民事责任。

正当防卫超过必要的限度,造成不应有的损害的,正当防卫人应当承担适当的民事责任。

第一百八十二条　因紧急避险造成损害的,由引起险情发生的人承担民事责任。

危险由自然原因引起的,紧急避险人不承担民事责任,可以给予适当补偿。

紧急避险采取措施不当或者超过必要的限度,造成不应有的损害的,紧急避险人应当承担适当的民事责任。

第一百八十三条　因保护他人民事权益使自己受到损害的,由侵权人承担民事责任,受益人可以给予适当补偿。没有侵权人、侵权人逃逸或者无力承担民事责任,受害人请求补偿的,受益人应当给予适当补偿。

第一百八十四条　因自愿实施紧急救助行为造成受助人损害的,救助人不承担民事责任。

第一百八十五条　侵害英雄烈士等的姓名、肖像、名誉、荣誉,损害社会公共利益的,应当承担民事责任。

第一百八十六条　因当事人一方的违约行为,损害对方人身权益、财产权益的,受损害方有权选择请求其承担违约责任或者侵权责任。

第一百八十七条　民事主体因同一行为应当承担民事责任、行政责任和刑事责任的,承担行政责任或者刑事责任不影响承担民事责任;民事主体的财产不足以支付的,优先用于承担民事责任。

第九章　诉讼时效

第一百八十八条　向人民法院请求保护民事权利的诉讼时效期间为三年。法律另有规定的,依照其规定。

诉讼时效期间自权利人知道或者应当知道权利受到损害以及义务人之日起计算。法律另有规定的,依照其规定。但是,自权利受到损害之日起超过二十年的,人民法院不予保护,有特殊情况的,人民法院可以根据权利人的申请决定延长。

第一百八十九条　当事人约定同一债务分期履行的,诉讼时效期间自最后一期履行期限届满之日起计算。

第一百九十条　无民事行为能力人或者限制民事行为能力人对其法定代理人的请求权的诉讼时效期间,自该法定代理终止之日起计算。

第一百九十一条　未成年人遭受性侵害的损害赔偿请求权的诉讼时效期间,自受害人年满十八周岁之日起计算。

第一百九十二条　诉讼时效期间届满的,义务人可以提出不履行义务的抗辩。

诉讼时效期间届满后,义务人同意履行的,不得以诉讼时效期间届满为由抗辩;义务人已经自愿履行的,不得请求返还。

第一百九十三条　人民法院不得主动适用诉讼时效的规定。

第一百九十四条　在诉讼时效期间的最后六个月内,因下列障碍,不能行使请求权的,诉讼时效中止:

（一）不可抗力；

（二）无民事行为能力人或者限制民事行为能力人没有法定代理人，或者法定代理人死亡、丧失民事行为能力、丧失代理权；

（三）继承开始后未确定继承人或者遗产管理人；

（四）权利人被义务人或者其他人控制；

（五）其他导致权利人不能行使请求权的障碍。

自中止时效的原因消除之日起满六个月，诉讼时效期间届满。

第一百九十五条 有下列情形之一的，诉讼时效中断，从中断、有关程序终结时起，诉讼时效期间重新计算：

（一）权利人向义务人提出履行请求；

（二）义务人同意履行义务；

（三）权利人提起诉讼或者申请仲裁；

（四）与提起诉讼或者申请仲裁具有同等效力的其他情形。

第一百九十六条 下列请求权不适用诉讼时效的规定：

（一）请求停止侵害、排除妨碍、消除危险；

（二）不动产物权和登记的动产物权的权利人请求返还财产；

（三）请求支付抚养费、赡养费或者扶养费；

（四）依法不适用诉讼时效的其他请求权。

第一百九十七条 诉讼时效的期间、计算方法以及中止、中断的事由由法律规定，当事人约定无效。

当事人对诉讼时效利益的预先放弃无效。

第一百九十八条 法律对仲裁时效有规定的，依照其规定；没有规定的，适用诉讼时效的规定。

第一百九十九条 法律规定或者当事人约定的撤销权、解除权等权利的存续期间，除法律另有规定外，自权利人知道或者应当知道权利产生之日起计算，不适用有关诉讼时效中止、中断和延长的规定。存续期间届满，撤销权、解除权等权利消灭。

第十章 期间计算

第二百条 民法所称的期间按照公历年、月、日、小时计算。

第二百零一条 按照年、月、日计算期间的，开始的当日不计入，自下一日开始计算。

按照小时计算期间的，自法律规定或者当事人约定的时间开始计算。

第二百零二条 按照年、月计算期间的，到期月的对应日为期间的最后一日；没有对应日的，月末日为期间的最后一日。

第二百零三条 期间的最后一日是法定休假日的，以法定休假日结束的次日为期间的最后一日。

期间的最后一日的截止时间为二十四时；有业务时间的，停止业务活动的时间为截止时间。

第二百零四条 期间的计算方法依照本法的规定，但是法律另有规定或者当事人另有约定的除外。

第二编 物 权

第一分编 通 则

第一章 一般规定

第二百零五条 本编调整因物的归属和利用产生的民事关系。

第二百零六条 国家坚持和完善公有制为主体、多种所有制经济共同发展，按劳分配为主体、多种分配方式并存，社会主义市场经济体制等社会主义基本经济制度。

国家巩固和发展公有制经济，鼓励、支持和引导非公有制经济的发展。

国家实行社会主义市场经济，保障一切市场主体的平等法律地位和发展权利。

第二百零七条 国家、集体、私人的物权和其他权利人的物权受法律平等保护，任何组织或者个人不得侵犯。

第二百零八条 不动产物权的设立、变更、转让和消灭，应当依照法律规定登记。动产物权的设立和转让，应当依照法律规定交付。

第二章 物权的设立、变更、转让和消灭

第一节 不动产登记

第二百零九条 不动产物权的设立、变更、转让和消灭，经依法登记，发生效力；未经登记，不发生效力，但是法律另有规定的除外。

依法属于国家所有的自然资源，所有权可以不登记。

第二百一十条 不动产登记，由不动产所在地的登记机构办理。

国家对不动产实行统一登记制度。统一登记

的范围、登记机构和登记办法,由法律、行政法规规定。

第二百一十一条 当事人申请登记,应当根据不同登记事项提供权属证明和不动产界址、面积等必要材料。

第二百一十二条 登记机构应当履行下列职责:

(一)查验申请人提供的权属证明和其他必要材料;

(二)就有关登记事项询问申请人;

(三)如实、及时登记有关事项;

(四)法律、行政法规规定的其他职责。

申请登记的不动产的有关情况需要进一步证明的,登记机构可以要求申请人补充材料,必要时可以实地查看。

第二百一十三条 登记机构不得有下列行为:

(一)要求对不动产进行评估;

(二)以年检等名义进行重复登记;

(三)超出登记职责范围的其他行为。

第二百一十四条 不动产物权的设立、变更、转让和消灭,依照法律规定应当登记的,自记载于不动产登记簿时发生效力。

第二百一十五条 当事人之间订立有关设立、变更、转让和消灭不动产物权的合同,除法律另有规定或者当事人另有约定外,自合同成立时生效;未办理物权登记的,不影响合同效力。

第二百一十六条 不动产登记簿是物权归属和内容的根据。

不动产登记簿由登记机构管理。

第二百一十七条 不动产权属证书是权利人享有该不动产物权的证明。不动产权属证书记载的事项,应当与不动产登记簿一致;记载不一致的,除有证据证明不动产登记簿确有错误外,以不动产登记簿为准。

第二百一十八条 权利人、利害关系人可以申请查询、复制不动产登记资料,登记机构应当提供。

第二百一十九条 利害关系人不得公开、非法使用权利人的不动产登记资料。

第二百二十条 权利人、利害关系人认为不动产登记簿记载的事项错误的,可以申请更正登记。不动产登记簿记载的权利人书面同意更正或者有证据证明登记确有错误的,登记机构应当予以更正。

不动产登记簿记载的权利人不同意更正的,利害关系人可以申请异议登记。登记机构予以异议登记,申请人自异议登记之日起十五日内不提起诉讼的,异议登记失效。异议登记不当,造成权利人损害的,权利人可以向申请人请求损害赔偿。

第二百二十一条 当事人签订买卖房屋的协议或者签订其他不动产物权的协议,为保障将来实现物权,按照约定可以向登记机构申请预告登记。预告登记后,未经预告登记的权利人同意,处分该不动产的,不发生物权效力。

预告登记后,债权消灭或者自能够进行不动产登记之日起九十日内未申请登记的,预告登记失效。

第二百二十二条 当事人提供虚假材料申请登记,造成他人损害的,应当承担赔偿责任。

因登记错误,造成他人损害的,登记机构应当承担赔偿责任。登记机构赔偿后,可以向造成登记错误的人追偿。

第二百二十三条 不动产登记费按件收取,不得按照不动产的面积、体积或者价款的比例收取。

第二节 动产交付

第二百二十四条 动产物权的设立和转让,自交付时发生效力,但是法律另有规定的除外。

第二百二十五条 船舶、航空器和机动车等的物权的设立、变更、转让和消灭,未经登记,不得对抗善意第三人。

第二百二十六条 动产物权设立和转让前,权利人已经占有该动产的,物权自民事法律行为生效时发生效力。

第二百二十七条 动产物权设立和转让前,第三人占有该动产的,负有交付义务的人可以通过转让请求第三人返还原物的权利代替交付。

第二百二十八条 动产物权转让时,当事人又约定由出让人继续占有该动产的,物权自该约定生效时发生效力。

第三节 其他规定

第二百二十九条 因人民法院、仲裁机构的法律文书或者人民政府的征收决定等,导致物权设立、变更、转让或者消灭的,自法律文书或者征收决定等生效时发生效力。

第二百三十条 因继承取得物权的,自继承开始时发生效力。

第二百三十一条 因合法建造、拆除房屋等事实行为设立或者消灭物权的,自事实行为成就时发生效力。

第二百三十二条 处分依照本节规定享有的不动产物权,依照法律规定需要办理登记的,未经登记,不发生物权效力。

第三章 物权的保护

第二百三十三条 物权受到侵害的，权利人可以通过和解、调解、仲裁、诉讼等途径解决。

第二百三十四条 因物权的归属、内容发生争议的，利害关系人可以请求确认权利。

第二百三十五条 无权占有不动产或者动产的，权利人可以请求返还原物。

第二百三十六条 妨害物权或者可能妨害物权的，权利人可以请求排除妨害或者消除危险。

第二百三十七条 造成不动产或者动产毁损的，权利人可以依法请求修理、重作、更换或者恢复原状。

第二百三十八条 侵害物权，造成权利人损害的，权利人可以依法请求损害赔偿，也可以依法请求承担其他民事责任。

第二百三十九条 本章规定的物权保护方式，可以单独适用，也可以根据权利被侵害的情形合并适用。

第二分编 所 有 权

第四章 一般规定

第二百四十条 所有权人对自己的不动产或者动产，依法享有占有、使用、收益和处分的权利。

第二百四十一条 所有权人有权在自己的不动产或者动产上设立用益物权和担保物权。用益物权人、担保物权人行使权利，不得损害所有权人的权益。

第二百四十二条 法律规定专属于国家所有的不动产和动产，任何组织或者个人不能取得所有权。

第二百四十三条 为了公共利益的需要，依照法律规定的权限和程序可以征收集体所有的土地和组织、个人的房屋以及其他不动产。

征收集体所有的土地，应当依法及时足额支付土地补偿费、安置补助费以及农村村民住宅、其他地上附着物和青苗等的补偿费用，并安排被征地农民的社会保障费用，保障被征地农民的生活，维护被征地农民的合法权益。

征收组织、个人的房屋以及其他不动产，应当依法给予征收补偿，维护被征收人的合法权益；征收个人住宅的，还应当保障被征收人的居住条件。

任何组织或者个人不得贪污、挪用、私分、截留、拖欠征收补偿费等费用。

第二百四十四条 国家对耕地实行特殊保护，严格限制农用地转为建设用地，控制建设用地总量。不得违反法律规定的权限和程序征收集体所有的土地。

第二百四十五条 因抢险救灾、疫情防控等紧急需要，依照法律规定的权限和程序可以征用组织、个人的不动产或者动产。被征用的不动产或者动产使用后，应当返还被征用人。组织、个人的不动产或者动产被征用或者征用后毁损、灭失的，应当给予补偿。

第五章 国家所有权和集体所有权、私人所有权

第二百四十六条 法律规定属于国家所有的财产，属于国家所有即全民所有。

国有财产由国务院代表国家行使所有权。法律另有规定的，依照其规定。

第二百四十七条 矿藏、水流、海域属于国家所有。

第二百四十八条 无居民海岛属于国家所有，国务院代表国家行使无居民海岛所有权。

第二百四十九条 城市的土地，属于国家所有。法律规定属于国家所有的农村和城市郊区的土地，属于国家所有。

第二百五十条 森林、山岭、草原、荒地、滩涂等自然资源，属于国家所有，但是法律规定属于集体所有的除外。

第二百五十一条 法律规定属于国家所有的野生动植物资源，属于国家所有。

第二百五十二条 无线电频谱资源属于国家所有。

第二百五十三条 法律规定属于国家所有的文物，属于国家所有。

第二百五十四条 国防资产属于国家所有。

铁路、公路、电力设施、电信设施和油气管道等基础设施，依照法律规定为国家所有的，属于国家所有。

第二百五十五条 国家机关对其直接支配的不动产和动产，享有占有、使用以及依照法律和国务院的有关规定处分的权利。

第二百五十六条 国家举办的事业单位对其

直接支配的不动产和动产，享有占有、使用以及依照法律和国务院的有关规定收益、处分的权利。

第二百五十七条　国家出资的企业，由国务院、地方人民政府依照法律、行政法规规定分别代表国家履行出资人职责，享有出资人权益。

第二百五十八条　国家所有的财产受法律保护，禁止任何组织或者个人侵占、哄抢、私分、截留、破坏。

第二百五十九条　履行国有财产管理、监督职责的机构及其工作人员，应当依法加强对国有财产的管理、监督，促进国有财产保值增值，防止国有财产损失；滥用职权，玩忽职守，造成国有财产损失的，应当依法承担法律责任。

违反国有财产管理规定，在企业改制、合并分立、关联交易等过程中，低价转让、合谋私分、擅自担保或者以其他方式造成国有财产损失的，应当依法承担法律责任。

第二百六十条　集体所有的不动产和动产包括：

（一）法律规定属于集体所有的土地和森林、山岭、草原、荒地、滩涂；

（二）集体所有的建筑物、生产设施、农田水利设施；

（三）集体所有的教育、科学、文化、卫生、体育等设施；

（四）集体所有的其他不动产和动产。

第二百六十一条　农民集体所有的不动产和动产，属于本集体成员集体所有。

下列事项应当依照法定程序经本集体成员决定：

（一）土地承包方案以及将土地发包给本集体以外的组织或者个人承包；

（二）个别土地承包经营权人之间承包地的调整；

（三）土地补偿费等费用的使用、分配办法；

（四）集体出资的企业的所有权变动等事项；

（五）法律规定的其他事项。

第二百六十二条　对于集体所有的土地和森林、山岭、草原、荒地、滩涂等，依照下列规定行使所有权：

（一）属于村农民集体所有的，由村集体经济组织或者村民委员会依法代表集体行使所有权；

（二）分别属于村内两个以上农民集体所有的，由村内各该集体经济组织或者村民小组依法代表集体行使所有权；

（三）属于乡镇农民集体所有的，由乡镇集体经济组织代表集体行使所有权。

第二百六十三条　城镇集体所有的不动产和动产，依照法律、行政法规的规定由本集体享有占有、使用、收益和处分的权利。

第二百六十四条　农村集体经济组织或者村民委员会、村民小组应当依照法律、行政法规以及章程、村规民约向本集体成员公布集体财产的状况。集体成员有权查阅、复制相关资料。

第二百六十五条　集体所有的财产受法律保护，禁止任何组织或者个人侵占、哄抢、私分、破坏。

农村集体经济组织、村民委员会或者其负责人作出的决定侵害集体成员合法权益的，受侵害的集体成员可以请求人民法院予以撤销。

第二百六十六条　私人对其合法的收入、房屋、生活用品、生产工具、原材料等不动产和动产享有所有权。

第二百六十七条　私人的合法财产受法律保护，禁止任何组织或者个人侵占、哄抢、破坏。

第二百六十八条　国家、集体和私人依法可以出资设立有限责任公司、股份有限公司或者其他企业。国家、集体和私人所有的不动产或者动产投到企业的，由出资人按照约定或者出资比例享有资产收益、重大决策以及选择经营管理者等权利并履行义务。

第二百六十九条　营利法人对其不动产和动产依照法律、行政法规以及章程享有占有、使用、收益和处分的权利。

营利法人以外的法人，对其不动产和动产的权利，适用有关法律、行政法规以及章程的规定。

第二百七十条　社会团体法人、捐助法人依法所有的不动产和动产，受法律保护。

第六章　业主的建筑物区分所有权

第二百七十一条　业主对建筑物内的住宅、经营性用房等专有部分享有所有权，对专有部分以外的共有部分享有共有和共同管理的权利。

第二百七十二条　业主对其建筑物专有部分享有占有、使用、收益和处分的权利。业主行使权利不得危及建筑物的安全，不得损害其他业主的合法权益。

第二百七十三条　业主对建筑物专有部分以外的共有部分，享有权利，承担义务；不得以放弃权利为由不履行义务。

业主转让建筑物内的住宅、经营性用房，其对共有部分享有的共有和共同管理的权利一并转让。

第二百七十四条 建筑区划内的道路，属于业主共有，但是属于城镇公共道路的除外。建筑区划内的绿地，属于业主共有，但是属于城镇公共绿地或者明示属于个人的除外。建筑区划内的其他公共场所、公用设施和物业服务用房，属于业主共有。

第二百七十五条 建筑区划内，规划用于停放汽车的车位、车库的归属，由当事人通过出售、附赠或者出租等方式约定。

占用业主共有的道路或者其他场地用于停放汽车的车位，属于业主共有。

第二百七十六条 建筑区划内，规划用于停放汽车的车位、车库应当首先满足业主的需要。

第二百七十七条 业主可以设立业主大会，选举业主委员会。业主大会、业主委员会成立的具体条件和程序，依照法律、法规的规定。

地方人民政府有关部门、居民委员会应当对设立业主大会和选举业主委员会给予指导和协助。

第二百七十八条 下列事项由业主共同决定：

（一）制定和修改业主大会议事规则；

（二）制定和修改管理规约；

（三）选举业主委员会或者更换业主委员会成员；

（四）选聘和解聘物业服务企业或者其他管理人；

（五）使用建筑物及其附属设施的维修资金；

（六）筹集建筑物及其附属设施的维修资金；

（七）改建、重建建筑物及其附属设施；

（八）改变共有部分的用途或者利用共有部分从事经营活动；

（九）有关共有和共同管理权利的其他重大事项。

业主共同决定事项，应当由专有部分面积占比三分之二以上的业主且人数占比三分之二以上的业主参与表决。决定前款第六项至第八项规定的事项，应当经参与表决专有部分面积四分之三以上的业主且参与表决人数四分之三以上的业主同意。决定前款其他事项，应当经参与表决专有部分面积过半数的业主且参与表决人数过半数的业主同意。

第二百七十九条 业主不得违反法律、法规以及管理规约，将住宅改变为经营性用房。业主将住宅改变为经营性用房的，除遵守法律、法规以及管理规约外，应当经有利害关系的业主一致同意。

第二百八十条 业主大会或者业主委员会的决定，对业主具有法律约束力。

业主大会或者业主委员会作出的决定侵害业主合法权益的，受侵害的业主可以请求人民法院予以撤销。

第二百八十一条 建筑物及其附属设施的维修资金，属于业主共有。经业主共同决定，可以用于电梯、屋顶、外墙、无障碍设施等共有部分的维修、更新和改造。建筑物及其附属设施的维修资金的筹集、使用情况应当定期公布。

紧急情况下需要维修建筑物及其附属设施的，业主大会或者业主委员会可以依法申请使用建筑物及其附属设施的维修资金。

第二百八十二条 建设单位、物业服务企业或者其他管理人等利用业主的共有部分产生的收入，在扣除合理成本之后，属于业主共有。

第二百八十三条 建筑物及其附属设施的费用分摊、收益分配等事项，有约定的，按照约定；没有约定或者约定不明确的，按照业主专有部分面积所占比例确定。

第二百八十四条 业主可以自行管理建筑物及其附属设施，也可以委托物业服务企业或者其他管理人管理。

对建设单位聘请的物业服务企业或者其他管理人，业主有权依法更换。

第二百八十五条 物业服务企业或者其他管理人根据业主的委托，依照本法第三编有关物业服务合同的规定管理建筑区划内的建筑物及其附属设施，接受业主的监督，并及时答复业主对物业服务情况提出的询问。

物业服务企业或者其他管理人应当执行政府依法实施的应急处置措施和其他管理措施，积极配合开展相关工作。

第二百八十六条 业主应当遵守法律、法规以及管理规约，相关行为应当符合节约资源、保护生态环境的要求。对于物业服务企业或者其他管理人执行政府依法实施的应急处置措施和其他管理措施，业主应当依法予以配合。

业主大会或者业主委员会，对任意弃置垃圾、排放污染物或者噪声、违反规定饲养动物、违章搭建、侵占通道、拒付物业费等损害他人合法权益的行为，有权依照法律、法规以及管理规约，请求行为人停止侵害、排除妨碍、消除危险、恢复原状、赔偿损失。

业主或者其他行为人拒不履行相关义务的，有关当事人可以向有关行政主管部门报告或者投诉，有关行政主管部门应当依法处理。

第二百八十七条　业主对建设单位、物业服务企业或者其他管理人以及其他业主侵害自己合法权益的行为，有权请求其承担民事责任。

第七章　相邻关系

第二百八十八条　不动产的相邻权利人应当按照有利生产、方便生活、团结互助、公平合理的原则，正确处理相邻关系。

第二百八十九条　法律、法规对处理相邻关系有规定的，依照其规定；法律、法规没有规定的，可以按照当地习惯。

第二百九十条　不动产权利人应当为相邻权利人用水、排水提供必要的便利。

对自然流水的利用，应当在不动产的相邻权利人之间合理分配。对自然流水的排放，应当尊重自然流向。

第二百九十一条　不动产权利人对相邻权利人因通行等必须利用其土地的，应当提供必要的便利。

第二百九十二条　不动产权利人因建造、修缮建筑物以及铺设电线、电缆、水管、暖气和燃气管线等必须利用相邻土地、建筑物的，该土地、建筑物的权利人应当提供必要的便利。

第二百九十三条　建造建筑物，不得违反国家有关工程建设标准，不得妨碍相邻建筑物的通风、采光和日照。

第二百九十四条　不动产权利人不得违反国家规定弃置固体废物，排放大气污染物、水污染物、土壤污染物、噪声、光辐射、电磁辐射等有害物质。

第二百九十五条　不动产权利人挖掘土地、建造建筑物、铺设管线以及安装设备等，不得危及相邻不动产的安全。

第二百九十六条　不动产权利人因用水、排水、通行、铺设管线等利用相邻不动产的，应当尽量避免对相邻的不动产权利人造成损害。

第八章　共　　有

第二百九十七条　不动产或者动产可以由两个以上组织、个人共有。共有包括按份共有和共同共有。

第二百九十八条　按份共有人对共有的不动产或者动产按照其份额享有所有权。

第二百九十九条　共同共有人对共有的不动产或者动产共同享有所有权。

第三百条　共有人按照约定管理共有的不动产或者动产；没有约定或者约定不明确的，各共有人都有管理的权利和义务。

第三百零一条　处分共有的不动产或者动产以及对共有的不动产或者动产作重大修缮、变更性质或者用途的，应当经占份额三分之二以上的按份共有人或者全体共同共有人同意，但是共有人之间另有约定的除外。

第三百零二条　共有人对共有物的管理费用以及其他负担，有约定的，按照其约定；没有约定或者约定不明确的，按份共有人按照其份额负担，共同共有人共同负担。

第三百零三条　共有人约定不得分割共有的不动产或者动产，以维持共有关系的，应当按照约定，但是共有人有重大理由需要分割的，可以请求分割；没有约定或者约定不明确的，按份共有人可以随时请求分割，共同共有人在共有的基础丧失或者有重大理由需要分割时可以请求分割。因分割造成其他共有人损害的，应当给予赔偿。

第三百零四条　共有人可以协商确定分割方式。达不成协议，共有的不动产或者动产可以分割且不会因分割减损价值的，应当对实物予以分割；难以分割或者因分割会减损价值的，应当对折价或者拍卖、变卖取得的价款予以分割。

共有人分割所得的不动产或者动产有瑕疵的，其他共有人应当分担损失。

第三百零五条　按份共有人可以转让其享有的共有的不动产或者动产份额。其他共有人在同等条件下享有优先购买的权利。

第三百零六条　按份共有人转让其享有的共有的不动产或者动产份额的，应当将转让条件及时通知其他共有人。其他共有人应当在合理期限内行使优先购买权。

两个以上其他共有人主张行使优先购买权的，协商确定各自的购买比例；协商不成的，按照转让时各自的共有份额比例行使优先购买权。

第三百零七条　因共有的不动产或者动产产生的债权债务，在对外关系上，共有人享有连带债权、承担连带债务，但是法律另有规定或者第三人知道共有人不具有连带债权债务关系的除外；在共有人内部关系上，除共有人另有约定外，按份共有人按照份额享有债权、承担债务，共同共有人共同享有债权、承担债务。偿还债务超过自己应当承担份额的按份共有人,有权向其他共有人追偿。

第三百零八条 共有人对共有的不动产或者动产没有约定为按份共有或者共同共有,或者约定不明确的,除共有人具有家庭关系等外,视为按份共有。

第三百零九条 按份共有人对共有的不动产或者动产享有的份额,没有约定或者约定不明确的,按照出资额确定;不能确定出资额的,视为等额享有。

第三百一十条 两个以上组织、个人共同享有用益物权、担保物权的,参照适用本章的有关规定。

第九章 所有权取得的特别规定

第三百一十一条 无处分权人将不动产或者动产转让给受让人的,所有权人有权追回;除法律另有规定外,符合下列情形的,受让人取得该不动产或者动产的所有权:

(一)受让人受让该不动产或者动产时是善意;

(二)以合理的价格转让;

(三)转让的不动产或者动产依照法律规定应当登记的已经登记,不需要登记的已经交付给受让人。

受让人依据前款规定取得不动产或者动产的所有权的,原所有权人有权向无处分权人请求损害赔偿。

当事人善意取得其他物权的,参照适用前两款规定。

第三百一十二条 所有权人或者其他权利人有权追回遗失物。该遗失物通过转让被他人占有的,权利人有权向无处分权人请求损害赔偿,或者自知道或者应当知道受让人之日起二年内向受让人请求返还原物;但是,受让人通过拍卖或者向具有经营资格的经营者购得该遗失物的,权利人请求返还原物时应当支付受让人所付的费用。权利人向受让人支付所付费用后,有权向无处分权人追偿。

第三百一十三条 善意受让人取得动产后,该动产上的原有权利消灭。但是,善意受让人在受让时知道或者应当知道该权利的除外。

第三百一十四条 拾得遗失物,应当返还权利人。拾得人应当及时通知权利人领取,或者送交公安等有关部门。

第三百一十五条 有关部门收到遗失物,知道权利人的,应当及时通知其领取;不知道的,应当及时发布招领公告。

第三百一十六条 拾得人在遗失物送交有关部门前,有关部门在遗失物被领取前,应当妥善保管遗失物。因故意或者重大过失致使遗失物毁损、灭失的,应当承担民事责任。

第三百一十七条 权利人领取遗失物时,应当向拾得人或者有关部门支付保管遗失物等支出的必要费用。

权利人悬赏寻找遗失物的,领取遗失物时应当按照承诺履行义务。

拾得人侵占遗失物的,无权请求保管遗失物等支出的费用,也无权请求权利人按照承诺履行义务。

第三百一十八条 遗失物自发布招领公告之日起一年内无人认领的,归国家所有。

第三百一十九条 拾得漂流物、发现埋藏物或者隐藏物的,参照适用拾得遗失物的有关规定。法律另有规定的,依照其规定。

第三百二十条 主物转让的,从物随主物转让,但是当事人另有约定的除外。

第三百二十一条 天然孳息,由所有权人取得;既有所有权人又有用益物权人的,由用益物权人取得。当事人另有约定的,按照其约定。

法定孳息,当事人有约定的,按照约定取得;没有约定或者约定不明确的,按照交易习惯取得。

第三百二十二条 因加工、附合、混合而产生的物的归属,有约定的,按照约定;没有约定或者约定不明确的,依照法律规定;法律没有规定的,按照充分发挥物的效用以及保护无过错当事人的原则确定。因一方当事人的过错或者确定物的归属造成另一方当事人损害的,应当给予赔偿或者补偿。

第三分编 用益物权

第十章 一般规定

第三百二十三条 用益物权人对他人所有的不动产或者动产,依法享有占有、使用和收益的权利。

第三百二十四条 国家所有或者国家所有由集体使用以及法律规定属于集体所有的自然资源,组织、个人依法可以占有、使用和收益。

第三百二十五条 国家实行自然资源有偿使用制度,但是法律另有规定的除外。

第三百二十六条 用益物权人行使权利,应当遵守法律有关保护和合理开发利用资源、保护生态环境的规定。所有权人不得干涉用益物权人行使权利。

第三百二十七条 因不动产或者动产被征收、征用致使用益物权消灭或者影响用益物权行使的，用益物权人有权依据本法第二百四十三条、第二百四十五条的规定获得相应补偿。

第三百二十八条 依法取得的海域使用权受法律保护。

第三百二十九条 依法取得的探矿权、采矿权、取水权和使用水域、滩涂从事养殖、捕捞的权利受法律保护。

第十一章 土地承包经营权

第三百三十条 农村集体经济组织实行家庭承包经营为基础、统分结合的双层经营体制。

农民集体所有和国家所有由农民集体使用的耕地、林地、草地以及其他用于农业的土地，依法实行土地承包经营制度。

第三百三十一条 土地承包经营权人依法对其承包经营的耕地、林地、草地等享有占有、使用和收益的权利，有权从事种植业、林业、畜牧业等农业生产。

第三百三十二条 耕地的承包期为三十年。草地的承包期为三十年至五十年。林地的承包期为三十年至七十年。

前款规定的承包期限届满，由土地承包经营权人依照农村土地承包的法律规定继续承包。

第三百三十三条 土地承包经营权自土地承包经营权合同生效时设立。

登记机构应当向土地承包经营权人发放土地承包经营权证、林权证等证书，并登记造册，确认土地承包经营权。

第三百三十四条 土地承包经营权人依照法律规定，有权将土地承包经营权互换、转让。未经依法批准，不得将承包地用于非农建设。

第三百三十五条 土地承包经营权互换、转让的，当事人可以向登记机构申请登记；未经登记，不得对抗善意第三人。

第三百三十六条 承包期内发包人不得调整承包地。

因自然灾害严重毁损承包地等特殊情形，需要适当调整承包的耕地和草地的，应当依照农村土地承包的法律规定办理。

第三百三十七条 承包期内发包人不得收回承包地。法律另有规定的，依照其规定。

第三百三十八条 承包地被征收的，土地承包经营权人有权依据本法第二百四十三条的规定获得相应补偿。

第三百三十九条 土地承包经营权人可以自主决定依法采取出租、入股或者其他方式向他人流转土地经营权。

第三百四十条 土地经营权人有权在合同约定的期限内占有农村土地，自主开展农业生产经营并取得收益。

第三百四十一条 流转期限为五年以上的土地经营权，自流转合同生效时设立。当事人可以向登记机构申请土地经营权登记；未经登记，不得对抗善意第三人。

第三百四十二条 通过招标、拍卖、公开协商等方式承包农村土地，经依法登记取得权属证书的，可以依法采取出租、入股、抵押或者其他方式流转土地经营权。

第三百四十三条 国家所有的农用地实行承包经营的，参照适用本编的有关规定。

第十二章 建设用地使用权

第三百四十四条 建设用地使用权人依法对国家所有的土地享有占有、使用和收益的权利，有权利用该土地建造建筑物、构筑物及其附属设施。

第三百四十五条 建设用地使用权可以在土地的地表、地上或者地下分别设立。

第三百四十六条 设立建设用地使用权，应当符合节约资源、保护生态环境的要求，遵守法律、行政法规关于土地用途的规定，不得损害已经设立的用益物权。

第三百四十七条 设立建设用地使用权，可以采取出让或者划拨等方式。

工业、商业、旅游、娱乐和商品住宅等经营性用地以及同一土地有两个以上意向用地者的，应当采取招标、拍卖等公开竞价的方式出让。

严格限制以划拨方式设立建设用地使用权。

第三百四十八条 通过招标、拍卖、协议等出让方式设立建设用地使用权的，当事人应当采用书面形式订立建设用地使用权出让合同。

建设用地使用权出让合同一般包括下列条款：

（一）当事人的名称和住所；

（二）土地界址、面积等；

（三）建筑物、构筑物及其附属设施占用的空间；

（四）土地用途、规划条件；

（五）建设用地使用权期限；

（六）出让金等费用及其支付方式；

（七）解决争议的方法。

第三百四十九条　设立建设用地使用权的，应当向登记机构申请建设用地使用权登记。建设用地使用权自登记时设立。登记机构应当向建设用地使用权人发放权属证书。

第三百五十条　建设用地使用权人应当合理利用土地，不得改变土地用途；需要改变土地用途的，应当依法经有关行政主管部门批准。

第三百五十一条　建设用地使用权人应当依照法律规定以及合同约定支付出让金等费用。

第三百五十二条　建设用地使用权人建造的建筑物、构筑物及其附属设施的所有权属于建设用地使用权人，但是有相反证据证明的除外。

第三百五十三条　建设用地使用权人有权将建设用地使用权转让、互换、出资、赠与或者抵押，但是法律另有规定的除外。

第三百五十四条　建设用地使用权转让、互换、出资、赠与或者抵押的，当事人应当采用书面形式订立相应的合同。使用期限由当事人约定，但是不得超过建设用地使用权的剩余期限。

第三百五十五条　建设用地使用权转让、互换、出资或者赠与的，应当向登记机构申请变更登记。

第三百五十六条　建设用地使用权转让、互换、出资或者赠与的，附着于该土地上的建筑物、构筑物及其附属设施一并处分。

第三百五十七条　建筑物、构筑物及其附属设施转让、互换、出资或者赠与的，该建筑物、构筑物及其附属设施占用范围内的建设用地使用权一并处分。

第三百五十八条　建设用地使用权期限届满前，因公共利益需要提前收回该土地的，应当依据本法第二百四十三条的规定对该土地上的房屋以及其他不动产给予补偿，并退还相应的出让金。

第三百五十九条　住宅建设用地使用权期限届满的，自动续期。续期费用的缴纳或者减免，依照法律、行政法规的规定办理。

非住宅建设用地使用权期限届满后的续期，依照法律规定办理。该土地上的房屋以及其他不动产的归属，有约定的，按照约定；没有约定或者约定不明确的，依照法律、行政法规的规定办理。

第三百六十条　建设用地使用权消灭的，出让人应当及时办理注销登记。登记机构应当收回权属证书。

第三百六十一条　集体所有的土地作为建设用地的，应当依照土地管理的法律规定办理。

第十三章　宅基地使用权

第三百六十二条　宅基地使用权人依法对集体所有的土地享有占有和使用的权利，有权依法利用该土地建造住宅及其附属设施。

第三百六十三条　宅基地使用权的取得、行使和转让，适用土地管理的法律和国家有关规定。

第三百六十四条　宅基地因自然灾害等原因灭失的，宅基地使用权消灭。对失去宅基地的村民，应当依法重新分配宅基地。

第三百六十五条　已经登记的宅基地使用权转让或者消灭的，应当及时办理变更登记或者注销登记。

第十四章　居 住 权

第三百六十六条　居住权人有权按照合同约定，对他人的住宅享有占有、使用的用益物权，以满足生活居住的需要。

第三百六十七条　设立居住权，当事人应当采用书面形式订立居住权合同。

居住权合同一般包括下列条款：

（一）当事人的姓名或者名称和住所；

（二）住宅的位置；

（三）居住的条件和要求；

（四）居住权期限；

（五）解决争议的方法。

第三百六十八条　居住权无偿设立，但是当事人另有约定的除外。设立居住权的，应当向登记机构申请居住权登记。居住权自登记时设立。

第三百六十九条　居住权不得转让、继承。设立居住权的住宅不得出租，但是当事人另有约定的除外。

第三百七十条　居住权期限届满或者居住权人死亡的，居住权消灭。居住权消灭的，应当及时办理注销登记。

第三百七十一条　以遗嘱方式设立居住权的，参照适用本章的有关规定。

第十五章 地役权

第三百七十二条 地役权人有权按照合同约定,利用他人的不动产,以提高自己的不动产的效益。

前款所称他人的不动产为供役地,自己的不动产为需役地。

第三百七十三条 设立地役权,当事人应当采用书面形式订立地役权合同。

地役权合同一般包括下列条款:

(一)当事人的姓名或者名称和住所;

(二)供役地和需役地的位置;

(三)利用目的和方法;

(四)地役权期限;

(五)费用及其支付方式;

(六)解决争议的方法。

第三百七十四条 地役权自地役权合同生效时设立。当事人要求登记的,可以向登记机构申请地役权登记;未经登记,不得对抗善意第三人。

第三百七十五条 供役地权利人应当按照合同约定,允许地役权人利用其不动产,不得妨害地役权人行使权利。

第三百七十六条 地役权人应当按照合同约定的利用目的和方法利用供役地,尽量减少对供役地权利人物权的限制。

第三百七十七条 地役权期限由当事人约定;但是,不得超过土地承包经营权、建设用地使用权等用益物权的剩余期限。

第三百七十八条 土地所有权人享有地役权或者负担地役权的,设立土地承包经营权、宅基地使用权等用益物权时,该用益物权人继续享有或者负担已经设立的地役权。

第三百七十九条 土地上已经设立土地承包经营权、建设用地使用权、宅基地使用权等用益物权的,未经用益物权人同意,土地所有权人不得设立地役权。

第三百八十条 地役权不得单独转让。土地承包经营权、建设用地使用权等转让的,地役权一并转让,但是合同另有约定的除外。

第三百八十一条 地役权不得单独抵押。土地经营权、建设用地使用权等抵押的,在实现抵押权时,地役权一并转让。

第三百八十二条 需役地以及需役地上的土地承包经营权、建设用地使用权等部分转让时,转让部分涉及地役权的,受让人同时享有地役权。

第三百八十三条 供役地以及供役地上的土地承包经营权、建设用地使用权等部分转让时,转让部分涉及地役权的,地役权对受让人具有法律约束力。

第三百八十四条 地役权人有下列情形之一的,供役地权利人有权解除地役权合同,地役权消灭:

(一)违反法律规定或者合同约定,滥用地役权;

(二)有偿利用供役地,约定的付款期限届满后在合理期限内经两次催告未支付费用。

第三百八十五条 已经登记的地役权变更、转让或者消灭的,应当及时办理变更登记或者注销登记。

第四分编 担保物权

第十六章 一般规定

第三百八十六条 担保物权人在债务人不履行到期债务或者发生当事人约定的实现担保物权的情形,依法享有就担保财产优先受偿的权利,但是法律另有规定的除外。

第三百八十七条 债权人在借贷、买卖等民事活动中,为保障实现其债权,需要担保的,可以依照本法和其他法律的规定设立担保物权。

第三人为债务人向债权人提供担保的,可以要求债务人提供反担保。反担保适用本法和其他法律的规定。

第三百八十八条 设立担保物权,应当依照本法和其他法律的规定订立担保合同。担保合同包括抵押合同、质押合同和其他具有担保功能的合同。担保合同是主债权债务合同的从合同。主债权债务合同无效的,担保合同无效,但是法律另有规定的除外。

担保合同被确认无效后,债务人、担保人、债权人有过错的,应当根据其过错各自承担相应的民事责任。

第三百八十九条 担保物权的担保范围包括主债权及其利息、违约金、损害赔偿金、保管担保财产和实现担保物权的费用。当事人另有约定的,按照其约定。

第三百九十条 担保期间,担保财产毁损、灭失或者被征收等,担保物权人可以就获得的保险金、赔偿金或者补偿金等优先受偿。被担保债权的履行期限未届满的,也可以提存该保险金、赔偿金或者补偿金等。

第三百九十一条 第三人提供担保,未经其书面同意,债权人允许债务人转移全部或者部分债务的,担保人不再承担相应的担保责任。

第三百九十二条 被担保的债权既有物的担保又有人的担保的,债务人不履行到期债务或者发生当事人约定的实现担保物权的情形,债权人应当按照约定实现债权;没有约定或者约定不明确,债务人自己提供物的担保的,债权人应当先就该物的担保实现债权;第三人提供物的担保的,债权人可以就物的担保实现债权,也可以请求保证人承担保证责任。提供担保的第三人承担担保责任后,有权向债务人追偿。

第三百九十三条 有下列情形之一的,担保物权消灭:

(一)主债权消灭;

(二)担保物权实现;

(三)债权人放弃担保物权;

(四)法律规定担保物权消灭的其他情形。

第十七章 抵押权

第一节 一般抵押权

第三百九十四条 为担保债务的履行,债务人或者第三人不转移财产的占有,将该财产抵押给债权人的,债务人不履行到期债务或者发生当事人约定的实现抵押权的情形,债权人有权就该财产优先受偿。

前款规定的债务人或者第三人为抵押人,债权人为抵押权人,提供担保的财产为抵押财产。

第三百九十五条 债务人或者第三人有权处分的下列财产可以抵押:

(一)建筑物和其他土地附着物;

(二)建设用地使用权;

(三)海域使用权;

(四)生产设备、原材料、半成品、产品;

(五)正在建造的建筑物、船舶、航空器;

(六)交通运输工具;

(七)法律、行政法规未禁止抵押的其他财产。

抵押人可以将前款所列财产一并抵押。

第三百九十六条 企业、个体工商户、农业生产经营者可以将现有的以及将有的生产设备、原材料、半成品、产品抵押,债务人不履行到期债务或者发生当事人约定的实现抵押权的情形,债权人有权就抵押财产确定时的动产优先受偿。

第三百九十七条 以建筑物抵押的,该建筑物占用范围内的建设用地使用权一并抵押。以建设用地使用权抵押的,该土地上的建筑物一并抵押。

抵押人未依据前款规定一并抵押的,未抵押的财产视为一并抵押。

第三百九十八条 乡镇、村企业的建设用地使用权不得单独抵押。以乡镇、村企业的厂房等建筑物抵押的,其占用范围内的建设用地使用权一并抵押。

第三百九十九条 下列财产不得抵押:

(一)土地所有权;

(二)宅基地、自留地、自留山等集体所有土地的使用权,但是法律规定可以抵押的除外;

(三)学校、幼儿园、医疗机构等为公益目的成立的非营利法人的教育设施、医疗卫生设施和其他公益设施;

(四)所有权、使用权不明或者有争议的财产;

(五)依法被查封、扣押、监管的财产;

(六)法律、行政法规规定不得抵押的其他财产。

第四百条 设立抵押权,当事人应当采用书面形式订立抵押合同。

抵押合同一般包括下列条款:

(一)被担保债权的种类和数额;

(二)债务人履行债务的期限;

(三)抵押财产的名称、数量等情况;

(四)担保的范围。

第四百零一条 抵押权人在债务履行期限届满前,与抵押人约定债务人不履行到期债务时抵押财产归债权人所有的,只能依法就抵押财产优先受偿。

第四百零二条 以本法第三百九十五条第一款第一项至第三项规定的财产或者第五项规定的正在建造的建筑物抵押的,应当办理抵押登记。抵押权自登记时设立。

第四百零三条 以动产抵押的,抵押权自抵押合同生效时设立;未经登记,不得对抗善意第三人。

第四百零四条 以动产抵押的,不得对抗正常经营活动中已经支付合理价款并取得抵押财产的买受人。

第四百零五条 抵押权设立前,抵押财产已经出租并转移占有的,原租赁关系不受该抵押权的影响。

第四百零六条　抵押期间，抵押人可以转让抵押财产。当事人另有约定的，按照其约定。抵押财产转让的，抵押权不受影响。

抵押人转让抵押财产的，应当及时通知抵押权人。抵押权人能够证明抵押财产转让可能损害抵押权的，可以请求抵押人将转让所得的价款向抵押权人提前清偿债务或者提存。转让的价款超过债权数额的部分归抵押人所有，不足部分由债务人清偿。

第四百零七条　抵押权不得与债权分离而单独转让或者作为其他债权的担保。债权转让的，担保该债权的抵押权一并转让，但是法律另有规定或者当事人另有约定的除外。

第四百零八条　抵押人的行为足以使抵押财产价值减少的，抵押权人有权请求抵押人停止其行为；抵押财产价值减少的，抵押权人有权请求恢复抵押财产的价值，或者提供与减少的价值相应的担保。抵押人不恢复抵押财产的价值，也不提供担保的，抵押权人有权请求债务人提前清偿债务。

第四百零九条　抵押权人可以放弃抵押权或者抵押权的顺位。抵押权人与抵押人可以协议变更抵押权顺位以及被担保的债权数额等内容。但是，抵押权的变更未经其他抵押权人书面同意的，不得对其他抵押权人产生不利影响。

债务人以自己的财产设定抵押，抵押权人放弃该抵押权、抵押权顺位或者变更抵押权的，其他担保人在抵押权人丧失优先受偿权益的范围内免除担保责任，但是其他担保人承诺仍然提供担保的除外。

第四百一十条　债务人不履行到期债务或者发生当事人约定的实现抵押权的情形，抵押权人可以与抵押人协议以抵押财产折价或者以拍卖、变卖该抵押财产所得的价款优先受偿。协议损害其他债权人利益的，其他债权人可以请求人民法院撤销该协议。

抵押权人与抵押人未就抵押权实现方式达成协议的，抵押权人可以请求人民法院拍卖、变卖抵押财产。

抵押财产折价或者变卖的，应当参照市场价格。

第四百一十一条　依据本法第三百九十六条规定设定抵押的，抵押财产自下列情形之一发生时确定：

（一）债务履行期限届满，债权未实现；

（二）抵押人被宣告破产或者解散；

（三）当事人约定的实现抵押权的情形；

（四）严重影响债权实现的其他情形。

第四百一十二条　债务人不履行到期债务或者发生当事人约定的实现抵押权的情形，致使抵押财产被人民法院依法扣押的，自扣押之日起，抵押权人有权收取该抵押财产的天然孳息或者法定孳息，但是抵押权人未通知应当清偿法定孳息义务人的除外。

前款规定的孳息应当先充抵收取孳息的费用。

第四百一十三条　抵押财产折价或者拍卖、变卖后，其价款超过债权数额的部分归抵押人所有，不足部分由债务人清偿。

第四百一十四条　同一财产向两个以上债权人抵押的，拍卖、变卖抵押财产所得的价款依照下列规定清偿：

（一）抵押权已经登记的，按照登记的时间先后确定清偿顺序；

（二）抵押权已经登记的先于未登记的受偿；

（三）抵押权未登记的，按照债权比例清偿。

其他可以登记的担保物权，清偿顺序参照适用前款规定。

第四百一十五条　同一财产既设立抵押权又设立质权的，拍卖、变卖该财产所得的价款按照登记、交付的时间先后确定清偿顺序。

第四百一十六条　动产抵押担保的主债权是抵押物的价款，标的物交付后十日内办理抵押登记的，该抵押权人优先于抵押物买受人的其他担保物权人受偿，但是留置权人除外。

第四百一十七条　建设用地使用权抵押后，该土地上新增的建筑物不属于抵押财产。该建设用地使用权实现抵押权时，应当将该土地上新增的建筑物与建设用地使用权一并处分。但是，新增建筑物所得的价款，抵押权人无权优先受偿。

第四百一十八条　以集体所有土地的使用权依法抵押的，实现抵押权后，未经法定程序，不得改变土地所有权的性质和土地用途。

第四百一十九条　抵押权人应当在主债权诉讼时效期间行使抵押权；未行使的，人民法院不予保护。

第二节　最高额抵押权

第四百二十条　为担保债务的履行，债务人或者第三人对一定期间内将要连续发生的债权提供担保财产的，债务人不履行到期债务或者发生当事人约定的实现抵押权的情形，抵押权人有权在最高债权额限度内就该担保财产优先受偿。

最高额抵押权设立前已经存在的债权，经当事人同意，可以转入最高额抵押担保的债权范围。

第四百二十一条 最高额抵押担保的债权确定前，部分债权转让的，最高额抵押权不得转让，但是当事人另有约定的除外。

第四百二十二条 最高额抵押担保的债权确定前，抵押权人与抵押人可以通过协议变更债权确定的期间、债权范围以及最高债权额。但是，变更的内容不得对其他抵押权人产生不利影响。

第四百二十三条 有下列情形之一的，抵押权人的债权确定：

（一）约定的债权确定期间届满；

（二）没有约定债权确定期间或者约定不明确，抵押权人或者抵押人自最高额抵押权设立之日起满二年后请求确定债权；

（三）新的债权不可能发生；

（四）抵押权人知道或者应当知道抵押财产被查封、扣押；

（五）债务人、抵押人被宣告破产或者解散；

（六）法律规定债权确定的其他情形。

第四百二十四条 最高额抵押权除适用本节规定外，适用本章第一节的有关规定。

第十八章 质 权

第一节 动产质权

第四百二十五条 为担保债务的履行，债务人或者第三人将其动产出质给债权人占有的，债务人不履行到期债务或者发生当事人约定的实现质权的情形，债权人有权就该动产优先受偿。

前款规定的债务人或者第三人为出质人，债权人为质权人，交付的动产为质押财产。

第四百二十六条 法律、行政法规禁止转让的动产不得出质。

第四百二十七条 设立质权，当事人应当采用书面形式订立质押合同。

质押合同一般包括下列条款：

（一）被担保债权的种类和数额；

（二）债务人履行债务的期限；

（三）质押财产的名称、数量等情况；

（四）担保的范围；

（五）质押财产交付的时间、方式。

第四百二十八条 质权人在债务履行期限届满前，与出质人约定债务人不履行到期债务时质押财产归债权人所有的，只能依法就质押财产优先受偿。

第四百二十九条 质权自出质人交付质押财产时设立。

第四百三十条 质权人有权收取质押财产的孳息，但是合同另有约定的除外。

前款规定的孳息应当先充抵收取孳息的费用。

第四百三十一条 质权人在质权存续期间，未经出质人同意，擅自使用、处分质押财产，造成出质人损害的，应当承担赔偿责任。

第四百三十二条 质权人负有妥善保管质押财产的义务；因保管不善致使质押财产毁损、灭失的，应当承担赔偿责任。

质权人的行为可能使质押财产毁损、灭失的，出质人可以请求质权人将质押财产提存，或者请求提前清偿债务并返还质押财产。

第四百三十三条 因不可归责于质权人的事由可能使质押财产毁损或者价值明显减少，足以危害质权人权利的，质权人有权请求出质人提供相应的担保；出质人不提供的，质权人可以拍卖、变卖质押财产，并与出质人协议将拍卖、变卖所得的价款提前清偿债务或者提存。

第四百三十四条 质权人在质权存续期间，未经出质人同意转质，造成质押财产毁损、灭失的，应当承担赔偿责任。

第四百三十五条 质权人可以放弃质权。债务人以自己的财产出质，质权人放弃该质权的，其他担保人在质权人丧失优先受偿权益的范围内免除担保责任，但是其他担保人承诺仍然提供担保的除外。

第四百三十六条 债务人履行债务或者出质人提前清偿所担保的债权的，质权人应当返还质押财产。

债务人不履行到期债务或者发生当事人约定的实现质权的情形，质权人可以与出质人协议以质押财产折价，也可以就拍卖、变卖质押财产所得的价款优先受偿。

质押财产折价或者变卖的，应当参照市场价格。

第四百三十七条 出质人可以请求质权人在债务履行期限届满后及时行使质权；质权人不行使的，出质人可以请求人民法院拍卖、变卖质押财产。

出质人请求质权人及时行使质权，因质权人怠于行使权利造成出质人损害的，由质权人承担赔偿责任。

第四百三十八条 质押财产折价或者拍卖、变卖后，其价款超过债权数额的部分归出质人所有，不足部分由债务人清偿。

第四百三十九条　出质人与质权人可以协议设立最高额质权。

最高额质权除适用本节有关规定外，参照适用本编第十七章第二节的有关规定。

第二节　权利质权

第四百四十条　债务人或者第三人有权处分的下列权利可以出质：

（一）汇票、本票、支票；

（二）债券、存款单；

（三）仓单、提单；

（四）可以转让的基金份额、股权；

（五）可以转让的注册商标专用权、专利权、著作权等知识产权中的财产权；

（六）现有的以及将有的应收账款；

（七）法律、行政法规规定可以出质的其他财产权利。

第四百四十一条　以汇票、本票、支票、债券、存款单、仓单、提单出质的，质权自权利凭证交付质权人时设立；没有权利凭证的，质权自办理出质登记时设立。法律另有规定的，依照其规定。

第四百四十二条　汇票、本票、支票、债券、存款单、仓单、提单的兑现日期或者提货日期先于主债权到期的，质权人可以兑现或者提货，并与出质人协议将兑现的价款或者提取的货物提前清偿债务或者提存。

第四百四十三条　以基金份额、股权出质的，质权自办理出质登记时设立。

基金份额、股权出质后，不得转让，但是出质人与质权人协商同意的除外。出质人转让基金份额、股权所得的价款，应当向质权人提前清偿债务或者提存。

第四百四十四条　以注册商标专用权、专利权、著作权等知识产权中的财产权出质的，质权自办理出质登记时设立。

知识产权中的财产权出质后，出质人不得转让或者许可他人使用，但是出质人与质权人协商同意的除外。出质人转让或者许可他人使用出质的知识产权中的财产权所得的价款，应当向质权人提前清偿债务或者提存。

第四百四十五条　以应收账款出质的，质权自办理出质登记时设立。

应收账款出质后，不得转让，但是出质人与质权人协商同意的除外。出质人转让应收账款所得的价款，应当向质权人提前清偿债务或者提存。

第四百四十六条　权利质权除适用本节规定外，适用本章第一节的有关规定。

第十九章　留　置　权

第四百四十七条　债务人不履行到期债务，债权人可以留置已经合法占有的债务人的动产，并有权就该动产优先受偿。

前款规定的债权人为留置权人，占有的动产为留置财产。

第四百四十八条　债权人留置的动产，应当与债权属于同一法律关系，但是企业之间留置的除外。

第四百四十九条　法律规定或者当事人约定不得留置的动产，不得留置。

第四百五十条　留置财产为可分物的，留置财产的价值应当相当于债务的金额。

第四百五十一条　留置权人负有妥善保管留置财产的义务；因保管不善致使留置财产毁损、灭失的，应当承担赔偿责任。

第四百五十二条　留置权人有权收取留置财产的孳息。

前款规定的孳息应当先充抵收取孳息的费用。

第四百五十三条　留置权人与债务人应当约定留置财产后的债务履行期限；没有约定或者约定不明确的，留置权人应当给债务人六十日以上履行债务的期限，但是鲜活易腐等不易保管的动产除外。债务人逾期未履行的，留置权人可以与债务人协议以留置财产折价，也可以就拍卖、变卖留置财产所得的价款优先受偿。

留置财产折价或者变卖的，应当参照市场价格。

第四百五十四条　债务人可以请求留置权人在债务履行期限届满后行使留置权；留置权人不行使的，债务人可以请求人民法院拍卖、变卖留置财产。

第四百五十五条　留置财产折价或者拍卖、变卖后，其价款超过债权数额的部分归债务人所有，不足部分由债务人清偿。

第四百五十六条　同一动产上已经设立抵押权或者质权，该动产又被留置的，留置权人优先受偿。

第四百五十七条　留置权人对留置财产丧失占有或者留置权人接受债务人另行提供担保的，留置权消灭。

第五分编　占　有

第二十章　占　　有

第四百五十八条　基于合同关系等产生的占有,有关不动产或者动产的使用、收益、违约责任等,按照合同约定;合同没有约定或者约定不明确的,依照有关法律规定。

第四百五十九条　占有人因使用占有的不动产或者动产,致使该不动产或者动产受到损害的,恶意占有人应当承担赔偿责任。

第四百六十条　不动产或者动产被占有人占有的,权利人可以请求返还原物及其孳息;但是,应当支付善意占有人因维护该不动产或者动产支出的必要费用。

第四百六十一条　占有的不动产或者动产毁损、灭失,该不动产或者动产的权利人请求赔偿的,占有人应当将因毁损、灭失取得的保险金、赔偿金或者补偿金等返还给权利人;权利人的损害未得到足够弥补的,恶意占有人还应当赔偿损失。

第四百六十二条　占有的不动产或者动产被侵占的,占有人有权请求返还原物;对妨害占有的行为,占有人有权请求排除妨害或者消除危险;因侵占或者妨害造成损害的,占有人有权依法请求损害赔偿。

占有人返还原物的请求权,自侵占发生之日起一年内未行使的,该请求权消灭。

第三编　合　　同

第一分编　通　　则

第一章　一般规定

第四百六十三条　本编调整因合同产生的民事关系。

第四百六十四条　合同是民事主体之间设立、变更、终止民事法律关系的协议。

婚姻、收养、监护等有关身份关系的协议,适用有关该身份关系的法律规定;没有规定的,可以根据其性质参照适用本编规定。

第四百六十五条　依法成立的合同,受法律保护。

依法成立的合同,仅对当事人具有法律约束力,但是法律另有规定的除外。

第四百六十六条　当事人对合同条款的理解有争议的,应当依据本法第一百四十二条第一款的规定,确定争议条款的含义。

合同文本采用两种以上文字订立并约定具有同等效力的,对各文本使用的词句推定具有相同含义。各文本使用的词句不一致的,应当根据合同的相关条款、性质、目的以及诚信原则等予以解释。

第四百六十七条　本法或者其他法律没有明文规定的合同,适用本编通则的规定,并可以参照适用本编或者其他法律最相类似合同的规定。

在中华人民共和国境内履行的中外合资经营企业合同、中外合作经营企业合同、中外合作勘探开发自然资源合同,适用中华人民共和国法律。

第四百六十八条　非因合同产生的债权债务关系,适用有关该债权债务关系的法律规定;没有规定的,适用本编通则的有关规定,但是根据其性质不能适用的除外。

第二章　合同的订立

第四百六十九条　当事人订立合同,可以采用书面形式、口头形式或者其他形式。

书面形式是合同书、信件、电报、电传、传真等可以有形地表现所载内容的形式。

以电子数据交换、电子邮件等方式能够有形地表现所载内容,并可以随时调取查用的数据电文,视为书面形式。

第四百七十条　合同的内容由当事人约定,一般包括下列条款:

(一)当事人的姓名或者名称和住所;

(二)标的;

(三)数量;

(四)质量;

(五)价款或者报酬;

(六)履行期限、地点和方式;

(七)违约责任;

(八)解决争议的方法。

当事人可以参照各类合同的示范文本订立合同。

第四百七十一条　当事人订立合同,可以采取要约、承诺方式或者其他方式。

第四百七十二条　要约是希望与他人订立合同的意思表示,该意思表示应当符合下列条件:

(一)内容具体确定;

(二)表明经受要约人承诺,要约人即受该意思表示约束。

第四百七十三条 要约邀请是希望他人向自己发出要约的表示。拍卖公告、招标公告、招股说明书、债券募集办法、基金招募说明书、商业广告和宣传、寄送的价目表等为要约邀请。

商业广告和宣传的内容符合要约条件的,构成要约。

第四百七十四条 要约生效的时间适用本法第一百三十七条的规定。

第四百七十五条 要约可以撤回。要约的撤回适用本法第一百四十一条的规定。

第四百七十六条 要约可以撤销,但是有下列情形之一的除外:

(一)要约人以确定承诺期限或者其他形式明示要约不可撤销;

(二)受要约人有理由认为要约是不可撤销的,并已经为履行合同做了合理准备工作。

第四百七十七条 撤销要约的意思表示以对话方式作出的,该意思表示的内容应当在受要约人作出承诺之前为受要约人所知道;撤销要约的意思表示以非对话方式作出的,应当在受要约人作出承诺之前到达受要约人。

第四百七十八条 有下列情形之一的,要约失效:

(一)要约被拒绝;

(二)要约被依法撤销;

(三)承诺期限届满,受要约人未作出承诺;

(四)受要约人对要约的内容作出实质性变更。

第四百七十九条 承诺是受要约人同意要约的意思表示。

第四百八十条 承诺应当以通知的方式作出;但是,根据交易习惯或者要约表明可以通过行为作出承诺的除外。

第四百八十一条 承诺应当在要约确定的期限内到达要约人。

要约没有确定承诺期限的,承诺应当依照下列规定到达:

(一)要约以对话方式作出的,应当即时作出承诺;

(二)要约以非对话方式作出的,承诺应当在合理期限内到达。

第四百八十二条 要约以信件或者电报作出的,承诺期限自信件载明的日期或者电报交发之日开始计算。信件未载明日期的,自投寄该信件的邮戳日期开始计算。要约以电话、传真、电子邮件等快速通讯方式作出的,承诺期限自要约到达受要约人时开始计算。

第四百八十三条 承诺生效时合同成立,但是法律另有规定或者当事人另有约定的除外。

第四百八十四条 以通知方式作出的承诺,生效的时间适用本法第一百三十七条的规定。

承诺不需要通知的,根据交易习惯或者要约的要求作出承诺的行为时生效。

第四百八十五条 承诺可以撤回。承诺的撤回适用本法第一百四十一条的规定。

第四百八十六条 受要约人超过承诺期限发出承诺,或者在承诺期限内发出承诺,按照通常情形不能及时到达要约人的,为新要约;但是,要约人及时通知受要约人该承诺有效的除外。

第四百八十七条 受要约人在承诺期限内发出承诺,按照通常情形能够及时到达要约人,但是因其他原因致使承诺到达要约人时超过承诺期限的,除要约人及时通知受要约人因承诺超过期限不接受该承诺外,该承诺有效。

第四百八十八条 承诺的内容应当与要约的内容一致。受要约人对要约的内容作出实质性变更的,为新要约。有关合同标的、数量、质量、价款或者报酬、履行期限、履行地点和方式、违约责任和解决争议方法等的变更,是对要约内容的实质性变更。

第四百八十九条 承诺对要约的内容作出非实质性变更的,除要约人及时表示反对或者要约表明承诺不得对要约的内容作出任何变更外,该承诺有效,合同的内容以承诺的内容为准。

第四百九十条 当事人采用合同书形式订立合同的,自当事人均签名、盖章或者按指印时合同成立。在签名、盖章或者按指印之前,当事人一方已经履行主要义务,对方接受时,该合同成立。

法律、行政法规规定或者当事人约定合同应当采用书面形式订立,当事人未采用书面形式但是一方已经履行主要义务,对方接受时,该合同成立。

第四百九十一条 当事人采用信件、数据电文等形式订立合同要求签订确认书的,签订确认书时合同成立。

当事人一方通过互联网等信息网络发布的商品或者服务信息符合要约条件的,对方选择该商品或者服务并提交订单成功时合同成立,但是当事人另有约定的除外。

第四百九十二条 承诺生效的地点为合同成

立的地点。

采用数据电文形式订立合同的，收件人的主营业地为合同成立的地点；没有主营业地的，其住所地为合同成立的地点。当事人另有约定的，按照其约定。

第四百九十三条 当事人采用合同书形式订立合同的，最后签名、盖章或者按指印的地点为合同成立的地点，但是当事人另有约定的除外。

第四百九十四条 国家根据抢险救灾、疫情防控或者其他需要下达国家订货任务、指令性任务的，有关民事主体之间应当依照有关法律、行政法规规定的权利和义务订立合同。

依照法律、行政法规的规定负有发出要约义务的当事人，应当及时发出合理的要约。

依照法律、行政法规的规定负有作出承诺义务的当事人，不得拒绝对方合理的订立合同要求。

第四百九十五条 当事人约定在将来一定期限内订立合同的认购书、订购书、预订书等，构成预约合同。

当事人一方不履行预约合同约定的订立合同义务的，对方可以请求其承担预约合同的违约责任。

第四百九十六条 格式条款是当事人为了重复使用而预先拟定，并在订立合同时未与对方协商的条款。

采用格式条款订立合同的，提供格式条款的一方应当遵循公平原则确定当事人之间的权利和义务，并采取合理的方式提示对方注意免除或者减轻其责任等与对方有重大利害关系的条款，按照对方的要求，对该条款予以说明。提供格式条款的一方未履行提示或者说明义务，致使对方没有注意或者理解与其有重大利害关系的条款的，对方可以主张该条款不成为合同的内容。

第四百九十七条 有下列情形之一的，该格式条款无效：

（一）具有本法第一编第六章第三节和本法第五百零六条规定的无效情形；

（二）提供格式条款一方不合理地免除或者减轻其责任、加重对方责任、限制对方主要权利；

（三）提供格式条款一方排除对方主要权利。

第四百九十八条 对格式条款的理解发生争议的，应当按照通常理解予以解释。对格式条款有两种以上解释的，应当作出不利于提供格式条款一方的解释。格式条款和非格式条款不一致的，应当采用非格式条款。

第四百九十九条 悬赏人以公开方式声明对完成特定行为的人支付报酬的，完成该行为的人可以请求其支付。

第五百条 当事人在订立合同过程中有下列情形之一，造成对方损失的，应当承担赔偿责任：

（一）假借订立合同，恶意进行磋商；

（二）故意隐瞒与订立合同有关的重要事实或者提供虚假情况；

（三）有其他违背诚信原则的行为。

第五百零一条 当事人在订立合同过程中知悉的商业秘密或者其他应当保密的信息，无论合同是否成立，不得泄露或者不正当地使用；泄露、不正当地使用该商业秘密或者信息，造成对方损失的，应当承担赔偿责任。

第三章 合同的效力

第五百零二条 依法成立的合同，自成立时生效，但是法律另有规定或者当事人另有约定的除外。

依照法律、行政法规的规定，合同应当办理批准等手续的，依照其规定。未办理批准等手续影响合同生效的，不影响合同中履行报批等义务条款以及相关条款的效力。应当办理申请批准等手续的当事人未履行义务的，对方可以请求其承担违反该义务的责任。

依照法律、行政法规的规定，合同的变更、转让、解除等情形应当办理批准等手续的，适用前款规定。

第五百零三条 无权代理人以被代理人的名义订立合同，被代理人已经开始履行合同义务或者接受相对人履行的，视为对合同的追认。

第五百零四条 法人的法定代表人或者非法人组织的负责人超越权限订立的合同，除相对人知道或者应当知道其超越权限外，该代表行为有效，订立的合同对法人或者非法人组织发生效力。

第五百零五条 当事人超越经营范围订立的合同的效力，应当依照本法第一编第六章第三节和本编的有关规定确定，不得仅以超越经营范围确认合同无效。

第五百零六条 合同中的下列免责条款无效：

（一）造成对方人身损害的；

（二）因故意或者重大过失造成对方财产损失的。

第五百零七条 合同不生效、无效、被撤销或者终止的，不影响合同中有关解决争议方法的条款的效力。

第五百零八条　本编对合同的效力没有规定的,适用本法第一编第六章的有关规定。

第四章　合同的履行

第五百零九条　当事人应当按照约定全面履行自己的义务。

当事人应当遵循诚信原则,根据合同的性质、目的和交易习惯履行通知、协助、保密等义务。

当事人在履行合同过程中,应当避免浪费资源、污染环境和破坏生态。

第五百一十条　合同生效后,当事人就质量、价款或者报酬、履行地点等内容没有约定或者约定不明确的,可以协议补充;不能达成补充协议的,按照合同相关条款或者交易习惯确定。

第五百一十一条　当事人就有关合同内容约定不明确,依据前条规定仍不能确定的,适用下列规定:

(一)质量要求不明确的,按照强制性国家标准履行;没有强制性国家标准的,按照推荐性国家标准履行;没有推荐性国家标准的,按照行业标准履行;没有国家标准、行业标准的,按照通常标准或者符合合同目的的特定标准履行。

(二)价款或者报酬不明确的,按照订立合同时履行地的市场价格履行;依法应当执行政府定价或者政府指导价的,依照规定履行。

(三)履行地点不明确,给付货币的,在接受货币一方所在地履行;交付不动产的,在不动产所在地履行;其他标的,在履行义务一方所在地履行。

(四)履行期限不明确的,债务人可以随时履行,债权人也可以随时请求履行,但是应当给对方必要的准备时间。

(五)履行方式不明确的,按照有利于实现合同目的的方式履行。

(六)履行费用的负担不明确的,由履行义务一方负担;因债权人原因增加的履行费用,由债权人负担。

第五百一十二条　通过互联网等信息网络订立的电子合同的标的为交付商品并采用快递物流方式交付的,收货人的签收时间为交付时间。电子合同的标的为提供服务的,生成的电子凭证或者实物凭证中载明的时间为提供服务时间;前述凭证没有载明时间或者载明时间与实际提供服务时间不一致的,以实际提供服务的时间为准。

电子合同的标的物为采用在线传输方式交付的,合同标的物进入对方当事人指定的特定系统且能够检索识别的时间为交付时间。

电子合同当事人对交付商品或者提供服务的方式、时间另有约定的,按照其约定。

第五百一十三条　执行政府定价或者政府指导价的,在合同约定的交付期限内政府价格调整时,按照交付时的价格计价。逾期交付标的物的,遇价格上涨时,按照原价格执行;价格下降时,按照新价格执行。逾期提取标的物或者逾期付款的,遇价格上涨时,按照新价格执行;价格下降时,按照原价格执行。

第五百一十四条　以支付金钱为内容的债,除法律另有规定或者当事人另有约定外,债权人可以请求债务人以实际履行地的法定货币履行。

第五百一十五条　标的有多项而债务人只需履行其中一项的,债务人享有选择权;但是,法律另有规定、当事人另有约定或者另有交易习惯的除外。

享有选择权的当事人在约定期限内或者履行期限届满未作选择,经催告后在合理期限内仍未选择的,选择权转移至对方。

第五百一十六条　当事人行使选择权应当及时通知对方,通知到达对方时,标的确定。标的确定后不得变更,但是经对方同意的除外。

可选择的标的发生不能履行情形的,享有选择权的当事人不得选择不能履行的标的,但是该不能履行的情形是由对方造成的除外。

第五百一十七条　债权人为二人以上,标的可分,按照份额各自享有债权的,为按份债权;债务人为二人以上,标的可分,按照份额各自负担债务的,为按份债务。

按份债权人或者按份债务人的份额难以确定的,视为份额相同。

第五百一十八条　债权人为二人以上,部分或者全部债权人均可以请求债务人履行债务的,为连带债权;债务人为二人以上,债权人可以请求部分或者全部债务人履行全部债务的,为连带债务。

连带债权或者连带债务,由法律规定或者当事人约定。

第五百一十九条　连带债务人之间的份额难以确定的,视为份额相同。

实际承担债务超过自己份额的连带债务人,有权就超出部分在其他连带债务人未履行的份额范围内向其追偿,并相应地享有债权人的权利,但是不得损害债权人的利益。其他连带债务人对债权人的抗辩,可以向该债务人主张。

被追偿的连带债务人不能履行其应分担份额的，其他连带债务人应当在相应范围内按比例分担。

第五百二十条 部分连带债务人履行、抵销债务或者提存标的物的，其他债务人对债权人的债务在相应范围内消灭；该债务人可以依据前条规定向其他债务人追偿。

部分连带债务人的债务被债权人免除的，在该连带债务人应当承担的份额范围内，其他债务人对债权人的债务消灭。

部分连带债务人的债务与债权人的债权同归于一人的，在扣除该债务人应当承担的份额后，债权人对其他债务人的债权继续存在。

债权人对部分连带债务人的给付受领迟延的，对其他连带债务人发生效力。

第五百二十一条 连带债权人之间的份额难以确定的，视为份额相同。

实际受领债权的连带债权人，应当按比例向其他连带债权人返还。

连带债权参照适用本章连带债务的有关规定。

第五百二十二条 当事人约定由债务人向第三人履行债务，债务人未向第三人履行债务或者履行债务不符合约定的，应当向债权人承担违约责任。

法律规定或者当事人约定第三人可以直接请求债务人向其履行债务，第三人未在合理期限内明确拒绝，债务人未向第三人履行债务或者履行债务不符合约定的，第三人可以请求债务人承担违约责任；债务人对债权人的抗辩，可以向第三人主张。

第五百二十三条 当事人约定由第三人向债权人履行债务，第三人不履行债务或者履行债务不符合约定的，债务人应当向债权人承担违约责任。

第五百二十四条 债务人不履行债务，第三人对履行该债务具有合法利益的，第三人有权向债权人代为履行；但是，根据债务性质、按照当事人约定或者依照法律规定只能由债务人履行的除外。

债权人接受第三人履行后，其对债务人的债权转让给第三人，但是债务人和第三人另有约定的除外。

第五百二十五条 当事人互负债务，没有先后履行顺序的，应当同时履行。一方在对方履行之前有权拒绝其履行请求。一方在对方履行债务不符合约定时，有权拒绝其相应的履行请求。

第五百二十六条 当事人互负债务，有先后履行顺序，应当先履行债务一方未履行的，后履行一方有权拒绝其履行请求。先履行一方履行债务不符合约定的，后履行一方有权拒绝其相应的履行请求。

第五百二十七条 应当先履行债务的当事人，有确切证据证明对方有下列情形之一的，可以中止履行：

（一）经营状况严重恶化；

（二）转移财产、抽逃资金，以逃避债务；

（三）丧失商业信誉；

（四）有丧失或者可能丧失履行债务能力的其他情形。

当事人没有确切证据中止履行的，应当承担违约责任。

第五百二十八条 当事人依据前条规定中止履行的，应当及时通知对方。对方提供适当担保的，应当恢复履行。中止履行后，对方在合理期限内未恢复履行能力且未提供适当担保的，视为以自己的行为表明不履行主要债务，中止履行的一方可以解除合同并可以请求对方承担违约责任。

第五百二十九条 债权人分立、合并或者变更住所没有通知债务人，致使履行债务发生困难的，债务人可以中止履行或者将标的物提存。

第五百三十条 债权人可以拒绝债务人提前履行债务，但是提前履行不损害债权人利益的除外。

债务人提前履行债务给债权人增加的费用，由债务人负担。

第五百三十一条 债权人可以拒绝债务人部分履行债务，但是部分履行不损害债权人利益的除外。

债务人部分履行债务给债权人增加的费用，由债务人负担。

第五百三十二条 合同生效后，当事人不得因姓名、名称的变更或者法定代表人、负责人、承办人的变动而不履行合同义务。

第五百三十三条 合同成立后，合同的基础条件发生了当事人在订立合同时无法预见的、不属于商业风险的重大变化，继续履行合同对于当事人一方明显不公平的，受不利影响的当事人可以与对方重新协商；在合理期限内协商不成的，当事人可以请求人民法院或者仲裁机构变更或者解除合同。

人民法院或者仲裁机构应当结合案件的实际情况，根据公平原则变更或者解除合同。

第五百三十四条 对当事人利用合同实施危害国家利益、社会公共利益行为的，市场监督管理和其他有关行政主管部门依照法律、行政法规的规定负责监督处理。

第五章　合同的保全

第五百三十五条　因债务人怠于行使其债权或者与该债权有关的从权利，影响债权人的到期债权实现的，债权人可以向人民法院请求以自己的名义代位行使债务人对相对人的权利，但是该权利专属于债务人自身的除外。

代位权的行使范围以债权人的到期债权为限。债权人行使代位权的必要费用，由债务人负担。

相对人对债务人的抗辩，可以向债权人主张。

第五百三十六条　债权人的债权到期前，债务人的债权或者与该债权有关的从权利存在诉讼时效期间即将届满或者未及时申报破产债权等情形，影响债权人的债权实现的，债权人可以代位向债务人的相对人请求其向债务人履行、向破产管理人申报或者作出其他必要的行为。

第五百三十七条　人民法院认定代位权成立的，由债务人的相对人向债权人履行义务，债权人接受履行后，债权人与债务人、债务人与相对人之间相应的权利义务终止。债务人对相对人的债权或者与该债权有关的从权利被采取保全、执行措施，或者债务人破产的，依照相关法律的规定处理。

第五百三十八条　债务人以放弃其债权、放弃债权担保、无偿转让财产等方式无偿处分财产权益，或者恶意延长其到期债权的履行期限，影响债权人的债权实现的，债权人可以请求人民法院撤销债务人的行为。

第五百三十九条　债务人以明显不合理的低价转让财产、以明显不合理的高价受让他人财产或者为他人的债务提供担保，影响债权人的债权实现，债务人的相对人知道或者应当知道该情形的，债权人可以请求人民法院撤销债务人的行为。

第五百四十条　撤销权的行使范围以债权人的债权为限。债权人行使撤销权的必要费用，由债务人负担。

第五百四十一条　撤销权自债权人知道或者应当知道撤销事由之日起一年内行使。自债务人的行为发生之日起五年内没有行使撤销权的，该撤销权消灭。

第五百四十二条　债务人影响债权人的债权实现的行为被撤销的，自始没有法律约束力。

第六章　合同的变更和转让

第五百四十三条　当事人协商一致，可以变更合同。

第五百四十四条　当事人对合同变更的内容约定不明确的，推定为未变更。

第五百四十五条　债权人可以将债权的全部或者部分转让给第三人，但是有下列情形之一的除外：

（一）根据债权性质不得转让；

（二）按照当事人约定不得转让；

（三）依照法律规定不得转让。

当事人约定非金钱债权不得转让的，不得对抗善意第三人。当事人约定金钱债权不得转让的，不得对抗第三人。

第五百四十六条　债权人转让债权，未通知债务人的，该转让对债务人不发生效力。

债权转让的通知不得撤销，但是经受让人同意的除外。

第五百四十七条　债权人转让债权的，受让人取得与债权有关的从权利，但是该从权利专属于债权人自身的除外。

受让人取得从权利不因该从权利未办理转移登记手续或者未转移占有而受到影响。

第五百四十八条　债务人接到债权转让通知后，债务人对让与人的抗辩，可以向受让人主张。

第五百四十九条　有下列情形之一的，债务人可以向受让人主张抵销：

（一）债务人接到债权转让通知时，债务人对让与人享有债权，且债务人的债权先于转让的债权到期或者同时到期；

（二）债务人的债权与转让的债权是基于同一合同产生。

第五百五十条　因债权转让增加的履行费用，由让与人负担。

第五百五十一条　债务人将债务的全部或者部分转移给第三人的，应当经债权人同意。

债务人或者第三人可以催告债权人在合理期限内予以同意，债权人未作表示的，视为不同意。

第五百五十二条　第三人与债务人约定加入债务并通知债权人，或者第三人向债权人表示愿意加入债务，债权人未在合理期限内明确拒绝的，债权人可以请求第三人在其愿意承担的债务范围内和债务人承担连带债务。

第五百五十三条　债务人转移债务的，新债务人可以主张原债务人对债权人的抗辩；原债务人对债权人享有债权的，新债务人不得向债权人主张抵销。

第五百五十四条 债务人转移债务的，新债务人应当承担与主债务有关的从债务，但是该从债务专属于原债务人自身的除外。

第五百五十五条 当事人一方经对方同意，可以将自己在合同中的权利和义务一并转让给第三人。

第五百五十六条 合同的权利和义务一并转让的，适用债权转让、债务转移的有关规定。

第七章 合同的权利义务终止

第五百五十七条 有下列情形之一的，债权债务终止：

（一）债务已经履行；

（二）债务相互抵销；

（三）债务人依法将标的物提存；

（四）债权人免除债务；

（五）债权债务同归于一人；

（六）法律规定或者当事人约定终止的其他情形。

合同解除的，该合同的权利义务关系终止。

第五百五十八条 债权债务终止后，当事人应当遵循诚信等原则，根据交易习惯履行通知、协助、保密、旧物回收等义务。

第五百五十九条 债权债务终止时，债权的从权利同时消灭，但是法律另有规定或者当事人另有约定的除外。

第五百六十条 债务人对同一债权人负担的数项债务种类相同，债务人的给付不足以清偿全部债务的，除当事人另有约定外，由债务人在清偿时指定其履行的债务。

债务人未作指定的，应当优先履行已经到期的债务；数项债务均到期的，优先履行对债权人缺乏担保或者担保最少的债务；均无担保或者担保相等的，优先履行债务人负担较重的债务；负担相同的，按照债务到期的先后顺序履行；到期时间相同的，按照债务比例履行。

第五百六十一条 债务人在履行主债务外还应当支付利息和实现债权的有关费用，其给付不足以清偿全部债务的，除当事人另有约定外，应当按照下列顺序履行：

（一）实现债权的有关费用；

（二）利息；

（三）主债务。

第五百六十二条 当事人协商一致，可以解除合同。

当事人可以约定一方解除合同的事由。解除合同的事由发生时，解除权人可以解除合同。

第五百六十三条 有下列情形之一的，当事人可以解除合同：

（一）因不可抗力致使不能实现合同目的；

（二）在履行期限届满前，当事人一方明确表示或者以自己的行为表明不履行主要债务；

（三）当事人一方迟延履行主要债务，经催告后在合理期限内仍未履行；

（四）当事人一方迟延履行债务或者有其他违约行为致使不能实现合同目的；

（五）法律规定的其他情形。

以持续履行的债务为内容的不定期合同，当事人可以随时解除合同，但是应当在合理期限之前通知对方。

第五百六十四条 法律规定或者当事人约定解除权行使期限，期限届满当事人不行使的，该权利消灭。

法律没有规定或者当事人没有约定解除权行使期限，自解除权人知道或者应当知道解除事由之日起一年内不行使，或者经对方催告后在合理期限内不行使的，该权利消灭。

第五百六十五条 当事人一方依法主张解除合同的，应当通知对方。合同自通知到达对方时解除；通知载明债务人在一定期限内不履行债务则合同自动解除，债务人在该期限内未履行债务的，合同自通知载明的期限届满时解除。对方对解除合同有异议的，任何一方当事人均可以请求人民法院或者仲裁机构确认解除行为的效力。

当事人一方未通知对方，直接以提起诉讼或者申请仲裁的方式依法主张解除合同，人民法院或者仲裁机构确认该主张的，合同自起诉状副本或者仲裁申请书副本送达对方时解除。

第五百六十六条 合同解除后，尚未履行的，终止履行；已经履行的，根据履行情况和合同性质，当事人可以请求恢复原状或者采取其他补救措施，并有权请求赔偿损失。

合同因违约解除的，解除权人可以请求违约方承担违约责任，但是当事人另有约定的除外。

主合同解除后，担保人对债务人应当承担的民事责任仍应当承担担保责任，但是担保合同另有约定的除外。

第五百六十七条 合同的权利义务关系终止，不影响合同中结算和清理条款的效力。

第五百六十八条 当事人互负债务，该债务的标的物种类、品质相同的，任何一方可以将自己的债务与对方的到期债务抵销；但是，根据债务性质、按照当事人约定或者依照法律规定不得抵销的除外。

当事人主张抵销的，应当通知对方。通知自到达对方时生效。抵销不得附条件或者附期限。

第五百六十九条 当事人互负债务，标的物种类、品质不相同的，经协商一致，也可以抵销。

第五百七十条 有下列情形之一，难以履行债务的，债务人可以将标的物提存：

（一）债权人无正当理由拒绝受领；

（二）债权人下落不明；

（三）债权人死亡未确定继承人、遗产管理人，或者丧失民事行为能力未确定监护人；

（四）法律规定的其他情形。

标的物不适于提存或者提存费用过高的，债务人依法可以拍卖或者变卖标的物，提存所得的价款。

第五百七十一条 债务人将标的物或者将标的物依法拍卖、变卖所得价款交付提存部门时，提存成立。

提存成立的，视为债务人在其提存范围内已经交付标的物。

第五百七十二条 标的物提存后，债务人应当及时通知债权人或者债权人的继承人、遗产管理人、监护人、财产代管人。

第五百七十三条 标的物提存后，毁损、灭失的风险由债权人承担。提存期间，标的物的孳息归债权人所有。提存费用由债权人负担。

第五百七十四条 债权人可以随时领取提存物。但是，债权人对债务人负有到期债务的，在债权人未履行债务或者提供担保之前，提存部门根据债务人的要求应当拒绝其领取提存物。

债权人领取提存物的权利，自提存之日起五年内不行使而消灭，提存物扣除提存费用后归国家所有。但是，债权人未履行对债务人的到期债务，或者债权人向提存部门书面表示放弃领取提存物权利的，债务人负担提存费用后有权取回提存物。

第五百七十五条 债权人免除债务人部分或者全部债务的，债权债务部分或者全部终止，但是债务人在合理期限内拒绝的除外。

第五百七十六条 债权和债务同归于一人的，债权债务终止，但是损害第三人利益的除外。

第八章 违约责任

第五百七十七条 当事人一方不履行合同义务或者履行合同义务不符合约定的，应当承担继续履行、采取补救措施或者赔偿损失等违约责任。

第五百七十八条 当事人一方明确表示或者以自己的行为表明不履行合同义务的，对方可以在履行期限届满前请求其承担违约责任。

第五百七十九条 当事人一方未支付价款、报酬、租金、利息，或者不履行其他金钱债务的，对方可以请求其支付。

第五百八十条 当事人一方不履行非金钱债务或者履行非金钱债务不符合约定的，对方可以请求履行，但是有下列情形之一的除外：

（一）法律上或者事实上不能履行；

（二）债务的标的不适于强制履行或者履行费用过高；

（三）债权人在合理期限内未请求履行。

有前款规定的除外情形之一，致使不能实现合同目的的，人民法院或者仲裁机构可以根据当事人的请求终止合同权利义务关系，但是不影响违约责任的承担。

第五百八十一条 当事人一方不履行债务或者履行债务不符合约定，根据债务的性质不得强制履行的，对方可以请求其负担由第三人替代履行的费用。

第五百八十二条 履行不符合约定的，应当按照当事人的约定承担违约责任。对违约责任没有约定或者约定不明确，依据本法第五百一十条的规定仍不能确定的，受损害方根据标的的性质以及损失的大小，可以合理选择请求对方承担修理、重作、更换、退货、减少价款或者报酬等违约责任。

第五百八十三条 当事人一方不履行合同义务或者履行合同义务不符合约定的，在履行义务或者采取补救措施后，对方还有其他损失的，应当赔偿损失。

第五百八十四条 当事人一方不履行合同义务或者履行合同义务不符合约定，造成对方损失的，损失赔偿额应当相当于因违约所造成的损失，包括合同履行后可以获得的利益；但是，不得超过违约一方订立合同时预见到或者应当预见到的因违约可能造成的损失。

第五百八十五条 当事人可以约定一方违约时应当根据违约情况向对方支付一定数额的违约金，也可以约定因违约产生的损失赔偿额的计算方法。

约定的违约金低于造成的损失的，人民法院或者仲裁机构可以根据当事人的请求予以增加；约定的违约金过分高于造成的损失的，人民法院或者仲裁机构可以根据当事人的请求予以适当减少。

当事人就迟延履行约定违约金的，违约方支付违约金后，还应当履行债务。

第五百八十六条 当事人可以约定一方向对方给付定金作为债权的担保。定金合同自实际交付定金时成立。

定金的数额由当事人约定；但是，不得超过主合同标的额的百分之二十，超过部分不产生定金的效力。实际交付的定金数额多于或者少于约定数额的，视为变更约定的定金数额。

第五百八十七条 债务人履行债务的，定金应当抵作价款或者收回。给付定金的一方不履行债务或者履行债务不符合约定，致使不能实现合同目的的，无权请求返还定金；收受定金的一方不履行债务或者履行债务不符合约定，致使不能实现合同目的的，应当双倍返还定金。

第五百八十八条 当事人既约定违约金，又约定定金的，一方违约时，对方可以选择适用违约金或者定金条款。

定金不足以弥补一方违约造成的损失的，对方可以请求赔偿超过定金数额的损失。

第五百八十九条 债务人按照约定履行债务，债权人无正当理由拒绝受领的，债务人可以请求债权人赔偿增加的费用。

在债权人受领迟延期间，债务人无须支付利息。

第五百九十条 当事人一方因不可抗力不能履行合同的，根据不可抗力的影响，部分或者全部免除责任，但是法律另有规定的除外。因不可抗力不能履行合同的，应当及时通知对方，以减轻可能给对方造成的损失，并应当在合理期限内提供证明。

当事人迟延履行后发生不可抗力的，不免除其违约责任。

第五百九十一条 当事人一方违约后，对方应当采取适当措施防止损失的扩大；没有采取适当措施致使损失扩大的，不得就扩大的损失请求赔偿。

当事人因防止损失扩大而支出的合理费用，由违约方负担。

第五百九十二条 当事人都违反合同的，应当各自承担相应的责任。

当事人一方违约造成对方损失，对方对损失的发生有过错的，可以减少相应的损失赔偿额。

第五百九十三条 当事人一方因第三人的原因造成违约的，应当依法向对方承担违约责任。当事人一方和第三人之间的纠纷，依照法律规定或者按照约定处理。

第五百九十四条 因国际货物买卖合同和技术进出口合同争议提起诉讼或者申请仲裁的时效期间为四年。

第二分编　典型合同

第九章　买卖合同

第五百九十五条 买卖合同是出卖人转移标的物的所有权于买受人，买受人支付价款的合同。

第五百九十六条 买卖合同的内容一般包括标的物的名称、数量、质量、价款、履行期限、履行地点和方式、包装方式、检验标准和方法、结算方式、合同使用的文字及其效力等条款。

第五百九十七条 因出卖人未取得处分权致使标的物所有权不能转移的，买受人可以解除合同并请求出卖人承担违约责任。

法律、行政法规禁止或者限制转让的标的物，依照其规定。

第五百九十八条 出卖人应当履行向买受人交付标的物或者交付提取标的物的单证，并转移标的物所有权的义务。

第五百九十九条 出卖人应当按照约定或者交易习惯向买受人交付提取标的物单证以外的有关单证和资料。

第六百条 出卖具有知识产权的标的物的，除法律另有规定或者当事人另有约定外，该标的物的知识产权不属于买受人。

第六百零一条 出卖人应当按照约定的时间交付标的物。约定交付期限的，出卖人可以在该交付期限内的任何时间交付。

第六百零二条 当事人没有约定标的物的交付期限或者约定不明确的，适用本法第五百一十条、第五百一十一条第四项的规定。

第六百零三条 出卖人应当按照约定的地点交付标的物。

当事人没有约定交付地点或者约定不明确，依据本法第五百一十条的规定仍不能确定的，适用下列规定：

（一）标的物需要运输的，出卖人应当将标的物交付给第一承运人以运交给买受人；

（二）标的物不需要运输，出卖人和买受人订立合同时知道标的物在某一地点的，出卖人应当在该地点交付标的物；不知道标的物在某一地点的，应当在出卖人订立合同时的营业地交付标的物。

第六百零四条　标的物毁损、灭失的风险，在标的物交付之前由出卖人承担，交付之后由买受人承担，但是法律另有规定或者当事人另有约定的除外。

第六百零五条　因买受人的原因致使标的物未按照约定的期限交付的，买受人应当自违反约定时起承担标的物毁损、灭失的风险。

第六百零六条　出卖人出卖交由承运人运输的在途标的物，除当事人另有约定外，毁损、灭失的风险自合同成立时起由买受人承担。

第六百零七条　出卖人按照约定将标的物运送至买受人指定地点并交付给承运人后，标的物毁损、灭失的风险由买受人承担。

当事人没有约定交付地点或者约定不明确，依据本法第六百零三条第二款第一项的规定标的物需要运输的，出卖人将标的物交付给第一承运人后，标的物毁损、灭失的风险由买受人承担。

第六百零八条　出卖人按照约定或者依据本法第六百零三条第二款第二项的规定将标的物置于交付地点，买受人违反约定没有收取的，标的物毁损、灭失的风险自违反约定时起由买受人承担。

第六百零九条　出卖人按照约定未交付有关标的物的单证和资料的，不影响标的物毁损、灭失风险的转移。

第六百一十条　因标的物不符合质量要求，致使不能实现合同目的的，买受人可以拒绝接受标的物或者解除合同。买受人拒绝接受标的物或者解除合同的，标的物毁损、灭失的风险由出卖人承担。

第六百一十一条　标的物毁损、灭失的风险由买受人承担的，不影响因出卖人履行义务不符合约定，买受人请求其承担违约责任的权利。

第六百一十二条　出卖人就交付的标的物，负有保证第三人对该标的物不享有任何权利的义务，但是法律另有规定的除外。

第六百一十三条　买受人订立合同时知道或者应当知道第三人对买卖的标的物享有权利的，出卖人不承担前条规定的义务。

第六百一十四条　买受人有确切证据证明第三人对标的物享有权利的，可以中止支付相应的价款，但是出卖人提供适当担保的除外。

第六百一十五条　出卖人应当按照约定的质量要求交付标的物。出卖人提供有关标的物质量说明的，交付的标的物应当符合该说明的质量要求。

第六百一十六条　当事人对标的物的质量要求没有约定或者约定不明确，依据本法第五百一十条的规定仍不能确定的，适用本法第五百一十一条第一项的规定。

第六百一十七条　出卖人交付的标的物不符合质量要求的，买受人可以依据本法第五百八十二条至第五百八十四条的规定请求承担违约责任。

第六百一十八条　当事人约定减轻或者免除出卖人对标的物瑕疵承担的责任，因出卖人故意或者重大过失不告知买受人标的物瑕疵的，出卖人无权主张减轻或者免除责任。

第六百一十九条　出卖人应当按照约定的包装方式交付标的物。对包装方式没有约定或者约定不明确，依据本法第五百一十条的规定仍不能确定的，应当按照通用的方式包装；没有通用方式的，应当采取足以保护标的物且有利于节约资源、保护生态环境的包装方式。

第六百二十条　买受人收到标的物时应当在约定的检验期限内检验。没有约定检验期限的，应当及时检验。

第六百二十一条　当事人约定检验期限的，买受人应当在检验期限内将标的物的数量或者质量不符合约定的情形通知出卖人。买受人怠于通知的，视为标的物的数量或者质量符合约定。

当事人没有约定检验期限的，买受人应当在发现或者应当发现标的物的数量或者质量不符合约定的合理期限内通知出卖人。买受人在合理期限内未通知或者自收到标的物之日起二年内未通知出卖人的，视为标的物的数量或者质量符合约定；但是，对标的物有质量保证期的，适用质量保证期，不适用该二年的规定。

出卖人知道或者应当知道提供的标的物不符合约定的，买受人不受前两款规定的通知时间的限制。

第六百二十二条　当事人约定的检验期限过短，根据标的物的性质和交易习惯，买受人在检验期限内难以完成全面检验的，该期限仅视为买受人对标的物的外观瑕疵提出异议的期限。

约定的检验期限或者质量保证期短于法律、行政法规规定期限的，应当以法律、行政法规规定的期限为准。

第六百二十三条　当事人对检验期限未作约定，买受人签收的送货单、确认单等载明标的物数量、型号、规格的，推定买受人已经对数量和外观瑕疵进行检验，但是有相关证据足以推翻的除外。

第六百二十四条　出卖人依照买受人的指示向第三人交付标的物，出卖人和买受人约定的检验标准与买受人和第三人约定的检验标准不一致的，以出卖人和买受人约定的检验标准为准。

第六百二十五条　依照法律、行政法规的规定或者按照当事人的约定，标的物在有效使用年限届满后应予回收的，出卖人负有自行或者委托第三人对标的物予以回收的义务。

第六百二十六条　买受人应当按照约定的数额和支付方式支付价款。对价款的数额和支付方式没有约定或者约定不明确的，适用本法第五百一十条、第五百一十一条第二项和第五项的规定。

第六百二十七条　买受人应当按照约定的地点支付价款。对支付地点没有约定或者约定不明确，依据本法第五百一十条的规定仍不能确定的，买受人应当在出卖人的营业地支付；但是，约定支付价款以交付标的物或者交付提取标的物单证为条件的，在交付标的物或者交付提取标的物单证的所在地支付。

第六百二十八条　买受人应当按照约定的时间支付价款。对支付时间没有约定或者约定不明确，依据本法第五百一十条的规定仍不能确定的，买受人应当在收到标的物或者提取标的物单证的同时支付。

第六百二十九条　出卖人多交标的物的，买受人可以接收或者拒绝接收多交的部分。买受人接收多交部分的，按照约定的价格支付价款；买受人拒绝接收多交部分的，应当及时通知出卖人。

第六百三十条　标的物在交付之前产生的孳息，归出卖人所有；交付之后产生的孳息，归买受人所有。但是，当事人另有约定的除外。

第六百三十一条　因标的物的主物不符合约定而解除合同的，解除合同的效力及于从物。因标的物的从物不符合约定被解除的，解除的效力不及于主物。

第六百三十二条　标的物为数物，其中一物不符合约定的，买受人可以就该物解除。但是，该物与他物分离使标的物的价值显受损害的，买受人可以就数物解除合同。

第六百三十三条　出卖人分批交付标的物的，出卖人对其中一批标的物不交付或者交付不符合约定，致使该批标的物不能实现合同目的的，买受人可以就该批标的物解除。

出卖人不交付其中一批标的物或者交付不符合约定，致使之后其他各批标的物的交付不能实现合同目的的，买受人可以就该批以及之后其他各批标的物解除。

买受人如果就其中一批标的物解除，该批标的物与其他各批标的物相互依存的，可以就已经交付和未交付的各批标的物解除。

第六百三十四条　分期付款的买受人未支付到期价款的数额达到全部价款的五分之一，经催告后在合理期限内仍未支付到期价款的，出卖人可以请求买受人支付全部价款或者解除合同。

出卖人解除合同的，可以向买受人请求支付该标的物的使用费。

第六百三十五条　凭样品买卖的当事人应当封存样品，并可以对样品质量予以说明。出卖人交付的标的物应当与样品及其说明的质量相同。

第六百三十六条　凭样品买卖的买受人不知道样品有隐蔽瑕疵的，即使交付的标的物与样品相同，出卖人交付的标的物的质量仍然应当符合同种物的通常标准。

第六百三十七条　试用买卖的当事人可以约定标的物的试用期限。对试用期限没有约定或者约定不明确，依据本法第五百一十条的规定仍不能确定的，由出卖人确定。

第六百三十八条　试用买卖的买受人在试用期内可以购买标的物，也可以拒绝购买。试用期限届满，买受人对是否购买标的物未作表示的，视为购买。

试用买卖的买受人在试用期内已经支付部分价款或者对标的物实施出卖、出租、设立担保物权等行为的，视为同意购买。

第六百三十九条　试用买卖的当事人对标的物使用费没有约定或者约定不明确的，出卖人无权请求买受人支付。

第六百四十条　标的物在试用期内毁损、灭失的风险由出卖人承担。

第六百四十一条　当事人可以在买卖合同中约定买受人未履行支付价款或者其他义务的，标的物的所有权属于出卖人。

出卖人对标的物保留的所有权，未经登记，不得对抗善意第三人。

第六百四十二条　当事人约定出卖人保留合同标的物的所有权，在标的物所有权转移前，买受人有下列情形之一，造成出卖人损害的，除当事人另有约定外，出卖人有权取回标的物：

（一）未按照约定支付价款，经催告后在合理期限内仍未支付；

（二）未按照约定完成特定条件；

（三）将标的物出卖、出质或者作出其他不当处分。

出卖人可以与买受人协商取回标的物；协商不成的，可以参照适用担保物权的实现程序。

第六百四十三条　出卖人依据前条第一款的规定取回标的物后，买受人在双方约定或者出卖人指定的合理回赎期限内，消除出卖人取回标的物的事由的，可以请求回赎标的物。

买受人在回赎期限内没有回赎标的物，出卖人可以以合理价格将标的物出卖给第三人，出卖所得价款扣除买受人未支付的价款以及必要费用后仍有剩余的，应当返还买受人；不足部分由买受人清偿。

第六百四十四条　招标投标买卖的当事人的权利和义务以及招标投标程序等，依照有关法律、行政法规的规定。

第六百四十五条　拍卖的当事人的权利和义务以及拍卖程序等，依照有关法律、行政法规的规定。

第六百四十六条　法律对其他有偿合同有规定的，依照其规定；没有规定的，参照适用买卖合同的有关规定。

第六百四十七条　当事人约定易货交易，转移标的物的所有权的，参照适用买卖合同的有关规定。

第十章　供用电、水、气、热力合同

第六百四十八条　供用电合同是供电人向用电人供电，用电人支付电费的合同。

向社会公众供电的供电人，不得拒绝用电人合理的订立合同要求。

第六百四十九条　供用电合同的内容一般包括供电的方式、质量、时间，用电容量、地址、性质，计量方式，电价、电费的结算方式，供用电设施的维护责任等条款。

第六百五十条　供用电合同的履行地点，按照当事人约定；当事人没有约定或者约定不明确的，供电设施的产权分界处为履行地点。

第六百五十一条　供电人应当按照国家规定的供电质量标准和约定安全供电。供电人未按照国家规定的供电质量标准和约定安全供电，造成用电人损失的，应当承担赔偿责任。

第六百五十二条　供电人因供电设施计划检修、临时检修、依法限电或者用电人违法用电等原因，需要中断供电时，应当按照国家有关规定事先通知用电人；未事先通知用电人中断供电，造成用电人损失的，应当承担赔偿责任。

第六百五十三条　因自然灾害等原因断电，供电人应当按照国家有关规定及时抢修；未及时抢修，造成用电人损失的，应当承担赔偿责任。

第六百五十四条　用电人应当按照国家有关规定和当事人的约定及时支付电费。用电人逾期不支付电费的，应当按照约定支付违约金。经催告用电人在合理期限内仍不支付电费和违约金的，供电人可以按照国家规定的程序中止供电。

供电人依据前款规定中止供电的，应当事先通知用电人。

第六百五十五条　用电人应当按照国家有关规定和当事人的约定安全、节约和计划用电。用电人未按照国家有关规定和当事人的约定用电，造成供电人损失的，应当承担赔偿责任。

第六百五十六条　供用水、供用气、供用热力合同，参照适用供用电合同的有关规定。

第十一章　赠与合同

第六百五十七条　赠与合同是赠与人将自己的财产无偿给予受赠人，受赠人表示接受赠与的合同。

第六百五十八条　赠与人在赠与财产的权利转移之前可以撤销赠与。

经过公证的赠与合同或者依法不得撤销的具有救灾、扶贫、助残等公益、道德义务性质的赠与合同，不适用前款规定。

第六百五十九条　赠与的财产依法需要办理登记或者其他手续的，应当办理有关手续。

第六百六十条　经过公证的赠与合同或者依法不得撤销的具有救灾、扶贫、助残等公益、道德义务性质的赠与合同，赠与人不交付赠与财产的，受赠人可以请求交付。

依据前款规定应当交付的赠与财产因赠与人故意或者重大过失致使毁损、灭失的，赠与人应当承担赔偿责任。

第六百六十一条　赠与可以附义务。

赠与附义务的，受赠人应当按照约定履行义务。

第六百六十二条　赠与的财产有瑕疵的，赠与人不承担责任。附义务的赠与，赠与的财产有瑕疵的，赠与人在附义务的限度内承担与出卖人相同的责任。

赠与人故意不告知瑕疵或者保证无瑕疵，造成受赠人损失的，应当承担赔偿责任。

第六百六十三条 受赠人有下列情形之一的，赠与人可以撤销赠与：

（一）严重侵害赠与人或者赠与人近亲属的合法权益；

（二）对赠与人有扶养义务而不履行；

（三）不履行赠与合同约定的义务。

赠与人的撤销权，自知道或者应当知道撤销事由之日起一年内行使。

第六百六十四条 因受赠人的违法行为致使赠与人死亡或者丧失民事行为能力的，赠与人的继承人或者法定代理人可以撤销赠与。

赠与人的继承人或者法定代理人的撤销权，自知道或者应当知道撤销事由之日起六个月内行使。

第六百六十五条 撤销权人撤销赠与的，可以向受赠人请求返还赠与的财产。

第六百六十六条 赠与人的经济状况显著恶化，严重影响其生产经营或者家庭生活的，可以不再履行赠与义务。

第十二章 借款合同

第六百六十七条 借款合同是借款人向贷款人借款，到期返还借款并支付利息的合同。

第六百六十八条 借款合同应当采用书面形式，但是自然人之间借款另有约定的除外。

借款合同的内容一般包括借款种类、币种、用途、数额、利率、期限和还款方式等条款。

第六百六十九条 订立借款合同，借款人应当按照贷款人的要求提供与借款有关的业务活动和财务状况的真实情况。

第六百七十条 借款的利息不得预先在本金中扣除。利息预先在本金中扣除的，应当按照实际借款数额返还借款并计算利息。

第六百七十一条 贷款人未按照约定的日期、数额提供借款，造成借款人损失的，应当赔偿损失。

借款人未按照约定的日期、数额收取借款的，应当按照约定的日期、数额支付利息。

第六百七十二条 贷款人按照约定可以检查、监督借款的使用情况。借款人应当按照约定向贷款人定期提供有关财务会计报表或者其他资料。

第六百七十三条 借款人未按照约定的借款用途使用借款的，贷款人可以停止发放借款、提前收回借款或者解除合同。

第六百七十四条 借款人应当按照约定的期限支付利息。对支付利息的期限没有约定或者约定不明确，依据本法第五百一十条的规定仍不能确定，借款期间不满一年的，应当在返还借款时一并支付；借款期间一年以上的，应当在每届满一年时支付，剩余期间不满一年的，应当在返还借款时一并支付。

第六百七十五条 借款人应当按照约定的期限返还借款。对借款期限没有约定或者约定不明确，依据本法第五百一十条的规定仍不能确定的，借款人可以随时返还；贷款人可以催告借款人在合理期限内返还。

第六百七十六条 借款人未按照约定的期限返还借款的，应当按照约定或者国家有关规定支付逾期利息。

第六百七十七条 借款人提前返还借款的，除当事人另有约定外，应当按照实际借款的期间计算利息。

第六百七十八条 借款人可以在还款期限届满前向贷款人申请展期；贷款人同意的，可以展期。

第六百七十九条 自然人之间的借款合同，自贷款人提供借款时成立。

第六百八十条 禁止高利放贷，借款的利率不得违反国家有关规定。

借款合同对支付利息没有约定的，视为没有利息。

借款合同对支付利息约定不明确，当事人不能达成补充协议的，按照当地或者当事人的交易方式、交易习惯、市场利率等因素确定利息；自然人之间借款的，视为没有利息。

第十三章 保证合同

第一节 一般规定

第六百八十一条 保证合同是为保障债权的实现，保证人和债权人约定，当债务人不履行到期债务或者发生当事人约定的情形时，保证人履行债务或者承担责任的合同。

第六百八十二条 保证合同是主债权债务合同的从合同。主债权债务合同无效的，保证合同无效，但是法律另有规定的除外。

保证合同被确认无效后，债务人、保证人、债权人有过错的，应当根据其过错各自承担相应的民事责任。

第六百八十三条 机关法人不得为保证人，但是经国务院批准为使用外国政府或者国际经济组织贷款进行转贷的除外。

以公益为目的的非营利法人、非法人组织不得为保证人。

第六百八十四条　保证合同的内容一般包括被保证的主债权的种类、数额，债务人履行债务的期限，保证的方式、范围和期间等条款。

第六百八十五条　保证合同可以是单独订立的书面合同，也可以是主债权债务合同中的保证条款。

第三人单方以书面形式向债权人作出保证，债权人接收且未提出异议的，保证合同成立。

第六百八十六条　保证的方式包括一般保证和连带责任保证。

当事人在保证合同中对保证方式没有约定或者约定不明确的，按照一般保证承担保证责任。

第六百八十七条　当事人在保证合同中约定，债务人不能履行债务时，由保证人承担保证责任的，为一般保证。

一般保证的保证人在主合同纠纷未经审判或者仲裁，并就债务人财产依法强制执行仍不能履行债务前，有权拒绝向债权人承担保证责任，但是有下列情形之一的除外：

（一）债务人下落不明，且无财产可供执行；

（二）人民法院已经受理债务人破产案件；

（三）债权人有证据证明债务人的财产不足以履行全部债务或者丧失履行债务能力；

（四）保证人书面表示放弃本款规定的权利。

第六百八十八条　当事人在保证合同中约定保证人和债务人对债务承担连带责任的，为连带责任保证。

连带责任保证的债务人不履行到期债务或者发生当事人约定的情形时，债权人可以请求债务人履行债务，也可以请求保证人在其保证范围内承担保证责任。

第六百八十九条　保证人可以要求债务人提供反担保。

第六百九十条　保证人与债权人可以协商订立最高额保证的合同，约定在最高债权额限度内就一定期间连续发生的债权提供保证。

最高额保证除适用本章规定外，参照适用本法第二编最高额抵押权的有关规定。

第二节　保证责任

第六百九十一条　保证的范围包括主债权及其利息、违约金、损害赔偿金和实现债权的费用。当事人另有约定的，按照其约定。

第六百九十二条　保证期间是确定保证人承担保证责任的期间，不发生中止、中断和延长。

债权人与保证人可以约定保证期间，但是约定的保证期间早于主债务履行期限或者与主债务履行期限同时届满的，视为没有约定；没有约定或者约定不明确的，保证期间为主债务履行期限届满之日起六个月。

债权人与债务人对主债务履行期限没有约定或者约定不明确的，保证期间自债权人请求债务人履行债务的宽限期届满之日起计算。

第六百九十三条　一般保证的债权人未在保证期间对债务人提起诉讼或者申请仲裁的，保证人不再承担保证责任。

连带责任保证的债权人未在保证期间请求保证人承担保证责任的，保证人不再承担保证责任。

第六百九十四条　一般保证的债权人在保证期间届满前对债务人提起诉讼或者申请仲裁的，从保证人拒绝承担保证责任的权利消灭之日起，开始计算保证债务的诉讼时效。

连带责任保证的债权人在保证期间届满前请求保证人承担保证责任的，从债权人请求保证人承担保证责任之日起，开始计算保证债务的诉讼时效。

第六百九十五条　债权人和债务人未经保证人书面同意，协商变更主债权债务合同内容，减轻债务的，保证人仍对变更后的债务承担保证责任；加重债务的，保证人对加重的部分不承担保证责任。

债权人和债务人变更主债权债务合同的履行期限，未经保证人书面同意的，保证期间不受影响。

第六百九十六条　债权人转让全部或者部分债权，未通知保证人的，该转让对保证人不发生效力。

保证人与债权人约定禁止债权转让，债权人未经保证人书面同意转让债权的，保证人对受让人不再承担保证责任。

第六百九十七条　债权人未经保证人书面同意，允许债务人转移全部或者部分债务，保证人对未经其同意转移的债务不再承担保证责任，但是债权人和保证人另有约定的除外。

第三人加入债务的，保证人的保证责任不受影响。

第六百九十八条　一般保证的保证人在主债务履行期限届满后，向债权人提供债务人可供执行财产的真实情况，债权人放弃或者怠于行使权利致使该财产不能被执行的,保证人在其提供可供执行财产的价值范围内不再承担保证责任。

第六百九十九条 同一债务有两个以上保证人的,保证人应当按照保证合同约定的保证份额,承担保证责任;没有约定保证份额的,债权人可以请求任何一个保证人在其保证范围内承担保证责任。

第七百条 保证人承担保证责任后,除当事人另有约定外,有权在其承担保证责任的范围内向债务人追偿,享有债权人对债务人的权利,但是不得损害债权人的利益。

第七百零一条 保证人可以主张债务人对债权人的抗辩。债务人放弃抗辩的,保证人仍有权向债权人主张抗辩。

第七百零二条 债务人对债权人享有抵销权或者撤销权的,保证人可以在相应范围内拒绝承担保证责任。

第十四章 租赁合同

第七百零三条 租赁合同是出租人将租赁物交付承租人使用、收益,承租人支付租金的合同。

第七百零四条 租赁合同的内容一般包括租赁物的名称、数量、用途、租赁期限、租金及其支付期限和方式、租赁物维修等条款。

第七百零五条 租赁期限不得超过二十年。超过二十年的,超过部分无效。

租赁期限届满,当事人可以续订租赁合同;但是,约定的租赁期限自续订之日起不得超过二十年。

第七百零六条 当事人未依照法律、行政法规规定办理租赁合同登记备案手续的,不影响合同的效力。

第七百零七条 租赁期限六个月以上的,应当采用书面形式。当事人未采用书面形式,无法确定租赁期限的,视为不定期租赁。

第七百零八条 出租人应当按照约定将租赁物交付承租人,并在租赁期限内保持租赁物符合约定的用途。

第七百零九条 承租人应当按照约定的方法使用租赁物。对租赁物的使用方法没有约定或者约定不明确,依据本法第五百一十条的规定仍不能确定的,应当根据租赁物的性质使用。

第七百一十条 承租人按照约定的方法或者根据租赁物的性质使用租赁物,致使租赁物受到损耗的,不承担赔偿责任。

第七百一十一条 承租人未按照约定的方法或者未根据租赁物的性质使用租赁物,致使租赁物受到损失的,出租人可以解除合同并请求赔偿损失。

第七百一十二条 出租人应当履行租赁物的维修义务,但是当事人另有约定的除外。

第七百一十三条 承租人在租赁物需要维修时可以请求出租人在合理期限内维修。出租人未履行维修义务的,承租人可以自行维修,维修费用由出租人负担。因维修租赁物影响承租人使用的,应当相应减少租金或者延长租期。

因承租人的过错致使租赁物需要维修的,出租人不承担前款规定的维修义务。

第七百一十四条 承租人应当妥善保管租赁物,因保管不善造成租赁物毁损、灭失的,应当承担赔偿责任。

第七百一十五条 承租人经出租人同意,可以对租赁物进行改善或者增设他物。

承租人未经出租人同意,对租赁物进行改善或者增设他物的,出租人可以请求承租人恢复原状或者赔偿损失。

第七百一十六条 承租人经出租人同意,可以将租赁物转租给第三人。承租人转租的,承租人与出租人之间的租赁合同继续有效;第三人造成租赁物损失的,承租人应当赔偿损失。

承租人未经出租人同意转租的,出租人可以解除合同。

第七百一十七条 承租人经出租人同意将租赁物转租给第三人,转租期限超过承租人剩余租赁期限的,超过部分的约定对出租人不具有法律约束力,但是出租人与承租人另有约定的除外。

第七百一十八条 出租人知道或者应当知道承租人转租,但是在六个月内未提出异议的,视为出租人同意转租。

第七百一十九条 承租人拖欠租金的,次承租人可以代承租人支付其欠付的租金和违约金,但是转租合同对出租人不具有法律约束力的除外。

次承租人代为支付的租金和违约金,可以充抵次承租人应当向承租人支付的租金;超出其应付的租金数额的,可以向承租人追偿。

第七百二十条 在租赁期限内因占有、使用租赁物获得的收益,归承租人所有,但是当事人另有约定的除外。

第七百二十一条 承租人应当按照约定的期限支付租金。对支付租金的期限没有约定或者约定不明确,依据本法第五百一十条的规定仍不能确定，租赁期限不满一年的，应当在租赁期限届满时支付；租赁期限一年以上的，应当在每届满一年时支付，剩余期限不满一年的，应当在租赁期限届满时支付。

第七百二十二条　承租人无正当理由未支付或者迟延支付租金的，出租人可以请求承租人在合理期限内支付；承租人逾期不支付的，出租人可以解除合同。

第七百二十三条　因第三人主张权利，致使承租人不能对租赁物使用、收益的，承租人可以请求减少租金或者不支付租金。

第三人主张权利的，承租人应当及时通知出租人。

第七百二十四条　有下列情形之一，非因承租人原因致使租赁物无法使用的，承租人可以解除合同：

（一）租赁物被司法机关或者行政机关依法查封、扣押；

（二）租赁物权属有争议；

（三）租赁物具有违反法律、行政法规关于使用条件的强制性规定情形。

第七百二十五条　租赁物在承租人按照租赁合同占有期限内发生所有权变动的，不影响租赁合同的效力。

第七百二十六条　出租人出卖租赁房屋的，应当在出卖之前的合理期限内通知承租人，承租人享有以同等条件优先购买的权利；但是，房屋按份共有人行使优先购买权或者出租人将房屋出卖给近亲属的除外。

出租人履行通知义务后，承租人在十五日内未明确表示购买的，视为承租人放弃优先购买权。

第七百二十七条　出租人委托拍卖人拍卖租赁房屋的，应当在拍卖五日前通知承租人。承租人未参加拍卖的，视为放弃优先购买权。

第七百二十八条　出租人未通知承租人或者有其他妨害承租人行使优先购买权情形的，承租人可以请求出租人承担赔偿责任。但是，出租人与第三人订立的房屋买卖合同的效力不受影响。

第七百二十九条　因不可归责于承租人的事由，致使租赁物部分或者全部毁损、灭失的，承租人可以请求减少租金或者不支付租金；因租赁物部分或者全部毁损、灭失，致使不能实现合同目的的，承租人可以解除合同。

第七百三十条　当事人对租赁期限没有约定或者约定不明确，依据本法第五百一十条的规定仍不能确定的，视为不定期租赁；当事人可以随时解除合同，但是应当在合理期限之前通知对方。

第七百三十一条　租赁物危及承租人的安全或者健康的，即使承租人订立合同时明知该租赁物质量不合格，承租人仍然可以随时解除合同。

第七百三十二条　承租人在房屋租赁期限内死亡的，与其生前共同居住的人或者共同经营人可以按照原租赁合同租赁该房屋。

第七百三十三条　租赁期限届满，承租人应当返还租赁物。返还的租赁物应当符合按照约定或者根据租赁物的性质使用后的状态。

第七百三十四条　租赁期限届满，承租人继续使用租赁物，出租人没有提出异议的，原租赁合同继续有效，但是租赁期限为不定期。

租赁期限届满，房屋承租人享有以同等条件优先承租的权利。

第十五章　融资租赁合同

第七百三十五条　融资租赁合同是出租人根据承租人对出卖人、租赁物的选择，向出卖人购买租赁物，提供给承租人使用，承租人支付租金的合同。

第七百三十六条　融资租赁合同的内容一般包括租赁物的名称、数量、规格、技术性能、检验方法，租赁期限，租金构成及其支付期限和方式、币种，租赁期限届满租赁物的归属等条款。

融资租赁合同应当采用书面形式。

第七百三十七条　当事人以虚构租赁物方式订立的融资租赁合同无效。

第七百三十八条　依照法律、行政法规的规定，对于租赁物的经营使用应当取得行政许可的，出租人未取得行政许可不影响融资租赁合同的效力。

第七百三十九条　出租人根据承租人对出卖人、租赁物的选择订立的买卖合同，出卖人应当按照约定向承租人交付标的物，承租人享有与受领标的物有关的买受人的权利。

第七百四十条　出卖人违反向承租人交付标的物的义务，有下列情形之一的，承租人可以拒绝受领出卖人向其交付的标的物：

（一）标的物严重不符合约定；

（二）未按照约定交付标的物，经承租人或者出租人催告后在合理期限内仍未交付。

承租人拒绝受领标的物的，应当及时通知出

租人。

第七百四十一条 出租人、出卖人、承租人可以约定,出卖人不履行买卖合同义务的,由承租人行使索赔的权利。承租人行使索赔权利的,出租人应当协助。

第七百四十二条 承租人对出卖人行使索赔权利,不影响其履行支付租金的义务。但是,承租人依赖出租人的技能确定租赁物或者出租人干预选择租赁物的,承租人可以请求减免相应租金。

第七百四十三条 出租人有下列情形之一,致使承租人对出卖人行使索赔权利失败的,承租人有权请求出租人承担相应的责任:

(一)明知租赁物有质量瑕疵而不告知承租人;

(二)承租人行使索赔权利时,未及时提供必要协助。

出租人怠于行使只能由其对出卖人行使的索赔权利,造成承租人损失的,承租人有权请求出租人承担赔偿责任。

第七百四十四条 出租人根据承租人对出卖人、租赁物的选择订立的买卖合同,未经承租人同意,出租人不得变更与承租人有关的合同内容。

第七百四十五条 出租人对租赁物享有的所有权,未经登记,不得对抗善意第三人。

第七百四十六条 融资租赁合同的租金,除当事人另有约定外,应当根据购买租赁物的大部分或者全部成本以及出租人的合理利润确定。

第七百四十七条 租赁物不符合约定或者不符合使用目的的,出租人不承担责任。但是,承租人依赖出租人的技能确定租赁物或者出租人干预选择租赁物的除外。

第七百四十八条 出租人应当保证承租人对租赁物的占有和使用。

出租人有下列情形之一的,承租人有权请求其赔偿损失:

(一)无正当理由收回租赁物;

(二)无正当理由妨碍、干扰承租人对租赁物的占有和使用;

(三)因出租人的原因致使第三人对租赁物主张权利;

(四)不当影响承租人对租赁物占有和使用的其他情形。

第七百四十九条 承租人占有租赁物期间,租赁物造成第三人人身损害或者财产损失的,出租人不承担责任。

第七百五十条 承租人应当妥善保管、使用租赁物。

承租人应当履行占有租赁物期间的维修义务。

第七百五十一条 承租人占有租赁物期间,租赁物毁损、灭失的,出租人有权请求承租人继续支付租金,但是法律另有规定或者当事人另有约定的除外。

第七百五十二条 承租人应当按照约定支付租金。承租人经催告后在合理期限内仍不支付租金的,出租人可以请求支付全部租金;也可以解除合同,收回租赁物。

第七百五十三条 承租人未经出租人同意,将租赁物转让、抵押、质押、投资入股或者以其他方式处分的,出租人可以解除融资租赁合同。

第七百五十四条 有下列情形之一的,出租人或者承租人可以解除融资租赁合同:

(一)出租人与出卖人订立的买卖合同解除、被确认无效或者被撤销,且未能重新订立买卖合同;

(二)租赁物因不可归责于当事人的原因毁损、灭失,且不能修复或者确定替代物;

(三)因出卖人的原因致使融资租赁合同的目的不能实现。

第七百五十五条 融资租赁合同因买卖合同解除、被确认无效或者被撤销而解除,出卖人、租赁物系由承租人选择的,出租人有权请求承租人赔偿相应损失;但是,因出租人原因致使买卖合同解除、被确认无效或者被撤销的除外。

出租人的损失已经在买卖合同解除、被确认无效或者被撤销时获得赔偿的,承租人不再承担相应的赔偿责任。

第七百五十六条 融资租赁合同因租赁物交付承租人后意外毁损、灭失等不可归责于当事人的原因解除的,出租人可以请求承租人按照租赁物折旧情况给予补偿。

第七百五十七条 出租人和承租人可以约定租赁期限届满租赁物的归属;对租赁物的归属没有约定或者约定不明确,依据本法第五百一十条的规定仍不能确定的,租赁物的所有权归出租人。

第七百五十八条 当事人约定租赁期限届满租赁物归承租人所有,承租人已经支付大部分租金,但是无力支付剩余租金,出租人因此解除合同收回租赁物,收回的租赁物的价值超过承租人欠付的租金以及其他费用的,承租人可以请求相应返还。

当事人约定租赁期限届满租赁物归出租人所有,因租赁物毁损、灭失或者附合、混合于他物致使承租人不能返还的,出租人有权请求承租人给予合理补偿。

第七百五十九条 当事人约定租赁期限届满，承租人仅需向出租人支付象征性价款的，视为约定的租金义务履行完毕后租赁物的所有权归承租人。

第七百六十条 融资租赁合同无效，当事人就该情形下租赁物的归属有约定的，按照其约定；没有约定或者约定不明确的，租赁物应当返还出租人。但是，因承租人原因致使合同无效，出租人不请求返还或者返还后会显著降低租赁物效用的，租赁物的所有权归承租人，由承租人给予出租人合理补偿。

第十六章 保理合同

第七百六十一条 保理合同是应收账款债权人将现有的或者将有的应收账款转让给保理人，保理人提供资金融通、应收账款管理或者催收、应收账款债务人付款担保等服务的合同。

第七百六十二条 保理合同的内容一般包括业务类型、服务范围、服务期限、基础交易合同情况、应收账款信息、保理融资款或者服务报酬及其支付方式等条款。

保理合同应当采用书面形式。

第七百六十三条 应收账款债权人与债务人虚构应收账款作为转让标的，与保理人订立保理合同的，应收账款债务人不得以应收账款不存在为由对抗保理人，但是保理人明知虚构的除外。

第七百六十四条 保理人向应收账款债务人发出应收账款转让通知的，应当表明保理人身份并附有必要凭证。

第七百六十五条 应收账款债务人接到应收账款转让通知后，应收账款债权人与债务人无正当理由协商变更或者终止基础交易合同，对保理人产生不利影响的，对保理人不发生效力。

第七百六十六条 当事人约定有追索权保理的，保理人可以向应收账款债权人主张返还保理融资款本息或者回购应收账款债权，也可以向应收账款债务人主张应收账款债权。保理人向应收账款债务人主张应收账款债权，在扣除保理融资款本息和相关费用后有剩余的，剩余部分应当返还给应收账款债权人。

第七百六十七条 当事人约定无追索权保理的，保理人应当向应收账款债务人主张应收账款债权，保理人取得超过保理融资款本息和相关费用的部分，无需向应收账款债权人返还。

第七百六十八条 应收账款债权人就同一应收账款订立多个保理合同，致使多个保理人主张权利的，已经登记的先于未登记的取得应收账款；均已经登记的，按照登记时间的先后顺序取得应收账款；均未登记的，由最先到达应收账款债务人的转让通知中载明的保理人取得应收账款；既未登记也未通知的，按照保理融资款或者服务报酬的比例取得应收账款。

第七百六十九条 本章没有规定的，适用本编第六章债权转让的有关规定。

第十七章 承揽合同

第七百七十条 承揽合同是承揽人按照定作人的要求完成工作，交付工作成果，定作人支付报酬的合同。

承揽包括加工、定作、修理、复制、测试、检验等工作。

第七百七十一条 承揽合同的内容一般包括承揽的标的、数量、质量、报酬，承揽方式，材料的提供，履行期限，验收标准和方法等条款。

第七百七十二条 承揽人应当以自己的设备、技术和劳力，完成主要工作，但是当事人另有约定的除外。

承揽人将其承揽的主要工作交由第三人完成的，应当就该第三人完成的工作成果向定作人负责；未经定作人同意的，定作人也可以解除合同。

第七百七十三条 承揽人可以将其承揽的辅助工作交由第三人完成。承揽人将其承揽的辅助工作交由第三人完成的，应当就该第三人完成的工作成果向定作人负责。

第七百七十四条 承揽人提供材料的，应当按照约定选用材料，并接受定作人检验。

第七百七十五条 定作人提供材料的，应当按照约定提供材料。承揽人对定作人提供的材料应当及时检验，发现不符合约定时，应当及时通知定作人更换、补齐或者采取其他补救措施。

承揽人不得擅自更换定作人提供的材料，不得更换不需要修理的零部件。

第七百七十六条 承揽人发现定作人提供的图纸或者技术要求不合理的，应当及时通知定作人。因定作人怠于答复等原因造成承揽人损失的，应当赔偿损失。

第七百七十七条 定作人中途变更承揽工作的要求，造成承揽人损失的，应当赔偿损失。

第七百七十八条 承揽工作需要定作人协助的,定作人有协助的义务。定作人不履行协助义务致使承揽工作不能完成的,承揽人可以催告定作人在合理期限内履行义务,并可以顺延履行期限;定作人逾期不履行的,承揽人可以解除合同。

第七百七十九条 承揽人在工作期间,应当接受定作人必要的监督检验。定作人不得因监督检验妨碍承揽人的正常工作。

第七百八十条 承揽人完成工作的,应当向定作人交付工作成果,并提交必要的技术资料和有关质量证明。定作人应当验收该工作成果。

第七百八十一条 承揽人交付的工作成果不符合质量要求的,定作人可以合理选择请求承揽人承担修理、重作、减少报酬、赔偿损失等违约责任。

第七百八十二条 定作人应当按照约定的期限支付报酬。对支付报酬的期限没有约定或者约定不明确,依据本法第五百一十条的规定仍不能确定的,定作人应当在承揽人交付工作成果时支付;工作成果部分交付的,定作人应当相应支付。

第七百八十三条 定作人未向承揽人支付报酬或者材料费等价款的,承揽人对完成的工作成果享有留置权或者有权拒绝交付,但是当事人另有约定的除外。

第七百八十四条 承揽人应当妥善保管定作人提供的材料以及完成的工作成果,因保管不善造成毁损、灭失的,应当承担赔偿责任。

第七百八十五条 承揽人应当按照定作人的要求保守秘密,未经定作人许可,不得留存复制品或者技术资料。

第七百八十六条 共同承揽人对定作人承担连带责任,但是当事人另有约定的除外。

第七百八十七条 定作人在承揽人完成工作前可以随时解除合同,造成承揽人损失的,应当赔偿损失。

第十八章 建设工程合同

第七百八十八条 建设工程合同是承包人进行工程建设,发包人支付价款的合同。

建设工程合同包括工程勘察、设计、施工合同。

第七百八十九条 建设工程合同应当采用书面形式。

第七百九十条 建设工程的招标投标活动,应当依照有关法律的规定公开、公平、公正进行。

第七百九十一条 发包人可以与总承包人订立建设工程合同,也可以分别与勘察人、设计人、施工人订立勘察、设计、施工承包合同。发包人不得将应当由一个承包人完成的建设工程支解成若干部分发包给数个承包人。

总承包人或者勘察、设计、施工承包人经发包人同意,可以将自己承包的部分工作交由第三人完成。第三人就其完成的工作成果与总承包人或者勘察、设计、施工承包人向发包人承担连带责任。承包人不得将其承包的全部建设工程转包给第三人或者将其承包的全部建设工程支解以后以分包的名义分别转包给第三人。

禁止承包人将工程分包给不具备相应资质条件的单位。禁止分包单位将其承包的工程再分包。建设工程主体结构的施工必须由承包人自行完成。

第七百九十二条 国家重大建设工程合同,应当按照国家规定的程序和国家批准的投资计划、可行性研究报告等文件订立。

第七百九十三条 建设工程施工合同无效,但是建设工程经验收合格的,可以参照合同关于工程价款的约定折价补偿承包人。

建设工程施工合同无效,且建设工程经验收不合格的,按照以下情形处理:

(一)修复后的建设工程经验收合格的,发包人可以请求承包人承担修复费用;

(二)修复后的建设工程经验收不合格的,承包人无权请求参照合同关于工程价款的约定折价补偿。

发包人对因建设工程不合格造成的损失有过错的,应当承担相应的责任。

第七百九十四条 勘察、设计合同的内容一般包括提交有关基础资料和概预算等文件的期限、质量要求、费用以及其他协作条件等条款。

第七百九十五条 施工合同的内容一般包括工程范围、建设工期、中间交工工程的开工和竣工时间、工程质量、工程造价、技术资料交付时间、材料和设备供应责任、拨款和结算、竣工验收、质量保修范围和质量保证期、相互协作等条款。

第七百九十六条 建设工程实行监理的,发包人应当与监理人采用书面形式订立委托监理合同。发包人与监理人的权利和义务以及法律责任,应当依照本编委托合同以及其他有关法律、行政法规的规定。

第七百九十七条 发包人在不妨碍承包人正常作业的情况下,可以随时对作业进度、质量进行检查。

第七百九十八条　隐蔽工程在隐蔽以前，承包人应当通知发包人检查。发包人没有及时检查的，承包人可以顺延工程日期，并有权请求赔偿停工、窝工等损失。

第七百九十九条　建设工程竣工后，发包人应当根据施工图纸及说明书、国家颁发的施工验收规范和质量检验标准及时进行验收。验收合格的，发包人应当按照约定支付价款，并接收该建设工程。

建设工程竣工经验收合格后，方可交付使用；未经验收或者验收不合格的，不得交付使用。

第八百条　勘察、设计的质量不符合要求或者未按照期限提交勘察、设计文件拖延工期，造成发包人损失的，勘察人、设计人应当继续完善勘察、设计，减收或者免收勘察、设计费并赔偿损失。

第八百零一条　因施工人的原因致使建设工程质量不符合约定的，发包人有权请求施工人在合理期限内无偿修理或者返工、改建。经过修理或者返工、改建后，造成逾期交付的，施工人应当承担违约责任。

第八百零二条　因承包人的原因致使建设工程在合理使用期限内造成人身损害和财产损失的，承包人应当承担赔偿责任。

第八百零三条　发包人未按照约定的时间和要求提供原材料、设备、场地、资金、技术资料的，承包人可以顺延工程日期，并有权请求赔偿停工、窝工等损失。

第八百零四条　因发包人的原因致使工程中途停建、缓建的，发包人应当采取措施弥补或者减少损失，赔偿承包人因此造成的停工、窝工、倒运、机械设备调迁、材料和构件积压等损失和实际费用。

第八百零五条　因发包人变更计划，提供的资料不准确，或者未按照期限提供必需的勘察、设计工作条件而造成勘察、设计的返工、停工或者修改设计，发包人应当按照勘察人、设计人实际消耗的工作量增付费用。

第八百零六条　承包人将建设工程转包、违法分包的，发包人可以解除合同。

发包人提供的主要建筑材料、建筑构配件和设备不符合强制性标准或者不履行协助义务，致使承包人无法施工，经催告后在合理期限内仍未履行相应义务的，承包人可以解除合同。

合同解除后，已经完成的建设工程质量合格的，发包人应当按照约定支付相应的工程价款；已经完成的建设工程质量不合格的，参照本法第七百九十三条的规定处理。

第八百零七条　发包人未按照约定支付价款的，承包人可以催告发包人在合理期限内支付价款。发包人逾期不支付的，除根据建设工程的性质不宜折价、拍卖外，承包人可以与发包人协议将该工程折价，也可以请求人民法院将该工程依法拍卖。建设工程的价款就该工程折价或者拍卖的价款优先受偿。

第八百零八条　本章没有规定的，适用承揽合同的有关规定。

第十九章　运输合同

第一节　一般规定

第八百零九条　运输合同是承运人将旅客或者货物从起运地点运输到约定地点，旅客、托运人或者收货人支付票款或者运输费用的合同。

第八百一十条　从事公共运输的承运人不得拒绝旅客、托运人通常、合理的运输要求。

第八百一十一条　承运人应当在约定期限或者合理期限内将旅客、货物安全运输到约定地点。

第八百一十二条　承运人应当按照约定的或者通常的运输路线将旅客、货物运输到约定地点。

第八百一十三条　旅客、托运人或者收货人应当支付票款或者运输费用。承运人未按照约定路线或者通常路线运输增加票款或者运输费用的，旅客、托运人或者收货人可以拒绝支付增加部分的票款或者运输费用。

第二节　客运合同

第八百一十四条　客运合同自承运人向旅客出具客票时成立，但是当事人另有约定或者另有交易习惯的除外。

第八百一十五条　旅客应当按照有效客票记载的时间、班次和座位号乘坐。旅客无票乘坐、超程乘坐、越级乘坐或者持不符合减价条件的优惠客票乘坐的，应当补交票款，承运人可以按照规定加收票款；旅客不支付票款的，承运人可以拒绝运输。

实名制客运合同的旅客丢失客票的，可以请求承运人挂失补办，承运人不得再次收取票款和其他不合理费用。

第八百一十六条　旅客因自己的原因不能按照客票记载的时间乘坐的，应当在约定的期限内办理退票或者变更手续；逾期办理的，承运人可以不退票款，并不再承担运输义务。

第八百一十七条　旅客随身携带行李应当符

合约定的限量和品类要求;超过限量或者违反品类要求携带行李的,应当办理托运手续。

第八百一十八条 旅客不得随身携带或者在行李中夹带易燃、易爆、有毒、有腐蚀性、有放射性以及可能危及运输工具上人身和财产安全的危险物品或者违禁物品。

旅客违反前款规定的,承运人可以将危险物品或者违禁物品卸下、销毁或者送交有关部门。旅客坚持携带或者夹带危险物品或者违禁物品的,承运人应当拒绝运输。

第八百一十九条 承运人应当严格履行安全运输义务,及时告知旅客安全运输应当注意的事项。旅客对承运人为安全运输所作的合理安排应当积极协助和配合。

第八百二十条 承运人应当按照有效客票记载的时间、班次和座位号运输旅客。承运人迟延运输或者有其他不能正常运输情形的,应当及时告知和提醒旅客,采取必要的安置措施,并根据旅客的要求安排改乘其他班次或者退票;由此造成旅客损失的,承运人应当承担赔偿责任,但是不可归责于承运人的除外。

第八百二十一条 承运人擅自降低服务标准的,应当根据旅客的请求退票或者减收票款;提高服务标准的,不得加收票款。

第八百二十二条 承运人在运输过程中,应当尽力救助患有急病、分娩、遇险的旅客。

第八百二十三条 承运人应当对运输过程中旅客的伤亡承担赔偿责任;但是,伤亡是旅客自身健康原因造成的或者承运人证明伤亡是旅客故意、重大过失造成的除外。

前款规定适用于按照规定免票、持优待票或者经承运人许可搭乘的无票旅客。

第八百二十四条 在运输过程中旅客随身携带物品毁损、灭失,承运人有过错的,应当承担赔偿责任。

旅客托运的行李毁损、灭失的,适用货物运输的有关规定。

第三节 货运合同

第八百二十五条 托运人办理货物运输,应当向承运人准确表明收货人的姓名、名称或者凭指示的收货人,货物的名称、性质、重量、数量,收货地点等有关货物运输的必要情况。

因托运人申报不实或者遗漏重要情况,造成承运人损失的,托运人应当承担赔偿责任。

第八百二十六条 货物运输需要办理审批、检验等手续的,托运人应当将办理完有关手续的文件提交承运人。

第八百二十七条 托运人应当按照约定的方式包装货物。对包装方式没有约定或者约定不明确的,适用本法第六百一十九条的规定。

托运人违反前款规定的,承运人可以拒绝运输。

第八百二十八条 托运人托运易燃、易爆、有毒、有腐蚀性、有放射性等危险物品的,应当按照国家有关危险物品运输的规定对危险物品妥善包装,做出危险物品标志和标签,并将有关危险物品的名称、性质和防范措施的书面材料提交承运人。

托运人违反前款规定的,承运人可以拒绝运输,也可以采取相应措施以避免损失的发生,因此产生的费用由托运人负担。

第八百二十九条 在承运人将货物交付收货人之前,托运人可以要求承运人中止运输、返还货物、变更到达地或者将货物交给其他收货人,但是应当赔偿承运人因此受到的损失。

第八百三十条 货物运输到达后,承运人知道收货人的,应当及时通知收货人,收货人应当及时提货。收货人逾期提货的,应当向承运人支付保管费等费用。

第八百三十一条 收货人提货时应当按照约定的期限检验货物。对检验货物的期限没有约定或者约定不明确,依据本法第五百一十条的规定仍不能确定的,应当在合理期限内检验货物。收货人在约定的期限或者合理期限内对货物的数量、毁损等未提出异议的,视为承运人已经按照运输单证的记载交付的初步证据。

第八百三十二条 承运人对运输过程中货物的毁损、灭失承担赔偿责任。但是,承运人证明货物的毁损、灭失是因不可抗力、货物本身的自然性质或者合理损耗以及托运人、收货人的过错造成的,不承担赔偿责任。

第八百三十三条 货物的毁损、灭失的赔偿额,当事人有约定的,按照其约定;没有约定或者约定不明确,依据本法第五百一十条的规定仍不能确定的,按照交付或者应当交付时货物到达地的市场价格计算。法律、行政法规对赔偿额的计算方法和赔偿限额另有规定的,依照其规定。

第八百三十四条 两个以上承运人以同一运输方式联运的,与托运人订立合同的承运人应当对全程运输承担责任;损失发生在某一运输区段的,与托运人订立合同的承运人和该区段的承运人承担连带责任。

第八百三十五条　货物在运输过程中因不可抗力灭失，未收取运费的，承运人不得请求支付运费；已经收取运费的，托运人可以请求返还。法律另有规定的，依照其规定。

第八百三十六条　托运人或者收货人不支付运费、保管费或者其他费用的，承运人对相应的运输货物享有留置权，但是当事人另有约定的除外。

第八百三十七条　收货人不明或者收货人无正当理由拒绝受领货物的，承运人依法可以提存货物。

第四节　多式联运合同

第八百三十八条　多式联运经营人负责履行或者组织履行多式联运合同，对全程运输享有承运人的权利，承担承运人的义务。

第八百三十九条　多式联运经营人可以与参加多式联运的各区段承运人就多式联运合同的各区段运输约定相互之间的责任；但是，该约定不影响多式联运经营人对全程运输承担的义务。

第八百四十条　多式联运经营人收到托运人交付的货物时，应当签发多式联运单据。按照托运人的要求，多式联运单据可以是可转让单据，也可以是不可转让单据。

第八百四十一条　因托运人托运货物时的过错造成多式联运经营人损失的，即使托运人已经转让多式联运单据，托运人仍然应当承担赔偿责任。

第八百四十二条　货物的毁损、灭失发生于多式联运的某一运输区段的，多式联运经营人的赔偿责任和责任限额，适用调整该区段运输方式的有关法律规定；货物毁损、灭失发生的运输区段不能确定的，依照本章规定承担赔偿责任。

第二十章　技术合同

第一节　一般规定

第八百四十三条　技术合同是当事人就技术开发、转让、许可、咨询或者服务订立的确立相互之间权利和义务的合同。

第八百四十四条　订立技术合同，应当有利于知识产权的保护和科学技术的进步，促进科学技术成果的研发、转化、应用和推广。

第八百四十五条　技术合同的内容一般包括项目的名称，标的的内容、范围和要求，履行的计划、地点和方式，技术信息和资料的保密，技术成果的归属和收益的分配办法，验收标准和方法，名词和术语的解释等条款。

与履行合同有关的技术背景资料、可行性论证和技术评价报告、项目任务书和计划书、技术标准、技术规范、原始设计和工艺文件，以及其他技术文档，按照当事人的约定可以作为合同的组成部分。

技术合同涉及专利的，应当注明发明创造的名称、专利申请人和专利权人、申请日期、申请号、专利号以及专利权的有效期限。

第八百四十六条　技术合同价款、报酬或者使用费的支付方式由当事人约定，可以采取一次总算、一次总付或者一次总算、分期支付，也可以采取提成支付或者提成支付附加预付入门费的方式。

约定提成支付的，可以按照产品价格、实施专利和使用技术秘密后新增的产值、利润或者产品销售额的一定比例提成，也可以按照约定的其他方式计算。提成支付的比例可以采取固定比例、逐年递增比例或者逐年递减比例。

约定提成支付的，当事人可以约定查阅有关会计账目的办法。

第八百四十七条　职务技术成果的使用权、转让权属于法人或者非法人组织的，法人或者非法人组织可以就该项职务技术成果订立技术合同。法人或者非法人组织订立技术合同转让职务技术成果时，职务技术成果的完成人享有以同等条件优先受让的权利。

职务技术成果是执行法人或者非法人组织的工作任务，或者主要是利用法人或者非法人组织的物质技术条件所完成的技术成果。

第八百四十八条　非职务技术成果的使用权、转让权属于完成技术成果的个人，完成技术成果的个人可以就该项非职务技术成果订立技术合同。

第八百四十九条　完成技术成果的个人享有在有关技术成果文件上写明自己是技术成果完成者的权利和取得荣誉证书、奖励的权利。

第八百五十条　非法垄断技术或者侵害他人技术成果的技术合同无效。

第二节　技术开发合同

第八百五十一条　技术开发合同是当事人之间就新技术、新产品、新工艺、新品种或者新材料及其系统的研究开发所订立的合同。

技术开发合同包括委托开发合同和合作开发合同。

技术开发合同应当采用书面形式。

当事人之间就具有实用价值的科技成果实施转化订立的合同,参照适用技术开发合同的有关规定。

第八百五十二条 委托开发合同的委托人应当按照约定支付研究开发经费和报酬,提供技术资料,提出研究开发要求,完成协作事项,接受研究开发成果。

第八百五十三条 委托开发合同的研究开发人应当按照约定制定和实施研究开发计划,合理使用研究开发经费,按期完成研究开发工作,交付研究开发成果,提供有关的技术资料和必要的技术指导,帮助委托人掌握研究开发成果。

第八百五十四条 委托开发合同的当事人违反约定造成研究开发工作停滞、延误或者失败的,应当承担违约责任。

第八百五十五条 合作开发合同的当事人应当按照约定进行投资,包括以技术进行投资,分工参与研究开发工作,协作配合研究开发工作。

第八百五十六条 合作开发合同的当事人违反约定造成研究开发工作停滞、延误或者失败的,应当承担违约责任。

第八百五十七条 作为技术开发合同标的的技术已经由他人公开,致使技术开发合同的履行没有意义的,当事人可以解除合同。

第八百五十八条 技术开发合同履行过程中,因出现无法克服的技术困难,致使研究开发失败或者部分失败的,该风险由当事人约定;没有约定或者约定不明确,依据本法第五百一十条的规定仍不能确定的,风险由当事人合理分担。

当事人一方发现前款规定的可能致使研究开发失败或者部分失败的情形时,应当及时通知另一方并采取适当措施减少损失;没有及时通知并采取适当措施,致使损失扩大的,应当就扩大的损失承担责任。

第八百五十九条 委托开发完成的发明创造,除法律另有规定或者当事人另有约定外,申请专利的权利属于研究开发人。研究开发人取得专利权的,委托人可以依法实施该专利。

研究开发人转让专利申请权的,委托人享有以同等条件优先受让的权利。

第八百六十条 合作开发完成的发明创造,申请专利的权利属于合作开发的当事人共有;当事人一方转让其共有的专利申请权的,其他各方享有以同等条件优先受让的权利。但是,当事人另有约定的除外。

合作开发的当事人一方声明放弃其共有的专利申请权的,除当事人另有约定外,可以由另一方单独申请或者由其他各方共同申请。申请人取得专利权的,放弃专利申请权的一方可以免费实施该专利。

合作开发的当事人一方不同意申请专利的,另一方或者其他各方不得申请专利。

第八百六十一条 委托开发或者合作开发完成的技术秘密成果的使用权、转让权以及收益的分配办法,由当事人约定;没有约定或者约定不明确,依据本法第五百一十条的规定仍不能确定的,在没有相同技术方案被授予专利权前,当事人均有使用和转让的权利。但是,委托开发的研究开发人不得在向委托人交付研究开发成果之前,将研究开发成果转让给第三人。

第三节 技术转让合同和技术许可合同

第八百六十二条 技术转让合同是合法拥有技术的权利人,将现有特定的专利、专利申请、技术秘密的相关权利让与他人所订立的合同。

技术许可合同是合法拥有技术的权利人,将现有特定的专利、技术秘密的相关权利许可他人实施、使用所订立的合同。

技术转让合同和技术许可合同中关于提供实施技术的专用设备、原材料或者提供有关的技术咨询、技术服务的约定,属于合同的组成部分。

第八百六十三条 技术转让合同包括专利权转让、专利申请权转让、技术秘密转让等合同。

技术许可合同包括专利实施许可、技术秘密使用许可等合同。

技术转让合同和技术许可合同应当采用书面形式。

第八百六十四条 技术转让合同和技术许可合同可以约定实施专利或者使用技术秘密的范围,但是不得限制技术竞争和技术发展。

第八百六十五条 专利实施许可合同仅在该专利权的存续期限内有效。专利权有效期限届满或者专利权被宣告无效的,专利权人不得就该专利与他人订立专利实施许可合同。

第八百六十六条 专利实施许可合同的许可人应当按照约定许可被许可人实施专利,交付实施专利有关的技术资料,提供必要的技术指导。

第八百六十七条 专利实施许可合同的被许可人应当按照约定实施专利,不得许可约定以外的第三人实施该专利,并按照约定支付使用费。

第八百六十八条　技术秘密转让合同的让与人和技术秘密使用许可合同的许可人应当按照约定提供技术资料，进行技术指导，保证技术的实用性、可靠性，承担保密义务。

前款规定的保密义务，不限制许可人申请专利，但是当事人另有约定的除外。

第八百六十九条　技术秘密转让合同的受让人和技术秘密使用许可合同的被许可人应当按照约定使用技术，支付转让费、使用费，承担保密义务。

第八百七十条　技术转让合同的让与人和技术许可合同的许可人应当保证自己是所提供的技术的合法拥有者，并保证所提供的技术完整、无误、有效，能够达到约定的目标。

第八百七十一条　技术转让合同的受让人和技术许可合同的被许可人应当按照约定的范围和期限，对让与人、许可人提供的技术中尚未公开的秘密部分，承担保密义务。

第八百七十二条　许可人未按照约定许可技术的，应当返还部分或者全部使用费，并应当承担违约责任；实施专利或者使用技术秘密超越约定的范围的，违反约定擅自许可第三人实施该项专利或者使用该项技术秘密的，应当停止违约行为，承担违约责任；违反约定的保密义务的，应当承担违约责任。

让与人承担违约责任，参照适用前款规定。

第八百七十三条　被许可人未按照约定支付使用费的，应当补交使用费并按照约定支付违约金；不补交使用费或者支付违约金的，应当停止实施专利或者使用技术秘密，交还技术资料，承担违约责任；实施专利或者使用技术秘密超越约定的范围的，未经许可人同意擅自许可第三人实施该专利或者使用该技术秘密的，应当停止违约行为，承担违约责任；违反约定的保密义务的，应当承担违约责任。

受让人承担违约责任，参照适用前款规定。

第八百七十四条　受让人或者被许可人按照约定实施专利、使用技术秘密侵害他人合法权益的，由让与人或者许可人承担责任，但是当事人另有约定的除外。

第八百七十五条　当事人可以按照互利的原则，在合同中约定实施专利、使用技术秘密后续改进的技术成果的分享办法；没有约定或者约定不明确，依据本法第五百一十条的规定仍不能确定的，一方后续改进的技术成果，其他各方无权分享。

第八百七十六条　集成电路布图设计专有权、植物新品种权、计算机软件著作权等其他知识产权的转让和许可，参照适用本节的有关规定。

第八百七十七条　法律、行政法规对技术进出口合同或者专利、专利申请合同另有规定的，依照其规定。

第四节　技术咨询合同和技术服务合同

第八百七十八条　技术咨询合同是当事人一方以技术知识为对方就特定技术项目提供可行性论证、技术预测、专题技术调查、分析评价报告等所订立的合同。

技术服务合同是当事人一方以技术知识为对方解决特定技术问题所订立的合同，不包括承揽合同和建设工程合同。

第八百七十九条　技术咨询合同的委托人应当按照约定阐明咨询的问题，提供技术背景材料及有关技术资料，接受受托人的工作成果，支付报酬。

第八百八十条　技术咨询合同的受托人应当按照约定的期限完成咨询报告或者解答问题，提出的咨询报告应当达到约定的要求。

第八百八十一条　技术咨询合同的委托人未按照约定提供必要的资料，影响工作进度和质量，不接受或者逾期接受工作成果的，支付的报酬不得追回，未支付的报酬应当支付。

技术咨询合同的受托人未按期提出咨询报告或者提出的咨询报告不符合约定的，应当承担减收或者免收报酬等违约责任。

技术咨询合同的委托人按照受托人符合约定要求的咨询报告和意见作出决策所造成的损失，由委托人承担，但是当事人另有约定的除外。

第八百八十二条　技术服务合同的委托人应当按照约定提供工作条件，完成配合事项，接受工作成果并支付报酬。

第八百八十三条　技术服务合同的受托人应当按照约定完成服务项目，解决技术问题，保证工作质量，并传授解决技术问题的知识。

第八百八十四条　技术服务合同的委托人不履行合同义务或者履行合同义务不符合约定，影响工作进度和质量，不接受或者逾期接受工作成果的，支付的报酬不得追回，未支付的报酬应当支付。

技术服务合同的受托人未按照约定完成服务工作的，应当承担免收报酬等违约责任。

第八百八十五条　技术咨询合同、技术服务合同履行过程中，受托人利用委托人提供的技术资料和工作条件完成的新的技术成果，属于受托人。委托人利用受托人的工作成果完成的新的技术成果，属于委托人。当事人另有约定的，按照其约定。

第八百八十六条 技术咨询合同和技术服务合同对受托人正常开展工作所需费用的负担没有约定或者约定不明确的，由受托人负担。

第八百八十七条 法律、行政法规对技术中介合同、技术培训合同另有规定的，依照其规定。

第二十一章 保管合同

第八百八十八条 保管合同是保管人保管寄存人交付的保管物，并返还该物的合同。

寄存人到保管人处从事购物、就餐、住宿等活动，将物品存放在指定场所的，视为保管，但是当事人另有约定或者另有交易习惯的除外。

第八百八十九条 寄存人应当按照约定向保管人支付保管费。

当事人对保管费没有约定或者约定不明确，依据本法第五百一十条的规定仍不能确定的，视为无偿保管。

第八百九十条 保管合同自保管物交付时成立，但是当事人另有约定的除外。

第八百九十一条 寄存人向保管人交付保管物的，保管人应当出具保管凭证，但是另有交易习惯的除外。

第八百九十二条 保管人应当妥善保管保管物。

当事人可以约定保管场所或者方法。除紧急情况或者为维护寄存人利益外，不得擅自改变保管场所或者方法。

第八百九十三条 寄存人交付的保管物有瑕疵或者根据保管物的性质需要采取特殊保管措施的，寄存人应当将有关情况告知保管人。寄存人未告知，致使保管物受损失的，保管人不承担赔偿责任；保管人因此受损失的，除保管人知道或者应当知道且未采取补救措施外，寄存人应当承担赔偿责任。

第八百九十四条 保管人不得将保管物转交第三人保管，但是当事人另有约定的除外。

保管人违反前款规定，将保管物转交第三人保管，造成保管物损失的，应当承担赔偿责任。

第八百九十五条 保管人不得使用或者许可第三人使用保管物，但是当事人另有约定的除外。

第八百九十六条 第三人对保管物主张权利的，除依法对保管物采取保全或者执行措施外，保管人应当履行向寄存人返还保管物的义务。

第三人对保管人提起诉讼或者对保管物申请扣押的，保管人应当及时通知寄存人。

第八百九十七条 保管期内，因保管人保管不善造成保管物毁损、灭失的，保管人应当承担赔偿责任。但是，无偿保管人证明自己没有故意或者重大过失的，不承担赔偿责任。

第八百九十八条 寄存人寄存货币、有价证券或者其他贵重物品的，应当向保管人声明，由保管人验收或者封存；寄存人未声明的，该物品毁损、灭失后，保管人可以按照一般物品予以赔偿。

第八百九十九条 寄存人可以随时领取保管物。

当事人对保管期限没有约定或者约定不明确的，保管人可以随时请求寄存人领取保管物；约定保管期限的，保管人无特别事由，不得请求寄存人提前领取保管物。

第九百条 保管期限届满或者寄存人提前领取保管物的，保管人应当将原物及其孳息归还寄存人。

第九百零一条 保管人保管货币的，可以返还相同种类、数量的货币；保管其他可替代物的，可以按照约定返还相同种类、品质、数量的物品。

第九百零二条 有偿的保管合同，寄存人应当按照约定的期限向保管人支付保管费。

当事人对支付期限没有约定或者约定不明确，依据本法第五百一十条的规定仍不能确定的，应当在领取保管物的同时支付。

第九百零三条 寄存人未按照约定支付保管费或者其他费用的，保管人对保管物享有留置权，但是当事人另有约定的除外。

第二十二章 仓储合同

第九百零四条 仓储合同是保管人储存存货人交付的仓储物，存货人支付仓储费的合同。

第九百零五条 仓储合同自保管人和存货人意思表示一致时成立。

第九百零六条 储存易燃、易爆、有毒、有腐蚀性、有放射性等危险物品或者易变质物品的，存货人应当说明该物品的性质，提供有关资料。

存货人违反前款规定的，保管人可以拒收仓储物，也可以采取相应措施以避免损失的发生，因此产生的费用由存货人负担。

保管人储存易燃、易爆、有毒、有腐蚀性、有放射性等危险物品的，应当具备相应的保管条件。

第九百零七条　保管人应当按照约定对入库仓储物进行验收。保管人验收时发现入库仓储物与约定不符合的，应当及时通知存货人。保管人验收后，发生仓储物的品种、数量、质量不符合约定的，保管人应当承担赔偿责任。

第九百零八条　存货人交付仓储物的，保管人应当出具仓单、入库单等凭证。

第九百零九条　保管人应当在仓单上签名或者盖章。仓单包括下列事项：

（一）存货人的姓名或者名称和住所；

（二）仓储物的品种、数量、质量、包装及其件数和标记；

（三）仓储物的损耗标准；

（四）储存场所；

（五）储存期限；

（六）仓储费；

（七）仓储物已经办理保险的，其保险金额、期间以及保险人的名称；

（八）填发人、填发地和填发日期。

第九百一十条　仓单是提取仓储物的凭证。存货人或者仓单持有人在仓单上背书并经保管人签名或者盖章的，可以转让提取仓储物的权利。

第九百一十一条　保管人根据存货人或者仓单持有人的要求，应当同意其检查仓储物或者提取样品。

第九百一十二条　保管人发现入库仓储物有变质或者其他损坏的，应当及时通知存货人或者仓单持有人。

第九百一十三条　保管人发现入库仓储物有变质或者其他损坏，危及其他仓储物的安全和正常保管的，应当催告存货人或者仓单持有人作出必要的处置。因情况紧急，保管人可以作出必要的处置；但是，事后应当将该情况及时通知存货人或者仓单持有人。

第九百一十四条　当事人对储存期限没有约定或者约定不明确的，存货人或者仓单持有人可以随时提取仓储物，保管人也可以随时请求存货人或者仓单持有人提取仓储物，但是应当给予必要的准备时间。

第九百一十五条　储存期限届满，存货人或者仓单持有人应当凭仓单、入库单等提取仓储物。存货人或者仓单持有人逾期提取的，应当加收仓储费；提前提取的，不减收仓储费。

第九百一十六条　储存期限届满，存货人或者仓单持有人不提取仓储物的，保管人可以催告其在合理期限内提取；逾期不提取的，保管人可以提存仓储物。

第九百一十七条　储存期内，因保管不善造成仓储物毁损、灭失的，保管人应当承担赔偿责任。因仓储物本身的自然性质、包装不符合约定或者超过有效储存期造成仓储物变质、损坏的，保管人不承担赔偿责任。

第九百一十八条　本章没有规定的，适用保管合同的有关规定。

第二十三章　委托合同

第九百一十九条　委托合同是委托人和受托人约定，由受托人处理委托人事务的合同。

第九百二十条　委托人可以特别委托受托人处理一项或者数项事务，也可以概括委托受托人处理一切事务。

第九百二十一条　委托人应当预付处理委托事务的费用。受托人为处理委托事务垫付的必要费用，委托人应当偿还该费用并支付利息。

第九百二十二条　受托人应当按照委托人的指示处理委托事务。需要变更委托人指示的，应当经委托人同意；因情况紧急，难以和委托人取得联系的，受托人应当妥善处理委托事务，但是事后应当将该情况及时报告委托人。

第九百二十三条　受托人应当亲自处理委托事务。经委托人同意，受托人可以转委托。转委托经同意或者追认的，委托人可以就委托事务直接指示转委托的第三人，受托人仅就第三人的选任及其对第三人的指示承担责任。转委托未经同意或者追认的，受托人应当对转委托的第三人的行为承担责任；但是，在紧急情况下受托人为了维护委托人的利益需要转委托第三人的除外。

第九百二十四条　受托人应当按照委托人的要求，报告委托事务的处理情况。委托合同终止时，受托人应当报告委托事务的结果。

第九百二十五条　受托人以自己的名义，在委托人的授权范围内与第三人订立的合同，第三人在订立合同时知道受托人与委托人之间的代理关系的，该合同直接约束委托人和第三人；但是，有确切证据证明该合同只约束受托人和第三人的除外。

第九百二十六条　受托人以自己的名义与第三人订立合同时，第三人不知道受托人与委托人之间的代理关系的，受托人因第三人的原因对委托人不履行义务，受托人应当向委托人披露第三人，委托人因此可以行使受托人对第三人的权利。但是，第三人与受托人订立合同时如果知道该委托人就不会订立合同的除外。

受托人因委托人的原因对第三人不履行义务，受托人应当向第三人披露委托人，第三人因此可以选择受托人或者委托人作为相对人主张其权利，但是第三人不得变更选定的相对人。

委托人行使受托人对第三人的权利的，第三人可以向委托人主张其对受托人的抗辩。第三人选定委托人作为其相对人的，委托人可以向第三人主张其对受托人的抗辩以及受托人对第三人的抗辩。

第九百二十七条 受托人处理委托事务取得的财产，应当转交给委托人。

第九百二十八条 受托人完成委托事务的，委托人应当按照约定向其支付报酬。

因不可归责于受托人的事由，委托合同解除或者委托事务不能完成的，委托人应当向受托人支付相应的报酬。当事人另有约定的，按照其约定。

第九百二十九条 有偿的委托合同，因受托人的过错造成委托人损失的，委托人可以请求赔偿损失。无偿的委托合同，因受托人的故意或者重大过失造成委托人损失的，委托人可以请求赔偿损失。

受托人超越权限造成委托人损失的，应当赔偿损失。

第九百三十条 受托人处理委托事务时，因不可归责于自己的事由受到损失的，可以向委托人请求赔偿损失。

第九百三十一条 委托人经受托人同意，可以在受托人之外委托第三人处理委托事务。因此造成受托人损失的，受托人可以向委托人请求赔偿损失。

第九百三十二条 两个以上的受托人共同处理委托事务的，对委托人承担连带责任。

第九百三十三条 委托人或者受托人可以随时解除委托合同。因解除合同造成对方损失的，除不可归责于该当事人的事由外，无偿委托合同的解除方应当赔偿因解除时间不当造成的直接损失，有偿委托合同的解除方应当赔偿对方的直接损失和合同履行后可以获得的利益。

第九百三十四条 委托人死亡、终止或者受托人死亡、丧失民事行为能力、终止的，委托合同终止；但是，当事人另有约定或者根据委托事务的性质不宜终止的除外。

第九百三十五条 因委托人死亡或者被宣告破产、解散，致使委托合同终止将损害委托人利益的，在委托人的继承人、遗产管理人或者清算人承受委托事务之前，受托人应当继续处理委托事务。

第九百三十六条 因受托人死亡、丧失民事行为能力或者被宣告破产、解散，致使委托合同终止的，受托人的继承人、遗产管理人、法定代理人或者清算人应当及时通知委托人。因委托合同终止将损害委托人利益的，在委托人作出善后处理之前，受托人的继承人、遗产管理人、法定代理人或者清算人应当采取必要措施。

第二十四章 物业服务合同

第九百三十七条 物业服务合同是物业服务人在物业服务区域内，为业主提供建筑物及其附属设施的维修养护、环境卫生和相关秩序的管理维护等物业服务，业主支付物业费的合同。

物业服务人包括物业服务企业和其他管理人。

第九百三十八条 物业服务合同的内容一般包括服务事项、服务质量、服务费用的标准和收取办法、维修资金的使用、服务用房的管理和使用、服务期限、服务交接等条款。

物业服务人公开作出的有利于业主的服务承诺，为物业服务合同的组成部分。

物业服务合同应当采用书面形式。

第九百三十九条 建设单位依法与物业服务人订立的前期物业服务合同，以及业主委员会与业主大会依法选聘的物业服务人订立的物业服务合同，对业主具有法律约束力。

第九百四十条 建设单位依法与物业服务人订立的前期物业服务合同约定的服务期限届满前，业主委员会或者业主与新物业服务人订立的物业服务合同生效的，前期物业服务合同终止。

第九百四十一条 物业服务人将物业服务区域内的部分专项服务事项委托给专业性服务组织或者其他第三人的，应当就该部分专项服务事项向业主负责。

物业服务人不得将其应当提供的全部物业服务转委托给第三人，或者将全部物业服务支解后分别转委托给第三人。

第九百四十二条 物业服务人应当按照约定和物业的使用性质，妥善维修、养护、清洁、绿化和经营管理物业服务区域内的业主共有部分，维护物业服务区域内的基本秩序，采取合理措施保护业主的人身、财产安全。

对物业服务区域内违反有关治安、环保、消防等法律法规的行为，物业服务人应当及时采取合理措施制止、向有关行政主管部门报告并协助处理。

第九百四十三条　物业服务人应当定期将服务的事项、负责人员、质量要求、收费项目、收费标准、履行情况，以及维修资金使用情况、业主共有部分的经营与收益情况等以合理方式向业主公开并向业主大会、业主委员会报告。

第九百四十四条　业主应当按照约定向物业服务人支付物业费。物业服务人已经按照约定和有关规定提供服务的，业主不得以未接受或者无需接受相关物业服务为由拒绝支付物业费。

业主违反约定逾期不支付物业费的，物业服务人可以催告其在合理期限内支付；合理期限届满仍不支付的，物业服务人可以提起诉讼或者申请仲裁。

物业服务人不得采取停止供电、供水、供热、供燃气等方式催交物业费。

第九百四十五条　业主装饰装修房屋的，应当事先告知物业服务人，遵守物业服务人提示的合理注意事项，并配合其进行必要的现场检查。

业主转让、出租物业专有部分、设立居住权或者依法改变共有部分用途的，应当及时将相关情况告知物业服务人。

第九百四十六条　业主依照法定程序共同决定解聘物业服务人的，可以解除物业服务合同。决定解聘的，应当提前六十日书面通知物业服务人，但是合同对通知期限另有约定的除外。

依据前款规定解除合同造成物业服务人损失的，除不可归责于业主的事由外，业主应当赔偿损失。

第九百四十七条　物业服务期限届满前，业主依法共同决定续聘的，应当与原物业服务人在合同期限届满前续订物业服务合同。

物业服务期限届满前，物业服务人不同意续聘的，应当在合同期限届满前九十日书面通知业主或者业主委员会，但是合同对通知期限另有约定的除外。

第九百四十八条　物业服务期限届满后，业主没有依法作出续聘或者另聘物业服务人的决定，物业服务人继续提供物业服务的，原物业服务合同继续有效，但是服务期限为不定期。

当事人可以随时解除不定期物业服务合同，但是应当提前六十日书面通知对方。

第九百四十九条　物业服务合同终止的，原物业服务人应当在约定期限或者合理期限内退出物业服务区域，将物业服务用房、相关设施、物业服务所必需的相关资料等交还给业主委员会、决定自行管理的业主或者其指定的人，配合新物业服务人做好交接工作，并如实告知物业的使用和管理状况。

原物业服务人违反前款规定的，不得请求业主支付物业服务合同终止后的物业费；造成业主损失的，应当赔偿损失。

第九百五十条　物业服务合同终止后，在业主或者业主大会选聘的新物业服务人或者决定自行管理的业主接管之前，原物业服务人应当继续处理物业服务事项，并可以请求业主支付该期间的物业费。

第二十五章　行纪合同

第九百五十一条　行纪合同是行纪人以自己的名义为委托人从事贸易活动，委托人支付报酬的合同。

第九百五十二条　行纪人处理委托事务支出的费用，由行纪人负担，但是当事人另有约定的除外。

第九百五十三条　行纪人占有委托物的，应当妥善保管委托物。

第九百五十四条　委托物交付给行纪人时有瑕疵或者容易腐烂、变质的，经委托人同意，行纪人可以处分该物；不能与委托人及时取得联系的，行纪人可以合理处分。

第九百五十五条　行纪人低于委托人指定的价格卖出或者高于委托人指定的价格买入的，应当经委托人同意；未经委托人同意，行纪人补偿其差额的，该买卖对委托人发生效力。

行纪人高于委托人指定的价格卖出或者低于委托人指定的价格买入的，可以按照约定增加报酬；没有约定或者约定不明确，依据本法第五百一十条的规定仍不能确定的，该利益属于委托人。

委托人对价格有特别指示的，行纪人不得违背该指示卖出或者买入。

第九百五十六条　行纪人卖出或者买入具有市场定价的商品，除委托人有相反的意思表示外，行纪人自己可以作为买受人或者出卖人。

行纪人有前款规定情形的，仍然可以请求委托人支付报酬。

第九百五十七条　行纪人按照约定买入委托物，委托人应当及时受领。经行纪人催告，委托人无正当理由拒绝受领的，行纪人依法可以提存委托物。

委托物不能卖出或者委托人撤回出卖，经行纪人催告,委托人不取回或者不处分该物的,行纪人依法可以提存委托物。

第九百五十八条 行纪人与第三人订立合同的,行纪人对该合同直接享有权利、承担义务。

第三人不履行义务致使委托人受到损害的,行纪人应当承担赔偿责任,但是行纪人与委托人另有约定的除外。

第九百五十九条 行纪人完成或者部分完成委托事务的,委托人应当向其支付相应的报酬。委托人逾期不支付报酬的,行纪人对委托物享有留置权,但是当事人另有约定的除外。

第九百六十条 本章没有规定的,参照适用委托合同的有关规定。

第二十六章 中介合同

第九百六十一条 中介合同是中介人向委托人报告订立合同的机会或者提供订立合同的媒介服务,委托人支付报酬的合同。

第九百六十二条 中介人应当就有关订立合同的事项向委托人如实报告。

中介人故意隐瞒与订立合同有关的重要事实或者提供虚假情况,损害委托人利益的,不得请求支付报酬并应当承担赔偿责任。

第九百六十三条 中介人促成合同成立的,委托人应当按照约定支付报酬。对中介人的报酬没有约定或者约定不明确,依据本法第五百一十条的规定仍不能确定的,根据中介人的劳务合理确定。因中介人提供订立合同的媒介服务而促成合同成立的,由该合同的当事人平均负担中介人的报酬。

中介人促成合同成立的,中介活动的费用,由中介人负担。

第九百六十四条 中介人未促成合同成立的,不得请求支付报酬;但是,可以按照约定请求委托人支付从事中介活动支出的必要费用。

第九百六十五条 委托人在接受中介人的服务后,利用中介人提供的交易机会或者媒介服务,绕开中介人直接订立合同的,应当向中介人支付报酬。

第九百六十六条 本章没有规定的,参照适用委托合同的有关规定。

第二十七章 合伙合同

第九百六十七条 合伙合同是两个以上合伙人为了共同的事业目的,订立的共享利益、共担风险的协议。

第九百六十八条 合伙人应当按照约定的出资方式、数额和缴付期限,履行出资义务。

第九百六十九条 合伙人的出资、因合伙事务依法取得的收益和其他财产,属于合伙财产。

合伙合同终止前,合伙人不得请求分割合伙财产。

第九百七十条 合伙人就合伙事务作出决定的,除合伙合同另有约定外,应当经全体合伙人一致同意。

合伙事务由全体合伙人共同执行。按照合伙合同的约定或者全体合伙人的决定,可以委托一个或者数个合伙人执行合伙事务;其他合伙人不再执行合伙事务,但是有权监督执行情况。

合伙人分别执行合伙事务的,执行事务合伙人可以对其他合伙人执行的事务提出异议;提出异议后,其他合伙人应当暂停该项事务的执行。

第九百七十一条 合伙人不得因执行合伙事务而请求支付报酬,但是合伙合同另有约定的除外。

第九百七十二条 合伙的利润分配和亏损分担,按照合伙合同的约定办理;合伙合同没有约定或者约定不明确的,由合伙人协商决定;协商不成的,由合伙人按照实缴出资比例分配、分担;无法确定出资比例的,由合伙人平均分配、分担。

第九百七十三条 合伙人对合伙债务承担连带责任。清偿合伙债务超过自己应当承担份额的合伙人,有权向其他合伙人追偿。

第九百七十四条 除合伙合同另有约定外,合伙人向合伙人以外的人转让其全部或者部分财产份额的,须经其他合伙人一致同意。

第九百七十五条 合伙人的债权人不得代位行使合伙人依照本章规定和合伙合同享有的权利,但是合伙人享有的利益分配请求权除外。

第九百七十六条 合伙人对合伙期限没有约定或者约定不明确,依据本法第五百一十条的规定仍不能确定的,视为不定期合伙。

合伙期限届满,合伙人继续执行合伙事务,其他合伙人没有提出异议的,原合伙合同继续有效,但是合伙期限为不定期。

合伙人可以随时解除不定期合伙合同,但是应当在合理期限之前通知其他合伙人。

第九百七十七条 合伙人死亡、丧失民事行为能力或者终止的,合伙合同终止;但是,合伙合同另有约定或者根据合伙事务的性质不宜终止的除外。

第九百七十八条 合伙合同终止后,合伙财产在支付因终止而产生的费用以及清偿合伙债务后有剩余的，依据本法第九百七十二条的规定进行分配。

第三分编　准合同

第二十八章　无因管理

第九百七十九条　管理人没有法定的或者约定的义务，为避免他人利益受损失而管理他人事务的，可以请求受益人偿还因管理事务而支出的必要费用；管理人因管理事务受到损失的，可以请求受益人给予适当补偿。

管理事务不符合受益人真实意思的，管理人不享有前款规定的权利；但是，受益人的真实意思违反法律或者违背公序良俗的除外。

第九百八十条　管理人管理事务不属于前条规定的情形，但是受益人享有管理利益的，受益人应当在其获得的利益范围内向管理人承担前条第一款规定的义务。

第九百八十一条　管理人管理他人事务，应当采取有利于受益人的方法。中断管理对受益人不利的，无正当理由不得中断。

第九百八十二条　管理人管理他人事务，能够通知受益人的，应当及时通知受益人。管理的事务不需要紧急处理的，应当等待受益人的指示。

第九百八十三条　管理结束后，管理人应当向受益人报告管理事务的情况。管理人管理事务取得的财产，应当及时转交给受益人。

第九百八十四条　管理人管理事务经受益人事后追认的，从管理事务开始时起，适用委托合同的有关规定，但是管理人另有意思表示的除外。

第二十九章　不当得利

第九百八十五条　得利人没有法律根据取得不当利益的，受损失的人可以请求得利人返还取得的利益，但是有下列情形之一的除外：

（一）为履行道德义务进行的给付；

（二）债务到期之前的清偿；

（三）明知无给付义务而进行的债务清偿。

第九百八十六条　得利人不知道且不应当知道取得的利益没有法律根据，取得的利益已经不存在的，不承担返还该利益的义务。

第九百八十七条　得利人知道或者应当知道取得的利益没有法律根据的，受损失的人可以请求得利人返还其取得的利益并依法赔偿损失。

第九百八十八条　得利人已经将取得的利益无偿转让给第三人的，受损失的人可以请求第三人在相应范围内承担返还义务。

第四编　人格权

第一章　一般规定

第九百八十九条　本编调整因人格权的享有和保护产生的民事关系。

第九百九十条　人格权是民事主体享有的生命权、身体权、健康权、姓名权、名称权、肖像权、名誉权、荣誉权、隐私权等权利。

除前款规定的人格权外，自然人享有基于人身自由、人格尊严产生的其他人格权益。

第九百九十一条　民事主体的人格权受法律保护，任何组织或者个人不得侵害。

第九百九十二条　人格权不得放弃、转让或者继承。

第九百九十三条　民事主体可以将自己的姓名、名称、肖像等许可他人使用，但是依照法律规定或者根据其性质不得许可的除外。

第九百九十四条　死者的姓名、肖像、名誉、荣誉、隐私、遗体等受到侵害的，其配偶、子女、父母有权依法请求行为人承担民事责任；死者没有配偶、子女且父母已经死亡的，其他近亲属有权依法请求行为人承担民事责任。

第九百九十五条　人格权受到侵害的，受害人有权依照本法和其他法律的规定请求行为人承担民事责任。受害人的停止侵害、排除妨碍、消除危险、消除影响、恢复名誉、赔礼道歉请求权，不适用诉讼时效的规定。

第九百九十六条　因当事人一方的违约行为，损害对方人格权并造成严重精神损害，受损害方选择请求其承担违约责任的，不影响受损害方请求精神损害赔偿。

第九百九十七条　民事主体有证据证明行为人正在实施或者即将实施侵害其人格权的违法行为，不及时制止将使其合法权益受到难以弥补的损害的，有权依法向人民法院申请采取责令行为人停止有关行为的措施。

第九百九十八条 认定行为人承担侵害除生命权、身体权和健康权外的人格权的民事责任，应当考虑行为人和受害人的职业、影响范围、过错程度，以及行为的目的、方式、后果等因素。

第九百九十九条 为公共利益实施新闻报道、舆论监督等行为的，可以合理使用民事主体的姓名、名称、肖像、个人信息等；使用不合理侵害民事主体人格权的，应当依法承担民事责任。

第一千条 行为人因侵害人格权承担消除影响、恢复名誉、赔礼道歉等民事责任的，应当与行为的具体方式和造成的影响范围相当。

行为人拒不承担前款规定的民事责任的，人民法院可以采取在报刊、网络等媒体上发布公告或者公布生效裁判文书等方式执行，产生的费用由行为人负担。

第一千零一条 对自然人因婚姻家庭关系等产生的身份权利的保护，适用本法第一编、第五编和其他法律的相关规定；没有规定的，可以根据其性质参照适用本编人格权保护的有关规定。

第二章 生命权、身体权和健康权

第一千零二条 自然人享有生命权。自然人的生命安全和生命尊严受法律保护。任何组织或者个人不得侵害他人的生命权。

第一千零三条 自然人享有身体权。自然人的身体完整和行动自由受法律保护。任何组织或者个人不得侵害他人的身体权。

第一千零四条 自然人享有健康权。自然人的身心健康受法律保护。任何组织或者个人不得侵害他人的健康权。

第一千零五条 自然人的生命权、身体权、健康权受到侵害或者处于其他危难情形的，负有法定救助义务的组织或者个人应当及时施救。

第一千零六条 完全民事行为能力人有权依法自主决定无偿捐献其人体细胞、人体组织、人体器官、遗体。任何组织或者个人不得强迫、欺骗、利诱其捐献。

完全民事行为能力人依据前款规定同意捐献的，应当采用书面形式，也可以订立遗嘱。

自然人生前未表示不同意捐献的，该自然人死亡后，其配偶、成年子女、父母可以共同决定捐献，决定捐献应当采用书面形式。

第一千零七条 禁止以任何形式买卖人体细胞、人体组织、人体器官、遗体。

违反前款规定的买卖行为无效。

第一千零八条 为研制新药、医疗器械或者发展新的预防和治疗方法，需要进行临床试验的，应当依法经相关主管部门批准并经伦理委员会审查同意，向受试者或者受试者的监护人告知试验目的、用途和可能产生的风险等详细情况，并经其书面同意。

进行临床试验的，不得向受试者收取试验费用。

第一千零九条 从事与人体基因、人体胚胎等有关的医学和科研活动，应当遵守法律、行政法规和国家有关规定，不得危害人体健康，不得违背伦理道德，不得损害公共利益。

第一千零一十条 违背他人意愿，以言语、文字、图像、肢体行为等方式对他人实施性骚扰的，受害人有权依法请求行为人承担民事责任。

机关、企业、学校等单位应当采取合理的预防、受理投诉、调查处置等措施，防止和制止利用职权、从属关系等实施性骚扰。

第一千零一十一条 以非法拘禁等方式剥夺、限制他人的行动自由，或者非法搜查他人身体的，受害人有权依法请求行为人承担民事责任。

第三章 姓名权和名称权

第一千零一十二条 自然人享有姓名权，有权依法决定、使用、变更或者许可他人使用自己的姓名，但是不得违背公序良俗。

第一千零一十三条 法人、非法人组织享有名称权，有权依法决定、使用、变更、转让或者许可他人使用自己的名称。

第一千零一十四条 任何组织或者个人不得以干涉、盗用、假冒等方式侵害他人的姓名权或者名称权。

第一千零一十五条 自然人应当随父姓或者母姓，但是有下列情形之一的，可以在父姓和母姓之外选取姓氏：

（一）选取其他直系长辈血亲的姓氏；

（二）因由法定扶养人以外的人扶养而选取扶养人姓氏；

（三）有不违背公序良俗的其他正当理由。

少数民族自然人的姓氏可以遵从本民族的文化传统和风俗习惯。

第一千零一十六条 自然人决定、变更姓名，或者法人、非法人组织决定、变更、转让名称的，应当依法向有关机关办理登记手续，但是法律另有规定的除外。

民事主体变更姓名、名称的，变更前实施的民事法律行为对其具有法律约束力。

第一千零一十七条　具有一定社会知名度，被他人使用足以造成公众混淆的笔名、艺名、网名、译名、字号、姓名和名称的简称等，参照适用姓名权和名称权保护的有关规定。

第四章　肖像权

第一千零一十八条　自然人享有肖像权，有权依法制作、使用、公开或者许可他人使用自己的肖像。

肖像是通过影像、雕塑、绘画等方式在一定载体上所反映的特定自然人可以被识别的外部形象。

第一千零一十九条　任何组织或者个人不得以丑化、污损，或者利用信息技术手段伪造等方式侵害他人的肖像权。未经肖像权人同意，不得制作、使用、公开肖像权人的肖像，但是法律另有规定的除外。

未经肖像权人同意，肖像作品权利人不得以发表、复制、发行、出租、展览等方式使用或者公开肖像权人的肖像。

第一千零二十条　合理实施下列行为的，可以不经肖像权人同意：

（一）为个人学习、艺术欣赏、课堂教学或者科学研究，在必要范围内使用肖像权人已经公开的肖像；

（二）为实施新闻报道，不可避免地制作、使用、公开肖像权人的肖像；

（三）为依法履行职责，国家机关在必要范围内制作、使用、公开肖像权人的肖像；

（四）为展示特定公共环境，不可避免地制作、使用、公开肖像权人的肖像；

（五）为维护公共利益或者肖像权人合法权益，制作、使用肖像权人的肖像的其他行为。

第一千零二十一条　当事人对肖像许可使用合同中关于肖像使用条款的理解有争议的，应当作出有利于肖像权人的解释。

第一千零二十二条　当事人对肖像许可使用期限没有约定或者约定不明确的，任何一方当事人可以随时解除肖像许可使用合同，但是应当在合理期限之前通知对方。

当事人对肖像许可使用期限有明确约定，肖像权人有正当理由的，可以解除肖像许可使用合同，但是应当在合理期限之前通知对方。因解除合同造成对方损失的，除不可归责于肖像权人的事由外，应当赔偿损失。

第一千零二十三条　对姓名等的许可使用，参照适用肖像许可使用的有关规定。

对自然人声音的保护，参照适用肖像权保护的有关规定。

第五章　名誉权和荣誉权

第一千零二十四条　民事主体享有名誉权。任何组织或者个人不得以侮辱、诽谤等方式侵害他人的名誉权。

名誉是对民事主体的品德、声望、才能、信用等的社会评价。

第一千零二十五条　行为人为公共利益实施新闻报道、舆论监督等行为，影响他人名誉的，不承担民事责任，但是有下列情形之一的除外：

（一）捏造、歪曲事实；

（二）对他人提供的严重失实内容未尽到合理核实义务；

（三）使用侮辱性言辞等贬损他人名誉。

第一千零二十六条　认定行为人是否尽到前条第二项规定的合理核实义务，应当考虑下列因素：

（一）内容来源的可信度；

（二）对明显可能引发争议的内容是否进行了必要的调查；

（三）内容的时限性；

（四）内容与公序良俗的关联性；

（五）受害人名誉受贬损的可能性；

（六）核实能力和核实成本。

第一千零二十七条　行为人发表的文学、艺术作品以真人真事或者特定人为描述对象，含有侮辱、诽谤内容，侵害他人名誉权的，受害人有权依法请求该行为人承担民事责任。

行为人发表的文学、艺术作品不以特定人为描述对象，仅其中的情节与该特定人的情况相似的，不承担民事责任。

第一千零二十八条　民事主体有证据证明报刊、网络等媒体报道的内容失实，侵害其名誉权的，有权请求该媒体及时采取更正或者删除等必要措施。

第一千零二十九条　民事主体可以依法查询自己的信用评价；发现信用评价不当的，有权提出异议并请求采取更正、删除等必要措施。信用评价人应当及时核查，经核查属实的，应当及时采取必要措施。

第一千零三十条 民事主体与征信机构等信用信息处理者之间的关系，适用本编有关个人信息保护的规定和其他法律、行政法规的有关规定。

第一千零三十一条 民事主体享有荣誉权。任何组织或者个人不得非法剥夺他人的荣誉称号，不得诋毁、贬损他人的荣誉。

获得的荣誉称号应当记载而没有记载的，民事主体可以请求记载；获得的荣誉称号记载错误的，民事主体可以请求更正。

第六章 隐私权和个人信息保护

第一千零三十二条 自然人享有隐私权。任何组织或者个人不得以刺探、侵扰、泄露、公开等方式侵害他人的隐私权。

隐私是自然人的私人生活安宁和不愿为他人知晓的私密空间、私密活动、私密信息。

第一千零三十三条 除法律另有规定或者权利人明确同意外，任何组织或者个人不得实施下列行为：

（一）以电话、短信、即时通讯工具、电子邮件、传单等方式侵扰他人的私人生活安宁；

（二）进入、拍摄、窥视他人的住宅、宾馆房间等私密空间；

（三）拍摄、窥视、窃听、公开他人的私密活动；

（四）拍摄、窥视他人身体的私密部位；

（五）处理他人的私密信息；

（六）以其他方式侵害他人的隐私权。

第一千零三十四条 自然人的个人信息受法律保护。

个人信息是以电子或者其他方式记录的能够单独或者与其他信息结合识别特定自然人的各种信息，包括自然人的姓名、出生日期、身份证件号码、生物识别信息、住址、电话号码、电子邮箱、健康信息、行踪信息等。

个人信息中的私密信息，适用有关隐私权的规定；没有规定的，适用有关个人信息保护的规定。

第一千零三十五条 处理个人信息的，应当遵循合法、正当、必要原则，不得过度处理，并符合下列条件：

（一）征得该自然人或者其监护人同意，但是法律、行政法规另有规定的除外；

（二）公开处理信息的规则；

（三）明示处理信息的目的、方式和范围；

（四）不违反法律、行政法规的规定和双方的约定。

个人信息的处理包括个人信息的收集、存储、使用、加工、传输、提供、公开等。

第一千零三十六条 处理个人信息，有下列情形之一的，行为人不承担民事责任：

（一）在该自然人或者其监护人同意的范围内合理实施的行为；

（二）合理处理该自然人自行公开的或者其他已经合法公开的信息，但是该自然人明确拒绝或者处理该信息侵害其重大利益的除外；

（三）为维护公共利益或者该自然人合法权益，合理实施的其他行为。

第一千零三十七条 自然人可以依法向信息处理者查阅或者复制其个人信息；发现信息有错误的，有权提出异议并请求及时采取更正等必要措施。

自然人发现信息处理者违反法律、行政法规的规定或者双方的约定处理其个人信息的，有权请求信息处理者及时删除。

第一千零三十八条 信息处理者不得泄露或者篡改其收集、存储的个人信息；未经自然人同意，不得向他人非法提供其个人信息，但是经过加工无法识别特定个人且不能复原的除外。

信息处理者应当采取技术措施和其他必要措施，确保其收集、存储的个人信息安全，防止信息泄露、篡改、丢失；发生或者可能发生个人信息泄露、篡改、丢失的，应当及时采取补救措施，按照规定告知自然人并向有关主管部门报告。

第一千零三十九条 国家机关、承担行政职能的法定机构及其工作人员对于履行职责过程中知悉的自然人的隐私和个人信息，应当予以保密，不得泄露或者向他人非法提供。

第五编 婚姻家庭

第一章 一般规定

第一千零四十条 本编调整因婚姻家庭产生的民事关系。

第一千零四十一条 婚姻家庭受国家保护。

实行婚姻自由、一夫一妻、男女平等的婚姻制度。

保护妇女、未成年人、老年人、残疾人的合法权益。

第一千零四十二条　禁止包办、买卖婚姻和其他干涉婚姻自由的行为。禁止借婚姻索取财物。

禁止重婚。禁止有配偶者与他人同居。

禁止家庭暴力。禁止家庭成员间的虐待和遗弃。

第一千零四十三条　家庭应当树立优良家风，弘扬家庭美德，重视家庭文明建设。

夫妻应当互相忠实，互相尊重，互相关爱；家庭成员应当敬老爱幼，互相帮助，维护平等、和睦、文明的婚姻家庭关系。

第一千零四十四条　收养应当遵循最有利于被收养人的原则，保障被收养人和收养人的合法权益。

禁止借收养名义买卖未成年人。

第一千零四十五条　亲属包括配偶、血亲和姻亲。

配偶、父母、子女、兄弟姐妹、祖父母、外祖父母、孙子女、外孙子女为近亲属。

配偶、父母、子女和其他共同生活的近亲属为家庭成员。

第二章　结　　婚

第一千零四十六条　结婚应当男女双方完全自愿，禁止任何一方对另一方加以强迫，禁止任何组织或者个人加以干涉。

第一千零四十七条　结婚年龄，男不得早于二十二周岁，女不得早于二十周岁。

第一千零四十八条　直系血亲或者三代以内的旁系血亲禁止结婚。

第一千零四十九条　要求结婚的男女双方应当亲自到婚姻登记机关申请结婚登记。符合本法规定的，予以登记，发给结婚证。完成结婚登记，即确立婚姻关系。未办理结婚登记的，应当补办登记。

第一千零五十条　登记结婚后，按照男女双方约定，女方可以成为男方家庭的成员，男方可以成为女方家庭的成员。

第一千零五十一条　有下列情形之一的，婚姻无效：

（一）重婚；

（二）有禁止结婚的亲属关系；

（三）未到法定婚龄。

第一千零五十二条　因胁迫结婚的，受胁迫的一方可以向人民法院请求撤销婚姻。

请求撤销婚姻的，应当自胁迫行为终止之日起一年内提出。

被非法限制人身自由的当事人请求撤销婚姻的，应当自恢复人身自由之日起一年内提出。

第一千零五十三条　一方患有重大疾病的，应当在结婚登记前如实告知另一方；不如实告知的，另一方可以向人民法院请求撤销婚姻。

请求撤销婚姻的，应当自知道或者应当知道撤销事由之日起一年内提出。

第一千零五十四条　无效的或者被撤销的婚姻自始没有法律约束力，当事人不具有夫妻的权利和义务。同居期间所得的财产，由当事人协议处理；协议不成的，由人民法院根据照顾无过错方的原则判决。对重婚导致的无效婚姻的财产处理，不得侵害合法婚姻当事人的财产权益。当事人所生的子女，适用本法关于父母子女的规定。

婚姻无效或者被撤销的，无过错方有权请求损害赔偿。

第三章　家庭关系

第一节　夫妻关系

第一千零五十五条　夫妻在婚姻家庭中地位平等。

第一千零五十六条　夫妻双方都有各自使用自己姓名的权利。

第一千零五十七条　夫妻双方都有参加生产、工作、学习和社会活动的自由，一方不得对另一方加以限制或者干涉。

第一千零五十八条　夫妻双方平等享有对未成年子女抚养、教育和保护的权利，共同承担对未成年子女抚养、教育和保护的义务。

第一千零五十九条　夫妻有相互扶养的义务。

需要扶养的一方，在另一方不履行扶养义务时，有要求其给付扶养费的权利。

第一千零六十条　夫妻一方因家庭日常生活需要而实施的民事法律行为，对夫妻双方发生效力，但是夫妻一方与相对人另有约定的除外。

夫妻之间对一方可以实施的民事法律行为范围的限制，不得对抗善意相对人。

第一千零六十一条　夫妻有相互继承遗产的权利。

第一千零六十二条　夫妻在婚姻关系存续期间所得的下列财产，为夫妻的共同财产，归夫妻共同所有：

（一）工资、奖金、劳务报酬；

（二）生产、经营、投资的收益；

（三）知识产权的收益；

（四）继承或者受赠的财产，但是本法第一千零六十三条第三项规定的除外；

（五）其他应当归共同所有的财产。

夫妻对共同财产，有平等的处理权。

第一千零六十三条 下列财产为夫妻一方的个人财产：

（一）一方的婚前财产；

（二）一方因受到人身损害获得的赔偿或者补偿；

（三）遗嘱或者赠与合同中确定只归一方的财产；

（四）一方专用的生活用品；

（五）其他应当归一方的财产。

第一千零六十四条 夫妻双方共同签名或者夫妻一方事后追认等共同意思表示所负的债务，以及夫妻一方在婚姻关系存续期间以个人名义为家庭日常生活需要所负的债务，属于夫妻共同债务。

夫妻一方在婚姻关系存续期间以个人名义超出家庭日常生活需要所负的债务，不属于夫妻共同债务；但是，债权人能够证明该债务用于夫妻共同生活、共同生产经营或者基于夫妻双方共同意思表示的除外。

第一千零六十五条 男女双方可以约定婚姻关系存续期间所得的财产以及婚前财产归各自所有、共同所有或者部分各自所有、部分共同所有。约定应当采用书面形式。没有约定或者约定不明确的，适用本法第一千零六十二条、第一千零六十三条的规定。

夫妻对婚姻关系存续期间所得的财产以及婚前财产的约定，对双方具有法律约束力。

夫妻对婚姻关系存续期间所得的财产约定归各自所有，夫或者妻一方对外所负的债务，相对人知道该约定的，以夫或者妻一方的个人财产清偿。

第一千零六十六条 婚姻关系存续期间，有下列情形之一的，夫妻一方可以向人民法院请求分割共同财产：

（一）一方有隐藏、转移、变卖、毁损、挥霍夫妻共同财产或者伪造夫妻共同债务等严重损害夫妻共同财产利益的行为；

（二）一方负有法定扶养义务的人患重大疾病需要医治，另一方不同意支付相关医疗费用。

第二节 父母子女关系和其他近亲属关系

第一千零六十七条 父母不履行抚养义务的，未成年子女或者不能独立生活的成年子女，有要求父母给付抚养费的权利。

成年子女不履行赡养义务的，缺乏劳动能力或者生活困难的父母，有要求成年子女给付赡养费的权利。

第一千零六十八条 父母有教育、保护未成年子女的权利和义务。未成年子女造成他人损害的，父母应当依法承担民事责任。

第一千零六十九条 子女应当尊重父母的婚姻权利，不得干涉父母离婚、再婚以及婚后的生活。子女对父母的赡养义务，不因父母的婚姻关系变化而终止。

第一千零七十条 父母和子女有相互继承遗产的权利。

第一千零七十一条 非婚生子女享有与婚生子女同等的权利，任何组织或者个人不得加以危害和歧视。

不直接抚养非婚生子女的生父或者生母，应当负担未成年子女或者不能独立生活的成年子女的抚养费。

第一千零七十二条 继父母与继子女间，不得虐待或者歧视。

继父或者继母和受其抚养教育的继子女间的权利义务关系，适用本法关于父母子女关系的规定。

第一千零七十三条 对亲子关系有异议且有正当理由的，父或者母可以向人民法院提起诉讼，请求确认或者否认亲子关系。

对亲子关系有异议且有正当理由的，成年子女可以向人民法院提起诉讼，请求确认亲子关系。

第一千零七十四条 有负担能力的祖父母、外祖父母，对于父母已经死亡或者父母无力抚养的未成年孙子女、外孙子女，有抚养的义务。

有负担能力的孙子女、外孙子女，对于子女已经死亡或者子女无力赡养的祖父母、外祖父母，有赡养的义务。

第一千零七十五条 有负担能力的兄、姐，对于父母已经死亡或者父母无力抚养的未成年弟、妹，有扶养的义务。

由兄、姐扶养长大的有负担能力的弟、妹，对于缺乏劳动能力又缺乏生活来源的兄、姐，有扶养的义务。

第四章 离 婚

第一千零七十六条 夫妻双方自愿离婚的，应当签订书面离婚协议，并亲自到婚姻登记机关申请离婚登记。

离婚协议应当载明双方自愿离婚的意思表示和对子女抚养、财产以及债务处理等事项协商一致的意见。

第一千零七十七条　自婚姻登记机关收到离婚登记申请之日起三十日内，任何一方不愿意离婚的，可以向婚姻登记机关撤回离婚登记申请。

前款规定期限届满后三十日内，双方应当亲自到婚姻登记机关申请发给离婚证；未申请的，视为撤回离婚登记申请。

第一千零七十八条　婚姻登记机关查明双方确实是自愿离婚，并已经对子女抚养、财产以及债务处理等事项协商一致的，予以登记，发给离婚证。

第一千零七十九条　夫妻一方要求离婚的，可以由有关组织进行调解或者直接向人民法院提起离婚诉讼。

人民法院审理离婚案件，应当进行调解；如果感情确已破裂，调解无效的，应当准予离婚。

有下列情形之一，调解无效的，应当准予离婚：

（一）重婚或者与他人同居；

（二）实施家庭暴力或者虐待、遗弃家庭成员；

（三）有赌博、吸毒等恶习屡教不改；

（四）因感情不和分居满二年；

（五）其他导致夫妻感情破裂的情形。

一方被宣告失踪，另一方提起离婚诉讼的，应当准予离婚。

经人民法院判决不准离婚后，双方又分居满一年，一方再次提起离婚诉讼的，应当准予离婚。

第一千零八十条　完成离婚登记，或者离婚判决书、调解书生效，即解除婚姻关系。

第一千零八十一条　现役军人的配偶要求离婚，应当征得军人同意，但是军人一方有重大过错的除外。

第一千零八十二条　女方在怀孕期间、分娩后一年内或者终止妊娠后六个月内，男方不得提出离婚；但是，女方提出离婚或者人民法院认为确有必要受理男方离婚请求的除外。

第一千零八十三条　离婚后，男女双方自愿恢复婚姻关系的，应当到婚姻登记机关重新进行结婚登记。

第一千零八十四条　父母与子女间的关系，不因父母离婚而消除。离婚后，子女无论由父或者母直接抚养，仍是父母双方的子女。

离婚后，父母对于子女仍有抚养、教育、保护的权利和义务。

离婚后，不满两周岁的子女，以由母亲直接抚养为原则。已满两周岁的子女，父母双方对抚养问题协议不成的，由人民法院根据双方的具体情况，按照最有利于未成年子女的原则判决。子女已满八周岁的，应当尊重其真实意愿。

第一千零八十五条　离婚后，子女由一方直接抚养的，另一方应当负担部分或者全部抚养费。负担费用的多少和期限的长短，由双方协议；协议不成的，由人民法院判决。

前款规定的协议或者判决，不妨碍子女在必要时向父母任何一方提出超过协议或者判决原定数额的合理要求。

第一千零八十六条　离婚后，不直接抚养子女的父或者母，有探望子女的权利，另一方有协助的义务。

行使探望权利的方式、时间由当事人协议；协议不成的，由人民法院判决。

父或者母探望子女，不利于子女身心健康的，由人民法院依法中止探望；中止的事由消失后，应当恢复探望。

第一千零八十七条　离婚时，夫妻的共同财产由双方协议处理；协议不成的，由人民法院根据财产的具体情况，按照照顾子女、女方和无过错方权益的原则判决。

对夫或者妻在家庭土地承包经营中享有的权益等，应当依法予以保护。

第一千零八十八条　夫妻一方因抚育子女、照料老年人、协助另一方工作等负担较多义务的，离婚时有权向另一方请求补偿，另一方应当给予补偿。具体办法由双方协议；协议不成的，由人民法院判决。

第一千零八十九条　离婚时，夫妻共同债务应当共同偿还。共同财产不足清偿或者财产归各自所有的，由双方协议清偿；协议不成的，由人民法院判决。

第一千零九十条　离婚时，如果一方生活困难，有负担能力的另一方应当给予适当帮助。具体办法由双方协议；协议不成的，由人民法院判决。

第一千零九十一条　有下列情形之一，导致离婚的，无过错方有权请求损害赔偿：

（一）重婚；

（二）与他人同居；

（三）实施家庭暴力；

（四）虐待、遗弃家庭成员；

（五）有其他重大过错。

第一千零九十二条 夫妻一方隐藏、转移、变卖、毁损、挥霍夫妻共同财产，或者伪造夫妻共同债务企图侵占另一方财产的，在离婚分割夫妻共同财产时，对该方可以少分或者不分。离婚后，另一方发现有上述行为的，可以向人民法院提起诉讼，请求再次分割夫妻共同财产。

第五章 收　　养

第一节 收养关系的成立

第一千零九十三条 下列未成年人，可以被收养：

（一）丧失父母的孤儿；

（二）查找不到生父母的未成年人；

（三）生父母有特殊困难无力抚养的子女。

第一千零九十四条 下列个人、组织可以作送养人：

（一）孤儿的监护人；

（二）儿童福利机构；

（三）有特殊困难无力抚养子女的生父母。

第一千零九十五条 未成年人的父母均不具备完全民事行为能力且可能严重危害该未成年人的，该未成年人的监护人可以将其送养。

第一千零九十六条 监护人送养孤儿的，应当征得有抚养义务的人同意。有抚养义务的人不同意送养、监护人不愿意继续履行监护职责的，应当依照本法第一编的规定另行确定监护人。

第一千零九十七条 生父母送养子女，应当双方共同送养。生父母一方不明或者查找不到的，可以单方送养。

第一千零九十八条 收养人应当同时具备下列条件：

（一）无子女或者只有一名子女；

（二）有抚养、教育和保护被收养人的能力；

（三）未患有在医学上认为不应当收养子女的疾病；

（四）无不利于被收养人健康成长的违法犯罪记录；

（五）年满三十周岁。

第一千零九十九条 收养三代以内旁系同辈血亲的子女，可以不受本法第一千零九十三条第三项、第一千零九十四条第三项和第一千一百零二条规定的限制。

华侨收养三代以内旁系同辈血亲的子女，还可以不受本法第一千零九十八条第一项规定的限制。

第一千一百条 无子女的收养人可以收养两名子女；有子女的收养人只能收养一名子女。

收养孤儿、残疾未成年人或者儿童福利机构抚养的查找不到生父母的未成年人，可以不受前款和本法第一千零九十八条第一项规定的限制。

第一千一百零一条 有配偶者收养子女，应当夫妻共同收养。

第一千一百零二条 无配偶者收养异性子女的，收养人与被收养人的年龄应当相差四十周岁以上。

第一千一百零三条 继父或者继母经继子女的生父母同意，可以收养继子女，并可以不受本法第一千零九十三条第三项、第一千零九十四条第三项、第一千零九十八条和第一千一百条第一款规定的限制。

第一千一百零四条 收养人收养与送养人送养，应当双方自愿。收养八周岁以上未成年人的，应当征得被收养人的同意。

第一千一百零五条 收养应当向县级以上人民政府民政部门登记。收养关系自登记之日起成立。

收养查找不到生父母的未成年人的，办理登记的民政部门应当在登记前予以公告。

收养关系当事人愿意签订收养协议的，可以签订收养协议。

收养关系当事人各方或者一方要求办理收养公证的，应当办理收养公证。

县级以上人民政府民政部门应当依法进行收养评估。

第一千一百零六条 收养关系成立后，公安机关应当按照国家有关规定为被收养人办理户口登记。

第一千一百零七条 孤儿或者生父母无力抚养的子女，可以由生父母的亲属、朋友抚养；抚养人与被抚养人的关系不适用本章规定。

第一千一百零八条 配偶一方死亡，另一方送养未成年子女的，死亡一方的父母有优先抚养的权利。

第一千一百零九条 外国人依法可以在中华人民共和国收养子女。

外国人在中华人民共和国收养子女，应当经其所在国主管机关依照该国法律审查同意。收养人应当提供由其所在国有权机构出具的有关其年龄、婚姻、职业、财产、健康、有无受过刑事处罚等状况的证明材料，并与送养人签订书面协议，亲自向省、自治区、直辖市人民政府民政部门登记。

前款规定的证明材料应当经收养人所在国外交机关或者外交机关授权的机构认证，并经中华人民共和国驻该国使领馆认证，但是国家另有规定的除外。

第一千一百一十条　收养人、送养人要求保守收养秘密的，其他人应当尊重其意愿，不得泄露。

第二节　收养的效力

第一千一百一十一条　自收养关系成立之日起，养父母与养子女间的权利义务关系，适用本法关于父母子女关系的规定；养子女与养父母的近亲属间的权利义务关系，适用本法关于子女与父母的近亲属关系的规定。

养子女与生父母以及其他近亲属间的权利义务关系，因收养关系的成立而消除。

第一千一百一十二条　养子女可以随养父或者养母的姓氏，经当事人协商一致，也可以保留原姓氏。

第一千一百一十三条　有本法第一编关于民事法律行为无效规定情形或者违反本编规定的收养行为无效。

无效的收养行为自始没有法律约束力。

第三节　收养关系的解除

第一千一百一十四条　收养人在被收养人成年以前，不得解除收养关系，但是收养人、送养人双方协议解除的除外。养子女八周岁以上的，应当征得本人同意。

收养人不履行抚养义务，有虐待、遗弃等侵害未成年养子女合法权益行为的，送养人有权要求解除养父母与养子女间的收养关系。送养人、收养人不能达成解除收养关系协议的，可以向人民法院提起诉讼。

第一千一百一十五条　养父母与成年养子女关系恶化、无法共同生活的，可以协议解除收养关系。不能达成协议的，可以向人民法院提起诉讼。

第一千一百一十六条　当事人协议解除收养关系的，应当到民政部门办理解除收养关系登记。

第一千一百一十七条　收养关系解除后，养子女与养父母以及其他近亲属间的权利义务关系即行消除，与生父母以及其他近亲属间的权利义务关系自行恢复。但是，成年养子女与生父母以及其他近亲属间的权利义务关系是否恢复，可以协商确定。

第一千一百一十八条　收养关系解除后，经养父母抚养的成年养子女，对缺乏劳动能力又缺乏生活来源的养父母，应当给付生活费。因养子女成年后虐待、遗弃养父母而解除收养关系的，养父母可以要求养子女补偿收养期间支出的抚养费。

生父母要求解除收养关系的，养父母可以要求生父母适当补偿收养期间支出的抚养费；但是，因养父母虐待、遗弃养子女而解除收养关系的除外。

第六编　继　　承

第一章　一般规定

第一千一百一十九条　本编调整因继承产生的民事关系。

第一千一百二十条　国家保护自然人的继承权。

第一千一百二十一条　继承从被继承人死亡时开始。

相互有继承关系的数人在同一事件中死亡，难以确定死亡时间的，推定没有其他继承人的人先死亡。都有其他继承人，辈份不同的，推定长辈先死亡；辈份相同的，推定同时死亡，相互不发生继承。

第一千一百二十二条　遗产是自然人死亡时遗留的个人合法财产。

依照法律规定或者根据其性质不得继承的遗产，不得继承。

第一千一百二十三条　继承开始后，按照法定继承办理；有遗嘱的，按照遗嘱继承或者遗赠办理；有遗赠扶养协议的，按照协议办理。

第一千一百二十四条　继承开始后，继承人放弃继承的，应当在遗产处理前，以书面形式作出放弃继承的表示；没有表示的，视为接受继承。

受遗赠人应当在知道受遗赠后六十日内，作出接受或者放弃受遗赠的表示；到期没有表示的，视为放弃受遗赠。

第一千一百二十五条　继承人有下列行为之一的，丧失继承权：

（一）故意杀害被继承人；

（二）为争夺遗产而杀害其他继承人；

（三）遗弃被继承人，或者虐待被继承人情节严重；

（四）伪造、篡改、隐匿或者销毁遗嘱，情节严重；

（五）以欺诈、胁迫手段迫使或者妨碍被继承人设立、变更或者撤回遗嘱，情节严重。

继承人有前款第三项至第五项行为，确有悔改表现，被继承人表示宽恕或者事后在遗嘱中将其列为继承人的，该继承人不丧失继承权。

受遗赠人有本条第一款规定行为的，丧失受遗赠权。

第二章　法定继承

第一千一百二十六条　继承权男女平等。

第一千一百二十七条　遗产按照下列顺序继承：

（一）第一顺序：配偶、子女、父母；

（二）第二顺序：兄弟姐妹、祖父母、外祖父母。

继承开始后，由第一顺序继承人继承，第二顺序继承人不继承；没有第一顺序继承人继承的，由第二顺序继承人继承。

本编所称子女，包括婚生子女、非婚生子女、养子女和有扶养关系的继子女。

本编所称父母，包括生父母、养父母和有扶养关系的继父母。

本编所称兄弟姐妹，包括同父母的兄弟姐妹、同父异母或者同母异父的兄弟姐妹、养兄弟姐妹、有扶养关系的继兄弟姐妹。

第一千一百二十八条　被继承人的子女先于被继承人死亡的，由被继承人的子女的直系晚辈血亲代位继承。

被继承人的兄弟姐妹先于被继承人死亡的，由被继承人的兄弟姐妹的子女代位继承。

代位继承人一般只能继承被代位继承人有权继承的遗产份额。

第一千一百二十九条　丧偶儿媳对公婆，丧偶女婿对岳父母，尽了主要赡养义务的，作为第一顺序继承人。

第一千一百三十条　同一顺序继承人继承遗产的份额，一般应当均等。

对生活有特殊困难又缺乏劳动能力的继承人，分配遗产时，应当予以照顾。

对被继承人尽了主要扶养义务或者与被继承人共同生活的继承人，分配遗产时，可以多分。

有扶养能力和有扶养条件的继承人，不尽扶养义务的，分配遗产时，应当不分或者少分。

继承人协商同意的，也可以不均等。

第一千一百三十一条　对继承人以外的依靠被继承人扶养的人，或者继承人以外的对被继承人扶养较多的人，可以分给适当的遗产。

第一千一百三十二条　继承人应当本着互谅互让、和睦团结的精神，协商处理继承问题。遗产分割的时间、办法和份额，由继承人协商确定；协商不成的，可以由人民调解委员会调解或者向人民法院提起诉讼。

第三章　遗嘱继承和遗赠

第一千一百三十三条　自然人可以依照本法规定立遗嘱处分个人财产，并可以指定遗嘱执行人。

自然人可以立遗嘱将个人财产指定由法定继承人中的一人或者数人继承。

自然人可以立遗嘱将个人财产赠与国家、集体或者法定继承人以外的组织、个人。

自然人可以依法设立遗嘱信托。

第一千一百三十四条　自书遗嘱由遗嘱人亲笔书写，签名，注明年、月、日。

第一千一百三十五条　代书遗嘱应当有两个以上见证人在场见证，由其中一人代书，并由遗嘱人、代书人和其他见证人签名，注明年、月、日。

第一千一百三十六条　打印遗嘱应当有两个以上见证人在场见证。遗嘱人和见证人应当在遗嘱每一页签名，注明年、月、日。

第一千一百三十七条　以录音录像形式立的遗嘱，应当有两个以上见证人在场见证。遗嘱人和见证人应当在录音录像中记录其姓名或者肖像，以及年、月、日。

第一千一百三十八条　遗嘱人在危急情况下，可以立口头遗嘱。口头遗嘱应当有两个以上见证人在场见证。危急情况消除后，遗嘱人能够以书面或者录音录像形式立遗嘱的，所立的口头遗嘱无效。

第一千一百三十九条　公证遗嘱由遗嘱人经公证机构办理。

第一千一百四十条　下列人员不能作为遗嘱见证人：

（一）无民事行为能力人、限制民事行为能力人以及其他不具有见证能力的人；

（二）继承人、受遗赠人；

（三）与继承人、受遗赠人有利害关系的人。

第一千一百四十一条　遗嘱应当为缺乏劳动能力又没有生活来源的继承人保留必要的遗产份额。

第一千一百四十二条　遗嘱人可以撤回、变更自己所立的遗嘱。

立遗嘱后，遗嘱人实施与遗嘱内容相反的民事法律行为的，视为对遗嘱相关内容的撤回。

立有数份遗嘱，内容相抵触的，以最后的遗嘱为准。

第一千一百四十三条　无民事行为能力人或者限制民事行为能力人所立的遗嘱无效。

遗嘱必须表示遗嘱人的真实意思，受欺诈、胁迫所立的遗嘱无效。

伪造的遗嘱无效。

遗嘱被篡改的，篡改的内容无效。

第一千一百四十四条　遗嘱继承或者遗赠附有义务的，继承人或者受遗赠人应当履行义务。没有正当理由不履行义务的，经利害关系人或者有关组织请求，人民法院可以取消其接受附义务部分遗产的权利。

第四章　遗产的处理

第一千一百四十五条　继承开始后，遗嘱执行人为遗产管理人；没有遗嘱执行人的，继承人应当及时推选遗产管理人；继承人未推选的，由继承人共同担任遗产管理人；没有继承人或者继承人均放弃继承的，由被继承人生前住所地的民政部门或者村民委员会担任遗产管理人。

第一千一百四十六条　对遗产管理人的确定有争议的，利害关系人可以向人民法院申请指定遗产管理人。

第一千一百四十七条　遗产管理人应当履行下列职责：

（一）清理遗产并制作遗产清单；

（二）向继承人报告遗产情况；

（三）采取必要措施防止遗产毁损、灭失；

（四）处理被继承人的债权债务；

（五）按照遗嘱或者依照法律规定分割遗产；

（六）实施与管理遗产有关的其他必要行为。

第一千一百四十八条　遗产管理人应当依法履行职责，因故意或者重大过失造成继承人、受遗赠人、债权人损害的，应当承担民事责任。

第一千一百四十九条　遗产管理人可以依照法律规定或者按照约定获得报酬。

第一千一百五十条　继承开始后，知道被继承人死亡的继承人应当及时通知其他继承人和遗嘱执行人。继承人中无人知道被继承人死亡或者知道被继承人死亡而不能通知的，由被继承人生前所在单位或者住所地的居民委员会、村民委员会负责通知。

第一千一百五十一条　存有遗产的人，应当妥善保管遗产，任何组织或者个人不得侵吞或者争抢。

第一千一百五十二条　继承开始后，继承人于遗产分割前死亡，并没有放弃继承的，该继承人应当继承的遗产转给其继承人，但是遗嘱另有安排的除外。

第一千一百五十三条　夫妻共同所有的财产，除有约定的外，遗产分割时，应当先将共同所有的财产的一半分出为配偶所有，其余的为被继承人的遗产。

遗产在家庭共有财产之中的，遗产分割时，应当先分出他人的财产。

第一千一百五十四条　有下列情形之一的，遗产中的有关部分按照法定继承办理：

（一）遗嘱继承人放弃继承或者受遗赠人放弃受遗赠；

（二）遗嘱继承人丧失继承权或者受遗赠人丧失受遗赠权；

（三）遗嘱继承人、受遗赠人先于遗嘱人死亡或者终止；

（四）遗嘱无效部分所涉及的遗产；

（五）遗嘱未处分的遗产。

第一千一百五十五条　遗产分割时，应当保留胎儿的继承份额。胎儿娩出时是死体的，保留的份额按照法定继承办理。

第一千一百五十六条　遗产分割应当有利于生产和生活需要，不损害遗产的效用。

不宜分割的遗产，可以采取折价、适当补偿或者共有等方法处理。

第一千一百五十七条　夫妻一方死亡后另一方再婚的，有权处分所继承的财产，任何组织或者个人不得干涉。

第一千一百五十八条　自然人可以与继承人以外的组织或者个人签订遗赠扶养协议。按照协议，该组织或者个人承担该自然人生养死葬的义务，享有受遗赠的权利。

第一千一百五十九条　分割遗产，应当清偿被继承人依法应当缴纳的税款和债务；但是，应当为缺乏劳动能力又没有生活来源的继承人保留必要的遗产。

第一千一百六十条　无人继承又无人受遗赠的遗产，归国家所有，用于公益事业；死者生前是集体所有制组织成员的，归所在集体所有制组织所有。

第一千一百六十一条　继承人以所得遗产实

际价值为限清偿被继承人依法应当缴纳的税款和债务。超过遗产实际价值部分,继承人自愿偿还的不在此限。

继承人放弃继承的,对被继承人依法应当缴纳的税款和债务可以不负清偿责任。

第一千一百六十二条 执行遗赠不得妨碍清偿遗赠人依法应当缴纳的税款和债务。

第一千一百六十三条 既有法定继承又有遗嘱继承、遗赠的,由法定继承人清偿被继承人依法应当缴纳的税款和债务;超过法定继承遗产实际价值部分,由遗嘱继承人和受遗赠人按比例以所得遗产清偿。

第七编 侵权责任

第一章 一般规定

第一千一百六十四条 本编调整因侵害民事权益产生的民事关系。

第一千一百六十五条 行为人因过错侵害他人民事权益造成损害的,应当承担侵权责任。

依照法律规定推定行为人有过错,其不能证明自己没有过错的,应当承担侵权责任。

第一千一百六十六条 行为人造成他人民事权益损害,不论行为人有无过错,法律规定应当承担侵权责任的,依照其规定。

第一千一百六十七条 侵权行为危及他人人身、财产安全的,被侵权人有权请求侵权人承担停止侵害、排除妨碍、消除危险等侵权责任。

第一千一百六十八条 二人以上共同实施侵权行为,造成他人损害的,应当承担连带责任。

第一千一百六十九条 教唆、帮助他人实施侵权行为的,应当与行为人承担连带责任。

教唆、帮助无民事行为能力人、限制民事行为能力人实施侵权行为的,应当承担侵权责任;该无民事行为能力人、限制民事行为能力人的监护人未尽到监护职责的,应当承担相应的责任。

第一千一百七十条 二人以上实施危及他人人身、财产安全的行为,其中一人或者数人的行为造成他人损害,能够确定具体侵权人的,由侵权人承担责任;不能确定具体侵权人的,行为人承担连带责任。

第一千一百七十一条 二人以上分别实施侵权行为造成同一损害,每个人的侵权行为都足以造成全部损害的,行为人承担连带责任。

第一千一百七十二条 二人以上分别实施侵权行为造成同一损害,能够确定责任大小的,各自承担相应的责任;难以确定责任大小的,平均承担责任。

第一千一百七十三条 被侵权人对同一损害的发生或者扩大有过错的,可以减轻侵权人的责任。

第一千一百七十四条 损害是因受害人故意造成的,行为人不承担责任。

第一千一百七十五条 损害是因第三人造成的,第三人应当承担侵权责任。

第一千一百七十六条 自愿参加具有一定风险的文体活动,因其他参加者的行为受到损害的,受害人不得请求其他参加者承担侵权责任;但是,其他参加者对损害的发生有故意或者重大过失的除外。

活动组织者的责任适用本法第一千一百九十八条至第一千二百零一条的规定。

第一千一百七十七条 合法权益受到侵害,情况紧迫且不能及时获得国家机关保护,不立即采取措施将使其合法权益受到难以弥补的损害的,受害人可以在保护自己合法权益的必要范围内采取扣留侵权人的财物等合理措施;但是,应当立即请求有关国家机关处理。

受害人采取的措施不当造成他人损害的,应当承担侵权责任。

第一千一百七十八条 本法和其他法律对不承担责任或者减轻责任的情形另有规定的,依照其规定。

第二章 损害赔偿

第一千一百七十九条 侵害他人造成人身损害的,应当赔偿医疗费、护理费、交通费、营养费、住院伙食补助费等为治疗和康复支出的合理费用,以及因误工减少的收入。造成残疾的,还应当赔偿辅助器具费和残疾赔偿金;造成死亡的,还应当赔偿丧葬费和死亡赔偿金。

第一千一百八十条 因同一侵权行为造成多人死亡的,可以以相同数额确定死亡赔偿金。

第一千一百八十一条 被侵权人死亡的,其近亲属有权请求侵权人承担侵权责任。被侵权人为组织,该组织分立、合并的,承继权利的组织有权请求侵权人承担侵权责任。

被侵权人死亡的,支付被侵权人医疗费、丧葬费等合理费用的人有权请求侵权人赔偿费用,但是侵权人已经支付该费用的除外。

第一千一百八十二条　侵害他人人身权益造成财产损失的，按照被侵权人因此受到的损失或者侵权人因此获得的利益赔偿；被侵权人因此受到的损失以及侵权人因此获得的利益难以确定，被侵权人和侵权人就赔偿数额协商不一致，向人民法院提起诉讼的，由人民法院根据实际情况确定赔偿数额。

第一千一百八十三条　侵害自然人人身权益造成严重精神损害的，被侵权人有权请求精神损害赔偿。

因故意或者重大过失侵害自然人具有人身意义的特定物造成严重精神损害的，被侵权人有权请求精神损害赔偿。

第一千一百八十四条　侵害他人财产的，财产损失按照损失发生时的市场价格或者其他合理方式计算。

第一千一百八十五条　故意侵害他人知识产权，情节严重的，被侵权人有权请求相应的惩罚性赔偿。

第一千一百八十六条　受害人和行为人对损害的发生都没有过错的，依照法律的规定由双方分担损失。

第一千一百八十七条　损害发生后，当事人可以协商赔偿费用的支付方式。协商不一致的，赔偿费用应当一次性支付；一次性支付确有困难的，可以分期支付，但是被侵权人有权请求提供相应的担保。

第三章　责任主体的特殊规定

第一千一百八十八条　无民事行为能力人、限制民事行为能力人造成他人损害的，由监护人承担侵权责任。监护人尽到监护职责的，可以减轻其侵权责任。

有财产的无民事行为能力人、限制民事行为能力人造成他人损害的，从本人财产中支付赔偿费用；不足部分，由监护人赔偿。

第一千一百八十九条　无民事行为能力人、限制民事行为能力人造成他人损害，监护人将监护职责委托给他人的，监护人应当承担侵权责任；受托人有过错的，承担相应的责任。

第一千一百九十条　完全民事行为能力人对自己的行为暂时没有意识或者失去控制造成他人损害有过错的，应当承担侵权责任；没有过错的，根据行为人的经济状况对受害人适当补偿。

完全民事行为能力人因醉酒、滥用麻醉药品或者精神药品对自己的行为暂时没有意识或者失去控制造成他人损害的，应当承担侵权责任。

第一千一百九十一条　用人单位的工作人员因执行工作任务造成他人损害的，由用人单位承担侵权责任。用人单位承担侵权责任后，可以向有故意或者重大过失的工作人员追偿。

劳务派遣期间，被派遣的工作人员因执行工作任务造成他人损害的，由接受劳务派遣的用工单位承担侵权责任；劳务派遣单位有过错的，承担相应的责任。

第一千一百九十二条　个人之间形成劳务关系，提供劳务一方因劳务造成他人损害的，由接受劳务一方承担侵权责任。接受劳务一方承担侵权责任后，可以向有故意或者重大过失的提供劳务一方追偿。提供劳务一方因劳务受到损害的，根据双方各自的过错承担相应的责任。

提供劳务期间，因第三人的行为造成提供劳务一方损害的，提供劳务一方有权请求第三人承担侵权责任，也有权请求接受劳务一方给予补偿。接受劳务一方补偿后，可以向第三人追偿。

第一千一百九十三条　承揽人在完成工作过程中造成第三人损害或者自己损害的，定作人不承担侵权责任。但是，定作人对定作、指示或者选任有过错的，应当承担相应的责任。

第一千一百九十四条　网络用户、网络服务提供者利用网络侵害他人民事权益的，应当承担侵权责任。法律另有规定的，依照其规定。

第一千一百九十五条　网络用户利用网络服务实施侵权行为的，权利人有权通知网络服务提供者采取删除、屏蔽、断开链接等必要措施。通知应当包括构成侵权的初步证据及权利人的真实身份信息。

网络服务提供者接到通知后，应当及时将该通知转送相关网络用户，并根据构成侵权的初步证据和服务类型采取必要措施；未及时采取必要措施的，对损害的扩大部分与该网络用户承担连带责任。

权利人因错误通知造成网络用户或者网络服务提供者损害的，应当承担侵权责任。法律另有规定的，依照其规定。

第一千一百九十六条　网络用户接到转送的通知后，可以向网络服务提供者提交不存在侵权行为的声明。声明应当包括不存在侵权行为的初步证据及网络用户的真实身份信息。

网络服务提供者接到声明后，应当将该声明转送发出通知的权利人,并告知其可以向有关部门投诉或者向人民法院提起诉讼。网络服务提供者在转送声明到达权利人后的合理期限内,未收到权利人已经投诉或者提起诉讼通知的,应当及时终止所采取的措施。

第一千一百九十七条 网络服务提供者知道或者应当知道网络用户利用其网络服务侵害他人民事权益,未采取必要措施的,与该网络用户承担连带责任。

第一千一百九十八条 宾馆、商场、银行、车站、机场、体育场馆、娱乐场所等经营场所、公共场所的经营者、管理者或者群众性活动的组织者,未尽到安全保障义务,造成他人损害的,应当承担侵权责任。

因第三人的行为造成他人损害的,由第三人承担侵权责任;经营者、管理者或者组织者未尽到安全保障义务的,承担相应的补充责任。经营者、管理者或者组织者承担补充责任后,可以向第三人追偿。

第一千一百九十九条 无民事行为能力人在幼儿园、学校或者其他教育机构学习、生活期间受到人身损害的,幼儿园、学校或者其他教育机构应当承担侵权责任;但是,能够证明尽到教育、管理职责的,不承担侵权责任。

第一千二百条 限制民事行为能力人在学校或者其他教育机构学习、生活期间受到人身损害,学校或者其他教育机构未尽到教育、管理职责的,应当承担侵权责任。

第一千二百零一条 无民事行为能力人或者限制民事行为能力人在幼儿园、学校或者其他教育机构学习、生活期间,受到幼儿园、学校或者其他教育机构以外的第三人人身损害的,由第三人承担侵权责任;幼儿园、学校或者其他教育机构未尽到管理职责的,承担相应的补充责任。幼儿园、学校或者其他教育机构承担补充责任后,可以向第三人追偿。

第四章 产品责任

第一千二百零二条 因产品存在缺陷造成他人损害的,生产者应当承担侵权责任。

第一千二百零三条 因产品存在缺陷造成他人损害的,被侵权人可以向产品的生产者请求赔偿,也可以向产品的销售者请求赔偿。

产品缺陷由生产者造成的,销售者赔偿后,有权向生产者追偿。因销售者的过错使产品存在缺陷的,生产者赔偿后,有权向销售者追偿。

第一千二百零四条 因运输者、仓储者等第三人的过错使产品存在缺陷,造成他人损害的,产品的生产者、销售者赔偿后,有权向第三人追偿。

第一千二百零五条 因产品缺陷危及他人人身、财产安全的,被侵权人有权请求生产者、销售者承担停止侵害、排除妨碍、消除危险等侵权责任。

第一千二百零六条 产品投入流通后发现存在缺陷的,生产者、销售者应当及时采取停止销售、警示、召回等补救措施;未及时采取补救措施或者补救措施不力造成损害扩大的,对扩大的损害也应当承担侵权责任。

依据前款规定采取召回措施的,生产者、销售者应当负担被侵权人因此支出的必要费用。

第一千二百零七条 明知产品存在缺陷仍然生产、销售,或者没有依据前条规定采取有效补救措施,造成他人死亡或者健康严重损害的,被侵权人有权请求相应的惩罚性赔偿。

第五章 机动车交通事故责任

第一千二百零八条 机动车发生交通事故造成损害的,依照道路交通安全法律和本法的有关规定承担赔偿责任。

第一千二百零九条 因租赁、借用等情形机动车所有人、管理人与使用人不是同一人时,发生交通事故造成损害,属于该机动车一方责任的,由机动车使用人承担赔偿责任;机动车所有人、管理人对损害的发生有过错的,承担相应的赔偿责任。

第一千二百一十条 当事人之间已经以买卖或者其他方式转让并交付机动车但是未办理登记,发生交通事故造成损害,属于该机动车一方责任的,由受让人承担赔偿责任。

第一千二百一十一条 以挂靠形式从事道路运输经营活动的机动车,发生交通事故造成损害,属于该机动车一方责任的,由挂靠人和被挂靠人承担连带责任。

第一千二百一十二条 未经允许驾驶他人机动车,发生交通事故造成损害,属于该机动车一方责任的,由机动车使用人承担赔偿责任;机动车所有人、管理人对损害的发生有过错的,承担相应的赔偿责任,但是本章另有规定的除外。

第一千二百一十三条 机动车发生交通事故

造成损害，属于该机动车一方责任的，先由承保机动车强制保险的保险人在强制保险责任限额范围内予以赔偿；不足部分，由承保机动车商业保险的保险人按照保险合同的约定予以赔偿；仍然不足或者没有投保机动车商业保险的，由侵权人赔偿。

第一千二百一十四条 以买卖或者其他方式转让拼装或者已经达到报废标准的机动车，发生交通事故造成损害的，由转让人和受让人承担连带责任。

第一千二百一十五条 盗窃、抢劫或者抢夺的机动车发生交通事故造成损害的，由盗窃人、抢劫人或者抢夺人承担赔偿责任。盗窃人、抢劫人或者抢夺人与机动车使用人不是同一人，发生交通事故造成损害，属于该机动车一方责任的，由盗窃人、抢劫人或者抢夺人与机动车使用人承担连带责任。

保险人在机动车强制保险责任限额范围内垫付抢救费用的，有权向交通事故责任人追偿。

第一千二百一十六条 机动车驾驶人发生交通事故后逃逸，该机动车参加强制保险的，由保险人在机动车强制保险责任限额范围内予以赔偿；机动车不明、该机动车未参加强制保险或者抢救费用超过机动车强制保险责任限额，需要支付被侵权人人身伤亡的抢救、丧葬等费用的，由道路交通事故社会救助基金垫付。道路交通事故社会救助基金垫付后，其管理机构有权向交通事故责任人追偿。

第一千二百一十七条 非营运机动车发生交通事故造成无偿搭乘人损害，属于该机动车一方责任的，应当减轻其赔偿责任，但是机动车使用人有故意或者重大过失的除外。

第六章 医疗损害责任

第一千二百一十八条 患者在诊疗活动中受到损害，医疗机构或者其医务人员有过错的，由医疗机构承担赔偿责任。

第一千二百一十九条 医务人员在诊疗活动中应当向患者说明病情和医疗措施。需要实施手术、特殊检查、特殊治疗的，医务人员应当及时向患者具体说明医疗风险、替代医疗方案等情况，并取得其明确同意；不能或者不宜向患者说明的，应当向患者的近亲属说明，并取得其明确同意。

医务人员未尽到前款义务，造成患者损害的，医疗机构应当承担赔偿责任。

第一千二百二十条 因抢救生命垂危的患者等紧急情况，不能取得患者或者其近亲属意见的，经医疗机构负责人或者授权的负责人批准，可以立即实施相应的医疗措施。

第一千二百二十一条 医务人员在诊疗活动中未尽到与当时的医疗水平相应的诊疗义务，造成患者损害的，医疗机构应当承担赔偿责任。

第一千二百二十二条 患者在诊疗活动中受到损害，有下列情形之一的，推定医疗机构有过错：

（一）违反法律、行政法规、规章以及其他有关诊疗规范的规定；

（二）隐匿或者拒绝提供与纠纷有关的病历资料；

（三）遗失、伪造、篡改或者违法销毁病历资料。

第一千二百二十三条 因药品、消毒产品、医疗器械的缺陷，或者输入不合格的血液造成患者损害的，患者可以向药品上市许可持有人、生产者、血液提供机构请求赔偿，也可以向医疗机构请求赔偿。患者向医疗机构请求赔偿的，医疗机构赔偿后，有权向负有责任的药品上市许可持有人、生产者、血液提供机构追偿。

第一千二百二十四条 患者在诊疗活动中受到损害，有下列情形之一的，医疗机构不承担赔偿责任：

（一）患者或者其近亲属不配合医疗机构进行符合诊疗规范的诊疗；

（二）医务人员在抢救生命垂危的患者等紧急情况下已经尽到合理诊疗义务；

（三）限于当时的医疗水平难以诊疗。

前款第一项情形中，医疗机构或者其医务人员也有过错的，应当承担相应的赔偿责任。

第一千二百二十五条 医疗机构及其医务人员应当按照规定填写并妥善保管住院志、医嘱单、检验报告、手术及麻醉记录、病理资料、护理记录等病历资料。

患者要求查阅、复制前款规定的病历资料的，医疗机构应当及时提供。

第一千二百二十六条 医疗机构及其医务人员应当对患者的隐私和个人信息保密。泄露患者的隐私和个人信息，或者未经患者同意公开其病历资料的，应当承担侵权责任。

第一千二百二十七条 医疗机构及其医务人员不得违反诊疗规范实施不必要的检查。

第一千二百二十八条 医疗机构及其医务人员的合法权益受法律保护。

干扰医疗秩序,妨碍医务人员工作、生活,侵害医务人员合法权益的,应当依法承担法律责任。

第七章 环境污染和生态破坏责任

第一千二百二十九条 因污染环境、破坏生态造成他人损害的,侵权人应当承担侵权责任。

第一千二百三十条 因污染环境、破坏生态发生纠纷,行为人应当就法律规定的不承担责任或者减轻责任的情形及其行为与损害之间不存在因果关系承担举证责任。

第一千二百三十一条 两个以上侵权人污染环境、破坏生态的,承担责任的大小,根据污染物的种类、浓度、排放量,破坏生态的方式、范围、程度,以及行为对损害后果所起的作用等因素确定。

第一千二百三十二条 侵权人违反法律规定故意污染环境、破坏生态造成严重后果的,被侵权人有权请求相应的惩罚性赔偿。

第一千二百三十三条 因第三人的过错污染环境、破坏生态的,被侵权人可以向侵权人请求赔偿,也可以向第三人请求赔偿。侵权人赔偿后,有权向第三人追偿。

第一千二百三十四条 违反国家规定造成生态环境损害,生态环境能够修复的,国家规定的机关或者法律规定的组织有权请求侵权人在合理期限内承担修复责任。侵权人在期限内未修复的,国家规定的机关或者法律规定的组织可以自行或者委托他人进行修复,所需费用由侵权人负担。

第一千二百三十五条 违反国家规定造成生态环境损害的,国家规定的机关或者法律规定的组织有权请求侵权人赔偿下列损失和费用:

(一)生态环境受到损害至修复完成期间服务功能丧失导致的损失;

(二)生态环境功能永久性损害造成的损失;

(三)生态环境损害调查、鉴定评估等费用;

(四)清除污染、修复生态环境费用;

(五)防止损害的发生和扩大所支出的合理费用。

第八章 高度危险责任

第一千二百三十六条 从事高度危险作业造成他人损害的,应当承担侵权责任。

第一千二百三十七条 民用核设施或者运入运出核设施的核材料发生核事故造成他人损害的,民用核设施的营运单位应当承担侵权责任;但是,能够证明损害是因战争、武装冲突、暴乱等情形或者受害人故意造成的,不承担责任。

第一千二百三十八条 民用航空器造成他人损害的,民用航空器的经营者应当承担侵权责任;但是,能够证明损害是因受害人故意造成的,不承担责任。

第一千二百三十九条 占有或者使用易燃、易爆、剧毒、高放射性、强腐蚀性、高致病性等高度危险物造成他人损害的,占有人或者使用人应当承担侵权责任;但是,能够证明损害是因受害人故意或者不可抗力造成的,不承担责任。被侵权人对损害的发生有重大过失的,可以减轻占有人或者使用人的责任。

第一千二百四十条 从事高空、高压、地下挖掘活动或者使用高速轨道运输工具造成他人损害的,经营者应当承担侵权责任;但是,能够证明损害是因受害人故意或者不可抗力造成的,不承担责任。被侵权人对损害的发生有重大过失的,可以减轻经营者的责任。

第一千二百四十一条 遗失、抛弃高度危险物造成他人损害的,由所有人承担侵权责任。所有人将高度危险物交由他人管理的,由管理人承担侵权责任;所有人有过错的,与管理人承担连带责任。

第一千二百四十二条 非法占有高度危险物造成他人损害的,由非法占有人承担侵权责任。所有人、管理人不能证明对防止非法占有尽到高度注意义务的,与非法占有人承担连带责任。

第一千二百四十三条 未经许可进入高度危险活动区域或者高度危险物存放区域受到损害,管理人能够证明已经采取足够安全措施并尽到充分警示义务的,可以减轻或者不承担责任。

第一千二百四十四条 承担高度危险责任,法律规定赔偿限额的,依照其规定,但是行为人有故意或者重大过失的除外。

第九章 饲养动物损害责任

第一千二百四十五条 饲养的动物造成他人损害的,动物饲养人或者管理人应当承担侵权责任;但是,能够证明损害是因被侵权人故意或者重大过失造成的，可以不承担或者减轻责任。

第一千二百四十六条 违反管理规定，未对动物采取安全措施造成他人损害的，动物饲养人或者管理人应当承担侵权责任；但是，能够证明损害是因被侵权人故意造成的，可以减轻责任。

第一千二百四十七条 禁止饲养的烈性犬等危险动物造成他人损害的，动物饲养人或者管理人应当承担侵权责任。

第一千二百四十八条 动物园的动物造成他人损害的，动物园应当承担侵权责任；但是，能够证明尽到管理职责的，不承担侵权责任。

第一千二百四十九条 遗弃、逃逸的动物在遗弃、逃逸期间造成他人损害的，由动物原饲养人或者管理人承担侵权责任。

第一千二百五十条 因第三人的过错致使动物造成他人损害的，被侵权人可以向动物饲养人或者管理人请求赔偿，也可以向第三人请求赔偿。动物饲养人或者管理人赔偿后，有权向第三人追偿。

第一千二百五十一条 饲养动物应当遵守法律法规，尊重社会公德，不得妨碍他人生活。

第十章 建筑物和物件损害责任

第一千二百五十二条 建筑物、构筑物或者其他设施倒塌、塌陷造成他人损害的，由建设单位与施工单位承担连带责任，但是建设单位与施工单位能够证明不存在质量缺陷的除外。建设单位、施工单位赔偿后，有其他责任人的，有权向其他责任人追偿。

因所有人、管理人、使用人或者第三人的原因，建筑物、构筑物或者其他设施倒塌、塌陷造成他人损害的，由所有人、管理人、使用人或者第三人承担侵权责任。

第一千二百五十三条 建筑物、构筑物或者其他设施及其搁置物、悬挂物发生脱落、坠落造成他人损害，所有人、管理人或者使用人不能证明自己没有过错的，应当承担侵权责任。所有人、管理人或者使用人赔偿后，有其他责任人的，有权向其他责任人追偿。

第一千二百五十四条 禁止从建筑物中抛掷物品。从建筑物中抛掷物品或者从建筑物上坠落的物品造成他人损害的，由侵权人依法承担侵权责任；经调查难以确定具体侵权人的，除能够证明自己不是侵权人的外，由可能加害的建筑物使用人给予补偿。可能加害的建筑物使用人补偿后，有权向侵权人追偿。

物业服务企业等建筑物管理人应当采取必要的安全保障措施防止前款规定情形的发生；未采取必要的安全保障措施的，应当依法承担未履行安全保障义务的侵权责任。

发生本条第一款规定的情形的，公安等机关应当依法及时调查，查清责任人。

第一千二百五十五条 堆放物倒塌、滚落或者滑落造成他人损害，堆放人不能证明自己没有过错的，应当承担侵权责任。

第一千二百五十六条 在公共道路上堆放、倾倒、遗撒妨碍通行的物品造成他人损害的，由行为人承担侵权责任。公共道路管理人不能证明已经尽到清理、防护、警示等义务的，应当承担相应的责任。

第一千二百五十七条 因林木折断、倾倒或者果实坠落等造成他人损害，林木的所有人或者管理人不能证明自己没有过错的，应当承担侵权责任。

第一千二百五十八条 在公共场所或者道路上挖掘、修缮安装地下设施等造成他人损害，施工人不能证明已经设置明显标志和采取安全措施的，应当承担侵权责任。

窨井等地下设施造成他人损害，管理人不能证明尽到管理职责的，应当承担侵权责任。

附 则

第一千二百五十九条 民法所称的“以上”、“以下”、“以内”、“届满”，包括本数；所称的“不满”、“超过”、“以外”，不包括本数。

第一千二百六十条 本法自2021年1月1日起施行。《中华人民共和国婚姻法》、《中华人民共和国继承法》、《中华人民共和国民法通则》、《中华人民共和国收养法》、《中华人民共和国担保法》、《中华人民共和国合同法》、《中华人民共和国物权法》、《中华人民共和国侵权责任法》、《中华人民共和国民法总则》同时废止。

关于《中华人民共和国民法典(草案)》的说明

——2020 年 5 月 22 日在第十三届全国人民代表大会第三次会议上

全国人大常委会副委员长　王　晨

各位代表：

我受全国人大常委会委托，作关于《中华人民共和国民法典(草案)》的说明。

一、编纂民法典的重大意义

编纂民法典是党的十八届四中全会确定的一项重大政治任务和立法任务，是以习近平同志为核心的党中央作出的重大法治建设部署。编纂民法典，就是通过对我国现行的民事法律制度规范进行系统整合、编订纂修，形成一部适应新时代中国特色社会主义发展要求，符合我国国情和实际，体例科学、结构严谨、规范合理、内容完整并协调一致的法典。这是一项系统的、重大的立法工程。

编纂一部真正属于中国人民的民法典，是新中国几代人的夙愿。党和国家曾于 1954 年、1962 年、1979 年和 2001 年先后四次启动民法制定工作。第一次和第二次，由于多种原因而未能取得实际成果。1979 年第三次启动，由于刚刚进入改革开放新时期，制定一部完整民法典的条件尚不具备。因此，当时领导全国人大法制委员会立法工作的彭真、习仲勋等同志深入研究后，在八十年代初决定按照“成熟一个通过一个”的工作思路，确定先制定民事单行法律。现行的继承法、民法通则、担保法、合同法就是在这种工作思路下先后制定的。2001 年，九届全国人大常委会组织起草《中华人民共和国民法(草案)》，并于 2002 年 12 月进行了一次审议。经讨论和研究，仍确定继续采取分别制定单行法的办法推进我国民事法律制度建设。2003 年十届全国人大以来，又陆续制定了物权法、侵权责任法、涉外民事关系法律适用法等。总的看，经过多年来努力，我国民事立法是富有成效的，逐步形成了比较完备的民事法律规范体系，民事司法实践积累了丰富经验，民事法律服务取得显著进步，民法理论研究也达到较高水平，全社会民事法治观念普遍增强，为编纂民法典奠定了较好的制度基础、实践基础、理论基础和社会基础。随着我国社会主义现代化事业不断发展和全面依法治国深入推进，人民群众和社会各方面对编纂和出台民法典寄予很大的期盼。

党的十八大以来，以习近平同志为核心的党中央把全面依法治国摆在突出位置，推动党和国家事业发生历史性变革、取得历史性成就，中国特色社会主义已经进入新时代。在坚持和完善中国特色社会主义制度、推进国家治理体系和治理能力现代化的新征程中，编纂民法典具有重大而深远的意义。

(一)编纂民法典是坚持和完善中国特色社会主义制度的现实需要

回顾人类文明史，编纂法典是具有重要标志意义的法治建设工程，是一个国家、一个民族走向繁荣强盛的象征和标志。新中国成立 70 多年特别是改革开放 40 多年来，中国共产党团结带领中国人民不懈奋斗，成功开辟了中国特色社会主义道路，取得了举世瞩目的发展成就，中国特色社会主义制度展现出强大生命力和显著优越性。我国民事法律制度正是伴随着新时期改革开放和社会主义现代化建设的历史进程而形成并不断发展完善的，是中国特色社会主义法律制度的重要组成部分。在系统总结制度建设成果和实践经验的基础上，编纂一部具有中国特色、体现时代特点、反映人民意愿的民法典，不仅能充分彰显中国特色社会主义法律制度成果和制度自信，促进和保障中国特色社会主义事业不断发展，也能为人类法治文明的发展进步贡献中国智慧和中国方案。

(二)编纂民法典是推进全面依法治国、推进国家治理体系和治理能力现代化的重大举措

民法是中国特色社会主义法律体系的重要组成部分，是民事领域的基础性、综合性法律，它规范各类民事主体的各种人身关系和财产关系，涉及社会和经济生活的方方面面，被称为“社会生活的百科全书”。建立健全完备的法律规范体系，以良法保障善治，是全面依法治国的前提和基础。民法通过确立民事主体、民事权利、民事法律行为、民事责任等民事总则制度，确立物权、合同、人格权、婚姻

家庭、继承、侵权责任等民事分则制度，来调整各类民事关系。民法与国家其他领域法律规范一起，支撑着国家制度和国家治理体系，是保证国家制度和国家治理体系正常有效运行的基础性法律规范。编纂民法典，就是全面总结我国的民事立法和司法的实践经验，对现行民事单行法律进行系统编订纂修，将相关民事法律规范编纂成一部综合性法典，不断健全完善中国特色社会主义法律体系。这对于以法治方式推进国家治理体系和治理能力现代化，更好地发挥法治固根本、稳预期、利长远的保障作用，具有重要意义。

（三）编纂民法典是坚持和完善社会主义基本经济制度、推动经济高质量发展的客观要求

公有制为主体、多种所有制经济共同发展，按劳分配为主体、多种分配方式并存，社会主义市场经济体制等社会主义基本经济制度，是以法治为基础、在法治轨道上运行、受法治规则调整的经济制度，社会主义市场经济本质上是法治经济。我国民事主体制度中的法人制度，规范民事活动的民事法律行为制度、代理制度，调整各类财产关系的物权制度，调整各类交易关系的合同制度，保护和救济民事权益的侵权责任制度，都是坚持和完善社会主义基本经济制度不可或缺的法律制度规范和行为规则。同时，我国民事法律制度建设一直秉持“民商合一”的传统，把许多商事法律规范纳入民法之中。编纂民法典，进一步完善我国民商事领域基本法律制度和行为规则，为各类民商事活动提供基本遵循，有利于充分调动民事主体的积极性和创造性、维护交易安全、维护市场秩序，有利于营造各种所有制主体依法平等使用资源要素、公开公平公正参与竞争、同等受到法律保护的市场环境，推动经济高质量发展。

（四）编纂民法典是增进人民福祉、维护最广大人民根本利益的必然要求

中国特色社会主义法治建设的根本目的是保障人民权益。改革开放以来，我国民事法律制度逐步得到完善和发展，公民的民事权利也得到越来越充分的保护。中国特色社会主义进入新时代，随着我国社会主要矛盾的变化，随着经济发展和国民财富的不断积累，随着信息化和大数据时代的到来，人民群众在民主、法治、公平、正义、安全、环境等方面的要求日益增长，希望对权利的保护更加充分、更加有效。党的十九大明确提出，要保护人民人身权、财产权、人格权。而现行民事立法中的有些规范已经滞后，难以适应人民日益增长的美好生活需要。编纂民法典，健全和充实民事权利种类，形成更加完备的民事权利体系，完善权利保护和救济规则，形成规范有效的权利保护机制，对于更好地维护人民权益，不断增加人民群众获得感、幸福感和安全感，促进人的全面发展，具有十分重要的意义。

二、编纂民法典的总体要求和基本原则

民法典是新中国第一部以法典命名的法律，开创了我国法典编纂立法的先河，具有里程碑意义。以习近平同志为核心的党中央高度重视民法典编纂工作，将编纂民法典列入党中央重要工作议程，并对编纂民法典工作任务作出总体部署、提出明确要求。十二届、十三届全国人大常委会都高度重视这一立法工作，将编纂民法典纳入全国人大常委会立法规划和年度立法工作计划，确定为全国人大常委会的立法工作重点项目，积极持续推进。为做好民法典编纂工作，全国人大常委会党组先后多次向党中央请示和报告，就民法典编纂工作的总体考虑、工作步骤、体例结构等重大问题进行汇报。2016年6月、2018年8月、2019年12月，习近平总书记三次主持中央政治局常委会会议，听取并原则同意全国人大常委会党组就民法典编纂工作所作的请示汇报，对民法典编纂工作作出重要指示，为民法典编纂工作提供了重要指导和基本遵循。

编纂民法典的指导思想是：高举中国特色社会主义伟大旗帜，以马克思列宁主义、毛泽东思想、邓小平理论、“三个代表”重要思想、科学发展观、习近平新时代中国特色社会主义思想为指导，增强“四个意识”，坚定“四个自信”，做到“两个维护”，全面贯彻党的十八大、十九大和有关中央全会精神，坚持党的领导、人民当家作主、依法治国有机统一，紧紧围绕统筹推进“五位一体”总体布局和协调推进“四个全面”战略布局，紧紧围绕建设中国特色社会主义法治体系、建设社会主义法治国家，总结实践经验，适应时代要求，对我国现行的、制定于不同时期的民法通则、物权法、合同法、担保法、婚姻法、收养法、继承法、侵权责任法和人格权方面的民事法律规范进行全面系统的编订纂修，形成一部具有中国特色、体现时代特点、反映人民意愿的民法典，为新时代坚持和完善中国特色社会主义制度、实现“两个一百年”奋斗目标、实现中华民族伟大复兴中国梦提供完备的民事法治保障。

贯彻上述指导思想，切实做好民法典编纂工

作，必须遵循和体现以下基本原则：一是坚持正确政治方向，全面贯彻习近平总书记全面依法治国新理念新思想新战略，坚决贯彻党中央的决策部署，坚持服务党和国家工作大局，充分发挥民法典在坚持和完善中国特色社会主义制度、推进国家治理体系和治理能力现代化中的重要作用。二是坚持以人民为中心，以保护民事权利为出发点和落脚点，切实回应人民的法治需求，更好地满足人民日益增长的美好生活需要，充分实现好、维护好、发展好最广大人民的根本利益，使民法典成为新时代保护人民民事权利的好法典。三是坚持立足国情和实际，全面总结我国改革开放40多年来民事立法和实践经验，以法典化方式巩固、确认和发展民事法治建设成果，以实践需求指引立法方向，提高民事法律制度的针对性、有效性、适应性，发挥法治的引领、规范、保障作用。四是坚持依法治国与以德治国相结合，注重将社会主义核心价值观融入民事法律规范，大力弘扬传统美德和社会公德，强化规则意识，倡导契约精神，维护公序良俗。五是坚持科学立法、民主立法、依法立法，不断增强民事法律规范的系统性、完整性，既保持民事法律制度的连续性、稳定性，又保持适度的前瞻性、开放性，同时处理好、衔接好法典化民事法律制度下各类规范之间的关系。

三、民法典编纂工作情况

根据党中央的工作部署，编纂民法典的起草工作由全国人大常委会法制工作委员会牵头，最高人民法院、最高人民检察院、司法部、中国社会科学院、中国法学会为参加单位。为做好民法典编纂工作，全国人大常委会法制工作委员会与五家参加单位成立了民法典编纂工作协调小组，并成立了民法典编纂工作专班。

编纂民法典不是制定全新的民事法律，也不是简单的法律汇编，而是对现行的民事法律规范进行编订纂修，对已经不适应现实情况的规定进行修改完善，对经济社会生活中出现的新情况、新问题作出有针对性的新规定。编纂民法典采取“两步走”的工作思路进行：第一步，制定民法总则，作为民法典的总则编；第二步，编纂民法典各分编，经全国人大常委会审议和修改完善后，再与民法总则合并为一部完整的民法典草案。

2015年3月，全国人大常委会法制工作委员会启动民法典编纂工作，着手第一步的民法总则制定工作，以1986年制定的民法通则为基础，系统梳理总结有关民事法律的实践经验，提炼民事法律制度中具有普遍适用性和引领性的规则，形成民法总则草案，2016年由十二届全国人大常委会进行了三次审议，2017年3月由第十二届全国人民代表大会第五次会议审议通过。制定民法总则，完成了民法典编纂工作的第一步，为民法典编纂奠定了坚实基础。

民法总则通过后，十二届、十三届全国人大常委会接续努力、抓紧开展作为民法典编纂第二步的各分编编纂工作。法制工作委员会与民法典编纂工作各参加单位全力推进民法典各分编编纂工作，系统梳理、研究历年来有关方面提出的意见，开展立法调研，广泛听取意见建议，以现行物权法、合同法、担保法、婚姻法、收养法、继承法、侵权责任法等为基础，结合我国经济社会发展对民事法律提出的新需求，形成了包括物权、合同、人格权、婚姻家庭、继承、侵权责任等6个分编在内的民法典各分编草案，提请2018年8月召开的第十三届全国人大常委会第五次会议审议。其后，2018年12月、2019年4月、6月、8月、10月，第十三届全国人大常委会第七次、第十次、第十一次、第十二次、第十四次会议对民法典各分编草案进行了拆分审议，对全部6个分编草案进行了二审，对各方面比较关注的人格权、婚姻家庭、侵权责任3个分编草案进行了三审。在此基础上，将民法总则与经过常委会审议和修改完善的民法典各分编草案合并，形成《中华人民共和国民法典（草案）》，提请2019年12月召开的第十三届全国人大常委会第十五次会议审议。经审议，全国人大常委会作出决定，将民法典草案提请本次大会审议。

民法典草案经全国人大常委会审议后，全国人大常委会办公厅将草案印发十三届全国人大代表、部署组织全国人大代表研读讨论民法典草案工作，征求代表意见。同时，法制工作委员会还将草案印发地方人大、基层立法联系点、中央有关部门征求意见，并在中国人大网公布征求社会公众意见。法制工作委员会还在北京召开多个座谈会，听取有关部门、专家的意见。各方面普遍认为，编纂民法典，对于完善中国特色社会主义法律体系，以法治方式推进国家治理体系和治理能力现代化，切实维护最广大人民的根本利益，促进社会公平正义具有重要意义。

新冠肺炎疫情发生以来，全国人大常委会高度关注，栗战书委员长多次就贯彻落实习近平总书记对疫情防控工作的重要讲话精神和党中央决策部署，为疫情防控工作提供法治保障提出明确的工作要求。我们认真学习贯彻习近平总书记重要讲话精神和党中央决策部署，结合民法典编纂工作，对与疫情相关的民事法律制度进行梳理研究，对草案作了有针对性的修改完善。

2020 年 4 月 20 日、21 日，全国人大宪法和法律委员会召开会议，根据全国人大常委会的审议意见、代表研读讨论中提出的意见和各方面的意见，对民法典草案作了进一步修改完善；认为经过全国人大常委会多次审议和广泛征求意见，草案充分吸收各方面的意见建议，已经比较成熟，形成了提请本次会议审议的《中华人民共和国民法典（草案）》。

为进一步做好会议审议民法典草案的准备工作，更充分听取全国人大代表的意见，4 月 29 日，法制工作委员会将修改后的民法典草案再次发送给各省、自治区、直辖市人大常委会，请各地方以适当方式组织有关全国人大代表研读讨论，听取意见。

四、民法典草案的主要内容

《中华人民共和国民法典（草案）》共 7 编、1260 条，各编依次为总则、物权、合同、人格权、婚姻家庭、继承、侵权责任，以及附则。

（一）总则编

第一编“总则”规定民事活动必须遵循的基本原则和一般性规则，统领民法典各分编。第一编基本保持现行民法总则的结构和内容不变，根据法典编纂体系化要求对个别条款作了文字修改，并将“附则”部分移到民法典草案的最后。第一编共 10 章、204 条，主要内容有：

1. 关于基本规定。第一编第一章规定了民法典的立法目的和依据。其中，将“弘扬社会主义核心价值观”作为一项重要的立法目的，体现坚持依法治国与以德治国相结合的鲜明中国特色。同时，规定了民事权利及其他合法权益受法律保护，确立了平等、自愿、公平、诚信、守法和公序良俗等民法基本原则。为贯彻习近平生态文明思想，将绿色原则确立为民法的基本原则，规定民事主体从事民事活动，应当有利于节约资源、保护生态环境。

2. 关于民事主体。民事主体是民事关系的参与者、民事权利的享有者、民事义务的履行者和民事责任的承担者，具体包括三类：一是自然人。自然人是最基本的民事主体。草案规定了自然人的民事权利能力和民事行为能力制度、监护制度、宣告失踪和宣告死亡制度，并对个体工商户和农村承包经营户作了规定。结合此次疫情防控工作，对监护制度作了进一步完善，规定因发生突发事件等紧急情况，监护人暂时无法履行监护职责，被监护人的生活处于无人照料状态的，被监护人住所地的居民委员会、村民委员会或者民政部门应当为被监护人安排必要的临时生活照料措施。二是法人。法人是依法成立的，具有民事权利能力和民事行为能力，依法独立享有民事权利和承担民事义务的组织。草案规定了法人的定义、成立原则和条件、住所等一般规定，并对营利法人、非营利法人、特别法人三类法人分别作了具体规定。三是非法人组织。非法人组织是不具有法人资格，但是能够依法以自己的名义从事民事活动的组织。草案对非法人组织的设立、责任承担、解散、清算等作了规定。

3. 关于民事权利。保护民事权利是民事立法的重要任务。第一编第五章规定了民事权利制度，包括各种人身权利和财产权利。为建设创新型国家，草案对知识产权作了概括性规定，以统领各个单行的知识产权法律。同时，对数据、网络虚拟财产的保护作了原则性规定。此外，还规定了民事权利的取得和行使规则等内容。

4. 关于民事法律行为和代理。民事法律行为是民事主体通过意思表示设立、变更、终止民事法律关系的行为，代理是民事主体通过代理人实施民事法律行为的制度。第一编第六章、第七章规定了民事法律行为制度、代理制度：一是规定民事法律行为的定义、成立、形式和生效时间等。二是对意思表示的生效、方式、撤回和解释等作了规定。三是规定民事法律行为的效力制度。四是规定了代理的适用范围、效力、类型等代理制度的内容。

5. 关于民事责任、诉讼时效和期间计算。民事责任是民事主体违反民事义务的法律后果，是保障和维护民事权利的重要制度。诉讼时效是权利人在法定期间内不行使权利，权利不受保护的法律制度，其功能主要是促使权利人及时行使权利、维护交易安全、稳定法律秩序。第一编第八章、第九章、第十章规定了民事责任、诉讼时效和期间计算制度：一是规定了民事责任的承担方式，并对不可抗力、正当防卫、紧急避险、自愿实施紧急救助等特殊的民事责任承担问题作了规定。二是规定了诉讼时效的期间及其起算、法律效果，诉讼时效的中止、中断等内容。三是规定了期间的计算单位、起算、结束和顺延等。

（二）物权编

物权是民事主体依法享有的重要财产权。物

权法律制度调整因物的归属和利用而产生的民事关系，是最重要的民事基本制度之一。2007年第十届全国人民代表大会第五次会议通过了物权法。草案第二编“物权”在现行物权法的基础上，按照党中央提出的完善产权保护制度，健全归属清晰、权责明确、保护严格、流转顺畅的现代产权制度的要求，结合现实需要，进一步完善了物权法律制度。第二编共5个分编、20章、258条，主要内容有：

1. 关于通则。第一分编为通则，规定了物权制度基础性规范，包括平等保护等物权基本原则，物权变动的具体规则，以及物权保护制度。党的十九届四中全会通过的《中共中央关于坚持和完善中国特色社会主义制度推进国家治理体系和治理能力现代化若干重大问题的决定》对社会主义基本经济制度有了新的表述，为贯彻会议精神，草案将有关基本经济制度的规定修改为：“国家坚持和完善公有制为主体、多种所有制经济共同发展，按劳分配为主体、多种分配方式并存，社会主义市场经济体制等社会主义基本经济制度。”

2. 关于所有权。所有权是物权的基础，是所有人对自己的不动产或者动产依法享有占有、使用、收益和处分的权利。第二分编规定了所有权制度，包括所有权人的权利，征收和征用规则，国家、集体和私人的所有权，相邻关系、共有等所有权基本制度。针对近年来群众普遍反映业主大会成立难、公共维修资金使用难等问题，并结合此次新冠肺炎疫情防控工作，在现行物权法规定的基础上，进一步完善了业主的建筑物区分所有权制度：一是明确地方政府有关部门、居民委员会应当对设立业主大会和选举业主委员会给予指导和协助。二是适当降低业主共同决定事项，特别是使用建筑物及其附属设施维修资金的表决门槛，并增加规定紧急情况下使用维修资金的特别程序。三是结合疫情防控工作，在征用组织、个人的不动产或者动产的事由中增加“疫情防控”；明确物业服务企业和业主的相关责任和义务，增加规定物业服务企业或者其他管理人应当执行政府依法实施的应急处置措施和其他管理措施，积极配合开展相关工作，业主应当依法予以配合。

3. 关于用益物权。用益物权是指权利人依法对他人的物享有占有、使用和收益的权利。第三分编规定了用益物权制度，明确了用益物权人的基本权利和义务，以及建设用地使用权、宅基地使用权、地役权等用益物权。草案还在现行物权法规定的基础上，作了进一步完善：一是落实党中央关于完善产权保护制度依法保护产权的要求，明确住宅建设用地使用权期限届满的，自动续期；续期费用的缴纳或者减免，依照法律、行政法规的规定办理。二是完善农村集体产权相关制度，落实农村承包地“三权分置”改革的要求，对土地承包经营权的相关规定作了完善，增加土地经营权的规定，并删除耕地使用权不得抵押的规定，以适应“三权分置”后土地经营权入市的需要。考虑到农村集体建设用地和宅基地制度改革正在推进过程中，草案与土地管理法等作了衔接性规定。三是为贯彻党的十九大提出的加快建立多主体供给、多渠道保障住房制度的要求，增加规定“居住权”这一新型用益物权，明确居住权原则上无偿设立，居住权人有权按照合同约定或者遗嘱，经登记占有、使用他人的住宅，以满足其稳定的生活居住需要。

4. 关于担保物权。担保物权是指为了确保债务履行而设立的物权，包括抵押权、质权和留置权。第四分编对担保物权作了规定，明确了担保物权的含义、适用范围、担保范围等共同规则，以及抵押权、质权和留置权的具体规则。草案在现行物权法规定的基础上，进一步完善了担保物权制度，为优化营商环境提供法治保障：一是扩大担保合同的范围，明确融资租赁、保理、所有权保留等非典型担保合同的担保功能，增加规定担保合同包括抵押合同、质押合同和其他具有担保功能的合同。二是删除有关担保物权具体登记机构的规定，为建立统一的动产抵押和权利质押登记制度留下空间。三是简化抵押合同和质押合同的一般条款。四是明确实现担保物权的统一受偿规则。

5. 关于占有。占有是指对不动产或者动产事实上的控制与支配。第五分编对占有的调整范围、无权占有情形下的损害赔偿责任、原物及孳息的返还以及占有保护等作了规定。

（三）合同编

合同制度是市场经济的基本法律制度。1999年第九届全国人民代表大会第二次会议通过了合同法。草案第三编“合同”在现行合同法的基础上，贯彻全面深化改革的精神，坚持维护契约、平等交换、公平竞争，促进商品和要素自由流动，完善合同制度。第三编共3个分编、29章、526条，主要内容有：

1. 关于通则。第一分编为通则，规定了合同的订立、效力、履行、保全、转让、终止、违约责任等一般性规则，并在现行合同法的基础上，完善了合同总则制度：一是通过规定非合同之债的法律适用规则、多数人之债的履行规则等完善债法的一般性规则。二是完善了电子合同订立规则，增加了预约合同的具体规定，完善了格式条款制度等合同订立制度。三是结合新冠肺炎疫情防控工作，完善国家订货合同制度，规定国家根据抢险救灾、疫情防控或者其他需要下达国家订货任务、指令性计划的，有关民事主体之间应当依照有关法律、行政法规规定的权利和义务订立合同。四是针对实践中一方当事人违反义务不办理报批手续影响合同生效的问题，草案明确了当事人违反报批义务的法律后果，健全合同效力制度。五是完善合同履行制度，落实绿色原则，规定当事人在履行合同过程中应当避免浪费资源、污染环境和破坏生态。同时，在总结司法实践经验的基础上增加规定了情势变更制度。六是完善代位权、撤销权等合同保全制度，进一步强化对债权人的保护，细化了债权转让、债务移转制度，增加了债务清偿抵充规则、完善了合同解除等合同终止制度。七是通过吸收现行担保法有关定金规则的规定，完善违约责任制度。

2. 关于典型合同。典型合同在市场经济活动和社会生活中应用普遍。为适应现实需要，在现行合同法规定的买卖合同、赠与合同、借款合同、租赁合同等 15 种典型合同的基础上，第二分编增加了 4 种新的典型合同：一是吸收了担保法中关于保证的内容，增加了保证合同。二是适应我国保理行业发展和优化营商环境的需要，增加了保理合同。三是针对物业服务领域的突出问题，增加规定了物业服务合同。四是增加规定合伙合同，将民法通则中有关个人合伙的规定纳入其中。

第三编还在总结现行合同法实践经验的基础上，完善了其他典型合同：一是通过完善检验期限的规定和所有权保留规则等完善买卖合同。二是为维护正常的金融秩序，明确规定禁止高利放贷，借款的利率不得违反国家有关规定。三是落实党中央提出的建立租购同权住房制度的要求，保护承租人利益，增加规定房屋承租人的优先承租权。四是针对近年来客运合同领域出现的旅客霸座、不配合承运人采取安全运输措施等严重干扰运输秩序和危害运输安全的问题，维护正常的运输秩序，草案细化了客运合同当事人的权利义务。五是根据经济社会发展需要，修改完善了赠与合同、融资租赁合同、建设工程合同、技术合同等典型合同。

3. 关于准合同。无因管理和不当得利既与合同规则同属债法性质的内容，又与合同规则有所区别，第三分编“准合同”分别对无因管理和不当得利的一般性规则作了规定。

（四）人格权编

人格权是民事主体对其特定的人格利益享有的权利，关系到每个人的人格尊严，是民事主体最基本的权利。草案第四编“人格权”在现行有关法律法规和司法解释的基础上，从民事法律规范的角度规定自然人和其他民事主体人格权的内容、边界和保护方式，不涉及公民政治、社会等方面权利。第四编共 6 章、51 条，主要内容有：

1. 关于一般规定。第四编第一章规定了人格权的一般性规则：一是明确人格权的定义。二是规定民事主体的人格权受法律保护，人格权不得放弃、转让或者继承。三是规定了对死者人格利益的保护。四是明确规定人格权受到侵害后的救济方式。

2. 关于生命权、身体权和健康权。第四编第二章规定了生命权、身体权和健康权的具体内容，并对实践中社会比较关注的有关问题作了有针对性的规定：一是为促进医疗卫生事业的发展，鼓励遗体捐献的善行义举，草案吸收行政法规的相关规定，确立器官捐献的基本规则。二是为规范与人体基因、人体胚胎等有关的医学和科研活动，明确从事此类活动应遵守的规则。三是近年来，性骚扰问题引起社会较大关注，草案在总结既有立法和司法实践经验的基础上，规定了性骚扰的认定标准，以及机关、企业、学校等单位防止和制止性骚扰的义务。

3. 关于姓名权和名称权。第四编第三章规定了姓名权、名称权的具体内容，并对民事主体尊重保护他人姓名权、名称权的基本义务作了规定：一是对自然人选取姓氏的规则作了规定。二是明确对具有一定社会知名度，被他人使用足以造成公众混淆的笔名、艺名、网名等，参照适用姓名权和名称权保护的有关规定。

4. 关于肖像权。第四编第四章规定了肖像权的权利内容及许可使用肖像的规则，明确禁止侵害他人的肖像权：一是针对利用信息技术手段“深度伪造”他人的肖像、声音，侵害他人人格权益，甚至危害社会公共利益等问题，规定禁止任何组织或者个人利用信息技术手段伪造等方式侵害他人的肖像权。并明确对自然人声音的保护，参照适用肖像权保护的有关规定。二是为了合理平衡保护肖像权与维护公共利益之间的关系，草案结合司法实践，规定肖像权的合理使用规则。三是从有利于保护肖像权人利益的角度，对肖像许可使用合同的解释、解除等作了规定。

5. 关于名誉权和荣誉权。第四编第五章规定了名誉权和荣誉权的内容：一是为了平衡个人名誉权保护与新闻报道、舆论监督之间的关系，草案对行为人实施新闻报道、舆论监督等行为涉及的民事责任承担，以及行为人是否尽到合理核实义务的认定等作了规定。二是规定民事主体有证据证明报刊、网络等媒体报道的内容失实，侵害其名誉权的，有权请求更正或者删除。

6. 关于隐私权和个人信息保护。第四编第六章在现行有关法律规定的基础上，进一步强化对隐私权和个人信息的保护，并为下一步制定个人信息保护法留下空间：一是规定了隐私的定义，列明禁止侵害他人隐私权的具体行为。二是界定了个人信息的定义，明确了处理个人信息应遵循的原则和条件。三是构建自然人与信息处理者之间的基本权利义务框架，明确处理个人信息不承担责任的特定情形，合理平衡保护个人信息与维护公共利益之间的关系。四是规定国家机关及其工作人员负有保护自然人的隐私和个人信息的义务。

（五）婚姻家庭编

婚姻家庭制度是规范夫妻关系和家庭关系的基本准则。1980 年第五届全国人民代表大会第三次会议通过了新的婚姻法，2001 年进行了修改。1991 年第七届全国人大常委会第二十三次会议通过了收养法，1998 年作了修改。草案第五编“婚姻家庭”以现行婚姻法、收养法为基础，在坚持婚姻自由、一夫一妻等基本原则的前提下，结合社会发展需要，修改完善了部分规定，并增加了新的规定。第五编共 5 章、79 条，主要内容有：

1. 关于一般规定。第五编第一章在现行婚姻法规定的基础上，重申了婚姻自由、一夫一妻、男女平等等婚姻家庭领域的基本原则和规则，并在现行婚姻法的基础上，作了进一步完善：一是为贯彻落实习近平总书记有关加强家庭文明建设的重要讲话精神，更好地弘扬家庭美德，规定家庭应当树立优良家风，弘扬家庭美德，重视家庭文明建设。二是为了更好地维护被收养的未成年人的合法权益，将联合国《儿童权利公约》关于儿童利益最大化的原则落实到收养工作中，增加规定了最有利于被收养人的原则。三是界定了亲属、近亲属、家庭成员的范围。

2. 关于结婚。第五编第二章规定了结婚制度，并在现行婚姻法的基础上，对有关规定作了完善：一是将受胁迫一方请求撤销婚姻的期间起算点由“自结婚登记之日起”修改为“自胁迫行为终止之日起”。二是不再将“患有医学上认为不应当结婚的疾病”作为禁止结婚的情形，并相应增加规定一方隐瞒重大疾病的，另一方可以向人民法院请求撤销婚姻。三是增加规定婚姻无效或者被撤销的，无过错方有权请求损害赔偿。

3. 关于家庭关系。第五编第三章规定了夫妻关系、父母子女关系和其他近亲属关系，并根据社会发展需要，在现行婚姻法的基础上，完善了有关内容：一是明确了夫妻共同债务的范围。现行婚姻法没有对夫妻共同债务的范围作出规定。2003 年最高人民法院出台司法解释，对夫妻共同债务的认定作出规定，近年来成为社会关注的热点问题。2018 年 1 月，最高人民法院出台新的司法解释，修改了此前关于夫妻共同债务认定的规定。从新司法解释施行效果看，总体上能够有效平衡各方利益，各方面总体上赞同。因此，草案吸收新司法解释的规定，明确了夫妻共同债务的范围。二是规范亲子关系确认和否认之诉。亲子关系问题涉及家庭稳定和未成年人的保护，作为民事基本法律，草案对此类诉讼进行了规范。

4. 关于离婚。第五编第四章对离婚制度作出了规定，并在现行婚姻法的基础上，作了进一步完善：一是增加离婚冷静期制度。实践中，轻率离婚的现象增多，不利于婚姻家庭的稳定。为此，草案规定了提交离婚登记申请后三十日的离婚冷静期，在此期间，任何一方可以向登记机关撤回离婚申请。二是针对离婚诉讼中出现的“久调不判”问题，增加规定，经人民法院判决不准离婚后，双方又分居满一年，一方再次提起离婚诉讼的，应当准予离婚。三是关于离婚后子女的抚养，将现行婚姻法规定的“哺乳期内的子女，以随哺乳的母亲抚养为原则”修改为“不满两周岁的子女，以由母亲直接抚养为原则”，以增强可操作性。四是将夫妻采用法定共同财产制的，纳入适用离婚经济补偿的范围，以加强对家庭负担较多义务一方权益的保护。五是将“有其他重大过错”增加规定为离婚损害赔偿的适用情形。

5. 关于收养。第五编第五章对收养关系的成立、收养的效力、收养关系的解除作了规定，并在现行收养法的基础上，进一步完善了有关制度：一是扩大被收养人的范围，删除被收养的未成年人仅限于不满十四周岁的限制，修改为符合条件的未成年人均可被收养。二是与国家计划生育政策的调整相协调，将收养人须无子女的要求修改为收养人无子女或者只有一名子女。三是为进一步强化对被收养人利益的保护，在收养人的条件中增加规定"无不利于被收养人健康成长的违法犯罪记录"，并增加规定民政部门应当依法进行收养评估。

（六）继承编

继承制度是关于自然人死亡后财富传承的基本制度。1985 年第六届全国人民代表大会第三次会议通过了继承法。随着人民群众生活水平的不断提高，个人和家庭拥有的财产日益增多，因继承引发的纠纷也越来越多。根据我国社会家庭结构、继承观念等方面的发展变化，草案第六编"继承"在现行继承法的基础上，修改完善了继承制度，以满足人民群众处理遗产的现实需要。第六编共 4 章、45 条，主要内容有：

1. 关于一般规定。第六编第一章规定了继承制度的基本规则，重申了国家保护自然人的继承权，规定了继承的基本制度。并在现行继承法的基础上，作了进一步完善：一是增加规定相互有继承关系的数人在同一事件中死亡，且难以确定死亡时间的继承规则。二是增加规定对继承人的宽恕制度，对继承权法定丧失制度予以完善。

2. 关于法定继承。法定继承是在被继承人没有对其遗产的处理立有遗嘱的情况下，继承人的范围、继承顺序等均按照法律规定确定的继承方式。第六编第二章规定了法定继承制度，明确了继承权男女平等原则，规定了法定继承人的顺序和范围，以及遗产分配的基本制度。同时，在现行继承法的基础上，完善代位继承制度，增加规定被继承人的兄弟姐妹先于被继承人死亡的，由被继承人的兄弟姐妹的子女代位继承。

3. 关于遗嘱继承和遗赠。遗嘱继承是根据被继承人生前所立遗嘱处理遗产的继承方式。第六编第三章规定了遗嘱继承和遗赠制度，并在现行继承法的基础上，进一步修改完善了遗嘱继承制度：一是增加了打印、录像等新的遗嘱形式。二是修改了遗嘱效力规则，删除了现行继承法关于公证遗嘱效力优先的规定，切实尊重遗嘱人的真实意愿。

4. 关于遗产的处理。第六编第四章规定了遗产处理的程序和规则，并在现行继承法的基础上，进一步完善了有关遗产处理的制度：一是增加遗产管理人制度。为确保遗产得到妥善管理、顺利分割，更好地维护继承人、债权人利益，草案增加规定了遗产管理人制度，明确了遗产管理人的产生方式、职责和权利等内容。二是完善遗赠扶养协议制度，适当扩大扶养人的范围，明确继承人以外的组织或者个人均可以成为扶养人，以满足养老形式多样化需求。三是完善无人继承遗产的归属制度，明确归国家所有的无人继承遗产应当用于公益事业。

（七）侵权责任编

侵权责任是民事主体侵害他人权益应当承担的法律后果。2009 年第十一届全国人大常委会第十二次会议通过了侵权责任法。侵权责任法实施以来，在保护民事主体的合法权益、预防和制裁侵权行为方面发挥了重要作用。草案第七编"侵权责任"在总结实践经验的基础上，针对侵权领域出现的新情况，吸收借鉴司法解释的有关规定，对侵权责任制度作了必要的补充和完善。第七编共 10 章、95 条，主要内容有：

1. 关于一般规定。第七编第一章规定了侵权责任的归责原则、多数人侵权的责任承担、侵权责任的减轻或者免除等一般规则。并在现行侵权责任法的基础上作了进一步的完善：一是确立"自甘风险"规则，规定自愿参加具有一定风险的文体活动，因其他参加者的行为受到损害的，受害人不得请求没有故意或者重大过失的其他参加者承担侵权责任。二是规定"自助行为"制度，明确合法权益受到侵害，情况紧迫且不能及时获得国家机关保护，不立即采取措施将使其合法权益受到难以弥补的损害的，受害人可以在保护自己合法权益的必要范围内采取扣留侵权人的财物等合理措施，但是应当立即请求有关国家机关处理。受害人采取的措施不当造成他人损害的，应当承担侵权责任。

2. 关于损害赔偿。第七编第二章规定了侵害人身权益和财产权益的赔偿规则、精神损害赔偿规则等。同时，在现行侵权责任法的基础上，对有关规定作了进一步完善：一是完善精神损害赔偿制度，规定因故意或者重大过失侵害自然人具有人身意义的特定物造成严重精神损害的，被侵权人有权请求精神损害赔偿。二是为加强对知识产权的保护，提高侵权违法成本，草案增加规定，故意侵害他人知识产权，情节严重的，被侵权人有权请求相应的惩罚性赔偿。

3. 关于责任主体的特殊规定。第七编第三章规定了无民事行为能力人、限制民事行为能力人及其监护人的侵权责任，用人单位的侵权责任，网络侵权责任，以及公共场所的安全保障义务等。同时，草案在现行侵权责任法的基础上作了进一步完善：一是增加规定委托监护的侵权责任。二是完善网络侵权责任制度。为了更好地保护权利人的利益，平衡好网络用户和网络服务提供者之间的利益，草案细化了网络侵权责任的具体规定，完善了权利人通知规则和网络服务提供者的转通知规则。

4. 关于各种具体侵权责任。第七编的其他各章分别对产品生产销售、机动车交通事故、医疗、环境污染和生态破坏、高度危险、饲养动物、建筑物和物件等领域的侵权责任规则作出了具体规定。并在现行侵权责任法的基础上，对有关内容作了进一步完善：一是完善生产者、销售者召回缺陷产品的责任，增加规定，依照相关规定采取召回措施的，生产者、销售者应当负担被侵权人因此支出的必要费用。二是明确交通事故损害赔偿的顺序，即先由机动车强制保险理赔，不足部分由机动车商业保险理赔，仍不足的由侵权人赔偿。三是进一步保障患者的知情同意权，明确医务人员的相关说明义务，加强医疗机构及其医务人员对患者隐私和个人信息的保护。四是贯彻落实习近平生态文明思想，增加规定生态环境损害的惩罚性赔偿制度，并明确规定了生态环境损害的修复和赔偿规则。五是加强生物安全管理，完善高度危险责任，明确占有或者使用高致病性危险物造成他人损害的，应当承担侵权责任。六是完善高空抛物坠物治理规则。为保障好人民群众的生命财产安全，草案对高空抛物坠物治理规则作了进一步的完善，规定禁止从建筑物中抛掷物品，同时针对此类事件处理的主要困难是行为人难以确定的问题，强调有关机关应当依法及时调查，查清责任人，并规定物业服务企业等建筑物管理人应当采取必要的安全保障措施防止此类行为的发生。

（八）附则

草案最后部分“附则”明确了民法典与婚姻法、继承法、民法通则、收养法、担保法、合同法、物权法、侵权责任法、民法总则的关系。民法典施行后，上述民事单行法律将被替代。因此，草案规定在民法典施行之时，同步废止上述民事单行法律。需要说明的是，2014年第十二届全国人大常委会第十一次会议通过的《全国人民代表大会常务委员会关于〈中华人民共和国民法通则〉第九十九条第一款、〈中华人民共和国婚姻法〉第二十二条的解释》，作为与民法通则、婚姻法相关的法律解释，也同步废止。

《中华人民共和国民法典（草案）》和以上说明，请审议。

第十三届全国人民代表大会宪法和法律委员会关于《中华人民共和国民法典（草案）》审议结果的报告

（2020年5月26日第十三届全国人民代表大会第三次会议主席团第二次会议通过）

十三届全国人大三次会议主席团：

5月24日下午、25日上午，各代表团小组会议审议了民法典草案。代表们普遍认为，编纂民法典是党的十八届四中全会确立的重大立法任务，是以习近平同志为核心的党中央作出的重大法治建设部署，对于坚持和完善中国特色社会主义制度，推进全面依法治国、推进国家治理体系和治理能力现代化，坚持和完善社会主义基本经济制度、推动经济高质量发展，增进人民福祉、维护最广大人民根本利益，具有重大意义。代表们一致认为，草案以习近平新时代中国特色社会主义思想为指导，适应新时代中国特色社会主义发展要求，符合我国国情和实际，反映了人民意愿，体现了民法基本原理、基本精神和民商事活动的内在规律。民法典是新中国第一部以法典命名的法律，以法典化方式确认、巩固和发展了改革开放以来所取得的法治建设成果，开创了我国法典编纂立法的先河，是全面依法治国的标志性立法，为坚持和完善中国特色社会主义制度、推进国家治理体系和治理能力现代化提供了有力的法治保障。

代表们认为，在民法典编纂过程中，充分贯彻了科学立法、民主立法、依法立法的精神。全国人大常委会先后十次进行审议，多次向社会公开征求意见，三次组织全国人大代表研读讨论，采取多种方式征求各方面意见。经过全国人大常委会广泛调研、深入研究、反复修改，草案较好地吸收了各方面的意见，积极回应了社会各界的关切，对我国现行民事法律制度规范进行了系统整合，在坚持民事法律制度连续性、稳定性的基础上，保持了适度的前瞻性、开放性，体例科学、结构严谨、规范合理、内容协调一致，已经比较成熟，建议提请本次会议审议通过。同时，代表们也对草案提出了一些修改意见。宪法和法律委员会于5月25日上午召开会议，对草案进行了认真审议，对代表提出的修改意见，并结合近期收到的部分代表在第二次研读讨论民法典草案中所提出的修改意见进行了逐条研究。同时，就提出的修改意见听取了最高人民法院、最高人民检察院、司法部、中国社会科学院、中国法学会有关负责同志的意见。根据各代表团的审议意见和有关方面的意见，对草案共作了一百余处修改，其中实质性修改四十余处。主要是：

一、草案第一百一十条第二款规定，法人、非法人组织享有名称权、名誉权、荣誉权等权利。有的代表提出，对于法人、非法人组织来说，只享有名称权、名誉权、荣誉权这三项人格权，不存在"等权利"，建议修改。宪法和法律委员会经研究，建议采纳这一意见，将该款规定修改为：法人、非法人组织享有名称权、名誉权和荣誉权。

二、草案第二百八十一条第一款规定，建筑物及其附属设施的维修资金的筹集、使用情况应当公布。有的代表提出，应当强调维修资金的筹集、使用情况要定期公布，以更好地保障业主的知情权。宪法和法律委员会经研究，建议采纳这一意见，将上述规定修改为：建筑物及其附属设施的维修资金的筹集、使用情况应当定期公布。

三、草案第九条规定，民事主体从事民事活动，应当有利于节约资源、保护生态环境。一些代表提出，总则编确立的绿色原则，贯彻了习近平生态文明思想，对于加强生态环境保护意义重大，建议草案各分编进一步贯彻落实这一基本原则。宪法和法律委员会经研究，建议对草案作如下修改：一是在物权编中增加规定，业主的相关行为应当符合节约资源、保护生态环境的要求。二是与土壤污染防治法相衔接，在物权编中增加规定，不动产权利人不得违反国家规定排放土壤污染物。三是在物权编中增加规定，用益物权人行使权利应当遵守保护生态环境的规定。四是在合同编中增加规定，出卖人应当采取有利于节约资源、保护生态环境的包装方式。

四、草案第四百四十一条规定，以汇票、本票、支票等出质的，质权自权利凭证交付质权人时设立。有的代表提出，票据法等法律对汇票质押等有专门规定，建议与之相衔接。宪法和法律委员会经研究，建议采纳这一意见，在这一条中增加规定：法律另有规定的，依照其规定。

五、草案第四百九十五条第一款在预约合同的定义中列举了预约合同的常见形式，其中包括意向书。有的代表提出，实践中，意向书在大多数情况下只是表明当事人签订合同的初步意愿，还不能完全构成预约合同，建议删去。宪法和法律委员会经研究，建议采纳这一意见，删去这一款中的"意向书"。

六、有的代表提出，现行合同法第一百二十六条第二款规定，在中华人民共和国境内履行的中外合资经营企业合同、中外合作经营企业合同、中外合作勘探开发自然资源合同，适用中华人民共和国法律。同时，民事诉讼法还规定，因在中华人民共和国履行上述三类合同发生纠纷提起的诉讼，由中华人民共和国人民法院管辖。为了与民事诉讼法的规定相衔接，建议在民法典草案中保留现行合同法的上述规定。宪法和法律委员会经研究，建议采纳这一意见，在合同编中增加规定：在中华人民共和国境内履行的中外合资经营企业合同、中外合作经营企业合同、中外合作勘探开发自然资源合同，适用中华人民共和国法律。

七、草案第六百四十二条第三款规定，取回的标的物价值明显减少的，出卖人有权请求买受人赔偿损失。有的代表提出，草案合同编违约责任一章对当事人一方违反合同义务后的损失赔偿问题已有详细规定，该款可以不再规定损失赔偿的内容。宪法和法律委员会经研究，建议采纳这一意见，删除该款规定。

八、草案第七百二十六条第一款规定，出租人出卖租赁房屋的，承租人享有以同等条件优先购买的权利，但是房屋共有人行使优先购买权或者出租人将房屋出卖给近亲属的除外。有的代表提出，依照草案第三百零五条的规定，只有按份共有人才享有优先购买权，建议在这一条中对房屋共有人的范围作出限定。宪法和法律委员会经研究，建议采纳这一意见，将这一款中的"房屋共有人"修改为"房屋按份共有人"。

九、草案第九百四十二条第二款规定，对物业服务区域内违反有关治安、环保等法律法规的行为，物业服务人应当及时采取合理措施制止，报告有关行政主管部门处理。有的代表提出，在物业服务区域内，对于违反消防法律法规的行为，物业服务人也应当予以制止。宪法和法律委员会经研究，建议采纳这一意见，对这一款作相应的修改。

十、有的代表提出，实践中，有的物业服务人采取断水、断电等方式催交物业费，对业主的基本生活造成严重影响，建议予以规范。宪法和法律委员会经研究，建议采纳这一意见，在草案第九百四十四条增加一款规定：物业服务人不得采取停止供电、供水、供热、供燃气等方式催交物业费。

十一、草案第九百九十五条规定，受害人的停止侵害、排除妨碍、消除危险、消除影响、恢复名誉请求权不适用诉讼时效的规定。有的代表提出，要求侵害人赔礼道歉是保护人格权的一种重要方式，为了更好地保护自然人的人格权，建议将赔礼道歉请求权纳入这一规定之中。宪法和法律委员会经研究，建议采纳这一意见，增加相应的规定。

十二、草案第一千零一十条第一款对禁止以言语、行为等方式对他人实施性骚扰作了规定。有的代表建议将这一款修改为："违背他人意愿，以言语、文字、图像、肢体行为等方式对他人实施性骚扰的，受害人有权依法请求行为人承担民事责任"，使规定的针对性更明确。宪法和法律委员会经研究，建议采纳这一意见，作相应的修改。

十三、草案第一千零一十二条对自然人享有姓名权作了规定。有的代表提出，自然人有权依法决定、使用、变更或者许可他人使用自己的姓名，但不得违背公序良俗。宪法和法律委员会经研究，建议采纳这一意见，将这一条修改为：自然人享有姓名权，有权依法决定、使用、变更或者许可他人使用自己的姓名，但是不得违背公序良俗。

十四、草案第一千零三十九条规定了国家机关及其工作人员对隐私和个人信息的保密义务。有的代表提出，除国家机关及其工作人员外，承担行政职能的法定机构及其工作人员也应当承担这一保密义务。宪法和法律委员会经研究，建议采纳这一意见，将这一条修改为：国家机关、承担行政职能的法定机构及其工作人员对于履行职责过程中知悉的自然人的隐私和个人信息，应当予以保密，不得泄露或者向他人非法提供。

十五、有的代表提出，草案物权编、合同编、人格权编、继承编都在"一般规定"一章中规定了物权、合同、人格权、继承权受国家或者法律保护的内容，建议在婚姻家庭编的"一般规定"一章中也增加类似规定，既有利于体现国家对婚姻家庭的重视和保护，也有利于各编体例的统一。宪法和法律委员会经研究，建议采纳这一意见，依据宪法关于"婚姻、家庭、母亲和儿童受国家的保护"的规定，在婚姻家庭编第一章"一般规定"中增加规定：婚姻家庭受国家保护。

十六、草案第一千零八十四条第三款规定了离婚后未成年子女的抚养。有的代表提出，已满八周岁的子女已有一定的自主意识和认知能力，抚养权的确定与其权益密切相关，应当尊重他们的真实意愿，以更有利于未成年人的健康成长。宪法和法律委员会经研究，建议采纳这一意见，在该款中增加规定：子女已满八周岁的，应当尊重其真实意愿。

十七、草案第一千一百三十三条对自然人立遗嘱处分个人财产作了规定。有的代表提出，设立遗嘱信托是自然人生前对自己的财产进行安排和处理的一种重要制度，建议在这一条中增加规定遗嘱信托的内容。宪法和法律委员会经研究认为，信托法对遗嘱信托已经作了规定，遗嘱信托应主要适用信托法进行规范，民法典作为民事领域基本法，可以对此作衔接性规定。据此，建议增加规定，自然人可以依法设立遗嘱信托。

十八、草案第一千一百七十九条列举了人身损害赔偿的具体赔偿项目。有的代表提出，在人身损害赔偿中，"住院伙食补助费"是受害人治疗和康复中需要支出的合理费用，建议参照司法解释的相关规定，将"住院伙食补助费"明确列为人身损害赔偿项目。宪法和法律委员会经研究，建议采纳这一意见，在这一条中增加相关内容。

十九、草案第一千一百九十五条第三款规定，因错误通知造成网络用户或者网络服务提供者损害的，应当承担侵权责任。有的代表建议对"错误通知"行为的实施主体予以明确，以使这一规定更有针对性。宪法和法律委员会经研究，建议采纳这一意见，将上述规定修改为，权利人因错误通知造成网络用户或者网络服务提供者损害的，应当承担侵权责任。

二十、草案第一千二百二十五条第一款对医疗机构及其医务人员应当履行妥善保管住院志、医嘱单、检验报告、病理资料、医疗费用等病历资料的义务作了规定。有的代表提出，根据国家关于医疗机构病历管理的有关规定，医疗费用不属于病历资料的内容，建议删除。宪法和法律委员会经研究，建议采纳这一意见，删除这一款中的"医疗费用"。

二十一、草案第一千二百五十二条对建筑物、构筑物或者其他设施倒塌造成他人损害的侵权责任作了规定。有的代表提出，实践中，有的地方发生地面塌陷致人损害问题，严重危害人民群众的人身财产安全，建议对此作出规定。宪法和法律委员会经研究，建议在这一条中明确规定，建筑物、构筑物或者其他设施倒塌、塌陷造成他人损害的，由建设单位与施工单位承担连带责任，并对因他人原因导致倒塌、塌陷的侵权责任作出了规定。

二十二、草案第一千二百五十四条第三款规定，发生从建筑物中抛掷物品或者从建筑物上坠落物品造成他人损害的，有关机关应当依法及时调查，查清责任人。有的代表提出，高空抛物或者坠物行为危害公众安全，公安机关有责任进行调查以查清责任人，建议将“有关机关”明确为“公安等机关”。宪法和法律委员会经研究，建议采纳这一意见，将上述规定中的“有关机关”修改为“公安等机关”。

此外，一些代表还提出了一些其他意见。这些意见，有的涉及具体操作问题，可以通过制定配套法律法规和司法解释予以解决；有的涉及法律之间的协调问题，需要区分不同情况，通过对相关法律进行修改完善予以解决；有的涉及执法问题，可以通过有关部门加强执法予以落实；有的问题在编纂工作中作了反复研究，存在不同意见，可在实践中不断总结经验，逐步完善。有些代表提出，民法典与人民群众的利益息息相关，建议加大宣传力度，让民法典深入人心。宪法和法律委员会经研究认为，实施民法典是一项系统工程、长期工程，应当统筹协调、常抓不懈。民法典的实施，涉及国家和社会生活的方方面面，需要各方面共同努力。民法典出台后，建议各有关方面通过多种方式加大宣传和普法力度，让全社会广泛学习民法典，进一步增强全社会成员民法意识，使民法典的精神和内容融入人民群众的日常生活，成为指导民事主体从事民事活动的行为准则。

此外，根据代表们的审议意见，还对草案作了一些文字修改。

草案修改稿已按上述意见作了修改，宪法和法律委员会建议经主席团审议通过后，印发各代表团审议。

民法典草案修改稿和以上报告，请审议。

第十三届全国人民代表大会
宪法和法律委员会
2020年5月26日

第十三届全国人民代表大会宪法和法律委员会关于《中华人民共和国民法典（草案修改稿）》修改意见的报告

（2020年5月27日第十三届全国人民代表大会第三次会议主席团第三次会议通过）

十三届全国人大三次会议主席团：

5月26日下午，各代表团对民法典草案修改稿进行了审议。代表们一致赞成草案修改稿。普遍认为，草案修改稿在充分听取并认真研究代表意见的基础上，对代表意见予以充分吸收，作了许多重要修改，对未采纳的意见，也向代表们作了解释和说明，并在审议结果报告中作出积极回应；审议过程充分发扬了民主，广泛凝聚了共识，充分体现了对代表主体地位的尊重。草案内容已经成熟，一致赞成将草案提请本次大会表决通过。同时，一些代表还提出了一些修改意见。宪法和法律委员会于5月26日晚召开会议，对草案修改稿进行了认真审议，对代表们提出的意见逐条研究。同时，就提出的修改意见听取了最高人民法院、最高人民检察院、司法部、中国社会科学院、中国法学会有关负责同志的意见。宪法和法律委员会认为，草案修改稿是可行的。同时，根据各代表团的审议意见，提出以下修改意见：

一、草案修改稿第四百七十三条第一款将“债券募集说明书”规定为一种要约邀请形式。有的代表提出，公司法、证券法等法律采用的表述是“债券募集办法”，本款规定有必要与相关法律的用语保持一致。宪法和法律委员会经研究，建议采纳这一意见，将“债券募集说明书”修改为“债券募集办法”。

二、草案修改稿第七百八十一条规定，承揽人交付的工作成果不符合质量要求的，定作人可以请求承揽人承担修理、重作、减少报酬、赔偿损失等违约责任。有的代表提出，定作人在请求承揽人承担违约责任时，应当本着减少浪费、节约资源的目的，合理选择要求对方承担违约责任的方式，如能修理的尽量修理。宪法和法律委员会经研究，建议采纳这一意见，将上述规定修改为：承揽人交付的工作成果不符合质量要求的，定作人可以合理选择请求承揽人承担修理、重作、减少报酬、赔偿损失等违约责任。

三、草案修改稿第一千零三十四条第二款对个人信息的范围作了规定。有的代表提出,健康信息是一种重要的个人信息,直接关系着自然人的人格尊严,应明确纳入个人信息的范围予以保护。宪法和法律委员会经研究,建议采纳这一意见,在该款中增加规定“健康信息”属于个人信息。

此外,根据代表们的审议意见,还对草案修改稿作了一些文字修改。

宪法和法律委员会经研究后建议,本法自 2021 年 1 月 1 日起施行。

草案建议表决稿已按上述意见作了修改,建议经主席团审议通过后,提请本次会议表决。

民法典草案建议表决稿和以上报告,请审议。

第十三届全国人民代表大会
宪 法 和 法 律 委 员 会
2020 年 5 月 27 日

附件:

关于《民法典各分编(草案)》的说明

——2018 年 8 月 27 日在第十三届全国人民代表大会常务委员会第五次会议上

全国人大常委会法制工作委员会主任　沈春耀

委员长、各位副委员长、秘书长、各位委员:

现在,我受委员长会议的委托,作关于《民法典各分编(草案)》的说明。

一、民法典各分编编纂工作情况

编纂民法典是党的十八届四中全会提出的重大立法任务,是以习近平同志为核心的党中央作出的重大法治建设部署。编纂民法典是通过对现行民事法律规范进行系统整合、修改完善,编纂一部适应中国特色社会主义发展要求,符合我国国情,体例科学、结构严谨、规范合理、内容协调一致的法典,是一项系统工程。2016 年 6 月,十二届全国人大常委会党组向党中央汇报了关于民法典编纂工作的指导思想、基本原则、工作安排等重大问题,习近平总书记主持会议,听取并原则同意该汇报,并就民法典编纂工作作了重要指示,为编纂民法典提供了重要指导和基本遵循。按照工作安排,编纂民法典采取“两步走”的工作思路进行:第一步先出台民法总则;第二步编纂民法典各分编,适时出台民法典。在党中央的坚强领导下,2017 年 3 月十二届全国人大五次会议审议通过民法总则,完成了民法典编纂工作的第一步,为编纂民法典奠定了坚实基础。

民法总则通过后,十二届全国人大常委会和十三届全国人大常委会抓紧开展“第二步”工作,全国人大常委会法制工作委员会立即与最高人民法院、最高人民检察院、司法部、中国社会科学院、中国法学会五家民法典编纂工作参加单位全力推进民法典各分编编纂工作。系统梳理、研究近年来全国人大代表、政协委员提出的修改完善相关民事法律的议案、建议和提案,开展立法调研、深入基层了解实践情况,开展比较研究、了解国外民事立法新发展,广泛听取地方人大、有关部门和单位、基层立法联系点、人大代表、专家学者等方面的意见和建议。在此基础上,以现行民事法律为基础,结合我国社会的发展实际,形成了民法典各分编草案(征求意见稿)。今年 3 月 15 日,法制工作委员会将民法典各分编草案(征求意见稿)印发地方人大、中央有关部门和部分全国人大代表、法学教学研究机构和一些社会组织征求意见,并召开协调小组会议,听取协调小组各参加单位意见建议。根据各方面的意见和建议,对民法典各分编草案(征求意见稿)作了反复修改。

党中央高度重视民法典各分编编纂工作。2018 年 8 月 16 日,习近平总书记主持召开中央政治局常委会会议,听取了全国人大常委会党组关于《民法典各分编(草案)》几个主要问题的汇报,原则同意请示,并就做好民法典各分编编纂工作作了重要指示。会后,根据党中央的重要指示精神,对草案又作了进一步修改完善。经委员长会议讨论,决定将《民法典各分编(草案)》提请十三届全国人大常委会第五次会议审议。

二、关于民法典各分编的总体考虑

在民法典各分编编纂工作中，我们深入学习贯彻习近平新时代中国特色社会主义思想和党的十九大精神，紧紧围绕统筹推进“五位一体”总体布局和协调推进“四个全面”战略布局，紧紧围绕建设中国特色社会主义法治体系、建设社会主义法治国家的全面依法治国总目标，遵循和贯彻民法典编纂工作指导思想、基本原则，总结实践经验，适应时代要求，对我国现行的、制定于不同时期的民法通则、物权法、合同法、担保法、婚姻法、收养法、继承法、侵权责任法和人格权方面的民事法律规范进行全面系统的编订纂修，进一步完善以公平为核心原则的产权保护制度，进一步完善促进财产和要素自由流动的公平交易制度，进一步完善增进家庭和睦的婚姻家庭和继承制度，进一步完善自然人和其他民事主体人身权、财产权、人格权的保护救济制度，连同之前已出台的民法总则，最后形成一部完整的具有中国特色、体现时代特点、反映人民意愿的民法典，为新时代坚持和发展中国特色社会主义、实现“两个一百年”奋斗目标和中华民族伟大复兴的中国梦提供完备的民事法治保障。

在民法典各分编编纂工作中，我们注意把握以下几点：一是坚持以人民为中心，以保护民事权利为出发点和落脚点，切实回应人民的法治需求，更好地满足人民日益增长的美好生活需要，努力让民法典成为新时代保护人民民事权利的权利法典。二是坚持立足国情和实际，坚持问题导向，适应中国特色社会主义步入新时代和我国社会主要矛盾变化的需要，总结改革开放40年来民事立法和实践经验，以法典化方式巩固、确认和发展民事法治建设成果，提高民事法律制度的针对性、有效性、适应性，努力发挥引领、推动、保障改革的积极作用。三是坚持依法治国和以德治国相结合，将社会主义核心价值观融入民事法律规范，大力弘扬社会公德、家庭美德，贯彻和体现新发展理念。四是增强民事法律规范的系统性，既保持民事法律制度的连续性、稳定性，又保持适度的前瞻性、开放性，同时处理好衔接好法典化民事法律制度体系下各类规范之间的关系。

三、关于民法典各分编的结构安排

2016年6月在向党中央汇报民法典编纂工作时，提出民法典各分编包括：物权编、合同编、侵权责任编、婚姻家庭编和继承编等。总体考虑和工作思路是，民法典各分编的内容经编纂进入民法典，再加上之前已出台的民法总则，形成一部完整的民法典；民法典出台后，我国现行的民法通则、物权法、合同法、担保法、婚姻法、收养法、继承法、侵权责任法将被替代，不再保留。各方面对民法典各分编包括上述五编的内容，意见是一致的。同时，还有一些意见建议在五编基础上增加人格权编、知识产权编、涉外民事关系法律适用编。经研究认为，在确定哪些内容纳入民法典各分编时，应当遵循以下原则：一是内容具有基础性，是民事法律制度的基本规则；二是内容具有普遍性，是社会生活普遍适用的通用规则；三是内容具有稳定性，是经过实践证明切实有效、可以长期适用的惯常规则；四是内容具有平等自愿性，是民事主体在民事活动中依法可采用、可约定的规则。对于涉及特定群体、领域的内容，原则上由民事特别法规定；对于民法典各分编的规定难以涵盖和替代的内容，不宜纳入；对于那些还处于发展变化中、经验还不成熟、拿不准的内容，暂不纳入。

一是关于是否设立人格权编。经研究认为，人格权是民事主体对其特定的人格利益享有的权利，关系到每个人的人格尊严，是民事主体最基本、最重要的权利。保护人格权、维护人格尊严，是我国法治建设的重要任务，近年来加强人格权保护的呼声和期待较多。为了贯彻党的十九大和十九届二中全会关于“保护人民人身权、财产权、人格权”的精神，落实宪法关于“公民的人格尊严不受侵犯”的要求，综合考虑各方面意见，总结我国现有人格权法律规范的实践经验，在民法典中增加人格权编是较为妥当、可取的。人格权编这一部分，主要是从民事法律规范的角度规定自然人和其他民事主体人格权的内容、边界和保护方式，不涉及公民政治、社会等方面权利。

二是关于是否设立知识产权编。经研究认为目前条件还不成熟：1. 我国知识产权立法一直采用民事特别法的立法方式，如专利法、商标法、著作权（版权）法，还涉及反不正当竞争法等法律和集成电路布图设计保护条例、植物新品种保护条例等行政法规。我国知识产权立法既规定民事权利等内容，也规定行政管理等内容，与相关国际条约保持总体一致和衔接。民法典是调整平等民事主体之间的民事法律关系的法律，难以纳入行政管理方面的内容，也难以抽象出不同类型知识产权的一般性规则。2. 知识产权制度仍处于快速发展变化之中,国内立法执法司法等需要不断调整适应。如现在就将知识产权法律规范纳入民法典,恐难以保持其连续性、稳定性。由于以上原因,我国知识产权立法仍适宜采用民事特别法的立法方式,针对不同需求,实行单项立法,已有知识产权单行法律仍将继续保留,通过知识产权单行法律健全知识产权相关制度,更有利于加强和完善知识产权保护。民法典中暂不宜设立知识产权编。

三是关于是否设立涉外民事关系法律适用编。经研究认为,涉外民事关系法律适用规则的概念体系、规范内容与民法典虽有一定联系,但二者性质不同,在法律的调整范围、立法目标、具体规则等方面存在较大差异,民法典不宜设立涉外民事关系法律适用编。涉外民事关系法律适用的问题,由现行涉外民事关系法律适用法调整。

基于上述考虑,《民法典各分编(草案)》包括六编。关于分编的顺序,原顺序为物权编、合同编、侵权责任编、婚姻家庭编、继承编。根据一些常委会组成人员和有关方面的意见,考虑到增加了人格权编,还需要把这一编放在适当的位置,经研究,将分编顺序修改为现在的物权编、合同编、人格权编、婚姻家庭编、继承编、侵权责任编,共 1034 条。

四、民法典各分编的主要内容

(一)关于物权编草案

物权是民事主体依法享有的重要财产权。2007 年十届全国人大五次会议通过了物权法。实践证明物权法规定的中国特色社会主义物权制度是有活力的,在明晰权利归属、实现物权平等保护等方面发挥了重要作用。物权编草案在物权法的基础上,按照党中央提出的完善产权保护制度,健全归属清晰、权责明确、保护严格、流转顺畅的现代产权制度的要求,结合现实需要,进一步完善了物权法律制度。与现行物权法相比,主要修改内容有:

1. 加强对建筑物业主权利的保护。第一,强化业主对共有部分共同管理的权利。实践中,一些物业服务企业未征求业主意见擅自改变共有部分的用途或者利用外墙、电梯张贴广告等营利。对此,草案增加规定,改变共有部分的用途或者利用共有部分从事经营活动应当由业主共同决定(草案第七十三条第一款)。第二,为了解决物业管理活动中业主作出决议难的问题,适当降低业主作出决议的门槛(草案第七十三条第二款)。第三,明确共有部分产生的收益属于业主共有(草案第七十七条)。

2. 增加规定居住权。党的十九大报告提出,要加快建立多主体供给、多渠道保障、租购并举的住房制度,让全体人民住有所居。为落实党中央的要求,认可和保护民事主体对住房保障的灵活安排,满足特定人群的居住需求,草案在用益物权部分增加一章,专门规定居住权,居住权人有权按照合同约定并经登记占有、使用他人的住宅,以满足其稳定生活居住需要。这一制度安排有助于为公租房和老年人以房养老提供法律保障。(草案第十四章)

3. 完善动产抵押和权利质押的规则。第一,补充了有关清偿顺序的规定(草案第二百零五条第二款、第二百零六条)。第二,对于抵押物价款的债权担保赋予优先效力。针对交易实践中普遍存在的借款人借款购买货物,同时将该货物抵押给贷款人作为价款的担保的情形,草案赋予了该抵押权优先效力,以保护融资人的权利,促进融资(草案第二百零七条)。第三,删除具体登记机构的规定。目前动产抵押和权利质押的登记机构较为分散,不能完全适应现代市场经济发展的需要。建立统一的动产抵押和权利质押登记制度有助于进一步发挥其融资担保功能。考虑到统一登记的具体规则宜由国务院规定,草案删除了有关动产抵押和权利质押具体登记机构的内容,为建立统一的动产抵押和权利质押登记制度留下空间(草案第二百三十二条、第二百三十四条、第二百三十五条、第二百三十六条)。

物权编草案中有两个问题需要汇报:

1. 关于农村土地使用权改革相关问题。党的十八大以来,党中央提出要深化农村土地制度改革,健全农村产权保护法律制度,完善承包地“三权分置”制度;探索宅基地“三权分置”;赋予农民更多的财产权,允许承包土地的经营权和农民住房财产权抵押、担保;探索农民集体建设用地入市制度。为落实党中央的改革要求,2015 年全国人大常委会先后通过两个授权决定,授权开展“两权”抵押和集体建设用地入市试点。与此同时,全国人大常委会启动了农村土地承包法的修改工作,并于 2017 年 11 月进行了初次审议。在总结有关改革试点实践经验的基础上,结合农村土地承包法修改的审议情况、各方面提出的意见和基层调研情况,草案对物权法的用益物权制度、担保物权制度作了相应修改,规定实行家庭承包的土地承包经营权人有权出让土地经营权,并对土地经营权的内容作了规定,以体现"三权分置"改革精神(草案第十一章);修改了土地承包经营权抵押的相关规定。关于宅基地"三权分置"问题和农民住房财产权抵押问题,考虑到这两个问题主要涉及土地管理法的修改(按今年全国人大常委会立法工作计划,应于下半年由国务院提请审议),国务院有关部门正在抓紧推进起草工作。因此,物权编草案这一部分内容暂未修改,待国务院修改土地管理法的议案提请审议后,再作统筹研究和修改。

2. 关于住宅建设用地使用权期间届满续期问题。2016 年 11 月,《中共中央、国务院关于完善产权保护制度依法保护产权的意见》提出,要研究住宅建设用地等土地使用权到期后续期的法律安排,推动形成全社会对公民财产长久受保护的良好和稳定预期。根据党中央批准的有关工作安排,该项工作由国务院有关部门研究,提出方案后,国务院提出法律修改议案,修改城市房地产管理法或者物权法。目前,国务院有关部门尚未正式提出方案和修法议案。物权编草案根据现行物权法第一百四十九条、城市房地产管理法第二十二条规定,对此先作出一个原则性规定,即:住宅建设用地使用权期间届满的,自动续期。续期费用的缴纳或者减免,依照法律、行政法规的规定(草案第一百五十二条第一款)。国务院正式提出修改有关法律的议案后,再进一步做好衔接。

(二)关于合同编草案

合同制度是市场经济的基本法律制度。1999 年九届全国人大二次会议通过了合同法。合同法的实施对保护当事人合法权益、促进商品和要素自由流动、实现公平交易和维护经济秩序发挥了重要作用。贯彻全面深化改革的精神,使市场在资源配置中起决定性作用,必须坚持维护契约、平等交换、公平竞争,完善市场经济法律制度。为适应我国经济社会发展和全面深化改革的需要,落实党中央提出的完善市场经济法律制度的要求,解决合同法实施以来出现的新情况、新问题,借鉴国际立法经验,合同编草案进一步修改完善了合同制度。与现行合同法相比,主要修改内容有:

1. 完善电子合同的订立、履行规则。为适应电子商务和数字经济快速发展的需要,规范电子交易行为,草案对电子合同订立、履行的特殊规则作了规定。(草案第二百八十三条第二款、第三百零三条)

2. 强化对债权实现的保护力度。针对实践中一些合同当事人不信守合同,欠债不还等突出问题,为保障债权顺利实现,防范因违约可能导致的债务风险,构建诚信社会,草案完善了合同保全、借款合同、融资租赁合同的有关规则,并增设专章规定了保证合同。(草案第五章、第十二章、第十三章、第十五章)

3. 加大对弱势合同当事人一方的保护。草案规定了电、水、气、热力供应人以及公共承运人对社会公众的强制缔约义务,完善了格式条款制度(草案第二百八十六条第二款、第三款,第二百八十八条,第二百八十九条)。同时,为落实党中央提出的建立租购同权住房制度的要求,保护承租人利益,促进住房租赁市场健康发展,草案增加了住房承租人的优先承租权制度(草案第五百二十五条第二款)。

4. 促进生态文明建设。落实民法总则绿色原则的要求,草案规定,当事人在合同履行中应当遵循诚信原则,根据交易习惯负有节约资源、减少污染的义务,在合同终止后负有旧物回收义务(草案第三百条第二款、第三百四十八条);还规定买卖合同的出卖人依法负有回收义务(草案第四百一十五条)。

5. 根据合同理论和实践的发展,修改了合同效力、合同履行、债权转让、合同解除和违约责任等一般规则(草案第二章至第八章);完善了买卖合同、租赁合同、建设工程合同等典型合同的具体规则,增加了物业服务合同和合伙合同(草案第九章至第二十六章)。

6. 补充完善债法的一般规则。债法的一般规则是民法的重要内容,考虑到现行合同法总则已规定了大多数债的一般规则,这次编纂不再单设一编对此作出规定,为更好规范各类债权债务关系,草案在现行合同法的基础上,补充完善债法的一般规则:一是明确非合同之债的法律适用规则(草案第二百五十九条)。二是细化无因管理、不当得利之债的规则。在民法总则规定的基础上,草案进一步规定了无因管理、不当得利两种债的具体规则(草案第二十七章、第二十八章)。

(三)关于人格权编草案

人格权编草案坚持以人民为中心,顺应人民群众对人格权保护的迫切需求,在现行有关法律法规和司法解释基础上,对各种具体人格权作了较为详细的规定,为人格权保护奠定和提供了充分的民事请求权法律基础。这一编规定的主要内容有:

1. 人格权的一般规则。一是明确规定,民事主体的人格权受法律保护,人格权不得放弃、转让、继承,对人格权不得进行非法限制(草案第七百七十四条、第七百七十五条)。二是明确规定,民事主体可以许可他人使用姓名、名称、肖像等,但是依照法律规定或者根据其性质不得许可的除外(草案第七百七十六条)。三是明确规定人格权受到侵害后的救济方式(草案第七百七十八条至第七百八十二条)。

2. 生命权、身体权和健康权。草案规定了生命权、身体权和健康权的具体内容。同时,针对实践中反映较多的问题,草案还对法定救助义务、人体组织器官捐献、禁止性骚扰等问题作了规定。(草案第二章)

3. 姓名权和名称权。草案规定了姓名权、名称权的基本内容,并对民事主体尊重保护他人姓名权、名称权的基本义务作了规定。(草案第三章)

4. 肖像权。草案规定了肖像权的权利内容及许可使用肖像的规则,并对可以合理使用他人肖像的情形作了规定。(草案第四章)

5. 名誉权和荣誉权。草案规定了名誉权和荣誉权的内容。同时,为了平衡好保护个人权益和发挥新闻报道、舆论监督作用之间的关系,草案还规定,行为人为维护公序良俗实施新闻报道、舆论监督等行为,影响他人名誉的,不承担民事责任。但是行为人捏造事实、歪曲事实、对他人提供的事实未尽到合理审查义务或者包含过度贬损他人名誉内容的除外。(草案第五章)

6. 隐私权和个人信息。针对隐私权和个人信息保护领域存在的突出问题,在现行法律规定基础上,草案进一步强化对隐私权和个人信息的保护,并为即将制定的个人信息保护法留下衔接空间。(草案第六章)

(四)关于婚姻家庭编草案

婚姻家庭制度是规范夫妻关系和家庭关系的基本准则,关系到家家户户的利益。1980 年五届全国人大三次会议通过了婚姻法,2001 年作了修改。1991 年全国人大常委会通过了收养法,1998 年作了修改。婚姻法、收养法实施以来,对于建立和维护和谐的婚姻家庭关系发挥了重要作用。随着婚姻观念、家庭关系的变化,婚姻家庭领域出现了一些新情况。为进一步弘扬夫妻互敬、孝老爱亲、家庭和睦的中华民族传统家庭美德,体现社会主义核心价值观,促进家庭关系和谐稳定,婚姻家庭编草案以现行婚姻法、收养法为基础,在坚持婚姻自由、一夫一妻等基本原则的前提下,结合社会发展需要,修改了部分规定,并增加了一些新规定。与现行婚姻法、收养法相比,主要修改内容有:

1. 修改禁止结婚的条件。现行婚姻法规定,患有医学上认为不应当结婚的疾病者禁止结婚。这一规定在实践中很难操作,且在对方知情的情况下,是否患有疾病并不必然会影响当事人的结婚意愿。为尊重当事人的婚姻自主权,草案规定,一方患有严重疾病的应当在结婚登记前如实告知对方,不如实告知的,对方可以请求撤销该婚姻。(草案第八百三十条)

2. 增加婚姻无效的情形。为维护婚姻登记制度的权威性,保障婚姻当事人的合法权益,遏制利用伪造、变造或者冒用他人身份证件、户口簿、无配偶证明等方式骗取结婚登记的行为,草案增加了一项婚姻无效的情形,规定以伪造、变造、冒用证件等方式骗取结婚登记的婚姻无效。(草案第八百二十八条第四项)

3. 增加离婚冷静期的规定。实践中,由于离婚登记手续过于简便,轻率离婚的现象增多,不利于家庭稳定。为此,草案规定了一个月的离婚冷静期,在此期间,任何一方可以向登记机关撤回离婚申请。(草案第八百五十四条)

4. 完善离婚赔偿制度。现行婚姻法规定了四种适用离婚损害赔偿的情形,为更好地发挥离婚损害赔偿制度的预防、制裁作用,促进婚姻关系的稳定,草案增加了离婚损害赔偿的兜底条款,将其他一些确实给对方造成严重损害的情形纳入损害赔偿范围。(草案第八百六十九条第五项)

5. 不再保留计划生育的有关内容。现行婚姻法、收养法中都有关于计划生育的条款。为适应我国人口形势新变化,草案不再规定有关计划生育的内容。

关于夫妻债务问题,现行婚姻法没有具体规定夫妻关系存续期间个人债务、共同债务的认定和承担。2003 年最高人民法院出台的婚姻法司法解释(二)第 24 条,近年来引发了较大争议,一度成为社会关注的热点问题。2018 年 1 月,最高人民法院发布了《关于审理涉及夫妻债务纠纷案件适用法律有关问题的解释》,修改了此前司法解释关于夫妻债务认定的规定。目前看来,司法解释基本平息了争议和热点。因新司法解释刚出台实施不久,尚需要进一步观察实践效果,再研究如何在婚姻家庭编草案作出相关规定。草案目前对现行婚姻法的有关规定未作实质性修改。

(五)关于继承编草案

继承制度是关于自然人死亡后财富传承的基本制度。1985 年六届全国人大三次会议通过了继承法。继承法制定实施以来,随着人民群众生活水平不断提高,自然人的合法财产日益增多,因继承引发的纠纷也越来越多，情形也越来越复杂。根据我国社会家庭结构、继承观念等方面的发展变化，继承编草案在继承法的基础上，修改完善了继承制度，以满足人民群众处理遗产的现实需要，促进家庭和睦，推进老龄事业和产业发展。与现行继承法相比，主要修改内容有：

1. 增加遗产管理人制度。为确保遗产得到妥善管理、顺利分割，更好地维护继承人、债权人利益，避免和减少纠纷，草案规定了遗产管理人的产生方式、职责和权利等内容。（草案第九百二十四条至第九百二十八条）

2. 完善遗赠扶养协议制度，适当扩大了扶养人的范围，以满足养老形式多样化需求，促进老龄产业发展。（草案第九百三十七条）

3. 完善债务清偿规则。为保护债权人利益，保障国家税收应收尽收，草案规定遗产分割前，应当支付相关费用，清偿被继承人的债务，缴纳所欠税款，同时明确遗产已经分割时债务清偿、税款缴纳的具体规则。（草案第九百三十八条、第九百四十条至第九百四十二条）

4. 增加打印、录像等新的遗嘱形式，适应科学技术的发展需要（草案第九百一十五条、第九百一十六条）；修改遗嘱效力规则，删除了继承法中关于公证遗嘱效力优先的规定，切实尊重遗嘱人的真实意愿（草案第九百二十一条）。

（六）关于侵权责任编草案

侵权责任是民事主体侵害他人权益应当承担的法律后果。2009 年全国人大常委会通过了侵权责任法。侵权责任法实施以来，在保护民事主体合法权益、明确侵权责任、预防和制裁侵权行为方面发挥了重要作用。侵权责任编草案在总结侵权责任法实践经验的基础上，针对侵权领域出现的新情况，吸收借鉴司法解释的有益做法，对侵权责任制度作了必要的补充和完善。与现行侵权责任法相比，主要修改内容有：

1. 完善公平责任规则。侵权责任法规定，受害人和行为人对损害的发生都没有过错的，可以根据实际情况，由双方分担损失。实践中，该规定因裁判标准不明导致适用范围过宽，社会效果不是很好。为进一步明确该规则的适用范围，统一裁判尺度，草案将侵权责任法规定中的“根据实际情况”修改为“依照法律的规定”。（草案第九百六十二条）

2. 完善精神损害赔偿制度。根据审判实践需要，草案扩大了精神损害赔偿的适用范围，增加规定，故意侵害自然人具有人身意义的特定物品造成严重精神损害的，被侵权人有权请求精神损害赔偿。（草案第九百六十条第二款）

3. 完善网络侵权责任制度。随着互联网的快速发展，网络侵权行为越来越复杂，为了更好地保护权利人的利益，同时平衡好网络用户和网络服务提供者之间的利益，草案在侵权责任法的基础上细化了网络侵权责任的具体规则。（草案第九百七十条至第九百七十二条）

4. 完善机动车交通事故责任规则。一是明确挂靠车辆引发交通事故时的责任主体（草案第九百八十六条）。二是明确机动车强制保险和商业保险的赔偿顺序（草案第九百八十八条）。三是增加非营运机动车无偿搭乘造成损害的责任规则。实践中，无偿搭乘引发的损害赔偿问题争议较大，为了既保护受害者的权益，又鼓励大家助人为乐，草案规定，无偿搭乘人在交通事故中受到损害的，应当减轻或者免除机动车驾驶人赔偿责任（草案第九百九十二条）。

5. 完善生态环境损害责任。为了落实党的十八届三中全会提出的“对造成生态环境损害的责任者严格实行赔偿制度”要求，贯彻党的十九大报告提出的“要加大生态系统保护力度”的决策部署，结合 2017 年中共中央办公厅、国务院办公厅联合印发的《生态环境损害赔偿制度改革方案》，草案修改完善了生态环境损害责任制度：一是增加规定生态环境损害的惩罚性赔偿制度。草案规定，侵权人故意违反国家规定损害生态环境的，被侵权人有权请求相应的惩罚性赔偿（草案第一千零八条）。二是明确生态环境损害的修复和赔偿制度（草案第一千零一十条、第一千零一十一条）。

五、关于下一步的工作安排

民法典各分编草案条文数量较多，从提请初次审议到最后出台需要经过较长时间。为了便于民法典编纂过程中的审议和修改完善，在本次常委会初次审议时，将《民法典各分编（草案）》作为一个整体提出；之后，根据实际情况将草案各分编分拆几个单元分别进行若干次审议和修改完善；在拟提请全国人民代表大会审议时，将之前已出台的民法总则同经过常委会审议和修改完善的民法典各分编草案合并为一部完整的民法典，即《中华人民共和国民法典（草案）》，由全国人大常委会提请 2020 年 3 月十三届全国人大三次会议审议。

《民法典各分编（草案）》和以上说明是否妥当，请审议。

全国人民代表大会宪法和法律委员会关于《民法典各分编(草案)》修改情况和《中华人民共和国民法典(草案)》编纂情况的汇报

——2019 年 12 月 23 日在第十三届全国人民代表大会常务委员会第十五次会议上

全国人大宪法和法律委员会副主任委员　沈春耀

全国人民代表大会常务委员会:

2018 年 8 月,十三届全国人大常委会第五次会议对《民法典各分编(草案)》进行了初次审议。之后,2018 年 12 月、2019 年 4 月、2019 年 6 月、2019 年 8 月、2019 年 10 月,十三届全国人大常委会第七次、第十次、第十一次、第十二次、第十四次会议对各分编草案进行拆分审议。目前,物权编、合同编、人格权编、婚姻家庭编、继承编、侵权责任编六个分编草案已经全部完成了二审,其中,人格权编、婚姻家庭编、侵权责任编三个分编草案完成了三审。根据民法典编纂工作计划,到 2019 年 12 月,将 2017 年 3 月出台的民法总则同经过常委会审议和修改完善的民法典各分编草案合并为一部完整的民法典,即《中华人民共和国民法典(草案)》。民法典各分编草案经常委会二审或三审后,法制工作委员会均通过中国人大网公开征求社会公众意见。同时,在北京召开多个座谈会,分别听取中央有关部门和部分专家学者的意见,并到北京、天津、山东、浙江等地进行调研,了解实际情况,听取意见。宪法和法律委员会于 11 月 27 日至 29 日召开会议,根据常委会组成人员的审议意见和各方面意见,对民法典各分编草案进行了审议,并将 2017 年已经出台施行的《中华人民共和国民法总则》编入草案,重新编排条文序号,形成《中华人民共和国民法典(草案)》,最高人民法院、最高人民检察院、司法部、中国社会科学院、中国法学会等民法典编纂工作参加单位的有关负责同志列席了会议。12 月 16 日,宪法和法律委员会召开会议,再次进行审议。

12 月 5 日,习近平总书记主持召开中央政治局常委会会议,听取全国人大常委会党组《关于〈中华人民共和国民法典(草案)〉的请示》的汇报,原则同意请示,并就做好民法典编纂工作作了重要指示。会后,根据党中央的重要指示精神,对草案又作了进一步修改完善。民法典(草案)共 7 编,依次为总则编、物权编、合同编、人格权编、婚姻家庭编、继承编、侵权责任编,以及附则,共 1260 条。现将民法典各分编草案修改情况和民法总则编入的有关情况汇报如下:

一、总则编

总则编草案共 10 章、204 条。总则编草案基本保持民法总则的结构和内容不变;同时,根据法典编纂体系化要求进行了适当调整,对个别条款作了文字修改,并把“附则”移至法典的最后部分规定。

二、物权编

物权编草案共 5 个分编、20 章、258 条。常委会第十次会议对民法典物权编草案进行了二审,对物权编草案二次审议稿的修改情况主要是:

(一)草案二次审议稿第十四章规定了居住权制度。有的常委委员、社会公众建议对居住权合同的内容、居住权的设立和期间等规定予以进一步完善,以使这一制度在实践中发挥更大的作用。宪法和法律委员会经研究,建议采纳这一意见,对该章草案作如下修改:一是完善居住权合同的内容,增加规定“居住权期间”(民法典草案第三百六十七条第二款)。二是完善居住权设立制度,将“居住权无偿设立”修改为“居住权无偿设立,但是当事人另有约定的除外”(民法典草案第三百六十八条)。三是进一步明确居住权期间的规定,规定居住权期间届满或者居住权人死亡的,居住权消灭。居住权消灭的,应当及时办理注销登记(民法典草案第三百七十条)。

(二)草案二次审议稿第一百九十二条、第二百一十九条规定，抵押权人或者质权人在债务履行期间届满前，不得事先与抵押人或者出质人约定不履行到期债务时抵押财产、质押财产归债权人所有。有的专家学者、单位提出，为进一步优化营商环境，建议完善上述规定，明确当事人事先作出此类约定的，仍享有担保权益，但只能依法就抵押财产或者质押财产优先受偿。宪法和法律委员会经研究，建议采纳这一意见。（民法典草案第四百零一条、第四百二十八条）

三、合同编

合同编草案共3个分编、29章、526条。常委会第七次会议对民法典合同编草案进行了二审，对合同编草案二次审议稿的修改情况主要是：

（一）草案二次审议稿第三百五十三条第三款规定，合同不能履行致使不能实现合同目的，有解除权的当事人不行使解除权，构成滥用权利对对方显失公平的，人民法院或者仲裁机构可以根据对方的请求解除合同，但是不影响违约责任的承担。有的专家学者提出，这一规定的出发点在于解决实践中存在的由于合同不能履行而导致的僵局问题，但规定违约方可以申请解除合同，与严守合同的要求不符，建议删去。对个别合同僵局问题，可以考虑通过适用情势变更规则或者其他途径解决。宪法和法律委员会经研究，建议采纳这一意见，删去该款规定。

（二）草案二次审议稿第四百七十条第一款规定，借款合同约定支付利息的，借款的利率不得违反国家有关规定。有的常委委员、社会公众提出，为解决民间借贷领域存在的突出问题，维护正常的金融秩序，建议明确规定禁止高利放贷。宪法和法律委员会经研究，建议采纳这一意见，将这一款规定修改为：禁止高利放贷，借款的利率不得违反国家有关规定。（民法典草案第六百八十条第一款）

（三）有的专家学者、企业和社会公众提出，草案二次审议稿在典型合同中增加“保理合同”一章，有利于促进保理行业健康发展、解决企业融资问题、优化营商环境，建议对该章内容予以进一步完善。宪法和法律委员会经研究，建议对该章草案作如下修改：一是增加规定保理合同的主要条款内容，规定：保理合同的内容一般包括业务类型、服务范围、服务期限、基础交易合同情况、应收账款信息、转让价款、服务报酬及其支付方式等条款。保理合同应当采用书面形式（民法典草案第七百六十二条）。二是规定应收账款债务人接到保理人发出的应收账款转让通知后，应收账款债权人和债务人无正当理由协商变更或者终止基础交易合同，对保理人产生不利影响的，对保理人不发生效力（民法典草案第七百六十五条）。三是完善同一应收账款有多个保理人时的受偿规则，规定：已登记的先于未登记的受偿；均已登记的，按照登记的先后顺序受偿；均未登记的，由最先到达应收账款债务人的转让通知中载明的保理人受偿；既未登记也未通知的，按照应收账款比例清偿（民法典草案第七百六十八条）。

（四）草案二次审议稿第五百八十三条规定，除存在违法情形外，建设工程未经竣工验收而发包人擅自使用的，视为工程质量验收合格。有的单位、专家学者和社会公众提出，在实践中，未经竣工验收而使用建设工程的情况复杂，不宜一概认定为工程质量验收合格，否则不利于建设工程质量的提高，也可能导致当事人之间的不公平。宪法和法律委员会经研究，建议采纳这一意见，删去该条规定。

四、人格权编

人格权编草案共6章、51条。常委会第十二次会议对民法典人格权编草案进行了三审，对人格权编草案三次审议稿的修改情况主要是：

（一）草案三次审议稿第七百九十条第二款规定，用人单位应当采取合理措施，防止和制止利用职权、从属关系等实施性骚扰。有的常委会组成人员、单位和社会公众建议明确“用人单位”包含哪些主体，以使这一规定在防止职场和校园性骚扰方面更有针对性。宪法和法律委员会经研究，建议采纳这一意见，将“用人单位”修改为“机关、企业、学校等单位”。（民法典草案第一千零一十条第二款）

（二）草案三次审议稿第八百一十一条第二款规定，隐私是自然人不愿为他人知晓的私密空间、私密活动和私密信息等。有的常委委员、单位和专家学者提出，维护私人生活安宁、排除他人非法侵扰是隐私权的一项重要内容，建议在隐私的定义中增加这一内容。宪法和法律委员会经研究，建议采纳这一意见，将隐私的定义修改为：隐私是自然人的私人生活安宁和不愿为他人知晓的私密空间、私密活动、私密信息。（民法典草案第一千零三十二条第二款）

五、婚姻家庭编

婚姻家庭编草案共5章、79条。常委会第十四次会议对民法典婚姻家庭编草案进行了三审，对婚姻家庭编草案三次审议稿的修改情况主要是：

（一）草案三次审议稿第八百二十二条第三款规定，共同生活的公婆、岳父母、儿媳、女婿，视为近亲属。有的全国人大代表提出，“共同生活”的认定较为困难，不宜以此界定是否为近亲属，建议删除这一规定。宪法和法律委员会经研究，建议采纳这一意见，删去该款规定。

（二）草案三次审议稿第八百二十八条第四项规定，以伪造、变造、冒用证件等方式骗取结婚登记的，婚姻无效。有的专家学者和地方提出，以伪造、变造、冒用证件等方式骗取结婚登记的情形较为复杂，其中既可能有重婚、未达到婚龄等问题，也可能仅是违反结婚登记的形式要件，不宜一律认定为无效，可在实践中根据具体情况确定婚姻效力。宪法和法律委员会经研究，建议采纳这一意见，删去该项规定。

（三）草案三次审议稿第八百三十条第一款规定，一方患有重大疾病的，应当在结婚登记前如实告知另一方；不如实告知的，另一方可以向婚姻登记机关或者人民法院请求撤销婚姻。有的常委会组成人员、部门提出，由婚姻登记机关对一方在结婚登记前是否如实告知对方患病情况进行认定较为困难，建议统一由人民法院行使撤销权。宪法和法律委员会经研究，建议采纳这一意见，删去此种情况下可以向婚姻登记机关请求撤销婚姻的规定，由人民法院统一行使撤销权。（民法典草案第一千零五十三条第一款）

六、继承编

继承编草案共4章，45条。常委会第十一次会议对民法典继承编草案进行了二审，此次对继承编草案进行了一些文字修改。

七、侵权责任编

侵权责任编草案共10章、95条。常委会第十二次会议对民法典侵权责任编草案进行了三审，对侵权责任编草案三次审议稿的修改情况主要是：

（一）草案三次审议稿第九百七十一条第二款规定，在网络用户不存在侵权行为的声明转送权利人后十五日内，网络服务提供者未收到权利人已经投诉或者提起诉讼通知的，应当及时终止所采取的措施。有的专家学者、企业提出，“十五日”的期限过于绝对，建议修改为“合理期限”，以便于司法实践中根据具体案件情况确定期限。宪法和法律委员会经研究，建议采纳上述意见，将该款中的“十五日”修改为“合理期限”。（民法典草案第一千一百九十六条第二款）

（二）草案三次审议稿第一千零三十条第二款规定，建筑物管理人应当采取必要的安全保障措施防止高空抛物坠物情形的发生。有的专家学者、单位提出，为了明确责任主体，建议规定“建筑物管理人”主要是指物业服务企业。宪法和法律委员会经研究，建议采纳这一意见，将上述规定修改为：物业服务企业等建筑物管理人应当采取必要的安全保障措施防止高空抛物坠物情形的发生。（民法典草案第一千二百五十四条第二款）

此外，还对民法典各分编草案作了其他一些完善和文字修改。

民法典各分编草案和总则编草案已按上述意见作了修改，形成《中华人民共和国民法典（草案）》，宪法和法律委员会建议提请本次常委会会议审议。

按照民法典编纂工作计划，《中华人民共和国民法典（草案）》提请本次常委会会议审议后，由全国人大常委会作出决定，将草案提请2020年3月召开的十三届全国人大三次会议审议。为了做好大会审议工作，拟于2020年1月，将《中华人民共和国民法典（草案）》印发所有全国人大代表征求意见，组织代表研读草案，同时向地方人大、各有关部门和社会公众广泛征求意见。宪法和法律委员会根据各方面意见作进一步修改完善后，由全国人大常委会依照法定程序提出将《中华人民共和国民法典（草案）》提请2020年3月召开的十三届全国人大三次会议审议的议案。

《中华人民共和国民法典（草案）》和以上汇报是否妥当，请审议。

第十三届全国人民代表大会
宪法和法律委员会
2019年12月23日

中华人民共和国民法典(草案)

目 录

第一编　总　　则

第一章　基本规定

第一条　为了保护民事主体的合法权益，调整民事关系，维护社会和经济秩序，适应中国特色社会主义发展要求，弘扬社会主义核心价值观，根据宪法，制定本法。

第二条　民法调整平等主体的自然人、法人和非法人组织之间的人身关系和财产关系。

第三条　民事主体的人身权利、财产权利以及其他合法权益受法律保护，任何组织或者个人不得侵犯。

第四条　民事主体在民事活动中的法律地位一律平等。

第五条　民事主体从事民事活动，应当遵循自愿原则，按照自己的意思设立、变更、终止民事法律关系。

第六条　民事主体从事民事活动，应当遵循公平原则，合理确定各方的权利和义务。

第七条　民事主体从事民事活动，应当遵循诚信原则，秉持诚实，恪守承诺。

第八条　民事主体从事民事活动，不得违反法律，不得违背公序良俗。

第九条　民事主体从事民事活动，应当有利于节约资源、保护生态环境。

第十条　处理民事纠纷，应当依照法律；法律没有规定的，可以适用习惯，但是不得违背公序良俗。

第十一条　其他法律对民事关系有特别规定的，依照其规定。

第十二条　中华人民共和国领域内的民事活动,适用中华人民共和国法律。法律另有规定的,依照其规定。

第二章　自 然 人

第一节　民事权利能力和民事行为能力

第十三条　自然人从出生时起到死亡时止,具有民事权利能力,依法享有民事权利,承担民事义务。

第十四条　自然人的民事权利能力一律平等。

第十五条　自然人的出生时间和死亡时间,以出生证明、死亡证明记载的时间为准;没有出生证明、死亡证明的,以户籍登记或者其他有效身份登记记载的时间为准。有其他证据足以推翻以上记载时间的,以该证据证明的时间为准。

第十六条　涉及遗产继承、接受赠与等胎儿利益保护的,胎儿视为具有民事权利能力;但是,胎儿娩出时为死体的,其民事权利能力自始不存在。

第十七条　十八周岁以上的自然人为成年人。不满十八周岁的自然人为未成年人。

第十八条　成年人为完全民事行为能力人,可以独立实施民事法律行为。

十六周岁以上的未成年人,以自己的劳动收入为主要生活来源的,视为完全民事行为能力人。

第十九条　八周岁以上的未成年人为限制民事行为能力人,实施民事法律行为由其法定代理人代理或者经其法定代理人同意、追认;但是,可以独立实施纯获利益的民事法律行为或者与其年龄、智力相适应的民事法律行为。

第二十条　不满八周岁的未成年人为无民事行为能力人,由其法定代理人代理实施民事法律行为。

第二十一条　不能辨认自己行为的成年人为无民事行为能力人,由其法定代理人代理实施民事法律行为。

八周岁以上的未成年人不能辨认自己行为的,适用前款规定。

第二十二条　不能完全辨认自己行为的成年人为限制民事行为能力人,实施民事法律行为由其法定代理人代理或者经其法定代理人同意、追认;但是,可以独立实施纯获利益的民事法律行为或者与其智力、精神健康状况相适应的民事法律行为。

第二十三条　无民事行为能力人、限制民事行为能力人的监护人是其法定代理人。

第二十四条　不能辨认或者不能完全辨认自己行为的成年人,其利害关系人或者有关组织,可以向人民法院申请认定该成年人为无民事行为能力人或者限制民事行为能力人。

被人民法院认定为无民事行为能力人或者限制民事行为能力人的,经本人、利害关系人或者有关组织申请,人民法院可以根据其智力、精神健康恢复的状况,认定该成年人恢复为限制民事行为能力人或者完全民事行为能力人。

本条规定的有关组织包括:居民委员会、村民委员会、学校、医疗机构、妇女联合会、残疾人联合会、依法设立的老年人组织、民政部门等。

第二十五条　自然人以户籍登记或者其他有效身份登记记载的居所为住所;经常居所与住所不一致的,经常居所视为住所。

第二节　监　　护

第二十六条　父母对未成年子女负有抚养、教育和保护的义务。

成年子女对父母负有赡养、扶助和保护的义务。

第二十七条　父母是未成年子女的监护人。

未成年人的父母已经死亡或者没有监护能力的,由下列有监护能力的人按顺序担任监护人:

(一)祖父母、外祖父母;

(二)兄、姐;

(三)其他愿意担任监护人的个人或者组织,但是须经未成年人住所地的居民委员会、村民委员会或者民政部门同意。

第二十八条　无民事行为能力或者限制民事行为能力的成年人,由下列有监护能力的人按顺序担任监护人:

(一)配偶;

(二)父母、子女;

(三)其他近亲属;

(四)其他愿意担任监护人的个人或者组织,但是须经被监护人住所地的居民委员会、村民委员会或者民政部门同意。

第二十九条　被监护人的父母担任监护人的,可以通过遗嘱指定监护人。

第三十条　依法具有监护资格的人之间可以协议确定监护人。协议确定监护人应当尊重被监护人的真实意愿。

第三十一条　对监护人的确定有争议的,由被监护人住所地的居民委员会、村民委员会或者民政部门指定监护人,有关当事人对指定不服的,可以向人民法院申请指定监护人；有关当事人也可以直接向人民法院申请指定监护人。

居民委员会、村民委员会、民政部门或者人民法院应当尊重被监护人的真实意愿，按照最有利于被监护人的原则在依法具有监护资格的人中指定监护人。

依据本条第一款规定指定监护人前，被监护人的人身权利、财产权利以及其他合法权益处于无人保护状态的，由被监护人住所地的居民委员会、村民委员会、法律规定的有关组织或者民政部门担任临时监护人。

监护人被指定后，不得擅自变更；擅自变更的，不免除被指定的监护人的责任。

第三十二条 没有依法具有监护资格的人的，监护人由民政部门担任，也可以由具备履行监护职责条件的被监护人住所地的居民委员会、村民委员会担任。

第三十三条 具有完全民事行为能力的成年人，可以与其近亲属、其他愿意担任监护人的个人或者组织事先协商，以书面形式确定自己的监护人。协商确定的监护人在该成年人丧失或者部分丧失民事行为能力时，履行监护职责。

第三十四条 监护人的职责是代理被监护人实施民事法律行为，保护被监护人的人身权利、财产权利以及其他合法权益等。

监护人依法履行监护职责产生的权利，受法律保护。

监护人不履行监护职责或者侵害被监护人合法权益的，应当承担法律责任。

第三十五条 监护人应当按照最有利于被监护人的原则履行监护职责。监护人除为维护被监护人利益外，不得处分被监护人的财产。

未成年人的监护人履行监护职责，在作出与被监护人利益有关的决定时，应当根据被监护人的年龄和智力状况，尊重被监护人的真实意愿。

成年人的监护人履行监护职责，应当最大程度地尊重被监护人的真实意愿，保障并协助被监护人实施与其智力、精神健康状况相适应的民事法律行为。对被监护人有能力独立处理的事务，监护人不得干涉。

第三十六条 监护人有下列情形之一的，人民法院根据有关个人或者组织的申请，撤销其监护人资格，安排必要的临时监护措施，并按照最有利于被监护人的原则依法指定监护人：

（一）实施严重损害被监护人身心健康的行为；

（二）怠于履行监护职责，或者无法履行监护职责并且拒绝将监护职责部分或者全部委托给他人，导致被监护人处于危困状态；

（三）实施严重侵害被监护人合法权益的其他行为。

本条规定的有关个人和组织包括：其他依法具有监护资格的人，居民委员会、村民委员会、学校、医疗机构、妇女联合会、残疾人联合会、未成年人保护组织、依法设立的老年人组织、民政部门等。

前款规定的个人和民政部门以外的组织未及时向人民法院申请撤销监护人资格的，民政部门应当向人民法院申请。

第三十七条 依法负担被监护人抚养费、赡养费、扶养费的父母、子女、配偶等，被人民法院撤销监护人资格后，应当继续履行负担的义务。

第三十八条 被监护人的父母或者子女被人民法院撤销监护人资格后，除对被监护人实施故意犯罪的外，确有悔改表现的，经其申请，人民法院可以在尊重被监护人真实意愿的前提下，视情况恢复其监护人资格，人民法院指定的监护人与被监护人的监护关系同时终止。

第三十九条 有下列情形之一的，监护关系终止：

（一）被监护人取得或者恢复完全民事行为能力；

（二）监护人丧失监护能力；

（三）被监护人或者监护人死亡；

（四）人民法院认定监护关系终止的其他情形。

监护关系终止后，被监护人仍然需要监护的，应当依法另行确定监护人。

第三节 宣告失踪和宣告死亡

第四十条 自然人下落不明满二年的，利害关系人可以向人民法院申请宣告该自然人为失踪人。

第四十一条 自然人下落不明的时间自其失去音讯之日起计算。战争期间下落不明的，下落不明的时间自战争结束之日或者有关机关确定的下落不明之日起计算。

第四十二条 失踪人的财产由其配偶、成年子女、父母或者其他愿意担任财产代管人的人代管。

代管有争议，没有前款规定的人，或者前款规定的人无代管能力的，由人民法院指定的人代管。

第四十三条 财产代管人应当妥善管理失踪人的财产，维护其财产权益。

失踪人所欠税款、债务和应付的其他费用，由财产代管人从失踪人的财产中支付。

财产代管人因故意或者重大过失造成失踪人财产损失的,应当承担赔偿责任。

第四十四条 财产代管人不履行代管职责、侵害失踪人财产权益或者丧失代管能力的,失踪人的利害关系人可以向人民法院申请变更财产代管人。

财产代管人有正当理由的,可以向人民法院申请变更财产代管人。

人民法院变更财产代管人的,变更后的财产代管人有权请求原财产代管人及时移交有关财产并报告财产代管情况。

第四十五条 失踪人重新出现,经本人或者利害关系人申请,人民法院应当撤销失踪宣告。

失踪人重新出现,有权请求财产代管人及时移交有关财产并报告财产代管情况。

第四十六条 自然人有下列情形之一的,利害关系人可以向人民法院申请宣告该自然人死亡:

(一)下落不明满四年;

(二)因意外事件,下落不明满二年。

因意外事件下落不明,经有关机关证明该自然人不可能生存的,申请宣告死亡不受二年时间的限制。

第四十七条 对同一自然人,有的利害关系人申请宣告死亡,有的利害关系人申请宣告失踪,符合本法规定的宣告死亡条件的,人民法院应当宣告死亡。

第四十八条 被宣告死亡的人,人民法院宣告死亡的判决作出之日视为其死亡的日期;因意外事件下落不明宣告死亡的,意外事件发生之日视为其死亡的日期。

第四十九条 自然人被宣告死亡但是并未死亡的,不影响该自然人在被宣告死亡期间实施的民事法律行为的效力。

第五十条 被宣告死亡的人重新出现,经本人或者利害关系人申请,人民法院应当撤销死亡宣告。

第五十一条 被宣告死亡的人的婚姻关系,自死亡宣告之日起消灭。死亡宣告被撤销的,婚姻关系自撤销死亡宣告之日起自行恢复。但是,其配偶再婚或者向婚姻登记机关书面声明不愿意恢复的除外。

第五十二条 被宣告死亡的人在被宣告死亡期间,其子女被他人依法收养的,在死亡宣告被撤销后,不得以未经本人同意为由主张收养行为无效。

第五十三条 被撤销死亡宣告的人有权请求依照本法继承编取得其财产的民事主体返还财产;无法返还的,应当给予适当补偿。

利害关系人隐瞒真实情况,致使他人被宣告死亡取得其财产的,除应当返还财产外,还应当对由此造成的损失承担赔偿责任。

第四节 个体工商户和农村承包经营户

第五十四条 自然人从事工商业经营,经依法登记,为个体工商户。个体工商户可以起字号。

第五十五条 农村集体经济组织的成员,依法取得农村土地承包经营权,从事家庭承包经营的,为农村承包经营户。

第五十六条 个体工商户的债务,个人经营的,以个人财产承担;家庭经营的,以家庭财产承担;无法区分的,以家庭财产承担。

农村承包经营户的债务,以从事农村土地承包经营的农户财产承担;事实上由农户部分成员经营的,以该部分成员的财产承担。

第三章 法 人

第一节 一般规定

第五十七条 法人是具有民事权利能力和民事行为能力,依法独立享有民事权利和承担民事义务的组织。

第五十八条 法人应当依法成立。

法人应当有自己的名称、组织机构、住所、财产或者经费。法人成立的具体条件和程序,依照法律、行政法规的规定。

设立法人,法律、行政法规规定须经有关机关批准的,依照其规定。

第五十九条 法人的民事权利能力和民事行为能力,从法人成立时产生,到法人终止时消灭。

第六十条 法人以其全部财产独立承担民事责任。

第六十一条 依照法律或者法人章程的规定,代表法人从事民事活动的负责人,为法人的法定代表人。

法定代表人以法人名义从事的民事活动,其法律后果由法人承受。

法人章程或者法人权力机构对法定代表人代表权的限制,不得对抗善意相对人。

第六十二条 法定代表人因执行职务造成他人损害的,由法人承担民事责任。

法人承担民事责任后,依照法律或者法人章程的规定,可以向有过错的法定代表人追偿。

第六十三条 法人以其主要办事机构所在地为住所。依法需要办理法人登记的，应当将主要办事机构所在地登记为住所。

第六十四条 法人存续期间登记事项发生变化的，应当依法向登记机关申请变更登记。

第六十五条 法人的实际情况与登记的事项不一致的，不得对抗善意相对人。

第六十六条 登记机关应当依法及时公示法人登记的有关信息。

第六十七条 法人合并的，其权利和义务由合并后的法人享有和承担。

法人分立的，其权利和义务由分立后的法人享有连带债权，承担连带债务，但是债权人和债务人另有约定的除外。

第六十八条 有下列原因之一并依法完成清算、注销登记的，法人终止：

（一）法人解散；

（二）法人被宣告破产；

（三）法律规定的其他原因。

法人终止，法律、行政法规规定须经有关机关批准的，依照其规定。

第六十九条 有下列情形之一的，法人解散：

（一）法人章程规定的存续期间届满或者法人章程规定的其他解散事由出现；

（二）法人的权力机构决议解散；

（三）因法人合并或者分立需要解散；

（四）法人依法被吊销营业执照、登记证书，被责令关闭或者被撤销；

（五）法律规定的其他情形。

第七十条 法人解散的，除合并或者分立的情形外，清算义务人应当及时组成清算组进行清算。

法人的董事、理事等执行机构或者决策机构的成员为清算义务人。法律、行政法规另有规定的，依照其规定。

清算义务人未及时履行清算义务，造成损害的，应当承担民事责任；主管机关或者利害关系人可以申请人民法院指定有关人员组成清算组进行清算。

第七十一条 法人的清算程序和清算组职权，依照有关法律的规定；没有规定的，参照适用公司法的有关规定。

第七十二条 清算期间法人存续，但是不得从事与清算无关的活动。

法人清算后的剩余财产，根据法人章程的规定或者法人权力机构的决议处理。法律另有规定的，依照其规定。

清算结束并完成法人注销登记时，法人终止；依法不需要办理法人登记的，清算结束时，法人终止。

第七十三条 法人被宣告破产的，依法进行破产清算并完成法人注销登记时，法人终止。

第七十四条 法人可以依法设立分支机构。法律、行政法规规定分支机构应当登记的，依照其规定。

分支机构以自己的名义从事民事活动，产生的民事责任由法人承担；也可以先以该分支机构管理的财产承担，不足以承担的，由法人承担。

第七十五条 设立人为设立法人从事的民事活动，其法律后果由法人承受；法人未成立的，其法律后果由设立人承受，设立人为二人以上的，享有连带债权，承担连带债务。

设立人为设立法人以自己的名义从事民事活动产生的民事责任，第三人有权选择请求法人或者设立人承担。

第二节 营利法人

第七十六条 以取得利润并分配给股东等出资人为目的成立的法人，为营利法人。

营利法人包括有限责任公司、股份有限公司和其他企业法人等。

第七十七条 营利法人经依法登记成立。

第七十八条 依法设立的营利法人，由登记机关发给营利法人营业执照。营业执照签发日期为营利法人的成立日期。

第七十九条 设立营利法人应当依法制定法人章程。

第八十条 营利法人应当设权力机构。

权力机构行使修改法人章程，选举或者更换执行机构、监督机构成员，以及法人章程规定的其他职权。

第八十一条 营利法人应当设执行机构。

执行机构行使召集权力机构会议，决定法人的经营计划和投资方案，决定法人内部管理机构的设置，以及法人章程规定的其他职权。

执行机构为董事会或者执行董事的，董事长、执行董事或者经理按照法人章程的规定担任法定代表人；未设董事会或者执行董事的，法人章程规定的主要负责人为其执行机构和法定代表人。

第八十二条 营利法人设监事会或者监事等监督机构的，监督机构依法行使检查法人财务，监督执行机构成员、高级管理人员执行法人职务的行为，以及法人章程规定的其他职权。

第八十三条　营利法人的出资人不得滥用出资人权利损害法人或者其他出资人的利益。滥用出资人权利造成法人或者其他出资人损失的，应当依法承担民事责任。

营利法人的出资人不得滥用法人独立地位和出资人有限责任损害法人的债权人利益。滥用法人独立地位和出资人有限责任，逃避债务，严重损害法人的债权人利益的，应当对法人债务承担连带责任。

第八十四条　营利法人的控股出资人、实际控制人、董事、监事、高级管理人员不得利用其关联关系损害法人的利益。利用关联关系造成法人损失的，应当承担赔偿责任。

第八十五条　营利法人的权力机构、执行机构作出决议的会议召集程序、表决方式违反法律、行政法规、法人章程，或者决议内容违反法人章程的，营利法人的出资人可以请求人民法院撤销该决议。但是，营利法人依据该决议与善意相对人形成的民事法律关系不受影响。

第八十六条　营利法人从事经营活动，应当遵守商业道德，维护交易安全，接受政府和社会的监督，承担社会责任。

第三节　非营利法人

第八十七条　为公益目的或者其他非营利目的成立，不向出资人、设立人或者会员分配所取得利润的法人，为非营利法人。

非营利法人包括事业单位、社会团体、基金会、社会服务机构等。

第八十八条　具备法人条件，为适应经济社会发展需要，提供公益服务设立的事业单位，经依法登记成立，取得事业单位法人资格；依法不需要办理法人登记的，从成立之日起，具有事业单位法人资格。

第八十九条　事业单位法人设理事会的，除法律另有规定外，理事会为其决策机构。事业单位法人的法定代表人依照法律、行政法规或者法人章程的规定产生。

第九十条　具备法人条件，基于会员共同意愿，为公益目的或者会员共同利益等非营利目的设立的社会团体，经依法登记成立，取得社会团体法人资格；依法不需要办理法人登记的，从成立之日起，具有社会团体法人资格。

第九十一条　设立社会团体法人应当依法制定法人章程。

社会团体法人应当设会员大会或者会员代表大会等权力机构。

社会团体法人应当设理事会等执行机构。理事长或者会长等负责人按照法人章程的规定担任法定代表人。

第九十二条　具备法人条件，为公益目的以捐助财产设立的基金会、社会服务机构等，经依法登记成立，取得捐助法人资格。

依法设立的宗教活动场所，具备法人条件的，可以申请法人登记，取得捐助法人资格。法律、行政法规对宗教活动场所有规定的，依照其规定。

第九十三条　设立捐助法人应当依法制定法人章程。

捐助法人应当设理事会、民主管理组织等决策机构，并设执行机构。理事长等负责人按照法人章程的规定担任法定代表人。

捐助法人应当设监事会等监督机构。

第九十四条　捐助人有权向捐助法人查询捐助财产的使用、管理情况，并提出意见和建议，捐助法人应当及时、如实答复。

捐助法人的决策机构、执行机构或者法定代表人作出决定的程序违反法律、行政法规、法人章程，或者决定内容违反法人章程的，捐助人等利害关系人或者主管机关可以请求人民法院撤销该决定。但是，捐助法人依据该决定与善意相对人形成的民事法律关系不受影响。

第九十五条　为公益目的成立的非营利法人终止时，不得向出资人、设立人或者会员分配剩余财产。剩余财产应当按照法人章程的规定或者权力机构的决议用于公益目的；无法按照法人章程的规定或者权力机构的决议处理的，由主管机关主持转给宗旨相同或者相近的法人，并向社会公告。

第四节　特别法人

第九十六条　本节规定的机关法人、农村集体经济组织法人、城镇农村的合作经济组织法人、基层群众性自治组织法人，为特别法人。

第九十七条　有独立经费的机关和承担行政职能的法定机构从成立之日起，具有机关法人资格，可以从事为履行职能所需要的民事活动。

第九十八条　机关法人被撤销的，法人终止，其民事权利和义务由继任的机关法人享有和承担；没有继任的机关法人的，由作出撤销决定的机关法人享有和承担。

第九十九条 农村集体经济组织依法取得法人资格。

法律、行政法规对农村集体经济组织有规定的,依照其规定。

第一百条 城镇农村的合作经济组织依法取得法人资格。

法律、行政法规对城镇农村的合作经济组织有规定的,依照其规定。

第一百零一条 居民委员会、村民委员会具有基层群众性自治组织法人资格,可以从事为履行职能所需要的民事活动。

未设立村集体经济组织的,村民委员会可以依法代行村集体经济组织的职能。

第四章 非法人组织

第一百零二条 非法人组织是不具有法人资格,但是能够依法以自己的名义从事民事活动的组织。

非法人组织包括个人独资企业、合伙企业、不具有法人资格的专业服务机构等。

第一百零三条 非法人组织应当依照法律的规定登记。

设立非法人组织,法律、行政法规规定须经有关机关批准的,依照其规定。

第一百零四条 非法人组织的财产不足以清偿债务的,其出资人或者设立人承担无限责任。法律另有规定的,依照其规定。

第一百零五条 非法人组织可以确定一人或者数人代表该组织从事民事活动。

第一百零六条 有下列情形之一的,非法人组织解散:

(一)章程规定的存续期间届满或者章程规定的其他解散事由出现;

(二)出资人或者设立人决定解散;

(三)法律规定的其他情形。

第一百零七条 非法人组织解散的,应当依法进行清算。

第一百零八条 非法人组织除适用本章规定外,参照适用本编第三章第一节的有关规定。

第五章 民事权利

第一百零九条 自然人的人身自由、人格尊严受法律保护。

第一百一十条 自然人享有生命权、身体权、健康权、姓名权、肖像权、名誉权、荣誉权、隐私权、婚姻自主权等权利。

法人、非法人组织享有名称权、名誉权、荣誉权等权利。

第一百一十一条 自然人的个人信息受法律保护。任何组织或者个人需要获取他人个人信息的,应当依法取得并确保信息安全,不得非法收集、使用、加工、传输他人个人信息,不得非法买卖、提供或者公开他人个人信息。

第一百一十二条 自然人因婚姻家庭关系等产生的人身权利受法律保护。

第一百一十三条 民事主体的财产权利受法律平等保护。

第一百一十四条 民事主体依法享有物权。

物权是权利人依法对特定的物享有直接支配和排他的权利,包括所有权、用益物权和担保物权。

第一百一十五条 物包括不动产和动产。法律规定权利作为物权客体的,依照其规定。

第一百一十六条 物权的种类和内容,由法律规定。

第一百一十七条 为了公共利益的需要,依照法律规定的权限和程序征收、征用不动产或者动产的,应当给予公平、合理的补偿。

第一百一十八条 民事主体依法享有债权。

债权是因合同、侵权行为、无因管理、不当得利以及法律的其他规定,权利人请求特定义务人为或者不为一定行为的权利。

第一百一十九条 依法成立的合同,对当事人具有法律约束力。

第一百二十条 民事权益受到侵害的,被侵权人有权请求侵权人承担侵权责任。

第一百二十一条 没有法定的或者约定的义务,为避免他人利益受损失而进行管理的人,有权请求受益人偿还由此支出的必要费用。

第一百二十二条 因他人没有法律根据,取得不当利益,受损失的人有权请求其返还不当利益。

第一百二十三条 民事主体依法享有知识产权。

知识产权是权利人依法就下列客体享有的专有的权利:

(一)作品;

(二)发明、实用新型、外观设计;

(三)商标;

(四)地理标志;

（五）商业秘密；

（六）集成电路布图设计；

（七）植物新品种；

（八）法律规定的其他客体。

第一百二十四条　自然人依法享有继承权。

自然人合法的私有财产，可以依法继承。

第一百二十五条　民事主体依法享有股权和其他投资性权利。

第一百二十六条　民事主体享有法律规定的其他民事权利和利益。

第一百二十七条　法律对数据、网络虚拟财产的保护有规定的，依照其规定。

第一百二十八条　法律对未成年人、老年人、残疾人、妇女、消费者等的民事权利保护有特别规定的，依照其规定。

第一百二十九条　民事权利可以依据民事法律行为、事实行为、法律规定的事件或者法律规定的其他方式取得。

第一百三十条　民事主体按照自己的意愿依法行使民事权利，不受干涉。

第一百三十一条　民事主体行使权利时，应当履行法律规定的和当事人约定的义务。

第一百三十二条　民事主体不得滥用民事权利损害国家利益、社会公共利益或者他人合法权益。

第六章　民事法律行为

第一节　一般规定

第一百三十三条　民事法律行为是民事主体通过意思表示设立、变更、终止民事法律关系的行为。

第一百三十四条　民事法律行为可以基于双方或者多方的意思表示一致成立，也可以基于单方的意思表示成立。

法人、非法人组织依照法律或者章程规定的议事方式和表决程序作出决议的，该决议行为成立。

第一百三十五条　民事法律行为可以采用书面形式、口头形式或者其他形式；法律、行政法规规定或者当事人约定采用特定形式的，应当采用特定形式。

第一百三十六条　民事法律行为自成立时生效，但是法律另有规定或者当事人另有约定的除外。

行为人非依法律规定或者未经对方同意，不得擅自变更或者解除民事法律行为。

第二节　意思表示

第一百三十七条　以对话方式作出的意思表示，相对人知道其内容时生效。

以非对话方式作出的意思表示，到达相对人时生效。以非对话方式作出的采用数据电文形式的意思表示，相对人指定特定系统接收数据电文的，该数据电文进入该特定系统时生效；未指定特定系统的，相对人知道或者应当知道该数据电文进入其系统时生效。当事人对采用数据电文形式的意思表示的生效时间另有约定的，按照其约定。

第一百三十八条　无相对人的意思表示，表示完成时生效。法律另有规定的，依照其规定。

第一百三十九条　以公告方式作出的意思表示，公告发布时生效。

第一百四十条　行为人可以明示或者默示作出意思表示。

沉默只有在有法律规定、当事人约定或者符合当事人之间的交易习惯时，才可以视为意思表示。

第一百四十一条　行为人可以撤回意思表示。撤回意思表示的通知应当在意思表示到达相对人前或者与意思表示同时到达相对人。

第一百四十二条　有相对人的意思表示的解释，应当按照所使用的词句，结合相关条款、行为的性质和目的、习惯以及诚信原则，确定意思表示的含义。

无相对人的意思表示的解释，不能完全拘泥于所使用的词句，而应当结合相关条款、行为的性质和目的、习惯以及诚信原则，确定行为人的真实意思。

第三节　民事法律行为的效力

第一百四十三条　具备下列条件的民事法律行为有效：

（一）行为人具有相应的民事行为能力；

（二）意思表示真实；

（三）不违反法律、行政法规的强制性规定，不违背公序良俗。

第一百四十四条　无民事行为能力人实施的民事法律行为无效。

第一百四十五条　限制民事行为能力人实施的纯获利益的民事法律行为或者与其年龄、智力、精神健康状况相适应的民事法律行为有效；实施的其他民事法律行为经法定代理人同意或者追认后有效。

相对人可以催告法定代理人自收到通知之日起一个月内予以追认。法定代理人未作表示的,视为拒绝追认。民事法律行为被追认前,善意相对人有撤销的权利。撤销应当以通知的方式作出。

第一百四十六条　行为人与相对人以虚假的意思表示实施的民事法律行为无效。

以虚假的意思表示隐藏的民事法律行为的效力,依照有关法律规定处理。

第一百四十七条　基于重大误解实施的民事法律行为,行为人有权请求人民法院或者仲裁机构予以撤销。

第一百四十八条　一方以欺诈手段,使对方在违背真实意思的情况下实施的民事法律行为,受欺诈方有权请求人民法院或者仲裁机构予以撤销。

第一百四十九条　第三人实施欺诈行为,使一方在违背真实意思的情况下实施的民事法律行为,对方知道或者应当知道该欺诈行为的,受欺诈方有权请求人民法院或者仲裁机构予以撤销。

第一百五十条　一方或者第三人以胁迫手段,使对方在违背真实意思的情况下实施的民事法律行为,受胁迫方有权请求人民法院或者仲裁机构予以撤销。

第一百五十一条　一方利用对方处于危困状态、缺乏判断能力等情形,致使民事法律行为成立时显失公平的,受损害方有权请求人民法院或者仲裁机构予以撤销。

第一百五十二条　有下列情形之一的,撤销权消灭:

(一)当事人自知道或者应当知道撤销事由之日起一年内、重大误解的当事人自知道或者应当知道撤销事由之日起三个月内没有行使撤销权;

(二)当事人受胁迫,自胁迫行为终止之日起一年内没有行使撤销权;

(三)当事人知道撤销事由后明确表示或者以自己的行为表明放弃撤销权。

当事人自民事法律行为发生之日起五年内没有行使撤销权的,撤销权消灭。

第一百五十三条　违反法律、行政法规的强制性规定的民事法律行为无效。但是,该强制性规定不导致该民事法律行为无效的除外。

违背公序良俗的民事法律行为无效。

第一百五十四条　行为人与相对人恶意串通,损害他人合法权益的民事法律行为无效。

第一百五十五条　无效的或者被撤销的民事法律行为自始没有法律约束力。

第一百五十六条　民事法律行为部分无效,不影响其他部分效力的,其他部分仍然有效。

第一百五十七条　民事法律行为无效、被撤销或者确定不发生效力后,行为人因该行为取得的财产,应当予以返还;不能返还或者没有必要返还的,应当折价补偿。有过错的一方应当赔偿对方由此所受到的损失;各方都有过错的,应当各自承担相应的责任。法律另有规定的,依照其规定。

第四节　民事法律行为的附条件和附期限

第一百五十八条　民事法律行为可以附条件,但是根据其性质不得附条件的除外。附生效条件的民事法律行为,自条件成就时生效。附解除条件的民事法律行为,自条件成就时失效。

第一百五十九条　附条件的民事法律行为,当事人为自己的利益不正当地阻止条件成就的,视为条件已成就;不正当地促成条件成就的,视为条件不成就。

第一百六十条　民事法律行为可以附期限,但是根据其性质不得附期限的除外。附生效期限的民事法律行为,自期限届至时生效。附终止期限的民事法律行为,自期限届满时失效。

第七章　代　　理

第一节　一般规定

第一百六十一条　民事主体可以通过代理人实施民事法律行为。

依照法律规定、当事人约定或者民事法律行为的性质,应当由本人亲自实施的民事法律行为,不得代理。

第一百六十二条　代理人在代理权限内,以被代理人名义实施的民事法律行为,对被代理人发生效力。

第一百六十三条　代理包括委托代理和法定代理。

委托代理人按照被代理人的委托行使代理权。法定代理人依照法律的规定行使代理权。

第一百六十四条　代理人不履行或者不完全履行职责,造成被代理人损害的,应当承担民事责任。

代理人和相对人恶意串通,损害被代理人合法权益的,代理人和相对人应当承担连带责任。

第二节　委托代理

第一百六十五条　委托代理授权采用书面形

式的，授权委托书应当载明代理人的姓名或者名称、代理事项、权限和期间，并由被代理人签名或者盖章。

第一百六十六条　数人为同一代理事项的代理人的，应当共同行使代理权，但是当事人另有约定的除外。

第一百六十七条　代理人知道或者应当知道代理事项违法仍然实施代理行为，或者被代理人知道或者应当知道代理人的代理行为违法未作反对表示的，被代理人和代理人应当承担连带责任。

第一百六十八条　代理人不得以被代理人的名义与自己实施民事法律行为，但是被代理人同意或者追认的除外。

代理人不得以被代理人的名义与自己同时代理的其他人实施民事法律行为，但是被代理的双方同意或者追认的除外。

第一百六十九条　代理人需要转委托第三人代理的，应当取得被代理人的同意或者追认。

转委托代理经被代理人同意或者追认的，被代理人可以就代理事务直接指示转委托的第三人，代理人仅就第三人的选任以及对第三人的指示承担责任。

转委托代理未经被代理人同意或者追认的，代理人应当对转委托的第三人的行为承担责任；但是，在紧急情况下代理人为了维护被代理人的利益需要转委托第三人代理的除外。

第一百七十条　执行法人或者非法人组织工作任务的人员，就其职权范围内的事项，以法人或者非法人组织的名义实施民事法律行为，对法人或者非法人组织发生效力。

法人或者非法人组织对执行其工作任务的人员职权范围的限制，不得对抗善意相对人。

第一百七十一条　行为人没有代理权、超越代理权或者代理权终止后，仍然实施代理行为，未经被代理人追认的，对被代理人不发生效力。

相对人可以催告被代理人自收到通知之日起一个月内予以追认。被代理人未作表示的，视为拒绝追认。行为人实施的行为被追认前，善意相对人有撤销的权利。撤销应当以通知的方式作出。

行为人实施的行为未被追认的，善意相对人有权请求行为人履行债务或者就其受到的损害请求行为人赔偿。但是，赔偿的范围不得超过被代理人追认时相对人所能获得的利益。

相对人知道或者应当知道行为人无权代理的，相对人和行为人按照各自的过错承担责任。

第一百七十二条　行为人没有代理权、超越代理权或者代理权终止后，仍然实施代理行为，相对人有理由相信行为人有代理权的，代理行为有效。

第三节　代理终止

第一百七十三条　有下列情形之一的，委托代理终止：

（一）代理期间届满或者代理事务完成；

（二）被代理人取消委托或者代理人辞去委托；

（三）代理人丧失民事行为能力；

（四）代理人或者被代理人死亡；

（五）作为代理人或者被代理人的法人、非法人组织终止。

第一百七十四条　被代理人死亡后，有下列情形之一的，委托代理人实施的代理行为有效：

（一）代理人不知道并且不应当知道被代理人死亡；

（二）被代理人的继承人予以承认；

（三）授权中明确代理权在代理事务完成时终止；

（四）被代理人死亡前已经实施，为了被代理人的继承人的利益继续代理。

作为被代理人的法人、非法人组织终止的，参照适用前款规定。

第一百七十五条　有下列情形之一的，法定代理终止：

（一）被代理人取得或者恢复完全民事行为能力；

（二）代理人丧失民事行为能力；

（三）代理人或者被代理人死亡；

（四）法律规定的其他情形。

第八章　民事责任

第一百七十六条　民事主体依照法律规定和当事人约定，履行民事义务，承担民事责任。

第一百七十七条　二人以上依法承担按份责任，能够确定责任大小的，各自承担相应的责任；难以确定责任大小的，平均承担责任。

第一百七十八条　二人以上依法承担连带责任的，权利人有权请求部分或者全部连带责任人承担责任。

连带责任人的责任份额根据各自责任大小确定；难以确定责任大小的，平均承担责任。实际承担责任超过自己责任份额的连带责任人，有权向其他连带责任人追偿。

连带责任,由法律规定或者当事人约定。

第一百七十九条 承担民事责任的方式主要有:

(一)停止侵害;

(二)排除妨碍;

(三)消除危险;

(四)返还财产;

(五)恢复原状;

(六)修理、重作、更换;

(七)继续履行;

(八)赔偿损失;

(九)支付违约金;

(十)消除影响、恢复名誉;

(十一)赔礼道歉。

法律规定惩罚性赔偿的,依照其规定。

本条规定的承担民事责任的方式,可以单独适用,也可以合并适用。

第一百八十条 因不可抗力不能履行民事义务的,不承担民事责任。法律另有规定的,依照其规定。

不可抗力是不能预见、不能避免且不能克服的客观情况。

第一百八十一条 因正当防卫造成损害的,不承担民事责任。

正当防卫超过必要的限度,造成不应有的损害的,正当防卫人应当承担适当的民事责任。

第一百八十二条 因紧急避险造成损害的,由引起险情发生的人承担民事责任。

危险由自然原因引起的,紧急避险人不承担民事责任,可以给予适当补偿。

紧急避险采取措施不当或者超过必要的限度,造成不应有的损害的,紧急避险人应当承担适当的民事责任。

第一百八十三条 因保护他人民事权益使自己受到损害的,由侵权人承担民事责任,受益人可以给予适当补偿。没有侵权人、侵权人逃逸或者无力承担民事责任,受害人请求补偿的,受益人应当给予适当补偿。

第一百八十四条 因自愿实施紧急救助行为造成受助人损害的,救助人不承担民事责任。

第一百八十五条 侵害英雄烈士等的姓名、肖像、名誉、荣誉,损害社会公共利益的,应当承担民事责任。

第一百八十六条 因当事人一方的违约行为,损害对方人身权益、财产权益的,受损害方有权选择请求其承担违约责任或者侵权责任。

第一百八十七条 民事主体因同一行为应当承担民事责任、行政责任和刑事责任的,承担行政责任或者刑事责任不影响承担民事责任;民事主体的财产不足以支付的,优先用于承担民事责任。

第九章 诉讼时效

第一百八十八条 向人民法院请求保护民事权利的诉讼时效期间为三年。法律另有规定的,依照其规定。

诉讼时效期间自权利人知道或者应当知道权利受到损害以及义务人之日起计算。法律另有规定的,依照其规定。但是,自权利受到损害之日起超过二十年的,人民法院不予保护;有特殊情况的,人民法院可以根据权利人的申请决定延长。

第一百八十九条 当事人约定同一债务分期履行的,诉讼时效期间自最后一期履行期限届满之日起计算。

第一百九十条 无民事行为能力人或者限制民事行为能力人对其法定代理人的请求权的诉讼时效期间,自该法定代理终止之日起计算。

第一百九十一条 未成年人遭受性侵害的损害赔偿请求权的诉讼时效期间,自受害人年满十八周岁之日起计算。

第一百九十二条 诉讼时效期间届满的,义务人可以提出不履行义务的抗辩。

诉讼时效期间届满后,义务人同意履行的,不得以诉讼时效期间届满为由抗辩;义务人已自愿履行的,不得请求返还。

第一百九十三条 人民法院不得主动适用诉讼时效的规定。

第一百九十四条 在诉讼时效期间的最后六个月内,因下列障碍,不能行使请求权的,诉讼时效中止:

(一)不可抗力;

(二)无民事行为能力人或者限制民事行为能力人没有法定代理人,或者法定代理人死亡、丧失民事行为能力、丧失代理权;

(三)继承开始后未确定继承人或者遗产管理人;

(四)权利人被义务人或者其他人控制;

(五)其他导致权利人不能行使请求权的障碍。

自中止时效的原因消除之日起满六个月,诉讼时效期间届满。

第一百九十五条 有下列情形之一的,诉讼时

效中断,从中断、有关程序终结时起,诉讼时效期间重新计算:

(一)权利人向义务人提出履行请求;

(二)义务人同意履行义务;

(三)权利人提起诉讼或者申请仲裁;

(四)与提起诉讼或者申请仲裁具有同等效力的其他情形。

第一百九十六条　下列请求权不适用诉讼时效的规定:

(一)请求停止侵害、排除妨碍、消除危险;

(二)不动产物权和登记的动产物权的权利人请求返还财产;

(三)请求支付抚养费、赡养费或者扶养费;

(四)依法不适用诉讼时效的其他请求权。

第一百九十七条　诉讼时效的期间、计算方法以及中止、中断的事由由法律规定,当事人约定无效。

当事人对诉讼时效利益的预先放弃无效。

第一百九十八条　法律对仲裁时效有规定的,依照其规定;没有规定的,适用诉讼时效的规定。

第一百九十九条　法律规定或者当事人约定的撤销权、解除权等权利的存续期间,除法律另有规定外,自权利人知道或者应当知道权利产生之日起计算,不适用有关诉讼时效中止、中断和延长的规定。存续期间届满,撤销权、解除权等权利消灭。

第十章　期间计算

第二百条　民法所称的期间按照公历年、月、日、小时计算。

第二百零一条　按照年、月、日计算期间的,开始的当日不计入,自下一日开始计算。

按照小时计算期间的,自法律规定或者当事人约定的时间开始计算。

第二百零二条　按照年、月计算期间的,到期月的对应日为期间的最后一日;没有对应日的,月末日为期间的最后一日。

第二百零三条　期间的最后一日是法定休假日的,以法定休假日结束的次日为期间的最后一日。

期间的最后一日的截止时间为二十四时;有业务时间的,停止业务活动的时间为截止时间。

第二百零四条　期间的计算方法依照本法的规定,但是法律另有规定或者当事人另有约定的除外。

第二编　物　权

第一分编　通　则

第一章　一般规定

第二百零五条　本编调整因物的归属和利用而产生的民事关系。

第二百零六条　国家在社会主义初级阶段,坚持公有制为主体、多种所有制经济共同发展的基本经济制度。

国家巩固和发展公有制经济,鼓励、支持和引导非公有制经济的发展。

国家实行社会主义市场经济,保障一切市场主体的平等法律地位和发展权利。

第二百零七条　国家、集体、私人的物权和其他权利人的物权受法律平等保护,任何组织或者个人不得侵犯。

第二百零八条　不动产物权的设立、变更、转让和消灭,应当依照法律规定登记。动产物权的设立和转让,应当依照法律规定交付。

第二章　物权的设立、变更、转让和消灭

第一节　不动产登记

第二百零九条　不动产物权的设立、变更、转让和消灭,经依法登记,发生效力;未经登记,不发生效力,但是法律另有规定的除外。

依法属于国家所有的自然资源,所有权可以不登记。

第二百一十条　不动产登记,由不动产所在地的登记机构办理。

国家对不动产实行统一登记制度。统一登记的范围、登记机构和登记办法,由法律、行政法规规定。

第二百一十一条　当事人申请登记,应当根据不同登记事项提供权属证明和不动产界址、面积等必要材料。

第二百一十二条　登记机构应当履行下列职责:

(一)查验申请人提供的权属证明和其他必要材料;

(二)就有关登记事项询问申请人;

(三)如实、及时登记有关事项;

（四）法律、行政法规规定的其他职责。

申请登记的不动产的有关情况需要进一步证明的，登记机构可以要求申请人补充材料，必要时可以实地查看。

第二百一十三条 登记机构不得有下列行为：

（一）要求对不动产进行评估；

（二）以年检等名义进行重复登记；

（三）超出登记职责范围的其他行为。

第二百一十四条 不动产物权的设立、变更、转让和消灭，依照法律规定应当登记的，自记载于不动产登记簿时发生效力。

第二百一十五条 当事人之间订立有关设立、变更、转让和消灭不动产物权的合同，除法律另有规定或者当事人另有约定外，自合同成立时生效；未办理物权登记的，不影响合同效力。

第二百一十六条 不动产登记簿是物权归属和内容的根据。

不动产登记簿由登记机构管理。

第二百一十七条 不动产权属证书是权利人享有该不动产物权的证明。不动产权属证书记载的事项，应当与不动产登记簿一致；记载不一致的，除有证据证明不动产登记簿确有错误外，以不动产登记簿为准。

第二百一十八条 权利人、利害关系人可以申请查询、复制不动产登记资料，登记机构应当提供。

第二百一十九条 利害关系人不得公开、非法使用权利人的不动产登记资料。

第二百二十条 权利人、利害关系人认为不动产登记簿记载的事项错误的，可以申请更正登记。不动产登记簿记载的权利人书面同意更正或者有证据证明登记确有错误的，登记机构应当予以更正。

不动产登记簿记载的权利人不同意更正的，利害关系人可以申请异议登记。登记机构予以异议登记，申请人自异议登记之日起十五日内不起诉的，异议登记失效。异议登记不当，造成权利人损害的，权利人可以向申请人请求损害赔偿。

第二百二十一条 当事人签订买卖房屋的协议或者签订其他不动产物权的协议，为保障将来实现物权，按照约定可以向登记机构申请预告登记。预告登记后，未经预告登记的权利人同意，处分该不动产的，不发生物权效力。

预告登记后，债权消灭或者自能够进行不动产登记之日起三个月内未申请登记的，预告登记失效。

第二百二十二条 当事人提供虚假材料申请登记，造成他人损害的，应当承担赔偿责任。

因登记错误，造成他人损害的，登记机构应当承担赔偿责任。登记机构赔偿后，可以向造成登记错误的人追偿。

第二百二十三条 不动产登记费按件收取，不得按照不动产的面积、体积或者价款的比例收取。

第二节 动产交付

第二百二十四条 动产物权的设立和转让，自交付时发生效力，但是法律另有规定的除外。

第二百二十五条 船舶、航空器和机动车等的物权的设立、变更、转让和消灭，未经登记，不得对抗善意第三人。

第二百二十六条 动产物权设立和转让前，权利人已经占有该动产的，物权自民事法律行为生效时发生效力。

第二百二十七条 动产物权设立和转让前，第三人占有该动产的，负有交付义务的人可以通过转让请求第三人返还原物的权利代替交付。

第二百二十八条 动产物权转让时，当事人又约定由出让人继续占有该动产的，物权自该约定生效时发生效力。

第三节 其他规定

第二百二十九条 因人民法院、仲裁机构的法律文书或者人民政府的征收决定等，导致物权设立、变更、转让或者消灭的，自法律文书或者征收决定等生效时发生效力。

第二百三十条 因继承取得物权的，自继承开始时发生效力。

第二百三十一条 因合法建造、拆除房屋等事实行为设立或者消灭物权的，自事实行为成就时发生效力。

第二百三十二条 处分依照本节规定享有的不动产物权，依照法律规定需要办理登记的，未经登记，不发生物权效力。

第三章 物权的保护

第二百三十三条 物权受到侵害的，权利人可以通过和解、调解、仲裁、诉讼等途径解决。

第二百三十四条 因物权的归属、内容发生争议的，利害关系人可以请求确认权利。

第二百三十五条 无权占有不动产或者动产的，权利人可以请求返还原物。

第二百三十六条 妨害物权或者可能妨害物

权的，权利人可以请求停止侵害、排除妨碍或者消除危险。

第二百三十七条　造成不动产或者动产毁损的，权利人可以依法请求修理、重作、更换或者恢复原状。

第二百三十八条　侵害物权，造成权利人损害的，权利人可以依法请求损害赔偿，也可以依法请求承担其他民事责任。

第二百三十九条　本章规定的物权保护方式，可以单独适用，也可以根据权利被侵害的情形合并适用。

第二分编　所有权

第四章　一般规定

第二百四十条　所有权人对自己的不动产或者动产，依法享有占有、使用、收益和处分的权利。

第二百四十一条　所有权人有权在自己的不动产或者动产上设立用益物权和担保物权。用益物权人、担保物权人行使权利，不得损害所有权人的权益。

第二百四十二条　法律规定专属于国家所有的不动产和动产，任何组织或者个人不能取得所有权。

第二百四十三条　为了公共利益的需要，依照法律规定的权限和程序可以征收集体所有的土地和组织、个人的房屋以及其他不动产。

征收集体所有的土地，应当依法及时足额支付土地补偿费、安置补助费以及农村村民住宅、其他地上附着物和青苗等的补偿费用，并安排被征地农民的社会保障费用，保障被征地农民的生活，维护被征地农民的合法权益。

征收组织、个人的房屋以及其他不动产，应当依法给予征收补偿，维护被征收人的合法权益；征收个人住宅的，还应当保障被征收人的居住条件。

任何组织或者个人不得贪污、挪用、私分、截留、拖欠征收补偿费等费用。

第二百四十四条　国家对耕地实行特殊保护，严格限制农用地转为建设用地，控制建设用地总量。不得违反法律规定的权限和程序征收集体所有的土地。

第二百四十五条　因抢险、救灾等紧急需要，依照法律规定的权限和程序可以征用组织、个人的不动产或者动产。被征用的不动产或者动产使用后，应当返还被征用人。组织、个人的不动产或者动产被征用或者征用后毁损、灭失的，应当给予补偿。

第五章　国家所有权和集体所有权、私人所有权

第二百四十六条　法律规定属于国家所有的财产，属于国家所有即全民所有。

国有财产由国务院代表国家行使所有权；法律另有规定的，依照其规定。

第二百四十七条　矿藏、水流、海域属于国家所有。

第二百四十八条　无居民海岛属于国家所有，国务院代表国家行使无居民海岛所有权。

第二百四十九条　城市的土地，属于国家所有。法律规定属于国家所有的农村和城市郊区的土地，属于国家所有。

第二百五十条　森林、山岭、草原、荒地、滩涂等自然资源，属于国家所有，但是法律规定属于集体所有的除外。

第二百五十一条　法律规定属于国家所有的野生动植物资源，属于国家所有。

第二百五十二条　无线电频谱资源属于国家所有。

第二百五十三条　法律规定属于国家所有的文物，属于国家所有。

第二百五十四条　国防资产属于国家所有。

铁路、公路、电力设施、电信设施和油气管道等基础设施，依照法律规定为国家所有的，属于国家所有。

第二百五十五条　国家机关对其直接支配的不动产和动产，享有占有、使用以及依照法律和国务院的有关规定处分的权利。

第二百五十六条　国家举办的事业单位对其直接支配的不动产和动产，享有占有、使用以及依照法律和国务院的有关规定收益、处分的权利。

第二百五十七条　国家出资的企业，由国务院、地方人民政府依照法律、行政法规规定分别代表国家履行出资人职责，享有出资人权益。

第二百五十八条　国家所有的财产受法律保护，禁止任何组织或者个人侵占、哄抢、私分、截留、破坏。

第二百五十九条　履行国有财产管理、监督职

责的机构及其工作人员，应当依法加强对国有财产的管理、监督，促进国有财产保值增值，防止国有财产损失；滥用职权，玩忽职守，造成国有财产损失的，应当依法承担法律责任。

违反国有财产管理规定，在企业改制、合并分立、关联交易等过程中，低价转让、合谋私分、擅自担保或者以其他方式造成国有财产损失的，应当依法承担法律责任。

第二百六十条 集体所有的不动产和动产包括：

（一）法律规定属于集体所有的土地和森林、山岭、草原、荒地、滩涂；

（二）集体所有的建筑物、生产设施、农田水利设施；

（三）集体所有的教育、科学、文化、卫生、体育等设施；

（四）集体所有的其他不动产和动产。

第二百六十一条 农民集体所有的不动产和动产，属于本集体成员集体所有。

下列事项应当依照法定程序经本集体成员决定：

（一）土地承包方案以及将土地发包给本集体以外的组织或者个人承包；

（二）个别土地承包经营权人之间承包地的调整；

（三）土地补偿费等费用的使用、分配办法；

（四）集体出资的企业的所有权变动等事项；

（五）法律规定的其他事项。

第二百六十二条 对于集体所有的土地和森林、山岭、草原、荒地、滩涂等，依照下列规定行使所有权：

（一）属于村农民集体所有的，由村集体经济组织或者村民委员会依法代表集体行使所有权；

（二）分别属于村内两个以上农民集体所有的，由村内各该集体经济组织或者村民小组依法代表集体行使所有权；

（三）属于乡镇农民集体所有的，由乡镇集体经济组织代表集体行使所有权。

第二百六十三条 城镇集体所有的不动产和动产，依照法律、行政法规的规定由本集体享有占有、使用、收益和处分的权利。

第二百六十四条 农村集体经济组织或者村民委员会、村民小组应当依照法律、行政法规以及章程、村规民约向本集体成员公布集体财产的状况。集体成员有权查阅、复制相关资料。

第二百六十五条 集体所有的财产受法律保护，禁止任何组织或者个人侵占、哄抢、私分、破坏。

农村集体经济组织、村民委员会或者其负责人作出的决定侵害集体成员合法权益的，受侵害的集体成员可以请求人民法院予以撤销。

第二百六十六条 私人对其合法的收入、房屋、生活用品、生产工具、原材料等不动产和动产享有所有权。

第二百六十七条 私人的合法财产受法律保护，禁止任何组织或者个人侵占、哄抢、破坏。

第二百六十八条 国家、集体和私人依法可以出资设立有限责任公司、股份有限公司或者其他企业。国家、集体和私人所有的不动产或者动产，投到企业的，由出资人按照约定或者出资比例享有资产收益、重大决策以及选择经营管理者等权利并履行义务。

第二百六十九条 营利法人对其不动产和动产依照法律、行政法规以及章程享有占有、使用、收益和处分的权利。

营利法人以外的法人，对其不动产和动产的权利，适用有关法律、行政法规以及章程的规定。

第二百七十条 社会团体法人、捐助法人依法所有的不动产和动产，受法律保护。

第六章 业主的建筑物区分所有权

第二百七十一条 业主对建筑物内的住宅、经营性用房等专有部分享有所有权，对专有部分以外的共有部分享有共有和共同管理的权利。

第二百七十二条 业主对其建筑物专有部分享有占有、使用、收益和处分的权利。业主行使权利不得危及建筑物的安全，不得损害其他业主的合法权益。

第二百七十三条 业主对建筑物专有部分以外的共有部分，享有权利，承担义务；不得以放弃权利不履行义务。

业主转让建筑物内的住宅、经营性用房，其对共有部分享有的共有和共同管理的权利一并转让。

第二百七十四条 建筑区划内的道路，属于业主共有，但是属于城镇公共道路的除外。建筑区划内的绿地，属于业主共有，但是属于城镇公共绿地或者明示属于个人的除外。建筑区划内的其他公共场所、公用设施和物业服务用房，属于业主共有。

第二百七十五条 建筑区划内，规划用于停放汽车的车位、车库的归属，由当事人通过出售、附赠或者出租等方式约定。

占用业主共有的道路或者其他场地用于停放汽车的车位，属于业主共有。

第二百七十六条　建筑区划内，规划用于停放汽车的车位、车库应当首先满足业主的需要。

第二百七十七条　业主可以设立业主大会，选举业主委员会。业主大会、业主委员会成立的具体条件和程序，依照法律、法规的规定。

地方人民政府有关部门、居民委员会应当对设立业主大会和选举业主委员会给予指导和协助。

第二百七十八条　下列事项由业主共同决定：

（一）制定和修改业主大会议事规则；

（二）制定和修改管理规约；

（三）选举业主委员会或者更换业主委员会成员；

（四）选聘和解聘物业服务企业或者其他管理人；

（五）使用建筑物及其附属设施的维修资金；

（六）筹集建筑物及其附属设施的维修资金；

（七）改建、重建建筑物及其附属设施；

（八）改变共有部分的用途或者利用共有部分从事经营活动；

（九）有关共有和共同管理权利的其他重大事项。

业主共同决定事项，应当由专有部分面积占比三分之二以上的业主且人数占比三分之二以上的业主参与表决。决定前款第六项至第八项规定的事项，应当经参与表决专有部分面积四分之三以上的业主且参与表决人数四分之三以上的业主同意。决定前款其他事项，应当经参与表决专有部分面积过半数的业主且参与表决人数过半数的业主同意。

第二百七十九条　业主不得违反法律、法规以及管理规约，将住宅改变为经营性用房。业主将住宅改变为经营性用房的，除遵守法律、法规以及管理规约外，应当经有利害关系的业主一致同意。

第二百八十条　业主大会或者业主委员会的决定，对业主具有法律约束力。

业主大会或者业主委员会作出的决定侵害业主合法权益的，受侵害的业主可以请求人民法院予以撤销。

第二百八十一条　建筑物及其附属设施的维修资金，属于业主共有。经业主共同决定，可以用于电梯、屋顶、外墙、无障碍设施等共有部分的维修、更新和改造。维修资金的筹集、使用情况应当公布。

紧急情况下需要维修建筑物及其附属设施的，业主大会或者业主委员会可以依法申请使用维修资金。

第二百八十二条　建设单位、物业服务企业或者其他管理人等利用业主的共有部分产生的收入，在扣除合理成本之后，属于业主共有。

第二百八十三条　建筑物及其附属设施的费用分摊、收益分配等事项，有约定的，按照约定；没有约定或者约定不明确的，按照业主专有部分面积所占比例确定。

第二百八十四条　业主可以自行管理建筑物及其附属设施，也可以委托物业服务企业或者其他管理人管理。

对建设单位聘请的物业服务企业或者其他管理人，业主有权依法更换。

第二百八十五条　物业服务企业或者其他管理人根据业主的委托，依照本法合同编有关物业服务合同的规定管理建筑区划内的建筑物及其附属设施，并接受业主的监督。

物业服务企业或者其他管理人应当及时答复业主对物业服务情况提出的询问。

第二百八十六条　业主应当遵守法律、法规以及管理规约。

业主大会或者业主委员会，对任意弃置垃圾、排放污染物或者噪声、违反规定饲养动物、违章搭建、侵占通道、拒付物业费等损害他人合法权益的行为，有权依照法律、法规以及管理规约，请求行为人停止侵害、排除妨碍、消除危险、恢复原状、赔偿损失。

行为人拒不履行相关义务的，有关当事人可以向有关行政主管部门投诉，有关行政主管部门应当依法处理。

第二百八十七条　业主对建设单位、物业服务企业或者其他管理人以及其他业主侵害自己合法权益的行为，有权请求其承担民事责任。

第七章　相邻关系

第二百八十八条　不动产的相邻权利人应当按照有利生产、方便生活、团结互助、公平合理的原则，正确处理相邻关系。

第二百八十九条　法律、法规对处理相邻关系有规定的，依照其规定；法律、法规没有规定的，可以按照当地习惯。

第二百九十条　不动产权利人应当为相邻权利人用水、排水提供必要的便利。

对自然流水的利用，应当在不动产的相邻权利人之间合理分配。对自然流水的排放，应当尊重自然流向。

第二百九十一条 不动产权利人对相邻权利人因通行等必须利用其土地的，应当提供必要的便利。

第二百九十二条 不动产权利人因建造、修缮建筑物以及铺设电线、电缆、水管、暖气和燃气管线等必须利用相邻土地、建筑物的，该土地、建筑物的权利人应当提供必要的便利。

第二百九十三条 建造建筑物，不得违反国家有关工程建设标准，妨碍相邻建筑物的通风、采光和日照。

第二百九十四条 不动产权利人不得违反国家规定弃置固体废物，排放大气污染物、水污染物、噪声、光、电磁波辐射等有害物质。

第二百九十五条 不动产权利人挖掘土地、建造建筑物、铺设管线以及安装设备等，不得危及相邻不动产的安全。

第二百九十六条 不动产权利人因用水、排水、通行、铺设管线等利用相邻不动产的，应当尽量避免对相邻的不动产权利人造成损害。

第八章 共 有

第二百九十七条 不动产或者动产可以由两个以上组织、个人共有。共有包括按份共有和共同共有。

第二百九十八条 按份共有人对共有的不动产或者动产按照其份额享有所有权。

第二百九十九条 共同共有人对共有的不动产或者动产共同享有所有权。

第三百条 共有人按照约定管理共有的不动产或者动产；没有约定或者约定不明确的，各共有人都有管理的权利和义务。

第三百零一条 处分共有的不动产或者动产以及对共有的不动产或者动产作重大修缮、变更性质或者用途的，应当经占份额三分之二以上的按份共有人或者全体共同共有人同意，但是共有人之间另有约定的除外。

第三百零二条 共有人对共有物的管理费用以及其他负担，有约定的，按照其约定；没有约定或者约定不明确的，按份共有人按照其份额负担，共同共有人共同负担。

第三百零三条 共有人约定不得分割共有的不动产或者动产，以维持共有关系的，应当按照约定，但是共有人有重大理由需要分割的，可以请求分割；没有约定或者约定不明确的，按份共有人可以随时请求分割，共同共有人在共有的基础丧失或者有重大理由需要分割时可以请求分割。因分割造成其他共有人损害的，应当给予赔偿。

第三百零四条 共有人可以协商确定分割方式。达不成协议，共有的不动产或者动产可以分割并且不会因分割减损价值的，应当对实物予以分割；难以分割或者因分割会减损价值的，应当对折价或者拍卖、变卖取得的价款予以分割。

共有人分割所得的不动产或者动产有瑕疵的，其他共有人应当分担损失。

第三百零五条 按份共有人可以转让其享有的共有的不动产或者动产份额。其他共有人在同等条件下享有优先购买的权利。

第三百零六条 按份共有人转让其享有的共有的不动产或者动产份额的，应当将转让条件及时通知其他共有人。其他共有人应当在合理期限内行使优先购买权。

两个以上其他共有人主张行使优先购买权的，协商确定各自的购买比例；协商不成的，按照转让时各自的共有份额比例行使优先购买权。

第三百零七条 因共有的不动产或者动产产生的债权债务，在对外关系上，共有人享有连带债权、承担连带债务，但是法律另有规定或者第三人知道共有人不具有连带债权债务关系的除外；在共有人内部关系上，除共有人另有约定外，按份共有人按照份额享有债权、承担债务，共同共有人共同享有债权、承担债务。偿还债务超过自己应当承担份额的按份共有人，有权向其他共有人追偿。

第三百零八条 共有人对共有的不动产或者动产没有约定为按份共有或者共同共有，或者约定不明确的，除共有人具有家庭关系等外，视为按份共有。

第三百零九条 按份共有人对共有的不动产或者动产享有的份额，没有约定或者约定不明确的，按照出资额确定；不能确定出资额的，视为等额享有。

第三百一十条 两个以上组织、个人共同享有用益物权、担保物权的，参照适用本章的有关规定。

第九章 所有权取得的特别规定

第三百一十一条 无处分权人将不动产或者

动产转让给受让人的，所有权人有权追回；除法律另有规定外，符合下列情形的，受让人取得该不动产或者动产的所有权：

（一）受让人受让该不动产或者动产时是善意的；

（二）以合理的价格转让；

（三）转让的不动产或者动产依照法律规定应当登记的已经登记，不需要登记的已经交付给受让人。

受让人依照前款规定取得不动产或者动产的所有权的，原所有权人有权向无处分权人请求损害赔偿。

当事人善意取得其他物权的，参照适用前两款规定。

第三百一十二条　所有权人或者其他权利人有权追回遗失物。该遗失物通过转让被他人占有的，权利人有权向无处分权人请求损害赔偿，或者自知道或者应当知道受让人之日起二年内向受让人请求返还原物；但是，受让人通过拍卖或者向具有经营资格的经营者购得该遗失物的，权利人请求返还原物时应当支付受让人所付的费用。权利人向受让人支付所付费用后，有权向无处分权人追偿。

第三百一十三条　善意受让人取得动产后，该动产上的原有权利消灭。但是，善意受让人在受让时知道或者应当知道该权利的除外。

第三百一十四条　拾得遗失物，应当返还权利人。拾得人应当及时通知权利人领取，或者送交公安等有关部门。

第三百一十五条　有关部门收到遗失物，知道权利人的，应当及时通知其领取；不知道的，应当及时发布招领公告。

第三百一十六条　拾得人在遗失物送交有关部门前，有关部门在遗失物被领取前，应当妥善保管遗失物。因故意或者重大过失致使遗失物毁损、灭失的，应当承担民事责任。

第三百一十七条　权利人领取遗失物时，应当向拾得人或者有关部门支付保管遗失物等支出的必要费用。

权利人悬赏寻找遗失物的，领取遗失物时应当按照承诺履行义务。

拾得人侵占遗失物的，无权请求保管遗失物等支出的费用，也无权请求权利人按照承诺履行义务。

第三百一十八条　遗失物自发布招领公告之日起一年内无人认领的，归国家所有。

第三百一十九条　拾得漂流物、发现埋藏物或者隐藏物的，参照适用拾得遗失物的有关规定。法律另有规定的，依照其规定。

第三百二十条　主物转让的，从物随主物转让，但是当事人另有约定的除外。

第三百二十一条　天然孳息，由所有权人取得；既有所有权人又有用益物权人的，由用益物权人取得。当事人另有约定的，按照其约定。

法定孳息，当事人有约定的，按照约定取得；没有约定或者约定不明确的，按照交易习惯取得。

第三百二十二条　因加工、附合、混合而产生的物的归属，有约定的，按照约定；没有约定或者约定不明确的，依照法律规定；法律没有规定的，按照充分发挥物的效用以及保护无过错当事人的原则确定。因一方当事人的过错或者确定物的归属造成另一方当事人损害的，应当给予赔偿或者补偿。

第三分编　用益物权

第十章　一般规定

第三百二十三条　用益物权人对他人所有的不动产或者动产，依法享有占有、使用和收益的权利。

第三百二十四条　国家所有或者国家所有由集体使用以及法律规定属于集体所有的自然资源，组织、个人依法可以占有、使用和收益。

第三百二十五条　国家实行自然资源有偿使用制度，但是法律另有规定的除外。

第三百二十六条　用益物权人行使权利，应当遵守法律有关保护和合理开发利用资源的规定。所有权人不得干涉用益物权人行使权利。

第三百二十七条　因不动产或者动产被征收、征用致使用益物权消灭或者影响用益物权行使的，用益物权人有权依据本法第二百四十三条、第二百四十五条的规定获得相应补偿。

第三百二十八条　依法取得的海域使用权受法律保护。

第三百二十九条　依法取得的探矿权、采矿权、取水权和使用水域、滩涂从事养殖、捕捞的权利受法律保护。

第十一章　土地承包经营权

第三百三十条　农村集体经济组织实行家庭承包经营为基础、统分结合的双层经营体制。

农民集体所有和国家所有由农民集体使用的耕地、林地、草地以及其他用于农业的土地,依法实行土地承包经营制度。

第三百三十一条 土地承包经营权人依法对其承包经营的耕地、林地、草地等享有占有、使用和收益的权利,有权从事种植业、林业、畜牧业等农业生产。

第三百三十二条 耕地的承包期为三十年。草地的承包期为三十年至五十年。林地的承包期为三十年至七十年。

前款规定的承包期限届满,由土地承包经营权人依照农村土地承包的法律规定继续承包。

第三百三十三条 土地承包经营权自土地承包经营权合同生效时设立。

登记机构应当向土地承包经营权人发放土地承包经营权证、林权证等证书,并登记造册,确认土地承包经营权。

第三百三十四条 土地承包经营权人依照法律规定,有权将土地承包经营权互换、转让。未经依法批准,不得将承包地用于非农建设。

第三百三十五条 土地承包经营权互换、转让的,当事人可以向登记机构申请登记;未经登记,不得对抗善意第三人。

第三百三十六条 承包期内发包人不得调整承包地。

因自然灾害严重毁损承包地等特殊情形,需要适当调整承包的耕地和草地的,应当依照农村土地承包的法律规定办理。

第三百三十七条 承包期内发包人不得收回承包地。法律另有规定的,依照其规定。

第三百三十八条 承包地被征收的,土地承包经营权人有权依据本法第二百四十三条的规定获得相应补偿。

第三百三十九条 土地承包经营权人可以自主决定依法采取出租、入股或者其他方式向他人流转土地经营权。

第三百四十条 土地经营权人有权在合同约定的期限内占有农村土地,自主开展农业生产经营并取得收益。

第三百四十一条 流转期限为五年以上的土地经营权,自流转合同生效时设立。当事人可以向登记机构申请土地经营权登记;未经登记,不得对抗善意第三人。

第三百四十二条 通过招标、拍卖、公开协商等方式承包农村土地,经依法登记取得权属证书的,可以依法采取出租、入股、抵押或者其他方式流转土地经营权。

第三百四十三条 国家所有的农用地实行承包经营的,参照适用本编的有关规定。

第十二章 建设用地使用权

第三百四十四条 建设用地使用权人依法对国家所有的土地享有占有、使用和收益的权利,有权利用该土地建造建筑物、构筑物及其附属设施。

第三百四十五条 建设用地使用权可以在土地的地表、地上或者地下分别设立。

第三百四十六条 设立建设用地使用权应当符合节约资源、保护生态环境的要求,应当遵守法律、行政法规关于土地用途的规定,不得损害已设立的用益物权。

第三百四十七条 设立建设用地使用权,可以采取出让或者划拨等方式。

工业、商业、旅游、娱乐和商品住宅等经营性用地以及同一土地有两个以上意向用地者的,应当采取招标、拍卖等公开竞价的方式出让。

严格限制以划拨方式设立建设用地使用权。

第三百四十八条 采取招标、拍卖、协议等出让方式设立建设用地使用权的,当事人应当采用书面形式订立建设用地使用权出让合同。

建设用地使用权出让合同一般包括下列条款:

(一)当事人的名称和住所;

(二)土地界址、面积等;

(三)建筑物、构筑物及其附属设施占用的空间;

(四)土地用途、规划条件;

(五)使用期限;

(六)出让金等费用及其支付方式;

(七)解决争议的方法。

第三百四十九条 设立建设用地使用权的,应当向登记机构申请建设用地使用权登记。建设用地使用权自登记时设立。登记机构应当向建设用地使用权人发放权属证书。

第三百五十条 建设用地使用权人应当合理利用土地,不得改变土地用途;需要改变土地用途的,应当依法经有关行政主管部门批准。

第三百五十一条 建设用地使用权人应当依照法律规定以及合同约定支付出让金等费用。

第三百五十二条 建设用地使用权人建造的建筑物、构筑物及其附属设施的所有权属于建设用地使用权人，但是有相反证据证明的除外。

第三百五十三条　建设用地使用权人有权将建设用地使用权转让、互换、出资、赠与或者抵押，但是法律另有规定的除外。

第三百五十四条　建设用地使用权转让、互换、出资、赠与或者抵押的，当事人应当采用书面形式订立相应的合同。使用期限由当事人约定，但是不得超过建设用地使用权的剩余期限。

第三百五十五条　建设用地使用权转让、互换、出资或者赠与的，应当向登记机构申请变更登记。

第三百五十六条　建设用地使用权转让、互换、出资或者赠与的，附着于该土地上的建筑物、构筑物及其附属设施一并处分。

第三百五十七条　建筑物、构筑物及其附属设施转让、互换、出资或者赠与的，该建筑物、构筑物及其附属设施占用范围内的建设用地使用权一并处分。

第三百五十八条　建设用地使用权期限届满前，因公共利益需要提前收回该土地的，应当依据本法第二百四十三条的规定对该土地上的房屋及其他不动产给予补偿，并退还相应的出让金。

第三百五十九条　住宅建设用地使用权期限届满的，自动续期。续期费用的缴纳或者减免，依照法律、行政法规的规定办理。

非住宅建设用地使用权期限届满后的续期，依照法律规定办理。该土地上的房屋及其他不动产的归属，有约定的，按照约定；没有约定或者约定不明确的，依照法律、行政法规的规定办理。

第三百六十条　建设用地使用权消灭的，出让人应当及时办理注销登记。登记机构应当收回权属证书。

第三百六十一条　集体所有的土地作为建设用地的，应当依照土地管理的法律规定办理。

第十三章　宅基地使用权

第三百六十二条　宅基地使用权人依法对集体所有的土地享有占有和使用的权利，有权依法利用该土地建造住宅及其附属设施。

第三百六十三条　宅基地使用权的取得、行使和转让，适用土地管理的法律和国家有关规定。

第三百六十四条　宅基地因自然灾害等原因灭失的，宅基地使用权消灭。对失去宅基地的村民，应当重新分配宅基地。

第三百六十五条　已经登记的宅基地使用权转让或者消灭的，应当及时办理变更登记或者注销登记。

第十四章　居住权

第三百六十六条　居住权人有权按照合同约定，对他人的住宅享有占有、使用的用益物权，以满足生活居住的需要。

第三百六十七条　设立居住权，当事人应当采用书面形式订立居住权合同。

居住权合同一般包括下列条款：

（一）当事人的姓名或者名称和住所；

（二）住宅的位置；

（三）居住的条件和要求；

（四）居住权期间；

（五）解决争议的方法。

第三百六十八条　居住权无偿设立，但是当事人另有约定的除外。设立居住权的，应当向登记机构申请居住权登记。居住权自登记时设立。

第三百六十九条　居住权不得转让、继承。设立居住权的住宅不得出租，但是当事人另有约定的除外。

第三百七十条　居住权期间届满或者居住权人死亡的，居住权消灭。居住权消灭的，应当及时办理注销登记。

第三百七十一条　以遗嘱方式设立居住权的，参照适用本章的有关规定。

第十五章　地役权

第三百七十二条　地役权人有权按照合同约定，利用他人的不动产，以提高自己的不动产的效益。

前款所称他人的不动产为供役地，自己的不动产为需役地。

第三百七十三条　设立地役权，当事人应当采用书面形式订立地役权合同。

地役权合同一般包括下列条款：

（一）当事人的姓名或者名称和住所；

（二）供役地和需役地的位置；

（三）利用目的和方法；

（四）利用期限；

（五）费用及其支付方式；

（六）解决争议的方法。

第三百七十四条　地役权自地役权合同生效时设立。当事人要求登记的，可以向登记机构申请地役权登记；未经登记，不得对抗善意第三人。

第三百七十五条　供役地权利人应当按照合同约定，允许地役权人利用其不动产，不得妨害地役权人行使权利。

第三百七十六条 地役权人应当按照合同约定的利用目的和方法利用供役地，尽量减少对供役地权利人物权的限制。

第三百七十七条 地役权的期限由当事人约定，但是不得超过土地承包经营权、建设用地使用权等用益物权的剩余期限。

第三百七十八条 土地所有权人享有地役权或者负担地役权的，设立土地承包经营权、宅基地使用权等用益物权时，该用益物权人继续享有或者负担已设立的地役权。

第三百七十九条 土地上已设立土地承包经营权、建设用地使用权、宅基地使用权等用益物权的，未经用益物权人同意，土地所有权人不得设立地役权。

第三百八十条 地役权不得单独转让。土地承包经营权、建设用地使用权等转让的，地役权一并转让，但是合同另有约定的除外。

第三百八十一条 地役权不得单独抵押。土地经营权、建设用地使用权等抵押的，在实现抵押权时，地役权一并转让。

第三百八十二条 需役地以及需役地上的土地承包经营权、建设用地使用权等部分转让时，转让部分涉及地役权的，受让人同时享有地役权。

第三百八十三条 供役地以及供役地上的土地承包经营权、建设用地使用权等部分转让时，转让部分涉及地役权的，地役权对受让人具有法律约束力。

第三百八十四条 地役权人有下列情形之一的，供役地权利人有权解除地役权合同，地役权消灭：

（一）违反法律规定或者合同约定，滥用地役权；

（二）有偿利用供役地，约定的付款期限届满后在合理期限内经两次催告未支付费用。

第三百八十五条 已经登记的地役权变更、转让或者消灭的，应当及时办理变更登记或者注销登记。

第四分编　担保物权

第十六章　一般规定

第三百八十六条 担保物权人在债务人不履行到期债务或者发生当事人约定的实现担保物权的情形，依法享有就担保财产优先受偿的权利，但是法律另有规定的除外。

第三百八十七条 债权人在借贷、买卖等民事活动中，为保障实现其债权，需要担保的，可以依照本法和其他法律的规定设立担保物权。

第三人为债务人向债权人提供担保的，可以要求债务人提供反担保。反担保适用本法和其他法律的规定。

第三百八十八条 设立担保物权，应当依照本法和其他法律的规定订立担保合同。担保合同是主债权债务合同的从合同。主债权债务合同无效，担保合同无效，但是法律另有规定的除外。

担保合同被确认无效后，债务人、担保人、债权人有过错的，应当根据其过错各自承担相应的民事责任。

第三百八十九条 担保物权的担保范围包括主债权及其利息、违约金、损害赔偿金、保管担保财产和实现担保物权的费用。当事人另有约定的，按照其约定。

第三百九十条 担保期间，担保财产毁损、灭失或者被征收等，担保物权人可以就获得的保险金、赔偿金或者补偿金等优先受偿。被担保债权的履行期未届满的，也可以提存该保险金、赔偿金或者补偿金等。

第三百九十一条 第三人提供担保，未经其书面同意，债权人允许债务人转移全部或者部分债务的，担保人不再承担相应的担保责任。

第三百九十二条 被担保的债权既有物的担保又有人的担保的，债务人不履行到期债务或者发生当事人约定的实现担保物权的情形，债权人应当按照约定实现债权；没有约定或者约定不明确，债务人自己提供物的担保的，债权人应当先就该物的担保实现债权；第三人提供物的担保的，债权人可以就物的担保实现债权，也可以请求保证人承担保证责任。提供担保的第三人承担担保责任后，有权向债务人追偿。

第三百九十三条 有下列情形之一的，担保物权消灭：

（一）主债权消灭；

（二）担保物权实现；

（三）债权人放弃担保物权；

（四）法律规定担保物权消灭的其他情形。

第十七章　抵 押 权

第一节　一般抵押权

第三百九十四条 为担保债务的履行，债务人或者第三人不转移财产的占有，将该财产抵押给债权人的，债务人不履行到期债务或者发生当事人约定的实现抵押权的情形，债权人有权就该财产优先受偿。

前款规定的债务人或者第三人为抵押人，债权人为抵押权人，提供担保的财产为抵押财产。

第三百九十五条　债务人或者第三人有权处分的下列财产可以抵押：

（一）建筑物和其他土地附着物；

（二）建设用地使用权；

（三）海域使用权；

（四）生产设备、原材料、半成品、产品；

（五）正在建造的建筑物、船舶、航空器；

（六）交通运输工具；

（七）法律、行政法规未禁止抵押的其他财产。

抵押人可以将前款所列财产一并抵押。

第三百九十六条　企业、个体工商户、农业生产经营者可以将现有的以及将有的生产设备、原材料、半成品、产品抵押，债务人不履行到期债务或者发生当事人约定的实现抵押权的情形，债权人有权就抵押财产确定时的动产优先受偿。

第三百九十七条　以建筑物抵押的，该建筑物占用范围内的建设用地使用权一并抵押。以建设用地使用权抵押的，该土地上的建筑物一并抵押。

抵押人未依照前款规定一并抵押的，未抵押的财产视为一并抵押。

第三百九十八条　乡镇、村企业的建设用地使用权不得单独抵押。以乡镇、村企业的厂房等建筑物抵押的，其占用范围内的建设用地使用权一并抵押。

第三百九十九条　下列财产不得抵押：

（一）土地所有权；

（二）宅基地、自留地、自留山等集体所有土地的使用权，但是法律规定可以抵押的除外；

（三）学校、幼儿园、医疗机构等以公益为目的成立的非营利法人的教育设施、医疗卫生设施和其他公益设施；

（四）所有权、使用权不明或者有争议的财产；

（五）依法被查封、扣押、监管的财产；

（六）法律、行政法规规定不得抵押的其他财产。

第四百条　设立抵押权，当事人应当采用书面形式订立抵押合同。

抵押合同一般包括下列条款：

（一）被担保债权的种类和数额；

（二）债务人履行债务的期限；

（三）抵押财产的名称、数量等情况；

（四）担保的范围。

第四百零一条　抵押权人在债务履行期限届满前，与抵押人约定债务人不履行到期债务时抵押财产归债权人所有的，只能依法就抵押财产优先受偿。

第四百零二条　以本法第三百九十五条第一款第一项至第三项规定的财产或者第五项规定的正在建造的建筑物抵押的，应当办理抵押登记。抵押权自登记时设立。

第四百零三条　以动产抵押的，抵押权自抵押合同生效时设立；未经登记，不得对抗善意第三人。

第四百零四条　以动产抵押的，不得对抗正常经营活动中已支付合理价款并取得抵押财产的买受人。

第四百零五条　抵押权设立前抵押财产已出租并转移占有的，原租赁关系不受该抵押权的影响。

第四百零六条　抵押期间，抵押人可以转让抵押财产。当事人另有约定的，按照其约定。抵押财产转让的，抵押权不受影响。

抵押人转让抵押财产的，应当及时通知抵押权人。抵押权人能够证明抵押财产转让可能损害抵押权的，可以请求抵押人将转让所得的价款向抵押权人提前清偿债务或者提存。转让的价款超过债权数额的部分归抵押人所有，不足部分由债务人清偿。

第四百零七条　抵押权不得与债权分离而单独转让或者作为其他债权的担保。债权转让的，担保该债权的抵押权一并转让，但是法律另有规定或者当事人另有约定的除外。

第四百零八条　抵押人的行为足以使抵押财产价值减少的，抵押权人有权请求抵押人停止其行为。抵押财产价值减少的，抵押权人有权请求恢复抵押财产的价值，或者提供与减少的价值相应的担保。抵押人不恢复抵押财产的价值也不提供担保的，抵押权人有权请求债务人提前清偿债务。

第四百零九条　抵押权人可以放弃抵押权或者抵押权的顺位。抵押权人与抵押人可以协议变更抵押权顺位以及被担保的债权数额等内容，但是抵押权的变更，未经其他抵押权人书面同意，不得对其他抵押权人产生不利影响。

债务人以自己的财产设定抵押，抵押权人放弃该抵押权、抵押权顺位或者变更抵押权的，其他担保人在抵押权人丧失优先受偿权益的范围内免除担保责任，但是其他担保人承诺仍然提供担保的除外。

第四百一十条 债务人不履行到期债务或者发生当事人约定的实现抵押权的情形，抵押权人可以与抵押人协议以抵押财产折价或者以拍卖、变卖该抵押财产所得的价款优先受偿。协议损害其他债权人利益的，其他债权人可以请求人民法院撤销该协议。

抵押权人与抵押人未就抵押权实现方式达成协议的，抵押权人可以请求人民法院拍卖、变卖抵押财产。

抵押财产折价或者变卖的，应当参照市场价格。

第四百一十一条 依据本法第三百九十六条规定设定抵押的，抵押财产自下列情形之一发生时确定：

（一）债务履行期限届满，债权未实现；

（二）抵押人被宣告破产或者解散清算；

（三）当事人约定的实现抵押权的情形；

（四）严重影响债权实现的其他情形。

第四百一十二条 债务人不履行到期债务或者发生当事人约定的实现抵押权的情形，致使抵押财产被人民法院依法扣押的，自扣押之日起抵押权人有权收取该抵押财产的天然孳息或者法定孳息，但是抵押权人未通知应当清偿法定孳息的义务人的除外。

前款规定的孳息应当先充抵收取孳息的费用。

第四百一十三条 抵押财产折价或者拍卖、变卖后，其价款超过债权数额的部分归抵押人所有，不足部分由债务人清偿。

第四百一十四条 同一财产向两个以上债权人抵押的，拍卖、变卖抵押财产所得的价款依照下列规定清偿：

（一）抵押权已登记的，按照登记的时间先后确定清偿顺序；

（二）抵押权已登记的先于未登记的受偿；

（三）抵押权未登记的，按照债权比例清偿。

其他可以登记的担保物权，清偿顺序参照适用前款规定。

第四百一十五条 同一财产既设立抵押权又设立质权的，拍卖、变卖该财产所得的价款按照登记、交付的时间先后确定清偿顺序。

第四百一十六条 动产抵押担保的主债权是抵押物的价款，标的物交付后十日内办理抵押登记的，该抵押权人优先于抵押物买受人的其他担保物权人受偿，但是留置权人除外。

第四百一十七条 建设用地使用权抵押后，该土地上新增的建筑物不属于抵押财产。该建设用地使用权实现抵押权时，应当将该土地上新增的建筑物与建设用地使用权一并处分，但是新增建筑物所得的价款，抵押权人无权优先受偿。

第四百一十八条 以集体所有土地的使用权依法抵押的，实现抵押权后，未经法定程序，不得改变土地所有权的性质和土地用途。

第四百一十九条 抵押权人应当在主债权诉讼时效期间行使抵押权；未行使的，人民法院不予保护。

第二节 最高额抵押权

第四百二十条 为担保债务的履行，债务人或者第三人对一定期间内将要连续发生的债权提供担保财产的，债务人不履行到期债务或者发生当事人约定的实现抵押权的情形，抵押权人有权在最高债权额限度内就该担保财产优先受偿。

最高额抵押权设立前已经存在的债权，经当事人同意，可以转入最高额抵押担保的债权范围。

第四百二十一条 最高额抵押担保的债权确定前，部分债权转让的，最高额抵押权不得转让，但是当事人另有约定的除外。

第四百二十二条 最高额抵押担保的债权确定前，抵押权人与抵押人可以通过协议变更债权确定的期间、债权范围以及最高债权额；但是，变更的内容不得对其他抵押权人产生不利影响。

第四百二十三条 有下列情形之一的，抵押权人的债权确定：

（一）约定的债权确定期间届满；

（二）没有约定债权确定期间或者约定不明确，抵押权人或者抵押人自最高额抵押权设立之日起满二年后请求确定债权；

（三）新的债权不可能发生；

（四）抵押权人知道或者应当知道抵押财产被查封、扣押；

（五）债务人、抵押人被宣告破产或者解散清算；

（六）法律规定债权确定的其他情形。

第四百二十四条 最高额抵押权除适用本节规定外，适用本章第一节的有关规定。

第十八章 质 权

第一节 动产质权

第四百二十五条 为担保债务的履行，债务人或者第三人将其动产出质给债权人占有的，债务人不履行到期债务或者发生当事人约定的实现质权的情形，债权人有权就该动产优先受偿。

前款规定的债务人或者第三人为出质人，债权人为质权人，交付的动产为质押财产。

第四百二十六条 法律、行政法规禁止转让的动产不得出质。

第四百二十七条 设立质权，当事人应当采用书面形式订立质押合同。

质押合同一般包括下列条款：

（一）被担保债权的种类和数额；

（二）债务人履行债务的期限；

（三）质押财产的名称、数量等情况；

（四）担保的范围；

（五）质押财产交付的时间、方式。

第四百二十八条 质权人在债务履行期限届满前，与出质人约定债务人不履行到期债务时质押财产归债权人所有的，只能依法就质押财产优先受偿。

第四百二十九条 质权自出质人交付质押财产时设立。

第四百三十条 质权人有权收取质押财产的孳息，但是合同另有约定的除外。

前款规定的孳息应当先充抵收取孳息的费用。

第四百三十一条 质权人在质权存续期间，未经出质人同意，擅自使用、处分质押财产，造成出质人损害的，应当承担赔偿责任。

第四百三十二条 质权人负有妥善保管质押财产的义务；因保管不善致使质押财产毁损、灭失的，应当承担赔偿责任。

质权人的行为可能使质押财产毁损、灭失的，出质人可以请求质权人将质押财产提存，或者请求提前清偿债务并返还质押财产。

第四百三十三条 因不能归责于质权人的事由可能使质押财产毁损或者价值明显减少，足以危害质权人权利的，质权人有权请求出质人提供相应的担保；出质人不提供的，质权人可以拍卖、变卖质押财产，并与出质人通过协议将拍卖、变卖所得的价款提前清偿债务或者提存。

第四百三十四条 质权人在质权存续期间，未经出质人同意转质，造成质押财产毁损、灭失的，应当承担赔偿责任。

第四百三十五条 质权人可以放弃质权。债务人以自己的财产出质，质权人放弃该质权的，其他担保人在质权人丧失优先受偿权益的范围内免除担保责任，但是其他担保人承诺仍然提供担保的除外。

第四百三十六条 债务人履行债务或者出质人提前清偿所担保的债权的，质权人应当返还质押财产。

债务人不履行到期债务或者发生当事人约定的实现质权的情形，质权人可以与出质人协议以质押财产折价，也可以就拍卖、变卖质押财产所得的价款优先受偿。

质押财产折价或者变卖的，应当参照市场价格。

第四百三十七条 出质人可以请求质权人在债务履行期限届满后及时行使质权；质权人不行使的，出质人可以请求人民法院拍卖、变卖质押财产。

出质人请求质权人及时行使质权，因质权人怠于行使权利造成出质人损害的，由质权人承担赔偿责任。

第四百三十八条 质押财产折价或者拍卖、变卖后，其价款超过债权数额的部分归出质人所有，不足部分由债务人清偿。

第四百三十九条 出质人与质权人可以协议设立最高额质权。

最高额质权除适用本节有关规定外，参照适用本编第十七章第二节的有关规定。

第二节 权利质权

第四百四十条 债务人或者第三人有权处分的下列权利可以出质：

（一）汇票、本票、支票；

（二）债券、存款单；

（三）仓单、提单；

（四）可以转让的基金份额、股权；

（五）可以转让的注册商标专用权、专利权、著作权等知识产权中的财产权；

（六）现有的以及将有的应收账款；

（七）法律、行政法规规定可以出质的其他财产权利。

第四百四十一条 以汇票、本票、支票、债券、存款单、仓单、提单出质的，质权自权利凭证交付质权人时设立；没有权利凭证的，质权自办理出质登记时设立。

第四百四十二条 汇票、本票、支票、债券、存款单、仓单、提单的兑现日期或者提货日期先于主债权到期的，质权人可以兑现或者提货，并与出质人协议将兑现的价款或者提取的货物提前清偿债务或者提存。

第四百四十三条 以基金份额、股权出质的,质权自办理出质登记时设立。

基金份额、股权出质后,不得转让,但是经出质人与质权人协商同意的除外。出质人转让基金份额、股权所得的价款,应当向质权人提前清偿债务或者提存。

第四百四十四条 以注册商标专用权、专利权、著作权等知识产权中的财产权出质的,质权自办理出质登记时设立。

知识产权中的财产权出质后,出质人不得转让或者许可他人使用,但是经出质人与质权人协商同意的除外。出质人转让或者许可他人使用出质的知识产权中的财产权所得的价款,应当向质权人提前清偿债务或者提存。

第四百四十五条 以应收账款出质的,质权自办理出质登记时设立。

应收账款出质后,不得转让,但是经出质人与质权人协商同意的除外。出质人转让应收账款所得的价款,应当向质权人提前清偿债务或者提存。

第四百四十六条 权利质权除适用本节规定外,适用本章第一节的有关规定。

第十九章 留置权

第四百四十七条 债务人不履行到期债务,债权人可以留置已经合法占有的债务人的动产,并有权就该动产优先受偿。

前款规定的债权人为留置权人,占有的动产为留置财产。

第四百四十八条 债权人留置的动产,应当与债权属于同一法律关系,但是企业之间留置的除外。

第四百四十九条 法律规定或者当事人约定不得留置的动产,不得留置。

第四百五十条 留置财产为可分物的,留置财产的价值应当相当于债务的金额。

第四百五十一条 留置权人负有妥善保管留置财产的义务;因保管不善致使留置财产毁损、灭失的,应当承担赔偿责任。

第四百五十二条 留置权人有权收取留置财产的孳息。

前款规定的孳息应当先充抵收取孳息的费用。

第四百五十三条 留置权人与债务人应当约定留置财产后的债务履行期间;没有约定或者约定不明确的,留置权人应当给债务人两个月以上履行债务的期间,但是鲜活易腐等不易保管的动产除外。债务人逾期未履行的,留置权人可以与债务人协议以留置财产折价,也可以就拍卖、变卖留置财产所得的价款优先受偿。

留置财产折价或者变卖的,应当参照市场价格。

第四百五十四条 债务人可以请求留置权人在债务履行期限届满后行使留置权;留置权人不行使的,债务人可以请求人民法院拍卖、变卖留置财产。

第四百五十五条 留置财产折价或者拍卖、变卖后,其价款超过债权数额的部分归债务人所有,不足部分由债务人清偿。

第四百五十六条 同一动产上已设立抵押权或者质权,该动产又被留置的,留置权人优先受偿。

第四百五十七条 留置权人对留置财产丧失占有或者留置权人接受债务人另行提供担保的,留置权消灭。

第五分编 占 有

第二十章 占 有

第四百五十八条 基于合同关系等产生的占有,有关不动产或者动产的使用、收益、违约责任等,按照合同约定;合同没有约定或者约定不明确的,依照有关法律规定。

第四百五十九条 占有人因使用占有的不动产或者动产,致使该不动产或者动产受到损害的,恶意占有人应当承担赔偿责任。

第四百六十条 不动产或者动产被占有人占有的,权利人可以请求返还原物及其孳息;但是,应当支付善意占有人因维护该不动产或者动产支出的必要费用。

第四百六十一条 占有的不动产或者动产毁损、灭失,该不动产或者动产的权利人请求赔偿的,占有人应当将因毁损、灭失取得的保险金、赔偿金或者补偿金等返还给权利人;权利人的损害未得到足够弥补的,恶意占有人还应当赔偿损失。

第四百六十二条 占有的不动产或者动产被侵占的,占有人有权请求返还原物;对妨害占有的行为,占有人有权请求停止侵害、排除妨碍或者消除危险;因侵占或者妨害造成损害的,占有人有权请求损害赔偿。

占有人返还原物的请求权,自侵占发生之日起一年内未行使的,该请求权消灭。

第三编　合　　同

第一分编　通　　则

第一章　一般规定

第四百六十三条　本编调整因合同产生的民事关系。

第四百六十四条　合同是民事主体之间设立、变更、终止民事法律关系的协议。

婚姻、收养、监护等有关身份关系的协议，适用有关该身份关系的法律规定；没有规定的，可以根据其性质参照适用本编规定。

第四百六十五条　依法成立的合同，受法律保护。

依法成立的合同，仅对当事人具有法律约束力，但是法律另有规定的除外。

第四百六十六条　当事人对合同条款的理解有争议的，应当依据本法第一百四十二条第一款的规定，确定争议条款的含义。

合同文本采用两种以上文字订立并约定具有同等效力的，对各文本使用的词句推定具有相同含义。各文本使用的词句不一致的，应当根据合同的性质、目的以及诚信原则等予以解释。

第四百六十七条　本法或者其他法律没有明文规定的合同，适用本编通则的规定，并可以参照适用本编典型合同或者其他法律最相类似合同的规定。

第四百六十八条　非因合同产生的债权债务关系，适用有关该债权债务关系的法律规定；没有规定的，适用本编通则的有关规定，但是根据其性质不能适用的除外。

第二章　合同的订立

第四百六十九条　当事人订立合同，可以采用书面形式、口头形式或者其他形式。

书面形式是合同书、信件等可以有形地表现所载内容的形式。

以电报、电传、传真、电子数据交换、电子邮件等方式能够有形地表现所载内容，并可以随时调取查用的数据电文，视为书面形式。

第四百七十条　合同的内容由当事人约定，一般包括下列条款：

（一）当事人的姓名或者名称和住所；

（二）标的；

（三）数量；

（四）质量；

（五）价款或者报酬；

（六）履行期限、地点和方式；

（七）违约责任；

（八）解决争议的方法。

当事人可以参照各类合同的示范文本订立合同。

第四百七十一条　当事人订立合同，可以采取要约、承诺方式或者其他方式。

第四百七十二条　要约是希望和他人订立合同的意思表示，该意思表示应当符合下列规定：

（一）内容具体确定；

（二）表明经受要约人承诺，要约人即受该意思表示约束。

第四百七十三条　要约邀请是希望他人向自己发出要约的表示。拍卖公告、招标公告、招股说明书、债券募集说明书、基金招募说明书、商业广告和宣传、寄送的价目表等为要约邀请。

商业广告和宣传的内容符合要约规定的，构成要约。

第四百七十四条　要约生效的时间适用本法第一百三十七条的规定。

第四百七十五条　要约可以撤回。要约的撤回适用本法第一百四十一条的规定。

第四百七十六条　要约可以撤销，但是有下列情形之一的除外：

（一）要约人以确定承诺期限或者其他形式明示要约不可撤销；

（二）受要约人有理由认为要约是不可撤销的，并已经为履行合同作了合理准备工作。

第四百七十七条　撤销要约的意思表示以对话方式作出的，该意思表示的内容应当在受要约人作出承诺之前为受要约人所知道；撤销要约的意思表示以非对话方式作出的，应当在受要约人作出承诺之前到达受要约人。

第四百七十八条　有下列情形之一的，要约失效：

（一）要约被拒绝；

（二）要约依法被撤销；

（三）承诺期限届满，受要约人未作出承诺；

（四）受要约人对要约的内容作出实质性变更。

第四百七十九条　承诺是受要约人同意要约

的意思表示。

第四百八十条 承诺应当以通知的方式作出；但是，根据交易习惯或者要约表明可以通过行为作出承诺的除外。

第四百八十一条 承诺应当在要约确定的期限内到达要约人。

要约没有确定承诺期限的，承诺应当依照下列规定到达：

（一）要约以对话方式作出的，应当即时作出承诺；

（二）要约以非对话方式作出的，承诺应当在合理期限内到达。

第四百八十二条 要约以信件或者电报作出的，承诺期限自信件载明的日期或者电报交发之日开始计算。信件未载明日期的，自投寄该信件的邮戳日期开始计算。要约以电话、传真、电子邮件等快速通讯方式作出的，承诺期限自要约到达受要约人时开始计算。

第四百八十三条 承诺生效时合同成立，但是法律另有规定或者当事人另有约定的除外。

第四百八十四条 以通知方式作出的承诺，生效的时间适用本法第一百三十七条的规定。

承诺不需要通知的，根据交易习惯或者要约的要求作出承诺的行为时生效。

第四百八十五条 承诺可以撤回。承诺的撤回适用本法第一百四十一条的规定。

第四百八十六条 受要约人超过承诺期限发出承诺，或者在承诺期限内发出承诺，按照通常情形不能及时到达要约人的，为新要约；但是，要约人及时通知受要约人该承诺有效的除外。

第四百八十七条 受要约人在承诺期限内发出承诺，按照通常情形能够及时到达要约人，但是因其他原因承诺到达要约人时超过承诺期限的，除要约人及时通知受要约人因承诺超过期限不接受该承诺外，该承诺有效。

第四百八十八条 承诺的内容应当与要约的内容一致。受要约人对要约的内容作出实质性变更的，为新要约。有关合同标的、数量、质量、价款或者报酬、履行期限、履行地点和方式、违约责任和解决争议方法等的变更，是对要约内容的实质性变更。

第四百八十九条 承诺对要约的内容作出非实质性变更的，除要约人及时表示反对或者要约表明承诺不得对要约的内容作出任何变更外，该承诺有效，合同的内容以承诺的内容为准。

第四百九十条 当事人采用合同书形式订立合同的，自当事人均签字、盖章或者按指印时合同成立。在签字、盖章或者按指印之前，当事人一方已经履行主要义务，对方接受时，该合同成立。

法律、行政法规规定或者当事人约定合同应当采用书面形式订立，当事人未采用书面形式但是一方已经履行主要义务，对方接受时，该合同成立。

第四百九十一条 当事人采用信件、数据电文等形式订立合同要求签订确认书的，签订确认书时合同成立。

当事人一方通过互联网等信息网络发布的商品或者服务信息符合要约条件的，对方选择该商品或者服务并提交订单成功时合同成立，但是当事人另有约定的除外。

第四百九十二条 承诺生效的地点为合同成立的地点。

采用数据电文形式订立合同的，收件人的主营业地为合同成立的地点；没有主营业地的，其住所地为合同成立的地点。当事人另有约定的，按照其约定。

第四百九十三条 当事人采用合同书形式订立合同的，最后签字、盖章或者按指印的地点为合同成立的地点，但是当事人另有约定的除外。

第四百九十四条 国家根据需要下达指令性任务或者国家订货任务的，有关民事主体之间应当依照有关法律、行政法规规定的权利和义务订立合同。

依照法律、行政法规的规定负有发出要约义务的当事人，应当及时发出合理的要约。

依照法律、行政法规的规定负有作出承诺义务的当事人，不得拒绝对方合理的订立合同要求。

第四百九十五条 当事人约定在将来一定期限内订立合同的认购书、订购书、预订书、意向书等，构成预约合同。

当事人一方不履行预约合同约定的订立合同义务的，对方可以请求其承担预约合同的违约责任。

第四百九十六条 格式条款是当事人预先拟定，并在订立合同时未与对方协商的条款。

采用格式条款订立合同的，提供格式条款的一方应当遵循公平原则确定当事人之间的权利和义务，并采取合理的方式提示对方注意免除或者减轻其责任等与对方有重大利害关系的条款，按照对方的要求，对该条款予以说明。提供格式条款的一方未履行提示或者说明义务，致使对方没有注意或者理解与其有重大利害关系的条款的，对方可以主张该条款不成为合同的内容。

第四百九十七条 有下列情形之一的，该格式条款无效：

（一）具有本法总则编第六章第三节和本法第五百零六条规定的无效情形；

（二）提供格式条款一方不合理地免除或者减轻其责任、加重对方责任、限制对方主要权利；

（三）提供格式条款一方排除对方主要权利。

第四百九十八条 对格式条款的理解发生争议的，应当按照通常理解予以解释。对格式条款有两种以上解释的，应当作出不利于提供格式条款一方的解释。格式条款和非格式条款不一致的，应当采用非格式条款。

第四百九十九条 悬赏人以公开方式声明对完成特定行为的人支付报酬的，完成该行为的人可以请求其支付。

第五百条 当事人在订立合同过程中有下列情形之一，造成对方损失的，应当承担赔偿责任：

（一）假借订立合同，恶意进行磋商；

（二）故意隐瞒与订立合同有关的重要事实或者提供虚假情况；

（三）有其他违背诚信原则的行为。

第五百零一条 当事人在订立合同过程中知悉的商业秘密或者其他应当保密的信息，无论合同是否成立，不得泄露或者不正当地使用。泄露、不正当地使用该商业秘密或者信息造成对方损失的，应当承担赔偿责任。

第三章 合同的效力

第五百零二条 依法成立的合同，自成立时生效，但是法律另有规定或者当事人另有约定的除外。

法律、行政法规规定应当办理批准等手续生效的，依照其规定。未办理批准等手续的，该合同不生效，但是不影响合同中履行报批等义务条款以及相关条款的效力。应当办理申请批准等手续的当事人未履行义务的，对方可以请求其承担违反该义务的责任。

法律、行政法规规定合同的变更、转让、解除等情形应当办理批准等手续生效的，适用前款规定。

第五百零三条 无权代理人以被代理人的名义订立合同，被代理人已经开始履行合同义务或者接受相对人履行的，视为对合同的追认。

第五百零四条 法人的法定代表人或者非法人组织的负责人超越权限订立的合同，除相对人知道或者应当知道其超越权限外，该合同对法人或者非法人组织发生效力。

第五百零五条 当事人超越经营范围订立的合同的效力，应当依照本法总则编第六章第三节和本编的有关规定确定，不得仅以超越经营范围确认合同无效。

第五百零六条 合同中的下列免责条款无效：

（一）造成对方人身损害的；

（二）因故意或者重大过失造成对方财产损失的。

第五百零七条 合同不生效、无效、被撤销或者终止的，不影响合同中有关解决争议方法的条款的效力。

第五百零八条 本编对合同的效力没有规定的，适用本法总则编第六章第三节的有关规定。

第四章 合同的履行

第五百零九条 当事人应当按照约定全面履行自己的义务。

当事人应当遵循诚信原则，根据合同的性质、目的和交易习惯履行通知、协助、保密等义务。

当事人在履行合同过程中，应当避免浪费资源、污染环境和破坏生态。

第五百一十条 合同生效后，当事人就质量、价款或者报酬、履行地点等内容没有约定或者约定不明确的，可以协议补充；不能达成补充协议的，按照合同有关条款、合同性质、合同目的或者交易习惯确定。

第五百一十一条 当事人就有关合同内容约定不明确，依据前条规定仍不能确定的，适用下列规定：

（一）质量要求不明确的，按照强制性国家标准履行；没有强制性国家标准的，按照推荐性国家标准履行；没有推荐性国家标准的，按照行业标准履行；没有国家标准、行业标准的，按照通常标准或者符合合同目的的特定标准履行。

（二）价款或者报酬不明确的，按照订立合同时履行地的市场价格履行；依法应当执行政府定价或者政府指导价的，依照规定履行。

（三）履行地点不明确，给付货币的，在接受货币一方所在地履行；交付不动产的，在不动产所在地履行；其他标的，在履行义务一方所在地履行。

（四）履行期限不明确的，债务人可以随时履行，债权人也可以随时请求履行，但是应当给对方必要的准备时间。

（五）履行方式不明确的，按照有利于实现合同目的的方式履行。

（六）履行费用的负担不明确的，由履行义务一方负担；因债权人原因增加的履行费用，由债权人负担。

第五百一十二条 通过互联网等信息网络订立的电子合同的标的为交付商品并采用快递物流方式交付的，收货人的签收时间为交付时间。电子合同的标的为提供服务的，生成的电子凭证或者实物凭证中载明的时间为交付时间；前述凭证没有载明时间或者载明时间与实际提供服务时间不一致的，实际提供服务的时间为交付时间。

电子合同的标的为采用在线传输方式交付的，合同标的进入对方当事人指定的特定系统并且能够检索识别的时间为交付时间。

电子合同当事人对交付方式、交付时间另有约定的，按照其约定。

第五百一十三条 执行政府定价或者政府指导价的，在合同约定的交付期限内政府价格调整时，按照交付时的价格计价。逾期交付标的物的，遇价格上涨时，按照原价格执行；价格下降时，按照新价格执行。逾期提取标的物或者逾期付款的，遇价格上涨时，按照新价格执行；价格下降时，按照原价格执行。

第五百一十四条 以支付金钱为内容的债，除法律另有规定或者当事人另有约定外，债权人可以请求债务人以实际履行地的法定货币履行。

第五百一十五条 债务标的有多项而债务人只需履行其中一项的，债务人享有选择权；但是，法律另有规定、当事人另有约定或者另有交易习惯的除外。

享有选择权的当事人在约定期限内或者履行期限届满未作选择，经催告后在合理期限内仍未选择的，选择权转移至对方。

第五百一十六条 当事人行使选择权应当及时通知对方，通知到达对方时，债务标的确定。确定的债务标的不得变更，但是经对方同意的除外。

可选择的债务标的之中发生不能履行情形的，享有选择权的当事人不得选择不能履行的标的，但是该不能履行的情形是由对方造成的除外。

第五百一十七条 债权人为二人以上，标的可分，按照份额各自享有债权的，为按份债权；债务人为二人以上，标的可分，按照份额各自负担债务的，为按份债务。

按份债权人或者按份债务人的份额难以确定的，视为份额相同。

第五百一十八条 债权人为二人以上，部分或者全部债权人均可以请求债务人履行债务的，为连带债权；债务人为二人以上，债权人可以请求部分或者全部债务人履行全部债务的，为连带债务。

连带债权或者连带债务，由法律规定或者当事人约定。

第五百一十九条 连带债务人之间的份额难以确定的，视为份额相同。

实际承担债务超过自己份额的连带债务人，有权就超出部分在其他连带债务人未履行的份额范围内向其追偿，并相应地享有债权人的权利，但是不得损害债权人的利益。其他连带债务人对债权人的抗辩，可以向该债务人主张。

第五百二十条 部分连带债务人履行、抵销债务或者提存标的物的，其他债务人对债权人的债务在相应范围内消灭；该债务人可以依据前条规定向其他债务人追偿。

部分连带债务人的债务被债权人免除的，在该连带债务人应当承担的份额范围内，其他债务人对债权人的债务消灭。

部分连带债务人的债务与债权人的债权同归于一人的，在扣除该债务人应当承担的份额后，债权人对其他债务人的债权继续存在。

债权人对部分连带债务人的给付受领迟延的，对其他连带债务人发生效力。

第五百二十一条 连带债权人之间的份额难以确定的，视为份额相同。

实际受领超过自己份额的连带债权人，应当按比例向其他连带债权人返还。

连带债权参照适用本章连带债务的有关规定。但是，部分连带债权人免除债务人债务的，在扣除该连带债权人的份额后，不影响其他连带债权人的债权。

第五百二十二条 当事人约定由债务人向第三人履行债务，债务人未向第三人履行债务或者履行债务不符合约定的，应当向债权人承担违约责任。

法律规定或者当事人约定第三人可以直接请求债务人向其履行债务，第三人未在合理期限内明确拒绝，债务人未向第三人履行债务或者履行债务不符合约定的，第三人可以请求债务人承担违约责任；债务人对债权人的抗辩，可以向第三人主张。

第五百二十三条 当事人约定由第三人向债权人履行债务，第三人不履行债务或者履行债务不符合约定的，债务人应当向债权人承担违约责任。

第五百二十四条 债务人不履行债务，第三人对履行该债务具有合法利益的，第三人有权向债权人代为履行；但是，根据债务性质、按照当事人约定或者依照法律规定只能由债务人履行的除外。

债权人接受第三人履行后，其对债务人的债权转让给第三人，但是债务人和第三人另有约定的除外。

第五百二十五条 当事人互负债务，没有先后履行顺序的，应当同时履行。一方在对方履行之前有权拒绝其履行请求。一方在对方履行债务不符合约定时，有权拒绝其相应的履行请求。

第五百二十六条 当事人互负债务，有先后履行顺序，应当先履行债务一方未履行的，后履行一方有权拒绝其履行请求。先履行一方履行债务不符合约定的，后履行一方有权拒绝其相应的履行请求。

第五百二十七条 应当先履行债务的当事人，有证据证明对方有下列情形之一的，可以中止履行：

（一）经营状况严重恶化；

（二）转移财产、抽逃资金，以逃避债务；

（三）丧失商业信誉；

（四）有丧失或者可能丧失履行债务能力的其他情形。

当事人没有证据中止履行的，应当承担违约责任。

第五百二十八条 当事人依据前条规定中止履行的，应当及时通知对方。对方提供适当担保的，应当恢复履行。中止履行后，对方在合理期限内未恢复履行能力并且未提供适当担保的，视为以自己的行为表明不履行合同主要义务，中止履行的一方可以解除合同并可以请求对方承担违约责任。

第五百二十九条 债权人分立、合并或者变更住所没有通知债务人，致使履行债务发生困难的，债务人可以中止履行或者将标的物提存。

第五百三十条 债权人可以拒绝债务人提前履行债务，但是提前履行不损害债权人利益的除外。

债务人提前履行债务给债权人增加的费用，由债务人负担。

第五百三十一条 债权人可以拒绝债务人部分履行债务，但是部分履行不损害债权人利益的除外。

债务人部分履行债务给债权人增加的费用，由债务人负担。

第五百三十二条 合同生效后，当事人不得因姓名、名称的变更或者法定代表人、负责人、承办人的变动而不履行合同义务。

第五百三十三条 合同成立后，合同的基础条件发生了当事人在订立合同时无法预见的、不属于商业风险的重大变化，继续履行合同对于当事人一方明显不公平的，受不利影响的当事人可以与对方重新协商；在合理期限内协商不成的，当事人可以请求人民法院或者仲裁机构变更或者解除合同。

人民法院或者仲裁机构应当结合案件的实际情况，根据公平原则变更或者解除合同。

第五百三十四条 对当事人利用合同实施危害国家利益、社会公共利益行为的，市场监督管理和其他有关行政主管部门依照法律、行政法规的规定负责监督处理。

第五章 合同的保全

第五百三十五条 因债务人怠于行使其债权以及与该债权有关的从权利，影响债权人的到期债权实现的，债权人可以向人民法院请求以自己的名义代位行使债务人对相对人的权利，但是该权利专属于债务人自身的除外。

代位权的行使范围以债权人的到期债权为限。债权人行使代位权的必要费用，由债务人负担。

相对人对债务人的抗辩，可以向债权人主张。

第五百三十六条 债权人的债权到期前，债务人的权利存在诉讼时效期间即将届满或者未及时申报破产债权等情形，影响债权人的债权实现的，债权人可以代位向债务人的相对人请求其向债务人履行、向破产管理人申报或者作出其他必要的行为。

第五百三十七条 人民法院认定代位权成立的，由债务人的相对人向债权人履行义务，债权人接受履行后，债权人与债务人、债务人与相对人之间相应的权利义务终止。债务人对相对人的权利被采取保全、执行措施，或者债务人破产的，依照相关法律的规定处理。

第五百三十八条 债务人以放弃其债权、放弃债权担保、无偿转让财产等方式无偿处分财产权益，或者恶意延长其到期债权的履行期限，影响债权人的债权实现的，债权人可以请求人民法院撤销债务人的行为。

第五百三十九条 债务人以明显不合理的低价转让财产、以明显不合理的高价受让他人财产或者为他人的债务提供担保，影响债权人的债权实现,债务人的相对人知道或者应当知道该情形的,债权人可以请求人民法院撤销债务人的行为。

第五百四十条 撤销权的行使范围以债权人的债权为限。债权人行使撤销权的必要费用,由债务人负担。

第五百四十一条 撤销权自债权人知道或者应当知道撤销事由之日起一年内行使。自债务人的行为发生之日起五年内没有行使撤销权的,该撤销权消灭。

第五百四十二条 债务人影响债权人的债权实现的行为被撤销的,自始没有法律约束力。

第六章 合同的变更和转让

第五百四十三条 当事人协商一致,可以变更合同。

第五百四十四条 当事人对合同变更的内容约定不明确的,推定为未变更。

第五百四十五条 债权人可以将债权的全部或者部分转让给第三人,但是有下列情形之一的除外:

(一)根据债权性质不得转让;

(二)按照当事人约定不得转让;

(三)依照法律规定不得转让。

当事人约定非金钱债权不得转让的,不得对抗善意第三人。当事人约定金钱债权不得转让的,不得对抗第三人。

第五百四十六条 债权人转让债权的,应当通知债务人。未经通知,该转让对债务人不发生效力。

债权转让的通知不得撤销,但是经受让人同意的除外。

第五百四十七条 债权人转让债权的,受让人取得与债权有关的从权利,但是该从权利专属于债权人自身的除外。

受让人取得从权利不因该从权利未履行转移登记手续或者未转移占有而受到影响。

第五百四十八条 债务人接到债权转让通知后,债务人对让与人的抗辩,可以向受让人主张。

第五百四十九条 有下列情形之一的,债务人可以向受让人主张抵销:

(一)债务人接到债权转让通知时,债务人对让与人享有债权,并且债务人的债权先于转让的债权到期或者同时到期;

(二)债务人的债权与转让的债权是基于同一合同产生。

第五百五十条 因债权转让增加的履行费用,由让与人负担。

第五百五十一条 债务人将债务的全部或者部分转移给第三人的,应当经债权人同意。

债务人或者第三人可以催告债权人在合理期限内予以同意,债权人未作表示的,视为不同意。

第五百五十二条 第三人与债务人约定加入债务并通知债权人,或者第三人向债权人表示愿意加入债务,债权人未在合理期限内明确拒绝的,债权人可以请求第三人在其愿意承担的债务范围内和债务人承担连带债务。

第五百五十三条 债务人转移债务的,新债务人可以主张原债务人对债权人的抗辩;原债务人对债权人享有债权的,新债务人不得向债权人主张抵销。

第五百五十四条 债务人转移债务的,新债务人应当承担与主债务有关的从债务,但是该从债务专属于原债务人自身的除外。

第五百五十五条 当事人一方经对方同意,可以将自己在合同中的权利和义务一并转让给第三人。

第五百五十六条 合同的权利和义务一并转让的,适用债权转让、债务转移的有关规定。

第七章 合同的权利义务终止

第五百五十七条 有下列情形之一的,债权债务终止:

(一)债务已经履行;

(二)债务相互抵销;

(三)债务人依法将标的物提存;

(四)债权人免除债务;

(五)债权债务同归于一人;

(六)法律规定或者当事人约定终止的其他情形。

合同解除的,该合同的权利义务关系终止。

第五百五十八条 债权债务终止后,当事人应当遵循诚信等原则,根据交易习惯履行通知、协助、保密、旧物回收等义务。

第五百五十九条 债权债务终止时,债权的从权利同时消灭,但是法律另有规定或者当事人另有约定的除外。

第五百六十条 债务人对同一债权人负担的数个债务种类相同,债务人的给付不足以清偿全部债务的,除当事人另有约定外,由债务人在清偿时指定其履行的债务。

债务人未作指定的,应当优先履行已到期的债务;几项债务均到期的,优先履行对债权人缺乏担保或者担保最少的债务;担保数额相同的,优先履行债务负担较重的债务;负担相同的,按照债务到期的先后顺序履行;到期时间相同的,按照债务比例履行。

第五百六十一条 债务人在履行主债务外还应当支付利息和实现债权的有关费用,其给付不足以清偿全部债务的,除当事人另有约定外,应当按照下列顺序履行:

(一)实现债权的有关费用;

(二)利息;

(三)主债务。

第五百六十二条 当事人协商一致,可以解除合同。

当事人可以约定一方解除合同的事由。解除合同的事由发生时,解除权人可以解除合同。

第五百六十三条 有下列情形之一的,当事人可以解除合同:

(一)因不可抗力致使不能实现合同目的;

(二)在履行期限届满之前,当事人一方明确表示或者以自己的行为表明不履行主要债务;

(三)当事人一方迟延履行主要债务,经催告后在合理期限内仍未履行;

(四)当事人一方迟延履行债务或者有其他违约行为致使不能实现合同目的;

(五)法律规定的其他情形。

以持续履行的债务为内容的不定期合同,当事人在合理期限之前通知对方后可以解除。

第五百六十四条 法律规定或者当事人约定解除权行使期限,期限届满当事人不行使的,该权利消灭。

法律没有规定或者当事人没有约定解除权行使期限,自解除权人知道或者应当知道解除事由之日起一年内不行使,或者经对方催告后在合理期限内不行使的,该权利消灭。

第五百六十五条 当事人一方依法主张解除合同的,应当通知对方。合同自通知到达对方时解除;通知载明债务人在一定期限内不履行债务则合同自动解除,债务人在该期限内未履行债务的,合同自通知载明的期限届满时解除。对方对解除合同有异议的,任何一方当事人均可以请求人民法院或者仲裁机构确认解除行为的效力。

当事人一方未通知对方,直接以提起诉讼或者申请仲裁的方式依法主张解除合同,人民法院或者仲裁机构确认该主张的,合同自起诉状副本或者仲裁申请书副本送达对方时解除。

第五百六十六条 合同解除后,尚未履行的,终止履行;已经履行的,根据履行情况和合同性质,当事人可以请求恢复原状或者采取其他补救措施,并有权请求赔偿损失。

合同因违约解除的,解除权人可以请求违约方承担违约责任,但是当事人另有约定的除外。

主合同解除后,担保人对债务人应当承担的民事责任仍应当承担担保责任,但是担保合同另有约定的除外。

第五百六十七条 合同的权利义务关系终止,不影响合同中结算和清理条款的效力。

第五百六十八条 当事人互负债务,该债务的标的物种类、品质相同的,任何一方可以将自己的债务与对方的到期债务抵销;但是,根据债务性质、按照当事人约定或者依照法律规定不得抵销的除外。

当事人主张抵销的,应当通知对方。通知自到达对方时生效。抵销不得附条件或者附期限。

第五百六十九条 当事人互负债务,标的物种类、品质不相同的,经协商一致,也可以抵销。

第五百七十条 有下列情形之一,难以履行债务的,债务人可以将标的物提存:

(一)债权人无正当理由拒绝受领;

(二)债权人下落不明;

(三)债权人死亡未确定继承人、遗产管理人或者丧失民事行为能力未确定监护人;

(四)法律规定的其他情形。

标的物不适于提存或者提存费用过高的,债务人依法可以拍卖或者变卖标的物,提存所得的价款。

第五百七十一条 债务人将标的物或者将标的物依法拍卖、变卖所得价款交付提存部门时,提存成立。

提存成立的,视为债务人在其提存范围内已经交付标的物。

第五百七十二条 标的物提存后,债务人应当及时通知债权人或者债权人的继承人、遗产管理人、监护人、财产代管人。

第五百七十三条 标的物提存后,毁损、灭失的风险由债权人承担。提存期间,标的物的孳息归债权人所有。提存费用由债权人负担。

第五百七十四条 债权人可以随时领取提存物。但是,债权人对债务人负有到期债务的,在债权人未履行债务或者提供担保之前，提存部门根据债务人的要求应当拒绝其领取提存物。

债权人领取提存物的权利，自提存之日起五年内不行使而消灭，提存物扣除提存费用后归国家所有。但是，债权人未履行对债务人的到期债务，或者债权人向提存部门书面放弃领取提存物权利的，债务人负担提存费用后有权取回提存物。

第五百七十五条 债权人免除债务人部分或者全部债务的，债权债务部分或者全部终止，但是债务人在合理期限内拒绝的除外。

第五百七十六条 债权和债务同归于一人的，债权债务终止，但是损害第三人利益的除外。

第八章 违约责任

第五百七十七条 当事人一方不履行合同义务或者履行合同义务不符合约定的，应当承担继续履行、采取补救措施或者赔偿损失等违约责任。

第五百七十八条 当事人一方明确表示或者以自己的行为表明不履行合同义务的，对方可以在履行期限届满之前请求其承担违约责任。

第五百七十九条 当事人一方未支付价款、报酬、租金、利息，或者不履行其他金钱债务的，对方可以请求其支付。

第五百八十条 当事人一方不履行非金钱债务或者履行非金钱债务不符合约定的，对方可以请求履行，但是有下列情形之一的除外：

（一）法律上或者事实上不能履行；

（二）债务的标的不适于强制履行或者履行费用过高；

（三）债权人在合理期限内未请求履行。

第五百八十一条 当事人一方不履行债务或者履行债务不符合约定，根据债务的性质不得强制履行的，对方可以请求其负担由第三人替代履行的费用。

第五百八十二条 履行不符合约定的，应当按照当事人的约定承担违约责任。对违约责任没有约定或者约定不明确，依据本法第五百一十条的规定仍不能确定的，受损害方根据标的的性质以及损失的大小，可以合理选择请求对方承担修理、重作、更换、退货、减少价款或者报酬等违约责任。

第五百八十三条 当事人一方不履行合同义务或者履行合同义务不符合约定的，在履行义务或者采取补救措施后，对方还有其他损失的，应当赔偿损失。

第五百八十四条 当事人一方不履行合同义务或者履行合同义务不符合约定，造成对方损失的，损失赔偿额应当相当于因违约所造成的损失，包括合同履行后可以获得的利益；但是，不得超过违反合同一方订立合同时预见到或者应当预见到的因违反合同可能造成的损失。

第五百八十五条 当事人可以约定一方违约时应当根据违约情况向对方支付一定数额的违约金，也可以约定因违约产生的损失赔偿额的计算方法。

约定的违约金低于造成的损失的，人民法院或者仲裁机构可以根据当事人的请求予以增加；约定的违约金过分高于造成的损失的，人民法院或者仲裁机构可以根据当事人的请求予以适当减少。

当事人就迟延履行约定违约金的，违约方支付违约金后，还应当履行债务。

第五百八十六条 当事人可以约定一方向对方给付定金作为债权的担保。定金合同自实际交付定金时生效。

定金的数额由当事人约定，但是不得超过主合同标的额的百分之二十，超过部分不产生定金的效力。实际交付的定金数额多于或者少于约定数额的，视为变更约定的定金数额。

第五百八十七条 债务人履行债务后，定金应当抵作价款或者收回。给付定金的一方不履行债务，或者履行债务不符合约定致使不能实现合同目的的，无权请求返还定金；收受定金的一方不履行债务，或者履行债务不符合约定致使不能实现合同目的的，应当双倍返还定金。

第五百八十八条 当事人既约定违约金，又约定定金的，一方违约时，对方可以选择适用违约金或者定金条款。

约定的定金不足以弥补一方违约造成的损失的，对方可以请求赔偿超过定金数额的损失。

第五百八十九条 债务人按照约定履行债务，债权人无正当理由拒绝受领的，债务人可以请求债权人赔偿增加的费用。

在债权人受领迟延期间，债务人无须支付利息。

第五百九十条 当事人一方因不可抗力不能履行合同的，根据不可抗力的影响，部分或者全部免除责任，但是法律另有规定的除外。因不可抗力不能履行合同的，应当及时通知对方，以减轻可能给对方造成的损失，并应当在合理期限内提供证明。

当事人迟延履行后发生不可抗力的，不免除其违约责任。

第五百九十一条　当事人一方违约后，对方应当采取适当措施防止损失的扩大；没有采取适当措施致使损失扩大的，不得就扩大的损失请求赔偿。

当事人因防止损失扩大而支出的合理费用，由违约方负担。

第五百九十二条　当事人都违反合同的，应当各自承担相应的责任。

当事人一方违约造成对方损失，对方对损失的发生有过错的，可以减少相应的损失赔偿额。

第五百九十三条　当事人一方因第三人的原因造成违约的，应当依法向对方承担违约责任。当事人一方和第三人之间的纠纷，依照法律规定或者按照约定处理。

第五百九十四条　因国际货物买卖合同和技术进出口合同争议提起诉讼或者申请仲裁的时效期间为四年。

第二分编　典型合同

第九章　买卖合同

第五百九十五条　买卖合同是出卖人转移标的物的所有权于买受人，买受人支付价款的合同。

第五百九十六条　买卖合同的内容一般包括标的物名称、数量、质量、价款，履行期限、履行地点和方式、包装方式、检验标准和方法、结算方式、合同使用的文字及其效力等条款。

第五百九十七条　因出卖人未取得处分权致使标的物所有权不能转移的，买受人可以解除合同并请求出卖人承担违约责任。

法律、行政法规禁止或者限制转让的标的物，依照其规定。

第五百九十八条　出卖人应当履行向买受人交付标的物或者交付提取标的物的单证，并转移标的物所有权的义务。

第五百九十九条　出卖人应当按照约定或者交易习惯向买受人交付提取标的物单证以外的有关单证和资料。

第六百条　出卖具有知识产权的标的物的，除法律另有规定或者当事人另有约定外，该标的物的知识产权不属于买受人。

第六百零一条　出卖人应当按照约定的期限交付标的物。约定交付期间的，出卖人可以在该交付期间内的任何时间交付。

第六百零二条　当事人没有约定标的物的交付期限或者约定不明确的，适用本法第五百一十条、第五百一十一条第四项的规定。

第六百零三条　出卖人应当按照约定的地点交付标的物。

当事人没有约定交付地点或者约定不明确，依据本法第五百一十条的规定仍不能确定的，适用下列规定：

（一）标的物需要运输的，出卖人应当将标的物交付给第一承运人以运交给买受人；

（二）标的物不需要运输，出卖人和买受人订立合同时知道标的物在某一地点的，出卖人应当在该地点交付标的物；不知道标的物在某一地点的，应当在出卖人订立合同时的营业地交付标的物。

第六百零四条　标的物毁损、灭失的风险，在标的物交付之前由出卖人承担，交付之后由买受人承担，但是法律另有规定或者当事人另有约定的除外。

出卖人按照约定将标的物运送至买受人指定地点并交付给承运人后，标的物毁损、灭失的风险由买受人承担，但是当事人另有约定的除外。

第六百零五条　因买受人的原因致使标的物未按照约定的期限交付的，买受人应当自违反约定时起承担标的物毁损、灭失的风险。

第六百零六条　出卖人出卖交由承运人运输的在途标的物，除当事人另有约定外，毁损、灭失的风险自合同成立时起由买受人承担。

第六百零七条　当事人没有约定交付地点或者约定不明确，依据本法第六百零三条第二款第一项的规定标的物需要运输的，出卖人将标的物交付给第一承运人后，标的物毁损、灭失的风险由买受人承担。

第六百零八条　出卖人按照约定或者依据本法第六百零三条第二款第二项的规定将标的物置于交付地点，买受人违反约定没有收取的，标的物毁损、灭失的风险自违反约定时起由买受人承担。

第六百零九条　出卖人按照约定未交付有关标的物的单证和资料的，不影响标的物毁损、灭失风险的转移。

第六百一十条　因标的物不符合质量要求，致使不能实现合同目的的，买受人可以拒绝接受标的物或者解除合同。买受人拒绝接受标的物或者解除合同的，标的物毁损、灭失的风险由出卖人承担。

第六百一十一条　标的物毁损、灭失的风险由买受人承担的，不影响因出卖人履行债务不符合约定，买受人请求其承担违约责任的权利。

第六百一十二条 出卖人就交付的标的物，负有保证第三人对该标的物不享有任何权利的义务，但是法律另有规定的除外。

第六百一十三条 买受人订立合同时知道或者应当知道第三人对买卖的标的物享有权利的，出卖人不承担前条规定的义务。

第六百一十四条 买受人有证据证明第三人对标的物享有权利的，可以中止支付相应的价款，但是出卖人提供适当担保的除外。

第六百一十五条 出卖人应当按照约定的质量要求交付标的物。出卖人提供有关标的物质量说明的，交付的标的物应当符合该说明的质量要求。

第六百一十六条 当事人对标的物的质量要求没有约定或者约定不明确，依据本法第五百一十条的规定仍不能确定的，适用本法第五百一十一条第一项的规定。

第六百一十七条 出卖人交付的标的物不符合质量要求的，买受人可以依据本法第五百八十二条至第五百八十四条的规定请求承担违约责任。

第六百一十八条 当事人约定减轻或者免除出卖人对标的物瑕疵承担的责任，因出卖人故意或者重大过失不告知买受人标的物瑕疵的，出卖人无权主张减轻或者免除责任。

第六百一十九条 出卖人应当按照约定的包装方式交付标的物。对包装方式没有约定或者约定不明确，依据本法第五百一十条的规定仍不能确定的，应当按照通用的方式包装；没有通用方式的，应当采取足以保护标的物的包装方式。

第六百二十条 买受人收到标的物时应当在约定的检验期间内检验。没有约定检验期间的，应当及时检验。

第六百二十一条 当事人约定检验期间的，买受人应当在检验期间内将标的物的数量或者质量不符合约定的情形通知出卖人。买受人怠于通知的，视为标的物的数量或者质量符合约定。

当事人没有约定检验期间的，买受人应当在发现或者应当发现标的物的数量或者质量不符合约定的合理期间内通知出卖人。买受人在合理期间内未通知或者自收到标的物之日起二年内未通知出卖人的，视为标的物的数量或者质量符合约定；但是，对标的物有质量保证期的，适用质量保证期，不适用该二年的规定。

出卖人知道或者应当知道提供的标的物不符合约定的，买受人不受前两款规定的通知时间的限制。

第六百二十二条 当事人约定的检验期间过短，根据标的物的性质和交易习惯，买受人在检验期间内难以完成全面检验的，该期间仅视为买受人对外观瑕疵提出异议的期间。

约定的检验期间或者质量保证期间短于法律、行政法规规定期间的，应当以法律、行政法规规定的期间为准。

第六百二十三条 当事人对检验期间未作约定，买受人签收的送货单、确认单等载明标的物数量、型号、规格的，推定买受人已经对数量和外观瑕疵进行检验，但是有相关证据足以推翻的除外。

第六百二十四条 出卖人依照买受人的指示向第三人交付标的物，出卖人和买受人约定的检验标准与买受人和第三人约定的检验标准不一致的，以出卖人和买受人约定的检验标准为准。

第六百二十五条 依照法律、行政法规的规定或者按照当事人的约定，标的物在有效使用年限届满后应予回收的，出卖人负有自行或者委托他人对标的物予以回收的义务。

第六百二十六条 买受人应当按照约定的数额和支付方式支付价款。对价款的数额和支付方式没有约定或者约定不明确的，适用本法第五百一十条、第五百一十一条第二项和第五项的规定。

第六百二十七条 买受人应当按照约定的地点支付价款。对支付地点没有约定或者约定不明确，依据本法第五百一十条的规定仍不能确定的，买受人应当在出卖人的营业地支付；但是，约定支付价款以交付标的物或者交付提取标的物单证为条件的，在交付标的物或者交付提取标的物单证的所在地支付。

第六百二十八条 买受人应当按照约定的时间支付价款。对支付时间没有约定或者约定不明确，依据本法第五百一十条的规定仍不能确定的，买受人应当在收到标的物或者提取标的物单证的同时支付。

第六百二十九条 出卖人多交标的物的，买受人可以接收或者拒绝接收多交的部分。买受人接收多交部分的，按照约定的价格支付价款；买受人拒绝接收多交部分的，应当及时通知出卖人。

第六百三十条 标的物在交付之前产生的孳息，归出卖人所有；交付之后产生的孳息，归买受人所有。但是当事人另有约定的除外。

第六百三十一条 因标的物的主物不符合约定而解除合同的，解除合同的效力及于从物。因标的物的从物不符合约定被解除的，解除的效力不及于主物。

第六百三十二条 标的物为数物，其中一物不符合约定的，买受人可以就该物解除。但是，该物与他物分离使标的物的价值显受损害的，当事人可以就数物解除合同。

第六百三十三条 出卖人分批交付标的物的，出卖人对其中一批标的物不交付或者交付不符合约定，致使该批标的物不能实现合同目的的，买受人可以就该批标的物解除。

出卖人不交付其中一批标的物或者交付不符合约定，致使之后其他各批标的物的交付不能实现合同目的的，买受人可以就该批以及之后其他各批标的物解除。

买受人如果就其中一批标的物解除，该批标的物与其他各批标的物相互依存的，可以就已经交付和未交付的各批标的物解除。

第六百三十四条 分期付款的买受人未支付到期价款的数额达到全部价款的五分之一，经催告后在合理期限内仍未支付到期价款的，出卖人可以请求买受人支付全部价款或者解除合同。

出卖人解除合同的，可以向买受人请求支付该标的物的使用费。

第六百三十五条 凭样品买卖的当事人应当封存样品，并可以对样品质量予以说明。出卖人交付的标的物应当与样品及其说明的质量相同。

第六百三十六条 凭样品买卖的买受人不知道样品有隐蔽瑕疵的，即使交付的标的物与样品相同，出卖人交付的标的物的质量仍然应当符合同种物的通常标准。

第六百三十七条 试用买卖的当事人可以约定标的物的试用期间。对试用期间没有约定或者约定不明确，依据本法第五百一十条的规定仍不能确定的，由出卖人确定。

第六百三十八条 试用买卖的买受人在试用期内可以购买标的物，也可以拒绝购买。试用期间届满，买受人对是否购买标的物未作表示的，视为购买。

试用买卖的买受人在试用期内已经支付部分价款或者对标的物实施出卖、出租、设立担保物权等行为的，视为同意购买。

第六百三十九条 试用买卖的当事人对标的物使用费没有约定或者约定不明确的，出卖人无权请求买受人支付。

第六百四十条 标的物在试用期内毁损、灭失的风险由出卖人承担。

第六百四十一条 当事人可以在买卖合同中约定买受人未履行支付价款或者其他义务的，标的物的所有权属于出卖人。

出卖人对标的物保留的所有权，未经登记，不得对抗善意第三人。

第六百四十二条 当事人约定出卖人保留合同标的物的所有权，在标的物所有权转移前，买受人有下列情形之一，造成出卖人损害的，除当事人另有约定外，出卖人有权取回标的物：

（一）未按照约定支付价款，经催告后在合理期限内仍未支付；

（二）未按照约定完成特定条件；

（三）将标的物出卖、出质或者作出其他不当处分。

出卖人可以与买受人协商取回标的物；协商不成的，可以参照适用担保物权的实现程序。

取回的标的物价值明显减少的，出卖人有权请求买受人赔偿损失。

第六百四十三条 出卖人依据前条第一款的规定取回标的物后，买受人在双方约定或者出卖人指定的合理回赎期限内，消除出卖人取回标的物的事由的，可以请求回赎标的物。

买受人在回赎期限内没有回赎标的物，出卖人可以以合理价格出卖标的物，出卖所得价款扣除原买受人未支付的价款及必要费用后仍有剩余的，应当返还原买受人；不足部分由原买受人清偿。

第六百四十四条 招标投标买卖的当事人的权利和义务以及招标投标程序等，依照有关法律、行政法规的规定。

第六百四十五条 拍卖的当事人的权利和义务以及拍卖程序等，依照有关法律、行政法规的规定。

第六百四十六条 法律对其他有偿合同有规定的，依照其规定；没有规定的，参照适用买卖合同的有关规定。

第六百四十七条 当事人约定易货交易，转移标的物的所有权的，参照适用买卖合同的有关规定。

第十章 供用电、水、气、热力合同

第六百四十八条 供用电合同是供电人向用电人供电，用电人支付电费的合同。

向社会公众供电的供电人，不得拒绝用电人合理的订立合同要求。

第六百四十九条 供用电合同的内容一般包括供电的方式、质量、时间,用电容量、地址、性质,计量方式,电价、电费的结算方式,供用电设施的维护责任等条款。

第六百五十条 供用电合同的履行地点,按照当事人约定;当事人没有约定或者约定不明确的,供电设施的产权分界处为履行地点。

第六百五十一条 供电人应当按照国家规定的供电质量标准和约定安全供电。供电人未按照国家规定的供电质量标准和约定安全供电,造成用电人损失的,应当承担赔偿责任。

第六百五十二条 供电人因供电设施计划检修、临时检修、依法限电或者用电人违法用电等原因,需要中断供电时,应当按照国家有关规定事先通知用电人。未事先通知用电人中断供电,造成用电人损失的,应当承担赔偿责任。

第六百五十三条 因自然灾害等原因断电,供电人应当按照国家有关规定及时抢修。未及时抢修,造成用电人损失的,应当承担赔偿责任。

第六百五十四条 用电人应当按照国家有关规定和当事人的约定及时支付电费。用电人逾期不支付电费的,应当按照约定支付违约金。经催告用电人在合理期限内仍不支付电费和违约金的,供电人可以按照国家规定的程序中止供电。

供电人依照前款规定中止供电的,应当事先通知用电人。

第六百五十五条 用电人应当按照国家有关规定和当事人的约定安全、节约和计划用电。用电人未按照国家有关规定和当事人的约定安全用电,造成供电人损失的,应当承担赔偿责任。

第六百五十六条 供用水、供用气、供用热力合同,参照适用供用电合同的有关规定。

第十一章 赠与合同

第六百五十七条 赠与合同是赠与人将自己的财产无偿给予受赠人,受赠人表示接受赠与的合同。

第六百五十八条 赠与人在赠与财产的权利转移之前可以撤销赠与。

经过公证的赠与合同或者依法不得撤销的具有救灾、扶贫、助残等公益、道德义务性质的赠与合同,不适用前款规定。

第六百五十九条 赠与的财产依法需要办理登记或者其他手续的,应当办理有关手续。

第六百六十条 经过公证的赠与合同或者依法不得撤销的具有救灾、扶贫、助残等公益、道德义务性质的赠与合同,赠与人不交付赠与财产的,受赠人可以请求交付。

依照前款规定应当交付的赠与财产因赠与人故意或者重大过失致使毁损、灭失的,赠与人应当承担赔偿责任。

第六百六十一条 赠与可以附义务。

赠与附义务的,受赠人应当按照约定履行义务。

第六百六十二条 赠与的财产有瑕疵的,赠与人不承担责任。附义务的赠与,赠与的财产有瑕疵的,赠与人在附义务的限度内承担与出卖人相同的责任。

赠与人故意不告知瑕疵或者保证无瑕疵,造成受赠人损失的,应当承担赔偿责任。

第六百六十三条 受赠人有下列情形之一的,赠与人可以撤销赠与:

(一)严重侵害赠与人或者赠与人近亲属的合法权益;

(二)对赠与人有扶养义务而不履行;

(三)不履行赠与合同约定的义务。

赠与人的撤销权,自知道或者应当知道撤销事由之日起一年内行使。

第六百六十四条 因受赠人的违法行为致使赠与人死亡或者丧失民事行为能力的,赠与人的继承人或者法定代理人可以撤销赠与。

赠与人的继承人或者法定代理人的撤销权,自知道或者应当知道撤销事由之日起六个月内行使。

第六百六十五条 撤销权人撤销赠与的,可以向受赠人请求返还赠与的财产。

第六百六十六条 赠与人的经济状况显著恶化,严重影响其生产经营或者家庭生活的,可以不再履行赠与义务。

第十二章 借款合同

第六百六十七条 借款合同是借款人向贷款人借款,到期返还借款并支付利息的合同。

第六百六十八条 借款合同应当采用书面形式,但是自然人之间借款另有约定的除外。

借款合同的内容一般包括借款种类、币种、用途、数额、利率、期限和还款方式等条款。

第六百六十九条 订立借款合同,借款人应当按照贷款人的要求提供与借款有关的业务活动和财务状况的真实情况。

第六百七十条　借款的利息不得预先在本金中扣除。利息预先在本金中扣除的，应当按照实际借款数额返还借款并计算利息。

第六百七十一条　贷款人未按照约定的日期、数额提供借款，造成借款人损失的，应当赔偿损失。

借款人未按照约定的日期、数额收取借款的，应当按照约定的日期、数额支付利息。

第六百七十二条　贷款人按照约定可以检查、监督借款的使用情况。借款人应当按照约定向贷款人定期提供有关财务会计报表或者其他资料。

第六百七十三条　借款人未按照约定的借款用途使用借款的，贷款人可以停止发放借款、提前收回借款或者解除合同。

第六百七十四条　借款人应当按照约定的期限支付利息。对支付利息的期限没有约定或者约定不明确，依据本法第五百一十条的规定仍不能确定，借款期间不满一年的，应当在返还借款时一并支付；借款期间一年以上的，应当在每届满一年时支付，剩余期间不满一年的，应当在返还借款时一并支付。

第六百七十五条　借款人应当按照约定的期限返还借款。对借款期限没有约定或者约定不明确，依据本法第五百一十条的规定仍不能确定的，借款人可以随时返还；贷款人可以催告借款人在合理期限内返还。

第六百七十六条　借款人未按照约定的期限返还借款的，应当按照约定或者依照国家有关规定支付逾期利息。

第六百七十七条　借款人提前偿还借款的，除当事人另有约定外，应当按照实际借款的期间计算利息。

第六百七十八条　借款人可以在还款期限届满之前向贷款人申请展期。贷款人同意的，可以展期。

第六百七十九条　自然人之间的借款合同，自贷款人提供借款时生效。

第六百八十条　禁止高利放贷，借款的利率不得违反国家有关规定。

借款合同对支付利息没有约定的，视为没有利息。

借款合同对支付利息约定不明确，当事人不能达成补充协议的，按照当地或者当事人的交易方式、交易习惯、市场利率等因素确定利息；自然人之间借款的，视为没有利息。

第十三章　保证合同

第一节　一般规定

第六百八十一条　保证合同是为保障债权的实现，保证人和债权人约定，当债务人不履行到期债务或者发生当事人约定的情形时，保证人履行债务或者承担责任的合同。

第六百八十二条　保证合同是主债权债务合同的从合同。主债权债务合同无效，保证合同无效，但是法律另有规定的除外。

保证合同被确认无效后，债务人、保证人、债权人有过错的，应当根据其过错各自承担相应的民事责任。

第六百八十三条　机关法人不得为保证人，但是经国务院批准为使用外国政府或者国际经济组织贷款进行转贷的除外。

以公益为目的的非营利法人、非法人组织不得为保证人。

第六百八十四条　保证合同的内容一般包括被保证的主债权的种类、数额，债务人履行债务的期限，保证的方式、范围和期间等条款。

第六百八十五条　保证合同可以是单独订立的书面合同，也可以是主债权债务合同中的保证条款。

第三人单方以书面形式向债权人作出保证的，债权人接收且未提出异议的，保证合同成立。

第六百八十六条　保证的方式包括一般保证和连带责任保证。

当事人在保证合同中对保证方式没有约定或者约定不明确的，按照一般保证承担保证责任。

第六百八十七条　当事人在保证合同中约定，债务人不能履行债务时，由保证人承担保证责任的，为一般保证。

一般保证的保证人在就债务人的财产依法强制执行仍不能履行债务前，有权拒绝承担保证责任，但是有下列情形之一的除外：

（一）债务人下落不明，且无财产可供执行；

（二）人民法院受理债务人破产案件；

（三）债权人有证据证明债务人的财产不足以履行全部债务或者丧失履行债务能力；

（四）保证人书面放弃本款规定的权利。

第六百八十八条　当事人在保证合同中约定保证人和债务人对债务承担连带责任的，为连带责任保证。

连带责任保证的债务人不履行到期债务或者发生当事人约定的情形时，债权人可以请求债务人履行债务，也可以请求保证人在其保证范围内承担保证责任。

第六百八十九条 保证人可以要求债务人提供反担保。

第六百九十条 保证人与债权人可以协商订立最高额保证合同，约定在最高债权额限度内就一定期间连续发生的债权提供保证。

最高额保证合同除适用本章规定外，参照适用物权编最高额抵押权的有关规定。

第二节 保证责任

第六百九十一条 保证的范围包括主债权及其利息、违约金、损害赔偿金和实现债权的费用。当事人另有约定的，按照其约定。

第六百九十二条 保证期间是保证人承担保证责任的期间，不发生中止、中断和延长。

债权人与保证人可以约定保证期间，但是约定的保证期间早于主债务履行期限或者与主债务履行期限同时届满的，视为没有约定；没有约定或者约定不明确的，保证期间为主债务履行期限届满之日起六个月。

债权人与债务人对主债务履行期限没有约定或者约定不明确的，保证期间自债权人请求债务人履行债务的宽限期届满之日起计算。

第六百九十三条 一般保证的债权人未在保证期间内对债务人提起诉讼或者申请仲裁的，保证人不再承担保证责任。

连带责任保证的债权人未在保证期间对保证人主张承担保证责任的，保证人不再承担保证责任。

第六百九十四条 一般保证的债权人在保证期间届满前对债务人提起诉讼或者申请仲裁的，从保证人拒绝承担保证责任的权利消灭之日起，开始计算保证债务的诉讼时效。

连带责任保证的债权人在保证期间届满前请求保证人承担保证责任的，从债权人请求保证人承担保证责任之日起，开始计算保证债务的诉讼时效。

第六百九十五条 债权人和债务人未经保证人书面同意，协商变更主债权债务合同内容，减轻债务的，保证人仍对变更后的债务承担保证责任；加重债务的，保证人对加重的部分不承担保证责任。

债权人与债务人对主债权债务合同履行期限作了变更，未经保证人书面同意的，保证期间不受影响。

第六百九十六条 债权人将全部或者部分债权转让给第三人，通知保证人后，保证人对受让人承担相应的保证责任。未经通知，该转让对保证人不发生效力。

保证人与债权人约定仅对特定的债权人承担保证责任或者禁止债权转让，债权人未经保证人书面同意转让全部或者部分债权的，保证人就受让人的债权不再承担保证责任。

第六百九十七条 债权人未经保证人书面同意，允许债务人转移全部或者部分债务，保证人对未经其同意转移的债务不再承担保证责任，但是债权人和保证人另有约定的除外。

第三人加入债务的，保证人的保证责任不受影响。

第六百九十八条 一般保证的保证人在主债务履行期限届满后，向债权人提供债务人可供执行财产的真实情况，债权人放弃或者怠于行使权利致使该财产不能被执行的，保证人在其提供可供执行财产的价值范围内不再承担保证责任。

第六百九十九条 同一债务有两个以上保证人的，保证人应当按照保证合同约定的保证份额，承担保证责任；没有约定保证份额的，债权人可以请求任何一个保证人在其保证范围内承担保证责任。

第七百条 保证人承担保证责任后，除当事人另有约定外，有权在其承担保证责任的范围内向债务人追偿，享有债权人对债务人的权利，但是不得损害债权人的利益。

第七百零一条 保证人可以主张债务人对债权人的抗辩。债务人放弃抗辩的，保证人仍有权向债权人主张抗辩。

第七百零二条 债务人对债权人享有抵销权或者撤销权的，保证人可以在相应范围内拒绝承担保证责任。

第十四章 租赁合同

第七百零三条 租赁合同是出租人将租赁物交付承租人使用、收益，承租人支付租金的合同。

第七百零四条 租赁合同的内容一般包括租赁物的名称、数量、用途、租赁期限、租金及其支付期限和方式、租赁物维修等条款。

第七百零五条 租赁期限不得超过二十年。超过二十年的，超过部分无效。

租赁期间届满，当事人可以续订租赁合同；但是,约定的租赁期限自续订之日起不得超过二十年。

第七百零六条　当事人未依照法律、行政法规规定办理租赁合同登记备案手续的,不影响合同的效力。

第七百零七条　租赁期限六个月以上的,应当采用书面形式。当事人未采用书面形式,无法确定租赁期限的,视为不定期租赁。

第七百零八条　出租人应当按照约定将租赁物交付承租人,并在租赁期间保持租赁物符合约定的用途。

第七百零九条　承租人应当按照约定的方法使用租赁物。对租赁物的使用方法没有约定或者约定不明确,依据本法第五百一十条的规定仍不能确定的,应当根据租赁物的性质使用。

第七百一十条　承租人按照约定的方法或者根据租赁物的性质使用租赁物,致使租赁物受到损耗的,不承担赔偿责任。

第七百一十一条　承租人未按照约定的方法或者根据租赁物的性质使用租赁物,致使租赁物受到损失的,出租人可以解除合同并请求赔偿损失。

第七百一十二条　出租人应当履行租赁物的维修义务,但是当事人另有约定的除外。

第七百一十三条　承租人在租赁物需要维修时可以请求出租人在合理期限内维修。出租人未履行维修义务的,承租人可以自行维修,维修费用由出租人负担。因维修租赁物影响承租人使用的,应当相应减少租金或者延长租期。

因承租人的过错致使租赁物需要维修的,出租人不承担前款规定的责任。

第七百一十四条　承租人应当妥善保管租赁物,因保管不善造成租赁物毁损、灭失的,应当承担赔偿责任。

第七百一十五条　承租人经出租人同意,可以对租赁物进行改善或者增设他物。

承租人未经出租人同意,对租赁物进行改善或者增设他物的,出租人可以请求承租人恢复原状或者赔偿损失。

第七百一十六条　承租人经出租人同意,可以将租赁物转租给第三人。承租人转租的,承租人与出租人之间的租赁合同继续有效;第三人造成租赁物损失的,承租人应当赔偿损失。

承租人未经出租人同意转租的,出租人可以解除合同。

第七百一十七条　承租人经出租人同意将租赁物转租给第三人,转租期限超过承租人剩余租赁期限的,超过部分的约定对出租人不具有法律约束力,但是出租人与承租人另有约定的除外。

第七百一十八条　出租人知道或者应当知道承租人转租,但是在六个月内未提出异议的,视为出租人同意转租。

第七百一十九条　承租人拖欠租金的,次承租人可以代承租人支付其欠付的租金和违约金,但是转租合同对出租人不具有法律约束力的除外。

次承租人代为支付的租金和违约金,可以折抵次承租人应当向承租人支付的租金;超出其应付的租金数额的,可以向承租人追偿。

第七百二十条　在租赁期间因占有、使用租赁物获得的收益,归承租人所有,但是当事人另有约定的除外。

第七百二十一条　承租人应当按照约定的期限支付租金。对支付租金的期限没有约定或者约定不明确,依据本法第五百一十条的规定仍不能确定,租赁期间不满一年的,应当在租赁期间届满时支付;租赁期间一年以上的,应当在每届满一年时支付,剩余期间不满一年的,应当在租赁期间届满时支付。

第七百二十二条　承租人无正当理由未支付或者迟延支付租金的,出租人可以请求承租人在合理期限内支付;承租人逾期不支付的,出租人可以解除合同。

第七百二十三条　因第三人主张权利,致使承租人不能对租赁物使用、收益的,承租人可以请求减少租金或者不支付租金。

第三人主张权利的,承租人应当及时通知出租人。

第七百二十四条　有下列情形之一,因出租人原因致使租赁物无法使用的,承租人可以解除合同:

(一)租赁物被司法机关或者行政机关依法查封;

(二)租赁物权属有争议;

(三)租赁物具有违反法律、行政法规关于使用条件强制性规定情形。

第七百二十五条　租赁物在承租人依据租赁合同占有期间发生所有权变动的,不影响租赁合同的效力。

第七百二十六条　出租人出卖租赁房屋的,应当在出卖之前的合理期限内通知承租人,承租人享有以同等条件优先购买的权利;但是,房屋共有人行使优先购买权或者出租人将房屋出卖给近亲属的除外。

出租人履行通知义务后，承租人在十五日内未明确表示购买的，视为承租人放弃优先购买权。

第七百二十七条 出租人委托拍卖人拍卖租赁房屋的，应当在拍卖五日前通知承租人。承租人未参加拍卖的，视为放弃优先购买权。

第七百二十八条 出租人未通知承租人或者有其他妨害承租人行使优先购买权情形的，承租人可以请求出租人承担损害赔偿责任。但是，出租人与第三人订立的房屋买卖合同的效力不受影响。

第七百二十九条 因不可归责于承租人的事由，致使租赁物部分或者全部毁损、灭失的，承租人可以请求减少租金或者不支付租金；因租赁物部分或者全部毁损、灭失，致使不能实现合同目的的，承租人可以解除合同。

第七百三十条 当事人对租赁期限没有约定或者约定不明确，依据本法第五百一十条的规定仍不能确定的，视为不定期租赁。当事人可以随时解除合同，但是应当在合理期限之前通知对方。

第七百三十一条 租赁物危及承租人的安全或者健康的，即使承租人订立合同时明知该租赁物质量不合格，承租人仍然可以随时解除合同。

第七百三十二条 承租人在房屋租赁期间死亡的，与其生前共同居住的人或者共同经营人可以按照原租赁合同租赁该房屋。

第七百三十三条 租赁期间届满，承租人应当返还租赁物。返还的租赁物应当符合按照约定或者根据租赁物的性质使用后的状态。

第七百三十四条 租赁期间届满，承租人继续使用租赁物，出租人没有提出异议的，原租赁合同继续有效，但是租赁期限为不定期。

租赁期间届满，房屋承租人享有以同等条件优先承租的权利。

第十五章 融资租赁合同

第七百三十五条 融资租赁合同是出租人根据承租人对出卖人、租赁物的选择，向出卖人购买租赁物，提供给承租人使用，承租人支付租金的合同。

承租人将其自有物出卖给出租人，再通过融资租赁合同将租赁物从出租人处租回的，承租人和出卖人系同一人不影响融资租赁合同的成立。

第七百三十六条 当事人以虚构租赁物等方式订立融资租赁合同掩盖非法目的的，融资租赁合同无效。

第七百三十七条 融资租赁合同的内容一般包括租赁物名称、数量、规格、技术性能、检验方法、租赁期限、租金构成及其支付期限和方式、币种、租赁期间届满租赁物的归属等条款。

融资租赁合同应当采用书面形式。

第七百三十八条 依照法律、行政法规的规定，承租人对于租赁物的经营使用应当取得行政许可的，出租人未取得行政许可不影响融资租赁合同的效力。

第七百三十九条 出租人根据承租人对出卖人、租赁物的选择订立的买卖合同，出卖人应当按照约定向承租人交付标的物，承租人享有与受领标的物有关的买受人的权利。

第七百四十条 出卖人违反向承租人交付标的物的义务，有下列情形之一的，承租人可以拒绝受领出卖人向其交付的租赁物：

（一）租赁物严重不符合约定；

（二）未按照约定交付租赁物，经承租人或者出租人催告后在合理期限内仍未交付。

承租人拒绝受领租赁物的，应当及时通知出租人。

第七百四十一条 出租人、出卖人、承租人可以约定，出卖人不履行买卖合同义务的，由承租人行使索赔的权利。承租人行使索赔权利的，出租人应当协助。

第七百四十二条 承租人对出卖人行使索赔权利，不影响其履行支付租金的义务。但是，承租人依赖出租人的技能确定租赁物或者出租人干预选择租赁物的，承租人可以请求减免相应租金。

第七百四十三条 出租人有下列情形之一，致使承租人对出卖人行使索赔权利失败的，承租人有权请求出租人承担相应的责任：

（一）明知租赁物有质量瑕疵而不告知承租人；

（二）承租人行使索赔权利时，未及时提供必要协助。

出租人怠于行使只能由其对出卖人行使的索赔权利，造成承租人损失的，承租人有权请求出租人承担赔偿责任。

第七百四十四条 出租人根据承租人对出卖人、租赁物的选择订立的买卖合同，未经承租人同意，出租人不得变更与承租人有关的合同内容。

第七百四十五条 出租人对租赁物享有的所有权，未经登记，不得对抗善意第三人。

第七百四十六条 融资租赁合同的租金，除当事人另有约定外，应当根据购买租赁物的大部分或者全部成本以及出租人的合理利润确定。

第七百四十七条　租赁物不符合约定或者不符合使用目的的，出租人不承担责任。但是，承租人依赖出租人的技能确定租赁物或者出租人干预选择租赁物的除外。

第七百四十八条　出租人应当保证承租人对租赁物的占有和使用。

出租人有下列情形之一的，承租人有权请求其赔偿损失：

（一）无正当理由收回租赁物；

（二）无正当理由妨碍、干扰承租人对租赁物的占有和使用；

（三）因出租人的原因致使第三人对租赁物主张权利；

（四）不当影响承租人对租赁物占有和使用的其他情形。

第七百四十九条　承租人占有租赁物期间，租赁物造成第三人的人身损害或者财产损失的，出租人不承担责任。

第七百五十条　承租人应当妥善保管、使用租赁物。

承租人应当履行占有租赁物期间的维修义务。

第七百五十一条　承租人占有租赁物期间，租赁物毁损、灭失的，出租人有权请求承租人继续支付租金，但是法律另有规定或者当事人另有约定的除外。

第七百五十二条　承租人应当按照约定支付租金。承租人经催告后在合理期限内仍不支付租金的，出租人可以请求支付全部租金；也可以解除合同，收回租赁物。

第七百五十三条　承租人未经出租人同意，将租赁物转让、抵押、质押、投资入股或者以其他方式处分的，出租人可以解除融资租赁合同。

第七百五十四条　有下列情形之一的，出租人或者承租人可以解除融资租赁合同：

（一）出租人与出卖人订立的买卖合同解除、被确认无效或者被撤销，且未能重新订立买卖合同；

（二）租赁物因不可归责于当事人的原因毁损、灭失，且不能修复或者确定替代物；

（三）因出卖人的原因致使融资租赁合同的目的不能实现。

第七百五十五条　融资租赁合同因买卖合同解除、被确认无效或者被撤销而解除，出卖人及租赁物系由承租人选择的，出租人有权请求承租人赔偿相应损失。出租人的损失已经在买卖合同解除、被确认无效或者被撤销时获得赔偿的，承租人不再承担相应的赔偿责任。

第七百五十六条　融资租赁合同因租赁物交付承租人后意外毁损、灭失等不可归责于当事人的原因解除的，出租人可以请求承租人按照租赁物折旧情况给予补偿。

第七百五十七条　出租人和承租人可以约定租赁期间届满租赁物的归属。对租赁物的归属没有约定或者约定不明确，依据本法第五百一十条的规定仍不能确定的，租赁物的所有权归出租人。

第七百五十八条　当事人约定租赁期间届满租赁物归承租人所有，承租人已经支付大部分租金，但是无力支付剩余租金，出租人因此解除合同收回租赁物的，收回的租赁物的价值超过承租人欠付的租金以及其他费用的，承租人可以请求部分返还。

当事人约定租赁期间届满租赁物归出租人所有，因租赁物毁损、灭失或者附合、混合于他物致使承租人不能返还的，出租人有权请求承租人给予合理补偿。

第七百五十九条　当事人约定租赁期间届满，承租人仅需向出租人支付象征性价款的，视为约定的租金义务履行完毕后租赁物的所有权归承租人。

第七百六十条　融资租赁合同无效，当事人就该情形下租赁物的归属有约定的，按照其约定；没有约定或者约定不明确的，租赁物应当返还出租人。但是，因承租人原因致使合同无效，出租人不请求返还或者返还后会显著降低租赁物效用的，租赁物的所有权归承租人，由承租人给予出租人合理补偿。

第十六章　保理合同

第七百六十一条　保理合同是应收账款债权人将现有的或者将有的应收账款转让给保理人，保理人提供资金融通、应收账款管理或者催收、应收账款债务人付款担保等服务的合同。

第七百六十二条　保理合同的内容一般包括业务类型、服务范围、服务期限、基础交易合同情况、应收账款信息、转让价款、服务报酬及其支付方式等条款。

保理合同应当采用书面形式。

第七百六十三条　应收账款债权人与债务人虚构应收账款作为转让标的，与保理人订立保理合同的,应收账款债务人不得以应收账款不存在为由对抗保理人,但是保理人明知虚构的除外。

第七百六十四条 保理人向应收账款债务人发出应收账款转让通知的,应当表明保理人身份并附有必要凭证。

第七百六十五条 应收账款债务人接到应收账款转让通知后,应收账款债权人和债务人无正当理由协商变更或者终止基础交易合同,对保理人产生不利影响的,对保理人不发生效力。

第七百六十六条 当事人约定有追索权保理的,保理人可以向应收账款债权人主张返还保理融资款本息或者回购应收账款债权,也可以向应收账款债务人主张应收账款债权。保理人向应收账款债务人主张应收账款债权,在扣除保理融资款本息和相关费用后有剩余的,剩余部分应当返还给应收账款债权人。

第七百六十七条 当事人约定无追索权保理的,保理人应当向应收账款债务人主张应收账款债权,保理人取得超过保理融资款本息和相关费用的部分,无需向应收账款债权人返还。

第七百六十八条 应收账款债权人就同一应收账款订立多个保理合同,致使多个保理人主张权利的,已登记的先于未登记的受偿;均已登记的,按照登记的先后顺序受偿;均未登记的,由最先到达应收账款债务人的转让通知中载明的保理人受偿;既未登记也未通知的,按照应收账款比例清偿。

第七百六十九条 本章没有规定的,适用本编第六章债权转让的有关规定。第十七章承揽合同

第七百七十条 承揽合同是承揽人按照定作人的要求完成工作,交付工作成果,定作人支付报酬的合同。

承揽包括加工、定作、修理、复制、测试、检验等工作。

第七百七十一条 承揽合同的内容一般包括承揽的标的、数量、质量、报酬、承揽方式、材料的提供、履行期限、验收标准和方法等条款。

第七百七十二条 承揽人应当以自己的设备、技术和劳力,完成主要工作,但是当事人另有约定的除外。

承揽人将其承揽的主要工作交由第三人完成的,应当就该第三人完成的工作成果向定作人负责;未经定作人同意的,定作人也可以解除合同。

第七百七十三条 承揽人可以将其承揽的辅助工作交由第三人完成。承揽人将其承揽的辅助工作交由第三人完成的,应当就该第三人完成的工作成果向定作人负责。

第七百七十四条 承揽人提供材料的,应当按照约定选用材料,并接受定作人检验。

第七百七十五条 定作人提供材料的,应当按照约定提供材料。承揽人对定作人提供的材料,应当及时检验,发现不符合约定时,应当及时通知定作人更换、补齐或者采取其他补救措施。

承揽人不得擅自更换定作人提供的材料,不得更换不需要修理的零部件。

第七百七十六条 承揽人发现定作人提供的图纸或者技术要求不合理的,应当及时通知定作人。因定作人怠于答复等原因造成承揽人损失的,应当赔偿损失。

第七百七十七条 定作人中途变更承揽工作的要求,造成承揽人损失的,应当赔偿损失。

第七百七十八条 承揽工作需要定作人协助的,定作人有协助的义务。定作人不履行协助义务致使承揽工作不能完成的,承揽人可以催告定作人在合理期限内履行义务,并可以顺延履行期限;定作人逾期不履行的,承揽人可以解除合同。

第七百七十九条 承揽人在工作期间,应当接受定作人必要的监督检验。定作人不得因监督检验妨碍承揽人的正常工作。

第七百八十条 承揽人完成工作的,应当向定作人交付工作成果,并提交必要的技术资料和有关质量证明。定作人应当验收该工作成果。

第七百八十一条 承揽人交付的工作成果不符合质量要求的,定作人可以请求承揽人承担修理、重作、减少报酬、赔偿损失等违约责任。

第七百八十二条 定作人应当按照约定的期限支付报酬。对支付报酬的期限没有约定或者约定不明确,依据本法第五百一十条的规定仍不能确定的,定作人应当在承揽人交付工作成果时支付;工作成果部分交付的,定作人应当相应支付。

第七百八十三条 定作人未向承揽人支付报酬或者材料费等价款的,承揽人对完成的工作成果享有留置权或者有权拒绝交付,但是当事人另有约定的除外。

第七百八十四条 承揽人应当妥善保管定作人提供的材料以及完成的工作成果,因保管不善造成毁损、灭失的,应当承担赔偿责任。

第七百八十五条 承揽人应当按照定作人的要求保守秘密,未经定作人许可,不得留存复制品或者技术资料。

第七百八十六条 共同承揽人对定作人承担

连带责任，但是当事人另有约定的除外。

第七百八十七条　定作人在承揽人完成工作前可以随时解除合同，造成承揽人损失的，应当赔偿损失。

第十八章　建设工程合同

第七百八十八条　建设工程合同是承包人进行工程建设，发包人支付价款的合同。

建设工程合同包括工程勘察、设计、施工合同。

第七百八十九条　建设工程合同应当采用书面形式。

第七百九十条　建设工程的招标投标活动，应当依照有关法律的规定公开、公平、公正进行。

第七百九十一条　发包人可以与总承包人订立建设工程合同，也可以分别与勘察人、设计人、施工人订立勘察、设计、施工承包合同。发包人不得将应当由一个承包人完成的建设工程支解成若干部分发包给几个承包人。

总承包人或者勘察、设计、施工承包人经发包人同意，可以将自己承包的部分工作交由第三人完成。第三人就其完成的工作成果与总承包人或者勘察、设计、施工承包人向发包人承担连带责任。承包人不得将其承包的全部建设工程转包给第三人或者将其承包的全部建设工程支解以后以分包的名义分别转包给第三人。

禁止承包人将工程分包给不具备相应资质条件的单位。禁止分包单位将其承包的工程再分包。建设工程主体结构的施工必须由承包人自行完成。

第七百九十二条　国家重大建设工程合同，应当按照国家规定的程序和国家批准的投资计划、可行性研究报告等文件订立。

第七百九十三条　建设工程施工合同无效，但是建设工程经验收合格的，可以参照合同关于工程价款的约定折价补偿承包人。

建设工程施工合同无效，且建设工程经验收不合格的，按照以下情形处理：

（一）修复后的建设工程经验收合格的，发包人可以请求承包人承担修复费用；

（二）修复后的建设工程经验收不合格的，承包人不能请求参照合同关于工程价款的约定补偿。

发包人对因建设工程不合格造成的损失有过错的，应当承担相应的责任。

第七百九十四条　勘察、设计合同的内容一般包括提交有关基础资料和概预算等文件的期限、质量要求、费用以及其他协作条件等条款。

第七百九十五条　施工合同的内容一般包括工程范围、建设工期、中间交工工程的开工和竣工时间、工程质量、工程造价、技术资料交付时间、材料和设备供应责任、拨款和结算、竣工验收、质量保修范围和质量保证期、相互协作等条款。

第七百九十六条　建设工程实行监理的，发包人应当与监理人采用书面形式订立委托监理合同。发包人与监理人的权利和义务以及法律责任，应当依照本编委托合同以及其他有关法律、行政法规的规定。

第七百九十七条　发包人在不妨碍承包人正常作业的情况下，可以随时对作业进度、质量进行检查。

第七百九十八条　隐蔽工程在隐蔽以前，承包人应当通知发包人检查。发包人没有及时检查的，承包人可以顺延工程日期，并有权请求赔偿停工、窝工等损失。

第七百九十九条　建设工程竣工后，发包人应当根据施工图纸及说明书、国家颁发的施工验收规范和质量检验标准及时进行验收。验收合格的，发包人应当按照约定支付价款，并接收该建设工程。建设工程竣工经验收合格后，方可交付使用；未经验收或者验收不合格的，不得交付使用。

第八百条　勘察、设计的质量不符合要求或者未按照期限提交勘察、设计文件拖延工期，造成发包人损失的，勘察人、设计人应当继续完善勘察、设计，减收或者免收勘察、设计费并赔偿损失。

第八百零一条　因施工人的原因致使建设工程质量不符合约定的，发包人有权请求施工人在合理期限内无偿修理或者返工、改建。经过修理或者返工、改建后，造成逾期交付的，施工人应当承担违约责任。

第八百零二条　因承包人的原因致使建设工程在合理使用期限内造成人身损害和财产损失的，承包人应当承担赔偿责任。

第八百零三条　发包人未按照约定的时间和要求提供原材料、设备、场地、资金、技术资料的，承包人可以顺延工程日期，并有权请求赔偿停工、窝工等损失。

第八百零四条　因发包人的原因致使工程中途停建、缓建的，发包人应当采取措施弥补或者减少损失，赔偿承包人因此造成的停工、窝工、倒运、机械设备调迁、材料和构件积压等损失和实际费用。

第八百零五条　因发包人变更计划，提供的资料不准确，或者未按照期限提供必需的勘察、设计工作条件而造成勘察、设计的返工、停工或者修改设计，发包人应当按照勘察人、设计人实际消耗的工作量增付费用。

第八百零六条 承包人将建设工程转包、违法分包的，发包人可以解除合同。

发包人提供的主要建筑材料、建筑构配件和设备不符合强制性标准或者不履行协助义务，致使承包人无法施工，且在催告的合理期限内仍未履行相应义务的，承包人可以解除合同。

合同解除后，已经完成的建设工程质量合格的，发包人应当按照约定支付相应的工程价款；已经完成的建设工程质量不合格的，参照本法第七百九十三条的规定处理。

第八百零七条 发包人未按照约定支付价款的，承包人可以催告发包人在合理期限内支付价款。发包人逾期不支付的，除根据建设工程的性质不宜折价、拍卖外，承包人可以与发包人协议将该工程折价，也可以请求人民法院将该工程依法拍卖。建设工程的价款就该工程折价或者拍卖的价款优先受偿。

第八百零八条 本章没有规定的，适用承揽合同的有关规定。

第十九章 运输合同

第一节 一般规定

第八百零九条 运输合同是承运人将旅客或者货物从起运地点运输到约定地点，旅客、托运人或者收货人支付票款或者运输费用的合同。

第八百一十条 从事公共运输的承运人不得拒绝旅客、托运人通常、合理的运输要求。

第八百一十一条 承运人应当在约定期间或者合理期间内将旅客、货物安全运输到约定地点。

第八百一十二条 承运人应当按照约定的或者通常的运输路线将旅客、货物运输到约定地点。

第八百一十三条 旅客、托运人或者收货人应当支付票款或者运输费用。承运人未按照约定路线或者通常路线运输增加票款或者运输费用的，旅客、托运人或者收货人可以拒绝支付增加部分的票款或者运输费用。

第二节 客运合同

第八百一十四条 客运合同自承运人向旅客交付客票时成立，但是当事人另有约定或者另有交易习惯的除外。

第八百一十五条 旅客应当按照有效客票记载的时间、班次和座位号乘坐。旅客无票乘坐、超程乘坐、越级乘坐或者持失效客票乘坐的，应当补交票款，承运人可以按照规定加收票款；旅客不支付票款的，承运人可以拒绝运输。

实名制客运合同的旅客丢失客票的，可以请求承运人挂失补办，承运人不得再次收取票款和其他不合理费用。

第八百一十六条 旅客因自己的原因不能按照客票记载的时间乘坐的，应当在约定的时间内办理退票或者变更手续。逾期办理的，承运人可以不退票款，并不再承担运输义务。

第八百一十七条 旅客携带行李应当符合约定的限量和品类要求；超过限量或者违反品类要求携带行李的，应当办理托运手续。

第八百一十八条 旅客不得随身携带或者在行李中夹带易燃、易爆、有毒、有腐蚀性、有放射性以及有可能危及运输工具上人身和财产安全的危险物品或者违禁物品。

旅客违反前款规定的，承运人可以将违禁物品卸下、销毁或者送交有关部门。旅客坚持携带或者夹带违禁物品的，承运人应当拒绝运输。

第八百一十九条 承运人应当严格履行安全运输义务，及时告知旅客安全运输应当注意的事项。旅客对承运人为安全运输所作的合理安排应当积极协助和配合。

遇有不能正常运输的特殊情形和重要事由，承运人应当及时告知旅客并采取必要的安置措施。

第八百二十条 承运人应当按照有效客票记载的时间、班次和座位号运输旅客。承运人迟延运输的，应当履行告知和提醒义务，并根据旅客的要求安排改乘其他班次或者退票；由此造成旅客损失的，承运人应当承担赔偿责任，但是不可归责于承运人的除外。

第八百二十一条 承运人擅自降低服务标准的，应当根据旅客的请求退票或者减收票款；提高服务标准的，不得加收票款。

第八百二十二条 承运人在运输过程中，应当尽力救助患有急病、分娩、遇险的旅客。

第八百二十三条 承运人应当对运输过程中旅客的伤亡承担赔偿责任；但是，伤亡是旅客自身健康原因造成的或者承运人证明伤亡是旅客故意、重大过失造成的除外。

前款规定适用于按照规定免票、持优待票或者经承运人许可搭乘的无票旅客。

第八百二十四条　在运输过程中旅客随身携带物品毁损、灭失，承运人有过错的，应当承担赔偿责任。

旅客托运的行李毁损、灭失的，适用货物运输的有关规定。

第三节　货运合同

第八百二十五条　托运人办理货物运输，应当向承运人准确表明收货人的姓名或者名称或者凭指示的收货人，货物的名称、性质、重量、数量，收货地点等有关货物运输的必要情况。

因托运人申报不实或者遗漏重要情况，造成承运人损失的，托运人应当承担赔偿责任。

第八百二十六条　货物运输需要办理审批、检验等手续的，托运人应当将办理完有关手续的文件提交承运人。

第八百二十七条　托运人应当按照约定的方式包装货物。对包装方式没有约定或者约定不明确的，适用本法第六百一十九条的规定。

托运人违反前款规定的，承运人可以拒绝运输。

第八百二十八条　托运人托运易燃、易爆、有毒、有腐蚀性、有放射性等危险物品的，应当按照国家有关危险物品运输的规定对危险物品妥善包装，做出危险物标志和标签，并将有关危险物品的名称、性质和防范措施的书面材料提交承运人。

托运人违反前款规定的，承运人可以拒绝运输，也可以采取相应措施以避免损失的发生，因此产生的费用由托运人负担。

第八百二十九条　在承运人将货物交付收货人之前，托运人可以要求承运人中止运输、返还货物、变更到达地或者将货物交给其他收货人，但是应当赔偿承运人因此受到的损失。

第八百三十条　货物运输到达后，承运人知道收货人的，应当及时通知收货人，收货人应当及时提货。收货人逾期提货的，应当向承运人支付保管费等费用。

第八百三十一条　收货人提货时应当按照约定的期限检验货物。对检验货物的期限没有约定或者约定不明确，依据本法第五百一十条的规定仍不能确定的，应当在合理期限内检验货物。收货人在约定的期限或者合理期限内对货物的数量、毁损等未提出异议的，视为承运人已经按照运输单证的记载交付的初步证据。

第八百三十二条　承运人对运输过程中货物的毁损、灭失承担赔偿责任，但是承运人证明货物的毁损、灭失是因不可抗力、货物本身的自然性质或者合理损耗以及托运人、收货人的过错造成的，不承担赔偿责任。

第八百三十三条　货物的毁损、灭失的赔偿额，当事人有约定的，按照其约定；没有约定或者约定不明确，依据本法第五百一十条的规定仍不能确定的，按照交付或者应当交付时货物到达地的市场价格计算。法律、行政法规对赔偿额的计算方法和赔偿限额另有规定的，依照其规定。

第八百三十四条　两个以上承运人以同一运输方式联运的，与托运人订立合同的承运人应当对全程运输承担责任；损失发生在某一运输区段的，与托运人订立合同的承运人和该区段的承运人承担连带责任。

第八百三十五条　货物在运输过程中因不可抗力灭失，未收取运费的，承运人不得请求支付运费；已收取运费的，托运人可以请求返还。

第八百三十六条　托运人或者收货人不支付运费、保管费以及其他费用的，承运人对相应的运输货物享有留置权，但是当事人另有约定的除外。

第八百三十七条　收货人不明或者收货人无正当理由拒绝受领货物的，承运人依法可以提存货物。

第四节　多式联运合同

第八百三十八条　多式联运经营人负责履行或者组织履行多式联运合同，对全程运输享有承运人的权利，承担承运人的义务。

第八百三十九条　多式联运经营人可以与参加多式联运的各区段承运人就多式联运合同的各区段运输约定相互之间的责任；但是，该约定不影响多式联运经营人对全程运输承担的义务。

第八百四十条　多式联运经营人收到托运人交付的货物时，应当签发多式联运单据。按照托运人的要求，多式联运单据可以是可转让单据，也可以是不可转让单据。

第八百四十一条　因托运人托运货物时的过错造成多式联运经营人损失的，即使托运人已经转让多式联运单据，托运人仍然应当承担赔偿责任。

第八百四十二条　货物的毁损、灭失发生于多式联运的某一运输区段的，多式联运经营人的赔偿责任和责任限额，适用调整该区段运输方式的有关法律规定。货物毁损、灭失发生的运输区段不能确定的，依照本章规定承担赔偿责任。

第二十章 技术合同

第一节 一般规定

第八百四十三条 技术合同是当事人就技术开发、转让、许可、咨询或者服务订立的确立相互之间权利和义务的合同。

第八百四十四条 订立技术合同,应当有利于知识产权的保护和科学技术的进步,促进科学技术成果的研发、转化、应用和推广。

第八百四十五条 技术合同的内容一般包括项目的名称、内容、范围和要求,履行的计划、地点和方式,技术情报和资料的保密,技术成果的归属和收益的分配办法,验收标准和方法,名词和术语的解释等条款。

与履行合同有关的技术背景资料、可行性论证和技术评价报告、项目任务书和计划书、技术标准、技术规范、原始设计和工艺文件,以及其他技术文档,按照当事人的约定可以作为合同的组成部分。

技术合同涉及专利的,应当注明发明创造的名称、专利申请人和专利权人、申请日期、申请号、专利号以及专利权的有效期限。

第八百四十六条 技术合同价款、报酬或者使用费的支付方式由当事人约定,可以采取一次总算、一次总付或者一次总算、分期支付,也可以采取提成支付或者提成支付附加预付入门费的方式。

约定提成支付的,可以按照产品价格、实施专利和使用技术秘密后新增的产值、利润或者产品销售额的一定比例提成,也可以按照约定的其他方式计算。提成支付的比例可以采取固定比例、逐年递增比例或者逐年递减比例。

约定提成支付的,当事人可以约定查阅有关会计帐目的办法。

第八百四十七条 职务技术成果的使用权、转让权属于法人或者非法人组织的,法人或者非法人组织可以就该项职务技术成果订立技术合同。法人或者非法人组织订立技术合同转让职务技术成果时,职务技术成果的完成人享有以同等条件优先受让的权利。

职务技术成果是执行法人或者非法人组织的工作任务,或者主要是利用法人或者非法人组织的物质技术条件所完成的技术成果。

第八百四十八条 非职务技术成果的使用权、转让权属于完成技术成果的个人,完成技术成果的个人可以就该项非职务技术成果订立技术合同。

第八百四十九条 完成技术成果的个人有在有关技术成果文件上写明自己是技术成果完成者的权利和取得荣誉证书、奖励的权利。

第八百五十条 非法垄断技术、妨碍技术进步或者侵害他人技术成果的技术合同无效。

第二节 技术开发合同

第八百五十一条 技术开发合同是当事人之间就新技术、新产品、新工艺、新品种或者新材料及其系统的研究开发所订立的合同。

技术开发合同包括委托开发合同和合作开发合同。

技术开发合同应当采用书面形式。

当事人之间就具有实用价值的科技成果实施转化订立的合同,参照适用技术开发合同的有关规定。

第八百五十二条 委托开发合同的委托人应当按照约定支付研究开发经费和报酬;提供技术资料、原始数据;提出研究开发要求;完成协作事项;接受研究开发成果。

第八百五十三条 委托开发合同的研究开发人应当按照约定制定和实施研究开发计划;合理使用研究开发经费;按期完成研究开发工作,交付研究开发成果,提供有关的技术资料和必要的技术指导,帮助委托人掌握研究开发成果。

第八百五十四条 委托开发合同的当事人违反约定造成研究开发工作停滞、延误或者失败的,应当承担违约责任。

第八百五十五条 合作开发合同的当事人应当按照约定进行投资,包括以技术进行投资;分工参与研究开发工作;协作配合研究开发工作。

第八百五十六条 合作开发合同的当事人违反约定造成研究开发工作停滞、延误或者失败的,应当承担违约责任。

第八百五十七条 因作为技术开发合同标的的技术已经由他人公开,致使技术开发合同的履行没有意义的,当事人可以解除合同。

第八百五十八条 在技术开发合同履行过程中,因出现无法克服的技术困难,致使研究开发失败或者部分失败的,该风险由当事人约定;没有约定或者约定不明确,依据本法第五百一十条的规定仍不能确定的,风险由当事人合理分担。

当事人一方发现前款规定的可能致使研究开发失败或者部分失败的情形时,应当及时通知另一方并采取适当措施减少损失;没有及时通知并采取适当措施，致使损失扩大的，应当就扩大的损失承担责任。

第八百五十九条　委托开发完成的发明创造，除法律另有规定或者当事人另有约定外，申请专利的权利属于研究开发人。研究开发人取得专利权的，委托人可以依法实施该专利。

研究开发人转让专利申请权的，委托人享有以同等条件优先受让的权利。

第八百六十条　合作开发完成的发明创造，除当事人另有约定外，申请专利的权利属于合作开发的当事人共有。当事人一方转让其共有的专利申请权的，其他各方享有以同等条件优先受让的权利。

合作开发的当事人一方声明放弃其共有的专利申请权的，可以由另一方单独申请或者由其他各方共同申请。申请人取得专利权的，放弃专利申请权的一方可以免费实施该专利。

合作开发的当事人一方不同意申请专利的，另一方或者其他各方不得申请专利。

第八百六十一条　委托开发或者合作开发完成的技术秘密成果的使用权、转让权以及利益的分配办法，由当事人约定；没有约定或者约定不明确，依据本法第五百一十条的规定仍不能确定的，在没有相同技术方案被授予专利前，当事人均有使用和转让的权利。但是，委托开发的研究开发人不得在向委托人交付研究开发成果之前，将研究开发成果转让给第三人。

第三节　技术转让合同和技术许可合同

第八百六十二条　技术转让合同是合法拥有技术的权利人，将现有特定的专利、专利申请、技术秘密的相关权利让与他人所订立的合同。

技术许可合同是合法拥有技术的权利人，将现有特定的专利、技术秘密的相关权利许可他人实施、使用所订立的合同。

技术转让合同和技术许可合同中关于提供实施技术的专用设备、原材料或者提供有关的技术咨询、技术服务的约定，属于合同的组成部分。

第八百六十三条　技术转让合同包括专利权转让、专利申请权转让、技术秘密转让等合同。

技术许可合同包括专利实施许可、技术秘密使用许可等合同。

技术转让合同和技术许可合同应当采用书面形式。

第八百六十四条　技术转让合同和技术许可合同可以约定实施专利或者使用技术秘密的范围，但是不得限制技术竞争和技术发展。

第八百六十五条　专利实施许可合同只在该专利权的存续期限内有效。专利权有效期限届满或者专利权被宣告无效的，专利权人不得就该专利与他人订立专利实施许可合同。

第八百六十六条　专利实施许可合同的许可人应当按照约定许可被许可人实施专利，交付实施专利有关的技术资料，提供必要的技术指导。

第八百六十七条　专利实施许可合同的被许可人应当按照约定实施专利，不得许可约定以外的第三人实施该专利，并按照约定支付使用费。

第八百六十八条　技术秘密转让合同的让与人和技术秘密使用许可合同的许可人应当按照约定提供技术资料，进行技术指导，保证技术的实用性、可靠性，承担保密义务。

前款规定的保密义务，不限制让与人或者许可人申请专利，但是当事人另有约定的除外。

第八百六十九条　技术秘密转让合同的受让人和技术秘密使用许可合同的被许可人应当按照约定使用技术，支付使用费，承担保密义务。

第八百七十条　技术转让合同的让与人应当保证自己是所提供的技术的合法拥有者，并保证所提供的技术完整、无误、有效，能够达到约定的目标。

第八百七十一条　技术转让合同的受让人应当按照约定的范围和期限，对让与人提供的技术中尚未公开的秘密部分，承担保密义务。

第八百七十二条　让与人未按照约定转让技术的，应当返还部分或者全部使用费，并应当承担违约责任；实施专利或者使用技术秘密超越约定的范围的，违反约定擅自许可第三人实施该项专利或者使用该项技术秘密的，应当停止违约行为，承担违约责任；违反约定的保密义务的，应当承担违约责任。

许可人应当承担违约责任的，参照适用前款规定。

第八百七十三条　受让人未按照约定支付使用费的，应当补交使用费并按照约定支付违约金；不补交使用费或者支付违约金的，应当停止实施专利或者使用技术秘密，交还技术资料，承担违约责任；实施专利或者使用技术秘密超越约定的范围的，未经让与人同意擅自许可第三人实施该专利或者使用该技术秘密的，应当停止违约行为，承担违约责任；违反约定的保密义务的，应当承担违约责任。

被许可人应当承担违约责任的，参照适用前款规定。

第八百七十四条 受让人或者被许可人按照约定实施专利、使用技术秘密侵害他人合法权益的，由让与人或者许可人承担责任，但是当事人另有约定的除外。

第八百七十五条 当事人可以按照互利的原则，在合同中约定实施专利、使用技术秘密后续改进的技术成果的分享办法；没有约定或者约定不明确，依据本法第五百一十条的规定仍不能确定的，一方后续改进的技术成果，其他各方无权分享。

第八百七十六条 集成电路布图设计专有权、植物新品种权、计算机软件著作权等其他知识产权的转让和许可，参照适用本节的有关规定。

第八百七十七条 法律、行政法规对技术进出口合同或者专利、专利申请合同另有规定的，依照其规定。

第四节 技术咨询合同和技术服务合同

第八百七十八条 技术咨询合同是当事人一方以技术知识为对方就特定技术项目提供可行性论证、技术预测、专题技术调查、分析评价报告等所订立的合同。

技术服务合同是当事人一方以技术知识为对方解决特定技术问题所订立的合同，不包括承揽合同和建设工程合同。

第八百七十九条 技术咨询合同的委托人应当按照约定阐明咨询的问题，提供技术背景材料及有关技术资料、数据；接受受托人的工作成果，支付报酬。

第八百八十条 技术咨询合同的受托人应当按照约定的期限完成咨询报告或者解答问题；提出的咨询报告应当达到约定的要求。

第八百八十一条 技术咨询合同的委托人未按照约定提供必要的资料和数据，影响工作进度和质量，不接受或者逾期接受工作成果的，支付的报酬不得追回，未支付的报酬应当支付。

技术咨询合同的受托人未按期提出咨询报告或者提出的咨询报告不符合约定的，应当承担减收或者免收报酬等违约责任。

技术咨询合同的委托人按照受托人符合约定要求的咨询报告和意见作出决策所造成的损失，由委托人承担，但是当事人另有约定的除外。

第八百八十二条 技术服务合同的委托人应当按照约定提供工作条件，完成配合事项；接受工作成果并支付报酬。

第八百八十三条 技术服务合同的受托人应当按照约定完成服务项目，解决技术问题，保证工作质量，并传授解决技术问题的知识。

第八百八十四条 技术服务合同的委托人不履行合同义务或者履行合同义务不符合约定，影响工作进度和质量，不接受或者逾期接受工作成果的，支付的报酬不得追回，未支付的报酬应当支付。

技术服务合同的受托人未按照约定完成服务工作的，应当承担免收报酬等违约责任。

第八百八十五条 在技术咨询合同、技术服务合同履行过程中，受托人利用委托人提供的技术资料和工作条件完成的新的技术成果，属于受托人。委托人利用受托人的工作成果完成的新的技术成果，属于委托人。当事人另有约定的，按照其约定。

第八百八十六条 技术咨询合同和技术服务合同对受托人正常开展工作所需费用的负担没有约定或者约定不明确的，由受托人负担。

第八百八十七条 法律、行政法规对技术中介合同、技术培训合同另有规定的，依照其规定。

第二十一章 保管合同

第八百八十八条 保管合同是保管人保管寄存人交付的保管物，并返还该物的合同。

寄存人到保管人处从事购物、就餐、住宿等活动，将物品存放在指定场所的，视为保管，但是当事人另有约定或者另有交易习惯的除外。

第八百八十九条 寄存人应当按照约定向保管人支付保管费。

当事人对保管费没有约定或者约定不明确，依据本法第五百一十条的规定仍不能确定的，视为无偿保管。

第八百九十条 保管合同自保管物交付时生效，但是当事人另有约定的除外。

第八百九十一条 寄存人向保管人交付保管物的，保管人应当给付保管凭证，但是另有交易习惯的除外。

第八百九十二条 保管人应当妥善保管保管物。

当事人可以约定保管场所或者方法。除紧急情况或者为维护寄存人利益外，不得擅自改变保管场所或者方法。

第八百九十三条 寄存人交付的保管物有瑕疵或者根据保管物的性质需要采取特殊保管措施的，寄存人应当将有关情况告知保管人。寄存人未告知，致使保管物受损失的，保管人不承担赔偿责任；保管人因此受损失的，除保管人知道或者应当知道并且未采取补救措施外，寄存人应当承担赔偿责任。

第八百九十四条　保管人不得将保管物转交第三人保管，但是当事人另有约定的除外。

保管人违反前款规定，将保管物转交第三人保管，造成保管物损失的，应当承担赔偿责任。

第八百九十五条　保管人不得使用或者许可第三人使用保管物，但是当事人另有约定的除外。

第八百九十六条　第三人对保管物主张权利的，除依法对保管物采取保全或者执行措施外，保管人应当履行向寄存人返还保管物的义务。

第三人对保管人提起诉讼或者对保管物申请扣押的，保管人应当及时通知寄存人。

第八百九十七条　保管期间，因保管人保管不善造成保管物毁损、灭失的，保管人应当承担赔偿责任。但是，无偿保管人证明自己没有故意或者重大过失的，不承担赔偿责任。

第八百九十八条　寄存人寄存货币、有价证券或者其他贵重物品的，应当向保管人声明，由保管人验收或者封存；寄存人未声明的，该物品毁损、灭失后，保管人可以按照一般物品予以赔偿。

第八百九十九条　寄存人可以随时领取保管物。

当事人对保管期间没有约定或者约定不明确的，保管人可以随时请求寄存人领取保管物；约定保管期间的，保管人无特别事由，不得请求寄存人提前领取保管物。

第九百条　保管期间届满或者寄存人提前领取保管物的，保管人应当将原物及其孳息归还寄存人。

第九百零一条　保管人保管货币的，可以返还相同种类、数量的货币；保管其他可替代物的，可以按照约定返还相同种类、品质、数量的物品。

第九百零二条　有偿的保管合同，寄存人应当按照约定的期限向保管人支付保管费。

当事人对支付期限没有约定或者约定不明确，依据本法第五百一十条的规定仍不能确定的，应当在领取保管物的同时支付。

第九百零三条　寄存人未按照约定支付保管费以及其他费用的，保管人对保管物享有留置权，但是当事人另有约定的除外。

第二十二章　仓储合同

第九百零四条　仓储合同是保管人储存存货人交付的仓储物，存货人支付仓储费的合同。

第九百零五条　仓储合同自保管人和存货人意思表示一致时成立。

第九百零六条　储存易燃、易爆、有毒、有腐蚀性、有放射性等危险物品或者易变质物品的，存货人应当说明该物品的性质，提供有关资料。

存货人违反前款规定的，保管人可以拒收仓储物，也可以采取相应措施以避免损失的发生，因此产生的费用由存货人负担。

保管人储存易燃、易爆、有毒、有腐蚀性、有放射性等危险物品的，应当具备相应的保管条件。

第九百零七条　保管人应当按照约定对入库仓储物进行验收。保管人验收时发现入库仓储物与约定不符合的，应当及时通知存货人。保管人验收后，发生仓储物的品种、数量、质量不符合约定的，保管人应当承担赔偿责任。

第九百零八条　存货人交付仓储物的，保管人应当给付仓单、入库单等凭证。

第九百零九条　保管人应当在仓单上签字或者盖章。仓单包括下列事项：

（一）存货人的姓名或者名称和住所；

（二）仓储物的品种、数量、质量、包装及其件数和标记；

（三）仓储物的损耗标准；

（四）储存场所；

（五）储存期间；

（六）仓储费；

（七）仓储物已经办理保险的，其保险金额、期间以及保险人的名称；

（八）填发人、填发地和填发日期。

第九百一十条　仓单是提取仓储物的凭证。存货人或者仓单持有人在仓单上背书并经保管人签字或者盖章的，可以转让提取仓储物的权利。

第九百一十一条　保管人根据存货人或者仓单持有人的要求，应当同意其检查仓储物或者提取样品。

第九百一十二条　保管人发现入库仓储物有变质或者其他损坏的，应当及时通知存货人或者仓单持有人。

第九百一十三条　保管人发现入库仓储物有变质或者其他损坏，危及其他仓储物的安全和正常保管的，应当催告存货人或者仓单持有人作出必要的处置。因情况紧急，保管人可以作出必要的处置；但是，事后应当将该情况及时通知存货人或者仓单持有人。

第九百一十四条 当事人对储存期间没有约定或者约定不明确的，存货人或者仓单持有人可以随时提取仓储物，保管人也可以随时请求存货人或者仓单持有人提取仓储物，但是应当给予必要的准备时间。

第九百一十五条 储存期间届满，存货人或者仓单持有人应当凭仓单、入库单等提取仓储物。存货人或者仓单持有人逾期提取的，应当加收仓储费；提前提取的，不减收仓储费。

第九百一十六条 储存期间届满，存货人或者仓单持有人不提取仓储物的，保管人可以催告其在合理期限内提取；逾期不提取的，保管人可以提存仓储物。

第九百一十七条 储存期间，因保管不善造成仓储物毁损、灭失的，保管人应当承担赔偿责任。因仓储物的性质、包装不符合约定或者超过有效储存期造成仓储物变质、损坏的，保管人不承担赔偿责任。

第九百一十八条 本章没有规定的，适用保管合同的有关规定。

第二十三章 委托合同

第九百一十九条 委托合同是委托人和受托人约定，由受托人处理委托人事务的合同。

第九百二十条 委托人可以特别委托受托人处理一项或者数项事务，也可以概括委托受托人处理一切事务。

第九百二十一条 委托人应当预付处理委托事务的费用。受托人为处理委托事务垫付的必要费用，委托人应当偿还该费用并支付利息。

第九百二十二条 受托人应当按照委托人的指示处理委托事务。需要变更委托人指示的，应当经委托人同意；因情况紧急，难以和委托人取得联系的，受托人应当妥善处理委托事务，但是事后应当将该情况及时报告委托人。

第九百二十三条 受托人应当亲自处理委托事务。经委托人同意，受托人可以转委托。转委托经同意或者追认的，委托人可以就委托事务直接指示转委托的第三人，受托人仅就第三人的选任及其对第三人的指示承担责任。转委托未经同意或者追认的，受托人应当对转委托的第三人的行为承担责任；但是，在紧急情况下受托人为维护委托人的利益需要转委托的除外。

第九百二十四条 受托人应当按照委托人的要求，报告委托事务的处理情况。委托合同终止时，受托人应当报告委托事务的结果。

第九百二十五条 受托人以自己的名义，在委托人的授权范围内与第三人订立的合同，第三人在订立合同时知道受托人与委托人之间的代理关系的，该合同直接约束委托人和第三人；但是，有证据证明该合同只约束受托人和第三人的除外。

第九百二十六条 受托人以自己的名义与第三人订立合同时，第三人不知道受托人与委托人之间的代理关系的，受托人因第三人的原因对委托人不履行义务，受托人应当向委托人披露第三人，委托人因此可以行使受托人对第三人的权利。但是，第三人与受托人订立合同时如果知道该委托人就不会订立合同的除外。

受托人因委托人的原因对第三人不履行义务，受托人应当向第三人披露委托人，第三人因此可以选择受托人或者委托人作为相对人主张其权利，但是第三人不得变更选定的相对人。

委托人行使受托人对第三人的权利的，第三人可以向委托人主张其对受托人的抗辩。第三人选定委托人作为其相对人的，委托人可以向第三人主张其对受托人的抗辩以及受托人对第三人的抗辩。

第九百二十七条 受托人处理委托事务取得的财产，应当转交给委托人。

第九百二十八条 受托人完成委托事务的，委托人应当按照约定向其支付报酬。

因不可归责于受托人的事由，委托合同解除或者委托事务不能完成的，委托人应当向受托人支付相应的报酬。当事人另有约定的，按照其约定。

第九百二十九条 有偿的委托合同，因受托人的过错造成委托人损失的，委托人可以请求赔偿损失。无偿的委托合同，因受托人的故意或者重大过失造成委托人损失的，委托人可以请求赔偿损失。

受托人超越权限造成委托人损失的，应当赔偿损失。

第九百三十条 受托人处理委托事务时，因不可归责于自己的事由受到损失的，可以向委托人请求赔偿损失。

第九百三十一条 委托人经受托人同意，可以在受托人之外委托第三人处理委托事务。因此造成受托人损失的，受托人可以向委托人请求赔偿损失。

第九百三十二条 两个以上的受托人共同处理委托事务的，对委托人承担连带责任。

第九百三十三条 委托人或者受托人可以随

时解除委托合同。因解除合同造成对方损失的，除不可归责于该当事人的事由外，无偿委托合同的解除方应当赔偿因解除时间不当造成的直接损失，有偿委托合同的解除方应当赔偿对方的直接损失和可以获得的利益。

第九百三十四条　委托人或者受托人死亡、丧失民事行为能力或者终止的，委托合同终止；但是，当事人另有约定或者根据委托事务的性质不宜终止的除外。

第九百三十五条　因委托人死亡、丧失民事行为能力或者终止，致使委托合同终止将损害委托人利益的，在委托人的继承人、遗产管理人、法定代理人或者清算人承受委托事务之前，受托人应当继续处理委托事务。

第九百三十六条　因受托人死亡、丧失民事行为能力或者终止，致使委托合同终止的，受托人的继承人、遗产管理人、法定代理人或者清算人应当及时通知委托人。因委托合同终止将损害委托人利益的，在委托人作出善后处理之前，受托人的继承人、遗产管理人、法定代理人或者清算人应当采取必要措施。

第二十四章　物业服务合同

第九百三十七条　物业服务合同是物业服务人在物业服务区域内，为业主提供建筑物及其附属设施的维修养护、环境卫生和相关秩序的管理维护等物业服务，业主支付物业费的合同。

物业服务人包括物业服务企业和其他物业管理人。

第九百三十八条　物业服务合同的内容一般包括服务事项、服务质量、服务费用的标准和收取办法、维修资金的使用、服务用房的管理和使用、服务期限、服务交接等条款。

物业服务人公开作出的有利于业主的服务承诺，为物业服务合同的组成部分。

物业服务合同应当采用书面形式。

第九百三十九条　建设单位依法与物业服务人订立的前期物业服务合同，以及业主委员会与业主大会依法选聘的物业服务人订立的物业服务合同，对业主具有法律约束力。

第九百四十条　建设单位依法与物业服务人订立的前期物业服务合同约定的服务期限届满前，业主委员会或者业主与新物业服务人订立的物业服务合同生效的，前期物业服务合同终止。

第九百四十一条　物业服务人将物业服务区域内的部分专项服务事项委托给专业性服务组织或者其他第三人的，应当就该部分专项服务事项向业主负责。

物业服务人不得将其应当提供的全部物业服务转委托给第三人，或者将全部物业服务支解后分别转委托给第三人。

第九百四十二条　物业服务人应当按照约定和物业的使用性质，妥善维修、养护、清洁、绿化和经营管理物业服务区域内的业主共有部分，维护物业服务区域内的基本秩序，采取合理措施保护业主的人身、财产安全。

对物业服务区域内违反有关治安、环保等法律法规的行为，物业服务人应当及时采取合理措施制止、向有关行政主管部门报告并协助处理。

第九百四十三条　物业服务人应当定期将服务的事项、负责人员、质量要求、收费项目、收费标准、履行情况，以及维修资金使用情况、业主共有部分的经营与收益情况等以合理方式向业主公开并向业主大会、业主委员会报告。

第九百四十四条　业主应当按照约定向物业服务人支付物业费。物业服务人已经按照约定和有关规定提供服务的，业主不得以未接受或者无需接受相关物业服务为由拒绝支付物业费。

业主违反约定逾期不支付物业费的，物业服务人可以催告其在合理期限内支付；逾期仍不支付的，物业服务人可以提起诉讼或者申请仲裁。

第九百四十五条　业主装饰装修房屋的，应当事先告知物业服务人，遵守物业服务人提示的合理注意事项，并配合其进行必要的现场检查。

业主转让、出租物业专有部分、设立居住权或者依法改变共有部分用途的，应当及时将相关情况告知物业服务人。

第九百四十六条　业主依照法定程序共同决定解聘物业服务人的，可以解除物业服务合同。决定解聘的，应当提前六十日书面通知物业服务人，但是合同对通知期限另有约定的除外。

依照前款规定解除合同造成物业服务人损失的，除不可归责于业主的事由外，业主应当赔偿损失。

第九百四十七条　物业服务期限届满前，业主依法共同决定续聘的，应当与原物业服务人在合同期限届满前续订物业服务合同。

物业服务期限届满前，物业服务人不同意续聘的，应当在合同期限届满前九十日书面通知业主或者业主委员会,但是合同对通知期限另有约定的除外。

第九百四十八条 物业服务期限届满后,业主没有依法作出续聘或者另聘物业服务人的决定,物业服务人继续提供物业服务的,原物业服务合同继续有效,但是服务期限为不定期。

当事人可以随时解除不定期物业服务合同,但是应当提前六十日书面通知对方。

第九百四十九条 物业服务合同终止的,原物业服务人应当在约定期限或者合理期限内退出物业服务区域,将物业服务用房、相关设施、物业服务所必需的相关资料等交还给业主委员会、决定自行管理的业主或者其指定的人,配合新物业服务人做好交接工作,并如实告知物业的使用和管理状况。

原物业服务人违反前款规定的,不得请求业主支付物业服务合同终止后的物业费;造成业主损失的,应当赔偿损失。

第九百五十条 物业服务合同终止后,在业主或者业主大会选聘的新物业服务人或者决定自行管理的业主接管之前,原物业服务人应当继续处理物业服务事项,并可以请求业主支付该期间的物业费。

第二十五章 行纪合同

第九百五十一条 行纪合同是行纪人以自己的名义为委托人从事贸易活动,委托人支付报酬的合同。

第九百五十二条 行纪人处理委托事务支出的费用,由行纪人负担,但是当事人另有约定的除外。

第九百五十三条 行纪人占有委托物的,应当妥善保管委托物。

第九百五十四条 委托物交付给行纪人时有瑕疵或者容易腐烂、变质的,经委托人同意,行纪人可以处分该物;和委托人不能及时取得联系的,行纪人可以合理处分。

第九百五十五条 行纪人低于委托人指定的价格卖出或者高于委托人指定的价格买入的,应当经委托人同意;未经委托人同意,行纪人补偿其差额的,该买卖对委托人发生效力。

行纪人高于委托人指定的价格卖出或者低于委托人指定的价格买入的,可以按照约定增加报酬。没有约定或者约定不明确,依据本法第五百一十条的规定仍不能确定的,该利益属于委托人。

委托人对价格有特别指示的,行纪人不得违背该指示卖出或者买入。

第九百五十六条 行纪人卖出或者买入具有市场定价的商品,除委托人有相反的意思表示外,行纪人自己可以作为买受人或者出卖人。

行纪人有前款规定情形的,仍然可以请求委托人支付报酬。

第九百五十七条 行纪人按照约定买入委托物,委托人应当及时受领。经行纪人催告,委托人无正当理由拒绝受领的,行纪人依法可以提存委托物。

委托物不能卖出或者委托人撤回出卖,经行纪人催告,委托人不取回或者不处分该物的,行纪人依法可以提存委托物。

第九百五十八条 行纪人与第三人订立合同的,行纪人对该合同直接享有权利、承担义务。

第三人不履行义务致使委托人受到损害的,行纪人应当承担赔偿责任,但是行纪人与委托人另有约定的除外。

第九百五十九条 行纪人完成或者部分完成委托事务的,委托人应当向其支付相应的报酬。委托人逾期不支付报酬的,行纪人对委托物享有留置权,但是当事人另有约定的除外。

第九百六十条 本章没有规定的,参照适用委托合同的有关规定。

第二十六章 中介合同

第九百六十一条 中介合同是中介人向委托人报告订立合同的机会或者提供订立合同的媒介服务,委托人支付报酬的合同。

第九百六十二条 中介人应当就有关订立合同的事项向委托人如实报告。

中介人故意隐瞒与订立合同有关的重要事实或者提供虚假情况,损害委托人利益的,不得请求支付报酬并应当承担赔偿责任。

第九百六十三条 中介人促成合同成立的,委托人应当按照约定支付报酬。对中介人的报酬没有约定或者约定不明确,依据本法第五百一十条的规定仍不能确定的,根据中介人的劳务合理确定。因中介人提供订立合同的媒介服务而促成合同成立的,由该合同的当事人平均负担中介人的报酬。

中介人促成合同成立的,中介活动的费用,由中介人负担。

第九百六十四条 中介人未促成合同成立的,

不得请求支付报酬；但是，可以按照约定请求委托人支付从事中介活动支出的必要费用。

第九百六十五条　委托人在接受中介人的服务后，利用中介人提供的交易机会或者媒介服务，绕开中介人直接订立合同的，应当向中介人支付报酬。

第九百六十六条　本章没有规定的，参照适用委托合同的有关规定。

第二十七章　合伙合同

第九百六十七条　合伙合同是二个以上合伙人为了共同的事业目的，订立的共享利益、共担风险的协议。

第九百六十八条　合伙人应当按照约定的出资方式、数额和缴付期限，履行出资义务。

一个或者数个合伙人不履行出资义务的，其他合伙人不能因此拒绝出资。

第九百六十九条　合伙人的出资、因合伙事务依法取得的收益和其他财产，属于合伙财产。

合伙合同终止前，合伙人不得请求分割合伙财产。

第九百七十条　合伙事务由全体合伙人共同执行。合伙人就合伙事务作出决定的，除合伙合同另有约定外，应当经全体合伙人一致同意。

按照合伙合同的约定或者全体合伙人的决定，可以委托一个或者数个合伙人执行合伙事务；其他合伙人不再执行合伙事务，但是有权监督执行情况。

合伙人分别执行合伙事务的，执行事务合伙人可以对其他合伙人执行的事务提出异议；提出异议后，其他合伙人应当暂停该项事务的执行。

第九百七十一条　合伙人不得因执行合伙事务而请求支付报酬，但是合伙合同另有约定的除外。

第九百七十二条　合伙的利润分配和亏损分担，按照合伙合同的约定办理；合伙合同没有约定或者约定不明确的，由合伙人协商决定；协商不成的，由合伙人按照实缴出资比例分配、分担；无法确定出资比例的，由合伙人平均分配、分担。

第九百七十三条　合伙人对合伙债务承担连带责任。清偿合伙债务超过自己应当承担份额的合伙人，有权向其他合伙人追偿。

第九百七十四条　除合伙合同另有约定外，合伙人向合伙人以外的人转让其全部或者部分财产份额的，须经其他合伙人一致同意。

第九百七十五条　合伙人的债权人不得代位行使合伙人依照本章规定和合伙合同享有的权利，但是合伙人享有的利益分配请求权除外。

第九百七十六条　合伙人对合伙期限没有约定或者约定不明确，依据本法第五百一十条的规定仍不能确定的，视为不定期合伙。

合伙期限届满，合伙人继续执行合伙事务，其他合伙人没有提出异议的，原合伙合同继续有效，但是合伙期限为不定期。

合伙人可以随时解除不定期合伙合同，但是应当在合理期限之前通知其他合伙人。

第九百七十七条　合伙人死亡、丧失民事行为能力或者终止的，合伙合同终止；但是，合伙合同另有约定或者根据合伙事务的性质不宜终止的除外。

第九百七十八条　合伙合同终止后，合伙财产在支付因终止而产生的费用以及清偿合伙债务后有剩余的，依据本法第九百七十二条的规定进行分配。

第三分编　准合同

第二十八章　无因管理

第九百七十九条　管理人没有法定的或者约定的义务，为避免他人利益受损失而管理他人事务，并且符合受益人真实意思的，可以请求受益人偿还因管理事务而支出的必要费用；管理人因管理事务受到损失的，可以请求受益人给予适当补偿。

管理事务不符合受益人真实意思的，管理人不享有前款规定的权利，但是受益人的真实意思违背公序良俗的除外。

第九百八十条　管理人管理事务不属于前条规定的情形，但是受益人享有管理利益的，受益人应当在其获得的利益范围内向管理人承担前条第一款规定的责任。

第九百八十一条　管理人管理他人事务，应当采取有利于受益人的方法。中断管理对受益人更为不利的，无正当理由不得中断。

第九百八十二条　管理人管理他人事务时，能够通知受益人的，应当及时通知受益人。管理的事务不需要紧急处理的，应当等待受益人的指示。

第九百八十三条　管理结束后，管理人应当向受益人报告管理事务的情况。管理人管理事务取得的财产，应当及时转交给受益人。

第九百八十四条　管理人管理事务经受益人

事后追认的，从管理事务开始时起，适用委托合同的有关规定，但是管理人另有意思表示的除外。

第二十九章 不当得利

第九百八十五条 得利人没有法律根据取得不当利益的，受损失的人可以请求得利人返还获得的利益，但是有下列情形之一的除外：

（一）为履行道德义务进行的给付；

（二）债务到期之前的清偿；

（三）明知无给付义务而进行的债务清偿。

第九百八十六条 得利人不知道且不应当知道获得的利益没有法律根据，获得的利益已经不存在的，不承担返还该利益的义务。

第九百八十七条 得利人知道或者应当知道获得的利益没有法律根据的，受损失的人可以请求得利人返还其获得的利益并依法赔偿损失。

第九百八十八条 得利人已经将获得的利益无偿转让给第三人的，受损失的人可以请求第三人在相应范围内承担返还义务。

第四编 人格权

第一章 一般规定

第九百八十九条 本编调整因人格权的享有和保护产生的民事关系。

第九百九十条 人格权是民事主体享有的生命权、身体权、健康权、姓名权、名称权、肖像权、名誉权、荣誉权、隐私权等权利。

除前款规定的人格权外，自然人享有基于人身自由、人格尊严产生的其他人格权益。

第九百九十一条 民事主体的人格权受法律保护，任何组织或者个人不得侵害。

第九百九十二条 人格权不得放弃、转让、继承。

第九百九十三条 民事主体可以将自己的姓名、名称、肖像等许可他人使用，但是依照法律规定或者根据其性质不得许可的除外。

第九百九十四条 死者的姓名、肖像、名誉、荣誉、隐私、遗体等受到侵害的，其配偶、子女、父母有权依法请求行为人承担民事责任；死者没有配偶、子女并且父母已经死亡的，其他近亲属有权依法请求行为人承担民事责任。

第九百九十五条 人格权受到侵害的，受害人有权依照本法和其他法律的规定请求行为人承担民事责任。

依据前款规定提出的停止侵害、排除妨碍、消除危险、消除影响、恢复名誉请求权，不适用诉讼时效的规定。

第九百九十六条 因当事人一方的违约行为，损害对方人格权并造成严重精神损害，受损害方选择请求其承担违约责任的，不影响受损害方请求精神损害赔偿。

第九百九十七条 民事主体有证据证明行为人正在实施或者即将实施侵害其人格权的行为，不及时制止将使其合法权益受到难以弥补的损害的，有权依法向人民法院申请采取责令行为人停止有关行为的措施。

第九百九十八条 认定行为人承担侵害除生命权、身体权和健康权外的人格权的民事责任，应当考虑行为人和受害人的职业、影响范围、过错程度，以及行为的目的、方式、后果等因素。

第九百九十九条 实施新闻报道、舆论监督等行为的，可以合理使用民事主体的姓名、名称、肖像、个人信息等；使用不合理的，应当依法承担民事责任。

第一千条 行为人因侵害人格权承担消除影响、恢复名誉、赔礼道歉等民事责任的，应当与行为的具体方式和造成的影响范围相当。

行为人拒不承担前款规定的民事责任的，人民法院可以采取在报刊、网络等媒体上发布公告或者公布生效裁判文书等方式执行，产生的费用由行为人负担。

第一千零一条 对自然人因婚姻家庭关系等产生的身份权利的保护，适用本法总则编、婚姻家庭编和其他法律的相关规定；没有规定的，参照适用本编人格权保护的有关规定。

第二章 生命权、身体权和健康权

第一千零二条 自然人享有生命权，有权维护自己的生命安全和生命尊严。任何组织或者个人不得侵害他人的生命权。

第一千零三条 自然人享有身体权，有权维护自己的身体完整和行动自由。任何组织或者个人不得侵害他人的身体权。

第一千零四条 自然人享有健康权，有权维护自己的身心健康。任何组织或者个人不得侵害他人的健康权。

第一千零五条　自然人的生命权、身体权、健康权受到侵害或者处于其他危难情形的，负有法定救助义务的组织或者个人应当及时施救。

第一千零六条　完全民事行为能力人有权依法自主决定无偿捐献其人体细胞、人体组织、人体器官、遗体。任何组织或者个人不得强迫、欺骗、利诱其捐献。

完全民事行为能力人依据前款规定同意捐献的，应当采用书面形式或者有效的遗嘱形式。

自然人生前未表示不同意捐献的，该自然人死亡后，其配偶、成年子女、父母可以共同决定捐献，决定捐献应当采用书面形式。

第一千零七条　禁止以任何形式买卖人体细胞、人体组织、人体器官、遗体。

违反前款规定的买卖行为无效。

第一千零八条　为研制新药、医疗器械或者发展新的预防和治疗方法，需要进行临床试验的，应当依法经相关主管部门批准并经伦理委员会审查同意，向受试者或者受试者的监护人告知试验目的、用途和可能产生的风险等详细情况，并经其书面同意。

进行临床试验的，不得向受试者收取试验费用。

第一千零九条　从事与人体基因、人体胚胎等有关的医学和科研活动的，应当遵守法律、行政法规和国家有关规定，不得危害人体健康，不得违背伦理道德，不得损害公共利益。

第一千零一十条　违背他人意愿，以言语、行为等方式对他人实施性骚扰的，受害人有权依法请求行为人承担民事责任。

机关、企业、学校等单位应当采取合理的预防、受理投诉、调查处置等措施，防止和制止利用职权、从属关系等实施性骚扰。

第一千零一十一条　以非法拘禁等方式剥夺、限制他人的行动自由，或者非法搜查他人身体的，受害人有权依法请求行为人承担民事责任。

第三章　姓名权和名称权

第一千零一十二条　自然人享有姓名权，有权依法决定、使用、变更或者许可他人使用自己的姓名。

第一千零一十三条　法人、非法人组织享有名称权，有权依法使用、变更、转让或者许可他人使用自己的名称。

第一千零一十四条　任何组织或者个人不得以干涉、盗用、假冒等方式侵害他人的姓名权或者名称权。

第一千零一十五条　自然人的姓氏应当随父姓或者母姓，但是有下列情形之一的，可以在父姓和母姓之外选取姓氏：

（一）选取其他直系长辈血亲的姓氏；

（二）因由法定扶养人以外的人扶养而选取扶养人姓氏；

（三）有不违背公序良俗的其他正当理由。

少数民族自然人的姓氏可以遵从本民族的文化传统和风俗习惯。

第一千零一十六条　民事主体决定、变更自己的姓名、名称，或者转让自己的名称的，应当依法向有关机关办理登记手续，但是法律另有规定的除外。

民事主体变更姓名、名称的，变更前实施的民事法律行为对其具有法律约束力。

第一千零一十七条　具有一定社会知名度的笔名、艺名、网名、字号、姓名和名称的简称等，被他人使用足以造成公众混淆的，与姓名和名称受同等保护。

第四章　肖像权

第一千零一十八条　自然人享有肖像权，有权依法制作、使用、公开或者许可他人使用自己的肖像。

肖像是通过影像、雕塑、绘画等方式在一定载体上所反映的特定自然人可以被识别的外部形象。

第一千零一十九条　任何组织或者个人不得以丑化、污损，或者利用信息技术手段伪造等方式侵害他人的肖像权。未经肖像权人同意，不得制作、使用、公开肖像权人的肖像，但是法律另有规定的除外。

未经肖像权人同意，肖像作品权利人不得以发表、复制、发行、出租、展览等方式使用或者公开肖像权人的肖像。

第一千零二十条　合理实施下列行为的，可以不经肖像权人同意：

（一）为个人学习、艺术欣赏、课堂教学或者科学研究，在必要范围内使用肖像权人已经公开的肖像；

（二）为实施新闻报道，不可避免地制作、使用、公开肖像权人的肖像；

（三）为依法履行职责，国家机关在必要范围内制作、使用、公开肖像权人的肖像；

（四）为展示特定公共环境，不可避免地制作、使用、公开肖像权人的肖像；

（五）为维护公共利益或者肖像权人合法权益，制作、使用、公开肖像权人的肖像的其他行为。

第一千零二十一条 当事人对肖像许可使用合同中关于肖像使用条款的理解有争议的，应当作出有利于肖像权人的解释。

第一千零二十二条 当事人对肖像许可使用期限没有约定或者约定不明确的，任何一方当事人可以随时解除肖像许可使用合同，但是应当在合理期限之前通知对方。

当事人对肖像许可使用期限有明确约定，肖像权人有正当理由的，可以解除肖像许可使用合同，但是应当在合理期限之前通知对方。因解除合同造成对方损失的，除不可归责于肖像权人的事由外，应当赔偿损失。

第一千零二十三条 对姓名等的许可使用，参照适用肖像许可使用的有关规定。

对自然人声音的保护，参照适用肖像权保护的有关规定。

第五章 名誉权和荣誉权

第一千零二十四条 民事主体享有名誉权。任何组织或者个人不得以侮辱、诽谤等方式侵害他人的名誉权。

名誉是对民事主体的品德、声望、才能、信用等的社会评价。

第一千零二十五条 行为人实施新闻报道、舆论监督等行为，影响他人名誉的，不承担民事责任，但是有下列情形之一的除外：

（一）捏造事实、歪曲事实；

（二）对他人提供的失实内容未尽到合理审查义务；

（三）使用侮辱性言辞等贬损他人名誉。

第一千零二十六条 认定行为人是否尽到前条第二项规定的合理审查义务，应当考虑下列因素：

（一）内容来源的可信度；

（二）对明显可能引发争议的内容是否进行了必要的调查；

（三）内容的时效性；

（四）内容与公序良俗的关联性；

（五）受害人名誉受贬损的可能性；

（六）审查能力和审查成本。

行为人应当就其尽到合理审查义务承担举证责任。

第一千零二十七条 行为人发表的文学、艺术作品以真人真事或者特定人为描述对象，含有侮辱、诽谤内容，侵害他人名誉权的，受害人有权依法请求该行为人承担民事责任。

行为人发表的文学、艺术作品不以特定人为描述对象，仅其中的情节与该特定人的情况相似的，不承担民事责任。

第一千零二十八条 报刊、网络等媒体报道的内容失实，侵害他人名誉权的，受害人有权请求该媒体及时采取更正或者删除等必要措施；媒体不及时采取措施的，受害人有权请求人民法院责令该媒体在一定期限内履行。

第一千零二十九条 民事主体可以依法查询自己的信用评价；发现信用评价错误的，有权提出异议并请求采取更正、删除等必要措施。信用评价人应当及时核查，经核查属实的，应当及时采取必要措施。

第一千零三十条 民事主体与征信机构等信用信息收集者、控制者之间的关系，适用本编有关个人信息保护的规定和其他法律、行政法规的有关规定。

第一千零三十一条 民事主体享有荣誉权。任何组织或者个人不得非法剥夺他人的荣誉称号，不得诋毁、贬损他人的荣誉。

获得的荣誉称号应当记载而没有记载的，民事主体可以请求记载；获得的荣誉称号记载错误的，民事主体可以请求更正。

第六章 隐私权和个人信息保护

第一千零三十二条 自然人享有隐私权。任何组织或者个人不得以刺探、侵扰、泄露、公开等方式侵害他人的隐私权。

隐私是自然人的私人生活安宁和不愿为他人知晓的私密空间、私密活动、私密信息。

第一千零三十三条 除权利人明确同意外，任何组织或者个人不得实施下列行为：

（一）以短信、电话、即时通讯工具、电子邮件、传单等方式侵扰他人的私人生活安宁；

（二）进入、窥视、拍摄他人的住宅、宾馆房间等私密空间；

（三）拍摄、录制、公开、窥视、窃听他人的私密活动；

（四）拍摄、窥视他人身体的私密部位；

（五）收集、处理他人的私密信息；

（六）以其他方式侵害他人的隐私权。

第一千零三十四条　自然人的个人信息受法律保护。

个人信息是以电子或者其他方式记录的能够单独或者与其他信息结合识别特定自然人的各种信息，包括自然人的姓名、出生日期、身份证件号码、生物识别信息、住址、电话号码、电子邮箱地址、行踪信息等。

个人信息中的私密信息，同时适用隐私权保护的有关规定。

第一千零三十五条　收集、处理自然人个人信息的，应当遵循合法、正当、必要原则，不得过度收集、处理，并符合下列条件：

（一）征得该自然人或者其监护人同意，但是法律、行政法规另有规定的除外；

（二）公开收集、处理信息的规则；

（三）明示收集、处理信息的目的、方式和范围；

（四）不违反法律、行政法规的规定和双方的约定。

个人信息的处理包括个人信息的使用、加工、传输、提供、公开等。

第一千零三十六条　自然人可以向信息控制者依法查阅、抄录或者复制其个人信息；发现信息有错误的，有权提出异议并请求及时采取更正等必要措施。

自然人发现信息控制者违反法律、行政法规的规定或者双方的约定收集、处理其个人信息的，有权请求信息控制者及时删除。

第一千零三十七条　收集、处理自然人个人信息，有下列情形之一的，行为人不承担民事责任：

（一）在该自然人或者其监护人同意的范围内实施的行为；

（二）处理该自然人自行公开的或者其他已经合法公开的信息，但是该自然人明确拒绝或者处理该信息侵害其重大利益的除外；

（三）为维护公共利益或者该自然人合法权益，合理实施的其他行为。

第一千零三十八条　信息收集者、控制者不得泄露、篡改其收集、存储的个人信息；未经被收集者同意，不得向他人非法提供个人信息，但是经过加工无法识别特定个人且不能复原的除外。

信息收集者、控制者应当采取技术措施和其他必要措施，确保其收集、存储的个人信息安全，防止信息泄露、篡改、丢失；发生或者可能发生个人信息泄露、篡改、丢失的，应当及时采取补救措施，依照规定告知被收集者并向有关主管部门报告。

第一千零三十九条　国家机关及其工作人员对于履行职责过程中知悉的自然人的隐私和个人信息，应当予以保密，不得泄露或者向他人非法提供。

第五编　婚姻家庭

第一章　一般规定

第一千零四十条　本编调整因婚姻家庭产生的民事关系。

第一千零四十一条　实行婚姻自由、一夫一妻、男女平等的婚姻制度。

保护妇女、未成年人和老年人的合法权益。

第一千零四十二条　禁止包办、买卖婚姻和其他干涉婚姻自由的行为。禁止借婚姻索取财物。

禁止重婚。禁止有配偶者与他人同居。

禁止家庭暴力。禁止家庭成员间的虐待和遗弃。

第一千零四十三条　家庭应当树立优良家风，弘扬家庭美德，重视家庭文明建设。

夫妻应当互相忠实，互相尊重，互相关爱；家庭成员应当敬老爱幼，互相帮助，维护平等、和睦、文明的婚姻家庭关系。

第一千零四十四条　收养应当遵循最有利于被收养人的原则，保障被收养人和收养人的合法权益。

禁止借收养名义买卖未成年人。

第一千零四十五条　亲属包括配偶、血亲和姻亲。

配偶、父母、子女、兄弟姐妹、祖父母、外祖父母、孙子女、外孙子女为近亲属。

配偶、父母、子女和其他共同生活的近亲属为家庭成员。

第二章　结　　婚

第一千零四十六条　结婚应当男女双方完全自愿，禁止任何一方对另一方加以强迫或者任何组织、个人加以干涉。

第一千零四十七条　结婚年龄，男不得早于二十二周岁，女不得早于二十周岁。

第一千零四十八条　直系血亲或者三代以内

的旁系血亲禁止结婚。

第一千零四十九条 要求结婚的男女双方应当亲自到婚姻登记机关申请结婚登记。符合本法规定的,予以登记,发给结婚证。完成结婚登记,即确立婚姻关系。未办理结婚登记的,应当补办登记。

第一千零五十条 登记结婚后,按照男女双方约定,女方可以成为男方家庭的成员,男方可以成为女方家庭的成员。

第一千零五十一条 有下列情形之一的,婚姻无效:

(一)重婚;

(二)有禁止结婚的亲属关系;

(三)未到法定婚龄。

第一千零五十二条 因胁迫结婚的,受胁迫的一方可以向婚姻登记机关或者人民法院请求撤销婚姻。

请求撤销婚姻的,应当自胁迫行为终止之日起一年内提出。

被非法限制人身自由的当事人请求撤销婚姻的,应当自恢复人身自由之日起一年内提出。

第一千零五十三条 一方患有重大疾病的,应当在结婚登记前如实告知另一方;不如实告知的,另一方可以向人民法院请求撤销婚姻。

请求撤销婚姻的,应当自知道或者应当知道撤销事由之日起一年内提出。

第一千零五十四条 无效的或者被撤销的婚姻自始没有法律约束力,当事人不具有夫妻的权利和义务。同居期间所得的财产,由当事人协议处理;协议不成的,由人民法院根据照顾无过错方的原则判决。对重婚导致的无效婚姻的财产处理,不得侵害合法婚姻当事人的财产权益。当事人所生的子女,适用本法关于父母子女的规定。

婚姻无效或者被撤销的,无过错方有权请求损害赔偿。

第三章 家庭关系

第一节 夫妻关系

第一千零五十五条 夫妻在婚姻家庭关系中地位平等。

第一千零五十六条 夫妻双方都有各自使用自己姓名的权利。

第一千零五十七条 夫妻双方都有参加生产、工作、学习和社会活动的自由,一方不得对另一方加以限制或者干涉。

第一千零五十八条 夫妻双方平等享有对未成年子女抚养、教育和保护的权利,共同承担对未成年子女抚养、教育和保护的义务。

第一千零五十九条 夫妻有相互扶养的义务。

需要扶养的一方,在另一方不履行扶养义务时,有要求其给付扶养费的权利。

第一千零六十条 夫妻一方因家庭日常生活需要而实施的民事法律行为,对夫妻双方发生效力,但是夫妻一方与相对人另有约定的除外。

夫妻之间对一方可以实施的民事法律行为范围的限制,不得对抗善意相对人。

第一千零六十一条 夫妻有相互继承遗产的权利。

第一千零六十二条 夫妻在婚姻关系存续期间所得的下列财产,为夫妻的共同财产,归夫妻共同所有:

(一)工资、奖金和其他劳务报酬;

(二)生产、经营、投资的收益;

(三)知识产权的收益;

(四)继承或者受赠的财产,但是本法第一千零六十三条第三项规定的除外;

(五)其他应当归共同所有的财产。

夫妻对共同财产,有平等的处理权。

第一千零六十三条 下列财产为夫妻一方的个人财产:

(一)一方的婚前财产;

(二)一方因受到人身损害获得的赔偿和补偿;

(三)遗嘱或者赠与合同中确定只归一方的财产;

(四)一方专用的生活用品;

(五)其他应当归一方的财产。

第一千零六十四条 夫妻双方共同签字或者夫妻一方事后追认等共同意思表示所负的债务,以及夫妻一方在婚姻关系存续期间以个人名义为家庭日常生活需要所负的债务,属于夫妻共同债务。

夫妻一方在婚姻关系存续期间以个人名义超出家庭日常生活需要所负的债务,不属于夫妻共同债务;但是,债权人能够证明该债务用于夫妻共同生活、共同生产经营或者基于夫妻双方共同意思表示的除外。

第一千零六十五条 男女双方可以约定婚姻关系存续期间所得的财产以及婚前财产归各自所有、共同所有或者部分各自所有、部分共同所有。约定应当采用书面形式。没有约定或者约定不明确的,适用本法第一千零六十二条、第一千零六十三条的规定。

夫妻对婚姻关系存续期间所得的财产以及婚前财产的约定，对双方具有法律约束力。

夫妻对婚姻关系存续期间所得的财产约定归各自所有，夫或者妻一方对外所负的债务，相对人知道该约定的，以夫或者妻一方的个人财产清偿。

第一千零六十六条　婚姻关系存续期间，有下列情形之一的，夫妻一方可以向人民法院请求分割共同财产：

（一）一方有隐藏、转移、变卖、毁损、挥霍夫妻共同财产或者伪造夫妻共同债务等严重损害夫妻共同财产利益的行为；

（二）一方负有法定扶养义务的人患重大疾病需要医治，另一方不同意支付相关医疗费用。

第二节　父母子女关系和其他近亲属关系

第一千零六十七条　父母不履行抚养义务的，未成年子女或者不能独立生活的成年子女，有要求父母给付抚养费的权利。

成年子女不履行赡养义务的，缺乏劳动能力或者生活困难的父母，有要求成年子女给付赡养费的权利。

第一千零六十八条　父母有教育、保护未成年子女的权利和义务。未成年子女造成他人损害的，父母应当依法承担民事责任。

第一千零六十九条　子女应当尊重父母的婚姻权利，不得干涉父母离婚、再婚以及婚后的生活。子女对父母的赡养义务，不因父母的婚姻关系变化而终止。

第一千零七十条　父母和子女有相互继承遗产的权利。

第一千零七十一条　非婚生子女享有与婚生子女同等的权利，任何组织或者个人不得加以危害和歧视。

不直接抚养非婚生子女的生父或者生母，应当负担未成年子女或者不能独立生活的成年子女的抚养费。

第一千零七十二条　继父母与继子女间，不得虐待或者歧视。

继父或者继母和受其抚养教育的继子女间的权利义务关系，适用本法关于父母子女关系的规定。

第一千零七十三条　对亲子关系有异议且有正当理由的，父或者母可以向人民法院提起诉讼，请求确认或者否认亲子关系。

对亲子关系有异议且有正当理由的，成年子女可以向人民法院提起诉讼，请求确认亲子关系。

第一千零七十四条　有负担能力的祖父母、外祖父母，对于父母已经死亡或者父母无力抚养的未成年孙子女、外孙子女，有抚养的义务。

有负担能力的孙子女、外孙子女，对于子女已经死亡或者子女无力赡养的祖父母、外祖父母，有赡养的义务。

第一千零七十五条　有负担能力的兄、姐，对于父母已经死亡或者父母无力抚养的未成年弟、妹，有扶养的义务。

由兄、姐扶养长大的有负担能力的弟、妹，对于缺乏劳动能力又缺乏生活来源的兄、姐，有扶养的义务。

第四章　离　婚

第一千零七十六条　男女双方自愿离婚的，应当订立书面离婚协议，并亲自到婚姻登记机关申请离婚登记。

离婚协议应当载明双方自愿离婚的意思表示和对子女抚养、财产及债务处理等事项协商一致的意见。

第一千零七十七条　自婚姻登记机关收到离婚登记申请之日起三十日内，任何一方不愿意离婚的，可以向婚姻登记机关撤回离婚登记申请。

前款规定期间届满后三十日内，双方应当亲自到婚姻登记机关申请发给离婚证；未申请的，视为撤回离婚登记申请。

第一千零七十八条　婚姻登记机关查明双方确实是自愿离婚，并已对子女抚养、财产及债务处理等事项协商一致的，予以登记，发给离婚证。

第一千零七十九条　男女一方要求离婚的，可以由有关组织进行调解或者直接向人民法院提起离婚诉讼。

人民法院审理离婚案件，应当进行调解；如果感情确已破裂，调解无效的，应当准予离婚。

有下列情形之一，调解无效的，应当准予离婚：

（一）重婚或者与他人同居；

（二）实施家庭暴力或者虐待、遗弃家庭成员；

（三）有赌博、吸毒等恶习屡教不改；

（四）因感情不和分居满二年；

（五）其他导致夫妻感情破裂的情形。

一方被宣告失踪，另一方提起离婚诉讼的，应当准予离婚。

经人民法院判决不准离婚后，双方又分居满一年，一方再次提起离婚诉讼的，应当准予离婚。

第一千零八十条 完成离婚登记，或者离婚判决书、调解书生效，即解除婚姻关系。

第一千零八十一条 现役军人的配偶要求离婚，应当征得军人同意，但是军人一方有重大过错的除外。

第一千零八十二条 女方在怀孕期间、分娩后一年内或者终止妊娠后六个月内，男方不得提出离婚；但是，女方提出离婚或者人民法院认为确有必要受理男方离婚请求的除外。

第一千零八十三条 离婚后，男女双方自愿恢复婚姻关系的，应当到婚姻登记机关重新进行结婚登记。

第一千零八十四条 父母与子女间的关系，不因父母离婚而消除。离婚后，子女无论由父或者母直接抚养，仍是父母双方的子女。

离婚后，父母对于子女仍有抚养、教育、保护的权利和义务。

离婚后，不满两周岁的子女，以由母亲直接抚养为原则。已满两周岁的子女，父母双方对抚养问题协议不成的，由人民法院根据双方的具体情况，按照最有利于未成年子女的原则判决。

第一千零八十五条 离婚后，子女由一方直接抚养的，另一方应当负担部分或者全部抚养费，负担费用的多少和期限的长短，由双方协议；协议不成的，由人民法院判决。

前款规定的协议或者判决，不妨碍子女在必要时向父母任何一方提出超过协议或者判决原定数额的合理要求。

第一千零八十六条 离婚后，不直接抚养子女的父或者母，有探望子女的权利，另一方有协助的义务。

行使探望权利的方式、时间由当事人协议；协议不成的，由人民法院判决。

父或者母探望子女，不利于子女身心健康的，由人民法院依法中止探望；中止的事由消失后，应当恢复探望。

第一千零八十七条 离婚时，夫妻的共同财产由双方协议处理；协议不成的，由人民法院根据财产的具体情况，按照照顾子女、女方和无过错方权益的原则判决。

对夫或者妻在家庭土地承包经营中享有的权益等，应当依法予以保护。

第一千零八十八条 夫妻一方因抚育子女、照料老年人、协助另一方工作等负担较多义务的，离婚时有权向另一方请求补偿，另一方应当给予补偿。具体办法由双方协议；协议不成的，由人民法院判决。

第一千零八十九条 离婚时，夫妻共同债务，应当共同偿还。共同财产不足清偿或者财产归各自所有的，由双方协议清偿；协议不成的，由人民法院判决。

第一千零九十条 离婚时，如一方生活困难，有负担能力的另一方应当给予适当帮助。具体办法由双方协议；协议不成的，由人民法院判决。

第一千零九十一条 有下列情形之一，导致离婚的，无过错方有权请求损害赔偿：

（一）重婚；

（二）与他人同居；

（三）实施家庭暴力；

（四）虐待、遗弃家庭成员；

（五）有其他重大过错。

第一千零九十二条 夫妻一方隐藏、转移、变卖、毁损、挥霍夫妻共同财产，或者伪造夫妻共同债务企图侵占另一方财产的，在离婚分割夫妻共同财产时，对该方可以少分或者不分。离婚后，另一方发现有上述行为的，可以向人民法院提起诉讼，请求再次分割夫妻共同财产。

第五章　收　养

第一节　收养关系的成立

第一千零九十三条 下列未成年人，可以被收养：

（一）丧失父母的孤儿；

（二）查找不到生父母的未成年人；

（三）生父母有特殊困难无力抚养的子女。

第一千零九十四条 下列个人、组织可以作送养人：

（一）孤儿的监护人；

（二）儿童福利机构；

（三）有特殊困难无力抚养子女的生父母。

第一千零九十五条 未成年人的父母均不具备完全民事行为能力且可能严重危害该未成年人的，该未成年人的监护人可以将其送养。

第一千零九十六条 监护人送养孤儿的，应当征得有抚养义务的人同意。有抚养义务的人不同意送养、监护人不愿意继续履行监护职责的，应当依照本法总则编的规定另行确定监护人。

第一千零九十七条 生父母送养子女，应当双方共同送养。生父母一方不明或者查找不到的，可以单方送养。

第一千零九十八条 收养人应当同时具备下列条件：

（一）无子女或者只有一名子女；

（二）有抚养、教育和保护被收养人的能力；

（三）未患有在医学上认为不应当收养子女的疾病；

（四）无不利于被收养人健康成长的违法犯罪记录；

（五）年满三十周岁。

第一千零九十九条 收养三代以内同辈旁系血亲的子女，可以不受本法第一千零九十三条第三项、第一千零九十四条第三项和第一千一百零二条规定的限制。

华侨收养三代以内同辈旁系血亲的子女，还可以不受本法第一千零九十八条第一项规定的限制。

第一千一百条 无子女的收养人可以收养两名子女；有一名子女的收养人只能收养一名子女。

收养孤儿、残疾未成年人或者儿童福利机构抚养的查找不到生父母的未成年人，可以不受前款和本法第一千零九十八条第一项规定的限制。

第一千一百零一条 有配偶者收养子女，应当夫妻共同收养。

第一千一百零二条 无配偶者收养异性子女的，收养人与被收养人的年龄应当相差四十周岁以上。

第一千一百零三条 继父或者继母经继子女的生父母同意，可以收养继子女，并可以不受本法第一千零九十三条第三项、第一千零九十四条第三项、第一千零九十八条和第一千一百条第一款规定的限制。

第一千一百零四条 收养人收养与送养人送养，应当双方自愿。收养八周岁以上未成年人的，应当征得被收养人的同意。

第一千一百零五条 收养应当向县级以上人民政府民政部门登记。收养关系自登记之日起成立。

收养查找不到生父母的未成年人的，办理登记的民政部门应当在登记前予以公告。

收养关系当事人愿意订立收养协议的，可以订立收养协议。

收养关系当事人各方或者一方要求办理收养公证的，应当办理收养公证。

第一千一百零六条 收养关系成立后，公安机关应当依照国家有关规定为被收养人办理户口登记。

第一千一百零七条 孤儿或者生父母无力抚养的子女，可以由生父母的亲属、朋友抚养；抚养人与被抚养人的关系不适用本章规定。

第一千一百零八条 配偶一方死亡，另一方送养未成年子女的，死亡一方的父母有优先抚养的权利。

第一千一百零九条 外国人依法可以在中华人民共和国收养子女。

外国人在中华人民共和国收养子女，应当经其所在国主管机关依照该国法律审查同意。收养人应当提供由其所在国有权机构出具的有关其年龄、婚姻、职业、财产、健康、有无受过刑事处罚等状况的证明材料，并与送养人订立书面协议，亲自向省、自治区、直辖市人民政府民政部门登记。

前款规定的证明材料应当经收养人所在国外交机关或者外交机关授权的机构认证，并经中华人民共和国驻该国使领馆认证，国家另有规定的除外。

第一千一百一十条 收养人、送养人要求保守收养秘密的，其他人应当尊重其意愿，不得泄露。

第二节 收养的效力

第一千一百一十一条 自收养关系成立之日起，养父母与养子女间的权利义务关系，适用本法关于父母子女关系的规定；养子女与养父母的近亲属间的权利义务关系，适用本法关于子女与父母的近亲属关系的规定。

养子女与生父母及其他近亲属间的权利义务关系，因收养关系的成立而消除。

第一千一百一十二条 养子女可以随养父或者养母的姓氏，经当事人协商一致，也可以保留原姓氏。

第一千一百一十三条 有本法总则编关于民事法律行为无效规定情形或者违反本编规定的收养行为无效。

无效的收养行为自始没有法律约束力。

第三节 收养关系的解除

第一千一百一十四条 收养人在被收养人成年以前，不得解除收养关系，但是收养人、送养人双方协议解除的除外。养子女八周岁以上的，应当征得本人同意。

收养人不履行抚养义务，有虐待、遗弃等侵害未成年养子女合法权益行为的，送养人有权要求解除养父母与养子女间的收养关系。送养人、收养人不能达成解除收养关系协议的,可以向人民法院提起诉讼。

第一千一百一十五条 养父母与成年养子女关系恶化、无法共同生活的,可以协议解除收养关系。不能达成协议的,可以向人民法院提起诉讼。

第一千一百一十六条 当事人协议解除收养关系的,应当到民政部门办理解除收养关系登记。

第一千一百一十七条 收养关系解除后,养子女与养父母及其他近亲属间的权利义务关系即行消除,与生父母及其他近亲属间的权利义务关系自行恢复。但是,成年养子女与生父母及其他近亲属间的权利义务关系是否恢复,可以协商确定。

第一千一百一十八条 收养关系解除后,经养父母抚养的成年养子女,对缺乏劳动能力又缺乏生活来源的养父母,应当给付生活费。因养子女成年后虐待、遗弃养父母而解除收养关系的,养父母可以要求养子女补偿收养期间支出的抚养费。

生父母要求解除收养关系的,养父母可以要求生父母适当补偿收养期间支出的抚养费,但是因养父母虐待、遗弃养子女而解除收养关系的除外。

第六编 继 承

第一章 一般规定

第一千一百一十九条 本编调整因继承产生的民事关系。

第一千一百二十条 国家保护自然人的继承权。

第一千一百二十一条 继承从被继承人死亡时开始。

相互有继承关系的数人在同一事件中死亡,难以确定死亡时间的,推定没有其他继承人的人先死亡。都有其他继承人,辈份不同的,推定长辈先死亡;辈份相同的,推定同时死亡,相互不发生继承。

第一千一百二十二条 遗产是自然人死亡时遗留的个人合法财产,但是依照法律规定或者根据其性质不得继承的除外。

第一千一百二十三条 继承开始后,按照法定继承办理;有遗嘱的,按照遗嘱继承或者遗赠办理;有遗赠扶养协议的,按照协议办理。

第一千一百二十四条 继承开始后,继承人放弃继承的,应当在遗产处理前,以书面形式作出放弃继承的表示。没有表示的,视为接受继承。

受遗赠人应当在知道受遗赠后两个月内,作出接受或者放弃受遗赠的表示。到期没有表示的,视为放弃受遗赠。

第一千一百二十五条 继承人有下列行为之一的,丧失继承权:

(一)故意杀害被继承人;

(二)为争夺遗产而杀害其他继承人;

(三)遗弃被继承人,或者虐待被继承人情节严重;

(四)伪造、篡改、隐匿或者销毁遗嘱,情节严重;

(五)以欺诈、胁迫手段迫使或者妨碍被继承人设立、变更或者撤回遗嘱,情节严重。

继承人有前款第三项至第五项行为,确有悔改表现,被继承人表示宽恕或者事后在遗嘱中将其列为继承人的,该继承人不丧失继承权。

受遗赠人有本条第一款规定行为的,丧失受遗赠权。

第二章 法定继承

第一千一百二十六条 继承权男女平等。

第一千一百二十七条 遗产按照下列顺序继承:

(一)第一顺序:配偶、子女、父母;

(二)第二顺序:兄弟姐妹、祖父母、外祖父母。

继承开始后,由第一顺序继承人继承,第二顺序继承人不继承。没有第一顺序继承人继承的,由第二顺序继承人继承。

本编所称子女,包括婚生子女、非婚生子女、养子女和有扶养关系的继子女。

本编所称父母,包括生父母、养父母和有扶养关系的继父母。

本编所称兄弟姐妹,包括同父母的兄弟姐妹、同父异母或者同母异父的兄弟姐妹、养兄弟姐妹、有扶养关系的继兄弟姐妹。

第一千一百二十八条 被继承人的子女先于被继承人死亡的,由被继承人的子女的直系晚辈血亲代位继承。

被继承人的兄弟姐妹先于被继承人死亡的,由被继承人的兄弟姐妹的子女代位继承。

代位继承人一般只能继承被代位继承人有权继承的遗产份额。

第一千一百二十九条 丧偶儿媳对公婆,丧偶女婿对岳父母,尽了主要赡养义务的,作为第一顺序继承人。

第一千一百三十条　同一顺序继承人继承遗产的份额，一般应当均等。

对生活有特殊困难又缺乏劳动能力的继承人，分配遗产时，应当予以照顾。

对被继承人尽了主要扶养义务或者与被继承人共同生活的继承人，分配遗产时，可以多分。

有扶养能力和有扶养条件的继承人，不尽扶养义务的，分配遗产时，应当不分或者少分。

继承人协商同意的，也可以不均等。

第一千一百三十一条　对继承人以外的依靠被继承人扶养的人，或者继承人以外的对被继承人扶养较多的人，可以分给适当的遗产。

第一千一百三十二条　继承人应当本着互谅互让、和睦团结的精神，协商处理继承问题。遗产分割的时间、办法和份额，由继承人协商确定。协商不成的，可以由人民调解委员会调解或者向人民法院提起诉讼。

第三章　遗嘱继承和遗赠

第一千一百三十三条　自然人可以依照本法规定立遗嘱处分个人财产，并可以指定遗嘱执行人。

自然人可以立遗嘱将个人财产指定由法定继承人中的一人或者数人继承。

自然人可以立遗嘱将个人财产赠与国家、集体或者法定继承人以外的人。

第一千一百三十四条　自书遗嘱由遗嘱人亲笔书写，签名，注明年、月、日。

第一千一百三十五条　代书遗嘱应当有两个以上见证人在场见证，由其中一人代书，并由遗嘱人、代书人和其他见证人签名，注明年、月、日。

第一千一百三十六条　打印遗嘱应当有两个以上见证人在场见证。遗嘱人和见证人应当在遗嘱每一页签名，注明年、月、日。

第一千一百三十七条　以录音录像形式立的遗嘱，应当有两个以上见证人在场见证。遗嘱人和见证人应当在录音录像中记录其姓名或者肖像，以及年、月、日。

第一千一百三十八条　遗嘱人在危急情况下，可以立口头遗嘱。口头遗嘱应当有两个以上见证人在场见证。危急情况消除后，遗嘱人能够以书面或者录音录像形式立遗嘱的，所立的口头遗嘱无效。

第一千一百三十九条　公证遗嘱由遗嘱人经公证机构办理。

第一千一百四十条　下列人员不能作为遗嘱见证人：

（一）无民事行为能力人、限制民事行为能力人以及其他不具有见证能力的人；

（二）继承人、受遗赠人；

（三）与继承人、受遗赠人有利害关系的人。

第一千一百四十一条　遗嘱应当为缺乏劳动能力又没有生活来源的继承人保留必要的遗产份额。

第一千一百四十二条　遗嘱人可以撤回、变更自己所立的遗嘱。

立遗嘱后，遗嘱人实施与遗嘱内容相反的民事法律行为的，视为对遗嘱相关内容的撤回。

立有数份遗嘱，内容相抵触的，以最后的遗嘱为准。

第一千一百四十三条　无民事行为能力人或者限制民事行为能力人所立的遗嘱无效。

遗嘱必须表示遗嘱人的真实意思，受欺诈、胁迫所立的遗嘱无效。

伪造的遗嘱无效。

遗嘱被篡改的，篡改的内容无效。

第一千一百四十四条　遗嘱继承或者遗赠附有义务的，继承人或者受遗赠人应当履行义务。没有正当理由不履行义务的，经利害关系人或者有关组织请求，人民法院可以取消其接受附义务部分遗产的权利。

第四章　遗产的处理

第一千一百四十五条　继承开始后，遗嘱执行人为遗产管理人；没有遗嘱执行人的，继承人应当及时推选遗产管理人；继承人未推选的，由继承人共同担任遗产管理人；没有继承人或者继承人均放弃继承的，由被继承人生前住所地的民政部门或者村民委员会担任遗产管理人。

第一千一百四十六条　对遗产管理人的确定有争议的，利害关系人可以向人民法院申请指定遗产管理人。

第一千一百四十七条　遗产管理人应当履行下列职责：

（一）清理遗产并制作遗产清单；

（二）向继承人报告遗产情况；

（三）采取必要措施防止遗产毁损；

（四）处理被继承人的债权债务；

（五）按照遗嘱或者依照法律规定分割遗产；

（六）实施与管理遗产有关的其他必要行为。

第一千一百四十八条 遗产管理人应当依法履行职责，因故意或者重大过失造成继承人、受遗赠人、债权人损害的，应当承担民事责任。

第一千一百四十九条 遗产管理人可以依照法律规定或者按照约定获得报酬。

第一千一百五十条 继承开始后，知道被继承人死亡的继承人应当及时通知其他继承人和遗嘱执行人。继承人中无人知道被继承人死亡或者知道被继承人死亡而不能通知的，由被继承人生前所在单位或者住所地的居民委员会、村民委员会负责通知。

第一千一百五十一条 存有遗产的人，应当妥善保管遗产，任何组织或者个人不得侵吞或者争抢。

第一千一百五十二条 继承开始后，继承人于遗产分割前死亡，并没有放弃继承的，该继承人应当继承的遗产转给其继承人；但是遗嘱另有安排的除外。

第一千一百五十三条 夫妻共同所有的财产，除有约定的外，遗产分割时，应当先将共同所有的财产的一半分出为配偶所有，其余的为被继承人的遗产。

遗产在家庭共有财产之中的，遗产分割时，应当先分出他人的财产。

第一千一百五十四条 有下列情形之一的，遗产中的有关部分按照法定继承办理：

（一）遗嘱继承人放弃继承或者受遗赠人放弃受遗赠；

（二）遗嘱继承人丧失继承权或者受遗赠人丧失受遗赠权；

（三）遗嘱继承人、受遗赠人先于遗嘱人死亡或者终止；

（四）遗嘱无效部分所涉及的遗产；

（五）遗嘱未处分的遗产。

第一千一百五十五条 遗产分割时，应当保留胎儿的继承份额。胎儿娩出时是死体的，保留的份额按照法定继承办理。

第一千一百五十六条 遗产分割应当有利于生产和生活需要，不损害遗产的效用。

不宜分割的遗产，可以采取折价、适当补偿或者共有等方法处理。

第一千一百五十七条 夫妻一方死亡后另一方再婚的，有权处分所继承的财产，任何人不得干涉。

第一千一百五十八条 自然人可以与继承人以外的组织或者个人签订遗赠扶养协议。按照协议，该组织或者个人承担该自然人生养死葬的义务，享有受遗赠的权利。

第一千一百五十九条 分割遗产，应当清偿被继承人依法应当缴纳的税款和债务。但是，应当为缺乏劳动能力又没有生活来源的继承人保留适当的遗产。

第一千一百六十条 无人继承又无人受遗赠的遗产，归国家所有，用于公益事业；死者生前是集体所有制组织成员的，归所在集体所有制组织所有。

第一千一百六十一条 继承人以所得遗产实际价值为限清偿被继承人依法应当缴纳的税款和债务。超过遗产实际价值部分，继承人自愿偿还的不在此限。

继承人放弃继承的，对被继承人依法应当缴纳的税款和债务可以不负清偿责任。

第一千一百六十二条 执行遗赠不得妨碍清偿遗赠人依法应当缴纳的税款和债务。

第一千一百六十三条 既有法定继承又有遗嘱继承、遗赠的，由法定继承人清偿被继承人依法应当缴纳的税款和债务；超过法定继承遗产实际价值部分，由遗嘱继承人和受遗赠人按比例以所得遗产清偿。

第七编 侵权责任

第一章 一般规定

第一千一百六十四条 本编调整因侵害民事权益产生的民事关系。

第一千一百六十五条 行为人因过错侵害他人民事权益造成损害的，应当承担侵权责任。

依照法律规定推定行为人有过错，行为人不能证明自己没有过错的，应当承担侵权责任。

第一千一百六十六条 行为人造成他人民事权益损害，不论行为人有无过错，法律规定应当承担侵权责任的，依照其规定。

第一千一百六十七条 侵权行为危及他人人身、财产安全的，被侵权人有权请求侵权人承担停止侵害、排除妨碍、消除危险等侵权责任。

第一千一百六十八条 二人以上共同实施侵权行为，造成他人损害的，应当承担连带责任。

第一千一百六十九条 教唆、帮助他人实施侵权行为的，应当与行为人承担连带责任。

教唆、帮助无民事行为能力人、限制民事行为能力人实施侵权行为的，应当承担侵权责任；该无民事行为能力人、限制民事行为能力人的监护人未尽到监护职责的，应当承担相应的责任。

第一千一百七十条 二人以上实施危及他人人身、财产安全的行为，其中一人或者数人的行为造成他人损害，能够确定具体侵权人的，由侵权人承担责任；不能确定具体侵权人的，行为人承担连带责任。

第一千一百七十一条 二人以上分别实施侵权行为造成同一损害，每个人的侵权行为都足以造成全部损害的，行为人承担连带责任。

第一千一百七十二条 二人以上分别实施侵权行为造成同一损害，能够确定责任大小的，各自承担相应的责任；难以确定责任大小的，平均承担责任。

第一千一百七十三条 被侵权人对同一损害的发生或者扩大有过错的，可以减轻侵权人的责任。

第一千一百七十四条 损害是因受害人故意造成的，行为人不承担责任。

第一千一百七十五条 损害是因第三人造成的，第三人应当承担侵权责任。

第一千一百七十六条 自愿参加具有一定风险的文体活动，因其他参加者的行为受到损害的，受害人不得请求其他参加者承担侵权责任；但是其他参加者对损害的发生有故意或者重大过失的除外。

活动组织者的责任适用本法第一千一百九十八条至第一千二百零一条的规定。

第一千一百七十七条 合法权益受到侵害，情况紧迫且不能及时获得国家机关保护，不立即采取措施将使其合法权益受到难以弥补的损害的，受害人可以在必要范围内采取扣留侵权人的财物等合理措施；但是，应当立即请求有关国家机关处理。

受害人采取的措施不当造成他人损害的，应当承担侵权责任。

第一千一百七十八条 本法和其他法律对不承担责任或者减轻责任的情形另有规定的，依照其规定。

第二章 损害赔偿

第一千一百七十九条 侵害他人造成人身损害的，应当赔偿医疗费、护理费、交通费、营养费等为治疗和康复支出的合理费用，以及因误工减少的收入。造成残疾的，还应当赔偿辅助器具费和残疾赔偿金；造成死亡的，还应当赔偿丧葬费和死亡赔偿金。

第一千一百八十条 因同一侵权行为造成多人死亡的，可以以相同数额确定死亡赔偿金。

第一千一百八十一条 被侵权人死亡的，其近亲属有权请求侵权人承担侵权责任。被侵权人为组织，该组织分立、合并的，承继权利的组织有权请求侵权人承担侵权责任。

被侵权人死亡的，支付被侵权人医疗费、丧葬费等合理费用的人有权请求侵权人赔偿费用，但是侵权人已支付该费用的除外。

第一千一百八十二条 侵害他人人身权益造成财产损失的，按照被侵权人因此受到的损失或者侵权人因此获得的利益赔偿；被侵权人因此受到的损失以及侵权人因此获得的利益难以确定，被侵权人和侵权人就赔偿数额协商不一致，向人民法院提起诉讼的，由人民法院根据实际情况确定赔偿数额。

第一千一百八十三条 侵害自然人人身权益造成严重精神损害的，被侵权人有权请求精神损害赔偿。

因故意或者重大过失侵害自然人具有人身意义的特定物造成严重精神损害的，被侵权人有权请求精神损害赔偿。

第一千一百八十四条 侵害他人财产的，财产损失按照损失发生时的市场价格或者其他合理方式计算。

第一千一百八十五条 故意侵害他人知识产权，情节严重的，被侵权人有权请求相应的惩罚性赔偿。

第一千一百八十六条 受害人和行为人对损害的发生都没有过错的，依照法律的规定由双方分担损失。

第一千一百八十七条 损害发生后，当事人可以协商赔偿费用的支付方式。协商不一致的，赔偿费用应当一次性支付；一次性支付确有困难的，可以分期支付，但是被侵权人有权请求提供相应的担保。

第三章 责任主体的特殊规定

第一千一百八十八条 无民事行为能力人、限制民事行为能力人造成他人损害的，由监护人承担侵权责任。监护人尽到监护职责的，可以减轻其侵权责任。

有财产的无民事行为能力人、限制民事行为能力人造成他人损害的,从本人财产中支付赔偿费用;不足部分,由监护人赔偿。

第一千一百八十九条 无民事行为能力人、限制民事行为能力人造成他人损害,监护人将监护职责委托给他人的,由监护人承担侵权责任;受托人有过错的,承担相应的责任。

第一千一百九十条 完全民事行为能力人对自己的行为暂时没有意识或者失去控制造成他人损害有过错的,应当承担侵权责任;没有过错的,根据行为人的经济状况对受害人适当补偿。

完全民事行为能力人因醉酒、滥用麻醉药品或者精神药品对自己的行为暂时没有意识或者失去控制造成他人损害的,应当承担侵权责任。

第一千一百九十一条 用人单位的工作人员因执行工作任务造成他人损害的,由用人单位承担侵权责任。用人单位承担侵权责任后,可以向有故意或者重大过失的工作人员追偿。

劳务派遣期间,被派遣的工作人员因执行工作任务造成他人损害的,由接受劳务派遣的用工单位承担侵权责任;劳务派遣单位有过错的,承担相应的责任。

第一千一百九十二条 个人之间形成劳务关系,提供劳务一方因劳务造成他人损害的,由接受劳务一方承担侵权责任。接受劳务一方承担侵权责任后,可以向有故意或者重大过失的提供劳务一方追偿。提供劳务一方因劳务自己受到损害的,根据双方各自的过错承担相应的责任。

提供劳务期间,因第三人的行为造成提供劳务一方损害的,提供劳务一方有权请求第三人承担侵权责任,也有权请求接受劳务一方承担侵权责任。接受劳务一方承担侵权责任后,可以向第三人追偿。

第一千一百九十三条 承揽人在完成工作过程中造成第三人损害或者自己损害的,定作人不承担侵权责任。但是,定作人对定作、指示或者选任有过错的,应当承担相应的责任。

第一千一百九十四条 网络用户、网络服务提供者利用网络侵害他人民事权益的,应当承担侵权责任。法律另有规定的,依照其规定。

第一千一百九十五条 网络用户利用网络服务实施侵权行为的,权利人有权通知网络服务提供者采取删除、屏蔽、断开链接等必要措施。通知应当包括构成侵权的初步证据及权利人的真实身份信息。

网络服务提供者接到通知后,应当及时将该通知转送相关网络用户,并根据构成侵权的初步证据和服务类型采取必要措施;未及时采取必要措施的,对损害的扩大部分与该网络用户承担连带责任。

因错误通知造成网络用户或者网络服务提供者损害的,应当承担侵权责任。

第一千一百九十六条 网络用户接到转送的通知后,可以向网络服务提供者提交不存在侵权行为的声明。声明应当包括不存在侵权行为的初步证据。

网络服务提供者接到声明后,应当将该声明转送发出通知的权利人,并告知其可以向有关部门投诉或者向人民法院提起诉讼。网络服务提供者在转送声明到达权利人后的合理期限内,未收到权利人已经投诉或者提起诉讼通知的,应当及时终止所采取的措施。

第一千一百九十七条 网络服务提供者知道或者应当知道网络用户利用其网络服务侵害他人民事权益,未采取必要措施的,与该网络用户承担连带责任。

第一千一百九十八条 宾馆、商场、银行、车站、机场、体育场馆、娱乐场所等经营场所、公共场所的经营者、管理者或者群众性活动的组织者,未尽到安全保障义务,造成他人损害的,应当承担侵权责任。

因第三人的行为造成他人损害的,由第三人承担侵权责任;经营者、管理者或者组织者未尽到安全保障义务的,承担相应的补充责任。经营者、管理者或者组织者承担补充责任后,可以向第三人追偿。

第一千一百九十九条 无民事行为能力人在幼儿园、学校或者其他教育机构学习、生活期间受到人身损害的,幼儿园、学校或者其他教育机构应当承担侵权责任;但是,能够证明尽到教育、管理职责的,不承担侵权责任。

第一千二百条 限制民事行为能力人在学校或者其他教育机构学习、生活期间受到人身损害,学校或者其他教育机构未尽到教育、管理职责的,应当承担侵权责任。

第一千二百零一条 无民事行为能力人或者限制民事行为能力人在幼儿园、学校或者其他教育机构学习、生活期间,受到幼儿园、学校或者其他教育机构以外的第三人人身损害的,由第三人承担侵权责任;幼儿园、学校或者其他教育机构未尽到管理职责的,承担相应的补充责任。

幼儿园、学校或者其他教育机构承担补充责任后,可以向第三人追偿。

第四章　产品责任

第一千二百零二条　因产品存在缺陷造成他人损害的，生产者应当承担侵权责任。

第一千二百零三条　因产品存在缺陷造成他人损害的，被侵权人可以向产品的生产者请求赔偿，也可以向产品的销售者请求赔偿。

产品缺陷由生产者造成的，销售者赔偿后，有权向生产者追偿。因销售者的过错使产品存在缺陷的，生产者赔偿后，有权向销售者追偿。

第一千二百零四条　因运输者、仓储者等第三人的过错使产品存在缺陷，造成他人损害的，产品的生产者、销售者赔偿后，有权向第三人追偿。

第一千二百零五条　因产品缺陷危及他人人身、财产安全的，被侵权人有权请求生产者、销售者承担停止侵害、排除妨碍、消除危险等侵权责任。

第一千二百零六条　产品投入流通后发现存在缺陷的，生产者、销售者应当及时采取停止销售、警示、召回等补救措施。未及时采取补救措施或者补救措施不力造成损害扩大的，对扩大的损害也应当承担侵权责任。

依据前款规定采取召回措施的，生产者、销售者应当负担被侵权人因此支出的必要费用。

第一千二百零七条　明知产品存在缺陷仍然生产、销售，或者没有依据前条规定采取补救措施，造成他人死亡或者健康严重损害的，被侵权人有权请求相应的惩罚性赔偿。

第五章　机动车交通事故责任

第一千二百零八条　机动车发生交通事故造成损害的，依照道路交通安全法和本法的有关规定承担赔偿责任。

第一千二百零九条　因租赁、借用等情形机动车所有人、管理人与使用人不是同一人时，发生交通事故造成损害，属于该机动车一方责任的，由机动车使用人承担赔偿责任；机动车所有人、管理人对损害的发生有过错的，承担相应的赔偿责任。

第一千二百一十条　当事人之间已经以买卖或者其他方式转让并交付机动车但是未办理登记，发生交通事故造成损害，属于该机动车一方责任的，由受让人承担赔偿责任。

第一千二百一十一条　以挂靠形式从事道路运输经营活动的机动车，发生交通事故造成损害，属于该机动车一方责任的，由挂靠人和被挂靠人承担连带责任。

第一千二百一十二条　未经允许驾驶他人机动车，发生交通事故造成损害，属于该机动车一方责任的，由机动车使用人承担赔偿责任；机动车所有人、管理人对损害的发生有过错的，承担相应的赔偿责任，但是本章另有规定的除外。

第一千二百一十三条　机动车发生交通事故造成损害，属于该机动车一方责任的，先由承保机动车强制保险的保险人在强制保险责任限额范围内予以赔偿；不足部分，由承保机动车商业保险的保险人按照保险合同的约定予以赔偿；仍然不足或者没有投保机动车商业保险的，由侵权人赔偿。

第一千二百一十四条　以买卖或者其他方式转让拼装或者已达到报废标准的机动车，发生交通事故造成损害的，由转让人和受让人承担连带责任。

第一千二百一十五条　盗窃、抢劫或者抢夺的机动车发生交通事故造成损害的，由盗窃人、抢劫人或者抢夺人承担赔偿责任。盗窃人、抢劫人或者抢夺人与机动车使用人并非同一人，发生交通事故后属于该机动车一方责任的，由盗窃人、抢劫人或者抢夺人与机动车使用人承担连带责任。

保险人在机动车强制保险责任限额范围内垫付抢救费用的，有权向交通事故责任人追偿。

第一千二百一十六条　机动车驾驶人发生交通事故后逃逸，该机动车参加强制保险的，由保险人在机动车强制保险责任限额范围内予以赔偿；机动车不明、该机动车未参加强制保险或者抢救费用超过机动车交通事故责任强制保险责任限额，需要支付被侵权人人身伤亡的抢救、丧葬等费用的，由道路交通事故社会救助基金垫付。道路交通事故社会救助基金垫付后，其管理机构有权向交通事故责任人追偿。

第一千二百一十七条　非营运机动车发生交通事故造成无偿搭乘人损害，属于该机动车一方责任的，应当减轻其赔偿责任，但是机动车使用人有故意或者重大过失的除外。

第六章　医疗损害责任

第一千二百一十八条　患者在诊疗活动中受到损害，医疗机构或者其医务人员有过错的，由医疗机构承担赔偿责任。

第一千二百一十九条　医务人员在诊疗活动中应当向患者说明病情和医疗措施。需要实施手术、特殊检查、特殊治疗的，医务人员应当及时向患者具体说明医疗风险、替代医疗方案等情况，并取得其明确同意；不能或者不宜向患者说明的，应当向患者的近亲属说明，并取得其明确同意。

医务人员未尽到前款义务，造成患者损害的，医疗机构应当承担赔偿责任。

第一千二百二十条 因抢救生命垂危的患者等紧急情况，不能取得患者或者其近亲属意见的，经医疗机构负责人或者授权的负责人批准，可以立即实施相应的医疗措施。

第一千二百二十一条 医务人员在诊疗活动中未尽到与当时的医疗水平相应的诊疗义务，造成患者损害的，医疗机构应当承担赔偿责任。

第一千二百二十二条 患者在诊疗活动中受到损害，有下列情形之一的，推定医疗机构有过错：

（一）违反法律、行政法规、规章以及其他有关诊疗规范的规定；

（二）隐匿或者拒绝提供与纠纷有关的病历资料；

（三）遗失、伪造、篡改或者违法销毁病历资料。

第一千二百二十三条 因药品、消毒产品、医疗器械的缺陷，或者输入不合格的血液造成患者损害的，患者可以向药品上市许可持有人、生产者、血液提供机构请求赔偿，也可以向医疗机构请求赔偿。患者向医疗机构请求赔偿的，医疗机构赔偿后，有权向负有责任的药品上市许可持有人、生产者、血液提供机构追偿。

第一千二百二十四条 患者在诊疗活动中受到损害，有下列情形之一的，医疗机构不承担赔偿责任：

（一）患者或者其近亲属不配合医疗机构进行符合诊疗规范的诊疗；

（二）医务人员在抢救生命垂危的患者等紧急情况下已经尽到合理诊疗义务；

（三）限于当时的医疗水平难以诊疗。

前款第一项情形中，医疗机构或者其医务人员也有过错的，应当承担相应的赔偿责任。

第一千二百二十五条 医疗机构及其医务人员应当按照规定填写并妥善保管住院志、医嘱单、检验报告、手术及麻醉记录、病理资料、护理记录、医疗费用等病历资料。

患者要求查阅、复制前款规定的病历资料的，医疗机构应当及时提供。

第一千二百二十六条 医疗机构及其医务人员应当对患者的隐私和个人信息保密。泄露患者的隐私和个人信息，或者未经患者同意公开其病历资料的，应当承担侵权责任。

第一千二百二十七条 医疗机构及其医务人员不得违反诊疗规范实施不必要的检查。

第一千二百二十八条 医疗机构及其医务人员的合法权益受法律保护。

干扰医疗秩序，妨碍医务人员工作、生活，侵害医务人员合法权益的，应当依法承担法律责任。

第七章 环境污染和生态破坏责任

第一千二百二十九条 因污染环境、破坏生态造成他人损害的，侵权人应当承担侵权责任。

第一千二百三十条 因污染环境、破坏生态发生纠纷，行为人应当就法律规定的不承担责任或者减轻责任的情形及其行为与损害之间不存在因果关系承担举证责任。

第一千二百三十一条 两个以上侵权人污染环境、破坏生态的，承担责任的大小，根据污染物的种类、浓度、排放量，破坏生态的方式、范围、程度，以及行为对损害后果所起的作用等因素确定。

第一千二百三十二条 侵权人故意违反国家规定污染环境、破坏生态造成严重后果的，被侵权人有权请求相应的惩罚性赔偿。

第一千二百三十三条 因第三人的过错污染环境、破坏生态的，被侵权人可以向侵权人请求赔偿，也可以向第三人请求赔偿。侵权人赔偿后，有权向第三人追偿。

第一千二百三十四条 违反国家规定造成生态环境损害，生态环境能够修复的，国家规定的机关或者法律规定的组织有权请求侵权人在合理期限内承担修复责任。侵权人在期限内未修复的，国家规定的机关或者法律规定的组织可以自行或者委托他人进行修复，所需费用由侵权人负担。

第一千二百三十五条 违反国家规定造成生态环境损害的，国家规定的机关或者法律规定的组织有权请求侵权人赔偿下列损失和费用：

（一）生态环境修复期间服务功能丧失导致的损失；

（二）生态环境功能永久性损害造成的损失；

（三）生态环境损害调查、鉴定评估等费用；

（四）清除污染、修复生态环境费用；

（五）防止损害的发生和扩大所支出的合理费用。

第八章　高度危险责任

第一千二百三十六条　从事高度危险作业造成他人损害的，应当承担侵权责任。

第一千二百三十七条　民用核设施或者运入运出核设施的核材料发生核事故造成他人损害的，民用核设施的营运单位应当承担侵权责任；但是，能够证明损害是因战争、武装冲突、暴乱等情形或者受害人故意造成的，不承担责任。

第一千二百三十八条　民用航空器造成他人损害的，民用航空器的经营者应当承担侵权责任；但是，能够证明损害是因受害人故意造成的，不承担责任。

第一千二百三十九条　占有或者使用易燃、易爆、剧毒、高放射性、强腐蚀性等高度危险物造成他人损害的，占有人或者使用人应当承担侵权责任；但是，能够证明损害是因受害人故意或者不可抗力造成的，不承担责任。被侵权人对损害的发生有重大过失的，可以减轻占有人或者使用人的责任。

第一千二百四十条　从事高空、高压、地下挖掘活动或者使用高速轨道运输工具造成他人损害的，经营者应当承担侵权责任；但是，能够证明损害是因受害人故意或者不可抗力造成的，不承担责任。被侵权人对损害的发生有重大过失的，可以减轻经营者的责任。

第一千二百四十一条　遗失、抛弃高度危险物造成他人损害的，由所有人承担侵权责任。所有人将高度危险物交由他人管理的，由管理人承担侵权责任；所有人有过错的，与管理人承担连带责任。

第一千二百四十二条　非法占有高度危险物造成他人损害的，由非法占有人承担侵权责任。所有人、管理人不能证明对防止非法占有尽到高度注意义务的，与非法占有人承担连带责任。

第一千二百四十三条　未经许可进入高度危险活动区域或者高度危险物存放区域受到损害，管理人能够证明已经采取足够安全措施并尽到充分警示义务的，可以减轻或者不承担责任。

第一千二百四十四条　承担高度危险责任，法律规定赔偿限额的，依照其规定，但是行为人有故意或者重大过失的除外。

第九章　饲养动物损害责任

第一千二百四十五条　饲养的动物造成他人损害的，动物饲养人或者管理人应当承担侵权责任；但是，能够证明损害是因被侵权人故意或者重大过失造成的，可以不承担或者减轻责任。

第一千二百四十六条　违反管理规定，未对动物采取安全措施造成他人损害的，动物饲养人或者管理人应当承担侵权责任；但是，能够证明损害是因被侵权人故意造成的，可以减轻责任。

第一千二百四十七条　禁止饲养的烈性犬等危险动物造成他人损害的，动物饲养人或者管理人应当承担侵权责任。

第一千二百四十八条　动物园的动物造成他人损害的，动物园应当承担侵权责任；但是，能够证明尽到管理职责的，不承担侵权责任。

第一千二百四十九条　遗弃、逃逸的动物在遗弃、逃逸期间造成他人损害的，由动物原饲养人或者管理人承担侵权责任。

第一千二百五十条　因第三人的过错致使动物造成他人损害的，被侵权人可以向动物饲养人或者管理人请求赔偿，也可以向第三人请求赔偿。动物饲养人或者管理人赔偿后，有权向第三人追偿。

第一千二百五十一条　饲养动物应当遵守法律法规，尊重社会公德，不得妨碍他人生活。

第十章　建筑物和物件损害责任

第一千二百五十二条　建筑物、构筑物或者其他设施倒塌造成他人损害的，由建设单位与施工单位承担连带责任，但是建设单位与施工单位能够证明不存在质量缺陷的除外。建设单位、施工单位赔偿后，有其他责任人的，有权向其他责任人追偿。

因所有人、管理人、使用人或者第三人的原因，建筑物、构筑物或者其他设施倒塌造成他人损害的，由所有人、管理人、使用人或者第三人承担侵权责任。

第一千二百五十三条　建筑物、构筑物或者其他设施及其搁置物、悬挂物发生脱落、坠落造成他人损害，所有人、管理人或者使用人不能证明自己没有过错的，应当承担侵权责任。所有人、管理人或者使用人赔偿后，有其他责任人的，有权向其他责任人追偿。

第一千二百五十四条　禁止从建筑物中抛掷物品。从建筑物中抛掷物品或者从建筑物上坠落的物品造成他人损害的，由侵权人依法承担侵权责任；经调查难以确定具体侵权人的，除能够证明自己不是侵权人的外，由可能加害的建筑物使用人给予补偿。可能加害的建筑物使用人补偿后，有权向侵权人追偿。

物业服务企业等建筑物管理人应当采取必要的安全保障措施防止前款规定情形的发生；未采取必要的安全保障措施的，应当依法承担未履行安全保障义务的侵权责任。

发生本条第一款规定的情形的，有关机关应当依法及时调查，查清责任人。

第一千二百五十五条 堆放物倒塌、滚落或者滑落造成他人损害，堆放人不能证明自己没有过错的，应当承担侵权责任。

第一千二百五十六条 在公共道路上堆放、倾倒、遗撒妨碍通行的物品造成他人损害的，由行为人承担侵权责任。公共道路管理人不能证明已经尽到清理、防护、警示等义务的，应当承担相应的责任。

第一千二百五十七条 因林木折断、倾倒或者果实坠落等造成他人损害，林木的所有人或者管理人不能证明自己没有过错的，应当承担侵权责任。

第一千二百五十八条 在公共场所或者道路上挖掘、修缮安装地下设施等造成他人损害，施工人不能证明已经设置明显标志和采取安全措施的，应当承担侵权责任。

窨井等地下设施造成他人损害，管理人不能证明尽到管理职责的，应当承担侵权责任。

附 则

第一千二百五十九条 民法所称的“以上”、“以下”、“以内”、“届满”，包括本数；所称的“不满”、“超过”、“以外”，不包括本数。

第一千二百六十条 本法自 年 月 日起施行。《中华人民共和国婚姻法》、《中华人民共和国继承法》、《中华人民共和国民法通则》、《中华人民共和国收养法》、《中华人民共和国担保法》、《中华人民共和国合同法》、《中华人民共和国物权法》、《中华人民共和国侵权责任法》、《中华人民共和国民法总则》同时废止。

全国人民代表大会关于建立健全香港特别行政区维护国家安全的法律制度和执行机制的决定

（2020 年 5 月 28 日第十三届全国人民代表大会第三次会议通过）

第十三届全国人民代表大会第三次会议审议了全国人民代表大会常务委员会关于提请审议《全国人民代表大会关于建立健全香港特别行政区维护国家安全的法律制度和执行机制的决定（草案）》的议案。会议认为，近年来，香港特别行政区国家安全风险凸显，“港独”、分裂国家、暴力恐怖活动等各类违法活动严重危害国家主权、统一和领土完整，一些外国和境外势力公然干预香港事务，利用香港从事危害我国国家安全的活动。为了维护国家主权、安全、发展利益，坚持和完善“一国两制”制度体系，维护香港长期繁荣稳定，保障香港居民合法权益，根据《中华人民共和国宪法》第三十一条和第六十二条第二项、第十四项、第十六项的规定，以及《中华人民共和国香港特别行政区基本法》的有关规定，全国人民代表大会作出如下决定：

一、国家坚定不移并全面准确贯彻“一国两制”、“港人治港”、高度自治的方针，坚持依法治港，维护宪法和香港特别行政区基本法确定的香港特别行政区宪制秩序，采取必要措施建立健全香港特别行政区维护国家安全的法律制度和执行机制，依法防范、制止和惩治危害国家安全的行为和活动。

二、国家坚决反对任何外国和境外势力以任何方式干预香港特别行政区事务，采取必要措施予以反制，依法防范、制止和惩治外国和境外势力利用香港进行分裂、颠覆、渗透、破坏活动。

三、维护国家主权、统一和领土完整是香港特别行政区的宪制责任。香港特别行政区应当尽早完成香港特别行政区基本法规定的维护国家安全立法。香港特别行政区行政机关、立法机关、司法机关应当依据有关法律规定有效防范、制止和惩治危害国家安全的行为和活动。

四、香港特别行政区应当建立健全维护国家安全的机构和执行机制，强化维护国家安全执法力量，加强维护国家安全执法工作。中央人民政府维护国家安全的有关机关根据需要在香港特别行政区设立机构，依法履行维护国家安全相关职责。

五、香港特别行政区行政长官应当就香港特别行政区履行维护国家安全职责、开展国家安全教育、依法禁止危害国家安全的行为和活动等情况，定期向中央人民政府提交报告。

六、授权全国人民代表大会常务委员会就建立健全香港特别行政区维护国家安全的法律制度和执行机制制定相关法律，切实防范、制止和惩治任何分裂国家、颠覆国家政权、组织实施恐怖活动等严重危害国家安全的行为和活动以及外国和境外势力干预香港特别行政区事务的活动。全国人民代表大会常务委员会决定将上述相关法律列入《中华人民共和国香港特别行政区基本法》附件三，由香港特别行政区在当地公布实施。

七、本决定自公布之日起施行。

关于《全国人民代表大会关于建立健全香港特别行政区维护国家安全的法律制度和执行机制的决定（草案）》的说明

——2020年5月22日在第十三届全国人民代表大会第三次会议上

全国人大常委会副委员长　王　晨

各位代表：

我受全国人大常委会的委托，作关于《全国人民代表大会关于建立健全香港特别行政区维护国家安全的法律制度和执行机制的决定（草案）》的说明。

一、从国家层面建立健全香港特别行政区维护国家安全的法律制度和执行机制的必要性和重要性

香港回归以来，国家坚定贯彻“一国两制”、“港人治港”、高度自治的方针，“一国两制”实践在香港取得了前所未有的成功；同时，“一国两制”实践过程中也遇到了一些新情况新问题，面临着新的风险和挑战。当前，一个突出问题就是香港特别行政区国家安全风险日益凸显。特别是2019年香港发生“修例风波”以来，反中乱港势力公然鼓吹“港独”、“自决”、“公投”等主张，从事破坏国家统一、分裂国家的活动；公然侮辱、污损国旗国徽，煽动港人反中反共、围攻中央驻港机构、歧视和排挤内地在港人员；蓄意破坏香港社会秩序，暴力对抗警方执法，毁损公共设施和财物，瘫痪政府管治和立法会运作。还要看到，近年来，一些外国和境外势力公然干预香港事务，通过立法、行政、非政府组织等多种方式进行插手和捣乱，与香港反中乱港势力勾连合流、沆瀣一气，为香港反中乱港势力撑腰打气、提供保护伞，利用香港从事危害我国国家安全的活动。这些行为和活动，严重挑战“一国两制”原则底线，严重损害法治，严重危害国家主权、安全、发展利益，必须采取有力措施依法予以防范、制止和惩治。

香港基本法第23条规定：“香港特别行政区应自行立法禁止任何叛国、分裂国家、煽动叛乱、颠覆中央人民政府及窃取国家机密的行为，禁止外国的政治性组织或团体在香港特别行政区进行政治活动，禁止香港特别行政区的政治性组织或团体与外国的政治性组织或团体建立联系。”这一规定就是通常所说的23条立法。它既体现了国家对香港特别行政区的信任，也明确了香港特别行政区负有维护国家安全的宪制责任和立法义务。然而，香港回归20多年来，由于反中乱港势力和外部敌对势力的极力阻挠、干扰，23条立法一直没有完成。而且，自2003年23条立法受挫以来，这一立法在香港已被一些别有用心的人严重污名化、妖魔化，香港特别行政区完成23条立法实际上已经很困难。香港现行法律中一些源于回归之前、本来可以用于维护国家安全的有关规定，长期处于“休眠”状态。除了法律制度外，香港特别行政区在维护国家安全的机构设置、力量配备和执法权力等方面存在明显缺失，有关执法工作

需要加强;香港社会需要大力开展维护国家安全的教育,普遍增强维护国家安全的意识。总的看,香港基本法明确规定的23条立法有被长期“搁置”的风险,香港特别行政区现行法律的有关规定难以有效执行,维护国家安全的法律制度和执行机制都明显存在不健全、不适应、不符合的“短板”问题,致使香港特别行政区危害国家安全的各种活动愈演愈烈,保持香港长期繁荣稳定、维护国家安全面临着不容忽视的风险。

党的十九届四中全会明确提出:“建立健全特别行政区维护国家安全的法律制度和执行机制,支持特别行政区强化执法力量。”“绝不容忍任何挑战‘一国两制’底线的行为,绝不容忍任何分裂国家的行为。”贯彻落实党中央决策部署,在香港目前形势下,必须从国家层面建立健全香港特别行政区维护国家安全的法律制度和执行机制,改变香港特别行政区国家安全领域长期“不设防”状况,在宪法和香港基本法的轨道上推进维护国家安全制度建设,加强维护国家安全工作,确保香港“一国两制”事业行稳致远。

根据宪法和香港基本法,结合多年来国家在特别行政区制度构建和发展方面的实践,从国家层面建立健全香港特别行政区维护国家安全的法律制度和执行机制,有多种可用方式,包括全国人大及其常委会作出决定、制定法律、修改法律、解释法律、将有关全国性法律列入香港基本法附件三和中央人民政府发出指令等。中央和国家有关部门在对各种因素进行综合分析、评估和研判的基础上,经认真研究并与有关方面沟通后提出了采取“决定+立法”的方式,分两步予以推进。第一步,全国人民代表大会根据宪法和香港基本法的有关规定,作出关于建立健全香港特别行政区维护国家安全的法律制度和执行机制的决定,就相关问题作出若干基本规定,同时授权全国人大常委会就建立健全香港特别行政区维护国家安全的法律制度和执行机制制定相关法律;第二步,全国人大常委会根据宪法、香港基本法和全国人大有关决定的授权,结合香港特别行政区具体情况,制定相关法律并决定将相关法律列入香港基本法附件三,由香港特别行政区在当地公布实施。

2020年5月18日,第十三届全国人民代表大会常务委员会第十八次会议听取和审议了《国务院关于香港特别行政区维护国家安全情况的报告》。会议认为,有必要从国家层面建立健全香港特别行政区维护国家安全的法律制度和执行机制,同意国务院有关报告提出的建议。根据宪法和香港基本法的有关规定,全国人大常委会法制工作委员会拟订了《全国人民代表大会关于建立健全香港特别行政区维护国家安全的法律制度和执行机制的决定(草案)》,经全国人大常委会会议审议后决定,由全国人大常委会提请十三届全国人大三次会议审议。

二、总体要求和基本原则

新形势下从国家层面建立健全香港特别行政区维护国家安全的法律制度和执行机制工作的总体要求是,坚持以习近平新时代中国特色社会主义思想为指导,全面贯彻党的十九大和十九届二中、三中、四中全会精神,深入贯彻总体国家安全观,坚持和完善“一国两制”制度体系,把维护中央对特别行政区全面管治权和保障特别行政区高度自治权有机结合起来,加强维护国家安全制度建设和执法工作,坚定维护国家主权、安全、发展利益,维护香港长期繁荣稳定,确保“一国两制”方针不会变、不动摇,确保“一国两制”实践不变形、不走样。

贯彻上述总体要求,必须遵循和把握好以下基本原则。

一是坚决维护国家安全。维护国家安全是保证国家长治久安、保持香港长期繁荣稳定的必然要求,是包括香港同胞在内的全中国人民的共同义务,是国家和香港特别行政区的共同责任。任何危害国家主权安全、挑战中央权力和香港基本法权威、利用香港对内地进行渗透破坏的活动,都是对底线的触碰,都是绝不能允许的。

二是坚持和完善“一国两制”制度体系。“一国”是实行“两制”的前提和基础,“两制”从属和派生于“一国”并统一于“一国”之内。必须坚定不移并全面准确贯彻“一国两制”、“港人治港”、高度自治的方针,准确把握“一国两制”正确方向,充分发挥“一国两制”制度优势,完善香港特别行政区同宪法和香港基本法实施相关的制度和机制。

三是坚持依法治港。宪法和香港基本法共同构成香港特别行政区的宪制基础。必须坚决维护宪法和香港基本法确定的香港特别行政区宪制秩序,严格依照宪法和香港基本法对香港特别行政区实行管治,支持香港特别行政区行政长官和政府依法施政,牢固树立并坚决维护法治权威,任何违反法律、破坏法治的行为都必须依法予以追究。

四是坚决反对外来干涉。香港特别行政区事务是中国的内政，不受任何外部势力干涉。必须坚决反对任何外国及其组织或者个人以任何方式干预香港事务，坚决防范和遏制外部势力干预香港事务和进行分裂、颠覆、渗透、破坏活动。对于任何外国制定、实施干预香港事务的有关立法、行政或者其他措施，国家将采取一切必要措施予以反制。

五是切实保障香港居民合法权益。维护国家安全同尊重保障人权，从根本上来说是一致的。依法有效防范、制止和惩治危害国家安全的极少数违法犯罪行为，是为了更好地保障香港绝大多数居民的生命财产安全，更好地保障基本权利和自由。任何维护国家安全的工作和执法，都必须严格依照法律规定、符合法定职权、遵循法定程序，不得侵犯香港居民、法人和其他组织的合法权益。

三、决定草案的主要内容

决定草案分为导语和正文两部分。导语部分扼要说明作出这一决定的起因、目的和依据。全国人民代表大会的相关决定，是根据宪法第三十一条和第六十二条第二项、第十四项、第十六项的规定以及香港基本法的有关规定，充分考虑维护国家安全的现实需要和香港特别行政区的具体情况，就建立健全香港特别行政区维护国家安全的法律制度和执行机制作出的制度安排。这一制度安排，符合宪法规定和宪法原则，与香港基本法的立法宗旨和确立的有关制度是一致的，将有效地维护香港特别行政区国家安全，有力地巩固和拓展“一国两制”的法治基础、政治基础和社会基础。

决定草案正文部分共有 7 条。第一条，阐明国家坚定不移并全面准确贯彻“一国两制”、“港人治港”、高度自治的方针；强调采取必要措施建立健全香港特别行政区维护国家安全的法律制度和执行机制，依法防范、制止和惩治危害国家安全的行为和活动。第二条，阐明国家坚决反对任何外国和境外势力以任何方式干预香港特别行政区事务，采取必要措施予以反制。第三条，明确规定维护国家主权、统一和领土完整是香港特别行政区的宪制责任；强调香港特别行政区应当尽早完成香港基本法规定的维护国家安全立法，香港特别行政区行政机关、立法机关、司法机关应当依据有关法律规定有效防范、制止和惩治危害国家安全的行为和活动。第四条，明确规定香港特别行政区应当建立健全维护国家安全的机构和执行机制；中央人民政府维护国家安全的有关机关根据需要在香港特别行政区设立机构，依法履行维护国家安全相关职责。第五条，明确规定香港特别行政区行政长官应当就香港特别行政区履行维护国家安全职责、开展国家安全教育、依法禁止危害国家安全的行为和活动等情况，定期向中央人民政府提交报告。第六条，明确全国人大常委会相关立法的宪制含义，包括三层含义：一是授权全国人大常委会就建立健全香港特别行政区维护国家安全的法律制度和执行机制制定相关法律，全国人大常委会将据此行使授权立法职权；二是明确全国人大常委会相关法律的任务是，切实防范、制止和惩治发生在香港特别行政区内的任何分裂国家、颠覆国家政权、组织实施恐怖活动等严重危害国家安全的行为和活动以及外国和境外势力干预香港特别行政区事务的活动；三是明确全国人大常委会相关法律在香港特别行政区实施的方式，即全国人大常委会决定将相关法律列入香港基本法附件三，由香港特别行政区在当地公布实施。第七条，明确本决定的施行时间，即自公布之日起施行。

全国人民代表大会根据新的形势和需要作出的上述制度安排，包括授权全国人大常委会就建立健全香港特别行政区维护国家安全的法律制度和执行机制制定相关法律，进一步贯彻落实了宪法和香港基本法的有关规定。香港特别行政区根据香港基本法第 23 条规定仍然负有维护国家安全的宪制责任和立法义务，应当尽早完成维护国家安全的有关立法。任何维护国家安全的立法及其实施都不得同本决定相抵触。

本决定作出后，全国人大常委会将会同有关方面及早制定香港特别行政区维护国家安全的相关法律，积极推动解决香港特别行政区在维护国家安全制度方面存在的突出问题，加强专门机构、执行机制和执法力量建设，确保相关法律在香港特别行政区有效实施。

《全国人民代表大会关于建立健全香港特别行政区维护国家安全的法律制度和执行机制的决定（草案）》和以上说明，请审议。

第十三届全国人民代表大会宪法和法律委员会关于《全国人民代表大会关于建立健全香港特别行政区维护国家安全的法律制度和执行机制的决定(草案)》审议结果的报告

(2020 年 5 月 26 日第十三届全国人民代表大会第三次会议主席团第二次会议通过)

十三届全国人大三次会议主席团:

5 月 25 日上午,各代表团小组会议审议了全国人民代表大会关于建立健全香港特别行政区维护国家安全的法律制度和执行机制的决定草案。现将审议的总体意见和修改建议报告如下:

代表们一致认为,从国家层面建立健全香港特别行政区维护国家安全的法律制度和执行机制,是以习近平新时代中国特色社会主义思想为指导,全面贯彻党的十九大和十九届二中、三中、四中全会精神,深入贯彻总体国家安全观,坚持和完善“一国两制”制度体系的重大决策;是把维护中央对特别行政区全面管治权和保障特别行政区高度自治权有机结合起来,加强维护国家安全制度建设和执法工作,坚定维护国家主权、安全、发展利益,维护香港长期繁荣稳定的重要举措。

代表们一致表示,由全国人民代表大会就建立健全香港特别行政区维护国家安全的法律制度和执行机制作出决定,并授权全国人大常委会制定相关法律,符合国家、民族和香港特别行政区的根本利益,符合宪法规定和宪法原则,与香港基本法的立法宗旨和确立的有关制度相一致。这一举措将有力地防范、制止和惩治香港特别行政区危害国家安全的行为和活动,显示了中国在捍卫国家主权、领土完整和维护国家安全问题上的严正立场和坚定意志,确保香港特别行政区“一国两制”实践行稳致远。

代表们一致赞成《全国人民代表大会关于建立健全香港特别行政区维护国家安全的法律制度和执行机制的决定(草案)》,认为决定草案内容明确了从国家层面建立健全有关法律制度和执行机制工作的总体要求和基本原则,对相关执行机制作了初步设计;同时授权全国人大常委会制定相关法律切实防范、制止和惩治有关危害国家安全的行为以及外国和境外势力干预香港特别行政区事务的活动,并要求全国人大常委会决定将相关法律列入香港基本法附件三由香港特别行政区公布实施。决定草案框架合理、思路清晰、内容全面、逻辑严谨、语言凝练,已经比较成熟,建议提请本次会议审议通过。

在充分肯定决定草案的同时,代表们也对决定草案提出了一些修改意见建议。宪法和法律委员会于 5 月 25 日中午召开会议,对决定草案进行了认真审议,对代表提出的修改意见逐条研究。根据各代表团的审议意见、十三届全国人大常委会第十八次会议上常委会组成人员的审议意见以及国务院港澳办等有关方面的意见,对决定草案进行了修改,主要是:

一、有关方面建议,在本决定开头增写“第十三届全国人民代表大会第三次会议审议了全国人民代表大会常务委员会关于提请审议《全国人民代表大会关于建立健全香港特别行政区维护国家安全的法律制度和执行机制的决定(草案)》的议案。会议认为,近年来,香港特别行政区国家安全风险凸显,‘港独’、分裂国家、暴力恐怖活动等各类违法活动严重危害国家主权、统一和领土完整,一些外国和境外势力公然干预香港事务,利用香港从事危害我国国家安全的活动。”增加这一表述,旨在强调全国人民代表大会作出有关决定的背景情况和必要性、紧迫性。宪法和法律委员会经研究,建议采纳上述意见。

二、有些代表提出,危害国家安全不仅有“行为”,还包括“活动”。宪法和法律委员会经研究认为,为有效打击在香港特别行政区发生的危害国家安全的犯罪,建议将决定草案第三条的“有效防范、制止和惩治危害国家安全的行为”修改为“有效防范、制止和惩治危害国家安全的行为和活动”;将第五条的“依法禁止危害国家安全的行为”修改为“依法禁止危害国家安全的行为和活动”;将第六条的

"切实防范、制止和惩治任何分裂国家、颠覆国家政权、组织实施恐怖活动等严重危害国家安全的行为以及外国和境外势力干预香港特别行政区事务的活动"修改为"切实防范、制止和惩治任何分裂国家、颠覆国家政权、组织实施恐怖活动等严重危害国家安全的行为和活动以及外国和境外势力干预香港特别行政区事务的活动"。

三、决定草案第四条中规定"香港特别行政区应当建立健全维护国家安全的机构和执行机制，强化执法力量，加强维护国家安全执法工作"。有的代表提出，为达到实现维护国家安全的目的，本决定所规定的"强化执法力量"应突出落脚在"强化维护国家安全的执法力量"。宪法和法律委员会经研究，建议采纳上述意见。

四、决定草案第五条规定，香港特别行政区行政长官应当就"开展国家安全推广教育"等情况，定期向中央人民政府提交报告。有的代表提出，维护国家安全是宪法规定的每个公民的一项重要义务，不能停留在一般的推广宣传，应当进行系统的教育，这在香港更有特殊意义。宪法和法律委员会经研究，建议将这一句修改为"开展国家安全教育"。

需要说明的是，一些代表还就其他一些问题提出意见建议。宪法和法律委员会经研究认为，这些问题有的已经在决定草案起草审议过程中经过了反复研究，有的可以通过全国人大常委会经授权制定的相关维护国家安全的法律中予以细化，有的可以在实际工作中予以考虑，可以不在决定草案中作规定。

此外，根据代表们的审议意见，还对草案作了个别文字修改。

草案修改稿已按上述意见作了修改，宪法和法律委员会建议经主席团审议通过后，印发各代表团审议。

全国人民代表大会关于建立健全香港特别行政区维护国家安全的法律制度和执行机制的决定草案修改稿和以上报告，请审议。

第十三届全国人民代表大会
宪法和法律委员会
2020年5月26日

第十三届全国人民代表大会宪法和法律委员会关于《全国人民代表大会关于建立健全香港特别行政区维护国家安全的法律制度和执行机制的决定(草案修改稿)》修改意见的报告

（2020年5月27日第十三届全国人民代表大会第三次会议主席团第三次会议通过）

十三届全国人大三次会议主席团：

5月26日下午，各代表团小组会议对全国人民代表大会关于建立健全香港特别行政区维护国家安全的法律制度和执行机制的决定草案修改稿进行了审议。代表们普遍认为，草案修改稿在认真研究并充分吸收代表们提出意见的基础上，作了相应的修改完善，草案修改稿是可行的，建议提请本次会议表决通过。许多代表提出，全国人大常委会要尽快制定香港特别行政区维护国家安全的相关法律，推进香港特别行政区维护国家安全制度机制建设，确保相关法律在香港特别行政区有效实施。

宪法和法律委员会于5月26日晚召开会议，对草案修改稿进行了认真审议。宪法和法律委员会认为，草案修改稿已经成熟，赞成尽快制定相关法律的意见，并据此提出了草案建议表决稿。宪法和法律委员会建议，草案建议表决稿经主席团审议通过后，提请本次会议表决。

此外，对草案修改稿作了个别文字修改。

决定草案建议表决稿和以上报告，请审议。

第十三届全国人民代表大会
宪法和法律委员会
2020年5月27日

第十三届全国人民代表大会第三次会议关于政府工作报告的决议

（2020 年 5 月 28 日第十三届全国人民代表大会第三次会议通过）

第十三届全国人民代表大会第三次会议听取和审议了国务院总理李克强所作的政府工作报告。会议充分肯定国务院过去一年多的工作，同意报告提出的 2020 年经济社会发展的总体要求、主要目标和重点任务，决定批准这个报告。

会议号召，全国各族人民更加紧密地团结在以习近平同志为核心的党中央周围，高举中国特色社会主义伟大旗帜，以习近平新时代中国特色社会主义思想为指导，全面贯彻党的十九大和十九届二中、三中、四中全会精神，坚决贯彻党的基本理论、基本路线、基本方略，增强“四个意识”、坚定“四个自信”、做到“两个维护”，紧扣全面建成小康社会目标任务，统筹推进疫情防控和经济社会发展工作，在疫情防控常态化前提下，坚持稳中求进工作总基调，坚持新发展理念，坚持以供给侧结构性改革为主线，坚持以改革开放为动力推动高质量发展，坚决打好三大攻坚战，加大“六稳”工作力度，全面落实“六保”任务，坚定实施扩大内需战略，维护经济发展和社会稳定大局，同心协力，攻坚克难，锐意进取，确保完成决战决胜脱贫攻坚目标任务，全面建成小康社会。

政府工作报告

——2020 年 5 月 22 日在第十三届全国人民代表大会第三次会议上

国务院总理　李克强

各位代表：

现在，我代表国务院，向大会报告政府工作，请予审议，并请全国政协委员提出意见。

这次新冠肺炎疫情，是新中国成立以来我国遭遇的传播速度最快、感染范围最广、防控难度最大的重大突发公共卫生事件。在以习近平同志为核心的党中央坚强领导下，经过全国上下和广大人民群众艰苦卓绝努力并付出牺牲，疫情防控取得重大战略成果。当前，疫情尚未结束，发展任务异常艰巨。要努力把疫情造成的损失降到最低，努力完成今年经济社会发展目标任务。

一、2019 年和今年以来工作回顾

去年，我国发展面临诸多困难挑战。世界经济增长低迷，国际经贸摩擦加剧，国内经济下行压力加大。以习近平同志为核心的党中央团结带领全国各族人民攻坚克难，完成全年主要目标任务，为全面建成小康社会打下决定性基础。

——经济运行总体平稳。国内生产总值达到 99.1 万亿元，增长 6.1%。城镇新增就业 1352 万人，调查失业率在 5.3% 以下。居民消费价格上涨 2.9%。国际收支基本平衡。

——经济结构和区域布局继续优化。社会消费品零售总额超过 40 万亿元，消费持续发挥主要拉动作用。先进制造业、现代服务业较快增长。粮食产量 1.33 万亿斤。常住人口城镇化率首次超过 60%，重大区域战略深入实施。

——发展新动能不断增强。科技创新取得一批重大成果。新兴产业持续壮大，传统产业加快升级。大众创业万众创新深入开展，企业数量日均净增 1 万户以上。

——改革开放迈出重要步伐。供给侧结构性改革继续深化，重要领域改革取得新突破。减税降费 2.36 万亿元，超过原定的近 2 万亿元规模，制造业和小微企业受益最多。政府机构改革任务完成。“放管服”改革纵深推进。设立科创板。共建“一带一路”取得新成效。出台外商投资法实施条例，增

设上海自贸试验区新片区。外贸外资保持稳定。

——三大攻坚战取得关键进展。农村贫困人口减少1109万,贫困发生率降至0.6%,脱贫攻坚取得决定性成就。污染防治持续推进,主要污染物排放量继续下降,生态环境总体改善。金融运行总体平稳。

——民生进一步改善。居民人均可支配收入超过3万元。基本养老、医疗、低保等保障水平提高。城镇保障房建设和农村危房改造深入推进。义务教育阶段学生生活补助人数增加近40%,高职院校扩招100万人。

我们隆重庆祝中华人民共和国成立70周年,极大激发全国各族人民的爱国热情,汇聚起夺取新时代中国特色社会主义伟大胜利的磅礴力量。

我们加强党风廉政建设,扎实开展"不忘初心、牢记使命"主题教育,严格落实中央八项规定精神,持续纠治"四风",为基层松绑减负。

中国特色大国外交成果丰硕。成功举办第二届"一带一路"国际合作高峰论坛等重大主场外交活动,习近平主席等党和国家领导人出访多国,出席二十国集团领导人峰会、金砖国家领导人会晤、亚信峰会、上海合作组织峰会、东亚合作领导人系列会议、中欧领导人会晤、中日韩领导人会晤等重大活动。积极参与全球治理体系建设和改革,推动构建人类命运共同体。经济外交、人文交流卓有成效。中国为促进世界和平与发展作出了重要贡献。

各位代表!

新冠肺炎疫情发生后,党中央将疫情防控作为头等大事来抓,习近平总书记亲自指挥、亲自部署,坚持把人民生命安全和身体健康放在第一位。在党中央领导下,中央应对疫情工作领导小组及时研究部署,中央指导组加强指导督导,国务院联防联控机制统筹协调,各地区各部门履职尽责,社会各方面全力支持,开展了疫情防控的人民战争、总体战、阻击战。广大医务人员英勇奋战,人民解放军指战员勇挑重担,科技工作者协同攻关,社区工作者、公安干警、基层干部、新闻工作者、志愿者坚守岗位,快递、环卫、抗疫物资生产运输人员不辞劳苦,亿万普通劳动者默默奉献,武汉人民、湖北人民坚韧不拔,社会各界和港澳台同胞、海外侨胞捐款捐物。中华儿女风雨同舟、守望相助,筑起了抗击疫情的巍峨长城。

在疫情防控中,我们按照坚定信心、同舟共济、科学防治、精准施策的总要求,抓紧抓实抓细各项工作。及时采取应急举措,对新冠肺炎实行甲类传染病管理,各地启动重大突发公共卫生事件一级响应。坚决打赢武汉和湖北保卫战并取得决定性成果,通过果断实施严格管控措施,举全国之力予以支援,调派4万多名医护人员驰援,建设火神山、雷神山医院和方舱医院,快速扩充收治床位,优先保障医用物资,不断优化诊疗方案,坚持中西医结合,坚持"四集中",全力救治患者,最大程度提高治愈率、降低病亡率。延长全国春节假期,推迟开学、灵活复工、错峰出行,坚持群防群控,坚持"四早",坚决控制传染源,有效遏制疫情蔓延。加强药物、疫苗和检测试剂研发。迅速扩大医用物资生产,短时间内大幅增长,抓好生活必需品保供稳价,保障交通干线畅通和煤电油气供应。因应疫情变化,适时推进常态化防控。针对境外疫情蔓延情况,及时构建外防输入体系,加强对境外我国公民的关心关爱。积极开展国际合作,本着公开、透明、负责任态度,及时通报疫情信息,主动分享防疫技术和做法,相互帮助、共同抗疫。

对我们这样一个拥有14亿人口的发展中国家来说,能在较短时间内有效控制疫情,保障了人民基本生活,十分不易、成之惟艰。我们也付出巨大代价,一季度经济出现负增长,生产生活秩序受到冲击,但生命至上,这是必须承受也是值得付出的代价。我们统筹推进疫情防控和经济社会发展,不失时机推进复工复产,推出8个方面90项政策措施,实施援企稳岗,减免部分税费,免收所有收费公路通行费,降低用能成本,发放贴息贷款。按程序提前下达地方政府债务限额。不误农时抓春耕。不懈推进脱贫攻坚。发放抗疫一线和困难人员补助,将价格临时补贴标准提高1倍。这些政策使广大人民群众从中受益,及时有效促进了保供稳价和复工复产,我国经济表现出坚强韧性和巨大潜能。

各位代表!

去年以来经济社会发展和今年疫情防控取得的成绩,是以习近平同志为核心的党中央坚强领导的结果,是习近平新时代中国特色社会主义思想科学指引的结果,是全党全军全国各族人民团结奋斗的结果。我代表国务院,向全国各族人民,向各民主党派、各人民团体和各界人士,表示诚挚感谢!向香港特别行政区同胞、澳门特别行政区同胞、台湾同胞和海外侨胞,表示诚挚感谢!向关心支持中国现代化建设和抗击疫情的各国政府、国际组织和各国朋友,表示诚挚感谢!

在肯定成绩的同时,我们也清醒看到面临的困难和问题。受全球疫情冲击,世界经济严重衰退,产业链供应链循环受阻，国际贸易投资萎缩，大宗商品市场动荡。国内消费、投资、出口下滑，就业压力显著加大，企业特别是民营企业、中小微企业困难凸显，金融等领域风险有所积聚，基层财政收支矛盾加剧。政府工作存在不足，形式主义、官僚主义仍较突出，少数干部不担当、不作为、不会为、乱作为。一些领域腐败问题多发。在疫情防控中，公共卫生应急管理等方面暴露出不少薄弱环节，群众还有一些意见和建议应予重视。我们一定要努力改进工作，切实履行职责，尽心竭力不辜负人民的期待。

二、今年发展主要目标和下一阶段工作总体部署

做好今年政府工作，要在以习近平同志为核心的党中央坚强领导下，以习近平新时代中国特色社会主义思想为指导，全面贯彻党的十九大和十九届二中、三中、四中全会精神，坚决贯彻党的基本理论、基本路线、基本方略，增强“四个意识”、坚定“四个自信”、做到“两个维护”，紧扣全面建成小康社会目标任务，统筹推进疫情防控和经济社会发展工作，在疫情防控常态化前提下，坚持稳中求进工作总基调，坚持新发展理念，坚持以供给侧结构性改革为主线，坚持以改革开放为动力推动高质量发展，坚决打好三大攻坚战，加大“六稳”工作力度，保居民就业、保基本民生、保市场主体、保粮食能源安全、保产业链供应链稳定、保基层运转，坚定实施扩大内需战略，维护经济发展和社会稳定大局，确保完成决战决胜脱贫攻坚目标任务，全面建成小康社会。

当前和今后一个时期，我国发展面临风险挑战前所未有，但我们有独特政治和制度优势、雄厚经济基础、巨大市场潜力，亿万人民勤劳智慧。只要直面挑战，坚定发展信心，增强发展动力，维护和用好我国发展重要战略机遇期，当前的难关一定能闯过，中国的发展必将充满希望。

综合研判形势，我们对疫情前考虑的预期目标作了适当调整。今年要优先稳就业保民生，坚决打赢脱贫攻坚战，努力实现全面建成小康社会目标任务；城镇新增就业 900 万人以上，城镇调查失业率 6% 左右，城镇登记失业率 5.5% 左右；居民消费价格涨幅 3.5% 左右；进出口促稳提质，国际收支基本平衡；居民收入增长与经济增长基本同步；现行标准下农村贫困人口全部脱贫、贫困县全部摘帽；重大金融风险有效防控；单位国内生产总值能耗和主要污染物排放量继续下降，努力完成“十三五”规划目标任务。

需要说明的是，我们没有提出全年经济增速具体目标，主要因为全球疫情和经贸形势不确定性很大，我国发展面临一些难以预料的影响因素。这样做，有利于引导各方面集中精力抓好“六稳”、“六保”。“六保”是今年“六稳”工作的着力点。守住“六保”底线，就能稳住经济基本盘；以保促稳、稳中求进，就能为全面建成小康社会夯实基础。要看到，无论是保住就业民生、实现脱贫目标，还是防范化解风险，都要有经济增长支撑，稳定经济运行事关全局。要用改革开放办法，稳就业、保民生、促消费，拉动市场、稳定增长，走出一条有效应对冲击、实现良性循环的新路子。

积极的财政政策要更加积极有为。今年赤字率拟按 3.6% 以上安排，财政赤字规模比去年增加 1 万亿元，同时发行 1 万亿元抗疫特别国债。这是特殊时期的特殊举措。上述 2 万亿元全部转给地方，建立特殊转移支付机制，资金直达市县基层、直接惠企利民，主要用于保就业、保基本民生、保市场主体，包括支持减税降费、减租降息、扩大消费和投资等，强化公共财政属性，决不允许截留挪用。要大力优化财政支出结构，基本民生支出只增不减，重点领域支出要切实保障，一般性支出要坚决压减，严禁新建楼堂馆所，严禁铺张浪费。各级政府必须真正过紧日子，中央政府要带头，中央本级支出安排负增长，其中非急需非刚性支出压减 50% 以上。各类结余、沉淀资金要应收尽收、重新安排。要大力提质增效，各项支出务必精打细算，一定要把每一笔钱都用在刀刃上、紧要处，一定要让市场主体和人民群众有真真切切的感受。

稳健的货币政策要更加灵活适度。综合运用降准降息、再贷款等手段，引导广义货币供应量和社会融资规模增速明显高于去年。保持人民币汇率在合理均衡水平上基本稳定。创新直达实体经济的货币政策工具，务必推动企业便利获得贷款，推动利率持续下行。

就业优先政策要全面强化。财政、货币和投资等政策要聚力支持稳就业。努力稳定现有就业，积极增加新的就业，促进失业人员再就业。各地要清理取消对就业的不合理限制，促就业举措要应出尽出，拓岗位办法要能用尽用。

脱贫是全面建成小康社会必须完成的硬任务，要坚持现行脱贫标准，增加扶贫投入，强化扶贫举

措落实，确保剩余贫困人口全部脱贫，健全和执行好返贫人口监测帮扶机制，巩固脱贫成果。要打好蓝天、碧水、净土保卫战，实现污染防治攻坚战阶段性目标。加强金融等领域重大风险防控，坚决守住不发生系统性风险底线。

今年已过去近5个月，下一阶段要毫不放松常态化疫情防控，抓紧做好经济社会发展各项工作。出台的政策既保持力度又考虑可持续性，根据形势变化还可完善，我们有决心有能力完成全年目标任务。

三、加大宏观政策实施力度，着力稳企业保就业

保障就业和民生，必须稳住上亿市场主体，尽力帮助企业特别是中小微企业、个体工商户渡过难关。

加大减税降费力度。强化阶段性政策，与制度性安排相结合，放水养鱼，助力市场主体纾困发展。继续执行去年出台的下调增值税税率和企业养老保险费率政策，新增减税降费约5000亿元。前期出台6月前到期的减税降费政策，包括免征中小微企业养老、失业和工伤保险单位缴费，减免小规模纳税人增值税，免征公共交通运输、餐饮住宿、旅游娱乐、文化体育等服务增值税，减免民航发展基金、港口建设费，执行期限全部延长到今年年底。小微企业、个体工商户所得税缴纳一律延缓到明年。预计全年为企业新增减负超过2.5万亿元。要坚决把减税降费政策落到企业，留得青山，赢得未来。

推动降低企业生产经营成本。降低工商业电价5%政策延长到今年年底。宽带和专线平均资费降低15%。减免国有房产租金，鼓励各类业主减免或缓收房租，并予政策支持。坚决整治涉企违规收费。

强化对稳企业的金融支持。中小微企业贷款延期还本付息政策再延长至明年3月底，对普惠型小微企业贷款应延尽延，对其他困难企业贷款协商延期。完善考核激励机制，鼓励银行敢贷、愿贷、能贷，大幅增加小微企业信用贷、首贷、无还本续贷，利用金融科技和大数据降低服务成本，提高服务精准性。大幅拓展政府性融资担保覆盖面并明显降低费率。大型商业银行普惠型小微企业贷款增速要高于40%。促进涉企信用信息共享。支持企业扩大债券融资。加强监管，防止资金“空转”套利，打击恶意逃废债。金融机构与贷款企业共生共荣，鼓励银行合理让利。为保市场主体，一定要让中小微企业贷款可获得性明显提高，一定要让综合融资成本明显下降。

千方百计稳定和扩大就业。加强对重点行业、重点群体就业支持。今年高校毕业生达874万人，要促进市场化社会化就业，高校和属地政府都要提供不断线的就业服务，扩大基层服务项目招聘。做好退役军人安置和就业保障。实行农民工在就业地平等享受就业服务政策。帮扶残疾人、零就业家庭等困难群体就业。我国包括零工在内的灵活就业人员数以亿计，今年对低收入人员实行社保费自愿缓缴政策，涉及就业的行政事业性收费全部取消，合理设定流动摊贩经营场所。资助以训稳岗拓岗，加强面向市场的技能培训，鼓励以工代训，共建共享生产性实训基地，今明两年职业技能培训3500万人次以上，高职院校扩招200万人，要使更多劳动者长技能、好就业。

四、依靠改革激发市场主体活力，增强发展新动能

困难挑战越大，越要深化改革，破除体制机制障碍，激发内生发展动力。

深化“放管服”改革。在常态化疫情防控下，要调整措施、简化手续，促进全面复工复产、复市复业。推动更多服务事项一网通办，做到企业开办全程网上办理。放宽小微企业、个体工商户登记经营场所限制，便利各类创业者注册经营、及时享受扶持政策。支持大中小企业融通发展。完善社会信用体系。以公正监管维护公平竞争，持续打造市场化、法治化、国际化营商环境。

推进要素市场化配置改革。推动中小银行补充资本和完善治理，更好服务中小微企业。改革创业板并试点注册制，发展多层次资本市场。强化保险保障功能。赋予省级政府建设用地更大自主权。促进人才流动，培育技术和数据市场，激活各类要素潜能。

提升国资国企改革成效。实施国企改革三年行动。健全现代企业制度，完善国资监管体制，深化混合所有制改革。基本完成剥离办社会职能和解决历史遗留问题。国企要聚焦主责主业，健全市场化经营机制，提高核心竞争力。

优化民营经济发展环境。保障民营企业平等获取生产要素和政策支持，清理废除与企业性质挂钩的不合理规定。限期完成清偿政府机构、国有企

业拖欠民营和中小企业款项的任务。构建亲清政商关系,促进非公有制经济健康发展。

推动制造业升级和新兴产业发展。支持制造业高质量发展。大幅增加制造业中长期贷款。发展工业互联网,推进智能制造,培育新兴产业集群。发展研发设计、现代物流、检验检测认证等生产性服务业。电商网购、在线服务等新业态在抗疫中发挥了重要作用,要继续出台支持政策,全面推进"互联网+",打造数字经济新优势。

提高科技创新支撑能力。稳定支持基础研究和应用基础研究,引导企业增加研发投入,促进产学研融通创新。加快建设国家实验室,重组国家重点实验室体系,发展社会研发机构,加强关键核心技术攻关。发展民生科技。深化国际科技合作。加强知识产权保护。改革科技成果转化机制,畅通创新链,营造鼓励创新、宽容失败的科研环境。实行重点项目攻关"揭榜挂帅",谁能干就让谁干。

深入推进大众创业万众创新。发展创业投资和股权投资,增加创业担保贷款。深化新一轮全面创新改革试验,新建一批双创示范基地,坚持包容审慎监管,发展平台经济、共享经济,更大激发社会创造力。

五、实施扩大内需战略,推动经济发展方式加快转变

我国内需潜力大,要深化供给侧结构性改革,突出民生导向,使提振消费与扩大投资有效结合、相互促进。

推动消费回升。通过稳就业促增收保民生,提高居民消费意愿和能力。支持餐饮、商场、文化、旅游、家政等生活服务业恢复发展,推动线上线下融合。促进汽车消费,大力解决停车难问题。发展养老、托幼服务。发展大健康产业。改造提升步行街。支持电商、快递进农村,拓展农村消费。要多措并举扩消费,适应群众多元化需求。

扩大有效投资。今年拟安排地方政府专项债券 3.75 万亿元,比去年增加 1.6 万亿元,提高专项债券可用作项目资本金的比例,中央预算内投资安排 6000 亿元。重点支持既促消费惠民生又调结构增后劲的"两新一重"建设,主要是:加强新型基础设施建设,发展新一代信息网络,拓展 5G 应用,建设数据中心,增加充电桩、换电站等设施,推广新能源汽车,激发新消费需求、助力产业升级。加强新型城镇化建设,大力提升县城公共设施和服务能力,以适应农民日益增加的到县城就业安家需求。新开工改造城镇老旧小区 3.9 万个,支持管网改造、加装电梯等,发展居家养老、用餐、保洁等多样社区服务。加强交通、水利等重大工程建设。增加国家铁路建设资本金 1000 亿元。健全市场化投融资机制,支持民营企业平等参与。要优选项目,不留后遗症,让投资持续发挥效益。

深入推进新型城镇化。发挥中心城市和城市群综合带动作用,培育产业、增加就业。坚持房子是用来住的、不是用来炒的定位,因城施策,促进房地产市场平稳健康发展。完善便民、无障碍设施,让城市更宜业宜居。

加快落实区域发展战略。继续推动西部大开发、东北全面振兴、中部地区崛起、东部率先发展。深入推进京津冀协同发展、粤港澳大湾区建设、长三角一体化发展。推进长江经济带共抓大保护。编制黄河流域生态保护和高质量发展规划纲要。推动成渝地区双城经济圈建设。促进革命老区、民族地区、边疆地区、贫困地区加快发展。发展海洋经济。

实施好支持湖北发展一揽子政策,支持保就业、保民生、保运转,促进经济社会秩序全面恢复。

提高生态环境治理成效。突出依法、科学、精准治污。深化重点地区大气污染治理攻坚。加强污水、垃圾处置设施建设,推进生活垃圾分类。加快人口密集区危化品生产企业搬迁改造。壮大节能环保产业。严惩非法捕杀、交易、食用野生动物行为。实施重要生态系统保护和修复重大工程,促进生态文明建设。

保障能源安全。推动煤炭清洁高效利用,发展可再生能源,完善石油、天然气、电力产供销体系,提升能源储备能力。

六、确保实现脱贫攻坚目标,促进农业丰收农民增收

落实脱贫攻坚和乡村振兴举措,保障重要农产品供给,提高农民生活水平。

坚决打赢脱贫攻坚战。加大剩余贫困县和贫困村攻坚力度,对外出务工劳动力,要在就业地稳岗就业。开展消费扶贫行动,支持扶贫产业恢复发展。加强易地扶贫搬迁后续扶持。深化东西部扶贫协作和中央单位定点扶贫。强化对特殊贫困人口兜底保障。搞好脱贫攻坚普查。继续执行对摘帽县的主要扶持政策。接续推进脱贫与乡村振兴

有效衔接,全力让脱贫群众迈向富裕。

着力抓好农业生产。稳定粮食播种面积和产量,提高复种指数,提高稻谷最低收购价,增加产粮大县奖励,大力防治重大病虫害。支持大豆等油料生产。惩处违法违规侵占耕地行为,新建高标准农田8000万亩。培育推广优良品种。完善农机补贴政策。深化农村改革。加强非洲猪瘟等疫病防控,恢复生猪生产,发展畜禽水产养殖。健全农产品流通体系。压实"米袋子"省长负责制和"菜篮子"市长负责制。14亿中国人的饭碗,我们有能力也务必牢牢端在自己手中。

拓展农民就业增收渠道。支持农民就近就业创业,促进一二三产业融合发展,扩大以工代赈规模,让返乡农民工能打工、有收入。加强农民职业技能培训。依法根治拖欠农民工工资问题。扶持适度规模经营主体,加强农户社会化服务。支持农产品深加工。完善乡村产业发展用地保障政策。增强集体经济实力。增加专项债券投入,支持现代农业设施、饮水安全工程和人居环境整治,持续改善农民生产生活条件。

七、推进更高水平对外开放,稳住外贸外资基本盘

面对外部环境变化,要坚定不移扩大对外开放,稳定产业链供应链,以开放促改革促发展。

促进外贸基本稳定。围绕支持企业增订单稳岗位保就业,加大信贷投放,扩大出口信用保险覆盖面,降低进出口合规成本,支持出口产品转内销。加快跨境电商等新业态发展,提升国际货运能力。推进新一轮服务贸易创新发展试点。筹办好第三届进博会,积极扩大进口,发展更高水平面向世界的大市场。

积极利用外资。大幅缩减外资准入负面清单,出台跨境服务贸易负面清单。深化经济特区改革开放。赋予自贸试验区更大改革开放自主权,在中西部地区增设自贸试验区、综合保税区,增加服务业扩大开放综合试点。加快海南自由贸易港建设。营造内外资企业一视同仁、公平竞争的市场环境。

高质量共建"一带一路"。坚持共商共建共享,遵循市场原则和国际通行规则,发挥企业主体作用,开展互惠互利合作。引导对外投资健康发展。

推动贸易和投资自由化便利化。坚定维护多边贸易体制,积极参与世贸组织改革。推动签署区域全面经济伙伴关系协定,推进中日韩等自贸谈判。共同落实中美第一阶段经贸协议。中国致力于加强与各国经贸合作,实现互利共赢。

八、围绕保障和改善民生,推动社会事业改革发展

面对困难,基本民生的底线要坚决兜牢,群众关切的事情要努力办好。

加强公共卫生体系建设。坚持生命至上,改革疾病预防控制体制,加强传染病防治能力建设,完善传染病直报和预警系统,坚持及时公开透明发布疫情信息。用好抗疫特别国债,加大疫苗、药物和快速检测技术研发投入,增加防疫救治医疗设施,增加移动实验室,强化应急物资保障,强化基层卫生防疫。加快公共卫生人才队伍建设。深入开展爱国卫生运动。普及卫生健康知识,倡导健康文明生活方式。要大幅提升防控能力,坚决防止疫情反弹,坚决守护人民健康。

提高基本医疗服务水平。居民医保人均财政补助标准增加30元,开展门诊费用跨省直接结算试点。对受疫情影响的医疗机构给予扶持。深化公立医院综合改革。发展"互联网+医疗健康"。建设区域医疗中心。提高城乡社区医疗服务能力。推进分级诊疗。促进中医药振兴发展,加强中西医结合。构建和谐医患关系。严格食品药品监管,确保安全。

推动教育公平发展和质量提升。坚持立德树人。有序组织中小学教育教学和中高考工作。加强乡镇寄宿制学校、乡村小规模学校和县城学校建设。完善随迁子女义务教育入学政策。办好特殊教育、继续教育,支持和规范民办教育。发展普惠性学前教育,帮助民办幼儿园纾困。推动高等教育内涵式发展,推进一流大学和一流学科建设,支持中西部高校发展。扩大高校面向农村和贫困地区招生规模。发展职业教育。加强教师队伍建设。推进教育信息化。要稳定教育投入,优化投入结构,缩小城乡、区域、校际差距,让教育资源惠及所有家庭和孩子,让他们有更光明未来。

加大基本民生保障力度。上调退休人员基本养老金,提高城乡居民基础养老金最低标准。实现企业职工基本养老保险基金省级统收统支,提高中央调剂比例。全国近3亿人领取养老金,必须确保按时足额发放。落实退役军人优抚政策。做好因公殉职人员抚恤。扩大失业保险保障范围,将参保不足1年的农民工等失业人员都纳入常住地保障。

完善社会救助制度。扩大低保保障范围，对城乡困难家庭应保尽保，将符合条件的城镇失业和返乡人员及时纳入低保。对因灾因病因残遭遇暂时困难的人员，都要实施救助。要切实保障所有困难群众基本生活，保民生也必将助力更多失业人员再就业敢创业。

丰富群众精神文化生活。培育和践行社会主义核心价值观，发展哲学社会科学、新闻出版、广播影视等事业。加强文物保护利用和非物质文化遗产传承。加强公共文化服务，筹办北京冬奥会、冬残奥会，倡导全民健身和全民阅读，使全社会充满活力、向上向善。

加强和创新社会治理。健全社区管理和服务机制。加强乡村治理。支持社会组织、人道救助、志愿服务、慈善事业等健康发展。保障妇女、儿童、老人、残疾人合法权益。完善信访制度，加强法律援助，及时解决群众合理诉求，妥善化解矛盾纠纷。开展第七次全国人口普查。加强国家安全能力建设。完善社会治安防控体系，依法打击各类犯罪，建设更高水平的平安中国。

强化安全生产责任。加强洪涝、火灾、地震等灾害防御，做好气象服务，提高应急管理、抢险救援和防灾减灾能力。实施安全生产专项整治。坚决遏制重特大事故发生。

各位代表！

面对艰巨繁重任务，各级政府要自觉在思想上政治上行动上同以习近平同志为核心的党中央保持高度一致，践行以人民为中心的发展思想，落实全面从严治党要求，坚持依法行政，建设法治政府，坚持政务公开，提高治理能力。要依法接受同级人大及其常委会的监督，自觉接受人民政协的民主监督，主动接受社会和舆论监督。强化审计监督。发挥好工会、共青团、妇联等群团组织作用。政府工作人员要自觉接受法律、监察和人民监督。加强廉洁政府建设，坚决惩治腐败。

各级政府要始终坚持实事求是，牢牢把握社会主义初级阶段这个基本国情，遵循客观规律，一切从实际出发，立足办好自己的事。要大力纠治“四风”，力戒形式主义、官僚主义，把广大基层干部干事创业的手脚从形式主义的束缚中解脱出来，为担当者担当，让履职者尽责。要紧紧依靠人民群众，尊重基层首创精神，以更大力度推进改革开放，激发社会活力，凝聚亿万群众的智慧和力量，这是我们战胜一切困难挑战的底气。广大干部应临难不避、实干为要，凝心聚力抓发展、保民生。只要我们始终与人民群众同甘共苦、奋力前行，中国人民追求美好生活的愿望一定能实现。

今年要编制好“十四五”规划，为开启第二个百年奋斗目标新征程擘画蓝图。

各位代表！

我们要坚持和完善民族区域自治制度，支持少数民族和民族地区加快发展，铸牢中华民族共同体意识。全面贯彻党的宗教工作基本方针，发挥宗教界人士和信教群众在促进经济社会发展中的积极作用。海外侨胞是祖国的牵挂，是联通世界的重要桥梁，要发挥好侨胞侨眷的独特优势，不断增强中华儿女凝聚力，同心共创辉煌。

去年以来，国防和军队建设取得重要进展，人民军队在疫情防控中展示了听党指挥、闻令而动、勇挑重担的优良作风。要深入贯彻习近平强军思想，深入贯彻新时代军事战略方针，坚持政治建军、改革强军、科技强军、人才强军、依法治军。坚持党对人民军队的绝对领导，严格落实军委主席负责制。全力加强练兵备战，坚定维护国家主权、安全、发展利益。打好军队建设发展“十三五”规划落实攻坚战，编制军队建设“十四五”规划。深化国防和军队改革，提高后勤和装备保障能力，推动国防科技创新发展。完善国防动员体系，始终让军政军民团结坚如磐石。

我们要全面准确贯彻“一国两制”、“港人治港”、“澳人治澳”、高度自治的方针，建立健全特别行政区维护国家安全的法律制度和执行机制，落实特区政府的宪制责任。支持港澳发展经济、改善民生，更好融入国家发展大局，保持香港、澳门长期繁荣稳定。

我们要坚持对台工作大政方针，坚持一个中国原则，在“九二共识”基础上推动两岸关系和平发展。坚决反对和遏制“台独”分裂行径。完善促进两岸交流合作、深化两岸融合发展、保障台湾同胞福祉的制度安排和政策措施，团结广大台湾同胞共同反对“台独”、促进统一，我们一定能开创民族复兴的美好未来。

应对公共卫生危机、经济严重衰退等全球性挑战，各国应携手共进。中国将同各国加强防疫合作，促进世界经济稳定，推进全球治理，维护以联合国为核心的国际体系和以国际法为基础的国际秩序，推动构建人类命运共同体。中国坚定不移走和平发展道路，在扩大开放中深化与各国友好合作，中国始终是促进世界和平稳定与发展繁荣的重要力量。

各位代表！

中华民族向来不畏艰难险阻，当代中国人民有战胜任何挑战的坚定意志和能力。我们要更加紧密地团结在以习近平同志为核心的党中央周围，高举中国特色社会主义伟大旗帜，以习近平新时代中国特色社会主义思想为指导，迎难而上，锐意进取，统筹推进疫情防控和经济社会发展，努力完成全年目标任务，为把我国建设成为富强民主文明和谐美丽的社会主义现代化强国、实现中华民族伟大复兴的中国梦不懈奋斗！

第十三届全国人民代表大会第三次会议关于2019年国民经济和社会发展计划执行情况与2020年国民经济和社会发展计划的决议

（2020年5月28日第十三届全国人民代表大会第三次会议通过）

第十三届全国人民代表大会第三次会议审查了国务院提出的《关于2019年国民经济和社会发展计划执行情况与2020年国民经济和社会发展计划草案的报告》及2020年国民经济和社会发展计划草案，同意全国人民代表大会财政经济委员会的审查结果报告。会议决定，批准《关于2019年国民经济和社会发展计划执行情况与2020年国民经济和社会发展计划草案的报告》，批准2020年国民经济和社会发展计划。

关于2019年国民经济和社会发展计划执行情况与2020年国民经济和社会发展计划草案的报告

——2020年5月22日在第十三届全国人民代表大会第三次会议上

国家发展和改革委员会

各位代表：

受国务院委托，现将2019年国民经济和社会发展计划执行情况与2020年国民经济和社会发展计划草案提请十三届全国人大三次会议审议，并请全国政协各位委员提出意见。

一、2019年国民经济和社会发展计划执行情况

2019年，在以习近平同志为核心的党中央坚强领导下，各地区各部门以习近平新时代中国特色社会主义思想为指导，深入贯彻党的十九大和十九届二中、三中、四中全会精神，增强“四个意识”、坚定“四个自信”、做到“两个维护”，全面贯彻落实党中央、国务院决策部署，认真执行十三届全国人大二次会议审议批准的《政府工作报告》、2019年国民经济和社会发展计划，落实全国人大财政经济委员会审查意见，坚持稳中求进工作总基调，深入贯彻新发展理念，坚持以供给侧结构性改革为主线，推动高质量发展，扎实做好“六稳”工作，统筹推进稳增长、促改革、调结构、惠民生、防风险、保稳定，全年经济社会发展主要目标任务较好完成，“十三五”规划主要指标完成进度符合预期，为全面建成小康社会打下决定性基础。

（一）科学实施宏观调控，经济运行保持在合理区间。加强区间调控、定向调控、相机调控、精准调控，加强政策协调配合，强化预期管理，促进经济平稳健康发展。

一是主要宏观指标完成情况良好。国内生产总值达到99.1万亿元，增长6.1%，符合预期目标。城镇新增就业1352万人，年末城镇调查失业率、城镇登记失业率分别为5.2%和3.62%。居民消费价格指数上涨2.9%。国际收支基本平衡，外汇储备保持在3万亿美元以上。

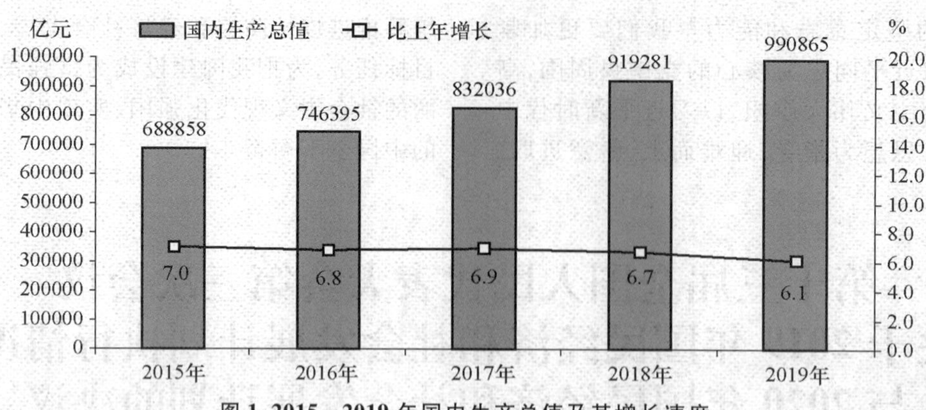

图 1:2015—2019 年国内生产总值及其增长速度

数据来源:国家统计局

二是宏观政策逆周期调节有力有效。以减税降费为重点,积极的财政政策加力提效,财政支出结构持续优化,民生等重点领域资金需求得到有力保障。全国一般公共预算收入 19.04 万亿元,增长 3.8%;全国一般公共预算支出 23.89 万亿元,增长 8.1%;财政赤字 2.76 万亿元,与预算持平。全年减税降费 2.36 万亿元。合理扩大专项债券使用范围,加快专项债券发行使用。稳健的货币政策松紧适度,逆周期调节效果持续显现,信贷结构不断优化,对实体经济特别是小微企业、民营企业信贷投放力度进一步加大。年末广义货币(M_2)余额增长 8.7%,社会融资规模存量增长 10.7%。更大力度实施就业优先政策,援企稳岗力度进一步加大,失业保险基金稳岗返还政策全面落实,高校毕业生、农民工、退役军人等重点群体就业总体保持稳定。

(二)深入推进供给侧结构性改革,促进形成强大国内市场。坚持"巩固、增强、提升、畅通"八字方针,持续推进产业结构调整,着力畅通供需循环。

一是农业供给侧结构性改革深入推进。毫不放松抓好粮食生产,粮食总产量连续第 5 年保持在 1.3 万亿斤以上。启动重要农产品保障战略,实施大豆振兴计划。粮食生产功能区、重要农产品生产保护区基本划定。持续加强农田水利建设,完成 8000 万亩高标准农田和 2000 万亩高效节水灌溉任务。加强非洲猪瘟防控,加快恢复生猪生产,进一步完善蔬菜产供储销体系。完善粮食最低收购价政策和棉花目标价格政策,重要农产品收储制度和重要农资储备制度改革深入推进。农产品冷链物流仓储设施及冷链运输较快发展。农村产业融合发展持续推进,累计创建 107 个现代农业产业园、210 个农村产业融合发展示范园。新型农业支持保护政策体系加快建立健全。

二是制造业转型升级步伐加快。出台推动制造业高质量发展政策措施,发布产业结构调整指导目录(2019 年本)。运用市场化、法治化办法又淘汰煤炭落后产能 1 亿吨左右,稳妥推进钢铁企业兼并重组,推动重大石化项目建设。实施新一轮技术改造工程,推动中国标准地铁 A 型车等一批国产首台(套)技术装备示范应用。

三是服务业高质量发展扎实推进。出台支持服务业高质量发展、传统服务行业改造升级等政策措施,大力培育新业态新模式,推动先进制造业和现代服务业深度融合发展,支持共性技术研发、工业设计、工业互联网等平台建设。

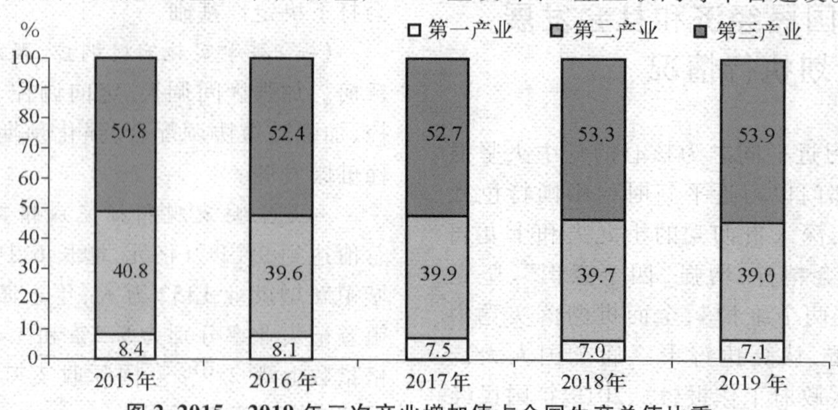

图 2:2015—2019 年三次产业增加值占全国生产总值比重

数据来源:国家统计局

四是支持实体经济降成本力度加大。制造业等行业增值税税率从16%降至13%，交通运输业、建筑业等行业从10%降至9%，实施小微企业普惠性税收减免，小规模纳税人增值税起征点由月销售额3万元提高到10万元。企业职工基本养老保险单位缴费比例高于16%的省份已全部降至16%，阶段性降低失业、工伤保险费率政策延续一年。深化利率市场化改革，社会综合融资成本明显降低。清理政府部门和国有企业拖欠民营企业、中小企业账款6647亿元。进一步压减政府定价经营服务性收费目录，减免部分行政事业收费并降低收费标准。一般工商业平均电价再降10%，全年降低企业用电成本846亿元。扩大电力直接交易规模，降低企业购电成本约790亿元。降低成品油、天然气门站价格和跨省管道运输价格，减轻用户负担约650亿元。取消和降低铁路、港口、民用机场部分收费，减轻企业负担100多亿元。

五是消费惠民新增长点不断拓展。出台加快发展流通促进商业消费、促进家政服务业提质扩容、激发文化和旅游消费潜力、促进全民健身和体育消费、促进“互联网＋社会服务”发展等政策措施，加大对夜间消费的支持力度，鼓励汽车、家电、电子产品更新消费。电子商务进农村综合示范深入实施，农村地区快递网点超过3万个，乡镇覆盖率达96.6%。全年社会消费品零售总额突破40万亿元，增长8.0%。全国网上零售额达10.6万亿元，增长16.5%，其中实物商品网上零售额增长19.5%，占社会消费品零售总额的20.7%。成功举办2019年中国品牌日系列活动。

专栏1:促消费政策举措

搭建平台形成合力	建立完善促进消费体制机制部际联席会议制度，协调推动居民消费扩容升级，形成政策合力。
疏通消费体制机制	推动重点消费品更新升级，加快完善汽车、家电、电子产品等领域回收网络体系。
推动线上线下消费	推动线上线下消费融合发展，加强服务体系和基础能力建设，强化示范引领，打造消费重点区域。
挖掘服务消费潜力	加大养老、托育、家政服务、体育等领域消费支持力度。推进文旅休闲消费提质升级，优化夜间餐饮、购物、演艺等服务。
营造放心消费环境	推进消费领域信用体系建设，畅通消费者维权渠道。支持地方探索建立特色旅游商品无理由退换货制度。

六是重点领域有效投资合理扩大。发布实施《政府投资条例》，适当降低重点领域项目资本金比例。健全重大项目储备机制，积极推进专项债券项目建设。规范有序推进政府和社会资本合作（PPP），鼓励民间资本参与补短板重点领域建设。172项重大水利工程已累计开工144项。印发实施交通强国建设纲要。23个国家物流枢纽建设稳步推进。川藏铁路前期工作扎实推进，北京大兴国际机场建成投运，乌东德、白鹤滩等大型水电站加快建设。2019年底，铁路营业里程达13.9万公里，其中高速铁路3.5万公里，民用运输机场达235个，新增220千伏及以上电网里程3.4万公里，油气干线里程0.4万公里。全年固定资产投资（不含农户）增长5.4%，其中民间投资增长4.7%；投资结构持续优化，高技术产业投资和社会领域投资分别增长17.3%和13.2%。

（三）全力抓重点补短板解难题，三大攻坚战取得重大进展。精准脱贫成效显著，生态环境质量总体改善，金融风险有效防控。

一是脱贫攻坚工作扎实推进。强化产业、就业、消费等扶贫，集中力量攻坚“三区三州”等深度贫困地区“两不愁三保障”突出问题。累计支持733万户建档立卡贫困户实施农村危房改造。累计建设易地扶贫搬迁安置区3.5万个、住房260余万套，可安置947万建档立卡易地扶贫搬迁人口，提前一年基本完成“十三五”规划建设任务。加大后续产业扶持和就业帮扶力度，定点帮扶等工作有力推进。全年农村贫困人口减少1109万，贫困县摘帽344个，贫困发生率降至0.6%。截至2019年底，97%现行标准的贫困人口实现脱贫，94%的贫困县实现摘帽，区域性整体贫困基本得到解决。

二是生态环境保护和污染防治有力推进。坚决打好蓝天、碧水、净土保卫战，细颗粒物（$PM_{2.5}$）未达标地级及以上城市年均浓度下降2.4%，地表水质量达到或好于Ⅲ类水体比例为74.9%。非化石能源占能源消费比重达15.3%，提前一年完成“十三五”规划目标。启动第二轮中央生态环境保护例行督察。落实河长制湖长制。县级水源地生态环境问题整治基本完成，地级及以上城市黑臭水体消除近 87%。坚定不移推进禁止洋垃圾入境，全国固体废物进口量减少 40.4%。启动“无废城市”建设试点。加快实施排污许可制度。发布绿色产业指导目录（2019 年版）。开展能源消耗总量和强度“双控”行动、国家节水行动、绿色生活创建行动。单位国内生产总值能耗下降 2.6%，万元国内生产总值用水量下降 6.1%。完善天然林保护制度，扩大退耕还林还草，实施荒漠化、石漠化综合治理。启动生态综合补偿试点。单位国内生产总值二氧化碳排放量降低 4.1%。

三是金融等领域重大风险得到有效防控。地方政府隐性债务和企业债务风险处置稳妥推进，宏观杠杆率过快上升势头得到遏制。影子银行无序发展得到有效治理，部分高风险金融机构特别是中小银行“精准拆弹”取得阶段性成果，互联网金融等涉众风险得到治理。金融市场运行平稳有序，外汇市场和人民币汇率总体稳定。金融监管制度进一步完善。

（四）深入实施创新驱动发展战略，科技创新能力进一步提升。不断深化科技体制改革，大力支持基础研究和应用基础研究，全国研究与试验发展经费投入强度达 2.19%，科技进步贡献率提高到 59.5%。

一是自主创新步伐加快。重大科技成果持续涌现，嫦娥四号成功在月球背面着陆，北斗三号全球系统核心星座部署全面完成，5G 商用加速推出，长征五号遥三运载火箭成功发射，首艘国产航母“山东舰”正式列装。科技创新 2030—重大项目和国家科技重大专项深入实施，高能同步辐射光源等一批国家重大科技基础设施开工建设。全面创新改革试验稳步推进，169 项先行先试改革举措基本完成。北京、上海科技创新中心建设取得重要进展，粤港澳大湾区国际科技创新中心建设顺利起步。北京怀柔、上海张江、安徽合肥等综合性国家科学中心建设全面加速，大湾区综合性国家科学中心加快谋划建设。

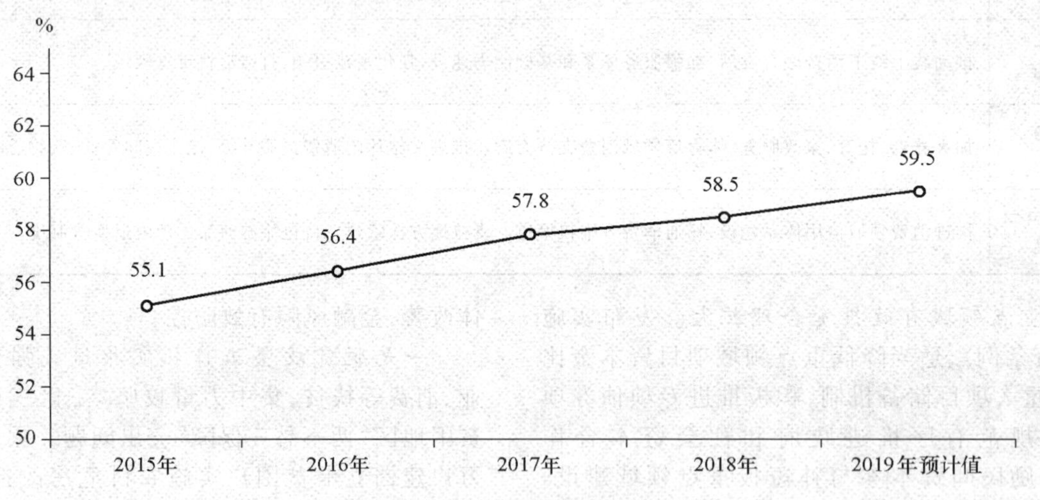

图 3：2015—2019 年科技进步贡献率

数据来源：科技部

二是新动能加速培育。启动国家数字经济创新发展试验区建设。统筹推进重大信息化工程建设，实施一批“十三五”重大政务信息化工程。战略性新兴产业集群发展工程深入实施。

三是创新创业创造活力持续增强。开展科研项目经费使用“包干制”和“绿色通道”改革试点。成功举办 2019 年全国双创活动周。截至 2019 年底，全国高新技术企业超过 22.5 万家，科技型中小企业超过 15.1 万家，分别增长约 24% 和 15%。我国创新指数世界排名提升至第 14 位，企业数量日均净增 1 万户以上。

（五）落实落细重大战略，城乡区域发展协调性不断增强。推动乡村振兴和区域发展重大战略落地见效，着力提升新型城镇化质量，努力缩小城乡区域发展差距。

一是乡村振兴战略加快实施。乡村振兴战略规划确定的重大工程、重大计划和重大行动启动实施。乡村旅游、休闲农业等新业态不断涌现。持续推进农药化肥减量增效，加快推进农作物秸秆、畜禽粪污资源化利用。农村水电路等条件显著改善，农业农村污染治理攻坚战全面展开，农村人居环境整治加快推进。乡村文化建设和乡村治理深入推进。

二是新型城镇化质量稳步提高。建立健全城乡融合发展体制机制的政策措施印发实施。1000多万农业转移人口落户城镇,1亿非户籍人口在城市落户工作取得重大进展,全国常住人口城镇化率达60.60%,户籍人口城镇化率达44.38%。中心城市和城市群人口集聚能力逐步提升,都市圈建设有序推进,特大镇设市取得突破,特色小镇发展进一步规范。

三是区域协调发展新机制加快构建。支持西部大开发、东北振兴、中部崛起、东部率先的政策体系更加完善。京津冀协同发展有力有序推进,雄安新区转入施工建设阶段。长江经济带生态环境突出问题整改和生态环境污染治理成效显著。粤港澳大湾区建设规划政策体系进一步完善。长三角区域一体化发展规划纲要印发实施,生态绿色一体化发展示范区启动建设。黄河流域生态保护和高质量发展规划纲要启动编制。老少边贫等特殊类型地区加快振兴发展,对口支援有力推进。海洋经济发展示范区建设全面启动。

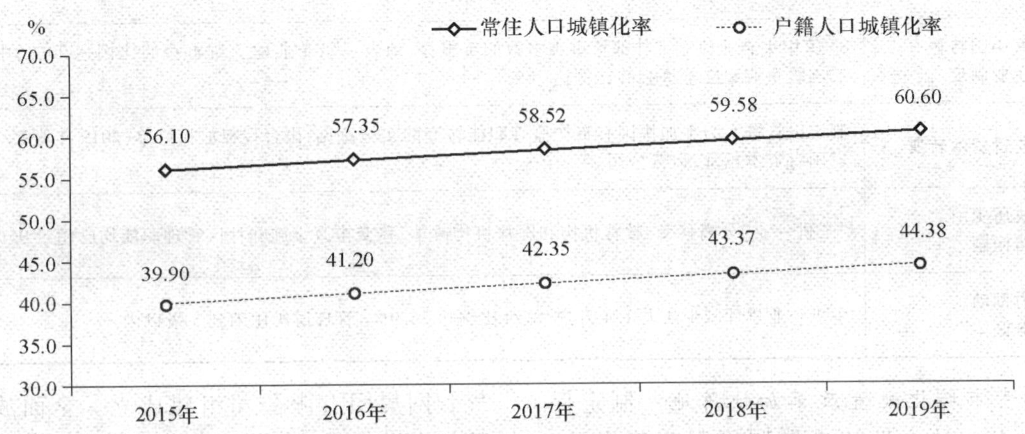

图4:2015—2019年常住人口城镇化率和户籍人口城镇化率

数据来源:国家统计局、国家发展改革委等

专栏2:重大区域战略实施进展

西部大开发	出台新时代推进西部大开发形成新格局的指导意见。推进沿边地区开放发展,加强沿边重点开发开放试验区建设。
东北振兴	支持东北地区优化营商环境、推进国企改革、促进民营经济发展,加强与东部地区对口合作。
中部崛起	研究制定关于新时代推动中部地区高质量发展的指导意见。
东部率先	鼓励引导东部地区企业优先向中西部和东北地区转移。
京津冀协同发展	雄安新区和北京城市副中心高质量高标准规划建设,北京非首都功能有序疏解,交通、生态、产业实现率先突破,协同发展体制机制加快构建,公共服务共建共享取得积极进展。
长江经济带发展	城镇污水垃圾处理、化工污染治理、农业面源污染治理、船舶污染治理和尾矿库污染治理“4+1”工程进展良好。建立长江经济带发展负面清单管理体系。综合交通运输体系初步构建。
粤港澳大湾区建设	支持深圳建设中国特色社会主义先行示范区的意见及粤港澳大湾区有关专项规划和政策措施印发实施。逐步搭建形成“两廊”(广深港、广珠澳)、“两点”(河套、横琴)建设框架。
长三角一体化发展	编制实施长江三角洲区域一体化发展规划纲要。印发实施长三角生态绿色一体化发展示范区总体方案、中国(上海)自由贸易试验区临港新片区总体方案等。
黄河流域生态保护和高质量发展	黄河流域生态保护和高质量发展上升为重大国家战略,抓紧组织编制黄河流域生态保护和高质量发展规划纲要。

(六)全面推进市场化改革,市场主体活力进一步激发。坚持和完善社会主义基本经济制度,重点领域、关键环节改革全面推进。

一是营商环境持续优化。“放管服”改革向纵深推进,《优化营商环境条例》颁布,构建中国营商环境评价体系,在全国41个城市开展营商环境评价。印发《市场准入负面清单(2019年版)》,清单事项压减至131项。规范投资审批行为,投资审批“一网通办”水平不断提高。工程建设项目审批环节继续精简。部门联合“双随机、一公开”监管逐步推行,"互联网+监管"事项清单加快制定,全国信用信息共享平台功能和服务不断完善,以信用为基础的新型监管机制加快构建。全国一体化政务服务平台上线试运行,金融信用信息数据库服务网络覆盖全国。

二是混合所有制改革、产权保护、激发保护企业家精神等改革联动推进。第四批 160 户混合所有制改革试点启动实施。加强产权和知识产权保护,甄别纠正涉产权冤错案件取得重要突破,涉政府产权纠纷问题专项治理行动有序开展。出台支持民营企业改革发展、促进中小企业健康发展的政策措施,建立健全企业家参与涉企政策制定机制。

专栏 3:国资国企改革主要进展

推进混合所有制改革	中央企业新增混合所有制企业超过 1000 户。截至 2019 年底,中央企业中混合所有制企业占比超 70%,地方国有企业中混合所有制企业占比超 50%。
加快完善中国特色现代企业制度	83 家中央企业建立了外部董事占多数的董事会,地方一级企业建立董事会的比例达 90%,中央企业所属二三级企业建立董事会的比例达 76%。
从管企业向管资本转变	制定以管资本为主加快国有资产监管职能转变的实施意见,出台授权放权清单(2019 年版)。改组组建 91 家国有资本投资、运营公司。
解决历史遗留问题	"三供一业"分离移交、教育机构和医疗机构改革、移交市政设施和社区管理职能均已超过 95%。
大力推动"瘦身健体"	中央企业累计减少法人 1.4 万户,减少比例达 26.9%,管理层级压缩到 5 级以内。

三是要素市场化配置改革加快落地。制定促进劳动力和人才社会性流动体制机制改革意见。修订证券法,设立科创板并试点注册制,改革完善贷款市场报价利率(LPR)形成机制。扩大高校和科研院所科研相关自主权,开展赋予科研人员职务科技成果所有权或长期使用权试点,构建技术转移服务体系。修订土地管理法、城市房地产管理法,建设用地使用权转让、出租、抵押二级市场进一步完善,工业用地多方式出让和市场供应体系更加健全。

四是重点领域改革深入推进。国家石油天然气管网集团有限公司组建成立。全面放开石油天然气上游勘查开采准入。出台教育、科技、交通运输等领域中央与地方财政事权和支出责任划分改革方案。电力交易市场化程度进一步提高,增量配电业务改革和电力现货市场建设试点稳步推进。深化燃煤发电上网电价形成机制改革,风电和光伏上网电价改革、农业水价综合改革、交通运输价格改革有序推进。改制成立中国国家铁路集团有限公司和中国邮政集团有限公司。行业协会商会与行政机关脱钩改革全面推开。

专栏 4:投融资体制改革主要进展

项目资本金管理	适当降低基础设施项目资本金比例,创新资本金筹措渠道,促进有效投资和防范风险协同推进。
投资管理法治建设	出台《政府投资条例》。
投资审批制度改革	启动投资审批合法性审查,进一步清理规范以固定资产投资项目为对象的各类行政审批备案事项。规范全国投资项目在线审批监管平台投资审批管理事项。

(七)持续深化高水平开放,开放型经济新格局加快构建。对外开放向更大范围、更宽领域、更深层次全面推进,国际经济合作和竞争新优势加快培育。

一是共建"一带一路"扎实推进。第二届"一带一路"国际合作高峰论坛成功举办。累计与 138 个国家和 30 个国际组织签署 200 份共建"一带一路"合作文件。中巴经济走廊等建设进展顺利。雅万高铁、中老铁路、瓜达尔港等重大项目取得积极进展,中俄东线天然气管道投产通气。与法国、英国、日本等 14 个国家建立第三方市场合作机制。"一带一路"绿色发展国际联盟正式启动,"数字丝绸之路”“丝路电商”建设合作有序推进。中欧班列累计开行突破2万列，通达欧洲18个国家的57个城市，综合重箱率达94%。西部陆海新通道总体规划印发实施。

*二是外贸发展稳中提质。*推进贸易高质量发展的指导意见印发实施。第二届中国国际进口博览会成功举办。区域全面经济伙伴关系协定（RCEP）谈判取得重大进展。对欧盟、东盟以及“一带一路”沿线国家进出口保持较快增长，集成电路等高附加值产品及知识密集型服务出口保持快速增长。新设24个跨境电商综合试验区，市场采购贸易方式试点、服务贸易创新发展试点扎实推进，综合保税区等海关特殊监管区域发展质量进一步提升。

*三是利用外资水平持续提升。*外商投资法及实施条例出台实施。进一步扩大鼓励外商投资范围，鼓励外资投向制造业和生产性服务业，支持中西部地区承接外资产业转移。全国和自贸试验区外资准入负面清单分别缩减至40条、37条。放宽在华外资金融机构持股比例和业务范围限制，扩大金融市场双向开放。推进国家级经济技术开发区创新提升。完善企业外债备案登记管理，加强重点行业外债风险防范。全年实际使用外商直接投资1381亿美元。

*四是自贸试验区建设取得积极成效。*增设上海自贸试验区临港新片区，新设山东等6个自贸试验区，实现沿海省份全覆盖，并首次在沿边地区布局。向全国复制推广自贸试验区49项制度创新成果，累计复制推广223项。海南自由贸易港建设加快推进。

*五是境外投资平稳发展。*实施企业境外经营合规管理指引，中国装备、技术、标准和服务稳步“走出去”，全年非金融类境外直接投资1106亿美元。人民币跨境融资渠道逐步拓宽，人民币国际化有序推进。

*（八）着力保障和改善民生，人民群众获得感幸福感安全感不断提升。*坚持以人民为中心的发展思想，保障人民群众尤其是困难群众的基本生活，让各项惠民举措落到实处。

*一是稳就业促增收力度加大。*落实就业优先政策，出台实施进一步做好稳就业工作意见。强化重点群体和就业困难人员帮扶，全方位完善公共就业服务，拓展劳动者流动就业空间。全年使用失业保险基金向115万户企业发放稳岗返还552亿元，惠及职工7290万人；向126万人次失业保险参保职工发放失业保险技能提升补贴20亿元，从失业保险基金结余中拿出逾1000亿元支持职业技能提升行动，超额完成补贴职业技能培训1500万人次以上的目标任务。深入推行终身职业技能培训制度，职业技能公共实训基地建设持续加强。多措并举促进居民增收，努力增加劳动者特别是一线劳动者劳动报酬，居民人均可支配收入超过3万元。

*二是社会保障体系进一步完善。*基本养老保险覆盖人数达9.68亿人，企业职工基本养老保险基金中央调剂比例从3%提高到3.5%，退休人员基本养老金稳步提高。划转部分国有资本充实社保基金工作全面推开。城乡居民医疗保险和大病保险制度更趋完善，医疗保障扶贫、医保药品目录调整等工作扎实推进。通过工伤保险为194万工伤职工及供养亲属提供待遇保障。全年有461.2万失业人员领取到不同期限的失业保险金，平均每人每月1393元，保障水平稳步提高。稳步推进低保制度城乡统筹，健全低保标准动态调整机制，全面实施特困人员救助供养制度。推进城镇老旧小区改造，城镇棚户区改造开工316万套，大中城市住房租赁市场加快培育。

*三是公共服务补短板强弱项提质量深入推进。*国家财政性教育经费支出占国内生产总值比例继续超过4%，对困难地区和薄弱环节教育投入力度不断加大，九年义务教育巩固率达94.8%，高中阶段教育毛入学率达89.5%，高等教育毛入学率超过50%，高职院校扩招100万人目标顺利完成，分层分类开展国家产教融合建设试点。健康中国行动启动实施，区域医疗中心建设试点稳步开展，药品集中采购和使用试点积极推进，促进中医药传承创新发展的意见印发实施。推进养老服务发展的政策体系更加完善。妇女儿童权益保障工作不断加强，规范托育机构设置和管理，促进3岁以下婴幼儿照护服务发展。食品、药品等重点领域监管不断加强。基本公共文化服务均等化水平不断提高。长城、大运河、长征国家文化公园建设统筹推进。加大对全民健身中心等项目建设支持力度，冬奥会场馆建设有序推进。国家积极应对人口老龄化中长期规划印发实施。年末总人口达14.0005亿人，人口自然增长率3.34‰。

专栏 5:提升社会领域公共服务能力水平的举措

公共教育	巩固城乡义务教育经费保障机制。深入实施教育现代化推进工程。促进义务教育薄弱环节改善与能力提升,扩大农村义务教育学生营养改善计划覆盖面。实施优质普惠学前教育资源扩容建设。
医疗卫生	推进全民健康保障工程。启动区域医疗中心建设试点。加大对中医药事业传承创新的支持力度。以药品集中采购和使用为突破口,进一步深化"三医联动"改革。
社会服务	实施社会服务兜底工程,制定进一步加强事实无人抚养儿童保障工作的意见,扩大儿童福利、未成年人保护、殡葬等服务设施供给。持续开展普惠养老城企联动专项行动,大力发展社区养老服务业。启动支持社会力量发展普惠托育服务专项行动。
文化体育	实施文化旅游提升工程,探索创新社会力量参与公共文化服务的新机制。提升少数民族新闻出版水平。实施公共体育普及工程,扩大全民健身设施供给,推动体育场馆免费或低收费开放。
残疾人服务	完善残疾人就业保障金制度,更好促进残疾人就业,推进实施困难残疾人生活补贴和重度残疾人护理补贴制度,提高特殊教育质量,实施精准康复行动。

从 2019 年经济社会发展情况看,经济增长、就业、物价、国际收支等主要指标以及创新驱动、资源节约、环境保护、民生保障等领域指标完成情况良好。约束性指标中,受钢铁、建材、有色、化工等行业生产以及服务业保持较快增长等多种因素影响,单位国内生产总值能耗降低指标实际下降 2.6%,低于 3% 左右的计划目标,但该指标 2016—2019 年的累计降幅已完成"十三五"规划目标任务的 87.1%,符合进度要求。预期性指标中,第一产业增加值、社会消费品零售总额、一般公共预算收入和城镇居民人均可支配收入指标的实际运行值与预期值存在一定差距。第一产业增加值预期目标为"增长 3.5% 左右",实际增长 3.1%,主要原因是猪肉等一些农产品产量出现较大幅度下降,猪肉产量下降 21.3%。社会消费品零售总额预期目标为"增长 9.0% 左右",实际增长 8.0%,主要原因是汽车、家电等传统消费增速放缓,其他消费新增长点尚在培育中。一般公共预算收入预期目标为"增长 5.0%",实际增长 3.8%,主要原因是为支持实体经济发展,减税降费规模超过预期。城镇居民人均可支配收入增速预期目标为"与经济增长基本同步",实际增长 5.0%,低于国内生产总值 6.1% 的增速,主要原因是受城镇居民经营净收入和财产净收入增速有所放缓、物价涨幅高于上年等因素影响。

各位代表:

今年以来,突如其来的新冠肺炎疫情对我国经济社会发展带来巨大冲击。这次疫情是新中国成立以来我国遭遇的传播速度最快、感染范围最广、防控难度最大的公共卫生事件。面对疫情带来的严峻考验,习近平总书记亲自指挥、亲自部署,迅速成立中央应对疫情工作领导小组,向湖北派出中央指导组,充分发挥国务院联防联控机制作用,始终把人民群众生命安全和身体健康放在第一位。在以习近平同志为核心的党中央坚强领导下,各地区、各部门认真贯彻党中央、国务院决策部署,全国上下众志成城、守望相助,按照坚定信心、同舟共济、科学防治、精准施策的总要求,迅速打响了疫情防控的人民战争、总体战、阻击战。

全力以赴做好疫情防控救治工作。举全国之力支援湖北省、武汉市主战场,组织 4 万多名医护人员驰援,迅速建成火神山、雷神山等集中收治医院和方舱医院,着力提高收治率和治愈率、降低感染率和病亡率。开展联防联控和群防群控,各省(区、市)相继启动重大突发卫生事件一级响应,组织干部力量下沉抓好社区防控,引导各类社会组织、专业社会工作者和志愿服务力量依法有序参与疫情防控和社会服务。扎实做好医疗物资保障和生活必需品保供稳价工作,快速实现口罩等医疗防护物资、医疗救治设备、医治床位从严重短缺到基本满足疫情防控需要;千方百计保障粮油与肉禽蛋菜奶等食品的市场供应和价格基本稳定。强化疫情防控科技攻关,短时间内研发快速检测试剂并大规模应用,坚持中西医结合,坚持"四集中",尽最大可能挽救更多患者生命。针对境外疫情扩散蔓延,加强输入性风险防控,做好对境外我国公民关心关爱,开辟临时航线有序接回我国在外困难人员,积极推进疫情防控国际合作,加强与世界卫生组织合作,向出现疫情扩散的国家和地区提供力所能及的帮助。

统筹推进疫情防控和经济社会发展工作。分区分级有序推动复工复产复市复业。在有效防控疫情的前提下,积极帮助解决企业用工、物流、资金和原材料、零部件供应问题,全力保障城乡道路、公共交通畅通,加强对中小微企业和个体工商户的应急纾困服务,推动产业链上下游、大中小企业协同复工复产。截至4月底，规模以上工业企业复工率、员工到岗率分别达到99.4%和94.3%。加强投资项目远程审批服务，做好用工、土地、资金、用能、环评等方面保障，及时帮助解决重大项目复工遇到的堵点难点问题。及时推出一系列对冲纾困政策。在去年已提前下达2020年地方政府专项债券额度1.29万亿元的基础上，进一步增加提前下达限额1万亿元。加大减税降费力度，阶段性减免小规模纳税人增值税，阶段性减免企业社保费、缓缴住房公积金，降低企业用电用气成本等，一季度减税降费规模超过7000亿元。实施3次普遍降准、定向降准，新增1.8万亿元再贷款再贴现额度，进一步强化对中小微企业的普惠性金融支持措施。对中小微企业贷款实施延期还本付息。出台促进消费扩容提质加快形成强大国内市场的政策措施，延长新能源汽车购置补贴和免征车辆购置税政策年限。同时，及时解读形势和政策，积极回应社会关切，稳定市场主体发展信心。抓好春季农业生产。保障种子、化肥、农药、农机等生产供应，春耕春播进展顺利，早稻播种面积预计达7100万亩，冬小麦、冬油菜长势良好，着力解决畜牧水产养殖饲料供应和部分农产品滞销等困难。凝心聚力推进脱贫攻坚。加快推进易地扶贫搬迁安置区配套设施、扶贫车间、农村饮水安全、以工代赈等脱贫攻坚项目开工复工，积极挖掘公益岗位潜力，促进贫困人口就地就近就业，优先组织贫困劳动力返城返岗和外出务工，对因疫情返贫致贫人员及时落实帮扶措施。强化保居民就业和民生兜底。充分发挥失业保险基金援企稳岗作用，扩大国有企业招收、硕士研究生招生、专升本、大学生应征入伍数量规模，通过“点对点”运输等方式引导农民工有序返岗复工。组织全国大中小学有序开展线上教学。对受疫情影响的困难群众实施救助帮扶，及时启动社会救助和保障标准与物价上涨挂钩联动机制，阶段性提高补贴标准、扩大覆盖范围。

经过全党全国上下艰苦卓绝的努力，武汉保卫战、湖北保卫战取得决定性成果，疫情防控阻击战取得重大战略成果，统筹推进疫情防控和经济社会发展工作取得积极成效。实践再次证明，中国共产党领导和我国社会主义制度、我国国家治理体系具有强大生命力和显著优越性，能够战胜任何艰难险阻，能够为人类文明进步作出重大贡献。

同时，我们也清醒认识到，尽管我国疫情得到有效控制，但境外疫情快速扩散蔓延，世界经济出现严重衰退，不确定不稳定因素显著增多，我国经济运行面临巨大挑战。从国际看，疫情对全球产业链供应链形成较大冲击，国际金融市场剧烈震荡，单边主义、贸易保护主义抬头，国际经贸规则面临挑战，地缘政治风险仍然较高，这些都会加大我国发展的外部风险。从国内看，境外疫情输入压力加大，经济发展特别是产业链供应链恢复面临新的挑战。一是内外需求下降导致经济循环受阻。居民非必需品消费等因疫情冲击受到严重抑制，汽车等大宗商品消费大幅下滑，消费增长受到制约。由于企业经营困难加大、订单减少，加之地方投资能力受限，投资增长面临较大困难。受外需持续疲弱和全球供应链中断影响，稳外贸稳外资压力明显加大。二是行业企业运行困难较多。企业利润大幅下降，特别是生活性服务业受疫情冲击最大，不少中小微企业出现资金链断裂、停产关闭等情况，存在局部地区、部分行业中小微企业破产增多的可能。三是公共卫生和应急体系短板凸显。疾病预防控制管理体系不完善，新发传染病监测预警和应对能力不足，县镇村公共卫生基础设施相对薄弱，重要物资国家储备体系尚不健全。四是科技创新能力短板仍较突出。研发投入强度与建设创新型国家的要求相比尚需提高，有利于科技创新的深层次制度障碍还没有破除，关键核心技术受制于人的状况尚未根本改观。五是重点领域改革仍需加力。由市场决定要素价格机制仍有待健全。需持续在国企国资、财税金融、营商环境、民营经济、扩大内需、城乡融合等重点改革领域攻坚克难。六是重点领域风险有所集聚。外部输入性风险上升，信用违约风险可能加大，部分中小金融机构风险较高。受疫情影响，各级财政防控支出增加、税收收入减少，一些地方基层财政运转困难。七是社会民生领域面临较大挑战。稳岗稳就业难度加大，高校毕业生等重点群体就业压力明显攀升，一些地方失业再就业难度加大。部分劳动者工资收入降低，居民增收难度加大。剩余贫困人口脱贫任务艰巨，深度贫困地区实现“三保障”面临不少新的挑战。生态环境治理仍然存在短板和薄弱环节。养老、托育、教育等公共服务体系与人民群众期待相比还存在明显差距。同时，我们在工作中也还存在一些不足，比如，疫情防控政策协调协同还不够，有的政策存在碎片化、条块化问题，有的政策措施落实还不够到位，有的领域治理手段和治理能力有待优化和加强，工作中还存在形式主义、官僚主义等问题。

在看到困难和挑战的同时，我们更要看到，疫情的冲击和影响都是阶段性的、总体可控的，改变不了我国发展潜力大、韧性强、经济长期向好的基本面。危与机同生并存,克服了危即是机。在以习近平同志为核心的党中央坚强领导下,有中国特色社会主义制度的显著优势,有强大的动员能力和雄厚的综合实力,有全党全军全国各族人民的团结奋斗,我们一定能够战胜这场疫情,也一定能够保持我国经济社会良好发展势头,确保完成决战决胜脱贫攻坚的目标任务,全面建成小康社会。

二、2020 年经济社会发展总体要求、主要目标和政策取向

2020 年是全面建成小康社会和“十三五”规划收官之年,要实现第一个百年奋斗目标,为“十四五”发展和实现第二个百年奋斗目标打好基础,做好经济社会发展工作十分重要。

(一)总体要求。

要在以习近平同志为核心的党中央坚强领导下,以习近平新时代中国特色社会主义思想为指导,全面贯彻党的十九大和十九届二中、三中、四中全会精神,坚决贯彻党的基本理论、基本路线、基本方略,增强“四个意识”、坚定“四个自信”、做到“两个维护”,紧扣全面建成小康社会目标任务,统筹推进疫情防控和经济社会发展工作,在疫情防控常态化前提下,坚持稳中求进工作总基调,坚持新发展理念,坚持以供给侧结构性改革为主线,坚持以改革开放为动力推动高质量发展,坚决打好三大攻坚战,加大“六稳”工作力度,保居民就业、保基本民生、保市场主体、保粮食能源安全、保产业链供应链稳定、保基层运转,坚定实施扩大内需战略,维护经济发展和社会稳定大局,确保完成决战决胜脱贫攻坚目标任务,全面建成小康社会。

具体工作中,必须增强底线思维,做好应对各种复杂局面的思想准备和工作准备,深刻认识“六稳”和“六保”是内在统一的,“六保”是今年“六稳”工作的着力点,守住“保”的底线,稳住经济基本盘,进而以保促稳、稳中求进,就能为全面建成小康社会夯实基础。要围绕“六保”加大宏观政策实施力度,落实好已出台应急纾困政策,根据形势变化及时推出新的对冲政策,兜住民生底线。同时,必须紧盯主要目标,讲究策略方法,做到应对外部风险和克服内部挑战相结合、解决当前问题和化解长期矛盾相结合、有效市场和有为政府相结合、尽力而为和量力而行相结合,善于化危为机,确保党中央、国务院决策部署落到实处、见到实效。

(二)主要预期目标。

按照上述总体要求和工作思路,本着尊重经济规律和实事求是的原则,综合考虑国际与国内、当前与长远、需要与可能,提出 2020 年经济社会发展主要预期目标:

——优先稳就业保民生,坚决打赢脱贫攻坚战,努力实现全面建成小康社会目标任务。主要考虑:全球疫情和经贸形势不确定性很大,我国发展面临一些难以预料的影响因素,不对经济增长目标作量化要求,有利于引导各方面继续认真贯彻落实党中央、国务院决策部署,针对当前面临的主要矛盾、困难、问题,将工作重心放在落实“六保”任务和推动经济高质量发展上。同时,今年不提经济增速量化指标,并不意味着不要经济增长,保居民就业、保基本民生,完成脱贫攻坚既定目标任务、实现全面建成小康社会,以及防范化解各类风险,都要有经济增长作为支撑。

——城镇新增就业 900 万人以上,全国城镇调查失业率和城镇登记失业率分别为 6% 左右和 5.5% 左右。主要考虑:关于城镇新增就业总量,受疫情冲击和经济下行压力加大影响,城镇新增就业压力明显攀升,但考虑到新成长劳动力在城镇就业的需求量,保持相当规模的就业增量是必要的、也是必须的,也体现就业优先政策导向。关于失业率,尽管疫情对就业影响还会持续一段时间,但我们有信心有能力防范化解大规模失业风险,做好稳就业工作。

——居民消费价格涨幅为 3.5% 左右。主要考虑:2019 年居民消费价格上涨的翘尾影响较大,受疫情影响,2020 年还有一些新的涨价因素,价格总体上涨压力仍然较大;同时,3.5% 左右的预期目标也兼顾了稳定市场预期的需要。

——居民收入增长与经济增长基本同步。主要考虑:与全面建成小康社会的目标要求相衔接,更好满足人民日益增长的美好生活需要,更好体现以人民为中心的发展思想。同时,随着乡村振兴战略深入实施、促进居民增收的政策措施逐步落地,2020 年实现居民收入增长预期目标是有支撑的。

——进出口促稳提质,国际收支基本平衡。主要考虑:2020 年外贸增长难度较大,既要努力促进外贸稳定发展、稳定市场预期和企业信心,也要加快培育外贸竞争新优势,推动外贸高质量发展。

——单位国内生产总值能耗和主要污染物排放量继续下降,努力完成“十三五”规划目标任务。主要考虑:虽然到 2019 年底已完成“十三五”规划

确定的单位国内生产总值能耗降低15%目标任务的87.1%，但今年任务仍然十分繁重，特别是疫情对经济增速的影响可能大于对能源消费总量增速的影响，完成规划目标任务需要付出艰苦努力。

（三）主要政策取向。

为实现上述目标，需要充分估计疫情对世界经济的冲击影响，在精准施策的前提下，加大宏观政策调节和实施力度，加强宏观政策协调配合，着力稳经济保民生，防止短期冲击演变成趋势性变化。

——积极的财政政策要更加积极有为。2020年财政赤字率拟按3.6%以上安排，财政赤字规模比去年增加1万亿元；中央财政发行抗疫特别国债1万亿元，不计入财政赤字。上述两项措施新增的资金全部给地方，主要用于保居民就业、保基本民生、保市场主体以及支持减税降费、减租降息、扩大消费和投资等。大力优化财政支出结构，坚决压减一般性支出，严禁新建楼堂馆所，严禁铺张浪费，同时保持扶贫、义务教育、基本养老、基本医疗、城乡低保等民生支出只增不减。统筹用好中央财政以前年度结转资金，用于支持完成全面建成小康社会任务、克服疫情对经济的影响、“十四五”规划重点项目等。对于财政受疫情影响较大的地方，加大转移支付力度，保基本民生、保工资、保运转。

——稳健的货币政策要更加灵活适度。引导广义货币供应量（M_2）和社会融资规模存量增速明显高于去年。综合运用公开市场操作、降息、降准、再贷款、再贴现等工具，保持流动性合理充裕，引导贷款利率进一步下行，带动企业综合融资成本明显下降。延长中小微企业贷款延期还本付息政策，对普惠小微贷款努力做到应延尽延，对部分困难较大的大中型企业协商延期。创新直达实体经济的货币政策工具，提供应急融资支持。引导金融机构加大对中小微企业的信贷投放力度，鼓励发放普惠小微信用贷款。保持人民币汇率在合理均衡水平上的基本稳定，保持外汇储备规模合理适度。做好金融稳定和风险处置工作，守住不发生系统性风险的底线。

——就业优先政策要全面强化。将保居民就业摆在突出位置，根据就业形势变化调整政策力度，稳定就业总量，改善就业结构，提升就业质量。加大援企稳岗力度，因地因企因人分类帮扶，着力防范化解规模失业风险。更好发挥大众创业万众创新对保居民就业的支撑作用，探索相关支持政策鼓励高校毕业生创新创业。引导灵活就业、新就业形态健康发展。强化对高校毕业生、农民工、退役军人等重点群体帮扶，实施部分职业资格“先上岗、再考证”阶段性措施，用好职业技能提升行动专账资金，加强对就业困难人员特别是贫困劳动力的就业援助，确保零就业家庭动态清零。

——加强宏观政策的统筹协调。加强政策预研储备，促进财政、货币、就业政策与消费、投资、产业、区域等政策协同发力、形成合力。坚定实施扩大内需战略，充分挖掘超大规模市场潜力，发挥消费的基础作用和投资的关键作用，引导资金投向供需共同受益、具有乘数效应的领域，推动国内需求稳步扩大。产业政策要围绕推动制造业高质量发展，坚持政府引导和市场机制相结合，坚持独立自主和开放合作相促进，着力促进产业基础高级化、产业链现代化。强化竞争政策的基础性地位，创造公平竞争制度环境，进一步激发市场活力。区域政策要充分发挥各地区比较优势，以重大项目、重大政策为牵引推动重大区域战略落地，加快形成带动全国高质量发展的新动力源。

三、2020年国民经济和社会发展计划的主要任务

2020年，要按照党中央、国务院决策部署，统筹推进疫情防控和经济社会发展，着力做好九方面工作。

（一）继续巩固和拓展疫情防控阶段性成效，坚决做好疫情常态化防控。全面落实“外防输入、内防反弹”的总体防控策略，及时采取有针对性和实效性的防控措施，继续抓紧抓实抓细各项防控工作。

一是坚决巩固国内防控成果。健全及时发现、快速处置、精准管控、有效救治的常态化防控机制，完善并及时启动相关防控预案，科学防范，堵住漏洞。全面筑牢社区防控网底，加强信息化、智能化防控能力。继续全力做好疑似和确诊患者的救治工作，继续做好康复患者、隔离群众和抗疫一线医务人员的心理疏导。加快推进疫苗研发。

二是加强和完善外防输入举措。继续加强对境外我国公民的关心关爱。坚决守住守好口岸城市防线，优化医疗资源和救治力量布局，支持边境地区公共卫生设施建设，加强检疫检测能力建设，快速精准识别和管控风险源风险点。加强集中隔离人员安全服务保障，做好健康监测和人文关怀。

三是深入推进疫情防控国际合作。同世界卫生组织深化交流合作，探索建立区域公共卫生应急联络机制，继续向有关国家和地区提供力所能及的

帮助，推进健康丝绸之路建设，以多种方式为国际防疫合作贡献力量。严把防疫物资出口质量关。加强科研攻关国际合作，争取在特效药物研发和疫苗研制等方面尽早取得突破。

（二）坚决打好三大攻坚战，确保如期完成各项目标任务。确保脱贫攻坚任务如期全面完成，确保实现污染防治攻坚战阶段性目标，确保不发生系统性金融风险。

一是决战决胜脱贫攻坚。落实好中央统筹、省负总责、市县抓落实的工作机制，继续聚焦“三区三州”等深度贫困地区，对未摘帽贫困县和贫困村实施挂牌督战，确保现行标准下农村贫困人口全部脱贫、贫困县全部摘帽。加大就业扶贫力度，优先组织贫困劳动力返岗务工。加快脱贫攻坚项目开工复工进度，鼓励企业更多招用贫困地区特别是建档立卡贫困家庭人员，支持扶贫龙头企业、扶贫车间吸纳当地就业。深入开展消费扶贫，组织好产销对接，解决疫情等造成的贫困地区农产品卖难问题。加大产业扶贫力度，用好产业帮扶资金和扶贫小额信贷政策，允许地方今年酌情调整优化财政专项扶贫资金政策，加大产业扶贫项目奖补力度。加快易地扶贫搬迁、农村饮水安全脱贫攻坚“扫尾”工程开复工和建设，确保上半年基本完成所有扫尾工作，细化落实易地扶贫搬迁后续扶持措施，补齐大型安置区配套教育、医疗设施等领域的短板。加强贫困地区公共服务基础设施建设。深入推进教育扶贫攻坚，巩固深化控辍保学工作成果。持续推进农村危房改造，完成贫困户住房安全有保障的目标任务。扩大以工代赈建设领域、实施范围和受益对象。做好因疫致贫返贫人口的帮扶，确保基本生活不受影响。对没有劳动能力的特殊贫困人口要强化社会保障兜底，实现应保尽保。深化定点扶贫。支持革命老区脱贫攻坚和振兴发展。继续执行对摘帽县的主要扶持政策。研究建立解决相对贫困的长效机制。

二是持续加强污染防治。坚持方向不变、力度不减，抓好源头防控，推动生态环境质量持续好转，加快构建现代环境治理体系。巩固蓝天、碧水、净土保卫战成果。有序推进北方地区冬季清洁取暖长效机制建设，扩大钢铁行业超低排放改造规模，加强柴油货车污染治理，加大铁路专用线建设力度，持续推进货运“公转铁”。地级及以上城市空气质量优良天数比率确保完成“十三五”规划目标。进一步加强城镇污水处理、城市黑臭水体治理、渤海综合治理、农业农村污染治理、水源地保护，推动实施一批长江、黄河生态环境保护重大工程。扎实推进土壤污染防治，推进受污染耕地和污染地块安全利用。编制全国重要生态系统保护和修复重大工程专项建设规划，完善河长制湖长制，加快推动落实林长制，持续推动山水林田湖草系统治理，推进地下水超采综合治理。万元国内生产总值用水量下降1.2%。强化生态保护监管，推动健全生态保护红线监管标准体系和配套政策。健全生态补偿机制，起草生态保护补偿条例，推进生态综合补偿试点。深化国家生态文明试验区建设。积极应对全球气候变化，加快全国碳市场建设。发展绿色产业，发布绿色技术推广目录，支持园区环境污染第三方治理。加快补齐城镇污水垃圾处置和医疗废物、危险废物收集处理等环境基础设施短板。全面推进垃圾分类，研究治理快递包装污染及商品过度包装，提高城市生活垃圾无害化处理率。

三是守住不发生系统性风险的底线。密切关注全球金融市场和大宗商品市场震荡可能带来的输入性风险，完善跨境资金流动的预警响应机制。跟踪监测杠杆率较高、盈利能力较弱的行业企业的流动性风险，防止资金链断裂引发连锁反应。继续有序处置高风险金融机构风险。积极维护债券市场稳定，加快健全市场化、法治化的债券违约处置机制，建立早识别、早预警、早发现、早处置风险防控体系。落实银行不良贷款核销政策，鼓励市场主体参与不良贷款处置。完善金融机构恢复与处置机制，支持银行多渠道补充资本。稳妥化解地方政府存量隐性债务。坚持“房子是用来住的、不是用来炒的”定位，稳步建立健全因城施策的促进房地产市场平稳健康发展的长效机制，着力稳地价、稳房价、稳预期。

（三）坚定不移实施扩大内需战略，着力促进形成强大国内市场。聚焦疫情带来的冲击和影响，深入挖掘和激发国内市场供给与需求潜力，增强内需对经济增长的拉动力。

一是释放消费潜力。在防控措施到位前提下，有序推动各类商场、市场复市复业，促进线下消费加速回补。培育壮大线上消费，推进互联网和各类消费业态深度融合。促进教育、医疗、养老、家政、文旅、体育等服务消费线上线下融合发展，进一步支持依托互联网的外卖配送、网约车等新业态。发展大健康产业。扩大电商、快递进农村覆盖面，畅通工业品下乡、农产品进城渠道。加速5G网络建设和场景应用，完善新型基础设施布局，推动超高清视频、虚拟现实等新兴消费。积极扩大汽车消费，允许进口尾气排放实测结果达到国六标准的平行进口汽车。对京津冀等重点地区淘汰国三及以下排放标准柴油货车给予适当奖补。加大汽车、绿色智能家电等消费金融支持。鼓励有条件的地区实施家电以旧换新补贴政策。加快废旧家电回收体系建设。扩大智能产品、定制化产品和绿色产品供给，促进绿色消费发展。培育建设国际消费中心城市，因地制宜形成若干区域消费中心。积极发展“智慧商圈”，加快建设新型文旅商业消费聚集区。加快恢复乡村旅游和休闲农业。鼓励夜间经济发展。有序放宽低空空域限制，加快通用航空网络建设，推动通用航空发展。加强国家物流枢纽、国家骨干冷链物流基地和商品流通网络建设，推动冷链物流、智慧物流、国际物流、供应链发展。推进电子商务与快递物流协同发展。深入推进步行街改造提升。强化消费信用体系建设，大力整治伪劣商品、侵权仿冒等问题，加大农村商品流通市场秩序监管力度，健全消费维权法律制度和政策体系，营造安全放心消费环境。

二是积极扩大有效投资。安排中央预算内投资6000亿元，比上年增加224亿元。全年安排地方政府专项债券3.75万亿元，比上年增加1.6万亿元。按照“资金跟着项目走”要求，安排好地方政府专项债券项目，集中支持有一定收益的基础设施和公共服务项目。加强公共卫生、生物安全、应急物资保障、物资和能源储备、物流设施、农林水利、城乡基础设施等领域补短板。出台推动新型基础设施建设的相关政策文件，推进5G、物联网、车联网、工业互联网、人工智能、一体化大数据中心等新型基础设施投资。做好城镇老旧小区改造，重点改造提升小区水电气路信等配套便民设施，有条件的加装电梯、配建停车设施。推动城市更新，加大城市停车场和充电设施、城乡污水垃圾处理设施、采煤沉陷区综合治理、独立工矿区和城区老工业区搬迁改造等建设力度。稳步推进棚户区改造。实施好“十三五”规划165项重大工程项目和国家重大区域战略重大项目。加大沿江高铁、沿海高铁项目建设力度。积极推动川藏铁路开工，加快重点城市群、都市圈城际和市域（郊）铁路规划建设。加快推进在建重大水利工程建设进度，新开工一批重大水利工程。加快推进枢纽机场新建、迁建和改扩建项目建设，有序推进支线机场和通用机场建设。加快推进国家高速公路、普通国省干线、农村公路和内河水运等项目建设。坚持“要素跟着项目走”，加强项目用地用海用能等要素保障，对重大投资项目开设绿色通道。继续加大金融支持，发挥政府资金的导向作用，规范创新政府和社会资本合作（PPP）模式，支持民间资本参与补短板和新型基础设施建设。稳妥推进基础设施领域不动产投资信托基金（REITs）试点，充分调动包括民间投资在内的各类社会资本积极性，盘活存量资产。

三是着力稳定社会预期。完善疫情信息发布机制，继续做到依法、公开、透明、及时、准确。加大对传染病防治法的宣传教育，多层次、高密度发布权威信息，更好维护社会大局稳定。提高政策稳定性和可预期性，健全政策目标管理和重大决策公开机制，不断提高政策透明度。促进部门之间、中央与地方间的政策联动，加强对政策方向、目标、时序、边界的协调。进一步加强预期管理，创新宣传手段，做好信息发布和政策解读，及时回应社会关切，稳定市场主体信心。

（四）深入推进供给侧结构性改革，稳定提升产业链供应链水平。大力振兴实体经济，持续提升产业基础能力和产业链现代化水平，保持我国产业链供应链的稳定性和竞争力。

一是加大对各类企业特别是中小微企业和个体工商户支持力度。简化各项助企纾困政策手续，政府涉企事项尽可能网上办理。加大中介服务收费清理整顿力度，坚决制止各种涉企违规收费。推动降低企业用能、用网、物流、房租等成本，将除高耗能以外的大工业和一般工商业电价降低5%政策延长到今年年底，宽带和专线平均资费降低15%。减免国有房产租金，鼓励各类业主减免或缓收房租。限期完成清偿政府机构、国有企业拖欠民营企业中小企业账款的任务。引导银行向实体经济让利，鼓励商业银行对受疫情冲击较大的地区企业和批发零售、住宿餐饮、物流运输、文化娱乐旅游和外贸等行业企业阶段性减免一定比例贷款利息。优化创业担保贷款贴息政策，提高小微企业信用贷款、续贷业务发放比例，加大首次贷款支持，大型商业银行普惠型小微企业贷款增速要高于40%。支持金融机构发行3000亿元小微金融债券以发放小微贷款。引导公司信用类债券净融资比上年多增1万亿元。促进小微企业全年应收账款融资8000亿元。鼓励资本市场加大对应对疫情科技型中小企业的融资支持。鼓励大企业运用获得的融资，以预付款形式向上下游中小微企业支付现金。出台支持制造业民营企业稳增长和转型升级的意见，鼓励地方以市场化手段对陷入困境的优质民营企业进行纾困救助。

二是推动制造业高质量发展。加大制造业中长期贷款支持力度，重点支持高端装备制造、传统产业改造提升、电子信息制造等重点领域。实施好制造业核心竞争力提升工程，完善技术改造服务体系。实施智能制造工程，研究出台推进制造业智能化改造的指导意见。积极推进钢铁企业"推重组、促转型"，持续优化石化产业布局，继续实施人口密集区危化品生产企业搬迁改造。实施绿色制造工程。推广钢结构装配式建筑，推动智能制造与建筑工业化融合发展。支持老工业城市和资源型城市产业转型升级示范区建设。开展先进制造业集群培育试点示范。

三是保产业链供应链稳定。着力完善和畅通物流运输网络，支持企业增加关键物料备货。实施产业基础再造工程。大力培育产业生态主导型企业，培育一批有国际竞争力的先进制造业集群，增强产业链的集聚效应。培育一批"专精特新"中小企业。研究开展供应链安全风险评估，优化生产力布局，增加应急储备，进一步增强供应链韧性和稳定性。深入实施工业互联网创新发展工程，打造工业互联网平台体系，强化工业互联网平台间标准对接。推动先进制造业和现代服务业融合发展，大力发展服务型制造。加快推动生产性服务业公共服务平台建设，发展研发设计、现代物流、检验检测认证等生产性服务业。

四是着力培育壮大新动能。深入推进国家战略性新兴产业集群发展工程，加强创新和公共服务综合体建设。创新战略性新兴产业金融产品和服务供给。深入推进"上云用数赋智"，实施数字化转型伙伴行动、中小企业数字化赋能专项行动和数字经济新业态培育行动，深入推进数字经济创新发展试验区建设，推动制造、商贸流通等经济社会重点领域数字化转型，发展数字商务，支撑建设数字供应链。深入实施国家大数据战略、"互联网＋"行动，推动新型智慧城市建设，推进5G深度应用。大力发展生物经济，加强生物资源开发与利用，培育若干生物集聚发展高地。加快智能制造、无人配送、在线消费、医疗健康、机器人等新兴产业发展。支持商业航天发展，延伸航天产业链条，扩展通信、导航、遥感等卫星应用。制定国家氢能产业发展战略规划。支持新能源汽车、储能产业发展，推动智能汽车创新发展战略实施。加快深远海捕捞养殖装备创新发展，建设现代化海洋牧场。

专栏6:支持数字经济发展举措

建立健全政策体系	编制《数字经济创新引领发展规划》。研究构建数字经济协同治理政策体系。
实体经济数字化融合	快传统产业数字化转型，布局一批国家数字化转型促进中心，鼓励发展数字化转型共性支撑平台和行业"数据大脑"，推进前沿信息技术集成创新和融合应用。
加持续壮大数字产业	以数字核心技术突破为出发点，推进自主创新产品应用。鼓励平台经济、共享经济、"互联网＋"等新模式新业态发展。
促进数据要素流通	实施数据要素市场培育行动，探索数据流通规则，深入推进政务数据共享开放，开展公共数据资源开发利用试点，建立政府和社会互动的大数据采集形成和共享融通机制。
推进数字政府建设	深化政务信息系统集约建设和整合共享。深入推进全国一体化政务服务平台和国家数据共享交换平台建设。
持续深化国际合作	深化数字丝绸之路、"丝路电商"建设合作，在智慧城市、电子商务、数据跨境等方面推动国际对话和务实合作。
统筹推进试点示范	推进国家数字经济创新发展试验区建设。组织开展国家大数据综合试验区成效评估，加强经验复制推广。
发展新型基础设施	制定加快新型基础设施建设和发展的意见，实施全国一体化大数据中心建设重大工程，布局10个左右区域级数据中心集群和智能计算中心。推进身份认证和电子证照、电子发票等应用基础设施建设。

五是着力保障粮食安全和农副产品市场供应。深化农业供给侧结构性改革，压实粮食安全省长责任制、"菜篮子"市长负责制。编制新一轮国家粮食安全中长期规划纲要、新时期农业生产力布局与结构调整规划，制定落实全球疫情影响下确保我国粮食安全的应对方案，加快推动出台粮食安全保障法，深入推进优质粮食工程，继续实施大豆振兴计划，增加绿色优质粮油产品供给，促进农民增收、企

业增效、消费者得实惠。扎实开展高标准农田建设,实施东北黑土地保护性耕作行动计划,实施现代种业和动植物保护能力提升工程,加强病虫害监测和防控。完善农机补贴政策。深入推进农村科技创新,加强农业科技人才培养,推动各类农业科研院所和高校联合协作加快培养高层次农业人才,强化粮食安全科技支撑。创新完善粮食"产购储加销"协同联动体系,加强粮食市场监测预警和监管,完善粮食储备安全管理体制,积极破解夏粮仓容紧张矛盾。抓好农业保险保费补贴政策落实。落实小麦、稻谷最低收购价政策,完善玉米、大豆市场化收购加补贴机制,落实棉花目标价格政策。持续抓好生猪生产,持续加强非洲猪瘟、高致病性禽流感等重大动物疫病监测和防控,促进畜牧水产养殖业提质发展,加快推进奶业振兴。实施农产品仓储保鲜冷链物流设施建设工程,支持农村电商发展。推进重要农产品进口多元布局,做好居民生活必需品保供调度,保障粮油肉蛋果蔬等重要农产品质量安全、稳定供应。

六是着力保障能源安全。稳步推进煤炭、石油、天然气和电力产供储销体系和石油储备基地建设,加强煤电油气运行调节。健全国内外供需形势发生重大变化的应对预案,确保供需总体平衡和市场平稳运行。继续做好油气勘探开发工作,加快推进油气矿业权区块竞争出让。加快油气管网和储备工程建设,健全油气管网运营机制,推动管网设施公平开放。着力推动煤电改造升级,积极稳妥发展水电,安全发展先进核电,保持风电光伏发电合理发展,推动非化石能源成为增量主体。健全可再生能源电力消纳利用长效机制,积极推进就地就近消纳新模式。有序建设跨省跨区输电通道,提升能源系统输送和调节能力。持续推进电力应急体系建设,提高快速响应能力。推动电力交易机构独立规范运行,建设全国统一电力市场,全面放开经营性电力用户发用电计划,推动增量配电改革试点落地见效。深化电网企业装备制造、设计施工等竞争性业务改革。

(五)坚定实施创新驱动发展战略,强化科技创新对经济发展支撑作用。充分发挥创新第一动力、人才第一资源作用,大力弘扬科学精神和工匠精神,营造劳动光荣的社会风尚和精益求精的敬业风气,加快建设创新型国家。

一是加快关键核心技术攻关。构建社会主义市场经济条件下关键核心技术攻关新型举国体制。开展科技重大专项梯次接续有关工作,加快组织实施科技创新2030—重大项目。支持构建面向全行业国产化应用的基础支撑平台。健全鼓励支持基础研究、原始创新的体制机制,发展市场化的新型研发机构,鼓励企业等社会力量增加投入。加快提升企业技术创新能力,研究将国有企业技术创新情况纳入考核机制。加快推进首台(套)重大技术装备、紧缺新材料研制和关键共性技术平台建设。完善支持创新产品应用的政府采购政策。综合多学科力量开展科研攻关,加强新冠肺炎传染源、传播致病机理等研究,加大药品、疫苗研发力度和应急生产能力建设。夯实生物安全基础设施建设,统筹做好生物安全科技攻关工作。加快完善国家技术安全管理清单制度。

二是加强创新能力建设。编制新一轮国家中长期科技发展规划和国家重大科技基础设施建设规划。加强基础研究和原始创新、颠覆性技术创新,加快组建国家实验室,重组国家重点实验室体系,加快建设跨学科、大协作、高强度的协同创新基础平台。推动科技创新中心和综合性国家科学中心建设,科学布局建设重大科技基础设施、科教基础设施和国家产业创新中心、工程研究中心、技术创新中心、制造业创新中心、供应链科创中心。实行重点项目攻关"揭榜挂帅"。改革科技成果转化机制,畅通创新链,营造鼓励创新宽容失败的科研环境。制定支持重大专项成果产业化配套政策,完善创新人才培养支持机制和政策,健全人才分类评价体系。提升国家自主创新示范区和高新区创新发展水平。

三是推进创新创业创造高质量发展。实施新一轮全面创新改革试验。建立健全以企业为主体、市场为导向、产学研深度融合的技术创新体系,支持大中小企业和各类主体融通创新。新建一批双创示范基地,实施一批双创支撑平台项目。实施示范基地"校企行"专项行动。加快推进创业投资领域的体制机制改革。研究加大对孵化器、众创空间等创新创业服务机构的政策支持力度。加大对受疫情影响企业帮扶力度,扩大创业担保贷款对象范围,对优质项目免除反担保要求,加大对重点群体创业场地支持力度。

(六)持续推进市场化改革,进一步激发经济发展活力动力。抓紧出台进一步深化改革举措,着力破解制约发展的体制机制障碍,坚持和完善社会主义基本经济制度。

一是深化"放管服"改革。全面落实《优化营商环境条例》,总结推广疫情防控期间各地高效服务企业的经验做法。完善营商环境评价指标体系和评价方法,在全国部分地级及以上城市、国家级新区定期开展中国营商环境评价。推动各地开通企业开办“一网通办”平台,进一步简化审批和登记手续,实现企业开办全程网上办理。放宽小微企业、个体工商户登记经营场所限制,便利各类创业者注册经营,及时享受扶持政策。深入推进“证照分离”改革。进一步压减中央和地方层面设定的行政许可以及备案、登记、年检、认定等事项。深入开展投资审批制度改革,建立健全投资审批清单制度,完善投资项目统一代码制度。推行并联审批,谋划承诺制改革,进一步提高项目落地效率。以“多规合一”为基础,深化规划用地“多审合一”“多证合一”改革,推进“多测合一”“多验合一”。加快推进政府采购法和招标投标法修订工作。在市场监管领域实现相关部门“双随机、一公开”监管全覆盖。促进公共资源交易市场健康有序发展,全面实施电子化交易。深入推进“互联网 + 政务服务”,加快打造全国政务服务“一张网”,进一步压减办税事项、纳税时间,整合各类动产登记和权利担保登记系统,不断提升政务服务效能。大力推行信用承诺制度,深入开展“信易贷”工作,提升社会信用体系建设法治化、规范化水平。基本完成行业协会商会与行政机关脱钩改革。

二是建设高标准市场体系。实施新时代加快完善社会主义市场经济体制的意见。制定实施高标准市场体系建设行动方案。构建更加完善的要素市场化配置体制机制,开展要素市场化配置综合改革试点。全面实施市场准入负面清单制度,以服务业为重点开展放宽市场准入试点,探索实施市场准入负面清单许可事项审批在线监管和综合评估。推动地方建立市场准入隐性壁垒台账,重点破除民营企业特别是中小微企业准入障碍。研究制定竞争政策的指导意见,修订完善公平竞争审查制度实施细则。强化对各类产权平等保护的法律规定。健全支持民营经济发展的法治环境,保护民营企业、民营企业家合法财产权和经营权。加强和改进反垄断和反不正当竞争执法,强化企业商业秘密保护。建立健全知识产权侵权惩罚性赔偿制度,加大知识产权执法力度,加强专利转化和应用。

专栏 7:支持民营经济改革发展举措

优化公平竞争市场环境	坚决破除制约民营企业参与市场竞争的各类障碍和隐性壁垒,切实消除在准入许可、经营运行、招投标等方面的不平等待遇。
完善精准有效政策环境	聚焦民营企业发展中的痛点难点堵点,健全政策体系,完善政策执行方式,破解融资难融资贵等突出问题。研究制定健全支持中小企业发展制度的意见。
健全平等保护法治环境	坚持执法、司法等各环节依法平等保护民营企业产权和民营企业家的人身、财产合法权益。
鼓励引导改革创新	支持引导民营企业加强制度建设,进行结构性改革,提高管理水平和核心竞争力,激发改革创新动力。
促进规范健康发展	引导民营企业筑牢守法经营底线,积极履行社会责任,大力弘扬优秀企业家精神。
构建亲清政商关系	转变政府职能,提升政府服务意识和能力,畅通民营企业与政府的沟通渠道,支持民营企业高质量发展。
推动政策落地见效	完善工作体系,健全政策落实机制,强化示范引领,营造良好的社会氛围,推动民营经济创新源泉充分涌流、创造活力充分迸发。

三是加快国资国企和重点行业改革。制定实施国企改革三年行动方案,加快推动国有经济布局优化和结构调整,健全现代企业制度,着力形成以管资本为主的国有资产监管体制。积极深化混合所有制改革,做深做实四批试点,制定出台深化国有企业混合所有制改革的实施意见。推动市场化债转股增量扩面提质,引导金融资产投资公司参与推进传统产业市场化重组。加快推进国有企业退休人员社会化管理,基本完成剥离办社会职能和解决历史遗留问题。

四是深化财税、金融、价格体制改革。扎实推进中央与地方财政事权和支出责任划分改革,健全地方税体系,逐步后移消费税征收环节并稳步下划地方。探索运用零基预算理念,打破支出固化僵化格局。进一步提高国有资本经营预算调入一般公共预算比例。深化金融供给侧结构性改革,优化融资结构和金融机构体系、市场体系、产品体系，有序推进存量浮动利率贷款定价基准转换。出台创业板改革并试点注册制总体实施方案，继续提高直接融资特别是股权融资比例。完成第二监管周期输配电价改革，深化公用事业价格改革，清理规范城镇供水、供电、供气、供暖行业收费，落实燃煤发电价格形成机制改革，鼓励有条件的地方探索推行城镇生活垃圾处理差别化收费政策，继续深化电价、水价改革。完善油气管网价格形成机制。

（七）统筹推进城乡区域协调发展，培育壮大高质量发展动力源。发挥各地比较优势，推动乡村振兴战略和新型城镇化战略落地见效。

一是落实落细重大区域发展战略。落实区域协调发展新机制，持续推进西部大开发形成新格局，支持东北地区全面振兴全方位振兴，健全中部地区崛起政策体系和工作机制，继续推动东部地区率先发展。纵深推进京津冀协同发展，加快实施雄安新区重点建设项目，完善北京非首都功能疏解政策体系。大力推进长江经济带生态环境突出问题整改和系统性保护修复，加快构建综合交通运输体系，促进内河船舶改造。推动粤港澳大湾区基础设施互联互通，有序开展国际科技创新中心建设，加快横琴、河套等重大合作平台建设。高标准建设长三角生态绿色一体化示范区，推动长三角交通一体化更高质量发展，建设虹桥国际开放枢纽。抓紧做好黄河流域生态保护和高质量发展规划纲要编制和出台实施工作。大力支持成渝地区双城经济圈建设，打造全国高质量发展的重要增长极。积极推进西部陆海新通道建设。深化对口支援。支持少数民族和民族地区加快发展。推动国家级新区、开发区等功能平台创新提升发展，加快推进资源型地区经济转型和老工业城市更新改造。推动山西开展能源革命综合改革试点。继续推进承接产业转移示范区建设，在具备条件的内陆城市打造一批高端制造业基地。制定发展海洋经济加快建设海洋强国的意见。完善主体功能区战略和制度，编制《全国国土空间规划纲要（2020—2035 年）》。

专栏 8：落实国家重大区域战略的重要举措

西部大开发	深入落实新时代推进西部大开发形成新格局的指导意见，延续西部大开发企业所得税优惠政策，修订西部地区鼓励类产业目录，推动形成新时代西部大开发政策体系。
东北振兴	编制东北振兴重点项目三年滚动实施方案，出台推进东北地区国有企业混合所有制改革三年实施方案政策措施。切实落实减税降费政策，进一步优化东北地区营商环境。
中部崛起	制定实施新时代推动中部地区高质量发展的指导意见，健全推动中部地区崛起政策体系。完善中部地区崛起工作推进机制。
东部率先	大力实施稳外贸稳外资政策，率先推动高质量发展。
京津冀协同发展	牢牢把握北京非首都功能疏解"牛鼻子"，高质量高标准建设雄安新区。以城市副中心建设为契机，持续优化北京功能布局。支持天津滨海新区高质量发展。
长江经济带发展	狠抓长江经济带生态环境警示片披露问题整改，扎实推进"4+1"工程。加快综合交通运输体系建设。强化创新转型绿色发展，扎实做好试点示范。加快推动长江保护法立法。
粤港澳大湾区建设	加快国际科技创新中心和综合性国家科学中心建设，推进前海、南沙、河套、横琴等重点平台规则衔接，为粤港澳大湾区建设提供金融支持，以民生改善为重点促进大湾区居民交流交往。
长三角一体化发展	高标准建设长三角生态绿色一体化发展示范区。推进皖北承接产业转移集聚区、环太湖城乡有机废弃物处理利用示范区建设。加快建设长三角世界级港口群，构建一体化治理体系。
黄河流域生态保护和高质量发展	高标准编制黄河流域生态保护和高质量发展规划纲要，推动形成支撑黄河流域生态保护和高质量发展的规划和政策体系。谋划实施一批支撑黄河流域生态环境保护重大工程。
成渝地区双城经济圈建设	编制成渝地区双城经济圈建设规划纲要，推进交通、信息、能源、水利等一批重大基础设施项目，依托两江新区、天府新区、川渝自贸试验区协同开放示范区等平台深化改革、扩大开放，培育发展电子信息、汽车、装备制造等产业集群。

实施好支持湖北省经济社会发展的一揽子政策，支持保就业、保民生、保运转和产业链供应链稳定运行，促进湖北省经济社会运行正常秩序全面恢复。

二是推进以人为核心的新型城镇化建设。提高农业转移人口市民化质量，进一步完善配套政策，推动完成1亿非户籍人口在城市落户目标。引导超特大城市提升高端要素配置能力和国际竞争力，加快向外疏解非核心功能。推动省会和地级市等大中城市优化城市功能，补短板强弱项，改善公共服务品质，提升宜居宜业水平。加快推进县城新型城镇化建设，弥补环境卫生、市政公用、公共服务、产业配套等领域短板弱项，以适应农民日益增加的到县城就业安家需求。推动长江中游、中原、关中平原、山东半岛、北部湾等城市群重点领域发展，启动一批重点都市圈交通设施互联互通项目，支持城市群和中心城市提高综合承载和资源优化配置能力。提升城市治理现代化水平，增强城市韧性，推进新型智慧城市建设，打造城市数据大脑。推动城乡融合发展体制机制和政策体系落实落地，引导国家城乡融合发展试验区改革探索。

三是压茬推进乡村振兴战略巩固脱贫成效。深入推进农村一二三产业融合发展，支持农产品加工园区建设，加快建设现代农业产业园，建设一批农村产业融合发展示范园、农业产业强镇和中国特色农产品优势区，培育一批乡村旅游重点村，创新发展具有民族和地域特色的乡村休闲旅游业、手工业等特色产业，加快发展乡村新型服务业，做大做强农业品牌。完善乡村产业发展用地保障政策。增强集体经济实力。加强现代农业设施建设，如期完成大中型灌区续建配套与节水改造。继续推进农村电网升级改造和农村道路建设，加快农村地区宽带网络和移动通信网络覆盖。以疫情防治为切入点，深入开展普遍性村庄清洁行动。因地制宜推进农村厕所革命，强化生活垃圾和污水处理，完成农村人居环境整治三年行动任务。探索建立农业绿色发展支撑体系，加强农业面源污染监测和治理。做好县域村庄空间布局规划，加快编制多规合一的实用性村庄规划。启动农村水系综合整治试点县建设。推动农村能源发展，加快推进农业废弃物能源化资源化利用。深入开展乡村治理体系建设试点示范。

（八）加快建设更高水平开放型经济新体制，推动对外开放取得新进展。积极应对疫情全球蔓延的不利影响，高质量推进共建“一带一路”，稳住外贸外资基本盘。

一是保持进出口基本稳定。大力开拓多元化市场，支持企业通过网上洽谈、网上办展等方式，促合作、拓市场。支持和鼓励出口企业积极开拓国内市场，积极对冲外需萎缩影响。支持跨境电商贸易、市场采购贸易等外贸新业态新模式加快发展。进一步推动综合保税区高水平开放高质量发展。推动新一轮服务贸易创新发展试点。稳定加工贸易发展。在风险可控前提下，支持扩大短期出口信用保险业务并降低费率，设立中长期政策性出口信用保险专项安排。积极筹办第三届中国国际进口博览会。积极参与国际物流供应链建设，保障国际货运畅通。

二是积极利用外资。全面实施外商投资法及配套法规。大幅缩减外资准入负面清单，深化服务业、金融业、制造业、农业对外开放。做好招商、安商、稳商工作，扩大鼓励外商投资产业目录范围，继续推动一批重大外资项目落地。推广服务业扩大开放试点经验。加强外资企业服务，确保内外资企业同等享受助企纾困政策。加大我投资环境与政策宣介，吸引国际资源要素有序流入。进一步发挥国外贷款、中长期外债等低成本资金作用，防范外债风险。

三是推动共建“一带一路”高质量发展。落实好第二届“一带一路”国际合作高峰论坛成果。深入推进与重点国家及国际组织务实合作，提高风险防控和处置能力。扎实推进与周边国家互联互通，稳步推进中蒙俄、中巴、中国—中南半岛经济走廊等建设。持续推动中欧班列高质量发展，深化数字丝绸之路建设合作。鼓励开展人文交流，夯实共建“一带一路”民意基础。进一步强化国际次区域合作。

四是加快对外开放高地建设。深化经济特区改革开放。加快落实自贸试验区改革试点任务，赋予自贸试验区更大改革自主权，形成更多高质量的可复制可推广制度创新成果。发布实施海南自由贸易港建设总体方案，切实抓好早期政策安排落地。出台海南自由贸易港跨境服务贸易负面清单。在中西部地区增设自贸试验区、综合保税区。提高沿边开发开放水平，支持沿边重点开发开放试验区建设。

五是推动境外投资平稳健康发展。坚持企业主体，完善分类指导，优化境外投资结构。稳步开展国际产能合作，开拓多元化市场，带动装备、技术、服务、品牌、标准“走出去”。健全境外投资政策和服务体系，为设计、咨询、会计、认证、法律等生产性服务业加快国际化发展营造良好环境，便利企业因地制宜建设海外仓。积极拓展第三方市场合作。引导企业健全境外合规管理体系，规范企业境外经营行为，加强境外风险防范。

六是积极参与国际经济治理。坚定维护多边

贸易体制,积极参与世界贸易组织(WTO)等多边机构改革。推动实施更高水平自贸区战略,争取区域全面经济伙伴关系协定(RCEP)如期签署,加快推进中日韩等自贸区谈判。

(九)切实做好民生兜底工作,保障人民群众基本生活需要。针对疫情带来的民生问题,通过加大投入、落实政策保障予以有效解决。

一是千方百计稳定就业。加大对受疫情影响的中小企业的帮扶力度,支持企业稳定岗位,规范企业裁员行为。推进公共就业服务城乡常住人口全覆盖,畅通失业登记渠道,支持建立共享用工、就业保障等服务平台,充分发挥经营性人力资源机构等市场化服务力量。加快落实已出台各项招生、入伍扩招计划,国有企业今明两年连续扩大高校毕业生招聘规模。鼓励大学毕业生到基层就业,扩大“三支一扶”计划等基层服务项目和见习实施规模。发挥创业带动就业倍增效应,实施农村创新创业带头人培育行动,支持农民工、高校毕业生和退役军人等人员返乡入乡创业,促进多渠道灵活就业,合理设定流动摊贩经营场所。在公共基础设施建设中,尽可能吸纳农村劳动者就地就近就业。推进公共职业技能培训基础平台共建共享,加大职业技能培训支持力度,对未继续升学的应届初、高中毕业生和青年登记失业人员,动员参加劳动预备制培训。今明两年职业技能培训3500万人次以上,完成三年培训5000万人次目标任务。高职院校扩招200万人。

二是加快补齐公共卫生短板。健全公共卫生服务体系,强化公共卫生法制保障,适当提高基本公共卫生服务经费财政补助标准,加强公共卫生人才队伍建设和基层防控能力建设。改革疾病预防控制体制。完善重大疫情防控体制机制,健全国家公共卫生应急管理体系,全面加强疾控中心能力建设,力争各省都有达到生物安全三级水平的实验室,构建以传染病专科医院和综合医院感染科、呼吸科等为骨干、其他医疗机构为预备队的动员机制,规划布局国家重大疫情救治基地。深化公立医院综合改革。发展“互联网+医疗健康”。提高城乡社区医疗服务能力。推进分级诊疗。构建和谐医患关系。促进中医药振兴发展,完善中医医疗服务体系。进一步推进全民预防保健。深入实施健康中国行动。

三是加快社会保障体系建设。稳步提高基本医保基金统筹层次,推进做实医保地市级统筹,鼓励有条件的地方探索推进省级统筹。建立国家医保药品目录动态调整机制。提高医保基金使用效率,完善总额预算管理,推行符合不同医疗服务特点的医保支付方式,加强定点医药机构绩效考核,深入开展异地就医直接结算。居民医保人均财政补助标准提高30元。完善短缺药品供应保障,进一步深化医疗、医保、医药联动改革。有序扩大国家组织药品集中采购和使用药品品种范围,开展国家组织高值医用耗材集中采购试点。推进失业保险省级统筹,全面实现工伤保险省级统筹。加快推进养老保险全国统筹,实现企业职工基本养老保险基金省级统收统支,适度提高城乡居民基础养老金最低标准。落实好各项社会保险阶段性减免、缓缴和降低费率政策,确保社保待遇按时足额发放。加快划转部分国有资本充实社保基金。加快多层次社会保障体系建设,大力发展企业(职业)年金、补充医疗保险,建立并推动养老保险第三支柱发展。扩大失业保险保障范围,将参保不足一年的农民工等失业人员都纳入常住地保障。扩大低保保障范围,对城乡困难家庭应保尽保,将符合条件的城镇失业和返乡人员及时纳入低保等救助范围。做好因公殉职人员抚恤工作。保障妇女、儿童、老年人、残疾人合法权益,健全农村留守儿童和妇女、老年人关爱服务体系。推进保障性安居工程建设,大力培育和发展租赁住房,加大城市困难群众住房保障工作力度。

四是稳定居民收入增长保障重点群体基本生活。进一步稳定居民财产性收入增长预期,适度扩大国债、地方政府债券面向个人投资者的发行额度。鼓励有条件的地区进一步提高居民转移性收入。统筹推进收入分配重点领域改革,健全工资指导线和企业薪酬调查制度。保障外出农民工在常住地享有与城镇户籍人口同等的就业创业政策,依法保障农民工劳动报酬权益,从源头上防止发生新的农民工工资拖欠,推动进城农民工更好地融入城市。做好重点农产品、重点时段价格调控工作,落实好社会救助和保障标准与物价上涨挂钩联动机制,强化对困难群众的兜底保障。进一步统筹完善城乡社会救助制度,稳步提高城乡低保标准,继续推进落实低保等救助政策与扶贫政策衔接。

五是持续提高公共服务水平。推动国家基本公共服务标准出台,推进基层服务机构标准化试点。稳定教育投入,优化投入结构,缩小城乡、区域、校际差距。巩固城乡义务教育经费保障机制,积极化解城镇义务教育学校大班额,加强乡镇寄宿制学校和乡村小规模学校、县城学校建设,完善随迁子女义务教育入学政策。办好特殊教育、继续教育。多渠道扩大普惠性学前教育资源,支持深度贫困地区优质普惠学前教育资源扩容建设,帮助民办幼儿园纾困。加快实施高中阶段教育普及攻坚,持续改善贫困地区学校基本办学条件。稳步发展普通本科教育和研究生教育。支持中西部高校发展。扩大高校面向农村和贫困地区招生规模。普通高等教育本专科招生920万人,研究生招生111.4万人。大力推进国家产教融合建设试点。加强教师队伍建设。推进教育信息化。积极应对人口老龄化,支持社会力量发展普惠养老、普惠托育服务。繁荣发展哲学社会科学。加强文物保护利用和非物质文化遗产传承。继续实施文化旅游提升工程,积极推动黄河文化保护传承弘扬,加快推进重大文化设施项目建设,推动全域旅游、乡村旅游和红色旅游发展。积极推进海南国际旅游消费中心、横琴国际休闲旅游岛、平潭国际旅游岛等建设。加快推进“互联网+旅游”发展。深入开展“领跑者”行动,全面推进家政服务业提质扩容。推进冬奥会场馆建设。实施应急管理能力标准化建设,加快推动战略应急物资储备安全管理体制机制改革。加强自然灾害监测预警,加快自然灾害防治重大工程实施,做好防灾减灾和救灾工作。加强和创新社会治理,健全社区管理和服务机制,提升基层应急能力。深化公共法律服务体系建设。加强和改进食品、药品安全监管。严格落实安全生产责任制,做好安全生产和隐患排查,坚决防止各类重特大事故灾难发生。

全面准确贯彻“一国两制”、“港人治港”、“澳人治澳”、高度自治的方针,始终坚定支持和推动香港、澳门融入国家发展大局。立足香港作为国际金融、航运、贸易中心的优势,落实好内地与香港建立更紧密经贸关系的安排(CEPA)系列协定。支持澳门推进世界旅游休闲中心、中国与葡语国家商贸合作服务平台等建设。扩大两岸经济文化交流合作,为台胞台企提供更多发展机遇、同等待遇。

今年还有一项重要任务,就是要按照党中央、国务院决策部署,在全面评估“十三五”规划实施情况基础上,广泛征求意见,集聚民智,编制国民经济和社会发展第十四个五年规划《纲要》,统筹推进“十四五”国家级专项规划、区域规划、空间规划、地方规划编制工作,做好“十四五”规划《纲要草案》提交十三届全国人大四次会议审查的准备。

各位代表:

统筹做好2020年疫情防控和经济社会发展工作意义重大,任务艰巨。我们要更加紧密地团结在以习近平同志为核心的党中央周围,高举中国特色社会主义伟大旗帜,以习近平新时代中国特色社会主义思想为指导,增强“四个意识”、坚定“四个自信”、做到“两个维护”,按照党中央、国务院决策部署,自觉接受全国人大的监督,认真听取全国政协的意见和建议,迎难而上、求真务实,主动担当、攻坚克难,在常态化疫情防控中着力抓经济、促生产、拓需求,努力完成全年经济社会发展目标任务,全面建成小康社会,为开启全面建设社会主义现代化国家新征程打下坚实基础。

第十三届全国人民代表大会财政经济委员会关于2019年国民经济和社会发展计划执行情况与2020年国民经济和社会发展计划草案的审查结果报告

(2020年5月26日第十三届全国人民代表大会第三次会议主席团第二次会议通过)

十三届全国人大三次会议主席团:

第十三届全国人民代表大会第三次会议审查了国务院提出的《关于2019年国民经济和社会发展计划执行情况与2020年国民经济和社会发展计划草案的报告》和2020年国民经济和社会发展计划草案。全国人民代表大会财政经济委员会在对计划报告和计划草案初步审查的基础上,根据各代表团和有关专门委员会的审查意见,又作了进一步审查。国务院根据审查意见对计划报告作了修改。现将审查结果报告如下。

一、2019年计划执行情况总体良好

财政经济委员会认为,2019年国民经济和社会

发展计划执行情况总体良好。过去的一年，在以习近平同志为核心的党中央坚强领导下，国务院和地方各级人民政府坚持以习近平新时代中国特色社会主义思想为指导，全面贯彻党的十九大和十九届二中、三中、四中全会精神，按照党中央决策部署和十三届全国人大二次会议各项决议要求，坚持稳中求进工作总基调，深入贯彻新发展理念，坚持以供给侧结构性改革为主线，推动高质量发展，扎实做好“六稳”工作，经济运行总体平稳，发展质量稳步提升。十三届全国人大二次会议批准的2019年国民经济和社会发展计划中绝大多数约束性指标和预期性指标完成情况符合或好于预期。各项重点任务扎实推进，供给侧结构性改革继续深化，三大攻坚战取得关键进展，改革开放迈出新步伐，民生和社会事业不断发展，为全面建成小康社会打下决定性基础。

今年以来，面对新冠肺炎疫情带来的严峻考验，习近平总书记亲自指挥、亲自部署，坚持把人民群众生命安全和身体健康放在第一位。在以习近平同志为核心的党中央坚强领导下，全党全军全国各族人民万众一心、众志成城，迅速打响疫情防控的人民战争、总体战、阻击战。经过艰苦卓绝的努力，武汉保卫战、湖北保卫战取得决定性成果，疫情防控阻击战取得重大战略成果；多项应急纾困政策及时推出，复工复产复市复业复学有序推进；统筹推进疫情防控和经济社会发展工作取得积极成效。

同时也要看到，当前全球疫情和经济形势严峻复杂，我国发展面临风险挑战前所未有。世界经济严重衰退，国际贸易投资萎缩，单边主义、贸易保护主义抬头，全球产业链供应链循环受阻，不确定性加大。国内经济特别是产业链供应链受到冲击，消费、投资、出口下滑，企业特别是中小微企业困难凸显，就业压力明显加大，部分领域风险隐患有所积聚，重点领域改革仍需加力，公共卫生和应急体系短板凸显。同时，计划执行中还存在一些不足，有的政策存在碎片化、条块化问题，有的政策措施落实还不到位，个别指标没有完成年度计划目标。要切实落实党中央决策部署，采取更加积极有效的措施加以解决。

二、2020年计划报告和计划草案总体可行

财政经济委员会认为，国务院提出的2020年计划报告和计划草案以习近平新时代中国特色社会主义思想为指导，符合中央经济工作会议精神和“十三五”规划纲要要求，充分考虑全球疫情和经贸形势的不确定性，本着尊重经济社会发展规律的原则，综合考虑国际与国内、当前与长远、需要与可能，进一步聚焦决战决胜脱贫攻坚和全面建成小康社会目标任务，体现了统筹推进疫情防控和经济社会发展工作要求，主要预期目标和政策取向符合实际、总体可行，有利于引导各方面把思想和行动统一到落实党中央的决策部署上来，奋力实现第一个百年奋斗目标。建议第十三届全国人民代表大会第三次会议批准国务院提出的《关于2019年国民经济和社会发展计划执行情况与2020年国民经济和社会发展计划草案的报告》，批准2020年国民经济和社会发展计划草案。

三、做好2020年计划执行工作的建议

2020年是全面建成小康社会和“十三五”规划收官之年，要实现第一个百年奋斗目标，为“十四五”发展和实现第二个百年奋斗目标打好基础，做好经济社会发展工作意义重大。要在以习近平同志为核心的党中央坚强领导下，以习近平新时代中国特色社会主义思想为指导，全面贯彻党的十九大和十九届二中、三中、四中全会精神，坚决贯彻党的基本理论、基本路线、基本方略，增强“四个意识”、坚定“四个自信”、做到“两个维护”，紧扣全面建成小康社会目标任务，统筹推进疫情防控和经济社会发展工作，在疫情防控常态化前提下，坚持稳中求进工作总基调，坚持新发展理念，坚持以供给侧结构性改革为主线，坚持以改革开放为动力推动高质量发展，坚决打好三大攻坚战，加大“六稳”工作力度，保居民就业、保基本民生、保市场主体、保粮食能源安全、保产业链供应链稳定、保基层运转，坚定实施扩大内需战略，维护经济发展和社会稳定大局，确保完成决战决胜脱贫攻坚目标任务，全面建成小康社会。为此，财政经济委员会提出以下建议：

（一）着力巩固和拓展疫情防控成果，统筹推进疫情防控和经济社会发展。坚决贯彻党中央决策部署，按照“外防输入、内防反弹”的总体防控策略，坚持做好输入性疫情防控；毫不放松常态化疫情防控，坚决防止疫情反弹。围绕疫情暴露出的问题补短板、堵漏洞、强弱项，加强公共卫生基础设施建设，完善疾病预防控制体系，健全重大疫情、公共卫生应急管理和救治体系，加快推进相关疫苗和药品研发，强化公共

卫生法治保障，切实提高应对处置突发重大公共卫生事件的能力和水平。推进市场主体有序复工复产复市复业，实施好支持湖北省经济社会发展的一揽子政策，努力将疫情造成的损失降到最低。

（二）坚决打赢三大攻坚战，助力全面建成小康社会。脱贫攻坚要进一步加大对“三区三州”等深度贫困地区扶持力度，确保现行标准下农村贫困人口全部脱贫、贫困县全部摘帽，做好因疫情致贫或返贫帮扶工作。建立完善反贫困长效机制。污染防治要坚持方向不变、力度不减，突出依法、科学、精准治污，抓好源头防控和结构性减排，推动生态环境质量持续好转，加快构建现代环境治理体系。防范化解重大风险要密切关注输入性风险，稳妥化解地方政府隐性债务风险，有序处置高风险金融机构风险，促进房地产市场平稳健康发展，坚决守住不发生系统性风险的底线。

（三）坚定实施扩大内需战略，保持经济平稳健康发展。加强宏观政策的统筹协调、精准操作和实施力度，积极的财政政策要更加积极有为，稳健的货币政策要更加灵活适度，就业优先政策要全面强化。积极引导和稳定市场主体预期。充分发掘超大规模市场潜力，发挥消费的基础作用和投资的关键作用，促进产业和消费“双升级”。稳定居民收入增长，培育壮大新兴消费增长点，促进消费业态融合，提高居民消费意愿和能力。积极扩大有效投资，加强补短板项目建设，发挥好政府资金的引导作用，激发民间投资活力。

（四）持续深化供给侧结构性改革，着力提升产业链供应链稳定性和竞争力。夯实农业基础，保障粮食安全和农副产品市场供应，促进农民增收。实施产业基础再造和产业链提升工程，巩固传统产业优势，强化优势产业领先地位，提升产业基础高级化和产业链现代化水平。推动生产性服务业向专业化、高品质和多样化升级。畅通产业循环、市场循环、经济社会循环，加强国际协调合作，共同维护产业链供应链安全稳定，提升其竞争力。加强基础研究和科技创新，增加全社会研发投入，加强知识产权保护，强化关键环节、关键领域、关键产品保障能力。

（五）加大对各类企业特别是中小微企业支持力度，千方百计稳定就业。用好用足各种援企稳岗政策，加大对企业特别是中小微企业和个体工商户的扶持力度，帮助渡过难关。切实落实减免或延缴税费和基金、财政补贴、加大政府采购力度等惠企政策，巩固和拓展减税降费成效，降低运营成本。增加信贷投放，提高企业融资便利性，降低融资成本。继续做好清理拖欠企业账款工作。千方百计稳定就业，支持企业稳定岗位，规范裁员行为，突出抓好重点群体就业工作，多措并举扩大各类用人需求，促进多渠道就业，努力提高就业质量。

（六）加快落实区域发展战略，完善区域政策和空间布局。推动西部大开发形成新格局，支持东北地区全面振兴全方位振兴，推动中部地区崛起，支持东部地区率先发展。深入推进京津冀协同发展、长三角一体化发展、粤港澳大湾区建设，构建引领全国高质量发展的动力源。落实长江经济带共抓大保护措施，推动黄河流域生态保护和高质量发展，大力支持成渝地区双城经济圈建设。推动中西部地区和东北地区有序承接国内外产业转移，有力推进产业优化升级。协调推进乡村振兴和新型城镇化战略，促进城乡融合发展。发挥各地区比较优势，形成主体功能明显、优势互补、高质量发展的区域经济布局。

（七）进一步全面深化改革，扩大高水平对外开放。着力破除制约高质量发展的体制机制障碍，增强市场主体信心和活力。完善要素市场化配置体制机制，切实发挥市场在资源配置中的决定性作用。继续深化“放管服”改革，不断优化营商环境。深化国资国企改革，优化国有经济布局。对各类产权平等保护，健全支持民营经济发展的法治环境。深化金融供给侧结构性改革，提高金融服务实体经济能力和水平。推进海南自由贸易港建设，加快建设更高水平开放型经济新体制，开拓多元化进出口市场。高质量共建“一带一路”。积极参与全球经济治理。

（八）强化民生兜底保障，推动社会事业全面发展。进一步落实以人民为中心的发展思想，加大基本民生保障力度。强化困难群体基本生活保障，扩大失业保险保障范围，落实好社会保险阶段性减免等政策，并保障待遇按时足额发放。加快养老保险全国统筹步伐，稳步提高基本医保基金统筹层次。构建多层次社会保障体系，覆盖各类困难群体。推动教育公平发展和质量提升。积极发展养老、托幼服务。加强和完善食品、药品安全监管，做好防灾减灾救灾和安全生产工作，保障人民群众生命财产安全。

今年，在努力实现“十三五”规划目标任务的基础上，要按照党中央决策部署，做好“十四五”规划《纲要》编制工作。

以上报告，请予审议。

第十三届全国人民代表大会
财政经济委员会
2020年5月26日

第十三届全国人民代表大会第三次会议关于2019年中央和地方预算执行情况与2020年中央和地方预算的决议

（2020年5月28日第十三届全国人民代表大会第三次会议通过）

第十三届全国人民代表大会第三次会议审查了国务院提出的《关于2019年中央和地方预算执行情况与2020年中央和地方预算草案的报告》及2020年中央和地方预算草案，同意全国人民代表大会财政经济委员会的审查结果报告。会议决定，批准《关于2019年中央和地方预算执行情况与2020年中央和地方预算草案的报告》，批准2020年中央预算。

关于2019年中央和地方预算执行情况与2020年中央和地方预算草案的报告

——2020年5月22日在第十三届全国人民代表大会第三次会议上

财政部

各位代表：

受国务院委托，现将2019年中央和地方预算执行情况与2020年中央和地方预算草案提请十三届全国人大三次会议审议，并请全国政协各位委员提出意见。

一、2019年中央和地方预算执行情况

2019年，面对国内外风险挑战明显上升的复杂局面，在以习近平同志为核心的党中央坚强领导下，各地区各部门以习近平新时代中国特色社会主义思想为指导，全面贯彻党的十九大和十九届二中、三中、四中全会精神，增强“四个意识”、坚定“四个自信”、做到“两个维护”，落实党中央、国务院决策部署，严格执行十三届全国人大二次会议审查批准的预算，坚持稳中求进工作总基调，深入贯彻新发展理念，坚持以供给侧结构性改革为主线，推动高质量发展，扎实做好“六稳”工作，统筹推进稳增长、促改革、调结构、惠民生、防风险、保稳定，保持经济社会持续健康发展，完成全年主要目标任务，为全面建成小康社会打下决定性基础。中央和地方预算执行情况较好。

（一）2019年一般公共预算收支情况。

1. 全国一般公共预算。

全国一般公共预算收入190382.23亿元，为预算的98.9%，比2018年增长3.8%。其中，税收收入157992.21亿元，增长1%；非税收入32390.02亿元，增长20.2%，主要是中央财政增加特定国有金融机构和央企上缴利润、地方财政加大盘活国有资源资产力度。加上调入资金及使用结转结余22160.95亿元（包括中央和地方财政从预算稳定调节基金、政府性基金预算、国有资本经营预算调入资金，以及地方财政使用结转结余资金），收入总量为212543.18亿元。全国一般公共预算支出238874.02亿元，完成预算的101.5%，增长8.1%。加上补充中央预算稳定调节基金1269.16亿元，支出总量为240143.18亿元。收支总量相抵，赤字27600亿元，与预算持平。

2. 中央一般公共预算。

中央一般公共预算收入89305.41亿元，为预算的99.4%，增长4.5%。加上从中央预算稳定调节基金调入2800亿元，从中央政府性基金预算、中央国有资本经营预算调入394亿元，收入总量为92499.41亿元。中央一般公共预算支出109530.25

亿元,完成预算的 98.4%,增长 7%,其中,本级支出 35115.15 亿元,完成预算的 99.2%,增长 6%;对地方转移支付 74415.1 亿元,完成预算的 98.7%,增长 7.5%。加上补充中央预算稳定调节基金 1269.16 亿元,支出总量为 110799.41 亿元。收支总量相抵,中央财政赤字 18300 亿元,与预算持平。

中央一般公共预算主要收入项目具体情况是:国内增值税 31161.01 亿元,为预算的 103.7%。国内消费税 12561.52 亿元,为预算的 108.5%。进口货物增值税、消费税 15812.3 亿元,为预算的 93.1%。关税 2889.11 亿元,为预算的 105.1%。企业所得税 23786 亿元,为预算的 97.4%。个人所得税 6234.14 亿元,为预算的 80.5%,主要是提高基本减除费用标准、实施专项附加扣除政策等减税规模超出预期。出口货物退增值税、消费税 16503.2 亿元,为预算的 103.5%。

中央一般公共预算本级主要支出项目具体情况是:一般公共服务支出 1985.16 亿元,完成预算的 99.7%。外交支出 615.39 亿元,完成预算的 98.1%。国防支出 11896.56 亿元,完成预算的 100%。公共安全支出 1839.45 亿元,完成预算的 102.3%。教育支出 1835.88 亿元,完成预算的 100%。科学技术支出 3516.18 亿元,完成预算的 99.2%。粮油物资储备支出 1204.04 亿元,完成预算的 102.3%。债务付息支出 4566.62 亿元,完成预算的 91.4%。

中央对地方转移支付具体情况是:一般性转移支付 66849.4 亿元,完成预算的 98.7%,其中,共同财政事权转移支付 31903.25 亿元,完成预算的 100.2%;专项转移支付 7565.7 亿元,完成预算的 99.1%。

2019 年中央一般公共预算结余 1269.16 亿元(其中,中央预备费当年未支出,形成结余 500 亿元),全部转入中央预算稳定调节基金。通过收回中央财政结转资金补充 3000 亿元。2019 年末,中央预算稳定调节基金余额 5272.49 亿元。

3. 地方一般公共预算。

地方一般公共预算收入 175491.92 亿元,其中,本级收入 101076.82 亿元,增长 3.2%;中央对地方转移支付收入 74415.1 亿元。加上地方财政从地方预算稳定调节基金、政府性基金预算、国有资本经营预算调入资金及使用结转结余 18966.95 亿元,收入总量为 194458.87 亿元。地方一般公共预算支出 203758.87 亿元,增长 8.5%。收支总量相抵,地方财政赤字 9300 亿元,与预算持平。

(二)2019 年政府性基金预算收支情况。

按照地方政府债务管理有关规定,地方政府专项债务收支纳入政府性基金预算管理。

全国政府性基金预算收入 84515.75 亿元,增长 12%。加上 2018 年结转收入 360.4 亿元和地方政府发行专项债券筹集收入 21500 亿元,全国政府性基金收入总量为 106376.15 亿元。全国政府性基金预算支出 91364.8 亿元,增长 13.4%。

中央政府性基金预算收入 4039.62 亿元,为预算的 96.3%,增长 0.1%。加上 2018 年结转收入 360.4 亿元,中央政府性基金收入总量为 4400.02 亿元。中央政府性基金预算支出 4178.86 亿元,完成预算的 91.9%,增长 3.9%,其中,本级支出 3113.41 亿元,对地方转移支付 1065.45 亿元。调入一般公共预算 4.23 亿元。中央政府性基金预算收大于支 216.93 亿元,其中,结转下年继续使用 180.04 亿元;单项政府性基金项目结转超过当年收入 30% 的部分合计 36.89 亿元,按规定补充中央预算稳定调节基金。

地方政府性基金预算本级收入 80476.13 亿元,增长 12.6%,其中,国有土地使用权出让收入 72584.42 亿元,增长 11.4%。加上中央政府性基金预算对地方转移支付收入 1065.45 亿元和地方政府发行专项债券筹集收入 21500 亿元,地方政府性基金收入总量为 103041.58 亿元。地方政府性基金预算支出 88251.39 亿元,增长 13.9%。

(三)2019 年国有资本经营预算收支情况。

全国国有资本经营预算收入 3960.42 亿元,增长 36.3%。全国国有资本经营预算支出 2287.43 亿元,增长 6.2%。

中央国有资本经营预算收入 1635.93 亿元,为预算的 99.9%,增长 23.3%。加上 2018 年结转收入 6.7 亿元,收入总量为 1642.63 亿元。中央国有资本经营预算支出 1108.8 亿元,完成预算的 88.4%,下降 0.3%,其中,本级支出 986.55 亿元,对地方转移支付 122.25 亿元。调入一般公共预算 389.77 亿元,调入比例提高至 28%。结转下年支出 144.06 亿元。

地方国有资本经营预算本级收入 2324.49 亿元,增长 47.2%。加上中央国有资本经营预算对地方转移支付收入 122.25 亿元,收入总量为 2446.74 亿元。地方国有资本经营预算支出 1300.88 亿元,增长 15.3%。调入一般公共预算资金增加至 943.19 亿元。结转下年支出 202.67 亿元。

(四)2019 年社会保险基金预算收支情况。

全国社会保险基金收入 80844.09 亿元,增长 2.3%,其中,保险费收入 57849.05 亿元,财政补贴收入 19392.61 亿元。全国社会保险基金支出 74989.23 亿元，增长 11.3%。当年收支结余 5854.86 亿元，年末滚存结余 94026.97 亿元。

中央社会保险基金收入 688.61 亿元，其中，保险费收入 354.44 亿元，财政补贴收入 319.36 亿元。加上地方上缴的基本养老保险中央调剂基金收入 6280 亿元，收入总量为 6968.61 亿元。中央社会保险基金支出 663.2 亿元，加上安排给地方的基本养老保险中央调剂基金支出 6273.8 亿元，支出总量为 6937 亿元。当年收支结余 31.61 亿元，年末滚存结余 358.75 亿元。

地方社会保险基金收入 80155.48 亿元，其中，保险费收入 57494.61 亿元，财政补贴收入 19073.25 亿元。加上基本养老保险中央调剂基金收入 6273.8 亿元，收入总量为 86429.28 亿元。地方社会保险基金支出 74326.03 亿元，加上基本养老保险中央调剂基金支出 6280 亿元，支出总量为 80606.03 亿元。当年收支结余 5823.25 亿元，年末滚存结余 93668.22 亿元。

2019 年末，中央财政国债余额 168038.04 亿元，控制在全国人大批准的债务余额限额 175208.35 亿元以内；地方政府债务余额 213072.26 亿元，包括一般债务余额 118694.14 亿元、专项债务余额 94378.12 亿元，控制在全国人大批准的债务余额限额 240774.3 亿元以内。

（五）2019 年主要财税政策落实和重点财政工作情况。

2019 年，财政部门认真贯彻党中央、国务院决策部署，按照预算法和《关于人大预算审查监督重点向支出预算和政策拓展的指导意见》，严格落实全国人大预算决议和审议意见要求，加力提效实施积极的财政政策，加大重点领域支持力度，加快推进财税体制改革，不断提高财政管理水平。

实施更大规模减税降费。减税降费直接惠企惠民、公平有效，是应对经济下行压力的重大举措。各级财税部门把落实更大规模减税降费作为 2019 年实施积极财政政策的头等大事切实抓紧抓好。1 月 1 日起实施小微企业普惠性减税、个人所得税专项附加扣除；4 月 1 日起实施深化增值税改革措施，制造业等行业增值税税率从 16% 降至 13%，交通运输业、建筑业等行业从 10% 降至 9%；5 月 1 日起降低社会保险费率。继续清理规范行政事业性收费和政府性基金。

减税降费政策在减轻企业负担、促进居民消费、稳定市场预期和扩大就业等方面发挥了重要作用，有力支持了实体经济稳定发展。2019 年全年减税降费 2.36 万亿元，其中新增减税 1.93 万亿元。制造业及其相关环节增值税减税 5928 亿元，减税幅度为 24.1%；建筑业和交通运输业增值税分别减税 257 亿元、44 亿元，减税幅度为 5.2%、6.7%；现代服务业和生活服务业等其他行业增值税负担也实现不同程度降低。民营企业合计减税 1.26 万亿元，占全部减税数额的 65.5%。小微企业减税 2832 亿元，享受企业所得税减免的纳税人达到 626 万户，享受增值税免税的小规模纳税人新增 456 万户。实施个人所得税专项附加扣除政策，加上 2018 年 10 月 1 日提高个人所得税基本减除费用标准和优化税率结构翘尾因素，合计减税 4604 亿元，使 2.5 亿纳税人直接受益，人均减税约 1842 元。

为支持落实减税降费政策，各级政府大力压减一般性支出，多渠道筹集资金弥补减收，努力实现预算收支平衡。中央财政加大对地方转移支付力度，并在分配均衡性转移支付、县级基本财力保障机制奖补资金时，向基层财政困难地区和受减税降费影响较大的地区倾斜，增强其财政保障能力。建立实施县级财政工资保障监测预警和风险评估机制，统筹财政收支和库款管理，合理安排支出优先次序，切实兜牢县级“三保”（保基本民生、保工资、保运转）底线。

继续支持打好三大攻坚战。大力支持脱贫攻坚。落实和完善精准扶贫举措，围绕补齐“两不愁三保障”突出短板，强化脱贫攻坚投入保障。中央财政补助地方专项扶贫资金 1261 亿元，增长 18.9%，进一步向“三区三州”等深度贫困地区倾斜。利用跨省域补充耕地收入和城乡建设用地增减挂钩节余指标调剂收入安排 817 亿元，全部用于脱贫攻坚和实施乡村振兴战略。下达易地扶贫搬迁地方政府一般债券 1294 亿元，支持提前一年基本完成“十三五”规划建设任务。出台对企业扶贫捐赠支出所得税税前据实扣除、扶贫货物捐赠免征增值税、政府采购支持脱贫攻坚等政策，继续深入推进贫困县涉农资金整合试点。推进扶贫项目全过程绩效管理。财政扶贫资金动态监控平台建设取得初步成效。全年减少建档立卡贫困人口 1109 万人，贫困县摘帽 344 个。积极支持污染防治。将污染防治攻坚作为重点保障和优先支出领域，支持打好大气、水、土壤等污染防治标志性重大战役。扩大北方地区冬季清洁取暖试点范围。分两批将 40 个城市纳入黑臭水体治理示范政策范围。继续实施长江经济带生态保护修复奖励政策，加快推动形成长江大保护格局。深入推进山水林田湖草生态保护修复工程试点。实施“蓝色海湾”整治行动和渤海综合治理，支持海洋生态保护修复。对符合条件的从事污染防治的第三方企业减按 15% 的税率征收企业所得税。积极推动设立国家绿色发展基金。防范化解财政金融风险。按照“开前门、堵后门”的思路，统筹做好地方政府债券发行使用和风险防控工作。推动各地严格落实地方政府债务预算管理相关规定和要求，主动接受人大对地方政府债务借、用、还的全过程监督。按照谁使用、谁负责的原则，严格落实专项债券项目单位偿债责任，严防专项债券风险。完善常态化监控机制，强化地方政府违规举债责任追究。在各方共同努力下，地方政府隐性债务风险得到有效防范。同时，协助稳妥处置化解金融风险，加强金融企业财务监管，推动提升金融企业会计信息质量。

支持深化供给侧结构性改革。深入推进首台(套)重大技术装备保险补偿试点。将适用固定资产加速折旧优惠的行业范围扩大至全部制造业领域。通过市场化手段支持集成电路产业发展。巩固“三去一降一补”成果，及时拨付专项奖补资金 20 亿元，支持提前完成钢铁、煤炭等重点行业去产能目标。中央一般公共预算本级科学技术支出 3516.18 亿元，增长 12.5%，支持提升科技支撑能力和科技重大专项加快攻坚。推动构建社会主义市场经济条件下关键核心技术攻关新型举国体制。新增支持 58 个开发区提升各类载体市场化专业化服务水平，打造不同类型双创载体。发挥国家新兴产业创业投资引导基金作用，累计支持超过 5100 家创业企业。支持中小企业公共服务体系和融资服务体系建设。对上一年度小微企业融资担保费率不超过 2% 的地方予以奖补。支持 59 个市(州、区)开展深化民营和小微企业金融服务综合改革试点。推动解决拖欠民营企业、中小企业账款等突出问题。

促进扩大投资消费需求。全年下达中央预算内投资资金 5776 亿元，重点支持保障性安居工程、“三农”建设、重大基础设施建设、创新驱动和结构调整、社会事业和社会治理、节能环保与生态建设等方面。新增地方政府专项债券 21500 亿元，较 2018 年增加 8000 亿元。允许将地方政府专项债券所筹资金作为符合条件的重大项目资本金，强化重点在建项目和补短板工程资金保障。加大对养老、托育、家政等社区家庭服务业的税费优惠力度，推动文旅休闲消费提质升级。支持新能源汽车推广应用，对新能源公交车运营给予补贴，对地方建设充电基础设施给予奖励。开展电子商务进农村综合示范，实现国家级贫困县全覆盖。对农产品供应链体系建设给予补助，重点支持农产品产后商品化处理设施建设和农产品冷链物流发展。

促进城乡区域协调发展。支持农业农村优先发展，下达农田建设补助资金 671 亿元，支持高标准农田和农田水利建设。及时拨付生猪调出大县奖励和非洲猪瘟强制扑杀补助资金，支持生猪稳产保供。进一步完善农机购置补贴政策。加大产粮大县奖励力度。支持现代农业产业园和农业产业强镇创建，促进农村一二三产业深度融合。将农村饮水工程维修养护经费纳入中央财政支持范围，重点对中西部地区给予补助。深入实施农村人居环境整治三年行动。研究出台财税支持政策，推动实施重大区域战略。较大幅度增加中央对地方转移支付规模，并重点向中西部和困难地区倾斜，进一步提升区域间基本公共服务均等化水平。支持革命老区、民族地区、边疆地区、贫困地区加快发展。

稳步提高基本民生保障水平。促进扩大就业。支持实施就业优先政策，中央财政就业补助资金支出 539 亿元，增长 14.9%。从失业保险基金结余中拿出 1000 亿元支持职业技能提升，加快培养各类技术技能人才。职业技能提升和转岗转业培训超过 1500 万人次。提高自主就业退役士兵和重点群体创业就业税额扣减额度，扩大享受政策优惠的企业范围。持续加大财政教育投入。巩固城乡统一、重在农村的义务教育经费保障机制，促进学前教育、职业教育、高等教育发展。全国约 1.5 亿城乡义务教育阶段学生免除学杂费并获得免费教科书，1900 万家庭经济困难学生获得生活补助，1400 万进城务工农民工随迁子女实现相关教育经费可携带，3700 万农村义务教育阶段学生获得营养膳食补助。设立中等职业教育国家奖学金，扩大高职院校奖助学金覆盖面、提高补助标准，支持高职院校扩招 100 万人目标顺利完成。提高养老保障水平。出台改革和完善基本养老保险制度总体方案，推进养老保险省级统筹。养老保险基金中央调剂比例提高至 3.5%，22 个中西部地区和老工业基地省份全年受益 1512 亿元。扎实推进划转部分国有资本充实社保基金工作。提高企业和机关事业单位退休人员基本养老金标准，平均增幅约 5%。推进健康中国建设。推动全面建立城乡统一的居民基本医疗保险制度，居民医保人均财政补助标准增加 30 元。出台罕见病药品等增值税减免政策，支持将高血压和糖尿病门诊用药纳入医保报销、覆盖3亿多患者。强化民生政策兜底。继续提高城乡低保等社会救助水平和优抚对象等人群的补助标准，出台退役士兵社会保险断保接续等解困政策。加大基本住房保障力度。支持棚改开工建设316万套，建档立卡贫困户等四类重点对象农村危房改造135.5万户，27个地区改造老旧小区352万户、3.2亿平方米。开展中央财政支持住房租赁市场发展试点。推动文化体育事业发展。中央补助地方公共文化服务体系建设专项资金支出147亿元，增长14%。支持中华优秀传统文化传承发展，加强文化遗产保护。

深入推进财税体制改革。进一步理顺中央和地方财政关系。积极推进分领域中央与地方财政事权和支出责任划分改革，出台教育、科技、交通运输等领域改革方案。推进中央与地方收入划分改革，保持增值税“五五分享”比例稳定，调整完善增值税留抵退税分担机制，明确后移消费税征收环节并稳步下划地方。完善预算管理制度。加大政府性基金预算与一般公共预算统筹力度，进一步扩大中央国有资本经营预算实施范围。全面实施预算绩效管理，健全绩效指标和标准体系，继续扩大重点绩效评价范围，加强评价结果应用。持续推进国债管理市场化改革，优化国债品种期限结构。扩大政府财务报告编制试点范围至40个中央部门和36个地方。进一步深化政府采购制度改革。全面规范和加强政府购买服务管理。着力推进税制改革。完善增值税制度，初步建立综合与分类相结合的个人所得税制度。资源税法经全国人大常委会审议通过，城市维护建设税法、契税法草案按程序提请全国人大常委会初次审议。研究逐步健全稳定、可持续的地方税体系。积极推动国资国企改革。向全国人大常委会报告全国国有资产管理总体情况。积极推动组建国有资本投资、运营公司，推动完成中国国家铁路集团有限公司、中国邮政集团有限公司改制。进一步理顺国有金融资本管理体制。

不断提高财政管理水平。下大力气抓好预算执行。及时批复年初预算，加快转移支付预算下达，督促地方尽快将资金分解落实到具体项目，尽早发挥资金效益和政策作用。密切跟踪预算执行进展，加强预算执行分析，按照能省则省的原则，将年底前可不再安排的支出节省下来，坚决防止年底“突击花钱”。指导地方根据实际情况，依法做好预算调整工作。强化财政管理基础工作。推进预算管理一体化系统建设，推动形成全国统一的预算管理规范和技术标准体系。强化国库集中支付资金动态监控，初步建成覆盖各级财政的预算执行动态监控体系。依法接受人大预算监督。落实全国人大及其常委会有关预算决议，坚持解决具体问题与建立长效机制同步推进，及时向全国人大常委会报告审计查出突出问题的整改情况。积极配合人大开展预算审查工作。积极向人大代表通报预算编制工作情况，不断改进完善预算编制工作。加强与人大代表沟通联络，充分听取意见建议，及时回应关切。

总的看，2019年预算执行情况较好，财政改革发展各项工作取得积极进展，为经济持续健康发展与社会和谐稳定提供了有力保障。这是以习近平同志为核心的党中央坚强领导的结果，是习近平新时代中国特色社会主义思想科学指引的结果，是全国人大、全国政协以及代表委员们监督指导的结果，是各地区、各部门以及全国各族人民共同努力的结果。

同时，预算执行和财政工作中还面临一些问题和挑战。主要是：部分地方基层财政收支矛盾加剧，“三保”压力加大。一些领域支出固化僵化现象依然存在，有些资金利用效率不够高。预算绩效目标设定还不够科学，绩效自评还不够准确规范，绩效结果运用还需要强化。有的地方政府债务负担较重，隐性债务风险不容忽视。我们高度重视这些问题，将积极采取措施加以解决。

各位代表：

今年以来，突如其来的新冠肺炎疫情对我国经济社会发展带来前所未有的冲击。党中央将疫情防控作为头等大事来抓，习近平总书记亲自指挥、亲自部署，坚持把人民生命安全和身体健康放在第一位，领导全党全军全国各族人民打好疫情防控的人民战争、总体战、阻击战。经过艰苦卓绝的努力，武汉保卫战、湖北保卫战取得决定性成果，疫情防控阻击战取得重大战略成果，统筹推进疫情防控和经济社会发展工作取得积极成效。

财政部门认真贯彻落实党中央、国务院决策部署，按照坚定信心、同舟共济、科学防治、精准施策的要求，强化疫情防控资金保障，围绕减轻患者救治费用负担、提高疫情防治人员待遇、保障疫情防控物资供应、加快疫苗和药物研发等出台一系列财税支持政策，全力支持打赢疫情防控阻击战。截至4月底，各级财政共安排疫情防控资金1499亿元，确保人民群众不因担心费用问题而不敢就诊，确保各地不因资金问题而影响医疗救治和疫情防控。

在抓好疫情防控相关工作的同时，实施一批阶段性援企稳岗兜底等财税政策，支持企业纾困和发展，推动有序复工复产，加快恢复正常生产生活秩序。分三批提前下达 2020 年新增债务限额 28480 亿元，包括一般债务限额 5580 亿元和专项债务限额 22900 亿元，对重点项目多、风险水平低、有效投资拉动作用大的地区给予倾斜，加快重大项目和重大民生工程建设，推动尽早形成实物工作量，拉动经济增长。自 3 月 1 日至 6 月底，阶段性提高地方财政资金留用比例 5 个百分点，新增留用约 1100 亿元资金，全部留给县级使用，有力保障基层财政平稳运行。

二、2020 年中央和地方预算草案

2020 年是全面建成小康社会和"十三五"规划收官之年，也是脱贫攻坚决战决胜之年，做好预算编制和财政工作意义重大。要按照党中央、国务院部署要求，统筹推进疫情防控和经济社会发展工作，科学研判财政形势，合理编制财政预算，系统谋划财政工作，确保完成决战决胜脱贫攻坚目标任务，全面建成小康社会。

（一）2020 年财政收支形势分析。

当前，受全球疫情冲击，世界经济严重衰退，产业链供应链循环受阻，国际贸易投资萎缩，大宗商品市场动荡。国内消费、投资、出口下滑，就业压力显著加大，企业特别是民营企业、中小微企业困难凸显，财政收支矛盾加剧，财政运行压力增加。

从财政收入看，受疫情冲击、减税降费等因素影响，今年 1—4 月财政收入下降 14.5%，其中 1 月下降 3.9%，2 月下降 21.4%，3 月下降 26.1%，4 月下降 15%，降幅在一季度逐月扩大后出现缩小态势。预计今年后几个月，随着生产生活秩序恢复，财政收入开始企稳回升，但仍有较大不确定性。一般公共预算收入二季度可能维持负增长，下半年可能出现恢复增长并回补部分上半年减收。

从财政支出看，统筹推进疫情防控和经济社会发展工作，全力保障完成决战决胜脱贫攻坚目标任务、全面建成小康社会，财政支出仍要保持一定强度，特别是各级财政为疫情防控投入大量资金，落实"六保"任务、实施减税降费也需要财力支撑，一些地区因阶段性减免社会保险费需对基金予以必要财政补助。

当前和今后一个时期，我国发展面临风险挑战前所未有，但我们有独特政治和制度优势、雄厚经济基础、巨大市场潜力，亿万人民勤劳智慧。只要直面挑战，坚定发展信心，增强发展动力，当前的难关一定能闯过，中国的发展必将充满希望。这是我们做好财政工作、发挥财政职能作用的坚实基础和坚强后盾。

（二）2020 年预算编制和财政工作的指导思想和原则。

今年预算编制和财政工作，要在以习近平同志为核心的党中央坚强领导下，以习近平新时代中国特色社会主义思想为指导，全面贯彻党的十九大和十九届二中、三中、四中全会精神，坚决贯彻党的基本理论、基本路线、基本方略，增强"四个意识"、坚定"四个自信"、做到"两个维护"，紧扣全面建成小康社会目标任务，统筹推进疫情防控和经济社会发展工作，在疫情防控常态化前提下，坚持稳中求进工作总基调，坚持新发展理念，坚持以供给侧结构性改革为主线，坚持以改革开放为动力推动高质量发展，坚决打好三大攻坚战，加大"六稳"工作力度，保居民就业、保基本民生、保市场主体、保粮食能源安全、保产业链供应链稳定、保基层运转，坚定实施扩大内需战略，以更大的宏观政策力度对冲疫情影响，积极的财政政策要更加积极有为，提高赤字率，发行抗疫特别国债，增加地方政府专项债券，坚持精打细算、把钱用在刀刃上，提高资金使用效率，真正发挥稳定经济的关键作用，维护经济发展和社会稳定大局，确保完成决战决胜脱贫攻坚目标任务，全面建成小康社会。

贯彻上述指导思想，要着重把握好以下原则：一是艰苦奋斗、勤俭节约。坚决落实政府真正过紧日子要求，开源节流、增收节支、精打细算，执守简朴、力戒浮华，厉行节约办一切事业。二是以收定支、提质增效。实事求是编制收入预算，提高财政收入质量。坚持量入为出、有保有压、可压尽压，打破基数概念和支出固化格局。三是加强管理、严肃纪律。坚持先有预算后有支出，严控预算追加事项。严格遵守财经法律法规和制度规定，对违反财经纪律的，严肃追究责任。四是上下联动、齐心协力。强化全国"一盘棋"思想，加强中央与地方协同配合，在应对疫情冲击、落实财税改革部署、强化财政收支管理、增强财政可持续性和经济社会发展后劲等方面形成强大合力。

（三）2020 年财政政策和财政工作。

2020 年积极的财政政策要更加积极有为，围绕做好"六稳"工作、落实"六保"任务，以更大的政策力度对冲疫情影响，真正发挥稳定经济的关键作

用。2020 年的财政政策重点包括：

一是加大减税降费力度。强化阶段性政策，与制度性安排相结合，重点减轻中小微企业、个体工商户和困难行业企业税费负担。前期出台的 6 月前到期的主要减税降费政策，执行期限延长到今年年底，支持市场主体纾困发展，努力稳企业保就业。预计全年为市场主体新增减负将超过 2.5 万亿元。

二是多渠道筹集资金。在特殊时期采取特殊举措，将赤字率从 2.8% 提高至 3.6% 以上，财政赤字规模比去年增加 1 万亿元，积极对冲疫情造成的减收增支影响，稳定并提振市场信心。同时发行抗疫特别国债 1 万亿元。加大各类结转结存资金盘活使用力度，努力增加可用财力，弥补财政减收增支缺口。

三是调整优化支出结构。基本民生支出要只增不减，重点领域支出要切实保障，一般性支出要坚决压减，严禁新建政府性楼堂馆所，严禁铺张浪费。中央政府部门带头过紧日子，中央本级支出下降 0.2%，其中非急需非刚性支出压减 50% 以上。地方财政也要大力压减一般性支出，继续压减“三公”经费，严控会议差旅、咨询培训、论坛展会等经费。各类结余、沉淀资金要应收尽收，重新安排。财政资金要大力提质增效，务必精打细算，把钱用在刀刃上。

四是缓解地方财政困难。新增加的财政赤字和抗疫特别国债全部安排给地方，要不折不扣用在落实“六保”任务和减税降费等方面。建立特殊转移支付机制，资金直达市县基层，直接惠企利民，主要用于保就业、保基本民生、保市场主体，包括支持减税降费、减租降息、扩大消费和投资等，强化公共财政属性，决不允许截留挪用。

五是扩大政府投资规模。抗疫特别国债主要用于地方公共卫生等基础设施建设和抗疫相关支出，并预留部分资金用于地方解决基层特殊困难。安排地方政府新增专项债券 3.75 万亿元，比去年增加 1.6 万亿元，有效支持补短板、惠民生、促消费、扩内需。

2020 年主要收支政策和下一阶段重点财政工作：

1. 支持打好三大攻坚战。

坚决打赢脱贫攻坚战。继续加大财政扶贫投入力度，中央财政补助地方专项扶贫资金安排 1461 亿元，连续五年每年增加 200 亿元，并通过结转资金再一次性增加 300 亿元，进一步向“三区三州”等深度贫困地区、挂牌督战地区和受疫情影响较重的地区倾斜。加大贫困县涉农资金整合力度，落实产业扶贫、就业扶贫、消费扶贫、教育扶贫等政策，加强易地扶贫搬迁后续扶持。继续优化完善动态监控平台，加强财政扶贫资金监管，强化扶贫项目资金全过程绩效管理。继续执行对摘帽县的主要扶持政策。支持做好防止返贫监测和帮扶工作，抓紧研究巩固脱贫攻坚成果、接续推进解决相对贫困的支持政策，推动脱贫攻坚与乡村振兴有机衔接。

推动实现污染防治攻坚战阶段性目标。坚持方向不变、力度不减，突出依法、科学、精准治污，推动生态环境质量持续好转。重点支持打好蓝天、碧水、净土保卫战，大气、水、土壤等方面污染防治资金分别安排 250 亿元、317 亿元、40 亿元。加快推进城市黑臭水体治理、中西部城镇污水处理提质增效、长江和黄河流域保护修复、农业农村污染治理、老旧柴油货车淘汰等重点工作。深入推进山水林田湖草生态保护修复工程试点，继续实施“蓝色海湾”整治行动和渤海综合治理。支持建立以国家公园为主体的自然保护地体系，实施防沙治沙和国土绿化行动，加大林业草原生态保护修复力度。推动国家绿色发展基金挂牌运营。加大对重点生态功能区生态补偿力度。加快推进长江、黄河流域横向生态补偿机制建设。

切实做好防范化解风险工作。健全地方政府债务常态化监测机制，统一口径、统一监管，及时发现和处置潜在风险。综合采取各类措施稳妥化解存量隐性债务，严禁搞虚假化债，绝不为解决短期问题而留下后遗症。强化监督问责，做到终身问责、倒查责任。妥善处置地方高风险金融机构风险，厘清各方责任，依法承担风险损失。着力防范国内风险与外部输入性风险叠加共振。坚决守住不发生系统性风险的底线。

2. 支持实施扩大内需战略。

促进消费回暖。在科学防控疫情的前提下，支持各类商场、市场全面复商复市、生活服务业常态化运营。鼓励在线消费等新业态发展，扩大绿色、健康消费。将新能源汽车推广应用财政补贴政策实施期限延长至 2022 年底，平缓补贴退坡力度和节奏，加快城市公共交通等领域汽车电动化，继续支持充电桩、换电站等建设。支持电商、快递进农村，补齐农产品冷链物流设施短板。加快建设养老服务体系，深入推进医养康养结合，稳步推进长期护理保险制度试点。

积极扩大有效投资。中央财政发行 10000 亿元抗疫特别国债，全部转给地方主要用于公共卫生等基础设施建设和抗疫相关支出。加强抗疫特别国债与其他财政资金的统筹衔接，增强地方资金使用自主权。大幅增加地方政府专项债券，坚持“资金跟着项目走”的原则，统筹考虑地方政府债务风险水平和项目准备情况进行合理分配，主要用于党中央、国务院确定的重点领域、重大战略项目，带动民间投资，有效支持补短板、惠民生、促消费、扩内需。中央预算内投资安排 6000 亿元，比上年增加 224 亿元。中央财政向中国国家铁路集团注资 500 亿元，支持发行 500 亿元铁路建设债券用作资本金，加大沿海干线高铁、城际铁路和沿江高铁项目建设力度。

3. 支持保居民就业。

千方百计稳定和扩大就业。把保就业作为重中之重，稳定就业总量，改善就业结构，提升就业质量。中央财政安排就业补助资金 539 亿元，用好从失业保险基金结余中提取的超过 1000 亿元职业技能提升行动专账资金，以及工业企业结构调整专项奖补资金，促进地方落实各项就业创业政策。突出支持做好高校毕业生、退役军人、农民工等重点人群就业工作，多渠道促进就业创业。继续支持职业技能提升和高职扩招提质，今明两年职业技能培训 3500 万人次以上、高职院校扩招 200 万人。将返乡创业农民工按规定纳入一次性创业补贴范围。

保障失业人员基本生活。继续用好失业保险基金，加强失业人员基本生活保障和再就业服务，落实落细今年已出台的延长大龄失业人员领取失业保险金期限、阶段性实施失业补助金、提高价格临时补贴标准等失业人员帮扶措施，扩大失业保险保障覆盖范围。

4. 支持保基本民生。

支持发展公平而有质量的教育。优化教育经费使用结构，加强教育经费绩效管理，重点保障义务教育教师工资待遇落实，继续支持中西部贫困地区改善办学条件，不断缩小城乡、区域、校际差距。加大对地方教育领域转移支付，城乡义务教育补助经费增长 8.3%、支持学前教育发展资金增长 11.8%、学生资助补助经费增长 9.6%、改善普通高中学校办学条件补助资金增长 9.2%。加快推进城乡义务教育一体化发展，自 2020 年春季学期起，统一全国义务教育生均公用经费基准定额。加强乡镇寄宿制学校、乡村小规模学校和县城学校建设。有效解决进城务工人员子女上学难问题。进一步增加普惠性学前教育资源供给，继续向深度贫困地区倾斜。加快推进高中阶段教育普及攻坚，促进职业教育提质培优，支持加快一流大学和一流学科建设，支持中西部高校发展，提升高等教育内涵式发展水平。

推进健康中国战略。坚持把人民群众生命安全和身体健康放在第一位，坚决落实常态化疫情防控要求，加大财政投入力度，突出可持续、保底线，促进人民健康和医疗卫生水平提高。居民医保人均财政补助标准提高 30 元，达到每人每年 550 元，同步提高个人缴费标准。基本公共卫生服务经费人均财政补助标准提高 5 元，达到每人每年 74 元，新增基本公共卫生服务财政补助经费全部用于城乡社区，强化基层卫生防疫。巩固完善基本医保住院费用异地就医直接结算机制。稳步提高医疗保险基金统筹层次，扎实推进市级统筹。支持深化医疗、医保、医药联动改革。有序扩大国家组织药品集中采购和使用药品品种范围，开展国家组织高值医用耗材集中采购试点。优化医疗卫生资源投入结构，继续支持深化公立医院综合改革。促进中医药振兴发展。加强公共卫生体系建设，推动建设重大疫情防控救治体系和应急物资保障体系，稳步推进区域医疗中心建设。支持做好卫生健康人才培养培训工作。

稳步提高养老保障水平。按 5% 的幅度上调退休人员基本养老金，同时适度提高城乡居民基础养老金最低标准。全面推进基本养老保险省级统筹，确保 2020 年底前实现基金省级统收统支。加快推进养老保险全国统筹。将企业职工基本养老保险基金中央调剂比例提高到 4%，加大对困难地区的支持力度，确保退休人员基本养老金按时足额发放。加强面向社区的养老服务供给和设施建设，持续推动医养结合，支持养老事业发展。

做好民生兜底工作。把保障困难群众基本生活等基本民生支出放在优先保障的重要位置，中央财政困难群众救助补助资金安排 1484 亿元，支持各地做好低保、特困人员救助供养、临时救助、流浪乞讨人员救助、孤儿基本生活保障等工作。支持残疾人事业发展。扩大低保保障范围，对城乡困难家庭应保尽保，及时将符合条件的城镇失业和返乡人员纳入低保等救助范围。及时启动社会救助和保障标准与物价上涨挂钩联动机制，阶段性加大价格临时补贴力度，努力降低物价上涨对困难群众基本生活的影响。中央财政医疗救助补助资金安排 286 亿元，用于减轻困难群众的医疗负担，做好医疗保障托底。

完善基本住房保障体系。中央财政城镇保障性安居工程补助资金安排 707 亿元，重点支持城镇老旧小区改造和发展租赁住房，加强城市困难群众住房保障，继续支持棚户区改造。中央财政农村危房改造补助资金安排185亿元，继续推进农村危房改造和农房抗震改造。

加强公共文化服务体系建设。中央支持地方公共文化服务体系建设补助资金安排152亿元，支持提高基本公共文化服务的覆盖面和适用性，促进基本公共文化服务均等化。积极帮扶受疫情影响的部分文化产业恢复发展。支持推进中华优秀传统文化传承发展工程。做好北京冬奥会、冬残奥会筹办和国家队备战奥运财力保障工作。

5. 支持保市场主体。

加大减税降费力度。今年继续执行2019年下调增值税税率和企业养老保险费率政策，减税降费翘尾约5000亿元。前期已出台的部分阶段性减税降费政策，包括免征中小微企业养老、失业和工伤保险单位缴费，减免小规模纳税人增值税，免征公共交通运输、餐饮住宿、旅游娱乐、文化体育等服务增值税，减免航空公司民航发展基金、港口建设费，执行期限全部延长到今年底。小微企业、个体工商户所得税延缓到明年缴纳。要坚决把减税降费政策落到实处，尽力帮助企业特别是中小微企业、个体工商户渡过难关。

推动降低企业生产经营成本。与货币、产业政策协同发力，强化对受疫情影响较大行业企业的支持，支持解决企业融资难、融资贵问题。减免国有房产租金，鼓励各类业主减免或缓收房租。政府性融资担保行业减半收费，将综合融资担保费率降至1%以下。国家融资担保基金2020年新增再担保业务规模不低于4000亿元。允许符合条件的创业担保贷款展期，进一步增加支持群体、降低进入门槛，将受疫情影响的个体工商户、出租车司机等纳入支持范围。

持续激发市场主体活力。深化"放管服"改革，深入推进大众创业万众创新，支持打造全链条、专业化的公共服务平台，发挥好国家级新区、高新区、双创示范基地带动作用。落实鼓励创业投资发展的税收优惠政策。继续实施小微企业融资担保降费奖补政策，鼓励扩大实体经济领域小微企业融资担保业务规模，降低小微企业融资担保费率。继续做好清理拖欠民营企业、中小企业账款工作。

6. 支持保粮食能源安全。

全力保障粮食等重要农产品供应。稳定粮食播种面积和产量，提升国家粮食安全保障能力，把饭碗牢牢端在自己手上。强化耕地保护与农田水利建设，支持新建高标准农田8000万亩，实施东北黑土地保护性耕作4000万亩。深入推进大豆振兴计划，深化粮食收储制度改革，完善稻谷、小麦最低收购价政策和玉米、大豆市场化收购加生产者补贴机制。支持保障国内粮食供应和市场稳定。落实扶持生猪生产恢复政策，稳定和保障国内猪肉市场供应。持续加强非洲猪瘟、高致病性禽流感等重大动物疫病防控，促进畜牧水产养殖业全面发展。

着力保障能源安全。继续支持页岩气、煤层气等非常规天然气开采利用，支持可再生能源健康发展，促进能源结构调整。建立和完善能源安全储备制度。降低企业用电用气成本，继续将除高耗能以外的大工业和一般工商业电价降低5%；实施支持性两部制电价政策，重点减免两部制电力用户容(需)量电费负担，对新建扩建医疗场所免收高可靠性供电费；阶段性降低非居民用气价格，提前实行淡季天然气价格政策，对化肥等涉农生产且受疫情影响大的行业给予更优惠气价。

7. 支持保产业链供应链稳定。

支持制造业高质量发展。推动加快恢复和稳定产业链供应链。鼓励加大设备更新和技改投入，推动传统制造业优化升级，支持战略关键领域工程化攻坚、重点产业升级服务平台建设。支持发展工业互联网，推进智能制造。落实首台(套)重大技术装备保险补偿试点政策，大力促进创新产品推广应用。实施数字经济新业态培育行动，支持建设数字供应链。支持集成电路和软件产业高质量发展。研究建立与支持创新相适应的政府采购交易制度、成本管理和风险分担机制。促进先进制造业与现代服务业深度融合发展，打造中国服务高端品牌。

提高科技创新支撑能力。加大对新冠肺炎疫苗、药物和快速检测技术科研攻关的支持力度，切实保障资金需求。健全鼓励支持基础研究、原始创新的体制机制，加大关键核心技术攻关力度。支持国家实验室建设和国家重点实验室体系重组，强化国家战略科技力量。开展科技重大专项梯次接续有关工作，推动科技创新2030—重大项目加快实施。深化国际科技合作。加强知识产权保护。支持实行重点项目攻关"揭榜挂帅"。推进赋予科研人员职务科技成果所有权或长期使用权试点，释放科研机构和人员创新活力。

稳住外贸外资基本盘。继续支持引导跨境电子商务综合试验区建设，加快培育外贸新增长点。加快海南自由贸易港建设。支持边境经济合作区等重点地区提升公共服务水平，鼓励扩大先进设备和技术、关键零部件等进口。深化服务贸易创新发展试点,鼓励承接国际服务外包业务、技术及技术服务出口等。建立健全外商投资促进公共服务体系,引导有序开展对外投资合作,推动共建"一带一路"。

8. 支持保基层运转。

中央财政统筹新增赤字、以前年度结转资金、压减本级支出腾出的财力等渠道,切实加大对地方财力的支持力度,缓解地方收入增长放缓带来的财政支出压力。中央对地方转移支付增长 12.8%,其中一般性转移支付(不含共同财政事权转移支付)增长 7.5%,高出中央本级支出 7.7 个百分点,重点向革命老区、民族地区、边疆地区、贫困地区以及受疫情影响较大的地区倾斜,支持地方尤其是困难地区正常运转。在一般性转移支付中,均衡性转移支付安排 17192 亿元,增长 10%;县级基本财力保障机制奖补资金安排 2979 亿元,增长 10%;老少边穷地区转移支付安排 2796.1 亿元,增长 12.4%。安排特殊转移支付 6050 亿元,用于支持地方落实"六保"任务,应对执行中的不确定因素。同时,积极创新财政资金分配方式,最大限度下沉财力,确保资金直达市县基层,直接惠企利民。

9. 支持城乡区域协调发展。

加强农村公共服务。以疫情防控为切入点,加强农村人居环境整治和公共卫生体系建设,因地制宜推进农村厕所革命,强化农村生活垃圾和污水处理,推动美丽乡村建设提档升级。积极支持农村饮水工程维修养护并向贫困地区倾斜,启动实施水系连通及农村水系综合整治试点。推动加快"四好农村路"等农村基础设施建设。深入推进农村综合改革试点试验,加强农村基层组织运转经费保障,探索行之有效的乡村治理新模式。

促进农民持续增收。加大对多种形式适度规模经营主体的支持力度,加强对小规模种养户的服务。深入推进农村一二三产业深度融合发展,继续支持现代农业产业园创建和农业产业强镇建设,启动优势特色产业集群建设,提高农业经营效益。支持农民就近创业就业,扩大农民职业技能培训规模,强化对返乡农民工创业担保贷款和补贴支持。

深入推进新型城镇化。大力提升城市基础设施和公共服务水平,加大政府投资力度,积极吸引社会资本投入。完善支持农业转移人口市民化财政政策,中央财政农业转移人口市民化奖励资金安排 350 亿元,引导地方特别是城市政府积极吸纳农业转移人口落户,切实提高农业转移人口市民化质量。强化财政保障力度,支持地方政府提高农业转移人口就业服务、社会保险、保障性住房、随迁子女教育基本公共服务质量。

推动国家重大区域战略落地。继续推进西部大开发形成新格局、东北全面振兴、中部地区崛起、东部率先发展。加大财税政策支持力度,继续支持推进京津冀协同发展、粤港澳大湾区建设、长三角一体化发展等国家重大区域发展战略,扎实推进雄安新区建设,落实长江经济带共抓大保护措施,推动黄河流域生态保护和高质量发展,推动成渝地区双城经济圈建设。支持资源枯竭城市转型发展。促进革命老区、民族地区、边疆地区、贫困地区加快发展。研究制定"十四五"时期支持西藏、新疆社会经济发展财税政策。

与此同时,实施好支持湖北省经济社会发展的各项财税政策,着力支持做好保就业、保民生、保运转工作,推动加快复工复产、复市复业和产业链供应链稳定运行,促进湖北省经济社会全面恢复、财政平稳运行。

10. 支持国防、外交工作。

围绕更好服务党和国家大局,重点保障国防支出,支持国防和军队现代化建设。加快推进军民融合深度发展,做好资金保障,健全配套政策。完善优抚安置政策,支持退役军人服务保障体系建设,切实保障好退役军人待遇。支持中国特色大国外交,主动参与全球经济治理变革。

(四)2020 年一般公共预算收入预计和支出安排。

1. 中央一般公共预算。

中央一般公共预算收入 82770 亿元,比 2019 年执行数下降 7.3%。加上从中央预算稳定调节基金调入 5300 亿元(包括决算整理期内预计新增补充的部分资金),从中央政府性基金预算、中央国有资本经营预算调入 3580 亿元,收入总量为 91650 亿元。中央一般公共预算支出 119450 亿元,增长 9.1%。收支总量相抵,中央财政赤字 27800 亿元,比 2019 年增加 9500 亿元。

2020 年中央一般公共预算支出分中央本级支出、对地方转移支付、中央预备费反映。

(1)中央本级支出 35035 亿元,下降 0.2%。其中,一般公共服务支出 1721.76 亿元,下降 13.3%;外交支出 543.05 亿元,下降 11.8%;国防支出 12680.05 亿元,增长 6.6%;公共安全支出 1832.72 亿元,增长 0.7%;教育支出 1699.09 亿元,下降 7.5%(加上地方支出后,全国教育支出增长

5.4%);科学技术支出3196.51亿元,下降9.1%(加上地方支出后,全国科学技术支出增长3.1%);粮油物资储备支出1216.18亿元,增长1%;债务付息支出5399.43亿元,增长18.2%。

(2)对地方转移支付83915亿元,增长12.8%。一般性转移支付70107.62亿元,增长4.9%,其中,共同财政事权转移支付32620.01亿元,增长2%,主要是支持地方做好教育、养老、医保等领域共同财政事权有关政策落实,促进基本公共服务均等化;其他一般性转移支付37487.61亿元,增长7.5%,高于中央本级支出增幅7.7个百分点,体现了中央财政加大对地方财力支持力度、增强困难地区财政保障能力的政策导向。专项转移支付(包含中央预算内投资)7757.38亿元,增长2.5%,集中资金引导地方落实党中央、国务院重大决策部署,对基础设施建设、污染治理、乡村振兴等领域给予支持。

此外,中央对地方转移支付中新增设立了特殊转移支付,作为一次性财力安排,用于支持地方落实"六保"任务,重点用于保基本民生、保基层运转、公共卫生体系建设、重大疫情防控救治体系建设、应急物资保障体系建设以及应对下半年不确定因素等。2020年安排资金6050亿元,执行中将根据上述用途予以细化。

(3)中央预备费500亿元,与2019年预算持平。预备费执行中根据实际用途分别计入中央本级支出和对地方转移支付。

2. 地方一般公共预算。

地方一般公共预算本级收入97500亿元,下降3.5%。加上中央对地方转移支付收入83915亿元、地方财政调入资金及使用结转结余21100亿元,收入总量为202515亿元。地方一般公共预算支出212315亿元,增长4.2%。地方财政赤字9800亿元,比2019年增加500亿元,通过发行地方政府一般债券弥补。

3. 全国一般公共预算。

汇总中央和地方预算,全国一般公共预算收入180270亿元,下降5.3%。加上调入资金及使用结转结余29980亿元,收入总量为210250亿元。全国一般公共预算支出247850亿元(含中央预备费500亿元),增长3.8%。赤字37600亿元,比2019年增加10000亿元。

(五)2020年政府性基金预算收入预计和支出安排。

中央政府性基金预算收入3611.41亿元,下降10.6%。加上上年结转收入180.04亿元和抗疫特别国债收入10000亿元,收入总量为13791.45亿元。中央政府性基金预算支出10788.95亿元,其中,本级支出2781.32亿元,下降10.7%;对地方转移支付8007.63亿元,主要是抗疫特别国债安排的支出增加。调入一般公共预算3002.5亿元。

地方政府性基金预算本级收入77834.64亿元,下降3.3%,其中,国有土地使用权出让收入70406.89亿元,下降3%。加上中央政府性基金预算对地方转移支付收入8007.63亿元、地方政府专项债务收入37500亿元,地方政府性基金收入总量为123342.27亿元。地方政府性基金预算支出123342.27亿元,增长39.8%。

汇总中央和地方预算,全国政府性基金预算收入81446.05亿元,下降3.6%。加上上年结转收入180.04亿元、抗疫特别国债收入10000亿元和地方政府专项债务收入37500亿元,全国政府性基金收入总量为129126.09亿元。全国政府性基金预算支出126123.59亿元,增长38%。调入一般公共预算3002.5亿元。

(六)2020年国有资本经营预算收入预计和支出安排。

中央国有资本经营预算收入1691.65亿元,增长3.4%。加上上年结转收入144.06亿元,收入总量为1835.71亿元。中央国有资本经营预算支出1258.21亿元,增长13.5%,其中,本级支出1197.6亿元,增长21.4%;对地方转移支付60.61亿元。调入一般公共预算577.5亿元,调入比例进一步提高到约35%,主要是为保障落实减税降费后的一般公共预算平衡,加大了资金统筹力度。

地方国有资本经营预算本级收入1946.61亿元,下降16.3%。加上中央国有资本经营预算对地方转移支付收入60.61亿元、上年结转收入202.67亿元,收入总量为2209.89亿元。地方国有资本经营预算支出1417.32亿元,增长9%。调入一般公共预算792.57亿元。

汇总中央和地方预算,全国国有资本经营预算收入3638.26亿元,下降8.1%。加上上年结转收入346.73亿元,收入总量为3984.99亿元。全国国有资本经营预算支出2614.92亿元,增长14.3%。调入一般公共预算1370.07亿元。

(七)2020年社会保险基金预算收入预计和支出安排。

中央社会保险基金收入1384.44亿元,增长101%,主要是中央机关事业单位集中补缴以前年度养老保险费,其中,保险费收入741.61亿元,财政补贴收入630.92亿元。加上地方上缴的基本养老保险中央调剂基金收入7379.55亿元,收入总量为8763.99亿元。中央社会保险基金支出1407.82亿元,增长112.3%。加上安排给地方的基本养老保险中央调剂基金支出7370.05亿元,支出总量为8777.87亿元。本年收支缺口13.88亿元,年末滚存结余344.87亿元。

地方社会保险基金收入75902.94亿元,下降5.3%,其中,保险费收入51676.28亿元,财政补贴收入20998.04亿元。加上基本养老保险中央调剂基金收入7370.05亿元,收入总量为83272.99亿元。地方社会保险基金支出80876.29亿元,增长8.8%。加上基本养老保险中央调剂基金支出7379.55亿元,支出总量为88255.84亿元。本年收支缺口4982.85亿元,年末滚存结余88685.37亿元。

汇总中央和地方预算,全国社会保险基金收入77287.38亿元,下降4.4%,其中,保险费收入52417.89亿元,财政补贴收入21628.96亿元。全国社会保险基金支出82284.11亿元,增长9.7%。本年收支缺口4996.73亿元,年末滚存结余89030.24亿元。需要说明的是,全国社会保险基金预算按已出台政策编制,暂未包括正在研究细化的延长阶段性免征中小微企业养老、失业和工伤保险单位缴费等政策。

2020年,中央财政国债余额限额213008.35亿元;地方政府一般债务余额限额142889.22亿元、专项债务余额限额145185.08亿元。

需要说明的是,地方预算由地方各级人民政府编制,报本级人民代表大会批准,目前尚在汇总中,本报告中地方收入预计数和支出安排数均为中央财政初步汇总数。

根据预算法规定,预算年度开始后,在全国人民代表大会批准本预算草案前,可安排下列支出:上年度结转支出;参照上年同期的预算支出数额安排必须支付的本年度部门基本支出、项目支出,以及对下级政府的转移性支出;法律规定必须履行支付义务的支出,以及用于自然灾害等突发事件处理的支出。根据上述规定,2020年1—4月,全国一般公共预算支出73595.89亿元,同比减少2071.32亿元,下降2.7%。其中,中央一般公共预算本级支出10314.55亿元,同比增长0.1%,剔除国防、债务付息支出后同比下降9.3%;地方一般公共预算支出63281.34亿元,同比下降3.2%。地方财政支出下降,主要是受疫情影响,除疫情防控和“三保”支出外,部分项目支出进度比上年同期放缓。在全国人民代表大会批准预算后,将按照批准的预算执行。

三、扎实做好2020年财政改革与预算管理工作

(一)认真贯彻实施预算法。

全面落实预算法要求,进一步强化预算约束,规范政府收支行为。深化预算管理制度改革,运用零基预算理念,打破支出固化格局,提高预算编制的科学性和准确性。依法依规组织财政收入,严格执行经本级人大批准的预算,严控预算调剂追加。迅速下达预算资金。强化预算执行动态监控,完善财政扶贫资金、国库集中支付资金、试点单位实有资金等资金监控机制。切实加强预算执行和财政资金安全管理。大力盘活财政存量资金,按规定及时收回长期沉淀资金,用于其他亟需资金支持的领域。严格执行预决算公开规定,推动预决算公开规范化、常态化、制度化,提高财政透明度,主动接受各方面监督。

(二)切实兜牢“三保”底线。

为保障基层政府正常履职和各项政策有效实施,中央财政在大幅增加对地方财力支持的同时,加强对地方财政运行跟踪分析,强化统一调度和监管,指导督促地方做实事前审核、事中监控、事后处置的“三保”预算管理工作机制,强化库款调度,建立完善“中央到省、省到市县”的监控机制。省级财政要切实承担起主体责任,加大对县级“三保”的投入力度,对各县“三保”预算重新梳理审核,确保“三保”预算足额安排,密切跟踪基层“三保”支出执行情况,针对风险地区提早制定应对预案。县级财政要全面落实保障责任,坚持“三保”支出在财政支出中的优先顺序,坚持国家标准的“三保”支出在“三保”支出中的优先顺序,做好预算安排和库款调度,防止“三保”出现问题。

(三)管好用好地方政府债券资金。

省级财政部门切实履行好地方政府债券的法定管理责任,强化管理、发挥作用、守住底线。积极发挥专项债券促进经济社会发展的作用,完善管理机制,聚焦重点领域,优化投向结构,适当提高专项债券作为符合条件重大项目资本金的比例,带动社会资本加大投入。加强部门沟通协调配合,加快债券发行使用,推动建设一批重大项目,及早形成实物工作量。严格专项债券项目合

规性审核和风险把控，专项债券必须用于有一定收益的重大项目，融资规模要保持与项目收益相平衡。坚持地方政府债券依法只能用于公益性资本支出，不能用于经常性支出，严禁将债券资金用于发放工资、单位运行经费、发放养老金等。严格落实地方政府债券到期偿还责任，确保地方政府债券不出任何风险。

（四）加快财税体制改革。

围绕推进国家治理体系和治理能力现代化，继续深化财税体制改革。扎实推进中央与地方财政事权和支出责任划分改革，落实实施更大规模减税降费后调整中央与地方收入划分改革推进方案，推动建立权责清晰、财力协调、区域均衡的政府间财政关系。进一步优化转移支付项目设置，提高转移支付管理的规范性、科学性和有效性。完善标准科学、规范透明、约束有力的预算制度，健全预算支出标准体系，完善支出标准应用机制。全面开展政府财务报告编制工作。稳步推进健全地方税体系改革，理顺税费关系，让地方财政有更多稳定收入来源。落实税收法定原则要求，加快推动增值税、消费税、关税等税种的立法工作。不断完善与我国经济发展水平相适应的关税制度。深化国资国企改革，推动完善以管资本为主的国有资产监管体制。扎实推进国有金融资本集中统一管理，逐步做实金融国有资本经营预算。基本完成划转部分国有资本充实社保基金工作。

（五）全面实施预算绩效管理。

加快构建全方位、全过程、全覆盖的预算绩效管理体系，提升预算管理水平和政策实施效果。健全权责对等、激励相容的预算绩效管理机制，完善绩效管理制度、绩效指标和标准体系，研究开展成本效益分析，为优化预算编制提供依据。探索部门整体支出绩效管理，对新出台重大政策、支出项目开展事前绩效评估，加强绩效目标审核，提升绩效目标的约束力，做好绩效运行监控。扎实开展重点绩效评价工作，推动绩效评价提质扩围，提高评价质量和可信度。强化结果应用，建立完善评价结果与预算调整、改进管理、完善政策挂钩机制，做到花钱必问效，无效要问责，低效多压减，有效多安排。大力推动绩效信息公开，积极引导和规范第三方机构参与绩效评价。

（六）自觉接受人大依法开展预算审查监督。

深入贯彻落实《关于人大预算审查监督重点向支出预算和政策拓展的指导意见》和全国人大有关要求，自觉接受预算决算审查监督。认真听取吸纳人大代表和社会各界的意见建议，紧紧围绕贯彻落实党中央、国务院重大决策部署，改进预算报告和草案编报工作，提高支出预算和政策的科学性有效性。认真落实人大及其常委会有关预算决议和决算决议。积极配合推进预算联网监督。做好国有资产管理情况综合报告和相关专项报告工作。积极主动回应人大代表关切，做好解释说明工作，更好服务人大代表依法履职。

各位代表：

当前和今后一个时期，我国发展面临的挑战前所未有，做好2020年财政预算工作任务艰巨繁重。我们要更加紧密地团结在以习近平同志为核心的党中央周围，坚持以习近平新时代中国特色社会主义思想为指导，自觉接受全国人大的监督，认真听取全国政协的意见和建议，只争朝夕、真抓实干，凝心聚力、攻坚克难，在新时代财政改革发展工作中取得新气象新作为，为实现“两个一百年”奋斗目标、实现中华民族伟大复兴的中国梦贡献力量。

第十三届全国人民代表大会财政经济委员会关于2019年中央和地方预算执行情况与2020年中央和地方预算草案的审查结果报告

（2020年5月26日第十三届全国人民代表大会第三次会议主席团第二次会议通过）

十三届全国人大三次会议主席团：

第十三届全国人民代表大会第三次会议审查了国务院提出的《关于2019年中央和地方预算执行情况与2020年中央和地方预算草案的报告》和2019年全国预算执行情况与2020年全国预算草案。全国人民代表大会财政经济委员会在对预算报告和预算草案进行初步审查的基础上，根据各代表团和有关专门委员会的审查意见，又作了进一步审查。国务院根据审查意见对预算报告作了修改。现将审查结果报告如下。

一、2019年预算执行情况总体良好

根据国务院报告的2019年中央和地方预算执行情况,全国一般公共预算收入190382亿元,为预算的98.9%;支出238874亿元,完成预算的101.5%;加上调入资金和使用结转结余,全国财政赤字27600亿元,与十三届全国人大二次会议批准的预算持平。其中,中央一般公共预算收入89305亿元,为预算的99.4%;支出109530亿元,完成预算的98.4%;加上调入资金,中央财政赤字18300亿元,与预算持平。2019年末,中央财政国债余额168038亿元,地方政府一般债务余额118694亿元、专项债务余额94378亿元,都控制在全国人大批准的债务余额限额以内。

全国政府性基金预算收入84516亿元,为预算的108.4%;支出91365亿元,完成预算的91.5%。全国国有资本经营预算收入3960亿元,为预算的117.7%;支出2287亿元,完成预算的95.3%。全国社会保险基金预算收入80844亿元,为预算的101.5%;支出74989亿元,完成预算的101.0%。预算草案中对有关预算执行情况作了说明。

财政经济委员会认为,2019年中央和地方预算执行情况总体良好。面对国内外风险挑战明显上升的复杂局面,国务院和地方各级政府在以习近平同志为核心的党中央坚强领导下,坚持以习近平新时代中国特色社会主义思想为指导,认真落实党中央决策部署和十三届全国人大二次会议有关决议要求,坚持稳中求进工作总基调,坚持以供给侧结构性改革为主线,深入贯彻新发展理念,落实高质量发展要求,扎实做好"六稳"工作,加力提效实施积极的财政政策,大规模减税降费落地见效,加大重点领域支持力度,持续推进财税体制改革,不断提高财政管理水平,有力推动经济平稳运行,为全面建成小康社会打下决定性基础发挥了重要作用。同时,在预算执行和财政管理中还存在一些不容忽视的问题,主要是:部分项目预算执行与预算相比变动较大,预算执行不够严肃;有的中央部门支出执行率低,年末结转资金较多,资金使用效率有待提高;一些预算支出项目固化的格局尚未根本改变,支出结构有待优化;全面实施预算绩效管理有待加强;有的支出预算与政策衔接不够紧密,有的项目前期准备不够充分,相关政策措施落实不够及时到位;一些地方财政"三保"压力加大,政府债务负担较重,隐性债务风险化解压力较大等。这些问题要予以高度重视,认真研究,采取有效措施解决。

二、2020年预算报告和预算草案总体可行

国务院提出的2020年中央和地方预算草案,全国一般公共预算收入180270亿元,比2019年预算执行数下降5.3%;支出247850亿元,增长3.8%;加上调入资金和使用结转结余,全国财政赤字37600亿元,增加10000亿元。其中,中央一般公共预算收入82770亿元,减少7.3%;支出114950亿元,增长9.1%;加上调入资金,中央财政赤字27800亿元,增加9500亿元。中央财政发行10000亿元抗疫特别国债,年末国债余额限额213008.35亿元。地方政府一般债务新增规模9800亿元,一般债务余额限额142889.22亿元;地方政府专项债务新增规模37500亿元,专项债务余额限额145185.08亿元。

全国政府性基金预算收入81446亿元,下降3.6%;支出126123亿元,增长38%。全国国有资本经营预算收入3638亿元,下降8.1%;支出2615亿元,增长14.3%。全国社会保险基金预算收入77287亿元,下降4.4%;支出82284亿元,增长9.7%;本年收支缺口4997亿元,年末滚存结余89030亿元。

财政经济委员会认为,国务院提出的2020年中央和地方预算草案,紧紧围绕全面建成小康社会目标任务,统筹推进疫情防控和经济社会发展工作,在疫情防控常态化前提下,坚持稳中求进的工作总基调,积极的财政政策要更加积极有为,坚持政府带头过紧日子,调整优化支出结构,加强重点领域支出保障,加大对地方财政的保障力度,全面实施预算绩效管理,防范化解债务风险。预算草案符合中央经济工作会议精神,符合党中央关于统筹推进疫情防控和经济社会发展工作的决策部署,符合预算法规定,总体可行。建议第十三届全国人民代表大会第三次会议批准国务院提出的《关于2019年中央和地方预算执行情况与2020年中央和地方预算草案的报告》,批准2020年中央预算草案,同时批准2020年地方政府一般债务余额限额

142889.22亿元、专项债务余额限额145185.08亿元。地方各级政府预算依法由本级人民代表大会审查和批准。各省、自治区、直辖市政府依照国务院下达的债务限额举借的债务，依法列入本级预算草案或预算调整方案，报本级人大或其常委会批准。国务院将地方预算汇总后报全国人大常委会备案。

三、做好2020年预算执行和财政工作的建议

2020年是全面建成小康社会和“十三五”规划收官之年，也是脱贫攻坚决战决胜之年，做好财政预算工作意义重大。要在以习近平同志为核心的党中央坚强领导下，以习近平新时代中国特色社会主义思想为指导，全面贯彻党的十九大和十九届二中、三中、四中全会精神，增强“四个意识”、坚定“四个自信”、做到“两个维护”，紧扣全面建成小康社会目标任务，统筹推进疫情防控和经济社会发展工作，在疫情防控常态化前提下，坚持稳中求进工作总基调，坚持新发展理念，坚持以供给侧结构性改革为主线，坚持以改革开放为动力推动高质量发展，坚决打好三大攻坚战，加大“六稳”工作力度，保居民就业、保基本民生、保市场主体、保粮食能源安全、保产业链供应链稳定、保基层运转，积极的财政政策要更加积极有为，真正发挥稳定经济的关键作用，维护经济发展和社会稳定大局，确保完成决战决胜脱贫攻坚目标任务，全面建成小康社会。当前财政收入增长放缓，各领域财政支出刚性增长，财政收支矛盾进一步突显。要坚持底线思维，增强忧患意识，扎实做好各项财政预算工作，圆满完成2020年预算。为此，财政经济委员会提出以下建议：

（一）全力做好统筹推进疫情防控和经济社会发展财政保障工作。要切实将已安排的疫情防控保障资金和出台的政策措施落实到位。适时研究出台和完善有关财税支持政策，帮助群众解决就业、社保、医保、就学等方面的实际困难。加大对受疫情影响较大行业企业的财税支持力度，支持企业复工复产复市复业，有针对性地纾解企业特别是中小微企业生产经营困难。实施好支持湖北省经济社会发展的各项财税政策。审计部门要对应对疫情防控财税政策落实和资金使用情况进行专项审计。国务院今年适时向全国人大常委会报告疫情防控政策措施落实和资金安排使用情况。要针对这次疫情防控暴露出来的短板和不足，推进完善重大疫情防控救治体系和公共卫生体系，补齐重大传染病预防控制、公共卫生队伍建设、应急医药物资储备和公共卫生基础设施建设等短板，支持医疗机构建设，夯实传染病患者救治能力。

（二）全面落实积极的财政政策要更加积极有为的要求。落实落细减税降费政策，持续发挥政策效应，激发市场主体活力。合理分配并管好用好抗疫特别国债和地方政府专项债券资金，将财政资金用到刀刃上，用出绩效，确保各项政策措施落地见效。要坚持量入为出，更加注重支出结构调整，加大对疫情防控、三大攻坚战、基础研究和重大科技攻关、乡村振兴等重点领域保障力度。探索运用零基预算理念科学核定支出，提高预算编制的科学性和准确性。进一步加强中央基本建设投资预算管理，细化预算内容，健全完善项目遴选、风险评估、绩效评价等工作机制。全面实施预算绩效管理，完善绩效评价指标体系，加强绩效运行监控，将绩效评价结果作为预算安排、健全制度、完善政策的重要依据。财政政策要同货币政策及就业、消费、投资、产业、区域等政策形成合力，健全政策协同发力的宏观调控制度体系。

（三）始终坚持艰苦奋斗、勤俭节约。把政府过紧日子作为财政工作长期坚持的方针，严肃财经纪律，用严格规范的制度，将艰苦奋斗、勤俭节约的要求落实落地。发挥好中期财政规划的重要作用，统筹兼顾，聚焦突出短板和薄弱环节。加快推进财政支出标准制定工作。坚决压减一般性支出，降低行政运行成本。积极支持基层政府“三保”工作，健全完善“三保”预算审核监督工作机制。强化预算约束，坚持先有预算后有支出，严格控制预算追加事项，需要出台的支出政策原则上在以后年度预算安排。加强审计查出突出问题和绩效评价发现问题的整改，紧紧盯住财政资金和国有资源资产的损失浪费，集中治理、持续发力。健全完善政府会计制度，尽快将政府财务报告报全国人大常委会备案。

（四）着力打好脱贫攻坚战和污染防治攻坚战。持续加大对脱贫攻坚的投入力度，相关资金向“三区三州”等深度贫困地区和特殊贫困群体倾斜。保持扶贫政策和资金投入的连续性。加大财政农业农村投入力度，加大涉农资金统筹力度和优化使用结构，集中财力保障农业发展重点项目需要。政府

投资要继续向农业农村倾斜，加快补上农村基础设施和公共服务短板。继续将污染防治作为财政重点保障领域，进一步明确各级政府生态环保责任和财政支出范围，健全生态补偿机制。完善大气、水、土壤污染防治专项资金与项目管理制度，优化资金分配方式，加强项目储备，健全绩效评价机制，确保项目持续发挥效用。

（五）不断强化地方政府债务管理。坚持举债规模与偿债能力相匹配原则，完善地方政府新增债务限额确定机制。稳妥做好抗疫特别国债和地方政府专项债券发行工作。加强抗疫特别国债与其他财政资金的统筹衔接，确保用于公共卫生等基础设施建设和抗疫相关支出。指导和督促地方政府严格落实"资金跟着项目走"要求，明确项目确定标准，专项债券资金优先安排国家确定的重点支出。探索建立专项债券发行与建设项目挂钩机制。严格落实地方政府债券到期偿还责任，加快融资平台公司转型，依法稳妥化解隐性债务。妥善处置地方高风险金融机构风险。进一步健全政府债务管理情况向人大报告制度。推进政府债务管理立法研究工作。

（六）加快推进财税改革。扎实推进重要领域财政事权和支出责任划分改革，适当加强中央在知识产权保护、基本养老保险、跨区域生态保护等方面事权，减少并规范中央和地方共同事权。加强已出台改革方案的贯彻实施，推动省以下政府财政事权和支出责任划分改革。加快制定实施基本公共服务标准体系。完善转移支付制度，创新财政资金分配方式下沉财力，探索对共同财政事权转移支付实行清单管理，完善专项转移支付定期评估和退出机制。探索逐步建立税式支出预算制度。加快推进国有资本经营预算制度改革。研究健全与基本养老保险全国统筹相适应的社会保险基金预算制度。今年要修订出台预算法实施条例，修订政府采购法律法规。加快落实税收法定原则，高质量推进税收立法工作，今年将增值税法、消费税法、关税法、印花税法等提请全国人大常委会审议。健全地方税体系，培育壮大地方税税源。加强政府非税收入法治化建设，研究制定政府非税收入条例。做好2020年向全国人大常委会提交国有资产管理情况综合报告和专项口头报告企业国有资产管理情况的工作。

以上报告，请予审议。

第十三届全国人民代表大会
财政经济委员会
2020年5月26日

第十三届全国人民代表大会第三次会议关于全国人民代表大会常务委员会工作报告的决议

（2020年5月28日第十三届全国人民代表大会第三次会议通过）

第十三届全国人民代表大会第三次会议听取和审议了栗战书委员长受全国人大常委会委托所作的工作报告。会议充分肯定十三届全国人大二次会议以来常委会的工作，同意报告提出的今后一个阶段的主要任务和工作安排，决定批准这个报告。

会议要求，全国人大常委会要以习近平新时代中国特色社会主义思想为指导，全面贯彻党的十九大和十九届二中、三中、四中全会精神，增强"四个意识"、坚定"四个自信"、做到"两个维护"，坚持党的领导、人民当家作主、依法治国有机统一，紧扣全面建成小康社会目标任务，助力统筹推进疫情防控和经济社会发展工作，依法履职尽责，积极担当作为，保证宪法全面实施，加强重要领域立法，强化公共卫生法治保障体系，实行正确监督、有效监督，健全人大对"一府一委两院"监督制度，更好发挥人大代表作用，紧紧依靠人民做好新时代人大工作，为完成决战决胜脱贫攻坚目标任务、全面建成小康社会作出新的贡献！

全国人民代表大会常务委员会工作报告

——2020年5月25日在第十三届全国人民代表大会第三次会议上

全国人大常委会委员长　栗战书

各位代表：

受全国人大常委会委托，我向大会报告工作，请予审议。

十三届全国人大二次会议以来的主要工作

十三届全国人大二次会议以来的一年多，在我们国家历史上极不容易、极不平凡。以习近平同志为核心的党中央统揽伟大斗争、伟大工程、伟大事业、伟大梦想，勇立潮头、担当作为，有效应对重大挑战、抵御重大风险、解决重大问题，推动党和国家各项事业取得新的重大进展。新冠肺炎疫情发生后，以习近平同志为核心的党中央将疫情防控作为头等大事来抓，习近平总书记亲自指挥、亲自部署，坚持把人民生命安全和身体健康放在第一位，领导全党全军全国各族人民打好疫情防控的人民战争、总体战、阻击战。经过艰苦卓绝的努力，武汉保卫战、湖北保卫战取得决定性成果，疫情防控阻击战取得重大战略成果，统筹推进疫情防控和经济社会发展工作取得积极成效。这再一次体现了习近平新时代中国特色社会主义思想的强大引领，展示了以习近平同志为核心的党中央运筹帷幄、果敢坚毅、领航定向、把舵前行的卓越领导能力，彰显了中国共产党领导和中国特色社会主义制度的显著优势，凸显了中华儿女自强不息，敢于战胜一切困难而不被任何困难所屈服，在磨难中成长、从磨难中奋起的英雄气概。

疫情发生以来，全国人大常委会坚决贯彻党中央决策部署，迅速行动、依法履职，作出关于全面禁止野生动物非法交易和食用的决定，防范公共卫生安全风险，促进社会文明进步。适应国家治理体系和治理能力现代化要求，根据公共卫生领域新情况新问题，部署启动强化公共卫生法治保障体系的立法修法工作，为守护人民生命健康安全筑牢法治防线。回应社会关切，主动宣传解读疫情防控法律，为疫情防控和经济社会发展提供法律支持。

一年多来，常委会认真行使立法权、监督权、决定权、任免权，共审议法律草案、决定草案48件，通过34件，其中制定法律5件，修改法律17件，作出有关法律问题和重大问题的决定12件；听取审议39个报告，检查6部法律实施情况，开展3次专题询问、7项专题调研，作出1项决议；决定批准5个双边条约；审议通过38个任免案，依法任免国家机关工作人员282人次，各项工作取得了新进展新成效。

一、确保宪法在治国理政各个方面得到全面实施

宪法是国家的根本法，是党和人民意志的集中体现。依法治国首先要坚持依宪治国，依法执政首先要坚持依宪执政。

新中国成立70周年之际，在党中央的领导下，根据宪法规定，常委会作出关于授予国家勋章和国家荣誉称号的决定，习近平主席签署主席令，将国家最高荣誉授予为新中国建设和发展建立卓越功勋的36位杰出人士和为促进中外交流合作作出杰出贡献的6位国际友人。这是现行宪法实施以来首次集中颁授国家勋章。作出关于对部分服刑罪犯予以特赦的决定，习近平主席签署发布特赦令。经过严格的法定程序，特赦了九类服刑罪犯共23593人，这是宪法规定特赦制度的又一次重大实践。

贯彻党的十九届四中全会精神，常委会听取审议了国务院关于香港特别行政区维护国家安全情况的报告，根据宪法和香港基本法的有关规定，研究拟订并审议了《全国人民代表大会关于建立健全香港特别行政区维护国家安全的法律制度和执行机制的决定（草案）》，决定提请本次大会审议。这是新形势下坚持和完善“一国两制”制度体系、坚持依法治港、维护宪法和基本法确定的特别行政区宪制秩序的重大举措，符合包括香港同胞在内的全体

中国人民的根本利益。相信经过代表们的共同努力，一定能够顺利完成这一重要立法任务，为维护国家主权、安全、发展利益，确保香港长期繁荣稳定，提供更加有力的法治保障。

依法开展合宪性审查、备案审查。制定关于推进合宪性审查工作的实施意见，妥善回应涉及宪法有关问题的关切，依法纠正违宪违法的规范性文件，保证宪法得到切实遵守和执行。完善法规、司法解释备案审查体制机制，建成统一的覆盖全国的备案审查信息平台，初步建成国家法律法规数据库。连续 3 年听取审议备案审查工作情况报告，并向社会公开。2019 年报送备案的行政法规、地方性法规、司法解释 1995 件，报送备案的特别行政区本地法律 33 件，研究处理公民、组织提出的审查建议 138 件。经审查，督促制定机关纠正与宪法法律规定和精神相抵触、不符合、不适应的规范性文件 506 件，维护了国家法制的统一、尊严和权威。

开展宪法宣传教育活动。组织 6 次宪法宣誓仪式，18 名被任命人员进行宣誓，委员长会议组成人员主持并监誓，增强了国家工作人员的宪法观念。以“弘扬宪法精神，推进国家治理体系和治理能力现代化”为主题，举行第六个国家宪法日座谈会，带动各级各地开展丰富多彩的宪法宣传活动。召开纪念澳门特别行政区基本法实施 20 周年座谈会，推动“一国两制”方针和宪法、基本法的宣传和贯彻落实。

二、不断完善中国特色社会主义法律体系

紧扣全面依法治国，坚持立改废释并举，坚持质量与效率并重，加强重要领域立法，不断提高科学立法、民主立法、依法立法水平。

配合和促进全面深化改革，确保重大改革于法有据。外商投资法通过后，一揽子修改建筑法、消防法、电子签名法、城乡规划法、车船税法、商标法、反不正当竞争法、行政许可法，完成相关法律的衔接；修改台湾同胞投资保护法，确保改革成果同步惠及台湾同胞。审议城市维护建设税法、契税法、出口管制法草案，作出关于授权国务院在自由贸易试验区暂时调整适用有关法律规定的决定、授权澳门特别行政区对横琴口岸澳方口岸区及相关延伸区实施管辖的决定，回应时代和改革的法治需求。授权国务院在海南自由贸易试验区暂时调整适用土地管理法、种子法、海商法的有关规定，支持海南建设自由贸易试验区和中国特色自由贸易港。证券法修改历经四审，坚守推进改革、保护投资者权益、强化监管的立法方向，确认注册制等改革成果，为资本市场改革和健康发展提供法治保障。

贯彻新发展理念，以高质量立法推动高质量发展。制定资源税法，修改固体废物污染环境防治法、森林法，把生态优先、绿色发展、人与自然和谐共生的理念多维度、多层次融入立法。起草并审议长江保护法草案，贯彻“共抓大保护，不搞大开发”的理念，用法律武器、法治力量保护长江母亲河。审议著作权法修正案草案，加大打击侵权违法行为力度，加强知识产权保护。修改土地管理法、城市房地产管理法，坚持农民利益只做加法不做减法的底线立场和修法方向，为盘活土地资源、增加农民财产性收入、强化耕地保护、促进城乡融合发展提供制度保障。

把人民对美好生活的向往作为奋斗目标，加快民生领域立法。制定基本医疗卫生与健康促进法，为全方位全周期维护人民健康提供了法律保障。修改药品管理法，推动解决人民群众反映强烈的假药、劣药、药价高、药品短缺等问题。制定疫苗管理法，为疫苗研发、生产、流通、接种加上一把“安全锁”。总结新冠肺炎疫情防控工作的经验，按照强化公共卫生法治保障体系的要求，制定实施专项立法修法计划，成立工作专班，对 30 件立法修法项目作出统筹安排，争取用 1 至 2 年时间完成大部分立法任务。审议动物防疫法修订草案，强化动物疫源疫情的监测预警。起草并审议生物安全法草案，努力制定一部防范生物风险、促进生物技术发展、支撑国家生物安全体系的法律。

围绕国家制度和国家治理体系建设，加强监察、司法、社会治理、国家安全等领域立法。深化国家监察体制改革，作出关于国家监察委员会制定监察法规的决定，审议公职人员政务处分法草案。制定社区矫正法，审议未成年人保护法、预防未成年人犯罪法修订草案，作出关于废止有关收容教育法律规定和制度的决定，更好适应新时代社会治理的要求。修改法官法、检察官法，作出关于授权开展民事诉讼程序繁简分流改革试点工作的决定，巩固和深化司法体制改革成果。制定密码法，审议档案法修订草案，完善相关领域治理的法律制度。

提交本次大会审议的民法典草案，是我国法治建设的一个标志性重大成果。本届常委会在上届工作的基础上加快推进民法典编纂工作，2018 年 8 月整体审议各分编草案，之后分单元多次进行审议，并对完整的民法典草案进行审议，先后 7 次公开征求意见，征集到各方面意见 90 余万条。经过反复修改、精雕细琢，形成了目前总共 7 编 1260 条的民法典草案。相信经过全体代表的认真审议，一定能制定出一部具有中国特色、体现时代精神、反映人民意愿、保障民事权利、维护社会公平正义的民法典。

过去一年多的立法工作给予了我们重要启示，这就是：中国特色社会主义进入新时代，立法工作必须适应党和国家事业发展新要求，始终坚持以人民为中心，确保党的主张通过法定程序成为国家意志。要及时反映改革开放新经验新成果，坚持立法决策与改革决策相衔接、相统一，增强法律的及时性、系统性、针对性、有效性，不断完善中国特色社会主义法律体系。

三、依照法定职责围绕重大改革发展任务推进监督工作

坚持正确监督、有效监督，聚焦行政权、监察权、审判权、检察权的依法正确行使，关注老百姓牵肠挂肚的急事难事，让改革发展成果更多更公平惠及全体人民，更好助力经济社会发展和改革攻坚任务。

依法开展计划和预算监督工作。听取审议国民经济和社会发展计划执行情况、预算执行情况的报告，围绕落实主要指标、重点任务和提高资金使用绩效等提出意见建议 300 多条，助力打好三大攻坚战和做好“六稳”工作。听取审议 2018 年度中央预算执行和其他财政收支的审计工作报告、审计查出问题整改情况的报告，督促有关部门严格执行财经法律法规、深入整改问题。

推进人大预算审查监督重点向支出预算和政策拓展，加强国有资产管理监督，是党中央赋予人大的两项重要职责。常委会按照“全口径审查、全过程监管”的要求，制定关于进一步加强各级人大常委会对审计查出突出问题整改情况监督的意见，推动党中央决策部署在预算编制和预算执行中贯彻落实。聚焦财政政策实施、部门预算执行、转移支付下达、地方政府债券发行使用、污染防治政策措施及财政资金安排情况等重点，持续进行跟踪监督，共组织 25 次专项调研，听取 35 次汇报，开展 4 次专题审议，审查 9 项专项资金，进一步加强了对财政资金使用绩效和政策实施效果的审查监督。推动地方人大落实预算审查监督重点向支出预算和政策拓展的改革举措，所有省（区、市）都制定了实施意见。按照全面规范、公开透明、监督有力的目标，制定国有资产管理监督五年规划，审议 2018 年度国有资产管理情况综合报告和全国行政事业性国有资产管理情况专项报告，推进国有资产管理监督深化拓展、提质增效。推动地方将国有资产管理情况报告制度延伸到设区的市和自治州。

扎实做好专项工作监督。听取审议国务院关于医师队伍管理和执业医师法实施、学前教育事业改革和发展、推进社会救助工作、乡村产业发展、农村集体产权制度改革、文化产业发展、加快外贸转型升级、减税降费、财政生态环保资金分配和使用、2018 年度和 2019 年度环境状况和环境保护目标完成情况等 11 个专项工作报告，推动解决涉及人民群众切身利益的突出问题，助力供给侧结构性改革和经济高质量发展。开展脱贫攻坚、民族地区兴边富民行动、防范化解系统性金融风险、应对人口老龄化、养老保险基金管理与改革、国家安全法实施、监察体制改革和监察法实施等 7 项专题调研，提出加强和改进工作的建议。

加强司法工作监督。继 2018 年听取审议关于人民法院解决“执行难”工作情况的报告后，2019 年加强跟踪监督，专门听取审议关于常委会组成人员审议意见办理情况的报告，巩固基本解决“执行难”成果。听取审议关于加强刑事审判工作情况的报告，促进以审判为中心的刑事诉讼制度改革。听取审议关于开展公益诉讼检察工作情况的报告并进行专题询问，推动检察机关履行好维护国家和社会公共利益的法定职责。

遵照法律规定开展执法检查。完善执法检查工作机制和方式方法，逐条对照法律规定进行检查，推动有关方面严格落实法律制度和法定职责。检查中小企业促进法、水污染防治法、高等教育法、就业促进法、可再生能源法、渔业法等 6 部法律的实施情况，结合审议中小企业促进法、水污染防治法执法检查报告开展 2 次专题询问。在水污染防治法等 4 项执法检查中，引入第三方评估，提高检查的科学性、客观性、权威性。积极探索评价法律实施情况的新形式新办法，开展对中小企业促进法、企业破产法、产品质量法的立法后评估，形成立法决策、

制度设计、法律实施与效果反馈的闭环，提高立法和监督工作质量。

四、全面加强支持和服务代表依法履职的工作制度机制建设

全国人大代表是最高国家权力机关的组成人员。尊重代表的权利就是尊重人民的权利，保障代表依法履职就是保证人民当家作主。为此，常委会制定了关于加强和改进全国人大代表工作的 35 条具体措施，更好支持和保障代表依法履职。

认真办理代表议案和建议。十三届全国人大二次会议期间代表提出的议案和建议，全国人大专门委员会依法审议，有关承办单位坚持结果与过程并重，"点对点"联系，"面对面"沟通，及时向代表及原选举单位通报办理情况和结果。主席团交付审议的 491 件代表议案都已办理完毕，其中 27 件议案涉及的 12 个立法项目已审议通过，56 件议案涉及的 9 个立法项目已提请审议，191 件议案涉及的 65 个立法项目已列入立法规划或计划。8160 件建议交由 193 家承办单位办理并答复代表，所提问题得到解决或计划逐步解决的占建议总数的 71.3%。确定的 22 项重点督办建议，涉及 276 件代表建议，由 7 个专门委员会负责督办，推动解决了一批实际问题。认真办理闭会期间代表提出的 560 件意见建议，包括代表直接提出的 210 件，委员长会议组成人员转交的 63 件，常委会委员转交的 10 件，常委会会议期间列席代表提出的 277 件。

发挥代表在立法工作中的作用。根据代表议案建议研究确定立法项目，邀请代表直接参与法律草案调研、起草、论证、审议、评估等工作。综合性、基础性的重要法律草案印发全体代表征求意见，专业性强的法律草案印发相关专业或领域的代表征求意见。

加强常委会同代表的联系。完善常委会组成人员联系代表的机制，推动专门委员会、工作委员会与代表加强联系。常委会组成人员通过多种形式联系代表，畅通反映情况、听取意见的渠道，更好地了解基层情况，反映人民呼声。健全完善代表参与常委会、专门委员会工作的机制，组织代表 74 人次参加执法检查，邀请代表 73 人次参加预算审查监督，邀请代表 298 人次列席常委会会议，召开 5 次列席代表座谈会。

密切代表同人民群众的联系。推动地方人大组织全国人大代表就近参加代表联络站、代表之家和基层立法联系点的活动。地方各级人大已建成 22.8 万个代表联络站和代表之家，为代表履职搭建了立足基层、贴近群众、覆盖城乡的工作平台。广大代表通过多种形式，听取和反映群众的意见建议，发挥了上情下达、下情上传的重要作用。

提高代表服务保障工作水平。组织 1830 名代表开展专题调研、考察和视察，形成 91 个调研报告。坚持培训资源向基层代表倾斜，全年有 1900 多人次代表参加集中培训，十三届以来累计集中培训代表 3200 多人次，基本实现基层代表履职学习全覆盖。统筹安排 1254 人次代表参加"一府一委两院"联系代表的活动。加强与代表所在单位的沟通，为代表履职创造良好条件。

在这场疫情防控战中，全国人大代表和地方人大代表积极响应党中央号令，在各级党委、政府的领导组织下，投身抗疫一线，参与科研攻关，保障物资供应，踊跃捐款捐物，主动建言献策，在各条战线、各自岗位上发挥积极作用，以实际行动践行了代表人民、为了人民、服务人民的光荣使命。

五、围绕服务党和国家外交大局开展对外工作

全面贯彻习近平外交思想，发挥人大在国家外交中的职能作用，进一步增强人大对外工作的主动性、针对性、统筹性。共接待来自 36 个国家和各国议会联盟的 53 个团组访华，派出 65 个团组访问 60 个国家和 1 个地区议会组织。

以落实国家元首外交成果和共识为首要任务，加强全国人大同各国议会的友好交往。围绕关于发展大国关系、加强同周边国家睦邻友好、深化同发展中国家团结合作等外交工作大政方针，为深化各领域务实合作提供法律和政策保障。积极宣介习近平新时代中国特色社会主义思想，介绍阐释中国道路、中国理论、中国制度、中国文化和治国理政实践，让世界更多了解中国，了解中国共产党，了解中国特色社会主义。配合第二届"一带一路"国际合作高峰论坛、第二届中国国际进口博览会等重要主场外交活动，深化同相关国家议会的交流合作。从立法机关角度敦促有关国家保护我海外利益和人员安全，助力国家对外开放

战略。

加强同外国议会双边机制性交流，积极参与多边议会交往。共同举办中国全国人大与俄罗斯议会合作委员会第五次会议，与法国、日本、巴西等国议会开展机制交流活动。新设双边友好小组4个，全国人大与外国议会间友好组织累计达到129个，为我国与有关国家加深了解、增进友谊增添了力量。派团出席各国议会联盟第140届和第141届大会、二十国集团议长会议、亚太议会论坛第28届年会、第四届欧亚国家议长会议、第三次六国议长会议、金砖国家议会论坛、第三届可持续发展世界议会论坛、议会世贸大会指导委员会、亚太议员环发大会、南极议员大会等会议，利用多边场合加强沟通协调。举办发展中国家议员研讨班、非洲法语国家议员研讨班、缅甸议员研讨班，14个国家的74名议员来华交流学习，增进治国理政经验交流互鉴。

深化立法交流。充分用好同有关国家法律交流合作机制，加强立法理论、制度与实践方面的交流。围绕立法技术规范、区域协同立法和民法典、专利、未成年人保护、行政处罚、环境保护等立法工作，与有关国家开展专题考察研讨。主动宣传我国人民代表大会制度，做好宪法、外商投资法的对外宣传阐释，介绍我国在打击洗钱犯罪、保护知识产权和生态环境、开展更大力度对外开放等方面的立法成果。

组派3个全国人大西藏代表团赴有关国家和地区访问，宣传阐释我国民族宗教政策和民族区域自治制度，介绍民族自治地方经济社会发展成就。组织27名基层全国人大代表和地方人大代表参与全国人大对外交往活动，亲身讲述自己的履职故事，向国际社会展现中国人民当家作主的生动实践。

六、紧扣坚持党的领导、人民当家作主、依法治国有机统一加强自身建设

坚持党的领导、人民当家作主、依法治国有机统一，是社会主义政治发展的必然要求，是坚持和完善人民代表大会制度的必然要求，也是加强人大党的建设和自身建设的重要任务。

维护党中央权威和集中统一领导，确保党的领导落实到人大工作各领域各方面各环节。认真开展“不忘初心、牢记使命”主题教育，强化理论武装，增强为人民服务、为实现党的历史使命不懈奋斗的责任感使命感。围绕提升履职能力和工作水平，举办6次专题讲座。召开习近平总书记关于坚持和完善人民代表大会制度的重要思想第二次学习交流会，深刻理解和把握人民代表大会制度的科学内涵和新时代人大工作的实践要求。完成人大制度理论研究会换届工作，全面加强人大理论与实践研究。

扩大公众对人大工作的有序参与，通过多种形式听取群众意见，真正做到为人民用权、为人民履职。深入贯彻中央八项规定及其实施细则精神，力戒形式主义、官僚主义，统筹安排调研活动，及时了解和反映人民群众所思所盼所想。常委会、专门委员会开展调研近300次。发挥基层立法联系点接地气、聚民智的“直通车”作用，支持基层群众参与立法全过程，原汁原味收集反映意见建议。加强和改进信访工作，开通全国人大机关网上信访平台，办理来信来访近8万件次，其中代表转交的178件，推动依法及时解决群众合理诉求。

全国人大及其常委会作为国家立法机关，带头遵守宪法法律，依法履职、依法办事。严格执行立法法、监督法和常委会议事规则，确保每一次会议、每一项议程、每一件议案都符合宪法法律规定和法定程序。坚持集体行使职权、集体决定问题，合理安排全体会议、分组审议和联组审议，发扬民主，集思广益，形成共识，把民主集中制贯穿履职全过程。从履行法定职责的高度严肃会风会纪，常委会会议出席率保持在97%以上，做到所有表决事项全人全次按表决器，确保人民赋予的权力得到正确有效行使。

全国人大各专门委员会认真履行法定职责，在研究、拟订、审议有关议案，协助常委会开展立法、监督、代表、对外工作等方面发挥了重要作用。全面加强全国人大机关政治、思想、组织、作风、纪律建设，开展两轮内部巡视，加强警示教育和廉政风险防控，提高参谋助手和服务保障水平，打造让党中央放心、让人民群众满意的模范机关。

改进和加强人大新闻舆论工作，深化立法、监督工作全过程报道，展现代表履职风采，宣传地方人大工作创新实践，推动国家根本政治制度深入人心。创新人大新闻舆论宣传方式，加快中国人大杂志和中国人大网改革，推进“刊网微端”融合发展。建立全国人大外事委员会发言人机制，及时就涉及我国核心利益的重大问题阐明立场、主张。建立常委会法制工作委员会发言人机制，回应人民群众对有关法律问题的关切。

召开纪念地方人大设立常委会40周年座谈会、省级人大立法工作交流会、第25次全国地方立法工作座谈会，认真学习贯彻习近平总书记重要指示精神，加强工作联系，交流工作经验，形成工作合力，共同做好新时代人大工作。

各位代表！

全国人大常委会工作取得的成绩，是在以习近平同志为核心的党中央坚强领导下，全国人大代表、常委会组成人员、各专门委员会组成人员和全国人大机关工作人员履职尽责、辛勤工作的结果，是国务院、国家监察委员会、最高人民法院、最高人民检察院和地方各级人大及其常委会密切配合、通力协作的结果，是全国各族人民充分信任、大力支持的结果。在此，我代表全国人大常委会表示衷心的感谢！

常委会工作还存在一些差距和不足，主要有：在立法工作中的主导作用发挥不够充分，立法质量需要进一步提升；监督工作的机制方式有待完善，监督实效需要进一步增强；服务代表依法履职的工作水平有待提高，相关机制举措需要进一步落细落实；人大组织制度和议事规则需要进一步健全完善，机关工作效率需要进一步提升。常委会将虚心听取代表和各方面意见建议，不断加强和改进各项工作。

各位代表！

党的十九届四中全会系统总结我国国家制度和国家治理体系的巨大成就和显著优势，对新时代坚持和完善中国特色社会主义制度、推进国家治理体系和治理能力现代化作出顶层设计和全面部署。人民代表大会制度是中国特色社会主义制度的重要组成部分，是支撑国家治理体系和治理能力的根本政治制度。新中国成立70年来，中国人民从国家的快速发展变化中，越来越清楚地认识到，人民代表大会制度具有巨大的优越性和强大的生命力。我们要始终坚持和完善人民代表大会制度，不断丰富人民代表大会制度的实践特色、时代特色，把制度优势转化为国家治理效能，通过人民代表大会制度把国家和民族的前途命运牢牢掌握在人民手中。

今后一个阶段的主要任务

2020年，我们党将带领人民实现第一个百年奋斗目标。当前，外部环境严峻复杂，国内改革发展稳定任务艰巨繁重，人大工作面临着许多新情况新要求。常委会要高举中国特色社会主义伟大旗帜，以习近平新时代中国特色社会主义思想为指导，全面贯彻党的十九大和十九届二中、三中、四中全会精神，增强“四个意识”、坚定“四个自信”、做到“两个维护”，坚持党的领导、人民当家作主、依法治国有机统一，紧扣推进国家治理体系和治理能力现代化，紧扣统筹推进“五位一体”总体布局、协调推进“四个全面”战略布局，紧扣决战决胜脱贫攻坚目标任务、全面建成小康社会，助力统筹推进疫情防控和经济社会发展工作，坚持稳中求进工作总基调，依法履职尽责，推动人大工作不断取得新成绩新进展。

今年以来，按照党中央总体部署，常委会各项工作有序推进。下一步的主要工作安排是：

（一）确保宪法全面实施。落实宪法解释程序机制。推进合宪性审查工作。加强备案审查制度和能力建设，严格执行《法规、司法解释备案审查工作办法》，健全备案审查信息平台功能，加强主动审查和专项审查。做好宪法宣传教育，组织好宪法宣誓和国家宪法日活动。坚持依法治港治澳，维护宪法和基本法确定的宪制秩序，完善全国人大常委会对基本法的解释制度，从国家层面建立健全香港特别行政区维护国家安全的法律制度和执行机制，加快推进相关立法。坚持对台工作大政方针，坚持一个中国原则，坚决反对和遏制“台独”分裂势力，在“九二共识”基础上推动两岸关系和平发展。

（二）加强重要领域立法。今年立法工作任务十分繁重，要把握好质量和效率的关系，更好发挥人大在立法工作中的主导作用，在提高精细化、精准度、针对性上下功夫，确保立一件成一件。围绕推动高质量发展，制定长江保护法、乡村振兴促进法、期货法、海南自由贸易港法，修改专利法等。围绕完善民生保障制度，突出公共卫生领域立法，修改动物防疫法、野生动物保护法、传染病防治法、国境卫生检疫法、突发事件应对法、职业教育法，制定社会救助法、退役军人保障法等。围绕国家安全和社会治理，制定生物安全法、个人信息保护法、数据安全法，通过刑法修正案（十一），修改行政处罚法、行政复议法、治安管理处罚法、人民武装警察法等。围绕加快我国法域外适用的法律体系建设，制定出口管制法，修改反洗钱法、中国人民银行法、商业银行法、保险法等。围绕完善人民当家作主制度体系，修改全国人大组织法和议事规则、选举法、国旗法等。做好民法典的宣传和实施工作。还要根据全面深化改革的需要，做好授权决定和改革决定等相关立法工作，确保党中央确定的重大立法任务、事关经济社会发展全局的立法任务圆满完成。

（三）依法做好监督工作。健全监督制度机制，保证党中央决策部署落到实处，保证宪法法律有效实施。聚焦党和国家重大工作部署，预安排了29个监督项目。围绕全面建成小康社会，打好三大攻坚战，做好“六稳”工作，落实“六保”任务，听取审议关于落实创新驱动发展战略等情况的16个工作报告，进一步加强预算决算审查监督和国有资产管理监督。检查常委会有关决定和野生动物保护法、土壤污染防治法、慈善法、反不正当竞争法、公共文化服务保障法、农业机械化促进法等6部法律的实施情况。围绕土壤污染防治、审计查出突出问题整改情况开展专题询问。围绕“十四五”规划纲要编制、民族团结进步创建工作、社会保险制度改革等开展5项专题调研。今年，我国决战决胜脱贫攻坚、全面建成小康社会的伟大事业，必将载入中华民族、人类历史的光辉史册。常委会要紧紧围绕这一重大战略布局开展监督工作，为第一个百年奋斗目标的如期实现作出应有贡献。

（四）支持代表依法履职。健全代表联络机制，落实关于加强和改进全国人大代表工作的具体措施，密切常委会同代表、代表同人民群众的联系。加强代表自身建设，不断提升思想政治水平和履职尽责能力。改进代表议案建议提出、办理、反馈各环节工作，落实代表建议答复承诺解决机制，抓好跟踪督办。扩大并改进代表对常委会、专门委员会、工作委员会工作的参与，认真听取和采纳代表提出的意见建议。统筹做好代表视察、调研等工作，增强代表学习培训的针对性实效性。加快代表履职信息化平台建设。

（五）积极开展对外工作。充分发挥人大在对外交往方面的独特优势，服务党和国家外交大局。加强高层交往，发挥专门委员会、友好小组、工作机构在对外交往中的作用。稳步推进机制交流，积极参与议会多边合作，加强公共卫生领域立法交流，促进国家关系发展和各领域务实合作。

（六）加强常委会自身建设。巩固和深化“不忘初心、牢记使命”主题教育成果，深入学习贯彻习近平新时代中国特色社会主义思想。认真落实中央八项规定及其实施细则精神，改进工作作风，密切联系群众，深入开展调查研究。完善议事程序和工作机制。加强人民代表大会制度理论研究，改进人大新闻舆论工作。充分发挥专门委员会作用。切实加强全国人大机关建设。围绕贯彻落实党中央大政方针和决策部署，加强与地方人大联系，增强人大工作整体实效。

各位代表！

全面建成小康社会胜利在即，民族复兴光明前景催人奋进。让我们紧密团结在以习近平同志为核心的党中央周围，勠力同心、锐意进取，只争朝夕、不负重托，为坚持和完善中国特色社会主义制度、推进国家治理体系和治理能力现代化，实现“两个一百年”奋斗目标、实现中华民族伟大复兴的中国梦努力奋斗！

第十三届全国人民代表大会第三次会议关于最高人民法院工作报告的决议

（2020年5月28日第十三届全国人民代表大会第三次会议通过）

第十三届全国人民代表大会第三次会议听取和审议了最高人民法院院长周强所作的工作报告。会议充分肯定最高人民法院的工作，同意报告提出的下一阶段工作安排，决定批准这个报告。

会议要求，最高人民法院要以习近平新时代中国特色社会主义思想为指导，全面贯彻党的十九大和十九届二中、三中、四中全会精神，增强“四个意识”、坚定“四个自信”、做到“两个维护”，毫不动摇坚持党的绝对领导，坚持以人民为中心，忠实履行宪法法律赋予的职责，着力维护国家政治安全、维护经济发展和社会稳定大局、维护社会公平正义，持续深化司法体制改革，加快建设智慧法院，大力加强过硬队伍建设，充分发挥审判职能，为统筹推进疫情防控和经济社会发展工作、完成决战决胜脱贫攻坚目标任务、全面建成小康社会提供有力司法保障。

最高人民法院工作报告

——2020年5月25日在第十三届全国人民代表大会第三次会议上

最高人民法院院长 周 强

各位代表：

我代表最高人民法院向大会报告工作，请予审议，并请全国政协各位委员提出意见。

新冠肺炎疫情发生以来，习近平总书记亲自指挥、亲自部署，以习近平同志为核心的党中央团结带领全党全军全国各族人民众志成城、顽强拼搏，经过艰苦卓绝的努力，武汉保卫战、湖北保卫战取得决定性成果，疫情防控阻击战取得重大战略成果，统筹推进疫情防控和经济社会发展工作取得积极成效。这些重大成果的取得，根本在于以习近平同志为核心的党中央坚强领导，充分显示了中国共产党领导和我国社会主义制度的巨大优越性，向世界展现了中国力量、中国精神、中国效率。

最高人民法院坚决贯彻习近平总书记重要指示精神和党中央决策部署，在中央政法委领导下，认真落实依法防控要求，单独或会同有关单位制定依法惩治妨害疫情防控犯罪、惩治妨害国境卫生检疫犯罪、保障复工复产等意见，完善服务"六稳""六保"司法举措，发布57个惩处涉疫犯罪和服务复工复产典型案例，努力为抗疫护航、为大局服务。各级法院统筹做好疫情防控和维护稳定等工作，审结各类涉疫案件2736件，促进涉疫矛盾纠纷源头预防化解；严惩侵害医务工作者人身安全和人格尊严犯罪，保护抗疫中负重前行的"最美逆行者"；坚持审慎善意文明司法，积极为中小微企业纾困解难；运用远程立案、网上审判、智慧执行及时定分止争。智慧法院在疫情防控期间"大显身手"，全国法院网上立案136万件、开庭25万次、调解59万次，电子送达446万次，网络查控266万件，司法网拍成交额639亿元，执行到位金额2045亿元。广大法院干警特别是湖北和武汉法院干警坚决响应党中央号令，积极投身各地抗疫一线，为统筹推进疫情防控和经济社会发展工作提供了司法服务和保障，体现了忠于党、忠于国家、忠于人民、忠于法律的政治本色。

2019年主要工作

2019年，最高人民法院坚持以习近平新时代中国特色社会主义思想为指导，在以习近平同志为核心的党中央坚强领导下，在全国人大及其常委会有力监督下，增强"四个意识"、坚定"四个自信"、做到"两个维护"，全面贯彻党的十九大和十九届二中、三中、四中全会精神，深入贯彻习近平总书记主持中央政治局常委会会议听取最高人民法院党组工作汇报时的重要讲话精神，认真落实十三届全国人大二次会议决议，紧紧围绕"努力让人民群众在每一个司法案件中感受到公平正义"目标，坚持服务大局、司法为民、公正司法，忠实履行宪法法律赋予的职责，推动各项工作取得新成效，为经济社会发展提供有力司法服务和保障。最高人民法院受理案件38498件，审结34481件，同比分别上升10.7%和8.2%，制定司法解释20件，发布指导性案例33个，加强对全国法院审判工作的监督指导；地方各级法院受理案件3156.7万件，审结、执结2902.2万件，结案标的额6.6万亿元，同比分别上升12.7%、15.3%和20.3%。

一、全面贯彻总体国家安全观，推动建设更高水平的平安中国

坚决维护国家安全和社会稳定。审结一审刑事案件129.7万件，判处罪犯166万人。依法严惩各种渗透颠覆破坏、暴力恐怖、民族分裂、宗教极端等犯罪，坚定捍卫国家政治安全和人民根本利益。始终保持对严重危害社会治安犯罪高压态势，审结严重暴力犯罪案件4.9万件，多发性侵财犯罪案件27.2万件，涉枪涉爆、涉赌涉黄犯罪案件6.5万件，严重暴力犯罪案件连续十年呈下降态势，社会治安保持平稳有序。深入开展禁毒斗争，审结毒品犯罪案件8.6万件。会同应急管理部等强化行政执法与刑事司法衔接，依法惩治安全生产违法犯罪，保障

人民群众生命财产安全。会同最高人民检察院、公安部发布惩治袭警违法犯罪意见，切实维护人民警察人身安全和执法权威。依法审理劫持公交车撞人、校园门口砍杀无辜、杀害顺风车乘客等一批重大恶性案件，对罪行极其严重的犯罪分子依法判处死刑，充分发挥刑罚震慑作用。

深入开展扫黑除恶专项斗争。坚决贯彻依法严惩方针，全国法院审结涉黑涉恶犯罪案件12639件83912人。依法审理孙小果案、杜少平操场埋尸案，对主犯孙小果、杜少平坚决判处并执行死刑，让正义最终得以实现。会同有关单位出台办理恶势力、“套路贷”、非法放贷等刑事案件意见，明确政策法律界限，确保打得狠、打得准。坚决“打伞破网”，严惩公职人员涉黑涉恶犯罪。实行“打财断血”，综合运用判处财产刑、追缴、没收违法所得等手段，彻底铲除黑恶势力经济基础。专项斗争开展以来，依法惩处了一批作恶多端的“沙霸”“路霸”“菜霸”“村霸”，净化了社会风气。

保持惩治腐败高压态势。审结贪污贿赂、渎职等案件2.5万件2.9万人，其中被告人原为中管干部的27人。准确体现宽严相济刑事政策，对艾文礼等主动投案被告人依法从宽处理，对邢云等严重腐败分子适用终身监禁。与国家监察委员会等完善国家监察与刑事司法衔接机制。积极配合境外追逃追赃，审结外逃腐败分子回国受审案件321件，依法没收彭旭峰等人转移至境外的违法所得，决不让腐败分子逍遥法外、逃避惩罚。

切实维护人民群众安全感。严惩危害食品药品安全犯罪，依法审理长生疫苗案、肖平辉生产销售注水牛肉案等重大案件，依法惩治销售地沟油等犯罪行为，维护人民群众针尖上舌尖上的安全。河北、上海、江苏等地法院依法审理涉及未经批准进口仿制药刑事案件，准确把握罪与非罪界限，让司法既有力度也不失温度。针对民族资产解冻类电信网络诈骗高发态势，会同公安部等出台意见，加大惩处力度。严惩“校园贷”犯罪，保护学生合法权益。严惩暴力伤医犯罪，对杀害北京民航总医院医生的孙文斌等一批犯罪分子依法判处并执行死刑，切实保护医务人员人身安全和合法权益，维护正常医疗秩序。针对高空抛物坠物严重威胁群众安全问题，出台司法政策，加强依法惩治和源头预防，公开审判一批高空抛物危害公共安全案件，守护人民群众头顶上的安全。

依法裁定特赦。认真落实习近平主席特赦令和全国人大常委会特赦决定，在新中国成立70周年前夕，依法裁定特赦罪犯23593人，彰显了党和国家法安天下、德润人心的仁政。

加强人权司法保障。坚持实事求是、有错必纠，各级法院按照审判监督程序再审改判刑事案件1774件，山东等法院依法纠正张志超等重大冤错案件。审结国家赔偿案件1.8万件，保障赔偿请求人合法权益。坚持罪刑法定、疑罪从无、证据裁判，依法宣告637名公诉案件被告人和751名自诉案件被告人无罪。陕西法院依法宣告范太应无罪，避免了重大冤错案件发生。坚持宽严相济刑事政策，该严则严，当宽则宽，罚当其罪。深入推进以审判为中心的刑事诉讼制度改革，全面准确适用认罪认罚从宽制度。会同司法部推进刑事案件律师辩护全覆盖，保障律师依法履职。

二、坚定不移贯彻新发展理念，服务经济社会持续健康发展

营造法治化营商环境。法治是最好的营商环境。各级法院审结一审商事案件453.7万件。制定服务高质量发展意见，出台公司法、破产法司法解释，发布民商事审判工作会议纪要，统一法律适用和裁判尺度，增强司法透明度和可预期性。依法审理涉“放管服”改革行政诉讼案件，支持监督行政机关依法行政，审结一审行政案件28.4万件，助推法治政府建设，优化发展软环境。世界银行2020年营商环境报告显示，我国营商环境世界排名大幅跃升，“执行合同”“办理破产”“保护中小投资者”等与司法密切相关的指标明显提高，其中“司法程序质量”领先，被评价为这一领域的“全球最佳实践者”。

依法平等保护各类市场主体合法权益。坚持各类市场主体诉讼地位、法律适用、法律责任一律平等，不论国企民企、内资外资、大中小微企业，一视同仁、依法保护。坚持以发展眼光看待处理民营企业和企业家过去经营中的不规范行为，依法甄别纠正历史形成的涉产权冤错案件，苏州中院再审改判倪菊葆案，坚持全错全纠，部分错部分纠，错到哪里纠到哪里。对新中国成立以来所有司法解释进行清理，废止103件，废除一切对民营企业的不平等规定。严禁超标的查封扣押冻结财产，创新适用“活封活扣”等强制措施，尽可能减少对企业经营的影响。严格区分经济纠纷与经济犯罪、民事责任与刑事责任、合法财产与违法所得、公司财产与个人财产、正当融资与非法集资，对事实不清、证据不足案件的被告人坚决无罪释放，保护企业家人身和财

产安全,激发创新创业活力。

加强知识产权司法保护。知识产权保护是创新源动力的基本保障,保护知识产权就是保护创新、促进创新。审结专利、商标、著作权等知识产权案件41.8万件,服务创新驱动发展。最高人民法院知识产权法庭依法公正高效审理发明、实用新型专利等上诉案件,促进优化科技创新法治环境。公正审理电商平台滥用市场支配地位、不正当竞争等案件,维护市场公平竞争秩序。积极适用惩罚性赔偿制度,加大侵权违法成本。福建、广东法院妥善审理高通与苹果、华为与三星系列专利纠纷案,促使当事人达成全球和解。世界知识产权组织专门出版中国知识产权司法案例。我国已成为审理知识产权案件尤其是专利案件最多的国家,也是审理周期最短的国家之一。

服务防范化解金融风险。出台司法解释,依法惩治操纵证券期货市场、内幕交易犯罪。会同人民银行、银保监会、证监会推进金融纠纷多元化解,依法保护投资者、金融消费者等各方当事人合法权益。为设立科创板并试点注册制改革制定司法保障意见,服务资本市场基础性制度改革。北京、上海等地法院有序推进“e租宝”等涉互联网金融案件清偿工作,依法参与涉金融风险重大案件处置。云南等法院依法审理“泛亚有色”等非法集资案件,积极追缴处置涉案财产,努力帮助群众挽回损失。上海金融法院创新证券纠纷示范判决机制,探索中小投资者司法保护新路径。

服务脱贫攻坚战。落实落细服务乡村振兴司法政策,依法严惩涉农骗补骗保、扶贫领域腐败、农资造假等侵害群众利益犯罪。山西、湖南、四川、宁夏等地法院妥善审理农村土地流转、林权转让、股份合作等案件,维护农村经营主体合法权益,助力贫困地区产业振兴。贵州、西藏以及怒江、临夏等地法院积极服务易地扶贫搬迁工作,维护广大农民土地承包经营权、宅基地使用权,有效化解农产品产销纠纷,促进农村经济社会发展。

服务打好蓝天碧水净土保卫战。审结一审环境资源案件26.8万件。审结检察机关和社会组织提起的环境公益诉讼案件1953件,严肃追究损毁三清山巨蟒峰等破坏生态环境人员法律责任。安徽法院审理通过暗管向长江违法排放有毒物质污染环境案,让违法者既承担刑事责任,又履行生态环境修复义务。在江苏南京、甘肃兰州新设环境资源法庭,集中管辖相应省域内环境资源案件,护航生态优先、绿色发展。长江、黄河等流域相关法院加强司法协作,推进大江大河生态保护和系统治理。

服务供给侧结构性改革。会同国家发展改革委等出台加快完善市场主体退出制度改革方案,降低退出成本,促进生产要素流动和企业转型升级。充分发挥破产制度促进市场主体优胜劣汰、化解地方金融风险、维护社会和谐稳定的重要作用,妥善审结破产重整等案件4626件,涉及债权6788亿元,推动“僵尸企业”平稳有序出清,让482家有发展前景的企业通过重整走出困境,帮助10.8万名员工保住就业岗位。天津法院依法支持国企重整混改,促进化解国企债务风险。通化法院通过破产重整程序帮助通钢集团顺利实现“债转股”,化解巨额债务危机,保障了广大小额债权人和企业职工利益。淮北法院探索房企破产和解模式,促进房地产市场健康发展。

服务区域协调发展战略实施。出台专门意见,服务雄安新区规划建设和创新发展。北京、天津、河北法院妥善化解涉重大项目纠纷,服务京津冀协同发展和冬奥会冬残奥会筹办。上海、江苏、浙江、安徽法院提高司法协作水平,服务长三角区域一体化发展。辽宁、吉林、黑龙江法院聚焦优化营商法治环境,服务新时代东北全面振兴、全方位振兴。广东法院着力营造公正高效的法治环境,为粤港澳大湾区和深圳先行示范区建设护航。

服务数字经济发展。加强数据权利司法保护,有利于大数据利用、数字经济发展,有利于公民个人隐私保护。司法要为数字经济营造竞争中性、开放包容的环境。各级法院依法妥善审理涉新交易新模式新业态案件,保障数字经济健康发展,促进数字经济与实体经济深度融合,为经济高质量发展提供新动能。审理人工智能、网络游戏著作权案等一批新类型案件,加强对数字版权、数字内容产品的保护。加大数据安全和个人隐私保护力度,严惩侵犯公民个人信息犯罪,依法审理手机应用擅自读取用户通讯录信息、网络信用平台滥用个人征信数据等案件;准确适用“通知删除”规则,对散发诽谤他人言论的网络平台,根据受害人请求责令删除相关信息。

服务更高水平对外开放。审结一审涉外民商事案件1.7万件,海事海商案件1.6万件。制定外商投资法司法解释,依法平等保护中外投资者合法权益。出台服务“一带一路”建设意见、服务上海自贸试验区临港新片区建设意见。天津、湖北、广西、重庆、四川等法院积极完善自贸试验区司法保障举措。海南法院开通自贸港司法服务平台,为中外投资者免费提供司法征信服务。南京海事法院立足区位优势,积极服务海洋经济发展。青岛海事法院妥善化解“尼莉莎”轮扣押案,避免涉事各方巨额损失,外国当事人特意将轮船更名为“尊重”,向中国法治致敬。

三、坚持司法为民、公正司法,维护社会公平正义

弘扬社会主义核心价值观。高扬爱国主义旗帜,严惩侮辱国旗国徽国歌犯罪,宣示国家象征庄严神圣不可侵犯。审结英烈保护公益诉讼案件22件,对侵害方志敏、董存瑞、黄继光、木里救火牺牲勇士等英烈权益的行为,严肃追究法律责任,旗帜鲜明捍卫英烈荣光。贯彻《新时代公民道德建设实施纲要》,坚持把社会主义核心价值观融入司法工作,用法治力量引导人民群众向上向善。会同国家发展改革委等健全失信被执行人联合惩戒机制,鼓励诚实守信,惩戒失信违约。审理网络众筹退款等案件,规范网络公益行为,守护扶危济困、诚信友善的传统美德。

维护社会公平。审结一审民事案件939.3万件,其中涉及教育、就业、医疗、住房、消费、社会保障等民生领域案件144万件。严厉惩处侵害残疾人的犯罪,方便残疾人诉讼,切实保障残疾人合法权益。积极参加“护薪”行动,加强拖欠农民工工资案件审判执行工作,加大惩处拒不支付劳动报酬犯罪力度,帮助农民工追讨欠薪106.6亿元。发放司法救助金11.2亿元,帮助涉诉困难群众摆脱困境。会同人社部等发布促进妇女平等就业规范性文件,营造公平就业制度环境。妥善审理女工怀孕被解雇、毕业生求职遭地域歧视等案件,推进城乡居民人身损害赔偿标准统一试点,依法保障权利公平、机会公平、规则公平。

促进和谐家庭建设。深化家事审判改革,会同全国妇联等健全妇女儿童权益保护机制,更加注重对家庭成员人格、安全、情感的保护。审结婚姻家庭案件185万件,加大反家暴力度,及时签发人身安全保护令2004份。河南新乡、湖北孝感、广西玉林等地法院加强婚姻家庭纠纷调解,尽可能让感情尚未破裂的夫妻重归于好,让孩子能够享受完整家庭的温暖;让感情确已破裂的夫妻解除婚姻,避免酿成家庭悲剧。严惩虐待、遗弃、伤害老年人犯罪,审结赡养案件2.6万件,维护老年人合法权益;家事法庭巧断家务事,妥善化解赡养、抚养纠纷,让中华民族尊老爱幼美德代代相传,重视家庭的传统永续绵延。

保护未成年人健康成长。完善少年司法制度,坚持圆桌式审判。广州中院陈海仪法官用母亲般的关怀帮助失足少年走向新生。通过组织观摩少年法庭,让少年体验司法,学习法律常识。依法严惩侵害少年儿童身心健康的犯罪,对性侵儿童的赵志勇、何龙等罪行极其严重的一批犯罪分子,坚决依法判处死刑。会同民政部等出台意见,加强对事实无人抚养儿童的保护,贵州等法院专门制定保护农村留守儿童合法权益文件,让每一个孩子都沐浴在法治的阳光下。加强校园欺凌预防处置,审结相关案件4192件。会同教育部等完善校园安全事故处理机制,依法惩治涉及“校闹”的犯罪。积极推进司法保护与行政、家庭、学校、社区保护联动机制试点,用法治呵护少年儿童健康成长。

维护国防利益和军人军属合法权益。全面完成服务保障涉军停偿工作,全国法院5个先进单位、15名先进个人受到人社部和中央军委政治工作部、后勤保障部联合表彰。研究出台15条举措,组织专门力量,实行绿色通道,为做好涉军停偿下篇文章积极提供司法服务。严惩破坏军事设施、冒充军人招摇撞骗等犯罪,审结相关案件484件。军事法院稳步推开军事行政审判试点,依法维护部队官兵合法权益。湖南、重庆、四川等法院健全军地法院协作机制,山东临沂、河南信阳等法院发扬革命老区好传统好经验,用心用情用法做好涉军维权工作,促进军政军民团结。

保护港澳台同胞和海外侨胞、归侨侨眷合法权益。审结涉港澳台案件2.7万件,办理司法协助互助案件9648件,审结涉侨案件2475件。基本实现内地与香港民商事司法协助全覆盖。建成内地与澳门司法协助网络平台。出台司法惠台36条措施,平等保护台胞台企合法权益。积极为港澳台法律学生实习创造条件,增进港澳台青年对祖国司法制度的了解认识。

引导社会成员增强公共意识、规则意识。现代社会,人们工作生活离不开公共空间,规范的公共空间行为是社会充满活力、和谐有序的基础。对发生在公共空间案件的审理,人民法院兼顾国法天理人情,明辨是非,惩恶扬善,努力实现法律效果与社会效果的统一。审理“撞伤儿童离开遇阻猝死案”,判决阻拦者不担责,鼓励见义勇为。审理“患者飞踹医生反被伤案”,改判医生为正当防卫,坚决跟“和稀泥”说不。审理“微信群主踢群第一案”,支持

群组内正当管理行为，不让网络社区成为法外之地。审理“私自上树摘杨梅坠亡案”，认定村委会未违反安全保障义务，让守法者不用为他人过错买单。审理“冰面遛狗溺亡索赔案”，让自甘冒险者自负其责。审理“小偷逃逸跳河溺亡案”，依法判定追赶群众无责，宣示见义勇为者不用承担过重注意义务。通过一系列案件审理，破解长期困扰群众的“扶不扶”“劝不劝”“追不追”“救不救”“为不为”“管不管”等法律和道德风险，坚决防止“谁能闹谁有理”“谁横谁有理”“谁受伤谁有理”等“和稀泥”做法，让司法有力量、有是非、有温度；让群众有温暖、有遵循、有保障，争做法治中国好公民。

四、构建便民高效的矛盾纠纷化解机制，积极参与社会治理

化解矛盾纠纷是社会治理的重要内容。人民法院是化解矛盾纠纷、解决群众诉求的审判机关。公正高效化解矛盾、定分止争，是人民法院参与社会治理的重要职责，也是推进国家治理体系和治理能力现代化的重要内容。

畅通群众纠纷解决渠道。巩固立案登记制改革成果，推进案件当场立、自助立、网上立，坚决防止立案难反弹回潮。法院敞开大门，但不能唱独角戏，必须坚持和发展新时代“枫桥经验”，融入党委领导的社会治理体系，依靠人民群众和社会组织有效预防化解矛盾纠纷。各地法院坚持把非诉讼纠纷解决机制挺在前面，加强人民调解、行政调解、司法调解联动，非诉讼和诉讼对接，充分发挥人民法院调解平台在线化解纠纷功能，让人民内部矛盾能够更快更有效化解。云南、青海、宁夏、新疆和兵团等法院创新民族特色调解机制，维护各族群众合法权益，促进民族团结。浙江法院总结推广普陀、安吉做法，积极参与社会治理大格局，切实把矛盾解决在萌芽状态、化解在基层。

建立一站式多元解纷和诉讼服务机制。推进案件繁简分流、轻重分离、快慢分道，在诉讼服务中心建立调解、速裁、快审一站式解纷机制，为实现公平正义提速。全国法院诉讼服务中心化解案件849.7万件，其中速裁快审案件平均审理周期较一审民商事案件缩短49.2%。畅通诉讼服务渠道，决不让群众无处申诉，决不许对群众诉求置之不理。在诉讼服务中心提供一站通办、一网通办、一号通办的诉讼服务，江西、湖南等地法院在乡村社区设置自助诉讼服务设施，让群众参与诉讼更加便捷。

推广跨域立案诉讼服务。在全国范围全面推开跨域立案诉讼服务，当事人可以就近选择法院提交立案申请，减少往来奔波。京津冀、长三角、珠三角地区率先实现跨域立案域内全贯通，全国中级、基层法院和海事法院实现跨域立案服务全覆盖，“家门口起诉”新模式有效解决群众异地诉讼不便问题。

立足城乡基层化解纠纷。充分发挥全国10759个人民法庭作用，积极参与县域基层治理，共调解、审结案件473.1万件。延安、寻乌、两当等地人民法庭坚持群众说事、民事直说、法官说法，及时化解矛盾纠纷，服务乡村振兴。“马背法庭”“背篓法官”跋山涉水，深入田间地头、百姓家中，努力做到哪里有司法需求，人民法庭司法服务就跟进到哪里。

五、巩固“基本解决执行难”成果，保持执行工作高水平运行

如期实现“基本解决执行难”目标之后，人民法院咬定青山不放松，不断巩固“基本解决执行难”成果，朝着切实解决执行难目标迈进。2019年，全国法院共受理执行案件1041.4万件，执结954.7万件，执行到位金额1.7万亿元，同比分别上升17.4%、22.4%和10.8%，各项执行指标稳中有进，中国特色执行制度、机制和模式更加健全。

深化综合治理、源头治理。认真贯彻中央全面依法治国委员会2019年“1号文件”，推动完善跨部门系统监管和联合惩戒机制，巩固拓展综合治理执行难格局。河北、江西、河南、陕西等地全面依法治省委员会制定贯彻落实意见，湖南省人大常委会专门出台文件，支持法院切实解决执行难。认真落实代表审议意见，制定实施执行工作五年发展纲要，健全长效机制，确保攻坚之后标准不降、力度不减。制定律师参与执行意见，充分发挥专业力量作用。按照全国人大常委会部署，配合开展民事强制执行法立法工作，推动健全中国特色执行法律制度。

强化善意执行、文明执行。坚持依法严格公正执行，坚决打击逃避、抗拒执行行为，保障胜诉当事人合法权益。制定强化善意文明执行意见，优化查封、变价等措施，最大限度降低对企业生产经营的影响。对资金链暂时断裂但仍有发展潜力、存在救治可能的企业，引导通过和解分期履行、兼并重组等方式执行。建立信用惩戒分级管理和失信修复等机制，严格失信惩戒程序条件，精准实施信用惩

戒。依法及时删除失信名单208.3万人次,同比上升19.3%。转变执行工作理念,由过去的惩戒为主变为惩戒与激励并重,浙江宁波、福建宁德等法院推行自动履行正向激励机制,促进自动履行率大幅提升,营造了褒扬守信的社会氛围。

加大力度解决群众反映强烈的问题。针对涉民生、金融、拖欠民营企业账款等案件,集中开展专项执行行动。集中执行期间,全国法院执结涉民生案件21万件,执行到位金额98亿元,让人民群众获得感更加充实。执结涉金融案件47万件,执行到位金额2000亿元。执结拖欠民营企业账款案件5870件,执行到位金额127亿元,切实保护民营企业、中小企业合法权益。

六、深化司法体制改革和智慧法院建设,不断提高司法质量、效率和公信力

公正与效率是人民法院永恒的价值追求。面对全球范围内案件尤其民商事案件持续较快增长趋势,中国法院要提供自己的解决方案。我们既不能走不断扩编增员的路子,更不能走限制立案、选择立案、拒绝群众诉求的路子,必须靠深化司法改革、建设智慧法院,加快推进审判体系和审判能力现代化。

深化司法体制综合配套改革。贯彻政法领域全面深化改革实施意见,发布人民法院第五个五年改革纲要,促进各项改革系统集成、协同高效。贯彻新修订的人民法院组织法和法官法,健全配套机制,推动中国特色社会主义司法制度优势转化为治理效能。落实人民陪审员法,扩大参审范围,全国陪审员参审案件340.7万件。根据全国人大常委会授权,在15个省份20个城市开展民事诉讼程序繁简分流改革试点,通过制度创新激发司法效能,满足群众多元、高效、便捷的纠纷解决需求。

全面落实司法责任制。健全有序放权、科学配权、规范用权、严格限权的审判权力运行体系,制定审判权力和责任清单,明确院庭长、审判组织、法官的权限和责任,压实院庭长审判监督管理职责,做到有权必有责、用权必担责、失职必问责、滥权必追责。充分发挥司法解释、指导性案例作用,推行类案与关联案件强制检索机制,完善审判委员会工作机制,促进裁判尺度统一。深化法官员额制改革,加强法官遴选工作,健全法官员额省级统筹、动态调整和交流退出机制,做到有进有出、优胜劣汰。山西、内蒙古、重庆等地落实落细履职保障政策,激励法官秉公办案、公正司法。

探索互联网司法新模式。发挥北京、杭州、广州互联网法院"引领"作用,推广"网上案件网上审理",完善在线诉讼规则,让群众享受在线诉讼便利。全面推广"中国移动微法院",推动电子诉讼服务向移动端发展,引领世界移动电子诉讼发展潮流。审理涉及"直播带货"等案件,明确网络空间行为规范、权利边界和责任;审理"暗刷流量"等互联网违法案件,促进网络空间治理法治化。在乌镇举办世界互联网法治论坛,深化互联网司法国际合作,推动构建网络空间命运共同体。

推动大数据、区块链等技术深度应用。深化司法大数据应用,完成专题报告806份,为治理高空抛物坠物、保护妇女儿童权益等提供参考。建成全国统一司法区块链平台,创新在线存证方式,推动解决电子证据取证难、存证难、认证难问题。在执行中应用区块链智能合约技术,提高执行规范化水平。推广庭审语音识别、文书智能纠错、"法信"智能推送等应用,为法官办案、群众诉讼提供智能辅助。

深化阳光司法。截至今年4月,中国裁判文书网公布文书9195万份,中国审判流程信息公开网向当事人公开案件2900万件,公开信息15亿项,让公平正义经得起围观。中国庭审公开网直播案件696万件,观看量237亿人次,在线旁听庭审成为群众尊法学法守法用法新平台。经过多年实践,开放动态透明便民的阳光司法机制更趋成熟定型,丰富发展了社会主义法治文明。

司法改革和智慧法院作为人民法院审判体系和审判能力现代化的"车之两轮、鸟之双翼",有力提升了审判质效。2019年,全国法院法官人均办案228件,同比增长13.4%;各类案件一审后当事人服判息诉率89.2%,二审后达到98.2%;涉诉信访总量、涉诉进京访同比分别下降13.3%和40%;互联网法院案件平均审理周期42天,比传统模式缩短57.1%。

七、坚持革命化、正规化、专业化、职业化方向,大力加强人民法院队伍建设

始终把党的政治建设摆在首位。深入学习贯

彻习近平新时代中国特色社会主义思想，切实用以武装头脑、指导实践、推动工作，牢牢坚持党对司法工作的绝对领导。扎实开展“不忘初心、牢记使命”主题教育，接受深刻思想政治洗礼，引导广大干警牢记初心使命、忠诚履职担当。认真落实《中国共产党政法工作条例》，把党的领导贯彻到人民法院工作各方面和全过程。坚持抓党建带队建促审判，努力创建让党中央放心、让人民群众满意的模范机关。认真接受中央巡视，狠抓问题整改。深入开展向邹碧华学习活动，全国法院涌现出李庆军等一批新时代司法为民、公正司法的先进典型，532 个集体、661 名个人受到中央有关部门表彰，北京法院宋鱼水、辽宁法院谭彦、黑龙江法院孙波、上海法院邹碧华、福建法院黄志丽被授予“最美奋斗者”称号，他们以忠诚乃至生命诠释了人民法官的初心。

不断加强司法能力建设。培训干警 61.5 万人次。创新法治人才培养机制，深化同高校合作，积极参与中国政法实务大讲堂专题讲座，促进司法实践与教学科研紧密结合。选派 851 名法官参加涉外培训交流，培养专业化涉外司法人才。加强基层基础建设，改善基层工作条件，加大对革命老区、民族地区、边疆地区、贫困地区法院建设和人才培养支持力度。培养双语法官 1345 人，内蒙古、西藏、青海、新疆等法院积极参与“双语法律文化出版工程”，更好满足民族地区群众司法需求。

持之以恒正风肃纪。严格贯彻中央八项规定及其实施细则精神，切实解决困扰基层的形式主义、官僚主义问题。结合主题教育开展深化突出问题集中整治，切实解决“灯下黑”问题。严格落实“一岗双责”，让失责必问成为常态。坚持刀刃向内，以零容忍态度严惩司法腐败，坚决清除害群之马。最高人民法院查处本院违纪违法干警 11 人，各级法院查处利用审判执行权违纪违法干警 1374 人，其中追究刑事责任 115 人。针对违规过问案件、违反任职回避、充当诉讼掮客、亲友隐名代理等影响司法廉洁的突出问题，深入自查自纠，全面彻底整改。深入开展警示教育，以违纪违法案件为反面教材，深刻汲取教训，举一反三，堵塞漏洞，健全机制，营造风清气正的司法环境。

八、自觉接受监督，加强和改进人民法院工作

依法接受人大监督，认真落实十三届全国人大二次会议决议和代表提出的意见建议，逐项细化分工，加强跟踪督办。认真落实全国人大常委会关于解决执行难情况专项报告的审议意见，并专门报告落实情况。向全国人大常委会专题报告刑事审判工作情况，根据审议意见，推进新时代刑事审判工作发展。认真办理代表建议 355 件，办理日常建议 395 件，全程密切沟通，充分采纳代表意见。邀请全国人大代表视察法院、参加会议、旁听庭审等活动 1492 人次，专门邀请代表共同开展长江、黄河流域生态环境司法保护调研。认真接受民主监督，办理政协提案 173 件，走访接待全国政协委员 180 人次；加强与民主党派、工商联和无党派人士沟通，广泛听取意见。深入贯彻监察法，自觉接受监察机关对法院工作人员进行监督。依法接受检察机关诉讼监督，公正审理抗诉案件，认真办理检察建议。广泛接受社会监督，积极开展特约监督员、特邀咨询员、专家学者调研座谈、列席审委会等活动。加强与新闻媒体互动，深入开展全媒体直播活动，主动接受舆论监督。

各位代表，人民法院工作的发展进步，根本在于以习近平同志为核心的党中央坚强领导，根本在于习近平新时代中国特色社会主义思想科学指引。人民法院工作成绩的取得，是全国人大及其常委会有力监督，国务院大力支持，全国政协民主监督，国家监察委员会、最高人民检察院监督，各民主党派、工商联、人民团体、无党派人士民主监督，地方各级党政机关、全国人大代表、全国政协委员、社会各界和广大人民群众关心支持帮助的结果。在此，我代表最高人民法院表示衷心的感谢！

我们清醒认识到，人民法院工作还存在不少问题：一是司法理念、司法能力与新时代新要求相比还存在较大差距，应对风险挑战、服务高质量发展等方面能力还需加强。二是对经济社会发展给司法带来的新情况新问题研究不够，出现一些案件裁判尺度不统一问题。三是司法体制综合配套改革存在落实不到位情况，审判管理制度和审判权力运行监督制约机制不够健全。四是知识产权、互联网、涉外等领域高素质专业化审判人才短缺，人才培养机制有待改进。五是司法作风不正、司法腐败问题时有发生，有的干警以案谋私、权钱交易甚至充当黑恶势力“保护伞”，党风廉政建设和反腐败斗争任务依然艰巨繁重。六是一些法院人案矛盾突出、办案压力大，一些边远地区基层法院招人难、留人难问题突出。对这些问题，我们将在党的领导下采取有力措施，切实加以解决。

下一阶段工作安排

今年是全面建成小康社会和“十三五”规划收官之年，也是脱贫攻坚决战决胜之年。新冠肺炎疫情对我国经济社会发展带来前所未有的冲击，对国际国内形势带来前所未有的重大影响，我国发展面临的挑战前所未有，司法工作面临的挑战也前所未有，任务十分艰巨繁重。人民法院要坚持以习近平新时代中国特色社会主义思想为指导，增强“四个意识”、坚定“四个自信”、做到“两个维护”，全面贯彻党的十九大和十九届二中、三中、四中全会及中央政法工作会议精神，深入学习贯彻习近平总书记主持中央政治局常委会会议听取最高人民法院党组工作汇报时的重要讲话精神，认真落实本次大会决议，胸怀中华民族伟大复兴的战略全局和世界百年未有之大变局，坚持党对司法工作的绝对领导，坚持以人民为中心，坚持稳中求进工作总基调，善于化危为机，充分履行职责，依法维护经济发展和社会稳定大局，为统筹推进疫情防控和经济社会发展工作，确保完成决战决胜脱贫攻坚目标任务，全面建成小康社会提供有力司法服务和保障。

*一是着力服务保障常态化疫情防控和全面恢复经济社会秩序。*在常态化疫情防控中做好司法应对，依法保障人民生命安全和身体健康，充分发挥司法促发展、稳预期、保民生的作用，依法保障国家惠企政策有效落实，精准服务做好“六稳”工作、落实“六保”任务。坚持把非诉讼纠纷解决机制挺在前面，注重运用调解、执行和解等方式妥善化解因疫情引发的矛盾纠纷，在法治轨道上保障常态化疫情防控。依法准确适用不可抗力规则，合理平衡当事人利益，引导各方共担风险、共克时艰。坚持善意文明执行理念，坚决杜绝超标的查封、乱查封，有效运用“活封”措施，尽最大可能保持企业财产运营价值。通过破产重整、和解等程序帮助企业化解危机、脱困重生。充分运用司法手段，尽最大努力保企业特别是中小微企业生存，保障和促进就业。依法妥善化解投资消费、新型基建等领域纠纷，为实施扩大内需战略营造良好法治环境。依法打击恶意逃废债行为。依法公正高效审理各类涉外案件，服务扩大对外开放和共建“一带一路”高质量发展，支持海南自由贸易港建设。深化国际司法交流合作，推动全球抗疫法治合作，服务构建人类命运共同体。中国法院将严格遵守国际法和公认的国际关系基本原则，坚决捍卫我国司法主权和国家安全。

*二是着力服务更高水平的平安中国建设。*严厉打击敌对势力渗透、破坏、颠覆、分裂活动。依法惩治影响常态化疫情防控各类犯罪，坚决维护国家安全、生物安全、生态安全、公共卫生安全和社会稳定。立足司法职能推动健全公共卫生体系，强化和完善公共卫生法治保障。依法惩治职务犯罪，服务一体推进不敢腐、不能腐、不想腐。严惩公共安全、民生保障等领域犯罪，加强新型犯罪问题研究应对。强化人权司法保障，依法保障律师执业权利。深化扫黑除恶专项斗争，依法公正高效审理涉黑涉恶犯罪案件，让每一起案件都经得起法律和历史检验，让人民群众收获更多安全感。

*三是着力服务经济高质量发展。*紧扣决战决胜脱贫攻坚和全面建成小康社会目标任务完善司法政策。严惩“三农”领域各类犯罪，深化法治扶贫，强化消费扶贫、就业扶贫、产业扶贫司法保障，加强金融、环境资源等案件审判，为打好三大攻坚战提供有力司法服务。推广北京、上海等地法院做法，积极营造更加稳定公平透明、可预期的法治化营商环境。加强产权和知识产权司法保护，保护商业秘密。加强数据权利和个人信息安全保护，严惩泄露、倒卖等侵犯公民个人信息犯罪，服务数字经济健康发展。完善司法服务政策举措，为京津冀协同发展、粤港澳大湾区建设、长江经济带发展、长三角区域一体化发展、黄河流域生态保护和高质量发展、西部大开发、东北全面振兴、中部地区崛起、成渝地区双城经济圈建设等提供高水平司法服务。

*四是着力加强民生司法保障。*认真贯彻实施审议通过后的民法典，全面清理民事司法解释，制定新的配套司法解释，加强学习培训，提升民事司法能力和水平依法保护民事主体合法权益，调整民事关系，维护社会和经济秩序。坚持把社会主义核心价值观要求融入司法审判，落实“谁执法谁普法”要求，弘扬正风正气。执行工作永远在路上，健全切实解决执行难长效机制，强化公正规范文明执行。积极参与市域社会治理，发挥人民法庭作用，服务法治乡村建设。依法维护国防利益，保障军人军属、退役军人合法权益。坚持以人民呼声为第一信号，不断解决群众关注的难点堵点痛点问题。加强妇女儿童、老年人、残疾人等的司法保护。坚决依法纠正就业中地域、性别等歧视，坚决依法纠正违反法律规定解除新冠肺炎患者劳动合同关系的行为，依法治理农民工欠薪问题，维护劳动者公平就业权利。

*五是着力推进审判体系和审判能力现代化。*认真实施人民法院贯彻落实党的十九届四中全会精神的意见，提升司法促进治理体系和治理能力现代化效能。加强改革"回头看"，巩固改革成果，认真落实深化司法责任制综合配套改革意见，加强对下指导，提升改革成效。深化民事诉讼程序繁简分流改革。优化行政诉讼庭审程序。全面提升一站式多元解纷和诉讼服务实效。研究新情况解决新问题，推进裁判尺度统一。深化司法公开。巩固拓展疫情期间智慧法院建设应用成果，完善互联网司法模式。

*六是着力建设忠诚干净担当的过硬法院队伍。*加强人民法院党的政治建设，巩固深化主题教育成果，强化人才培养和队伍管理，锻造一支政治过硬、业务过硬、责任过硬、纪律过硬、作风过硬的高素质队伍。强化基层基础建设，支持革命老区、民族地区、边疆地区、贫困地区法院发展。认真抓好巡视整改落实。自觉接受人大监督、民主监督和各方面监督。夯实全面从严治党主体责任，坚决破除形式主义、官僚主义，严格执行防止外部和内部人员干预过问司法"三个规定"等铁规禁令，让暗箱操作没有空间，让司法腐败无法藏身，扎实开展"以案释德、以案释纪、以案释法"警示教育，以零容忍态度严惩司法腐败，把"严"的主基调长期坚持下去，以廉洁司法确保公正司法。发扬斗争精神，增强斗争本领，以司法担当化解矛盾纠纷，以公正司法实现公平正义。

各位代表，做好今年人民法院工作，责任重大，使命光荣。我们要更加紧密地团结在以习近平同志为核心的党中央周围，以习近平新时代中国特色社会主义思想为指导，忠实履行宪法法律赋予的职责，坚定信心，迎难而上，埋头苦干，为实现"两个一百年"奋斗目标、实现中华民族伟大复兴的中国梦作出新的更大贡献！

第十三届全国人民代表大会第三次会议关于最高人民检察院工作报告的决议

（2020 年 5 月 28 日第十三届全国人民代表大会第三次会议通过）

第十三届全国人民代表大会第三次会议听取和审议了最高人民检察院检察长张军所作的工作报告。会议充分肯定最高人民检察院的工作，同意报告提出的下一阶段工作安排，决定批准这个报告。

会议要求，最高人民检察院要以习近平新时代中国特色社会主义思想为指导，全面贯彻党的十九大和十九届二中、三中、四中全会精神，增强"四个意识"、坚定"四个自信"、做到"两个维护"，毫不动摇坚持党的绝对领导，坚持以人民为中心，忠实履行宪法法律赋予的职责，着力维护国家政治安全、维护经济发展和社会稳定大局、维护社会公平正义，持续深化司法体制改革，大力加强过硬队伍建设，推动刑事、民事、行政、公益诉讼检察工作全面协调充分发展，为统筹推进疫情防控和经济社会发展工作、完成决战决胜脱贫攻坚目标任务、全面建成小康社会提供有力司法保障。

最高人民检察院工作报告

——2020 年 5 月 25 日在第十三届全国人民代表大会第三次会议上

最高人民检察院检察长　张　军

各位代表：

现在，我代表最高人民检察院，向大会报告工作，请予审议，并请全国政协各位委员提出意见。

去年以来，在以习近平同志为核心的党中央坚强领导下，在全国人大及其常委会有力监督下，最高人民检察院坚持以习近平新时代中国特色社会主义思想为指导，全面贯彻党的十九大和十九届二中、三中、四中全会精神，认真落实十三届全国人大二次会议决议，紧紧围绕统筹推进“五位一体”总体布局、协调推进“四个全面”战略布局，把增强“四个意识”、坚定“四个自信”、做到“两个维护”体现在履职尽责上，把庆祝新中国成立70周年、开展主题教育和开展新冠肺炎疫情防控斗争迸发出来的激情转化为守初心、担使命的扎实行动，讲政治、顾大局、谋发展、重自强，各项检察工作取得新进展。

检察履职战疫情况

最高人民检察院坚决贯彻习近平总书记重要指示和党中央决策部署，在中央政法委领导下，带领各级检察机关主动服务疫情防控大局，在依法战疫中守初心、担使命。2020年2月至4月，共批准逮捕涉疫刑事犯罪3751人、起诉2521人，办理涉口罩等防疫物资监管、医疗废弃物处置、野生动物保护等领域公益诉讼案件2829件。*一是迅速出台办案规范。*疫情对经济社会造成较大冲击，依法防控更显重要。为适应办案需要，最高人民检察院1月30日出台专门规范。其后，会同相关政法部门发布指导意见，依法惩治危害疫情防控犯罪；与国家卫健委等作出部署，对伤医扰医犯罪一律依法从严追诉；与海关总署等共同规范惩治妨害国境卫生检疫犯罪，严防疫情境外输入性风险；与相关领导机关、政法部门共同发布指导意见，助力复工复产，为统筹推进疫情防控常态化和经济社会发展提供司法保障。*二是创新以案释法。*应对重大突发公共卫生事件不能按部就班。自2月11日起，最高人民检察院首次以在办的批捕起诉案件释法，首次会同公安部发布典型案例，首次以每周一批的频次，根据疫情防控不同阶段特点，分专题发布10批55个典型案例，突出维护医疗秩序、防疫秩序、市场秩序、社会秩序，收到规范司法、警示犯罪、教育社会的积极效果。*三是保障涉案人合法权益。*从一开始就注意准确把握法律政策，力防突破法律的“从重”“从严”“从快”。犯罪嫌疑人是确诊或疑似患者的，首先保障救治，体现司法人文关怀。对情节轻微的涉疫犯罪落实从宽政策，依法不批捕576人、不起诉117人。在这场抗击疫情的严峻斗争中，各地特别是湖北检察机关闻令而动，坚持自身防疫与依法履职两手抓，深入社区参与一线联防联控，以法与情写就中国抗疫故事检察篇章。经历这次大考，我们更加深刻感受到中国共产党领导和我国社会主义制度的显著优势，更加深刻体会到法治在国家治理中的重要作用。

2019年工作回顾

2019年，全国检察机关紧紧围绕党和国家工作大局，忠实履行宪法法律赋予的法律监督职责。全年共办理各类案件3146292件，同比上升9.7%。其中，审查逮捕案件935432件，审查起诉案件1413742件，刑事、民事、行政申诉案件258520件，公益诉讼案件126912件，诉讼活动违法监督案件411686件。

一、积极参与国家治理，为经济社会发展大局服务

全力投入平安中国、法治中国建设，在推动依法治理中守初心、担使命。批准逮捕各类犯罪嫌疑人1088490人、提起公诉1818808人，同比分别上升3%和7.4%。

*坚决维护国家政治安全和社会稳定。*贯彻总体国家安全观，依法严惩分裂国家、间谍等犯罪。支持新疆等地检察机关健全反恐维稳常态机制。坚决惩治“法轮功”等邪教组织犯罪。严惩严重暴力犯罪，起诉60654人，同比上升1.6%。依法惩治盗窃等多发性侵财犯罪，起诉393587人，同比上升5.1%。突出惩治重大责任事故等安全生产领域犯罪，起诉3543人，同比上升5.9%。加大惩治电信网络诈骗以及利用网络赌博、泄露个人信息等犯罪力度，起诉71765人，同比上升33.3%，网络空间不容犯罪藏身。

*严格依法推进扫黑除恶专项斗争。*会同有关部门制定8个指导性文件，对107起重大案件直接挂牌督办，派出专家组督导孙小果案、杜少平操场埋尸案、黄鸿发家族案等重大案件。共起诉涉黑犯罪30547人、涉恶犯罪67689人，同比分别上升194.8%和33.2%。坚持“是黑恶犯罪一个不放过、不是黑恶犯罪一个不凑数”，省级检察院对涉黑和重大涉恶案件统一把关。侦查机关以涉黑涉恶移送审查起诉，检察机关依法不认定9007件；未以涉黑涉恶移送的，依法认定2148件。促进深挖根治，起诉“保护伞”1385人，同比上升295.7%。

*扎实服务打好三大攻坚战。*为金融安全护航。起诉金融诈骗、破坏金融管理秩序犯罪40178人，同比上升25.3%。最高人民检察院向中央有关部门

发出第三号检察建议,推动强化监管、源头防控。为脱贫攻坚助力。起诉扶贫领域"蝇贪"877 人,向扶贫款物伸手必严惩。向因案致贫返贫的 6000 个受害家庭发放司法救助金 7589 万元,同比分别上升 42.4% 和 54.7%。盯住拖欠农民工工资问题,起诉恶意欠薪犯罪 902 人,支持农民工起诉 10322 件。为美丽中国添彩。对污染环境、走私洋垃圾、非法采矿等犯罪从严惩处,起诉 50800 人,同比上升 20.4%。办理生态环境领域公益诉讼案件 69236 件,同比上升 16.7%。山西浑源 32 家采矿企业私挖滥采,最高人民检察院挂牌督办,省委和省政府重视、支持,三级检察院联动,以公益诉讼推动生态治理 4 万余亩。

更实支持企业经营发展。法治是最好的营商环境。坚持依法保障企业权益与促进守法合规经营并重,对国企民企、内资外资、大中小微企业同等对待、平等保护。坚定支持国有企业改革发展,依法维护国有资产安全。持续落实服务民营经济 11 项检察政策,切实做到慎捕、慎诉,并发布典型案例加强指导;对 1971 名依法可不继续羁押的民营企业负责人建议办案机关取保候审;对既未撤案又未移送审查起诉、长期搁置的"挂案"组织专项清理,排查出 2687 件,已督促结案 1181 件。湖南湘潭 57 家民营企业涉嫌虚开增值税专用发票罪被立案侦查,因事实不清、证据不足,6 年未予结案,涉案企业融资难、经营难。检察机关发出监督意见,57 起案件全部撤案并退还扣押财物。沪苏浙皖检察机关与司法行政机关出台政策,允许处于社区矫正期的企业人员赴外地从事生产经营活动。

积极作为促创新。加大知识产权司法保护力度,起诉侵犯商标权、专利权、著作权及技术信息、经营信息等犯罪 11003 人,同比上升 32.2%。针对查处的侵犯知识产权案件中,有的被侵权企业因不了解案件信息、难以行使救济权问题,推广上海经验,在 6 省市试点审查起诉时主动告知被侵权企业诉讼权利,刑事追诉与民事维权并重。妥善办理涉技术创新案件。浙江一企业创新研发的"平板走步机"因尚无国家标准,被误以生产、销售伪劣产品罪立案。检察机关主动商请产品质量监管部门研究,国家市场监管总局由此确立走步机国家标准。该案依法不起诉,推动了行业创新发展。

扎实推进反腐败斗争。监检办案互相配合、互相制约,既是政治要求也是法定责任。受理各级监委移送职务犯罪 24234 人,同比上升 50.6%。已起诉 18585 人,同比上升 89.6%;不起诉 704 人,退回补充调查 7806 人次,不起诉率、退补率同比分别增加 1.1 和 16.3 个百分点。对秦光荣、陈刚等 16 名原省部级干部提起公诉。对 13 起贪污贿赂犯罪嫌疑人逃匿、死亡案件提出没收违法所得申请。对司法工作人员侵犯公民权利、损害司法公正犯罪立案侦查 871 人,坚决清除司法队伍中的害群之马。

持续推进"一号检察建议"落实。最高人民检察院 2018 年就防治校园性侵发出第一号检察建议后,去年又会同教育部赴 8 个省区市督导,与河北、河南、陕西等地省领导夜查寄宿学校安全管理;地方检察机关与教育部门联合查访中小学校、幼儿园 3.8 万余所,推动平安校园建设。推广上海、湖北、重庆等地经验,与公安部、教育部共建教职工入职前查询相关违法记录制度;与教育部、国家卫健委等 8 部委共建未成年人被侵害强制报告制度,把对孩子的保护做得更实、更细。起诉性侵、拐卖、虐待等侵害未成年人犯罪 62948 人,同比上升 24.1%。专门发布检察政策:凡拉拢、诱迫未成年人参与有组织犯罪,一律依法从严追诉、从重提出量刑建议。依法惩治未成年人犯罪,对主观恶性深、犯罪手段残忍、后果严重的决不纵容;未达刑事责任年龄不追诉的,依法送交收容教养或专门学校从严矫治。3 万余名检察官担任中小学法治副校长,落实法治教育从娃娃抓起。

用真情落实群众来信件件回复制度。关乎人民群众的揪心事,人手再紧也要做到,工作再难也要做好。全国检察机关新收群众来信 491829 件,均在 7 日内告知"收到了、谁在办";3 个月内办理过程或结果答复率 99.2%。件件回复不是关键,案结事了才是根本。四级检察长接待信访群众 16135 次。邀请人大代表、政协委员、人民监督员、社区代表等对 1244 件申诉多年的疑难案件公开听证,摆事实、举证据、释法理。去年底又开通联网办信,流转、查询、反馈全程提速。

立足办案引领社会法治观念、弘扬社会主义核心价值观。指导地方检察机关查明涞源反杀案、邢台董民刚案、杭州盛春平案、丽江唐雪案等影响性防卫案件事实,依法认定正当防卫,引领、重塑正当防卫理念,"法不能向不法让步"深入人心。江西、广西等地检察机关对侵害方志敏、雷锋等英烈权益行为提起民事公益诉讼 48 件;山西、陕西等地检察机关协同军事检察机关,对改进英烈纪念设施管理提出检察建议1047件。食药安全底线不容触碰，办理食药领域公益诉讼35778件；探索危害食品安全民事公益诉讼惩罚性赔偿，惩罚就要痛到不敢再犯。会同有关部门发布惩治袭警违法犯罪指导意见，维护民警执法安全就是维护国家法治尊严。

服务保障国家战略实施。制定服务保障粤港澳大湾区建设司法政策。务实推进检察对口支援，促进新疆、西藏、青海、赣闽粤原中央苏区检察工作更好发展。辽吉黑检察机关协同服务东北全面振兴。京津冀检察机关联动服务民营经济、携手办理互涉案件、依法保障律师跨区执业。深化长江经济带11省市检察协作，促进破解“上下游不同步、左右岸不同行”的环境治理难题。深化自贸试验区所在地检察机关一体化协作机制，支持海南自由贸易港建设，天津检察机关建立自贸检察智库。

二、主动适应时代发展，扎实履行法定检察职责

贯彻执行十三届全国人大二次会议决议关于“更好发挥人民检察院刑事、民事、行政、公益诉讼各项检察职能”新要求，落实人民检察院组织法新规定，在履职办案中守初心、担使命。

努力做优刑事检察。新中国成立70年来，中国共产党领导人民创造了经济快速发展奇迹，更保持社会长期稳定。1999年至2019年，检察机关起诉严重暴力犯罪从16.2万人降至6万人，年均下降4.8%；被判处三年有期徒刑以上刑罚的占比从45.4%降至21.3%。与此同时，新类型犯罪增多，“醉驾”取代盗窃成为刑事追诉第一犯罪，扰乱市场秩序犯罪增长19.4倍，生产、销售伪劣商品犯罪增长34.6倍，侵犯知识产权犯罪增长56.6倍。严重暴力犯罪及重刑率下降，反映了社会治安形势持续好转，人民群众收获实实在在的安全感；新型危害经济社会管理秩序犯罪上升，表明社会治理进入新阶段，人民群众对社会发展内涵有新期待。刑事犯罪从立法规范到司法追诉发生深刻变化，刑事检察理念和政策必须全面适应、努力跟进。秉持客观公正立场。检察官依法履行指控证明犯罪主导责任，既是犯罪追诉者又是无辜保护者。2019年，全国检察机关对不构成犯罪或证据不足的决定不批捕191290人、不起诉41409人，较5年前分别上升62.8%和74.6%。对侦查、审判中不需要继续羁押的，建议取保候审75457人，较5年前上升279%。最高人民检察院检察委员会讨论“张志超强奸案”，认为原起诉、裁判证据不足，按照疑罪从无原则，支持山东检察机关提出改判无罪意见。全面贯彻宽严相济刑事政策。刑事诉讼法确立的认罪认罚从宽制度要求检察机关以在案事实、证据促进犯罪嫌疑人自愿认罪、认同量刑建议，同时听取律师意见、细致做好被害人工作，办案难度倍增、检察责任更重。最高人民检察院与有关部门制定实施意见，大力推进落实。去年12月适用率达83.1%，量刑建议采纳率79.8%；一审服判率96.2%，高出其他刑事案件10.9个百分点，有力促进了矛盾化解、社会和谐。刑事诉讼监督取得实效。推广北京、山西、广东经验，向公安机关执法办案管理中心、法制部门或派出所派驻检察室，加强对立案和侦查活动同步监督。对认为确有错误的刑事裁判提出抗诉8302件，法院已改判、发回重审4364件。常态化清理久押不决案件，对侦查、审判环节羁押5年以上未结案的367人逐案核查，已依法纠正189人。纠正减刑、假释、暂予监外执行不当38035人次。坚决贯彻习近平主席特赦令和全国人大常委会特赦决定，全程同步监督特赦实施，确保准确无误执行到位。

努力做强民事检察。检察机关受理民事申诉持续高位运行，去年受理142203件，同比上升23.9%。注重精准监督。努力办好对经济社会发展有引领价值的典型案件，发挥对类案的指导作用。提出民事抗诉5103件，同比上升29.8%；法院已改判、发回重审、调解、和解撤诉3172件，改变率同比增加1.9个百分点。提出再审检察建议7972件，同比上升95.1%；法院已裁定再审4583件，采纳率同比增加5.3个百分点。大力整治虚假诉讼。最高人民检察院组织专项监督，纠正虚假诉讼3300件，对涉嫌犯罪的起诉1270人，同比分别上升122.4%和154%。浙江绍兴检察机关发现一当事人频繁起诉，同一法院为此作出生效裁判50件。涉案借条中出借人姓名空白、无利息约定，无支付凭证，被告亦缺席庭审，实为“套路贷”团伙为获取非法利益打“假官司”。遂监督撤销原判并将涉黑线索移送公安机关，该团伙14人落入法网。共同破解执行难。对执行活动中的违法情形提出检察建议23437件，对拒不执行判决、裁定的批捕2318人，同比分别下降1.6%和2.4%。

努力做实行政检察。对认为确有错误的行政

判决、裁定提出抗诉156件，同比上升33.3%。提出再审检察建议83件，同比下降7.8%。针对一些行政诉讼案件不符合起诉条件被驳回，讼争问题未解，案虽结事难了，去年10月起开展专项监督，通过促进和解、督促纠正违法、给予司法救助等方式，已化解行政争议378件，努力实现案结事了政和。一当事人认为其养老保险金从行政机关核准时发放有误，要求从退休起补发，因超过起诉期限被驳回。检察机关审查认为案涉当事人重大权益，起诉期限虽过，但行政行为确有不当，建议补发，问题终得解决。

努力做好公益诉讼检察。牢记检察官公共利益代表的神圣职责，深化双赢多赢共赢理念，办理民事公益诉讼7125件、行政公益诉讼119787件，同比分别上升62.2%和10.1%。坚持把诉前实现维护公益目的作为最佳司法状态。检察机关与政府部门虽分工不同，但服务人民、追求法治的目标一致，公益诉讼并非“零和博弈”。推广福建、山东等地圆桌会议和公开送达机制，形成整改合力。对2018年办理的10万余件诉前检察建议落实情况“回头看”，发现逾期未回复、实际未整改、整改不彻底的8751件，跟进督促履职。2019年发出诉前检察建议103076件，同比上升1.8%；回复整改率87.5%，同比上升15.8个百分点，绝大多数问题在诉前得以解决，以最小司法投入获得最佳社会效果。黑龙江省人民检察院专项调查二次供水安全状况，向省政府发出检察建议后得到高度重视，促进了整改落实。对发出公告和检察建议后公益受损未能解决的，提起公益诉讼4778件，同比上升48%。法院已审结3238件，支持起诉意见3225件。积极、稳妥拓展办案范围。对法律明确赋权领域之外人民群众反映强烈的公益损害问题，探索立案7950件。北京海淀、湖北荆门等地检察机关针对校园周边商户向孩子售烟问题发出检察建议，督促职能部门履职；国家卫健委等8部委主动深化青少年控烟部署。公益诉讼检察工作得到各级人大重视支持。全国人大常委会听取审议专项报告并进行专题询问，435位全国人大代表提出意见建议；15个省级人大常委会听取专项报告，11个省级人大常委会作出专项决定，给予有力监督支持。

三、狠抓自身建设，着力提升检察履职能力

认真落实习近平总书记关于“四个铁一般”的重要要求，深入贯彻检察官法，以过硬的本领守初心、担使命。

把党的政治建设摆在首位。深刻领悟习近平总书记全面依法治国新理念新思想新战略，坚持党对检察工作的绝对领导。自觉接受中央巡视，严格落实整改政治责任。扎实开展“不忘初心、牢记使命”主题教育，向“最美奋斗者”张飚、方工学习，潘志荣、施净岚、王勇等新时代检察官形象深入人心。12位检察人员为党和人民献出宝贵生命，广西易燕平没能走下他挚爱的公诉岗位，湖北熊成伟、福建李望厦牺牲在疫情防控前沿，海南王才东倒在了扶贫一线，守住初心、担起使命是对他们最好的缅怀。

司法体制改革在巩固中深化。认真贯彻党的十九届三中全会精神，全面完成省市县三级检察院内设机构重塑性改革，专业化建设又有加强。深化司法责任制综合配套改革，制定检察官员额退出办法，建立员额省级统筹、动态调整机制。担任领导职务的检察官带头办理重大疑难复杂案件，四级检察长办理案件57636件、列席审委会5682次，同比分别上升57.2%和56.4%。突出检察官办案主体地位，同步强化检察长、业务部门负责人监督责任。

建立“案-件比”质效评价标准。当事人一案，经过办案机关若干程序环节，就被统计为若干“案件”，而对当事人来说还是他的一个“案子”。“案子”经历司法程序越多、统计的“案件”越多，司法资源耗费越多，当事人讼累也越重。最佳“案-件比”是1∶1，当事人一个“案子”，进入检察程序后一次性优质办结，司法资源投入最少，当事人感受最好。创立这一评价标准意在督导检察官强化责任意识、提升司法能力，努力把工作做到极致，避免不应有的程序空转。2019年刑事检察“案-件比”为1∶1.87，“件”同比下降0.02，减少了约3万个不必要的办案环节。

创新检察业务建设。修订人民检察院刑事诉讼规则。与最高人民法院联合举办10期研修班，法官、检察官同堂培训，促进形成共同司法理念；与生态环境部、税务总局、市场监管总局、国家知识产权局等互派干部挂职交流；协调内蒙古、海南与其他省份基层检察官互派互补。积极参与“中国政法实务大讲堂”，让检察实务融入法学教育，助力培养社会主义法治人才。

坚持全面从严治检。过问或干预、插手司法办案等重大事项须记录报告，中央和有关部门早

有“三个规定”。“过问”主要是陈述情况、了解进展，多为监督公正司法；“记录、报告”有利约束检察官，防止人情案、关系案、金钱案。面对多数不实的“零报告”，最高人民检察院以上率下，要求“逢问必录”，不让“零报告”架空好规定。四级检察院全员覆盖、逐月报告，共记录报告2018年以来有关事项18751件。自觉接受各级纪委监委及派驻纪检监察组监督，以刮骨疗毒的勇气减存量、遏增量，包括最高人民检察院机关和事业单位6人在内的1290名检察人员因违纪违法被立案查处，同比上升66.7%，54人被追究刑事责任。坚持刀刃向内，从严查处为黑恶势力站台撑腰的检察人员42人。坚持实事求是，对严抓严管查处更多案件的给予肯定，鼓励抓早抓小，把管党治党主体责任落实。

四、自觉接受人民监督，让检察权在阳光下行使

牢记打铁必须自身硬，在人民监督下守初心、担使命。

*自觉接受人大监督。*四级检察院同步传达学习十三届全国人大二次会议精神；认真贯彻全国人大常委会审议意见；全面梳理全国人大代表审议报告、视察座谈提出的5836条意见建议，在日常工作中整改落实。认真办理全国人大代表提出的书面建议150件，对36件有新进展的往年建议跟进反馈。邀请376名全国人大代表视察检察工作、参与案件公开审查，获得监督、赢得支持。

*自觉接受民主监督。*积极参加全国政协双周协商座谈会，报告公益诉讼检察工作存在的问题和困难。认真办理全国政协委员提出的56件提案。继续向各民主党派中央面对面通报重点工作，真心诚意听取意见。健全与全国工商联的沟通联系机制，推动省市两级检察院与当地工商联协作，共同为民营企业排忧解难。

*自觉接受履职制约。*对监察机关提请复议的不起诉案件和公安机关提请复议复核的不批捕、不起诉案件，严格依法重新审查，改变原决定740人，同比下降4.8%。对法院作出无罪判决的，逐案评查、落实司法责任。与司法部建立联席会议机制，共同促进刑罚执行严格公正。

*自觉接受社会监督。*常态化开展检察开放日，邀请各界人士走进检察机关。一体建设12309中国检察网、检察服务热线和检察服务中心，四级检察院服务群众统一窗口、一个平台。完善人民监督员制度，将全部检察业务纳入监督范围。主动与媒体互动，接受舆论监督，倒逼检察办案质量更优、效率更高、效果更好。

*真诚尊重、依法维护律师执业权利。*落实全国人大代表建议，以专项监督纠正执法司法机关阻碍律师行使诉讼权利734件。推动建立省级检律会商机制；普遍设置律师通道、律师会谈室；办案中认真听取律师意见，共同维护司法公正。邀请2.9万余名律师驻检参与接访。检察机关真心欢迎、真诚信赖人民律师。

一年来，我们依法维护港澳台同胞、海外侨胞和归侨侨眷合法权益。福建厦门等地设立涉台检察联络室，聘请台胞担任联络员。始终高度重视特殊群体权益保障。与全国妇联建立合作机制，综合整治家暴、性侵等违法犯罪。总结江苏、四川经验，会同民政部等11部委将服刑和在押人员未成年子女纳入帮扶救助范围。起诉侵害残疾人权益犯罪5928人，同比上升9%。起诉侵害老年人权益犯罪46610人，同比上升12.4%。坚决惩治故意伤害教师犯罪，明是非、划底线，弘扬尊师重教传统。持续推动平安医院建设。起诉伤医、聚众扰医等涉医犯罪1637人，同比下降48.9%。伤医扰医犯罪必须“零容忍”，北京检察机关对孙文斌杀医案依法快捕快诉，被告人被判处死刑。坚决维护国防利益和军人军属合法权益。起诉破坏军事设施、破坏军婚等涉军犯罪510人，同比上升25.3%。对126名因遭受不法侵害陷入生活困难的军人军属、退役军人给予司法救助，同比上升38.5%。与中央军委政法委联合推动军地检察协作。开设退役军人信访“绿色通道”，用心用情用法服务“最可爱的人”。着力保障对外开放发展。维护司法主权，共建共享多边双边合作机制，办理司法协助、个案协查190件，有力服务“一带一路”高质量发展。甘肃等西北五省区检察机关携手助力丝绸之路经济带建设。广西检察机关推动建立跨境生态环境保护协作机制，承办3期东盟国家检察官法官研修班。

各位代表，一年来，我们践行党和人民要求，充分发挥检察职能作用，更好更优服务经济社会发展有新的进步。这根本在于以习近平同志为核心的党中央坚强领导，根本在于习近平新时代中国特色社会主义思想科学指引；离不开全国人大及其常委会有力监督、国务院大力支持、全国政协民主监督，

国家监察委员会、最高人民法院配合与制约，各民主党派、工商联和无党派人士、各人民团体及地方各级党政机关、各位代表、各位委员和社会各界的热忱关心帮助。我谨代表最高人民检察院表示衷心感谢！

我们清醒认识到，新时代检察工作还有不少问题和短板。一是检察理念还须更新、落实，融入国家治理体系、促进经济社会发展还有不小差距。二是履行法律监督职责不到位，重配合协调轻监督制约。三是检察业务薄弱环节尚未有效补强，行政检察、民事检察仍是明显短板。四是统筹推进司法体制改革不够，配套措施不完善。五是检察官专业素养不适应新时代更高要求，办理民商事、金融、网络等案件能力尤显不足。六是检察权监督制约机制尚待完善，违规办案、以案谋私时有发生，杨克勤等严重违纪违法案件影响恶劣、教训深刻。七是基层基础工作仍需大力加强，一些部署没有落实到位。持之以恒解新题、答难题，是对我们担当尽责的重大考验。

下一阶段工作安排

今年是决胜全面建成小康社会、决战脱贫攻坚之年，新冠肺炎疫情带来新的挑战，检察机关必须担当作为。要始终坚持党对检察工作的绝对领导，以习近平新时代中国特色社会主义思想为指导，深入学习贯彻党的十九大和十九届二中、三中、四中全会精神，把增强“四个意识”、坚定“四个自信”、做到“两个维护”融入各项检察工作；要始终坚持“守初心、担使命”，落实以人民为中心的发展思想，推动解决人民群众的操心事、烦心事、揪心事；要始终坚持“稳进、落实、提升”，以高度的政治自觉、法治自觉、检察自觉，把党中央决策部署和宪法法律赋予职责落实到位，为推进国家治理体系和治理能力现代化提供更有力法治保障。

*第一，坚持“稳进”，把为大局服务作为检察履职最重要使命。*聚焦全面建成小康社会目标任务，主动服务“六稳”“六保”，促进把疫情对经济社会发展的影响降到最低。坚决惩治危害国家安全犯罪。集中力量办理进入起诉高峰的涉黑涉恶案件，助推长效常治。严惩贪占扶贫款物犯罪，推动建立扶贫领域涉案财物快速返还机制；突出办好生态环境和食品药品领域损害公益案件；从严惩治金融犯罪。坚决惩治侵犯知识产权犯罪。着力服务民营经济更好发展，营造同等受到法律保护与约束的市场环境，促发展保就业保民生。深化监检衔接，依法惩治职务犯罪。严惩危害防疫、非法捕杀和交易野生动物等犯罪。坚持新时代“枫桥经验”，积极推进市域社会治理；落实“谁执法谁普法”责任制，做实检察官以案释法，广泛开展法治进校园、进社区、进乡村、进企业等活动，加强法治宣传；参与涉疫矛盾纠纷排查化解，有力促进疫后社会治理。坚决惩治涉军犯罪，坚定维护国防利益和军人军属、退役军人合法权益。

*第二，深化“落实”，更加自觉履行宪法法律赋予职责。*深化实施认罪认罚从宽制度。民法典审议通过后，我们将认真组织全员学习培训，在各项检察业务工作中抓好贯彻执行，保障案件当事人民事权利，维护公平正义。深入推进行政争议实质性化解，维护司法公正、促进依法行政。规范公益诉讼检察工作，拓展办案范围，积极、稳妥办理安全生产、公共卫生、生物安全、妇女儿童及残疾人权益保护、网络侵害、扶贫、文物和文化遗产保护等领域公益损害案件。办实群众来信件件回复，力促案结事了人和。严厉惩治性侵未成年人犯罪，督导“一号检察建议”落实再落实。进一步做实检察官担任法治副校长工作。

*第三，持续“提升”，对标新时代人民群众新的更高要求加强检察自身建设。*提升司法体制改革质效。提升检务科学管理水平，升级智慧检务建设，全面推进新时代基层检察工作创新发展。落实全面从严治党主体责任和监督责任，深化中央巡视反馈意见整改落实，在“严”的主基调下抓实全系统党风廉政建设，深入开展检察队伍教育整顿，打造忠诚干净担当的检察铁军。

各位代表，70 年来，伴随着共和国波澜壮阔的历史征程，人民检察院始终践行“为大局服务、为人民司法”的初心和使命。置身中华民族伟大复兴战略全局和世界百年未有之大变局，我们将更加紧密团结在以习近平同志为核心的党中央周围，以习近平新时代中国特色社会主义思想为指导，认真落实本次全国人大会议要求，自觉接受人民监督，砥砺初心、忠诚履职，为全面建成小康社会、实现第一个百年奋斗目标作出新贡献！

第十三届全国人民代表大会第三次会议关于确认全国人民代表大会常务委员会接受冯忠华辞去第十三届全国人民代表大会常务委员会委员职务的请求的决定

（2020 年 5 月 28 日第十三届全国人民代表大会第三次会议通过）

第十三届全国人民代表大会第三次会议决定：确认第十三届全国人民代表大会常务委员会第十一次会议关于接受冯忠华辞去第十三届全国人民代表大会常务委员会委员及全国人民代表大会农业与农村委员会委员职务的请求的决定。

第十三届全国人民代表大会第三次会议表决议案办法

（2020 年 5 月 21 日第十三届全国人民代表大会第三次会议主席团第一次会议通过）

根据《中华人民共和国宪法》和有关法律规定，主席团决定：

第十三届全国人民代表大会第三次会议表决各项议案，采用无记名按表决器方式，以全体代表的过半数赞成票通过。表决时，代表可以表示赞成，可以表示反对，也可以表示弃权。如表决器系统在使用中发生故障，改用举手方式表决。

关于第十三届全国人民代表大会第三次会议代表提出议案处理意见的报告

（2020 年 5 月 27 日第十三届全国人民代表大会第三次会议主席团第三次会议通过）

十三届全国人大三次会议主席团：

在本次会议上，全国人大代表坚持以习近平新时代中国特色社会主义思想为指导，全面贯彻党的十九大和十九届二中、三中、四中全会精神，增强“四个意识”、坚定“四个自信”、做到“两个维护”，坚持党的领导、人民当家作主、依法治国有机统一，依法向大会提出属于全国人大职权范围内的议案。根据大会主席团第一次会议决定的代表提出议案的截止时间，到 5 月 25 日 12 时，大会秘书处共收到代表提出的议案 506 件，其中，代表团提出的 17 件，代表联名提出的 489 件。在这些议案中，有关立法方面的 499 件，其中涉及制定法律的 196 件、修改法律的 297 件、解释法律的 2 件、就有关法律问题作出决定的 4 件，有关监督方面的 7 件。

今年的大会是在我国疫情防控取得重大战略成果的背景下召开的。代表们深入学习贯彻习近平总书记关于强化公共卫生法治保障的重要指示，结合在各条战线、各自岗位上参与疫情防控斗争的实践，针对疫情暴露出来的短板和不足，依法提出相关议案 122 件，占代表议案总数的 24%。主要有：围绕加快构建疫情防控法律体系，提出修改传染病防治法、治安管理处罚法、刑法，加大对瞒报传染病、妨碍防疫工作以及非法猎杀、销售、食用野生动物等行为的处罚力度，修改中医药法、执业医师法、献血法，以及制定公共卫生安全保障等方面的法律。围绕健全国家公共卫生应急管理体系，提出修改突发事件应对法、食品安全法、价格法、慈善法，制定社会救助法以及战略物资储备、行政征用、信息公开、应急管理、医疗保障等方面的法律。围绕构建国家生物安全法律法规体系，提出修改野生动物保护法、动物防疫法、渔业法，制定生物安全法等法律。

代表议案关注较多的还有以下几方面：一是完善民生领域立法，提出修改未成年人保护法、义务教育法、劳动合同法、社会保险法、消费者权益保护法等，制定法律援助法、学前教育法以及无障碍环境建设、物业管理等方面的法律。二是完善国家机构组织和职能立法，提出修改全国人民代表大会组织法、地方各级人民代表大会和地方各级人民政府组织法、各级人民代表大会常务委员会监督法、行政复议法、行政强制法等。三是完善生态文明建设立法，提出修改环境保护法、大气污染防治法、海洋环境保护法、环境噪声污染防治法、可再生能源法等，制定长江保护法、湿地环境保护法、国家公园法以及生态保护红线管理、生态保护补偿、环境保护教育、黄河保护、地下水资源保护、节约用水、电磁辐射污染防治、放射性废物管理等方面的法律。四是完善社会治理领域立法，提出修改安全生产法、道路交通安全法、城市居民委员会组织法、村民委员会组织法等，制定社会信用法、个人信息保护法以及公共安全检查、多元化纠纷解决机制等方面的法律。五是完善市场经济秩序、推动科技创新方面的立法，提出修改人民银行法、商业银行法、反洗钱法、科学技术进步法、专利法、著作权法、产品质量法等，制定乡村振兴促进法、数据安全法、电信法以及数字经济、人工智能、自由贸易港等方面的法律。

根据全国人民代表大会组织法和全国人民代表大会议事规则的规定，大会秘书处对代表提出的议案逐件认真分析研究，认为没有需要列入本次会议审议的议案。大会秘书处建议，将代表提出的议案分别交由全国人大有关专门委员会审议。其中，交由宪法和法律委员会审议 128 件，监察和司法委员会审议 33 件，财政经济委员会审议 91 件，教育科学文化卫生委员会审议 87 件，外事委员会审议 2 件，环境与资源保护委员会审议 93 件，农业与农村委员会审议 24 件，社会建设委员会审议 48 件。有关专门委员会对上述议案进行审议后，向全国人大常委会提出审议结果的报告，经全国人大常委会审议通过后印发第十三届全国人民代表大会第四次会议。

审议全国人民代表大会主席团交付的代表提出的议案，是全国人大各专门委员会的重要职责。大会秘书处就代表议案审议和相关工作提出如下建议：

一、坚持党中央对立法工作的集中统一领导，深入学习贯彻习近平总书记全面依法治国新理念新思想新战略特别是关于立法工作的一系列重要论述和指示，聚焦党和国家中心任务，坚持立法与改革精准衔接，不断提高立法质量和效率，为国家重大决策、重大战略顺利实施提供法律制度保障。

二、坚持以人民为中心的发展思想，聚焦强化公共卫生法治保障体系，发挥人大在立法工作中的主导作用，把审议代表议案与落实全国人大常委会立法规划、计划和相关专项立法工作计划结合起来，认真研究采纳代表意见建议，做好有关法律案的牵头起草和组织协调工作，加快构建和完善疫情防控、公共卫生应急管理、国家生物安全法律法规体系。

三、尊重代表主体地位，加强同提出议案的代表的联系，扩大代表对全国人大常委会、专门委员会工作的参与，坚持和完善代表参与立法起草、论证、审议、评估和执法检查、专题调研等工作机制，重要法律草案印发全体代表征求意见，专业性强的法律草案印发领衔提出议案的代表以及相关专业、领域的代表征求意见，更好发挥代表在立法、监督工作中的作用。

第十三届全国人民代表大会
第 三 次 会 议 秘 书 处

2020 年 5 月 27 日

附件：

交有关专门委员会审议的议案

（共 506 件）

一、交宪法和法律委员会审议的 **128** 件：

1. **海南代表团**：关于修改地方各级人民代表大会和地方各级人民政府组织法的议案（第 1 号）；

2. **蒋卓庆**等 30 名代表：关于修改监督法的议案（第 54 号）；

3. **陈震宁**等 31 名代表：关于修改监督法的议案（第 81 号）；

4. **莫小峰**等 31 名代表：关于修改地方各级人民代表大会和地方各级人民政府组织法的议案（第 133 号）；

5. **莫小峰**等 31 名代表：关于修改全国人民代表大会组织法的议案（第 136 号）；

6. **刘春香**等 30 名代表：关于修改立法法的议案（第 230 号）；

7. **刘春香**等 30 名代表：关于修改监督法的议案（第 231 号）；

8. **秦玥飞**等 31 名代表：关于修改代表法的议案（第 426 号）；

9. **杨震**等 31 名代表：关于修改各级人民代表大会常务委员会监督法的议案（第 477 号）；

10. **张海波**等 35 名代表：关于制定国家刑事补偿法，纳入符合条件的“轻罪重判”案件予以赔偿的议案（第 497 号）；

11. **刘新华**等 31 名代表：关于修改公司法，完善公众公司制度，做好与证券法衔接的议案（第 56 号）；

12. **朱建弟**等 30 名代表：关于修改公司法的议案（第 58 号）；

13. **聂鹏举**等 30 名代表：关于修改公司法第七十五条的议案（第 205 号）；

14. **马玉红**等 30 名代表：关于修改著作权法的议案（第 364 号）；

15. **周云杰**等 30 名代表：关于修改专利法的议案（第 425 号）；

16. **刘小兵**等 30 名代表：关于制定信息公开法的议案（第 34 号）；

17. **刘守民**等 30 名代表：关于修改行政复议法的议案（第 83 号）；

18. **莫华福**等 30 名代表：关于修改行政处罚法的议案（第 134 号）；

19. **孙登峰**等 30 名代表：关于修改行政强制法第五十七条的议案（第 155 号）；

20. **章联生**等 30 名代表：关于修改人民防空法的议案（第 163 号）；

21. **曾云英**等 30 名代表：关于修改行政处罚法的议案（第 164 号）；

22. **王宁**等 38 名代表：关于制定海警法，推动调配地方资源支持海警部队基本建设的议案（第 187 号）；

23. **张学锋**等 32 名代表：关于修改国防教育法的议案（第 206 号）；

24. **党永富**等 30 名代表：关于制定生物安全法的议案（第 221 号）；

25. **云南代表团**：关于修改行政复议法的议案（第 249 号）；

26. **林毅**等 35 名代表：关于修改行政复议法的议案（第 381 号）；

27. **罗卫红**等 32 名代表：关于制定行政征用法，完善行政征用制度，规范行政征用行为的议案（第 384 号）；

28. **买世蕊**等 30 名代表：关于制定行政程序法的议案（第 385 号）；

29. **赵冬苓**等 31 名代表：关于制定信息公开法的议案（第 422 号）；

30. **董文琴**等 31 名代表：关于制定公职人员政务处分法的议案（第 463 号）；

31. **李亚兰**等 31 名代表：关于制定公职人员政务处分法的议案（第 467 号）；

32. **李亚兰**等 31 名代表：关于制定生物安全法的议案（第 468 号）；

33. **杨震**等 31 名代表：关于修改档案法的议案（第 471 号）；

34. **马瑞燕**等 31 名代表：关于制定生物安全法的议案（第 474 号）；

35. **杨震**等 31 名代表:关于修改行政处罚法的议案(第 478 号);

36. **杨震**等 31 名代表:关于修改行政复议法的议案(第 479 号);

37. **周洪宇**等 31 名代表:关于修改生物安全法的议案(第 487 号);

38. **魏明**等 33 名代表:关于制定数据安全法的议案(第 24 号);

39. **张兆安**等 30 名代表:关于修改动物防疫法的议案(第 50 号);

40. **侯蓉**等 30 名代表:关于修改动物防疫法的议案(第 84 号);

41. **郭军**等 31 名代表:关于制定长江保护法,增加若干机制的议案(第 156 号);

42. **史贵禄**等 30 名代表:关于制定数据安全法的议案(第 254 号);

43. **崔荣华**等 30 名代表:关于制定个人信息保护法的议案(第 261 号);

44. **陈玮**等 31 名代表:关于修改动物防疫法,重视预防人兽共患病风险,保障公共卫生安全的议案(第 266 号);

45. **郑杰**等 31 名代表:关于制定数据安全法的议案(第 308 号);

46. **黄超**等 30 名代表:关于修改动物防疫法的议案(第 337 号);

47. **刘宏**等 30 名代表:关于修改动物防疫法的议案(第 382 号);

48. **王景武**等 31 名代表:关于修改反洗钱法的议案(第 431 号);

49. **李亚兰**等 31 名代表:关于修改动物防疫法的议案(第 466 号);

50. **费少云**等 31 名代表:关于制定自由贸易试验区法的议案(第 502 号);

51. **刘华**等 33 名代表:关于修改预防未成年人犯罪法,增设教育矫正制度替代收容教养制度的议案(第 80 号);

52. **乞国艳**等 31 名代表:关于修改未成年人保护法的议案(第 109 号);

53. **崔荣华**等 30 名代表:关于修改未成年人保护法相关条款的议案(第 248 号);

54. **洪波**等 31 名代表:关于修改预防未成年人犯罪法的议案(第 250 号);

55. **耿学梅**等 30 名代表:关于制定彩票法的议案(第 358 号);

56. **王家娟**等 30 名代表:关于修改未成年人保护法的议案(第 386 号);

57. **方燕**等 31 名代表:关于修改未成年人保护法的议案(第 387 号);

58. **方燕**等 30 名代表:关于修改预防未成年人犯罪法的议案(第 388 号);

59. **牛朝诗**等 30 名代表:关于修改未成年人保护法,完善控烟相关规定的议案(第 416 号);

60. **洪波**等 31 名代表:关于修改未成年人保护法的议案(第 432 号);

61. **陈佐东**等 31 名代表:关于修改未成年人保护法的议案(第 461 号);

62. **陈佐东**等 31 名代表:关于修改预防未成年人犯罪法的议案(第 462 号);

63. **马兰**等 30 名代表:关于修改刑法,增加对瞒报传染病、阻碍防疫工作违法行为惩处条款的议案(第 10 号);

64. **刘新华**等 30 名代表:关于修改刑法,提高资本市场违法犯罪成本,保护投资者合法权益的议案(第 12 号);

65. **徐珏慧**等 30 名代表:关于修改刑法,提高未成年人性同意年龄的议案(第 36 号);

66. **徐华铮**等 30 名代表:关于提请全国人大对刑事案件追诉时效终点的确定作出立法解释的议案(第 57 号);

67. **王静成**等 30 名代表:关于修改刑法,单独设立"儿童虐待罪"的议案(第 64 号);

68. **詹国海**等 30 名代表:关于修改刑法增设高利贷罪的议案(第 102 号);

69. **杨国占**等 31 名代表:关于修改刑法,增加虚开增值税专用发票罪相关条款的议案(第 104 号);

70. **王树江**等 31 名代表:关于提请全国人大对刑法中醉酒驾驶进行立法解释的议案(第 122 号);

71. **黄超**等 30 名代表:关于修改刑法第三百零九条的议案(第 132 号);

72. **朱惠英**等 30 名代表:关于修改刑法的议案(第 135 号);

73. **翁国星**等 31 名代表:关于修改刑法第十七条刑事责任年龄的议案(第 150 号);

74. **孟平红**等 31 名代表:关于修改刑法第二百一十八条的议案(第 151 号);

75. **韩德洋**等 31 名代表:关于修改刑法,增设"传播毒品罪"的议案(第 153 号);

76. **殷方龙**等 36 名代表:关于修改刑法,增加"低慢小"航空器违规飞行处罚条款的议案(第 191 号);

77. **冯帆**等 30 名代表：关于修改刑法的议案（第 216 号）；

78. **肖胜方**等 30 名代表：关于修改刑法，降低未成年人刑事责任年龄起点的议案（第 223 号）；

79. **陈建华**等 31 名代表：关于修改刑法，有关洗钱罪相关条款的议案（第 238 号）；

80. **王培**等 30 名代表：关于修改刑法倒卖车票罪的议案（第 246 号）；

81. **崔荣华**等 30 名代表：关于修改刑法第二百六十条的议案（第 251 号）；

82. **黄东兵**等 30 名代表：关于修改刑法第十七条的议案（第 253 号）；

83. **俞学文**等 30 名代表：关于修改刑法的议案（第 263 号）；

84. **吴明兰**等 30 名代表：关于修改刑法第二百七十六条的议案（第 268 号）；

85. **殷红梅**等 30 名代表：关于修改刑法第一百三十三条第一款的议案（第 277 号）；

86. **庹庆明**等 30 名代表：关于修改刑法第十七条的议案（第 329 号）；

87. **王建军**等 36 名代表：关于修改刑法，严打欺诈发行，保障注册制改革的议案（第 331 号）；

88. **鲜铁可**等 31 名代表：关于修改刑法，增设“见危不救罪”的议案（第 335 号）；

89. **王家娟**等 31 名代表：关于修改刑法的议案（第 336 号）；

90. **方燕**等 30 名代表：关于修改刑法，有关拒不执行判决、裁定罪的议案（第 377 号）；

91. **买世蕊**等 30 名代表：关于修改刑法，加大打击拐卖妇女儿童犯罪的议案（第 379 号）；

92. **王新杰**等 31 名代表：关于修改刑法，增设袭警罪的议案（第 423 号）；

93. **李亚兰**等 31 名代表：关于修改刑法的议案（第 469 号）；

94. **陈建银**等 30 名代表：关于修改刑法，有关未成年人刑事责任年龄的议案（第 475 号）；

95. **魏春**等 31 名代表：关于修改刑法，增设袭警罪的议案（第 476 号）；

96. **张海波**等 34 名代表：关于修改刑法第六十一条，增加量刑时考虑被追诉人认罪认罚相关内容的议案（第 485 号）；

97. **周洪宇**等 31 名代表：关于修改刑法的议案（第 486 号）；

98. **高永**等 31 名代表：关于修改刑法的议案（第 490 号）；

99. **骞芳莉**等 30 名代表：关于制定刑法典，助推国家治理体系现代化建设的议案（第 496 号）；

100. **王静成**等 30 名代表：关于修改民事诉讼法，完善律师调查令制度的议案（第 75 号）；

101. **杨震生**等 31 名代表：关于修改行政诉讼法，有关管辖规定的部分内容的议案（第 106 号）；

102. **冯键**等 31 名代表：关于制定公益诉讼法的议案（第 127 号）；

103. **余维祥**等 30 名代表：关于修改刑事诉讼法第二百八十八条的议案（第 152 号）；

104. **余维祥**等 30 名代表：关于修改刑事诉讼法，增加“执行缉拿权”的议案（第 154 号）；

105. **冯帆**等 30 名代表：关于修改民事诉讼法的议案（第 171 号）；

106. **向伟艺**等 30 名代表：关于修改行政诉讼法第四十五条的议案（第 207 号）；

107. **周玲慧**等 30 名代表：关于修改仲裁法，提高仲裁公信力的议案（第 208 号）；

108. **冯帆**等 30 名代表：关于修改刑事诉讼法的议案（第 219 号）；

109. **黄东兵**等 30 名代表：关于修改刑事诉讼法第二百八十二条的议案（第 267 号）；

110. **吴明兰**等 30 名代表：关于修改刑事诉讼法第二百八十六条的议案（第 275 号）；

111. **殷红梅**等 30 名代表：关于修改民事诉讼法第二百四十二条的议案（第 276 号）；

112. **肖胜方**等 30 名代表：关于修改刑事诉讼法第八十五条、第九十条、第九十五条，建立羁押必要性全程审查制度的议案（第 332 号）；

113. **肖胜方**等 30 名代表：关于修改刑事诉讼法，有关证人出庭的不合理自由裁量决定权规定的议案（第 333 号）；

114. **肖胜方**等 30 名代表：关于修改仲裁法，增加“中国的仲裁机构的工作人员不得在由本机构管理的仲裁程序中担任仲裁员”的议案（第 334 号）；

115. **贾宇**等 32 名代表：关于制定公益诉讼法的议案（第 378 号）；

116. **法蒂玛**等 30 名代表：关于修改仲裁法的议案（第 403 号）；

117. **肖胜方**等 30 名代表：关于修改民事诉讼法，增加律师调查令有关条款的议案（第 429 号）；

118. **肖胜方**等 32 名代表：关于修改民事诉讼法，增加律师费转付有关条款的议案（第 430 号）；

119. **李亚兰**等 31 名代表：关于提请全国人大对刑事诉讼法第十九条第二款作出立法解释的议

案(第 465 号);

120. **李亚兰**等 31 名代表:关于修改刑事诉讼法的议案(第 470 号);

121. **杨震**等 31 名代表:关于修改仲裁法第五十八条的议案(第 480 号);

122. **张海波**等 33 名代表:关于修改民事诉讼法,有关电子送达种类的议案(第 482 号);

123. **张海波**等 34 名代表:关于修改民事诉讼法,在宣判前送达书面调解方案的议案(第 483 号);

124. **杨震**等 31 名代表:关于修改民事诉讼法第一百四十五条的议案(第 493 号);

125. **杨林**等 31 名代表:关于修改劳动争议调解仲裁法第四十九条的议案(第 495 号);

126. **李桂琴**等 30 名代表:关于修改仲裁法第六十三条、第七十条、第七十一条规定的议案(第 500 号);

127. **海南代表团**:关于适时作出全国人民代表大会常务委员会关于授权海南省人民代表大会及其常务委员会就国际船舶登记管理等事项制定自由贸易港法规的决定的议案(第 3 号);

128. **杭迎伟**等 30 名代表:关于授权上海市浦东新区比照经济特区制定法规和规章在浦东新区实施的议案(第 53 号)。

二、交监察和司法委员会审议的 33 件:

1. **李彦平**等 31 名代表:关于制定多元化纠纷解决促进法的议案(第 5 号);

2. **高明芹**等 30 名代表:关于制定多元化纠纷解决促进法的议案(第 400 号);

3. **符宇航**等 30 名代表:关于制定法律监督法的议案(第 100 号);

4. **鲍守坤**等 31 名代表:关于制定司法鉴定法的议案(第 101 号);

5. **云南代表团**:关于制定司法鉴定法的议案(第 256 号);

6. **方燕**等 30 名代表:关于制定司法鉴定法的议案(第 301 号);

7. **耿学梅**等 30 名代表:关于制定司法鉴定管理法的议案(第 312 号);

8. **法蒂玛**等 30 名代表:关于制定司法鉴定法的议案(第 398 号);

9. **廖玉英**等 30 名代表:关于制定公共安全检查法的议案(第 129 号);

10. **宁夏代表团**:关于制定检察公益诉讼法的议案(第 149 号);

11. **史贵禄**等 30 名代表:关于制定法律援助法的议案(第 252 号);

12. **李宗胜**等 30 名代表:关于制定法律援助法的议案(第 327 号);

13. **海南代表团**:关于修改治安管理处罚法的议案(第 2 号);

14. **高苏娟**等 32 名代表:关于修改治安管理处罚法的议案(第 76 号);

15. **莫华福**等 30 名代表:关于修改治安管理处罚法的议案(第 130 号);

16. **章联生**等 30 名代表:关于修改治安管理处罚法的议案(第 148 号);

17. **李宗胜**等 30 名代表:关于修改治安管理处罚法的议案(第 313 号);

18. **海南代表团**:关于修改监狱法的议案(第 4 号);

19. **孙春旺**等 30 名代表:关于将监狱法尽快列入立法计划的议案(第 399 号);

20. **李桂琴**等 30 名代表:关于修改监狱法,增加无服刑能力且有严重暴力行为或倾向的精神病罪犯强制医疗规定的议案(第 503 号);

21. **张志良**等 31 名代表:关于修改道路交通安全法的议案(第 8 号);

22. **权太琦**等 31 名代表:关于修改道路交通安全法,完善超载问题认定和处理的议案(第 78 号);

23. **章联生**等 30 名代表:关于修改道路交通安全法的议案(第 145 号);

24. **崔荣华**等 30 名代表:关于修改道路交通安全法第九十条的议案(第 222 号);

25. **田春艳**等 30 名代表:关于修改道路交通安全法的议案(第 402 号);

26. **阎少泉**等 30 名代表:关于修改道路交通安全法的议案(第 452 号);

27. **童路雯**等 30 名代表:关于修改律师法的议案(第 185 号);

28. **戴启远**等 33 名代表:关于修改律师法的议案(第 310 号);

29. **买世蕊**等 30 名代表:关于修改律师法的议案(第 357 号);

30. **查艳**等 30 名代表:关于修改禁毒法第四十八条的议案(第 255 号);

31. **陈玮**等 36 名代表:关于修改禁毒法的议案(第 264 号);

32. **孙宪忠**等 30 名代表:关于修改居民身份证法的议案(第 401 号);

33. **杨莉**等30名代表：关于全国人大常委会听取最高法、最高检关于推进以审判为中心的刑事诉讼改革工作情况专项工作报告的议案（第192号）。

三、交财政经济委员会审议的91件：

1. **陈靖**等30名代表：关于制定公共资源交易法的议案（第13号）；

2. **陈力**等30名代表：关于制定企业信息公示法的议案（第14号）；

3. **崔瑜**等30名代表：关于修改商业银行法的议案（第15号）；

4. **徐诺金**等30名代表：关于修改商业银行法的议案（第281号）；

5. **王景武**等31名代表：关于修改商业银行法的议案（第290号）；

6. **杨松**等30名代表：关于修改商业银行法的议案（第322号）；

7. **朱苏荣**等30名代表：关于修改商业银行法的议案（第324号）；

8. **陈鸣波**等30名代表：关于制定金融科技监管法的议案（第16号）；

9. **崔瑜**等30名代表：关于修改中国人民银行法的议案（第17号）；

10. **徐诺金**等30名代表：关于修改中国人民银行法的议案（第279号）；

11. **王景武**等31名代表：关于修改中国人民银行法的议案（第289号）；

12. **朱苏荣**等30名代表：关于修改中国人民银行法的议案（第325号）；

13. **河北代表团**：关于制定对外投资法的议案（第18号）；

14. **刘晓云**等30名代表：关于修改企业破产法的议案（第19号）；

15. **柳磊**等32名代表：关于修改企业破产法的议案（第321号）；

16. **骞芳莉**等31名代表：关于修改企业破产法的议案（第374号）；

17. **翟友财**等31名代表：关于修改企业破产法的议案（第444号）；

18. **李亚兰**等31名代表：关于修改企业破产法的议案（第445号）；

19. **杨震**等31名代表：关于修改企业破产法的议案（第448号）；

20. **刘正**等30名代表：关于修改企业破产法的议案（第489号）；

21. **吕春祥**等30名代表：关于修改企业破产法的议案（第499号）；

22. **刘小兵**等30名代表：关于制定财政法的议案（第21号）；

23. **邵志清**等30名代表：关于制定社会信用法的议案（第23号）；

24. **籍涛**等30名代表：关于制定社会信用法的议案（第96号）；

25. **洪波**等32名代表：关于制定社会信用法的议案（第160号）；

26. **胡季强**等30名代表：关于制定社会信用法的议案（第173号）；

27. **罗卫红**等32名代表：关于制定社会信用法的议案（第304号）；

28. **买世蕊**等30名代表：关于制定社会信用法的议案（第339号）；

29. **徐珏慧**等30名代表：关于修改海商法的议案（第25号）；

30. **张志良**等31名代表：关于修改建筑法第八条规定的议案（第26号）；

31. **刘怀平**等31名代表：关于修改建筑法的议案（第72号）；

32. **夏永祥**等31名代表：关于修改建筑法的议案（第175号）；

33. **杲云**等30名代表：关于制定老字号保护和促进法的议案（第27号）；

34. **陈爱莲**等30名代表：关于修改票据法的议案（第71号）；

35. **张淑琴**等31名代表：关于修改票据法的议案（第415号）；

36. **何健忠**等31名代表：关于修改邮政法的议案（第73号）；

37. **李宗胜**等30名代表：关于修改邮政法的议案（第320号）；

38. **买世蕊**等30名代表：关于修改邮政法的议案（第345号）；

39. **周善红**等31名代表：关于制定战略物资储备法的议案（第74号）；

40. **肖胜方**等34名代表：关于制定国家战略物资储备法的议案（第292号）；

41. **丁光宏**等30名代表：关于制定商事调解法的议案（第82号）；

42. **张苏军**等30名代表：关于制定商事调解法的议案（第202号）；

43. **鲍守坤**等30名代表：关于制定物流发展促

进法的议案(第 93 号);

44. **陈建华**等 31 名代表:关于制定征信管理法的议案(第 94 号);

45. **崔海霞**等 31 名代表:关于制定城市管理法的议案(第 95 号);

46. **乞国艳**等 31 名代表:关于修改烟草专卖法的议案(第 97 号);

47. **肖胜方**等 34 名代表:关于修改烟草专卖法的议案(第 291 号);

48. **邵利民**等 31 名代表:关于修改港口法的议案(第 98 号);

49. **袁红梅**等 30 名代表:关于制定物业管理法的议案(第 99 号);

50. **方燕**等 30 名代表:关于制定物业管理法的议案(第 283 号);

51. **高明芹**等 30 名代表:关于制定物业管理法的议案(第 417 号);

52. **田纯刚**等 31 名代表:关于制定数字经济法的议案(第 105 号);

53. **侯华梅**等 31 名代表:关于制定工业遗产保护和利用法的议案(第 125 号);

54. **吴胜华**等 30 名代表:关于修改价格法的议案(第 161 号);

55. **向巧**等 31 名代表:关于制定航空航天产业促进法的议案(第 162 号);

56. **蔡细春**等 30 名代表:关于制定家政服务法的议案(第 172 号);

57. **李志强**等 30 名代表:关于修改产品质量法的议案(第 174 号);

58. **崔荣华**等 30 名代表:关于修改产品质量法有关条款的议案(第 233 号);

59. **胡季强**等 30 名代表:关于制定个人破产法的议案(第 198 号);

60. **方燕**等 30 名代表:关于制定个人破产法的议案(第 282 号);

61. **胡季强**等 30 名代表:关于制定商业秘密保护法的议案(第 199 号);

62. **陈春芳**等 31 名代表:关于制定传统村落保护法的议案(第 220 号);

63. **崔荣华**等 30 名代表:关于修改消费者权益保护法相关条款的议案(第 234 号);

64. **史贵禄**等 30 名代表:关于制定航空法的议案(第 235 号);

65. **史贵禄**等 30 名代表:关于制定电信法的议案(第 236 号);

66. **云南代表团**:关于制定不动产登记法的议案(第 247 号);

67. **徐诺金**等 30 名代表:关于制定普惠金融促进法的议案(第 278 号);

68. **方燕**等 30 名代表:关于修改信托法的议案(第 280 号);

69. **马玉红**等 30 名代表:关于修改注册会计师法的议案(第 284 号);

70. **杨悦**等 30 名代表:关于修改税收征收管理法的议案(第 285 号);

71. **王威东**等 30 名代表:关于修改税收征收管理法的议案(第 413 号);

72. **白鹤祥**等 30 名代表:关于制定金融机构破产法的议案(第 287 号);

73. **白鹤祥**等 30 名代表:关于制定县域金融促进法的议案(第 288 号);

74. **蔡继明**等 30 名代表:关于修改城市房地产管理法的议案(第 303 号);

75. **杨松**等 30 名代表:关于制定事业单位国有资产管理法的议案(第 328 号);

76. **买世蕊**等 30 名代表:关于制定公益广告法的议案(第 338 号);

77. **买世蕊**等 30 名代表:关于修改海关法的议案(第 340 号);

78. **买世蕊**等 30 名代表:关于修改进出口商品检验法的议案(第 341 号);

79. **买世蕊**等 30 名代表:关于修改民用航空法的议案(第 342 号);

80. **买世蕊**等 30 名代表:关于制定国债法的议案(第 343 号);

81. **买世蕊**等 30 名代表:关于制定住房租赁法的议案(第 344 号);

82. **买世蕊**等 30 名代表:关于制定业主委员会选举法的议案(第 346 号);

83. **白鹤祥**等 30 名代表:关于制定信用信息公开和保护法的议案(第 347 号);

84. **窦晓玉**等 31 名代表:关于制定房屋建筑安全管理法的议案(第 351 号);

85. **张天任**等 30 名代表:关于制定经济开发区法的议案(第 412 号);

86. **马传先**等 30 名代表:关于制定中小企业金融纾困法的议案(第 419 号);

87. **李永莱**等 31 名代表:关于修改电力法的议案(第 446 号);

88. **杨伟军**等 33 名代表:关于修改铁路法的议

案(第 447 号);

89. **雷健坤**等 30 名代表:关于制定大数据管理法的议案(第 484 号);

90. **刘正**等 30 名代表:关于修改企业国有资产法议案(第 491 号);

91. **董林**等 35 名代表:关于修改煤炭法的议案(第 492 号)。

四、交教育科学文化卫生委员会审议的 87 件:

1. **陈晶莹**等 30 名代表:关于修改国家通用语言文字法的议案(第 38 号);

2. **白鹤祥**等 30 名代表:关于修改义务教育法,把金融知识教育纳入国民教育体系政策的议案(第 46 号);

3. **阎武**等 36 名代表:关于制定学校安全法的议案(第 47 号);

4. **陈凤珍**等 30 名代表:关于制定学前教育法的议案(第 51 号);

5. **葛道凯**等 32 名代表:关于修改完善职业教育法的议案(第 67 号);

6. **葛道凯**等 32 名代表:关于编纂教育法典的议案(第 70 号);

7. **陈凤珍**等 30 名代表:关于修改教师法,明确教育惩戒权的议案(第 115 号);

8. **王凤巧**等 30 名代表:关于制定教育考试法的议案(第 121 号);

9. **李秀香**等 30 名代表:关于制定外国留学生管理法的议案(第 178 号);

10. **安际衡**等 30 名代表:关于修改国家通用语言文字法的议案(第 182 号);

11. **才华**等 34 名代表:关于修改民办教育促进法第五十四条的议案(第 184 号);

12. **陈凤珍**等 31 名代表:关于制定教育处罚法的议案(第 211 号);

13. **买世蕊**等 30 名代表:关于制定终身教育法的议案(第 352 号);

14. **杨松**等 30 名代表:关于修改高等教育法的议案(第 356 号);

15. **王家娟**等 30 名代表:关于修改国家通用语言文字法的议案(第 360 号);

16. **刘希娅**等 30 名代表:关于修改教师法的议案(第 361 号);

17. **樊一平**等 30 名代表:关于修改国家通用语言文字法,促进民族地区国家通用语言文字推广普及、铸牢民族共同体意识的议案(第 363 号);

18. **买世蕊**等 30 名代表:关于修改义务教育法,逐步延长义务教育年限的议案(第 367 号);

19. **高阿莉**等 30 名代表:关于制定学校安全法的议案(第 389 号);

20. **沈满洪**等 31 名代表:关于制定学位法议案(第 393 号);

21. **张淑琴**等 31 名代表:关于修改教师法的议案(第 394 号);

22. **唐海龙**等 33 名代表:关于修改国家通用语言文字法的议案(第 395 号);

23. **薛景霞**等 30 名代表:关于制定中外合作办学法的议案(第 427 号);

24. **周洪宇**等 31 名代表:关于制定学前教育法的议案(第 436 号);

25. **曹永鸣**等 31 名代表:关于修改教师法的议案(第 438 号);

26. **陈保华**等 30 名代表:关于修改科学技术进步法的议案(第 37 号);

27. **陈瑞爱**等 31 名代表:关于修改科学技术进步法的议案(第 48 号);

28. **陆銮眉**等 30 名代表:关于修改科学技术进步法的议案(第 157 号);

29. **陈靖**等 30 名代表:关于制定人工智能治理法的议案(第 424 号);

30. **河北代表团**:关于制定大运河文化遗产保护法的议案(第 52 号);

31. **史贵禄**等 30 名代表:关于制定文化产业促进法的议案(第 237 号);

32. **买世蕊**等 30 名代表:关于制定全民阅读促进法的议案(第 365 号);

33. **王文保**等 32 名代表:关于修改文物保护法的议案(第 494 号);

34. **花蓓**等 30 名代表:关于修改传染病防治法的议案(第 40 号);

35. **马兰**等 30 名代表:关于修改传染病防治法,改变传染病疫情上报方式和预警权限的议案(第 41 号);

36. **陈靖**等 30 名代表:关于制定公共场所卫生管理法的议案(第 43 号);

37. **王霞**等 31 名代表:关于修改传染病防治法的议案(第 44 号);

38. **刘艳**等 30 名代表:关于修改传染病防治法的议案(第 45 号);

39. **陈保华**等 30 名代表:关于制定公共卫生安全保障法的议案(第 49 号);

40. **车捷**等 30 名代表:关于修改传染病防治法的议案(第 65 号);

41. **王静成**等 30 名代表:关于修改传染病防治法的议案(第 66 号);

42. **杨震**等 31 名代表:关于修改传染病防治法,建立动物和人类“共病”风险预防和管控体制机制的议案(第 68 号);

43. **杨震**等 31 名代表:关于修改食品安全法的议案(第 69 号);

44. **陈张铭**等 31 名代表:关于修改献血法的议案(第 87 号);

45. **刘守民**等 30 名代表:关于修改传染病防治法的议案(第 88 号);

46. **何学彬**等 31 名代表:关于修改传染病防治法的议案(第 89 号);

47. **陈张铭**等 31 名代表:关于修改传染病防治法的议案(第 116 号);

48. **侯华梅**等 31 名代表:关于修改献血法的议案(第 117 号);

49. **乞国艳**等 30 名代表:关于制定禁烟法的议案(第 118 号);

50. **庹庆明**等 30 名代表:关于修改人口与计划生育法,有关“国家提倡一对夫妻生育两个子女”条款的议案(第 119 号);

51. **祝淑钗**等 30 名代表:关于制定执业护士法的议案(第 120 号);

52. **周松勃**等 31 名代表:关于制定人体器官捐献与移植法的议案(第 123 号);

53. **陆銮眉**等 30 名代表:关于修改传染病防治法的议案(第 158 号);

54. **郑奎城**等 36 名代表:关于修改传染病防治法的议案(第 159 号);

55. **庞国明**等 30 名代表:关于开展中医药法执法检查的议案(第 166 号);

56. **才华**等 33 名代表:关于修改传染病防治法的议案(第 167 号);

57. **雷冬竹**等 30 名代表:关于修改传染病防治法的议案(第 168 号);

58. **冯帆**等 30 名代表:关于修改传染病防治法的议案(第 169 号);

59. **庞国明**等 31 名代表:关于修改中医药法的议案(第 176 号);

60. **张伯礼**等 35 名代表:关于开展中医药法执法检查的议案(第 177 号);

61. **周文对**等 30 名代表:关于修改人口与计划生育法,有关社会抚养费有关规定的议案(第 179 号);

62. **胡梅英**等 31 名代表:关于修改精神卫生法的议案(第 183 号);

63. **雷冬竹**等 30 名代表:关于制定现场救护法的议案(第 209 号);

64. **胡季强**等 30 名代表:关于修改传染病防治法的议案(第 210 号);

65. **云南代表团**:关于修改传染病防治法的议案(第 232 号);

66. **史贵禄**等 30 名代表:关于制定公共卫生法的议案(第 239 号);

67. **崔荣华**等 30 名代表:关于修改执业医师法相关条款的议案(第 240 号);

68. **俞学文**等 30 名代表:关于修改传染病防治法的议案(第 262 号);

69. **肖胜方**等 35 名代表:关于修改传染病防治法的议案(第 353 号);

70. **赵国祥**等 30 名代表:关于制定心理师法的议案(第 354 号);

71. **徐恒秋**等 30 名代表:关于加速药师法立法进程的议案(第 355 号);

72. **李宗胜**等 30 名代表:关于修改传染病防治法的议案(第 359 号);

73. **黄玉梅**等 30 名代表:关于制定执业护士法的议案(第 362 号);

74. **买世蕊**等 31 名代表:关于制定公共场所禁烟法的议案(第 366 号);

75. **买世蕊**等 30 名代表:关于修改传染病防治法,完善疫情信息公开程序的议案(第 368 号);

76. **胡荃**等 30 名代表:关于修改传染病防治法的议案(第 369 号);

77. **王诚**等 30 名代表:关于修改传染病防治法,改革和完善流行病学调查体制机制的议案(第 370 号);

78. **宋静**等 30 名代表:关于制定执业护士法的议案(第 390 号);

79. **王江滨**等 31 名代表:关于修改传染病防治法的议案(第 391 号);

80. **武志永**等 31 名代表:关于开展食品安全法执法检查的议案(第 392 号);

81. **李亚兰**等 31 名代表:关于修改传染病防治法的议案(第 433 号);

82. **杨震**等 31 名代表:关于修改传染病防治法的议案(第 434 号);

83. **周洪宇**等31名代表:关于修改传染病防治法的议案(第435号);

84. **郭玉芬**等30名代表:关于制定公共卫生法的议案(第437号);

85. **曹永鸣**等31名代表:关于修改传染病防治法第四十五条的议案(第464号);

86. **辛琰**等30名代表:关于修改食品安全法的议案(第472号);

87. **刘忠军**等32名代表:关于修改献血法第二条,扩大公民自愿献血年龄的议案(第473号)。

五、交外事委员会审议的2件:

1. **卢庆国**等31名代表:关于制定共建"一带一路"倡议促进法的议案(第124号);

2. **马一德**等33名代表:关于制定外国国家豁免法的议案(第453号)。

六、交环境与资源保护委员会审议的93件:

1. **陈晶莹**等30名代表:关于修改野生动物保护法的议案(第6号);

2. **杨震**等32名代表:关于修改野生动物保护法的议案(第61号);

3. **侯蓉**等30名代表:关于修改野生动物保护法的议案(第85号);

4. **新甲旦真**等30名代表:关于修改野生动物保护法,全面禁止陆生野生动物商业性养殖利用、维护生态和公共卫生安全的议案(第86号);

5. **秦和**等31名代表:关于修改野生动物保护法的议案(第142号);

6. **胡梅英**等31名代表:关于修改野生动物保护法条款的议案(第186号);

7. **魏洪义**等31名代表:关于修改野生动物保护法的议案(第188号);

8. **朱登云**等30名代表:关于修改野生动物保护法,增加允许公益组织提起"公益诉讼"的议案(第189号);

9. **胡季强**等30名代表:关于修改野生动物保护法的议案(第190号);

10. **张伯礼**等36名代表:关于修改野生动物保护法的议案(第193号);

11. **徐云波**等34名代表:关于修改野生动物保护法的议案(第224号);

12. **崔荣华**等30名代表:关于修改野生动物保护法有关条款的议案(第225号);

13. **方燕**等30名代表:关于修改野生动物保护法的议案(第294号);

14. **麦教猛**等31名代表:关于修改野生动物保护法的议案(第295号);

15. **张延明**等30名代表:关于修改野生动物保护法的议案(第296号);

16. **刘宏**等30名代表:关于修改野生动物保护法的议案(第311号);

17. **张治芬**等30名代表:关于修改野生动物保护法,规范野生动物交易防范不明病毒传播的议案(第316号);

18. **陈静**等30名代表:关于修改野生动物保护法的议案(第318号);

19. **李宗胜**等30名代表:关于修改野生动物保护法的议案(第404号);

20. **买世蕊**等30名代表:关于修改野生动物保护法的议案(第405号);

21. **沈满洪**等30名代表:关于修改野生动物保护法的议案(第406号);

22. **张天任**等30名代表:关于修改野生动物保护法的议案(第428号);

23. **蔡学恩**等31名代表:关于修改野生动物保护法的议案(第449号);

24. **陈佐东**等31名代表:关于修改野生动物保护法的议案(第450号);

25. **李亚兰**等30名代表:关于修改野生动物保护法的议案(第481号);

26. **周洪宇**等31名代表:关于修改野生动物保护法的议案(第488号);

27. **周云杰**等32名代表:关于修改野生动物保护法的议案(第498号);

28. **孙维**等30名代表:关于修改野生动物保护法的议案(第505号);

29. **山西代表团**:关于修改野生动物保护法的议案(第506号);

30. **郝俊海**等31名代表:关于制定动物保护法的议案(第137号);

31. **赵皖平**等30名代表:关于制定动物保护法的议案(第418号);

32. **王江滨**等31名代表:关于制定南极法的议案(第271号);

33. **李建安**等30名代表:关于修改环境噪声污染防治法第四十八条的议案(第200号);

34. **河北代表团**:关于制定湿地保护法的议案(第9号);

35. **谷凤杰**等31名代表:关于制定湿地保护法

的议案(第 273 号);

36. **史贵禄**等 30 名代表:关于制定国土空间开发保护法的议案(第 227 号);

37. **张志良**等 31 名代表:关于修改城乡规划法的议案(第 28 号);

38. **杲云**等 30 名代表:关于制定城市更新法的议案(第 30 号);

39. **郭素萍**等 31 名代表:关于制定国家公园法的议案(第 111 号);

40. **郭乃硕**等 31 名代表:关于制定国家公园法的议案(第 140 号);

41. **史贵禄**等 30 名代表:关于制定国家公园法的议案(第 226 号);

42. **张天任**等 31 名代表:关于制定自然保护地法的议案(第 204 号);

43. **张天任**等 30 名代表:关于制定资源综合利用法的议案(第 420 号);

44. **郭乃硕**等 31 名代表:关于制定资源综合利用法的议案(第 141 号);

45. **朱立锋**等 30 名代表:关于制定资源综合利用法的议案(第 195 号);

46. **方燕**等 30 名代表:关于制定资源综合利用法的议案(第 298 号);

47. **杨松**等 30 名代表:关于制定资源综合利用法的议案(第 323 号);

48. **黄超**等 31 名代表:关于修改矿产资源法的议案(第 126 号);

49. **田永东**等 30 名代表:关于修改矿产资源法的议案(第 245 号);

50. **浙江代表团**:关于设立 8 · 15"国家生态文明日"的议案(第 31 号);

51. **党永富**等 30 名代表:关于制定生态文明建设促进法的议案(第 330 号);

52. **汪中山**等 30 名代表:关于制定生态文明建设促进法的议案(第 410 号);

53. **青海代表团**:关于制定高原地区绿色发展促进法的议案(第 144 号);

54. **张天任**等 31 名代表:关于制定生态保护红线管理法的议案(第 421 号);

55. **安际衡**等 30 名代表:关于修改环境保护法的议案(第 108 号);

56. **方敏**等 31 名代表:关于修改海洋环境保护法的议案(第 319 号);

57. **银燕**等 32 名代表:关于修改大气污染防治法的议案(第 60 号);

58. **张淑芬**等 30 名代表:关于制定垃圾分类管理法的议案(第 114 号);

59. **胡季强**等 30 名代表:关于制定垃圾分类法的议案(第 196 号);

60. **丁照民**等 31 名代表:关于制定放射性废物管理法的议案(第 274 号);

61. **杨松**等 30 名代表:关于制定放射性废物管理法的议案(第 314 号);

62. **张天任**等 30 名代表:关于制定放射性废物安全法的议案(第 414 号);

63. **初建美**等 31 名代表:关于制定电磁辐射污染防治法的议案(第 269 号);

64. **杨松**等 30 名代表:关于制定电磁辐射污染防治法的议案(第 315 号);

65. **张天任**等 30 名代表:关于制定电磁辐射污染防治法的议案(第 411 号);

66. **王玄玉**等 42 名代表:关于制定化学安全法的议案(第 181 号);

67. **秦光蔚**等 31 名代表:关于制定耕地质量保护法的议案(第 62 号);

68. **河北代表团**:关于制定地下水资源保护法的议案(第 7 号);

69. **张汝财**等 30 名代表:关于制定河湖保护法的议案(第 11 号);

70. **史贵禄**等 30 名代表:关于制定黄河保护法的议案(第 228 号);

71. **汪中山**等 30 名代表:关于制定黄河保护法的议案(第 408 号);

72. **王新伟**等 30 名代表:关于制定黄河法的议案(第 297 号);

73. **甘肃代表团**:关于制定黄河保护法,促进黄河流域生态保护和高质量发展的议案(第 451 号);

74. **朱列玉**等 36 名代表:关于制定珠江保护法的议案(第 29 号);

75. **于泳**等 30 名代表:关于制定海岸带管理法的议案(第 113 号);

76. **侯华梅**等 31 名代表:关于作出依法报告国有自然资源资产管理情况的决定的议案(第 138 号);

77. **史贵禄**等 30 名代表:关于制定遗传资源保护法的议案(第 229 号);

78. **郭乃硕**等 31 名代表:关于修改可再生能源法的议案(第 272 号);

79. **邹彬**等 30 名代表:关于制定绿色建筑促进法的议案(第 203 号);

80. **陈凤珍**等 30 名代表:关于制定节约用水法

的议案(第110号);

81. **蔡继明**等31名代表:关于修改土地管理法的议案(第317号);

82. **胡建文**等30名代表:关于修改土地管理法的议案(第197号);

83. **陈凤珍**等31名代表:关于制定新能源汽车管理法的议案(第107号);

84. **李征**等31名代表:关于制定无线电频谱资源法的议案(第112号);

85. **张天任**等30名代表:关于制定无线电频谱资源法的议案(第128号);

86. **王江滨**等31名代表:关于制定无线电频谱资源法的议案(第270号);

87. **丁照民**等31名代表:关于制定核损害赔偿法的议案(第139号);

88. **杨松**等30名代表:关于制定核事故损害赔偿法的议案(第326号);

89. **秦和**等31名代表:关于制定环境教育法的议案(第143号);

90. **童路雯**等30名代表:关于制定生态保护补偿法的议案(第201号);

91. **孙建博**等30名代表:关于开展野生动物保护法执法检查的议案(第407号);

92. **秦光蔚**等30名代表:关于开展土壤污染防治法执法检查的议案(第59号);

93. **党永富**等30名代表:关于开展土壤污染防治法执法检查的议案(第180号)。

七、交农业与农村委员会审议的24件:

1. **张林顺**等31名代表:关于制定乡村振兴促进法的议案(第147号);

2. **孔晓艳**等35名代表:关于制定乡村振兴促进法的议案(第170号);

3. **史贵禄**等30名代表:关于制定乡村振兴法的议案(第260号);

4. **史贵禄**等30名代表:关于制定粮食安全法的议案(第259号);

5. **兰平勇**等35名代表:关于修改渔业法的议案(第146号);

6. **王雪梅**等35名代表:关于修改渔业法的议案(第396号);

7. **张来辉**等30名代表:关于修改农产品质量安全法的议案(第380号);

8. **陈瑞爱**等31名代表:关于修改农业法的议案(第20号);

9. **蔡继明**等30名代表:关于修改农村土地承包法的议案(第77号);

10. **王娟玲**等31名代表:关于修改种子法的议案(第442号);

11. **朱列玉**等35名代表:关于制定反虐待动物法的议案(第22号);

12. **新甲旦真**等30名代表:关于制定伴侣动物保护和管理法的议案(第90号);

13. **陈玮**等35名代表:关于制定伴侣动物保护和管理法的议案(第257号);

14. **何菲**等30名代表:关于制定伴侣动物保护和管理法的议案(第309号);

15. **买世蕊**等30名代表:关于制定反虐待动物法的议案(第349号);

16. **赵皖平**等30名代表:关于制定反虐待动物法的议案(第350号);

17. **庹庆明**等30名代表:关于制定反虐待动物法的议案(第504号);

18. **陈杰**等31名代表:关于制定农村水利法的议案(第63号);

19. **陈东辉**等30名代表:关于制定农村农民住宅建设管理法的议案(第194号);

20. **史贵禄**等30名代表:关于制定扶贫法的议案(第258号);

21. **乔彬**等40名代表:关于制定农产品批发市场法的议案(第348号);

22. **李小红**等30名代表:关于制定农产品批发市场法的议案(第440号);

23. **王华生**等30名代表:关于制定农产品批发市场法的议案(第441号);

24. **于安玲**等30名代表:关于制定肥料法的议案(第397号)。

八、交社会建设委员会审议的48件:

1. **花蓓**等30名代表:关于修改突发事件应对法的议案(第35号);

2. **李宗胜**等30名代表:关于修改突发事件应对法的议案(第375号);

3. **买世蕊**等30名代表:关于修改突发事件应对法的议案(第376号);

4. **周洪宇**等31名代表:关于修改突发事件应对法的议案(第455号);

5. **李亚兰**等31名代表:关于修改突发事件应对法的议案(第456号);

6. **庹庆明**等30名代表:关于制定家庭教育法

的议案(第 91 号);

7. **籍涛**等 31 名代表:关于制定家庭教育促进法的议案(第 92 号);

8. **胡季强**等 30 名代表:关于制定家庭教育法的议案(第 215 号);

9. **杨蓉**等 30 名代表:关于制定家庭教育促进法的议案(第 217 号);

10. **周洪宇**等 31 名代表:关于制定家庭教育法的议案(第 458 号);

11. **史贵禄**等 30 名代表:关于制定社会救助法的议案(第 243 号);

12. **耿学梅**等 30 名代表:关于制定社会救助法的议案(第 373 号);

13. **闫傲霜**等 31 名代表:关于制定社会救助法的议案(第 459 号);

14. **罗良娟**等 30 名代表:关于制定医疗保障法的议案(第 131 号);

15. **谢广祥**等 30 名代表:关于制定医疗保障法的议案(第 383 号);

16. **郑功成**等 30 名代表:关于制定医疗保障法的议案(第 443 号);

17. **柯云峰**等 32 名代表:关于制定基本医疗保障法,做好突发公共卫生事件防治工作的议案(第 501 号);

18. **王能干**等 30 名代表:关于修改村民委员会组织法的议案(第 42 号);

19. **胡荃**等 30 名代表:关于修改城市居民委员会组织法的议案(第 307 号);

20. **庞辉**等 30 名代表:关于修改村民委员会组织法的议案(第 409 号);

21. **陈力**等 30 名代表:关于修改安全生产法的议案(第 33 号);

22. **邵志清**等 30 名代表:关于修改安全生产法的议案(第 39 号);

23. **杨林**等 31 名代表:关于修改安全生产法第一百一十二条的议案(第 244 号);

24. **杨震生**等 31 名代表:关于修改矿山安全法的议案(第 103 号);

25. **方同华**等 32 名代表:关于修改慈善法的议案(第 454 号);

26. **崔荣华**等 30 名代表:关于制定网络慈善救助法的议案(第 299 号);

27. **张爱军**等 30 名代表:关于修改消防法,健全消防法律制度的议案(第 79 号);

28. **郑坚江**等 32 名代表:关于修改消防法第六十条的议案(第 302 号);

29. **阳海玲**等 30 名代表:关于修改妇女权益保障法第二条、第九条、第十五条、第二十二条、第三十条的议案(第 218 号);

30. **谭琳**等 31 名代表:关于修改妇女权益保障法的议案(第 457 号);

31. **崔荣华**等 30 名代表:关于修改反家庭暴力法的议案(第 241 号);

32. **崔荣华**等 30 名代表:关于修改老年人权益保障法第十八条的议案(第 242 号);

33. **方燕**等 30 名代表:关于修改老年人权益保障法的议案(第 306 号);

34. **齐玫**等 30 名代表:关于修改老年人权益保障法的议案(第 439 号);

35. **孟平红**等 30 名代表:关于修改劳动合同法第三十九条的议案(第 165 号);

36. **于跃敏**等 30 名代表:关于修改劳动合同法的议案(第 212 号);

37. **胡建文**等 30 名代表:关于修改劳动合同法,增加超过法定退休年龄但无法享受基本养老保险待遇人员用工性质认定的议案(第 213 号);

38. **杨宝玲**等 32 名代表:关于修改劳动合同法,增设劳动者诚信条款的议案(第 214 号);

39. **姜明**等 33 名代表:关于修改劳动合同法的议案(第 293 号);

40. **杨悦**等 30 名代表:关于修改劳动法的议案(第 305 号);

41. **姜明**等 34 名代表:关于修改社会保险法的议案(第 300 号);

42. **杨松**等 30 名代表:关于修改社会保险法的议案(第 372 号);

43. **陈靖**等 30 名代表:关于制定志愿服务法的议案(第 32 号);

44. **余梅**等 31 名代表:关于制定社区应急管理法的议案(第 286 号);

45. **周洪宇**等 31 名代表:关于制定城乡社区治理促进法的议案(第 460 号);

46. **陈静**等 30 名代表:关于制定文明行为促进法的议案(第 371 号);

47. **李莉**等 32 名代表:关于制定无障碍环境建设法的议案(第 55 号);

48. **刘守民**等 30 名代表:关于制定非营利组织法的议案(第 265 号)。

第十三届全国人民代表大会
第三次会议主席团和秘书长名单

（2020年5月21日第十三届全国人民代表大会第三次会议预备会议通过）

主席团（174人，按姓名笔划为序）

丁仲礼　　丁薛祥　　乃依木·亚森（维吾尔族）　　于伟国　　万鄂湘
习近平　　马伟明　　马逢国　　王东明　　王东峰　　王光亚
王 刚　　王岐山　　王沪宁　　王国生　　王建军
王砚蒙（女，傣族）　　王宪魁　　王勇超　　王 晨　　王银香（女）
支月英（女）　　尤 权　　车 俊　　巴音朝鲁（蒙古族）　　邓 丽（女）
邓 凯　　艾力更·依明巴海（维吾尔族）　　左中一　　石泰峰
布小林（女，蒙古族）　　旦正草（女，藏族）　　叶诗文（女）　　史大刚
史耀斌　　白玛赤林（藏族）　　白春礼（满族）　　丛 斌　　冯淑玲（女，满族）
吉狄马加（彝族）　　吉炳轩　　吕世明　　朱国萍（女）　　向巧（女，苗族）　　刘艺良
刘远坤（苗族）　　刘 奇　　刘海星　　刘家义　　刘赐贵　　齐 玉
江天亮（土家族）　　许为钢　　许立荣　　许宁生　　许其亮　　孙志刚
苏嘎尔布（彝族）　　杜家毫　　杜德印　　李 飞　　李飞跃（侗族）　　李玉妹（女）
李 伟　　李作成　　李 希　　李学勇　　李钺锋　　李家俊
李 鸿（女）　　李鸿忠　　李 强　　李锦斌　　李静海　　杨洁篪
杨洪波（白族）　　杨振武　　杨 蓉（女）　　肖开提·依明（维吾尔族）　　肖怀远
吴 月（女，黎族）　　吴玉良　　吴英杰　　邱 勇　　何健忠
何毅亭　　邹晓东　　应 勇　　冷 溶　　汪其德　　汪 洋
汪鸿雁（女）　　沙 沨（女，回族）　　沈春耀　　沈跃跃（女）　　张又侠
张少琴　　张升民　　张 平　　张业遂　　张庆伟　　张志军
张 轩（女）　　张伯军　　张春贤　　张 毅　　陆东福　　陈全国
陈求发（苗族）　　陈 希　　陈 武（壮族）　　陈 竺　　陈润儿　　陈敏尔
陈锡文　　陈 豪　　武维华　　苗 华　　林建华　　林 铎
罗保铭　　罗 萍（女，哈尼族）　　罗 毅（布依族）　　郑军里（瑶族）　　郑奎城
降巴克珠（藏族）　　赵乐际　　赵宪庚　　赵 贺　　郝明金
胡和平　　咸 辉（女，回族）　　哈尼巴提·沙布开（哈萨克族）　　段春华
信春鹰（女）　　娄勤俭　　洛桑江村（藏族）　　姚建年　　骆惠宁
袁 驷　　栗战书　　夏伟东　　徐延豪　　徐绍史　　徐留平
殷一璀（女）　　高红卫　　高虎城　　郭声琨　　黄久生　　黄龙云
黄志贤　　黄坤明　　黄路生　　曹建明　　曹鸿鸣
雪克来提·扎克尔（维吾尔族）　　康志军　　鹿心社　　彭清华　　董中原
蒋卓庆　　韩立平　　傅自应　　傅 莹（女，蒙古族）　　谢经荣
楼阳生　　嘉木样·洛桑久美·图丹却吉尼玛（藏族）　　赫 捷　　蔡达峰
蔡 奇　　廖晓军　　谭耀宗　　魏后凯

秘书长

王 晨

第十三届全国人民代表大会第三次会议主席团常务主席名单

（2020 年 5 月 21 日第十三届全国人民代表大会第三次会议主席团第一次会议推选）

栗战书　王　晨　曹建明　张春贤　沈跃跃（女）　吉炳轩
艾力更·依明巴海（维吾尔族）　万鄂湘　陈　竺　王东明
白玛赤林（藏族）　丁仲礼　郝明金　蔡达峰　武维华　杨振武

第十三届全国人民代表大会第三次会议副秘书长名单

（2020 年 5 月 21 日第十三届全国人民代表大会第三次会议主席团第一次会议决定）

杨振武　信春鹰（女）　李　飞　张业遂　唐方裕　李宝荣

第十三届全国人民代表大会第三次会议议程

（2020 年 5 月 21 日第十三届全国人民代表大会第三次会议预备会议通过）

一、审议政府工作报告

二、审查 2019 年国民经济和社会发展计划执行情况与 2020 年国民经济和社会发展计划草案的报告、2020 年国民经济和社会发展计划草案

三、审查 2019 年中央和地方预算执行情况与 2020 年中央和地方预算草案的报告、2020 年中央和地方预算草案

四、审议全国人民代表大会常务委员会关于提请审议《中华人民共和国民法典（草案）》的议案

五、审议全国人民代表大会常务委员会关于提请审议《全国人民代表大会关于建立健全香港特别行政区维护国家安全的法律制度和执行机制的决定（草案）》的议案

六、审议全国人民代表大会常务委员会工作报告

七、审议最高人民法院工作报告

八、审议最高人民检察院工作报告

九、其他

第十三届全国人民代表大会第三次会议日程

2020年5月22日至5月28日

（2020年5月21日第十三届全国人民代表大会第三次会议主席团第一次会议决定）

5月22日（星期五）

上午9时　代表大会第一次全体会议（开幕会）

1. 听取国务院总理李克强关于政府工作的报告
2. 审查国务院关于2019年国民经济和社会发展计划执行情况与2020年国民经济和社会发展计划草案的报告、2020年国民经济和社会发展计划草案
3. 审查国务院关于2019年中央和地方预算执行情况与2020年中央和地方预算草案的报告、2020年中央和地方预算草案
4. 听取全国人大常委会副委员长王晨关于中华人民共和国民法典草案的说明
5. 听取全国人大常委会副委员长王晨关于全国人民代表大会关于建立健全香港特别行政区维护国家安全的法律制度和执行机制的决定草案的说明

下午3时　代表团全体会议审议政府工作报告

5月23日（星期六）

上午9时　代表小组会议审议政府工作报告

下午3时　代表小组会议审查计划报告和草案、预算报告和草案

5月24日（星期日）

上午9时　代表小组会议审查计划报告和草案、预算报告和草案

下午3时　代表小组会议审议民法典草案

5月25日（星期一）

上午9时　代表小组会议审议民法典草案、全国人民代表大会关于建立健全香港特别行政区维护国家安全的法律制度和执行机制的决定草案

下午3时　代表大会第二次全体会议

1. 听取全国人大常委会委员长栗战书关于全国人民代表大会常务委员会工作的报告
2. 听取最高人民法院院长周强关于最高人民法院工作的报告
3. 听取最高人民检察院检察长张军关于最高人民检察院工作的报告

5月26日（星期二）

上午9时　代表小组会议审议全国人大常委会工作报告

下午3时　代表小组会议审议民法典草案修改稿、全国人民代表大会关于建立健全香港特别行政区维护国家安全的法律制度和执行机制的决定草案修改稿、最高人民法院工作报告、最高人民检察院工作报告

5月27日（星期三）

上午9时　代表小组会议审议最高人民法院工作报告和最高人民检察院工作报告

下午3时　代表小组会议审议关于政府工作报告、年度计划、年度预算的三个决议草案

5月28日（星期四）

上午9时　代表小组会议审议关于政府工作报告、年度计划、年度预算、全国人大常委会工作报告、最高人民法院工作报告、最高人民检察院工作报告的六个决议草案、民法典草案建议表决稿、全国人民代表大会关于建立健全香港特别行政区维护国家安全的法律制度和执行机制的决定草案建议表决稿、全国人大常委会关于接受冯忠华辞去第十三届全国人大常委会委员等职务的请求的决定

下午3时　代表大会第三次全体会议（闭幕会）

1. 表决关于政府工作报告的决议草案
2. 表决中华人民共和国民法典草案
3. 表决全国人民代表大会关于建立健全香港特别行政区维护国家安全的法律制度和执行机制的决定草案
4. 表决关于 2019 年国民经济和社会发展计划执行情况与 2020 年国民经济和社会发展计划的决议草案
5. 表决关于 2019 年中央和地方预算执行情况与 2020 年中央和地方预算的决议草案
6. 表决关于全国人民代表大会常务委员会工作报告的决议草案
7. 表决关于最高人民法院工作报告的决议草案
8. 表决关于最高人民检察院工作报告的决议草案
9. 表决关于确认全国人民代表大会常务委员会接受冯忠华辞去第十三届全国人民代表大会常务委员会委员职务的请求的决定草案

闭　幕

常委会工作安排和会议议程日程

一、常委会工作安排

全国人大常委会2020年度工作要点

（2019年12月16日第十三届全国人民代表大会常务委员会第44次委员长会议原则通过　2020年6月1日第十三届全国人民代表大会常务委员会第58次委员长会议修改）

2020年是全面建成小康社会和“十三五”规划收官之年。全国人大常委会工作的总体要求是：**在以习近平同志为核心的党中央坚强领导下，高举中国特色社会主义伟大旗帜，以习近平新时代中国特色社会主义思想为指导，全面贯彻落实党的十九大和十九届二中、三中、四中全会精神，增强“四个意识”、坚定“四个自信”、做到“两个维护”，坚持党的领导、人民当家作主、依法治国有机统一，紧扣推进国家治理体系和治理能力现代化，紧扣统筹推进“五位一体”总体布局、协调推进“四个全面”战略布局，紧扣决战决胜脱贫攻坚目标任务、全面建成小康社会，助力统筹推进疫情防控和经济社会发展工作，坚持稳中求进工作总基调，依法履职尽责，推动人大工作不断取得新成绩新进展。**

一、健全保证宪法全面实施的体制机制，维护国家法制统一、尊严、权威

1. 全面加强宪法实施工作。用科学有效、系统完备的制度体系推动和保障宪法实施，发挥宪法在治国理政中的重要作用。落实宪法解释程序机制，积极回应涉及宪法有关问题的关切。依法组织全国人大常委会决定任命的国家工作人员进行宪法宣誓，激励国家公职人员忠于宪法、维护宪法、履行法定职责。深入开展宪法法律宣传教育，组织好国家宪法日活动，推动各级国家机关及领导干部带头尊法学法守法用法，引导全体人民做社会主义法治的忠实崇尚者、自觉遵守者、坚定捍卫者。

2. 切实加强宪法监督工作。健全合宪性审查工作机制，推进合宪性审查工作，认真研究法律草案涉及的合宪性问题，加强对规范性文件和制度政策的合宪性审查，确保同宪法规定、宪法精神相符合。加强备案审查制度和能力建设，严格执行法规、司法解释备案审查工作办法，健全备案审查信息平台功能，逐步实现备案审查工作信息化、智能化。完善常委会听取和审议备案审查工作情况报告制度。坚持宪法法律至上，进一步加强主动审查，围绕贯彻落实党中央重大决策部署开展专项审查，依法撤销和纠正违宪违法的规范性文件，一切违反宪法法律的行为都必须予以追究。

3. 完善特别行政区同宪法和基本法实施相关的制度和机制。坚持依法治港治澳，维护宪法和基本法确定的宪制秩序。根据全国人民代表大会关于建立健全香港特别行政区维护国家安全的法律制度和执行机制的决定，加快制定相关法律并决定列入香港基本法附件三。完善全国人大常委会对基本法的解释制度。加强基本法理论研究，为健全中央依照宪法和基本法对特别行政区行使全面管治权的制度提供决策参考。加大宪法和基本法的宣传力度，引导香港、澳门社会公众特别是公职人员和青少年增强国家意识和爱国精神，坚决反对挑战“一国两制”底线的言行。做好对香港特别行政区和澳门特别行政区本地立法的备案审查工作。

二、不断提高立法质量和效率，完善以宪法为核心的中国特色社会主义法律体系

4. 坚持党中央对立法工作的集中统一领导。

深入学习贯彻习近平总书记全面依法治国新理念新思想新战略，认真落实党中央批准的五年立法规划，集中力量做好党中央确定的重大立法事项，立法工作中的重大问题、重要事项、重要情况及时向党中央请示报告，把党的领导贯穿到立法工作全过程各方面。顺应新时代新要求，紧跟党中央新部署，满足人民群众新需要，坚持立改废释并举，加强重要领域立法，强化公共卫生法治保障体系，加快我国法域外适用的法律体系建设，以良法保障善治。

5. 做好大会审议民法典草案工作。依照法律规定，提前将民法典草案和有关参阅材料送全国人大代表审阅，做好讲解宣传，组织研读讨论，认真研究代表提出的意见建议，为大会审议做好准备。认真做好大会审议民法典草案的服务工作，确保民法典编纂任务圆满完成。做好民法典的宣传和实施工作。

6. 加强公共卫生领域立法。落实强化公共卫生法治保障立法修法工作计划，加快制定生物安全法，修改动物防疫法、野生动物保护法、传染病防治法、国境卫生检疫法、突发事件应对法等，构建系统完备、科学规范、运行有效的疫情防控法律体系。督促有关方面抓紧制定、修改、细化、清理配套法规。

7. 完善国家机构有关法律制度。健全人大组织制度、选举制度和议事规则，修改全国人民代表大会组织法、全国人民代表大会议事规则、选举法。完善国家象征标志的法律制度，修改国旗法、国徽法。制定公职人员政务处分法、监察官法，依法推进监察体制改革。制定陆地国界法。

8. 健全社会主义市场经济法律制度。制定乡村振兴促进法、海南自由贸易港法、期货法，修改专利法、著作权法，推动建设现代化经济体系；制定出口管制法，修改反洗钱法、中国人民银行法、商业银行法、保险法等。全面落实税收法定原则，制定城市维护建设税法、契税法。

9. 加强社会治理领域立法。修改行政处罚法、行政复议法、治安管理处罚法，完善行政执法制度。制定个人信息保护法、数据安全法，维护公民合法权益和社会公共利益。修改海上交通安全法、安全生产法，健全公共安全体制机制。修改人民武装警察法、兵役法，制定退役军人保障法。制定反有组织犯罪法，修改档案法，审议刑法修正案（十一）草案。

10. 推进民生保障领域立法。制定社会救助法、法律援助法，完善社会保障体系。修改未成年人保护法、预防未成年人犯罪法，为未成年人健康成长创造良好的法治环境。制定长江保护法，加强生态保护和系统治理。修改固体废物污染环境防治法，健全最严格的环境保护制度。

11. 做好授权决定和改革决定相关工作。按照党中央决策部署，依法及时作出有关决定，支持和保障改革试点工作。加强对改革开放先行先试地区相关立法授权的调查研究，依照法定程序作出安排。对正在实施的授权决定和改革决定，认真做好审议试点情况报告的有关工作；对已经到期的授权决定和改革决定，及时总结评估实施情况，依法推动试点经验复制推广。

12. 坚持科学立法、民主立法、依法立法。把握好质量和效率的关系，在提高精细化、精准度、针对性上下功夫，确保立一件成一件。完善立法论证、评估、听证制度，做好法律草案通过前评估和立法后评估工作。深入调查研究，广泛听取各方面意见，健全法律草案公开征求意见和公众意见采纳反馈机制。拓宽代表参与立法的渠道，将代表议案建议办理与制订立法工作计划、制定修改法律紧密结合起来，建立法律草案有针对性征求相关领域代表意见的制度。加强基层立法联系点建设，扩大试点范围，发挥接地气、察民情、聚民智的“直通车”作用。

13. 更好发挥人大在立法工作中的主导作用。在党的领导下，健全人大主导立法工作的体制机制，加强协调、注重协同，发挥好立法机关在表达、平衡、调整社会利益方面的重要作用。专门委员会、常委会工作机构要积极做好重要法律草案的牵头起草工作，对有关方面起草的法律草案提前介入。推动落实全国人大、国务院有关机构沟通协调机制，做好法律案审议准备工作。发挥审议把关作用，深入研究论证，广泛凝聚共识，防止利益偏向。健全专门委员会、常委会工作机构共同做好法律配套规定督促工作机制，保证法律有效实施。探索完善立法工作专班和协调机制。

14. 做好国际条约的决定批准工作。加强条约议案的审议工作，依法决定批准或加入国际条约，确保我国批准或加入的条约与我国法律有效衔接。

三、健全人大对“一府一委两院”监督制度，加强对法律实施的监督

15. 坚持正确监督、有效监督。坚持党的领导，坚持以人民为中心的发展思想，坚持新发展理念，

围绕决战决胜脱贫攻坚目标任务、全面建成小康社会,做好“六稳”工作、落实“六保”任务,依照法定职责、限于法定范围、遵守法定程序开展监督工作。创新工作方式方法,增强监督工作的针对性和实效性,推动党中央重大决策部署贯彻落实,保证行政权、监察权、审判权、检察权得到依法正确行使,保证公民、法人和其他组织合法权益得到切实保障。

16. 助力打好三大攻坚战。检查土壤污染防治法实施情况,听取和审议国务院关于2019年度环境状况和环境保护目标完成情况与研究处理水污染防治法执法检查报告及审议意见情况的报告。围绕全国人大常委会关于全面加强生态环境保护依法推动打好污染防治攻坚战的决议落实情况开展专题调研,听取和审议专题调研报告。听取和审议国务院关于脱贫攻坚工作情况的报告。听取和审议国务院关于财政农业农村资金分配和使用、股票发行注册制改革有关工作情况的报告。

17. 推动经济高质量发展。听取和审议国务院关于今年以来国民经济和社会发展计划执行情况的报告,听取和审议国务院关于农村集体产权制度改革、贯彻落实创新驱动发展战略推进科学技术进步法实施情况的报告。围绕国民经济和社会发展第十四个五年规划纲要编制工作若干重要问题、政府投资基金管理与改革开展专题调研。检查反不正当竞争法、农业机械化促进法实施情况。

18. 促进保障和改善民生。检查常委会有关决定和野生动物保护法、公共文化服务保障法、慈善法实施情况,围绕社会保险制度改革和社会保险法实施情况、民族团结进步创建工作情况开展专题调研。

19. 加强人大预算决算审查监督和国有资产监督工作。听取和审议国务院关于2019年中央决算的报告,审查和批准2019年中央决算;听取和审议国务院关于2019年度中央预算执行和其他财政收支的审计工作报告、今年以来预算执行情况的报告、审计查出问题整改情况的报告。深入推进人大预算审查监督重点向支出预算和政策拓展。持续推进预算联网监督工作。结合审议国务院关于加强国有资产管理情况的综合报告,听取和审议国务院关于企业国有资产(不含金融企业)管理情况的专项报告,完善报告机制和相关工作制度。

20. 加强对执法、监察、司法工作的监督。听取和审议国务院关于公安机关执法规范化建设工作情况的报告。听取和审议国家监察委员会专项工作报告。听取和审议最高人民法院关于人民法院加强民事审判工作依法服务保障经济社会持续健康发展情况的报告,最高人民检察院关于人民检察院适用认罪认罚从宽制度情况的报告。

21. 进一步增强监督实效。完善执法检查工作机制,紧扣法律规定,通过明暗结合、随机抽查、问卷调查、委托第三方评估等方式,深入查找影响法律实施、制约工作发展、损害群众利益的突出问题,提出务实建议,推动严格落实法律责任,让法律制度的牙齿有力地“咬合”。完善专题询问工作机制,突出针对性、注重实效性、增强互动性;结合听取和审议土壤污染防治法执法检查报告、审计查出问题整改情况的报告等,开展专题询问。

22. 做好群众来信来访工作。进一步提高来信来访办理工作规范化、制度化、信息化水平。认真及时办理全国人大代表信访事项。加强综合分析和调查研究,积极反映社情民意,为常委会依法履职提供参考。

四、密切人大代表同人民群众的联系,更好发挥人大代表作用

23. 支持和保障人大代表依法行使职权。坚持代表主体地位,发挥代表来自人民、植根人民的特点和优势,紧紧依靠代表做好人大各项工作。认真实施代表法,健全代表联络机制,全面落实关于加强和改进全国人大代表工作的具体措施,拓展代表工作形式和内容,不断提高代表服务保障工作水平。

24. 高质量做好代表议案建议工作。探索代表提出建议前与部门沟通机制,汇编代表建议及办理答复案例等,为代表提出高质量议案建议做好服务工作。完善代表议案建议交办协调工作机制,及时向代表反馈议案交付审议情况和建议交办情况。加强与代表的联系和沟通,督促有关部门及时向代表通报办理工作进度、初步意见以及审议或办理结果,认真答复代表。落实代表建议答复承诺解决机制,抓好跟踪督办。

25. 加强常委会同人大代表的联系。落实关于全国人大常委会组成人员联系全国人大代表的意见,健全完善专门委员会、工作委员会联系全国人大代表工作机制,加强双向互动交流,共同推进工作。坚持与列席常委会会议的代表座谈机制,做好代表意见建议整理、交办和研究处理情况反馈等工作。扩大并改进代表对常委会、专门委员会、工作委员会工作的参与,邀请并组织好代表列席常委会会议,参加常委会立法工作、执法检查、专题调研、

预决算审查和国有资产监督、对外交往以及专门委员会活动等。

26. 密切人大代表与人民群众的联系。紧扣党中央重大决策部署，围绕常委会中心工作，组织代表开展专题调研和集中视察，统筹做好代表跨行政区域考察、视察活动，精心组织香港、澳门和台湾省全国人大代表专题调研和视察，增强调研和视察活动的针对性和实效性。积极探索增强代表小组活力的方式方法，组织全国人大代表就近到代表联络站、代表之家等工作平台和基层立法联系点听取人民群众意见建议。

27. 继续做好代表服务保障工作。通过代表工作信息化平台、工作报告会、发送书面材料等方式，及时向代表通报有关情况，探索建立向全国人大代表通报代表工作情况机制。围绕代表关注和履职需要，增加应用型知识、基础知识培训，有针对性组织代表进行专题学习，推动线上学习培训和线下学习培训有机结合，提高代表履职能力。落实关于全国人大代表活动经费管理使用的意见，健全代表履职经费保障机制。加强对各省级人大常委会全国人大代表联络机构的工作指导。加快代表履职信息化平台建设。

28. 加强代表履职监督。全面加强代表的政治、思想、作风、纪律建设，督促代表依法履职尽责，模范遵守宪法和法律，忠实代表人民的利益和意志，参加行使国家权力。交流总结代表履职工作的典型经验。支持原选举单位依法加强代表履职监督，推进代表履职档案规范化建设。做好代表资格审查工作。

五、发挥人大对外交往作用，推动涉外工作迈上新台阶

29. 紧紧围绕国家总体外交大局开展人大对外交往。坚持以习近平外交思想为指引，服从服务国家外交大局，坚决有力贯彻执行党中央对外大政方针和决策部署，把推动落实习近平主席重大外交行动成果和与外国领导人达成的重要共识作为首要任务。加强对外工作设计谋划和统筹协调，充分发挥人大对外交往的特点和优势，有效助力推进国家战略、维护国家利益。

30. 发挥高层交往的引领作用。全力做好委员长出访工作，安排好委员长会议其他组成人员的外事活动。根据国家总体外交安排，有重点地邀请大国、周边和“一带一路”沿线国家议会领导人访华，深入宣介习近平新时代中国特色社会主义思想，深化政治互信，推进务实合作，夯实国家关系发展的社会和民意基础。

31. 完善和拓展全国人大对外交往工作布局和方式。安排好与美、俄等大国议会交流活动，促进与主要大国议会关系全面均衡发展。做好周边国家、新兴市场国家和发展中国家议会工作，为深化睦邻友好合作、促进共同发展营造有利环境。积极参与议会多边合作，大力倡导多边主义，反对单边主义和保护主义，努力发挥引领作用。精心办好外国议员研修班。组织全国人大青年代表团、西藏代表团出访，适时邀请外国议会代表团访问西藏和新疆。

32. 增强人大对外交往工作实效。积极宣介中国发展成就和经验，讲好中国故事和中国人大故事，增进国际社会对中国特色社会主义道路、理论、制度、文化的理解和认同。宣介中国对外开放政策和“一带一路”倡议，助力各领域务实合作、推动高质量共建“一带一路”。加强专门委员会、常委会工作机构和办事机构对口交往，相互学习借鉴治国理政及立法、监督工作等经验，加强公共卫生领域立法交流。开展议会外交斗争，进一步丰富对外发声渠道和形式，围绕涉台、涉藏、涉疆、涉港、涉海等重大问题积极作为、主动发声，坚定不移维护国家主权、安全、发展利益。

六、加强人大理论研究和新闻舆论工作

33. 深入研究阐释习近平总书记关于坚持和完善人民代表大会制度的重要思想。围绕学习贯彻党的十九大和十九届四中全会精神，深入学习研究阐释习近平总书记关于坚持和完善人民代表大会制度的重要思想，研究人民代表大会制度在推进国家治理体系和治理能力现代化中的定位、功能和任务，研究新时代人大工作面临的新情况、新问题、新要求，多出高质量研究成果。

34. 做好新时代人大新闻舆论工作。落实意识形态工作责任制，加强对人大制度和人大工作宣传报道的统筹谋划和组织协调。坚持和完善新闻发言人制度，进一步做好全国人大外事委发言人、全国人大常委会法工委发言人有关工作，从法理角度加强舆论引导。健全与中央主要新闻媒体和人大媒体的沟通协调机制，更加注重运用新媒体、新技术手段，改进会议和活动报道；组织好深度报道和

专题报道,全面反映人大立法、监督等工作的进展和成效,充分展示人大代表履职风采,推动国家根本政治制度深入人心。

35. 加强人大理论研究和新闻舆论工作平台、队伍建设。营造各方面注重研究、参与研究的良好氛围,发挥中国人大制度理论研究会作用,形成理论研究的工作合力。办好《中国人大》杂志和中国人大网,运用微博、微信、手机客户端等宣传人大工作,增强生动性、参与性和影响力、感染力。鼓励和支持各种媒体积极创办针对不同受众、不同群体的人大特色节目,办好人大专栏、专刊、专题节目。

七、推动加强地方人大及其常委会建设

36. 支持地方人大更好发挥职能作用。继续推动落实党中央关于加强县乡人大工作和建设的部署要求,及时研究地方人大工作和建设中的新情况和新问题,推动健全地方人大组织制度和工作制度,夯实地方人大工作基础。

37. 加强与地方人大的联系。贯彻落实党中央关于人大工作的任务要求,在立法、备案审查、预算审查监督、国有资产监督、代表工作、信息化建设等方面加强工作指导和经验交流,形成工作合力,提高人大工作整体实效。举办全国地方立法工作座谈会。加强对地方人大干部的培训。

38. 开展县乡人大换届选举专题调研。深入开展调查研究,及时研究提出做好县乡人大换届选举有关工作的建议,为全国县乡人大换届选举做好前期准备工作。

八、进一步提升自身建设水平

39. 坚决落实党的领导制度。深刻认识坚持和完善党的领导制度体系的重大意义和任务要求,把坚定维护党中央权威和集中统一领导作为最高政治原则,自觉在思想上政治上行动上同以习近平同志为核心的党中央保持高度一致,把增强"四个意识"、坚定"四个自信"、做到"两个维护"扎根在思想深处、落实到具体行动中。完善推动党中央重大决策落实机制,严格执行向党中央请示报告制度,坚持党领导人大工作的各项制度,确保令行禁止,确保党中央的重大决策部署不折不扣地贯彻落实到人大各项工作中。建立和落实"不忘初心、牢记使命"的长效机制,巩固和深化主题教育成果。落实全面从严治党制度,以政治建设为统领,全面推进党的各方面建设,不断增强全国人大各级党组织的创造力、凝聚力、战斗力。

40. 持续加强理论武装。深入学习贯彻习近平新时代中国特色社会主义思想特别是习近平总书记关于坚持和完善人民代表大会制度的重要思想,及时传达学习、认真贯彻落实习近平总书记重要讲话、重要指示和党中央重要会议、重要文件精神,自觉用科学理论武装头脑、指导实践、推进工作。坚持和完善常委会党组集体学习制度,组织好常委会专题讲座,结合工作需要加强学习,不断提高理论水平和履职能力。

41. 坚持不懈狠抓作风建设。贯彻党的群众路线,完善联系群众制度,大兴调查研究之风,坚持求真务实精神,把人大各项工作建立在充分了解民情、广泛汇集民智的基础上。发扬斗争精神,增强斗争本领,勇于担当作为。坚决贯彻落实中央八项规定及其实施细则精神,坚决反对"四风",坚决杜绝形式主义、官僚主义。

42. 加强全国人大机关建设。全面推进全国人大机关党的建设,建立健全贯彻党中央全面从严治党部署、体现新时代特点、符合人大工作实际的机关制度体系,建设让党中央放心、让人民群众满意的模范机关。严明政治纪律和政治规矩,自觉接受中央纪委国家监委派驻纪检监察组的监督和指导,将党风廉政建设和反腐败斗争推向深入。深入开展机关内部巡视工作,切实防止和解决"灯下黑"问题。坚持党管干部原则,扎实推进干部工作素质培养、知事识人、选拔任用、从严管理、正向激励五大体系一体建设,打好干部选育管用组合拳,打造忠诚干净担当的全国人大机关干部队伍。

43. 加快推进信息化建设。做好代表工作信息化规划设计,开发推广使用全国人大代表工作信息化平台以及手机客户端等。统筹推进人大机关电子政务基础设施建设,做好业务应用系统各工作组具体建设项目的整合迁移改造工作。

九、全力做好十三届全国人大三次会议的准备和服务工作

44. 为开好大会提供良好服务保障。贯彻落实党中央关于召开十三届全国人大三次会议的指导

思想和总体要求，认真履行宪法赋予的召集人民代表大会会议的职责，全力以赴、缜密细致地做好各项筹备、组织和服务保障工作，巩固和深化会风会纪建设成果，确保圆满完成大会各项任务。

全国人大常委会2020年度立法工作计划

（2019年12月16日第十三届全国人民代表大会常务委员会第44次委员长会议原则通过　2020年6月1日第十三届全国人民代表大会常务委员会第58次委员长会议修改）

2020年是全面建成小康社会、实现第一个百年奋斗目标的决胜之年，又要乘势而上开启全面建设社会主义现代化国家新征程，向第二个百年奋斗目标进军。全国人大常委会2020年立法工作的总体要求是：**在以习近平同志为核心的党中央坚强领导下，高举中国特色社会主义伟大旗帜，以习近平新时代中国特色社会主义思想为指导，全面贯彻落实党的十九大和十九届二中、三中、四中全会精神，增强"四个意识"、坚定"四个自信"、做到"两个维护"，坚持党的领导、人民当家作主、依法治国有机统一，紧扣全面建成小康社会目标任务，助力统筹推进新冠肺炎疫情防控和经济社会发展，围绕坚持和完善中国特色社会主义法治体系，坚持立法为民，发挥全国人大及其常委会在立法工作中的主导作用，完善立法体制机制，不断提高立法质量和效率，以良法保障善治，推动高质量发展，增进人民福祉，为坚持和完善中国特色社会主义制度、推进国家治理体系和治理能力现代化，实现"两个一百年"奋斗目标、实现中华民族伟大复兴的中国梦提供有力的法治保障。**

一、筑牢改革发展稳定法治根基，科学合理安排法律案审议工作

认真学习领会习近平总书记关于全面依法治国的重要论述特别是关于立法工作的一系列重要指示，作为新时代立法工作的科学理论和行动指南，贯穿于立法工作全过程和各方面。深刻认识立法在坚持和完善中国特色社会主义制度、推进国家治理体系和治理能力现代化中的重要地位和作用。坚定不移走中国特色社会主义法治道路，适应党和国家事业发展需要，为疫情防控和经济社会发展工作提供法律支持，做好国家重大战略法治保障工作，加强重要领域立法。

围绕完善人民当家作主制度体系，发展社会主义民主政治，修改全国人民代表大会组织法、全国人民代表大会议事规则、全国人民代表大会和地方各级人民代表大会选举法等。围绕构建依法行政的政府治理体系，推进国家机构职能优化协调高效，修改行政处罚法、行政复议法，制定个人信息保护法等。围绕推动经济高质量发展，建设更高水平开放型经济新体制，制定乡村振兴促进法、期货法、海南自由贸易港法等，落实税收法定原则以及有关改革要求的立法项目。围绕完善科技创新体制机制，加快建设创新型国家，修改专利法、著作权法等。围绕完善弘扬社会主义核心价值观制度体系，发展社会主义先进文化，修改国旗法、国徽法、档案法等。围绕完善民生保障制度，满足人民美好生活需要，编纂民法典，修改未成年人保护法、预防未成年人犯罪法，制定社会救助法、退役军人保障法、法律援助法等。围绕完善共建共治共享的社会治理制度，确保社会安定有序，修改治安管理处罚法、海上交通安全法、安全生产法，审议刑法修正案（十一）草案，制定反有组织犯罪法等。围绕健全国家安全法律制度体系，提高防范抵御风险能力，制定生物安全法、陆地国界法、出口管制法、数据安全法等。围绕完善生态文明制度体系，促进人与自然和谐共生，修改固体废物污染环境防治法，制定长江保护法等。围绕完善国家监督体系，强化对权力运行的制约和监督，制定公职人员政务处分法、监察官法等。围绕构建中国特色社会主义军事政策制度体系，全面推进国防和军队现代化，修改人民武装警察法、兵役法等。

学习领会和贯彻落实习近平总书记关于依法防控疫情、强化公共卫生法治保障重要讲话精神和党中央决策部署，按照十三届全国人大常委会强化公共卫生法治保障立法修法工作计划安排，完善公共卫生领域相关法律，修改动物防疫法、野生动物

保护法、国境卫生检疫法、传染病防治法、突发事件应对法等。

结合分解十三届全国人大常委会立法规划、强化公共卫生法治保障立法修法工作计划，与中央有关方面的工作要点、计划相衔接，将新中国第一部法典化编纂项目民法典草案、关于建立健全香港特别行政区维护国家安全的法律制度和执行机制的决定草案提请全国人民代表大会会议审议，对2020年法律案审议工作作如下安排：

(一)继续审议的法律案 (12件)

1. 民法典 (已通过)
2. 固体废物污染环境防治法(修改) (已通过)
3. 生物安全法 (4月)
4. 公职人员政务处分法 (6月)
5. 专利法(修改) (6月)
6. 出口管制法 (6月)
7. 档案法(修改) (6月)
8. 未成年人保护法(修改) (6月)
9. 城市维护建设税法 (8月)
10. 契税法 (8月)
11. 预防未成年人犯罪法(修改) (8月)
12. 长江保护法 (10月)

(二)初次审议的法律案 (29件)

1. 关于建立健全香港特别行政区维护国家安全的法律制度和执行机制的决定 (已通过)
2. 关于全面禁止非法野生动物交易、革除滥食野生动物陋习、切实保障人民群众生命健康安全的决定 (已通过)
3. 动物防疫法(修改) (已提请审议)
4. 著作权法(修改) (已提请审议)
5. 人民武装警察法(修改) (已提请审议)
6. 全国人民代表大会组织法(修改)、全国人民代表大会议事规则 (修改)
7. 全国人民代表大会和地方各级人民代表大会选举法 (修改)
8. 国旗法、国徽法 (修改)
9. 行政处罚法 (修改)
10. 行政复议法 (修改)
11. 治安管理处罚法 (修改)
12. 海上交通安全法 (修改)
13. 野生动物保护法 (修改)
14. 国境卫生检疫法 (修改)
15. 传染病防治法、突发事件应对法 (修改)
16. 兵役法 (修改)
17. 安全生产法 (修改)
18. 刑法修正案(十一)
19. 监察官法
20. 陆地国界法
21. 个人信息保护法
22. 数据安全法
23. 乡村振兴促进法
24. 期货法
25. 海南自由贸易港法
26. 社会救助法
27. 退役军人保障法
28. 法律援助法
29. 反有组织犯罪法

根据《全国人民代表大会关于建立健全香港特别行政区维护国家安全的法律制度和执行机制的决定》，加快制定香港特别行政区维护国家安全的相关法律。

按照到2020年完成落实税收法定原则立法工作任务以及有关改革的要求，列入2019年度立法工作计划、尚未提请审议的立法项目，立法条件成熟的，适时安排审议。

贯彻党的十九届四中全会精神，落实党中央决策部署，以及强化公共卫生法治保障，军事政策制度改革，坚持和完善“一国两制”制度体系，加快我国法域外适用的法律制度建设等，需要制定、修改、废止、解释相关法律，或者需要由全国人大常委会作出相关决定的，适时安排审议。

(三)预备审议项目

修改全国人民代表大会常务委员会议事规则、地方各级人民代表大会和地方各级人民政府组织法、监狱法、职业教育法、执业医师法、科学技术进步法、铁路法、农产品质量安全法、审计法、反洗钱法、中国人民银行法、商业银行法、保险法等，制定学前教育法、家庭教育法、湿地环境保护法、电信法、彩票法、危险化学品安全法、民事强制执行法等，以及优化营商环境涉及的法律修改项目，由有关方面抓紧开展调研和起草工作，视情安排审议。

(四)做好授权决定和改革决定相关工作

按照党中央决策部署，对立法条件还不成熟、需要先行先试的，依法及时作出授权决定或者改革决定。对正在实施的授权决定和改革决定，实践证明可行的，由有关方面及时依法提出修改或者制定有关法律的议案，适时安排审议，或者结合相关立法工作统筹考虑。

二、发挥制度优势，提高新时代立法质量和效率

坚持党中央对立法工作的集中统一领导。把党的领导贯彻到立法全过程和各方面，确保立法工作的正确政治方向。法律规定中体现坚持党的领导，确保党的主张通过法定程序成为国家意志，通过法律推动和保障党中央的路线方针政策有效实施。坚持依法治国和以德治国相结合，把社会主义核心价值观全面融入中国特色社会主义法律体系之中。严格执行向党中央请示报告制度，凡重大立法事项，立法涉及的重大体制、重大政策调整，以及需要由党中央研究的立法中的重大问题，由全国人大常委会党组向党中央请示报告。立法工作计划、重要立法项目，按照要求提交中央全面依法治国委员会审议。

发挥全国人大及其常委会在立法工作中的主导作用。将发挥主导作用作为落实党领导立法的重要途径和保证，围绕中心、服务大局，选对立法项目，定准立法方向。认真做好提请全国人民代表大会审议的有关法律案的准备工作和审议工作。充分发挥专门委员会作用，涉及综合性、基础性、全局性的法律，有关专门委员会、常委会工作机构要主动与有关方面沟通，做好牵头起草和组织协调工作，防止因个别意见不一致导致立法项目久拖不决。推动落实全国人大、国务院有关机构沟通协调机制，做好法律案审议准备工作。根据需要成立立法工作专班，形成工作合力，建立立法协调机制，研究解决立法中的问题和分歧。发挥全国人大及其常委会的审议把关作用，积极研究采纳代表、委员的意见，更好发挥立法机关在表达、平衡、调整社会利益方面的重要作用。健全社会公平正义法治保障，扩大立法有序参与，充分听取各方意见，加强论证和评估，广泛凝聚共识。健全有关专门委员会、常委会工作机构共同做好法律配套规定督促工作机制，保证法律有效实施。

提高立法与改革衔接的精准度。党中央提出的改革举措，凡需要立法落实的，综合运用立改废释，不断提高立法质量和效率，实现立法决策与改革决策的精准有效衔接，为加强改革的系统集成、协同高效提供法律制度保障。对改革发展和民生保障急需的立法项目，加强立法研究，及时作出安排，为重大改革提供法律依据；对实践证明不适应改革需要的法律，及时修改和废止；对涉及同类或者类似事项、需要一并采取打包方式进行修改的法律，应当积极稳妥、切实可行；对于存在争议和分歧的，要善于遵循和把握立法规律，协调推动，科学合理地解决。

更好发挥代表在立法中的作用。尊重代表主体地位，将重要法律案提请代表大会审议，完善扩大代表参与立法工作的机制。做好疫情防控常态化下的代表列席常委会会议审议法律案工作。把代表议案、建议作为编制立法工作计划、起草法律草案、推动改进立法工作的重要依据。更好发挥相关领域和专业的代表作用，坚持和完善代表参与立法起草、论证、调研、审议、评估等工作，提高立法工作的针对性和有效性。健全法律草案征求代表意见制度，发挥中国人大网代表服务专区作用。为代表参与立法做好服务保障工作，及时向代表通报常委会立法工作情况，做好有关法律草案解读说明工作，运用现代信息技术，为代表参与立法搭建便捷高效的平台。

加强基层立法联系点建设。贯彻习近平总书记关于基层立法联系点重要指示精神，总结实践经验，完善和拓展基层立法联系点，畅通社情民意表达和反映渠道，使国家立法工作更好接地气、聚民智。充分发挥社会主义民主政治的制度优势，增强立法与人民群众的互动沟通，使每项立法都拥有扎实的群众基础，充分体现最广大人民群众意愿。

完善立法体制机制。坚持科学立法、民主立法、依法立法，切实提高立法质量，确保立一件成一件。坚持从实际出发，聚焦实践提出的问题和立法需求，运用多种形式加强和改进立法调研，将结论和决策建立在扎实可靠的基础上，增强法律规范的及时性、系统性、针对性、有效性。讲好法言法语，自觉遵循立法技术规范，保持立法技术形态的统一。加强法律解释，做好法律询问答复工作。坚持开门立法，把尊重民意、汇集民智、凝聚民力、改善民生贯穿到立法工作之中，健全向地方人大征询立法意见机制，做好法律草案公开征求意见工作，及时反馈公众意见研究采纳情况。

三、健全保证宪法全面实施的体制机制，把贯彻实施宪法提高到新水平

加强宪法实施和监督，维护宪法尊严和权威。

认真贯彻落实党中央关于推进合宪性审查工作的指导性文件，确保法律、行政法规、监察法规、地方性法规、司法解释等规范性文件与宪法规定、宪法原则和宪法精神相符合，保证国家法制统一。落实宪法解释程序机制，积极回应涉及宪法有关问题的关切，努力实现宪法的稳定性和适应性的统一。完善全国人大常委会对基本法的解释制度，从国家层面建立健全香港特别行政区维护国家安全的法律制度和执行机制，加快推进相关立法。组织做好宪法宣誓工作。以“国家宪法日”为契机，配合做好宪法宣传工作，增强宪法法律意识。

加强备案审查制度和能力建设。进一步加强主动审查，围绕贯彻党中央重大决策部署开展专项审查，继续做好对公民、组织审查建议的研究、处理和反馈工作，依法撤销和纠正违宪违法的法规、司法解释。健全备案审查衔接联动机制。加强备案审查理论研究，推动理论与实务交流和互动促进。完善备案审查信息平台功能，逐步实现备案审查工作信息化、智能化。坚持做好年度备案审查工作情况报告，推动地方人大建立向常委会会议报告备案审查工作情况制度。

四、加强制度建设和立法工作队伍建设，服务保障新时代立法工作

加强立法理论研究。全面、持续、深入地学习研究习近平总书记关于坚持和完善人民代表大会制度的重要思想、习近平总书记全面依法治国新理念新思想新战略。立足我国立法实践，总结把握立法规律，加强对立法成就的理论阐释，不断丰富和发展符合中国实际，具有中国特色、时代特色，体现社会发展规律的社会主义立法理论。坚持以实践基础上的理论创新推动制度创新，注重将理论研究成果运用于立法决策。加强对健全国家公共卫生应急管理体系相关法律制度的研究评估。强化对加快我国法域外适用的法律体系建设，阻断、反制“长臂管辖”法律制度的研究工作。重视对人工智能、区块链、基因编辑等新技术新领域相关法律问题的研究。继续推动理论研究工作常态化、机制化，发挥科研机构、智库等“外脑”作用，加强与有关方面的交流合作，抓紧形成高质量的研究成果。

加大立法工作宣传力度。综合运用多种传播手段，巩固和完善传统宣传阵地，用足用好微博、微信、移动客户端等新媒体，拓展报道的广度和深度，讲好新时代人大故事和立法故事。做好民法典宣传和普法工作。加强立法工作全过程宣传，及时召开法律案通过后的新闻发布会，把立法工作同普法工作有机结合起来，增强全社会法治观念，增强各方面立法认同。有针对性、时效性地开展法律英文翻译工作。

落实发言人制度。通过全国人大常委会法工委发言人及时对外发声，加强舆论引导。发布立法工作信息，向社会通报全国人大常委会审议法律草案有关情况、法律草案公开征求意见情况，并就社会关注的与法律相关的热点问题，从立法和人大角度予以解答和回应，运用法理说明问题、解疑释惑、驳斥谬误。

加强对地方立法工作的联系指导。加强地方立法理论研究和立法能力建设，提高运用党的理论指导立法实践、破解难题、推动工作的能力，发挥地方立法在法治建设中的实施性、补充性、探索性作用。关心和支持地方立法工作，着力增强立法工作整体实效。加大对地方立法工作人员的培训和指导，举办全国地方立法工作座谈会和立法培训班，加强对省级和设区的市立法工作指导。编发法制工作简报，介绍推广地方立法工作中的好经验好做法。

加强立法工作队伍建设。把党的政治建设摆在首位，增强政治自觉，坚持用习近平新时代中国特色社会主义思想武装头脑，在思想上政治上行动上同以习近平同志为核心的党中央保持高度一致。巩固和深化“不忘初心、牢记使命”主题教育成果，立足实际找差距。加强党风廉政建设，严守政治纪律和政治规矩，坚持不懈改进作风、自觉接受监督。持续深入抓学习，主动研究新情况新问题，不断提高立法专业水平和理论研究能力，努力成为新时代立法工作和本职岗位的行家里手。持续推进立法人才队伍建设，完善选拔、任用、培养机制，统筹一定范围内的交流任职，多渠道选拔优秀立法人才，加大涉外法治人才培养力度，努力建设一支思想政治素质过硬、业务工作能力过硬、职业道德水准过硬的富有战斗力的立法工作队伍，奋力谱写新时代坚持和完善中国特色社会主义法治体系、建设社会主义法治国家的新篇章。

全国人大常委会 2020 年度监督工作计划

（2019 年 12 月 16 日第十三届全国人民代表大会常务委员会第 44 次委员长会议原则通过 2020 年 6 月 1 日第十三届全国人民代表大会常务委员会第 58 次委员长会议修改）

2020 年是全面建成小康社会和“十三五”规划收官之年。全国人大常委会监督工作的总体要求是:在以习近平同志为核心的党中央坚强领导下，高举中国特色社会主义伟大旗帜，以习近平新时代中国特色社会主义思想为指导，全面贯彻落实党的十九大和十九届二中、三中、四中全会精神，增强“四个意识”、坚定“四个自信”、做到“两个维护”，坚持党的领导、人民当家作主、依法治国有机统一，紧扣决战决胜脱贫攻坚目标任务、全面建成小康社会，助力统筹推进疫情防控和经济社会发展工作，坚持正确监督、有效监督，加强宪法实施和监督，保证行政权、监察权、审判权、检察权得到依法正确行使，保证公民、法人和其他组织合法权益得到切实保障，把我国制度优势更好转化为国家治理效能，为坚持和完善中国特色社会主义制度、推进国家治理体系和治理能力现代化，实现“两个一百年”奋斗目标、实现中华民族伟大复兴的中国梦作出新贡献。

一、助力决胜全面建成小康社会

继续将助力打好决胜全面建成小康社会三大攻坚战作为常委会 2020 年监督工作重点，推动全国人大常委会关于全面加强生态环境保护决议落实和土壤污染防治，切实保障人民群众生命健康安全，推动脱贫攻坚各项政策措施贯彻落实和财政农业农村资金合理有效分配使用，推动股票发行注册制改革工作等，确保全面建成小康社会奋斗目标如期实现。

（一）听取和审议国务院关于 2019 年度环境状况和环境保护目标完成情况与研究处理水污染防治法执法检查报告及审议意见情况的报告。重点报告环境质量状况和环境保护目标完成情况，对水污染防治法执法检查报告反映问题的整改落实情况，对全国人大常委会分组会议和联组会议专题询问审议意见的研究处理情况等。报告安排在 4 月份举行的第十三届全国人大常委会第十七次会议上听取和审议。由环境与资源保护委员会负责做好相关工作。

（二）围绕《全国人民代表大会常务委员会关于全面加强生态环境保护依法推动打好污染防治攻坚战的决议》落实情况进行专题调研。重点调研生态环境质量改善情况，生态文明建设责任落实情况，法律法规制度完善和实施监督情况，生态文明建设公众参与全民共治情况等。专题调研报告拟提请 12 月份举行的第十三届全国人大常委会第二十二次会议听取和审议。由环境与资源保护委员会负责组织和实施。

（三）检查《全国人民代表大会常务委员会关于全面禁止非法野生动物交易、革除滥食野生动物陋习、切实保障人民群众生命健康安全的决定》（以下简称《决定》）和《中华人民共和国野生动物保护法》的实施情况。重点检查推动《决定》和野生动物保护法宣传普及和贯彻实施情况，全面禁止和惩治食用陆生野生动物，严格禁止非法猎捕、交易、运输野生动物，野生动物及其栖息地保护情况，管理制度落实和配套法规、规章以及相关名录、目录制定情况，执法监管及法律责任落实情况，贯彻落实《决定》精神，修改完善相关法律的意见建议。执法检查报告拟提请 8 月份举行的第十三届全国人大常委会第二十次会议听取和审议。由环境与资源保护委员会为主负责组织和实施。

（四）检查《中华人民共和国土壤污染防治法》的实施情况，并结合执法检查报告以常委会联组会议形式开展专题询问。重点检查贯彻实施法律的总体情况，法律责任落实情况，配套法规制定情况，土壤污染防治规划、标准、普查、监测，土壤污染预防，农用地和建设用地安全利用，土壤污染风险管控和修复等情况，以及土壤污染防治专项资金等保障和监督制度落实情况，进一步推进法律实施的意见建议等。执法检查报告拟提请 10 月份举行的第十三届全国人大常委会第二十一次会议听取和审议，专题询问拟请国务院有关领导同志出席联组会议听取意见、回答询问。由环境与资源保护委员会为主负责组织和实施。

（五）听取和审议国务院关于脱贫攻坚工作情况的报告。重点报告脱贫攻坚任务完成情况，脱贫摘帽后续政策保障、脱贫成效巩固和可持续性情况，“两不愁三保障”突出问题化解情况，“三区三州”等深度贫困地区脱贫攻坚情况，扶贫资金投入、管理和使用绩效情况，脱贫工作责任制落实情况等。报告拟安排在12月份举行的第十三届全国人大常委会第二十二次会议上听取和审议。由农业与农村委员会和民族委员会负责做好相关工作。

（六）听取和审议国务院关于财政农业农村资金分配和使用情况的报告。重点报告财政农业农村资金投入情况，资金使用绩效，在农业生产能力建设、新农村建设、农民增收等方面取得的成效和进展，加强预算管理、完善投入机制、创新转移支付管理、加强绩效管理等方面的工作进展，面临的困难和问题，进一步坚持农业农村优先发展、支持打好脱贫攻坚战、改进资金管理的政策和工作安排等。报告拟安排在12月份举行的第十三届全国人大常委会第二十二次会议上听取和审议。由常委会预算工作委员会和财政经济委员会、农业与农村委员会负责做好相关工作。

（七）听取和审议国务院关于股票发行注册制改革有关工作情况的报告。重点报告加快推进发行、上市、交易、退市等基础制度改革，健全完善以信息披露为中心的监管制度，加强注册制改革法制保障，提高金融服务实体经济能力等方面情况。报告拟安排在10月份举行的第十三届全国人大常委会第二十一次会议上听取和审议。由财政经济委员会负责做好相关工作。

二、推动经济高质量发展

加强对计划执行和经济运行情况的监督，推进国民经济和社会发展第十四个五年规划纲要编制工作，推动创新驱动发展战略和科技创新，推进治理不正当竞争，促进农业机械化发展，推进农村集体产权制度改革，推进政府投资基金管理与改革，确保完成全年经济发展任务。

（一）听取和审议国务院关于今年以来国民经济和社会发展计划执行情况的报告。重点报告计划执行和经济运行的主要情况，主要指标完成情况，存在的主要问题和准备采取的政策措施等。报告拟安排在8月份举行的第十三届全国人大常委会第二十次会议上听取和审议。由财政经济委员会负责做好相关工作。

（二）对国民经济和社会发展第十四个五年规划纲要编制工作若干重要问题开展专题调研。重点围绕纲要涉及的实现国家治理体系和治理能力现代化的重点任务，坚持和完善中国特色社会主义制度，加快完善社会主义市场经济体制，深化供给侧结构性改革，构建现代化经济体系，振兴实体经济，推动经济结构调整和转型升级，保障和改善民生，促进社会事业全面进步等开展调研。专题调研报告计划在8月底前完成。由常委会办公厅、财政经济委员会牵头，各相关专门委员会和常委会工作委员会共同参与组织和实施。

（三）听取和审议国务院关于贯彻落实创新驱动发展战略推进科学技术进步法实施情况的报告。重点报告贯彻落实创新驱动发展战略，推进科学技术进步法贯彻实施取得的新进展、新经验，以及该法自2007年修订以来执行情况、存在的问题和进一步修改完善的意见建议等。报告拟安排在8月份举行的第十三届全国人大常委会第二十次会议上听取和审议。由教育科学文化卫生委员会负责做好相关工作。

（四）检查《中华人民共和国反不正当竞争法》的实施情况。重点检查贯彻实施法律的总体情况，反不正当竞争工作协调机制建立和作用发挥情况，对各类不正当竞争行为的查处情况，不正当竞争治理工作中存在的主要问题，进一步推进法律实施的意见建议等。执法检查报告拟提请12月份举行的第十三届全国人大常委会第二十二次会议听取和审议。由财政经济委员会为主负责组织和实施。

（五）检查《中华人民共和国农业机械化促进法》的实施情况。重点检查农业机械科研开发制度规范实施情况，农业机械质量保障法律责任落实情况，先进适用农业机械推广使用法律规定执行情况，农业机械社会化服务组织规范化管理情况，农业机械化扶持措施落实情况，配套法规规章制定情况，法律贯彻实施中存在的主要问题，进一步推动法律实施及完善法律制度的意见建议等。执法检查报告拟提请8月份举行的第十三届全国人大常委会第二十次会议听取和审议。由农业与农村委员会为主负责组织和实施。

（六）听取和审议国务院关于农村集体产权制度改革情况的报告。重点报告农村集体资产管理和经营性资产股份合作制改革情况，农村集体经济发展情况，农村集体产权制度改革政策支持情况，推进改革遇到的问题及今后工作思路等。报告安排在4月份举行的第十三届全国人大常委会第十七次会议上听取和审议。由农业与农村委员会负责做好相关工作。

（七）围绕政府投资基金管理与改革进行专题调研。重点调研政府投资基金的种类、规模、结构、分布，设立主体、资金来源、基金投向、收益管理，政府投资基金的管理方式、运作模式、基金投资方式，政府及其相关部门的管理机制、监管制度、绩效考核评价体系，政府投资基金统计数据库、投资项目库等基础设施建设情况等。专题调研报告计划在 12 月底前完成。由常委会预算工作委员会负责组织和实施。

三、促进民生社会事业发展

围绕公共文化服务、社会保险制度改革、慈善事业和民族团结进步创建工作等开展监督，推动文化事业、社会保障等关系人民群众切身利益的民生社会事业发展，满足人民日益增长的美好生活需要。

（一）检查《中华人民共和国公共文化服务保障法》的实施情况。重点检查贯彻实施法律的总体情况，有关标准、制度建立和执行情况，设施建设、利用情况及数字化和网络建设情况，公共文化服务组织、管理、提供、保障等工作中政府职责落实情况，法律实施中的主要问题，对推进法律实施的意见建议等。执法检查报告拟提请 12 月份举行的第十三届全国人大常委会第二十二次会议听取和审议。由教育科学文化卫生委员会为主负责组织和实施。

（二）围绕社会保险制度改革和社会保险法实施情况进行专题调研。重点调研社会保险制度改革情况，社会保险基金管理和监督情况，基本养老保险、基本医疗保险、工伤保险、失业保险运行，以及基本医疗保险和生育保险合并实施情况，长期护理险等新险种的试点情况等。专题调研报告计划在 6 月底前完成。由社会建设委员会负责组织和实施。

（三）检查《中华人民共和国慈善法》的实施情况。重点检查贯彻实施法律的总体情况，慈善组织依法开展活动情况、募捐规范情况、财产信托和管理情况，捐赠人权利保护和义务履行情况，慈善服务发展情况，信息公开情况，政府促进慈善事业情况等。执法检查报告拟提请 10 月份举行的第十三届全国人大常委会第二十一次会议听取和审议。由社会建设委员会为主负责组织和实施。

（四）围绕民族团结进步创建工作情况进行专题调研。重点调研建立健全新时代民族团结进步创建工作的体制机制情况，创新推进民族团结进步创建工作取得的显著成效，建立健全民族工作法规体系，依法保障和巩固民族团结情况，深化民族团结进步宣传教育工作情况，促进各民族交往交流交融的主要措施，做好新时代民族团结进步创建工作面临的主要困难和意见建议等。专题调研报告计划在 12 月底前完成。由民族委员会负责组织和实施。

四、加强人大预算决算审查监督和国有资产监督工作

加强对政府全口径预算决算的审查和监督，贯彻落实党中央有关改革部署，继续推进人大预算审查监督重点拓展改革，不断完善国务院向全国人大常委会报告国有资产管理情况相关工作制度，健全完善全国人大预算审查联系代表机制，持续推进预算联网监督工作。

（一）听取和审议国务院关于 2019 年中央决算的报告，审查和批准 2019 年中央决算。重点报告预算法、监督法和关于人大预算审查监督重点向支出预算和政策拓展改革举措要求的内容。报告拟安排在 6 月份举行的第十三届全国人大常委会第十九次会议上听取和审议。由财政经济委员会和常委会预算工作委员会负责做好相关工作。

（二）听取和审议国务院关于 2019 年度中央预算执行和其他财政收支的审计工作报告。重点报告预算法、监督法和关于人大预算审查监督重点向支出预算和政策拓展改革举措要求的内容。报告拟安排在 6 月份举行的第十三届全国人大常委会第十九次会议上听取和审议。由财政经济委员会和常委会预算工作委员会负责做好相关工作。

（三）听取和审议国务院关于今年以来预算执行情况的报告。重点报告执行十三届全国人大三次会议关于批准 2020 年预算决议的情况，贯彻落实中央经济工作会议决策部署情况，2020 年度 1—7 月财政收支执行情况和重点支出预算执行与重要政策的实施情况等。报告拟安排在 8 月份举行的第十三届全国人大常委会第二十次会议上听取和审议。由财政经济委员会和常委会预算工作委员会负责做好相关工作。

（四）听取和审议国务院关于 2019 年度中央预算执行和其他财政收支审计查出问题整改情况的报告，并结合报告以常委会联组会议形式开展专题询问。重点报告 2019 年度中央预算执行和其他财政收支审计查出突出问题的整改情况，执行全国人大常委会有关 2019 年中央决算决议、研究处理有关决算及审计工作报告的审议意见情况。报告拟安排在 12 月份举行的第十三届全国人大常委会第二十二次会议上听取和审议。专题询问拟请国务院有关部门负责同志出席联组会议听取意见、回答询问。由财政经济委员会和常委会预算工作委员会

负责做好相关工作。

（五）结合审议国务院关于加强国有资产管理情况的综合报告，听取和审议国务院关于企业国有资产（不含金融企业）管理情况的专项报告。重点报告全口径企业国有资产（不含金融企业）的资产、负债、国有资本权益，国有资本投向、布局，国有资产处置、收益分配和风险控制，企业高级管理人员薪酬等情况，落实有关国有资产和国有企业改革决策部署情况，国有资本服务国家战略目标、发展重要前瞻性战略性产业，国有资本保值增值、防止资产流失制度的建立和完善，国有企业改革发展和国有资产监管等情况，存在的突出问题和下一步工作安排等。报告拟安排在10月份举行的第十三届全国人大常委会第二十一次会议上听取和审议。由常委会预算工作委员会、财政经济委员会负责做好相关工作。

五、加强对执法、监察、司法工作的监督

围绕执法规范化建设、反腐败专项工作、加强民事审判工作、适用认罪认罚从宽制度等开展监督，促进严格规范公正文明执法，坚定不移推进反腐败斗争，确保司法公正高效权威。

（一）听取和审议国务院关于公安机关执法规范化建设工作情况的报告。重点报告公安机关执行刑事诉讼法、治安管理处罚法等法律的总体情况，公安机关执法制度体系建设，执法监督管理，执法办案场所和涉案财物管理，执法信息化建设，队伍素质能力建设等情况，公安机关特别是基层公安机关执法工作中存在的问题和困难，改进工作的措施和建议等。报告拟安排在8月份举行的第十三届全国人大常委会第二十次会议上听取和审议。由监察和司法委员会负责做好相关工作。

（二）听取和审议国家监察委员会专项工作报告。报告拟安排在8月份举行的第十三届全国人大常委会第二十次会议上听取和审议。由监察和司法委员会负责做好相关工作。

（三）听取和审议最高人民法院关于人民法院加强民事审判工作依法服务保障经济社会持续健康发展情况的报告。重点报告涉民生案件审理情况，商事案件审理情况，服务重大战略方面的主要举措，推进多元化纠纷解决机制等改革情况，加强人民法庭建设情况，民事审判工作存在的问题和困难，改进工作的措施和建议等。报告拟安排在10月份举行的第十三届全国人大常委会第二十一次会议上听取和审议。由监察和司法委员会负责做好相关工作。

（四）听取和审议最高人民检察院关于人民检察院适用认罪认罚从宽制度情况的报告。重点报告认罪认罚从宽制度总体执行情况，适用认罪认罚从宽制度履行职责情况，保障当事人诉讼权利、保证案件质量、提升诉讼效率、化解社会矛盾、推动国家治理体系和治理能力现代化情况，配套制度建设情况，队伍素质能力建设情况，工作存在的问题和困难，改进工作的措施和建议等。报告拟安排在10月份举行的第十三届全国人大常委会第二十一次会议上听取和审议。由监察和司法委员会负责做好相关工作。

六、加强宪法实施和监督

加强宪法宣传教育，弘扬宪法精神，维护宪法权威。深入开展国家宪法日活动，依法组织全国人大及其常委会选举、决定任命的国家工作人员进行宪法宣誓。健全保证宪法全面实施的体制机制，落实宪法解释程序机制，推进合宪性审查工作。加强备案审查制度和能力建设，严格执行《法规、司法解释备案审查工作办法》，保障宪法法律实施。进一步加强主动审查，围绕贯彻党中央决策部署开展专项审查，认真做好对国家机关和社会团体、企业事业组织以及公民提出的审查建议的研究、处理、反馈工作，依法撤销和纠正违宪违法的规范性文件，维护国家法制统一、尊严、权威。加强备案审查理论研究，推动理论与实务交流和互相促进。健全备案审查信息平台功能，逐步实现备案审查工作信息化、智能化。开展年度备案审查工作情况报告。加强对地方人大的指导，推动地方人大建立向常委会会议报告备案审查工作情况制度。

组织实施好2020年的监督工作，一是要坚持党的领导。人大监督工作必须在党的领导下进行，站在党和国家事业全局的高度，从国家和人民的整体利益、长远利益出发，把监督“一府一委两院”工作同支持他们依法履行职责有机统一起来，寓支持于监督之中，形成加强和改进工作的合力。坚决贯彻落实中央八项规定和实施细则精神，落实中央有关通知精神，进一步改进和完善执法检查工作，切实减轻地方和基层负担，不断增强执法检查的针对性、实效性。二是要严格依法监督。依照法定职责、限于法定范围、遵守法定程序，督促“一府一委两院”依法履职尽责，而不能越俎代庖，代替它们行使行政权、监察权、司法权。要善于用法治思维来

开展监督工作，一切以法律为依据为准绳来进行监督。以典型案件推动面上问题的解决，对于监督中发现的具体问题、具体案件，要提出有针对性的意见建议，但不直接处理。三是要增强监督实效。切实担负起法定监督职责，敢于动真碰硬，抓住突出问题，督促有关国家机关改进工作、完善制度、有效实施法律。完善监督工作机制，用好用足监督法规定的监督形式，充分发挥各种监督形式的特点，形成监督合力。完善监督工作组织方式和工作方法，在灵活运用、增强实效上下功夫。改进监督工作宣传报道，选择一些监督项目，邀请新闻媒体进行全过程的采访报道，不断拓展监督工作新闻宣传载体和渠道，大力宣传人大监督工作的重点内容、重要意义和作用，依法及时将有关监督事项向全国人大代表通报、向社会公布。各单位、各部门要认真落实监督工作计划的各项安排，各司其职、各负其责，加强协调、密切配合，共同完成好 2020 年常委会各项监督工作任务。

附件：

全国人大常委会 2020 年听取审议监督方面的报告时间安排表

时间	听取和审议的报告
4 月（2 项）	国务院关于 2019 年度环境状况和环境保护目标完成情况与研究处理水污染防治法执法检查报告及审议意见情况的报告
	国务院关于农村集体产权制度改革情况的报告
6 月（2 项）	国务院关于 2019 年中央决算的报告
	国务院关于 2019 年度中央预算执行和其他财政收支的审计工作报告
8 月（7 项）	国务院关于今年以来国民经济和社会发展计划执行情况的报告
	国务院关于今年以来预算执行情况的报告
	国务院关于贯彻落实创新驱动发展战略推进科学技术进步法实施情况的报告
	国务院关于公安机关执法规范化建设工作情况的报告
	国家监察委员会专项工作报告
	《全国人民代表大会常务委员会关于全面禁止非法野生动物交易、革除滥食野生动物陋习、切实保障人民群众生命健康安全的决定》和《中华人民共和国野生动物保护法》执法检查报告
	《中华人民共和国农业机械化促进法》执法检查报告
10 月（6 项）	最高人民法院关于人民法院加强民事审判工作依法服务保障经济社会持续健康发展情况的报告
	最高人民检察院关于人民检察院适用认罪认罚从宽制度情况的报告
	国务院关于加强国有资产管理情况的综合报告和国务院关于企业国有资产（不含金融企业）管理情况的专项报告
	国务院关于股票发行注册制改革有关工作情况的报告
	《中华人民共和国土壤污染防治法》执法检查报告（结合听取审议报告开展专题询问）
	《中华人民共和国慈善法》执法检查报告
12 月（6 项）	国务院关于 2019 年度中央预算执行和其他财政收支审计查出问题整改情况的报告（结合听取审议报告开展专题询问）
	国务院关于脱贫攻坚工作情况的报告
	国务院关于财政农业农村资金分配和使用情况的报告
	《全国人民代表大会常务委员会关于全面加强生态环境保护依法推动打好污染防治攻坚战的决议》落实情况专题调研报告
	《中华人民共和国反不正当竞争法》执法检查报告
	《中华人民共和国公共文化服务保障法》执法检查报告

2020 年常委会计划听取审议 23 个监督方面的报告，包括专项工作报告 11 个、计划预算监督报告 5 个、执法检查报告 6 个、专题调研报告 1 个。此外，结合其中 2 个报告开展 2 次专题询问，另有 4 个专题调研报告视情况提交审议。

全国人大常委会2020年度代表工作计划

（2020年2月17日第十三届全国人民代表大会常务委员会第47次委员长会议原则通过　2020年6月1日第十三届全国人民代表大会常务委员会第58次委员长会议修改）

2020年是全面建成小康社会和“十三五”规划收官之年。全国人大代表工作的总体要求是：在以习近平同志为核心的党中央坚强领导下，高举中国特色社会主义伟大旗帜，以习近平新时代中国特色社会主义思想为指导，全面贯彻落实党的十九大和十九届二中、三中、四中全会精神，增强“四个意识”、坚定“四个自信”、做到“两个维护”，坚持党的领导、人民当家作主、依法治国有机统一，深入学习贯彻习近平总书记关于人大代表工作的重要论述，全面落实《关于加强和改进全国人大代表工作的具体措施》，加强常委会同代表的联系，密切代表同人民群众的联系，健全代表联络机制，支持代表依法履职，更好发挥代表作用，为坚持和完善中国特色社会主义制度、推进国家治理体系和治理能力现代化，实现“两个一百年”奋斗目标、实现中华民族伟大复兴的中国梦作出新贡献。

一、做好全国人大代表出席十三届全国人大三次会议组织服务工作

（一）做好会前各项准备工作

1. 组织代表开展集中视察。委托各省区市人大常委会组织代表在会前进行集中视察，在听取省级国家机关工作情况汇报的基础上，有针对性地安排代表实地考察，了解当地经济社会发展、依法行政、公正司法等情况。

2. 及时向代表通报情况。举办在京代表情况通报会和港澳代表情况通报会，委托各选举单位向京外代表通报2019年国民经济和社会发展情况、财政预算执行情况和全国人大常委会工作情况。首次向代表书面通报过去一年全国人大常委会代表工作总体情况，包括常委会联系代表以及代表议案建议办理、视察调研、学习培训等各方面情况。会同各选举单位做好代表信息更新、调团、请假等工作。

3. 组织代表研读讨论民法典草案。会同各选举单位做好代表研读讨论民法典草案的组织服务工作，认真收集研究代表提出的意见建议，及时回应代表对法律草案有关问题的关切，为法案顺利通过打下坚实基础。

4. 动员代表助力统筹推进疫情防控和经济社会发展工作。代表立足工作岗位、在各条战线发挥积极作用，汇集、反映人民群众意见建议，带头宣传相关法律法规和常委会决定，为依法防控疫情、保障人民群众生命健康贡献力量。

（二）做好大会期间代表履职服务保障工作

5. 改进代表审议常委会工作报告的服务保障工作。在大会秘书处领导下，通过派出工作人员、网络视频、热线电话等多种形式，听取代表对常委会工作报告的审议意见和对全国人大常委会工作的意见建议。认真研究、积极采纳代表提出的意见建议，做到条条有回应、件件有答复。能在会议期间反馈的，要及时向代表做出解释说明；会议期间办理不了的，会后要认真研究并及时反馈。加强对代表意见建议的深度分析，作为会后改进工作的参考。

6. 协助代表提高议案建议质量。按照“内容高质量”的要求，协助代表提高议案建议质量，把好议案建议的政治关、质量关。及时将全国人大常委会工作要点和立法、监督工作计划等印发代表，结合代表专题调研、集中视察和代表小组活动，引导代表议案建议注重推动党中央决策部署贯彻实施、围绕全国人大常委会重点任务和主要工作反映实际情况和问题，提出改进工作、完善政策的具体意见和可行性措施，增强代表议案建议的政策性、实效性、针对性。探索代表提出议案建议前与部门沟通机制，帮助代表更深入了解议案建议涉及的政策法律、有关数据和背景资料。汇编代表议案建议及办理答复案例等，为代表提出高质量议案建议做好服务工作。

7. 严格落实改进会风会纪各项措施。督促各代表团加强代表会风会纪学习教育，严格遵守大会各项纪律和保密规定，不吃请、不请吃，不拉关系办

私事、谋私利，不参加与议程日程无关的活动。严格住会制度和请假制度，确保会议出席率、投票率。将代表出席大会、代表团会议、小组会议情况和会风会纪情况记入代表履职档案。

二、加强常委会同全国人大代表的联系

8. 扎实开展常委会组成人员联系代表工作。贯彻落实《关于完善全国人大常委会组成人员联系全国人大代表机制的意见》，按照“做到真联系，取得真效果”的要求，推进联系代表工作机制化、常态化。增强常委会组成人员联系代表工作的计划性、协调性，结合年度工作安排，把联系代表融入常委会组成人员履职活动的相关环节，进一步拓宽联系渠道，丰富联系内容，增强联系实效。加强机关各单位的工作统筹，积极为常委会组成人员联系代表创造条件、提供保障。加强与地方人大代表联络工作机构的沟通协调，增进联系代表、服务代表的工作协同，形成密切联系代表、充分发挥代表作用的整体效果。认真汇总、梳理、交办常委会组成人员联系代表过程中提出和转交的建议、批评和意见，督促承办单位认真办理落实，及时向常委会组成人员和代表反馈研究处理情况。根据常委会组成人员和代表意见，适时调整或增加常委会组成人员的联系代表。做好常委会组成人员联系代表情况报告工作，办好《联络动态(联系代表专刊)》，及时反映常委会组成人员联系代表的经验做法、重要动态等情况。

9. 改进代表列席常委会会议的组织服务工作。结合常委会会议议程，邀请相关领域、提出相关议案建议以及参加有关立法、监督、调研活动的代表列席，着重邀请基层代表和尚未列席过常委会会议的代表列席。继续做好每次常委会会议前向列席代表通报情况工作，组织有关方面向列席代表介绍重大立法项目、重要工作报告的调研起草和审议修改情况。

10. 坚持与列席常委会会议的代表座谈机制。开好常委会会议期间部分代表座谈会，针对代表反映较为集中的情况和工作中需要研究改进的问题，合理安排会议主题，认真听取代表对人大工作、民主法治建设、经济社会发展等方面的意见，做好代表意见整理、交办和研究处理情况反馈等各环节工作。

11. 持续扩大并改进代表对常委会、专门委员会、工作委员会工作的参与。全国人大专门委员会、工作委员会加强与相关领域、专业、行业全国人大代表的联系，逐步形成常委会组成人员、专门委员会、工作委员会联系代表工作规范有序格局，实现联系基层全国人大代表全覆盖。根据常委会年度工作要点和立法、监督工作计划，统筹考虑联系代表工作，邀请代表参加执法检查和专题调研活动。更好发挥相关领域和专业的代表作用，坚持和完善代表参与立法起草、论证、调研、审议、评估等工作，提高立法工作的针对性和有效性。健全法律草案征求代表意见制度，及时向代表通报常委会立法工作情况，运用现代信息技术为代表参与立法搭建便捷高效的平台。做好代表参加计划审查监督工作。落实全国人大预算审查、国有资产监督联系代表机制，通过召开预算编制工作通报会、书面征求代表意见建议、开发应用预算联网监督“手机APP”等形式，更好发挥代表在预算审查监督、国有资产监督工作中的作用。

12. 注重发挥代表在人大对外交往中的作用。根据全国人大外事工作需要，适当组织代表特别是基层代表参加全国人大常委会、委员长会议组成人员和专门委员会、常委会办公厅、工作委员会的外事活动。做好全国人大青年代表团、妇女代表团、西藏代表团等出访工作，安排更多代表参与外国议会代表团访华接待工作，结合自身特点讲好中国故事、中国人大故事。

13. 支持有关国家机关密切联系代表。统筹组织好“一府一委两院”有关部门和单位邀请代表考察本部门、本系统工作或参加有关活动等工作，相关代表活动由全国人大常委会办公厅统一安排。加强对相关工作和活动的统筹协调，增强邀请代表参加活动的计划性、实效性，避免因多头邀请、重复邀请、集中邀请给代表特别是基层代表造成负担。及时处理参加相关活动的全国人大代表的意见建议，并向代表反馈。有关部门和单位在活动结束后及时向全国人大常委会办公厅书面报送密切联系全国人大代表、发挥代表作用的情况报告。

三、组织好闭会期间代表活动，推动代表密切联系人民群众

14. 改进代表专题调研和集中视察。紧扣贯彻落实党中央决策部署，围绕全国人大常委会工作要点，针对做好“六稳”工作、落实“六保”任务和地方经济社会发展、民主法治建设中存在的突出问题，

委托各省区市人大常委会组织代表开展专题调研和集中视察。精心拟订调研视察的主题和方案，及时提交、转办调研视察报告，进一步提高代表专题调研和集中视察的针对性和实效性，支持和鼓励代表在专题调研和集中视察的基础上提出议案和建议。精心组织香港、澳门、台湾省、解放军和武警部队全国人大代表专题调研和视察活动。

15. 统筹组织好代表跨原选举单位行政区域的考察视察调研活动。重点围绕编制“十四五”规划纲要涉及的重大问题，结合地方实际和代表意愿，制定代表跨行政区域考察视察调研总体安排。具体考察视察调研活动委托有关省区市人大常委会牵头组织实施，受委托的省级人大常委会书面报送考察视察调研情况。逐步规范代表跨原选举单位行政区域考察视察调研的组织协调工作，提高服务保障工作水平。

16. 深入贯彻落实《关于完善人大代表联系人民群众制度的实施意见》。积极探索增强代表小组活力的方式方法，组织全国人大代表就近到代表联络站、代表之家等工作平台和基层立法联系点等听取人民群众意见，及时总结推广典型经验，推进平台制度化、规范化建设。鼓励地方人大组织全国人大代表积极参加原选举单位的活动，加强上下级人大代表之间的联系，听取、反映地方人大代表的意见建议。做好在京全国人大代表回原选举单位参加调研、视察、代表小组活动的服务保障工作。认真办理代表反映或者转递的群众信访事项，督促有关单位及时向代表答复、反馈。

四、提高代表议案建议工作水平

17. 完善代表议案处理工作机制。各相关专门委员会将处理代表议案与研究制定立法工作计划和监督工作计划、起草和修改法律结合起来，加强与提出议案的代表的联系和沟通，积极研究吸纳代表提出的意见建议。完善代表议案提出、审议、处理流程和工作机制，总结交流议案工作典型经验，提高代表议案与立法、监督重点任务的契合度，发挥代表议案推动提高立法质量、监督法律有效实施的作用。

18. 提高代表建议办理质量和实效。按照“内容高质量、办理高质量”，“既要重结果、也要重过程”的要求，推动承办单位贯彻实施《全国人民代表大会代表建议、批评和意见处理办法》，将办理代表建议与转变工作作风和推动改进工作有效结合起来，切实推动解决问题、完善法律制度和政策措施。认真做好习近平总书记参加代表团审议时代表提出意见建议的办理、督办工作。加强与提出建议代表的沟通联系，通过多种方式充分听取代表意见。按照实事求是、明确具体的原则，改进代表建议办理答复工作。落实代表建议答复承诺解决机制，建立答复承诺解决事项台账，抓好2019年答复承诺解决事项跟踪督办工作，并及时向代表通报反馈。按照应公开尽公开的原则，增强代表建议办理工作的透明度，主动公开代表建议答复内容、总体工作情况以及吸收采纳代表建议情况。支持和鼓励承办单位结合职责和工作重点确定内部办理重点，有针对性地加强研究办理。

19. 改进代表建议交办、督办、反馈、分析工作。召开十三届全国人大三次会议代表建议交办会，会同中共中央办公厅、国务院办公厅等单位统一交办代表建议。推动加强同代表的沟通联系贯穿于代表建议办理全过程，及时向代表反馈建议交办和办理情况，方便代表了解掌握办理流程各环节的工作情况。年底编印代表议案建议办理工作范例，总结推广办理工作经验，为代表提出议案建议提供参考。结合全国人大常委会重要立法、监督项目开展相关代表议案建议专题分析，更好服务常委会中心工作。

20. 做好重点督办建议工作。认真研究提出重点督办建议选题，加强与全国人大专门委员会的沟通协调，通过制定督办工作方案、召开督办工作座谈会、开展督办调研等方式，及时了解办理进展情况，加大督办工作力度。重点督办建议办理工作中的重要情况和重大问题，及时向全国人大常委会委员长会议报告。做好重点督办建议的滚动办理和跟踪督办工作。

五、加强代表履职服务保障工作

21. 组织代表学习培训。以深入学习贯彻习近平新时代中国特色社会主义思想特别是习近平总书记关于坚持和完善人民代表大会制度的重要思想为代表学习培训首要任务，丰富培训内容，创新培训方式，进一步突出应用型知识、人大基础知识培训，增强培训的针对性、精准性、实效性。举办5期代表学习班、1期少数民族代表学习班，组织约1300名代表参加学习，代表学习培训资源向基层代表倾斜。有关专门委员会、工作委员会举办专项工作培训班和地方人大干部培训班，根据实际情况邀请部分全国人大代表参加。推动线上学习培训与线下学习培训有机结合，积极探索开展全国人大代表远程网络学习培训，部分代表学习班通过网络视频形式举办，大幅增加网上学习培训视频、音频、文字资料，更好满足代表学习培训需求。

22. 加强代表履职服务保障工作，积极协调解决代表履职遇到的困难和问题。加强与全国人大代表所在单位的沟通，在通知代表参加履职活动时，一并通知代表所在单位，协调代表所在单位尊重代表的权利，依法为代表优先执行代表职务给予时间保障，对代表执行代表职务按正常出勤对待，享受所在单位的工资和其他待遇。

23. 加快全国人大代表履职信息化平台建设。适应代表急需，坚持问题导向，按照全国人大代表工作信息化一期工程建设方案，尽快完成代表信息库、议案流程、建议流程、知情知政、征求代表意见等5个模块的软件开发工作。按照全国人大机关信息化建设总体安排，抓紧全国人大代表履职信息化平台后续建设，为代表依法履职提供有力技术支撑。

六、加强代表履职和代表工作的宣传报道

24. 全面宣传展示全国人大代表工作。协调中央主要新闻媒体全方位、多角度、深层次报道全国人大常委会加强和改进代表工作的情况，生动反映全国人大代表履职尽责的案例、事迹和成果，展示“人民选我当代表、我当代表为人民”的风采。做好大会期间代表通道、代表履职宣传报道工作。支持和协助代表就自己关心熟悉的问题撰写署名文章或接受媒体采访，不断增强人大制度和代表工作的社会影响力。

25. 加强对地方各级人大代表依法履职的宣传报道。积极与新闻宣传部门沟通协调，宣传地方各级人大代表密切联系人民群众、更好发挥代表作用的典型事例，宣传代表联络站、代表之家、基层立法联系点等平台在密切人大代表同人民群众联系、帮助人民群众解决实际问题方面的作用和成绩。

七、加强代表自身建设，做好代表履职管理相关工作

26. 加强代表政治思想作风建设。把加强代表政治思想建设摆在代表工作的重要位置，贯彻党中央关于加强和改进代表工作的要求，提高代表履职政治站位，增强“四个意识”、坚定“四个自信”、做到“两个维护”。引导代表善于从党和国家大局和全局上思考问题、发表意见、提出建议，紧紧扣住贯彻落实党中央决策部署、协助宪法法律实施履行职责、做好工作，充分发挥代表联系人民群众的桥梁纽带作用。引导代表珍视代表身份，严守政治纪律和政治规矩，模范遵守宪法法律，依法执行代表职务，带头弘扬社会主义核心价值观，在为民服务中担当尽责、自觉接受人民监督。

27. 支持选举单位依法加强代表履职监督。推进代表履职档案规范化建设，会同各选举单位及时登记代表出席大会、提出议案建议、参加专题调研和集中视察、开展代表小组活动、列席常委会会议、参加执法检查、参与代表议案建议办理工作、进行学习培训和进代表联络站、代表之家、基层立法联系点等平台联系群众情况，以及履行代表义务、遵守会风会纪等方面的情况。研究制定加强全国人大代表履职管理的相关制度。

28. 做好代表资格审查工作。加强同中央有关部门和代表原选举单位的联系，及时了解掌握代表资格变动情况，规范各选举单位报送材料的内容体例，依法做好代表资格审查工作，充分发挥代表资格审查工作的把关作用。

八、加强代表联络工作机构建设

29. 牢固树立服务代表意识，提高服务代表的能力和水平。全国人大专门委员会、常委会办公厅、工作委员会都要尊重代表主体地位，树立服务代表意识，支持和保障代表依法履职。坚持代表联络机构是服务代表而不是管理代表的定位，加强政治建设，持续改进工作作风，提高服务代表的能力和水平，加强对工作人员的教育管理监督，努力打造一支服务意识强、业务水平高的工作队伍。

30. 加强与各省区市人大常委会代表联络工作机构的业务协同。各省区市人大代表联络机构认真贯彻落实《关于加强和改进全国人大代表工作的具体措施》，充分发挥全国人大代表联络处的职能作用，共同做好全国人大代表服务工作，并按照要求做好有关情况报告工作。修订《全国人大代表联络处工作规则（试行）》，定期开展工作交流和业务培训，形成加强和改进全国人大代表工作的合力。严格执行《关于全国人大代表活动经费管理使用的意见》和《全国人大常委会组成人员联系代表专项

经费使用管理办法》,加强对经费使用的监督检查,确保规范使用,杜绝违纪违规现象。

九、增强与地方人大密切联系的工作合力

31. 开展县乡人大换届选举工作调研。4月,部署安排下一轮全国县乡两级人大换届选举工作调研,研究新情况新问题,提出相应改进意见,形成关于做好全国县乡两级人大换届选举工作的调研报告。就适当增加基层人大代表数量开展调研。

32. 密切与地方人大联系,总结交流工作经验。贯彻落实关于加强地方人大及其常委会建设的部署安排,各专门委员会、常委会办公厅、工作委员会加强与地方人大相关部门的联系,及时进行工作指导交流,助力地方人大建设和工作健康发展。

33. 积极关注地方各级人大代表依法履行职权、密切联系人民群众的典型事例和经验做法。发挥好中国人大"刊网微端"、《人大工作研究》、《联络动态》等平台作用,及时总结推广地方各级人大及其常委会建设和地方各级人大代表发挥桥梁纽带作用的好经验、好做法。

十三届全国人大常委会强化公共卫生法治保障立法修法工作计划

(2020年4月17日第十三届全国人民代表大会常务委员会第50次委员长会议通过)

一、拟在2020—2021年制定修改的法律(17件)

法律名称	提请审议机关	负责提出审议意见的专门委员会
1. 全国人民代表大会常务委员会关于全面禁止非法野生动物交易、革除滥食野生动物陋习、切实保障人民群众生命健康安全的决定	已通过	
2. 固体废物污染环境防治法(修改)	已通过	
3. 生物安全法	已提请审议	
4. 动物防疫法(修改)	已提请审议	
5. 野生动物保护法(修改)	全国人大环资委	
6. 传染病防治法(修改)	国务院	全国人大教科文卫委
7. 突发事件应对法(修改)	国务院	全国人大社会委
8. 国境卫生检疫法(修改)	国务院	全国人大教科文卫委
9. 进出境动植物检疫法(修改)	国务院	全国人大农业农村委
10. 畜牧法(修改)	全国人大农业农村委	
11. 农产品质量安全法(修改)	国务院	全国人大农业农村委
12. 执业医师法(修改)	全国人大教科文卫委	
13. 社会救助法	国务院	全国人大社会委
14. 科学技术进步法(修改)	全国人大教科文卫委	
15. 民法典	已提请审议	
16. 治安管理处罚法(修改)	国务院	全国人大监察司法委
17. 刑法修正案(十一)	委员长会议	

二、拟综合统筹、适时制定修改的相关法律(13件)

健全国家公共卫生应急管理体系,涉及公共卫生相关的法律,还有基本医疗卫生与健康促进法、中医药法、药品管理法、疫苗管理法、献血法、职业病防治法、精神卫生法、母婴保健法等;涉及动植物和动物源性食品安全有关的法律,还有渔业法、食品安全法等;涉及疫情防控有关问题的法律,还有红十字会法、慈善法、公益事业捐赠法等。对上述立法项目,结合疫情防控和健全公共卫生应急管理体系,开展深入评估,经研究论证,有必要又可行的,采取多种形式,有针对性进行修改,适时安排审议。

三、其他需制定修改的相关法律

公共卫生领域深化改革、健全制度体系,可能需要制定新的法律和修改其他有关法律,提出新的立法项目,凡是实践需要、条件成熟的,适时安排审议。

完善和强化公共卫生法治保障体系,涉及领域广,按照将健康理念融入各项政策的精神,制定修改生态环境、社会管理、行政处罚、国家安全等方面有关法律时,也要总结疫情防控的实践经验,作出有针对性的制度安排,将公共卫生法治保障融入各项法律之中。

全国人民代表大会常务委员会法制工作委员会关于强化公共卫生法治保障立法修法工作有关情况和工作计划的报告

——2020年4月26日在第十三届全国人民代表大会常务委员会第十七次会议上

全国人大常委会法制工作委员会主任　沈春耀

全国人民代表大会常务委员会:

新冠肺炎疫情发生以来,习近平总书记多次对依法防控疫情、强化公共卫生法治保障体系作出重要指示批示,全国人大常委会坚决贯彻落实。现将强化公共卫生法治保障立法修法工作有关情况和工作计划报告如下,请予审议。

一、认真学习领会习近平总书记重要讲话精神,深刻认识完善和强化公共卫生法治保障体系的重要性和紧迫性

党和国家历来高度重视公共卫生工作。党的十八大以来,以习近平同志为核心的党中央,就人民健康、公共卫生安全作出了一系列重大部署,提出健康中国重大决策,出台《"健康中国2030"规划纲要》,党的十九大进一步把健康中国提升到国家战略层面。疫情发生后,习近平总书记亲自指挥、亲自部署、亲临一线,高度重视依法防控、依法治理,强调要始终把人民群众生命安全和身体健康放在第一位,从立法、执法、司法、守法各环节发力,切实推进依法防控、科学防控、联防联控,坚持运用法治思维和法治方式开展疫情防控工作。明确提出要完善疫情防控相关立法,加强配套制度建设,完善处罚程序,强化公共安全保障,构建系统完备、科学规范、运行有效的疫情防控法律体系;强化公共卫生法治保障,完善重大疫情防控体制机制,健全国家公共卫生应急管理体系;把生物安全纳入国家安全体系,系统规划国家生物安全风险防控和治理体系建设,全面提高国家生物安全治理能力,尽快推动出台生物安全法,加快构建国家生物安全法律法规体系、制度保障体系。习近平总书记还对疫情防控法律法规建设提出具体要求,对坚决取缔和严厉打击非法野生动物市场和贸易、坚决革除滥食野生动物的陋习、从源头上控制重大公共卫生风险专门作出重要批示。强调要针对这次疫情暴露出来的短板和不足,抓紧补短板、堵漏洞、强弱项,全面加强和完善公共卫生领域相关法律法规建设,认真评估传染病防治法、野生动物保护法等法律法规的修改完善。

习近平总书记的重要讲话,站在全局和战略高

度，深刻阐明了依法防控在疫情防控工作中的重要作用，为我们科学精准打好疫情防控人民战争、总体战、阻击战，做好强化公共卫生法治保障体系各项工作提供了行动指南和根本遵循。要增强“四个意识”，坚定“四个自信”，做到“两个维护”，从保障人民群众生命安全和身体健康、防范化解重大公共卫生风险、提升国家治理体系和治理能力现代化、维护国家安全和长治久安的高度，深刻认识、准确理解、坚决落实习近平总书记的重要讲话精神，贯彻到立法工作全过程各方面，大力推动强化公共卫生法治保障立法修法工作。

二、坚决落实党中央决策部署，积极做好疫情防控相关立法修法工作

全国人大常委会从人大法定职责出发及时作出有关决定，统筹做好立法工作。栗战书委员长多次主持召开全国人大常委会党组会议，研究部署落实。栗战书委员长2月24日在十三届全国人大常委会第十六次会议上对学习贯彻习近平总书记重要讲话精神、完善疫情防控相关立法提出具体、明确要求，3月26日在强化公共卫生法治保障立法修法工作座谈会上作出专门部署安排，还就疫情防控、强化公共卫生法治保障作出80余次重要批示。王晨副委员长多次主持会议，专题研究，推动贯彻落实。按照全国人大常委会工作部署，全国人大专门委员会在统筹推进疫情防控和经济社会发展工作中认真履职尽责，常委会法制工作委员会积极做好立法和各项工作。

一是审议通过两个“决定”。2月24日，全国人大常委会作出关于全面禁止非法野生动物交易、革除滥食野生动物陋习、切实保障人民群众生命健康安全的决定。同时，根据疫情防控形势和工作需要，作出关于推迟召开十三届全国人大三次会议的决定。全国人大宪法和法律委员会做好统一审议工作，环境与资源保护委员会积极发挥职能作用，常委会法制工作委员会在研究起草、审议通过、宣传解读等工作中，充分发挥参谋助手和服务保障作用。为保证有关决定的贯彻落实，推动抓紧制定公布国家畜禽遗传资源目录；同时研究提出对有关决定中“加重处罚”和“参照适用”的意见，作出法律询问答复。

二是加快法律案审议准备工作。结合准备本次常委会会议、十三届全国人大三次会议法律案，全国人大宪法和法律委员会做好审议修改工作，常委会法制工作委员会多次召开专题会议，研究修改生物安全法草案、民法典草案、固体废物污染环境防治法修订草案等，根据依法防控疫情、强化公共卫生法治保障体系的需要，有针对性地提出完善方案。全国人大农业与农村委员会加快研究完善动物防疫法修订草案，提请本次常委会会议审议。

三是认真开展相关法律问题研究。全国人大代表积极履职，提出许多相关立法修法建议。法制工作委员会认真研究人大代表、政协委员有关建议，征求听取中央有关部门、收集整理专家学者和媒体智库等方面提出的有关立法修法意见建议，形成系列研究材料，印发《法制工作简报》参阅件70多期；及时向中央全面依法治国委员会办公室提出完善公共卫生应急管理相关法律的研究意见。全国人大教育科学文化卫生委员会认真做好传染病防治法评估修改工作，同环境与资源保护委员会、常委会法制工作委员会做好中央全面深化改革委员会办公室提出的“健全公共卫生应急管理体系”重点课题研究工作。

四是加强工作沟通联系。全国人大专门委员会、常委会工作机构与国务院有关部门加强沟通协调，成立立法修法工作专班，做好法律研究评估修改工作。加强对地方立法工作的联系和指导，省、自治区、直辖市人大常委会及时制定有关依法防控疫情、禁食野生动物的决定，修改相关法规，地方立法工作计划对加快完善重大疫情防控和公共卫生安全方面的法规作出安排。

五是主动宣传解读有关法律问题。发挥法制工作委员会发言人工作机制作用，对疫情防控有关法律问题进行解读，推动疫情防控和相关工作在法治轨道上有序进行。疫情发生以来，7次“发声”，从法律角度及时回应疫情防控、公共卫生、人大会议、复工复产等各界关心关注的问题，各主流媒体和网站普遍刊发刊载，产生了广泛积极的影响。

三、强化公共卫生法治保障立法修法工作必须把握的重要原则和要求

经过多年努力，目前我国已初步建立起公共卫生法律保障框架，共计涉及30余部法律，其中

有四、五部骨干法律，如基本医疗卫生与健康促进法、传染病防治法、突发事件应对法、动物防疫法、进出境动植物检疫法等；还有10余部与公共卫生相关的专门法律，如药品管理法、疫苗管理法、职业病防治法、献血法、渔业法、食品安全法等；此外，在有关法律中涉及诸多的公共卫生法律条款。本届以来，全国人大常委会制定疫苗管理法、基本医疗卫生与健康促进法，修订药品管理法，审议生物安全法草案，相关法律制度进一步完善。这些法律在防治传染病等、维护公共卫生安全方面发挥了重要作用。全国人大常委会2018年对传染病防治法的实施情况开展执法检查，指出法律实施中存在的问题。这次疫情暴露出立法方面的问题主要是，法律上仍有空白、弱项、短板，缺乏全覆盖和硬约束、硬条款，有些法律规定相互衔接不够，甚至出现矛盾，确有系统进行修订、完善的必要。需要制定一个专项立法修法工作计划，统筹安排、指导推动强化公共卫生法治保障立法修法工作，积极回应社会关切。

制定实施专项立法修法工作计划，坚持以习近平新时代中国特色社会主义思想为指导，在党中央集中统一领导下，自觉用科学理论统领立法工作，统筹推进疫情防控和经济社会发展工作，着眼于进一步完善和强化公共卫生法治保障体系，体现以下原则和要求：

*一是始终把维护人民群众生命安全和身体健康放在第一位。*公共卫生领域法律与每一个人的生命健康安全息息相关，党中央高度重视，人民群众普遍关注。疫情发生以来，全国人大代表提出了许多相关立法修法建议。立法修法工作必须解决人民最关心最直接最现实的利益问题，做到人民有所呼、立法有所应，努力通过立法增强人民群众的获得感、幸福感、安全感。

*二是坚持从国情和实际出发。*防控疫情工作取得的成效，彰显了中国共产党领导和中国特色社会主义制度的显著优势。立法修法工作要立足中国国情、体现中国特色，把实践证明行之有效的经验做法提炼上升为法律制度，建立依法防控长效机制，全面提高依法防控依法治理能力，健全国家公共卫生应急管理体系，有效维护国家安全和社会稳定。

*三是坚持问题导向。*这次疫情暴露了现有法律存在的短板和不足，比如对新发、突发传染病处置的职责划分和防控措施存在欠缺等。要加强调查研究，找准立法修法的重点难点问题，针对法律不健全不完善、法律之间不协调不一致、配套法规不及时不适应不匹配、法律实施不力等不同情况，提出切实可行的立法修法工作方案，着力解决疫情防控工作中暴露出的法律制度问题。

*四是有计划、有重点、分步骤统筹推进。*强化公共卫生法治保障的立法修法工作任务较多、需求较大，需要根据工作实际，区分轻重主次，统筹考虑。坚持立改废释和决定并举，通过制定专项立法修法工作计划，作出明确具体的安排，把"任务、时间、组织、责任"落到实处。党中央明确提出、人民群众热切期盼、各方面达成共识的重要立法项目，要在确保质量的基础上加快推进。

*五是增强法律规范系统性、整体性、协同性。*目前公共卫生领域法律制度还存在不够顺畅协调的情况，比如突发事件应对法和传染病防治法对疫情信息发布的主体规定不完全一致。要系统考虑相关法律制度，处理好原则性和适度灵活性的关系，确保其规范严密、衔接有序、协调统一。注重发挥行政法规、地方性法规、应急决定命令、防控工作规范在法律实施中的重要作用，督促有关方面抓紧制定、修改、细化、清理配套规定等工作。同时，立法修法过程中还要考虑相关法律的域外适用问题，以及有关国际条约的规定。

四、强化公共卫生法治保障立法修法工作的重点任务

落实党中央决策部署，结合各方面意见，专项立法修法工作计划统筹考虑提出需要制定修改的法律，分为三个部分。第一部分是拟在2020—2021年制定修改的法律，共17件。其中，关于全面禁止非法野生动物交易、革除滥食野生动物陋习、切实保障人民群众生命健康安全的决定已经十三届全国人大常委会第十六次会议通过；固体废物污染环境防治法修订草案提请本次常委会会议三审，并争取表决通过。还包括：

*一是尽快出台生物安全法。*习近平总书记在2月3日、14日重要讲话中都强调，要把生物安全纳入国家安全体系，尽快推动出台生物安全法。贯彻落实习近平总书记重要讲话精神，提请本次常委会会议二审。二审后将草案向社会公开征求意见，抓紧对草案进行修改完善，争取年内审议通过。

*二是尽早修改动物防疫法。*全国人大农业与农村委员会牵头起草动物防疫法修订草案，对有关

野生动物检疫等内容作了完善，提请本次常委会会议初次审议。全国人大宪法和法律委员会、常委会法制工作委员会将抓紧做好修改完善工作，争取早日出台实施。

三是抓紧修改野生动物保护法。贯彻落实党中央决策部署，体现全国人大常委会有关决定的精神和要求，建议有关方面在广泛征求意见、形成共识的基础上，抓紧提出修改草案，今年下半年及早提请审议。

四是抓紧修改国境卫生检疫法。现行国境卫生检疫法是1986年通过的，只有27条，原则性条款较多，需要作较大幅度的修改。目前，境外疫情扩散蔓延，外防输入形势日趋严峻，海关总署向司法部提出修订国境卫生检疫法，对接《国际卫生条例(2005)》，健全完善国境卫生检疫相关制度机制，切实提升对出入境疫病疫情的依法防控能力。建议有关方面加快修法工作，及早提请审议。

五是认真评估传染病防治法、突发事件应对法、进出境动植物检疫法等法律的修改完善。近来，各方面对修改完善传染病防治法等提出了不少意见建议，需要全面总结、认真评估。根据健全国家公共卫生应急管理体系的需要，认真研究突发事件应对法和有关应急管理方面法律制度完善问题。进出境动植物检疫法1991年通过以来，没有进行过系统修改，机构改革和检疫工作出现新情况新问题。建议有关方面进行认真研究评估，提出切实可行的修改方案，适时安排审议。

六是加快推动相关法律案。正在审议中的民法典草案，对紧急情况下财产征用、有关合同权利义务、物业服务企业职责和业主义务、侵权责任等条款作了研究，有针对性地提出完善建议。刑法修正案(十一)草案，对涉及疫情防控和公共卫生相关问题等作了认真研究，提出了修改方案。修改科学技术进步法，要注重加强新技术在公共卫生领域的应用。还有制定社会救助法，修改畜牧法、农产品质量安全法、执业医师法、治安管理处罚法，也要积极研究疫情防控和公共卫生相关问题。

第二部分是拟综合统筹、适时制定修改的相关法律，共13件。健全国家公共卫生应急管理体系，涉及公共卫生相关的法律，还有基本医疗卫生与健康促进法、中医药法、药品管理法、疫苗管理法、献血法、职业病防治法、精神卫生法、母婴保健法等；涉及动植物和动物源性食品安全有关的法律，还有渔业法、食品安全法等；涉及疫情防控有关问题的法律，还有红十字会法、慈善法、公益事业捐赠法等。对上述立法项目，结合疫情防控和健全公共卫生应急管理体系，开展深入评估，经研究论证，有必要又可行的，采取多种形式，有针对性进行修改，适时安排审议。

第三部分是其他需制定修改的相关法律。公共卫生领域深化改革、健全制度体系，可能需要制定新的法律和修改其他有关法律，提出新的立法项目，凡是实践需要、条件成熟的，适时安排审议。

完善和强化公共卫生法治保障体系，涉及领域广，按照将健康理念融入各项政策的精神，制定修改生态环境、社会管理、行政处罚、国家安全等方面有关法律时，也要总结疫情防控的实践经验，作出有针对性的制度安排，将公共卫生法治保障融入各项法律之中。

五、加强组织领导，狠抓工作落实

这次疫情是对国家治理体系和治理能力的一次大考，对立法工作也是一次考验。落实专项立法修法工作计划，各方面要探索创新立法工作机制，形成立法工作合力，增强忧患意识，提高工作本领，努力完成好强化公共卫生法治保障立法修法工作任务。

一是坚持党中央对立法工作的集中统一领导。做好强化公共卫生法治保障立法修法工作计划落实工作，全力以赴抓好党中央交办的重点立法任务的贯彻落实。重大立法项目、立法中的重要问题和立法工作中的重要事项，及时主动按程序向党中央请示报告。

二是成立立法修法工作专班。列入专项立法修法工作计划的重点立法项目，成立由全国人大专门委员会和国务院有关部门组成的立法修法工作专班；其他立法项目，由国务院和有关方面给予支持配合，抓好落实。在法律草案研究起草、审议修改工作中要发挥工作专班作用，重视听取专家学者的意见，协调一致，共同推进立法修法工作。

三是建立立法修法协调机制。加强对立法修法工作的统筹协调，及时了解相关立法任务推进情况，研究解决立法中的问题和分歧，确保工作顺利进行。全国人大宪法和法律委员会、常委会法制工作委员会和司法部做好具体的衔接、协调、组织、落实及审核工作。

四是加强立法宣传工作。加强立法工作全过程宣传，及时召开法律案通过后的新闻发布会，发挥好法制工作委员会发言人工作机制作用。主动宣传解读公共卫生领域重要法律有关问题，加强教育引导，提升全民公共卫生法治观念，推动全社会形成科学健康的生活方式。就社会关注的涉及疫情防控和公共卫生的法律热点问题，从立法角度予以解答，积极回应各方关切。

五是增强工作责任心和使命感。提高政治站位，履职尽责，担当作为，不断增强专业能力本领，提高立法质量和效率，确保立一件成一件，改一条成一条，立的法、修的法科学管用，为保障人民群众生命安全和身体健康筑牢法律制度防线。

二、常委会会议议程日程

第十三届全国人民代表大会常务委员会第十六次会议议程

2020 年 2 月 24 日

（2020 年 2 月 24 日第十三届全国人民代表大会常务委员会第十六次会议第一次全体会议通过）

一、审议全国人民代表大会常务委员会委员长会议关于提请审议《全国人民代表大会常务委员会关于全面禁止非法野生动物交易、革除滥食野生动物陋习、切实保障人民群众生命健康安全的决定（草案）》的议案

二、审议全国人民代表大会常务委员会委员长会议关于提请审议《全国人民代表大会常务委员会关于推迟召开第十三届全国人民代表大会第三次会议的决定（草案）》的议案

三、审议任免案

第十三届全国人民代表大会常务委员会第十六次会议日程

2020 年 2 月 24 日

2 月 24 日（星期一）

上午 9 时　全体会议

1. 听取全国人大常委会委员长会议关于提请审议《全国人民代表大会常务委员会关于全面禁止非法野生动物交易、革除滥食野生动物陋习、切实保障人民群众生命健康安全的决定（草案）》议案的说明
2. 听取全国人大常委会委员长会议关于提请审议《全国人民代表大会常务委员会关于推迟召开第十三届全国人民代表大会第三次会议的决定（草案）》议案的说明
3. 审议任免案
4. 决定第十三届全国人民代表大会常务委员会第十六次会议表决议案办法

全体会议结束后　分组审议关于全面禁止非法野生动物交易、革除滥食野生动物陋习、切实保障人民群众生命健康安全的决定草案，关于推迟召开第十三届全国人民代表大会第三次会议的决定草案，任免案

下午 3 时　分组审议拟提请表决事项

下午 4 时　全体会议

表决各项议案

闭　会

注：各项议案的审议时间必要时可以调整

第十三届全国人民代表大会常务委员会第十七次会议议程

2020 年 4 月 26 日至 29 日

（2020 年 4 月 26 日第十三届全国人民代表大会常务委员会第十七次会议第一次全体会议通过）

一、审议《中华人民共和国固体废物污染环境防治法（修订草案）》

二、审议《中华人民共和国公职人员政务处分法（草案）》

三、审议《中华人民共和国生物安全法（草案）》

四、审议全国人民代表大会农业与农村委员会关于提请审议《中华人民共和国动物防疫法（修订草案）》的议案

五、审议国务院关于提请审议《中华人民共和国著作权法修正案（草案）》的议案

六、审议中央军事委员会关于提请审议《中华人民共和国人民武装警察法（修订草案）》的议案

七、审议国务院关于提请审议《关于授权国务院在中国（海南）自由贸易试验区暂时调整实施有关法律规定的决定（草案）》的议案

八、审议全国人民代表大会常务委员会委员长会议关于提请审议《全国人民代表大会常务委员会关于第十三届全国人民代表大会第三次会议召开时间的决定（草案）》的议案

九、审议国务院关于提请审议批准《中华人民共和国和巴基斯坦伊斯兰共和国关于移管被判刑人的条约》的议案

十、审议国务院关于 2019 年度环境状况和环境保护目标完成情况与研究处理水污染防治法执法检查报告及审议意见情况的报告

十一、审议国务院关于农村集体产权制度改革情况的报告

十二、审议全国人民代表大会常务委员会法制工作委员会关于强化公共卫生法治保障立法修法工作有关情况和工作计划的报告

十三、审议第十三届全国人民代表大会常务委员会代表资格审查委员会关于个别代表的代表资格的报告

十四、审议中央军事委员会关于提请审议批准增补人民解放军选举委员会成员的议案

十五、审议任免案

第十三届全国人民代表大会常务委员会第十七次会议日程

2020 年 4 月 26 日至 29 日

4 月 26 日（星期日）

下午 3 时　全体会议

1. 听取全国人大宪法和法律委员会关于《中华人民共和国固体废物污染环境防治法（修订草案）》审议结果的报告
2. 听取全国人大宪法和法律委员会关于《中华人民共和国公职人员政务处分法（草案）》修改情况的汇报
3. 听取全国人大宪法和法律委员会关于《中华人民共和国生物安全法（草案）》修改情况的汇报
4. 听取全国人大农业与农村委员会关于提请审议《中华人民共和国动物防疫法（修订草案）》议案的说明
5. 听取国务院关于提请审议《中华

人民共和国著作权法修正案(草案)》议案的说明
6. 听取中央军事委员会关于提请审议《中华人民共和国人民武装警察法(修订草案)》议案的说明
7. 听取国务院关于提请审议《关于授权国务院在中国(海南)自由贸易试验区暂时调整实施有关法律规定的决定(草案)》议案的说明
8. 听取国务院关于提请审议批准《中华人民共和国和巴基斯坦伊斯兰共和国关于移管被判刑人的条约》议案的说明
9. 听取国务院关于2019年度环境状况和环境保护目标完成情况与研究处理水污染防治法执法检查报告及审议意见情况的报告
10. 听取国务院关于农村集体产权制度改革情况的报告
11. 听取全国人大常委会法制工作委员会关于强化公共卫生法治保障立法修法工作有关情况和工作计划的报告
12. 听取全国人大常委会代表资格审查委员会关于个别代表的代表资格的报告
13. 审议中央军事委员会关于提请审议批准增补人民解放军选举委员会成员的议案
14. 审议任免案
15. 其他
16. 决定第十三届全国人民代表大会常务委员会第十七次会议表决议案办法

4月27日　(星期一)

上午9时　分组审议固体废物污染环境防治法修订草案,公职人员政务处分法草案,关于授权国务院在中国(海南)自由贸易试验区暂时调整实施有关法律规定的决定草案

下午3时　分组审议生物安全法草案,国际条约,关于个别代表的代表资格的报告,中央军委关于提请审议批准增补人民解放军选举委员会成员的议案,任免案,其他

4月28日　(星期二)

上午9时　分组审议动物防疫法修订草案,国务院关于2019年度环境状况和环境保护目标完成情况与研究处理水污染防治法执法检查报告及审议意见情况的报告,国务院关于农村集体产权制度改革情况的报告

下午3时　分组审议人民武装警察法修订草案,著作权法修正案草案,全国人大常委会法制工作委员会关于强化公共卫生法治保障立法修法工作有关情况和工作计划的报告,拟提请表决事项

4月29日　(星期三)

上午9时　全体会议
表决各项议案
闭　会

(闭会后,举办专题讲座第十六讲《生物技术与生物安全》)

第十三届全国人民代表大会常务委员会第十八次会议议程

2020年5月18日

(2020年5月18日第十三届全国人民代表大会常务委员会第十八次会议第一次全体会议通过)

一、审议国务院关于香港特别行政区维护国家安全情况的报告

二、审议《全国人民代表大会常务委员会工作报告(稿)》

三、审议全国人民代表大会常务委员会委员长会议关于提请审议《第十三届全国人民代表大会第三次会议议程(草案)》的议案

四、审议全国人民代表大会常务委员会委员长会议关于提请审议《第十三届全国人民代表大会第三次会议主席团和秘书长名单(草案)》的议案

五、审议全国人民代表大会常务委员会委员长会议关于提请审议《第十三届全国人民代表大会第三次会议列席人员名单(草案)》的议案

六、审议第十三届全国人民代表大会常务委员会代表资格审查委员会关于个别代表的代表资格的报告

七、审议任免案

(注:2020年5月18日上午,第十三届全国人大常委会第十八次会议听取并审议了《国务院关于香港特别行政区维护国家安全情况的报告》,第十三届全国人大常委会第55次委员长会议根据审议情况,提出了《全国人民代表大会常务委员会关于提请审议〈全国人民代表大会关于建立健全香港特别行政区维护国家安全的法律制度和执行机制的决定(草案)〉的议案(代拟稿)》并提请第十三届全国人大常委会第十八次会议审议。5月18日下午,第十三届全国人大常委会第十八次会议决定将《全国人民代表大会关于建立健全香港特别行政区维护国家安全的法律制度和执行机制的决定(草案)》提请第十三届全国人民代表大会第三次会议审议)

第十三届全国人民代表大会常务委员会第十八次会议日程

2020年5月18日

5月18日(星期一)

上午9时　全体会议

1. 听取国务院关于香港特别行政区维护国家安全情况的报告
2. 审议《全国人民代表大会常务委员会工作报告(稿)》
3. 审议全国人大常委会委员长会议关于提请审议《第十三届全国人民代表大会第三次会议议程(草案)》的议案
4. 审议全国人大常委会委员长会议关于提请审议《第十三届全国人民代表大会第三次会议主席团和秘书长名单(草案)》的议案
5. 审议全国人大常委会委员长会议关于提请审议《第十三届全国人民代表大会第三次会议列席人员名单(草案)》的议案
6. 听取全国人大常委会代表资格审查委员会关于个别代表的代表资格的报告
7. 审议任免案

全体会议结束后　分组审议国务院关于香港特别行政区维护国家安全情况的报告,全国人大常委会工作报告稿,十三届全国人大三次会议议程草案、主席团和秘书长名单草案、列席人员名单草案,关于个别代表的代表资格的报告,任免案

下午3时　分组审议全国人大常委会工作报告稿,拟提请表决事项

下午5时　全体会议

表决各项议案

闭　会

第十三届全国人民代表大会常务委员会第十九次会议议程

2020 年 6 月 18 日至 20 日

（2020 年 6 月 18 日第十三届全国人民代表大会常务委员会第十九次会议第一次全体会议通过）

一、审议《中华人民共和国公职人员政务处分法（草案）》

二、审议《中华人民共和国档案法（修订草案）》

三、审议《中华人民共和国人民武装警察法（修订草案）》

四、审议全国人民代表大会常务委员会委员长会议关于提请审议《中华人民共和国香港特别行政区维护国家安全法（草案）》的议案

五、审议全国人民代表大会农业与农村委员会关于提请审议《中华人民共和国乡村振兴促进法（草案）》的议案

六、审议国务院、中央军委关于提请审议《中华人民共和国退役军人保障法（草案）》的议案

七、审议国务院关于提请审议加入《武器贸易条约》的议案

八、审议国务院关于 2019 年中央决算的报告

审查和批准 2019 年中央决算

九、审议国务院关于 2019 年度中央预算执行和其他财政收支的审计工作报告

十、审议任免案

第十三届全国人民代表大会常务委员会第十九次会议日程

2020 年 6 月 18 日至 20 日

6 月 18 日（星期四）

上午 9 时 全体会议

1. 听取全国人大宪法和法律委员会关于《中华人民共和国公职人员政务处分法（草案）》审议结果的报告
2. 听取全国人大宪法和法律委员会关于《中华人民共和国档案法（修订草案）》审议结果的报告
3. 听取全国人大宪法和法律委员会关于《中华人民共和国人民武装警察法（修订草案）》审议结果的报告
4. 听取全国人大常委会委员长会议关于提请审议《中华人民共和国香港特别行政区维护国家安全法（草案）》议案的说明
5. 听取全国人大农业与农村委员会关于提请审议《中华人民共和国乡村振兴促进法（草案）》议案的说明
6. 听取国务院、中央军委关于提请审议《中华人民共和国退役军人保障法（草案）》议案的说明
7. 听取国务院关于提请审议加入《武器贸易条约》议案的说明
8. 听取国务院关于 2019 年中央决算的报告
9. 听取国务院关于 2019 年度中央预算执行和其他财政收支的审计工作报告
10. 听取全国人大财政经济委员会

关于2019年中央决算草案审查结果的报告
11. 审议任免案
下午3时 分组审议公职人员政务处分法草案,档案法修订草案,人民武装警察法修订草案,乡村振兴促进法草案,国际条约,任免案

6月19日(星期五)
上午9时 分组审议国务院关于2019年中央决算的报告,国务院关于2019年度中央预算执行和其他财政收支的审计工作报告,全国人大财政经济委员会关于2019年中央决算草案审查结果的报告
下午3时 分组审议香港特别行政区维护国家安全法草案,退役军人保障法草案,拟提请表决事项

6月20日(星期六)
上午9时 全体会议
表决各项议案
闭 会
(闭会后,举办专题讲座第十七讲《我国的行政法律制度》)

注:分组审议时间:上午9时至11时30分
下午3时至5时30分
各项议案的审议时间必要时可以调整

第十三届全国人民代表大会常务委员会第二十次会议议程

2020年6月28日至30日

(2020年6月28日第十三届全国人民代表大会常务委员会第二十次会议第一次全体会议通过 2020年6月30日第十三届全国人民代表大会常务委员会第二十次会议第二次全体会议调整 2020年6月30日第十三届全国人民代表大会常务委员会第二十次会议第三次全体会议调整)

一、审议《中华人民共和国香港特别行政区维护国家安全法(草案)》

二、审议《中华人民共和国专利法修正案(草案)》

三、审议《中华人民共和国未成年人保护法(修订草案)》

四、审议《中华人民共和国出口管制法(草案)》

五、审议全国人民代表大会常务委员会委员长会议关于提请审议《中华人民共和国刑法修正案(十一)(草案)》的议案

六、审议全国人民代表大会常务委员会委员长会议关于提请审议《中华人民共和国行政处罚法(修订草案)》的议案

七、审议全国人民代表大会常务委员会委员长会议关于提请审议《中华人民共和国数据安全法(草案)》的议案

八、审议全国人民代表大会常务委员会委员长会议关于提请审议《全国人民代表大会常务委员会关于增加〈中华人民共和国香港特别行政区基本法〉附件三所列全国性法律的决定(草案)》的议案

九、审议任免案

第十三届全国人民代表大会常务委员会第二十次会议日程

2020 年 6 月 28 日至 30 日

6 月 28 日(星期日)

上午 9 时 全体会议

1. 听取全国人大宪法和法律委员会关于《中华人民共和国香港特别行政区维护国家安全法(草案)》审议结果的报告
2. 听取全国人大宪法和法律委员会关于《中华人民共和国专利法修正案(草案)》修改情况的汇报
3. 听取全国人大宪法和法律委员会关于《中华人民共和国未成年人保护法(修订草案)》修改情况的汇报
4. 听取全国人大宪法和法律委员会关于《中华人民共和国出口管制法(草案)》修改情况的汇报
5. 听取全国人大常委会委员长会议关于提请审议《中华人民共和国刑法修正案(十一)(草案)》议案的说明
6. 听取全国人大常委会委员长会议关于提请审议《中华人民共和国行政处罚法(修订草案)》议案的说明
7. 听取全国人大常委会委员长会议关于提请审议《中华人民共和国数据安全法(草案)》议案的说明

全体会议结束后 分组审议香港特别行政区维护国家安全法草案

下午 3 时 分组审议专利法修正案草案,出口管制法草案

6 月 29 日(星期一)

上午 9 时 分组审议刑法修正案(十一)草案,香港特别行政区维护国家安全法草案建议表决稿

下午 3 时 分组审议行政处罚法修订草案,数据安全法草案

6 月 30 日(星期二)

上午 9 时 全体会议
表决香港特别行政区维护国家安全法草案

全体会议结束后 分组审议未成年保护法修订草案

下午 3 时 全体会议
听取全国人大常委会委员长会议关于提请审议《全国人民代表大会常务委员会关于增加〈中华人民共和国香港特别行政区基本法〉附件三所列全国性法律的决定(草案)》议案的说明

全体会议结束后 分组审议全国人大常委会关于增加香港特别行政区基本法附件三所列全国性法律的决定草案,拟提请表决事项

下午 5 时 全体会议
表决各项议案
闭　会

注:分组审议时间:上午 9 时至 11 时 30 分
下午 3 时至 5 时 30 分
各项议案的审议时间必要时可以调整

第十三届全国人民代表大会常务委员会第二十一次会议议程

2020年8月8日至11日

（2020年8月8日第十三届全国人民代表大会常务委员会第二十一次会议第一次全体会议通过）

一、审议《中华人民共和国城市维护建设税法（草案）》

二、审议《中华人民共和国契税法（草案）》

三、审议《中华人民共和国预防未成年人犯罪法（修订草案）》

四、审议《中华人民共和国动物防疫法（修订草案）》

五、审议《中华人民共和国著作权法修正案（草案）》

六、审议全国人民代表大会常务委员会委员长会议关于提请审议《中华人民共和国全国人民代表大会组织法（修正草案）》的议案

七、审议全国人民代表大会常务委员会委员长会议关于提请审议《中华人民共和国全国人民代表大会议事规则（修正草案）》的议案

八、审议全国人民代表大会常务委员会委员长会议关于提请审议《中华人民共和国国旗法（修正草案）》的议案

九、审议全国人民代表大会常务委员会委员长会议关于提请审议《中华人民共和国国徽法（修正草案）》的议案

十、审议全国人民代表大会常务委员会关于提请审议《全国人民代表大会常务委员会关于授予在抗新冠肺炎疫情斗争中作出杰出贡献的人士国家勋章和国家荣誉称号的决定（草案）》的议案

十一、审议国务院关于提请全国人民代表大会常务委员会就香港特别行政区第六届立法会继续运作作出决定的议案

十二、审议国务院关于提请审议《关于授权国务院在粤港澳大湾区内地九市开展香港法律执业者和澳门执业律师取得内地执业资质和从事律师职业试点工作的决定（草案）》的议案

十三、审议国务院关于今年以来国民经济和社会发展计划执行情况的报告

十四、审议国务院关于今年以来预算执行情况的报告

十五、审议国务院关于贯彻落实创新驱动发展战略推进科学技术进步法实施情况的报告

十六、审议国务院关于公安机关执法规范化建设工作情况的报告

十七、审议国家监察委员会关于开展反腐败国际追逃追赃工作情况的报告

十八、审议全国人民代表大会常务委员会执法检查组关于检查《全国人民代表大会常务委员会关于全面禁止非法野生动物交易、革除滥食野生动物陋习、切实保障人民群众生命健康安全的决定》和《中华人民共和国野生动物保护法》实施情况的报告

十九、审议全国人民代表大会常务委员会执法检查组关于检查《中华人民共和国农业机械化促进法》实施情况的报告

二十、听取全国人民代表大会常务委员会办公厅关于“十四五”规划纲要编制工作若干重要问题专题调研工作情况的报告

二十一、审议第十三届全国人民代表大会常务委员会代表资格审查委员会关于个别代表的代表资格的报告

二十二、审议任免案

第十三届全国人民代表大会常务委员会第二十一次会议日程

2020年8月8日至11日

8月8日(星期六)

上午9时　全体会议

1. 听取全国人大宪法和法律委员会关于《中华人民共和国城市维护建设税法(草案)》审议结果的报告
2. 听取全国人大宪法和法律委员会关于《中华人民共和国契税法(草案)》审议结果的报告
3. 听取全国人大宪法和法律委员会关于《中华人民共和国预防未成年人犯罪法(修订草案)》修改情况的汇报
4. 听取全国人大宪法和法律委员会关于《中华人民共和国动物防疫法(修订草案)》修改情况的汇报
5. 听取全国人大宪法和法律委员会关于《中华人民共和国著作权法修正案(草案)》修改情况的汇报
6. 听取全国人大常委会委员长会议关于提请审议《中华人民共和国全国人民代表大会组织法(修正草案)》议案的说明
7. 听取全国人大常委会委员长会议关于提请审议《中华人民共和国全国人民代表大会议事规则(修正草案)》议案的说明
8. 听取全国人大常委会委员长会议关于提请审议《中华人民共和国国旗法(修正草案)》议案的说明
9. 听取全国人大常委会委员长会议关于提请审议《中华人民共和国国徽法(修正草案)》议案的说明
10. 听取国务院关于提请全国人民代表大会常务委员会就香港特别行政区第六届立法会继续运作作出决定议案的说明
11. 听取国务院关于提请审议《关于授权国务院在粤港澳大湾区内地九市开展香港法律执业者和澳门执业律师取得内地执业资质和从事律师职业试点工作的决定(草案)》议案的说明
12. 听取国务院关于今年以来国民经济和社会发展计划执行情况的报告
13. 听取国务院关于今年以来预算执行情况的报告
14. 听取全国人大常委会代表资格审查委员会关于个别代表的代表资格的报告
15. 审议任免案

下午3时　分组审议城市维护建设税法草案，契税法草案，预防未成年人犯罪法修订草案，国务院关于提请全国人民代表大会常务委员会就香港特别行政区第六届立法会继续运作作出决定议案，关于授权国务院在粤港澳大湾区内地九市开展香港法律执业者和澳门执业律师取得内地执业资质和从事律师职业试点工作的决定草案，关于个别代表的代表资格的报告，任免案

8月9日(星期日)

上午9时　分组审议全国人民代表大会组织法修正草案，全国人民代表大会议事规则修正草案，国旗法修正草案，国徽法修正草案

下午3时　分组审议著作权法修正案草案，国务院关于今年以来国民经济和社会发

展计划执行情况的报告，国务院关于今年以来预算执行情况的报告

8月10日（星期一）

上午9时 全体会议

1. 听取全国人大常委会委员长会议关于提请审议《全国人民代表大会常务委员会关于授予国家勋章和国家荣誉称号的决定（草案）》议案的说明
2. 听取国务院关于贯彻落实创新驱动发展战略推进科学技术进步法实施情况的报告
3. 听取国务院关于公安机关执法规范化建设工作情况的报告
4. 听取国家监察委员会关于开展反腐败国际追逃追赃工作情况的报告
5. 听取全国人大常委会执法检查组关于检查《全国人民代表大会常务委员会关于全面禁止非法野生动物交易、革除滥食野生动物陋习、切实保障人民群众生命健康安全的决定》和《中华人民共和国野生动物保护法》实施情况的报告
6. 听取全国人大常委会执法检查组关于检查《中华人民共和国农业机械化促进法》实施情况的报告
7. 听取全国人大常委会办公厅关于"十四五"规划纲要编制工作若干重要问题专题调研工作情况的报告

下午3时 分组审议全国人大常委会关于授予国家勋章和国家荣誉称号的决定草案，动物防疫法修订草案，全国人大常委会执法检查组关于检查《全国人民代表大会常务委员会关于全面禁止非法野生动物交易、革除滥食野生动物陋习、切实保障人民群众生命健康安全的决定》和《中华人民共和国野生动物保护法》实施情况的报告，全国人大常委会执法检查组关于检查《中华人民共和国农业机械化促进法》实施情况的报告

8月11日（星期二）

上午9时 分组审议国务院关于贯彻落实创新驱动发展战略推进科学技术进步法实施情况的报告，国务院关于公安机关执法规范化建设工作情况的报告，国家监察委员会关于开展反腐败国际追逃追赃工作情况的报告，拟提请表决事项

下午3时 全体会议

表决各项议案

闭　会

（闭会后，举办专题讲座第十八讲《我国的中央和地方财政关系》）

注：分组审议时间：上午9时至11时30分

下午3时至5时30分

各项议案的审议时间必要时可以调整

第十三届全国人民代表大会常务委员会第二十二次会议议程

2020年10月13日至17日

（2020年10月13日第十三届全国人民代表大会常务委员会第二十二次会议第一次全体会议通过）

一、审议《中华人民共和国专利法修正案（草案）》

二、审议《中华人民共和国生物安全法（草案）》

三、审议《中华人民共和国未成年人保护法（修订草案）》

四、审议《中华人民共和国出口管制法（草案）》

五、审议《中华人民共和国国旗法（修正草案）》

六、审议《中华人民共和国国徽法(修正草案)》

七、审议《中华人民共和国长江保护法(草案)》

八、审议《中华人民共和国退役军人保障法(草案)》

九、审议《中华人民共和国刑法修正案(十一)(草案)》

十、审议《中华人民共和国行政处罚法(修订草案)》

十一、审议全国人民代表大会常务委员会委员长会议关于提请审议《中华人民共和国全国人民代表大会和地方各级人民代表大会选举法(修正草案)》的议案

十二、审议全国人民代表大会常务委员会委员长会议关于提请审议《中华人民共和国个人信息保护法(草案)》的议案

十三、审议全国人民代表大会环境与资源保护委员会关于提请审议《中华人民共和国野生动物保护法(修订草案)》的议案

十四、审议国务院、中央军事委员会关于提请审议《中华人民共和国国防法(修订草案)》的议案

十五、审议中央军事委员会关于提请审议《中华人民共和国海警法(草案)》的议案

十六、审议国务院关于提请审议批准《〈巴塞尔公约〉缔约方会议第十四次会议第14/12号决定对〈巴塞尔公约〉附件二、附件八和附件九的修正》的议案

十七、审议国务院关于提请审议批准《中华人民共和国和塞浦路斯共和国引渡条约》的议案

十八、审议国务院关于提请审议批准《中华人民共和国和比利时王国引渡条约》的议案

十九、审议国务院关于2019年度国有资产管理情况的综合报告和关于2019年度财政部履行出资人职责和资产监管职责企业国有资产管理情况的专项报告、关于2019年度国资系统监管企业国有资产管理情况的专项报告

二十、审议国务院关于股票发行注册制改革有关工作情况的报告

二十一、审议最高人民法院关于人民法院加强民事审判工作依法服务保障经济社会持续健康发展情况的报告

二十二、审议最高人民检察院关于人民检察院适用认罪认罚从宽制度情况的报告

二十三、审议全国人民代表大会常务委员会执法检查组关于检查《中华人民共和国土壤污染防治法》实施情况的报告

二十四、审议全国人民代表大会常务委员会执法检查组关于检查《中华人民共和国慈善法》实施情况的报告

二十五、审议全国人民代表大会监察和司法委员会关于第十三届全国人民代表大会第三次会议主席团交付审议的代表提出的议案审议结果的报告

二十六、审议全国人民代表大会财政经济委员会关于第十三届全国人民代表大会第三次会议主席团交付审议的代表提出的议案审议结果的报告

二十七、审议全国人民代表大会社会建设委员会关于第十三届全国人民代表大会第三次会议主席团交付审议的代表提出的议案审议结果的报告

二十八、审议栗战书委员长出席第五次世界议长大会视频会议情况的书面报告

二十九、审议第十三届全国人民代表大会常务委员会代表资格审查委员会关于个别代表的代表资格的报告

三十、审议任免案

三十一、其他

第十三届全国人民代表大会常务委员会第二十二次会议日程

2020年10月13日至17日

10月13日(星期二)

上午9时　全体会议

1. 听取全国人大宪法和法律委员会关于《中华人民共和国专利法修正案(草案)》审议结果的报告
2. 听取全国人大宪法和法律委员会关于《中华人民共和国生物安全法(草案)》审议结果的报告
3. 听取全国人大宪法和法律委员会关于《中华人民共和国未成年

人保护法（修订草案）》审议结果的报告

4. 听取全国人大宪法和法律委员会关于《中华人民共和国出口管制法（草案）》审议结果的报告

5. 听取全国人大宪法和法律委员会关于《中华人民共和国国旗法（修正草案）》审议结果的报告

6. 听取全国人大宪法和法律委员会关于《中华人民共和国国徽法（修正草案）》审议结果的报告

7. 听取全国人大宪法和法律委员会关于《中华人民共和国长江保护法（草案）》修改情况的汇报

8. 听取全国人大宪法和法律委员会关于《中华人民共和国退役军人保障法（草案）》修改情况的汇报

9. 听取全国人大宪法和法律委员会关于《中华人民共和国刑法修正案（十一）（草案）》修改情况的汇报

10. 听取全国人大宪法和法律委员会关于《中华人民共和国行政处罚法（修订草案）》修改情况的汇报

11. 听取全国人大常委会委员长会议关于提请审议《中华人民共和国全国人民代表大会和地方各级人民代表大会选举法（修正草案）》议案的说明

12. 听取全国人大常委会委员长会议关于提请审议《中华人民共和国个人信息保护法（草案）》议案的说明

13. 听取全国人大环境与资源保护委员会关于提请审议《中华人民共和国野生动物保护法（修订草案）》议案的说明

14. 听取国务院、中央军事委员会关于提请审议《中华人民共和国国防法（修订草案）》议案的说明

15. 听取有关法律草案议案的说明

16. 听取中央军事委员会关于提请审议《中华人民共和国海警法（草案）》议案的说明

17. 听取国务院关于提请审议批准《〈巴塞尔公约〉缔约方会议第十四次会议第 14/12 号决定对〈巴塞尔公约〉附件二、附件八和附件九的修正》议案的说明

18. 听取国务院关于提请审议批准《中华人民共和国和塞浦路斯共和国引渡条约》议案的说明

19. 听取国务院关于提请审议批准《中华人民共和国和比利时王国引渡条约》议案的说明

20. 听取全国人大监察和司法委员会关于第十三届全国人民代表大会第三次会议主席团交付审议的代表提出的议案审议结果的报告

21. 听取全国人大财政经济委员会关于第十三届全国人民代表大会第三次会议主席团交付审议的代表提出的议案审议结果的报告

22. 听取全国人大社会建设委员会关于第十三届全国人民代表大会第三次会议主席团交付审议的代表提出的议案审议结果的报告

23. 审议栗战书委员长出席第五次世界议长大会视频会议情况的书面报告

24. 听取全国人大常委会代表资格审查委员会关于个别代表的代表资格的报告

25. 审议任免案

下午 3 时　分组审议专利法修正案草案，生物安全法草案，未成年人保护法修订草案，出口管制法草案，国际条约，栗战书委员长出席第五次世界议

长大会视频会议情况的书面报告，关于个别代表的代表资格的报告，任免案

10 月 14 日(星期三)

上午 9 时　分组审议国旗法修正草案，国徽法修正草案，选举法修正草案，长江保护法草案，全国人大监察和司法委员会、财政经济委员会、社会建设委员会关于第十三届全国人民代表大会第三次会议主席团交付审议的代表提出的议案审议结果的报告

下午 3 时　分组审议退役军人保障法草案，刑法修正案(十一)草案，行政处罚法修订草案

10 月 15 日(星期四)

上午 9 时　全体会议

1. 听取全国人大常委会执法检查组关于检查《中华人民共和国土壤污染防治法》实施情况的报告
2. 听取全国人大常委会执法检查组关于检查《中华人民共和国慈善法》实施情况的报告
3. 审议国务院关于2019年度国有资产管理情况的综合报告，听取国务院关于2019年度财政部履行出资人职责和资产监管职责企业国有资产管理情况的专项报告、关于2019年度国资系统监管企业国有资产管理情况的专项报告
4. 听取全国人大常委会预算工作委员会、全国人大财政经济委员会关于企业国有资产(不含金融企业)管理情况的调研报告
5. 听取国务院关于股票发行注册制改革有关工作情况的报告
6. 听取最高人民法院关于人民法院加强民事审判工作依法服务保障经济社会持续健康发展情况的报告
7. 听取最高人民检察院关于人民检察院适用认罪认罚从宽制度情况的报告

下午 3 时　分组审议国务院关于2019年度国有资产管理情况的综合报告和关于2019年度财政部履行出资人职责和资产监管职责企业国有资产管理情况的专项报告、关于2019年度国资系统监管企业国有资产管理情况的专项报告，国务院关于股票发行注册制改革有关工作情况的报告，全国人大常委会执法检查组关于检查《中华人民共和国土壤污染防治法》实施情况的报告，全国人大常委会执法检查组关于检查《中华人民共和国慈善法》实施情况的报告

10 月 16 日(星期五)

上午 9 时　分组审议个人信息保护法草案，野生动物保护法修订草案，国防法修订草案

下午 3 时　分组审议有关法律草案，海警法草案，最高人民法院关于人民法院加强民事审判工作依法服务保障经济社会持续健康发展情况的报告，最高人民检察院关于人民检察院适用认罪认罚从宽制度情况的报告，拟提请表决事项

10 月 17 日(星期六)

上午 9 时　联组审议全国人大常委会执法检查组关于检查《中华人民共和国土壤污染防治法》实施情况的报告并进行专题询问

下午 3 时　全体会议

表决各项议案

闭　会

(闭会后，举办专题讲座第十九讲《国民经济和社会发展五年规划(计划)制定和实施的主要历程、重要作用、宝贵经验与建议》)

注：分组审议时间：上午 9 时至 11 时 30 分
下午 3 时至 5 时 30 分
各项议案的审议时间必要时可以调整

第十三届全国人民代表大会常务委员会第二十三次会议议程

2020 年 11 月 10 日至 11 日

(2020 年 11 月 10 日第十三届全国人民代表大会常务委员会第二十三次会议第一次全体会议通过)

一、审议《中华人民共和国著作权法修正案(草案)》

二、审议《中华人民共和国退役军人保障法(草案)》

三、审议国务院关于提请审议《关于香港特别行政区立法会议员资格问题的决定(草案)》的议案

四、审议全国人民代表大会环境与资源保护委员会关于第十三届全国人民代表大会第三次会议主席团交付审议的代表提出的议案审议结果的报告

五、审议全国人民代表大会农业与农村委员会关于第十三届全国人民代表大会第三次会议主席团交付审议的代表提出的议案审议结果的报告

六、审议栗战书委员长出席第六届金砖国家议会论坛情况的书面报告

七、审议栗战书委员长出席中俄议会合作委员会第六次会议情况的书面报告

八、审议第十三届全国人民代表大会常务委员会代表资格审查委员会关于个别代表的代表资格的报告

九、审议任免案

第十三届全国人民代表大会常务委员会第二十三次会议日程

2020 年 11 月 10 日至 11 日

11 月 10 日(星期二)

下午 3 时 全体会议

1. 听取全国人大宪法和法律委员会关于《中华人民共和国著作权法修正案(草案)》审议结果的报告
2. 听取全国人大宪法和法律委员会关于《中华人民共和国退役军人保障法(草案)》审议结果的报告
3. 听取有关决定草案议案的说明
4. 听取全国人大环境与资源保护委员会关于第十三届全国人民代表大会第三次会议主席团交付审议的代表提出的议案审议结果的报告
5. 听取全国人大农业与农村委员会关于第十三届全国人民代表大会第三次会议主席团交付审议的代表提出的议案审议结果的报告
6. 审议栗战书委员长出席第六届金砖国家议会论坛情况的书面报告
7. 审议栗战书委员长出席中俄议会合作委员会第六次会议情况的书面报告
8. 听取全国人大常委会代表资格审查委员会关于个别代表的代表资格的报告
9. 审议任免案

全体会议结束后 分组审议著作权法修正案草案,退役军人保障法草案,有关决定草案,全国人大环境与资源保护委员会、农业与农村委员会关于第

十三届全国人民代表大会第三次会议主席团交付审议的代表提出的议案审议结果的报告，栗战书委员长出席第六届金砖国家议会论坛情况的书面报告，栗战书委员长出席中俄议会合作委员会第六次会议情况的书面报告，关于个别代表的代表资格的报告，任免案

11月11日（星期三）

上午9时　分组审议拟提请表决事项

上午10时　全体会议

表决各项议案

闭　会

（闭会后，举办专题讲座第二十讲《学习党的十九届五中全会精神的几点体会》）

第十三届全国人民代表大会常务委员会第二十四次会议议程

2020年12月22日至26日

（2020年12月22日第十三届全国人民代表大会常务委员会第二十四次会议第一次全体会议通过）

一、审议《中华人民共和国全国人民代表大会组织法（修正草案）》

二、审议《中华人民共和国全国人民代表大会议事规则（修正草案）》

三、审议《中华人民共和国预防未成年人犯罪法（修订草案）》

四、审议《中华人民共和国长江保护法（草案）》

五、审议《中华人民共和国刑法修正案（十一）（草案）》

六、审议《中华人民共和国国防法（修订草案）》

七、审议《中华人民共和国乡村振兴促进法（草案）》

八、审议《中华人民共和国海警法（草案）》

九、审议全国人民代表大会常务委员会委员长会议关于提请审议《中华人民共和国海南自由贸易港法（草案）》的议案

十、审议全国人民代表大会常务委员会委员长会议关于提请审议《中华人民共和国反食品浪费法（草案）》的议案

十一、审议全国人民代表大会常务委员会委员长会议关于提请审议《中华人民共和国反有组织犯罪法（草案）》的议案

十二、审议全国人民代表大会监察和司法委员会关于提请审议《中华人民共和国监察官法（草案）》的议案

十三、审议国务院关于提请审议《中华人民共和国海上交通安全法（修订草案）》的议案

十四、审议国务院、中央军事委员会关于提请审议《中华人民共和国兵役法（修订草案）》的议案

十五、审议国务院、中央军事委员会关于提请审议《中华人民共和国军事设施保护法（修订草案）》的议案

十六、审议国务院、中央军事委员会关于提请审议《中华人民共和国军人地位和权益保障法（草案）》的议案

十七、审议全国人民代表大会常务委员会委员长会议关于提请审议《全国人民代表大会常务委员会关于加强国有资产管理情况监督的决定（草案）》的议案

十八、审议最高人民法院关于提请审议《关于设立海南自由贸易港知识产权法院的决定（草案）》的议案

十九、审议全国人民代表大会常务委员会委员长会议关于提请审议《全国人民代表大会常务委员会关于召开第十三届全国人民代表大会第四次会议的决定（草案）》的议案

二十、审议国务院关于提请审议批准《中华人民共和国和土耳其共和国引渡条约》的议案

二十一、审议国务院关于2019年度中央预算执行和其他财政收支审计查出问题整改情况的报告

二十二、审议国务院关于脱贫攻坚工作情况的报告

二十三、审议国务院关于财政农业农村资金分配和使用情况的报告

二十四、审议全国人民代表大会常务委员会专题调研组关于《全国人民代表大会常务委员会关于全面加强生态环境保护依法推动打好污染防治攻坚战的决议》落实情况的调研报告

二十五、审议全国人民代表大会常务委员会专题调研组关于珍惜粮食、反对浪费情况的调研报告

二十六、审议全国人民代表大会常务委员会执法检查组关于检查《中华人民共和国反不正当竞争法》实施情况的报告

二十七、审议全国人民代表大会常务委员会执法检查组关于检查《中华人民共和国公共文化服务保障法》实施情况的报告

二十八、审议第十三届全国人民代表大会常务委员会代表资格审查委员会关于个别代表的代表资格的报告

二十九、审议任免案

第十三届全国人民代表大会常务委员会第二十四次会议日程

2020 年 12 月 22 日至 26 日

12 月 22 日(星期二)

上午 9 时　全体会议

1. 听取全国人大宪法和法律委员会关于《中华人民共和国全国人民代表大会组织法(修正草案)》修改情况的汇报
2. 听取全国人大宪法和法律委员会关于《中华人民共和国全国人民代表大会议事规则(修正草案)》修改情况的汇报
3. 听取全国人大宪法和法律委员会关于《中华人民共和国预防未成年人犯罪法(修订草案)》审议结果的报告
4. 听取全国人大宪法和法律委员会关于《中华人民共和国长江保护法(草案)》审议结果的报告
5. 听取全国人大宪法和法律委员会关于《中华人民共和国刑法修正案(十一)(草案)》审议结果的报告
6. 听取全国人大宪法和法律委员会关于《中华人民共和国国防法(修订草案)》审议结果的报告
7. 听取全国人大宪法和法律委员会关于《中华人民共和国乡村振兴促进法(草案)》修改情况的汇报
8. 听取全国人大宪法和法律委员会关于《中华人民共和国海警法(草案)》修改情况的汇报
9. 听取全国人大常委会委员长会议关于提请审议《中华人民共和国海南自由贸易港法(草案)》议案的说明
10. 听取全国人大常委会委员长会议关于提请审议《中华人民共和国反食品浪费法(草案)》议案的说明
11. 听取全国人大常委会委员长会议关于提请审议《中华人民共和国反有组织犯罪法(草案)》议案的说明
12. 听取全国人大监察和司法委员会关于提请审议《中华人民共和国监察官法(草案)》议案的说明
13. 听取国务院关于提请审议《中华人民共和国海上交通安全法(修订草案)》议案的说明
14. 听取国务院、中央军事委员会关于提请审议《中华人民共和国兵役法(修订草案)》议案的说明
15. 听取国务院、中央军事委员会关于提请审议《中华人民共和国军事设施保护法(修订草

案)》议案的说明

16. 听取国务院、中央军事委员会关于提请审议《中华人民共和国军人地位和权益保障法(草案)》议案的说明

17. 听取全国人大常委会委员长会议关于提请审议《全国人民代表大会常务委员会关于加强国有资产管理情况监督的决定(草案)》议案的说明

18. 听取最高人民法院关于提请审议《关于设立海南自由贸易港知识产权法院的决定(草案)》议案的说明

19. 审议全国人大常委会委员长会议关于提请审议《全国人民代表大会常务委员会关于召开第十三届全国人民代表大会第四次会议的决定(草案)》的议案

20. 听取国务院关于提请审议批准《中华人民共和国和土耳其共和国引渡条约》议案的说明

21. 听取全国人大常委会代表资格审查委员会关于个别代表的代表资格的报告

22. 审议任免案

下午 3 时 分组审议全国人民代表大会组织法修正草案,全国人民代表大会议事规则修正草案,预防未成年人犯罪法修订草案,长江保护法草案,刑法修正案(十一)草案,国防法修订草案,关于加强国有资产管理情况监督的决定草案,关于设立海南自由贸易港知识产权法院的决定草案,关于召开第十三届全国人民代表大会第四次会议的决定草案,国际条约,关于个别代表的代表资格的报告,任免案

12 月 23 日(星期三)

上午 9 时 全体会议

1. 听取国务院关于 2019 年度中央预算执行和其他财政收支审计查出问题整改情况的报告

2. 听取国务院关于脱贫攻坚工作情况的报告

3. 听取国务院关于财政农业农村资金分配和使用情况的报告

4. 听取全国人大常委会专题调研组关于《全国人民代表大会常务委员会关于全面加强生态环境保护依法推动打好污染防治攻坚战的决议》落实情况的调研报告

5. 听取全国人大常委会专题调研组关于珍惜粮食、反对浪费情况的调研报告

6. 听取全国人大常委会执法检查组关于检查《中华人民共和国反不正当竞争法》实施情况的报告

7. 听取全国人大常委会执法检查组关于检查《中华人民共和国公共文化服务保障法》实施情况的报告

下午 3 时 分组审议乡村振兴促进法草案,海警法草案,海南自由贸易港法草案,反有组织犯罪法草案

12 月 24 日(星期四)

上午 9 时 分组审议反食品浪费法草案,监察官法草案,全国人大常委会专题调研组关于珍惜粮食、反对浪费情况的调研报告

下午 3 时 分组审议国务院关于 2019 年度中央预算执行和其他财政收支审计查出问题整改情况的报告,国务院关于脱贫攻坚工作情况的报告,国务院关于财政农业农村资金分配和使用情况的报告,全国人大常委会专题调研组关于《全国人民代表大会常务委员会关于全面加强生态环境保护依法推动打好污染防治攻坚战的决议》落实情况的调研报告

12 月 25 日(星期五)

上午 9 时 分组审议海上交通安全法修订草案,兵役法修订草案,军事设施保护法修订草案,军人地位和权益保障法草案

下午 3 时 分组审议全国人大常委会执法检查组关于检查《中华人民共和国反不正当竞争法》实施情况的报告,全国人大常委会执法检查组关于检查《中华人民共和国公共文化服务保

障法》实施情况的报告,拟提请表决事项

12 月 26 日(星期六)

上午 9 时　联组审议国务院关于 2019 年度中央预算执行和其他财政收支审计查出问题整改情况的报告并进行专题询问

下午 3 时　全体会议
表决各项议案
闭　会

(闭会后,举办专题讲座第二十一讲《世界科技前沿发展态势》)

委员长讲话

在第十三届全国人大常委会第十六次会议上的讲话

（2020 年 2 月 24 日）

栗战书

本次常委会会议议程不多，只开了一天时间，但内容十分重要。会议审议并依法作出 2 个决定，审议通过人事任免案，顺利完成了预定任务。

会议作出关于推迟召开第十三届全国人民代表大会第三次会议的决定。这是常委会贯彻落实党中央统筹推进疫情防控和经济社会发展工作的重大决策部署，根据疫情形势和防控工作需要，按照宪法原则和有关法律规定，认真审议、慎重研究作出的决定。全国人大代表有各级领导干部，还有科研人员、专业技术人员、医护工作者、工人、农民和人民解放军等各方面代表，大都奋战在疫情防控工作第一线。适当推迟召开大会，有利于抓住战机、打胜疫情防控这场人民战争。召开全国人民代表大会会议，是国家政治生活中的一件大事，会期长，活动多，内容重大，也需要有一个安全的环境和良好的氛围。适当推迟召开大会，也有利于保证大会召开时聚焦主题，顺利完成大会任务。大会各项组织筹备工作要继续推进、不能放松，为在合适时机召开大会做好周密准备。

贯彻习近平总书记重要指示要求和党中央决策部署，为有效防范重大公共卫生风险，本次会议作出关于全面禁止非法野生动物交易、革除滥食野生动物陋习、切实保障人民群众生命健康安全的决定，在野生动物保护法的基础上，以全面禁止食用野生动物为导向，扩大法律调整范围，在现行法律有关规定的基础上加重处罚。作此决定，一是顺乎国际社会普遍的文明理念，可进一步树立我文明国度的国家形象；二是回应社会重大关切，为维护公共安全和生态安全，特别是人民群众生命安全和身体健康提供法律保障；三是根据实践新发展新要求作出新的规定，为下一步野生动物保护法等相关法律的修改定下基调。有关方面要严格执行决定，加强市场监管，严厉打击非法野生动物市场和交易，倡导和推动全社会增强生态环境保护和公共卫生安全意识，养成科学健康文明的生活方式，从源头禁止非法猎捕、交易、运输、食用野生动物。同时，国务院及其行政主管部门要尽快制定和发布畜禽遗传资源目录，以便各地做好严格禁止滥食野生动物和发展家畜家禽工作。

新冠肺炎疫情发生以来，以习近平同志为核心的党中央高度重视，习近平总书记亲自指挥、亲自部署，领导我们打响了疫情防控的人民战争。1 月 7 日，习近平总书记主持召开中央政治局常委会会议，对做好疫情防控工作提出明确要求。1 月 20 日，习近平总书记专门就疫情防控工作作出指示，要求各级党委和政府及有关部门把人民群众生命安全和身体健康放在第一位，坚决遏制疫情蔓延势头。根据习近平总书记指示，1 月 22 日果断要求湖北省对人员外流实施全面严格管控，坚决防止疫情扩散。1 月 25 日，大年初一，习近平总书记主持召开中央政治局常委会会议，对疫情防控工作进行再研究、再部署、再动员，决定成立中央应对疫情工作领导小组，并向湖北派出中央指导组。之后，习近平总书记先后主持召开 3 次政治局常委会会议、1 次政治局会议，昨天又召开全国电视电话会议，专题研究部署疫情防控工作和复工复产、经济社会发展工作。2 月 10 日，习近平总书记专程到北京调研指导疫情防控工作，视频连线湖北和武汉抗疫前线，听取前方中央指导组、湖北指挥部工作汇报。此外，习近平总书记还先后主持召开中央全面依法治国委员会会议、中央网络安全和信息化委员会会议、中央全面深化改革委员会会议、中央外事工作委员会会议，对做好疫情防控相关领域的工作作出部署、提出明确要求。习近平总书记时刻关注着疫情防控工作，每天都作出口头指示和批示。

在以习近平同志为核心的党中央坚强领导下，经过全党全军全国各族人民的团结奋战，目前疫情蔓延势头得到初步遏制，防控工作取得了阶段性成效，防控形势积极向好的态势正在拓展。实践证明，党中央对疫情形势的判断是正确的，各项工作部署是及时的，采取的措施是有力有效的。防控疫情工作取得的成效，再一次充分体现了习近平新时代中国特色社会主义思想的强大引领，充分展示了以习近平同志为核心的党中央出色的领导能力、应对能力、组织动员能力，再次彰显了中国共产党领导和中国特色社会主义制度的显著优势。在防控疫情的工作中，我们更加深切感到，在党和国家事业的关键时刻，在关系人民群众根本利益的紧要关头，习近平总书记发挥了领航定向、把舵前行的核心作用，习近平总书记见叶知秋的敏锐、果敢坚定的决断、运筹帷幄的指挥、科学严谨的部署，我将无我、不负人民的赤子之心和人格魅力，在这次疫情防控工作中发挥了定海神针、中流砥柱的作用。这次疫情防控工作，也得到了国际社会的大力支持、广泛认可和赞誉。

目前，新冠肺炎疫情已造成了两千多人病逝，大批各方面的人员包括各级人大代表仍在第一线作战。我们向奋战在疫情防控第一线的广大医务工作者、人民解放军指战员、各条战线的同志们，表示崇高的敬意！我也代表全国人大常委会，向在抗击疫情中不幸罹难的同胞、牺牲的医务人员，表示深切的悼念！

这次新冠肺炎疫情，既是一次危机，也是一次大考。从人大职责和立法工作角度看，这次疫情给予我们的一条重要启示，就是要牢固树立法治思维，善于运用法治方式，依法防控疫情。习近平总书记指出，疫情防控越是到最吃劲的时候，越要坚持依法防控，在法治轨道上统筹推进各项防控工作，保障疫情防控工作顺利开展。经过多年努力，我国已经形成一整套疫情防控和公共卫生法律制度。宪法第21条对发展医疗卫生事业、举办医疗卫生设施、开展群众性卫生活动等作了专门规定。传染病防治法对传染病的范围、预防和医疗救治，疫情的控制和报告、通报、公布，各级政府、社会组织和公民在防治工作中的职责等进行了系统规范。突发事件应对法、国境卫生检疫法、动物防疫法、野生动物保护法等法律，从不同角度对疫情防控及公共卫生安全作了规定。本届以来，我们又制定了疫苗管理法、基本医疗卫生与健康促进法，修订药品管理法，审议生物安全法草案，相关法律制度进一步完善，为政府及有关部门、医疗卫生机构和社会各方面采取防控措施、参与防控活动提供了法治保障。同时，这场疫情呈现的新特点新挑战，暴露了现行法律制度还有不完备不适应的地方，法律实施中也存在落实不够好不到位的问题，需要在今后工作中完善法律制度，推动法律制度的全面落实。

习近平总书记关于疫情防控的系列重要指示、重要讲话，特别是昨天在全国电视电话会议上发表的重要讲话，为我们统筹推进新冠肺炎疫情防控和经济社会发展工作指明了方向、提供了遵循。习近平总书记深刻总结了前一段疫情防控工作，肯定了疫情防控取得的成效，科学分析了当前疫情防控的形势，强调在充分肯定成绩的同时，必须清醒看到，当前疫情形势依然严峻复杂，防控正处在最吃劲的关键阶段。这个时候，必须高度警惕麻痹思想、厌战情绪、侥幸心理、松劲心态，坚定必胜信心，咬紧牙关，继续毫不放松抓紧抓实抓细各项防控工作，不获全胜决不轻言成功。习近平总书记部署了当前加强疫情防控重点工作，强调坚决打好湖北保卫战、武汉保卫战，全力做好北京疫情防控工作，科学调配医疗力量和重要物资，加快科技研发攻关，扩大国际和地区合作，提高新闻舆论工作有效性，切实维护社会稳定，打赢这场疫情防控的人民战争、总体战、阻击战。习近平总书记指出，经济社会是一个动态循环系统，不能长时间停摆。在确保疫情防控到位的前提下，推动非疫情防控重点地区企事业单位复工复产，恢复生产生活秩序，关系到为疫情提供有力物资保障，关系到民生保障和社会稳定，关系到实现全年经济社会发展目标任务，关系到全面建成小康社会和完成“十三五”规划，关系到我国对外开放和世界经济稳定。新冠肺炎疫情不可避免会对经济社会造成较大冲击。越是这个时候，越要用全面、辩证、长远的眼光看待我国发展，越要增强信心、坚定信心。综合起来看，我国经济长期向好的基本面没有改变，疫情的冲击是短期的、总体上是可控的，只要我们变压力为动力、善于化危为机，加大政策调节力度，把我国发展的巨大潜力和强大动能充分发挥出来，就能够实现今年经济社会发展目标任务。习近平总书记从八个方面就统筹推进疫情防控和经济社会发展工作提出了明确要求，包括落实分区分级精准复工复产，加大宏观政策调节力度，全面强化稳就业举措，坚决完成脱贫攻坚任务，推动企业复工复产，不失时机抓好春季农业生产，切实保障基本民生，稳住外贸外资基本盘。习近平总书记还就加强党对统筹推进疫情防控和经济社会发展工作的领导提出了明确要求，特别强调要狠抓工作落实，增强忧患意识，提高工作本领，把党中央各项决策部署抓实抓细抓落地。全国人大常委会要认真学习、深刻领会、全面贯彻习近平总书记的重要讲话精神，把思想和行动统一到党中央关于疫情防控工作的形势分析、总体判断、重点工作和明确要求上来，在统筹推进疫情防控和经济社会发展工作中依法履职，积极发挥作用、发挥更好作用。

一要健全疫情防控法律体系，保证法律制度有效实施。这次常委会会议通过的关于全面禁止非法野生动物交易、革除滥食野生动物陋习、切实保障人民群众生命健康安全的决定，就是完善健全法律体系、推动依法防控疫情的一个重大举措。之前，有多个省区市人大常委会和副省级城市人大常委会相继以不同形式召开常委会会议，作出疫情防控工作的有关决定，为打赢疫情防控战提供了有力的法治保障。要按照习近平总书记的要求，完善疫情防控相关立法，推动配套制度建设，完善处罚程序，强化公共安全保障，构建系统完备、科学规范、运行有效的疫情防控法律体系。今年的立法工作，要加快评估和修改野生动物保护法、动物防疫法、传染病防治法等法律，尽快制定出台生物安全法。要发挥人大监督宪法法律实施、解释宪法法律的职责，推动各地各部门严格执行传染病防治法、野生动物保护法、动物防疫法、突发事件应对法等疫情防控和应急处置法律法规，严格依法实施防控措施。加大对危害疫情防控行为执法司法的支持力度，依法严惩扰乱医疗秩序、防疫秩序、市场秩序、社会秩序等违法犯罪行为。要通过法律实施监督和工作监督，规范捐赠、受赠行为，确保受赠财物全部及时用于疫情防控。支持疫情期间矛盾纠纷化解，推动相关案件审理工作，对于涉及防控疫情的案件，要依法及时处理、定分止争。推动各地依法及时准确做好疫情报告和发布工作，依照法定内容、程序、方式、时限报告疫情信息。

二要加强全社会法治意识的培养，推动依法防控各项工作。习近平总书记明确要求，各级党委、政府要全面依法履行职责，坚持运用法治思维和法治方式开展疫情防控工作，在处置重大突发事件中推进法治政府建设，提高依法执政、依法行政水平。这次新冠肺炎疫情防控工作，也是一次依法行政、依法履职、依法推动各项工作、实现社会依法治理的重大实践。各级国家机关拿起法律的武器，严格履行法定职责、执行法律规定，依法做好排查治疗工作，依法维护经济社会正常秩序，在防控工作中真正体现了法律的引领和威慑作用。全国人大常委会要深入贯彻习近平总书记的指示要求，把依法防控疫情的思想融入到立法、监督工作之中，推动传染病防治法、野生动物保护法、突发事件应对法等法律的运用。推动基层开展疫情防控普法宣传，引导人民群众增强法治意识，让广大党员干部和人民群众知法、懂法、信法，让法治精神、法治理念深入人心，自觉支持和配合疫情防控工作。强化疫情法律服务，通过全国人大常委会法工委发言人机制，加强法律介绍和解读，主动发布权威信息，及时回应社会关切，汇聚战胜疫情的信心和正能量。

三要依法履行职责、发挥作用，助力实现全年经济社会发展目标任务。今年全国人大常委会的立法工作和监督工作，要紧紧围绕党中央确定的重大立法项目，紧紧围绕中央经济工作会议确定的目标任务，紧紧围绕完善社会主义市场经济体制、全面深化改革的法律制度来进行，包括制定乡村振兴法、出口管制法、海南自由贸易港法、期货法等，作出有关授权决定，以及有关的法律修改，都要加紧推进，为经济建设增添力量、为改革开放保驾护航。监督工作要坚持寓支持于监督之中，在监督中体现支持，依法履职，特别是审议有关报告和专题调研，要重点在企业有序复工复产、三大攻坚战、"六稳"工作、春季农业生产、人流物流安全有序畅通、就业、民生、关键核心技术攻关、投资、补齐公共卫生短板、稳定和促进居民消费、推进对外开放和国际合作、稳定和引导市场预期等方面体现支持，发挥积极作用。代表工作和对外交往等，也要体现对经济社会发展的支持。

这次疫情防控工作，也是对全国人大常委会、专门委员会组成人员和全国人大代表的重大考验。大家要自觉贯彻落实党中央的重大决策部署，积极投身抗击疫情工作，增强必胜之心、责任之心、仁爱之心、谨慎之心，履职尽责，担当作为，在本职岗位上发挥表率作用。要广泛深入联系群众，反映基层和群众的呼声，结合立法、监督项目和"十四五"规划编制等开展调研，深入研究如何强化公共卫生法治保障、改革完善疾病预防控制体系、改革完善重大疫情防控救治体系、健全重大疾病医疗保障和救助制度、健全统一的应急物资保障体系等重大问题，从人大角度、从法律层面提出有见地、真管用的意见建议。

中华民族是百折不回、自强不息的民族，中国共产党是全心全意为人民服务的政党。我们坚信，有以习近平同志为核心的党中央的坚强领导，有中国特色社会主义制度的显著优势，有强大的动员能力和雄厚的综合实力，有全党全军全国各族人民的团结奋斗，我们一定能够战胜这场疫情，也一定能够保持我国经济社会良好发展势头，实现决胜全面建成小康社会、决战脱贫攻坚的目标任务。

在第十三届全国人大常委会第十七次会议上的讲话

（2020 年 4 月 29 日）

栗战书

本次常委会会议议程安排得很紧凑，共审议 8 件法律和决定草案，通过其中 3 件；听取审议 3 个工作报告；批准 1 个国际条约，批准增补人民解放军选举委员会成员，还通过了代表资格审查报告和人事任免案。在大家的共同努力下，顺利完成了预定任务。

会议通过了关于第十三届全国人民代表大会第三次会议召开时间的决定，大会定于 5 月 22 日在北京召开。会议时间的确定，综合考虑了各方面因素。在以习近平同志为核心的党中央坚强领导下，经过全国上下和广大人民群众艰苦努力，新冠肺炎疫情防控向好态势进一步巩固，经济社会生活逐步恢复正常。现在，大会筹备工作机构已经建立并做了大量准备工作。今年的会议筹备，有两点要突出抓好：一是要高度重视统一思想工作，充分发扬人民民主，形成对形势的正确判断、对今年经济社会发展目标任务的统一认识，把思想、精力、力量凝聚到决战脱贫攻坚、决胜全面建成小康社会上来。二是要全面加强疫情防控，确保大会公共卫生安全不出问题。大会筹备工作机构已经制定了周详严格的大会疫情防控总体方案和专项方案，要进一步细化和落实，确保大会顺利进行。

助力三大攻坚战，推进生态文明建设，全面建成小康社会，是本届常委会在立法、监督工作中持续着力的重点。本次会议安排和完成了三项相关议程。

一是审议通过了固体废物污染环境防治法修订草案。这次修订贯彻落实习近平生态文明思想和党中央决策部署，充分吸收执法检查提出的意见和代表相关议案、建议中的内容，全面加强对各类固体废物污染环境的防治措施。社会各方面关注的禁止“洋垃圾”入境、建立生活垃圾分类制度、规范医疗废物处置等问题，都在法律中得到明确，同时加大了对违法行为的惩处力度。各级政府和有关方面要认真学习贯彻修订后的法律，依法治污，加强监管，引导全社会共同保护生态环境，建设美丽家园。

二是听取审议了国务院关于 2019 年度环境状况和环境保护目标完成情况与研究处理水污染防治法执法检查报告及审议意见情况的报告。这是环境保护法规定的常态化监督，也是对水污染防治法实施情况的跟踪监督。常委会组成人员认为，在各地区各部门的共同努力下，全国生态环境质量总体改善，水环境质量持续改善，多项约束性指标提前完成，污染防治攻坚战取得重要进展，但从根本上根治水污染，进一步强化环境保护、巩固和发展已有成果，任务艰巨。会议强调，要全面贯彻落实新发展理念，坚定不移走生态优先、绿色发展新路子，依法科学精准治理，坚决打赢污染防治攻坚战。

三是听取审议了国务院关于农村集体产权制度改革情况的报告。常委会组成人员充分肯定农村集体产权制度改革取得的重要进展，同时指出了各地区改革进度深度不一、集体资产经营管理水平不高、相关领域改革衔接不够等问题。会议强调，要按照党中央统一部署，探索农村集体经济新的实现形式和运行机制，为实现乡村全面振兴、维护农民合法权益、助力脱贫攻坚提供支撑和保障。

贯彻党中央关于支持海南全面深化改革开放的战略部署，会议作出决定，授权国务院在海南自由贸易试验区暂时调整适用土地管理法、种子法、海商法的有关规定，为推进这项重大改革提供了法律依据。会议指出，国务院及有关部门要加强指导、协调和监督，确保试点政策落地见效，并及时总结试点工作经验。常委会将加快推进海南自由贸易港法等相关立法，用法治方式支持海南建设自由贸易试验区和中国特色自由贸易港。

新冠肺炎疫情发生以来，全国人大常委会紧跟党中央决策部署，召开 2 次常委会会议，出台关于全面禁止野生动物非法交易和食用的决定，主动宣传解读疫情防控有关法律问题，部署推进公共卫生领域立法修法工作，推动落实党中央决策部署，回应人民群众关切，各方面反映是好的。常委会组成人员、各专门委员会组成人员和人大机关干部职工坚守岗位、担当尽责，为加强疫情防控、确保人大各项工作有序开展付出了艰苦努力。全国人大代表牢记使命、不负重托，在医疗、科研、生产、组织、救助等各条战线上各尽其能、各展所长，许多代表冲在抗疫第一线、最前线，展现了“人民选我当代表、我当代表为人民”的风采。这次抗击疫情斗争，充分彰显了中国共产党领导和中国特色社会主义制度的显著优势，也彰显了人民代表大会制度这一根本政治制度的显著优势。

强化公共卫生法治保障，是党中央交给人大的一项重要政治任务。本次会议审议了生物安全法草案、动物防疫法修订草案，听取了法制工作委员会关于强化公共卫生法治保障立法修法工作有关情况和工作计划的报告，这也是常委会首次听取专门领域立法工作情况的报告。这次公共卫生领域的立法、修法计划有一个大的特点，不是“零敲碎打”，而是着眼于建立和完善公共卫生法治保障体系，作“系统考虑、统筹安排”，立足于体系建设。按这个计划，近两年要制定修改的法律有17件，此外拟适时修改的有13件，根据实际需要可能还有新的立法任务。我们要集中力量，攻坚克难，确保完成任务，为防范化解重大公共卫生风险、保障人民生命安全和身体健康筑牢法治体系的防线。这里，我就做好公共卫生法治保障立法修法工作再强调几点。

第一，深刻学习领会习近平总书记关于强化公共卫生法治保障的指示要求，全面贯彻落实到立法修法工作中。党的十八大以来，以习近平同志为核心的党中央高度重视人民群众健康和公共卫生安全，提出健康中国战略，出台《“健康中国2030”规划纲要》，作出一系列重大部署。疫情发生后，习近平总书记多次强调依法防控、依法治理的极端重要性，对强化公共卫生法治保障提出明确要求。

习近平总书记的重要讲话和指示批示，最重要的要求就是围绕强化公共卫生法治保障，加快构建和完善三个方面法律体系，即：**一是构建疫情防控法律体系**，要求“完善疫情防控相关立法，加强配套制度建设，完善处罚程序，强化公共安全保障，构建系统完备、科学规范、运行有效的疫情防控法律体系”；**二是健全国家公共卫生应急管理体系**，提出要“总结经验、吸取教训，针对这次疫情暴露出来的短板和不足，抓紧补短板、堵漏洞、强弱项，该坚持的坚持，该完善的完善，该建立的建立，该落实的落实，完善重大疫情防控体制机制，健全国家公共卫生应急管理体系”；**三是构建国家生物安全法律法规体系**，要求“全面加强和完善公共卫生领域相关法律法规建设，认真评估传染病防治法、野生动物保护法等法律法规的修改完善，尽快推动出台生物安全法，加快构建国家生物安全法律法规体系、制度保障体系”。目前，疫情防控、公共卫生应急管理、生物安全等领域都已经有了一些法律法规，但在系统性、完整性、协调性上还有不足，尚未形成全面覆盖、相互衔接、有机统一的法律体系。习近平总书记对这三个方面法律体系提出“构建”、“完善”、“健全”的要求，非常符合实际，符合人民群众的呼声愿望。这其中包含了大量的立法修法任务，特别是要求我们要从“体系”来统筹考虑和推进相关的立法、修法工作。

习近平总书记的重要讲话和指示批示，从战略全局上，深刻阐明了强化公共卫生法治保障的重大意义、重要理念、重点任务。我们要把思想和行动统一到习近平总书记的指示要求上来，从保障人民群众生命安全和身体健康、防范化解重大风险、推进国家治理体系和治理能力现代化的高度来认识、理解、落实习近平总书记的指示要求和党中央决策部署，贯彻体现到制定修改的每一部法律之中。

第二，充分认识强化公共卫生法治保障的重要性、紧迫性，高质量高效率推进相关立法修法工作。这次新冠肺炎疫情，给我们上了一堂重大风险警示课。疫情暴露了现行法律存在短板和不足，有法律规定不健全、不完善的问题，有法律之间不协调、不一致的问题，有配套法规不适应、不匹配的问题，还有影响法律有效实施的问题。现在公共卫生领域面对的情况与过去也很不一样了，人口流动规模加大，传染病跨区域跨国境传播通道增多，同时大数据、人工智能、云计算等数字技术发展迅速，法律本身需要根据形势发展和科技进步而与时俱进。公共卫生法律制度是国家治理体系的重要内容，要适应国家治理体系和治理能力现代化的要求，防范公共卫生领域的风险向经济、政治、社会等领域蔓延，维护国家安全和长治久安。以上这些，都对强化公共卫生法治保障提出了迫切需求。

我们要以高度的使命感责任感做好强化公共卫生法治保障立法修法工作。要注重增强系统思维，与公共卫生相关的民法商法、行政法、经济法、社会法、刑法等多个法律部门，行政法规、监察法规、地方性法规、规章、司法解释等不同层级的配套法规，以及法律的域外适用和抗击疫情国际合作的法律问题等，都要充分考虑到，确保法律制度规范严密、衔接有序、协调统一。要坚持问题导向，找准疫情防控工作中的突出问题和相关工作的重点难点,有针对性地补短板、堵漏洞、强弱项,做到立一件成一件、改一条成一条。要在确保立法质量的前提下,适当加快工作进度,特别是党中央确定的制定生物安全法和修改传染病防治法、野生动物保护法等重大立法任务,要放在第一位落实、高质量地完成。

第三,充分发挥人大在立法工作中的主导作用,强化对立法修法各项工作的统筹组织协调。我国公共卫生相关的法律大致有30多部,其中2部正在制定中,大体可分为四类。第一类是公共卫生、医疗健康方面的法律,与公共卫生联系最紧密、最为直接,包括传染病防治法、动物防疫法、国境卫生检疫法、基本医疗卫生与健康促进法等;第二类是重大公共卫生事件发生后应对处置方面的法律,包括突发事件应对法、治安管理处罚法等;第三类是防范、处置专门领域公共卫生事件的法律,这些领域管理不好,就可能引发公共卫生风险,包括野生动物保护法、食品安全法、固体废物污染环境防治法等;第四类是重大疾病医疗保险和救助方面的法律,属于保障和救助措施,包括社会保险法、红十字会法、慈善法等。这次集中立法修法对以上四类法律都有涉及,工作量大、覆盖面广、综合性强,关系多个部门和单位的工作。人大要在党中央的领导下发挥在立法工作中的主导作用,加强统筹谋划,明确职责分工,把各方面力量动员整合起来。

目前,已经就重点立法修法项目成立了工作专班,人大这边由相关副委员长牵头,专门委员会、工作委员会具体负责。各工作专班要尽快明确具体任务、责任和时间表,集中精力、抓紧推进相关工作。要建立立法修法协调机制,加强与有关单位和部门的沟通,及时了解掌握和通报工作进度,协调解决立法工作中的问题和分歧,在法律衔接、立法技术等方面严格审核把关。立法修法工作中的重大问题和重要事项向常委会党组汇报,必要时向党中央请示报告。总之,全国人大和有关方面要各尽其责、密切协作,共同做好这项重要工作。

在第十三届全国人大常委会第十八次会议上的讲话

(2020 年 5 月 18 日)

栗战书

本次常委会会议顺利完成了各项预定任务。会议审议通过有关事项议案,审议并原则通过常委会工作报告稿,通过十三届全国人大三次会议议程草案、主席团和秘书长名单草案、列席人员名单等有关文件,为即将召开的十三届全国人大三次会议作了准备;还通过了代表资格审查报告和人事任免案。

全国人大常委会是全国人民代表大会的常设机关,对全国人民代表大会负责,每年都要向大会报告工作,接受代表和人民的监督。在审议今年的常委会工作报告稿时,常委会组成人员和列席会议的同志充分肯定常委会过去一年多来的工作,普遍赞成工作报告稿。大家一致认为,在以习近平同志为核心的党中央坚强领导下,全国人大常委会坚持以习近平新时代中国特色社会主义思想为指导,学习贯彻习近平总书记关于坚持和完善人民代表大会制度的重要思想,贯彻落实党的十九大、十九届二中、三中、四中全会精神和党中央决策部署,增强“四个意识”、坚定“四个自信”、做到“两个维护”,按照十三届全国人大二次会议的部署,认真履行法定职责,立法、监督、代表、对外交往、自身建设等工作取得了新进展新成效。特别是坚决贯彻落实党中央关于新冠肺炎疫情防控工作的重大决策部署,迅速行动、担当作为,及时作出全面禁止野生动物非法交易和食用的决定,统筹推进公共卫生法治保障体系立法修法工作,筑牢守护人民生命健康安全的法治防线,发挥了国家立法机关的职能作用。大家在审议中对报告稿和今后常委会工作提出了一些意见建议,文件起草组要认真梳理研究,抓紧修改完善报告稿,按程序提交十三届全国人大三次会议审议;对常委会工作的意见建议,有关方面要认真吸收采纳,积极改进工作。大会期间,常委会组成人员是双重身份:作为全国人大代表,要审议各项报告,提出意见和建议;作为常委会组成人员,要认真听取其他代表对常委会工作的意见建议;在审议常委会工作报告时,要做好引导和解释工作,对代表提出的问题,能现场回应的就现场回应,重要的情况和建议及时向大会秘书处反映。常委会、各专门委员会组成人员和全国人大机关工作人员，要自觉接受代表监督，虚心听取代表意见，认真研究改进常委会的工作，不断提高新时代人大工作水平。

再过4天，十三届全国人大三次会议就要召开了。这是在境外疫情严峻复杂、我国疫情防控阻击战取得重大战略成果的背景下召开的一次重要会议。国内外都十分关注。开好这次大会，对于进一步统一思想、坚定信心、凝聚力量，鼓舞和动员全国各族人民更加紧密地团结在以习近平同志为核心的党中央周围，齐心协力做好当前和今后一个时期各项工作，努力克服新冠肺炎疫情带来的不利影响，确保完成决战决胜脱贫攻坚目标任务，全面建成小康社会，具有十分重要的意义。党中央对开好大会高度重视，多次听取汇报，分析疫情形势，研究部署相关工作。习近平总书记对做好大会筹备服务工作、开好今年大会提出了明确要求。我们要坚决贯彻落实习近平总书记重要指示精神和党中央决策部署，以高度的政治责任感和使命感，同全体代表一道尽职尽责，全力以赴完成会议各项任务，确保十三届全国人大三次会议圆满成功。

一要紧扣今年党和国家工作大局，突出民主、团结、求实、奋进的主旋律。今年是全面建成小康社会和“十三五”规划收官之年，我们党将带领人民实现第一个百年奋斗目标，实现对人民的历史承诺。新冠肺炎疫情对我国经济社会发展造成严重冲击，带来一些难以预料的问题和困难，做好各方面工作的任务更重、要求更高。今年的大会就是一次提气鼓劲、凝心聚力的大会。要引导代表紧紧围绕党中央关于统筹推进疫情防控和经济社会发展工作的决策部署，紧扣决战决胜脱贫攻坚目标任务、全面建成小康社会这个大局，把各项报告和议案审议好，确保顺利高票通过；要客观评价各国家机关工作，实事求是提出意见建议；要尊重和保障代表的民主权利，营造畅所欲言、求真务实的会议氛围，反映和体现人民群众的呼声和愿望。要加强正面宣传报道，做好舆论引导和舆论斗争工作，通过大会传递正能量和主旋律。

二要时刻绷紧疫情防控这根弦，确保大会绝对安全。做好疫情防控工作，是今年大会组织服务工作的重中之重，是一项不能出任何差错和疏漏的硬任务。大会秘书处已经制定了周详严格的疫情防控总体方案和专项方案，对与会人员和工作人员进行健康检测，并严格实行闭环管理。全体代表和大会工作人员要从讲政治的高度，坚决执行防疫安排，做到服从指挥、令行禁止，克服一切麻痹思想、侥幸心理、松劲心态，合力构筑最严密的防线，确保大会期间所有人员身体健康安全。

三要坚持不懈改进会风，严肃会议纪律。要深入贯彻落实习近平总书记关于持之以恒改进大会会风的重要指示精神，巩固和深化改进会风成果，抓好会风会纪执行落地，突出细节加强监督，坚持勤俭节约办会，确保大会风清气正、务实高效。大会秘书处要抓紧最后时间对各项组织服务保障工作再检查、再落实，动员全体工作人员提高政治站位，强化责任意识，扎实做好工作，保障大会顺利进行。

在第十三届全国人大常委会第十九次会议上的讲话

（2020年6月20日）

栗战书

本次常委会会议顺利完成了各项预定任务。会议共审议6件法律草案，通过其中3件；听取审议2个工作报告，审查批准了2019年中央决算；决定加入1个国际条约，还通过了人事任免案。

从国家层面建立健全香港特别行政区维护国家安全的法律制度和执行机制，是坚持和完善“一国两制”制度体系的重大举措，是在香港特别行政区维护国家安全的必然之举，是保证香港长期繁荣稳定、“一国两制”事业行稳致远的治本之策。贯彻党中央决策部署和全国人大相关决定，本次会议初次审议了香港特别行政区维护国家安全法草案。常委会组成人员坚决拥护党中央决策部署，坚定支持尽快制定这部法律，表示赞同法律草案的主要内容。大家一致认为，草案明确规定中央人民政府维护国家主权、安全、发展利益的根本责任和香港特别行政区维护国家安全的宪制责任，明确了香港特别行政区维护国家安全的重要法治原则、相关机构及其职责，规定了四类危害国家安全的罪行及其处罚以及案件的管辖、法律适用和程序等。这些规定符合宪法和香港基本法精神，全面准确贯彻了“一国两制”、“港人治港”、高度自治方针，充分考虑了维护国家安全的现实需要和香港特别行政区的具体情况，着力解决香港特别行政区在维护国家安全方面存在的制度漏洞和短板，依法惩治危害国家安全的违法犯罪行为，切实保障香港居民合法权益，是一部维护国家安全，维护香港居民根本利益、长远利益和当前利益，保证香港长治久安的法律，必将得到包括香港同胞在内的全国各族人民的拥护和支持。有关工作机构要认真研究常委会组成人员审议意见，继续听取有关方面意见建议，进一步修改好完善好法律草案，提请下一次常委会会议审议。

会议审议通过的公职人员政务处分法，把所有行使公权力的公职人员纳入监督范围，明确了政务处分的种类、适用、权限、程序等，同时规定了复审、复核等救济途径和相应法律责任。这部法律的出台，使政务处分与党纪处分、刑事处罚更好地衔接，织密了预防和惩戒职务违法犯罪的法网，有利于推动党内监督和国家机关监督贯通协调，构建党统一领导、全面覆盖、权威高效的监督体系。要认真学习宣传贯彻这部法律，强化监督管理，促进公职人员依法履职、秉公用权、廉洁从政从业，建设忠诚、干净、担当的公职人员队伍。

会议审议通过了人民武装警察法修订草案。这次修订，贯彻习近平强军思想，按照党中央关于深化国防和军队改革的部署要求，明确规定人民武装警察部队由党中央、中央军委集中统一领导，把武警部队组织、指挥、任务、纪律、保障等方面的成功改革举措上升为法律，对于坚持党对武装力量的绝对领导，规范和保障武警部队依法履行职责，建设强大的现代化人民武装警察部队，具有十分重大的意义。

会议审议通过档案法修订草案，从收集、整理、保护、利用、监督等各环节健全完善了档案管理制度，强化机构和组织的档案管理责任，优化档案的开放和利用条件，鼓励档案数字化和资源共享，为我国档案事业现代化提供了更加坚实的法治保障。

会议听取审议了国务院关于2019年中央决算的报告、关于2019年度中央预算执行和其他财政收支的审计工作报告，批准了2019年中央决算。常委会组成人员普遍认为，国务院及其有关部门加力提效实施积极的财政政策，加大减税降费力度，切实保障三大攻坚战、供给侧结构性改革、基本民生等重点领域支出，较好完成了全国人大批准的中央预算。审计机关依法履行审计监督职能，对疫情防控资金和捐赠款物开展专项审计，在推动党中央政令畅通、维护国家财经秩序、促进经济社会健康发展等方面发挥了重要作用。会议强调，财政政策和财政工作要全力支持做好“六稳”、“六保”工作，全面实施预算绩效管理，防范化解地方政府债务风险，开源节流、精打细算，确保每一分钱都用在刀刃上。审计工作要加强对重大政策措施落实情况的跟踪审计，加大对抗疫特别国债、地方政府专项债务的审计监督力度，督促有关部门和单位把审计查出的问题一条一条整改到位。

本届全国人大及其常委会成立两年多来，已经制定法律17件，修改法律66件，作出有关法律问题和重大问题的决定26件。今年立法工作计划安排审议的法律案有40多件，根据改革发展需要，还会增加新的立法项目。当前和今后一个时期，立法工作任务重、节奏快、要求高成为常态。

法律是治国理政最大最重要的规矩。新中国成立70多年特别是改革开放40多年来，我们党领导人民创造了世所罕见的经济快速发展奇迹和社会长期稳定奇迹，离不开法治的支撑和保障。坚持和完善中国特色社会主义制度、推进国家治理体系和治理能力现代化，很重要的是完善法律体系、筑牢法治根基。

党的十八大以来，习近平总书记、党中央高度重视人大立法工作，多次听取全国人大常委会党组关于立法工作的汇报，作出一系列重要指示批示，出台多个关于立法工作的指导性文件，为做好新时代人大立法工作指明了方向、提供了遵循。中国特色社会主义进入新时代，社会主要矛盾发生变化，需要更好发挥立法的引领、规范、保障作用，推动贯彻新发展理念，促进更加平衡更加充分的高质量发展；人民对美好生活的需要日益增长，对立法的期盼不光是有没有，更关注好不好、管不管用、能不能解决实际问题；全面深化改革进入攻坚期，立法决策必须与改革决策相衔接相统一，确保重大改革于法有据、顺利实施，在法治下推进改革，在改革中完善法治；推进国家治理体系和治理能力现代化，立法工作要着眼于发挥制度整体功效，推动制度集成创新，使各方面制度更加成熟更加定型。这些都是新时代给予我们的新课题新任务新要求。我们要以高度的责任感使命感加强和改进立法工作，切实履行好宪法法律赋予的立法职责，进一步发挥法治固根本、稳预期、利长远的重要作用，为全面建成小康社会、实现中华民族伟大复兴保驾护航。为此，提出以下几点意见：

第一，坚持党中央对立法工作的集中统一领导，确保党的路线方针政策通过法定程序成为国家意志。立法是党和国家的重要政治活动，是党治国理政的基本方式。要坚持以习近平新时代中国特色社会主义思想为指导，全面贯彻习近平总书记重要指示要求和党中央决策部署，用立法工作实效体现“四个意识”、“四个自信”、“两个维护”。要认真落实党中央批准的五年立法规划，集中力量抓好和完成党中央确定的重大立法任务。立法工作中的重大问题、重要情况要及时向党中央请示报告，把党的领导贯穿到立法工作全过程和各方面。

第二，坚持人民至上，切实做到立法工作依靠人民、造福人民、植根人民。法是党的主张和人民意志的统一体现。立法要积极回应人民群众对美好生活的新期待，加快推进就业、教育、医疗、养老、安全、生态、环境等民生领域立法，用法治方式保障人民权益、增进民生福祉。更好发挥人大代表在立法中的作用，把代表议案建议作为编制立法工作计划、制定修改法律的重要依据，重要法律草案印发全体代表征求意见，专业性强的法律草案印发相关专业或领域的代表征求意见。拓宽公民参与立法渠道，健全法律草案公开征求意见和反馈机制，加强基层立法联系点建设，使立法接地气、察民情、聚民智、惠民生。

第三，立足体系建设，不断增强法律制度的系统性、整体性、协同性。新时代立法工作的一个重要特点，是从体系角度健全完善法律。在国家治理中，经济社会民生、改革发展稳定、内政外交国防，各领域各层级各方面深度融合、相互影响，“牵一发而动全身”。开展立法工作，要适应国家治理体系和治理能力现代化的要求，系统考虑、统筹安排，推动相关联、相配套的法律法规的立改废释工作，确保法律制度规范严密、衔接有序、协调统一。

第四，把握好立法质量和效率的关系，以良法促进发展、保障善治。深化和拓展科学立法、民主立法、依法立法，完善立法体制和程序，加强调查研究和论证评估，在提高精细化、精准度、针对性上下功夫。在保证立法质量的前提下加快立法工作进度，及时准确反映经济社会发展要求，反映改革开放新经验新成果。更加重视法律解释工作，及时答复法律询问，明确法律规定含义和适用法律依据，保持法律的稳定性与适应性相统一。还要特别加强法律制度理论研究，构建起体现我国社会主义性质，具有鲜明中国特色、实践特色、时代特色的法学理论体系和话语体系，为做好新时代立法工作、健全和完善我国法律制度提供理论支撑。法学理论和法律体系要汲取人类先进的法治文明成果，但决不是以西方理论和体系为圭臬，绝不能误入西方理论和体系的窠臼，一定要建立起、完善好中国特色社会主义的法学理论和法律体系。这是我们这一代法律工作者的历史责任。

第五，发挥人大在立法工作中的主导作用，充分调动各部门各方面的积极性主动性创造性。主导作用不是权力，而是责任和担当；不是擅作主张，而是在党中央集中统一领导下进行；不是简单的牵头参与，而是在选题立项、起草调研、审议通过中都要发挥实质性统筹安排、严格把关、确保质量等作用。要围绕中心、服务大局，统筹安排立法项目。要坚持问题导向，聚焦法律制度的薄弱环节，补短板、强弱项、堵漏洞。要加强组织协调，对党中央明确要求、改革发展急需、人民群众期盼的重要立法项目，各专门委员会和常委会工作机构要主动担责，把各方面的力量和资源调动起来，形成工作合力。要严肃认真、尽责任地进行审议，确保法律贯彻党的基本理论、基本路线、基本方略，符合宪法精神、反映人民意愿、得到人民拥护。要发挥好立法机关在表达、平衡、调整社会利益方面的作用，防止利益偏向，促进社会和谐稳定。

在第十三届全国人大常委会第二十次会议上的讲话

（2020 年 6 月 30 日）

栗战书

本次常委会会议共审议 8 件法律和决定草案，通过了香港特别行政区维护国家安全法和将这部法律列入香港基本法附件三的决定，顺利完成了预定任务。

这次会议最为重要的议程，是审议通过香港特别行政区维护国家安全法，并决定将这部法律列入香港基本法附件三，由香港特别行政区在当地公布实施。法律和决定获得全票通过，这充分反映了包括香港同胞在内的全国人民的共同意志。

在审议时，常委会组成人员认为，贯彻党的十九届四中全会精神，根据宪法、香港基本法和全国人大相关决定，常委会制定香港特别行政区维护国家安全法，对香港特别行政区维护国家安全制度机制作出了法律化、规范化、明晰化的具体安排。法律坚持“一国两制”方针，充分考虑两种制度差异和香港具体情况，与维护国家安全的全国性法律相衔接，与香港现有法律体系相兼容，体现了“惩治极少数、保护大多数”的原则，为维护国家安全和香港长治久安、长期繁荣发展，为确保香港居民依法享有的权利和自由，为保护外国人在香港的合法权益和外国投资者的利益，为确保“一国两制”事业行稳致远，提供了法律支撑和保障。

大家认为，这部法律施行后，将在以下方面发挥重要作用。

一是坚决有效维护国家安全。国家主权、安全、发展利益，是每一个主权国家的根本利益。香港回归23年来，“一国两制”实践取得举世公认的成功，同时，国家安全风险日益凸显。针对香港特别行政区在维护国家安全方面的迫切需要，法律明确规定，维护国家主权、统一和领土完整是包括香港同胞在内的全中国人民的共同义务，中央人民政府对香港有关国家安全事务负有根本责任，香港特别行政区负有维护国家安全的宪制责任。法律明确了香港特别行政区维护国家安全的相关机构及其职责，规定了分裂国家、颠覆国家政权、组织实施恐怖活动、勾结外国或者境外势力危害国家安全四类罪行及其处罚，为建立健全香港特别行政区维护国家安全制度机制、打击和防范危害国家安全行为提供了宪制依据和法律依据。

二是推动“一国两制”事业沿着正确方向前进。“一国两制”是一个有机整体，“一国”是实行“两制”的前提和基础。中央依照宪法、香港基本法和有关法律对香港特别行政区拥有全面管治权，香港特别行政区享有的高度自治权来源于中央授权。全国人大常委会制定这部法律并决定列入香港基本法附件三，中央人民政府在香港特别行政区设立维护国家安全公署，在特定情形下对本法规定的危害国家安全案件行使管辖权，是中央全面管治权的重要体现。同时，香港特别行政区行政、立法、司法机关依法履行维护国家安全的职责，香港特别行政区维护国家安全委员会承担维护国家安全的主要责任，香港特别行政区执法、司法机关对绝大多数危害国家安全案件行使管辖权，是香港特别行政区高度自治权的具体体现。这样规定，把全面管治权和高度自治权有机结合起来，统一于“一国两制”事业的创造性实践。

三是维护香港特别行政区宪制秩序、法治秩序。中华人民共和国宪法和香港特别行政区基本法，共同构成香港特别行政区的宪制基础。随着“一国两制”实践深入推进，必须根据宪法、基本法和香港的实际情况，不断完善相关联、相配套的法律制度和执行机制。十三届全国人大三次会议通过的有关决定和这次制定的法律，进一步完善了香港特别行政区贯彻实施宪法和香港基本法的法律制度，明确了香港特别行政区维护国家安全应当遵循的重要法治原则，有利于支持香港特别行政区依法施政，制止和惩治一切违反法律、破坏法治的行为，维护宪制权威、法治权威。

四是防范和遏制外来干涉。香港特别行政区事务完全属于中国内政，不容任何外部势力以任何名义进行干涉。法律加大对勾结外国或者境外势力危害国家安全犯罪的打击力度，从重处罚与外国、境外串谋或者接受指使、控制、资助的犯罪行为，以法治方式表明我国坚决反对外来干涉的严正立场，构筑起香港特别行政区防范和遏制外部势力反中乱港的防火墙。

五是保障香港根本利益、长远利益和当前利益。反中乱港暴行践踏香港法治，破坏社会稳定，重创经济民生，已经严重损害香港居民权益。法律打击的是极少数卖国、祸港、殃民的违法犯罪分子，保护的是绝大多数香港居民的合法权利和生命财产安全。法律明确规定，香港特别行政区维护国家安全应当尊重和保障人权，依法保护香港居民享有的包括言论、新闻、出版的自由，结社、集会、游行、示威的自由在内的权利和自由。法律也充分体现了罪刑法定、无罪推定、一事不再审、保障当事人诉讼权利和公正审判等国际通行的法治原则。

国家安全、社会稳定、法治秩序是香港发展的前提，这次立法是人心所向、大势所趋。香港特别行政区维护国家安全法的公布实施，将为香港创造更加安全、稳定、和谐、便利的社会环境，更好发展香港经济、改善香港民生，充分展现“一国两制”的制度优越性。法律广泛凝聚了包括香港社会在内的各方共识，必将得到包括香港同胞在内的全国人民的拥护和坚定支持，得到国际社会更加深入的理解和认同。有关方面要学习好、宣传好、贯彻好、实施好这部重要法律，第一时间开展全面精准权威的宣讲解读，消除社会疑虑，为法律实施营造良好政治和舆论环境。要加快建立健全与法律制度相适应的执行机制、专门机构和执法力量，切实履行维护国家安全法定职责。香港特别行政区应尽早完成有关立法，完善本地相关法律，深入开展宪制法治教育、国家安全教育、历史文化教育，弘扬爱国精神，增强国家意识，创造法律实施的良好社会条件和广泛民意基础。

关于审议的其他几部法律草案，有关方面要抓紧根据审议情况进行修改，并继续广泛听取意见，进一步论证、完善，适时提请审议通过。

在第十三届全国人大常委会第二十一次会议上的讲话

（2020 年 8 月 11 日）

栗战书

本次常委会会议会期紧、议程多，共审议 12 件法律和决定草案，通过其中 5 件；听取审议 5 个工作报告和 2 个执法检查报告，听取 1 个专题调研报告；还通过了代表资格审查报告和人事任免案。在大家的共同努力下，顺利完成了各项预定任务。

一、审议通过的两项决定意义重大

贯彻党中央决策部署，根据宪法、国家勋章和国家荣誉称号法，本次会议作出授予国家勋章和国家荣誉称号的决定，习近平主席签署主席令，授予钟南山同志共和国勋章，授予张伯礼、张定宇、陈薇 3 位同志“人民英雄”国家荣誉称号。在此，向他们致以崇高敬意和热烈祝贺！新冠肺炎疫情发生后，在以习近平同志为核心的党中央坚强领导下，全国人民坚定信心、同舟共济、科学防治、精准施策，打响抗击疫情的人民战争、总体战、阻击战。经过艰苦卓绝的努力，付出巨大代价和牺牲，我国的疫情防控取得了重大战略成果，维护了人民生命安全和身体健康，为维护世界公共卫生安全作出了重要贡献。在这场严峻的疫情防控斗争中，涌现出一大批可歌可泣的先进典型，他们以高度的政治责任感和使命感，舍身忘我、逆向而行，甘冒生命危险，奋战在疫情防控一线，谱写了一曲战天斗地、无私奉献的英雄赞歌。授予他们国家最高荣誉，有利于大力宣传抗疫英雄的卓越功绩和光辉形象，强化国家尊崇与民族记忆；有利于强化爱国主义、集体主义教育，弘扬社会主义核心价值观；有利于充分展示中华儿女众志成城、不畏艰险、愈挫愈勇的民族品格，为顺利推进中国特色社会主义伟大事业，实现第一个百年奋斗目标凝聚党心军心民心。要大力学习宣传他们忠诚、担当、奉献的崇高品质和光辉功绩，在全社会营造见贤思齐、崇尚英雄、争做先锋的良好氛围，激励全国人民更加紧密地团结在以习近平同志为核心的党中央周围，为统筹推进疫情防控和经济社会发展工作、决胜全面建成小康社会不懈奋斗。

会议通过了全国人大常委会关于香港特别行政区第六届立法会继续履行职责的决定。香港特别行政区行政长官会同行政会议因应当地新冠肺炎疫情的严峻形势，决定将第七届立法会选举推迟一年，这是维护香港市民生命健康安全、保障立法会选举参与度和公平公正的重要举措，十分必要，合理合法。国务院对此表示支持并提出了相关议案。全国人大常委会根据宪法和香港基本法作出决定，对选举推迟情况下立法机关空缺问题进行妥善安排，为维护香港法治秩序、确保香港特别行政区政府正常施政和香港社会有序运行提供了宪制依据和法治保障。伟大祖国、中央政府永远是香港战胜疫情和一切风险的坚强后盾。希望香港社会各界在特别行政区政府的带领下，早日打赢疫情阻击战，为尽快恢复经济、改善民生创造良好条件。

会议还通过了关于授权国务院在粤港澳大湾区内地九市开展香港法律执业者和澳门执业律师取得内地执业资质和从事律师职业试点工作的决定，有利于发挥港澳法律人才的专业优势，促进粤港澳大湾区建设，推动香港、澳门更好融入国家发展大局。

二、会议听取审议国家监察委员会关于开展反腐败国际追逃追赃工作情况的报告，这是贯彻国家监察体制改革重大部署，构建以党内监督为主导、各类监督贯通协调、形成监督合力的具体体现

常委会组成人员充分肯定国家监委的工作报告，认为国家监委坚决贯彻党中央决策部署，依法加强对追逃追赃工作的组织协调，推动反腐败国际合作，在全球追缉腐败分子、追缴违法所得，取得了重要成果。会议认为，当前反腐败斗争形势依然严峻，特别是外部环境更趋复杂。要更好发挥党的领导和中国特色社会主义制度优势，健全追逃追赃领导体制、协调机制和法治体系，打造高素质专业化工作队伍，一体推进追逃追赃与防逃工作，积极参与反腐败全球治理，巩固发展反腐败斗争压倒性胜利。会议指出，常委会去年专题调研监察体制改革和监察法实施情况，今年听取审议国家监委专项工作报告，都是人大贯彻实施监察法，对监察机关开展监督的重要探索。这项工作党中央有统一、明确的部署安排，我们要在党中央集中统一领导下，审慎稳妥、依法有序地开展这项工作。

三、围绕全面建成小康社会、编制“十四五”规划听取审议相关报告，体现了贯彻党的基本理论、基本路线、基本方略，围绕国家工作大局开展监督工作的职责担当

今年是全面建成小康社会决胜之年，也是实施“十三五”规划收官之年。聚焦经济社会发展，本次会议听取审议了国务院关于计划执行情况的报告和预算执行情况的报告，听取了常委会办公厅关于“十四五”规划纲要编制工作若干重要问题专题调研工作情况的报告，印发了相关专门委员会和工作委员会的调研报告。

会议认为，在习近平总书记、党中央指挥和部署下，各地区各部门坚持把人民生命安全和身体健康放在第一位，积极有效应对新冠肺炎疫情严重冲击，统筹疫情防控和经济社会发展工作取得重大成果。经济稳步恢复、结构持续优化，三大攻坚战扎实推进，改革开放继续深化，人民生活得到有力保障，十三届全国人大三次会议批准的计划和预算执行情况总体良好。这充分表明，党中央决策部署是正确的，党的领导是坚强有力的，我国经济韧性是强劲的，中国人民是拥有伟大创造力的，中国特色社会主义制度是具有强大生命力的。

会议指出，当前经济形势仍然复杂严峻，不稳定性不确定性较大。要把思想和行动统一到党中央科学判断和决策部署上来，全面、辩证、发展地看待经济发展中遇到的困难、挑战和机遇，认识新发展阶段、贯彻新发展理念，牢牢把握扩大内需这个战略基点，大力保护和激发市场主体活力，提高产业链供应链稳定性和竞争力，提升供给与国民经济、社会发展需求的适配性，加快形成以国内大循环为主体、国内国际双循环相互促进的新发展格局。下半年经济工作更加繁重，要坚持稳中求进工作总基调，更好统筹疫情防控和经济社会发展工作；坚持积极的财政政策和稳健的货币政策，确保宏观政策落地见效；坚持以供给侧结构性改革为主线，深化改革开放，扎实做好“六稳”工作，全面落实“六保”任务，推动经济高质量发展，维护社会稳定大局，努力完成全年经济社会发展目标任务。

会议强调，“十四五”时期是我国全面建成小康社会、实现第一个百年奋斗目标之后，乘势而上开启全面建设社会主义现代化国家新征程、向第二个百年奋斗目标进军的第一个五年。全面建成小康社会和建成中国特色社会主义现代化国家，将是本世纪上半叶人类社会发展史上两大重大的历史事件，必然会遇到也必然要战胜许多过去所没有的风险、挑战或变局。要深刻认识我国社会主要矛盾发展变化带来的新特征新要求，增强机遇意识和风险意识，把握发展规律，发扬斗争精神，加强前瞻性思考、全局性谋划、战略性布局、整体性推进，把新发展理念贯穿发展全过程和各领域，实现发展规模、速度、质量、结构、效益、安全相统一，实现经济行稳致远、社会安定和谐，为全面建设社会主义现代化国家开好局、起好步。

党中央决定今年 10 月召开党的十九届五中全会，研究关于制定“十四五”规划和二〇三五年远景目标的建议。围绕这项重大工作，从今年 3 月初到 7 月中旬，全国人大常委会办公厅和各专门委员会、工作委员会组织开展了为期 4 个多月的专题调研，

形成22份调研报告。这次调研是本届常委会进行的一次集中的大规模的专题调研，涉及多个领域，掌握了大量实际情况，提出了许多有价值的意见建议，为党中央决策和国务院编制“十四五”规划提供了重要参考，也为明年全国人民代表大会会议审查批准“十四五”规划纲要作了必要准备，成果丰硕，经验值得总结。

四、关于两个执法检查和两个专项工作报告

我和王晨、沈跃跃、丁仲礼3位副委员长带队，赴6个省、区实地检查了全国人大常委会关于全面禁止非法野生动物交易、革除滥食野生动物陋习、切实保障人民群众生命健康安全的决定和野生动物保护法实施情况；吉炳轩、白玛赤林、武维华3位副委员长带队，赴5个省、市实地检查农业机械化促进法实施情况。本次会议听取审议了两个执法检查报告，对报告和执法检查组的工作给予充分肯定。关于贯彻实施“一决定一法”，会议要求深入学习贯彻习近平生态文明思想，依法保护野生动物及其栖息地，坚决打击非法野生动物市场和贸易，革除滥食野生动物陋习，指导帮助养殖场户有序有效转产转型，形成科学健康文明的生活方式，促进人与自然和谐共生。关于贯彻实施农业机械化促进法，会议提出从推动科技创新、加强推广应用、优化作业服务、完善扶持政策、提升监管能力等方面，大力推进农业机械化、智能化，不断巩固农业基础地位，加快实现乡村振兴。

会议听取审议了国务院关于贯彻落实创新驱动发展战略推进科学技术进步法实施情况、关于公安机关执法规范化建设工作情况的两个专项报告。会议强调，创新是引领发展的第一动力，要坚定不移走中国特色自主创新道路，强化基础研究和关键核心技术攻关，深化新一轮科技体制改革，激发人才创新活力，推进产业链和创新链融合发展。会议指出，深化公安执法规范化建设在整个公安工作中具有全局性、基础性地位，要以严格规范公正文明执法为总要求，把打击犯罪同保障人权、追求效率同实现公正、执法目的同执法形式有机统一起来，努力实现最佳的法律效果、政治效果、社会效果。

五、在法律草案审议方面

会议审议通过城市维护建设税法和契税法，将相关暂行条例上升为法律。贯彻党的十八届三中全会提出的落实税收法定原则的要求，全国人大常委会从2016年起连续制定8部税收法律，现行18个税种中已有11个实现了税收法定。要进一步加快工作步伐，与有关部门加强协调配合，力争早日完成党中央部署的这项重大改革任务。

会议对国旗法、国徽法修正草案和全国人民代表大会组织法、全国人民代表大会议事规则修正草案进行了初次审议。国旗、国徽是国家象征和标志，要通过这次修法，进一步完善国家标志法律制度，维护国家的形象和尊严，弘扬爱国主义精神，培育和践行社会主义核心价值观，为实现中华民族伟大复兴的中国梦凝聚强大精神力量。对全国人民代表大会“一法一规则”的修改是法律实施30多年来的首次。草案以新修改的宪法为依据，坚持党的全面领导，总结人大工作的新经验新成果，反映党和国家机构改革的新形势新变化，从任期、机构、职权、程序、人员、纪律等方面，对全国人大及其常委会的组织制度、工作制度和运行机制进行健全完善。要根据常委会组成人员和各方面的意见建议，把两个草案进一步修改完善好，提请全国人民代表大会审议。

在第十三届全国人大常委会第二十二次会议上的讲话

（2020年10月17日）

栗战书

本次常委会会议经过大家的共同努力，已经顺利完成各项议程。

会议审议通过的生物安全法、出口管制法，修改的专利法、未成年人保护法、国旗法、国徽法、全国人民代表大会和地方各级人民代表大会选举法，是政治、经济、国家安全、社会治理领域的重要法

律。大家一致认为，这几部法律，体现了习近平新时代中国特色社会主义思想和党中央治国理政的最新理论和实践成果，适应了进入新发展阶段、形成新发展格局的要求，对于从法律上完善国家制度和国家治理体系具有重要意义。法律通过之后，有关部门要认真组织实施，加强宣传解读，让法律深入人心，形成全社会的自觉行动。

会议审议了长江保护法草案、退役军人保障法草案、海警法草案、个人信息保护法草案、刑法修正案（十一）草案、行政处罚法修订草案、野生动物保护法修订草案、国防法修订草案等。这些法律，有的是初审，有的是二审，其中的重要立法问题都进行了反复研究。全国人大有关专门委员会、常委会有关工作委员会要继续组织研究修改，常委会组成人员、全国人大代表和各有关部门、有关方面还可以通过多种渠道继续提出意见建议，进一步把法律修改好完善好。

会议听取审议了全国人大监察司法委、财经委、社会委关于十三届全国人大三次会议主席团交付审议的代表提出的议案审议结果的报告，大家认为，3 个报告紧紧围绕议案内容，回应人大代表关切，反映人民群众意志，体现了对人民负责、为人民履职的要求。会议听取审议了土壤污染防治法、慈善法两个执法检查报告，联组审议土壤污染防治法执法检查报告并进行专题询问，大家认为，两个执法检查报告实事求是、客观具体，既肯定了法律实施中好的经验、好的做法，也指出了法律实施中存在的问题和不足，提出了下一步的努力方向和改进意见。会议听取审议了国务院 4 个专项工作报告，肯定了相关工作成效，提出了加强和改进工作的建议。会议还听取审议了“两高”关于民事审判工作、适用认罪认罚从宽制度的报告。全国人大有关专门委员会要加强督促，有关部门要按照执法检查报告和常委会审议意见，推动相关问题解决落实，进一步完善制度机制。

会议还审议了委员长出席第五次世界议长大会视频会议的书面报告，审议批准了对巴塞尔公约的有关修正、中华人民共和国和塞浦路斯共和国引渡条约、中华人民共和国和比利时王国引渡条约，通过了代表资格审查委员会关于个别代表的代表资格的报告和有关任免案。

这次会议成果丰富。会议之后，全国人大各专门委员会、常委会工作委员会、常委会办公厅和国务院有关部门、有关方面要认真抓好会议精神的落实，从法律实施和监督工作的角度，为党和国家事业发展努力工作。这里，我再重点强调四项工作。

一、从贯彻总体国家安全观的高度，宣传好解读好实施好生物安全法

生物安全法是维护国家安全的重要立法。这部法律出台后，我国将形成国家生物安全战略、国家生物安全法律、国家生物安全政策“三大武器”，战略、法律、政策“三位一体”，就能形成完整的生物安全体系。

生物安全法坚持党对国家生物安全工作的领导，建立健全国家生物安全领导体制，规定生物安全风险监测、评估、预警、应对等基本制度，对有效应对各类生物安全风险作出了安排。一是用法律划定生物技术发展边界，引导和规范人类生物技术的研究应用，既促进生物技术快速健康、沿着对人类有利无害的方向发展，又抵御利用生物技术实施侵害的行为，防止和减少可能出现的危害和损失。二是建立一套行之有效的管理体制和机制，充分调动各方面力量，明确各方面责任，界定公共管理部门、社会组织、公民个人的权利义务关系，保证全社会各方面都依法担负起维护生物安全的责任。三是增强主动应对风险挑战的能力，实施鼓励自主创新的产业政策和科技政策，保障生物安全基础设施先进完备，保障科技人员和从业人员队伍稳定可信，把关键核心生物技术牢牢掌握在自己手里。

经过大家的共同努力，我们在启动立法之时提出的立法目的，都体现在了法律之中，这就是，要使生物安全法成为一部应对生物威胁、防范生物风险的法律，成为一部建立国家生物安全体系、守护好自己家园的法律，成为一部促进生物技术发展、提高生物技术水平、提升国家生物安全能力建设的法律，成为一部改变被动局面、取得国家生物安全战略主动地位乃至战略优势的法律。全国人大有关专门委员会、常委会工作委员会和国务院有关部门要大力推动这部法律的实施，使生物安全法服务于国家发展、人民幸福，造福于人类文明进步。

二、深入学习贯彻习近平生态文明思想，继续用法律手段助力打赢污染防治攻坚战

把立法、监督工作紧扣在党中央重大决策部署

上,这是本届常委会的鲜明特点。

党的十八大以来,以习近平同志为核心的党中央高度重视生态文明建设,坚决向污染宣战,提出一系列重大战略思想,作出一系列重大决策部署。围绕这些重大部署,2018 年,常委会对大气污染防治法实施情况进行了检查,指名道姓指出存在的问题,加开一次常委会会议,出台关于全面加强生态环境保护、依法推动打好污染防治攻坚战的决议;2019 年,常委会检查了水污染防治法实施情况,紧扣法律责任的落实,推动水污染治理和水环境保护;今年,常委会又安排检查土壤污染防治法实施情况。这样,常委会用三年时间,从推动法律实施角度配合了党中央部署的蓝天保卫战、碧水保卫战、净土保卫战。

土壤污染防治法于 2019 年 1 月 1 日正式实施。法律实施以来,各地区各部门坚持预防为主、保护优先、分类管理、风险管控,采取一系列有效措施,加快推进土壤污染防治。同时,由于土壤污染防治历史欠账多、治理难度大、工作起步晚、技术基础差,防治任务依然很重。要紧紧围绕执法检查发现的问题,加强法律宣传普及,落实法律责任,健全配套法规标准,推进农用地分类管理,强化建设用地风险管控,加强法律实施保障和监督执法力量建设,确保土壤环境质量总体稳定并逐步向好。

保护生态环境,建设美丽中国,是一项长期的战略任务。现在,污染防治攻坚战扎实深入推进,蓝天保卫战、碧水保卫战、净土保卫战这三大标志性的战役取得重大战略成果,我们也完成了与三大保卫战关系最直接的三部法律实施情况的检查,但这只是阶段性的任务,不能有丝毫松懈和自满。今后的工作中,我们要深入学习贯彻习近平生态文明思想,贯彻创新、协调、绿色、开放、共享的发展理念,继续聚焦党中央关于生态文明建设的重大部署,更好发挥人大职能作用,依法推动污染防治和生态环保工作。要持续跟踪大气污染防治法、水污染防治法、土壤污染防治法这三部重要法律的实施情况,推动法律规定全面有效落实。要通过审议专项工作报告、开展专题调研等形式,推动解决大气、水、土壤污染防治工作中出现的新问题。还要根据新情况新需要,不断完善最严密的生态环境保护法律制度。总之,要保持战略定力,常抓不懈、久久为功,坚持在法治轨道上保护生态环境、推动绿色发展,形成节约资源和保护环境的空间格局、产业结构和生产生活方式。

三、依法监督国有资产管理情况,推动管好全体人民的共同财富

加强国有资产管理监督,是党中央赋予人大新的重要职责。按照党中央统一部署,在全国人大常委会与国务院及有关部门、有关方面的共同努力下,国有资产管理情况报告制度已经基本建立,并延伸到省、市、县三级。常委会连续 3 年审议国务院关于国有资产管理情况的年度综合报告和专项报告。2018 年专项报告了金融企业国有资产管理情况,2019 年是行政事业性国有资产管理情况,今年是金融之外的企业国有资产管理情况,明年计划安排国有自然资源(资产)管理情况,后年将听取和审议一个全面的综合报告,实现全覆盖。

总的看,这项改革任务进展顺利,取得了明显成效。国务院的报告内容全面、数据翔实。常委会组成人员在审议中提出了很好的意见。财经委、预算工委会前都开展专题调研、进行初步审议。国务院及有关部门认真研究落实审议意见,进一步提高了国有资产管理水平,完善了管理制度。

我国国有资产数量庞大、种类多样,人大对国有资产管理的监督工作还处于起步阶段,需要在今后的工作中不断加强和完善。按照党中央要求和人大监督职责,人大的监督不是直接管理国有资产,而是对国有资产管理情况进行监督,目的是推动国务院及其有关部门、有关方面更好地履行职责,确保国有资产保值增值。要按照这一职责定位,通过完善制度机制、提高审议质量、强化落实问效,更好发挥国有资产在服务国家战略、推动经济发展、增进民生福祉等方面的重要作用。

四、"两高"要继续推动民事审判工作、适用认罪认罚从宽制度改革,适应新时代人民群众对司法诉求的新变化,切实维护社会公平正义与和谐稳定

常委会每年 10 月都安排听取审议最高人民法院、最高人民检察院的专项工作报告,这已经成为一项常态化安排。今年安排的最高法、最高检的两个专项工作报告有特殊的考虑,这就是:一方面,随着我国经济高质量发展和社会主要矛盾转化,随着群众依法

维护自身合法权益意识的增强，民事诉讼案件大量增多，民事领域呈现案件增长快、新型案件多、审理难度大、涉及利益广的新特点；另一方面，刑事犯罪中严重暴力犯罪大幅下降，而轻微犯罪和新型犯罪上升，犯罪的情形、行为和对社会的危害发生变化。这既是全社会法治工作加强和法治水平提高的体现，也给社会治理提出了新课题、新考验，必须适应新形势、新情况，大力加强民事审判和进行公正、快捷办理轻微犯罪和新型犯罪的司法探索。基于此，党中央决定建立认罪认罚从宽制度，十三届全国人大三次会议审议通过了民法典，这次会议我们安排审议这两个方面的专项工作报告。

近年来，最高人民法院依法履职，深化民事领域司法体制改革，贯彻实施民法典，着眼于服务保障统筹推进疫情防控和经济社会发展、推动经济高质量发展、打好三大攻坚战、加强民事权益保护、化解矛盾纠纷、促进和谐家庭建设等，营造稳定公平透明、可预期的法治化营商环境，为经济社会发展提供了有力的司法服务和保障，常委会组成人员对此予以充分肯定。人民法院要适应新形势新要求，深入学习贯彻习近平总书记全面依法治国新理念新思想新战略，继续推进诉讼服务体系、审判制度机制改革，提高民事审判工作质量、效率和效果，不断满足人民群众新期待新需要。

认罪认罚从宽制度是司法体制改革的重大成果，体现了中国特色社会主义刑事司法制度的优势。最高人民检察院依法履职，深化检察领域司法体制改革，认真推行认罪认罚从宽制度，进行了积极实践，取得了良好效果，为经济社会发展提供了有力的司法服务和保障，常委会组成人员对此予以充分肯定。实践表明，这一制度不仅有利于提升诉讼效率、节约司法资源，更有利于快速化解社会矛盾、促进罪犯主动认罪和进行自我改造，既维护了法律尊严和公平正义，又在很大程度上减少了人际对立。人民检察院要发挥好主导作用，继续推进落实这项改革，坚持宽严相济的刑事政策，积极主动、准确规范适用认罪认罚从宽制度，该严则严、当宽则宽。审判机关、公安机关、司法行政机关要加强与检察机关的协调配合，形成工作合力，共同推动实现司法公正与效率有机统一，办案政治效果、法律效果和社会效果有机统一。

10 月 14 日，党中央在深圳隆重召开了深圳经济特区建立 40 周年庆祝大会，习近平总书记发表重要讲话，高度肯定深圳特区 40 年来创造的世界奇迹，深刻总结经济特区建设的十个方面宝贵经验，明确提出六项重要部署，号召经济特区要永葆“闯”的精神、“创”的劲头、“干”的作风，努力创造让世界刮目相看的新的更大奇迹！讲话在深圳发出，但其中许多新的重大思想、理念和观点，同样是全国改革开放和现代化建设的指南和遵循；讲话是对经济特区的总结和要求，也向世界展示了中国共产党和中国政府全面深化改革、全面扩大开放的坚定立场和信心，在世界上举起了推动建设开放型世界经济、推动构建人类命运共同体的旗帜。常委会、各专门委员会、工作委员会和人大机关都要认真学习这个重要讲话，自觉落实到人大工作之中，增强“四个意识”、坚定“四个自信”、做到“两个维护”，为开启全面建设社会主义现代化国家新征程、向第二个百年奋斗目标进军作出应有贡献。

今年只有两个多月时间了，年底工作多，完成全年目标任务，时间紧、任务重。10 月 26 日至 29 日，我们党将召开十九届五中全会，对未来五年和十五年发展作出规划部署，人大要及时跟进学习，按照中央要求抓好贯彻落实。要对照今年“一个要点、三个计划”，逐项梳理，查漏补缺，确保全面完成各项工作任务。要及早启动今年工作总结和明年工作谋划，按照五中全会精神和提出的任务要求，制定好人大明年的工作计划。

在第十三届全国人大常委会第二十三次会议上的讲话

（2020 年 11 月 11 日）

栗战书

本次常委会会议审议通过 2 件法律和 1 件有关法律问题的决定，审议通过 2 个专门委员会关于代表议案审议结果的报告，审议 2 个对外交往工作的书面报告，还通过了代表资格审查报告和人事任免案。经过大家的共同努力,顺利完成各项议程。

会议审议通过关于香港特别行政区立法会议员资格问题的决定,这是全国人大常委会坚持和完善"一国两制"制度体系,依法维护国家安全、维护香港特别行政区宪制秩序的又一重要立法。

常委会组成人员在审议中一致认为,全国人大常委会作出决定是必要的、适当的。香港特别行政区立法会议员是香港特别行政区公职人员的重要组成部分,必须真诚拥护中华人民共和国香港特别行政区基本法,效忠中华人民共和国香港特别行政区。全国人大常委会作出决定,确立香港特别行政区立法会议员因宣扬或者支持"港独"主张、拒绝承认国家对香港拥有并行使主权、寻求外国或者境外势力干预香港特别行政区事务,或者具有其他危害国家安全等行为,不符合拥护中华人民共和国香港特别行政区基本法、效忠中华人民共和国香港特别行政区的法定要求和条件,一经依法认定,即时丧失立法会议员的资格。同时明确上述规定适用于在原定第七届立法会选举提名期间被依法取消参选资格的第六届立法会议员,以及今后参选或出任立法会议员遇有上述情形的。

全国人大常委会作出这项决定,符合包括香港同胞在内的全体中国人民的根本利益,有利于维护国家主权、安全和发展利益,有利于香港长治久安和繁荣发展,有利于香港治理机构正常运转和社会稳定,有利于香港社会凝聚正能量、齐心协力提振经济、保障民生。要全面准确实施香港基本法、香港特别行政区维护国家安全法和全国人大常委会的法律解释、决定,推进特别行政区本地立法,落实特别行政区维护国家安全的法律制度和执行机制,确保香港公职人员符合法定条件和要求,维护宪法和基本法确定的特别行政区宪制秩序,确保"一国两制"实践行稳致远。

会议审议通过的退役军人保障法,贯彻党中央决策部署,对退役军人的移交接收、退役安置、教育培训、就业创业、抚恤优待、褒扬激励等重要事项作出规定,注意处理好不同时期、不同类别退役军人权益的合理平衡,既尽力而为又量力而行,为加强退役军人保障工作、维护退役军人合法权益提供了法律保障。要认真学习宣传、贯彻实施这部重要法律,坚持服务优先,依法加强管理,鼓励和引导各方面共同关心关爱退役军人,让军人成为全社会尊崇的职业,厚植强军兴军根基。

会议通过关于修改著作权法的决定。这次修改,适应网络化、数字化技术发展应用的形势,完善视听作品的范围和著作权归属,加强对线上线下权利的一体保护,引入惩罚性赔偿制度,大幅提高法定赔偿额上限。要更好运用法律武器加强知识产权保护,维护创作者、传播者、使用者的合法权益,加大对违法侵权行为的执法和处罚力度,为创新、创造、创作提供良好法治环境,促进我国文化和科学事业的发展与繁荣。

在第十三届全国人大常委会第二十四次会议上的讲话

(2020 年 12 月 26 日)

栗战书

本次常委会会议有 29 项议程,在大家的共同努力下,顺利完成了预定任务。

会议审议 19 部法律和有关决定草案,通过长江保护法、刑法修正案(十一),修改国防法、预防未成年人犯罪法,作出关于加强国有资产管理情况监督的决定、设立海南自由贸易港知识产权法院的决定、召开十三届全国人大四次会议的决定,审议全国人大组织法、全国人大议事规则修正草案并决定提请大会审议,还审议了海南自由贸易港法、乡村振兴促进法、反食品浪费法、反有组织犯罪法、监察官法、海警法、军人地位和权益保障法草案和海上交通安全法、兵役法、军事设施保护法修订草案。

会议听取审议了国务院关于脱贫攻坚、审计查出问题整改、财政农业资金分配和使用情况的 3 个专项工作报告,常委会组成人员充分肯定工作成绩,提出了加强和改进工作的建议。会议听取审议了反不正当竞争法、公共文化服务保障法两个执法检查报告。大家充分肯定执法检查组的工作,认为执法检查报告查找问题准确、提出建议可行。会议听取审议了关于生态环保有关决议落实情况和珍惜粮食、反对浪费情况两个专题调研报告,请有关方面认真研究处理调研报告提出的意见建议。

会议还批准了中国和土耳其引渡条约,通过了代表资格报告和任免案。

过去的一年,是新中国历史上极不平凡的一年。面对新冠肺炎疫情严重冲击和各方面风险挑战,以习近平同志为核心的党中央团结带领全党全国各族人民攻坚克难、团结奋战,交出了一份人民满意、世界瞩目、可以载入史册的答卷。中国人民的自信心、自豪感极大增强,对总书记、对党中央的信赖和拥护更加坚定,战胜艰难险阻、实现奋斗目标的勇气和斗志空前高涨。

在党中央坚强领导下,全国人大及其常委会坚持以习近平新时代中国特色社会主义思想为指导,深入学习贯彻习近平法治思想、习近平总书记关于坚持和完善人民代表大会制度的重要思想,紧紧围绕党和国家工作大局依法履职尽责、主动担当作为,人大各方面工作取得了新进展新成效。

一是高质量做好立法修法工作。共审议法律和决定草案 51 件,其中制定法律 9 件、修改法律 12 件,通过有关法律问题和重大问题的决定 12 件。聚焦新冠肺炎疫情中暴露出的法律制度短板问题,专门制定了强化公共卫生法治保障立法修法工作计划,拟于 2021 年底前完成的 17 个立法项目,目前已经完成了 5 项,正在审议的 2 项,其他 10 项正在抓紧研究起草。维护香港特别行政区宪制秩序、法治秩序,大会作出关于建立健全香港特别行政区维护国家安全的法律制度和执行机制的决定,常委会制定香港特别行政区维护国家安全法并决定将其列入香港基本法附件三,作出关于第六届立法会继续履职、立法会议员资格问题的决定等。还制定了生物安全法、退役军人保障法、出口管制法、公职人员政务处分法、长江保护法、城市维护建设税法、契税法,修改了国旗法、国徽法、选举法、专利法、著作权法、刑法、未成年人保护法、预防未成年人犯罪法、固体废物污染环境防治法、国防法、人民武装警察法、档案法等一批重要法律。

注重丰富立法形式,提高立法质量。今年的几个立法,既有民法典这样的大块头,也有全面禁止野生动物非法交易和食用的决定、反食品浪费法这样的"小切口"立法。坚持开门立法,扩大立法参与度。民法典编纂过程中,先后 10 次公开征求意见,征集到各方面意见 102 余万条,最大程度上凝聚了立法共识。今年,常委会法工委又增设 6 个立法联系点,总数达到 10 个,使基层反映意见建议的"直通车"更加通畅。

二是拓展深化监督工作。听取和审议有关报告 30 个,检查 6 部法律和 1 个决定实施情况,开展 2 次专题询问、6 项专题调研。围绕学习贯彻习近平生态文明思想,聚焦蓝天、碧水、净土三大保卫战,在过去两年开展大气污染防治法、水污染防治法执法检查的基础上,今年又开展土壤污染防治法执法检查,听取审议专项工作报告,开展生态环保决议落实情况专题调研,助力打好污染防治攻坚战。深化预算决算审查监督和国有资产管理监督,听取审议预算决算方面的 5 个报告,审查批准 2019 年中央决算,审议 2019 年度国有资产管理情况综合报告和关于企业国有资产管理情况的两个专项报告。目前,这两项监督工作已经形成了一整套有效制度机制。加强对法律实施和"一府一委两院"工作的监督,首次听取审议国家监察委员会专项工作报告。严格对照法律规定开展执法检查,完善工作机制和方式方法,找准影响法律实施的难点堵点,推动法定职责、法律责任落到实处。

三是支持和保障代表依法履职。组织 1000 多人次代表集中视察、调研,形成近百篇调研报告。加强常委会同代表的联系,目前 158 位常委会组成人员直接联系 442 位全国人大代表;邀请 175 人次代表列席常委会会议,召开 2 次列席代表座谈会,面对面听取意见建议;邀请 500 多人次代表参加执法检查、调研、预算审查和国有资产管理监督工作。认真办理代表议案和建议,十三届全国人大三次会议主席团交付的议案 506 件,代表提出的建议 9180 件,已全部办理完毕并答复代表。代表在闭会期间提出的 450 多件建议,也做到即收即办、逐件反馈。还开通了"全国人大网络学院",开设 5000 多门课程,为人大代表提供了线上学习平台。

四是服务国家外交战略做好人大对外交往工作。学习贯彻习近平外交思想,以落实国家元首外交成果为主线,以推动国际抗疫合作为重点,充分发挥人大对外交往的特点和优势。适应疫情防控常态化要求,采取线上线下相结合的方式开展对外交流。以视频方式同有关国家议会举行各层级双边会晤、机制交流、对口交流、友好小组活动等 44

次;出席线上会议、国际论坛以及地区议会组织活动等26次;线下各层级交流活动26次。通过常委会发表声明、外事委发表声明和发言人机制,以及人大代表接受采访等方式,在涉港、涉疆、涉台、涉疫情等问题上阐明中方立场,坚决维护国家尊严和核心利益。

五是坚持不懈加强常委会自身建设。今年以来,常委会党组召开19次会议、组织7次集体学习,举办常委会6次专题讲座,传达学习总书记重要讲话、重要指示23件次,传达学习中央重要会议、重要文件和通报精神15件次。持续有力改进会风,精心筹备组织十三届全国人大三次会议,做到紧凑高效、务实节俭。巩固改进会风成果,全年9次常委会会议都安全、顺利、高效举行。召开了第二十六次全国地方立法工作座谈会、习近平总书记关于坚持和完善人民代表大会制度的重要思想第三次交流会等,密切同地方人大的联系。

总的看,一年来人大各方面工作紧张而有序、忙碌而充实,为应对重大风险挑战、推动经济社会发展作出了积极贡献。在工作中,主要把握了以下几点:

一是始终坚持以党的创新理论统揽和指导人大工作。深入学习贯彻习近平新时代中国特色社会主义思想特别是习近平法治思想、习近平总书记关于坚持和完善人民代表大会制度的重要思想,确保人大工作正确政治方向。坚持联系实际学、及时跟进学、全面系统学,真正做到学懂弄通做实,不断增强学习的自觉性坚定性,增强做好人大工作的能力和本领。

二是始终坚持党中央集中统一领导。人大坚定不移为贯彻落实国家重大决策部署提供法律和政治保障。要增强"四个意识"、坚定"四个自信"、做到"两个维护",始终在思想上、政治上、行动上同以习近平同志为核心的党中央保持高度一致。

三是始终坚定不移走中国特色社会主义政治发展道路。这次抗疫斗争,再次彰显了中国共产党领导和社会主义制度的显著优势。人大是国家权力机关,是重要的政治机关,要毫不动摇坚持党的领导、人民当家作主、依法治国有机统一,始终坚持走中国特色社会主义政治发展道路,完善中国特色社会主义法律体系,完善和发展中国特色社会主义法学理论,要严防跌入西方政治道路、法律体系、治理体系和意识形态的泥淖之中,决不以英美法系、大陆法系、"西方宪政"为圭臬。

四是始终围绕党和国家工作大局谋划和推进工作。人大工作是党和国家事业的重要组成部分,任何时候、任何情况下,涉及人大职责,需要人大担当的,我们都要毫不犹豫、勇于担责。不管是立法工作,还是监督工作,都要始终把高质量发展、全面深化改革、高水平对外开放、脱贫攻坚、生态环保、维护国家安全、公共卫生、民生保障等作为重点来选题和开展工作,围绕中心、服务大局,更好发挥人大在党和国家事业中的职能作用。

五是始终注重发挥代表主体作用。更好发挥代表作用是坚持和完善人民代表大会制度的内在要求,是保证和发展人民当家作主的重要体现,是人大工作保持生机和活力的重要基础。要支持和保障代表依法执行职务,推动人大代表更加密切联系群众,忠实代表人民意志,真正做到为人民用权、为人民履职、为人民服务,依靠人大代表做好人大各项工作。

2021年是我国现代化建设进程中具有特殊重要性的一年。关于明年的工作,委员长会议已经原则通过常委会2021年工作要点和立法、监督、代表工作计划,作出了预安排。请各专门委员会、工作委员会和办公厅照此准备和开展相关工作。我们要深入学习贯彻习近平法治思想,与学习贯彻习近平总书记关于坚持和完善人民代表大会制度的重要思想结合起来,与学习贯彻总书记、党中央最新指示要求结合起来,增强做好工作的能力和本领。要全面贯彻落实党的十九届五中全会、中央经济工作会议精神,紧扣"十四五"时期发展目标和明年党和国家的重点任务,推动党中央决策部署贯彻落实,推动贯彻新发展理念、构建新发展格局、实现高质量发展。要做好十三届全国人大四次会议的组织筹备工作,落实疫情防控常态化要求,确保大会安全顺利举行。组织好代表集中视察、研读讨论法律草案等活动,把思想和行动统一到党中央精神上来,圆满完成大会预定任务,为"十四五"时期开好局、开启全面建设社会主义现代化国家新征程作出人大贡献。

再过几天就是元旦了。借此机会,向在座的各位委员、各位同志,向全国人大代表,向全国人大机关工作人员,向所有关心和支持人大工作的各界人士,致以节日的问候和新年的祝福!

坚决反对“台独”分裂，坚定推进祖国和平统一

——在《反分裂国家法》实施 15 周年座谈会上的讲话

（2020 年 5 月 29 日）

栗战书

同志们：

今天，我们在这里隆重召开《反分裂国家法》实施 15 周年座谈会，对于我们坚决反对“台独”分裂，坚定推进祖国和平统一，具有十分重要意义。

解决台湾问题、实现祖国完全统一是中国共产党的三大历史任务之一。长期以来，我们为之进行了不懈努力。党的十八大以来，习近平总书记深刻总结历史规律和两岸关系发展经验，形成关于对台工作的重要论述。去年 1 月 2 日习近平总书记在《告台湾同胞书》发表 40 周年纪念会上发表重要讲话，全面阐述了立足新时代，在民族复兴伟大征程中推进祖国和平统一的重大政策主张。这是习近平总书记关于对台工作的重要论述的新篇章，是党中央对台工作大政方针的新发展，是指导新时代对台工作的纲领性文件。在这一重要讲话指引下，对台工作攻坚克难，开拓进取，有力推动两岸关系和平发展、推进祖国和平统一进程。

制定实施《反分裂国家法》是党和国家引领两岸关系发展、促进祖国和平统一的重大举措。15 年前，针对当时“台独”分裂活动不断升级的严峻形势，顺应海内外中华儿女的强烈呼声，全国人民代表大会启动了制定《反分裂国家法》的立法程序。2005 年 3 月 14 日，第十届全国人民代表大会第三次会议高票通过《反分裂国家法》。这部重要法律以宪法为依据，贯彻党中央对台工作大政方针，对坚持一个中国原则、遏制“台独”分裂、推进祖国和平统一、维护台海和平稳定、维护国家主权和领土完整、发展两岸关系、反对外部势力干涉台湾问题等重大问题作出明确规定，充分体现了中国共产党和中国政府、中国人民和全体中华儿女尽最大努力争取祖国和平统一的一贯主张，充分彰显了坚定捍卫国家主权和领土完整，绝不允许任何势力以任何名义、任何方式把台湾从中国分裂出去的国家意志。这部重要法律是坚持“一国两制”、推进祖国和平统一制度体系的重要组成部分，是反“独”促统政治责任和使命要求的重要遵循。这部重要法律深得民心民意，契合历史大势，受到海内外爱国统一力量的热烈拥护，得到国际社会的广泛支持、理解和尊重，极大震慑了“台独”分裂势力，维护了中华民族的根本利益，影响至深至远。

《反分裂国家法》实施 15 年来，为维护台海和平稳定、促进两岸关系发展提供了坚实法治保障。在党中央对台大政方针指引下，经过两岸同胞共同努力，两岸关系取得了长足进展。我们在“九二共识”基础上实现全面直接双向“三通”，开辟两岸关系和平发展道路，推动两岸迈向融合发展的新阶段；我们恢复两岸协商谈判，推进两岸政党党际交流，实现两岸领导人历史性会晤；我们不断取得一系列反“台独”、反分裂斗争的重大胜利，持续巩固国际社会坚持一个中国原则的格局。反“独”促统大势更加稳固，两岸交流合作持续深化，两岸命运共同体日益成为生动的现实。

然而，一段时间以来，“台独”分裂势力误判形势，不断挑衅，严重损害两岸同胞切身利益和中华民族根本利益，严重破坏台海和平稳定，严重挑战我们维护国家主权和领土完整的底线。全体中华儿女必须团结起来，坚决反对“台独”分裂活动，共同维护台海和平稳定，共同推进祖国和平统一进程。

第一，“台独”分裂活动公然挑战中华民族根本利益，必须坚决遏制打击。台湾是中国领土不可分割的一部分。从中国人民数千年来开发台湾、历朝政府管辖台湾的历史文献，到《开罗宣言》、《波茨坦公告》、联合国 2758 号决议等国际文告，再到我国《宪法》、《反分裂国家法》等一系列法律规定，有关台湾的历史和法理事实都充分证明，世界上只有一个中国，大陆和台湾同属一个中国。无论“台独”分裂势力如何企图篡改歪曲台湾历史事实，如何企图包装“台独”分裂主张诉求，都不能掩盖其分裂国家的邪恶用心。这些行径与中华民族的根本利益背

道而驰，与包括台湾同胞在内的全中国人民的意愿背道而驰，绝不可能得逞。对"台独"分裂势力的挑衅，我们绝不含糊，坚决挫败。

"台独"分裂势力及其活动始终是两岸关系发展的最大障碍，始终威胁着台海和平稳定。这股势力否定体现一个中国原则的"九二共识"，破坏两岸关系政治基础，借香港事态歪曲污蔑"一国两制"，竭力抹黑大陆，煽动两岸对立；大肆操弄所谓"正名"、"去中国化"，宣扬灌输"台独史观"，企图扭曲台湾民众特别是青年一代的国家和民族认同；破坏两岸交流合作，打击岛内积极参与两岸交流的人士和爱国统一力量；拼凑一些不伦不类的称谓、概念，妄图从地理和法理上切割台湾与大陆的关系；加紧勾连外部势力破坏台海和平，图谋在国际活动上寻求突破。新冠肺炎疫情发生以来，"台独"分裂势力更是制造谎言、"以疫谋独"，推动和鼓噪所谓"修法""立法""释宪""宪改"等，妄图推进"渐进台独"，寻机谋求"法理台独"。

我们正告"台独"分裂分子，无论他们使出什么谋"独"花招，都是非法无效的；无论他们怎么折腾，都是徒劳的；无论他们与外国势力如何勾连表演，都无法改变台湾是中国一部分的历史和法理事实。台湾的前途只能由包括台湾同胞在内的14亿中国人民决定。任何分裂祖国的活动都必将遭到中国人民和全体中华儿女的坚决反对。我们绝不允许任何人、任何组织、任何政党、在任何时候、以任何方式、把任何一块中国领土从中国分裂出去！

《反分裂国家法》第八条规定，"'台独'分裂势力以任何名义、任何方式造成台湾从中国分裂出去的事实，或者发生将会导致台湾从中国分裂出去的重大事变，或者和平统一的可能性完全丧失，国家得采取非和平方式及其他必要措施，捍卫国家主权和领土完整"。如果"台独"分裂势力一意孤行甚至铤而走险，我们将按照《反分裂国家法》有关规定，采取一切必要手段，坚决粉碎"台独"分裂图谋，坚决捍卫国家主权和领土完整。我们正告"台独"分裂分子，"台独"是绝路一条，以身试法必遭严惩。

第二，海峡两岸同胞携起手来，共同反对"台独"、促进统一。台湾同胞是我们的骨肉天亲，是反对"台独"、促进和平统一的重要力量。我们完全理解广大台湾同胞的历史遭遇和社会环境。两岸同胞命运与共，亲望亲好，我们愿意以心交心，加强交流交往，促进心灵契合。

党和国家始终关心台湾同胞的利益福祉，积极为两岸交流合作创造条件。《反分裂国家法》第六条对发展两岸关系、依法保护台湾同胞的权利和利益作出了明确规定。全国人大常委会近年先后两次对台湾同胞投资保护法进行修改，为台湾同胞在大陆投资兴业提供更多便利和保障。有关部门为广大台湾同胞在大陆投资、就学、就业、生活等方面创造更好的条件，进一步密切了两岸同胞的感情。我们贯彻以人民为中心的发展思想，对台湾同胞一视同仁，继续率先同台湾同胞分享大陆发展机遇，继续完善促进两岸交流合作、深化两岸融合发展、保障台湾同胞福祉的制度安排和政策措施，把融合发展的道路越走越宽广。

台湾的前途在于国家统一，台湾同胞的福祉系于民族复兴。《反分裂国家法》明确规定，"维护国家主权和领土完整是包括台湾同胞在内的全中国人民的共同义务"，"完成统一祖国的大业是包括台湾同胞在内的全中国人民的神圣职责"。广大台湾同胞都是中华民族一分子，要做堂堂正正的中国人。我们相信，越来越多的台湾同胞将会汇入中华民族复兴的大潮，深入思考台湾在民族复兴中的地位和作用，认清"台独"势力包藏的祸心，坚守民族大义。

台湾问题是中国的内政，事关中国核心利益和中国人民民族感情。解决台湾问题，实现祖国统一，是中国内部事务，不受任何外国势力的干涉。某些外部势力总想拿台湾问题做文章，找麻烦，不断挑战中国核心利益，完全是徒劳的。他们的行径严重破坏国际关系基本准则和国际社会普遍共识，我们敦促各方切实恪守一个中国原则，慎重处理台湾问题。

第三，深入贯彻落实习近平总书记重要讲话精神，坚定推进祖国和平统一进程。习近平总书记在《告台湾同胞书》发表40周年纪念会上的重要讲话高屋建瓴、内涵丰富，深刻昭示了两岸关系发展的历史大势，科学回答了在民族复兴新征程中如何推进祖国和平统一的时代命题。习近平总书记在讲话中庄严宣告："台海形势走向和平稳定、两岸关系向前发展的时代潮流，是任何人任何势力都无法阻挡的！国家强大、民族复兴、两岸统一的历史大势，更是任何人任何势力都无法阻挡的！"习近平总书记所阐明的这一历史定论，充分表明我们致力推动两岸关系和平发展、完成祖国和平统一大业的真诚愿望、坚定信心和坚强意志。

"和平统一、一国两制"是实现国家统一的最佳方式。这一方针充分照顾台湾现实情况，充分尊重两岸客观差异，充分维护台湾同胞利益福祉。坚持和平统一，展现的是民族大义，是我们珍视和平价值，珍惜同胞福祉，对民族负责、对后世负责的深厚感情。两岸的事是两岸同胞的家里事，应该由家里人商量着办。祖国统一是包括台湾同胞在内的全中国人民的根本利益所在，我们愿意以最大诚意、尽最大努力争取和平统一前景。但凡有一线和平解决的可能，我们都将付出百倍努力。

《反分裂国家法》规定，"坚持一个中国原则，是实现祖国和平统一的基础"。多年来，我们始终坚持体现一个中国原则的"九二共识"，积极推动两岸关系和平发展，坚定推进祖国和平统一进程。两岸关系的发展历程反复证明，坚持"九二共识"、反对"台独"，两岸关系就能改善和发展，台湾同胞就能受益。否认"九二共识"、背离一个中国原则，就会导致两岸关系紧张动荡，损害台湾同胞切身利益。在一个中国原则基础上，以对话代替对抗、以合作代替争斗、以双赢取代零和，两岸关系才能行稳致远。

我们愿意为和平统一创造广阔空间，但我们绝不为各种形式的"台独"分裂活动留下任何空间。《反分裂国家法》关于以非和平方式实现祖国统一的有关规定，针对的是外部势力干涉和极少数"台独"分裂分子及其分裂活动，绝非针对台湾同胞，是不得已情况下做出的最后选择。始终坚持做好以非和平方式及其他必要方式应对外部势力干涉和"台独"分裂活动的充分准备，目的是从根本上维护祖国和平统一的前景、推进祖国和平统一的进程。

同志们！

祖国必须统一，也必然统一。祖国大陆是中华民族伟大复兴的引领者，是两岸同胞共同利益的守护者。我们迈向民族复兴的步伐坚实有力，捍卫国家主权和领土完整、坚决反对"台独"和外部势力干扰、实现祖国统一的意志坚不可摧。海内外中华儿女要坚定信心，不懈努力，共担民族大义，共促祖国统一，共圆民族复兴的伟大梦想！

《人民日报》2020 年 5 月 30 日 第 3 版

分党组要切实担负起管党治党政治责任

——在常委会党组第 48 次会议审议《中共全国人大各专门委员会分党组工作规则（修订稿）》时的讲话

（2020 年 6 月 8 日）

栗战书

在全国人大专门委员会设立分党组，是落实全面从严治党要求、加强党对人大工作领导的一项重要举措。这项制度建立 4 年来，充分发挥了应有功效，有力推进了全国人大党的建设。贯彻新修订的《党组工作条例》和全面从严治党的新任务新要求，这次对 2016 年制定的《分党组工作规则》进行修订充实，突出了坚持党的全面领导、加强党的政治建设等要求，强化了专门委员会分党组主体责任，提升了分党组工作制度化、规范化水平。以这次修订为契机，常委会党组要进一步加强对分党组工作的领导，机关党组要加强统筹、指导，各专门委员会分党组要认真落实《分党组工作规则》要求，形成加强专门委员会党的建设、共同做好人大工作的合力。

本届两年多来，各专门委员会分党组在常委会党组领导下，在机关党组统筹、指导下，深入学习贯彻习近平新时代中国特色社会主义思想，全面贯彻落实党中央决策部署，在各专门委员会发挥了把方向、管大局、保落实的重要作用。要认真贯彻好新修订的《分党组工作规则》，切实担负起管党治党政治责任。坚持党要管党、从严治党，是党的建设的根本方针，是各级党组织的职责所在、第一要务。人大专门委员会的分党组同有关部门党组的职责不完全一样，但管党治党的政治责任一点都不少。《分党组工作规则》中规定了 5 个方面的职责，都必须执行好落实好。分党组书记作为第一责任人，要按照建设政治机关、模范机关的要求，切实把担子担起来，分党组成员要协助书记担起主体责任，旗帜鲜明加强党的政治建设和各方面建设。

第一，首要的是加强政治建设，确保各分党组的党员同志及专门委员会的同志自觉在思想上政治上行动上同以习近平同志为核心的党中央保持高度一致。要不断加强这方面的教育、引导和监督,提高政治站位、政治自觉,切实增强“四个意识”、坚定“四个自信”、做到“两个维护”,坚定不移地贯彻党的基本理论、基本路线、基本方略,推动全面从严治党向纵深发展。

第二,坚持不懈强化理论武装。理论上清醒,政治上才能坚定。各分党组要深入学习贯彻习近平新时代中国特色社会主义思想,及时传达学习习近平总书记重要讲话、重要指示批示和党中央重要会议、重要文件精神,深入领会,深刻理解,准确把握和运用,结合本委员会实际抓好贯彻落实。加强学习一刻也不能放松,要作出制度化、常态化的安排,形成良好的习惯和氛围。党中央明确要求学习的,第一时间传达、学习、领会;党中央没有统一安排的,也要自觉主动加强学习,及时跟进学习总书记的最新讲话、党中央的最新决策部署,吃透党中央精神,真正做到思想跟进、认识跟进、行动跟进。

第三,确保党的大政方针和决策部署在人大工作中得到贯彻落实。这是各级党组织的共同任务和责任,是检验是否同党中央保持高度一致的具体标准。专门委员会的工作,包括拟订法律案、调研、审议等,从根本上都是贯彻落实党中央大政方针和决策部署。全国人大及其常委会审议的许多议案,都要由专门委员会来组织、推动和落实。各分党组要发挥引领和保障作用,组织党员委员并团结党外委员,认真学习领会党中央决策部署,提高认识、统一思想、统一步调,以实际行动保证重要议案顺利审议通过,保证圆满完成党中央交付的任务。法律通过后,要带头学习宣传和贯彻实施,做尊法学法守法用法的模范。

第四,强化作风建设和纪律建设。作风建设、纪律建设贵在常抓不懈,要有机融入日常工作和管理之中。中央八项规定是长期有效的铁规矩、硬杠杠,各分党组必须严格落实到位,弘扬优良作风,密切联系群众,扎实深入调研,力戒形式主义、官僚主义,坚决防止和杜绝“灯下黑”,保证党员队伍纯洁、可靠、不出问题。既讲效率又重质量,也是优良作风的体现。人大工作涉及领域广、环节多,很多程序是法定的,要又好又快地完成任务不容易,这就需要及早谋划、统筹协调,按计划倒排时间表,紧锣密鼓推进,不能拖拖拉拉、前松后紧,能提前的工作尽量往前赶,留下充足的研究、思考和审议时间。推进作风建设、纪律建设,是持之以恒、潜移默化的,必须发扬钉钉子精神,一锤一锤接着敲,日积月累才能形成良好的政治生态。

第五,适当增加组织活动和党员活动。在专门委员会工作的同志,党的组织关系大多在原来的工作单位,过去参加组织生活不是很方便。设立分党组之后,一定程度上解决了日常学习和教育管理“两头靠不上”的问题,党的组织生活各项制度落到了实处。我考虑,为进一步加强专门委员会组织建设,可以适当增加召开分党组会议,开展丰富多彩的组织活动和党员活动,增强专门委员会分党组和办事机构党组织的凝聚力,更好地发挥战斗堡垒作用。

常委会党组加强对分党组的领导,也要继续完善相关制度机制。现在,各分党组每年都向常委会党组书面报告工作,可以考虑每年召开一次常委会党组会议,集中听取讨论各分党组的工作汇报;平时也可以定期或者不定期听取各分党组有关工作情况的汇报,推动解决问题、加强工作。常委会党组同志要更多支持和指导所联系的专门委员会党建工作。机关党组要履行好统筹、指导的工作职责,加强同各专门委员会分党组的沟通协调,为各分党组工作和专门委员会党的建设提供支持和保障。大家同心协力,不断提升全国人大党的建设质量和水平,为坚持和完善人民代表大会制度、做好新时代人大工作提供坚强有力的政治保证。

在十三届全国人大常委会第59次委员长会议集体学习时的讲话

(2020年6月9日)

栗战书

今天委员长会议的第一阶段,是学习习近平总书记在中央政治局第二十次集体学习时的重要讲话精神。5月29日下午,也就是十三届全国人大三次会议胜利闭幕、民法典表决通过的第二天,中央政治局就“切实实施民法典”举行第二十次集体学习，习近平总书记主持集体学习并发表重要讲话。习近平总书记在讲话中深刻阐明了颁布实施民法典的重大意义，强调民法典在中国特色社会主义法律体系中具有重要地位，是一部固根本、稳预期、利长远的基础性法律，对推进全面依法治国、加快建设社会主义法治国家，对发展社会主义市场经济、巩固社会主义基本经济制度，对坚持以人民为中心的发展思想、依法维护人民权益、推动我国人权事业发展，对推进国家治理体系和治理能力现代化，都具有重大意义。

习近平总书记指出，实施好民法典，重点要做好五方面工作。第一，加强民法典重大意义的宣传教育，强调民法典实施水平和效果，是衡量各级党政机关履行为人民服务宗旨的重要尺度。第二，加强民事立法相关工作，要求有关国家机关适应改革开放和社会主义现代化建设要求，加强同民法典相关联、相配套的法律法规制度建设。第三，加强民法典执法司法活动，强调各级政府要以保证民法典有效实施为重要抓手推进法治政府建设；各级司法机关要加强民事司法工作，提高办案质量和司法公信力。第四，加强民法典普法工作，强调要将其作为“十四五”时期普法工作的重点来抓，纳入国民教育体系。第五，加强我国民事法律制度理论研究，强调尽快构建体现我国社会主义性质，具有鲜明中国特色、实践特色、时代特色的民法理论体系和话语体系。

习近平总书记的重要讲话，通篇贯穿全面依法治国战略思想，坚持以人民为中心的发展思想，体现了以法治方式推进国家治理体系和治理能力现代化的深刻思考，进一步丰富了中国特色社会主义法治理论和法治实践，具有很强的思想性、理论性、指导性、实践性。学习领会总书记重要讲话精神，结合参加编纂民法典的工作实践，我感受最深的体会有这么几条。

第一，编纂民法典之所以顺利成功，首先在于以习近平同志为核心的党中央坚强领导。编纂民法典是党的十八届四中全会确定的重大立法任务。习近平总书记、党中央高度重视，将其列入重要工作议程，作出总体部署，提出明确要求。2016 年 6 月、2018 年 8 月、2019 年 12 月，习近平总书记三次主持中央政治局常委会会议，听取并研究全国人大常委会党组关于民法典编纂工作的请示汇报。总书记还多次就编纂民法典的有关问题作出指示批示。在民法典通过后，中央政治局立即进行集体学习，确保这部法律切实实施。这些，充分彰显了以习近平同志为核心的党中央坚定不移推进全面依法治国、加快建设社会主义法治国家的信心和决心，充分体现了党中央带头尊法学法守法用法的法治理念和法治精神。实践证明，党中央的坚强领导，是民法典编纂工作取得成功的根本原因，也必将更好地推动民法典全面有效实施。

第二，民法典是新时代中国特色社会主义制度建设、法治建设的一个重大标志性成果。党的十八大以来，我们党把制度建设、法治建设摆到更加突出位置，在以往基础上推动各方面制度完善发展，推进全面依法治国，不断完善中国特色社会主义法律体系，取得了新的历史性成就。党的十九届四中全会对“坚持和完善中国特色社会主义制度、推进国家治理体系和治理能力现代化”作出全面部署，推动制度优势更好转化为治理效能。民法典是新中国第一部以“法典”命名的法律，是我国民事法律规范之集大成者，确认和巩固了一系列理论、制度、实践创新成果，是中国特色社会主义制度更加成熟、更加定型的重要体现，是我国法律体系日臻完善的重要标志，充分展现了制度建设成就和制度自信。无论是在新中国的法治建设史还是制度建设史上，民法典都具有十分重要的意义。

第三，民法典是坚持以人民为中心发展思想、实现人民对美好生活向往的重要制度保障。为什么习近平总书记、党中央这么重视民法典编纂和实施工作？就在于这是新时代保护人民民事权利的重要法律，承载着为中国人民谋幸福的初心宗旨。民法典被称为“社会生活的百科全书”“人民群众的权利法典”。通过这次编纂，形成了一部体现我国社会主义性质、符合人民利益和愿望、顺应时代发展要求的民法典，必将更好保障人民权益，维护社会公平正义，坚持和完善社会主义基本经济制度，推动经济高质量发展，促进社会和谐稳定。要为人民立好的法律，更要实施好法律，把为人民服务宗旨继续贯穿于民法典的实施中，不断提升民法典的实施水平和效果。

第四，编纂民法典是科学立法、民主立法、依法立法的一次生动实践。民法典体系庞大、专业性强、内容丰富、博大精深，是中国特色社会主义法律体系中条文最多、体量最大、编章结构最复杂的一部法律。为了编纂好民法典，我们创新工作思路，采取“两步走”的办法，将整体审议和分单元多次审议相结合，并通过立法调研、座谈会、论证会，在中国人大网公布征求社会公众意见等方式，广泛听取意见建议，汇集众智。总则、分编和民法典草案先后10次公开征求意见，征集到各方面意见100余万条，这在新中国的立法史上是从来没有过的。在修改过程中，对每个条文、每个文字甚至是标点符号都反复推敲、精雕细琢，确保质量。可以说，编纂民法典的历程，是深入推进科学立法、民主立法、依法立法的实践过程，体现了全国人大及其常委会提高立法质量和水平的不懈努力。

我们说，编纂民法典是几代中国人的夙愿。新中国成立后不久，就考虑过拟订民法草案，但当时百废待兴，制定一部大而全的民法条件不具备。着眼人民群众最关注的民事权利，在毛泽东同志的领导下先后制定了婚姻法、土地改革法。这两部法律的颁布实施，极大地保障了人民权益，极大地调动了全国人民的积极性。改革开放初期，也曾启动过民法起草工作。当时法制建设处于重启阶段，许多事物都需要重新认识和实践探索，条件也还不成熟。彭真、习仲勋等领导同志深入研究后，决定还是分步走，按照“改批发为零售”“成熟一个通过一个”的思路，先制定民事单行法律，逐步积累、总结、提高。党的十八大以来，考虑到已经有了良好的制度基础、实践基础、理论基础和社会基础，以习近平同志为核心的党中央作出编纂民法典的重大决策。由于法典体系庞大，一下子拿下来有难度，又确定了“两步走”的编纂工作部署，保证了这项重大立法任务有序高效推进。我回顾这些历史，就是说明我国民事法律制度各阶段的完善发展，民法典的颁布实施，都是关于法治建设的科学决策，符合国情和实际，凝结了几代人的智慧和心血。

习近平总书记在讲话中对民法典给予高度评价，这是对人大立法工作的充分肯定，也是对我们的激励和鞭策。我们要按照总书记的指示要求，结合人大职责定位和工作实际，认真研究落实的具体举措，切实推动民法典全面有效实施。近期有以下几项工作要重点抓好：

一是统筹考虑有关民事法律的修改完善。对现行民事法律制度作全面评估，哪些要抓紧清理，哪些要修改，哪些要废止，哪些需要出台法律解释，哪些还需要制定新的法律，聚焦这些问题提出一揽子的目标任务、实施步骤和工作方案。

二是推动有关部门修改完善配套法规、司法解释。最高人民法院已经在着手开展民法典相关司法解释清理工作。法工委要加强与有关部门的联系沟通，及时了解配套法规、司法解释的清理完善工作进展，推动加快进度。

三是做好民法典的宣传普及工作。民法典的意义，不只是说等有了民事纠纷，用来打官司用，最为重要的是通过学习掌握法律精神和规定，自觉去遵守它，从而就能大大减少民事纠纷数量。办公厅、法工委要主动与司法部等有关部门做好沟通协调，认真落实好总书记提出的“将其作为‘十四五’时期普法工作的重点来抓”“把民法典纳入国民教育体系，加强对青少年民法典教育”要求。

有关学习宣传贯彻工作可以统筹研究一个工作方案，向党中央提出建议。比如可以考虑由办公厅会同中宣部、司法部等部门召开一个座谈会，请全国人大常委会领导同志参加会议并讲话，推动学习宣传贯彻工作；可以建议将民法典列入各级党委（党组）理论学习中心组的学习内容，省（区、市）党委中心组学习时可请有关专家讲授民法典；还可以组织系列宣传、宣讲、培训活动，组织参与立法的同志到地方和有关部门进行宣传解读，策划编写有关读本和辅导书。

四是深化理论研究。习近平总书记提出了“加强我国民事法律制度理论研究”这个重大任务，全国人大常委会作为立法机关，在这方面有责任、有优势。宪法法律委、法工委、人大制度理论研究会等要积极支持和开展理论研究工作，密切关注民法实践中的新情况新问题，抓住民法理论研究和话语体系建设中的重点问题，有针对性地形成一批高质量的研究成果。

五是认真总结民法典编纂工作经验。法典编纂在我国立法史上是第一次。要组织立法工作“回头看”，认真总结经验、把握规律，有针对性地就完善工作机制、提高立法技术等开展研究，为今后做好立法工作、提高立法质量提供参考。

在全国人大常委会党组听取机关党组、各专门委员会分党组关于学习《习近平谈治国理政》第三卷和党的建设工作情况汇报时的讲话

（2020 年 8 月 21 日）

栗战书

按照党组会议安排，今天下午听取机关党组、各专门委员会分党组关于学习《习近平谈治国理政》第三卷和党的建设工作情况的汇报。

刚才，机关党组、各专门委员会分党组就学习情况和党建工作，都作了比较全面的汇报，取得的成效、收获的体会都很多，关于下一步工作的思路和举措也很有针对性、可行性。一年多来，振武同志带领机关党组各位同志，深入贯彻落实全面从严治党要求，思路清、举措实，在践行“两个维护”、深化理论武装、夯实基层基础、加强作风建设、落实管党治党责任、强化干部管理监督等方面都取得了许多新进展。机关各部门各环节运转顺畅、有条不紊，参谋服务保障工作是扎实有效的。各专门委员会分党组书记和成员担当尽责，工作抓得很紧。在理论学习方面，各分党组都是第一时间传达学习贯彻习近平总书记重要讲话和党中央决策部署，自觉用以引领和指导专门委员会依法履职各项工作；严格执行中央八项规定及其实施细则精神，认真落实新修订的分党组工作规则，党建工作进一步规范化、制度化。常委会党组对机关党组、各专门委员会分党组的工作是充分肯定的，也是满意的。

十三届全国人大常委会党组设立两年多来，一直高度重视全国人大党的建设，落实主体责任这根弦绷得是紧的。去年 7 月，结合开展“不忘初心、牢记使命”主题教育，常委会党组专题听取了机关党组、各专门委员会分党组的党建工作汇报。时隔一年，常委会党组第二次召开专题会议，听取机关党组和 10 个分党组关于党建工作的汇报，共同研究进一步提高全国人大党的建设质量。这些都很有必要，必须形成一个制度，每年至少听取一次汇报。下一步党建工作怎么抓、机关党的建设怎么搞，贯彻落实党中央部署要求，结合大家刚才所讲，我也谈几点意见。

第一，深刻领会习近平总书记关于全面从严治党的重要论述，确保全国人大党的建设正确方向。理论武装是党的建设的基石，也是提高党建工作质量的指引和保障。我们党是马克思主义学习型政党，建党近百年来一直重视学习、善于学习，把学到的科学理论和先进知识用于中国实践，这成为推动党和人民事业发展的一条成功经验。党的十九大以来，习近平总书记明确提出新时代党的建设总要求、新时代党的组织路线，部署开展“不忘初心、牢记使命”主题教育；出席中央和国家机关党的建设工作会议并发表重要讲话，对坚持和加强党的全面领导、大力推进党的政治建设、一以贯之全面从严治党等，提出了许多新思想新论断新要求。党中央制定了《关于加强党的政治建设的意见》《关于加强和改进中央和国家机关党的建设的意见》等重要指导性文件。这些都是进一步加强全国人大党的建设的根本遵循和行动指南。

我们要充分认识到，只有持之以恒高举思想旗帜，用党的创新理论武装头脑、指导实践、推进工作，党的建设各项工作才能始终保持正确方向，全国人大各级党组织才能始终保持统一的思想、坚定的意志、协调的行动、强大的战斗力。要持续深入学习贯彻习近平新时代中国特色社会主义思想，特别是总书记关于全面从严治党、加强党的建设的重要论述，注重从推进党的自我革命、实现党的历史使命、丰富发展党建理论和实践的高度去深刻理解、系统把握，同完成党中央部署的各项任务结合起来，同人大工作和建设的具体实际结合起来，把科学理论转化为坚定信念和使命担当，转化为做好党建工作的思路、举措和成效，不断提升全国人大党的建设和各项工作的质量。

我们党高度重视思想建党、理论强党。近些年来，以习近平同志为核心的党中央部署开展了群众路线教育实践活动、“三严三实”专题教育、“两学一做”学习教育、“不忘初心、牢记使命”主题教育等，

几乎每年都有一次集中教育。全国人大各级党组织认真组织参加每次集中教育，强化理论武装，不断提高政治站位和政治能力。我觉得，理论学习的形式可以灵活一些，比如集体交流研讨、领导干部带头讲党课等，更多的当然还是靠自己平时学习和思考，要沉下心来，持之以恒，有深度、见实效，不能把学习停留在制定计划、检查笔记上，搞“浅层次阅读”“走过场”，形式主义的“学习”要不得。

第二，旗帜鲜明加强党的政治建设，走好践行“两个维护”的第一方阵。总书记多次强调，党的政治建设决定党的建设方向和效果，是党的根本性建设。加强党的政治建设，首要任务就是做到“两个维护”，这是最高政治原则和根本政治规矩。从党的十八大以来的伟大实践和历史性成就中，从新中国成立70周年系列庆祝活动中，从当前国内外疫情防控成效的反差中，我们更加深切体会到习近平总书记作为党中央核心、全党核心的“主心骨”“定盘星”作用，体会到坚决维护党中央集中统一领导的极端重要性。实践反复证明，“两个维护”是党和国家事业取得胜利的根本政治保证。

全国人大及其常委会首先是政治机关，政治性是第一属性，讲政治是第一要求。全国人大机关作为全国人大及其常委会的参谋服务保障班子，有着鲜明的政治属性，必须树牢政治机关意识。无论是依法履职工作，还是做好服务保障，首先要同党的基本理论、基本路线、基本方略对标对表，同党中央大政方针和决策部署对标对表，增强“两个维护”的行动自觉和政治担当。今年以来，我们审议通过民法典、公职人员政务处分法，完成香港国安法及有关决定等立法任务，部署推进强化公共卫生法治保障立法修法工作，作出关于授予在抗疫斗争中作出杰出贡献人士国家勋章和国家荣誉称号的决定等。前些天，总书记对制止餐饮浪费行为作出重要指示。全国人大有关专门委员会、工作委员会和办公厅抓紧研究，从立法、监督等方面提出了贯彻落实的举措，并研究制定机关贯彻落实的具体办法。这些都是践行“两个维护”的实际行动，体现了常委会组成人员、专门委员会组成人员和人大机关干部的政治站位和政治意识。我们要始终坚持对党绝对忠诚的政治品格，在“两个维护”上走在前、作表率，坚决有力贯彻落实习近平总书记重要指示批示和党中央决策部署，严格执行请示报告制度，自觉同以习近平同志为核心的党中央保持高度一致。

第三，严肃认真开展党内政治生活，把各级党组织的活动搞得丰富多彩、富有实效。全国人大的党组织同其他中央和国家机关党组、地方党组织的设置都不同，职责也不完全一样。每年举行大会时，临时成立党的领导小组；日常工作中有常委会党组、机关党组、各专门委员会分党组，还有30多个机关直属党组织、下设100多个党支部。加强人大党的建设，关键是把各级党组织建设得坚强有力，成为实现党的领导的战斗堡垒。

党内政治生活和组织生活都要讲政治、讲原则、讲规矩，既要经常、严肃、认真，又要丰富内容、创新形式，突出人大特色。要贯彻党中央部署要求，建立“不忘初心、牢记使命”制度，坚持不懈锤炼党员的理想信念、政治品格。落实基层组织工作条例、党支部工作条例，加强党支部标准化、规范化建设，努力成为“四强党支部”（政治功能强、支部班子强、党员队伍强、作用发挥强）。认真执行“三会一课”、民主生活会、组织生活会、民主评议党员、主题党日等制度，让党员干部在严肃认真的组织生活中接受党性锻炼，提高政治素养。要多搞一些贴近党员、贴近实际、贴近工作的组织活动和党员活动，多联系身边的人和事，结合思想和工作实际，增强吸引力、凝聚力、感染力。党组同志之间，党组同志与分管单位负责同志、其他党员干部之间，都要经常谈心谈话，沟通情况，听取意见建议，及时掌握干部思想动态，有针对性地帮助解决实际问题。

党组同志在参加支部活动、密切联系群众方面要讲带头、作表率。上世纪80年代初，我在石家庄地委办公室资料科工作，主要是写讲话、搞文件等。当时的地委书记解峰同志是我们支部的，经常参加支部活动。他20多岁就当了张家口地区专员，“文化大革命”后历任石家庄行署副专员，地委书记、第二书记、第一书记，后来还当过河北省的省长，非常朴实的一个人。解峰同志在参加我们支部活动时，讲过很多自己的亲身经历，对我的影响很大，直到今天想起来还很感慨。还有当时资料科的副科长牛爱殷同志，他患有严重的胃下垂，每天都喝中药，经常和我们一起通宵达旦地写稿子，这个人对我的影响也很大。牛爱殷同志有一对双胞胎儿子，大概十六七岁时，其中一个得了肾炎，住在石家庄的医院治疗，有好几个月了，效果有好转。当时，牛爱殷同志带我们到赞皇县调研，那时候下乡都是骑自行车去，在基层住上个把星期。有一天，他爱人突然来电话说，儿子病情加重了，让他赶紧回家。我们也都劝他回去看看孩子。牛爱殷说，我又不是医生，回家干嘛，还是等调研任务结束后再说。等调研结束后回到家，当天晚上那个孩子就去世了。医院告诉老牛，孩子的病原本治得不错，后来因为烫伤突然恶化了，这种情况比较特殊，能不能搞个病理解剖，用于医学研究，需要家属签字同意。我记得，牛爱殷当时没说二话，问了问他爱人也同意，就拿起笔来，毫不迟疑地在家属意见书上签字同意，还写了这样一段话："儿子生前没有作什么贡献，死后做生理解剖，也算是对国家和人民的一个贡献。"当时，我们都在医院，亲眼目睹了这一幕，大家都感动得泪流满面，这是真正的共产党员。过去我们看小说、电影、电视剧，在关键时刻总说"共产党员冲啊，共产党员跟我上"，好像都是文学创作，但从牛爱殷同志身上，让我们深切感受到，那是活生生的现实人物，是我们身边的楷模和典范。我讲这些，总的就是想说要把党组织的活动搞得丰富多彩，善于用身边的人和事教育党员干部，这是最鲜活、最生动的党课教育。

第四，教育和激励广大党员干部担当尽责、锐意进取、奋发有为。毛主席说，"政治路线确定之后，干部就是决定的因素"。总书记在今年"七·一"党的生日之际，主持政治局集体学习新时代党的组织路线，深刻指出"要应变局、育新机、开新局、谋复兴，关键是要把党的各级领导班子和干部队伍建设好、建设强。"全国人大机关要认真贯彻新时代党的组织路线，坚持德才兼备、以德为先、任人唯贤的方针，做好干部培育、选拔、管理、使用工作。首要的是把好政治关，把忠诚于党和人民，增强"四个意识"、坚定"四个自信"、做到"两个维护"作为第一标准。政治上、品德上、廉洁上不过关，就要一票否决。选人用人既要重品德，也不能忽视才干，德才兼备、方堪重用。在工作中评价一个干部，主要是看担当。既要敢于担当，不推脱、不畏难、不避险；又要善于担当，愿干事、能干事、真干事、干成事。选拔任用干部时，要让干与不干、干多干少、干好干差不一样。总书记说，"好干部是选拔出来的，也是培育和管理出来的。"要加强对干部的管理和监督，做好干部政治历练、教育培训、交流轮岗、实践锻炼等工作，让干部的政治素养、理论水平、专业能力、实践本领跟上时代发展的步伐。总之，既要从严管理干部，也要激励培养干部，树立重品德、讲担当、重实干、严管理的工作导向，建设高素质的全国人大机关干部队伍。

第五，持之以恒正风肃纪，建设风清气正的政治机关。总书记深刻指出，中央和国家机关党的建设方面还存在不少问题，一个突出方面就是"灯下黑"问题。2018 年 8 月，我们学习贯彻总书记关于党的政治建设重要批示，提出"用一到二年时间对机关进行一次全面巡察，杜绝和防止'灯下黑'问题"。刚才，振武同志也汇报了有关内容，机关内部巡视工作已经开展了 3 轮，发挥了政治监督作用。前不久，出台了《全国人大机关深化"灯下黑"问题专项整治工作方案》，针对专项整治中发现的 3 方面、10 项突出问题，制定了整改工作台账和落实方案，很有针对性、实效性。发现了问题就要认真解决，解决问题更要防止形式主义、官僚主义，督查要以问题彻底解决为标志。

要持续深化作风建设，特别是力戒形式主义、官僚主义。在机关工作，开会和发文是主要模式，但不能陷入"文牍主义"。开会就要解决问题，发文就要确保落实，工作必须讲实效、讲效率。常委会党组、机关党组、专门委员会分党组的同志要带头开短会、讲短话、求实效。还要带头搞好调查研究，夯实各项工作的基础。要拧紧纪律的螺丝钉，抓好纪律教育、政德教育、家风教育，发现问题及时提醒纠正，违反纪律的及时严肃处理，营造风清气正的政治生态。全国人大机关党风廉政宣传教育周活动已经成了一个品牌，在贯彻中央八项规定精神、严格干部管理监督等方面有了一系列制度。要把这些制度执行好落实好，并根据新形势新要求不断健全完善，筑牢正风肃纪、反腐倡廉的制度堤坝。

"人大代表要更加密切联系群众"

——在全国人大常委会会议列席代表座谈会第十次会议上的讲话

(2020 年 10 月 14 日)

栗战书

在常委会会议期间与列席代表座谈交流，是本届全国人大常委会密切联系代表、更好发挥代表作用的一项创新举措，已形成了制度化的安排。今天是第十次列席代表座谈会，也是疫情防控常态化后举行的第一次座谈会，主题是人大代表更加密切联系人民群众。刚才，大家作了很好的发言，提了不少意见建议，我就不一一回应了。其中，涉及全国人大及其常委会工作的，我们将认真研究采纳；涉及其他方面工作的，会转交有关方面研究处理。

坚持以人民为中心，是习近平新时代中国特色社会主义思想的精髓要义，是以习近平同志为核心的党中央的鲜明执政理念，是党中央谋划和推进工作的出发点、落脚点。总书记身体力行，深入基层、深入群众问政于民、问需于民、问计于民，带头践行党的群众路线。上个月，总书记围绕编制“十四五”规划纲要，主持召开多个座谈会，其中一个是在湖南召开的基层代表座谈会，同党代会代表、人大代表、政协委员、劳动模范、扶贫干部、律师、农民工、快递小哥、网店店主等面对面交流。今天在座的邹彬代表也参加了那次座谈会。总书记在讲话中指出，“要把广大基层群众组织起来、动员起来、凝聚起来，充分激发人民群众的积极性、主动性、创造性”；要求“基层代表更好发挥带头作用”，特别是“人大代表要更加密切联系群众”。总书记多次强调人大代表要密切联系人民群众，努力做到民有所呼、我有所应。这是人大代表的法定职责和光荣使命，也是常委会支持和保障代表依法履职的重要内容。这里，我讲几点意见。

第一，深深扎根人民之中，更加紧密、经常性地联系人民群众。总书记指出，“人民代表大会制度之所以具有强大生命力和显著优越性，关键在于它深深植根于人民之中”。我国的五级人大代表都是不脱产的，工作和生活在人民群众之中，对基层的实际情况、群众所思所想所盼最熟悉、最了解，这是我们制度的优势。对人大代表而言，密切联系人民群众是宪法法律赋予的重要职责，是依法履职的重要基础。大家想一想，代表是由人民选举产生的，是代表人民参加行使国家权力的，如果人民群众不知道人大代表在哪里，不知道人大代表在做什么，那怎么能从心底里认同和拥护国家根本政治制度呢？我们要从践行初心使命、夯实党执政的根基、坚持和完善人大制度的高度，充分认识密切联系群众的重大意义，把坚持人民至上、紧紧依靠人民、不断造福人民、牢牢植根人民的要求贯彻到履职全过程各方面，深入了解民情，真实反映民意，广泛集中民智，积极宣传并带头贯彻党中央大政方针和宪法法律，当好党和国家联系人民群众的桥梁纽带。

第二，用好人大代表联系人民群众的制度机制和工作平台。党的十八大、十九大报告和多次中央全会的决定，都对代表联系群众的制度和形式、方式等提出明确要求。2015 年党中央转发《中共全国人大常委会党组关于加强县乡人大工作和建设的若干意见》；2016 年经中央全面深化改革领导小组审议通过，印发了《关于完善人大代表联系人民群众制度的实施意见》；2019 年出台了《关于加强和改进全国人大代表工作的具体措施》。这些都对密切代表同群众联系、加强代表联络机构建设作出了部署安排。经过多年的实践探索，各级人大都建立起了一套代表联系群众的制度机制，比如代表集中视察、专题调研、个人调研、代表小组活动、向选民或者原选举单位述职等，各地代表活动都有特点，效果也是好的。现在，各级人大代表作用发挥得越来越充分。我曾在 1993 年到 1998 年当过第八届全国人大代表，闭会期间很少搞视察、专题调研等活动。同那时候比，这些年来代表履职的平台和渠道大大拓宽了，作用发挥得也更好了。作为全国人大代表，不仅是每年参加一次代表大会，还要在闭会期间更好履行职责、发挥主体作用。

近几年，代表工作平台建设也很快。像代表之家、代表联络站、微信群等，受到了代表和人民群众的欢迎。今年 7 月，我在广西开展执法检查时，到南宁市青秀区新竹社区看了人大代表联络站。这个联络站有全国、自治区、市、区四级人大代表 14 人，自 2015 年 10 月以来，累计开展视察调研等活动 28 次，接待群众约 1200 人次，走访居民 5122 户次，协调交办群众反映的问题 312 件次。他们说，代表联络站具有宣传站、民意窗、连心桥、监督岗、大课堂的五大功能，概括得挺好。据了解，目前全国各地共设有代表之家、代表联络站等 23 万个，平均每个省（区、市）7400 多个，已成为各级人大代表执行职务、开展活动、联系群众的重要平台和依托。全国人大代表要主动、经常参加当地代表小组和代表家站的活动，不断丰富和拓展联系群众的渠道、方式、内容。代表工作平台方便了代表联系群众，也方便了人民群众反映问题。要正确使用好代表工作平台，注重实效，切忌形式主义，确保每一项活动都有实质性内容。在这方面，全国人大常委会办公厅要做好相关工作衔接和服务保障。

第三，积极推动解决人民群众普遍关心的热点难点问题。代表密切联系群众，归根到底是为了帮助推动解决人民群众的实际问题，特别是人民群众最关心、最直接、最现实的利益问题，包括就业、教育、医疗、住房、养老、食品安全、生态环保等方面的突出问题。要及时把群众所思所想所盼收集起来反映给党委和政府，努力推动问题的解决。去年9月，我到天津市河西区人大代表履职服务中心调研，了解到一位名叫刘智的人大代表，为当地居民住房31年无产权证的“老大难”问题，多方奔走呼吁并提交代表建议，最终推动问题得到解决。他的建议还引起天津市委、市政府的高度重视，先后为28万多户居民解决了产权证问题。人大代表在履职过程中会遇到很多问题，但客观讲，这往往不是人大代表自身能解决的，代表的工作主要是反映问题并推动解决。在推动解决问题时，也要注意方式方法，把握好尺度，有关方面由于一时难于克服的实际原因不能当下解决的，要给予正面引导和解释，这样就把反映民意、监督政府和协助政府处理问题、化解矛盾有机结合起来了。这当中，最重要的还是在了解情况、发现问题的过程中，对于一些带有共性、普遍性的问题，要通过法定途径提出议案和建议，推动从法律、政策层面予以解决，这是人大代表联系人民群众、履行法定职责的重要任务和目的。

在第十三届全国人大常委会第二十二次会议联组会议上的讲话

（2020 年 10 月 17 日）

栗战书

今天的联组会议是审议土壤污染防治法执法检查报告并开展专题询问。刚才，8 位同志提出询问，所提问题都是土壤污染防治法实施中的突出问题，也是人民群众和人大代表比较关注的难点问题。王勇同志和有关部门的主要负责同志认真听取意见，坦诚回答问题，体现了坚决贯彻落实党中央决策部署的政治站位和尊重法律、自觉接受人大监督的法治精神。今天的专题询问开展得很有成效、达到了预期目的。

本届全国人大常委会成立以来，坚持把学习贯彻习近平生态文明思想和党中央关于污染防治攻坚战的决策部署作为重大政治任务，持续加大生态环境保护的立法和监督工作力度。我们先后制定修改了土壤污染防治法、大气污染防治法、资源税法、森林法、防沙治沙法等法律，作出关于全面加强生态环境保护、依法推动打好污染防治攻坚战的决议，连续开展大气污染防治法、水污染防治法、海洋环境保护法、土壤污染防治法等执法检查，结合审议执法检查报告开展 3 次专题询问，还听取审议了一系列生态环保方面的工作报告。我连续 3 年参加了有关执法检查工作，有许多切身体会和深刻感受，其中最突出的有以下四个方面。

第一，习近平生态文明思想为打好污染防治攻坚战、加强生态文明建设提供了强大思想武器和根本遵循。党的十八大以来，以习近平同志为核心的党中央把生态文明建设纳入“五位一体”总体布局和“四个全面”战略布局，习近平总书记亲自部署、亲自指挥，谋划开展了一系列根本性、开创性、长远性工作，推动生态环境保护发生历史性、转折性、全局性变化。大家都是亲身经历者，亲眼目睹了这一波澜壮阔的进程，短短几年时间，天更蓝、水更清、山更绿一步步成为现实。今年上半年，地级及以上城市空气质量优良天数达 85%，地表水质量达到和好于Ⅲ类水体占比 80.1%，人民群众对优美生态环境的获得感和幸福感都大幅提升。

这一切成就的取得，关键是有以习近平同志为核心的党中央坚强领导，有习近平生态文明思想的科学指引。我们在地方检查时，干部群众普遍反映，正是深入学习贯彻习近平生态文明思想，才真正扭转了过去铺摊子上项目、追求眼前利益的观念，摒弃了以牺牲环境换取经济增长的粗放发展方式。现在，总书记的“坚持人与自然和谐共生”、“绿水青山就是金山银山”、“山水林田湖草是生命共同体”、“人不负青山、青山定不负人”等金句已经脍炙人口、深入人心，走生态优先、绿色发展为导向的高质量发展新路子已经成为全社会的共识和行动。

今年是全面建成小康社会收官之年，明年我们将进入“十四五”时期，开启全面建设社会主义现代化国家新征程。习近平总书记强调，要保持加强生态文明建设的战略定力，坚持方向不变、力度不减，推动生态环境质量持续好转。在9月30日召开的联合国生物多样性峰会上，总书记发表重要讲话，强调中国将秉持人类命运共同体理念，努力建设人与自然和谐共生的现代化，为加强生物多样性保护和推进全球环境治理贡献力量。我们要深刻认识到，污染防治既是攻坚战也是持久战，不能有丝毫松懈和自满。要持续深入学习贯彻习近平生态文明思想，保持战略定力，从人大职能定位出发，坚决贯彻党中央决策部署，依法推动污染防治和生态环保工作，持续发力，久久为功，为推动生态环境根本好转、生态文明建设全面提升作出新贡献。

第二，坚持以人民为中心，回应人民群众所想、所盼、所急，守护好良好生态环境这个最普惠的民生福祉。生态环境是最普惠的民生，涉及每一个人的切身利益，关系全面建成小康社会的成色，也关系党和国家的威信和形象。这些年来，党中央、国务院制定实施大气、水、土壤污染防治三大行动计划，集中整治重污染天气、黑臭水体、垃圾围城，严格禁止洋垃圾入境，大力推进“厕所革命”，持续改善农村人居环境，这些都是人民群众最关心最直接最现实的利益问题，目的是维护人民群众健康安全，全面提升人民生活水平。

三年来，我们在依法助力打好污染防治攻坚战中，也始终把人民群众利益摆在第一位。2018年，大气污染防治法执法检查时，检查组提出污染防治成效如何，要看人民群众的切身感受，让群众满意和认可，老百姓说好才是真好。2019年，水污染防治法执法检查时，特别关注水源地保护和饮用水安全问题，检查组每到一处都认真查看水源地、输送管网建设、水质监测仪器运转等情况，了解水龙头出水水质达标了没有，要求饮用水安全状况要依法向社会公开，确保绝对安全。今年，土壤污染防治法执法检查时，我们把检查农用地和建设用地安全利用情况作为重中之重，推动从源头上保证农产品安全和人居环境健康，确保让人民群众“吃得放心、住得安心”。在这几年的检查工作中，检查组每到一地，都召开五级人大代表座谈会和基层单位、基层群众座谈会，把人大代表和人民群众的呼声和意见反映到执法检查报告中。这些举措，现在看来是有效的，也得到了代表和群众的肯定。

第三，紧扣法律制度和法律规定，继续以法律武器助力打赢蓝天、碧水、净土保卫战。法律是党的主张和人民意志的集中体现，是实践经验和工作规律的科学总结，是规范行为、保障权益、引领工作的共同准则。我国在生态环境领域的法律有30多部，涵盖了水、气、声、光、渣等各种污染要素和山、水、林、田、湖、草、沙等各类自然系统。特别是环境保护法和大气、水、土壤、固体废物污染防治这几部法律，都是党的十八大以来制定或修改的，全面贯彻了习近平生态文明思想，把党中央重大决策部署和行动计划以法律的形式固定下来。从这个意义上说，实施好污染防治和生态环保的法律，就是贯彻落实习近平生态文明思想和党中央决策部署，就是推进全面依法治国的具体行动。

制定一部好法律不容易，执行好一部法律也不容易。现在法律有了，关键是抓好落实，树立法律的权威。这些年，我们搞执法检查，就是对照法律一条一条地查，看法律规定落实了没有、法定职责履行了没有、法律责任追究了没有，从各方反映的情况看，效果是好的，也成为本届常委会监督工作的一条经验。我在检查中看到，地方各级人大都动起来了，以立法和监督工作助力打好污染防治攻坚战。各级政府及有关方面认真履行法定职责，加强监管，严格执法司法。企业的主体责任意识明显增强，大多数企业都能严格守法、依法生产和排放，有的还积极推进资源循环利用、清洁节能生产。人民群众的环保意识和参与意识也大大提高，许多群众主动拿起法律武器同破坏生态环境的行为作斗争。实践证明，法治是最有力的手段，对于推动工作能够起到事半功倍的效果。

第四，生态环境保护是一门科学，必须坚持科学态度、运用科学方法，一切从实际出发，因时因地因情因需开展工作。我国幅员辽阔，各地环境气候条件和经济产业结构差异很大，污染种类多样、成因复杂，具有明显的季节性、地域性和行业性特征。就拿土壤污染防治来说，我国土壤以秦岭淮河为界，呈现“南酸北碱”的特点，南方部分地区土壤酸化严重，重金属背景值高、活性强，工矿企业和农业面源等造成土壤污染持续累积，这与北方地区因重工业以及煤炭燃烧造成的土壤污染是不同的。土壤修复不能生搬硬套其他地方的技术和方式，否则就会“水土不服”。要根据不同污染类型和污染来源确定相应的治理方法，找准病根、对症下药，不能搞“一刀切”，也不能急于求成、违反科学规律。

污染治理和环境保护需要有效的科学技术支撑。我国这方面的科研起步较晚，基础研究薄弱，“卡脖子”的关键核心技术也大量存在。要大力支持科研机构和有关企业加强基础研究、技术攻关和成果转化应用，为大气、水、土壤、固体废物污染治理和循环利用提供符合实际、切实可行、经济安全的解决方案。还要认真总结各地在实践中形成的行之有效的办法，不管是洋办法、土办法，只要是有效的、可复制、可推广的，就要及时总结经验、大力推广。

学习宣传贯彻习近平法治思想
推动依法治国、依宪治国提高到一个新水平

——在第七个国家宪法日座谈会上的讲话

（2020年12月4日）

栗战书

今天是第七个国家宪法日。我们举行这次国家宪法日座谈会，就是要深入学习贯彻习近平法治思想，深刻理解和把握其中关于宪法的重要论述，总结宪法实施经验，弘扬宪法精神，推动宪法全面实施。

刚才，9位同志作了发言，内容涵盖了我国宪法的地位、性质、特点、实施、监督、宣传、理论研究等方方面面，讲得都很好。这里，我围绕学习贯彻习近平法治思想特别是其中关于宪法的重要论述，讲两个问题。

（一）关于习近平法治思想和习近平总书记关于宪法的重要论述的学习体会

上个月16日至17日，党中央召开中央全面依法治国工作会议，会议最重大的成果，就是提出习近平法治思想，这是顺应实现中华民族伟大复兴时代要求应运而生的重大理论创新，凝聚着中国共产党人在法治建设长期探索中形成的经验积累和智慧结晶，开辟了21世纪马克思主义法治理论的新境界。这一重要思想，从历史和现实相贯通、国际和国内相关联、理论和实际相结合上深刻回答了新时代为什么实行全面依法治国、怎样实行全面依法治国等一系列重大问题，形成了内涵丰富、科学系统的思想体系，为建设法治中国指明了前进方向。

习近平法治思想包含了一系列关于宪法的重要论述。这些论述，在党的十八大以来习近平总书记就法治工作发表的一系列重要讲话中都有体现，有的是专门论述，有的融合在其他讲话之中。2012年12月4日，总书记参加首都各界纪念现行宪法公布施行30周年大会并发表重要讲话，对全面实施宪法作出系统论述；2014年，党中央决定，以立法形式把每年12月4日设立为国家宪法日，建立并实施宪法宣誓制度，总书记已3次就国家宪法日活动作出重要指示；2014年9月，总书记在庆祝全国人民代表大会成立60周年大会上发表重要讲话，对宪法的意义、作用作了深刻阐述，并对宪法实施提出明确要求；2014年10月，党的十八届四中全会专门研究全面依法治国，通过了全面推进依法治国若干重大问题的决定，包含了丰富的宪法内容；2018年1月，总书记在十九届二中全会上发表重要讲话，专门就宪法问题提出许多新理念新思想新战略，极大地凝聚了实施宪法的共识；2月，总书记在十九届中央政治局第四次集体学习时发表重要讲话，回顾我国宪法发展历程，强调宪法必须紧跟时代步伐、不断与时俱进；3月，十三届全国人大一次会议审议通过了第五个宪法修正案，把党的十八大以来治国理政的重大理论和实践成果，把党的十九大确定的重大理论观点和重大方针政策载入宪法，实现了宪法在新时代的与时俱进；2019年1月，总书记在中央政法工作会议上发表重要讲话，其中也讲到了宪法法律问

题；这次中央全面依法治国工作会议，总书记重要讲话提出“十一个坚持”，其中第四个“坚持”就是“坚持依宪治国、依宪执政”，对涉及宪法的重大政治原则和重大问题作出深刻论述。除此之外，党的代表大会和中央全会，中央全面依法治国委员会会议，中央政治局常委会会议听取人大党组年度工作汇报、审议人大党组相关法律案的请示，以及中央政治局会议、中央政治局集体学习等多个重要会议上，总书记都就宪法法律相关问题发表讲话。这些重要讲话和指示，涵盖了宪法的发展历程、性质特点、地位作用等各方面和宪法的修改、实施、监督、宣传等各环节，有许多重大理论创新和重大战略部署，标志着我们党对宪法的认识和实践达到了一个新的高度。

习近平总书记关于宪法的重要论述，构成了一整套科学完备的宪法理论体系，丰富和发展了中国特色社会主义宪法理论和实践。这些重要论述与总书记关于法治建设的其他论述要求有机融合、相互促进，共同引领新时代依法治国、依宪治国。我是从以下七个方面学习理解习近平总书记关于宪法的重要论述：

一是，深刻论述了我国宪法根本的政治原则，这就是坚持党的领导。总书记强调，我们党领导人民制定的宪法，是社会主义宪法。宪法是我们党长期执政的根本法律依据。我国宪法确认了中国共产党的执政地位，确认了党在国家政权结构中的总揽全局、协调各方的核心地位，这是中国特色社会主义最本质的特征，是中国特色社会主义制度的最大优势，是社会主义法治最根本的保证。我国宪法以国家根本法的形式，确立了中国特色社会主义道路、理论、制度、文化的发展成果，反映了我国各族人民的共同意志和根本利益。我们是中国共产党执政并长期执政，坚持依宪治国、依宪执政，首先就包括坚持宪法确定的中国共产党领导地位不动摇，任何人以任何借口否定中国共产党领导和我国社会主义制度，都是错误的、有害的，都是绝对不能接受的，也是从根本上违反宪法的。

二是，深刻论述了我国宪法至上的法制地位。总书记强调，“宪法是国家的根本法，是治国安邦的总章程，是党和人民意志的集中体现”，“是国家意志的最高表现形式”，“坚持依法治国首先要坚持依宪治国，坚持依法执政首先要坚持依宪执政”。党领导人民制定宪法法律，领导人民实施宪法法律，党自身要在宪法法律范围内活动。这些重要论述，明确了宪法具有的最高法律地位、法律权威、法律效力。这也要求，各国家机关都要依照宪法行使权力、履行职责，所有法律法规和制度政策都不得与宪法相抵触，任何组织和个人都必须维护宪法尊严和权威。

三是，深刻论述了我国宪法的人民属性，这就是国家一切权力属于人民。总书记强调，我们党领导人民制定的宪法，是中国历史上第一部真正意义上的人民宪法。宪法的根基在于人民发自内心的拥护，宪法的伟力在于人民出自真诚的信仰。宪法是每个公民享有权利、履行义务的基本遵循。只有保证人民依法享有广泛的权利和自由，维护最广大人民根本利益，实现人民群众对美好生活的向往和追求，宪法才能深入人心，走入人民群众，宪法实施才能真正成为全体人民的自觉行动。实践证明，我国宪法是符合国情、符合实际、符合时代发展要求的好宪法，是充分体现人民共同意志、充分保障人民民主权利、充分维护人民根本利益的好宪法，是推动国家发展进步、保证人民创造幸福生活、保障中华民族实现伟大复兴的好宪法。

四是，深刻论述了我国宪法的独特优势，这就是明确规定了国家的根本任务、发展道路、奋斗目标，经济建设、政治建设、文化建设、社会建设、生态文明建设和国家各方面事业在宪法中都有体现、都有要求。我国宪法是治国理政的总章程，必须体现党和人民事业的历史进步，必须随着党领导人民建设中国特色社会主义实践的发展而不断完善发展。正因为如此，总书记强调，我国宪法有力坚持了中国共产党领导，有力保障了人民当家作主，有力促进了改革开放和社会主义现代化建设，有力推动了社会主义法治国家建设进程，有力维护了国家统一、民族团结、社会稳定，是我们国家和人民经受住各种困难和风险考验、始终沿着中国特色社会主义道路前进的根本法治保障。

五是，深刻论述了我国宪法在国家制度和国家治理体系中的重大作用。总书记强调，宪法是国家各种制度和法律法规的总依据。宪法以国家根本法的形式，确立了人民民主专政的国体和人民代表大会制度的政体，规定了中国共产党领导的多党合作和政治协商制度、民族区域自治制度以及基层群众自治制度，规定了社会主义法治原则、民主集中制原则、尊重和保障人权等一系列制度和重要原则。这就表明，在我国根本制度、基本制度、重要制度之中，宪法居于核心地位。要加快形成以宪法为核心的完备的法律规范体系、高效的法治实施体系、严密的法治监督体系、有力的法治保障体系，以及完善的党内法规体系。

六是，深刻论述了我国宪法的实施和监督机制。总书记强调，“宪法的生命在于实施，宪法的权威也在于实施”，“全面贯彻实施宪法是全面依法治国、建设社会主义法治国家的首要任务和基础性工作”。监督宪法的实施，是宪法赋予全国人大及其常委会的重要职责。全国人大及其常委会要担负起宪法监督职责，加强对宪法法律实施情况的监督检查，坚决纠正违宪违法行为。有关方面拟出台的法规规章、重要政策和重大举措，有涉及宪法有关规定如何理解、如何适用的，都应当事先经过全国人大及其常委会合宪性审查，确保同宪法规定、宪法精神相符合。

七是，深刻论述了我国宪法的实施保障措施。总书记强调，宪法的实施，同每一个国家工作人员的工作都密切相关。要求各级干部特别是领导干部必须带头尊崇宪法、学习宪法、遵守宪法、维护宪法、运用宪法。要大力弘扬宪法精神，大力弘扬社会主义法治精神，增强广大干部群众的宪法意识，使全体人民都成为宪法的忠实崇尚者、自觉遵守者、坚定捍卫者。

综上，学习习近平法治思想和习近平总书记关于宪法的重要论述，我觉得有以下三点需要着重把握：

第一，习近平法治思想与宪法在精神实质上是统一的、一致的。其中，坚持宪法确定的中国共产党领导地位不动摇，坚持宪法确定的人民民主专政的国体和人民代表大会制度的政体不动摇，坚持国家一切权力属于人民的宪法理念，坚持社会主义根本制度，这是习近平法治思想的灵魂，也是宪法的重大政治原则。我们要深刻认识这些重大政治原则和理念，坚定不移，毫不动摇，贯彻到全面依法治国、坚持走中国特色社会主义法治道路、加快建设中国特色社会主义法治体系的具体工作之中，通过法治保障党的基本理论、基本路线、基本方略的全面贯彻落实。

第二，习近平法治思想包含丰富的宪法内容，是全面依法治国的总纲领和总遵循，产生于全面依法治国的实践中，又对全面依法治国具有有力指导作用。习近平总书记关于宪法的重要论述是习近平法治思想的重要组成部分。坚持以习近平法治思想为指导，全面实施宪法，才能推动全面依法治国取得更大成效。我们要学好用好习近平法治思想，更好理解宪法规定的国家的根本任务、发展道路、奋斗目标，从而在法治轨道上推进国家治理体系和治理能力现代化，更好发挥宪法在党和国家事业中的作用。

第三，2018 年十三届全国人大一次会议通过的宪法修正案，把党和人民在实践中取得的重大理论创新、实践创新、制度创新成果上升为宪法规定，充分体现了习近平法治思想的主要精神。其根本目的，就是要始终坚持中国共产党领导，有力保障人民当家作主，不断促进改革开放和社会主义现代化建设，凝聚力量向着宪法确定的国家根本任务和发展目标持续奋斗，为全面建设社会主义现代化国家提供宪法保障。我们要把学习贯彻习近平法治思想和宪法结合起来、统一起来，用习近平法治思想推动宪法实施，保证依法治国、依宪治国正确方向，不断推动宪法理论和实践创新发展。

（二）关于坚持以习近平法治思想为指导推动全面实施宪法

全面贯彻实施宪法是全面依法治国的首要任务和基础性工作，是以习近平同志为核心的党中央治国理政的鲜明特点。在新时代推进全面依法治国、建设社会主义法治国家，必须切实尊崇宪法、全面实施宪法，抓住宪法实施的关键环节，解决影响实施的突出问题，更好发挥宪法的规范、引领、推动、保障作用。

第一，要深入研究阐释习近平法治思想和习近平总书记关于宪法的重要论述。全面实施宪法，推动依法治国、依宪治国，首先要深入研究习近平法治思想，加深对习近平法治思想和关于宪法的重要论述的认识。要全面系统地阐释习近平法治思想的理论特征、体系构成、基本内涵和制度意义，加强对习近平法治思想中关于依宪治国、依宪执政等重要思想和观点的理论研究，统筹国内法治与涉外法治两个领域的理论研究成果，强化国际法学科建设，构建能够充分体现新时代中国特色社会主义法治建设理论与实践特征的习近平法治思想的理论体系，加快建设中国特色社会主义法治体系。加强宪法理论研究，对我国的宪法历史、宪法文化、宪法精神、宪法思想予以阐明，厚植全社会尊崇宪法的思想理论土壤。

第二，必须坚定宪法自信、维护宪法权威。宪法权威，是由宪法的性质、地位、内容、功效决定的。

维护宪法权威，就是维护党和人民共同意志的权威；捍卫宪法尊严，就是捍卫党和人民共同意志的尊严；保证宪法实施，就是保证人民根本利益的实现。

有一些人借所谓“党大还是法大”、“宪政”质疑、挑战党的领导和我国制度。在这个重大政治原则问题上，一定要明辨是非、旗帜鲜明。我们实行依宪治国、依宪执政，就是中国共产党领导人民依据宪法长期执政、治理国家，依据的是中华人民共和国宪法，而决不是其他国家的宪法。党的领导和依法治国、依宪治国是高度统一的。离开了党的领导，依法治国、依宪治国就难以有效推进，社会主义法治国家就建不起来。

我国宪法序言和总纲第5条对维护宪法尊严和权威作了明确规定，全国各族人民、一切国家机关和武装力量、各政党和各社会团体、各企业事业组织，都必须以宪法为根本的活动准则，并且负有维护宪法尊严、保证宪法实施的职责。我们要坚定不移走中国特色社会主义法治道路，坚定宪法自信，增强宪法自觉，任何组织和个人都不得有超越宪法法律的特权，一切违反宪法法律的行为都必须予以追究，不折不扣贯彻以我国宪法为核心的依宪治国、依宪执政，确保宪法权威得到尊重和维护。

第三，推动宪法全面有效实施。实施宪法，是全党全国各族人民的共同责任。党的执政活动，立法、执法、监察、司法等工作，全社会尊法学法守法用法，都是从不同角度落实宪法要求、推动宪法实施。

宪法规定的是国家的重大制度和重大事项，具有总括性、原则性、纲领性、方向性，需要通过立法予以具体化，通过执法、司法、守法落到实处。要加快完善以宪法为核心的中国特色社会主义法律体系，使之更加科学完备、统一权威，以良法促进发展、保障善治。党的十九届五中全会提出加强重点领域、新兴领域、涉外领域立法，习近平总书记在中央全面依法治国工作会议上也提出很多立法任务。要积极推进国家安全、科技创新、公共卫生、生物安全、生态文明、防范风险、涉外法治等重要领域立法，抓紧研究完善数字经济、互联网金融、人工智能、大数据、云计算等方面的法律制度，更好适应国家治理急需、满足人民美好生活需要。要坚持科学立法、民主立法、依法立法，区分轻重缓急，坚持急用先行，提高立法质量和效率，确保每一件立法体现党的主张、符合宪法精神、反映人民意愿。“一府一委两院”和有立法权的地方人大要制定完善与法律配套的法规、规章、司法解释等，确保宪法法律得到切实遵守和有效执行。

第四，维护国家法治统一。法治统一，首先是法律法规和各项制度统一于宪法。全国人大及其常委会承担着监督宪法实施的重要职责。要推进合宪性审查工作，积极稳妥处理合宪性、涉宪性问题，坚决纠正和撤销一切违反宪法法律的法规、规范性文件。落实宪法解释程序机制，回应社会对宪法有关问题的关切，努力实现宪法的稳定性和适应性的统一。按照“有件必备、有备必审、有错必纠”的要求，加强和改进备案审查工作，纠正违背上位法规定、立法“放水”等问题。人大监督法律实施和“一府一委两院”工作，说到底也是推动和保证宪法的实施。要紧扣法律规定开展执法检查，认真做好听取审议工作报告、专题询问、专题调研等工作，确保权力依法行使、责任落到实处。各国家机关出台文件、制定政策都要以宪法为依据、为准绳，确保同宪法规定、宪法精神相符合。

第五，加强宪法制度和实践宣传。要把宪法宣传教育作为实施宪法、推进全面依法治国的重要基础，学习宣传习近平法治思想和总书记关于宪法的重要论述，讲清楚依法治国、依宪治国的必要性、重要性和丰富内涵、实践要求，解读好宪法的精神、原则、要义。抓住领导干部这个“关键少数”，组织好宪法宣誓，推动各级干部原原本本学习宪法，带头尊法学法守法用法，不断增强宪法意识、法治意识和依法办事能力。加大全面普法力度，特别是加强青少年法治教育，使法治成为社会共识和基本准则，培育全社会办事依法、遇事找法、解决问题用法、化解矛盾靠法的法治环境。通过灵活多样的方式、喜闻乐见的语言、鲜活生动的事例，讲好中国宪法故事、中国法治故事。

学习宣传实施宪法，是一项长期任务。我们要紧密团结在以习近平同志为核心的党中央周围，认真学习贯彻习近平法治思想，弘扬宪法精神，履行宪法使命，维护宪法权威，为全面建设社会主义现代化国家提供有力的宪法保障。

附：

在国内执法检查和调研座谈时的新闻通稿

栗战书主持召开部分全国人大代表座谈会
就全国人大常委会工作报告稿听取意见建议

新华社北京 1 月 20 日电 中共中央政治局常委、全国人大常委会委员长栗战书 20 日在京主持召开座谈会，就全国人大常委会工作报告稿听取部分全国人大代表意见和建议。

座谈会上，全国人大代表李伟、冯乐平、罗瀛、阎建国、秦飞、戴天方、李彦平、于旭波、徐锦庚、刘石磊结合履职实践，对修改完善常委会工作报告稿、加强和改进人大工作提出意见建议。栗战书边听边记，不时插话同大家交流。代表们高度评价十三届全国人大及其常委会过去一年来的工作，对常委会工作报告稿表示赞成，一致认为，全国人大常委会深入学习贯彻习近平新时代中国特色社会主义思想，坚决贯彻落实党中央决策部署，积极回应人民关切，推动解决群众关心的突出问题，立法、监督、代表、对外交往、自身建设等各项工作取得新进展新成效。

栗战书表示，全国人大常委会工作成绩的取得，根本在于以习近平同志为核心的党中央坚强领导，在于习近平新时代中国特色社会主义思想科学指引。全国人大代表大力支持、积极参与常委会的工作，发挥了重要作用。常委会将认真研究、积极采纳大家提出的意见建议，进一步修改完善常委会工作报告稿，积极改进常委会工作。

栗战书指出，回顾一年来的工作，全国人大常委会更加深刻认识到，坚持党的领导，是实行人民代表大会制度的内在要求，也是人民代表大会制度本质特征和政治优势的集中体现。要牢牢把握人大工作的正确政治方向，坚定坚持党中央集中统一领导，增强“四个意识”，坚定“四个自信”，做到“两个维护”，保证人大工作与党中央要求步调一致、行动一致，保证党的领导、人民当家作主、依法治国有机统一。要适应新时代新要求，紧扣全面建成小康社会目标任务，紧紧围绕坚持和完善人民代表大会制度这一根本政治制度，聚焦党和国家中心任务来谋划和开展人大工作，不断提高立法的精细化、精准度、针对性，坚持依法监督、正确监督、有效监督，推动人大制度和人大工作与时俱进。

栗战书强调，人大代表是国家权力机关的组成人员。要坚持代表主体地位，更好发挥代表作用，紧紧依靠代表做好人大工作。当前，十三届全国人大三次会议正在紧张筹备中。希望代表们以对党、对人民高度负责的精神，积极主动依法履职，凝神聚力开好大会，确保完成党中央交付的重大政治任务，凝聚起全党全国人民万众一心、攻坚克难的强大正能量。

中共中央政治局委员、全国人大常委会副委员长王晨参加座谈会。

栗战书在强化公共卫生法治保障立法修法座谈会上强调
认真学习贯彻习近平总书记关于强化公共卫生法治保障重要指示精神
为保障人民生命安全和身体健康筑牢法治防线

新华社北京 3 月 26 日电 全国人大常委会召开强化公共卫生法治保障立法修法工作座谈会，中共中央政治局常委、全国人大常委会委员长栗战书出席会议并讲话。他强调，要坚持以习近平新时代中国特色社会主义思想为指导，加强和完善公共卫生领域立法修法工作，把习近平总书记关于强化公共卫生法治保障的重要指示精神和党中央的决策部署落到实处。

栗战书指出，习近平总书记和党中央始终把人民群众生命安全和身体健康放在第一位，多次强调依法防控、依法治理的极端重要性，明确要求强化公共卫生法治保障和法律体系建设，就疫情防控、国家公共卫生应急管理、国家生物安全等提出立法任务。全国人大及其常委会要切实履行法定职责，从保障人民群众生命安全和身体健康、防范化解重大风险、推进国家治理体系和治理能力现代化的高度来理解和推进立法修法工作。

栗战书强调，多年以来，特别是党的十八大以来，我国在公共卫生领域制定了多部法律，为依法防控疫情、应对公共卫生事件提供了法律保障。这次疫情暴露了现有法律存在一些短板和不足，法律本身也需要根据时代和实践的发展与时俱进，更好适应国家治理体系和治理能力现代化的要求。要充分认识加强和完善公共卫生领域立法修法工作的重要性、紧迫性，构建起防范化解重大公共卫生风险的坚实法治屏障。

栗战书强调，要坚持党中央对立法工作的集中统一领导，坚持以人民为中心的立法宗旨，坚持从国情和实际出发，总结实践经验，体现中国特色，全面提高公共卫生依法治理能力。要坚持问题导向、系统规划、统筹布局、加快推进，从体系建设的角度进行考虑，在确保立法质量的基础上加快工作进度。要建立立法修法协调机制，成立工作专班，全面梳理有关法律实施情况，特别是这次疫情防控中暴露出来的问题以及各方面提出的意见建议，明确具体任务、责任和时间，有序推进立法工作，做到立一件成一件、改一条成一条，确保立的法、修的法科学管用。

中共中央政治局委员、全国人大常委会副委员长王晨主持座谈会。

全国人大常委会副委员长曹建明、张春贤、沈跃跃、吉炳轩、艾力更·依明巴海、万鄂湘、陈竺、王东明、白玛赤林、丁仲礼、郝明金、蔡达峰、武维华出席会议。

全国人大教科文卫委、全国人大常委会法工委、司法部、国家卫生健康委负责同志在座谈会上发言。

《反分裂国家法》实施15周年座谈会在京隆重举行
栗战书出席并发表讲话

人民日报北京5月29日电　《反分裂国家法》实施15周年座谈会29日上午在人民大会堂隆重举行。中共中央政治局常委、全国人大常委会委员长栗战书在会上发表讲话强调，要深入贯彻落实习近平总书记在《告台湾同胞书》发表40周年纪念会上的重要讲话精神，深刻认识《反分裂国家法》的重要作用，坚决反对“台独”分裂、坚定推进祖国和平统一。

栗战书指出，《反分裂国家法》以宪法为依据，贯彻党中央对台工作大政方针，是坚持“一国两制”、推进祖国和平统一制度体系的重要组成部分，是反“独”促统政治责任和使命要求的重要遵循。实施15年来，为维护台海和平稳定、促进两岸关系发展提供了坚实法治保障。

栗战书指出，一段时间以来，“台独”分裂势力误判形势，不断挑衅，严重损害两岸同胞切身利益和中华民族根本利益，严重破坏台海和平稳定，严重挑战我们维护国家主权和领土完整的底线，必须坚决遏制打击。世界上只有一个中国，大陆和台湾同属一个中国。无论“台独”分裂分子使出什么谋“独”花招，都是非法无效的；无论他们怎么折腾，都是徒劳的；无论他们与外国势力如何勾连表演，都无法改变台湾是中国一部分的历史和法理事实。“台独”是绝路一条，以身试法必遭严惩。

栗战书指出，海峡两岸同胞要携手共同反对“台独”、促进统一。党和国家始终关心台湾同胞的利益福祉，积极为两岸交流合作创造条件。广大台湾同胞要做堂堂正正的中国人，深入思考台湾在民族复兴中的地位和作用，认清“台独”势力包藏的祸心，坚守民族大义。解决台湾问题，实现祖国统一，是中国内部事务，不受任何外国势力的干涉。

栗战书强调，“和平统一、一国两制”是实现国家统一的最佳方式。坚持一个中国原则，是实现祖国和平统一的基础。我们愿意为和平统一创造广阔空间，但我们绝不为各种形式的“台独”分裂活动留下任何空间。海内外中华儿女要坚定信心，不懈努力，共担民族大义，共促祖国统一，共圆民族复兴的伟大梦想。

座谈会由中共中央政治局委员、全国人大常委会副委员长王晨主持。许其亮、杨洁篪、尤权等出席座谈会。

中共中央台湾工作办公室、国务院台湾事务办公室主任刘结一，全国人大常委会法工委主任沈春耀，中央军委联合参谋部参谋长李作成，中国和平统一促进会香港总会会长姚志胜在座谈会上发言。

中央和国家机关有关部门,全国人大、全国政协,最高人民法院、最高人民检察院,中央军委有关部门及北京市有关负责同志等参加了座谈会。

栗战书在全国人大常委会有关决定和野生动物保护法执法检查组第一次全体会议上指出 加强依法保护野生动物 进一步筑牢织密维护公共卫生安全法治防线

新华社北京 5 月 30 日电 中共中央政治局常委、全国人大常委会委员长栗战书 30 日在京主持召开全国人大常委会有关决定和野生动物保护法执法检查组第一次全体会议。栗战书强调,要坚持以习近平新时代中国特色社会主义思想为指导,全面贯彻落实习近平总书记关于强化公共卫生法治保障的重要指示要求,依法保护野生动物,健全完善法律制度,进一步筑牢织密维护公共卫生安全法治防线,推动生态文明建设。

栗战书指出,新冠肺炎疫情发生后,习近平总书记多次发表重要讲话、作出重要指示,要求强化公共卫生法治保障。此次执法检查是全国人大常委会贯彻习近平总书记重要指示要求、党中央决策部署和刚刚召开的十三届全国人大三次会议精神,强化公共卫生法治保障的具体行动。要通过执法检查,推动习近平总书记指示要求在各地区各部门全面贯彻落实;推动人民至上、生命至上和生态文明理念的贯彻落实;立足于体系建设,全面评估野生动物保护法,为修法工作提供依据。

栗战书说,我国野生动物保护法制定于 1988 年,先后经过四次修改。今年 2 月,全国人大常委会作出全面禁止野生动物非法交易和食用的决定。对决定和野生动物保护法一并开展执法检查,要侧重五个方面内容:一是革除滥食野生动物陋习的落实情况,推动禁食野生动物的红线落到实处、深入人心。二是依法取缔和打击非法野生动物市场和贸易的情况,推动有关部门加强监督检查和责任追究,斩断非法利益链。三是非食用性利用野生动物的管理情况,确保在法治轨道上有序发展。四是野生动物栖息地的保护情况,为野生动物生存繁衍创造良好的自然生态环境。五是加强法制建设、增强法治意识的情况,推动政府、组织、公众共同行动,养成文明健康的生活方式。

栗战书强调,要精心做好执法检查的组织实施工作。紧扣决定和法律,以法律为依据准绳,督促有关方面一个条款一个条款对照落实。坚持问题导向,既了解决定和法律实施的全面情况,又善于抓住影响法律实施的突出问题和典型案例,真正形成监督压力。贯彻中央八项规定及其实施细则精神,持续改进作风,完善方式方法,确保检查取得实效。

中共中央政治局委员、全国人大常委会副委员长王晨,全国人大常委会副委员长沈跃跃、丁仲礼出席会议。国务委员王勇出席会议并发言。国务院有关部门负责人作了发言。

此次执法检查由栗战书委员长任组长,分为 4 个检查小组赴 8 个省份进行实地检查,同时委托其他省级人大常委会开展检查,实现 31 个省(区、市)“全覆盖”。

全国人大常委会执法检查组在广西检查“一法一决定”实施情况 栗战书强调要严格依法保护野生动物 帮助养殖场户合法合规经营有序有效转产

人民日报南宁 7 月 16 日电 12 日至 15 日,中共中央政治局常委、全国人大常委会委员长栗战书率全国人大常委会执法检查组在广西检查野生动物保护法和全国人大常委会关于全面禁止非法野生动物交易、革除滥食野生动物陋习、切实保障人民群众生命健康安全的决定的实施情况。他强调,要深入学习贯彻习近平新时代中国特色社会主义思想特别是习近平生态文明思想,严格依照“一法一决定”保护野生动物，维护自然生态平衡安全，保障人民群众生命健康安全。

检查组深入养殖场户、市场、海关、自然保护区实地检查，在崇左市扶绥县、百色市田阳区检查蛇类、竹鼠的人工繁育养殖情况，在广西花鸟宠物交易市场检查市场监管责任落实情况，到凭祥海关听取查处走私野生动物情况介绍，考察了崇左白头叶猴国家级自然保护区建设保护工作，并在南宁召开座谈会听取有关情况汇报。栗战书强调，要认真贯彻习近平总书记关于野生动物保护的重要指示要求，全面实施“一法一决定”，进一步完善野生动物保护法治保障。政府及有关部门、有关方面要认真履行法定职责，推动革除滥食野生动物陋习，管好管住野生动物“捕、运、售、购、食”全过程。

栗战书指出，凡“一法一决定”和其他有关法律禁止的侵害野生动物的行为活动，必须严格禁止、依法打击。在决定颁布前，有一些以食用为目的并经有关部门审核许可的野生动物人工繁育、饲养，有的规模还比较大，有的已成为当地脱贫的重点项目，现在不能以食用为目的进行养殖了。对这类养殖，要客观、具体分析对待。属于禁养品种的要禁止继续养殖；有些要改为其他国家允许人工养殖的品种进行养殖；有的现有养殖品种被禁食后，可做其他国家允许的开发利用。总之，要区别情况，稳妥处理，不要“一刀切”“一关了之”“一杀了之”。要从物种、检疫、资金、技术、信息、设施、保管、运输、加工利用、合理补偿等各环节、各渠道帮助解决实际问题，使这些养殖场户依法合规经营、有序有效转产转型升级，特别是要保证贫困养殖户不减收不返贫。

检查期间，栗战书考察了北部湾国际港务集团，参观了百色脱贫攻坚展示馆。他说，习近平总书记对广西工作十分关心、寄予厚望。希望广西全面贯彻习近平总书记对广西的重要指示精神，按照构建面向东盟的国际大通道、打造西南中南地区开放发展新的战略支点、形成“一带一路”有机衔接的重要门户“三大定位”新使命，推进富民兴桂各项事业，如期全面建成小康社会。

栗战书到南宁市青秀区新竹社区调研人大代表联络站和基层立法联系点建设情况，到自治区人大环资委、常委会法工委调研，希望进一步提高人大工作水平，为地方经济社会发展做出积极贡献。

栗战书还参观了百色起义纪念馆，瞻仰了百色起义纪念碑，并向革命先烈敬献花篮。

栗战书在全国人大常委会土壤污染防治法执法检查组第一次全体会议上指出
一条一条对照法律规定开展检查
推动土壤污染防治法全面有效实施

人民日报北京7月27日电　中共中央政治局常委、全国人大常委会委员长栗战书27日在京主持召开全国人大常委会土壤污染防治法执法检查组第一次全体会议。栗战书强调，要深入学习贯彻习近平新时代中国特色社会主义思想特别是习近平生态文明思想，突出重点，以点带面，一条一条对照法律规定开展检查，推动土壤污染防治法全面有效实施。

栗战书说，以习近平同志为核心的党中央作出打好污染防治攻坚战的重大决策部署，全面推进蓝天、碧水、净土三大保卫战，确保生态环境质量持续改善。近年来，全国人大常委会相继开展了大气污染防治法执法检查、水污染防治法执法检查，这次开展土壤污染防治法执法检查，目的就是推动各地区各部门落实法律责任，紧抓不放，形成合力，久久为功，确保党中央关于生态文明建设决策部署落地生根见效。

栗战书强调，要深刻认识土壤污染防治的重大意义，加强土壤污染治理和修复，着力解决土壤污染危害农产品安全和人居环境健康两大突出问题，有效防范风险，让老百姓吃得放心、住得安心。要切实对土壤等资源实行预防为主、保护优先、集约利用，走出一条以生态优先、绿色发展为导向的高质量发展新路子。要推进土壤污染防治与大气、水等污染防治协同联动，从工业、农业、生活等领域全防全控，有效切断土壤各类污染源。

栗战书指出，土壤污染防治法是本届常委会履职第一年制定的一部重要法律。这次执法检查要围绕五个重点开展：一是法律重要条款和规定的落实情况，重点关注农用地、建设用地污染治理；二是政府法定职责的落实情况，推动各级政府及有关部门严格履行领导职责、监管职责和工作职责；三是法律实施的保障与监督情况，推动财政、税收、金融等保障措施落实到位；四是违法行为的查处惩治情况，督促有关方面严格执行法律，做到执法必严、违法必究；五是配套规定和标准的制定情况，推动有关部门加快出台、抓紧落实。

栗战书强调，要加强统筹协调、周密部署，高质量完成检查任务。积极宣传习近平生态文明思想，普及法律知识，推动有关方面增强法治观念、履行法定职责、执行法律规定、落实法律责任。严格执行中央八项规定精神，切实提高检查实效。

全国人大常委会副委员长沈跃跃、丁仲礼出席会议，国务委员王勇出席会议并发言。国务院有关部门负责人作了发言。各省（区、市）人大常委会负责同志通过视频形式参加会议。

此次执法检查由栗战书委员长任组长，分为 3 个检查小组赴 6 个省份进行实地检查，同时委托其他省级人大常委会开展检查，实现 31 个省（区、市）“全覆盖”。

人大常委会执法检查组在江苏山东检查土壤污染防治法实施情况
栗战书强调坚持预防为主、保护优先　因时因地因情因需有序有效开展治理

人民日报北京 8 月 27 日电　23 日至 26 日，中共中央政治局常委、全国人大常委会委员长栗战书率全国人大常委会执法检查组在江苏、山东检查土壤污染防治法实施情况。他强调，要深入学习贯彻习近平生态文明思想，全面有效实施土壤污染防治法，坚持预防为主、保护优先，依法做好土壤风险管控和修复工作。

检查组深入江苏连云港和山东日照、威海、济南等地田间地头、企业、园区、建设工地，就农用地和建设用地污染防治、土壤取样监测、土地综合利用、企业污染物排放及责任落实情况进行实地检查。栗战书说，江苏、山东两省认真贯彻实施土壤污染防治法，狠抓“土十条”部署重点任务的落实，土壤环境质量总体稳定，污染加重趋势正在得到遏制，净土保卫战取得成效。

在威海，栗战书主持召开专家座谈会，围绕土壤污染防治标准体系建设、风险管控保障措施、技术支撑、监督责任、信息公开、执法队伍和能力建设等进行交流，听取意见建议。栗战书指出，土壤污染具有隐蔽性、滞后性、累积性、地域性、长期性等特点，污染一旦发生，治理修复的难度大、周期长、成本高。搞好土壤污染防治，要坚持一切从实际出发，坚持预防为主、保护优先，对可安全利用土地也要因时因地因情因需有序有效开展修复治理，力避形式主义、盲目“一刀切”，造成无效投入。在搞好土壤污染普查、摸清底数的基础上，按照法律规定，实行严格的分类管理，首先是采取强有力措施防止污染面积扩大和程度加重，坚决杜绝新的污染，依法做好风险管控。对没有污染的土地切实做好规划、加强保护；对已经污染的土地要依法进行修复治理，在确保安全的情况下利用；对重污染地块要严格管控，有的就是要“封冻”在那里，绝不能出现任何危害人民群众健康安全的事件。

在济南，栗战书主持召开执法检查座谈会，听取有关方面的情况介绍和人大代表的意见建议。他强调，制定好一部法律不容易，实施好一部法律也不容易。要全面有效实施土壤污染防治法，抓住重点，细化措施，确保在法治轨道上推进防治工作。一要严格落实法律责任，对照法律条文，履行各自职责；二要进一步完善标准体系建设，推动防治工作制度化、规范化；三要建立政府和社会共同参与的保障机制；四要加强土壤污染防治技术研发，提供有效的技术支撑；五要加强执法队伍、执法能力建设；六要依法强化监督责任，形成监督合力。

检查期间，栗战书考察了新亚欧大陆桥东端起点，参观了胶东（威海）党性教育基地刘公岛教学区，并到山东省人大常委会机关调研。栗战书希望江苏、山东深入贯彻习近平总书记对两省的重要指示精神和党中央决策部署，坚持新发展理念，深化改革开放，加强自主创新，以辩证思维看待新发展阶段的新机遇新挑战，推动形成以国内大循环为主体、国内国际双循环相互促进的新发展格局。

栗战书与常委会会议列席代表座谈时强调 把坚持人民至上、紧紧依靠人民、不断造福人民、牢牢植根人民的要求贯彻到代表履职全过程各方面

人民日报北京10月14日电 中共中央政治局常委、全国人大常委会委员长栗战书14日下午与列席十三届全国人大常委会第二十二次会议的全国人大代表座谈交流。他强调，要深入学习贯彻习近平新时代中国特色社会主义思想，把坚持人民至上、紧紧依靠人民、不断造福人民、牢牢植根人民的要求贯彻到代表履职全过程各方面。

参加座谈会的51位全国人大代表大多来自基层，有教师、工人，也有专家学者和民营企业家等。代表们积极发言，围绕进一步加强同人民群众联系谈体会、提建议。栗战书认真倾听，与大家深入交流。他说，坚持以人民为中心是习近平新时代中国特色社会主义思想的精髓要义，是以习近平同志为核心的党中央的鲜明执政理念，是党中央谋划和推进工作的出发点、落脚点。习近平总书记多次强调人大代表要密切联系人民群众，努力做到民有所呼、我有所应。这是人大代表的法定职责和光荣使命，也是常委会支持和保障代表依法履职的重要内容。

栗战书指出，要深深扎根人民之中，更加紧密、经常性地联系人民群众。我国五级人大代表工作和生活在人民群众之中，熟悉和了解基层的实际情况、群众所思所想所盼，这是我们制度的优势。对人大代表而言，密切联系人民群众是宪法法律赋予的重要职责，是依法履职的重要基础。要从践行初心使命、夯实党执政的根基、坚持和完善人民代表大会制度的高度，充分认识密切联系群众的重要意义，深入了解民情，真实反映民意，广泛集中民智，积极宣传并带头贯彻党中央大政方针和宪法法律，当好党和国家联系人民群众的桥梁纽带。

栗战书强调，要用好人大代表联系人民群众的制度机制和工作平台。党中央对代表联系群众的制度和形式、方式等提出明确要求，对密切代表同群众联系、加强代表联络机构建设作出了部署安排。经过多年实践探索，各级人大普遍建立起代表联系群众的制度机制。全国人大代表要主动经常参加当地代表小组、代表之家、代表联络站的活动，不断丰富和拓展联系群众的渠道、方式、内容。全国人大常委会工作机构要做好相关工作衔接和服务保障。

栗战书说，要积极推动解决人民群众普遍关心的热点难点问题。人大代表特别是基层代表在履职中，经常会遇到涉及老百姓切身利益的问题。只要是老百姓的事，都是大事。代表一定要为老百姓办实事、办好事。要及时把群众所思所想所盼收集起来反映给党委和政府，推动问题解决。对一些普遍性的问题，可以通过提出议案和建议推动从法律、政策层面予以解决。

中共中央政治局委员、全国人大常委会副委员长王晨主持座谈会。

栗战书在山西调研时强调 人大工作要认真贯彻习近平法治思想 为全面建设社会主义现代化国家履职尽责

人民日报太原11月19日电 中共中央政治局常委、全国人大常委会委员长栗战书16日至18日在山西调研时强调，要认真学习贯彻习近平法治思想和中央全面依法治国工作会议精神，按照党的十九届五中全会的部署，依法履职，勇于担当，在全面建设社会主义现代化国家新征程中作出应有贡献。

调研期间，栗战书深入运城、长治、晋中、太原等地人大代表联络站点、基层立法联系点和人大机关考察，召开人大代表、基层法治工作者、专家学者座谈会，了解人大工作，听取各方面意见建议；来到企业、城镇社区、转型综合改革示范区政务服务中心、汾河晋阳桥段，实地查看山西转型发展、科技创新、环境治理、古城保护情况；瞻仰八路军太行纪念馆，缅怀革命先烈；听取有关工作汇报，就学习贯彻习近平法治思想和习近平总书记对山西工作的重要指示精神、做好新时代人大工作进行座谈交流。

栗战书指出,中央全面依法治国工作会议最重大的成果,就是确立了习近平法治思想。这一重要思想是马克思主义法治理论中国化最新成果,是习近平新时代中国特色社会主义思想的重要组成部分,是全面依法治国的根本遵循和行动指南。全国人大和地方人大都要把学习宣传贯彻习近平法治思想作为当前和今后一个时期的重要政治任务,吃透基本精神、把握核心要义、明确工作要求,牢牢把握全面依法治国的政治方向、重要地位、工作布局、重点任务、重大关系、重要保障,发挥好在全面依法治国中的职能作用。要尊重代表主体地位,用好人大代表联系人民群众的制度机制和工作平台,畅通群众表达意愿、提出建议的渠道,更加密切联系群众,更好服务和保障代表依法履职,把各方面的智慧和力量凝聚到做好"十四五"时期经济社会发展工作上来。

栗战书充分肯定山西在改革创新、加强生态文明建设、推动高质量发展上取得的新成绩。他强调,要紧紧围绕贯彻落实习近平总书记对山西工作的重要指示要求,在转型发展上率先蹚出一条新路来。一要把山西发展放到国家战略全局和"十四五"规划中来谋划,融入到国家大政方针和战略布局之中。二要坚持把转型发展作为经济工作和各项事业的总纲,做到抓纲带目、纲举目张。三要按照自立自强要求加强科技创新,奋发有为推进高质量发展。四要传承红色文化,弘扬太行精神、吕梁精神、右玉精神,培育和践行社会主义核心价值观,为山西各项事业发展注入强大动力。

栗战书在第二十六次全国地方立法工作座谈会上强调 认真学习贯彻习近平法治思想 为全面建设社会主义现代化国家提供法律保障

人民日报太原 11 月 20 日电 中共中央政治局常委、全国人大常委会委员长栗战书 19 日在山西太原出席第二十六次全国地方立法工作座谈会并讲话。他强调,要认真学习贯彻习近平法治思想和中央全面依法治国工作会议精神,坚持党的领导、人民当家作主、依法治国有机统一,坚持科学立法、民主立法、依法立法,为全面建设社会主义现代化国家提供法律保障。

栗战书指出,中央全面依法治国工作会议最重大的成果是确立了习近平法治思想。这一重要思想,是在党的十八大以来进行伟大斗争、建设伟大工程、推进伟大事业、实现伟大梦想的实践中形成和丰富发展的,是顺应实现中华民族伟大复兴时代要求应运而生的重大理论创新成果,是马克思主义法治理论中国化最新成果,是习近平新时代中国特色社会主义思想的重要组成部分。这一重要思想,从历史和现实相贯通,国际和国内相关联,理论和实际相结合上深刻回答了新时代为什么实行全面依法治国、怎样实行全面依法治国等一系列重大问题,是新时代全面依法治国的根本遵循和行动指南。

栗战书强调,全国人大、地方人大在立法工作中都要增强"四个意识"、坚定"四个自信"、做到"两个维护",全面准确学习领会习近平法治思想,自觉把立法工作放在党和国家工作大局中来考虑、来谋划、来推进。一是在立法工作中,首要的是吃透习近平法治思想精髓要义,坚持党的领导,准确把握党中央精神,确保党的路线方针政策和决策部署在立法工作中得到全面贯彻落实,以法律来保障坚持中国特色社会主义道路不动摇,坚持和完善中国特色社会主义制度不动摇。二是坚持立法为了人民、依靠人民,回应人民群众对立法工作的新要求新期待,把体现人民利益、反映人民愿望、维护人民权益、增进人民福祉落实到全面依法治国各领域全过程。三是紧密结合地方实际,突出地方立法特色,善于通过"小切口"解决实际问题,可以搞一些"大块头",也要搞一些"小快灵",增强立法的针对性、适用性、可操作性。四是维护国家法治统一,处理好上位法和下位法关系,国家立法和地方立法既要相互补充、支持,又要协调统一,做到科学完备,确保地方性法规和国家法律、行政法规协调一致、有效衔接。五是坚持急用先行,区分轻重缓急,紧紧围绕党的十九届五中全会和中央全面依法治国工作会议提出的任务谋划立法项目,努力提高立法质量和效率。六是建设德才兼备的高素质立法工作队伍,推动立法队伍革命化、正规化、专业化、职业化建设,不断提高做好立法工作的能力和本领。

全国人大常委会秘书长,全国人大宪法和法律委员会、全国人大常委会法工委、常委会办公厅、各省区市人大常委会有关负责同志等参加会议。

栗战书与全国人大常委会会议列席代表座谈时强调 认真学习贯彻习近平法治思想　行使好人民赋予的权力

新华社北京12月24日电　中共中央政治局常委、全国人大常委会委员长栗战书23日下午同列席十三届全国人大常委会第二十四次会议的全国人大代表座谈，听取代表对今年以来全国人大常委会工作情况和明年工作的意见建议。他强调，要深入学习贯彻习近平法治思想，提升政治站位，忠实代表人民意志，更加密切联系群众，为人民履职、为人民服务，行使好人民赋予的权力。

参加座谈会的55位全国人大代表大多来自基层一线。代表们积极发言，对全国人大常委会一年来的工作给予充分肯定，并提出意见建议。栗战书认真倾听，与大家深入交流。他说，过去一年，是新中国历史上极不平凡的一年。面对新冠肺炎疫情严重冲击和各方面风险挑战，以习近平同志为核心的党中央团结带领全党全国各族人民攻坚克难、团结奋战，疫情防控取得重大战略成果，是世界唯一实现经济正增长的主要经济体，交出了一份人民满意、世界瞩目、可以载入史册的答卷。

栗战书指出，今年以来，在党中央集中统一领导下，全国人大常委会紧紧围绕党和国家工作大局履职尽责，各方面工作都取得了新进展新成效。常委会工作最突出的特点，就是紧跟党中央决策部署，在大事要事上担当尽责。凡是党中央部署的、改革开放需要的、人民群众期盼的，就立足人大职责抓紧谋划安排，推动落到实处。特别是在积极参与疫情防控、完善香港特别行政区宪制、助力打好“三大攻坚战”等方面，依法履职、主动作为，发挥了应有的职能作用。这其中，人大代表积极建言献策，积极参与常委会、专委会工作，为人大工作的顺利开展作出了重要贡献。

栗战书强调，要保障代表依法履职，通过人民代表大会制度充分保证人民当家作主。我国人大代表具有广泛的代表性，生活在人民之中，最能代表人民。要为确保代表依法履职提供保障，认真办理代表议案建议，深化代表对立法、监督等工作的参与，反映人民诉求，汇聚人民智慧。要推动人大代表更加密切联系群众，积极宣传并带头贯彻党中央大政方针政策和宪法法律，善于在联系群众、接触实际中发现带有普遍性、共性、典型性的问题，推动从制度上、法律上、政策上予以解决，当好党和国家联系人民群众的桥梁纽带。

栗战书强调，2021年是我国现代化建设进程中具有特殊重要性的一年。要深入学习习近平法治思想，深入领会习近平总书记关于坚持和完善人民代表大会制度的重要思想，用科学理论武装头脑、指导实践、推动工作。常委会将继续紧紧依靠人大代表做好工作，支持和保障代表依法履职、发挥作用。希望代表更加密切联系群众，认真执行代表职务，共同提高新时代人大工作水平。

中共中央政治局委员、全国人大常委会副委员长王晨主持座谈会。

立法工作

一、法律及有关法律问题和重大问题的决定

中华人民共和国主席令

第四十三号

《中华人民共和国固体废物污染环境防治法》已由中华人民共和国第十三届全国人民代表大会常务委员会第十七次会议于2020年4月29日修订通过，现予公布，自2020年9月1日起施行。

中华人民共和国主席　习近平

2020年4月29日

中华人民共和国固体废物污染环境防治法

（1995年10月30日第八届全国人民代表大会常务委员会第十六次会议通过　2004年12月29日第十届全国人民代表大会常务委员会第十三次会议第一次修订　根据2013年6月29日第十二届全国人民代表大会常务委员会第三次会议《关于修改〈中华人民共和国文物保护法〉等十二部法律的决定》第一次修正　根据2015年4月24日第十二届全国人民代表大会常务委员会第十四次会议《关于修改〈中华人民共和国港口法〉等七部法律的决定》第二次修正　根据2016年11月7日第十二届全国人民代表大会常务委员会第二十四次会议《关于修改〈中华人民共和国对外贸易法〉等十二部法律的决定》第三次修正　2020年4月29日第十三届全国人民代表大会常务委员会第十七次会议第二次修订）

目　录

第一章　总　　则

第一条　为了保护和改善生态环境，防治固体废物污染环境，保障公众健康，维护生态安全，推进生态文明建设，促进经济社会可持续发展，制定本法。

第二条　固体废物污染环境的防治适用本法。

固体废物污染海洋环境的防治和放射性固体废物污染环境的防治不适用本法。

第三条　国家推行绿色发展方式，促进清洁生产和循环经济发展。

国家倡导简约适度、绿色低碳的生活方式，引导公众积极参与固体废物污染环境防治。

第四条 固体废物污染环境防治坚持减量化、资源化和无害化的原则。

任何单位和个人都应当采取措施，减少固体废物的产生量，促进固体废物的综合利用，降低固体废物的危害性。

第五条 固体废物污染环境防治坚持污染担责的原则。

产生、收集、贮存、运输、利用、处置固体废物的单位和个人，应当采取措施，防止或者减少固体废物对环境的污染，对所造成的环境污染依法承担责任。

第六条 国家推行生活垃圾分类制度。

生活垃圾分类坚持政府推动、全民参与、城乡统筹、因地制宜、简便易行的原则。

第七条 地方各级人民政府对本行政区域固体废物污染环境防治负责。

国家实行固体废物污染环境防治目标责任制和考核评价制度，将固体废物污染环境防治目标完成情况纳入考核评价的内容。

第八条 各级人民政府应当加强对固体废物污染环境防治工作的领导，组织、协调、督促有关部门依法履行固体废物污染环境防治监督管理职责。

省、自治区、直辖市之间可以协商建立跨行政区域固体废物污染环境的联防联控机制，统筹规划制定、设施建设、固体废物转移等工作。

第九条 国务院生态环境主管部门对全国固体废物污染环境防治工作实施统一监督管理。国务院发展改革、工业和信息化、自然资源、住房城乡建设、交通运输、农业农村、商务、卫生健康、海关等主管部门在各自职责范围内负责固体废物污染环境防治的监督管理工作。

地方人民政府生态环境主管部门对本行政区域固体废物污染环境防治工作实施统一监督管理。地方人民政府发展改革、工业和信息化、自然资源、住房城乡建设、交通运输、农业农村、商务、卫生健康等主管部门在各自职责范围内负责固体废物污染环境防治的监督管理工作。

第十条 国家鼓励、支持固体废物污染环境防治的科学研究、技术开发、先进技术推广和科学普及，加强固体废物污染环境防治科技支撑。

第十一条 国家机关、社会团体、企业事业单位、基层群众性自治组织和新闻媒体应当加强固体废物污染环境防治宣传教育和科学普及，增强公众固体废物污染环境防治意识。

学校应当开展生活垃圾分类以及其他固体废物污染环境防治知识普及和教育。

第十二条 各级人民政府对在固体废物污染环境防治工作以及相关的综合利用活动中做出显著成绩的单位和个人，按照国家有关规定给予表彰、奖励。

第二章 监督管理

第十三条 县级以上人民政府应当将固体废物污染环境防治工作纳入国民经济和社会发展规划、生态环境保护规划，并采取有效措施减少固体废物的产生量、促进固体废物的综合利用、降低固体废物的危害性，最大限度降低固体废物填埋量。

第十四条 国务院生态环境主管部门应当会同国务院有关部门根据国家环境质量标准和国家经济、技术条件，制定固体废物鉴别标准、鉴别程序和国家固体废物污染环境防治技术标准。

第十五条 国务院标准化主管部门应当会同国务院发展改革、工业和信息化、生态环境、农业农村等主管部门，制定固体废物综合利用标准。

综合利用固体废物应当遵守生态环境法律法规，符合固体废物污染环境防治技术标准。使用固体废物综合利用产物应当符合国家规定的用途、标准。

第十六条 国务院生态环境主管部门应当会同国务院有关部门建立全国危险废物等固体废物污染环境防治信息平台，推进固体废物收集、转移、处置等全过程监控和信息化追溯。

第十七条 建设产生、贮存、利用、处置固体废物的项目，应当依法进行环境影响评价，并遵守国家有关建设项目环境保护管理的规定。

第十八条 建设项目的环境影响评价文件确定需要配套建设的固体废物污染环境防治设施，应当与主体工程同时设计、同时施工、同时投入使用。建设项目的初步设计，应当按照环境保护设计规范的要求，将固体废物污染环境防治内容纳入环境影响评价文件，落实防治固体废物污染环境和破坏生态的措施以及固体废物污染环境防治设施投资概算。

建设单位应当依照有关法律法规的规定，对配套建设的固体废物污染环境防治设施进行验收，编制验收报告，并向社会公开。

第十九条 收集、贮存、运输、利用、处置固体废物的单位和其他生产经营者，应当加强对相关设施、设备和场所的管理和维护，保证其正常运行和使用。

第二十条　产生、收集、贮存、运输、利用、处置固体废物的单位和其他生产经营者，应当采取防扬散、防流失、防渗漏或者其他防止污染环境的措施，不得擅自倾倒、堆放、丢弃、遗撒固体废物。

禁止任何单位或者个人向江河、湖泊、运河、渠道、水库及其最高水位线以下的滩地和岸坡以及法律法规规定的其他地点倾倒、堆放、贮存固体废物。

第二十一条　在生态保护红线区域、永久基本农田集中区域和其他需要特别保护的区域内，禁止建设工业固体废物、危险废物集中贮存、利用、处置的设施、场所和生活垃圾填埋场。

第二十二条　转移固体废物出省、自治区、直辖市行政区域贮存、处置的，应当向固体废物移出地的省、自治区、直辖市人民政府生态环境主管部门提出申请。移出地的省、自治区、直辖市人民政府生态环境主管部门应当及时商经接受地的省、自治区、直辖市人民政府生态环境主管部门同意后，在规定期限内批准转移该固体废物出省、自治区、直辖市行政区域。未经批准的，不得转移。

转移固体废物出省、自治区、直辖市行政区域利用的，应当报固体废物移出地的省、自治区、直辖市人民政府生态环境主管部门备案。移出地的省、自治区、直辖市人民政府生态环境主管部门应当将备案信息通报接受地的省、自治区、直辖市人民政府生态环境主管部门。

第二十三条　禁止中华人民共和国境外的固体废物进境倾倒、堆放、处置。

第二十四条　国家逐步实现固体废物零进口，由国务院生态环境主管部门会同国务院商务、发展改革、海关等主管部门组织实施。

第二十五条　海关发现进口货物疑似固体废物的，可以委托专业机构开展属性鉴别，并根据鉴别结论依法管理。

第二十六条　生态环境主管部门及其环境执法机构和其他负有固体废物污染环境防治监督管理职责的部门，在各自职责范围内有权对从事产生、收集、贮存、运输、利用、处置固体废物等活动的单位和其他生产经营者进行现场检查。被检查者应当如实反映情况，并提供必要的资料。

实施现场检查，可以采取现场监测、采集样品、查阅或者复制与固体废物污染环境防治相关的资料等措施。检查人员进行现场检查，应当出示证件。对现场检查中知悉的商业秘密应当保密。

第二十七条　有下列情形之一，生态环境主管部门和其他负有固体废物污染环境防治监督管理职责的部门，可以对违法收集、贮存、运输、利用、处置的固体废物及设施、设备、场所、工具、物品予以查封、扣押：

（一）可能造成证据灭失、被隐匿或者非法转移的；

（二）造成或者可能造成严重环境污染的。

第二十八条　生态环境主管部门应当会同有关部门建立产生、收集、贮存、运输、利用、处置固体废物的单位和其他生产经营者信用记录制度，将相关信用记录纳入全国信用信息共享平台。

第二十九条　设区的市级人民政府生态环境主管部门应当会同住房城乡建设、农业农村、卫生健康等主管部门，定期向社会发布固体废物的种类、产生量、处置能力、利用处置状况等信息。

产生、收集、贮存、运输、利用、处置固体废物的单位，应当依法及时公开固体废物污染环境防治信息，主动接受社会监督。

利用、处置固体废物的单位，应当依法向公众开放设施、场所，提高公众环境保护意识和参与程度。

第三十条　县级以上人民政府应当将工业固体废物、生活垃圾、危险废物等固体废物污染环境防治情况纳入环境状况和环境保护目标完成情况年度报告，向本级人民代表大会或者人民代表大会常务委员会报告。

第三十一条　任何单位和个人都有权对造成固体废物污染环境的单位和个人进行举报。

生态环境主管部门和其他负有固体废物污染环境防治监督管理职责的部门应当将固体废物污染环境防治举报方式向社会公布，方便公众举报。

接到举报的部门应当及时处理并对举报人的相关信息予以保密；对实名举报并查证属实的，给予奖励。

举报人举报所在单位的，该单位不得以解除、变更劳动合同或者其他方式对举报人进行打击报复。

第三章　工业固体废物

第三十二条　国务院生态环境主管部门应当会同国务院发展改革、工业和信息化等主管部门对工业固体废物对公众健康、生态环境的危害和影响程度等作出界定，制定防治工业固体废物污染环境的技术政策，组织推广先进的防治工业固体废物污染环境的生产工艺和设备。

第三十三条 国务院工业和信息化主管部门应当会同国务院有关部门组织研究开发、推广减少工业固体废物产生量和降低工业固体废物危害性的生产工艺和设备，公布限期淘汰产生严重污染环境的工业固体废物的落后生产工艺、设备的名录。

生产者、销售者、进口者、使用者应当在国务院工业和信息化主管部门会同国务院有关部门规定的期限内分别停止生产、销售、进口或者使用列入前款规定名录中的设备。生产工艺的采用者应当在国务院工业和信息化主管部门会同国务院有关部门规定的期限内停止采用列入前款规定名录中的工艺。

列入限期淘汰名录被淘汰的设备，不得转让给他人使用。

第三十四条 国务院工业和信息化主管部门应当会同国务院发展改革、生态环境等主管部门，定期发布工业固体废物综合利用技术、工艺、设备和产品导向目录，组织开展工业固体废物资源综合利用评价，推动工业固体废物综合利用。

第三十五条 县级以上地方人民政府应当制定工业固体废物污染环境防治工作规划，组织建设工业固体废物集中处置等设施，推动工业固体废物污染环境防治工作。

第三十六条 产生工业固体废物的单位应当建立健全工业固体废物产生、收集、贮存、运输、利用、处置全过程的污染环境防治责任制度，建立工业固体废物管理台账，如实记录产生工业固体废物的种类、数量、流向、贮存、利用、处置等信息，实现工业固体废物可追溯、可查询，并采取防治工业固体废物污染环境的措施。

禁止向生活垃圾收集设施中投放工业固体废物。

第三十七条 产生工业固体废物的单位委托他人运输、利用、处置工业固体废物的，应当对受托方的主体资格和技术能力进行核实，依法签订书面合同，在合同中约定污染防治要求。

受托方运输、利用、处置工业固体废物，应当依照有关法律法规的规定和合同约定履行污染防治要求，并将运输、利用、处置情况告知产生工业固体废物的单位。

产生工业固体废物的单位违反本条第一款规定的，除依照有关法律法规的规定予以处罚外，还应当与造成环境污染和生态破坏的受托方承担连带责任。

第三十八条 产生工业固体废物的单位应当依法实施清洁生产审核，合理选择和利用原材料、能源和其他资源，采用先进的生产工艺和设备，减少工业固体废物的产生量，降低工业固体废物的危害性。

第三十九条 产生工业固体废物的单位应当取得排污许可证。排污许可的具体办法和实施步骤由国务院规定。

产生工业固体废物的单位应当向所在地生态环境主管部门提供工业固体废物的种类、数量、流向、贮存、利用、处置等有关资料，以及减少工业固体废物产生、促进综合利用的具体措施，并执行排污许可管理制度的相关规定。

第四十条 产生工业固体废物的单位应当根据经济、技术条件对工业固体废物加以利用；对暂时不利用或者不能利用的，应当按照国务院生态环境等主管部门的规定建设贮存设施、场所，安全分类存放，或者采取无害化处置措施。贮存工业固体废物应当采取符合国家环境保护标准的防护措施。

建设工业固体废物贮存、处置的设施、场所，应当符合国家环境保护标准。

第四十一条 产生工业固体废物的单位终止的，应当在终止前对工业固体废物的贮存、处置的设施、场所采取污染防治措施，并对未处置的工业固体废物作出妥善处置，防止污染环境。

产生工业固体废物的单位发生变更的，变更后的单位应当按照国家有关环境保护的规定对未处置的工业固体废物及其贮存、处置的设施、场所进行安全处置或者采取有效措施保证该设施、场所安全运行。变更前当事人对工业固体废物及其贮存、处置的设施、场所的污染防治责任另有约定的，从其约定；但是，不得免除当事人的污染防治义务。

对 2005 年 4 月 1 日前已经终止的单位未处置的工业固体废物及其贮存、处置的设施、场所进行安全处置的费用，由有关人民政府承担；但是，该单位享有的土地使用权依法转让的，应当由土地使用权受让人承担处置费用。当事人另有约定的，从其约定；但是，不得免除当事人的污染防治义务。

第四十二条 矿山企业应当采取科学的开采方法和选矿工艺，减少尾矿、煤矸石、废石等矿业固体废物的产生量和贮存量。

国家鼓励采取先进工艺对尾矿、煤矸石、废石等矿业固体废物进行综合利用。

尾矿、煤矸石、废石等矿业固体废物贮存设施停止使用后，矿山企业应当按照国家有关环境保护等规定进行封场，防止造成环境污染和生态破坏。

第四章 生活垃圾

第四十三条 县级以上地方人民政府应当加快建立分类投放、分类收集、分类运输、分类处理的生活垃圾管理系统，实现生活垃圾分类制度有效覆盖。

县级以上地方人民政府应当建立生活垃圾分类工作协调机制，加强和统筹生活垃圾分类管理能力建设。

各级人民政府及其有关部门应当组织开展生活垃圾分类宣传，教育引导公众养成生活垃圾分类习惯，督促和指导生活垃圾分类工作。

第四十四条 县级以上地方人民政府应当有计划地改进燃料结构，发展清洁能源，减少燃料废渣等固体废物的产生量。

县级以上地方人民政府有关部门应当加强产品生产和流通过程管理，避免过度包装，组织净菜上市，减少生活垃圾的产生量。

第四十五条 县级以上人民政府应当统筹安排建设城乡生活垃圾收集、运输、处理设施，确定设施厂址，提高生活垃圾的综合利用和无害化处置水平，促进生活垃圾收集、处理的产业化发展，逐步建立和完善生活垃圾污染环境防治的社会服务体系。

县级以上地方人民政府有关部门应当统筹规划，合理安排回收、分拣、打包网点，促进生活垃圾的回收利用工作。

第四十六条 地方各级人民政府应当加强农村生活垃圾污染环境的防治，保护和改善农村人居环境。

国家鼓励农村生活垃圾源头减量。城乡结合部、人口密集的农村地区和其他有条件的地方，应当建立城乡一体的生活垃圾管理系统；其他农村地区应当积极探索生活垃圾管理模式，因地制宜，就近就地利用或者妥善处理生活垃圾。

第四十七条 设区的市级以上人民政府环境卫生主管部门应当制定生活垃圾清扫、收集、贮存、运输和处理设施、场所建设运行规范，发布生活垃圾分类指导目录，加强监督管理。

第四十八条 县级以上地方人民政府环境卫生等主管部门应当组织对城乡生活垃圾进行清扫、收集、运输和处理，可以通过招标等方式选择具备条件的单位从事生活垃圾的清扫、收集、运输和处理。

第四十九条 产生生活垃圾的单位、家庭和个人应当依法履行生活垃圾源头减量和分类投放义务，承担生活垃圾产生者责任。

任何单位和个人都应当依法在指定的地点分类投放生活垃圾。禁止随意倾倒、抛撒、堆放或者焚烧生活垃圾。

机关、事业单位等应当在生活垃圾分类工作中起示范带头作用。

已经分类投放的生活垃圾，应当按照规定分类收集、分类运输、分类处理。

第五十条 清扫、收集、运输、处理城乡生活垃圾，应当遵守国家有关环境保护和环境卫生管理的规定，防止污染环境。

从生活垃圾中分类并集中收集的有害垃圾，属于危险废物的，应当按照危险废物管理。

第五十一条 从事公共交通运输的经营单位，应当及时清扫、收集运输过程中产生的生活垃圾。

第五十二条 农贸市场、农产品批发市场等应当加强环境卫生管理，保持环境卫生清洁，对所产生的垃圾及时清扫、分类收集、妥善处理。

第五十三条 从事城市新区开发、旧区改建和住宅小区开发建设、村镇建设的单位，以及机场、码头、车站、公园、商场、体育场馆等公共设施、场所的经营管理单位，应当按照国家有关环境卫生的规定，配套建设生活垃圾收集设施。

县级以上地方人民政府应当统筹生活垃圾公共转运、处理设施与前款规定的收集设施的有效衔接，并加强生活垃圾分类收运体系和再生资源回收体系在规划、建设、运营等方面的融合。

第五十四条 从生活垃圾中回收的物质应当按照国家规定的用途、标准使用，不得用于生产可能危害人体健康的产品。

第五十五条 建设生活垃圾处理设施、场所，应当符合国务院生态环境主管部门和国务院住房城乡建设主管部门规定的环境保护和环境卫生标准。

鼓励相邻地区统筹生活垃圾处理设施建设，促进生活垃圾处理设施跨行政区域共建共享。

禁止擅自关闭、闲置或者拆除生活垃圾处理设施、场所；确有必要关闭、闲置或者拆除的，应当经所在地的市、县级人民政府环境卫生主管部门商所在地生态环境主管部门同意后核准，并采取防止污染环境的措施。

第五十六条 生活垃圾处理单位应当按照国家有关规定，安装使用监测设备，实时监测污染物的排放情况，将污染排放数据实时公开。监测设备应当与所在地生态环境主管部门的监控设备联网。

第五十七条 县级以上地方人民政府环境卫生主管部门负责组织开展厨余垃圾资源化、无害化处理工作。

产生、收集厨余垃圾的单位和其他生产经营者，应当将厨余垃圾交由具备相应资质条件的单位进行无害化处理。

禁止畜禽养殖场、养殖小区利用未经无害化处理的厨余垃圾饲喂畜禽。

第五十八条 县级以上地方人民政府应当按照产生者付费原则，建立生活垃圾处理收费制度。

县级以上地方人民政府制定生活垃圾处理收费标准，应当根据本地实际，结合生活垃圾分类情况，体现分类计价、计量收费等差别化管理，并充分征求公众意见。生活垃圾处理收费标准应当向社会公布。

生活垃圾处理费应当专项用于生活垃圾的收集、运输和处理等，不得挪作他用。

第五十九条 省、自治区、直辖市和设区的市、自治州可以结合实际，制定本地方生活垃圾具体管理办法。

第五章 建筑垃圾、农业固体废物等

第六十条 县级以上地方人民政府应当加强建筑垃圾污染环境的防治，建立建筑垃圾分类处理制度。

县级以上地方人民政府应当制定包括源头减量、分类处理、消纳设施和场所布局及建设等在内的建筑垃圾污染环境防治工作规划。

第六十一条 国家鼓励采用先进技术、工艺、设备和管理措施，推进建筑垃圾源头减量，建立建筑垃圾回收利用体系。

县级以上地方人民政府应当推动建筑垃圾综合利用产品应用。

第六十二条 县级以上地方人民政府环境卫生主管部门负责建筑垃圾污染环境防治工作，建立建筑垃圾全过程管理制度，规范建筑垃圾产生、收集、贮存、运输、利用、处置行为，推进综合利用，加强建筑垃圾处置设施、场所建设，保障处置安全，防止污染环境。

第六十三条 工程施工单位应当编制建筑垃圾处理方案，采取污染防治措施，并报县级以上地方人民政府环境卫生主管部门备案。

工程施工单位应当及时清运工程施工过程中产生的建筑垃圾等固体废物，并按照环境卫生主管部门的规定进行利用或者处置。

工程施工单位不得擅自倾倒、抛撒或者堆放工程施工过程中产生的建筑垃圾。

第六十四条 县级以上人民政府农业农村主管部门负责指导农业固体废物回收利用体系建设，鼓励和引导有关单位和其他生产经营者依法收集、贮存、运输、利用、处置农业固体废物，加强监督管理，防止污染环境。

第六十五条 产生秸秆、废弃农用薄膜、农药包装废弃物等农业固体废物的单位和其他生产经营者，应当采取回收利用和其他防止污染环境的措施。

从事畜禽规模养殖应当及时收集、贮存、利用或者处置养殖过程中产生的畜禽粪污等固体废物，避免造成环境污染。

禁止在人口集中地区、机场周围、交通干线附近以及当地人民政府划定的其他区域露天焚烧秸秆。

国家鼓励研究开发、生产、销售、使用在环境中可降解且无害的农用薄膜。

第六十六条 国家建立电器电子、铅蓄电池、车用动力电池等产品的生产者责任延伸制度。

电器电子、铅蓄电池、车用动力电池等产品的生产者应当按照规定以自建或者委托等方式建立与产品销售量相匹配的废旧产品回收体系，并向社会公开，实现有效回收和利用。

国家鼓励产品的生产者开展生态设计，促进资源回收利用。

第六十七条 国家对废弃电器电子产品等实行多渠道回收和集中处理制度。

禁止将废弃机动车船等交由不符合规定条件的企业或者个人回收、拆解。

拆解、利用、处置废弃电器电子产品、废弃机动车船等，应当遵守有关法律法规的规定，采取防止污染环境的措施。

第六十八条 产品和包装物的设计、制造，应当遵守国家有关清洁生产的规定。国务院标准化主管部门应当根据国家经济和技术条件、固体废物污染环境防治状况以及产品的技术要求，组织制定有关标准，防止过度包装造成环境污染。

生产经营者应当遵守限制商品过度包装的强

制性标准，避免过度包装。县级以上地方人民政府市场监督管理部门和有关部门应当按照各自职责，加强对过度包装的监督管理。

生产、销售、进口依法被列入强制回收目录的产品和包装物的企业，应当按照国家有关规定对该产品和包装物进行回收。

电子商务、快递、外卖等行业应当优先采用可重复使用、易回收利用的包装物，优化物品包装，减少包装物的使用，并积极回收利用包装物。县级以上地方人民政府商务、邮政等主管部门应当加强监督管理。

国家鼓励和引导消费者使用绿色包装和减量包装。

第六十九条　国家依法禁止、限制生产、销售和使用不可降解塑料袋等一次性塑料制品。

商品零售场所开办单位、电子商务平台企业和快递企业、外卖企业应当按照国家有关规定向商务、邮政等主管部门报告塑料袋等一次性塑料制品的使用、回收情况。

国家鼓励和引导减少使用、积极回收塑料袋等一次性塑料制品，推广应用可循环、易回收、可降解的替代产品。

第七十条　旅游、住宿等行业应当按照国家有关规定推行不主动提供一次性用品。

机关、企业事业单位等的办公场所应当使用有利于保护环境的产品、设备和设施，减少使用一次性办公用品。

第七十一条　城镇污水处理设施维护运营单位或者污泥处理单位应当安全处理污泥，保证处理后的污泥符合国家有关标准，对污泥的流向、用途、用量等进行跟踪、记录，并报告城镇排水主管部门、生态环境主管部门。

县级以上人民政府城镇排水主管部门应当将污泥处理设施纳入城镇排水与污水处理规划，推动同步建设污泥处理设施与污水处理设施，鼓励协同处理，污水处理费征收标准和补偿范围应当覆盖污泥处理成本和污水处理设施正常运营成本。

第七十二条　禁止擅自倾倒、堆放、丢弃、遗撒城镇污水处理设施产生的污泥和处理后的污泥。

禁止重金属或者其他有毒有害物质含量超标的污泥进入农用地。

从事水体清淤疏浚应当按照国家有关规定处理清淤疏浚过程中产生的底泥，防止污染环境。

第七十三条　各级各类实验室及其设立单位应当加强对实验室产生的固体废物的管理，依法收集、贮存、运输、利用、处置实验室固体废物。实验室固体废物属于危险废物的，应当按照危险废物管理。

第六章　危险废物

第七十四条　危险废物污染环境的防治，适用本章规定；本章未作规定的，适用本法其他有关规定。

第七十五条　国务院生态环境主管部门应当会同国务院有关部门制定国家危险废物名录，规定统一的危险废物鉴别标准、鉴别方法、识别标志和鉴别单位管理要求。国家危险废物名录应当动态调整。

国务院生态环境主管部门根据危险废物的危害特性和产生数量，科学评估其环境风险，实施分级分类管理，建立信息化监管体系，并通过信息化手段管理、共享危险废物转移数据和信息。

第七十六条　省、自治区、直辖市人民政府应当组织有关部门编制危险废物集中处置设施、场所的建设规划，科学评估危险废物处置需求，合理布局危险废物集中处置设施、场所，确保本行政区域的危险废物得到妥善处置。

编制危险废物集中处置设施、场所的建设规划，应当征求有关行业协会、企业事业单位、专家和公众等方面的意见。

相邻省、自治区、直辖市之间可以开展区域合作，统筹建设区域性危险废物集中处置设施、场所。

第七十七条　对危险废物的容器和包装物以及收集、贮存、运输、利用、处置危险废物的设施、场所，应当按照规定设置危险废物识别标志。

第七十八条　产生危险废物的单位，应当按照国家有关规定制定危险废物管理计划；建立危险废物管理台账，如实记录有关信息，并通过国家危险废物信息管理系统向所在地生态环境主管部门申报危险废物的种类、产生量、流向、贮存、处置等有关资料。

前款所称危险废物管理计划应当包括减少危险废物产生量和降低危险废物危害性的措施以及危险废物贮存、利用、处置措施。危险废物管理计划应当报产生危险废物的单位所在地生态环境主管部门备案。

产生危险废物的单位已经取得排污许可证的，执行排污许可管理制度的规定。

第七十九条　产生危险废物的单位，应当按照国家有关规定和环境保护标准要求贮存、利用、处置危险废物，不得擅自倾倒、堆放。

第八十条　从事收集、贮存、利用、处置危险废物经营活动的单位，应当按照国家有关规定申请取得许可证。许可证的具体管理办法由国务院制定。

禁止无许可证或者未按照许可证规定从事危险废物收集、贮存、利用、处置的经营活动。

禁止将危险废物提供或者委托给无许可证的单位或者其他生产经营者从事收集、贮存、利用、处置活动。

第八十一条　收集、贮存危险废物，应当按照危险废物特性分类进行。禁止混合收集、贮存、运输、处置性质不相容而未经安全性处置的危险废物。

贮存危险废物应当采取符合国家环境保护标准的防护措施。禁止将危险废物混入非危险废物中贮存。

从事收集、贮存、利用、处置危险废物经营活动的单位，贮存危险废物不得超过一年；确需延长期限的，应当报经颁发许可证的生态环境主管部门批准；法律、行政法规另有规定的除外。

第八十二条　转移危险废物的，应当按照国家有关规定填写、运行危险废物电子或者纸质转移联单。

跨省、自治区、直辖市转移危险废物的，应当向危险废物移出地省、自治区、直辖市人民政府生态环境主管部门申请。移出地省、自治区、直辖市人民政府生态环境主管部门应当及时商经接受地省、自治区、直辖市人民政府生态环境主管部门同意后，在规定期限内批准转移该危险废物，并将批准信息通报相关省、自治区、直辖市人民政府生态环境主管部门和交通运输主管部门。未经批准的，不得转移。

危险废物转移管理应当全程管控、提高效率，具体办法由国务院生态环境主管部门会同国务院交通运输主管部门和公安部门制定。

第八十三条　运输危险废物，应当采取防止污染环境的措施，并遵守国家有关危险货物运输管理的规定。

禁止将危险废物与旅客在同一运输工具上载运。

第八十四条　收集、贮存、运输、利用、处置危险废物的场所、设施、设备和容器、包装物及其他物品转作他用时，应当按照国家有关规定经过消除污染处理，方可使用。

第八十五条　产生、收集、贮存、运输、利用、处置危险废物的单位，应当依法制定意外事故的防范措施和应急预案，并向所在地生态环境主管部门和其他负有固体废物污染环境防治监督管理职责的部门备案；生态环境主管部门和其他负有固体废物污染环境防治监督管理职责的部门应当进行检查。

第八十六条　因发生事故或者其他突发性事件，造成危险废物严重污染环境的单位，应当立即采取有效措施消除或者减轻对环境的污染危害，及时通报可能受到污染危害的单位和居民，并向所在地生态环境主管部门和有关部门报告，接受调查处理。

第八十七条　在发生或者有证据证明可能发生危险废物严重污染环境、威胁居民生命财产安全时，生态环境主管部门或者其他负有固体废物污染环境防治监督管理职责的部门应当立即向本级人民政府和上一级人民政府有关部门报告，由人民政府采取防止或者减轻危害的有效措施。有关人民政府可以根据需要责令停止导致或者可能导致环境污染事故的作业。

第八十八条　重点危险废物集中处置设施、场所退役前，运营单位应当按照国家有关规定对设施、场所采取污染防治措施。退役的费用应当预提，列入投资概算或者生产成本，专门用于重点危险废物集中处置设施、场所的退役。具体提取和管理办法，由国务院财政部门、价格主管部门会同国务院生态环境主管部门规定。

第八十九条　禁止经中华人民共和国过境转移危险废物。

第九十条　医疗废物按照国家危险废物名录管理。县级以上地方人民政府应当加强医疗废物集中处置能力建设。

县级以上人民政府卫生健康、生态环境等主管部门应当在各自职责范围内加强对医疗废物收集、贮存、运输、处置的监督管理，防止危害公众健康、污染环境。

医疗卫生机构应当依法分类收集本单位产生的医疗废物，交由医疗废物集中处置单位处置。医疗废物集中处置单位应当及时收集、运输和处置医疗废物。

医疗卫生机构和医疗废物集中处置单位，应当采取有效措施，防止医疗废物流失、泄漏、渗漏、扩散。

第九十一条　重大传染病疫情等突发事件发生时，县级以上人民政府应当统筹协调医疗废物等危险废物收集、贮存、运输、处置等工作，保障所需的车辆、场地、处置设施和防护物资。卫生健康、生态环境、环境卫生、交通运输等主管部门应当协同配合，依法履行应急处置职责。

第七章　保障措施

第九十二条　国务院有关部门、县级以上地方人民政府及其有关部门在编制国土空间规划和相关专项规划时，应当统筹生活垃圾、建筑垃圾、危险废物等固体废物转运、集中处置等设施建设需求，保障转运、集中处置等设施用地。

第九十三条　国家采取有利于固体废物污染环境防治的经济、技术政策和措施，鼓励、支持有关方面采取有利于固体废物污染环境防治的措施，加强对从事固体废物污染环境防治工作人员的培训和指导，促进固体废物污染环境防治产业专业化、规模化发展。

第九十四条　国家鼓励和支持科研单位、固体废物产生单位、固体废物利用单位、固体废物处置单位等联合攻关，研究开发固体废物综合利用、集中处置等的新技术，推动固体废物污染环境防治技术进步。

第九十五条　各级人民政府应当加强固体废物污染环境的防治，按照事权划分的原则安排必要的资金用于下列事项：

（一）固体废物污染环境防治的科学研究、技术开发；

（二）生活垃圾分类；

（三）固体废物集中处置设施建设；

（四）重大传染病疫情等突发事件产生的医疗废物等危险废物应急处置；

（五）涉及固体废物污染环境防治的其他事项。

使用资金应当加强绩效管理和审计监督，确保资金使用效益。

第九十六条　国家鼓励和支持社会力量参与固体废物污染环境防治工作，并按照国家有关规定给予政策扶持。

第九十七条　国家发展绿色金融，鼓励金融机构加大对固体废物污染环境防治项目的信贷投放。

第九十八条　从事固体废物综合利用等固体废物污染环境防治工作的，依照法律、行政法规的规定，享受税收优惠。

国家鼓励并提倡社会各界为防治固体废物污染环境捐赠财产，并依照法律、行政法规的规定，给予税收优惠。

第九十九条　收集、贮存、运输、利用、处置危险废物的单位，应当按照国家有关规定，投保环境污染责任保险。

第一百条　国家鼓励单位和个人购买、使用综合利用产品和可重复使用产品。

县级以上人民政府及其有关部门在政府采购过程中，应当优先采购综合利用产品和可重复使用产品。

第八章　法律责任

第一百零一条　生态环境主管部门或者其他负有固体废物污染环境防治监督管理职责的部门违反本法规定，有下列行为之一，由本级人民政府或者上级人民政府有关部门责令改正，对直接负责的主管人员和其他直接责任人员依法给予处分：

（一）未依法作出行政许可或者办理批准文件的；

（二）对违法行为进行包庇的；

（三）未依法查封、扣押的；

（四）发现违法行为或者接到对违法行为的举报后未予查处的；

（五）有其他滥用职权、玩忽职守、徇私舞弊等违法行为的。

依照本法规定应当作出行政处罚决定而未作出的，上级主管部门可以直接作出行政处罚决定。

第一百零二条　违反本法规定，有下列行为之一，由生态环境主管部门责令改正，处以罚款，没收违法所得；情节严重的，报经有批准权的人民政府批准，可以责令停业或者关闭：

（一）产生、收集、贮存、运输、利用、处置固体废物的单位未依法及时公开固体废物污染环境防治信息的；

（二）生活垃圾处理单位未按照国家有关规定安装使用监测设备、实时监测污染物的排放情况并公开污染排放数据的；

（三）将列入限期淘汰名录被淘汰的设备转让给他人使用的；

（四）在生态保护红线区域、永久基本农田集中区域和其他需要特别保护的区域内，建设工业固体废物、危险废物集中贮存、利用、处置的设施、场所和生活垃圾填埋场的；

（五）转移固体废物出省、自治区、直辖市行政区域贮存、处置未经批准的；

（六）转移固体废物出省、自治区、直辖市行政区域利用未报备案的；

（七）擅自倾倒、堆放、丢弃、遗撒工业固体废物，或者未采取相应防范措施，造成工业固体废物扬散、流失、渗漏或者其他环境污染的；

（八）产生工业固体废物的单位未建立固体废物管理台账并如实记录的；

（九）产生工业固体废物的单位违反本法规定委托他人运输、利用、处置工业固体废物的；

（十）贮存工业固体废物未采取符合国家环境保护标准的防护措施的；

（十一）单位和其他生产经营者违反固体废物管理其他要求，污染环境、破坏生态的。

有前款第一项、第八项行为之一，处五万元以上二十万元以下的罚款；有前款第二项、第三项、第四项、第五项、第六项、第九项、第十项、第十一项行为之一，处十万元以上一百万元以下的罚款；有前款第七项行为，处所需处置费用一倍以上三倍以下的罚款，所需处置费用不足十万元的，按十万元计算。对前款第十一项行为的处罚，有关法律、行政法规另有规定的，适用其规定。

第一百零三条 违反本法规定，以拖延、围堵、滞留执法人员等方式拒绝、阻挠监督检查，或者在接受监督检查时弄虚作假的，由生态环境主管部门或者其他负有固体废物污染环境防治监督管理职责的部门责令改正，处五万元以上二十万元以下的罚款；对直接负责的主管人员和其他直接责任人员，处二万元以上十万元以下的罚款。

第一百零四条 违反本法规定，未依法取得排污许可证产生工业固体废物的，由生态环境主管部门责令改正或者限制生产、停产整治，处十万元以上一百万元以下的罚款；情节严重的，报经有批准权的人民政府批准，责令停业或者关闭。

第一百零五条 违反本法规定，生产经营者未遵守限制商品过度包装的强制性标准的，由县级以上地方人民政府市场监督管理部门或者有关部门责令改正；拒不改正的，处二千元以上二万元以下的罚款；情节严重的，处二万元以上十万元以下的罚款。

第一百零六条 违反本法规定，未遵守国家有关禁止、限制使用不可降解塑料袋等一次性塑料制品的规定，或者未按照国家有关规定报告塑料袋等一次性塑料制品的使用情况的，由县级以上地方人民政府商务、邮政等主管部门责令改正，处一万元以上十万元以下的罚款。

第一百零七条 从事畜禽规模养殖未及时收集、贮存、利用或者处置养殖过程中产生的畜禽粪污等固体废物的，由生态环境主管部门责令改正，可以处十万元以下的罚款；情节严重的，报经有批准权的人民政府批准，责令停业或者关闭。

第一百零八条 违反本法规定，城镇污水处理设施维护运营单位或者污泥处理单位对污泥流向、用途、用量等未进行跟踪、记录，或者处理后的污泥不符合国家有关标准的，由城镇排水主管部门责令改正，给予警告；造成严重后果的，处十万元以上二十万元以下的罚款；拒不改正的，城镇排水主管部门可以指定有治理能力的单位代为治理，所需费用由违法者承担。

违反本法规定，擅自倾倒、堆放、丢弃、遗撒城镇污水处理设施产生的污泥和处理后的污泥的，由城镇排水主管部门责令改正，处二十万元以上二百万元以下的罚款，对直接负责的主管人员和其他直接责任人员处二万元以上十万元以下的罚款；造成严重后果的，处二百万元以上五百万元以下的罚款，对直接负责的主管人员和其他直接责任人员处五万元以上五十万元以下的罚款；拒不改正的，城镇排水主管部门可以指定有治理能力的单位代为治理，所需费用由违法者承担。

第一百零九条 违反本法规定，生产、销售、进口或者使用淘汰的设备，或者采用淘汰的生产工艺的，由县级以上地方人民政府指定的部门责令改正，处十万元以上一百万元以下的罚款，没收违法所得；情节严重的，由县级以上地方人民政府指定的部门提出意见，报经有批准权的人民政府批准，责令停业或者关闭。

第一百一十条 尾矿、煤矸石、废石等矿业固体废物贮存设施停止使用后，未按照国家有关环境保护规定进行封场的，由生态环境主管部门责令改正，处二十万元以上一百万元以下的罚款。

第一百一十一条 违反本法规定，有下列行为之一，由县级以上地方人民政府环境卫生主管部门责令改正，处以罚款，没收违法所得：

（一）随意倾倒、抛撒、堆放或者焚烧生活垃圾的；

（二）擅自关闭、闲置或者拆除生活垃圾处理设施、场所的；

（三）工程施工单位未编制建筑垃圾处理方案报备案，或者未及时清运施工过程中产生的固体废物的；

（四）工程施工单位擅自倾倒、抛撒或者堆放工程施工过程中产生的建筑垃圾，或者未按照规定对施工过程中产生的固体废物进行利用或者处置的；

（五）产生、收集厨余垃圾的单位和其他生产经营者未将厨余垃圾交由具备相应资质条件的单位进行无害化处理的；

（六）畜禽养殖场、养殖小区利用未经无害化处理的厨余垃圾饲喂畜禽的；

（七）在运输过程中沿途丢弃、遗撒生活垃圾的。

单位有前款第一项、第七项行为之一，处五万元以上五十万元以下的罚款；单位有前款第二项、第三项、第四项、第五项、第六项行为之一，处十万元以上一百万元以下的罚款；个人有前款第一项、第五项、第七项行为之一，处一百元以上五百元以下的罚款。

违反本法规定，未在指定的地点分类投放生活垃圾的，由县级以上地方人民政府环境卫生主管部门责令改正；情节严重的，对单位处五万元以上五十万元以下的罚款，对个人依法处以罚款。

第一百一十二条　违反本法规定，有下列行为之一，由生态环境主管部门责令改正，处以罚款，没收违法所得；情节严重的，报经有批准权的人民政府批准，可以责令停业或者关闭：

（一）未按照规定设置危险废物识别标志的；

（二）未按照国家有关规定制定危险废物管理计划或者申报危险废物有关资料的；

（三）擅自倾倒、堆放危险废物的；

（四）将危险废物提供或者委托给无许可证的单位或者其他生产经营者从事经营活动的；

（五）未按照国家有关规定填写、运行危险废物转移联单或者未经批准擅自转移危险废物的；

（六）未按照国家环境保护标准贮存、利用、处置危险废物或者将危险废物混入非危险废物中贮存的；

（七）未经安全性处置，混合收集、贮存、运输、处置具有不相容性质的危险废物的；

（八）将危险废物与旅客在同一运输工具上载运的；

（九）未经消除污染处理，将收集、贮存、运输、处置危险废物的场所、设施、设备和容器、包装物及其他物品转作他用的；

（十）未采取相应防范措施，造成危险废物扬散、流失、渗漏或者其他环境污染的；

（十一）在运输过程中沿途丢弃、遗撒危险废物的；

（十二）未制定危险废物意外事故防范措施和应急预案的；

（十三）未按照国家有关规定建立危险废物管理台账并如实记录的。

有前款第一项、第二项、第五项、第六项、第七项、第八项、第九项、第十二项、第十三项行为之一，处十万元以上一百万元以下的罚款；有前款第三项、第四项、第十项、第十一项行为之一，处所需处置费用三倍以上五倍以下的罚款，所需处置费用不足二十万元的，按二十万元计算。

第一百一十三条　违反本法规定，危险废物产生者未按照规定处置其产生的危险废物被责令改正后拒不改正的，由生态环境主管部门组织代为处置，处置费用由危险废物产生者承担；拒不承担代为处置费用的，处代为处置费用一倍以上三倍以下的罚款。

第一百一十四条　无许可证从事收集、贮存、利用、处置危险废物经营活动的，由生态环境主管部门责令改正，处一百万元以上五百万元以下的罚款，并报经有批准权的人民政府批准，责令停业或者关闭；对法定代表人、主要负责人、直接负责的主管人员和其他责任人员，处十万元以上一百万元以下的罚款。

未按照许可证规定从事收集、贮存、利用、处置危险废物经营活动的，由生态环境主管部门责令改正，限制生产、停产整治，处五十万元以上二百万元以下的罚款；对法定代表人、主要负责人、直接负责的主管人员和其他责任人员，处五万元以上五十万元以下的罚款；情节严重的，报经有批准权的人民政府批准，责令停业或者关闭，还可以由发证机关吊销许可证。

第一百一十五条　违反本法规定，将中华人民共和国境外的固体废物输入境内的，由海关责令退运该固体废物，处五十万元以上五百万元以下的罚款。

承运人对前款规定的固体废物的退运、处置，与进口者承担连带责任。

第一百一十六条　违反本法规定，经中华人民共和国过境转移危险废物的，由海关责令退运该危险废物，处五十万元以上五百万元以下的罚款。

第一百一十七条　对已经非法入境的固体废物，由省级以上人民政府生态环境主管部门依法向海关提出处理意见，海关应当依照本法第一百一十五条的规定作出处罚决定；已经造成环境污染的，由省级以上人民政府生态环境主管部门责令进口者消除污染。

第一百一十八条　违反本法规定，造成固体废物污染环境事故的，除依法承担赔偿责任外，由生态环境主管部门依照本条第二款的规定处以罚款，责令限期采取治理措施；造成重大或者特大固体废物污染环境事故的，还可以报经有批准权的人民政府批准，责令关闭。

造成一般或者较大固体废物污染环境事故的，按照事故造成的直接经济损失的一倍以上三倍以下计算罚款；造成重大或者特大固体废物污染环境事故的，按照事故造成的直接经济损失的三倍以上五倍以下计算罚款，并对法定代表人、主要负责人、直接负责的主管人员和其他责任人员处上一年度从本单位取得的收入百分之五十以下的罚款。

第一百一十九条　单位和其他生产经营者违反本法规定排放固体废物，受到罚款处罚，被责令改正的，依法作出处罚决定的行政机关应当组织复查，发现其继续实施该违法行为的，依照《中华人民共和国环境保护法》的规定按日连续处罚。

第一百二十条　违反本法规定，有下列行为之一，尚不构成犯罪的，由公安机关对法定代表人、主要负责人、直接负责的主管人员和其他责任人员处十日以上十五日以下的拘留；情节较轻的，处五日以上十日以下的拘留：

（一）擅自倾倒、堆放、丢弃、遗撒固体废物，造成严重后果的；

（二）在生态保护红线区域、永久基本农田集中区域和其他需要特别保护的区域内，建设工业固体废物、危险废物集中贮存、利用、处置的设施、场所和生活垃圾填埋场的；

（三）将危险废物提供或者委托给无许可证的单位或者其他生产经营者堆放、利用、处置的；

（四）无许可证或者未按照许可证规定从事收集、贮存、利用、处置危险废物经营活动的；

（五）未经批准擅自转移危险废物的；

（六）未采取防范措施，造成危险废物扬散、流失、渗漏或者其他严重后果的。

第一百二十一条　固体废物污染环境、破坏生态，损害国家利益、社会公共利益的，有关机关和组织可以依照《中华人民共和国环境保护法》、《中华人民共和国民事诉讼法》、《中华人民共和国行政诉讼法》等法律的规定向人民法院提起诉讼。

第一百二十二条　固体废物污染环境、破坏生态给国家造成重大损失的，由设区的市级以上地方人民政府或者其指定的部门、机构组织与造成环境污染和生态破坏的单位和其他生产经营者进行磋商，要求其承担损害赔偿责任；磋商未达成一致的，可以向人民法院提起诉讼。

对于执法过程中查获的无法确定责任人或者无法退运的固体废物，由所在地县级以上地方人民政府组织处理。

第一百二十三条　违反本法规定，构成违反治安管理行为的，由公安机关依法给予治安管理处罚；构成犯罪的，依法追究刑事责任；造成人身、财产损害的，依法承担民事责任。

第九章　附　　则

第一百二十四条　本法下列用语的含义：

（一）固体废物，是指在生产、生活和其他活动中产生的丧失原有利用价值或者虽未丧失利用价值但被抛弃或者放弃的固态、半固态和置于容器中的气态的物品、物质以及法律、行政法规规定纳入固体废物管理的物品、物质。经无害化加工处理，并且符合强制性国家产品质量标准，不会危害公众健康和生态安全，或者根据固体废物鉴别标准和鉴别程序认定为不属于固体废物的除外。

（二）工业固体废物，是指在工业生产活动中产生的固体废物。

（三）生活垃圾，是指在日常生活中或者为日常生活提供服务的活动中产生的固体废物，以及法律、行政法规规定视为生活垃圾的固体废物。

（四）建筑垃圾，是指建设单位、施工单位新建、改建、扩建和拆除各类建筑物、构筑物、管网等，以及居民装饰装修房屋过程中产生的弃土、弃料和其他固体废物。

（五）农业固体废物，是指在农业生产活动中产生的固体废物。

（六）危险废物，是指列入国家危险废物名录或者根据国家规定的危险废物鉴别标准和鉴别方法认定的具有危险特性的固体废物。

（七）贮存，是指将固体废物临时置于特定设施或者场所中的活动。

（八）利用，是指从固体废物中提取物质作为原材料或者燃料的活动。

（九）处置，是指将固体废物焚烧和用其他改变固体废物的物理、化学、生物特性的方法，达到减少已产生的固体废物数量、缩小固体废物体积、减少或者消除其危险成分的活动，或者将固体废物最终置于符合环境保护规定要求的填埋场的活动。

第一百二十五条　液态废物的污染防治，适用本法；但是，排入水体的废水的污染防治适用有关法律，不适用本法。

第一百二十六条　本法自2020年9月1日起施行。

关于《中华人民共和国固体废物污染环境防治法（修订草案）》的说明

——2019年6月25日在第十三届全国人民代表大会常务委员会第十一次会议上

生态环境部部长　李干杰

全国人民代表大会常务委员会：

我受国务院委托，对《中华人民共和国固体废物污染环境防治法（修订草案）》作说明。

党中央、国务院高度重视固体废物污染环境防治工作。习近平总书记2017年4月主持召开中央全面深化改革领导小组会议，审议通过《关于禁止洋垃圾入境推进固体废物进口管理制度改革实施方案》，强调要坚定不移地从严把握。李克强总理指出，要加强固体废弃物和垃圾分类处置，严禁洋垃圾入境，保护我生态环境安全和人民健康。按照党中央、国务院决策部署，生态环境部会同有关方面起草了《中华人民共和国固体废物污染环境防治法（修订草案）》（以下简称《草案》），现将有关情况说明如下：

一、修订工作情况

现行固体废物污染环境防治法是1995年制定的，2004年进行了第一次修订，2013年、2015年、2016年又分别对特定条款进行了修正。2017年全国人大常委会进行执法检查，认为固体废物污染环境防治法对防治固体废物污染环境、保障公众健康、维护生态安全发挥了重要作用，但该法中的一些制度规定难以适应当前固体废物污染防治新形势新任务，如排污许可、查封扣押等制度措施需要及时补充完善，危险废物管理、农业废弃物污染防治、农村生活垃圾处置等有关制度和措施需要进一步细化和完善，相关法律责任有待强化等，并建议尽快启动固体废物污染环境防治法修订工作。

按照要求，生态环境部起草了《中华人民共和国固体废物污染环境防治法（修订草案送审稿）》，向社会公开征求了意见，于2018年10月报请国务院审议。收到此件后，司法部再次征求了中央改革办、发展改革委、工业和信息化部、财政部、自然资源部、生态环境部、住房城乡建设部、交通运输部、农业农村部、商务部、卫生健康委、海关总署等有关部门和单位以及有关地方政府、企业的意见，召开专家论证会和部门座谈会，进行反复研究修改，形成了《草案》。《草案》已经国务院第51次常务会议讨论通过。

二、修订的主要内容

现行固体废物污染环境防治法共六章九十一条，《草案》共九章一百零九条。修订工作以习近平生态文明思想为指导，贯彻落实党中央、国务院关于推进生态文明法治建设的决策部署，以全国人大常委会执法检查报告指出的问题为重点，主要修订了以下内容：

（一）完善固体废物污染环境防治监督管理制度。一是建立固体废物污染环境防治信用记录制度，将违法信息纳入全国信用信息共享平台并予以公示。二是补充完善查封扣押措施，规定出现可能造成证据灭失、被隐匿、被非法转移或者造成严重环境污染等情形时，可以对涉嫌违法的固体废物及设备、场所等予以查封、扣押。三是明确国家逐步基本实现固体废物零进口，由国务院生态环境主管部门会同有关部门组织实施。

（二）强化工业固体废物污染环境防治制度。一是强化工业固体废物产生者的责任，要求其建立、健全全过程的污染环境防治责任制度，建立固体废物管理台账，委托他人运输、利用、处置的要对受托方的主体资格和技术能力进行核实。二是强化与清洁生产促进法的衔接，要求企业事业单位依法实施强制性清洁生产审核，减少工业固体废物产生量。三是补充完善排污许可制度，要求产生工业固体废物的单位等申请领取排污许可证，并按照排污许可证要求管理所产生的工业固体废物。

（三）健全生活垃圾污染环境防治制度。一是推行生活垃圾分类制度，要求加快建立分类投放、分类收集、分类运输、分类处理的垃圾处理系统，实现垃圾分类制度有效覆盖。二是规范生活垃圾分类工作，要求设区的市级以上环境卫生主管部门发布生活垃圾分类指导目录。三是加强生活垃圾处置企业管理，要求其按照国家有关规定安装使用监测设备，实时监测污染物排放情况，将污染排放数据实时公开。四是建立餐厨垃圾管理制度，要求产生、收集单位将餐厨垃圾交由具备相应资质条件的专业化单位进行无害化处理，禁止畜禽养殖场、养殖小区利用未经无害化处理的餐厨垃圾饲喂畜禽。五是规定按照产生者付费原则实行生活垃圾处理收费制度，要求县级以上地方人民政府结合生活垃圾分类情况，根据本地实际，制定差别化的生活垃圾处理收费标准，并在充分征求公众意见后公布。六是加强农村生活垃圾处置，将“城市生活垃圾”的表述修改为“城乡生活垃圾”，建立覆盖农村的生活垃圾分类制度。

（四）完善其他固体废物污染环境防治制度。要求县级以上环境卫生主管部门建立建筑垃圾全过程管理制度，规范建筑垃圾产生、贮存、运输、利用、处置行为，推进循环利用，保障消纳处置安全。同时，进一步完善了秸秆、废弃农用薄膜、畜禽粪污等农业固体废物污染环境防治和生产者责任延伸、塑料袋等一次性塑料制品管理、污泥处理处置等管理制度。

（五）加强对危险废物污染环境的防治。一是要求国务院生态环境主管部门牵头制定国家危险废物名录，实施分级、分类管理，建立信息化监管体系，并通过信息化手段管理、共享危险废物转移数据和信息。二是加强危险废物集中处置设施建设，要求省级人民政府组织编制危险废物集中处置设施、场所的建设规划，确保本行政区域内的危险废物得到妥善处置。三是加强危险废物跨省转移管理，要求国务院生态环境主管部门会同有关部门制定具体办法。四是建立强制责任保险制度，要求收集、贮存、运输、利用、处置危险废物的单位投保环境污染责任保险。

（六）严格法律责任。根据党中央、国务院关于用重典治理环境违法行为的部署，落实全国人大常委会执法检查报告的要求，对擅自倾倒、堆放、丢弃、遗撒工业固体废物，擅自倾倒、堆放危险废物等违法行为，规定了严格的法律责任。增加了按日连续处罚的规定，对未经批准擅自转移危险废物等违法行为增加了拘留的处罚措施。

同时，根据环境保护“清费立税”、取消由原环境保护部负责的建设项目竣工环境保护验收、机构改革等精神，《草案》删除了危险废物排污费、建设项目环境保护设施验收等内容，并对部门表述等一并作了修改。

《草案》和以上说明是否妥当，请审议。

全国人民代表大会宪法和法律委员会关于《中华人民共和国固体废物污染环境防治法（修订草案）》修改情况的汇报

——2019 年 12 月 23 日在第十三届全国人民代表大会常务委员会第十五次会议上

全国人大宪法和法律委员会副主任委员　徐　辉

全国人民代表大会常务委员会：

常委会第十一次会议对固体废物污染环境防治法（修订草案）进行了初次审议。会后，法制工作委员会将修订草案印发全国人大代表、各省（区、市）、部分设区的市、基层立法联系点和中央有关单位等征求意见，并在中国人大网全文公布修订草案，征求社会公众意见。宪法和法律委员会、环境与资源保护委员会和法制工作委员会召开座谈会，听取部分全国人大代表和有关部门、专家、企业、行业协会等的意见。宪法和法律委员会、法制工作委员会还到福建、浙江、上海、山东、内蒙古、宁夏、江苏等地调研，召开专家咨询会听取意见，并就修订草案中的主要问题与有关部门交换意见，共同研究。宪法和法律委员会于 11 月 20 日召开会议，根据常委会组成人员的审议意见和各方面意见，对修订草案进行了逐条审议。环境与资源保护委员会、工业和信息化部、司法部、生态环境部、住房和城乡建设部、农业农村部的有关负责同志列席了会议。12月16日，宪法和法律委员会召开会议，再次进行审议。现将固体废物污染环境防治法（修订草案）主要问题的修改情况汇报如下：

一、有的常委委员、代表、地方、专家和社会公众建议将固体废物污染环境防治原则明确为减量化、资源化、无害化，并充实相关内容。宪法和法律委员会经研究，建议将修订草案第三条第一款有关防治原则的规定修改为“固体废物污染环境防治坚持减量化、资源化和无害化的原则”，并相应增加规定：一是任何单位和个人都应当采取措施，减少固体废物的产生量，综合利用固体废物，实现固体废物产生、收集、贮存、运输、利用、处置及相关活动无害化。二是国家鼓励采取先进工艺对尾矿、矸石、废石等矿业固体废物进行综合利用。三是国家推广应用可循环、可降解、可替代产品。四是旅游、餐饮等行业应当逐步推行不主动提供一次性用品；机关、企业事业单位等的办公场所应当使用有利于保护环境的产品、设备和设施，减少使用一次性办公用品。

二、有的常委会组成人员、部门、地方、专家和社会公众建议完善政府及其有关部门固体废物污染环境防治责任和监督管理制度。宪法和法律委员会经研究，建议增加规定：一是地方各级人民政府对本行政区域固体废物污染环境防治负责。二是国家实行固体废物污染环境防治目标责任制和考核评价制度。三是各级人民政府应当加强对固体废物污染环境防治工作的领导，组织、协调、督促有关部门依法履行固体废物污染环境防治监督管理职责。四是生态环境主管部门应当会同有关部门建立信用记录制度，依法实施联合惩戒。

三、有的常委委员、地方、专家和社会公众提出，固体废物污染环境防治应当增强地方合作，建立协同机制，加强固体废物转移管理，提高转移效率。宪法和法律委员会经研究，建议增加规定：一是省、自治区、直辖市之间可以协商建立跨行政区域固体废物污染环境的联防联控机制，统筹规划制定、设施建设、固体废物转移等工作。二是国务院生态环境主管部门应当会同国务院有关部门建立全国危险废物等固体废物污染环境防治信息平台，推进固体废物收集、转移、处置等全过程监控和信息化追溯。三是转移固体废物出省贮存、处置的，移出地的省级政府生态环境主管部门应当及时商经接受地的省级政府生态环境主管部门同意后在规定期限内批准。四是转移危险废物的，应当按照国家有关规定填写、运行危险废物电子转移联单；危险废物转移管理应当全程管控、提高效率。

四、有的常委会组成人员、部门、地方、专家和社会公众建议进一步健全生活垃圾分类制度，明确分类原则，通过宣传教育、示范带头等引导公众养成分类习惯，赋予地方相应的生活垃圾分类管理权限。宪法和法律委员会经研究，建议增加规定：一是生活垃圾分类实行政府推动、全民参与、城乡统筹、因地制宜、简便易行的原则。二是县级以上地方人民政府应当建立健全生活垃圾分类工作协调机制，加强生活垃圾分类管理能力建设。三是各级人民政府及其有关部门应当组织开展生活垃圾分类宣传，教育引导公众养成生活垃圾分类习惯，督促和指导生活垃圾分类工作。四是有条件的地方，城乡结合部或者人口密集的农村的生活垃圾，可以纳入城市生活垃圾分类收集、运输、处理系统；其他农村的生活垃圾，应当妥善处理，防止污染环境。五是产生生活垃圾的单位和个人应当依法履行生活垃圾源头减量和分类投放义务，承担生活垃圾产生者责任。六是机关、事业单位、国有企业等应当在生活垃圾分类工作中起示范带头作用。七是省、自治区、直辖市和设区的市、自治州可以对生活垃圾分类制定具体管理办法。

五、有的常委会组成人员、部门、地方、专家和社会公众提出，国家在保障固体废物污染环境防治方面已经实行了一系列的政策支持措施，应当将这些政策措施进行规范化、集中规定。宪法和法律委员会经研究，建议增加“保障措施”一章，并增加规定：一是国家鼓励科研单位、固体废物产生单位、固体废物利用单位、固体废物处置单位等联合攻关，研究开发固体废物综合利用、集中处置等新技术，推动固体废物污染环境防治技术进步。二是各级人民政府应当加强固体废物污染环境的防治，安排必要的资金用于生活垃圾分类等事项。三是国家鼓励和支持社会力量参与固体废物污染环境防治工作。四是国家鼓励金融机构加大对固体废物污染环境防治项目的信贷投放。五是从事固体废物综合利用等固体废物污染环境防治工作的，依照法律、行政法规的规定，享受税收优惠；国家鼓励并提倡社会各界为防治固体废物污染环境捐赠财产，并依照法律、行政法规的规定，给予税收优惠。

六、有的常委会组成人员、部门、地方、专家和社会公众建议进一步健全完善法律责任。宪法和法律委员会经研究，建议作以下修改：一是对生产淘汰的设备、将被淘汰的设备转让给他人使用等违法行为增加没收违法所得、罚款等处罚。二是对将危险废物提供给无经营许可证的单位或者其他生产经营者堆放、利用、处置等违法行为的责任人员,增加行政拘留的处罚。三是将对不按照经营许可证规定从事收集、贮存、利用、处置危险废物经营活动等违法行为处罚的相关责任人员修改为"法定代表人、主要负责人、直接负责的主管人员和其他责任人员"。四是对在运输过程中沿途丢弃、遗撒生活垃圾等违法行为,提高罚款额度。

另外,有的常委委员、代表、部门、地方、专家和社会公众提出,应当做好本法与生态环境保护、民事相关法律的衔接。宪法和法律委员会经研究,建议删去修订草案中有关民事责任承担、举证责任、国际条约适用的内容。

此外,还对修订草案作了一些文字修改。

修订草案二次审议稿已按上述意见作了修改,宪法和法律委员会建议提请本次常委会会议继续审议。

修订草案二次审议稿和以上汇报是否妥当,请审议。

全国人民代表大会宪法和法律委员会关于《中华人民共和国固体废物污染环境防治法(修订草案)》审议结果的报告

——2020 年 4 月 26 日在第十三届全国人民代表大会常务委员会第十七次会议上

全国人大宪法和法律委员会副主任委员 徐 辉

全国人民代表大会常务委员会:

常委会第十五次会议对固体废物污染环境防治法(修订草案)进行了二次审议。会后,法制工作委员会在中国人大网全文公布修订草案二次审议稿,再次征求社会公众意见;到湖南、广东调研,听取部分全国人大代表、地方有关部门和有关企业等方面的意见;就修订草案中的主要问题与有关部门交换意见,共同研究。宪法和法律委员会于 4 月 2 日召开会议,根据常委会组成人员的审议意见和各方面意见,对修订草案进行了审议。环境与资源保护委员会、国家发展和改革委员会、司法部、财政部、生态环境部、住房和城乡建设部、国家卫生健康委员会的有关负责同志列席了会议。4 月 17 日,宪法和法律委员会召开会议,再次进行审议。宪法和法律委员会认为,为了保护和改善生态环境,防治固体废物污染环境,保障公众健康,维护生态安全,推进生态文明建设,促进经济社会可持续发展,对固体废物污染环境防治法进行修订是必要的,修订草案经过两次审议修改,已经比较成熟。同时,提出以下主要修改意见:

一、有的常委委员、代表、部门、地方和社会公众提出,及时处理医疗废物是防控新冠肺炎疫情的一项重要工作,建议在总结经验的基础上作出更具针对性的规定。宪法和法律委员会经研究,建议切实加强医疗废物特别是应对重大传染病疫情过程中医疗废物的管理,增加以下规定:一是明确医疗废物按照国家危险废物名录管理。县级以上地方人民政府应当加强医疗废物集中处置能力建设。二是明确监管职责。县级以上人民政府卫生健康、生态环境等主管部门应当在各自职责范围内加强对医疗废物收集、贮存、运输、处置的监督管理,防止危害公众健康、污染环境。三是突出主体责任。医疗卫生机构应当依法分类收集本单位产生的医疗废物,交由医疗废物集中处置单位处置。医疗废物集中处置单位应当及时收集、运输和处置医疗废物。医疗卫生机构和医疗废物集中处置单位应当采取有效措施,防止医疗废物流失、泄漏、扩散。四是完善应急保障机制。重大传染病疫情等突发事件发生时,县级以上人民政府应当统筹协调医疗废物等危险废物收集、贮存、运输、处置等工作,保障所需的车辆、场地、处置设施和防护物资。有关主管部门应当协同配合,依法履行应急处置职责。五是各级人民政府应当按照事权划分的原则安排必要的资金用于重大传染病疫情等突发事件产生的医疗废物等危险废物应急处置。

二、有的常委会组成人员、代表、部门、地方和社会公众建议进一步统筹城乡生活垃圾分类管理，加强农贸市场、农产品批发市场环境卫生治理，完善生活垃圾处理收费制度。宪法和法律委员会经研究，建议增加以下规定：一是明确县级以上地方人民政府应当统筹生活垃圾分类管理能力建设。二是强调地方各级人民政府应当加强农村生活垃圾污染环境的防治，保护和改善农村人居环境。国家推行农村生活垃圾源头减量，鼓励适合在农村利用的生活垃圾就近就地利用。未纳入城市生活垃圾管理系统的农村地区应当积极探索生活垃圾管理模式，因地制宜、妥善处理生活垃圾。三是要求已经分类投放的生活垃圾，应当按照规定分类收集、分类运输、分类处理。四是规定农贸市场、农产品批发市场等应当加强环境卫生管理，保持环境卫生清洁，对所产生的垃圾及时清扫、分类收集、妥善处理。五是明确县级以上地方人民政府制定生活垃圾处理收费标准，应当体现分类计价、计量收费等差别化管理。生活垃圾处理费应当专项用于生活垃圾的收集、运输和处理等，不得挪作他用。

三、有的常委委员、代表、部门和地方提出，建筑垃圾产生量大、消纳任务重，资源化利用进展缓慢，建议加大推进建筑垃圾污染环境防治工作的力度。宪法和法律委员会经研究，建议增加以下规定：一是明确县级以上地方人民政府应当加强建筑垃圾污染环境的防治，建立建筑垃圾分类处理制度。二是强调县级以上地方人民政府应当制定建筑垃圾污染环境防治工作规划。三是规定国家鼓励采用先进技术和管理措施，推进建筑垃圾源头减量，建立建筑垃圾回收利用体系。县级以上地方人民政府应当推动建筑垃圾综合利用产品应用。四是要求国务院有关部门、县级以上地方人民政府及其有关部门在编制国土空间规划和相关专项规划时，应当统筹建筑垃圾转运、集中处置等设施建设需求并保障用地。

四、有的常委会组成人员、部门和社会公众提出，过度包装和一次性塑料制品，是造成资源浪费和环境污染的重要原因，建议进一步加强这方面的治理。宪法和法律委员会经研究，建议作以下修改：一是要求生产经营者应当遵守有关限制商品过度包装的强制性标准，避免过度包装。县级以上地方人民政府市场监督管理部门和有关部门应当按照各自职责，加强对过度包装的监督管理。二是强调电子商务、快递、外卖等行业应当优先采用可重复使用、易回收利用的包装物，优化物品包装，减少包装物的使用，并积极回收利用包装物。县级以上地方人民政府商务、邮政等主管部门应当加强监督管理。三是明确国家依法禁止生产、销售和使用不可降解塑料袋等一次性塑料制品。四是要求商品零售场所开办单位、电子商务平台企业和快递企业、外卖企业应当按照国家有关规定向商务、邮政等主管部门报告一次性塑料制品的使用、回收情况。

五、有的常委委员和代表建议强化实验室固体废物的管理。宪法和法律委员会经研究，建议明确有关实验室固体废物管理的基本要求，增加规定：各级各类实验室及其设立单位应当加强对实验室产生的固体废物的管理，依法收集、贮存、运输、利用、处置实验室固体废物。实验室固体废物属于危险废物的，应当按照危险废物进行管理。

六、有的常委委员、代表和地方建议通过加强从业人员培训等方式进一步加强固体废物污染环境防治工作的保障。宪法和法律委员会经研究，建议增加以下规定：一是加强对从事固体废物污染环境防治工作人员的培训和指导。二是促进固体废物污染环境防治产业专业化、规模化发展。三是对社会力量参与固体废物污染环境防治工作按照国家有关规定给予政策扶持。

七、有的常委会组成人员、代表、部门、地方和社会公众建议进一步加大对违法行为的惩处力度，完善相关法律责任。宪法和法律委员会经研究，建议作以下修改：一是对生产经营者未遵守有关限制商品过度包装的强制性标准以及未遵守国家有关禁止、限制使用一次性塑料制品的规定等违法行为，增加规定相应的法律责任。二是对擅自倾倒、堆放危险废物等违法行为，提高罚款额度，增加处罚种类。三是对无许可证从事收集、贮存、利用、处置危险废物经营活动等违法行为，增加对相关责任人员的处罚。

4月8日，法制工作委员会召开会议，邀请部分全国人大代表、地方有关部门、有关企业、居民委员会和专家等就修订草案中主要制度规范的可行性、出台时机、实施的社会效果和可能出现的问题等进行评估。与会人员普遍认为，为了打好污染防治攻坚战，修改固体废物污染环境防治法非常必要和及时。修订草案贯彻落实习近平生态文明思想和党中央有关决策部署，体现了新形势下固体废物污染环境防治成功经验，很好地处理了法律之间的衔接，坚持问题导向，回应人民群众期待和实践需求，制度规范可行，将会产生良好的社会效果。修订草案经过多次修改完善，充分吸收了各方面意见，进一步增强了制度规范的针对性和可操作性，已经比较成熟，建议尽快审议通过。与会人员还对修订草案提出了一些具体修改意见，宪法和法律委员会进行了认真研究，对有的意见予以采纳。

此外，还对修订草案二次审议稿作了一些文字修改。

修订草案三次审议稿已按上述意见作了修改，宪法和法律委员会建议提请本次常委会会议审议通过。

修订草案三次审议稿和以上报告是否妥当，请审议。

全国人民代表大会宪法和法律委员会关于《中华人民共和国固体废物污染环境防治法（修订草案三次审议稿）》修改意见的报告

——2020 年 4 月 28 日在第十三届全国人民代表大会常务委员会第十七次会议上

全国人民代表大会常务委员会：

本次常委会会议于 4 月 27 日上午对固体废物污染环境防治法修订草案三次审议稿进行了分组审议，通过网络视频参加会议的委员也提出了意见。普遍认为，修订草案已经比较成熟，建议进一步修改后，提请本次会议表决通过。同时，有些常委会组成人员还提出了一些修改意见。宪法和法律委员会于 4 月 27 日下午召开会议，逐条研究了常委会组成人员的审议意见，对修订草案进行了审议。环境与资源保护委员会、司法部、生态环境部、住房和城乡建设部、农业农村部、国家卫生健康委员会的有关负责同志列席了会议。宪法和法律委员会认为，修订草案是可行的，同时，提出以下修改意见：

一、修订草案三次审议稿第二十四条规定，国家逐步基本实现固体废物零进口。有些常委委员提出，“逐步”和“基本”有重复，建议删去“基本”。宪法和法律委员会经研究，建议采纳这一意见。

二、一些常委会组成人员提出，应进一步强化生活垃圾分类宣传教育，加强农村生活垃圾污染环境的防治，突出家庭生活垃圾分类责任。宪法和法律委员会经研究，建议作以下修改：一是明确学校应当开展生活垃圾分类知识普及和教育。二是规定城乡结合部、人口密集的农村地区和其他有条件的地方，应当建立城乡一体的生活垃圾管理系统；其他农村地区应当积极探索生活垃圾管理模式，因地制宜，就近就地利用或者妥善处理生活垃圾。三是增加规定产生生活垃圾的家庭应当依法履行生活垃圾源头减量和分类投放的义务。

三、有些常委会组成人员建议进一步推进建筑垃圾源头减量和消纳设施、场所建设，加强工程施工单位管理。宪法和法律委员会经研究，建议增加规定：一是明确建筑垃圾污染环境防治工作规划包括源头减量、分类处理、消纳设施和场所布局及建设等内容。二是国家鼓励采用先进工艺、设备，推进建筑垃圾源头减量。三是工程施工单位不得擅自倾倒、抛撒或者堆放工程施工过程中产生的建筑垃圾。

四、有的常委委员建议进一步加强对危险废物产生单位的日常管理。宪法和法律委员会经研究，建议明确产生危险废物的单位应当按照国家有关规定建立危险废物管理台账，如实记录有关信息，并增加规定相应的法律责任。

在常委会审议中，有些常委会组成人员还就加强固体废物污染环境的防治，完善有关制度提出了一些具体意见，如强化生活垃圾分类、限制过度包装和一次性塑料制品的使用等。有些常委会组成人员建议有关方面抓紧制定配套规定，加强法律宣传。宪法和法律委员会经研究认为，有的意见已在有关法律、行政法规中作出规定，有的需要在配套规定中进一步细化，建议国务院及其有关部门认真研究落实，抓紧制定配套规定，做好法律宣传，切实保障法律的贯彻实施。

此外，根据常委会组成人员的审议意见，还对修订草案三次审议稿作了一些文字修改。

修订草案建议表决稿已按上述意见作了修改，宪法和法律委员会建议本次常委会会议审议通过。

修订草案建议表决稿和以上报告是否妥当，请审议。

中华人民共和国主席令

第四十六号

《中华人民共和国公职人员政务处分法》已由中华人民共和国第十三届全国人民代表大会常务委员会第十九次会议于2020年6月20日通过，现予公布，自2020年7月1日起施行。

中华人民共和国主席　习近平

2020年6月20日

中华人民共和国公职人员政务处分法

（2020年6月20日第十三届全国人民代表大会常务委员会第十九次会议通过）

目　　录

第一章　总　　则

第一条　为了规范政务处分，加强对所有行使公权力的公职人员的监督，促进公职人员依法履职、秉公用权、廉洁从政从业、坚持道德操守，根据《中华人民共和国监察法》，制定本法。

第二条　本法适用于监察机关对违法的公职人员给予政务处分的活动。

本法第二章、第三章适用于公职人员任免机关、单位对违法的公职人员给予处分。处分的程序、申诉等适用其他法律、行政法规、国务院部门规章和国家有关规定。

本法所称公职人员，是指《中华人民共和国监察法》第十五条规定的人员。

第三条　监察机关应当按照管理权限，加强对公职人员的监督，依法给予违法的公职人员政务处分。

公职人员任免机关、单位应当按照管理权限，加强对公职人员的教育、管理、监督，依法给予违法的公职人员处分。

监察机关发现公职人员任免机关、单位应当给予处分而未给予，或者给予的处分违法、不当的，应当及时提出监察建议。

第四条　给予公职人员政务处分，坚持党管干部原则，集体讨论决定；坚持法律面前一律平等，以事实为根据，以法律为准绳，给予的政务处分与违法行为的性质、情节、危害程度相当；坚持惩戒与教育相结合，宽严相济。

第五条　给予公职人员政务处分，应当事实清楚、证据确凿、定性准确、处理恰当、程序合法、手续完备。

第六条　公职人员依法履行职责受法律保护，非因法定事由、非经法定程序，不受政务处分。

第二章　政务处分的种类和适用

第七条　政务处分的种类为：

（一）警告；

（二）记过；

（三）记大过；

（四）降级；

（五）撤职；

（六）开除。

第八条　政务处分的期间为：

（一）警告，六个月；

（二）记过，十二个月；

（三）记大过，十八个月；

（四）降级、撤职，二十四个月。

政务处分决定自作出之日起生效，政务处分期自政务处分决定生效之日起计算。

第九条 公职人员二人以上共同违法，根据各自在违法行为中所起的作用和应当承担的法律责任，分别给予政务处分。

第十条 有关机关、单位、组织集体作出的决定违法或者实施违法行为的，对负有责任的领导人员和直接责任人员中的公职人员依法给予政务处分。

第十一条 公职人员有下列情形之一的，可以从轻或者减轻给予政务处分：

（一）主动交代本人应当受到政务处分的违法行为的；

（二）配合调查，如实说明本人违法事实的；

（三）检举他人违纪违法行为，经查证属实的；

（四）主动采取措施，有效避免、挽回损失或者消除不良影响的；

（五）在共同违法行为中起次要或者辅助作用的；

（六）主动上交或者退赔违法所得的；

（七）法律、法规规定的其他从轻或者减轻情节。

第十二条 公职人员违法行为情节轻微，且具有本法第十一条规定的情形之一的，可以对其进行谈话提醒、批评教育、责令检查或者予以诫勉，免予或者不予政务处分。

公职人员因不明真相被裹挟或者被胁迫参与违法活动，经批评教育后确有悔改表现的，可以减轻、免予或者不予政务处分。

第十三条 公职人员有下列情形之一的，应当从重给予政务处分：

（一）在政务处分期内再次故意违法，应当受到政务处分的；

（二）阻止他人检举、提供证据的；

（三）串供或者伪造、隐匿、毁灭证据的；

（四）包庇同案人员的；

（五）胁迫、唆使他人实施违法行为的；

（六）拒不上交或者退赔违法所得的；

（七）法律、法规规定的其他从重情节。

第十四条 公职人员犯罪，有下列情形之一的，予以开除：

（一）因故意犯罪被判处管制、拘役或者有期徒刑以上刑罚（含宣告缓刑）的；

（二）因过失犯罪被判处有期徒刑，刑期超过三年的；

（三）因犯罪被单处或者并处剥夺政治权利的。

因过失犯罪被判处管制、拘役或者三年以下有期徒刑的，一般应当予以开除；案件情况特殊，予以撤职更为适当的，可以不予开除，但是应当报请上一级机关批准。

公职人员因犯罪被单处罚金，或者犯罪情节轻微，人民检察院依法作出不起诉决定或者人民法院依法免予刑事处罚的，予以撤职；造成不良影响的，予以开除。

第十五条 公职人员有两个以上违法行为的，应当分别确定政务处分。应当给予两种以上政务处分的，执行其中最重的政务处分；应当给予撤职以下多个相同政务处分的，可以在一个政务处分期以上、多个政务处分期之和以下确定政务处分期，但是最长不得超过四十八个月。

第十六条 对公职人员的同一违法行为，监察机关和公职人员任免机关、单位不得重复给予政务处分和处分。

第十七条 公职人员有违法行为，有关机关依照规定给予组织处理的，监察机关可以同时给予政务处分。

第十八条 担任领导职务的公职人员有违法行为，被罢免、撤销、免去或者辞去领导职务的，监察机关可以同时给予政务处分。

第十九条 公务员以及参照《中华人民共和国公务员法》管理的人员在政务处分期内，不得晋升职务、职级、衔级和级别；其中，被记过、记大过、降级、撤职的，不得晋升工资档次。被撤职的，按照规定降低职务、职级、衔级和级别，同时降低工资和待遇。

第二十条 法律、法规授权或者受国家机关依法委托管理公共事务的组织中从事公务的人员，以及公办的教育、科研、文化、医疗卫生、体育等单位中从事管理的人员，在政务处分期内，不得晋升职务、岗位和职员等级、职称；其中，被记过、记大过、降级、撤职的，不得晋升薪酬待遇等级。被撤职的，降低职务、岗位或者职员等级，同时降低薪酬待遇。

第二十一条 国有企业管理人员在政务处分期内，不得晋升职务、岗位等级和职称；其中，被记过、记大过、降级、撤职的，不得晋升薪酬待遇等级。被撤职的，降低职务或者岗位等级，同时降低薪酬待遇。

第二十二条 基层群众性自治组织中从事管理的人员有违法行为的，监察机关可以予以警告、记过、记大过。

基层群众性自治组织中从事管理的人员受到政务处分的，应当由县级或者乡镇人民政府根据具体情况减发或者扣发补贴、奖金。

第二十三条　《中华人民共和国监察法》第十五条第六项规定的人员有违法行为的，监察机关可以予以警告、记过、记大过。情节严重的，由所在单位直接给予或者监察机关建议有关机关、单位给予降低薪酬待遇、调离岗位、解除人事关系或者劳动关系等处理。

《中华人民共和国监察法》第十五条第二项规定的人员，未担任公务员、参照《中华人民共和国公务员法》管理的人员、事业单位工作人员或者国有企业人员职务的，对其违法行为依照前款规定处理。

第二十四条　公职人员被开除，或者依照本法第二十三条规定，受到解除人事关系或者劳动关系处理的，不得录用为公务员以及参照《中华人民共和国公务员法》管理的人员。

第二十五条　公职人员违法取得的财物和用于违法行为的本人财物，除依法应当由其他机关没收、追缴或者责令退赔的，由监察机关没收、追缴或者责令退赔；应当退还原所有人或者原持有人的，依法予以退还；属于国家财产或者不应当退还以及无法退还的，上缴国库。

公职人员因违法行为获得的职务、职级、衔级、级别、岗位和职员等级、职称、待遇、资格、学历、学位、荣誉、奖励等其他利益，监察机关应当建议有关机关、单位、组织按规定予以纠正。

第二十六条　公职人员被开除的，自政务处分决定生效之日起，应当解除其与所在机关、单位的人事关系或者劳动关系。

公职人员受到开除以外的政务处分，在政务处分期内有悔改表现，并且没有再发生应当给予政务处分的违法行为的，政务处分期满后自动解除，晋升职务、职级、衔级、级别、岗位和职员等级、职称、薪酬待遇不再受原政务处分影响。但是，解除降级、撤职的，不恢复原职务、职级、衔级、级别、岗位和职员等级、职称、薪酬待遇。

第二十七条　已经退休的公职人员退休前或者退休后有违法行为的，不再给予政务处分，但是可以对其立案调查；依法应当予以降级、撤职、开除的，应当按照规定相应调整其享受的待遇，对其违法取得的财物和用于违法行为的本人财物依照本法第二十五条的规定处理。

已经离职或者死亡的公职人员在履职期间有违法行为的，依照前款规定处理。

第三章　违法行为及其适用的政务处分

第二十八条　有下列行为之一的，予以记过或者记大过；情节较重的，予以降级或者撤职；情节严重的，予以开除：

（一）散布有损宪法权威、中国共产党领导和国家声誉的言论的；

（二）参加旨在反对宪法、中国共产党领导和国家的集会、游行、示威等活动的；

（三）拒不执行或者变相不执行中国共产党和国家的路线方针政策、重大决策部署的；

（四）参加非法组织、非法活动的；

（五）挑拨、破坏民族关系，或者参加民族分裂活动的；

（六）利用宗教活动破坏民族团结和社会稳定的；

（七）在对外交往中损害国家荣誉和利益的。

有前款第二项、第四项、第五项和第六项行为之一的，对策划者、组织者和骨干分子，予以开除。

公开发表反对宪法确立的国家指导思想，反对中国共产党领导，反对社会主义制度，反对改革开放的文章、演说、宣言、声明等的，予以开除。

第二十九条　不按照规定请示、报告重大事项，情节较重的，予以警告、记过或者记大过；情节严重的，予以降级或者撤职。

违反个人有关事项报告规定，隐瞒不报，情节较重的，予以警告、记过或者记大过。

篡改、伪造本人档案资料的，予以记过或者记大过；情节严重的，予以降级或者撤职。

第三十条　有下列行为之一的，予以警告、记过或者记大过；情节严重的，予以降级或者撤职：

（一）违反民主集中制原则，个人或者少数人决定重大事项，或者拒不执行、擅自改变集体作出的重大决定的；

（二）拒不执行或者变相不执行、拖延执行上级依法作出的决定、命令的。

第三十一条　违反规定出境或者办理因私出境证件的，予以记过或者记大过；情节严重的，予以降级或者撤职。

违反规定取得外国国籍或者获取境外永久居留资格、长期居留许可的，予以撤职或者开除。

第三十二条　有下列行为之一的，予以警告、记过或者记大过；情节较重的，予以降级或者撤职；情节严重的，予以开除：

（一）在选拔任用、录用、聘用、考核、晋升、评选等干部人事工作中违反有关规定的；

（二）弄虚作假，骗取职务、职级、衔级、级别、岗位和职员等级、职称、待遇、资格、学历、学位、荣誉、奖励或者其他利益的；

（三）对依法行使批评、申诉、控告、检举等权利的行为进行压制或者打击报复的；

（四）诬告陷害，意图使他人受到名誉损害或者责任追究等不良影响的；

（五）以暴力、威胁、贿赂、欺骗等手段破坏选举的。

第三十三条 有下列行为之一的，予以警告、记过或者记大过；情节较重的，予以降级或者撤职；情节严重的，予以开除：

（一）贪污贿赂的；

（二）利用职权或者职务上的影响为本人或者他人谋取私利的；

（三）纵容、默许特定关系人利用本人职权或者职务上的影响谋取私利的。

拒不按照规定纠正特定关系人违规任职、兼职或者从事经营活动，且不服从职务调整的，予以撤职。

第三十四条 收受可能影响公正行使公权力的礼品、礼金、有价证券等财物的，予以警告、记过或者记大过；情节较重的，予以降级或者撤职；情节严重的，予以开除。

向公职人员及其特定关系人赠送可能影响公正行使公权力的礼品、礼金、有价证券等财物，或者接受、提供可能影响公正行使公权力的宴请、旅游、健身、娱乐等活动安排，情节较重的，予以警告、记过或者记大过；情节严重的，予以降级或者撤职。

第三十五条 有下列行为之一，情节较重的，予以警告、记过或者记大过；情节严重的，予以降级或者撤职：

（一）违反规定设定、发放薪酬或者津贴、补贴、奖金的；

（二）违反规定，在公务接待、公务交通、会议活动、办公用房以及其他工作生活保障等方面超标准、超范围的；

（三）违反规定公款消费的。

第三十六条 违反规定从事或者参与营利性活动，或者违反规定兼任职务、领取报酬的，予以警告、记过或者记大过；情节较重的，予以降级或者撤职；情节严重的，予以开除。

第三十七条 利用宗族或者黑恶势力等欺压群众，或者纵容、包庇黑恶势力活动的，予以撤职；情节严重的，予以开除。

第三十八条 有下列行为之一，情节较重的，予以警告、记过或者记大过；情节严重的，予以降级或者撤职：

（一）违反规定向管理服务对象收取、摊派财物的；

（二）在管理服务活动中故意刁难、吃拿卡要的；

（三）在管理服务活动中态度恶劣粗暴，造成不良后果或者影响的；

（四）不按照规定公开工作信息，侵犯管理服务对象知情权，造成不良后果或者影响的；

（五）其他侵犯管理服务对象利益的行为，造成不良后果或者影响的。

有前款第一项、第二项和第五项行为，情节特别严重的，予以开除。

第三十九条 有下列行为之一，造成不良后果或者影响的，予以警告、记过或者记大过；情节较重的，予以降级或者撤职；情节严重的，予以开除：

（一）滥用职权，危害国家利益、社会公共利益或者侵害公民、法人、其他组织合法权益的；

（二）不履行或者不正确履行职责，玩忽职守，贻误工作的；

（三）工作中有形式主义、官僚主义行为的；

（四）工作中有弄虚作假，误导、欺骗行为的；

（五）泄露国家秘密、工作秘密，或者泄露因履行职责掌握的商业秘密、个人隐私的。

第四十条 有下列行为之一的，予以警告、记过或者记大过；情节较重的，予以降级或者撤职；情节严重的，予以开除：

（一）违背社会公序良俗，在公共场所有不当行为，造成不良影响的；

（二）参与或者支持迷信活动，造成不良影响的；

（三）参与赌博的；

（四）拒不承担赡养、抚养、扶养义务的；

（五）实施家庭暴力，虐待、遗弃家庭成员的；

（六）其他严重违反家庭美德、社会公德的行为。

吸食、注射毒品，组织赌博，组织、支持、参与卖淫、嫖娼、色情淫乱活动的，予以撤职或者开除。

第四十一条 公职人员有其他违法行为，影响公职人员形象，损害国家和人民利益的，可以根据情节轻重给予相应政务处分。

第四章　政务处分的程序

第四十二条　监察机关对涉嫌违法的公职人员进行调查，应当由二名以上工作人员进行。监察机关进行调查时，有权依法向有关单位和个人了解情况，收集、调取证据。有关单位和个人应当如实提供情况。

严禁以威胁、引诱、欺骗及其他非法方式收集证据。以非法方式收集的证据不得作为给予政务处分的依据。

第四十三条　作出政务处分决定前，监察机关应当将调查认定的违法事实及拟给予政务处分的依据告知被调查人，听取被调查人的陈述和申辩，并对其陈述的事实、理由和证据进行核实，记录在案。被调查人提出的事实、理由和证据成立的，应予采纳。不得因被调查人的申辩而加重政务处分。

第四十四条　调查终结后，监察机关应当根据下列不同情况，分别作出处理：

（一）确有应受政务处分的违法行为的，根据情节轻重，按照政务处分决定权限，履行规定的审批手续后，作出政务处分决定；

（二）违法事实不能成立的，撤销案件；

（三）符合免予、不予政务处分条件的，作出免予、不予政务处分决定；

（四）被调查人涉嫌其他违法或者犯罪行为的，依法移送主管机关处理。

第四十五条　决定给予政务处分的，应当制作政务处分决定书。

政务处分决定书应当载明下列事项：

（一）被处分人的姓名、工作单位和职务；

（二）违法事实和证据；

（三）政务处分的种类和依据；

（四）不服政务处分决定，申请复审、复核的途径和期限；

（五）作出政务处分决定的机关名称和日期。

政务处分决定书应当盖有作出决定的监察机关的印章。

第四十六条　政务处分决定书应当及时送达被处分人和被处分人所在机关、单位，并在一定范围内宣布。

作出政务处分决定后，监察机关应当根据被处分人的具体身份书面告知相关的机关、单位。

第四十七条　参与公职人员违法案件调查、处理的人员有下列情形之一的，应当自行回避，被调查人、检举人及其他有关人员也有权要求其回避：

（一）是被调查人或者检举人的近亲属的；

（二）担任过本案的证人的；

（三）本人或者其近亲属与调查的案件有利害关系的；

（四）可能影响案件公正调查、处理的其他情形。

第四十八条　监察机关负责人的回避，由上级监察机关决定；其他参与违法案件调查、处理人员的回避，由监察机关负责人决定。

监察机关或者上级监察机关发现参与违法案件调查、处理人员有应当回避情形的，可以直接决定该人员回避。

第四十九条　公职人员依法受到刑事责任追究的，监察机关应当根据司法机关的生效判决、裁定、决定及其认定的事实和情节，依照本法规定给予政务处分。

公职人员依法受到行政处罚，应当给予政务处分的，监察机关可以根据行政处罚决定认定的事实和情节，经立案调查核实后，依照本法给予政务处分。

监察机关根据本条第一款、第二款的规定作出政务处分后，司法机关、行政机关依法改变原生效判决、裁定、决定等，对原政务处分决定产生影响的，监察机关应当根据改变后的判决、裁定、决定等重新作出相应处理。

第五十条　监察机关对经各级人民代表大会、县级以上各级人民代表大会常务委员会选举或者决定任命的公职人员予以撤职、开除的，应当先依法罢免、撤销或者免去其职务，再依法作出政务处分决定。

监察机关对经中国人民政治协商会议各级委员会全体会议或者其常务委员会选举或者决定任命的公职人员予以撤职、开除的，应当先依章程免去其职务，再依法作出政务处分决定。

监察机关对各级人民代表大会代表、中国人民政治协商会议各级委员会委员给予政务处分的，应当向有关的人民代表大会常务委员会，乡、民族乡、镇的人民代表大会主席团或者中国人民政治协商会议委员会常务委员会通报。

第五十一条　下级监察机关根据上级监察机关的指定管辖决定进行调查的案件，调查终结后，对不属于本监察机关管辖范围内的监察对象，应当交有管理权限的监察机关依法作出政务处分决定。

第五十二条 公职人员涉嫌违法,已经被立案调查,不宜继续履行职责的,公职人员任免机关、单位可以决定暂停其履行职务。

公职人员在被立案调查期间,未经监察机关同意,不得出境、辞去公职;被调查公职人员所在机关、单位及上级机关、单位不得对其交流、晋升、奖励、处分或者办理退休手续。

第五十三条 监察机关在调查中发现公职人员受到不实检举、控告或者诬告陷害,造成不良影响的,应当按照规定及时澄清事实,恢复名誉,消除不良影响。

第五十四条 公职人员受到政务处分的,应当将政务处分决定书存入其本人档案。对于受到降级以上政务处分的,应当由人事部门按照管理权限在作出政务处分决定后一个月内办理职务、工资及其他有关待遇等的变更手续;特殊情况下,经批准可以适当延长办理期限,但是最长不得超过六个月。

第五章 复审、复核

第五十五条 公职人员对监察机关作出的涉及本人的政务处分决定不服的,可以依法向作出决定的监察机关申请复审;公职人员对复审决定仍不服的,可以向上一级监察机关申请复核。

监察机关发现本机关或者下级监察机关作出的政务处分决定确有错误的,应当及时予以纠正或者责令下级监察机关及时予以纠正。

第五十六条 复审、复核期间,不停止原政务处分决定的执行。

公职人员不因提出复审、复核而被加重政务处分。

第五十七条 有下列情形之一的,复审、复核机关应当撤销原政务处分决定,重新作出决定或者责令原作出决定的监察机关重新作出决定:

(一)政务处分所依据的违法事实不清或者证据不足的;

(二)违反法定程序,影响案件公正处理的;

(三)超越职权或者滥用职权作出政务处分决定的。

第五十八条 有下列情形之一的,复审、复核机关应当变更原政务处分决定,或者责令原作出决定的监察机关予以变更:

(一)适用法律、法规确有错误的;

(二)对违法行为的情节认定确有错误的;

(三)政务处分不当的。

第五十九条 复审、复核机关认为政务处分决定认定事实清楚,适用法律正确的,应当予以维持。

第六十条 公职人员的政务处分决定被变更,需要调整该公职人员的职务、职级、衔级、级别、岗位和职员等级或者薪酬待遇等的,应当按照规定予以调整。政务处分决定被撤销的,应当恢复该公职人员的级别、薪酬待遇,按照原职务、职级、衔级、岗位和职员等级安排相应的职务、职级、衔级、岗位和职员等级,并在原政务处分决定公布范围内为其恢复名誉。没收、追缴财物错误的,应当依法予以返还、赔偿。

公职人员因有本法第五十七条、第五十八条规定的情形被撤销政务处分或者减轻政务处分的,应当对其薪酬待遇受到的损失予以补偿。

第六章 法律责任

第六十一条 有关机关、单位无正当理由拒不采纳监察建议的,由其上级机关、主管部门责令改正,对该机关、单位给予通报批评,对负有责任的领导人员和直接责任人员依法给予处理。

第六十二条 有关机关、单位、组织或者人员有下列情形之一的,由其上级机关,主管部门,任免机关、单位或者监察机关责令改正,依法给予处理:

(一)拒不执行政务处分决定的;

(二)拒不配合或者阻碍调查的;

(三)对检举人、证人或者调查人员进行打击报复的;

(四)诬告陷害公职人员的;

(五)其他违反本法规定的情形。

第六十三条 监察机关及其工作人员有下列情形之一的,对负有责任的领导人员和直接责任人员依法给予处理:

(一)违反规定处置问题线索的;

(二)窃取、泄露调查工作信息,或者泄露检举事项、检举受理情况以及检举人信息的;

(三)对被调查人或者涉案人员逼供、诱供,或者侮辱、打骂、虐待、体罚或者变相体罚的;

(四)收受被调查人或者涉案人员的财物以及其他利益的;

(五)违反规定处置涉案财物的;

(六)违反规定采取调查措施的;

（七）利用职权或者职务上的影响干预调查工作、以案谋私的；

（八）违反规定发生办案安全事故，或者发生安全事故后隐瞒不报、报告失实、处置不当的；

（九）违反回避等程序规定，造成不良影响的；

（十）不依法受理和处理公职人员复审、复核的；

（十一）其他滥用职权、玩忽职守、徇私舞弊的行为。

第六十四条　违反本法规定，构成犯罪的，依法追究刑事责任。

第七章　附　　则

第六十五条　国务院及其相关主管部门根据本法的原则和精神，结合事业单位、国有企业等的实际情况，对事业单位、国有企业等的违法的公职人员处分事宜作出具体规定。

第六十六条　中央军事委员会可以根据本法制定相关具体规定。

第六十七条　本法施行前，已结案的案件如果需要复审、复核，适用当时的规定。尚未结案的案件，如果行为发生时的规定不认为是违法的，适用当时的规定；如果行为发生时的规定认为是违法的，依照当时的规定处理，但是如果本法不认为是违法或者根据本法处理较轻的，适用本法。

第六十八条　本法自2020年7月1日起施行。

关于《中华人民共和国公职人员政务处分法（草案）》的说明

——2019年8月22日在第十三届全国人民代表大会常务委员会第十二次会议上

全国人大监察和司法委员会主任委员　吴玉良

全国人民代表大会常务委员会：

我受全国人大监察和司法委员会委托，就《中华人民共和国公职人员政务处分法（草案）》（以下简称政务处分法）作说明。

一、制定政务处分法的必要性

（一）强化对公职人员的管理监督

中国共产党领导是中国特色社会主义最本质的特征，是中国特色社会主义制度的最大优势。公职人员是中国特色社会主义事业的中坚力量，在国家治理体系中处于特殊重要位置。制定政务处分法，将宪法确立的坚持党的领导的基本要求具体化、制度化、法律化，强化对公职人员的管理和监督，使自觉坚持和切实维护党的领导成为公职人员的法律义务，为有效发挥中国共产党领导这一最大制度优势提供有力的法治保障。

（二）实现党纪与国法的有效衔接

政务处分是对违法公职人员的惩戒措施。由于所有“政纪”均已成为国家法律，监察法首次提出政务处分概念，并以其代替“政纪处分”，将其适用范围扩大到所有行使公权力的公职人员。制定政务处分法，将监察法的原则规定具体化，把法定对象全面纳入处分范围，使政务处分匹配党纪处分、衔接刑事处罚，构筑惩戒职务违法的严密法网，有利于实现抓早抓小、防微杜渐，建设一支忠诚干净担当的公职人员队伍。

（三）推进政务处分的法治化、规范化

政务处分直接涉及公职人员的职务、职级、级别、薪酬待遇等重要事项，对公职人员具有重要影响。政务处分权必须严格依法行使，在法治轨道上运行。制定政务处分法，明确实施政务处分的主体，应当坚持的法律原则，处分事由、权限和程序，被处分人员维护合法权益的救济途径等，有利于处分决定机关、单位强化法治观念、程序意识，提升工作的法治化、规范化水平。

二、起草过程和基本思路

今年年初，制定政务处分法列入全国人大常委会2019年度立法工作计划。按照工作安排，政务处分法起草工作由国家监察委员会牵头，全国人大监察和司法委员会、全国人大常委会法制工作委员会参加。

根据工作职责，这个法律案确定由全国人大监察和司法委员会提请审议。我委接到草案（初稿）后，立即会同中央纪委国家监委机关、全国人大常委会法工委组成政务处分法立法工作专班，深入学习习近平总书记有关重要讲话精神，在前期工作基础上进一步开展研究论证和起草工作，听取委员会组成人员和有关方面意见建议，经反复修改完善，形成法律草案。

政务处分法起草工作遵循以下思路和原则：一是整合规范政务处分法律制度。着眼于构建党统一指挥、全面覆盖、权威高效的监督体系，完善与党纪处分相对应的政务处分制度。规定政务处分的主体既包括监察机关，又包括公职人员的任免机关、单位，统一设置处分的法定事由和适用规则，保证处分适用上的统一规范。二是坚持问题导向。着力解决对公职人员的管理监督薄弱、处分程序不规范、处分决定畸轻畸重、对国有企业和基层群众性自治组织中的公职人员处分缺乏法律依据等工作中的突出问题，细化违法情形、处分幅度和处分程序。三是注重纪法协同、法法衔接。在处分情形、处分权限和程序、处分后果上与公务员法等现行法律法规的规定保持协调衔接，保证法律体系的内在一致性。同时注重与党纪的衔接，推动党内监督和国家机关监督有效贯通。

三、草案的主要内容

草案分为7章，包括总则，政务处分种类和适用，违法行为及其适用的处分，政务处分的程序，复审、复核、申诉，法律责任和附则，共66条。主要内容是：

（一）明确政务处分主体和基本原则

草案规定，处分决定机关、单位包括任免机关、单位和监察机关，明确两类主体在政务处分工作中的作用和责任；明确了党管干部，依法依规，实事求是，民主集中制，惩前毖后、治病救人等5项政务处分原则。

（二）明确政务处分种类和适用规则

草案参照公务员法等法律法规确立的处分种类，设定了警告至开除6种政务处分和相应的处分期间。草案对处分的合并适用，共同违法的处分适用，已免除领导职务人员和退休、死亡等公职人员的处分适用，从重、从轻和减轻处分以及免予处分的适用，违法利益的处理，以及处分期满解除制度等规则作了具体规定。

草案针对不同类型的公职人员，分别规定了处分后果，力求真正发挥政务处分的惩戒作用。考虑到未担任公务员、事业单位人员或者国有企业人员职务的其他依法履行公职的人员存在无职可撤、无级可降的情况，草案规定，这些人员有违法行为的，可以给予警告、记过、记大过处分；情节严重的，由所在单位直接给予或者监察机关建议有关机关、单位给予调整薪酬待遇、调离岗位、取消当选资格或者担任相应职务资格、依法罢免、解除劳动人事关系等处理。

（三）明确公职人员违法行为及其适用的处分

为体现政务处分事由法定的原则，草案第三章系统梳理现有关于处分的法律法规，从公务员法、法官法、检察官法和行政机关公务员处分条例等规定的违法情形中，概括出适用政务处分的违法情形，参考党纪处分条例的处分幅度，根据行为的轻重程度规定了相应的处分档次，并分别针对职务违法行为和一般违法行为，规定了兜底条款。

（四）严格规范政务处分的程序

为明确作出政务处分的程序，草案第四章对处分主体的立案、调查、处分、宣布等程序作了规定。考虑到有的公职人员在任免、管理上的特殊性，草案规定，对各级人大（政协）或者其常委会选举或者任命的人员给予撤职、开除政务处分的，先由人大（政协）或者其常委会依法依章程罢免、撤销或者免去其职务，再由处分决定机关、单位依法作出处分决定。

（五）明确被处分人员的救济途径

为充分保障被处分人员的合法权利，草案第五章专章规定了复审、复核、申诉途径。草案还规定了处分决定机关、单位和人员违反规定处置问题线索、不依法受理和处理公职人员复审、复核、申诉等违法行使职权行为的法律责任。

（六）关于配套规定

为保障政务处分法的规定得到落实，增强政务处分的可操作性和实效性，草案对制定具体规定作了授权，规定国务院、国家监察委员会或者相关主管部门可以根据本法，制定具体规定。

草案和以上说明是否妥当，请审议。

全国人民代表大会宪法和法律委员会关于《中华人民共和国公职人员政务处分法(草案)》修改情况的汇报

——2020 年 4 月 26 日在第十三届全国人民代表大会常务委员会第十七次会议上

全国人大宪法和法律委员会副主任委员 刘季幸

全国人民代表大会常务委员会:

常委会第十二次会议对公职人员政务处分法草案进行了初次审议。会后,法制工作委员会将草案印发各省(区、市)人大常委会、中央有关部门和部分高等院校、研究机构、基层立法联系点等征求意见,在中国人大网全文公布草案征求社会公众意见。宪法和法律委员会、监察和司法委员会、法制工作委员会召开座谈会,听取中央有关部门和有关专家对草案的意见。法制工作委员会与监察和司法委员会到贵州进行调研,并就草案有关问题专门征求中央组织部、中央统战部、人力资源和社会保障部、国务院国有资产监督管理委员会以及部分事业单位、国有企业的意见。法制工作委员会根据各方面意见对草案进行修改,并与监察和司法委员会、国家监察委员会有关部门反复沟通协商。宪法和法律委员会于 4 月 7 日召开会议,根据常委会组成人员的审议意见和各方面意见,对草案进行了逐条审议。监察和司法委员会、国家监察委员会的有关负责同志列席了会议。4 月 17 日,宪法和法律委员会召开会议,再次进行了审议。现将公职人员政务处分法(草案)主要问题的修改情况汇报如下:

一、草案第二条规定:“公职人员有违法行为,需要给予政务处分的,由处分决定机关、单位依照本法给予政务处分。法律另有规定的,从其规定。”“处分决定机关、单位包括任免机关、单位和监察机关。”一些常委会组成人员和部门、地方、科研机构、社会公众提出,根据现行有关法律的规定,监察机关作出的是政务处分,任免机关、单位作出的是处分,建议做好法律之间的衔接。宪法和法律委员会经与监察和司法委员会、国家监察委员会研究,建议将本条修改为:“本法适用于监察机关对违法的公职人员给予政务处分的活动。”“本法第二章、第三章适用于公职人员任免机关、单位对违法的公职人员给予处分,处分的程序、申诉等适用其他法律、行政法规、国务院部门规章和国家有关规定。”相应地,将草案第六十四条修改为:“国务院及其相关主管部门根据本法的原则和精神,结合事业单位、国有企业等的实际情况,对事业单位、国有企业等的违法的公职人员处分事宜作出具体规定。”

二、草案第五条规定了给予公职人员政务处分应当坚持的原则。有的常委会组成人员、部门、地方建议对本条的表述作出修改完善,增加法律面前一律平等、过罚相当等原则。宪法和法律委员会经研究,建议将本条修改为两条,分别规定:“给予公职人员政务处分,坚持党管干部原则,集体讨论决定;坚持法律面前一律平等,实事求是,给予的政务处分与违法行为的性质、情节、危害程度相适应;坚持惩戒与教育相结合,宽严相济。”“给予公职人员政务处分,应当事实清楚、证据确凿、定性准确、处理恰当、程序合法、手续完备。”

三、有的常委会组成人员、部门、地方和专家提出,本法应当增加对公职人员依法履职予以保护的规定。宪法和法律委员会经研究,建议增加规定:“公职人员依法履行职责受法律保护,非因法定事由、非经法定程序,公职人员不受政务处分。”

四、草案第十四条规定:“公职人员有两种以上行为应当受到处分的,按其数种违法行为中应当受到的最高处分加重一档给予处分;其中一种违法行为应当受到开除处分的,给予开除处分。”有的地方、社会公众提出,按照最高处分加重一档给予处分,有违过罚相当原则,建议参照公务员处分的有关规定作出修改。宪法和法律委员会经研究,建议将本条修改为:“公职人员有两个以上违法行为的,应当分别确定政务处分。依法应当给予政务处分的种类不同的,执行其中最重的政务处分;依法应当给予撤职以下多个相同种类政务处分的,执行该处分,并在一个政务处分期间以上、多个政务处分期间之和以下,确定政务处分期间,但是最长不得超过四十八个月。"

五、草案第四十五条规定了政务处分的程序。有的常委会组成人员、部门、地方提出，应当进一步规范、细化政务处分的程序。宪法和法律委员会经研究，建议将本条充实完善，分为三条规定：一是完善听取被调查人陈述和申辩制度，增加规定：不得因被调查人的申辩而加重政务处分。二是完善政务处分决定程序，规定调查终结后，监察机关应当根据不同情况，分别作出处理。三是完善政务处分决定的内容和形式，增加规定：决定给予政务处分的，应当制作政务处分决定书。并对政务处分决定书的内容作出规定。

此外，还对草案作了一些文字修改。

草案二次审议稿已按上述意见作了修改，宪法和法律委员会建议提请本次常委会会议继续审议。

草案二次审议稿和以上汇报是否妥当，请审议。

全国人民代表大会宪法和法律委员会关于《中华人民共和国公职人员政务处分法(草案)》审议结果的报告

——2020 年 6 月 18 日在第十三届全国人民代表大会常务委员会第十九次会议上

全国人大宪法和法律委员会副主任委员　刘季幸

全国人民代表大会常务委员会：

常委会第十七次会议对公职人员政务处分法草案进行了二次审议。会后，法制工作委员会在中国人大网全文公布草案二次审议稿，征求社会公众意见，并就草案的修改完善与国家监察委员会有关部门反复沟通协商。宪法和法律委员会、法制工作委员会到北京进行调研，了解情况、听取意见。6 月 5 日，宪法和法律委员会召开会议，根据常委会组成人员的审议意见和各方面意见，对草案进行逐条审议。监察和司法委员会、国家监察委员会的有关负责同志列席了会议。6 月 11 日，宪法和法律委员会召开会议，再次进行审议。宪法和法律委员会认为，为了规范政务处分，加强对所有行使公权力的公职人员的监督，制定本法是必要的，草案经过二次审议修改，已经比较成熟。同时，提出以下主要修改意见：

一、草案二次审议稿第九条第二款中规定："政务处分的期间自政务处分决定生效之日起计算。"有的常委会组成人员建议，明确政务处分决定的生效日期。宪法和法律委员会经研究，建议将上述规定修改为："政务处分决定自作出之日起生效，政务处分期间自政务处分决定生效之日起计算。"

二、草案二次审议稿第十六条第一款中规定，"监察机关发现已经退休的公职人员退休前或者退休后有违法行为的，不再给予政务处分，但是可以对其立案调查，依法应当予以降级、撤职、开除的，应当按照规定相应降低或者取消其享受的待遇"。有的常委会组成人员、部门、社会公众提出，对退休后公职人员的待遇处理不同于对现职公职人员待遇的处理，草案的规定与机关事业单位工作人员养老保险制度改革的相关规定不一致。宪法和法律委员会经研究，建议将"降低或者取消其享受的待遇"修改为"调整其享受的待遇"。

三、草案二次审议稿第三章对违法行为及其适用的政务处分作了规定。有的常委会组成人员、部门建议，对一些应予政务处分的违法行为在本法中进一步予以明确。宪法和法律委员会经研究，建议在违法行为中增加以下情形："篡改、伪造本人档案资料的，予以记过或者记大过；情节严重的，予以降级或者撤职"；"诬告陷害，意图使他人受到名誉损害或者责任追究等不良影响的"，予以政务处分；"拒不按照规定纠正特定关系人违规任职、兼职或者从事经营活动，且不服从职务调整的，予以撤职"。

四、草案二次审议稿第五十九条规定，公职人员政务处分决定被撤销的，应当在原政务处分决定公布范围内为其恢复名誉。有的常委会组成人员提出，对公职人员遭受不实举报等情形，也应当及时澄清事实，消除不良影响。宪法和法律委员会经研究，根据中央纪委国家监委有关文件精神，建议增加一条，规定："监察机关或者公职人员任免机关、单位在调查中发现公职人员受到不实检举、控告或者诬告陷害，造成不良影响的，应当按照规定及时澄清事实,恢复名誉,消除不良影响。”

五、草案二次审议稿第五十五条规定,“公职人员对监察机关作出的涉及本人的政务处分决定不服的,依照《中华人民共和国监察法》的规定申请复审、复核。”有的常委会组成人员提出,应当建立监察机关对确有错误的政务处分决定主动纠正机制。宪法和法律委员会经与国家监察委员会研究,建议增加一款作为第二款,规定:“监察机关发现本机关或者下级监察机关作出的政务处分决定确有错误的,应当及时予以纠正或者责令下级监察机关及时予以纠正。”

六、草案二次审议稿第五十七条、第五十八条对复审、复核机关撤销、变更原政务处分决定作了规定。有的常委会组成人员提出,复审、复核的结果包括维持、撤销和变更,建议将维持的情形在本法中予以明确。宪法和法律委员会经研究,建议增加一条,规定:“复审、复核机关认为政务处分决定认定事实清楚,适用法律正确的,应当予以维持。”

此外,还对草案二次审议稿作了一些文字修改,并对部分条文顺序作了调整。

6月9日,法制工作委员会召开会议,邀请部分全国人大代表、全国政协委员、专家学者就草案中主要制度规范的可行性、法律出台时机、法律实施的社会效果和可能出现的问题等进行评估。与会人员普遍认为,草案深入贯彻落实党中央关于深化国家监察体制改革的决策部署,进一步完善监察制度,规范政务处分活动,加强对所有行使公权力的公职人员的监督,推进国家治理体系和治理能力现代化。草案已经比较全面、成熟,其主要制度规范是可行的,现在出台是必要的、适时的。同时,有的与会人员还对草案提出了一些具体修改意见,宪法和法律委员会进行了认真研究,对有的意见予以采纳。

草案三次审议稿已按上述意见作了修改,宪法和法律委员会建议提请本次常委会会议审议通过。

草案三次审议稿和以上报告是否妥当,请审议。

全国人民代表大会宪法和法律委员会关于《中华人民共和国公职人员政务处分法(草案三次审议稿)》修改意见的报告

——2020年6月19日在第十三届全国人民代表大会常务委员会第十九次会议上

全国人民代表大会常务委员会:

本次常委会会议于6月18日下午对公职人员政务处分法草案三次审议稿进行了分组审议,普遍认为,草案已经比较成熟,建议进一步修改后,提请本次会议表决通过。同时,有些常委会组成人员还提出了一些修改意见。宪法和法律委员会于6月18日晚召开会议,逐条研究了常委会组成人员的审议意见,对草案进行了审议。监察和司法委员会、国家监察委员会的有关负责同志列席了会议。宪法和法律委员会认为,草案是可行的,同时,提出以下修改意见:

一、有的常委委员建议将草案三次审议稿第四条关于“实事求是”给予公职人员政务处分的规定修改为“以事实为根据,以法律为准绳”,这样表述更加明确。宪法和法律委员会经研究,建议将草案三次审议稿第四条修改为:“给予公职人员政务处分,坚持党管干部原则,集体讨论决定;坚持法律面前一律平等,以事实为根据,以法律为准绳,给予的政务处分与违法行为的性质、情节、危害程度相当;坚持惩戒与教育相结合,宽严相济。”

二、草案三次审议稿第五十五条第一款规定:“公职人员对监察机关作出的涉及本人的政务处分决定不服的,有权依法申请复审、复核。”有的意见提出,本条对复审、复核的机关未作规定,建议根据监察法有关规定予以明确。宪法和法律委员会经研究,建议将这一款修改为:“公职人员对监察机关作出的涉及本人的政务处分决定不服的,可以依法向作出决定的监察机关申请复审;公职人员对复审决定仍不服的,可以向上一级监察机关申请复核。”

三、草案三次审议稿第六十条第一款对政务处分决定被变更或者撤销后,对公职人员的职务、职级等的处理作了规定。有的常委委员、专家提出,草案三次审议稿第二十五条规定了对公职人员的财物予以没收、追缴的制度,建议对政务处分决定被变更或者撤销后,没收、追缴的财物应当如何处理作出规定。宪法和法律委员会经研究,建议在这一款中增加规定:“没收、追缴财物错误的,应当依法予以返还、赔偿。”

此外,根据常委会组成人员的审议意见,还对草案三次审议稿作了一些文字修改。

经与国家监察委员会研究,建议公职人员政务处分法自2020年7月1日起施行。

草案建议表决稿已按上述意见作了修改,宪法和法律委员会建议本次常委会会议审议通过。

草案建议表决稿和以上报告是否妥当,请审议。

中华人民共和国主席令

第四十七号

《中华人民共和国档案法》已由中华人民共和国第十三届全国人民代表大会常务委员会第十九次会议于2020年6月20日修订通过,现予公布,自2021年1月1日起施行。

中华人民共和国主席　习近平

2020年6月20日

中华人民共和国档案法

(1987年9月5日第六届全国人民代表大会常务委员会第二十二次会议通过　根据1996年7月5日第八届全国人民代表大会常务委员会第二十次会议《关于修改〈中华人民共和国档案法〉的决定》第一次修正　根据2016年11月7日第十二届全国人民代表大会常务委员会第二十四次会议《关于修改〈中华人民共和国对外贸易法〉等十二部法律的决定》第二次修正　2020年6月20日第十三届全国人民代表大会常务委员会第十九次会议修订)

目　　录

第一章　总　　则

第一条　为了加强档案管理,规范档案收集、整理工作,有效保护和利用档案,提高档案信息化建设水平,推进国家治理体系和治理能力现代化,为中国特色社会主义事业服务,制定本法。

第二条　从事档案收集、整理、保护、利用及其监督管理活动,适用本法。

本法所称档案,是指过去和现在的机关、团体、企业事业单位和其他组织以及个人从事经济、政治、文化、社会、生态文明、军事、外事、科技等方面活动直接形成的对国家和社会具有保存价值的各种文字、图表、声像等不同形式的历史记录。

第三条　坚持中国共产党对档案工作的领导。各级人民政府应当加强档案工作,把档案事业纳入国民经济和社会发展规划,将档案事业发展经费列入政府预算,确保档案事业发展与国民经济和社会发展水平相适应。

第四条　档案工作实行统一领导、分级管理的原则,维护档案完整与安全,便于社会各方面的利用。

第五条　一切国家机关、武装力量、政党、团体、企业事业单位和公民都有保护档案的义务,享有依法利用档案的权利。

第六条 国家鼓励和支持档案科学研究和技术创新,促进科技成果在档案收集、整理、保护、利用等方面的转化和应用,推动档案科技进步。

国家采取措施,加强档案宣传教育,增强全社会档案意识。

国家鼓励和支持在档案领域开展国际交流与合作。

第七条 国家鼓励社会力量参与和支持档案事业的发展。

对在档案收集、整理、保护、利用等方面做出突出贡献的单位和个人,按照国家有关规定给予表彰、奖励。

第二章 档案机构及其职责

第八条 国家档案主管部门主管全国的档案工作,负责全国档案事业的统筹规划和组织协调,建立统一制度,实行监督和指导。

县级以上地方档案主管部门主管本行政区域内的档案工作,对本行政区域内机关、团体、企业事业单位和其他组织的档案工作实行监督和指导。

乡镇人民政府应当指定人员负责管理本机关的档案,并对所属单位、基层群众性自治组织等的档案工作实行监督和指导。

第九条 机关、团体、企业事业单位和其他组织应当确定档案机构或者档案工作人员负责管理本单位的档案,并对所属单位的档案工作实行监督和指导。

中央国家机关根据档案管理需要,在职责范围内指导本系统的档案业务工作。

第十条 中央和县级以上地方各级各类档案馆,是集中管理档案的文化事业机构,负责收集、整理、保管和提供利用各自分管范围内的档案。

第十一条 国家加强档案工作人才培养和队伍建设,提高档案工作人员业务素质。

档案工作人员应当忠于职守,遵纪守法,具备相应的专业知识与技能,其中档案专业人员可以按照国家有关规定评定专业技术职称。

第三章 档案的管理

第十二条 按照国家规定应当形成档案的机关、团体、企业事业单位和其他组织,应当建立档案工作责任制,依法健全档案管理制度。

第十三条 直接形成的对国家和社会具有保存价值的下列材料,应当纳入归档范围:

(一)反映机关、团体组织沿革和主要职能活动的;

(二)反映国有企业事业单位主要研发、建设、生产、经营和服务活动,以及维护国有企业事业单位权益和职工权益的;

(三)反映基层群众性自治组织城乡社区治理、服务活动的;

(四)反映历史上各时期国家治理活动、经济科技发展、社会历史面貌、文化习俗、生态环境的;

(五)法律、行政法规规定应当归档的。

非国有企业、社会服务机构等单位依照前款第二项所列范围保存本单位相关材料。

第十四条 应当归档的材料,按照国家有关规定定期向本单位档案机构或者档案工作人员移交,集中管理,任何个人不得拒绝归档或者据为己有。

国家规定不得归档的材料,禁止擅自归档。

第十五条 机关、团体、企业事业单位和其他组织应当按照国家有关规定,定期向档案馆移交档案,档案馆不得拒绝接收。

经档案馆同意,提前将档案交档案馆保管的,在国家规定的移交期限届满前,该档案所涉及政府信息公开事项仍由原制作或者保存政府信息的单位办理。移交期限届满的,涉及政府信息公开事项的档案按照档案利用规定办理。

第十六条 机关、团体、企业事业单位和其他组织发生机构变动或者撤销、合并等情形时,应当按照规定向有关单位或者档案馆移交档案。

第十七条 档案馆除按照国家有关规定接收移交的档案外,还可以通过接受捐献、购买、代存等方式收集档案。

第十八条 博物馆、图书馆、纪念馆等单位保存的文物、文献信息同时是档案的,依照有关法律、行政法规的规定,可以由上述单位自行管理。

档案馆与前款所列单位应当在档案的利用方面互相协作,可以相互交换重复件、复制件或者目录,联合举办展览,共同研究、编辑出版有关史料。

第十九条 档案馆以及机关、团体、企业事业单位和其他组织的档案机构应当建立科学的管理制度,便于对档案的利用;按照国家有关规定配置适宜档案保存的库房和必要的设施、设备,确保档案的安全;采用先进技术,实现档案管理的现代化。

档案馆和机关、团体、企业事业单位以及其他组织应当建立健全档案安全工作机制，加强档案安全风险管理，提高档案安全应急处置能力。

第二十条 涉及国家秘密的档案的管理和利用，密级的变更和解密，应当依照有关保守国家秘密的法律、行政法规规定办理。

第二十一条 鉴定档案保存价值的原则、保管期限的标准以及销毁档案的程序和办法，由国家档案主管部门制定。

禁止篡改、损毁、伪造档案。禁止擅自销毁档案。

第二十二条 非国有企业、社会服务机构等单位和个人形成的档案，对国家和社会具有重要保存价值或者应当保密的，档案所有者应当妥善保管。对保管条件不符合要求或者存在其他原因可能导致档案严重损毁和不安全的，省级以上档案主管部门可以给予帮助，或者经协商采取指定档案馆代为保管等确保档案完整和安全的措施；必要时，可以依法收购或者征购。

前款所列档案，档案所有者可以向国家档案馆寄存或者转让。严禁出卖、赠送给外国人或者外国组织。

向国家捐献重要、珍贵档案的，国家档案馆应当按照国家有关规定给予奖励。

第二十三条 禁止买卖属于国家所有的档案。

国有企业事业单位资产转让时，转让有关档案的具体办法，由国家档案主管部门制定。

档案复制件的交换、转让，按照国家有关规定办理。

第二十四条 档案馆和机关、团体、企业事业单位以及其他组织委托档案整理、寄存、开发利用和数字化等服务的，应当与符合条件的档案服务企业签订委托协议，约定服务的范围、质量和技术标准等内容，并对受托方进行监督。

受托方应当建立档案服务管理制度，遵守有关安全保密规定，确保档案的安全。

第二十五条 属于国家所有的档案和本法第二十二条规定的档案及其复制件，禁止擅自运送、邮寄、携带出境或者通过互联网传输出境。确需出境的，按照国家有关规定办理审批手续。

第二十六条 国家档案主管部门应当建立健全突发事件应对活动相关档案收集、整理、保护、利用工作机制。

档案馆应当加强对突发事件应对活动相关档案的研究整理和开发利用，为突发事件应对活动提供文献参考和决策支持。

第四章 档案的利用和公布

第二十七条 县级以上各级档案馆的档案，应当自形成之日起满二十五年向社会开放。经济、教育、科技、文化等类档案，可以少于二十五年向社会开放；涉及国家安全或者重大利益以及其他到期不宜开放的档案，可以多于二十五年向社会开放。国家鼓励和支持其他档案馆向社会开放档案。档案开放的具体办法由国家档案主管部门制定，报国务院批准。

第二十八条 档案馆应当通过其网站或者其他方式定期公布开放档案的目录，不断完善利用规则，创新服务形式，强化服务功能，提高服务水平，积极为档案的利用创造条件，简化手续，提供便利。

单位和个人持有合法证明，可以利用已经开放的档案。档案馆不按规定开放利用的，单位和个人可以向档案主管部门投诉，接到投诉的档案主管部门应当及时调查处理并将处理结果告知投诉人。

利用档案涉及知识产权、个人信息的，应当遵守有关法律、行政法规的规定。

第二十九条 机关、团体、企业事业单位和其他组织以及公民根据经济建设、国防建设、教学科研和其他工作的需要，可以按照国家有关规定，利用档案馆未开放的档案以及有关机关、团体、企业事业单位和其他组织保存的档案。

第三十条 馆藏档案的开放审核，由档案馆会同档案形成单位或者移交单位共同负责。尚未移交进馆档案的开放审核，由档案形成单位或者保管单位负责，并在移交时附具意见。

第三十一条 向档案馆移交、捐献、寄存档案的单位和个人，可以优先利用该档案，并可以对档案中不宜向社会开放的部分提出限制利用的意见，档案馆应当予以支持，提供便利。

第三十二条 属于国家所有的档案，由国家授权的档案馆或者有关机关公布；未经档案馆或者有关机关同意，任何单位和个人无权公布。非国有企业、社会服务机构等单位和个人形成的档案，档案所有者有权公布。

公布档案应当遵守有关法律、行政法规的规定，不得损害国家安全和利益，不得侵犯他人的合法权益。

第三十三条 档案馆应当根据自身条件，为国家机关制定法律、法规、政策和开展有关问题研究，提供支持和便利。

档案馆应当配备研究人员，加强对档案的研究整理，有计划地组织编辑出版档案材料，在不同范围内发行。

档案研究人员研究整理档案，应当遵守档案管理的规定。

第三十四条　国家鼓励档案馆开发利用馆藏档案，通过开展专题展览、公益讲座、媒体宣传等活动，进行爱国主义、集体主义、中国特色社会主义教育，传承发展中华优秀传统文化，继承革命文化，发展社会主义先进文化，增强文化自信，弘扬社会主义核心价值观。

第五章　档案信息化建设

第三十五条　各级人民政府应当将档案信息化纳入信息化发展规划，保障电子档案、传统载体档案数字化成果等档案数字资源的安全保存和有效利用。

档案馆和机关、团体、企业事业单位以及其他组织应当加强档案信息化建设，并采取措施保障档案信息安全。

第三十六条　机关、团体、企业事业单位和其他组织应当积极推进电子档案管理信息系统建设，与办公自动化系统、业务系统等相互衔接。

第三十七条　电子档案应当来源可靠、程序规范、要素合规。

电子档案与传统载体档案具有同等效力，可以以电子形式作为凭证使用。

电子档案管理办法由国家档案主管部门会同有关部门制定。

第三十八条　国家鼓励和支持档案馆和机关、团体、企业事业单位以及其他组织推进传统载体档案数字化。已经实现数字化的，应当对档案原件妥善保管。

第三十九条　电子档案应当通过符合安全管理要求的网络或者存储介质向档案馆移交。

档案馆应当对接收的电子档案进行检测，确保电子档案的真实性、完整性、可用性和安全性。

档案馆可以对重要电子档案进行异地备份保管。

第四十条　档案馆负责档案数字资源的收集、保存和提供利用。有条件的档案馆应当建设数字档案馆。

第四十一条　国家推进档案信息资源共享服务平台建设，推动档案数字资源跨区域、跨部门共享利用。

第六章　监督检查

第四十二条　档案主管部门依照法律、行政法规有关档案管理的规定，可以对档案馆和机关、团体、企业事业单位以及其他组织的下列情况进行检查：

（一）档案工作责任制和管理制度落实情况；

（二）档案库房、设施、设备配置使用情况；

（三）档案工作人员管理情况；

（四）档案收集、整理、保管、提供利用等情况；

（五）档案信息化建设和信息安全保障情况；

（六）对所属单位等的档案工作监督和指导情况。

第四十三条　档案主管部门根据违法线索进行检查时，在符合安全保密要求的前提下，可以检查有关库房、设施、设备，查阅有关材料，询问有关人员，记录有关情况，有关单位和个人应当配合。

第四十四条　档案馆和机关、团体、企业事业单位以及其他组织发现本单位存在档案安全隐患的，应当及时采取补救措施，消除档案安全隐患。发生档案损毁、信息泄露等情形的，应当及时向档案主管部门报告。

第四十五条　档案主管部门发现档案馆和机关、团体、企业事业单位以及其他组织存在档案安全隐患的，应当责令限期整改，消除档案安全隐患。

第四十六条　任何单位和个人对档案违法行为，有权向档案主管部门和有关机关举报。

接到举报的档案主管部门或者有关机关应当及时依法处理。

第四十七条　档案主管部门及其工作人员应当按照法定的职权和程序开展监督检查工作，做到科学、公正、严格、高效，不得利用职权牟取利益，不得泄露履职过程中知悉的国家秘密、商业秘密或者个人隐私。

第七章　法律责任

第四十八条　单位或者个人有下列行为之一，由县级以上档案主管部门、有关机关对直接负责的主管人员和其他直接责任人员依法给予处分：

（一）丢失属于国家所有的档案的；

（二）擅自提供、抄录、复制、公布属于国家所有的档案的；

（三）买卖或者非法转让属于国家所有的档案的；

（四）篡改、损毁、伪造档案或者擅自销毁档案的；

（五）将档案出卖、赠送给外国人或者外国组织的；

（六）不按规定归档或者不按期移交档案，被责令改正而拒不改正的；

（七）不按规定向社会开放、提供利用档案的；

（八）明知存在档案安全隐患而不采取补救措施，造成档案损毁、灭失，或者存在档案安全隐患被责令限期整改而逾期未整改的；

（九）发生档案安全事故后，不采取抢救措施或者隐瞒不报、拒绝调查的；

（十）档案工作人员玩忽职守，造成档案损毁、灭失的。

第四十九条 利用档案馆的档案，有本法第四十八条第一项、第二项、第四项违法行为之一的，由县级以上档案主管部门给予警告，并对单位处一万元以上十万元以下的罚款，对个人处五百元以上五千元以下的罚款。

档案服务企业在服务过程中有本法第四十八条第一项、第二项、第四项违法行为之一的，由县级以上档案主管部门给予警告，并处二万元以上二十万元以下的罚款。

单位或者个人有本法第四十八条第三项、第五项违法行为之一的，由县级以上档案主管部门给予警告，没收违法所得，并对单位处一万元以上十万元以下的罚款，对个人处五百元以上五千元以下的罚款；并可以依照本法第二十二条的规定征购所出卖或者赠送的档案。

第五十条 违反本法规定，擅自运送、邮寄、携带或者通过互联网传输禁止出境的档案或者其复制件出境的，由海关或者有关部门予以没收、阻断传输，并对单位处一万元以上十万元以下的罚款，对个人处五百元以上五千元以下的罚款；并将没收、阻断传输的档案或者其复制件移交档案主管部门。

第五十一条 违反本法规定，构成犯罪的，依法追究刑事责任；造成财产损失或者其他损害的，依法承担民事责任。

第八章 附 则

第五十二条 中国人民解放军和中国人民武装警察部队的档案工作，由中央军事委员会依照本法制定管理办法。

第五十三条 本法自 2021 年 1 月 1 日起施行。

关于《中华人民共和国档案法（修订草案）》的说明

——2019 年 10 月 21 日在第十三届全国人民代表大会常务委员会第十四次会议上

国家档案局局长 李明华

全国人民代表大会常务委员会：

我受国务院委托，现对《中华人民共和国档案法（修订草案）》（以下简称《草案》）作说明。

一、修订的必要性

档案作为党和国家各项工作和人民群众各方面情况的真实记录，是促进我国各项事业科学发展、维护党和国家及人民群众根本利益的重要依据。《中华人民共和国档案法》自 1988 年施行以来，对加强档案的收集、管理和利用，维护国家档案资源安全，服务改革开放和社会主义现代化建设发挥了重要作用。但是，随着中国特色社会主义进入新时代和全面依法治国方略的推进，档案法与国家治理体系和治理能力现代化建设战略部署已不相适应，迫切需要修订。一是党中央、国务院对档案工作提出了新要求。习近平总书记指出，档案工作是一项非常重要的工作，经验得以总结，规律得以认识，历史得以延续，各项事业得以发展，都离不开档案。并要求新时期档案工作要依法管理、走向开放、走向现代化。2015 年 7 月，中央政治局集体学习时，习近平总书记 3 次提到档案，强调“让历史说话、用史实发言”。李克强总理在今年《政府工作报告》中对发展档案事业提出明确要求，并强调对由于法规不健全而造成的一些地方推行电子档案认定使用难、跨地区办理难问题，要抓紧清理修改相关法律法规。2014年中共中央办公厅、国务院办公厅印发《关于加强和改进新形势下档案工作的意见》，要求进一步完善档案工作体制机制，加大对档案工作的支持保障力度，推动档案事业科学发展。二是实践中有一些突出问题亟待解决。首先，随着信息时代的到来，各项工作形成的电子文件越来越多，传统载体档案的数字化数量巨大，档案工作从传统实体管理逐渐转向数字管理，许多新情况新问题需要法律予以明确。其次，随着经济社会的快速发展，档案工作内外部环境发生了很大变化，需要在法律中明确归档范围和档案管理责任，以及机构变动时档案如何处置。再次，长期以来档案开放鉴定职责不明晰，影响了档案开放进程，档案"为民服务"的作用难以充分发挥，需要进一步修改完善相关制度。

2015年11月，国家档案局向国务院报送《〈中华人民共和国档案法〉修订草案（送审稿）》（以下简称送审稿）。收到此件后，司法部广泛征求了各地各部门意见，赴地方进行调研，召开企业座谈会、专家论证会、有关部门协调会，并由国家档案局向社会公开征求意见。在此基础上，司法部会同国家档案局对送审稿反复研究、修改，形成《草案》。《草案》已于2019年10月8日经国务院常务会议讨论通过。

二、修订工作总体思路

一是贯彻总体国家安全观，加强机关、团体、企业事业单位和其他组织的档案管理责任，明确机构变动时档案的处置。二是坚持问题导向，立足实际完善相关制度。充分考虑我国档案工作实践基础，集中力量解决突出问题，明确归档范围，加强档案信息化建设，特别是明确电子档案的法律效力，完善监督检查措施，充分发挥档案工作为党管档、为国守史、为民服务的基础性作用。三是坚持立法服务社会和人民群众的价值取向，进一步为档案开放和利用提供便利条件，增加人民群众的获得感。

三、修订的主要内容

《草案》共八章四十二条，比现行法（六章二十七条）增加二章（档案信息化建设和监督检查），增加十六条，修改十五条，删除一条。

（一）完善档案管理相关制度。一是建立档案工作责任制。二是明确机关、团体、国有企业事业单位和其他组织归档范围，同时规定了非国有企业的档案管理责任。三是明确机构变动时档案移交制度。此外，为了维护国家安全和公共利益，将现行法中"集体所有的和个人所有的"修改为"非国有的"，规定：非国有的对国家和社会具有保存价值的或者应当保密的档案，所有者应当妥善保管。

（二）增加档案信息化建设的规定。一是规定：各级人民政府应当将档案信息化纳入信息化发展规划，保障电子档案、传统载体档案数字化成果等档案数字资源的安全保存和有效利用。二是明确电子档案法律效力，规定：不得仅因为电子档案采用电子形式而否认其法律效力，具有法律效力的电子档案可以以电子形式作为凭证使用。三是对档案信息化内容作了具体规定：国家鼓励机关、团体、企业事业单位和其他组织推进电子档案管理信息系统建设；有条件的档案馆应当按照规定建设数字档案馆；国家推进档案数字资源跨区域、跨部门共享利用。

（三）扩大档案开放与利用。提高档案开放的效率，将档案开放的期限由三十年缩短为二十五年，并明确档案开放鉴定制度，规定：馆藏档案的开放鉴定由国家档案馆会同档案形成或者移交单位共同负责；尚未移交进馆档案的开放鉴定，由档案形成或者保管单位负责，在移交前完成开放鉴定工作。做好档案开放与政府信息公开的衔接，规定：提前将档案交档案馆保管的，移交档案所涉及政府信息公开事项由原制作或者保存政府信息的单位办理；移交期限届满的，涉及政府信息公开事项的档案按照档案利用规定办理。

（四）增加档案监督检查的规定。明确监督检查事项，并规定监督检查措施：在符合安全保密要求的前提下，档案行政管理部门可以查阅有关材料、询问人员、记录情况，对有关设施实施检查，被检查的单位应当配合。

此外，我们还作了一些文字修改，并对条款顺序作了相应调整。

《草案》和以上说明是否妥当，请审议。

全国人民代表大会宪法和法律委员会关于《中华人民共和国档案法(修订草案)》审议结果的报告

——2020 年 6 月 18 日在第十三届全国人民代表大会常务委员会第十九次会议上

全国人大宪法和法律委员会副主任委员　胡可明

全国人民代表大会常务委员会:

常委会第十四次会议对档案法修订草案进行了初次审议。会后,法制工作委员会将修订草案印发各省(区、市)、部分设区的市、基层立法联系点和中央有关单位等征求意见,并在中国人大网全文公布修订草案,征求社会公众意见。宪法和法律委员会、教育科学文化卫生委员会和法制工作委员会联合召开座谈会,听取部分全国人大代表和中央有关部门、档案馆、企业、行业协会、专家等的意见。宪法和法律委员会、法制工作委员会还到北京、湖南、广东、江苏调研,听取部分全国人大代表和地方有关部门、档案馆、档案服务企业等的意见,并就修订草案中的主要问题与有关部门交换意见,共同研究。宪法和法律委员会于 6 月 5 日召开会议,根据常委会组成人员的审议意见和各方面意见,对修订草案进行了逐条审议。教育科学文化卫生委员会、司法部、国家档案局的有关负责同志列席了会议。6 月 11 日,宪法和法律委员会召开会议,再次进行审议。宪法和法律委员会认为,为了加强档案管理,规范档案收集、整理工作,有效保护和利用档案,提高档案信息化建设水平,为中国特色社会主义事业服务,对档案法进行修订是必要的,修订草案经过审议修改,已经比较成熟。同时,提出以下主要修改意见:

一、有的常委委员、部门、地方和社会公众建议健全档案管理相关制度,明确中央国家机关指导本系统档案业务工作,规范档案收集工作,强化档案服务企业管理,做好突发事件应对活动相关档案工作。宪法和法律委员会经研究,建议增加以下规定:一是明确中央国家机关根据档案管理需要,在职责范围内指导本系统的档案业务工作。二是强调档案馆不得拒绝接收按照规定移交的档案,除接收移交档案外,还可以通过接受捐献、购买、代存等方式收集档案。三是明确委托档案整理、寄存、开发利用和数字化等服务,应当与符合条件的档案服务企业签订委托协议,并对受托方进行监督。受托方应当建立档案服务管理制度,遵守有关安全保密规定,确保档案的安全。四是要求国家档案主管部门建立健全突发事件应对活动相关档案收集、整理、保护、利用工作机制。

二、有的常委委员、代表、地方和社会公众提出,应当充分挖掘利用档案资源,更好地为党和国家大局服务、为经济社会发展服务、为广大人民群众服务,建议进一步推进档案开放与利用。宪法和法律委员会经研究,建议作以下修改:一是明确县级以上各级档案馆的档案应当自形成之日起满二十五年向社会开放,经济、教育、科技、文化等类档案可以少于二十五年向社会开放;涉及国家安全或者重大利益以及其他到期不宜开放的档案向社会开放的期限,可以多于二十五年;国家鼓励和支持其他档案馆向社会开放档案。二是规定国家鼓励档案馆开发利用馆藏档案,通过开展专题展览、公益讲座、媒体宣传等活动,进行爱国主义、集体主义、中国特色社会主义教育,传承发展中华优秀传统文化,继承革命文化,发展社会主义先进文化,培育和践行社会主义核心价值观。三是要求档案馆加强对突发事件应对活动相关档案的研究整理和开发利用,为突发事件应对活动提供文献参考和决策支持。

三、有的常委会组成人员、代表、部门、地方和社会公众提出,随着信息时代的到来,传统载体档案数字化和电子档案快速发展,档案工作逐渐转向数字管理,建议进一步加强档案信息化建设。宪法和法律委员会经研究,建议增加以下规定:一是明确档案馆和机关、团体、企业事业单位以及其他组织应当加强档案信息化建设。二是规定国家鼓励和支持档案馆和机关、团体、企业事业单位以及其他组织推进传统载体档案数字化。已实现数字化的,应当对档案原件妥善保管。三是明确档案馆应当对接收的电子档案进行检测,确保电子档案的真实性、完整性、可用性和安全性。

四、有的常委委员、代表、部门和地方建议完善档案安全工作机制，改善档案保管条件，保障档案信息安全。宪法和法律委员会经研究，建议增加以下规定：一是明确档案馆和机关、团体、企业事业单位以及其他组织应当建立健全档案安全工作机制，加强档案安全风险管理，提高档案安全应急处置能力，并采取措施保障档案信息安全。二是要求档案馆、档案机构按照国家有关规定配置适宜档案保存的库房和必要的设备，确保档案的安全。三是非国有企业、社会服务机构等单位和个人保管档案的条件不符合要求或者有其他不安全情形的，国家档案主管部门可以给予帮助，或者协商采取指定档案馆代为保管等措施。四是明确档案馆和机关、团体、企业事业单位以及其他组织发现本单位存在档案安全隐患的，应当及时采取补救措施，消除档案安全隐患。

五、有的常委会组成人员、代表、部门、地方和社会公众建议加大对档案工作的支持保障力度。宪法和法律委员会经研究，建议作以下修改：一是明确国家鼓励和支持档案科学研究和技术创新，促进科技成果在档案收集、整理、保护、利用等方面的转化和应用，推动档案科技进步。二是规定国家加强档案工作人才培养和队伍建设，提高档案工作人员业务素质。三是明确档案专业人员可以按照国家有关规定评定专业技术职称。

六、有的常委委员、代表、部门、地方和社会公众建议补充完善法律责任。宪法和法律委员会经研究，建议作以下修改：一是对损毁、擅自销毁档案，擅自复制属于国家所有的档案，发生档案安全事故后不实施抢救措施或者隐瞒不报、拒绝调查等违法行为，增加规定相应的法律责任。二是增加对档案服务企业相关违法行为的处罚。三是明确罚款处罚的具体数额。

七、有的代表和中央军委法制局建议增加军队档案工作的内容。宪法和法律委员会经研究，建议增加规定：中国人民解放军和中国人民武装警察部队的档案工作，由中央军事委员会依照本法制定管理办法。

此外，还对修订草案作了一些文字修改。

修订草案二次审议稿已按上述意见作了修改，宪法和法律委员会建议提请本次常委会会议审议通过。

修订草案二次审议稿和以上报告是否妥当，请审议。

全国人民代表大会宪法和法律委员会关于《中华人民共和国档案法（修订草案二次审议稿）》修改意见的报告

——2020 年 6 月 19 日在第十三届全国人民代表大会常务委员会第十九次会议上

全国人民代表大会常务委员会：

本次常委会会议于 6 月 18 日下午对档案法修订草案二次审议稿进行了分组审议。普遍认为，修订草案已经比较成熟，建议进一步修改后，提请本次会议表决通过。同时，有些常委会组成人员还提出了一些修改意见。宪法和法律委员会于 6 月 18 日晚召开会议，逐条研究了常委会组成人员的审议意见，对修订草案进行了审议。教育科学文化卫生委员会、司法部、国家档案局的有关负责同志列席了会议。宪法和法律委员会认为，修订草案是可行的，同时，提出以下修改意见：

一、有些常委会组成人员、中央档案馆、国家档案局建议明确中国共产党对档案工作的领导。宪法和法律委员会经研究，建议采纳这一意见。

二、有的常委委员建议加强档案领域的国际交流合作，支持社会力量参与档案事业。宪法和法律委员会经研究，建议增加规定：“国家鼓励和支持在档案领域开展国际交流与合作。”“国家鼓励社会力量参与和支持档案事业的发展。”

三、有些常委委员建议进一步完善档案利用机制，更好服务国家机关决策、管理。宪法和法律委员会经研究，建议作以下修改：一是明确档案馆应当通过其网站或者其他方式定期公布开放档案的目录，不断完善利用规则，创新服务形式，强化服务功能，提高服务水平。二是规定档案馆不按规定开放利用的，单位和个人可以向档案主管部门投诉，接到投诉的档案主管部门应当及时调查处理并将处理结果告知投诉人。三是要求档案馆根据自身条件，为国家机关制定法律、法规、政策和开展有关问题研究，提供支持和便利。四是对不按规定向社会开放、提供利用档案的行为规定法律责任。

四、有的常委委员建议对重要电子档案进行异地备份保管，确保档案的安全。宪法和法律委员会经研究，建议采纳这一意见。

在常委会审议中，有些常委会组成人员还就加强档案管理，完善有关制度提出了一些具体意见，如明确档案馆设置与布局要求、强化电子档案存储安全、规范监督检查等。有些常委会组成人员建议有关方面抓紧制定配套规定，加强法律宣传。宪法和法律委员会经研究认为，上述意见涉及的问题，有的已在有关法律、行政法规中作出规定，有的需要在配套规定中进一步细化，建议国家档案局和有关方面认真研究常委会组成人员的上述意见，进一步完善档案管理相关制度，抓紧制定配套规定，做好法律宣传，切实保障法律的贯彻实施。

此外，根据常委会组成人员的审议意见，还对修订草案二次审议稿作了一些文字修改。

经与国家档案局研究，建议修订后的档案法自2021 年 1 月 1 日起施行。

修订草案建议表决稿已按上述意见作了修改，宪法和法律委员会建议本次常委会会议审议通过。

修订草案建议表决稿和以上报告是否妥当，请审议。

中华人民共和国主席令

第四十八号

《中华人民共和国人民武装警察法》已由中华人民共和国第十三届全国人民代表大会常务委员会第十九次会议于 2020 年 6 月 20 日修订通过，现予公布，自 2020 年 6 月 21 日起施行。

中华人民共和国主席　习近平

2020 年 6 月 20 日

中华人民共和国人民武装警察法

（2009 年 8 月 27 日第十一届全国人民代表大会常务委员会第十次会议通过
2020 年 6 月 20 日第十三届全国人民代表大会常务委员会第十九次会议修订）

目　录

第一章　总　　则

第一条　为了规范和保障人民武装警察部队履行职责，建设强大的现代化人民武装警察部队，维护国家安全和社会稳定，保护公民、法人和其他组织的合法权益，制定本法。

第二条　人民武装警察部队是中华人民共和国武装力量的重要组成部分，由党中央、中央军事委员会集中统一领导。

第三条　人民武装警察部队坚持中国共产党的绝对领导，贯彻习近平强军思想，贯彻新时代军事战略方针，按照多能一体、维稳维权的战略要求，加强练兵备战、坚持依法从严、加快建设发展，有效履行职责。

第四条　人民武装警察部队担负执勤、处置突发社会安全事件、防范和处置恐怖活动、海上维权执法、抢险救援和防卫作战以及中央军事委员会赋予的其他任务。

第五条　人民武装警察部队应当遵守宪法和法律，忠于职守，依照本法和其他法律的有关规定履行职责。

人民武装警察部队依法履行职责的行为受法律保护。

第六条　对在执行任务中做出突出贡献的人民武装警察，依照有关法律和中央军事委员会的规定给予表彰和奖励。

对协助人民武装警察执行任务有突出贡献的个人和组织，依照有关法律、法规的规定给予表彰和奖励。

第七条　人民武装警察部队实行衔级制度，衔级制度的具体内容由法律另行规定。

第八条　人民武装警察享有法律、法规规定的现役军人的权益。

第二章　组织和指挥

第九条　人民武装警察部队由内卫部队、机动部队、海警部队和院校、研究机构等组成。

内卫部队按照行政区划编设，机动部队按照任务编设，海警部队在沿海地区按照行政区划和任务区域编设。具体编设由中央军事委员会确定。

第十条　人民武装警察部队平时执行任务，由中央军事委员会或者中央军事委员会授权人民武装警察部队组织指挥。

人民武装警察部队平时与人民解放军共同参加抢险救援、维稳处突、联合训练演习等非战争军事行动，由中央军事委员会授权战区指挥。

人民武装警察部队战时执行任务，由中央军事委员会或者中央军事委员会授权战区组织指挥。

组织指挥具体办法由中央军事委员会规定。

第十一条　中央国家机关、县级以上地方人民政府应当与人民武装警察部队建立任务需求和工作协调机制。

中央国家机关、县级以上地方人民政府因重大活动安全保卫、处置突发社会安全事件、防范和处置恐怖活动、抢险救援等需要人民武装警察部队协助的，应当按照国家有关规定提出需求。

执勤目标单位可以向负责执勤任务的人民武装警察部队提出需求。

第十二条　调动人民武装警察部队执行任务，坚持依法用兵、严格审批的原则，按照指挥关系、职责权限和运行机制组织实施。批准权限和程序由中央军事委员会规定。

遇有重大灾情、险情或者暴力恐怖事件等严重威胁公共安全或者公民人身财产安全的紧急情况，人民武装警察部队应当依照中央军事委员会有关规定采取行动并同时报告。

第十三条　人民武装警察部队根据执行任务需要，参加中央国家机关、县级以上地方人民政府设立的指挥机构，在指挥机构领导下，依照中央军事委员会有关规定实施组织指挥。

第十四条　中央国家机关、县级以上地方人民政府对人民武装警察部队执勤、处置突发社会安全事件、防范和处置恐怖活动、抢险救援工作进行业务指导。

人民武装警察部队执行武装警卫、武装守卫、武装守护、武装警戒、押解、押运等任务，执勤目标单位可以对在本单位担负执勤任务的人民武装警察部队进行执勤业务指导。

第三章　任务和权限

第十五条　人民武装警察部队主要担负下列执勤任务：

（一）警卫对象、重要警卫目标的武装警卫；

（二）重大活动的安全保卫；

（三）重要的公共设施、核设施、企业、仓库、水源地、水利工程、电力设施、通信枢纽等目标的核心要害部位的武装守卫；

（四）重要的桥梁和隧道的武装守护；

（五）监狱、看守所等场所的外围武装警戒；

（六）直辖市，省、自治区人民政府所在地的市和其他重要城市（镇）的重点区域、特殊时期以及特定内陆边界的武装巡逻；

（七）协助公安机关、国家安全机关依法执行逮捕、追捕任务，协助监狱、看守所等执勤目标单位执行押解、追捕任务，协助中国人民银行、国防军工单位等执勤目标单位执行押运任务。

前款规定的执勤任务的具体范围，依照国家有关规定执行。

第十六条　人民武装警察部队参与处置动乱、暴乱、骚乱、非法聚集事件、群体性事件等突发事件，主要担负下列任务：

（一）保卫重要目标安全；

（二）封锁、控制有关场所和道路；

（三）实施隔离、疏导、带离、驱散行动，制止违法犯罪行为；

（四）营救和救护受困人员；

（五）武装巡逻，协助开展群众工作，恢复社会秩序。

第十七条 人民武装警察部队参与防范和处置恐怖活动，主要担负下列任务：

（一）实施恐怖事件现场控制、救援、救护，以及武装巡逻、重点目标警戒；

（二）协助公安机关逮捕、追捕恐怖活动人员；

（三）营救人质、排除爆炸物；

（四）参与处置劫持航空器等交通工具事件。

第十八条 人民武装警察部队参与自然灾害、事故灾难、公共卫生事件等突发事件的抢险救援，主要担负下列任务：

（一）参与搜寻、营救、转移或者疏散受困人员；

（二）参与危险区域、危险场所和警戒区的外围警戒；

（三）参与排除、控制灾情和险情，防范次生和衍生灾害；

（四）参与核生化救援、医疗救护、疫情防控、交通设施抢修抢建等专业抢险；

（五）参与抢救、运送、转移重要物资。

第十九条 人民武装警察执行任务时，可以依法采取下列措施：

（一）对进出警戒区域、通过警戒哨卡的人员、物品、交通工具等按照规定进行检查；对不允许进出、通过的，予以阻止；对强行进出、通过的，采取必要措施予以制止；

（二）在武装巡逻中，经现场指挥员同意并出示人民武装警察证件，对有违法犯罪嫌疑的人员当场进行盘问并查验其证件，对可疑物品和交通工具进行检查；

（三）协助执行交通管制或者现场管制；

（四）对聚众扰乱社会治安秩序、危及公民人身财产安全、危害公共安全或者执勤目标安全的，采取必要措施予以制止、带离、驱散；

（五）根据执行任务的需要，向相关单位和人员了解有关情况或者在现场以及与执行任务相关的场所实施必要的侦察。

第二十条 人民武装警察执行任务时，发现有下列情形的人员，经现场指挥员同意，应当及时予以控制并移交公安机关、国家安全机关或者其他有管辖权的机关处理：

（一）正在实施犯罪的；

（二）通缉在案的；

（三）违法携带危及公共安全物品的；

（四）正在实施危害执勤目标安全行为的；

（五）以暴力、威胁等方式阻碍人民武装警察执行任务的。

第二十一条 人民武装警察部队协助公安机关、国家安全机关和监狱等执行逮捕、追捕任务，根据所协助机关的决定，协助搜查犯罪嫌疑人、被告人、罪犯的人身和住所以及涉嫌藏匿犯罪嫌疑人、被告人、罪犯或者违法物品的场所、交通工具等。

第二十二条 人民武装警察执行执勤、处置突发社会安全事件、防范和处置恐怖活动任务使用警械和武器，依照人民警察使用警械和武器的规定以及其他有关法律、法规的规定执行。

第二十三条 人民武装警察执行任务，遇有妨碍、干扰的，可以采取必要措施排除阻碍、强制实施。

人民武装警察执行任务需要采取措施的，应当严格控制在必要限度内，有多种措施可供选择的，应当选择有利于最大程度地保护个人和组织权益的措施。

第二十四条 人民武装警察因执行任务的紧急需要，经出示人民武装警察证件，可以优先乘坐公共交通工具；遇交通阻碍时，优先通行。

第二十五条 人民武装警察因执行任务的需要，在紧急情况下，经现场指挥员出示人民武装警察证件，可以优先使用或者依法征用个人和组织的设备、设施、场地、建筑物、交通工具以及其他物资、器材，任务完成后应当及时归还或者恢复原状，并按照国家有关规定支付费用；造成损失的，按照国家有关规定给予补偿。

第二十六条 人民武装警察部队出境执行防范和处置恐怖活动等任务，依照有关法律、法规和中央军事委员会的规定执行。

第四章 义务和纪律

第二十七条 人民武装警察应当服从命令、听从指挥，依法履职尽责，坚决完成任务。

第二十八条 人民武装警察遇有公民的人身财产安全受到侵犯或者处于其他危难情形，应当及时救助。

第二十九条 人民武装警察不得有下列行为：

（一）违抗上级决定和命令、行动消极或者临阵脱逃；

（二）违反规定使用警械、武器；

（三）非法剥夺、限制他人人身自由，非法检查、搜查人身、物品、交通工具、住所、场所；

（四）体罚、虐待、殴打监管羁押、控制的对象；

（五）滥用职权、徇私舞弊，擅离职守或者玩忽职守；

（六）包庇、纵容违法犯罪活动；

（七）泄露国家秘密、军事秘密；

（八）其他违法违纪行为。

第三十条　人民武装警察执行任务，应当按照规定着装，持有人民武装警察证件，按照规定使用摄录器材录像取证、出示证件。

第三十一条　人民武装警察应当举止文明，礼貌待人，遵守社会公德，尊重公民的宗教信仰和民族风俗习惯。

第五章　保障措施

第三十二条　为了保障人民武装警察部队执行任务，中央国家机关、县级以上地方人民政府及其有关部门应当依据职责及时向人民武装警察部队通报下列情报信息：

（一）社会安全信息；

（二）恐怖事件、突发事件的情报信息；

（三）气象、水文、海洋环境、地理空间、灾害预警等信息；

（四）其他与执行任务相关的情报信息。

中央国家机关、县级以上地方人民政府应当与人民武装警察部队建立情报信息共享机制，可以采取联通安全信息网络和情报信息系统以及数据库等方式，提供与执行任务相关的情报信息及数据资源。

人民武装警察部队对获取的相关信息，应当严格保密、依法运用。

第三十三条　国家建立与经济社会发展相适应、与人民武装警察部队担负任务和建设发展相协调的经费保障机制。所需经费按照国家有关规定列入预算。

第三十四条　执勤目标单位及其上级主管部门应当按照国家有关规定，为担负执勤任务的人民武装警察部队提供执勤设施、生活设施等必要的保障。

第三十五条　在有毒、粉尘、辐射、噪声等严重污染或者高温、低温、缺氧以及其他恶劣环境下的执勤目标单位执行任务的人民武装警察，享有与执勤目标单位工作人员同等的保护条件和福利补助，由执勤目标单位或者其上级主管部门给予保障。

第三十六条　人民武装警察部队的专用标志、制式服装、警械装备、证件、印章，按照中央军事委员会有关规定监制和配备。

第三十七条　人民武装警察部队应当根据执行任务的需要，加强对所属人民武装警察的教育和训练，提高依法执行任务的能力。

第三十八条　人民武装警察因执行任务牺牲、伤残的，按照国家有关军人抚恤优待的规定给予抚恤优待。

第三十九条　人民武装警察部队依法执行任务，公民、法人和其他组织应当给予必要的支持和协助。

公民、法人和其他组织对人民武装警察部队执行任务给予协助的行为受法律保护。

公民、法人和其他组织因协助人民武装警察部队执行任务牺牲、伤残或者遭受财产损失的，按照国家有关规定给予抚恤优待或者相应补偿。

第六章　监督检查

第四十条　人民武装警察部队应当对所属单位和人员执行法律、法规和遵守纪律的情况进行监督检查。

第四十一条　人民武装警察受中央军事委员会监察委员会、人民武装警察部队各级监察委员会的监督。

人民武装警察执行执勤、处置突发社会安全事件、防范和处置恐怖活动、海上维权执法、抢险救援任务，接受人民政府及其有关部门、公民、法人和其他组织的监督。

第四十二条　中央军事委员会监察委员会、人民武装警察部队各级监察委员会接到公民、法人和其他组织的检举、控告，或者接到县级以上人民政府及其有关部门对人民武装警察违法违纪行为的情况通报后，应当依法及时查处，按照有关规定将处理结果反馈检举人、控告人或者通报县级以上人民政府及其有关部门。

第七章　法律责任

第四十三条　人民武装警察在执行任务中不履行职责，或者有本法第二十九条所列行为之一的，按照中央军事委员会的有关规定给予处分。

第四十四条　妨碍人民武装警察依法执行任务，有下列行为之一的，由公安机关依法给予治安管理处罚：

（一）侮辱、威胁、围堵、拦截、袭击正在执行任务的人民武装警察的；

（二）强行冲闯人民武装警察部队设置的警戒带、警戒区的；

（三）拒绝或者阻碍人民武装警察执行追捕、检查、搜查、救险、警戒等任务的；

（四）阻碍执行任务的人民武装警察部队的交通工具和人员通行的；

（五）其他严重妨碍人民武装警察执行任务的行为。

第四十五条　非法制造、买卖、持有、使用人民武装警察部队专用标志、警械装备、证件、印章的，由公安机关处十五日以下拘留或者警告，可以并处违法所得一倍以上五倍以下的罚款。

第四十六条　违反本法规定，构成犯罪的，依法追究刑事责任。

第八章　附　　则

第四十七条　人民武装警察部队执行海上维权执法任务，由法律另行规定。

第四十八条　人民武装警察部队执行防卫作战任务，依照中央军事委员会的命令执行。

第四十九条　人民武装警察部队执行戒严任务，依照《中华人民共和国戒严法》的有关规定执行。

第五十条　人民武装警察部队文职人员在执行本法规定的任务时，依法履行人民武装警察的有关职责和义务，享有相应权益。

第五十一条　本法自2020年6月21日起施行。

关于《中华人民共和国人民武装警察法（修订草案）》的说明

——2020年4月26日在第十三届全国人民代表大会常务委员会第十七次会议上

中国人民武装警察部队司令员　王　宁

全国人民代表大会常务委员会：

我受中央军委委托，现就《中华人民共和国人民武装警察法（修订草案）》作说明。

一、修订《人民武装警察法》的必要性

现行《人民武装警察法》，自2009年8月27日颁布实施以来，为维护国家安全和社会稳定，保卫人民美好生活发挥了重要作用，也为武警部队依法履职和全面建设提供了重要法律依据。随着国防和军队改革不断深化推进，现行《人民武装警察法》已不能适应形势的发展，需要重新修订完善。一是深入贯彻习近平强军思想。习主席就武警部队建设发展作出了一系列重要指示，亲自向武警部队授旗并致训词，为武警部队履行使命任务赋予了新的时代内涵，为建设强大的现代化人民武装警察部队指明了方向，是指导武警部队建设发展的魂和纲，将这些重要论述以法律的形式确定下来是时代所需。二是确保党中央、中央军委对武警部队集中统一领导。调整武警部队领导指挥体制是党中央作出的重大政治决定，是完善和发展中国特色社会主义军事制度的重大举措，是推进国家治理体系和治理能力现代化的重要组成部分，是确保实现党和国家长治久安的重大政治设计和制度安排。因此，有必要以法的权威性、稳定性、强制性保障新的领导指挥体制顺畅运行，确保党对武警部队的绝对领导，确保武警部队坚决听从党中央、中央军委和习主席指挥。三是加快推进武警部队建设发展、有效履行职责使命。充分发挥法治对部队建设、遂行任务的推动和保障作用，通过修法形成基本制度、固化改革成果，充分释放改革效能，为推进武警部队现代化建设提供动力引擎，为确保武警部队有效履行新时代使命任务提供有力支撑。

《全国人民代表大会常务委员会关于中国人民武装警察部队改革期间暂时调整适用相关法律规定的决定》明确，“改革措施成熟后，及时修改完善有关法律”；十三届全国人大常委会立法规划和中央军委政策制度改革计划，对修订《人民武装警察法》均作出了部署。据此，武警部队成立工作专班，深入调研论证，反复研究修改，广泛征求中央和国家机关有关部门、军委机关有关部门和各大单位意见，最大限度地凝聚共识、汇聚智慧，起草形成了修

订草案，军委改革和编制办公室组织了审修评估，军委法制局作了立法审查，草案已经中央军委常务会议审议通过。

二、修订《人民武装警察法》的指导思想和基本思路

修订《人民武装警察法》，坚持以习近平新时代中国特色社会主义思想为指导，深入贯彻习近平强军思想，深入贯彻新时代军事战略方针，聚焦使命任务，坚持问题导向，全面体现改革成果，紧密结合武警部队实际，围绕任务更加明确、职权更加清晰、关系更加顺畅、保障更加有力、监督更加严格的立法主旨，着力使新修订的《人民武装警察法》符合时代要求，为建设强大的现代化人民武装警察部队、有效履行职责使命提供坚强法律保障和制度支撑。按照以上指导思想，《人民武装警察法》修订工作遵循以下思路和原则：一是坚持政治引领，始终以党中央、中央军委和习主席决策指示引领立法设计；二是突出改革导向，将实践证明已经成熟的改革成果固化上升为法律；三是注重体系设计，着眼武警部队有效履行使命任务和加快推进现代化建设，全面设置相应制度；四是坚持依法推进，贯彻依法立法要求，注重与现行法律法规保持一致。

三、《人民武装警察法》修订的主要内容

现行《人民武装警察法》共 7 章 38 条，此次修订主要是增加了“组织和指挥”一章，将“任务和职责”一章调整为“任务”和“职权”两章，修改 32 条、保留 4 条、删除 2 条、新增 14 条，修订后草案共设 9 章 50 条。

（一）关于领导体制。根据党中央决定，武警部队领导体制由“国务院、中央军事委员会领导，实行统一领导与分级指挥相结合的体制”调整为由“党中央、中央军事委员会集中统一领导”。按照这一核心要求，统揽相关制度设置，重塑原则和规则体系，确保制度设置与改革决策相一致。草案总则部分，重点明确了武警部队的性质和领导体制、建设发展的基本原则等。

（二）关于使命任务。习主席在对武警部队授旗训词时指出：“武警部队是党领导的人民武装力量的重要组成部分，在维护国家安全和社会稳定、保卫人民美好生活中肩负着重大职责，在维护政治安全特别是政权安全、制度安全中具有重要作用。”这是对武警部队性质宗旨和使命任务的高度概括，也是对武警部队在国家治理体系中地位作用的准确定位。随着深化国防和军队改革向纵深推进，武警部队的使命任务不断拓展，呈现出由陆上向海上、由境内向境外、由维稳向维权延伸的特点。准确界定武警部队任务范围、职责权限、法律责任，以及在执行任务中与有关中央和国家机关、公民、组织之间的关系，成为这次法律修订的基础和关键。为此，在草案总则部分明确规定武警部队担负执勤、处置突发事件、反恐怖、海上维权执法、抢险救援和防卫作战任务，并单设“任务”一章，细化执勤任务范围规定，增加处置突发事件、反恐怖和抢险救援的任务范围规定，对海上维权执法任务和防卫作战任务作了援引性规定。

（三）关于组织指挥。为深入贯彻习主席关于“加快融入全军联合作战体系、加快构建军地协调联动新格局”的指示要求，构建高效顺畅的武警部队组织指挥制度，确保实现党中央、中央军委领导掌握部队、高效指挥部队有机统一和武警部队圆满完成各项任务；也考虑到武警部队领导指挥体制调整后，与地方党委政府及其公安机关的关系发生重大变化，着眼与相关法律法规保持一致、有效衔接，草案专设了“组织和指挥”一章，对武警部队的组成、指挥关系、与地方党委和人民政府之间兵力需求对接、指挥协调机构、业务指导关系等作了明确规定。

（四）关于职责权限。着眼武警部队遂行任务需要，确保有效维护人民群众合法权益，对执行任务的程序规则、职权行使和责任承担等作出明确，规定了履职原则，对警械武器的使用和执行海上维权执法任务时的相应职权作了援引性规定。

（五）关于各项保障。为有利于武警部队履行职责，同时为后续改革预留好空间和接口，草案对现行法律相关保障措施作了完善。主要是明确提出武警部队应当与有关部门建立情报信息共享机制；国家建立与经济社会发展相适应、与人民武装警察部队担负任务和建设发展相协调的经费保障机制，相应经费保障按照国家有关规定列入财政预算。

（六）关于监督检查和法律责任。适应武警部队领导指挥体制和军队监察体制构建的实际，强化对武警部队权力运行的监督，明确了中央军委监察委员会、武警部队各级监察委员会是人民武装警察

执行任务的法定监督机关，在执行执勤、处置突发事件、反恐怖、海上维权执法、抢险救援任务时，接受人民政府及其有关部门、公民、法人和其他组织的社会监督。草案还结合部队近年来任务实践，严格了人民武装警察禁止性行为规定，细化了公民、法人和其他组织妨碍执行任务需要承担法律责任的违法行为种类。

此外，草案根据党中央、中央军委出台的有关政策规定，还对法律其他条文作出了相应修改和完善。

《中华人民共和国人民武装警察法（修订草案）》和以上说明是否妥当，请审议。

全国人民代表大会宪法和法律委员会关于《中华人民共和国人民武装警察法（修订草案）》审议结果的报告

——2020 年 6 月 18 日在第十三届全国人民代表大会常务委员会第十九次会议上

全国人大宪法和法律委员会副主任委员　刘季幸

全国人民代表大会常务委员会：

常委会第十七次会议对人民武装警察法修订草案进行了初次审议。会后，法制工作委员会将修订草案印发各省（区、市）、中央有关部门和部分法学教学研究机构征求意见；在中国人大网全文公布草案征求社会公众意见。宪法和法律委员会、法制工作委员会召开座谈会，听取中央有关部门和有关专家的意见。宪法和法律委员会、法制工作委员会还到武警部队和北京市进行调研，了解情况，听取意见。6 月 5 日，宪法和法律委员会召开会议，根据常委会组成人员的审议意见和各方面的意见，对修订草案进行了逐条审议。中央军委办公厅军委法制局、中央军委改革和编制办公室、中国人民武装警察部队的有关负责同志列席了会议。6 月 11 日，宪法和法律委员会召开会议，再次进行审议。宪法和法律委员会认为，为了规范和保障武警部队履行职责，维护国家安全和社会稳定，保护公民、法人和其他组织的合法权益，修改人民武装警察法是必要的。修订草案经过审议修改，已经比较成熟。同时，提出以下主要修改意见：

一、修订草案第四条中规定武警部队“担负执勤、处置突发事件、反恐怖、海上维权执法、抢险救援和防卫作战”等任务。有的常委委员、部门、地方和社会公众提出，修订草案规定的“突发事件”应是指突发社会安全事件，不包括突发事件应对法规定的其他类别的突发事件；同时“反恐怖”的表述也与反恐怖主义法不一致，建议作出修改。宪法和法律委员会经研究，建议将草案的相关表述修改为“处置突发社会安全事件”、“防范和处置恐怖活动”。

二、修订草案第十条中规定，人民武装警察部队平时遂行各项任务，由中央和国家机关有关部门及地方各级人民政府提出需求。有的常委委员提出，地方许多事务需要武警部队支持和协助，为贯彻习近平总书记关于“加快构建军地协调联动新格局”的指示要求，建议进一步明确军地需求对接机制和地方提出任务需求的程序。宪法和法律委员会经研究，建议根据党中央、中央军委有关文件精神，增加一条规定：“中央国家机关、县级以上地方人民政府应当与人民武装警察部队建立任务需求和工作协调机制。”“中央国家机关、县级以上地方人民政府因重要活动安全保卫、处置突发社会安全事件、防范和处置恐怖活动、抢险救援等需要人民武装警察部队协助的，应当按照国家有关规定提出需求。”“执勤目标单位可以向负责执勤任务的人民武装警察部队提出需求。”

三、修订草案第十一条规定，“调动人民武装警察部队执行任务，应当坚持依法用兵、严格审批的原则，严格按照指挥关系、职责权限和运行机制组织实施。批准权限和程序由中央军事委员会规定”。有的部门提出，修订草案只规定一般情况下调动武警部队的要求，建议对特别紧急情况下需要武警部队立即采取行动的情形作出规定。宪法和法律委员会经研究，建议根据中央军委有关文件精神，增加一款规定：“遇有重大灾情、险情或者暴力恐怖事件等严重威胁公共安全和人民群众人身财产安全的紧急情况，人民武装警察部队应当依照中央军事委员会有关规定采取行动并同时报告。”

四、修订草案第四十条第三款规定，“公民、法人和其他组织协助人民武装警察部队执行任务造成人身伤亡和财产损失的，按照国家有关规定给予相应补偿”。有的常委委员、地方提出，公民、法人和其他组织因协助武警部队执行任务牺牲、伤残的，也应给予抚恤优待；同时人民武装警察因执行任务牺牲、伤残的，应当按照国家有关军人抚恤优待的规定给予抚恤优待。宪法和法律委员会经研究，建议将上述条款修改为：“公民、法人和其他组织因协助人民武装警察部队执行任务牺牲、伤残或者遭受财产损失的，按照国家有关规定给予抚恤优待或者相应补偿。”同时增加一条规定：“人民武装警察因执行任务牺牲、伤残的，按照国家有关军人抚恤优待的规定给予抚恤优待。”

五、修订草案第四十六条规定，“对非法制造、买卖、持有、使用人民武装警察部队专用标志、警械装备、证件、印章的，依法给予治安管理处罚；构成犯罪的，依法追究刑事责任”。有的常委委员提出，该条规定在治安管理处罚法中没有直接对应的条款，建议本法明确相关具体罚则。宪法和法律委员会经研究，建议将本条修改为：“非法制造、买卖、持有、使用人民武装警察部队专用标志、警械装备、证件、印章的，由公安机关处十五日以下拘留或者警告，可以并处违法所得一倍以上五倍以下的罚款。”

此外，还对修订草案作了一些文字修改。

6月上旬，法制工作委员会采取书面形式，就修订草案中主要制度规范的可行性、出台时机、实施的社会效果和可能出现的问题等邀请部分专家学者进行评估。专家学者普遍认为，修改人民武装警察法是贯彻落实党的十九大精神和习近平总书记关于武警部队建设发展重要论述的重大举措，非常必要和及时，对于建立一支强大的现代化武警部队，规范和保障武警部队履行使命任务具有重要意义。修订草案经过修改，充分吸收了各方面意见，进一步增强了制度规范的针对性和可操作性，已经比较成熟，建议尽快审议通过。专家学者还对修订草案提出了一些具体修改意见，宪法和法律委员会进行了认真研究，对有的意见予以采纳。

修订草案二次审议稿已按上述意见作了修改。宪法和法律委员会建议提请本次常委会会议审议通过。

修订草案二次审议稿和以上报告是否妥当，请审议。

全国人民代表大会宪法和法律委员会关于《中华人民共和国人民武装警察法(修订草案二次审议稿)》修改意见的报告

——2020年6月19日在第十三届全国人民代表大会常务委员会第十九次会议上

全国人民代表大会常务委员会：

本次常委会会议于6月18日下午对人民武装警察法修订草案二次审议稿进行了分组审议。普遍认为，修订草案已经比较成熟，建议进一步修改后，提请本次会议通过。同时，有些常委会组成人员还提出了一些修改意见。宪法和法律委员会于6月18日晚召开会议，逐条研究了常委会组成人员的审议意见，对修订草案进行了审议。中央军委办公厅军委法制局、中央军委改革和编制办公室、中国人民武装警察部队的有关负责同志列席了会议。宪法和法律委员会认为，修订草案是可行的，同时，提出以下修改意见：

修订草案二次审议稿第十四条第二款规定，人民武装警察部队执行武装警卫、武装守卫、武装守护、武装警戒任务，执勤目标单位可以对在本单位担负执勤任务的人民武装警察部队进行执勤业务指导。有的常委委员提出，本款列举的任务事项不够全面，建议增加执行押解、押运等任务。宪法和法律委员会经研究，建议采纳这一意见。

此外，根据常委会组成人员的审议意见，还对修订草案二次审议稿作了一些文字修改。

经与中央军委办公厅军委法制局、中央军委改革和编制办公室、中国人民武装警察部队研究，建议修订后的人民武装警察法自2020年6月21日起施行。

修订草案建议表决稿已按上述意见作了修改，宪法和法律委员会建议本次常委会会议审议通过。

修订草案建议表决稿和以上报告是否妥当，请审议。

中华人民共和国主席令

第四十九号

《中华人民共和国香港特别行政区维护国家安全法》已由中华人民共和国第十三届全国人民代表大会常务委员会第二十次会议于2020年6月30日通过，现予公布，自公布之日起施行。

中华人民共和国主席　习近平

2020年6月30日

中华人民共和国香港特别行政区维护国家安全法

（2020年6月30日第十三届全国人民代表大会常务委员会第二十次会议通过）

目　　录

第一章　总　　则

第一条　为坚定不移并全面准确贯彻"一国两制"、"港人治港"、高度自治的方针，维护国家安全，防范、制止和惩治与香港特别行政区有关的分裂国家、颠覆国家政权、组织实施恐怖活动和勾结外国或者境外势力危害国家安全等犯罪，保持香港特别行政区的繁荣和稳定，保障香港特别行政区居民的合法权益，根据中华人民共和国宪法、中华人民共和国香港特别行政区基本法和全国人民代表大会关于建立健全香港特别行政区维护国家安全的法律制度和执行机制的决定，制定本法。

第二条　关于香港特别行政区法律地位的香港特别行政区基本法第一条和第十二条规定是香港特别行政区基本法的根本性条款。香港特别行政区任何机构、组织和个人行使权利和自由，不得违背香港特别行政区基本法第一条和第十二条的规定。

第三条　中央人民政府对香港特别行政区有关的国家安全事务负有根本责任。

香港特别行政区负有维护国家安全的宪制责任，应当履行维护国家安全的职责。

香港特别行政区行政机关、立法机关、司法机关应当依据本法和其他有关法律规定有效防范、制止和惩治危害国家安全的行为和活动。

第四条　香港特别行政区维护国家安全应当尊重和保障人权，依法保护香港特别行政区居民根据香港特别行政区基本法和《公民权利和政治权利国际公约》、《经济、社会与文化权利的国际公约》适用于香港的有关规定享有的包括言论、新闻、出版的自由，结社、集会、游行、示威的自由在内的权利和自由。

第五条　防范、制止和惩治危害国家安全犯罪，应当坚持法治原则。法律规定为犯罪行为的，依照法律定罪处刑；法律没有规定为犯罪行为的，不得定罪处刑。

任何人未经司法机关判罪之前均假定无罪。

保障犯罪嫌疑人、被告人和其他诉讼参与人依法享有的辩护权和其他诉讼权利。任何人已经司法程序被最终确定有罪或者宣告无罪的,不得就同一行为再予审判或者惩罚。

第六条 维护国家主权、统一和领土完整是包括香港同胞在内的全中国人民的共同义务。

在香港特别行政区的任何机构、组织和个人都应当遵守本法和香港特别行政区有关维护国家安全的其他法律,不得从事危害国家安全的行为和活动。

香港特别行政区居民在参选或者就任公职时应当依法签署文件确认或者宣誓拥护中华人民共和国香港特别行政区基本法,效忠中华人民共和国香港特别行政区。

第二章 香港特别行政区维护国家安全的职责和机构

第一节 职 责

第七条 香港特别行政区应当尽早完成香港特别行政区基本法规定的维护国家安全立法,完善相关法律。

第八条 香港特别行政区执法、司法机关应当切实执行本法和香港特别行政区现行法律有关防范、制止和惩治危害国家安全行为和活动的规定,有效维护国家安全。

第九条 香港特别行政区应当加强维护国家安全和防范恐怖活动的工作。对学校、社会团体、媒体、网络等涉及国家安全的事宜,香港特别行政区政府应当采取必要措施,加强宣传、指导、监督和管理。

第十条 香港特别行政区应当通过学校、社会团体、媒体、网络等开展国家安全教育,提高香港特别行政区居民的国家安全意识和守法意识。

第十一条 香港特别行政区行政长官应当就香港特别行政区维护国家安全事务向中央人民政府负责,并就香港特别行政区履行维护国家安全职责的情况提交年度报告。

如中央人民政府提出要求,行政长官应当就维护国家安全特定事项及时提交报告。

第二节 机 构

第十二条 香港特别行政区设立维护国家安全委员会,负责香港特别行政区维护国家安全事务,承担维护国家安全的主要责任,并接受中央人民政府的监督和问责。

第十三条 香港特别行政区维护国家安全委员会由行政长官担任主席,成员包括政务司长、财政司长、律政司长、保安局局长、警务处处长、本法第十六条规定的警务处维护国家安全部门的负责人、入境事务处处长、海关关长和行政长官办公室主任。

香港特别行政区维护国家安全委员会下设秘书处,由秘书长领导。秘书长由行政长官提名,报中央人民政府任命。

第十四条 香港特别行政区维护国家安全委员会的职责为:

(一)分析研判香港特别行政区维护国家安全形势,规划有关工作,制定香港特别行政区维护国家安全政策;

(二)推进香港特别行政区维护国家安全的法律制度和执行机制建设;

(三)协调香港特别行政区维护国家安全的重点工作和重大行动。

香港特别行政区维护国家安全委员会的工作不受香港特别行政区任何其他机构、组织和个人的干涉,工作信息不予公开。香港特别行政区维护国家安全委员会作出的决定不受司法复核。

第十五条 香港特别行政区维护国家安全委员会设立国家安全事务顾问,由中央人民政府指派,就香港特别行政区维护国家安全委员会履行职责相关事务提供意见。国家安全事务顾问列席香港特别行政区维护国家安全委员会会议。

第十六条 香港特别行政区政府警务处设立维护国家安全的部门,配备执法力量。

警务处维护国家安全部门负责人由行政长官任命,行政长官任命前须书面征求本法第四十八条规定的机构的意见。警务处维护国家安全部门负责人在就职时应当宣誓拥护中华人民共和国香港特别行政区基本法,效忠中华人民共和国香港特别行政区,遵守法律,保守秘密。

警务处维护国家安全部门可以从香港特别行政区以外聘请合格的专门人员和技术人员,协助执行维护国家安全相关任务。

第十七条 警务处维护国家安全部门的职责为:

(一)收集分析涉及国家安全的情报信息;

(二)部署、协调、推进维护国家安全的措施和行动;

(三)调查危害国家安全犯罪案件;

(四)进行反干预调查和开展国家安全审查;

(五)承办香港特别行政区维护国家安全委员会交办的维护国家安全工作;

(六)执行本法所需的其他职责。

第十八条 香港特别行政区律政司设立专门的国家安全犯罪案件检控部门，负责危害国家安全犯罪案件的检控工作和其他相关法律事务。该部门检控官由律政司长征得香港特别行政区维护国家安全委员会同意后任命。

律政司国家安全犯罪案件检控部门负责人由行政长官任命，行政长官任命前须书面征求本法第四十八条规定的机构的意见。律政司国家安全犯罪案件检控部门负责人在就职时应当宣誓拥护中华人民共和国香港特别行政区基本法，效忠中华人民共和国香港特别行政区，遵守法律，保守秘密。

第十九条 经行政长官批准，香港特别行政区政府财政司长应当从政府一般收入中拨出专门款项支付关于维护国家安全的开支并核准所涉及的人员编制，不受香港特别行政区现行有关法律规定的限制。财政司长须每年就该款项的控制和管理向立法会提交报告。

第三章 罪行和处罚

第一节 分裂国家罪

第二十条 任何人组织、策划、实施或者参与实施以下旨在分裂国家、破坏国家统一行为之一的，不论是否使用武力或者以武力相威胁，即属犯罪：

（一）将香港特别行政区或者中华人民共和国其他任何部分从中华人民共和国分离出去；

（二）非法改变香港特别行政区或者中华人民共和国其他任何部分的法律地位；

（三）将香港特别行政区或者中华人民共和国其他任何部分转归外国统治。

犯前款罪，对首要分子或者罪行重大的，处无期徒刑或者十年以上有期徒刑；对积极参加的，处三年以上十年以下有期徒刑；对其他参加的，处三年以下有期徒刑、拘役或者管制。

第二十一条 任何人煽动、协助、教唆、以金钱或者其他财物资助他人实施本法第二十条规定的犯罪的，即属犯罪。情节严重的，处五年以上十年以下有期徒刑；情节较轻的，处五年以下有期徒刑、拘役或者管制。

第二节 颠覆国家政权罪

第二十二条 任何人组织、策划、实施或者参与实施以下以武力、威胁使用武力或者其他非法手段旨在颠覆国家政权行为之一的，即属犯罪：

（一）推翻、破坏中华人民共和国宪法所确立的中华人民共和国根本制度；

（二）推翻中华人民共和国中央政权机关或者香港特别行政区政权机关；

（三）严重干扰、阻挠、破坏中华人民共和国中央政权机关或者香港特别行政区政权机关依法履行职能；

（四）攻击、破坏香港特别行政区政权机关履职场所及其设施，致使其无法正常履行职能。

犯前款罪，对首要分子或者罪行重大的，处无期徒刑或者十年以上有期徒刑；对积极参加的，处三年以上十年以下有期徒刑；对其他参加的，处三年以下有期徒刑、拘役或者管制。

第二十三条 任何人煽动、协助、教唆、以金钱或者其他财物资助他人实施本法第二十二条规定的犯罪的，即属犯罪。情节严重的，处五年以上十年以下有期徒刑；情节较轻的，处五年以下有期徒刑、拘役或者管制。

第三节 恐怖活动罪

第二十四条 为胁迫中央人民政府、香港特别行政区政府或者国际组织或者威吓公众以图实现政治主张，组织、策划、实施、参与实施或者威胁实施以下造成或者意图造成严重社会危害的恐怖活动之一的，即属犯罪：

（一）针对人的严重暴力；

（二）爆炸、纵火或者投放毒害性、放射性、传染病病原体等物质；

（三）破坏交通工具、交通设施、电力设备、燃气设备或者其他易燃易爆设备；

（四）严重干扰、破坏水、电、燃气、交通、通讯、网络等公共服务和管理的电子控制系统；

（五）以其他危险方法严重危害公众健康或者安全。

犯前款罪，致人重伤、死亡或者使公私财产遭受重大损失的，处无期徒刑或者十年以上有期徒刑；其他情形，处三年以上十年以下有期徒刑。

第二十五条 组织、领导恐怖活动组织的，即属犯罪，处无期徒刑或者十年以上有期徒刑，并处没收财产；积极参加的，处三年以上十年以下有期徒刑，并处罚金；其他参加的，处三年以下有期徒刑、拘役或者管制，可以并处罚金。

本法所指的恐怖活动组织，是指实施或者意图实施本法第二十四条规定的恐怖活动罪行或者参与或者协助实施本法第二十四条规定的恐怖活动罪行的组织。

第二十六条　为恐怖活动组织、恐怖活动人员、恐怖活动实施提供培训、武器、信息、资金、物资、劳务、运输、技术或者场所等支持、协助、便利，或者制造、非法管有爆炸性、毒害性、放射性、传染病病原体等物质以及以其他形式准备实施恐怖活动的，即属犯罪。情节严重的，处五年以上十年以下有期徒刑，并处罚金或者没收财产；其他情形，处五年以下有期徒刑、拘役或者管制，并处罚金。

有前款行为，同时构成其他犯罪的，依照处罚较重的规定定罪处罚。

第二十七条　宣扬恐怖主义、煽动实施恐怖活动的，即属犯罪。情节严重的，处五年以上十年以下有期徒刑，并处罚金或者没收财产；其他情形，处五年以下有期徒刑、拘役或者管制，并处罚金。

第二十八条　本节规定不影响依据香港特别行政区法律对其他形式的恐怖活动犯罪追究刑事责任并采取冻结财产等措施。

第四节　勾结外国或者境外势力危害国家安全罪

第二十九条　为外国或者境外机构、组织、人员窃取、刺探、收买、非法提供涉及国家安全的国家秘密或者情报的；请求外国或者境外机构、组织、人员实施，与外国或者境外机构、组织、人员串谋实施，或者直接或者间接接受外国或者境外机构、组织、人员的指使、控制、资助或者其他形式的支援实施以下行为之一的，均属犯罪：

（一）对中华人民共和国发动战争，或者以武力或者武力相威胁，对中华人民共和国主权、统一和领土完整造成严重危害；

（二）对香港特别行政区政府或者中央人民政府制定和执行法律、政策进行严重阻挠并可能造成严重后果；

（三）对香港特别行政区选举进行操控、破坏并可能造成严重后果；

（四）对香港特别行政区或者中华人民共和国进行制裁、封锁或者采取其他敌对行动；

（五）通过各种非法方式引发香港特别行政区居民对中央人民政府或者香港特别行政区政府的憎恨并可能造成严重后果。

犯前款罪，处三年以上十年以下有期徒刑；罪行重大的，处无期徒刑或者十年以上有期徒刑。

本条第一款规定涉及的境外机构、组织、人员，按共同犯罪定罪处刑。

第三十条　为实施本法第二十条、第二十二条规定的犯罪，与外国或者境外机构、组织、人员串谋，或者直接或者间接接受外国或者境外机构、组织、人员的指使、控制、资助或者其他形式的支援的，依照本法第二十条、第二十二条的规定从重处罚。

第五节　其他处罚规定

第三十一条　公司、团体等法人或者非法人组织实施本法规定的犯罪的，对该组织判处罚金。

公司、团体等法人或者非法人组织因犯本法规定的罪行受到刑事处罚的，应责令其暂停运作或者吊销其执照或者营业许可证。

第三十二条　因实施本法规定的犯罪而获得的资助、收益、报酬等违法所得以及用于或者意图用于犯罪的资金和工具，应当予以追缴、没收。

第三十三条　有以下情形的，对有关犯罪行为人、犯罪嫌疑人、被告人可以从轻、减轻处罚；犯罪较轻的，可以免除处罚：

（一）在犯罪过程中，自动放弃犯罪或者自动有效地防止犯罪结果发生的；

（二）自动投案，如实供述自己的罪行的；

（三）揭发他人犯罪行为，查证属实，或者提供重要线索得以侦破其他案件的。

被采取强制措施的犯罪嫌疑人、被告人如实供述执法、司法机关未掌握的本人犯有本法规定的其他罪行的，按前款第二项规定处理。

第三十四条　不具有香港特别行政区永久性居民身份的人实施本法规定的犯罪的，可以独立适用或者附加适用驱逐出境。

不具有香港特别行政区永久性居民身份的人违反本法规定，因任何原因不对其追究刑事责任的，也可以驱逐出境。

第三十五条　任何人经法院判决犯危害国家安全罪行的，即丧失作为候选人参加香港特别行政区举行的立法会、区议会选举或者出任香港特别行政区任何公职或者行政长官选举委员会委员的资格；曾经宣誓或者声明拥护中华人民共和国香港特别行政区基本法、效忠中华人民共和国香港特别行政区的立法会议员、政府官员及公务人员、行政会议成员、法官及其他司法人员、区议员，即时丧失该等职务，并丧失参选或者出任上述职务的资格。

前款规定资格或者职务的丧失，由负责组织、管理有关选举或者公职任免的机构宣布。

第六节　效力范围

第三十六条　任何人在香港特别行政区内实施本法规定的犯罪的，适用本法。犯罪的行为或者结果有一项发生在香港特别行政区内的，就认为是在香港特别行政区内犯罪。

在香港特别行政区注册的船舶或者航空器内实施本法规定的犯罪的，也适用本法。

第三十七条 香港特别行政区永久性居民或者在香港特别行政区成立的公司、团体等法人或者非法人组织在香港特别行政区以外实施本法规定的犯罪的，适用本法。

第三十八条 不具有香港特别行政区永久性居民身份的人在香港特别行政区以外针对香港特别行政区实施本法规定的犯罪的，适用本法。

第三十九条 本法施行以后的行为，适用本法定罪处刑。

第四章 案件管辖、法律适用和程序

第四十条 香港特别行政区对本法规定的犯罪案件行使管辖权，但本法第五十五条规定的情形除外。

第四十一条 香港特别行政区管辖危害国家安全犯罪案件的立案侦查、检控、审判和刑罚的执行等诉讼程序事宜，适用本法和香港特别行政区本地法律。

未经律政司长书面同意，任何人不得就危害国家安全犯罪案件提出检控。但该规定不影响就有关犯罪依法逮捕犯罪嫌疑人并将其羁押，也不影响该等犯罪嫌疑人申请保释。

香港特别行政区管辖的危害国家安全犯罪案件的审判循公诉程序进行。

审判应当公开进行。因为涉及国家秘密、公共秩序等情形不宜公开审理的，禁止新闻界和公众旁听全部或者一部分审理程序，但判决结果应当一律公开宣布。

第四十二条 香港特别行政区执法、司法机关在适用香港特别行政区现行法律有关羁押、审理期限等方面的规定时，应当确保危害国家安全犯罪案件公正、及时办理，有效防范、制止和惩治危害国家安全犯罪。

对犯罪嫌疑人、被告人，除非法官有充足理由相信其不会继续实施危害国家安全行为的，不得准予保释。

第四十三条 香港特别行政区政府警务处维护国家安全部门办理危害国家安全犯罪案件时，可以采取香港特别行政区现行法律准予警方等执法部门在调查严重犯罪案件时采取的各种措施，并可以采取以下措施：

（一）搜查可能存有犯罪证据的处所、车辆、船只、航空器以及其他有关地方和电子设备；

（二）要求涉嫌实施危害国家安全犯罪行为的人员交出旅行证件或者限制其离境；

（三）对用于或者意图用于犯罪的财产、因犯罪所得的收益等与犯罪相关的财产，予以冻结，申请限制令、押记令、没收令以及充公；

（四）要求信息发布人或者有关服务商移除信息或者提供协助；

（五）要求外国及境外政治性组织，外国及境外当局或者政治性组织的代理人提供资料；

（六）经行政长官批准，对有合理理由怀疑涉及实施危害国家安全犯罪的人员进行截取通讯和秘密监察；

（七）对有合理理由怀疑拥有与侦查有关的资料或者管有有关物料的人员，要求其回答问题和提交资料或者物料。

香港特别行政区维护国家安全委员会对警务处维护国家安全部门等执法机构采取本条第一款规定措施负有监督责任。

授权香港特别行政区行政长官会同香港特别行政区维护国家安全委员会为采取本条第一款规定措施制定相关实施细则。

第四十四条 香港特别行政区行政长官应当从裁判官、区域法院法官、高等法院原讼法庭法官、上诉法庭法官以及终审法院法官中指定若干名法官，也可从暂委或者特委法官中指定若干名法官，负责处理危害国家安全犯罪案件。行政长官在指定法官前可征询香港特别行政区维护国家安全委员会和终审法院首席法官的意见。上述指定法官任期一年。

凡有危害国家安全言行的，不得被指定为审理危害国家安全犯罪案件的法官。在获任指定法官期间，如有危害国家安全言行的，终止其指定法官资格。

在裁判法院、区域法院、高等法院和终审法院就危害国家安全犯罪案件提起的刑事检控程序应当分别由各该法院的指定法官处理。

第四十五条 除本法另有规定外，裁判法院、区域法院、高等法院和终审法院应当按照香港特别行政区的其他法律处理就危害国家安全犯罪案件提起的刑事检控程序。

第四十六条 对高等法院原讼法庭进行的就危害国家安全犯罪案件提起的刑事检控程序，律政司长可基于保护国家秘密、案件具有涉外因素或者保障陪审员及其家人的人身安全等理由，发出证书指示相关诉讼毋须在有陪审团的情况下进行审理。凡律政司长发出上述证书，高等法院原讼法庭应当在没有陪审团的情况下进行审理，并由三名法官组成审判庭。

凡律政司长发出前款规定的证书，适用于相关诉讼的香港特别行政区任何法律条文关于“陪审团”或者“陪审团的裁决”，均应当理解为指法官或者法官作为事实裁断者的职能。

第四十七条 香港特别行政区法院在审理案件中遇有涉及有关行为是否涉及国家安全或者有关证据材料是否涉及国家秘密的认定问题，应取得行政长官就该等问题发出的证明书，上述证明书对法院有约束力。

第五章 中央人民政府驻香港特别行政区维护国家安全机构

第四十八条 中央人民政府在香港特别行政区设立维护国家安全公署。中央人民政府驻香港特别行政区维护国家安全公署依法履行维护国家安全职责，行使相关权力。

驻香港特别行政区维护国家安全公署人员由中央人民政府维护国家安全的有关机关联合派出。

第四十九条 驻香港特别行政区维护国家安全公署的职责为：

（一）分析研判香港特别行政区维护国家安全形势，就维护国家安全重大战略和重要政策提出意见和建议；

（二）监督、指导、协调、支持香港特别行政区履行维护国家安全的职责；

（三）收集分析国家安全情报信息；

（四）依法办理危害国家安全犯罪案件。

第五十条 驻香港特别行政区维护国家安全公署应当严格依法履行职责，依法接受监督，不得侵害任何个人和组织的合法权益。

驻香港特别行政区维护国家安全公署人员除须遵守全国性法律外，还应当遵守香港特别行政区法律。

驻香港特别行政区维护国家安全公署人员依法接受国家监察机关的监督。

第五十一条 驻香港特别行政区维护国家安全公署的经费由中央财政保障。

第五十二条 驻香港特别行政区维护国家安全公署应当加强与中央人民政府驻香港特别行政区联络办公室、外交部驻香港特别行政区特派员公署、中国人民解放军驻香港部队的工作联系和工作协同。

第五十三条 驻香港特别行政区维护国家安全公署应当与香港特别行政区维护国家安全委员会建立协调机制，监督、指导香港特别行政区维护国家安全工作。

驻香港特别行政区维护国家安全公署的工作部门应当与香港特别行政区维护国家安全的有关机关建立协作机制，加强信息共享和行动配合。

第五十四条 驻香港特别行政区维护国家安全公署、外交部驻香港特别行政区特派员公署会同香港特别行政区政府采取必要措施，加强对外国和国际组织驻香港特别行政区机构、在香港特别行政区的外国和境外非政府组织和新闻机构的管理和服务。

第五十五条 有以下情形之一的，经香港特别行政区政府或者驻香港特别行政区维护国家安全公署提出，并报中央人民政府批准，由驻香港特别行政区维护国家安全公署对本法规定的危害国家安全犯罪案件行使管辖权：

（一）案件涉及外国或者境外势力介入的复杂情况，香港特别行政区管辖确有困难的；

（二）出现香港特别行政区政府无法有效执行本法的严重情况的；

（三）出现国家安全面临重大现实威胁的情况的。

第五十六条 根据本法第五十五条规定管辖有关危害国家安全犯罪案件时，由驻香港特别行政区维护国家安全公署负责立案侦查，最高人民检察院指定有关检察机关行使检察权，最高人民法院指定有关法院行使审判权。

第五十七条 根据本法第五十五条规定管辖案件的立案侦查、审查起诉、审判和刑罚的执行等诉讼程序事宜，适用《中华人民共和国刑事诉讼法》等相关法律的规定。

根据本法第五十五条规定管辖案件时，本法第五十六条规定的执法、司法机关依法行使相关权力，其为决定采取强制措施、侦查措施和司法裁判而签发的法律文书在香港特别行政区具有法律效力。对于驻香港特别行政区维护国家安全公署依法采取的措施，有关机构、组织和个人必须遵从。

第五十八条 根据本法第五十五条规定管辖案件时，犯罪嫌疑人自被驻香港特别行政区维护国家安全公署第一次讯问或者采取强制措施之日起，有权委托律师作为辩护人。辩护律师可以依法为犯罪嫌疑人、被告人提供法律帮助。

犯罪嫌疑人、被告人被合法拘捕后，享有尽早接受司法机关公正审判的权利。

第五十九条 根据本法第五十五条规定管辖案件时,任何人如果知道本法规定的危害国家安全犯罪案件情况,都有如实作证的义务。

第六十条 驻香港特别行政区维护国家安全公署及其人员依据本法执行职务的行为,不受香港特别行政区管辖。

持有驻香港特别行政区维护国家安全公署制发的证件或者证明文件的人员和车辆等在执行职务时不受香港特别行政区执法人员检查、搜查和扣押。

驻香港特别行政区维护国家安全公署及其人员享有香港特别行政区法律规定的其他权利和豁免。

第六十一条 驻香港特别行政区维护国家安全公署依据本法规定履行职责时,香港特别行政区政府有关部门须提供必要的便利和配合,对妨碍有关执行职务的行为依法予以制止并追究责任。

第六章 附 则

第六十二条 香港特别行政区本地法律规定与本法不一致的,适用本法规定。

第六十三条 办理本法规定的危害国家安全犯罪案件的有关执法、司法机关及其人员或者办理其他危害国家安全犯罪案件的香港特别行政区执法、司法机关及其人员,应当对办案过程中知悉的国家秘密、商业秘密和个人隐私予以保密。

担任辩护人或者诉讼代理人的律师应当保守在执业活动中知悉的国家秘密、商业秘密和个人隐私。

配合办案的有关机构、组织和个人应当对案件有关情况予以保密。

第六十四条 香港特别行政区适用本法时,本法规定的“有期徒刑”“无期徒刑”“没收财产”和“罚金”分别指“监禁”“终身监禁”“充公犯罪所得”和“罚款”,“拘役”参照适用香港特别行政区相关法律规定的“监禁”“入劳役中心”“入教导所”,“管制”参照适用香港特别行政区相关法律规定的“社会服务令”“入感化院”,“吊销执照或者营业许可证”指香港特别行政区相关法律规定的“取消注册或者注册豁免,或者取消牌照”。

第六十五条 本法的解释权属于全国人民代表大会常务委员会。

第六十六条 本法自公布之日起施行。

关于《中华人民共和国香港特别行政区维护国家安全法(草案)》的说明

——2020 年 6 月 18 日在第十三届全国人民代表大会常务委员会第十九次会议上

全国人大常委会法制工作委员会主任 沈春耀

全国人民代表大会常务委员会:

我受委员长会议委托,作关于《中华人民共和国香港特别行政区维护国家安全法(草案)》的说明。

一、制定香港特别行政区维护国家安全法是贯彻落实十三届全国人大三次会议精神、全面完成党中央“决定 + 立法”决策部署的关键步骤和重要任务

2020 年 5 月 28 日,十三届全国人大三次会议通过了《全国人民代表大会关于建立健全香港特别行政区维护国家安全的法律制度和执行机制的决定》(以下简称《决定》),自公布之日起施行。这是最高国家权力机关贯彻党的十九届四中全会精神,根据宪法和香港基本法的有关规定,坚持和完善“一国两制”制度体系,从国家层面建立健全香港特别行政区维护国家安全的法律制度和执行机制的重要举措。《决定》的公布和施行,标志着贯彻落实党中央“决定 + 立法”决策部署已顺利完成了第一步、进入到第二步阶段。

十三届全国人大三次会议通过的《决定》,是最高国家权力机关根据新的形势和需要就建立健全香港特别行政区维护国家安全的法律制度和执行机制作出的重要制度安排,为下一步制定相关法律提供了宪制依据。以《决定》为依据制定相关法律,是完成这一重要制度安排的关键环节和重要组成

部分。《决定》第六条规定："授权全国人民代表大会常务委员会就建立健全香港特别行政区维护国家安全的法律制度和执行机制制定相关法律，切实防范、制止和惩治任何分裂国家、颠覆国家政权、组织实施恐怖活动等严重危害国家安全的行为和活动以及外国和境外势力干预香港特别行政区事务的活动。全国人民代表大会常务委员会决定将上述相关法律列入《中华人民共和国香港特别行政区基本法》附件三，由香港特别行政区在当地公布实施。"在今年全国"两会"期间，许多全国人大代表、全国政协委员和有关方面都提出，全国人大常委会应根据全国人大的有关决定尽快制定香港特别行政区维护国家安全的相关法律，推进香港特别行政区维护国家安全制度机制建设，确保相关法律在香港特别行政区有效实施。十三届全国人大三次会议批准的《全国人民代表大会常务委员会工作报告》，对全国人大常委会将依法制定相关法律、加快推进相关立法提出了明确要求。贯彻落实党中央决策部署精神和十三届全国人大三次会议精神，尽快完成香港特别行政区维护国家安全的相关立法，是全国人大常委会立法工作中一项十分重要而紧迫的任务。

在以习近平同志为核心的党中央集中统一领导下，中央港澳工作领导小组组织中央和国家有关部门认真研究、按照党中央"决定＋立法"决策部署精神，对新形势下香港特别行政区维护国家安全的制度安排作出整体设计，在研究准备全国人大决定草案工作的同时就着手研究起草香港特别行政区维护国家安全的相关法律草案，统筹安排、分步推进、有序展开。在关于全国人大决定草案的说明中阐述了新形势下从国家层面建立健全香港特别行政区维护国家安全的法律制度和执行机制的总体要求，提出了必须遵循和把握好的五条基本原则，即：坚决维护国家安全、坚持和完善"一国两制"制度体系、坚持依法治港、坚决反对外来干涉、切实保障香港居民合法权益。这些要求和原则对研究起草香港特别行政区维护国家安全的相关法律和推进相关工作都是适用的。关于香港特别行政区维护国家安全制度安排的核心要素，已经在全国人大《决定》中作出了基本规定。即将制定的香港特别行政区维护国家安全的相关法律，是十三届全国人大三次会议精神和《决定》内容的全面展开、充分贯彻和具体落实，是香港特别行政区维护国家安全制度安排的法律化、规范化、明晰化。

6月3日，中央港澳工作领导小组负责同志在北京会见香港特别行政区行政长官林郑月娥和有关主要官员，认真听取了香港特别行政区政府对香港特别行政区维护国家安全立法问题的意见，强调中央坚定不移、全面准确贯彻落实"一国两制"方针，坚决维护国家安全；从国家层面建立健全香港特别行政区维护国家安全的法律制度和执行机制，根本目的是维护国家主权、安全、发展利益，保障香港长治久安和长期繁荣稳定，确保香港"一国两制"实践行稳致远。林郑月娥行政长官表示将全力支持和拥护国家相关立法，认真做好香港特别行政区维护国家安全相关工作。

近一段时间以来，中央港澳工作领导小组成立工作专班，集中力量研究起草相关法律草案。国务院港澳事务办公室、中央人民政府驻香港特别行政区联络办公室通过多种方式和渠道听取香港特区政府主要官员、港区全国人大代表、港区全国政协委员和省级政协委员、香港社会各界代表人士、香港法律界人士等方面对国家相关立法的意见和建议，认真研究全国"两会"期间全国人大代表、全国政协委员提出的相关意见和建议。在此基础上，起草了香港特别行政区维护国家安全法草案初稿。中央港澳工作领导小组多次专题研究法律草案，反复修改完善，统筹协调和推动相关工作。中央政法委、中央国安办、国务院港澳办、香港中联办、公安部、国家安全部、司法部、最高人民法院、最高人民检察院、全国人大常委会法工委和香港基本法委等单位参加了工作专班和草案研究修改工作。法律草案文本形成后，有关方面专门就案文征求了香港特别行政区政府和有关人士的意见，认真研究香港特别行政区政府反映的意见建议，充分考虑香港特别行政区实际情况，本着能吸收尽量吸收的精神，对草案文本作了修改完善。

6月16日，党中央审议并原则同意中央港澳工作领导小组关于研究起草香港特别行政区维护国家安全法（草案）情况的汇报和拟订的法律草案，对新形势下推进香港特别行政区维护国家安全立法工作和相关工作作出重要指示、提出明确要求。6月17日，委员长会议听取了全国人大常委会法工委关于香港特别行政区维护国家安全法起草工作情况和有关工作建议的汇报，认为草案符合宪法规定和宪法原则，符合"一国两制"方针和香港基本法，符合全国人大《决定》精神，是成熟可行的，决定将《中华人民共和国香港特别行政区维护国家安全法（草案）》提请全国人大常委会审议。

二、起草香港特别行政区维护国家安全法草案遵循的指导思想和工作原则

研究起草香港特别行政区维护国家安全法，必须坚持以习近平新时代中国特色社会主义思想特别是习近平总书记关于香港维护国家安全的重要论述为指导，深入贯彻落实党的十九届四中全会精神和十三届全国人大三次会议精神，根据宪法、香港基本法和全国人大《决定》的有关规定，全面、准确、有效行使全国人民代表大会授予全国人民代表大会常务委员会的相关立法职权，坚持和完善“一国两制”制度体系，充分考虑维护国家安全的现实需要和香港特别行政区的具体情况，对香港特别行政区维护国家安全的法律制度和执行机制作出全面系统的规定，切实维护国家主权、安全、发展利益，切实维护宪法和基本法确立的特别行政区宪制秩序，为推进香港特别行政区维护国家安全相关制度机制建设、加强相关执法司法工作提供有力的宪制依据和法律依据。

研究起草有关法律过程中，注意把握和体现以下工作原则：一是坚定制度自信，着力健全完善新形势下香港特别行政区同宪法、香港基本法和全国人大《决定》实施相关的制度机制；二是坚持问题导向，着力解决香港特别行政区在维护国家安全方面存在的法律漏洞、制度缺失和工作“短板”问题；三是突出责任主体，着力落实香港特别行政区维护国家安全的宪制责任和主要责任；四是统筹制度安排，着力从国家和香港特别行政区两个层面、法律制度和执行机制两个方面、实体法程序法组织法三类法律规范作出系统全面的规定；五是兼顾两地差异，着力处理好本法与国家有关法律、香港特别行政区本地法律的衔接、兼容和互补关系。

三、法律草案的主要内容

香港特别行政区维护国家安全法草案有 6 章，分别为总则，香港特别行政区维护国家安全的职责和机构，罪行和处罚，案件管辖、法律适用和程序，中央人民政府驻香港特别行政区维护国家安全机构，附则；共 66 条。这是一部兼具实体法、程序法和组织法内容的综合性法律，草案主要包括以下几个方面的内容：

（一）明确规定中央人民政府的根本责任和香港特别行政区维护国家安全的宪制责任。包括：中央人民政府对香港特别行政区有关的国家安全事务负有根本责任。香港特别行政区负有维护国家安全的宪制责任，应当履行维护国家安全的职责。香港特别行政区行政机关、立法机关、司法机关应当依据本法和其他有关法律规定有效防范、制止和惩治危害国家安全的行为和活动。维护国家主权、统一和领土完整是包括香港同胞在内的全中国人民的共同义务。在香港特别行政区的任何机构、组织和个人都应当遵守本法和香港特别行政区有关维护国家安全的其他法律，不得从事危害国家安全的行为和活动。香港特别行政区居民在参选或者就任公职时应当依法签署文件确认或者宣誓拥护中华人民共和国香港特别行政区基本法，效忠中华人民共和国香港特别行政区。香港特别行政区应当尽早完成香港特别行政区基本法规定的维护国家安全立法，完善相关法律。香港特别行政区执法、司法机关应当切实执行本法和香港特别行政区现行法律有关防范、制止和惩治危害国家安全行为和活动的规定，有效维护国家安全。香港特别行政区应当加强维护国家安全和防范恐怖活动的工作。对学校、社会团体、媒体、网络等涉及国家安全的事宜，香港特别行政区政府应当采取必要措施，加强宣传、指导、监督和管理。

（二）明确规定香港特别行政区维护国家安全应当遵循的重要法治原则。包括：香港特别行政区维护国家安全应当尊重和保障人权，依法保护香港特别行政区居民根据香港特别行政区基本法和《公民权利和政治权利国际公约》、《经济、社会与文化权利的国际公约》适用于香港的有关规定享有的包括言论、新闻、出版的自由，结社、集会、游行、示威的自由在内的权利和自由。防范、制止和惩治危害国家安全犯罪，应当坚持法治原则。法律规定为犯罪行为的，依照法律定罪处刑；法律没有规定为犯罪行为的，不得定罪处刑。任何人未经司法机关判罪之前均假定无罪。保障犯罪嫌疑人、被告人和其他诉讼参与人依法享有的辩护权和其他诉讼权利。任何人已经司法程序被最终确定有罪或者宣告无罪的，不得就同一行为再予审判或者惩罚。

（三）明确规定香港特别行政区建立健全维护国家安全的相关机构及其职责。包括：香港特别行政区设立维护国家安全委员会，负责香港特别行政区维护国家安全事务，承担维护国家安全的

主要责任,并接受中央人民政府的监督和问责。香港特别行政区维护国家安全委员会由行政长官担任主席,成员包括政务司长、财政司长、律政司长、保安局局长、警务处处长、本法第十六条规定的警务处维护国家安全部门的负责人、入境事务处处长、海关关长和行政长官办公室主任。香港特别行政区维护国家安全委员会下设秘书处,由秘书长领导。秘书长由行政长官提名,报中央人民政府任命。香港特别行政区维护国家安全委员会的职责为:(一)分析研判香港特别行政区维护国家安全形势,规划有关工作,制定香港特别行政区维护国家安全政策;(二)推进香港特别行政区维护国家安全的法律制度和执行机制建设;(三)协调香港特别行政区维护国家安全的重点工作和重大行动。香港特别行政区维护国家安全委员会设立国家安全事务顾问,由中央人民政府指派,就香港特别行政区维护国家安全委员会履行职责相关事务提供意见。国家安全事务顾问列席香港特别行政区维护国家安全委员会会议。香港特别行政区政府警务处设立维护国家安全的部门,配备执法力量。香港特别行政区律政司设立专门的国家安全犯罪案件检控部门,负责危害国家安全犯罪案件的检控工作和其他相关法律事务。该部门检控官由律政司长征得香港特别行政区维护国家安全委员会同意后任命。

(四)明确规定四类危害国家安全的罪行和处罚。草案第三章“罪行和处罚”分6节,对分裂国家罪、颠覆国家政权罪、恐怖活动罪、勾结外国或者境外势力危害国家安全罪四类犯罪行为的具体构成和相应的刑事责任,其他处罚规定以及效力范围,作出明确规定。区分不同情形,分别规定四类犯罪行为的刑罚,对首要分子或者罪行重大的,或者致人重伤、死亡或者使公私财产遭受重大损失的,最高可处无期徒刑或者十年以上有期徒刑。

关于经法院判决犯危害国家安全罪行对参选、出任和担任公职的影响和后果,草案规定:任何人经法院判决犯危害国家安全罪行的,即丧失作为候选人参加香港特别行政区举行的立法会、区议会选举或者出任香港特别行政区任何公职或者行政长官选举委员会委员的资格;曾经宣誓或者声明拥护中华人民共和国香港特别行政区基本法、效忠中华人民共和国香港特别行政区的立法会议员、政府官员及公务人员、行政会议成员、法官及其他司法人员、区议员,即时丧失该等职务,并丧失参选或者出任上述职务的资格。

关于本法的效力范围,草案规定:任何人在香港特别行政区内实施本法规定的犯罪的,适用本法。犯罪的行为或者结果有一项发生在香港特别行政区内的,就认为是在香港特别行政区内犯罪。香港特别行政区永久性居民或者在香港特别行政区成立的公司、团体等法人或者非法人组织在香港特别行政区以外实施本法规定的犯罪的,适用本法。草案还规定了不溯及既往:本法施行以后的行为,适用本法定罪处刑。

(五)明确规定案件管辖、法律适用和程序。包括:香港特别行政区对本法规定的犯罪案件行使管辖权,但本法第五十五条规定的情形除外。香港特别行政区管辖危害国家安全犯罪案件的立案侦查、检控、审判和刑罚的执行等诉讼程序事宜,适用本法和香港特别行政区本地法律。香港特别行政区管辖的危害国家安全犯罪案件的审判循公诉程序进行。香港特别行政区政府警务处维护国家安全部门办理危害国家安全犯罪案件时,可以采取香港特别行政区现行法律准予警方等执法部门在调查严重犯罪案件时采取的各种措施,并可以采取以下措施:(一)搜查可能存有犯罪证据的处所、车辆、船只、航空器以及其他有关地方和电子设备;(二)要求涉嫌实施危害国家安全犯罪行为的人员交出旅行证件或者限制其离境;(三)对用于或者意图用于犯罪的财产、因犯罪所得的收益等与犯罪相关的财产,予以冻结,申请限制令、押记令、没收令以及充公;(四)要求信息发布人或者有关服务商移除信息或者提供协助;(五)要求外国及境外政治性组织,外国及境外当局或者政治性组织的代理人提供资料;(六)对有合理理由怀疑涉及实施危害国家安全犯罪的人员进行截取通讯和秘密监察;(七)对有合理理由怀疑拥有与侦查有关的资料或者管有有关物料的人员,要求其回答问题和提交资料或者物料。对高等法院原讼法庭进行的就危害国家安全犯罪案件提起的刑事检控程序,律政司长可基于保护国家秘密、案件具有涉外因素或者保障陪审员及其家人的人身安全等理由,发出证书指示相关诉讼毋须在有陪审团的情况下进行审理。凡律政司长发出上述证书,高等法院原讼法庭应当在没有陪审团的情况下进行审理,并由三名法官组成审判庭。

(六)明确规定中央驻香港特别行政区维护国家安全机构。包括:中央人民政府在香港特别行政区设立维护国家安全公署。中央人民政府驻香港特别行政区维护国家安全公署依法履行维护国家安全职责,行使相关权力。驻香港特别行政区维护国家安全公署的职责为:(一)分析研判香港特别行政区维护国家安全形势,就维护国家安全重大战略和重要政策提出意见和建议;(二)监督、指导、协调、支持香港特别行政区履行维护国家安全的职责;(三)收集分析国家安全情报信息;(四)依法办理危害国家安全犯罪案件。驻香港特别行政区维护国家安全公署应当严格依法履行职责,依法接受监督,不得侵害任何个人和组织的合法权益。驻香港特别行政区维护国家安全公署人员除须遵守全国性法律外,还应当遵守香港特别行政区法律。

草案对国家在特定情形下的案件管辖和程序作出了明确规定。有以下情形之一的,经香港特别行政区政府或者驻香港特别行政区维护国家安全公署提出,并报中央人民政府批准,由驻香港特别行政区维护国家安全公署对本法规定的危害国家安全犯罪案件行使管辖权:(一)案件涉及外国或者境外势力介入的复杂情况,香港特别行政区管辖确有困难的;(二)出现香港特别行政区政府无法有效执行本法的严重情况的;(三)出现国家安全面临重大现实威胁的情况的。根据本法第五十五条规定管辖有关危害国家安全犯罪案件时,由驻香港特别行政区维护国家安全公署负责立案侦查,最高人民检察院指定有关检察机关行使检察权,最高人民法院指定有关法院行使审判权。根据本法第五十五条规定管辖案件的立案侦查、审查起诉、审判和刑罚的执行等诉讼程序事宜,适用《中华人民共和国刑事诉讼法》等相关法律的规定。

需要说明的是,驻香港特别行政区维护国家安全公署和国家检察机关、司法机关对本法规定的、发生在香港特别行政区的危害国家安全犯罪案件行使管辖,针对的只是极少数情节严重、性质恶劣、影响重大的案件,并严格依照法定程序进行。驻香港特别行政区维护国家安全公署和国家有关机关在特定情形下对危害国家安全犯罪案件行使管辖权,是中央全面管治权的重要体现,有利于支持和加强香港特别行政区维护国家安全执法工作和司法工作,有利于避免可能出现或者导致出现香港特别行政区基本法第十八条第四款规定的紧急状态情形。除本法规定的情形外,驻香港特别行政区维护国家安全公署和国家有关机关不对发生在香港特别行政区的危害国家安全犯罪案件行使管辖权。也就是说,绝大多数危害国家安全犯罪案件是由香港特别行政区管辖的。

草案还规定:根据本法第五十五条规定管辖案件时,犯罪嫌疑人自被驻香港特别行政区维护国家安全公署第一次讯问或者采取强制措施之日起,有权委托律师作为辩护人。辩护律师可以依法为犯罪嫌疑人、被告人提供法律帮助。犯罪嫌疑人、被告人被合法拘捕后,享有尽早接受司法机关公正审判的权利。驻香港特别行政区维护国家安全公署及其人员依据本法执行职务的行为,不受香港特别行政区管辖。驻香港特别行政区维护国家安全公署依据本法规定履行职责时,香港特别行政区政府有关部门须提供必要的便利和配合,对妨碍有关执行职务的行为依法予以制止并追究责任。

草案在附则中明确规定,香港特别行政区本地法律与本法不一致的,适用本法规定。本法的解释权属于全国人民代表大会常务委员会。本法自公布之日起施行。

《中华人民共和国香港特别行政区维护国家安全法(草案)》和以上说明是否妥当,请审议。

全国人民代表大会宪法和法律委员会关于《中华人民共和国香港特别行政区维护国家安全法(草案)》审议结果的报告

——2020 年 6 月 28 日在第十三届全国人民代表大会常务委员会第二十次会议上

全国人大宪法和法律委员会副主任委员 沈春耀

全国人民代表大会常务委员会:

十三届全国人大常委会第十九次会议对委员长会议提请审议的香港特别行政区维护国家安全法草案进行了初次审议。常委会组成人员认为,全国人大常委会制定有关法律，切实防范、制止和惩治任何分裂国家、颠覆国家政权、组织实施恐怖活动等严重危害国家安全的行为和活动以及外国和境外势力干预香港特别行政区事务的活动，是贯彻党的十九届四中全会精神、落实十三届全国人大三次会议通过的《关于建立健全香港特别行政区维护国家安全的法律制度和执行机制的决定》的重要举措，有利于维护国家主权、安全、发展利益，有利于维护香港长期繁荣稳定。法律草案符合宪法、香港特别行政区基本法和全国人大有关决定的规定，充分考虑到维护国家安全的现实需要和香港特别行政区的具体情况，对香港特别行政区维护国家安全的法律制度和执行机制作出全面系统的规定，对依法防范、制止和惩治危害国家安全的四类犯罪行为和刑事责任作出明确规定，为推进香港特别行政区维护国家安全相关制度机制建设、加强香港特别行政区维护国家安全执法司法工作提供了有力的宪制依据和法律依据。法律草案坚持问题导向，聚焦香港特别行政区维护国家安全的制度机制，着力解决香港特别行政区在维护国家安全方面存在的法律漏洞、制度缺失和工作“短板”问题，落实香港特别行政区维护国家安全的宪制责任和主要责任；同时，兼顾两地差异，处理好本法与国家有关法律、香港特别行政区本地法律的衔接、兼容和互补关系，具有很强的针对性和可操作性，是成熟可行的。常委会组成人员对法律草案表示赞同和拥护。

6月18日，法制工作委员会将法律草案发送中央和国家有关部门以及部分省、自治区、直辖市和地级市的人大常委会内部征求意见。近日，国务院港澳事务办公室、法制工作委员会、中央人民政府驻香港特别行政区联络办公室负责人在香港特别行政区听取了香港各界人士的意见。6月23日下午，宪法和法律委员会召开会议，根据常委会组成人员的审议意见和各方面意见，对法律草案进行逐条审议。国务院港澳事务办公室有关负责同志列席了会议。宪法和法律委员会认为，为了坚定不移并全面准确贯彻“一国两制”、“港人治港”、高度自治的方针，维护国家安全，防范、制止和惩治与香港特别行政区有关的分裂国家、颠覆国家政权、组织实施恐怖活动和勾结外国或者境外势力危害国家安全等犯罪，保持香港特别行政区的繁荣和稳定，保障香港特别行政区居民的合法权益，制定本法是必要的，草案经过审议修改，已经比较成熟。同时，提出以下主要修改意见：

一、有的常委会组成人员、部门、地方（包括香港特别行政区，下同）建议，草案第一条和第三十五条中的“香港特别行政区基本法”应当用法律全称。宪法和法律委员会经研究，建议将这两条中的“香港特别行政区基本法”分别修改为“中华人民共和国香港特别行政区基本法”。

二、有的常委会委员、部门、地方提出，在勾结外国或者境外势力危害国家安全罪中，只要危害行为可能造成严重后果的，就应当构成犯罪。宪法和法律委员会经研究，建议将草案第二十九条第一款第二项中的“进行严重阻挠并造成严重后果”修改为“进行严重阻挠并可能造成严重后果”，将第三项中的“破坏并造成严重后果”修改为“破坏并可能造成严重后果”，将第五项中的“并造成严重后果”修改为“并可能造成严重后果”。

三、有的常委会委员、地方提出，草案第三十三条第二款中“未掌握的本人其他罪行”应当限定在本法规定的四项罪行之内，建议将这一表述修改为“未掌握的本人犯有本法规定的其他罪行的”。宪法和法律委员会经研究，建议采纳上述意见。

四、香港特别行政区基本法第三十条规定了香港居民的通讯自由和通讯秘密受法律的保护。有的部门、地方提出，为更好地保障香港居民的合法权利，在赋予警方等执法部门相关执法权的同时，应加强监管，建议将草案第四十三条第一款第六项中的“对有合理理由怀疑涉及实施危害国家安全犯罪的人员进行截取通讯和秘密监察”修改为“经行政长官批准，对有合理理由怀疑涉及实施危害国家安全犯罪的人员进行截取通讯和秘密监察”。宪法和法律委员会经研究，建议采纳上述意见。

五、草案第四十三条第一款规定了香港特别行政区政府警务处维护国家安全部门在办理危害国家安全犯罪案件时可以采取的执法措施；第三款授权行政长官会同香港特别行政区维护国家安全委员会为采取上述执法措施而制定相关细则，报全国人大常委会批准后生效。有的常委会委员、部门提出，本条第一款对有关措施已经作出明确规定，第三款又作出相关授权规定，再由全国人大常委会批准相关细则已没有必要，建议将草案第四十三条第三款中的“报全国人民代表大会常务委员会批准后生效”删去，并将“相关补充细则”修改为“相关实施细则”。宪法和法律委员会经研究，建议采纳上述意见。

六、有的常委会委员、地方提出，为确保行政长官指定合格的法官人选审理危害国家安全犯罪案件，建议行政长官在指定法官前，征询香港特别行政区维护国家安全委员会和终审法院首席法官的意见。宪法和法律委员会经研究，建议在草案第四十四条第一款中增加一句，规定："行政长官在指定法官前可征询香港特别行政区维护国家安全委员会和终审法院首席法官的意见。"

七、草案第六十一条规定："驻香港特别行政区维护国家安全公署依据本法规定办理案件时，香港特别行政区政府有关部门应当提供必要的便利。"有的常委会委员提出，驻港维护国家安全公署根据本法规定具有四项职责，不限于办理案件，在履行其他职责时也需要香港特区政府的配合。宪法和法律委员会经研究，建议将"办理案件"修改为"履行职责"。

此外，还对草案作了一些文字修改。

需要说明的是，有些意见提出，香港特别行政区维护国家安全法草案中的有关法律用语总体以内地为主，但也有部分表述采用了香港本地法律用语，建议作一致化处理。宪法和法律委员会经研究认为，内地与香港特别行政区实行的法律制度有很大不同，考虑到全国人大有关决定要求将本法列入香港特别行政区基本法附件三，由香港特别行政区在当地公布实施，本法不需要通过香港本地立法来转化。为便于香港社会理解适用本法，有必要在草案中适当保留部分香港本地法律用语。

有常委会组成人员、地方还就其他一些问题提出意见建议。宪法和法律委员会经研究认为，这些问题有的已经在草案形成过程中经过了反复研究，有的问题还需要在今后的实践和工作中再作深入研究，不断探索、总结、完善，建议草案暂不作修改。

草案二次审议稿已按上述意见作了修改，以上修改意见及修改后的法律草案，委员长会议同意提请本次常委会会议审议。宪法和法律委员会建议提请本次常委会会议审议通过。

草案二次审议稿和以上报告是否妥当，请审议。

全国人民代表大会宪法和法律委员会关于《中华人民共和国香港特别行政区维护国家安全法(草案二次审议稿)》修改意见的报告

——2020 年 6 月 29 日在第十三届全国人民代表大会常务委员会第二十次会议上

全国人民代表大会常务委员会：

本次常委会会议于 6 月 28 日上午对香港特别行政区维护国家安全法草案二次审议稿进行了分组审议。普遍认为，草案已经比较成熟，建议进一步修改后，提请本次会议表决通过。同时，有些常委会组成人员还提出了一些修改意见。宪法和法律委员会于 6 月 28 日下午召开会议，逐条研究了常委会组成人员的审议意见，对草案进行了审议。国务院港澳事务办公室有关负责同志列席了会议。宪法和法律委员会认为，草案是可行的，根据常委会组成人员的审议意见，对草案二次审议稿作了个别文字修改。

有的常委会组成人员还对本法通过后的实施和宣传工作提出了很好的意见，建议中央有关部门和香港特别行政区加强本法的宣传解读工作，对香港社会尤其是公职人员与青少年群体，做好宣传推广和教育培训，建立健全香港特别行政区本地维护国家安全的法律制度和执行机制，确保本法在香港特别行政区得以有效实施。宪法和法律委员会建议有关方面认真研究常委会组成人员的审议意见，在加大宣传力度、全面准确解读本法精神与规定的同时，做好香港特别行政区本地法律与本法的衔接工作，坚持严格执法，着力推进本法在香港特别行政区落地实施。

草案建议表决稿已按上述意见作了修改，宪法和法律委员会建议本次常委会会议审议通过。

草案建议表决稿和以上报告是否妥当，请审议。

中华人民共和国主席令

第五十一号

《中华人民共和国城市维护建设税法》已由中华人民共和国第十三届全国人民代表大会常务委员会第二十一次会议于2020年8月11日通过，现予公布，自2021年9月1日起施行。

中华人民共和国主席　习近平

2020年8月11日

中华人民共和国城市维护建设税法

（2020年8月11日第十三届全国人民代表大会常务委员会第二十一次会议通过）

第一条　在中华人民共和国境内缴纳增值税、消费税的单位和个人，为城市维护建设税的纳税人，应当依照本法规定缴纳城市维护建设税。

第二条　城市维护建设税以纳税人依法实际缴纳的增值税、消费税税额为计税依据。

城市维护建设税的计税依据应当按照规定扣除期末留抵退税退还的增值税税额。

城市维护建设税计税依据的具体确定办法，由国务院依据本法和有关税收法律、行政法规规定，报全国人民代表大会常务委员会备案。

第三条　对进口货物或者境外单位和个人向境内销售劳务、服务、无形资产缴纳的增值税、消费税税额，不征收城市维护建设税。

第四条　城市维护建设税税率如下：

（一）纳税人所在地在市区的，税率为百分之七；

（二）纳税人所在地在县城、镇的，税率为百分之五；

（三）纳税人所在地不在市区、县城或者镇的，税率为百分之一。

前款所称纳税人所在地，是指纳税人住所地或者与纳税人生产经营活动相关的其他地点，具体地点由省、自治区、直辖市确定。

第五条　城市维护建设税的应纳税额按照计税依据乘以具体适用税率计算。

第六条　根据国民经济和社会发展的需要，国务院对重大公共基础设施建设、特殊产业和群体以及重大突发事件应对等情形可以规定减征或者免征城市维护建设税，报全国人民代表大会常务委员会备案。

第七条　城市维护建设税的纳税义务发生时间与增值税、消费税的纳税义务发生时间一致，分别与增值税、消费税同时缴纳。

第八条　城市维护建设税的扣缴义务人为负有增值税、消费税扣缴义务的单位和个人，在扣缴增值税、消费税的同时扣缴城市维护建设税。

第九条　城市维护建设税由税务机关依照本法和《中华人民共和国税收征收管理法》的规定征收管理。

第十条　纳税人、税务机关及其工作人员违反本法规定的，依照《中华人民共和国税收征收管理法》和有关法律法规的规定追究法律责任。

第十一条　本法自2021年9月1日起施行。1985年2月8日国务院发布的《中华人民共和国城市维护建设税暂行条例》同时废止。

关于《中华人民共和国城市维护建设税法(草案)》的说明

——2019 年 12 月 23 日在第十三届全国人民代表大会常务委员会第十五次会议上

财政部部长　刘　昆

全国人民代表大会常务委员会：

我受国务院委托，现对《中华人民共和国城市维护建设税法(草案)》作说明。

1985 年 2 月，国务院发布《中华人民共和国城市维护建设税暂行条例》(以下简称《暂行条例》)，规定缴纳增值税、消费税、营业税(2016 年并入增值税)的单位和个人应当缴纳城市维护建设税；城市维护建设税收入专项用于城市的公用事业、公共设施的维护建设以及乡镇的维护建设。《暂行条例》施行以来，城市维护建设税运行平稳，为筹集城市维护建设资金，加强城市维护建设发挥了重要作用。2000 年至 2018 年，全国累计征收城市维护建设税 40190 亿元，其中 2018 年征收 4840 亿元。随着预算管理制度改革深化，自 2016 年起城市维护建设税收入已由预算统筹安排，不再指定专项用途。

为贯彻落实党中央、国务院决策部署，推动完善税收法律制度，财政部、税务总局、司法部在《暂行条例》的基础上，经征求有关部门和单位，各省、自治区、直辖市人民政府意见，并公开向社会征求意见，起草形成了《中华人民共和国城市维护建设税法(草案)》(以下简称草案)。草案已经国务院常务会议讨论通过。现说明如下：

一、立法的总体思路

从实际执行情况看，城市维护建设税税制要素基本合理，运行比较平稳。制定城市维护建设税法，可按照税制平移的思路，保持现行税制框架和税负水平总体不变，将《暂行条例》上升为法律。同时，根据实际情况，对部分内容作了必要调整。

二、草案的主要内容

(一)关于纳税人。在中华人民共和国境内缴纳增值税、消费税的单位和个人，为城市维护建设税的纳税人。

(二)关于征税范围。维持现行征税范围不变，规定城市维护建设税的征税范围为纳税人实际缴纳的增值税、消费税税额，具体办法由国务院规定。

(三)关于税率。维持现行税率不变，规定纳税人所在地在市区的，税率为 7%；纳税人所在地在县城、镇的，税率为 5%；纳税人所在地不在市区、县城或者镇的，税率为 1%。

(四)关于税收减免。城市维护建设税按纳税人实际缴纳的增值税、消费税税额计算。同时规定，根据国民经济和社会发展的需要，国务院可以规定减征或者免征城市维护建设税，报全国人大常委会备案。

此外，草案还对纳税义务发生时间、扣缴义务人等税收征管事项作了规定。

草案和以上说明是否妥当，请审议。

全国人民代表大会宪法和法律委员会关于《中华人民共和国城市维护建设税法(草案)》审议结果的报告

——2020 年 8 月 8 日在第十三届全国人民代表大会常务委员会第二十一次会议上

全国人大宪法和法律委员会副主任委员　江必新

全国人民代表大会常务委员会：

常委会第十五次会议对城市维护建设税法草案进行了初次审议。会后，法制工作委员会将草案印发各省、自治区、直辖市、基层立法联系点和中央有关部门以及部分高等院校、研究机构征求意见，在中国人大网全文公布草案征求社会公众意见。宪法和法律委员会、财政经济委员会、法制工作委员会和预算工作委员会联合召开座谈会，听取中央有关部门和专家学者对草案的意见。宪法和法律委员会、法制工作委员会还到北京进行调研，听取意见；并就草案的有关问题与有关部门交换意见，共同研究。宪法和法律委员会于7月14日召开会议，根据常委会组成人员的审议意见和各方面意见，对草案进行了逐条审议。财政经济委员会、预算工作委员会、司法部、财政部、国家税务总局的有关负责同志列席了会议。7月30日，宪法和法律委员会召开会议，再次进行审议。宪法和法律委员会认为，为落实税收法定原则，制定城市维护建设税法是必要的，草案经过审议修改，已经比较成熟。同时，提出以下主要修改意见：

一、有的常委委员、地方和单位提出，城市维护建设税是增值税和消费税的附加税，在计税依据确定方面，建议处理好与主税的关系，做到有序衔接。宪法和法律委员会经研究，认为：城市维护建设税的计税依据需要根据纳税人缴纳的增值税、消费税税额确定，与增值税、消费税具体政策密切相关。考虑到目前增值税、消费税改革还在进行中，草案对城市维护建设税的计税依据可只作原则规定，具体确定办法授权国务院根据改革进展情况依法作出规定，为改革留出必要空间。据此，建议将草案相关规定修改为：城市维护建设税计税依据的具体确定办法，由国务院依据本法和有关税收法律、行政法规规定。

二、草案第四条规定，根据纳税人所在地的不同，对纳税人适用不同税率。有的常委委员、地方和单位提出，“纳税人所在地”的具体范围不清楚，建议明确。宪法和法律委员会经研究，建议增加规定：纳税人所在地，是指纳税人住所地或者与纳税人生产经营活动相关的其他地点，具体地点由省、自治区、直辖市确定。

三、有的常委委员、地方和单位提出，草案第六条授权国务院根据国民经济和社会发展需要规定减免税情形，但未明确相关目的和范围，略显宽泛。宪法和法律委员会经研究，建议修改为：根据国民经济和社会发展的需要，国务院对重大公共基础设施建设、特殊产业和群体以及重大突发事件应对等情形可以规定减征或者免征城市维护建设税，报全国人民代表大会常务委员会备案。

此外，还对草案作了一些文字修改。

草案二次审议稿已按上述意见作了修改，宪法和法律委员会建议提请本次常委会会议审议通过。

草案二次审议稿和以上报告是否妥当，请审议。

全国人民代表大会宪法和法律委员会关于《中华人民共和国城市维护建设税法（草案二次审议稿）》修改意见的报告

——2020年8月11日在第十三届全国人民代表大会常务委员会第二十一次会议上

全国人民代表大会常务委员会：

本次常委会会议于8月8日下午对城市维护建设税法草案二次审议稿进行了分组审议，普遍认为，草案经过审议修改已经比较成熟，建议进一步修改后，提请本次会议表决通过。同时，有些常委会组成人员还提出了一些修改意见。宪法和法律委员会于8月9日上午召开会议，逐条研究了常委会组成人员的审议意见，对草案进行了审议。财政经济委员会、预算工作委员会、司法部、财政部、国家税务总局的有关负责同志列席了会议。宪法和法律委员会认为，草案是可行的；同时，提出以下修改意见：

一、有的常委委员提出，期末留抵退税退还的增值税税额应当在城市维护建设税的计税依据中扣除，建议对此予以明确。宪法和法律委员会经研究，建议将草案二次审议稿第二条第二款修改为：城市维护建设税的计税依据应当按照规定扣除期末留抵退税退还的增值税税额。

二、草案二次审议稿第二条第三款规定，城市维护建设税计税依据的具体确定办法，由国务院依据本法和有关税收法律、行政法规规定。有的常委委员提出，为进一步落实税收法定原则，建议增加规定，国务院作出规定后，还应当报全国人民代表大会常务委员会备案。宪法和法律委员会经研究，建议采纳这一意见。

有的常委会组成人员在审议中还对城市维护建设税的一些具体制度安排提出了意见和建议。宪法和法律委员会经同有关部门研究后认为，此次立法主要是将国务院税收暂行条例的规定平移上升为税收法律，对于涉及税制调整的建议，可由国务院及其有关部门在下一步按照党中央的要求深化税收制度改革中予以统筹考虑，建议此次对相关内容不作修改；对于涉及法律执行的建议，建议国务院有关部门在依法征收城市维护建设税的过程中认真研究采纳，完善税款征收相关程序。

草案建议表决稿已按上述意见作了修改，宪法和法律委员会建议本次常委会会议审议通过。

草案建议表决稿和以上报告是否妥当，请审议。

中华人民共和国主席令

第五十二号

《中华人民共和国契税法》已由中华人民共和国第十三届全国人民代表大会常务委员会第二十一次会议于 2020 年 8 月 11 日通过，现予公布，自 2021 年 9 月 1 日起施行。

中华人民共和国主席　习近平

2020 年 8 月 11 日

中华人民共和国契税法

（2020 年 8 月 11 日第十三届全国人民代表大会常务委员会第二十一次会议通过）

第一条　在中华人民共和国境内转移土地、房屋权属，承受的单位和个人为契税的纳税人，应当依照本法规定缴纳契税。

第二条　本法所称转移土地、房屋权属，是指下列行为：

（一）土地使用权出让；

（二）土地使用权转让，包括出售、赠与、互换；

（三）房屋买卖、赠与、互换。

前款第二项土地使用权转让，不包括土地承包经营权和土地经营权的转移。

以作价投资（入股）、偿还债务、划转、奖励等方式转移土地、房屋权属的，应当依照本法规定征收契税。

第三条　契税税率为百分之三至百分之五。

契税的具体适用税率，由省、自治区、直辖市人民政府在前款规定的税率幅度内提出，报同级人民代表大会常务委员会决定，并报全国人民代表大会常务委员会和国务院备案。

省、自治区、直辖市可以依照前款规定的程序对不同主体、不同地区、不同类型的住房的权属转移确定差别税率。

第四条　契税的计税依据：

（一）土地使用权出让、出售，房屋买卖，为土地、房屋权属转移合同确定的成交价格，包括应交付的货币以及实物、其他经济利益对应的价款；

（二）土地使用权互换、房屋互换，为所互换的土地使用权、房屋价格的差额；

（三）土地使用权赠与、房屋赠与以及其他没有价格的转移土地、房屋权属行为，为税务机关参照土地使用权出售、房屋买卖的市场价格依法核定的价格。

纳税人申报的成交价格、互换价格差额明显偏低且无正当理由的，由税务机关依照《中华人民共和国税收征收管理法》的规定核定。

第五条　契税的应纳税额按照计税依据乘以具体适用税率计算。

第六条　有下列情形之一的，免征契税：

（一）国家机关、事业单位、社会团体、军事单位承受土地、房屋权属用于办公、教学、医疗、科研、军事设施；

（二）非营利性的学校、医疗机构、社会福利机构承受土地、房屋权属用于办公、教学、医疗、科研、养老、救助；

（三）承受荒山、荒地、荒滩土地使用权用于农、林、牧、渔业生产；

（四）婚姻关系存续期间夫妻之间变更土地、房屋权属；

（五）法定继承人通过继承承受土地、房屋权属；

（六）依照法律规定应当予以免税的外国驻华使馆、领事馆和国际组织驻华代表机构承受土地、房屋权属。

根据国民经济和社会发展的需要，国务院对居民住房需求保障、企业改制重组、灾后重建等情形可以规定免征或者减征契税，报全国人民代表大会常务委员会备案。

第七条　省、自治区、直辖市可以决定对下列情形免征或者减征契税：

（一）因土地、房屋被县级以上人民政府征收、征用，重新承受土地、房屋权属；

（二）因不可抗力灭失住房，重新承受住房权属。

前款规定的免征或者减征契税的具体办法，由省、自治区、直辖市人民政府提出，报同级人民代表大会常务委员会决定，并报全国人民代表大会常务委员会和国务院备案。

第八条　纳税人改变有关土地、房屋的用途，或者有其他不再属于本法第六条规定的免征、减征契税情形的，应当缴纳已经免征、减征的税款。

第九条　契税的纳税义务发生时间，为纳税人签订土地、房屋权属转移合同的当日，或者纳税人取得其他具有土地、房屋权属转移合同性质凭证的当日。

第十条　纳税人应当在依法办理土地、房屋权属登记手续前申报缴纳契税。

第十一条　纳税人办理纳税事宜后，税务机关应当开具契税完税凭证。纳税人办理土地、房屋权属登记，不动产登记机构应当查验契税完税、减免税凭证或者有关信息。未按照规定缴纳契税的，不动产登记机构不予办理土地、房屋权属登记。

第十二条　在依法办理土地、房屋权属登记前，权属转移合同、权属转移合同性质凭证不生效、无效、被撤销或者被解除的，纳税人可以向税务机关申请退还已缴纳的税款，税务机关应当依法办理。

第十三条　税务机关应当与相关部门建立契税涉税信息共享和工作配合机制。自然资源、住房城乡建设、民政、公安等相关部门应当及时向税务机关提供与转移土地、房屋权属有关的信息，协助税务机关加强契税征收管理。

税务机关及其工作人员对税收征收管理过程中知悉的纳税人的个人信息，应当依法予以保密，不得泄露或者非法向他人提供。

第十四条　契税由土地、房屋所在地的税务机关依照本法和《中华人民共和国税收征收管理法》的规定征收管理。

第十五条　纳税人、税务机关及其工作人员违反本法规定的，依照《中华人民共和国税收征收管理法》和有关法律法规的规定追究法律责任。

第十六条　本法自2021年9月1日起施行。1997年7月7日国务院发布的《中华人民共和国契税暂行条例》同时废止。

关于《中华人民共和国契税法（草案）》的说明

——2019年12月23日在第十三届全国人民代表大会常务委员会第十五次会议上

财政部部长　刘　昆

全国人民代表大会常务委员会：

我受国务院委托，现对《中华人民共和国契税法（草案）》作说明。

1997年7月，国务院发布《中华人民共和国契税暂行条例》（以下简称《暂行条例》），规定在中华人民共和国境内转移土地、房屋权属，承受的单位和个人应当缴纳契税。《暂行条例》施行以来，契税运行平稳。1997年至2018年，全国累计征收契税42162.18亿元，其中2018年征收5729.68亿元，为地方经济社会发展提供了重要的财力保障。

为贯彻落实党中央、国务院决策部署，推动完善税收法律制度，按照全国人大常委会和国务院立法工作计划，财政部、税务总局、司法部在《暂行条例》的基础上，经征求有关部门和单位，各省、自治区、直辖市人民政府意见，起草形成了《中华人民共和国契税法（草案）》（以下简称草案）。草案已经国务院常务会议讨论通过。现说明如下：

一、立法的总体思路

从实际执行情况看，契税税制要素基本合理，运行比较平稳。制定契税法，可按照税制平移的思路，保持现行税制框架和税负水平总体不变，将《暂行条例》上升为法律。同时，根据实际情况，对部分内容作了必要调整。

二、草案的主要内容

（一）关于纳税人。在中华人民共和国境内转移土地、房屋权属，承受的单位和个人为契税的纳税人。

（二）关于征税范围。土地使用权出让、转让，房屋买卖、赠与、交换应当依法缴纳契税。

（三）关于税率。维持现行税率不变，规定契税税率为 3%—5%；具体适用税率，由省、自治区、直辖市人民政府在规定的税率幅度内提出，报同级人大常委会决定，并报全国人大常委会和国务院备案。

（四）关于税收减免。一是维持现行国家机关、事业单位、社会团体、军事单位用于办公、教学、医疗、科研、军事设施的土地、房屋免税的规定。二是将现行有关文件规定的税收优惠政策上升为法律。同时规定，国务院可以规定免征或者减征契税，报全国人大常委会备案。

（五）关于纳税义务发生时间和申报纳税期限。契税的纳税义务发生时间为纳税人签订土地、房屋权属转移合同的当日。纳税人应当在依法办理土地、房屋权属登记手续前申报缴纳契税。

此外，草案还对计税依据、涉税信息共享和协作机制等税收征管事项作了规定。

草案和以上说明是否妥当，请审议。

全国人民代表大会宪法和法律委员会关于《中华人民共和国契税法（草案）》审议结果的报告

——2020 年 8 月 8 日在第十三届全国人民代表大会常务委员会第二十一次会议上

全国人大宪法和法律委员会副主任委员 江必新

全国人民代表大会常务委员会：

常委会第十五次会议对契税法草案进行了初次审议。会后，法制工作委员会将草案印发各省、自治区、直辖市、基层立法联系点和中央有关部门以及部分高等院校、研究机构征求意见，在中国人大网全文公布草案征求社会公众意见。宪法和法律委员会、财政经济委员会、法制工作委员会和预算工作委员会联合召开座谈会，听取中央有关部门和专家学者对草案的意见。宪法和法律委员会、法制工作委员会还到北京进行调研，听取意见；并就草案的有关问题与有关部门交换意见，共同研究。宪法和法律委员会于 7 月 14 日召开会议，根据常委会组成人员的审议意见和各方面意见，对草案进行了逐条审议。财政经济委员会、预算工作委员会、司法部、财政部、国家税务总局的有关负责同志列席了会议。7 月 30 日，宪法和法律委员会召开会议，再次进行审议。宪法和法律委员会认为，为落实税收法定原则，制定契税法是必要的，草案经过审议修改，已经比较成熟。同时，提出以下主要修改意见：

一、草案第四条中规定，土地使用权出让、出售，房屋买卖，契税的计税依据为成交价格。有的常委委员和单位提出，成交价格作为计税依据，属于税制基本要素，其具体内容应当在法律中予以明确。宪法和法律委员会经研究，建议将草案第四条第一款第一项修改为：契税的计税依据，土地使用权出让、出售，房屋买卖，为土地、房屋权属转移合同确定的成交价格，包括应交付的货币以及实物、其他经济利益对应的价款。

二、草案第六条对免征契税的情形作了规定。有的地方、部门、单位、社会公众建议，按照税制平移的原则，将现行有效的契税免征政策，在本法中明确。宪法和法律委员会经研究，建议增加规定：婚姻关系存续期间夫妻之间变更土地、房屋权属，法定继承人通过继承承受土地、房屋权属，免征契税。

三、有的常委委员、地方、部门、单位提出，草案第六条第二款授权国务院根据国民经济和社会发展的需要规定其他减免税情形，但未明确相关范围，略显宽泛。宪法和法律委员会经研究，建议将相关规定修改为：根据国民经济和社会发展的需要，国务院对居民住房需求保障、企业改制重组、灾后重建等情形可以规定免征或者减征契税，报全国人民代表大会常务委员会备案。

四、有的常委委员、地方、部门提出，为进一步提高税收优惠的规范性，建议将草案第七条关于省级人民政府减免税的具体程序，由省级人民政府决定、报同级人大常委会备案，修改为由省级人民政府提出、报同级人大常委会决定，并报全国人大常委会和国务院备案。宪法和法律委员会经研究，建议采纳这一意见。

五、有的常委委员、地方、部门、社会公众提出，纳税人纳税义务发生后、办理权属登记前，权属转移合同出现不生效、无效、被撤销、被解除的情形的，纳税人可以向税务机关申请退还已缴纳的税款，建议增加相关规定。宪法和法律委员会经研究，建议采纳这一意见。

六、有的常委委员建议增加税务机关对契税纳税人个人信息予以保密的规定。宪法和法律委员会经研究，建议增加规定：税务机关及其工作人员对税收征收管理过程中知悉的纳税人的个人信息，应当依法予以保密，不得泄露或者非法向他人提供。

此外，还对草案作了一些文字修改。

草案二次审议稿已按上述意见作了修改，宪法和法律委员会建议提请本次常委会会议审议通过。

草案二次审议稿和以上报告是否妥当，请审议。

全国人民代表大会宪法和法律委员会关于《中华人民共和国契税法（草案二次审议稿）》修改意见的报告

——2020 年 8 月 11 日在第十三届全国人民代表大会常务委员会第二十一次会议上

全国人民代表大会常务委员会：

本次常委会会议于 8 月 8 日下午对契税法草案二次审议稿进行了分组审议，普遍认为，草案经过审议修改已经比较成熟，建议进一步修改后，提请本次会议表决通过。同时，有些常委会组成人员和列席会议的同志还提出了一些修改意见。宪法和法律委员会于 8 月 9 日上午召开会议，逐条研究了常委会组成人员的审议意见，对草案进行了审议。财政经济委员会、预算工作委员会、司法部、财政部、国家税务总局的有关负责同志列席了会议。宪法和法律委员会认为，草案是可行的；同时，提出以下修改意见：

一、有的常委委员提出，纳税人的土地、房屋被政府征收、征用或者因不可抗力灭失，重新承受土地、房屋权属时按照草案二次审议稿第七条规定获得减免税的，不会出现事后需要补缴税款的情况，建议删除草案二次审议稿第八条纳税人不再属于本法“第七条”规定的减免税情形应当补缴税款的规定。宪法和法律委员会经研究，建议采纳这一意见。

二、有的常委委员提出，纳税人依据草案二次审议稿第十二条规定，向税务机关申请退还已缴纳税款的，税务机关应当依法办理退税，建议对此予以明确。宪法和法律委员会经研究，建议采纳这一意见。

有的常委会组成人员在审议中还对契税的一些具体制度安排提出了意见和建议。宪法和法律委员会经同有关部门研究后认为，此次立法主要是将国务院暂行条例的规定平移上升为法律，对于涉及税制调整的建议，可由国务院及其有关部门在下一步按照党中央的要求深化税收制度改革中予以统筹考虑，建议此次对相关内容不作修改；对于涉及法律执行的建议，建议国务院有关部门在依法征收契税的过程中认真研究采纳，完善税款征收相关程序。

草案建议表决稿已按上述意见作了修改，宪法和法律委员会建议本次常委会会议审议通过。

草案建议表决稿和以上报告是否妥当，请审议。

中华人民共和国主席令

第五十五号

《全国人民代表大会常务委员会关于修改〈中华人民共和国专利法〉的决定》已由中华人民共和国第十三届全国人民代表大会常务委员会第二十二次会议于 2020 年 10 月 17 日通过，现予公布，自 2021 年 6 月 1 日起施行。

中华人民共和国主席　习近平

2020 年 10 月 17 日

全国人民代表大会常务委员会关于修改《中华人民共和国专利法》的决定

（2020 年 10 月 17 日第十三届全国人民代表大会常务委员会第二十二次会议通过）

第十三届全国人民代表大会常务委员会第二十二次会议决定对《中华人民共和国专利法》作如下修改：

一、将第二条第四款修改为："外观设计，是指对产品的整体或者局部的形状、图案或者其结合以及色彩与形状、图案的结合所作出的富有美感并适于工业应用的新设计。"

二、将第六条第一款修改为："执行本单位的任务或者主要是利用本单位的物质技术条件所完成的发明创造为职务发明创造。职务发明创造申请专利的权利属于该单位，申请被批准后，该单位为专利权人。该单位可以依法处置其职务发明创造申请专利的权利和专利权，促进相关发明创造的实施和运用。"

三、将第十四条改为第四十九条。

四、将第十六条改为第十五条，增加一款，作为第二款："国家鼓励被授予专利权的单位实行产权激励，采取股权、期权、分红等方式，使发明人或者设计人合理分享创新收益。"

五、增加一条，作为第二十条："申请专利和行使专利权应当遵循诚实信用原则。不得滥用专利权损害公共利益或者他人合法权益。

"滥用专利权，排除或者限制竞争，构成垄断行为的，依照《中华人民共和国反垄断法》处理。"

六、删除第二十一条第一款中的"及其专利复审委员会"。

将第二款修改为："国务院专利行政部门应当加强专利信息公共服务体系建设，完整、准确、及时发布专利信息，提供专利基础数据，定期出版专利公报，促进专利信息传播与利用。"

七、在第二十四条中增加一项，作为第一项："（一）在国家出现紧急状态或者非常情况时，为公共利益目的首次公开的"。

八、将第二十五条第一款第五项修改为："（五）原子核变换方法以及用原子核变换方法获得的物质"。

九、将第二十九条第二款修改为："申请人自发明或者实用新型在中国第一次提出专利申请之日起十二个月内，或者自外观设计在中国第一次提出专利申请之日起六个月内，又向国务院专利行政部门就相同主题提出专利申请的，可以享有优先权。"

十、将第三十条修改为："申请人要求发明、实用新型专利优先权的，应当在申请的时候提出书面声明，并且在第一次提出申请之日起十六个月内，提交第一次提出的专利申请文件的副本。

"申请人要求外观设计专利优先权的，应当在申请的时候提出书面声明，并且在三个月内提交第一次提出的专利申请文件的副本。

"申请人未提出书面声明或者逾期未提交专利申请文件副本的，视为未要求优先权。"

十一、将第四十一条修改为："专利申请人对国务院专利行政部门驳回申请的决定不服的，可以自收到通知之日起三个月内向国务院专利行政部门请求复审。国务院专利行政部门复审后，作出决定，并通知专利申请人。

“专利申请人对国务院专利行政部门的复审决定不服的，可以自收到通知之日起三个月内向人民法院起诉。”

十二、将第四十二条修改为：“发明专利权的期限为二十年，实用新型专利权的期限为十年，外观设计专利权的期限为十五年，均自申请日起计算。

“自发明专利申请日起满四年，且自实质审查请求之日起满三年后授予发明专利权的，国务院专利行政部门应专利权人的请求，就发明专利在授权过程中的不合理延迟给予专利权期限补偿，但由申请人引起的不合理延迟除外。

“为补偿新药上市审评审批占用的时间，对在中国获得上市许可的新药相关发明专利，国务院专利行政部门应专利权人的请求给予专利权期限补偿。补偿期限不超过五年，新药批准上市后总有效专利权期限不超过十四年。”

十三、将第四十五条、第四十六条中的“专利复审委员会”修改为“国务院专利行政部门”。

十四、将第六章的章名修改为“专利实施的特别许可”。

十五、增加一条，作为第四十八条：“国务院专利行政部门、地方人民政府管理专利工作的部门应当会同同级相关部门采取措施，加强专利公共服务，促进专利实施和运用。”

十六、增加一条，作为第五十条：“专利权人自愿以书面方式向国务院专利行政部门声明愿意许可任何单位或者个人实施其专利，并明确许可使用费支付方式、标准的，由国务院专利行政部门予以公告，实行开放许可。就实用新型、外观设计专利提出开放许可声明的，应当提供专利权评价报告。

“专利权人撤回开放许可声明的，应当以书面方式提出，并由国务院专利行政部门予以公告。开放许可声明被公告撤回的，不影响在先给予的开放许可的效力。”

十七、增加一条，作为第五十一条：“任何单位或者个人有意愿实施开放许可的专利的，以书面方式通知专利权人，并依照公告的许可使用费支付方式、标准支付许可使用费后，即获得专利实施许可。

“开放许可实施期间，对专利权人缴纳专利年费相应给予减免。

“实行开放许可的专利权人可以与被许可人就许可使用费进行协商后给予普通许可，但不得就该专利给予独占或者排他许可。”

十八、增加一条，作为第五十二条：“当事人就实施开放许可发生纠纷的，由当事人协商解决；不愿协商或者协商不成的，可以请求国务院专利行政部门进行调解，也可以向人民法院起诉。”

十九、将第六十一条改为第六十六条，将第二款修改为：“专利侵权纠纷涉及实用新型专利或者外观设计专利的，人民法院或者管理专利工作的部门可以要求专利权人或者利害关系人出具由国务院专利行政部门对相关实用新型或者外观设计进行检索、分析和评价后作出的专利权评价报告，作为审理、处理专利侵权纠纷的证据；专利权人、利害关系人或者被控侵权人也可以主动出具专利权评价报告。”

二十、将第六十三条改为第六十八条，修改为：“假冒专利的，除依法承担民事责任外，由负责专利执法的部门责令改正并予公告，没收违法所得，可以处违法所得五倍以下的罚款；没有违法所得或者违法所得在五万元以下的，可以处二十五万元以下的罚款；构成犯罪的，依法追究刑事责任。”

二十一、将第六十四条改为第六十九条，修改为：“负责专利执法的部门根据已经取得的证据，对涉嫌假冒专利行为进行查处时，有权采取下列措施：

“（一）询问有关当事人，调查与涉嫌违法行为有关的情况；

“（二）对当事人涉嫌违法行为的场所实施现场检查；

“（三）查阅、复制与涉嫌违法行为有关的合同、发票、账簿以及其他有关资料；

“（四）检查与涉嫌违法行为有关的产品；

“（五）对有证据证明是假冒专利的产品，可以查封或者扣押。

“管理专利工作的部门应专利权人或者利害关系人的请求处理专利侵权纠纷时，可以采取前款第（一）项、第（二）项、第（四）项所列措施。

“负责专利执法的部门、管理专利工作的部门依法行使前两款规定的职权时，当事人应当予以协助、配合，不得拒绝、阻挠。”

二十二、增加一条，作为第七十条：“国务院专利行政部门可以应专利权人或者利害关系人的请求处理在全国有重大影响的专利侵权纠纷。

“地方人民政府管理专利工作的部门应专利权人或者利害关系人请求处理专利侵权纠纷，对在本行政区域内侵犯其同一专利权的案件可以合并处理；对跨区域侵犯其同一专利权的案件可以请求上级地方人民政府管理专利工作的部门处理。”

二十三、将第六十五条改为第七十一条，修改为：“侵犯专利权的赔偿数额按照权利人因被侵权所受到的实际损失或者侵权人因侵权所获得的利益确定；权利人的损失或者侵权人获得的利益难以确定的，参照该专利许可使用费的倍数合理确定。对故意侵犯专利权，情节严重的，可以在按照上述方法确定数额的一倍以上五倍以下确定赔偿数额。

“权利人的损失、侵权人获得的利益和专利许可使用费均难以确定的，人民法院可以根据专利权的类型、侵权行为的性质和情节等因素，确定给予三万元以上五百万元以下的赔偿。

“赔偿数额还应当包括权利人为制止侵权行为所支付的合理开支。

“人民法院为确定赔偿数额，在权利人已经尽力举证，而与侵权行为相关的账簿、资料主要由侵权人掌握的情况下，可以责令侵权人提供与侵权行为相关的账簿、资料；侵权人不提供或者提供虚假的账簿、资料的，人民法院可以参考权利人的主张和提供的证据判定赔偿数额。”

二十四、将第六十六条改为第七十二条，修改为：“专利权人或者利害关系人有证据证明他人正在实施或者即将实施侵犯专利权、妨碍其实现权利的行为，如不及时制止将会使其合法权益受到难以弥补的损害的，可以在起诉前依法向人民法院申请采取财产保全、责令作出一定行为或者禁止作出一定行为的措施。”

二十五、将第六十七条改为第七十三条，修改为：“为了制止专利侵权行为，在证据可能灭失或者以后难以取得的情况下，专利权人或者利害关系人可以在起诉前依法向人民法院申请保全证据。”

二十六、将第六十八条改为第七十四条，修改为：“侵犯专利权的诉讼时效为三年，自专利权人或者利害关系人知道或者应当知道侵权行为以及侵权人之日起计算。

“发明专利申请公布后至专利权授予前使用该发明未支付适当使用费的，专利权人要求支付使用费的诉讼时效为三年，自专利权人知道或者应当知道他人使用其发明之日起计算，但是，专利权人于专利权授予之日前即已知道或者应当知道的，自专利权授予之日起计算。”

二十七、增加一条，作为第七十六条：“药品上市审评审批过程中，药品上市许可申请人与有关专利权人或者利害关系人，因申请注册的药品相关的专利权产生纠纷的，相关当事人可以向人民法院起诉，请求就申请注册的药品相关技术方案是否落入他人药品专利权保护范围作出判决。国务院药品监督管理部门在规定的期限内，可以根据人民法院生效裁判作出是否暂停批准相关药品上市的决定。

“药品上市许可申请人与有关专利权人或者利害关系人也可以就申请注册的药品相关的专利权纠纷，向国务院专利行政部门请求行政裁决。

“国务院药品监督管理部门会同国务院专利行政部门制定药品上市许可审批与药品上市许可申请阶段专利权纠纷解决的具体衔接办法，报国务院同意后实施。”

二十八、删除第七十二条。

二十九、将第七十三条改为第七十九条，第七十四条改为第八十条，将其中的“行政处分”修改为“处分”。

本决定自 2021 年 6 月 1 日起施行。

《中华人民共和国专利法》根据本决定作相应修改并对条文顺序作相应调整，重新公布。

中华人民共和国专利法

（1984 年 3 月 12 日第六届全国人民代表大会常务委员会第四次会议通过　根据 1992 年 9 月 4 日第七届全国人民代表大会常务委员会第二十七次会议《关于修改〈中华人民共和国专利法〉的决定》第一次修正　根据 2000 年 8 月 25 日第九届全国人民代表大会常务委员会第十七次会议《关于修改〈中华人民共和国专利法〉的决定》第二次修正　根据 2008 年 12 月 27 日第十一届全国人民代表大会常务委员会第六次会议《关于修改〈中华人民共和国专利法〉的决定》第三次修正　根据 2020 年 10 月 17 日第十三届全国人民代表大会常务委员会第二十二次会议《关于修改〈中华人民共和国专利法〉的决定》第四次修正）

目　　录

第一章　总　　则

第一条　为了保护专利权人的合法权益，鼓励发明创造，推动发明创造的应用，提高创新能力，促进科学技术进步和经济社会发展，制定本法。

第二条　本法所称的发明创造是指发明、实用新型和外观设计。

发明，是指对产品、方法或者其改进所提出的新的技术方案。

实用新型，是指对产品的形状、构造或者其结合所提出的适于实用的新的技术方案。

外观设计，是指对产品的整体或者局部的形状、图案或者其结合以及色彩与形状、图案的结合所作出的富有美感并适于工业应用的新设计。

第三条　国务院专利行政部门负责管理全国的专利工作；统一受理和审查专利申请，依法授予专利权。

省、自治区、直辖市人民政府管理专利工作的部门负责本行政区域内的专利管理工作。

第四条　申请专利的发明创造涉及国家安全或者重大利益需要保密的，按照国家有关规定办理。

第五条　对违反法律、社会公德或者妨害公共利益的发明创造，不授予专利权。

对违反法律、行政法规的规定获取或者利用遗传资源，并依赖该遗传资源完成的发明创造，不授予专利权。

第六条　执行本单位的任务或者主要是利用本单位的物质技术条件所完成的发明创造为职务发明创造。职务发明创造申请专利的权利属于该单位，申请被批准后，该单位为专利权人。该单位可以依法处置其职务发明创造申请专利的权利和专利权，促进相关发明创造的实施和运用。

非职务发明创造，申请专利的权利属于发明人或者设计人；申请被批准后，该发明人或者设计人为专利权人。

利用本单位的物质技术条件所完成的发明创造，单位与发明人或者设计人订有合同，对申请专利的权利和专利权的归属作出约定的，从其约定。

第七条　对发明人或者设计人的非职务发明创造专利申请，任何单位或者个人不得压制。

第八条　两个以上单位或者个人合作完成的发明创造、一个单位或者个人接受其他单位或者个人委托所完成的发明创造，除另有协议的以外，申请专利的权利属于完成或者共同完成的单位或者个人；申请被批准后，申请的单位或者个人为专利权人。

第九条　同样的发明创造只能授予一项专利权。但是，同一申请人同日对同样的发明创造既申请实用新型专利又申请发明专利，先获得的实用新型专利权尚未终止，且申请人声明放弃该实用新型专利权的，可以授予发明专利权。

两个以上的申请人分别就同样的发明创造申请专利的，专利权授予最先申请的人。

第十条　专利申请权和专利权可以转让。

中国单位或者个人向外国人、外国企业或者外国其他组织转让专利申请权或者专利权的，应当依照有关法律、行政法规的规定办理手续。

转让专利申请权或者专利权的，当事人应当订立书面合同，并向国务院专利行政部门登记，由国务院专利行政部门予以公告。专利申请权或者专利权的转让自登记之日起生效。

第十一条　发明和实用新型专利权被授予后，除本法另有规定的以外，任何单位或者个人未经专利权人许可，都不得实施其专利，即不得为生产经营目的制造、使用、许诺销售、销售、进口其专利产品，或者使用其专利方法以及使用、许诺销售、销售、进口依照该专利方法直接获得的产品。

外观设计专利权被授予后，任何单位或者个人未经专利权人许可，都不得实施其专利，即不得为生产经营目的制造、许诺销售、销售、进口其外观设计专利产品。

第十二条　任何单位或者个人实施他人专利的，应当与专利权人订立实施许可合同，向专利权人支付专利使用费。被许可人无权允许合同规定以外的任何单位或者个人实施该专利。

第十三条　发明专利申请公布后，申请人可以要求实施其发明的单位或者个人支付适当的费用。

第十四条　专利申请权或者专利权的共有人

对权利的行使有约定的，从其约定。没有约定的，共有人可以单独实施或者以普通许可方式许可他人实施该专利；许可他人实施该专利的，收取的使用费应当在共有人之间分配。

除前款规定的情形外，行使共有的专利申请权或者专利权应当取得全体共有人的同意。

第十五条 被授予专利权的单位应当对职务发明创造的发明人或者设计人给予奖励；发明创造专利实施后，根据其推广应用的范围和取得的经济效益，对发明人或者设计人给予合理的报酬。

国家鼓励被授予专利权的单位实行产权激励，采取股权、期权、分红等方式，使发明人或者设计人合理分享创新收益。

第十六条 发明人或者设计人有权在专利文件中写明自己是发明人或者设计人。

专利权人有权在其专利产品或者该产品的包装上标明专利标识。

第十七条 在中国没有经常居所或者营业所的外国人、外国企业或者外国其他组织在中国申请专利的，依照其所属国同中国签订的协议或者共同参加的国际条约，或者依照互惠原则，根据本法办理。

第十八条 在中国没有经常居所或者营业所的外国人、外国企业或者外国其他组织在中国申请专利和办理其他专利事务的，应当委托依法设立的专利代理机构办理。

中国单位或者个人在国内申请专利和办理其他专利事务的，可以委托依法设立的专利代理机构办理。

专利代理机构应当遵守法律、行政法规，按照被代理人的委托办理专利申请或者其他专利事务；对被代理人发明创造的内容，除专利申请已经公布或者公告的以外，负有保密责任。专利代理机构的具体管理办法由国务院规定。

第十九条 任何单位或者个人将在中国完成的发明或者实用新型向外国申请专利的，应当事先报经国务院专利行政部门进行保密审查。保密审查的程序、期限等按照国务院的规定执行。

中国单位或者个人可以根据中华人民共和国参加的有关国际条约提出专利国际申请。申请人提出专利国际申请的，应当遵守前款规定。

国务院专利行政部门依照中华人民共和国参加的有关国际条约、本法和国务院有关规定处理专利国际申请。

对违反本条第一款规定向外国申请专利的发明或者实用新型，在中国申请专利的，不授予专利权。

第二十条 申请专利和行使专利权应当遵循诚实信用原则。不得滥用专利权损害公共利益或者他人合法权益。

滥用专利权，排除或者限制竞争，构成垄断行为的，依照《中华人民共和国反垄断法》处理。

第二十一条 国务院专利行政部门应当按照客观、公正、准确、及时的要求，依法处理有关专利的申请和请求。

国务院专利行政部门应当加强专利信息公共服务体系建设，完整、准确、及时发布专利信息，提供专利基础数据，定期出版专利公报，促进专利信息传播与利用。

在专利申请公布或者公告前，国务院专利行政部门的工作人员及有关人员对其内容负有保密责任。

第二章　授予专利权的条件

第二十二条 授予专利权的发明和实用新型，应当具备新颖性、创造性和实用性。

新颖性，是指该发明或者实用新型不属于现有技术；也没有任何单位或者个人就同样的发明或者实用新型在申请日以前向国务院专利行政部门提出过申请，并记载在申请日以后公布的专利申请文件或者公告的专利文件中。

创造性，是指与现有技术相比，该发明具有突出的实质性特点和显著的进步，该实用新型具有实质性特点和进步。

实用性，是指该发明或者实用新型能够制造或者使用，并且能够产生积极效果。

本法所称现有技术，是指申请日以前在国内外为公众所知的技术。

第二十三条 授予专利权的外观设计，应当不属于现有设计；也没有任何单位或者个人就同样的外观设计在申请日以前向国务院专利行政部门提出过申请，并记载在申请日以后公告的专利文件中。

授予专利权的外观设计与现有设计或者现有设计特征的组合相比，应当具有明显区别。

授予专利权的外观设计不得与他人在申请日以前已经取得的合法权利相冲突。

本法所称现有设计，是指申请日以前在国内外为公众所知的设计。

第二十四条 申请专利的发明创造在申请日

以前六个月内,有下列情形之一的,不丧失新颖性:

(一)在国家出现紧急状态或者非常情况时,为公共利益目的首次公开的;

(二)在中国政府主办或者承认的国际展览会上首次展出的;

(三)在规定的学术会议或者技术会议上首次发表的;

(四)他人未经申请人同意而泄露其内容的。

第二十五条 对下列各项,不授予专利权:

(一)科学发现;

(二)智力活动的规则和方法;

(三)疾病的诊断和治疗方法;

(四)动物和植物品种;

(五)原子核变换方法以及用原子核变换方法获得的物质;

(六)对平面印刷品的图案、色彩或者二者的结合作出的主要起标识作用的设计。

对前款第(四)项所列产品的生产方法,可以依照本法规定授予专利权。

第三章 专利的申请

第二十六条 申请发明或者实用新型专利的,应当提交请求书、说明书及其摘要和权利要求书等文件。

请求书应当写明发明或者实用新型的名称,发明人的姓名,申请人姓名或者名称、地址,以及其他事项。

说明书应当对发明或者实用新型作出清楚、完整的说明,以所属技术领域的技术人员能够实现为准;必要的时候,应当有附图。摘要应当简要说明发明或者实用新型的技术要点。

权利要求书应当以说明书为依据,清楚、简要地限定要求专利保护的范围。

依赖遗传资源完成的发明创造,申请人应当在专利申请文件中说明该遗传资源的直接来源和原始来源;申请人无法说明原始来源的,应当陈述理由。

第二十七条 申请外观设计专利的,应当提交请求书、该外观设计的图片或者照片以及对该外观设计的简要说明等文件。

申请人提交的有关图片或者照片应当清楚地显示要求专利保护的产品的外观设计。

第二十八条 国务院专利行政部门收到专利申请文件之日为申请日。如果申请文件是邮寄的,以寄出的邮戳日为申请日。

第二十九条 申请人自发明或者实用新型在外国第一次提出专利申请之日起十二个月内,或者自外观设计在外国第一次提出专利申请之日起六个月内,又在中国就相同主题提出专利申请的,依照该外国同中国签订的协议或者共同参加的国际条约,或者依照相互承认优先权的原则,可以享有优先权。

申请人自发明或者实用新型在中国第一次提出专利申请之日起十二个月内,或者自外观设计在中国第一次提出专利申请之日起六个月内,又向国务院专利行政部门就相同主题提出专利申请的,可以享有优先权。

第三十条 申请人要求发明、实用新型专利优先权的,应当在申请的时候提出书面声明,并且在第一次提出申请之日起十六个月内,提交第一次提出的专利申请文件的副本。

申请人要求外观设计专利优先权的,应当在申请的时候提出书面声明,并且在三个月内提交第一次提出的专利申请文件的副本。

申请人未提出书面声明或者逾期未提交专利申请文件副本的,视为未要求优先权。

第三十一条 一件发明或者实用新型专利申请应当限于一项发明或者实用新型。属于一个总的发明构思的两项以上的发明或者实用新型,可以作为一件申请提出。

一件外观设计专利申请应当限于一项外观设计。同一产品两项以上的相似外观设计,或者用于同一类别并且成套出售或者使用的产品的两项以上外观设计,可以作为一件申请提出。

第三十二条 申请人可以在被授予专利权之前随时撤回其专利申请。

第三十三条 申请人可以对其专利申请文件进行修改,但是,对发明和实用新型专利申请文件的修改不得超出原说明书和权利要求书记载的范围,对外观设计专利申请文件的修改不得超出原图片或者照片表示的范围。

第四章 专利申请的审查和批准

第三十四条 国务院专利行政部门收到发明专利申请后,经初步审查认为符合本法要求的,自申请日起满十八个月,即行公布。国务院专利行政部门可以根据申请人的请求早日公布其申请。

第三十五条 发明专利申请自申请日起三年

内，国务院专利行政部门可以根据申请人随时提出的请求，对其申请进行实质审查；申请人无正当理由逾期不请求实质审查的，该申请即被视为撤回。

国务院专利行政部门认为必要的时候，可以自行对发明专利申请进行实质审查。

第三十六条　发明专利的申请人请求实质审查的时候，应当提交在申请日前与其发明有关的参考资料。

发明专利已经在外国提出过申请的，国务院专利行政部门可以要求申请人在指定期限内提交该国为审查其申请进行检索的资料或者审查结果的资料；无正当理由逾期不提交的，该申请即被视为撤回。

第三十七条　国务院专利行政部门对发明专利申请进行实质审查后，认为不符合本法规定的，应当通知申请人，要求其在指定的期限内陈述意见，或者对其申请进行修改；无正当理由逾期不答复的，该申请即被视为撤回。

第三十八条　发明专利申请经申请人陈述意见或者进行修改后，国务院专利行政部门仍然认为不符合本法规定的，应当予以驳回。

第三十九条　发明专利申请经实质审查没有发现驳回理由的，由国务院专利行政部门作出授予发明专利权的决定，发给发明专利证书，同时予以登记和公告。发明专利权自公告之日起生效。

第四十条　实用新型和外观设计专利申请经初步审查没有发现驳回理由的，由国务院专利行政部门作出授予实用新型专利权或者外观设计专利权的决定，发给相应的专利证书，同时予以登记和公告。实用新型专利权和外观设计专利权自公告之日起生效。

第四十一条　专利申请人对国务院专利行政部门驳回申请的决定不服的，可以自收到通知之日起三个月内向国务院专利行政部门请求复审。国务院专利行政部门复审后，作出决定，并通知专利申请人。

专利申请人对国务院专利行政部门的复审决定不服的，可以自收到通知之日起三个月内向人民法院起诉。

第五章　专利权的期限、终止和无效

第四十二条　发明专利权的期限为二十年，实用新型专利权的期限为十年，外观设计专利权的期限为十五年，均自申请日起计算。

自发明专利申请日起满四年，且自实质审查请求之日起满三年后授予发明专利权的，国务院专利行政部门应专利权人的请求，就发明专利在授权过程中的不合理延迟给予专利权期限补偿，但由申请人引起的不合理延迟除外。

为补偿新药上市审评审批占用的时间，对在中国获得上市许可的新药相关发明专利，国务院专利行政部门应专利权人的请求给予专利权期限补偿。补偿期限不超过五年，新药批准上市后总有效专利权期限不超过十四年。

第四十三条　专利权人应当自被授予专利权的当年开始缴纳年费。

第四十四条　有下列情形之一的，专利权在期限届满前终止：

（一）没有按照规定缴纳年费的；

（二）专利权人以书面声明放弃其专利权的。

专利权在期限届满前终止的，由国务院专利行政部门登记和公告。

第四十五条　自国务院专利行政部门公告授予专利权之日起，任何单位或者个人认为该专利权的授予不符合本法有关规定的，可以请求国务院专利行政部门宣告该专利权无效。

第四十六条　国务院专利行政部门对宣告专利权无效的请求应当及时审查和作出决定，并通知请求人和专利权人。宣告专利权无效的决定，由国务院专利行政部门登记和公告。

对国务院专利行政部门宣告专利权无效或者维持专利权的决定不服的，可以自收到通知之日起三个月内向人民法院起诉。人民法院应当通知无效宣告请求程序的对方当事人作为第三人参加诉讼。

第四十七条　宣告无效的专利权视为自始即不存在。

宣告专利权无效的决定，对在宣告专利权无效前人民法院作出并已执行的专利侵权的判决、调解书，已经履行或者强制执行的专利侵权纠纷处理决定，以及已经履行的专利实施许可合同和专利权转让合同，不具有追溯力。但是因专利权人的恶意给他人造成的损失，应当给予赔偿。

依照前款规定不返还专利侵权赔偿金、专利使用费、专利权转让费，明显违反公平原则的，应当全部或者部分返还。

第六章　专利实施的特别许可

第四十八条　国务院专利行政部门、地方人民政府管理专利工作的部门应当会同同级相关部门采取措施，加强专利公共服务，促进专利实施和运用。

第四十九条　国有企业事业单位的发明专利，对国家利益或者公共利益具有重大意义的，国务院有关主管部门和省、自治区、直辖市人民政府报经国务院批准，可以决定在批准的范围内推广应用，允许指定的单位实施，由实施单位按照国家规定向专利权人支付使用费。

第五十条　专利权人自愿以书面方式向国务院专利行政部门声明愿意许可任何单位或者个人实施其专利，并明确许可使用费支付方式、标准的，由国务院专利行政部门予以公告，实行开放许可。就实用新型、外观设计专利提出开放许可声明的，应当提供专利权评价报告。

专利权人撤回开放许可声明的，应当以书面方式提出，并由国务院专利行政部门予以公告。开放许可声明被公告撤回的，不影响在先给予的开放许可的效力。

第五十一条　任何单位或者个人有意愿实施开放许可的专利的，以书面方式通知专利权人，并依照公告的许可使用费支付方式、标准支付许可使用费后，即获得专利实施许可。

开放许可实施期间，对专利权人缴纳专利年费相应给予减免。

实行开放许可的专利权人可以与被许可人就许可使用费进行协商后给予普通许可，但不得就该专利给予独占或者排他许可。

第五十二条　当事人就实施开放许可发生纠纷的，由当事人协商解决；不愿协商或者协商不成的，可以请求国务院专利行政部门进行调解，也可以向人民法院起诉。

第五十三条　有下列情形之一的，国务院专利行政部门根据具备实施条件的单位或者个人的申请，可以给予实施发明专利或者实用新型专利的强制许可：

(一)专利权人自专利权被授予之日起满三年，且自提出专利申请之日起满四年，无正当理由未实施或者未充分实施其专利的；

(二)专利权人行使专利权的行为被依法认定为垄断行为，为消除或者减少该行为对竞争产生的不利影响的。

第五十四条　在国家出现紧急状态或者非常情况时，或者为了公共利益的目的，国务院专利行政部门可以给予实施发明专利或者实用新型专利的强制许可。

第五十五条　为了公共健康目的，对取得专利权的药品，国务院专利行政部门可以给予制造并将其出口到符合中华人民共和国参加的有关国际条约规定的国家或者地区的强制许可。

第五十六条　一项取得专利权的发明或者实用新型比前已经取得专利权的发明或者实用新型具有显著经济意义的重大技术进步，其实施又有赖于前一发明或者实用新型的实施的，国务院专利行政部门根据后一专利权人的申请，可以给予实施前一发明或者实用新型的强制许可。

在依照前款规定给予实施强制许可的情形下，国务院专利行政部门根据前一专利权人的申请，也可以给予实施后一发明或者实用新型的强制许可。

第五十七条　强制许可涉及的发明创造为半导体技术的，其实施限于公共利益的目的和本法第五十三条第(二)项规定的情形。

第五十八条　除依照本法第五十三条第(二)项、第五十五条规定给予的强制许可外，强制许可的实施应当主要为了供应国内市场。

第五十九条　依照本法第五十三条第(一)项、第五十六条规定申请强制许可的单位或者个人应当提供证据，证明其以合理的条件请求专利权人许可其实施专利，但未能在合理的时间内获得许可。

第六十条　国务院专利行政部门作出的给予实施强制许可的决定，应当及时通知专利权人，并予以登记和公告。

给予实施强制许可的决定，应当根据强制许可的理由规定实施的范围和时间。强制许可的理由消除并不再发生时，国务院专利行政部门应当根据专利权人的请求，经审查后作出终止实施强制许可的决定。

第六十一条　取得实施强制许可的单位或者个人不享有独占的实施权，并且无权允许他人实施。

第六十二条　取得实施强制许可的单位或者个人应当付给专利权人合理的使用费，或者依照中华人民共和国参加的有关国际条约的规定处理使用费问题。付给使用费的，其数额由双方协商；双方不能达成协议的，由国务院专利行政部门裁决。

第六十三条　专利权人对国务院专利行政部门关于实施强制许可的决定不服的，专利权人和取得实施强制许可的单位或者个人对国务院专利行政部门关于实施强制许可的使用费的裁决不服的，可以自收到通知之日起三个月内向人民法院起诉。

第七章 专利权的保护

第六十四条 发明或者实用新型专利权的保护范围以其权利要求的内容为准,说明书及附图可以用于解释权利要求的内容。

外观设计专利权的保护范围以表示在图片或者照片中的该产品的外观设计为准,简要说明可以用于解释图片或者照片所表示的该产品的外观设计。

第六十五条 未经专利权人许可,实施其专利,即侵犯其专利权,引起纠纷的,由当事人协商解决;不愿协商或者协商不成的,专利权人或者利害关系人可以向人民法院起诉,也可以请求管理专利工作的部门处理。管理专利工作的部门处理时,认定侵权行为成立的,可以责令侵权人立即停止侵权行为,当事人不服的,可以自收到处理通知之日起十五日内依照《中华人民共和国行政诉讼法》向人民法院起诉;侵权人期满不起诉又不停止侵权行为的,管理专利工作的部门可以申请人民法院强制执行。进行处理的管理专利工作的部门应当事人的请求,可以就侵犯专利权的赔偿数额进行调解;调解不成的,当事人可以依照《中华人民共和国民事诉讼法》向人民法院起诉。

第六十六条 专利侵权纠纷涉及新产品制造方法的发明专利的,制造同样产品的单位或者个人应当提供其产品制造方法不同于专利方法的证明。

专利侵权纠纷涉及实用新型专利或者外观设计专利的,人民法院或者管理专利工作的部门可以要求专利权人或者利害关系人出具由国务院专利行政部门对相关实用新型或者外观设计进行检索、分析和评价后作出的专利权评价报告,作为审理、处理专利侵权纠纷的证据;专利权人、利害关系人或者被控侵权人也可以主动出具专利权评价报告。

第六十七条 在专利侵权纠纷中,被控侵权人有证据证明其实施的技术或者设计属于现有技术或者现有设计的,不构成侵犯专利权。

第六十八条 假冒专利的,除依法承担民事责任外,由负责专利执法的部门责令改正并予公告,没收违法所得,可以处违法所得五倍以下的罚款;没有违法所得或者违法所得在五万元以下的,可以处二十五万元以下的罚款;构成犯罪的,依法追究刑事责任。

第六十九条 负责专利执法的部门根据已经取得的证据,对涉嫌假冒专利行为进行查处时,有权采取下列措施:

(一)询问有关当事人,调查与涉嫌违法行为有关的情况;

(二)对当事人涉嫌违法行为的场所实施现场检查;

(三)查阅、复制与涉嫌违法行为有关的合同、发票、账簿以及其他有关资料;

(四)检查与涉嫌违法行为有关的产品;

(五)对有证据证明是假冒专利的产品,可以查封或者扣押。

管理专利工作的部门应专利权人或者利害关系人的请求处理专利侵权纠纷时,可以采取前款第(一)项、第(二)项、第(四)项所列措施。

负责专利执法的部门、管理专利工作的部门依法行使前两款规定的职权时,当事人应当予以协助、配合,不得拒绝、阻挠。

第七十条 国务院专利行政部门可以应专利权人或者利害关系人的请求处理在全国有重大影响的专利侵权纠纷。

地方人民政府管理专利工作的部门应专利权人或者利害关系人请求处理专利侵权纠纷,对在本行政区域内侵犯其同一专利权的案件可以合并处理;对跨区域侵犯其同一专利权的案件可以请求上级地方人民政府管理专利工作的部门处理。

第七十一条 侵犯专利权的赔偿数额按照权利人因被侵权所受到的实际损失或者侵权人因侵权所获得的利益确定;权利人的损失或者侵权人获得的利益难以确定的,参照该专利许可使用费的倍数合理确定。对故意侵犯专利权,情节严重的,可以在按照上述方法确定数额的一倍以上五倍以下确定赔偿数额。

权利人的损失、侵权人获得的利益和专利许可使用费均难以确定的,人民法院可以根据专利权的类型、侵权行为的性质和情节等因素,确定给予三万元以上五百万元以下的赔偿。

赔偿数额还应当包括权利人为制止侵权行为所支付的合理开支。

人民法院为确定赔偿数额,在权利人已经尽力举证,而与侵权行为相关的账簿、资料主要由侵权人掌握的情况下,可以责令侵权人提供与侵权行为相关的账簿、资料;侵权人不提供或者提供虚假的账簿、资料的,人民法院可以参考权利人的主张和提供的证据判定赔偿数额。

第七十二条 专利权人或者利害关系人有证据证明他人正在实施或者即将实施侵犯专利权、妨碍其实现权利的行为,如不及时制止将会使其合法权益受到难以弥补的损害的，可以在起诉前依法向人民法院申请采取财产保全、责令作出一定行为或者禁止作出一定行为的措施。

第七十三条　为了制止专利侵权行为，在证据可能灭失或者以后难以取得的情况下，专利权人或者利害关系人可以在起诉前依法向人民法院申请保全证据。

第七十四条　侵犯专利权的诉讼时效为三年，自专利权人或者利害关系人知道或者应当知道侵权行为以及侵权人之日起计算。

发明专利申请公布后至专利权授予前使用该发明未支付适当使用费的，专利权人要求支付使用费的诉讼时效为三年，自专利权人知道或者应当知道他人使用其发明之日起计算，但是，专利权人于专利权授予之日前即已知道或者应当知道的，自专利权授予之日起计算。

第七十五条　有下列情形之一的，不视为侵犯专利权：

（一）专利产品或者依照专利方法直接获得的产品，由专利权人或者经其许可的单位、个人售出后，使用、许诺销售、销售、进口该产品的；

（二）在专利申请日前已经制造相同产品、使用相同方法或者已经作好制造、使用的必要准备，并且仅在原有范围内继续制造、使用的；

（三）临时通过中国领陆、领水、领空的外国运输工具，依照其所属国同中国签订的协议或者共同参加的国际条约，或者依照互惠原则，为运输工具自身需要而在其装置和设备中使用有关专利的；

（四）专为科学研究和实验而使用有关专利的；

（五）为提供行政审批所需要的信息，制造、使用、进口专利药品或者专利医疗器械的，以及专门为其制造、进口专利药品或者专利医疗器械的。

第七十六条　药品上市审评审批过程中，药品上市许可申请人与有关专利权人或者利害关系人，因申请注册的药品相关的专利权产生纠纷的，相关当事人可以向人民法院起诉，请求就申请注册的药品相关技术方案是否落入他人药品专利权保护范围作出判决。国务院药品监督管理部门在规定的期限内，可以根据人民法院生效裁判作出是否暂停批准相关药品上市的决定。

药品上市许可申请人与有关专利权人或者利害关系人也可以就申请注册的药品相关的专利权纠纷，向国务院专利行政部门请求行政裁决。

国务院药品监督管理部门会同国务院专利行政部门制定药品上市许可审批与药品上市许可申请阶段专利权纠纷解决的具体衔接办法，报国务院同意后实施。

第七十七条　为生产经营目的使用、许诺销售或者销售不知道是未经专利权人许可而制造并售出的专利侵权产品，能证明该产品合法来源的，不承担赔偿责任。

第七十八条　违反本法第十九条规定向外国申请专利，泄露国家秘密的，由所在单位或者上级主管机关给予行政处分；构成犯罪的，依法追究刑事责任。

第七十九条　管理专利工作的部门不得参与向社会推荐专利产品等经营活动。

管理专利工作的部门违反前款规定的，由其上级机关或者监察机关责令改正，消除影响，有违法收入的予以没收；情节严重的，对直接负责的主管人员和其他直接责任人员依法给予处分。

第八十条　从事专利管理工作的国家机关工作人员以及其他有关国家机关工作人员玩忽职守、滥用职权、徇私舞弊，构成犯罪的，依法追究刑事责任；尚不构成犯罪的，依法给予处分。

第八章　附　则

第八十一条　向国务院专利行政部门申请专利和办理其他手续，应当按照规定缴纳费用。

第八十二条　本法自1985年4月1日起施行。

关于《中华人民共和国专利法修正案（草案）》的说明

——2018年12月23日在第十三届全国人民代表大会常务委员会第七次会议上

国家知识产权局局长　申长雨

全国人民代表大会常务委员会：

我受国务院委托，现对《中华人民共和国专利法修正案（草案）》作说明。

一、修改的必要性

党中央、国务院高度重视知识产权保护。习近平总书记指出，要加强知识产权保护，完善执法力量，加大执法力度，把违法成本显著提上去，把法律威慑作用充分发挥出来。李克强总理强调，保护知识产权就是保护创新，要加强知识产权保护和运用，依法严厉打击侵犯知识产权和制假售假行为。当前，我国经济正处在转变发展方式、优化经济结构、转换增长动力的攻关期，创新是引领发展的第一动力，加强知识产权保护、提高自主创新能力，已经成为加快转变经济发展方式、实施创新驱动发展战略的内在需要。我国现行专利法于 1985 年施行，曾分别于 1992 年、2000 年、2008 年进行过三次修正，对鼓励和保护发明创造、促进科技进步和创新发挥了重要作用。随着形势发展，专利领域出现了一些新情况、新问题：专利权保护效果与专利权人的期待有差距，专利维权存在举证难、成本高、赔偿低等问题，跨区域侵权、网络侵权现象增多，滥用专利权现象时有发生；专利技术转化率不高，专利许可供需信息不对称，转化服务不足；适应加入相关国际条约和给发明人、设计人取得专利权提供更多便利的需要，专利授权制度也有待进一步完善。为了进一步贯彻落实党中央、国务院部署要求，解决实践中存在的问题，有必要修改现行专利法。

2015 年 7 月，国家知识产权局报请国务院审议《中华人民共和国专利法修订草案（送审稿）》。原国务院法制办收到此件后，深入调查研究，先后两次征求有关部门、地方政府和有关团体意见，并向社会公开征求意见，反复研究、修改完善。今年以来，司法部又会同国家知识产权局等部门根据新形势新要求，反复研究、协调、修改，形成了《中华人民共和国专利法修正案（草案）》（以下简称草案）。草案已经国务院第 33 次常务会议讨论通过。

二、草案主要内容

草案在总体思路上主要把握了以下三点：一是加强对专利权人合法权益的保护。加大对专利侵权行为的惩治力度，在充分发挥司法保护主导作用的同时，完善行政执法，提升专利保护效果和效率。二是促进专利实施和运用。完善对发明人、设计人激励机制以及专利授权制度，加强专利公共服务，为专利权的取得和实施提供更多便利，激发创新积极性，促进发明创造。三是将实践证明成熟的做法上升为法律规范。

（一）加强对专利权人合法权益的保护。

一是加大对侵犯专利权的赔偿力度。规定：对故意侵犯专利权，情节严重的，可以在按照权利人受到的损失、侵权人获得的利益或者专利许可使用费倍数计算的数额一到五倍内确定赔偿数额；并将在难以计算赔偿数额的情况下法院可以酌情确定的赔偿额，从现行专利法规定的一万元到一百万元提高为十万元到五百万元。

二是完善举证责任。增加规定：人民法院为确定赔偿数额，在权利人已经尽力举证，而与侵权行为相关的账簿、资料主要由侵权人掌握的情况下，可以责令侵权人提供与侵权行为相关的账簿、资料，侵权人不提供或者提供虚假的账簿、资料的，人民法院可以参考权利人的主张和提供的证据判定赔偿数额。

三是完善专利行政执法。增加规定：国务院专利行政部门可以应专利权人或者利害关系人的请求处理在全国有重大影响的专利侵权纠纷；管理专利工作的部门应专利权人或者利害关系人的请求处理专利侵权纠纷，对在本行政区域内侵犯其同一专利权的案件可以合并处理；对跨区域侵犯其同一专利权的案件可以请求上级人民政府管理专利工作的部门处理。

四是明确网络服务提供者对网络侵权的连带责任。增加规定：专利权人或者利害关系人可以依据人民法院生效的判决书、裁定书、调解书，或者管理专利工作的部门作出的责令停止侵权的决定，通知网络服务提供者采取删除、屏蔽、断开侵权产品链接等必要措施，网络服务提供者未及时采取必要措施的，要承担连带责任。

五是明确诚实信用和禁止权利滥用原则。增加规定：申请专利和行使专利权应当遵循诚实信用原则，不得滥用专利权损害公共利益和他人合法权益或者排除、限制竞争。

（二）促进专利实施和运用。

一是明确单位对职务发明创造的处置权。增加规定：单位对职务发明创造申请专利的权利和专利权可以依法处置，实行产权激励，采取股权、期权、分红等方式，使发明人或者设计人合理分享创新收益，促进相关发明创造的实施和运用。

二是加强专利转化服务。规定：国务院专利行政部门应当加强专利信息公共服务体系建设，提供专利信息基础数据，促进专利信息传播与利用；国务院专利行政部门、地方人民政府管理专利工作的部门应当会同同级相关部门采取措施，加强专利公共服务，促进专利实施和运用。

三是新设专利开放许可制度。增加规定：专利权人以书面方式向国务院专利行政部门声明愿意许可任何人实施其专利，并明确许可使用费支付方式、标准的，由国务院专利行政部门予以公告，实行开放许可；任何人有意愿实施开放许可的专利的，以书面方式通知专利权人，并依照公告的方式、标准支付许可使用费后，即获得专利实施许可。

（三）完善专利授权制度。

一是新设外观设计专利申请国内优先权制度。规定：申请人自外观设计在国内第一次提出专利申请之日起六个月内，又就相同主题在国内提出专利申请的，可以享有优先权。

二是优化要求优先权程序。放宽专利申请人提交第一次专利申请文件副本的时限。

三是延长外观设计专利权保护期。适应我国加入关于外观设计保护的《海牙协定》需要，将外观设计专利权的保护期由现行专利法规定的十年延长至十五年。

草案和以上说明是否妥当，请审议。

全国人民代表大会宪法和法律委员会关于《中华人民共和国专利法修正案（草案）》修改情况的汇报

——2020 年 6 月 28 日在第十三届全国人民代表大会常务委员会第二十次会议上

全国人大宪法和法律委员会副主任委员　江必新

全国人民代表大会常务委员会：

常委会第七次会议对专利法修正案（草案）进行了初次审议。会后，法制工作委员会将草案印发各省、自治区、直辖市、基层立法联系点和中央有关部门以及部分高等院校、研究机构征求意见，在中国人大网全文公布草案征求社会公众意见。宪法和法律委员会、教育科学文化卫生委员会、法制工作委员会联合召开座谈会，听取中央有关部门、全国人大代表、协会、企业以及专家学者对草案的意见。宪法和法律委员会、法制工作委员会还到湖北、重庆进行调研，听取意见；并就草案的有关问题与有关部门交换意见，共同研究。宪法和法律委员会于 2019 年 5 月 30 日、2020 年 6 月 12 日召开会议，根据常委会组成人员的审议意见和各方面意见，对修正案草案进行了逐条审议。教育科学文化卫生委员会、司法部、国家知识产权局和国家药品监督管理局的负责同志列席了会议。6 月 23 日，宪法和法律委员会召开会议，再次进行了审议。现就专利法修正案（草案）主要问题的修改情况汇报如下：

一、有的地方、部门、单位和专家提出，现行专利法只对产品的整体外观设计给予专利保护，对于产品的局部设计创新未明确给予保护，不利于鼓励设计人积极从事外观设计专利创新，建议增加相关规定。宪法和法律委员会经研究，为鼓励设计行业创新，参照国际通行做法，建议对现行专利法第二条第四款关于外观设计定义的规定进行修改，增加对产品“局部的”外观设计给予专利保护的规定。

二、草案第一条在规定单位可以依法处置其职务发明创造专利的申请权和专利权的基础上，增加规定，单位实行产权激励，采取股权、期权、分红等方式，使发明人或者设计人合理分享创新收益，促进相关发明创造的实施和运用。有的常委会组成人员和地方、部门、专家提出，对于职务发明，单位是否进行产权激励，如何进行产权激励，属于单位自主决策的范围，法律不宜“一刀切”地提出要求。宪法和法律委员会经研究，建议将这些激励性规定作为倡导性规定，对现行专利法第十六条作出修改：国家鼓励被授予专利权的单位实行产权激励，采取股权、期权、分红等方式，使发明人或者设计人合理分享创新收益。

三、有的部门、单位和专家提出，反垄断法对排除、限制竞争的垄断行为，已作了明确规定，滥用专利权排除、限制竞争,构成垄断行为的,应当依据反垄断法进行处理。宪法和法律委员会经研究,建议将草案第二条修改为:滥用专利权,排除或者限制竞争,构成垄断行为的,依照反垄断法处理。

四、有的意见提出,新一轮机构改革后,专利复审委员会已被取消,专利复审申请、宣告专利权无效请求等,改由国家知识产权局作出审查决定,建议对专利法关于专利复审委员会的规定作出修改。宪法和法律委员会经研究,建议删除现行专利法第四十一条中"国务院专利行政部门设立专利复审委员会"的规定,同时将相关条款中的"专利复审委员会"删除,或者修改为"国务院专利行政部门"。

五、有的常委会组成人员和地方、部门提出,专利开放许可期间,专利权人也可以在开放许可之外,通过个别协商的方式作出普通许可,建议在法律中对相关内容予以明确;有的提出,专利权属于民事权利,当事人就实施开放许可发生纠纷的,除依法请求国务院专利行政部门调解外,也可以通过协商、诉讼等方式解决。宪法和法律委员会经研究,建议对草案的相关规定作如下修改:一是增加规定,开放许可期间,"专利权人也可以与被许可人就许可使用费进行协商后给予普通许可";二是增加规定:当事人就实施开放许可发生纠纷的,"由当事人协商解决";不愿协商或者协商不成的,可以请求国务院专利行政部门进行调解,"也可以向人民法院起诉"。

六、草案第十七条增加规定了网络专利侵权的处理和网络服务提供者的责任。有的常委委员和地方、部门提出,电子商务法对网络知识产权侵权通知删除规则和相关各方的责任作了详尽的规定,民法典侵权责任编对此也有规定,网络专利侵权处理,可以直接适用上述相关规定,专利法不必再作规定。宪法和法律委员会经研究,建议删去草案第十七条。

七、草案第十八条中规定,专利侵权法定赔偿数额的下限为十万元。有的常委会组成人员和地方、部门、专家提出,实践中相当比例的专利(主要是实用新型和外观设计)市场价值较低,十万元的赔偿数额偏高,对当事人责任过重,建议下调或者取消;有的提出,商标法对商标侵权的法定赔偿没有规定下限,建议衔接。宪法和法律委员会经研究,建议取消专利侵权法定赔偿十万元的下限。

八、落实有关经贸协议,涉及在专利法中对专利保护期补偿和药品专利纠纷早期解决机制问题作出规定。根据国家知识产权局关于专利保护期补偿问题的修改建议,国家药监局关于药品专利纠纷早期解决机制问题的修改建议,以及国家知识产权局关于专利新颖性问题的修改建议,在草案中分别增加了相应规定。

此外,还对草案作了一些文字修改。

修正案草案二次审议稿已按上述意见作了修改,宪法和法律委员会建议提请本次常委会会议继续审议。

修正案草案二次审议稿和以上汇报是否妥当,请审议。

全国人民代表大会宪法和法律委员会关于《中华人民共和国专利法修正案(草案)》审议结果的报告

——2020 年 10 月 13 日在第十三届全国人民代表大会常务委员会第二十二次会议上

全国人大宪法和法律委员会副主任委员　江必新

全国人民代表大会常务委员会:

常委会第二十次会议对专利法修正案草案进行了再次审议。会后,法制工作委员会在中国人大网全文公布草案二次审议稿征求社会公众意见。宪法和法律委员会、法制工作委员会就草案的有关问题与有关部门交换意见,共同研究。宪法和法律委员会于 9 月 11 日召开会议,根据常委会组成人员的审议意见和各方面意见,对草案进行了逐条审议。教科文卫委员会、司法部、国家知识产权局、国家药品监督管理局的有关负责同志列席了会议。9

月29日，宪法和法律委员会召开会议，再次进行了审议。宪法和法律委员会认为，为保护专利权人合法权益，促进专利实施和运用，充分激发全社会的创新活力，针对实践中出现的新情况、新问题，对专利法进行修改是必要的；修正案草案经过两次审议修改，已经比较成熟。同时，提出以下主要修改意见：

一、有的常委会组成人员、社会公众提出，为鼓励专利权人自愿实行开放许可，促进专利实施和运用，建议增加关于激励措施的规定，开放许可实施期间，对专利权人缴纳专利年费相应给予减免。宪法和法律委员会经研究，建议采纳这一意见。

二、草案二次审议稿第二十二条规定，国务院专利行政部门可以处理在全国有重大影响的专利侵权案件；对跨区域侵犯同一专利权的案件，可以请求上级管理专利工作的部门处理。有的意见提出，实践中跨省域的专利侵权案件很多，都由国务院专利行政部门处理，能否做得到，建议研究；有的意见提出，国务院专利行政部门作为专利授权确权部门，不宜过多地直接处理具体案件，具体范围限定在“在全国有重大影响的案件”即可。宪法和法律委员会经研究，建议将相关规定修改为：对跨区域侵犯其同一专利权的案件可以请求上级“地方”人民政府管理专利工作的部门处理。

三、有的意见提出，为保护我国专利权相关当事人的合法权益，建议对现行专利法关于保全措施的规定进行完善，明确对于他人实施的妨碍专利权人、利害关系人实现权利的行为，专利权人、利害关系人可以在起诉前申请人民法院采取责令作出一定行为或者禁止作出一定行为的措施。宪法和法律委员会经研究，建议采纳这一意见。

四、为落实有关经贸协议，草案二次审议稿增加了关于药品专利纠纷早期解决机制的相关规定。有些常委会组成人员、社会公众建议，在平衡药品专利权人和仿制药申请人利益的基础上，对相关规定再作研究；有的建议对相关具体规定，如仿制药申请人的通知义务、等待期的设置、生物药是否适用等，进一步予以细化和完善；有的提出，部分规定属于药品审批的内容，不宜在专利法中规定。宪法和法律委员会经研究认为，药品专利纠纷早期解决机制属于新确立的制度机制，涉及药品专利权人和仿制药申请人利益平衡，应当稳妥推进；对于其中涉及专利的法律问题，专利法宜作原则规定、提供必要的法律依据，具体内容可由有关主管部门、司法机关依法予以细化并在实践中不断完善。据此，建议将相关规定整合修改后单列一条，规定：“药品上市审评审批过程中，药品上市许可申请人与有关专利权人或者利害关系人，因申请注册的药品相关的专利权产生纠纷的，相关当事人可以向人民法院起诉，请求就申请注册的药品相关技术方案是否落入他人药品专利权保护范围作出判决。国务院药品监督管理部门在规定的期限内，可以根据人民法院生效裁判作出是否暂停批准相关药品上市的决定。”“药品上市许可申请人与有关专利权人或者利害关系人也可以就申请注册的药品相关的专利权纠纷，向国务院专利行政部门请求行政裁决。”“国务院药品监督管理部门会同国务院专利行政部门制定药品上市许可审批与药品上市许可申请阶段专利纠纷解决的具体衔接办法，报国务院同意后实施。”

此外，还对草案二次审议稿作了一些文字修改。

9月23日，法制工作委员会召开会议，邀请专家学者、企业、中介机构以及管理专利工作的部门、法院等方面的代表，就修正案草案中主要制度规范的可行性、法律出台时机、法律实施的社会效果和可能出现的问题等进行评估。总的评价是：专利法修正案草案坚持问题导向，针对实践中存在的突出问题，在专利权人合法权益保护、促进专利实施和运用以及完善专利授权确权等方面对相关制度进行了修改完善，符合社会各方面期待，能够较好地满足强化知识产权保护、激励科技创新的需要，总体是可行的。目前法律出台的时机已经成熟，建议尽快审议通过、颁布实施。有的会议代表还对修正案草案提出了一些具体修改意见，宪法和法律委员会进行了认真研究，建议结合常委会审议情况一并考虑。

宪法和法律委员会已按上述意见提出了全国人民代表大会常务委员会关于修改《中华人民共和国专利法》的决定（草案），建议提请本次常委会会议审议通过。

修改决定草案和以上报告是否妥当，请审议。

全国人民代表大会宪法和法律委员会关于《全国人民代表大会常务委员会关于修改〈中华人民共和国专利法〉的决定(草案)》修改意见的报告

——2020 年 10 月 16 日在第十三届全国人民代表大会常务委员会第二十二次会议上

全国人民代表大会常务委员会:

本次常委会会议于 10 月 13 日下午对关于修改专利法的决定草案进行了分组审议。普遍认为,草案已经比较成熟,建议进一步修改后,提请本次常委会会议表决通过。同时,有些常委会组成人员还提出了一些修改意见。宪法和法律委员会于 10 月 14 日上午召开会议,逐条研究了常委会组成人员的审议意见,对草案进行了审议。教育科学文化卫生委员会、司法部、国家知识产权局、国家药品监督管理局的有关负责同志列席了会议。宪法和法律委员会认为,草案是可行的,同时,提出以下修改意见:

有的常委会组成人员建议,取消或者降低修改决定草案第二十三条规定的法定赔偿数额五万元的下限。宪法和法律委员会经研究认为,一方面规定法定赔偿数额下限有利于强化对专利权人合法权益的保护,另一方面也要考虑到实践中相当比例专利市场价值较低、侵权人生产经营规模较小的实际情况,经商有关方面,建议将法定赔偿数额的下限调整为三万元。

经与有关部门研究,建议将本决定的施行时间确定为 2021 年 6 月 1 日。

此外,根据常委会组成人员的审议意见,还对修改决定草案作了个别文字修改。

修改决定草案建议表决稿已按上述意见作了修改,宪法和法律委员会建议本次常委会会议审议通过。

修改决定草案建议表决稿和以上报告是否妥当,请审议。

中华人民共和国主席令

第五十六号

《中华人民共和国生物安全法》已由中华人民共和国第十三届全国人民代表大会常务委员会第二十二次会议于 2020 年 10 月 17 日通过,现予公布,自 2021 年 4 月 15 日起施行。

中华人民共和国主席　习近平

2020 年 10 月 17 日

中华人民共和国生物安全法

(2020 年 10 月 17 日第十三届全国人民代表大会常务委员会第二十二次会议通过)

目　　录

第一章　总　　则

第一条　为了维护国家安全,防范和应对生物安全风险,保障人民生命健康,保护生物资源和生态环境,促进生物技术健康发展,推动构建人类命运共同体,实现人与自然和谐共生,制定本法。

第二条　本法所称生物安全,是指国家有效防范和应对危险生物因子及相关因素威胁,生物技术能够稳定健康发展,人民生命健康和生态系统相对处于没有危险和不受威胁的状态,生物领域具备维护国家安全和持续发展的能力。

从事下列活动,适用本法:

(一)防控重大新发突发传染病、动植物疫情;

(二)生物技术研究、开发与应用;

(三)病原微生物实验室生物安全管理;

(四)人类遗传资源与生物资源安全管理;

(五)防范外来物种入侵与保护生物多样性;

(六)应对微生物耐药;

(七)防范生物恐怖袭击与防御生物武器威胁;

(八)其他与生物安全相关的活动。

第三条　生物安全是国家安全的重要组成部分。维护生物安全应当贯彻总体国家安全观,统筹发展和安全,坚持以人为本、风险预防、分类管理、协同配合的原则。

第四条　坚持中国共产党对国家生物安全工作的领导,建立健全国家生物安全领导体制,加强国家生物安全风险防控和治理体系建设,提高国家生物安全治理能力。

第五条　国家鼓励生物科技创新,加强生物安全基础设施和生物科技人才队伍建设,支持生物产业发展,以创新驱动提升生物科技水平,增强生物安全保障能力。

第六条　国家加强生物安全领域的国际合作,履行中华人民共和国缔结或者参加的国际条约规定的义务,支持参与生物科技交流合作与生物安全事件国际救援,积极参与生物安全国际规则的研究与制定,推动完善全球生物安全治理。

第七条　各级人民政府及其有关部门应当加强生物安全法律法规和生物安全知识宣传普及工作,引导基层群众性自治组织、社会组织开展生物安全法律法规和生物安全知识宣传,促进全社会生物安全意识的提升。

相关科研院校、医疗机构以及其他企业事业单位应当将生物安全法律法规和生物安全知识纳入教育培训内容,加强学生、从业人员生物安全意识和伦理意识的培养。

新闻媒体应当开展生物安全法律法规和生物安全知识公益宣传,对生物安全违法行为进行舆论监督,增强公众维护生物安全的社会责任意识。

第八条　任何单位和个人不得危害生物安全。

任何单位和个人有权举报危害生物安全的行为;接到举报的部门应当及时依法处理。

第九条　对在生物安全工作中做出突出贡献的单位和个人,县级以上人民政府及其有关部门按照国家规定予以表彰和奖励。

第二章　生物安全风险防控体制

第十条　中央国家安全领导机构负责国家生物安全工作的决策和议事协调,研究制定、指导实施国家生物安全战略和有关重大方针政策,统筹协调国家生物安全的重大事项和重要工作,建立国家生物安全工作协调机制。

省、自治区、直辖市建立生物安全工作协调机制,组织协调、督促推进本行政区域内生物安全相关工作。

第十一条　国家生物安全工作协调机制由国务院卫生健康、农业农村、科学技术、外交等主管部门和有关军事机关组成,分析研判国家生物安全形势,组织协调、督促推进国家生物安全相关工作。国家生物安全工作协调机制设立办公室,负责协调机制的日常工作。

国家生物安全工作协调机制成员单位和国务院其他有关部门根据职责分工,负责生物安全相关工作。

第十二条　国家生物安全工作协调机制设立专家委员会,为国家生物安全战略研究、政策制定及实施提供决策咨询。

国务院有关部门组织建立相关领域、行业的生物安全技术咨询专家委员会,为生物安全工作提供咨询、评估、论证等技术支撑。

第十三条　地方各级人民政府对本行政区域内生物安全工作负责。

县级以上地方人民政府有关部门根据职责分工,负责生物安全相关工作。

基层群众性自治组织应当协助地方人民政府以及有关部门做好生物安全风险防控、应急处置和宣传教育等工作。

有关单位和个人应当配合做好生物安全风险防控和应急处置等工作。

第十四条　国家建立生物安全风险监测预警制度。国家生物安全工作协调机制组织建立国家生物安全风险监测预警体系，提高生物安全风险识别和分析能力。

第十五条　国家建立生物安全风险调查评估制度。国家生物安全工作协调机制应当根据风险监测的数据、资料等信息，定期组织开展生物安全风险调查评估。

有下列情形之一的，有关部门应当及时开展生物安全风险调查评估，依法采取必要的风险防控措施：

（一）通过风险监测或者接到举报发现可能存在生物安全风险；

（二）为确定监督管理的重点领域、重点项目，制定、调整生物安全相关名录或者清单；

（三）发生重大新发突发传染病、动植物疫情等危害生物安全的事件；

（四）需要调查评估的其他情形。

第十六条　国家建立生物安全信息共享制度。国家生物安全工作协调机制组织建立统一的国家生物安全信息平台，有关部门应当将生物安全数据、资料等信息汇交国家生物安全信息平台，实现信息共享。

第十七条　国家建立生物安全信息发布制度。国家生物安全总体情况、重大生物安全风险警示信息、重大生物安全事件及其调查处理信息等重大生物安全信息，由国家生物安全工作协调机制成员单位根据职责分工发布；其他生物安全信息由国务院有关部门和县级以上地方人民政府及其有关部门根据职责权限发布。

任何单位和个人不得编造、散布虚假的生物安全信息。

第十八条　国家建立生物安全名录和清单制度。国务院及其有关部门根据生物安全工作需要，对涉及生物安全的材料、设备、技术、活动、重要生物资源数据、传染病、动植物疫病、外来入侵物种等制定、公布名录或者清单，并动态调整。

第十九条　国家建立生物安全标准制度。国务院标准化主管部门和国务院其他有关部门根据职责分工，制定和完善生物安全领域相关标准。

国家生物安全工作协调机制组织有关部门加强不同领域生物安全标准的协调和衔接，建立和完善生物安全标准体系。

第二十条　国家建立生物安全审查制度。对影响或者可能影响国家安全的生物领域重大事项和活动，由国务院有关部门进行生物安全审查，有效防范和化解生物安全风险。

第二十一条　国家建立统一领导、协同联动、有序高效的生物安全应急制度。

国务院有关部门应当组织制定相关领域、行业生物安全事件应急预案，根据应急预案和统一部署开展应急演练、应急处置、应急救援和事后恢复等工作。

县级以上地方人民政府及其有关部门应当制定并组织、指导和督促相关企业事业单位制定生物安全事件应急预案，加强应急准备、人员培训和应急演练，开展生物安全事件应急处置、应急救援和事后恢复等工作。

中国人民解放军、中国人民武装警察部队按照中央军事委员会的命令，依法参加生物安全事件应急处置和应急救援工作。

第二十二条　国家建立生物安全事件调查溯源制度。发生重大新发突发传染病、动植物疫情和不明原因的生物安全事件，国家生物安全工作协调机制应当组织开展调查溯源，确定事件性质，全面评估事件影响，提出意见建议。

第二十三条　国家建立首次进境或者暂停后恢复进境的动植物、动植物产品、高风险生物因子国家准入制度。

进出境的人员、运输工具、集装箱、货物、物品、包装物和国际航行船舶压舱水排放等应当符合我国生物安全管理要求。

海关对发现的进出境和过境生物安全风险，应当依法处置。经评估为生物安全高风险的人员、运输工具、货物、物品等，应当从指定的国境口岸进境，并采取严格的风险防控措施。

第二十四条　国家建立境外重大生物安全事件应对制度。境外发生重大生物安全事件的，海关依法采取生物安全紧急防控措施，加强证件核验，提高查验比例，暂停相关人员、运输工具、货物、物品等进境。必要时经国务院同意，可以采取暂时关闭有关口岸、封锁有关国境等措施。

第二十五条　县级以上人民政府有关部门应当依法开展生物安全监督检查工作，被检查单位和个人应当配合，如实说明情况，提供资料，不得拒绝、阻挠。

涉及专业技术要求较高、执法业务难度较大的监督检查工作,应当有生物安全专业技术人员参加。

第二十六条 县级以上人民政府有关部门实施生物安全监督检查,可以依法采取下列措施:

(一)进入被检查单位、地点或者涉嫌实施生物安全违法行为的场所进行现场监测、勘查、检查或者核查;

(二)向有关单位和个人了解情况;

(三)查阅、复制有关文件、资料、档案、记录、凭证等;

(四)查封涉嫌实施生物安全违法行为的场所、设施;

(五)扣押涉嫌实施生物安全违法行为的工具、设备以及相关物品;

(六)法律法规规定的其他措施。

有关单位和个人的生物安全违法信息应当依法纳入全国信用信息共享平台。

第三章 防控重大新发突发传染病、动植物疫情

第二十七条 国务院卫生健康、农业农村、林业草原、海关、生态环境主管部门应当建立新发突发传染病、动植物疫情、进出境检疫、生物技术环境安全监测网络,组织监测站点布局、建设,完善监测信息报告系统,开展主动监测和病原检测,并纳入国家生物安全风险监测预警体系。

第二十八条 疾病预防控制机构、动物疫病预防控制机构、植物病虫害预防控制机构(以下统称专业机构)应当对传染病、动植物疫病和列入监测范围的不明原因疾病开展主动监测,收集、分析、报告监测信息,预测新发突发传染病、动植物疫病的发生、流行趋势。

国务院有关部门、县级以上地方人民政府及其有关部门应当根据预测和职责权限及时发布预警,并采取相应的防控措施。

第二十九条 任何单位和个人发现传染病、动植物疫病的,应当及时向医疗机构、有关专业机构或者部门报告。

医疗机构、专业机构及其工作人员发现传染病、动植物疫病或者不明原因的聚集性疾病的,应当及时报告,并采取保护性措施。

依法应当报告的,任何单位和个人不得瞒报、谎报、缓报、漏报,不得授意他人瞒报、谎报、缓报,不得阻碍他人报告。

第三十条 国家建立重大新发突发传染病、动植物疫情联防联控机制。

发生重大新发突发传染病、动植物疫情,应当依照有关法律法规和应急预案的规定及时采取控制措施;国务院卫生健康、农业农村、林业草原主管部门应当立即组织疫情会商研判,将会商研判结论向中央国家安全领导机构和国务院报告,并通报国家生物安全工作协调机制其他成员单位和国务院其他有关部门。

发生重大新发突发传染病、动植物疫情,地方各级人民政府统一履行本行政区域内疫情防控职责,加强组织领导,开展群防群控、医疗救治,动员和鼓励社会力量依法有序参与疫情防控工作。

第三十一条 国家加强国境、口岸传染病和动植物疫情联合防控能力建设,建立传染病、动植物疫情防控国际合作网络,尽早发现、控制重大新发突发传染病、动植物疫情。

第三十二条 国家保护野生动物,加强动物防疫,防止动物源性传染病传播。

第三十三条 国家加强对抗生素药物等抗微生物药物使用和残留的管理,支持应对微生物耐药的基础研究和科技攻关。

县级以上人民政府卫生健康主管部门应当加强对医疗机构合理用药的指导和监督,采取措施防止抗微生物药物的不合理使用。县级以上人民政府农业农村、林业草原主管部门应当加强对农业生产中合理用药的指导和监督,采取措施防止抗微生物药物的不合理使用,降低在农业生产环境中的残留。

国务院卫生健康、农业农村、林业草原、生态环境等主管部门和药品监督管理部门应当根据职责分工,评估抗微生物药物残留对人体健康、环境的危害,建立抗微生物药物污染物指标评价体系。

第四章 生物技术研究、开发与应用安全

第三十四条 国家加强对生物技术研究、开发与应用活动的安全管理,禁止从事危及公众健康、损害生物资源、破坏生态系统和生物多样性等危害生物安全的生物技术研究、开发与应用活动。

从事生物技术研究、开发与应用活动,应当符合伦理原则。

第三十五条 从事生物技术研究、开发与应用

活动的单位应当对本单位生物技术研究、开发与应用的安全负责，采取生物安全风险防控措施，制定生物安全培训、跟踪检查、定期报告等工作制度，强化过程管理。

第三十六条 国家对生物技术研究、开发活动实行分类管理。根据对公众健康、工业农业、生态环境等造成危害的风险程度，将生物技术研究、开发活动分为高风险、中风险、低风险三类。

生物技术研究、开发活动风险分类标准及名录由国务院科学技术、卫生健康、农业农村等主管部门根据职责分工，会同国务院其他有关部门制定、调整并公布。

第三十七条 从事生物技术研究、开发活动，应当遵守国家生物技术研究开发安全管理规范。

从事生物技术研究、开发活动，应当进行风险类别判断，密切关注风险变化，及时采取应对措施。

第三十八条 从事高风险、中风险生物技术研究、开发活动，应当由在我国境内依法成立的法人组织进行，并依法取得批准或者进行备案。

从事高风险、中风险生物技术研究、开发活动，应当进行风险评估，制定风险防控计划和生物安全事件应急预案，降低研究、开发活动实施的风险。

第三十九条 国家对涉及生物安全的重要设备和特殊生物因子实行追溯管理。购买或者引进列入管控清单的重要设备和特殊生物因子，应当进行登记，确保可追溯，并报国务院有关部门备案。

个人不得购买或者持有列入管控清单的重要设备和特殊生物因子。

第四十条 从事生物医学新技术临床研究，应当通过伦理审查，并在具备相应条件的医疗机构内进行；进行人体临床研究操作的，应当由符合相应条件的卫生专业技术人员执行。

第四十一条 国务院有关部门依法对生物技术应用活动进行跟踪评估，发现存在生物安全风险的，应当及时采取有效补救和管控措施。

第五章 病原微生物实验室生物安全

第四十二条 国家加强对病原微生物实验室生物安全的管理，制定统一的实验室生物安全标准。病原微生物实验室应当符合生物安全国家标准和要求。

从事病原微生物实验活动，应当严格遵守有关国家标准和实验室技术规范、操作规程，采取安全防范措施。

第四十三条 国家根据病原微生物的传染性、感染后对人和动物的个体或者群体的危害程度，对病原微生物实行分类管理。

从事高致病性或者疑似高致病性病原微生物样本采集、保藏、运输活动，应当具备相应条件，符合生物安全管理规范。具体办法由国务院卫生健康、农业农村主管部门制定。

第四十四条 设立病原微生物实验室，应当依法取得批准或者进行备案。

个人不得设立病原微生物实验室或者从事病原微生物实验活动。

第四十五条 国家根据对病原微生物的生物安全防护水平，对病原微生物实验室实行分等级管理。

从事病原微生物实验活动应当在相应等级的实验室进行。低等级病原微生物实验室不得从事国家病原微生物目录规定应当在高等级病原微生物实验室进行的病原微生物实验活动。

第四十六条 高等级病原微生物实验室从事高致病性或者疑似高致病性病原微生物实验活动，应当经省级以上人民政府卫生健康或者农业农村主管部门批准，并将实验活动情况向批准部门报告。

对我国尚未发现或者已经宣布消灭的病原微生物，未经批准不得从事相关实验活动。

第四十七条 病原微生物实验室应当采取措施，加强对实验动物的管理，防止实验动物逃逸，对使用后的实验动物按照国家规定进行无害化处理，实现实验动物可追溯。禁止将使用后的实验动物流入市场。

病原微生物实验室应当加强对实验活动废弃物的管理，依法对废水、废气以及其他废弃物进行处置，采取措施防止污染。

第四十八条 病原微生物实验室的设立单位负责实验室的生物安全管理，制定科学、严格的管理制度，定期对有关生物安全规定的落实情况进行检查，对实验室设施、设备、材料等进行检查、维护和更新，确保其符合国家标准。

病原微生物实验室设立单位的法定代表人和实验室负责人对实验室的生物安全负责。

第四十九条 病原微生物实验室的设立单位应当建立和完善安全保卫制度，采取安全保卫措施，保障实验室及其病原微生物的安全。

国家加强对高等级病原微生物实验室的安全保卫。高等级病原微生物实验室应当接受公安机关等部门有关实验室安全保卫工作的监督指导，严防高致病性病原微生物泄漏、丢失和被盗、被抢。

国家建立高等级病原微生物实验室人员进入审核制度。进入高等级病原微生物实验室的人员应当经实验室负责人批准。对可能影响实验室生物安全的，不予批准；对批准进入的，应当采取安全保障措施。

第五十条　病原微生物实验室的设立单位应当制定生物安全事件应急预案，定期组织开展人员培训和应急演练。发生高致病性病原微生物泄漏、丢失和被盗、被抢或者其他生物安全风险的，应当按照应急预案的规定及时采取控制措施，并按照国家规定报告。

第五十一条　病原微生物实验室所在地省级人民政府及其卫生健康主管部门应当加强实验室所在地感染性疾病医疗资源配置，提高感染性疾病医疗救治能力。

第五十二条　企业对涉及病原微生物操作的生产车间的生物安全管理，依照有关病原微生物实验室的规定和其他生物安全管理规范进行。

涉及生物毒素、植物有害生物及其他生物因子操作的生物安全实验室的建设和管理，参照有关病原微生物实验室的规定执行。

第六章　人类遗传资源与生物资源安全

第五十三条　国家加强对我国人类遗传资源和生物资源采集、保藏、利用、对外提供等活动的管理和监督，保障人类遗传资源和生物资源安全。

国家对我国人类遗传资源和生物资源享有主权。

第五十四条　国家开展人类遗传资源和生物资源调查。

国务院科学技术主管部门组织开展我国人类遗传资源调查，制定重要遗传家系和特定地区人类遗传资源申报登记办法。

国务院科学技术、自然资源、生态环境、卫生健康、农业农村、林业草原、中医药主管部门根据职责分工，组织开展生物资源调查，制定重要生物资源申报登记办法。

第五十五条　采集、保藏、利用、对外提供我国人类遗传资源，应当符合伦理原则，不得危害公众健康、国家安全和社会公共利益。

第五十六条　从事下列活动，应当经国务院科学技术主管部门批准：

（一）采集我国重要遗传家系、特定地区人类遗传资源或者采集国务院科学技术主管部门规定的种类、数量的人类遗传资源；

（二）保藏我国人类遗传资源；

（三）利用我国人类遗传资源开展国际科学研究合作；

（四）将我国人类遗传资源材料运送、邮寄、携带出境。

前款规定不包括以临床诊疗、采供血服务、查处违法犯罪、兴奋剂检测和殡葬等为目的采集、保藏人类遗传资源及开展的相关活动。

为了取得相关药品和医疗器械在我国上市许可，在临床试验机构利用我国人类遗传资源开展国际合作临床试验、不涉及人类遗传资源出境的，不需要批准；但是，在开展临床试验前应当将拟使用的人类遗传资源种类、数量及用途向国务院科学技术主管部门备案。

境外组织、个人及其设立或者实际控制的机构不得在我国境内采集、保藏我国人类遗传资源，不得向境外提供我国人类遗传资源。

第五十七条　将我国人类遗传资源信息向境外组织、个人及其设立或者实际控制的机构提供或者开放使用的，应当向国务院科学技术主管部门事先报告并提交信息备份。

第五十八条　采集、保藏、利用、运输出境我国珍贵、濒危、特有物种及其可用于再生或者繁殖传代的个体、器官、组织、细胞、基因等遗传资源，应当遵守有关法律法规。

境外组织、个人及其设立或者实际控制的机构获取和利用我国生物资源，应当依法取得批准。

第五十九条　利用我国生物资源开展国际科学研究合作，应当依法取得批准。

利用我国人类遗传资源和生物资源开展国际科学研究合作，应当保证中方单位及其研究人员全过程、实质性地参与研究，依法分享相关权益。

第六十条　国家加强对外来物种入侵的防范和应对，保护生物多样性。国务院农业农村主管部门会同国务院其他有关部门制定外来入侵物种名录和管理办法。

国务院有关部门根据职责分工，加强对外来入侵物种的调查、监测、预警、控制、评估、清除以及生态修复等工作。

任何单位和个人未经批准，不得擅自引进、释放或者丢弃外来物种。

第七章　防范生物恐怖与生物武器威胁

第六十一条　国家采取一切必要措施防范生物恐怖与生物武器威胁。

禁止开发、制造或者以其他方式获取、储存、持有和使用生物武器。

禁止以任何方式唆使、资助、协助他人开发、制造或者以其他方式获取生物武器。

第六十二条　国务院有关部门制定、修改、公布可被用于生物恐怖活动、制造生物武器的生物体、生物毒素、设备或者技术清单，加强监管，防止其被用于制造生物武器或者恐怖目的。

第六十三条　国务院有关部门和有关军事机关根据职责分工，加强对可被用于生物恐怖活动、制造生物武器的生物体、生物毒素、设备或者技术进出境、进出口、获取、制造、转移和投放等活动的监测、调查，采取必要的防范和处置措施。

第六十四条　国务院有关部门、省级人民政府及其有关部门负责组织遭受生物恐怖袭击、生物武器攻击后的人员救治与安置、环境消毒、生态修复、安全监测和社会秩序恢复等工作。

国务院有关部门、省级人民政府及其有关部门应当有效引导社会舆论科学、准确报道生物恐怖袭击和生物武器攻击事件，及时发布疏散、转移和紧急避难等信息，对应急处置与恢复过程中遭受污染的区域和人员进行长期环境监测和健康监测。

第六十五条　国家组织开展对我国境内战争遗留生物武器及其危害结果、潜在影响的调查。

国家组织建设存放和处理战争遗留生物武器设施，保障对战争遗留生物武器的安全处置。

第八章　生物安全能力建设

第六十六条　国家制定生物安全事业发展规划，加强生物安全能力建设，提高应对生物安全事件的能力和水平。

县级以上人民政府应当支持生物安全事业发展，按照事权划分，将支持下列生物安全事业发展的相关支出列入政府预算：

（一）监测网络的构建和运行；

（二）应急处置和防控物资的储备；

（三）关键基础设施的建设和运行；

（四）关键技术和产品的研究、开发；

（五）人类遗传资源和生物资源的调查、保藏；

（六）法律法规规定的其他重要生物安全事业。

第六十七条　国家采取措施支持生物安全科技研究，加强生物安全风险防御与管控技术研究，整合优势力量和资源，建立多学科、多部门协同创新的联合攻关机制，推动生物安全核心关键技术和重大防御产品的成果产出与转化应用，提高生物安全的科技保障能力。

第六十八条　国家统筹布局全国生物安全基础设施建设。国务院有关部门根据职责分工，加快建设生物信息、人类遗传资源保藏、菌（毒）种保藏、动植物遗传资源保藏、高等级病原微生物实验室等方面的生物安全国家战略资源平台，建立共享利用机制，为生物安全科技创新提供战略保障和支撑。

第六十九条　国务院有关部门根据职责分工，加强生物基础科学研究人才和生物领域专业技术人才培养，推动生物基础科学学科建设和科学研究。

国家生物安全基础设施重要岗位的从业人员应当具备符合要求的资格，相关信息应当向国务院有关部门备案，并接受岗位培训。

第七十条　国家加强重大新发突发传染病、动植物疫情等生物安全风险防控的物资储备。

国家加强生物安全应急药品、装备等物资的研究、开发和技术储备。国务院有关部门根据职责分工，落实生物安全应急药品、装备等物资研究、开发和技术储备的相关措施。

国务院有关部门和县级以上地方人民政府及其有关部门应当保障生物安全事件应急处置所需的医疗救护设备、救治药品、医疗器械等物资的生产、供应和调配；交通运输主管部门应当及时组织协调运输经营单位优先运送。

第七十一条　国家对从事高致病性病原微生物实验活动、生物安全事件现场处置等高风险生物安全工作的人员，提供有效的防护措施和医疗保障。

第九章　法律责任

第七十二条　违反本法规定，履行生物安全管理职责的工作人员在生物安全工作中滥用职权、玩忽职守、徇私舞弊或者有其他违法行为的，依法给予处分。

第七十三条　违反本法规定，医疗机构、专业机构或者其工作人员瞒报、谎报、缓报、漏报，授意他人瞒报、谎报、缓报，或者阻碍他人报告传染病、动植物疫病或者不明原因的聚集性疾病的，由县级以上人民政府有关部门责令改正，给予警告；对法定代表人、主要负责人、直接负责的主管人员和其他直接责任人员，依法给予处分，并可以依法暂停一定期限的执业活动直至吊销相关执业证书。

违反本法规定，编造、散布虚假的生物安全信息，构成违反治安管理行为的，由公安机关依法给予治安管理处罚。

第七十四条 违反本法规定，从事国家禁止的生物技术研究、开发与应用活动的，由县级以上人民政府卫生健康、科学技术、农业农村主管部门根据职责分工，责令停止违法行为，没收违法所得、技术资料和用于违法行为的工具、设备、原材料等物品，处一百万元以上一千万元以下的罚款，违法所得在一百万元以上的，处违法所得十倍以上二十倍以下的罚款，并可以依法禁止一定期限内从事相应的生物技术研究、开发与应用活动，吊销相关许可证件；对法定代表人、主要负责人、直接负责的主管人员和其他直接责任人员，依法给予处分，处十万元以上二十万元以下的罚款，十年直至终身禁止从事相应的生物技术研究、开发与应用活动，依法吊销相关执业证书。

第七十五条 违反本法规定，从事生物技术研究、开发活动未遵守国家生物技术研究开发安全管理规范的，由县级以上人民政府有关部门根据职责分工，责令改正，给予警告，可以并处二万元以上二十万元以下的罚款；拒不改正或者造成严重后果的，责令停止研究、开发活动，并处二十万元以上二百万元以下的罚款。

第七十六条 违反本法规定，从事病原微生物实验活动未在相应等级的实验室进行，或者高等级病原微生物实验室未经批准从事高致病性、疑似高致病性病原微生物实验活动的，由县级以上地方人民政府卫生健康、农业农村主管部门根据职责分工，责令停止违法行为，监督其将用于实验活动的病原微生物销毁或者送交保藏机构，给予警告；造成传染病传播、流行或者其他严重后果的，对法定代表人、主要负责人、直接负责的主管人员和其他直接责任人员依法给予撤职、开除处分。

第七十七条 违反本法规定，将使用后的实验动物流入市场的，由县级以上人民政府科学技术主管部门责令改正，没收违法所得，并处二十万元以上一百万元以下的罚款，违法所得在二十万元以上的，并处违法所得五倍以上十倍以下的罚款；情节严重的，由发证部门吊销相关许可证件。

第七十八条 违反本法规定，有下列行为之一的，由县级以上人民政府有关部门根据职责分工，责令改正，没收违法所得，给予警告，可以并处十万元以上一百万元以下的罚款：

（一）购买或者引进列入管控清单的重要设备、特殊生物因子未进行登记，或者未报国务院有关部门备案；

（二）个人购买或者持有列入管控清单的重要设备或者特殊生物因子；

（三）个人设立病原微生物实验室或者从事病原微生物实验活动；

（四）未经实验室负责人批准进入高等级病原微生物实验室。

第七十九条 违反本法规定，未经批准，采集、保藏我国人类遗传资源或者利用我国人类遗传资源开展国际科学研究合作的，由国务院科学技术主管部门责令停止违法行为，没收违法所得和违法采集、保藏的人类遗传资源，并处五十万元以上五百万元以下的罚款，违法所得在一百万元以上的，并处违法所得五倍以上十倍以下的罚款；情节严重的，对法定代表人、主要负责人、直接负责的主管人员和其他直接责任人员，依法给予处分，五年内禁止从事相应活动。

第八十条 违反本法规定，境外组织、个人及其设立或者实际控制的机构在我国境内采集、保藏我国人类遗传资源，或者向境外提供我国人类遗传资源的，由国务院科学技术主管部门责令停止违法行为，没收违法所得和违法采集、保藏的人类遗传资源，并处一百万元以上一千万元以下的罚款；违法所得在一百万元以上的，并处违法所得十倍以上二十倍以下的罚款。

第八十一条 违反本法规定，未经批准，擅自引进外来物种的，由县级以上人民政府有关部门根据职责分工，没收引进的外来物种，并处五万元以上二十五万元以下的罚款。

违反本法规定，未经批准，擅自释放或者丢弃外来物种的，由县级以上人民政府有关部门根据职责分工，责令限期捕回、找回释放或者丢弃的外来物种，处一万元以上五万元以下的罚款。

第八十二条 违反本法规定，构成犯罪的，依法追究刑事责任；造成人身、财产或者其他损害的，依法承担民事责任。

第八十三条 违反本法规定的生物安全违法行为，本法未规定法律责任，其他有关法律、行政法规有规定的，依照其规定。

第八十四条 境外组织或者个人通过运输、邮寄、携带危险生物因子入境或者以其他方式危害我国生物安全的，依法追究法律责任，并可以采取其他必要措施。

第十章　附　　则

第八十五条　本法下列术语的含义：

（一）生物因子，是指动物、植物、微生物、生物毒素及其他生物活性物质。

（二）重大新发突发传染病，是指我国境内首次出现或者已经宣布消灭再次发生，或者突然发生，造成或者可能造成公众健康和生命安全严重损害，引起社会恐慌，影响社会稳定的传染病。

（三）重大新发突发动物疫情，是指我国境内首次发生或者已经宣布消灭的动物疫病再次发生，或者发病率、死亡率较高的潜伏动物疫病突然发生并迅速传播，给养殖业生产安全造成严重威胁、危害，以及可能对公众健康和生命安全造成危害的情形。

（四）重大新发突发植物疫情，是指我国境内首次发生或者已经宣布消灭的严重危害植物的真菌、细菌、病毒、昆虫、线虫、杂草、害鼠、软体动物等再次引发病虫害，或者本地有害生物突然大范围发生并迅速传播，对农作物、林木等植物造成严重危害的情形。

（五）生物技术研究、开发与应用，是指通过科学和工程原理认识、改造、合成、利用生物而从事的科学研究、技术开发与应用等活动。

（六）病原微生物，是指可以侵犯人、动物引起感染甚至传染病的微生物，包括病毒、细菌、真菌、立克次体、寄生虫等。

（七）植物有害生物，是指能够对农作物、林木等植物造成危害的真菌、细菌、病毒、昆虫、线虫、杂草、害鼠、软体动物等生物。

（八）人类遗传资源，包括人类遗传资源材料和人类遗传资源信息。人类遗传资源材料是指含有人体基因组、基因等遗传物质的器官、组织、细胞等遗传材料。人类遗传资源信息是指利用人类遗传资源材料产生的数据等信息资料。

（九）微生物耐药，是指微生物对抗微生物药物产生抗性，导致抗微生物药物不能有效控制微生物的感染。

（十）生物武器，是指类型和数量不属于预防、保护或者其他和平用途所正当需要的、任何来源或者任何方法产生的微生物剂、其他生物剂以及生物毒素；也包括为将上述生物剂、生物毒素使用于敌对目的或者武装冲突而设计的武器、设备或者运载工具。

（十一）生物恐怖，是指故意使用致病性微生物、生物毒素等实施袭击，损害人类或者动植物健康，引起社会恐慌，企图达到特定政治目的的行为。

第八十六条　生物安全信息属于国家秘密的，应当依照《中华人民共和国保守国家秘密法》和国家其他有关保密规定实施保密管理。

第八十七条　中国人民解放军、中国人民武装警察部队的生物安全活动，由中央军事委员会依照本法规定的原则另行规定。

第八十八条　本法自 2021 年 4 月 15 日起施行。

关于《中华人民共和国生物安全法（草案）》的说明

——2019 年 10 月 21 日在第十三届全国人民代表大会常务委员会第十四次会议上

全国人大环境与资源保护委员会主任委员　高虎城

全国人民代表大会常务委员会：

生物安全是人民健康、社会安定、国家利益的重要保障。当前，生物安全已成为我国面临的重大安全问题和重要挑战。党的十八大以来，以习近平同志为核心的党中央高度重视生物安全工作，把生物安全纳入国家安全战略，提出建立健全生物安全法律法规体系。习近平总书记多次就生物安全问题作出重要指示，并要求加快立法步伐。中央国家安全委员会就生物安全作出顶层设计，生物安全立法是通过法律形式贯彻落实党中央的战略部署，把党的主张转化为国家意志。

全国人大常委会坚决贯彻落实习近平总书记指示精神，把生物安全法纳入十三届全国人大常委会立法规划和 2019 年度立法工作计划，交由全国人大环境与资源保护委员会(以下简称“环资委”)负责牵头起草和提请审议。栗战书委员长就加快生物安全立法多次作出批示,提出具体要求,并于今年7月在北京主持召开生物安全立法座谈会。

按照立法工作计划的要求,成立了由环资委牵头,有关部门共同参加的生物安全立法工作领导小组,制定了立法工作方案和工作计划,多次召开座谈会,认真听取有关部门和专家学者的意见和建议。先后赴北京、天津、上海、广东等省、市调研,了解有关单位和地方工作及管理情况。同时,认真研究国际立法经验、梳理国内相关法律法规。在此基础上形成了《中华人民共和国生物安全法(草案)》(以下简称“草案”),共计七章,七十五条。2019年9月19日,经环资委第十八次全体会议审议通过。现就有关情况说明如下:

一、关于立法的必要性和重要性

根据党中央部署,适应我国生物安全面临的新形势、新问题、新任务,制定一部具有基础性、系统性、综合性和统领性的生物安全法十分必要、重要而紧迫。

(一)生物安全立法是维护国家安全的需要。生物技术在带给人类进步和益处的同时,也带来生物安全问题和威胁。当前我国生物安全形势严峻,生物战和以非典、埃博拉病毒、非洲猪瘟等为代表的重大新发突发传染病及动植物疫情等传统生物威胁依然多发,生物恐怖袭击、生物技术误用谬用、实验室生物泄漏等非传统生物威胁凸显。亟待通过生物安全立法应对上述挑战,用法律划定生物技术发展边界,引导和规范人类生物技术的研究应用,促进生物技术健康发展,防止和减少由生物技术侵害行为带来的危害。

(二)生物安全立法是构建国家生物安全体系的需要。通过立法建立起行之有效的生物安全管理体制和机制,建立相应的法律制度和措施,明确社会各方面的生物安全责任,界定公共管理部门、社会组织和公民个人的权利义务关系,保证社会各方面依法担负起维护生物安全的责任,保障国家生物资源和人类遗传资源的安全,通过制度安排保护和运用好应对生物威胁的物质基础和条件,依法守护好我们的家园。

(三)生物安全立法是提升国家生物安全能力建设的需要。当前,我国在生物技术研发、基础设施建设上相对落后,在技术、产品和标准上存在较大差距,生物安全原创技术少,优秀成果少。将国家生物安全能力建设纳入法律,以法律形式将鼓励自主创新的产业政策和科技政策固定下来,牢牢掌握核心关键生物技术,依法保障和推进我国生物技术的发展,提升防范风险和威胁的能力。

(四)生物安全立法是顺应民意回应社会关切的需要。全国人大代表连续多年提出生物安全立法议案,十二届全国人大会议期间,154位全国人大代表共提出五件有关生物安全立法的议案;十三届全国人大一次和二次会议期间,共有214位全国人大代表提出七件有关生物安全立法的议案,这些议案均要求加快生物安全立法进程,充分表达了人民对依法维护国家生物安全、维护人民利益的呼声。生物安全立法得到广大人民群众的关注和拥护,为生物安全立法奠定了重要的社会基础。

(五)生物安全立法是维护世界和平稳定履行国际承诺的需要。随着生物技术的不断发展,生物恐怖袭击、生物武器威胁更加明显,生物技术的误用和谬用,重大新发突发传染病和动植物疫情等生物威胁,给国际社会带来恐慌甚至灾难。为应对生物威胁和挑战,国际社会加快了法治建设进程。联合国通过了《禁止生物武器公约》、《生物多样性公约》、《国际植物新品种保护公约》、《国际植物保护公约》等国际公约,我国已批准这些公约并作出了承诺。制定生物安全法有利于防范生物威胁,与世界各国一道共同维护世界的和平与稳定。

二、关于立法工作的指导思想、原则和基础

生物安全立法工作以习近平新时代中国特色社会主义思想为指导,贯彻落实习近平总书记关于生物安全的重要指示精神;在坚持总体国家安全观的前提下,落实党中央关于维护国家生物安全的战略部署;以保护我国生物资源安全,促进和保障生物技术发展,防范和禁止利用生物及生物技术侵害国家安全为重点,建立完善我国生物安全法律制度体系和管理机制为目标,聚焦生物安全领域主要问题。按照统筹安全和发展的要求,遵循科学立法、民主立法、依法立法的原则。

近年来,全国人大常委会根据社会发展的需要,制定了与生物安全相关的多部法律,从不同方面对生物安全问题做出了相应规范;国务院制定了多部有关生物安全的行政法规,国务院有关部门制定了大量与生物安全相关的部门规章和规范性文

件，为制定生物安全法提供了重要的实践经验和条件，制定生物安全法又为建立完善我国生物安全法律体系奠定了基础。

三、“草案”的主要内容

（一）关于立法目的

“草案”第一条明确规定：“为了维护国家生物安全，保障人民生命健康，保护生物资源，促进生物技术健康发展，防范生物威胁，促进人类命运共同体建设，制定本法。”维护国家生物安全是总体要求，保障人民生命健康是根本目的，保护生物资源、促进生物技术健康发展、防范生物威胁是主要任务。通过实现生物安全，促进人类命运共同体建设，是新时代中国特色社会主义外交方略的具体内容之一，体现和表达了我国寻求人类和谐共生的良好愿望和主张。

（二）关于法律适用范围

“草案”根据中央有关生物安全的方针和政策，确定了法律的适用范围主要包括八个方面：一是防控重大新发突发传染病、动植物疫情，体现对人民生命健康的呵护；二是研究、开发、应用生物技术，重点在于推进生物技术的健康发展；三是保障实验室生物安全，以确保作为生物技术研究、开发、应用活动平台及人和环境的安全，保障生物技术研发、应用的顺利进行；四是保障我国生物资源和人类遗传资源的安全，为国家生物安全奠定重要的物质基础；五是防范外来物种入侵与保护生物多样性，以确保我国的生态安全；六是应对微生物耐药，以保障人类和动物的生命安全；七是防范生物恐怖袭击，以保证社会安宁、人民安居乐业；八是防御生物武器威胁，以维护国家安全。这八个方面的行为及其相关管理行为，是本法规范和调整的范围。

（三）关于管理体制和基本制度

生物安全立法涉及的范围广泛，上述八个方面的行为要素及其行为流程众多，且相对独立。为此，“草案”在管理体制上明确实行“协调机制下的分部门管理体制”，以统筹协调八个方面各种不同的行为要素和行为流程，在充分发挥分部门管理的基础上，对争议问题、需要协调的问题，由协调机制统筹解决；在制度设置上，建立了满足相关行为要素共同特征的制度体系，如监测预警体系、标准体系、名录清单管理体系、信息共享体系、风险评估体系、应急体系、决策技术咨询体系，并明确了海关监管制度和措施等。

（四）关于生物安全能力建设

“草案”设专章规定了生物安全能力建设，主要体现为通过加大经费投入、基础设施建设、人才培养，鼓励和扶持自主研发创新、科技产业发展等途径对生物安全工作给予财政资金支持和政策扶持，促进和加强生物安全的能力建设。同时，“草案”还要求在体制、机制上提升我国的生物安全能力建设。

（五）关于法律责任

“草案”在第六章法律责任部分规定了对国家公职人员不作为或者不依法作为行为的处罚规定，上述处罚规定对应相应的职权，有利于保证依法行使职权，有利于保障法律建立的各项制度的切实实施；同时，针对前一时期发生的生物技术谬用等行为和事件，我国法律缺乏相应处罚规定的问题，“草案”明确了相应的刑事责任及处罚，填补了法律空白。

四、需要重点说明的情况

（一）关于外来物种入侵和野生动植物遗传资源管理

这两部分内容在“草案”中仅作原则表述，主要考虑：一是这两部分内容虽然也是生物安全的组成部分，但关注的主要是由生物导致的生态安全问题，而“草案”重点关注以生物技术为核心的生物安全问题；二是这两部分内容相对独立，可以形成一部完整的单行法；三是“草案”的立法出发点是为了制定一部具有基础性、系统性、综合性和统领性的生物安全一般法，既要重视法律的完整性和系统性，又要突出重点，也要为生物安全的其他相关立法留出空间。

（二）关于解决生物伦理问题

“草案”在第七条、第六十四条对生物伦理问题作出了规定。有关生物伦理问题，世界各国相关立法主要采用三种管制方式：一是作出禁止性的规定；二是明确具体的监管手段，最典型的是进行伦理审查；三是作出有关刑罚的规定。在征求意见时，大部分部门和专家建议审慎采用伦理审查。为此，“草案”明确作出了禁止违反生物伦理的规定，并对实际从事违反生物伦理的行为作出了包括刑罚在内的处罚规定。

（三）关于刑事量刑规定

“草案”在第六十四条、第六十九条、第七十一条、第七十二条中作出了刑事量刑的规定，主要有如下考虑：一是随着新型犯罪手段和方式不断出现，生物犯罪作为新型犯罪行为，刑法中没有相关规定，需要作为刑法重要补充的其他刑事法律规范发挥应有的作用；二是在生物安全法中直接作出刑事量刑的规定，有利于社会公众更完整、充分地理解法律规定的含义，有利于法律的实施；三是在生物安全法中直接作出刑事量刑规定，有利于体现犯罪与刑罚的统一，避免将犯罪与刑罚分割在两个不同的法律中；四是部分参照了国际上有关国家立法中刑事处罚规定的通行做法。

《中华人民共和国生物安全法（草案）》和以上说明是否妥当，请审议。

全国人民代表大会宪法和法律委员会关于《中华人民共和国生物安全法（草案）》修改情况的汇报

——2020年4月26日在第十三届全国人民代表大会常务委员会第十七次会议上

全国人大宪法和法律委员会副主任委员　丛　斌

全国人民代表大会常务委员会：

生物安全问题已经成为全人类面临的重大生存和发展威胁之一。习近平总书记指出，要从保护人民健康、保障国家安全、维护国家长治久安的高度，把生物安全纳入国家安全体系，系统规划国家生物安全风险防控和治理体系建设，全面提高国家生物安全治理能力，加快构建国家生物安全法律法规体系、制度保障体系。栗战书委员长、王晨副委员长多次就做好生物安全立法工作作出批示、提出要求、精心部署。常委会第十四次会议对生物安全法（草案）进行了初次审议。会后，法制工作委员会书面征求中央有关部门、单位和地方的意见，收集新冠肺炎疫情发生以来各方面有关生物安全立法的意见建议；深入学习贯彻习近平总书记重要讲话精神，和有关方面共同研究、交流沟通。宪法和法律委员会、环境与资源保护委员会和法制工作委员会召开座谈会，听取有关人大代表、部门、生物技术研究开发与应用单位、专业机构和专家的意见。宪法和法律委员会于4月3日召开会议，根据常委会组成人员的审议意见和各方面意见，对草案进行了逐条审议。中央国家安全委员会办公室、环境与资源保护委员会、司法部、国家卫生健康委员会、科学技术部、农业农村部的有关负责同志列席了会议。4月17日，宪法和法律委员会召开会议，再次进行审议。现将生物安全法（草案）主要问题的修改情况汇报如下：

一、贯彻落实习近平总书记将生物安全纳入国家安全体系的重要讲话精神，宪法和法律委员会经研究，建议作如下修改：一是明确生物安全是国家安全的重要组成部分，维护国家生物安全应当贯彻总体国家安全观。二是规定坚持中国共产党对国家生物安全工作的领导，建立健全国家生物安全领导体制，加强国家生物安全风险防控和治理体系建设，提高国家生物安全治理能力。同时按照加强生物安全风险防控和治理体系建设的要求，对草案结构进行适当调整，突出生物安全风险防控，将中央国家安全领导机构、生物安全工作协调机制以及地方政府及其部门的职责等内容整合到第二章，对生物安全风险监测、评估、预警和应对等集中作出规定，对各类生物安全风险防控分列专章作出规定。

二、草案第五条第一款规定了国家生物安全工作协调机制的职责。有的代表、部门、单位和地方建议明确协调机制的组成，强化协调机制作用。宪法和法律委员会经研究，建议将这一款修改为：国家生物安全工作协调机制由国务院卫生健康、农业农村、科学技术、外交等主管部门和有关军事机关组成，分析研判国家生物安全形势，组织协调、督促推进国家生物安全相关工作。

三、草案第四章第一节规定了重大新发突发传染病、动植物疫情的防控。有的部门、单位和专家提出，重大新发突发传染病、动植物疫情直接关系人民生命安全和身体健康，应当结合新冠肺炎疫情暴露出的问题完善监测、预警、报告、溯源等制度，加强防控。宪法和法律委员会经研究，建议作如下修改：一是增加监测预警制度，要求专业机构开展主动监测，收集、分析、报告监测信息，预测新发突发传染病、动植物疫病的发生、流行趋势；国务院有关部门和县级以上地方人民政府及时发布预警，采取相应的预防、控制措施。二是完善疫情报告制度，要求医疗机构、专业机构及其工作人员发现传染病、动植物疫病或者列入监测范围的不明原因疾病的，应当及时报告，并采取保护性措施；有关地方人民政府和部门对报告事项应当立即组织进行调查核实、确证，采取必要的控制措施，并及时报告调查情况；依法应当报告的，不得瞒报、谎报、缓报、漏报，不得授意他人瞒报、谎报、缓报，不得阻碍他人报告。三是建立溯源制度，要求国务院有关部门、有关地方人民政府组织开展流行病学调查、病原体溯源和传播途径研究。四是明确国家保护野生动物，加强动物防疫，防止动物源性传染病传播。目前正在对传染病防治法等法律开展评估，草案还将根据评估情况作进一步修改完善。

四、草案第七条第二款规定禁止从事违反伦理道德等危害国家生物安全的生物技术研究、开发、应用活动。有的常委会组成人员、部门和单位提出，违反伦理道德与危害生物安全分属道德评价和安全考量的不同问题，不宜将违反伦理道德的行为一律作为危害生物安全的情形，应区分不同情况作出规定。宪法和法律委员会经研究，建议作如下修改：一是明确从事生物技术研究、开发与应用活动应当符合伦理原则。二是规定从事生物医学新技术临床研究应经伦理审查。

五、草案第四章第二节规定了生物技术研究、开发与应用安全管理。有的常委委员、部门和专家提出，生物技术在促进身体健康、提高生活质量的同时，也可能被误用谬用，应当加强生物技术研究、开发与应用活动管理，完善管理制度，严格活动要求。宪法和法律委员会经研究，建议作如下修改：一是完善分类管理制度，明确根据对公众健康、工业农业、生态环境等造成危害的风险程度，将生物技术研究、开发活动分为高风险、中风险、低风险三类。二是明确从事生物技术研究、开发活动应当遵守国家生物技术研究开发安全管理规范，进行风险类别判断，密切关注风险变化，及时采取应对措施。三是明确从事高风险、中风险生物技术研究、开发活动，应当由在我国境内依法成立的法人组织进行，依法取得批准或者进行备案；应当进行风险评估，制定风险控制计划和生物安全事件应急预案，降低研究、开发活动的实施风险。

六、草案第四章第三节规定了实验室生物安全管理。有的常委委员、部门、地方和专家提出，病原微生物实验室直接从事病原微生物实验活动，生物安全风险较高，应当进一步强化实验室生物安全管理，明确实验活动要求，落实安全管理责任。宪法和法律委员会经研究，建议作如下修改：一是要求国家加强对实验室生物安全的管理，制定统一的实验室生物安全标准；实验室应当符合国家生物安全标准和要求。二是明确实验室从事病原微生物实验活动，应当严格遵守有关国家标准和实验室技术规范、操作规程。三是明确设立实验室，应当依法取得批准或者进行备案。四是明确对我国尚未发现或者已经宣布消灭的病原微生物，未经批准不得从事相关实验活动。五是要求实验室采取措施，加强对实验动物的管理，防止实验动物逃逸，实现实验动物可追溯，对使用后的实验动物进行无害化处理；禁止将使用后的实验动物流入消费市场。六是要求实验室加强对实验活动废弃物的管理，依法对废水、废气以及其他废弃物进行处置，采取措施防止污染。七是要求实验室的设立单位制定科学、严格的管理制度，定期对有关生物安全规定的落实情况进行检查，对实验室设施、设备、材料等进行检查、维护和更新，以确保其符合国家标准。八是要求实验室的设立单位制定生物安全事件应急预案，定期组织开展人员培训和应急演练；发生高致病性病原微生物泄漏、丢失和被盗、被抢或者其他生物威胁的，应当按照应急预案的规定及时采取控制措施，并按照规定报告。

七、草案对外商投资设立实验室、进入三级、四级实验室和从事国家生物安全基础设施重要岗位工作的人员作了限制性规定。有的常委委员、部门和单位提出，这些规定不够全面，也容易引起误解，建议研究修改。宪法和法律委员会经研究，建议作如下修改：一是明确外商投资设立实验室安全审查的内容，规定经审查可能影响公众健康、国家安全和社会公共利益的，不予批准。二是明确三级、四级实验室人员进入审核制度的具体要求，规定可能影响实验室生物安全的，不予批准；对批准进入的，应当采取安全保障措施。三是要求国家生物安全基础设施重要岗位从业人员应当具备符合要求的资格。

八、草案第四章第四节规定了人类遗传资源与生物资源安全管理。有的部门和专家提出，保障人类遗传资源与生物资源安全是维护国家生物安全的重要方面，应当进一步加强人类遗传资源与生物资源管理，明确采集、保藏、利用、对外提供等活动的要求。宪法和法律委员会经研究，建议作如下修改：一是明确国家加强对人类遗传资源和生物资源采集、保藏、利用、对外提供等活动的管理和监督，保障人类遗传资源和生物资源安全。二是规定采集、保藏、利用、对外提供我国人类遗传资源,应当符合伦理原则,不得危害公众健康、国家安全和社会公共利益。三是规定将我国人类遗传资源信息向境外组织、个人及其设立或者实际控制的机构提供或者开放使用的,应当事先报告并提交信息备份;可能影响公众健康、国家安全和社会公共利益的,还应当通过安全审查。

九、草案第三章规定了生物安全能力建设。有的常委委员、单位和专家建议增加财政投入,加大生物科技研究支持力度,提高应对生物安全风险的能力。宪法和法律委员会经研究,建议作如下修改:一是要求县级以上人民政府支持生物安全事业发展,加大对生物安全事业的投入,加强生物安全能力建设,提高应对生物安全事件的能力和水平。二是明确国家整合优势力量和资源,建立多学科、多部门协同创新的联合攻关机制,加大对生物科技研究的支持力度。三是要求保证生物安全事件应急处置所需的医疗救护设备、救治药品、医疗器械等物资的生产、供应。

十、草案第六章规定了法律责任,对一些违法行为直接规定了刑事处罚,具体列举了履行生物安全监督管理职责的工作人员应受处分的行为。有些常委委员、部门、单位和地方建议遵循我国现行刑事立法模式,删去刑事罪名的规定,由刑法统一规定;目前正在制定公职人员政务处分法,应当做好两法衔接,可不对应受处分的行为作具体列举;对有些违法行为只进行处分不够,有的处罚较轻,建议修改完善。宪法和法律委员会经研究,建议作如下修改:一是考虑到刑法规范的统一性,暂不在草案中规定具体的刑事责任,只作衔接性规定,明确违反本法规定构成犯罪的,依法追究刑事责任。关于生物安全领域需要增加的刑事责任问题,拟在刑法修正案(十一)中统筹考虑。二是对履行生物安全监督管理职责的工作人员应受处分的行为作原则规定,明确履行生物安全管理职责的工作人员在生物安全工作中滥用职权、玩忽职守、徇私舞弊或者有其他违法行为的,依法给予处分。三是增加专业机构及其工作人员不依法报告或者阻碍他人报告疫病信息,从事生物技术研究、开发与应用活动的单位未采取生物安全风险控制措施,将使用后的实验动物流入消费市场等违法行为的法律责任。四是加大对从事危害国家生物安全的生物技术研究、开发与应用活动等违法行为的处罚力度,处罚到人。五是做好与其他有关法律、行政法规的衔接,规定违反本法规定的生物安全违法行为,本法未规定法律责任,其他有关法律、行政法规有规定的,依照其规定。

此外,还对草案作了一些文字修改。

草案二次审议稿已按上述意见作了修改,宪法和法律委员会建议提请本次常委会会议继续审议。

草案二次审议稿和以上汇报是否妥当,请审议。

全国人民代表大会宪法和法律委员会关于《中华人民共和国生物安全法(草案)》审议结果的报告

——2020 年 10 月 13 日在第十三届全国人民代表大会常务委员会第二十二次会议上

全国人大宪法和法律委员会副主任委员　丛　斌

全国人民代表大会常务委员会:

常委会第十七次会议对生物安全法(草案二次审议稿)进行了审议。会后,法制工作委员会在中国人大网公布草案全文,征求社会公众意见,并再次书面征求中央有关部门、单位和地方的意见;多次召开座谈会、专家论证会,听取有关人大代表、中央有关部门、地方政府及有关部门、乡镇(街道)和社区、高等院校、专业机构和相关专家的意见;赴北京、湖北和有关科研机构进行调研,实地考察生物安全实验室、菌(毒)种保藏中心、生物技术研究开发机构等单位;委托有关高校就生物安全立法开展专题研究;就草案中的主要问题与有关方面反复沟通、共同研究。宪法和法律委员会于 9 月 2 日召开会议,根据常委会组成人员的审议意见和各方面意见,对草案进行了审议。中央国家安全委员会办公室、环境与资源保护委员会、司法部、国家卫生健康委员会、农业农村部、科学技术部的有关负责同志列席了会议。9 月 29 日,宪法和法律委员会召开会议,再次进行了审议。宪法和法律委员会认为,为了维护国家安全,防范和应对生物安全风险,保障人民生命健康,保护生物资源和生态环境,促进生物技术健康发展,制定本法是必要的,草案经过两次审议修改,已经比较成熟。同时,提出以下主要修改意见:

一、草案二次审议稿第二条第一款规定了生物安全的定义。有些常委会组成人员、地方和社会公众提出,这一定义比较抽象和学术化,内涵要求不明确。宪法和法律委员会经研究,建议将生物安全的内涵明确为:国家有效防范和应对危险生物因子及相关因素威胁,生物技术能够稳定健康发展,人民生命健康和生态系统相对处于没有危险和不受威胁的状态,生物领域具备维护国家安全和持续发展的能力。

二、草案二次审议稿第三条规定了维护生物安全的原则。有的常委委员提出,原则宜简洁明了,建议进一步提炼概括,并突出重点。宪法和法律委员会经研究,建议明确维护生物安全应当"统筹发展和安全,坚持以人为本、风险预防、分类管理、协同配合的原则"。

三、有的常委委员、地方和社会公众建议落实地方生物安全工作责任,完善地方生物安全工作体制,加强对生物安全工作协调机制的力量支撑;总结新冠肺炎疫情防控经验,明确地方在疫情防控中的属地责任。宪法和法律委员会经研究,建议增加以下规定:一是省、自治区、直辖市建立生物安全工作协调机制,组织协调、督促推进本行政区域内生物安全相关工作。二是国家生物安全工作协调机制设立办公室,负责协调机制的具体工作。三是基层群众性自治组织应当协助地方人民政府以及有关部门做好生物安全风险防控、应急处置和宣传教育等工作。有关单位和个人应当配合做好生物安全风险防控和应急处置等工作。四是发生重大新发突发传染病、动植物疫情,地方各级人民政府统一履行本行政区域内疫情防控职责,加强组织领导,开展群防群控,动员社会力量依法有序参与疫情防控工作。

四、草案二次审议稿第十五条第二款规定了生物安全信息发布制度。有的常委委员和部门建议进一步明确信息发布主体,并与传染病防治法、突发事件应对法等法律做好衔接。宪法和法律委员会经研究,建议明确重大生物安全信息由国家生物安全工作协调机制成员单位根据职责分工发布,其他生物安全信息由国务院有关部门和县级以上地方人民政府及其有关部门根据职责权限发布。

五、有的常委会组成人员和部门建议将生物安全审查制度作为生物安全领域基本制度。宪法和法律委员会经研究,建议合并草案二次审议稿有关外商投资设立病原微生物实验室安全审查、对外提供我国人类遗传资源信息安全审查的内容,增加一条规定:国家建立生物安全审查制度。对影响或者可能影响国家安全的生物领域重大事项和活动,由国务院有关部门进行生物安全审查,有效防范和化解生物安全风险。

六、有的部门和专家提出,草案二次审议稿第三十一条规定的抗生素药物涵盖的范围较窄,建议修改为抗微生物药物;目前我国对微生物耐药的研究尚不充分,有些工作还较滞后,应当鼓励开展基础研究;微生物耐药的重要原因是药物滥用,应当加强抗微生物药物使用管理。宪法和法律委员会经研究,建议作以下修改:一是规定国家加强对抗生素药物等抗微生物药物使用和残留的管理,支持应对微生物耐药的基础研究和科技攻关。二是要求加强对医疗机构和农业生产中合理用药的指导和监督,采取措施防止抗微生物药物的不合理使用。三是要求建立抗微生物药物污染物指标评价体系。

七、有的常委会组成人员、部门和专家建议明确国家对人类遗传资源和生物资源享有主权。宪法和法律委员会经研究,建议采纳这一意见。

八、草案二次审议稿第九章规定了法律责任。有的常委会组成人员、部门、地方和社会公众建议增加对相应违法行为的处罚,加大处罚力度,明确民事责任,并对境外危害我国生物安全的有关违法行为予以惩治。宪法和法律委员会经研究,建议作以下修改:一是增加对从事生物技术研究、开发活动未遵守国家生物技术研究开发安全管理规范行为的处罚。二是加大处罚力度,提高对从事国家禁止的生物技术研究、开发与应用活动等违法行为的罚款幅度。三是明确违反本法规定,造成人身、财产或者其他损害的,依法承担民事责任。四是增加规定:境外组织或者个人通过运输、邮寄、携带危险生物因子入境或者以其他方式危害我国生物安全的,依法追究法律责任,并可以采取其他必要措施。

此外,还对草案二次审议稿作了一些文字修改。

9 月 27 日,法制工作委员会召开会议,邀请全国人大代表、地方政府部门、企业、专家学者等就草案中主要制度规范的可行性、出台时机、实施的社会效果和可能出现的问题等进行评估。与会人员普遍认为,草案坚持总体国家安全观,统筹发展和安全，建立健全国家生物安全领导体制机制，构建科学完备的生物安全风险防控制度，加强生物安全能力建设，从严设定法律责任，与相关法律法规做好衔接，具有可行性、可操作性和一定的前瞻性。当前生物安全形势日益严峻，出台生物安全法正当其时，草案经过多次审议修改已经比较成熟，建议尽快审议通过。这部法律的颁布施行，将有利于保障人民生命安全和身体健康，维护生物安全和生态安全，促进生物产业有序健康发展。同时，与会人员还对草案提出了一些具体修改意见，宪法和法律委员会进行了认真研究，对有的意见予以采纳。

草案三次审议稿已按上述意见作了修改，宪法和法律委员会建议提请本次常委会会议审议通过。

草案三次审议稿和以上报告是否妥当，请审议。

全国人民代表大会宪法和法律委员会关于《中华人民共和国生物安全法（草案三次审议稿）》修改意见的报告

——2020 年 10 月 16 日在第十三届全国人民代表大会常务委员会第二十二次会议上

全国人民代表大会常务委员会：

本次常委会会议于 10 月 13 日下午对生物安全法（草案三次审议稿）进行了分组审议，普遍认为，草案已经比较成熟，建议进一步修改后，提请本次常委会会议表决通过。同时，有些常委会组成人员还提出了一些修改意见。宪法和法律委员会于 10 月 14 日上午召开会议，逐条研究了常委会组成人员的审议意见，对草案进行了审议。中央国家安全委员会办公室、环境与资源保护委员会、司法部、国家卫生健康委员会、农业农村部、科学技术部、国家药品监督管理局的有关负责同志列席了会议。宪法和法律委员会认为，草案是可行的，同时，提出以下修改意见：

一、有的常委会组成人员建议在防控重大新发突发传染病疫情中增加对受感染人员进行医疗救治的内容。宪法和法律委员会经研究，建议采纳这一意见。

二、草案三次审议稿第四十八条第二款规定，病原微生物实验室负责人对实验室的生物安全全面负责。有的部门提出，实验室的设立单位对实验室生物安全负有重要责任，建议增加实验室设立单位法定代表人责任的规定。宪法和法律委员会经研究，建议将这一款修改为：病原微生物实验室设立单位的法定代表人和实验室负责人对实验室的生物安全负责。

三、有的常委委员提出，生物安全规划对加强生物安全能力建设、提升国家生物安全治理能力具有重要意义，建议增加这方面内容。宪法和法律委员会经研究，建议增加规定“国家制定生物安全事业发展规划”。

四、有的常委委员建议增加相关违法行为的法律责任，并进一步加大处罚力度，形成震慑。宪法和法律委员会经研究，建议作以下修改：一是增加编造、散布虚假的生物安全信息，个人设立病原微生物实验室等违法行为的法律责任。二是加重对从事国家禁止的生物技术研究、开发与应用活动的处罚，对单位增加“可以依法禁止一定期限内从事相应的生物技术研究、开发与应用活动，吊销相关许可证件”，对责任人员增加“处十万元以上二十万元以下的罚款”，“依法吊销相关执业证书”。

在常委会审议中，有些常委会组成人员还就补充完善生物安全风险防控制度提出了一些好的意见和建议。宪法和法律委员会经研究认为，生物安全法是生物安全领域的基础性法律，主要对生物安全体制机制和基本制度作出规定，有的内容可在相关专门法律、行政法规和规章中予以细化。有的常委委员建议对一些严重违法行为规定刑事责任。宪法和法律委员会经研究认为，刑法已经对危害公共安全、公共卫生等行为的刑事责任作了规定，正在审议的刑法修正案（十一）草案对非法采集我国人类遗传资源等生物安全犯罪作了规定，草案已对这一问题作了衔接性规定，可不再作具体规定。有的常委会组成人员还建议抓紧制定修改相关配套规定，加大法律宣传力度。宪法和法律委员会建议国务院及其有关部门尽快制定完善相关配套规定，扎实做好法律宣传工作，切实保障法律贯彻实施。

经与有关部门研究，建议将本法的施行时间确定为2021年4月15日。

此外,根据常委会组成人员的审议意见,还对草案三次审议稿作了个别文字修改。

草案建议表决稿已按上述意见作了修改,宪法和法律委员会建议本次常委会会议审议通过。

草案建议表决稿和以上报告是否妥当,请审议。

中华人民共和国主席令

第五十七号

《中华人民共和国未成年人保护法》已由中华人民共和国第十三届全国人民代表大会常务委员会第二十二次会议于2020年10月17日修订通过,现予公布,自2021年6月1日起施行。

中华人民共和国主席 习近平

2020年10月17日

中华人民共和国未成年人保护法

(1991年9月4日第七届全国人民代表大会常务委员会第二十一次会议通过 2006年12月29日第十届全国人民代表大会常务委员会第二十五次会议第一次修订 根据2012年10月26日第十一届全国人民代表大会常务委员会第二十九次会议《关于修改〈中华人民共和国未成年人保护法〉的决定》修正 2020年10月17日第十三届全国人民代表大会常务委员会第二十二次会议第二次修订)

目 录

第一章 总 则

第一条 为了保护未成年人身心健康,保障未成年人合法权益,促进未成年人德智体美劳全面发展,培养有理想、有道德、有文化、有纪律的社会主义建设者和接班人,培养担当民族复兴大任的时代新人,根据宪法,制定本法。

第二条 本法所称未成年人是指未满十八周岁的公民。

第三条 国家保障未成年人的生存权、发展权、受保护权、参与权等权利。

未成年人依法平等地享有各项权利,不因本人及其父母或者其他监护人的民族、种族、性别、户籍、职业、宗教信仰、教育程度、家庭状况、身心健康状况等受到歧视。

第四条 保护未成年人,应当坚持最有利于未成年人的原则。处理涉及未成年人事项,应当符合下列要求:

(一)给予未成年人特殊、优先保护;

(二)尊重未成年人人格尊严;

(三)保护未成年人隐私权和个人信息;

(四)适应未成年人身心健康发展的规律和特点;

(五)听取未成年人的意见;

(六)保护与教育相结合。

第五条 国家、社会、学校和家庭应当对未成年人进行理想教育、道德教育、科学教育、文化教育、法治教育、国家安全教育、健康教育、劳动教育,加强爱国主义、集体主义和中国特色社会主义的教育，培养爱祖国、爱人民、爱劳动、爱科学、爱社会主义的公德，抵制资本主义、封建主义和其他腐朽思想的侵蚀，引导未成年人树立和践行社会主义核心价值观。

第六条　保护未成年人，是国家机关、武装力量、政党、人民团体、企业事业单位、社会组织、城乡基层群众性自治组织、未成年人的监护人以及其他成年人的共同责任。

国家、社会、学校和家庭应当教育和帮助未成年人维护自身合法权益，增强自我保护的意识和能力。

第七条　未成年人的父母或者其他监护人依法对未成年人承担监护职责。

国家采取措施指导、支持、帮助和监督未成年人的父母或者其他监护人履行监护职责。

第八条　县级以上人民政府应当将未成年人保护工作纳入国民经济和社会发展规划，相关经费纳入本级政府预算。

第九条　县级以上人民政府应当建立未成年人保护工作协调机制，统筹、协调、督促和指导有关部门在各自职责范围内做好未成年人保护工作。协调机制具体工作由县级以上人民政府民政部门承担，省级人民政府也可以根据本地实际情况确定由其他有关部门承担。

第十条　共产主义青年团、妇女联合会、工会、残疾人联合会、关心下一代工作委员会、青年联合会、学生联合会、少年先锋队以及其他人民团体、有关社会组织，应当协助各级人民政府及其有关部门、人民检察院、人民法院做好未成年人保护工作，维护未成年人合法权益。

第十一条　任何组织或者个人发现不利于未成年人身心健康或者侵犯未成年人合法权益的情形，都有权劝阻、制止或者向公安、民政、教育等有关部门提出检举、控告。

国家机关、居民委员会、村民委员会、密切接触未成年人的单位及其工作人员，在工作中发现未成年人身心健康受到侵害、疑似受到侵害或者面临其他危险情形的，应当立即向公安、民政、教育等有关部门报告。

有关部门接到涉及未成年人的检举、控告或者报告，应当依法及时受理、处置，并以适当方式将处理结果告知相关单位和人员。

第十二条　国家鼓励和支持未成年人保护方面的科学研究，建设相关学科、设置相关专业，加强人才培养。

第十三条　国家建立健全未成年人统计调查制度，开展未成年人健康、受教育等状况的统计、调查和分析，发布未成年人保护的有关信息。

第十四条　国家对保护未成年人有显著成绩的组织和个人给予表彰和奖励。

第二章　家庭保护

第十五条　未成年人的父母或者其他监护人应当学习家庭教育知识，接受家庭教育指导，创造良好、和睦、文明的家庭环境。

共同生活的其他成年家庭成员应当协助未成年人的父母或者其他监护人抚养、教育和保护未成年人。

第十六条　未成年人的父母或者其他监护人应当履行下列监护职责：

（一）为未成年人提供生活、健康、安全等方面的保障；

（二）关注未成年人的生理、心理状况和情感需求；

（三）教育和引导未成年人遵纪守法、勤俭节约，养成良好的思想品德和行为习惯；

（四）对未成年人进行安全教育，提高未成年人的自我保护意识和能力；

（五）尊重未成年人受教育的权利，保障适龄未成年人依法接受并完成义务教育；

（六）保障未成年人休息、娱乐和体育锻炼的时间，引导未成年人进行有益身心健康的活动；

（七）妥善管理和保护未成年人的财产；

（八）依法代理未成年人实施民事法律行为；

（九）预防和制止未成年人的不良行为和违法犯罪行为，并进行合理管教；

（十）其他应当履行的监护职责。

第十七条　未成年人的父母或者其他监护人不得实施下列行为：

（一）虐待、遗弃、非法送养未成年人或者对未成年人实施家庭暴力；

（二）放任、教唆或者利用未成年人实施违法犯罪行为；

（三）放任、唆使未成年人参与邪教、迷信活动或者接受恐怖主义、分裂主义、极端主义等侵害；

（四）放任、唆使未成年人吸烟（含电子烟，下同）、饮酒、赌博、流浪乞讨或者欺凌他人；

（五）放任或者迫使应当接受义务教育的未成年人失学、辍学；

（六）放任未成年人沉迷网络，接触危害或者可能影响其身心健康的图书、报刊、电影、广播电视节目、音像制品、电子出版物和网络信息等；

（七）放任未成年人进入营业性娱乐场所、酒吧、互联网上网服务营业场所等不适宜未成年人活动的场所；

（八）允许或者迫使未成年人从事国家规定以外的劳动；

（九）允许、迫使未成年人结婚或者为未成年人订立婚约；

（十）违法处分、侵吞未成年人的财产或者利用未成年人牟取不正当利益；

（十一）其他侵犯未成年人身心健康、财产权益或者不依法履行未成年人保护义务的行为。

第十八条　未成年人的父母或者其他监护人应当为未成年人提供安全的家庭生活环境，及时排除引发触电、烫伤、跌落等伤害的安全隐患；采取配备儿童安全座椅、教育未成年人遵守交通规则等措施，防止未成年人受到交通事故的伤害；提高户外安全保护意识，避免未成年人发生溺水、动物伤害等事故。

第十九条　未成年人的父母或者其他监护人应当根据未成年人的年龄和智力发展状况，在作出与未成年人权益有关的决定前，听取未成年人的意见，充分考虑其真实意愿。

第二十条　未成年人的父母或者其他监护人发现未成年人身心健康受到侵害、疑似受到侵害或者其他合法权益受到侵犯的，应当及时了解情况并采取保护措施；情况严重的，应当立即向公安、民政、教育等部门报告。

第二十一条　未成年人的父母或者其他监护人不得使未满八周岁或者由于身体、心理原因需要特别照顾的未成年人处于无人看护状态，或者将其交由无民事行为能力、限制民事行为能力、患有严重传染性疾病或者其他不适宜的人员临时照护。

未成年人的父母或者其他监护人不得使未满十六周岁的未成年人脱离监护单独生活。

第二十二条　未成年人的父母或者其他监护人因外出务工等原因在一定期限内不能完全履行监护职责的，应当委托具有照护能力的完全民事行为能力人代为照护；无正当理由的，不得委托他人代为照护。

未成年人的父母或者其他监护人在确定被委托人时，应当综合考虑其道德品质、家庭状况、身心健康状况、与未成年人生活情感上的联系等情况，并听取有表达意愿能力未成年人的意见。

具有下列情形之一的，不得作为被委托人：

（一）曾实施性侵害、虐待、遗弃、拐卖、暴力伤害等违法犯罪行为；

（二）有吸毒、酗酒、赌博等恶习；

（三）曾拒不履行或者长期怠于履行监护、照护职责；

（四）其他不适宜担任被委托人的情形。

第二十三条　未成年人的父母或者其他监护人应当及时将委托照护情况书面告知未成年人所在学校、幼儿园和实际居住地的居民委员会、村民委员会，加强和未成年人所在学校、幼儿园的沟通；与未成年人、被委托人至少每周联系和交流一次，了解未成年人的生活、学习、心理等情况，并给予未成年人亲情关爱。

未成年人的父母或者其他监护人接到被委托人、居民委员会、村民委员会、学校、幼儿园等关于未成年人心理、行为异常的通知后，应当及时采取干预措施。

第二十四条　未成年人的父母离婚时，应当妥善处理未成年子女的抚养、教育、探望、财产等事宜，听取有表达意愿能力未成年人的意见。不得以抢夺、藏匿未成年子女等方式争夺抚养权。

未成年人的父母离婚后，不直接抚养未成年子女的一方应当依照协议、人民法院判决或者调解确定的时间和方式，在不影响未成年人学习、生活的情况下探望未成年子女，直接抚养的一方应当配合，但被人民法院依法中止探望权的除外。

第三章　学校保护

第二十五条　学校应当全面贯彻国家教育方针，坚持立德树人，实施素质教育，提高教育质量，注重培养未成年学生认知能力、合作能力、创新能力和实践能力，促进未成年学生全面发展。

学校应当建立未成年学生保护工作制度，健全学生行为规范，培养未成年学生遵纪守法的良好行为习惯。

第二十六条　幼儿园应当做好保育、教育工作，遵循幼儿身心发展规律，实施启蒙教育，促进幼儿在体质、智力、品德等方面和谐发展。

第二十七条　学校、幼儿园的教职员工应当尊重未成年人人格尊严，不得对未成年人实施体罚、变相体罚或者其他侮辱人格尊严的行为。

第二十八条　学校应当保障未成年学生受教

育的权利，不得违反国家规定开除、变相开除未成年学生。

学校应当对尚未完成义务教育的辍学未成年学生进行登记并劝返复学；劝返无效的，应当及时向教育行政部门书面报告。

第二十九条 学校应当关心、爱护未成年学生，不得因家庭、身体、心理、学习能力等情况歧视学生。对家庭困难、身心有障碍的学生，应当提供关爱；对行为异常、学习有困难的学生，应当耐心帮助。

学校应当配合政府有关部门建立留守未成年学生、困境未成年学生的信息档案，开展关爱帮扶工作。

第三十条 学校应当根据未成年学生身心发展特点，进行社会生活指导、心理健康辅导、青春期教育和生命教育。

第三十一条 学校应当组织未成年学生参加与其年龄相适应的日常生活劳动、生产劳动和服务性劳动，帮助未成年学生掌握必要的劳动知识和技能，养成良好的劳动习惯。

第三十二条 学校、幼儿园应当开展勤俭节约、反对浪费、珍惜粮食、文明饮食等宣传教育活动，帮助未成年人树立浪费可耻、节约为荣的意识，养成文明健康、绿色环保的生活习惯。

第三十三条 学校应当与未成年学生的父母或者其他监护人互相配合，合理安排未成年学生的学习时间，保障其休息、娱乐和体育锻炼的时间。

学校不得占用国家法定节假日、休息日及寒暑假期，组织义务教育阶段的未成年学生集体补课，加重其学习负担。

幼儿园、校外培训机构不得对学龄前未成年人进行小学课程教育。

第三十四条 学校、幼儿园应当提供必要的卫生保健条件，协助卫生健康部门做好在校、在园未成年人的卫生保健工作。

第三十五条 学校、幼儿园应当建立安全管理制度，对未成年人进行安全教育，完善安保设施、配备安保人员，保障未成年人在校、在园期间的人身和财产安全。

学校、幼儿园不得在危及未成年人人身安全、身心健康的校舍和其他设施、场所中进行教育教学活动。

学校、幼儿园安排未成年人参加文化娱乐、社会实践等集体活动，应当保护未成年人的身心健康，防止发生人身伤害事故。

第三十六条 使用校车的学校、幼儿园应当建立健全校车安全管理制度，配备安全管理人员，定期对校车进行安全检查，对校车驾驶人进行安全教育，并向未成年人讲解校车安全乘坐知识，培养未成年人校车安全事故应急处理技能。

第三十七条 学校、幼儿园应当根据需要，制定应对自然灾害、事故灾难、公共卫生事件等突发事件和意外伤害的预案，配备相应设施并定期进行必要的演练。

未成年人在校内、园内或者本校、本园组织的校外、园外活动中发生人身伤害事故的，学校、幼儿园应当立即救护，妥善处理，及时通知未成年人的父母或者其他监护人，并向有关部门报告。

第三十八条 学校、幼儿园不得安排未成年人参加商业性活动，不得向未成年人及其父母或者其他监护人推销或者要求其购买指定的商品和服务。

学校、幼儿园不得与校外培训机构合作为未成年人提供有偿课程辅导。

第三十九条 学校应当建立学生欺凌防控工作制度，对教职员工、学生等开展防治学生欺凌的教育和培训。

学校对学生欺凌行为应当立即制止，通知实施欺凌和被欺凌未成年学生的父母或者其他监护人参与欺凌行为的认定和处理；对相关未成年学生及时给予心理辅导、教育和引导；对相关未成年学生的父母或者其他监护人给予必要的家庭教育指导。

对实施欺凌的未成年学生，学校应当根据欺凌行为的性质和程度，依法加强管教。对严重的欺凌行为，学校不得隐瞒，应当及时向公安机关、教育行政部门报告，并配合相关部门依法处理。

第四十条 学校、幼儿园应当建立预防性侵害、性骚扰未成年人工作制度。对性侵害、性骚扰未成年人等违法犯罪行为，学校、幼儿园不得隐瞒，应当及时向公安机关、教育行政部门报告，并配合相关部门依法处理。

学校、幼儿园应当对未成年人开展适合其年龄的性教育，提高未成年人防范性侵害、性骚扰的自我保护意识和能力。对遭受性侵害、性骚扰的未成年人，学校、幼儿园应当及时采取相关的保护措施。

第四十一条 婴幼儿照护服务机构、早期教育服务机构、校外培训机构、校外托管机构等应当参照本章有关规定，根据不同年龄阶段未成年人的成长特点和规律，做好未成年人保护工作。

第四章　社会保护

第四十二条　全社会应当树立关心、爱护未成年人的良好风尚。

国家鼓励、支持和引导人民团体、企业事业单位、社会组织以及其他组织和个人，开展有利于未成年人健康成长的社会活动和服务。

第四十三条　居民委员会、村民委员会应当设置专人专岗负责未成年人保护工作，协助政府有关部门宣传未成年人保护方面的法律法规，指导、帮助和监督未成年人的父母或者其他监护人依法履行监护职责，建立留守未成年人、困境未成年人的信息档案并给予关爱帮扶。

居民委员会、村民委员会应当协助政府有关部门监督未成年人委托照护情况，发现被委托人缺乏照护能力、怠于履行照护职责等情况，应当及时向政府有关部门报告，并告知未成年人的父母或者其他监护人，帮助、督促被委托人履行照护职责。

第四十四条　爱国主义教育基地、图书馆、青少年宫、儿童活动中心、儿童之家应当对未成年人免费开放；博物馆、纪念馆、科技馆、展览馆、美术馆、文化馆、社区公益性互联网上网服务场所以及影剧院、体育场馆、动物园、植物园、公园等场所，应当按照有关规定对未成年人免费或者优惠开放。

国家鼓励爱国主义教育基地、博物馆、科技馆、美术馆等公共场馆开设未成年人专场，为未成年人提供有针对性的服务。

国家鼓励国家机关、企业事业单位、部队等开发自身教育资源，设立未成年人开放日，为未成年人主题教育、社会实践、职业体验等提供支持。

国家鼓励科研机构和科技类社会组织对未成年人开展科学普及活动。

第四十五条　城市公共交通以及公路、铁路、水路、航空客运等应当按照有关规定对未成年人实施免费或者优惠票价。

第四十六条　国家鼓励大型公共场所、公共交通工具、旅游景区景点等设置母婴室、婴儿护理台以及方便幼儿使用的坐便器、洗手台等卫生设施，为未成年人提供便利。

第四十七条　任何组织或者个人不得违反有关规定，限制未成年人应当享有的照顾或者优惠。

第四十八条　国家鼓励创作、出版、制作和传播有利于未成年人健康成长的图书、报刊、电影、广播电视节目、舞台艺术作品、音像制品、电子出版物和网络信息等。

第四十九条　新闻媒体应当加强未成年人保护方面的宣传，对侵犯未成年人合法权益的行为进行舆论监督。新闻媒体采访报道涉及未成年人事件应当客观、审慎和适度，不得侵犯未成年人的名誉、隐私和其他合法权益。

第五十条　禁止制作、复制、出版、发布、传播含有宣扬淫秽、色情、暴力、邪教、迷信、赌博、引诱自杀、恐怖主义、分裂主义、极端主义等危害未成年人身心健康内容的图书、报刊、电影、广播电视节目、舞台艺术作品、音像制品、电子出版物和网络信息等。

第五十一条　任何组织或者个人出版、发布、传播的图书、报刊、电影、广播电视节目、舞台艺术作品、音像制品、电子出版物或者网络信息，包含可能影响未成年人身心健康内容的，应当以显著方式作出提示。

第五十二条　禁止制作、复制、发布、传播或者持有有关未成年人的淫秽色情物品和网络信息。

第五十三条　任何组织或者个人不得刊登、播放、张贴或者散发含有危害未成年人身心健康内容的广告；不得在学校、幼儿园播放、张贴或者散发商业广告；不得利用校服、教材等发布或者变相发布商业广告。

第五十四条　禁止拐卖、绑架、虐待、非法收养未成年人，禁止对未成年人实施性侵害、性骚扰。

禁止胁迫、引诱、教唆未成年人参加黑社会性质组织或者从事违法犯罪活动。

禁止胁迫、诱骗、利用未成年人乞讨。

第五十五条　生产、销售用于未成年人的食品、药品、玩具、用具和游戏游艺设备、游乐设施等，应当符合国家或者行业标准，不得危害未成年人的人身安全和身心健康。上述产品的生产者应当在显著位置标明注意事项，未标明注意事项的不得销售。

第五十六条　未成年人集中活动的公共场所应当符合国家或者行业安全标准，并采取相应安全保护措施。对可能存在安全风险的设施，应当定期进行维护，在显著位置设置安全警示标志并标明适龄范围和注意事项；必要时应当安排专门人员看管。

大型的商场、超市、医院、图书馆、博物馆、科技馆、游乐场、车站、码头、机场、旅游景区景点等场所运营单位应当设置搜寻走失未成年人的安全警报系统。场所运营单位接到求助后，应当立即启动安全警报系统，组织人员进行搜寻并向公安机关报告。

公共场所发生突发事件时，应当优先救护未成年人。

第五十七条 旅馆、宾馆、酒店等住宿经营者接待未成年人入住，或者接待未成年人和成年人共同入住时，应当询问父母或者其他监护人的联系方式、入住人员的身份关系等有关情况；发现有违法犯罪嫌疑的，应当立即向公安机关报告，并及时联系未成年人的父母或者其他监护人。

第五十八条 学校、幼儿园周边不得设置营业性娱乐场所、酒吧、互联网上网服务营业场所等不适宜未成年人活动的场所。营业性歌舞娱乐场所、酒吧、互联网上网服务营业场所等不适宜未成年人活动场所的经营者，不得允许未成年人进入；游艺娱乐场所设置的电子游戏设备，除国家法定节假日外，不得向未成年人提供。经营者应当在显著位置设置未成年人禁入、限入标志；对难以判明是否是未成年人的，应当要求其出示身份证件。

第五十九条 学校、幼儿园周边不得设置烟、酒、彩票销售网点。禁止向未成年人销售烟、酒、彩票或者兑付彩票奖金。烟、酒和彩票经营者应当在显著位置设置不向未成年人销售烟、酒或者彩票的标志；对难以判明是否是未成年人的，应当要求其出示身份证件。

任何人不得在学校、幼儿园和其他未成年人集中活动的公共场所吸烟、饮酒。

第六十条 禁止向未成年人提供、销售管制刀具或者其他可能致人严重伤害的器具等物品。经营者难以判明购买者是否是未成年人的，应当要求其出示身份证件。

第六十一条 任何组织或者个人不得招用未满十六周岁未成年人，国家另有规定的除外。

营业性娱乐场所、酒吧、互联网上网服务营业场所等不适宜未成年人活动的场所不得招用已满十六周岁的未成年人。

招用已满十六周岁未成年人的单位和个人应当执行国家在工种、劳动时间、劳动强度和保护措施等方面的规定，不得安排其从事过重、有毒、有害等危害未成年人身心健康的劳动或者危险作业。

任何组织或者个人不得组织未成年人进行危害其身心健康的表演等活动。经未成年人的父母或者其他监护人同意，未成年人参与演出、节目制作等活动，活动组织方应当根据国家有关规定，保障未成年人合法权益。

第六十二条 密切接触未成年人的单位招聘工作人员时，应当向公安机关、人民检察院查询应聘者是否具有性侵害、虐待、拐卖、暴力伤害等违法犯罪记录；发现其具有前述行为记录的，不得录用。

密切接触未成年人的单位应当每年定期对工作人员是否具有上述违法犯罪记录进行查询。通过查询或者其他方式发现其工作人员具有上述行为的，应当及时解聘。

第六十三条 任何组织或者个人不得隐匿、毁弃、非法删除未成年人的信件、日记、电子邮件或者其他网络通讯内容。

除下列情形外，任何组织或者个人不得开拆、查阅未成年人的信件、日记、电子邮件或者其他网络通讯内容：

（一）无民事行为能力未成年人的父母或者其他监护人代未成年人开拆、查阅；

（二）因国家安全或者追查刑事犯罪依法进行检查；

（三）紧急情况下为了保护未成年人本人的人身安全。

第五章 网络保护

第六十四条 国家、社会、学校和家庭应当加强未成年人网络素养宣传教育，培养和提高未成年人的网络素养，增强未成年人科学、文明、安全、合理使用网络的意识和能力，保障未成年人在网络空间的合法权益。

第六十五条 国家鼓励和支持有利于未成年人健康成长的网络内容的创作与传播，鼓励和支持专门以未成年人为服务对象、适合未成年人身心健康特点的网络技术、产品、服务的研发、生产和使用。

第六十六条 网信部门及其他有关部门应当加强对未成年人网络保护工作的监督检查，依法惩处利用网络从事危害未成年人身心健康的活动，为未成年人提供安全、健康的网络环境。

第六十七条 网信部门会同公安、文化和旅游、新闻出版、电影、广播电视等部门根据保护不同年龄阶段未成年人的需要，确定可能影响未成年人身心健康网络信息的种类、范围和判断标准。

第六十八条 新闻出版、教育、卫生健康、文化和旅游、网信等部门应当定期开展预防未成年人沉迷网络的宣传教育，监督网络产品和服务提供者履行预防未成年人沉迷网络的义务，指导家庭、学校、社会组织互相配合，采取科学、合理的方式对未成年人沉迷网络进行预防和干预。

任何组织或者个人不得以侵害未成年人身心

健康的方式对未成年人沉迷网络进行干预。

第六十九条 学校、社区、图书馆、文化馆、青少年宫等场所为未成年人提供的互联网上网服务设施,应当安装未成年人网络保护软件或者采取其他安全保护技术措施。

智能终端产品的制造者、销售者应当在产品上安装未成年人网络保护软件,或者以显著方式告知用户未成年人网络保护软件的安装渠道和方法。

第七十条 学校应当合理使用网络开展教学活动。未经学校允许,未成年学生不得将手机等智能终端产品带入课堂,带入学校的应当统一管理。

学校发现未成年学生沉迷网络的,应当及时告知其父母或者其他监护人,共同对未成年学生进行教育和引导,帮助其恢复正常的学习生活。

第七十一条 未成年人的父母或者其他监护人应当提高网络素养,规范自身使用网络的行为,加强对未成年人使用网络行为的引导和监督。

未成年人的父母或者其他监护人应当通过在智能终端产品上安装未成年人网络保护软件、选择适合未成年人的服务模式和管理功能等方式,避免未成年人接触危害或者可能影响其身心健康的网络信息,合理安排未成年人使用网络的时间,有效预防未成年人沉迷网络。

第七十二条 信息处理者通过网络处理未成年人个人信息的,应当遵循合法、正当和必要的原则。处理不满十四周岁未成年人个人信息的,应当征得未成年人的父母或者其他监护人同意,但法律、行政法规另有规定的除外。

未成年人、父母或者其他监护人要求信息处理者更正、删除未成年人个人信息的,信息处理者应当及时采取措施予以更正、删除,但法律、行政法规另有规定的除外。

第七十三条 网络服务提供者发现未成年人通过网络发布私密信息的,应当及时提示,并采取必要的保护措施。

第七十四条 网络产品和服务提供者不得向未成年人提供诱导其沉迷的产品和服务。

网络游戏、网络直播、网络音视频、网络社交等网络服务提供者应当针对未成年人使用其服务设置相应的时间管理、权限管理、消费管理等功能。

以未成年人为服务对象的在线教育网络产品和服务,不得插入网络游戏链接,不得推送广告等与教学无关的信息。

第七十五条 网络游戏经依法审批后方可运营。

国家建立统一的未成年人网络游戏电子身份认证系统。网络游戏服务提供者应当要求未成年人以真实身份信息注册并登录网络游戏。

网络游戏服务提供者应当按照国家有关规定和标准,对游戏产品进行分类,作出适龄提示,并采取技术措施,不得让未成年人接触不适宜的游戏或者游戏功能。

网络游戏服务提供者不得在每日二十二时至次日八时向未成年人提供网络游戏服务。

第七十六条 网络直播服务提供者不得为未满十六周岁的未成年人提供网络直播发布者账号注册服务;为年满十六周岁的未成年人提供网络直播发布者账号注册服务时,应当对其身份信息进行认证,并征得其父母或者其他监护人同意。

第七十七条 任何组织或者个人不得通过网络以文字、图片、音视频等形式,对未成年人实施侮辱、诽谤、威胁或者恶意损害形象等网络欺凌行为。

遭受网络欺凌的未成年人及其父母或者其他监护人有权通知网络服务提供者采取删除、屏蔽、断开链接等措施。网络服务提供者接到通知后,应当及时采取必要的措施制止网络欺凌行为,防止信息扩散。

第七十八条 网络产品和服务提供者应当建立便捷、合理、有效的投诉和举报渠道,公开投诉、举报方式等信息,及时受理并处理涉及未成年人的投诉、举报。

第七十九条 任何组织或者个人发现网络产品、服务含有危害未成年人身心健康的信息,有权向网络产品和服务提供者或者网信、公安等部门投诉、举报。

第八十条 网络服务提供者发现用户发布、传播可能影响未成年人身心健康的信息且未作显著提示的,应当作出提示或者通知用户予以提示;未作出提示的,不得传输相关信息。

网络服务提供者发现用户发布、传播含有危害未成年人身心健康内容的信息的,应当立即停止传输相关信息,采取删除、屏蔽、断开链接等处置措施,保存有关记录,并向网信、公安等部门报告。

网络服务提供者发现用户利用其网络服务对未成年人实施违法犯罪行为的,应当立即停止向该用户提供网络服务,保存有关记录,并向公安机关报告。

第六章 政府保护

第八十一条 县级以上人民政府承担未成年

人保护协调机制具体工作的职能部门应当明确相关内设机构或者专门人员，负责承担未成年人保护工作。

乡镇人民政府和街道办事处应当设立未成年人保护工作站或者指定专门人员，及时办理未成年人相关事务；支持、指导居民委员会、村民委员会设立专人专岗，做好未成年人保护工作。

第八十二条　各级人民政府应当将家庭教育指导服务纳入城乡公共服务体系，开展家庭教育知识宣传，鼓励和支持有关人民团体、企业事业单位、社会组织开展家庭教育指导服务。

第八十三条　各级人民政府应当保障未成年人受教育的权利，并采取措施保障留守未成年人、困境未成年人、残疾未成年人接受义务教育。

对尚未完成义务教育的辍学未成年学生，教育行政部门应当责令父母或者其他监护人将其送入学校接受义务教育。

第八十四条　各级人民政府应当发展托育、学前教育事业，办好婴幼儿照护服务机构、幼儿园，支持社会力量依法兴办母婴室、婴幼儿照护服务机构、幼儿园。

县级以上地方人民政府及其有关部门应当培养和培训婴幼儿照护服务机构、幼儿园的保教人员，提高其职业道德素质和业务能力。

第八十五条　各级人民政府应当发展职业教育，保障未成年人接受职业教育或者职业技能培训，鼓励和支持人民团体、企业事业单位、社会组织为未成年人提供职业技能培训服务。

第八十六条　各级人民政府应当保障具有接受普通教育能力、能适应校园生活的残疾未成年人就近在普通学校、幼儿园接受教育；保障不具有接受普通教育能力的残疾未成年人在特殊教育学校、幼儿园接受学前教育、义务教育和职业教育。

各级人民政府应当保障特殊教育学校、幼儿园的办学、办园条件，鼓励和支持社会力量举办特殊教育学校、幼儿园。

第八十七条　地方人民政府及其有关部门应当保障校园安全，监督、指导学校、幼儿园等单位落实校园安全责任，建立突发事件的报告、处置和协调机制。

第八十八条　公安机关和其他有关部门应当依法维护校园周边的治安和交通秩序，设置监控设备和交通安全设施，预防和制止侵害未成年人的违法犯罪行为。

第八十九条　地方人民政府应当建立和改善适合未成年人的活动场所和设施，支持公益性未成年人活动场所和设施的建设和运行，鼓励社会力量兴办适合未成年人的活动场所和设施，并加强管理。

地方人民政府应当采取措施，鼓励和支持学校在国家法定节假日、休息日及寒暑假期将文化体育设施对未成年人免费或者优惠开放。

地方人民政府应当采取措施，防止任何组织或者个人侵占、破坏学校、幼儿园、婴幼儿照护服务机构等未成年人活动场所的场地、房屋和设施。

第九十条　各级人民政府及其有关部门应当对未成年人进行卫生保健和营养指导，提供卫生保健服务。

卫生健康部门应当依法对未成年人的疫苗预防接种进行规范，防治未成年人常见病、多发病，加强传染病防治和监督管理，做好伤害预防和干预，指导和监督学校、幼儿园、婴幼儿照护服务机构开展卫生保健工作。

教育行政部门应当加强未成年人的心理健康教育，建立未成年人心理问题的早期发现和及时干预机制。卫生健康部门应当做好未成年人心理治疗、心理危机干预以及精神障碍早期识别和诊断治疗等工作。

第九十一条　各级人民政府及其有关部门对困境未成年人实施分类保障，采取措施满足其生活、教育、安全、医疗康复、住房等方面的基本需要。

第九十二条　具有下列情形之一的，民政部门应当依法对未成年人进行临时监护：

（一）未成年人流浪乞讨或者身份不明，暂时查找不到父母或者其他监护人；

（二）监护人下落不明且无其他人可以担任监护人；

（三）监护人因自身客观原因或者因发生自然灾害、事故灾难、公共卫生事件等突发事件不能履行监护职责，导致未成年人监护缺失；

（四）监护人拒绝或者怠于履行监护职责，导致未成年人处于无人照料的状态；

（五）监护人教唆、利用未成年人实施违法犯罪行为，未成年人需要被带离安置；

（六）未成年人遭受监护人严重伤害或者面临人身安全威胁，需要被紧急安置；

（七）法律规定的其他情形。

第九十三条　对临时监护的未成年人，民政部门可以采取委托亲属抚养、家庭寄养等方式进行安置，也可以交由未成年人救助保护机构或者儿童福利机构进行收留、抚养。

临时监护期间，经民政部门评估，监护人重新具备履行监护职责条件的，民政部门可以将未成年人送回监护人抚养。

第九十四条 具有下列情形之一的，民政部门应当依法对未成年人进行长期监护：

（一）查找不到未成年人的父母或者其他监护人；

（二）监护人死亡或者被宣告死亡且无其他人可以担任监护人；

（三）监护人丧失监护能力且无其他人可以担任监护人；

（四）人民法院判决撤销监护人资格并指定由民政部门担任监护人；

（五）法律规定的其他情形。

第九十五条 民政部门进行收养评估后，可以依法将其长期监护的未成年人交由符合条件的申请人收养。收养关系成立后，民政部门与未成年人的监护关系终止。

第九十六条 民政部门承担临时监护或者长期监护职责的，财政、教育、卫生健康、公安等部门应当根据各自职责予以配合。

县级以上人民政府及其民政部门应当根据需要设立未成年人救助保护机构、儿童福利机构，负责收留、抚养由民政部门监护的未成年人。

第九十七条 县级以上人民政府应当开通全国统一的未成年人保护热线，及时受理、转介侵犯未成年人合法权益的投诉、举报；鼓励和支持人民团体、企业事业单位、社会组织参与建设未成年人保护服务平台、服务热线、服务站点，提供未成年人保护方面的咨询、帮助。

第九十八条 国家建立性侵害、虐待、拐卖、暴力伤害等违法犯罪人员信息查询系统，向密切接触未成年人的单位提供免费查询服务。

第九十九条 地方人民政府应当培育、引导和规范有关社会组织、社会工作者参与未成年人保护工作，开展家庭教育指导服务，为未成年人的心理辅导、康复救助、监护及收养评估等提供专业服务。

第七章 司法保护

第一百条 公安机关、人民检察院、人民法院和司法行政部门应当依法履行职责，保障未成年人合法权益。

第一百零一条 公安机关、人民检察院、人民法院和司法行政部门应当确定专门机构或者指定专门人员，负责办理涉及未成年人案件。办理涉及未成年人案件的人员应当经过专门培训，熟悉未成年人身心特点。专门机构或者专门人员中，应当有女性工作人员。

公安机关、人民检察院、人民法院和司法行政部门应当对上述机构和人员实行与未成年人保护工作相适应的评价考核标准。

第一百零二条 公安机关、人民检察院、人民法院和司法行政部门办理涉及未成年人案件，应当考虑未成年人身心特点和健康成长的需要，使用未成年人能够理解的语言和表达方式，听取未成年人的意见。

第一百零三条 公安机关、人民检察院、人民法院、司法行政部门以及其他组织和个人不得披露有关案件中未成年人的姓名、影像、住所、就读学校以及其他可能识别出其身份的信息，但查找失踪、被拐卖未成年人等情形除外。

第一百零四条 对需要法律援助或者司法救助的未成年人，法律援助机构或者公安机关、人民检察院、人民法院和司法行政部门应当给予帮助，依法为其提供法律援助或者司法救助。

法律援助机构应当指派熟悉未成年人身心特点的律师为未成年人提供法律援助服务。

法律援助机构和律师协会应当对办理未成年人法律援助案件的律师进行指导和培训。

第一百零五条 人民检察院通过行使检察权，对涉及未成年人的诉讼活动等依法进行监督。

第一百零六条 未成年人合法权益受到侵犯，相关组织和个人未代为提起诉讼的，人民检察院可以督促、支持其提起诉讼；涉及公共利益的，人民检察院有权提起公益诉讼。

第一百零七条 人民法院审理继承案件，应当依法保护未成年人的继承权和受遗赠权。

人民法院审理离婚案件，涉及未成年子女抚养问题的，应当尊重已满八周岁未成年子女的真实意愿，根据双方具体情况，按照最有利于未成年子女的原则依法处理。

第一百零八条 未成年人的父母或者其他监护人不依法履行监护职责或者严重侵犯被监护的未成年人合法权益的，人民法院可以根据有关人员或者单位的申请，依法作出人身安全保护令或者撤销监护人资格。

被撤销监护人资格的父母或者其他监护人应当依法继续负担抚养费用。

第一百零九条 人民法院审理离婚、抚养、收养、监护、探望等案件涉及未成年人的，可以自行或者委托社会组织对未成年人的相关情况进行社会调查。

第一百一十条　公安机关、人民检察院、人民法院讯问未成年犯罪嫌疑人、被告人，询问未成年被害人、证人，应当依法通知其法定代理人或者其成年亲属、所在学校的代表等合适成年人到场，并采取适当方式，在适当场所进行，保障未成年人的名誉权、隐私权和其他合法权益。

人民法院开庭审理涉及未成年人案件，未成年被害人、证人一般不出庭作证；必须出庭的，应当采取保护其隐私的技术手段和心理干预等保护措施。

第一百一十一条　公安机关、人民检察院、人民法院应当与其他有关政府部门、人民团体、社会组织互相配合，对遭受性侵害或者暴力伤害的未成年被害人及其家庭实施必要的心理干预、经济救助、法律援助、转学安置等保护措施。

第一百一十二条　公安机关、人民检察院、人民法院办理未成年人遭受性侵害或者暴力伤害案件，在询问未成年被害人、证人时，应当采取同步录音录像等措施，尽量一次完成；未成年被害人、证人是女性的，应当由女性工作人员进行。

第一百一十三条　对违法犯罪的未成年人，实行教育、感化、挽救的方针，坚持教育为主、惩罚为辅的原则。

对违法犯罪的未成年人依法处罚后，在升学、就业等方面不得歧视。

第一百一十四条　公安机关、人民检察院、人民法院和司法行政部门发现有关单位未尽到未成年人教育、管理、救助、看护等保护职责的，应当向该单位提出建议。被建议单位应当在一个月内作出书面回复。

第一百一十五条　公安机关、人民检察院、人民法院和司法行政部门应当结合实际，根据涉及未成年人案件的特点，开展未成年人法治宣传教育工作。

第一百一十六条　国家鼓励和支持社会组织、社会工作者参与涉及未成年人案件中未成年人的心理干预、法律援助、社会调查、社会观护、教育矫治、社区矫正等工作。

第八章　法律责任

第一百一十七条　违反本法第十一条第二款规定，未履行报告义务造成严重后果的，由上级主管部门或者所在单位对直接负责的主管人员和其他直接责任人员依法给予处分。

第一百一十八条　未成年人的父母或者其他监护人不依法履行监护职责或者侵犯未成年人合法权益的，由其居住地的居民委员会、村民委员会予以劝诫、制止；情节严重的，居民委员会、村民委员会应当及时向公安机关报告。

公安机关接到报告或者公安机关、人民检察院、人民法院在办理案件过程中发现未成年人的父母或者其他监护人存在上述情形的，应当予以训诫，并可以责令其接受家庭教育指导。

第一百一十九条　学校、幼儿园、婴幼儿照护服务等机构及其教职员工违反本法第二十七条、第二十八条、第三十九条规定的，由公安、教育、卫生健康、市场监督管理等部门按照职责分工责令改正；拒不改正或者情节严重的，对直接负责的主管人员和其他直接责任人员依法给予处分。

第一百二十条　违反本法第四十四条、第四十五条、第四十七条规定，未给予未成年人免费或者优惠待遇的，由市场监督管理、文化和旅游、交通运输等部门按照职责分工责令限期改正，给予警告；拒不改正的，处一万元以上十万元以下罚款。

第一百二十一条　违反本法第五十条、第五十一条规定的，由新闻出版、广播电视、电影、网信等部门按照职责分工责令限期改正，给予警告，没收违法所得，可以并处十万元以下罚款；拒不改正或者情节严重的，责令暂停相关业务、停产停业或者吊销营业执照、吊销相关许可证，违法所得一百万元以上的，并处违法所得一倍以上十倍以下的罚款，没有违法所得或者违法所得不足一百万元的，并处十万元以上一百万元以下罚款。

第一百二十二条　场所运营单位违反本法第五十六条第二款规定、住宿经营者违反本法第五十七条规定的，由市场监督管理、应急管理、公安等部门按照职责分工责令限期改正，给予警告；拒不改正或者造成严重后果的，责令停业整顿或者吊销营业执照、吊销相关许可证，并处一万元以上十万元以下罚款。

第一百二十三条　相关经营者违反本法第五十八条、第五十九条第一款、第六十条规定的，由文化和旅游、市场监督管理、烟草专卖、公安等部门按照职责分工责令限期改正，给予警告，没收违法所得，可以并处五万元以下罚款；拒不改正或者情节严重的，责令停业整顿或者吊销营业执照、吊销相关许可证，可以并处五万元以上五十万元以下罚款。

第一百二十四条　违反本法第五十九条第二

款规定，在学校、幼儿园和其他未成年人集中活动的公共场所吸烟、饮酒的，由卫生健康、教育、市场监督管理等部门按照职责分工责令改正，给予警告，可以并处五百元以下罚款；场所管理者未及时制止的，由卫生健康、教育、市场监督管理等部门按照职责分工给予警告，并处一万元以下罚款。

第一百二十五条　违反本法第六十一条规定的，由文化和旅游、人力资源和社会保障、市场监督管理等部门按照职责分工责令限期改正，给予警告，没收违法所得，可以并处十万元以下罚款；拒不改正或者情节严重的，责令停产停业或者吊销营业执照、吊销相关许可证，并处十万元以上一百万元以下罚款。

第一百二十六条　密切接触未成年人的单位违反本法第六十二条规定，未履行查询义务，或者招用、继续聘用具有相关违法犯罪记录人员的，由教育、人力资源和社会保障、市场监督管理等部门按照职责分工责令限期改正，给予警告，并处五万元以下罚款；拒不改正或者造成严重后果的，责令停业整顿或者吊销营业执照、吊销相关许可证，并处五万元以上五十万元以下罚款，对直接负责的主管人员和其他直接责任人员依法给予处分。

第一百二十七条　信息处理者违反本法第七十二条规定，或者网络产品和服务提供者违反本法第七十三条、第七十四条、第七十五条、第七十六条、第七十七条、第八十条规定的，由公安、网信、电信、新闻出版、广播电视、文化和旅游等有关部门按照职责分工责令改正，给予警告，没收违法所得，违法所得一百万元以上的，并处违法所得一倍以上十倍以下罚款，没有违法所得或者违法所得不足一百万元的，并处十万元以上一百万元以下罚款，对直接负责的主管人员和其他责任人员处一万元以上十万元以下罚款；拒不改正或者情节严重的，并可以责令暂停相关业务、停业整顿、关闭网站、吊销营业执照或者吊销相关许可证。

第一百二十八条　国家机关工作人员玩忽职守、滥用职权、徇私舞弊，损害未成年人合法权益的，依法给予处分。

第一百二十九条　违反本法规定，侵犯未成年人合法权益，造成人身、财产或者其他损害的，依法承担民事责任。

违反本法规定，构成违反治安管理行为的，依法给予治安管理处罚；构成犯罪的，依法追究刑事责任。

第九章　附　则

第一百三十条　本法中下列用语的含义：

（一）密切接触未成年人的单位，是指学校、幼儿园等教育机构；校外培训机构；未成年人救助保护机构、儿童福利机构等未成年人安置、救助机构；婴幼儿照护服务机构、早期教育服务机构；校外托管、临时看护机构；家政服务机构；为未成年人提供医疗服务的医疗机构；其他对未成年人负有教育、培训、监护、救助、看护、医疗等职责的企业事业单位、社会组织等。

（二）学校，是指普通中小学、特殊教育学校、中等职业学校、专门学校。

（三）学生欺凌，是指发生在学生之间，一方蓄意或者恶意通过肢体、语言及网络等手段实施欺压、侮辱，造成另一方人身伤害、财产损失或者精神损害的行为。

第一百三十一条　对中国境内未满十八周岁的外国人、无国籍人，依照本法有关规定予以保护。

第一百三十二条　本法自 2021 年 6 月 1 日起施行。

关于《中华人民共和国未成年人保护法（修订草案）》的说明

——2019 年 10 月 21 日在第十三届全国人民代表大会常务委员会第十四次会议上

全国人大社会建设委员会主任委员　何毅亭

全国人民代表大会常务委员会：

我受全国人大社会建设委员会委托，作关于《中华人民共和国未成年人保护法（修订草案）》的说明。

一、修改未成年人保护法的必要性

党中央历来高度重视未成年人保护工作。

习近平总书记深刻指出:“少年儿童是祖国的未来,是中华民族的希望。”“全社会都要了解少年儿童、尊重少年儿童、关心少年儿童、服务少年儿童,为少年儿童提供良好社会环境。”党的十八大以来,以习近平同志为核心的党中央对未成年人保护工作多次作出重要指示批示和决策部署,对完善未成年人保护相关法律制度、改进未成年人保护工作,提出明确要求。许多人大代表和政协委员、党政有关部门、司法机关以及社会各界人士也强烈呼吁修改未成年人保护法,以更好适应未成年人保护工作的现实需要。2018 年以来,全国人大代表提出修改完善未成年人保护相关法律的议案 16 件,建议 11 件,政协委员提出相关政协提案 5 件。

2018 年,十三届全国人大常委会立法规划明确由全国人大社会建设委员会牵头修改未成年人保护法。同年 9 月,全国人大社会建设委员会牵头成立了未成年人保护法修改工作领导小组,成员单位包括中央宣传部、中央网信办、全国人大常委会法工委、教育部、公安部、民政部、司法部、文化旅游部、最高人民法院、最高人民检察院、共青团中央。在修法过程中,社会建设委员会进行了广泛深入的调查研究,多次与党中央和国务院的有关部门、最高人民法院、最高人民检察院、共青团中央、全国妇联等有关方面沟通协商、交换意见;书面征求了全国 31 个省、自治区、直辖市人大的意见;广泛听取各级人大代表,有关党政部门、司法机关、群团组织,部分专家学者、一线未成年人保护工作者、律师、学校教师、未成年人及其家长、互联网企业的意见和建议。在反复研究论证的基础上,形成了《中华人民共和国未成年人保护法(修订草案)》(以下简称修订草案)。

二、未成年人保护法修改的指导思想和总体思路

未成年人保护法修改的指导思想是:以习近平新时代中国特色社会主义思想为指导,深入贯彻习近平总书记关于未成年人保护的重要论述,以宪法为根据,坚持从国情实际出发,强化问题导向,着力完善相关制度,为更好保护未成年人健康成长提供坚强的法制保障。

未成年人保护法修改的总体思路是:

(一)在现行法律基本框架的基础上进行修改完善

未成年人保护法是 1991 年制定的,2006 年进行了较大幅度的修订。总体看,该法确立的原则和制度仍然是适用的,因此,修订草案在保留基本框架和主要内容的前提下,根据党中央的精神和现实需要补充新的内容,对已不符合新情况的规定作出修改。

(二)着力解决现实存在的突出问题

当前,未成年人保护工作面临的问题复杂多样,其中比较突出的问题主要有:(1)监护人监护不力情况严重甚至存在监护侵害现象;(2)校园安全和学生欺凌问题频发;(3)密切接触未成年人行业的从业人员性侵害、虐待、暴力伤害未成年人问题时有发生;(4)未成年人沉迷网络特别是网络游戏问题触目惊心;(5)对刑事案件中未成年被害人缺乏应有保护等。这些问题引起全社会普遍关注。修订草案对这些问题均作出积极回应,着力制定和完善相关制度和措施,以推动未成年人保护法治化走向更高水平。

(三)及时把成熟的实践做法上升为法律

近三十年来,围绕实施未成年人保护法,党中央和国务院及其有关部门、最高人民法院、最高人民检察院针对未成年人保护工作中存在的突出问题,陆续出台了一系列文件或部门规章;各地也出台了许多配套的地方性法规,推动了未成年人保护工作的顺利开展,积累了许多成功经验。修订草案在认真研究论证的基础上,将部分被实践证明符合我国国情且行之有效的实践做法写入法律。

(四)注重做好相关法律的衔接配合

未成年人保护涉及面很广,我国民事、刑事、行政、社会等很多领域的法律都有涉及未成年人保护的内容。修订草案在坚持未成年人保护法作为未成年人保护领域综合性法律定位的同时,注意处理好本法与相关法律的关系:凡是其他法律有明确规定的,本法只作原则性、衔接性的规定;其他法律没有规定或者规定不够完善的,尽可能在本法中作出明确具体的规定。十三届全国人大常委会立法规划明确预防未成年人犯罪法修改与未成年人保护法修改一并考虑,所以,修订草案特别注意妥善处理好这两部涉未成年人法律之间的关系,使之既相互衔接又各有侧重。

三、未成年人保护法修改的主要内容

修订草案对现行法律的章目编排及条文顺序进行了调整,坚持增改删并举。新增“网络保护”“政府保护”两章,条文从 72 条增加到 130 条。修改的主要内容是:

（一）充实总则规定

未成年人保护法作为未成年人保护领域的综合性法律，对未成年人享有的权利、未成年人保护的基本原则和未成年人保护的责任主体等作出明确规定。修订草案新增最有利于未成年人原则；强化了父母或者其他监护人的第一责任；确立国家亲权责任，明确在未成年人的监护人不能履行监护职责时，由国家承担监护职责；增设了发现未成年人权益受侵害后的强制报告制度。

（二）加强家庭保护

父母或者其他监护人是保护未成年人的第一责任人，家庭是未成年人最先开始生活和学习的场所。修订草案细化了家庭监护职责，具体列举监护应当做的行为、禁止性行为和抚养注意事项；突出家庭教育；增加监护人的报告义务；针对农村留守儿童等群体的监护缺失问题，完善了委托照护制度。

（三）完善学校保护

学校是未成年人成长过程中至关重要的场所。修订草案从教书育人和安全保障两个角度规定学校、幼儿园的保护义务。“教书育人”方面主要是完善了学校、幼儿园的教育、保育职责；“安全保障”方面主要规定了校园安全的保障机制以及突发事件的处置措施，增加了学生欺凌及校园性侵的防控与处置措施。

（四）充实社会保护

社会环境是未成年人成长的大背景大环境，影响着未成年人的健康成长。修订草案增加了城乡基层群众性自治组织的保护责任；拓展了未成年人的福利范围；对净化社会环境提出更高要求；强调了公共场所的安全保障义务；为避免未成年人遭受性侵害、虐待、暴力伤害等侵害，创设了密切接触未成年人行业的从业查询及禁止制度。

（五）新增网络保护

随着信息技术的快速发展，网络空间作为家庭、学校、社会等现实世界的延展，已经成为未成年人成长的新环境。修订草案适应客观形势的需要，增设“网络保护”专章，对网络保护的理念、网络环境管理、相关企业责任、网络信息管理、个人网络信息保护、网络沉迷防治等作出全面规范，力图实现对未成年人的线上线下全方位保护。

（六）强化政府保护

政府在未成年人保护工作中承担着主体责任。修订草案将现行未成年人保护法中的相关内容加以整合，增设“政府保护”专章，明确国务院和县级以上地方人民政府应当建立未成年人保护工作协调机制，细化政府及其有关部门的职责，并对国家监护制度作出详细规定。

（七）完善司法保护

未成年人司法保护主要涉及四个方面：一是司法活动中对未成年人保护的共性要求；二是特定类型民事案件中对未成年人的保护；三是刑事案件中对未成年被害人的保护；四是对违法犯罪未成年人的保护。修订草案细化了现行未成年人保护法司法保护专章和刑事诉讼法未成年人刑事案件诉讼程序专章的有关内容，进一步强调司法机关专门化问题，同时补充完善相关规定，以实现司法环节的未成年人保护全覆盖。主要包括：设立检察机关代为行使诉讼权利制度，细化规定中止和撤销监护人资格制度，规定刑事案件中对未成年被害人的保护措施等。

此外，修订草案还细化了法律责任以增加法律刚性，并对本法提及的特定名词进行解释。

《中华人民共和国未成年人保护法（修订草案）》和以上说明是否妥当，请审议。

全国人民代表大会宪法和法律委员会关于《中华人民共和国未成年人保护法（修订草案）》修改情况的汇报

——2020 年 6 月 28 日在第十三届全国人民代表大会常务委员会第二十次会议上

全国人大宪法和法律委员会副主任委员　周光权

全国人民代表大会常务委员会：

常委会第十四次会议对未成年人保护法修订草案进行了初次审议。会后，法制工作委员会将修订草案印发有关部门、地方和单位征求意见；在中国人大网全文公布修订草案征求社会公众意见；先后到辽宁、广东、上海调研，听取地方政府有关部门、法院、检察院、学校、企业和全国人大代表的意见；梳理全国人大代表在十三届全国人大三次会议上提出的有关议案、建议。宪法和法律委员会于6月12日召开会议，根据常委会组成人员的审议意见和各方面意见，对修订草案进行了审议。社会建设委员会的负责同志列席了会议。6月23日，宪法和法律委员会召开会议，再次进行审议。现将未成年人保护法修订草案主要问题的修改情况汇报如下：

一、有的常委委员、部门和地方提出，草案规定由民政部门承担未成年人保护工作协调机制的具体工作，有利于加强对未成年人的保护，考虑到有些地方还规定政府其他部门也承担相应的工作，建议予以体现。宪法和法律委员会经研究，建议规定为由同级人民政府民政部门或者省级人民政府确定的部门承担。

二、有的常委委员、部门和地方建议，在总则中增加司法机关保护未成年人职责的规定。宪法和法律委员会经研究，建议增加一条规定：人民法院、人民检察院应当通过审判权、检察权的行使，依法保护未成年人的合法权益。

三、针对留守儿童得不到适当照护、缺乏亲情关爱的问题，有的常委会组成人员、全国人大代表和地方建议，进一步压实监护人的责任，细化有关措施。宪法和法律委员会经研究，建议明确委托照护"应当委托具有照护能力的完全民事行为能力人代为照护"、"听取有表达意愿能力未成年人的意见"，并规定未成年人的父母或者其他监护人"与未成年人和被委托人至少每月联系和交流一次"。

四、有的全国人大代表和社会公众建议，应当减轻未成年人学习负担、不得超前超时教学。宪法和法律委员会经研究，建议增加两款规定：学校不得占用国家法定节假日、休息日及寒暑假期，组织未成年学生集体补课，加重其学习负担。幼儿园不得提前进行小学课程教育。

五、有的常委委员、部门、地方和社会公众建议，应当完善学校安全管理制度，增加校车安全管理的规定。宪法和法律委员会经研究，建议增加学校、幼儿园"对未成年人进行安全教育，完善安保设施、配备安保人员"的规定，并增加一条规定：使用校车的学校、幼儿园应当建立健全校车安全管理制度，配备安全管理人员，定期对校车进行安全检查，对校车驾驶人进行安全教育，并向未成年人讲解校车安全乘坐知识，培养未成年人校车安全事故应急处理技能。

六、有的常委委员、部门、地方和社会公众建议，应当采取措施加强对学生欺凌问题的治理。宪法和法律委员会经研究，建议完善学生欺凌行为的处理程序，并增加规定：对严重的欺凌行为，学校不得隐瞒，应当及时向公安机关和教育行政部门报告，并配合相关部门依法处理。

七、有的部门和地方建议，对新闻媒体采访报道涉及未成年人案件作出规范。宪法和法律委员会经研究，建议增加一条规定：新闻媒体应当加强未成年人保护方面的宣传，对侵犯未成年人合法权益的行为进行舆论监督。新闻媒体采访报道涉及未成年人案件应当客观、审慎、适度，不得侵犯未成年人的名誉、隐私和其他合法权益。

八、有的常委委员和部门提出，目前旅馆、宾馆、酒店等住宿经营者接待未成年人住宿方面缺乏规范。宪法和法律委员会经研究，建议增加一条规定：旅馆、宾馆、酒店等住宿经营者接待未成年人入住时，发现有异常情况或者违法犯罪嫌疑的，应当立即与其父母或者其他监护人取得联系，或者向公安机关报告。

九、有的常委委员、部门和社会公众提出，烟(包括电子烟)、酒对未成年人身心健康造成的损害很大，建议完善相关规定。宪法和法律委员会经研究，建议增加学校周边不得设置烟、酒等销售网点的规定，将禁止吸烟、饮酒的场所由"学校、幼儿园的教室、寝室、活动室"扩大为"学校、幼儿园"，并明确烟包括电子烟。

十、有的常委会组成人员、全国人大代表、部门、地方和社会公众提出，网络保护一章规定较为原则，保护力度不够，建议强化家庭、学校、网络产品和服务提供者的网络保护责任以及相关主管部门的监管职责。宪法和法律委员会经研究，建议对本章结构进行调整，增加以下规定：一是网信部门及其他有关部门应当加强对未成年人网络保护工作的监督检查，为未成年人提供安全、健康的网络环境；二是学校应当对未成年学生使用网络加强管理，预防学生沉迷网络；三是父母或者其他监护人应当采取措施避免未成年人接触违法信息，合理安排未成年人使用网络的时间；四是加强未成年人私密信息的保护；五是国家建立统一的未成年人网络游戏电子身份认证系统，明确向未成年人提供网络游戏服务的时间；六是要求网络服务提供者对用户和信息加强管理，发现违法信息或者侵害未成年人的违法犯罪行为，应及时采取相应的处置措施。

十一、有的常委委员、部门和地方建议,对尚未完成义务教育的辍学学生,应当压实政府责任,保障未成年人完成义务教育。宪法和法律委员会经研究,建议增加规定:对尚未完成义务教育的辍学未成年学生,教育行政部门应当责令父母或者其他监护人将其送入学校接受义务教育。

十二、有的全国人大代表、部门和地方提出,临时监护的规定不够严谨、准确,建议进一步完善。宪法和法律委员会经研究,结合近期疫情防控实践,建议在临时监护的情形中增加三项规定:监护人被宣告失踪且无其他人可以担任监护人;监护人因自身原因或者因发生自然灾害、事故灾难、公共卫生事件等突发事件不能履行监护职责,导致未成年人监护缺失;监护人教唆、利用未成年人实施严重违法犯罪行为,未成年人需要被带离安置。

十三、有的常委委员、部门和地方建议,应当增加司法机关对未成年人的保护措施,简化办案相关程序。宪法和法律委员会经研究,建议增加规定:未成年被害人、证人必须出庭的,要求采取保护其隐私的技术手段;询问未成年被害人、证人时,要求采取同步录音录像等措施,尽量一次完成;对违法犯罪的未成年人依法处罚后,在升学、就业等方面不得歧视。

十四、一些常委委员、全国人大代表、部门和地方建议,进一步完善法律责任,加大处罚力度。宪法和法律委员会经研究,建议对本章内容进行调整,增加以下规定:一是未成年人的父母或者其他监护人不依法履行监护职责,或者侵犯未成年人合法权益的,可以责令其缴纳保证金并接受家庭教育指导。二是对网络服务提供者不依法履行预防沉迷网络、制止网络欺凌等义务的,规定相应处罚。同时,对其他一些侵犯未成年人合法权益的行为,加大处罚力度。

十五、为贯彻落实中央文件关于全面加强新时代大中小学劳动教育的精神,并结合近期侵害未成年人权益出现的新情况,宪法和法律委员会经研究,建议增加规定:一是学校应当组织未成年学生参加与其年龄相适应的日常生活劳动、生产劳动和服务性劳动,帮助未成年学生掌握必要的劳动知识和技能,养成良好的劳动习惯;二是在相关条文中增加规定:禁止胁迫、诱骗、教唆未成年人参加黑社会性质组织,禁止非法送养、非法收养以及禁止对未成年人实施性骚扰。

此外,还对修订草案作了一些文字修改。

修订草案二次审议稿已按上述意见作了修改,宪法和法律委员会建议提请本次常委会会议继续审议。

修订草案二次审议稿和以上汇报是否妥当,请审议。

全国人民代表大会宪法和法律委员会关于《中华人民共和国未成年人保护法(修订草案)》审议结果的报告

——2020 年 10 月 13 日在第十三届全国人民代表大会常务委员会第二十二次会议上

全国人大宪法和法律委员会副主任委员 周光权

全国人民代表大会常务委员会:

常委会第二十次会议对未成年人保护法修订草案进行了二次审议。会后,法制工作委员会在中国人大网全文公布修订草案二次审议稿征求社会公众意见;先后到重庆、贵州调研,听取地方政府有关部门、法院、检察院、学校和全国人大代表的意见;梳理全国人大代表在十三届全国人大三次会议上提出的有关议案、建议。宪法和法律委员会于 9 月 17 日召开会议,根据常委会组成人员的审议意见和各方面意见,对修订草案二次审议稿进行了逐条审议。中央网信办、社会建设委员会、最高人民法院、最高人民检察院、教育部、民政部、司法部有关负责同志列席了会议。9 月 29 日,宪法和法律委员会召开会议,再次进行了审议。宪法和法律委员会认为,修订草案经过两次审议修改,已经比较成熟。同时,提出以下主要修改意见:

一、有的常委委员和社会公众提出,应当加强父母或者其他监护人在保障未成年人安全等方面的监护职责。宪法和法律委员会经研究，建议增加规定：未成年人的父母或者其他监护人应当为未成年人提供安全的家庭生活环境，及时排除引发触电、烫伤、跌落等伤害的安全隐患；采取配备儿童安全座椅、教育未成年人遵守交通规则等措施，防止未成年人受到交通事故的伤害；提高户外安全保护意识，避免未成年人发生溺水、动物伤害等事故。同时，将委托照护情形下父母或者其他监护人与未成年人、被委托人联系交流的频次由至少“每月”一次修改为至少“每周”一次。

二、为贯彻落实习近平总书记关于制止餐饮浪费行为的重要指示精神，宪法和法律委员会经研究，建议明确父母或者其他监护人应当教育引导未成年人勤俭节约，并增加规定：学校、幼儿园应当开展勤俭节约、珍惜粮食、反对浪费、文明饮食等宣传教育活动，帮助未成年人树立浪费可耻、节约为荣的意识，养成文明健康、绿色环保的生活习惯。

三、有的常委委员、部门和社会公众提出，应当进一步加强对未成年人个人信息的保护，强化网络产品和服务提供者的保护责任。宪法和法律委员会经研究，建议修改有关规定，明确处理不满十四周岁未成年人个人信息，应当征得其父母或者其他监护人同意；网络服务提供者应当采取断开链接等措施，制止网络欺凌行为以及危害未成年人身心健康信息的传播，并向有关部门报告。

四、有的常委会组成人员和单位提出，应当明确人民检察院的监督职责，强化司法机关开展法治宣传教育的职责。宪法和法律委员会经研究，建议增加规定：人民检察院通过行使检察权，对涉及未成年人的诉讼活动等依法进行监督；公安机关、人民检察院、人民法院和司法行政部门应当结合实际，根据涉及未成年人案件的特点，开展未成年人法治宣传教育工作。

五、修订草案二次审议稿第一百一十六条规定，父母或者其他监护人不依法履行监护职责的，应当予以训诫、责令其缴纳保证金并接受家庭教育指导。有的常委委员提出，采取“缴纳保证金”的方式追究监护人不依法履行监护职责的法律责任不太适宜，法律责任其他有关规定也需要进一步完善。宪法和法律委员会经研究，建议删去责令缴纳保证金等有关内容，并完善有关法律责任的规定。

10 月 9 日，法制工作委员会召开会议，邀请部分全国人大代表、专家学者和地方有关部门、检察院、互联网企业等方面的代表就修订草案中主要制度规范的可行性、出台时机、实施的社会效果和可能出现的问题等进行评估。与会人员普遍认为，修订草案经过多次审议修改，充分吸收了各方面意见，贯彻落实了习近平总书记有关重要论述精神，回应了社会关切，制度体系完备、问题导向鲜明、时代特征突出，具有针对性和可操作性，已经比较成熟，主要制度规范是可行的，现在出台是必要的、适时的。同时，有的与会人员还对修订草案提出了一些具体修改意见。

此外，还对修订草案二次审议稿作了一些文字修改。

修订草案三次审议稿已按上述意见作了修改，宪法和法律委员会建议提请本次常委会会议审议通过。

修订草案三次审议稿和以上报告是否妥当，请审议。

全国人民代表大会宪法和法律委员会关于《中华人民共和国未成年人保护法(修订草案三次审议稿)》修改意见的报告

——2020 年 10 月 16 日在第十三届全国人民代表大会常务委员会第二十二次会议上

全国人民代表大会常务委员会：

本次常委会会议于 10 月 13 日下午对未成年人保护法修订草案三次审议稿进行了分组审议。普遍认为，草案已经比较成熟，建议进一步修改后，提请本次常委会会议表决通过。同时，有些常委会组成人员和列席会议的同志还提出了一些修改意见。宪法和法律委员会于 10 月 14 日上午召开会议，逐条研究了常委会组成人员的审议意见，对草案进行了审议。社会建设委员会、最高人民法院、最高人民检察院、教育部、民政部、司法部的有关负责同志列席了会议。宪法和法律委员会认为，草案是可行的，同时，提出以下修改意见：

一、修订草案三次审议稿第二十二条对委托照护制度作出规定。有的常委委员提出，为了避免监护人利用委托照护不履行或者怠于履行监护职责，建议明确监护人无正当理由的，不得委托他人代为照护未成年人；曾实施过遗弃行为的，也不得作为被委托人。宪法和法律委员会经研究，建议采纳这一意见。

二、有的常委会组成人员建议，进一步强化学校、幼儿园在预防性侵害、性骚扰未成年人方面的职责。宪法和法律委员会经研究，建议增加规定：学校、幼儿园应当建立预防性侵害、性骚扰未成年人工作制度。对性侵害、性骚扰未成年人等违法犯罪行为，学校、幼儿园不得隐瞒，应当及时向公安机关、教育行政部门报告，并配合相关部门依法处理。对遭受性侵害、性骚扰的未成年人，学校、幼儿园应当及时采取相关的保护措施。

三、修订草案三次审议稿第五十七条对住宿经营者接待未成年人入住作出规定。有的常委会组成人员建议，进一步强化住宿经营者保护未成年人的责任。宪法和法律委员会经研究，建议修改为：旅馆、宾馆、酒店等住宿经营者接待未成年人入住，或者接待未成年人和成年人共同入住时，应当询问父母或者其他监护人的联系方式、入住人员的身份关系等有关情况；发现有违法犯罪嫌疑的，应当立即向公安机关报告，并及时联系未成年人的父母或者其他监护人。

四、有的常委委员建议，对以未成年人为服务对象的在线教育网络产品和服务应当进一步加强监管。宪法和法律委员会经研究，建议增加规定：以未成年人为服务对象的在线教育网络产品和服务，不得插入网络游戏链接，不得推送广告等与教学无关的信息。

经与有关部门研究，建议将修订后的未成年人保护法的施行时间确定为 2021 年 6 月 1 日。

此外，根据常委会组成人员的审议意见，还对修订草案三次审议稿作了一些文字修改。

修订草案建议表决稿已按上述意见作了修改，宪法和法律委员会建议本次常委会会议审议通过。

修订草案建议表决稿和以上报告是否妥当，请审议。

中华人民共和国主席令

第五十八号

《中华人民共和国出口管制法》已由中华人民共和国第十三届全国人民代表大会常务委员会第二十二次会议于 2020 年 10 月 17 日通过，现予公布，自 2020 年 12 月 1 日起施行。

中华人民共和国主席　习近平

2020 年 10 月 17 日

中华人民共和国出口管制法

（2020 年 10 月 17 日第十三届全国人民代表大会常务委员会第二十二次会议通过）

目　　录

第一章　总　　则

第一条　为了维护国家安全和利益，履行防扩散等国际义务，加强和规范出口管制，制定本法。

第二条　国家对两用物项、军品、核以及其他与维护国家安全和利益、履行防扩散等国际义务相关的货物、技术、服务等物项（以下统称管制物项）的出口管制，适用本法。

前款所称管制物项，包括物项相关的技术资料等数据。

本法所称出口管制，是指国家对从中华人民共和国境内向境外转移管制物项，以及中华人民共和国公民、法人和非法人组织向外国组织和个人提供管制物项，采取禁止或者限制性措施。

本法所称两用物项，是指既有民事用途，又有军事用途或者有助于提升军事潜力，特别是可以用于设计、开发、生产或者使用大规模杀伤性武器及其运载工具的货物、技术和服务。

本法所称军品，是指用于军事目的的装备、专用生产设备以及其他相关货物、技术和服务。

本法所称核，是指核材料、核设备、反应堆用非核材料以及相关技术和服务。

第三条　出口管制工作应当坚持总体国家安全观，维护国际和平，统筹安全和发展，完善出口管制管理和服务。

第四条　国家实行统一的出口管制制度，通过制定管制清单、名录或者目录（以下统称管制清单）、实施出口许可等方式进行管理。

第五条　国务院、中央军事委员会承担出口管制职能的部门（以下统称国家出口管制管理部门）按照职责分工负责出口管制工作。国务院、中央军事委员会其他有关部门按照职责分工负责出口管制有关工作。

国家建立出口管制工作协调机制，统筹协调出口管制工作重大事项。国家出口管制管理部门和国务院有关部门应当密切配合，加强信息共享。

国家出口管制管理部门会同有关部门建立出口管制专家咨询机制，为出口管制工作提供咨询意见。

国家出口管制管理部门适时发布有关行业出口管制指南，引导出口经营者建立健全出口管制内部合规制度，规范经营。

省、自治区、直辖市人民政府有关部门依照法律、行政法规的规定负责出口管制有关工作。

第六条　国家加强出口管制国际合作，参与出口管制有关国际规则的制定。

第七条　出口经营者可以依法成立和参加有关的商会、协会等行业自律组织。

有关商会、协会等行业自律组织应当遵守法律、行政法规，按照章程对其成员提供与出口管制有关的服务，发挥协调和自律作用。

第二章　管制政策、管制清单和管制措施

第一节　一般规定

第八条　国家出口管制管理部门会同有关部门制定出口管制政策，其中重大政策应当报国务院批准，或者报国务院、中央军事委员会批准。

国家出口管制管理部门可以对管制物项出口目的国家和地区进行评估，确定风险等级，采取相应的管制措施。

第九条　国家出口管制管理部门依据本法和有关法律、行政法规的规定，根据出口管制政策，按照规定程序会同有关部门制定、调整管制物项出口管制清单，并及时公布。

根据维护国家安全和利益、履行防扩散等国际义务的需要，经国务院批准，或者经国务院、中央军事委员会批准，国家出口管制管理部门可以对出口管制清单以外的货物、技术和服务实施临时管制，并予以公告。临时管制的实施期限不超过二年。临时管制实施期限届满前应当及时进行评估，根据评估结果决定取消临时管制、延长临时管制或者将临时管制物项列入出口管制清单。

第十条　根据维护国家安全和利益、履行防扩散等国际义务的需要，经国务院批准，或者经国务院、中央军事委员会批准，国家出口管制管理部门会同有关部门可以禁止相关管制物项的出口，或者禁止相关管制物项向特定目的国家和地区、特定组织和个人出口。

第十一条　出口经营者从事管制物项出口，应当遵守本法和有关法律、行政法规的规定；依法需要取得相关管制物项出口经营资格的，应当取得相应的资格。

第十二条　国家对管制物项的出口实行许可制度。

出口管制清单所列管制物项或者临时管制物项，出口经营者应当向国家出口管制管理部门申请许可。

出口管制清单所列管制物项以及临时管制物项之外的货物、技术和服务，出口经营者知道或者应当知道，或者得到国家出口管制管理部门通知，相关货物、技术和服务可能存在以下风险的，应当向国家出口管制管理部门申请许可：

（一）危害国家安全和利益；

（二）被用于设计、开发、生产或者使用大规模

杀伤性武器及其运载工具；

（三）被用于恐怖主义目的。

出口经营者无法确定拟出口的货物、技术和服务是否属于本法规定的管制物项，向国家出口管制管理部门提出咨询的，国家出口管制管理部门应当及时答复。

第十三条 国家出口管制管理部门综合考虑下列因素，对出口经营者出口管制物项的申请进行审查，作出准予或者不予许可的决定：

（一）国家安全和利益；

（二）国际义务和对外承诺；

（三）出口类型；

（四）管制物项敏感程度；

（五）出口目的国家或者地区；

（六）最终用户和最终用途；

（七）出口经营者的相关信用记录；

（八）法律、行政法规规定的其他因素。

第十四条 出口经营者建立出口管制内部合规制度，且运行情况良好的，国家出口管制管理部门可以对其出口有关管制物项给予通用许可等便利措施。具体办法由国家出口管制管理部门规定。

第十五条 出口经营者应当向国家出口管制管理部门提交管制物项的最终用户和最终用途证明文件，有关证明文件由最终用户或者最终用户所在国家和地区政府机构出具。

第十六条 管制物项的最终用户应当承诺，未经国家出口管制管理部门允许，不得擅自改变相关管制物项的最终用途或者向任何第三方转让。

出口经营者、进口商发现最终用户或者最终用途有可能改变的，应当按照规定立即报告国家出口管制管理部门。

第十七条 国家出口管制管理部门建立管制物项最终用户和最终用途风险管理制度，对管制物项的最终用户和最终用途进行评估、核查，加强最终用户和最终用途管理。

第十八条 国家出口管制管理部门对有下列情形之一的进口商和最终用户，建立管控名单：

（一）违反最终用户或者最终用途管理要求的；

（二）可能危害国家安全和利益的；

（三）将管制物项用于恐怖主义目的的。

对列入管控名单的进口商和最终用户，国家出口管制管理部门可以采取禁止、限制有关管制物项交易，责令中止有关管制物项出口等必要的措施。

出口经营者不得违反规定与列入管控名单的进口商、最终用户进行交易。出口经营者在特殊情况下确需与列入管控名单的进口商、最终用户进行交易的，可以向国家出口管制管理部门提出申请。

列入管控名单的进口商、最终用户经采取措施，不再有第一款规定情形的，可以向国家出口管制管理部门申请移出管控名单；国家出口管制管理部门可以根据实际情况，决定将列入管控名单的进口商、最终用户移出管控名单。

第十九条 出口货物的发货人或者代理报关企业出口管制货物时，应当向海关交验由国家出口管制管理部门颁发的许可证件，并按照国家有关规定办理报关手续。

出口货物的发货人未向海关交验由国家出口管制管理部门颁发的许可证件，海关有证据表明出口货物可能属于出口管制范围的，应当向出口货物发货人提出质疑；海关可以向国家出口管制管理部门提出组织鉴别，并根据国家出口管制管理部门作出的鉴别结论依法处置。在鉴别或者质疑期间，海关对出口货物不予放行。

第二十条 任何组织和个人不得为出口经营者从事出口管制违法行为提供代理、货运、寄递、报关、第三方电子商务交易平台和金融等服务。

第二节 两用物项出口管理

第二十一条 出口经营者向国家两用物项出口管制管理部门申请出口两用物项时，应当依照法律、行政法规的规定如实提交相关材料。

第二十二条 国家两用物项出口管制管理部门受理两用物项出口申请，单独或者会同有关部门依照本法和有关法律、行政法规的规定对两用物项出口申请进行审查，并在法定期限内作出准予或者不予许可的决定。作出准予许可决定的，由发证机关统一颁发出口许可证。

第三节 军品出口管理

第二十三条 国家实行军品出口专营制度。从事军品出口的经营者，应当获得军品出口专营资格并在核定的经营范围内从事军品出口经营活动。

军品出口专营资格由国家军品出口管制管理部门审查批准。

第二十四条 军品出口经营者应当根据管制政策和产品属性，向国家军品出口管制管理部门申请办理军品出口立项、军品出口项目、军品出口合同审查批准手续。

重大军品出口立项、重大军品出口项目、重大军品出口合同，应当经国家军品出口管制管理部门会同有关部门审查，报国务院、中央军事委员会批准。

第二十五条　军品出口经营者在出口军品前，应当向国家军品出口管制管理部门申请领取军品出口许可证。

军品出口经营者出口军品时，应当向海关交验由国家军品出口管制管理部门颁发的许可证件，并按照国家有关规定办理报关手续。

第二十六条　军品出口经营者应当委托经批准的军品出口运输企业办理军品出口运输及相关业务。具体办法由国家军品出口管制管理部门会同有关部门规定。

第二十七条　军品出口经营者或者科研生产单位参加国际性军品展览，应当按照程序向国家军品出口管制管理部门办理审批手续。

第三章　监督管理

第二十八条　国家出口管制管理部门依法对管制物项出口活动进行监督检查。

国家出口管制管理部门对涉嫌违反本法规定的行为进行调查，可以采取下列措施：

（一）进入被调查者营业场所或者其他有关场所进行检查；

（二）询问被调查者、利害关系人以及其他有关组织或者个人，要求其对与被调查事件有关的事项作出说明；

（三）查阅、复制被调查者、利害关系人以及其他有关组织或者个人的有关单证、协议、会计账簿、业务函电等文件、资料；

（四）检查用于出口的运输工具，制止装载可疑的出口物项，责令运回非法出口的物项；

（五）查封、扣押相关涉案物项；

（六）查询被调查者的银行账户。

采取前款第五项、第六项措施，应当经国家出口管制管理部门负责人书面批准。

第二十九条　国家出口管制管理部门依法履行职责，国务院有关部门、地方人民政府及其有关部门应当予以协助。

国家出口管制管理部门单独或者会同有关部门依法开展监督检查和调查工作，有关组织和个人应当予以配合，不得拒绝、阻碍。

有关国家机关及其工作人员对调查中知悉的国家秘密、商业秘密、个人隐私和个人信息依法负有保密义务。

第三十条　为加强管制物项出口管理，防范管制物项出口违法风险，国家出口管制管理部门可以采取监管谈话、出具警示函等措施。

第三十一条　对涉嫌违反本法规定的行为，任何组织和个人有权向国家出口管制管理部门举报，国家出口管制管理部门接到举报后应当依法及时处理，并为举报人保密。

第三十二条　国家出口管制管理部门根据缔结或者参加的国际条约，或者按照平等互惠原则，与其他国家或者地区、国际组织等开展出口管制合作与交流。

中华人民共和国境内的组织和个人向境外提供出口管制相关信息，应当依法进行；可能危害国家安全和利益的，不得提供。

第四章　法律责任

第三十三条　出口经营者未取得相关管制物项的出口经营资格从事有关管制物项出口的，给予警告，责令停止违法行为，没收违法所得，违法经营额五十万元以上的，并处违法经营额五倍以上十倍以下罚款；没有违法经营额或者违法经营额不足五十万元的，并处五十万元以上五百万元以下罚款。

第三十四条　出口经营者有下列行为之一的，责令停止违法行为，没收违法所得，违法经营额五十万元以上的，并处违法经营额五倍以上十倍以下罚款；没有违法经营额或者违法经营额不足五十万元的，并处五十万元以上五百万元以下罚款；情节严重的，责令停业整顿，直至吊销相关管制物项出口经营资格：

（一）未经许可擅自出口管制物项；

（二）超出出口许可证件规定的许可范围出口管制物项；

（三）出口禁止出口的管制物项。

第三十五条　以欺骗、贿赂等不正当手段获取管制物项出口许可证件，或者非法转让管制物项出口许可证件的，撤销许可，收缴出口许可证，没收违法所得，违法经营额二十万元以上的，并处违法经营额五倍以上十倍以下罚款；没有违法经营额或者违法经营额不足二十万元的，并处二十万元以上二百万元以下罚款。

伪造、变造、买卖管制物项出口许可证件的，没收违法所得，违法经营额五万元以上的，并处违法经营额五倍以上十倍以下罚款；没有违法经营额或者违法经营额不足五万元的，并处五万元以上五十万元以下罚款。

第三十六条 明知出口经营者从事出口管制违法行为仍为其提供代理、货运、寄递、报关、第三方电子商务交易平台和金融等服务的，给予警告，责令停止违法行为，没收违法所得，违法经营额十万元以上的，并处违法经营额三倍以上五倍以下罚款；没有违法经营额或者违法经营额不足十万元的，并处十万元以上五十万元以下罚款。

第三十七条 出口经营者违反本法规定与列入管控名单的进口商、最终用户进行交易的，给予警告，责令停止违法行为，没收违法所得，违法经营额五十万元以上的，并处违法经营额十倍以上二十倍以下罚款；没有违法经营额或者违法经营额不足五十万元的，并处五十万元以上五百万元以下罚款；情节严重的，责令停业整顿，直至吊销相关管制物项出口经营资格。

第三十八条 出口经营者拒绝、阻碍监督检查的，给予警告，并处十万元以上三十万元以下罚款；情节严重的，责令停业整顿，直至吊销相关管制物项出口经营资格。

第三十九条 违反本法规定受到处罚的出口经营者，自处罚决定生效之日起，国家出口管制管理部门可以在五年内不受理其提出的出口许可申请；对其直接负责的主管人员和其他直接责任人员，可以禁止其在五年内从事有关出口经营活动，因出口管制违法行为受到刑事处罚的，终身不得从事有关出口经营活动。

国家出口管制管理部门依法将出口经营者违反本法的情况纳入信用记录。

第四十条 本法规定的出口管制违法行为，由国家出口管制管理部门进行处罚；法律、行政法规规定由海关处罚的，由其依照本法进行处罚。

第四十一条 有关组织或者个人对国家出口管制管理部门的不予许可决定不服的，可以依法申请行政复议。行政复议决定为最终裁决。

第四十二条 从事出口管制管理的国家工作人员玩忽职守、徇私舞弊、滥用职权的，依法给予处分。

第四十三条 违反本法有关出口管制管理规定，危害国家安全和利益的，除依照本法规定处罚外，还应当依照有关法律、行政法规的规定进行处理和处罚。

违反本法规定，出口国家禁止出口的管制物项或者未经许可出口管制物项的，依法追究刑事责任。

第四十四条 中华人民共和国境外的组织和个人，违反本法有关出口管制管理规定，危害中华人民共和国国家安全和利益，妨碍履行防扩散等国际义务的，依法处理并追究其法律责任。

第五章 附 则

第四十五条 管制物项的过境、转运、通运、再出口或者从保税区、出口加工区等海关特殊监管区域和出口监管仓库、保税物流中心等保税监管场所向境外出口，依照本法的有关规定执行。

第四十六条 核以及其他管制物项的出口，本法未作规定的，依照有关法律、行政法规的规定执行。

第四十七条 用于武装力量海外运用、对外军事交流、军事援助等的军品出口，依照有关法律法规的规定执行。

第四十八条 任何国家或者地区滥用出口管制措施危害中华人民共和国国家安全和利益的，中华人民共和国可以根据实际情况对该国家或者地区对等采取措施。

第四十九条 本法自 2020 年 12 月 1 日起施行。

关于《中华人民共和国出口管制法(草案)》的说明

——2019 年 12 月 23 日在第十三届全国人民代表大会常务委员会第十五次会议上

商务部部长 钟 山

全国人民代表大会常务委员会：

我受国务院委托，现对《中华人民共和国出口管制法(草案)》作说明。

一、立法的必要性

出口管制是指一国为履行防扩散等国际义务、

维护国家安全和发展利益等目的，对核、生物、武器等特定物项的出口采取禁止或者限制性措施，是国际通行做法。为加强和规范出口管制，各国普遍重视建立和完善出口管制法律制度。我国先后制定了监控化学品管理条例、核出口管制条例、军品出口管理条例、核两用品及相关技术出口管制条例、导弹及相关物项和技术出口管制条例和生物两用品及相关设备和技术出口管制条例等6部有关出口管制的行政法规，形成了覆盖核、生物、化学、导弹以及军品等物项的出口管制法律制度体系，对加强出口管制、积极履行国际义务、维护国家安全发挥了重要作用。与此同时，我国出口管制立法相对分散，出口管制工作的统筹协调机制不够完善，管制物项的范围以及管制措施与其他国家不完全对等、平衡，已经不适应时代发展的要求，有必要根据形势变化，总结现行6部行政法规实施经验，借鉴国际通行做法，制定一部统领出口管制工作的法律，统一确立出口管制政策、管制清单、管制措施以及监督管理等方面的基本制度框架和规则，以更加完善的出口管制法律制度，为做好新时期出口管制工作提供更有力的法治保障。党中央、国务院高度重视出口管制法制定工作。制定出口管制法列入全国人大常委会和国务院2019年立法工作计划。按照有关工作安排，商务部牵头起草了《中华人民共和国出口管制法（送审稿）》，并向社会公开征求意见。司法部进一步征求有关部门、地方政府、企业和行业协会意见，会同中央财办、发展改革委、中央军委法制局等55个部门修改完善形成《中华人民共和国出口管制法（草案）》（以下简称草案）。草案已经国务院同意。

二、总体思路和主要内容

出口管制法制定遵循以下思路：一是坚持总体国家安全观，统筹国内国际两个大局，立足于严格履行国际义务、树立我负责任大国形象和维护国家安全实际需要，有效应对新形势下出口管制工作面临的风险和挑战。二是不改变现行管理体制和职责分工，与有关法律、行政法规做好衔接，确保出口管制工作平稳、有序。三是准确把握新情况新问题，有针对性地完善制度措施、填补立法空白，确保出口管制手段充足、灵活高效。四是落实“放管服”改革要求，处理好严格管制与简政便民的关系，尽可能减轻企业负担，进一步优化营商环境。

草案包括总则、管制政策和清单、管制措施、监督管理、法律责任、附则等六章，共48条，主要对以下事项作了规定：

（一）关于适用范围。为更好适应实际需要，草案除将两用物项、军品、核纳入管制物项外，还明确将“其他与履行国际义务和维护国家安全相关的货物、技术、服务等物项”纳入管制物项，确保应管尽管，实现管制物项全覆盖。在适用的主体上，涵盖出口行为所涉各类主体，包括中国和外国的自然人、法人和其他组织，确保出口管制“见物又见人”；在管制的环节上，既适用于出口，也适用于过境、转运、通运、再出口等各个相关环节，确保不留空白和死角。

（二）关于管理体制。草案保持现行出口管制管理体制的稳定性，规定国务院和中央军委承担出口管制职能的部门按照职责分工承担出口管制有关工作；国务院和中央军委其他有关部门按照职责分工做好有关工作。为加强统筹协调以及提高出口管制专业化水平，规定国家建立出口管制工作协调机制，统筹协调出口管制工作重大事项；国家出口管制管理部门会同有关部门建立出口管制专家咨询机制，为出口管制工作提供咨询意见。

（三）关于管制政策和管制清单。为保障出口管制政策的统一性、权威性，草案明确了出口管制政策的制定主体，其中重大政策报国务院或者国务院、中央军委批准；为增强出口管制的针对性，做到精准施策，规定国家出口管制管理部门可以对管制物项出口目的国家或者地区进行评估，确定风险等级并采取相应的管制措施；考虑到管制清单的重要性，为确保管制清单符合管制政策、范围科学合理，规定国家根据出口管制政策制定管制清单，并分别明确了两用物项、军品、核出口管制清单的制定和调整机制；为更好适应出口管制中可能出现的各种特殊情况，草案还规定，根据履行国际义务、维护国家安全的需要，可以禁止相关管制物项的出口，或者禁止向特定目的国家或者地区以及特定自然人、法人和其他组织出口，并可以对管制清单以外的物项实施临时管制。

（四）关于管制措施。完备、有效的管制措施是做好出口管制工作的关键。草案在现行制度基础上，针对出口管制工作面临的新情况新问题，借鉴国际通行做法，主要规定了以下管制措施：对从事管制物项出口的经营者依法采用专营、备案等方式实施管理；对管制清单所列管制物项以及实施临时管制物项的出口实行许可制度；要求出口经营者建立出口管制内部合规审查制度；对管制物项的最终用户和最终用途实行严格管控;对违反最终用户或者最终用途承诺、可能危害国家安全或者将管制物项用于恐怖主义目的的进口商和最终用户,建立管控名单,采取相应的禁止或者限制性措施;此外,为增强可操作性,草案还对两用物项和军品出口的管理措施分别作了具体规定。

（五）关于监督管理和法律责任。为强化监管,确保出口管制各项制度得到严格遵守,草案专设“监督管理”一章;对国家出口管制管理部门的监督检查职权,有关单位和个人配合、协助监督检查的义务,以及违法行为的举报等作了明确规定,并按照加大惩处力度的原则,对违反本法规定的行为规定了明确、严格的法律责任。

为落实“放管服”改革精神,在严格出口管制的同时尽可能方便企业,草案规定对出口经营者可以依法实行备案管理;对内部合规审查制度运行情况良好、没有重大违法记录的出口经营者,可以给予相应的许可便利措施。同时,要求国家出口管制管理部门加强指导、做好服务,适时发布有关行业出口管制指南,引导企业规范经营,并及时答复企业就有关事项提出的咨询。

草案和以上说明是否妥当,请予审议。

全国人民代表大会宪法和法律委员会关于《中华人民共和国出口管制法(草案)》修改情况的汇报

——2020 年 6 月 28 日在第十三届全国人民代表大会常务委员会第二十次会议上

全国人大宪法和法律委员会副主任委员　胡可明

全国人民代表大会常务委员会:

常委会第十五次会议对出口管制法(草案)进行了初次审议。会后,法制工作委员会将草案印发各省、自治区、直辖市、中央有关部门和部分企业以及部分高等院校、研究机构征求意见,在中国人大网全文公布草案征求社会公众意见。宪法和法律委员会、财政经济委员会、法制工作委员会联合召开座谈会,听取中央有关部门的意见。宪法和法律委员会、法制工作委员会就草案的有关问题与财政经济委员会、司法部、商务部等部门交换意见、共同研究。宪法和法律委员会于 6 月 11 日召开会议,根据常委会组成人员的审议意见和各方面意见,对草案进行了逐条审议。财政经济委员会、司法部、商务部的负责同志列席了会议。6 月 23 日,宪法和法律委员会召开会议,再次进行了审议。现就出口管制法(草案)主要问题的修改情况汇报如下:

一、草案第十条对管制物项的临时管制作了规定,明确临时管制的实施期限不得超过 2 年。有的地方和单位提出,临时管制的实施期限届满后应当如何处理,缺乏规定,建议增加。宪法和法律委员会经研究,建议增加以下规定:临时管制实施期限届满前应当及时进行评估,根据评估结果决定取消临时管制、延长临时管制或者将临时管制物项列入出口管制清单。

二、草案第十三条规定,国家对管制清单所列管制物项以及实施临时管制物项的出口实行许可制度;第十五条规定,对于出口管制清单所列管制物项以及临时管制物项之外的货物、技术和服务,有可能危害国家安全等情形的,应当依照第十三条的规定申请许可。有的地方和单位提出,管制物项出口许可制度是出口管制领域的重要制度,无论是管制清单所列管制物项,临时管制物项,还是清单之外属于管制物项的货物、技术和服务,都应实行许可管理,草案的相关规定不够明确,建议整合后统一作出规定。宪法和法律委员会经研究,建议对相关规定作以下修改:“国家对管制物项的出口实行许可制度。”“出口管制清单所列管制物项或者临时管制物项,出口经营者应当向国家出口管制管理部门申请许可。”“出口管制清单所列管制物项以及临时管制物项之外的货物、技术和服务,出口经营者知道或者应当知道,或者得到国家出口管制管理部门通知,相关货物、技术和服务可能存在以下风险的,应当向国家出口管制管理部门申请许可:(一)危害国家安全;(二)被用于设计、开发、生产或者使用大规模杀伤性武器及其运载工具;(三)被用于恐怖主义目的。”

三、有的部门、单位和专家提出，强化管制物项最终用户和最终用途管理，及时进行评估和核查，并对违反最终用户和最终用途管理的进口商和最终用户采取必要的措施，是落实出口管制要求的重要环节，建议充实完善草案的相关规定。宪法和法律委员会经研究，建议对相关规定作以下修改：一是将草案第十九条修改为：国家出口管制管理部门建立管制物项最终用户和最终用途风险管理制度，对管制物项的最终用户和最终用途进行评估、核查，加强最终用户和最终用途管理。二是将草案第二十条第二款修改为："对列入管控名单的进口商和最终用户，国家出口管制管理部门可以采取禁止、限制有关管制物项交易，责令中止有关管制物项出口等必要的措施"；"出口经营者不得违反规定与列入管控名单的进口商、最终用户进行交易"。

四、有的意见提出，应当加强管制物项出口过程中的中介服务管理，禁止相关机构和个人为出口管制违法行为提供代理、货运、寄递、报关、第三方电子商务交易平台和金融等服务。宪法和法律委员会经研究，建议采纳这一意见，增加相关规定。

五、有的常委委员建议增加规定，我国的组织和个人向境外提供出口管制相关信息，应当依法进行；可能危害国家安全的，不得提供。宪法和法律委员会经研究，建议采纳这一意见，增加相关规定。

六、有的意见提出，海关作为国家的进出关境监督管理机关，承担着对进出境的货物进行监管的职责，建议在草案中对海关在出口管制中的职责和权限进一步予以明确。宪法和法律委员会经研究，建议对草案相关规定作以下修改：一是将草案第二十一条第二款修改为：出口货物的发货人未向海关交验由国家出口管制管理部门颁发的许可证件，海关有证据表明出口货物可能属于出口管制范围的，应当向出口货物发货人提出质疑；海关可以向国家出口管制管理部门提出组织鉴别，并根据国家出口管制管理部门作出的鉴别结论依法处置。在鉴别或者质疑期间，海关对出口货物不予放行。二是将草案第四十一条修改为：本法规定的出口管制违法行为，由国家出口管制管理部门进行调查和处罚；法律、行政法规规定由海关调查和处罚的，由其依照本法进行调查和处罚。

七、有的常委委员建议增加关于本法的域外适用的原则规定。宪法和法律委员会经研究，建议增加一条规定：中华人民共和国境外的组织和个人，违反本法有关出口管制管理规定，妨碍防扩散等国际义务的履行，危害中华人民共和国国家安全和利益的，依法处理并追究其法律责任。

此外，还对草案作了一些文字修改。

草案二次审议稿已按上述意见作了修改，宪法和法律委员会建议提请本次常委会会议继续审议。

草案二次审议稿和以上汇报是否妥当，请审议。

全国人民代表大会宪法和法律委员会关于《中华人民共和国出口管制法（草案）》审议结果的报告

——2020 年 10 月 13 日在第十三届全国人民代表大会常务委员会第二十二次会议上

全国人大宪法和法律委员会副主任委员　胡可明

全国人民代表大会常务委员会：

常委会第二十次会议对出口管制法草案进行了再次审议。会后，法制工作委员会在中国人大网全文公布草案二次审议稿征求社会公众意见；宪法和法律委员会、法制工作委员会赴浙江进行调研，并就草案的有关问题与有关部门交换意见、共同研究。宪法和法律委员会于 9 月 11 日召开会议，根据常委会组成人员的审议意见和各方面意见，对草案进行了逐条审议。中央国安办、财政经济委员会、司法部、商务部的有关负责同志列席了会议。9 月 29 日，宪法和法律委员会召开会议，再次进行了审议。宪法和法律委员会认为，为了维护国家安全和利益，履行防扩散等国际义务，加强和规范出口管制，制定出口管制法是必要的；草案经过两次审议修改，已经比较成熟。同时，提出以下主要修改意见：

一、有的常委委员、单位和社会公众提出，为贯彻总体国家安全观，建议在临时管制、全面管制、管制物项出口许可、管控名单等相关具体制度和规则中，进一步强化出口管制法维护国家安全和利益的属性和功能。宪法和法律委员会经研究，建议采纳这一意见。

二、有的常委会组成人员和社会公众提出，为适应出口管制工作的需要，建议明确出口管制物项包括物项相关的技术资料等数据。宪法和法律委员会经研究，建议在草案二次审议稿第二条中增加一款作为第二款：前款所称管制物项，包括物项相关的技术资料等数据。

三、有的单位和社会公众建议，出口管制管理部门应当发布出口管制内部合规制度建设指引，帮助企业建立健全内部合规制度。宪法和法律委员会经研究，建议将草案二次审议稿第五条第四款修改为：国家出口管制管理部门适时发布有关行业出口管制指南，引导出口经营者建立健全出口管制内部合规制度，规范经营。

四、有的意见提出，出口国家禁止出口的管制物项，或者未经许可出口管制物项，除给予行政处罚外，构成犯罪的还应当依法追究刑事责任，建议予以明确。宪法和法律委员会经研究，建议将草案二次审议稿第四十三条相关规定修改为：违反本法规定，出口国家禁止出口的管制物项或者未经许可出口管制物项的，依法追究刑事责任。

五、有的常委委员、部门和社会公众提出，考虑到出口管制工作的需要，建议对外国滥用出口管制措施的行为增加规定相应的反制措施，外资、外贸相关法律中也有类似规定。宪法和法律委员会经研究，建议增加一条规定：任何国家或者地区滥用出口管制措施危害中华人民共和国国家安全和利益的，中华人民共和国可以根据实际情况对该国家或者地区对等采取措施。

此外，还对草案二次审议稿作了一些文字修改。

9 月 23 日，法制工作委员会召开会议，邀请部分专家学者以及企业、部门的代表，就草案中主要制度规范的可行性、法律出台时机、法律实施的社会效果和可能出现的问题等进行评估。总的评价是：在总结实践经验的基础上，适应当前出口管制工作的需要，出台一部统一的出口管制法是非常必要和及时的。草案对管制清单、出口许可、最终用户和最终用途等制度作了规定，制度设计科学合理，具有较强的针对性，符合国际通行规则，适应维护国家安全和利益的需要，总体是可行的。目前法律出台的时机已经成熟，建议尽快审议通过、颁布实施。有的会议代表还对草案提出了一些具体修改意见，宪法和法律委员会进行了认真研究，建议结合常委会审议情况一并考虑。

草案三次审议稿已按上述意见作了修改，宪法和法律委员会建议提请本次常委会会议审议通过。

草案三次审议稿和以上报告是否妥当，请审议。

全国人民代表大会宪法和法律委员会关于《中华人民共和国出口管制法（草案三次审议稿）》修改意见的报告

——2020 年 10 月 16 日在第十三届全国人民代表大会常务委员会第二十二次会议上

全国人民代表大会常务委员会：

本次常委会会议于 10 月 13 日下午对出口管制法草案三次审议稿进行了分组审议。普遍认为，草案已经比较成熟，建议进一步修改后，提请本次常委会会议表决通过。同时，有些常委会组成人员还提出了一些修改意见。宪法和法律委员会于 10 月 14 日上午召开会议，逐条研究了常委会组成人员的审议意见，对草案进行了审议。中央国安办、财政经济委员会、司法部、商务部的有关负责同志列席了会议。宪法和法律委员会认为，草案是可行的，同时，提出以下修改意见：

有的常委委员提出，为增加出口管制管控名单制度的灵活性，建议增加规定：出口经营者在特殊情况下确需与列入管控名单的进口商、最终用户进行交易的，可以向国家出口管制管理部门提出申请。列入管控名单的进口商、最终用户经采取措施，不再有第一款规定情形的，可以向国家出口管制管理部门申请移出管控名单；国家出口管制管理部门可以根据实际情况，决定将列入管控名单的进口商、最终用户移出管控名单。宪法和法律委员会经研究，建议采纳这一意见。

经与有关部门研究，建议将本法的施行时间确定为2020年12月1日。

此外,根据常委会组成人员的审议意见,还对草案三次审议稿作了个别文字修改。

草案建议表决稿已按上述意见作了修改,宪法和法律委员会建议本次常委会会议审议通过。

草案建议表决稿和以上报告是否妥当,请审议。

中华人民共和国主席令

第五十九号

《全国人民代表大会常务委员会关于修改〈中华人民共和国国旗法〉的决定》已由中华人民共和国第十三届全国人民代表大会常务委员会第二十二次会议于2020年10月17日通过,现予公布,自2021年1月1日起施行。

中华人民共和国主席 习近平

2020年10月17日

全国人民代表大会常务委员会关于修改《中华人民共和国国旗法》的决定

(2020年10月17日第十三届全国人民代表大会常务委员会第二十二次会议通过)

第十三届全国人民代表大会常务委员会第二十二次会议决定对《中华人民共和国国旗法》作如下修改:

一、将第一条修改为:"为了维护国旗的尊严,规范国旗的使用,增强公民的国家观念,弘扬爱国主义精神,培育和践行社会主义核心价值观,根据宪法,制定本法。"

二、增加一条,作为第三条:"国旗的通用尺度为国旗制法说明中所列明的五种尺度。特殊情况使用其他尺度的国旗,应当按照通用尺度成比例适当放大或者缩小。

"国旗、旗杆的尺度比例应当适当,并与使用目的、周围建筑、周边环境相适应。"

三、将第四条改为第二十二条,修改为:"国务院办公厅统筹协调全国范围内国旗管理有关工作。地方各级人民政府统筹协调本行政区域内国旗管理有关工作。

"各级人民政府市场监督管理部门对国旗的制作和销售实施监督管理。

"县级人民政府确定的部门对本行政区域内国旗的升挂、使用和收回实施监督管理。

"外交部、国务院交通主管部门、中央军事委员会有关部门对各自管辖范围内国旗的升挂、使用和收回实施监督管理。"

四、将第五条第二项修改为:"(二)中国共产党中央委员会,全国人民代表大会常务委员会,国务院,中央军事委员会,中国共产党中央纪律检查委员会、国家监察委员会,最高人民法院,最高人民检察院;

中国人民政治协商会议全国委员会"。

五、将第六条修改为:"下列机构所在地应当在工作日升挂国旗:

"(一)中国共产党中央各部门和地方各级委员会;

"(二)国务院各部门;

"(三)地方各级人民代表大会常务委员会;

"(四)地方各级人民政府;

"(五)中国共产党地方各级纪律检查委员会、地方各级监察委员会;

"(六)地方各级人民法院和专门人民法院;

"(七)地方各级人民检察院和专门人民检察院;

"(八)中国人民政治协商会议地方各级委员会;

"(九)各民主党派、各人民团体;

"(十)中央人民政府驻香港特别行政区有关机构、中央人民政府驻澳门特别行政区有关机构。

"学校除寒假、暑假和休息日外,应当每日升挂国旗。有条件的幼儿园参照学校的规定升挂国旗。

"图书馆、博物馆、文化馆、美术馆、科技馆、纪念馆、展览馆、体育馆、青少年宫等公共文化体育设施应当在开放日升挂、悬挂国旗。"

六、将第七条修改为:"国庆节、国际劳动节、元旦、春节和国家宪法日等重要节日、纪念日，各级国家机关、各人民团体以及大型广场、公园等公共活动场所应当升挂国旗；企业事业组织，村民委员会、居民委员会，居民院（楼、小区）有条件的应当升挂国旗。

“民族自治地方在民族自治地方成立纪念日和主要传统民族节日应当升挂国旗。

“举行宪法宣誓仪式时，应当在宣誓场所悬挂国旗。”

七、增加一条，作为第九条：“国家倡导公民和组织在适宜的场合使用国旗及其图案，表达爱国情感。

“公民和组织在网络中使用国旗图案，应当遵守相关网络管理规定，不得损害国旗尊严。

“网络使用的国旗图案标准版本在中国人大网和中国政府网上发布。”

八、将第十条改为第十一条，修改为：“中国人民解放军和中国人民武装警察部队升挂、使用国旗的办法，由中央军事委员会规定。”

九、将第十一条改为第十二条，第二款修改为：“执行出入境边防检查、边境管理、治安任务的船舶升挂国旗的办法，由国务院公安部门规定。”

增加一款，作为第三款：“国家综合性消防救援队伍的船舶升挂国旗的办法，由国务院应急管理部门规定。”

十、将第十三条改为第十四条，第二款修改为：“举行升旗仪式时，应当奏唱国歌。在国旗升起的过程中，在场人员应当面向国旗肃立，行注目礼或者按照规定要求敬礼，不得有损害国旗尊严的行为。”

增加一款，作为第三款：“北京天安门广场每日举行升旗仪式。”

将第三款改为第四款，修改为：“学校除假期外，每周举行一次升旗仪式。”

十一、将第十四条改为第十五条，第二款、第三款修改为：“举行国家公祭仪式或者发生严重自然灾害、突发公共卫生事件以及其他不幸事件造成特别重大伤亡的，可以在全国范围内下半旗志哀，也可以在部分地区或者特定场所下半旗志哀。

“依照本条第一款第三项、第四项和第二款的规定下半旗，由国务院有关部门或者省、自治区、直辖市人民政府报国务院决定。”

十二、增加一条，作为第十六条：“下列人士逝世，举行哀悼仪式时，其遗体、灵柩或者骨灰盒可以覆盖国旗：

“（一）本法第十五条第一款第一项至第三项规定的人士；

“（二）烈士；

“（三）国家规定的其他人士。

“覆盖国旗时，国旗不得触及地面，仪式结束后应当将国旗收回保存。”

十三、将第十七条改为第十九条，修改为：“不得升挂或者使用破损、污损、褪色或者不合规格的国旗，不得倒挂、倒插或者以其他有损国旗尊严的方式升挂、使用国旗。

“不得随意丢弃国旗。破损、污损、褪色或者不合规格的国旗应当按照国家有关规定收回、处置。大型群众性活动结束后，活动主办方应当收回或者妥善处置活动现场使用的国旗。”

十四、将第十八条改为第二十条，修改为：“国旗及其图案不得用作商标、授予专利权的外观设计和商业广告，不得用于私人丧事活动等不适宜的情形。”

十五、增加一条，作为第二十一条：“国旗应当作为爱国主义教育的重要内容。

“中小学应当教育学生了解国旗的历史和精神内涵、遵守国旗升挂使用规范和升旗仪式礼仪。

“新闻媒体应当积极宣传国旗知识，引导公民和组织正确使用国旗及其图案。”

本决定自 2021 年 1 月 1 日起施行。

《中华人民共和国国旗法》根据本决定作相应修改并对条文顺序作相应调整，重新公布。

中华人民共和国国旗法

（1990 年 6 月 28 日第七届全国人民代表大会常务委员会第十四次会议通过　根据 2009 年 8 月 27 日第十一届全国人民代表大会常务委员会第十次会议《关于修改部分法律的决定》第一次修正　根据 2020 年 10 月 17 日第十三届全国人民代表大会常务委员会第二十二次会议《关于修改〈中华人民共和国国旗法〉的决定》第二次修正）

第一条　为了维护国旗的尊严，规范国旗的使用，增强公民的国家观念，弘扬爱国主义精神，培育和践行社会主义核心价值观，根据宪法，制定本法。

第二条 中华人民共和国国旗是五星红旗。

中华人民共和国国旗按照中国人民政治协商会议第一届全体会议主席团公布的国旗制法说明制作。

第三条 国旗的通用尺度为国旗制法说明中所列明的五种尺度。特殊情况使用其他尺度的国旗，应当按照通用尺度成比例适当放大或者缩小。

国旗、旗杆的尺度比例应当适当，并与使用目的、周围建筑、周边环境相适应。

第四条 中华人民共和国国旗是中华人民共和国的象征和标志。

每个公民和组织，都应当尊重和爱护国旗。

第五条 下列场所或者机构所在地，应当每日升挂国旗：

（一）北京天安门广场、新华门；

（二）中国共产党中央委员会，全国人民代表大会常务委员会，国务院，中央军事委员会，中国共产党中央纪律检查委员会、国家监察委员会，最高人民法院，最高人民检察院；中国人民政治协商会议全国委员会；

（三）外交部；

（四）出境入境的机场、港口、火车站和其他边境口岸，边防海防哨所。

第六条 下列机构所在地应当在工作日升挂国旗：

（一）中国共产党中央各部门和地方各级委员会；

（二）国务院各部门；

（三）地方各级人民代表大会常务委员会；

（四）地方各级人民政府；

（五）中国共产党地方各级纪律检查委员会、地方各级监察委员会；

（六）地方各级人民法院和专门人民法院；

（七）地方各级人民检察院和专门人民检察院；

（八）中国人民政治协商会议地方各级委员会；

（九）各民主党派、各人民团体；

（十）中央人民政府驻香港特别行政区有关机构、中央人民政府驻澳门特别行政区有关机构。

学校除寒假、暑假和休息日外，应当每日升挂国旗。有条件的幼儿园参照学校的规定升挂国旗。

图书馆、博物馆、文化馆、美术馆、科技馆、纪念馆、展览馆、体育馆、青少年宫等公共文化体育设施应当在开放日升挂、悬挂国旗。

第七条 国庆节、国际劳动节、元旦、春节和国家宪法日等重要节日、纪念日，各级国家机关、各人民团体以及大型广场、公园等公共活动场所应当升挂国旗；企业事业组织，村民委员会、居民委员会，居民院（楼、小区）有条件的应当升挂国旗。

民族自治地方在民族自治地方成立纪念日和主要传统民族节日应当升挂国旗。

举行宪法宣誓仪式时，应当在宣誓场所悬挂国旗。

第八条 举行重大庆祝、纪念活动，大型文化、体育活动，大型展览会，可以升挂国旗。

第九条 国家倡导公民和组织在适宜的场合使用国旗及其图案，表达爱国情感。

公民和组织在网络中使用国旗图案，应当遵守相关网络管理规定，不得损害国旗尊严。

网络使用的国旗图案标准版本在中国人大网和中国政府网上发布。

第十条 外交活动以及国家驻外使馆领馆和其他外交代表机构升挂、使用国旗的办法，由外交部规定。

第十一条 中国人民解放军和中国人民武装警察部队升挂、使用国旗的办法，由中央军事委员会规定。

第十二条 民用船舶和进入中国领水的外国船舶升挂国旗的办法，由国务院交通主管部门规定。

执行出入境边防检查、边境管理、治安任务的船舶升挂国旗的办法，由国务院公安部门规定。

国家综合性消防救援队伍的船舶升挂国旗的办法，由国务院应急管理部门规定。

第十三条 依照本法第五条、第六条、第七条的规定升挂国旗的，应当早晨升起，傍晚降下。

依照本法规定应当升挂国旗的，遇有恶劣天气，可以不升挂。

第十四条 升挂国旗时，可以举行升旗仪式。

举行升旗仪式时，应当奏唱国歌。在国旗升起的过程中，在场人员应当面向国旗肃立，行注目礼或者按照规定要求敬礼，不得有损害国旗尊严的行为。

北京天安门广场每日举行升旗仪式。

学校除假期外，每周举行一次升旗仪式。

第十五条 下列人士逝世，下半旗志哀：

（一）中华人民共和国主席、全国人民代表大会常务委员会委员长、国务院总理、中央军事委员会主席；

（二）中国人民政治协商会议全国委员会主席；

（三）对中华人民共和国作出杰出贡献的人；

（四）对世界和平或者人类进步事业作出杰出贡献的人。

举行国家公祭仪式或者发生严重自然灾害、突发公共卫生事件以及其他不幸事件造成特别重大伤亡的，可以在全国范围内下半旗志哀，也可以在部分地区或者特定场所下半旗志哀。

依照本条第一款第三项、第四项和第二款的规定下半旗，由国务院有关部门或者省、自治区、直辖市人民政府报国务院决定。

依照本条规定下半旗的日期和场所，由国家成立的治丧机构或者国务院决定。

第十六条　下列人士逝世，举行哀悼仪式时，其遗体、灵柩或者骨灰盒可以覆盖国旗：

（一）本法第十五条第一款第一项至第三项规定的人士；

（二）烈士；

（三）国家规定的其他人士。

覆盖国旗时，国旗不得触及地面，仪式结束后应当将国旗收回保存。

第十七条　升挂国旗，应当将国旗置于显著的位置。

列队举持国旗和其他旗帜行进时，国旗应当在其他旗帜之前。

国旗与其他旗帜同时升挂时，应当将国旗置于中心、较高或者突出的位置。

在外事活动中同时升挂两个以上国家的国旗时，应当按照外交部的规定或者国际惯例升挂。

第十八条　在直立的旗杆上升降国旗，应当徐徐升降。升起时，必须将国旗升至杆顶；降下时，不得使国旗落地。

下半旗时，应当先将国旗升至杆顶，然后降至旗顶与杆顶之间的距离为旗杆全长的三分之一处；降下时，应当先将国旗升至杆顶，然后再降下。

第十九条　不得升挂或者使用破损、污损、褪色或者不合规格的国旗，不得倒挂、倒插或者以其他有损国旗尊严的方式升挂、使用国旗。

不得随意丢弃国旗。破损、污损、褪色或者不合规格的国旗应当按照国家有关规定收回、处置。大型群众性活动结束后，活动主办方应当收回或者妥善处置活动现场使用的国旗。

第二十条　国旗及其图案不得用作商标、授予专利权的外观设计和商业广告，不得用于私人丧事活动等不适宜的情形。

第二十一条　国旗应当作为爱国主义教育的重要内容。

中小学应当教育学生了解国旗的历史和精神内涵、遵守国旗升挂使用规范和升旗仪式礼仪。

新闻媒体应当积极宣传国旗知识，引导公民和组织正确使用国旗及其图案。

第二十二条　国务院办公厅统筹协调全国范围内国旗管理有关工作。地方各级人民政府统筹协调本行政区域内国旗管理有关工作。

各级人民政府市场监督管理部门对国旗的制作和销售实施监督管理。

县级人民政府确定的部门对本行政区域内国旗的升挂、使用和收回实施监督管理。

外交部、国务院交通主管部门、中央军事委员会有关部门对各自管辖范围内国旗的升挂、使用和收回实施监督管理。

第二十三条　在公共场合故意以焚烧、毁损、涂划、玷污、践踏等方式侮辱中华人民共和国国旗的，依法追究刑事责任；情节较轻的，由公安机关处以十五日以下拘留。

第二十四条　本法自 1990 年 10 月 1 日起施行。

附：

国旗制法说明

（1949 年 9 月 28 日中国人民政治协商会议第一届全体会议主席团公布）

国旗的形状、颜色两面相同，旗上五星两面相对。为便利计，本件仅以旗杆在左之一面为说明之标准。对于旗杆在右之一面，凡本件所称左均应改右，所称右均应改左。

（一）旗面为红色，长方形，其长与高为三与二之比，旗面左上方缀黄色五角星五颗。一星较大，其外接圆直径为旗高十分之三，居左；四星较小，其外接圆直径为旗高十分之一，环拱于大星之右。旗杆套为白色。

（二）五星之位置与画法如下：

甲、为便于确定五星之位置，先将旗面对分为四个相等的长方形，将左上方之长方形上下划为十等分，左右划为十五等分。

乙、大五角星的中心点，在该长方形上五下五、左五右十之处。其画法为：以此点为圆心，以三等分为半径作一圆。在此圆周上，定出五个等距离的点，其一点须位于圆之正上方。然后将此五点中各相隔的两点相联，使各成一直线。此五直线所构成之外轮廓线，即为所需之大五角星。五角星之一个角尖正向上方。

丙、四颗小五角星的中心点，第一点在该长方形上二下八、左十右五之处，第二点在上四下六、左十二右三之处，第三点在上七下三、左十二右三之处，第四点在上九下一、左十右五之处。其画法为：以以上四点为圆心，各以一等分为半径，分别作四个圆。在每个圆上各定出五个等距离的点，其中均须各有一点位于大五角星中心点与以上四个圆心的各联结线上。然后用构成大五角星的同样方法，构成小五角星。此四颗小五角星均各有一个角尖正对大五角星的中心点。

（三）国旗之通用尺度定为如下五种，各界酌情选用：

甲、长 288 公分，高 192 公分。

乙、长 240 公分，高 160 公分。

丙、长 192 公分，高 128 公分。

丁、长 144 公分，高 96 公分。

戊、长 96 公分，高 64 公分。

国旗制法图案

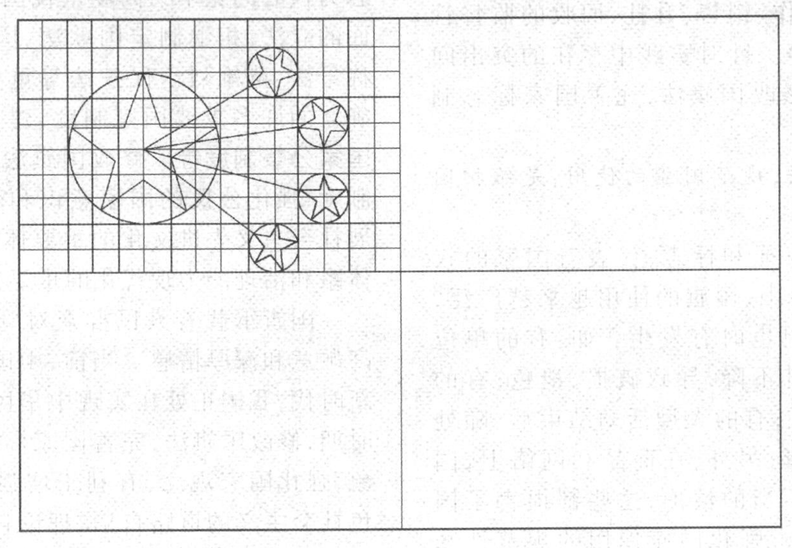

关于《中华人民共和国国旗法(修正草案)》的说明

——2020 年 8 月 8 日在第十三届全国人民代表大会常务委员会第二十一次会议上

全国人大常委会法制工作委员会副主任　武　增

全国人民代表大会常务委员会:

我受委员长会议的委托,作关于《中华人民共和国国旗法(修正草案)》的说明。

一、修改国旗法的必要性和重要意义

我国宪法第一百四十一条规定:"中华人民共和国国旗是五星红旗。"1990 年 6 月七届全国人大常委会第十四次会议通过国旗法,对国旗的尺度、升挂、使用和监督管理等作出规定。2009 年 8 月十一届全国人大常委会第十次会议对国旗法的法律责任条款作了修改。国旗法颁布施行三十年来,对保障国旗的正确使用,维护国旗的尊严,增强公民的国家观念,弘扬爱国主义精神,发挥了重要作用。同时,随着我国政治和社会的发展,国旗的使用越来越广泛,成为人民群众表达爱国情感的重要方式,国旗法实施中也遇到一些新情况新问题,如国旗的通用尺度已不能满足实践中国旗使用多样化的需求;国旗升挂和使用的场合已不适应国家政治和社会发展的需要;国旗升挂和使用中存在一些不规范的情况;国旗制作、销售、升挂、回收的监督管理部门还不够明确等。针对实践中存在的突出问题,与时俱进,适时修改国旗法,完善国家标志制度,具有重要意义。

(一)修改国旗法,规范国旗的使用,是维护国家形象和尊严的需要

国旗是国家的象征和标志,代表着国家的权威与尊严。现实生活中,国旗的使用越来越广泛,国旗使用不当的情况也时有发生。如:有的单位升挂的国旗长年只升不降,导致破损、褪色;有的出现倒挂国旗的现象;有的大型活动结束后,随处可见丢弃的手持国旗;另外,在商品和网络上,国旗图案也有些使用不当的情形,这些都损害了国旗尊严。修改国旗法,强化国旗使用的规范性和严肃性,加强国旗使用的管理监督,有利于形成维护国旗尊严的意识和社会氛围,有利于维护国家的形象和尊严。

(二)修改国旗法,鼓励国旗的使用,是培育和践行社会主义核心价值观的需要

爱国是社会主义核心价值观的重要内容,国旗作为国家的象征和标志,是进行爱国主义教育的最好教材。现行国旗法主要对国家机关、学校升挂国旗提出了要求,对企业事业组织、村民委员会、居民委员会以及一些公共场合升挂国旗作了原则规定,没有对公民个人使用国旗和国旗图案作出规定。实践中,国旗和国旗图案不断从机关走向社会,从实际生活走向网络空间,成为人民群众表达爱国情感、增强国家观念的重要方式。修改完善国旗法,鼓励人民群众使用国旗表达爱国情感,有利于弘扬爱国主义精神,培育和践行社会主义核心价值观。

(三)修改国旗法,完善国家象征和标志制度,是推进国家治理体系和治理能力现代化的需要

党的十九届四中全会决定提出:发展社会主义先进文化、广泛凝聚人民精神力量,是国家治理体系和治理能力现代化的深厚支撑。国旗制度是国家制度的重要方面。党的十八大以来,以习近平同志为核心的党中央高度重视国家仪典、国家标志方面的立法,相继制定国歌法、国家勋章和国家荣誉称号法、英雄烈士保护法等重要法律,完善了宪法确立的许多重要国家制度,建立了宪法宣誓制度、国家公祭制度等。修改国旗法,完善国家标志法律制度,强化公民的国家意识和爱国主义精神,是发展社会主义先进文化的重要体现,是推进国家治理体系和治理能力现代化的重要支撑。

国旗承载着人民群众对党对国家对民族的崇高敬意和深厚情感。当前,中国特色社会主义进入新时代,我国正处在实现中华民族伟大复兴的关键时期,修改国旗法,完善国家标志制度,展现大国气象,强化国家观念,有利于增强全体人民对中国特色社会主义的道路自信、理论自信、制度自信、文化自信,有利于为实现中华民族伟大复兴的中国梦凝聚强大的精神力量。

二、修改的工作过程、指导思想和遵循的原则

近年来，一些全国人大代表、全国政协委员和专家学者提出修改完善国旗法的意见建议。2019年2月和3月，习近平总书记两次对完善国旗法作出重要批示，为完善国旗法律制度提供基本遵循和重要指引。全国人大常委会高度重视，将国旗法修改列入常委会年度立法工作计划，法制工作委员会立即启动修改工作，研究总结实践中国旗使用好的经验做法，梳理存在的问题，对国外有关国旗的立法进行了研究；到北京、浙江进行调研，了解国旗制作和使用、国旗教育等方面的情况；召开座谈会，听取全国人大代表、政协委员、专家学者和中央有关部门意见。同时，认真研究吸收中央政策研究室关于完善国旗法的意见建议。在形成修改方案后，又书面征求了部分中央和国家机关意见。在此基础上，形成了《中华人民共和国国旗法（修正草案）》。经委员长会议审议，决定将国旗法（修正草案）提请本次常委会会议审议。

修改国旗法坚持以习近平新时代中国特色社会主义思想为指导，贯彻党的十九大和十九届二中、三中、四中全会精神，完善国家重要标志制度，在全社会形成尊重、爱护国旗的氛围，增强公民的国家观念，弘扬爱国主义精神，培育和践行社会主义核心价值观，为实现中华民族伟大复兴凝聚精神力量。

修改国旗法遵循的原则：一是坚持部分修改，不作大的修改，重点完善国旗的礼仪规范和使用规则，明确国旗使用的监督管理部门。二是根据国旗的特点，强调鼓励与规范并重，增加国旗非通用尺度使用的场合和要求，鼓励公民和组织在适当场合升挂、使用国旗和国旗图案，加强国旗宣传教育。三是进一步规范国旗及其图案的使用，对实践中影响国旗权威和尊严的问题作出规范，维护国旗的权威和尊严。四是做好与国歌法等涉及国旗的相关法律的衔接，保持法律规范之间的和谐统一。

三、修正草案的主要内容

修正草案共19条，主要内容如下：

（一）关于完善国旗的尺度

国旗法所附的《国旗制法说明》对国旗的样式和五种通用尺度作出规定。目前，这五种通用尺度已不能满足实践中使用国旗多样化的需求。考虑到《国旗制法说明》是1949年9月28日中国人民政治协商会议第一届全体会议主席团公布的，已成为一份重要历史性文献，不宜对《国旗制法说明》进行直接修改。因此，草案增加了对非通用尺度国旗的原则规定，同时对国旗与旗杆的尺度比例等提出要求，规定："国旗的通用尺度为国旗制法说明中所列明的五种尺度。特殊情况使用其他尺度的国旗，应当按照通用尺度成比例适当放大或者缩小"，"国旗、旗杆的尺度比例应当适当，并与使用目的、周围建筑、周边环境相适应"。

（二）关于增加升挂国旗的场合

国旗法第五条、第六条、第七条分别对不同国家机关、单位、场所在每日、工作日和节假日升挂国旗作了规定。草案从以下几个方面进一步完善升挂国旗场合的规定。一是为体现中国共产党在国家中的领导地位，增加规定"中国共产党中央委员会"每日升挂国旗，"中国共产党中央各部门和地方各级委员会"在工作日升挂国旗。二是为体现国家监察体制改革后国家机构的新变化，增加规定"中国共产党中央纪律检查委员会、国家监察委员会"每日升挂国旗，"中国共产党地方各级纪律检查委员会、地方各级监察委员会"在工作日升挂国旗。三是增加规定各民主党派、各人民团体在工作日升挂国旗。四是加强国旗的教育功能，增加规定"有条件的非全日制学校可以参照全日制学校的规定升挂国旗"，"国家鼓励图书馆、博物馆、文化馆、美术馆、科技馆、纪念馆、青少年宫等公共文化设施在开放日升挂国旗"。五是根据实践发展，增加规定宪法宣誓场所悬挂国旗，增加国家宪法日、烈士纪念日升挂国旗的要求，并对居民小区在重要节日、纪念日升挂国旗作出规定。同时，删去了现行法第七条第二款"不以春节为传统节日的少数民族地区，春节是否升挂国旗，由民族自治地方的自治机关规定"的内容。

（三）关于规范升旗仪式要求

国旗法第十三条规定，举行升国旗仪式时，在国旗升起的过程中，参加者应当面向国旗肃立致敬，并可以奏国歌或者唱国歌。为了进一步增强升国旗仪式的严肃性、强化仪式感，草案对参加者的礼仪规范进一步明确，规定："举行升旗仪式时，应当奏唱国歌，在国旗升起的过程中，参加者应当面向国旗肃立行注目礼或者按照规定要求敬礼，不得有损害国旗尊严的行为。"同时，北京天安门广场每日举行的升国旗仪式，已经成为国家的一项重要日常仪典，也是全国各族人民凝心聚力的重要形式，

为此草案对这项仪式予以明确，增加规定“北京天安门广场每日举行升旗仪式，由中国人民解放军仪仗队负责”。

（四）关于完善使用国旗志哀相关制度

国旗法第十四条对下半旗制度作了规定。实践中，除全国范围内下半旗外，也出现了在部分地区或者特定场所下半旗的情形。为进一步适应实践需求，草案规定发生特别重大伤亡的不幸事件、严重自然灾害和公共卫生事件造成重大伤亡或者举行国家公祭仪式时，“可以在全国范围内下半旗志哀，也可以在部分地区或者特定场所下半旗志哀”。同时，为了进一步增强这项制度的可操作性，根据实践中的做法，增加了下半旗的程序规定，明确“由国务院有关部门或者省、自治区、直辖市人民政府”报国务院决定。此外，为了完善国家仪典制度，规范国旗的使用，根据实践情况，草案增加规定：“本法第十六条第一款第一项至第三项规定的人士逝世后以及烈士，其遗体、灵柩或者骨灰盒可以覆盖国旗”，“按照前款规定覆盖国旗时，国旗不得触及地面，有关仪式结束后应当将国旗收回保存”。

（五）关于完善国旗及其图案使用要求

为加强国旗及其图案使用的规范化，草案进一步明确国旗及其图案“不得用作商标、产品外观设计和商业广告，不得用于私人丧事活动等不适宜的情形”；增加规定“公民和组织在网络中使用国旗图案，应当遵守相关网络管理规定，不得损害国旗尊严”。为防止倒挂国旗、大型活动过后国旗随意丢弃等损害国旗尊严的情形，草案增加规定“不得倒挂或者以其他有损国旗尊严的方式升挂、使用国旗”，“不得随意丢弃国旗。破损、污损、褪色或者不合规格的国旗应当按国家有关规定回收、处置。大型群众性活动结束后，活动主办方应当妥善处置活动现场使用的各类国旗”。

（六）关于加强国旗宣传教育

为了进一步鼓励公民通过使用国旗表达爱国情感，发挥国旗在爱国主义教育中的重要作用，增加规定“国家倡导公民和组织在适宜的场合使用国旗及其图案，表达爱国情感”，“新闻媒体应当积极宣传国旗知识，引导公民正确使用国旗及其图案”；“全日制学校应当将国旗教育作为爱国主义教育的重要内容，教育学生了解国旗的历史和精神内涵，遵守国旗升挂使用规范和升国旗仪式礼仪”。

（七）关于明确国旗的监管部门

现行国旗法规定国旗的监督管理主体为地方各级人民政府，没有明确具体部门，在实践中导致监管不到位的情况。为进一步加强国旗使用的监督管理，明确具体涉及国旗制作、销售、升挂、使用、回收等方面监管责任，草案增加规定“国务院确定的部门统筹协调全国范围内国旗管理有关工作。地方各级人民政府统筹协调本行政区域内国旗管理有关工作”，“地方各级人民政府市场监督管理部门对本行政区域内国旗的制作和销售，实施监督管理”，“县级人民政府确定的部门对本行政区域内国旗的升挂、使用和回收，实施监督管理”。

此外，还有一个问题需要说明。国旗法已经列入香港特别行政区基本法、澳门特别行政区基本法附件三，并已在香港特别行政区、澳门特别行政区实施。这次修改国旗法无需重新列入两个基本法附件三。考虑到香港特别行政区、澳门特别行政区均已通过本地立法实施国旗法，经研究，建议两个特别行政区根据修改后国旗法的有关规定、原则和精神，对各自本地立法作相应修改。

国旗法（修正草案）和以上说明是否妥当，请审议。

全国人民代表大会宪法和法律委员会关于《中华人民共和国国旗法（修正草案）》审议结果的报告

——2020 年 10 月 13 日在第十三届全国人民代表大会常务委员会第二十二次会议上

全国人大宪法和法律委员会副主任委员　沈春耀

全国人民代表大会常务委员会：

常委会第二十一次会议对国旗法修正草案进行了初次审议。会后，法制工作委员会书面征求了中央有关部门和地方的意见，在中国人大网上向社会公众公开征求意见，并就有关问题与国务院办公厅、中央机构编制委员会办公室等部门进行了沟通。宪法和法律委员会、法制工作委员会召开中央有关部门和专家座谈会听取意见。宪法和法律委员会于9月14日召开会议，根据常委会组成人员的审议意见和各方面意见，对修正草案进行了逐条审议。司法部有关同志列席了会议。9月29日，宪法和法律委员会召开会议，再次进行了审议。宪法和法律委员会认为，为了维护国旗的尊严，增强公民的国家观念，弘扬爱国主义精神，对国旗法进行修改是必要的，草案经过常委会审议修改，已经比较成熟。同时，提出以下主要修改意见：

一、有些常委会组成人员建议根据实践中国旗的使用情况，在现有规定的基础上对国旗的升挂、悬挂作进一步规范。宪法和法律委员会经研究，建议增加规定：一是，专门人民法院和专门人民检察院应当在工作日升挂国旗；二是，“中央人民政府驻香港特别行政区有关机构、中央人民政府驻澳门特别行政区有关机构”应当在工作日升挂国旗；三是，有条件的幼儿园参照学校的规定升挂国旗；四是，展览馆、体育馆应当在开放日升挂、悬挂国旗。

二、国务院办公厅提出，应当对国旗图案标准版本的发布作出规定。宪法和法律委员会经研究，建议增加一款规定“网络使用的国旗图案标准版本在中国人大网和中国政府网上发布”。

三、修正草案第四条规定“国务院确定的部门统筹协调全国范围内国旗管理有关工作”。有的常委会组成人员、单位和专家建议进一步明确统筹协调国旗管理的具体部门，确保责任落实。宪法和法律委员会经与国务院办公厅、中央机构编制委员会办公室研究，建议修改为“国务院办公厅统筹协调全国范围内国旗管理有关工作”。

此外，还对修正草案作了一些文字修改。

9月25日上午，法制工作委员会召开会议，邀请部分专家学者、北京市有关机关、街道办事处和社区代表等就国旗法修正草案中主要制度规范的可行性、法律出台时机、法律实施的社会效果和可能出现的问题等作了评估。与会人员普遍认为，修正草案总结实践经验，对国旗的使用和监管进行了修改完善，有利于增强公民的国家观念，弘扬爱国主义精神，培育和践行社会主义核心价值观，其主要制度规范是可行的，现在出台是必要的、适时的。同时，有的与会人员还对修正草案提出了一些具体修改意见，宪法和法律委员会经研究，对有的意见予以采纳。

宪法和法律委员会已按上述意见提出了全国人民代表大会常务委员会关于修改《中华人民共和国国旗法》的决定（草案）。宪法和法律委员会建议，修改决定草案提请本次常委会会议审议通过。

修改决定草案和以上报告是否妥当，请审议。

全国人民代表大会宪法和法律委员会关于《全国人民代表大会常务委员会关于修改〈中华人民共和国国旗法〉的决定（草案）》修改意见的报告

——2020年10月16日在第十三届全国人民代表大会常务委员会第二十二次会议上

全国人民代表大会常务委员会：

本次常委会会议于10月14日上午对国旗法修改决定草案进行了分组审议。普遍认为，修改决定草案已经比较成熟，建议进一步修改完善后，提请本次常委会会议表决通过。同时，有些常委会组成人员还提出了一些修改意见。宪法和法律委员会于10月14日下午召开会议，逐条研究了常委会组成人员的审议意见，对修改决定草案进行了审议。司法部有关同志列席了会议。宪法和法律委员会认为，修改决定草案是可行的，同时，提出以下修改意见：

一、修改决定草案第十条中对举行升旗仪式时参加者的礼仪规范作了规定。有的常委会组成人员提出，举行升旗仪式时，除参加者外，其他在场人员也应当遵守相应的礼仪规范。宪法和法律委员会经研究，建议采纳这一意见，将本条中的“参加者”修改为“在场人员”。

二、修改决定草案第十五条中规定：“中小学应当将国旗作为爱国主义教育的重要内容，教育学生了解国旗的历史和精神内涵，遵守国旗升挂使用规范和升国旗仪式礼仪。”有的常委会组成人员提出，国旗是强化爱国意识、培育和践行社会主义核心价值观的重要载体，应当纳入全民爱国主义教育。宪法和法律委员会经研究，建议将上述规定修改为：“国旗应当作为爱国主义教育的重要内容。”“中小学应当教育学生了解国旗的历史和精神内涵、遵守国旗升挂使用规范和升旗仪式礼仪。”

经研究，建议将本决定的施行时间确定为2021年1月1日。

此外，还对修改决定草案作了一些文字修改。

审议中有的常委会组成人员还提出了一些其他意见，涉及国旗管理使用的具体问题和宣传教育。宪法和法律委员会经研究认为，国旗管理使用中的具体问题可由主管部门根据实践情况提出要求；关于加强国旗法的宣传教育，建议有关部门研究落实。

修改决定草案建议表决稿已按上述意见作了修改，宪法和法律委员会建议本次常委会会议审议通过。

修改决定草案建议表决稿和以上报告是否妥当，请审议。

中华人民共和国主席令

第六十号

《全国人民代表大会常务委员会关于修改〈中华人民共和国国徽法〉的决定》已由中华人民共和国第十三届全国人民代表大会常务委员会第二十二次会议于2020年10月17日通过，现予公布，自2021年1月1日起施行。

中华人民共和国主席　习近平

2020年10月17日

全国人民代表大会常务委员会关于修改《中华人民共和国国徽法》的决定

（2020年10月17日第十三届全国人民代表大会常务委员会第二十二次会议通过）

第十三届全国人民代表大会常务委员会第二十二次会议决定对《中华人民共和国国徽法》作如下修改：

一、将第一条修改为：“为了维护国徽的尊严，正确使用国徽，增强公民的国家观念，弘扬爱国主义精神，培育和践行社会主义核心价值观，根据宪法，制定本法。”

二、将第四条第一款修改为：“下列机构应当悬挂国徽：

“（一）各级人民代表大会常务委员会；

“（二）各级人民政府；

“（三）中央军事委员会；

“（四）各级监察委员会；

“（五）各级人民法院和专门人民法院；

“（六）各级人民检察院和专门人民检察院；

“（七）外交部；

“（八）国家驻外使馆、领馆和其他外交代表机构；

“（九）中央人民政府驻香港特别行政区有关机构、中央人民政府驻澳门特别行政区有关机构。”

删去第二款。

三、将第五条第一项、第二项修改为：“（一）北京天安门城楼、人民大会堂；

“（二）县级以上各级人民代表大会及其常务委员会会议厅，乡、民族乡、镇的人民代表大会会场”。

增加一项，作为第四项：“（四）宪法宣誓场所”。

四、将第六条第一项修改为：“（一）全国人民代表大会常务委员会，国务院，中央军事委员会，国家监察委员会，最高人民法院，最高人民检察院”。

第三项修改为：“（三）县级以上地方各级人民代表大会常务委员会、人民政府、监察委员会、人民法院、人民检察院，专门人民法院，专门人民检察院”。

五、增加一条，作为第七条：“本法第六条规定的机构应当在其网站首页显著位置使用国徽图案。

“网站使用的国徽图案标准版本在中国人大网

和中国政府网上发布。”

六、将第七条改为第八条，第二项修改为：“（二）中华人民共和国主席、副主席，全国人民代表大会常务委员会委员长、副委员长，国务院总理、副总理、国务委员，中央军事委员会主席、副主席，国家监察委员会主任，最高人民法院院长和最高人民检察院检察长以职务名义对外使用的信封、信笺、请柬等”。

七、增加一条，作为第九条：“标示国界线的界桩、界碑和标示领海基点方位的标志碑以及其他用于显示国家主权的标志物可以使用国徽图案。

“中国人民银行发行的法定货币可以使用国徽图案。”

八、增加一条，作为第十条：“下列证件、证照可以使用国徽图案：

“（一）国家机关工作人员的工作证件、执法证件等；

“（二）国家机关颁发的营业执照、许可证书、批准证书、资格证书、权利证书等；

“（三）居民身份证，中华人民共和国护照等法定出入境证件。

“国家机关和武装力量的徽章可以将国徽图案作为核心图案。

“公民在庄重的场合可以佩戴国徽徽章，表达爱国情感。”

九、将第十条改为第十三条，第一项、第二项修改为：

“（一）商标、授予专利权的外观设计、商业广告；

“（二）日常用品、日常生活的陈设布置”。

十、增加一条，作为第十五条：“国徽应当作为爱国主义教育的重要内容。

“中小学应当教育学生了解国徽的历史和精神内涵。

“新闻媒体应当积极宣传国徽知识，引导公民和组织正确使用国徽及其图案。”

十一、将第十二条改为第十六条，第二款修改为：“需要悬挂非通用尺度国徽的，应当按照通用尺度成比例适当放大或者缩小，并与使用目的、所在建筑物、周边环境相适应。”

十二、将第十四条改为第十七条，修改为：“国务院办公厅统筹协调全国范围内国徽管理有关工作。地方各级人民政府统筹协调本行政区域内国徽管理有关工作。

“各级人民政府市场监督管理部门对国徽的制作和销售实施监督管理。

“县级人民政府确定的部门对本行政区域内国徽的悬挂、使用和收回实施监督管理。”

本决定自2021年1月1日起施行。

《中华人民共和国国徽法》根据本决定作相应修改并对条文顺序作相应调整，重新公布。

中华人民共和国国徽法

（1991年3月2日第七届全国人民代表大会常务委员会第十八次会议通过　根据2009年8月27日第十一届全国人民代表大会常务委员会第十次会议《关于修改部分法律的决定》第一次修正　根据2020年10月17日第十三届全国人民代表大会常务委员会第二十二次会议《关于修改〈中华人民共和国国徽法〉的决定》第二次修正）

第一条　为了维护国徽的尊严，正确使用国徽，增强公民的国家观念，弘扬爱国主义精神，培育和践行社会主义核心价值观，根据宪法，制定本法。

第二条　中华人民共和国国徽，中间是五星照耀下的天安门，周围是谷穗和齿轮。

中华人民共和国国徽按照1950年中央人民政府委员会通过的《中华人民共和国国徽图案》和中央人民政府委员会办公厅公布的《中华人民共和国国徽图案制作说明》制作。

第三条　中华人民共和国国徽是中华人民共和国的象征和标志。

一切组织和公民，都应当尊重和爱护国徽。

第四条　下列机构应当悬挂国徽：

（一）各级人民代表大会常务委员会；

（二）各级人民政府；

（三）中央军事委员会；

（四）各级监察委员会；

（五）各级人民法院和专门人民法院；

（六）各级人民检察院和专门人民检察院；

（七）外交部；

（八）国家驻外使馆、领馆和其他外交代表机构；

（九）中央人民政府驻香港特别行政区有关机构、中央人民政府驻澳门特别行政区有关机构。

国徽应当悬挂在机关正门上方正中处。

第五条 下列场所应当悬挂国徽：

（一）北京天安门城楼、人民大会堂；

（二）县级以上各级人民代表大会及其常务委员会会议厅，乡、民族乡、镇的人民代表大会会场；

（三）各级人民法院和专门人民法院的审判庭；

（四）宪法宣誓场所；

（五）出境入境口岸的适当场所。

第六条 下列机构的印章应当刻有国徽图案：

（一）全国人民代表大会常务委员会，国务院，中央军事委员会，国家监察委员会，最高人民法院，最高人民检察院；

（二）全国人民代表大会各专门委员会和全国人民代表大会常务委员会办公厅、工作委员会，国务院各部、各委员会、各直属机构、国务院办公厅以及国务院规定应当使用刻有国徽图案印章的办事机构，中央军事委员会办公厅以及中央军事委员会规定应当使用刻有国徽图案印章的其他机构；

（三）县级以上地方各级人民代表大会常务委员会、人民政府、监察委员会、人民法院、人民检察院，专门人民法院，专门人民检察院；

（四）国家驻外使馆、领馆和其他外交代表机构。

第七条 本法第六条规定的机构应当在其网站首页显著位置使用国徽图案。

网站使用的国徽图案标准版本在中国人大网和中国政府网上发布。

第八条 下列文书、出版物等应当印有国徽图案：

（一）全国人民代表大会常务委员会、中华人民共和国主席和国务院颁发的荣誉证书、任命书、外交文书；

（二）中华人民共和国主席、副主席，全国人民代表大会常务委员会委员长、副委员长，国务院总理、副总理、国务委员，中央军事委员会主席、副主席，国家监察委员会主任，最高人民法院院长和最高人民检察院检察长以职务名义对外使用的信封、信笺、请柬等；

（三）全国人民代表大会常务委员会公报、国务院公报、最高人民法院公报和最高人民检察院公报的封面；

（四）国家出版的法律、法规正式版本的封面。

第九条 标示国界线的界桩、界碑和标示领海基点方位的标志碑以及其他用于显示国家主权的标志物可以使用国徽图案。

中国人民银行发行的法定货币可以使用国徽图案。

第十条 下列证件、证照可以使用国徽图案：

（一）国家机关工作人员的工作证件、执法证件等；

（二）国家机关颁发的营业执照、许可证书、批准证书、资格证书、权利证书等；

（三）居民身份证，中华人民共和国护照等法定出入境证件。

国家机关和武装力量的徽章可以将国徽图案作为核心图案。

公民在庄重的场合可以佩戴国徽徽章，表达爱国情感。

第十一条 外事活动和国家驻外使馆、领馆以及其他外交代表机构对外使用国徽图案的办法，由外交部规定，报国务院批准后施行。

第十二条 在本法规定的范围以外需要悬挂国徽或者使用国徽图案的，由全国人民代表大会常务委员会办公厅或者国务院办公厅会同有关主管部门规定。

第十三条 国徽及其图案不得用于：

（一）商标、授予专利权的外观设计、商业广告；

（二）日常用品、日常生活的陈设布置；

（三）私人庆吊活动；

（四）国务院办公厅规定不得使用国徽及其图案的其他场合。

第十四条 不得悬挂破损、污损或者不合规格的国徽。

第十五条 国徽应当作为爱国主义教育的重要内容。

中小学应当教育学生了解国徽的历史和精神内涵。

新闻媒体应当积极宣传国徽知识，引导公民和组织正确使用国徽及其图案。

第十六条 悬挂的国徽由国家指定的企业统一制作，其直径的通用尺度为下列三种：

（一）一百厘米；

（二）八十厘米；

（三）六十厘米。

需要悬挂非通用尺度国徽的，应当按照通用尺度成比例适当放大或者缩小，并与使用目的、所在建筑物、周边环境相适应。

第十七条 国务院办公厅统筹协调全国范围内国徽管理有关工作。地方各级人民政府统筹协调本行政区域内国徽管理有关工作。

各级人民政府市场监督管理部门对国徽的制作和销售实施监督管理。

县级人民政府确定的部门对本行政区域内国徽的悬挂、使用和收回实施监督管理。

第十八条 在公共场合故意以焚烧、毁损、涂划、玷污、践踏等方式侮辱中华人民共和国国徽的，依法追究刑事责任；情节较轻的，由公安机关处以十五日以下拘留。

第十九条 本法自1991年10月1日起施行。

附件：

中华人民共和国国徽图案

（1950 年 6 月 28 日中央人民政府委员会第八次会议通过）

说明：国徽的内容为国旗、天安门、齿轮和麦稻穗，象征中国人民自“五四”运动以来的新民主主义革命斗争和工人阶级领导的以工农联盟为基础的人民民主专政的新中国的诞生。

中华人民共和国国徽图案制作说明

（1950 年 9 月 20 日中央人民政府委员会办公厅公布）

一、两把麦稻组成正圆形的环。齿轮安在下方麦稻杆的交叉点上。齿轮的中心交结着红绶。红绶向左右绾住麦稻而下垂，把齿轮分成上下两部。

二、从图案正中垂直画一直线，其左右两部分，完全对称。

三、图案各部分之地位、尺寸，可根据方格墨线图之比例，放大或缩小。

四、如制作浮雕，其各部位之高低，可根据断面图之比例放大或缩小。

五、国徽之涂色为金红二色：麦稻、五星、天安门、齿轮为金色，圆环内之底子及垂绶为红色；红为正红（同于国旗），金为大赤金（淡色而有光泽之金）。

中华人民共和国国徽方格墨线图

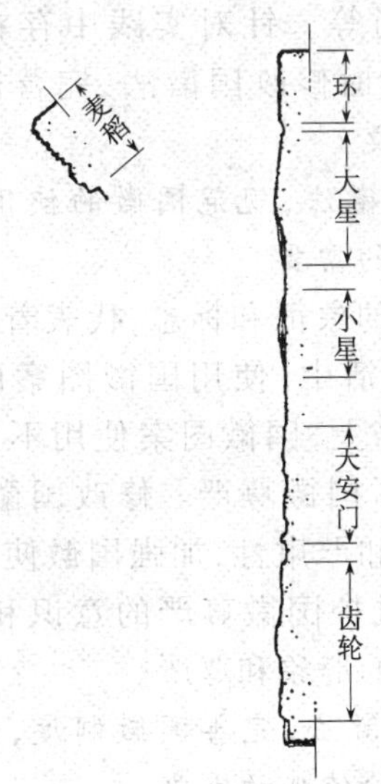

中华人民共和国国徽纵断面图

关于《中华人民共和国国徽法(修正草案)》的说明

——2020 年 8 月 8 日在第十三届全国人民代表大会常务委员会第二十一次会议上

全国人大常委会法制工作委员会副主任 武 增

全国人民代表大会常务委员会:

我受委员长会议的委托,作关于《中华人民共和国国徽法(修正草案)》的说明。

一、修改国徽法的必要性和重要意义

我国宪法第一百四十二条规定:“中华人民共和国国徽,中间是五星照耀下的天安门,周围是谷穗和齿轮。”1991 年 3 月七届全国人大常委会第十八次会议通过国徽法,对国徽的制作、悬挂、国徽图案的使用以及国徽使用的监督管理等作出规定。2009 年 8 月十一届全国人大常委会第十次会议对国徽法的法律责任条款作了修改。国徽法颁布施行近三十年来,对于保障国徽的正确使用,维护国徽的尊严,增强公民的国家观念,弘扬爱国主义精神,发挥了重要作用。同时,随着我国政治和社会的发展,国徽法实施中也遇到一些新情况新问题,主要是:国家机关使用国徽的情形需要进一步完善;国徽图案的使用需要进一步规范,哪些证件证照、网站等能够使用国徽图案需要明确;国徽的通用尺度也不适应现实需要,国徽制作、销售、悬挂、使用、回收的监督管理部门还不够明确等。针对实践中存在的突出问题,与时俱进,适时修改国徽法,完善国家标志制度,具有重要意义。

(一)修改国徽法,规范国徽的使用,是维护国家的形象和尊严的需要

国徽是国家的象征和标志,代表着国家的权威与尊严。现实生活中,使用国徽图案的情况比较多,在商品和网络上,国徽图案使用不当的情形也时有发生,损害了国徽尊严。修改国徽法,强化国徽使用的规范性和严肃性,加强国徽使用的管理监督,有利于形成维护国徽尊严的意识和社会氛围,有利于维护国家的形象和尊严。

(二)修改国徽法,完善国徽制度,是培育和践行社会主义核心价值观的需要

爱国是社会主义核心价值观的重要内容,国徽作为国家的象征和标志,是进行爱国主义教育的最好教材。现行国徽法主要对国家机关悬挂国徽提出了要求,没有对各类证件证照、网站等使用国徽图案作出规定。实践中,国徽及其图案广泛运用于国家机关颁发的工作证件、身份证等各类证件、证照,成为代表国家机关认证、认可的重要方式。修改完善国徽法,有利于弘扬爱国主义精神,培育和践行社会主义核心价值观。

(三)修改国徽法,完善国家象征和标志制度,是推进国家治理体系和治理能力现代化的需要

党的十九届四中全会决定提出:发展社会主义先进文化、广泛凝聚人民精神力量,是国家治理体系和治理能力现代化的深厚支撑。国徽制度是国家制度的重要方面。党的十八大以来,以习近平同志为核心的党中央高度重视国家仪典、国家标志方面的立法,相继制定国歌法、国家勋章和国家荣誉称号法、英雄烈士保护法等重要法律,完善了宪法确立的许多重要国家制度,建立了宪法宣誓制度、国家公祭制度等。修改国徽法,完善国家标志法律制度,强化公民的国家意识和爱国主义精神,是发展社会主义先进文化的重要体现,是推进国家治理体系和治理能力现代化的重要支撑。

当前,中国特色社会主义进入新时代,我国正处在实现中华民族伟大复兴的关键时期,修改国徽法,完善国家标志制度,展现大国气象,强化国家观念,有利于增强全体人民对中国特色社会主义的道路自信、理论自信、制度自信、文化自信,有利于为实现中华民族伟大复兴的中国梦凝聚强大的精神力量。

二、修改的工作过程、指导思想和遵循的原则

近年来,一些全国人大代表、全国政协委员和专家学者提出修改完善国徽法的意见建议。2019 年 3 月,全国人大常委会在研究落实习近平总书记

关于完善国旗法的重要批示时，提出一并对国徽法进行修改完善，将国徽法修改列入常委会年度立法工作计划。法制工作委员会立即启动修改工作，研究总结实践中国徽使用好的经验做法，梳理存在的问题，对国外有关国徽的立法进行了研究；到北京、浙江进行调研，了解国徽制作和使用、国徽教育等方面的情况；召开座谈会，听取全国人大代表、政协委员、专家学者和中央有关部门意见。在形成修改方案后，又书面征求了部分中央和国家机关意见。在此基础上，形成了《中华人民共和国国徽法（修正草案）》。经委员长会议审议，决定将国徽法（修正草案）提请本次常委会会议审议。

修改国徽法坚持以习近平新时代中国特色社会主义思想为指导，贯彻党的十九大和十九届二中、三中、四中全会精神，完善国家重要标志制度，在全社会形成尊重、爱护国徽的氛围，增强公民的国家观念，弘扬爱国主义精神，培育和践行社会主义核心价值观，为实现中华民族伟大复兴凝聚精神力量。

修改国徽法遵循的原则：一是坚持部分修改，不作大的修改。突出重点，对实践中影响国徽权威和尊严的问题作出规范，明确国徽使用的监督管理部门。二是坚持以规范为主。进一步完善国家机关使用国徽和国徽图案的情形，对使用非通用尺度的国徽作了更加灵活的规定。同时对国徽及其图案的使用作出明确规范，维护国徽的权威和尊严。三是做好与涉及国徽的其他相关法律的衔接，保持法律规范之间的和谐统一。

三、修正草案的主要内容

修正草案共 14 条，主要内容如下：

（一）关于完善应当悬挂国徽的场所

根据实践发展的需要，增加应当悬挂国徽的场合。一是为体现国家监察体制改革后国家机构的新变化，明确各级“监察委员会”悬挂国徽。二是按照进一步加强乡镇人大建设的精神，增加规定“乡、民族乡、镇的人民代表大会会场”悬挂国徽。三是根据实践发展的需要，删去现行法第四条中的“乡、民族乡、镇的人民政府可以悬挂国徽，具体办法由省、自治区、直辖市的人民政府根据实际情况规定”，明确乡镇人民政府悬挂国徽。四是明确“宪法宣誓场所”悬挂国徽。

（二）关于增加国徽图案的使用情形

根据实践发展的需要，补充完善国徽使用的情形。一是根据国家机关信息化建设的情况，规定国家机构的“官方网站应当在首页显著位置使用国徽图案”；二是完善中央国家机关领导人员以职务名义对外使用的信封、信笺、请柬等使用国徽图案的规定；三是增加规定国家出版的“法律、法规汇编的封面”应当印有国徽图案，同时明确“其他出版物需要在封面上印有国徽图案的，应当报国家出版主管部门批准”；四是增加规定“中国人民银行发行的法定货币可以使用国徽图案”；五是增加规定国家机关工作人员使用的工作证件、执法证件等，国家机关颁发的营业执照、许可证书、批准证书、资格证书、权利证书等，学位证书，居民身份证、中华人民共和国护照等可以使用国徽图案。

（三）关于严格规范国徽使用范围

为加强国徽及其图案使用的规范化，进一步明确和限定使用范围。一是明确在本法规定的范围以外“不得随意悬挂国徽或者使用国徽图案”；二是增加规定“产品外观设计”不得使用国徽和国徽图案；三是将国徽和国徽图案不得用于“日常生活的陈设布置”修改为不得用于“日常用品和陈设布置”。

（四）完善悬挂非通用尺度国徽的批准程序和悬挂要求

现行法第十二条第二款规定：“在特定场所需要悬挂非通用尺度国徽的，报国务院办公厅批准。”一些地方反映，现在国家机关办公场所的建筑物体量比以前大，悬挂现有的三种通用尺度的国徽，有时显得不协调，建议作出更加灵活的规定。据此，将上述规定修改为：“需要悬挂非通用尺度国徽的，报全国人民代表大会常务委员会办公厅或者国务院办公厅批准。悬挂非通用尺度国徽的，应当与使用目的、所在建筑物、周边环境相适应。”

（五）关于明确国徽的监管部门

现行法第十四条规定：“县级以上各级人民政府对国徽的使用，实施监督管理。”有的建议应当明确具体的监管部门。据此，草案规定：“国务院确定的部门统筹协调全国范围内国徽管理有关工作。地方各级人民政府统筹协调本行政区域内国徽管理有关工作”，“地方各级人民政府市场监督管理部门对本行政区域内国徽的制作和销售，实施监督管理”，“县级人民政府确定的部门对本行政区域内国徽的悬挂、使用和回收，实施监督管理。”

此外,还有一个问题需要说明。国徽法已经列入香港特别行政区基本法、澳门特别行政区基本法附件三,并已在香港特别行政区、澳门特别行政区实施。这次修改国徽法无需重新列入两个基本法附件三。考虑到香港特别行政区、澳门特别行政区均已通过本地立法实施国徽法,经研究,建议两个特别行政区根据修改后国徽法的有关规定、原则和精神,对各自本地立法作相应修改。

国徽法(修正草案)和以上说明是否妥当,请审议。

全国人民代表大会宪法和法律委员会关于《中华人民共和国国徽法(修正草案)》审议结果的报告

——2020 年 10 月 13 日在第十三届全国人民代表大会常务委员会第二十二次会议上

全国人大宪法和法律委员会副主任委员　沈春耀

全国人民代表大会常务委员会:

常委会第二十一次会议对国徽法修正草案进行了初次审议。会后,法制工作委员会书面征求了中央有关部门和地方的意见,在中国人大网上向社会公众公开征求意见,并就有关问题与国务院办公厅、中央机构编制委员会办公室等部门进行了沟通。宪法和法律委员会、法制工作委员会召开中央有关部门和专家座谈会听取意见。宪法和法律委员会于 9 月 14 日召开会议,根据常委会组成人员的审议意见和各方面意见,对修正草案进行了逐条审议。司法部有关同志列席了会议。9 月 29 日,宪法和法律委员会召开会议,再次进行了审议。宪法和法律委员会认为,为了维护国徽的尊严,增强公民的国家观念,弘扬爱国主义精神,对国徽法进行修改是必要的,草案经过常委会审议修改,已经比较成熟。同时,提出以下主要修改意见:

一、修正草案第十条规定了可以使用国徽图案的情形。有的部门提出公安机关、武警部队的徽章中使用了国徽图案,建议予以确认。有的建议规定公民在庄重的场合可以佩戴国徽徽章。宪法和法律委员会经研究,建议增加两款规定:“国家机关和武装力量的徽章可以将国徽图案作为核心图案”;“公民在庄重的场合可以佩戴国徽徽章,表达爱国情感”。

二、有的常委会组成人员建议增加国徽教育的内容。宪法和法律委员会经研究,建议增加规定:“中小学应当将国徽作为爱国主义教育的重要内容,教育学生了解国徽的历史和精神内涵”。

三、修正草案第十三条规定“需要悬挂非通用尺度国徽的,报全国人民代表大会常务委员会办公厅或者国务院办公厅批准。悬挂非通用尺度国徽的,应当与使用目的、所在建筑物、周边环境相适应”。有的部门提出,国徽悬挂限于国家机关和特定场所,多年来法律实施情况是好的。使用非通用尺度国徽的,主要是由于建筑物尺度的原因,建议在本法中对此提出有关要求,不再实行逐件审批。宪法和法律委员会经研究,建议修改为:“需要悬挂非通用尺度国徽的,应当按照通用尺度成比例适当放大或者缩小,并与使用目的、所在建筑物、周边环境相适应。”

四、修正草案第十四条第一款中规定了“国务院确定的部门统筹协调全国范围内国徽管理有关工作”。有的常委会组成人员、单位和专家建议进一步明确统筹协调国徽管理的具体部门,确保责任落实。宪法和法律委员会经与国务院办公厅、中央机构编制委员会办公室研究,建议修改为“国务院办公厅统筹协调全国范围内国徽管理有关工作”。

此外,还对修正草案作了一些文字修改。

9 月 25 日上午,法制工作委员会召开会议,邀请部分专家学者、北京市有关机关、街道办事处和社区代表等就国徽法修正草案中主要制度规范的可行性、法律出台时机、法律实施的社会效果和可能出现的问题等作了评估。与会人员普遍认为,修正草案总结实践经验,对国徽的使用和监管进行了修改完善,有利于增强公民的国家观念,弘扬爱国主义精神,培育和践行社会主义核心价值观,其主要制度规范是可行的,现在出台是必要的、适时的。同时,有的与会人员还对修正草案提出了一些具体修改意见。

宪法和法律委员会已按上述意见提出了全国人民代表大会常务委员会关于修改《中华人民共和国国徽法》的决定(草案)。宪法和法律委员会建议,修改决定草案提请本次常委会会议审议通过。

修改决定草案和以上报告是否妥当,请审议。

全国人民代表大会宪法和法律委员会关于《全国人民代表大会常务委员会关于修改〈中华人民共和国国徽法〉的决定(草案)》修改意见的报告

——2020 年 10 月 16 日在第十三届全国人民代表大会常务委员会第二十二次会议上

全国人民代表大会常务委员会:

本次常委会会议于 10 月 14 日上午对国徽法修改决定草案进行了分组审议。普遍认为,修改决定草案已经比较成熟,建议进一步修改完善后,提请本次常委会会议表决通过。同时,有些常委会组成人员还提出了一些修改意见。宪法和法律委员会于 10 月 14 日下午召开会议,逐条研究了常委会组成人员的审议意见,对修改决定草案进行了审议。司法部有关同志列席了会议。宪法和法律委员会认为,修改决定草案是可行的,同时,提出以下修改意见:

一、有的常委委员和部门建议根据实践情况,增加界桩、界碑等用于显示国家主权的标志物可以使用国徽图案的规定。宪法和法律委员会经研究,建议增加规定:“标示国界线的界桩、界碑和标示领海基点方位的标志碑以及其他用于显示国家主权的标志物可以使用国徽图案。”

二、修改决定草案第十条中规定,中小学应当将国徽作为爱国主义教育的重要内容。有的常委会组成人员提出,国徽是强化爱国意识、培育和践行社会主义核心价值观的重要载体,应当纳入全民爱国主义教育。宪法和法律委员会经研究,建议将本条修改为:“国徽应当作为爱国主义教育的重要内容。”“中小学应当教育学生了解国徽的历史和精神内涵。”“新闻媒体应当积极宣传国徽知识,引导公民和组织正确使用国徽及其图案。”

经研究,建议将本决定的施行时间确定为 2021 年 1 月 1 日。

此外,还对修改决定草案作了一些文字修改。

审议中有的常委会组成人员还提出了一些其他意见,涉及国徽管理使用的具体问题和宣传教育。宪法和法律委员会经研究认为,国徽管理使用中的具体问题可由主管部门根据实践情况提出要求;关于加强国徽法的宣传教育,建议有关部门研究落实。

修改决定草案建议表决稿已按上述意见作了修改,宪法和法律委员会建议本次常委会会议审议通过。

修改决定草案建议表决稿和以上报告是否妥当,请审议。

中华人民共和国主席令

第六十一号

《全国人民代表大会常务委员会关于修改〈中华人民共和国全国人民代表大会和地方各级人民代表大会选举法〉的决定》已由中华人民共和国第十三届全国人民代表大会常务委员会第二十二次会议于 2020 年 10 月 17 日通过,现予公布,自 2020 年 10 月 18 日起施行。

中华人民共和国主席 习近平

2020 年 10 月 17 日

全国人民代表大会常务委员会关于修改《中华人民共和国全国人民代表大会和地方各级人民代表大会选举法》的决定

（2020 年 10 月 17 日第十三届全国人民代表大会常务委员会第二十二次会议通过）

第十三届全国人民代表大会常务委员会第二十二次会议决定对《中华人民共和国全国人民代表大会和地方各级人民代表大会选举法》作如下修改：

一、增加一条，作为第二条："全国人民代表大会和地方各级人民代表大会代表的选举工作，坚持中国共产党的领导，坚持充分发扬民主，坚持严格依法办事。"

二、将第十一条改为第十二条，第一款第三项修改为："（三）不设区的市、市辖区、县、自治县的代表名额基数为一百四十名，每五千人可以增加一名代表；人口超过一百五十五万的，代表总名额不得超过四百五十名；人口不足五万的，代表总名额可以少于一百四十名。"

第一款第四项修改为："（四）乡、民族乡、镇的代表名额基数为四十五名，每一千五百人可以增加一名代表；但是，代表总名额不得超过一百六十名；人口不足二千的，代表总名额可以少于四十五名。"

三、将第十三条改为第十四条，增加一款，作为第二款："依照前款规定重新确定代表名额的，省、自治区、直辖市的人民代表大会常务委员会应当在三十日内将重新确定代表名额的情况报全国人民代表大会常务委员会备案。"

四、将第五十七条改为第五十八条，第二款修改为："国家工作人员有前款所列行为的，还应当由监察机关给予政务处分或者由所在机关、单位给予处分。"

不设区的市、市辖区、县、自治县、乡、民族乡、镇的人民代表大会的代表名额根据本决定重新确定。

本决定自 2020 年 10 月 18 日起施行。

《中华人民共和国全国人民代表大会和地方各级人民代表大会选举法》根据本决定作相应修改，并对条文顺序作相应调整，重新公布。

中华人民共和国全国人民代表大会和地方各级人民代表大会选举法

（1979 年 7 月 1 日第五届全国人民代表大会第二次会议通过　根据 1982 年 12 月 10 日第五届全国人民代表大会第五次会议《关于修改〈中华人民共和国全国人民代表大会和地方各级人民代表大会选举法〉的若干规定的决议》第一次修正　根据 1986 年 12 月 2 日第六届全国人民代表大会常务委员会第十八次会议《关于修改〈中华人民共和国全国人民代表大会和地方各级人民代表大会选举法〉的决定》第二次修正　根据 1995 年 2 月 28 日第八届全国人民代表大会常务委员会第十二次会议《关于修改〈中华人民共和国全国人民代表大会和地方各级人民代表大会选举法〉的决定》第三次修正　根据 2004 年 10 月 27 日第十届全国人民代表大会常务委员会第十二次会议《关于修改〈中华人民共和国全国人民代表大会和地方各级人民代表大会选举法〉的决定》第四次修正　根据 2010 年 3 月 14 日第十一届全国人民代表大会第三次会议《关于修改〈中华人民共和国全国人民代表大会和地方各级人民代表大会选举法〉的决定》第五次修正　根据 2015 年 8 月 29 日第十二届全国人民代表大会常务委员会第

十六次会议《关于修改〈中华人民共和国地方各级人民代表大会和地方各级人民政府组织法〉、〈中华人民共和国全国人民代表大会和地方各级人民代表大会选举法〉、〈中华人民共和国全国人民代表大会和地方各级人民代表大会代表法〉的决定》第六次修正　根据2020年10月17日第十三届全国人民代表大会常务委员会第二十二次会议《关于修改〈中华人民共和国全国人民代表大会和地方各级人民代表大会选举法〉的决定》第七次修正）

目　录

第一章　总　　则

第一条　根据中华人民共和国宪法，制定全国人民代表大会和地方各级人民代表大会选举法。

第二条　全国人民代表大会和地方各级人民代表大会代表的选举工作，坚持中国共产党的领导，坚持充分发扬民主，坚持严格依法办事。

第三条　全国人民代表大会的代表，省、自治区、直辖市、设区的市、自治州的人民代表大会的代表，由下一级人民代表大会选举。

不设区的市、市辖区、县、自治县、乡、民族乡、镇的人民代表大会的代表，由选民直接选举。

第四条　中华人民共和国年满十八周岁的公民，不分民族、种族、性别、职业、家庭出身、宗教信仰、教育程度、财产状况和居住期限，都有选举权和被选举权。

依照法律被剥夺政治权利的人没有选举权和被选举权。

第五条　每一选民在一次选举中只有一个投票权。

第六条　人民解放军单独进行选举，选举办法另订。

第七条　全国人民代表大会和地方各级人民代表大会的代表应当具有广泛的代表性，应当有适当数量的基层代表，特别是工人、农民和知识分子代表；应当有适当数量的妇女代表，并逐步提高妇女代表的比例。

全国人民代表大会和归侨人数较多地区的地方人民代表大会，应当有适当名额的归侨代表。

旅居国外的中华人民共和国公民在县级以下人民代表大会代表选举期间在国内的，可以参加原籍地或者出国前居住地的选举。

第八条　全国人民代表大会和地方各级人民代表大会的选举经费，列入财政预算，由国库开支。

第二章　选举机构

第九条　全国人民代表大会常务委员会主持全国人民代表大会代表的选举。省、自治区、直辖市、设区的市、自治州的人民代表大会常务委员会主持本级人民代表大会代表的选举。

不设区的市、市辖区、县、自治县、乡、民族乡、镇设立选举委员会，主持本级人民代表大会代表的选举。不设区的市、市辖区、县、自治县的选举委员会受本级人民代表大会常务委员会的领导。乡、民族乡、镇的选举委员会受不设区的市、市辖区、县、自治县的人民代表大会常务委员会的领导。

省、自治区、直辖市、设区的市、自治州的人民代表大会常务委员会指导本行政区域内县级以下人民代表大会代表的选举工作。

第十条　不设区的市、市辖区、县、自治县的选举委员会的组成人员由本级人民代表大会常务委员会任命。乡、民族乡、镇的选举委员会的组成人员由不设区的市、市辖区、县、自治县的人民代表大会常务委员会任命。

选举委员会的组成人员为代表候选人的，应当辞去选举委员会的职务。

第十一条　选举委员会履行下列职责：

(一)划分选举本级人民代表大会代表的选区,分配各选区应选代表的名额;

(二)进行选民登记,审查选民资格,公布选民名单;受理对于选民名单不同意见的申诉,并作出决定;

(三)确定选举日期;

(四)了解核实并组织介绍代表候选人的情况;根据较多数选民的意见,确定和公布正式代表候选人名单;

(五)主持投票选举;

(六)确定选举结果是否有效,公布当选代表名单;

(七)法律规定的其他职责。

选举委员会应当及时公布选举信息。

第三章 地方各级人民代表大会代表名额

第十二条 地方各级人民代表大会的代表名额,按照下列规定确定:

(一)省、自治区、直辖市的代表名额基数为三百五十名,省、自治区每十五万人可以增加一名代表,直辖市每二万五千人可以增加一名代表;但是,代表总名额不得超过一千名;

(二)设区的市、自治州的代表名额基数为二百四十名,每二万五千人可以增加一名代表;人口超过一千万的,代表总名额不得超过六百五十名;

(三)不设区的市、市辖区、县、自治县的代表名额基数为一百四十名,每五千人可以增加一名代表;人口超过一百五十五万的,代表总名额不得超过四百五十名;人口不足五万的,代表总名额可以少于一百四十名;

(四)乡、民族乡、镇的代表名额基数为四十五名,每一千五百人可以增加一名代表;但是,代表总名额不得超过一百六十名;人口不足二千的,代表总名额可以少于四十五名。

按照前款规定的地方各级人民代表大会的代表名额基数与按人口数增加的代表数相加,即为地方各级人民代表大会的代表总名额。

自治区、聚居的少数民族多的省,经全国人民代表大会常务委员会决定,代表名额可以另加百分之五。聚居的少数民族多或者人口居住分散的县、自治县、乡、民族乡,经省、自治区、直辖市的人民代表大会常务委员会决定,代表名额可以另加百分之五。

第十三条 省、自治区、直辖市的人民代表大会代表的具体名额,由全国人民代表大会常务委员会依照本法确定。设区的市、自治州和县级的人民代表大会代表的具体名额,由省、自治区、直辖市的人民代表大会常务委员会依照本法确定,报全国人民代表大会常务委员会备案。乡级的人民代表大会代表的具体名额,由县级的人民代表大会常务委员会依照本法确定,报上一级人民代表大会常务委员会备案。

第十四条 地方各级人民代表大会的代表总名额经确定后,不再变动。如果由于行政区划变动或者由于重大工程建设等原因造成人口较大变动的,该级人民代表大会的代表总名额依照本法的规定重新确定。

依照前款规定重新确定代表名额的,省、自治区、直辖市的人民代表大会常务委员会应当在三十日内将重新确定代表名额的情况报全国人民代表大会常务委员会备案。

第十五条 地方各级人民代表大会代表名额,由本级人民代表大会常务委员会或者本级选举委员会根据本行政区域所辖的下一级各行政区域或者各选区的人口数,按照每一代表所代表的城乡人口数相同的原则,以及保证各地区、各民族、各方面都有适当数量代表的要求进行分配。在县、自治县的人民代表大会中,人口特少的乡、民族乡、镇,至少应有代表一人。

地方各级人民代表大会代表名额的分配办法,由省、自治区、直辖市人民代表大会常务委员会参照全国人民代表大会代表名额分配的办法,结合本地区的具体情况规定。

第四章 全国人民代表大会代表名额

第十六条 全国人民代表大会的代表,由省、自治区、直辖市的人民代表大会和人民解放军选举产生。

全国人民代表大会代表的名额不超过三千人。

香港特别行政区、澳门特别行政区应选全国人民代表大会代表的名额和代表产生办法,由全国人民代表大会另行规定。

第十七条 全国人民代表大会代表名额,由全国人民代表大会常务委员会根据各省、自治区、直辖市的人口数,按照每一代表所代表的城乡人口数相同的原则,以及保证各地区、各民族、各方面都有适当数量代表的要求进行分配。

省、自治区、直辖市应选全国人民代表大会代表名额,由根据人口数计算确定的名额数、相同的地区基本名额数和其他应选名额数构成。

全国人民代表大会代表名额的具体分配,由全国人民代表大会常务委员会决定。

第十八条 全国少数民族应选全国人民代表大会代表,由全国人民代表大会常务委员会参照各少数民族的人口数和分布等情况,分配给各省、自治区、直辖市的人民代表大会选出。人口特少的民族,至少应有代表一人。

第五章 各少数民族的选举

第十九条 有少数民族聚居的地方,每一聚居的少数民族都应有代表参加当地的人民代表大会。

聚居境内同一少数民族的总人口数占境内总人口数百分之三十以上的,每一代表所代表的人口数应相当于当地人民代表大会每一代表所代表的人口数。

聚居境内同一少数民族的总人口数不足境内总人口数百分之十五的,每一代表所代表的人口数可以适当少于当地人民代表大会每一代表所代表的人口数,但不得少于二分之一;实行区域自治的民族人口特少的自治县,经省、自治区的人民代表大会常务委员会决定,可以少于二分之一。人口特少的其他聚居民族,至少应有代表一人。

聚居境内同一少数民族的总人口数占境内总人口数百分之十五以上、不足百分之三十的,每一代表所代表的人口数,可以适当少于当地人民代表大会每一代表所代表的人口数,但分配给该少数民族的应选代表名额不得超过代表总名额的百分之三十。

第二十条 自治区、自治州、自治县和有少数民族聚居的乡、民族乡、镇的人民代表大会,对于聚居在境内的其他少数民族和汉族代表的选举,适用本法第十九条的规定。

第二十一条 散居的少数民族应选当地人民代表大会的代表,每一代表所代表的人口数可以少于当地人民代表大会每一代表所代表的人口数。

自治区、自治州、自治县和有少数民族聚居的乡、民族乡、镇的人民代表大会,对于散居的其他少数民族和汉族代表的选举,适用前款的规定。

第二十二条 有少数民族聚居的不设区的市、市辖区、县、乡、民族乡、镇的人民代表大会代表的产生,按照当地的民族关系和居住状况,各少数民族选民可以单独选举或者联合选举。

自治县和有少数民族聚居的乡、民族乡、镇的人民代表大会,对于居住在境内的其他少数民族和汉族代表的选举办法,适用前款的规定。

第二十三条 自治区、自治州、自治县制定或者公布的选举文件、选民名单、选民证、代表候选人名单、代表当选证书和选举委员会的印章等,都应当同时使用当地通用的民族文字。

第二十四条 少数民族选举的其他事项,参照本法有关各条的规定办理。

第六章 选区划分

第二十五条 不设区的市、市辖区、县、自治县、乡、民族乡、镇的人民代表大会的代表名额分配到选区,按选区进行选举。选区可以按居住状况划分,也可以按生产单位、事业单位、工作单位划分。

选区的大小,按照每一选区选一名至三名代表划分。

第二十六条 本行政区域内各选区每一代表所代表的人口数应当大体相等。

第七章 选民登记

第二十七条 选民登记按选区进行,经登记确认的选民资格长期有效。每次选举前对上次选民登记以后新满十八周岁的、被剥夺政治权利期满后恢复政治权利的选民,予以登记。对选民经登记后迁出原选区的,列入新迁入的选区的选民名单;对死亡的和依照法律被剥夺政治权利的人,从选民名单上除名。

精神病患者不能行使选举权利的,经选举委员会确认,不列入选民名单。

第二十八条 选民名单应在选举日的二十日以前公布,实行凭选民证参加投票选举的,并应当发给选民证。

第二十九条 对于公布的选民名单有不同意见的,可以在选民名单公布之日起五日内向选举委员会提出申诉。选举委员会对申诉意见,应在三日内作出处理决定。申诉人如果对处理决定不服,可以在选举日的五日以前向人民法院起诉,人民法院应在选举日以前作出判决。人民法院的判决为最后决定。

第八章 代表候选人的提出

第三十条 全国和地方各级人民代表大会的

代表候选人,按选区或者选举单位提名产生。

各政党、各人民团体,可以联合或者单独推荐代表候选人。选民或者代表,十人以上联名,也可以推荐代表候选人。推荐者应向选举委员会或者大会主席团介绍代表候选人的情况。接受推荐的代表候选人应当向选举委员会或者大会主席团如实提供个人身份、简历等基本情况。提供的基本情况不实的,选举委员会或者大会主席团应当向选民或者代表通报。

各政党、各人民团体联合或者单独推荐的代表候选人的人数,每一选民或者代表参加联名推荐的代表候选人的人数,均不得超过本选区或者选举单位应选代表的名额。

第三十一条 全国和地方各级人民代表大会代表实行差额选举,代表候选人的人数应多于应选代表的名额。

由选民直接选举人民代表大会代表的,代表候选人的人数应多于应选代表名额三分之一至一倍;由县级以上的地方各级人民代表大会选举上一级人民代表大会代表的,代表候选人的人数应多于应选代表名额五分之一至二分之一。

第三十二条 由选民直接选举人民代表大会代表的,代表候选人由各选区选民和各政党、各人民团体提名推荐。选举委员会汇总后,将代表候选人名单及代表候选人的基本情况在选举日的十五日以前公布,并交各该选区的选民小组讨论、协商,确定正式代表候选人名单。如果所提代表候选人的人数超过本法第三十一条规定的最高差额比例,由选举委员会交各该选区的选民小组讨论、协商,根据较多数选民的意见,确定正式代表候选人名单;对正式代表候选人不能形成较为一致意见的,进行预选,根据预选时得票多少的顺序,确定正式代表候选人名单。正式代表候选人名单及代表候选人的基本情况应当在选举日的七日以前公布。

县级以上的地方各级人民代表大会在选举上一级人民代表大会代表时,提名、酝酿代表候选人的时间不得少于两天。各该级人民代表大会主席团将依法提出的代表候选人名单及代表候选人的基本情况印发全体代表,由全体代表酝酿、讨论。如果所提代表候选人的人数符合本法第三十一条规定的差额比例,直接进行投票选举。如果所提代表候选人的人数超过本法第三十一条规定的最高差额比例,进行预选,根据预选时得票多少的顺序,按照本级人民代表大会的选举办法根据本法确定的具体差额比例,确定正式代表候选人名单,进行投票选举。

第三十三条 县级以上的地方各级人民代表大会在选举上一级人民代表大会代表时,代表候选人不限于各该级人民代表大会的代表。

第三十四条 选举委员会或者人民代表大会主席团应当向选民或者代表介绍代表候选人的情况。推荐代表候选人的政党、人民团体和选民、代表可以在选民小组或者代表小组会议上介绍所推荐的代表候选人的情况。选举委员会根据选民的要求,应当组织代表候选人与选民见面,由代表候选人介绍本人的情况,回答选民的问题。但是,在选举日必须停止代表候选人的介绍。

第三十五条 公民参加各级人民代表大会代表的选举,不得直接或者间接接受境外机构、组织、个人提供的与选举有关的任何形式的资助。

违反前款规定的,不列入代表候选人名单;已经列入代表候选人名单的,从名单中除名;已经当选的,其当选无效。

第九章 选举程序

第三十六条 全国人民代表大会和地方各级人民代表大会代表的选举,应当严格依照法定程序进行,并接受监督。任何组织或者个人都不得以任何方式干预选民或者代表自由行使选举权。

第三十七条 在选民直接选举人民代表大会代表时,选民根据选举委员会的规定,凭身份证或者选民证领取选票。

第三十八条 选举委员会应当根据各选区选民分布状况,按照方便选民投票的原则设立投票站,进行选举。选民居住比较集中的,可以召开选举大会,进行选举;因患有疾病等原因行动不便或者居住分散并且交通不便的选民,可以在流动票箱投票。

第三十九条 县级以上的地方各级人民代表大会在选举上一级人民代表大会代表时,由各该级人民代表大会主席团主持。

第四十条 全国和地方各级人民代表大会代表的选举,一律采用无记名投票的方法。选举时应当设有秘密写票处。

选民如果是文盲或者因残疾不能写选票的,可以委托他信任的人代写。

第四十一条 选举人对于代表候选人可以投赞成票,可以投反对票,可以另选其他任何选民,也可以弃权。

第四十二条 选民如果在选举期间外出,经选举委员会同意,可以书面委托其他选民代为投票。每一选民接受的委托不得超过三人,并应当按照委托人的意愿代为投票。

第四十三条 投票结束后,由选民或者代表推选的监票、计票人员和选举委员会或者人民代表大会主席团的人员将投票人数和票数加以核对,作出记录,并由监票人签字。

代表候选人的近亲属不得担任监票人、计票人。

第四十四条 每次选举所投的票数,多于投票人数的无效,等于或者少于投票人数的有效。

每一选票所选的人数,多于规定应选代表人数的作废,等于或者少于规定应选代表人数的有效。

第四十五条 在选民直接选举人民代表大会代表时,选区全体选民的过半数参加投票,选举有效。代表候选人获得参加投票的选民过半数的选票时,始得当选。

县级以上的地方各级人民代表大会在选举上一级人民代表大会代表时,代表候选人获得全体代表过半数的选票时,始得当选。

获得过半数选票的代表候选人的人数超过应选代表名额时,以得票多的当选。如遇票数相等不能确定当选人时,应当就票数相等的候选人再次投票,以得票多的当选。

获得过半数选票的当选代表的人数少于应选代表的名额时,不足的名额另行选举。另行选举时,根据在第一次投票时得票多少的顺序,按照本法第三十一条规定的差额比例,确定候选人名单。如果只选一人,候选人应为二人。

依照前款规定另行选举县级和乡级的人民代表大会代表时,代表候选人以得票多的当选,但是得票数不得少于选票的三分之一;县级以上的地方各级人民代表大会在另行选举上一级人民代表大会代表时,代表候选人获得全体代表过半数的选票,始得当选。

第四十六条 选举结果由选举委员会或者人民代表大会主席团根据本法确定是否有效,并予以宣布。

当选代表名单由选举委员会或者人民代表大会主席团予以公布。

第四十七条 代表资格审查委员会依法对当选代表是否符合宪法、法律规定的代表的基本条件,选举是否符合法律规定的程序,以及是否存在破坏选举和其他当选无效的违法行为进行审查,提出代表当选是否有效的意见,向本级人民代表大会常务委员会或者乡、民族乡、镇的人民代表大会主席团报告。

县级以上的各级人民代表大会常务委员会或者乡、民族乡、镇的人民代表大会主席团根据代表资格审查委员会提出的报告,确认代表的资格或者确定代表的当选无效,在每届人民代表大会第一次会议前公布代表名单。

第四十八条 公民不得同时担任两个以上无隶属关系的行政区域的人民代表大会代表。

第十章 对代表的监督和罢免、辞职、补选

第四十九条 全国和地方各级人民代表大会的代表,受选民和原选举单位的监督。选民或者选举单位都有权罢免自己选出的代表。

第五十条 对于县级的人民代表大会代表,原选区选民五十人以上联名,对于乡级的人民代表大会代表,原选区选民三十人以上联名,可以向县级的人民代表大会常务委员会书面提出罢免要求。

罢免要求应当写明罢免理由。被提出罢免的代表有权在选民会议上提出申辩意见,也可以书面提出申辩意见。

县级的人民代表大会常务委员会应当将罢免要求和被提出罢免的代表的书面申辩意见印发原选区选民。

表决罢免要求,由县级的人民代表大会常务委员会派有关负责人员主持。

第五十一条 县级以上的地方各级人民代表大会举行会议的时候,主席团或者十分之一以上代表联名,可以提出对由该级人民代表大会选出的上一级人民代表大会代表的罢免案。在人民代表大会闭会期间,县级以上的地方各级人民代表大会常务委员会主任会议或者常务委员会五分之一以上组成人员联名,可以向常务委员会提出对由该级人民代表大会选出的上一级人民代表大会代表的罢免案。罢免案应当写明罢免理由。

县级以上的地方各级人民代表大会举行会议的时候,被提出罢免的代表有权在主席团会议和大会全体会议上提出申辩意见,或者书面提出申辩意见,由主席团印发会议。罢免案经会议审议后,由主席团提请全体会议表决。

县级以上的地方各级人民代表大会常务委员会举行会议的时候,被提出罢免的代表有权在主任会议和常务委员会全体会议上提出申辩意见,或者书面提出申辩意见,由主任会议印发会议。罢免案

经会议审议后,由主任会议提请全体会议表决。

第五十二条 罢免代表采用无记名的表决方式。

第五十三条 罢免县级和乡级的人民代表大会代表,须经原选区过半数的选民通过。

罢免由县级以上的地方各级人民代表大会选出的代表,须经各该级人民代表大会过半数的代表通过;在代表大会闭会期间,须经常务委员会组成人员的过半数通过。罢免的决议,须报送上一级人民代表大会常务委员会备案、公告。

第五十四条 县级以上的各级人民代表大会常务委员会组成人员,县级以上的各级人民代表大会专门委员会成员的代表职务被罢免的,其常务委员会组成人员或者专门委员会成员的职务相应撤销,由主席团或者常务委员会予以公告。

乡、民族乡、镇的人民代表大会主席、副主席的代表职务被罢免的,其主席、副主席的职务相应撤销,由主席团予以公告。

第五十五条 全国人民代表大会代表,省、自治区、直辖市、设区的市、自治州的人民代表大会代表,可以向选举他的人民代表大会的常务委员会书面提出辞职。常务委员会接受辞职,须经常务委员会组成人员的过半数通过。接受辞职的决议,须报送上一级人民代表大会常务委员会备案、公告。

县级的人民代表大会代表可以向本级人民代表大会常务委员会书面提出辞职,乡级的人民代表大会代表可以向本级人民代表大会书面提出辞职。县级的人民代表大会常务委员会接受辞职,须经常务委员会组成人员的过半数通过。乡级的人民代表大会接受辞职,须经人民代表大会过半数的代表通过。接受辞职的,应当予以公告。

第五十六条 县级以上的各级人民代表大会常务委员会组成人员,县级以上的各级人民代表大会的专门委员会成员,辞去代表职务的请求被接受的,其常务委员会组成人员、专门委员会成员的职务相应终止,由常务委员会予以公告。

乡、民族乡、镇的人民代表大会主席、副主席,辞去代表职务的请求被接受的,其主席、副主席的职务相应终止,由主席团予以公告。

第五十七条 代表在任期内,因故出缺,由原选区或者原选举单位补选。

地方各级人民代表大会代表在任期内调离或者迁出本行政区域的,其代表资格自行终止,缺额另行补选。

县级以上的地方各级人民代表大会闭会期间,可以由本级人民代表大会常务委员会补选上一级人民代表大会代表。

补选出缺的代表时,代表候选人的名额可以多于应选代表的名额,也可以同应选代表的名额相等。补选的具体办法,由省、自治区、直辖市的人民代表大会常务委员会规定。

对补选产生的代表,依照本法第四十七条的规定进行代表资格审查。

第十一章 对破坏选举的制裁

第五十八条 为保障选民和代表自由行使选举权和被选举权,对有下列行为之一,破坏选举,违反治安管理规定的,依法给予治安管理处罚;构成犯罪的,依法追究刑事责任:

(一)以金钱或者其他财物贿赂选民或者代表,妨害选民和代表自由行使选举权和被选举权的;

(二)以暴力、威胁、欺骗或者其他非法手段妨害选民和代表自由行使选举权和被选举权的;

(三)伪造选举文件、虚报选举票数或者有其他违法行为的;

(四)对于控告、检举选举中违法行为的人,或者对于提出要求罢免代表的人进行压制、报复的。

国家工作人员有前款所列行为的,还应当由监察机关给予政务处分或者由所在机关、单位给予处分。

以本条第一款所列违法行为当选的,其当选无效。

第五十九条 主持选举的机构发现有破坏选举的行为或者收到对破坏选举行为的举报,应当及时依法调查处理;需要追究法律责任的,及时移送有关机关予以处理。

第十二章 附 则

第六十条 省、自治区、直辖市的人民代表大会及其常务委员会根据本法可以制定选举实施细则,报全国人民代表大会常务委员会备案。

关于《中华人民共和国全国人民代表大会和地方各级人民代表大会选举法（修正草案）》的说明

——2020 年 10 月 13 日在第十三届全国人民代表大会常务委员会第二十二次会议上

全国人大常委会法制工作委员会主任　沈春耀

全国人民代表大会常务委员会：

我受委员长会议委托，作关于《中华人民共和国全国人民代表大会和地方各级人民代表大会选举法（修正草案）》的说明。

一、修改选举法的必要性

选举制度是人民代表大会制度的基础，全国人民代表大会和地方各级人民代表大会选举法（以下简称选举法）是保障公民行使选举权和被选举权，依法产生各级人大代表的重要法律。我国选举法于 1953 年制定，1979 年重新修订，此后于 1982 年、1986 年、1995 年、2004 年、2010 年和 2015 年进行了六次修改。党的十九届四中全会决定提出，健全人大选举制度，适当增加基层人大代表数量。为贯彻落实党中央的部署要求，需要针对各地基层行政区划撤乡并镇改设街道、基层人大代表数量逐届减少的实际情况，对选举法进行适当修改。

代表名额是选举制度的一项重要内容。1953 年选举法曾对地方各级人大代表名额的确定办法作出过具体规定。1979 年重新修订选举法时删去了这一内容，规定由省级人大常委会“按照便于召开会议、讨论问题和解决问题，并且使各民族、各地区、各方面都有适当数量的代表的原则自行确定”，并报全国人大常委会备案。由于各省、自治区、直辖市确定代表名额的标准不同，实践中各地的人大代表名额数量很不平衡，地域、人口等情况相近的省、市、县，代表数量相差悬殊。针对这一问题，1995 年修改选举法对地方各级人大代表名额采取“基数 + 人口代表数”的计算办法作出具体规定，并分别明确了省、市、县、乡四级代表名额的标准，以及人口特多、特少地方的代表名额上、下限。根据现行选举法的规定，省、自治区、直辖市的代表名额基数为 350 名，省、自治区每 15 万人可以增加一名代表，直辖市每 2.5 万人可以增加一名代表，代表总名额不得超过 1 千名；设区的市、自治州的代表名额基数为 240 名，每 2.5 万人可以增加一名代表，人口超过 1000 万的，代表总名额不得超过 650 名；不设区的市、市辖区、县、自治县的代表名额基数为 120 名，每 5 千人可以增加一名代表，代表总名额不得超过 450 名，人口不足 5 万的，代表总名额可以少于 120 名；乡、民族乡、镇的代表名额基数为 40 名，每 1500 人可以增加一名代表，代表总名额不得超过 160 名，人口不足 2000 的，代表总名额可以少于 40 名。选举法还规定，除因行政区划变动或者重大工程建设等原因造成人口较大变动的以外，地方各级人大代表总名额经确定后，不再变动。1996 年至 1997 年，地方各级人大代表名额首次按照这一规定确定。1997 年底，我国五级人大代表总数为 312.5 万名，其中，县级人大代表共 57.98 万名，乡镇人大代表共 242.34 万名。

自 1997 年以来，虽然我国多数地方的人大代表名额没有变化，但我国五级人大代表总数特别是乡镇人大代表数量却呈逐届减少的趋势。2017 年底，全国五级人大代表总数为 262.32 万名，与 1997 年底比，减少了 50.18 万名，降幅为 16.05%。其中，全国人大代表和省级以及设区的市、自治州人大代表数量基本保持稳定；县级人大代表数量略有上升，由 1997 年的 57.98 万名增加至 2017 年的 59.65 万名，增加了 1.67 万名，增幅为 2.88%；乡镇人大代表数量逐渐减少，由 1997 年的 242.34 万名减少至 2017 年的 188.15 万名，减少了 54.19 万名，降幅为 22.4%。乡镇人大代表数量减少是五级人大代表总数逐届减少的主要原因。

乡镇人大代表数量之所以减少，主要是因为撤乡并镇和乡镇改设街道。据民政部统计，对应换届选举统计年份，全国乡镇数量由 1996 年底的 45227 个减少至 2016 年底的 31755 个，减少 13472 个，降幅为29.8%;街道数量同期由5565个增加至8105个。增加的街道多数由镇改设而来;减少的乡镇有一部分是因为乡镇合并,也有一部分是因为改设街道。每撤并一个乡镇,就减少40名代表名额基数,从而造成乡镇人大代表数量大幅减少。

县乡人大是基层国家权力机关,是我国地方国家政权的重要基础,是实现基层民主的有效形式。县乡两级人大代表由选民直接选举产生,约占我国五级人大代表总数的95%,是党和国家联系广大人民群众的桥梁纽带。适当增加基层人大代表数量,有利于更好反映人民意愿、代表人民意志,加强与人民群众联系,充分保障人民当家作主权利;有利于加强地方人大建设,结合地方实际,创造性地做好各项工作;有利于更好地坚持和完善人民代表大会制度,不断健全和发展社会主义民主,有力支撑国家治理体系和治理能力现代化。

二、修改选举法的指导思想、遵循原则和工作过程

修改选举法坚持以习近平新时代中国特色社会主义思想为指导,全面贯彻落实党的十九大和十九届二中、三中、四中全会精神。修改工作遵循的原则:一是贯彻落实习近平总书记关于坚持和完善人民代表大会制度的重要思想,贯彻落实党中央重大决策部署。二是突出重点,此次修改重点是贯彻落实党的十九届四中全会决定要求,增加加强党对选举工作的全面领导的规定,适当增加基层人大代表数量。

修改选举法列入了全国人大常委会2020年度立法工作计划。全国人大常委会法制工作委员会于2019年底启动选举法修改工作,主要开展了以下工作:一是认真学习领会习近平新时代中国特色社会主义思想特别是习近平总书记关于坚持和完善人民代表大会制度重要思想,学习领会党的十九届四中全会决定精神。二是对1995年以来全国历次换届选举地方各级人大代表数量变化情况及其原因作了梳理分析和研究。三是征求各省、自治区、直辖市人大常委会对修改选举法的意见和建议;多次召开网络视频会议,听取部分地方人大常委会法工委、选举联络工委负责同志的意见。四是根据近年来地方行政区划、人口数量和代表名额的变化情况,就适当增加基层人大代表名额的不同方案进行测算;会同有关方面对修法中反映比较集中的问题进行研究、提出修改方案。五是就修改方案征求中央有关部门和各地方人大常委会以及各基层立法联系点的意见。六是到地方进行调研。在此基础上,法制工作委员会拟订了选举法修正草案,委员长会议决定提请本次常委会会议审议。

三、修改选举法的主要内容

(一)关于适当增加县乡两级人大代表数量

贯彻落实党的十九届四中全会决定提出的"适当增加基层人大代表数量"的要求,一方面,需要适当增加乡镇人大代表名额,在一定程度上弥补撤乡并镇后乡镇人大代表数量的减少;另一方面,由于街道不设本级人大代表,只增加乡镇人大代表名额,难以解决乡镇改设街道后原有的乡镇人大代表名额消减的问题,考虑到改设后的街道一般隶属于市辖区、不设区的市等,适当增加市辖区、不设区的市、县、自治县人大代表名额,在分配这些增加的县级人大代表名额时,重点向由乡镇改设的街道倾斜,进一步优化县级人大代表结构,利于有针对性地解决乡镇改设街道后基层群众政治参与度不足的问题。综合考虑各方面意见和实际需要,适当增加县乡两级人大代表名额的基数,将不设区的市、市辖区、县、自治县的人大代表名额基数增加20名,即将选举法第十一条第一款第三项规定的120名提高至140名;将乡、民族乡、镇的人大代表名额基数增加5名,即将选举法第十一条第一款第四项规定的40名提高至45名。同时,对不设区的市、市辖区、县、自治县的代表总名额达到上限所对应的人口数作相应调整。

(二)坚持党对选举工作的领导

根据党中央2019年1月印发的《中共中央关于加强党的政治建设的意见》的精神,在选举法中明确规定坚持党的领导,增加一条规定:全国人民代表大会和地方各级人民代表大会代表的选举工作,坚持中国共产党的领导,坚持充分发扬民主,坚持严格依法办事。

(三)关于修改选举法的其他内容

1. 关于重新确定代表名额的报备。为便于全国和省级人大常委会及时了解和掌握各地因行政区划变动等原因依法重新确定代表名额带来代表名额变动的情况,在选举法第十三条中增加一款规定:依照前款规定重新确定代表名额的,省、自治区、直辖市人大常委会应当在三十日内将重新确定代表名额的情况报全国人大常委会备案。

2. 关于对破坏选举行为追究法律责任。选举

法第五十七条对破坏选举行为的法律责任作了规定，其中第二款规定："国家工作人员有前款所列行为的，还应当依法给予行政处分。"为深刻汲取查处湖南衡阳、辽宁贿选案的经验教训，并与监察法、公职人员政务处分法、公务员法的有关规定做好衔接，将这一款修改为：国家工作人员有前款所列行为的，还应当由监察机关给予政务处分或者由所在机关、单位给予处分。

选举法修正草案和以上说明是否妥当，请审议。

全国人民代表大会宪法和法律委员会关于《中华人民共和国全国人民代表大会和地方各级人民代表大会选举法（修正草案）》审议结果的报告

——2020年10月16日在第十三届全国人民代表大会常务委员会第二十二次会议上

全国人民代表大会常务委员会：

本次常委会会议于10月14日上午对全国人民代表大会和地方各级人民代表大会选举法（修正草案）进行了分组审议。常委会组成人员普遍认为，选举法修正草案贯彻落实党中央决策部署，加强党对选举工作的全面领导，有针对性地增加县乡两级人大代表数量，有利于加强基层政权建设，充分保障人民当家作主权利，更好地坚持和完善人民代表大会制度，推进国家治理体系和治理能力现代化。选举法修正草案在起草过程中广泛征求各方面意见，经过反复研究论证，已经比较成熟，赞成提请本次常委会会议表决通过。同时，一些常委会组成人员和列席会议的同志还提出了一些修改意见和建议。宪法和法律委员会于10月14日下午召开会议，逐条研究了常委会组成人员的审议意见，对修正草案进行了审议。宪法和法律委员会认为，修正草案是可行的。为了做好相关工作，宪法和法律委员会建议在全国人大常委会关于修改选举法的决定中明确："不设区的市、市辖区、县、自治县、乡、民族乡、镇的人民代表大会的代表名额根据本决定重新确定。"

经研究，建议将本决定的施行时间确定为2020年10月18日。

审议中，有些常委会组成人员还对进一步优化代表结构、保障流动人口选举权利等问题提出了一些意见和建议。考虑到这次修改选举法的重点是贯彻落实党的十九届四中全会决定要求，是个别条文修改，有的问题可以按照以往惯例在县乡人大换届选举工作的文件中予以明确，有的问题还需要进一步研究，建议本次会议对这些问题暂不作修改，由有关方面组织做好相关工作。

宪法和法律委员会已按上述意见提出了全国人民代表大会常务委员会关于修改《中华人民共和国全国人民代表大会和地方各级人民代表大会选举法》的决定（草案建议表决稿），建议本次常委会会议表决通过。

修改决定草案建议表决稿和以上报告是否妥当，请审议。

中华人民共和国主席令

第六十二号

《全国人民代表大会常务委员会关于修改〈中华人民共和国著作权法〉的决定》已由中华人民共和国第十三届全国人民代表大会常务委员会第二十三次会议于2020年11月11日通过，现予公布，自2021年6月1日起施行。

中华人民共和国主席　习近平

2020年11月11日

全国人民代表大会常务委员会关于修改《中华人民共和国著作权法》的决定

（2020 年 11 月 11 日第十三届全国人民代表大会常务委员会第二十三次会议通过）

第十三届全国人民代表大会常务委员会第二十三次会议决定对《中华人民共和国著作权法》作如下修改：

一、将第二条、第九条、第十一条、第十六条、第十九条、第二十二条中的“其他组织”修改为“非法人组织”。

将第九条、第十一条、第十六条、第十九条、第二十一条中的“公民”修改为“自然人”。

二、将第三条中的“包括以下列形式创作的文学、艺术和自然科学、社会科学、工程技术等作品”修改为“是指文学、艺术和科学领域内具有独创性并能以一定形式表现的智力成果，包括”。

将第六项修改为：“（六）视听作品”。

将第九项修改为：“（九）符合作品特征的其他智力成果”。

三、将第四条修改为：“著作权人和与著作权有关的权利人行使权利，不得违反宪法和法律，不得损害公共利益。国家对作品的出版、传播依法进行监督管理。”

四、将第五条第二项修改为：“（二）单纯事实消息”。

五、将第七条、第二十八条中的“国务院著作权行政管理部门”修改为“国家著作权主管部门”。

将第七条中的“主管”修改为“负责”，“各省、自治区、直辖市人民政府的著作权行政管理部门”修改为“县级以上地方主管著作权的部门”。

六、将第八条第一款中的“著作权集体管理组织被授权后，可以以自己的名义为著作权人和与著作权有关的权利人主张权利”修改为“依法设立的著作权集体管理组织是非营利法人，被授权后可以以自己的名义为著作权人和与著作权有关的权利人主张权利”；将“诉讼、仲裁活动”修改为“诉讼、仲裁、调解活动”。

增加两款，作为第二款、第三款：“著作权集体管理组织根据授权向使用者收取使用费。使用费的收取标准由著作权集体管理组织和使用者代表协商确定，协商不成的，可以向国家著作权主管部门申请裁决，对裁决不服的，可以向人民法院提起诉讼；当事人也可以直接向人民法院提起诉讼。

“著作权集体管理组织应当将使用费的收取和转付、管理费的提取和使用、使用费的未分配部分等总体情况定期向社会公布，并应当建立权利信息查询系统，供权利人和使用者查询。国家著作权主管部门应当依法对著作权集体管理组织进行监督、管理。”

将第二款改为第四款，修改为：“著作权集体管理组织的设立方式、权利义务、使用费的收取和分配，以及对其监督和管理等由国务院另行规定。”

七、在第十条第一款第五项中的“翻拍”后增加“数字化”。

将第一款第七项修改为：“（七）出租权，即有偿许可他人临时使用视听作品、计算机软件的原件或者复制件的权利，计算机软件不是出租的主要标的的除外。”

将第一款第十一项、第十二项修改为：“（十一）广播权，即以有线或者无线方式公开传播或者转播作品，以及通过扩音器或者其他传送符号、声音、图像的类似工具向公众传播广播的作品的权利，但不包括本款第十二项规定的权利；

“（十二）信息网络传播权，即以有线或者无线方式向公众提供，使公众可以在其选定的时间和地点获得作品的权利”。

将第十条第一款第十项中的“电影和以类似摄制电影的方法创作的作品”、第十三项中的“电影或者以类似摄制电影”，第四十七条第六项中的“电影和以类似摄制电影”，第五十三条中的“电影作品或者以类似摄制电影的方法创作的作品”修改为“视听作品”。

八、将第十一条第四款改为第十二条第一款，修改为：“在作品上署名的自然人、法人或者非法人组织为作者，且该作品上存在相应权利，但有相反证明的除外。”

增加两款，作为第二款、第三款：“作者等著作权人可以向国家著作权主管部门认定的登记机构办理作品登记。

“与著作权有关的权利参照适用前两款规定。”

九、将第十三条改为第十四条，增加一款，作为第二款：“合作作品的著作权由合作作者通过协商一致行使；不能协商一致，又无正当理由的，任何一方不得阻止他方行使除转让、许可他人专有使用、出质以外的其他权利，但是所得收益应当合理分配给所有合作作者。”

十、增加一条，作为第十六条：“使用改编、翻译、注释、整理、汇编已有作品而产生的作品进行出版、演出和制作录音录像制品，应当取得该作品的著作权人和原作品的著作权人许可，并支付报酬。”

十一、将第十五条改为第十七条，修改为：“视听作品中的电影作品、电视剧作品的著作权由制作者享有，但编剧、导演、摄影、作词、作曲等作者享有署名权，并有权按照与制作者签订的合同获得报酬。

“前款规定以外的视听作品的著作权归属由当事人约定；没有约定或者约定不明确的，由制作者享有，但作者享有署名权和获得报酬的权利。

“视听作品中的剧本、音乐等可以单独使用的作品的作者有权单独行使其著作权。”

十二、将第十六条改为第十八条，在第二款第一项中的“地图”后增加“示意图”。

第二款增加一项，作为第二项：“（二）报社、期刊社、通讯社、广播电台、电视台的工作人员创作的职务作品”。

十三、将第十八条改为第二十条，修改为：“作品原件所有权的转移，不改变作品著作权的归属，但美术、摄影作品原件的展览权由原件所有人享有。

“作者将未发表的美术、摄影作品的原件所有权转让给他人，受让人展览该原件不构成对作者发表权的侵犯。”

十四、将第十九条改为第二十一条，将第一款中的“依照继承法的规定转移”修改为“依法转移”。

十五、将第二十一条改为第二十三条，将第二款、第三款修改为：“法人或者非法人组织的作品、著作权（署名权除外）由法人或者非法人组织享有的职务作品，其发表权的保护期为五十年，截止于作品创作完成后第五十年的12月31日；本法第十条第一款第五项至第十七项规定的权利的保护期为五十年，截止于作品首次发表后第五十年的12月31日，但作品自创作完成后五十年内未发表的，本法不再保护。

“视听作品，其发表权的保护期为五十年，截止于作品创作完成后第五十年的12月31日；本法第十条第一款第五项至第十七项规定的权利的保护期为五十年，截止于作品首次发表后第五十年的12月31日，但作品自创作完成后五十年内未发表的，本法不再保护。”

十六、将第二十二条改为第二十四条，在第一款中的“姓名”后增加“或者名称”；将“并且不得侵犯著作权人依照本法享有的其他权利”修改为“并且不得影响该作品的正常使用，也不得不合理地损害著作权人的合法权益”。

删去第一款第三项中的“时事”。

将第一款第四项中的“作者”修改为“著作权人”。

在第一款第六项中的“翻译”后增加“改编、汇编、播放”。

在第一款第八项中的“美术馆”后增加“文化馆”。

在第一款第九项中的“也未向表演者支付报酬”后增加“且不以营利为目的”。

删去第一款第十项中的“室外”。

将第一款第十一项中的“汉语言文字”修改为“国家通用语言文字”。

将第一款第十二项修改为：“（十二）以阅读障碍者能够感知的无障碍方式向其提供已经发表的作品”。

第一款增加一项，作为第十三项：“（十三）法律、行政法规规定的其他情形。”

将第二款修改为：“前款规定适用于对与著作权有关的权利的限制。”

十七、将第二十三条改为第二十五条，修改为：“为实施义务教育和国家教育规划而编写出版教科书，可以不经著作权人许可，在教科书中汇编已经发表的作品片段或者短小的文字作品、音乐作品或者单幅的美术作品、摄影作品、图形作品，但应当按照规定向著作权人支付报酬，指明作者姓名或者名称、作品名称，并且不得侵犯著作权人依照本法享有的其他权利。

“前款规定适用于对与著作权有关的权利的限制。”

十八、将第二十六条改为第二十八条，修改为：“以著作权中的财产权出质的，由出质人和质权人依法办理出质登记。”

十九、将第四章章名修改为“与著作权有关的权利”。

二十、将第三十七条改为第三十八条，删去第一款中的“（演员、演出单位）”和第二款。

二十一、将第三十八条改为第三十九条，在第一款第五项中的“发行”后增加“出租”。

二十二、增加一条，作为第四十条："演员为完成本演出单位的演出任务进行的表演为职务表演，演员享有表明身份和保护表演形象不受歪曲的权利，其他权利归属由当事人约定。当事人没有约定或者约定不明确的，职务表演的权利由演出单位享有。

"职务表演的权利由演员享有的，演出单位可以在其业务范围内免费使用该表演。"

二十三、将第四十二条改为第四十四条，将第二款修改为："被许可人复制、发行、通过信息网络向公众传播录音录像制品，应当同时取得著作权人、表演者许可，并支付报酬；被许可人出租录音录像制品，还应当取得表演者许可，并支付报酬。"

二十四、增加一条，作为第四十五条："将录音制品用于有线或者无线公开传播，或者通过传送声音的技术设备向公众公开播送的，应当向录音制作者支付报酬。"

二十五、将第四十三条改为第四十六条，将第二款中的"但应当支付报酬"修改为"但应当按照规定支付报酬"。

二十六、将第四十五条改为第四十七条，修改为："广播电台、电视台有权禁止未经其许可的下列行为：

"（一）将其播放的广播、电视以有线或者无线方式转播；

"（二）将其播放的广播、电视录制以及复制；

"（三）将其播放的广播、电视通过信息网络向公众传播。

"广播电台、电视台行使前款规定的权利，不得影响、限制或者侵害他人行使著作权或者与著作权有关的权利。

"本条第一款规定的权利的保护期为五十年，截止于该广播、电视首次播放后第五十年的 12 月 31 日。"

二十七、将第四十六条改为第四十八条，修改为："电视台播放他人的视听作品、录像制品，应当取得视听作品著作权人或者录像制作者许可，并支付报酬；播放他人的录像制品，还应当取得著作权人许可，并支付报酬。"

二十八、将第五章章名修改为"著作权和与著作权有关的权利的保护"。

二十九、增加一条，作为第四十九条："为保护著作权和与著作权有关的权利，权利人可以采取技术措施。

"未经权利人许可，任何组织或者个人不得故意避开或者破坏技术措施，不得以避开或者破坏技术措施为目的制造、进口或者向公众提供有关装置或者部件，不得故意为他人避开或者破坏技术措施提供技术服务。但是，法律、行政法规规定可以避开的情形除外。

"本法所称的技术措施，是指用于防止、限制未经权利人许可浏览、欣赏作品、表演、录音录像制品或者通过信息网络向公众提供作品、表演、录音录像制品的有效技术、装置或者部件。"

三十、增加一条，作为第五十条："下列情形可以避开技术措施，但不得向他人提供避开技术措施的技术、装置或者部件，不得侵犯权利人依法享有的其他权利：

"（一）为学校课堂教学或者科学研究，提供少量已经发表的作品，供教学或者科研人员使用，而该作品无法通过正常途径获取；

"（二）不以营利为目的，以阅读障碍者能够感知的无障碍方式向其提供已经发表的作品，而该作品无法通过正常途径获取；

"（三）国家机关依照行政、监察、司法程序执行公务；

"（四）对计算机及其系统或者网络的安全性能进行测试；

"（五）进行加密研究或者计算机软件反向工程研究。

"前款规定适用于对与著作权有关的权利的限制。"

三十一、增加一条，作为第五十一条："未经权利人许可，不得进行下列行为：

"（一）故意删除或者改变作品、版式设计、表演、录音录像制品或者广播、电视上的权利管理信息，但由于技术上的原因无法避免的除外；

"（二）知道或者应当知道作品、版式设计、表演、录音录像制品或者广播、电视上的权利管理信息未经许可被删除或者改变，仍然向公众提供。"

三十二、将第四十七条改为第五十二条，将第八项修改为："（八）未经视听作品、计算机软件、录音录像制品的著作权人、表演者或者录音录像制作者许可，出租其作品或者录音录像制品的原件或者复制件的，本法另有规定的除外"。

将第十一项中的"权益"修改为"权利"。

三十三、将第四十八条改为第五十三条，修改为："有下列侵权行为的，应当根据情况，承担本法第五十二条规定的民事责任；侵权行为同时损害公共利益的，由主管著作权的部门责令停止侵权行为，予以警告，没收违法所得，没收、无害化销毁处理侵权复制品以及主要用于制作侵权复制品的材料、工具、设备等，违法经营额五万元以上的，可以并处违法经营额一倍以上五倍以下的罚款；没有违法经营额、违法经营额难以计算或者不足五万元的，可以并处二十五万元以下的罚款；构成犯罪的，依法追究刑事责任：

"（一）未经著作权人许可，复制、发行、表演、放映、广播、汇编、通过信息网络向公众传播其作品的，本法另有规定的除外；

"（二）出版他人享有专有出版权的图书的；

"（三）未经表演者许可，复制、发行录有其表演的录音录像制品，或者通过信息网络向公众传播其表演的，本法另有规定的除外；

"（四）未经录音录像制作者许可，复制、发行、通过信息网络向公众传播其制作的录音录像制品的，本法另有规定的除外；

"（五）未经许可，播放、复制或者通过信息网络向公众传播广播、电视的，本法另有规定的除外；

"（六）未经著作权人或者与著作权有关的权利人许可，故意避开或者破坏技术措施的，故意制造、进口或者向他人提供主要用于避开、破坏技术措施的装置或者部件的，或者故意为他人避开或者破坏技术措施提供技术服务的，法律、行政法规另有规定的除外；

"（七）未经著作权人或者与著作权有关的权利人许可，故意删除或者改变作品、版式设计、表演、录音录像制品或者广播、电视上的权利管理信息的，知道或者应当知道作品、版式设计、表演、录音录像制品或者广播、电视上的权利管理信息未经许可被删除或者改变，仍然向公众提供的，法律、行政法规另有规定的除外；

"（八）制作、出售假冒他人署名的作品的。"

三十四、将第四十九条改为第五十四条，修改为："侵犯著作权或者与著作权有关的权利的，侵权人应当按照权利人因此受到的实际损失或者侵权人的违法所得给予赔偿；权利人的实际损失或者侵权人的违法所得难以计算的，可以参照该权利使用费给予赔偿。对故意侵犯著作权或者与著作权有关的权利，情节严重的，可以在按照上述方法确定数额的一倍以上五倍以下给予赔偿。

"权利人的实际损失、侵权人的违法所得、权利使用费难以计算的，由人民法院根据侵权行为的情节，判决给予五百元以上五百万元以下的赔偿。

"赔偿数额还应当包括权利人为制止侵权行为所支付的合理开支。

"人民法院为确定赔偿数额，在权利人已经尽了必要举证责任，而与侵权行为相关的账簿、资料等主要由侵权人掌握的，可以责令侵权人提供与侵权行为相关的账簿、资料等；侵权人不提供，或者提供虚假的账簿、资料等的，人民法院可以参考权利人的主张和提供的证据确定赔偿数额。

"人民法院审理著作权纠纷案件，应权利人请求，对侵权复制品，除特殊情况外，责令销毁；对主要用于制造侵权复制品的材料、工具、设备等，责令销毁，且不予补偿；或者在特殊情况下，责令禁止前述材料、工具、设备等进入商业渠道，且不予补偿。"

三十五、增加一条，作为第五十五条："主管著作权的部门对涉嫌侵犯著作权和与著作权有关的权利的行为进行查处时，可以询问有关当事人，调查与涉嫌违法行为有关的情况；对当事人涉嫌违法行为的场所和物品实施现场检查；查阅、复制与涉嫌违法行为有关的合同、发票、账簿以及其他有关资料；对于涉嫌违法行为的场所和物品，可以查封或者扣押。

"主管著作权的部门依法行使前款规定的职权时，当事人应当予以协助、配合，不得拒绝、阻挠。"

三十六、将第五十条改为第五十六条，修改为："著作权人或者与著作权有关的权利人有证据证明他人正在实施或者即将实施侵犯其权利、妨碍其实现权利的行为，如不及时制止将会使其合法权益受到难以弥补的损害的，可以在起诉前依法向人民法院申请采取财产保全、责令作出一定行为或者禁止作出一定行为等措施。"

三十七、将第五十一条改为第五十七条，修改为："为制止侵权行为，在证据可能灭失或者以后难以取得的情况下，著作权人或者与著作权有关的权利人可以在起诉前依法向人民法院申请保全证据。"

三十八、将第五十三条改为第五十九条，增加一款，作为第二款："在诉讼程序中，被诉侵权人主张其不承担侵权责任的，应当提供证据证明已经取得权利人的许可，或者具有本法规定的不经权利人许可而可以使用的情形。"

三十九、增加一条，作为第六十一条："当事人因不履行合同义务或者履行合同义务不符合约定而承担民事责任，以及当事人行使诉讼权利、申请保全等，适用有关法律的规定。"

四十、增加一条，作为第六十五条："摄影作品，其发表权、本法第十条第一款第五项至第十七项规定的权利的保护期在2021年6月1日前已经届满，但依据本法第二十三条第一款的规定仍在保护期内的，不再保护。”

四十一、将第六十条改为第六十六条，删去第二款中的“和政策”。

四十二、删去第三十五条、第四十条第二款、第四十四条、第五十四条、第五十六条。

本决定自2021年6月1日起施行。

《中华人民共和国著作权法》根据本决定作相应修改并对条文顺序作相应调整，重新公布。

中华人民共和国著作权法

（1990年9月7日第七届全国人民代表大会常务委员会第十五次会议通过　根据2001年10月27日第九届全国人民代表大会常务委员会第二十四次会议《关于修改〈中华人民共和国著作权法〉的决定》第一次修正　根据2010年2月26日第十一届全国人民代表大会常务委员会第十三次会议《关于修改〈中华人民共和国著作权法〉的决定》第二次修正　根据2020年11月11日第十三届全国人民代表大会常务委员会第二十三次会议《关于修改〈中华人民共和国著作权法〉的决定》第三次修正）

目　录

第一章　总　　则

第一条　为保护文学、艺术和科学作品作者的著作权，以及与著作权有关的权益，鼓励有益于社会主义精神文明、物质文明建设的作品的创作和传播，促进社会主义文化和科学事业的发展与繁荣，根据宪法制定本法。

第二条　中国公民、法人或者非法人组织的作品，不论是否发表，依照本法享有著作权。

外国人、无国籍人的作品根据其作者所属国或者经常居住地国同中国签订的协议或者共同参加的国际条约享有的著作权，受本法保护。

外国人、无国籍人的作品首先在中国境内出版的，依照本法享有著作权。

未与中国签订协议或者共同参加国际条约的国家的作者以及无国籍人的作品首次在中国参加的国际条约的成员国出版的，或者在成员国和非成员国同时出版的，受本法保护。

第三条　本法所称的作品，是指文学、艺术和科学领域内具有独创性并能以一定形式表现的智力成果，包括：

（一）文字作品；

（二）口述作品；

（三）音乐、戏剧、曲艺、舞蹈、杂技艺术作品；

（四）美术、建筑作品；

（五）摄影作品；

（六）视听作品；

（七）工程设计图、产品设计图、地图、示意图等图形作品和模型作品；

（八）计算机软件；

（九）符合作品特征的其他智力成果。

第四条　著作权人和与著作权有关的权利人行使权利，不得违反宪法和法律，不得损害公共利益。国家对作品的出版、传播依法进行监督管理。

第五条　本法不适用于：

（一）法律、法规，国家机关的决议、决定、命令和其他具有立法、行政、司法性质的文件，及其官方正式译文；

（二）单纯事实消息；

（三）历法、通用数表、通用表格和公式。

第六条　民间文学艺术作品的著作权保护办法由国务院另行规定。

第七条　国家著作权主管部门负责全国的著作权管理工作；县级以上地方主管著作权的部门负责本行政区域的著作权管理工作。

第八条　著作权人和与著作权有关的权利人可以授权著作权集体管理组织行使著作权或者与著作权有关的权利。依法设立的著作权集体管理组织是非营利法人，被授权后可以以自己的名义为著作权人和与著作权有关的权利人主张权利，并可以作为当事人进行涉及著作权或者与著作权有关的权利的诉讼、仲裁、调解活动。

著作权集体管理组织根据授权向使用者收取使用费。使用费的收取标准由著作权集体管理组织和使用者代表协商确定，协商不成的，可以向国家著作权主管部门申请裁决，对裁决不服的，可以向人民法院提起诉讼；当事人也可以直接向人民法院提起诉讼。

著作权集体管理组织应当将使用费的收取和转付、管理费的提取和使用、使用费的未分配部分等总体情况定期向社会公布，并应当建立权利信息查询系统，供权利人和使用者查询。国家著作权主管部门应当依法对著作权集体管理组织进行监督、管理。

著作权集体管理组织的设立方式、权利义务、使用费的收取和分配，以及对其监督和管理等由国务院另行规定。

第二章　著作权

第一节　著作权人及其权利

第九条　著作权人包括：

（一）作者；

（二）其他依照本法享有著作权的自然人、法人或者非法人组织。

第十条　著作权包括下列人身权和财产权：

（一）发表权，即决定作品是否公之于众的权利；

（二）署名权，即表明作者身份，在作品上署名的权利；

（三）修改权，即修改或者授权他人修改作品的权利；

（四）保护作品完整权，即保护作品不受歪曲、篡改的权利；

（五）复制权，即以印刷、复印、拓印、录音、录像、翻录、翻拍、数字化等方式将作品制作一份或者多份的权利；

（六）发行权，即以出售或者赠与方式向公众提供作品的原件或者复制件的权利；

（七）出租权，即有偿许可他人临时使用视听作品、计算机软件的原件或者复制件的权利，计算机软件不是出租的主要标的的除外；

（八）展览权，即公开陈列美术作品、摄影作品的原件或者复制件的权利；

（九）表演权，即公开表演作品，以及用各种手段公开播送作品的表演的权利；

（十）放映权，即通过放映机、幻灯机等技术设备公开再现美术、摄影、视听作品等的权利；

（十一）广播权，即以有线或者无线方式公开传播或者转播作品，以及通过扩音器或者其他传送符号、声音、图像的类似工具向公众传播广播的作品的权利，但不包括本款第十二项规定的权利；

（十二）信息网络传播权，即以有线或者无线方式向公众提供，使公众可以在其选定的时间和地点获得作品的权利；

（十三）摄制权，即以摄制视听作品的方法将作品固定在载体上的权利；

（十四）改编权，即改变作品，创作出具有独创性的新作品的权利；

（十五）翻译权，即将作品从一种语言文字转换成另一种语言文字的权利；

（十六）汇编权，即将作品或者作品的片段通过选择或者编排，汇集成新作品的权利；

（十七）应当由著作权人享有的其他权利。

著作权人可以许可他人行使前款第五项至第十七项规定的权利，并依照约定或者本法有关规定获得报酬。

著作权人可以全部或者部分转让本条第一款第五项至第十七项规定的权利，并依照约定或者本法有关规定获得报酬。

第二节　著作权归属

第十一条　著作权属于作者，本法另有规定的除外。

创作作品的自然人是作者。

由法人或者非法人组织主持，代表法人或者非法人组织意志创作，并由法人或者非法人组织承担责任的作品，法人或者非法人组织视为作者。

第十二条　在作品上署名的自然人、法人或者非法人组织为作者，且该作品上存在相应权利，但有相反证明的除外。

作者等著作权人可以向国家著作权主管部门认定的登记机构办理作品登记。

与著作权有关的权利参照适用前两款规定。

第十三条 改编、翻译、注释、整理已有作品而产生的作品，其著作权由改编、翻译、注释、整理人享有，但行使著作权时不得侵犯原作品的著作权。

第十四条 两人以上合作创作的作品，著作权由合作作者共同享有。没有参加创作的人，不能成为合作作者。

合作作品的著作权由合作作者通过协商一致行使；不能协商一致，又无正当理由的，任何一方不得阻止他方行使除转让、许可他人专有使用、出质以外的其他权利，但是所得收益应当合理分配给所有合作作者。

合作作品可以分割使用的，作者对各自创作的部分可以单独享有著作权，但行使著作权时不得侵犯合作作品整体的著作权。

第十五条 汇编若干作品、作品的片段或者不构成作品的数据或者其他材料，对其内容的选择或者编排体现独创性的作品，为汇编作品，其著作权由汇编人享有，但行使著作权时，不得侵犯原作品的著作权。

第十六条 使用改编、翻译、注释、整理、汇编已有作品而产生的作品进行出版、演出和制作录音录像制品，应当取得该作品的著作权人和原作品的著作权人许可，并支付报酬。

第十七条 视听作品中的电影作品、电视剧作品的著作权由制作者享有，但编剧、导演、摄影、作词、作曲等作者享有署名权，并有权按照与制作者签订的合同获得报酬。

前款规定以外的视听作品的著作权归属由当事人约定；没有约定或者约定不明确的，由制作者享有，但作者享有署名权和获得报酬的权利。

视听作品中的剧本、音乐等可以单独使用的作品的作者有权单独行使其著作权。

第十八条 自然人为完成法人或者非法人组织工作任务所创作的作品是职务作品，除本条第二款的规定以外，著作权由作者享有，但法人或者非法人组织有权在其业务范围内优先使用。作品完成两年内，未经单位同意，作者不得许可第三人以与单位使用的相同方式使用该作品。

有下列情形之一的职务作品，作者享有署名权，著作权的其他权利由法人或者非法人组织享有，法人或者非法人组织可以给予作者奖励：

（一）主要是利用法人或者非法人组织的物质技术条件创作，并由法人或者非法人组织承担责任的工程设计图、产品设计图、地图、示意图、计算机软件等职务作品；

（二）报社、期刊社、通讯社、广播电台、电视台的工作人员创作的职务作品；

（三）法律、行政法规规定或者合同约定著作权由法人或者非法人组织享有的职务作品。

第十九条 受委托创作的作品，著作权的归属由委托人和受托人通过合同约定。合同未作明确约定或者没有订立合同的，著作权属于受托人。

第二十条 作品原件所有权的转移，不改变作品著作权的归属，但美术、摄影作品原件的展览权由原件所有人享有。

作者将未发表的美术、摄影作品的原件所有权转让给他人，受让人展览该原件不构成对作者发表权的侵犯。

第二十一条 著作权属于自然人的，自然人死亡后，其本法第十条第一款第五项至第十七项规定的权利在本法规定的保护期内，依法转移。

著作权属于法人或者非法人组织的，法人或者非法人组织变更、终止后，其本法第十条第一款第五项至第十七项规定的权利在本法规定的保护期内，由承受其权利义务的法人或者非法人组织享有；没有承受其权利义务的法人或者非法人组织的，由国家享有。

第三节 权利的保护期

第二十二条 作者的署名权、修改权、保护作品完整权的保护期不受限制。

第二十三条 自然人的作品，其发表权、本法第十条第一款第五项至第十七项规定的权利的保护期为作者终生及其死亡后五十年，截止于作者死亡后第五十年的 12 月 31 日；如果是合作作品，截止于最后死亡的作者死亡后第五十年的 12 月 31 日。

法人或者非法人组织的作品、著作权（署名权除外）由法人或者非法人组织享有的职务作品，其发表权的保护期为五十年，截止于作品创作完成后第五十年的 12 月 31 日；本法第十条第一款第五项至第十七项规定的权利的保护期为五十年，截止于作品首次发表后第五十年的 12 月 31 日，但作品自创作完成后五十年内未发表的，本法不再保护。

视听作品，其发表权的保护期为五十年，截止于作品创作完成后第五十年的 12 月 31 日；本法第十条第一款第五项至第十七项规定的权利的保护期为五十年，截止于作品首次发表后第五十年的12月31日，但作品自创作完成后五十年内未发表的，本法不再保护。

第四节　权利的限制

第二十四条　在下列情况下使用作品，可以不经著作权人许可，不向其支付报酬，但应当指明作者姓名或者名称、作品名称，并且不得影响该作品的正常使用，也不得不合理地损害著作权人的合法权益：

（一）为个人学习、研究或者欣赏，使用他人已经发表的作品；

（二）为介绍、评论某一作品或者说明某一问题，在作品中适当引用他人已经发表的作品；

（三）为报道新闻，在报纸、期刊、广播电台、电视台等媒体中不可避免地再现或者引用已经发表的作品；

（四）报纸、期刊、广播电台、电视台等媒体刊登或者播放其他报纸、期刊、广播电台、电视台等媒体已经发表的关于政治、经济、宗教问题的时事性文章，但著作权人声明不许刊登、播放的除外；

（五）报纸、期刊、广播电台、电视台等媒体刊登或者播放在公众集会上发表的讲话，但作者声明不许刊登、播放的除外；

（六）为学校课堂教学或者科学研究，翻译、改编、汇编、播放或者少量复制已经发表的作品，供教学或者科研人员使用，但不得出版发行；

（七）国家机关为执行公务在合理范围内使用已经发表的作品；

（八）图书馆、档案馆、纪念馆、博物馆、美术馆、文化馆等为陈列或者保存版本的需要，复制本馆收藏的作品；

（九）免费表演已经发表的作品，该表演未向公众收取费用，也未向表演者支付报酬，且不以营利为目的；

（十）对设置或者陈列在公共场所的艺术作品进行临摹、绘画、摄影、录像；

（十一）将中国公民、法人或者非法人组织已经发表的以国家通用语言文字创作的作品翻译成少数民族语言文字作品在国内出版发行；

（十二）以阅读障碍者能够感知的无障碍方式向其提供已经发表的作品；

（十三）法律、行政法规规定的其他情形。

前款规定适用于对与著作权有关的权利的限制。

第二十五条　为实施义务教育和国家教育规划而编写出版教科书，可以不经著作权人许可，在教科书中汇编已经发表的作品片段或者短小的文字作品、音乐作品或者单幅的美术作品、摄影作品、图形作品，但应当按照规定向著作权人支付报酬，指明作者姓名或者名称、作品名称，并且不得侵犯著作权人依照本法享有的其他权利。

前款规定适用于对与著作权有关的权利的限制。

第三章　著作权许可使用和转让合同

第二十六条　使用他人作品应当同著作权人订立许可使用合同，本法规定可以不经许可的除外。

许可使用合同包括下列主要内容：

（一）许可使用的权利种类；

（二）许可使用的权利是专有使用权或者非专有使用权；

（三）许可使用的地域范围、期间；

（四）付酬标准和办法；

（五）违约责任；

（六）双方认为需要约定的其他内容。

第二十七条　转让本法第十条第一款第五项至第十七项规定的权利，应当订立书面合同。

权利转让合同包括下列主要内容：

（一）作品的名称；

（二）转让的权利种类、地域范围；

（三）转让价金；

（四）交付转让价金的日期和方式；

（五）违约责任；

（六）双方认为需要约定的其他内容。

第二十八条　以著作权中的财产权出质的，由出质人和质权人依法办理出质登记。

第二十九条　许可使用合同和转让合同中著作权人未明确许可、转让的权利，未经著作权人同意，另一方当事人不得行使。

第三十条　使用作品的付酬标准可以由当事人约定，也可以按照国家著作权主管部门会同有关部门制定的付酬标准支付报酬。当事人约定不明确的，按照国家著作权主管部门会同有关部门制定的付酬标准支付报酬。

第三十一条　出版者、表演者、录音录像制作者、广播电台、电视台等依照本法有关规定使用他人作品的，不得侵犯作者的署名权、修改权、保护作品完整权和获得报酬的权利。

第四章　与著作权有关的权利

第一节　图书、报刊的出版

第三十二条　图书出版者出版图书应当和著作权人订立出版合同，并支付报酬。

第三十三条　图书出版者对著作权人交付出版的作品，按照合同约定享有的专有出版权受法律保护，他人不得出版该作品。

第三十四条　著作权人应当按照合同约定期限交付作品。图书出版者应当按照合同约定的出版质量、期限出版图书。

图书出版者不按照合同约定期限出版，应当依照本法第六十一条的规定承担民事责任。

图书出版者重印、再版作品的，应当通知著作权人，并支付报酬。图书脱销后，图书出版者拒绝重印、再版的，著作权人有权终止合同。

第三十五条　著作权人向报社、期刊社投稿的，自稿件发出之日起十五日内未收到报社通知决定刊登的，或者自稿件发出之日起三十日内未收到期刊社通知决定刊登的，可以将同一作品向其他报社、期刊社投稿。双方另有约定的除外。

作品刊登后，除著作权人声明不得转载、摘编的外，其他报刊可以转载或者作为文摘、资料刊登，但应当按照规定向著作权人支付报酬。

第三十六条　图书出版者经作者许可，可以对作品修改、删节。

报社、期刊社可以对作品作文字性修改、删节。对内容的修改，应当经作者许可。

第三十七条　出版者有权许可或者禁止他人使用其出版的图书、期刊的版式设计。

前款规定的权利的保护期为十年，截止于使用该版式设计的图书、期刊首次出版后第十年的 12 月 31 日。

第二节　表　　演

第三十八条　使用他人作品演出，表演者应当取得著作权人许可，并支付报酬。演出组织者组织演出，由该组织者取得著作权人许可，并支付报酬。

第三十九条　表演者对其表演享有下列权利：

（一）表明表演者身份；

（二）保护表演形象不受歪曲；

（三）许可他人从现场直播和公开传送其现场表演，并获得报酬；

（四）许可他人录音录像，并获得报酬；

（五）许可他人复制、发行、出租录有其表演的录音录像制品，并获得报酬；

（六）许可他人通过信息网络向公众传播其表演，并获得报酬。

被许可人以前款第三项至第六项规定的方式使用作品，还应当取得著作权人许可，并支付报酬。

第四十条　演员为完成本演出单位的演出任务进行的表演为职务表演，演员享有表明身份和保护表演形象不受歪曲的权利，其他权利归属由当事人约定。当事人没有约定或者约定不明确的，职务表演的权利由演出单位享有。

职务表演的权利由演员享有的，演出单位可以在其业务范围内免费使用该表演。

第四十一条　本法第三十九条第一款第一项、第二项规定的权利的保护期不受限制。

本法第三十九条第一款第三项至第六项规定的权利的保护期为五十年，截止于该表演发生后第五十年的 12 月 31 日。

第三节　录音录像

第四十二条　录音录像制作者使用他人作品制作录音录像制品，应当取得著作权人许可，并支付报酬。

录音制作者使用他人已经合法录制为录音制品的音乐作品制作录音制品，可以不经著作权人许可，但应当按照规定支付报酬；著作权人声明不许使用的不得使用。

第四十三条　录音录像制作者制作录音录像制品，应当同表演者订立合同，并支付报酬。

第四十四条　录音录像制作者对其制作的录音录像制品，享有许可他人复制、发行、出租、通过信息网络向公众传播并获得报酬的权利；权利的保护期为五十年，截止于该制品首次制作完成后第五十年的 12 月 31 日。

被许可人复制、发行、通过信息网络向公众传播录音录像制品，应当同时取得著作权人、表演者许可，并支付报酬；被许可人出租录音录像制品，还应当取得表演者许可，并支付报酬。

第四十五条　将录音制品用于有线或者无线公开传播，或者通过传送声音的技术设备向公众公开播送的，应当向录音制作者支付报酬。

第四节　广播电台、电视台播放

第四十六条　广播电台、电视台播放他人未发表的作品,应当取得著作权人许可,并支付报酬。

广播电台、电视台播放他人已发表的作品,可以不经著作权人许可,但应当按照规定支付报酬。

第四十七条 广播电台、电视台有权禁止未经其许可的下列行为:

(一)将其播放的广播、电视以有线或者无线方式转播;

(二)将其播放的广播、电视录制以及复制;

(三)将其播放的广播、电视通过信息网络向公众传播。

广播电台、电视台行使前款规定的权利,不得影响、限制或者侵害他人行使著作权或者与著作权有关的权利。

本条第一款规定的权利的保护期为五十年,截止于该广播、电视首次播放后第五十年的12月31日。

第四十八条 电视台播放他人的视听作品、录像制品,应当取得视听作品著作权人或者录像制作者许可,并支付报酬;播放他人的录像制品,还应当取得著作权人许可,并支付报酬。

第五章 著作权和与著作权有关的权利的保护

第四十九条 为保护著作权和与著作权有关的权利,权利人可以采取技术措施。

未经权利人许可,任何组织或者个人不得故意避开或者破坏技术措施,不得以避开或者破坏技术措施为目的制造、进口或者向公众提供有关装置或者部件,不得故意为他人避开或者破坏技术措施提供技术服务。但是,法律、行政法规规定可以避开的情形除外。

本法所称的技术措施,是指用于防止、限制未经权利人许可浏览、欣赏作品、表演、录音录像制品或者通过信息网络向公众提供作品、表演、录音录像制品的有效技术、装置或者部件。

第五十条 下列情形可以避开技术措施,但不得向他人提供避开技术措施的技术、装置或者部件,不得侵犯权利人依法享有的其他权利:

(一)为学校课堂教学或者科学研究,提供少量已经发表的作品,供教学或者科研人员使用,而该作品无法通过正常途径获取;

(二)不以营利为目的,以阅读障碍者能够感知的无障碍方式向其提供已经发表的作品,而该作品无法通过正常途径获取;

(三)国家机关依照行政、监察、司法程序执行公务;

(四)对计算机及其系统或者网络的安全性能进行测试;

(五)进行加密研究或者计算机软件反向工程研究。

前款规定适用于对与著作权有关的权利的限制。

第五十一条 未经权利人许可,不得进行下列行为:

(一)故意删除或者改变作品、版式设计、表演、录音录像制品或者广播、电视上的权利管理信息,但由于技术上的原因无法避免的除外;

(二)知道或者应当知道作品、版式设计、表演、录音录像制品或者广播、电视上的权利管理信息未经许可被删除或者改变,仍然向公众提供。

第五十二条 有下列侵权行为的,应当根据情况,承担停止侵害、消除影响、赔礼道歉、赔偿损失等民事责任:

(一)未经著作权人许可,发表其作品的;

(二)未经合作作者许可,将与他人合作创作的作品当作自己单独创作的作品发表的;

(三)没有参加创作,为谋取个人名利,在他人作品上署名的;

(四)歪曲、篡改他人作品的;

(五)剽窃他人作品的;

(六)未经著作权人许可,以展览、摄制视听作品的方法使用作品,或者以改编、翻译、注释等方式使用作品的,本法另有规定的除外;

(七)使用他人作品,应当支付报酬而未支付的;

(八)未经视听作品、计算机软件、录音录像制品的著作权人、表演者或者录音录像制作者许可,出租其作品或者录音录像制品的原件或者复制件的,本法另有规定的除外;

(九)未经出版者许可,使用其出版的图书、期刊的版式设计的;

(十)未经表演者许可,从现场直播或者公开传送其现场表演,或者录制其表演的;

(十一)其他侵犯著作权以及与著作权有关的权利的行为。

第五十三条 有下列侵权行为的,应当根据情况,承担本法第五十二条规定的民事责任;侵权行为同时损害公共利益的,由主管著作权的部门责令停止侵权行为,予以警告,没收违法所得,没收、无害化销毁处理侵权复制品以及主要用于制作侵权复制品的材料、工具、设备等，违法经营额五万元以上的，可以并处违法经营额一倍以上五倍以下的罚款；没有违法经营额、违法经营额难以计算或者不足五万元的，可以并处二十五万元以下的罚款；构成犯罪的，依法追究刑事责任：

（一）未经著作权人许可，复制、发行、表演、放映、广播、汇编、通过信息网络向公众传播其作品的，本法另有规定的除外；

（二）出版他人享有专有出版权的图书的；

（三）未经表演者许可，复制、发行录有其表演的录音录像制品，或者通过信息网络向公众传播其表演的，本法另有规定的除外；

（四）未经录音录像制作者许可，复制、发行、通过信息网络向公众传播其制作的录音录像制品的，本法另有规定的除外；

（五）未经许可，播放、复制或者通过信息网络向公众传播广播、电视的，本法另有规定的除外；

（六）未经著作权人或者与著作权有关的权利人许可，故意避开或者破坏技术措施的，故意制造、进口或者向他人提供主要用于避开、破坏技术措施的装置或者部件的，或者故意为他人避开或者破坏技术措施提供技术服务的，法律、行政法规另有规定的除外；

（七）未经著作权人或者与著作权有关的权利人许可，故意删除或者改变作品、版式设计、表演、录音录像制品或者广播、电视上的权利管理信息的，知道或者应当知道作品、版式设计、表演、录音录像制品或者广播、电视上的权利管理信息未经许可被删除或者改变，仍然向公众提供的，法律、行政法规另有规定的除外；

（八）制作、出售假冒他人署名的作品的。

第五十四条 侵犯著作权或者与著作权有关的权利的，侵权人应当按照权利人因此受到的实际损失或者侵权人的违法所得给予赔偿；权利人的实际损失或者侵权人的违法所得难以计算的，可以参照该权利使用费给予赔偿。对故意侵犯著作权或者与著作权有关的权利，情节严重的，可以在按照上述方法确定数额的一倍以上五倍以下给予赔偿。

权利人的实际损失、侵权人的违法所得、权利使用费难以计算的，由人民法院根据侵权行为的情节，判决给予五百元以上五百万元以下的赔偿。

赔偿数额还应当包括权利人为制止侵权行为所支付的合理开支。

人民法院为确定赔偿数额，在权利人已经尽了必要举证责任，而与侵权行为相关的账簿、资料等主要由侵权人掌握的，可以责令侵权人提供与侵权行为相关的账簿、资料等；侵权人不提供，或者提供虚假的账簿、资料等的，人民法院可以参考权利人的主张和提供的证据确定赔偿数额。

人民法院审理著作权纠纷案件，应权利人请求，对侵权复制品，除特殊情况外，责令销毁；对主要用于制造侵权复制品的材料、工具、设备等，责令销毁，且不予补偿；或者在特殊情况下，责令禁止前述材料、工具、设备等进入商业渠道，且不予补偿。

第五十五条 主管著作权的部门对涉嫌侵犯著作权和与著作权有关的权利的行为进行查处时，可以询问有关当事人，调查与涉嫌违法行为有关的情况；对当事人涉嫌违法行为的场所和物品实施现场检查；查阅、复制与涉嫌违法行为有关的合同、发票、账簿以及其他有关资料；对于涉嫌违法行为的场所和物品，可以查封或者扣押。

主管著作权的部门依法行使前款规定的职权时，当事人应当予以协助、配合，不得拒绝、阻挠。

第五十六条 著作权人或者与著作权有关的权利人有证据证明他人正在实施或者即将实施侵犯其权利、妨碍其实现权利的行为，如不及时制止将会使其合法权益受到难以弥补的损害的，可以在起诉前依法向人民法院申请采取财产保全、责令作出一定行为或者禁止作出一定行为等措施。

第五十七条 为制止侵权行为，在证据可能灭失或者以后难以取得的情况下，著作权人或者与著作权有关的权利人可以在起诉前依法向人民法院申请保全证据。

第五十八条 人民法院审理案件，对于侵犯著作权或者与著作权有关的权利的，可以没收违法所得、侵权复制品以及进行违法活动的财物。

第五十九条 复制品的出版者、制作者不能证明其出版、制作有合法授权的，复制品的发行者或者视听作品、计算机软件、录音录像制品的复制品的出租者不能证明其发行、出租的复制品有合法来源的，应当承担法律责任。

在诉讼程序中，被诉侵权人主张其不承担侵权责任的，应当提供证据证明已经取得权利人的许可，或者具有本法规定的不经权利人许可而可以使用的情形。

第六十条 著作权纠纷可以调解，也可以根据当事人达成的书面仲裁协议或者著作权合同中的仲裁条款，向仲裁机构申请仲裁。

当事人没有书面仲裁协议，也没有在著作权合同中订立仲裁条款的,可以直接向人民法院起诉。

第六十一条　当事人因不履行合同义务或者履行合同义务不符合约定而承担民事责任,以及当事人行使诉讼权利、申请保全等,适用有关法律的规定。

第六章　附　　则

第六十二条　本法所称的著作权即版权。

第六十三条　本法第二条所称的出版,指作品的复制、发行。

第六十四条　计算机软件、信息网络传播权的保护办法由国务院另行规定。

第六十五条　摄影作品,其发表权、本法第十条第一款第五项至第十七项规定的权利的保护期在2021年6月1日前已经届满,但依据本法第二十三条第一款的规定仍在保护期内的,不再保护。

第六十六条　本法规定的著作权人和出版者、表演者、录音录像制作者、广播电台、电视台的权利,在本法施行之日尚未超过本法规定的保护期的,依照本法予以保护。

本法施行前发生的侵权或者违约行为,依照侵权或者违约行为发生时的有关规定处理。

第六十七条　本法自1991年6月1日起施行。

关于《中华人民共和国著作权法修正案(草案)》的说明

——2020年4月26日在第十三届全国人民代表大会常务委员会第十七次会议上

司法部党组书记、副部长　袁曙宏

全国人民代表大会常务委员会:

我受国务院委托,现对《中华人民共和国著作权法修正案(草案)》作说明。

一、修改的必要性

加强知识产权保护是推动科技创新和文化繁荣发展的重要举措。党中央、国务院始终高度重视知识产权保护。习近平总书记指出,“要加大知识产权保护力度,提高侵权代价和违法成本,震慑违法侵权行为”,“要完善知识产权保护相关法律法规”。李克强总理强调,“知识产权是发展的重要资源和竞争力的核心要素”,“要强化知识产权保护,鼓励创新创造”。

著作权是知识产权的重要组成部分。现行著作权法规定了我国著作权保护领域的基本制度,于1991年施行,经2001年、2010年两次修改,对鼓励作品的创作和传播,保护创作者、传播者、使用者等的合法权益,促进我国文化和科学事业的发展与繁荣,发挥了重要作用。近年来,随着我国经济社会发展,著作权保护领域出现了一些新情况、新问题,亟待通过修改完善著作权法予以解决:一是随着以网络化、数字化等为代表的新技术的高速发展和应用,一些现有规定已经无法适应实践需要。二是著作权维权成本高、侵权赔偿数额低,执法手段不足,著作权侵权行为难以得到有效遏制,权利保护的实际效果与权利人的期待还有一定差距。三是现行著作权法部分规定有必要与我国近年来加入的国际条约以及出台的民法总则等法律进一步做好衔接。

二、修改工作过程

2012年12月,国家版权局报请国务院审议《中华人民共和国著作权法(修订草案送审稿)》。收到此件后,原国务院法制办立即送有关中央国家机关、部分地方政府、企事业单位和专家学者等征求意见,并通过互联网向社会公开征求意见。由于各方面对送审稿许多内容存在较大争议,2017年12月,国家版权局对送审稿进行了修改,形成送审稿修改稿重新报请审查。原国务院法制办会同国家版权局对送审稿修改稿作了修改。党和国家机构改革后,重新组建的司法部又会同中央宣传部进一步修改,形成了《中华人民共和国著作权法修正案(草案)》(以下简称修正案草案)。目前,修正案草案已经国务院同意。

三、修改的主要内容

(一)根据实践发展需要修改有关概念表述和

新增制度措施。

为了适应新技术高速发展和应用对著作权立法提出的新要求，解决现行著作权法部分规定难以涵盖新事物、无法适应新形势等问题，修正案草案作出以下规定：一是将“电影作品和以类似摄制电影的方法创作的作品”修改为“视听作品”。二是增加作品登记制度，方便公众了解作品权利归属情况。三是修改广播权有关表述，以适应网络同步转播使用作品等新技术发展的要求。四是明确广播电台电视台作为邻接权人时，权利客体是其播放的“载有节目的信号”，对其播放的“载有节目的信号”享有信息网络传播权。五是增加有关技术措施和权利管理信息的规定，以解决技术措施和权利管理信息线上线下一体保护的问题。

（二）加大著作权执法力度和对侵权行为的处罚力度。

根据党中央、国务院相关决策部署，落实 2017 年全国人大常委会著作权法执法检查报告及审议意见提出的要求，为解决著作权维权难，主管部门执法手段偏少、偏软，对侵权行为处罚偏轻的问题，修正案草案作了以下规定：一是对于侵权行为情节严重的，可以适用赔偿数额一倍以上五倍以下的惩罚性赔偿。二是将法定赔偿额上限由五十万元提高到五百万元。三是增加权利许可使用费的倍数作为赔偿金额的计算参照，增加责令侵权人提供与侵权有关的账簿、资料制度。四是增加著作权主管部门询问当事人、调查违法行为、现场检查，查阅、复制有关资料以及查封、扣押有关场所和物品等职权。五是增加滥用著作权或者与著作权有关的权利、扰乱传播秩序的行为的法律责任，进一步明确侵犯著作权损害公共利益行为的法律责任。

（三）加强与其他法律的衔接，落实我国近年来加入的有关国际条约义务。

为了与民法总则、合同法、民事诉讼法等其他法律保持一致，修正案草案作了以下规定：一是将“公民”修改为“自然人”，将“其他组织”修改为“非法人组织”。二是删去违约责任、诉讼权利和保全等条款，增加“当事人因不履行合同义务或者履行合同义务不符合约定而承担民事责任，以及当事人行使诉讼权利、申请保全等，适用有关法律的规定”的衔接性条款。

为了将我国近年来加入的有关国际条约的要求落到实处，回应国际关切，修正案草案作了以下规定：一是明确出租权的对象是视听作品、计算机软件的原件或者复制件。二是延长摄影作品的保护期。三是在有关合理使用的条款中规定“不得影响该作品的正常使用，也不得不合理地损害著作权人的合法权益”等内容，将盲人的合理使用扩大到阅读障碍者。四是增加表演者许可他人出租录有其表演的录音录像制品并获得报酬的权利。五是增加录音制作者广播获酬权和机械表演权。

此外，对修正案草案作了一些必要的文字修改和条款顺序调整。

修正案草案和以上说明是否妥当，请审议。

全国人民代表大会宪法和法律委员会关于《中华人民共和国著作权法修正案（草案）》修改情况的汇报

——2020 年 8 月 8 日在第十三届全国人民代表大会常务委员会第二十一次会议上

全国人大宪法和法律委员会副主任委员　江必新

全国人民代表大会常务委员会：

常委会第十七次会议对著作权法修正案草案进行了初次审议。会后，法制工作委员会将草案印发地方人大、中央有关部门、法学教学研究机构和有关社会团体征求意见，并在中国人大网全文公布草案征求社会公众意见。宪法和法律委员会、教育科学文化卫生委员会、法制工作委员会联合召开座谈会，听取中央有关部门、有关协会、企业和专家对草案的意见。法制工作委员会还就草案主要问题同有关方面交换意见，共同研究。宪法和法律委员会于 7 月 14 日召开会议，根据常委会组成人员的审议意见和各方面意见，对草案进行了逐条审议。中央宣传部、教育科学文化卫生委员会、司法部的有关负责同志列席了会议。7 月 30 日，宪法和法律委员会召开会议，再次进行审议。现将著作权法修正案（草案）主要问题的修改情况汇报如下：

一、草案第二条第一款规定了本法所称的作品，是指文学、艺术和科学领域内具有独创性并能以某种有形形式复制的智力成果，并列举了作品的具体类型。有的常委委员提出，修改后的作品定义限定在“文学、艺术和科学领域”难以涵盖技术类作品。有的常委委员和专家、地方、单位提出，口述作品等作品不一定需要以有形形式复制，建议修改。有的常委委员和部门、单位、社会公众提出，随着文学艺术产业的不断繁荣和科学技术的快速发展，法律、行政法规还未规定的新的作品类型将不断出现，立法应当为将来可能出现的新的作品类型留出空间。宪法和法律委员会经研究，建议采纳上述意见，对作品的定义和类型作以下修改：一是将“文学、艺术和科学领域”修改为“文学、艺术和科学等领域”；二是将“并能以某种有形形式复制”修改为“并能以一定形式表现”；三是将第九项“法律、行政法规规定的其他作品”修改为“符合作品特征的其他智力成果”。

二、草案第三条规定了著作权人和与著作权有关的权利人行使权利，不得滥用权利影响作品的正常传播；第二十四条规定了滥用著作权或者与著作权有关的权利的法律责任。有的常委委员和一些地方、部门、单位、专家和社会公众提出，当前，著作权领域的主要问题是对著作权的保护不足，这次修改应坚持加强著作权保护的立法导向，对滥用著作权的行为可以通过民法典、反垄断法等法律的规定进行规范；此外，“不得滥用权利影响作品的正常传播”的表述过于宽泛，不利于实践中操作执行，建议删去这一表述以及相关法律责任的规定。宪法和法律委员会经研究，建议采纳这一意见。同时为了更好地平衡保护著作权与公共利益，拟适度扩大法定的不经著作权人许可且不向其支付报酬而合理使用有关作品的范围，在草案关于著作权合理使用的情形中，增加一项兜底规定：“（十三）法律、行政法规规定的其他情形”。

三、草案第五条规定，以著作权出质的，由出质人和质权人向国家著作权主管部门办理出质登记。有的地方、专家和社会公众提出，著作权中的人身权不能出质，财产权才可以出质，建议予以明确。有的部门和专家提出，民法典物权编已删除了关于著作权等知识产权出质的登记机关的规定，建议本条与民法典的规定相衔接。宪法和法律委员会经研究，建议采纳上述意见，将上述规定修改为：“以著作权中的财产权出质的，由出质人和质权人依法办理出质登记。”

四、草案第六条第二款规定，著作权集体管理组织根据授权向使用者收取使用费。使用费收取标准由著作权集体管理组织和使用者代表协商确定，协商不成的，可以向国家著作权主管部门申请裁决或者向人民法院提起诉讼。有的地方、部门、单位和社会公众建议，进一步明确行政裁决与诉讼的关系，明确当事人对行政裁决不服的，可以向人民法院起诉。宪法和法律委员会经研究，建议采纳上述意见，将上述相关规定修改为：使用费收取标准协商不成的，可以向国家著作权主管部门申请裁决，对裁决不服的，可以向人民法院提起诉讼；当事人也可以直接向人民法院提起诉讼。

五、草案第十条规定，视听作品的著作权由组织制作并承担责任的视听作品制作者享有，但编剧、导演、摄影、作词、作曲等作者享有署名权，并有权按照与视听作品制作者签订的合同获得报酬。有些地方、单位、专家和社会公众提出，草案将“电影作品和以类似摄制电影的方法创作的作品”修改为“视听作品”，扩大了此类作品范围，将电影、电视剧作品与其他视听作品的著作权归属作统一规定不妥，建议对视听作品进行区分，对各自的著作权归属作相应的规定。宪法和法律委员会经研究，建议作以下修改，原草案的著作权归属原则适用于“电影作品、电视剧作品”，另增加规定，其他视听作品“构成合作作品或者职务作品的，著作权的归属依照本法有关规定确定；不构成合作作品或者职务作品的，著作权的归属由制作者和作者约定，没有约定或者约定不明确的，由制作者享有，但作者享有署名权和获得报酬的权利。制作者使用本款规定的视听作品超出合同约定的范围或者行业惯例的，应当取得作者许可”。

六、现行著作权法第四章的章名为“出版、表演、录音录像、播放”。有的部门、专家和社会公众建议将这一章名修改为“与著作权有关的权利”，以体现这四项权利作为著作权邻接权的性质，也能与本法第一章的相关条文表述相衔接。宪法和法律委员会经研究，建议采纳上述意见，将该章的章名修改为“与著作权有关的权利”。

七、草案第十七条第一款规定，对于职务表演，演员享有表明身份的权利，其他权利归属由当事人约定。有的地方和单位提出，保护表演形象不受歪曲是演员一项重要的著作人身权，在职务表演中也应当由演员享有，应当受到法律保护。宪法和法律委员会经研究，建议采纳上述意见，增加规定，进行职务表演的演员享有“保护表演形象不受歪曲”的权利。

八、草案第十九条规定，广播电台、电视台对其播放的载有节目的信号享有许可他人转播、许可他人录制以及复制、许可他人通过信息网络向公众传播的权利。一些地方、部门、单位、专家和社会公众提出，信号是通讯技术概念，而广播组织权的客体应为广播、电视节目；另外，将广播组织权规定为广播电台、电视台的“许可权”，实践中容易与著作权人、表演者、录音录像制作者等权利人享有的信息网络传播权等产生混淆或者冲突，建议将广播组织权恢复为现行著作权法规定的“禁止权”。宪法和法律委员会经研究，建议采纳上述意见，将上述规定修改为：广播电台、电视台有权禁止未经其许可的下列行为：（一）将其播放的广播、电视以有线或者无线方式转播；（二）将其播放的广播、电视录制以及复制；（三）将其播放的广播、电视通过信息网络向公众传播。相应地，将第二款中的“信号”恢复为现行著作权法规定的“广播、电视”。

九、草案第二十九条删去现行著作权法第五十条、第五十一条关于诉前责令停止侵权行为、财产保全和证据保全的规定。有的常委委员和社会公众提出，现行著作权法的这两条规定对于及时制止侵害著作权行为、保存重要证据等都具有重要意义，建议恢复并做好与民事诉讼法的衔接。同时，为了更好地保护当事人的合法权益，建议增加规定，对于他人实施的妨碍著作权人以及与著作权有关的权利人实现权利的行为，权利人可以在起诉前申请采取保全措施。宪法和法律委员会经研究，建议采纳这一意见，增加两条规定：一是规定“著作权人或者与著作权有关的权利人有证据证明他人正在实施或者即将实施侵犯其权利、妨碍其实现权利的行为，如不及时制止将会使其合法权益受到难以弥补的损害的，可以在起诉前依法向人民法院申请采取财产保全、责令作出一定行为或者禁止作出一定行为等措施”。二是规定“为制止侵权行为，在证据可能灭失或者以后难以取得的情况下，著作权人或者与著作权有关的权利人可以在起诉前依法向人民法院申请保全证据”。

此外，还对草案作了一些文字修改。

修正案草案二次审议稿已按上述意见作了修改，宪法和法律委员会建议提请本次常委会会议继续审议。

修正案草案二次审议稿和以上汇报是否妥当，请审议。

全国人民代表大会宪法和法律委员会关于《中华人民共和国著作权法修正案（草案）》审议结果的报告

——2020年11月10日在第十三届全国人民代表大会常务委员会第二十三次会议上

全国人大宪法和法律委员会副主任委员　江必新

全国人民代表大会常务委员会：

常委会第二十一次会议对著作权法修正案草案进行了二次审议。会后，法制工作委员会在中国人大网全文公布草案二次审议稿征求社会公众意见，并召开座谈会，听取中央有关部门、有关协会、企业和专家对草案的意见。法制工作委员会还到北京等地进行调研，并就草案主要问题同有关方面交换意见，共同研究。宪法和法律委员会于10月27日召开会议，根据常委会组成人员的审议意见和各方面意见，对草案进行了逐条审议。中央宣传部、教育科学文化卫生委员会、司法部的有关负责同志列席了会议。11月3日，宪法和法律委员会召开会议，再次进行了审议。宪法和法律委员会认为，为保护文学、艺术和科学作品作者的著作权，以及与著作权有关的权益，鼓励作品的创作和传播，促进社会主义文化和科学事业的发展与繁荣，对著作权法进行修改是必要的，草案经过两次审议修改，已经比较成熟。同时，提出以下主要修改意见：

一、草案二次审议稿第十一条第二款规定，电影作品、电视剧作品以外的视听作品，构成合作作品或者职务作品的，著作权的归属依照本法有关规定确定；不构成合作作品或者职务作品的，著作权的归属由制作者和作者约定,没有约定或者约定不明确的,由制作者享有,但作者享有署名权和获得报酬的权利。有的部门、单位、专家和社会公众提出,本款关于其他视听作品著作权归属的规定过于复杂,草案对合作作品、职务作品的著作权归属已有明确规定,视听作品构成合作作品、职务作品的,可以依法确定其著作权的归属,建议简化本款规定,以利于视听作品的利用和传播。宪法和法律委员会经研究,建议采纳上述意见,将上述规定修改为:“前款规定以外的视听作品的著作权归属由当事人约定;没有约定或者约定不明确的,由制作者享有,但作者享有署名权和获得报酬的权利。”

二、现行著作权法规定,“免费表演已经发表的作品,该表演未向公众收取费用,也未向表演者支付报酬”的,可以不经著作权人许可,不向其支付报酬,但应当指明作者姓名等。有的常委委员、社会公众提出,为防止以免费表演为名通过收取广告费等方式变相达到营利目的,建议增加不以营利为目的的限制性规定。宪法和法律委员会经研究,建议采纳上述意见,将上述合理使用的情形修改为:“免费表演已经发表的作品,该表演未向公众收取费用,也未向表演者支付报酬,且不以营利为目的。”

三、草案二次审议稿第二十三条规定,广播电台、电视台有权禁止未经其许可的下列行为:一是将其播放的广播、电视以有线或者无线方式转播;二是将其播放的广播、电视录制以及复制;三是将其播放的广播、电视通过信息网络向公众传播。一些协会、企业、专家和社会公众提出,广播组织权利的行使往往会涉及他人的著作权保护问题,建议明确广播电台、电视台在行使上述权利时,不得影响他人享有的著作权或者与著作权有关的权利。宪法和法律委员会经研究,建议采纳上述意见,增加一款规定:“广播电台、电视台行使前款规定的权利,不得影响、限制或者侵害他人行使著作权或者与著作权有关的权利。”

四、草案二次审议稿第二十六条规定,为保护著作权和与著作权有关的权利,权利人可以采取技术措施。有的常委委员提出,技术措施是这次修改著作权法新增加的一种保护著作权的重要手段,明确其定义有利于法律的执行。宪法和法律委员会经研究,建议采纳上述意见,增加一款规定:“本法所称的技术措施,是指用于防止、限制未经权利人许可浏览、欣赏作品、表演、录音录像制品或者通过信息网络向公众提供作品、表演、录音录像制品的有效技术、装置或者部件。”

五、草案二次审议稿第三十一条规定了侵犯著作权或者与著作权有关的权利的赔偿责任,其中规定权利人的实际损失、侵权人的违法所得、权利使用费难以计算的,由人民法院根据侵权行为的情节,判决给予五百万元以下的法定赔偿。有的部门提出,为了加大对侵犯著作权行为的惩治力度,建议增加法定赔偿数额下限的规定,完善司法程序中的举证规则并明确对侵权复制品及制造工具等进行销毁的措施。宪法和法律委员会经研究,建议采纳上述意见,对草案作如下修改:一是增加规定,法定赔偿数额的下限为五百元。二是增加一款规定:“人民法院审理著作权纠纷案件,应权利人请求,对侵权复制品,除特殊情况外,责令销毁;对主要用于制造侵权复制品的材料、工具、设备等,责令销毁,且不予补偿;或者在特殊情况下,责令禁止前述材料、工具、设备等进入商业渠道,且不予补偿。”三是在现行著作权法第五十三条中增加一款规定:“在诉讼程序中,被诉侵权人主张其不承担侵权责任的,应当提供证据证明已经取得权利人的许可,或者具有本法规定的不经权利人许可而可以使用的情形。”

此外,还对草案二次审议稿作了一些文字修改。

11月2日,法制工作委员会召开会议,邀请部分全国人大代表、著作权权利人、专家学者、地方著作权主管部门、著作权集体管理组织、相关企业等方面的代表,就草案中主要制度规范的可行性、法律出台时机、法律实施的社会效果和可能出现的问题等进行评估。普遍认为,草案贯彻落实了党中央关于加大知识产权保护力度的决策部署,围绕完善作品定义、加强网络空间著作权保护、加大侵权行为惩治力度、加强与其他法律的衔接、落实有关国际条约义务等问题,进一步完善了著作权保护制度,有利于加强著作权的保护,促进作品的传播,有利于提升著作权领域治理效能,有利于推进文化和科学事业繁荣发展,符合现阶段实际。草案结构合理,思路清晰,具有较强的针对性和可操作性,已基本成熟,应尽早出台。与会人员还对草案提出了一些具体修改意见,有的意见已经予以采纳。

宪法和法律委员会已按上述意见提出了全国人民代表大会常务委员会关于修改《中华人民共和国著作权法》的决定(草案),建议提请本次常委会会议审议通过。

修改决定草案和以上报告是否妥当,请审议。

全国人民代表大会宪法和法律委员会关于《全国人民代表大会常务委员会关于修改〈中华人民共和国著作权法〉的决定（草案）》修改意见的报告

——2020 年 11 月 11 日在第十三届全国人民代表大会常务委员会第二十三次会议上

全国人民代表大会常务委员会：

本次常委会会议于 11 月 10 日下午对关于修改著作权法的决定草案进行了分组审议，普遍认为，草案已经比较成熟，建议进一步修改后，提请本次常委会会议表决通过。同时，有些常委会组成人员还提出了一些修改意见。宪法和法律委员会于 11 月 10 日晚召开会议，逐条研究了常委会组成人员的审议意见，对草案进行了审议。中央宣传部、教育科学文化卫生委员会、司法部的有关负责同志列席了会议。宪法和法律委员会认为，草案是可行的，同时，提出以下修改意见：

一、有的常委委员提出，在涉及著作权或者与著作权有关的权利的纠纷中，著作权集体管理组织作为当事人除可以参加诉讼、仲裁活动外，还可以进行调解活动。宪法和法律委员会经研究，建议采纳这一意见，将现行著作权法第八条第一款中的“可以作为当事人进行涉及著作权或者与著作权有关的权利的诉讼、仲裁活动”一句修改为“可以作为当事人进行涉及著作权或者与著作权有关的权利的诉讼、仲裁、调解活动”。

二、草案第十六条第九款规定，“以阅读障碍者能够感知的方式向其提供已经发表的作品”的，可以不经著作权人许可，不向其支付报酬，但应当指明作者姓名等。有的常委委员提出，为了让阅读障碍者能够更方便地阅读作品，同时也与有关国际条约的表述相衔接，建议将上述规定修改为“以阅读障碍者能够感知的无障碍方式向其提供已经发表的作品”。宪法和法律委员会经研究，建议采纳这一意见。

三、有的常委委员提出，本次修改著作权法增加规定了表演者的出租权，为了更好地保护这一权利，建议对经录音录像制品制作者许可出租录音录像制品的，明确还需要取得表演者许可，并支付报酬。宪法和法律委员会经研究，建议采纳这一意见，在现行著作权法第四十二条第二款中增加规定相应内容。

经与有关方面研究，建议将本决定的施行时间确定为 2021 年 6 月 1 日。

此外，根据常委会组成人员的审议意见，还对修改决定草案作了个别文字修改。

修改决定草案建议表决稿已按上述意见作了修改，宪法和法律委员会建议本次常委会会议审议通过。

修改决定草案建议表决稿和以上报告是否妥当，请审议。

中华人民共和国主席令

第六十三号

《中华人民共和国退役军人保障法》已由中华人民共和国第十三届全国人民代表大会常务委员会第二十三次会议于 2020 年 11 月 11 日通过，现予公布，自 2021 年 1 月 1 日起施行。

中华人民共和国主席　习近平

2020 年 11 月 11 日

中华人民共和国退役军人保障法

（2020 年 11 月 11 日第十三届全国人民代表大会常务委员会第二十三次会议通过）

目 录

第一章 总 则

第一条 为了加强退役军人保障工作，维护退役军人合法权益，让军人成为全社会尊崇的职业，根据宪法，制定本法。

第二条 本法所称退役军人，是指从中国人民解放军依法退出现役的军官、军士和义务兵等人员。

第三条 退役军人为国防和军队建设做出了重要贡献，是社会主义现代化建设的重要力量。

尊重、关爱退役军人是全社会的共同责任。国家关心、优待退役军人，加强退役军人保障体系建设，保障退役军人依法享有相应的权益。

第四条 退役军人保障工作坚持中国共产党的领导，坚持为经济社会发展服务、为国防和军队建设服务的方针，遵循以人为本、分类保障、服务优先、依法管理的原则。

第五条 退役军人保障应当与经济发展相协调，与社会进步相适应。

退役军人安置工作应当公开、公平、公正。

退役军人的政治、生活等待遇与其服现役期间所做贡献挂钩。

国家建立参战退役军人特别优待机制。

第六条 退役军人应当继续发扬人民军队优良传统，模范遵守宪法和法律法规，保守军事秘密，践行社会主义核心价值观，积极参加社会主义现代化建设。

第七条 国务院退役军人工作主管部门负责全国的退役军人保障工作。县级以上地方人民政府退役军人工作主管部门负责本行政区域的退役军人保障工作。

中央和国家有关机关、中央军事委员会有关部门、地方各级有关机关应当在各自职责范围内做好退役军人保障工作。

军队各级负责退役军人有关工作的部门与县级以上人民政府退役军人工作主管部门应当密切配合，做好退役军人保障工作。

第八条 国家加强退役军人保障工作信息化建设，为退役军人建档立卡，实现有关部门之间信息共享，为提高退役军人保障能力提供支持。

国务院退役军人工作主管部门应当与中央和国家有关机关、中央军事委员会有关部门密切配合，统筹做好信息数据系统的建设、维护、应用和信息安全管理等工作。

第九条 退役军人保障工作所需经费由中央和地方财政共同负担。退役安置、教育培训、抚恤优待资金主要由中央财政负担。

第十条 国家鼓励和引导企业、社会组织、个人等社会力量依法通过捐赠、设立基金、志愿服务等方式为退役军人提供支持和帮助。

第十一条 对在退役军人保障工作中做出突出贡献的单位和个人，按照国家有关规定给予表彰、奖励。

第二章 移交接收

第十二条 国务院退役军人工作主管部门、中央军事委员会政治工作部门、中央和国家有关机关应当制定全国退役军人的年度移交接收计划。

第十三条 退役军人原所在部队应当将退役军人移交安置地人民政府退役军人工作主管部门，安置地人民政府退役军人工作主管部门负责接收退役军人。

退役军人的安置地，按照国家有关规定确定。

第十四条 退役军人应当在规定时间内，持军队出具的退役证明到安置地人民政府退役军人工作主管部门报到。

第十五条 安置地人民政府退役军人工作主管部门在接收退役军人时，向退役军人发放退役军人优待证。

退役军人优待证全国统一制发、统一编号，管理使用办法由国务院退役军人工作主管部门会同有关部门制定。

第十六条 军人所在部队在军人退役时，应当及时将其人事档案移交安置地人民政府退役军人工作主管部门。

安置地人民政府退役军人工作主管部门应当按照国家人事档案管理有关规定，接收、保管并向有关单位移交退役军人人事档案。

第十七条 安置地人民政府公安机关应当按照国家有关规定，及时为退役军人办理户口登记，同级退役军人工作主管部门应当予以协助。

第十八条 退役军人原所在部队应当按照有关法律法规规定，及时将退役军人及随军未就业配偶的养老、医疗等社会保险关系和相应资金，转入安置地社会保险经办机构。

安置地人民政府退役军人工作主管部门应当与社会保险经办机构、军队有关部门密切配合，依法做好有关社会保险关系和相应资金转移接续工作。

第十九条 退役军人移交接收过程中，发生与其服现役有关的问题，由原所在部队负责处理；发生与其安置有关的问题，由安置地人民政府负责处理；发生其他移交接收方面问题的，由安置地人民政府负责处理，原所在部队予以配合。

退役军人原所在部队撤销或者转隶、合并的，由原所在部队的上级单位或者转隶、合并后的单位按照前款规定处理。

第三章 退役安置

第二十条 地方各级人民政府应当按照移交接收计划，做好退役军人安置工作，完成退役军人安置任务。

机关、群团组织、企业事业单位和社会组织应当依法接收安置退役军人，退役军人应当接受安置。

第二十一条 对退役的军官，国家采取退休、转业、逐月领取退役金、复员等方式妥善安置。

以退休方式移交人民政府安置的，由安置地人民政府按照国家保障与社会化服务相结合的方式，做好服务管理工作，保障其待遇。

以转业方式安置的，由安置地人民政府根据其德才条件以及服现役期间的职务、等级、所做贡献、专长等和工作需要安排工作岗位，确定相应的职务职级。

服现役满规定年限，以逐月领取退役金方式安置的，按照国家有关规定逐月领取退役金。

以复员方式安置的，按照国家有关规定领取复员费。

第二十二条 对退役的军士，国家采取逐月领取退役金、自主就业、安排工作、退休、供养等方式妥善安置。

服现役满规定年限，以逐月领取退役金方式安置的，按照国家有关规定逐月领取退役金。

服现役不满规定年限，以自主就业方式安置的，领取一次性退役金。

以安排工作方式安置的，由安置地人民政府根据其服现役期间所做贡献、专长等安排工作岗位。

以退休方式安置的，由安置地人民政府按照国家保障与社会化服务相结合的方式，做好服务管理工作，保障其待遇。

以供养方式安置的，由国家供养终身。

第二十三条 对退役的义务兵，国家采取自主就业、安排工作、供养等方式妥善安置。

以自主就业方式安置的，领取一次性退役金。

以安排工作方式安置的，由安置地人民政府根据其服现役期间所做贡献、专长等安排工作岗位。

以供养方式安置的，由国家供养终身。

第二十四条 退休、转业、逐月领取退役金、复员、自主就业、安排工作、供养等安置方式的适用条件，按照相关法律法规执行。

第二十五条 转业军官、安排工作的军士和义务兵，由机关、群团组织、事业单位和国有企业接收安置。对下列退役军人，优先安置：

（一）参战退役军人；

（二）担任作战部队师、旅、团、营级单位主官的转业军官；

（三）属于烈士子女、功臣模范的退役军人；

（四）长期在艰苦边远地区或者特殊岗位服现役的退役军人。

第二十六条 机关、群团组织、事业单位接收安置转业军官、安排工作的军士和义务兵的，应当按照国家有关规定给予编制保障。

国有企业接收安置转业军官、安排工作的军士和义务兵的，应当按照国家规定与其签订劳动合同，保障相应待遇。

前两款规定的用人单位依法裁减人员时，应当优先留用接收安置的转业和安排工作的退役军人。

第二十七条 以逐月领取退役金方式安置的退役军官和军士，被录用为公务员或者聘用为事业单位工作人员的，自被录用、聘用下月起停发退役金，其待遇按照公务员、事业单位工作人员管理相关法律法规执行。

第二十八条 国家建立伤病残退役军人指令性移交安置、收治休养制度。军队有关部门应当及时将伤病残退役军人移交安置地人民政府安置。安置地人民政府应当妥善解决伤病残退役军人的住房、医疗、康复、护理和生活困难。

第二十九条 各级人民政府加强拥军优属工作，为军人和家属排忧解难。

符合条件的军官和军士退出现役时，其配偶和子女可以按照国家有关规定随调随迁。

随调配偶在机关或者事业单位工作，符合有关法律法规规定的，安置地人民政府负责安排到相应的工作单位；随调配偶在其他单位工作或者无工作单位的，安置地人民政府应当提供就业指导，协助实现就业。

随迁子女需要转学、入学的，安置地人民政府教育行政部门应当予以及时办理。对下列退役军人的随迁子女，优先保障：

（一）参战退役军人；

（二）属于烈士子女、功臣模范的退役军人；

（三）长期在艰苦边远地区或者特殊岗位服现役的退役军人；

（四）其他符合条件的退役军人。

第三十条 军人退役安置的具体办法由国务院、中央军事委员会制定。

第四章 教育培训

第三十一条 退役军人的教育培训应当以提高就业质量为导向，紧密围绕社会需求，为退役军人提供有特色、精细化、针对性强的培训服务。

国家采取措施加强对退役军人的教育培训，帮助退役军人完善知识结构，提高思想政治水平、职业技能水平和综合职业素养，提升就业创业能力。

第三十二条 国家建立学历教育和职业技能培训并行并举的退役军人教育培训体系，建立退役军人教育培训协调机制，统筹规划退役军人教育培训工作。

第三十三条 军人退役前，所在部队在保证完成军事任务的前提下，可以根据部队特点和条件提供职业技能储备培训，组织参加高等教育自学考试和各类高等学校举办的高等学历继续教育，以及知识拓展、技能培训等非学历继续教育。

部队所在地县级以上地方人民政府退役军人工作主管部门应当为现役军人所在部队开展教育培训提供支持和协助。

第三十四条 退役军人在接受学历教育时，按照国家有关规定享受学费和助学金资助等国家教育资助政策。

高等学校根据国家统筹安排，可以通过单列计划、单独招生等方式招考退役军人。

第三十五条 现役军人入伍前已被普通高等学校录取或者是正在普通高等学校就学的学生，服现役期间保留入学资格或者学籍，退役后两年内允许入学或者复学，可以按照国家有关规定转入本校其他专业学习。达到报考研究生条件的，按照国家有关规定享受优惠政策。

第三十六条 国家依托和支持普通高等学校、职业院校（含技工院校）、专业培训机构等教育资源，为退役军人提供职业技能培训。退役军人未达到法定退休年龄需要就业创业的，可以享受职业技能培训补贴等相应扶持政策。

军人退出现役，安置地人民政府应当根据就业需求组织其免费参加职业教育、技能培训，经考试考核合格的，发给相应的学历证书、职业资格证书或者职业技能等级证书并推荐就业。

第三十七条 省级人民政府退役军人工作主管部门会同有关部门加强动态管理，定期对为退役军人提供职业技能培训的普通高等学校、职业院校（含技工院校）、专业培训机构的培训质量进行检查和考核，提高职业技能培训质量和水平。

第五章 就业创业

第三十八条 国家采取政府推动、市场引导、社会支持相结合的方式，鼓励和扶持退役军人就业创业。

第三十九条 各级人民政府应当加强对退役军人就业创业的指导和服务。

县级以上地方人民政府退役军人工作主管部门应当加强对退役军人就业创业的宣传、组织、协调等工作，会同有关部门采取退役军人专场招聘会等形式，开展就业推荐、职业指导，帮助退役军人就业。

第四十条　服现役期间因战、因公、因病致残被评定残疾等级和退役后补评或者重新评定残疾等级的残疾退役军人，有劳动能力和就业意愿的，优先享受国家规定的残疾人就业优惠政策。

第四十一条　公共人力资源服务机构应当免费为退役军人提供职业介绍、创业指导等服务。

国家鼓励经营性人力资源服务机构和社会组织为退役军人就业创业提供免费或者优惠服务。

退役军人未能及时就业的，在人力资源和社会保障部门办理求职登记后，可以按照规定享受失业保险待遇。

第四十二条　机关、群团组织、事业单位和国有企业在招录或者招聘人员时，对退役军人的年龄和学历条件可以适当放宽，同等条件下优先招录、招聘退役军人。退役的军士和义务兵服现役经历视为基层工作经历。

退役的军士和义务兵入伍前是机关、群团组织、事业单位或者国有企业人员的，退役后可以选择复职复工。

第四十三条　各地应当设置一定数量的基层公务员职位，面向服现役满五年的高校毕业生退役军人招考。

服现役满五年的高校毕业生退役军人可以报考面向服务基层项目人员定向考录的职位，同服务基层项目人员共享公务员定向考录计划。

各地应当注重从优秀退役军人中选聘党的基层组织、社区和村专职工作人员。

军队文职人员岗位、国防教育机构岗位等，应当优先选用符合条件的退役军人。

国家鼓励退役军人参加稳边固边等边疆建设工作。

第四十四条　退役军人服现役年限计算为工龄，退役后与所在单位工作年限累计计算。

第四十五条　县级以上地方人民政府投资建设或者与社会共建的创业孵化基地和创业园区，应当优先为退役军人创业提供服务。有条件的地区可以建立退役军人创业孵化基地和创业园区，为退役军人提供经营场地、投资融资等方面的优惠服务。

第四十六条　退役军人创办小微企业，可以按照国家有关规定申请创业担保贷款，并享受贷款贴息等融资优惠政策。

退役军人从事个体经营，依法享受税收优惠政策。

第四十七条　用人单位招用退役军人符合国家规定的，依法享受税收优惠等政策。

第六章　抚恤优待

第四十八条　各级人民政府应当坚持普惠与优待叠加的原则，在保障退役军人享受普惠性政策和公共服务基础上，结合服现役期间所做贡献和各地实际情况给予优待。

对参战退役军人，应当提高优待标准。

第四十九条　国家逐步消除退役军人抚恤优待制度城乡差异、缩小地区差异，建立统筹平衡的抚恤优待量化标准体系。

第五十条　退役军人依法参加养老、医疗、工伤、失业、生育等社会保险，并享受相应待遇。

退役军人服现役年限与入伍前、退役后参加职工基本养老保险、职工基本医疗保险、失业保险的缴费年限依法合并计算。

第五十一条　退役军人符合安置住房优待条件的，实行市场购买与军地集中统建相结合，由安置地人民政府统筹规划、科学实施。

第五十二条　军队医疗机构、公立医疗机构应当为退役军人就医提供优待服务，并对参战退役军人、残疾退役军人给予优惠。

第五十三条　退役军人凭退役军人优待证等有效证件享受公共交通、文化和旅游等优待，具体办法由省级人民政府制定。

第五十四条　县级以上人民政府加强优抚医院、光荣院建设，充分利用现有医疗和养老服务资源，收治或者集中供养孤老、生活不能自理的退役军人。

各类社会福利机构应当优先接收老年退役军人和残疾退役军人。

第五十五条　国家建立退役军人帮扶援助机制，在养老、医疗、住房等方面，对生活困难的退役军人按照国家有关规定给予帮扶援助。

第五十六条　残疾退役军人依法享受抚恤。

残疾退役军人按照残疾等级享受残疾抚恤金，标准由国务院退役军人工作主管部门会同国务院财政部门综合考虑国家经济社会发展水平、消费物价水平、全国城镇单位就业人员工资水平、国家财力情况等因素确定。残疾抚恤金由县级人民政府退役军人工作主管部门发放。

第七章　褒扬激励

第五十七条　国家建立退役军人荣誉激励机

制，对在社会主义现代化建设中做出突出贡献的退役军人予以表彰、奖励。退役军人服现役期间获得表彰、奖励的，退役后按照国家有关规定享受相应待遇。

第五十八条　退役军人安置地人民政府在接收退役军人时，应当举行迎接仪式。迎接仪式由安置地人民政府退役军人工作主管部门负责实施。

第五十九条　地方人民政府应当为退役军人家庭悬挂光荣牌，定期开展走访慰问活动。

第六十条　国家、地方和军队举行重大庆典活动时，应当邀请退役军人代表参加。

被邀请的退役军人参加重大庆典活动时，可以穿着退役时的制式服装，佩戴服现役期间和退役后荣获的勋章、奖章、纪念章等徽章。

第六十一条　国家注重发挥退役军人在爱国主义教育和国防教育活动中的积极作用。机关、群团组织、企业事业单位和社会组织可以邀请退役军人协助开展爱国主义教育和国防教育。县级以上人民政府教育行政部门可以邀请退役军人参加学校国防教育培训，学校可以聘请退役军人参与学生军事训练。

第六十二条　县级以上人民政府退役军人工作主管部门应当加强对退役军人先进事迹的宣传，通过制作公益广告、创作主题文艺作品等方式，弘扬爱国主义精神、革命英雄主义精神和退役军人敬业奉献精神。

第六十三条　县级以上地方人民政府负责地方志工作的机构应当将本行政区域内下列退役军人的名录和事迹，编辑录入地方志：

（一）参战退役军人；

（二）荣获二等功以上奖励的退役军人；

（三）获得省部级或者战区级以上表彰的退役军人；

（四）其他符合条件的退役军人。

第六十四条　国家统筹规划烈士纪念设施建设，通过组织开展英雄烈士祭扫纪念活动等多种形式，弘扬英雄烈士精神。退役军人工作主管部门负责烈士纪念设施的修缮、保护和管理。

国家推进军人公墓建设。符合条件的退役军人去世后，可以安葬在军人公墓。

第八章　服务管理

第六十五条　国家加强退役军人服务机构建设，建立健全退役军人服务体系。县级以上人民政府设立退役军人服务中心，乡镇、街道、农村和城市社区设立退役军人服务站点，提升退役军人服务保障能力。

第六十六条　退役军人服务中心、服务站点等退役军人服务机构应当加强与退役军人联系沟通，做好退役军人就业创业扶持、优抚帮扶、走访慰问、权益维护等服务保障工作。

第六十七条　县级以上人民政府退役军人工作主管部门应当加强退役军人思想政治教育工作，及时掌握退役军人的思想情况和工作生活状况，指导接收安置单位和其他组织做好退役军人的思想政治工作和有关保障工作。

接收安置单位和其他组织应当结合退役军人工作和生活状况，做好退役军人思想政治工作和有关保障工作。

第六十八条　县级以上人民政府退役军人工作主管部门、接收安置单位和其他组织应当加强对退役军人的保密教育和管理。

第六十九条　县级以上人民政府退役军人工作主管部门应当通过广播、电视、报刊、网络等多种渠道宣传与退役军人相关的法律法规和政策制度。

第七十条　县级以上人民政府退役军人工作主管部门应当建立健全退役军人权益保障机制，畅通诉求表达渠道，为退役军人维护其合法权益提供支持和帮助。退役军人的合法权益受到侵害，应当依法解决。公共法律服务有关机构应当依法为退役军人提供法律援助等必要的帮助。

第七十一条　县级以上人民政府退役军人工作主管部门应当依法指导、督促有关部门和单位做好退役安置、教育培训、就业创业、抚恤优待、褒扬激励、拥军优属等工作，监督检查退役军人保障相关法律法规和政策措施落实情况，推进解决退役军人保障工作中存在的问题。

第七十二条　国家实行退役军人保障工作责任制和考核评价制度。县级以上人民政府应当将退役军人保障工作完成情况，纳入对本级人民政府负责退役军人有关工作的部门及其负责人、下级人民政府及其负责人的考核评价内容。

对退役军人保障政策落实不到位、工作推进不力的地区和单位，由省级以上人民政府退役军人工作主管部门会同有关部门约谈该地区人民政府主要负责人或者该单位主要负责人。

第七十三条　退役军人工作主管部门及其工作人员履行职责，应当自觉接受社会监督。

第七十四条　对退役军人保障工作中违反本

法行为的检举、控告,有关机关和部门应当依法及时处理,并将处理结果告知检举人、控告人。

第九章 法律责任

第七十五条 退役军人工作主管部门及其工作人员有下列行为之一的,由其上级主管部门责令改正,对直接负责的主管人员和其他直接责任人员依法给予处分:

(一)未按照规定确定退役军人安置待遇的;

(二)在退役军人安置工作中出具虚假文件的;

(三)为不符合条件的人员发放退役军人优待证的;

(四)挪用、截留、私分退役军人保障工作经费的;

(五)违反规定确定抚恤优待对象、标准、数额或者给予退役军人相关待遇的;

(六)在退役军人保障工作中利用职务之便为自己或者他人谋取私利的;

(七)在退役军人保障工作中失职渎职的;

(八)有其他违反法律法规行为的。

第七十六条 其他负责退役军人有关工作的部门及其工作人员违反本法有关规定的,由其上级主管部门责令改正,对直接负责的主管人员和其他直接责任人员依法给予处分。

第七十七条 违反本法规定,拒绝或者无故拖延执行退役军人安置任务的,由安置地人民政府退役军人工作主管部门责令限期改正;逾期不改正的,予以通报批评。对该单位主要负责人和直接责任人员,由有关部门依法给予处分。

第七十八条 退役军人弄虚作假骗取退役相关待遇的,由县级以上地方人民政府退役军人工作主管部门取消相关待遇,追缴非法所得,并由其所在单位或者有关部门依法给予处分。

第七十九条 退役军人违法犯罪的,由省级人民政府退役军人工作主管部门按照国家有关规定中止、降低或者取消其退役相关待遇,报国务院退役军人工作主管部门备案。

退役军人对省级人民政府退役军人工作主管部门作出的中止、降低或者取消其退役相关待遇的决定不服的,可以依法申请行政复议或者提起行政诉讼。

第八十条 违反本法规定,构成违反治安管理行为的,依法给予治安管理处罚;构成犯罪的,依法追究刑事责任。

第十章 附 则

第八十一条 中国人民武装警察部队依法退出现役的警官、警士和义务兵等人员,适用本法。

第八十二条 本法有关军官的规定适用于文职干部。

军队院校学员依法退出现役的,参照本法有关规定执行。

第八十三条 参试退役军人参照本法有关参战退役军人的规定执行。

参战退役军人、参试退役军人的范围和认定标准、认定程序,由中央军事委员会有关部门会同国务院退役军人工作主管部门等部门规定。

第八十四条 军官离职休养和军级以上职务军官退休后,按照国务院和中央军事委员会的有关规定安置管理。

本法施行前已经按照自主择业方式安置的退役军人的待遇保障,按照国务院和中央军事委员会的有关规定执行。

第八十五条 本法自 2021 年 1 月 1 日起施行。

关于《中华人民共和国退役军人保障法(草案)》的说明

——2020 年 6 月 18 日在第十三届全国人民代表大会常务委员会第十九次会议上

退役军人事务部部长 孙绍骋

全国人民代表大会常务委员会:

我受国务院、中央军委的委托,现对《中华人民共和国退役军人保障法(草案)》作说明。

退役军人为国防和军队建设做出了重要贡献,是社会主义现代化建设的重要力量,是党和国家的宝贵财富。做好退役军人工作,对于巩固党的执政地位、确保国家政权稳固、厚植强军兴军根基、维护社会安全稳定具有十分重要的意义。习近平总书记多次作出指示批示，强调要加强退役军人管理保障工作，切实维护好退役军人合法权益，让军人成为全社会尊崇的职业。李克强总理多次强调，要扎实做好退役军人安置工作，加强退役军人服务管理，落实退役军人待遇保障。

新中国成立以来，党中央、国务院、中央军委制定了一系列政策法规，对维护退役军人权益、做好退役军人服务管理保障工作发挥了重要作用。随着经济社会的快速发展、国防和军队改革的深入推进，退役军人工作面临着新形势新任务新变化：一是党的十八大以来，以习近平同志为核心的党中央对退役军人工作作出一系列重大部署，对新时代做好退役军人工作提出了新要求。二是2018年3月机构改革之前对军官和士兵的安置、就业、优待等工作分散在相关部门，有关规定比较分散，需要整合。三是对退役军人工作中普遍反映的问题，需要通过法律予以统筹解决。鉴此，有必要制定一部系统完备的法律，为做好新时代退役军人工作提供法治保障。

退役军人事务部、中央军委政治工作部起草了《中华人民共和国退役军人保障法（草案）（送审稿）》，于2019年7月提请国务院、中央军委审议。收到此件后，司法部和中央军委法制局分别征求了中央有关单位、省级政府以及军队有关单位的意见，并赴地方调研，召开座谈会听取地方政府及其有关部门和作战部队、退役军人代表的意见，在此基础上，会同退役军人事务部、中央军委政治工作部等有关部门，对送审稿作了研究修改，形成了《中华人民共和国退役军人保障法（草案）》（以下简称草案）。草案已经国务院常务会议和中央军委常务会议讨论通过。现将草案主要内容说明如下：

一、总体思路

草案在总体思路上主要把握了以下几点：一是贯彻落实习近平总书记关于退役军人工作的重要论述和党中央、国务院、中央军委关于退役军人工作的决策部署及改革要求，坚持服务经济社会发展、服务国防和军队建设，为退役军人工作提供法治保障，使军人成为全社会尊崇的职业。二是坚持既尽力而为又量力而行，紧紧围绕退役军人普遍关注的移交安置、教育培训、抚恤优待等问题，在完善现行政策的基础上规定了一系列创新举措。三是坚持统筹协调，处理好不同时期、不同类别退役军人权益的合理平衡，注重服务保障与教育管理、物质待遇与精神激励相结合。四是做好与相关法律法规的衔接，并为下一步制定修订配套法规政策留出接口。

二、主要内容

（一）明确退役军人工作的基本原则。

一是确定工作原则。规定退役军人工作坚持中国共产党的领导，坚持为经济社会发展服务、为国防和军队建设服务的方针，遵循以人为本、分类保障、服务优先、依法管理的原则。二是明确退役军人的权利义务。规定国家尊重、优待退役军人，保护退役军人的合法权益，同时要求退役军人模范遵守宪法和法律法规。三是确立工作体制。明确了退役军人工作主管部门、其他有关机关、军队有关部门的各自职责。

（二）规范退役军人的移交接收。

一是明确责任主体。规定退役军人原所在部队应当将退役军人移交安置地退役军人工作主管部门接收。二是完善工作程序。要求退役军人在规定时间内到安置地退役军人工作主管部门报到，并对退役军人的档案移交、户口登记等事项作了规定。三是改进军地衔接机制。规定在移交接收过程中，退役军人发生与服现役有关的问题，由其原所在部队负责处理；发生与安置有关的问题，由安置地政府负责处理。

（三）提高退役军人的安置质量。

一是完善安置方式。国家采取退休、转业、复员、逐月领取退役金、自主就业、安排工作、供养等方式，对退役军人予以妥善安置。二是加强安置保障。规定转业军官、安排工作的军士和义务兵，由机关、人民团体、事业单位和国有企业接收安置，并按照规定给予编制保障。对转业军官，明确由政府根据工作需要和其德才条件以及在军队的职务、等级等因素安排工作岗位，做好职务职级确定工作。三是树立鲜明的安置导向。对有参战经历等情形的退役军人，予以优先安置。

（四）创新退役军人教育培训。

一是完善退役前的教育培训。规定军人退役前，所在部队可以提供职业技能储备培训，组织参加高等教育自学考试和高等学历继续教育，以及非学历继续教育。二是完善教育优惠政策。明确高等学校通过单列计划、单独招生等方式招考退役军人；现役军人入伍前已被普通高等学校录取或者是正在就学的学生，退役后在入学、复学等方面享受相关教育优惠政策。三是加强职业技能培训。规定国家依托相关教育资源为退役军人提供职业技能培训。

(五)加大就业创业扶持力度。

一是加强就业支持。规定机关、人民团体、事业单位和国有企业同等条件下优先招录、招聘退役军人。二是拓宽就业渠道。要求各地设置一定数量的基层公务员职位面向服现役满五年的高校毕业生退役军人招考。三是加大创业支持力度。规定相关创业孵化基地和创业园区优先为退役军人提供创业服务,退役军人及其创办的小微企业可以申请创业担保贷款。

(六)加大优待和褒扬力度。

一是明确普惠与优待叠加的原则。规定政府在保障退役军人享受普惠性政策和公共服务基础上,结合服役贡献和各地实际情况给予优待。二是合理确定优待范围。明确在社会保险、住房、医疗、交通、文化等方面,对退役军人给予相应优待。三是强化荣誉激励。规定国家对做出突出贡献的退役军人予以表彰、奖励;退役军人服现役期间获得表彰、奖励的,退役后按规定享受相应待遇;地方政府应当为退役军人家庭悬挂光荣牌。

(七)完善管理和监督制度。

一是推进服务体系建设。规定政府应当建立健全退役军人服务体系,加强退役军人服务机构建设。二是加强教育管理。规定退役军人工作主管部门、接收安置单位等应当加强对退役军人的思想政治教育和保密教育管理;军人服现役期间受到纪律处分且影响恶劣的,退役军人受到刑事处罚或者受到治安管理处罚且影响特别恶劣的,视情节轻重中止、降低或者取消其相关待遇。三是强调依法维护退役军人合法权益。规定退役军人工作主管部门应当为退役军人维护合法权益提供支持,公共法律服务有关机构应当依法提供必要的帮助。

此外,草案还对违规确定退役军人安置待遇等违法行为规定了相应的法律责任。

草案和以上说明是否妥当,请审议。

全国人民代表大会宪法和法律委员会关于《中华人民共和国退役军人保障法(草案)》修改情况的汇报

——2020 年 10 月 13 日在第十三届全国人民代表大会常务委员会第二十二次会议上

全国人大宪法和法律委员会副主任委员　刘季幸

全国人民代表大会常务委员会:

常委会第十九次会议对退役军人保障法(草案)进行了初次审议。会后,法制工作委员会将草案印发各省(区、市)、基层立法联系点和中央有关部门等征求意见,在中国人大网公布草案,征求社会公众意见;梳理全国人大代表在十三届全国人大三次会议上提出的关于退役军人保障工作的建议;宪法和法律委员会、社会建设委员会和法制工作委员会联合召开座谈会,听取中央有关部门的意见;宪法和法律委员会、法制工作委员会到北京、上海、江苏等地调研,听取全国人大代表、地方有关部门、退役军人服务机构、退役军人和现役军人代表等的意见,就草案中的主要问题与有关部门交换意见,共同研究。宪法和法律委员会于 9 月 15 日召开会议,根据常委会组成人员的审议意见和各方面意见,对草案进行了逐条审议。社会建设委员会、司法部、退役军人事务部、中央军委法制局、中央军委政治工作部的有关负责同志列席了会议。9 月 29 日,宪法和法律委员会召开会议,再次进行了审议。现将退役军人保障法(草案)主要问题的修改情况汇报如下:

一、有些常委会组成人员、部门、地方和社会公众提出,应更加突出本法的保障法定位,进一步明确和细化相关保障措施。宪法和法律委员会经研究,建议将“退役军人工作”统一修改为“退役军人保障工作”,删去部分条款中有关管理的表述。同时,明确或增加以下规定:一是国家加强退役军人保障体系建设。二是退役军人优待证全国统一制发、统一编号。三是以供养方式安置的,由国家供养终身。四是国家逐步缩小退役军人抚恤优待制度地区差异。五是退役军人凭退役军人优待证等有效证件享受旅游等优待。六是县级以上人民政府充分利用现有医疗和养老服务资源，收治或者集中供养孤老、生活不能自理的退役军人。七是建立健全退役军人权益保障机制，畅通诉求表达渠道。

二、有的常委委员、地方和社会公众建议，进一步细化安置工作、待遇确定的有关原则。宪法和法律委员会经研究，建议增加规定：一是退役军人安置工作应当公开、公平、公正。二是退役军人的政治、生活等待遇与其服现役期间所做贡献挂钩。三是以安排工作方式安置的军士和义务兵，由安置地人民政府根据其服现役期间所做贡献、专长等安排工作岗位。四是国有企业接收安置转业军官、安排工作的军士和义务兵的，应当按照国家规定与其签订劳动合同，保障相应待遇。

三、有的常委委员、地方和社会公众建议，进一步明确中央财政主要承担的退役军人保障工作经费范围。宪法和法律委员会经与退役军人事务部研究，建议增加规定：退役安置、教育培训、抚恤优待资金主要由中央财政承担。

四、有的常委委员、部门和社会公众建议，对退役军人的社会保险转移接续、缴费年限计算等作出规定。宪法和法律委员会经与退役军人事务部、军委政治工作部研究，建议增加规定：一是退役军人原所在部队应当按照有关法律规定，及时将退役军人及随军未就业配偶的养老、医疗保险关系和相应资金，转入安置地社会保险经办机构。安置地人民政府退役军人工作主管部门应当与社会保险经办机构、军队有关机关密切配合，依法做好有关社会保险关系和相应资金转移接续工作。二是退役军人服现役年限与入伍前、退役后参加职工基本养老保险、职工基本医疗保险、失业保险的缴费年限依法合并计算。

五、有的常委会组成人员、地方和中央有关部门建议，进一步增强退役军人教育培训措施的针对性。宪法和法律委员会经与退役军人事务部研究，建议增加规定：一是教育培训是退役军人保障工作的重要组成部分，应当以提高就业质量为导向，紧密围绕社会需求，为退役军人提供有特色、精细化、针对性强的培训服务。二是退役军人未达到法定退休年龄需要就业创业的，可以享受职业技能培训补贴等相应扶持政策。三是军士和义务兵退出现役，安置地人民政府应当组织其免费参加职业教育、技能培训，经考试考核合格的，发给相应的学历证书、职业资格证书并推荐就业。

六、有的部门、地方和社会公众建议，对未就业退役军人的有关保障作出规定。宪法和法律委员会根据人力资源和社会保障部提出的方案，建议增加规定：退役军人未能及时就业的，在人力资源和社会保障部门办理求职登记后，可以按照规定享受失业保险待遇。

七、有的部门、地方和社会公众建议，应当允许部分军人退役后回入伍前原单位工作。宪法和法律委员会经与退役军人事务部研究，建议增加规定：退役的军士和义务兵入伍前是机关、群团组织、事业单位或者国有企业人员的，退役后可以选择复职复工。

八、有的部门和社会公众提出，国防和军队建设有关的岗位应当优先选用退役军人。宪法和法律委员会经与军委政治工作部研究，建议增加规定：军队文职人员岗位、国防教育机构岗位等，应当优先选用符合条件的退役军人。

九、有的部门、地方提出，考虑到军队承担的任务较重，选派军事教员帮助学校开展学生军事训练存在一定困难，建议增加退役军人参与学生军事训练的有关规定。宪法和法律委员会经与教育部研究，建议增加规定：学校可以聘请退役军人参与学生军事训练等国防教育活动。

十、有的常委委员提出，为了弘扬英雄烈士精神，加强对英雄烈士和退役军人的褒扬，建议对烈士纪念设施和军人公墓建设等作出规定。宪法和法律委员会经研究，建议增加规定：国家弘扬英雄烈士精神，统筹规划烈士纪念设施建设。退役军人工作主管部门做好烈士纪念设施的修缮、保护和管理，组织开展英雄烈士祭扫纪念活动。国家推进军人公墓建设。

十一、有的常委委员、地方和社会公众建议，进一步明确退役军人服务体系建设的具体内容，以及退役军人服务机构的有关职责。宪法和法律委员会经与退役军人事务部研究，建议增加规定：一是县级以上人民政府设立退役军人服务中心，乡镇、街道、农村和城市社区设立退役军人服务站点。二是退役军人服务中心、服务站点等退役军人服务机构应当加强与退役军人联系沟通，做好退役军人就业创业扶持、优抚帮扶、走访慰问、权益维护等服务保障工作。

十二、有的部门、社会公众建议，增加退役军人工作主管部门接受监督的有关规定。宪法和法律委员会经与退役军人事务部研究，建议增加规定：退役军人工作主管部门及其工作人员履行职责，应当自觉接受社会监督。同时,增加退役军人保障工作中失职渎职行为的法律责任。

十三、有的部门、社会公众、退役军人和现役军人提出,军人服现役期间受到纪律处分后的职级确定和待遇处理问题,相关规定已经比较明确,无需重复规定;军人退役后因违法犯罪被中止、降低或者取消其相关待遇的决定部门层级也比较低。宪法和法律委员会经与退役军人事务部研究,建议删去草案第二十六条的规定,并将草案第七十一条第二款修改为:退役军人违法犯罪的,由省级人民政府退役军人工作主管部门按照国家有关规定中止、降低或者取消其退役相关待遇,报国务院退役军人工作主管部门备案。

十四、有的部门、地方、社会公众、退役军人和现役军人建议,对军队离职休养军官、自主择业的军队转业干部等退役军人的安置和待遇保障予以明确。宪法和法律委员会经与退役军人事务部、军委政治工作部研究,考虑到上述退役军人的安置比较特殊,建议根据中央文件和现役军官法有关规定,增加衔接性规定:军官离职休养和军级以上职务军官退休后,按照国务院和中央军事委员会的有关规定安置管理。本法施行前已经按照自主择业方式安置的退役军人的待遇保障,按照国务院和中央军事委员会的有关规定执行。

此外,还对草案作了一些文字修改。

草案二次审议稿已按上述意见作了修改,宪法和法律委员会建议提请本次常委会会议继续审议。

草案二次审议稿和以上汇报是否妥当,请审议。

全国人民代表大会宪法和法律委员会关于《中华人民共和国退役军人保障法(草案)》审议结果的报告

——2020 年 11 月 10 日在第十三届全国人民代表大会常务委员会第二十三次会议上

全国人大宪法和法律委员会副主任委员　刘季幸

全国人民代表大会常务委员会:

常委会第二十二次会议对退役军人保障法草案进行了二次审议。会后,法制工作委员会将草案二次审议稿印发中央有关部门、部分省级人大常委会征求意见;到河北、天津等地调研,进一步听取地方有关部门、退役军人服务机构、全国人大代表、退役军人和现役军人代表等的意见。宪法和法律委员会、法制工作委员会就草案中的主要问题与有关部门交换意见,共同研究。宪法和法律委员会于 10 月 27 日召开会议,根据常委会组成人员的审议意见和各方面意见,对草案进行了逐条审议。社会建设委员会、司法部、退役军人事务部、中央军委法制局、中央军委政治工作部的有关负责同志列席了会议。11 月 3 日,宪法和法律委员会召开会议,再次进行了审议。宪法和法律委员会认为,为了加强退役军人保障工作,维护退役军人合法权益,制定本法是必要的,草案经过两次审议修改,已经比较成熟。同时,提出以下主要修改意见:

一、有的常委委员建议,贯彻习近平总书记重要讲话精神,在本法中对加强爱国主义教育、弘扬爱国主义精神和革命英雄主义精神作出明确规定。宪法和法律委员会经研究,建议规定:国家注重发挥退役军人在爱国主义教育和国防教育活动中的积极作用。机关、群团组织、企业事业单位和社会组织可以邀请退役军人协助开展爱国主义教育和国防教育。县级以上人民政府退役军人工作主管部门应当加强对退役军人先进事迹的宣传,通过制作公益广告、创作主题文艺作品等方式,弘扬爱国主义精神、革命英雄主义精神和退役军人敬业奉献精神。

二、有的常委委员提出,企业事业单位裁减人员时,应当优先保障退役军人的劳动权益。宪法和法律委员会经研究认为,这是符合中央有关文件精神和劳动合同法有关规定的。建议增加规定:有关用人单位依法裁减人员时,应当优先留用接收安置的转业和安排工作的退役军人。

三、有的常委委员建议,退役军人保障工作应当体现拥军优属的优良传统。宪法和法律委员会经研究,建议规定:各级人民政府加强拥军优属工作,为军人和家属排忧解难。符合条件的军官和军士退出现役时，其配偶和子女可以按照国家有关规定随调随迁。

四、草案二次审议稿第三十六条第二款对军士和义务兵退役时免费参加职业教育、技能培训作了规定。有的常委委员提出，免费参加职业教育、技能培训的退役军人，不应限于退出现役的军士和义务兵。宪法和法律委员会经研究，建议规定：军人退出现役，安置地人民政府应当组织其免费参加职业教育、技能培训。

五、草案二次审议稿第四十七条对企业招用退役军人规定了享受有关税收优惠。有的常委委员、部门提出，招用退役军人依法享受税收优惠等政策的主体范围不应仅限于企业，还应包括事业单位、社会组织等用人单位。宪法和法律委员会经研究，建议将这一条修改为：用人单位招用退役军人符合国家规定的，依法享受税收优惠等政策。

六、有的常委委员建议，明确退役军人工作主管部门对相关法律法规和政策措施落实情况的监督检查职责。宪法和法律委员会经研究，建议规定：县级以上人民政府退役军人工作主管部门“监督检查退役军人保障相关法律法规和政策措施落实情况”。

此外，还对草案二次审议稿作了一些文字修改。

10 月 29 日，法制工作委员会召开会议，邀请部分全国人大代表、专家学者、退役军人工作主管部门和服务机构工作人员、退役军人和现役军人代表，就草案主要制度规范的可行性、出台时机、实施的社会效果和可能出现的问题等进行评估。与会人员普遍认为，制定退役军人保障法是贯彻落实党中央决策部署的重要举措，是依法维护退役军人合法权益的必然要求。适应新时代退役军人保障工作需要，制定一部基础性、系统性和综合性的退役军人保障法，正当其时。草案经过公开征求意见和多次审议修改，对各方面提出的意见作了正面、积极、合理的回应，已经比较成熟，建议尽快审议通过。法律颁布实施后，必将为退役军人合法权益提供有力法治保障。与会人员还对草案提出了一些具体修改意见，宪法和法律委员会进行了认真研究，对有的意见予以采纳。

草案三次审议稿已按上述意见作了修改，宪法和法律委员会建议提请本次常委会会议审议通过。

草案三次审议稿和以上报告是否妥当，请审议。

全国人民代表大会宪法和法律委员会关于《中华人民共和国退役军人保障法(草案三次审议稿)》修改意见的报告

——2020 年 11 月 11 日在第十三届全国人民代表大会常务委员会第二十三次会议上

全国人民代表大会常务委员会：

本次常委会会议于 11 月 10 日下午对退役军人保障法(草案三次审议稿)进行了分组审议。普遍认为，草案已经比较成熟，建议进一步修改后，提请本次常委会会议表决通过。同时，有些常委会组成人员和列席会议的人员还提出了一些修改意见。宪法和法律委员会于 11 月 10 日晚上召开会议，逐条研究了常委会组成人员的审议意见，对草案进行了审议。社会建设委员会、司法部、退役军人事务部、军委法制局、军委政治工作部的有关负责同志列席了会议。宪法和法律委员会认为，草案是可行的，同时，提出以下修改意见：

一、草案三次审议稿第三十一条第二款对国家采取措施加强退役军人教育培训作了规定。有的常委委员、部门提出，加强教育培训的目的不应限于提高职业技能水平和综合职业素养，还包括提高思想政治水平。宪法和法律委员会经研究，建议将这一款修改为：国家采取措施加强对退役军人的教育培训，帮助退役军人完善知识结构，提高思想政治水平、职业技能水平和综合职业素养，提升就业创业能力。

二、草案三次审议稿第三十六条第二款对军人退出现役免费参加职业教育、技能培训作了规定。有的常委委员、部门提出，退役军人考试考核合格后，除了获得相应的学历证书、职业资格证书外，还可以获得职业技能等级证书。宪法和法律委员会经研究，建议将这一款修改为：军人退出现役，安置地人民政府应当根据就业需求组织其免费参加职业教育、技能培训，经考试考核合格的，发给相应的学历证书、职业资格证书或者职业技能等级证书并推荐就业。

三、有的常委委员提出，为更好弘扬英雄烈士精神，建议草案关于英雄烈士祭扫纪念活动的规定与英雄烈士保护法做好衔接。宪法和法律委员会经研究，建议将草案三次审议稿第六十四条第一款修改为：国家统筹规划烈士纪念设施建设，通过组织开展英雄烈士祭扫纪念活动等多种形式，弘扬英雄烈士精神。退役军人工作主管部门负责烈士纪念设施的修缮、保护和管理。

经与有关部门研究，建议将本法的施行时间确定为2021年1月1日。

此外，根据常委会组成人员的审议意见，还对草案三次审议稿作了个别文字修改。

草案建议表决稿已按上述意见作了修改，宪法和法律委员会建议本次常委会会议审议通过。

草案建议表决稿和以上报告是否妥当，请审议。

中华人民共和国主席令

第六十四号

《中华人民共和国预防未成年人犯罪法》已由中华人民共和国第十三届全国人民代表大会常务委员会第二十四次会议于2020年12月26日修订通过，现予公布，自2021年6月1日起施行。

中华人民共和国主席　习近平

2020年12月26日

中华人民共和国预防未成年人犯罪法

（1999年6月28日第九届全国人民代表大会常务委员会第十次会议通过　根据2012年10月26日第十一届全国人民代表大会常务委员会第二十九次会议《关于修改〈中华人民共和国预防未成年人犯罪法〉的决定》修正　2020年12月26日第十三届全国人民代表大会常务委员会第二十四次会议修订）

目　录

第一章　总　则

第一条　为了保障未成年人身心健康，培养未成年人良好品行，有效预防未成年人违法犯罪，制定本法。

第二条　预防未成年人犯罪，立足于教育和保护未成年人相结合，坚持预防为主、提前干预，对未成年人的不良行为和严重不良行为及时进行分级预防、干预和矫治。

第三条　开展预防未成年人犯罪工作，应当尊重未成年人人格尊严，保护未成年人的名誉权、隐私权和个人信息等合法权益。

第四条　预防未成年人犯罪，在各级人民政府组织下，实行综合治理。

国家机关、人民团体、社会组织、企业事业单位、居民委员会、村民委员会、学校、家庭等各负其责、相互配合，共同做好预防未成年人犯罪工作，及时消除滋生未成年人违法犯罪行为的各种消极因素，为未成年人身心健康发展创造良好的社会环境。

第五条　各级人民政府在预防未成年人犯罪方面的工作职责是：

（一）制定预防未成年人犯罪工作规划；

（二）组织公安、教育、民政、文化和旅游、市场监督管理、网信、卫生健康、新闻出版、电影、广播电视、司法行政等有关部门开展预防未成年人犯罪工作；

（三）为预防未成年人犯罪工作提供政策支持和经费保障；

（四）对本法的实施情况和工作规划的执行情况进行检查；

（五）组织开展预防未成年人犯罪宣传教育；

（六）其他预防未成年人犯罪工作职责。

第六条 国家加强专门学校建设，对有严重不良行为的未成年人进行专门教育。专门教育是国民教育体系的组成部分，是对有严重不良行为的未成年人进行教育和矫治的重要保护处分措施。

省级人民政府应当将专门教育发展和专门学校建设纳入经济社会发展规划。县级以上地方人民政府成立专门教育指导委员会，根据需要合理设置专门学校。

专门教育指导委员会由教育、民政、财政、人力资源社会保障、公安、司法行政、人民检察院、人民法院、共产主义青年团、妇女联合会、关心下一代工作委员会、专门学校等单位，以及律师、社会工作者等人员组成，研究确定专门学校教学、管理等相关工作。

专门学校建设和专门教育具体办法，由国务院规定。

第七条 公安机关、人民检察院、人民法院、司法行政部门应当由专门机构或者经过专业培训、熟悉未成年人身心特点的专门人员负责预防未成年人犯罪工作。

第八条 共产主义青年团、妇女联合会、工会、残疾人联合会、关心下一代工作委员会、青年联合会、学生联合会、少年先锋队以及有关社会组织，应当协助各级人民政府及其有关部门、人民检察院和人民法院做好预防未成年人犯罪工作，为预防未成年人犯罪培育社会力量，提供支持服务。

第九条 国家鼓励、支持和指导社会工作服务机构等社会组织参与预防未成年人犯罪相关工作，并加强监督。

第十条 任何组织或者个人不得教唆、胁迫、引诱未成年人实施不良行为或者严重不良行为，以及为未成年人实施上述行为提供条件。

第十一条 未成年人应当遵守法律法规及社会公共道德规范，树立自尊、自律、自强意识，增强辨别是非和自我保护的能力，自觉抵制各种不良行为以及违法犯罪行为的引诱和侵害。

第十二条 预防未成年人犯罪，应当结合未成年人不同年龄的生理、心理特点，加强青春期教育、心理关爱、心理矫治和预防犯罪对策的研究。

第十三条 国家鼓励和支持预防未成年人犯罪相关学科建设、专业设置、人才培养及科学研究，开展国际交流与合作。

第十四条 国家对预防未成年人犯罪工作有显著成绩的组织和个人，给予表彰和奖励。

第二章 预防犯罪的教育

第十五条 国家、社会、学校和家庭应当对未成年人加强社会主义核心价值观教育，开展预防犯罪教育，增强未成年人的法治观念，使未成年人树立遵纪守法和防范违法犯罪的意识，提高自我管控能力。

第十六条 未成年人的父母或者其他监护人对未成年人的预防犯罪教育负有直接责任，应当依法履行监护职责，树立优良家风，培养未成年人良好品行；发现未成年人心理或者行为异常的，应当及时了解情况并进行教育、引导和劝诫，不得拒绝或者怠于履行监护职责。

第十七条 教育行政部门、学校应当将预防犯罪教育纳入学校教学计划，指导教职员工结合未成年人的特点，采取多种方式对未成年学生进行有针对性的预防犯罪教育。

第十八条 学校应当聘任从事法治教育的专职或者兼职教师，并可以从司法和执法机关、法学教育和法律服务机构等单位聘请法治副校长、校外法治辅导员。

第十九条 学校应当配备专职或者兼职的心理健康教育教师，开展心理健康教育。学校可以根据实际情况与专业心理健康机构合作，建立心理健康筛查和早期干预机制，预防和解决学生心理、行为异常问题。

学校应当与未成年学生的父母或者其他监护人加强沟通，共同做好未成年学生心理健康教育；发现未成年学生可能患有精神障碍的，应当立即告知其父母或者其他监护人送相关专业机构诊治。

第二十条 教育行政部门应当会同有关部门建立学生欺凌防控制度。学校应当加强日常安全管理，完善学生欺凌发现和处置的工作流程，严格排查并及时消除可能导致学生欺凌行为的各种隐患。

第二十一条 教育行政部门鼓励和支持学校聘请社会工作者长期或者定期进驻学校，协助开展道德教育、法治教育、生命教育和心理健康教育，参与预防和处理学生欺凌等行为。

第二十二条 教育行政部门、学校应当通过举办讲座、座谈、培训等活动，介绍科学合理的教育方法，指导教职员工、未成年学生的父母或者其他监护人有效预防未成年人犯罪。

学校应当将预防犯罪教育计划告知未成年学生的父母或者其他监护人。未成年学生的父母或者其他监护人应当配合学校对未成年学生进行有针对性的预防犯罪教育。

第二十三条 教育行政部门应当将预防犯罪教育的工作效果纳入学校年度考核内容。

第二十四条 各级人民政府及其有关部门、人民检察院、人民法院、共产主义青年团、少年先锋队、妇女联合会、残疾人联合会、关心下一代工作委员会等应当结合实际，组织、举办多种形式的预防未成年人犯罪宣传教育活动。有条件的地方可以建立青少年法治教育基地，对未成年人开展法治教育。

第二十五条 居民委员会、村民委员会应当积极开展有针对性的预防未成年人犯罪宣传活动，协助公安机关维护学校周围治安，及时掌握本辖区内未成年人的监护、就学和就业情况，组织、引导社区社会组织参与预防未成年人犯罪工作。

第二十六条 青少年宫、儿童活动中心等校外活动场所应当把预防犯罪教育作为一项重要的工作内容，开展多种形式的宣传教育活动。

第二十七条 职业培训机构、用人单位在对已满十六周岁准备就业的未成年人进行职业培训时，应当将预防犯罪教育纳入培训内容。

第三章 对不良行为的干预

第二十八条 本法所称不良行为，是指未成年人实施的不利于其健康成长的下列行为：

（一）吸烟、饮酒；

（二）多次旷课、逃学；

（三）无故夜不归宿、离家出走；

（四）沉迷网络；

（五）与社会上具有不良习性的人交往，组织或者参加实施不良行为的团伙；

（六）进入法律法规规定未成年人不宜进入的场所；

（七）参与赌博、变相赌博，或者参加封建迷信、邪教等活动；

（八）阅览、观看或者收听宣扬淫秽、色情、暴力、恐怖、极端等内容的读物、音像制品或者网络信息等；

（九）其他不利于未成年人身心健康成长的不良行为。

第二十九条 未成年人的父母或者其他监护人发现未成年人有不良行为的，应当及时制止并加强管教。

第三十条 公安机关、居民委员会、村民委员会发现本辖区内未成年人有不良行为的，应当及时制止，并督促其父母或者其他监护人依法履行监护职责。

第三十一条 学校对有不良行为的未成年学生，应当加强管理教育，不得歧视；对拒不改正或者情节严重的，学校可以根据情况予以处分或者采取以下管理教育措施：

（一）予以训导；

（二）要求遵守特定的行为规范；

（三）要求参加特定的专题教育；

（四）要求参加校内服务活动；

（五）要求接受社会工作者或者其他专业人员的心理辅导和行为干预；

（六）其他适当的管理教育措施。

第三十二条 学校和家庭应当加强沟通，建立家校合作机制。学校决定对未成年学生采取管理教育措施的，应当及时告知其父母或者其他监护人；未成年学生的父母或者其他监护人应当支持、配合学校进行管理教育。

第三十三条 未成年学生偷窃少量财物，或者有殴打、辱骂、恐吓、强行索要财物等学生欺凌行为，情节轻微的，可以由学校依照本法第三十一条规定采取相应的管理教育措施。

第三十四条 未成年学生旷课、逃学的，学校应当及时联系其父母或者其他监护人，了解有关情况；无正当理由的，学校和未成年学生的父母或者其他监护人应当督促其返校学习。

第三十五条 未成年人无故夜不归宿、离家出走的，父母或者其他监护人、所在的寄宿制学校应当及时查找，必要时向公安机关报告。

收留夜不归宿、离家出走未成年人的，应当及时联系其父母或者其他监护人、所在学校；无法取得联系的，应当及时向公安机关报告。

第三十六条 对夜不归宿、离家出走或者流落街头的未成年人，公安机关、公共场所管理机构等发现或者接到报告后，应当及时采取有效保护措施，并通知其父母或者其他监护人、所在的寄宿制学校，必要时应当护送其返回住所、学校；无法与其父母或者其他监护人、学校取得联系的，应当护送未成年人到救助保护机构接受救助。

第三十七条　未成年人的父母或者其他监护人、学校发现未成年人组织或者参加实施不良行为的团伙，应当及时制止；发现该团伙有违法犯罪嫌疑的，应当立即向公安机关报告。

第四章　对严重不良行为的矫治

第三十八条　本法所称严重不良行为，是指未成年人实施的有刑法规定、因不满法定刑事责任年龄不予刑事处罚的行为，以及严重危害社会的下列行为：

（一）结伙斗殴，追逐、拦截他人，强拿硬要或者任意损毁、占用公私财物等寻衅滋事行为；

（二）非法携带枪支、弹药或者弩、匕首等国家规定的管制器具；

（三）殴打、辱骂、恐吓，或者故意伤害他人身体；

（四）盗窃、哄抢、抢夺或者故意损毁公私财物；

（五）传播淫秽的读物、音像制品或者信息等；

（六）卖淫、嫖娼，或者进行淫秽表演；

（七）吸食、注射毒品，或者向他人提供毒品；

（八）参与赌博赌资较大；

（九）其他严重危害社会的行为。

第三十九条　未成年人的父母或者其他监护人、学校、居民委员会、村民委员会发现有人教唆、胁迫、引诱未成年人实施严重不良行为的，应当立即向公安机关报告。公安机关接到报告或者发现有上述情形的，应当及时依法查处；对人身安全受到威胁的未成年人，应当立即采取有效保护措施。

第四十条　公安机关接到举报或者发现未成年人有严重不良行为的，应当及时制止，依法调查处理，并可以责令其父母或者其他监护人消除或者减轻违法后果，采取措施严加管教。

第四十一条　对有严重不良行为的未成年人，公安机关可以根据具体情况，采取以下矫治教育措施：

（一）予以训诫；

（二）责令赔礼道歉、赔偿损失；

（三）责令具结悔过；

（四）责令定期报告活动情况；

（五）责令遵守特定的行为规范，不得实施特定行为、接触特定人员或者进入特定场所；

（六）责令接受心理辅导、行为矫治；

（七）责令参加社会服务活动；

（八）责令接受社会观护，由社会组织、有关机构在适当场所对未成年人进行教育、监督和管束；

（九）其他适当的矫治教育措施。

第四十二条　公安机关在对未成年人进行矫治教育时，可以根据需要邀请学校、居民委员会、村民委员会以及社会工作服务机构等社会组织参与。

未成年人的父母或者其他监护人应当积极配合矫治教育措施的实施，不得妨碍阻挠或者放任不管。

第四十三条　对有严重不良行为的未成年人，未成年人的父母或者其他监护人、所在学校无力管教或者管教无效的，可以向教育行政部门提出申请，经专门教育指导委员会评估同意后，由教育行政部门决定送入专门学校接受专门教育。

第四十四条　未成年人有下列情形之一的，经专门教育指导委员会评估同意，教育行政部门会同公安机关可以决定将其送入专门学校接受专门教育：

（一）实施严重危害社会的行为，情节恶劣或者造成严重后果；

（二）多次实施严重危害社会的行为；

（三）拒不接受或者配合本法第四十一条规定的矫治教育措施；

（四）法律、行政法规规定的其他情形。

第四十五条　未成年人实施刑法规定的行为、因不满法定刑事责任年龄不予刑事处罚的，经专门教育指导委员会评估同意，教育行政部门会同公安机关可以决定对其进行专门矫治教育。

省级人民政府应当结合本地的实际情况，至少确定一所专门学校按照分校区、分班级等方式设置专门场所，对前款规定的未成年人进行专门矫治教育。

前款规定的专门场所实行闭环管理，公安机关、司法行政部门负责未成年人的矫治工作，教育行政部门承担未成年人的教育工作。

第四十六条　专门学校应当在每个学期适时提请专门教育指导委员会对接受专门教育的未成年学生的情况进行评估。对经评估适合转回普通学校就读的，专门教育指导委员会应当向原决定机关提出书面建议，由原决定机关决定是否将未成年学生转回普通学校就读。

原决定机关决定将未成年学生转回普通学校的，其原所在学校不得拒绝接收；因特殊情况，不适宜转回原所在学校的，由教育行政部门安排转学。

第四十七条 专门学校应当对接受专门教育的未成年人分级分类进行教育和矫治，有针对性地开展道德教育、法治教育、心理健康教育，并根据实际情况进行职业教育；对没有完成义务教育的未成年人，应当保证其继续接受义务教育。

专门学校的未成年学生的学籍保留在原学校，符合毕业条件的，原学校应当颁发毕业证书。

第四十八条 专门学校应当与接受专门教育的未成年人的父母或者其他监护人加强联系，定期向其反馈未成年人的矫治和教育情况，为父母或者其他监护人、亲属等看望未成年人提供便利。

第四十九条 未成年人及其父母或者其他监护人对本章规定的行政决定不服的，可以依法提起行政复议或者行政诉讼。

第五章 对重新犯罪的预防

第五十条 公安机关、人民检察院、人民法院办理未成年人刑事案件，应当根据未成年人的生理、心理特点和犯罪的情况，有针对性地进行法治教育。

对涉及刑事案件的未成年人进行教育，其法定代理人以外的成年亲属或者教师、辅导员等参与有利于感化、挽救未成年人的，公安机关、人民检察院、人民法院应当邀请其参加有关活动。

第五十一条 公安机关、人民检察院、人民法院办理未成年人刑事案件，可以自行或者委托有关社会组织、机构对未成年犯罪嫌疑人或者被告人的成长经历、犯罪原因、监护、教育等情况进行社会调查；根据实际需要并经未成年犯罪嫌疑人、被告人及其法定代理人同意，可以对未成年犯罪嫌疑人、被告人进行心理测评。

社会调查和心理测评的报告可以作为办理案件和教育未成年人的参考。

第五十二条 公安机关、人民检察院、人民法院对于无固定住所、无法提供保证人的未成年人适用取保候审的，应当指定合适成年人作为保证人，必要时可以安排取保候审的未成年人接受社会观护。

第五十三条 对被拘留、逮捕以及在未成年犯管教所执行刑罚的未成年人，应当与成年人分别关押、管理和教育。对未成年人的社区矫正，应当与成年人分别进行。

对有上述情形且没有完成义务教育的未成年人，公安机关、人民检察院、人民法院、司法行政部门应当与教育行政部门相互配合，保证其继续接受义务教育。

第五十四条 未成年犯管教所、社区矫正机构应当对未成年犯、未成年社区矫正对象加强法治教育，并根据实际情况对其进行职业教育。

第五十五条 社区矫正机构应当告知未成年社区矫正对象安置帮教的有关规定，并配合安置帮教工作部门落实或者解决未成年社区矫正对象的就学、就业等问题。

第五十六条 对刑满释放的未成年人，未成年犯管教所应当提前通知其父母或者其他监护人按时接回，并协助落实安置帮教措施。没有父母或者其他监护人、无法查明其父母或者其他监护人的，未成年犯管教所应当提前通知未成年人原户籍所在地或者居住地的司法行政部门安排人员按时接回，由民政部门或者居民委员会、村民委员会依法对其进行监护。

第五十七条 未成年人的父母或者其他监护人和学校、居民委员会、村民委员会对接受社区矫正、刑满释放的未成年人，应当采取有效的帮教措施，协助司法机关以及有关部门做好安置帮教工作。

居民委员会、村民委员会可以聘请思想品德优秀，作风正派，热心未成年人工作的离退休人员、志愿者或其他人员协助做好前款规定的安置帮教工作。

第五十八条 刑满释放和接受社区矫正的未成年人，在复学、升学、就业等方面依法享有与其他未成年人同等的权利，任何单位和个人不得歧视。

第五十九条 未成年人的犯罪记录依法被封存的，公安机关、人民检察院、人民法院和司法行政部门不得向任何单位或者个人提供，但司法机关因办案需要或者有关单位根据国家有关规定进行查询的除外。依法进行查询的单位和个人应当对相关记录信息予以保密。

未成年人接受专门矫治教育、专门教育的记录，以及被行政处罚、采取刑事强制措施和不起诉的记录，适用前款规定。

第六十条 人民检察院通过依法行使检察权，对未成年人重新犯罪预防工作等进行监督。

第六章 法律责任

第六十一条 公安机关、人民检察院、人民法院在办理案件过程中发现实施严重不良行为的未成年人的父母或者其他监护人不依法履行监护职责的，应当予以训诫，并可以责令其接受家庭教育指导。

第六十二条　学校及其教职员工违反本法规定，不履行预防未成年人犯罪工作职责，或者虐待、歧视相关未成年人的，由教育行政等部门责令改正，通报批评；情节严重的，对直接负责的主管人员和其他直接责任人员依法给予处分。构成违反治安管理行为的，由公安机关依法予以治安管理处罚。

教职员工教唆、胁迫、引诱未成年人实施不良行为或者严重不良行为，以及品行不良、影响恶劣的，教育行政部门、学校应当依法予以解聘或者辞退。

第六十三条　违反本法规定，在复学、升学、就业等方面歧视相关未成年人的，由所在单位或者教育、人力资源社会保障等部门责令改正；拒不改正的，对直接负责的主管人员或者其他直接责任人员依法给予处分。

第六十四条　有关社会组织、机构及其工作人员虐待、歧视接受社会观护的未成年人，或者出具虚假社会调查、心理测评报告的，由民政、司法行政等部门对直接负责的主管人员或者其他直接责任人员依法给予处分，构成违反治安管理行为的，由公安机关予以治安管理处罚。

第六十五条　教唆、胁迫、引诱未成年人实施不良行为或者严重不良行为，构成违反治安管理行为的，由公安机关依法予以治安管理处罚。

第六十六条　国家机关及其工作人员在预防未成年人犯罪工作中滥用职权、玩忽职守、徇私舞弊的，对直接负责的主管人员和其他直接责任人员，依法给予处分。

第六十七条　违反本法规定，构成犯罪的，依法追究刑事责任。

第七章　附　　则

第六十八条　本法自2021年6月1日起施行。

关于《中华人民共和国预防未成年人犯罪法（修订草案）》的说明

——2019年10月21日在第十三届全国人民代表大会常务委员会第十四次会议上

全国人大社会建设委员会主任委员　何毅亭

全国人民代表大会常务委员会：

我受全国人大社会建设委员会委托，就《中华人民共和国预防未成年人犯罪法（修订草案）》的有关问题作说明。

一、修改预防未成年人犯罪法的必要性

预防未成年人违法犯罪，是促进未成年人健康成长的底线要求，是平安中国建设的一项源头性、基础性工作，关系亿万家庭的幸福安宁和社会和谐稳定、国家长治久安。预防未成年人犯罪法自1999年颁布施行以来，为预防未成年人违法犯罪发挥了积极作用，取得了良好成效。随着我国经济社会的迅速发展，未成年人违法犯罪出现了一些新情况、新特点，预防未成年人违法犯罪工作遇到了一些新问题、新挑战。十二届全国人大以来，不少全国人大代表和政协委员提出了修改预防未成年人犯罪法的议案、建议或提案，民政部、教育部、公安部、司法部、最高人民法院、最高人民检察院、共青团中央等部门和单位也以各种方式，建议尽快启动预防未成年人犯罪法的修改工作。

2018年，修改预防未成年人犯罪法列入了十三届全国人大常委会立法规划，明确由全国人大社会建设委员会牵头起草、与未成年人保护法的修改一并考虑。在修改过程中，社会建设委员会进行了广泛深入的调查研究，先后多次征求国务院有关部门、最高人民法院、最高人民检察院、共青团中央以及部分专家学者的意见。在反复研究论证的基础上，形成了预防未成年人犯罪法修订草案（以下简称修订草案）。

二、预防未成年人犯罪法修改的指导思想和总体思路

预防未成年人犯罪法修改的指导思想是：以

习近平新时代中国特色社会主义思想为指导，全面贯彻党中央关于加强未成年人保护、预防未成年人违法犯罪工作的精神和要求，坚持从国情实际出发，强化问题导向，着力完善相关制度和工作机制，为预防未成年人犯罪工作提供有力的法制保障。

预防未成年人犯罪法修改的总体思路是：

（一）注重综合施策，形成工作合力

未成年人违法犯罪的背后，往往有监护缺失、关爱缺乏、管教不严、保护不力等因素。修订草案坚持源头预防、综合治理，强化家庭监护责任，充实学校管教责任，夯实国家机关保护责任，发挥群团组织优势，推动社会广泛参与，最大限度地防止未成年人滑向违法犯罪。

（二）实施分级预防，细化教育矫治措施

大量案件表明，未成年人实施犯罪行为之前，多有不良行为或违法行为，且其早期不良行为或违法行为多数没有得到及时有效的干预。修订草案明确了需要干预的行为，根据行为性质和危险程度，分别规定相应的干预或矫治措施，同时完善对未成年犯的教育矫治和跟踪帮教措施，增加法律的可操作性。

（三）总结实践经验，体现时代特点

近些年来，党中央和国务院及其有关部门陆续出台了多个旨在推动预防未成年人犯罪工作的文件，人民法院、人民检察院内部的未成年人保护专门机构建设稳步推进，各地在预防未成年人犯罪工作中进行了积极探索，做了大量工作，共同推动了预防未成年人犯罪工作的顺利开展。修订草案在深入研究论证的基础上，认真总结国内外有效经验，将实践证明的行之有效的做法在本法中固定下来，更好地适应实际工作的需要。

（四）统筹考虑，处理好与相关法律的衔接配合

预防未成年人犯罪法与未成年人保护法、义务教育法、民法、治安管理处罚法、刑法、刑事诉讼法等法律密切相关。修订草案坚持本法作为未成年人领域专门法律的定位，注意处理好本法与相关法律的关系：其他法律没有规定或者规定不够完善的，尽可能在本法中作出明确具体的规定；其他法律有明确规定的，本法只作原则性、衔接性的规定；特别是统筹好与未成年人保护法之间的关系，使之既相互衔接又各有侧重，通过加强保护减少违法犯罪、通过教育矫治实现有效保护。

三、预防未成年人犯罪法修改的主要内容

现行预防未成年人犯罪法共八章五十七条，修订草案共七章五十二条。

修改的主要内容是：

（一）关于体例结构

修订草案根据未成年人违法犯罪行为的发生规律，将未成年人的偏常行为分为不良行为、严重不良行为、犯罪行为等由轻及重的三个等级，针对不同的等级采取相应的措施。在尽量保留现行法律框架和内容的同时，对其体例结构进行了合理调整，以体现分级预防的理念。

（二）关于一般预防

一般预防是预防未成年人犯罪的基础性工作。修订草案整合现行法律第二章（预防未成年人犯罪的教育）、第五章（未成年人对犯罪的自我防范）以及其他章的相关内容，在厘清与未成年人保护法相关规定关系的基础上，构成一般预防，从加强教育和正面引导、及时消除影响未成年人健康成长的不良因素两方面入手，规定未成年人及其家庭、学校、政府、司法机关、社区等各自的预防职责。

（三）关于对不良行为的干预

不良行为的基本特点是未成年人自我危害，尚未开始危害他人和社会，但如果不予干预会日益严重的行为。修订草案将现行法律规定中明显已经构成治安违法的行为移入严重不良行为，增加实践中未成年人容易和经常发生的其他不良行为，并从及早干预、防止其进一步滑向违法犯罪的角度出发，规定了各责任主体应当采取的具体干预措施。

（四）关于对严重不良行为的矫治

严重不良行为属于严重危害社会的违法行为。修订草案根据现行治安管理处罚法和刑法的有关规定以及未成年人容易和经常发生的严重危害社会的行为，对严重不良行为进行重新界定和列举，以便于实践中能准确识别并采取有针对性的矫治措施。为解决未成年人严重不良行为因年龄原因不予相应的治安管理处罚、同时又缺乏跟进的矫治措施，导致很多未成年人一犯再犯直至走上犯罪道路的问题，修订草案在充分吸收国内外有效经验的基础上，规定了公安机关可以采取的八项过渡性教育矫治措施。对严重不良行为情节恶劣或者拒不配合、接受教育矫治措施的未成年人，规定可以送

专门学校进行矫治和接受教育。

（五）关于对重新犯罪的预防

重新犯罪的预防主要包括三部分内容：一是诉讼中的预防工作，二是刑罚执行中的预防工作，三是刑罚执行完毕后的预防工作。修订草案统筹考虑与监狱法、刑事诉讼法以及即将出台的社区矫正法有关规定的关系，丰富了诉讼中的教育、程序分流后的矫治、社区矫正期满和刑满释放后的安置帮教等措施。

此外，修订草案还对法律责任等有关条款作了修改完善，以增加法律刚性。

《中华人民共和国预防未成年人犯罪法（修订草案）》和以上说明是否妥当，请审议。

全国人民代表大会宪法和法律委员会关于《中华人民共和国预防未成年人犯罪法（修订草案）》修改情况的汇报

——2020 年 8 月 8 日在第十三届全国人民代表大会常务委员会第二十一次会议上

全国人大宪法和法律委员会副主任委员　周光权

全国人民代表大会常务委员会：

常委会第十四次会议对预防未成年人犯罪法修订草案进行了初次审议。会后，法制工作委员会将修订草案印发有关部门、地方和单位征求意见；在中国人大网全文公布修订草案征求社会公众意见；先后到辽宁、广东、上海调研，听取地方政府有关部门、法院、检察院、学校、企业和全国人大代表的意见；梳理全国人大代表在十三届全国人大三次会议上提出的有关议案、建议；对各方面意见较为集中的重点问题开展专题研究。宪法和法律委员会于 7 月 15 日召开会议，根据常委会组成人员的审议意见和各方面意见，对修订草案进行了审议。社会建设委员会和教育部、公安部、司法部的负责同志列席了会议。7 月 30 日，宪法和法律委员会召开会议，再次进行审议。现就主要问题修改情况汇报如下：

一、有的常委会组成人员、部门和地方提出，预防未成年人犯罪，应当坚持分级预防、提前干预，尊重未成年人人格尊严。宪法和法律委员会经研究，建议将修订草案第二条修改为“预防未成年人犯罪，立足于教育和保护未成年人相结合，坚持分级预防、提前干预”，并增加规定：开展预防未成年人犯罪工作，应当尊重未成年人人格尊严，保护未成年人的名誉权、隐私权等合法权益。

二、有的常委委员、全国人大代表和中央部门提出，2016 年中共中央办公厅、国务院办公厅印发《关于进一步深化预防青少年违法犯罪工作的意见》，2019 年印发《关于加强专门学校建设和专门教育工作的意见》，对专门学校和专门教育有明确规定，本法修改应当贯彻落实中央文件精神。宪法和法律委员会经研究，建议增加规定：一是国家加强专门学校建设，对有严重不良行为的未成年人进行专门教育。专门教育是国家教育体系的组成部分，是对有严重不良行为的未成年人进行教育和矫治的重要保护处分措施。二是省级人民政府应当将专门学校建设纳入经济社会发展总体规划。县级以上地方人民政府成立专门教育指导委员会，根据需要合理设置专门学校。

三、修订草案第十三条规定，学校根据条件可以聘请校外法治辅导员。有的常委委员、地方提出，中共中央、国务院印发的《中长期青年发展规划（2016—2025 年）》要求中小学配齐配强兼职法治副校长、辅导员，建议予以明确。宪法和法律委员会经研究，建议增加学校可以根据条件聘请法治副校长的规定。

四、修订草案第三十八条对送专门学校进行教育矫治的程序作了规定。有的常委委员、全国人大代表建议，进一步畅通有严重不良行为的未成年人进入专门学校接受教育矫治的渠道，完善专门学校的入学程序。宪法和法律委员会经研究，建议增加一条规定：对有严重不良行为的未成年人，未成年人的父母或者其他监护人、所在学校无力管教或者管教无效的，可以向专门教育指导委员会提出申请，经评估决定后送入专门学校接受专门教育。同时修改相关规定，明确公安机关在办理案件过程中发现未成年人有特定情形的，经专门教育指导委员会评估，可以决定将其送入专门学校接受专门教育。

五、修订草案将现行预防未成年人犯罪法有关收容教养的规定删去。有的常委委员、全国人大代表、中央和国家机关有关部门以及地方提出，收容教养是刑法、预防未成年人犯罪法规定的干预矫治措施，是分级矫治制度的重要一环，在教育、感化、挽救犯罪少年，维护社会稳定等方面具有重要作用，不宜取消收容教养制度。建议根据中央有关文件精神对收容教养制度进行改进完善，通过专门学校解决收容教养场所问题。宪法和法律委员会经研究，并与中央有关部门沟通，建议采纳这一意见，一是不再使用“收容教养”这一概念，将有关措施纳入专门教育；二是增加规定：未成年人有刑法规定的行为、因不满法定刑事责任年龄不予刑事处罚的，经专门教育指导委员会评估，公安机关可以决定将其送入专门学校接受专门教育；三是增加规定：省级人民政府应当结合本地的实际情况，至少确定一所专门学校按照分校区、分班级等方式设置专门场所，对前款规定的未成年人进行矫治教育。上述专门场所实行严格管理，司法行政、公安等部门应当予以协助。

六、有的常委委员、全国人大代表建议，应当突出专门学校办学特色，实行分类教育，保障完成义务教育。宪法和法律委员会经研究，建议增加规定：专门学校应当对接受专门教育的未成年人分级分类进行教育和矫治，有针对性地开展有关教育活动，保证没有完成义务教育的未成年人继续接受义务教育。

七、修订草案第四十六条规定，未成年人的父母或者其他监护人不履行监护职责，放任未成年人有不良行为、违法犯罪行为的，可以责令缴纳保证金、给予治安管理处罚、纳入社会征信系统予以记录。有的常委委员、全国人大代表和地方提出，采取这些方式追究监护人不依法履行监护职责的法律责任不太适宜，法律责任其他有关规定也需要进一步完善。宪法和法律委员会经研究，建议删去责令缴纳保证金等有关内容，完善有关规定，并增加规定：有关社会组织、机构及其工作人员虐待、歧视接受社会观护的未成年人，或者出具虚假社会调查、心理测评报告的，由民政、司法行政等部门对直接负责的主管人员或者其他直接责任人员依法给予处分，构成违反治安管理行为的，由公安机关予以治安管理处罚。

八、有的常委委员、全国人大代表和部门提出，未成年人保护法和预防未成年人犯罪法两个修订草案内容存在交叉，建议将未成年人保护法修订草案的有关条文移到预防未成年人犯罪法修订草案中予以体现。宪法和法律委员会经研究，建议采纳这一意见，作出相应修改完善。

此外，还对修订草案作了一些文字修改。

修订草案二次审议稿已按上述意见作了修改，宪法和法律委员会建议提请本次常委会会议继续审议。

修订草案二次审议稿和以上汇报是否妥当，请审议。

全国人民代表大会宪法和法律委员会关于《中华人民共和国预防未成年人犯罪法（修订草案）》审议结果的报告

——2020 年 12 月 22 日在第十三届全国人民代表大会常务委员会第二十四次会议上

全国人大宪法和法律委员会副主任委员　周光权

全国人民代表大会常务委员会：

常委会第二十一次会议对预防未成年人犯罪法修订草案进行了二次审议。会后，法制工作委员会在中国人大网全文公布修订草案二次审议稿征求社会公众意见；先后到重庆、贵州调研，听取地方政府有关部门、法院、检察院、学校和全国人大代表的意见；梳理全国人大代表在十三届全国人大三次会议上提出的有关议案、建议。宪法和法律委员会于 11 月 25 日召开会议，根据常委会组成人员的审议意见和各方面意见，对修订草案二次审议稿进行了逐条审议。社会建设委员会、最高人民法院、最高人民检察院、教育部、公安部、司法部有关负责同志列席了会议。12 月 11 日,宪法和法律委员会召开会议,再次进行了审议。宪法和法律委员会认为,修订草案经过两次审议修改,已经比较成熟。同时,提出以下主要修改意见:

一、有的常委会组成人员和社会公众提出,贯彻中央有关文件精神,进一步明确专门教育指导委员会的组成和工作,授权国务院出台专门学校建设和专门教育国家标准。宪法和法律委员会经研究,建议增加规定:专门教育指导委员会由教育、民政、财政、人力资源社会保障、公安、司法行政、人民检察院、人民法院、共产主义青年团、妇女联合会、关心下一代工作委员会、专门学校等单位,以及律师、社会工作者等人员组成,研究确定专门学校教学、管理等相关工作。专门学校建设和专门教育具体办法,由国务院规定。

二、有的常委会组成人员提出,应当进一步加强父母或者其他监护人对未成年人预防犯罪教育的职责。宪法和法律委员会经研究,建议增加规定:未成年人的父母或者其他监护人应当依法履行监护职责,树立优良家风,培养未成年人良好品行。

三、有的常委会组成人员提出,学校和家庭应当加强沟通联系,建立家校合作机制,共同做好未成年人教育和矫治等工作。宪法和法律委员会经研究,建议增加学校应当与未成年学生的父母或者其他监护人加强沟通,共同做好未成年学生心理健康教育的规定,明确学校和家庭应当建立家校合作机制。同时,增加一条规定:专门学校应当与接受专门教育的未成年人的父母或者其他监护人加强联系,定期向其反馈未成年人的矫治和教育情况,为父母或者其他监护人、亲属等看望未成年人提供便利。

四、修订草案二次审议稿第三十七条规定了严重不良行为的定义。有的常委会组成人员建议,将严重不良行为的定义与治安管理处罚法、刑法相衔接,避免挂一漏万。宪法和法律委员会经研究,建议列举具体行为同时,进一步明确本法所称严重不良行为,是指未成年人实施的有刑法规定、因不满法定刑事责任年龄不予刑事处罚的行为,以及严重危害社会的行为。

五、修订草案二次审议稿第四十二条对申请进入专门学校的入学程序作出规定。有的常委委员提出,应当进一步明确决定机关,完善入学程序。宪法和法律委员会经研究,建议修改为:对有严重不良行为的未成年人,未成年人的父母或者其他监护人、所在学校无力管教或者管教无效的,可以向教育行政部门提出申请,经专门教育指导委员会评估同意后,由教育行政部门决定送入专门学校接受专门教育。

六、修订草案二次审议稿第四十五条规定,未成年人有刑法规定的行为、因不满法定刑事责任年龄不予刑事处罚的,公安机关可以决定将其送入专门学校接受专门教育。有的常委委员提出,应当与对有严重不良行为的未成年人实施的专门教育作出区分,避免混淆。宪法和法律委员会经研究,建议修改为:未成年人实施有刑法规定的行为、因不满法定刑事责任年龄不予刑事处罚的,经专门教育指导委员会评估同意,公安机关可以决定对其进行专门矫治教育。同时,明确专门矫治教育的专门场所实行闭环管理,公安机关、司法行政部门负责未成年人的矫治工作,教育行政部门承担未成年人的教育工作。

七、有的常委委员建议,增加人民检察院进行法律监督的规定。宪法和法律委员会经研究,建议增加规定:人民检察院通过行使检察权,依法对未成年人重新犯罪预防工作等进行监督。

此外,还对修订草案二次审议稿作了一些文字修改。

12 月 8 日,法制工作委员会召开会议,邀请部分全国人大代表、专家学者和地方有关部门、法院、检察院、普通中学、专门学校、社工等方面的代表就修订草案中主要制度规范的可行性、出台时机、实施的社会效果和可能出现的问题等进行评估。与会人员普遍认为,修订草案经过多次审议修改,坚持问题导向,贯彻落实了中央有关文件精神,吸收了各方面意见,回应了社会关切,已经比较成熟,现在出台是必要的、适时的。同时,还对修订草案提出了一些具体修改意见,宪法和法律委员会对有的意见予以采纳。

修订草案三次审议稿已按上述意见作了修改,宪法和法律委员会建议提请本次常委会会议审议通过。

修订草案三次审议稿和以上报告是否妥当,请审议。

全国人民代表大会宪法和法律委员会关于《中华人民共和国预防未成年人犯罪法(修订草案三次审议稿)》修改意见的报告

——2020 年 12 月 25 日在第十三届全国人民代表大会常务委员会第二十四次会议上

全国人民代表大会常务委员会:

本次常委会会议于 12 月 22 日下午对预防未成年人犯罪法修订草案三次审议稿进行了分组审议。普遍认为,草案已经比较成熟,建议进一步修改后,提请本次常委会会议表决通过。同时,有些常委会组成人员和列席会议的同志还提出了一些修改意见。宪法和法律委员会于 12 月 22 日晚召开会议,逐条研究了常委会组成人员的审议意见,对草案进行了审议。社会建设委员会、最高人民法院、最高人民检察院、教育部、公安部、司法部有关负责同志列席了会议。宪法和法律委员会认为,草案是可行的,同时,提出以下修改意见:

一、修订草案三次审议稿第十七条对教育行政部门、学校进行预防犯罪教育作出规定。有的常委会组成人员建议,明确学校教职员工对未成年学生开展预防犯罪教育的责任。宪法和法律委员会经研究,建议增加规定,教育行政部门、学校指导教职员工结合未成年人的特点,进行预防犯罪教育。

二、修订草案三次审议稿第三十一条规定了学校对有不良行为的未成年学生采取的管理教育措施。有的常委委员和全国人大代表建议,增加"予以处分"的措施。宪法和法律委员会经研究,建议采纳这一意见。

三、有的常委委员提出,专门教育或者专门矫治教育性质上都是依托专门学校实施的教育措施,应当由教育行政部门会同公安机关作出决定。宪法和法律委员会经研究,建议修改相关规定,明确未成年人实施严重危害社会行为等情形下,经专门教育指导委员会评估同意,教育行政部门会同公安机关可以决定将其送入专门学校进行专门教育;未成年人实施刑法规定的行为,因不满法定刑事责任年龄不予刑事处罚的,经专门教育指导委员会评估同意,教育行政部门会同公安机关可以决定对其进行专门矫治教育。

经与有关部门研究,建议将修订后的预防未成年人犯罪法的施行时间确定为 2021 年 6 月 1 日。

此外,根据常委会组成人员的审议意见,还对修订草案三次审议稿作了一些文字修改。

修订草案建议表决稿已按上述意见作了修改,宪法和法律委员会建议本次常委会会议审议通过。

修订草案建议表决稿和以上报告是否妥当,请审议。

中华人民共和国主席令

第六十五号

《中华人民共和国长江保护法》已由中华人民共和国第十三届全国人民代表大会常务委员会第二十四次会议于 2020 年 12 月 26 日通过,现予公布,自 2021 年 3 月 1 日起施行。

中华人民共和国主席　习近平

2020 年 12 月 26 日

中华人民共和国长江保护法

（2020 年 12 月 26 日第十三届全国人民代表大会常务委员会第二十四次会议通过）

目 录

第一章 总 则

第一条 为了加强长江流域生态环境保护和修复，促进资源合理高效利用，保障生态安全，实现人与自然和谐共生、中华民族永续发展，制定本法。

第二条 在长江流域开展生态环境保护和修复以及长江流域各类生产生活、开发建设活动，应当遵守本法。

本法所称长江流域，是指由长江干流、支流和湖泊形成的集水区域所涉及的青海省、四川省、西藏自治区、云南省、重庆市、湖北省、湖南省、江西省、安徽省、江苏省、上海市，以及甘肃省、陕西省、河南省、贵州省、广西壮族自治区、广东省、浙江省、福建省的相关县级行政区域。

第三条 长江流域经济社会发展，应当坚持生态优先、绿色发展，共抓大保护、不搞大开发；长江保护应当坚持统筹协调、科学规划、创新驱动、系统治理。

第四条 国家建立长江流域协调机制，统一指导、统筹协调长江保护工作，审议长江保护重大政策、重大规划，协调跨地区跨部门重大事项，督促检查长江保护重要工作的落实情况。

第五条 国务院有关部门和长江流域省级人民政府负责落实国家长江流域协调机制的决策，按照职责分工负责长江保护相关工作。

长江流域地方各级人民政府应当落实本行政区域的生态环境保护和修复、促进资源合理高效利用、优化产业结构和布局、维护长江流域生态安全的责任。

长江流域各级河湖长负责长江保护相关工作。

第六条 长江流域相关地方根据需要在地方性法规和政府规章制定、规划编制、监督执法等方面建立协作机制，协同推进长江流域生态环境保护和修复。

第七条 国务院生态环境、自然资源、水行政、农业农村和标准化等有关主管部门按照职责分工，建立健全长江流域水环境质量和污染物排放、生态环境修复、水资源节约集约利用、生态流量、生物多样性保护、水产养殖、防灾减灾等标准体系。

第八条 国务院自然资源主管部门会同国务院有关部门定期组织长江流域土地、矿产、水流、森林、草原、湿地等自然资源状况调查，建立资源基础数据库，开展资源环境承载能力评价，并向社会公布长江流域自然资源状况。

国务院野生动物保护主管部门应当每十年组织一次野生动物及其栖息地状况普查，或者根据需要组织开展专项调查，建立野生动物资源档案，并向社会公布长江流域野生动物资源状况。

长江流域县级以上地方人民政府农业农村主管部门会同本级人民政府有关部门对水生生物产卵场、索饵场、越冬场和洄游通道等重要栖息地开展生物多样性调查。

第九条 国家长江流域协调机制应当统筹协调国务院有关部门在已经建立的台站和监测项目基础上，健全长江流域生态环境、资源、水文、气象、航运、自然灾害等监测网络体系和监测信息共享机制。

国务院有关部门和长江流域县级以上地方人民政府及其有关部门按照职责分工，组织完善生态环境风险报告和预警机制。

第十条 国务院生态环境主管部门会同国务院有关部门和长江流域省级人民政府建立健全长江流域突发生态环境事件应急联动工作机制，与国家突发事件应急体系相衔接，加强对长江流域船舶、港口、矿山、化工厂、尾矿库等发生的突发生态环境事件的应急管理。

第十一条 国家加强长江流域洪涝干旱、森林草原火灾、地质灾害、地震等灾害的监测预报预警、防御、应急处置与恢复重建体系建设，提高防灾、减灾、抗灾、救灾能力。

第十二条 国家长江流域协调机制设立专家咨询委员会，组织专业机构和人员对长江流域重大发展战略、政策、规划等开展科学技术等专业咨询。

国务院有关部门和长江流域省级人民政府及其有关部门按照职责分工，组织开展长江流域建设项目、重要基础设施和产业布局相关规划等对长江流域生态系统影响的第三方评估、分析、论证等工作。

第十三条 国家长江流域协调机制统筹协调国务院有关部门和长江流域省级人民政府建立健全长江流域信息共享系统。国务院有关部门和长江流域省级人民政府及其有关部门应当按照规定，共享长江流域生态环境、自然资源以及管理执法等信息。

第十四条 国务院有关部门和长江流域县级以上地方人民政府及其有关部门应当加强长江流域生态环境保护和绿色发展的宣传教育。

新闻媒体应当采取多种形式开展长江流域生态环境保护和绿色发展的宣传教育，并依法对违法行为进行舆论监督。

第十五条 国务院有关部门和长江流域县级以上地方人民政府及其有关部门应当采取措施，保护长江流域历史文化名城名镇名村，加强长江流域文化遗产保护工作，继承和弘扬长江流域优秀特色文化。

第十六条 国家鼓励、支持单位和个人参与长江流域生态环境保护和修复、资源合理利用、促进绿色发展的活动。

对在长江保护工作中做出突出贡献的单位和个人，县级以上人民政府及其有关部门应当按照国家有关规定予以表彰和奖励。

第二章　规划与管控

第十七条 国家建立以国家发展规划为统领，以空间规划为基础，以专项规划、区域规划为支撑的长江流域规划体系，充分发挥规划对推进长江流域生态环境保护和绿色发展的引领、指导和约束作用。

第十八条 国务院和长江流域县级以上地方人民政府应当将长江保护工作纳入国民经济和社会发展规划。

国务院发展改革部门会同国务院有关部门编制长江流域发展规划，科学统筹长江流域上下游、左右岸、干支流生态环境保护和绿色发展，报国务院批准后实施。

长江流域水资源规划、生态环境保护规划等依照有关法律、行政法规的规定编制。

第十九条 国务院自然资源主管部门会同国务院有关部门组织编制长江流域国土空间规划，科学有序统筹安排长江流域生态、农业、城镇等功能空间，划定生态保护红线、永久基本农田、城镇开发边界，优化国土空间结构和布局，统领长江流域国土空间利用任务，报国务院批准后实施。涉及长江流域国土空间利用的专项规划应当与长江流域国土空间规划相衔接。

长江流域县级以上地方人民政府组织编制本行政区域的国土空间规划，按照规定的程序报经批准后实施。

第二十条 国家对长江流域国土空间实施用途管制。长江流域县级以上地方人民政府自然资源主管部门依照国土空间规划，对所辖长江流域国土空间实施分区、分类用途管制。

长江流域国土空间开发利用活动应当符合国土空间用途管制要求，并依法取得规划许可。对不符合国土空间用途管制要求的，县级以上人民政府自然资源主管部门不得办理规划许可。

第二十一条 国务院水行政主管部门统筹长江流域水资源合理配置、统一调度和高效利用，组织实施取用水总量控制和消耗强度控制管理制度。

国务院生态环境主管部门根据水环境质量改善目标和水污染防治要求，确定长江流域各省级行政区域重点污染物排放总量控制指标。长江流域水质超标的水功能区，应当实施更严格的污染物排放总量削减要求。企业事业单位应当按照要求，采取污染物排放总量控制措施。

国务院自然资源主管部门负责统筹长江流域新增建设用地总量控制和计划安排。

第二十二条 长江流域省级人民政府根据本行政区域的生态环境和资源利用状况，制定生态环境分区管控方案和生态环境准入清单，报国务院生态环境主管部门备案后实施。生态环境分区管控方案和生态环境准入清单应当与国土空间规划相衔接。

长江流域产业结构和布局应当与长江流域生

态系统和资源环境承载能力相适应。禁止在长江流域重点生态功能区布局对生态系统有严重影响的产业。禁止重污染企业和项目向长江中上游转移。

第二十三条　国家加强对长江流域水能资源开发利用的管理。因国家发展战略和国计民生需要,在长江流域新建大中型水电工程,应当经科学论证,并报国务院或者国务院授权的部门批准。

对长江流域已建小水电工程,不符合生态保护要求的,县级以上地方人民政府应当组织分类整改或者采取措施逐步退出。

第二十四条　国家对长江干流和重要支流源头实行严格保护,设立国家公园等自然保护地,保护国家生态安全屏障。

第二十五条　国务院水行政主管部门加强长江流域河道、湖泊保护工作。长江流域县级以上地方人民政府负责划定河道、湖泊管理范围,并向社会公告,实行严格的河湖保护,禁止非法侵占河湖水域。

第二十六条　国家对长江流域河湖岸线实施特殊管制。国家长江流域协调机制统筹协调国务院自然资源、水行政、生态环境、住房和城乡建设、农业农村、交通运输、林业和草原等部门和长江流域省级人民政府划定河湖岸线保护范围,制定河湖岸线保护规划,严格控制岸线开发建设,促进岸线合理高效利用。

禁止在长江干支流岸线一公里范围内新建、扩建化工园区和化工项目。

禁止在长江干流岸线三公里范围内和重要支流岸线一公里范围内新建、改建、扩建尾矿库;但是以提升安全、生态环境保护水平为目的的改建除外。

第二十七条　国务院交通运输主管部门会同国务院自然资源、水行政、生态环境、农业农村、林业和草原主管部门在长江流域水生生物重要栖息地科学划定禁止航行区域和限制航行区域。

禁止船舶在划定的禁止航行区域内航行。因国家发展战略和国计民生需要,在水生生物重要栖息地禁止航行区域内航行的,应当由国务院交通运输主管部门商国务院农业农村主管部门同意,并应当采取必要措施,减少对重要水生生物的干扰。

严格限制在长江流域生态保护红线、自然保护地、水生生物重要栖息地水域实施航道整治工程;确需整治的,应当经科学论证,并依法办理相关手续。

第二十八条　国家建立长江流域河道采砂规划和许可制度。长江流域河道采砂应当依法取得国务院水行政主管部门有关流域管理机构或者县级以上地方人民政府水行政主管部门的许可。

国务院水行政主管部门有关流域管理机构和长江流域县级以上地方人民政府依法划定禁止采砂区和禁止采砂期,严格控制采砂区域、采砂总量和采砂区域内的采砂船舶数量。禁止在长江流域禁止采砂区和禁止采砂期从事采砂活动。

国务院水行政主管部门会同国务院有关部门组织长江流域有关地方人民政府及其有关部门开展长江流域河道非法采砂联合执法工作。

第三章　资源保护

第二十九条　长江流域水资源保护与利用,应当根据流域综合规划,优先满足城乡居民生活用水,保障基本生态用水,并统筹农业、工业用水以及航运等需要。

第三十条　国务院水行政主管部门有关流域管理机构商长江流域省级人民政府依法制定跨省河流水量分配方案,报国务院或者国务院授权的部门批准后实施。制定长江流域跨省河流水量分配方案应当征求国务院有关部门的意见。长江流域省级人民政府水行政主管部门制定本行政区域的长江流域水量分配方案,报本级人民政府批准后实施。

国务院水行政主管部门有关流域管理机构或者长江流域县级以上地方人民政府水行政主管部门依据批准的水量分配方案,编制年度水量分配方案和调度计划,明确相关河段和控制断面流量水量、水位管控要求。

第三十一条　国家加强长江流域生态用水保障。国务院水行政主管部门会同国务院有关部门提出长江干流、重要支流和重要湖泊控制断面的生态流量管控指标。其他河湖生态流量管控指标由长江流域县级以上地方人民政府水行政主管部门会同本级人民政府有关部门确定。

国务院水行政主管部门有关流域管理机构应当将生态水量纳入年度水量调度计划,保证河湖基本生态用水需求,保障枯水期和鱼类产卵期生态流量、重要湖泊的水量和水位,保障长江河口咸淡水平衡。

长江干流、重要支流和重要湖泊上游的水利水电、航运枢纽等工程应当将生态用水调度纳入日常运行调度规程,建立常规生态调度机制,保证河湖生态流量;其下泄流量不符合生态流量泄放要求的,由县级以上人民政府水行政主管部门提出整改措施并监督实施。

第三十二条 国务院有关部门和长江流域地方各级人民政府应当采取措施,加快病险水库除险加固,推进堤防和蓄滞洪区建设,提升洪涝灾害防御工程标准,加强水工程联合调度,开展河道泥沙观测和河势调查,建立与经济社会发展相适应的防洪减灾工程和非工程体系,提高防御水旱灾害的整体能力。

第三十三条 国家对跨长江流域调水实行科学论证,加强控制和管理。实施跨长江流域调水应当优先保障调出区域及其下游区域的用水安全和生态安全,统筹调出区域和调入区域用水需求。

第三十四条 国家加强长江流域饮用水水源地保护。国务院水行政主管部门会同国务院有关部门制定长江流域饮用水水源地名录。长江流域省级人民政府水行政主管部门会同本级人民政府有关部门制定本行政区域的其他饮用水水源地名录。

长江流域省级人民政府组织划定饮用水水源保护区,加强饮用水水源保护,保障饮用水安全。

第三十五条 长江流域县级以上地方人民政府及其有关部门应当合理布局饮用水水源取水口,制定饮用水安全突发事件应急预案,加强饮用水备用应急水源建设,对饮用水水源的水环境质量进行实时监测。

第三十六条 丹江口库区及其上游所在地县级以上地方人民政府应当按照饮用水水源地安全保障区、水质影响控制区、水源涵养生态建设区管理要求,加强山水林田湖草整体保护,增强水源涵养能力,保障水质稳定达标。

第三十七条 国家加强长江流域地下水资源保护。长江流域县级以上地方人民政府及其有关部门应当定期调查评估地下水资源状况,监测地下水水量、水位、水环境质量,并采取相应风险防范措施,保障地下水资源安全。

第三十八条 国务院水行政主管部门会同国务院有关部门确定长江流域农业、工业用水效率目标,加强用水计量和监测设施建设;完善规划和建设项目水资源论证制度;加强对高耗水行业、重点用水单位的用水定额管理,严格控制高耗水项目建设。

第三十九条 国家统筹长江流域自然保护地体系建设。国务院和长江流域省级人民政府在长江流域重要典型生态系统的完整分布区、生态环境敏感区以及珍贵野生动植物天然集中分布区和重要栖息地、重要自然遗迹分布区等区域,依法设立国家公园、自然保护区、自然公园等自然保护地。

第四十条 国务院和长江流域省级人民政府应当依法在长江流域重要生态区、生态状况脆弱区划定公益林,实施严格管理。国家对长江流域天然林实施严格保护,科学划定天然林保护重点区域。

长江流域县级以上地方人民政府应当加强对长江流域草原资源的保护,对具有调节气候、涵养水源、保持水土、防风固沙等特殊作用的基本草原实施严格管理。

国务院林业和草原主管部门和长江流域省级人民政府林业和草原主管部门会同本级人民政府有关部门,根据不同生态区位、生态系统功能和生物多样性保护的需要,发布长江流域国家重要湿地、地方重要湿地名录及保护范围,加强对长江流域湿地的保护和管理,维护湿地生态功能和生物多样性。

第四十一条 国务院农业农村主管部门会同国务院有关部门和长江流域省级人民政府建立长江流域水生生物完整性指数评价体系,组织开展长江流域水生生物完整性评价,并将结果作为评估长江流域生态系统总体状况的重要依据。长江流域水生生物完整性指数应当与长江流域水环境质量标准相衔接。

第四十二条 国务院农业农村主管部门和长江流域县级以上地方人民政府应当制定长江流域珍贵、濒危水生野生动植物保护计划,对长江流域珍贵、濒危水生野生动植物实行重点保护。

国家鼓励有条件的单位开展对长江流域江豚、白鱀豚、白鲟、中华鲟、长江鲟、鯮、鲥、四川白甲鱼、川陕哲罗鲑、胭脂鱼、鳤、圆口铜鱼、多鳞白甲鱼、华鲮、鲈鲤和葛仙米、弧形藻、眼子菜、水菜花等水生野生动植物生境特征和种群动态的研究,建设人工繁育和科普教育基地,组织开展水生生物救护。

禁止在长江流域开放水域养殖、投放外来物种或者其他非本地物种种质资源。

第四章 水污染防治

第四十三条 国务院生态环境主管部门和长江流域地方各级人民政府应当采取有效措施,加大对长江流域的水污染防治、监管力度,预防、控制和减少水环境污染。

第四十四条 国务院生态环境主管部门负责制定长江流域水环境质量标准，对国家水环境质量标准中未作规定的项目可以补充规定；对国家水环境质量标准中已经规定的项目，可以作出更加严格的规定。制定长江流域水环境质量标准应当征求国务院有关部门和有关省级人民政府的意见。长江流域省级人民政府可以制定严于长江流域水环境质量标准的地方水环境质量标准，报国务院生态环境主管部门备案。

第四十五条 长江流域省级人民政府应当对没有国家水污染物排放标准的特色产业、特有污染物，或者国家有明确要求的特定水污染源或者水污染物，补充制定地方水污染物排放标准，报国务院生态环境主管部门备案。

有下列情形之一的，长江流域省级人民政府应当制定严于国家水污染物排放标准的地方水污染物排放标准，报国务院生态环境主管部门备案：

（一）产业密集、水环境问题突出的；

（二）现有水污染物排放标准不能满足所辖长江流域水环境质量要求的；

（三）流域或者区域水环境形势复杂，无法适用统一的水污染物排放标准的。

第四十六条 长江流域省级人民政府制定本行政区域的总磷污染控制方案，并组织实施。对磷矿、磷肥生产集中的长江干支流，有关省级人民政府应当制定更加严格的总磷排放管控要求，有效控制总磷排放总量。

磷矿开采加工、磷肥和含磷农药制造等企业，应当按照排污许可要求，采取有效措施控制总磷排放浓度和排放总量；对排污口和周边环境进行总磷监测，依法公开监测信息。

第四十七条 长江流域县级以上地方人民政府应当统筹长江流域城乡污水集中处理设施及配套管网建设，并保障其正常运行，提高城乡污水收集处理能力。

长江流域县级以上地方人民政府应当组织对本行政区域的江河、湖泊排污口开展排查整治，明确责任主体，实施分类管理。

在长江流域江河、湖泊新设、改设或者扩大排污口，应当按照国家有关规定报经有管辖权的生态环境主管部门或者长江流域生态环境监督管理机构同意。对未达到水质目标的水功能区，除污水集中处理设施排污口外，应当严格控制新设、改设或者扩大排污口。

第四十八条 国家加强长江流域农业面源污染防治。长江流域农业生产应当科学使用农业投入品，减少化肥、农药施用，推广有机肥使用，科学处置农用薄膜、农作物秸秆等农业废弃物。

第四十九条 禁止在长江流域河湖管理范围内倾倒、填埋、堆放、弃置、处理固体废物。长江流域县级以上地方人民政府应当加强对固体废物非法转移和倾倒的联防联控。

第五十条 长江流域县级以上地方人民政府应当组织对沿河湖垃圾填埋场、加油站、矿山、尾矿库、危险废物处置场、化工园区和化工项目等地下水重点污染源及周边地下水环境风险隐患开展调查评估，并采取相应风险防范和整治措施。

第五十一条 国家建立长江流域危险货物运输船舶污染责任保险与财务担保相结合机制。具体办法由国务院交通运输主管部门会同国务院有关部门制定。

禁止在长江流域水上运输剧毒化学品和国家规定禁止通过内河运输的其他危险化学品。长江流域县级以上地方人民政府交通运输主管部门会同本级人民政府有关部门加强对长江流域危险化学品运输的管控。

第五章 生态环境修复

第五十二条 国家对长江流域生态系统实行自然恢复为主、自然恢复与人工修复相结合的系统治理。国务院自然资源主管部门会同国务院有关部门编制长江流域生态环境修复规划，组织实施重大生态环境修复工程，统筹推进长江流域各项生态环境修复工作。

第五十三条 国家对长江流域重点水域实行严格捕捞管理。在长江流域水生生物保护区全面禁止生产性捕捞；在国家规定的期限内，长江干流和重要支流、大型通江湖泊、长江河口规定区域等重点水域全面禁止天然渔业资源的生产性捕捞。具体办法由国务院农业农村主管部门会同国务院有关部门制定。

国务院农业农村主管部门会同国务院有关部门和长江流域省级人民政府加强长江流域禁捕执法工作，严厉查处电鱼、毒鱼、炸鱼等破坏渔业资源和生态环境的捕捞行为。

长江流域县级以上地方人民政府应当按照国家有关规定做好长江流域重点水域退捕渔民的补偿、转产和社会保障工作。

长江流域其他水域禁捕、限捕管理办法由县级以上地方人民政府制定。

第五十四条　国务院水行政主管部门会同国务院有关部门制定并组织实施长江干流和重要支流的河湖水系连通修复方案，长江流域省级人民政府制定并组织实施本行政区域的长江流域河湖水系连通修复方案，逐步改善长江流域河湖连通状况，恢复河湖生态流量，维护河湖水系生态功能。

第五十五条　国家长江流域协调机制统筹协调国务院自然资源、水行政、生态环境、住房和城乡建设、农业农村、交通运输、林业和草原等部门和长江流域省级人民政府制定长江流域河湖岸线修复规范，确定岸线修复指标。

长江流域县级以上地方人民政府按照长江流域河湖岸线保护规划、修复规范和指标要求，制定并组织实施河湖岸线修复计划，保障自然岸线比例，恢复河湖岸线生态功能。

禁止违法利用、占用长江流域河湖岸线。

第五十六条　国务院有关部门会同长江流域有关省级人民政府加强对三峡库区、丹江口库区等重点库区消落区的生态环境保护和修复，因地制宜实施退耕还林还草还湿，禁止施用化肥、农药，科学调控水库水位，加强库区水土保持和地质灾害防治工作，保障消落区良好生态功能。

第五十七条　长江流域县级以上地方人民政府林业和草原主管部门负责组织实施长江流域森林、草原、湿地修复计划，科学推进森林、草原、湿地修复工作，加大退化天然林、草原和受损湿地修复力度。

第五十八条　国家加大对太湖、鄱阳湖、洞庭湖、巢湖、滇池等重点湖泊实施生态环境修复的支持力度。

长江流域县级以上地方人民政府应当组织开展富营养化湖泊的生态环境修复，采取调整产业布局规模、实施控制性水工程统一调度、生态补水、河湖连通等综合措施，改善和恢复湖泊生态系统的质量和功能；对氮磷浓度严重超标的湖泊，应当在影响湖泊水质的汇水区，采取措施削减化肥用量，禁止使用含磷洗涤剂，全面清理投饵、投肥养殖。

第五十九条　国务院林业和草原、农业农村主管部门应当对长江流域数量急剧下降或者极度濒危的野生动植物和受到严重破坏的栖息地、天然集中分布区、破碎化的典型生态系统制定修复方案和行动计划，修建迁地保护设施，建立野生动植物遗传资源基因库，进行抢救性修复。

在长江流域水生生物产卵场、索饵场、越冬场和洄游通道等重要栖息地应当实施生态环境修复和其他保护措施。对鱼类等水生生物洄游产生阻隔的涉水工程应当结合实际采取建设过鱼设施、河湖连通、生态调度、灌江纳苗、基因保存、增殖放流、人工繁育等多种措施，充分满足水生生物的生态需求。

第六十条　国务院水行政主管部门会同国务院有关部门和长江河口所在地人民政府按照陆海统筹、河海联动的要求，制定实施长江河口生态环境修复和其他保护措施方案，加强对水、沙、盐、潮滩、生物种群的综合监测，采取有效措施防止海水入侵和倒灌，维护长江河口良好生态功能。

第六十一条　长江流域水土流失重点预防区和重点治理区的县级以上地方人民政府应当采取措施，防治水土流失。生态保护红线范围内的水土流失地块，以自然恢复为主，按照规定有计划地实施退耕还林还草还湿；划入自然保护地核心保护区的永久基本农田，依法有序退出并予以补划。

禁止在长江流域水土流失严重、生态脆弱的区域开展可能造成水土流失的生产建设活动。确因国家发展战略和国计民生需要建设的，应当经科学论证，并依法办理审批手续。

长江流域县级以上地方人民政府应当对石漠化的土地因地制宜采取综合治理措施，修复生态系统，防止土地石漠化蔓延。

第六十二条　长江流域县级以上地方人民政府应当因地制宜采取消除地质灾害隐患、土地复垦、恢复植被、防治污染等措施，加快历史遗留矿山生态环境修复工作，并加强对在建和运行中矿山的监督管理，督促采矿权人切实履行矿山污染防治和生态环境修复责任。

第六十三条　长江流域中下游地区县级以上地方人民政府应当因地制宜在项目、资金、人才、管理等方面，对长江流域江河源头和上游地区实施生态环境修复和其他保护措施给予支持，提升长江流域生态脆弱区实施生态环境修复和其他保护措施的能力。

国家按照政策支持、企业和社会参与、市场化运作的原则，鼓励社会资本投入长江流域生态环境修复。

第六章　绿色发展

第六十四条　国务院有关部门和长江流域地方各级人民政府应当按照长江流域发展规划、国土空间规划的要求，调整产业结构，优化产业布局，推进长江流域绿色发展。

第六十五条 国务院和长江流域地方各级人民政府及其有关部门应当协同推进乡村振兴战略和新型城镇化战略的实施，统筹城乡基础设施建设和产业发展，建立健全全民覆盖、普惠共享、城乡一体的基本公共服务体系，促进长江流域城乡融合发展。

第六十六条 长江流域县级以上地方人民政府应当推动钢铁、石油、化工、有色金属、建材、船舶等产业升级改造，提升技术装备水平；推动造纸、制革、电镀、印染、有色金属、农药、氮肥、焦化、原料药制造等企业实施清洁化改造。企业应当通过技术创新减少资源消耗和污染物排放。

长江流域县级以上地方人民政府应当采取措施加快重点地区危险化学品生产企业搬迁改造。

第六十七条 国务院有关部门会同长江流域省级人民政府建立开发区绿色发展评估机制，并组织对各类开发区的资源能源节约集约利用、生态环境保护等情况开展定期评估。

长江流域县级以上地方人民政府应当根据评估结果对开发区产业产品、节能减排措施等进行优化调整。

第六十八条 国家鼓励和支持在长江流域实施重点行业和重点用水单位节水技术改造，提高水资源利用效率。

长江流域县级以上地方人民政府应当加强节水型城市和节水型园区建设，促进节水型行业产业和企业发展，并加快建设雨水自然积存、自然渗透、自然净化的海绵城市。

第六十九条 长江流域县级以上地方人民政府应当按照绿色发展的要求，统筹规划、建设与管理，提升城乡人居环境质量，建设美丽城镇和美丽乡村。

长江流域县级以上地方人民政府应当按照生态、环保、经济、实用的原则因地制宜组织实施厕所改造。

国务院有关部门和长江流域县级以上地方人民政府及其有关部门应当加强对城市新区、各类开发区等使用建筑材料的管理，鼓励使用节能环保、性能高的建筑材料，建设地下综合管廊和管网。

长江流域县级以上地方人民政府应当建设废弃土石渣综合利用信息平台，加强对生产建设活动废弃土石渣收集、清运、集中堆放的管理，鼓励开展综合利用。

第七十条 长江流域县级以上地方人民政府应当编制并组织实施养殖水域滩涂规划，合理划定禁养区、限养区、养殖区，科学确定养殖规模和养殖密度；强化水产养殖投入品管理，指导和规范水产养殖、增殖活动。

第七十一条 国家加强长江流域综合立体交通体系建设，完善港口、航道等水运基础设施，推动交通设施互联互通，实现水陆有机衔接、江海直达联运，提升长江黄金水道功能。

第七十二条 长江流域县级以上地方人民政府应当统筹建设船舶污染物接收转运处置设施、船舶液化天然气加注站，制定港口岸电设施、船舶受电设施建设和改造计划，并组织实施。具备岸电使用条件的船舶靠港应当按照国家有关规定使用岸电，但使用清洁能源的除外。

第七十三条 国务院和长江流域县级以上地方人民政府对长江流域港口、航道和船舶升级改造，液化天然气动力船舶等清洁能源或者新能源动力船舶建造，港口绿色设计等按照规定给予资金支持或者政策扶持。

国务院和长江流域县级以上地方人民政府对长江流域港口岸电设施、船舶受电设施的改造和使用按照规定给予资金补贴、电价优惠等政策扶持。

第七十四条 长江流域地方各级人民政府加强对城乡居民绿色消费的宣传教育，并采取有效措施，支持、引导居民绿色消费。

长江流域地方各级人民政府按照系统推进、广泛参与、突出重点、分类施策的原则，采取回收押金、限制使用易污染不易降解塑料用品、绿色设计、发展公共交通等措施，提倡简约适度、绿色低碳的生活方式。

第七章 保障与监督

第七十五条 国务院和长江流域县级以上地方人民政府应当加大长江流域生态环境保护和修复的财政投入。

国务院和长江流域省级人民政府按照中央与地方财政事权和支出责任划分原则，专项安排长江流域生态环境保护资金，用于长江流域生态环境保护和修复。国务院自然资源主管部门会同国务院财政、生态环境等有关部门制定合理利用社会资金促进长江流域生态环境修复的政策措施。

国家鼓励和支持长江流域生态环境保护和修复等方面的科学技术研究开发和推广应用。

国家鼓励金融机构发展绿色信贷、绿色债券、绿色保险等金融产品,为长江流域生态环境保护和绿色发展提供金融支持。

第七十六条 国家建立长江流域生态保护补偿制度。

国家加大财政转移支付力度,对长江干流及重要支流源头和上游的水源涵养地等生态功能重要区域予以补偿。具体办法由国务院财政部门会同国务院有关部门制定。

国家鼓励长江流域上下游、左右岸、干支流地方人民政府之间开展横向生态保护补偿。

国家鼓励社会资金建立市场化运作的长江流域生态保护补偿基金;鼓励相关主体之间采取自愿协商等方式开展生态保护补偿。

第七十七条 国家加强长江流域司法保障建设,鼓励有关单位为长江流域生态环境保护提供法律服务。

长江流域各级行政执法机关、人民法院、人民检察院在依法查处长江保护违法行为或者办理相关案件过程中,发现存在涉嫌犯罪行为的,应当将犯罪线索移送具有侦查、调查职权的机关。

第七十八条 国家实行长江流域生态环境保护责任制和考核评价制度。上级人民政府应当对下级人民政府生态环境保护和修复目标完成情况等进行考核。

第七十九条 国务院有关部门和长江流域县级以上地方人民政府有关部门应当依照本法规定和职责分工,对长江流域各类保护、开发、建设活动进行监督检查,依法查处破坏长江流域自然资源、污染长江流域环境、损害长江流域生态系统等违法行为。

公民、法人和非法人组织有权依法获取长江流域生态环境保护相关信息,举报和控告破坏长江流域自然资源、污染长江流域环境、损害长江流域生态系统等违法行为。

国务院有关部门和长江流域地方各级人民政府及其有关部门应当依法公开长江流域生态环境保护相关信息,完善公众参与程序,为公民、法人和非法人组织参与和监督长江流域生态环境保护提供便利。

第八十条 国务院有关部门和长江流域地方各级人民政府及其有关部门对长江流域跨行政区域、生态敏感区域和生态环境违法案件高发区域以及重大违法案件,依法开展联合执法。

第八十一条 国务院有关部门和长江流域省级人民政府对长江保护工作不力、问题突出、群众反映集中的地区,可以约谈所在地区县级以上地方人民政府及其有关部门主要负责人,要求其采取措施及时整改。

第八十二条 国务院应当定期向全国人民代表大会常务委员会报告长江流域生态环境状况及保护和修复工作等情况。

长江流域县级以上地方人民政府应当定期向本级人民代表大会或者其常务委员会报告本级人民政府长江流域生态环境保护和修复工作等情况。

第八章 法律责任

第八十三条 国务院有关部门和长江流域地方各级人民政府及其有关部门违反本法规定,有下列行为之一的,对直接负责的主管人员和其他直接责任人员依法给予警告、记过、记大过或者降级处分;造成严重后果的,给予撤职或者开除处分,其主要负责人应当引咎辞职:

(一)不符合行政许可条件准予行政许可的;

(二)依法应当作出责令停业、关闭等决定而未作出的;

(三)发现违法行为或者接到举报不依法查处的;

(四)有其他玩忽职守、滥用职权、徇私舞弊行为的。

第八十四条 违反本法规定,有下列行为之一的,由有关主管部门按照职责分工,责令停止违法行为,给予警告,并处一万元以上十万元以下罚款;情节严重的,并处十万元以上五十万元以下罚款:

(一)船舶在禁止航行区域内航行的;

(二)经同意在水生生物重要栖息地禁止航行区域内航行,未采取必要措施减少对重要水生生物干扰的;

(三)水利水电、航运枢纽等工程未将生态用水调度纳入日常运行调度规程的;

(四)具备岸电使用条件的船舶未按照国家有关规定使用岸电的。

第八十五条 违反本法规定,在长江流域开放水域养殖、投放外来物种或者其他非本地物种种质资源的,由县级以上人民政府农业农村主管部门责令限期捕回,处十万元以下罚款;造成严重后果的,处十万元以上一百万元以下罚款;逾期不捕回的,由有关人民政府农业农村主管部门代为捕回或者采取降低负面影响的措施,所需费用由违法者承担。

第八十六条　违反本法规定，在长江流域水生生物保护区内从事生产性捕捞，或者在长江干流和重要支流、大型通江湖泊、长江河口规定区域等重点水域禁捕期间从事天然渔业资源的生产性捕捞的，由县级以上人民政府农业农村主管部门没收渔获物、违法所得以及用于违法活动的渔船、渔具和其他工具，并处一万元以上五万元以下罚款；采取电鱼、毒鱼、炸鱼等方式捕捞，或者有其他严重情节的，并处五万元以上五十万元以下罚款。

收购、加工、销售前款规定的渔获物的，由县级以上人民政府农业农村、市场监督管理等部门按照职责分工，没收渔获物及其制品和违法所得，并处货值金额十倍以上二十倍以下罚款；情节严重的，吊销相关生产经营许可证或者责令关闭。

第八十七条　违反本法规定，非法侵占长江流域河湖水域，或者违法利用、占用河湖岸线的，由县级以上人民政府水行政、自然资源等主管部门按照职责分工，责令停止违法行为，限期拆除并恢复原状，所需费用由违法者承担，没收违法所得，并处五万元以上五十万元以下罚款。

第八十八条　违反本法规定，有下列行为之一的，由县级以上人民政府生态环境、自然资源等主管部门按照职责分工，责令停止违法行为，限期拆除并恢复原状，所需费用由违法者承担，没收违法所得，并处五十万元以上五百万元以下罚款，对直接负责的主管人员和其他直接责任人员处五万元以上十万元以下罚款；情节严重的，报经有批准权的人民政府批准，责令关闭：

（一）在长江干支流岸线一公里范围内新建、扩建化工园区和化工项目的；

（二）在长江干流岸线三公里范围内和重要支流岸线一公里范围内新建、改建、扩建尾矿库的；

（三）违反生态环境准入清单的规定进行生产建设活动的。

第八十九条　长江流域磷矿开采加工、磷肥和含磷农药制造等企业违反本法规定，超过排放标准或者总量控制指标排放含磷水污染物的，由县级以上人民政府生态环境主管部门责令停止违法行为，并处二十万元以上二百万元以下罚款，对直接负责的主管人员和其他直接责任人员处五万元以上十万元以下罚款；情节严重的，责令停产整顿，或者报经有批准权的人民政府批准，责令关闭。

第九十条　违反本法规定，在长江流域水上运输剧毒化学品和国家规定禁止通过内河运输的其他危险化学品的，由县级以上人民政府交通运输主管部门或者海事管理机构责令改正，没收违法所得，并处二十万元以上二百万元以下罚款，对直接负责的主管人员和其他直接责任人员处五万元以上十万元以下罚款；情节严重的，责令停业整顿，或者吊销相关许可证。

第九十一条　违反本法规定，在长江流域未依法取得许可从事采砂活动，或者在禁止采砂区和禁止采砂期从事采砂活动的，由国务院水行政主管部门有关流域管理机构或者县级以上地方人民政府水行政主管部门责令停止违法行为，没收违法所得以及用于违法活动的船舶、设备、工具，并处货值金额二倍以上二十倍以下罚款；货值金额不足十万元的，并处二十万元以上二百万元以下罚款；已经取得河道采砂许可证的，吊销河道采砂许可证。

第九十二条　对破坏长江流域自然资源、污染长江流域环境、损害长江流域生态系统等违法行为，本法未作行政处罚规定的，适用有关法律、行政法规的规定。

第九十三条　因污染长江流域环境、破坏长江流域生态造成他人损害的，侵权人应当承担侵权责任。

违反国家规定造成长江流域生态环境损害的，国家规定的机关或者法律规定的组织有权请求侵权人承担修复责任、赔偿损失和有关费用。

第九十四条　违反本法规定，构成犯罪的，依法追究刑事责任。

第九章　附　　则

第九十五条　本法下列用语的含义：

（一）本法所称长江干流，是指长江源头至长江河口，流经青海省、四川省、西藏自治区、云南省、重庆市、湖北省、湖南省、江西省、安徽省、江苏省、上海市的长江主河段；

（二）本法所称长江支流，是指直接或者间接流入长江干流的河流，支流可以分为一级支流、二级支流等；

（三）本法所称长江重要支流，是指流域面积一万平方公里以上的支流，其中流域面积八万平方公里以上的一级支流包括雅砻江、岷江、嘉陵江、乌江、湘江、沅江、汉江和赣江等。

第九十六条　本法自2021年3月1日起施行。

关于《中华人民共和国长江保护法(草案)》的说明

——2019 年 12 月 23 日在第十三届全国人民代表大会常务委员会第十五次会议上

全国人大环境与资源保护委员会主任委员　高虎城

全国人民代表大会常务委员会：

习近平总书记高度重视长江保护立法工作，两次作出重要指示；制定长江保护法是党中央高度重视的重大任务。全国人大常委会坚决贯彻习近平总书记指示精神和党中央战略部署，将长江保护法列入第十三届全国人大常委会立法规划和 2019 年全国人大常委会立法工作计划，交由全国人大环境与资源保护委员会(以下简称“环资委”)牵头起草并提请审议。栗战书委员长对落实习近平总书记重要指示精神，做好长江保护法起草工作明确提出具体要求。环资委在认真开展调查研究、充分听取各方意见的基础上，经相关各方广泛参与，已形成《中华人民共和国长江保护法(草案)》(以下简称“草案”)，共计九章八十四条，2019 年 10 月 26 日，经环资委第 20 次全体会议审议通过。

受环资委委托，我现就有关情况说明如下：

一、关于制定长江保护法的重要性和紧迫性

(一)制定长江保护法是落实习近平总书记指示精神和党中央战略部署的重要举措

习近平总书记强调推进长江经济带发展必须走生态优先、绿色发展之路，涉及长江的一切经济活动都要以不破坏生态环境为前提，共抓大保护、不搞大开发，为立法工作指明了方向、确立了原则、作出了定位；关于“多规合一”、国土空间规划统领长江流域各项保护与利用活动和国土空间用途管制等指示和要求，明确了法律所应设置的关键制度、采取的重要措施；关于“把生态修复摆在压倒性位置”的要求，指明了立法应当解决和处理的主要矛盾和问题。党的十九大对推动长江经济带发展做出了总体部署，党中央发布了一系列有关长江问题的重要文件，中央政治局常委会 2019 年工作要点将制定长江保护法列入其中。制定长江保护法是将习近平总书记的重要指示和党中央战略部署以法律形式予以贯彻落实、转化为保护长江的国家意志和社会行为准则的最有效措施。

(二)制定长江保护法事关中华民族的生存发展与未来

长江是中华民族的母亲河，是中华民族发展的重要支撑。长江全长 6300 多公里，为世界第三大河流，全流域涉及 19 个省、自治区、直辖市，流域面积 180 万平方公里，横跨东、中、西部三大经济区，具有完备的自然生态系统、独特的生物多样性，蕴藏着丰富的野生动植物资源、矿产资源、全国三分之一的水资源、五分之三的水能资源，全国大部分淡水湖分布在长江中下游地区，是我国重要的战略水源地、生态宝库和重要的黄金水道，地位十分重要。栗战书委员长明确提出：制定长江保护法，保护好长江母亲河是我们这代人的历史责任，关系子孙后代、关系民族未来。

(三)制定长江保护法是维护长江流域乃至国家生态安全的需要

长江在维护国家生态安全中的地位举足轻重，但今天的长江“病了”，洞庭湖、鄱阳湖频频干旱见底，部分水系严重断流、河湖生态功能退化、生物完整性指数到了最差的“无鱼”等级，一些珍稀、濒危野生动植物种群数量急剧下降、栖息地和生物群落遭到破坏；岸线、港口乱占滥用问题突出；部分区域土壤污染、水土流失、土地沙化、石漠化较为严重。水污染形势严峻，重要湖库仍处于富营养化状态，30%的环境风险企业位于饮用水水源地周边 5 公里范围内、污染产业向中上游转移，跨区域违法倾倒危险废物呈多发态势，面源污染加剧；干线港口危险化学品吞吐量极大、种类众多。而“长江生态环境硬约束机制尚未建立，长江保护法制进程滞后”，必须从长江流域系统性和特殊性出发，制定一部具有针对性、特殊性和系统性的长江保护法，加强生态系统修复和环境治理，切实保障长江流域生态安全，促进长江流域绿色发展。

(四)制定长江保护法是回应社会关切、满足长江流域人民群众愿望的需要

长江流域生态环境保护的重要性、复杂性和特

殊性已涉及国家经济社会发展的全局，引起社会广泛关注。近年来，全国人大代表在全国人大会议期间多次提出涉及长江流域立法的议案和建议，其中第十二届全国人大第二次至第五次会议期间，共有550位代表提出相关议案13件，第十三届全国人大第一次和第二次会议期间共有214位代表提出相关议案7件，有关代表还提出两件相关建议。这些议案和建议既表达了代表的意愿，也反映了人民的心声。因此，制定长江保护法，依法保障人民喝上安全清洁的长江水，满足长江流域人民群众不断增长的对优美生活环境的需求，也已成当务之急。

二、立法工作的指导思想、原则和起草过程

（一）关于指导思想

长江保护立法工作坚持以习近平新时代中国特色社会主义思想为指导，全面贯彻落实习近平生态文明思想，将习近平总书记两次推动长江经济带发展座谈会上的重要讲话精神作为根本遵循，制定一部全面保护长江流域生态环境的法律，针对长江特定区域、特定问题采取特别制度措施，保护修复长江流域生态环境，保障自然资源高效合理利用，防范和纠正各种影响长江流域生态环境的行为，支撑和推动长江经济带绿色发展、高质量发展。

（二）关于起草工作遵循的原则

一是从中华民族长远利益考虑，坚持生态优先、绿色发展的战略定位；二是坚持共抓大保护、不搞大开发，当前和今后相当长一段时期，要把修复长江生态环境摆在压倒性位置；三是坚持系统保护，从生态系统整体性和长江流域系统性着眼，统筹山水林田湖草等生态要素，实施好生态修复和环境保护工程；四是加强统筹协调，坚持全流域合作；五是明确责任，坚持中央统筹、省负总责、市县抓落实，强化企业责任，发挥广大人民群众主动性和创造性；六是建立健全长江流域生态环境保护法律制度。

（三）关于起草过程

栗战书委员长对长江保护立法工作多次作出重要批示，亲自调研并主持立法调研座谈会听取意见，提出明确要求。王晨副委员长要求有关部门对法律草案起草工作跟踪推进。沈跃跃、丁仲礼副委员长多次调研、听取意见，指导建立了由环资委牵头、国务院有关部门共同参与的长江保护立法起草工作协商机制，成立领导小组和起草工作专班。

在长江保护立法工作中，一是反复学习领会并认真落实习近平生态文明思想和关于保护长江的重要讲话、重要指示精神。二是开展调查研究，找准突出问题。听取国务院有关部门及最高人民法院、最高人民检察院、长江流域19个省、自治区、直辖市地方人大及政府、全国和地方人大代表以及专家、企业、基层执法人员等对制定长江保护法的意见和建议，结合水污染防治法执法检查开展长江保护立法调研。三是通过征求意见凝聚共识。充分吸收国家机关、社会组织、科研单位、基层人大和政府及其有关部门的意见和建议。四是深入研究草案，不断修改完善。共召开两次领导小组会议、两次联络员会议、七次专班草案修改会议、三次全委会讨论审议，最终形成“草案”。

三、草案的主要内容

（一）关于立法目的

草案第一条明确规定：为了加强长江流域生态系统修复和环境治理，促进资源高效合理利用，保护长江流域生态环境，推进绿色发展，制定本法。要针对长江流域生态系统破坏的突出问题，把生态修复摆在压倒性位置，通过保障自然资源高效合理利用，防范和纠正各种影响破坏长江流域生态环境的行为，实现保护长江流域生态环境、支撑和推动长江经济带绿色发展、高质量发展的目的。

（二）关于法律适用范围

按照流域整体性保护原则，草案第二条依据长江流域自然地理状况，以流经的相关19个行政区域范围为基础，将法律适用的地域范围确定为长江全流域相关县级行政区域。主要有两方面考虑：一是长江流域除干流外，还包括众多支流，干支流相互交融、水系相通，立法要遵循长江流域的系统性、联系性和完整性特征。二是长江流域涉及的19个省、自治区、直辖市地域广大，有些区域远离长江水系。为保证科学合理的管理长江流域，草案将管理范围限定为长江流域内的相关县级行政区域。关于对行为的适用范围，草案主要从生态系统保护的基本要素行为和威胁破坏长江流域生态环境的行为两方面确定了八个方面的行为范围。

（三）关于基本原则

草案第三条明确规定在长江流域从事各类活动，应当坚持生态优先、绿色发展，共抓大保护、不搞大开发；坚持以人为本、统筹协调、科学规划、系

统治理、多元共治、损害担责的原则。草案确定的基本原则是指导长江流域各类行为的准则。在生态优先的前提下保障促进绿色发展是长江一切活动的总原则。共抓大保护、不搞大开发是指导保护、开发活动的基本原则。明确以人为本，就是坚持以人民为中心，一切经济活动都要保护好、维护好人民群众根本利益。保证长江流域生态安全，需要在科学规划的前提下，做好顶层设计。在统筹协调的前提下，充分发挥各部门、各地方和全社会的积极性和能动性，实现多元共治。任何破坏长江流域生态环境的行为都要依法承担相应的责任。

（四）关于管理体制

长江保护涉及多个领域、多个部门、多个地方。长期以来统分结合、整体联动的工作机制尚不健全，管理体制条块分割、部门分割、多头管理依然存在，干支流、左右岸、上中下游协同治理能力较弱，必须加强统筹协调，形成整体合力。制定长江保护法，科学合理划定各方职责边界，理顺中央与地方、部门与部门、流域与区域、区域与区域之间的关系，建立起统分结合、整体联动的长江流域管理体制。通过系统性制度设计，加强山水林田湖草系统治理，建立起全流域水岸协调、陆海统筹、社会共治的综合协调管理体系。为落实党中央有关建立“河长制”的要求，并与长江流域协调机制相衔接，草案明确规定市、县级河长负责落实协调机制的有关决定。

（五）关于基本制度和措施

完善的制度建设是实现保护长江的基础和条件，也是重要的抓手。为此，草案第二章规定了长江保护法的各项基本制度与措施。建立健全长江流域统一的国土空间规划制度，建立更完善更严格的长江流域生态标准体系，健全自然资源调查、监测、生态环境风险预警、环境应急体系、总量控制、监测信息共享与信息统一发布等制度，建立生态保护补偿机制、多元化生态修复和保护措施、保险与财务担保相结合机制等。

从生态整体性和流域系统性出发，按照山水林田湖草是一个生命共同体的理念，针对特定区域、特定问题，草案第三章到第七章从国土空间用途管控、生态环境修复、水资源保护与利用、推进绿色发展、法律实施与监督等方面作出了具体制度和措施规定。

（六）关于法律责任

栗战书委员长明确指出：制定长江保护法必须明确各方面的权利义务和应当承担的法律责任，对于违反法律规定破坏生态环境的行为，要给予更为严厉的处罚，能规定的尽量规定，能对应的尽量对应，能明确的尽量明确，能具体的尽量具体，要充分体现责任更大更严，违法处罚更重更硬，切实增强长江保护法的权威性和可执行性。为此，草案在规定国务院有关部门和地方各级人民政府及其有关部门职权的同时，增加了对行使职权的责任追究的规定；为了加强对长江流域生态系统和环境的保护，专门设立了对破坏生态系统行为和污染环境行为的处罚；对长江流域长期以来突出的违法采砂活动专门设立了处罚条款等等。

四、需要重点说明的问题

（一）关于立法定位

作为我国第一部流域法律，草案围绕习近平总书记关注的长江流域生态环境破坏这一突出问题，特别强化有关长江流域生态修复和环境治理以及绿色发展的特殊性问题，把法律的一般性规定与特殊性规定有机结合，突出特殊性。

（二）关于保障长江流域协调机制的统筹协调作用

能否保障协调机制的统筹协调作用，是实现长江流域生态优先、绿色发展，共抓大保护、不搞大开发的基础和保障。为此，草案在保证充分发挥各部门、各地方积极性的基础上，充分体现协调机制的权威性，明确了协调机制的统筹协调职责，并明确了协调机制在组织建立各项制度体系及制度运行中的统筹协调地位。

（三）关于国土空间规划

为了落实习近平总书记提出的“多规合一”要求，在法律层面确立长江保护的国土空间规划体系，强化“一张图”、“一盘棋”，草案建立健全长江流域统一的国土空间规划制度，以长江流域国土空间规划统领水资源利用、水污染防治、岸线使用、航运发展等方面的空间利用任务，促进经济社会发展格局、城镇空间布局、产业结构调整与资源环境承载能力相适应，确保形成整体顶层合力。

（四）关于生物完整性指数

完整的水生态环境指标是生物完整性的基础和保障，而现行水环境质量标准仅采用化学指标不足以保护长江流域生态环境和生物多样性，不利于对生态系统的保护，特别是难以解决习近平总书记关注的长江生物完整性指数到了“无鱼”等级的问题。针对这一问题，草案在长江流域标准体系建设的有关规定中，增加了关于生物完整性指数的内容，明确有关部门和地方人民政府根据物种资源状况建立长江流域水生生物完整性指数评价体系，并将其变化状况作为评估长江流域生态系统和水生生物总体状况的重要依据。

《中华人民共和国长江保护法(草案)》及以上说明是否妥当，请审议。

全国人民代表大会宪法和法律委员会关于《中华人民共和国长江保护法(草案)》修改情况的汇报

——2020 年 10 月 13 日在第十三届全国人民代表大会常务委员会第二十二次会议上

全国人大宪法和法律委员会副主任委员　徐　辉

全国人民代表大会常务委员会：

常委会第十五次会议对长江保护法草案进行了初次审议。会后，法制工作委员会将草案印发长江流域各省(区、市)人大、中央有关部门和部分全国人大代表、基层立法联系点、高等院校和研究机构征求意见，并在中国人大网全文公布草案征求社会公众意见。宪法和法律委员会、环境与资源保护委员会、法制工作委员会联合召开座谈会，听取中央有关部门、全国人大代表、专家学者对草案的意见。法制工作委员会多次就草案的有关问题与有关方面交换意见，共同研究。宪法和法律委员会于 9 月 16 日召开会议，根据常委会组成人员的审议意见和各方面意见，对草案进行了逐条审议。环境与资源保护委员会、司法部、国家发展和改革委员会、生态环境部、水利部的有关负责同志列席了会议。9 月 29 日，宪法和法律委员会召开会议，再次进行了审议。现将长江保护法草案主要问题的修改情况汇报如下：

一、一些常委委员和地方、部门、专家建议，对草案有关水资源保护、水污染防治、水生态治理的内容进行梳理，对草案结构作适当调整。宪法和法律委员会经同环境与资源保护委员会研究，建议对草案结构进行调整，并对有关内容作相应补充、完善：一是将“基本制度与措施”一章的内容分拆至总则和其他相关章节。二是将“国土空间用途管控”一章改为“规划与管控”。三是将“水资源保护与利用”一章改为“资源保护”。四是增设“水污染防治”一章。五是将“法律实施与监督”一章改为“保障与监督”。

二、一些常委委员和地方、部门、专家建议，在立法目的的规定中更充分地体现习近平生态文明思想，在草案第一条中增加“保障生态安全”、“实现人与自然和谐共生、中华民族永续发展”的内容。宪法和法律委员会经研究，建议采纳上述意见。

三、有的部门、专家提出，草案第二条第二款关于本法调整的活动和行为的规定，过于具体也不够全面，应予完善。宪法和法律委员会经研究，建议对此作概括性规定，将这一款修改为：在长江流域从事生态环境保护和修复以及各类开发、建设等活动，应当遵守本法。

四、草案第四条第一款对国务院建立长江流域协调机制和该机制的主要职责作了规定。一些常委委员和地方、部门、专家提出，为加强长江保护工作，应充实、完善长江流域协调机制的职责。一些意见建议设立专门机构负责组织领导和统筹协调长江保护工作。宪法和法律委员会经同有关方面反复研究，建议在草案相关规定基础上，明确国务院建立长江流域协调机制，并概括性规定其有关职责，即：负责统筹协调、指导、监督长江保护工作，统筹协调长江保护重大政策、重大规划、重大事项，督促、检查长江保护重要工作的落实情况。

五、一些常委委员和部门、专家提出，作为我国第一部流域专门法律，建立健全长江流域规划体系，对于加强长江保护、推动高质量发展具有重要作用，建议充实相关内容。宪法和法律委员会经研究，建议作以下修改：一是，增加一条规定：国家建立以发展规划为统领，空间规划为基础，专项规划、区域规划为支撑的长江流域规划体系，充分发挥规划对推进长江流域生态环境保护和绿色发展的引领、指导和约束作用。二是,强调长江流域发展规划“科学统筹长江流域上下游、左右岸、干支流生态环境保护和绿色发展”。三是,增加规定:长江流域水资源规划、生态环境保护规划等依照有关法律、行政法规的规定编制。四是,对国土空间规划在长江流域经济社会发展中的基础作用提出总的要求,即:科学有序统筹安排长江流域生态、农业、城镇等功能空间,划定生态保护红线、永久基本农田、城镇开发边界,优化国土空间结构和布局。

六、一些常委会组成人员和地方、部门、专家建议,突出长江的特点,对长江源头保护、防洪、发挥黄金水道作用作出规定。宪法和法律委员会经研究,建议增加以下规定:一是,国家对长江干流和重要支流源头实行严格保护,设立国家公园等自然保护地,保护国家生态安全屏障。二是,长江流域地方各级人民政府建立与经济社会发展相适应的水库、堤防、蓄滞洪区、河道整治等防洪减灾工程和非工程体系,提高防御水旱灾害的整体能力。三是,国家加强长江流域综合立体交通体系建设,提升长江黄金水道功能。

七、有的常委委员和部门提出,贯彻落实习近平总书记重要指示精神和党中央部署要求,国务院和有关部门出台了长江禁渔及加强执法等方面的规定和举措,建议进一步做好衔接。宪法和法律委员会经研究,建议作以下修改:一是,考虑到本法施行日期与长江禁渔的起始日期不一致,也为将来政策的调整留有余地,将“在本法实施之日起十年内”改为“在国家规定的期限内”全面禁止生产性捕捞。二是,对加强长江流域禁捕执法工作、严厉打击破坏渔业资源和生态环境的捕捞行为作出规定;并在渔业法有关规定的基础上,对违反禁捕规定的行为加重处罚。

八、根据一些常委会组成人员和地方、部门、专家的意见,宪法和法律委员会经研究,建议充实、完善长江流域生态环境保护相关内容,对草案作以下修改:一是,增加长江流域省级人民政府制定并实施生态环境分区管控方案和生态环境准入清单的内容。二是,增加饮用水应急水源建设和饮用水水源水质监测的内容。三是,充实、完善水污染防治的有关内容。

九、根据一些常委会组成人员和地方、部门、专家的意见,宪法和法律委员会经研究,建议充实、完善有关长江保护的保障支持和监督措施:一是,要求国务院和长江流域县级以上地方人民政府加大长江流域生态环境保护和修复的财政投入。二是,从加大财政转移支付力度、鼓励开展横向生态保护补偿、鼓励社会资本建立生态保护补偿基金等方面,完善长江流域生态保护补偿机制。三是,增加长江流域生态环境保护和修复目标责任制和考核评价的规定。四是,增加对长江保护工作不力、问题突出、群众反映集中地区的政府及其有关部门主要负责人进行约谈的规定。

十、一些常委会组成人员和地方、部门建议,梳理法律责任相关规定,对长江流域生态环境保护中反映突出的违法行为,在现有法律规定基础上加大处罚力度;对其他违法行为的处罚,做好与有关法律的衔接。有的意见建议,对有关机关和组织提起长江流域生态环境损害赔偿诉讼作出规定。宪法和法律委员会经研究,建议对草案作以下修改:一是,在有关法律规定的基础上,对违反岸线管理、生态环境准入、水生生物保护、总磷污染控制、危化品运输等管理规定的行为,有针对性地增加处罚方式,并加大处罚力度;对其他损害长江流域生态环境的违法行为,本法未作行政处罚规定的,适用有关法律、行政法规的规定。二是,增加规定:违反国家规定造成长江流域生态环境损害的,国家规定的机关和法律规定的组织有权请求侵权人依法赔偿损失和费用。

还有一个问题需要汇报。草案相关条款对一些已建成项目的退出作了规定。经研究,对违法建设的,应当依法查处并恢复原状;对已经办理审批手续但因政策调整不符合相关规划和管理要求的,应根据不同情况出台具体措施,妥善处理。上述问题性质、原因各不相同,以不在法律中作统一强制性规定为宜。据此,对相关条款作了修改和简化。

此外,还对草案作了一些文字修改。

草案二次审议稿已按上述意见作了修改,宪法和法律委员会建议提请本次常委会会议继续审议。

草案二次审议稿和以上汇报是否妥当,请审议。

全国人民代表大会宪法和法律委员会关于《中华人民共和国长江保护法(草案)》审议结果的报告

——2020年12月22日在第十三届全国人民代表大会常务委员会第二十四次会议上

全国人大宪法和法律委员会副主任委员　徐　辉

全国人民代表大会常务委员会：

常委会第二十二次会议对长江保护法草案进行了二次审议。会后，法制工作委员会将草案二次审议稿印发长江流域各省(区、市)人大、中央有关部门和部分全国人大代表、基层立法联系点征求意见，并在中国人大网全文公布草案二次审议稿征求社会公众意见。宪法和法律委员会、法制工作委员会还到湖北、江西、安徽、江苏等地调研，听取意见；多次就草案二次审议稿的有关问题与有关方面交换意见，共同研究。宪法和法律委员会于11月25日召开会议，根据常委会组成人员的审议意见和各方面意见，对草案进行了逐条审议。环境与资源保护委员会、司法部、国家发展和改革委员会、自然资源部、生态环境部、水利部的有关负责同志列席了会议。12月11日，宪法和法律委员会召开会议，再次进行了审议。宪法和法律委员会认为，为贯彻落实党中央决策部署，加强长江保护工作，实现长江流域绿色、高质量发展，制定长江保护法是必要的，草案经过两次审议修改，已经比较成熟。同时，提出以下主要修改意见：

一、一些常委委员和地方建议，结合一些地区的实践经验，增加长江流域区域协同立法、执法的规定。宪法和法律委员会经研究，建议增加一条规定：长江流域相关地方根据需要在地方性法规和政府规章制定、规划编制、监督执法等方面建立协作机制，协同推进长江流域生态环境保护和修复。

二、有的常委委员和部门建议，增加加强长江流域防灾减灾体系建设的内容。宪法和法律委员会经研究，建议增加一条规定：国家加强长江流域洪涝干旱、森林草原火灾、地质灾害、地震等灾害的监测预报预警、灾害防御、应急处置与恢复重建体系建设，提高防灾、减灾、抗灾、救灾能力。

三、有的常委委员和地方提出，长江流域有着丰富的优秀地域文化，建议增加保护与传承长江流域特色文化的内容。宪法和法律委员会经研究，建议增加一条规定：国务院有关部门和长江流域县级以上地方人民政府及其有关部门采取措施，保护长江流域历史文化名城名镇名村，加强对长江流域非物质文化遗产等的发掘、整理和保护工作，继承和弘扬长江流域优秀特色文化。

四、根据常委会组成人员和有关方面的意见，宪法和法律委员会经研究，建议进一步充实完善长江流域生态环境保护与修复的内容，对草案二次审议稿作以下修改：一是，明确生态环境分区管控方案和生态环境准入清单应当与国土空间规划相衔接。二是，增加制定长江流域河湖岸线保护规划和河道采砂规划的内容。三是，增加统筹长江流域城乡污水集中处理设施及配套管网建设，提高城乡污水收集处理能力的规定。四是，增加规定：长江流域县级以上地方人民政府应当采取措施加快重点地区危险化学品生产企业搬迁改造。

五、有的常委委员和部门建议，根据国家有关扩延长江河口禁渔范围的新举措，将长江河口规定区域纳入长江流域禁捕范围。宪法和法律委员会经研究，建议采纳上述意见，对草案二次审议稿第五十条第一款作相应修改。

六、有的常委委员和地方提出，推动长江流域协调、高质量发展，应当协同推进实施乡村振兴战略和新型城镇化战略，促进城乡融合，建议增加相关内容。宪法和法律委员会经研究，建议增加一条规定：国务院和长江流域地方各级人民政府及其有关部门应当协同推进乡村振兴战略和新型城镇化战略的实施，统筹城乡基础设施建设和产业发展，建立健全全民覆盖、普惠共享、城乡一体的基本公共服务体系，促进长江流域城乡融合发展。

七、有的常委委员和部门建议，进一步加大对部分违法行为的处罚力度。宪法和法律委员会经研究，建议对草案二次审议稿作以下修改：一是，提高违法采砂等违法行为的罚款限额，增加吊销河道采砂许可证的规定。二是，对违法运输危险化学品的，增加对直接负责的主管人员和其他责任人员进行处罚的规定。

此外，还对草案二次审议稿作了一些文字修改。

11 月 26 日，法制工作委员会召开会议，邀请部分全国人大代表、专家学者、基层立法联系点、基层政府及其有关部门、有关企业等方面的代表，就草案主要内容的可行性、法律出台时机、法律实施的社会效果和可能出现的问题等进行评估。普遍认为，草案贯彻落实习近平生态文明思想和党中央决策部署，将近年来长江保护方面的政策措施和经验成果上升为法律，针对长江特点和存在的突出问题，采取特别的制度措施，主要内容的针对性和可操作性较强，建议尽快通过实施。与会人员还对草案提出了一些具体修改意见，有的意见已经采纳。

草案三次审议稿已按上述意见作了修改，宪法和法律委员会建议提请本次常委会会议审议通过。

草案三次审议稿和以上报告是否妥当，请审议。

全国人民代表大会宪法和法律委员会关于《中华人民共和国长江保护法(草案三次审议稿)》修改意见的报告

——2020 年 12 月 25 日在第十三届全国人民代表大会常务委员会第二十四次会议上

全国人民代表大会常务委员会：

本次常委会会议于 12 月 22 日下午对长江保护法草案三次审议稿进行了分组审议。普遍认为，草案已经比较成熟，建议进一步修改后，提请本次常委会会议表决通过。同时，有些常委会组成人员还提出了一些修改意见。宪法和法律委员会于 12 月 22 日晚召开会议，逐条研究了常委会组成人员的审议意见，对草案进行了审议。环境与资源保护委员会、司法部、国家发展和改革委员会、财政部、自然资源部、生态环境部、水利部的有关负责同志列席了会议。宪法和法律委员会认为，草案是可行的，同时，提出以下修改意见：

一、有的常委会组成人员建议，将草案三次审议稿第十二条第一款中的“科学技术咨询委员会”修改为“专家咨询委员会”，充分发挥各领域专家的作用。宪法和法律委员会经研究，建议将这一款修改为：国家长江流域协调机制设立专家咨询委员会，组织专业机构和人员对长江流域重大发展战略、政策、规划等开展科学技术等专业咨询。

二、有的常委委员和部门建议，在草案三次审议稿第三十三条中增加保障跨流域调水的调出区域生态安全的规定，在第五十六条中增加科学调控水库水位的规定。宪法和法律委员会经研究，建议采纳上述意见，对草案三次审议稿作相应修改。

三、一些常委委员建议，在草案三次审议稿第七十九条中充实有关公众参与和监督长江流域生态环境保护的内容。宪法和法律委员会经研究，建议在这一条中增加一款，规定：国务院有关部门和长江流域地方各级人民政府及其有关部门应当依法公开长江流域生态环境保护相关信息，完善公众参与程序，为公民、法人和非法人组织参与和监督长江流域生态环境保护提供便利。

四、有的常委委员建议，在草案三次审议稿第九十三条第二款中增加要求侵权人承担修复责任的规定。宪法和法律委员会经研究，建议采纳上述意见，对这一款作相应修改。

经与有关方面研究，建议将本法的施行时间确定为 2021 年 3 月 1 日。

此外，根据常委会组成人员的审议意见，还对草案三次审议稿作了一些文字修改。

草案建议表决稿已按上述意见作了修改，宪法和法律委员会建议本次常委会会议审议通过。

草案建议表决稿和以上报告是否妥当，请审议。

中华人民共和国主席令

第六十六号

《中华人民共和国刑法修正案(十一)》已由中华人民共和国第十三届全国人民代表大会常务委员会第二十四次会议于2020年12月26日通过,现予公布,自2021年3月1日起施行。

中华人民共和国主席　习近平

2020年12月26日

中华人民共和国刑法修正案(十一)

(2020年12月26日第十三届全国人民代表大会常务委员会第二十四次会议通过)

一、将刑法第十七条修改为:“已满十六周岁的人犯罪,应当负刑事责任。

“已满十四周岁不满十六周岁的人,犯故意杀人、故意伤害致人重伤或者死亡、强奸、抢劫、贩卖毒品、放火、爆炸、投放危险物质罪的,应当负刑事责任。

“已满十二周岁不满十四周岁的人,犯故意杀人、故意伤害罪,致人死亡或者以特别残忍手段致人重伤造成严重残疾,情节恶劣,经最高人民检察院核准追诉的,应当负刑事责任。

“对依照前三款规定追究刑事责任的不满十八周岁的人,应当从轻或者减轻处罚。

“因不满十六周岁不予刑事处罚的,责令其父母或者其他监护人加以管教;在必要的时候,依法进行专门矫治教育。”

二、在刑法第一百三十三条之一后增加一条,作为第一百三十三条之二:“对行驶中的公共交通工具的驾驶人员使用暴力或者抢控驾驶操纵装置,干扰公共交通工具正常行驶,危及公共安全的,处一年以下有期徒刑、拘役或者管制,并处或者单处罚金。

“前款规定的驾驶人员在行驶的公共交通工具上擅离职守,与他人互殴或者殴打他人,危及公共安全的,依照前款的规定处罚。

“有前两款行为,同时构成其他犯罪的,依照处罚较重的规定定罪处罚。”

三、将刑法第一百三十四条第二款修改为:“强令他人违章冒险作业,或者明知存在重大事故隐患而不排除,仍冒险组织作业,因而发生重大伤亡事故或者造成其他严重后果的,处五年以下有期徒刑或者拘役;情节特别恶劣的,处五年以上有期徒刑。”

四、在刑法第一百三十四条后增加一条,作为第一百三十四条之一:“在生产、作业中违反有关安全管理的规定,有下列情形之一,具有发生重大伤亡事故或者其他严重后果的现实危险的,处一年以下有期徒刑、拘役或者管制:

“(一)关闭、破坏直接关系生产安全的监控、报警、防护、救生设备、设施,或者篡改、隐瞒、销毁其相关数据、信息的;

“(二)因存在重大事故隐患被依法责令停产停业、停止施工、停止使用有关设备、设施、场所或者立即采取排除危险的整改措施,而拒不执行的;

“(三)涉及安全生产的事项未经依法批准或者许可,擅自从事矿山开采、金属冶炼、建筑施工,以及危险物品生产、经营、储存等高度危险的生产作业活动的。”

五、将刑法第一百四十一条修改为:“生产、销售假药的,处三年以下有期徒刑或者拘役,并处罚金;对人体健康造成严重危害或者有其他严重情节的,处三年以上十年以下有期徒刑,并处罚金;致人死亡或者有其他特别严重情节的,处十年以上有期徒刑、无期徒刑或者死刑,并处罚金或者没收财产。

“药品使用单位的人员明知是假药而提供给他人使用的,依照前款的规定处罚。”

六、将刑法第一百四十二条修改为:“生产、销售劣药,对人体健康造成严重危害的,处三年以上十年以下有期徒刑,并处罚金;后果特别严重的,处十年以上有期徒刑或者无期徒刑,并处罚金或者没收财产。

"药品使用单位的人员明知是劣药而提供给他人使用的，依照前款的规定处罚。"

七、在刑法第一百四十二条后增加一条，作为第一百四十二条之一："违反药品管理法规，有下列情形之一，足以严重危害人体健康的，处三年以下有期徒刑或者拘役，并处或者单处罚金；对人体健康造成严重危害或者有其他严重情节的，处三年以上七年以下有期徒刑，并处罚金：

"（一）生产、销售国务院药品监督管理部门禁止使用的药品的；

"（二）未取得药品相关批准证明文件生产、进口药品或者明知是上述药品而销售的；

"（三）药品申请注册中提供虚假的证明、数据、资料、样品或者采取其他欺骗手段的；

"（四）编造生产、检验记录的。

"有前款行为，同时又构成本法第一百四十一条、第一百四十二条规定之罪或者其他犯罪的，依照处罚较重的规定定罪处罚。"

八、将刑法第一百六十条修改为："在招股说明书、认股书、公司、企业债券募集办法等发行文件中隐瞒重要事实或者编造重大虚假内容，发行股票或者公司、企业债券、存托凭证或者国务院依法认定的其他证券，数额巨大、后果严重或者有其他严重情节的，处五年以下有期徒刑或者拘役，并处或者单处罚金；数额特别巨大、后果特别严重或者有其他特别严重情节的，处五年以上有期徒刑，并处罚金。

"控股股东、实际控制人组织、指使实施前款行为的，处五年以下有期徒刑或者拘役，并处或者单处非法募集资金金额百分之二十以上一倍以下罚金；数额特别巨大、后果特别严重或者有其他特别严重情节的，处五年以上有期徒刑，并处非法募集资金金额百分之二十以上一倍以下罚金。

"单位犯前两款罪的，对单位判处非法募集资金金额百分之二十以上一倍以下罚金，并对其直接负责的主管人员和其他直接责任人员，依照第一款的规定处罚。"

九、将刑法第一百六十一条修改为："依法负有信息披露义务的公司、企业向股东和社会公众提供虚假的或者隐瞒重要事实的财务会计报告，或者对依法应当披露的其他重要信息不按照规定披露，严重损害股东或者其他人利益，或者有其他严重情节的，对其直接负责的主管人员和其他直接责任人员，处五年以下有期徒刑或者拘役，并处或者单处罚金；情节特别严重的，处五年以上十年以下有期徒刑，并处罚金。

"前款规定的公司、企业的控股股东、实际控制人实施或者组织、指使实施前款行为的，或者隐瞒相关事项导致前款规定的情形发生的，依照前款的规定处罚。

"犯前款罪的控股股东、实际控制人是单位的，对单位判处罚金，并对其直接负责的主管人员和其他直接责任人员，依照第一款的规定处罚。"

十、将刑法第一百六十三条第一款修改为："公司、企业或者其他单位的工作人员，利用职务上的便利，索取他人财物或者非法收受他人财物，为他人谋取利益，数额较大的，处三年以下有期徒刑或者拘役，并处罚金；数额巨大或者有其他严重情节的，处三年以上十年以下有期徒刑，并处罚金；数额特别巨大或者有其他特别严重情节的，处十年以上有期徒刑或者无期徒刑，并处罚金。"

十一、将刑法第一百七十五条之一第一款修改为："以欺骗手段取得银行或者其他金融机构贷款、票据承兑、信用证、保函等，给银行或者其他金融机构造成重大损失的，处三年以下有期徒刑或者拘役，并处或者单处罚金；给银行或者其他金融机构造成特别重大损失或者有其他特别严重情节的，处三年以上七年以下有期徒刑，并处罚金。"

十二、将刑法第一百七十六条修改为："非法吸收公众存款或者变相吸收公众存款，扰乱金融秩序的，处三年以下有期徒刑或者拘役，并处或者单处罚金；数额巨大或者有其他严重情节的，处三年以上十年以下有期徒刑，并处罚金；数额特别巨大或者有其他特别严重情节的，处十年以上有期徒刑，并处罚金。

"单位犯前款罪的，对单位判处罚金，并对其直接负责的主管人员和其他直接责任人员，依照前款的规定处罚。

"有前两款行为，在提起公诉前积极退赃退赔，减少损害结果发生的，可以从轻或者减轻处罚。"

十三、将刑法第一百八十二条第一款修改为："有下列情形之一，操纵证券、期货市场，影响证券、期货交易价格或者证券、期货交易量，情节严重的，处五年以下有期徒刑或者拘役，并处或者单处罚金；情节特别严重的，处五年以上十年以下有期徒刑，并处罚金：

"（一）单独或者合谋，集中资金优势、持股或者持仓优势或者利用信息优势联合或者连续买卖的；

"（二）与他人串通，以事先约定的时间、价格和方式相互进行证券、期货交易的；

"（三）在自己实际控制的帐户之间进行证券交易，或者以自己为交易对象，自买自卖期货合约的；

"(四)不以成交为目的,频繁或者大量申报买入、卖出证券、期货合约并撤销申报的;

"(五)利用虚假或者不确定的重大信息,诱导投资者进行证券、期货交易的;

"(六)对证券、证券发行人、期货交易标的公开作出评价、预测或者投资建议,同时进行反向证券交易或者相关期货交易的;

"(七)以其他方法操纵证券、期货市场的。"

十四、将刑法第一百九十一条修改为:"为掩饰、隐瞒毒品犯罪、黑社会性质的组织犯罪、恐怖活动犯罪、走私犯罪、贪污贿赂犯罪、破坏金融管理秩序犯罪、金融诈骗犯罪的所得及其产生的收益的来源和性质,有下列行为之一的,没收实施以上犯罪的所得及其产生的收益,处五年以下有期徒刑或者拘役,并处或者单处罚金;情节严重的,处五年以上十年以下有期徒刑,并处罚金:

"(一)提供资金帐户的;

"(二)将财产转换为现金、金融票据、有价证券的;

"(三)通过转帐或者其他支付结算方式转移资金的;

"(四)跨境转移资产的;

"(五)以其他方法掩饰、隐瞒犯罪所得及其收益的来源和性质的。

"单位犯前款罪的,对单位判处罚金,并对其直接负责的主管人员和其他直接责任人员,依照前款的规定处罚。"

十五、将刑法第一百九十二条修改为:"以非法占有为目的,使用诈骗方法非法集资,数额较大的,处三年以上七年以下有期徒刑,并处罚金;数额巨大或者有其他严重情节的,处七年以上有期徒刑或者无期徒刑,并处罚金或者没收财产。

"单位犯前款罪的,对单位判处罚金,并对其直接负责的主管人员和其他直接责任人员,依照前款的规定处罚。"

十六、将刑法第二百条修改为:"单位犯本节第一百九十四条、第一百九十五条规定之罪的,对单位判处罚金,并对其直接负责的主管人员和其他直接责任人员,处五年以下有期徒刑或者拘役,可以并处罚金;数额巨大或者有其他严重情节的,处五年以上十年以下有期徒刑,并处罚金;数额特别巨大或者有其他特别严重情节的,处十年以上有期徒刑或者无期徒刑,并处罚金。"

十七、将刑法第二百一十三条修改为:"未经注册商标所有人许可,在同一种商品、服务上使用与其注册商标相同的商标,情节严重的,处三年以下有期徒刑,并处或者单处罚金;情节特别严重的,处三年以上十年以下有期徒刑,并处罚金。"

十八、将刑法第二百一十四条修改为:"销售明知是假冒注册商标的商品,违法所得数额较大或者有其他严重情节的,处三年以下有期徒刑,并处或者单处罚金;违法所得数额巨大或者有其他特别严重情节的,处三年以上十年以下有期徒刑,并处罚金。"

十九、将刑法第二百一十五条修改为:"伪造、擅自制造他人注册商标标识或者销售伪造、擅自制造的注册商标标识,情节严重的,处三年以下有期徒刑,并处或者单处罚金;情节特别严重的,处三年以上十年以下有期徒刑,并处罚金。"

二十、将刑法第二百一十七条修改为:"以营利为目的,有下列侵犯著作权或者与著作权有关的权利的情形之一,违法所得数额较大或者有其他严重情节的,处三年以下有期徒刑,并处或者单处罚金;违法所得数额巨大或者有其他特别严重情节的,处三年以上十年以下有期徒刑,并处罚金:

"(一)未经著作权人许可,复制发行、通过信息网络向公众传播其文字作品、音乐、美术、视听作品、计算机软件及法律、行政法规规定的其他作品的;

"(二)出版他人享有专有出版权的图书的;

"(三)未经录音录像制作者许可,复制发行、通过信息网络向公众传播其制作的录音录像的;

"(四)未经表演者许可,复制发行录有其表演的录音录像制品,或者通过信息网络向公众传播其表演的;

"(五)制作、出售假冒他人署名的美术作品的;

"(六)未经著作权人或者与著作权有关的权利人许可,故意避开或者破坏权利人为其作品、录音录像制品等采取的保护著作权或者与著作权有关的权利的技术措施的。"

二十一、将刑法第二百一十八条修改为:"以营利为目的,销售明知是本法第二百一十七条规定的侵权复制品,违法所得数额巨大或者有其他严重情节的,处五年以下有期徒刑,并处或者单处罚金。"

二十二、将刑法第二百一十九条修改为:"有下列侵犯商业秘密行为之一,情节严重的,处三年以下有期徒刑,并处或者单处罚金;情节特别严重的,处三年以上十年以下有期徒刑,并处罚金:

"(一)以盗窃、贿赂、欺诈、胁迫、电子侵入或者其他不正当手段获取权利人的商业秘密的;

"(二)披露、使用或者允许他人使用以前项手段获取的权利人的商业秘密的;

“(三)违反保密义务或者违反权利人有关保守商业秘密的要求,披露、使用或者允许他人使用其所掌握的商业秘密的。

“明知前款所列行为,获取、披露、使用或者允许他人使用该商业秘密的,以侵犯商业秘密论。

“本条所称权利人,是指商业秘密的所有人和经商业秘密所有人许可的商业秘密使用人。”

二十三、在刑法第二百一十九条后增加一条,作为第二百一十九条之一:“为境外的机构、组织、人员窃取、刺探、收买、非法提供商业秘密的,处五年以下有期徒刑,并处或者单处罚金;情节严重的,处五年以上有期徒刑,并处罚金。”

二十四、将刑法第二百二十条修改为:“单位犯本节第二百一十三条至第二百一十九条之一规定之罪的,对单位判处罚金,并对其直接负责的主管人员和其他直接责任人员,依照本节各该条的规定处罚。”

二十五、将刑法第二百二十九条修改为:“承担资产评估、验资、验证、会计、审计、法律服务、保荐、安全评价、环境影响评价、环境监测等职责的中介组织的人员故意提供虚假证明文件,情节严重的,处五年以下有期徒刑或者拘役,并处罚金;有下列情形之一的,处五年以上十年以下有期徒刑,并处罚金:

“(一)提供与证券发行相关的虚假的资产评估、会计、审计、法律服务、保荐等证明文件,情节特别严重的;

“(二)提供与重大资产交易相关的虚假的资产评估、会计、审计等证明文件,情节特别严重的;

“(三)在涉及公共安全的重大工程、项目中提供虚假的安全评价、环境影响评价等证明文件,致使公共财产、国家和人民利益遭受特别重大损失的。

“有前款行为,同时索取他人财物或者非法收受他人财物构成犯罪的,依照处罚较重的规定定罪处罚。

“第一款规定的人员,严重不负责任,出具的证明文件有重大失实,造成严重后果的,处三年以下有期徒刑或者拘役,并处或者单处罚金。”

二十六、将刑法第二百三十六条修改为:“以暴力、胁迫或者其他手段强奸妇女的,处三年以上十年以下有期徒刑。

“奸淫不满十四周岁的幼女的,以强奸论,从重处罚。

“强奸妇女、奸淫幼女,有下列情形之一的,处十年以上有期徒刑、无期徒刑或者死刑:

“(一)强奸妇女、奸淫幼女情节恶劣的;

“(二)强奸妇女、奸淫幼女多人的;

“(三)在公共场所当众强奸妇女、奸淫幼女的;

“(四)二人以上轮奸的;

“(五)奸淫不满十周岁的幼女或者造成幼女伤害的;

“(六)致使被害人重伤、死亡或者造成其他严重后果的。”

二十七、在刑法第二百三十六条后增加一条,作为第二百三十六条之一:“对已满十四周岁不满十六周岁的未成年女性负有监护、收养、看护、教育、医疗等特殊职责的人员,与该未成年女性发生性关系的,处三年以下有期徒刑;情节恶劣的,处三年以上十年以下有期徒刑。

“有前款行为,同时又构成本法第二百三十六条规定之罪的,依照处罚较重的规定定罪处罚。”

二十八、将刑法第二百三十七条第三款修改为:“猥亵儿童的,处五年以下有期徒刑;有下列情形之一的,处五年以上有期徒刑:

“(一)猥亵儿童多人或者多次的;

“(二)聚众猥亵儿童的,或者在公共场所当众猥亵儿童,情节恶劣的;

“(三)造成儿童伤害或者其他严重后果的;

“(四)猥亵手段恶劣或者有其他恶劣情节的。”

二十九、将刑法第二百七十一条第一款修改为:“公司、企业或者其他单位的工作人员,利用职务上的便利,将本单位财物非法占为己有,数额较大的,处三年以下有期徒刑或者拘役,并处罚金;数额巨大的,处三年以上十年以下有期徒刑,并处罚金;数额特别巨大的,处十年以上有期徒刑或者无期徒刑,并处罚金。”

三十、将刑法第二百七十二条修改为:“公司、企业或者其他单位的工作人员,利用职务上的便利,挪用本单位资金归个人使用或者借贷给他人,数额较大、超过三个月未还的,或者虽未超过三个月,但数额较大、进行营利活动的,或者进行非法活动的,处三年以下有期徒刑或者拘役;挪用本单位资金数额巨大的,处三年以上七年以下有期徒刑;数额特别巨大的,处七年以上有期徒刑。

“国有公司、企业或者其他国有单位中从事公务的人员和国有公司、企业或者其他国有单位委派到非国有公司、企业以及其他单位从事公务的人员有前款行为的,依照本法第三百八十四条的规定定罪处罚。

“有第一款行为,在提起公诉前将挪用的资金退还的,可以从轻或者减轻处罚。其中,犯罪较轻的,可以减轻或者免除处罚。”

三十一、将刑法第二百七十七条第五款修改为:“暴力袭击正在依法执行职务的人民警察的,处三年以下有期徒刑、拘役或者管制;使用枪支、管制刀具,或者以驾驶机动车撞击等手段,严重危及其人身安全的,处三年以上七年以下有期徒刑。”

三十二、在刑法第二百八十条之一后增加一条,作为第二百八十条之二:“盗用、冒用他人身份,顶替他人取得的高等学历教育入学资格、公务员录用资格、就业安置待遇的,处三年以下有期徒刑、拘役或者管制,并处罚金。

“组织、指使他人实施前款行为的,依照前款的规定从重处罚。

“国家工作人员有前两款行为,又构成其他犯罪的,依照数罪并罚的规定处罚。”

三十三、在刑法第二百九十一条之一后增加一条,作为第二百九十一条之二:“从建筑物或者其他高空抛掷物品,情节严重的,处一年以下有期徒刑、拘役或者管制,并处或者单处罚金。

“有前款行为,同时构成其他犯罪的,依照处罚较重的规定定罪处罚。”

三十四、在刑法第二百九十三条后增加一条,作为第二百九十三条之一:“有下列情形之一,催收高利放贷等产生的非法债务,情节严重的,处三年以下有期徒刑、拘役或者管制,并处或者单处罚金:

“(一)使用暴力、胁迫方法的;

“(二)限制他人人身自由或者侵入他人住宅的;

“(三)恐吓、跟踪、骚扰他人的。”

三十五、在刑法第二百九十九条后增加一条,作为第二百九十九条之一:“侮辱、诽谤或者以其他方式侵害英雄烈士的名誉、荣誉,损害社会公共利益,情节严重的,处三年以下有期徒刑、拘役、管制或者剥夺政治权利。”

三十六、将刑法第三百零三条修改为:“以营利为目的,聚众赌博或者以赌博为业的,处三年以下有期徒刑、拘役或者管制,并处罚金。

“开设赌场的,处五年以下有期徒刑、拘役或者管制,并处罚金;情节严重的,处五年以上十年以下有期徒刑,并处罚金。

“组织中华人民共和国公民参与国(境)外赌博,数额巨大或者有其他严重情节的,依照前款的规定处罚。”

三十七、将刑法第三百三十条第一款修改为:“违反传染病防治法的规定,有下列情形之一,引起甲类传染病以及依法确定采取甲类传染病预防、控制措施的传染病传播或者有传播严重危险的,处三年以下有期徒刑或者拘役;后果特别严重的,处三年以上七年以下有期徒刑:

“(一)供水单位供应的饮用水不符合国家规定的卫生标准的;

“(二)拒绝按照疾病预防控制机构提出的卫生要求,对传染病病原体污染的污水、污物、场所和物品进行消毒处理的;

“(三)准许或者纵容传染病病人、病原携带者和疑似传染病病人从事国务院卫生行政部门规定禁止从事的易使该传染病扩散的工作的;

“(四)出售、运输疫区中被传染病病原体污染或者可能被传染病病原体污染的物品,未进行消毒处理的;

“(五)拒绝执行县级以上人民政府、疾病预防控制机构依照传染病防治法提出的预防、控制措施的。”

三十八、在刑法第三百三十四条后增加一条,作为第三百三十四条之一:“违反国家有关规定,非法采集我国人类遗传资源或者非法运送、邮寄、携带我国人类遗传资源材料出境,危害公众健康或者社会公共利益,情节严重的,处三年以下有期徒刑、拘役或者管制,并处或者单处罚金;情节特别严重的,处三年以上七年以下有期徒刑,并处罚金。”

三十九、在刑法第三百三十六条后增加一条,作为第三百三十六条之一:“将基因编辑、克隆的人类胚胎植入人体或者动物体内,或者将基因编辑、克隆的动物胚胎植入人体内,情节严重的,处三年以下有期徒刑或者拘役,并处罚金;情节特别严重的,处三年以上七年以下有期徒刑,并处罚金。”

四十、将刑法第三百三十八条修改为:“违反国家规定,排放、倾倒或者处置有放射性的废物、含传染病病原体的废物、有毒物质或者其他有害物质,严重污染环境的,处三年以下有期徒刑或者拘役,并处或者单处罚金;情节严重的,处三年以上七年以下有期徒刑,并处罚金;有下列情形之一的,处七年以上有期徒刑,并处罚金:

“(一)在饮用水水源保护区、自然保护地核心保护区等依法确定的重点保护区域排放、倾倒、处置有放射性的废物、含传染病病原体的废物、有毒物质,情节特别严重的;

“(二)向国家确定的重要江河、湖泊水域排放、倾倒、处置有放射性的废物、含传染病病原体的废物、有毒物质,情节特别严重的;

“(三)致使大量永久基本农田基本功能丧失或者遭受永久性破坏的;

“(四)致使多人重伤、严重疾病,或者致人严重残疾、死亡的。

"有前款行为,同时构成其他犯罪的,依照处罚较重的规定定罪处罚。"

四十一、在刑法第三百四十一条中增加一款作为第三款:"违反野生动物保护管理法规,以食用为目的非法猎捕、收购、运输、出售第一款规定以外的在野外环境自然生长繁殖的陆生野生动物,情节严重的,依照前款的规定处罚。"

四十二、在刑法第三百四十二条后增加一条,作为第三百四十二条之一:"违反自然保护地管理法规,在国家公园、国家级自然保护区进行开垦、开发活动或者修建建筑物,造成严重后果或者有其他恶劣情节的,处五年以下有期徒刑或者拘役,并处或者单处罚金。

"有前款行为,同时构成其他犯罪的,依照处罚较重的规定定罪处罚。"

四十三、在刑法第三百四十四条后增加一条,作为第三百四十四条之一:"违反国家规定,非法引进、释放或者丢弃外来入侵物种,情节严重的,处三年以下有期徒刑或者拘役,并处或者单处罚金。"

四十四、在刑法第三百五十五条后增加一条,作为第三百五十五条之一:"引诱、教唆、欺骗运动员使用兴奋剂参加国内、国际重大体育竞赛,或者明知运动员参加上述竞赛而向其提供兴奋剂,情节严重的,处三年以下有期徒刑或者拘役,并处罚金。

"组织、强迫运动员使用兴奋剂参加国内、国际重大体育竞赛的,依照前款的规定从重处罚。"

四十五、将刑法第四百零八条之一第一款修改为:"负有食品药品安全监督管理职责的国家机关工作人员,滥用职权或者玩忽职守,有下列情形之一,造成严重后果或者有其他严重情节的,处五年以下有期徒刑或者拘役;造成特别严重后果或者有其他特别严重情节的,处五年以上十年以下有期徒刑:

"(一)瞒报、谎报食品安全事故、药品安全事件的;

"(二)对发现的严重食品药品安全违法行为未按规定查处的;

"(三)在药品和特殊食品审批审评过程中,对不符合条件的申请准予许可的;

"(四)依法应当移交司法机关追究刑事责任不移交的;

"(五)有其他滥用职权或者玩忽职守行为的。"

四十六、将刑法第四百三十一条第二款修改为:"为境外的机构、组织、人员窃取、刺探、收买、非法提供军事秘密的,处五年以上十年以下有期徒刑;情节严重的,处十年以上有期徒刑、无期徒刑或者死刑。"

四十七、将刑法第四百五十条修改为:"本章适用于中国人民解放军的现役军官、文职干部、士兵及具有军籍的学员和中国人民武装警察部队的现役警官、文职干部、士兵及具有军籍的学员以及文职人员、执行军事任务的预备役人员和其他人员。"

四十八、本修正案自 2021 年 3 月 1 日起施行。

关于《中华人民共和国刑法修正案(十一)(草案)》的说明

——2020 年 6 月 28 日在第十三届全国人民代表大会常务委员会第二十次会议上

全国人大常委会法制工作委员会副主任 李 宁

全国人民代表大会常务委员会:

我受委员长会议的委托,作关于《中华人民共和国刑法修正案(十一)(草案)》的说明。

一、修改刑法的必要性

刑法是国家的基本法律,在中国特色社会主义法律体系中居于基础性、保障性地位,对于打击犯罪、维护国家安全、社会稳定和保护人民群众生命财产安全具有重要意义。党中央和全国人大常委会历来十分重视刑法的修改和完善工作。1997 年全面修订刑法以来先后通过了一个决定、十个刑法修正案和十三个有关刑法的法律解释,及时对刑法作出修改、补充和明确适用。总体看,现行刑法适应当前我国经济社会发展总体情况和预防、惩治犯罪的需要。同时,也需要根据新任务、新要求、新情况对刑法作出局部调整。一是,落实党中央决策部署的要求。党的十八大以来,党中央对安全生产、产权保护、金融市场秩序、食品药品安全、生态环境、公共卫生安全等领域的刑法治理和保护提出了明确要求。二是,适应国内国际形势变化和当前面临的新情况、新斗争需要,与疫情防控相关的公共卫生安全、生物安全,以及知识产权领域等法律的制定修改进一步衔接,需要刑法作出相应调整,以增强法律规范的系统性、完整性、协同性。三是,近年来司法实践中出现了一些新情况新问题,全国人大代表、中央政法机关和有关部门、地方等都提出了一些修改刑法的意见建议,需要修改刑法予以明确和解决,回应关切。

二、起草的主要工作和总体思路

本届全国人大常委会以来,全国人大常委会法制工作委员会按照党中央决策部署和全国人大常委会立法规划安排,认真学习贯彻党中央有关要求,研究落实具体方案,针对实践中的新情况、新问题和各方面提出的意见建议,深入调查研究,会同中央依法治国办、中央政法委、最高人民法院、最高人民检察院、公安部、司法部以及国务院有关部门反复研究沟通,广泛听取各方面意见,对主要问题取得共识,形成了《中华人民共和国刑法修正案(十一)(草案)》。

这次刑法修改的总体思路:一是,坚决贯彻落实党中央决策部署,将党中央决策转化为法律制度。紧紧围绕保障党和国家重大战略目标实现、保障改革开放成果和建设法治中国、平安中国的要求,更加注重统筹发挥好刑法对经济社会生活的规范保障、引领推动作用。二是,坚持以人民为中心,适应新时代人民群众日益增长的美好生活需要,围绕坚决打好"三大攻坚战",加强保护人民群众生命财产安全,特别是有关安全生产、食品药品、环境、公共卫生等涉及公共、民生领域的基本安全、重大安全。三是,进一步贯彻宽严相济刑事政策,适应国家治理体系和治理能力现代化的要求,把握犯罪产生、发展和预防惩治的规律,注重社会系统治理和综合施策。对社会危害严重的犯罪保持高压态势,对一些社会危害较轻,或者有从轻情节的犯罪,留下从宽处置的余地和空间;对能够通过行政、民事责任和经济社会管理等手段有效解决的矛盾,不作为犯罪处理,防止内部矛盾激化,避免不必要的刑罚扩张。四是,坚持问题导向,针对实践中反映的突出问题,及时对刑法作出调整。坚持"立得住、行得通、真管用",避免偏离实践导向的修改,维护法律的权威和严肃有效执行。同时,坚持从我国国情出发,立足我国社会治理实践。

三、草案的主要内容

这次修正案涉及六个方面,共修改补充刑法30条。

(一)加大对安全生产犯罪的预防惩治

为进一步强化对劳动者生命安全的保障,维护生产安全,拟对刑法作出以下修改补充:

一是,对社会反映突出的高空抛物、妨害公共交通工具安全驾驶的犯罪进一步作出明确规定,维护人民群众"头顶上的安全"和"出行安全"。

二是,提高重大责任事故类犯罪的刑罚,对明知存在重大事故隐患而拒不排除,仍冒险组织作业,造成严重后果的事故类犯罪加大刑罚力度。

三是,刑事处罚阶段适当前移,针对实践中的突出情况,规定对具有导致严重后果发生的现实危险的三项多发易发安全生产违法违规情形,追究刑事责任。

(二)完善惩治食品药品犯罪规定

为进一步强化食品药品安全,保护人民群众安全,与药品管理法等法律作好衔接,拟对刑法作以下修改完善:

一是,在药品管理法对假劣药的范围做出调整以后,保持对涉药品犯罪惩治力度不减,考虑到实践中"黑作坊"生产、销售药品的严重危害,规定与生产、销售假药罪同等处罚。

二是,总结长春长生疫苗事件等案件经验教训,与修改后的药品管理法进一步衔接,将一些此前以假药论的情形以及违反药品生产质量管理规范的行为等单独规定为一类犯罪。

三是,修改食品监管渎职犯罪,增加药品监管渎职犯罪,进一步细化食品药品渎职犯罪情形,增强操作性和适用性。

(三)完善破坏金融秩序犯罪规定

为进一步防范化解金融风险,保障金融改革,维护金融秩序,保护人民群众利益,拟进一步完善刑法有关规定:

一是,完善证券犯罪规定。与以信息披露为核心的证券发行注册制改革相适应,保障注册制改革顺利推进,维护证券市场秩序和投资者利益,提高欺诈发行股票、债券罪和违规披露、不披露重要信息罪的刑罚,明确控股股东、实际控制人的刑事责任,同时加大对保荐等中介机构在证券发行、重大资产交易中提供虚假证明文件等犯罪的惩治力度,提高资本市场违法违规成本。

二是，从严惩处非法集资犯罪。针对实践中不法分子借互联网金融名义从事网络非法集资，严重扰乱经济金融秩序和极大侵害人民群众财产的情况，将非法吸收公众存款罪的法定最高刑由十年有期徒刑提高到十五年，调整集资诈骗罪的刑罚结构，加大对非法集资犯罪的惩处力度。

三是，严厉惩处非法讨债行为。总结“扫黑除恶”专项斗争实践经验，将采取暴力、“软暴力”等手段催收高利放贷产生的债务以及其他法律不予保护的债务，并以此为业的行为规定为犯罪。

（四）加强企业产权刑法保护

为进一步加强企业产权保护和优化营商环境，拟对刑法作出以下修改：

一是，加大惩治民营企业内部发生的侵害民营企业财产的犯罪。进一步提高和调整职务侵占罪、非国家工作人员受贿罪、挪用资金罪的刑罚配置，落实产权平等保护精神。另外，总结实践中依法纠正的企业产权保护案件经验，考虑到民营企业发展和内部治理的实际情况，规定挪用资金在被提起公诉前退还的，可以从轻或者减轻处罚。

二是，修改骗取贷款、票据承兑、金融票证罪入罪门槛规定，对由于“融资门槛高”、“融资难”等原因，民营企业因生产经营需要，在融资过程中虽然有一些违规行为，但并没有诈骗目的，最后未给银行造成重大损失的，一般不作为犯罪处理。

三是，修改侵犯商业秘密罪入罪门槛，进一步提高刑罚，加强对侵犯商业秘密犯罪的惩处。同时，增加规定商业间谍犯罪。

（五）强化公共卫生刑事法治保障

为保护公共卫生安全，总结新冠肺炎疫情防控经验和需要，与野生动物保护法、生物安全法、传染病防治法等法律的修改制定相衔接，拟对刑法作出以下修改补充：

一是，修改妨害传染病防治罪，进一步明确新冠肺炎等依法确定的采取甲类传染病管理措施的传染病，属于本罪调整范围，补充完善构成犯罪的情形，增加规定了拒绝执行人民政府依法提出的预防控制措施，非法出售、运输疫区被污染物品等犯罪行为。

二是，维护国家安全和生物安全，防范生物威胁，与生物安全法衔接，增加规定了三类犯罪行为：非法从事人体基因编辑、克隆胚胎的犯罪；严重危害国家人类遗传资源安全的犯罪；非法处置外来入侵物种的犯罪等。

三是，将以食用为目的非法猎捕、收购、运输、出售除珍贵、濒危野生动物和“三有野生动物”以外的陆生野生动物，情节严重的行为增加规定为犯罪，从源头上防范和控制重大公共卫生安全风险。

（六）其他修改完善

一是，维护社会主义核心价值观，保护英雄烈士名誉，与英雄烈士保护法相衔接，将侮辱、诽谤英雄烈士的行为明确规定为犯罪。

二是，加大对污染环境罪的惩处力度，增加规定在国家级自然保护区非法开垦、开发或者修建建筑物等严重破坏自然保护区生态环境资源的犯罪。

三是，适应军队改革情况，对军人违反职责罪的主体范围作出完善，明确军队文职人员适用军人违反职责罪规定。另外，根据军事犯罪审判实践和需要，进一步调整为境外窃取、刺探、收买、非法提供军事秘密罪的刑罚结构，保持罪刑均衡。

在调研和征求意见过程中，有关方面还提出了其他一些修改刑法的建议。考虑到这些问题，有的各方面认识还不一致，需要进一步研究论证；有的可以适用刑法其他规定惩处；有的可以在法律适用中进一步明确，未列入本草案。

刑法修正案（十一）草案和以上说明是否妥当，请审议。

全国人民代表大会宪法和法律委员会关于《中华人民共和国刑法修正案（十一）（草案）》修改情况的汇报

——2020 年 10 月 13 日在第十三届全国人民代表大会常务委员会第二十二次会议上

全国人大宪法和法律委员会副主任委员　周光权

全国人民代表大会常务委员会：

常委会第二十次会议对刑法修正案（十一）草案进行了初次审议。会后，法制工作委员会将草案印发各省（自治区、直辖市）人大常委会、中央有关部门和部分高等院校、研究机构、基层立法联系点等征求意见。在中国人大网全文公布草案征求社会公众意见。法制工作委员会到广西、浙江进行调研,通过视频方式听取湖南、湖北、吉林等地有关方面的意见,对草案进行了修改完善。同时,就一些重要问题与中央有关部门反复沟通研究,在取得初步共识的基础上,又增加了一些新的犯罪规定。宪法和法律委员会于9月16日召开会议,根据常委会组成人员的审议意见和各方面意见,对草案进行了逐条审议。中央政法委、司法部有关负责同志列席了会议。9月29日,宪法和法律委员会召开会议,再次进行了审议。现将草案主要问题修改情况汇报如下:

一、一些常委会组成人员、全国人大代表、部门、地方和社会公众提出,实践中低龄未成年人实施犯罪、性侵害未成年人等涉未成年人犯罪案件较为突出,引发社会关切,建议修改刑法相关规定。宪法和法律委员会经研究,建议对草案作以下两个方面补充完善:一是修改有关法定最低刑事责任年龄和收容教养的规定。拟在特定情形下,经特别程序,对法定最低刑事责任年龄作个别下调,在刑法第十七条中规定:已满十二周岁不满十四周岁的人,犯故意杀人、故意伤害罪,致人死亡,情节恶劣的,经最高人民检察院核准,应当负刑事责任。同时,统筹考虑刑法修改和预防未成年人犯罪法修改相关问题,将收容教养修改为专门矫治教育。二是针对司法实践中反映的问题,加强对未成年人的刑法保护。(1)修改奸淫幼女犯罪,对奸淫不满十周岁的幼女或者造成幼女伤害等严重情形明确适用更重刑罚。(2)增加特殊职责人员性侵犯罪,对负有监护、收养、看护、教育、医疗等特殊职责人员,与已满十四周岁不满十六周岁未成年女性发生性关系的,不论未成年人是否同意,都应追究刑事责任。(3)修改猥亵儿童罪,进一步明确对猥亵儿童罪适用更重刑罚的具体情形。

二、一些常委会组成人员、部门和地方提出,应进一步发挥刑法对防范化解金融风险、维护金融秩序的重要作用,加大对有关金融犯罪惩治力度。宪法和法律委员会经同有关方面研究,建议对草案作以下修改补充:一是针对新情况,补充完善了操纵证券、期货市场罪的情形,进一步严密刑事法网。二是修改洗钱罪,将实施一些严重犯罪后的“自洗钱”明确为犯罪,同时完善有关洗钱行为方式,增加地下钱庄通过“支付”结算方式洗钱等。作上述修改以后,我国刑法第一百九十一条、第三百一十二条等规定的洗钱犯罪的上游犯罪包含所有犯罪,“自洗钱”也可单独定罪,为有关部门有效预防、惩治洗钱违法犯罪以及境外追逃追赃提供充足的法律保障。三是在刑法第一百九十二条中增加一款规定,加大对单位犯集资诈骗罪的处罚力度,并相应修改刑法第二百条规定。

三、有的常委委员、部门建议从法律上进一步加强对袭警行为的预防、惩治,修改刑法第二百七十七条第五款规定的“暴力袭击正在依法执行职务的人民警察”依照妨害公务罪从重处罚的规定,增加单独的法定刑。同时,针对使用枪支、管制刀具或者驾驶机动车撞击等严重暴力袭警行为,增加规定更重的处罚。宪法和法律委员会经研究,建议采纳上述意见。

四、一些常委会组成人员、部门、地方和社会公众提出,社会上发生的冒名顶替上大学等事件,严重损害他人利益,破坏教育公平和社会公平正义底线,应当专门规定为犯罪。宪法和法律委员会经研究,建议采纳上述意见,在刑法第二百八十条之一后增加一条,将盗用、冒用他人身份,顶替他人取得的高等学历教育入学资格、公务员录用资格、就业安置待遇的行为规定为犯罪,同时规定组织、指使他人实施的,从重处罚。

五、草案第十七条规定,侮辱、诽谤英雄烈士,损害社会公共利益,情节严重的,追究刑事责任。有的地方、专家提出,侮辱、诽谤英雄烈士的行为方式应当列举涵盖得更全面一些;有的常委委员、地方、专家和社会公众建议调整本条规定的章节位置,更加准确体现树立社会主义核心价值观和维护社会秩序的目的。宪法和法律委员会经研究,建议采纳上述意见,将本条作为刑法第二百九十九条之一,修改为:侮辱、诽谤或者以其他方式侵害英雄烈士的名誉、荣誉,损害社会公共利益,情节严重的,追究刑事责任。

六、有的部门提出,近年来跨境赌博违法犯罪严重,致使大量资金外流等,严重损害国家形象和经济安全,建议修改赌博犯罪规定,加大处罚力度。宪法和法律委员会经研究,建议对刑法第三百零三条作出修改,进一步调整开设赌场罪的刑罚配置,同时增加境外赌场人员组织、招揽我国公民出境赌博犯罪。

七、草案第二十三条规定,非法将基因编辑的胚胎、克隆的胚胎植入人类或者动物体内,情节严重的,追究刑事责任。有的常委会组成人员建议进一步修改犯罪情形,不应包括出于科研目的将基因编辑的动物胚胎植入动物体内的实验活动。宪法和法律委员会经研究,建议采纳上述意见,对草案作相应修改。

八、有的部门提出,有关兴奋剂违规行为严重损害国家形象,破坏体育竞赛公平竞争,严重损害运动员身心健康,建议将组织、强迫运动员使用兴奋剂,以及引诱、教唆、欺骗运动员使用兴奋剂参加国内、国际重大体育竞赛,或者向其提供兴奋剂等严重情形规定为犯罪。宪法和法律委员会经研究,建议采纳上述意见,在刑法第三百五十五条后增加一条,作相应规定。

此外,还对草案作了一些文字修改。

草案二次审议稿已按上述意见作了修改,宪法和法律委员会建议提请本次常委会会议继续审议。

草案二次审议稿和以上汇报是否妥当,请审议。

全国人民代表大会宪法和法律委员会关于《中华人民共和国刑法修正案(十一)(草案)》审议结果的报告

——2020 年 12 月 22 日在第十三届全国人民代表大会常务委员会第二十四次会议上

全国人大宪法和法律委员会副主任委员　周光权

全国人民代表大会常务委员会:

常委会第二十二次会议对刑法修正案(十一)草案进行了二次审议。会后,法制工作委员会在中国人大网全文公布草案,再次征求社会公众意见。宪法和法律委员会、法制工作委员会就一些重要问题会同有关方面加强沟通研究,到四川等地调研听取意见,联合召开座谈会听取中央有关部门、全国人大代表和专家的意见。宪法和法律委员会于 11 月 26 日召开会议,根据常委会组成人员的审议意见和各方面意见,对草案进行了逐条审议。司法部的负责同志列席了会议。12 月 11 日,宪法和法律委员会召开会议,再次进行审议。宪法和法律委员会认为,草案经过两次审议修改,已经比较成熟。同时,提出以下主要修改意见:

一、草案二次审议稿第一条第三款规定,“已满十二周岁不满十四周岁的人,犯故意杀人、故意伤害罪,致人死亡,情节恶劣的,经最高人民检察院核准,应当负刑事责任”。有的常委会组成人员、全国人大代表提出,本款规定限于致人死亡的情形,对使用特别残忍手段致人重伤造成严重残疾的,也应追究刑事责任。宪法和法律委员会经研究,建议采纳上述意见,修改为“已满十二周岁不满十四周岁的人,犯故意杀人、故意伤害罪,致人死亡或者以特别残忍手段致人重伤造成严重残疾,情节恶劣,经最高人民检察院核准追诉的,应当负刑事责任”。

二、有的部门提出,为贯彻落实党中央关于进一步强化知识产权保护的要求,根据当前实践需要,与修改后的著作权法、商标法等衔接,有必要对刑法有关知识产权犯罪的规定作进一步修改完善。宪法和法律委员会经会同有关方面研究,建议对刑法第二百一十三条假冒注册商标罪、第二百一十四条销售假冒注册商标的商品罪、第二百一十五条非法制造、销售非法制造的注册商标标识罪、第二百一十七条侵犯著作权罪、第二百一十八条销售侵权复制品罪等有关规定作出修改完善:一是适当提高五个犯罪的刑罚,进一步加大惩治力度。二是根据实践需要,与修改后的著作权法、商标法等衔接,增加侵犯服务商标犯罪规定,完善侵犯著作权罪中作品种类、侵权情形、有关表演者权等邻接权的规定。三是完善有关犯罪门槛规定,将销售假冒注册商标的商品罪、销售侵权复制品罪定罪量刑的标准修改为违法所得数额加情节。此外,对草案二次审议稿第十七条有关侵犯商业秘密罪的规定作了进一步修改完善;增加单位实施商业间谍犯罪刑事责任的规定。

三、草案二次审议稿第二十六条增加了盗用、冒用他人身份,顶替他人取得的高等学历教育入学资格、公务员录用资格、就业安置待遇的犯罪。有的常委会组成人员建议对国家机关工作人员组织、指使或者帮助实施冒名顶替的行为进一步明确法律适用和从严惩处。宪法和法律委员会经研究,建议增加一款,规定:国家机关工作人员有前两款行为，又构成其他犯罪的，依照数罪并罚的规定处罚。

四、草案二次审议稿第三十条第三款规定："境外开设赌场人员、赌场管理人员或者受其指派的人员，组织、招揽中华人民共和国公民出境参与赌博，数额巨大或者有其他严重情节的，依照前款的规定处罚。"一些常委委员、有关方面建议慎重研究，进一步精准打击跨境赌博犯罪。宪法和法律委员会经会同有关方面共同研究，建议将上述规定修改为："组织中华人民共和国公民前往国（境）外参与赌博，数额巨大或者有其他严重情节的，依照前款的规定处罚。"

五、草案二次审议稿第三十四条修改了污染环境罪，提高法定刑，并明确了适用情形。有的地方提出，适用第一款第一项、第二项要求"造成特别严重后果"，该两项列举的都是很严重的污染环境行为，实践中造成特别严重后果有时不好认定，建议修改为"情节特别严重"，进一步加大保护生态环境。宪法和法律委员会经研究，建议采纳上述意见，作相应修改。

还有一个问题需要汇报。关于刑法文本问题。1997 年修订刑法以后，对刑法的修改主要采取了修正案的方式。修正案通过后，以主席令形式公布的是修正案文本，没有将修正案内容放入刑法作重新公布。为了保证刑法文本的统一，便于学习宣传和贯彻实施刑法，参照以往有关做法，建议本次常委会通过刑法修正案（十一）后，由法制工作委员会根据全国人大常委会通过的刑法修正案、刑法修改的决定等，对刑法作相应的修正，并编辑公布 1997 年修订的刑法原文、全国人大常委会有关刑法修改的决定、历次刑法修正案和修正后的刑法文本，并在常务委员会公报上刊登。

此外，还对草案二次审议稿作了一些文字修改。

12 月 11 日，法制工作委员会召开会议，邀请中央有关部门、全国人大代表和专家学者，就草案的可行性、出台时机、实施的社会效果和可能出现的问题等进行评估。普遍认为，草案贯彻落实党中央决策部署，坚持以人民为中心的立法理念，较好地回应了社会关切，进一步完善了刑法的规定，可以适应现阶段预防和惩治犯罪的需要，更好地发挥刑法对经济社会生活的规范保障和引领推动作用。草案经过两次审议已比较成熟，具有较强的针对性和可操作性，现在出台是必要的、适时的。同时，还对草案提出了一些具体修改意见，宪法和法律委员会进行了认真研究，对有的意见予以采纳。

草案三次审议稿已按上述意见作了修改，宪法和法律委员会建议提请本次常委会会议审议通过。

草案三次审议稿和以上报告是否妥当，请审议。

全国人民代表大会宪法和法律委员会关于《中华人民共和国刑法修正案（十一）（草案三次审议稿）》修改意见的报告

——2020 年 12 月 25 日在第十三届全国人民代表大会常务委员会第二十四次会议上

全国人民代表大会常务委员会：

本次常委会会议于 12 月 22 日下午对刑法修正案（十一）草案三次审议稿进行了分组审议。普遍认为，草案已经比较成熟，建议进一步修改后，提请本次会议通过。同时，有些常委会组成人员还提出了一些修改意见。宪法和法律委员会于 12 月 22 日晚召开会议，逐条研究了常委会组成人员的审议意见，对草案进行了审议。最高人民法院、最高人民检察院、司法部的有关负责同志列席了会议。宪法和法律委员会认为，草案是可行的，同时，提出以下修改意见：

草案三次审议稿第三十二条规定了"冒名顶替"的犯罪，其中第三款规定："国家机关工作人员有前两款行为，又构成其他犯罪的，依照数罪并罚的规定处罚"。有的部门、专家提出，实践中"冒名顶替"也有高校管理人员等共同参与，同时构成其他犯罪的，也应数罪并罚。宪法和法律委员会经研究，建议将上述规定中的"国家机关工作人员"修改为"国家工作人员"。

经研究，建议将本修正案的施行时间确定为 2021 年 3 月 1 日。

此外，根据常委会组成人员的审议意见，还对草案三次审议稿作了个别文字修改。

草案建议表决稿已按上述意见作了修改，宪法和法律委员会建议本次常委会会议通过。

草案建议表决稿和以上报告是否妥当，请审议。

中华人民共和国主席令

第六十七号

《中华人民共和国国防法》已由中华人民共和国第十三届全国人民代表大会常务委员会第二十四次会议于 2020 年 12 月 26 日修订通过，现予公布，自 2021 年 1 月 1 日起施行。

中华人民共和国主席　习近平

2020 年 12 月 26 日

中华人民共和国国防法

（1997 年 3 月 14 日第八届全国人民代表大会第五次会议通过　根据 2009 年 8 月 27 日第十一届全国人民代表大会常务委员会第十次会议《关于修改部分法律的决定》修正　2020 年 12 月 26 日第十三届全国人民代表大会常务委员会第二十四次会议修订）

目　录

第一章　总　　则

第一条　为了建设和巩固国防，保障改革开放和社会主义现代化建设的顺利进行，实现中华民族伟大复兴，根据宪法，制定本法。

第二条　国家为防备和抵抗侵略，制止武装颠覆和分裂，保卫国家主权、统一、领土完整、安全和发展利益所进行的军事活动，以及与军事有关的政治、经济、外交、科技、教育等方面的活动，适用本法。

第三条　国防是国家生存与发展的安全保障。

国家加强武装力量建设，加强边防、海防、空防和其他重大安全领域防卫建设，发展国防科研生产，普及全民国防教育，完善国防动员体系，实现国防现代化。

第四条　国防活动坚持以马克思列宁主义、毛泽东思想、邓小平理论、“三个代表”重要思想、科学发展观、习近平新时代中国特色社会主义思想为指导，贯彻习近平强军思想，坚持总体国家安全观，贯彻新时代军事战略方针，建设与我国国际地位相称、与国家安全和发展利益相适应的巩固国防和强大武装力量。

第五条　国家对国防活动实行统一的领导。

第六条　中华人民共和国奉行防御性国防政策，独立自主、自力更生地建设和巩固国防，实行积极防御，坚持全民国防。

国家坚持经济建设和国防建设协调、平衡、兼容发展，依法开展国防活动，加快国防和军队现代化，实现富国和强军相统一。

第七条　保卫祖国、抵抗侵略是中华人民共和国每一个公民的神圣职责。

中华人民共和国公民应当依法履行国防义务。

一切国家机关和武装力量、各政党和各人民团体、企业事业组织、社会组织和其他组织，都应当支持和依法参与国防建设,履行国防职责,完成国防任务。

第八条 国家和社会尊重、优待军人,保障军人的地位和合法权益,开展各种形式的拥军优属活动,让军人成为全社会尊崇的职业。

中国人民解放军和中国人民武装警察部队开展拥政爱民活动,巩固军政军民团结。

第九条 中华人民共和国积极推进国际军事交流与合作,维护世界和平,反对侵略扩张行为。

第十条 对在国防活动中作出贡献的组织和个人,依照有关法律、法规的规定给予表彰和奖励。

第十一条 任何组织和个人违反本法和有关法律,拒绝履行国防义务或者危害国防利益的,依法追究法律责任。

公职人员在国防活动中,滥用职权、玩忽职守、徇私舞弊的,依法追究法律责任。

第二章 国家机构的国防职权

第十二条 全国人民代表大会依照宪法规定,决定战争和和平的问题,并行使宪法规定的国防方面的其他职权。

全国人民代表大会常务委员会依照宪法规定,决定战争状态的宣布,决定全国总动员或者局部动员,并行使宪法规定的国防方面的其他职权。

第十三条 中华人民共和国主席根据全国人民代表大会的决定和全国人民代表大会常务委员会的决定,宣布战争状态,发布动员令,并行使宪法规定的国防方面的其他职权。

第十四条 国务院领导和管理国防建设事业,行使下列职权:

(一)编制国防建设的有关发展规划和计划;

(二)制定国防建设方面的有关政策和行政法规;

(三)领导和管理国防科研生产;

(四)管理国防经费和国防资产;

(五)领导和管理国民经济动员工作和人民防空、国防交通等方面的建设和组织实施工作;

(六)领导和管理拥军优属工作和退役军人保障工作;

(七)与中央军事委员会共同领导民兵的建设,征兵工作,边防、海防、空防和其他重大安全领域防卫的管理工作;

(八)法律规定的与国防建设事业有关的其他职权。

第十五条 中央军事委员会领导全国武装力量,行使下列职权:

(一)统一指挥全国武装力量;

(二)决定军事战略和武装力量的作战方针;

(三)领导和管理中国人民解放军、中国人民武装警察部队的建设,制定规划、计划并组织实施;

(四)向全国人民代表大会或者全国人民代表大会常务委员会提出议案;

(五)根据宪法和法律,制定军事法规,发布决定和命令;

(六)决定中国人民解放军、中国人民武装警察部队的体制和编制,规定中央军事委员会机关部门、战区、军兵种和中国人民武装警察部队等单位的任务和职责;

(七)依照法律、军事法规的规定,任免、培训、考核和奖惩武装力量成员;

(八)决定武装力量的武器装备体制,制定武器装备发展规划、计划,协同国务院领导和管理国防科研生产;

(九)会同国务院管理国防经费和国防资产;

(十)领导和管理人民武装动员、预备役工作;

(十一)组织开展国际军事交流与合作;

(十二)法律规定的其他职权。

第十六条 中央军事委员会实行主席负责制。

第十七条 国务院和中央军事委员会建立协调机制,解决国防事务的重大问题。

中央国家机关与中央军事委员会机关有关部门可以根据情况召开会议,协调解决有关国防事务的问题。

第十八条 地方各级人民代表大会和县级以上地方各级人民代表大会常务委员会在本行政区域内,保证有关国防事务的法律、法规的遵守和执行。

地方各级人民政府依照法律规定的权限,管理本行政区域内的征兵、民兵、国民经济动员、人民防空、国防交通、国防设施保护,以及退役军人保障和拥军优属等工作。

第十九条 地方各级人民政府和驻地军事机关根据需要召开军地联席会议,协调解决本行政区域内有关国防事务的问题。

军地联席会议由地方人民政府的负责人和驻地军事机关的负责人共同召集。军地联席会议的参加人员由会议召集人确定。

军地联席会议议定的事项,由地方人民政府和驻地军事机关根据各自职责和任务分工办理,重大事项应当分别向上级报告。

第三章　武装力量

第二十条　中华人民共和国的武装力量属于人民。它的任务是巩固国防，抵抗侵略，保卫祖国，保卫人民的和平劳动，参加国家建设事业，全心全意为人民服务。

第二十一条　中华人民共和国的武装力量受中国共产党领导。武装力量中的中国共产党组织依照中国共产党章程进行活动。

第二十二条　中华人民共和国的武装力量，由中国人民解放军、中国人民武装警察部队、民兵组成。

中国人民解放军由现役部队和预备役部队组成，在新时代的使命任务是为巩固中国共产党领导和社会主义制度，为捍卫国家主权、统一、领土完整，为维护国家海外利益，为促进世界和平与发展，提供战略支撑。现役部队是国家的常备军，主要担负防卫作战任务，按照规定执行非战争军事行动任务。预备役部队按照规定进行军事训练、执行防卫作战任务和非战争军事行动任务；根据国家发布的动员令，由中央军事委员会下达命令转为现役部队。

中国人民武装警察部队担负执勤、处置突发社会安全事件、防范和处置恐怖活动、海上维权执法、抢险救援和防卫作战以及中央军事委员会赋予的其他任务。

民兵在军事机关的指挥下，担负战备勤务、执行非战争军事行动任务和防卫作战任务。

第二十三条　中华人民共和国的武装力量必须遵守宪法和法律。

第二十四条　中华人民共和国武装力量建设坚持走中国特色强军之路，坚持政治建军、改革强军、科技强军、人才强军、依法治军，加强军事训练，开展政治工作，提高保障水平，全面推进军事理论、军队组织形态、军事人员和武器装备现代化，构建中国特色现代作战体系，全面提高战斗力，努力实现党在新时代的强军目标。

第二十五条　中华人民共和国武装力量的规模应当与保卫国家主权、安全、发展利益的需要相适应。

第二十六条　中华人民共和国的兵役分为现役和预备役。军人和预备役人员的服役制度由法律规定。

中国人民解放军、中国人民武装警察部队依照法律规定实行衔级制度。

第二十七条　中国人民解放军、中国人民武装警察部队在规定岗位实行文职人员制度。

第二十八条　中国人民解放军军旗、军徽是中国人民解放军的象征和标志。中国人民武装警察部队旗、徽是中国人民武装警察部队的象征和标志。

公民和组织应当尊重中国人民解放军军旗、军徽和中国人民武装警察部队旗、徽。

中国人民解放军军旗、军徽和中国人民武装警察部队旗、徽的图案、样式以及使用管理办法由中央军事委员会规定。

第二十九条　国家禁止任何组织或者个人非法建立武装组织，禁止非法武装活动，禁止冒充军人或者武装力量组织。

第四章　边防、海防、空防和其他重大安全领域防卫

第三十条　中华人民共和国的领陆、领水、领空神圣不可侵犯。国家建设强大稳固的现代边防、海防和空防，采取有效的防卫和管理措施，保卫领陆、领水、领空的安全，维护国家海洋权益。

国家采取必要的措施，维护在太空、电磁、网络空间等其他重大安全领域的活动、资产和其他利益的安全。

第三十一条　中央军事委员会统一领导边防、海防、空防和其他重大安全领域的防卫工作。

中央国家机关、地方各级人民政府和有关军事机关，按照规定的职权范围，分工负责边防、海防、空防和其他重大安全领域的管理和防卫工作，共同维护国家的安全和利益。

第三十二条　国家根据边防、海防、空防和其他重大安全领域防卫的需要，加强防卫力量建设，建设作战、指挥、通信、测控、导航、防护、交通、保障等国防设施。各级人民政府和军事机关应当依照法律、法规的规定，保障国防设施的建设，保护国防设施的安全。

第五章　国防科研生产和军事采购

第三十三条　国家建立和完善国防科技工业体系，发展国防科研生产，为武装力量提供性能先进、质量可靠、配套完善、便于操作和维修的武器装备以及其他适用的军用物资，满足国防需要。

第三十四条　国防科技工业实行军民结合、平

战结合、军品优先、创新驱动、自主可控的方针。

国家统筹规划国防科技工业建设，坚持国家主导、分工协作、专业配套、开放融合，保持规模适度、布局合理的国防科研生产能力。

第三十五条　国家充分利用全社会优势资源，促进国防科学技术进步，加快技术自主研发，发挥高新技术在武器装备发展中的先导作用，增加技术储备，完善国防知识产权制度，促进国防科技成果转化，推进科技资源共享和协同创新，提高国防科研能力和武器装备技术水平。

第三十六条　国家创造有利的环境和条件，加强国防科学技术人才培养，鼓励和吸引优秀人才进入国防科研生产领域，激发人才创新活力。

国防科学技术工作者应当受到全社会的尊重。国家逐步提高国防科学技术工作者的待遇，保护其合法权益。

第三十七条　国家依法实行军事采购制度，保障武装力量所需武器装备和物资、工程、服务的采购供应。

第三十八条　国家对国防科研生产实行统一领导和计划调控；注重发挥市场机制作用，推进国防科研生产和军事采购活动公平竞争。

国家为承担国防科研生产任务和接受军事采购的组织和个人依法提供必要的保障条件和优惠政策。地方各级人民政府应当依法对承担国防科研生产任务和接受军事采购的组织和个人给予协助和支持。

承担国防科研生产任务和接受军事采购的组织和个人应当保守秘密，及时高效完成任务，保证质量，提供相应的服务保障。

国家对供应武装力量的武器装备和物资、工程、服务，依法实行质量责任追究制度。

第六章　国防经费和国防资产

第三十九条　国家保障国防事业的必要经费。国防经费的增长应当与国防需求和国民经济发展水平相适应。

国防经费依法实行预算管理。

第四十条　国家为武装力量建设、国防科研生产和其他国防建设直接投入的资金、划拨使用的土地等资源，以及由此形成的用于国防目的的武器装备和设备设施、物资器材、技术成果等属于国防资产。

国防资产属于国家所有。

第四十一条　国家根据国防建设和经济建设的需要，确定国防资产的规模、结构和布局，调整和处分国防资产。

国防资产的管理机构和占有、使用单位，应当依法管理国防资产，充分发挥国防资产的效能。

第四十二条　国家保护国防资产不受侵害，保障国防资产的安全、完整和有效。

禁止任何组织或者个人破坏、损害和侵占国防资产。未经国务院、中央军事委员会或者国务院、中央军事委员会授权的机构批准，国防资产的占有、使用单位不得改变国防资产用于国防的目的。国防资产中的技术成果，在坚持国防优先、确保安全的前提下，可以根据国家有关规定用于其他用途。

国防资产的管理机构或者占有、使用单位对不再用于国防目的的国防资产，应当按照规定报批，依法改作其他用途或者进行处置。

第七章　国防教育

第四十三条　国家通过开展国防教育，使全体公民增强国防观念、强化忧患意识、掌握国防知识、提高国防技能、发扬爱国主义精神，依法履行国防义务。

普及和加强国防教育是全社会的共同责任。

第四十四条　国防教育贯彻全民参与、长期坚持、讲求实效的方针，实行经常教育与集中教育相结合、普及教育与重点教育相结合、理论教育与行为教育相结合的原则。

第四十五条　国防教育主管部门应当加强国防教育的组织管理，其他有关部门应当按照规定的职责做好国防教育工作。

军事机关应当支持有关机关和组织开展国防教育工作，依法提供有关便利条件。

一切国家机关和武装力量、各政党和各人民团体、企业事业组织、社会组织和其他组织，都应当组织本地区、本部门、本单位开展国防教育。

学校的国防教育是全民国防教育的基础。各级各类学校应当设置适当的国防教育课程，或者在有关课程中增加国防教育的内容。普通高等学校和高中阶段学校应当按照规定组织学生军事训练。

公职人员应当积极参加国防教育，提升国防素养，发挥在全民国防教育中的模范带头作用。

第四十六条　各级人民政府应当将国防教育纳入国民经济和社会发展计划，保障国防教育所需的经费。

第八章　国防动员和战争状态

第四十七条　中华人民共和国的主权、统一、领土完整、安全和发展利益遭受威胁时，国家依照宪法和法律规定，进行全国总动员或者局部动员。

第四十八条　国家将国防动员准备纳入国家总体发展规划和计划，完善国防动员体制，增强国防动员潜力，提高国防动员能力。

第四十九条　国家建立战略物资储备制度。战略物资储备应当规模适度、储存安全、调用方便、定期更换，保障战时的需要。

第五十条　国家国防动员领导机构、中央国家机关、中央军事委员会机关有关部门按照职责分工，组织国防动员准备和实施工作。

一切国家机关和武装力量、各政党和各人民团体、企业事业组织、社会组织、其他组织和公民，都必须依照法律规定完成国防动员准备工作；在国家发布动员令后，必须完成规定的国防动员任务。

第五十一条　国家根据国防动员需要，可以依法征收、征用组织和个人的设备设施、交通工具、场所和其他财产。

县级以上人民政府对被征收、征用者因征收、征用所造成的直接经济损失，按照国家有关规定给予公平、合理的补偿。

第五十二条　国家依照宪法规定宣布战争状态，采取各种措施集中人力、物力和财力，领导全体公民保卫祖国、抵抗侵略。

第九章　公民、组织的国防义务和权利

第五十三条　依照法律服兵役和参加民兵组织是中华人民共和国公民的光荣义务。

各级兵役机关和基层人民武装机构应当依法办理兵役工作，按照国务院和中央军事委员会的命令完成征兵任务，保证兵员质量。有关国家机关、人民团体、企业事业组织、社会组织和其他组织，应当依法完成民兵和预备役工作，协助完成征兵任务。

第五十四条　企业事业组织和个人承担国防科研生产任务或者接受军事采购，应当按照要求提供符合质量标准的武器装备或者物资、工程、服务。

企业事业组织和个人应当按照国家规定在与国防密切相关的建设项目中贯彻国防要求，依法保障国防建设和军事行动的需要。车站、港口、机场、道路等交通设施的管理、运营单位应当为军人和军用车辆、船舶的通行提供优先服务，按照规定给予优待。

第五十五条　公民应当接受国防教育。

公民和组织应当保护国防设施，不得破坏、危害国防设施。

公民和组织应当遵守保密规定，不得泄露国防方面的国家秘密，不得非法持有国防方面的秘密文件、资料和其他秘密物品。

第五十六条　公民和组织应当支持国防建设，为武装力量的军事训练、战备勤务、防卫作战、非战争军事行动等活动提供便利条件或者其他协助。

国家鼓励和支持符合条件的公民和企业投资国防事业，保障投资者的合法权益并依法给予政策优惠。

第五十七条　公民和组织有对国防建设提出建议的权利，有对危害国防利益的行为进行制止或者检举的权利。

第五十八条　民兵、预备役人员和其他公民依法参加军事训练，担负战备勤务、防卫作战、非战争军事行动等任务时，应当履行自己的职责和义务；国家和社会保障其享有相应的待遇，按照有关规定对其实行抚恤优待。

公民和组织因国防建设和军事活动在经济上受到直接损失的，可以依照国家有关规定获得补偿。

第十章　军人的义务和权益

第五十九条　军人必须忠于祖国，忠于中国共产党，履行职责，英勇战斗，不怕牺牲，捍卫祖国的安全、荣誉和利益。

第六十条　军人必须模范地遵守宪法和法律，遵守军事法规，执行命令，严守纪律。

第六十一条　军人应当发扬人民军队的优良传统，热爱人民，保护人民，积极参加社会主义现代化建设，完成抢险救灾等任务。

第六十二条　军人应当受到全社会的尊崇。

国家建立军人功勋荣誉表彰制度。

国家采取有效措施保护军人的荣誉、人格尊严，依照法律规定对军人的婚姻实行特别保护。

军人依法履行职责的行为受法律保护。

第六十三条　国家和社会优待军人。

国家建立与军事职业相适应、与国民经济发展相协调的军人待遇保障制度。

第六十四条　国家建立退役军人保障制度，妥善安置退役军人，维护退役军人的合法权益。

第六十五条　国家和社会抚恤优待残疾军人，对残疾军人的生活和医疗依法给予特别保障。

因战、因公致残或者致病的残疾军人退出现役后，县级以上人民政府应当及时接收安置，并保障其生活不低于当地的平均生活水平。

第六十六条　国家和社会优待军人家属，抚恤优待烈士家属和因公牺牲、病故军人的家属。

第十一章　对外军事关系

第六十七条　中华人民共和国坚持互相尊重主权和领土完整、互不侵犯、互不干涉内政、平等互利、和平共处五项原则，维护以联合国为核心的国际体系和以国际法为基础的国际秩序，坚持共同、综合、合作、可持续的安全观，推动构建人类命运共同体，独立自主地处理对外军事关系，开展军事交流与合作。

第六十八条　中华人民共和国遵循以联合国宪章宗旨和原则为基础的国际关系基本准则，依照国家有关法律运用武装力量，保护海外中国公民、组织、机构和设施的安全，参加联合国维和、国际救援、海上护航、联演联训、打击恐怖主义等活动，履行国际安全义务，维护国家海外利益。

第六十九条　中华人民共和国支持国际社会实施的有利于维护世界和地区和平、安全、稳定的与军事有关的活动，支持国际社会为公正合理地解决国际争端以及国际军备控制、裁军和防扩散所做的努力，参与安全领域多边对话谈判，推动制定普遍接受、公正合理的国际规则。

第七十条　中华人民共和国在对外军事关系中遵守同外国、国际组织缔结或者参加的有关条约和协定。

第十二章　附　　则

第七十一条　本法所称军人，是指在中国人民解放军服现役的军官、军士、义务兵等人员。

本法关于军人的规定，适用于人民武装警察。

第七十二条　中华人民共和国特别行政区的防务，由特别行政区基本法和有关法律规定。

第七十三条　本法自2021年1月1日起施行。

关于《中华人民共和国国防法（修订草案）》的说明

——2020年10月13日在第十三届全国人民代表大会常务委员会第二十二次会议上

中央军委委员、国务委员兼国防部部长　魏凤和

全国人民代表大会常务委员会：

我受国务院、中央军委的委托，现对《中华人民共和国国防法（修订草案）》作说明。

根据军事政策制度改革有关部署安排，中央军委办公厅、中央军委改革和编制办公室经深入研究论证、广泛征求意见、反复修改完善，起草形成了《中华人民共和国国防法（修订草案）》（以下简称修订草案）。现就有关情况说明如下。

一、修订国防法的必要性

国防是国家生存与发展的安全保障，国防法是国家在国防方面的基本法律，是指导规范国防和军队建设的基本依据。现行国防法自1997年公布施行以来，对于建设和巩固国防、推进国防和军队现代化发挥了重要作用。但随着世情国情党情军情发展变化，现行国防法已不能完全适应新时代国防和军队建设的新任务新要求，亟待修订完善。

*一是适应国家安全和发展形势的需要。*20多年来，世界战略格局深刻演变，国际战略竞争呈上升之势，全球和地区性安全问题持续增多，武装冲突和局部战争连续不断，国际安全面临的不稳定性不确定性更加突出。我国处于发展的重要战略机遇期，面临的安全威胁和挑战更趋多元复杂，对全面提升国防能力提出新的更高要求，迫切需要对国防政策制度作出相应调整，为建设强大巩固的现代国防，有效捍卫国家主权、安全、发展利益提供法律依据。

*二是贯彻落实党中央和习主席关于国防和军队建设决策部署的需要。*党的十八大以来，以习近平同志为核心的党中央着眼实现中华民族伟大复兴的中国梦，对国防和军队建设作出一系列新

的重大判断、新的理论概括、新的战略安排，开拓了当代中国马克思主义军事理论和军事实践发展的新境界，擘画了强国强军的宏伟蓝图，为全面推进国防和军队现代化提供了理论指南和行动纲领。当前，迫切需要将这些重大理论创新成果和战略决策部署以法律形式固化下来，在国防基本法律中得到全面反映和体现，以更好发挥法治固根本、利长远、促发展的保障作用。

三是巩固深化国防和军队改革成果的需要。中国特色社会主义进入了新时代，国防和军队建设也进入了新时代。为全面推进国防现代化，武装力量领导指挥体制、规模结构和力量编成、军事政策制度改革压茬推进、持续深入，有效解决了体制性障碍、结构性矛盾、政策性问题，国防和军队建设面貌一新、格局一新。这些成功经验和实践成果，需要在国防法中予以确认和体现，巩固改革成果，释放改革效能，推进改革深化。

四是健全完善中国特色军事法规制度体系的需要。良法是善治的前提。经过多年的建设发展，军事法规制度体系初步建立，但与推进国家治理体系和治理能力现代化的要求还有明显差距，存在着理念不先进、更新不及时、体系不完备、军地不衔接等矛盾问题。这轮军事政策制度改革，是对整个军事法规制度的体系重塑、全面创新，迫切需要修订出台一部新时代的国防法，发挥纲举目张的引领作用，为其他各项军事法律法规制定修改工作提供基本遵循，确保军事法规制度建设体系化科学化推进。

二、修订工作的指导思想和原则

国防法修订工作坚持以习近平新时代中国特色社会主义思想为指导，贯彻习近平强军思想，贯彻总体国家安全观，贯彻新时代军事战略方针，突出目标引领和问题导向，全面体现党的集中统一领导，反映改革要求，固化实践经验，回应各方关切，力求使修订后的国防法为维护国家主权、安全、发展利益，推进国防和军队现代化提供坚强法律保障。

一是始终坚持党的领导。坚持以党中央、中央军委有关决策部署和习主席系列重要讲话精神引领修法工作，把党的集中统一领导贯穿于修法全过程、体现在章节条文中，全面体现党和国家机构改革、国防和军队改革成果，突出政治性、时代性和政策性。

二是精准把握基本定位。坚持把国防法作为国防和军队建设领域的基本法，作为国防和军队建设方面其他法律法规的“母法”、“龙头法”，对国防活动的重大方针原则、目标任务、基本制度等作出原则性规范，发挥基础性、全局性作用。

三是突出加强体系设计。坚持着眼构建系统配套的中国特色军事法规制度体系，科学设计框架结构和主体内容，正确把握与上位法、同位法和下位法的内容切割与详略区分，保持与相关法律相衔接，既为下位法提供依据，又为下位法预留空间。

四是坚决贯彻问题导向。坚持把解决突出矛盾问题作为修法的基本指向，针对时代发展对国防建设带来的新挑战，改革后的体制机制对国防法规范内容提出的新要求，新时代军队使命任务拓展对武装力量建设赋予的新需求，大胆创新突破，修改与新形势新要求不符的基本政策，填补新时代迫切需要的顶层制度，提高国防法的时代性、科学性。

三、修订过程

2019 年 1 月，国防法修订工作正式启动，有计划分步骤做了以下几项工作：一是广泛收集资料。系统梳理党中央、中央军委和习主席关于国防和军队建设的一系列决策指示，收集汇编国内外相关研究资料和法律文本，为修法工作提供基本政策依据、理论依据和法律依据。二是深入开展调研。采取书面征求意见、召开座谈会等形式，广泛听取中央和国家机关、军委机关各部门和各大单位、军地有关专家学者的修法建议，并组织赴部分省市进行实地调研，了解情况、听取意见，共调研 150 多个单位。三是组织专题论证。对相关领域基本制度分专题开展深入研究，与军地有关单位和部门、有关军事法律法规专门工作班子进行沟通对接，凝聚共识。四是反复研究修改。修订过程中，组织军地有关专家进行评估，认真征求中央和国家机关、军委机关各部门和各大单位意见，充分吸收军地有关单位修改意见和专家评估意见，就有分歧的政策制度改点，多次与军地有关部门研究协商，达成共识，数易其稿，形成修订草案。目前，修订草案已经国务院常务会议和中央军委常务会议讨论通过。

四、修订的主要内容

现行国防法共 12 章 70 条，此次修订充实了国防和军队建设各领域的基本制度，体现了相关重大政策制度改革成果，并对部分文字表述作了调整修改，共修改 50 条、增加 6 条、删除 3 条，调整了第四章、第五章的章名。主要修改内容如下：

（一）确立习近平新时代中国特色社会主义思想在国防活动中的指导地位。在第一章“总则”中新增指导思想，将习近平新时代中国特色社会主义思想、习近平强军思想贯穿于国防和军队建设各领域、各环节、全过程，反映和体现在各章具体条文中。

（二）调整国家机构的国防职权。结合党和国家机构改革、国防和军队改革实际，根据有关领导管理体制改革方案，在第二章“国家机构的国防职权”中，按照适应新体制新职能的要求，对国务院和中央军委的部分国防职权作出相应调整；增加了军委主席负责制的内容。

（三）充实武装力量的任务和建设目标。在第三章“武装力量”中，增加新时代军队“四个战略支撑”使命任务，调整充实解放军现役部队和预备役部队、武警部队、民兵的具体任务，充实完善党在新时代的强军目标和治军方略的相关内容。同时，明确解放军和武警部队实行文职人员制度，增加关于保护军旗、军徽和武警旗、武警徽的内容。

（四）拓展重大安全领域防卫政策。贯彻新时代军事战略方针，着眼新型安全领域活动和利益的防卫需要，将传统边海空防拓展至边防、海防、空防和其他重大安全领域防卫，明确太空、电磁、网络空间等重大安全领域防卫政策，为相关领域防卫力量建设提供法律依据；明确中央和国家机关按照职能分工履行边海空防和其他重大安全领域管理和防卫工作职责。

（五）改进国防科研生产和军事采购制度。调整充实国防科研生产的政策方针、基本任务、管理制度，建立健全符合市场经济、价值规律、有利于军地资源共建共用共享的制度机制；健全完善公平竞争的武器装备和物资、工程、服务采购制度。

（六）充实完善国防教育和国防动员制度。根据国防教育和国防动员领导管理体制改革实际，规定国防教育主管部门和其他有关部门国防教育工作职责，增加公职人员模范带头参加国防教育等内容，明确普通高校和高中学生军训制度；对国家国防动员领导机构、中央和国家机关、军委机关有关部门组织动员准备和动员实施的工作职责作出规定。

（七）强化军人地位和权益保护。明确军人必须忠诚于党的义务要求，着眼“使军人成为全社会尊崇的职业”，重点对军人地位、荣誉、权利和相关保障等各方面基本制度作出规定，为配套法律法规提供接口和遵循。

（八）充实对外军事关系政策制度。贯彻总体国家安全观和习近平外交思想，新增“坚持共同、综合、合作、可持续的安全观”、“推动构建人类命运共同体”等内容，充实完善处理国际社会与军事有关事务的方针原则；根据新时代军队使命任务的要求，新增遵循以联合国宪章宗旨和原则为基础的国际关系基本准则，依照国家法律，运用武装力量实施海外行动的规定。

修订草案和以上说明是否妥当，请审议。

全国人民代表大会宪法和法律委员会关于《中华人民共和国国防法（修订草案）》审议结果的报告

——2020 年 12 月 22 日在第十三届全国人民代表大会常务委员会第二十四次会议上

全国人大宪法和法律委员会副主任委员　刘季幸

全国人民代表大会常务委员会：

常委会第二十二次会议对国防法修订草案进行了初次审议。会后，法制工作委员会将修订草案印发各省（区、市）人大、中央有关部门、部分高等院校和研究机构以及基层立法联系点征求意见；在中国人大网全文公布草案，征求社会公众意见。宪法和法律委员会、法制工作委员会召开座谈会，听取有关专家的意见；先后到福建、广西、四川、陕西进行调研，听取驻地军事机关、地方有关部门和相关企业的意见。宪法和法律委员会于 11 月 26 日召开会议，根据常委会组成人员的审议意见和各方面的意见，对修订草案进行了逐条审议。司法部、中央军委改革办、中央军委办公厅军委法制局的有关负责同志列席了会议。12 月 11 日，宪法和法律委员会召开会议，再次进行审议。宪法和法律委员会认为，为了进一步推进国防和军队现代化建设，巩固国防和军队改革成果，及时对国防法进行修订是必要的，修订草案经过常委会审议修改，已经比较成熟。同时，提出以下主要修改意见：

一、有的意见提出，党的十九届五中全会提出“加快国防和军队现代化，实现富国和强军相统一”的相关要求。宪法和法律委员会建议将修订草案中的相关表述修改为“国家坚持经济建设和国防建设协调、平衡、兼容发展，依法开展国防活动，加快国防和军队现代化，实现富国和强军相统一”，“巩固军政军民团结”。

二、修订草案第六章对国防资产作了规定，明确国防资产归国家所有，未经批准不得改变用于国防的性质。有的部门提出，对于国防资产确实不再用于国防目的的，建议明确退出机制。宪法和法律委员会经与中央军委改革办、中央军委办公厅军委法制局共同研究，建议增加规定“国防资产的管理机构或者占有、使用单位对不再用于国防目的的国防资产，应当按照规定报批，依法改作其他用途或者进行处置”。

三、修订草案第七章规定了国防教育主管部门和其他有关部门在国防教育中的职责，同时规定军事机关应当协助开展国防教育工作。有的意见提出，许多国防教育工作需要依托军事机关开展，建议强化军事机关在国防教育中的职责。宪法和法律委员会经研究，建议增加规定“军事机关应当支持有关机关和组织开展国防教育工作，依法提供有关便利条件”。

四、修订草案第五十一条中规定，国家根据国防动员需要可以进行征收、征用，县级以上人民政府对被征收、征用者因征收、征用所造成的直接经济损失，按照国家有关规定给予补偿。有的意见提出，为了保障组织和个人的合法权益，建议对于补偿原则作出明确规定。宪法和法律委员会经研究，建议修改为按照国家有关规定给予“公平、合理的补偿”。

五、修订草案第五十六条中规定，国家鼓励和支持符合条件的公民和组织投资国防事业，并依法给予政策优惠。有的意见提出，公民和组织投资国防事业后，应对其权益保障进一步明确。宪法和法律委员会经研究，建议修改为“国家鼓励和支持符合条件的公民和组织投资国防事业，保障投资者的合法权益并依法给予政策优惠”。

六、修订草案第六十七条规定了对外军事关系坚持的原则。有的意见建议，应当将党的十九届五中全会提出的“维护以联合国为核心的国际体系和以国际法为基础的国际秩序”纳入对外军事关系的原则。宪法和法律委员会经研究，建议采纳这一意见。

此外，还对修订草案作了一些文字修改。

12月10日，法制工作委员会召开会议，邀请专家学者以及有关部门和国有企业的代表，就修订草案中主要制度规范的可行性、法律出台时机、法律实施的社会效果和可能出现的问题等进行评估。与会人员普遍认为，国防法修订草案深入贯彻习近平强军思想，突出目标引领和问题导向，巩固国防和军队改革成果，有利于健全完善中国特色军事法规制度体系，为维护国家主权、安全和发展利益提供法律保障。修订草案经过修改，充分吸收了各方面意见，增强有关表述的规范性，强化对公民和组织权益的保障，加强国防科技成果转化利用，已经比较成熟，建议尽快审议通过。与会人员还对草案提出了一些具体修改意见，宪法和法律委员会进行了认真研究，对有的意见予以采纳。

修订草案二次审议稿已按上述意见作了修改。宪法和法律委员会建议提请常委会第二十四次会议审议通过。

修订草案二次审议稿和以上报告是否妥当，请审议。

全国人民代表大会宪法和法律委员会关于《中华人民共和国国防法（修订草案二次审议稿）》修改意见的报告

——2020年12月25日在第十三届全国人民代表大会常务委员会第二十四次会议上

全国人民代表大会常务委员会：

本次常委会会议于12月22日下午对国防法修订草案二次审议稿进行了分组审议。普遍认为，修订草案已经比较成熟，建议进一步修改完善后，提请本次常委会会议表决通过。同时,有些常委会组成人员还提出了一些修改意见。宪法和法律委员会于12月22日晚召开会议,逐条研究了常委会组成人员的审议意见,对修订草案二次审议稿进行了审议。司法部、中央军委办公厅军委法制局、中央军委改革和编制办公室有关负责同志列席了会议。宪法和法律委员会认为,修订草案是可行的,同时,提出以下修改意见:

有的常委委员提出,修订草案规定国防资产未经国务院、中央军委或者其授权的机构批准,不得用于非国防目的。国防资产中的技术成果不同于有形资产,党的十九届五中全会明确提出"大幅提高科技成果转移转化成效",建议简化技术成果的审批程序,促进技术成果向民用转化运用。宪法和法律委员会经研究,建议增加规定:"国防资产中的技术成果,在坚持国防优先、确保安全的前提下,可以根据国家有关规定用于其他用途。"

经与有关部门研究,建议修订后的国防法自2021年1月1日起施行。

此外,根据常委会组成人员的审议意见,还对修订草案二次审议稿作了一些文字修改。

修订草案建议表决稿已按上述意见作了修改,宪法和法律委员会建议本次常委会会议审议通过。

修订草案建议表决稿和以上报告是否妥当,请审议。

全国人民代表大会常务委员会关于全面禁止非法野生动物交易、革除滥食野生动物陋习、切实保障人民群众生命健康安全的决定

(2020年2月24日第十三届全国人民代表大会常务委员会第十六次会议通过)

为了全面禁止和惩治非法野生动物交易行为,革除滥食野生动物的陋习,维护生物安全和生态安全,有效防范重大公共卫生风险,切实保障人民群众生命健康安全,加强生态文明建设,促进人与自然和谐共生,全国人民代表大会常务委员会作出如下决定:

一、凡《中华人民共和国野生动物保护法》和其他有关法律禁止猎捕、交易、运输、食用野生动物的,必须严格禁止。

对违反前款规定的行为,在现行法律规定基础上加重处罚。

二、全面禁止食用国家保护的"有重要生态、科学、社会价值的陆生野生动物"以及其他陆生野生动物,包括人工繁育、人工饲养的陆生野生动物。

全面禁止以食用为目的猎捕、交易、运输在野外环境自然生长繁殖的陆生野生动物。

对违反前两款规定的行为,参照适用现行法律有关规定处罚。

三、列入畜禽遗传资源目录的动物,属于家畜家禽,适用《中华人民共和国畜牧法》的规定。

国务院畜牧兽医行政主管部门依法制定并公布畜禽遗传资源目录。

四、因科研、药用、展示等特殊情况,需要对野生动物进行非食用性利用的,应当按照国家有关规定实行严格审批和检疫检验。

国务院及其有关主管部门应当及时制定、完善野生动物非食用性利用的审批和检疫检验等规定,并严格执行。

五、各级人民政府和人民团体、社会组织、学校、新闻媒体等社会各方面,都应当积极开展生态环境保护和公共卫生安全的宣传教育和引导,全社会成员要自觉增强生态保护和公共卫生安全意识,移风易俗,革除滥食野生动物陋习,养成科学健康文明的生活方式。

六、各级人民政府及其有关部门应当健全执法管理体制,明确执法责任主体,落实执法管理责任,加强协调配合,加大监督检查和责任追究力度,严格查处违反本决定和有关法律法规的行为;对违法经营场所和违法经营者,依法予以取缔或者查封、关闭。

七、国务院及其有关部门和省、自治区、直辖市应当依据本决定和有关法律,制定、调整相关名录和配套规定。

国务院和地方人民政府应当采取必要措施,为本决定的实施提供相应保障。有关地方人民政府应当支持、指导、帮助受影响的农户调整、转变生产经营活动,根据实际情况给予一定补偿。

八、本决定自公布之日起施行。

关于《全国人民代表大会常务委员会关于全面禁止非法野生动物交易、革除滥食野生动物陋习、切实保障人民群众生命健康安全的决定（草案）》的说明

——2020年2月24日在第十三届全国人民代表大会常务委员会第十六次会议上

全国人大常委会法制工作委员会主任　沈春耀

全国人民代表大会常务委员会：

我受委员长会议委托，作关于《全国人民代表大会常务委员会关于全面禁止非法野生动物交易、革除滥食野生动物陋习、切实保障人民群众生命健康安全的决定（草案）》的说明。

一、作出决定的必要性和草案的形成过程

当前，对滥食野生动物严重威胁公共卫生安全问题，社会反映强烈。习近平总书记在1月27日的重要批示中，深刻指出了非法交易、滥食野生动物的突出问题及对公共卫生安全构成的重大隐患，提出了完善相关立法、坚决取缔和严厉打击非法野生动物市场和贸易、革除滥食野生动物的陋习等明确要求。2月3日，中央政治局常委会会议对此作出了重要部署。全国人大常委会党组高度重视，栗战书委员长指示尽快对有关法律进行研究，以最严格的法律条文禁止和严厉打击一切非法捕杀、交易、食用野生动物的行为。王晨副委员长指示从立法、修法和监督的角度，尽快为禁止滥食野生动物、确保人民群众生命健康提供法治保障。经研究，全面修订野生动物保护法需要一个过程，在疫情防控的关键时期，由全国人大常委会通过一个专门决定既十分必要又十分紧迫。2月5日，中央全面依法治国委员会第三次会议讨论了全国人大常委会作出专门决定的有关问题，习近平总书记作了重要讲话，对相关立法提出了明确要求。

在全国人大常委会党组领导下，全国人大环境与资源保护委员会、常委会法制工作委员会具体负责起草工作，与国家林草局、农业农村部、市场监管总局、司法部等有关部门及时沟通、交换意见，拟订了《全国人民代表大会常务委员会关于全面禁止非法野生动物交易、革除滥食野生动物陋习、切实保障人民群众生命健康安全的决定（草案）》，征求了31个省、自治区、直辖市人大常委会和48个中央国家机关、有关研究机构的意见，并根据各方面意见进行了修改完善。委员长会议决定提请本次常委会会议审议。

二、关于草案的内容

草案将“全面禁止非法野生动物交易、革除滥食野生动物陋习、切实保障人民群众生命健康安全”作为决定名称，聚焦滥食野生动物的突出问题，目的就是要在相关法律修改之前，全面禁止食用野生动物，严厉打击非法野生动物交易，为维护公共卫生安全和生态安全，保障人民群众生命健康安全提供有力的立法保障。决定草案共8条，主要内容如下：

（一）全面禁止食用野生动物

现行野生动物保护法重在野生动物的保护，禁食的法律规范限于国家重点保护野生动物和没有合法来源、未经检疫合格的其他保护类野生动物。因此，必须在野生动物保护法的基础上，以全面禁止食用野生动物为导向，扩大法律调整范围，从源头上防范和控制重大公共卫生安全风险。各方面普遍赞同全面禁止食用野生动物。草案确立了全面禁止食用野生动物的制度：

一是，首先强调凡野生动物保护法和其他有关法律明确禁止食用野生动物的，必须严格禁止。对违反者，在现行法律基础上加重处罚，以体现更加严格的管理和严厉打击。

二是，全面禁止食用国家保护的“有重要生态、科学、社会价值的陆生野生动物”和其他陆生野生动物，包括人工繁育、人工饲养的野生动物。捕捞鱼类等天然渔业资源是一种重要的农业生产方式，也是国际通行做法，渔业法等已对此作了规范，根

据各方面的一致意见，鱼类等水生野生动物不列入禁食范围。

考虑到鸽、兔等人工养殖、利用时间长、技术成熟，人民群众已广泛接受，牦牛等养殖、利用在民族地区具有一定传统，所形成的产值、从业人员具有一定规模，有些在脱贫攻坚中还发挥着重要作用。对这些动物，不应归为野生动物，而应当按照畜牧法的规定，作为家畜家禽列入畜牧法规定的“畜禽遗传资源目录”（即家畜家禽目录），对其养殖、利用包括食用等，依照畜牧法进行管理。作这样区别处理，既贯彻体现了全面、从严禁食野生动物的精神，又从实际出发，不至对相关产业带来大的影响。据此，草案规定：“列入畜禽遗传资源目录的动物，属于家畜家禽，适用《中华人民共和国畜牧法》的规定。”“国务院畜牧兽医行政主管部门依法制定并公布畜禽遗传资源目录。”作这样规定，国务院行政主管部门可通过目录明确可繁育、饲养（包括食用）的具体畜禽品种，并可根据情况作出调整。

（二）对非食用性利用野生动物加强管理

按照野生动物保护法、中医药法、城市动物园管理规定等法律和国家有关规定，因科研、药用、展示等特殊情况，可以对野生动物进行非食用性利用，同时规定了实行严格审批和检疫检验制度。对非食用性利用野生动物，草案还要求国务院及其有关主管部门及时制定、完善相关审批和检疫检验规定，加强审批和检疫检验管理。

（三）严格禁止非法野生动物交易

当前，野生动物非法交易仍在一些地方广泛存在，“野味产业”规模庞大。禁止食用野生动物，必须同时全面禁止以食用为目的的野生动物交易，斩断非法利益链条。据此，草案作了如下明确规定：

一是，强调凡野生动物保护法和其他有关法律明确禁止猎捕、交易、运输野生动物的，必须严格禁止。

二是，与全面禁止食用野生动物的规定相一致，全面禁止以食用为目的的猎捕、交易、运输在野外环境自然生长繁殖的陆生野生动物的行为。

（四）严厉惩治非法食用、交易行为

对非法食用、交易野生动物的行为，必须以严格明确的法律责任规定予以有力惩治。据此，草案规定：

一是，对违反野生动物保护法和其他有关法律规定，猎捕、交易、运输、食用野生动物的，在现行法律有关规定的基础上加重处罚。

二是，对本决定增加的非法食用和以食用为目的的猎捕、交易、运输野生动物的行为，参照适用野生动物保护法等法律关于同类违法行为的处罚规定进行处罚。

（五）明确全社会革除滥食野生动物陋习

解决滥食野生动物问题，既要依法严厉打击，又要加强宣传教育和引导。草案要求全社会成员自觉增强生态保护和公共卫生安全意识，移风易俗，革除滥食野生动物陋习，养成科学健康文明的生活方式。

（六）切实保障本决定和有关法律贯彻实施

2016年修订野生动物保护法，针对滥食野生动物等突出问题，确立了保护优先、规范利用、严格监管等原则，建立了一系列科学、合理的野生动物保护制度。但从各方面反映的情况看，有的相关配套法规没有及时出台、完善，监督检查和执法力度也不够，对非法野生动物交易市场没有坚决取缔、关闭，带来诸多风险和隐患。本决定出台后，国务院及其有关部门等应当依法制定、调整相关名录，出台配套规定，细化落实决定的各项要求；健全执法管理体制，落实执法管理责任，加强监督检查和责任追究，严格查处违反本决定和有关法律法规的行为，确保本决定得到切实贯彻落实。

有的意见提出，本决定的出台实施，可能会给部分饲养动物的农户带来一些经济损失。为保障本决定的贯彻执行，各级人民政府应当采取必要的措施，有关地方人民政府应当为受影响的农户提供必要的指导、帮助和一定补偿。经研究，草案规定：“国务院和地方人民政府应当采取必要措施，为本决定的实施提供相应保障。有关地方人民政府应当支持、指导、帮助受影响的农户调整、转变生产经营活动，根据实际情况给予一定补偿。”

需说明的是，全国人大常委会作出本决定后，按照党中央关于构建系统完备、科学规范、运行有效的疫情防控法律体系的要求，下一步还将全面梳理现行有关法律规定，抓紧野生动物保护法、动物防疫法、生物安全法等立法修法工作，并认真评估传染病防治法等法律的修改完善问题，适时启动有关修法工作。

决定草案和以上说明是否妥当，请审议。

全国人民代表大会宪法和法律委员会关于《全国人民代表大会常务委员会关于全面禁止非法野生动物交易、革除滥食野生动物陋习、切实保障人民群众生命健康安全的决定(草案)》审议结果的报告

——2020 年 2 月 24 日在第十三届全国人民代表大会常务委员会第十六次会议上

全国人民代表大会常务委员会:

常委会第十六次会议于 2 月 24 日上午对关于全面禁止非法野生动物交易、革除滥食野生动物陋习、切实保障人民群众生命健康安全的决定(草案)进行了分组审议。普遍认为,由全国人大常委会作出专门决定,贯彻党中央关于为打赢新冠肺炎疫情阻击战提供法治保障的决策部署,回应人民群众的普遍关注,在现行野生动物保护法等法律规定基础上,扩大法律的适用范围,全面禁止食用野生动物、严格禁止非法野生动物交易,有利于加强生态文明建设,防范重大公共卫生风险,保障人民群众生命健康安全,十分必要、意义重大。草案针对性强,是可行的,赞成提请本次常委会会议表决通过。同时,有些常委会组成人员还提出了一些修改意见。

宪法和法律委员会于 2 月 24 日中午召开会议,逐条研究了常委会组成人员的审议意见,对草案进行了审议。全国人大环境与资源保护委员会、农业与农村委员会和司法部、农业农村部、国家市场监督管理总局、国家林业和草原局有关负责同志列席了会议。宪法和法律委员会认为,全国人大常委会出台专门决定是必要的、可行的,草案已经比较成熟。同时,提出以下主要修改意见:

一、有的常委委员建议,将本决定宗旨中的"维护生态安全"修改为"维护生物安全和生态安全"。宪法和法律委员会经研究,建议采纳这一意见,对草案作相应修改。

二、一些常委会组成人员提出,除草案第五条规定的各级政府、学校、新闻媒体外,人民团体、社会组织等都应当积极开展生态环境保护和公共卫生安全的宣传教育,建议增加这方面的内容。宪法和法律委员会经研究,建议采纳这一意见,对草案作相应修改。

三、一些常委会组成人员提出,政府及其有关部门应当明确执法管理职责,加强协调配合,加大执法力度,对非法野生动物交易市场坚决予以取缔、关闭。宪法和法律委员会经研究,建议将草案第六条修改为:各级人民政府及其有关部门应当健全执法管理体制,明确执法责任主体,落实执法管理责任,加强协调配合,加大监督检查和责任追究力度,严格查处违反本决定和有关法律法规的行为;对违法经营场所和违法经营者,依法予以取缔或者查封、关闭。

此外,还对草案作了个别文字修改。

在审议中,有些常委会组成人员还对疫情防控相关立法修法工作及本决定通过后的贯彻实施等提出了一些意见和建议。宪法和法律委员会建议,有关方面要贯彻党中央关于构建系统完备、科学规范、运行有效的疫情防控法律体系的要求,抓紧野生动物保护法、动物防疫法、生物安全法等立法修法工作,并认真评估传染病防治法等法律的修改完善问题,适时启动有关修法工作。各级人民政府及其有关部门要做好本决定的宣传和舆论引导工作,及时制定、调整相关名录和配套规定,切实加强监管并严格执法,保证本决定有效实施。

决定草案建议表决稿已按上述意见作了修改,宪法和法律委员会建议提请本次常委会会议审议通过。

决定草案建议表决稿和以上报告是否妥当,请审议。

全国人民代表大会常务委员会关于推迟召开第十三届全国人民代表大会第三次会议的决定

（2020 年 2 月 24 日第十三届全国人民代表大会常务委员会第十六次会议通过）

2019 年 12 月 28 日，第十三届全国人民代表大会常务委员会第十五次会议决定，第十三届全国人民代表大会第三次会议于 2020 年 3 月 5 日在北京召开。鉴于近期以来发生新冠肺炎的重大疫情，为了贯彻落实党中央统筹推进疫情防控和经济社会发展工作重大决策部署，继续做好疫情防控工作，切实保障人民群众生命健康安全，第十三届全国人民代表大会常务委员会第十六次会议决定：适当推迟召开第十三届全国人民代表大会第三次会议，具体开会时间由全国人民代表大会常务委员会另行决定。

关于《全国人民代表大会常务委员会关于推迟召开第十三届全国人民代表大会第三次会议的决定（草案）》的说明

——2020 年 2 月 24 日在第十三届全国人民代表大会常务委员会第十六次会议上

全国人大常委会法制工作委员会主任　沈春耀

全国人民代表大会常务委员会：

受委员长会议委托，现对关于推迟召开第十三届全国人民代表大会第三次会议的决定（草案）作说明。

2019 年 12 月 28 日，第十三届全国人大常委会第十五次会议决定，第十三届全国人民代表大会第三次会议于 2020 年 3 月 5 日在北京召开。按照这一决定，全国人大常委会已为大会的召开进行了一系列筹备准备工作。

新冠肺炎重大疫情发生以来，以习近平同志为核心的党中央高度重视，迅速作出部署，提出明确要求，强调把疫情防控工作作为当前最重要的工作来抓，要求各党政军群机关和企事业单位紧急行动、全力应对，紧紧依靠人民群众，采取最彻底、最严格的防控举措，坚决打赢疫情防控阻击战。目前，疫情防控工作正在取得积极成效。

当前遏制疫情蔓延、打赢疫情防控阻击战处于关键时期，必须集中力量、全力以赴。全国人民代表大会是最高国家权力机关，全国人大代表近 3000 人，具有广泛代表性，有许多是各级领导干部，大都奋战在疫情防控工作第一线，还有科研人员、专业技术人员、医护工作者以及工人、农民等代表，他们在疫情防控工作中发挥着重要作用。同时，召开全国人民代表大会是国家政治生活中的一件大事，必须安全有序、顺利进行，聚焦大会议题，营造良好氛围。为了确保聚精会神做好疫情防控工作，坚持把人民群众生命安全和身体健康放在第一位，委员长会议经认真评估认为，有必要适当推迟召开十三届全国人大三次会议。关于今年经济社会发展及其他有关工作，在党中央集中统一领导下，各地区各部门已经部署安排并稳步推进。

宪法第六十一条中规定，“全国人民代表大会会议每年举行一次”。全国人民代表大会议事规则第二条中规定：“全国人民代表大会会议于每年第一季度举行。”关于推迟召开全国人民代表大会会议，宪法法律未作出明确规定。但宪法对于非常情况下推迟全国人大代表的选举有明确规定。近来发生的新冠肺炎疫情，属于突发的重大公共卫生事件。根据有关法律规定，在公共卫生事件发生后，可以采取限制或者停止人群聚集活动的紧急措施。经研究，根据当前疫情形势和防控工作需要，适时推迟全国人民代表大会会议举行时间，符合宪法原则和精神，符合有关法律的规定。

宪法第六十一条中规定，全国人民代表大会会议由全国人民代表大会常务委员会召集。推迟召开全国人民代表大会会议，也需要由全国人大常委会决定。由于诸多不确定因素，目前宜先确定推迟召开十三届全国人大三次会议，暂不明确具体开会时间。拟在具备召开全国人民代表大会会议的条件后，由全国人大常委会适时作出决定，确定召开会议具体时间，并提出大会会议议程草案、主席团和秘书长名单草案、大会会议列席人员名单等。

基于上述情况和考虑，法制工作委员会拟订了《全国人民代表大会常务委员会关于推迟召开第十三届全国人民代表大会第三次会议的决定(草案)》。这个草案已经委员长会议审议同意，决定提请本次常委会会议审议。

草案和以上说明是否妥当，请审议。

全国人民代表大会常务委员会关于授权国务院在中国(海南)自由贸易试验区暂时调整适用有关法律规定的决定

(2020 年 4 月 29 日第十三届全国人民代表大会常务委员会第十七次会议通过)

为支持海南全面深化改革开放，推动中国(海南)自由贸易试验区试点政策落地，第十三届全国人民代表大会常务委员会第十七次会议决定：授权国务院在中国(海南)自由贸易试验区暂时调整适用《中华人民共和国土地管理法》《中华人民共和国种子法》《中华人民共和国海商法》的有关规定(目录附后)，暂时调整适用的期限至 2024 年 12 月 31 日。暂时调整适用有关法律规定，必须建立健全事中事后监管制度，有效防控风险，国务院及其有关部门要加强指导、协调和监督，及时总结试点工作经验，并就暂时调整适用有关法律规定的情况向全国人民代表大会常务委员会作出中期报告。对实践证明可行的，修改完善有关法律；对实践证明不宜调整的，恢复施行有关法律规定。

本决定自 2020 年 5 月 1 日起施行。

关于《关于授权国务院在中国(海南)自由贸易试验区暂时调整实施有关法律规定的决定(草案)》的说明

——2020 年 4 月 26 日在第十三届全国人民代表大会常务委员会第十七次会议上

司法部党组书记、副部长 袁曙宏

全国人民代表大会常务委员会：

我受国务院委托，现对《关于授权国务院在中国(海南)自由贸易试验区暂时调整实施有关法律规定的决定(草案)》作说明。

一、基本情况

支持海南全岛建设自由贸易试验区，支持海南逐步探索、稳步推进中国特色自由贸易港建设，是党中央、国务院作出的重大决策。2018 年

4 月，中共中央、国务院印发《关于支持海南全面深化改革开放的指导意见》(中发〔2018〕12 号)。2018 年 9 月，国务院批准设立中国(海南)自由贸易试验区(以下简称海南自贸试验区)，同时印发《中国(海南)自由贸易试验区总体方案》(国发〔2018〕34 号)。上述文件赋予海南一系列试点政策，并提出各项改革政策措施，凡涉及调整现行法律或行政法规的，经全国人大或国务院统一授权后实施。

为落实党中央、国务院决策部署，推动海南自贸试验区试点政策落地，2019 年 7 月，海南省人民政府向国务院报送了《关于提请审议落实〈中共中央　国务院关于支持海南全面深化改革开放的指导意见〉〈中国(海南)自由贸易试验区总体方案〉涉及暂时调整法律、行政法规和经国务院批准的部门规章规定事项(第一批)的请示》。在此基础上，司法部会同海南省人民政府和有关部门认真梳理研究，拟订了《关于授权国务院在中国(海南)自由贸易试验区暂时调整实施有关法律规定的决定(草案)》(以下简称草案)。草案已经国务院同意。

二、草案的主要内容

草案规定，授权国务院在海南自贸试验区暂时调整实施《中华人民共和国土地管理法》等 3 部法律的有关规定。具体内容如下：

(一)暂时调整实施有关法律规定。

1. 根据国发〔2018〕34 号文件关于海南省人民政府报国务院批准土地征收事项由国务院授权海南省人民政府批准的规定，暂时调整实施《中华人民共和国土地管理法》第三十五条第一款、第四十六条第一款的有关规定，对海南自贸试验区内由国务院批准的土地征收事项，由国务院授权海南省人民政府批准。在严格落实永久基本农田保护政策，确保海南自贸试验区耕地总量不减少、质量不降低，建设用地在现有基础上不增加的前提下，由海南省人民政府制定具体管理办法，完善落实事中事后监管措施，经国务院自然资源主管部门同意后实施。

2. 根据中发〔2018〕12 号文件和国发〔2018〕34 号文件关于支持海南建设全球动植物种质资源引进中转基地的规定，暂时调整实施《中华人民共和国种子法》第三十一条第一款的有关规定，在海南自贸试验区从事种子进出口业务的，其种子生产经营许可证核发权限由国务院农业农村主管部门、林业主管部门下放至海南省农业农村主管部门、林业主管部门。在严格实施引进种质资源的隔离与监管，防止生物入侵，加强风险评估和检疫监管的前提下，由海南省人民政府制定具体管理办法，完善落实事中事后监管措施，经国务院农业农村主管部门、林业主管部门同意后实施。

3. 根据中发〔2018〕12 号文件关于支持海南开通跨国邮轮旅游航线，支持三亚等邮轮港口开展公海游航线试点和国发〔2018〕34 号文件关于研究支持三亚等邮轮港口参与中资方便旗邮轮公海游试点的规定，暂时调整实施《中华人民共和国海商法》第四条第二款的有关规定，将海南自贸试验区港口开展中资方便旗邮轮海上游业务的邮轮企业(经营主体)及邮轮的市场准入许可、仅涉及海南自贸试验区港口的外籍邮轮多点挂靠航线许可权限由国务院交通运输主管部门下放至海南省交通运输主管部门。基于海南海域情况及海南国际邮轮发展状况，在五星红旗邮轮投入运营前，允许中资邮轮运输经营主体在海南三亚、海口邮轮港开展中资方便旗邮轮海上游业务。由海南省人民政府制定具体管理办法，组织相关部门及三亚、海口市人民政府依职责落实监管责任，加强对试点经营主体和邮轮运营的监管。

(二)适用范围。

上述法律暂时调整实施适用于海南自贸试验区(海南岛全岛)。

(三)试行期限。

中发〔2018〕12 号文件提出，到 2025 年，自由贸易港制度初步建立。鉴于海南承担着自由贸易港建设的使命，调整实施有关法律规定的期限应当与海南自由贸易港法的立法进程相衔接。因此，草案明确，上述调整在 2024 年 12 月 31 日前试行。暂时调整实施有关法律规定，必须建立健全事中事后监管制度，有效防控风险，国务院及其有关部门要加强指导、协调和监督，及时总结试点工作经验。对实践证明可行的，修改完善有关法律；对实践证明不宜调整的，恢复施行有关法律规定。

草案和以上说明是否妥当，请予审议。

全国人民代表大会宪法和法律委员会对《关于授权国务院在中国(海南)自由贸易试验区暂时调整实施有关法律规定的决定(草案)》审议结果的报告

——2020 年 4 月 28 日在第十三届全国人民代表大会常务委员会第十七次会议上

全国人民代表大会常务委员会:

本次常委会会议于 4 月 27 日上午对国务院提请审议的《关于授权国务院在中国(海南)自由贸易试验区暂时调整实施有关法律规定的决定(草案)》进行了分组审议,通过网络视频参加会议的一些京外委员提出了书面审议意见。普遍认为,为贯彻落实党中央重大决策部署,由全国人大常委会授权国务院在中国(海南)自由贸易试验区暂时调整适用土地管理法等三部法律的有关规定,是必要的,决定草案基本可行,建议进一步修改后,提请本次会议表决通过。同时,有些常委会组成人员还提出了一些修改意见。宪法和法律委员会于 4 月 27 日下午召开会议,逐条研究了常委会组成人员的审议意见,对决定草案进行了审议。司法部有关负责同志列席了会议。宪法和法律委员会认为,决定草案是可行的,同时提出以下修改意见:

一、有的常委委员提出,决定草案中"调整实施"的表述与立法法第十三条中"暂时调整或者暂时停止适用法律"的表述不一致,近年来全国人大常委会作出的有关授权决定基本采用"调整适用"的表述。宪法和法律委员会经研究,建议将决定草案中的"调整实施"修改为"调整适用"。

二、有的常委委员提出,进一步明确有关法律规定暂时调整适用与"试行"的关系,明确本决定的施行时间。宪法和法律委员会经与司法部共同研究,建议将"上述调整在 2024 年 12 月 31 日前试行"修改为"暂时调整适用的期限至 2024 年 12 月 31 日";同时,建议本决定自 2020 年 5 月 1 日起施行。

三、一些常委会组成人员提出,授权决定作出后,为了加强全国人大常委会对有关法律规定暂时调整适用情况的监督,建议在决定草案中增加向全国人大常委会作中期报告的内容。宪法和法律委员会经与司法部共同研究,建议采纳这一意见,在决定草案中增加"并就暂时调整适用有关法律规定的情况向全国人民代表大会常务委员会作出中期报告"。

此外,根据常委会组成人员的审议意见,还对决定草案作了个别文字修改。

宪法和法律委员会已按上述意见提出了全国人民代表大会常务委员会关于授权国务院在中国(海南)自由贸易试验区暂时调整适用有关法律规定的决定(草案建议表决稿),建议本次常委会会议审议通过。

决定草案建议表决稿和以上报告是否妥当,请审议。

全国人民代表大会常务委员会关于第十三届全国人民代表大会第三次会议召开时间的决定

(2020 年 4 月 29 日第十三届全国人民代表大会常务委员会第十七次会议通过)

2020 年 2 月 24 日,第十三届全国人民代表大会常务委员会第十六次会议决定,适当推迟召开第十三届全国人民代表大会第三次会议,具体开会时间由全国人民代表大会常务委员会另行决定。综合考虑各方面因素,第十三届全国人民代表大会常务委员会第十七次会议决定:中华人民共和国第十三届全国人民代表大会第三次会议于 2020 年 5 月 22 日在北京召开。

全国人民代表大会常务委员会关于增加《中华人民共和国香港特别行政区基本法》附件三所列全国性法律的决定

（2020年6月30日第十三届全国人民代表大会常务委员会第二十次会议通过）

根据《全国人民代表大会关于建立健全香港特别行政区维护国家安全的法律制度和执行机制的决定》，第十三届全国人民代表大会常务委员会第二十次会议决定：在《中华人民共和国香港特别行政区基本法》附件三中增加全国性法律《中华人民共和国香港特别行政区维护国家安全法》，并由香港特别行政区在当地公布实施。

关于《全国人民代表大会常务委员会关于增加〈中华人民共和国香港特别行政区基本法〉附件三所列全国性法律的决定（草案）》的说明

——2020年6月30日在第十三届全国人民代表大会常务委员会第二十次会议上

全国人大常委会法制工作委员会主任　沈春耀

全国人民代表大会常务委员会：

我受委员长会议的委托，作关于《全国人民代表大会常务委员会关于增加〈中华人民共和国香港特别行政区基本法〉附件三所列全国性法律的决定（草案）》的说明。

《中华人民共和国香港特别行政区基本法》（以下简称香港基本法）第十八条第二款规定，全国性法律除列于香港基本法附件三者外，不在香港特别行政区实施。凡列于香港基本法附件三的法律，由香港特别行政区在当地公布或立法实施。第三款规定，全国人民代表大会常务委员会在征询其所属的香港特别行政区基本法委员会和香港特别行政区政府的意见后，可对列于香港基本法附件三的法律作出增减，任何列入香港基本法附件三的法律，限于有关国防、外交和其他按香港基本法规定不属于香港特别行政区自治范围的法律。

第十三届全国人民代表大会第三次会议通过了《全国人民代表大会关于建立健全香港特别行政区维护国家安全的法律制度和执行机制的决定》（以下简称《决定》）。《决定》第六条明确规定：“授权全国人民代表大会常务委员会就建立健全香港特别行政区维护国家安全的法律制度和执行机制制定相关法律，切实防范、制止和惩治任何分裂国家、颠覆国家政权、组织实施恐怖活动等严重危害国家安全的行为和活动以及外国和境外势力干预香港特别行政区事务的活动。全国人民代表大会常务委员会决定将上述相关法律列入《中华人民共和国香港特别行政区基本法》附件三，由香港特别行政区在当地公布实施。”

今天上午，十三届全国人大常委会第二十次会议通过了《中华人民共和国香港特别行政区维护国家安全法》（以下简称香港特别行政区维护国家安全法），完成了制定相关法律的任务。下一步，全国人大常委会需要按照《决定》的明确要求，决定将香港特别行政区维护国家安全法列入香港基本法附件三，并明确由香港特别行政区在当地公布实施。

香港特别行政区维护国家安全法通过后，全国人大常委会办公厅依照法定程序征询了香港特别行政区基本法委员会和香港特别行政区政府的意见。香港特别行政区基本法委员会和香港特别行政区政府均认为，全国人大常委会将香港特别行政区维护国家安全法列入香港基本法附件三，明确由香港特别行政区在当地公布实施，是贯彻落实《决定》的必然要求和重要举措，符合全国人大《决定》和香港基本法的规定，是必要的、适当的。

全国人大常委会将有关法律列入基本法附件三，在特别行政区实施，是国家依照宪法和基本法对特别行政区行使全面管治权的重要体现。维护国家安全是中央事权，中央人民政府对香港特别行政区有关的国家安全事务负有根本责任。香港特别行政区维护国家安全法充分考虑到维护国家安全的现实需要和香港特别行政区的具体情况，对香港特别行政区维护国家安全的法律制度和执行机制作出全面系统的规定，对依法防范、制止和惩治危害国家安全的四类犯罪行为和刑事责任作出明确规定，为推进香港特别行政区维护国家安全相关制度机制建设、加强香港特别行政区维护国家安全执法司法工作提供了有力的宪制依据和法律依据。全国人大常委会根据《决定》制定的香港特别行政区维护国家安全法，属于应列入香港基本法附件三范围的法律。全国人大常委会决定将相关法律列入香港基本法附件三，符合全国人大《决定》和香港基本法的有关规定。

全国人大《决定》还明确要求，全国人大常委会决定将相关法律列入香港基本法附件三后，由香港特别行政区在当地公布实施。香港特别行政区维护国家安全法在形成过程中，坚持“一国两制”方针，注重兼顾两地差异，着力处理好香港特别行政区维护国家安全法与国家有关法律、香港特别行政区本地法律的衔接、兼容和互补关系。香港特别行政区基本法委员会和香港特别行政区政府在提交的有关意见中，均表示赞成该法律列入香港基本法附件三后由香港特别行政区公布实施。全国人大常委会在有关决定中明确，由香港特别行政区在当地公布实施，是必要的、适当的。

香港特别行政区维护国家安全法列入香港基本法附件三之后，香港特别行政区应当尽快按照香港本地法律将该法律在本地刊宪，完成公布实施程序。法律公布施行后，应当全面落实该法律的各项要求，切实担负起维护国家安全的宪制责任，确保该法律在香港特别行政区得到有效执行。

《全国人民代表大会常务委员会关于增加〈中华人民共和国香港特别行政区基本法〉附件三所列全国性法律的决定（草案）》和以上说明是否妥当，请审议。

中华人民共和国主席令

第五十三号

为了隆重表彰在抗击新冠肺炎疫情斗争中作出杰出贡献的功勋模范人物，弘扬他们忠诚、担当、奉献的崇高品质，根据第十三届全国人民代表大会常务委员会第二十一次会议的决定，授予下列人士国家勋章、国家荣誉称号：

一、授予钟南山“共和国勋章”。

二、授予张伯礼、张定宇、陈薇（女）“人民英雄”国家荣誉称号。

中华人民共和国主席　习近平

2020 年 8 月 11 日

全国人民代表大会常务委员会关于授予在抗击新冠肺炎疫情斗争中作出杰出贡献的人士国家勋章和国家荣誉称号的决定

（2020 年 8 月 11 日第十三届全国人民代表大会常务委员会第二十一次会议通过）

新冠肺炎疫情是新中国成立以来发生的传播速度最快、感染范围最广、防控难度最大的一次重大突发公共卫生事件。在这场严峻的疫情防控斗争中，涌现出一大批可歌可泣的先进典型和感人事迹。广大医务工作者、科研工作者、人民解放军指战员、公安干警、社区工作者、基层干部、志愿者等群体，为新冠肺炎疫情防控人民战争、总体战、阻击战取得重大战略成果作出了重要贡献。为了隆重表彰在抗击新冠肺炎疫情斗争中作出杰出贡献的功勋模范人物，弘扬他们忠诚、担当、奉献的崇高品质，根据《中华人民共和国宪法》和《中华人民共和国国家勋章和国家荣誉称号法》，第十三届全国人民代表大会常务委员会第二十一次会议决定：

一、授予钟南山“共和国勋章”。

二、授予张伯礼、张定宇、陈薇（女）“人民英雄”国家荣誉称号。

全国人民代表大会常务委员会号召，全国各族人民要紧密地团结在以习近平同志为核心的党中央周围，以国家勋章和国家荣誉称号获得者为楷模，大力宣传他们的卓越功绩，积极学习他们的先进事迹，众志成城，攻坚克难，为决胜全面建成小康社会、夺取新时代中国特色社会主义伟大胜利、实现中华民族伟大复兴的中国梦作出新的更大贡献！

关于《全国人民代表大会常务委员会关于授予在抗击新冠肺炎疫情斗争中作出杰出贡献的人士国家勋章和国家荣誉称号的决定（草案）》的说明

——2020 年 8 月 10 日在第十三届全国人民代表大会常务委员会第二十一次会议上

全国人大常委会法制工作委员会主任　沈春耀

全国人民代表大会常务委员会：

我受委员长会议的委托，作关于《全国人民代表大会常务委员会关于授予在抗击新冠肺炎疫情斗争中作出杰出贡献的人士国家勋章和国家荣誉称号的决定（草案）》的说明。

一、关于授予在抗击新冠肺炎疫情斗争中作出杰出贡献的人士国家勋章和国家荣誉称号的重大意义

新冠肺炎疫情是新中国成立以来发生的传播速度最快、感染范围最广、防控难度最大的一次重大突发公共卫生事件。在以习近平同志为核心的党中央的坚强领导下，全国上下坚定信心、同舟共济、科学防治、精准施策，打响抗击疫情的人民战争、总体战、阻击战。经过艰苦卓绝的努力，付出巨大代价和牺牲，我国的疫情防控取得重大战略成果，维护了人民生命安全和身体健康，为维护世界公共卫生安全作出了重要贡献。在这场严峻的疫情防控斗争中，涌现出一大批可歌可泣的先进典型，他们以高度的政治责任感和使命感，舍身忘我，逆向而行，甘冒生命危险，奋战在疫情防控一线，谱写了一曲战天斗地、无私奉献的英雄赞歌。

党中央决定，在新冠肺炎疫情防控人民战争、总体战、阻击战取得重大战略成果之际，开展国家勋章和国家荣誉称号评选颁授，隆重表彰为抗击新冠肺炎疫情斗争作出杰出贡献的功勋模范人物，具有重大意义。

第一，授予在抗击新冠肺炎疫情斗争中作出杰出贡献的人士国家最高荣誉，有利于大力宣传抗疫英雄的卓越功绩和光辉形象，强化国家尊崇与民族记忆。习近平总书记指出：“崇尚英雄才会产生英雄，争做英雄才能英雄辈出。”抗疫斗争是一场没有硝烟的战争，面对惊心动魄的生死考验，广大医务工作者、科研工作者、人民解放军指战员、公安干警、社区工作者、基层干部、志愿者等群体，冲锋在前、坚守一线、不计得失、勇挑重担，筑起了疫情防控的铜墙铁壁，为夺取抗疫斗争胜利提供了重要保证。授予在抗击新冠肺炎疫情斗争中作出杰出贡献的人士国家最高荣誉，以国家的最高规格礼赞这些英雄模范，给予他们应有的关怀和礼遇，彰显其政治声誉和崇高地位，向全社会发出关心英雄、珍爱英雄、尊重英雄的强烈信号，使之成为中华民族代代相传的精神和价值追求。

第二，授予在抗击新冠肺炎疫情斗争中作出杰出贡献的人士国家最高荣誉，有利于强化爱国主

义、集体主义教育，弘扬社会主义核心价值观。习近平总书记在十九大报告中指出，要培育和践行社会主义核心价值观。社会主义核心价值观是当代中国精神的集中体现，凝结着全体人民共同的价值追求。在疫情防控斗争中，广大专家学者不辞辛劳、夜以继日，在分析疫情形势、完善防控策略、指导医疗救治等方面献计献策，充分发挥自己的专业优势。广大医务工作者面对生死考验义无反顾、坚定前行，他们直面病毒战斗，承受难以想象的身体和心理压力，付出巨大牺牲。广大科技人员勇于担当、攻坚克难，为疫情防控提供强大科技支撑。他们都以自己的实际行动践行社会主义核心价值观。授予在抗击新冠肺炎疫情斗争中作出杰出贡献的人士国家最高荣誉，充分肯定他们的历史功绩，弘扬忠诚、担当、奉献的崇高品质，进一步激发全国各族人民彻底战胜疫情的信心和决心，铸就起万众一心、共克时艰的强大精神防线。

第三，授予在抗击新冠肺炎疫情斗争中作出杰出贡献的人士国家最高荣誉，有利于充分展示中华儿女众志成城、不畏艰险、愈挫愈勇的民族品格，为顺利推进中国特色社会主义伟大事业，实现第一个百年奋斗目标凝聚党心军心民心。习近平总书记指出："中华民族历史上经历过很多磨难，但从来没有被压垮过，而是愈挫愈勇，不断在磨难中成长、从磨难中奋起。"在党中央的号召下，一方有难、八方支援，14 亿中国人民坚韧奉献、团结协作，"武汉加油"、"湖北加油"成为全国人民的共同声音，全社会构筑起同心战疫的坚固防线，彰显了人民的伟大力量。在抗击新冠肺炎疫情斗争中作出杰出贡献的人士，是亿万中华儿女的优秀代表，授予他们国家最高荣誉，能更好地凝聚力量，矗立起爱国奉献、担当作为的精神灯塔，激励全国各族人民为决胜全面建成小康社会、夺取新时代中国特色社会主义伟大胜利、实现中华民族伟大复兴的中国梦而努力奋斗。

二、决定草案起草的工作过程和此次颁授活动把握的基本原则

经党中央批准，此次授予"共和国勋章"1—2 名，"人民英雄"国家荣誉称号 2—4 名。中共中央办公厅于 2020 年 6 月中旬印发通知，明确由北京市、湖北省和中央组织部、科技部、人力资源社会保障部、国家卫生健康委、中央军委政治工作部提出初步建议人选。各提名单位按照要求，经仔细摸排、集体研究，报送了初步建议人选。在充分参考提名单位意见基础上，党和国家功勋荣誉表彰工作委员会办公室经深入论证、反复比选，并报党和国家功勋荣誉表彰工作委员会领导同志同意，确定了考察人选。7 月底，党和国家功勋荣誉表彰工作委员会办公室牵头对"共和国勋章"和"人民英雄"国家荣誉称号人选进行考察。根据考察结果，经报党中央原则同意，8 月 3 日至 7 日对建议人选进行了全国公示。建议人选得到全社会的广泛认同。

评选工作坚持以习近平新时代中国特色社会主义思想为指导，增强"四个意识"，坚定"四个自信"，做到"两个维护"，注意把握以下几点：一是坚持最高标准。评选中坚持立场坚定、功勋卓著、品德高尚、群众公认的基本要求，反复比选、好中选优，确保建议人选经得起人民考验、时间考验。二是明确评选定位。本次评选聚焦疫情防控重点地区、重点领域，在新冠肺炎疫情防控、救治第一线，为新冠肺炎疫情防控作出杰出贡献的个人可以提名。钟南山、张伯礼、张定宇、陈薇在疫情防控中均作出杰出贡献，一贯表现优秀，群众公认度高，荣誉基础较好，符合国家最高荣誉获得者相关标准要求。三是适当统筹兼顾。坚持实事求是，适当考虑各方面情况，总体结构比较合理。

公示结束后，经报党中央同意，党和国家功勋荣誉表彰工作委员会办公室将建议人选名单提交全国人大常委会办公厅。根据全国人大常委会的工作安排，法制工作委员会经与中共中央办公厅、党和国家功勋荣誉表彰工作委员会办公室研商，形成了《全国人民代表大会常务委员会关于授予在抗击新冠肺炎疫情斗争中作出杰出贡献的人士国家勋章和国家荣誉称号的决定（草案）》，委员长会议决定提请本次常委会会议审议。

三、决定草案的主要内容

决定草案提出了授予"共和国勋章"、"人民英雄"国家荣誉称号的人选。

（一）授予钟南山"共和国勋章"。

（二）授予张伯礼、张定宇、陈薇（女）"人民英雄"国家荣誉称号。

决定草案和以上说明是否妥当，请审议。

全国人民代表大会常务委员会关于香港特别行政区第六届立法会继续履行职责的决定

（2020年8月11日第十三届全国人民代表大会常务委员会第二十一次会议通过）

第十三届全国人民代表大会常务委员会第二十一次会议审议了《国务院关于提请全国人民代表大会常务委员会就香港特别行政区第六届立法会继续运作作出决定的议案》。上述议案是应香港特别行政区行政长官向中央人民政府报送的有关报告提出的。香港特别行政区行政长官会同行政会议因应当地新冠肺炎疫情的严峻形势已决定将香港特别行政区第七届立法会选举推迟一年，在此情况下香港特别行政区立法机关将出现空缺。为维护香港特别行政区宪制秩序和法治秩序，确保香港特别行政区政府正常施政和社会正常运行，根据《中华人民共和国宪法》和《中华人民共和国香港特别行政区基本法》的有关规定，全国人民代表大会常务委员会作出如下决定：

2020年9月30日后，香港特别行政区第六届立法会继续履行职责，不少于一年，直至香港特别行政区第七届立法会任期开始为止。香港特别行政区第七届立法会依法产生后，任期仍为四年。

关于《国务院关于提请全国人民代表大会常务委员会就香港特别行政区第六届立法会继续运作作出决定的议案》的说明

——2020年8月8日在第十三届全国人民代表大会常务委员会第二十一次会议上

国务院港澳事务办公室主任　夏宝龙

全国人民代表大会常务委员会：

我受国务院委托，现对《国务院关于提请全国人民代表大会常务委员会就香港特别行政区第六届立法会继续运作作出决定的议案》作以下说明。

一、关于香港特别行政区立法会正常换届选举受影响的情况

香港特别行政区立法会是香港特别行政区的立法机关。《中华人民共和国香港特别行政区基本法》（以下简称基本法）第六十九条规定："香港特别行政区立法会除第一届任期为两年外，每届任期四年。"香港特别行政区第六届立法会任期至今年9月30日届满。今年6月12日，香港特别行政区行政长官林郑月娥依法指定9月6日为第七届立法会换届选举的举行日期。随后，香港特别行政区选举管理委员会公布《立法会选举活动指引》，并指定7月18日至31日为立法会换届选举提名期。

今年7月初以来，香港特别行政区暴发新一轮新冠肺炎疫情。截至8月7日零时，全港累计确诊病例3938例，其中本地确诊病例2874例，受感染人士遍布香港多个区域和行业，且有接近一半个案感染源头不明。特别是7月22日至8月2日，连续12天每日新增确诊病例均过百例。面对新冠肺炎疫情，香港特别行政区政府迅速行动，采取了加强病源追踪、加大边境管制、严格控制公共场所聚集、收紧豁免检疫安排等一系列更为严格的防疫抗疫措施，但疫情仍然在社区急速扩散、持续蔓延，防疫形势极为严峻。公共卫生专家认为，此轮新冠肺炎疫情出现社区大暴发的风险不断增大，而且短期内难以消失。如果每日新增病例过百的情况持续数周，香港的公立医院系统将濒临崩溃。

新一轮新冠肺炎疫情对立法会换届选举的正常举行造成严重冲击。一是由于投票日预计将有超过300万选民到615个投票站投票，而投票站空间小，届

时难免在投票站内外出现人群聚集的情况，交叉感染的风险非常高。二是由于特别行政区政府从 7 月 29 日起实施禁止 2 人以上人群聚集的防控措施，导致候选人难以开展竞选活动，争取选民支持。三是据国家移民局统计，近 3 个月滞留内地的港人有 52.7 万，他们将难以在投票日返回香港投票。同时，今年年初以来，有数以万计赴海外的香港选民因为疫情和有关防控措施而滞留当地，也将同样失去投票机会。四是香港特别行政区登记选民中逾 60 万年龄超过 71 岁的长者选民，是新冠肺炎疫情的易感人群，他们可能基于健康考虑而放弃投票。香港许多政团、社团和社会人士认为，在上述因素的综合作用下，如期举行选举不仅很难确保公平、公开，而且会加大新冠肺炎病毒传播风险，危及选民、支持者和投票站工作人员的生命健康和安全。他们纷纷呼吁特别行政区政府借鉴世界上许多国家和地区的做法，依法推迟第七届立法会选举。

在此情况下，为保障市民的身体健康和生命安全，保障立法会选举的参与度和公平公正，并避免妨碍立法会按年度周期处理事务和扰乱选举周期，7 月 28 日，香港特别行政区行政长官会同行政会议根据香港特别行政区《紧急情况规例条例》，决定暂停实施香港特别行政区《立法会条例》中有关“押后立法会选举不得超过 14 天”的规定，将第七届立法会选举推迟一年。

二、国务院提请全国人民代表大会常务委员会作出决定的有关考虑

7 月 28 日，林郑月娥行政长官向中央人民政府呈送了《关于香港特别行政区 2020 年立法会换届选举押后事宜的报告》，报告了行政长官会同行政会议所作的推迟第七届立法会选举一年的决定，行政长官还请求中央人民政府对于立法会选举推迟后如何处理立法机关空缺问题，提请全国人民代表大会常务委员会作出相关决定。

国务院认为，行政长官会同行政会议依据《紧急情况规例条例》作出推迟第七届立法会换届选举的决定，法律依据充分，符合当前香港疫情发展的实际情况，有利于保障公共安全和选举的公平公正，符合公众利益，是必要的、恰当的。国务院已于 7 月 29 日向林郑月娥行政长官表明对行政长官会同行政会议所作有关决定的支持。

林郑月娥行政长官在报告中还请求中央人民政府提请全国人民代表大会常务委员会就香港特别行政区第七届立法会选举推迟情况下立法机关空缺问题作出相应安排，为第六届立法会继续运作提供宪制依据。我们认为，根据基本法第四十三条，行政长官作为香港特别行政区的首长，代表香港特别行政区对中央人民政府负责，其就香港特别行政区出现的立法会正常换届选举受到影响的宪制问题向中央人民政府提交报告并提出有关建议是适当的。由全国人民代表大会常务委员会就有关问题作出决定也是必要的：一是根据基本法第六十九条关于立法会正常任期每届四年的规定，第六届立法会任期至今年 9 月 30 日结束。在香港现行有关法律规定下，行政长官有权决定推迟第七届立法会选举，但无法解决第七届立法会选举推迟后出现的立法机关空缺问题，必须由全国人民代表大会常务委员会从宪制层面解决。二是全国人民代表大会常务委员会有权力也有责任对基本法实施过程中遇到的宪制问题以适当方式予以解决。全国人民代表大会常务委员会的有关决定将为香港特别行政区第六届立法会继续运作提供坚实的法律基础。

三、议案的主要内容及说明

国务院提请全国人民代表大会常务委员会作出决定的议案的内容包括：一是明确 2020 年 9 月 30 日后香港特别行政区第六届立法会继续运作；二是第六届立法会继续运作的时间不少于一年，直至第七届立法会任期开始为止。

议案建议明确 2020 年 9 月 30 日后香港特别行政区第六届立法会继续运作，旨在解决推迟第七届立法会选举引起的立法机关空缺问题，确保立法机关正常运作、特别行政区政府有效施政和社会正常运转。根据基本法第七十三条规定，香港特别行政区立法会行使重要职权，包括制定、修改和废除法律，审核、通过财政预算，批准税收和公共开支等。如果立法机关在相当长时间内空缺，将对特别行政区政府施政和社会稳定带来极为严重的不利影响。明确香港特别行政区第六届立法会继续运作，可以避免出现上述情况。

议案建议明确第六届立法会继续运作不少于一年，直至第七届立法会任期开始为止，既是与行政长官会同行政会议将第七届立法会选举推迟一年的决定相衔接，也考虑到为香港特别行政区根据疫情发展情况和有关工作需要延长立法会选举日期预留空间。

此外，根据基本法第六十九条关于“香港特别行政区立法会除第一届任期为两年外，每届任期四

年”的规定。建议全国人民代表大会常务委员会在有关决定中明确，香港特别行政区第七届立法会依法产生后，任期仍为四年。

总之，全国人民代表大会常务委员会对第六届立法会继续运作事宜作出决定，对于确保香港特别行政区政府施政和社会正常运转、保持香港的繁荣稳定，是十分必要的。

议案和以上说明是否妥当，请予审议。

全国人民代表大会宪法和法律委员会关于《全国人民代表大会常务委员会关于香港特别行政区第六届立法会继续运作的决定（草案）》的审议意见

——2020年8月8日在第十三届全国人民代表大会常务委员会第二十一次会议上

全国人民代表大会常务委员会：

国务院关于提请全国人民代表大会常务委员会就香港特别行政区第六届立法会继续运作作出决定的议案，已于近日由国务院提请全国人大常委会审议。国务院提出，为确保香港特别行政区立法机关依法履行职责，确保特别行政区政府正常施政和社会正常运行，提请全国人民代表大会常务委员会作出决定，明确2020年9月30日后香港特别行政区第六届立法会继续运作，不少于一年，直至第七届立法会任期开始为止。

2020年7月30日，宪法和法律委员会召开会议，就有关议题列入常委会会议议程进行了审议。宪法和法律委员会认为，香港特别行政区立法会是香港特别行政区的立法机关，是香港特别行政区政治体制的重要组成部分，依法行使制定、修改和废除法律，审核、通过财政预算，批准税收和公共开支等重要职权。香港特别行政区行政长官会同行政会议因应当地新冠肺炎疫情的严峻形势，已决定将香港特别行政区第七届立法会选举推迟一年。在此情况下，香港特别行政区立法机关将出现空缺。全国人大常委会就香港特别行政区第六届立法会继续运作等相关问题作出决定，符合宪法和香港基本法的规定和原则，是必要的、可行的。

宪法和法律委员会建议，将该议案列入十三届全国人大常委会第二十一次会议议程，根据常委会组成人员的审议意见和各方面的意见，对国务院代拟的决定草案进行修改完善后，由全国人大常委会作出相应决定。

全国人民代表大会宪法和法律委员会关于《全国人民代表大会常务委员会关于香港特别行政区第六届立法会继续运作的决定（草案）》审议结果的报告

——2020年8月11日在第十三届全国人民代表大会常务委员会第二十一次会议上

全国人民代表大会常务委员会：

本次常委会会议于8月8日下午对国务院提请全国人大常委会审议的《全国人民代表大会常务委员会关于香港特别行政区第六届立法会继续运作的决定（草案）》进行了分组审议。普遍认为，香港特别行政区立法会作为香港特别行政区的立法机关，是香港特别行政区政治体制的重要组成部分，依法行使制定、修改和废除法律，审核、通过财政预算，批准税收和公共开支等重要职权。立法会出现空缺，将会严重影响特别行政区政府施政和社会正常运转。在香港特别行政区第七届立法会选举已推迟的情况下，全国人大常委会依照宪法和香港基本法的有关规定，明确香港特别行政区第六届立法会在 2020 年 9 月 30 日之后继续运作和有关问题，是必要的、适当的，赞成本次常委会会议就此作出相关决定。同时，有些常委会组成人员还提出了一些修改意见。

宪法和法律委员会于 8 月 9 日召开会议，研究了常委会组成人员的审议意见，对决定草案进行了审议。国务院港澳事务办公室有关负责同志列席了会议。宪法和法律委员会认为，决定草案是可行的，根据常委会组成人员的审议意见和有关方面的意见，对决定草案作了个别修改完善，主要是：

一、有的常委会组成人员、有关方面提出，“继续运作”的表述不够明确，建议将决定草案标题、正文中的“继续运作”修改为“继续履行职责”。宪法和法律委员会经研究，建议采纳这一意见。

二、有的常委会组成人员、有关方面建议，在有关作出本决定的目的表述中，将“为确保香港特别行政区立法机关依法履行职责”修改为“为维护香港特别行政区宪制秩序和法治秩序”。宪法和法律委员会经研究认为，香港特别行政区立法会是政权架构中不可或缺的组成部分。全国人大常委会就立法会相关问题作出决定，对于维护香港特别行政区宪制秩序和法治秩序具有重要意义。建议采纳上述意见。

此外，根据常委会组成人员的审议意见，还对决定草案作了个别文字修改。

宪法和法律委员会已按上述意见提出了全国人民代表大会常务委员会关于香港特别行政区第六届立法会继续履行职责的决定（草案建议表决稿），建议本次常委会会议审议通过。

决定草案建议表决稿和以上报告是否妥当，请审议。

全国人民代表大会常务委员会关于授权国务院在粤港澳大湾区内地九市开展香港法律执业者和澳门执业律师取得内地执业资质和从事律师职业试点工作的决定

（2020 年 8 月 11 日第十三届全国人民代表大会常务委员会第二十一次会议通过）

为促进粤港澳大湾区建设，发挥香港法律执业者和澳门执业律师的专业作用，第十三届全国人民代表大会常务委员会第二十一次会议决定：授权国务院在广东省广州市、深圳市、珠海市、佛山市、惠州市、东莞市、中山市、江门市、肇庆市开展试点工作，符合条件的香港法律执业者和澳门执业律师通过粤港澳大湾区律师执业考试，取得内地执业资质的，可以从事一定范围内的内地法律事务。具体试点办法由国务院制定，报全国人民代表大会常务委员会备案。试点期限为三年，自试点办法印发之日起算。试点期间，国务院要依法加强对试点工作的组织指导和监督检查，就试点情况向全国人大常委会作出报告。试点期满后，对实践证明可行的，修改完善有关法律。

本决定自公布之日起施行。

关于《关于授权国务院在粤港澳大湾区内地九市开展香港法律执业者和澳门执业律师取得内地执业资质和从事律师职业试点工作的决定（草案）》的说明

——2020 年 8 月 8 日在第十三届全国人民代表大会常务委员会第二十一次会议上

司法部部长　唐一军

全国人民代表大会常务委员会：

我受国务院委托，现对《关于授权国务院在粤港澳大湾区内地九市开展香港法律执业者和澳门执业律师取得内地执业资质和从事律师职业试点工作的决定(草案)》作说明。

一、试点的必要性

以习近平同志为核心的党中央对推进粤港澳大湾区建设作出重大决策部署,强调要全面推进内地与香港、澳门互利合作。2018年7月,中共中央、国务院印发《粤港澳大湾区发展规划纲要》,提出研究港澳律师在粤港澳大湾区珠三角九市执业资质和业务范围问题。经国务院批准,2019年修订的《〈内地与香港关于建立更紧密经贸关系的安排〉服务贸易协议》、《〈内地与澳门关于建立更紧密经贸关系的安排〉服务贸易协议》允许港澳法律执业者通过特定考试取得粤港澳大湾区珠三角九市执业资质,从事一定范围内的内地法律事务。多年来,港澳律师界也反复提出希望通过特殊方式对香港法律执业者和澳门执业律师(以下统称港澳律师)进入内地的执业资质、业务范围进行界定,进一步加大内地律师业对港澳开放力度。为贯彻落实中央决策部署,发挥港澳律师专业优势,促进粤港澳大湾区建设,有必要在粤港澳大湾区内地九市开展港澳律师取得内地执业资质和从事律师职业试点工作。由于法律并未对港澳律师在内地执业问题作出规定,开展相应试点工作需要经过全国人大常委会授权。

司法部在认真调研论证基础上,研究起草了《关于授权国务院在粤港澳大湾区内地九市开展香港法律执业者和澳门执业律师取得内地执业资质和从事律师职业试点工作的决定(草案)》(以下简称授权决定草案),经反复征求有关方面意见,修改完善形成了目前的授权决定草案。授权决定草案已经国务院同意。

二、授权决定草案的主要内容

(一)明确授权范围及事项。授权决定草案规定,由全国人大常委会授权国务院在广东省广州市、深圳市、珠海市、佛山市、惠州市、东莞市、中山市、江门市、肇庆市开展试点工作,允许港澳律师通过粤港澳大湾区律师执业考试取得内地执业资质,从事一定范围内的内地法律事务。

(二)明确试点办法制定主体及程序。授权决定草案规定,具体试点办法由国务院制定,报全国人大常委会备案。

(三)明确试点期限及期间、期满后的有关工作。授权决定草案规定,试点期限为三年,自试点办法印发之日起算。试点期间,国务院要加强对试点工作的组织指导和监督检查,就试点情况向全国人大常委会作出报告。试点期满后,对实践证明可行的,修改完善有关法律。

三、试点的主要内容

(一)报名。报名参加粤港澳大湾区律师执业考试的人员应当是香港特别行政区、澳门特别行政区永久性居民中的中国公民;拥护宪法和港澳基本法;依据香港特别行政区有关法律,经香港特别行政区高等法院认许,在律师、大律师登记册上登记,且未被暂时吊销执业资格的律师、大律师,或者在澳门律师公会有效确定注册的执业律师;具有累计五年以上律师执业经历;职业道德良好,未有因不良名誉或违反职业道德受惩处的记录;能用中文书写法律文书,能用普通话进行业务活动。

(二)考试和申请执业。港澳律师通过粤港澳大湾区律师执业考试后,由司法部发出考试合格的通知,经广东省律师协会集中培训并考核合格后,可向广东省司法厅申请粤港澳大湾区律师执业,由广东省司法厅颁发律师执业证书(粤港澳大湾区)。

(三)业务范围。取得律师执业证书(粤港澳大湾区)的人员可在粤港澳大湾区内地九市内,办理适用内地法律的部分民商事法律事务。其中,诉讼案件为位于粤港澳大湾区内地九市的高级、中级、基层人民法院和有关专门人民法院受理的民商事案件;非诉讼业务应当满足自然人户籍地或经常居所地,法人或其他组织登记地,标的物所在地,合同履行地,产生、变更或者消灭民商事关系的法律事实发生地在粤港澳大湾区内地九市内,或者为粤港澳大湾区内地九市内仲裁委员会受理的商事仲裁案件等条件之一。

(四)执业管理。取得律师执业证书(粤港澳大湾区)的人员,依照律师法接受广东省司法厅及所在地司法行政机关的监督管理,接受律师协会的行业管理;不能保持报名条件或者申请律师执业条件的,由广东省司法厅注销其律师执业证书(粤港澳大湾区);有违法违纪行为的,由有关司法行政机关、律师协会依法依规给予行政处罚、行业处分。

授权决定草案和以上说明是否妥当,请予审议。

全国人民代表大会宪法和法律委员会对《关于授权国务院在粤港澳大湾区内地九市开展香港法律执业者和澳门执业律师取得内地执业资质和从事律师职业试点工作的决定(草案)》审议结果的报告

——2020 年 8 月 11 日在第十三届全国人民代表大会常务委员会第二十一次会议上

全国人民代表大会常务委员会:

本次常委会会议于 8 月 8 日下午对国务院提请审议的《关于授权国务院在粤港澳大湾区内地九市开展香港法律执业者和澳门执业律师取得内地执业资质和从事律师职业试点工作的决定(草案)》进行了分组审议。普遍认为,为贯彻落实党中央重大决策部署,发挥香港法律执业者和澳门执业律师在粤港澳大湾区建设中的专业作用,由全国人大常委会授权国务院在粤港澳大湾区内地九市开展香港法律执业者和澳门执业律师取得内地执业资质和从事律师职业试点工作,是必要的,决定草案基本可行,建议进一步修改后,提请本次会议表决通过。同时,有些常委会组成人员还提出了一些修改意见。宪法和法律委员会于 8 月 9 日上午召开会议,逐条研究了常委会组成人员的审议意见,对决定草案进行了审议。司法部有关负责同志列席了会议。宪法和法律委员会认为,决定草案总体可行。同时,根据常委会组成人员的审议意见,对决定草案作了有关文字修改。

在常委会审议中,有些常委会组成人员还对试点工作提出了一些具体意见,如进一步修改完善报名条件、业务范围,加强执业管理等。宪法和法律委员会建议,国务院在根据本授权决定制定试点办法时对这些意见一并深入研究,作出具体规定。

宪法和法律委员会已按上述意见提出了全国人民代表大会常务委员会关于授权国务院在粤港澳大湾区内地九市开展香港法律执业者和澳门执业律师取得内地执业资质和从事律师职业试点工作的决定(草案建议表决稿),建议本次常委会会议审议通过。

决定草案建议表决稿和以上报告是否妥当,请审议。

全国人民代表大会常务委员会关于香港特别行政区立法会议员资格问题的决定

(2020 年 11 月 11 日第十三届全国人民代表大会常务委员会第二十三次会议通过)

第十三届全国人民代表大会常务委员会第二十三次会议审议了《国务院关于提请就香港特别行政区立法会议员资格问题作出决定的议案》。上述议案是应香港特别行政区行政长官的请求而提出的。会议认为,为了全面准确贯彻落实“一国两制”方针和《中华人民共和国香港特别行政区基本法》,维护国家主权、安全和发展利益,维护香港长期繁荣稳定,必须确保香港特别行政区有关公职人员包括立法会议员符合拥护中华人民共和国香港特别行政区基本法、效忠中华人民共和国香港特别行政区的法定要求和条件。为此,全国人民代表大会常务委员会同意国务院 2020 年 11 月 7 日提出的议案,根据《中华人民共和国宪法》第五十二条、第五十四条、第六十七条第一项的规定和《中华人民共和国香港特别行政区基本法》、《全国人民代表大会关于建立健全香港特别行政区维护国家安全的法律制度和执行机制的决定》、《中华人民共和国香港特别行政区维护国家安全法》的有关规定以及《全国人民代表大会常务委员会关于〈中华人民共和国香港特别行政区基本法〉第一百零四条的解释》、《全国人民代表大会常务委员会关于香港特别行政区第六届立法会继续履行职责的决定》,作出如下决定：

一、香港特别行政区立法会议员，因宣扬或者支持“港独”主张、拒绝承认国家对香港拥有并行使主权、寻求外国或者境外势力干预香港特别行政区事务，或者具有其他危害国家安全等行为，不符合拥护中华人民共和国香港特别行政区基本法、效忠中华人民共和国香港特别行政区的法定要求和条件，一经依法认定，即时丧失立法会议员的资格。

二、本决定适用于在原定于2020年9月6日举行的香港特别行政区第七届立法会选举提名期间，因上述情形被香港特别行政区依法裁定提名无效的第六届立法会议员。

今后参选或者出任立法会议员的，如遇有上述情形，均适用本决定。

三、依据上述规定丧失立法会议员资格的，由香港特别行政区政府宣布。

全国人民代表大会宪法和法律委员会对《关于香港特别行政区立法会议员资格问题的决定（草案）》的审议意见

——2020年11月10日在第十三届全国人民代表大会常务委员会第二十三次会议上

全国人民代表大会常务委员会：

《关于香港特别行政区立法会议员资格问题的决定（草案）》的议案已由国务院提请全国人大常委会审议。国务院提出，为全面准确贯彻“一国两制”方针和香港基本法有关规定，维护国家主权、安全和发展利益，维护香港长期繁荣稳定，确保香港特别行政区有关公职人员包括立法会议员符合拥护香港基本法、效忠香港特别行政区的法定要求和条件，建议全国人大常委会就香港特别行政区立法会议员资格问题作出决定。

宪法和法律委员会认为，根据宪法、香港基本法、香港国安法的有关规定，由全国人大常委会作出决定的方式，确立香港特别行政区立法会议员一经依法认定不符合拥护香港基本法、效忠香港特别行政区的法定要求和条件，即时丧失立法会议员资格的规则，明确适用于在原定第七届立法会选举提名期间被依法取消参选资格的第六届立法会议员，并规定执行机制，是必要的、恰当的。

宪法和法律委员会建议，将该议案列入第十三届全国人大常委会第二十三次会议议程，并根据常委会组成人员的审议意见和各方面的意见，对草案进行修改完善后，作出相应决定。

全国人民代表大会宪法和法律委员会对《关于香港特别行政区立法会议员资格问题的决定（草案）》审议结果的报告

——2020年11月11日在第十三届全国人民代表大会常务委员会第二十三次会议上

全国人民代表大会常务委员会：

本次常委会会议于11月10日下午对国务院提请全国人大常委会审议的《关于香港特别行政区立法会议员资格问题的决定（草案）》进行了分组审议。普遍认为，香港特别行政区立法会议员是香港特别行政区公职人员的重要组成部分，必须真诚拥护中华人民共和国香港特别行政区基本法，效忠中华人民共和国香港特别行政区。全国人大常委会作出决定，确立香港特别行政区立法会议员一经依法认定不符合拥护香港特别行政区基本法、效忠中华人民共和国香港特别行政区的法定要求和条件，即时丧失立法会议员资格的规则，明确适用于在原定第七届立法会选举提名期间被依法取消参选资格的第六届立法会议员并规定执行机制，是必要的、适当的，赞成本次常委会会议就此作出相关决定。同时,有些常委会组成人员还提出了一些修改意见。

宪法和法律委员会于 11 月 10 日晚上召开会议,研究了常委会组成人员的审议意见,对决定草案进行了审议。国务院港澳事务办公室有关负责同志列席了会议。宪法和法律委员会认为,决定草案是可行的。根据常委会组成人员的审议意见,对决定草案作了个别文字修改。

宪法和法律委员会已按上述意见提出了全国人民代表大会常务委员会关于香港特别行政区立法会议员资格问题的决定(草案建议表决稿),建议本次常委会会议审议通过。

决定草案建议表决稿和以上报告是否妥当,请审议。

全国人民代表大会常务委员会关于加强国有资产管理情况监督的决定

(2020 年 12 月 26 日第十三届全国人民代表大会常务委员会第二十四次会议通过)

为贯彻落实党中央关于建立国务院向全国人大常委会报告国有资产管理情况制度的决策部署,加强人大国有资产监督职能,促进国有资产治理体系和治理能力现代化,更好地发挥国有资产在服务经济社会发展、保障和改善民生、保护生态环境、保障国家机关和事业单位节约高效履职等方面的作用,根据宪法和有关法律,作如下决定:

一、全国人大常委会围绕党中央关于国有资产管理和治理决策部署,聚焦监督政府管理国有资产的情况,坚持依法监督、正确监督,坚持全口径、全覆盖,坚持问题导向,依法、全面、有效履行国有资产监督职责。

全国人大常委会以每年听取和审议国务院关于国有资产管理情况的报告作为履行人大国有资产监督职责的基本方式,并综合运用执法检查、询问、质询、特定问题调查等法定监督方式。全国人大常委会通过制定国有资产监督工作五年规划对届内国有资产监督工作作出统筹安排,通过制定年度监督工作计划具体实施。

二、国务院按照综合报告与专项报告相结合的方式,做好年度国有资产管理情况报告工作。国有资产管理情况综合报告要全面、准确反映各类国有资产和管理的基本情况,重点报告国有经济布局和结构、深化国有企业改革、行政事业性国有资产的配置和分布、国有自然资源资产禀赋和保护利用,国有资产安全和使用效率,国有资产管理中的突出问题,加强国有资产管理、防止国有资产流失等情况;专项报告要根据各类国有资产性质和管理目标,结合全国人大常委会审议的重点内容突出报告重点,分别反映企业国有资产(不含金融企业)、金融企业国有资产、行政事业性国有资产、国有自然资源资产等国有资产管理情况、管理成效、相关问题和改进工作安排。

完善各类国有资产报表体系,作为报告的重要组成部分。根据国有资产性质和特点,从价值和实物等方面,反映国有资产存量情况和变动情况。企业国有资产(不含金融企业)、金融企业国有资产和行政事业性国有资产报表应当细化到行业,中央国有资产相关报表应当分企业、部门和单位编列。建立健全反映不同类别国有资产管理特点的评价指标体系,全面、客观、精准反映管理情况和管理成效。

适应国有资产管理改革需要,按照国家统一的会计制度规范国有资产会计处理,制定完善相关统计调查制度。加快编制政府资产负债表等会计报表和自然资源资产负债表。加强以权责发生制为基础的政府综合财务报告备案工作,与国有资产管理情况报告有机衔接。

国务院审计部门按照党中央要求,深入推进审计全覆盖,按照真实、合法、效益原则,依据法定职责,加大对国有资产的审计力度,形成审计情况专项报告,作为国务院向全国人大常委会提交的年度中央预算执行和其他财政收支的审计工作报告的子报告。

三、全国人大常委会围绕年度国有资产管理情况报告议题组织开展专题调查研究,可以邀请全国人大代表参与。专题调研情况向全国人大常委会报告。

围绕各类国有资产管理目标和全国人大常委会审议重点,建立健全人大国有资产监督评价指标体系,运用有关评价指标开展国有资产管理绩效评价，并探索建立第三方评估机制。

全国人大有关专门委员会承担对国务院国有资产管理情况报告的初步审议职责。在全国人大常委会会议举行三十日前，由全国人大财政经济委员会或者会同其他有关专门委员会开展初步审议，提出初步审议意见。

全国人大常委会预算工作委员会承担人大国有资产监督的具体工作，协助财政经济委员会等有关专门委员会承担初步审议相关工作。在全国人大常委会会议举行四十五日前，预算工作委员会应当组织听取全国人大代表的意见建议，听取国务院有关部门介绍报告的主要内容并提出分析意见。

四、全国人大常委会审议国有资产管理情况报告，开展国有资产监督，应当重点关注下列内容：

（一）贯彻落实党中央关于国有资产管理和国有企业改革发展方针政策和重大决策部署情况；

（二）有关法律实施情况；

（三）落实全国人大常委会有关审议意见和决议情况；

（四）改革完善各类国有资产管理体制情况；

（五）企业国有资产（不含金融企业）和金融企业国有资产服务国家战略，提升国有经济竞争力、创新力、控制力、影响力、抗风险能力等情况；

（六）行政事业性国有资产保障国家机关和事业单位节约高效履职，增强基本公共服务的可及性和公平性等情况；

（七）国有自然资源资产支持经济社会发展和改善生态环境质量，落实自然资源保护与有效利用、保护生态环境、节能减排等约束性指标等情况；

（八）国有资本保值增值、防止国有资产流失和收益管理等情况；

（九）审计查出问题整改情况；

（十）其他与国有资产管理有关的重要情况。

全国人大常委会在任期届满前一年内听取和审议国有资产管理情况综合报告时开展专题询问，其他年份在听取和审议专项报告时也可以根据需要开展专题询问。全国人大常委会针对国有资产管理存在的问题，可以依法进行质询和特定问题调查，可以根据审议和监督情况依法作出决议。

五、国务院应当建立健全整改与问责机制。根据审议意见、专题调研报告、审计报告等提出整改与问责清单，分类推进问题整改，依法对违法违规行为追责问责。整改与问责情况同对全国人大常委会审议意见的研究处理情况一并向全国人大常委会报告。全国人大常委会可以听取报告并进行审议。对审计查出问题的整改和报告按照有关法律规定进行。

按照稳步推进的原则，建立健全整改与问责情况跟踪监督机制。全国人大常委会对突出问题、典型案件建立督办清单制度，由有关专门委员会、预算工作委员会等开展跟踪监督具体工作，督促整改落实。建立人大国有资产监督与国家监察监督相衔接的有效机制，加强相关信息共享和工作联系，推动整改问责。

六、健全国有资本经营预算管理制度，强化国有资本经营预算对国有资本的总体布局、投资运作、收益管理等的统筹约束和支撑保障作用。健全资产管理和预算管理相衔接的工作机制，全面反映预算资金形成基础设施、政府投资基金、政府和社会资本合作项目等相关国有资产情况。

国有资产管理情况报告和监督中反映的问题及提出的意见，应当作为下一年度预算审查的重要依据和审查结果报告的重要参考。

七、全国人大常委会办事机构按照《中华人民共和国各级人民代表大会常务委员会监督法》等法律规定，及时将国有资产监督工作五年规划，国有资产管理情况报告及审议意见，专题调研报告和有关专门委员会初步审议意见，国务院研究处理审议意见及整改与问责情况、执行决议情况的报告，向全国人大代表通报并向社会公布。国务院及其部门按照规定及时公开国家、部门、单位的国有资产报表。依法不予公开的除外。

八、国务院有关部门应当建立全口径国有资产信息共享平台，实现相关部门、单位互联互通，并通过人大预算与国资联网监督系统定期向预算工作委员会报送相关国有资产数据和信息。根据监督工作需要，及时提供联网数据信息之外的其他国有资产管理等信息资料。

预算工作委员会应当健全与国务院有关部门之间的工作联系机制，加强督促协调，及时汇总相关信息向有关专门委员会通报、向全国人大常委会报告。

预算工作委员会根据全国人大常委会监督发现、社会普遍反映的典型问题和案例提出建议，经全国人大常委会委员长会议专项批准，可以对相关部门、单位国有资产管理情况进行调查，各级政府和有关部门、单位应当积极协助、配合。

九、县级以上地方人大常委会结合本地实际，参照本决定建立健全国有资产管理情况监督制度，加强监督力量，依法履行人大国有资产监督职责。

关于《全国人民代表大会常务委员会关于加强国有资产管理情况监督的决定(草案)》的说明

——2020年12月22日在第十三届全国人民代表大会常务委员会第二十四次会议上

全国人大常委会预算工作委员会主任　史耀斌

全国人民代表大会常务委员会:

受委员长会议委托,我就《全国人民代表大会常务委员会关于加强国有资产管理情况监督的决定(草案)》向常委会作说明。

今年出台《全国人民代表大会常务委员会关于加强国有资产管理情况监督的决定》(以下简称《决定》),是《十三届全国人大常委会贯彻落实〈中共中央关于建立国务院向全国人大常委会报告国有资产管理情况制度的意见〉五年规划(2018—2022)》(以下简称《五年规划》)的安排,已经列入《中央全面深化改革委员会2020年工作要点》。在全国人大常委会党组和常委会领导下,预算工作委员会全面总结实践经验、深入调查研究、广泛听取有关方面意见,认真做好起草和修改完善工作,形成了目前的《全国人民代表大会常务委员会关于加强国有资产管理情况监督的决定(草案)》。现将有关情况说明如下:

一、关于制定本决定的必要性

以习近平同志为核心的党中央高度重视人大在国有资产监督和国有资产治理方面的重要作用。党的十八届三中全会提出加强人大国有资产监督职能,党中央2017年印发《中共中央关于建立国务院向全国人大常委会报告国有资产管理情况制度的意见》(以下简称《意见》)。全国人大常委会在党中央坚强领导下认真贯彻落实党中央决策部署,2018年9月,常委会办公厅印发了贯彻落实中央《意见》的若干意见(以下简称《实施意见》);2019年4月,委员长会议审议通过了常委会落实中央《意见》的《五年规划》。安排每年10月常委会会议审议国务院关于国有资产管理情况的报告,2018年、2019年、2020年在审议综合报告的同时,分别重点审议了金融企业国有资产、行政事业性国有资产和企业国有资产(不含金融企业)管理情况专项报告。国有资产管理情况报告制度初步建立,相关工作机制初步形成,人大国有资产管理情况监督工作实现良好开局。

要进一步履行好党中央赋予人大的国有资产监督新职责,健全国有资产管理情况报告制度,推动解决国有资产状况不够明晰、管理不够规范透明、效益有待提高等问题,不断增强监督实效,迫切需要进一步健全人大国有资产监督制度、完善监督机制。从人大立法工作的实际出发,由全国人大常委会制定加强国有资产管理情况监督的决定,是进一步健全国有资产监督法律制度,使党的主张通过法定程序成为国家意志、将党中央的要求转化为法律规范的重要举措,是依法履行人大国有资产监督职能、做到依法监督正确监督的内在要求,能够为贯彻落实党中央有关决策部署、推进国有资产治理体系和治理能力现代化提供有力的法制保障。

二、关于起草工作和把握的几点

在全国人大常委会党组和常委会领导下,预算工作委员会按照经常委会领导同志批准的起草工作方案,组织开展文件起草工作。2019年11月以来,认真梳理建立和实施国有资产管理情况报告制度工作,总结中央和地方的实践经验和有效做法,对照《意见》、《实施意见》、《五年规划》等相关要求,围绕改进报告、强化监督、完善机制等重点问题加强研究,于2020年4月形成了《决定》初稿。2020年5月,征求了国务院国资报告部际协调机制14个成员单位、联络员单位,全国31个省、自治区、直辖市及部分副省级城市地方人大常委会预算工作机构,以及全国人大有关专门委员会和常委会法工委、办公厅相关局室等多方面意见。7月下旬,以全国人大常委会办公厅的名义征求了中央改革办、中央财办、国务院办公厅(国务院办公厅征求了47个国务院部门机构的意见)等部门的意见。9月下旬提请十三届全国人大常委会党组第54次会议审议原则通过,根据审议的意见进行了修改完善,并按照常委会领导同志要求,再次征求了国务院和国务院有关部门(13个)的意见。11月2日,《决定》送审稿提请中央全面深化改革委员会第十六次会议审议通过。

起草工作中注意把握了以下三点:一是紧扣中央《意见》要求,以中央《意见》确立的报告制度为核心,将中央《意见》关于报告制度的整体设计转化为《决定》的主要内容,使党的主张成为国家意志。二是准确把握人大国有资产监督是对政府国有资产管理情况的监督、而不是管理国有资产的定位。三是根据实践需要适当细化拓展,增强可操作性。既紧紧围绕国有资产管理情况报告制度,针对报告、审议、整改问责、公开等多个环节提出相关明确要求;又依据全国人大常委会相关规范性文件,对建立人大国有资产监督评价指标体系等做出规定。加强与国务院有关部门和地方的沟通协商,确保《决定》提出的举措可行、管用,增强人大国有资产监督刚性,真正"长出牙齿"。

三、关于草案稿的基本框架和主要内容

草案稿共九条:分为总体要求、报告和审议工作、健全相关机制、地方人大的履职等。主要内容包括:

(一)规范报告工作,提高报告质量

一是强调国务院按照中央《意见》确定的综合报告与专项报告相结合的方式,做好年度国有资产管理情况报告工作,并进一步明确和规范报告内容。根据报告工作中反映的问题和地方关于进一步明确和规范报告内容的工作需求,进一步明确了综合报告和专项报告的重点内容。二是对完善国有资产报表体系和健全政府管理评价指标体系提出明确要求。明确将各类国有资产报表作为报告的重要组成部分,并对报表提出了具体要求;明确通过管理评价指标体系全面、客观反映管理情况和管理成效。三是提出了规范国有资产会计处理、完善相关统计调查制度、加强国有资产审计等要求。立足现有审计工作,明确形成国有资产审计情况专项报告,有效发挥审计对人大国有资产监督的支持作用。

(二)加强审议相关工作,发挥审议关键作用

一是强化常委会审议前的相关工作。根据《实施意见》、《五年规划》相关规定,结合实际工作程序,明确了开展专题调研、预先听取报告介绍、初步审议以及建立健全人大国有资产监督评价指标体系并开展评价等工作。二是完善常委会审议的重点内容。根据《意见》提出要求和实践需要,进一步丰富完善了常委会审议的重点内容。三是有效发挥专题询问、决议等监督方式的作用。

(三)围绕增强监督实效,建立健全监督机制

一是加强整改问责。有效落实中央《意见》"要健全问责机制,加大问责力度"的要求,提出国务院应当建立健全整改与问责机制,按照规定向全国人大常委会报告整改和问责情况。二是强化跟踪监督。借鉴审计查出突出问题整改情况监督工作有益做法,提出建立健全跟踪监督机制,对突出问题、典型案件建立督办清单制度,督促整改落实。三是建立与预算决算审查监督有效衔接机制。落实中央《意见》要求,提出强化国有资本经营预算在国有资本总体布局、资本运作、收益管理等方面的作用;增加全面反映预算资金形成资产情况等。四是推进公开透明。五是强化信息支持。对建立全口径国有资产信息共享平台,通过人大预算与国资联网监督系统提供相关国有资产数据和信息等提出要求。针对常委会监督发现、社会普遍反映的典型问题和案例,经全国人大常委会委员长会议专项批准,可以对相关部门、单位国有资产管理情况开展调查。

《全国人民代表大会常务委员会关于加强国有资产管理情况监督的决定(草案)》和以上说明是否妥当,请审议。

全国人民代表大会宪法和法律委员会关于《全国人民代表大会常务委员会关于加强国有资产管理情况监督的决定(草案)》审议结果的报告

——2020年12月25日在第十三届全国人民代表大会常务委员会第二十四次会议上

全国人民代表大会常务委员会:

本次常委会会议于12月22日下午对关于加强国有资产管理情况监督的决定草案进行了分组审议。普遍认为,为贯彻落实党中央关于加强人大国

有资产监督职能的部署要求,健全国有资产监督制度,制定本决定是必要的,决定草案比较成熟,赞成对决定草案作进一步修改后,提请本次常委会会议表决通过。同时,一些常委会组成人员还提出了一些修改意见。宪法和法律委员会于12月22日晚召开会议,逐条研究了常委会组成人员的审议意见,对决定草案进行了审议。预算工作委员会、司法部、财政部、审计署、国务院国有资产监督管理委员会的有关负责同志列席了会议。宪法和法律委员会认为,决定草案是可行的,同时,提出以下修改意见:

一、有的常委委员建议,在国有资产管理情况综合报告重点报告内容中增加国有资产管理中的突出问题。宪法和法律委员会经研究,建议采纳上述意见,对决定草案第二条第一款作相应修改。

二、决定草案第九条对县级以上地方人大常委会依法履行人大国有资产监督职责、参照本决定作出决定或者制定具体办法并报全国人大常委会备案等作了规定。有的常委委员提出,县级以上地方人大常委会作出决定或制定具体办法报全国人大常委会备案的规定不够准确,且本条可以简化。宪法和法律委员会经研究,建议将这一条修改为:县级以上地方人大常委会结合本地实际,参照本决定建立健全国有资产管理情况监督制度,加强监督力量,依法履行人大国有资产监督职责。

此外,根据常委会组成人员的审议意见,还对决定草案作了一些文字修改。

决定草案建议表决稿已按上述意见作了修改,宪法和法律委员会建议本次常委会会议审议通过。

决定草案建议表决稿和以上报告是否妥当,请审议。

全国人民代表大会常务委员会关于设立海南自由贸易港知识产权法院的决定

(2020年12月26日第十三届全国人民代表大会常务委员会第二十四次会议通过)

为加大知识产权司法保护力度,营造良好营商环境,推进中国特色自由贸易港建设,根据宪法和人民法院组织法,特作如下决定:

一、设立海南自由贸易港知识产权法院。

海南自由贸易港知识产权法院审判庭的设置,由最高人民法院根据知识产权案件的类型和数量决定。

二、海南自由贸易港知识产权法院管辖以下案件:

(一)海南省有关专利、技术秘密、计算机软件、植物新品种、集成电路布图设计、涉及驰名商标认定及垄断纠纷等专业性、技术性较强的第一审知识产权民事、行政案件;

(二)前项规定以外的由海南省的中级人民法院管辖的第一审知识产权民事、行政和刑事案件;

(三)海南省基层人民法院第一审知识产权民事、行政和刑事判决、裁定的上诉、抗诉案件;

(四)最高人民法院确定由其管辖的其他案件。

应由海南自由贸易港知识产权法院审理的第一审知识产权刑事案件,由海南省人民检察院第一分院提起公诉。海南省基层人民法院第一审知识产权刑事判决、裁定的上诉、抗诉案件,由海南省人民检察院第一分院依法履行相应检察职责。

海南自由贸易港知识产权法院第一审判决、裁定的上诉案件,由海南省高级人民法院审理,法律有特殊规定的除外。

三、海南自由贸易港知识产权法院对海南省人民代表大会常务委员会负责并报告工作。

海南自由贸易港知识产权法院审判工作受最高人民法院和海南省高级人民法院监督。海南自由贸易港知识产权法院依法接受人民检察院法律监督。

四、海南自由贸易港知识产权法院院长由海南省人民代表大会常务委员会主任会议提请海南省人民代表大会常务委员会任免。

海南自由贸易港知识产权法院副院长、审判委员会委员、庭长、副庭长、审判员由海南自由贸易港知识产权法院院长提请海南省人民代表大会常务委员会任免。

五、本决定自2021年1月1日起施行。

《关于设立海南自由贸易港知识产权法院的决定(草案)》的说明

——2020年12月22日在第十三届全国人民代表大会常务委员会第二十四次会议上

最高人民法院院长 周 强

全国人民代表大会常务委员会:

按照会议安排,我就《关于设立海南自由贸易港知识产权法院的决定(草案)》作如下说明:

一、草案的主要内容

(一)关于海南自由贸易港知识产权法院的设立

建设海南自由贸易港,是党中央着眼于国内国际两个大局、为推动中国特色社会主义创新发展做出的重大战略决策。中共中央、国务院印发《海南自由贸易港建设总体方案》,明确提出在海南设立自由贸易港知识产权法院。今年6月,习近平总书记对海南自由贸易港建设作出重要指示,要求把制度集成创新摆在突出位置,高质量高标准建设自由贸易港,中央和国家有关部门要从大局出发,支持海南大胆改革创新,推动海南自由贸易港建设不断取得新成效。设立海南自由贸易港知识产权法院,是贯彻落实习近平总书记关于海南自由贸易港建设重要指示精神和中央重大战略部署的必然要求,对于提升海南知识产权审判体系和审判能力现代化水平,加大海南自由贸易港知识产权司法保护力度,营造良好营商环境,进一步扩大海南自由贸易港国际影响力,加快培育参与和引领国际经济合作竞争新优势具有重要意义。

从目前海南法院知识产权审判工作情况来看,设立海南自由贸易港知识产权法院的基础条件已经具备。一是知识产权审判起步较早。自2009年以来,海南省高级人民法院和各中级人民法院(三沙中院除外)先后设立专门的知识产权审判庭,对知识产权民事、行政和刑事案件进行“三合一”管辖。2019年9月,海口中院成立知识产权法庭,对全省知识产权案件进行集中管辖,按照“立审执一体化”模式运行。二是具有较好的审判队伍人才基础。海南法院现有从事知识产权审判的员额法官35名,法官助理30名。近年来,审理了一批具有较大影响力的知识产权案件。三是有足够的案件数量支撑。随着海南自由贸易港建设的加快推进,各类知识产权案件逐年大幅增长。今年上半年全省法院已受理案件989件,全年预计收案2500件左右,2021年将达4000件左右。

(二)关于海南自由贸易港知识产权法院的案件管辖

海南自由贸易港知识产权法院拟专门管辖海南省内应由中级人民法院管辖的知识产权民事、行政、刑事案件,实行知识产权审判“三合一”。具体包括:跨区域管辖发生在海南省的有关专利、技术秘密、计算机软件、植物新品种、集成电路布图设计、涉及驰名商标认定及垄断纠纷等专业性、技术性较强的第一审知识产权民事、行政案件;海南省基层人民法院管辖范围之外的第一审知识产权民事、行政和刑事案件;不服海南省基层人民法院审理的第一审知识产权民事、行政和刑事案件的上诉案件。对海南自由贸易港知识产权法院作出的判决、裁定不服提起上诉的案件,由海南省高级人民法院审理,法律有特殊规定的除外。

确定上述管辖,主要是坚持严格依照法律、便于理解适用、服务发展大局原则,突出知识产权法院的专门职责,统一司法裁判尺度。《决定(草案)》经全国人大常委会批准后,最高人民法院还将专门出台相关司法解释,进一步明确海南自由贸易港知识产权法院的案件管辖问题。

(三)关于海南自由贸易港知识产权法院的监督

海南自由贸易港知识产权法院属专门法院,其审级与海南省其他中级人民法院相同。海南自由贸易港知识产权法院依法定程序设立后,对海南省人民代表大会常务委员会负责并报告工作。根据法律规定,海南自由贸易港知识产权法院的审判工作,接受最高人民法院和海南省高级人民法院的业务指导和审判监督。海南自由贸易港知识产权法院审理的案件依法接受同级人民检察院监督。经海南省高级人民法院与海南省人民检察院沟通一致，海南自由贸易港知识产权法院由海南省人民检察院第一分院进行法律监督。

（四）关于海南自由贸易港知识产权法院的法官任免

海南自由贸易港知识产权法院院长由海南省人民代表大会常务委员会主任会议提请海南省人民代表大会常务委员会任免。副院长、审判委员会委员、庭长、副庭长、审判员由海南自由贸易港知识产权法院院长提请海南省人民代表大会常务委员会任免。

海南自由贸易港知识产权法院法官从现有经验丰富的优秀知识产权审判或民商事审判法官中选任，也可探索从优秀律师、法学专家及相关部门专业人员中公开选拔。

二、需要说明的问题

（一）关于法院名称。目前已设立的北京、上海、广州三个知识产权法院，均以所在市的行政区划名称命名。拟在海南海口市设立的知识产权法院，按照此前知识产权法院的命名方式，名称宜为“海口知识产权法院”。但考虑到《海南自由贸易港建设总体方案》中已明确提出设立海南自由贸易港知识产权法院，且使用该名称更有利于扩大国际影响力，故《决定（草案）》采用了“海南自由贸易港知识产权法院”的名称。

（二）关于案件管辖。《决定（草案）》将知识产权刑事案件纳入海南自由贸易港知识产权法院管辖范围，实行“三合一”模式，与北京、上海、广州知识产权法院只受理知识产权民事、行政案件的管辖模式有一定区别。主要考虑是，实行“三合一”模式有利于实现三种不同诉讼程序的有效衔接，缓解不同判决的冲突，发挥知识产权司法保护机制的整体效能。此外，海南法院自 2013 年开始开展知识产权审判“三合一”工作，具有较好的工作基础。下一步，最高人民法院将进一步指导海南省高级人民法院，加强与海南省公安、检察机关的协调沟通，完善相关工作机制，确保海南自由贸易港知识产权法院“三合一”审判工作顺利运行。

（三）关于上诉机制。根据《全国人民代表大会常务委员会关于专利等知识产权案件诉讼程序若干问题的决定》《最高人民法院关于知识产权法庭若干问题的规定》，“对发明专利、实用新型专利、植物新品种、集成电路布图设计、技术秘密、计算机软件、垄断等专业技术性较强的知识产权民事、行政案件第一审判决、裁定不服，提起上诉的，由最高人民法院知识产权法庭审理”。因此，《方案》提出，对于不服海南自由贸易港知识产权法院判决、裁定提出的上诉案件，由海南省高级人民法院审理，法律有特殊规定的除外。

（四）关于深化司法改革。设立海南自由贸易港知识产权法院是落实司法体制综合配套改革，完善法院组织体系的重要举措。海南自由贸易港知识产权法院设立后，将深入推进司法体制改革，优化司法职权配置，全面落实司法责任制，规范审判权力运行机制，实行法官员额制，精干设置内设机构，推行扁平化管理，进一步提升我国司法形象。

根据《中华人民共和国人民法院组织法》有关规定，现提请对《关于设立海南自由贸易港知识产权法院的决定（草案）》予以审议。

全国人民代表大会宪法和法律委员会对《关于设立海南自由贸易港知识产权法院的决定（草案）》审议结果的报告

——2020 年 12 月 25 日在第十三届全国人民代表大会常务委员会第二十四次会议上

全国人民代表大会常务委员会：

常委会第二十四次会议于 12 月 22 日下午对最高人民法院提请审议的《关于设立海南自由贸易港知识产权法院的决定（草案）》进行了分组审议。普遍认为，为加大知识产权司法保护力度，营造良好营商环境，推进中国特色自由贸易港建设，由全国人大常委会作出决定设立海南自由贸易港知识产权法院，是必要的，赞成对决定草案作进一步修改后,提请本次会议表决通过。同时,有的常委会组成人员对决定草案提出了一些修改意见。宪法和法律委员会于12月22日晚召开会议,逐条研究了常委会组成人员的审议意见,对决定草案进行了审议。最高人民法院有关负责同志列席了会议。宪法和法律委员会认为,决定草案是可行的,同时,提出以下修改意见:

一、决定草案第二条第一款规定:“海南自由贸易港知识产权法院专门管辖海南省内应由中级人民法院管辖的知识产权民事、行政、刑事案件。管辖案件的具体范围由最高人民法院确定。”有的常委会组成人员提出,根据人民法院组织法的规定,专门人民法院的职权由全国人大常委会规定,建议本决定对海南自由贸易港知识产权法院的案件管辖范围作出具体明确规定,并明确相对应的人民检察院。宪法和法律委员会经与最高人民法院共同研究,建议修改为两款,规定:“海南自由贸易港知识产权法院管辖以下案件:(一)海南省有关专利、技术秘密、计算机软件、植物新品种、集成电路布图设计、涉及驰名商标认定及垄断纠纷等专业性、技术性较强的第一审知识产权民事、行政案件;(二)海南省基层人民法院管辖范围之外的第一审知识产权民事、行政和刑事案件;(三)海南省基层人民法院审理的第一审知识产权民事、行政和刑事判决、裁定的上诉、抗诉案件;(四)最高人民法院确定由其管辖的其他案件。”“应由海南自由贸易港知识产权法院审理的第一审知识产权刑事案件,由海南省人民检察院第一分院提起公诉。海南省基层人民法院审理的第一审知识产权刑事判决、裁定的上诉、抗诉案件,由海南省人民检察院第一分院参与诉讼。”

二、决定草案第三条第二款中规定:“海南自由贸易港知识产权法院依法接受海南省人民检察院第一分院的法律监督。”有的常委会组成人员提出,根据法律规定,人民法院除了接受同级人民检察院的法律监督,还接受最高人民检察院和上级人民检察院的法律监督。宪法和法律委员会经研究,建议将上述规定修改为:“海南自由贸易港知识产权法院依法接受人民检察院法律监督。”

经与有关部门研究,建议将本决定的施行日期确定为2021年1月1日。

此外,根据常委会组成人员的审议意见,还对决定草案作了个别文字修改。

宪法和法律委员会已按上述意见提出了《全国人民代表大会常务委员会关于设立海南自由贸易港知识产权法院的决定(草案建议表决稿)》,建议本次常委会会议审议通过。

决定草案建议表决稿和以上报告是否妥当,请审议。

全国人民代表大会常务委员会关于召开第十三届全国人民代表大会第四次会议的决定

(2020年12月26日第十三届全国人民代表大会常务委员会第二十四次会议通过)

第十三届全国人民代表大会常务委员会第二十四次会议决定:中华人民共和国第十三届全国人民代表大会第四次会议于2021年3月5日在北京召开。建议会议的议程是:审议政府工作报告;审查国民经济和社会发展第十四个五年规划和2035年远景目标纲要草案;审查2020年国民经济和社会发展计划执行情况与2021年国民经济和社会发展计划草案的报告、2021年国民经济和社会发展计划草案;审查2020年中央和地方预算执行情况与2021年中央和地方预算草案的报告、2021年中央和地方预算草案;审议全国人民代表大会常务委员会关于提请审议《中华人民共和国全国人民代表大会组织法(修正草案)》的议案;审议全国人民代表大会常务委员会关于提请审议《中华人民共和国全国人民代表大会议事规则(修正草案)》的议案;审议全国人民代表大会常务委员会工作报告;审议最高人民法院工作报告;审议最高人民检察院工作报告。

二、全国地方立法工作座谈会

认真学习贯彻习近平法治思想 为全面建设社会主义现代化国家提供法律保障

——在第二十六次全国地方立法工作座谈会上的讲话

（2020 年 11 月 19 日，山西太原）

栗战书

今天，我们在太原召开第二十六次全国地方立法工作座谈会，主要是深入学习贯彻习近平法治思想和中央全面依法治国工作会议精神，总结成绩，交流经验，推动做好下一步地方立法工作。

山西省委、省人大常委会高度重视这次会议，为会议的顺利召开做了大量工作，楼阳生书记亲自出席，刚才发表了热情洋溢的讲话，讲得很好，对大家讨论也一定会有启发。

11 月 16 日至 17 日，中央召开全面依法治国工作会议，习近平总书记发表重要讲话，回顾我们党加强法治建设、全面依法治国的历程，总结十八大以来法治建设发生的历史性变革、取得的历史性成就，对当前和今后一个时期全面依法治国作出战略部署。总书记的重要讲话，高屋建瓴、视野宏阔、内涵丰富、思想深刻，体现了深远的战略思维、鲜明的政治导向、强烈的历史担当、真挚的为民情怀，是指导新时代全面依法治国的纲领性文献。

总书记在讲话中提出了全面依法治国的指导思想，这就是，要全面贯彻落实党的十九大和十九届二中、三中、四中、五中全会精神，围绕建设中国特色社会主义法治体系、建设社会主义法治国家的总目标，坚持党的领导、人民当家作主、依法治国有机统一，以解决法治领域突出问题为着力点，坚定不移走中国特色社会主义法治道路，在法治轨道上推进国家治理体系和治理能力现代化，为全面建设社会主义现代化国家、实现中华民族伟大复兴的中国梦提供有力法治保障。这一指导思想，高度凝练地阐释了推进全面依法治国的总目标、总原则、着力点，为全面依法治国各项工作指明了方向。

总书记从 11 个方面部署了推进全面依法治国的重点工作：一是坚持党对全面依法治国的领导；二是坚持以人民为中心；三是坚持中国特色社会主义法治道路；四是坚持依宪治国、依宪执政；五是坚持在法治轨道上推进国家治理体系和治理能力现代化；六是坚持建设中国特色社会主义法治体系；七是坚持依法治国、依法执政、依法行政共同推进，法治国家、法治政府、法治社会一体建设；八是坚持全面推进科学立法、严格执法、公正司法、全民守法；九是坚持统筹推进国内法治和涉外法治；十是坚持建设德才兼备的高素质法治工作队伍；十一是坚持抓住领导干部这个“关键少数”。这“十一个坚持”，涵盖了全面依法治国理论和实践一系列方向性、根本性、全局性的重大问题。

中央这次全面依法治国工作会议是我们党和国家历史上召开的第一次法治工作会议，最重大的成果是确立了习近平法治思想。习近平法治思想，是在党的十八大以来进行伟大斗争、建设伟大工程、推进伟大事业、实现伟大梦想的实践中形成和丰富发展的，内涵丰富、论述深刻、逻辑严密、系统完备，从历史和现实相贯通、国际和国内相关联、理论和实际相结合上深刻回答了新时代为什么实行全面依法治国、怎样实行全面依法治国等一系列重大问题。党的十八大以来，习近平总书记从坚持和发展中国特色社会主义的全局和战略高度定位法治、布局法治、厉行法治，创造性地提出了全面依法治国的一系列新理念新思想新战略，把全面依法治国纳入“四个全面”战略布局，为建设社会主义现代化国家构筑有力法治保障；十八届四中全会专门研究全面依法治国，出台关于全面推进依法治国若干重大问题的决定，对全面依法治国进行顶层设计、描绘了宏伟蓝图；党的十九大对新时代推进全面依法治国提出了新任务，明确提出到2035年基本建成法治国家、法治政府、法治社会，确立了新时代法治中国建设的路线图、时间表；十九届二中全会专题研究宪法修改，由宪法及时确认党和人民创造的伟大成就和宝贵经验，以更好发挥宪法的规范、引领、推动、保障作用；十九届三中全会站在加强党对全面依法治国的集中统一领导的高度，成立中央全面依法治国委员会，统筹推进全面依法治国工作，到目前，总书记已经主持召开了3次中央全面依法治国委员会全体会议，就全面依法治国提出一系列新理念新思想新战略，在第一次全体会议上，总书记提出“十个坚持”，系统阐述了全面依法治国的若干重大理论和实践问题；十九届四中全会从推进国家治理体系和治理能力现代化的角度，对坚持和完善中国特色社会主义法治体系，提高党依法治国、依法执政能力作出部署；十九届五中全会在制定“十四五”规划建议时，再次就全面依法治国作出部署，对进入新发展阶段、贯彻新发展理念、构建新发展格局立法工作提出新的要求。党的十八大以来，习近平总书记领导全党开展的这一系列的工作实践、理论创新，应运而生形成了习近平法治思想，其中，最为集中的体现在党的十八大报告、十八届四中全会文件、党的十九大报告、第一次中央全面依法治国委员会会议上的讲话和这次中央全面依法治国工作会议上的讲话中。

习近平法治思想，是顺应实现中华民族伟大复兴时代要求产生的重大理论创新成果，是马克思主义法治理论中国化最新成果，是习近平新时代中国特色社会主义思想的重要组成部分，是全面依法治国的根本遵循和行动指南。这一重要思想，本质上是中国特色社会主义道路在法治领域的具体体现，是中国特色社会主义理论体系在法治问题上的理论成果，是中国特色社会主义制度的法律表现形式。这一重要思想，坚持马克思主义法律观，传承中华优秀传统法律文化，彰显了中华优秀传统法律文化的智慧，从我国革命、建设、改革的实践中探索自己的法治道路，借鉴国外法治有益成果，形成了中国特色社会主义法系。这一重要思想，明确提出“两个不动摇”，就是坚持宪法确定的中国共产党领导地位不动摇，坚持宪法确定的人民民主专政的国体和人民代表大会制度的政体不动摇，同西方所谓“宪政”有着本质区别，是中国特色社会主义民主政治制度和发展道路的根本原则。

学习贯彻和宣传阐释习近平法治思想，是全国人大和地方人大当前和今后一个时期的重要政治任务。全国人大、地方人大在立法工作中都要增强“四个意识”、坚定“四个自信”、做到“两个维护”，全面准确学习领会习近平法治思想，吃透基本精神、把握核心要义、明确工作要求，牢牢把握全面依法治国政治方向、重要地位、工作布局、重点任务、重大关系、重要保障，自觉把立法工作放在党和国家工作大局中来考虑、来谋划、来推进，为全面建设社会主义现代化国家提供法治保障。

接下来的会议，要紧紧围绕学习贯彻习近平法治思想，在以下几个方面进行研讨。

第一，在立法工作中，首要的是吃透习近平法治思想精髓要义，坚持党的领导，准确把握党中央精神。

坚持党的领导，是中国特色社会主义最本质的特征，是中国特色社会主义制度的最大优势，也是习近平法治思想的鲜明立场和社会主义法治的本质特征。不管是国家立法还是地方立法，第一位的就是要把党的领导这一重大政治原则贯彻好、坚持好。

我们必须清醒认识到，全面依法治国决不是要削弱党的领导，而是要加强和改善党的领导。要健全党领导全面依法治国的制度和工作机制，推进党的领导制度化、法治化，通过法治保障党的路线方针政策有效实施。党的领导和依法治国不是对立的，而是统一的。我国法律充分体现了党和人民意志，我们党依法办事，这个关系是相互统一的关系。我们必须牢记，党的领导是我国社会主义法治之魂，是我国法治同西方资本主义国家法治最大的区别。离开了党的领导，全面依法治国就难以有效推进，社会主义法治国家就建不起来。过去，有一种“党大还是法大”的声音，这是一个政治陷阱、是一个伪命题。我们说，不存在“党大还是法大”的问题，是把党作为一个执政整体、就党的执政地位和领导地位而言的，具体到每个党政组织、每个领导干部，就必须服从和遵守宪法法律。有些事情要提交党委把握，但这种把握不是私情插手，不是包庇性的干预，而是一种政治性、程序性、职责性的把握。

具体到地方立法，就是要按照总书记在地方人大设立常委会40周年的重要指示精神，围绕贯彻党中央关于人大工作的要求，地方党委贯彻落实党中央大政方针的决策部署，自觉同党的基本理论、基本路线、基本方略对标对表，同党中央大政方针和决策部署对标对表，同总书记关于人大工作的重要指示要求对标对表，同总书记对地方工作的重要指示批示对标对表，确保党的路线方针政策和决策部署在立法工作中得到全面贯彻落实。

第二，坚持立法为了人民、依靠人民，回应人民群众对立法工作的新要求新期待。

全面依法治国最广泛最深厚的基础是人民。要把体现人民利益、反映人民愿望、维护人民权益、增进人民福祉落实到全面依法治国各领域全过程，保证人民在党的领导下通过各种途径和形式管理国家事务、管理经济文化事业、管理社会事务，保证人民依法享有广泛的权利和自由、承担应尽的义务。

地方立法要立足于解决发展不平衡不充分的问题，关注人民群众对民主、法治、公平、正义、安全、环境等方面的要求，继续推进就业、教育、医疗、社保、住房、养老、食品安全、生态环境、社会治安等领域的惠民立法。重点推动保居民就业、保基本民生、保市场主体等方面立法，健全完善各种公共服务保障体系和惠民长效机制，依法助力经济社会发展和人民生活品质提升。

在立法工作中，要坚持科学立法、民主立法、依法立法，广泛听取人民群众的意见建议，建设好基层立法联系点和代表之家、代表联络站，完善立法听证、论证、座谈、评估、公开征求意见等机制，不断拓展人民参与立法的有效途径，使立法更好汇聚民智、体现民意。

第三，紧密结合地方实际，突出地方立法特色，推动解决实际问题。

今年以来，地方人大围绕统筹疫情防控和经济社会发展工作，结合当地实际，发挥了地方立法的独特作用。有20多个省市及时作出有关依法防控疫情的决定，推动在法治轨道上抗击疫情。湖南、湖北、广东、青海等地及时制定、修改有关野生动植物保护的法规，作出禁食野生动物的决定。天津、陕西等地加强突发公共卫生事件应急立法，将疫情防控经验制度化、规范化。安徽、河南、甘肃等地出台规范文明行为、加强医疗卫生管理、发挥中医药作用、关爱医护人员的法规。围绕推动做好“六稳”工作、落实“六保”任务，北京、江苏、四川等地制定优化营商环境、保护企业权益、便利政务服务、促进中小企业和民营企业发展等法规，推动复工复产、提振经济；山西、上海、浙江等地制定促进科技创新、发展新型产业等法规，推动优化经济结构；吉林、黑龙江、山东、贵州、宁夏等地制定饮用水卫生、家庭教育、物业管理、家政服务、养老保障等法规，推动解决民生难题。在助力打好三大攻坚战方面，内蒙古、河北、海南、重庆、云南等地制定污染防治、生活垃圾分类管理、一次性不可降解塑料制品管理等生态环保领域的法规；辽宁、广西、浙江等地制定加强地方金融监管的法规，防范化解金融风险；西藏、新疆等地制定反恐、民族团结等法规，维护国家安全和社会稳定；福建、江西等地制定乡村振兴、农村公路、农村供水、村庄规划、农村牧区扶贫开发等法规，推动如期完成脱贫攻坚目标。

从地方实际出发，解决突出问题，这也是总书记对立法工作的要求。地方立法一定要有地方特色，需要几条就定几条，能用三五条解决问题就不要搞“鸿篇巨制”。国家已经制定法律、行政法规的，要通过地方立法细化、具体化，打通“最后一公里”。属于地方事权范围内的，只要有利于深化改革、激发社会活力、促进民生改善，地方人大在立法权限内都可以积极探索，发挥补充、先行、创制的作用。地方立法要善于通过“小切口”解决实际问题，不要搞“大而全”、“小而全”，可以搞一些“大块头”，也要搞一些“小快灵”，增强立法的针对性、适用性、可操作性。这方面，山西省人大有一些好的做法，通过创制性立法“量身定制”解决实际问题，既制定出台了创新驱动高质量发展条例、红色文化遗址保护利用条例，又根据人民群众和社会生活对法律的需求，特别是围绕习近平总书记提出的转型发展的要求，制定了一批针对具体事项、具体工作，具有很强针对性、很适用管用的法规，如关于转型综合改革示范区行政管理事项的决定、关于企业投资项目承诺制规定、关于支持和保障能源革命综合改革试点工作的决定、一枚印章管审批条例、政务数据管理应用条例、警务辅助人员条例、保障和促进县域医疗卫生一体化办法，还有禁止公共场所随地吐痰条例、禁止野外用火条例等，山西省机关运行保障条例也非常有特色，这是我国首部关于机关运行保障的地方性法规。这些地方性法规在实践中的作用正在逐步显现出来。

区域协同立法是近年来地方立法工作的创新实践，要认真总结经验，不断推进和完善这项工作。北京、天津、河北人大同步通过机动车和非道路移动机械排放污染防治条例。江苏、浙江、上海人大常委会同步作出关于促进和保障长三角生态绿色一体化发展示范区建设若干问题的决定。云南、贵州、四川人大常委会正抓紧协同制定赤水河流域保护条例，努力实现该流域法律保护由“三省分立”到“三省共立”，执法检查由“三省行动”到“三省联动”。其他一些省（区、市）在这方面也有一些探索，大家可以相互交流借鉴。

第四，维护国家法治统一，处理好上位法和下位法关系。

维护国家法治统一，是一个严肃的政治问题。2015 年立法法修改，赋予设区的市地方立法权。目前，我国有地方立法主体 353 个，包括 31 个省（区、市）、289 个设区的市、30 个自治州和 3 个不设区的地级市。这些年来，地方立法工作有了积极进展，总体情况是好的，但也存在违背上位法规定、“立法放水”等问题。十八大以来，全国人大常委会在进行备案审查时，就发现并纠正了一批同上位法不一致的法规规章。

在好几年前，祁连山生态破坏问题受到广泛关注，这其中的一个重要原因，就是地方立法违反上位法规定。国家公布实施的自然保护区条例，规定了自然保护区禁止的 10 类活动，包括狩猎、开垦、烧荒、砍伐、放牧、捕捞、采药、开矿、采石、挖沙。本来，地方立法应严于国家立法，但是，《甘肃祁连山国家级自然保护区管理条例》却将国家禁止的 10 类活动缩减为 3 类，仅保留狩猎、垦荒、烧荒 3 项，而这 3 项恰恰很少发生。这一地方立法就是典型的“放水”。

地方立法和国家立法构成完整的国家法律体系，既要相互补充、支持，又要协调统一，做到科学完备。地方立法不能与国家立法相抵触，不能违反上位法。全国人大常委会要加强宪法实施和监督，推进合宪性审查工作，对一切违反宪法法律的法规、规范性文件必须坚决予以纠正和撤销。去年 12 月 16 日，全国人大常委会委员长会议通过了《法规、司法解释备案审查工作办法》，按照“有件必备、有备必审、有错必纠”的工作要求，对备案审查工作各个环节作出更加细化的规定。要认真实施立法法、监督法和有关工作办法，坚持依法立法，确保地方性法规与国家法律、行政法规协调一致、有效衔接。

第五，坚持急用先行，区分轻重缓急，努力提高立法质量和效率。

就全国来讲，我们已经形成了中国特色社会主义法律体系，但是，这不等于立法任务就已经完成，还要加快完善和发展，使之更加科学完备、统一权威。本届以来，全国人大及其常委会已审议通过宪法修正案，制定法律 23 件，修改法律 71 件次，作出有关法律问题和重大问题的决定 31 件。今年以来已经召开了 8 次常委会会议，其中 3 次是加开的，每次会上都有立法议程，最多的一次审议了 16 件法律案，完成了一批紧急、重大的立法任务。

当前和今后一个时期，国家立法和地方立法工作任务都很重。要紧紧围绕十九届五中全会确定的 250 多项重大举措、13 项“专门行动”，谋划立法项目，特别是总书记在中央全面依法治国工作会议上提出的重点领域立法，包括国家安全、科技创新、公共卫生、生物安全、生态文明、防范风险、涉外法治等重要领域立法，抓紧补齐数字经济、互联网金融、人工智能、大数据、云计算等新技术新应用方面的法律短板，全国人大和地方人大都要积极推进，确保适应改革开放和社会主义现代化建设的需要。

今年 5 月召开的十三届全国人大三次会议审议通过了民法典，这是我国第一部以法典命名的法律。这次中央全面依法治国工作会议提出，要总结编纂民法典的经验，适时推动条件成熟的立法领域法典编纂工作。有建议提出，全国人大常委会可适时启动行政法典的编纂工作。我认为这是一个重大建议，大家可以就此进行研讨。

第六，建设德才兼备的高素质立法工作队伍。

这些年来，各地人大高度重视立法队伍建设，着力解决立法人才“进得来、用得上、留得住”的问题，都有一些好的经验做法。广东创新立法人才培养机制，评选立法领军人才、骨干人才和专业人才；浙江出台加强新时代立法队伍建设的若干意见，把立法人才队伍纳入党管人才总体规划，探索从律师、专家学者中公开招聘高级立法专员，适当增加有法治实践经验尤其是立法经验的委员人数；山西在加快人才培养、优化队伍结构、推动干部交流方面下了很大力气，力度很大。其他省（区、市）也都有很多好的做法，我就不一一点了。希望地方人大继续抓好立法队伍建设，加强立法人才培养，推动立法队伍革命化、正规化、专业化、职业化建设，不断提高做好立法工作的能力和本领。

推进全面依法治国、做好新时代立法工作，是全国人大和地方人大的共同任务。党中央即将印发法治中国建设规划和法治社会建设实施纲要，全国人大和地方人大要按照各自职责权限研究部署贯彻落实的具体举措，形成立法工作合力。无论是确定项目、调研起草还是征集意见、审议把关，全国人大常委会都要重视和听取地方人大的意见建议。地方人大立法中涉及合宪性合法性判断、法律解释、法律询问、立法技术等方面的事项，可以及时向全国人大常委会提出，全国人大常委会要及时负责地予以研究答复。要认真总结和推广地方立法工作的好经验好做法，共同加强立法理论和实践研究，继续办好地方立法工作座谈会和立法法培训班，支持地方人大加强立法队伍和能力建设。

接下来，大家还要进行深入交流讨论，主题就是学习贯彻习近平法治思想。相信这次会议一定能取得圆满成功、实现既定目标。

在第二十六次全国地方立法工作座谈会上的小结讲话

（2020 年 11 月 20 日）

全国人大常委会法制工作委员会主任　沈春耀

各位领导、同志们：

第二十六次全国地方立法工作座谈会即将闭幕。昨天，我们共同聆听栗战书委员长重要讲话，随后召开分组会议交流讨论，加深了对习近平法治思想的理解和认识。今天上午，进行了大会交流发言。刚才，李飞主任委员作了即席讲话，以乡村振兴立法为切入点，就做好新时代地方立法工作发表了重要意见。按照安排，我作一个会议小结，介绍一些情况，回应一些问题，供同志们参考。

一、深刻把握本次会议主题和精神

本次会议的主题是深入学习贯彻习近平法治思想，为全面建设社会主义现代化国家提供法律保障。11 月 16 日至 17 日召开的中央全面依法治国工作会议，是我们党和国家历史上召开的第一次法治工作会议，最重要的成果是确立了习近平法治思想。这是全面依法治国的根本遵循和行动指南，充分体现了以习近平同志为核心的党中央对法治的高度重视，充分展现了党的十八大以来我国法治建设发生的历史性变革、取得的历史性成就，在我国法治建设史、国家治理史上留下了浓墨重彩的光辉篇章。本次全国地方立法工作座谈会的召开，正值中央全面依法治国工作会议确立习近平法治思想、开启深化全面依法治国新实践，非常及时，十分重要，也很有意义。

昨天上午，栗战书委员长发表重要讲话，带领大家重温了习近平总书记在中央全面依法治国工作会议上的重要讲话，特别是总书记在讲话中提出的全面依法治国指导思想和部署的 11 个方面重点工作，深入阐述了习近平法治思想的时代背景、形成过程、重大意义、本质特征、核心要义，并就贯彻落实习近平法治思想、推进地方立法工作提出了六个方面重要要求，具有很强的思想性、政治性和指导性。

以上是本次会议的主题和主要精神，大家要很好地把握。同时，还要与党的十九届五中全会精神、习近平总书记关于坚持和完善人民代表大会制度的重要思想、习近平总书记关于立法工作的重要批示指示融会贯通。总之，我们要切实贯彻落实习近平法治思想和本次会议精神，把握好地方立法工作正确的政治方向，自觉增强“四个意识”，坚定“四个自信”，做到“两个维护”，唱响主旋律。

二、充分肯定地方立法工作

去年是地方人大设立常委会 40 周年，习近平总书记作出重要批示，充分肯定了地方人大常委会 40 年来的各项工作，有关内容被收录到《习近平谈治国理政（第三卷）》。各省（区、市）和设区的市的地方立法是我国法律体系的重要组成部分。四十多年来，地方人大的同志们做了大量富有成效的立法工作，取得了重要成就，积累了宝贵经验。本次会议的交流材料，突出反映了近年来地方立法的新探索、新成果。栗战书委员长高度重视地方立法工作。本届以来，栗战书委员长出席第二十四次全国地方立法工作座谈会、省级人大立法工作交流会，都作了重要讲话，对地方立法立什么、怎么立进行悉心指导。王晨副委员长出席第二十五次全国地方立法工作座谈会，对地方立法工作作出部署，提出要求。同时，全国人大常委会领导同志明确要求法工委等有关单位加强与地方沟通联系，认真研究解决地方提出的法律询问等问题，全力支持地方立法工作。今年，栗战书委员长又亲自出席本次全国地方立法工作座谈会并作重要讲话，花了相当篇幅，深入总结、充分肯定地方立法工作。这充分体现了常委会领导同志对地方立法的重视和关心，也是为同志们做好地方立法工作打气鼓劲。我们要充分认识到，当前地方立法工作遇到的困难和矛盾，是伴随工作推进而产生的，必将在事业发展中得到解决。总之，我们要深入学习贯彻习近平法治思想特别是习近平总书记对立法工作的重要指示，进一步增强责任感和使命感，加强和改进地方立法工作，不断提高立法质量和效率，以良法保障善治、推动发展。

三、加强和拓展基层立法联系点建设

2019 年 11 月，习近平总书记在上海虹桥街道考察时，充分肯定基层立法联系点的成功经验和推进全过程民主的示范意义。栗战书委员长、王晨副委员长对加强基层立法联系点建设提出明确要求。一年来，基层立法联系点工作得到加强和深化，取得新发展。在地方人大积极有力的支持配合下，全国人大常委会法工委在原有 4 个基层立法联系点的基础上，新增了江苏省昆山市人大常委会、浙江省义乌市人大常委会、广东省江门市江海区人大常委会、广西自治区三江侗族自治县人大常委会、河北省正定县正定镇“人大代表之家”等 5 个单位为基层立法联系点，新增中国政法大学为立法联系点。基层立法联系点工作不仅对立法工作具有重要意义，也与我国社会主义民主政治关系密切。习近平总书记指出，我们走的是一条中国特色社会主义政治发展道路，人民民主是一种全过程的民主，所有的重大立法决策都是依照程序、经过民主酝酿，通过科学决策、民主决策产生的。基层立法联系点是全过程民主的生动体现，工作很具体，但意义重大。我们正在按照部署不断推进这项工作，也希望各地方人大常委会重视这项工作。已经设立立法联系点的地方，要继续扎实做好这项工作，让人民群众感受到“高大上”的立法就在身边，能亲身感受并参与其中。过去我们常讲“立法直通车”，强调立法工作要接地气、聚民智，基层立法联系点就是这样一个载体。开展这项工作，可以结合人大工作其他方面进行。比如，可以结合代表工作，利用好已经建立的代表联络站、工作室、代表之家等；还可以结合立法专家、立法顾问等制度开展，充分运用各方面的资源，形成整体合力。

四、推进合宪性审查工作

党的十九大和十九届四中全会对此都提出明确要求。为此，全国人大法律委员会更名为全国人大宪法和法律委员会，常委会法工委还设立了宪法室。其中一项重要工作就是落实党中央提出的推进合宪性审查工作。今年年初，党中央印发关于推进合宪性审查工作的指导性文件，对合宪性审查工作作出全面部署，提出明确要求。宪法第 99 条规定，地方各级人民代表大会在本行政区域内，保证宪法、法律、行政法规的遵守和执行。地方组织法也有明确要求。如果地方同志在工作中遇到宪法有关规定的理解和适用问题，特别是合不合宪、在相关制度安排中如何根据宪法进行妥善处理、对外怎么讲等问题，要及时向全国人大常委会报告，与宪法法律委、常委会法工委及时沟通，保证宪法全面准确有效实施。

五、地方立法要及时跟进国家立法

地方立法是中国特色社会主义法律体系的重要组成部分。对地方事务，地方可以进行立法；对国家未进行立法的领域，地方也可以结合实际开展先行先试。此外，地方立法还有一项重要使命，就是贯彻落实国家法律，开展配套立法，确保有关规定落地实施。近年来，国家立法修法工作步伐加快，数量增多。栗战书委员长在讲话中也讲到这个新趋势。在备案审查中，我们发现国家制定或修改有关法律后，有的地方性法规没有及时跟进，产生与上位法相抵触或不一致等问题。近年来，我们开展了生态环境、营商环境、禁食野生动物等领域地方性法规的专项清理。今年 5 月，全国人大审议通过民法典。习近平总书记第二天就主持中央政治局集体学习，提出的一项重要工作就是要对照民法典进行行政法规、司法解释、地方性法规等规范性文件的清理。我们要认真贯彻落实党中央的决策部署，将地方立法工作与国家立法进程有机协调起来，该修改的及时修改，该废止的及时废止。有时地方性法规来不及修改，可以借鉴全国人大常委会的做法，先作出有关决定，然后再制定或修改地方性法规。总之，各地方可以采取多种手段，及时跟进国家立法，更好地发挥法律制度整体功效。

六、重视和加强协同立法

本届以来，常委会领导同志每年都在全国性会议上强调这个问题。原因就是，党的十八大以来，以习近平同志为核心的党中央提出了长三角一体化发展、京津冀协同发展、粤港澳大湾区建设、长江经济带、成渝地区双城经济圈等区域协调发展战略。贯彻落实这些国家战略，需要法治保障。党的十九届五中全会明确提出，要加快构建以国内大循环为主体、国内国际双循环相互促进的新发展格局，将国内大循环摆在突出位置。推进国内大循环，必须创造有利于市场要素自由流动、基础设施互联互通的制度环境。这也迫切需要重视和加强协同立法。

近年来，我们在国家立法中已经感受到强烈的协同立法需求。近期，全国人大常委会正在审议长江保护法草案。长江经济带涉及 11 个省市，长江流域覆盖 19 个省(区、市)。贯彻落实习近平总书记“共抓大保护，不搞大开发”的重要指示精神，不仅需要国家立法，也需要有关地方积极探索，开展协同立法。目前，长三角、京津冀等地区的区域协同立法工作已经取得了不少实际成果，值得深入总结。下一步，地方人大开展区域协同立法，可以先易后难，先将基础设施、生态环境保护、市场要素流动、社会民生保障等方面的协同立法扎扎实实地做起来。同时，协同立法的领域也不限于贯彻落实国家区域协调发展战略。对于祁连山、秦岭、武夷山、黄河、赤水河等跨行政区划的山川河流的保护，只要有需求，就可以积极探索，开展协同立法。

七、关于授权立法

这个问题本质上是改革和法治、中央和地方、整体和局部的关系问题，一直以来都有，近年又更加突出。改革开放初期法制不健全，许多方面是空白，对如何授权也没有限制，一般都是笼统授权。其中最典型的是 1985 年六届人大三次会议授权国务院可以在经济体制改革和对外开放方面制定暂行规定或者条例。这个授权现在仍然有效。地方层面，主要是授权深圳等地制定经济特区法规。随着改革开放实践不断深化和向前推进，我国社会主义法制不断健全，制度更加成熟、稳定、定型，授权立法发生了一些变化。2015 年修改立法法，专门对授权立法作出规定，强调必须明确授权的范围、期限等。当前，为推动全面深化改革，很多领域都需要地方立法先行先试。按照党中央精神，既要鼓励有关地方大胆闯、大胆试，又要坚持重大改革于法有据，特别是涉及突破法律规定的问题，一定要依照法定程序处理。常委会领导同志多次强调，要依法积极支持省级人大有关立法工作。请地方同志研究提出授权立法请求时，一定要加强调查研究，进一步明确哪些领域需要授权，涉及哪些法律规定，授权需要解决哪些问题，授权到期后如何处理等问题。这是重大改革于法有据的要求，也是 2015 年修改立法法的精神。

八、领会好中央精神，妥善处理地方立法工作

在地方立法工作中，要准确把握党中央精神，确保党的路线方针政策和决策部署在立法工作中得到全面贯彻落实。为便于同志们理解，这里举几个例子讲一下。比如，党的十九届五中全会提出要增强生育政策的包容性。对此，要结合我国计划生育政策的演变发展过程加深理解，领会近年来党中央完善计划生育政策的精神。有的地方落实党中央决策部署，已经修改了有关地方性法规。有的地方还没来得及修改有关地方性法规，可以考虑减缓征收社会抚养费等规定的执行力度。又如，中央有关文件明确提出，警务辅助人员可由地方立法进行规范。在地方立法中，要把握好国家统一制度与地方性法规的关系，准确把握辅警“辅”的作用。对于限制人身自由、刑事侦查、治安管理处罚等措施，只能由警察执行，不能由辅警来执行。再如，党的十九届五中全会提出要加大国家通用语言文字推广力度。国家通用语言文字已有相关法律法规进行规范，这里主要强调民族地区的国家通用语言文字推广问题。今年召开中央第七次西藏工作座谈会、第三次中央新疆工作座谈会，已作出有关部署要求。有关地方要认真学习党中央有关会议和文件精神，在地方立法中贯彻落实。此外，习近平总书记重要批示指示精神和党中央决策部署，还有不少涉及地方立法工作。本次会议上，围绕贯彻落实习近平总书记重要指示精神，河北交流了制定制止餐饮浪费的地方性法规的情况，湖南交流了通过地方立法推动解决农村乱占耕地建房的经验，很有代表性。总之，大家要领会好中央精神，认真学习习近平总书记重要批示指示精神和党中央决策部署，做到融会贯通，在地方立法中认真贯彻落实。

九、推进惠民立法

习近平总书记在中央全面依法治国工作会议上的重要讲话就惠民立法提出明确要求，强调要积极回应人民群众新要求新期待，系统研究谋划和解决法治领域人民群众反映强烈的突出问题，不断增

强人民群众获得感、幸福感、安全感，用法治保障人民安居乐业。栗战书委员长在讲话中对此作出重要部署。国家立法必须体现惠民立法的精神，地方人大离老百姓更近，地方立法更要凸显惠民特色。希望大家就此共同努力，通过立法加强百姓的获得感、幸福感、安全感，将惠民立法的精神和要求充分体现在法律法规中。地方性法规在规定法律责任等内容时，也要突出惠民立法精神，正确处理惩治和保护的辩证关系，争取获得社会理解认同，加强百姓的获得感、幸福感、安全感。比如，全国人大常委会在研究制定刑法修正案（十一）工作中，在加大对特定违法行为追责力度的同时，加强了对有关受害者权利的保护，这也是惠民立法精神的体现。总之，地方人大要贯彻落实党中央决策部署和栗战书委员长重要讲话精神，更加重视惠民立法，多出一些实实在在的成果。

做好立法工作需要我们全国和地方共同努力，我们要把习近平法治思想和中央精神领会好、贯彻好，在新时代立法工作中发挥更大的作用。感谢地方人大同志对全国人大立法工作一直以来的关心支持！

谢谢大家！

批准公约和条约

全国人民代表大会常务委员会关于批准《中华人民共和国和巴基斯坦伊斯兰共和国关于移管被判刑人的条约》的决定

（2020年4月29日第十三届全国人民代表大会常务委员会第十七次会议通过）

第十三届全国人民代表大会常务委员会第十七次会议决定：批准2018年11月3日由中华人民共和国代表在北京签署的《中华人民共和国和巴基斯坦伊斯兰共和国关于移管被判刑人的条约》。

中华人民共和国和巴基斯坦伊斯兰共和国关于移管被判刑人的条约

（中文本）

中华人民共和国和巴基斯坦伊斯兰共和国（以下单称“一方”，合称“双方”），在相互尊重主权和平等互利的基础上，为加强两国在刑事领域的合作，使被判刑人得以在其国籍国服刑，以有利于被判刑人重返社会，议定下列各条：

第一条 定 义

一、在本条约中：

（一）“移交方”系指可能或者已经将被判刑人移管出其境内的一方；

（二）“接收方”系指可能或者已经将被判刑人接收到其境内服刑的一方；

（三）“被判刑人”或者“囚犯”系指在移交方被法院判处监禁刑罚的人；

（四）“刑罚”系指移交方的法院对刑事犯罪所作判决中的监禁刑；

（五）“判决”系指移交方法院作出的最终决定或者命令；

（六）“国民”系指接收方公民。

二、视情形需要，“请求方”、“被请求方”与“移交方”、“接收方”在本条约中交替使用。

第二条 一般原则

根据本条约和国内法的规定，一方可以向另一方移管被判刑人，以便执行移交方法院对该人所判处的刑罚。

第三条 中央机关

一、为适用本条约的目的，双方应当通过各自指定的中央机关进行联系，或者在必要情况下，通过外交途径进行联系。

二、本条第一款所述的中央机关，在中华人民共和国方面系指司法部，在巴基斯坦伊斯兰共和国方面系指内政部。

三、一方如果变更其指定的中央机关，应当通过外交途径书面通知另一方。

第四条 移管的条件

如符合下列条件，可移管被判刑人：

（一）被判刑人是接收方的国民；

（二）对被判刑人判处刑罚所针对的行为按照接收方的法律也构成犯罪；

（三）该判决已经发生法律效力；

（四）在接到移管请求时，被判刑人剩余刑期六个月以上；

（五）被判刑人书面同意移管，或者任何一方鉴于该人的年龄、身体或者精神状况认为有必要时，

经被判刑人的合法代理人书面同意移管；以及

（六）双方均同意移管。

第五条　移管的决定

任何一方均可自主决定是否同意另一方提出的移管请求。

第六条　请求与答复

一、被判刑人可依据本条约向任何一方提出移管申请。收到被判刑人移管申请的一方应当尽快将该申请告知另一方。

二、任何一方均可提出移管请求。被请求方应当将其是否同意移管请求的决定尽快通知请求方。

三、移管的请求与答复均应当采取书面形式，并通过中央机关传递。

第七条　所需文件

一、如有移管请求，除非被请求方已表示不同意移管，移交方应当向接收方提供下列文件或者说明：

（一）经证明无误的判决书副本，包括判决所依据的法律条文；

（二）关于刑罚的种类、刑期和起算日期的说明；

（三）关于被判刑人的服刑表现、已服刑期和剩余刑期的说明，以及审判前羁押期间、减刑和其他有关刑罚执行事项的说明；

（四）关于本条约第四条第一款第五项所提及的同意移管的书面声明；以及

（五）关于被判刑人身体及精神健康状况的说明。

二、接收方应当向移交方提供下列文件或说明：

（一）证明被判刑人是接收方国民的文件或者说明；

（二）对被判刑人判处刑罚所针对的行为，根据接收方法律也构成犯罪的有关条文；以及

（三）接收方根据本国法律执行刑罚的程序的信息。

第八条　通知被判刑人

一、双方应当在各自境内通知本条约适用的被判刑人，其可以根据本条约的规定被移管。

二、双方应当将移交方或者接收方根据本条约第五条和第六条就移管请求所采取的措施或者所作出的决定，书面通知在其境内的有关被判刑人。

第九条　被判刑人同意及其核实

一、移交方应当确保被判刑人或者其合法代理人在完全知晓移管的法律后果的情况下自愿表示同意移管，并由其在同意移管的声明中对此予以确认。

二、如接收方请求，移交方应当提供机会，使接收方通过指定的官员核实被判刑人已按本条第一款规定的条件表示同意。

第十条　移交被判刑人

双方如果就移管达成一致，应当尽快通过中央机关协商确定移交被判刑人的时间、地点和方式。

第十一条　继续执行刑罚

一、在接收被判刑人后，接收方应当按照刑罚的性质和期限确保余刑的继续执行。

二、如果移交方所判处刑罚的性质或者期限不符合接收方的法律，接收方可以将该刑罚调整为本国法律对同类犯罪规定的相应刑罚。调整刑罚时：

（一）接收方应当受移交方判决中关于事实认定的约束；

（二）接收方不得将剥夺自由刑调整为财产刑；

（三）调整后的刑罚应当尽可能与移交方所判处的刑罚相一致；

（四）调整后的刑罚在性质上或者刑期上不得加重移交方所判处的刑罚，也不得超过接收方国内法律对同类犯罪所适用的最高刑期；以及

（五）应当扣除被判刑人在移交方境内已服刑的期间，包括审判前羁押期间。

三、移管后，继续执行刑罚适用接收方国内法律和程序，包括对被判刑人减刑、假释或者采取其他刑罚执行中的有关措施。

第十二条　管辖权的保留

一、移交方应当保留对其法院所作定罪和量刑

进行变更或者撤销的管辖权。

二、接收方在被告知移交方根据本条作出的任何导致变更或者撤销其法院对被判刑人的定罪和量刑的决定后，应当立即变更或者终止刑罚的执行。

第十三条　赦　　免

任何一方均可以根据本国法律对已被移管的被判刑人给予赦免，并应当及时将赦免决定通过中央机关通知另一方。

第十四条　通报执行信息

有下列情形之一的，接收方应当向移交方提供有关执行刑罚的信息：

（一）刑罚已经执行完毕；

（二）被判刑人在刑罚执行完毕前逃脱或者死亡；或者

（三）移交方要求提供特别说明。

第十五条　过　　境

一、任何一方如果为履行与第三国达成的移管被判刑人协议需要从另一方领土过境，应当向该另一方提出过境请求。

二、前款规定不适用于使用航空运输且未计划在另一方领土降落的情形。

三、被请求方在不违反本国法律的情况下，应当同意请求方提出的过境请求。

第十六条　联系语言

为本条约之目的，双方应当使用各自的官方语言进行联系，并附有另一方官方语言或者英语的译文。

第十七条　免除认证

为本条约之目的，由双方主管机关制作并通过中央机关传递的文件，经一方主管机关签名和盖章，即可以在另一方境内使用，无须认证。

第十八条　费　　用

一、接收方应当承担以下费用：

（一）移管被判刑人的费用，但完全在移交方境内发生的费用除外；以及

（二）移管后继续执行刑罚的费用。

二、接收方可以向被判刑人追偿全部或者部分费用。

第十九条　争议的解决

与本条约的解释、适用相关的或者由此产生的争议，如果双方中央机关无法协商解决，应当通过外交途径解决。

第二十条　修　　订

双方书面协商一致，可以随时对本条约予以修订。该修订内容应当通过第二十一条第一款规定的方式生效。

第二十一条　条约的生效、效力和终止

一、本条约须经批准。批准书应当互换。本条约自互换批准书之日后第30天生效。

二、本条约非经终止一直有效。任何一方可以随时通过外交途径，以书面形式通知另一方于180天后终止本条约的意愿。

三、本条约适用于生效后提出的任何移管请求，即使请求涉及的刑罚是在本条约生效前作出的。

四、被判刑人在条约终止之前被移管的，其刑罚执行应当继续适用本条约的规定。

下列签署人经双方适当授权，在本条约上签字，以昭信守。

本条约于二〇一八年十一月三日在北京签订，一式两份，每份均以中文和英文写成，两种文本同等作准。

中华人民共和国 代表 傅政华 （签字）	巴基斯坦伊斯兰共和国 代表 沙阿·马哈茂德·库雷希 （签字）

全国人民代表大会外事委员会审议《国务院关于提请审议批准〈中华人民共和国和巴基斯坦伊斯兰共和国关于移管被判刑人的条约〉的议案》的报告

全国人民代表大会常务委员会：

2019 年 3 月下旬，第十三届全国人民代表大会外事委员会书面审议了《国务院关于提请审议批准〈中华人民共和国和巴基斯坦伊斯兰共和国关于移管被判刑人的条约〉的议案》。

外事委员会认为，2018 年 11 月 3 日由我国司法部部长傅政华与巴基斯坦外交部部长沙阿·马哈茂德·库雷希分别代表本国在北京签署的《中华人民共和国和巴基斯坦伊斯兰共和国关于移管被判刑人的条约》符合我国法律的基本原则和司法实践；批准该条约符合我国利益和实际需要。建议全国人民代表大会常务委员会决定批准该条约。

全国人民代表大会外事委员会

2020 年 4 月 7 日

全国人民代表大会常务委员会关于加入《武器贸易条约》的决定

（2020 年 6 月 20 日第十三届全国人民代表大会常务委员会第十九次会议通过）

第十三届全国人民代表大会常务委员会第十九次会议决定：加入 2013 年 4 月 2 日由联合国大会通过的《武器贸易条约》。

武器贸易条约

（中文本）

序　言

本条约缔约国，

在《联合国宪章》的宗旨和原则指引下，

回顾《联合国宪章》旨在促进建立并维护国际和平与安全，尽量减少世界人力及经济资源耗用于军备的第二十六条，

强调有必要防止和消除常规武器非法贸易并防止常规武器流入非法市场或用于未经许可的最终用途和最终用户，包括用于实施恐怖行为，

确认各国在常规武器国际贸易方面正当的政治、安全、经济和商业利益，

重申各国拥有根据本国法律或宪政制度监管和控制完全在本国境内的常规武器的主权权力，

确认和平与安全、发展及人权是联合国系统的支柱以及集体安全的基础，并认识到发展、和平与安全及人权彼此关联，相辅相成，

回顾 1991 年 12 月 6 日大会第 46/36H 号决议载列的联合国裁军审议委员会关于国际武器转让的指导方针，

注意到《联合国从各方面防止、打击和消除小武器和轻武器非法贸易的行动纲领》和《联合国打击跨国有组织犯罪公约关于打击非法制造和贩运枪支及其零部件和弹药的补充议定书》以及《使各国能够及时和可靠地识别和追查非法小武器和轻武器的国际文书》所做的贡献，

认识到常规武器的非法贸易和未加管制的贸

易的安全、社会、经济和人道主义后果，

铭记平民尤其是妇女和儿童在受武装冲突和武装暴力消极影响的人中占绝大多数，

又认识到武装冲突的受害者所面临的挑战以及他们在适当照顾、康复及融入社会经济生活等方面的需求，

强调本条约的任何规定都不妨碍各国维持和采用额外有效措施，以促进本条约的目的和宗旨，

注意到在法律允许或保护范围内，为开展娱乐、文化、历史和体育活动而进行的常规武器正当贸易，以及对某些常规武器的合法拥有和使用，

还注意到区域组织在应要求协助缔约国执行本条约方面可发挥作用，

认识到包括非政府组织在内的民间社会及该产业在提高对本条约的目的和宗旨的认识以及支持其实施方面可发挥自愿、积极的作用，

确认对常规武器国际贸易的监管以及在防止其转作他用过程中，不应妨碍在物资、设备和技术方面开展的用于和平目的的国际合作与正当贸易，

强调最好实现普遍加入本条约，

决心按照以下原则行事：

原　则

所有国家均拥有《联合国宪章》第五十一条承认的进行单独或集体自卫的固有权利；

根据《联合国宪章》第二条第3款，以和平方式解决国际争端，不危及国际和平与安全及正义；

根据《联合国宪章》第二条第4款，在国际关系中不对任何国家的领土完整或政治独立进行武力威胁或使用武力，或采用不符合联合国宗旨的任何其他方式；

根据《联合国宪章》第二条第7款，不干涉在本质上属于任何国家国内管辖范围的事务；

除其他外，根据1949年日内瓦四公约，尊重并确保尊重国际人道主义法，并除其他外根据《联合国宪章》和《世界人权宣言》，尊重并确保尊重人权；

所有国家都有责任按照各自的国际义务有效监管常规武器的国际贸易并防止其转作他用，并负有订立和实施各自的国家管制制度的首要责任；

尊重各国为行使自卫权以及为开展维持和平行动而获取常规武器的正当权益，以及制造、出口、进口和转让常规武器的正当权益；

以连贯一致、客观和非歧视的方式实施本条约。

协议如下：

第1条　目的和宗旨

本条约的目的是：

制定用于监管常规武器国际贸易或改进对常规武器国际贸易监管的尽可能高的共同国际标准；

防止和消除常规武器非法贸易并防止其转作他用；

宗旨是：

促进国际和区域和平、安全与稳定；

减少人类苦难；

促进缔约国在常规武器国际贸易方面的合作、透明和负责任的行动，从而在缔约国之间建立信任。

第2条　范　围

1. 本条约应适用于以下类别的所有常规武器：

(a)作战坦克；

(b)装甲战斗车；

(c)大口径火炮系统；

(d)作战飞机；

(e)攻击直升机；

(f)军舰；

(g)导弹和导弹发射器；以及

(h)小武器和轻武器。

2. 在本条约中，国际贸易活动包括出口、进口、过境、转运和中介活动，下称“转让”。

3. 本条约不应适用于某个缔约国或代表某个缔约国进行的供本国使用的常规武器国际移动，但条件是有关常规武器仍为该缔约国所有。

第3条　弹　药

每个缔约国应建立和维持一个国家管制制度，对第2条第1款所述常规武器射击、发射或运载的弹药的出口进行监管，并在授权出口此类弹药之前适用第6条和第7条的规定。

第4条　零部件

每个缔约国应建立和维持一个国家管制制度，对以能够组装成第2条第1款所述常规武器的方式存在的零部件的出口进行监管，在授权出口此类零部件之前应适用第6条和第7条的规定。

第 5 条 实施的一般规定

1. 每个缔约国应以连贯一致、客观和非歧视的方式实施本条约,同时铭记本条约中提到的原则。

2. 每个缔约国应建立和维持一个国家管制制度,包括一份国家管制清单,以便实施本条约的规定。

3. 鼓励每个缔约国将本条约的规定适用于最大范围的常规武器。缔约国对第 2 条第 1 款(a)—(g)项所述常规武器类型的定义内涵,不应比本条约生效时联合国常规武器登记册所使用的定义内涵狭窄。关于第 2 条第 1 款(h)项所述类型,国家定义内涵不应比本条约生效时相关联合国文书所使用的定义内涵狭窄。

4. 每个缔约国应根据国内法,将国家管制清单提交给秘书处,秘书处应将清单提供给其他缔约国。鼓励各缔约国公布其管制清单。

5. 每个缔约国应采取实施本条约的规定所需的措施,并应指定国家主管部门,以便有一个监管第 2 条第 1 款所述常规武器以及第 3 条和第 4 条所述物项转让的有效和透明的国家管制制度。

6. 每个缔约国应指定一个或多个国家联络点,就与实施本条约有关的事宜交流信息。每个缔约国应将其国家联络点通知根据第 18 条设立的秘书处,并不断更新有关信息。

第 6 条 禁 止

1. 如果转让将违反依照《联合国宪章》第七章行事的联合国安全理事会所采取的措施尤其是武器禁运措施规定的义务,则缔约国不得批准第 2 条第 1 款所述常规武器或第 3 条或第 4 条所述物项的转让。

2. 如果转让将违反本条约缔约国根据其作为缔约国的国际协议应承担的相关国际义务,尤其是涉及常规武器转让或非法贩运的义务,则缔约国不得批准第 2 条第 1 款所述常规武器或第 3 条或第 4 条所述物项的转让。

3. 如果缔约国在批准时了解到第 2 条第 1 款所述常规武器或第 3 条或第 4 条所述物项将用于犯下灭绝种族罪、危害人类罪、严重违反 1949 年日内瓦四公约的行为,实施针对受保护民用物品或平民的袭击或其作为缔约国的国际协议所规定的其他战争罪,则缔约国不得批准武器或物项的转让。

第 7 条 出口和出口评估

1. 如果第 6 条未禁止某项出口,各出口缔约国在根据国家管制制度审议是否批准其管辖范围内第 2 条第 1 款所述常规武器或第 3 条或第 4 条所述物项出口时,应以客观和非歧视的方式,同时考虑到相关因素,包括进口国根据第 8 条第 1 款提供的资料,评估拟议出口的常规武器或物项:

(a)是否会促进或破坏和平与安全;

(b)是否会用于:

(一)犯下或有助于犯下严重违反国际人道主义法的行为;

(二)犯下或有助于犯下严重违反国际人权法的行为;

(三)犯下或有助于犯下根据出口国作为缔约国的与恐怖主义有关的国际公约或议定书构成犯罪的行为;或

(四)犯下或有助于犯下根据出口国作为缔约国的与跨国有组织犯罪有关的国际公约或议定书构成犯罪的行为。

2. 出口的缔约国还应考虑是否可采取其他措施以缓解第 1 款(a)项或(b)项查明的风险,诸如建立信任措施或由出口国和进口国共同制订并商定的措施。

3. 在进行这一评估并考虑到可采取的缓解措施之后,如出口的缔约国确定存在涉及第 1 款下消极后果的高于一切的风险,则出口缔约国不得批准出口。

4. 每个出口缔约国在进行这一评估时,应考虑到第 2 条第 1 款所述常规武器或第 3 条或第 4 条所述物项用于实施或帮助实施严重的基于性别的暴力行为或严重的暴力侵害妇女和儿童行为的风险。

5. 每个出口的缔约国应采取措施,确保第 2 条第 1 款所述常规武器或第 3 条或第 4 条所述物项的出口许可列出详情,在出口前签发。

6. 每个出口的缔约国应根据请求,并按照本国的国家法律、惯例或做法,向进口的缔约国以及过境国或转运国提供相关出口许可的适当资料。

7. 如果出口的缔约国在发放许可后又得悉新的有关信息,鼓励该国酌情与进口的缔约国进行协商,之后重新评估出口许可。

第 8 条 进 口

1. 每个进口缔约国应按照本国法律采取措施,

确保根据请求向出口缔约国提供适当和相关的信息，协助出口缔约国根据第7条进行国家出口评估。此类措施可包括最终用途或最终用户文件。

2. 每个进口缔约国应采取措施，使其在必要时监管其管辖范围内的第2条第1款所述常规武器的进口。上述措施可包括进口制度。

3. 如进口缔约国是最终目的地国，则该进口缔约国可请出口缔约国提供信息，说明待批准或实际出口许可的情况。

第9条　过境和转运

每个缔约国应采取适当措施，在必要和可行的情况下根据相关国际法监管其管辖范围内的第2条第1款所述常规武器经过其领土的过境或转运。

第10条　中介活动

每个缔约国应根据本国法律采取措施，监管其管辖范围内的第2条第1款所述常规武器的中介活动。此类措施可包括要求经纪人注册，或在从事中介活动前取得书面批准。

第11条　转　　用

1. 每个参与转让第2条第1款所述常规武器的缔约国应采取措施，防止其转作他用。

2. 出口缔约国应力求通过根据第5条第2款建立的国家管制制度，通过评估出口转作他用的风险并考虑到建立的缓解措施，包括建立信任措施或由出口国和进口国共同制订并商定的措施，防止第2条第1款所述常规武器的转让被转作他用。其他预防措施可酌情包括：审查参与出口的各方，要求提供补充文件、证明、保证，不许可出口或其他适当措施。

3. 进口缔约国、过境国、转运国和出口缔约国应根据本国法律，在适当和可行的情况下开展合作并交换信息，以减轻第2条第1款所述常规武器的转让被转作他用的风险。

4. 缔约国如发现有第2条第1款所述已转让的常规武器被转用，该国应根据本国法律和国际法采取适当措施，处理这种转用问题。此类措施可包括：提醒可能受到影响的缔约国，检查第2条第1款所述常规武器中已经被转用的货物，以及通过调查和执法机关采取后续措施。

5. 为了更好地理解并防止第2条第1款所述已转让的常规武器被转作他用，鼓励缔约国就处理转用问题的有效措施相互交流相关信息。此类信息可包括：关于腐败、国际贩卖路线、非法中介、非法供应源、藏匿方法、共同发送点或者参与转用的有组织集团使用的目的地等非法活动的信息。

6. 鼓励缔约国通过秘书处向其他缔约国报告为处理第2条第1款所述已转让常规武器被转作他用而采取的措施。

第12条　记　　录

1. 每个缔约国应依照本国法律法规，保留第2条第1款所述常规武器的出口批准书或实际出口的国家记录。

2. 鼓励各缔约国保留其作为最终目的地国而转让到其境内或获准在其管辖范围内的领土过境或转运的第2条第1款所述常规武器的记录。

3. 鼓励缔约国在记录内酌情纳入如下信息：第2条第1款所述常规武器的数量、价值、型号或类型、批准的国际转让、实际转让的常规武器以及出口国、进口国、过境国和转运国及最终用户的详细情况。

4. 记录至少应保留10年。

第13条　报　　告

1. 每个缔约国应根据第22条，在本条约对其生效后的第一年内向秘书处提交一份初步报告，说明为执行本条约而采取的措施，包括制定的国内法律、国家管制清单以及其他法规和行政措施。每个缔约国应在适当时向秘书处报告为执行本条约而新采取的措施。报告应由秘书处提供并分发给各缔约国。

2. 鼓励缔约国通过秘书处向其他缔约国提供信息，说明已经采取的在处理第2条第1款所述已转让常规武器被转作他用方面证明有效的措施。

3. 每个缔约国每年都应在5月31日前向秘书处提交一份报告，说明上个历年第2条第1款所述常规武器的批准或实际进出口情况。报告应由秘书处提供并分发给各缔约国。缔约国提交给秘书处的报告的内容可以与提交给相关联合国框架，包括联合国常规武器登记册的报告相同。报告可不列入商业敏感信息或涉及国家安全的信息。

第 14 条 执 行

每个缔约国应采取适当措施执行实施本条约规定的本国法律和法规。

第 15 条 国际合作

1. 缔约国应在符合各自的安全利益和本国法律的情况下开展相互合作,以有效实施本条约。

2. 鼓励缔约国促进国际合作,包括根据各自的安全利益和本国法律,就在本条约的实施和适用方面共同关心的事项交流信息。

3. 鼓励缔约国就共同关心的问题进行协商和酌情分享信息,以支持本条约的实施。

4. 鼓励缔约国根据本国法律提供合作,以协助各国执行本条约的规定,包括分享有关非法活动和行为体的信息,同时防止和消除第 2 条第 1 款所述常规武器被转用。

5. 缔约国应在双方合意并符合其本国法律的前提下,在与违反根据本条约制定的国家措施有关的调查、起诉和审判程序中相互提供最大程度的协助。

6. 鼓励缔约国采取国家措施,彼此合作,防止第 2 条第 1 款所述常规武器的转让受到腐败行径的影响。

7. 鼓励缔约国就有关本条约任何方面的教训交流经验和信息。

第 16 条 国际援助

1. 在实施本条约时,每个缔约国均可寻求援助,包括法律或立法援助、机构能力建设、技术、物资或资金援助。此类援助可包括库存管理,解除武装、复员和重返社会方案,示范立法,以及有效的执行做法。有能力提供此类援助的每个缔约国应根据要求提供这种援助。

2. 除其他外,每个缔约国可通过联合国、国际组织、区域组织、次区域或国家组织、非政府组织或在双边基础上请求、提供或接受援助。

3. 缔约国应建立一个自愿信托基金,以协助需要国际援助来执行本条约并提出请求的缔约国。鼓励每个缔约国向该基金提供资源。

第 17 条 缔约国会议

1. 在本条约生效后一年内,根据第 18 条成立的临时秘书处应召集一次缔约国会议,其后则在缔约国会议决定的其他时间召集缔约国会议。

2. 缔约国会议第一届会议应以协商一致方式通过其议事规则。

3. 缔约国会议应通过缔约国会议财务规则和关于其可能设立的任何附属机构的资金筹措的财务规则以及有关秘书处运作的财务规定。缔约国会议每一届常会应通过至下一届常会的财政期间的预算。

4. 缔约国会议应:

(a)审查本条约的执行情况,包括常规武器领域的事态发展;

(b)审议并通过关于本条约的执行和运作的建议,尤其是促进其普遍性的建议;

(c)根据第 20 条审议对本条约的修正;

(d)审议与本条约的解释有关的问题;

(e)审议并决定秘书处的任务和预算;

(f)审议改进本条约的运作可能需要的附属机构的设立;

(g)履行与本条约相一致的其他职能。

5. 缔约国会议可在其认为必要时,或在至少三分之二的缔约国的支持下应任何缔约国的书面请求,在其他时间举行缔约国会议特别会议。

第 18 条 秘书处

1. 本条约特此设立一个秘书处,以协助缔约国有效实施本条约。在缔约国会议举行第一次会议前,将由一个临时秘书处负责本条约规定的行政职能。

2. 秘书处应配备足够的工作人员。工作人员应具备必要的专业知识,以确保秘书处能有效地承担第 3 款所述职责。

3. 秘书处应对缔约国负责。秘书处应在一个保持最低限度的结构内承担下列职责:

(a)根据本条约规定的任务接收、提供和分发报告;

(b)保持并向缔约国提供国家联络点名单;

(c)协助把为实施条约而提出的援助的提供和需求匹配起来,并根据请求促进国际合作;

(d)为缔约国会议的工作提供便利,包括为本条约下的会议作出安排和提供必要的服务;

(e)执行缔约国会议决定的其他职责。

第 19 条 争端的解决

1. 缔约国应共同协商,并经双方同意,开展合作,寻求通过谈判、调解、和解、司法解决或其他和平手段等方式,解决在本条约的解释或适用方面可能产生的任何争端。

2. 缔约国经双方同意可采用仲裁来解决彼此之间涉及本条约的解释或适用问题的争端。

第 20 条 修 正

1. 本条约生效六年后,缔约国可随时对本条约提出修正案。其后,缔约国会议仅可每三年审议一次拟议修正案。

2. 对本条约的任何修正提案应以书面方式提交秘书处,由秘书处在缔约国会议举行根据第 1 款可以审议修正案的下次会议的至少 180 天之前将提案分发给所有缔约国。如大多数缔约国在秘书处分发提案后不晚于 120 天通知秘书处说它们支持进一步审议该提案,则修正提案将在缔约国会议根据第 1 款可以审议修正案的下次会议上得到审议。

3. 缔约国应当尽力就每项修正案达成一致意见。如果已经为达成协商一致作出一切努力而仍未达成一致意见,作为最后手段,该修正案应由出席缔约国会议并参加表决的缔约国的四分之三多数票通过。为本条之目的,"出席并参加表决的缔约国"是指出席会议并投票赞成或反对的缔约国。保存人应将所通过的修正案通知所有缔约国。

4. 根据第 3 款通过的修正案应在修正案通过时的大多数缔约国向保存人交存接受书 90 天后,对所有交存对该修正案的接受书的缔约国生效。其后,对于剩余的缔约国,修正案将在其交存对该修正案的接受书 90 天后对其生效。

第 21 条 签署、批准、接受、核准或加入

1. 本条约应自 2013 年 6 月 3 日起在纽约联合国总部开放供所有国家签署,直至其生效为止。

2. 本条约须经各签署国批准、接受或核准。

3. 本条约在生效后,应开放供未签署本条约的国家加入。

4. 批准书、接受书、核准书或加入书应交存保存人。

第 22 条 生 效

1. 本条约应在向保存人交存第五十份批准书、接受书或核准书 90 天后生效。

2. 对于在本条约生效后交存批准书、接受书、核准书或加入书的国家,本条约将在其交存批准书、接受书、核准书或加入书 90 天后对其生效。

第 23 条 暂时适用

任何国家均可在签署或交存其批准书、接受书、核准书或加入书时宣布,在本条约对该国生效之前暂时适用第 6 和第 7 条。

第 24 条 期限和退出

1. 本条约应无限期有效。

2. 每个缔约国在行使国家主权方面,均有权退出本条约。该国应向保存人发出退出通知,由保存人通告所有其他缔约国。退出通知中可解释其退出理由。退出通知应在保存人收到退出通知书 90 天后生效,除非退出通知书列出了一个更晚的日期。

3. 一国不得因退出而免除其作为本条约缔约国期间根据本条约承担的义务,包括可能累积的财政义务。

第 25 条 保 留

1. 每个国家在签署、批准、接受、核准或加入时均可提出保留,但保留不得与本条约的目的和宗旨不符。

2. 缔约国可随时通知保存人,撤回保留。

第 26 条 同其他国际协定的关系

1. 实施本条约不应妨碍缔约国对于其所参加的现有或将来的国际协定所承担的义务,只要这些义务符合本条约。

2. 不得以本条约为理由废除本条约缔约国间签订的国防合作协议。

第 27 条 保存人

联合国秘书长为本条约的保存人。

第 28 条 有效文本

本条约正本交存联合国秘书长,其阿拉伯文、中文、英文、法文、俄文和西班牙文文本具有同等效力。

全国人民代表大会外事委员会审议《国务院关于提请审议加入〈武器贸易条约〉的议案》的报告

全国人民代表大会常务委员会：

2020 年 6 月 5 日，第十三届全国人民代表大会外事委员会举行第十二次全体会议，审议了《国务院关于提请审议加入〈武器贸易条约〉的议案》。

外事委员会认为，2013 年 4 月 2 日由联合国大会通过的《武器贸易条约》内容符合我国法律的基本原则。加入该条约，符合我国利益和实际需要。建议全国人民代表大会常务委员会决定加入该条约。

全国人民代表大会外事委员会

2020 年 6 月 5 日

全国人民代表大会常务委员会关于批准《〈巴塞尔公约〉缔约方会议第十四次会议第 14/12 号决定对〈巴塞尔公约〉附件二、附件八和附件九的修正》的决定

（2020 年 10 月 17 日第十三届全国人民代表大会常务委员会第二十二次会议通过）

第十三届全国人民代表大会常务委员会第二十二次会议决定：批准 2019 年 5 月在日内瓦召开的《控制危险废物越境转移及其处置巴塞尔公约》缔约方会议第十四次会议通过的《〈巴塞尔公约〉缔约方会议第十四次会议第 14/12 号决定对〈巴塞尔公约〉附件二、附件八和附件九的修正》。

《巴塞尔公约》缔约方会议第十四次会议第 14/12 号决定对《巴塞尔公约》附件二、附件八和附件九的修正

（中文本）

缔约方大会，

审议了挪威政府有关修正《控制危险废物越境转移及其处置巴塞尔公约》附件二、附件八和附件九的提案，①

1. 决定修正《控制危险废物越境转移及其处置巴塞尔公约》附件二，增加以下条目：

① UNEP/CHW. 14/27，附件一。

Y48[①][②]	塑料废物,包括塑料废物混合物,但以下情况除外: · 根据第 1 条第 1(a)款规定属于危险废物的塑料废物[③] · 下列塑料废物,条件是其将以环境无害化方式进行回收[④],且几乎未受污染并不含有其他种类废物[⑤]: – 几乎完全[⑥]由一种非卤化聚合物组成的塑料废物,包括但不限于以下聚合物: ○聚乙烯(PE) ○聚丙烯(PP) ○聚苯乙烯(PS) ○丙烯腈—丁二烯—苯乙烯共聚物(ABS) ○聚对苯二甲酸乙二醇酯(PET) ○聚碳酸酯(PC) ○聚醚 – 几乎完全[⑦]由一种固化树脂或缩合物组成的塑料废物,包括但不限于以下树脂: ○脲醛树脂 ○酚醛树脂 ○三聚氰胺甲醛树脂 ○环氧树脂 ○醇酸树脂 – 几乎完全[⑧]由以下一种含氟聚合物组成的塑料废物:[⑨] ○全氟乙烯丙烯共聚物(FEP) ○全氟烷氧基链烷烃: · 四氟乙烯—全氟烷基乙烯基醚共聚物(PFA) · 四氟乙烯—全氟甲基乙烯基醚共聚物(MFA) ○聚氟乙烯(PVF) ○聚偏二氟乙烯(PVDF) · 由聚乙烯(PE)、聚丙烯(PP)和/或聚对苯二甲酸乙二醇酯(PET)组成的塑料废物混合物,条件是其将以环境无害化方式单独回收[⑩]镌每种材料,且几乎未受污染并不含有其他种类废物[⑪]。

2. 又决定修正《巴塞尔公约》附件八,插入新条目 A3210 如下:

A3210[⑫]	含有附件一成分或受污染,使其具有附件三特性的塑料废物,包括此类废物的混合物(注意附件二的相关条目 Y48 和名录 B 的相关条目 B3011)。

3. 还决定修正《巴塞尔公约》附件九中的条目 B3010,在该条目中增加一个新脚注如下:"条目 B3010 的有效期至 2020 年 12 月 31 日。条目 B3011 于 2021 年 1 月 1 日生效。"

4. 决定修正《巴塞尔公约》附件九,插入新条目 B3011 如下:

---

① 本条目于 2021 年 1 月 1 日生效。

② 缔约方可就本条目提出更严格的要求。

③ 注意附件八名录 A 中的相关条目 A3210。

④ 没有用作溶剂的有机物质的再循环/回收(附件四 B 节 R3);或如有需要,作仅限于一次的临时贮存,条件是随后进行 R3 操作并有合同或相关正式文件予以证明。

⑤ 关于"几乎未受污染并不含有其他种类废物",国际和国家规范可作为参考。

⑥ 关于"几乎完全",国际和国家规范可作为参考。

⑦ 关于"几乎完全",国际和国家规范可作为参考。

⑧ 关于"几乎完全",国际和国家规范可作为参考。

⑨ 不包括消费后废物。

⑩ 没有用作溶剂的有机物质的再循环/回收(附件四 B 节 R3),但事先进行分类;如有需要,并作仅限于一次的临时贮存,条件是随后进行 R3 操作并有合同或有关正式文件予以证明。

⑪ 关于"几乎未受污染并不含有其他种类废物",国际和国家规范可作参考。

⑫ 本条目于 2021 年 1 月 1 日生效。

<table>
<tr><td>B3011[①]</td><td>塑料废物(注意附件二的相关条目 Y48 和名录 A 的相关条目 A3210):
· 下列塑料废物,条件是其将以环境无害化方式进行回收[②]且几乎未受污染并不含有其他种类废物[③]:
– 几乎完全[④]由一种非卤化聚合物组成的塑料废物,包括但不限于以下聚合物:
○聚乙烯(PE)
○聚丙烯(PP)
○聚苯乙烯(PS)
○丙烯腈—丁二烯—苯乙烯共聚物(ABS)
○聚对苯二甲酸乙二醇酯(PET)
○聚碳酸酯(PC)
○聚醚
– 几乎完全[⑤]由一种固化树脂或缩合物组成的塑料废物,包括但不限于以下树脂:
○脲醛树脂
○酚醛树脂
○三聚氰胺甲醛树脂
○环氧树脂
○醇酸树脂
– 几乎完全[⑥]由以下一种含氟聚合物组成的塑料废物:[⑦]
○全氟乙烯丙烯共聚物(FEP)
○全氟烷氧基链烷烃:
· 四氟乙烯—全氟烷基乙烯基醚共聚物(PFA)
· 四氟乙烯—全氟甲基乙烯基醚共聚物(MFA)
○聚氟乙烯(PVF)
○聚偏二氟乙烯(PVDF)
· 由聚乙烯(PE)、聚丙烯(PP)和/或聚对苯二甲酸乙二醇酯(PET)组成的塑料废物混合物,条件是其将以环境无害化方式单独回收[⑧]每种材料,且几乎未受污染并不含有其他种类废物[⑨]。</td></tr>
</table>

全国人民代表大会外事委员会审议《国务院关于提请审议批准〈《巴塞尔公约》缔约方会议第十四次会议第14/12号决定对《巴塞尔公约》附件二、附件八和附件九的修正〉的议案》的报告

全国人民代表大会常务委员会:

2020年9月9日,第十三届全国人民代表大会外事委员会举行第十三次全体会议,审议了《国务院关于提请审议批准〈《巴塞尔公约》缔约方会议第十四次会议第14/12号决定对《巴塞尔公约》附件二、附件八和附件九的修正〉的议案》。

外事委员会认为,2019年5月在日内瓦通过的《〈巴塞尔公约〉缔约方会议第十四次会议第14/12号决定对〈巴塞尔公约〉附件二、附件八和附件九的修正》内容符合我国法律的基本原则;批准该条约符合我国利益和实际需要。建议全国人民代表大会常务委员会决定批准该条约。

全国人民代表大会外事委员会

2020年9月9日

---

① 本条目于2021年1月1日生效。条目B3010的有效期至2020年12月31日。

② 没有用作溶剂的有机物质的再循环/回收(附件四B节R3);或如有需要,作仅限于一次的临时贮存,条件是随后进行R3操作并有合同或相关正式文件予以证明。

③ 关于“几乎未受污染并不含有其他种类废物”,国际和国家规范可作为参考。

④ 关于“几乎完全”,国际和国家规范可作为参考。

⑤ 关于“几乎完全”,国际和国家规范可作为参考。

⑥ 关于“几乎完全”,国际和国家规范可作为参考。

⑦ 不包括消费后废物。

⑧ 没有用作溶剂的有机物质的再循环/回收(附件四B节R3),但事先进行分类;如有需要,并作仅限于一次的临时贮存,条件是随后进行R3操作并有合同或有关正式文件予以证明。

⑨ 关于“几乎未受污染并不含有其他种类废物”,国际和国家规范可作为参考。

全国人民代表大会常务委员会关于批准《中华人民共和国和塞浦路斯共和国引渡条约》的决定

（2020 年 10 月 17 日第十三届全国人民代表大会常务委员会第二十二次会议通过）

第十三届全国人民代表大会常务委员会第二十二次会议决定：批准 2018 年 6 月 29 日由中华人民共和国代表在北京签署的《中华人民共和国和塞浦路斯共和国引渡条约》。

中华人民共和国和塞浦路斯共和国引渡条约

（中文本）

中华人民共和国和塞浦路斯共和国（以下称双方），

在相互尊重主权和平等互利的基础上，为促进两国在打击犯罪方面的有效合作，决定缔结本条约，并达成协议如下：

第一条　引渡义务

任何一方均有义务根据本条约的规定，应请求方请求，向另一方引渡在其境内发现的被另一方通缉的人员，以便对其进行刑事诉讼或者执行刑罚。

第二条　可引渡的犯罪

一、只有在引渡请求所针对的行为根据双方法律均构成犯罪，并且符合下列条件之一时，才能准予引渡：

（一）为进行刑事诉讼而请求引渡的，根据双方法律，对于该犯罪均可判处 1 年以上有期徒刑或者更重的刑罚；

（二）为执行刑罚而请求引渡的，在提出引渡请求时，被请求引渡人尚未服完的刑期至少为 6 个月。

二、根据本条第一款确定某一行为是否根据双方法律均构成犯罪时，不应考虑双方法律是否将该行为归入同一犯罪种类或者使用同一罪名。

三、如果引渡请求涉及两个以上根据双方法律均构成犯罪的行为，只要其中有一项行为符合本条第一款规定的条件，被请求方即可以针对上述各项行为准予引渡。

第三条　应当拒绝引渡的理由

有下列情形之一的，应当拒绝引渡：

（一）被请求方认为，引渡请求所针对的犯罪是政治犯罪，或者被请求方已经给予被请求引渡人受庇护的权利，但恐怖主义犯罪或者双方均为缔约方的国际公约不认为是政治犯罪的不应视为政治犯罪；

（二）被请求方有充分理由认为，请求引渡的目的是基于被请求引渡人的种族、性别、宗教、国籍或者政治见解而对该人进行起诉或者处罚，或者该人在司法程序中的地位将会因为上述任何原因受到损害；

（三）引渡请求所针对的犯罪仅构成军事犯罪；

（四）准予引渡与被请求方法律的基本原则相抵触；

（五）被请求引渡人是被请求方国民；

（六）根据任何一方的法律，由于时效已过或者赦免等原因，被请求引渡人被免予追诉或者免予执行刑罚；

（七）被请求方已经对被请求引渡人就引渡请求所针对的犯罪作出生效判决或者终止刑事诉讼程序；

（八）有充分理由相信被请求引渡人将在请求方遭受酷刑或者其他残忍、不人道或者有辱人格的待遇或者处罚；

（九）请求方根据缺席判决提出引渡请求，但请求方保证被请求引渡人有机会在其出庭的情况下对案件进行重新审理的除外。

第四条　可以拒绝引渡的理由

有下列情形之一的，可以拒绝引渡：

（一）被请求方根据本国法律对引渡请求所针对的犯罪具有刑事管辖权，并且对被请求引渡人就该犯罪正在进行刑事诉讼或者准备提起刑事诉讼；

（二）被请求方在考虑了犯罪的严重性和请求方利益的情况下，认为由于被请求引渡人的年龄、健康或者其他个人情况，引渡不符合人道主义考虑。

第五条　在被请求方提起刑事诉讼的义务

如果根据本条约第三条第（五）项未准予引渡，则被请求方应当根据请求方的要求，将该案提交其主管机关以便根据其本国法律提起刑事诉讼。为此目的，请求方应当向被请求方提供与该案有关的文件和证据。

第六条　联系途径

为本条约的目的，双方应当通过外交途径进行联系，但本条约另有规定的除外。

第七条　引渡请求及所需文件

一、请求方应当提交包含或者附有以下内容的引渡请求书：

（一）请求机关的名称；

（二）被请求引渡人的姓名、年龄、性别、国籍、身份证件号码、职业、住所地或者居所地以及其他有助于确定被请求引渡人的身份和可能所在地的资料；如有可能，有关其外表特征的描述，该人的照片和指纹；

（三）有关犯罪事实的说明，包括犯罪的时间、地点、行为和结果；

（四）有关该项犯罪的刑事管辖权、定罪和刑罚的法律规定的文本；

（五）任何有关追诉时效或者执行刑罚时效的法律规定的文本。

二、除本条第一款规定外，

（一）旨在对被请求引渡人进行刑事诉讼的引渡请求还应当附有请求方主管机关签发的逮捕证的副本；

（二）旨在对被请求引渡人执行刑罚的引渡请求还应当附有已经发生法律效力的法院判决书的副本和关于已经执行刑期的说明。

三、请求方根据本条第一款和第二款提交的引渡请求书和其他有关文件，应当由请求方的主管机关正式签署或者盖章，并应当附有被请求方语言或者英语的译文。

第八条　补充材料

如果请求方提供的材料被认为不足以使被请求方依据本条约作出决定，被请求方应当要求提供必要的补充材料，并且可以对接收该补充材料设定时限。

补充材料可以通过外交途径或者第九条规定的其他途径，以任何书面形式提交。

第九条　临时羁押

一、在紧急情况下，一方可以在提出引渡请求前，请求另一方临时羁押被请求引渡人。此种请求可以通过本条约第六条规定的途径、国际刑警组织或者双方同意的其他途径以书面形式提出。

二、临时羁押请求应当包括本条约第七条第一款所列材料，并说明已经备有第七条第二款所列文件，以及即将对被请求引渡人提出正式引渡请求。

三、被请求方应当将处理该请求的结果及时通知请求方。

四、如果被请求方在羁押被请求引渡人之后的30 天内未收到正式引渡请求，则应当解除临时羁押。经请求方请求并说明理由，上述期限可以延长15 天。

五、如果被请求方后来收到了正式的引渡请求，则根据本条第四款解除的临时羁押不应妨碍对被请求引渡人的引渡。

第十条　对引渡请求作出决定

一、被请求方应当根据本国法律规定的程序处理引渡请求，并且及时将决定通知请求方。

二、被请求方如果全部或者部分拒绝引渡请求，应当将拒绝理由告知请求方。

第十一条 移交被引渡人

一、如果被请求方准予引渡，双方应当商定执行引渡的时间、地点等有关事宜。同时，被请求方应当将被引渡人在移交之前已经被羁押的时间告知请求方。

二、如果请求方在商定的执行引渡之日后的15天内未接收被引渡人，被请求方应当立即释放该人，并且可以拒绝请求方就同一犯罪再次提出的引渡该人的请求，但本条第三款另有规定的除外。

三、如果一方因为其无法控制的原因不能在依据本条第一款商定的期间内移交或者接收被引渡人，应当立即通知另一方。双方应当再次商定执行引渡的时间、地点等事宜，并适用本条第二款的规定。

第十二条 重新引渡

被引渡人在请求方的刑事诉讼终结或者服刑完毕之前逃回被请求方的，被请求方可以根据请求方就同一犯罪提出的新的引渡请求准予重新引渡，请求方无需提交本条约第七条规定的文件和材料。

第十三条 暂缓引渡和临时引渡

一、如果被请求引渡人正在被请求方因为引渡请求所针对的犯罪之外的犯罪被提起刑事诉讼或者服刑，被请求方可以在作出准予引渡的决定后，暂缓引渡该人直至诉讼终结或者服刑完毕。被请求方应当将暂缓引渡一事通知请求方。

二、如果暂缓引渡可能严重妨碍请求方的刑事诉讼，被请求方可以根据请求，在不妨碍其正在进行的刑事诉讼，并且请求方保证在完成有关程序后立即将该人无条件送还的情况下，向请求方临时引渡该人。

第十四条 数国提出的引渡请求

当包括一方在内的两个以上国家对同一人就同一犯罪或者不同犯罪提出引渡请求时，被请求方在决定向哪一国引渡该人时，应当考虑所有相关情况，特别是：

（一）请求是否根据条约提出；

（二）不同犯罪的严重性；

（三）犯罪发生的时间和地点；

（四）被请求引渡人的国籍和通常的居住地；

（五）各请求提出的时间；

（六）再向第三国引渡的可能性。

第十五条 特定规则

除准予引渡所针对的犯罪外，请求方对于根据本条约被引渡的人，不得就该人在引渡前所实施的其他犯罪进行刑事诉讼或者执行刑罚，也不能将其引渡给第三国，但是有下列情况之一的除外：

（一）被请求方事先同意。为此目的，被请求方可以要求提供本条约第七条所规定的文件和资料，以及被引渡人就有关犯罪所作的陈述；

（二）该人在可以自由离开请求方之日后的30天内未离开该方。但是由于其无法控制的原因未能离开请求方的时间不计算在此期限内；

（三）该人在已经离开请求方后又自愿回到该方。

第十六条 移交财物

一、如果请求方提出请求，被请求方应当在本国法律允许的范围内，扣押在其境内发现的犯罪所得、犯罪工具以及可作为证据的财物，并且在准予引渡的情况下，将这些财物移交给请求方。

二、在准予引渡的情况下，即使因为被请求引渡人死亡、失踪或者脱逃而无法实施引渡，本条第一款提到的财物仍然可以移交。

三、被请求方出于进行其他未决刑事诉讼程序的目的，可以推迟移交上述财物直至诉讼终结，或者在请求方承诺返还的条件下临时移交这些财物。

四、移交上述财物不得损害被请求方或者任何第三方对该财物的合法权益。如果存在此种权益，请求方应当在诉讼结束之后尽快将被移交的财物无偿返还给被请求方或者该第三方。

第十七条 过　境

一、一方从第三国引渡人员需经过另一方领土时，应当向另一方提出过境请求。如果使用航空运输并且没有在另一方领土内降落的计划，则无需提出过境请求。

二、被请求方在不违反其法律的情况下，应当同意请求方提出的过境请求。

第十八条 通报结果

请求方应当根据被请求方的请求，及时向被请求方通报有关对被引渡人进行刑事诉讼、执行刑罚或者将该人再引渡给第三国的情况。

第十九条 费 用

在被请求方的引渡程序中产生的费用应当由被请求方承担。与移交或者接收被引渡人有关的交通费用和过境费用应当由请求方承担。

第二十条 与其他条约的关系

本条约不影响双方根据双方均为缔约方的其他条约开展引渡合作。

第二十一条 争议的解决

由于本条约的解释或者适用所产生的任何争议，应当通过外交途径协商解决。

第二十二条 生效、修订和终止

一、任何一方根据本国法律完成本条约生效所需的一切必要程序后，应当通过外交照会通知另一方。本条约自后一份照会发出之日起第 30 天生效。

二、本条约可以经双方书面协议随时予以修订。此类修订应当按照本条第一款规定的相同程序生效，并构成本条约的一部分。

三、任何一方可以随时通过外交途径，以书面形式通知终止本条约。本条约自该通知发出之日后第 180 天终止。本条约的终止不影响条约终止前已经开始的引渡程序。

四、本条约适用于其生效后提出的任何请求，即使有关犯罪发生于本条约生效前。

下列签署人经各自政府适当授权，签署本条约，以昭信守。

本条约于二〇一八年六月二十九日订于北京，一式两份，每份均用中文、希腊文和英文写成，三种文本同等作准。如遇解释上的分歧，以英文本为准。

中华人民共和国代表	塞浦路斯共和国代表
乐玉成	约纳斯·尼科拉乌
（签字）	（签字）

全国人民代表大会外事委员会审议《国务院关于提请审议批准〈中华人民共和国和塞浦路斯共和国引渡条约〉的议案》的报告

全国人民代表大会常务委员会：

2020 年 9 月 9 日，第十三届全国人民代表大会外事委员会举行第十三次全体会议，审议了《国务院关于提请审议批准〈中华人民共和国和塞浦路斯共和国引渡条约〉的议案》。

外事委员会认为，2018 年 6 月 29 日由我国外交部副部长乐玉成和时任塞浦路斯司法与公共秩序部部长约纳斯·尼科拉乌分别代表本国在北京签署的《中华人民共和国和塞浦路斯共和国引渡条约》符合我国法律的基本原则和司法实践；批准该条约符合我国利益和实际需要。建议全国人大常委会决定批准该条约。

全国人民代表大会外事委员会

2020 年 9 月 9 日

全国人民代表大会常务委员会关于批准《中华人民共和国和比利时王国引渡条约》的决定

（2020 年 10 月 17 日第十三届全国人民代表大会常务委员会第二十二次会议通过）

第十三届全国人民代表大会常务委员会第二十二次会议决定：批准 2016 年 10 月 31 日由中华人民共和国代表在北京签署的《中华人民共和国和比利时王国引渡条约》。

中华人民共和国和比利时王国引渡条约

（中文本）

中华人民共和国和比利时王国（以下称双方），

在相互尊重主权和平等互利的基础上，为促进双方在打击犯罪方面的有效合作，决定缔结本条约，并达成协议如下：

第一条　引渡义务

任何一方有义务根据本条约的规定，应请求方请求，向另一方引渡在其境内发现的被另一方通缉的人员，以便对其进行刑事诉讼或者执行刑罚。

第二条　可引渡的犯罪

一、只有在引渡请求所针对的行为，在提出请求时，根据双方法律均构成犯罪，并且符合下列条件之一时，才能准予引渡：

（一）为进行刑事诉讼而请求引渡的，根据双方法律，对于该犯罪均可判处一年以上有期徒刑或者更重的刑罚；

（二）为执行刑罚而请求引渡的，在提出引渡请求时，被请求引渡人尚未服完的刑期至少为六个月。

二、根据本条第一款确定某一行为是否根据双方法律均构成犯罪时，不应考虑双方法律是否将该行为归入同一犯罪种类或者使用同一罪名。

三、如果引渡请求涉及两个以上根据双方法律均构成犯罪的行为，只要其中有一项行为符合本条第一款规定的条件，被请求方即可以针对上述各项行为准予引渡。

四、不得以被请求方法律未规定与请求方法律同类的税收或者关税，或者未就税收、关税、海关或者外汇管制制定同类的法规为理由而拒绝引渡。

第三条　应当拒绝引渡的理由

有下列情形之一的，应当拒绝引渡：

（一）被请求方认为，引渡请求所针对的犯罪是政治犯罪或者与政治犯罪有关的犯罪。政治犯罪或者与政治犯罪有关的犯罪不应包括双方均为缔约国的国际公约不认为是政治犯罪的犯罪。谋杀或企图谋杀国家元首或者其家庭成员不应被视为政治犯罪或者与政治犯罪有关的犯罪。双方均为缔约国的国际公约所定义的恐怖主义犯罪不应被视为政治犯罪或者与政治犯罪有关的犯罪；

（二）引渡请求所针对的犯罪仅构成军事犯罪；

（三）被请求方有充分理由认为，请求引渡的目的是基于被请求引渡人的种族、性别、宗教、国籍或者政治见解而对该人进行起诉或者处罚，或者该人在司法程序中的地位将会因为上述任何原因受到损害；

（四）根据请求方的法律，由于时效已过，已经不可能对被请求引渡人进行起诉或执行刑罚；

（五）被请求方已经对被请求引渡人就引渡请求所针对的犯罪事实作出生效判决；

（六）被请求引渡人在请求方曾经遭受或者可能遭受酷刑或者其他残忍、不人道或者有辱人格的待遇或者处罚；

（七）请求方根据缺席判决提出引渡请求，但请求方保证被请求引渡人有机会在其出庭的情况下对案件进行重新审理的除外；

（八）被请求引渡人在犯罪时未达到刑事责任年龄；

（九）被请求引渡人可能因引渡请求针对的犯罪被判处死刑，除非请求方保证不判处死刑，或者在判处死刑的情况下不执行死刑。

第四条　可以拒绝引渡的理由

有下列情形之一的，可以拒绝引渡：

（一）被请求方根据本国法律对引渡请求所针对的犯罪具有刑事管辖权，并且对被请求引渡人就该犯罪正在进行刑事诉讼或者准备提起刑事诉讼；

（二）被请求方在考虑了犯罪的严重性和请求方利益的情况下，认为由于被请求引渡人的年龄、健康状况，引渡不符合人道主义考虑。

第五条　国民不引渡

一、双方均有权拒绝引渡本国国民。国籍按照引渡请求提出时的国籍予以确定。

二、如果根据本条第一款未准予引渡，被请求方应当根据请求方的请求，将该案件提交主管机关以便根据国内法对该人提起刑事诉讼。为此目的，请求方应当向被请求方提供与该案件有关的文件和证据。

第六条　联系途径

一、引渡请求及辅助文件应当通过外交途径转递。

二、所有其他与请求有关的联系应当由下列部门直接进行：

（一）在中华人民共和国方面为外交部；

（二）在比利时王国方面为联邦公共服务司法部。

第七条　引渡请求及所需文件

一、引渡请求应当以书面形式提出并包括以下内容：

（一）请求机关的名称；

（二）被请求引渡人的姓名、年龄、性别、国籍、职业、住所地或者居所地以及其他有助于确定被请求引渡人的身份和可能所在地的资料；如有可能，有关其外表特征的描述，该人的照片、指纹和身份证件号码；

（三）有关犯罪事实以及罪名的说明，包括犯罪的时间、地点、行为和结果；

（四）有关该项犯罪的刑事管辖权、定罪和刑罚的法律规定；

（五）有关允许减刑或假释的法律规定，如根据请求方法律，被请求引渡人就引渡请求所针对的犯罪可能被判处无期徒刑；

（六）有关追诉时效或者执行刑罚的时效的法律规定。

二、除本条第一款规定外，

（一）旨在对被请求引渡人进行刑事诉讼的引渡请求还应当附有经证实的逮捕证副本；

（二）旨在对被请求引渡人执行刑罚的引渡请求还应当附有经证实的已生效的判决书副本，该判决应当表明或通过单独的文件表明该判决已经生效，以及已经执行刑期的说明。

三、请求方根据本条第一款和第二款提交的引渡请求书和其他有关文件，应当由请求方的主管机关正式签署或者盖章，并应当附有被请求方官方文字或官方文字之一的译本，但双方另有约定的除外。

第八条　补充材料

如果被请求方认为，为支持引渡请求所提供的材料不充分，可以要求在三十天内提交补充材料。如果请求方提出合理要求，这一期限可以延长十五天。如果请求方未在该期限内提交补充材料，应当被视为自愿放弃请求，但是不妨碍请求方就同一犯罪对同一人重新提出引渡请求。

第九条　临时羁押

一、在紧急情况下，一方可以在提出引渡请求前，请求另一方临时羁押被请求引渡人。此种请求可以通过本条约第六条规定的途径、国际刑警组织或者双方同意的其他途径以电子形式提出。

二、临时羁押请求应当包括本条约第七条第一款第（一）、（二）、（三）项所列内容，并说明已经备有第七条第二款所列文件，以及即将提出正式引渡请求。

三、被请求方应当将处理该请求的结果毫不延迟地通知请求方。

四、如果被请求方在羁押被请求引渡人之后的四十五天内未收到正式引渡请求,则应当解除临时羁押。

五、如果被请求方随后收到了正式引渡请求,则根据本条第四款解除临时羁押不应妨碍对被请求引渡人的重新羁押和后续引渡。

第十条 对引渡请求作出决定

一、被请求方应当根据本国法律规定的程序处理引渡请求,并且及时将决定通知请求方。

二、被请求方如果全部或者部分拒绝引渡请求,或者暂停引渡程序,应当将拒绝或者暂停的理由告知请求方。

第十一条 移交被引渡人

一、如果被请求方准予引渡,双方应当商定执行移交的时间、地点及其他有关事宜。

二、如果请求方在商定的执行引渡之日后的十五天内未接收被引渡人,被请求方应当立即释放该人,并且可以拒绝请求方就同一犯罪再次提出的引渡该人的请求,但本条第三款另有规定的除外。

三、如果一方因为其无法控制的原因不能在商定的期间内移交或者接收被引渡人,该方应当在本条第二款规定的时限届满前通知另一方。双方应当再次商定执行引渡的有关事宜,并适用本条第二款的规定。

第十二条 对羁押的影响

被引渡人因引渡目的在被请求方境内被羁押的时间应折抵在请求方被判处的刑期。为此目的,被请求方应当将被引渡人在移交之前已被羁押的时间告知请求方。

第十三条 脱逃情况下提出新的引渡请求

被引渡人在请求方的刑事诉讼终结或者服刑完毕之前逃回被请求方的,请求方可以就同一犯罪再次提出引渡请求。在此情况下,请求方无需提交本条约第七条规定的文件和材料。

第十四条 暂缓引渡和临时引渡

一、如果被请求引渡人正在被请求方因为引渡请求所针对的犯罪之外的犯罪被提起刑事诉讼或者服刑,被请求方可以在作出准予引渡的决定后,暂缓引渡该人直至诉讼终结或者服刑完毕。被请求方应当将暂缓一事通知请求方。

二、如果暂缓引渡可能导致刑事诉讼时效的过期或对请求方的刑事诉讼造成严重妨碍,被请求方可以根据请求,在不妨碍其正在进行的刑事诉讼,并且请求方保证在完成有关程序后立即将该被请求引渡人无条件送还被请求方的情况下,向请求方临时引渡该人。

第十五条 竞合的请求

当包括一方在内的两个以上国家对同一人就同一犯罪或者不同犯罪提出引渡请求时,被请求方在决定向哪一国引渡该人时,应当考虑所有相关情况,特别是如下情况:

(一)请求是否根据条约提出;

(二)不同犯罪的相对严重性;

(三)犯罪发生的时间和地点;

(四)被请求引渡人的国籍和通常居住地;

(五)各项请求提出的不同日期;

(六)再向第三国引渡的可能性。

第十六条 特定规则

一、除准予引渡所针对的犯罪外,请求方对于根据本条约被引渡的人,不得就该人在引渡前所实施的其他犯罪进行包括判处刑罚在内的刑事诉讼或者执行刑罚,但是有下列情形之一的除外:

(一)被请求方同意。为此目的,被请求方可以要求提供本条约第七条所规定的文件或者资料,以及被引渡人就有关犯罪所作的陈述。只有在寻求同意的请求所针对的犯罪符合本条约规定的引渡条件的情况下,被请求方方能同意;

(二)该人在可以自由离开请求方之日后的三十天内未离开该方。但是由于其无法控制的原因未能离开请求方的时间不计算在此期限内;

(三)该人在已经离开请求方后又自愿回到

该方；

（四）该人已自愿同意且已充分了解到相关后果。

二、请求方可以根据其法律采取任何措施以避免时效届满导致的法律后果。

三、如果诉讼程序中指控的罪名发生变化，只有在符合下列条件时方可对被引渡人就新罪名进行追诉和判刑：

（一）该新罪名实质上是基于引渡请求及其辅助文件中所包含的相同事实；

（二）根据该新罪名的构成要件，该项犯罪亦属于可以引渡的犯罪。

第十七条　引渡给第三国

除第十六条第一款第（二）、（三）项规定的情形外，未经被请求方同意，请求方不得将被引渡人就该人在移交（给请求方）前所犯罪行引渡给第三国。被请求方可以要求提供第七条第一、二款提及的文件。

第十八条　移交财物

一、如果请求方提出请求，被请求方应当在本国法律允许的范围内，扣押在其境内发现的犯罪所得、犯罪工具以及可作为证据的其他财物，并且在准予引渡的情况下，将这些财物移交给请求方。

二、在准予引渡的情况下，即使因为被请求引渡人死亡、失踪或者脱逃而无法实施引渡，本条第一款提到的财物仍然可以移交。

三、被请求方为审理其他未决刑事诉讼案件，可以推迟移交上述财物直至诉讼终结，或者在请求方承诺返还的条件下临时移交这些财物。

四、移交上述财物不得损害被请求方或者任何第三方对该财物的合法权益。如果存在此种权益，请求方应当在诉讼终结之后尽快将被移交的财物无偿返还给被请求方或者该第三方。

第十九条　过　　境

一、一方从第三国引渡人员需经过另一方领土时，应当向另一方提出过境请求。该请求应当包括该人的姓名、年龄、性别、国籍、职业、住所地或居所地、案情概要、罪名和已经或者依法可能判处的刑罚。如果使用航空运输并且没有在另一方境内降落的计划，则无需提出过境请求。

二、被请求方在不违反其国内法律且符合本条约规定的引渡条件的情况下，应当同意请求方提出的过境请求。

第二十条　通报结果

请求方应当根据被请求方的要求，及时向被请求方通报有关对被引渡人进行刑事诉讼、执行刑罚或者将该人引渡给第三国的情况。

第二十一条　费　　用

在被请求方引渡程序中产生的费用应当由被请求方承担。与移交被引渡人有关的交通费用和过境费用应当由请求方承担。

第二十二条　与其他条约的关系

一、本条约不影响双方根据双方均为缔约方的其他条约开展引渡合作。

二、本条约不影响双方根据其参加的任何多边公约所享有的权利和承担的义务，其中包括一九五一年七月二十八日订立的《关于难民地位的公约》和一九六一年四月十八日订立的《维也纳外交关系公约》。

第二十三条　争议的解决

由于本条约的解释或者适用所产生的任何争议，应当通过外交途径协商解决。

第二十四条　生效、修订和终止

一、任何一方根据本国法律完成本条约生效所需的一切必要程序后，应当通过外交照会通知另一方。本条约自后一份照会发出之日起第三十天生效。

二、本条约可以随时经双方书面协议予以修订。此类修订应当按照本条第一款规定的相同程序生效，并构成本条约的一部分。

三、任何一方可以随时通过外交途径以书面形式通知终止本条约。本条约自该通知发出之日后第一百八十天终止。本条约的终止不影响条约终止前已经开始的引渡程序。

四、本条约适用于其生效后提出的任何请求,即使有关犯罪发生于本条约生效前。

下列签署人经各自政府适当授权,签署本条约,以昭信守。

本条约于二〇一六年十月三十一日订于北京,一式两份,每份均用中文、法文、荷兰文和英文写成,四种文本同等作准。如遇解释上的分歧,以英文本为准。

中华人民共和国代表	比利时王国代表
张业遂	马怀宇
(签字)	(签字)

全国人民代表大会外事委员会审议《国务院关于提请审议批准〈中华人民共和国和比利时王国引渡条约〉的议案》的报告

全国人民代表大会常务委员会:

2020年9月9日,第十三届全国人民代表大会外事委员会举行第十三次全体会议,审议了《国务院关于提请审议批准〈中华人民共和国和比利时王国引渡条约〉的议案》。

外事委员会认为,2016年10月31日由我国时任外交部副部长张业遂和比利时时任驻华大使马怀宇分别代表本国在北京签署的《中华人民共和国和比利时王国引渡条约》符合我国法律的基本原则和司法实践;批准该条约符合我国利益和实际需要。建议全国人大常委会决定批准该条约。

全国人民代表大会外事委员会

2020年9月9日

全国人民代表大会常务委员会关于批准《中华人民共和国和土耳其共和国引渡条约》的决定

(2020年12月26日第十三届全国人民代表大会常务委员会第二十四次会议通过)

第十三届全国人民代表大会常务委员会第二十四次会议决定:批准2017年5月13日由中华人民共和国代表在北京签署的《中华人民共和国和土耳其共和国引渡条约》。

中华人民共和国和土耳其共和国引渡条约

(中文本)

中华人民共和国和土耳其共和国(以下称双方),通过各自政府,

在相互尊重主权和平等互利的基础上,为发展和加强两国在引渡方面的既有合作,

达成协议如下:

第一条 引渡义务

双方有义务根据本条约的规定,应请求方请求,向另一方引渡在其境内发现的被另一方通缉的

人员，以便对其进行刑事诉讼或者执行刑罚。

第二条　可引渡的犯罪

一、只有在引渡请求所针对的行为根据双方法律均构成犯罪，并且符合下列条件之一时，才能准予引渡：

（一）为进行刑事诉讼而请求引渡的，根据双方法律，对于该犯罪均可判处最高刑期 1 年以上有期徒刑或者更重的刑罚；

（二）为执行在请求方被判处的刑罚而请求引渡的，在提出引渡请求时，被请求引渡人尚未服完的刑期至少为 6 个月。

二、为引渡目的，不应考虑双方法律是否将该犯罪行为归入同一犯罪种类或者使用同一罪名。

三、如果引渡请求涉及几个不同的犯罪行为，并且针对其中一个犯罪行为已经准予引渡，那么其他犯罪行为即使不满足本条第一款第（一）项和第（二）项的要求，也可以被准予引渡。

第三条　应当拒绝引渡的理由

有下列情形之一的，应当拒绝引渡：

（一）被请求方认为，引渡请求所针对的犯罪是政治犯罪，或者被请求方已经给予被请求引渡人受庇护的权利。但是，下列行为不得被视为政治犯罪：

1. 杀害或者试图杀害国家元首或者政府首脑及其家庭成员；

2. 双方均为缔约方的国际条约不认为是政治犯罪的犯罪；

（二）被请求方有充分理由认为，请求引渡的目的是基于被请求引渡人的种族、性别、宗教、国籍或者政治见解而对该人进行起诉或者处罚，或者该人在司法程序中的地位可能会因为上述任何原因受到损害；

（三）引渡请求所针对的犯罪纯属军事犯罪；

（四）被请求引渡人是被请求方国民；

（五）根据任何一方的法律，由于时效已过、赦免或者大赦等原因，被请求引渡人就引渡请求所针对的犯罪已经被免予追诉或者免予处罚；

（六）被请求方已经对被请求引渡人就引渡请求所针对的犯罪作出生效判决；

（七）请求方根据缺席判决提出引渡请求，且未保证在引渡后对被请求引渡人给予在其出庭的情况下对案件进行重新审理的机会；

（八）请求方就引渡请求所针对的犯罪可能判处或者执行的刑罚与被请求方法律的基本原则相冲突，除非请求方作出被请求方认为足够的保证不会违反上述原则。

第四条　可以拒绝引渡的理由

有下列情形之一的，可以拒绝引渡：

（一）被请求方根据本国法律对引渡请求所针对的犯罪具有管辖权，并且对被请求引渡人就该犯罪正在进行诉讼或者准备提起诉讼；

（二）被请求方对同一犯罪已经作出不起诉或者终止诉讼程序的决定；

（三）被请求方在考虑了犯罪的严重性和请求方利益的情况下，认为由于被请求引渡人的年龄、健康或者其他个人情况，引渡不符合人道主义考虑。

第五条　被请求方采取行动的义务

一、如果根据本条约第三条第（四）项、第（八）项以及第四条第（三）项的规定未准予引渡，被请求方应当根据请求方的请求，将该案件提交主管机关以便根据国内法对该人采取适当行动。为此目的，请求方应当向被请求方提供与该案件有关的文件和证据。

二、请求方应当被告知其请求的处理结果。

第六条　联系途径

为本条约的目的，双方应当通过外交途径进行联系，但本条约另有规定的除外。

第七条　引渡请求及所需文件

一、引渡请求应当以书面形式提出并包括或附有以下内容：

（一）请求机关的名称；

（二）被请求引渡人的姓名、年龄、性别、国籍、身份证件；如有可能，职业、住所地或者居所地以及其他有助于确定被请求引渡人的身份和可能所在地的信息，以及有关其外表特征的描述，该人的照片和指纹；

（三）有关犯罪事实的说明，包括犯罪的时间、地点、行为和结果；

（四）有关该项犯罪的定罪和刑罚的法律规定；

（五）有关追诉时效或者执行刑罚时效的法律规定。

二、除本条第一款规定外，

（一）旨在对被请求引渡人进行追诉的引渡请求应当附有逮捕证副本；

（二）旨在对被请求引渡人执行刑罚的引渡请求应当附有生效判决的副本和需执行的剩余刑期的说明。

三、引渡请求书及其辅助文件应当经签署或者盖章，并应当附有被请求方文字的译文。

第八条 补充材料

一、如果请求方提供的材料不足以使被请求方依据本条约作出决定，被请求方可以要求请求方在30天内提交必要的补充材料。经双方同意，这一期限可以延长15天。

二、因未根据本条第一款提交补充材料而导致不予引渡的，不应妨碍请求方就同一犯罪对同一人提出新的引渡请求。

第九条 临时羁押

一、在紧急情况下，一方可以在引渡请求转递到被请求方之前，申请临时羁押被请求引渡人。此种申请可以通过外交途径、国际刑警组织或者双方同意的其他途径以书面形式提出。

二、临时羁押申请应当包括本条约第七条第一款所列材料和文件，并说明已经备有第七条第二款所列文件，以及即将提出对该人的正式引渡请求。

三、被请求方应当将处理该申请的结果及时通知请求方。

四、如果被请求方主管机关在羁押被请求引渡人之后的40天内未收到正式引渡请求，则应当解除临时羁押。应请求方要求，上述期限可以延长20天。

五、如果被请求方随后收到了正式引渡请求，则根据本条第四款解除临时羁押不应妨碍对被请求引渡人的引渡。

第十条 对引渡作出决定

一、被请求方应当根据本国法律规定的程序处理引渡请求，并且及时将决定通知请求方。

二、被请求方如果全部或者部分拒绝引渡请求，应当将拒绝的理由告知请求方。

第十一条 加快引渡

如果被请求引渡人明确且自愿地同意被引渡至请求方，被请求方可以采取其本国法律允许的所有措施以加快引渡。

第十二条 移交被引渡人

一、如果被请求方准予引渡，双方应当商定移交被请求引渡人的时间、地点和其他相关事宜。同时，被请求方应当将被引渡人在移交之前已经被羁押的时间告知请求方。

二、如果请求方在商定的移交被请求引渡人之日后30天内未接收该人，被请求方应当立即释放该人，并且可以拒绝请求方就同一犯罪再次提出的引渡该人的请求，但本条第三款另有规定的除外。

三、如果一方因为其无法控制的原因不能在商定的期间内移交或者接收被引渡人，应当及时通知另一方。双方应当再次商定移交该人的有关事宜，并适用本条第二款的规定。

第十三条 暂缓引渡和临时引渡

一、如果被请求引渡人正在被请求方因为引渡请求所针对的犯罪之外的犯罪被提起刑事诉讼或者服刑，被请求方可以在作出准予引渡的决定后，暂缓引渡该人直至诉讼终结或者服刑完毕。被请求方应当将暂缓一事通知请求方。

二、如果本条第一款提及的暂缓引渡会导致请求方对引渡请求所针对的犯罪的追诉时效届满或者妨碍请求方对该犯罪的调查，被请求方可以在本国法律允许的范围内，依据双方约定的条件，向请求方临时引渡该人。请求方在完成有关程序后应当及时将该人送还被请求方。

第十四条 数国提出请求

如果一方和一个或者数个第三国对同一人提出引渡请求，被请求方应当自由裁量决定是否接受该方请求或者第三国请求。

第十五条　特定规则

除准予引渡所针对的犯罪外，请求方对于根据本条约被引渡的人，不得就其在引渡前所实施的其他犯罪进行刑事诉讼或者执行刑罚，也不能将其引渡给第三国，但是有下列情形之一的除外：

（一）被请求方事先同意。为此目的，被请求方可以要求提供第七条所规定的文件和信息，以及被引渡人就有关犯罪所作的陈述。对于在请求方进行追诉或者执行刑罚的，如果所涉犯罪根据本条约的规定应予引渡，则应当同意；

（二）该人在可以自由离开请求方之日后的 45 天内未离开该方。但是由于其无法控制的原因未能离开请求方的时间不应当计算在此期限内；

（三）该人在已经离开请求方后又自愿回到该方。

第十六条　移交财物

一、如果请求方提出请求，被请求方应当在本国法律允许的范围内，扣押在其境内发现的犯罪所得、犯罪工具以及可作为证据的其他财物，并且在准予引渡的情况下，将这些财物移交给请求方。

二、在准予引渡的情况下，即使因为被请求引渡人死亡、失踪或者脱逃而无法实施引渡，本条第一款提到的财物仍然可以移交。

三、被请求方为进行其他未决刑事诉讼程序，可以推迟移交上述财物直至诉讼终结，或者在请求方返还的条件下临时移交这些财物。

四、移交上述财物不得损害被请求方或者任何第三方对该财物的合法权利。如果存在此种权利，请求方应当根据被请求方的要求，在诉讼结束之后尽快将被移交的财物无偿返还给被请求方。

第十七条　过　　境

一、一方从第三国引渡人员需经过另一方领土时，应当向另一方提出过境请求。如果使用航空运输并且没有在另一方境内降落的计划，则无需提出过境请求。

二、被请求方在不违反其本国法律的情况下，应当同意请求方提出的过境请求。

三、过境请求应包含以下信息：

（一）被引渡人的身份，包括其国籍；

（二）存在逮捕证或者生效判决；

（三）有关犯罪事实的说明；

（四）有关该项犯罪的定罪和刑罚的法律规定。

第十八条　通报结果

请求方应当及时向被请求方通报有关对被引渡人进行诉讼、执行刑罚或者将该人引渡给第三国的情况。

第十九条　费　　用

在被请求方的引渡程序中产生的费用应当由被请求方承担。与移交或者接收被引渡人有关的交通费用和过境费用应当由请求方承担。

第二十条　与其他条约的关系

一、本条约不影响双方根据其他条约享有的权利和承担的义务。

二、本条约不妨碍双方根据双方均为缔约方的其他条约开展引渡合作。

第二十一条　争议的解决

由于本条约的适用或者解释所产生的任何争议，应当通过外交途径协商解决。

第二十二条　生效、修订和终止

一、本条约须经批准。双方根据本国法律完成本条约生效所需的一切必要程序后，应当通过外交照会通知另一方。本条约自后一份照会收到之日起第 30 天生效。

二、本条约可以随时经双方书面协议予以修订。任何此类修订应当按照本条第一款规定的相同程序生效，并构成本条约的一部分。

三、任何一方可以随时通过外交途径以书面形式通知终止本条约。本条约自该通知发出之日后第 180 天终止。本条约的终止不影响条约终止前已经开始的引渡程序。

四、本条约适用于其生效后提出的任何请求，即使有关犯罪发生于本条约生效前。

下列签署人经各自政府适当授权，签署本条约，以昭信守。

本条约于二〇一七年五月十三日订于北京，一式两份，每份均用中文、土耳其文和英文写成，三种文本同等作准。如遇解释上的分歧，以英文本为准。

中华人民共和国代表	土耳其共和国代表
王毅	白吉尔·博兹达
（签字）	（签字）

全国人民代表大会外事委员会审议《国务院关于提请审议批准〈中华人民共和国和土耳其共和国引渡条约〉的议案》的报告

全国人民代表大会常务委员会：

2020年11月11日，第十三届全国人民代表大会外事委员会举行第十四次全体会议，审议了《国务院关于提请审议批准〈中华人民共和国和土耳其共和国引渡条约〉的议案》。

外事委员会认为，2017年5月13日由我国外交部部长王毅和土耳其时任司法部部长白吉尔·博兹达分别代表本国在北京签署的《中华人民共和国和土耳其共和国引渡条约》符合我国法律的基本原则和司法实践；批准该条约符合我国利益和实际需要。建议全国人民代表大会常务委员会决定批准该条约。

全国人民代表大会外事委员会

2020年11月11日

监督工作

一、听取和审议专项工作报告

国务院关于2019年度环境状况和环境保护目标完成情况与研究处理水污染防治法执法检查报告及审议意见情况的报告

——2020年4月26日在第十三届全国人民代表大会常务委员会第十七次会议上

生态环境部副部长　黄润秋

全国人民代表大会常务委员会：

按照环境保护法规定和全国人大常委会安排，受国务院委托，现就2019年度环境状况和环境保护目标完成情况与研究处理水污染防治法执法检查报告及审议意见情况报告如下，请审议。

2019年是新中国成立70周年，也是打好污染防治攻坚战、决胜全面建成小康社会的关键之年，党中央、国务院就全面加强生态环境保护、坚决打赢污染防治攻坚战作出一系列重大决策部署。习近平总书记在出席中央经济工作会议、十三届全国人大二次会议内蒙古代表团审议、黄河流域生态保护和高质量发展座谈会等会议时发表重要讲话，就加强生态文明建设和生态环境保护提出一系列新理念新思想新战略，进一步丰富和拓展了习近平生态文明思想。李克强总理多次强调，要聚焦打赢蓝天保卫战等重点任务，加强污染防治和生态建设，大力推动绿色发展，改革完善相关制度，协同推动高质量发展与生态环境保护。

十三届全国人大常委会把水污染防治法执法检查作为2019年监督工作的重中之重，栗战书委员长担任执法检查组组长，并带队进行现场检查。进一步加强生态环境领域立法和监督工作，有力促进相关法律制度有效实施，对全面加强生态环境保护、坚决打赢污染防治攻坚战发挥重要指导和推动作用。

各地区各部门以习近平新时代中国特色社会主义思想为指导，全面贯彻党的十九大和十九届二中、三中、四中全会精神，深入贯彻习近平生态文明思想，按照党中央、国务院决策部署，协同推动经济高质量发展和生态环境高水平保护，持续改善生态环境质量，污染防治攻坚战取得关键进展，为全面建成小康社会打下坚实基础。

一、2019年度生态环境状况

全国生态环境质量总体改善，环境空气质量改善成果基本巩固，水环境质量持续改善，海洋环境状况稳中向好，土壤环境风险得到基本管控，生态系统格局整体稳定，核与辐射安全有效保障，环境风险态势保持稳定。

（一）环境空气状况。全国337个地级及以上城市中，有157个城市环境空气质量达标，占46.6%；全国优良天数比率82%，重度及以上污染天数比率1.7%；细颗粒物（$PM_{2.5}$）年均浓度36微克/立方米，超标2.9%；可吸入颗粒物（PM_{10}）、二氧化硫（SO_2）、二氧化氮（NO_2）、臭氧（O_3）、一氧化碳（CO）年均值达标。主要有以下特点：

*一是空气质量改善成果基本巩固，重污染天气影响减轻。*全国337个地级及以上城市SO_2浓度同比下降15.4%，PM_{10}浓度同比下降1.6%，NO_2、CO浓度同比持平。$PM_{2.5}$未达标地级及以上城市平均浓度40微克/立方米，同比下降2.4%，较2015年累计下降23.1%。与前几年同等气象条件相比，重污染天气过程的峰值浓度、污染强度、持续时间和影响范围均明显降低。

*二是重点区域空气质量稳步改善，秋冬季时段有所波动。*京津冀及周边地区、长三角地区、汾渭

平原 SO_2、PM_{10}浓度均同比下降,$PM_{2.5}$浓度同比分别下降 1.7%、下降 2.4%、上升 1.9%,其中,北京市 $PM_{2.5}$浓度同比下降 12.5%。秋冬季大气污染仍然较重,特别是 2019 年 1—2 月,主要受污染物排放和不利气象条件影响,京津冀及周边地区、汾渭平原 $PM_{2.5}$浓度同比分别上升 24.1%、26.6%,导致全年改善压力加大。

三是臭氧问题进一步显现,空气质量改善难度加大。全国 337 个地级及以上城市 SO_2 和 CO 浓度全部达标,但 2019 年夏秋季全国 O_3 浓度大幅升高,带动全年 O_3 浓度同比上升 6.5%。部分地区 O_3 已成为影响优良天数比率的主要因素,对推进 $PM_{2.5}$和 O_3 协同控制提出更高要求,继续大幅改善空气质量的难度明显加大。

(二)水环境状况。全国地表水Ⅰ—Ⅲ类水质断面比例 74.9%,劣Ⅴ类水质断面比例 3.4%。其中,长江、黄河、珠江、松花江、淮河、海河、辽河等七大流域及西北诸河、西南诸河和浙闽片河流(以下统称重点流域)Ⅰ—Ⅲ类水质断面比例 79.1%,劣Ⅴ类水质断面比例 3%。开展监测的地级及以上城市 902 个在用集中式生活饮用水水源监测断面(点位)中,有 830 个全年均达标,占 92%。主要有以下特点:

一是地表水环境质量总体持续改善。全国地表水Ⅰ—Ⅲ类水质断面比例同比上升 3.9 个百分点,劣Ⅴ类水质断面比例同比下降 3.3 个百分点。"三磷"(磷矿、磷化工企业、磷石膏库)综合整治对水环境质量改善效果明显,长江经济带以总磷为主要污染指标的超标断面数量同比减少 28 个。

二是重点流域和湖库水质稳中向好。重点流域Ⅰ—Ⅲ类水质断面比例同比上升 4.8 个百分点,劣Ⅴ类水质断面比例同比下降 3.9 个百分点。长江流域和浙闽片河流水质由良好改善为优,辽河和海河水质由中度污染改善为轻度污染。开展监测的 110 个重点湖库中,Ⅰ—Ⅲ类水质湖库个数占 69.1%,同比上升 2.4 个百分点;劣Ⅴ类水质湖库个数占 7.3%,同比下降 0.8 个百分点。

三是水生态环境改善不平衡、不协调的问题依然突出。水生态破坏以及河湖断流干涸现象比较普遍,大量河湖缺乏应有的水生植被和生态缓冲带。部分次级河流、支流、城市内河水污染仍然较重,黑臭水体还未完全消除。重点湖泊水华问题虽经多年治理仍居高不下。

(三)海洋环境状况。我国管辖海域海水水质维持较好水平,夏季符合一类标准的海域面积占 97%,同比上升 0.7 个百分点。全国近岸海域水质总体稳中向好,优良(一、二类)水质面积比例 76.6%,同比上升 5.3 个百分点;劣四类水质面积比例 11.7%,同比下降 1.8 个百分点。其中,渤海近岸海域优良水质面积比例同比上升 12.5 个百分点,劣四类水质面积比例同比下降 3.7 个百分点。辽东湾、渤海湾、长江口、杭州湾、珠江口等近岸海域污染较为严重。

(四)土壤环境状况。全国土壤环境风险管控进一步强化,土壤污染加重趋势得到初步遏制。全国农用地土壤环境状况总体稳定,但部分重有色金属矿区周边耕地土壤重金属问题仍然突出,超筛选值农用地安全利用和严格管控的任务较重。建设用地人居环境安全联合监管机制逐步形成,但污染地块再开发利用环境风险依然存在。实现受污染耕地安全利用率和污染地块安全利用率两个 90% 的目标仍然面临挑战。

(五)生态系统状况。全国生态状况总体呈改善趋势,生态空间格局进一步优化。全国森林覆盖率达 22.96%。2019 年完成的全国生态状况评价显示,生态环境状况优良县域共 2290 个,同比增加 729 个。我国生态环境依然脆弱,局部生态空间冲突、生态质量退化风险等问题还较为严重,生物多样性下降的总体趋势尚未得到有效遏制。

(六)核与辐射安全状况。全国核安全态势总体平稳。核电机组性能指标总体处于良好水平,未发生国际核与放射事件分级表 2 级及以上事件事故。放射源辐射事故发生率稳定在万分之一以下。全国辐射环境质量和重点设施周围辐射环境水平总体良好,环境电磁辐射水平低于控制限值。

(七)环境风险状况。全国环境风险态势保持稳定。全年共发生各类突发环境事件 263 起,同比下降 8%,均得到及时妥善处置。江苏响水"3·21"特别重大爆炸事故发生后,积极协调各方科学开展应急处置,有效维护了周边生态环境安全。涉危(危险化学品、危险废物)、涉重(重金属)风险源的布局性、结构性生态环境风险防控形势仍然比较严峻。

二、生态环境保护目标和任务完成情况

2019 年,全国地表水Ⅰ—Ⅲ类水质断面比例 74.9%,好于年度目标 3.6 个百分点;劣Ⅴ类水质断面比例 3.4%,好于年度目标 2.6 个百分点;地级及

以上城市空气质量优良天数比率82%；$PM_{2.5}$未达标地级及以上城市年均浓度同比下降2.4%，好于年度目标0.4个百分点；二氧化硫、氮氧化物排放量同比下降4.4%、3.5%，均超过下降3%的年度目标；化学需氧量、氨氮排放量同比下降3.2%、3.3%，均超过下降2%的年度目标；单位国内生产总值二氧化碳排放下降4.1%，好于年度目标0.5个百分点。“十三五”规划确定的上述9项约束性指标，其中有7项已提前完成2020年目标任务，单位国内生产总值二氧化碳排放下降指标已接近完成，地级及以上城市空气质量优良天数比率预计2020年能够如期完成。主要开展了以下工作：

（一）加强生态环境立法和督察执法。积极配合全国人大常委会，开展水污染防治法执法检查，推动长江保护法立法和固体废物污染环境防治法修订，研究修订海洋环境保护法、环境噪声污染防治法、环境影响评价法、森林法。发布报废机动车回收管理办法，加快制定排污许可管理条例，研究制修订生态环境监测、消耗臭氧层物质管理、有毒有害化学物质环境管理等领域法规。

中共中央办公厅、国务院办公厅印发《中央生态环境保护督察工作规定》。对6个省（市）和2家中央企业开展第二轮第一批中央生态环境保护例行督察，共受理转办群众举报问题约1.89万件，已经办结或基本办结1.6万件。聚焦习近平总书记重要指示批示贯彻落实、打好长江保护修复攻坚战和打赢蓝天保卫战等重点工作，开展中央生态环境保护专项督察。继续制作长江经济带生态环境警示片并督促问题整改。严肃查处多起环保“一刀切”行为。开展蓝天保卫战重点区域强化监督定点帮扶，向地方交办涉气问题6.5万个。

严格依法依规监管，进一步规范自由裁量权，全面建立“双随机、一公开”制度。全国实施生态环境行政处罚案件16.29万件，罚款金额119.18亿元。组织开展打击破坏生态环境犯罪“昆仑4号”专项行动，共破获案件16983起。健全生态环境保护行政执法与刑事司法衔接机制，印发关于办理环境污染刑事案件有关问题座谈会纪要，加强环境损害司法鉴定管理，协同推进生态环境公益诉讼，联合挂牌督办、现场督导大案要案。各级法院共审结环境资源刑事、民事和行政案件26.8万件。

（二）全面推进蓝天保卫战。持续实施重点区域秋冬季攻坚行动。北方地区清洁取暖试点城市实现京津冀及周边地区和汾渭平原全覆盖，完成散煤治理700余万户。2019年全国煤炭消费比重降低至57.7%，清洁能源消费比重达到23.4%。实现超低排放的煤电机组约占总装机容量的86%，约7.8亿吨粗钢产能开展超低排放改造。推进工业炉窑治理和重点行业挥发性有机物治理。加强“散乱污”企业及集群综合整治。开展新车环保达标联合监督检查。健全在用车联合监管机制，共查处超标排放车辆违法上路42.7万起。2019年全国铁路货运量同比增长7.2%，全国港口集装箱铁水联运量同比增长14.2%。稳步实施成品油质量升级，严厉打击非法黑加油站点和劣质油品。加强施工工地和道路扬尘管控。强化重污染天气应对，对重点行业按企业环保绩效水平实施差异化管控措施。推动全国碳市场制度体系、基础设施和能力建设，深入推进各类低碳试点示范。

（三）着力推进碧水保卫战。继续开展饮用水水源地生态环境问题排查整治，899个县级水源地3626个问题整治完成3624个。全国地级及以上城市建成区2899个黑臭水体累计消除2513个，消除比例达到86.7%。全面完成长江入河、渤海入海排污口排查，其中，长江入河排污口60292个、渤海入海排污口18886个。长江流域、渤海入海河流劣V类国控断面分别由12个、10个降至3个、2个。深入推进农业农村污染治理攻坚战，实施农业绿色发展行动，依法规范畜禽养殖禁养区划定和管理。完成2.5万个建制村环境综合整治。

（四）稳步推进净土保卫战。完成农用地土壤污染状况详查。加强建设用地土壤污染风险管控，30个省份初步建立污染地块部门联动监管机制，29个省份发布建设用地土壤污染风险管控和修复名录。推进耕地土壤环境质量类别划分和轻中度受污染耕地安全利用。坚定不移禁止洋垃圾入境，开展打击洋垃圾走私专项行动，全国固体废物实际进口量同比减少40.4%。深入推进“无废城市”建设试点。全面推进地级及以上城市生活垃圾分类工作，积极推动农村生活垃圾处理和非正规垃圾堆放点整治。组织开展长江经济带打击固体废物环境违法行为专项行动，发现重点问题1254个，完成整改1163个。深化垃圾焚烧发电行业专项整治行动，405家企业从2020年开始公开污染物自动监测数据。长江经济带1105个尾矿库制定实施污染防治方案。

（五）大力开展生态系统保护和修复。中共中央办公厅、国务院办公厅印发《关于建立以国家公园为主体的自然保护地体系的指导意见》。推动生态保护红线评估和勘界定标。组织开展“绿盾”自然保护地强化监督,2017—2019 年累计发现 342 个国家级自然保护区存在重点问题 5740 个,已完成整改 3986 个。稳步推进 25 个山水林田湖草生态保护修复试点工程建设。积极推进大规模国土绿化行动,全国沙化土地治理任务完成面积 3390 万亩、水土流失治理面积 5.4 万平方公里。扎实推动生物多样性保护重大工程。命名第三批国家生态文明建设示范市县和“绿水青山就是金山银山”实践创新基地。

(六)积极推动高质量发展。出台进一步深化生态环境监管服务推动经济高质量发展的意见。强化重大国家战略相关生态环境保护支撑。持续推进生态环境领域“放管服”改革。动态调整国家、地方、利用外资重大项目“三本台账”,对符合环保要求的项目开辟环评审批绿色通道。支持服务民营企业绿色发展,启用国家生态环境科技成果转化综合服务平台。修订发布《产业结构调整指导目录(2019 年本)》,印发《绿色产业指导目录(2019 年版)》。推动 718 家危险化学品生产企业实施搬迁改造。组织开展国家节水行动、绿色生活创建行动,推动绿色建筑发展。大力发展绿色金融,积极推进国家绿色发展基金设立。启动资源综合利用基地建设,推进园区环境污染第三方治理。

(七)严格核与辐射安全监管。高效运转国家核安全工作协调机制,推动建立省级核安全工作机制。大力推进核与辐射安全监管规范化建设。首次发布《中国的核安全》白皮书。47 台运行核电机组安全状况良好,15 台在建机组质量受控,19 座民用研究堆(临界装置)安全运行。加强放射源安全监管,规范放射性物品运输管理工作。推进历史遗留放射性废物处理处置和核设施退役治理。

(八)落实生态环境改革举措。中共中央办公厅、国务院办公厅印发《关于构建现代环境治理体系的指导意见》。推进生态环境保护综合行政执法改革,制定综合行政执法事项指导目录。加快建立“多规合一”的国土空间规划体系。对 8 个试点省(市)24 个重点行业开展固定污染源排污许可清理整顿试点。启动生态综合补偿试点。强化上市公司环境信息披露监管。全面开展领导干部自然资源资产离任审计。完成自然资源资产负债表编制相关试点工作。

(九)强化生态环境支撑保障。开展“十三五”生态环境保护规划中期评估。基本完成第二次全国污染源普查。中央财政安排 532 亿元环保专项资金,支持加强大气、水、土壤污染治理和农村环境综合整治。加强生态环境领域技术创新供给,深入实施大气重污染成因与治理攻关项目,开展长江生态环境保护修复联合研究,推进大气污染、场地土壤污染、生态修复与保护等相关重点专项研究。制修订 96 项国家生态环境标准。完成“十四五”国家环境空气、地表水、海洋生态环境监测网络优化调整。强化重点区域环境气象预报评估能力。全国“12369”环保举报平台接到举报 53.1 万件,基本做到按期办结。举办 2019 年世界环境日全球主场活动,习近平主席致贺信。启动“一带一路”绿色发展国际联盟和生态环保大数据平台。

同时,在党中央集中统一领导下,我们全力做好新冠肺炎疫情防控相关环保工作,不断强化医疗废物、医疗废水处理处置等相关环境监管和服务措施,加强饮用水水源地水质应急监测,建立环评审批正面清单和监督执法正面清单,实施差异化管控,精准服务企业复工复产,支持服务坚决打赢疫情防控的人民战争、总体战、阻击战。

三、研究处理水污染防治法执法检查报告及审议意见情况

根据全国人大常委会办公厅和国务院办公厅有关要求,生态环境部会同最高人民法院、最高人民检察院、发展改革委、科技部、工业和信息化部等部门和单位,以及相关省(区、市)人民政府,就水污染防治法执法检查报告及审议意见进行了认真研究,对照法律条款和责任要求,提出了加强和改进水污染防治工作相关措施,加快推进有时限要求的整改任务落实。

(一)关于落实水污染防治法律责任。

一是强化水环境保护目标责任制。落实水污染防治法第 6 条要求,制定水污染防治行动计划实施情况考核规定,建立分析预警、调度通报、督导督察相结合的流域环境管理综合督导机制,推动各地落实水污染防治目标责任书。按照第 16 条规定,经国务院同意,印发实施重点流域水污染防治规划和城市黑臭水体治理、渤海综合治理、长江保护修复、水源地保护、农业农村污染治理等行动计划或方案,分流域、领域明确水污染防治目标任务。

二是深入推进河长制湖长制。按照水污染防治法第 5 条要求,督导各地设立省、市、县、乡四级河长湖长 30 多万名,村级河长湖长 90 多万名,河长制

湖长制组织体系、制度体系和责任体系初步形成。出台推动河长制从“有名”到“有实”的实施意见，开展全国河湖“清四乱”专项行动，共清理整治突出问题13.7万个。制定促进河长湖长履职尽责的指导意见，严肃查处涉河湖重大违法违规案件，督促落实考核问责制度。

三是严格水污染防治执法监管。中央生态环境保护督察把地方落实水污染防治法情况作为重点督察内容，组织对水生态环境问题突出的地方开展专项督察；定期通报生态环境行政处罚和环境保护法配套办法执行情况；紧盯长江、黄河等重点流域持续开展专项行动，打击严重危害水生态环境的犯罪行为；组织对水污染防治法执法检查报告涉及的公益诉讼案件线索进行研判，跟踪督办有关案件办理情况，推动落实水污染防治法关于监督管理和法律责任有关规定。

（二）关于强化重点领域和重点问题治理。

一是全力保障饮用水安全。落实水污染防治法第五章要求，组织开展全国重要饮用水水源地安全保障达标建设。90%以上的地级市已建设（含建成和在建）应急备用水源或具备7天以上应急供水能力。实施农村饮水安全巩固提升工程，深入推进农村水源保护区划定工作。持续开展全国集中式饮用水水源地环境保护专项行动，县级及以上城市饮用水水源地生态环境问题排查整治任务已总体完成。落实全国集中式生活饮用水水源地水质监测信息公开方案，推进供水企业水质检测及信息公开。督促地方依法公开用户水龙头出水水质信息。

二是狠抓工业水污染防治。推进涉水重污染企业搬迁改造或关闭退出。实施水污染防治重点行业清洁生产技术推行方案。推广工业节水工艺技术装备。推动制革、电镀、印染等高排放企业集中入园管理。严格监管园区企业污水排放，工业园区污水集中处理设施建成比例比2015年《水污染防治行动计划》实施前提高40多个百分点。长江经济带95%的省级及以上工业园区建成污水处理设施，建成5.56万公里污水收集管网。

三是强化城镇水污染防治。持续开展城市黑臭水体整治环境保护专项行动，推进黑臭水体治理示范。印发实施“十三五”全国城镇污水处理及再生利用设施建设规划、城镇污水处理提质增效三年行动方案，积极推进老旧管网更新、破损管网修复和雨污混接改造，稳步提升污水、污泥处理处置能力，全国地级及以上城市污泥无害化处理处置率超过90%。

四是推进农业农村水污染防治。出台推进农村生活污水治理、农村黑臭水体治理相关指导意见，制定县域农村生活污水治理专项规划编制指南。实施农村人居环境整治村庄清洁行动。全国化肥农药使用量连续实现负增长，三大粮食作物化肥利用率达到39.2%；预计畜禽粪污综合利用率达到75%以上，规模养殖场粪污处理设施装备配套率达到85%以上。

五是加强船舶水污染防治。修订完善港口和船舶污染物接收转运及处置设施建设方案，加快推进相关设施建设。建立完善船舶水污染物接收转运处置联合监管机制，严厉打击非法转移处置船舶水污染物行为。研究制定400总吨以下船舶水污染防治办法，分别确定新建和现有船舶水污染防治要求。印发实施《长江经济带船舶和港口污染突出问题整治方案》，明确400总吨以下船舶生活污水处置方式。

六是推动地下水污染防治。出台地下水污染防治实施方案，开展地下水基础环境状况调查评估，启动地下水污染防治试点项目。继续推进加油站地下油罐防渗改造。落实华北地区地下水超采综合治理行动方案，推动21个省份实施地下水超采综合治理。

（三）关于依法构建水生态环境治理体系。

一是完善水污染防治管理制度。生态环境领域中央与地方财政事权和支出责任划分改革方案已经有关会议审议通过。修订固定污染源排污许可分类管理名录，加快推进固定污染源排污许可全覆盖，截至2019年底，分行业发布54项排污许可技术规范，累计发放15.7万余张排污许可证。按照水污染防治法第27条要求，研究制定关于做好河湖生态流量确定和保障工作的指导意见，提出41条河湖重要断面生态流量保障目标。

二是加强水污染防治政策协同。制定财政支持打好污染防治攻坚战加快推进生态文明建设的意见（2019—2020年），加大中央财政水污染防治资金投入。总结推广跨省流域生态保护补偿机制的“新安江模式”。中央财政累计安排165亿元，实施促进长江经济带生态保护修复奖励政策，推动长江流域上下游建立横向生态保护补偿机制。出台关于创新和完善促进绿色发展价格机制的意见，健全城市污水处理收费政策。

三是提高水生态环境监管效能。强化水生态环境统一监管，组建7个流域海域生态环境监督管理局及其监测科研中心。健全京津冀及周边地区、长三角等区域水污染防治联动协作机制。经国务院同意，印发《关于建立跨省流域上下游突发水污染事件联防联控机制的指导意见》。建立全国实时在线环境监控系统，提高生态环境监管信息化水平。

（四）关于依法强化水污染防治科技支撑。

一是完善水污染防治标准体系。积极推进海水水质等标准修订前期工作。加快生活饮用水卫生标准修订，近期将公开征求意见。发布国家水污染物排放标准制订技术导则，编制流域水污染物排放标准制订技术导则，推进水与海洋生态环境监测标准体系整合。扎实推进有关工业行业和地方城镇污水处理、农村生活污水处理等水污染物排放标准制修订工作。

二是加强水污染防治统计监测。落实水污染防治法第 22—26、72 条要求，深化国控地表水监测断面采测分离例行监测，持续实施重点污染源监督性监测，开展长江经济带入河排污口监测试点。完善城镇污水处理统计体系，研究提出反映实际效能的“城市生活污水集中收集率”统计指标，并部署开展试统计工作。

三是强化水污染防治科技支撑。按照水污染防治法第 7 条规定，深入实施“水体污染控制与治理”科技重大专项，推动构建流域水污染治理技术体系和水环境管理技术体系。继续实施“水资源高效开发利用”国家重点研发计划重点专项。发布水污染防治领域国家先进污染防治技术等指导目录。发挥国家科技成果转化引导基金作用，加强水污染防治技术成果转化服务。

（五）关于依法推动形成政府企业公众共治合力。

加强普法宣传教育，将水污染防治法作为重要内容纳入全国普法依法治理工作要点和环境法治宣传教育第七个五年规划，列入“谁执法谁普法”责任制清单。加强水污染防治法及相关标准培训，大力推行说理式执法、以案释法，增强企业依法防治水污染的意识。推进污水处理等环保设施向公众开放，发布《公民生态环境行为规范（试行）》，引导公众选择绿色低碳的生活方式。组织主流媒体对水污染防治重点工作进行采访报道，曝光突出水环境问题和典型案例，完善公众监督、举报反馈机制。

我们也清醒认识到，新冠肺炎疫情深刻影响经济社会发展和生态环境保护，经济发展面临前所未有的挑战，不确定性因素明显增多，打赢污染防治攻坚战面临的形势依然严峻，实现生态环境质量根本好转仍然是一项长期而艰巨的任务。一是有些地方对生态环境保护重要性的认识出现弱化，推进污染防治攻坚战的劲头发生松动，治理污染的动力可能有所减弱，放松环境监管的风险有所增加。二是绿色生产方式和生活方式尚未形成，以重化工为主的产业结构、以煤为主的能源结构、以公路货运为主的运输结构尚未根本改变，经济社会发展绿色转型步伐需要加快。三是生态环境治理仍然存在短板和薄弱环节，区域性、结构性污染问题依然突出，环境污染的源头防控需要加强。生态环境风险依然较高，突发环境事件时有发生。四是我国主要污染物排放量仍然处于高位，生态环境质量特别是大气环境质量受自然条件变化影响较大，少数地区水环境质量改善程度不高，完成污染防治攻坚战目标任务仍有较大压力。五是受疫情影响，一些调整改造、转型升级和污染防治等工程任务有所滞后，企业用于治理项目投入、治污设施运行等资金保障难度加大。我们将坚持问题导向、目标导向、结果导向，聚焦解决突出问题，抓重点、补短板、强弱项，确保生态环境质量持续改善和环境安全。六是一些企业和相关部门法治意识不够强，依法治理环境污染、依法保护生态环境自觉性不够，相关的法律宣传普及不到位，有些地方存在不知法、不守法、不依法的问题，许多法律条款没有得到有效执行和落实。

四、下一步工作安排

近期，习近平总书记就生态环境保护工作作出重要指示批示，充分肯定取得的成效，明确要求坚决打赢污染防治攻坚战，为决胜全面建成小康社会作出新贡献。我们将坚决贯彻落实习近平总书记重要指示批示精神，以习近平新时代中国特色社会主义思想为指导，深入贯彻习近平生态文明思想，按照党中央、国务院决策部署，坚定不移贯彻新发展理念，坚持方向不变、力度不减，突出精准治污、科学治污、依法治污，坚决打赢污染防治攻坚战，协同推动经济高质量发展和生态环境高水平保护。

2020 年生态环境工作的主要目标是，确保实现污染防治攻坚战阶段性目标，生态环境质量总体改善，主要污染物排放总量继续减少，环境风险得到有效管控，生态环境保护水平与全面建成小康社会目标相适应。其中,“十三五”规划明确的生态环境领域约束性指标,就是污染防治攻坚战的核心阶段性目标,必须要确保完成,并且还要做到环境质量只能持续改善,不能倒退变差。同时,对于近岸海域水质、自然生态保护、土壤环境风险管控、固体废物与化学品环境管理、核与辐射安全等其他指标,也必须力保如期实现目标。

为确保实现上述目标,我们将重点抓好以下工作:

(一)坚定不移贯彻落实新发展理念。大力宣传贯彻习近平生态文明思想,充分发挥生态环境保护的引导、优化和促进作用,积极推动经济高质量发展。推进重点区域生态文明建设和生态环境保护,支撑重大国家战略实施。继续推动“放管服”改革,落实深化生态环境监管服务、支持民营企业绿色发展各项举措,着力优化营商环境。抓紧出台促进绿色生产和消费的政策举措,加强绿色技术创新,加快构建绿色低碳循环发展的经济体系。推进节水型社会建设,推动流通业绿色发展。推动建立“三线一单”生态环境分区管控体系,引导产业结构调整和布局优化。推动淘汰落后产能和化解过剩产能,大力发展节能环保产业。

(二)坚决打赢污染防治攻坚战。精准发力、科学施治、依法推动,有力有序有效推进污染防治攻坚战各项任务。

制定实施打赢蓝天保卫战2020年攻坚行动工作方案。提升地级及以上城市空气质量优良天数比率,注重做好$PM_{2.5}$和O_3协同防治、秋冬季和春夏季、重点区域和城市群地区等“三个统筹”,着重抓好清洁取暖散煤替代、钢铁等行业超低排放改造、货物运输“公转铁”、工业炉窑大气污染综合治理等重点任务,加大重点区域、重点时段O_3污染控制力度,突出抓好石化、化工、工业涂装、包装印刷等重点行业挥发性有机物治理,持续削减工业源和移动源氮氧化物排放。继续实施重污染天气应急差异化减排措施,推动苏皖鲁豫交界地区等建立大气污染联防联控机制。积极应对气候变化,加快推进全国碳排放权交易市场建设,全面完成《“十三五”控制温室气体排放工作方案》目标任务。

深入实施《水污染防治行动计划》。进一步加强饮用水水源保护,巩固饮用水水源地环境整治成效。深化工业、城镇生活、农业农村、船舶等重点领域水污染防治。持续开展城市黑臭水体整治,地级及以上城市建成区黑臭水体消除比例达到90%以上。加强长江入河、渤海入海排污口溯源整治,基本消除长江流域和渤海主要入海河流劣Ⅴ类国控断面。启动黄河入河排污口排查整治。加强河湖生态保护修复。完成“十三五”建制村环境整治目标任务。创新水污染防治政策和监管方式,不断提升水污染防治精细化水平。

全面实施《土壤污染防治行动计划》。完成农用地土壤环境质量类别划分和安全利用工作,受污染耕地安全利用率达到90%左右。强化建设用地土壤污染风险管控,污染地块安全利用率达到90%以上。深化“无废城市”建设试点。年底基本实现固体废物零进口。积极推动生活垃圾分类和塑料污染防治,加快补齐医疗废物、危险废物收集处理设施方面短板。

加强生态系统保护与修复。继续推进生态保护红线评估优化和勘界定标。开展全国生态状况2015—2020年变化遥感调查评估。持续开展“绿盾”自然保护地强化监督。深入推进国土空间生态保护和修复。加强生物多样性保护。加快提升生物安全管理水平。全力推动《生物多样性公约》第十五次缔约方大会圆满成功。扎实推进国家生态文明试验区建设和生态文明建设示范创建。

统筹做好新冠肺炎疫情防控和经济社会发展环保工作。做到全国所有医疗机构及设施环境监管和服务100%全覆盖,医疗废物、废水及时有效收集转运和处理处置100%全落实。落实环评审批正面清单和监督执法正面清单,积极支持企业复工复产。

(三)切实加强生态环境立法和督察执法。坚持依法行政、依法治污的理念,严格落实法律责任,依法推进生态环境保护和治理,增强全社会生态环境保护法治意识。

积极配合全国人大常委会,推进生物安全、长江保护、环境噪声污染防治、海洋环境保护等领域法律制修订。加快排污许可、生态环境监测、有毒有害化学物质环境风险管理等领域行政法规制修订,完善生态环境标准体系。

积极配合全国人大常委会,开展生态环境领域监督工作,加大土壤污染防治法、野生动物保护法、《全国人民代表大会常务委员会关于全面禁止非法野生动物交易、革除滥食野生动物陋习、切实保障人民群众生命健康安全的决定》贯彻实施力度。全面落实水污染防治法执法检查报告及审议意见要求,提升水生态环境保护法治化水平。

继续开展第二轮中央生态环境保护例行督察和专项督察。持续开展蓝天保卫战重点区域强化监督定点帮扶。推进引导企业环境守法,推动落实污染防治主体责任。提升生态环境执法效能,严厉打击群众反映强烈、主观恶意的生态环境违法犯罪行为。强化生态环境行政执法与刑事司法衔接,加强环境资源法庭建设。

(四)加快推进生态环境治理体系和治理能力现代化。推动落实关于构建现代环境治理体系的指导意见。积极推进"十四五"生态环境保护规划编制,研究提出生态环境保护主要目标指标、重点任务措施、重大政策与工程。完成省以下生态环境机构监测监察执法垂直管理制度改革,基本建立生态环境保护综合行政执法体制。

深入推进国家核安全工作协调机制建设,持续提升核安全治理能力。进一步深化核电厂、研究堆与核燃料循环设施安全监管。建成高风险移动放射源在线监控。推动城市放射性废物库安保水平提升。

推进领导干部自然资源资产离任审计制度化、规范化建设。实现固定污染源排污许可全覆盖。健全生态保护补偿机制,落实生态环境损害赔偿制度。加强生态环境科技创新与成果转化。做好生态环境保护宣传引导。妥善应对突发环境事件。加强国际交流和履约能力建设。

长期以来,全国人大常委会高度重视、大力支持生态环境保护工作,不断加强立法、实施监督和执法检查,为推进生态文明、建设美丽中国发挥重要作用。我们将更加紧密地团结在以习近平同志为核心的党中央周围,在全国人大及其常委会监督支持下,进一步加强生态环境保护工作,坚决打赢污染防治攻坚战,推动生态环境质量持续好转,确保完成全面建成小康社会生态环境保护目标。

国务院关于农村集体产权制度改革情况的报告

——2020 年 4 月 26 日在第十三届全国人民代表大会常务委员会第十七次会议上

农业农村部部长　韩长赋

全国人民代表大会常务委员会:

受国务院委托,现将农村集体产权制度改革情况报告如下,请审议。

一、农村集体产权制度改革进展情况

党中央、国务院高度重视农村集体产权制度改革。习近平总书记指出,这是党中央推出的一项重要改革,对推动农村改革发展、完善农村治理、保障农民权益、探索形成农村集体经济新的实现形式和运行机制具有重要意义,要深化农村集体产权制度改革,发展农村集体经济,着力推进农村集体资产确权到户和股份合作制改革。李克强总理强调,要坚持和完善农村基本经营制度,深入推进农村集体产权制度改革,全面开展农村集体资产清产核资等工作,赋予农民更多财产权利。各地区、各有关部门认真贯彻落实党中央、国务院决策部署,按照农村改革"扩面、提速、集成"的总体要求,把握正确改革方向,抓牢关键环节,强化责任落实,推动改革取得了实质性进展。

(一)不断强化集体产权制度改革工作措施。加强顶层设计。2014 年,经党中央、国务院审议通过,出台《积极发展农民股份合作赋予农民对集体资产股份权能改革试点方案》,在 29 个县(市、区)先行开展试点工作。2016 年,中共中央、国务院印发《关于稳步推进农村集体产权制度改革的意见》(以下简称《意见》),对推进改革作出总体安排。广泛动员部署。召开全国农村集体产权制度改革电视电话会议和农村集体资产清产核资工作推进会议,对相关工作作出具体部署。各省(区、市)通过召开改革专题会、电视电话会、现场观摩会等形式部署推进改革工作。强化组织保障。经国务院同意,建立全国农村集体产权制度改革部际联席会议制度,中央财政累计安排清产核资专项转移支付 6 亿元。各地成立由省领导牵头负责的改革领导机构或建立联席会议制度,省、市、县三级财政共安排改革专项经费 57.45 亿元。开展监督检查。农村集体产权制度改革督查列入中央有关督查检查考核计划,中央农办、农业农村部联合部际联席会议成员单位,先后赴 28 个省份开展实地督查,采取随机抽查等方式走访 87 个县(市、区)、165 个村,推动改革任务落实落地。营造改革氛围。2017年以来，农业农村部共举行两次农村集体产权制度改革新闻发布会，开展25期专题轮训，确定20个县(市、区)为全国改革经验交流典型单位。各地采取进村入户宣讲、给农民一封信、播放宣传片等方式使改革政策家喻户晓，借助电视、报纸、手机APP、微信公众号等媒体，加大改革政策宣传力度。

(二)全面加强农村集体资产管理。按期完成清产核资。按照《意见》关于2019年底基本完成农村集体资产清产核资的要求，农业农村部会同有关部门研究制定清产核资政策文件、操作办法和报表体系，指导各地按照清查核实、公示确认、建立台账、审核备案、汇总上报、纳入平台“六大步骤”清查核实各类资产。目前，全国299.2万个拥有农村集体经营性、非经营性和资源性资产的清产核资单位完成数据上报，清产核资工作已经基本完成，共清查核实账面资产总额6.5万亿元，其中经营性资产3.1万亿元、非经营性资产3.4万亿元；集体资源性资产总面积65.5亿亩。加快建设监管平台。上线运行农村集体资产清产核资管理系统，全国1.2亿张各类资产报表实现在线填报、审核及汇总。鼓励各地充分运用现代信息技术手段，提高集体资产管理工作信息化水平。目前，全国农村集体资产监督管理平台已经列入《数字农业农村发展规划(2019—2025年)》，正在开展设计和建设。地方法规相继出台。顺应农村集体产权制度改革的要求，上海、江苏、浙江、广东等省份研究出台农村集体资产管理条例等地方性法规，为加强集体资产监督管理提供了法治保障。

(三)由点及面开展经营性资产股份合作制改革。压茬推进改革试点。2015年以来，中央农办、农业农村部会同有关部门共组织开展四批农村集体产权制度改革试点，试点单位包括15个省份、89个地市、442个县(市、区)，其他省份还自主选择了部分县村开展省级试点，各级试点单位已覆盖全国80%左右的县(市、区)。确认集体成员身份。各地以县或地市为单位制定符合实际的集体经济组织成员身份确认指导意见，明确政策底线，规范工作程序，并在成员身份确认中注重维护妇女合法权益。目前，全国已有超过36万个村完成改革，共确认集体经济组织成员6亿多人。合理开展折股量化。各地在清产核资、成员身份确认的基础上，将农村集体经营性资产以股份或者份额形式量化到本集体成员。有的地方还在推进脱贫攻坚工作中，把财政投入到村集体形成的资产确权到农民集体，并量化为本集体经济组织成员特别是贫困人口持有的股份。规范资产股权管理。对于经营性资产折股量化到成员形成的股权，多数地方实行不随人口增减变动而调整的方式，一些地方探索实行“量化到人、确权到户、户内共享、长久不变”的股权静态管理模式。积极深化试点内容。有的地方在基层党组织领导下，探索明晰村民自治组织与村集体经济组织的职能关系，实行村民委员会事务和集体经济事务分离；有的地方探索集体资产股份有偿退出的条件和程序，自主开展集体资产股份抵(质)押贷款试点，为深化改革积累了经验。

(四)因地制宜探索集体经济有效实现形式。开展扶持集体经济发展试点。2016年以来，中央财政通过以奖代补等方式，共支持28个省份和4个计划单列市开展扶持村级集体经济发展试点。2018年，中央组织部、财政部、农业农村部印发通知，计划到2022年在全国范围内扶持10万个左右的村发展壮大集体经济。支持贫困地区薄弱村发展提升。按照《中共中央、国务院关于打赢脱贫攻坚战三年行动的指导意见》有关要求，农业农村部研究制定贫困地区集体经济薄弱村发展提升计划，指导各地以发展特色产业、盘活土地资源等为抓手，探索薄弱村发展集体经济的有效路径。从2017年开始，浙江省在全省实施消除集体经济薄弱村三年行动计划，到2019年底已全面消除集体经济年收入低于10万元、经营性收入低于5万元的薄弱村。探索农村集体经济发展路径。有的地方利用未承包到户的集体“四荒”地、果园、养殖水面等资源，集中开发或通过公开招投标等方式发展现代农业项目；采取租赁、入股等形式，将农户承包林地吸纳进村集体股份合作林场，大力发展用材林、经济林、林下经济、森林旅游等产业；在符合规划前提下，探索利用闲置的各类房产设施、集体建设用地等，以自主开发、合资合作等方式发展相应产业；整合利用集体积累资金、政府帮扶资金等，通过入股或参股农业产业化龙头企业、村与村合作、村企联手共建、扶贫开发等形式发展集体经济；在城镇规划区、经济开发区等优势区位，跨区域抱团建设仓储设施、商铺门面、标准厂房等“飞地”项目，实现集体经济可持续发展。

(五)逐步完善集体产权制度改革配套法律政策。赋予农村集体经济组织法人资格。2017年，十二届全国人大五次会议通过民法总则，将农村集体经济组织列为一类特别法人，明确农村集体经济组织依法取得法人资格。2018年，十三届全国人大常委会立法规划将农村集体经济组织方面的立法列为第三类项目。建立集体经济组织登记赋码制度。农业农村部会同有关部门制定登记办法,规范登记事项,统一证书式样,明确由县级农业农村主管部门负责发放农村集体经济组织登记证书,并赋统一社会信用代码。农村集体经济组织首次有了统一的“身份证”,目前全国已有超过 27 万个集体经济组织领到登记证书,并可凭此证到有关部门办理公章刻制和银行开户等手续,以便开展经营管理活动。明确集体经济组织税费优惠政策。财政部会同税务总局等部门细化落实在农村集体产权制度改革中免征有关契税、印花税的优惠政策,并明确农村集体产权确权免收不动产登记费。制定集体经济组织金融支持政策。人民银行、农业农村部会同有关部门出台金融服务乡村振兴的指导意见,要求各地结合农村集体经济组织登记赋码工作,加大对具有独立法人地位、集体资产清晰、现金流稳定的农村集体经济组织金融支持力度。

二、农村集体产权制度改革面临的困难和问题

从督查调研和基层反映情况看,当前农村集体产权制度改革仍面临一些困难和问题。

(一)各地改革不平衡不充分。一些地方对农村集体产权制度改革重要性认识不到位,行动迟缓,存在“上热下不热”现象。部分地方对非经营性资产运营管护、资源性资产开发利用等,主动探索和谋划不多,改革广度和深度不够。有的地方没有及时总结推广试点地区的经验做法,引领示范带动作用没有得到充分发挥。受新冠肺炎疫情影响,有些地方入户调查摸底、集体开会表决等工作难以正常开展。

(二)部分地方改革工作不规范。少数地方在确认集体经济组织成员身份时,没有充分尊重历史、合理兼顾现实,将户籍仍在本村的外嫁女排除在外,造成“两头空”现象。有些地方对股权设置的要求与中央文件精神明显不符。有的村民小组集体资产较多,但村、组集体土地和经营性资产未能分账管理,组级资产存在被平调的隐患。

(三)集体资产经营管理水平不高。一些地方农村集体资产台账管理、经济合同管理不规范,民主程序履行不到位,集体资产存在一定流失风险。有的地方集体经营性资产运营管理能力不强,非经营性资产管护主体责任不明,未承包到户的土地等资源性资产经营效益不高。

(四)政策支持力度有待加强。试点地区反映,支持农村集体产权制度改革和集体经济发展的政策措施力度还不够。改革后成立的农村集体经济组织需要缴纳增值税、企业所得税等税费,影响了农民集体参与改革的积极性。

(五)有关法律制度不健全。国家层面还缺乏农村集体经济组织方面的法律,仅有少数省份出台了农村集体经济组织条例等地方性法规或地方政府规章,对集体经济组织成员身份确认的依法开展、集体经济组织及其成员权益的依法保障、集体经济组织功能作用的有效发挥等造成影响。

(六)与农村相关改革衔接还不够。农村集体产权制度改革是一项综合性、系统性很强的改革,与农村土地制度改革、农村金融改革等相关领域改革具有很强的关联性,但有些地方在试点内容衔接、试点组织实施等方面统筹协调不够,导致改革的整体效应未能充分发挥。

三、深化农村集体产权制度改革的思路和举措

推进农村集体产权制度改革,是全面深化农村改革的重要任务,也是实施乡村振兴战略的重要抓手。今后一段时间,我们将以习近平新时代中国特色社会主义思想为指导,全面贯彻党的十九大和十九届二中、三中、四中全会精神,按照党中央、国务院决策部署,以明晰农村集体产权归属、维护农民集体成员权利为目的,以推进经营性资产股份合作制改革为重点,探索集体经济新的实现形式和运行机制,确保集体经济发展成果惠及本集体所有成员,为实现乡村全面振兴提供重要支撑和保障。重点抓好以下六方面工作。

(一)按期完成经营性资产股份合作制改革。组织已有的 15 个整省试点省份做好检查验收,部署 13 个非整省试点省份全面推开改革试点(北京、上海、浙江 3 省市已完成改革任务),在 2020 年实现改革试点省级全覆盖,力争改革覆盖面扩大到所有涉农县。指导各地在常态化疫情防控中做好经营性资产股份合作制改革,规范有序开展成员身份确认、资产折股量化、办理登记赋码等工作,预防并妥善解决外嫁女“两头空”等问题,确保到 2021 年底按期基本完成改革任务。支持地方结合实际开展集体资产股份有偿退出、抵押担保等方面探索,完善集体资产股份权能,激发农村资源发展活力。

（二）加大改革政策宣传贯彻力度。推介一批农村集体产权制度改革先进典型，宣传各地经验做法，充分发挥示范带动作用。开展多层次、多形式的农村集体产权制度改革培训，解读中央有关政策精神，提高基层干部的执行力。组织开展农村集体产权制度改革督查，督促各地把改革工作做实做深做好，确保各项任务按期保质完成。

（三）提升农村集体资产经营管理效能。进一步加强农村集体资产管理，加快全国农村集体资产监督管理平台建设，为盘活利用集体资产夯实基础。开展发展壮大集体经济试点示范，到2022年完成10万个左右村的扶持任务。推动贫困地区集体经济薄弱村发展提升，扶持村集体林场发展，推广资源变资产、资金变股金、农民变股东经验。加强基层专业队伍建设，为管好用好集体资产、发展壮大集体经济提供人才支撑。

（四）健全完善改革支持政策体系。用好用活农村集体产权制度改革相关优惠和扶持政策。落实并完善支持农村集体经济组织发展的税收政策，探索创新金融机构对农村集体经济组织的融资担保政策，逐步增加政府对农村的公共服务支出，统筹安排农村集体经济组织发展所需用地，不断完善支持农村集体产权制度改革和集体经济发展的政策措施。

（五）加快农村集体经济组织立法进程。围绕农村集体经济组织的基本特征、法人属性、功能作用、内部运行机制等重大问题，深入开展农村集体经济组织立法理论研究，指导有条件的地方先行开展相关立法探索。制定出台农村集体经济组织示范章程，尽快修订农村集体经济组织会计制度，为农村集体经济组织规范有序运行提供制度保障。

（六）加强与农村相关改革的有效协同。以完善产权制度和要素市场化配置为重点，统筹推进农村各项改革。全面推开农村集体产权制度改革试点，开展第二轮土地承包到期后再延长30年试点，深化农村宅基地制度改革试点，推动完善农村集体经营性建设用地入市配套制度，加大金融服务农村改革力度，集成推广农村改革试验试点成果，促进改革试点有机衔接，切实增强农村改革的系统性、整体性、协同性。

国务院关于公安机关执法规范化建设工作情况的报告

——2020年8月10日在第十三届全国人民代表大会常务委员会第二十一次会议上

国务委员兼公安部部长 赵克志

全国人民代表大会常务委员会：

根据本次会议安排，我代表国务院报告公安机关执法规范化建设工作情况，请予审议。

以习近平同志为核心的党中央高度重视公安机关执法规范化建设。2016年8月，中共中央办公厅、国务院办公厅印发《关于深化公安执法规范化建设的意见》，为解决事关公安执法的体制性、机制性问题提供了基本遵循。2019年5月，习近平总书记在全国公安工作会议上的重要讲话中，充分肯定了公安机关深入开展执法规范化建设取得的成绩，对推进严格规范公正文明执法提出了更高要求，为公安机关执法规范化建设指明了前进方向。李克强总理要求各级政府及其各部门切实推进严格规范公正文明执法，不断提高政府公信力、行政效能和群众满意度。近年来，全国公安机关不断增强“四个意识”、坚定“四个自信”、做到“两个维护”，坚持以习近平新时代中国特色社会主义思想为指导，认真贯彻落实习近平总书记重要指示精神和党中央决策部署，以执法为民为宗旨，以建设法治公安为目标，坚持不懈地深入开展执法规范化建设，依法履行职责，执法质量和执法公信力稳步提升，有力维护了社会大局稳定、保障了人民安居乐业。据统计，自2016年以来，全国公安机关年均查办治安案件940余万起、刑事案件540余万起。刑事立案数连年下降，2019年较2016年下降24.3%；杀人、伤害、强奸、绑架等八类主要刑事犯罪案件数持续明显下降，2019年比2016年下降34.9%；命案发案数逐年下降、破案率逐年上升，2019年命案的现案破案率达99.8%；盗抢等多发性侵财案件数2019年比2016年下降48.5%，社会大局保持了持续安全和稳定。中国已成为世界上公认的最安全的国家之一。

特别是今年新冠肺炎疫情发生以来，全国公安机关坚决贯彻落实习近平总书记重要指示精神，坚持“人民至上、生命至上”，始终把人民生命安全和身体健康放在第一位，全警动员、全力以赴投入疫情防控和维护安全稳定工作。在疫情发生早期，公安机关配合相关部门设立环鄂省际检疫站点，派出警力 62 万余人次，实行全天勤务，协助转移体温异常人员 5 万余人，有效切断疫情蔓延通道。在疫情高峰平台期，积极协助做好疫情监测、排查、预警等工作，每天部署 10 万余名警力按照“一院一专班”原则对全国 2800 余家定点医院实行 24 小时全天候巡防，全力保障医疗救治和隔离秩序。面对境外疫情蔓延趋势，公安机关切实加强出入境环节管控，完善入境人员核查机制，严密防范境外输入风险。同时，依法严厉打击抗拒疫情防控措施、暴力伤医、制售假劣防护物资等严重违法犯罪活动，有力维护了疫情期间的社会稳定，为安全有序恢复生产生活秩序提供了有力保障。疫情期间，广大公安民警、辅警不分昼夜、冲锋在前，持续奋战在抗击疫情一线。截至今年 6 月底，先后有 169 名民警、86 名辅警因超负荷工作等原因牺牲在岗位上。他们用自己宝贵的生命为打赢疫情防控战作出了突出贡献，有力保障了这一特殊时期社会的稳定安宁，让人民群众切身感受到中国共产党领导和我国社会主义制度的巨大优越性，也向世界展现了国家治理现代化的中国模式。

一、公安机关执法规范化建设基本情况

公平正义是执法司法工作的生命线，坚持严格规范公正文明执法是公安执法的核心要求。为切实提升执法工作的法治化水平和执法公信力，全国公安机关坚持不懈、一步一个脚印地推动执法规范化建设，用自我革命的实际行动忠诚践行人民公安为人民的初心使命，努力让人民群众在每一起案件办理中、每一件事情处理中都能够感受到公平正义。

（一）强化执法制度建设，构建完备的执法规范体系。执法制度是规范执法活动的依据和准绳，在法治公安建设中具有前提性、保障性作用。针对执法办案实践需要，公安机关持续开展执法制度建设，形成了一整套执法办案操作标准，使广大民警知道干什么、怎么干、干到什么程度。一是推动重点领域立法。推动和参与制定反恐怖主义法、境外非政府组织境内活动管理法、网络安全法，配合修订刑法、刑事诉讼法等法律法规，为维护国家安全和社会稳定提供有力的法律保障。二是完善执法标准。根据刑事诉讼法等法律修订情况和执法实践需要，公安部修订完善了公安机关办理行政案件、刑事案件程序规定，并针对基层执法实践所需，制定完善《公安机关执法细则》，印发关于现场执法、调查取证、治安管理处罚裁量等工作规范，为基层执法办案提供明确、具体的操作指引，规制执法裁量权，减少执法随意性。三是细化类案指引。本着明确管用、服务实战的要求，围绕扫黑除恶、打击非法集资、办理毒品案件、惩治妨害公共交通工具安全驾驶、惩治暴力袭警等重点工作，公安部会同最高人民法院、最高人民检察院等部门出台了一系列规范性文件，明确相关罪名适用条件和证据要求，为依法打击突出违法犯罪提供法律指引。

（二）改革执法权力运行机制，监督约束执法权力规范运行。全国公安机关紧盯执法关键环节，坚持问题导向，着力构建即时高效、系统全面的执法监督管理机制，有效预防、解决执法不作为、乱作为问题。一是推进受案立案制度改革。公安部专门下发文件，在全国公安机关推行受案立案制度改革，明确立案审查时限，建立接报案、受案立案信息系统，实行群众上门报案“三个当场”、受案立案巡查回访等制度。目前，各省级公安机关均制定了配套实施意见，18 个省级公安机关增设了案件管理机构，有效减少了受案立案环节的执法不作为、不规范问题。二是推进刑事案件“两统一”工作机制。为解决各警种、派出所办理刑事案件多头对接检察机关，导致办案标准不统一、案件质量参差不齐的问题，公安部积极推进刑事案件“两统一”改革，由公安机关法制部门对刑事案件重点环节进行统一审核，统一对接检察机关，形成侦查部门侦办案件、法制部门审核把关的新工作机制，有效强化了对侦查活动的内部监督制约。目前，全国省级公安机关均出台了“两统一”实施文件，19 个省级公安机关与检察机关就建立完善工作衔接机制联合出台了文件。公安部会同最高人民检察院就逮捕社会危险性认定、补充侦查等工作出台专门文件，并就不捕不诉案件、逮捕适用等联合开展调研检查，积极主动接受检察机关监督指导。改革后，各地刑事案件退补侦查率明显下降，因办案问题引发的新发信访大幅减少，改革成效显现。三是完善落实人权保障制度。公安部会同最高人民法院、最高人民检察院等部门出台排除非法证据、重大案件侦查终结前讯

问合法性核查等工作意见，进一步健全冤假错案防范机制。充分发挥行政复议应诉、刑事复核、国家赔偿等制度的监督作用，坚持依法公正办理案件，做到有错必究。不断完善律师会见程序，推行网络、电话预约，会同司法部积极推动落实值班律师制度。截至目前，全国已有97.7%的在用看守所建立了值班律师工作站。此外，公安部依托公安执法办案与监督信息系统，建立了网上执法巡查制度，于2016年、2018年两次对各地执法办案情况开展网上巡查，及时纠正并通报取证不规范、程序违法、侵犯当事人合法权益等执法办案问题。四是深化执法公开工作。公安部出台《公安机关执法公开规定》，明确规定执法依据和流程对全社会公开，个案进展对当事人及亲属公开，并大力推行网上预约、办理行政许可。各地据此不断拓展公开范围、整合公开载体、强化网上办事，构建起便捷、公正、透明的“阳光警务”新机制。截至目前，25个省区市建立了统一的执法公开平台，22个省区市实现了行政处罚决定文书网上公开，有效保障了人民群众的知情权、参与权和监督权。

（三）科学建设执法办案场所，打造安全规范的执法环境。全国公安机关下大力气狠抓执法办案场所和涉案财物管理场所规范化建设，按照硬件倒逼软件、环境塑造行为的理念，为规范执法打造了安全、集约、高效的环境空间。一是推动执法办案场所规范化改造。公安部推动各地公安机关对办公办案场所进行四区分设改造，重点将办案区与办公区、群众接待区实行物理隔离，按照规定的办案流程，“流水线式”设置人身安全检查、信息采集、证据保管、讯问询问和候问等功能区室，并提出“四个一律”要求，严格落实执法办案场所的使用管理，使办案民警按照规范执法的要求，习惯于在摄像头下讯问办案。目前，各地执法办案场所已全部完成规范化改造，公安机关执法办案场所面貌焕然一新。二是开展执法办案管理中心建设。公安部在总结各地经验的基础上，积极推动在市、县两级公安机关建设执法办案管理中心，打造更为高效、智能、安全的办案基地。执法办案管理中心实行“一站式”集约办案，集中办理重大、疑难、复杂和跨区域刑事案件；建立案件监管机制，对案件进行全流程、全要素的监督管控；建立合成作战快速响应机制，调用各部门力量资源，变单兵作战为协同作战，为破案攻坚提供实时、综合保障。截至目前，全国市、县两级公安机关已建成执法办案管理中心1274个。三是规范涉案财物管理。公安部部署各地公安机关建设涉案财物专门管理场所，实行管办分离机制，指定专门机构和人员统一管理涉案财物，办案人员不得自行保管；建立运行涉案财物管理信息系统，对涉案财物流转全过程进行实时动态管理，一些地方还推动建立跨部门的涉案财物集中管理场所和工作机制。目前各地公安机关已普遍建成使用涉案财物专门管理场所。

（四）加强执法信息化建设，创新驱动执法流程规范。近年来，公安执法工作的一项重要实践就是通过“信息化”促进“规范化”，打造网上执法办案流水线，有效提升执法效能。一是全面推行网上办案。公安部部署省级公安机关建设运行统一的执法办案信息系统，推行网上办案新机制。目前，各地普遍实现执法信息网上记载、案件审核网上进行、执法问题网上预警、法律文书网上生成、案件卷宗网上管理、执法质量网上考评的目标，网上办案已成常态。执法信息一旦网上生成不可擅自更改，上一个程序未完成则后续的程序无法继续进行，形成了执法办案的“单行道”和“快速路”，执法办案更加透明规范，执法监督更加精准有效。二是建立健全执法全流程记录制度。公安部出台专门文件，建立执法全流程记录制度，全面配备使用现场执法记录仪等设备，要求网上与网下记录相结合、文字与视音频记录相补充，实现对执法活动的全过程留痕、可回溯管理。各地在执法办案信息系统中，普遍设置办案超期、执法数据异常等预警提示功能，一些地方还研发了智能取证指引、自动筛选法律依据和裁量幅度等模块，初步实现执法风险及时预警、执法问题自动发现、执法办案智能辅助。三是推进执法大数据深度应用。各地公安机关充分运用执法办案海量信息数据资源，总结执法状况、分析执法数据、发现执法问题、掌握执法规律，定期推出执法办案白皮书，对公安机关执法情况进行多维度分析研判，成为执法办案工作的“晴雨表”，为辅助决策、服务实战、工作考评提供重要依据。

（五）深化公安“放管服”改革，为企业群众提供规范、优质的管理服务。公安机关深入贯彻落实党中央、国务院“放管服”改革决策部署，秉持以人民为中心的发展思想，坚持围绕中心、服务大局，在服务经济社会发展和便民利民惠民等方面推出了一系列政策措施，有力激发了社会创造活力。一是自觉简政放权优化企业营商环境。在强化安全监管的前提下，最大限度精简行政许可事项，简化企业登记程序，推进审批管理便民化。二是回应群众关切优化公共服务。围绕治安、交通管理、出入境等与群众生产生活密切相关的领域，全面推行审批服务“马上办、网上办、就近办、一次办”，切实简化材料、简化流程，尽可能实现企业和群众到公安机关办事“只跑一次”。2019 年 7 月，公安部根据人民群众的意见建议，经报党中央批准，出台《公安机关服务经济社会发展服务企业群众 60 项措施》。今年 1 月以来，先后在治安、交通管理、食药环、出入境等领域出台 41 项措施，统筹推进疫情防控和经济社会发展。三是全面推行“互联网 + 公安政务服务”。为实现让数据多跑路，让群众少跑腿的目标，公安部整合网络安全、交通管理等部门网上办事系统和部分省级公安机关网上办事大厅，建成公安部“互联网 + 政务服务”平台，实现用户互认、入口统一和事项汇聚，有效提升了服务效能。特别在新冠肺炎疫情期间，人民群众足不出户即可完成业务办理，极大地方便了群众办事。

（六）强化全警实战实用执法培训，着力提升规范执法能力水平。全国公安机关深刻认识到民警执法能力是决定公安执法质量和执法公信力的根本性因素，进而下大力气培养、提升民警的法治意识和能力素养。一是持续开展法治理念教育。各级公安机关紧紧抓住领导干部这一关键少数和广大一线民警这一主要主体，通过理论中心组学法、法治大讲堂、正反典型案例通报等形式，不断加强社会主义法治理念教育，努力培养广大民警的法治意识、程序意识、人权保护意识和自觉接受监督的意识。二是加强和改进执法培训工作。推动执法培训日常化、机制化、实战化，将执法培训列入民警上岗、任职、晋升职务和授予、晋升警衔等“四个必训”内容，持续举办刑法、刑事诉讼法、反恐怖主义法等法律法规专题讲座和培训班，帮助广大民警及时掌握法律法规的最新要求；组织开展“教科书”式执法培训，举办全国公安机关规范执法视频演示会，对规范执法进行实战化、场景式直观演示，切实提升执法培训针对性。2019 年，为全面提升民警职业素养和实战本领，公安部在全警部署开展为期三年的实战大练兵活动，通过岗位比武、知识竞赛、旁听庭审等多种形式，锤炼民警能力素质，锻造革命化正规化专业化职业化公安执法队伍。三是推行执法资格等级考试制度。自 2011 年起，每年定期组织开展基本级和高级执法资格等级考试，鼓励民警参加国家统一法律职业资格考试，明确要求未取得基本级执法资格的民警不得从事执法活动，并将考试结果与民警任职、奖惩挂钩，实现以考促学、以学促用的目的。截至目前，全国在职民警约有 180.5 万人取得基本级执法资格，5.7 万人取得高级执法资格，广大民警尊法学法守法用法的积极性和自觉性不断增强。

坚持不懈地深化执法规范化建设，为公安机关切实履行党和人民赋予的新时代使命任务，实现严格规范公正文明执法，提供了有力的能力支撑和机制保障，使民警敢于执法、善于执法，能够充分运用刑法、刑事诉讼法、治安管理处罚法等法律武器，惩治各类违法犯罪活动，有力维护了国家安全、社会稳定和公民合法权益。一是坚决捍卫国家政治安全和社会稳定。公安机关认真贯彻落实总体国家安全观，坚持统筹国内国际两个大局、网上网下两个战场，下先手棋，打主动仗，充分运用法律武器和手段，深入开展反颠覆、反分裂、反渗透斗争，严厉打击“法轮功”、“全能神”等邪教活动，坚决捍卫国家政治安全。持续深化严打暴恐专项行动，坚持凡“恐”必打、露头就打，从严从实从细抓好反恐防恐各项措施落实，形成我国反恐怖斗争稳中向好的态势。同时，坚持和完善新时代“枫桥经验”，组织开展矛盾纠纷大排查大化解专项行动，努力化解社会矛盾，防控社会风险，确保了社会大局持续安全稳定。二是深入开展扫黑除恶专项斗争。坚决贯彻党中央关于开展扫黑除恶专项斗争的决策部署，坚持以打开路、重拳出击，依法铲除群众反映强烈的黑恶势力，大力整治严重影响社会秩序的治安乱点，有效维护了社会秩序。截至今年 6 月底，全国公安机关共打掉涉黑组织 3109 个、恶势力犯罪集团 9947 个，破获各类刑事案件 21 万余件，沉重打击了黑恶势力的嚣张气焰。三是严厉打击影响人民群众安全感的严重暴力犯罪。持续开展缉枪治爆专项行动，坚决清除枪爆祸患。近年来，持枪犯罪案件保持大幅下降势头，达到历史低值。严厉打击严重暴力犯罪，对命案坚持破现案、防发案、攻积案多管齐下，2019 年全国现行命案发案量较 2018 年下降 10.4%，并成功破获了一批历时久远、影响恶劣的命案积案，抓获了一批潜逃多年的命案逃犯，伸张了社会正义。四是有效遏制民生领域犯罪多发态势。进一步加大对食品、药品、环境等民生领域突出违法犯罪活动的打击力度，2019 年，在公安部部署的“昆仑行动”中，全国公安机关侦破此类案件 3.9 万起，捣毁各类“黑工厂”、“黑作坊”、“黑窝点”1.5 万个，积极回应了人民群众对食品、药品安全和环境保护的热切期盼。五是依法防范打击侵害群众利益的各类涉众型犯罪。持续开展打击整治电信网络诈骗违法犯罪专项行动，会同有关部门建立紧急止付、快速冻结返还以及诈骗电话通报阻断机制。2016 年以来，全国公安机关共破获电信网络诈骗案件 40.9 万起。连续三年组织开展打击非法集资专项行动，成功侦破了“e 租宝”、“泛亚有色”、“钱宝系”等一批重大案件，有效化解一批重大涉稳风险，有力维护了人民群众合法权益和经济金融秩序稳定。

二、面临的问题和挑战

经过全国公安机关共同努力，公安机关执法规范化建设取得了一定成效。随着国家社会发展步入新时代，人民群众对公安机关严格规范公正文明执法的期待越来越高，公安队伍的执法能力水平与全面依法治国的新任务新要求相比还有诸多不相适应的地方，公安执法工作面临许多问题和挑战。

（一）国际国内形势对公安执法工作提出新挑战。当前我国社会治安形势总体稳定，但是维护国家安全和社会稳定工作面临诸多挑战。一些传统犯罪向网上蔓延趋势愈演愈烈，电信网络诈骗案件持续高发，涉众型经济犯罪案件多发频发，民生领域违法犯罪问题突出，各类不稳定因素交织叠加，公安执法的形势和任务艰巨复杂。

（二）我国社会主要矛盾的变化对公安执法工作提出了新的更高要求。随着中国特色社会主义进入新时代，人民群众对美好生活的需要呈现多样化、多层次、多方位的特点，对公安执法工作的要求已不仅满足于保障安全这一层次，对执法公开、公正、文明的要求越来越高，迫切需要公安机关与时俱进提升执法规范化、专业化水平。

（三）公安队伍执法理念和执法能力需要进一步提升。有的公安机关领导干部和民警习惯凭经验办案，运用法治思维和法治方式处理问题的能力不足，对现有法律不了解、不会用、不敢用，导致案件定性不准、采取强制措施不当；有的不注意执法方式方法，存在粗暴执法、过度执法、不文明执法等问题。

（四）执法保障机制亟待进一步完善。公安机关警力不足仍然是老大难问题，“案多人少”、“事多人少”的矛盾尚未得到较好解决，民警长期超负荷工作，影响了公安机关战斗力的发挥，民警职业保障水平亟待进一步提高。

（五）执法规范化建设推进力度尚需加大。公安机关执法规范化建设还存在发展不平衡、成效不巩固等问题。有的领导干部和民警对执法规范化建设的重要性、基础性、长期性认识不够；一些地方受经济条件制约，基础薄弱，欠账较多，工作进展缓慢；有的地方工作浮于表面，工作措施不实不细，导致部分改革举措的作用没有充分发挥出来。

三、下一步工作措施和建议

习近平总书记关于全面依法治国的新理念新思想新战略，以及对公安机关“对党忠诚、服务人民、执法公正、纪律严明”的总要求，为公安机关新时代深化执法规范化建设指明了目标方向。当前和今后一个时期，公安机关执法规范化建设的基本思路是：坚持以习近平新时代中国特色社会主义思想为指导，全面贯彻党的十九大和十九届二中、三中、四中全会精神，深入贯彻落实全国公安工作会议部署，牢牢把握推进国家治理体系和治理能力现代化总目标，积极适应深化全面依法治国实践新要求，以保障人民根本利益为出发点和落脚点，聚焦新时代法治公安建设，持续推进执法规范化，努力实现执法队伍专业化、执法行为标准化、执法管理系统化、执法流程信息化，不断提升公安工作法治化水平和执法公信力，为切实履行好党和人民赋予公安机关的新时代使命任务提供强有力的支撑。为推动公安执法工作进一步发展进步，提出以下工作措施和建议：

（一）进一步提升思想认识，锻造新时代高素质过硬公安队伍。队伍建设是规范执法的根本、基础和保障，必须坚持抓执法与抓队伍相结合，按照“四个铁一般”的标准，努力建设一支党和人民信得过、靠得住、能放心的公安铁军。公安部已部署在全国公安机关开展“坚持政治建警全面从严治警”教育整顿，向人民群众反映强烈的顽瘴痼疾开刀，深入整治执法突出问题，以整风的精神和自我革命的实际行动取信于民，确保公安队伍绝对忠诚、绝对纯洁、绝对可靠。继续强化警务辅助人员管理，健全完善招聘、待遇保障等制度，切实用好这支队伍。各级政府也将进一步加大对公安工作在政策、经费、人员等方面的保障力度，帮助解决工作中遇到的实际困难和问题，为公安机关依法履职创造条件。

（二）进一步健全完善执法制度，为执法工作提供规范实用的操作指引。全面贯彻执行刑法、刑事诉讼法、治安管理处罚法等法律，及时出台法规、规章，分门别类地规范执法流程，细化操作标准，切实解决制度执行“最后一公里”问题，为一线办案提供更具操作性的制度指引。同时，针对维护国家安全、公共安全和社会稳定等方面遇到的新情况新问题，积极推动检法等部门出台司法解释或者规范性文件，不断健全打击违法犯罪制度体系。提高科学建章立制水平，严格落实规范性文件法律审核和备案审查机制，切实保障公安执法决策和制度的合法性、科学性。

（三）强化组织督导，全面落实严格规范公正文明执法要求。全国公安机关将继续认真贯彻落实中办、国办《关于深化公安执法规范化建设的意见》的各项部署要求，深化执法权力运行机制改革，严格落实受案立案和“两统一”工作机制改革各项要求，大力推进市、县两级公安机关按计划完成执法办案管理中心建设任务，进一步深化执法信息化建设，加强执法大数据深度应用，借助办案环境改造和科技力量不断提升执法办案和监督管理的效能。要动员全警力量，全面压实责任，持续跟踪督导，下大力气攻坚克难，坚持不懈地推动执法规范化建设不断取得新成效，切实提升公安机关严格规范公正文明执法水平。

（四）进一步完善有关公安工作的立法。随着国家民主法治建设和经济社会发展，公安工作面临新的形势和任务，目前人民警察法中关于公安机关组织管理、职责任务、警务保障等方面的一些规定已不适应工作需要。建议全国人大常委会加快推进人民警察法的修订工作，合理界定警察职责权力，完善警务管理体制，固化执法规范化建设成果。此外，建议根据当前社会治理和打击违法犯罪活动需要，修改、制定治安管理处罚法、道路交通安全法、有组织犯罪法、出境入境管理法、看守所法等法律，加强对警务辅助人员地方立法的调研和指导，为完善社会治理、打击防范违法犯罪活动提供更加有力的法律武器。

（五）在刑法中单独增设袭警罪。近年来，一线公安民警在执法执勤中遭受阻挠执法、暴力抗法、造谣诽谤事件时有发生，多起性质恶劣的袭警案件引发广泛关注和强烈反响，社会各界纷纷呼吁严惩此类犯罪。暴力袭警严重冲击法律底线，损害党和政府权威，严重影响人民群众安全感，也严重伤害广大民警的职业荣誉感。虽然刑法中有妨害公务罪的规定，但尚不足以对暴力袭警行为形成有效震慑。建议全国人大常委会在刑法修正案（十一）中单独规定袭警罪，为严惩袭警行为提供强有力的法律武器，在全社会营造敬畏法律的良好氛围。

列席会议的各位代表，全国人大常委会听取和审议国务院关于公安机关执法规范化建设工作情况的报告，充分体现了全国人大常委会对公安工作的高度重视和关心支持，必将有力推动法治公安建设的长远发展。建议全国人大常委会进一步加强对公安执法规范化建设工作的监督、指导，促进公安机关不断加强和改进执法工作。下一步，全国公安机关将继续深入贯彻习近平总书记全面依法治国新理念新思想新战略，按照此次会议的审议意见，持续深化公安机关执法规范化建设，建设更高水平的法治公安，为履行好新时代公安机关使命任务，维护社会持续安全稳定作出新的更大的贡献。

对公安机关执法规范化建设工作情况报告的意见和建议

8 月 11 日，十三届全国人大常委会第二十一次会议审议了国务委员兼公安部部长赵克志受国务院委托所作的关于公安机关执法规范化建设工作情况的报告，共有 37 人次发言。现根据会议发言情况，将常委会组成人员和列席人员的主要意见整理如下。

出席人员普遍认为，近年来，全国公安机关贯彻落实习近平总书记重要讲话和指示批示精神，贯彻落实党中央决策部署，以执法为民为宗旨，以建设法治公安为目标，深入开展执法规范化建设，执法质量和执法公信力明显提升。大家强调，深化公安执法规范化建设在整个公安工作中具有全局性、基础性地位，要以严格规范公正文明执法为总要求，把打击犯罪同保障人权、追求效率同实现公正、执法目的同执法形式有机统一起来，努力取得最佳的法律效果、政治效果、社会效果。审议中，大家还提出了一些具体意见和建议。

一、进一步提高执法规范化水平

有些出席人员指出，公安机关执法规范化建设成效显著，但不文明执法现象依然时有发生。建议进一步完善执法程序，细化执法依据和执法尺度，尽可能减少执法随意性。有些出席人员认为，应进一步建立健全执法监督机制，深化对执法办案的全领域覆盖、全要素管理、全流程监督，确保各种执法活动置于严密监督之下。要重视发挥媒体、群众等方面的社会监督作用，让权力始终在阳光下行使。有的出席人员建议，在全国范围内开展公安机关执法规范化建设情况大检查，认真总结经验、找准问题差距，明确责任清单，并限期整改，实现执法规范化建设取得新突破新成果。有些出席人员指出，公安民警依法执法的前提是知法懂法，建议要鼓励支持公安民警加强自学，参加公安机关内部的执法能力考试和国家法律职业资格考试，还应当加强与高校法学院合作，定期举办法律讲座，使公安民警及时掌握最新的法律法规，提升自身法律素养，提高依法办案水平。

二、关于解决警力不足问题

有些出席人员提出，很多地方警力不足问题突出，建议认真研究警力配置的依据和标准问题，以辖区内常住人口数量为基准，制定警务人员分配方案，合理增加警察编制，优化警力配置。有些出席人员指出，各地聘请了很多辅警从事警务辅助工作，有的地方辅警数量超过在编警察数量，他们的工作很辛苦，也发挥了很大作用，但存在待遇较低、晋升通道不畅、素质参差不齐、队伍不稳定等问题。建议合理界定辅警性质地位，明确工作职责，适当提高辅警待遇，加强培训考核工作，拓宽辅警晋升通道。有的出席人员提出，应该认真梳理研究公安机关应当承担的事务，明确哪些是公安机关必须承担的，哪些是可以由其他部门承担的，哪些是可以交给社会第三方的，理清职责，合理分担，适当减轻公安机关压力。有些出席人员认为，应积极推动将大数据、人工智能、5G 等先进技术成果运用到公安工作各领域各层面，让先进科学技术成为创新公安工作和提高工作质量效率的新支点。

三、关于完善法律制度

有些出席人员提出，随着我国经济社会快速发展，国家安全、公共安全和社会稳定方面出现了不少新情况新问题，现有的关于公安机关职责任务、组织管理、警务保障等方面的法律规定已不完全适应实际需要，有待进一步完善。建议认真梳理研究这些存在的问题，尽快启动看守所法、人民警察法、治安管理处罚法、道路交通安全法等法律的制定、修改工作，及时出台相关法规规章、司法解释，为公安机关行使职权、打击违法犯罪提供具体指引。

四、营造支持公安工作的良好氛围

有些出席人员提出，全国公安机关执法规范化建设中积累了很多有实效、可复制、宜推广的好经验好做法，建议进行认真总结提炼，在公安系统内全面推广，同时也能为其他部门执法规范化建设提供借鉴。有些出席人员指出，应加强对公安系统英雄模范感人事迹、公安干警为民服务生动事例的宣传，树立公安干警执法为民的良好形象，改善警民关系，推动全社会更好支持公安工作。

国家监察委员会关于开展反腐败国际追逃追赃工作情况的报告

——2020 年 8 月 10 日在第十三届全国人民代表大会常务委员会第二十一次会议上

国家监察委员会主任　杨晓渡

全国人民代表大会常务委员会：

根据《中华人民共和国宪法》和《中华人民共和国监察法》规定，按照本次会议安排，全国人大常委会首次听取国家监委专项工作报告。下面，我代表国家监察委员会报告反腐败国际追逃追赃工作情况，请审议。

加强反腐败国际追逃追赃工作，是以习近平同志为核心的党中央统筹中华民族伟大复兴战略全局和世界百年未有之大变局，立足新时代全面从严治党、党风廉政建设和反腐败斗争新形势新任务作出的重大决策部署。习近平总书记高度重视、亲自推动，对反腐败国际合作谋篇布局，为追逃追赃工作提供坚强政治引领。党中央将国际追逃追赃工作提升到国家政治和外交层面，纳入反腐败工作总体部署，为追逃追赃工作奠定了坚实政治基础；加强集中统一领导，建立中央反腐败协调小组国际追逃追赃工作协调机制，统筹抓好反腐败国际追逃追赃工作。十三届全国人大一次会议通过宪法修正案和监察法，产生国家监察委员会，依法赋予反腐败国际合作、加强对反腐败国际追逃追赃和防逃工作的组织协调等重要职责；全国人大及其常委会制定完善相关法律，组织开展调研，实施有力监督，为反腐败国际追逃追赃提供重要法治和工作保障。国家监委坚决贯彻党中央决策部署，认真履行宪法和监察法赋予的职责，积极回应人民群众呼声，组织协调有关单位深入推进反腐败国际合作，在全球开展追缉腐败分子行动，决不让其躲进“避罪天堂”。反腐败国际追逃追赃的成功实践，充分表明了中国共产党和中国政府惩治腐败无禁区、全覆盖、零容忍，对内凝聚党心民心，对外占据道义制高点，为深入推进全面从严治党、巩固发展反腐败斗争压倒性胜利提供了有力支撑。

一、开展反腐败国际追逃追赃工作的主要情况

在以习近平同志为核心的党中央集中统一领导下，中央反腐败协调小组国际追逃追赃工作协调机制充分发挥作用，国家监委依法履行组织协调职责，推动追逃追赃和防逃工作取得重要成果。2014 年至 2020 年 6 月，共从 120 多个国家和地区追回外逃人员 7831 人，包括党员和国家工作人员 2075 人、“红通人员”348 人、“百名红通人员”60 人，追回赃款 196.54 亿元，有效削减了外逃人员存量；其中，国家监委成立以来，共追回外逃人员 3848 人，包括党员和国家工作人员 1306 人、“红通人员”116 人、“百名红通人员”8 人，追回赃款 99.11 亿元，追回人数、追赃金额同比均大幅增长，改革形成的制度优势进一步转化成为追逃追赃领域治理效能；新增外逃党员和国家工作人员明显减少，从 2014 年的 101 人降至 2015 年 31 人、2016 年 19 人、2017 年 4 人、2018 年 9 人、2019 年 4 人，有力遏制住外逃蔓延势头。我国积极参与联合国、二十国集团、亚太经合组织、金砖国家等多边框架下的反腐败合作，与 28 个国家新缔结引渡条约、司法协助条约、资产返还与分享协定等 43 项，国家监委与 10 个国家反腐败执法机构和国际组织签订合作协议 11 项，初步构建起覆盖各大洲和重点国家的反腐败执法合作网络。

(一)发挥党的领导和中国特色社会主义制度优势，改革完善追逃追赃协调机制

党的十八届三中全会对加强反腐败体制机制创新和制度保障作出专门部署，要求改革和完善各级反腐败协调小组职能。中央反腐败协调小组建立追逃追赃工作协调机制，由中央纪委牵头，最高人民法院、最高人民检察院、外交部、公安部、国家安全部、司法部、中国人民银行作为成员单位，设立中央反腐败协调小组国际追逃追赃工作办公室（以下简称中央追逃办），加强了党中央对反腐败工作的集中统一领导，把追逃追赃领域分散的职能和力量集中起来，有效破除体制机制障碍，建立起集中统一、高效顺畅的协调机制。

中央追逃办设立后，组织各成员单位深入开展国际合作，将一批重要外逃腐败分子缉拿归案（党的十九大后，国家监委与中央纪委合署办公，认真落实党中央决策部署，依法履行统筹协调反腐败国际合作职责，一手抓政策协调、一手抓重点个案，进一步推动追逃追赃工作高质量发展）；连续 5 年召开中央追逃办会议，制定年度工作计划，明确追逃追赃目标任务和方法策略；举办 5 期全国追逃追赃工作培训班和两期对外执法合作培训班，累计培训追逃追赃工作骨干 1300 余人次。建立重点案件挂牌督办制度，将 150 起案件纳入督办范围，召开案件协调会 400 余次，集中力量资源追回重点外逃人员。赴各省区市调研督办重点案件，推动建立健全省级追逃追赃与防逃工作协调机制。

在全国人大及其常委会支持下，国家监委和各有关部门依法履职、团结协作、综合治理，构建起上下贯通、横向协作、内外联动的工作体系。根据“天网行动”统一部署，最高人民检察院、国家监委先后牵头开展职务犯罪国际追逃追赃专项行动，公安部持续开展“猎狐”专项行动，外交部推进缔约工作和交涉个案，中国人民银行会同公安部开展预防、打击利用离岸公司和地下钱庄向境外转移赃款专项行动，最高人民法院牵头开展犯罪嫌疑人、被告人逃匿、死亡案件追赃专项行动，国家安全部提供重要工作支持，司法部畅通国际刑事司法协助渠道。国家监委指导省、市、县三级监委健全追逃追赃组织机构，建立对外执法合作专业干部队伍，扎实开展个案攻坚，推动工作取得重要进展。

(二)坚持法治思维和法治方式，稳步推进追逃追赃法治建设

按照宪法和监察法赋予的职责，国家监委一

方面加强对反腐败国际追逃追赃和防逃工作的统筹协调，一方面督促指导各级监委积极履行职务犯罪追逃追赃职责。会同有关部门联合发布《关于敦促职务犯罪案件境外在逃人员投案自首的公告》，在4个半月期限内，"百名红通人员"、中国汽车工业协会原常务副会长蒋雷等165名外逃人员主动回国投案。深入研究把握有关国家法律和国际规则，积极通过引渡、遣返、境外缉捕、异地追诉等国际司法执法合作方式，追回了一批外逃多年、涉案金额巨大的腐败分子。2019年，各级监察机关在职务犯罪国际追逃追赃专项行动中，共追回职务犯罪嫌疑人969名，其中厅局级干部3名、县处级干部36名。

推进追逃追赃领域重点立法，为开展反腐败国际合作提供法治支撑。追逃追赃工作的实践发展，推动和促进了涉外法律体系的完善。全国人大常委会审议通过国际刑事司法协助法，规定国家监委等部门为开展国际刑事司法协助的主管机关，为开展反腐败国际合作提供重要法律依据；修改刑事诉讼法，建立刑事缺席审判制度，对外逃人员形成法律威慑。最高人民法院、最高人民检察院出台违法所得没收程序司法解释，推动各地充分运用该程序依法追缴外逃人员赃款。国家监委注重加强自身法治建设，出台《监察机关监督执法工作规定》，明确开展反腐败国际合作和追逃追赃有关要求；制定《纪检监察机关办理反腐败追逃追赃等涉外案件规定（试行）》，有效提升了追逃追赃工作规范化法治化水平。

推动与更多国家签署引渡条约和司法协助条约，完善反腐败执法合作条约体系。国家监委与外交部等部门共同努力，积极推进双边条约缔约工作。目前我国已经与81个国家缔结引渡条约、司法协助条约、资产返还与分享协定等共169项，与56个国家和地区签署金融情报交换合作协议。国家监委成为《联合国反腐败公约》刑事司法协助中方中央机关，依托该公约有效开展刑事司法协助等对外执法合作。加强与美国、加拿大、澳大利亚、新西兰等外逃人员集中的重点国家的反腐败交流合作，完善双边执法合作机制，每年召开中美反腐败工作组会议，建立中澳、中新反腐败执法合作定期会商机制，签署中加分享和返还被追缴资产协定。国家监委先后与白俄罗斯、老挝、越南、阿根廷、澳大利亚、丹麦、泰国、菲律宾、哈萨克斯坦反腐败执法机构签署反腐败执法合作谅解备忘录，首次与联合国签署反腐败合作谅解备忘录，织密国际执法合作网络，有力展示中国全面依法治国良好形象，增进国际社会对中国法治建设的认知认同和信任信心。

（三）依法追缉外逃腐败分子，广泛开展国际司法执法合作

连续六年组织开展"天网行动"。建立党员和国家工作人员外逃信息统计报告制度，对外逃人员大起底、再核实，全面摸清底数，集中公布"百名红通人员"，两次公开曝光57名外逃人员藏匿线索，取得丰硕战果。截至2020年6月底，各省区市监察机关、检察机关、公安机关在"天网行动"中通过与国外境外执法机关合作，依法缉捕1468人、遣返345人、引渡50人。"百名红通人员"头号嫌犯、浙江省建设厅原副厅长杨秀珠外逃13年，先后窜逃至6国1地并3次申请政治避难，我方与多个国家开展合作，使其最终成为"无处可逃""无钱可花""无人可靠"的"三无"人员，被迫回国投案；中国银行开平支行案是新中国成立以来最大的银行工作人员贪污案，我方推动美方将余振东、许超凡先后从美国强制遣返，全案共追回资产约21.3亿元，世界银行、联合国毒品和犯罪问题办公室将该案列为国际追逃追赃的成功典范；"红通人员"黄海勇1998年外逃，在我方向秘鲁提出引渡请求后，上诉近20次，穷尽所有司法程序，经过我国多部门8年不懈努力，最终推动美洲人权法院依据《美洲人权公约》判决同意引渡；"百名红通人员"、吉林通化金马药业有限公司原董事长闫永明侵占巨额公款后化名潜逃新西兰，我方依据《联合国反腐败公约》，推动新西兰依法对闫永明提起诉讼并追缴其违法所得，最终促使闫永明回国投案，被罚没并追缴涉案赃款和违法所得收益共约3.29亿元；"百名红通人员"、云南锡业集团原董事长肖建明一度声称"要客死他乡"，最终在政策感召和法律威慑下主动回国投案，退缴违纪违法所得共约2.5亿元。

提升运用法律手段追逃追赃能力。国家监委和地方各级监委充分运用监察法赋予的权限，依法调查外逃人员职务违法犯罪问题，依法收集和固定证据材料，确保证据要件和标准符合我国和逃犯所在地的法律要求。依法提请有关机关采取技术调查、限制出境、通缉等手段，通过国际刑警组织发布红色通缉令，布下追逃"天网"。会同审判机关、检察机关积极运用刑事诉讼法中的违法所得没收程序开展追赃，切断外逃腐败分子资金链，最大限度挽回国家损失。依法没收"百名红通人员"、江西省鄱阳县财政局经济建设股原股长李华波在境内以

及转移到新加坡的违法所得2900余万元，推动新加坡承认并执行江西省上饶市中级人民法院作出的没收裁定，将李华波遣返回国接受惩处；依法没收"百名红通人员"、广西桂林地区物资局原副局长黄艳兰在上海的23套房产及相关收益，总价值约2.5亿元；依法没收湖南基础建设投资集团原董事长彭旭峰在境内及转移到4个国家的违法所得，总价值约1.5亿元。

广泛开展国际司法执法合作。国家监委成立以来，认真执行全国人大常委会审议通过的国际刑事司法协助法和双边引渡条约、刑事司法协助条约，在外交部、公安部、司法部等部门协助下，对外提出执法合作请求50余项、刑事司法协助请求9项、引渡请求7项，在国内与外方执法机关磋商案件50余次，组成31个团组赴17个国家开展追逃追赃执法合作。国家监委会同外交部依据中保引渡条约，从保加利亚成功引渡浙江省新昌县原常务副县长姚锦旗，这是我国首次从欧盟成员国引渡职务犯罪嫌疑人。国家监委与菲律宾总统反腐败委员会开展执法合作，推动菲方依据菲律宾《移民法》，将江苏省纸联再生资源有限公司原总经理谢浩杰遣返。国家监委会同公安部，首次开展外逃职务犯罪嫌疑人集中缉捕国际合作，推动柬埔寨警方将4名逃犯缉捕归案。通过个案合作，推动澳大利亚、塞浦路斯法院承认和执行我国法院出具的职务犯罪案件冻结裁定。在国际合作中，坚持尊重相关国家主权、依法依规、公平正义，积极维护友好关系，得到国际社会配合支持和充分肯定，许多国家和国际组织主动提出学习借鉴中国经验。

有效服务国内反腐败工作。国家监委在监督检查、审查调查部门建立追逃追赃联络机制，积极配合国内重大职务犯罪案件调查，通过国际司法执法合作渠道开展境外取证，追回境外涉案人，追缴境外赃款，有效切断腐败分子后路。加大重点领域追逃力度，2019年共追回国有企业、国有金融机构、基层自治组织等领域外逃人员502人，占同期追回外逃人员总数的24.6%。结合扶贫领域反腐败和扫黑除恶专项斗争，先后将侵害群众利益的村干部项亨达、谢贻琼和充当黑恶势力"保护伞"的重庆市潼南县公安局原副局长杨才跃等一批外逃人员从境外缉拿归案，人民群众拍手称快。

（四）关口前移筑牢防逃堤坝，持续深化标本兼治

完善防逃制度机制，科学设置防逃程序。督促各地区各部门强化对防逃工作重要性的认识，将防逃工作纳入主体责任范畴，对新增外逃人员所属部门进行责任追究。指导推动各级监察机关制定对被调查人、重要涉案人的防逃方案及措施，将防逃工作贯穿职务犯罪案件办理全过程。健全防逃预警机制，与公安机关、证件保管部门、公证机构等建立信息沟通渠道，对国有企业、国有金融机构、基层自治组织等领域的新增监察对象实现全覆盖，对存在的外逃风险及时预警评估、重点关注。湖北联合发展投资集团原董事长李红云、西南林业大学原校长蒋兆岗、黑龙江省牡丹江市政府原副秘书长程鹏，在察觉到自己被监察机关调查后企图外逃，严密的防逃措施令其无法出境，很快就被缉拿归案。

加强对公职人员的教育、管理、监督，打好追逃防逃追赃"组合拳"。各级监察机关会同组织人事部门将防逃工作嵌入对公职人员日常监督管理，开展"裸官"清理，查核个人有关事项报告情况。协调组织人事部门和公安机关深入开展违规办理和持有因私出国（境）证件问题专项治理，对存在的违规问题，均作出相应处理。把有外逃倾向的干部列为监督重点，对外逃苗头做到早发现、早报告、早处置。强化对公职人员因私出国（境）的审批把关，对存在外逃风险的及时采取措施。加强警示教育，摄制电视专题片《红色通缉》，刊发外逃人员忏悔录，展现有逃必追、一追到底的坚定决心，对外逃人员形成有力震慑和感召，初步形成了"不能逃""不敢逃"的机制和氛围。

推进"一带一路"廉洁建设，引导海外中资企业合规守法经营。将反腐败合作写入与有关国家共建"一带一路"合作规划，推动将"一带一路"建设成为廉洁之路。加强"一带一路"国别风险研究，深入了解参与国法律制度、营商环境和廉洁风险，为共建廉洁丝绸之路奠定基础。配合第二届"一带一路"国际合作高峰论坛，举办廉洁丝绸之路分论坛，与14个国家和国际组织共同发起《廉洁丝绸之路北京倡议》。深化中（国）老（挝）铁路项目廉洁建设，与老方4次会商解决中老铁路廉洁风险，积累廉洁丝绸之路建设有效经验。加强海外中资企业廉洁建设，与世界银行、国务院国资委联合举办企业合规经营培训班，引导企业合规守法经营，提升海外廉洁风险防范能力。加强对国有企业海外重大工程、重点领域、关键岗位的监督，严肃查处违纪违法案件，维护我国国际形象和整体利益。

（五）深入开展反腐败国际交流与合作，为追逃追赃工作创造有利国际环境

高举构建人类命运共同体旗帜，把反腐败国际合作和追逃追赃纳入外交工作格局。坚持以领导人外交强化政治引领，在外交工作大格局下推进追逃追赃工作。习近平总书记亲自做有关国家领导人工作，就建立执法合作网络、开展追逃追赃和执法合作、拒绝为腐败官员提供“避罪港”等问题深入交流、凝聚共识，为追逃追赃创造有利外部条件。在对外交往中设置追逃追赃议题，深度参与反腐败国际治理，广泛开展国际合作，主动讲好反腐败中国故事，宣介我国反腐败成效和思想理念，展现中国共产党和中国政府反对腐败、清正廉洁的形象，提高国际社会对我国政治制度的正确认识，深化了我国与有关国家和国际组织的广泛合作和交流互鉴，促进了国际关系发展。

积极开展国际合作与交流，推动构建国际反腐新秩序。在联合国、二十国集团、亚太经合组织、金砖国家等多边框架下，积极阐述中国主张，引导国际规则制定，多次把追逃追赃写入国家领导人重大多边峰会和双边会晤文件，为全球反腐败治理贡献中国智慧和中国方案。推动亚太经合组织领导人非正式会议通过《北京反腐败宣言》，成为首个以追逃追赃为合作重点的国际反腐败宣言，也是首个由我国主导制订的反腐败国际合作文件。推动二十国集团领导人杭州峰会通过《二十国集团反腐败追逃追赃高级原则》、在华设立二十国集团反腐败追逃追赃研究中心、《二十国集团2017—2018年反腐败行动计划》，确立以“零容忍”“零漏洞”“零障碍”为主要内容的10条原则，有效提升了国际话语权和规则制定权。举办亚太经合组织反腐败执法合作网络培训班、中国和加勒比地区国家反腐败执法合作会议，提出“腐败资产追缴国际合作十条倡议”。加强与国际刑警组织、世界银行等国际组织的务实合作，不断健全多边合作机制。

坚持共商共建共享，以成功的追逃追赃实践引领反腐败国际合作。认真履行《联合国反腐败公约》，以零容忍态度惩治腐败，“打虎”“拍蝇”“猎狐”，对外逃腐败分子一追到底，积极协助有关国家开展国际追逃追赃工作，在国际上树立了反腐败榜样。在我国积极倡导下，一些重要国际性和区域性会议均把追逃追赃纳入讨论议题。中国强化打击跨国腐败的政治共识，推动构建高效务实的反腐败执法合作机制，赢得国际社会广泛支持，为建设相互尊重、公平正义、合作共赢的新型国际关系注入新的内涵，推动构建更加公正合理的国际治理体系。

二、工作中的初步体会和存在的主要问题

反腐败国际追逃追赃工作取得显著成效，根本在于以习近平同志为核心的党中央坚强领导，在于习近平新时代中国特色社会主义思想的科学指引，在于党中央坚定不移全面从严治党的方针和要求的贯彻落实。工作实践中，我们有以下初步认识和体会：

一是必须坚持党中央集中统一领导，不折不扣贯彻落实党中央全面从严治党和反腐败斗争决策部署。党中央的鲜明立场、坚决态度和强有力措施，是做好追逃追赃工作的根本保证，追逃追赃工作取得如此显著的成绩，根本得益于党中央集中统一领导下形成的高效顺畅体制机制。必须增强“四个意识”、坚定“四个自信”、做到“两个维护”，始终在党中央坚强领导下沿着正确政治方向前进。

二是必须坚持统筹国内国际两个大局，以战略眼光谋划和推进反腐败国际合作。国际追逃追赃是反腐败斗争的对外延伸，既是内政又是外交，必须始终胸怀两个大局，把追逃追赃工作放到坚持和完善中国特色社会主义制度、推动全球治理体系改革和建设的大局中来思考、谋划、推进。

三是必须坚持人民立场和群众路线，一切为了人民、一切依靠人民。反腐败国际追逃追赃顺党心合民意，是正义之战，腐败分子携赃款外逃严重损害党和国家形象、危害人民利益。必须广泛发动人民群众积极参与，把惩治腐败的天罗地网撒向全球，坚决维护人民群众利益，厚植党长期执政和国家长治久安的政治基础。

四是必须坚持运用法治思维和法治方式，不断提升追逃追赃工作规范化法治化水平。全面依法治国是党领导人民治理国家的基本方略，必须严格依法开展追逃追赃工作，善于运用法律手段，加强涉外法律法规制度建设，主动对接国际规则，确保每一起案件都经得起法律、历史和人民检验。

五是必须秉持人类命运共同体理念，为全球反腐败治理贡献中国智慧和中国方案。廉洁是构建人类命运共同体必不可少的因素，必须发挥中国特色社会主义制度和国家治理体系的显著优势和强大治理效能，持续讲好中国反腐败故事，不断提升在人类命运共同体建设中的软实力。

我们也清醒认识到，反腐败斗争形势依然严峻

复杂，追逃追赃工作已经进入攻坚期和深水区，需要应对不少问题与挑战。

一是面临的国际环境十分复杂。我国外逃腐败分子主要集中在西方发达国家，有些西方国家不甘心我通过追逃追赃等工作扩大影响、赢得主动，在经济上贪图犯罪分子的"黑钱"，在政治上为其提供庇护。有些西方国家对我国存在政治偏见，奉行双重标准，不认同我国司法体制，以各种理由阻挠我国引渡或刑事司法协助请求，甚至阻碍外逃人员回国投案。

二是工作任务依然艰巨。当前，追逃追赃虽然取得重要阶段性成果，但任务依然十分繁重，一些案件工作难度较大。反腐败工作中的涉外因素日益增多，境内外利益交织，境内办事、境外收钱现象突出，涉案人和共同犯罪人员外逃情况时有发生。党风廉政建设和反腐败斗争永远在路上，反腐败国际追逃追赃也将成为一项长期而艰巨的任务。

三是体制机制还不够健全。对人员、资金的监督体系尚需完善，有的国有企业、金融机构特别是境外分支机构监督管理不到位，存在人员外逃和资金外流风险，防逃压力较大。随着金融信息技术和交易工具发展，跨境转移赃款行为日趋隐蔽，追赃工作难度不断增加；现有的追赃机制不能满足工作需要，手段和渠道有限，境外赃款查找难、冻结难、追缴难的问题突出。

四是配套法律需要进一步完善。刑事诉讼法设立缺席审判制度后，目前尚无实践案例。违法所得没收程序缺少国际合作方面的配套规定。刑法关于洗钱罪的定罪标准偏高、范围过窄，对涉腐洗钱行为的惩处力度不足，地下钱庄屡打不绝，加大了追赃工作难度。国家监委履行引渡、刑事司法协助、资产追回等法定职责的配套制度有待健全。

五是专业化水平和能力仍显不足。对外司法执法合作实践经验不足，对国际规则和有关国家法律研究运用不够，打法律战能力有待提高。地方监委大多没有单独设立追逃追赃专门专责机构，专业力量不足，复合型专业人才队伍建设亟待加强。

三、下一步工作考虑

当今世界正在经历前所未有的大调整、大变局，新冠肺炎疫情引发国际形势深刻变化，对世界经济、全球治理以及我国经济社会发展带来重大挑战和严重冲击，反腐败斗争所处的外部环境更加严峻复杂，追逃追赃工作面对的不确定性因素显著增加，对监察机关依法履行相关职责提出更高要求。面对新形势新任务新要求，国家监委和地方各级监委将一以贯之坚持以习近平新时代中国特色社会主义思想为指导，全面贯彻党的十九大和十九届二中、三中、四中全会精神，增强"四个意识"、坚定"四个自信"、做到"两个维护"，坚持和加强党对反腐败工作的全面领导，坚持稳中求进工作总基调，立足"两个大局"，做好较长时间应对外部环境变化的思想准备和工作准备，发扬斗争精神，增强斗争本领，敢于攻坚克难，既立足当前，一体推进追逃防逃追赃工作，努力实现高质量发展，巩固发展反腐败斗争压倒性胜利，又着眼长远，推动健全追逃追赃体制机制制度，完善党和国家监督体系，促进国家制度和治理体系提质增效。

（一）坚持和加强党的全面领导，健全追逃追赃领导体制和协调机制。坚持和加强党中央集中统一领导，进一步深入学习贯彻习近平总书记关于统筹国内国际两个大局，推进反腐败国际合作和追逃追赃工作的重要论述和指示批示，不折不扣落实党中央关于追逃追赃工作的部署要求，确保党中央对追逃追赃工作全方位、全过程领导。不断完善中央反腐败协调小组国际追逃追赃协调机制，充实成员单位，紧紧依靠司法、执法、外交、审计、金融等各方面力量，拓展运用工作手段，进一步加大统筹协调力度。统筹推进"一带一路"廉洁建设，落实《廉洁丝绸之路北京倡议》，强化对海外投资经营等领域廉洁风险防控，服务保障"一带一路"建设高质量发展。

（二）依靠全国人大支持、自觉接受监督，不断健全追逃追赃法治体系。国家监委将在全国人大及其常委会支持指导下，继续推进反腐败国家立法，完善有关法律法规，特别是加大对涉腐洗钱行为的打击和惩处力度，健全没收违法所得及其收益方面的法律规定，完善外逃职务犯罪嫌疑人逮捕程序，推动我国法律的域外适用，与更多国家商签批准引渡条约、刑事司法协助条约，不断健全追逃追赃条约法律体系。研究制定监察法实施条例，完善履行引渡、刑事司法协助等法律职责的机制制度，实现监察法与相关法律和国际公约、条约的有效衔接。在依法履行反腐败国际合作职责中，加强与全国人大及其常委会的沟通，及时通报重要情况，反映遇到的困难和问题。主动接受全国人大及其常委会监督，认真办理代表议案建议，自觉接受社会监督，广泛听取各方面意见建议。

（三）加快构建不敢腐、不能腐、不想腐的体制机制，一体推进追逃防逃追赃工作。持续开展“天网行动”，紧盯未归案“百名红通人员”，把近5年内出逃、县处级以上、涉案金额较大、群众反映强烈的职务犯罪外逃人员纳入挂牌督办范围，加大对国企、金融和扶贫民生领域外逃腐败分子追缉力度，集中力量开展个案攻坚。探索开辟新的追赃信息渠道，加大预防、打击利用离岸公司和地下钱庄向境外转移赃款行为力度，遏制境内交易与境外套现交织腐败问题，使赃款在境内“藏不住、转不出”、在境外“找得到、追得回”。深化标本兼治，做深追逃追赃案件“后半篇文章”，通过个案剖析倒查漏洞，加强对领导干部和公职人员的教育和监督，建立健全对国有企业、金融机构及其海外分支机构工作人员的监督机制，集中清理整治一人多证和违规获取外国身份等问题，构建以人、钱、证为重点的全方位防逃体系。

（四）提升监察机关治理能力，切实加强追逃追赃国内法律适用和国际规则研究。进一步树牢法治意识、程序意识、证据意识，严格按照规定权限、规则、程序办事，依法调取证据、采取措施、查清事实，依法保障外逃人员合法权益，为开展国际合作打下坚实基础；用好缺席审判、违法所得没收程序等制度，推动出台和完善有关司法解释，对外逃人员形成有力的法律威慑。进一步加强对有关国际组织、国际规则的研究和运用，深化对重点国家法律制度、反腐败体制机制的研究和借鉴，及时掌握重点国家反腐败相关法律最新动态；积极运用引渡、遣返、异地追诉等法律手段追逃追赃，因国施策、分类出击，提高打法律战的能力水平。

（五）推动构建更加公正合理的国际治理体系，积极参与反腐败全球治理。继续把反腐败国际合作和追逃追赃纳入外交议题，多渠道多方式做外方工作。加强与世界各国合作与交流，聚焦外逃人员集中的重点国家，建立更加高效的双边反腐败执法合作机制，积极推动双方执法司法人员开展个案磋商。加强与联合国等国际组织的反腐败合作，以筹备2021年反腐败问题特别联大为契机，继续积极参与并引导国际规则制定，坚定支持《联合国反腐败公约》在反腐败国际合作领域的主渠道作用，推动构建公正廉洁的人类命运共同体。积极主动开展反腐败外宣工作，重视对外传播方式和表达创新，不断提升国际影响力，引导西方国家客观、正确认识我反腐败工作，对奉行双重标准、恶意污蔑攻击的予以揭露驳斥。充分发掘、依法运用各方面力量资源，不断拓宽追逃追赃工作渠道。加强对国际形势的研判，及时调整反腐败国际合作和追逃追赃政策策略，牢牢把握工作主动权。

（六）打造高素质专业化追逃追赃工作队伍，从严从实加强监察机关自身建设。加大追逃追赃和国际执法合作专业培训力度，研究破解基层监察机关渠道手段有限的问题，整体提高监察机关开展对外执法合作的意识和能力。推动各级监察机关健全追逃追赃专门机构、充实专业化人员力量，健全涉外事项应急反应机制，提升追逃追赃工作信息化水平。完善自身权力运行机制和管理监督制约体系，对执法违法行为“零容忍”，持续防治“灯下黑”。充分发挥高校、科研机构的智力优势，加强国际执法合作理论研究和学科建设，推动建立全国追逃追赃人才库，设立涉外法律咨询服务机构，探索建立一支能够组织涉外法律斗争的公职律师队伍。既在实践中发现、培养、锻炼干部，完善激励机制，又注重根据不同案件、不同国家需要，组合好各领域专业人才，为开展反腐败国际合作和追逃追赃工作提供智力和人才支持。

国家监委将在党中央坚强领导下，在全国人大及其常委会有力支持和监督下，忠实履行宪法和监察法赋予的职责，认真落实本次会议审议意见，积极作为、开拓创新，推动反腐败国际追逃追赃工作取得更大成果，巩固发展反腐败斗争压倒性胜利，为决胜全面建成小康社会、实现中华民族伟大复兴中国梦作出新的贡献！

对开展反腐败国际追逃追赃工作情况报告的意见和建议

8月11日，十三届全国人大常委会第二十一次会议审议了国家监察委员会主任杨晓渡作的关于开展反腐败国际追逃追赃工作情况的报告，共有33人次发言。现根据会议发言情况，将常委会组成人员和列席人员的主要意见整理如下。

出席人员普遍认为，全国人大常委会听取审议国家监察委员会关于开展反腐败国际追逃追赃工作情况的报告，是贯彻党中央关于国家监察体制改革的重大部署，落实宪法和监察法的规定，在党中央的集中统一领导下，依法履行监督职责，构建以党内监督为主导、各类监督贯通协调、形成监督合力的具体体现。大家充分肯定国家监委的工作报告，认为国家监委坚决贯彻党中央决策部署，依法加强对追逃追赃工作的组织协调，推动反腐败国际合作，在全球追缉腐败分子、追缴违法所得，取得重要成果。大家认为，当前反腐败斗争形势依然严峻，特别是外部环境发生变化、更趋复杂。要坚定坚持党的领导，更好发挥中国特色社会主义制度优势，健全追逃追赃领导体制、协调机制和法治体系，打造高素质专业化工作队伍，一体推进追逃追赃与防逃工作，积极参与反腐败全球治理，巩固发展反腐败斗争压倒性胜利成果。审议中，大家还提出了一些具体意见和建议。

一、继续保持追逃追赃高压态势

有些出席人员认为，应继续加大对外逃腐败分子的追逃力度，特别是对尚未归案的“百名红通人员”集中力量予以突破，健全对其长效掌控的机制，持续保持高压态势，压缩其在外空间。有的出席人员提出，剩余外逃案件的办理面临不少困难，一批涉嫌职务犯罪外逃分子藏身美、加、澳、新等国，我国与这些国家均无引渡条约，加之目前国际环境复杂多变，追逃追赃合作难以开展，建议对此问题进行深入研究。

二、筑牢反腐防逃防线

有些出席人员提出，应从源头上进一步完善防逃制度机制，超前对重点部位、重点人员建立防逃防控机制，加强常态化日常监管。有些出席人员提出，资金账户、资产账户实行实名制是国内法律的明确规定，但执行中还存在很大差距，各类金融机构出于市场竞争考虑不严格落实实名制要求，盗用、借用他人身份证件开立和使用账户的现象大量存在，为非法跨境转账、转移资产带来可乘之机。建议协调金融监管部门严格监管，对执行实名制不到位的依法予以追责。有些出席人员提出，审计发现的问题是反腐败工作的重要线索，目前国有企业、金融机构与境外分支机构资金流动频繁，但对境外金融资产和金融机构的审计监督比较薄弱，国家审计没有实现全覆盖，存在漏洞和真空地带，应加强对境外国有金融资产和境外金融分支机构的审计监督。有的出席人员提出，基层对村委会、居委会“两委”干部的证照管理制度存在空白，对职级较低但岗位重要的人员管理不够严格，“小官大贪”分子外逃隐患不容忽视，对此应予以重视，尽快堵塞漏洞。

三、增强追逃追赃工作合力

有些出席人员提出，应进一步健全追逃追赃协调机制，发挥各相关部门力量，形成工作合力，提高追逃追赃工作效率和水平。有些出席人员认为，在中央追逃办的统一指挥下，国家监委、最高人民法院、最高人民检察院、外交部、公安部、国家安全部、司法部、人民银行等成员单位积极协作、各司其职，但也存在信息不对称、一些工作节点上配合得不够密切等现象，比如，在办理境内办事与境外收钱交织、境内收钱与境外洗钱叠加的腐败案件时，出国审批、边控技侦、涉案资金查询等方面的工作协调不够顺畅，部分赃款难以追回。建议加大力量整合，着重强化外逃职务违法犯罪人员信息共享，组织开展联合专项行动，提升追逃追赃效能。有些出席人员提出，适应反腐败国际追逃追赃需要，全国人大常委会修改刑事诉讼法，专门规定缺席审判、违法所得没收两个特别程序。目前运用这两个程序的司法实践比较少，特别是缺席审判程序没有使用过。建议国家监委会同“两高”、公安部、司法部等，就特别程序的适用范围、证据标准、文书送达、利害关系人参与等问题深入进行研究，进一步完善有关司法解释或规定，加强对地方监委和司法机关的实践指导。

四、深化和拓展国际司法执法合作

有些出席人员提出，随着追逃追赃工作深入推进，要进一步强化国际司法执法合作。建议：(1)发挥好我国作为联合国反腐败公约、联合国打击跨国有组织犯罪公约缔约国以及国际刑警组织成员国的作用，积极探索在国际公约框架下开展司法执法合作的新路径，努力与更多国家缔结双边引渡条约、刑事司法协助条约，建立涉案赃款查找、冻结、返还合作机制；(2)充分研究和尊重追逃追赃被请求国的法律，确保程序合法、证据有效。

五、加强追逃追赃工作队伍专业化建设

有些出席人员认为，深化反腐败国际追逃追赃工作，需要一支涉外办案能力强的专业队伍，能打善打法律战、心理战、舆论战。建议：发挥追逃追赃研究中心和相关高校及研究机构的作用，深入开展反腐败国际追逃追赃理论研究和学科建设；加强专门人才储备和专业能力培养，大力选拔培养讲政治、精业务，懂法律、通英语的复合型人才；着力增强办案人员的法治意识、程序意识和证据意识，切实提高境外办案工作能力。

六、加快完善相关法律和制度

有些出席人员提出，应贯彻落实党的十九届四中全会的决策部署，结合反腐败国家立法、我国法域外适用的法律体系建设等重大立法任务，明确我国反腐败法律域外适用的标准和程序，健全外逃人员引渡、刑事司法协助、被判刑人移管、资产追回等方面的法律法规。适应预防和惩治腐败、打击涉腐洗钱犯罪工作需要，加强对反洗钱法律制度和实施问题的专门研究，适时修改反洗钱法和刑法有关洗钱罪的规定。

国务院关于2019年度国有资产管理情况的综合报告

——2020年10月15日在第十三届全国人民代表大会常务委员会第二十二次会议上

全国人民代表大会常务委员会：

根据《中共中央关于建立国务院向全国人大常委会报告国有资产管理情况制度的意见》，形成《国务院关于2019年度国有资产管理情况的综合报告》，主要内容如下：

一、国有资产总体情况

（一）企业国有资产（不含金融企业）。

2019年，中央企业资产总额87.0万亿元、负债总额58.4万亿元、国有资本权益17.8万亿元，平均资产负债率67.2%。

2019年，地方国有企业资产总额146.9万亿元、负债总额91.4万亿元、国有资本权益47.1万亿元，平均资产负债率62.2%。

汇总中央和地方情况，2019年，全国国有企业资产总额233.9万亿元、负债总额149.8万亿元、国有资本权益64.9万亿元。

（二）金融企业国有资产。

2019年，中央金融企业资产总额199.5万亿元、负债总额178.8万亿元，形成国有资产（国有资本及应享有的权益）14.9万亿元。

2019年，地方金融企业资产总额93.7万亿元、负债总额83.7万亿元，形成国有资产5.3万亿元。

汇总中央和地方情况，2019年，全国国有金融企业资产总额293.2万亿元、负债总额262.5万亿元，形成国有资产20.1万亿元。

（三）行政事业性国有资产。

2019年，中央行政事业性国有资产总额5.0万亿元、负债总额1.2万亿元、净资产3.8万亿元。其中，行政单位资产总额1.1万亿元，事业单位资产总额3.9万亿元。

2019年，地方行政事业性国有资产总额32.7万亿元、负债总额9.5万亿元、净资产23.2万亿元。其中，行政单位资产总额10.7万亿元，事业单位资产总额22.0万亿元。

汇总中央和地方情况，2019年，全国行政事业性国有资产总额37.7万亿元、负债总额10.7万亿元、净资产27.0万亿元。其中，行政单位资产总额11.8万亿元，事业单位资产总额25.9万亿元。

（四）国有自然资源资产。

因第三次全国国土调查工作尚未完成，全国国有土地、国有森林、草地总面积为截至2018年底数据，分别为50552.7万公顷（75.8亿亩）、8436.6万公顷（12.7亿亩）、28603.3万公顷（42.9亿亩）。2019年，全国水资源总量29041.0亿立方米，内水

和领海面积 38 万平方公里。

二、国有资产管理工作情况

(一)企业国有资产。

1. 着力落实“两个一以贯之”,将党的领导融入公司治理。国有企业深入贯彻全国国企党建工作会议精神,坚持党的领导、加强党的建设,加力强根铸魂,中央文化企业、国铁集团、邮政集团公司制改制全面完成,同步实现党建入章程。贯彻落实《中国共产党国有企业基层组织工作条例(试行)》,扎实开展“基层党建推进年”专项行动。

2. 持续深化供给侧结构性改革,推动构建国民经济发展新格局。深入推进中央企业战略性重组和专业化整合,加快优化布局结构,提升国有资本配置和运营效率。中央国有资本经营预算积极支持全国国有企业“三供一业”分离移交和厂办大集体改革。

3. 加快形成以管资本为主的国有资产监管体制,增强市场主体活力。研究起草方案,明确国企改革时间表、路线图,为未来三年国资国企改革提供行动指南。积极推动组建政府直接授权的国有资本投资、运营公司。划转部分国有资本充实社保基金工作全面推开。

4. 积极稳妥深化混合所有制改革,夯实社会主义基本经济制度微观基础。加强对混合所有制改革试点的指导和协调,前三批试点中,超过 70% 的试点企业基本或即将完成引进战略投资者任务,第四批企业混合所有制改革试点启动实施。指导中央企业通过科创板、产权市场等平台与资本市场对接,推动国有资本、集体资本、非公有资本等交叉持股、相互融合。

(二)金融企业国有资产。

1. 增强服务实体经济能力,推进实施国家重大战略。进一步做实国有金融资本经营预算管理,积极稳妥补充金融机构资本金。规范有序推动政府和社会资本合作(PPP)“稳投资”。支持政策性金融机构“稳外贸”,加大出口信用保险支持力度。做好援外优惠贷款和“两优”贷款项目等工作,支持“一带一路”建设。

2. 全面完善管理体系,提升国有金融资本管理水平。印发实施《国有金融资本出资人职责暂行规定》、《国有金融资本产权登记管理办法(试行)》、《关于进一步加强股权董事管理的意见》、《国有金融企业工资决定机制改革实施办法》等多项制度,研究起草国有金融资本管理条例。

3. 健全公司法人治理结构,防范化解重大风险。加快推进中投公司改革;推动农业发展银行成立董事会,建立授权制度体系。扎实推进修订金融企业财务规则。加强中央金融企业财务监督管理,修订出台《全国金融企业财务决算报表工作考核办法》。

4. 支持普惠金融提质增效,提升用户金融获得感。印发实施《关于有效发挥政府性融资担保基金作用切实支持小微企业和“三农”发展的指导意见》,加快国家融资担保基金业务运作。落实国家融资担保基金第二期出资 166 亿元,累计完成支小支农再担保业务规模 2627.2 亿元、担保户数 16 万户,合作机构平均年担保费率降至 1.2%。

(三)行政事业性国有资产。

1. 贯彻落实党中央决策部署,确保过紧日子要求落地生效。严格资产配置审核,落实党政机关办公用房、通用办公设备家具配置标准等制度。推进国有资产整合利用,盘活闲置资产。健全开放共享机制,完善大型科研仪器设备共享平台上线设备信息。全面完成公务用车改革任务。

2. 服务和保障社会事业发展,全力支持脱贫攻坚。教育资源向边远农村地区倾斜,实施乡村小规模学校和乡镇寄宿制学校“两类学校”底部攻坚。优化医疗卫生资源配置,覆盖城乡的公立卫生健康服务体系基本建成,贫困地区医疗卫生服务能力逐步提升。中央财政积极出资支持村文化活动室设备购置、“三区三州”旅游基础设施等项目。

3. 着力提升管理规范层级,进一步完善行政事业性国有资产管理制度体系。研究起草行政事业性国有资产条例,加快推进行政事业性国有资产法制建设。印发实施《财政部关于修改〈事业单位国有资产管理暂行办法〉的决定》和《财政部关于进一步加大授权力度促进科技成果转化的通知》,进一步加大科技成果作价投资形成国有股权管理的授权力度。

4. 夯实管理基础,持续优化行政事业性国有资产管理举措。持续推进资产管理与预算管理有机结合,推进建立预算资金形成资产的全链条管理机制。探索资产绩效管理,提升行政事业单位国有资产管理效率。加强财政资产管理与公共基础设施等行业管理的融合,逐步建立财政部门与行业主管部门相互配合、协调一致的工作机制。

（四）国有自然资源资产。

1. 围绕重大战略精准施策，确保各项政策规划落地实施。持续推进东西部扶贫协作。服务区域协调发展，编制《京津冀平原地面沉降综合防治总体规划（2019—2035年）》，完成雄安新区2019年第一批城市建设用地和北京大兴国际机场、冬奥会配套交通项目、中俄东线天然气管道等重点项目用地审批。减免不动产登记等中央收费事项。推进规划用地"多审合一、多证合一"改革、林木采伐"放管服"改革。

2. 认真履行自然资源资产所有者职责，稳步开展各项基础管理工作。严守数据真实底线，扎实开展第三次全国国土调查。落实中央加快建立自然资源统一调查监测评价制度要求，编制印发总体方案。初步构建自然资源确权登记制度框架。探索建立健全自然资源资产评价评估体系和有偿使用制度。深化节约集约利用，全面实施土地二级市场建设。

3. 推进国土空间开发保护制度建设，加快建立健全规划体系。全面部署各级国土空间规划编制，推进各地完成资源环境承载能力和国土空间开发适宜性评价试点。推动规划审批改革，实行建设项目使用林地定额管理制度。深入推进生态保护修复，编制全国重要生态系统保护和修复重大工程总体规划。推进城市生态修复功能修补，推进山水林田湖草生态保护修复工程试点和历史遗留废弃矿山生态修复，实施"蓝色海湾"整治行动和渤海综合治理。

4. 加强自然资源保护利用，提升生态环境质量。坚决遏制耕地非农化，推动完成"大棚房"问题专项清理整治。推进永久基本农田储备区建设。加强林草资源保护和利用，稳步推动国家公园试点。加强水资源整体保护和利用，持续推进华北地下水超采治理。推进海洋强国战略实施。

5. 加强自然资源法治体系建设，严格开展清查治理和督察执法。完成土地管理法、森林法修改，加快推进矿产资源法、草原法、土地管理法实施条例等修改完善，形成国家公园法草案建议稿。开展自然保护区生态环境整治，开展覆盖全国范围的森林督查。建立自然资源执法督察协作工作机制，推进执法监管平台建设。

三、下一步工作安排

（一）全面加强党的建设，推进党建工作与国有资产监管工作相统一。坚持和完善中央企业党建责任制考核，加强高素质企业领导人员队伍建设。切实落实国有企业和国有金融机构全面从严治党责任，巩固党委（党组）在公司治理中的法定地位。增强全面从严治党在资产管理领域的指导性作用，以党建工作促进行政事业性国有资产和国有自然资源资产有效监管。

（二）着力实施国企改革三年行动，全面提升国资国企改革综合成效。贯彻落实国企改革"1+N"系列文件精神，以实施国企改革三年行动为契机，抓重点、补短板、强弱项，不断完善中国特色现代国有企业制度，持续推进国有经济布局优化和结构调整，加快形成以管资本为主的国有资产监管体制，健全市场化经营机制，积极稳妥深化混合所有制改革。

（三）加快构建金融企业国有资产管理制度框架，促进国有金融资本职能有效发挥。建立健全国有金融资本管理制度框架，适时出台国有金融资本管理条例。优化国有金融资本战略布局，积极发挥国有金融资本投资、运营公司作用，提高资本配置效率。加快构建国有金融机构激励约束机制。加快完善金融企业财务监管制度。

（四）持续强化行政事业性国有资产基础管理，推进资产管理提质增效。加强行政事业单位国有资产管理制度建设，探索建立符合公共基础设施等行政事业性国有资产特点的管理体系。推进公共基础设施等类型资产信息化管理。推进资产绩效管理、科研仪器共享共用工作。

（五）筑牢自然资源资产管理基础，不断健全国有自然资源资产管理制度。全面完成第三次全国国土调查；健全完善国家级数据库管理系统和国土空间基础信息平台，加快推进清查试点和资产价值评估标准制定。建立自然资源执法督察协作工作机制。探索构建国家公园自然资源综合行政执法体系。推进国有自然资源资产报告制度建设。

国务院关于 2019 年度财政部履行出资人职责和资产监管职责企业国有资产管理情况的专项报告

——2020 年 10 月 15 日在第十三届全国人民代表大会常务委员会第二十二次会议上

财政部部长　刘　昆

全国人民代表大会常务委员会：

根据《中共中央关于建立国务院向全国人大常委会报告国有资产管理情况制度的意见》有关要求，形成《国务院关于 2019 年度财政部履行出资人职责和资产监管职责企业国有资产管理情况的专项报告》（不含金融企业），主要内容如下：

一、企业国有资产基本情况

国有企业是中国特色社会主义的重要物质基础和政治基础，是党执政兴国的重要支柱和依靠力量。党中央、国务院高度重视企业国有资产管理工作。党的十八大以来，在以习近平同志为核心的党中央坚强领导下，中央有关部门、各级地方党委政府和国有企业坚持和加强党对国有企业的全面领导，坚持和完善基本经济制度，坚持社会主义市场经济改革方向，扎实推进国有企业改革发展，国资国企各项工作呈现出崭新局面。

（一）国有企业基本情况。

按照《企业国有资产法》，国务院和地方人民政府分别代表国家对国家出资企业履行出资人职责，享有出资人权益。中央层面，97 家中央企业由国务院国资委履行出资人职责，中国国家铁路集团有限公司、中国邮政集团有限公司、中国烟草总公司、北大荒农垦集团有限公司（以下分别简称国铁集团、邮政集团、烟草总公司、北大荒集团）由财政部履行出资人职责。中央文化企业作为建设新时代中国特色社会主义文化的重要力量，由中央宣传部有效主导，财政部履行出资人职责。部分中央党政机关和事业单位（以下简称中央行政事业单位）因履行职责、承担相关工作任务和后勤保障等需要还兴办了一些企业，这些企业由所属部门、主办单位负责具体管理，财政部依照企业国有资产监督管理有关规定实施监管。按照党中央、国务院要求，正在实施经营性国有资产集中统一监管改革。

（二）企业国有资产情况。

近年来，国有企业充分发挥中国特色社会主义经济顶梁柱作用，将经济责任、政治责任、社会责任有机统一，为推动经济社会发展、保障和改善民生、增强综合国力作出了突出贡献。

截至 2019 年底，全国国有企业资产总额 233.9 万亿元、负债总额 149.8 万亿元、国有资本权益 64.9 万亿元，同比分别增长 11.2%、10.9%、10.5%；资产负债率 64.0%，下降 0.2 个百分点；实现营业总收入 63.5 万亿元、利润总额 3.9 万亿元，分别增长 6.9%、6.9%。

二、财政部企业国有资产管理工作情况

（一）财政部履行出资人职责企业市场化改革迈出实质性步伐。一是按照“一企一策”原则，研究制定国铁集团等企业国有资产管理各项制度，明确出资人与企业各自职责和管理程序，加强对重大事项、主要负责人考核等管理和监督。二是按照国务院要求，于 2019 年分别完成国铁集团、邮政集团公司制改制。三是积极推进党中央确定的深化烟草体制改革任务落实工作。会同农业农村部、黑龙江省政府加快推进北大荒集团公司制改制。四是建立符合文化企业特色的国有资产监督管理体制。完成中央文化企业公司制改制和党建入章程工作。进一步健全中央文化企业议事规则、用人办法、考核评价机制和工资决定机制。

（二）中央行政事业单位所办企业改革稳步推进。一是加强企业国有资产基础管理，深化科技成果产权改革，促进科技成果向企业转化。二是按照中央关于推进党政机关和事业单位经营性国有资产集中统一监管工作部署，分四类推进改革。教育部直属 18 所高校所属企业体制改革试点已基本完成。农业农村部全面梳理所办企

业，已制定集中统一监管试点方案。中科院将集中统一监管改革与科技体制改革统筹推进。财政部所属事业单位所办企业已完成脱钩划入有关中央企业。三是深入开展企业清理整合，进一步优化企业资产结构，推动各类资源向主营业务集中。

（三）国有资本经营预算管理和企业财务管理不断加强。一是规范国有资本经营预算管理。根据新预算法制定中央国有资本经营预算管理办法及其配套文件。“十三五”期间，不断提高中央国有资本经营预算调入一般公共预算比例，优化支出结构，重点支持解决国有企业“三供一业”分离移交、厂办大集体改革等历史遗留问题，“处僵治困”，清理低效无效资产，落实国家重大战略和企业自主创新。二是加强国有企业财务管理。完善国有企业资产财务管理制度。依法加强对资产评估机构、专业人员、行业协会的监督管理。三是强化国有企业财务信息工作。建立覆盖全部中央企业和地方国有企业的财务会计信息工作体系，加强对国有企业经济运行的监测分析，提高国有企业经营管理公开透明度。

三、财政部履行出资人职责和资产监管职责企业改革发展情况

（一）企业质量效益稳步提升，改革红利加速释放。截至2019年底，财政部履行出资人职责企业资产总额21.4万亿元、负债总额16.0万亿元、国有资本权益4.1万亿元，同比分别增长5.9%、6.5%、2.3%；实现营业总收入3.2万亿元、利润总额0.4万亿元，分别增长6.1%、14.9%。

中央行政事业单位所办企业资产总额2.2万亿元、负债总额1.2万亿元、国有资本权益0.8万亿元，同比分别增长7.8%、1.0%、27.1%；实现营业总收入0.8万亿元、利润总额686.8亿元，分别增长10.9%、15.0%。

（二）积极承担社会责任，不断扩大社会效益。国铁集团建成了世界上最现代化的铁路网和最发达的高铁网，有力促进区域经济协调发展，保障关系国计民生的重点物资运输。全国铁路网对20万以上人口城市覆盖率达99%，高速铁路网对100万以上人口城市覆盖率超过95%。邮政集团持续推进全国邮政普遍服务网络建设，便民公益服务不断升级。乡镇邮政局所覆盖率保持100%，全国建制村直接通邮率达到100%。烟草总公司2019年上缴税金、国有资本收益等超过11880亿元。全国70%以上的烟叶、60%以上的卷烟生产均安排在革命老区、民族地区、边疆地区、贫困地区，有力支持了当地经济发展。北大荒集团为保障国家粮食安全作出积极贡献。近年粮食年产量稳定在400亿斤以上。中央文化企业充分发挥示范引领作用，坚持打造文化建设主阵地，围绕学习宣传贯彻习近平新时代中国特色社会主义思想、打好三大攻坚战等重大主题，推出一批思想性艺术性俱佳、广受好评的精品力作，文化供给质量不断提高。

（三）中央行政事业单位所办企业加快推进改革，积极发挥服务保障作用。高校和科研院所所办企业大力推动科技创新和成果转化，构建多层次创新创业孵化体系，促进研究成果面向国家战略需求和市场需求有效转化。有关部门所办企业立足功能定位，在保障农产品供应和粮食生产安全、优化水资源配置、确保航空安全、促进卫生健康行业发展等方面发挥了重要支撑作用。

财政部履行出资人职责和资产监管职责企业在改革发展取得成绩的同时，仍有一些不容忽视的问题。一是需进一步处理好企业经济效益与社会效益的关系，不断提高核心竞争力。二是铁路、邮政企业公共服务与市场化经营的业务边界还不够清晰。烟草行业竞争机制有待完善。三是北大荒集团改革尚未完成，市场化转型需要加快。四是一些中央文化企业规模化程度较低，传播力引导力有待提升。五是中央党政机关所办企业国有资产监管体制机制不够健全，小、散、杂现象比较突出。

四、下一步工作考虑

当今世界正在经历百年未有之大变局，国有企业国际化经营面临异常严峻的挑战，改革发展任务十分艰巨。我们要以习近平新时代中国特色社会主义思想为指导，进一步增强“四个意识”，坚定“四个自信”，做到“两个维护”，不断增强国有经济竞争力、创新力、控制力、影响力、抗风险能力，在以国内大循环为主体、国内国际双循环相互促进的新发展格局中发挥更大作用，作出更大贡献。

（一）充分发挥中国特色社会主义制度优势，毫不动摇巩固和发展国有经济。坚持和加强党对国有企业的全面领导，紧紧围绕以人民为中心做强做优做大国有企业和国有资本。积极探索公有制实

现的多种形式。

(二)聚焦管资本转职能,不断提高国有资产监管效能。深化国有资本授权经营体制改革,强化以资本为纽带的投资与被投资关系。尽快组建国务院直接授权的国有资本投资公司。构建综合监管体制,扩大国有企业信息公开范围。

(三)进一步激发国有企业生机活力,实现高质量发展。建立灵活高效的市场化经营机制,进一步落实企业法人财产权。瞄准制约产业发展的关键薄弱环节,加强关键核心技术攻关。大力弘扬企业家精神,实施有利于吸引和留住关键岗位核心骨干人才的政策,不断提高国有企业职工素质。

(四)发挥好财政职能作用,加强企业资产管理。一是优化国有资本经营预算收支结构。二是加强财会监督和国有资产评估监督管理,完善国有资产报告制度。三是结合铁路、邮政、文化等不同类型企业特点,进一步优化考核评价指标。积极推动烟草改革、北大荒集团公司制改制。四是加快中央行政事业单位所办企业国有资产集中统一监管,推进脱钩划转企业整合,健全出资人管理制度。

国务院关于2019年度国资系统监管企业国有资产管理情况的专项报告

——2020年10月15日在第十三届全国人民代表大会常务委员会第二十二次会议上

国务院国有资产监督管理委员会主任 郝 鹏

全国人民代表大会常务委员会:

受国务院委托,我向全国人大常委会报告2019年度全国国资系统监管企业(以下统称国资系统企业)国有资产管理情况,请予审议。

一、国资系统企业基本情况

国有资产属于国家所有即全民所有。国有企业是中国特色社会主义的重要物质基础和政治基础,是党执政兴国的重要支柱和依靠力量。以习近平同志为核心的党中央高度重视企业国有资产管理工作。习近平总书记多次发表重要讲话,作出一系列重要指示,强调要坚持和加强党对国有企业的全面领导,完善国有资产管理体制,抓重点、补短板、强弱项,做强做优做大国有资本和国有企业,增强国有经济竞争力、创新力、控制力、影响力、抗风险能力。李克强总理、栗战书委员长、韩正副总理等领导同志多次对国资国企工作作出重要批示和专门部署,要求国有企业调整布局结构,聚焦主责主业,健全市场化经营机制,持续推进瘦身健体、提质增效,提升改革综合成效,提高核心竞争力。国务院专门成立国有企业改革领导小组,统筹推进国资国企改革。国务院国资委和各级地方国资委深入学习贯彻习近平总书记重要讲话和重要指示批示精神,坚决贯彻落实党中央、国务院决策部署,按照全国人大监督要求,扎实推进国资国企工作,坚决守护好、发展好全体人民的共同财富。截至2019年底,国资系统企业共1.3万家(包括中央企业97家,省级企业990家,地市及区县级企业12294家),各级子企业16.7万户,资产总额201.3万亿元、所有者权益66.8万亿元、国有资本权益47.9万亿元。其中,国务院国资委监管的中央企业资产总额63.4万亿元、所有者权益22.2万亿元、国有资本权益13万亿元;一大批具有核心竞争力的骨干企业相继涌现,为推动经济社会发展、保障和改善民生、增强综合国力作出了重要贡献。

(一)国有资产质量效益不断提高。一是规模实力显著增强。截至2019年底,国资系统企业资产总额和所有者权益较2012年底分别增长1.8倍和1.6倍。其中,中央企业资产总额和所有者权益基本翻番,实现了国有资产保值增值。进入世界500强的企业从54家增加到80家。二是经济效益稳步提高。2019年,国资系统企业实现营业总收入59.1万亿元、利润总额3.6万亿元,较2012年分别增长55.3%、78.8%,实现增加值12.6万亿元,占当年国内生产总值(GDP)的12.8%。其中,中央企业实现营业总收入31万亿元、利润总额1.9万亿元,较2012年分别增长38.8%、46.9%。三是运行质量明显改善。2019年,国资系统企业营业收入利润率5.9%,较2012年提高1.6个百分点;全员劳动生产率40.3万元/人,较2012年增长45.4%。其中,中央企业营业收入利润率 6.1%，较 2012 年提高 1.1 个百分点；全员劳动生产率 56.3 万元/人，较 2012 年增长 47.3%。

（二）国有资本布局结构持续优化。一是过剩产能和低效无效资产加快退出。截至 2019 年底，中央企业所属 2041 户、地方国有企业所属 2620 户僵尸企业及特困企业已基本处置完成；中央企业累计分别化解煤炭、钢铁过剩产能 1.14 亿吨和 1644 万吨，超额完成预定任务。2012—2019 年，国资系统企业利用产权市场处置非主业、非优势业务，回收资金超过 1 万亿元；中央企业通过资本市场盘活存量国有资产 1.4 万亿元。二是重要行业关键领域和战略性新兴产业布局调整力度进一步加大。国有资本进一步向关系国家安全、国民经济命脉和国计民生的重要行业和关键领域集中，向前瞻性战略性产业集中。2019 年，中央企业完成战略性新兴产业投资 9505 亿元，同比增长 33%，占全部投资 20%，其中，新一代信息技术、新能源、高端装备制造业投资完成额占全部战略性新兴产业投资 83%。三是境外投资和国际化经营深入推进。截至 2019 年底，中央企业境外资产总额 8.1 万亿元、所有者权益 2.3 万亿元，在“一带一路”沿线国家和地区设立经营单位 7180 户，高质量建设了比雷埃夫斯港、中白工业园、蒙内铁路、中老铁路等一批标志性重大项目。

（三）国有企业服务国家战略坚决有力。一是基础保障能力不断增强。国资系统企业提供了全国近 100% 的原油产量和上网电量、97.4% 的天然气供应量，搭建了覆盖全国的基础电信网络，在重大基础设施和民生工程建设运营方面发挥了重要作用。二是促进区域发展成效明显。围绕东北等老工业基地振兴、中部地区崛起、西部大开发，聚焦京津冀协同发展、粤港澳大湾区建设、长三角一体化发展等国家区域发展战略，2019 年中央企业与地方签署战略合作项目 390 个。三是科技创新取得重大进展。截至 2019 年底，中央企业拥有有效专利总量约 77 万项，较 2012 年底增长 3 倍，在载人航天、特高压输变电、移动通信、探月工程、北斗导航、国产航母等领域取得了一批具有世界先进水平的重大成果。

（四）国有经济社会贡献更加突出。一是积极保障财政收入增长。2012—2019 年，国资系统企业上交税费 25.9 万亿元，约占同期全国税费收入的 1/4。中央企业上交国有资本收益 6618 亿元，向社保基金划转国有资本 1.1 万亿元、占中央层面划转总额的 80% 以上。二是带头降低社会运行成本。落实提速降费、降电价等政策，2019 年有关中央企业降费让利超过 5000 亿元。积极清理拖欠中小企业账款，建立健全清欠长效机制，截至 2019 年底，累计清欠超过 1200 亿元。三是助力打好三大攻坚战。中央企业积极做好援疆援藏援青对口帮扶任务，定点帮扶 246 个国家扶贫重点县（占全国 42%），截至 2019 年底已有 219 个宣布摘帽，承担 1.1 万个地方安排的结对帮扶任务，累计投入帮扶资金超过 230 亿元。在保障能源资源安全、抢险救灾、节能减排等方面发挥重要作用，万元产值综合能耗和四项污染物排放指标均提前完成“十三五”目标任务。国资系统企业、中央企业平均资产负债率分别为 66.8%、65%，同比分别下降 0.6 和 0.7 个百分点，债务风险总体可控。

二、国资系统国有资产监管情况

党的十八大以来，各级国资委深入贯彻落实党中央、国务院决策部署，坚持和加强党对国有企业的全面领导，落实以管资本为主加强国有资产监管的要求，坚持政企分开、政资分开，强化国有资产监督，坚决维护国有资产安全、确保国有资产保值增值。

（一）持续加强国资监管体系化专业化法治化建设，不断提升监管的系统性针对性有效性。各级国资委持续提高国资监管专业化能力，加快建立统一规范、系统完整、上下协同、科学高效的国资监管体系。一是持续完善制度体系。坚持依法依规行权履职，加强重点领域建章立制，使法规制度更加符合管资本为主要求、更加适应高质量发展需要。二是持续完善工作体系。围绕履行出资人职责，不断完善规划投资、预决算管理、企业领导人员管理、考核分配、资本运营与收益管理等工作；围绕专司国有资产监管，不断强化产权管理、统计评价、财务监管等基础管理，进一步加强对国有企业改革发展的指导推动工作；围绕所监管企业党的建设，切实加强企业党建工作的具体指导和日常管理。三个方面工作紧密联系、相互促进，贯穿了国资监管全过程，涵盖了国有企业改革发展和党的建设各方面。三是持续完善监管格局。组织编制“十四五”国资国企三级规划，加强对地方国资监管工作的指导监督，促进国有资本在更高层次更大范围合理流动、优化配置。积极推进经营性国有资产集中统一监管，省级国资委集中统一监管比例已经达到90%，其中17个省份超过95%。

（二）深入推进职能转变，不断健全管资本为主的国资监管体制。制定《关于以管资本为主加快国有资产监管职能转变的实施意见》，推动向更加注重基于出资关系的监管、国有资本整体功能、运用市场化法治化手段，提升质量效益转变。一是调整优化监管职能。国务院国资委两次调整内设机构、优化职能配置，取消、下放、授权监管事项43项，出台并动态调整权力和责任清单，监管重点聚焦优化资本布局、规范资本运作、提高资本回报、维护资本安全；27个地方出台职能转变方案、37个地方出台权责清单，累计取消、下放监管事项696项，职责边界更加清晰、行权履职更加规范。二是改进监管方式手段。按照国资系统企业功能界定与分类，有针对性地分类推进改革分类，促进发展分类实施监管分类定责考核。初步建成全国性国资国企在线监管系统，实现了对国资监管重点工作的在线监管，有力促进国资监管由结果静态向实时动态转变。三是不断完善考核体系。坚持正确考核导向，更加注重服务国家战略和创新驱动发展，更加突出质量第一、效益优先，更加聚焦供给侧结构性改革，加强对净利润、营业收入利润率、国有资本保值增值率、资产负债率和研发投入强度等指标的考核，引导企业坚守责任使命、转变发展方式、提升发展质量、服务国家大局。

（三）调整优化布局结构，不断提高国有资本配置效率。强化出资人主导，以市场为导向、以企业为主体，加快国有资本布局结构调整。一是大力推动重组整合。党的十八大以来，按市场化原则完成22组、41家中央企业战略性重组，中央企业数量从2012年底的117家调整至2019年底的97家，进一步增强了对行业产业发展的引领带动作用。重组后的中国远洋海运综合运力、干散货船队、油轮船队、杂货特种船队、集装箱码头吞吐量等实现世界第一，集装箱运力达到世界第三；国家能源集团煤电协同优势充分发挥，保障国家能源安全更加有力有效；中国中车集团有效解决资源分散、重复投资等问题，国际竞争力和全球市场占有率大幅提升。二是加快做强主业实业。推动能源企业积极保障能源安全，油气勘探开发投资快速增长；推动制造企业大力发展先进制造业，高速铁路动车组实现自主化、标准化和系列化，自主三代核电“华龙一号”全球首堆装料；推进煤炭、煤电、海工装备等领域专业化整合，集中优势资源做强做优实业。三是扎实推进瘦身健体。开展压缩管理层级、减少法人户数专项行动，中央企业累计减少法人1.5万户，减少比例达28.4%，管理层级全部压缩至5级以内，企业组织结构进一步优化，集团管控能力和运行效率显著增强。

（四）改革授权经营体制，加快推进国有资本投资、运营公司试点。改组或组建一批国有资本投资、运营公司，是完善国有资产监管体制的重要举措，是推进国有资本布局结构调整的有效途径。一是深化试点内容扩大试点范围。截至2019年底，21家中央企业和118家省级国资委出资企业开展国有资本投资、运营公司试点。通过厘清国资监管机构与国有资本投资、运营公司的权责边界，指导试点企业按照市场化、专业化导向，加快打造国有资本市场化运作平台，建立起了界面清晰、精简高效、运行专业的管控模式。二是有效发挥产业培育和结构调整作用。指导国有资本投资公司以战略性核心业务控股为主，推动产业聚集、结构调整和转型升级。通用技术集团把培育发展机床产业放在战略首位，加大机床企业整合力度，产业竞争力显著增强。中粮集团积极开展海外并购，保障国家粮食安全能力明显提升。地方国有资本投资公司通过引入龙头企业、培育专精特新企业、打造产业园区等方式实现高端产业聚集，促进产业转型升级。三是不断强化国有资本运营功能。指导国有资本运营公司以财务性持股为主，搭建基金投资、股权运作、资产管理、金融服务等专业平台，建立以风险投资、结构调整两个国家级基金为核心的基金系，在支持企业落实国家战略、强化科技创新、降杠杆减负债等方面发挥了重要作用。地方国有资本运营公司积极开展股权运作，盘活存量国有资产，有效促进国有资产合理流动和保值增值。

（五）提升国资监督效能，坚决防止国有资产流失。突出监督的严肃性、权威性、时效性，健全协同高效的监督机制。一是完善监督体系。根据国务院机构改革方案精神，配合做好国有大型企业监事会转隶工作，积极探索国资监督的新途径新方式，强化对资产交易、产权流转和境外投资等重点领域的监督，加快打造业务监督、综合监督、责任追究三位一体的监督工作格局，构建起事前制度规范、事中跟踪监控、事后监督问责的监管闭环。二是整合监督力量。以党内监督为主导，推动出资人监督与纪检监察、巡视、审计等监督统筹衔接，建立健全问题线索移送办理制度，初步形成了内外联动、分工协作、运转高效、反馈及时的协同机制。对全国人大常委会关于国有资产管理情况综合报告和审计报告的审议意见,逐一深入分析、认真整改,完善机制、堵塞漏洞。三是强化责任追究。2019年,国务院国资委和中央企业10大违规经营投资问题线索,开展核查追责力度,积极挽回损失,降低风险,有效发挥警示震慑作用。

三、国资系统企业改革情况

党的十八大以来,各级国资委和国资系统企业全面贯彻落实党中央、国务院决策部署,持续推进国企改革"1+N"政策体系落实落地,不断推动国企改革走深走实,取得了新的重大进展和实质性突破。

(一)坚持"两个一以贯之",完善中国特色现代企业制度。牢牢把握坚持和加强党对国有企业的全面领导这一重大政治原则,牢牢把握建立中国特色现代企业制度这一改革方向,把加强党的领导和完善公司治理统一起来,持续加大制度规范和实践探索力度。一是推动党的领导融入公司治理制度化规范化程序化。健全"三重一大"决策制度,落实党委(党组)研究讨论前置程序,充分发挥党委(党组)的领导作用,尊重和支持董事会、经理层依法行使职权。二是以董事会建设为重点完善公司法人治理结构。优化董事会结构,落实董事会职权,中央企业实现董事会应建尽建,94.6%的地方国资委出资企业建立了董事会,董事会定战略、作决策、防风险功能作用有效发挥。完善外部董事选聘和管理制度,拓宽人员来源渠道,打造高素质专业化外部董事队伍。截至2019年底,建立了420人组成的外部董事人才库,健全退出机制,强化日常沟通和管理考核,促进忠实勤勉履职尽责。三是基本完成公司制改制。全部中央企业和96%的地方国资委出资企业已完成公司制改制,进一步确立了企业独立市场主体地位,为深入推进股份制改革、股权多元化改革和混合所有制改革等打下了重要基础。

(二)强化国有企业创新主体地位,打造国家战略科技力量。坚持把创新作为高质量发展第一动力,通过深化改革推动企业加快创新发展步伐。一是根据企业创新需要加大政策支持力度。按照能给尽给、应给尽给原则,对用于企业重大科技创新的支出,凡属研发费用一律视同利润加回,凡属创新奖励一律实行工资总额单列,凡属人才表彰奖励一律畅通绿色通道。中央企业研发经费投入强度2019年达到2.6%。二是集中力量攻克关键核心技术。全面梳理中央企业科技攻关清单,明确攻关方向,压实攻关责任,围绕重点领域组织相关企业联合攻关,促进成果应用。目前在核心元器件、关键材料、基础软件、能源装备等领域已取得阶段性突破。三是让科技人才在国有企业充分施展才华。综合运用股权激励、分红激励和科技成果收益分配等措施,加大对科技人才激励力度,加强引才育才工作,营造鼓励创新、宽容失败的良好氛围,充分调动科技人才的积极性主动性创造性。截至2019年底,中央企业拥有研发人员97.6万人,同比增长11.2%;中国科学院、中国工程院院士216人;拥有国内研发机构4153个,其中国家重点实验室91个,占企业国家重点实验室50%以上;牵头或参与15个国家科技重大专项。党的十八大以来,中央企业共获得国家技术发明奖和科技进步奖620项,约占同类奖项总数的1/3。

(三)健全市场化经营机制,激发国有企业发展活力动力。紧紧围绕激发活力、提高效率,指导推动企业深化内部三项制度改革,建立健全反应灵敏、运行高效的市场化经营机制。一是全面深化劳动、人事、分配三项制度改革。组织实施三项制度改革专项行动,建立评估指标体系对改革成果"扫描画像"。积极推进经理层成员任期制和契约化管理,推行职业经理人制度,中央企业621户子企业选聘职业经理人近5000人,省级国资委出资企业选聘职业经理人3000多人。持续深化中央企业负责人薪酬制度改革,打造激励与约束并举、效率与公平并重的薪酬分配体系,负责人薪酬与企业经济效益、业绩考核结果紧密挂钩,不断增强信息透明度,主动接受职工和社会监督。截至2019年底,119户中央企业控股上市公司实施了股权激励,有效推动上市公司业绩提升,吸引、留住、激励关键岗位核心人才。二是加大市场化运营力度。推动国有企业大力强化集团管控,精简管理链条,打造灵活高效的运行体系。开展中央企业"总部机关化"问题专项整改,对标世界一流企业提升管理能力,平均部门数量由17个降到14个,压缩比例超过17%,平均人员数量由363人降到294人,减少比例近20%,企业管控能力和运行效率显著增强。三是加快推动解决历史遗留问题。加大政策支持和资金保障力度,推动剥离办社会职能和解决历史遗留问题取得历史性进展,全国国有企业"三供一业"、市政社区分离移交和教育医疗机构深化改革基本完成，厂办大集体改革完成约75%，退休人员社会化管理加快推进，有力推动了国有企业轻装上阵，公平参与市场竞争。

（四）深化混合所有制改革，促进各类所有制企业共同发展。坚持因地施策、因业施策、因企施策，宜独则独、宜控则控、宜参则参，不搞拉郎配，不搞全覆盖，不设时间表原则，按照完善治理、强化激励、突出主业、提高效率要求，分层分类深化国有企业混合所有制改革。一是不断拓宽混改领域和范围。积极稳妥深化充分竞争行业和领域企业混改，稳步开展四批210户电力、民航、电信、军工等重点领域混改试点。2013年以来，中央企业实施混改4000多项，引入社会资本超过1.5万亿元，混改企业户数占比提高近20个百分点、超过70%。上市公司已成为中央企业混改主要载体，中央企业控股上市公司资产总额、利润分别占中央企业的68%、86%。二是有效发挥国有资本带动作用。截至2019年底，中央企业所有者权益中，引入社会资本形成的少数股东权益由2012年底的3.1万亿元增加到8.4万亿元，占比由26.7%提升到38.1%；中央企业通过产业链供应链带动上下游大批民营中小企业协调发展，参股民营企业超过6000户、投资额超过4000亿元，培育形成一批领军企业和专精特新“隐形冠军”企业。三是大力转换经营机制。推动国有企业转变对混改企业的管理方式，加大授权放权力度，混改企业公司治理结构不断完善、激励约束机制不断健全，发展质量效益显著提升，涌现出海康威视、万华化学、中国巨石等一批具有示范性和标杆意义的试点企业。四是加强对混合所有制改革过程的监督。印发《企业国有资产交易监督管理办法》、《上市公司国有股权监督管理办法》，出台中央企业混合所有制改革操作指引，坚持法治化、市场化原则，指导中央企业加强参股管理，防止只投不管，严格规范交易行为，推进信息公开，强化社会监督，坚决防止国有资产流失。

（五）坚持党的领导、加强党的建设，为企业改革发展提供坚强保证。牢牢把握新时代党的建设总要求和新时代党的组织路线，深入贯彻全国国企党建会精神，扎实开展中央企业党建落实年、党建质量提升年、基层党建推进年、党建巩固深化年专项行动，国有企业党的领导党的建设得到实质性加强。一是强化党的政治建设。深入开展“不忘初心、牢记使命”主题教育，推进习近平新时代中国特色社会主义思想大学习大普及大落实，在学懂弄通做实上下功夫。建立贯彻落实习近平总书记重要指示批示和党中央决策部署的有效机制，切实增强做到“两个维护”的思想自觉、政治自觉、行动自觉。二是推动企业基层党组织全面进步、全面过硬。全面开展国企党建责任考核，强化基本组织、基本队伍、基本制度“三基建设”，推动企业党的建设与生产经营深度融合，国企党建弱化淡化虚化边缘化问题得到根本治理，基层党组织的组织力和政治功能明显增强，广大党员在应对重大突发事件、承担急难险重任务中的先锋模范作用有效发挥。三是着力培养高素质专业化企业领导人员队伍。坚持“对党忠诚、勇于创新、治企有方、兴企有为、清正廉洁”的标准，强化创新理论武装和培养锻炼，完善选拔任用和监督管理机制，加强综合考核评价，深化实施人才强企战略，落实“三个区分开来”，弘扬企业家精神，企业领导班子和领导人员结构明显优化、功能明显改善、素质明显提高、活力明显增强。四是深入推进党风廉政建设和反腐败斗争。全力推进全面从严治党，贯彻落实中央八项规定精神，坚持不敢腐不能腐不想腐一体推进，坚持深化标本兼治，“四风”问题特别是形式主义、官僚主义得到有力遏制，巡视巡察利剑作用有效发挥，央企驻京办等一批突出问题得到根本整治，一批国企违纪违法问题得到有力查处，反腐败斗争压倒性胜利得到切实巩固和发展，风清气正的政治生态加快形成。

四、工作体会和存在的主要问题

国资国企工作取得显著成效，根本在于以习近平同志为核心的党中央坚强领导，在于习近平新时代中国特色社会主义思想的科学指引。实践充分证明，习近平总书记关于国资国企改革发展和党的建设的重要论述是我们做好国资国企工作的强大思想武器和科学行动指南，党中央、国务院关于完善国有资产管理体制、深化国有企业改革的决策部署是完全正确的，全国人大的监督、全国人民的关心支持为国资国企工作注入了强大动力。具体有以下初步认识和体会：

一是必须坚持和加强党对国有企业的全面领导，不折不扣贯彻落实习近平总书记重要讲话和重要指示批示精神，坚决贯彻落实党中央、国务院决策部署，把管党建与管资本有机结合起来，确保国有企业改革发展始终沿着正确的方向前进。二是必须坚持和完善基本经济制度，落实“两个毫不动摇”，坚定不移做强做优做大国有资本和国有企业，充分发挥国有经济战略支撑作用，推动各类所有制企业深化合作、共同发展。三是必须坚持社会主义市场经济改革方向，遵循市场经济规律和企业发展规律，完善中国特色现代企业制度，强化国有企业独立市场主体地位，弘扬企业家精神，充分激发各类人才创新创造活力。四是必须坚持高质量发展的目标要求，牢固树立新发展理念，深化供给侧结构性改革，推动国有资本布局优化、结构调整、提高配置效率，实现发展规模、速度、质量、结构、效益、安全相统一。五是必须坚持运用法治思维法治方式推动国资国企工作，完善法规制度体系，依法监管、依法履责，推动企业依法治理、合规经营，不断提升治理能力现代化水平。六是必须坚持完善管资本为主的国资监管体制，深化政企分开、政资分开，以管资本为主加强国有资产监管，充分发挥各级国资委体系化专业化法治化监管优势，强化国资监督效能，确保国有资产保值增值，切实防止国有资产流失。

同时，我们也清醒认识到，面对新形势新任务新挑战新要求，国资国企工作还存在不少问题需要加快解决。一是国有资本布局结构还需进一步优化，国有经济高端引领作用发挥不够，在战略性新兴产业布局不足，聚焦主责主业还需加强，对重要行业关键领域的控制力需要持续提升。二是国有企业创新能力还需进一步增强，关键领域核心技术受制于人的问题还比较突出，创新激励、成果转化等机制还不够完善。三是国有企业发展活力动力还需进一步激发，国企改革不平衡、落实不到位问题仍然存在，完善法人治理结构、健全市场化经营机制、推进三项制度改革等一些重点任务还需持续深化，混合所有制改革的实效还需不断增强，经营管理效率还有待提高。四是国资国企法治建设还需进一步加强，《公司法》、《企业国有资产法》、《企业国有资产监督管理暂行条例》需要根据新的实践修订完善，执法力度还需进一步加大。五是国资监管体制还需进一步完善，考核指标体系还需不断健全。

五、下一步工作考虑

当前，世界面临百年未有之大变局，我国将在全面建成小康社会、实现第一个百年奋斗目标基础上，乘势而上开启全面建设社会主义现代化国家、向第二个百年奋斗目标进军的新征程，国资国企责任重大、使命光荣。今年以来，面对突如其来的新冠肺炎疫情，国资国企闻令而动，全力以赴保障基础能源、移动通信、交通运输等行业稳定运行；抢建火神山、雷神山医院和方舱医院，紧急转产扩产紧缺医疗物资、加快疫苗研制；落实国家减费降费、降租免租政策让利超过700亿元，充分发挥对复工复产的带动拉动作用；推进抗疫稳岗扩就业专项行动，8月末中央企业在岗职工同比增加7.4万人；支持受疫情影响较重的湖北省经济社会发展，签约项目金额超过3200亿元；全力做好境外疫情防控工作，克服不利影响推进“一带一路”建设。习近平总书记多次对国有企业抗疫表现给予充分肯定，强调在这次应对新冠肺炎疫情过程中，国有企业勇挑重担，在应急保供、医疗支援、复工复产、稳定产业链供应链等方面发挥了重要作用。这是对国资国企广大干部职工的巨大鼓舞和有力鞭策。

面向“十四五”，我们将以习近平新时代中国特色社会主义思想为指导，增强“四个意识”、坚定“四个自信”、做到“两个维护”，坚持和加强党对国有企业的全面领导，坚持和完善基本经济制度，坚持社会主义市场经济改革方向，坚持稳中求进工作总基调，坚持新发展理念，坚持以供给侧结构性改革为主线，坚持质量第一、效益优先，紧紧围绕构建以国内大循环为主体、国内国际双循环相互促进的新发展格局，统筹发展和安全，强化依法监管、依法治企，大力实施国企改革三年行动，加快培育具有全球竞争力的世界一流企业，不断增强国有经济竞争力、创新力、控制力、影响力、抗风险能力。围绕做好“六稳”工作、落实“六保”任务，在做好常态化疫情防控的基础上，重点做好以下六个方面工作。

（一）强化党的全面领导，切实加强国有企业党的建设。坚持以党的政治建设为统领，着力加强“三基建设”，推动党建与生产经营深度融合，积极弘扬企业家精神，建设高素质专业化企业领导人员队伍，深化人才强企战略。坚持全面从严治党，加大国企反腐力度，一体推进不敢腐不能腐不想腐，以高质量党建引领高质量发展。

（二）强化提质增效稳增长，更好发挥国有企业在国民经济中的支撑作用。指导企业克服困难咬紧全年目标任务，全力抓好经营发展，积极扩大有效投资，加强同民营企业、中小企业产业链供应链深度合作，积极防范化解各类风险，力争今年绝大多数中央企业效益持续较快增长、力争中央企业总体效益实现正增长，为稳定经济运行作重要贡献。牢牢把握扩大内需这个战略基点，推动企业深化供给侧结构性改革，持续开展提质增效和管理提升两个专项行动，提升生产体系对国内需求的适配性，助力构建新发展格局，更好履行经济责任、政治责任、社会责任。

（三）强化国企改革三年行动落地见效，以深化改革激发新发展活力。贯彻落实好国企改革三年行动，在深化分类改革分类监管分类考核、完善中国特色现代企业制度、积极稳妥深化混合所有制改革、健全市场化经营机制等方面持续发力，加强系统集成，激发整体效应。抓好典型示范，鼓励基层创新，最大限度调动改革主动性创造性，增强人民群众对国资国企改革的获得感。在有关方面积极支持下，确保年底前基本完成厂办大集体改革和退休人员社会化管理改革任务，切实减轻企业包袱。

（四）强化关键核心技术攻关，以科技创新增强新发展动能。发挥国有企业在构建关键核心技术攻关新型举国体制中的关键作用和带动作用，支持基础研究和原始创新，推动国有企业建立一批高水平创新联合体和公共研发平台，加强优势前沿领域技术布局，促进重大科技成果转化应用，促进产业链协同创新和产学研深度融合。优化创新体制机制，大力弘扬科学家精神，营造鼓励创新、宽容失败的创新文化，集聚创新人才队伍，激发人才创新活力。

（五）强化规划战略引领，加快国有资本布局优化和结构调整。抓好"十四五"国资国企三级规划的编制和落实，深化战略性重组和专业化整合，加快非主业、非优势业务剥离。着力抓好产业转型升级，发展战略性新兴产业，推进数字产业化和产业数字化，提高产业链供应链稳定性和现代化水平。抓好企业国际化经营，推动共建"一带一路"走深走实，打造国际合作和竞争新优势。

（六）强化依法监管效能，不断提高监管的系统性针对性有效性。持续推进国资监管职能转变，深化国有资本投资、运营公司改革，坚持放管结合，强化法治化、市场化、信息化监管。持续推进经营性国有资产集中统一监管。加强信息公开，拓展人大代表和社会公众参与监督渠道。持续健全监督机制，完善监督闭环，强化责任追究，切实防止国有资产流失，促进国有资产保值增值。

全国人大常委会对企业国有资产管理情况进行专题审议，充分体现了对国资国企工作的高度重视。下一步，我们将认真落实本次会议的审议意见，进一步加强国资监管，努力推进国企改革发展和党的建设，做强做优做大国有资本和国有企业，发展壮大国有经济，为促进经济社会持续健康发展、实现"两个一百年"奋斗目标和中华民族伟大复兴中国梦作出新的更大贡献。

对 2019 年度国有资产管理情况综合报告和企业国有资产管理情况 2 个专项报告的意见和建议

10 月 15 日，十三届全国人大常委会第二十二次会议审议了国务院关于 2019 年度国有资产管理情况的综合报告，听取审议了财政部部长刘昆受国务院委托作的关于 2019 年度财政部履行出资人职责和资产监管职责企业国有资产管理情况的专项报告、国务院国有资产监督管理委员会主任郝鹏受国务院委托作的关于 2019 年度国资系统监管企业国有资产管理情况的专项报告，共有 36 人次发言。现根据会议发言情况，将常委会组成人员和列席人员的主要意见整理如下。

出席人员普遍认为，国务院及其有关部门坚持党对国有企业的全面领导，健全管资本为主的国有资产监管体制，推进国资国企改革，激发国有经济发展活力，做了大量富有成效的工作。2019 年度，国有资产规模进一步壮大，一批具有核心竞争力的骨干企业相继涌现，质量效益不断提升，布局结构持续优化，对经济社会发展的贡献更加突出。国务院的 3 个工作报告符合党中央有关文件要求，思路清晰，内容丰富，数据翔实，措施有力。财经委的初步审议意见和预算工委、财经委的调研报告深入细致，很有针对性。大家强调，要扎实推进国有资产管理工作，着力提升国资国企改革综合成效，做强做优做大国有经济，更好发挥国有资产在服务国家战略、推动经济发展、增进民生福祉等方面的重要作用。审议中，大家还提出了一些具体意见和建议。

一、健全国有资产监管体制机制

部分出席人员指出，企业国有资产多头管理的状况没有得到根本改变，中央企业的监管按出资或企业隶属关系分散在国资委、财政部和其他有关部委,有的尚未建立出资人管理制度,政企不分、事企不分问题依然存在,地方也是类似情况。截至2019年末,78个中央行政事业单位存在办企业情形,小、散、杂、乱现象比较突出,一些企业盈利能力弱、运营风险高。建议建立健全统一规范的企业国有资产管理制度,加快推进中央行政事业单位经营性国有资产的集中统一监管。

部分出席人员指出,国有资产监管机构履行出资人职责不够规范,仍然习惯通过发文件等行政管理方式参与企业经营管理,与履行行政监管职责相互交织,"越位"和"缺位"并存。建议监管机构重点围绕国有资本整体功能和权属登记、统计报告等基础管理工作履行出资人职责,中观、微观的管理通过派出国有股权董事、监事和授权放权给国有资本投资、运营公司,以出资为依据,依照法律和公司章程进行。

部分出席人员指出,地方国有企业资产规模庞大,但总体效益偏低,资产回报率、劳动生产率、科研经费投入比例等都远低于中央企业,特别是一些县、市级地方的国企管理运营混乱,负债率上升,风险较高。建议:(1)对地方国企国资开展专题调研,摸清底数,对存在问题和面临挑战进行系统性分析,按照一地一策的原则提出具体解决方案;(2)研究制定专门针对地方国有资产的监管办法,探索将地市级以下地方的企业国资收归省级政府部门统一监管,促进提升地方国企的管理水平和盈利能力;(3)今后国务院向全国人大常委会报告国有资产管理情况时,将地方国企国资情况单列出来。

有的出席人员提出,完善境外国有资产监管、审计、投资追责等制度机制,定期开展境外国有资产核查,建立健全境外资金信息化管理平台,严防国有企业境外投资经营中的资产流失。

二、调整优化国有经济布局结构

部分出席人员提出,国有企业整体功能定位还不够清晰,一些企业经营范围广、主责主业不突出,在经济社会发展中的基础性引领性作用发挥不充分。建议坚持有进有退、有所为有所不为,推动国有资本更多投向经济命脉、科技、国防、安全等关系国计民生的重点领域,更好地服务国家战略目标,保障产业链、供应链安全。

部分出席人员指出,2019年全国国有企业科研经费投入比率为1.8%,央企为2.6%,与国际一流企业存在较大差距。建议以科技创新为导向,改革完善考核体系和薪酬制度,支持引导国企特别是央企聚焦"卡脖子"的关键核心技术、战略前沿技术和共性技术加强规划布局、加大研发投入。

部分出席人员指出,国有企业战略重组层次不高,一般局限于统一监管部门所属企业之间或者同一企业集团内部,各级各地国企重复投资、产业趋同、同质化竞争广泛存在。建议加强统筹规划,通过交叉持股、股权合作、资产无偿划转等方式,推动跨集团、跨区域、跨层级的资产重组整合,促进中央与地方国有企业深度合作、优势互补,形成全国国资国企"一盘棋"格局。有的出席人员指出,企业国有资产区域分布严重不均衡,中央企业资产基本分布在东部地区。建议优化空间布局,更好发挥国有经济在缩小东中西部发展差距、促进区域协调发展方面的积极作用。有的出席人员提出,针对这次疫情暴露的短板弱项,建立国资国企一体应急防控体系和全过程响应机制。

三、深化国资国企改革

部分出席人员提出,把党的全面领导和党建工作深度融入中国特色现代企业制度,理顺健全企业党委(党组)与董事会、经理层之间的权责关系和决策程序,加快完善国有企业法人治理结构和市场化经营机制,真正确立国有企业的独立市场地位。有的出席人员提出,进一步发挥董事会职能作用,优化董事会成员结构,通过引入国企现职高管、国内优秀民营企业家等渠道拓展外部董事来源。有的出席人员提出,完善职业经理人市场化选聘和退出机制,适当放宽竞争性较强行业的企业负责人薪酬限制,推动管理人员能上能下、员工能进能出、收入能增能减。

部分出席人员指出,目前混合所有制改革在"混资本"方面力度大,在"改机制"方面步伐小;传统行业"混改"比例高,高新技术行业"混改"比例低;企业层级越低"混改"比例越高。这些现象表明"混改"刚刚起步,需要进一步深化和拓展,加快推进公司治理多元化,实现由"混"到"改"的提升。有的出席人员指出,"混改"存在"两头怕、两头冷"的问题,国企怕承担风险,不愿参加;民企怕分红少、撤资难,不敢参加。建议加强政策引导,完善制度机制,给双方都服下"定心丸"。有的出席人员提出,推进"混改"要遵循市场规律,不应主观确定比例、作为行政任务强推。

部分出席人员提出,深入推进国有资本投资、运营公司改革试点工作:(1)把好条件标准关,选择治理运行有效、基础工作扎实、集团管控健全、经营能力突出的企业进行授权改组,确保授得准、放得下、接得住、管得好、行得稳;(2)完善考核机制,侧重考核服务国家战略、优化资本布局、提升运营效率等方面,引导投资、运营公司明确职能定位,健全管控模式,打造国有资本市场化运作的专业平台;(3)推进国务院直接授权的国有资本投资、运营公司试点,选择由财政部履行国有资产监管职责的中央企业以及中央部门单位经营性国有资产集中统一监管改革范围内的企业,稳步开展试点工作。

四、完善国有资本经营预算

部分出席人员提出,继续扩大国有资本经营预算覆盖范围,健全收益上缴机制,提高预算收支规模,逐步将全部国有资本应当上缴的经营收益都纳入其中。有的出席人员指出,2020 年国有资本经营预算安排资本金注入仅有 500 多亿元,相对于百万亿元级别的资产和十万亿级别的权益而言作用极为有限,难以满足国资国企改革发展的需要。建议优化支出结构,加大对重要行业和关键领域国有企业的资本金补充力度。有的出席人员指出,进一步提高国有资本收益上缴公共财政比例,更多用于保障和改善民生。

五、加强国有资产管理监督和法治建设

部分出席人员提出,完善国有资产管理情况报告制度,建立健全人大监督评价指标体系,针对突出问题制定整改清单和时间表,加强跟踪落实问效,不断延伸监督链条、增强监督实效。有的出席人员建议,今后国务院提交的报告应分别核算公益类和非公益类国企资产收益率,并与社会平均水平进行对比,更加清晰地反映国有资产运行状况。有的出席人员提出,完善各类国有资产、国有资源及其管理情况的审计工作制度,明确审计的目标、范围、内容、时限以及审计报告的内容、形式、频次等,实现国有资产审计工作与人大国有资产监督和报告工作的有机衔接。有的出席人员提出,加快人大国有资产联网监督平台建设,实现各级人大国有资产管理监督信息互联,推进人大监督向数字化、信息化、智能化拓展。

部分出席人员提出,积极稳妥推进国有资产管理监督立法修法工作,贯彻体现党的十八大以来党中央关于国资国企改革发展的重大部署要求,把近年来各地行之有效的经验做法充分吸收到法律中去。适时开展综合性国有资产管理法的立法可行性研究。

国务院关于股票发行注册制改革有关工作情况的报告

——2020 年 10 月 15 日在第十三届全国人民代表大会常务委员会第二十二次会议上

中国证券监督管理委员会主席　易会满

全国人民代表大会常务委员会:

受国务院委托,现将股票发行注册制改革有关工作情况报告如下,请审议。

以习近平同志为核心的党中央高度重视资本市场改革发展。党的十八届三中全会明确提出,推进股票发行注册制改革。全国人大常委会及时解决注册制改革的法律授权问题,修订证券法,为注册制改革提供了法律保障。国务院对注册制改革作出具体部署,明确实施注册制的范围和步骤。证监会会同有关方面,以习近平新时代中国特色社会主义思想为指导,认真贯彻习近平总书记关于资本市场的一系列重要批示指示精神,按照党中央、国务院决策部署,坚持稳中求进工作总基调,坚持“建制度、不干预、零容忍”的方针,坚持“敬畏市场、敬畏法治、敬畏专业、敬畏风险,形成合力”的监管理念,全力以赴推进注册制改革试点。总的看,注册制改革已经取得突破性进展,主要制度安排经受了市场的初步检验,市场运行总体平稳,开局良好。

一、注册制改革试点情况和主要成效

2018 年 11 月 5 日,习近平总书记在首届中国

国际进口博览会开幕式上宣布设立科创板并试点注册制的重大决策,标志着注册制改革进入启动实施的阶段,在我国资本市场发展史上具有里程碑意义。经过8个多月的努力,2019年7月22日首批科创板公司上市交易。此后,党中央、国务院决定推进创业板改革并试点注册制,2020年8月24日正式落地。两年来,证监会坚持市场化、法治化的改革方向,把握好尊重注册制基本内涵、借鉴国际最佳实践、体现中国特色和发展阶段3个原则,推动形成了从科创板到创业板、再到全市场的"三步走"注册制改革布局,一揽子推进板块改革、基础制度改革和证监会自身改革,开启了全面深化资本市场改革的新局面。

(一)探索形成符合我国国情的注册制框架。注册制是比核准制更加市场化的股票发行制度。从国际上看,成熟市场普遍实行注册制,但没有统一的模式。基本内涵是处理好政府与市场的关系,真正把选择权交给市场,最大限度减少不必要的行政干预。证监会从实际出发,初步建立了"一个核心、两个环节、三项市场化安排"的注册制架构。

"一个核心"就是以信息披露为核心,要求发行人充分披露投资者作出价值判断和投资决策所必需的信息,确保信息披露真实、准确、完整。将核准制下发行条件中可以由投资者判断的事项转化为信息披露要求,完善以招股说明书内容与格式准则为主体的信息披露规则体系,提高信息披露的针对性、有效性和可读性。推动市场各参与主体归位尽责,明确发行人是信息披露第一责任人,中介机构对发行人的信息披露资料承担核查验证和专业把关责任,投资者根据披露的信息审慎作出投资决策,自主判断投资价值。

"两个环节"就是将审核注册分为交易所审核和证监会注册两个环节,各有侧重,相互衔接。交易所审核主要通过向发行人提出问题、发行人回答问题的方式来进行,督促发行人"讲清楚"、中介机构"核清楚",使投资者"看清楚",就企业是否符合发行上市条件和信息披露要求向证监会报送审核意见。证监会在注册环节对交易所审核质量及发行条件、信息披露的重要方面进行把关并监督。同时,综合运用多要素校验、现场督导、现场检查、监管执法等多种方式,落实信息披露责任,提高信息披露质量。目前,已开展现场督导32次、现场检查5次,对22家信息披露违规的发行人及中介机构、46名相关责任人员采取了监管措施。对信息披露存在严重问题的3家企业,或不予注册,或由发行人主动撤回注册申请。

"三项市场化安排":一是设立多元包容的发行上市条件。综合考虑预计市值、收入、净利润、研发投入、现金流等因素设置多套上市标准,不要求企业在上市前必须盈利,允许特殊股权结构企业、红筹企业上市。目前,已有14家未盈利企业、1家特殊股权结构企业、2家红筹企业在科创板上市。二是建立市场化的新股发行承销机制。对新股发行价格、规模等不设任何行政性限制,以机构投资者为主体进行询价、定价、配售,真正实现由市场供求决定价格。科创板发行市盈率中位数为48倍,创业板注册制首批企业发行市盈率中位数为38倍,基本符合市场预期。三是构建公开透明可预期的审核注册机制。在交易所成立上市委,实行合议制。审核注册全程在线,电子化留痕,标准、程序、内容、过程、结果公开,各环节都有明确的时限要求,审核注册效率明显提高,企业从受理申请到完成注册平均用时5个多月。

证监会党委高度重视防范审核注册过程中的廉政风险。驻证监会纪检监察组向交易所派出工作组开展驻点监督,突出重点,加大监督力度。压实交易所党委主体责任,交易所纪委向上市审核中心派驻现场监督小组进行嵌入式监督,切实加强对重点环节、关键人员的监督,严防利益输送等违法违纪行为。

(二)打造支持科技创新的特色板块。创新能力不足仍是我国经济的软肋。党中央审时度势,决定设立科创板并试点注册制,在增量板块探索建立支持关键核心技术创新的制度安排,促进科技与资本深度融合,引领经济发展向创新驱动转型。在定位上,科创板突出"硬科技"特色,主要服务符合国家战略、突破关键核心技术、市场认可度高的科技创新企业,重点支持新一代信息技术、高端装备、新材料、新能源、节能环保以及生物医药等高新技术产业和战略性新兴产业。根据这个定位,结合科创企业的特点,设立了"50万元资产+2年投资经验"的投资者门槛,制定了科创属性评价指引,明确符合科创板定位和科创属性要求的企业在科创板上市。从已上市公司情况看,科创板公司研发投入与营业收入之比、研发人员占公司人员总数之比、平均发明专利数量等均高于其他市场板块。一批处于"卡脖子"技术攻关领域的"硬科技"企业、具有关键核心技术的标杆企业在科创板上市或已进入审核阶段,产业聚集和品牌效应逐步显现。

创业板改革后,适应发展更多依靠创新、创造、创意的大趋势,定位于主要服务成长型创新创业企业,支持传统产业与新技术、新产业、新业态、新模式深度融合。创业板作为存量板块,充分借鉴了科创板的经验,并在一些制度上做了差异化设计和过渡安排。在投资者适当性要求方面,对新开户投资者设立"10 万元资产 +2 年投资经验"的门槛,已开户投资者签署新的风险揭示书后,可以继续交易创业板股票。为突出板块特色,对申报企业实行负面清单管理。从创业板改革后新申报企业看,多数企业在细分行业处于领先地位,具备较好成长预期。

科创板、创业板总体上处于同一市场层次。我们在两个板块的制度设计上保持总体平衡,坚持错位发展,突出各自特色,推动形成各有侧重、相互补充的适度竞争格局。两个板块改革落地以来,上市资源充足,流动性明显超过其他板块,资本市场服务科技创新和实体经济的能力大幅提升。截至 9 月 15 日,科创板上市公司已达 173 家,IPO 合计融资 2607 亿元,占同期 A 股 IPO 融资金额的 51%,总市值达到 2.8 万亿元;创业板通过注册制发行上市公司已有 24 家,IPO 合计融资 224 亿元。

(三)改革完善基础制度。证监会以注册制改革为龙头,统筹推进交易、退市、再融资和并购重组等关键制度创新,改进各领域各环节的监管,着力提升上市公司质量,夯实市场平稳健康发展的基础。在交易制度方面,科创板、创业板新股上市前 5 个交易日不设涨跌幅限制,此后日涨跌幅限制为 20%。新股上市首日即可纳入融资融券标的,改进转融通机制,促进多空平衡。引入盘中临时停牌、有效价格申报范围等机制,发挥平滑市场波动的作用。从实际运行情况看,前 5 个交易日价格博弈比较充分,二级市场定价效率显著提升。

在退市制度方面,针对长期以来存在的退市难、退市慢等问题,科创板、创业板优化了退市标准,以组合财务类指标取代单一连续亏损退市指标,增加市值持续低于规定标准的交易类退市指标。简化退市程序,取消暂停上市、恢复上市环节,触及退市条件的直接终止上市,提高了退市效率。

在上市公司持续监管方面,科创板、创业板再融资实施注册制,建立小额快速融资制度。并购重组由交易所审核,涉及发行股票的,实行注册制,放开创业板重组上市限制。允许上市公司分拆子公司在科创板、创业板上市。针对创新创业企业的特点,实行更加灵活的股权激励机制,大幅放宽激励对象、规模和价格的限制。

在压实中介机构责任方面,细化中介机构执业要求,建立执业质量评价机制,将保荐人资格与新股发行信息披露质量挂钩管理,适当延长保荐机构持续督导期。试行保荐机构"跟投"制度,加强保荐业务内部控制机制建设,强化廉洁从业要求。丰富监管措施类型,扩大人员问责范围,加大处罚力度。

(四)加快证监会职能转变。实施注册制,客观上要求政府"退一步",减少管制,还权于市场,同时又要"进一步",加强监管,维护市场秩序。证监会按照"放管服"改革要求,坚持刀刃向内、简政放权,只要是市场约束比较有效的领域就坚决放权。去年以来,取消和调整 14 项行政许可,取消 26% 的备案事项,全面清理"口袋政策"和"隐形门槛"。本着简明易懂、方便使用的原则,分两批废止 18 件规范性文件,"打包"修改 13 件规章、29 件规范性文件,上市公司监管问答从 44 项减少至 18 项。聚焦市场反映集中的问题,开展为期 3 个月的作风问题专项整治活动。

证监会坚持以"零容忍"的态度严厉打击财务造假、欺诈发行等证券违法活动。2019 年以来,启动财务造假、欺诈发行等信息披露违法案件调查 176 件,作出行政处罚决定 99 件、市场禁入决定 15 件,向公安机关移送涉嫌犯罪案件及线索 33 起,从严从重查处了一批大要案。坚持一案双查,严肃追究中介机构违法责任,累计启动调查中介机构违法案件 29 件。完善监管架构,理顺监管权责,组建科技监管局,促进科技与业务深度融合,从体制机制上加强事中事后监管。坚持管少才能管好,聚焦重点业务、重点机构、重要风险点,实施分类监管,提升监管效能。

(五)完善法治保障。资本市场的市场属性极强,规范要求极高,实施注册制必须加强法治。在全国人大及有关方面的大力支持下,资本市场法治建设取得重大突破,实现了立法决策与改革决策相衔接、相统一。2015 年 12 月,十二届全国人大常委会第十八次会议通过了授权国务院在实施股票发行注册制改革中调整适用证券法有关规定的决定,为在证券法完成修订之前推进注册制改革提供了法律依据。2018 年 2 月,十二届全国人大常委会第三十三次会议决定将上述授权延期两年。在设立科创板并试点注册制落地后,全国人大常委会加快证券法修订进程,于 2019 年 12 月完成修订,2020 年 3 月 1 日起施行,与授权决定无缝衔接。新证券法确立证券发行注册制度,引入证券集体诉讼制度,大幅提高违法违规成本,为全面实施注册制提供了坚实保障。同时,刑法修订也在加快,对欺诈发行、信息披露造假、中介机构提供虚假证明文件等 3 类犯罪的刑罚力度将大幅提高。最高人民法院围绕科创板、创业板改革分别出台专门的司法保障意见,对相关案件实施集中管辖;发布证券纠纷代表人诉讼司法解释,解决了具有中国特色的证券集体诉讼司法实践操作问题。最高人民检察院、公安部、司法部在法治建设方面也给予了大力支持。

在试点注册制过程中,各有关方面密切沟通,加强协同,形成了改革合力。人民银行、银保监会、外汇局在保持流动性合理充裕、推动中长期资金入市、便利跨境投融资等方面给予了大力支持,营造了良好的货币金融环境。发展改革委、科技部、工业和信息化部、财政部、商务部、税务总局等部委积极推动解决失信联合惩戒、科创属性评价、红筹企业政策、税收等方面的问题。中宣部、中央网信办在新闻宣传和舆论引导方面做了大量工作,为试点注册制营造了良好的舆论环境。上海、广东及深圳等地方党委、政府也从多方面提供了支持和帮助。

经过两年来的努力,试点注册制从增量市场向存量市场不断深入,各领域各环节改革有序展开,我国资本市场正在发生深刻的结构性变化。一是推动了要素资源向科技创新领域集聚,畅通了科技、资本和实体经济的高水平循环,促进了经济高质量发展。以集成电路行业为例,科创板推出后,已有 24 家相关企业上市,IPO 融资 850 亿元,累计完成研发投入 122 亿元。2020 年上半年,相关企业在遭遇新冠肺炎疫情冲击的情况下逆势快速发展,营业收入同比增长 21%,比上市前 3 年平均增速提高 8.2 个百分点。二是压实了发行人、中介机构的责任,信息披露质量初步得到市场验证。试点注册制以来,上市后发现信息披露违规的公司明显减少。三是促进了上市公司优胜劣汰,市场生态明显改善。2019 年以来,强制退市公司合计达 24 家,是之前 6 年总和的两倍。价值投资、长期投资理念日渐深入人心,投资行为渐趋理性,资本市场的顽疾逐步得到解决。四是凝聚了改革共识,提升了市场参与各方的获得感。证监会加强顶层设计,制定《全面深化资本市场改革总体方案》,明确了 12 个方面的改革任务,正在有序实施。五是激发了市场活力,促进了市场平稳健康发展。2019 年以来,面临多重不利因素影响,A 股市场保持了总体稳定,韧性增强。重点领域风险趋于收敛。

二、注册制改革面临的挑战

我们清醒地认识到,目前注册制改革只是有了好的开端,制度安排尚未经历完整市场周期和监管闭环的检验,有些制度还需要不断磨合和优化,各种新情况新问题可能逐步显现。还要看到,解决资本市场长期积累的深层次矛盾需要综合施策,久久为功,不可能一蹴而就。

主要挑战:一是形成有效的市场约束需要一个渐进的过程。我国资本市场发展仍不充分,“卖方市场”特征明显,再加上长期投资者发育不足,中介机构的定价和风控能力还比较薄弱。一系列更加市场化的制度安排需要各市场参与者逐步调适,短期内市场主体之间的充分博弈和相互制衡很难到位。二是有效保护投资者合法权益仍面临不少难题。目前,对欺诈发行、信息披露造假、中介机构提供虚假证明文件等违法犯罪刑罚力度偏轻,上市公司控股股东、实际控制人“掏空”上市公司、损害中小股东权益的行为在公司法层面缺乏有效制约。新证券法规定的证券民事赔偿制度真正落地还有许多工作要做。三是市场环境面临较大不确定性。当前,新冠肺炎疫情仍在全球蔓延,世界经济持续低迷,地缘政治和贸易冲突加剧,产业链供应链面临重构,国际金融市场脆弱性上升,国内经济金融形势仍然复杂严峻,给我国资本市场稳定带来压力。

因此,在我国这样一个新兴市场实施注册制,不能过于理想化,也不能急于求成。我们将保持改革定力,坚持底线思维,充分估计并有效防范改革可能面临的各种风险,积极稳妥地把注册制改革落实到位。

三、下一步改革考虑和建议

注册制改革关乎资本市场发展全局,意义重大。经过科创板、创业板两个板块的试点,全市场推行注册制的条件逐步具备。证监会将认真贯彻党中央、国务院决策部署，在国务院金融委的统一指挥协调下，深入总结试点经验，及时研究新情况、解决新问题，选择适当时机全面推进注册制改革，着力提升资本市场功能，努力打造一个规范、透明、开放、有活力、有韧性的资本市场。

（一）不断完善科创板、创业板注册制试点安排。重点是完善信息披露制度，促进信息披露更加简明清晰、通俗易懂，进一步压实发行人和中介机构责任，增强审核问询的专业性。优化发行审核与注册的衔接机制。促进科创板、创业板协调发展。

（二）稳步推进主板（中小板）、新三板注册制改革。充分考虑主板（中小板）特点，设计好注册制实施方案。按照注册制的要求，改进新三板公开发行及转让制度。开展新三板精选层挂牌公司向科创板、创业板转板上市试点。

（三）系统推进基础制度改革。总的考虑是，坚持整体设计、突出重点、问题导向，补齐制度短板，推进关键制度创新，增强制度的稳定性、平衡性、协同性，加快建立更加成熟更加定型的资本市场基础制度体系。

（四）加强上市公司持续监管。证监会将切实把好市场入口和出口两道关，优化增量，调整存量，促进上市公司优胜劣汰。完善公司治理规则体系，盯住控股股东、实际控制人等“关键少数”，督促上市公司规范运作。聚焦问题公司、高风险公司，加快市场出清。动员各方面力量，推动提高上市公司质量。

（五）加快证监会自身改革。注册制改革是涉及监管理念、监管体制、监管方式的一场深刻变革。证监会将摒弃行政审批思维，切实减少对各类市场主体的微观管理，加强对重大问题的前瞻性研究和政策设计，加强对交易所和派出机构的指导、协调和监督，加大监管资源整合力度，提高整体监管效能。同时，深化“放管服”改革，推行权责清单制度，加强科技监管能力建设，培养“忠、专、实”的监管队伍。

（六）建立健全严厉打击资本市场违法犯罪的制度机制。推动成立跨部委协调小组，加强行政执法、民事追偿和刑事惩戒之间的衔接和协同，形成打击合力。启动证券集体诉讼，抓好个案，发挥示范威慑作用。完善证券投资者赔偿机制。加强对典型案件的宣传，以案说法，向市场传递“零容忍”的信号，取信于市场。

衷心感谢全国人大常委会长期以来对资本市场改革发展的关心支持。证监会将更加紧密地团结在以习近平同志为核心的党中央周围，在全国人大及全国人大常委会的监督支持下，认真落实这次会议的审议意见，提高政治站位，主动担当作为，扎实推进注册制改革各项工作，不断巩固资本市场总体向好的发展态势，为新时代中国经济高质量发展大局贡献力量。

对股票发行注册制改革有关工作情况报告的意见和建议

10月15日，十三届全国人大常委会第二十二次会议审议了中国证监会主席易会满受国务院委托作的关于股票发行注册制改革有关工作情况的报告，共有12人次发言。现根据会议发言情况，将常委会组成人员和列席人员的主要意见整理如下。

出席人员普遍认为，以习近平同志为核心的党中央高度重视资本市场改革发展。全国人大常委会贯彻落实党中央决策部署，两次作出授权决定并修改证券法，为实施股票发行注册制改革提供了法律保障。两年多来，注册制改革平稳起步、分步实施、扎实推进，取得了重要阶段性成效，有利于全面深化资本市场改革的良好氛围正在形成。大家对国务院的专项工作报告给予充分肯定，普遍认为报告客观全面、重点突出，提出的建议切实可行。同时指出，注册制改革虽然实现了良好开局，但深化改革仍面临不少困难和挑战。要坚持在党中央领导下，保持改革定力，坚持底线思维，深入总结改革试点经验，加快完善配套法律法规，积极稳妥地把注册制改革落实到位，助力国民经济良性循环和经济高质量发展。审议中，大家还提出了一些具体意见和建议。

一、稳妥推进注册制改革

出席人员普遍认为，股票发行注册制改革具有开创性意义，对于营造良好资本市场生态具有管长远作用。应贯彻实施新修改的证券法，确保全面实施股票发行注册制的要求落实落地，并以此为契机健全完善资本市场基础性制度。

有的出席人员指出，注册制改革非常重要，但情况错综复杂、任务艰巨繁重。一方面，我国实施注册制的时间较短，相关制度仍需经受实践检验，解决资本市场长期积累的深层次矛盾需要一个渐进过程。另一方面，受新冠肺炎疫情、全球经济衰退、美西方国家打压遏制等因素影响，我国企业经营风险增多，资本市场面临较大压力。建议：(1)依法全面实施股票发行注册制，要客观审慎、久久为攻，深刻分析研判当前国内国际经济环境，把握好时机和节奏，对范围、步骤等进行妥善安排，避免一拥而上、一蹴而就。(2)主板或者中小板实行注册制改革的时机要慎重，最好在股票市场平稳期推出，避免对市场造成较大冲击。

有的出席人员提到，科创板与创业板都力图吸引科创企业上市，存在较为明显的竞争。建议：(1)从制度上对两者错位发展作出安排，形成各有侧重、优势互补的良好格局。(2)在上交所内部设立专门的“科创属性指标”咨询组织或者审议组织，定期进行阶段性评估。

二、进一步完善发行制度

有的出席人员认为，与发达国家成熟市场相比，我国企业信息披露的质量仍然偏低。一是对经营风险、行业风险的披露不够，科创板首批上市的25家企业，招股说明书中关于“风险因素”的篇幅平均占比仅为1.90%。二是披露信息的准确性、完整性不够，有的上市公司申报文件甚至直接套用其他项目材料。三是有的招股说明书篇幅过长、内容过细，不方便投资者读取有用信息。建议进一步完善信息披露有关规定，以投资者需求为导向，强化风险揭示，提高信息披露的真实性、有效性，同时加强工作指导与监管。

有的出席人员提出，红筹企业回归上市面临协议控制架构、境外股东减持用汇等问题，需要多部门协调解决，时间长、成本高，存在一定不确定性。建议加大政策会商与协调力度，统筹做好红筹企业回归上市的政策安排，特别要为受到外国打压、亟需国内上市的企业畅通上市渠道，鼓励引导更多优质企业“登录”国内股市，推动资本市场高质量发展。

三、深化相关基础制度改革

有的出席人员建议，加快完善多元化退市机制，建立不同上市公司分类施策的退市标准，简化退市程序，加大退市制度执行力度，促进资本市场优胜劣汰。

有的出席人员提到，实施注册制客观上要求政府“退一步”，把选择权交给市场，同时也对相关监管方式、监管手段、监管协作等提出了新的更高要求，因而政府也要“进一步”，加强事中监管和事后查处，更加注重规范市场秩序。

有的出席人员指出，现有法律规范对中介机构的“特别注意义务”、“一般注意义务”、“审慎核查”等责任范围划定不明确，实践中证监部门与中介机构的理解认识不一，操作缺乏规范指引，责任追究也笼统实行无差别的连带责任。应进一步明晰中介机构的权责边界，加强相关工作的规范指引，压紧压实中介机构的责任。

四、不断强化法治保障

部分出席人员指出，注册制改革的配套法治保障存在薄弱环节，行政处罚的惩戒力度还不够，切实维护投资者合法权益的制度还不完善等。建议进一步完善注册制改革相关的法律制度。(1)抓紧完善对上市公司、中小股东权益保护的法律。有的出席人员提出，通过修改公司法、刑法等，明确上市公司控股股东、实际控制人“掏空”上市公司、损害中小股东权益的法律责任。(2)进一步加大对欺诈发行、信息披露造假等违法行为的执法处罚力度，切实保护投资者合法权益。有的出席人员指出，由于行政处罚、刑事判决是民事诉讼的前置程序，上市公司及相关责任人通常先行交纳罚款并直接归入国库，削弱了民事赔偿的能力，使得民事赔偿优先制度难以落实。建议修改行政处罚法等，完善配套机制，推动相关法律规定真正落地。

有的出席人员提出，很多优质科创企业，由于竞争对手提起恶意专利诉讼，阻碍甚至破坏其上市进程，影响了企业的长远发展和创新活力，对此应予重视。有的出席人员建议，加快推动证券纠纷代表人诉讼制度等司法实践，抓住典型案例，发挥示范作用，对违法违规行为起到“敲山震虎”作用。

最高人民法院关于人民法院加强民事审判工作依法服务保障经济社会持续健康发展情况的报告

——2020 年 10 月 15 日在第十三届全国人民代表大会常务委员会第二十二次会议上

最高人民法院院长 周 强

全国人民代表大会常务委员会：

根据本次会议安排，我代表最高人民法院报告人民法院加强民事审判工作、依法服务保障经济社会持续健康发展情况，请审议。

民事案件是平等民事主体之间因人身和财产关系发生的纠纷案件，包括物权、合同、人格权、婚姻家庭、继承、侵权责任等传统民事案件，公司、金融、票据、破产等商事案件，以及专利、商标、著作权等知识产权和涉外商事、海事、环境资源、竞争等案件。民事案件是经济社会发展的“晴雨表”，涉及经济社会发展方方面面，同人民群众民事权利、生产生活密切相关。做好民事审判工作，事关经济行稳致远，事关社会安定和谐，事关人民美好生活，对推进全面依法治国、发展社会主义市场经济、促进国家治理体系和治理能力现代化、充分彰显社会主义法治文明，具有十分重要的意义。

民事审判是人民法院审判工作的重要组成部分。我国民事法律制度建设一直秉持“民商合一”的传统，在 2000 年人民法院建立大民事审判格局后，民事审判与刑事、行政审判构成审判工作三大主干。近年来，民事案件占到人民法院诉讼案件总量的 85% 以上，是司法服务经济社会发展的“主战场”。党的十八大以来，随着我国经济高质量发展和社会主要矛盾转化，民事审判工作呈现出一些新特点：一是案件增长快。民事一审新收案件从 2013 年的 778. 2 万件增长到 2019 年的 1385. 2 万件，年均增长 10. 1%，这既是我国经济活跃的反映，也是全球民商事案件的普遍趋势。二是新型案件多。伴随着时代进步、社会变迁、技术发展，新情况新问题新现象层出不穷，新交易新模式新业态不断涌现，这些因素以各种形式反映到民事案件中。尤其在网络信息、知识产权、金融、破产、环境资源、涉外商事、海事等领域，出现大量新类型案件，需要民事审判明晰交易规则、划定行为界限、平衡各方利益。三是审理难度大。民事法律关系复杂多样，权利义务内容十分广泛，诉讼与非诉讼程序交织其中，一些民事案件涉及人数众多、矛盾尖锐，加上类型新颖带来的挑战，导致民事审判专业、复杂、难度大。四是涉及利益广。从 2013 年至 2020 年 6 月，全国法院民事一审案件结案标的额达 21. 6 万亿元，年均增长 23. 7%，涉及各类中外民事主体，涵盖国计民生各个方面。正是基于民事审判这些特点，近年来，人民法院积极推进一站式多元解纷和诉讼服务体系建设，推动完善破产审判制度机制，攻坚“基本解决执行难”，深化家事审判等改革，加快建设智慧法院，努力锻造过硬民事审判队伍。在制度、科技、队伍多个层面同向发力，从民事诉讼前端快速分流化解案件，从中端破除制约民事审判质效的“中梗阻”，从末端打通实现当事人胜诉权益、让各类资源要素高效流转的“最后一公里”。立足司法职能促进解决国家治理的难点、经济循环的堵点、民生保障的痛点，努力维护社会公平正义和人民权利，营造稳定公平透明、可预期的法治化营商环境，让人民群众有更多获得感、幸福感、安全感。

党的十八大以来，以习近平同志为核心的党中央高度重视民事审判工作。习近平总书记多次强调，要依法保障公民的人身权、财产权、人格权等各项权利不受侵犯，保证公民的经济、文化、社会等各方面权利得到落实，并就加强民法典执法司法活动作出明确部署，为人民法院做好民事审判工作指明了方向。党的十八届三中、四中、五中全会以及党的十九大和十九届四中全会，在贯彻新发展理念、推动高质量发展、深化供给侧结构性改革、完善社会主义市场经济体制、打好三大攻坚战、保障和改善民生、推进国家治理体系和治理能力现代化等方面作出战略部署，对民事审判工作提出了新的更高要求。全国人大及其常委会历来高度重视民事立法司法工作，编纂民法典，制定完善相关民事法律，为民事审判提供了坚实立法保障，栗战书委员长就贯彻实施民法典提出明确要求。同时，加强对民事司法的监督，大力推动民事审判体制机制改革，授权开展民事诉讼程序繁简分流改革试点，深入开展民事审判专项调研,有力促进了民事审判工作发展。

在以习近平同志为核心的党中央坚强领导下,在全国人大及其常委会有力监督下,人民法院坚持以习近平新时代中国特色社会主义思想为指导,坚持党对司法工作的绝对领导,坚持中国特色社会主义法治道路,坚持以人民为中心的发展思想,坚持新发展理念,紧紧围绕“努力让人民群众在每一个司法案件中感受到公平正义”目标,坚持服务大局、司法为民、公正司法,依法公正高效审理各类民事案件,妥善化解矛盾纠纷,推动健全完善中国特色社会主义民事司法制度。2013 年至 2020 年 6 月,全国法院受理民事案件 9202 万件,审结 8920.3 万件。制定民事司法解释 71 件,发布民事指导性案例 67 个,完成中央部署和最高人民法院提出的民事司法相关改革任务 25 项。通过发挥民事审判职能作用,为经济社会持续健康发展提供有力司法服务和保障。

一、民事审判服务保障经济社会持续健康发展的做法和成效

(一)服务保障统筹推进疫情防控和经济社会发展工作

制定司法应对举措。认真落实政法机关依法保障复工复产意见,围绕涉疫情民商事、涉外商事海事案件等出台 5 个指导意见,下发 4 个通知指导做好疫情期间诉讼服务、审判执行工作,精准服务做好“六稳”工作、落实“六保”任务。会同人社部、司法部和文旅部等出台文件,依法妥善处理劳动争议、旅游合同等纠纷。发布三批 31 个服务保障复工复产典型案例,发挥案例示范指导作用,促进生产生活秩序加快恢复。

助力企业纾困解难。指导各级法院准确适用不可抗力规则、落实国家纾困惠企政策,妥善处理因疫情引发的合同违约、企业债务等案件,为企业恢复生产、持续发展积极创造条件。加大困境企业救治力度,引导当事人通过重组、重整、和解等方式化解债务危机,保住市场主体特别是中小微企业,助力维护产业链供应链安全。严格依法采取查封、扣押、冻结等措施,坚决杜绝超标的查封,保障企业正常生产经营,尽可能帮助企业渡过难关。

在线高效化解纠纷。疫情期间,全国法院充分运用智慧法院建设成果办理案件、化解纠纷,通过中国移动微法院等平台畅通网上诉讼服务渠道,提供立案、交费、开庭、调解、送达等全方位服务,努力克服疫情对审判执行工作带来的严重不利影响。2 月 3 日以来,全国法院网上立案 506 万件、网上开庭 66 万次、网上调解 234 万次,同比分别增长 58%、753% 和 267%,电子送达 1432 万次,实现了“审判执行不停摆、公平正义不止步”。

(二)营造市场化、法治化、国际化营商环境

助力优化我国营商环境。社会主义市场经济是信用经济、法治经济,法治是最好的营商环境。人民法院坚决落实党中央关于优化营商环境的决策部署,制定关于适用公司法、破产法等法律的司法解释,单独或联合有关部门出台保障改善营商环境、服务高质量发展、服务保障加快完善社会主义市场经济体制等意见,严格规范民事案件延长审限和延期开庭,加大信息公开力度,提升审判质量、效率和透明度,营造法治化营商环境。

加强产权司法保护。产权制度是社会主义市场经济的基石,加强产权司法保护是民事审判工作的重要职责。出台加强产权司法保护、平等保护非公有制经济等意见,废除一切对民营企业的不平等规定,发布保护产权典型案例,妥善处理历史形成的产权案件,为企业家创新创业营造良好法治环境。严格区分经济纠纷与经济犯罪、民事责任与刑事责任、合法财产与违法所得、公司财产与个人财产、正当融资与非法集资,保护企业家人身和财产安全,让企业家专心创业、放心投资、安心经营。

维护市场竞争秩序。出台民商事审判工作会议纪要,明确裁判标准,促进市场交易更加透明高效有序。依法规制不正当竞争和垄断行为,妥善审理华为公司诉美国交互数字公司滥用市场支配地位案,维护公平竞争。出台防范和制裁虚假诉讼指导意见,会同最高人民检察院出台办理虚假诉讼刑事案件司法解释,依法规制虚假诉讼行为,维护市场交易秩序和人民合法权益。

(三)服务经济高质量发展

服务区域协调发展。出台专门意见,加强区域司法协作和资源共享,服务雄安新区建设、京津冀协同发展、长三角区域一体化发展、长江经济带高质量发展。出台服务保障意见,推动建立商事纠纷跨境解决机制,为粤港澳大湾区和深圳先行示范区建设护航。完善司法服务政策举措,为西部大开发、东北全面振兴、中部地区崛起提供高水平司法服务。

服务供给侧结构性改革。完善破产制度是深化供给侧结构性改革、建设现代化经济体系的重要内容。会同多部门出台加快完善市场主体退出制

度改革方案,出台“执行转破产”等4个指导性意见,健全破产企业识别、府院联动、执破衔接等机制,推动建立个人破产制度,促进完善市场主体救治和退出制度。各级法院审结企业清算、破产等案件2.4万件。妥善审理重庆钢铁、东北特钢、青岛造船厂等破产重整案件,让困境企业脱困重生。开通企业破产重整案件信息综合平台,推动建立破产费用保障制度,支持引导各地成立破产管理人协会,推进破产制度实施。

服务创新驱动发展。保护知识产权就是保护创新、促进创新。贯彻落实中办、国办《关于加强知识产权审判领域改革创新若干问题的意见》,发布中国知识产权司法保护纲要,出台全面加强知识产权司法保护意见,加大知识产权司法保护力度。各级法院审结知识产权民事案件142.8万件。设立最高人民法院知识产权法庭,主要审理专利等技术性较强的知识产权上诉案件,统一裁判标准。加强对数字版权、数字内容的保护,助力培育数据要素市场,促进数字经济发展。完善知识产权保护规则,探索适用惩罚性赔偿等制度,解决侵权成本低、维权成本高问题。我国已成为审理知识产权案件尤其是专利案件最多的国家,也是审理周期最短的国家之一。

服务更高水平对外开放。各级法院审结一审涉外商事案件11.3万件,平等保护中外投资者合法权益。出台外商投资法司法解释,严格适用准入前国民待遇和负面清单制度。出台人民法院服务保障进一步扩大对外开放指导意见,推动建设更高水平开放型经济新体制。制定2个服务保障“一带一路”建设意见,发布6个指导性案例和18个典型案例,开通域外法查明统一平台,服务共建“一带一路”。设立最高人民法院国际商事法庭,为国际社会提供公正、高效、便捷、低成本的“一站式”国际商事纠纷多元化解渠道。发布服务上海自贸试验区临港新片区、海南全面深化改革开放等指导意见,服务自贸试验区、自由贸易港建设。举办中国—东盟大法官论坛、金砖国家大法官论坛暨2015博鳌亚洲论坛环境司法分论坛、中国—中东欧国家最高法院院长会议、丝绸之路(敦煌)司法合作国际论坛、中国与葡萄牙语国家最高法院院长会议、上海合作组织成员国最高法院院长会议等活动,深化国际司法交流合作,服务构建人类命运共同体。我国法院作出的民商事判决,得到多个国家和地区法院承认和执行,司法公信力和国际影响力持续提升,越来越多的外国当事人协议选择中国法院解决纠纷。

服务海洋强国建设。加强海事审判工作,各级法院审结一审海事案件10.9万件。发布关于审理发生在我国管辖海域案件系列司法解释,依法审理涉钓鱼岛、黄岩岛海域案件,在西沙晋卿岛挂牌“海上巡回法庭岛屿审判点”,对我国管辖海域全面行使司法管辖权。参与和推动联合国国际贸易法委员会制定关于承认船舶外国司法出售的“北京草案”,增强我国在国际航运贸易规则方面话语权。建设中国海事审判工作平台,推动建立跨部门执法协同机制,法官足不出户即可实时查询船舶登记信息、位置状态,便利船舶扣押与监管。依法妥善审理“中威”租船合同及侵权赔偿案、“加百利”轮海难救助合同纠纷案、“尼莉莎”轮扣押案、“康菲”溢油事故系列案,彰显中国海事司法水平和良好法治形象。

(四)服务打好三大攻坚战

服务脱贫攻坚战。制定服务乡村振兴45条意见、服务抓好“三农”领域重点工作26条意见,联合有关部门制定刑事案件涉扶贫领域财物依法快速返还规定,依法审理农村土地流转、林权转让、股份合作、金融扶贫、产业发展等案件,服务保障脱贫攻坚、乡村振兴。聚焦“两不愁三保障”,依法审理涉易地扶贫搬迁、贫困人口就业、义务教育控辍保学、医疗及社会保障等案件,强化权益保障和救济。妥善处理涉“三权分置”纠纷,维护农民土地承包经营权、宅基地使用权。加大追讨欠薪案件审判执行力度,依法适用先予执行、小额速裁等程序,快立快审快执事实清楚、法律关系明确的拖欠农民工工资案件,保护农民工合法权益。

服务防范化解金融风险。围绕服务实体经济、防控金融风险、深化金融改革,出台金融审判工作意见,促进金融行业健康发展。规范国有企业贷款通道业务,引导回归实体经济。修改完善民间借贷司法解释,大幅下调民间借贷利率司法保护上限,引导民间借贷市场平稳发展。依法审理企业借贷、股权质押、互联互保等案件,准确把握新类型担保效力,促进解决民营企业和中小微企业融资难、融资贵问题。围绕设立科创板和创业板改革并试点注册制,制定司法保障意见,服务资本市场基础性制度改革。发布审理债券纠纷案件座谈会纪要,提升债券风险处置机制市场化法治化水平。创新证券纠纷示范判决机制,出台证券纠纷代表人诉讼规定,探索中小投资者司法保护新路径。会同人民银行、银保监会、证监会健全金融纠纷多元化解机制,依法妥善处理“e租宝”等涉互联网金融案件,及时防范化解金融领域矛盾纠纷。

服务污染防治攻坚战。深入践行绿水青山就是金山银山理念，制定为新时代生态环境保护、为推进生态文明建设提供司法保障的意见，服务打好蓝天、碧水、净土保卫战。各级法院审结一审环境资源民事案件92.6万件。出台服务保障长江流域生态文明建设与绿色发展、黄河流域生态保护和高质量发展的意见，服务长江、黄河等大江大河生态保护和系统治理。探索生态环境损害赔偿诉讼，坚持用最严格制度最严密法治保护生态环境。发布18批195个环境资源典型案例，推动生态优先、绿色发展的观念深入人心。依法审理腾格里沙漠污染环境系列公益诉讼案、自然之友大气污染案、特大非法捕捞长江鳗鱼苗案等一批标志性案件，探索多样化生态修复方式，推动环境治理法治化进程。青海玉树法院设立三江源法庭，倾力守护"中华水塔"生态安全。中国环境资源审判白皮书及典型案例在联合国环境规划署官方网站刊登，为建设清洁美丽的世界贡献中国智慧、中国方案。

（五）弘扬社会主义核心价值观

坚决捍卫英烈尊严荣光。认真贯彻英雄烈士保护法，发布5个保护英雄人物人格权益典型案例，营造尊崇英烈、学习英烈、捍卫英烈的良好风尚。依法审理侵害狼牙山五壮士、方志敏、邱少云、董存瑞、黄继光等英烈权益案件，对歪曲、丑化、亵渎、否定英雄烈士事迹和精神的行为，严肃追究法律责任，狠刹历史虚无主义歪风。依法审理侮辱消防烈士公益诉讼案件，以法律正义捍卫英烈荣光。

加强以案释法。充分发挥司法的教育、评价、指引、规范功能，发布10个弘扬社会主义核心价值观典型案例，落实"谁执法谁普法"的普法责任制。审理"朱振彪追赶交通肇事逃逸者案""医生电梯内劝阻吸烟案"，让维护法律和社会公共利益的行为受到鼓励。审理"撞伤儿童离开遇阻猝死案"，让见义勇为者更有敢为的勇气和底气。审理"未拴狗链致人伤害承担侵权责任案"，引导公众尊重社会公德，营造安定和谐的生活环境。审理"患者飞踹医生反被伤案"，旗帜鲜明跟"和稀泥"说不。通过一系列案件依法审理，彻底破解长期困扰人们的"扶不扶""劝不劝""救不救""为不为""管不管"等道德和法律风险，让社会充满正气正义。

营造清朗网络空间。准确适用"通知删除"规则，根据受害人请求，责令散发诽谤他人言论的网络平台删除相关信息，净化网络空间。审理"微信群主踢群第一案"，支持群组内正当管理行为，不让网络社区成为法外之地。审理网络众筹退款等案件，引导网络公益健康有序发展。坚持鼓励与规范并重，依法审理网络约车、金融消费、快递服务、新型旅游、网络购物等"互联网+"新型消费纠纷，为各类网络交易营造良好法治环境，促进消费升级。

（六）加强民事权益保护

加强人格权保护。依法保护名誉权、隐私权等人格权，加大网络侵权行为制裁力度，坚决制止网络暴力。新增平等就业权纠纷、性骚扰损害责任纠纷案由，依法审理女工怀孕被解雇、毕业生求职遭地域歧视以及性骚扰等案件，畅通救济渠道，维护人格权益。江苏法院依法审理国内首例冷冻胚胎继承案，确认失独老人对已故子女冷冻胚胎的监管权和处置权，被誉为"标志人情与伦理胜诉"的"最温情判决"。

保障人民安居乐业。各级法院审结涉及教育、就业、医疗、养老、消费、住房、社会保障等各类民生案件2578.6万件。制定涉及食品药品民事案件司法解释，明确生产销售环节主体民事责任，维护人民群众舌尖上、针尖上的安全。制定一系列劳动争议案件司法解释，明确工伤认定标准，保护劳动者合法权益。会同公安部等推广道路交通事故损害赔偿纠纷"网上数据一体化处理"改革，实现道交案件一网办理、一键理赔。依法审结房地产纠纷案件348万件，促进房地产市场健康发展。实现内地与香港民商事领域司法协助全覆盖，建成内地与澳门司法协助网络平台，出台司法惠台36项举措，会同中国侨联出台意见促进涉侨纠纷有效化解，保护港澳台同胞和海外侨胞、归侨侨眷合法权益。

维护和促进社会公平。积极稳妥推进城乡居民人身损害赔偿标准统一试点，促进完善统筹城乡的民生保障制度。会同人社部等发布促进妇女平等就业规范性文件，营造公平就业制度环境。会同中国残联出台意见，为残疾人参加诉讼提供便利，加大援助救助涉诉残疾人力度。会同民政部等出台意见，让事实无人抚养儿童能够得到及时救济和帮助。加强对农村留守老人、留守儿童和困境儿童合法权益的保护，努力让人民群众切实感受到社会主义司法的温暖。

（七）促进和谐家庭建设

深入推进家事审判改革。会同全国妇联等14个部门建立联席会议制度，弘扬文明进步的家庭伦理观念，促进新时代家庭文明建设。制定人身安全保护令司法解释，累计发出人身安全保护令 6649 份。加大反家暴延伸服务力度，一些法院探索设立临时庇护所，解决家暴受害人临时生活困难，努力在施暴者和受害者之间筑起安全“隔离墙”。健全家事调解、家事调查、离婚冷静期、心理测评疏导、案后跟踪回访等制度，依法妥善审理离婚纠纷 1011.6 万件。充分发挥家事审判对婚姻关系的诊断、修复和治疗作用，尽可能让感情尚未破裂的夫妻重归于好，让孩子能够享受完整家庭的温暖；对感情确已破裂的夫妻及时依法解除婚姻，避免酿成家庭悲剧。制定司法解释，明确夫妻共同债务认定标准，避免不知情且未受益的夫妻一方承担“被负债”风险。各级法院家事法庭兼顾法理情，巧断家务事，让中华民族尊老爱幼的美德代代相传，让家庭成为人们美好生活的港湾。

加强未成年人司法保护。秉持“特殊、优先保护”理念，依法妥善审理涉及未成年人抚养、监护、探视等民事案件 73.8 万件。会同教育部等出台防治校园欺凌意见，坚决依法惩治校园暴力，积极开展送法进校园活动，推进平安校园建设。会同有关部门完善校园安全事故处理机制，积极探索适用未成年人权益代表人等制度，开展司法保护与行政、家庭、学校、社区保护联动机制试点，让祖国花朵在法治阳光下茁壮成长。

（八）构建便民高效矛盾纠纷化解机制

畅通群众纠纷解决渠道。公正高效化解矛盾、定分止争，是民事审判的重要任务，也是人民法院参与社会治理的基本方式。从 2015 年 5 月 1 日起全面实行立案登记制，民事纠纷登记立案 6156 万件，当场登记立案率超过 95%，千百年来老百姓“告状难”问题真正成为历史。全面推行跨域立案诉讼服务改革，在全国中级、基层和海事法院实现跨域立案服务全覆盖，群众异地诉讼不便问题基本得到解决。普遍推行案件网上立、自助立，全国 95% 的法院实现网上立案，93% 的法院在诉讼服务大厅提供自助立案服务，让群众“家门口能立案”“一次不用跑可立案”。

坚持和发展新时代“枫桥经验”。充分发挥司法在社会治理中的作用，积极入驻地方党委建立的线上线下矛盾纠纷调处化解平台，推动健全自治、法治、德治相结合的城乡基层治理体系，努力从源头预防化解矛盾纠纷。健全诉讼与非诉讼衔接机制，加强人民调解、行政调解、司法调解联动，完善委托调解、委派调解、司法确认等制度和程序，通过非诉讼方式高效化解矛盾。会同司法部开展律师调解试点工作，在诉讼服务中心为律师调解搭建平台、提供保障，充分发挥律师优势，形成矛盾纠纷化解合力。浙江法院在地方党委领导下加强诉前矛盾化解，2019 年新收民事一审案件首次同比下降 11.1%。全国法院信访总量、涉诉进京访数量自 2016 年以来持续下降，群众满意度明显提高。

推进一站式多元解纷和诉讼服务体系建设。推动纠纷解决机制、诉讼服务手段向一站式集约集成，努力让人民群众办理诉讼事务“只进一个门，最多跑一次”。全国 98% 的法院初步建成立体化、集约化、信息化的诉讼服务中心，可以提供一站通办、一网通办、一号通办的诉讼服务。建立人民法院调解平台，实现与各类纠纷解决平台互联互通，目前已有 3331 个法院使用调解平台，3.3 万个调解组织、11.9 万名调解员入驻参与调解，累计汇聚调解案件 743 万件。建立律师服务平台，为律师提供“一次核验、全国通用”“线下快办、线上通办”的诉讼服务。深化“分调裁审”机制改革，在诉讼服务中心建立类型化调解室，配备速裁快审团队，形成调解、速裁、快审一站式解纷模式，努力实现案件繁简分流、轻重分离、快慢分道。2019 年全国法院 40% 的一审民商事案件在诉讼服务中心得到一站式快速解决。

立足城乡基层化解纠纷。全国 3122 个基层法院和 10759 个人民法庭审理绝大多数一审民事案件。坚持“两便”原则，构建既有村镇综合性便民法庭，又有家事、劳动争议、金融等专门法庭的人民法庭新布局，积极参与市域、县域治理。指导各地法院巩固发展“群众说事、法官说法”等经验做法，深入开展巡回审判、矛盾调处和法治宣传工作，及时就地化解矛盾纠纷。建成“人民法庭工作平台”“人民法庭信息平台”，为推动新时代人民法庭工作提供科技支撑。民族地区法院加强双语法官培养，更好满足少数民族群众司法需求。“马背法庭”“背篓法官”“溜索法官”带着国徽跋山涉水，深入田间地头、牧场林区，努力做到哪里有司法需求，人民法庭司法服务就跟进到哪里。

（九）深化民事领域司法体制改革

优化民事审判组织专业化布局。推进民事审判专业化建设，健全与高质量发展相适应、与案件类型相匹配的民事审判组织体系。在知识产权领域，除最高人民法院知识产权法庭外，设立北京、上海、广州知识产权法院，各地设立 21 个知识产权法庭,具有中国特色的知识产权审判体系日益完善。在环境资源审判领域,最高人民法院设立环境资源审判庭,各地设立513个环境资源审判庭、749个合议庭、91个人民法庭,江苏南京、甘肃兰州设立环境资源法庭,积极服务生态文明建设。在金融审判领域,设立上海金融法院,推进金融法治建设。在破产审判领域,北京、上海、天津、深圳、广州、温州等地设立12个破产法庭,部分中级法院设立98个清算与破产审判庭,破产审判能力明显提升。

完善公正高效权威的民事诉讼制度。出台民事诉讼法司法解释,细化保障当事人诉权、完善证据规则、提高审判效率等规定。出台消费民事公益诉讼司法解释,会同最高人民检察院制定检察公益诉讼司法解释,推动完善中国特色公益司法保护制度。修改民事证据规定,完善民事诉讼证据规则,民事审判程序规范化程度进一步提高。全面推行类案强制检索,完善裁判规则指引平台,建立法律适用分歧解决机制,制定完善统一法律适用标准工作机制的意见,规范自由裁量权。

推进民事诉讼程序繁简分流改革。根据全国人大常委会授权,在全国15个省(市)的20个城市中级、基层法院开展改革试点。今年前三季度,试点法院诉前委派调解化解率达25%以上,司法确认有效率达87.6%。适用小额诉讼和简易程序审结案件占比分别为11.7%、57.5%,平均审理周期分别为31.9天、51.6天,仅占法定审限一半左右。一审独任制适用率67.9%,二审独任制适用率8.4%,独任制适用有序扩大。

探索互联网司法新模式。在杭州、北京、广州设立互联网法院,推广“网上案件网上审理”,完善在线诉讼规则,让群众享受在线诉讼便利。三个互联网法院在线庭审平均用时29分钟,案件平均审理周期42天,比传统模式分别节约73.1%和57.1%。全面推广中国移动微法院,支持网上立案、多元调解、移动庭审等功能,引领世界移动电子诉讼发展潮流。推广庭审语音识别、“法信”、类案智能推送、裁判偏离度风险预警等系统应用,为法官办案和群众诉讼提供便利。2019年,世界互联网法治论坛通过《乌镇宣言》,25个国家和地区的代表对中国探索互联网司法新模式、推动构建网络空间命运共同体给予高度评价。

推行阳光司法。坚持以公开促公正树公信,大力推进司法公开,基本形成开放、动态、透明、便民的阳光司法机制。依托审判流程、庭审活动、裁判文书、执行信息四大公开平台,不断拓展司法公开广度深度,最大限度满足人民群众知情权、参与权。中国裁判文书网公开文书1.02亿份、访问量超过492亿人次,是全球最大裁判文书网站,在国内外产生广泛影响。对社会关注度高的案件,一律依法公开,让热点案件审判成为全民共享的法治公开课。与中央广播电视总台共同推出《大法官开庭》等节目,与中国教育电视台联合创办《法治天下》栏目,让法官走进演播室讲述司法案件背后的故事,大力弘扬法治精神,凝聚推进全面依法治国、建设社会主义法治国家的强大力量。

(十)认真做好民法典配合编纂和贯彻实施工作

人民法院是贯彻实施民法典的重要力量,学习宣传贯彻民法典是民事审判的职责使命。配合做好民法典编纂工作。按照全国人大常委会工作安排,最高人民法院作为民法典编纂工作的参与部门,认真总结审判经验,主动配合立法机关开展工作,加强研究论证,积极提供有针对性的意见建议和典型案例。抓紧做好司法解释清理和制定工作。对目前有效的591件司法解释、139件指导性案例进行清理,有序推进新的司法解释制定工作,指导各高级法院清理规范性文件,确保民法典统一正确实施。做好民法典学习培训工作。通过创办“人民法院大讲堂”、组建民法典讲师团开展巡回授课等方式,迅速兴起学习贯彻民法典热潮,开展民法典全员培训,努力提升干警民事司法能力和水平。

二、当前民事审判工作面临的问题和困难

我们清醒地认识到,民事审判工作还存在不少问题和困难。

一是民事案件数量长期高位运行导致审判压力较大。民事案件基数庞大,总体仍呈增长趋势,给审判工作带来很大压力。一些法院人案矛盾仍然突出,部分法官办案数量居高不下、常年超负荷工作,审判质量、效率和效果存在隐患。

二是民事审判能力与新形势新任务不相适应。有的法院大局意识不强,对民事审判功能认识不到位,在贯彻新发展理念、服务高质量发展方面思路不多、力度不够。同新时代人民群众对民主、法治、公平、正义、安全、环境等方面日益增长的要求相比,一些法院在民事审判工作理念、制度机制上还

有较大差距。随着我国持续扩大对外开放，在推动建设更高水平开放型经济新体制，坚决维护国家主权、安全、发展利益等方面，涉外商事审判的职能作用发挥还不够充分。

三是司法体制综合配套改革任务存在落实不到位情况。有的地方在人员工资、职务序列、员额与编制动态调整、职业保障等方面，尚未实现协同配套、有序衔接。审判辅助队伍稳定性不足。四级法院职能定位有待进一步明确。再审申请门槛较低，再审程序的纠错和统一法律适用功能未能充分发挥。审判权力制约监督机制存在薄弱环节，院庭长不会管、不愿管、不敢管情况仍然存在。

四是多元化纠纷解决机制建设需要深入推进。一些法院融入基层社会治理新格局能力有待提高，社会解纷力量的专业化水平需要进一步提升。各类专业调解委员会力量配备不均衡。多元解纷工作存在制度供给不足、经费保障不足、市场化纠纷化解组织培育力度不够等困难。

五是民事审判队伍建设存在差距。少数法官政治意识不强，机械司法、就案办案，案件办理效果不佳。一些法官理念观念、知识结构没有跟上新时代，对新情况新问题缺乏研究，办理疑难复杂新类型案件的水平较低。知识产权、互联网、金融、涉外商事等领域高素质专业化审判人才短缺，人才培养机制有待改进。有的基层法院、人民法庭物质装备和经费保障滞后，制约了工作发展。有的法官办"人情案、关系案、金钱案"，司法作风不正、违纪违法问题时有发生。

三、下一步的措施和建议

当前，世界百年未有之大变局加速演进，国内改革发展稳定任务艰巨繁重，"十四五"时期我国将进入新发展阶段，对民事审判工作提出新的更高要求。人民法院将坚持以习近平新时代中国特色社会主义思想为指导，深入学习贯彻习近平总书记全面依法治国新理念新思想新战略，准确把握新形势新机遇新挑战，充分发挥民事审判职能作用，努力让人民群众在每一个司法案件中感受到公平正义，为实施"十四五"规划，实现经济行稳致远、社会安定和谐，为全面建设社会主义现代化国家开好局、起好步提供有力司法服务和保障。

一是牢牢坚持党的绝对领导。坚持以习近平新时代中国特色社会主义思想武装头脑、指导实践、推动工作，增强"四个意识"、坚定"四个自信"、做到"两个维护"，坚决把党的领导贯彻落实到民事审判各领域各方面各环节，确保党中央决策部署在民事审判中不折不扣落实到位。认真贯彻《中国共产党政法工作条例》，始终坚持党对司法工作的绝对领导，坚定不移走中国特色社会主义法治道路，加快健全完善中国特色社会主义司法制度。更加自觉接受人大监督，坚决执行人大及其常委会的决定、决议，及时报告工作情况，认真听取代表意见建议，不断加强和改进民事审判工作。

二是围绕做好"六稳"工作、落实"六保"任务提供精准司法服务。在常态化疫情防控中做好司法应对，完善服务保障举措，依法保护和激发市场主体活力，更好发挥司法促发展、稳预期、保民生的作用。坚持审慎善意文明司法，充分运用调解、破产重整等程序，合理平衡利益，引导当事人共担风险。巩固拓展疫情期间智慧法院建设应用成果，充分运用中国移动微法院等平台，高效便捷化解涉疫矛盾纠纷。深化国际司法交流合作，推动全球抗疫法治合作，服务构建人类卫生健康共同体。

三是为构建新发展格局营造良好法治环境。加强涉农、金融、环境资源等审判工作，着力服务打好三大攻坚战。依法妥善化解投资消费、新型基建等领域纠纷，服务国家重大战略实施，为加快形成以国内大循环为主体、国内国际双循环相互促进的新发展格局提供优质司法服务。加强产权和知识产权司法保护，保护民营企业家合法权益。加强数据权利和个人信息安全保护，服务产业数字化、智能化转型和数字经济健康发展。

四是依法保护人民权益。认真贯彻实施民法典，提高运用民法典维护人民权益、化解矛盾纠纷、促进社会和谐稳定的能力和水平。坚持以人民呼声为第一信号，妥善审理涉及人民权益的各类案件。依法纠正就业歧视，妥善审理农民工欠薪纠纷案件，保障劳动者公平就业和获得劳动报酬等民事权利。加大对虚假诉讼的惩治力度，依法规制各类滥用诉讼权利行为。积极参与基层社会治理，发挥人民法庭作用，服务法治乡村建设。坚持将非诉讼纠纷解决机制挺在前面，全面推进一站式多元解纷和诉讼服务体系建设，加快推进跨域立案诉讼服务全覆盖。

五是深入推进司法体制改革和智慧法院建设。切实提高对民事审判工作重要性的认识，把民事司法能力建设作为人民法院"十四五"时期重要任务，纳入经济社会发展大局来谋划和推进。全面落实司法责任制，深化司法体制综合配套改革，加快完善审判权力制约监督体系，处理好有序放权与有效监督的关系。加强司法解释和案例指导工作，健全法律适用分歧解决机制，促进裁判尺度统一。深化民事诉讼程序繁简分流改革试点。加强互联网法院建设，构建中国特色、世界领先的互联网司法模式，创造更高水平的数字正义。

六是建设过硬民事审判队伍。加强人民法院党的政治建设，扎实开展政法队伍教育整顿，锻造一支政治过硬、业务过硬、责任过硬、纪律过硬、作风过硬的高素质专业化民事审判队伍。坚决贯彻落实新发展理念，增强服务党和国家工作大局的思想自觉、政治自觉、行动自觉。加强知识产权、互联网、金融、涉外商事等领域高素质专业化人才培养。夯实全面从严治党主体责任，严格落实防止干预司法“三个规定”、任职回避等铁规禁令，以零容忍态度严惩司法腐败，以廉洁司法保障司法为民公正司法。

针对当前民事审判工作面临的问题和困难，提出以下建议：一是完善相关立法。修改完善民法典相关法律，为贯彻实施好民法典提供法律保障。制定多元纠纷化解机制促进法，适时修改民事诉讼法，为多元纠纷化解、繁简分流改革提供法律依据。对伴随科技发展出现的胚胎法律地位、数据权利、无人驾驶、机器人创作著作权归属、数字货币等新问题作出立法规定。推动建立再审申请案件收费或者预收费制度，发挥诉讼收费制度的杠杆调节作用。推动建立个人破产制度，完善企业破产法，加强社会诚信体系建设。二是加大对民事审判的保障力度。对民事审判任务较重的法院，以及革命老区、民族地区、边疆地区、贫困地区法院，推动在人员、经费保障等方面给予更多关心支持，稳定基层民事审判队伍。三是加强对民事审判工作的监督，推动地方各级人大常委会听取民事审判工作情况报告，对民法典、民事诉讼法实施情况开展专项监督，推动解决司法实践中的问题和困难，确保公正司法。

全国人大常委会专门听取和审议人民法院加强民事审判工作、依法服务保障经济社会持续健康发展情况的报告，充分体现了对民事审判的高度重视，全国法院和广大干警深受鼓舞。我们将在以习近平同志为核心的党中央坚强领导下，在全国人大及其常委会有力监督下，认真落实本次会议审议意见，不忘初心、牢记使命，开拓进取、奋发有为，努力把民事审判工作提高到新水平，为统筹推进常态化疫情防控和经济社会发展工作，为实现“两个一百年”奋斗目标、实现中华民族伟大复兴的中国梦作出新的更大贡献！

对人民法院加强民事审判工作依法服务保障经济社会持续健康发展情况报告的意见和建议

10月16日，十三届全国人大常委会第二十二次会议审议了最高人民法院院长周强作的关于人民法院加强民事审判工作依法服务保障经济社会持续健康发展情况的报告，共有18人次发言。现根据会议发言情况，将常委会组成人员和列席人员的主要意见整理如下。

出席人员普遍认为，近年来最高人民法院依法履职尽责，深化民事领域司法体制改革，认真做好民法典配合编纂和贯彻实施工作，坚持服务大局、司法为民、公正司法，依法公正有效审理各类民事案件，为统筹推进疫情防控和经济社会发展、实现经济高质量发展、持续优化营商环境、打好三大攻坚战等提供了司法服务和有力保障。出席人员对最高人民法院的专项工作报告和全国人大监察司法委的调研报告给予充分肯定，普遍认为报告讲成绩客观全面、实事求是，提出的举措和建议很有针对性。同时指出，民事案件数量大、涉及领域多、审理难度大等特点和趋势将日益凸显，要深入学习贯彻习近平总书记全面依法治国新理念新思想新战略，准确分析和把握新形势新要求，进一步提升民事案件审判质效，充分发挥民事审判职能作用。审议中，大家还提出了一些具体意见和建议。

一、全力服务国家重大战略实施，加强涉民生案件审判工作

部分出席人员认为，一些基层法院对民事审判功能的理解仍停留在定分止争层面，对现代司法在服务国家发展大局、贯彻新发展理念、推动经济高质量发展方面的能动作用缺乏深刻认识，这同群众

对高质量民事审判的需求和期盼相比尚有差距。建议法院进一步转变民事审判工作理念,牢固树立服务大局意识,充分发挥在做好“六稳”工作、落实“六保”任务方面的职能作用,加强对涉及农业、金融、生态等领域案件的审理,为经济社会持续健康发展保驾护航。

有的出席人员指出,在常态化疫情防控中,我国企业特别是中小企业复工复产遭遇困难和冲击,有关司法举措的针对性和实效性有待增强,助力企业纾困解难的力度仍需加大。建议:(1)各级法院应准确适用不可抗力规则、落实好国家纾困惠企政策,聚焦企业安全生产、内部治理等方面的需求,提供助力企业发展的司法建议,多做“雪中送炭”的事,将法治正能量转化为企业现实生产力。(2)妥善处理因疫情引发的合同违约、企业债务等案件,畅通民事诉讼立审执破各环节,提高办案效率,多元化解矛盾纠纷,最大限度降低诉讼对企业经营可能带来的不利影响,大力帮助企业深挖自身发展潜力。

有的出席人员提出,服务于乡村振兴战略的实施,深入研究农村集体产权确权、民营企业权益保障、农村宅基地处置等方面的民事纠纷,摸清矛盾焦点和案件类型,将民事审判资源和力量更多向农村基层下沉。有的出席人员建议,从健全制度、案例发布、执行措施、甄别冤假错案等方面,持续加大知识产权司法保护力度,为企业发展松绑减负,营造鼓励创新、支持创业的良好法治环境。

部分出席人员提出,坚持以人民为中心的司法理念,做好涉民生案件审判工作。妥善审理涉及教育、就业、养老、医疗、消费、婚姻家庭等案件,让老百姓感受到公平正义,增强安全感、幸福感、获得感。特别要关注未成年人、妇女、老年人等特殊群体权益保护,通过具体案例发现问题,为相关部门加强改进工作提出司法建议。

二、提升民事审判工作质量和效率,强化民事审判监督指导

部分出席人员认为,一些民事案件审判质效有待进一步提升,案多人少矛盾依然突出,审判质量和效果有时难以保证。有的出席人员提出,通过加大法治宣传教育、严格民事立案审查、完善诉讼收费办法等措施,防止当事人滥用诉讼权利,从根本上、源头上解决案件数量大幅增长等问题。有的出席人员建议,适当提高诉讼费标准、大幅降低调解案件费用,运用经济手段减少诉讼。有的出席人员提出,统筹考虑案件数量、法院层级等因素,对于案件数量多、审理压力大的法院,给予政策、资源上的倾斜。还有出席人员建议,灵活适用诉讼程序,科学制定简单案件和复杂案件的分流规则,更多适用简易程序和速裁程序,缓解案多人少矛盾。深入推进多元化纠纷解决机制改革,鼓励和引导当事人选择非诉讼解决方式,节约司法资源。

有的出席人员提出,进一步完善法律统一适用机制,建立健全类案参考和裁判指引机制,切实提高民事审判质量。完善民事审判工作监督机制,强化案件质量评查,严格落实违法审判责任追究制度。部分出席人员指出,司法责任制改革以来,一些地方法院院长、庭长履行审判监督管理职责不到位,认为管多了就是干扰法官独立办案。建议进一步落实院长、庭长审判监督管理权责,厘清正当监管同干预过问的界限,完善案件监管全程留痕制度,解决不愿管、不敢管、不会管的问题。有的出席人员指出,在民事审判工作中,司法鉴定的委托、质证、采纳等环节存在不完善、不科学的问题,应增强科技支撑,引入专家审查评估,增强民事审判的科学性和公正性。

三、学习宣传贯彻民法典,加强民事审判队伍建设

部分出席人员指出,新制定的民法典正式施行后,将对法官能力素质提出更高要求。最高人民法院应对照民法典尽快出台新的司法解释和指导性案例,加强对地方各级法院的审判业务指导,开展民法典知识培训和交流研讨,全面提升法官精准适用民法典的能力和水平。

部分出席人员提出,进一步加强民事审判力量培养,建设高素质、专业化的法官队伍。加强法官职业保障,提高待遇水平,巩固和稳定民事审判队伍。做好审判专业人才援疆、援藏的统筹安排,带动当地法官提升审判能力。有的出席人员认为,审理民事案件,既要有专业的法律知识,也需要丰富的审判实践和经验。建议尽快研究出台法官的退休制度,适当延长法官退休年龄,让经验丰富的老法官发挥更大作用。

四、提高诉讼服务的信息化水平,深入推进智慧法院建设

部分出席人员认为,现代化诉讼服务体系建设

情况和运行效果，对案件审理质效、受众体验好坏等至关重要，在民事审判领域表现更为突出。目前，电子诉讼业务存在弱项，在线庭审不够规范，电子送达普及性、有效性不高，民事审判大数据的智能化分析不够、深度应用不多。建议深入推进智慧法院建设，将大数据、人工智能等信息化建设成果运用到民事审判工作中，优化繁简分流诉讼程序，加强在线诉讼和跨域立案，进一步畅通便民司法救济途径。

最高人民检察院关于人民检察院适用认罪认罚从宽制度情况的报告

——2020年10月15日在第十三届全国人民代表大会常务委员会第二十二次会议上

最高人民检察院检察长 张 军

全国人民代表大会常务委员会：

根据本次会议安排，我代表最高人民检察院报告人民检察院适用认罪认罚从宽制度情况，请予审议。

完善刑事诉讼中认罪认罚从宽制度，是党的十八届四中全会作出的一项重大改革部署。2016年7月，习近平总书记主持召开中央全面深化改革领导小组第二十六次会议，审议通过关于认罪认罚从宽制度改革试点方案。全国人大常委会加强立法保障和监督支持，2016年9月作出决定，授权在北京等18个城市开展试点；2017年12月审议试点工作中期报告，提出监督指导意见；2018年10月修改刑事诉讼法，固定、发展试点成果，明确规定犯罪嫌疑人、被告人自愿如实供述自己的罪行，承认指控的犯罪事实，愿意接受处罚的，可以依法从宽处理。这是中国特色社会主义刑事司法制度的重大创新，丰富了刑事司法与犯罪治理的“中国方案”。

一、认罪认罚从宽制度的重大意义及实践效果

新中国成立七十多年来，我们党领导人民创造了世所罕见的经济快速发展奇迹和社会长期稳定奇迹。伴随着改革发展和法治进步，刑事犯罪从立法规范到司法追诉发生深刻变化。特别是近20年来，刑事案件总量不断增加，检察机关受理审查起诉刑事犯罪从1999年82.4万人增加到2019年220万人；刑事犯罪结构发生重大变化，起诉严重暴力犯罪从16.2万人降至6万人，醉驾、侵犯知识产权、破坏环境资源等新型危害经济社会管理秩序犯罪大幅上升，被判处三年有期徒刑以下刑罚的轻罪案件占比从54.4%上升至83.2%。中国特色社会主义刑事司法制度跟进、适应，各类犯罪总体得到及时有效惩治，人民群众收获实实在在的安全感。

新时代，人民群众在民主、法治、公平、正义、安全、环境等方面有内涵更丰富、水平更高的需求，希望司法政策与时俱进，期盼社会长治久安；司法机关案多人少矛盾日益突出，必须遵循司法规律，优化司法资源配置，推动案件繁简分流。在这一历史背景下，党中央决定建立认罪认罚从宽制度，不仅着眼于提升诉讼效率、节约司法资源，更着重于化解社会矛盾、促进罪犯改造。2019年1月至今年8月，在监察机关、人民法院、公安机关和司法行政机关支持配合下，全国检察机关在依法严惩严重刑事犯罪的同时，适用认罪认罚从宽制度办结案件1416417件1855113人，人数占同期办结刑事犯罪总数的61.3%，这一制度在推进国家治理中的优势充分彰显。

一是有效促进社会和谐稳定。犯罪嫌疑人自愿认罪认罚，有助于增强接受教育矫治的自觉性，更好回归社会，最大限度减少社会对立面。适用这一制度办理的案件中，一审后被告人上诉率为3.9%，低于其他刑事案件11.5个百分点。同时，将是否与被害方达成刑事和解、取得被害方谅解作为从宽的重要考虑因素，也有助于弥补被害方身心及财产受到的侵害，化解社会矛盾，修复被损害的社会关系。一些地方检察机关在办理破坏环境资源案件中，探索建立“认罪认罚+生态修复”机制。一些地方检察机关在办理涉众型经济犯罪案件时，教

育、引导犯罪嫌疑人认罪认罚、退赃退赔,最大限度追赃挽损。

新冠肺炎疫情发生后,检察机关落实依法防控要求,对暴力伤医、危害防疫的制假售假、借机诈骗等主观恶性大、影响恶劣的案件依法从严追诉、从重惩治,警示犯罪、教育社会。同时,对于轻微刑事犯罪,教育、鼓励犯罪嫌疑人如实供述、认罪悔罪,更有利消除因严格管控形成的对抗情绪,促进社会秩序稳定。涉疫案件认罪认罚从宽制度适用率为 86.6%。

*二是更加及时有效惩治犯罪。*近年来,犯罪专业化、智能化、隐蔽化明显增强,不论是侦查取证还是审查起诉、法庭审理,难度不断加大。鼓励犯罪嫌疑人主动坦白、如实供述,配合司法机关查明犯罪事实、获取证据,有利于取证固证,及时、有效惩治犯罪。特别是一些团伙案件,犯罪嫌疑人往往订立攻守同盟、对抗司法,通过认罪认罚从宽可以有效分化瓦解犯罪分子,实现对案件的深挖、彻查。四川省检察机关办理的一起 4 人贩毒案,主犯始终不认罪,经过耐心细致释法说理,另外 3 人自愿认罪认罚并当庭指证,促进案件得到依法处理。

*三是显著提升刑事诉讼效率。*认罪认罚从宽,既在实体上体现从宽,也在程序上体现从简。修改后刑事诉讼法构建了诉讼程序与案件复杂程度、认罪与否、刑罚轻重相适应的多层次案件处理机制,推动繁简分流、简案快办、难案精办。检察机关适用该制度办理的案件,起诉到法院后适用速裁程序审理的占 27.6%;适用简易程序审理的占 49.4%;适用普通程序审理的占 23%,比 2018 年下降 20 个百分点。

*四是更好保障当事人权利。*坚持提速不降低质量、从简不减损权利保障。高度重视被害方合法权益保护,细致释明认罪认罚从宽、刑事和解等具体法律规定,充分听取被害人及其诉讼代理人对案件处理的意见。对 33040 名因犯罪侵害致生活陷入困境的被害人开展司法救助,发放救助金 4.89 亿元。及时告知犯罪嫌疑人相关法律规定,让其充分知悉认罪认罚的性质和法律后果;值班律师为犯罪嫌疑人提供法律帮助 124.6 万人次。将是否认罪认罚作为判断社会危险性的重要考量因素,认罪认罚案件不捕率高于整体刑事案件 18.3 个百分点;法院宣告缓刑案件占 36.2%,高出整体刑事案件 6.9 个百分点。

实践证明,认罪认罚从宽制度完全符合我国现阶段刑事犯罪结构变化和刑事诉讼制度发展规律,有利于更好实现司法公正与效率的统一,是推进国家治理体系和治理能力现代化的重要举措,党中央的决策部署和全国人大常委会的立法决定是完全正确的。

二、检察机关落实认罪认罚从宽制度的主要做法

认罪认罚从宽制度的建立和完善,推动我国刑事诉讼程序、模式发生重大变化,也赋予检察机关贯彻落实的更重责任。过去,审查逮捕、审查起诉往往以书面审查案卷材料为主,重定罪轻量刑、重程序推进轻认罪教育。适用认罪认罚从宽制度,检察官不仅要与犯罪嫌疑人面对面,全面充分把握案件事实、有效运用证据和典型案例等,积极促进认罪认罚;还要细致做好被害方工作,维护好被害方合法权益,让其感受到、能认同、愿接受被告人的认罪悔罪;还必须与律师深入沟通,听取意见,达成一致;更要对法院同类案件裁判了然于胸,准确把握定罪量刑标准,确保指控和量刑建议获得庭审采纳、社会认可。庭前工作质效的根本性改进,促进了案件处理质量、效率和效果的明显提升。去年全国两会期间,一些代表提出检察机关在落实认罪认罚从宽制度中应当发挥主导作用。这个“主导”就是实实在在的责任。最高人民检察院加强组织领导,带领各级检察机关站位国家治理全局,着力更新司法理念,充分履行法定职责,与其他办案机关一道,努力把这一制度落实到刑事诉讼各环节。

*(一)在党中央和地方各级党委领导下,强化与相关执法司法机关协作配合。*认罪认罚从宽制度涉及司法理念和刑罚观念变革、司法资源优化配置,涉及侦查、批捕、起诉、审判各个环节,涉及公、检、法、司等多个部门,是一项系统工程。各级检察机关自觉坚持在党的领导下推进制度落实,贯彻落实中的重大事项及时请示报告。同时,在分工负责、各司其职基础上,主动与相关部门协调配合,推动形成合力。一是出台办案规范。2019 年 10 月,会同最高人民法院、公安部、国家安全部、司法部联合发布关于适用认罪认罚从宽制度的指导意见,对适用案件范围和条件、“认罪”“认罚”的界定、从宽的把握、提出量刑建议等作出具体规定,为办案一线提供操作指引。二是建立日常联络机制。各地执法司法机关密切沟通,相互通报制度适用情况,

共同研究工作中的具体问题,统一适用标准和程序衔接。不少地方检察机关还专门在公安机关执法办案管理中心设立派驻检察室。三是推动落实值班律师制度。值班律师承担着为犯罪嫌疑人提供法律帮助、见证签署认罪认罚具结书等职责,是落实这一制度的重要参与者。各地检察机关主动与司法行政部门沟通,法律援助工作站已覆盖55%的基层检察院,天津、重庆、云南等地基层检察院实现值班律师派驻全覆盖。一些地方检察机关还配合司法行政机关探索通过政府购买服务、跨区域统筹调配等方式,妥善解决值班律师不足难题。今年8月,"两高三部"发布法律援助值班律师工作办法,进一步细化值班律师的职责和具体要求。四是协同创新释法。认识到位、理解准确是正确实施的前提。最高人民检察院专门制作法治宣传片,以浅显、新颖的动漫形式阐释认罪认罚从宽制度。在公安部大力支持下,今年7月起已在全国93%的看守所、69%的派出所、87%的公安机关执法办案管理中心循环滚动播放,一些犯罪嫌疑人受感召后主动认罪认罚。江苏省如皋市公安机关办理一起重大盗窃案时,犯罪嫌疑人一直"零口供",反复观看法治宣传片后,主动约见检察官,如实交代犯罪事实,并带着侦查人员辨认作案现场、提取赃物,使案件顺利侦破。

(二)立足批捕、起诉职能,切实履行指控证明犯罪主导责任。认罪认罚从宽制度全面实施之初,由于工作量、工作难度大大增加,检察办案普遍存在不敢用、不愿用、不善用的问题。2019年1月,检察环节认罪认罚从宽制度适用率只有20.9%,2019年6月仍只有39%。针对刑事案件一审后认罪服判率在80%以上、判处三年有期徒刑以下刑罚案件也在80%以上,最高人民检察院提出要坚持实事求是,积极主动担当,全面落实制度规定。经过持续有力督导,2019年12月检察机关办理刑事案件适用认罪认罚从宽制度的比例已达83.1%。今年以来,尽管疫情期间受看守所封闭、值班律师难以到位等因素影响,适用率一度有所下降,但1至8月整体适用率仍达到83.5%。

充分发挥审查起诉前连侦查后接审判、承上启下的优势,协同侦查、审判机关用好认罪认罚从宽制度。在审查逮捕环节就注重做好犯罪嫌疑人的释法教育工作,并引导侦查机关全面收集、固定证据包括量刑证据。检察机关适用该制度办理的案件中,侦查环节建议适用的从2019年1月的23.6%上升到今年8月的35.5%。主动做好诉审衔接,法院适用该制度审理的案件,检察机关建议适用的占97.3%。

依法用好起诉裁量权。对犯罪嫌疑人认罪认罚,依照法律规定不需要判处刑罚或可能判处免予刑事处罚的轻微刑事案件,依法作出不起诉决定208754人,占适用该制度办理案件总人数的11.3%。

充分运用确定刑量刑建议。犯罪嫌疑人认罪认罚的,检察机关应当就主刑、附加刑、是否适用缓刑等提出量刑建议,这是办理认罪认罚案件的法定环节。量刑建议尽量具体、明确,更有利犯罪嫌疑人认罪认罚,减少反悔和不必要的上诉。基于此,"两高三部"关于适用认罪认罚从宽制度的指导意见明确提出,办理认罪认罚案件,人民检察院一般应当提出确定刑量刑建议;对新类型、不常见犯罪案件,量刑情节复杂的重罪案件等,也可以提出幅度刑量刑建议。最高人民检察院认真落实,修订量刑建议指导意见,并与最高人民法院共同修订常见犯罪量刑指导意见,细化量刑标准;下发指导性文件和典型案例,加大培训力度;要求各地检察机关注重听取犯罪嫌疑人及其辩护人、值班律师的意见,做细做实量刑协商。2019年1月至今年8月,量刑建议采纳率为87.7%。其中,提出确定刑量刑建议率从27.3%上升至76%;庭审对确定刑量刑建议采纳率为89.9%,高于幅度刑量刑建议采纳率4.3个百分点;确定刑量刑建议案件上诉率为2.56%,低于幅度刑量刑建议案件3.1个百分点。

(三)秉持客观公正立场,该严则严、当宽则宽,确保依法准确适用。检察官既是犯罪的追诉者,又是无辜的保护者。各级检察机关严格落实法律规定,依法公正办案,确保无罪的人不受刑事追究、有罪的人严格依法追诉。一是坚持法定证明标准。全面审查、认定在案事实、证据,决不为片面提高效率而牺牲公正,决不因犯罪嫌疑人认罪而降低证据要求和证明标准。对3949名犯罪嫌疑人在侦查阶段认罪认罚,但经审查认为证据不足,不能认定其有罪的,依法作出不起诉决定。坚持以事实为依据、以法律为准绳,严把罪与非罪界限,强化认罪认罚自愿性和合法性审查,严防被迫认罪、替人顶罪等冤错案件。二是全面贯彻宽严相济刑事政策。办理认罪认罚案件不受罪名或法定刑的限制,但并非只要认罪认罚就一律从宽,还要区分具体案件性质、情节和对社会的危害程度,综合权衡从严、从宽因素,做到区别对待、罚当其罪。对轻罪案件特别是因民间纠纷引发的轻微刑事案件,尽量依法从简从快从宽处理。对社会危害不大的初犯、偶犯、过失犯、未成年犯,一般应当体现从宽,今年以来未成年人犯罪案件适用率为88.4%。对犯罪性质和危害后果特别严重、犯罪手段特别残忍、社会影响特别恶劣的,依法从严追诉、不予从宽。北京市检察机关办理一起组织、领导、参加黑社会性质组织案时,主犯在庭审中表示认罪认罚,但检察机关认为其作为黑社会性质组织首要分子,专门针对老年人房产实施“套路贷”犯罪,致72名被害人经济损失1.8亿余元,犯罪性质恶劣、危害后果严重,遂提出依法不予从宽处罚的意见,庭审采纳。

(四)强化内外部监督制约,防范廉政风险。认罪认罚后是否从宽、从宽幅度如何把握,事关犯罪嫌疑人切身利益。检察环节不仅有捕、诉裁量权,量刑建议更直接影响最终裁判,廉政风险随之加大。各级检察机关自觉接受派驻纪检监察机构监督检查、公安机关和审判机关程序制约,同时着力完善内部监督制约机制。今年5月,最高人民检察院发布办理认罪认罚案件监督管理办法,全面梳理办案风险点,明确部门负责人、副检察长、检察长的监督管理职责,构建全流程监督管理体系。规定当面听取辩护人、被害人及其诉讼代理人意见时,检察人员不得少于两人,且应当在工作时间和办公场所进行。量刑建议应当与审判机关对同类、情节相当案件的判罚尺度基本一致,特殊情况须说明理由和依据。对拟不批捕、不起诉的,需报检察长决定。对被害人不谅解或不同意从宽处理的案件拟不起诉的,视情邀请代表、委员、律师、专家学者等参与公开听证。健全案件评查、绩效考核、失责惩戒和执纪问责相衔接的制度机制,重点对量刑建议明显不当、犯罪嫌疑人认罪认罚又反悔、当事人不服提出申诉等案件进行监督。以更严格的要求落实过问或干预、插手司法办案记录报告的“三个规定”,筑牢司法廉洁“防火墙”。

(五)加强政治、业务建设,着力提升办案能力。认罪认罚从宽制度对检察官的能力素质提出全新要求。最高人民检察院与最高人民法院共同举办法官、检察官和律师同堂培训,促进形成共同司法理念。举办专题培训班,邀请专家学者、资深法官解答办案中的疑难问题。落实案例指导制度,发布333个适用认罪认罚从宽制度的指导性案例和典型案例。加强智慧检务建设,改造升级检察机关统一业务应用系统,增加法律检索、类案分析、量刑辅助等功能;推广认罪认罚案件远程提讯、远程庭审、远程送达等机制。深化与法学界务实合作,为完善和落实认罪认罚从宽制度提供理论支撑。

三、落实认罪认罚从宽制度中的主要问题和困难

认罪认罚从宽制度全面实施以来,整体运行顺畅,但由于尚处起步阶段,工作中还存在不少问题和困难。

(一)制度适用不平衡。部分检察人员认识不足,片面强调工作量和工作难度大大增加、案多人少,因而不想用、不愿用。确定刑量刑建议提出率和法院采纳率地区差异明显,提出率高的省份达78.8%,低的只有27.7%;采纳率高的省份达97.5%,低的只有69.9%。由于耗时费力,对拟提出缓刑或者管制刑建议的犯罪嫌疑人开展社会调查评估积极性不高。对一些符合条件的案件,未主动建议适用速裁程序。普法宣传不够,做当事人工作时易遭遇不理解甚至误解,制度的社会认知度还有待提高。

(二)办案质效待提升。有的检察官审查把关不严,存在因认罪认罚而降低证据要求和证明标准的问题。有的检察官因片面追求适用率,迁就犯罪嫌疑人或辩护律师,影响案件公正处理。耐心细致释法说理不够,有的被告人或为了“留所服刑”通过上诉打时间差,或利用“上诉不加刑”原则碰运气,违背具结承诺反悔上诉。对被告人反悔上诉和法院未采纳量刑建议案件的抗诉条件把握不准,该抗不抗、不该抗而抗问题都存在。

(三)衔接配合需加强。作为一项新制度,执法司法机关相互配合、制约总体较好,同时也存在经验不足、认识不够统一等问题。与侦查机关沟通不够,部分地区侦查阶段主动适用制度、促进认罪认罚教育较少。一些检察官、法官对量刑建议认识有较大差异。有的检察官把刑事诉讼法规定的“人民法院依法作出判决时,一般应当采纳人民检察院指控的罪名和量刑建议”错误理解为都要采纳;有的提出确定刑量刑建议说理不充分。量刑建议协商机制不健全,主动听取律师意见不够,影响量刑协商效果。值班律师资源紧缺和经费保障不足问题不同程度存在,西部地区尤为突出,一些案件犯罪嫌疑人主动认罪认罚却缺乏律师

参与。

（四）能力素质不适应。检察官运用认罪认罚从宽制度办理疑难、复杂、新型案件能力不足，不善于释法说理、沟通协调。有的量刑建议提出程序不规范，不同检察官对量刑标准把握和理解不同，特别是对缓刑、财产刑量刑建议把握不准，有的量刑建议不当。检察官被围猎、腐蚀的风险加大。

四、深化落实认罪认罚从宽制度的工作措施和建议

推进国家治理体系和治理能力现代化，必须把认罪认罚从宽制度进一步做实、做好。检察机关要坚持以习近平新时代中国特色社会主义思想为指引，紧紧围绕党和国家工作大局，深刻把握新时代人民群众需求、刑事犯罪发展态势，积极主动规范适用，更好履行在指控证明犯罪中的主导责任，努力实现司法办案政治效果、法律效果和社会效果有机统一。

（一）坚持依法该用尽用，让认罪认罚从宽制度更好服务经济社会发展。深入学习贯彻习近平总书记全面依法治国新理念新思想新战略，全面贯彻宽严相济刑事政策，对严重危害国家安全、公共安全和社会治安，严重影响人民群众安全感的刑事犯罪，坚决依法从严打击；对轻微刑事案件依法从宽处理，促进社会和谐。深刻认识这一制度对于化解社会矛盾、促进国家治理的重大意义，积极稳妥推进形成依法适用的自觉。把认罪认罚从宽制度融入做好“六稳”工作、落实“六保”任务，在涉民营企业平等保护、脱贫攻坚等案件中，教育促使更多犯罪嫌疑人认罪认罚，更好服务统筹推进疫情防控和经济社会发展。

（二）狠抓准确规范适用，不断提高办理认罪认罚案件质量与效果。全面落实“两高三部”指导意见，从严规范检察环节适用程序。完善认罪认罚自愿性、真实性保障机制，防止虚假认罪。落实繁简分流，依法建议更多适用速裁程序和简易程序，切实提升办案效率。落实少捕慎诉慎押司法理念，对犯罪嫌疑人认罪认罚的，依法能不逮捕的就不捕、能不起诉的就不诉。完善认罪认罚案件抗诉标准，对法院采纳量刑建议后被告人没有正当理由反悔上诉，或者量刑建议并无明显不当而未被采纳，符合抗诉条件的，依法审慎提出抗诉，维护制度严肃性和司法公信力。健全量刑协商机制，探索建立控辩协商过程同步录音录像制度，提高控辩协商的透明度、公信度。规范量刑建议提出程序，强化对重大疑难复杂案件、影响性案件量刑建议的审核把关。推广应用智能辅助系统，提升量刑建议精准度。针对性加强释法宣传，增进社会公众的理解和认同。

（三）强化与相关机关协作配合，共同推进认罪认罚从宽制度稳健运行。会同公安机关健全认罪认罚案件快速办理机制，强化对侦查取证的引导，从源头提高、保证案件办理质量。与最高人民法院共同研究细化量刑标准和量刑指引，进一步明确“从宽”的具体标准和不同阶段认罪认罚从宽的差异。加强与司法行政机关协作，完善不同诉讼阶段值班律师之间、值班律师与辩护律师之间的工作衔接机制，更充分发挥值班律师、辩护律师在落实这一制度中的作用。健全政府购买法律援助服务工作机制，着力解决值班律师资源紧缺和经费不足问题。

（四）强化自身建设，解决能力素质不适应问题。加强业务培训和岗位练兵。注重类案总结分析，建立认罪认罚案例库，为基层一线办案提供参考。将办理认罪认罚案件的质量、效率、效果纳入检察官业绩考评，促进提升社会治理功效。深化落实办理认罪认罚案件监督管理办法，严格执行过问或干预、插手司法办案记录报告的“三个规定”，坚决防止徇私枉法、权钱交易、权权交易，坚决防止人情案、关系案、金钱案。

认罪认罚从宽制度得到各级人大有力监督支持。两年来，5个省级人大常委会听取检察机关实施情况专项报告。59位全国人大代表对落实这一制度提出意见建议，其中18位代表提出书面建议。最高人民检察院邀请全国人大代表对地方检察机关实施情况进行专题视察，当面听取意见建议。全国人大常委会专门听取人民检察院适用认罪认罚从宽制度情况的报告，充分体现了对检察工作的高度重视。全国检察机关将更加紧密团结在以习近平同志为核心的党中央周围，坚持以习近平新时代中国特色社会主义思想为指导，认真落实本次常委会审议意见，勇于担当，迎难而上，更好落实认罪认罚从宽制度，助推国家治理体系和治理能力现代化，为实现“两个一百年”奋斗目标和中华民族伟大复兴的中国梦作出新贡献！

对人民检察院适用认罪认罚从宽制度情况报告的意见和建议

10月16日，十三届全国人大常委会第二十二次会议审议了最高人民检察院检察长张军作的关于人民检察院适用认罪认罚从宽制度情况的报告，共有19人次发言。现根据会议发言情况，将常委会组成人员和列席人员的主要意见整理如下。

出席人员普遍认为，2019年刑事诉讼法实施以来，检察机关立足国家治理全局，着力更新司法理念，把适用认罪认罚从宽制度作为新时代检察工作创新发展的重要抓手，认真履行法定职责，同其他办案机关协同配合，规范有序推进认罪认罚从宽制度，取得了明显成效。出席人员对最高人民检察院的专项工作报告和全国人大监察司法委的调研报告给予充分肯定，普遍认为报告实事求是、重点突出，内容全面详实，建议务实中肯。同时指出，认罪认罚从宽制度在全国范围内适用还不到两年，仍存在一些不适应不到位的问题。要深入学习贯彻习近平总书记全面依法治国新理念新思想新战略，准确把握新时代人民群众需求、刑事犯罪发展态势，更好履行在指控证明犯罪中的主导责任，全面贯彻宽严相济刑事政策，努力实现司法公正与效率有机统一，实现司法办案政治效果、法律效果和社会效果有机统一。审议中，大家还提出了一些具体意见和建议。

一、深刻理解和把握认罪认罚从宽制度的内涵和功效

部分出席人员指出，有些人民检察院、办案人员对认罪认罚制度内涵把握不清、存在害怕担责思想，导致适用程序不规范、认定事实证据不精准等问题。人民法院、公安侦查机关的一些同志对实施这项制度不理解不适应，存在消极抵触的情绪，影响了制度适用的效果和司法公信力。还有一些群众对制度功效认识不全面，存在误解和疑虑。部分出席人员提出：(1)检察机关和其他司法部门应进一步提高政治站位，更新司法理念和刑罚观念，深刻认识认罪认罚从宽制度在体现宽严相济刑事政策、社会和谐稳定、优化司法资源配置、提高司法效率等方面的重要意义，积极稳妥推进这项工作，确保制度有效实施。(2)组织犯罪嫌疑人、被告人观看宣传片，解读这项制度、做好以案释法，用“浪子回头”的典型案例，增强他们认罪认罚的内在动力，充分发挥认罪认罚从宽制度的感召力。(3)运用鲜活的群众语言开展正面宣传引导，解读好制度在教育感化挽救、促进社会和谐方面的独特作用，不断提升群众对这项制度的认知度、认同感。

二、准确规范适用认罪认罚从宽制度

部分出席人员指出，制度适用存在不均衡现象，“宽严适度”较难掌握。一些办案人员对“认罪”“认罚”的认定缺少准确判断。有的出席人员提出，各级检察机关应严格落实刑事诉讼法和“两高三部”指导意见，坚持准确规范适用，宽严有据、罪责相适，该严则严、当宽则宽，落实好宽严相济的刑事政策。对犯罪嫌疑人、被告人自愿认罪认罚、符合从宽条件的轻罪案件，能不逮捕的就不捕、能不起诉的就不诉。对严重危害国家安全和公共安全、涉黑涉恶等重罪案件，保持从严打击、从严惩处的力度。

有的出席人员指出，有的地方盲目追求刑事案件认罪认罚从宽制度的适用率，设定具体指标作为评价检察工作的依据，易出现层层加码、强推硬推的现象。建议进一步细化完善“认罪”“认罚”的判断标准，具体问题具体分析，既要防止无罪受罚和轻罪重罚，也要防止有罪不罚，避免因设定硬性指标，影响制度执行效果。

部分出席人员指出，为确保认罪认罚从宽制度有效实施，在稳定较高适用率、实现该用尽用的前提下，要大力提高案件办理质量和效果，关键是推进量刑精准化、科学化。建议：(1)最高人民法院、最高人民检察院联合制定出台适用于认罪认罚从宽案件的量刑指南，健全科学规范的工作规程，强化量刑说理指导，综合案情提出建议，增强量刑建议的精准度、均衡性。(2)进一步推进量刑建议智能化建设，推广应用智能辅助系统，细化同

类案件、常见罪名量刑参考，促进标准化量刑。(3)持续提升量刑协商水平，细化控辩协商程序机制，努力在办理每一件认罪认罚案件中，对认罪认罚教育、量刑协商过程等逐案留痕，以完备的制度促进平等、充分协商，以开门的理念促进严格、公正司法。

有的出席人员提出，严格执行人民检察院办理认罪认罚从宽案件监督管理办法，落实干预司法活动、插手具体案件处理记录制度，进一步健全案件办理事前、事中、事后监督机制和责任追究机制。加强对检察机关行使起诉裁量权的监督，对不捕不诉案件、重大复杂敏感案件的量刑建议要严格把关。加大常态化巡查、督查、评查力度，强化检务透明、公开，确保廉洁公正司法。有的出席人员建议，运用互联网、大数据等技术手段全面收集、系统分析基层办案实践，及时总结经验、发现问题，做好对各级检察机关的业务指导。

三、强化同监察、审判、公安及司法行政机关协作配合

部分出席人员提出，认罪认罚从宽制度贯穿刑事诉讼各阶段全过程，涉及检察机关和监察、审判、公安、司法行政等多部门，在相互配合、相互制约方面存在不协调、不统一的问题。有的出席人员认为，实施认罪认罚从宽制度，检察机关负有指控证明犯罪的主导责任，但离不开其他机关的共同参与。各方应准确适用法律，强化工作衔接，形成全面落实认罪认罚从宽制度的整体合力。

有的出席人员指出，免于刑事处罚，并不等于不承担其他法律责任，对此类案件应及时移交有关方面，使其承担相应行政或者民事法律责任。建议检察机关会同有关部门，抓紧研究制定不起诉认罪认罚案件与行政处罚程序、民事诉讼程序的衔接机制。

有的出席人员提出，社会调查评估结果是检察机关提出量刑建议的重要参考，但新制定的社区矫正法对此没有作出明确规定。一些社区矫正机构接到检察机关的委托要求后，以没有明确法律依据为由，拒绝协助调查评估或者迟滞进行，使检察机关的缓刑建议因缺乏依据而难以及时提出。建议完善相关制度规定，对于某些轻罪在侦查阶段就开展调查评估工作，保证依法顺利适用缓刑等。

四、切实保障当事人诉讼权利

部分出席人员针对严防被迫认罪、替人顶罪等冤错案件，建议严格执行刑事诉讼法的有关规定，强化认罪认罚自愿性和合法性审查，落实犯罪嫌疑人、被告人权利告知、证据开示等制度，保障他们获得有效法律帮助的权利。有的出席人员提出，对被告人在庭审阶段反悔、退出认罪认罚从宽程序的，不能作为“抗拒”情形对待，应按照普通程序作一般案件继续办理。

部分出席人员指出，值班律师大多实行轮换制，与犯罪嫌疑人、被告人接触时间较短，担任认罪认罚具结见证人的情况多，对案件提出实质性意见、有效法律帮助少。建议明确值班律师提供法律帮助的范围、程度和标准，努力实现没有辩护人的认罪认罚案件值班律师全覆盖。设置值班律师资格准入门槛，建立相应的评价考核机制。提高值班律师经费保障水平，探索建立退休检察官、法官以志愿者身份担任值班律师、参与法律援助的工作机制。有的出席人员提出，对于认罪认罚案件的上诉理由应予以合理限制，健全完善有条件的上诉制度，引导被告人正确行使上诉权，减少无正当理由的上诉。

部分出席人员还提出，大力加强检察队伍建设，有针对性地开展教育培训，提高检察官审查证据、适用法律、把握政策的水平，增强释法说理、沟通协调、化解矛盾、消弭对抗情绪的能力。部分出席人员建议，在刑法总则中增加“认罪认罚从宽”量刑情节，实现与刑事诉讼法的衔接；进一步细化“从宽”的幅度标准，明确规定认罪认罚的可以从轻或者减轻处罚，犯罪较轻的可以免除处罚。完善刑事诉讼法关于不起诉和附条件不起诉的适用条件，支持在认罪认罚从宽案件中运用不起诉手段。

国务院关于2019年度中央预算执行和其他财政收支审计查出问题整改情况的报告

——2020年12月23日在第十三届全国人民代表大会常务委员会第二十四次会议上

审计署审计长 侯 凯

全国人民代表大会常务委员会：

受国务院委托，我向全国人大常委会报告2019年度中央预算执行和其他财政收支审计查出问题的整改情况，请审议。

党中央、国务院高度重视审计查出问题的整改工作。习近平总书记多次作出重要指示批示，强调要加强审计发现问题整改的跟踪推进，以有力有效的审计整改促进完善制度、提高制度执行力。李克强总理主持召开国务院常务会议专题研究部署整改工作，要求对照查出的问题逐项整改，并完善制度机制。按照党中央、国务院的部署要求，审计署向186个中央部门、单位和省[①]级人民政府印发整改通知和问题清单，结合审计项目实施，对整改情况进行跟踪督促检查。

一、整改工作的部署推进情况

各地区各部门坚持以习近平新时代中国特色社会主义思想为指导，深入贯彻落实党中央、国务院决策部署，把扎实抓好审计查出问题整改作为践行“两个维护”的实际行动，认真执行十三届全国人大常委会第十九次会议有关审议意见，全面落实全国人大财经委审查意见，推动整改工作取得明显成效。

（一）认真落实整改责任。有关部门单位和地方将整改作为重大政治任务抓紧抓好，主要负责同志切实承担第一责任人的责任，及时传达学习习近平总书记重要指示批示精神和国务院常务会议要求，研究部署整改工作。很多地方和部门成立领导小组、召开专门会议、制定整改方案、建立整改台账，逐项分解整改任务，层层压实整改责任。有关主管部门认真履行行业监管责任，指导开展本领域整改工作，部署行业性专项整治，并完善部门间整改协调机制，形成合力。如住房城乡建设部、发展改革委、财政部、人民银行等部门组成联合调研组，赴各地督导保障性安居工程问题的整改工作；自然科学基金委召集30多家单位召开座谈会，在大量数据分析和调查研究的基础上制定专项整改方案。

（二）采取有效措施提升整改效果。国务院将审计查出问题整改情况作为第七次大督查的重要内容，14个督查组对14个省350个典型问题的整改情况进行实地督查。很多部门单位和地方也将整改纳入督查督办范围，形成政府督查机构、审计机关、主管部门等协同推进整改的工作格局。一些部门和地方把整改工作与巩固拓展“不忘初心、牢记使命”主题教育成果、创建“让党中央放心、让人民群众满意的模范机关”等重要工作一体推进，主动创新整改方式，提升整改效果，通过对账销号、整改“回头看”、制发提示提醒清单等，将整改任务逐项落实到具体单位；有的将整改结果纳入部门绩效考核，形成倒逼整改机制；有的设立整改联席会议办公室，每月向有关单位通报整改动态。

（三）着力构建相关长效机制。有关部门单位和地方坚持“治已病、防未病”，将具体问题整改与完善制度相结合，努力做到标本兼治、从源头上强化治理。如5个省结合整改工作，出台或完善深化行政审批制度改革、加强公共租赁住房管理、加快预算资金支出等方面的制度；自然资源部针对近年审计等指出的问题，印发关于坚持问题导向强化财会监督的通知。有的地方还制定了审计整改责任追究办法、提升整改结果运用的意见等制度，并将审计与巡视巡察、纪检监察、组织人事等监督贯通起来，切实提高整改结果利用的制度化、规范化水平，健全完善审计查出问题整改工作机制。

二、审计查出问题的整改情况

截至2020年10月底，对《国务院关于2019

① 本报告对省级行政区统称为省，地市级行政区统称为市，县区级行政区统称为县。

年度中央预算执行和其他财政收支的审计工作报告》反映的问题，有关部门单位和地方采取上缴国库、退还税费、统筹使用或加快拨付进度、调整投资计划和账目等方式，整改问题金额2118.08亿元；制定完善相关规章制度2350项，追责问责705人。

（一）中央财政管理审计查出问题的整改情况。财政部、发展改革委等部门通过清理收回结转结余资金、加快资金使用进度等整改438.09亿元，完善政府投资基金、专项资金管理办法等制度56项。

1. 关于财政支出效率还不够高的问题。

一是预算编制不够细化和精准问题。对中央本级支出预算年初未落实到单位问题，财政部将2020年中央本级代编预算规模同比压减37.3%，动用代编预算事项均按程序报批，具备条件的及时办理拨付。对专项转移支付预算年初未分配到具体地区问题，已将涉及的服务业发展专项2020年部分预算预计数明确到具体地区。对国有资本经营预算年初未落实到具体项目问题，财政部督促预算编制部门每年9月底前完成预算编报，除据实结算、按要求预留和向政府投资基金注资等支出外，2020年预算全部细化到企业。对向中央部门有结转资金的项目继续安排预算问题，财政部调减了相关项目预算，收回部分项目的结转结余资金，进一步加强对部门预算执行情况的跟踪监督。

二是资金分配使用中存在滞拨闲置等问题。对预算下达晚问题，财政部在批复2020年部门预算时明确，执行中一般不再追加，确需调剂的，要求部门限期提出申请并确保项目可实施。对未用的住房租赁市场补助，住房城乡建设部建立试点城市月报制度，会同财政部进行专项督导，加快资金拨付；各地通过奖补、注资等，将补助资金落实到具体项目，至10月底已安排使用84.98亿元。对资金使用效率低问题，有关地方加快预算执行、招标采购等进度，已统筹使用38.87亿元；7个知识产权运营服务体系建设重点城市通过加快项目申报、建设实施等，已使用中央补助3.88亿元；11个省有关部门督促加快电子商务进农村示范县项目建设进度，已使用中央补助5.59亿元。对项目准备不充分问题，未及时开工的68个项目中，有67个已开工、1个调整投资计划；资金支付进度滞后的141个项目中，16.14亿元（占已完成中央财政投资额的71.5%）已支付给施工方等；52个进度滞后的重大水利工程项目中，有18个通过加快项目审批、积极筹措资金、推进项目建设等整改，其中部分项目已具备灌溉、防洪等功能。

三是资金下达拨付耗时较长问题。对预算未在规定时间内下达问题，财政部研究将转移支付下达不及时问题纳入其内控考核，并督促有关部门尽早提出资金分配建议，至10月底2020年转移支付预算和投资计划已分别下达97.1%、98%。对发展改革委下达投资计划到财政部下达预算用时较长问题，两部门加强沟通衔接，做好项目库储备和前期工作，优化代编预算等下达流程，加快预算下达文件办理进度。对省级财政分解下达用时长问题，17个省通过将转移支付下达时间作为考核预算执行进度指标等，规范资金分解下达工作。对项目从立项获批到施工许可耗时长问题，各省对审批时间过长项目进行梳理，着力提升审批效率。如山东省将工程项目全流程审批时间压缩到100个工作日、简易低风险项目不超过20个工作日。

2. 关于有些财政基础性工作还不够扎实的问题。

一是基本支出定员定额管理有待完善问题。对纳入定员定额管理范围比例较低问题，财政部进一步完善定额标准，2020年将海关系统等纳入管理范围。对在项目预算中编报基本支出问题，已按程序办理预算调剂。

二是预算绩效管理精细化程度还需提高问题。对绩效指标设定问题，有关部门进一步明确了编制要求，提高绩效目标的规范性和科学性，完善绩效评价管理体系，严把自评标准、提高自评质量。对国有资本经营预算绩效目标问题，国资委印发自评工作通知，完善相关绩效指标体系，有关中央企业10月底前按要求报送了2018、2019年度绩效自评报告和自评表。对信息公开不够问题，财政部2020年将25个重点项目绩效评价报告提交全国人大常委会参阅，其中10个随部门决算向社会公开，比上年增长42.9%；组织中央部门公开了109个一级项目的绩效目标和351个项目的绩效自评结果，分别比上年增长211%、49.3%。

三是国有资本经营预算具体分配使用不够规范问题。3户中央企业已将3.15亿元转增实收资本。

3. 关于转移支付改革还未完全到位的问题。

一是归类标准不一问题。财政部拟将共同财政事权转移支付从一般性转移支付中剥离，单独列为一类管理；进一步规范和加强2项区域性财力性补助的预算管理。

二是分配管理不够规范问题。财政部会同有

关部门制定出台 2 项专项转移支付的管理办法,另 1 项正在修订。发展改革委已提出完善 2 个投资专项切块标准的初步方案,将结合相关规划等修订完善管理办法;废止了另 1 个投资专项的管理办法,将按照相关规定安排投资补助。对国库集中支付管理不到位问题,10 个省的财政部门强化对市县转移支付资金使用的跟踪督促和监管,9.84 亿元已收回国库或按进度支出。

三是预算安排存在重复问题。财政部、发展改革委等部门加强沟通衔接和项目审核,进一步加强专项资金与投资计划的统筹,督促地方强化资金和项目管理,避免重复申请财政资金。向 1 个老旧小区改造项目重复安排的财政资金已被调剂用于其他改造项目。

(二)中央部门预算执行审计查出问题的整改情况。有关中央部门和所属单位已整改 88.13 亿元,制定或完善制度 97 项,处理处分 23 人。

1. 关于落实过"紧日子"要求不够到位的问题。有关部门和单位已整改 39.7 亿元(占 98.1%)。其中:对虚列或超范围支出、会议开支不规范等问题,7 个部门和 14 家所属单位已上缴国库、归还原渠道等 5331.1 万元,进一步完善相关管理制度,加强支出审核,严格执行因公出国(境)规定;对公务用车超编制或使用不合规等问题,1 个部门和 10 家所属单位修订完善制度 3 项,建立公务用车管理台账,严格使用审批,退回车辆 2 辆。对违规收费、违规理财、账外核算等问题,1 个部门取消违规收费,2 个部门和 7 家所属单位收回理财资金或调整账目 6.25 亿元。

2. 关于项目支出"花旧补新"或往来账款长期未清理的问题。对项目连年结转、连年申请预算问题,有关部门和单位进一步提高预算编制的科学性和准确性,加强预算执行进度管理、控制结转规模,4 个部门共上缴结余结转资金 3363.93 万元。对往来账款长期未清理问题,有关部门和单位认真梳理核实相关款项、制定清理计划,22 个部门和 26 家所属单位已收回欠款、调整账目或归还原渠道等 7.67 亿元,另有 6005.98 万元待财政部批准清查结果后予以核销。对未及时办理竣工决算等问题,有关部门和单位将进一步加强项目前期论证、提高预算编制的准确性,加大力度推进项目建设,6 个部门和 7 家所属单位已统筹使用或上缴财政 1.2 亿元。

3. 关于资产管理仍存在薄弱环节的问题。对资产底数不清问题,有关部门和单位积极组织资产清查,18 个部门和 11 家所属单位确认资产或调整账实差异等 15.1 亿元,8 个部门和 4 家所属单位已按规定计提折旧等。对违规出租、资产处置等问题,2 个部门和 44 家所属单位进一步完善资产出租出借程序、补办报批等手续,2 个部门和 3 家所属单位已收回违规出租资产或盘活使用闲置资产等,1 个部门和 5 家所属单位将出租、处置收入 1341.61 万元上缴财政。

4. 关于部门信息系统建设绩效有待加强的问题。对统筹规划不够或整合共享不充分等问题,2 个部门加强建设统筹、推进系统共享,建立网络安全信息通报机制、印发信息化三年重点工作规划等,定期开展网络安全检查,整合现有部本级预算管理业务系统。对应用频率较低问题,2 个部门加强需求调研、强化顶层设计、优化系统功能,6 个信息系统均已完成整改。对信息系统管理不到位问题,相关部门通过停用、整合等方式加强信息系统管理。

(三)重点民生资金和项目审计查出问题的整改情况。

1. 关于基本养老保险基金审计方面的问题。有关地方已整改 6.04 亿元,完善制度 16 项。对 8 个省仍实行市县统筹问题,人力资源社会保障部推动各地提高统筹层次,强化监管力度,6 个省已实现省级统筹,另 2 个省将于 2020 年底前完成。对部分人员未参保问题,人力资源社会保障部、财政部、卫生健康委、扶贫办等主管部门加强沟通协作,推动各地做好医护人员、低保和特困人员、公益性岗位安置的就业困难人员以及被征地农民等的参保登记工作,12 个省排查 10.72 万人参保情况,并督促完成参保。对向不符合条件的人员发放养老金问题,13 个省加强数据共享、建立信息比对机制,已收回清退、排查停发养老金 4709.3 万元、涉及 1526 人。对未及时办理个人账户资金转移、清退问题,10 个省经办机构加强信息化建设和提醒提示服务,已为 8.18 万人办理个人账户转移、清退或信息清理工作,涉及 5.57 亿元。

2. 关于医疗保险基金审计方面的问题。有关地方和部门已整改 23.96 亿元,完善制度 27 项。对参保考核管理还不完善的问题,医保局等 3 部门出台《关于加强和改进基本医疗保险参保工作的指导意见》(医保发〔2020〕33 号),对提高参保质量、优化参保缴费服务、提升信息化管理水平等方面作出明确规定。对多报参保人数和多获补助问题,中央财政已通过扣减有关省份补助等整改 22.82 亿元、处理处分 72 人,其中四川省开展了为期 2 个月的排查整治,建成重复参保核查系统,完善参保管理措施。对欺诈骗保等问题，各地已追回或扣缴基金1.14亿元、问责处理81人，并加强制度建设。

3. 关于保障性安居工程审计方面的问题。住房城乡建设部、财政部、发展改革委等部门建立联合工作机制，加强实地督导，各地已整改386.78亿元，完善政策58项。一是税费优惠方面的问题。62个市县退还150个项目的城市基础设施配套费、城镇土地使用税等3.21亿元，另17个项目已制定退还方案，正按程序办理；23家金融机构和融资平台公司退还、抵减咨询服务费、管理费等2.41亿元，有关地方进一步规范了辖区内金融机构对保障性住房融资的收费行为。二是保障落实方面的问题。205个市县取消了1.18万户不符合条件家庭的住房保障待遇或调整保障标准，清退住房6430套、追回补贴561.75万元；15个市县完善棚户区改造相关政策，剔除不符合棚改条件的项目和住房。47个市县长期未建成的安置住房有3.03万套已基本建成；25个市县加快办理竣工验收、出台分配方案等，1.72万套住房已可投用，还有1.05万套已分配到户。三是资金使用方面的问题。有关地区加快项目建设进度，及时拨付使用或上缴结余资金，已统筹盘活381.1亿元。

4. 关于住房公积金审计方面的问题。有关地方和部门已整改306.13亿元，健全制度规范241项。一是公积金提取及贷款发放条件要求不一的问题。13个省根据《住房公积金管理条例》，调整了当地的提取和贷款政策，并逐步规范大病医疗、特困救助等提取业务，涉及公积金和贷款305.79亿元；12个省的21个市通过规范业务管理、将违规缴存人列入黑名单、提请司法机关协助等，追回公积金或结清贷款3338.16万元，涉及144人。二是有些行业和单位未实现统筹的问题。17个省相关行业和省直单位通过调整政策、整合数据等，推进属地统一管理。

（四）三大攻坚战相关资金审计查出问题的整改情况。

1. 关于扶贫审计方面的问题。有关地方和部门已整改全部问题金额1.39亿元，完善政策制度12项，追责问责104人。对贫困群众未纳入基本医疗保险问题，6个县加大政策宣传力度，逐户逐人摸排，落实参保财政补助，2200多名贫困群众已全部纳入基本医疗保险。对后续扶持措施未及时跟上问题，5个县通过开发公益性岗位、发展产业支持贫困群众在当地就业、转移就业和自主创业，已实现每户至少1个劳动力稳定就业。对极少数贫困学生未在校就读问题，教育部会同有关部门出台《关于进一步加强控辍保学工作健全义务教育有保障长效机制的若干意见》（教基〔2020〕5号），着力解决因学习困难、外出打工等辍学问题；5个县加强全过程帮扶，辍学学生已经复学或完成学业补偿。对扶贫资金被虚报冒领或骗取侵占问题，有关地方逐一核查，涉及的1591.95万元已通过追回资金、处以罚金等全部整改，处理处分95人；还通过调整置换项目资金、重新制定实施计划等整改损失浪费问题1.22亿元。

2. 关于污染防治审计方面的问题。10个省已整改20.33亿元，完善制度10项，追责问责9人。一是多头分配问题。2个省通过重新分配、收回资金等，整改重复支持同一项目的资金1.14亿元。二是项目管理不够衔接等问题。有关地方已将8.62亿元中央生态环保资金落实到具体项目；未按期开（完）工的100个项目中，有54个实现开工或完工；未发挥预期效益的22个已建成项目中，有13个已发挥预期效益。三是资金管理不够严格问题。8个省已拨付或统筹使用10.35亿元；追回5家项目单位多得的1227.87万元；5家单位挪用的1090万元已全部追回。

3. 关于防范化解重大风险审计方面的问题。

一是地方政府债务管理问题。对新增专项债券资金未使用问题，有关地方抓实项目遴选储备，建立资金使用情况报告制度，加快债券资金支出和项目建设进度，及时调整资金用途，18个省及所辖36个市县已安排使用或收回闲置资金242.85亿元，并完善制度3项，约谈8人。对违规举债或担保问题，9个地区通过安排预算、直接偿还等化解隐性债务60.22亿元，2个地区对违规举债单位追责问责。

二是基层财政运转问题。财政部出台做好基层“三保”工作等多份文件，严格按照县级为主、省级兜底的原则，阶段性提高县级财政资金留用比例；完善县级基本财力保障机制奖补资金、均衡性转移支付资金等分配办法，健全激励约束机制；强化地方库款运行监测督导，加大财政支出结构调整力度，大力压减一般性支出，兜牢“三保”底线。

三是金融风险防范化解问题。对10家中央金融机构未按期偿还贷款余额增长问题，银保监会等主管部门强化监管指标监测，加强信用风险审慎监管，组织开展压力测试，指导有关金融机构充分计提拨备、准确风险分类、加快不良处置；有关金融机构分类施策，缓解因疫情受困企业还本付息压力，有效识别客户实质风险。对地方中小银行实际不良率较高问题，银保监会持续推进不良贷款真实入账，推动地方运用专项债券补充中小银行资本；有关地方和金融机构加快不良贷款清收、处置。

（五）重大政策措施落实跟踪审计查出问题的整改情况。

1. 关于就业优先政策落实方面的问题。有关地方和部门已整改 73.38 亿元，完善制度 24 项。一是预算分配与工作任务对接不够精准问题。3 个省通过提高经费预算、追加预算或提前拨付等，安排 78 所院校高职扩招生源生均经费等 3.1 亿元；2 个省研究制定现代职业教育质量提升计划资金分配方案或管理办法，将贫困地区作为参考指标，并向先进制造业等亟需特需专业倾斜。二是有些资金发放使用不合规问题。对将资金发放给不符合条件的单位和个人、挪用等问题，17 个省通过收回、清退、停发资金等整改 2.17 亿元；被骗取套取的 1079.92 万元已全部收回。三是部分计划任务未按期推进问题。对未按期开（完）工的 39 个职业教育、产教融合项目，有 13 个已投用、12 个已完工、6 个已开工，涉及 7.58 亿元；对未按时拨付或使用的资金，通过改进清算方式、完善项目申报评审流程、制定资金管理办法等整改 60.42 亿元。

2. 关于减税降费政策落实方面的问题。一是有些优惠政策未完全落实问题。对企业未享受到免征教育费附加、研发费用加计扣除等税收优惠问题，有关税务部门已整改到位，办理退库或税费抵减 4511.2 万元。对生活服务等企业未享受疫情防控期间收入免征增值税问题，有关税务部门已整改到位，办理退库或税收抵减 874.1 万元。二是有的部门和地方税费征管还不够规范问题。对企业被提前或多征税费问题，有关税务部门已整改到位，办理退库或税收抵减 50.4 亿元；对违规收费或要求企业承担费用等问题，有关地方已退还企业 1.08 亿元。

3. 关于清理拖欠民营和中小企业账款方面的问题。对未逐笔制定清偿计划、少报或多报欠款、虚报清偿额等问题，工业和信息化部积极推动全面落实《保障中小企业款项支付条例》，将审计发现问题分解到有关地区和部门，避免产生新的拖欠；发展改革委对因拖欠账款被人民法院纳入失信被执行人名单的政府部门和国有企业依法依规实施失信惩戒，将各地拖欠工作治理成效与城市信用状况月度评价、信用示范城市创新等工作挂钩，及时监测市县政府可能存在的拖欠风险。2 个省的 7 个地区按要求逐笔制定欠款清偿计划，11 个省的 31 家单位和 2 户中央企业清偿欠款 3.1 亿元；5 个省的 5 家单位和 1 户中央企业将多报、少报或虚偿的 2.13 亿元欠款调整了台账。对农民工工资保证金退还不够及时问题，人力资源社会保障部责成涉及的 3 个省立即纠正，6701.76 万元工资保证金已全部退还。

4. 关于科技相关政策落实方面的问题。有关部门和高校收回或盘活资金 31.37 亿元，完善相关制度 6 项。一是科技资源配置不够合理问题。对国家科技成果转化引导基金结转结余较多、子基金审批耗时较长等问题，至 2019 年底的结转结余中，有 12.34 亿元上缴财政，13.56 亿元安排用于子基金出资，4.14 亿元调剂用于新冠病毒疫苗研发等科研任务；科技部、财政部等部门健全基金运行全周期管理制度，压减符合条件子基金的设立周期。二是科技成果转化率偏低问题。教育部、知识产权局、科技部印发《关于提升高等学校专利质量促进转化运用的若干意见》（教科技〔2020〕1 号）等文件，组织开展知识产权试点示范高校建设工作，完善知识产权运营服务体系；1 所高校成立了科技成果转移转化领导小组，另 1 所高校出台了促进科技成果转化管理办法，并已成功转化 5 项科技成果。三是科研设备开放共享不充分问题。5 所高校系统梳理科研设备，已有 539 台（套）设备纳入国家共享平台，并建立了校级、院级大型仪器共享机制。

5. 关于乡村振兴相关政策落实方面的问题。有关部门和地方已整改 10.26 亿元，促进政策落实或完善规章制度 117 项，追责问责 40 人。一是高标准农田建设方面问题。农业农村部、财政部等部门加强沟通协调，研究完善建设标准，并将审计指出问题整改情况与高标准农田建设补助资金分配挂钩；有关地方加快项目建设、加大土壤改良投入、健全管护机制等，涉及高标准农田 104.2 万亩、财政资金 1.98 亿元。二是粮食和生猪生产政策落实方面问题。粮食和储备局建立粮食生产保障项目月度督办机制，农业农村部暂停了动物防疫条件审查中关于选址距离标准的要求；有关地方加快施工进度、完善养殖政策，52 个粮食生产保障项目中，有 31 个已完成整改，各地共盘活或拨付到位资金 1.84 亿元。三是农村人居环境整治方面问题。农业农村部逐月通报农村改厕进展情况，加强技术指导服务，健全问题反馈和督促整改机制；财政部印发推进农村人居环境整治工作的通知，指导地方落实“建管并重”要求；交通运输部推进农村公路管理养护体制改革,提升建设质量;有关地方加快项目建设、验收、移交,明确管护责任,增加运维投入,已整改农村厕所和污水垃圾处理设施10万余个、农村道路219条。四是乡村公共文化设施方面问题。文化和旅游部督促地方将文化站纳入县级文化馆、图书馆统筹建设,增加服务内容;14个县全面摸排公共文化设施使用情况,腾退、维修被占用或损坏的设施设备,建立管护制度。

6. 关于政府投资基金相关政策落实方面的问题。8个省有关政府投资基金已投出218.33亿元,收回36.08亿元;财政部出台制度,要求严格控制基金管理费支出,5个省市明确了管理费计提标准。对中小企业创业投资基金问题,7个市及2个开发区已投出或收回资金10.47亿元,4个市及1个开发区制定完善基金管理办法,规范投向管理,加快支出进度。

(六)金融和企业审计查出问题的整改情况。

对51家银行增加企业融资成本问题,银保监会等6部门出台《关于进一步规范信贷融资收费降低企业融资综合成本的通知》(银保监发〔2020〕18号),规范银行收费行为;51家银行制定针对性措施,退还违规收费、结清问题贷款、释放与贷款挂钩的存款,着力降低企业融资成本。对地方银行未完成2019年小微贷款相关任务问题,银保监会2020年推动小微企业信贷增量扩面;有关银行进一步提高小微贷款不良容忍度,完善小微企业金融服务机制,通过与考核挂钩等方式加大服务力度。对部分“僵尸企业”处置质量不够高等问题,有关部门印发通知,要求进一步夯实“处僵治困”工作质量,并建立工作台账,确保相关企业全部纳入处置范围,加快推进处置工作。

(七)审计移送的违纪违法问题线索查处情况。

对审计移送的违纪违法问题线索,有关部门正在组织调查或已立案查处,有的还组织开展行业治理,努力构建长效机制。

1. 关于公共资源管理领域的利益输送问题。发展改革委持续深化公共资源交易平台整合共享,出台全国公共资源交易目录指引和公共资源交易领域基层政务公开标准指引,在全国开展工程领域招投标营商环境专项整治。银保监会印发《银行保险机构涉刑案件管理办法(试行)》(银保监办发〔2020〕20号),严厉打击银行保险机构非法关联交易等行为。证监会持续打击内幕交易,完善疑点排查等机制。国资委印发方案,专项整治靠企吃企、关联交易、设租寻租、利益输送等问题。青岛国际机场集团汲取焦永泉案件教训,明确56项整改措施,研究完善相关规章制度。

2. 关于基层民生领域的以权谋私问题。扶贫办、发展改革委、交通运输部、水利部等持续开展相关扶贫领域腐败和作风问题治理,并与纪检监察机关形成合力。民政部整治社会救助领域侵害群众利益问题,加快制定全国统一的老年人能力综合评估标准,为地方发放相关补贴提供依据。人力资源社会保障部加强职工基本养老保险基金管理,加大财务检查力度。北京市强化定点医疗机构管理,建立行政、刑事衔接制度和医保执法联动机制。对一家职业技能鉴定中心与社会培训机构串通,违规办理职业资格证书并收受钱款的问题,已将问题线索移送当地纪检监察机关,目前正在查处中。

3. 关于涉众涉税领域的扰乱市场秩序问题。有关部门强化风险监测,保持对涉众领域问题的高压态势。人民银行牵头持续开展互联网金融风险专项整治。银保监会会同有关部门积极化解网络借贷领域存量风险,推动处置非法集资工作向法治化、常态化、全链条治理转变,加快国家大数据监测预警平台建设。证监会推进清理整顿各类交易场所,打击非法证券活动。税务总局制发重要稽查案件办理办法,明确重大涉税案件的办理流程、工作要求等。对3个团伙开设900多个账户涉嫌为网络赌博、偷逃税款等提供通道的问题,已被公安机关全部成功侦破,目前已进入司法起诉程序。

(八)审计建议落实情况。

财政部等主管部门认真研究审计建议,按照党中央、国务院关于深化财税金融体制改革等部署,推动完善相关领域制度机制。

1. 关于加快推进财税金融体制机制改革的建议。一是优化政府间事权和财权划分。财政部会同相关部门稳步推进中央与地方财政事权和支出责任划分改革,推动出台生态环境、自然资源、公共文化、应急救援等领域改革方案,进一步完善转移支付制度;财政部、税务总局积极落实《实施更大规模减税降费后调整中央与地方收入划分改革推进方案》(国发〔2019〕21号)。二是推进地方税体系改革。财政部等部门推动完成耕地占用税、资源税、城市维护建设税、契税等地方税种立法,适当扩大地方税收管理权限。三是完善政府举债融资机制。财政部等部门加强地方政府专项债券管理、加快发行使用,推进地方政府债务信息公开,健全常态化监测机制,稳妥化解存量隐性债务。四是深化金融供给侧结构性改革。人民银行、银保监会、证监会等部门推动落实11条对外开放措施和11条金融改革措施,统筹推进中小银行深化改革和高风险机构风险化解,放大金融服务实体经济功能;加大国务院金融稳定发展委员会议定事项的督促落实力度,在各省和深圳市建立金融稳定发展委员会办公室地方协调机制;增强政策协同,加强重大监管政策发布前的沟通,维护金融市场稳定运行。

2. 关于加大力度实施积极财政政策的建议。一是巩固和拓展减税降费成效。财政部会同人力资源社会保障部、税务总局等部门出台16项阶段性、针对性减税降费政策,着力减轻疫情防控重点物资生产企业、困难行业企业以及个体工商户、小微企业负担,将6月底到期的部分政策延长到2020年底,健全政策落实情况反馈、风险应对等机制,继续推进清理拖欠民营和中小企业账款相关工作。二是加大对科技创新等支持力度。财政部、科技部等部门创新财政支持方式和科技经费管理机制,试点科技经费"包干制",激发科技创新创造活力。财政部规范政府投资基金管理,提高运作效率,支持地方政府推进基金布局适度集中,聚焦关键性、创新型行业领域。三是建立健全财政资金直达机制。财政部完善特殊转移支付制度,明确直达资金分配、使用、拨付、监管等要求;建立直达资金监控系统,实行从源头到末端的全链条、全过程动态跟踪,确保预算下达和资金监管同步。四是加大财政支出力度。财政部通过适当提高赤字率、增加地方政府专项债券、发行抗疫特别国债等,对冲疫情造成的减收增支影响,支持地方兜牢"三保"底线,统筹财政资源用于重大项目建设。

3. 关于加快健全预算支出标准体系的建议。一是积极推进中央本级基本支出定员定额改革。2021年起行政机关和参公管理事业单位原则上都将纳入定额管理,完善定员定额标准,保障部门履职合理需要。二是健全项目支出标准和绩效评价制度。财政部进一步做好中央本级项目支出标准体系建设,推动制定职业资格考试考务费等多项通用项目支出标准,出台并实施项目支出绩效评价管理办法,深入推进全面预算绩效管理。三是落实政府过"紧日子"要求。中央各部门严控一般性支出,2020年中央本级支出安排负增长,其中非急需非刚性支出压减50%以上;财政部印发进一步严格财政支出管理的通知,对中央部门和地方提出具体要求,将过"紧日子"作为预算安排方针,使其制度化、长期化。

4. 关于加强民生资金和项目管理的建议。一是严肃查处违法违规行为。就业、住房、医疗、教育、社保等主管部门结合审计指出问题和自身职责,对本领域存在的突出问题进行整治;加强绩效管理,指导地方提高资金使用水平。二是增强惠民政策的持续性和协调性。坚持以人民为中心的发展思想,有关部门做好普惠性、基础性、兜底性民生建设,强化扶贫、义务教育、基本养老、基本医疗、城乡低保等民生支出保障;进一步明确各项民生保障政策功能定位,注重政策之间的统筹协调,加大困难群体托底保障力度,确保工作不留死角、对象全面覆盖。三是加强公共卫生领域基础建设。卫生健康委组织开展"公立医疗机构经济管理年"活动,规范中央对地方转移支付卫生健康项目预算绩效管理,强化绩效考核结果运用,确保项目效果达到预期。

委员长、各位副委员长、秘书长、各位委员,关于新冠肺炎疫情防控资金和捐赠款物专项审计方面的问题,各地区各部门坚持边审边改,审计指出的问题已基本整改。对资金滞拨、物资积压等问题,已分配下拨、使用财政和捐赠资金等106.35亿元、物资1.74亿件,建立健全制度1681项。对熔喷布经销企业扰乱市场秩序问题,市场监管总局印发《关于新型冠状病毒感染肺炎疫情防控期间查处哄抬价格违法行为的指导意见》(国市监竞争〔2020〕21号)等,开展熔喷布价格专项调查,联合公安部印发《关于新冠肺炎疫情防控期间加强价格行政执法与刑事司法衔接工作的通知》(国市监竞争〔2020〕13号),加强协同联动,切实维护市场秩序。

三、尚未完全整改到位的问题及后续工作安排

从整改情况看,少部分问题尚未得到彻底纠正。对此,审计机关严格落实"三个区分开来"重要要求,认真全面听取有关部门单位和地方的意见,实事求是分析了原因。主要是:

(一)有些属于涉及改革中长期目标的体制机制问题,需要在深化改革进程中逐步解决。如审计连续多年指出预算编制不够细化、转移支付归类标准不一、预算绩效管理不到位等问题,财政部、发展改革委等部门逐年健全完善管理制度,但

此类问题的彻底解决，根本上还需要不断推进中央与地方财政事权和支出责任划分改革，建立健全预算支出标准体系，完善转移支付制度，强化预算约束和绩效管理。

（二）有些属于相关制度措施不完善或修订不及时的问题，需要在先行先试和探索试验过程中予以规范。如科技资金使用绩效不高、部分专项资金超范围支出、项目进度慢等问题，主要是对科技研发规律把握还不够精准，预算编制、拨付进度与之缺乏有效衔接，或市场环境、政策依据、地质气候等发生变化，或受国际形势、疫情防控等影响，而资金使用、项目实施等相关规定未及时因时因势调整。又如审计多次指出的违规享受住房保障、骗取套取医保基金等问题，根源在于部门间政策措施不完善不协调、信息共享不充分，但整改时涉及摸底核实、人员安置、系统切换、统筹规划等多个环节，以及住房城乡建设、医保、公安、税务、市场监管金融监管等多个部门，建立部门间协调、审查等机制需要一定时间。

（三）有些属于受客观因素和外部环境影响较大的问题，需要统筹考虑多方因素稳步推进整改。如财政存量资金清理等问题，由于相关项目立项时间长、历史遗留问题多，加之资产处置等工作量大、环节众多、手续复杂等，需要逐步排查、稳步推进；一些资产处置、资金收回等问题还涉及外部单位或诉讼，履行必要的行政或司法程序也需要较长时间。

（四）有些问题已难以回溯，整改难度较大，需要根据实际情况采取针对性的措施。如水污染防治相关资金重复支持同一项目等问题，由于相关县级财政较为困难，很难再拿出资金归还原渠道；对向不符合条件人员发放养老金和惠民补贴等问题，由于单一问题案值较小，达不到司法立案标准，一旦有关社会人员拒绝返还，行政追回成本高昂。

对以上问题，有关部门单位和地方对后续整改作出了安排：一是区分情况明确整改措施。系统梳理未整改到位问题，分类制定整改计划，明确近期和远期整改目标，确保每个整改事项有安排、有举措。二是采取有力措施推进整改落实。及时掌握整改进度，强化责任担当，尽快拿出真招实招，统筹推动解决整改中的困难，加强督促指导，强化监督问责。三是举一反三推动改革创新。对各项工作中出现的新情况、新问题，加强部门间沟通协作，深入研究分析产生原因、发展趋势，积极主动探索创新，不断改革完善体制机制。

下一步，审计署将严格落实党中央、国务院部署要求，按照全国人大常委会办公厅《关于进一步加强各级人大常委会对审计查出突出问题整改情况监督的意见》，持续加强对问题整改的跟踪检查，督促有关部门单位和地方压实整改主体责任，推动其结合问题研究制定有关堵塞漏洞、加强管理、健全制度的具体举措；对一些伴随改革实行新政策、新制度、新机制而产生的新情况新问题，以及一些“屡改屡犯”的老问题，更加注重分析问题产生的历史背景、决策过程、性质结果等深层次因素，坚持从体制机制制度层面提出审计建议，以钉钉子精神推动整改落实，认真研究建立健全审计查出问题整改工作的长效机制，切实推动源头治理。

委员长、各位副委员长、秘书长、各位委员，我们将更加紧密地团结在以习近平同志为核心的党中央周围，坚持以习近平新时代中国特色社会主义思想为指导，全面贯彻落实党的十九大和十九届二中、三中、四中、五中全会精神，依法全面履行审计监督职责，为全面建设社会主义现代化国家开好局、起好步作出积极贡献！

对2019年度中央预算执行和其他财政收支审计查出问题整改情况报告的意见和建议

12月24日，十三届全国人大常委会第二十四次会议审议了审计署审计长侯凯受国务院委托作的关于2019年度中央预算执行和其他财政收支审计查出问题整改情况的报告，共有12人次发言。26日，常委会举行联组会议，结合审议报告进行专题询问，共有6人次发言询问，栗战书委员长讲话，陈竺副委员长主持会议，国务院有关部门负责同志到会听取意见、回答询问。现根据会议发言情况，将常委会组成人员和列席人员的主要意见整理如下。

出席人员普遍认为，以习近平同志为核心的党中央高度重视审计查出问题整改工作，习近平总书记多次作出重要指示批示，党中央印发一系列指导性文件。国务院及其有关部门、各地区认真贯彻落实党中央关于审计查出问题整改工作的部署要求，认真执行十三届全国人大常委会第十九次会议有关审议意见和全国人大财经委审查意见，成立领导小组，制定整改方案，建立整改台账，层层压实责任，逐项对账销号，整改工作取得明显成效。全国人大财经委、常委会预算工委的跟踪监督报告深入细致，针对性强，希望有关方面认真研究处理。大家强调，要全面落实整改责任，深入推进整改工作，不断巩固和深化整改成果，以有力有效的审计整改推动完善制度、提高制度执行力。审议中，大家还提出了一些具体意见和建议。

一、推动重要领域改革和政策落实

一些出席人员指出，部分高校和科研院所科技成果转化率偏低，反映出从研发、应用到产业化等各环节仍存在一些问题：(1)高校和科研院所的考核评价机制主要还是"以论文数量论英雄"，理论联系实际的研究导向没有形成；(2)立项标准和验收标准没有充分考虑市场需要，产出的科技成果缺乏市场竞争力；(3)专利总数多，专利申请数量连续多年位居世界第一，但能够有效转化的高质量专利少；(4)技术转移服务跟不上，特别是既懂科学技术又懂经济金融的复合型人才短缺。要在深化科技创新体制机制改革中加快解决这些问题。

一些出席人员提出，充分发挥财政涉农资金使用效益，将财政资金更多向推动农业高质量发展、改善农村生活环境、提高农民收入水平等方面倾斜，促进乡村全面振兴。有的出席人员提出，"十三五"时期，中央有关部门对贫困地区实施了一批转移支付惠民扶贫项目。脱贫攻坚任务全面完成后，对其中一些具有连续性的项目，特别是关系基本民生保障的项目，建议继续予以保留，同时与乡村振兴有效衔接，进一步扩大支持范围，更好满足农民群众日益增长的美好生活需要。

二、改进财政管理

一些出席人员指出，资金分配使用中存在闲置、使用效率低等问题，主要有以下几个原因：(1)项目前期准备不足，立项时用地、环评等前期工作还没有完成，资金到位了也无法使用；(2)项目建设需要的配套机制未能及时建立，影响了资金使用；(3)项目周期本身较长，而资金逾期就要收回，无法滚动使用。因此，资金拨付并不是越早越好，要与项目周期、进度相协调，可以考虑根据实际情况分批次拨款。

一些出席人员指出，基本支出定员定额管理标准设计不合理，部分公益一类单位定额标准低于公益二类单位，有的公益一类单位人均财政拨款每年不到8万元，一半左右的经费需要依靠创收解决。建议结合事业单位分类改革，充分考虑各类单位实际需求，科学制定、适当提高定额标准。有的出席人员指出，财政部门在落实"过紧日子"要求、压减各部门预算时，将一些大型文博机构日常运转经费也一并压减了。这些机构大部分是免费开放的，创收能力有限，建议予以区别对待，保障好基本公共文化服务。

三、提高预算绩效水平

一些出席人员指出，指标和标准是预算绩效管理的基础。要认真落实中央关于全面实施预算绩效管理的意见，建立健全定量和定性相结合的共性绩效指标框架，加快构建分行业、分领域、分层次的绩效指标体系，推动提高预算绩效管理规范化、精细化水平。一些出席人员提出，把绩效自评和第三方评价结果充分运用于预算支出安排，对那些效益不好特别是多年绩效不佳的项目，要考虑核减资金或者取消项目，促进资源优化配置。

四、建立整改长效机制

一些出席人员提出，坚持"治已病、防未病"的工作思路，完善审计、督促、整改、公示、回访、问效等工作程序，对前期审计发现问题的整改情况适时开展回头看、再审计，重点监督整改措施落实情况，做好审计工作"后半篇文章"。一些出席人员指出，审计查出的问题，有的是被审计单位执行制度规定不正确、不到位或不及时造成的，整改主体责任的承担者是被审计单位；有的问题发生在被审计单位，但与制度规定本身不合理、不健全或不配套有一定关系，整改主体责任的承担者应当还包括甚至主要是制度规定的制定部门。一些出席人员提出，被审计单位、有关部门要明确区分、切实履行各自的主体责任和监督责任，将"屡改屡犯"率和"屡改屡犯"问题整改率作为衡量指标，在推动问题逐个整改到位的同时，更加注重排查和梳理共性问题，剖析深层次原因，找准漏洞短板，在深化改革中通盘考虑，完善制度机制，实现标本兼治、源头治理。

五、加强和改进审计工作

一些出席人员提出，拓展审计监督广度和深度，加强对党中央重大政策措施贯彻落实情况、重点民生资金项目运行情况、各类风险隐患化解情况的跟踪审计，做好对“六稳”、“六保”任务落实情况，抗疫特别国债使用情况的重点审计，更好服务和保障经济社会高质量发展。有的出席人员提出，积极开展境外投融资、互联网经济等领域的财政资金审计，消除审计监督盲区，维护国家财政经济秩序。一些出席人员提出，审计机关要围绕主责主业，加强审计人员业务培训，着力提升综合素质、专业水平和实战能力，同时加强对部门内部审计工作的指导和监督，统筹运用内部审计力量和资源。一些出席人员提出，积极运用大数据等现代信息技术破解审计力量不足、审计周期偏长等难题，加强电子政务网建设，整合各类信息资源，实现数据互通互信。

一些出席人员提出，从构建党和国家监督体系、提升监督整体效能的高度出发，推动审计监督同党内监督、人大监督、司法监督、社会监督、舆论监督等各类监督有机贯通、相互协调，探索建立审计机关与纪检监察机关问题线索移交、监督意见互通的工作衔接机制，充分发挥审计结果运用“抓小抓早抓苗头”的作用。一些出席人员指出，2015 年 11 月党中央转发的《关于改进审计查出突出问题整改情况向全国人大常委会报告机制的意见》，明确要求被审计部门单位将整改结果向社会公告，目前大部分被审计部门单位没有做到。要尽快落实这一要求，建立公开制度，在相对固定时间由部门单位网站和审计机关网站同步公布整改结果，自觉主动接受社会监督。

国务院关于脱贫攻坚工作情况的报告

——2020 年 12 月 23 日在第十三届全国人民代表大会常务委员会第二十四次会议上

国务院扶贫开发领导小组办公室主任　刘永富

全国人民代表大会常务委员会：

脱贫攻坚是实现我们党第一个百年奋斗目标的标志性指标，是全面建成小康社会必须完成的硬任务。习近平总书记矢志不渝亲自抓脱贫攻坚，在重要会议、关键时点、重大场合反复强调，始终将扶贫工作扛在肩上、抓在手上、放在心上，一以贯之高位推进。李克强总理在《政府工作报告》中明确年度减贫任务，多次主持召开国务院常务会议研究部署脱贫攻坚重点工作。栗战书、汪洋等中央领导同志进行具体指导、提出明确要求。经过 8 年持续奋斗，我国现行标准下 9899 万农村贫困人口全部脱贫，832 个贫困县和 12.8 万个贫困村全部摘帽，脱贫攻坚目标任务全面完成。受国务院委托，现将脱贫攻坚工作情况报告如下：

一、脱贫攻坚的伟大历程

消除贫困，改善民生，实现共同富裕，是社会主义的本质要求。党和政府始终高度重视扶贫工作，把扶贫开发纳入经济社会发展全局同步推进。改革开放后，国家实施有组织有计划大规模的扶贫行动，先后颁布《国家八七扶贫攻坚计划（1994—2000 年）》和 2001 至 2010 年、2011 至 2020 年两个十年农村扶贫开发纲要，持续推进扶贫工作，贫困地区面貌不断改善，贫困群众生活水平不断提高。

党的十八大以来，以习近平同志为核心的党中央把脱贫攻坚纳入“五位一体”总体布局和“四个全面”战略布局，作为践行中国共产党初心使命的重要举措，摆到治国理政的突出位置，作出一系列重大决策部署，举全党全国全社会之力推进。脱贫攻坚重视程度之高、政策举措之实、工作力度之大前所未有。习近平总书记亲自指挥、亲自部署、亲自督战，每年新年国内首次考察看扶贫，每年新年贺词讲扶贫，每年全国“两会”同代表委员共商脱贫，每年扶贫日作出重要指示，每年召开脱贫攻坚座谈会部署推进，每年主持召开会议听取脱贫攻坚成效考核情况汇报，以钉钉子精神一抓到底，推动脱贫攻坚始终保持正确方向和良好态势。

2012 年底，习近平总书记到河北阜平革命老区考察扶贫，强调“小康不小康，关键看老乡”。2013 年，在湖南花垣县十八洞村首次提出精准扶贫重要思想，指明了新时期脱贫攻坚方向。2015 年，在陕西延安召开陕甘宁革命老区脱贫致富座谈会，指出要确保贫困地区人民群众同全国人民一道进入全面小康社会；在贵州贵阳召开部分省区市扶贫攻坚与“十三五”时期经济社会发展座谈会，强调“脱贫攻坚贵在精准，重在精准，成败之举在于精准”。经过一系列调查研究，党的十八届五中全会就实施脱贫攻坚工程作出部署。2015 年底，中央召开扶贫开发工作会议，党中央、国务院印发《关于打赢脱贫攻坚战的决定》，全面打响脱贫攻坚战。习近平总书记在会上发表重要讲话，系统阐述脱贫攻坚重要意义、目标任务、重大举措，明确精准扶贫精准脱贫为基本方略。2016 年，在宁夏银川召开东西部扶贫协作座谈会，强调东西部扶贫协作和对口支援是大战略、大布局、大举措，必须长期坚持下去。2017 年在山西太原召开深度贫困地区脱贫攻坚座谈会，强调深度贫困地区是硬仗中的硬仗，必须集中力量打歼灭战。

党的十九大把精准脱贫作为三大攻坚战之一作出部署，党中央、国务院印发《关于打赢脱贫攻坚战三年行动的指导意见》，进入聚力攻坚阶段。2018 年，习近平总书记在四川成都召开打好精准脱贫攻坚战座谈会，推动脱贫攻坚更加有效开展。2019 年，在重庆召开解决“两不愁三保障”突出问题座谈会，强调要确保脱贫成色和质量。2020 年，面对突如其来的新冠肺炎疫情影响，习近平总书记统筹全局、科学决策，在北京召开决战决胜脱贫攻坚座谈会，发出脱贫攻坚总攻动员令。到陕西、山西、宁夏、吉林、安徽、湖南等地考察，要求坚定脱贫攻坚目标任务不动摇。12 月 3 日，主持召开中央政治局常委会会议，听取脱贫攻坚总结评估报告，充分肯定脱贫攻坚重大胜利，深刻分析新形势新任务，就巩固拓展脱贫攻坚成果提出明确要求。

全国人大常委会高度重视脱贫攻坚工作，先后三次召开会议听取汇报，其中 2013 年听取扶贫开发工作进展和思路举措情况汇报，2017 年听取脱贫攻坚决策部署及进展情况汇报，2020 年听取脱贫攻坚目标任务完成情况汇报，给予有效监督和有力指导。各级人大及其常委会和各级人大代表十分关注脱贫攻坚工作，全国人大代表深入贫困地区调研，2013 年至 2020 年累计提出关于脱贫攻坚的建议 1548 件，这些宝贵意见建议对推进脱贫攻坚工作发挥了重要作用。

国务院组织编制实施脱贫攻坚规划，深化细化脱贫攻坚举措，推动扶贫项目落实落地。大幅增加中央财政专项扶贫资金投入，支持贫困县统筹整合使用财政涉农资金用于脱贫攻坚，中央新增资金、项目、举措向“三区三州”等深度贫困地区倾斜，督促指导各行业部门加强对脱贫攻坚的支持力度。健全农村社会保障制度，出台扶贫资金绩效管理办法、开展消费扶贫、解决“两不愁三保障”突出问题、实施挂牌督战、建立防止返贫监测和帮扶机制等政策措施，为打赢脱贫攻坚战提供有力保障。将每年的 10 月 17 日设立为扶贫日，动员社会各界广泛参与合力攻坚。将脱贫攻坚工作作为国务院大督查的重要内容。国务院扶贫开发领导小组先后召开 35 次全体会议、多次工作会议和专题会议，加强统筹协调，紧锣密鼓部署推动工作。

二、脱贫攻坚工作情况

党中央明确，脱贫攻坚的目标任务是，到 2020 年我国现行标准下农村贫困人口实现脱贫，贫困县全部摘帽，解决区域性整体贫困。贫困人口脱贫的标准是，年人均纯收入超过国家扶贫标准，且稳定实现“两不愁三保障”（不愁吃、不愁穿，义务教育、基本医疗和住房安全有保障）。各地区各部门认真学习贯彻习近平总书记关于扶贫工作的重要论述，按照党中央、国务院决策部署，坚持目标标准，坚持精准方略，全面改革创新扶贫体制机制，扎实推进脱贫攻坚重点工作，做到扶真贫、真扶贫、真脱贫。

（一）开展建档立卡，解决“扶持谁”的问题。2014 年，按照“县为单位、规模控制、分级负责、精准识别、动态管理”的原则，制定识别标准和程序，组织广大基层干部进村入户，摸清农村贫困人口分布、致贫原因、脱贫需求等情况。组织开展“回头看”，实行动态管理，剔除识别不准人口，补录新识别贫困人口，开展部门数据信息比对，识别准确率不断提高，建立起全国统一的扶贫信息系统。建档立卡使我国贫困数据实现到村到户到人，扣好了精准扶贫的“第一粒扣子”，为实施精准扶贫政策措施和保证脱贫质量打下了坚实基础，成为共和国珍贵的“脱贫攻坚档案”。

（二）选派驻村干部，解决“谁来扶”的问题。2013 年开始，按照“每个贫困村都有驻村工作队，每个贫困户都有帮扶责任人”的要求，向贫困村选派第一书记和驻村工作队，实现对贫困村的全覆盖。全国累计选派 300 多万名第一书记和驻村干部，每年保持近 100 万人在岗开展驻村帮扶。针对驻村帮扶工作中出现的选人不优、管理不严、作风不实、保障不力等问题，印发加强驻村工作队选派管理的指导意见，规范日常管理，强化考核激励。2018年以来，针对想干不会干等问题，每年组织开展脱贫攻坚干部轮训。第一书记和驻村干部在落实扶贫政策、建强基层组织、为民办事服务等方面发挥了重要作用，打通了精准扶贫"最后一公里"。

（三）坚持分类施策，解决"怎么扶"的问题。按照因地制宜、因村因户因人分类施策要求，把精准扶贫举措落到实处。实施产业扶贫。因地制宜发展特色产业，做大有基础的产业，培育有潜力的产业，贫困地区一大批特色优势产业初具规模。创新实施扶贫小额信贷政策，累计放贷6800多亿元。建立完善带贫机制，绝大多数贫困户享受了产业帮扶政策，超过70%的贫困户有新型经营主体带动。实施就业扶贫。加强就业技能培训，开展东西部劳务扶贫协作，支持扶贫龙头企业带动就业，建立扶贫车间，设立公益岗位，贫困劳动力务工规模从2015年的1227万人增加到2020年的3243万人。实施易地扶贫搬迁。坚持具备条件和群众自愿原则，全面摸排搬迁对象，合理确定住房面积，多渠道筹集资金。有序推进拆旧复垦，加强安置点配套设施和产业园区、扶贫车间等建设，提高公共服务水平，做好后续扶持工作。搬迁群众总体稳定。实施生态扶贫。践行绿水青山就是金山银山理念，在贫困地区实施退耕还林还草7450万亩，选聘110.2万贫困人口担任生态护林员，建立2.3万个扶贫造林合作社，实现脱贫攻坚与生态保护"双赢"。实施教育扶贫。持续提升贫困地区学校等保障能力，实施定向招生等倾斜政策，累计改造贫困地区义务教育薄弱学校10.8万所，每年为4000多万农村义务教育阶段学生提供营养餐，2019年以来劝返20多万贫困家庭辍学学生返校就读，在四川凉山等地开展3—6岁彝族儿童"学前学会普通话"试点。实施健康扶贫。将贫困人口全部纳入基本医保、大病保险、医疗救助三项制度保障范围，实施大病集中救治一批、慢病签约管理一批、重病兜底保障一批，贫困人口住院医疗费用实际报销比例从50%多提高到80%左右。组织1007家三级医院与832个贫困县医院结对帮扶，完成贫困县所有乡村医疗卫生机构标准化建设，加大贫困地区重大传染病和地方病综合防治工作力度。实施危房改造。全面摸排鉴定贫困地区农户房屋，2017年将中央财政农村危房改造户均补助标准由8500元提高到1.4万元，因地制宜采取多种方式保障贫困户基本住房安全。实施兜底保障。全国农村低保平均标准从2012年的每人每年2068元提高到2020年三季度的5842元，提高182.5%。扶贫部门与民政部门定期开展数据比对，实现贫困人口"应保尽保"。全面实施困难残疾人生活补贴和重度残疾人护理补贴制度，建立动态调整机制。实施交通扶贫。支持贫困地区骨干通道建设，大力推进"四好农村路"建设，贫困地区新改建农村公路110万公里，打通了"大动脉"，畅通了"微循环"。实施水利扶贫。2889多万贫困人口饮水不安全问题全部解决，贫困户全面实现饮水安全有保障，贫困地区农田水利灌排设施大为改善，防洪抗旱减灾能力显著提升。实施电力扶贫。全面解决无电人口用电问题，农网供电可靠率达到99%。西藏最后7个孤网县接入大电网，大电网延伸到全国所有县级行政区域。实施网络扶贫。贫困村通光纤和4G比例均超过98%，远程医疗覆盖所有贫困县，远程教育加快向贫困地区学校推进，电子商务进农村综合示范对贫困县实现全覆盖，贫困地区信息化建设实现跨越式发展。探索实施资产收益扶贫、旅游扶贫、电商扶贫等，创新实施光伏扶贫工程，全国光伏扶贫容量达到1865万千瓦，覆盖10万个村，村年均收益20万元左右，主要用于设立公益岗位、实施小型公益项目、开展小微奖励补助等。

（四）严格贫困退出，解决"如何退"的问题。建立贫困退出机制，明确贫困县、贫困村、贫困户退出的标准和程序。国务院扶贫开发领导小组指导中西部22个省区市制定脱贫摘帽滚动规划和年度减贫计划，防止拖延病和急躁症。每年委托第三方对摘帽县和脱贫人口进行专项抽查评估，重点评估"两不愁三保障"情况和脱贫人口退出准确率、摘帽县贫困发生率、群众帮扶满意度，确保退出结果真实。对摘帽县保持帮扶政策不变，留出缓冲期，确保稳定脱贫。

（五）建立健全机制，解决"如何稳"的问题。建立防止返贫监测和帮扶机制，对脱贫不稳定户、边缘易致贫户以及因疫情影响等引发的刚性支出明显超过上年度收入和收入大幅缩减的家庭加强监测，提前采取针对性帮扶措施，防止返贫和产生新的贫困，确保不出现系统性返贫风险。各地陆续退出的脱贫县、脱贫人口，没有出现大面积的返贫情况，特别是今年新冠肺炎疫情爆发后，通过采取一系列应对疫情的帮扶举措，有效防止了大规模返贫致贫。

（六）聚焦重点难点，不断深化攻坚举措。针对“三区三州”等深度贫困地区基础薄弱、脱贫难度大的问题，中央新增资金、项目、举措倾斜支持，有关省区制定攻坚实施方案，各方面尽锐出战、集中力量帮扶。针对“两不愁三保障”突出问题，坚持目标标准，摸清底数，全面解决，不留死角。针对今年剩余脱贫任务，对52个贫困县和贫困人口多、脱贫难度大的1113个贫困村开展挂牌督战，确保如期打赢脱贫攻坚战。

（七）广泛动员社会力量，形成脱贫攻坚合力。发挥社会主义制度集中力量办大事的优势，东部省市与中西部省份开展扶贫协作和对口支援，中央单位开展定点扶贫，军队与贫困村结对帮扶，工会、共青团、妇联、残联等持续加大扶贫工作力度。开展民营企业“万企帮万村”精准扶贫行动，建设社会扶贫网，动员社会组织、公民个人积极参与，人人皆愿为、人人皆可为、人人皆能为的社会扶贫参与机制基本建立，中华民族扶贫济困、守望相助的优良传统不断弘扬，彰显了社会主义核心价值观。

（八）加大投入加强监管，提高资金使用效益。发挥政府投入的主体和主导作用，中央、省、市县财政专项扶贫资金累计投入近1.7万亿元，贫困县统筹整合使用财政涉农资金超过1.5万亿元，土地增减挂指标跨省域调剂和省域内流转资金4400多亿元。银行业、保险业、证券业持续加大金融支持力度。将财政专项扶贫资金项目审批权限全部下放到县，建立县级脱贫攻坚项目库，健全扶贫资金公告公示制度，严惩违纪违法行为，资金管理水平和使用效益不断提高。审计查出贪污侵占等违纪违法资金占抽查资金的比例，从2013年的15.7%下降到2020年的0.19%。

（九）严格监督考核，确保脱贫攻坚实效。党中央开展脱贫攻坚专项巡视和“回头看”，国务院扶贫开发领导小组每年组织开展督查巡查，8个民主党派中央开展脱贫攻坚民主监督，各行业部门加强行业监督，扶贫办设立12317扶贫监督举报电话，对查实的问题予以曝光。开展脱贫攻坚成效考核，采取省际交叉考核、第三方评估、扶贫资金绩效评价、媒体暗访等方式，结合平时工作情况确定考核结果，经党中央、国务院同意，对问题突出的进行约谈，较真碰硬树立脱贫实效导向，倒逼真抓实干。

（十）加强宣传引导，营造良好氛围。设立全国脱贫攻坚奖，累计表彰128个先进集体和377名先进个人。推出脱贫攻坚系列深度报道和主题宣传，广泛宣传脱贫攻坚先进典型和感人事迹，弘扬社会正能量。积极应对涉贫舆情，及时回应社会关切。推动中国减贫国际传播交流合作，讲好中国减贫故事。

今年以来，各地区各部门认真落实党中央、国务院决策部署，统筹推进疫情防控和脱贫攻坚，采取一系列针对性政策措施。组织扶贫干部迅速返岗，抓好脱贫攻坚和疫情防控，集中力量攻克深度贫困最后堡垒。组织贫困劳动力外出务工，在全国农村劳动力外出规模整体减少的形势下，贫困劳动力外出务工规模增加9%。开展消费扶贫行动，销售扶贫产品，没有发生贫困地区农产品大规模滞销问题。对受野生动物禁养影响的贫困群众及时采取帮扶措施，实现全部转产转业。将受灾情影响的贫困人口及时纳入监测进行帮扶，没有产生新的返贫致贫。经过艰苦努力，疫情对脱贫攻坚的影响得到有效克服，收官之年各项任务圆满完成。

三、主要成效和基本经验

现行标准下农村贫困人口全部脱贫，贫困县全部摘帽，消除了绝对贫困和区域性整体贫困，取得了令全世界刮目相看的重大胜利，为实现第一个百年奋斗目标打下了坚实基础。

（一）贫困群众生活水平显著提高。贫困人口全部实现不愁吃、不愁穿，全面实现义务教育、基本医疗、住房安全和饮水安全有保障，获得感、幸福感、安全感显著增强。建档立卡贫困人口人均纯收入从2015年的2982元增加到2020年的10740元，年均增幅比全国农民收入快20个百分点，工资性收入和生产经营性收入占比逐年上升，转移性收入占比逐年下降，生活质量明显提高。

（二）贫困群众住房条件极大改善。“十三五”时期全国累计建成易地扶贫搬迁集中安置区约3.5万个、安置住房266万多套，搬迁了960多万贫困人口，同步搬迁500万非贫困人口，相当于搬迁了一个中等规模国家的人口，摆脱了“一方水土养不好一方人”的困境。对760万户贫困群众的危房全部进行改造，全面实现住房安全有保障。以前贫困群众房子破破烂烂、有的家徒四壁，如今普遍建起了富有特色的民居。

（三）贫困地区基础设施显著改善。贫困地区群众基本生产生活条件明显改善，行路难、吃水难、用电难、通信难等问题得到历史性解决，具备条件的乡镇和建制村全部通硬化路、通客车、通邮路，新改建一批旅游路、生产路，全国农村大电网覆盖范围内全部通动力电，千百年来饮用苦咸水的历史彻底结束。

（四）贫困地区公共服务水平明显提升。贫困地区义务教育阶段控辍保学实现动态清零，贫困人口受教育机会和教育水平持续提高。贫困地区群众基本实现小病不出村、常见病慢性病不出县，小病拖、大病扛现象和看病难、看病贵问题明显改观，西藏青海的包虫病、新疆南疆的肺结核和四川凉山州的艾滋病基本遏制。贫困地区综合保障体系逐步健全，充分发挥了兜底保障作用。

（五）贫困地区经济社会加快发展。贫困地区以脱贫攻坚统揽经济社会发展全局，特色产业不断壮大，新业态蓬勃发展，生态环境明显改善，地区生产总值持续保持较快增长，人均一般公共预算财政收入年均增幅高于同期全国平均水平。东西部扶贫协作推进劳动密集型产业梯度转移，促进了区域经济协调发展。28 个人口较少民族全部实现整族脱贫，实现了从贫困落后到迈入全面小康的历史跨越。脱贫攻坚不仅使贫困地区、贫困人口受益，而且带动了整个农村的发展，为实现乡村全面振兴打下了良好基础。

（六）贫困群众精神面貌明显变化。通过开发式扶贫，加强产业就业帮扶，贫困群众自主脱贫能力稳步提高。过去一些贫困群众“揣着手等”、“背着手看”，现在“甩开手干”、比学赶超。贫困群众生活好了、信心足了、笑脸多了，精神面貌焕然一新。

（七）党在农村的执政基础更加巩固。通过抓党建促脱贫攻坚和开展精准扶贫精准脱贫，基层党组织凝聚力战斗力不断增强，基层干部能力明显提高。贫困村集体经济不断发展壮大，从几乎都是空白村，发展到村村都有集体经济收入。第一书记和驻村干部在攻坚克难中快速成长。扶贫干部用心用情为老百姓干实事、解难题，党群干群关系进一步密切，党在农村的执政基础更加巩固。

（八）为做好“三农”工作和实施乡村振兴战略积累了宝贵经验。脱贫攻坚集中了全党的智慧和人民群众的实践，探索了乡村治理的成功方式和有效途径，包括中央统筹、省负总责、市县抓落实的工作机制，五级书记一起抓，建档立卡、精准施策，选派第一书记和驻村工作队，强化资源要素供给，强化实绩考核制度等，这些都可以在今后全面推进乡村振兴中发挥重要作用。

（九）为全球减贫事业作出重大贡献。在全球仍有 7 亿左右极端贫困人口、许多国家贫富分化加剧的背景下，我国如期打赢脱贫攻坚战，提前 10 年实现《联合国 2030 年可持续发展议程》相关减贫目标，彰显了社会主义制度的优越性。我国探索创造的精准扶贫和开发式扶贫的理论与实践，为全球减贫事业贡献了中国智慧和中国方案，许多发展中国家和国际组织希望分享我国减贫经验。

脱贫攻坚取得举世瞩目成就，根本在于以习近平同志为核心的党中央坚强领导，根本在于党的领导和中国特色社会主义制度的显著优势，形成了以下基本经验。一是坚持党的全面领导，强化政治保证。习近平总书记率先垂范、身体力行，带领五级书记一起抓，激励全党全国各族人民奋力攻坚。如果没有总书记的亲力亲为，没有党中央的英明领导，是不可能取得这样的成就的。二是发挥制度优势，凝聚攻坚合力。中西部地区落实主体责任，东部地区落实帮扶责任，主管部门落实行业责任，各级党政机关、国有企事业单位、军队和武警部队落实定点扶贫责任，民营企业、社会组织、公民个人履行社会责任，凝聚起脱贫攻坚磅礴力量。三是坚持改革创新，实施精准方略。坚持目标导向、问题导向，全面深化扶贫领域改革，确立精准扶贫精准脱贫基本方略，扶贫路径由“大水漫灌”转为“精准滴灌”，资源使用方式由多头分散转为统筹集中，扶贫模式由偏重“输血”转为注重“造血”，考评体系由侧重考核地区生产总值转为主要考核脱贫成效。精准方略不仅保证了脱贫攻坚的顺利实施，也为治国理政提供了路径方法。四是坚持群众主体，激发内生动力。坚持扶贫与扶志扶智相结合，充分发挥贫困群众主体作用，提升自我发展能力，激发脱贫内生动力，促进发展产业、实现就业，用自己辛勤劳动脱贫致富、创造美好明天。五是坚持较真碰硬，促进真抓实干。把全面从严治党要求贯穿脱贫攻坚全过程各环节，实施经常性的监督检查和最严格的考核评估，推动各项工作提质增效，确保扶贫工作务实、脱贫过程扎实、脱贫结果真实。六是坚守初心使命，勇于担当尽责。各级组织和干部不忘初心、牢记使命，832 个贫困县党政正职始终坚守脱贫攻坚一线指挥部，第一书记和驻村干部深入扶贫一线倾力开展帮扶，扶贫系统干部职工长年超负荷工作，1500 多名扶贫干部献出了宝贵生命，诠释了一代人有一代人长征路的使命担当。

脱贫攻坚的伟大实践,孕育了不忘初心、人民至上,真抓实干、较真碰硬,致力精准、众志成城,自强奋进、奉献担当等脱贫攻坚精神,具有鲜明的时代特征和深远影响。脱贫攻坚的宝贵经验和精神财富,将在下一步巩固拓展脱贫攻坚成果、全面推进乡村振兴中继续坚持并不断完善。

四、下一步工作打算

脱贫摘帽不是终点,而是新生活、新奋斗的起点。我们清醒地认识到,有些地方脱贫成果仍然脆弱,脱贫人口自我发展能力有待加强,有的主要依靠政策支持;一些扶贫产业刚刚起步,易地扶贫搬迁后续扶持任务更为繁重,脱贫地区发展基础仍然薄弱,巩固拓展脱贫攻坚成果任务依然艰巨。我国将长期处于社会主义初级阶段,发展不平衡不充分问题仍然突出,实现全体人民共同富裕还有很长的路要走。

党的十九届五中全会把“脱贫攻坚成果巩固拓展,乡村振兴战略全面推进”作为“十四五”经济社会发展的主要目标之一作出重要部署。下一步,我们将以习近平新时代中国特色社会主义思想为指导,认真贯彻党的十九届五中全会精神,严格落实“四个不摘”要求,保持现有帮扶政策、资金支持、帮扶力量总体稳定。健全防止返贫监测帮扶机制,继续对脱贫县、脱贫村、脱贫人口开展监测,持续跟踪收入变化和“两不愁三保障”巩固情况。持续发展壮大乡村特色产业,做好脱贫人口稳岗就业,强化易地搬迁后续扶持,加强资金资产项目管理和监督,规范管理公益岗位,健全农村社会保障和救助制度,实现巩固拓展脱贫攻坚成果同乡村振兴有效衔接。

我们将更加紧密地团结在以习近平同志为核心的党中央周围,乘势而上、苦干实干,巩固拓展脱贫攻坚成果,全面推进乡村振兴,朝着全面建设社会主义现代化国家、实现第二个百年奋斗目标继续前进!

以上报告,请审议。

对脱贫攻坚工作情况报告的意见和建议

12 月 24 日,十三届全国人大常委会第二十四次会议分组审议了国务院扶贫开发领导小组办公室主任刘永富受国务院委托作的关于脱贫攻坚工作情况的报告,共有 40 人次发言。现根据会议发言情况,将常委会组成人员和列席人员的主要意见整理如下。

出席人员普遍认为,党的十八大以来,以习近平同志为核心的党中央把脱贫攻坚纳入“五位一体”总体布局和“四个全面”战略布局,作为三大攻坚战之一,作出一系列决策部署,举全党全国全社会之力持续推进。经过 8 年奋战,我国现行标准下农村贫困人口全部脱贫,贫困县全部摘帽,脱贫攻坚目标任务全面完成,脱贫攻坚战取得重大胜利。审议中,大家高度评价脱贫攻坚取得的巨大成绩,充分肯定国务院的专项工作报告。大家强调,脱贫摘帽不是终点,而是新生活新奋斗的起点。必须清醒认识到,一些地区产业扶贫还有短板弱项,精准扶贫政策有待坚持和完善,防止返贫监测和帮扶机制亟待健全,巩固和拓展脱贫攻坚成果的任务依然艰巨。要着眼推动脱贫攻坚成果同乡村振兴有效衔接,建立健全长效机制,苦干实干、久久为功,朝着实现共同富裕的目标不断迈进。审议中,大家还提出了一些具体意见和建议。

一、进一步发挥产业扶贫基础支撑作用

一些出席人员提出,产业扶贫是治本之策,建议:(1)中央应从宏观产业布局上,进一步加大对西部地区和贫困地区的支持,将此列入“十四五”规划。(2)继续扶持脱贫地区产业发展,发挥消费扶贫作用,加大特色品牌培育力度,延长特色农产品产业链,让产品附加值更多惠及当地群众。有的出席人员建议,发展壮大现代企业制度模式的农村集体经济,增强党的农村基层组织经济实力,更好发挥惠民利民为民作用。

一些出席人员指出,一些摘帽地区的扶贫产业存在“先天”不足:一是以 2020 年消除绝对贫困为目标的“短平快”项目较多,市场竞争力、可持续性不强。二是以发展种养业为主,同质化严重,经济效益低。三是主要靠政府帮扶,能否立得住、发展好有待市场检验。建议树立长远眼光,尊重市场规

律,在规划和发展扶贫产业时,把发挥市场在资源配置中的决定性作用和更好发挥政府作用统一起来。

一些出席人员指出,农村地区基础设施建设仍有短板:一是重建设、轻管护,一些地方财政自筹养护资金缺口较大,“有钱建、没钱养”问题突出。二是信息化建设水平较低,城乡数字鸿沟依然存在。三是仓储物流等配套设施建设跟不上,严重影响农产品销售。建议有关部门重视解决,为扶贫产业发展铺平道路。

二、优化扶贫政策实现更加长效精准

一些出席人员建议,推动控辍保学工作向常态化、制度化转变,防止教育扶贫成果反弹。(1)健全义务教育保障长效机制,完善联防联保责任机制、依法控辍治理机制、办学条件保障机制等,进一步优化家庭经济困难学生资助体系,保住“动态清零”成果。(2)保持现行政策稳定,推动职业教育东西协作计划等向制度化、长效化转变。(3)提升教育服务乡村振兴战略的能力和水平,加大涉农高校、涉农专业建设力度,坚持和完善直属高校定点帮扶机制,实施好高等学校乡村振兴科技创新行动计划,大力发展面向农业农村的职业教育,努力培养更多的新型职业农民和农村实用型人才。

一些出席人员指出,残疾人是返贫致贫风险最突出的困难群体,需要持续关注,加大工作力度。建议:(1)进一步提高残疾儿童少年受教育质量,继续实施特殊教育提升计划,建立健全残疾儿童入学评估、学校建设、教育教学质量评价等标准,发展以职业教育为重点的高中阶段教育,使残疾人通过接受教育能够自食其力。(2)补齐农村地区残疾人基本公共服务短板,持续推进“服务型社会救助”试点,做好照护服务、康复服务、家庭无障碍改造等工作,切实解决残疾人“脱了贫解不了困”问题。

有的出席人员指出,现在优质医疗资源和药品都需要自费,困难群众“小病不去看、大病生不起”没有彻底消除。建议进一步完善健康扶贫政策,鼓励优质医疗资源下乡,重大疾病药品纳入医保。同时,健全社会帮扶机制,发挥慈善组织作用,为困难群众欠下的医疗费“找出路”。

有的出席人员指出,西部地区自然环境相对恶劣,实施生态扶贫成本较高。以造林为例,现行国家补助标准不及当地植树成本的六分之一,群众还要承担浇水、管护等持续性投入,陷入“造林越多欠账越大”的两难境地。建议有关部门高度重视,因地制宜细化帮扶措施。

有的出席人员指出,一些地方通过探索资产收益扶贫,将资金变股金、农民变股东,拓宽了收入渠道。但参股后,农民怎么参与企业管理、维护自身权益还没有明确、具体的规范。建议有关部门开展专题调研,指导地方解决好这个问题。

一些出席人员指出,安置易地搬迁群众的部分就业岗位设有1至3年期限,届满时群众就业又成问题,建议有关部门重视解决。有的出席人员提出,搬迁群众虽然生产生活在安置区,但户籍还在原来地方,明年全国县乡两级人大要进行换届选举,这部分群众的选民登记、选区划分、代表名额分配等存在争议。建议国务院扶贫办予以重视,切实保障搬迁群众的政治权利。

三、健全防止返贫监测和帮扶机制

一些出席人员建议,依据国家脱贫攻坚普查数据,将低水平区域和人群纳入防止返贫监测和动态帮扶范围,对脱贫不稳定户、边缘易致贫户开展常态化监测,完善快速发现机制,推进信息平台建设,有针对性地出台帮扶政策,降低返贫风险。一些出席人员指出,有五类贫困户需要重点关注:一是因病致贫的贫困户。二是残疾贫困户,特别是重度残疾人、以老养残、一户多残、精神智力残疾人。三是“等、靠、要”思想严重的贫困户。四是单打独斗的贫困户。五是处于相对贫困状态的边缘贫困户。

有的出席人员建议,(1)建立动态式评价制度,根据经济社会发展变化设置贫困标准,开展动态管理。(2)建立开发式扶持制度,为有劳动能力的贫困户提供技术支持、项目支持和智力支持,提高其就业创业能力。(3)建立保障性帮扶制度,通过建档立卡给予丧失劳动能力者基本生活保障。(4)建立救济式救助制度,由中央和地方各级财政建立保障体系,为因病、因灾、因学、因故等致贫返贫人群再加一把“安全锁”。有的出席人员建议,参考国外成熟做法,根据社会中位收入设定相对贫困标准,并实现动态调整,为制定针对性的扶助机制提供重要标准。

此外,有的出席人员建议,适时启动扶贫领域立法工作,规范扶贫开发主体、扶贫对象、扶贫措施、扶贫开发资金来源及其用途,扶贫开发工作的监督与考核机制,以及违法责任等内容。有的出席人员提出，全面梳理脱贫攻坚伟大成就，对亮点、难点、感人事迹进行重点宣传，激发全国人民爱党爱国热情。加大对外宣传力度，讲好中国脱贫攻坚故事，充分展现我国制度优势。

国务院关于财政农业农村资金分配和使用情况的报告

——2020 年 12 月 23 日在第十三届全国人民代表大会常务委员会第二十四次会议上

财政部部长　刘　昆

全国人民代表大会常务委员会：

受国务院委托，我向全国人大常委会报告财政农业农村资金分配和使用情况，请审议。

一、近年来财政农业农村资金投入和使用的基本情况

重农固本是安民之基、治国之要。党中央、国务院高度重视农业农村工作，坚持把解决好“三农”问题作为全党工作重中之重。党的十九大提出实施乡村振兴战略并写入党章，这是以习近平同志为核心的党中央从党和国家事业全局出发作出的重大决策部署，是新时代做好“三农”工作的总抓手。按照党中央、国务院决策部署，各级财政部门会同有关部门坚持农业农村优先发展总方针，把农业农村作为财政支出的优先保障领域，为实施乡村振兴战略提供了有力支撑。2016—2019 年，全国财政一般公共预算累计安排农业农村相关支出① 6.07 万亿元，年均增长 8.8%，高于全国一般公共预算支出平均增幅。同时，积极拓宽投入渠道，构建多元化投入格局。在土地收益、政府债券、金融服务等方面，加大对农业农村的投入力度，引导更多社会资本投入。中央财政农业农村资金重点支持以下 5 个方面：

（一）坚持“重中之重”，保障粮食和生猪等重要农产品有效供给。

习近平总书记强调，越是面对风险挑战，越要稳住农业，越要确保粮食和重要副食品安全；这次新冠肺炎疫情如此严重，但我国社会始终保持稳定，粮食等重要农副产品稳定供给功不可没。按照党中央、国务院决策部署，中央财政支持不断提高农业综合生产能力。一是深入实施“藏粮于地、藏粮于技”战略。藏粮于地方面，加快高标准农田建设，完善农田基础设施，改善农业生产条件。支持开展农机购置补贴，同时探索开展农机新产品、农机报废更新、植保无人飞机等补贴试点，不断完善补贴政策。支持耕地轮作休耕和东北地区黑土地保护利用，启动东北黑土地保护性耕作行动。完善粮食主产区利益补偿机制，持续加大产粮大县奖励力度，调动地方政府“重农抓粮”积极性。支持农业生产救灾，加快修复灾毁农田，加强农业防灾减灾体系建设。藏粮于技方面，支持开展农业科研相关工作，加强基层农技推广体系建设，提升科技服务农业能力和水平。支持实施现代种业提升工程，加快育种基地和良种繁育基地建设；通过现代种业发展基金带动社会资本投资种业超过 100 亿元，重点支持“育繁推”一体化种子企业做大做强，提升种业产业化水平。二是完善对种粮农民的补贴政策。2016 年以来全面推开农业“三项补贴”改革，将原农作物良种补贴、农资综合补贴和种粮农民直接补贴合并为耕地地力保护补贴，鼓励各省因地制宜创新方式，提升农民自主保护耕地地力积极性。统筹实施玉米大豆生产者补贴、稻谷补贴，确保种粮农民收益稳定。此外，支持深化粮食收储制度改革，改革完善最低收购价政策。三是多措并举支持生猪稳产保供。2018 年将非洲猪瘟纳入强制扑杀补助范围，2019 年及时出台支持实施生猪良种补贴、完善种猪场和规模猪场临时贷款贴息、加大生猪调出大县奖励力度等扶持生猪生产的一揽子政策措施。2020 年进一步将生猪临时贷款贴息补助范围由年出栏 5000 头以上的养殖场户，扩大到年出栏 500 头以上的养殖场户。四是支持疫情期间农产品稳产保供。提前下达农业生产相关转移支付，支持各地在疫情期间有序推进春耕备耕，重点支持恢复双季稻生产，奠定全年粮食丰收基础。

在财政资金的支持下，农业生产基础进一步

① 此次报告的财政农业农村资金包括支持农业生产、脱贫攻坚、农业供给侧结构性改革、农村基础设施建设和乡村治理等方面的资金，不包括无法区分用于城市和农村的林业、水利资金，以及教育、文化、社会保障、医疗卫生等社会事业资金。

巩固，粮食等重要农产品保障能力持续增强，粮食产量2014年以来有望连续六年保持在1.3万亿斤以上，实现谷物基本自给、口粮绝对安全。农作物耕种收综合机械化率超过70%，小麦、水稻、玉米三大主粮生产已基本实现机械化。农业科技进步贡献率突破60%，主要农作物良种实现全覆盖，自主选育品种面积占95%以上。生猪产业加快转型，2019年，年出栏500头以上的生猪养殖规模化率达到53%，猪肉市场价格上涨势头得到有效抑制，生猪和能繁母猪存栏双双保持快速恢复势头，截至2020年9月底已分别恢复到2017年底的84%和86%。

（二）坚持精准扶贫精准脱贫基本方略，全力支持打赢脱贫攻坚战。

习近平总书记多次强调，到2020年我国现行标准下农村贫困人口实现脱贫，是我们的庄严承诺。近年来，中央财政坚持把脱贫攻坚工作摆在突出重要位置，不断加大财政扶贫投入，健全财政扶贫政策体系。一是加大脱贫攻坚投入。健全与脱贫攻坚任务相适应的投入保障机制，发挥中央财政专项扶贫资金投入主渠道作用，2016—2020年，连续5年每年增加200亿元。同时，积极拓宽投入渠道，通过地方政府债券、政府性基金等，加大脱贫攻坚投入，并引导金融、社会资本凝聚合力。二是聚焦支持攻克深度贫困堡垒。贯彻落实习近平总书记关于“三个新增”的重要指示精神，优化财政扶贫资金分配方式，突出对“三区三州”等深度贫困地区的倾斜支持，资金投向更加聚焦和精准。三是深入推进贫困县涉农资金统筹整合试点。2016年4月，国务院办公厅印发《关于支持贫困县开展统筹整合使用财政涉农资金试点的意见》（国办发〔2016〕22号），将中央14个部门管理的20项涉农资金配置权完全赋予贫困县，支持其根据脱贫攻坚任务的轻重缓急统筹安排，因地制宜推进脱贫攻坚。这项放权改革取得了显著成效，2016年至2020年前三季度，全国832个贫困县累计整合使用财政涉农资金超过1.5万亿元，每个贫困县年均整合资金规模超过3.6亿元，为打赢脱贫攻坚战提供了充足的“粮草军需”和政策支撑。2020年10月，贫困县涉农资金统筹整合政策被授予“全国脱贫攻坚奖组织创新奖”。四是积极支持做好易地扶贫搬迁及后续扶持工作。中央财政对易地扶贫搬迁贷款、融资进行贴息和补助。调整规范易地扶贫搬迁融资方式，足额保障各省易地扶贫搬迁发债筹资需求。同时，支持易地扶贫搬迁后续产业发展，帮助搬迁群众增收脱贫。

在有关资金投入和政策支持的有力推动下，脱贫攻坚取得全面胜利，绝对贫困问题得到历史性解决。党的十八大以来9899万农村贫困人口已全部脱贫，832个贫困县已全部脱贫摘帽，区域性整体贫困得到有效解决。

（三）坚持质量兴农、绿色兴农，支持深化农业供给侧结构性改革。

习近平总书记多次指出，没有农业农村现代化，就没有整个国家现代化。中央财政加大投入力度，支持构建现代农业产业体系、生产体系、经营体系。一是支持推进农村一二三产业深度融合。县域抓点，着力打造促进乡村产业振兴的示范平台，支持创建国家现代农业产业园；镇域抓面，支持建设主业强、百业兴、宜业宜居的农业产业强镇；省域抓线，支持各地聚焦主导产业带和重点生产区域，发展优势特色农业产业。二是支持农业绿色发展。支持长江流域重点水域禁捕和退捕渔民安置。实施新一轮草原生态保护补助奖励政策。支持农业面源污染治理，开展农作物秸秆综合利用试点和废旧地膜回收利用整县推进。支持实施畜禽粪污资源化利用，实现畜牧养殖大县全覆盖。支持大力发展绿色生态健康养殖，实施奶业振兴行动。支持农产品质量追溯体系建设，开展化肥减施增效、有机肥替代化肥，加强农药等农业投入品管理，提升农产品质量安全。三是培育新型农业经营主体。支持农民合作社、家庭农场、农业生产社会化服务组织等新型农业经营主体加快发展，带动农业产业升级和农民增收致富。实施新型职业农民培训工程，推进农村实用人才培训试点，培养造就懂农业、爱农村、爱农民的“三农”工作队伍。四是提升金融服务乡村振兴能力。安排奖补资金支持扩大农业信贷担保业务规模，2016—2019年，全国农业信贷担保业务规模年均增长81.9%。对三大主粮作物等16类大宗农产品进行保费补贴，不断健全农业保险政策体系。推动政府性融资担保体系建设，按照市场化原则，积极引导各地推进银担合作，完善风险分担机制。充分发挥政府投资基金的带动作用，通过市场化方式合理配置资源，支持乡村振兴。

在财政资金的支持下，农业产业园等产业融合载体加快培育，产业高质量发展态势初步显现。农业农村绿色发展扎实推进，长江十年禁渔工作取得阶段性成效，渔船渔民退捕基本完成，渔民安置保障有序推进。农业资源利用强度明显下降，2019 年全国耕地质量较 2014 年提升 0.35 个等级。全国化肥农药使用量连续 4 年负增长，秸秆综合利用率、畜禽粪污利用率、农膜回收率分别达到 85%、75%、80%。2019 年农村居民人均可支配收入突破 1.6 万元，提前一年比 2010 年翻一番。

（四）持续保障和改善民生，加快补上农业农村公共服务短板。

习近平总书记强调，农业农村优先发展，要体现在公共资源配置上，把公共基础设施建设的重点放在农村。中央财政积极保障农村交通、饮水安全等基础设施及农村住房建设，切实提高农民群众的获得感、幸福感。一是支持农村厕所革命。创新资金筹措渠道，从 2019 年起，计划用五年时间通过奖补方式支持和引导各地实施厕所革命整村推进，推动有条件的农村普及卫生厕所，实现厕所粪污基本得到处理和资源化利用，持续改善农村人居环境。二是支持改善农村住房条件。2017 年起，中央财政补助资金集中用于建档立卡贫困户、低保户、分散供养特困人员、贫困残疾人家庭等 4 类重点对象的危房改造，户均补助标准大幅提高至 1.4 万元。2019 年起，支持地震高烈度设防地区开展农房抗震改造，引导提升农房抗震性能。三是支持保障农村饮水安全。支持农村饮水安全巩固提升工程建设，加大对贫困地区支持力度。2019 年起，中央财政将农村饮水安全工程维修养护纳入支持范围，促进工程长期稳定运行，提升供水保障水平。四是加快“四好农村路”建设。支持较大人口规模自然村通硬化路，支持扶贫地区资源路旅游路等农村公路建设，加强农村公路安全生命防护工程建设和危桥改造，并向西藏、南疆四地州和其他连片特困地区给予政策倾斜。在财政资金的支持下，农村基础设施建设提档升级，农村生产生活环境稳步改善，农民生活品质逐步提升。据统计，2018 年以来累计新改造农村户厕 3000 多万户。2016—2019 年累计新改建农村公路超过 120 万公里。“十三五”期间完成约 45.8 万公里农村公路安全生命防护工程和 1.5 万座农村公路危桥改造。支持改造农村危房 830 余万户，全面完成建档立卡贫困户等 4 类重点对象存量危房改造。农村饮水安全巩固提升受益人口 2.27 亿人，解决 615 万氟超标人口饮水问题。

（五）坚持走乡村善治之路，推动建立健全现代乡村社会治理体系。

习近平总书记强调，要健全自治、法治、德治相结合的乡村治理体系，让农村社会既充满活力又和谐有序。中央财政大力支持深化农村各项改革，着力完善乡村治理体系，提升乡村治理能力。一是加强村级组织运转经费保障。持续健全以财政投入为主的稳定的村级组织运转经费保障制度，确保村级组织有人办事、有钱办事。2016 年，中央组织部、财政部研究建立了村级组织运转经费保障制度，确定村干部基本报酬和村级组织办公经费两项合计每村每年不低于 9 万元。2020 年起建立稳定增长机制，保障标准进一步提高至每村每年不低于 11 万元，夯实党在农村的执政基础。二是支持深化农村改革。按照中央一号文件和《乡村振兴战略规划（2018—2022 年）》的部署，推进农村综合改革试点试验和田园综合体建设试点，探索把绿水青山转化为金山银山的有效路径，推动乡村振兴的体制机制创新。支持开展农村土地承包经营权确权登记颁证，进一步巩固完善农村基本经营制度。支持开展农村集体资产清产核资，进一步明晰农村集体产权。三是支持培育壮大集体经济。2016 年起，中央组织部、财政部组织扶持村级组织发展壮大集体经济，增强村经济组织自我保障和服务群众的能力，提升农村基层党组织的组织力、凝聚力、战斗力。四是支持建设美丽乡村。支持地方科学利用乡村资源环境条件，遵循乡村发展规律，建设宜居宜业宜游的美丽乡村。支持建设红色美丽村庄试点，依托红色资源，传承红色基因，推动红色村组织振兴。支持开展水库移民美丽家园建设行动，提升移民村建设和治理水平。

在财政资金的支持下，农村改革全面深化，农村基层党组织领导能力不断增强，乡村治理根基逐步坚实。完成 2 亿多农户农村土地承包经营权确权登记颁证，让农民吃上长效“定心丸”。基本完成农村集体资产清产核资，清查核实集体土地资源 65.5 亿亩、账面资产 6.5 万亿元，实现了“底清账明”。据统计，截至 2019 年底，全国村集体经营收益超过 5 万元的村占比达 48.2%，比 2016 年提高 23.2 个百分点。

二、财政农业农村资金改革和管理情况

按照党中央、国务院决策部署，近年来，财政部会同有关部门按照财税体制改革总体部署，落实预算法等法律法规要求，加强资金管理，完善顶层设计，创新体制机制，扎实推进农业农村领域各项改革任务，不断提升财政资金使用管理的科学性、规

范性、有效性。

(一)推动完善农业支持保护制度。按照党中央、国务院决策部署,2019年制定出台了《关于完善农业支持保护制度的意见》,提出了对农民直接补贴、生产支持、基础设施建设、价格支持、生态环境保护等方面的政策举措,并立足国内发展需要,对相关农业支持保护政策进行优化完善。

(二)探索建立涉农资金统筹整合长效机制。统筹考虑近年来财政收入形势和农业农村资金需求,着眼于结构调整和提质增效,大力推动改革创新,不断优化财政支出结构,着力提升财政资金使用效益。按照党中央、国务院决策部署,2017年制定出台了《关于探索建立涉农资金统筹整合长效机制的意见》,加强涉农资金源头整合,实施"大专项+任务清单"管理,赋予地方更大的资金统筹整合权限,充分调动地方工作积极性。

(三)持续改进和加强财政预算管理。一是加强制度建设。严格依法理财、依法行政,确保每项资金对应一个管理办法,全面规范资金分配、下达、使用各环节,并根据形势变化及时修订,增强资金管理办法的针对性和可操作性,将权力关进制度的笼子。二是推动审批权限下放。中央财政农业农村资金主要按照因素法分配,切块到省。同时,鼓励省级财政结合实际将审批权限下放到县,增强地方安排项目的自主性。三是全面实施预算绩效管理。逐步完善财政农业农村资金绩效管理机制,扩大绩效管理范围。制定农业农村相关转移支付绩效管理制度办法,推动实现财政农业农村资金所有中央本级和转移支付项目绩效管理全覆盖。在此基础上,2016年起,对农机购置补贴等资金开展重点绩效评价,对水利部、中国气象局开展中央部门整体绩效评价试点。不断强化绩效结果应用,将绩效结果作为编报预算和分配资金的重要依据。

(四)狠抓资金监管和监督检查。一是强化财政农业农村资金监督体系建设。自觉接受人大监督,全面加强财会监督、审计监督,实现832个贫困县扶贫审计全覆盖,不断加强乡村振兴相关资金管理,推动政策落地。同时,充分借助社会监督、群众监督,纪检监察监督等力量,初步形成了全过程、多元化、立体式的支农资金监督体系。二是开展动态监控。建设财政扶贫资金动态监控平台,已在中央本级和有脱贫攻坚任务的28个省(区、市)、300多个地市、3000多个县(地市县均含开发区、实验区)稳定运行,依托平台建立了财政扶贫资金总台账,跟踪预算分配下达、资金支付、绩效目标执行、到人到户补助发放等情况,促进加强扶贫资金管理。三是加强预算公开。及时公布转移支付资金管理办法和分配结果。加大中央农口部门预算和农业农村相关转移支付预算公开力度,中央部门预决算公开细化到项级,让资金在阳光下运行。

总的来看,在各地区、各相关部门的共同努力下,"十三五"期间我国财政支农工作成效显著,投入力度不断加大,支出结构不断优化,资金管理水平和使用效益不断提高。在财政资金的大力支持下,我国农业综合生产能力稳步提升,农业供给体系质量明显提高,农民增收渠道进一步拓宽,农村经济社会发展持续加快,农村人居环境显著改善,乡村治理体系进一步完善,有力支持了稳住农业压舱石、守好"三农"战略后院。

在看到成绩的同时,我们也清醒认识到存在的差距和不足。由于财政农业农村资金涉及不同行业领域和亿万群众,利益主体诉求多元,点多、线长、面广,财政农业农村资金管理使用还面临一些困难和挑战。一是投入压力持续加大。当前国内外经济形势依然复杂严峻,财政在今后较长一个时期仍将处于紧平衡状态。金融重点倾斜、社会积极参与的多元投入格局还需进一步健全。二是政策间衔接尚需进一步强化。由于财政农业农村资金涉及多个行业领域、多个层级、多个地区,政策间的协同配合还需进一步加强。三是预算和绩效管理尚需进一步提升。

三、下一步工作考虑

"十四五"时期是我国全面建成小康社会、实现第一个百年奋斗目标之后,乘势而上开启全面建设社会主义现代化国家新征程、向第二个百年奋斗目标进军的第一个五年。财政部将会同有关部门坚持以习近平新时代中国特色社会主义思想为指导,全面贯彻党的十九大和十九届二中、三中、四中、五中全会精神,按照中央经济工作会议和中央农村工作会议有关要求,坚持以人民为中心,坚持新发展理念,坚持深化改革开放,坚持系统观念,加强顶层设计,着力构建完善财政支持实施乡村振兴战略的政策体系和体制机制,着力构建新发展格局,增强工作实效,推动农业农村工作迈上新台阶、开创新局面。

(一)进一步加大投入力度。始终坚持农业农村优先发展的总方针,进一步健全投入保障制度,创新投融资机制，拓宽资金筹措渠道，尽力而为、量力而行，推动形成财政优先保障、金融重点倾斜、社会积极参与的多元投入格局。一是更好发挥财政投入主渠道作用。财政部门持续把农业农村作为优先保障领域，不断完善多元化投入保障机制，结合预算编制安排，继续将符合条件的农业农村领域项目纳入地方政府债券支持范围。进一步强化各级政府“三农”投入责任，督促各地区不断调整完善政策措施，推动构建支农投入稳定增长机制。二是进一步拓宽投入渠道。落实中办、国办印发的《关于调整完善土地出让收入使用范围优先支持乡村振兴的意见》有关要求，逐步提高土地出让收益用于农业农村比例，确保“十四五”期末达到 50% 以上。进一步完善农业信贷担保体系，发挥国家融资担保基金作用，建立健全信贷风险分担机制，鼓励各类市场主体按市场化原则投入农业农村领域，为加快推进农业农村现代化增添动力。三是完善普惠金融政策工具。健全财政支持普惠金融发展政策体系，创新金融产品供给机制，切实增强财政金融政策合力，更好发挥农业农村领域财政撬动放大作用。结合财力情况进一步研究扩大三大主粮作物完全成本保险和收入保险试点、地方优势特色农产品保险奖补试点范围。优化农村金融机构定向费用补贴政策，促进建立多层次、广覆盖、可持续的农村金融服务体系。

（二）进一步完善财政支农政策体系。根据党的十九届五中全会精神和“十四五”时期形势要求，聚焦农业农村现代化阶段性重点任务，坚持目标导向、问题导向，强化以工补农、以城带乡，着力支持提高农业发展质量效益和竞争力，加快推进乡村建设。进一步完善农业支持保护制度，提高政策精准性，形成与乡村振兴相适应的多元化保障机制。落实党中央、国务院关于巩固拓展脱贫攻坚成果同乡村振兴有效衔接的部署，支持脱贫地区继续发展，帮助脱贫群众增收致富。

（三）进一步促进涉农资金管理提质增效。落实过紧日子的有关要求，将绩效管理深度融入财政农业农村资金预算编制、执行、监督全过程。强化评价结果刚性约束，将绩效结果作为预算安排的重要依据，精打细算，把钱用到刀刃上、紧要处，切实提高财政农业农村资金使用绩效。以党内监督为主导，促进审计、财政和行业监督等各类监督有机贯通、相互协调，加强对农业农村重点政策落实情况、重点项目资金使用情况的监督检查力度，进一步发挥社会监督作用。

长期以来，全国人大常委会高度重视、大力支持财政农业农村工作，加强农业农村领域立法和执法监督，有力推动了农业农村事业发展。我们将更加紧密地团结在以习近平同志为核心的党中央周围，增强“四个意识”，坚定“四个自信”，做到“两个维护”，坚决贯彻党中央、国务院决策部署，按照全国人大常委会的审议意见，切实改进和加强财政农业农村工作，加大力度支持提高农业农村发展质量和现代化水平，为乡村全面振兴、实现第二个百年奋斗目标作出新贡献！

对财政农业农村资金分配和使用情况报告的意见和建议

12 月 24 日，十三届全国人大常委会第二十四次会议审议了财政部部长刘昆受国务院委托作的关于财政农业农村资金分配和使用情况的报告，共有 11 人次发言。现根据会议发言情况，将常委会组成人员和列席人员的主要意见整理如下。

出席人员普遍认为，农业是国民经济的基础，农业农村问题关系经济社会均衡发展和国家长治久安。党的十八大以来，以习近平同志为核心的党中央坚持农业农村优先发展总方针，把解决好“三农”问题作为全党工作重中之重。国务院及地方各级政府贯彻落实党中央决策部署，把农业农村作为财政支出的优先保障领域，为实施乡村振兴战略提供了有力支撑。大家对国务院的专项工作报告，全国人大常委会预算工委和全国人大财经委、农业农村委的调研报告给予充分肯定，认为两个报告实事求是、重点突出，内容翔实、建议可行。同时提出，要围绕全面实施乡村振兴战略，进一步加大财政投入力度，突出重点、统筹兼顾，尽力而为、量力而行，提高农业质量效益和竞争力，推进乡村建设行动，走出一条农业强、农村美、农民富的中国特色社会主义乡村振兴道路。审议中，大家还提出了一些具体意见和建议。

一、合理安排农业农村资金投入

有些出席人员提出，应坚持农业农村优先发展的总方针，建立健全财政投入稳定增长机制，并确保财政农业农村资金的增长速度始终高于一般公共预算支出。有的出席人员提出，应根据经济社会发展、城镇化进程、土地资源禀赋等情况，合理确定涉农资金在预算支出中的占比，既保障农业农村发展需要，又进一步提高财政资金边际效益和使用绩效。一些出席人员指出，财政农业农村资金分配应平衡关键领域和薄弱环节的支持力度，既支持地方落实“六保”任务，向中西部欠发达地区倾斜，也兼顾地方发展和资金的投入产出比，充分调动东部发达省份的积极性。

有的出席人员提到，有时中央财政投入越大、地方投入反而减少，个别地方不愿投资农业，也不愿花钱储粮，认为农业在经济中占比越低越是发达的体现。应切实纠正这种认识，在确保中央财政投入的基础上，引导督促地方加大农业农村财政投入，实现中央财政与地方财政协同发力。还有出席人员提出，推动农业农村可持续发展，既要发挥财政资金的功效，也要在产业政策、资源保护政策等方面给予倾斜。

有的出席人员指出，2020 年 9 月中办、国办印发《关于调整完善土地出让收入使用范围优先支持乡村振兴的意见》，列举 12 个方面的支出范围过窄。建议扩大土地出让收入使用范围，纳入道路交通、医疗养老、县乡和街道建设、社区服务等与乡村振兴紧密相关的内容。

二、构建多元投入机制

一些出席人员提出，应充分发挥财政资金的引导和撬动作用，动员各类社会资本、资源要素投向农业农村。建议：(1)优化调整财政贴息政策，引导金融机构将贷款资源向农业农村领域倾斜。(2)通过奖补、税收等方式，推动工商资本下乡，促进农业规模经营、农业科技研发。(3)把财政投入形成的田间道路、水利设施、农业机械等，折股量化给农民，充分调动农民管护利用的积极性。(4)发挥农业担保机构作用，探索开展农村土地经营权抵押、宅基地使用权抵押等，破除体制机制障碍，拓宽农业经营主体融资渠道。

三、加强重点领域投入

有的出席人员指出，粮食主产区是国家粮食安全的重要支撑，但主产区的农民很难靠种粮致富。应进一步加大对粮食主产区的一般性转移支付力度，适当提高相关财政补贴标准，支持主产区农业增效、农民增收。有的出席人员提到，高标准农田亩均建设标准和中央财政补助水平总体偏低，各地实际执行不一，农田建设质量难以保证。应因地制宜、分类细化高标准农田建设和各级财政补贴标准，确保投资到位、建设达标，建好 10 亿亩高标准农田。有的出席人员建议，应加大对机耕作业、秸秆处理、粮食烘干等农业生产基础环节投入，提高农业综合生产能力。

有的出席人员提到，相关统计数据反映，我国农业科技研发投入不足，远低于国家总体科技研发投入占 GDP 的水平。由于农业基础研究和科技创新经费不足，一些重点实验室的先进仪器设备很多都用不起来，基础前沿领域的科研攻关受到一定影响。建议在“十四五”规划中大幅增加农业科研投入，明确投入的具体数额、比例目标，重点支持种业等制约农业发展的核心领域。

有的出席人员指出，近年来通过厕所革命等举措，我国农村基础设施和公共服务明显改善，但与城镇相比仍有很大差距，相关工作也缺乏顶层设计。建议尽快制定实现城乡基本公共服务均等化的时间表和路线图，科学界定农村基本公共服务的范围和支出标准，明确划分中央与地方的财政事权和支出责任，补齐农村基本公共服务短板。

四、加强资金统筹和绩效管理

有的出席人员提出，应参照贫困县标准，进一步加大涉农资金整合力度，最大程度赋予地方统筹安排项目资金的自主权，确保财政资金发挥最大效益。

有的出席人员提出，许多农业项目资金投入大、生产周期长、投资见效慢，而且具有明显的地域性、季节性特点。在评价涉农资金使用绩效时，应坚持新发展理念，充分考虑各方面因素，不唯经济增长论英雄。有的出席人员提到，应对高标准农田建设、涉农补贴等政策开展后评估，进一步提高农业农村政策的绩效水平。

全国人民代表大会常务委员会法制工作委员会关于2020年备案审查工作情况的报告

——2021年1月20日在第十三届全国人民代表大会常务委员会第二十五次会议上

全国人大常委会法制工作委员会主任 沈春耀

全国人民代表大会常务委员会：

现将2020年开展备案审查工作的情况报告如下，请审议。

对行政法规、地方性法规、司法解释等规范性文件开展备案审查，是宪法和法律赋予全国人大常委会的一项重要职权。根据宪法和有关法律的规定，行政法规、监察法规、地方性法规、自治条例和单行条例、经济特区法规、司法解释以及香港、澳门特别行政区的法律应当报送全国人大常委会备案，全国人大常委会有权撤销、纠正与宪法法律相抵触的法规、司法解释，有权在征询其所属的特别行政区基本法委员会后，对不符合特别行政区基本法关于中央管理的事务及中央和特别行政区关系的条款的特别行政区法律予以发回，发回的法律立即失效。全国人大常委会通过加强对法规、司法解释、特别行政区法律的备案审查，保证党中央令行禁止，保障宪法法律实施，保护公民、组织合法权益，保障“一国两制”方针得到全面准确实施。

一年来，法制工作委员会在全国人大常委会领导下，与全国人大专门委员会、常委会办公厅和有关工作机构密切配合，坚持以习近平新时代中国特色社会主义思想特别是习近平法治思想为指导，贯彻党中央精神，遵循宪法和法律规定，严格执行委员长会议通过的《法规、司法解释备案审查工作办法》（以下简称《工作办法》），按照“有件必备、有备必审、有错必纠”的要求，进一步加大对报备法规、司法解释、特别行政区法律的审查工作力度，加强备案审查制度和能力建设，备案审查工作取得新进展。

一、开展备案工作的情况

一年来，全国人大常委会办公厅共收到报送备案的行政法规、地方性法规、自治条例和单行条例、经济特区法规、司法解释、特别行政区法律1310件，其中行政法规25件，省、自治区、直辖市地方性法规500件，设区的市、自治州地方性法规563件，自治条例和单行条例85件，经济特区法规80件，司法解释16件，香港特别行政区法律20件，澳门特别行政区法律21件。从报送备案的总体情况看，各报备机关能够严格依照有关法律规定，及时、规范履行报备义务，自觉接受监督。

按照《工作办法》的规定，全国人大常委会办公厅2020年将地方人大常委会通过的具有法规性质的决议、决定纳入备案范围，全面落实“有件必备”。对报送备案的法规、司法解释开展形式审查，对审查发现其中51件存在的施行日期不明确、缺少标准文本、公布日期早于批准日期、报送备案不及时、备案文件不齐全等问题，及时向有关报备机关发函，提醒报备机关予以纠正，督促报备机关规范报备行为，提高报备质量。将符合备案要求的法规、司法解释、特别行政区法律及时分送有关专门委员会、常委会工作机构审查。汇总年度接收备案情况及文件目录，印发各有关方面参考。推动最高人民法院在法院系统建立备案审查制度，对高级人民法院制定的审判业务文件开展备案审查。

二、开展主动审查和专项审查工作的情况

我们着力加强主动审查力度，对制定机关报送备案的法规、司法解释逐件开展主动审查，及时提出审查研究报告，实现“有备必审”。我们对香港、澳门特别行政区报送备案的法律开展审查，尚未发现需要发回的情形。我们根据常委会工作部署开展专项清理工作，一年来着重组织开展了五个方面的专项审查和集中清理。

2020年2月5日，在新冠肺炎疫情防控的关键时期，习近平总书记在中央全面依法治国委员会会议上作出“全面提高依法防控、依法治理能力，为疫

情防控工作提供有力法治保障”的重要指示。地方人大常委会迅速贯彻落实习近平总书记指示精神，根据传染病防治法、突发事件应对法、突发公共卫生事件应急条例等法律、行政法规，结合本地区实际，作出了一些关于依法做好新冠肺炎疫情防控工作的决定，为全力做好新冠肺炎疫情防控工作提供法治保障。我们对省级人大常委会作出的26件关于加强新冠肺炎疫情防控工作的决定开展专项审查，对地方人大常委会在决定中授权政府遵循“不抵触”原则制定规章的问题进行研究，提出了“有关地方政府为应对疫情而制定规章，属于立法法规定的‘因行政管理迫切需要’的情形，地方人大常委会授权政府在疫情防控期间遵循‘不抵触’原则制定规章，符合立法法有关规定的精神”的研究意见，及时为地方在法治轨道上做好新冠肺炎疫情防控工作提供有力支持。

习近平总书记在2020年1月27日作出重要批示，深刻指出非法交易、滥食野生动物的突出问题及对公共卫生安全构成的重大隐患。为了贯彻落实习近平总书记重要批示精神，健全公共卫生法治保障体系，助力打赢疫情防控阻击战，我们在全国人大常委会作出《关于全面禁止非法野生动物交易、革除滥食野生动物陋习、切实保障人民群众生命健康安全的决定》后，立即开展野生动物保护领域法规、规章、司法解释及其他规范性文件专项审查和集中清理工作。根据国务院办公厅和地方人大常委会反馈的情况，清理中发现需要根据全国人大常委会决定精神修改或者废止的规范性文件共419件，其中行政法规3件，国务院规范性文件4件，部门规章和规范性文件30件，省级地方性法规69件，设区的市地方性法规9件，单行条例22件，经济特区法规1件，地方政府规章和规范性文件281件。有关方面已经修改30件、废止55件。8个省、自治区、直辖市人大常委会并及时出台相关决定，全面落实全国人大常委会决定精神。

2020年5月28日，十三届全国人民代表大会第三次会议审议通过了《中华人民共和国民法典》，自2021年1月1日起实施。习近平总书记主持十九届中央政治局第二十次集体学习时指出，有关国家机关要适应改革开放和社会主义现代化建设要求，加强同民法典相关联、相配套的法律法规制度建设，不断总结实践经验，修改完善相关法律法规和司法解释；对同民法典规定和原则不一致的国家有关规定，要抓紧清理，该修改的修改，该废止的废止。为贯彻落实习近平总书记重要指示，配合民法典的贯彻实施，我们开展了民法典涉及法规、规章、司法解释及其他规范性文件专项审查和集中清理工作。清理中发现需要修改或者废止的规范性文件共2850件，其中行政法规31件，国务院规范性文件5件，部门规章和规范性文件164件，地方性法规543件，地方政府规章和规范性文件1874件，司法解释233件。有关方面已经修改257件、废止449件。最高人民法院为贯彻实施民法典新制定了7件司法解释。

根据党中央部署，我们持续开展食品药品安全领域地方性法规专项审查和集中清理工作。各地通过清理发现需要修改或者废止的地方性法规91件，其中省级地方性法规63件，设区的市地方性法规18件，自治条例、单行条例8件，经济特区法规2件。有关方面已经修改39件、废止18件。

根据党中央部署，我们2020年与司法部共同承担加强优化营商环境涉及的法规、规章备案审查工作任务。我们加大对与营商环境有关的行政法规、地方性法规、司法解释的审查力度，对在营商环境方面存在突出问题的12件地方性法规向制定机关提出修改完善意见。

在专项审查和集中清理工作中，国务院办公厅、司法部、最高人民法院、最高人民检察院、地方人大常委会等有关单位精心组织、周密部署，按照清理要求开展了大量工作，确保清理任务顺利完成，较好实现了法规、司法解释与党中央决策部署一致、与法律规定衔接、与时代要求相符的目标。

三、开展依申请审查和移送审查工作的情况

一年来，我们共收到公民、组织提出的审查建议5146件，其中属于全国人大常委会审查范围的有3378件，包括针对行政法规和国务院决定的38件、针对地方性法规的3254件、针对自治条例的11件、针对司法解释的75件；不属于全国人大常委会审查范围的有1768件。没有收到有关国家机关提出的审查要求。我们对审查建议逐一进行了研究，提出处理意见，并向审查建议人作了反馈。对不属于全国人大常委会审查范围的，依照规定分别移送有权审查的机关研究处理。

2020年我们收到司法部通过备案审查衔接联动机制移送的58件地方性法规，主要涉及缩减上位

法的禁止性规定以及违反行政许可法、行政处罚法、行政强制法和行政收费制度等方面的问题。我们对移送法规涉及的问题听取制定机关意见，对制定机关同意司法部意见并表示自行修改的8件法规，督促制定机关尽快完成修改工作。对制定机关反馈不同意司法部意见的法规，逐一进行审查研究，对其中19件存在问题的地方性法规，要求制定机关及时修改或者废止。

四、开展纠正处理工作的情况

一年来，我们在备案审查工作中坚持正确政治方向，认真开展合宪性、合法性和适当性审查，对存在违背宪法规定、宪法原则或者宪法精神，与党中央的重大决策部署不相符或者与国家的重大改革方向不一致，违背上位法规定，或者明显不适当等问题的，区分不同情况分别予以纠正、作出处理。

（一）积极稳妥处理合宪性、涉宪性问题

2020年全国“两会”期间，有全国政协委员提出提案，建议对民航发展基金的征收进行合宪性审查。我们审查认为，征收民航发展基金不属于宪法第十三条第三款规定的对私有财产的征收或者征用，不存在与宪法相抵触的问题。但是，征收民航发展基金依据的是国务院文件和有关部门规章，与2014年修改后的预算法第九条第一款关于政府性基金依照法律、行政法规的规定征收的规定不符。我们已向司法部提出，如果需要继续征收民航发展基金，应当及时完善相关法律或者行政法规依据。

有的地方性法规规定，各级各类民族学校应当使用本民族语言文字或者本民族通用的语言文字进行教学；有的规定，经本地教育行政部门同意，有条件的民族学校部分课程可以用汉语言文字授课。我们审查认为，上述规定与宪法第十九条第五款关于国家推广全国通用的普通话的规定和国家通用语言文字法、教育法等有关法律的规定不一致，已要求制定机关作出修改。

最高人民法院司法解释规定，人身损害赔偿案件中，对城镇居民和农村居民分别以城镇居民人均可支配收入和农村居民人均纯收入为标准计算残疾赔偿金和死亡赔偿金。有公民对此提出合宪性审查建议，认为因计算标准不一致导致司法审判实践中出现不公平现象，与宪法有关精神不一致。我们审查认为，随着社会发展进步，国家提出城乡融合发展，城乡发展差距和居民生活水平差距将逐步缩小，城乡居民人身损害赔偿计算标准的差异也应当随之取消。2019年9月，最高人民法院授权各省、自治区、直辖市高级人民法院、新疆生产建设兵团分院开展统一城乡人身损害赔偿标准试点工作。我们与最高人民法院沟通，建议在总结试点经验的基础上，适时修改完善人身损害赔偿制度，统一城乡居民人身损害赔偿标准。

（二）纠正与上位法相抵触的规定

我们审查发现，有的地方性法规对运载垃圾、渣土、灰浆等易抛洒物和液体车辆未采取覆盖或者密闭措施的行为设定的行政处罚条件、种类、幅度与大气污染防治法不一致；有的地方性法规对利用无防渗漏措施的沟渠、坑塘等输送或者存贮含有毒污染物的废水、含病原体的污水或者其他废弃物的行为设定的行政处罚种类、幅度与水污染防治法不一致；有的地方性法规对单位在饮用水水源一级保护区排放建筑垃圾、生活垃圾等行为设定的行政处罚幅度与水污染防治法不一致。已要求制定机关对上述规定作出修改，确保生态环保领域法律得到严格实施。

有的地方性法规规定，对未取得公安部门的运输许可运输烟花爆竹的，由公安部门责令改正，处两百元以上两千元以下的罚款。我们审查认为，该规定在处罚种类上减少了国务院《烟花爆竹安全管理条例》中对相同行为规定的没收非法运输的物品及违法所得，在处罚幅度上低于《烟花爆竹安全管理条例》规定的下限，已要求制定机关作出修改。

有的地方性法规规定，为保证管线安全使用需要修剪树木的，应当经城市绿化行政主管部门批准。我们审查认为，该规定对修剪树木设置了应当经城市绿化行政主管部门批准的前置审批程序，是在国务院《城市绿化条例》规定之外新设行政许可，超越了地方性法规设定行政许可的权限，已要求制定机关作出修改。

有的地方性法规规定，摩托车应当在二轮车道行驶，并对摩托车未按规定在二轮车道行驶的行为处以罚款，有公民对此提出审查建议。我们审查认为，道路交通安全法规定，道路划分为机动车道、非机动车道和人行道的，机动车、非机动车、行人实行分道通行。地方性法规以车轮的数量作为划分车道的依据，使作为机动车的摩托车与非机动车混行，与道路交通安全法的规定明显不一致，已要求制定机关作出修改。

（三）督促修改滞后于改革要求或制度调整的规定

党的十九届五中全会提出"增强生育政策包容性"。贯彻这一精神，我们要求各省、自治区、直辖市人大常委会对人口与计划生育领域相关法规、规章、规范性文件进行全面清理，对已经不适应现实情况的过于严厉的处罚处分处理规定，先停止执行，再适时作出修改。同时，建议有关方面尽快研究调整与此相关的政策和规定。

有的地方性法规将具有本地户籍规定为在本地从事出租汽车司机职业的准入条件，有公民对此提出审查建议。我们审查认为，以本地户籍作为在本地从事出租汽车司机职业准入条件的规定，不符合党中央关于"引导劳动力要素合理畅通有序流动"、"营造公平就业环境，依法纠正身份、性别等就业歧视现象，保证城乡劳动者享有平等就业权利"的改革要求，已要求制定机关作出修改。

有的地方性法规规定，邮政企业、快递企业对不能确定安全的交寄物品，应当要求用户出具相关部门安全证明，有公民对此提出审查建议。我们审查认为，对不能确定安全的物品一律要求用户出具相关部门的安全证明，不符合减少证明事项的改革精神，既给群众办事增加负担，又在实践中缺乏可操作性，已要求制定机关作出修改。

2020 年 4 月全国人大常委会对固体废物污染环境防治法进行了修订，一些地方此前制定的关于建筑垃圾、生活垃圾处理等方面的法规尚未根据新修订的固体废物污染环境防治法作出调整。我们对制定机关予以提醒，要求制定机关尽快做好衔接，确保法律正确实施。

（四）支持制定机关开展探索创新

有的地方性法规规定，成年人驾驶电动自行车只能搭载一名十六周岁以下的未成年人，有公民对此提出审查建议。我们审查认为，国务院《中华人民共和国道路交通安全法实施条例》授权省、自治区、直辖市政府根据当地实际情况制定自行车载人的规定。行政法规虽然没有对制定电动自行车载人的规定作出明确授权，但是基于公民出行便利的需要，省级人大常委会以地方性法规形式作出探索性规定，与上位法规定的精神是一致的，应当予以支持。

有的经济特区法规对个人律师事务所设立人规定了学历要求，并规定注册会计师、注册税务师、注册造价工程师、专利代理人等其他专业人员可以成为特殊的普通合伙律师事务所的合伙人，有公民对此提出审查建议。我们审查认为，经济特区法规可以对法律、行政法规、地方性法规作变通规定，从改革探索出发作出上述规定不违反律师法的基本原则和精神。

五、推进备案审查制度和能力建设的情况

委员长会议通过的《工作办法》是全国人大常委会贯彻党中央决策部署在加强备案审查制度建设方面取得的重要成果。栗战书委员长在全国地方立法工作座谈会上对做好备案审查工作、确保地方性法规与国家法律、行政法规协调一致、有效衔接提出了明确要求。我们以贯彻执行《工作办法》为重要契机，积极推进全国人大常委会和地方人大常委会备案审查制度和能力建设，推动备案审查工作开创新局面。

我们及时将《工作办法》印发各省、自治区、直辖市和 4 个经济特区所在市的人大常委会，要求各地参照适用。我们组织编写出版《〈法规、司法解释备案审查工作办法〉导读》、《规范性文件备案审查案例选编》、《规范性文件备案审查理论与实务》，对《工作办法》逐条进行解读和说明，为地方人大常委会相关工作机构准确理解把握《工作办法》、做好备案审查工作提供指引。我们举办人大系统首次备案审查工作经验交流现场会暨备案审查工作培训班，围绕贯彻执行《工作办法》，对 31 个省、自治区、直辖市人大常委会法制和备案审查工作机构有关负责同志开展培训，指导地方全面理解、正确参照适用《工作办法》。我们推动各地参照《工作办法》健全备案审查制度和体制机制，据初步统计，有 16 个省、自治区、直辖市已经或正在根据《工作办法》对备案审查方面地方性法规进行修订；有 20 个省、自治区、直辖市已经根据《工作办法》的规定将属于人大监督对象的"一府一委两院"规范性文件全部纳入人大备案审查范围。

我们坚持并完善人大常委会听取审议备案审查工作情况报告制度。2017 年以来，全国人大常委会连续四年听取和审议法制工作委员会所作的备案审查工作情况报告。2019 年开始，我们推动地方人大常委会建立听取和审议备案审查工作情况报告制度。在 2019 年工作的基础上，我们 2020 年提出地方各级人大常委会普遍建立向常委会报告备案审查工作情况制度，逐步实现全覆盖的要求。据不完全统计，目前已有 200 多个设区的市、自治州人

大常委会建立了备案审查工作情况报告制度。广东省 21 个设区的市和 140 多个县级人大常委会已经全部听取和审议备案审查工作情况报告，率先实现省、市、县全覆盖。

我们持续推进备案审查信息化建设。初步建成国家法律法规数据库（一期）并即将向社会开放使用，目前收录数据包括宪法、法律、法律解释、行政法规、地方性法规、自治条例、单行条例、经济特区法规和司法解释。我们推动地方人大常委会健全备案审查信息平台功能，加快建设地方规范性文件数据库，以信息化手段提升备案审查能力。

我们还加强备案审查理论研究，推动理论与实务相互促进，并加强对备案审查工作的宣传，及时通过媒体报道工作进展和典型案例，扩大备案审查制度的社会影响。

六、2021 年工作安排

坚持以习近平新时代中国特色社会主义思想特别是习近平法治思想为指导，深入贯彻党的十九大和十九届二中、三中、四中、五中全会精神，围绕贯彻落实十四五规划和 2035 年远景目标，以推动高质量发展为主题，全面加强备案审查工作，推动备案审查工作再上新台阶。

一是认真贯彻党中央关于推进合宪性审查的指导意见，积极稳妥推进合宪性审查工作。在备案审查工作中加强对法规、司法解释合宪性、涉宪性问题的审查研究，探索在合宪性审查中适时解释宪法，对违反宪法规定、宪法原则、宪法精神的法规、司法解释及其他规范性文件坚决予以纠正，维护宪法权威，保障宪法实施。

二是全面贯彻实施《工作办法》。按照《工作办法》规定的机制、方式、流程、标准全方位推进备案审查工作，进一步落实“有件必备、有备必审、有错必纠”，保证党中央令行禁止，保障宪法法律实施，保护公民合法权益。围绕贯彻落实党中央决策部署和全国人大常委会工作重点，适应“加快立法”的要求，进一步加强主动审查、专项审查。

三是加强备案审查制度和能力建设。探索审查研究中的听证、论证、委托第三方研究等工作机制。健全备案审查衔接联动机制，加强协同配合，提高备案审查工作整体成效。坚持向常委会报告备案审查工作。拓展备案审查信息平台功能，开展国家法律法规数据库二期建设，提升备案审查工作信息化、智能化水平。建立备案审查专家委员会，借助外力开展审查研究工作。

四是加强备案审查理论研究，推动构建以备案审查为基础的中国特色宪法监督理论体系，推动备案审查学科建设。开展备案审查案例分析研究，加大备案审查工作宣传力度，讲好宪法监督故事。

五是加强对地方人大常委会备案审查工作的指导，推动地方普遍建立人大常委会听取和审议备案审查工作情况报告制度，实现所有设区的市、自治州全覆盖，并逐步向区县延伸，以此为抓手着力解决各地工作开展不平衡等突出问题。加大培训、交流力度，提升备案审查工作整体能力水平。

六是做好对香港、澳门特别行政区法律的备案审查，确保“一国两制”方针和宪法、特别行政区基本法得到正确实施。

二、审查和批准决算，听取和审议计划、预算执行情况和审计工作报告

全国人民代表大会常务委员会关于批准2019年中央决算的决议

（2020年6月20日第十三届全国人民代表大会常务委员会第十九次会议通过）

第十三届全国人民代表大会常务委员会第十九次会议听取了财政部部长刘昆受国务院委托作的《国务院关于2019年中央决算的报告》和审计署审计长胡泽君受国务院委托作的《国务院关于2019年度中央预算执行和其他财政收支的审计工作报告》。会议结合审议审计工作报告，对2019年中央决算（草案）和中央决算报告进行了审查。会议同意全国人民代表大会财政经济委员会提出的审查结果报告，决定批准2019年中央决算。

国务院关于2019年中央决算的报告

——2020年6月18日在第十三届全国人民代表大会常务委员会第十九次会议上

财政部部长　刘　昆

全国人民代表大会常务委员会：

我受国务院委托，向全国人大常委会提出2019年中央决算报告和中央决算草案，请审查。

一、2019年中央财政收支决算情况

2019年，面对国内外风险挑战明显上升的复杂局面，在以习近平同志为核心的党中央坚强领导下，各地区各部门以习近平新时代中国特色社会主义思想为指导，全面贯彻党的十九大和十九届二中、三中、四中全会精神，增强“四个意识”、坚定“四个自信”、做到“两个维护”，落实党中央、国务院决策部署，严格执行十三届全国人大二次会议审查批准的预算，坚持稳中求进工作总基调，深入贯彻新发展理念，坚持以供给侧结构性改革为主线，推动高质量发展，扎实做好“六稳”工作，统筹推进稳增长、促改革、调结构、惠民生、防风险、保稳定，保持经济社会持续健康发展，完成全年主要目标任务，为全面建成小康社会打下决定性基础。在此基础上，财政改革发展各项工作积极推进，中央决算情况总体较好。根据预算法有关规定，重点报告以下情况：

（一）2019年中央一般公共预算收支决算情况。

中央一般公共预算收入89309.47亿元，为预算的99.5%。加上从中央预算稳定调节基金以及中央政府性基金预算、中央国有资本经营预算调入3194亿元，收入总量为92503.47亿元。中央一般公共预算支出109475.01亿元，完成预算的98.4%。加上补充中央预算稳定调节基金1328.46亿元，支出总量为110803.47亿元。收支总量相抵，中央财政赤字18300亿元，与预算持平。

与向十三届全国人大三次会议报告的执行数相比，中央一般公共预算收入增加4.06亿元，主要是在库款报解整理期国内消费税、行政事业性收费

收入增加。中央一般公共预算支出减少 55.24 亿元,主要是可再生能源电价附加增值税返还地方上解数额增加,相应减少中央对地方转移支付。以上增收减支共计 59.3 亿元,已包含在上述补充中央预算稳定调节基金的 1328.46 亿元中。

从收入决算具体情况看,在实施更大规模减税降费、经济增速放缓等情况下,中央一般公共预算收入增长 4.5%,增幅比上年降低 0.8 个百分点。其中,税收收入 81020.33 亿元,为预算的 98.2%,增长 0.7%;非税收入 8289.14 亿元,为预算的 113.5%,增长 65.5%,主要是为支持落实减税降费,增加特定金融机构和央企上缴利润。税收收入中,国内增值税 31160.46 亿元,为预算的 103.7%,主要是实施增值税改革和更大规模减税降费后,税源增长高于预期;国内消费税 12564.44 亿元,为预算的 108.5%,主要是烟、成品油等商品消费税超出预期;进口货物增值税、消费税和关税合计 18701.47 亿元,为预算的 94.8%,主要是外贸进口低于预期;企业所得税 23786.02 亿元,为预算的 97.4%;个人所得税 6234.19 亿元,为预算的 80.5%,主要是提高基本减除费用标准和实施 6 项专项附加扣除政策等减税规模超出预期;车辆购置税 3498.26 亿元,为预算的 96.4%,主要是汽车销量低于预期且免税的新能源汽车占比提升;出口货物退增值税、消费税 16503.19 亿元,为预算的 103.5%。

从支出决算具体情况看,中央本级支出 35115.15 亿元,完成预算的 99.2%,增长 6%;中央对地方转移支付 74359.86 亿元,完成预算的 98.6%,增长 7.4%。中央本级支出中,教育支出 1835.88 亿元,完成预算的 100%;科学技术支出 3516.18 亿元,完成预算的 99.2%;外交支出 615.39 亿元,完成预算的 98.1%;国防支出 11896.56 亿元,完成预算的 100%;公共安全支出 1839.45 亿元,完成预算的 102.3%,主要是有关部门改革相关支出增加;一般公共服务支出 1985.16 亿元,完成预算的 99.7%;粮油物资储备支出 1204.05 亿元,完成预算的 102.3%,主要是据实结算的粮油储备支出增加;债务付息支出 4566.62 亿元,完成预算的 91.4%,主要是利率变动等因素导致内债付息支出减少。中央对地方转移支付具体情况是:一般性转移支付 66798.16 亿元,完成预算的 98.6%,其中,共同财政事权转移支付 31902.99 亿元、完成预算的 100.2%,均衡性转移支付 15632 亿元、完成预算的 100%,县级基本财力保障机制奖补资金 2709 亿元、完成预算的 100%,老少边穷地区转移支付 2488.4 亿元、完成预算的 100%;专项转移支付 7561.7 亿元,完成预算的 99%。

2019 年,中央一般公共预算支出结余 1328.46 亿元(其中,中央预备费当年未支出,结余 500 亿元),用于补充中央预算稳定调节基金。2019 年初中央预算稳定调节基金余额 966.44 亿元,加上上述补充的 1328.46 亿元、按规定用中央政府性基金结转资金补充的 35.56 亿元、通过中央财政以前年度结转资金补充的 3000 亿元,2019 年末中央预算稳定调节基金余额为 5330.46 亿元,2020 年调入一般公共预算 5300 亿元后余额为 30.46 亿元。

2019 年,中央一般公共预算使用以前年度结转资金安排的支出 1517.65 亿元,其中,中央本级使用 916.98 亿元,中央对地方转移支付使用 600.67 亿元。中央预算周转金规模没有发生变化,2019 年末余额为 354.03 亿元,主要用于调剂预算年度内季节性收支差额。

2019 年,中央本级"三公"经费财政拨款支出合计 48.74 亿元(包括基本支出和项目支出安排的经费),比预算数减少 32.33 亿元,主要是中央部门贯彻落实"厉行节约、反对浪费"和过紧日子要求,从严控制和压缩"三公"经费支出,以及受客观因素影响,部分因公出国(境)、外事接待任务未实施,公务用车支出和公务接待支出减少。其中,因公出国(境)费 16 亿元,减少 2.69 亿元;公务用车购置及运行费 29.92 亿元,减少 25.45 亿元;公务接待费 2.82 亿元,减少 4.19 亿元。

2019 年,中央预算内投资支出 5775.85 亿元,其中,中央本级支出 1439.21 亿元,对地方转移支付 4336.64 亿元。调整优化投资结构,重点用于保障性安居工程、"三农"建设、重大基础设施建设、创新驱动和结构调整、社会事业和社会治理、节能环保与生态建设等方面,投资补短板力度持续加大。

2019 年,中央财政发行国债 42737.18 亿元,其中内债 41834.71 亿元、外债 902.47 亿元,筹措资金除用于到期国债还本外,其余均由中央财政统筹安排使用。国债还本 24329.68 亿元,其中内债 24011.2 亿元、外债 318.48 亿元。年末国债余额为 168038.04 亿元,包括内债余额 166032.13 亿元、外债余额 2005.91 亿元,控制在全国人大批准的国债余额限额 175208.35 亿元以内。

(二)2019 年中央政府性基金预算收支决算情况。

中央政府性基金预算收入 4039.78 亿元,为预算的96.3%。加上2018年结转收入360.4亿元,收入总量为4400.18亿元。中央政府性基金预算支出4178.84亿元,完成预算的91.9%,主要是铁路建设基金等基金收入减少、支出相应减少,以及民航发展基金具备执行条件的项目储备不足。其中,中央本级支出3113.39亿元,对地方转移支付1065.45亿元。向一般公共预算调出4.23亿元。中央政府性基金收入决算数比执行数增加0.16亿元,支出决算数比执行数减少0.02亿元。

中央政府性基金预算收大于支217.11亿元,其中,结转下年继续使用181.55亿元;单项政府性基金结转超过当年收入30%的部分合计35.56亿元,按规定补充中央预算稳定调节基金。

(三)2019年中央国有资本经营预算收支决算情况。

中央国有资本经营预算收入1635.96亿元,为预算的99.9%。加上2018年结转收入6.7亿元,收入总量为1642.66亿元。中央国有资本经营预算支出1108.8亿元,完成预算的88.4%,主要是部分金融企业国有资本经营预算执行低于预期,其中,中央本级支出986.55亿元,对地方转移支付122.25亿元。向一般公共预算调出389.77亿元。结转下年支出144.09亿元。中央国有资本经营收入决算数比执行数增加0.03亿元,支出决算数与执行数持平。

(四)2019年中央社会保险基金预算收支决算情况。

中央社会保险基金收入696.94亿元,为预算的98.3%,其中,保险费收入362.58亿元,财政补贴收入319.16亿元。加上地方上缴的基本养老保险中央调剂基金收入6280亿元,收入总量为6976.94亿元。中央社会保险基金支出663.31亿元,完成预算的95.3%。加上安排给地方的基本养老保险中央调剂基金支出6273.8亿元,支出总量为6937.11亿元。当年收支结余39.83亿元,年末滚存结余366.96亿元。中央社会保险基金收入决算数比执行数增加8.33亿元,支出决算数比执行数增加0.11亿元。

按照预算法和国务院有关规定,对2019年中央财政的部分收支事项实行权责发生制核算,包括预算已经安排当年应支未支的工资和社保资金、国库集中支付年终结余以及国务院批准的其他特殊事项等。有关具体情况将向全国人大常委会专门书面报告。对上述资金,财政部将在预算执行中加强管理,及时拨付,尽快发挥资金效益,同时,收回部分可统筹使用的资金,用于支持实现全面小康、克服当前新冠肺炎疫情对经济的影响和“十四五”规划重点任务。

2019年中央一般公共预算、政府性基金预算、国有资本经营预算、社会保险基金预算的预算数、决算数及其对比分析,详见中央决算草案。草案在报党中央、国务院审批和提请全国人大常委会审查之前,已经审计署审计,并根据审计意见作了相应修改。

二、加力提效实施积极的财政政策,促进经济社会持续健康发展

2019年,我们坚决贯彻党中央、国务院决策部署,按照全国人大有关决议要求和批准的预算,加力提效实施积极的财政政策,加大重点领域支持力度,加快推进财税体制改革,提高资金配置效率和使用效益,推动经济平稳运行和民生持续改善。

(一)实施更大规模减税降费。减税降费直接惠企惠民、公平有效,是应对经济下行压力的重大举措。各级财税部门把落实更大规模减税降费作为2019年实施积极财政政策的头等大事切实抓紧抓好。1月1日起实施小微企业普惠性减税、个人所得税专项附加扣除;4月1日起实施深化增值税改革措施,制造业等行业增值税税率从16%降至13%,交通运输业、建筑业等行业从10%降至9%;5月1日起降低社会保险费率。继续清理规范行政事业性收费和政府性基金。

减税降费政策在减轻企业负担、促进居民消费、稳定市场预期和扩大就业等方面发挥了重要作用,有力支持了实体经济稳定发展。2019年全年减税降费2.36万亿元,其中新增减税1.93万亿元。制造业及其相关环节增值税减税5928亿元,减税幅度为24.1%;建筑业和交通运输业增值税分别减税257亿元、44亿元,减税幅度为5.2%、6.7%;现代服务业和生活服务业等其他行业增值税负担也实现不同程度降低。民营企业合计减税1.26万亿元,占全部减税数额的65.5%。小微企业减税2832亿元,享受企业所得税减免的纳税人达到626万户,享受增值税免税的小规模纳税人新增456万户。实施个人所得税专项附加扣除政策,加上2018年10月1日提高个人所得税基本减除费用标准和优化税率结构翘尾因素,合计减税4604亿元,使2.5亿纳税人直接受益,人均减税约1842元。

为支持落实减税降费政策,各级政府大力压减

一般性支出，多渠道筹集资金弥补减收，努力实现预算收支平衡。中央财政加大对地方转移支付力度，并在分配均衡性转移支付、县级基本财力保障机制奖补资金时，向基层财政困难地区和受减税降费影响较大的地区倾斜，增强其财政保障能力。建立实施县级财政工资保障监测预警和风险评估机制，统筹财政收支和库款管理，合理安排支出优先次序，切实兜牢县级"三保"（保基本民生、保工资、保运转）底线。

（二）继续支持打好三大攻坚战。大力支持脱贫攻坚。落实和完善精准扶贫举措，围绕补齐"两不愁三保障"突出短板，强化脱贫攻坚投入保障。中央财政补助地方专项扶贫资金 1261 亿元，增长 18.9%，进一步向"三区三州"等深度贫困地区倾斜，其他相关转移支付和地方政府一般债务额度分配继续向贫困地区、特别是深度贫困地区倾斜。下达易地扶贫搬迁地方政府一般债券 1294 亿元，支持提前一年基本完成"十三五"规划建设任务。利用跨省域补充耕地收入和城乡建设用地增减挂钩节余指标调剂收入安排 817 亿元，全部用于脱贫攻坚和实施乡村振兴战略。深入推进贫困县涉农资金整合试点，全国 832 个贫困县已整合 2019 年各级财政涉农资金超过 3200 亿元。出台对企业扶贫捐赠支出所得税税前据实扣除、扶贫货物捐赠免征增值税、政府采购支持脱贫攻坚等政策。推进扶贫项目全过程绩效管理。财政扶贫资金动态监控平台建设取得初步成效。全年减少建档立卡贫困人口 1109 万人，贫困县摘帽 344 个。积极支持污染防治。将污染防治攻坚作为重点保障和优先支出领域，支持打好大气、水、土壤等污染防治标志性重大战役。扩大北方地区冬季清洁取暖试点范围。分两批将 40 个城市纳入黑臭水体治理示范政策范围。继续实施长江经济带生态保护修复奖励政策，加快推动形成长江大保护格局。深入推进山水林田湖草生态保护修复工程试点。实施"蓝色海湾"整治行动和渤海综合治理，支持海洋生态保护修复。对符合条件的从事污染防治的第三方企业减按 15% 的税率征收企业所得税。积极推动设立国家绿色发展基金。防范化解财政金融风险。按照"开前门、堵后门"的思路，统筹做好地方政府债券发行使用和风险防控工作。推动各地严格落实地方政府债务预算管理相关规定和要求，主动接受人大对地方政府债务借、用、还的全过程监督。按照谁使用、谁负责的原则，严格落实专项债券项目单位偿债责任，严防专项债券风险。完善常态化监控机制，强化地方政府违规举债责任追究。在各方共同努力下，地方政府隐性债务风险得到有效防范。2019 年地方政府债券共发行 43624 亿元，到期偿还债券本金 13152 亿元，支付利息 6567 亿元，年末地方政府债务余额 213098 亿元，控制在全国人大批准的余额限额 240774 亿元以内。同时，协助稳妥处置化解金融风险，加强金融企业财务监管，推动提升金融企业会计信息质量。

（三）支持深化供给侧结构性改革。推动制造业高质量发展。将适用固定资产加速折旧优惠的行业范围扩大至全部制造业领域。巩固"三去一降一补"成果，及时拨付专项奖补资金 20 亿元，支持提前完成钢铁、煤炭等重点行业去产能目标。推进科技创新能力建设。中央一般公共预算本级科学技术支出 3516.18 亿元，增长 12.5%，支持提升科技支撑能力和科技重大专项加快攻坚。推动构建社会主义市场经济条件下关键核心技术攻关新型举国体制。推进科研项目经费使用"包干制"改革试点，赋予科研机构和人员更大自主权，促进科技成果转化。完善科研经费后补助制度，鼓励企业牵头承担国家科技计划。激发市场主体活力。新增支持 58 个开发区提升各类载体市场化专业化服务水平，打造不同类型双创载体。发挥国家新兴产业创业投资引导基金作用，累计支持超过 5100 家创业企业。支持 59 个市（州、区）开展深化民营和小微企业金融服务综合改革试点。对上一年度小微企业融资担保费费率不超过 2% 的地方予以奖补。2019 年，全国小微企业融资担保业务增长 9.8%，融资担保费率下降 0.3%，国家融资担保基金再担保合作业务规模突破 2400 亿元、担保户数 16 万户。推动解决拖欠民营企业、中小企业账款等突出问题。

（四）促进扩大投资消费需求。全年下达中央预算内投资资金 5776 亿元，重点支持保障性安居工程、"三农"建设、重大基础设施建设、创新驱动和结构调整、社会事业和社会治理、节能环保与生态建设等方面。新增地方政府专项债券 21500 亿元，较 2018 年增加 8000 亿元。允许将地方政府专项债券所筹资金作为符合条件的重大项目资本金，强化重点在建项目和补短板工程资金保障。加大对养老、托育、家政等社区家庭服务业的税费优惠力度，推动文旅休闲消费提质升级。支持新能源汽车推广应用，对新能源公交车运营给予补贴，对地方建设充电基础设施给予奖励。开展电子商务进农村综合示范，实现国家级贫困县全覆盖。对农产品供应链体系建设给予补助，重点支持农产品产后商品化处理设施建设和农产品冷链物流发展。

（五）促进城乡区域协调发展。支持实施乡村振兴战略。下达农田建设补助资金 671 亿元，支持高标准农田和农田水利建设。及时拨付生猪调出大县奖励和非洲猪瘟强制扑杀补助资金，支持生猪稳产保供。进一步完善农机购置补贴政策。加大产粮大县奖励力度。支持现代农业产业园和农业产业强镇创建，促进农村一二三产业深度融合。将农村饮水工程维修养护经费纳入中央财政支持范围，重点对中西部地区给予补助。深入实施农村人居环境整治三年行动，支持农村厕所革命整村推进。推动实施重大区域战略。制定实施有针对性的财税政策，支持粤港澳大湾区建设，深入推进新时代东北振兴，加强长江经济带环境保护。深入研究推进京津冀协同发展、长江三角洲区域一体化发展等国家重大区域发展战略，以及推进雄安新区建设、黄河流域生态保护和高质量发展、中部地区崛起的有关财政支持政策。研究制定海南自由贸易港财税政策制度体系。较大幅度增加中央对地方转移支付规模，并重点向中西部和困难地区倾斜，进一步提升区域间基本公共服务均等化水平。支持革命老区、民族地区、边疆地区、贫困地区加快发展。

（六）稳步提高基本民生保障水平。促进扩大就业。支持实施就业优先政策，中央财政就业补助资金支出 539 亿元，增长 14.9%。从失业保险基金结余中拿出 1000 亿元支持职业技能提升，加快培养各类技术技能人才。职业技能提升和转岗转业培训超过 1500 万人次。提高自主就业退役士兵和重点群体创业就业税额扣减额度，扩大享受政策优惠的企业范围。持续加大财政教育投入。巩固城乡统一、重在农村的义务教育经费保障机制，促进学前教育、职业教育、高等教育发展。启动实施义务教育薄弱环节改善与能力提升工作，加快消除城镇“大班额”问题。全国约 1.5 亿城乡义务教育阶段学生免除学杂费并获得免费教科书，1900 万家庭经济困难学生获得生活补助，1400 万进城务工农民工随迁子女实现相关教育经费可携带，3700 万农村义务教育阶段学生获得营养膳食补助。设立中等职业教育国家奖学金，扩大高职院校奖助学金覆盖面、提高补助标准，支持高职院校扩招 100 万人目标顺利完成。提高养老保障水平。出台改革和完善基本养老保险制度总体方案，推进养老保险省级统筹。养老保险基金中央调剂比例提高至 3.5%，22 个中西部地区和老工业基地省份全年受益 1512 亿元。扎实推进划转部分国有资本充实社保基金工作，中央层面完成划转企业 81 家，划转国有资本总额 13264 亿元。提高企业和机关事业单位退休人员基本养老金标准，平均增幅约 5%。推进健康中国建设。推动全面建立城乡统一的居民基本医疗保险制度，居民医保人均财政补助标准增加 30 元。降低并统一大病保险起付线，报销比例由 50% 提高到 60%，进一步减轻大病患者、困难群众医疗负担。将基本公共卫生服务经费人均补助标准提高到 69 元，支持地方做好预防接种、妇幼卫生等健康服务项目。出台罕见病药品等增值税减免政策，支持将高血压和糖尿病门诊用药纳入医保报销、覆盖 3 亿多患者。强化民生政策兜底。继续提高城乡低保等社会救助水平和优抚对象等人群的补助标准，出台退役士兵社会保险断保接续等解困政策。加大基本住房保障力度。支持棚改开工建设 316 万套，建档立卡贫困户等四类重点对象农村危房改造 135.5 万户，27 个地区改造老旧小区 352 万户、3.2 亿平方米。开展中央财政支持住房租赁市场发展试点。推动文化体育事业发展。中央补助地方公共文化服务体系建设专项资金支出 147 亿元，增长 14%。持续推进全国 5 万余个博物馆、纪念馆、图书馆等公共文化设施向社会免费开放。支持中华优秀传统文化传承发展，加强文化遗产保护。

（七）深入推进财税体制改革。进一步理顺中央和地方财政关系。积极推进分领域中央与地方财政事权和支出责任划分改革，出台教育、科技、交通运输等领域改革方案。推进中央与地方收入划分改革，保持增值税“五五分享”比例稳定，调整完善增值税留抵退税分担机制，明确后移消费税征收环节并稳步下划地方。完善预算管理制度。加大政府性基金预算与一般公共预算统筹力度，进一步扩大中央国有资本经营预算实施范围。全面实施预算绩效管理，健全绩效指标和标准体系，继续扩大重点绩效评价范围，加强评价结果应用。持续推进国债管理市场化改革，优化国债品种期限结构。扩大政府财务报告编制试点范围至 40 个中央部门和 36 个地方。进一步深化政府采购制度改革。全面规范和加强政府购买服务管理。着力推进税制改革。完善增值税制度，初步建立综合与分类相结合的个人所得税制度。资源税法经全国人大常委会审议通过，城市维护建设税法、契税法草案按程序提请全国人大常委会初次审议。研究逐步健全稳定、可持续的地方税体系。积极推动国资国企改革。向全国人大常委会报告全国国有资产管理总体情况。积极推动组建国有资本投资、运营公司，推动完成中国国家铁路集团有限公司、中国邮政集团有限公司改制。进一步理顺国有金融资本管理体制。

三、健全制度机制，进一步加强财政预算管理

2019 年决算情况总体较好，同时也存在一些需要解决的问题。我们高度重视这些问题，认真落实预算法有关规定，结合全国人大有关方面和审计署提出的意见建议，采取有力措施加以解决。同时，坚持整改具体问题与完善管理体系相结合、完善规章制度与健全落实机制相结合、强化监督指导与实施有效激励相结合，举一反三，标本兼治，不断提高财政预算管理科学化水平。

（一）落实政府过紧日子要求。把政府过紧日子作为财政工作长期坚持的方针，贯穿到财政工作的各方面各环节。实事求是编制收入预算，提高财政收入质量。坚持量入为出、有保有压、可压尽压，打破基数概念和支出固化格局。调整优化支出结构，基本民生支出要只增不减，重点领域支出要切实保障。坚决压减一般性支出，严禁新建政府性楼堂馆所，严禁铺张浪费。2019 年中央部门非刚性、非重点项目支出平均压减幅度达到 10%；各地压减幅度都超过了 5%，有的达到 10% 以上。安排 2020 年预算时，中央本级支出下降 0.2%，其中非急需非刚性支出压减 50% 以上。地方财政也大力压减一般性支出，继续压减“三公”经费，严控会议差旅、咨询培训、论坛展会等经费。大力盘活财政存量资金，各类结余、沉淀资金要应收尽收，重新安排。各项支出务必精打细算，把钱用在刀刃上，切实提高资金使用效益。严肃财经纪律，强化财政监督检查，对违反财经纪律的，严肃追究责任；对于违反相关法律法规的，严格依法惩处。

（二）提高预算执行质量和效率。强化预算约束，严格执行人大批准的预算，未列入预算的不得支出。及时批复中央部门预算，加快下达中央对地方转移支付预算，促进财政资金尽快到位。加强预算执行动态监控，把严把紧支出关口，严控预算调剂追加。加大督导力度，定期通报提醒，督促中央部门和地方抓紧组织实施项目，积极推动提高地方政府债券资金使用效率。强化支出监测预警，保持支出均衡性，避免月度间支出增幅大起大落。加强库款管理，科学调度国库资金，切实防范支付风险，有效保障重点支出需要。

（三）进一步加强转移支付管理。优化转移支付体系，2019 年设立共同财政事权转移支付，规范中央和地方支出责任分担。按制度规定严格分配、下达中央对地方转移支付。逐年提高一般性转移支付规模，对一般性转移支付中原来具有指定用途的资金，取消专款专用要求，由地方根据实际需要安排使用。进一步规范专项转移支付分配管理，建立健全专项转移支付定期评估和退出机制，绝大多数专项转移支付已在制度中明确实施期限或退出条件。2020 年新增设立特殊转移支付，作为一次性财力安排，用于支持地方落实“六保”任务，应对执行中的不确定因素，最大限度下沉财力，确保新增财政资金直达市县基层，直接惠企利民。

（四）深化预算绩效管理改革。加快分行业、分领域核心绩效指标和标准体系建设，2019 年初步建成 18 个大类、95 个支出方向、130 多条共性绩效指标、4000 多条个性绩效指标，并在部分中央部门 2020 年预算编制中试点应用。指导中央部门加强绩效目标审核，细化量化指标，增强科学性、约束性。巩固绩效自评全覆盖成果，加强对自评结果的抽查复核，提高自评质量。推动绩效评价提质扩围，2020 年进一步探索中央部门整体支出绩效管理，并对政府投资基金、政府和社会资本合作项目开展绩效评价。强化评价结果应用，完善评价结果与预算安排、政策调整和改进管理挂钩机制，做到花钱必问效，无效要问责，低效多压减，有效多安排。大力推动绩效信息公开，继续扩大向全国人大报送评价结果的项目范围，并逐步向社会公开。

（五）持续推进部门预算管理改革。进一步理顺部门预算管理权责，在赋予部门更大管理权限的同时，强化部门在预算编制、执行和管理，以及审计查出问题整改中的主体责任。按照标准科学的要求，健全基本支出标准体系，加快构建项目支出标准体系，更好发挥标准在预算管理中的基础性作用。加强部门项目库建设，加大项目预算评审力度，推动解决预算申报不实、项目与支出政策不匹配等问题。督促部门加强项目实施准备，加快预算执行，减少新增结转结余，并将结转结余情况与下年预算安排挂钩。

（六）自觉接受人大审查监督。深入贯彻落实《关于人大预算审查监督重点向支出预算和政策拓展的指导意见》和全国人大有关要求，自觉接受预算决算审查监督。认真落实全国人大及其常委会有关决议，并及时报告落实工作安排和进展情况。

坚持解决具体问题与建立长效机制同步推进，及时向全国人大常委会报告审计查出突出问题的整改情况。积极配合推进预算联网监督。做好国有资产管理情况综合报告和相关专项报告工作。积极主动回应人大代表关切，做好解释说明工作，服务人大代表依法履职。

委员长、各位副委员长、秘书长、各位委员，今年以来，突如其来的新冠肺炎疫情对我国经济社会发展带来前所未有的冲击。以习近平同志为核心的党中央将疫情防控作为头等大事来抓，习近平总书记亲自指挥、亲自部署，坚持把人民生命安全和身体健康放在第一位，领导全党全军全国各族人民打好疫情防控的人民战争、总体战、阻击战。经过艰苦卓绝的努力，武汉保卫战、湖北保卫战取得决定性成果，疫情防控阻击战取得重大战略成果，统筹推进疫情防控和经济社会发展工作取得积极成效。

财政部门认真贯彻落实党中央、国务院决策部署，按照坚定信心、同舟共济、科学防治、精准施策的要求，强化疫情防控资金保障，围绕减轻患者救治费用负担、提高疫情防治人员待遇、保障疫情防控物资供应、加快疫苗和药物研发等出台一系列财税支持政策，全力支持打赢疫情防控阻击战。截至5月底，各级财政共安排疫情防控资金1624亿元，确保人民群众不因担心费用问题而不敢就诊，确保各地不因资金问题而影响医疗救治和疫情防控。在抓好疫情防控相关工作的同时，实施一批阶段性援企稳岗兜底等财税政策，支持企业纾困和发展，推动有序复工复产，加快恢复正常生产生活秩序。分批提前下达2020年新增债券额度28480亿元，包括一般债务额度5580亿元和专项债务额度22900亿元，对重点项目多、风险水平低、有效投资拉动作用大的地区给予倾斜，加快重大项目和重大民生工程建设，推动尽早形成实物工作量，拉动经济增长。自3月1日至6月底，阶段性提高地方财政资金留用比例5个百分点，新增留用约1100亿元资金，全部留给县级使用，有力保障基层财政平稳运行。

当前，受全球疫情冲击，世界经济严重衰退，产业链供应链循环受阻，国际贸易投资萎缩，大宗商品市场动荡。国内消费、投资、出口下滑，就业压力显著加大，企业特别是民营企业、中小微企业困难凸显，财政收支矛盾加剧，财政运行压力增加。今年1—5月，全国一般公共预算收入77672亿元，下降13.6%，其中税收收入66810亿元，下降14.9%，税收中的国内增值税、国内消费税、进口环节税收、企业所得税分别下降22%、11.3%、20.5%、13%。全国一般公共预算支出90281亿元，下降2.9%，主要是受疫情影响，除疫情防控和“三保”支出外，部分项目支出进度比去年同期放缓。从1—5月情况看，1月全国一般公共预算收入下降3.9%，2月下降21.4%，3月下降26.1%，4月下降15%，5月下降10%，4月份开始收入降幅明显收窄，预计今年后几个月，随着生产生活秩序恢复，财政收入开始企稳回升，但仍有较大不确定性。从全年看，中央和地方财政收支平衡压力十分突出，特别是疫情较重地区和基层地方政府“三保”难度增大，需积极采取措施，缓解地方财政困难，努力实现预算收支平衡。

下一步，我们将坚决贯彻党中央、国务院决策部署，严格执行全国人大批准的预算，紧扣全面建成小康社会目标任务，统筹推进疫情防控和经济社会发展工作，在疫情防控常态化前提下，坚持稳中求进工作总基调，坚持新发展理念，坚持以供给侧结构性改革为主线，坚持以改革开放为动力推动高质量发展，坚决打好三大攻坚战，加大“六稳”工作力度，保居民就业、保基本民生、保市场主体、保粮食能源安全、保产业链供应链稳定、保基层运转，坚定实施扩大内需战略，维护经济发展和社会稳定大局，确保完成决战决胜脱贫攻坚目标任务，全面建成小康社会。重点做好以下工作：

*一是支持打好三大攻坚战。*继续加大财政扶贫投入力度，强化扶贫举措落实，确保剩余贫困人口全部脱贫，支持做好防止返贫监测和帮扶工作，推动脱贫攻坚与乡村振兴有机衔接。突出依法、科学、精准治污，重点支持打好蓝天、碧水、净土保卫战，推动实现污染防治攻坚战阶段性目标。健全地方政府债务常态化监测机制，及时发现和处置潜在风险。综合采取各类措施稳妥化解存量隐性债务，严禁搞虚假化债，绝不为解决短期问题而留下后遗症。

*二是支持稳定和扩大就业。*把保就业作为重中之重，全面强化就业优先政策，突出支持做好高校毕业生、退役军人、农民工等重点人群就业工作。用好从失业保险基金结余中提取的超过1000亿元职业技能提升行动专账资金，以及工业企业结构调整专项奖补资金，促进地方落实各项就业创业政策。加强失业人员基本生活保障和再就业服务，扩大失业保险保障覆盖范围，保障好失业人员基本生活。

*三是着力保障和改善民生。*坚持以人民为中心的发展思想，切实发挥政府作用保基本民生，做好普惠性、基础性、兜底性民生建设。加强基本民生保障，扶贫、义务教育、基本养老、基本医疗、城乡

低保等民生支出只增不减。进一步明确各项民生保障政策功能定位，注重政策之间的统筹协调，加大困难群体托底保障力度，确保工作不留死角，对象全面覆盖。

四是支持市场主体纾困发展。加大减税降费力度，强化阶段性政策，与制度性安排相结合，重点减轻中小微企业、个体工商户和困难行业企业税费负担。继续执行 2019 年下调增值税税率和企业养老保险费率政策。前期出台的部分阶段性减税降费政策，执行期限延长到今年年底。小微企业、个体工商户所得税延缓到明年缴纳。引导政府性融资担保、再担保机构大幅拓展业务覆盖面并明显降低费率，支持解决企业融资难、融资贵问题。推动降低企业生产经营成本，继续做好清理拖欠民营企业、中小企业账款工作，尽力帮助企业渡过难关。

五是兜牢基层“三保”底线。统筹新增财政赤字、以前年度结转资金、压减中央本级支出腾出的财力等渠道，用好抗疫特别国债等资金，切实加大对地方财力的支持力度，缓解地方收入增长放缓带来的财政支出压力。加强对地方财政运行跟踪分析，强化统一调度和监管，指导督促地方做实事前审核、事中监控、事后处置的“三保”预算管理工作机制，强化库款调度，建立完善“中央到省、省到市县”的监控机制。

委员长、各位副委员长、秘书长、各位委员，我们将更加紧密地团结在以习近平同志为核心的党中央周围，以习近平新时代中国特色社会主义思想为指导，增强“四个意识”、坚定“四个自信”、做到“两个维护”，自觉接受全国人大常委会的监督，认真落实本次会议审议意见，积极主动作为，在应对危机中掌握工作主动权、打好发展主动仗，更好发挥财政职能作用，为实现“两个一百年”奋斗目标、实现中华民族伟大复兴的中国梦贡献力量。

全国人民代表大会财政经济委员会关于 2019 年中央决算草案审查结果的报告

——2020 年 6 月 18 日在第十三届全国人民代表大会常务委员会第十九次会议上

全国人大财政经济委员会副主任委员　史耀斌

全国人民代表大会常务委员会：

第十三届全国人民代表大会财政经济委员会听取了财政部受国务院委托作的《关于 2019 年中央决算的报告》和审计署受国务院委托作的《关于 2019 年度中央预算执行和其他财政收支的审计工作报告》，并结合审计工作报告，对 2019 年中央决算草案进行初步审查，提出了关于中央决算草案的初步审查意见。财政部对财政经济委员会初步审查意见进行了研究反馈，初步审查意见和反馈的处理情况报告已印发会议。现将审查结果报告如下。

2019 年中央决算草案反映，中央一般公共预算收入 89309 亿元，为预算的 99.5%，增长 4.5%，加上从中央预算稳定调节基金、中央政府性基金预算、中央国有资本经营预算调入 3194 亿元，收入总量为 92503 亿元；中央一般公共预算支出 109475 亿元，完成预算的 98.4%，增长 6.9%，加上补充中央预算稳定调节基金 1328 亿元，支出总量为 110803 亿元；收支总量相抵，中央财政赤字 18300 亿元，与预算持平。中央对地方转移支付支出 74360 亿元，完成预算的 98.6%，增长 7.4%，其中，一般性转移支付 66798 亿元，完成预算的 98.6%，增长 5.8%；专项转移支付 7562 亿元，完成预算的 99.0%，增长 23.1%。2019 年末，中央财政国债余额 168038.04 亿元，控制在全国人大批准的余额限额之内。中央预算稳定调节基金余额为 2330.46 亿元。

中央政府性基金收入 4040 亿元，为预算的 96.3%，增长 0.1%；中央政府性基金支出 4179 亿元，完成预算的 91.9%，增长 3.9%。中央国有资本经营预算收入 1636 亿元，为预算的 99.9%，增长 23.3%；中央国有资本经营预算支出 1109 亿元，完成预算的 88.4%，增长 0.4%。中央社会保险基金收入 697 亿元，为预算的 98.3%，增长 18.2%，加上地方上缴的基本养老保险中央调剂基金收入 6280 亿元，收入总量为 6977 亿元；中央社会保险基金支出 663 亿元，完成预算的 95.3%，增长 24.6%，加上安排给地方的基本养老保险中央调剂基金支出 6274 亿元，支出总量为 6937 亿元；当年收支结余 40 亿元，年末滚存结余 367 亿元。上述收支增减变化的原因，决算报告和草案中作了说明。

2019年中央决算草案与向十三届全国人大三次会议报告的中央预算执行情况比较，一般公共预算收入增加4.06亿元、支出减少55.24亿元，增收减支合计59.3亿元，已补充中央预算稳定调节基金；中央政府性基金收入增加0.16亿元，支出决算数比执行数减少0.02亿元；国有资本经营收入增加0.03亿元，支出决算数与执行数持平；中央社会保险基金收入增加8.33亿元，支出增加0.11亿元。

财政经济委员会认为，2019年，在以习近平同志为核心的党中央坚强领导下，国务院及其财政等部门以习近平新时代中国特色社会主义思想为指导，按照党中央决策部署和十三届全国人大二次会议提出的要求，贯彻实施预算法，坚持稳中求进工作总基调，深入贯彻新发展理念，推动高质量发展，扎实做好"六稳"工作，加力提效实施积极的财政政策，加大减税降费力度，加强对三大攻坚战、供给侧结构性改革、城乡区域协调发展、基本民生保障等重点领域支持，深入推进财税体制改革，提高预算管理水平和财政资金使用绩效，较好地完成了全国人大批准的中央预算。财政经济委员会建议，全国人大常委会批准国务院提出的2019年中央决算草案。

财政经济委员会认为，2019年中央决算草案和审计工作报告也反映出预算编制、执行和管理中存在的一些问题。主要是：有的预算编制不够细化精准，有的资金年初未落实到地区和单位；有的资金分配使用滞拨闲置，有的资金下达拨付耗时较长；有的政策措施落实不到位，部分支出项目决算数与预算数差额较大；部分地方保基本民生、保工资、保运转存在困难；一些项目绩效评价目标设定不够明确和规范、自评不够客观；一些财政支出绩效较低；有些债务资金未及时使用或闲置；共同财政事权转移支付项目设置和管理有待进一步规范，一些专项转移支付与中央投资专项安排交叉重复。

财政经济委员会认为，审计署紧紧围绕党和国家中心工作，按照预算法、审计法和全国人大及其常委会预算、决算决议要求，对2019年度中央预算执行和其他财政收支情况依法开展审计，报告了中央财政管理、部门预算执行、重点民生资金和重大项目、三大攻坚战相关资金等重大政策措施落实中存在的突出问题；还报告了对新冠肺炎疫情防控资金和捐赠款物开展专项审计的情况；并提出了审计建议。建议有关部门和地方高度重视审计查出的问题和提出的建议，深入分析原因，认真扎实做好整改工作，国务院年底前要向全国人大常委会报告审计查出问题整改情况。

为深入贯彻落实党中央的决策部署，全面贯彻实施预算法和全国人大及其常委会预算、决算决议要求，持续深化财税改革，进一步做好财政预算工作，财政经济委员会提出以下意见建议：

一、进一步全力支持做好"六稳"、"六保"工作

围绕决战决胜脱贫攻坚、全面建成小康社会目标任务，贯彻落实党中央关于统筹推进疫情防控和经济社会发展工作的决策部署，要把"六保"作为"六稳"工作的着力点，落实好积极的财政政策要更加积极有为的要求。要落实落细各项减税降费政策措施。进一步加大对民营企业特别是中小微企业的支持力度，完善政府融资担保机制，切实解决企业融资难、融资贵问题，限期清偿拖欠民营企业和中小企业账款。落实落细保就业政策，用好用实就业补助资金和失业保险金，精准帮扶支持就业，促进扩大就业。提高科技资金使用绩效，着力推进科技成果转化。创新财政资金分配方式，加快建立资金直达基层、直接惠企利民的机制，有效发挥资金作用，切实保障和改善民生。支持健全完善公共卫生体系。建立抗疫特别国债使用台账，确保资金流向明确、账目可查。加强对政策实施情况的跟踪监督，及时总结完善措施办法，有效发挥对稳定经济的关键作用。

二、进一步深化财税体制改革

按照党的十九届四中全会部署要求，深化财税体制改革，更好发挥对全面深化改革的支持和推动作用。推进中央与地方事权和财权划分改革，加快建立权责清晰、财力协调、区域均衡的中央和地方财政关系。改革完善转移支付制度，规范一般性转移支付，明晰共同财政事权转移支付项目的设置、标准与管理方式，完善专项转移支付，进一步明确特殊转移支付的用途和分配政策。深化预算管理制度改革，加快建立完善标准科学、规范透明、约束有力的预算制度。完善国有资本经营预算制度，加强国有资产管理监督。进一步增强法治理念，落实税收法定原则，规范非税收入管理。

三、进一步加强预算决算管理

要增强忧患意识,坚持底线思维,落实落细政府过紧日子的要求。完善基本支出标准体系,加快建设项目支出标准体系,坚持有保有压,建立标准动态调整机制,更好发挥支出标准在预算管理中的基础性作用。进一步提高预算编制的科学性和精准性。利用大数据等信息化手段加强对财政资金使用的监管。建立健全权责发生制事项制度办法,合理确定权责发生制事项和资金数额。决算报告要进一步反映预算绩效管理和政策评估的情况。决算草案要细化对决算数与预算数差额情况的说明。2021 年要进一步增加报送全国人大审查的部门决算数量,提交按经济性质分类编报的部门决算表。

四、进一步推进预算绩效管理

对重点支出、重大投资项目开展事前绩效评估,严格项目支出绩效目标设置,强化绩效目标约束力。将绩效评价范围由侧重部门本级支出向分管领域和行业拓展,由一般公共预算进一步向政府性基金预算、国有资本经营预算、政府和社会资本合作(PPP)、政府投资基金等拓展,对预算执行中政策、项目实施情况开展绩效评价。规范第三方机构绩效评价,邀请人大代表和专家参与有关项目绩效评价,提高绩效评价质量。强化绩效评价结果应用,进一步建立健全绩效评价结果与完善政策、预算安排和改进管理挂钩机制,及时公开绩效评价结果。进一步扩大重点支出和重大投资项目绩效评价结果随决算报全国人大常委会的范围。

五、进一步加强政府债务管理

完善政府举债融资机制,处理好债务发行规模和财政库款之间的关系。研究规范使用国债和地方政府债务余额与限额差额的方案。做实做细项目储备,加强预算与规划、项目的衔接,科学合理分配和使用债务资金,尽早形成实物工作量。加强债务资金管理监督,严禁违规举债或担保,积极稳妥化解隐性债务,严格落实政府债务偿还责任,切实防范债务风险。

六、进一步加强审计监督

围绕扎实做好"六稳"工作、全面落实"六保"任务开展审计监督,加强政策落实跟踪审计。加强对预算绩效情况的审计监督。加强对抗疫特别国债、地方政府专项债务的审计。针对审计发现的问题,深入分析问题原因,明确责任主体,将推动问题整改、促进追责问责与推进改革结合起来,推动部门单位完善制度、加强管理,切实整改到位,建立健全长效机制。

以上报告,请予审议。

国务院关于 2019 年度中央预算执行和其他财政收支的审计工作报告

——2020 年 6 月 18 日在第十三届全国人民代表大会常务委员会第十九次会议上

审计署审计长 胡泽君

全国人民代表大会常务委员会:

我受国务院委托,报告 2019 年度中央预算执行和其他财政收支的审计情况,请予审议。

根据党中央、国务院部署,审计署依法审计了 2019 年度中央预算执行和其他财政收支情况。结果表明,2019 年,面对国内外风险挑战明显上升的复杂局面,各地区各部门以习近平新时代中国特色社会主义思想为指导,增强"四个意识",坚定"四个自信",做到"两个维护",贯彻落实党中央、国务院决策部署,认真执行十三届全国人大二次会议有关决议,中央预算执行和其他财政收支情况总体较好,全年经济社会发展主要目标任务较好完成,为全面建成小康社会打下决定性基础。

——积极的财政政策加力提效,财政运行总体平稳。全年减税降费 2.36 万亿元,新增地方政府专项债券 2.15 万亿元。中央一般公共预算收入增长

4.5%、支出增长6.9%，对地方转移支付增长7.4%，着力增强基层财政保障能力。

——支出结构不断优化，民生等重点领域保障有力。中央财政专项扶贫资金增长18.9%、污染防治支出3906亿元，有效防范化解财政金融风险，三大攻坚战取得关键进展。中央本级社保和就业支出、教育支出、科技支出分别增长5.6%、6%、12.5%。

——财税改革取得积极进展，审计查出问题整改效果较好。推进分领域中央与地方财政事权和支出责任划分改革，深化税制改革，全面实施预算绩效管理。认真整改审计查出的问题，健全相关规章制度1538项。

一、中央财政管理审计情况

主要审计了财政部具体组织中央预算执行和编制中央决算草案、发展改革委组织分配中央财政投资情况。中央决算草案反映，2019年，中央一般公共预算收入总量92503.47亿元、支出总量110803.47亿元，赤字18300亿元；中央政府性基金预算收入4039.78亿元、支出4178.84亿元；中央国有资本经营预算收入1635.96亿元、支出1108.8亿元；中央社会保险基金预算收入696.94亿元、支出663.31亿元，基本养老保险中央调剂基金收入6280亿元、支出6273.8亿元。审计结果表明，在财政收支压力较大的情况下，财政部、发展改革委等部门加强统筹管理，强化政策与预算衔接，注重结构调整和预算绩效。对审计指出的中央决算草案个别事项编报不完整等问题，财政部在编制决算时已作了调整。但财政管理的制度机制还不够完善，有些基础性工作不够扎实，资金使用绩效也需进一步提高。

（一）财政支出效率还不够高。

1. 预算编制不够细化和精准。一般公共预算中，中央本级支出有1689.36亿元（占4.8%）年初未落实到单位，至年底仅下达42.5%；还有74.55亿元专项转移支付年初未分配到具体地区。国有资本经营预算中，有821.88亿元（占72.6%）年初未落实到具体项目。批复部门预算时，8个部门年初累计结转16.96亿元的16个项目，2019年又安排24.88亿元，至年底结转33.72亿元。

2. 资金分配使用中存在滞拨闲置等问题。主要表现：一是预算下达晚。财政部12月向10个部门拨付项目预算3.17亿元，有84.1%至年底未用；9月底向16个城市拨付134亿元用于住房租赁市场发展试点，有84.5%至年底未用。二是资金使用效率低。抽查安排13省（本报告对省级行政区统称为省，地市级行政区统称为市，县区级行政区统称为县）的公共卫生专项资金中，因分配方案滞后等，中央补助有40.01亿元滞拨或闲置。抽查13个知识产权运营服务体系建设重点城市，中央补助有10.57亿元（占54.2%）未使用。抽查142个电子商务进农村示范县，中央补助有10.96亿元（占50.2%）未使用。三是项目准备不充分。抽查19省实施中央投资专项支持的项目发现，有68个项目至年底未开工，涉及中央补助11.7亿元；有141个项目资金支付进度滞后，涉及19.51亿元。抽查的124个重大水利工程项目（涉及投资3241亿元）中，有52个项目未按期开工或进度滞后。

3. 资金下达拨付耗时较长。中央财政层面，有105.75亿元一般性转移支付预算和35.85亿元投资计划，未在规定时间内下达。抽查3848.76亿元中央投资专项，从发展改革委下达计划到财政部下达预算，平均用时65天。地方财政层面，19省收到23997.33亿元中央转移支付后，各级财政分解下达平均用时125天，至年底结存337.59亿元。具体到项目实施，抽查中央投资专项54.58亿元支持的320个项目，地方立项后至开工前各项审批平均耗时486天，影响资金使用效率。

（二）有些财政基础性工作还不够扎实。

1. 基本支出定员定额管理有待完善。基本支出定员定额改革从2001年开始试点，至2019年仅有5335家中央预算单位（占35%）纳入定员定额管理范围。抽查还发现，由于基本支出和项目支出界限不够清晰，有2个部门和2家所属单位年初在项目预算中编报运维等基本支出1148.69万元。

2. 预算绩效管理精细化程度还需提高。主要体现在目标设定、绩效评价、信息公开等方面。抽查中央部门的248个项目中，有的关键指标设定低于规划要求，有的量化指标与项目内容无关，有的未按要求自评或未完工即自评满分。国有资本经营预算中，国资委未将50亿元预算的绩效目标分解下达，部分已下达的也未开展自评。财政部开展绩效评价的35个项目，仅7个公开了评价报告；部门预决算公开列示的一级项目中，公开绩效目标和自评结果的分别仅占4.8%、14%。

3. 国有资本经营预算具体使用不够规范。3户央企未按要求将3.15亿元增加实收资本（股本）或变更产权，国有权益体现不充分。

（三）转移支付改革还未完全到位。

1. 归类标准不一。一般性转移支付中，共同财政事权转移支付31845.69亿元（占51.9%）有指定用途，具有明显的专项转移支付特征。应列入一般性转移支付的11项财力性补助中，有2项（涉及200亿元，占6.6%）列入了专项转移支付。

2. 分配管理不够规范。有3项专项转移支付和3个投资专项未制定管理办法或分配标准需完善等，涉及524.5亿元。13省未按规定将27项专项转移支付中的22.39亿元纳入国库集中支付管理，而是直接转入122个财政专户或实有资金账户。

3. 预算安排存在重复。15项专项转移支付与15个中央投资专项的支持领域相同或类似，如1个老旧小区改造项目先后从投资专项和专项转移支付获得补助300万元、1212万元，而实际造价仅711.51万元。

二、中央部门预算执行审计情况

今年继续对中央一级预算单位实行审计全覆盖，并延伸审计290家所属单位。结果表明，2019年，各部门加强预算执行，注重预算绩效，预算管理情况总体较好，财政拨款预算执行率87.2%。对2019年底部门结转结余资金1271.12亿元，财政部已纳入2020年预算统筹安排。但一些部门执行财经制度还不够严格，预算执行质量有待提高。

（一）落实过“紧日子”要求还不够到位。发现政府采购无预算或超预算、“三公”经费支出超范围或超标准、虚列支出和多申领预算等问题金额40.48亿元，涉及63个部门和200家所属单位。如19个部门和41家所属单位虚列或超范围支出等2.23亿元；2个部门的4个因公出国（境）团组超员超期；3个部门和14家所属单位公务用车超编制或使用不合规等，涉及公务用车93辆。还有2个部门和8家所属单位违规收费、违规理财、账外核算等7.97亿元。

（二）项目支出“花旧补新”或往来账款长期未清理。16个部门和19家所属单位有50个项目连年结转、连年申领预算，使用时循环“花旧补新”，结转规模近3年未明显减少，有的甚至增加，至2019年底结转14.11亿元。25个部门和31家所属单位有18.07亿元往来账款长期未清理，影响收支的真实性和准确性。还有11个部门和11家所属单位的40个项目未及时办理竣工决算等，结存3.52亿元未能盘活使用。

（三）资产管理仍存在薄弱环节。主要是资产底数不清、违规处置或划转不及时等。包括：28个部门和18家所属单位存在固定资产账实不符或账账不符等问题，涉及16.86亿元；5个部门和50家所属单位违规出租（借）办公用房、资产处置不当及闲置等，涉及4.59亿元，其中2.09亿元出租处置收入未按规定上缴财政。

（四）部门信息系统建设绩效有待提高。涉及24个部门的240个系统。其中：2个部门的信息系统建设存在统筹规划不够或整合共享不充分等问题；2个部门的6个信息系统应用频率较低，有的全年未使用；23个部门的234个信息系统管理还不到位。

三、重点民生资金和项目审计情况

（一）基本养老保险基金审计情况。至2019年底，审计的13省参保人数达4.69亿，基金累计结余3.46万亿元，养老金发放标准逐年提高。从审计情况看，实施降低城镇职工基本养老保险单位缴费比例、加大基金中央调剂力度等政策，减轻了企业缴费压力，均衡了地区间基金负担，但基金省级统收统支在有些地方推进不畅，有8省的企业职工基本养老保险仍实行市县统筹，还有10.72万人未参保。基金管理使用也不够严格，13省向不符合条件的1526人发放养老金4709.3万元；10省未按规定及时办理66.89万人的个人账户资金转移、清退，涉及19.52亿元。

（二）医疗保险基金审计情况。审计了30省的198个市县，并延伸调查1304家医疗机构和药店。结果表明，有关部门和地方注重加强医保管理，建立健全医保目录动态调整机制，稳步推进药品集中带量采购扩围工作，保障水平不断提升。但参保考核管理还不完善，未充分考虑人员跨地域流动参保等情况，有些市县为补齐人员流出缺口等，编造人员身份和缴费记录，或重复计算人数。抽查的5省由此多报参保832万人次，多获中央财政补助23.64亿元。欺诈骗保等问题仍然存在，发现62家医疗机构及药店、530名个人，通过虚假就医、分解住院等骗取套取基金6712万元；还有医疗机构通过重复或超标准收费等，导致基金多支出1.01亿元。

（三）保障性安居工程审计情况。审计的760个市县2019年共筹集保障性安居工程资金6496.61亿元，任务总体完成较好，但税费优惠和住房保障等政策在一些地方落实还不到位。一是税费优惠方面。67个市县对167个项目未按规定减免城市基础设施配套费、城镇土地使用税等3.5亿元;25家金融机构和融资平台公司对142个项目违规收取咨询服务费、管理费等3.87亿元。二是保障落实方面。由于审核把关不严等,206个市县的1.64万户不符合条件家庭享受了公租房或补贴等待遇,15个市县将22个项目的4551套不符合棚改条件的房屋纳入了棚改。从项目建设看,68个市县有8.28万套安置住房长期未建成,支付逾期过渡安置费7.04亿元;27个市县的3.25万套安置住房建成后,超过1年无法入住。三是资金使用方面。由于项目推进慢等,有158.44亿元财政资金和297.53亿元融资滞留或闲置,其中441.16亿元闲置超过1年。

(四)住房公积金审计情况。住房公积金制度建立以来,在满足职工基本住房需求、促进城镇住房制度改革等方面发挥了积极作用。但一些地方住房公积金管理运营较为粗放,此次审计17省共发现套取挪用、违规发放公积金贷款等涉及399亿元,政策落实中还存在一些偏差。一是公积金提取及贷款发放条件要求不一。13省将提取范围扩展至子女教育等领域,或放宽首付比例、缴存时间等贷款条件,涉及公积金和贷款305.79亿元;12省的21个市有2000多人为满足提取和贷款条件,通过77家中介机构,使用虚假购房资料和劳动合同等,提取公积金及办理贷款5.09亿元。二是有些行业和单位未实现统筹。17省的92个石油、铁路等行业和省直单位未实现属地统一管理,出现城市公积金管理中心资金不足与其辖区内行业公积金管理分中心资金闲置并存的现象。

四、三大攻坚战相关资金审计情况

(一)扶贫审计情况。按照党中央关于打赢脱贫攻坚战的总体部署,2016年以来,审计署组织全国审计机关对832个国家级贫困县实行审计全覆盖。从审计情况看,各地区各部门围绕精准扶贫精准脱贫,聚焦重点任务,加大扶贫投入,脱贫攻坚取得决定性成就。至2019年底,全国建档立卡贫困人口减至551万人,贫困发生率降至0.6%,“两不愁”质量水平明显提升,“三保障”突出问题总体解决。审计中,推动整改问题6.7万多个,追回或盘活资金950多亿元,制定完善或落实相关政策措施2.06万项,向纪检监察、司法机关等移送问题线索2700多件。扶贫资金管理逐年规范,审计查出问题金额占抽查资金比例由2016年的25.8%降至1.5%,其中违纪违规问题占比降至0.19%。

此次审计135个贫困县(含全部52个未摘帽县)发现,6个县的2200多名贫困群众未纳入基本医疗保险,5个县的8个易地扶贫搬迁安置项目产业、就业等后续扶持措施未及时跟上,5个县的590名贫困学生因复学意愿不足等未在校就读;由于监管不严等,有1591.95万元扶贫资金被虚报冒领或骗取侵占,1.22亿元形成损失浪费。对这些问题,有关部门和地方在脱贫攻坚剩余任务推进中正加快解决。

(二)污染防治审计情况。从审计239.3亿元中央财政生态环保资金管理使用情况看,有关部门和地方持续加大投入,有力推进污染防治与生态修复相关工作,但部分资金分配还不够科学,有些治理与修复项目未达预期效果。一是多头分配。抽查10省的水污染防治相关资金,由生态环境、住房城乡建设、发展改革等部门分别安排,有的支持同一领域或重复支持同一项目。二是项目管理不够衔接,有的未达预期目标。抽查的生态环保资金中,有10.2亿元切块下达省级后,当年没有落实到具体项目。还有100个项目因前期准备不充分等未按期开(完)工,22个已建成项目未发挥预期效益。三是资金管理不够严格。8省未及时下达拨付资金共计11.89亿元,其中1.95亿元结存在市县财政超过1年;还有5家项目单位通过虚报冒领等多得1.49亿元,5家单位将1090万元专项资金用于发放奖金、日常开支等。

(三)防范化解重大风险审计情况。审计重点关注了地方政府债务管理、基层财政运转和金融风险防范化解情况。结果表明,有关方面积极化解存量债务,努力提高基层财政保障能力,信贷管理和风险管控不断加强,风险总体可控。一是地方政府债务管理方面。审计18省及所辖36个市县发现,由于项目安排不合理或停止实施等,有503.67亿元新增专项债券资金未使用,其中132.3亿元闲置超过1年;还有10个地区违规举债或担保83.99亿元,审计指出后已整改40.97亿元。二是基层财政运转方面。抽查24个县保基本民生、保工资、保运转情况发现,2019年有5个县相关支出未达当地标准,今年一季度末增至11个县,其中一些基层国库保支付能力也不足。三是金融风险防范化解方面。审计的10家中央金融机构2019年拨备后利润比上年增长6.87%,今年一季度末平均不良率1.43%,但未按期偿还贷款余额较去年同期增长8.26%;抽查的43家地方中小银行平均账面不良率2.48%，其中16家实际不良率超过账面值2倍。

五、重大政策措施落实跟踪审计情况

全年共抽查1.3万多个单位、9900多个项目，按季度公告了审计结果。近期，围绕做好“六稳”工作、落实“六保”任务，重点审计了以下方面：

（一）就业优先政策落实方面。从审计20省就业补助、职业教育资金和失业保险基金情况看，相关地方坚持就业优先，加强资金统筹优化，为城镇新增就业、就业困难和失业人员再就业提供了有力保障。但执行中存在相关工作对接不到位、具体措施衔接不够、信息不共享等问题，影响政策效果充分发挥。一是预算分配与工作任务对接不够精准。3省在高职百万扩招中，未相应安排78所院校的扩招生源生均经费、学生资助等预算3.1亿元；2省分配16.23亿元职业教育经费时，未按要求向先进制造业等亟需特需专业或贫困地区倾斜。二是有些资金发放使用不合规。17省有2.17亿元就业补助资金、创业担保贷款和职业教育资金等，发放给不符合条件的单位和个人，或用于发放津补贴、平衡预算等；还有1079.92万元被骗取套取。三是部分计划任务未按期推进。有39个职业教育、产教融合等项目未按期开（完）工，涉及9.14亿元；有60.42亿元职业教育质量提升、就业补助等资金未按时拨付或使用，最长超过2年。

（二）减税降费政策落实方面。更大规模减税降费效果明显，所有行业税负均不同程度下降，涉企收费有效规范，进一步优化了营商环境，激发了市场主体活力，但具体执行中还存在一些问题。一是有些优惠政策未完全落实。1.88万户企业未享受到研发费用加计扣除等税收优惠4683.21万元；8927户生活服务等企业未享受疫情防控期间收入免征增值税1657.7万元。二是有的部门和地方税费征管还不够规范。有278户企业被提前或多征税费51.4亿元；5省的7家单位违规收取行政事业性收费或开展中介服务收费等1.23亿元；3省的3家单位违规要求企业承担应由财政保障的费用5703.38万元。

（三）清理拖欠民营和中小企业账款方面。有关部门开展专项监督检查，推动完善台账，建立登记投诉平台，强化清欠约束机制，完成了至2019年底清偿一半以上的目标任务，但个别地方和单位清欠还不彻底。审计发现，有2省的7个地区未按规定逐笔制定清偿计划，涉及欠款33亿元；9省的20家单位和3户央企少报或多报欠款4.65亿元；4省的5家单位未完成清偿任务937.33万元；2省的11家单位虚报清偿额5438.81万元。企业上缴的农民工工资保证金退还也不够及时，抽查的3省有119个已完工项目的保证金6701.72万元未退还，有的项目竣工验收已超过6年。

（四）科技相关政策落实方面。科技体制改革近年取得重大进展，科技投入不断加大，科研经费和项目管理不断优化，但科技资金使用效益未充分发挥，科研配套保障有待加强。一是科技资源配置不够合理。抽查国家科技成果转化引导基金发现，至2019年底有30.04亿元（占预算安排总额的34.8%）结转结余，其中21支子基金从受理到批复平均耗时16个月、最长超过2年。二是科技成果转化效率偏低。抽查46.41万件高校和科研院所的有效发明专利中，仅3.88万件（约占8.4%）发生过转让或许可；抽查的20个大学科技园中，有2个10多年来科技成果转化为零。三是科研设备开放共享不充分。抽查的5所高校有930台（套）科研仪器设备（总价值12.84亿元），未按规定纳入国家共享平台；已纳入的有些也未充分开放共享。

（五）乡村振兴相关政策落实方面。从审计15省的55个县高标准农田建设等4项重点任务实施情况看，这些地区2019年投入财政资金254.97亿元，积极推进各项任务，取得阶段性成效。审计发现的问题：一是高标准农田建设方面。主要是项目推进慢、建设质量不高、后续管护不到位，有的被违规占用，共涉及高标准农田506.66万亩、财政投入54.97亿元。二是粮食和生猪生产政策落实方面。有52个粮食生产保障项目未按期建成，4.17亿元补助发放不到位；有的地方在落实恢复生猪生产政策中，额外要求养殖户拆除设施并作出不在原址养殖等承诺，影响养殖户的积极性。三是农村人居环境整治方面。因规划统筹不够、管护不到位等，有14.17万个农村厕所和污水垃圾处理设施、250条农村道路未如期建成或无法使用，涉及财政投入1.63亿元。四是乡村公共文化设施方面。14个县部分文化书屋、电子阅览室、音乐体育器材等设施设备使用率低，有的被改作他用。

（六）政府投资基金相关政策落实方面。从审计情况看，政府投资基金的设立和运作，对支持创新创业、中小企业发展、产业转型升级等发挥了积极作用，但一些基金在设立阶段统筹不够、项目储备不足，难以及时落地形成有效投资。抽查8省47支政府投资基金实际到位的1272.74亿元中，有411.74亿元（占32.4%）未开展投资，其中21支基金的110.74亿元超过2年未实际投出，35支基金的管理公司仍按筹资全额计提管理费20.95亿元。抽查18个城市及开发区设立的中小企业创业投资基金发现，有54.6亿元（占40.1%）长期未使用；支持的1925家企业中，有489家（占25.4%）不属于中小企业。

六、金融和企业审计情况

重点关注了金融服务实体经济政策落实、国有企业“处僵治困”任务推进等情况。结果表明，相关金融机构加强普惠金融服务，着力缓解企业融资难融资贵问题；有关部门组织开展“僵尸企业”摸底调查和处置，工作进展总体符合预期。但审计发现，有51家银行2019年通过存贷挂钩、违规收费等，增加企业融资成本17.71亿元；16家地方银行未完成2019年小微贷款相关任务；部分“僵尸企业”处置质量还不够高，存在虚报处置进度、处置范围不完整等问题。

七、审计移送的违纪违法问题线索情况

上述审计共发现并移送违纪违法问题线索243起，涉及公职人员810多人。主要情形：

（一）公共资源管理领域的利益输送问题。审计发现此类问题线索134起。主要是利用财政资金分配、公共资源交易、信贷发放、国有资产处置、重大设备采购等权力，或设租寻租、关联交易，或靠企吃企、利益输送，或内幕交易、套利牟利。如青岛国际机场集团原董事长焦永泉利用职权，在机场建设中违规操作，帮助企业中标，并涉嫌收受贿赂。

（二）基层民生领域的以权谋私问题。审计发现此类问题线索63起，主要发生在扶贫、养老、医疗、保障房、住房公积金等方面。有的基层单位和个人借工作便利，优亲厚友、吃拿卡要；有的与不法中介串通，篡改数据、买卖证书；有的利用制度漏洞内外勾结，虚报冒领、骗取套取、贪污侵占民生资金。如一家职业技能鉴定中心4名公职人员与9家社会培训机构串通，违规为2.4万人办理职业资格证书，从中收受钱款。

（三）涉众涉税领域的扰乱市场秩序问题。审计发现此类问题线索26起。有的以互联网金融、高科技新业态等名义虚假包装，涉嫌非法集资；有的虚构业务、虚开发票等，涉嫌偷逃税款；有的开设数百个银行账户短期流入流出巨额资金，涉嫌经营地下钱庄。如3个团伙在金融机构开立900多个账户，汇集全国上万个企业或个人转入的巨额资金后，进行跨境转移，涉嫌为网络赌博、偷逃税款等提供通道。

八、审计建议

以上问题，有些是经济社会发展中新出现的，有些是反复发生的，其主要原因是制度机制不完善、支出标准不健全、预算缺乏硬约束等，需进一步深化相关领域改革、优化管理、提高绩效，推动源头治理。为此建议：

（一）加快推进财税金融体制改革。优化政府间事权和财权划分，减少并规范中央和地方共同事权，相应规范转移支付的归类标准、功能定位和规模结构，健全地方税体系，完善政府举债融资机制，形成稳定的事权、支出责任和财力相适应的制度。深化金融供给侧结构性改革，强化金融服务功能，创新服务实体经济方式；健全部门间和央地间金融监管协调机制，强化综合监管，形成监管合力。

（二）加大力度实施积极的财政政策。进一步落实落细减税降费政策，巩固和拓展减税降费成效，限期清偿拖欠民营和中小企业账款，着力稳企业保就业。创新财政支持方式和科技经费管理机制，健全政策落实评估和动态调整机制，推动政府投资基金更有效地投向重点领域和薄弱环节，发挥好财政资金的杠杆作用。加强预算与规划、项目的对接，做实做细项目储备，重点做好新增专项债券项目的统筹衔接，督促尽早形成实物工作量。尽快建立健全特殊转移支付机制，完善监管体系，充分发挥在保居民就业、保基本民生、保市场主体等方面的作用。

（三）加快健全预算支出标准体系。积极推进中央本级基本支出定员定额改革，切实严控一般性支出。全面实施预算绩效管理，健全项目支出标准和绩效评价制度，为优化预算编制、改进项目管理、完善支出政策、落实支出责任提供依据，着力减少资源配置中的闲置浪费。压减无效低效开支，优化财政支出结构，将政府过“紧日子”要求落实落地，切实提高财政支出绩效。

（四）加强民生资金和项目管理。聚焦就业、住房、医疗、教育、社保等领域工程和资金管理使用情

况,进一步压实项目和资金管理责任,严肃查处违法违规行为。着力增强惠民政策的持续性和协调性,持续推进全面脱贫与乡村振兴有效衔接,巩固脱贫成果,推动社会事业改革发展。加强公共卫生领域基础建设,健全公共卫生应急管理体系,加快落实分级诊疗等政策措施,提高应急管理能力。

委员长、各位副委员长、秘书长、各位委员,新冠肺炎疫情发生后,党中央将疫情防控作为头等大事来抓,习近平总书记亲自指挥、亲自部署,坚持把人民生命安全和身体健康放在第一位。各地区各部门和社会各界紧急动员,调集各类资源资金,抓好重点防控物资供应保障和调度,组织重点企业复工复产,疫情防控取得重大战略成果。审计署迅速组织 2 万多人,对疫情防控资金和捐赠款物进行了专项审计,坚持大数据审计与现场重点核查相结合,及时发现问题,及时推动整改,全力支持和配合疫情防控工作。至 2020 年 3 月底,各级财政共安排疫情防控资金 1371.86 亿元;审计的 40 家银行共向 5995 家重点保障企业发放疫情防控专项贷款 2314.73 亿元;审计的 8445 个慈善组织和相关部门共接收社会捐赠资金 378.24 亿元、物资 16.65 亿件,已分配使用 320.65 亿元、15.1 亿件。

从审计情况看,各地区各部门认真贯彻习近平总书记关于疫情防控工作的重要指示精神和党中央、国务院重大决策部署,及时出台完善相关规章制度,调整优化财政支出结构,建立健全专项贷款投放机制,款物管理、分配和使用总体比较规范,为疫情防控提供了有力保障,有效维护了人民生命安全和身体健康,但疫情防控中也反映出一些短板和弱项。对审计发现的资金滞拨、物资积压等问题,有关方面及时整改,加快分配下拨资金 76.51 亿元、物资 9994 万余件,建立健全制度 1584 项。审计还发现骗取套取资金、倒卖侵占物资等问题线索 110 多件,如 7 家熔喷布经销企业抬高供货价 17 倍以上扰乱市场秩序等,均已移送有关部门处理。

本报告反映的是中央预算执行和其他财政收支审计发现的主要问题,有关具体情况以附件形式印发会议,并依法向社会公告。审计指出问题后,有关地方、部门和单位正在积极整改。下一步,审计署将认真督促整改,国务院将在年底前向全国人大常委会报告全面整改情况。

委员长、各位副委员长、秘书长、各位委员,我们将更加紧密地团结在以习近平同志为核心的党中央周围,以习近平新时代中国特色社会主义思想为指导,全面贯彻落实党的十九大和十九届二中、三中、四中全会精神,依法全面履行审计监督职责,自觉接受全国人大监督,为推进国家治理体系和治理能力现代化作出新的更大贡献!

对中央决算报告和审计工作报告的意见和建议

6 月 19 日,十三届全国人大常委会第十九次会议审议财政部部长刘昆受国务院委托作的关于 2019 年中央决算的报告、审计署审计长胡泽君受国务院委托作的关于 2019 年度中央预算执行和其他财政收支的审计工作报告,共有 48 人次发言。现根据会议发言情况,将常委会组成人员和列席会议人员的主要意见整理如下。

出席人员普遍认为,2019 年,在以习近平同志为核心的党中央坚强领导下,国务院及其有关部门认真贯彻落实党中央决策部署,加力提效实施积极的财政政策,加大减税降费力度,切实保障三大攻坚战、供给侧结构性改革、基本民生等重点领域支出,较好完成了十三届全国人大二次会议批准的中央预算。审计机关依法履行审计监督职能,对疫情防控资金和捐赠款物开展专项审计,在推动党中央政令畅通、维护国家财经秩序、促进经济社会健康发展等方面发挥了重要作用。大家充分肯定中央决算报告和审计工作报告,高度评价全国人大财经委的审查结果报告。大家强调,财政政策和财政工作要全力支持做好“六稳”工作、落实“六保”任务,全面实施预算绩效管理,防范化解地方政府债务风险,厉行节约、精打细算,确保每一分钱都用在刀刃上。审计工作要加强对重大政策措施落实情况的跟踪审计,加大对抗疫特别国债、地方政府专项债务的审计监督力度,督促有关部门和单位把审计查出的问题逐条整改到位。审议中,大家还提出了一些具体意见和建议。

一、充分发挥积极财政政策作用

有些出席人员认为,当前面对全球疫情冲击、世界经济严重衰退的严峻形势,宏观经济政策应当出手要快、出拳要狠,财政政策不仅需要反应快、力度大,还应当更加精准,多从促进就业和居民消费的角度发力,避免大水漫灌。有些出席人员提出,财政是国家治理能力的重要组成部分,应立足当前、着眼长远,为经济社会长期持续健康发展提供有力支撑,建议:(1)紧扣习近平总书记提出的“做好较长时间应对外部环境变化的思想准备和工作准备”“逐步形成国内大循环为主体,国内国际双循环相互促进的新发展格局”等重要指示精神,抓住坚定实施扩大内需战略这一着力点,谋划好当前和今后一个时期的财政政策。(2)深入研究中美博弈的焦点和趋势,就应对美国发动对华经贸战、科技战和其他争端,做好相关领域财政政策的实施和储备。有的出席人员提出,应当看到交通等重大基础设施建设具有带动产业广、拉动链条长、吸纳就业多等特点,在扩大内需投资中把新基建和传统基建结合起来,更好促进经济增长。

有些出席人员提出,受疫情影响,今年全国人民代表会大会召开和审查批准预算的时间较往年推迟了两个多月,不少部门和地方的预算执行进度相应延后。因此,既要加快预算资金的拨付使用进度,又要考虑今年的特殊背景,对确实难以按期完成预算的情况作出预先安排。

二、着力落实“六保”任务

部分出席人员提出,今年要紧扣做好“六稳”工作、落实“六保”任务来做好财政工作,切实维护经济社会发展大局稳定,积极解决基层“三保”面临的困难。有些出席人员提出,保就业是今年压力最大的任务,但保就业的预算支出在规模、项目、方向上与2019年差别不大,与疫情背景下就业形势的新特点新要求不尽适应。建议把鼓励企业吸纳就业作为重点,支持推进全产业链协同复工复产、稳定就业容量、拓展就业岗位,精准扶持吸纳就业人数多的企业以及小微企业,鼓励支持企业尽量不裁员、少裁员。

有些出席人员提出,去年实施大规模减税降费成效显著,但也存在政策落得不实、不细、不到位现象。应督促地方政府进一步提高对落实减税降费政策重要性、必要性的认识,切实做到应减尽减、应免尽免;继续在细化落实增值税改革、小微企业普惠性减税、降低社会保险费率等举措上下功夫,持续发挥前期减税降费政策的累积效应;进一步提高税收征管信息化、智能化水平,运用大数据、云计算等技术,确保中小微企业和个体工商户普遍享受减免税费政策。有的出席人员提出,清理拖欠民营企业和中小企业账款是“六保”任务重要内容,2019年提出当年年底清欠一半以上的目标,实际上一些地方没有完成,主要原因是地方财政困难,清欠力不从心。今年虽然没有提出新的清理拖欠账款目标任务,但应当继续推动完成去年提出的清欠目标。

有的出席人员认为,疫情对文化和旅游行业带来的冲击尤为明显,建议中央财政进一步加强对文化和旅游行业的扶持,加大减免税费、贷款贴息等措施力度,研究适当延长旅游发展基金征收期限,提高基金提取比例,帮助旅游业度过难关。

三、优化民生领域支出结构

有些出席人员提出,教育、医疗等公共服务领域支出存在一定的“见物不见人”现象,对西部地区和农村开展的相关调研发现,学校、幼儿园的基础设施已经比较到位,硬件方面好于乡镇政府,但教师的素质、能力提高不明显,培训经费不足;基层卫生院、社区医院的医疗设备也都比较齐备、先进,但缺少专业人员操作。建议将财政资金更多投入到队伍建设上,改善基层教师、医务人员收入和生活条件,着力提高公共服务“软件”水平。有些出席人员认为,新冠肺炎疫情进一步警示我们,应重视对包括传染病在内的疾病预防工作,改变以往“重治不重防”的现象。建议提高疾病预防投入在公共卫生支出中的比重。有的出席人员提出,近年来教育领域财政支出呈现“两个下降”现象:一是财政性教育经费占GDP比例有所下降,从2012年的4.3%下降到2019年的4.04%,二是一般公共预算中教育支出占比逐年下降,从2012年的16.8%下降到2019年的14.6%。建议在义务教育、学生资助等基本教育公共服务方面适度加强中央财政的事权和支出责任,发挥好中央财政的带头作用。

四、完善预算绩效管理机制

部分出席人员提出,应当加快完善预算绩效管理工作机制,切实提高财政资金的配置效率和使用效益。有的出席人员认为,绩效评价结果科学准确与否,同评价主体密切相关。建议对自主评价、财政部门评价、审计部门评价、委托中介机构评价等不同方式的效果进行深入分析,确定切实有效的评价方式。有些出席人员认为,绩效评价结果的运用还不够充分,评价信息公开不足,评价结果与奖惩机制衔接不紧。建议财政部加快推进，国务院各部门和地方各级政府根据自身工作实际积极探索，加快形成切实可行的绩效评价结果运用机制，重点把绩效评价结果与预算安排更紧密地结合起来；制定明确的绩效评价结果公开时间表，逐步扩大公开范围，争取到 2023 年基本实现绩效评估结果全部公开。

有些出席人员指出，审计工作报告反映科技资金使用效益偏低问题突出，项目资金和基金结余比例较大，科技成果转化效率偏低，究其原因：（1）科研机构和科研人员预算编制能力不足，提出的预算不够合理；（2）现行科研经费管理机制和科研规律的匹配性有待优化；（3）科研成果考评机制还不够科学，偏重以论文、专利数量来考评职称，导致专利“注水”求量，实际价值不大，转化效率不高。建议加快健全符合科研规律的科技管理体制，改革科技评价体系，财政科技资金应向基础研究领域倾斜，同时引导企业发挥好在技术研发方面的主体作用。

五、加强预算决算和政府债务管理

有的出席人员提出，预算编制不够细化精准是多年来存在的老问题，应当加快健全预算支出标准体系，重点对建设项目的资金支出区间、拨付管理等作出科学安排。有些出席人员建议加强预算与规划项目的衔接：（1）项目立项是资金拨付的依据，而项目可行性研究和审批又要求有明确可靠的资金来源，由此导致项目立项和项目预算之间一定程度上存在互为前提的矛盾。建议进一步调整优化项目立项、资金下达以及相关核准审批、技术审查的工作流程，以有利于做细做实项目储备和前期准备工作。（2）不同类型项目建设对资金的使用、管理有不同要求，比如公益性水利项目建设在项目获批后就下拨资金，但实际开工还需要设计、招标等流程，时间差距至少半年，导致了资金积压。建议深入研究基本建设工期对资金的实际需求问题，科学调配资金支出。

有些出席人员提出，应进一步完善国有资本经营预算和社会保险基金预算制度：（1）加快落实完善国有资本经营预算制度的各项改革举措，不断扩大国有资本经营预算的范围，提高国有企业上缴利润的比例。（2）全国社会保险基金总体收大于支，但部分地区养老保险基金缺口不断加大。建议加大社保基金全国统筹力度，从调剂安排上缓解中西部地区和老工业基地省份社保基金收支矛盾。

有些出席人员提出，审计工作报告反映，去年地方新增专项债券中未使用的资金达 503.67 亿元，其中 132.3 亿元闲置超过 1 年。今年预算中地方政府专项债券规模比去年又增加 1.6 万亿元，同时提高专项债券可用作项目资本金的比例。建议强化资金管理和项目管理部门间的协调配合，加强对债券发行、使用、管理和偿还的全过程监管，确保债券资金发挥效益；进一步规范专项债的使用，严格控制债务杠杆，切实防范债务风险。有的出席人员认为，审计查出的政府投资基金存在的问题不容忽视，有些地方设立投资基金实际上是搞变相举债、“明股暗债”，有的地方政府投资基金实际用于购买理财产品，或者存银行吃利息。应加大对政府投资基金的监督管理力度，对其筹资、使用、管理以及绩效情况开展重点审计。

还有出席人员提出，预算法对实行权责发生制的财政资金收支情况向人大常委会报告作出明确规定，应认真落实法律要求，实行权责发生制的特定事项情况报告时间不应晚于人大常委会审查批准年度决算的时间；进一步明确特定事项范围，厘清权责发生制事项和结转事项的界限。

六、深化财税体制改革

有的出席人员提出，共同财政事权转移支付已经占中央一般性转移支付的 51.9%，中央和地方政府及其相关部门都参与项目和经费的决策、管理和使用，涉及的主体较多，如何明确共同事权中各个主体的关系十分重要。应深入推进中央与地方共同财政事权和支出责任划分改革，形成共同负责、分工负责、各负其责、责责衔接的格局，形成既统一协调又互相制约监督的关系。有的出席人员认为，地方财力财权依然较弱，地方税体系建设基本上是将原来由地方分享的收入继续留给地方，地方的实际财力和统筹能力没有明显增强。建议在研究制定重大财税改革方案过程中加强上下联动，充分听取地方意见，更好调动地方积极性；加快完善地方税体系，结合事权与支出责任划分，确定地方主体税种，提高地方在共享税中的分享比例。有的出席人员提出，预算法规定财政转移支付主要是一般性转移支付和专项转移支付两类，现在又细分出共同财政事权转移支付、特殊转移支付等名目。建议对此深入研究，进一步改革完善转移支付制度。

七、突出审计监督工作重点

有些出席人员认为，要紧紧围绕党中央关于扎实做好“六稳”工作、全面落实“六保”任务的决策部署，加大对促进就业、民生保障、脱贫攻坚、乡村振兴等方面政策执行和资金使用情况的审计力度。有的出席人员提出，审计工作中有三个方面需要持续作为监督重点：(1)加强对政府债务的审计监督和评价，为防范政府债务风险提供决策参考，坚决守住不发生系统性风险的底线；(2)加强对专项资金绩效的审计监督和评价，推动提高预算编制、执行水平和资金效益。(3)注重将审计监督与人大预算决算审查监督、国有资产监督更加紧密结合起来，围绕党中央关于人大预算审查监督重点向支出预算和政策拓展、加强国有资产管理监督等要求，将预算执行和国有资产管理纳入年度审计计划，加强对重大项目预算执行过程的跟踪监督和国有资产管理的审计监督。有的出席人员建议，加大事前、事中审计监督力度，对各级政府及其部门、国有企业的重大经济、财务事项，加强决策前的审计把关和决策实施过程中的跟进审计工作。有的出席人员提出，审计部门应当加强对机关、企事业单位内部审计工作的指导，充分发挥好内审的免疫系统作用。

八、加强跟踪审计督促整改落实

有些出席人员提出，全国人大常委会办公厅刚刚印发《关于进一步加强各级人大常委会对审计查出突出问题整改情况监督的意见》，各级政府应认真贯彻落实。审计部门应强化跟踪审计，对资金使用管理不规范等“屡审屡犯”的老问题，用“屡犯屡审”的劲头抓住不放，督促问责追责；近些年审计发现的新问题，往往是伴随改革实行的新政策、新制度、新机制而产生的，对其也要持续往“深”里审，促进体制机制不断改革完善。有的出席人员提出，社会公众高度关注住房公积金的管理和使用，去年对17省的住房公积金情况进行了审计，下一步应继续对其他省、区、市开展专项审计，做到全覆盖，并就审计情况作出报告。有些出席人员建议，应对审计查出突出问题制定整改责任清单，明确整改时限，审计部门对整改情况开展专项跟踪督查和指导。对审计查出问题较多或者整改工作不力的部门，人大常委会应专门听取其整改情况报告。

国务院关于今年以来国民经济和社会发展计划执行情况的报告

——2020年8月8日在第十三届全国人民代表大会常务委员会第二十一次会议上

国家发展和改革委员会主任　何立峰

全国人民代表大会常务委员会：

受国务院委托，我向全国人大常委会报告今年以来国民经济和社会发展计划执行情况，请审议。

新冠肺炎疫情是百年来最严重的全球公共卫生突发事件，对人类生命安全构成空前威胁，对世界经济运行造成巨大冲击，对各国治理能力带来严峻考验。习近平总书记高瞻远瞩、见微知著，在年初疫情发生伊始即果断决策、亲自部署、亲自指挥，带领全国上下迅速打响疫情防控的人民战争、总体战、阻击战，先后20余次召开中央政治局会议、中央政治局常委会会议和全国电视电话会议，研究部署统筹推进疫情防控和经济社会发展工作。李克强总理主持召开中央应对疫情工作领导小组、国务院常务会议研究出台各项应对政策。国务院联防联控机制、复工复产推进工作机制会议密集召开，及时部署做好疫情防控各项工作，稳妥有序推动复工复产。各地区各部门贯彻落实党中央、国务院决策部署，认真执行十三届全国人大三次会议审议批准的《政府工作报告》和2020年国民经济和社会发展计划，落实全国人大财政经济委员会的审查意见，全力做好“六稳”工作，落实“六保”任务。今年上半年我国经济先降后升，二季度以来经济运行逐月好转，积极因素明显增多，生产需求持续回暖，就业民生较好保障，市场预期不断改善，经济呈现恢复性增长态势，社会大局总体稳定。上半年国内生产总值456614亿元，同比下降1.6%，其中二季度增长

3.2%，比一季度增速提升 10 个百分点；居民消费价格指数(CPI)同比上涨 3.8%；外汇储备保持在 3 万亿美元以上；城镇新增就业 564 万人，6 月份全国城镇调查失业率 5.7%。

(一)坚持人民至上，疫情防控有力有效。坚决实施"坚定信心、同舟共济、科学防治、精准施策"十六字方针，落实《政府工作报告》和计划报告关于毫不放松常态化疫情防控的要求，坚持全国一盘棋，狠抓"外防输入、内防反弹"，疫情防控取得重大战略成果。武汉保卫战、湖北保卫战取得决定性成果，全力阻击重点地区疫情扩散，着力提高收治率和治愈率、降低感染率和病亡率；各省(区、市)高效开展联防联控、群防群控，快速阻断了我国本土疫情传播。常态化疫情防控积极有效，因应国内外疫情防控形势变化，及时调整疫情防控策略、风险等级和应急响应级别，动态优化疫情防控举措，迅速扩充核酸检测能力，突出抓好重点场所重点机构重点人群防控工作，有效化解境外疫情集中输入风险。及时果断、精准科学应对北京等地突发疫情，为常态化疫情防控积累了经验，增强了全国各地巩固疫情防控成效的信心。公共卫生应急物资保障不断强化，综合运用产能动员、物资储备等多种手段，推动口罩、医疗防护服等重点物资扩产能、上产量，快速实现防控物资、救治设备、床位等基本适应防控需要。加大力度开展疫苗、药物、医疗设备和快速检测技术研制攻关。印发关于健全公共卫生应急物资保障体系的实施方案，着力打造医疗防治、物资储备、产能动员"三位一体"的保障体系。疫情防控国际合作积极推进，习近平主席出席二十国集团领导人特别峰会和世界卫生大会视频会议，主持召开中非团结抗疫特别峰会，就加强疫情防控国际合作提出重要倡议。积极同国际社会分享疫情信息、抗疫经验和科研成果，向相关国家提供力所能及的帮助，有序开展防疫物资出口，开展联防联控国际合作，为全球抗疫作出中国贡献。

(二)加大政策对冲，经济运行逐步企稳回升。落实《政府工作报告》和计划报告关于宏观政策取向和加大宏观政策实施力度的工作部署，出台助企纾困和激发市场活力规模性政策，增强宏观政策实施的时效性，全面落实积极的财政政策、稳健的货币政策和就业优先政策，着力稳定经济基本面。加大财税支持力度，及时出台阶段性、有针对性的减税降费政策，并根据实际情况延长实施期限，上半年累计新增减税降费 1.5 万亿元。增加财政赤字规模 1 万亿元，发行抗疫特别国债 1 万亿元，上述 2 万亿元全部转给地方，建立特殊转移支付机制，使新增财政资金直达市县基层、直接惠企利民。发挥金融支持作用，3 次实施普遍降准、定向降准释放 1.75 万亿元长期资金，综合运用再贷款再贴现、安排政策性银行信贷支持等措施，保持流动性合理充裕，促进融资成本明显下降，6 月末广义货币供应量 M_2 和社会融资规模存量分别增长 11.1% 和 12.8%。6 月份企业贷款平均利率为 4.64%，较上年末下降 0.48 个百分点。上半年企(事)业单位中长期贷款新增 4.86 万亿元，同比多增 1.37 万亿元，IPO 和再融资合计 5519 亿元，同比增长 25%。强化稳就业举措，加大失业保险稳岗返还、创业担保贷款等政策落实力度，实施企业稳岗扩岗支持计划，上半年向 435 万户企业发放稳岗资金 636 亿元，惠及职工 1.14 亿人。积极发挥在疫情中逆势成长的新业态新模式对就业的带动作用，大力支持灵活就业。积极帮助农民工安全有序返城复工，加强返乡留乡农民工就业创业指导服务。进一步扩大硕士研究生招生、专升本和大学生应征入伍数量规模，加大国有企事业单位招聘、基层项目招聘支持力度，对湖北高校毕业生就业给予特殊支持。开发科研助理岗位，充实基层教师和医护人员队伍。稳步扎实推进复工复产，切实发挥复工复产推进工作机制作用，精准及时推出 8 个方面 90 多项政策措施并狠抓落实，动态优化完善复工复产疫情防控措施，强化要素保障，畅通人流、物流、资金流，加强上下游产销对接，有力打通复工复产面临的卡点难点堵点。推动产业稳定运行，小麦、稻谷最低收购价政策进一步完善，夏收粮油再获丰收，落实生猪生产扶持政策，生猪产能加快恢复。规模以上工业增加值增速逐月回升，6 月份同比增长 4.8%，连续 3 个月为正。实物量指标加快改善，6 月份全社会用电量同比增长 6.1%；6 月份工业企业利润同比增长 11.5%。6 月份主要服务业生产指数(SPI)初值同比增长 2.3%，连续 2 个月为正，信息传输、软件和信息技术服务业、房地产业、金融业增长较快，批发零售、住宿和餐饮业降幅明显收窄。有效防控重点领域风险，统筹稳增长与防风险，积极应对地方财政收支矛盾，着力防范化解地方政府债务风险；指导支持金融机构强化风险管理，做好风险应对预案，通过安排地方政府专项债券额度、扩大保险资金运用空间、鼓励发行永续债和优先股等方式合理补充中小银行资本金；坚定、理性、正常开市，强化资本市场基础制度建设；督促落实城市主体责任，落实稳地价、稳房价、稳预期目标任务，确保房地产市场总体平稳。

（三）强化企业帮扶，市场动力逐渐恢复。按照《政府工作报告》和计划报告关于着力稳企业保就业和实施扩大内需战略的工作部署，针对疫情导致的经济循环不畅、部分行业企业特别是小微企业生产经营困难，积极帮助企业渡过难关。助企纾困政策力度持续加大，对企业更大规模减税降费让利，重点减轻中小微企业、个体工商户和困难行业企业负担，阶段性对公共交通运输服务、生活服务、电影放映服务等免征增值税，免征中小微企业养老、失业和工伤保险单位缴费，减免小规模纳税人增值税，将小微企业、个体工商户所得税延缓到明年缴纳，对除"两高一资"外所有出口产品全部足额退税，扩大内销选择性征收关税政策试点至所有综合保税区。阶段性免收收费公路通行费，降低企业用电用气物流成本。上半年清偿拖欠民营和中小企业款项956亿元。创新直达实体经济的货币政策工具，出台普惠小微信用贷款支持计划，对普惠型小微企业贷款应延尽延。积极推动国内消费回暖，出台实施促进消费扩容提质加快形成强大国内市场的政策措施，开展系列电商促消费活动，汽车家电等大宗商品销售回升，通讯器材、化妆品、智能家电等升级类商品销售保持较快增长，网络消费、信息消费需求快速增加，二季度以来社会消费品零售总额指标逐月改善，上半年实物商品网上零售额同比增长14.3%。投资增速进一步回升，坚持土地、资金等要素跟着项目走，及时调整优化中央预算内投资结构，积极支持疫情暴露出的短板弱项建设。地方政府专项债券加快发行使用。一批5G、数据中心等"两新一重"和公共卫生基础设施重点项目集中开工。增加国家铁路建设资本金1000亿元。在重大项目投资等牵引撬动下，上半年固定资产投资同比下降3.1%，降幅比一季度大幅收窄13个百分点。市场预期有所改善，随着各项政策的持续发力，经济循环逐步恢复，企业效益情况持续改善，市场主体信心不断增强，6月份制造业采购经理指数、非制造业商务活动指数分别为50.9%、54.4%，均比上月回升，连续4个月保持在临界点以上。

（四）聚焦全面建成小康社会，脱贫攻坚扎实推进。落实《政府工作报告》和计划报告关于确保实现脱贫攻坚目标的工作部署，针对疫情引发的贫困地区人口就业难、增收难和返贫风险增加等问题，完善政策举措，加大精准帮扶力度。加大扶贫资金的统筹和投入，今年中央财政专项扶贫资金1461亿元已全部下达，比去年提前1个月下达到省级财政。帮助贫困人口稳就业促增收，支持扶贫龙头企业、扶贫车间率先复工复产，实行点对点对接解决贫困地区人口外出务工难题，扩大以工代赈规模促进贫困劳动力就地就近就业。加大消费扶贫力度，强化产销衔接服务，有效解决贫困地区农产品滞销问题。加大易地扶贫搬迁后续帮扶，易地扶贫搬迁安置区住房和配套设施扫尾工程已全部完成，大型安置区教育医疗设施补短板项目加快建设，产业发展、就业帮扶、社区治理等专项政策陆续出台实施，易地扶贫搬迁后续扶持政策体系正在逐步形成。加大剩余贫困县和贫困村攻坚力度，对52个县、1113个村开展挂牌督战，项目资金向"三区三州"等深度贫困地区倾斜，加快提升扶贫产业发展水平，深入实施教育脱贫攻坚行动和科技扶贫"百千万"工程，进一步扩大基本医保、大病保险和医疗救助贫困人口覆盖面，按期完成脱贫攻坚农村危房改造扫尾工程任务，深入推进农村饮水安全巩固提升工程建设，着力巩固"三保障"成果。强化贫困人口兜底保障，对受疫情影响致贫和返贫的建档立卡贫困人口，及时采取纳入低保、特困供养、临时救助等社会救助政策，切实保障困难群众基本生活。

（五）推进动能转换，新的格局加快形成。按照《政府工作报告》和计划报告关于增强发展新动能的工作部署，积极应对疫情对产业经济和区域经济运行带来的冲击，坚持以供给侧结构性改革为主线，大力支持企业主动求新应变、化危为机，加快培育新增长点和增长极。新产业新业态逆势增长，顺应疫情催生的新需求、新模式，大力支持数字经济创新发展，网上购物、直播带货持续火热，居家办公、远程问诊、在线教育等行业快速扩张。智能化、科技型产品较快增长，6月份3D打印设备、智能手表、充电桩等产量均增长40%以上。截至6月底，已有集成电路、高端装备等领域116家企业在科创板上市。产业转型升级取得积极进展，疫情防控助推生物医药等产业发展壮大，5G等新型基础设施加速传统产业数字化转型，产业向高端化、绿色化、智能化、融合化方向发展的趋势更加明显。上半年，高技术制造业、医药制造业、装备制造业增加值分别增长4.5%、2.3%、0.4%，集成电路、医疗仪器设备及器械、建筑工程机械产量分别增长16.4%、82.1%、7.1%。创新创业创造向纵深拓展，将全面创新改革试验第三批支持创新相关改革举措向更大范围推广。启动"上云用数赋智"行动和"数字化转型伙伴行动（2020）"，促进大中小企业和各类市场主体融通创新。深入推进大众创业万众创新，支持科技企业孵化器、众创空间和大学科技园创新发展，开展社会服务领域双创带动就业示范工作。提前半年全面完成北斗三号全球卫星导航系统星座部署。城乡区域协调发展持续推进，京津冀协同发展、粤港澳大湾区建设、长三角一体化发展稳步推进，长江经济带生态环境质量持续改善，黄河流域生态保护和高质量发展规划纲要编制基本完成。支持湖北省经济社会发展的一揽子政策加快落地。成渝地区双城经济圈辐射带动作用增强。乡村振兴战略扎实推进，现代农业产业园、农业产业强镇、优势特色产业集群加快创建，农村基础设施补短板加快推进，新型城镇化建设质量提升，城镇老旧小区改造力度加大。

（六）深化改革开放，发展活力持续增强。按照《政府工作报告》和计划报告关于依靠改革激发市场主体活力、推进更高水平对外开放的工作部署，沉着应对疫情对经济带来的巨大冲击，大力推进市场化改革和高水平开放，主动谋划推出一揽子改革安排，推进市场化法治化国际化营商环境建设，激发市场主体活力。“放管服”改革深入开展，推广疫情防控中主动服务企业的好做法好经验，简化各项助企纾困政策办理手续，推动更多服务事项网上办理，放宽小微企业、个体工商户登记经营场所限制，二季度日均新增市场主体 8.4 万户，比一季度增长 121.4%。重点领域改革持续深化，颁布实施民法典，依法更好保障人民合法权益。出台关于新时代加快完善社会主义市场经济体制、关于构建更加完善的要素市场化配置体制机制等意见。下放土地审批权，赋予省级人民政府更多自主权。服务业改革开放力度进一步加大。出台《保障中小企业款项支付条例》。出台生态环境、自然资源、公共文化、应急救援等领域中央与地方财政事权和支出责任划分改革方案。新修订的证券法正式实施，公开发行公司债券全面实施注册制，推进创业板改革并试点注册制。更高水平对外开放积极推进，出台《海南自由贸易港建设总体方案》。用足用好出口退税、出口信用保险、出口信贷等支持政策，增设跨境电商综合试验区，开展跨境电商 B2B 出口监管改革试点，网上举办第 127 届广交会，帮助外贸企业保订单、保市场，支持出口产品转内销。发布 2020 年版外商投资准入负面清单，加快修订鼓励外商投资产业目录，创新招商引资方式，同相关国家开通人员往来“快捷通道”，重大外资项目加快落地。高质量稳步推进共建“一带一路”，稳步推进海外重点项目建设。推进中欧班列安全稳定高质量运行，助力稳定国际供应链。二季度以人民币计价的出口由一季度的下降 11.4% 转为增长 4.5%；实际吸收外资由一季度的下降 10.8% 转为增长 8.4%。积极有力应对国际经贸环境变化，积极推动二十国集团、金砖国家、亚太经合组织、世界经济论坛等框架下的国际协调合作，同二十国集团成员一道落实二十国集团缓债倡议。深入参与世界贸易组织改革，坚定维护我发展利益。

（七）着力保障民生，社会大局总体稳定。落实《政府工作报告》和计划报告关于围绕保障和改善民生、推动社会事业改革发展的工作部署，针对疫情对群众生活造成的影响，强化社会民生服务保障工作。社会保障、公共卫生和兜底帮扶持续加强，上调退休人员基本养老金，总体调整水平按照 2019 年退休人员月人均基本养老金的 5% 确定。抓紧研究提高城乡居民基础养老金最低标准方案。进一步扩大失业保险保障范围，将城乡所有参保失业人员全部纳入。居民医保人均财政补助标准增加 30 元，开展门诊费用跨省直接结算试点。对我国公民参加基本医保的新冠肺炎确诊和疑似患者医疗费用，个人负担部分由财政给予补助。阶段性扩大社会救助和保障标准与物价上涨挂钩联动机制保障范围，提高价格临时补贴标准。社会领域各项工作不断强化，加大重要民生商品应急调运、储备调节力度，主要农产品供需基本平衡，“菜篮子”产品供给充裕，粮食安全和重要农产品供给得到较好保障，粮油盐与肉禽水产蛋菜奶等食品的市场供应基本充足、价格基本稳定，有力保障武汉、北京等重点地区生活物资供应。能源供需衔接平稳有序，加强煤电油气运统筹调度，做好迎峰度夏工作。严厉打击涉疫违法犯罪活动，加强常态化疫情防控下的心理健康服务。做好防汛抗旱、森林草原防灭火和开展危化品、尾矿库专项整治三年行动等安全生产工作。生态环境质量持续改善，加快补齐城镇污水垃圾处置和医疗废物集中处置等环境基础设施短板。上半年地级及以上城市空气质量优良天数比率为 85%，细颗粒物（$PM_{2.5}$）未达标地级及以上城市平均浓度下降 13%，地表水质量达到或好于Ⅲ类水体比例为 80.1%。

总的来看，随着常态化疫情防控措施不断优化，宏观政策效应逐步释放，当前我国经济社会运行秩序基本稳定，上半年总体符合预期，二季度回升势头好于预期。成绩来之不易，需要倍加珍惜。在这场疫情大考中，以习近平同志为核心的党中央高超执政能力得到进一步彰显，我国制度优势和积累形成的综合国力得到进一步彰显，中华民族守望相助同舟共济的伟大力量得到进一步彰显。

在看到经济形势正逐步向好的方向转变的同时，也要看到当前新冠肺炎疫情仍在全球快速扩散蔓延，我外部环境的复杂性和严峻性在上升，国内经济仍在消化疫情带来的不利影响，经济持续回升的基础尚不稳固。常态化疫情防控任务仍然艰巨繁重，外部环境复杂严峻对我影响加重，内需不足制约经济稳定恢复，产业链供应链安全风险不容小视，企业生产经营存在许多困难，就业民生保障面临很大压力。

对此，我们应当坚持用全面、辩证、长远的眼光看待当前的困难、风险、挑战，既要保持战略定力，坚定发展信心，在危机挑战中看到新的机遇，在世界变局中塑造发展新局，在短期波动中把握长期趋势，善于在复杂局面中抓住主要矛盾，又必须树牢底线意识，坚持稳中求进，主动作为解决操之在我的问题，灵活应变化解受制于人的挑战。

总的来看，面对新冠肺炎疫情带来的严峻考验和复杂多变的国内外环境，全国上下统筹推进疫情防控和经济社会发展各项工作，上半年我国经济先降后升，经济社会运行秩序基本稳定。今年《政府工作报告》对疫情前考虑的预期目标作了适当调整，提出要优先稳就业保民生，坚决打赢脱贫攻坚战，努力实现全面建成小康社会目标任务。从目前执行情况看，计划完成情况总体符合预期。城镇新增就业人数、城镇调查失业率、城镇登记失业率、居民消费价格、农村贫困人口脱贫、基本养老保险参保人数等民生保障指标进展顺利，地级及以上城市空气质量优良天数比率、细颗粒物（$PM_{2.5}$）未达标地级及以上城市浓度下降、地表水质量达到或好于Ⅲ类水体比例、地表水质量劣Ⅴ类水体比例等环境保护指标完成较好，居民收入、社会消费品零售总额、进出口、外商直接投资、境外直接投资等定性表述指标经过努力基本能够实现，单位国内生产总值能耗降低等指标完成需付出更大努力。

今年是全面建成小康社会和“十三五”规划收官之年，做好下半年经济社会发展工作意义特别重大，要认真贯彻去年底召开的中央经济工作会议和今年以来多次召开的中央政治局会议、中央政治局常委会会议精神，按照《政府工作报告》和国务院常务会议部署以及十三届全国人大三次会议要求，根据全国人大常委会和全国人大财经委关于经济工作的意见建议，不折不扣地抓好全年经济社会发展各项工作落实。重点做好以下工作。

（一）慎终如始抓好常态化疫情防控。切实落实好“外防输入、内防反弹”的防控策略，继续抓紧抓实抓细各项防控举措。巩固国内疫情防控成果，不断健全优化常态化疫情防控机制，毫不放松抓好重点地区疫情防控，及早做好秋冬季疫情防控工作预案。持续抓好输入性疫情防控，加强口岸卫生检疫，落实入境人员集中隔离要求。加强公共卫生体系建设，改革完善疾病预防控制体系运行机制，增强早期监测预警能力，落实公共卫生应急物资保障体系实施方案、防控救治能力建设方案，深入开展爱国卫生运动。加强疫情防控国际合作。

（二）坚持不懈实施好已出台的各项宏观政策。落实好更加积极有为的积极财政政策，对企业更大规模减税降费让利，完善新增财政资金直达基层的机制，有力有效保障基层运转。推动抗疫特别国债、地方政府专项债券等资金尽快落实到具体项目。实施好更加灵活适度的稳健货币政策，综合运用降准降息、公开市场操作等货币政策工具，保持流动性合理充裕，推动贷款成本明显下降。全面强化就业优先政策，以双创促进就业，加快实施以工代赈项目，扩大面向高校毕业生的中央基层服务项目招聘规模，加大职业技能培训力度。加强宏观政策统筹协调，促进财政、货币、就业政策与消费、投资、产业、区域等政策形成合力。切实稳定预期提振信心。加强重大风险防控，强化各部门防范化解本领域重大风险责任。

（三）积极主动助力企业纾困发展。坚定不移推进供给侧结构性改革，推动高质量发展。强化阶段性政策与制度性安排相结合，尽力帮助企业特别是中小微企业、个体工商户渡过难关，千方百计稳住经济基本盘。降低企业生产经营成本，落实好已出台的各项减税降费让利政策，实施好保障中小企业账款支付条例，继续加大清欠工作力度。强化对企业的金融支持，增加制造业中长期贷款投放，推动金融系统全年向各类企业合理让利1.5万亿元。加大对外向型企业帮扶力度，完善出口退税方式，帮助外向型企业出口转内销。加强对个体工商户的政策扶持。积极支持企业转型升级，引导帮扶企业通过技改、重组等方式实现升级转型。

（四）决战决胜打赢脱贫攻坚战。坚定不移打好三大攻坚战，特别是针对疫情影响，聚焦重点地区和薄弱环节攻坚克难，确保实现脱贫攻坚各项目标。精准落实脱贫攻坚各项举措，对未摘帽的重点地区开展脱贫攻坚挂牌督战。严把贫困退出关，坚决杜绝数字脱贫、虚假脱贫。巩固脱贫成果防止返贫，建立健全返贫监测预警和动态帮扶机制，积极做好脱贫攻坚普查。编制"十四五"巩固脱贫成果规划。扎实推进乡村振兴战略，完善乡村产业发展支持政策，推动农村一二三产业融合发展。

(五)深化细化落实扩大内需举措。以高质量供给适应引领创造多元化需求，大力促进形成强大国内市场，推动形成以国内大循环为主体、国内国际双循环相互促进的新发展格局。着力激活消费潜力，研究制定进一步拓展农村消费的政策措施，促进消费新业态加快发展。积极扩大有效投资，坚持土地、资金等要素跟着项目走，进一步发挥投资关键作用，出台加快新型基础设施建设和发展的意见。深入推进重大区域发展战略，制定北京非首都功能疏解引导和倒逼政策体系，大力推进长江经济带生态环境保护修复，加快推进粤港澳大湾区基础设施互联互通，大力推进长三角生态绿色一体化示范区、上海自贸试验区临港新片区等建设，出台黄河流域生态保护和高质量发展规划纲要。推进以人为核心的新型城镇化建设。

(六)力保产业链供应链和粮食能源安全。着力提升国内产业基础能力和产业链现代化水平，有效维护产业链供应链稳定和粮食能源安全。保持产业链稳定运行，提升重要原材料、关键零部件、核心元器件和关键软件的稳定供应水平。积极推进科技创新和成果推广应用。全力保障粮食安全，毫不放松抓好粮食生产。确保能源资源供应安全，持续推进煤电油气产供储销体系建设。

(七)锐意创新增强改革开放动力。坚持改革和发展高效联动，坚持对内开放和对外开放相结合，以高标准市场和高水平开放促进高质量发展。持续深化"放管服"改革，修订出台市场准入负面清单(2020 年版)。改革完善要素保障机制，开展要素市场化配置综合改革试点。激发市场主体活力，出台实施国企改革三年行动方案。深化财税金融等改革坚决防范风险。努力稳定外贸外资基本盘，加大对劳动密集型出口企业支持力度，办好第三届中国国际进口博览会，落实好新版外资准入负面清单各项政策。加强国际经贸合作，高质量稳步推进共建"一带一路"。

(八)毫不动摇抓好生态环境保护。坚持方向不变、力度不减，抓好源头防控和系统推进，推动生态环境质量持续好转，总结推广国家生态文明试验区经验，加快构建绿色低碳循环发展的经济体系和现代环境治理体系。巩固蓝天、碧水、净土保卫战成果，深化重点地区大气污染治理攻坚，加强城市黑臭水体治理、水源地保护，扎实开展土壤污染防治。加强生态保护与修复，持续推动山水林田湖草系统治理，健全生态保护红线管理体系和配套政策。大力推进绿色发展。

(九)心系群众做好民生改善工作。切实加大民生兜底保障力度，加大收入分配政策调节力度，稳定居民收入预期。对生活困难的失业人员及家庭，按规定及时纳入最低生活保障、临时救助等社会救助范围。落实好扩大失业保险保障范围各项工作。做好重要农产品保供稳价工作。加快提升公共服务水平，推动出台国家基本公共服务标准。不断提升社会治理水平。全力做好防灾减灾救灾工作，全力防御洪涝地质灾害，确保人民群众生命财产安全。

我们要在以习近平同志为核心的党中央坚强领导下，以习近平新时代中国特色社会主义思想为指导，增强"四个意识"、坚定"四个自信"、做到"两个维护"，切实把思想认识行动统一到党中央、国务院的各项决策部署上来，按照十三届全国人大三次会议要求，分类指导各地做好经济工作，进一步调动发挥地方主观能动性，进一步增强抗疫情、稳经济、谋发展的精气神，努力在危机中育新机，于变局中开新局，努力完成全年目标任务，为把我国建设成为富强民主文明和谐美丽的社会主义现代化强国、实现中华民族伟大复兴的中国梦不懈奋斗。

对今年以来国民经济和社会发展计划执行情况报告的意见和建议

8 月 9 日，十三届全国人大常委会第二十一次会议审议了国家发展和改革委员会主任何立峰受国务院委托作的关于今年以来国民经济和社会发展计划执行情况的报告、财政部部长刘昆受国务院委托作的关于今年以来预算执行情况的报告，共有 51 人次发言。现根据会议发言情况，将常委会组成人员和列席人员对计划执行情况报告的主要意见整理如下。

出席人员普遍认为，今年是全面建成小康社会决胜之年，也是实施“十三五”规划收官之年。在以习近平同志为核心的党中央坚强领导下，各地区各部门坚持把人民生命安全和身体健康放在第一位，积极有效应对新冠肺炎疫情严重冲击，统筹疫情防控和经济社会发展工作取得重大成果。经济稳步恢复、结构持续优化，三大攻坚战扎实推进，改革开放继续深化，人民生活得到有力保障，十三届全国人大三次会议批准的计划执行情况总体良好。大家指出，要把思想和行动统一到党中央科学判断和决策部署上来，牢牢把握扩大内需这个战略基点，大力保护和激发市场主体活力，提高产业链供应链稳定性和竞争力，加快形成以国内大循环为主体、国内国际双循环相互促进的新发展格局。大家强调，下半年要坚持稳中求进工作总基调，坚持新发展理念，更好统筹疫情防控和经济社会发展工作，坚持以供给侧结构性改革为主线，坚持深化改革开放，扎实做好“六稳”工作，全面落实“六保”任务，确保宏观政策落地见效，推动经济高质量发展，维护社会稳定大局，努力完成全年经济社会发展目标任务。审议中，大家还提出了一些具体意见和建议。

一、深刻把握经济形势的复杂性严峻性

部分出席人员提出，当前我国发展外部风险挑战明显增多，经济运行内外压力叠加、新老问题交织，既要坚定信心，又要冷静判断，把握准经济发展的形势。有些出席人员提出，应当以底线思维加强对中美关系变化的预研预判，做足长期准备。有的出席人员认为，今年突出了疫情防控常态化的要求，强调抓好“六稳”、“六保”，没有对国内生产总值增长提出具体目标，应当督促各级领导干部树立常态化疫情防控和推动复工复产两手都要抓、都要硬的思想，以科学合理的机制安排为复工复产创造条件。

有些出席人员提出，今年将编制“十四五”规划纲要，下半年的经济工作应注重与“十四五”时期发展以及2035年远景目标相衔接，平衡好经济复苏与推进结构优化调整之间的关系。有的出席人员认为，应对当前特殊情况，加强政府宏观调控、发挥国有企业主力军作用是十分必要的，同时应注重维护和发展公平竞争的市场环境，激活民间投资，调动各类市场主体特别是民营企业的积极性。有的出席人员认为，上半年货币政策为市场、企业、个人提供了更多现金流，支持了经济企稳回升，建议密切观察近期房地产、股票、债券等市场的变化迹象，增强调控前瞻性、精准性、主动性，把握好流动性投放的力度和节奏，着力为支持实体经济恢复发展营造适宜的货币金融环境。

二、完成好今年的收官、攻坚任务

有的出席人员提出，今年是“十三五”规划纲要实施收官之年，目前完成情况总体符合预期。报告提出单位GDP能耗降低等个别指标完成需付出更大努力，对此问题应客观看待，建议要实事求是，防止再出现为保证完成能耗指标而强行对企业拉闸限电的现象。有的出席人员提出，深度贫困地区是脱贫攻坚的难点。建议各级政府及其部门以更大的力度支持深度贫困地区脱贫攻坚，加大项目、资金、人才等方面政策倾斜，强化监督考核。有的出席人员认为，应保持推进生态文明建设的战略定力，坚持方向不变、力度不减，围绕土壤和地下水污染防治、固体废物与化学品管理、农业农村污染防治等重点领域部署一批污染治理项目，打好污染防治攻坚战。

三、坚决落实就业优先政策

部分出席人员指出，应进一步加大稳就业工作力度，出台更为积极有力的促进就业政策措施。有些出席人员建议各级政府加大公共就业服务，推动重点就业人群和劳动需求方更有效地匹配对接，通过创造公益性岗位、进行培训等形式对特殊困难人群予以直接帮扶。有的列席人员建议对就业形势进行更加深入认真的分析研判，确保政策最大程度惠及失业人群。

四、全力以赴保市场主体

有些出席人员认为，应分业施策做好市场主体纾困解难和自主修复工作，千方百计保住市场主体，稳住经济基本盘。有些出席人员提出，应持续营造良好的发展环境，进一步强化市场主体地位，激发市场主体活力。坚持国有企业和民营企业一视同仁、平等对待，特别是落实平等产权保护原则，突出司法保护这个重点，由公安机关、监察委、法院、检察院联合开展专项行动，清理整治非法查扣

企业和私人合法财产、利用司法手段介入市场竞争等突出问题，坚定民营企业投资发展的信心。有的出席人员建议，以完善分配激励机制和容错责任追究制度为重点，加快实施国企改革三年行动方案，增强国有企业主动作为的动力。有的出席人员提出，应进一步强化助企纾困政策的精准性和落实力度，注重“多予”和“少取”双管齐下帮助企业，不仅从资金、补贴、项目、准入等方面给予支持，更注重采用普惠性的扶持措施。有些出席人员指出，应下决心建立健全金融服务实体经济的机制，完善和细化银行考核机制和尽职免责制度，切实帮助企业渡过难关。

五、积极扩大有效需求，畅通供需循环

有些出席人员认为，应坚定不移扩大内需，加快形成以国内大循环为主体、国内国际双循环相互促进的新发展格局。有些出席人员建议，应着力扩大有效投资，注重发挥政府投资的引导放大作用，提高投资计划执行力度和效果。

有些出席人员认为，形成国内大循环为主体、国内国际双循环的格局，应当坚持继续深度融入国际大循环，同时加强国内产业对核心环节和关键部位的掌控。建议从供给和需求双侧发力推动构建国内大循环，供给侧聚焦产业链，攻克“卡脖子”技术，打通产业链供应链的“堵点”、“断点”，推动构建完整的产业内循环。需求侧注重积极引导国外消费回流，清除消费壁垒，畅通消费内循环。

有些出席人员认为，应继续坚定不移推进供给侧结构性改革，以当前压力倒逼加快经济结构调整。坚持私人消费和公共消费双重发力来扩大内需，在经济前景不确定、私人消费意愿下降背景下，重点加大公共医疗卫生、教育科技等事关长远的公共支出；研究把握私人消费发展新趋势，努力促进服务消费、数字消费、绿色消费、时尚消费、品质消费。有些出席人员提出，网络消费的形式和业态越来越多、领域越来越宽，但目前城市建设规划、商业住宅设施等都还不适应这一趋势，建议加强对新兴消费业态问题的专题研究，加强对扩大消费各项政策的顶层设计。

有些列席人员提出，外贸是拉动经济增长的三驾马车之一，应继续加大对外向型企业的帮扶力度，进一步提升通关效率，加大金融支持，保持人民币汇率基本稳定，支持办好线上线下的专业展会，鼓励帮助外贸企业多接单，继续扩大我国产品在国际市场的份额。加快扩大对外开放力度，在具备条件的地区再新设立一批自贸试验区，在更大范围内复制推广自贸试验区已经成熟的政策措施，让更多地区和企业受惠。

六、加快科技创新步伐

有些出席人员指出，习近平总书记强调要围绕产业链部署创新链、围绕创新链布局产业链，报告中对产业链供应链谈得较多，对创新链讲得比较少。应紧紧扭住科技创新这个牛鼻子不放松，以强烈的忧患意识和紧迫感加快推进科技创新。(1)进一步改善高校科研环境，改革高校科技创新机制，强化基础研究和原始创新。(2)推进产学研深度融合，统筹高等院校、科研院所和企业的技术力量，进一步畅通基础研究、应用研究、成果转化的渠道，缩短研究和转化周期。(3)科技创新2030重大专项实施整体上偏慢，应加快国家实验室和国家重点实验室等创新平台基地建设和研发支持力度。

七、切实维护国家粮食安全

有些出席人员强调，越是面对困难，越要把农业办好，首先是要抓好粮食生产。(1)粮食品种存在结构性失衡。比如小麦库存充裕、今年又获增产，然而市场小麦价格上涨很快，明显高于国家最低收购价。(2)进口食用植物油、糖、猪肉、乳制品总量持续增加，当前世界范围内的疫情还在发展，可能会影响我国重要副食品供应。(3)对油菜等主要油料作物实行保护价收购，激励农民种植积极性，提高食用油自给率。

八、毫不放松抓好常态化疫情防控

有些出席人员建议将公共卫生、医疗服务建设提升纳入新基建范畴，尽快补短板，强弱项，优化公共卫生资源和设施布局。(1)加强各级疾控机构基础设施建设，完善公共卫生应急设施设备配置，推进重大疫情救治基地建设，提升应急管理医疗救治能力。(2)推进医疗机构发热门诊、急诊、住院部和医技科室等业务科室改造升级，足额配备传染病床位，提高重症监护(ICU)床位占比，加强药品和医疗防护物资储备。(3)加强中医药科室建设，加快中

医药应急救治设施设备与人才技术储备,发挥中医药在重大疫情救治中的独特作用。(4)大力推进国家医学中心和区域医学中心建设,合理布局高等级生物安全实验室建设,完善医学中心与疾控中心协同工作机制。(5)全面实现医用废弃物收集、分级分类无害化处理。

国务院关于今年以来预算执行情况的报告

——2020年8月8日在第十三届全国人民代表大会常务委员会第二十一次会议上

财政部部长 刘 昆

全国人民代表大会常务委员会:

受国务院委托,我向全国人大常委会报告今年以来预算执行情况,请审议。

一、预算执行基本情况

今年以来,面对新冠肺炎疫情严重冲击,各地区各部门在以习近平同志为核心的党中央坚强领导下,以习近平新时代中国特色社会主义思想为指导,全面贯彻党的十九大和十九届二中、三中、四中全会精神,认真贯彻中央经济工作会议精神和《政府工作报告》部署,落实十三届全国人大三次会议关于预算的决议,坚持把人民生命安全和身体健康放在第一位,加大宏观政策应对力度,扎实做好"六稳"工作,全面落实"六保"任务,统筹疫情防控和经济社会发展工作取得重大成果。经济稳步恢复,复工复产逐月好转,二季度经济增长明显好于预期,三大攻坚战扎实推进,经济结构持续优化,产业数字化、智能化转型明显加快,改革开放继续深化,人民生活得到有力保障。在此基础上,预算执行情况较好。

(一)一般公共预算执行情况。

1—6月,全国一般公共预算收入96176.07亿元,同比下降10.8%,从4月起收入累计降幅逐月收窄,呈现持续向好态势,其中,中央一般公共预算收入44347.15亿元,下降14%;地方一般公共预算本级收入51828.92亿元,下降7.9%。全国一般公共预算支出116410.88亿元,下降5.8%,其中,中央本级支出16344.42亿元,下降3.2%;地方财政支出100066.46亿元,下降6.2%。收支运行的主要特点:

一是随着推进复工复产和助企纾困成效持续显现,税收收入降幅收窄。1—6月,全国税收收入81990.47亿元,下降11.3%,降幅比1—5月收窄3.6个百分点。分税种看,国内增值税28769.51亿元,同比下降19.1%,降幅比1—5月收窄2.9个百分点,5月以来工商业增值税由1—4月大幅下降33.5%,转为与上年同期基本持平,主要是复工复产有序推进和增值税翘尾减收因素消退。国内消费税4月已实现正增长,进口货物增值税、消费税和企业所得税收入在4、5月份降幅逐步收窄的基础上,6月份均实现正增长,主要是助企纾困成效持续显现、国内经济逐步复苏。个人所得税增长2.5%,扣除年度个税汇算清退等不可比因素后增长约7.3%。

二是地方多渠道盘活国有资源资产带动非税收入增长,涉企收费继续下降。1—6月,全国非税收入下降8%。中央非税收入下降73.3%,主要是去年同期特定国有金融机构和央企上缴利润较多、抬高基数。地方非税收入同比增长5.6%,主要是一些地区多渠道盘活国有资源资产。其中,涉企收费继续下降,行政事业性收费收入下降9.7%,教育费附加等专项收入下降4%,企业负担持续减轻。

三是由于复工复产进度和产业结构差异,财政收入回升程度出现地区间分化。1—6月,东、中、西部和东北地区财政收入分别下降6.6%、12.1%、6.5%、12%,降幅分别比1—5月收窄2个、3.6个、3.4个、3个百分点。中部地区扣除湖北后收入下降6%,与东部、西部降幅相当,东北地区下降较多。6月地方财政状况整体继续好转,17个省份收入正增长,比5月增加了6个。1—6月累计,31个省份中,5个收入实现正增长;16个收入降幅在10%以内,7个收入降幅在10%至20%之间,3个收入降幅超过20%。

四是财政支出结构进一步优化,重点领域支出得到有力保障。1—6月,中央一般公共预算本级支出下降3.2%,地方一般公共预算支出下降6.2%,主要是受疫情影响,部分项目支出进度比去年同期放缓，以及压减非急需非刚性支出。与此同时，脱贫攻坚、基本民生等重点领域支出得到有力保障。社会保障和就业支出增长1.7%，完成预算的55.8%；卫生健康支出完成预算的56.3%，其中与疫情防控直接相关的公共卫生支出增长67.8%；农林水支出增长7.9%，其中扶贫支出增长18.3%；住房保障支出增长8.3%。

（二）政府性基金预算执行情况。

1—6月，全国政府性基金预算收入31479亿元，下降1%。其中，中央政府性基金预算收入1591亿元，下降20%，主要是对国家电影事业发展专项资金、民航发展基金等实行减免，以及受疫情影响彩票销售大幅下降，彩票公益金收入下降35.2%；地方政府性基金预算本级收入29887亿元，增长0.3%，其中国有土地使用权出让收入增长5.2%。全国政府性基金预算支出45212亿元，增长21.7%。其中，中央政府性基金预算本级支出630亿元，下降27.9%；地方政府性基金预算支出44582亿元，增长22.9%，主要是新增地方政府专项债券安排的支出同比大幅增长1.9倍，国有土地使用权出让收入相关支出下降10.7%。

（三）国有资本经营预算执行情况。

1—6月，全国国有资本经营预算收入1223亿元，增长18.8%。其中，中央国有资本经营预算收入669亿元，增长1.3倍，主要是金融企业股利股息收入缴库较去年提前；地方国有资本经营预算本级收入554亿元，下降25%。全国国有资本经营预算支出612亿元，下降30.5%。其中，中央国有资本经营预算本级支出243亿元，下降43.9%；地方国有资本经营预算支出369亿元，下降17.7%。

（四）社会保险基金预算执行情况。

1—6月，全国社会保险基金收入34809.3亿元，下降15.3%，主要是受疫情以及阶段性减免社保费政策影响。全国社会保险基金支出36089.87亿元，增长6.5%。截至6月底，基金累计结余95151.31亿元。

总的看，今年以来预算执行情况符合预期，有力保障了党中央、国务院重大决策部署的贯彻落实。同时，财政运行和预算执行中也存在一些困难和问题，我们高度重视，将积极采取措施加以解决。

二、落实十三届全国人大三次会议预算决议情况

国务院有关部门认真贯彻预算法和《关于人大预算审查监督重点向支出预算和政策拓展的指导意见》，落实全国人大通过的预算决议要求，扎实做好“六稳”工作、全面落实“六保”任务，以更大的宏观政策力度对冲疫情影响，积极的财政政策更加积极有为，真正发挥稳定经济的关键作用，有力维护了经济发展和社会稳定大局。

（一）积极发挥财政政策逆周期调节作用。

一是建立新增财政资金直达基层机制。建立特殊转移支付机制，新增财政资金直达市县基层、直接惠企利民。按照“中央切块、省级细化、备案同意、快速直达”的原则，完善相关资金分配程序。印发特殊转移支付、抗疫特别国债资金管理以及有关监督管理、资金监控等制度办法，明确直达资金的分配、使用、拨付、监管要求。构建直达资金监控系统，确保每笔资金去向能跟踪、可监控。二是迅速批复下达预算。提前做好准备，在全国人大批准2020年中央预算草案当天即完成中央部门预算批复，按照预算法要求及时下达对地方转移支付预算，为预算执行打下良好基础，尽早发挥财政资金效益。加快直达资金预算下达，6月底前将具备条件的资金全部下达地方。三是加快政府债券发行使用。截至7月30日，1万亿元抗疫特别国债已全部顺利发行，平均发行利率2.77%。地方政府债券4.53万亿元额度已全部下达。截至7月15日，全国各地发行新增地方政府债券2.8万亿元，占今年新增债券的59%；其中支出2.18万亿元，占已发行债券的78%。

（二）支持打赢疫情防控阻击战。

一是强化疫情防控资金和政策保障。坚持把人民生命安全和身体健康放在第一位，围绕减轻患者救治费用负担、提高疫情防治人员待遇、保障疫情防控物资供应、加快疫苗和药物研发等出台一系列财税支持政策，并向湖北省等重点地区倾斜，全力支持打赢疫情防控阻击战。截至6月底，各级财政共安排疫情防控资金1756亿元，及时组织做好资金结算工作，确保人民群众不因担心费用问题而不敢就诊，确保各地不因资金问题而影响医疗救治和疫情防控。二是加强公共卫生体系建设。坚决落实常态化疫情防控要求，加大财政投入力度，推动建设重大疫情防控救治体系和应急物资保障体系，着力补齐公共卫生基础设施建设短板，稳步推进国家医学中心、区域医疗中心建设，支持做好适应现代化疾控体系的人才培养培训工作。

（三）支持打好三大攻坚战。

一是确保完成决战决胜脱贫攻坚目标任务。

中央财政专项扶贫资金1461亿元已全部下达，此外还下达综合性财力补助资金290亿元，确保完成剩余脱贫攻坚任务和巩固脱贫成果。及时调整优化中央财政专项扶贫资金政策，在现有资金管理制度框架内，优化资金用途，重点对受疫情影响较重的产业扶贫项目、贫困劳动力就业等予以支持。补齐52个挂牌督战县因疫情导致的财政减收，支持有关地区解决“苦咸水”问题。进一步强化财政扶贫资金监管，优化资金动态监控平台功能，推进扶贫项目资金全过程绩效管理。积极研究巩固脱贫成果、解决相对贫困的财政支持政策，推动脱贫攻坚与乡村振兴有效衔接。二是坚决支持打好污染防治攻坚战。1—6月生态环保支出658亿元，支持打好大气、水、土壤等标志性重大战役，开展重点生态保护修复，提升区域生态系统服务功能和生态环境质量。下达林业草原转移支付资金961亿元，加强林业草原生态保护修复。支持引导黄河全流域建立横向生态补偿机制试点，推动沿黄各省（区）共抓大保护、大治理。建立生态环保资金项目储备制度，引导地方做好项目前期准备，提高资金安排的科学性、规范性和精准性。推动国家绿色发展基金挂牌投资运营。三是防范化解财政金融风险。督促地方综合采取措施稳妥化解存量隐性债务，强化地方政府违规举债责任追究，坚决遏制隐性债务增量。完善常态化监控机制，推进地方债务数据与金融部门共享比对。

（四）支持保居民就业。

一是努力稳定和扩大就业。中央财政就业补助资金538.78亿元已全部下达。加快使用从失业保险基金结余中提取的超过1000亿元职业技能提升行动专账资金，促进地方落实各项就业创业政策。加大稳岗返还支持力度，1—6月已发放稳岗返还资金636亿元，放宽申领条件，提高返还标准，着力稳企业保就业。支持实施“互联网+职业技能培训计划”，全面推进线上职业培训，提高劳动者职业技能水平。二是突出支持做好重点人群就业工作。鼓励科研项目开发10万个科研助理岗位，支持做好“三支一扶”计划招募选拔工作，吸纳高校毕业生就业。支持实施农村义务教育学校教师特岗计划，将今年招聘规模扩大到10.5万人。鼓励东部省份克服疫情影响吸纳贫困劳动力跨省就业。三是保障失业人员基本生活。继续用好失业保险基金，延长大龄失业人员领取失业保险金期限，畅通申领渠道。对领取失业保险金期满仍未就业的失业人员、不符合领取失业保险金条件的参保失业人员，发放6个月的失业补助金。对参保的失业农民工发放一次性生活补助或临时生活补助；对领取失业保险金和失业补助金的失业人员发放价格临时补贴，阶段性提高补贴标准。

（五）支持保基本民生。

一是支持发展公平优质教育。从2020年春季学期起，统一全国义务教育生均公用经费基准定额，将中西部地区标准提高50元。对完成高职院校扩招任务较好的省份予以奖补支持，推动职业教育高质量发展。支持地方巩固教育脱贫攻坚成果，改善学校基本办学条件，落实义务教育学生“两免一补”和学前、普通高中、中职、高等教育各项学生资助政策，确保家庭经济困难学生不因贫失学辍学。二是做好养老保障工作。截至6月底，已下达养老保险补助经费7678.27亿元，稳步提高养老保障水平。加强企业职工基本养老保险基金中央调剂，22个中西部和老工业基地省份净受益1768.45亿元。下达中央专项彩票公益金，支持开展居家和社区养老服务改革试点，推动试点地区扶持社会力量提供居家和社区养老服务，加强养老护理人员队伍建设，采取有效措施推进医养结合等。三是保障基本医疗需求。截至6月底，已下达城乡居民医保补助资金3525.35亿元，支持地方将居民医保人均财政补助标准提高到每人每年550元。中央财政医疗救助补助资金320.1亿元已全部下达（含特殊转移支付安排资金），着力做好医疗保障托底。四是做好民生兜底工作。下达困难群众救助补助资金1660.47亿元（含特殊转移支付安排资金），指导地方适度扩大低保和临时救助政策范围，并继续做好特困人员救助供养、流浪乞讨人员救助、孤儿基本生活保障等工作，及时将受疫情影响陷入困境的人员纳入救助范围。五是完善基本住房保障体系。1—6月，全国保障性安居工程财政支出1810亿元，支持各类棚户区改造，加快城镇老旧小区改造。农村危房改造补助资金184.5亿元已全部下达，支持优先完成建档立卡贫困户等4类重点对象新增危房改造任务，并统筹推进农房抗震改造和农村低收入群体基本住房安全保障工作。

（六）支持保市场主体。

一是加大减税降费力度。今年1—6月，新增减税降费15045亿元，有效减轻了市场主体负担。将前期出台的部分阶段性减税降费政策执行期限延长到今年年底。小微企业、个体工商户所得税延缓到明年缴纳。指导督促地方全面落实减税降费政策,依法依规组织财政收入,严禁征收“过头税费”、违规揽税收费、虚增收入,确保企业切实享受政策红利,帮助企业渡过难关。二是支持缓解融资难融资贵。加大创业担保贷款贴息支持力度,提高贷款额度上限,放宽申请条件,推动创业担保贷款增量扩面。构建绩效评价指标体系,引导政府性融资担保、再担保机构更好发挥支小支农的政策功能作用。继续实施小微企业融资担保降费奖补政策,国家融资担保基金对合作机构免收或减半收取再担保费,引导地方落实好对小微企业减半收取融资担保、再担保费政策,推动小微企业融资担保费率持续下降。

(七)支持保粮食能源安全。

一是全力保障粮食等重要农产品供应。农田建设补助资金 682.8 亿元已全部下达,以粮食生产功能区和重要农产品生产保护区为重点,大力推进高标准农田和农田水利建设,不断夯实农业生产基础,提升国家粮食安全保障能力。调整完善玉米、大豆市场化收购加生产者补贴政策和稻谷补贴政策,加大产粮大县奖励力度。支持统筹做好粮食库存消化工作,促进小麦、稻谷和玉米库存有序投放,有效保障市场稳定。二是着力保障能源安全。下达非常规天然气补贴资金 50 亿元,鼓励煤层气、页岩气、致密气开采利用。调整完善可再生能源发电补贴政策,下达补贴资金 923.5 亿元,促进能源结构调整。支持建立和完善能源安全储备制度。

(八)支持保产业链供应链稳定。

一是大力支持制造业高质量发展。发挥产业基础再造工程专项资金作用,支持提升产业基础能力和产业链水平。延长新能源汽车推广应用财政补贴政策,下达补贴资金 107.7 亿元,支持新能源汽车产业稳定发展。二是提高科技创新支撑能力。完善投入保障机制,支持组建首批国家实验室和重组国家重点实验室体系。支持启动“科技助力经济 2020”重点专项,实施一批覆盖国民经济主要行业的技术创新项目。三是着力稳外贸稳外资。截至 6 月底,外经贸发展资金已全部下达,支持引导地方进一步完善外贸外资公共服务体系,多措并举稳住外贸外资基本盘。暂免征收加工贸易企业内销税款缓税利息,将内销选择性征收关税政策试点扩大到所有综合保税区,稳定加工贸易发展。完善出口退税政策,除“两高一资”外所有未足额退税的出口产品,全部实现足额退税。制定系列财税优惠政策,支持海南自由贸易港建设,并认真抓好落实。

(九)支持保基层运转。

一是大幅增加对地方财力支持。中央财政统筹新增赤字、以前年度结转资金、压减本级支出腾出的财力等渠道,切实加大对地方财力的支持力度。截至 6 月底,已下达一般性转移支付资金 61214.6 亿元,有力保障基层运转和各项政策有效实施;下达特殊转移支付资金 5378.57 亿元,支持地方落实“六保”任务,应对执行中的不确定因素。二是强化库款调度。对地方财政实行差异化资金调度,对困难地区予以适当支持。自 3 月 1 日至 6 月底,阶段性提高地方财政资金留用比例 5 个百分点,新增留用资金约 1100 亿元,对中西部地区和辽宁省延长执行到今年年底,再增加地方留用资金约 550 亿元,全部留给县级使用,有力保障基层财政平稳运行。三是加强地方“三保”监测预警。进一步完善县级工资发放监测预警机制,重点监测范围由 2019 年的 105 个县区扩大至 534 个。按日实施县级工资保障监测预警,定期实施地方基层财政库款保障情况通报,督促地方切实防范支付风险。四是层层压实责任。指导地方完善事前审核、事中监控、事后处置的“三保”预算管理工作机制。督促省级财政统筹中央转移支付和省级自有资金,加大财力下沉力度,对县级的转移支付规模只增不减。要求县级财政坚持按“三保”支出的优先顺序,做好预算安排和库款调度,切实兜牢“三保”支出底线。

此外,积极支持城乡区域协调发展。加强农村公共服务,推动加快农村基础设施建设,促进农民持续增收;深入推进新型城镇化,完善支持农业转移人口市民化财政政策;加大国家重大区域战略财税政策支持力度,促进革命老区、民族地区、边疆地区、贫困地区加快发展。

三、下一步财政重点工作安排

我们将认真贯彻落实党中央、国务院决策部署,坚持稳中求进工作总基调,坚持新发展理念,更好统筹疫情防控和经济社会发展工作,坚持以供给侧结构性改革为主线,坚持深化改革开放,牢牢把握扩大内需这个战略基点,大力保护和激发市场主体活力,扎实做好“六稳”工作,全面落实“六保”任务,推动经济高质量发展,维护社会稳定大局,努力完成全年经济社会发展目标任务。重点做好以下工作:

(一)财政政策要更加积极有为、注重实效。

巩固和拓展去年实施更大规模减税降费的成

效，不折不扣抓好今年新出台各项政策措施的落实，加强涉企收费监管力度，坚决制止各种乱收费，把该减的税减到位、该降的费降到位，使企业切实享受到政策红利。密切跟踪疫情态势和经济运行情况，加强减税降费信息共享，及时研究解决地方和企业反映的突出问题，进一步完善相关政策，更好促进经济平稳运行。加强资金使用监督，切实提高纾困政策落实的精准性、时效性，严格执行特殊转移支付机制，使新增财政资金“一竿子插到底”、迅速落地见效。统筹做好抗疫特别国债、一般国债、地方政府债券发行工作，合理安排期限结构和发行节奏，防范筹资风险和市场波动风险，保持财政库款平稳运行。保障好重点领域、重大项目资金需要，积极带动民间投资，有效支持补短板、惠民生、促消费、扩内需。加强政策协调，增强政策合力，强化督促指导和监督检查，以钉钉子精神推动各项政策落地见效。

（二）始终坚持艰苦奋斗、勤俭节约。

坚决落实政府过紧日子要求，节用裕民、俭以养德，把钱用在刀刃上，全力支持保就业保民生保市场主体。当好“铁公鸡”，打好“铁算盘”，厉行节约办一切事业。强化预算执行约束，严格执行人大批准的预算，严禁无预算、超预算支出，除疫情防控、应急救灾事项外，预算执行中一般不再追加预算。密切跟踪预算执行进展，按照能省则省的原则，将年底前可不再安排的支出节省下来。指导中央部门和地方完善公务支出管理制度，从严控制公务活动总量、开支范围和标准，加强财务报销审核和日常管理监督，严控会议差旅、咨询培训、论坛展会等经费。严格资产配置编制和标准，强化计划和审批管理。切实做到有保有压，把节省下来的宝贵资金用于支持重点建设和民生改善。

（三）持续强化地方政府债务管理。

推动各地严格落实地方政府债务预算管理相关规定和要求，主动接受人大对地方政府债务借、用、还的全过程监督。健全地方政府债务常态化监测机制，统一口径、统一监管，及时发现和处置潜在风险。严格专项债券项目合规性审核和风险把控，加快建立高质量的项目储备和前期准备、评估遴选等工作机制。升级完善地方政府债务管理信息系统，强化专项债券项目的全过程监控。督促地方按要求公开发行专项债券对应项目信息，促进形成市场化融资约束机制。指导地方将抗疫特别国债资金用于有一定资产收益保障的基础设施建设和抗疫相关支出。综合采取各类措施稳妥化解地方政府存量隐性债务，严禁搞虚假化债，绝不为解决短期问题而留下后遗症。落实好政府举债问责机制，严格按规定坚决查处、处理到人，形成有效震慑。

（四）加快推进财税体制改革。

认真贯彻实施预算法，自觉接受人大依法开展预算审查监督。落实好新修订的预算法实施条例。抓好生态环境、公共文化等领域中央与地方财政事权和支出责任划分改革方案的落实，扎实推进知识产权保护、基本养老保险等其他分领域改革，积极推动省以下政府财政事权和支出责任划分改革。落实实施更大规模减税降费后调整中央与地方收入划分改革推进方案。研究出台进一步深化预算管理制度改革的指导意见，坚决把党中央、国务院重大决策部署不折不扣落实到预算编制、执行、管理的全过程各方面。加快推进印花税法、增值税法、消费税法、关税法等立法工作，修订政府采购法律法规。按法定程序向全国人大常委会提交国有资产管理情况综合报告，专项报告企业国有资产（不含金融企业）管理情况。

（五）切实提高财政资金使用效益。

深入推进预算管理一体化系统建设，推动形成全国统一的预算管理规范和技术标准体系。加强财政资金管理，一笔一笔审批，全程跟踪监控，坚决防止项目一批了之、资金一拨了之，对违反财经纪律的严肃追究责任。加大存量资金盘活使用力度，多渠道增加可用财力，提高资金使用效率。抓好审计查出突出问题整改，防止问题重复发生。抓紧健全预算绩效管理制度体系，将绩效管理实质性嵌入到预算管理中。加强绩效评价结果应用，建立健全评价结果与预算调整、改进管理、完善政策挂钩机制，做到花钱必问效、无效要问责、低效多压减、有效多安排，使宝贵的财政资金发挥更大效益。

我们要更加紧密地团结在以习近平同志为核心的党中央周围，以习近平新时代中国特色社会主义思想为指导，增强“四个意识”、坚定“四个自信”、做到“两个维护”，认真贯彻党中央、国务院决策部署，按照十三届全国人大三次会议的有关决议要求和全国人大常委会的审议意见，迎难而上、真抓实干，扎实做好财政改革发展各项工作，积极发挥财政职能作用，做好“六稳”工作、落实“六保”任务，为实现“两个一百年”奋斗目标、实现中华民族伟大复兴的中国梦作出新的贡献。

对今年以来预算执行情况报告的意见和建议

8 月 9 日，十三届全国人大常委会第二十一次会议审议了国家发展和改革委员会主任何立峰受国务院委托作的关于今年以来国民经济和社会发展计划执行情况的报告、财政部部长刘昆受国务院委托作的关于今年以来预算执行情况的报告，共有 51 人次发言。现根据会议发言情况，将常委会组成人员和列席人员对预算执行情况报告的主要意见整理如下。

出席人员普遍认为，今年是全面建成小康社会决胜之年，也是实施“十三五”规划收官之年。在以习近平同志为核心的党中央坚强领导下，各地区各部门贯彻落实十三届全国人大三次会议关于预算的决议要求，坚持把人民生命安全和身体健康放在第一位，积极有效应对新冠肺炎疫情严重冲击，统筹疫情防控和经济社会发展工作取得重大成果。经济稳步恢复、结构持续优化，三大攻坚战扎实推进，改革开放继续深化，人民生活得到有力保障，预算执行情况总体良好。大家指出，当前经济形势仍然复杂严峻，不稳定性不确定性较大，下半年经济工作更加繁重，要坚持稳中求进工作总基调，坚持新发展理念，更好统筹疫情防控和经济社会发展工作，坚持以供给侧结构性改革为主线，坚持深化改革开放，扎实做好“六稳”工作，全面落实“六保”任务，确保宏观政策落地见效，推动经济高质量发展，维护社会稳定大局，努力完成全年经济社会发展目标任务。审议中，大家还提出了一些具体意见和建议。

一、加强预算执行和管理

有些出席人员提出，应坚定信心，认真执行十三届全国人大三次会议批准的中央预算，确保实现全年财政预算目标。有的出席人员提出，基层特别是经济欠发达地区基层“三保”支出和政府债务还本付息压力依然较大，建议指导和督促各地方政府树牢过紧日子的意识，对一般性支出可压尽压，对基本民生支出只增不减，对重点领域支出做到切实保障，同时大力盘活财政存量资金，对各类结余、沉淀资金做到应收尽收，重新安排。有的出席人员提出，落实中央关于政府过紧日子、人民过好日子的要求，必须全面实施预算绩效管理，进一步增强绩效意识，强化绩效责任，逐步将绩效管理覆盖所有财政资金，延伸到基层单位和资金使用终端。

有的出席人员认为，今年地方一般公共预算收入下降明显，财政收支矛盾较为突出。建议在坚持不改变用途、不挪用的原则下，适当增加地方在使用一般性转移支付资金方面的自主权和灵活性。有的出席人员提出，财政部将中央专项转移支付提前下达到了地方，但一些地方的市级部门和单位的项目支出预算执行进度仍低于预期，主要原因在于相关资金所涉及的具体用途或任务量尚未明确，无法实际执行。建议加强对各级财政预算执行的管理、指导和监督，积极协调相关部委尽早明确中央专项转移支付的具体用途或任务量，便于地方加快预算执行进度。

二、强化重点领域支出保障

有些出席人员提出，当前社会民生领域支出压力很大，特别是在西部省份，一方面企业经营困难、工作岗位减少、薪酬水平降低，相应导致财政收入和社保基金征缴收入大幅减少，另一方面教育、卫生、养老等民生保障的刚性支出呈现上升趋势，有的西部省份上半年财政 11 类民生支出占一般公共预算支出的 81.8%，最低生活保障、扶贫等支出分别增长了 13.4% 和 11.9%。在财政收入普遍趋紧的情况下，应进一步优化民生领域的支出结构，突出落实就业优先政策、公共卫生体系建设、打赢脱贫攻坚战等重点，加大普惠性、基础性、兜底性的民生建设投入。

有的出席人员建议，应针对疫情防控暴露出来的公共卫生领域存在的短板，加大财政投入力度：(1)强化对公共卫生服务机构和公立医院的财政支持，保障疾控中心等公共卫生队伍薪酬，提高人员待遇，全国疾控系统队伍约 18 万多人，每人每年增加 2 万元津贴，总体上增加 36 至 38 亿元资金就能有效稳定人才队伍；疫情期间公立医院常规医疗收入锐减，部分医院运营困难，应加大对公立医院财政支持力度，助其渡过难关；启动新一轮的重点专科建设，加强公立医院特别是地市级公立医院的感染、传染病、呼吸及危重症科室建设,加大疫苗药物和快速检测技术研发投入。(2)持续深化医保支付制度改革,总结疫情期间医疗保障有效经验,适应疫情防控常态化要求,完善重大疫情医疗救治费用保障机制,确保医疗机构先救治后收费,健全重大疫情医疗救治医保支付政策,完善异地就医直接结算制度,探索建立特殊群体、特定疾病医疗费豁免制度;统筹医疗保障资金和公共卫生服务资金使用,提高对基层医疗的支付比例。

有的出席人员提出,今年计划建设高标准农田1亿亩,中央财政的农田建设补助资金加上其他渠道相关资金总共超过800亿元,平均一亩补助800多元,但每亩高标准农田建设的实际成本超过3000元,地方财政、社会资本、农村集体经济组织投入难以弥补资金缺口。在中央和地方财力都很紧张的背景下,应对高标准农田建设资金保障问题进行深入调研,实事求是调整建设指标,确保投资建设的每一亩农田都实实在在达到高标准;发展农业社会化服务体系对推进农业现代化至关重要,建议对发展新型农业现代化服务体系、农村电子商务等给予更多财政支持。

有的出席人员提出,应当汲取以前实施积极财政政策导致产能过剩等问题的教训,加强对地方的指导,着重在补齐城市地下管网等基础设施短板上集中发力。有的出席人员认为,文化和旅游行业是此次疫情中受影响最严重的行业之一,目前出台的税费减免、返还质保金、贷款贴息等扶持政策作用比较有限。建议对文化和旅游行业予以适当财政补助和支持,帮助中小文化和旅游企业复工复产。

三、严格政府债务管理

有的出席人员提出,今年发行了1万亿抗疫特别国债,明确了相应的投资基建项目,建议适当扩大资金使用范围,推动尽快形成实物量,同时加强对抗疫特别国债使用管理,做到放权和问责相结合、监管全过程。有的出席人员提出,财政部加快下达了各地各批次新增专项债券额度,建议同时下达各地专项债券限额或新增专项债券限额,督促地方各级政府加强政府债务限额和余额管理,依法管好用好债券资金。有的出席人员认为,目前基层政府已经进入政府债务偿还高峰期,今年又受疫情影响,加剧了基层政府保运转的财政压力。建议国家层面出台政策,指导和支持地方做好政府债务偿还工作。

四、深化财税体制改革

有的出席人员认为,应深入推进中央和地方财政事权和支出责任划分改革,细化、规范共同财政事权转移支付管理制度,开展共同财政事权转移支付和专项转移支付定期评估,将评估结果作为清理整合、政策调整、预算安排的重要参考,及时调整完善专项资金管理办法。有的出席人员提出,从当前和今后一段时间看,财政收支整体上处于紧平衡状态,建议加快运用“零基预算”理念改进预算编制,更好根据实际需要来科学核定、分配资金,做到能增能减,有保有压。

有的出席人员建议,应着眼加大国民收入再分配调节力度,持续改善市场营商环境,进一步深化税收制度改革:(1)加快完善增值税税制,巩固减税降费成果,落实税收法定原则,及时提请全国人大常委会审议增值税法草案。(2)以有利于吸引人才和强化收入分配调节为导向,进一步完善综合与分类相结合的个人所得税改革,降低最高边际税率,简化税率分档,适度扩大征缴面。有的出席人员建议,加快房地产税立法步伐,研究出台遗产税和赠与税。

三、检查法律实施情况

全国人民代表大会常务委员会执法检查组关于检查《全国人民代表大会常务委员会关于全面禁止非法野生动物交易、革除滥食野生动物陋习、切实保障人民群众生命健康安全的决定》和《中华人民共和国野生动物保护法》实施情况的报告

——2020 年 8 月 10 日在第十三届全国人民代表大会常务委员会第二十一次会议上

全国人大常委会副委员长　沈跃跃

全国人民代表大会常务委员会：

为贯彻落实习近平总书记重要指示精神和党中央决策部署，按照全国人大常委会 2020 年度监督工作计划，今年 5 月至 7 月，全国人大常委会组织开展了《全国人民代表大会常务委员会关于全面禁止非法野生动物交易、革除滥食野生动物陋习、切实保障人民群众生命健康安全的决定》（以下简称《决定》）和《中华人民共和国野生动物保护法》执法检查。执法检查组由中共中央政治局常委、全国人大常委会委员长栗战书同志担任组长，中共中央政治局委员、全国人大常委会副委员长王晨同志和沈跃跃、丁仲礼副委员长，杨振武秘书长和环资委高虎城主任委员任副组长，成员有全国人大常委会委员、环资委委员、部分全国人大代表。采取执法检查组赴地方检查与委托省级人大常委会检查相结合的方式，对 31 个省（自治区、直辖市）实现执法检查"全覆盖"。

根据疫情防控要求，实地检查工作推迟，但执法检查工作节奏未变、力度未减，克服实际困难，力求取得实效。这次执法检查突出几个特点：一是把宣传贯彻习近平总书记关于强化公共卫生法治保障的重要指示精神和党中央决策部署贯穿于执法检查全过程，每到一处都积极宣讲，每个环节都切实遵循。二是坚持问题导向，针对法律实施中的重点难点问题，紧紧抓住野生动物食用、交易、运输、猎捕和人工繁育、栖息地保护等关键环节开展执法检查。三是广泛听取意见，深入执法单位、养殖场所了解真实情况，召开座谈会听取人大代表、专家学者和基层执法人员、企业代表意见建议。四是统筹开展监督工作与立法工作，将执法检查与修改完善野生动物保护法的立法调研紧密结合，综合考虑、合并开展、相互促进。五是根据疫情防控要求，创新工作方式方法，采取常规检查与随机抽查相结合、现场检查与委托检查相结合、网络调研与问卷调查相结合等多种方式，加强法律宣传普及，掌握法律实施情况，提升监督工作实效。

现将这次执法检查的主要情况报告如下：

一、《决定》和法律贯彻实施取得明显成效

各地区各部门深入贯彻落实习近平总书记关于强化公共卫生法治保障的重要指示要求和党中央决策部署，提高政治站位，强化责任担当，贯彻实施《决定》和野生动物保护法态度鲜明、行动迅速、成效明显。

（一）强化组织领导，坚决落实《决定》和野生动物保护法

《决定》出台以后，国务院相关部门迅速行动，积极组织专题学习、准确把握《决定》精神，坚决推进《决定》和野生动物保护法各项规定的贯彻实施。

国务院开展了野生动物保护相关法规专项清理。国家林业和草原局、农业农村部、交通运输部、海关总署、市场监管总局等部门结合自身职责，分别出台了贯彻落实《决定》的通知公告，停止受理以食用为目的的猎捕、经营陆生野生动物活动申请，严格依法规范非食用性利用野生动物活动审批，加强重点环节重点场所监管，整顿野生动物人工繁育和经营利用从业机构，坚决取缔非法野生动物交易市场，全面加强口岸野生动物疫情防控，严厉打击走私野生动物及其制品违法行为。公安部会同最高法、最高检、司法部研究制定了依法惩治非法野生动物交易犯罪的指导意见，指导各级公安机关严格执法。

各省（区、市）高度重视《决定》和野生动物保护法的贯彻实施，态度坚决、措施有力。党委、政府主要负责同志或专题研究、或作出指示批示，全面加强组织指导、严格依法推动野生动物保护工作。福建、江西、广东、广西、贵州、云南等省（区）积极配合全国人大常委会现场检查的同时，扎实开展本行政区域内的执法检查。广西壮族自治区党委书记、自治区人大常委会主任担任组长，动员部署执法检查。北京、山西、内蒙古、吉林、上海、安徽、西藏、新疆等25个省（区、市）通过实地检查和委托检查相结合的方式，对本行政区域各地市实现执法检查全覆盖，全面加大执法检查工作力度。江苏省委书记、省人大常委会主任担任组长，带队开展执法检查。河北、辽宁、浙江、江西、湖北、广东、贵州、云南、陕西、甘肃、宁夏等省（区）党委书记、人大常委会主任作出指示批示，指导开展执法检查工作。31个省级行政区结合当地实际，分别制定了地方革除滥食野生动物决定、野生动物保护管理条例或野生动物保护法实施办法等。山东、河南、海南、四川等十余个省（区、市）制定了野生动物保护法实施办法，黑龙江、湖南、重庆等十余个省（区、市）制定了野生动物保护条例、野生动物保护相关规定。《决定》出台以来，天津、福建、青海等7个省（区、市）制定了有关革除滥食野生动物陋习的决定，依法进一步加强野生动物管控，加大监督检查和责任追究力度。

（二）加强执法监管，有效遏制滥食及非法猎捕交易等行为

一是严格依法取缔和打击非法野生动物市场和贸易。《决定》第1条明确，凡《中华人民共和国野生动物保护法》和有关法律禁止猎捕、交易、运输、食用野生动物的，必须严格禁止。野生动物保护法第36条规定，建立防范、打击野生动物及其制品的走私和非法贸易的部门协调机制，开展防范、打击走私和非法贸易行动。国务院建立了由国家林业和草原局牵头、26个部门和单位参加的打击野生动植物非法贸易部际联席会议制度，省级层面建立了打击野生动植物非法贸易部门间联席会议制度，组织开展一系列保护执法专项行动，着力强化执法监管。严格执行虎和犀牛及其制品禁贸措施，全面停止商业性加工销售象牙及制品活动。林业和草原管理部门加大野外巡护看守力度，全面清除鸟网、猎套等非法猎捕工具。公安部部署开展“昆仑2020”专项行动，有效遏制涉野生动物犯罪活动。市场监管部门强化对农贸市场、超市等重点场所的监督检查，截至目前，全国检查经营场所2006万个次，停业整顿交易市场及经营户1.2万余家。积极发挥12315热线及平台作用，受理核查野生动物交易举报709件，立案207件。加大网络监测力度，监测电商平台463万个次，督促下架野生动物交易信息99万条。今年2月，市场监管总局、公安部、农业农村部、海关总署、国家林业和草原局五部门联合开展打击野生动物违规交易专项执法行动，截至目前，查办野生动物违规交易案件494件，查获野生动物及制品1.9万只、3297公斤，有力打击了野生动物非法交易行为。

二是依法有效遏制滥食野生动物陋习。《决定》第2条规定，全面禁止食用国家保护的“有重要生态、科学、社会价值的陆生野生动物”以及其他陆生野生动物，包括人工繁育、人工饲养的陆生野生动物。野生动物保护法第30条也对食用野生动物作出了限制性规定。5月底农业农村部公布了畜禽遗传资源目录，明确了可用于食用等商业利用的33个物种。国家林业和草原局对人工繁育陆生野生动物开展全面摸底排查，确定了人工繁育食用野生动物产业种类、从业人员、产值等，制定出台了妥善处置在养野生动物技术指南。各地区各部门从供给和需求双向发力，紧盯猎捕、出售、购买、运输、寄递和生产经营、消费等多环节，严查非法食用野生动物及其制品行为。市场监管等多部门联合执法，加强餐饮服务经营和网络订餐平台监管，对市场上摆卖食用野生动物的摊位、门店、野味餐馆等场所依法进行关闭、查封，对网络发布的食用野生动物交易信息依法予以清除。开展多渠道、多形式、多层次的宣传，大力倡导绿色文明健康的饮食观，坚决革除滥食野生动物陋习。

三是依法规范野生动物非食用性利用行为。

《决定》第 4 条规定，因科研、药用、展示等特殊情况，需要对野生动物进行非食用性利用的，应当按照国家有关规定实行严格审批和检疫检验。野生动物保护法第 25—29 条、第 34 条明确了野生动物科研、药用、展示等行为的有关规定。国务院相关部门出台了实验动物管理条例，加强麝、熊、赛加羚羊、穿山甲、稀有蛇类等资源保护及产品入药的通知，大熊猫国内借展管理规定等法规规章。今年以来，相关部门联合开展了养殖场清理整顿，隔离饲养繁育场所近 1.1 万个，加大了对野生动物观赏展演单位的监管力度，避免低俗广告、虐待性表演、违规经营野生动物产品等不当行为。

（三）夯实工作基础，落实野生动物保护法各项制度规定

一是法规制度体系逐步健全。国务院先后发布了陆生野生动物保护实施条例、水生野生动物保护实施条例、自然保护区条例、濒危野生动植物进出口管理条例、森林和野生动物类型自然保护区管理办法等野生动物保护管理的行政法规。最高法制定发布了审理破坏野生动物资源刑事案件具体应用法律若干问题的解释，最高法、最高检联合发布了关于办理走私刑事案件适用法律若干问题的解释等规范性文件。国家林业和草原局、农业农村部制定发布了国家重点保护野生动物驯养繁殖许可证管理办法、野生动物及其制品价值评估办法等一系列配套规章和规范性文件，公布了重点保护野生动物名录、畜禽遗传资源目录、人工繁育国家重点保护陆生野生动物名录、人工繁育国家重点保护水生野生动物名录、国家重点保护水生野生动物重要栖息地名录等系列管理名录目录，制定了陆生野生动物饲养场通用技术条件、毛皮野生动物驯养繁育利用技术管理暂行规定等技术标准。

二是分类分级保护制度基本落实。野生动物法第 10 条规定，国家对野生动物实行分类分级保护。国务院相关部门落实法律要求，制定出台了国家重点保护野生动物名录，将 454 种野生脊椎和无脊椎动物予以重点保护，其中国家一级保护 111 种，二级保护 343 种。国家林业和草原局公布了国家保护有益的或者有重要经济、科学研究价值的陆生野生动物名录，将 1591 种陆生野生脊椎和无脊椎动物纳入保护范围。各地也根据本地实际情况公布了地方重点保护野生动物名录。国家重点保护野生动物名录、国家保护有益的或者有重要经济、科学研究价值的陆生野生动物名录和地方重点保护野生动物名录各有侧重、互为补充，依法对野生动物实行分类分级保护。

三是野生动物栖息地保护制度基本落实。野生动物保护法第 11—13 条规定了开展野生动物及其栖息地调查、监测、评估，保护野生动物及其重要栖息地等内容。各级地方政府及其相关部门积极开展野生动物资源调查和野生动物专项调查，监测野生动物及其生存环境状况，掌握动态变化趋势。研究制定野生动物重要栖息地名录、划分标准及技术规范等相关制度及政策。目前全国共建立自然保护区等各类自然保护地 1.18 万处，批准 10 处国家公园开展试点，逐步建立起以国家公园为主体的自然保护地体系，为野生动物种群的生存和繁衍提供保障。在制定保护规划期间对野生动物栖息地、迁徙通道影响因素进行论证，对相关工程建设期间及后续运营中对野生动物的影响进行评价，努力维护野生动物生存环境。

四是疫源疫病监测防控制度基本落实。野生动物保护法第 16 条规定，相关部门应当按照职责分工对野生动物疫源疫病进行监测，组织开展预测、预报等工作。截至目前，在全国陆生野生动物主要分布区、集群活动区已建立 742 处国家级陆生野生动物疫源疫病监测站、1000 余处省级监测站和一大批市县级监测站，初步构建起陆生野生动物疫源疫病预警和监测体系。制定了陆生野生动物疫源疫病监测防控管理办法、突发陆生野生动物疫情应急预案等规章制度。采取巡护与监测相结合的方式，监测发现和处置 2192 起野生动物异常情况，有效控制了大熊猫犬瘟热、全球首起野鸟 H5N1 高致病性禽流感等突发野生动物疫情。

（四）强化宣传引导，提升保护野生动物法治意识

执法检查组在执法检查中推动《决定》和野生动物保护法的学习宣传贯彻，委托中宣部在学习强国平台开展专项答题，同时委托各省级人大常委会开展问卷调查。据统计，截至 7 月 6 日，约有 2756 万人次参与学习强国专项答题。通过答题，进一步推进各级党政机关工作人员和广大社会公众学习《决定》和法律重点条文规定，在全社会推动形成了《决定》和法律的学习宣传热潮。各级党委、政府及相关部门组织新闻媒体深入解读相关法律法规、加强以案说法以案普法、大力组织公益宣传等形式普及野生动物法律知识，阐释政府部门在保护野生动物中采取措施的法律依据，宣传单位和个人义务及违法责任，引导全社会正确理解、严格执行相关法律法规。社会公众自觉增强生态保护和公共安全

意识，全社会移风易俗，革除滥食野生动物陋习，科学健康文明生活的意识显著提升。

二、存在的主要问题

（一）食用性人工繁育野生动物产业转型转产问题较为突出

《决定》第3条规定，列入畜禽遗传资源目录的动物，属于家畜家禽，适用《中华人民共和国畜牧法》的规定。第7条规定，国务院和地方人民政府应当采取必要措施，为本决定的实施提供相应保障。有关地方人民政府应当支持、指导、帮助受影响的农户调整转变生产经营活动，根据实际情况给予一定补偿。《决定》公布实施以来，部分未列入畜禽遗传资源目录的野生动物养殖企业面临转型调整。多个地方反映，目前对于需要转型调整的养殖企业相关配套的补偿、处置、转产的政策措施尚未及时跟进和明确，很多养殖场处于“卖不得、杀不得、养不起”的尴尬局面，养殖户经济损失较大。地方反映，不能继续食用且难以转作他用的人工繁育动物物种主要涉及蛇类、雁鸭类、雉鸡类、竹鼠、豪猪、果子狸等六大类，涉及繁育场所约82818家（户）、从业人员约244358人、在养动物约为4391万只（条）、在养动物估值约112.6亿元、设施投资估值约74.3亿元。野生动物养殖产业从业人员多、产值大，且有很多产业是脱贫攻坚重点扶持项目，退出转产、处置补偿工作经济压力和脱贫压力都较大。

（二）法律规定的相关名录亟待调整完善

一是国家重点保护野生动物等相关名录调整滞后。野生动物保护法第10条规定，国家重点保护野生动物名录，由国务院野生动物保护主管部门组织科学评估后制定，并每五年根据评估情况确定对名录进行调整。“三有”陆生野生动物名录，由国务院野生动物保护主管部门组织科学评估后制定、调整并公布。现行国家重点保护野生动物名录自1989年1月14日发布以来，系统性整体调整工作滞后，不能适应现实需要。现行《国家保护有益的或者有重要经济、科学研究价值的陆生野生动物名录》于2000年发布实施，尚未及时作出调整。二是不同名录之间存在交叉。野生动物保护法第28条规定，对国家重点保护野生动物名录进行调整时，可以对有关人工繁育技术成熟稳定野生动物的人工种群，不再列入国家重点保护野生动物名录，实行与野外种群不同的管理措施。实际执行中有关名录、目录中存在物种交叉，一些人工繁育成熟的动物尚未及时从国家重点保护野生动物名录中移除，影响了制度的严肃性，不利于野生动物监督管理。地方重点保护野生动物名录与国家层面有关名录交叉，法律执行存在标准不统一问题。

（三）野生动物执法监管机制存在漏洞

一是监督管理机制不够健全。野生动物保护法第34条规定，县级以上人民政府其他有关部门，应当按照职责分工对野生动物及其制品出售、购买、利用、运输、寄递等活动进行监督检查。野生动物保护法第52条规定，进出口野生动物或者其制品的，由海关、公安机关、海洋执法部门依照法律、行政法规和国家有关规定处罚。检查发现，野生动物相关的规划制定、行政许可、检疫检验以及经营、交易、运输、物流、进出口等各环节的监管执法，分别由林业草原、渔业、动物防疫、进出口检疫、市场监管、交通运输、邮政、海关、公安等部门负责，实际工作中存在职能分散交叉、工作衔接不畅、信息共享不足等问题。二是执法能力不足。野生动物保护法第7条规定，国务院林业草原、渔业主管部门分别主管全国陆生、水生野生动物保护工作。县级以上地方人民政府林业草原、渔业主管部门分别主管本行政区域内陆生、水生野生动物保护工作。据统计，目前市县级层面独立设置林草机构的比例只分别占68%和47%，有一些市县未设立专职野生动物保护机构。基层林业、渔业执法部门执法人员少，专业技术水平不高，难以适应监管执法工作需要。另外，对野生动物及其制品的鉴定机构少，专业人员紧缺，执法中普遍面临鉴定难、成本高、时间长等问题。三是野生动物检疫检验存在短板。《决定》第4条规定，因科研、药用、展示等特殊情况，需要对野生动物进行非食用性利用的，应当按照国家有关规定实行严格审批和检疫检验。野生动物保护法第27、33、35、37条对出售、运输、携带、寄递、进出口野生动物及其制品的检疫作了相关规定。检查发现，野生动物检疫规程尚不完善，检疫监管职责不够明确。现行野生动物疫病检测主要参照家畜家禽现有动物疫病检测标准和检测方法，除《国家畜禽遗传资源目录》所列的家畜家禽外，只有犬、猫、蜜蜂和实验动物等有相应的检疫规程规定可供参照，采用现有家畜家禽动物疫病诊断试剂实施诊断，对于种类多、数量大的野生动物难以全面有效地实施检疫。

（四）野生动物栖息地保护管理有待加强

野生动物保护法第2章明确了保护野生动物栖

息地的要求。但陆生野生动物重要栖息地名录尚未发布。据第一次全国陆生野生动物资源调查表明，一些野生动物的栖息地受到不同程度的侵扰、破坏、污染、割裂，造成野生动物重要栖息地面积缩减、质量下降、功能衰退，已经成为导致野生动物资源减少和部分物种陷入濒危状态的重要因素。

（五）野生动物损害人身财产安全问题时有发生

野生动物保护法第 19 条规定，因保护野生动物造成人员伤亡、农作物或者其他财产损失的，由当地人民政府给予补偿。地方反映，一些地区野兔等部分野生动物种群数量增长过快，与家畜争占草场。一些地区出现亚洲象、野猪、狼、熊等伤害人畜现象，影响了群众人身安全和正常生产生活。野生动物补偿认定程序复杂，野生动物出没区域大部分是偏远落后地区，财政紧张导致资金难以落实，存在补偿打折扣现象。

（六）相关法律制度亟待修改完善

一是野生动物保护法应尽快修改。野生动物保护法第 2 条明确，本法规定保护的野生动物，是指珍贵、濒危陆生、水生野生动物和有重要生态、科学、社会价值的陆生野生动物。《决定》出台后，将禁止滥食范围拓展到所有陆生野生动物，对野生动物保护提出了更高要求。检查中多地反映，现行野生动物保护法以及配套的行政法规、地方性法规与新形势下野生动物保护的实际需要不相适应，野生动物保护法与传染病防治法、渔业法、动物防疫法、刑法等相关法律衔接不够，野生动物保护和管理缺乏防范公共卫生安全风险的理念和制度设计；野生动物保护范围过窄，仅包括国家和地方重点保护和“三有”野生动物；对偷猎盗猎、违法交易和滥食野生动物处罚力度不够；人工繁育许可证管理、动物疫源疫病管理制度不完善等，亟需作出修改完善。二是相关法规规章制度需要尽快完善。《决定》第 7 条规定，国务院及其有关部门和省、自治区、直辖市应当依据本决定和有关法律，制定、调整相关名录和配套规定。现行陆生野生动物保护实施条例、水生野生动物保护实施条例等配套法规制度制定时间较早，与《决定》和野生动物保护法有关规定存在不一致、不适应问题，需尽快完善。对于包括药用动物在内的野生动物养殖工作，缺乏规范管理和评估。野生动物及其制品利用专用标识使用管理规定不够健全，费用承担主体不明确，可追溯监管措施不足。野生动物基准价值标准目录和评估方法亟需修订。

三、意见和建议

各地各部门要以此次执法检查为契机，坚持问题导向，细化配套制度，加强普法宣传，改进执法方式，完善执法机制，严格依法推进野生动物保护管理工作。

（一）提高政治站位，推动《决定》和野生动物保护法全面深入贯彻实施

各级政府及相关部门要进一步深入学习贯彻习近平总书记关于强化公共卫生法治保障的重要指示精神和党中央决策部署，提高政治站位，强化担当意识，切实增强野生动物保护工作的责任感使命感。要牢固树立法治观念，将贯彻落实《决定》和野生动物保护法作为保障我国生态安全和人民群众生命健康安全的重要抓手，不断增强依法履职的自觉性紧迫性，切实筑牢公共卫生安全防线，牢牢守住生态安全底线。进一步加大野生动物保护知识和法律法规进学校、社区、农村、农贸市场、餐饮店的宣传教育力度，推动自觉保护野生动物成为社会的普遍共识，营造全社会尊法守法的法治氛围。积极开展生态环境保护和公共卫生安全宣传教育，贯彻落实人民至上、生命至上和生态文明理念，引导全社会自觉增强生态保护和公共卫生安全意识，坚决革除滥食野生动物陋习，推动建立“舌尖上的文明”，养成科学健康文明生活方式。

（二）积极采取措施，帮助养殖场户合法合规经营有序有效转产转型

一是进一步提高管理的科学化精细化水平，对各类养殖场户要客观具体分析对待，区别情况、稳妥处理，要认真研究制定帮扶措施，精准施策，引导、帮扶受影响的农户调整、转变生产经营活动，不要“一刀切”“一关了之”“一杀了之”。要从物种、检疫、资金、技术、信息、设施、保管、运输、加工利用、合理补偿等各环节、各渠道帮助解决实际问题。对属于禁养品种的要严格禁止继续养殖；对属于禁食范围但其设施可用作合法养殖其他动物的，要调整养殖结构，继续发挥养殖设施的作用；对现有养殖品种禁食后可合法合规开发利用的，要合理控制养殖规模；对禁食后停止养殖活动的，要积极支持、指导、帮助受影响的农户转产转业。对非食用性利用野生动物繁育企业，依法有序按程序办理，支持企业恢复正常经营活动。二是各地结合实际尽快研究出台以食用为目的的人工繁育野生动物退出补偿相关配套制度，明确补偿范围和标准，依法依

规妥善解决好受影响的养殖户的实际困难和问题。三是要加大投入力度，对符合条件的优先通过现有相关政策、项目、资金等渠道予以支持。对养殖集中的贫困地区和建档立卡户，做到“一户一策、因户施策”，采取多种形式帮助实现转产、发展替代产业，落实公益岗位等兜底保障措施，有序有效转产转型升级，特别是要保证贫困养殖户不减收不返贫。

（三）维护生态平衡，完善野生动物损害补偿制度

在保护野生动物的同时，要加强科学调查、监测和评估野生动物的种群、数量、生态平衡状况，建立科学完善的网格化监测体系和预警信息平台，强化监测预警，预防和控制亚洲象、野猪等野生动物对农作物、人畜等危害。采取有效措施，将野生动物尽可能稳定在栖息地内。对一些数量繁殖过快、影响生态平衡、威胁和伤害群众人身财产安全的有害野生动物进行合理猎捕。各地结合实际完善野生动物损害赔偿制度，合理确定野生动物损害补偿标准和程序，开展野生动物伤害赔偿保险业务，提高赔付标准，提升群众参与保护野生动物的积极性。

（四）完善配套制度，严格履行法律责任

一是严格落实法律关于定期调整公布相关名录目录的规定，尽快修改完善国家重点保护野生动物名录、“三有”陆生野生动物名录、地方重点保护野生动物名录等，妥善解决物种交叉管理问题。完善野生动物及其栖息地保护制度，制定出台陆生野生动物栖息地名录，加快推进以国家公园为主体的自然保护地建设，为野生动物构建生存环境良好的生态家园。牢固树立保护优先的绿色发展理念，在编制各类开发利用规划时，充分考虑野生动物野外种群及其栖息地保护的需要，为野生动物生存繁衍创造良好的自然生态系统。二是强化野生动物疫源疫病监测防控和检疫检验。组织开展重大野生动物疫病溯源和本底调查，加强野生动物疫病防控基础研究和应用研究，推进主动监测预警，增强现场快速诊断、处置能力，确保对疫情的及时发现和隔离封控。科学制定野生动物疫病防控检疫规定标准，强化野生动物人工繁育和利用环节的依法检疫要求，明确相关部门监管责任。三是完善野生动物及其制品标识等溯源管理制度。有效防范非法来源的野生动物及其制品混入流通市场。制定、完善药用野生动物利用的审批和检疫检验等规定，妥善处理好保护与利用的关系，引导规范繁育利用。完善野生动物价值评估体系，特别是野生动物制品价值评估办法，为打击相关违法犯罪行为提供依据。

（五）加强执法监管，建立野生动物保护长效机制

一是加快完善野生动物保护管理体制，进一步厘清部门职责分工，明确野生动物及其制品各环节的监管职责，管好管住野生动物“捕、运、售、购、食”全过程，避免出现职能交叉或监管空白的现象。充分发挥打击野生动植物非法贸易部际联席会议制度的作用，加强部门间信息交流和联合执法，实现市场、口岸、网络、物流等多环节有效监管。细化野生动物保护、兽医、卫生健康等主管部门在人畜共患病防治管理中的具体职责。明确实验用野生动物监管、网上交易监管的主责部门，完善违法线索发现与移交制度，强化执法协作机制。二是进一步压紧压实地方政府打击破坏野生动物资源违法犯罪综合治理主体责任，整合野生动物保护主管部门、公安、海关、市场监管、生态环境保护等执法司法资源，各负其责、各尽其职，形成打击野生动物及其制品非法贸易的整体合力。推动交通运输、邮政等部门进一步严格货物托运收寄受理环节要求，督促交通运输、快递企业落实货物托运收寄受理环节的各项制度规定，严防野生动物及其制品通过物流、快递渠道非法运输。建立查扣野生动物及其产品移交联系配合机制，确保查扣野生动物及其制品能够迅速鉴定、及时移交、科学救护、妥善处理。健全野生动物保护领域行政执法与刑事司法的衔接机制，将涉野生动物相关鉴定纳入司法鉴定范围并建立野生动物及其制品鉴定机制，野生动物及其制品罚没处置机制。加强公安机关、检察机关、审判机关在案件办理中的协作配合，充分发挥各级司法机关刑事、民事、行政和公益诉讼等各项职能，严惩违法犯罪行为，有效形成法律震慑。三是加强野生动物保护监管执法队伍建设和体系建设，着重强化基层保护、执法人员建设和调查、监测、巡护、救护站点等体系建设，提高执法监管能力和水平。加强基层野生动物保护人员配备和资金保障，确保执法力量与执法任务相适应。加强对执法人员的法治教育和专业化培训，提升野生动物保护和动物防疫人员的业务能力。加强对大数据、互联网等现代信息技术的开发利用，强化执法手段的技术支撑，重点支持基层执法能力升级。健全野生动植物种群及其栖息地基层保护管理及执法体系、救护繁育体系、疫源疫病监测防控体系、科技支撑体系，消除保护盲区，完善布局，增强保护能力，确保保护管理措施落到实处。完善信用惩戒机制，将有关违法行为作为失信行为纳入公民、组织的诚信档案和公共信用信息平台。建立完善激励机制和政策，充分发挥社会力量在保护、救助、鉴定等方面的作用。

（六）落实《决定》精神，修改完善好野生动物保护相关法律法规

一是认真贯彻落实全国人大常委会《决定》精神，修改完善好野生动物保护法，不断完善制度体系，让野生动物保护法律法规制度更具操作性、规范性和约束性。在立法目的、基本原则中增加防范公共卫生风险的内容。着重强化对野生动物的分级分类管理，全面加强野生动物保护和管理。健全执法管理体制及职责，强化地方政府责任、明确部门职责，坚决革除野生动物滥食陋习，明确规定严禁滥食野生动物。坚决取缔、严厉打击非法野生动物市场和贸易，强化对猎捕、运输、交易野生动物的全链条监督管理。加大对违法行为的处罚力度，增加处罚额度，扩大处罚种类，明确相关执法监管部门查封扣押的职责等。野生动物保护法修改中注重与传染病防治法、渔业法、动物防疫法等相关法律衔接协调。二是加强涉及野生动物违法行为的规制，在刑法修正案中，进一步明确对情节严重的野生动物违法行为的处罚。对野生动物及其制品非法交易行为，与食品安全法、电子商务法等法律法规衔接，明确责令停业整顿、暂扣或者吊销许可证、关闭网站等处罚方式。对实施违法行为的单位和个人，根据危害程度，纳入公共信用信息管理，建立联合惩戒机制。明确对违法将野生动物作为宠物饲养、违法放生野生动物等行为的处罚。三是修改完善陆生野生动物保护实施条例、水生野生动物保护实施条例等法规规章，出台药用野生动物养殖标准规范，完善陆生和水生野生动物及其制品标识管理规定、罚没救护处置办法、野生动物及其制品价值评估办法等。及时修改相关地方性法规政策，进一步研究出台野生动物损害补偿标准，落实养殖户补偿措施。

同志们，保护野生动物就是保护生态环境，就是保护人类自身。我们要紧密团结在以习近平同志为核心的党中央周围，以习近平生态文明思想为指引和遵循，深入贯彻落实习近平总书记关于强化公共卫生法治保障的重要指示要求、党中央决策部署和十三届全国人大三次会议精神，坚决依法保护野生动物，取缔和严厉打击非法野生动物市场和贸易，革除滥食野生动物陋习，积极倡导科学健康文明的生活方式，防范重大公共卫生风险，切实保障人民群众生命健康安全。

以上报告，请审议。

在全国人大常委会有关决定和野生动物保护法执法检查座谈会上的讲话

（2020 年 7 月 13 日　广西南宁）

栗战书

这次我们到广西来主要是检查全国人大常委会有关决定和野生动物保护法实施情况。昨天下午，检查组看了北部湾港务集团、新竹社区代表联络站、花鸟宠物交易市场，检查了解了一些情况，接下来还要去崇左、百色等地检查。

广西是我国生物多样性最为丰富的省区之一，陆生野生脊椎动物物种数量居全国第三位。其中，国家重点保护的 172 种，还有 48 种国家重点保护的水生野生动物，不少是广西特有的国家一级保护动物。自治区高度重视野生动物保护工作，认真执行野生动物保护法律法规，加快推进地方立法，开展专项整治行动，建立疫源疫病监测防控体系，推进濒危野生动物拯救和人工繁育，取得了积极成效。同时也要看到，野生动物保护形势依然严峻，任务十分艰巨。要进一步加大法律实施和普及力度，依法开展野生动物保护工作，全面禁止非法野生动物交易，坚决革除滥食野生动物陋习，切实保障人民群众生命健康安全，促进人与自然和谐共生。

第一，要认真学习领会习近平总书记关于野生动物保护的重要论述和指示要求，全面贯彻落实习近平生态文明思想

习近平总书记、党中央高度重视野生动物保护事业。习近平总书记亲自关心和推动大熊猫、东北虎、雪豹等珍稀濒危野生动物保护工作，研究部署国家公园和自然保护地体系建设。总书记指出，野生动物是地球上所有生命和自然生态体系重要组成部分，它们的生存状况同人类可持续发展息息相

关;要求遵循自然规律,加强野生动物栖息地整体保护、系统修复,推进野生动物保护科技攻关、人才培养和国际合作,促进野生种群繁衍复壮,保护自然生态系统的原真性和完整性,给子孙后代留下自然遗产。新冠肺炎疫情发生以来,习近平总书记先后6次对完善和实施野生动物保护法、依法保护野生动物作出重要指示批示,强调食用野生动物风险很大,"野味产业"依然规模庞大,对公共卫生安全构成了重大隐患;要求坚决取缔和严厉打击非法野生动物市场和贸易,革除食用野生动物的陋习,提倡文明健康、绿色环保的生活方式。

习近平总书记的重要论述和指示要求,有的是从保护生物多样性、维护生态安全、推进生态文明建设的角度提出的,有的是从控制重大公共卫生风险、为了人民的生命健康安全未雨绸缪、防微杜渐的角度提出的,贯穿其中的是人民至上、生命至上、大卫生大健康、天人合一、敬畏自然、尊重自然等重要思想、重要理念,充分展现了把人民群众健康安全放在第一位的政治担当,充分展现了坚持人与自然和谐共生的科学精神,充分展现了为全局计、为万世谋、确保中华民族永续发展的战略眼光。这些重要论述和指示要求,从全局和战略的高度,为加强野生动物保护和生态文明建设提供了科学遵循和行动指南。我们要深入学习领会习近平生态文明思想,准确把握习近平总书记关于野生动物保护的重要论述和指示要求,自觉贯彻到立法、执法、司法实践中,以实际行动做好野生动物保护工作。

第二,要全面贯彻实施"一决定一法",认真总结评估野生动物保护法,进一步完善野生动物保护法治保障

野生动物保护法是1988年制定的,先后经过2004年、2009年、2016年、2018年四次修改,其中2016年是一次比较全面的修订,确立了保护优先、规范利用、严格监管的原则,完善了对野生动物的保护措施和监督管理制度。今年2月常委会作出有关决定,聚焦野生动物保护的突出问题,扩大法律保护范围,全面禁止食用野生动物和非法野生动物交易,加重对违法行为的处罚力度。法律是党的主张和人民意志的集中统一,是治国理政最大的规矩,是社会共同遵守的最大公约数。开展野生动物保护工作,要增强法律意识,运用法治方式,把全国人大常委会有关决定和野生动物保护法学习好、宣传好、贯彻好、实施好。野生动物及其栖息地保护的工作任务主要在地方,地方的责任很大、担子很重。除了"一决定一法",还要实施好环境保护法、森林法、草原法等相关法律,一个条款一个条款对照落实,切实把法律制度的引领、规范、保障作用发挥出来,使法律制度成为人与自然共同的守护神。

这次执法检查的另一个重要任务是评估野生动物保护法,为修法工作提供依据。十三届全国人大三次会议期间,全国人大代表就修改野生动物保护法、加强野生动物保护提出了30件议案、52件建议。全国人大常委会已将修改野生动物保护法列入专项立法计划,由全国人大环资委牵头,成立了工作专班。广西在野生动物保护立法方面有不少成果,自治区人大先后制定了陆生野生动物保护管理规定、水生野生动物保护管理规定、森林和野生动物类型自然保护区管理条例、湿地保护条例等4件地方性法规,目前正在审议野生动物保护条例草案。全国人大常委会将认真听取大家的意见建议,吸收借鉴地方的有益经验做法,把野生动物保护法修改好完善好。

第三,政府及有关部门、有关方面要认真履行法定职责,把决定和法律规定的制度措施落实到位

"一决定一法"对野生动物保护及相关活动作出了系统全面的规定,明确了政府及有关部门、有关方面的责任义务,确立了一整套保护和管理的制度措施。要全面有效实施法律,特别是针对野生动物保护中存在的突出问题,重点抓好法定职责、重要制度、关键措施的落实。

一是要依法取缔和打击非法野生动物市场和贸易,坚决革除滥食野生动物陋习。全国人大常委会有关决定全面禁止以食用为目的猎捕、交易、运输在野外自然环境生长繁殖的陆生野生动物。这是贯彻落实党中央重大决策部署,从国家和人民的长远利益、根本利益出发,划定的一条红线,必须严格执行,切实遵守,建立"舌尖上的文明"。近年来,广西开展了"国门利剑"、"绿网·飓风"等23个专项行动,对非法野生动物交易和食用起到了极大的震慑作用。今后,对猎捕、杀害、买卖、走私野生动物违法犯罪活动的打击力度只能加强不能减弱,斩断非法利益链,管住野生动物"捕、运、售、购、食"的全过程。

农业农村部根据决定要求及时出台了国家畜禽遗传资源目录,列入目录的动物属于家畜家禽,按照畜牧法规定管理。国家林草局印发了通知,指导有关地方稳妥做好禁食野生动物的后续工作。广西也出台了意见,提出了综合利用、转产转型、科学放生、种源留存、无害化处理等处置方式,明确了12类养殖动物的补偿标准。这项工作关系群众切身利益,一定要做实做细做好。凡“一决定一法”和其他有关法律禁止的侵害野生动物的行为活动,必须严格禁止、依法打击。在决定颁布实施前,有一些以食用为目的并经有关部门审核许可的人工繁育、饲养野生动物的场户,有的规模还比较大,有的已成为当地脱贫的重点项目,现在不能以食用为目的进行养殖了。对这类养殖场户,要客观、具体分析对待,属于禁养品种的要禁止继续养殖;有些要改为其他国家允许人工养殖的品种进行养殖;有的现有养殖品种被禁食后,可作其他国家允许的开发利用。总之,要区别情况,稳妥处理,不要“一刀切”、“一关了之”、“一杀了之”。要从物种、检疫、资金、技术、信息、设施、保管、运输、加工利用、合理补偿等各环节、各渠道帮助解决实际问题,使这些养殖场户依法合规经营、有序有效转产转型升级,特别是要保证贫困养殖户不减收不返贫。

*二是要规范野生动物人工繁育和利用,确保在法治轨道上健康有序发展。*决定和法律规定,因科研、药用、展示等特殊情况,可以对野生动物进行非食用性利用,利用应当以人工繁育种群为主,实行严格的审批和检疫检验制度。广西野生动物人工繁育规模较大,全区繁育单位和养殖户有2.1万个,养殖重点保护野生动物的2100多家。要及时制定、完善相关审批和检疫检验规定,严格限定用途,依法加强监管,防范和整治伪造、买卖、租借人工繁育许可证、专用标识和检疫证明等违法行为,确保野生动物人工繁育和利用合法合规进行,做到有利于物种保护,有利于科技进步,有利于群众生活。

*三是要健全野生动物管理体制,强化监管和执法能力。*决定和法律明确要求,各级政府及有关部门健全执法管理体制,明确执法责任主体,落实执法管理责任,加强协调配合。目前,野生动物相关的规划制定、行政许可、检疫检验以及经营、交易、运输、物流、进出口等各环节的监管执法,分由林业草原、渔业、动物防疫、进出口检疫、市场监管、交通运输、邮政、海关、公安等部门负责。要发挥好国家林草局牵头、25个部门参与的“打击野生动植物非法贸易部际联席会议制度”的作用,加强部门间联动、上下级联动,形成职责明确、配合密切、监管严密、执法有力的全链条管理体制。

近年来,野生动物非法交易越来越多通过网络平台进行,隐秘性强,查办难度大。广西利用信息技术对电商平台进行监测,及时切断销售野生动物及其制品的网络链接,要认真研究总结这些好经验好做法,为国家立法和执法提供广西经验。

广西是边境省份,野生动物走私活动比较活跃,也很难管理。在加强境内执法的同时,要积极配合有关部门,与野生动物及其制品的来源国、中转国、目的国以及有关国际组织开展合作,共同打击跨国非法野生动物贸易。

*四是要加强野生动物栖息地保护和建设,为野生动物生存繁衍创造良好的空间环境。*我国先后建立了2700多个自然保护区,使大部分野生动物种群及其栖息地得到有效保护。目前,国家正在探索建立以国家公园为主体、自然保护区为基础、各类自然公园为补充的自然保护地体系。广西有自然保护地224处,总面积达220多万公顷,保护了广西90%以上的物种。要按照党中央部署要求和法律相关规定,推进各级各类自然保护地整合优化、规范管理,不断巩固和改善栖息地的环境质量。

*五是要加强宣传普及和教育引导,推动全社会保护野生动物。*法律出台以后,一方面要加强法律实施的监督,保证法律规定落到实处;另一方面要大力宣传普及法律,形成尊法、学法、守法、用法的良好氛围。决定和法律明确规定,任何组织和个人都有保护野生动物及其栖息地的义务,都有举报、控告违法行为的权利,鼓励参与野生动物保护活动、支持野生动物保护公益事业,要求政府、学校、社会组织、新闻媒体积极开展宣传教育。广西依托环保世纪行等活动和世界环境日、国际生物多样性日等节日,对野生动物保护相关的法律法规和科学知识进行了广泛宣传。全国人大常委会有关决定出台后,广西建立宣传教育工作组,制定工作方案,积极宣传解读,及时回应关切,为决定实施营造了良好社会环境。

在全国范围内,追求“野味”的畸形消费仍有一定市场,还有虐待杀害动物并通过网络空间恶意传播的现象。有需求就有市场,有市场就有非法捕杀。要通过法律意识的增强、法律知识的普及推动移风易俗,使保护野生动物的观念深入人心,自觉抵制、主动举报非法野生动物食品和制品,养成科学健康文明的生活方式。

依法全面禁止食用和非法交易野生动物树立科学健康绿色环保文明风尚

——在江西省“一决定一法”实施情况座谈会上的讲话

(2020年7月13日)

王　晨

同志们：

开展《全国人民代表大会常务委员会关于全面禁止非法野生动物交易、革除滥食野生动物陋习、切实保障人民群众生命健康安全的决定》(以下简称《决定》)和野生动物保护法执法检查(以下简称“一决定一法”),是全国人大常委会贯彻落实党中央决策部署的具体举措,也是今年全国人大常委会第一项执法检查。全国人大常委会高度重视,栗战书委员长亲自担任执法检查组组长,对做好执法检查工作提出明确要求。刚才,王洪尧同志代表执法检查组介绍了这次执法检查的主要任务和有关要求。江西省委、省人大、省政府高度重视此次执法检查,刘奇书记主持今天的会议,陈小平副省长代表省政府全面介绍了贯彻实施“一决定一法”的有关情况,有关部门结合工作职责作了很好的发言,既讲工作成绩和进展,也谈到在法律实施中存在的困难和问题,有针对性地提出了意见建议。这对我们开展好这次执法检查工作很有帮助,执法检查组将认真梳理研究。下面,我结合同志们的发言,就深入贯彻实施“一决定一法”、做好这次执法检查工作讲三点意见。

一、坚决贯彻落实习近平总书记重要指示和党中央决策部署,切实维护人民群众的生命安全和身体健康,推动人与自然和谐共生

习近平总书记强调指出,确保人民群众生命安全和身体健康,是我们党治国理政的一项重大任务。今年以来,习近平总书记多次就加强疫情防控、强化公共卫生法治保障发表重要讲话、作出重要指示,其中涉及野生动物保护的就有好几次:1月27日,习近平总书记作出重要批示,深刻指出非法交易、滥食野生动物的突出问题及对公共卫生安全构成的重大隐患,明确提出坚决取缔和严厉打击非法野生动物市场和贸易、革除滥食野生动物的陋习等要求。2月3日,习近平总书记在主持中央政治局常委会会议研究应对新冠肺炎疫情工作时,再次明确指出食用野生动物风险很大,但“野味产业”依然规模庞大,对公共卫生安全构成了重大隐患,再也不能无动于衷了!2月5日,在中央全面依法治国委员会第三次会议上要求严格执行野生动物保护法,依法实施疫情防控及应急处理措施。2月14日,在中央全面深化改革委员会第十二次会议上要求全面加强和完善公共卫生领域法律法规建设,认真评估有关法律法规的修改完善。3月2日,在北京考察新冠肺炎防控科研攻关工作时要求坚决杜绝食用野生动物的陋习,提倡文明健康、绿色环保的生活方式。6月2日,在主持专家学者座谈会时强调要构建起强大的公共卫生体系,为维护人民健康提供有力保障。我们系统梳理学习习总书记重要指示精神,就是要把思想统一到党中央决策部署上来,坚决做到“两个维护”,强化责任担当,不折不扣抓好党中央决策部署的落实。

在卫生健康领域,有研究表明超过70%的新发传染病来源于动物。14世纪席卷整个欧洲的“黑死病”,1918年到1919年的“西班牙流感”,近些年的“非典”、禽流感、中东呼吸综合征等,都与野生动物有关。这次新冠肺炎疫情的源头尚未确定,但一些科学家认为很可能也是野生动物。我们开展这次执法检查,并不是说病毒就一定来自野生动物,而是从人类的传染病史中吸取教训、举一反三,是为了人民的生命健康安全未雨绸缪、防微杜渐。

坚持人与自然和谐共生是习近平生态文明思想的重要内容。我国是野生动物种类最丰富的国家之一,有7300多种脊椎动物,占世界脊椎动物种类的10%以上,还有数量庞大的无脊椎动物,大熊猫、金丝猴、朱鹮等上百种珍贵、濒危野生动物是我

国特有的物种。近年来，我国野生动物保护工作取得了很大成效，同时也要看到，保护形势依然十分严峻。一些野生动物重要栖息地面临蚕食、割裂、污染等威胁，乱捕滥猎滥食和非法交易野生动物案件时有发生。人与自然是生命共同体，保护野生动物就是保护生态环境，就是保护人类自身。我们要深入学习贯彻习近平生态文明思想，严格贯彻实施"一决定一法"，依法全面禁止食用和非法交易野生动物，管源治本维护人民群众生命健康，守护公共卫生安全，引导全社会形成"敬畏自然、尊重生命"的观念，维护生态安全和生物多样性，推动建立人与自然和谐共处的美丽家园。

这里再讲一下全国人大常委会为什么要制定《决定》。刚才说到我国有 7300 多种脊椎动物，其中列入国家重点保护野生动物名录禁止食用的仅有 406 种。对于"三有"野生动物和其他非保护类陆生野生动物，数量很大，此前是没有明确规定禁止食用的，这就成为了威胁人民群众生命健康的一个风险点。在实践中，一些动物很难区分到底是野外生长还是人工驯养的，工作中也缺乏相关的明确标准，这就为一些欺骗消费者和规避监管的行为提供了条件，造成了市场鱼目混珠的乱象。根据上述情况，我们这次调整立法思路，通过《决定》全面禁止食用野生动物，同时规定列入国家畜禽遗传资源目录的动物属于家畜家禽，大部分是可以食用的品种，这个目录是动态调整的。这样一来，除列入国家畜禽遗传资源目录的动物和鱼类等水生野生动物外，其他野生动物全部被禁止食用。我国历史上一直有食用野生动物的习俗，应该说《决定》的出台是一场移风易俗的深刻革命，对于革除滥食野生动物陋习具有重要的标志性意义，有学者评价为"文明进了一大步"。

二、突出重点，认真贯彻实施《决定》和野生动物保护法

习近平总书记在江西考察时提出"要加快构建生态文明体系，做好治山理水、显山露水的文章，打造美丽中国'江西样板'"的要求。党的十八大以来，江西以习近平新时代中国特色社会主义思想为指导，深入贯彻落实习近平生态文明思想和总书记考察江西重要讲话精神，不断加强生态文明建设，协同推进生态高水平保护和经济高质量发展，推动国家生态文明试验区建设取得重要成果，在打造美丽中国"江西样板"上迈出坚实步伐。江西省委、省人大、省政府高度重视生态环境保护工作，在全国率先成立了由省委书记、省长为"双主任"的省生态环境保护委员会，以上率下构建生态环保大格局。今年 2 月，全国人大常委会出台《决定》后，省委书记刘奇同志第一时间就贯彻落实《决定》作出指示，并开展专题调研；省人大及时传达学习，出台具体措施，并在全国率先开展对《决定》贯彻实施情况的执法检查；省政府召开专题会议，研究部署全面禁止非法交易和滥食野生动物工作，及时出台《江西省全面禁止非法交易和食用野生动物办法》，有力推动了《决定》的贯彻实施。可以说，全省上下高度重视贯彻实施"一决定一法"，态度坚决，行动迅速，严肃查处了一批涉及野生动物的违法犯罪案件，妥善回应了养殖户的合理诉求，帮助他们转产转型，落实帮扶补偿政策，注重从源头化解矛盾，法律的贯彻实施取得良好效果。

江西是生态大省，森林覆盖率达 63.1%，野生动物物种多样性丰富，建立了 190 个自然保护区、182 个森林公园、99 个湿地公园，数量居全国前列。绿色生态是江西最大财富、最大优势、最大品牌。要以对人民群众生命健康安全高度负责的态度，进一步将"一决定一法"落实到位，切实筑牢公共卫生安全防线、牢牢守住生态安全底线，为打造美丽中国"江西样板"奠定坚实的基础。

一是坚决革除滥食野生动物陋习。长期以来，一些地方"野味产业"规模庞大，一些人以吃野生动物满足虚荣心，有猎奇、炫耀的畸形消费之风。《决定》聚焦滥食野生动物的突出问题，将禁食范围拓展到所有陆生野生动物，划定了禁食野生动物的红线，是保障人民群众生命健康安全的根本性整体性利益的重要制度。通过这次执法检查，要推动这项制度落到实处、深入人心，坚决革除滥食野生动物的陋习，倡导树立"舌尖上的文明"，实现野生动物"应保尽保、应禁全禁"。5 月 29 日，农业农村部正式公布了国家畜禽遗传资源目录，未列入目录的野生动物养殖户面临产业转型、存栏处理等问题。江西人工繁育企业数量较多，涉及到蛇、雁鸭、竹鼠、豪猪、果子狸等养殖业，产值规模较大。《决定》明确要求，有关地方政府要支持、指导、帮助受影响的农户调整、转变生产经营活动，根据实际情况给予一定补偿。江西省政府在全国率先出台《在养禁食人工繁育陆生野生动物的处置意见》，鼓励养殖户在扶持资金到位前，先行处置在养野生动物，以减少损失、及时止损、转产转型，这是对群众诉求的及时回应。下一步，要妥善处理好这个问题，国务院

有关部门也要加强指导和支持，地方政府要明确具体的补偿标准，及时补偿到位，严格防范发生危及生态安全和公共卫生安全的问题。

二是彻底斩断非法利益链条。《决定》在禁食野生动物的同时，全面禁止以食用为目的的捕猎、交易、运输在野外自然环境生长繁殖的陆生野生动物。野生动物保护法明确规定，禁止猎捕、杀害国家重点保护野生动物，禁止出售、购买、利用国家重点保护野生动物及其制品。多年来，非法猎捕、杀害、买卖、走私野生动物的行为在一些地方屡禁不止，有的非法行为和活动相当猖獗，滋生大量犯罪行为。如果不全面加以管控，全面禁止食用野生动物就将落空。江西鄱阳湖是重要的候鸟繁殖地和越冬地，是国际知名的“候鸟王国”，非法猎捕交易野生动物违法案件过去时有发生。对于这些问题，要坚持“捕、运、售、购、食”全过程管控，彻底斩断这条非法利益链，严肃查处违法行为，严格追究法律责任。

三是切实加强对非食用性利用野生动物的全链条监管。根据《决定》和野生动物保护法的规定，因科研、药用、展示等特殊情况，可以对野生动物进行非食用性利用，利用应当以人工繁育种群为主，实行严格的审批和检疫检验制度。近年来，我国野生动物人工繁育和利用依法得到规范和发展，但也存在违法野蛮利用的问题。比如，借科学研究、物种保护等名义对野生动物进行商业化经营利用，伪造、买卖、租借人工繁育许可证、专用标识和检疫证明等。有关部门要及时制定、完善野生动物非食用性利用的审批和检疫检验规定，严格限定利用范围，依法加强监督管理，确保人工繁育和利用野生动物在法治轨道上有序良性发展。

四是严格保护野生动物栖息地。保护野生动物栖息地是保护野生动物、维护其种群生存繁衍最基本的要求。野生动物保护法对野生动物栖息地以及相关自然保护区的划定和管理建立了一整套制度。我国先后建立了2700多个自然保护区，使大部分野生动物种群及其栖息地得到有效保护。江西在这方面也走在全国前列。但从全国情况看，一些重要野生动物栖息地面临蚕食、割裂、污染等威胁。下一步，要按照党中央部署要求，推动建立以国家公园为主体、自然保护区为基础、各类自然公园为补充的自然保护地体系，依法遏制对栖息地的侵占破坏，不断改善栖息地的环境质量，为野生动物生存繁衍创造良好的自然生态系统。

五是不断完善野生动物保护法律制度体系。野生动物保护法是公共卫生法治保障体系的重要组成部分，全国人大常委会已将这部法律修改作为一类项目列入专项立法计划，成立了专班，正在抓紧工作。这次执法检查不但要立足野生动物保护法本身，而且要从法律体系的角度，深入查找法律本身的问题、实施中的问题、与相关法律不衔接不一致的问题，全面评估野生动物保护法，推动法律制度健全完善、协调统一，筑牢公共卫生法治防线。希望江西同志结合自身实际对法律修改问题提出意见建议。同时，野生动物保护法也规定了国务院及有关部门和地方需要制定的配套法规和保护名录，要按照法律要求进一步强化地方立法，让野生动物保护法律法规制度更具操作性、规范性和约束性。

三、精心组织，扎实做好人大执法检查工作

一是紧扣法律规定开展检查。这次执法检查要紧扣“法律”二字，以《决定》精神和法律规定为依据准绳，认真对照《决定》要求和法律条款开展检查，真正把各项法律制度规定变为实际行动，把法律规定的各项措施要求落到实处，运用法律武器保护野生动物，促进人与自然和谐共生。

二是坚持问题导向，摸清真实情况。执法检查既要了解《决定》和法律实施的全面情况，又要善于抓住影响法律实施的突出问题和典型案例，不回避、不遮掩，真正形成监督压力。通过执法检查，摸清实际情况，推动各地举一反三、立行立改，检查组也会把各方面关注的难点问题和提出的意见建议带回去，对共性的问题进行深入研究、推动解决。

三是加强宣传普及和教育引导。要利用执法检查契机，采用多种方式，宣传普及革除滥食野生动物陋习和保护野生动物对于保障人民群众生命健康安全的重大意义，推动全社会自觉抵制滥食野生动物，自觉与野生动物保持安全距离，树立科学健康、绿色环保的文明风尚。同时，要妥善回应利益受损群体的诉求，加强思想引导，从源头化解矛盾。

四是持续改进作风。坚决落实中央八项规定及其实施细则精神，轻车简从、严格自律、简化形式、注重实效，坚决杜绝形式主义、官僚主义。要深入基层、深入群众、深入实际，多听取地方同志、人大代表和群众的意见，了解实情、听取呼声。要加强疫情防控，落实常态化疫情防控措施，确保检查安全有序。

对检查全国人大常委会关于全面禁止非法野生动物交易、革除滥食野生动物陋习、切实保障人民群众生命健康安全的决定和野生动物保护法实施情况报告的意见和建议

8 月 10 日，十三届全国人大常委会第二十一次会议审议了全国人大常委会副委员长沈跃跃作的全国人大常委会执法检查组关于检查全国人大常委会关于全面禁止非法野生动物交易、革除滥食野生动物陋习、切实保障人民群众生命健康安全的决定和野生动物保护法实施情况的报告，共有 37 人次发言。现根据会议发言情况，将常委会组成人员和列席人员的主要意见整理如下。

出席人员普遍认为，全国人大常委会深入贯彻落实习近平总书记关于强化公共卫生法治保障的重要指示精神和党中央决策部署，对“一决定一法”实施情况开展全覆盖检查，充分体现了以人民为中心的发展思想，体现了在法治轨道上推进野生动物保护的工作思路。各地区各部门认真贯彻实施决定和野生动物保护法，有效遏制滥食及非法捕猎交易等行为，各项制度得到较好落实，工作成效明显。大家认为，执法检查报告紧扣决定和法律条文，坚持问题导向，总结工作全面客观，分析问题深入透彻，意见建议精准对症，是一个观点鲜明、重点突出、求真务实的好报告，希望国务院及有关方面认真研究处理。大家强调，要深入学习贯彻习近平生态文明思想，依法保护野生动物及其栖息地，坚决打击非法野生动物市场和贸易，革除滥食野生动物陋习，指导帮助养殖场户有序有效转产转型，形成科学健康文明的生活方式，促进人与自然和谐共生。审议中，大家还提出了一些具体的意见建议。

一、积极推动养殖场户转产转型

许多出席人员指出，目前，哪些野生动物能养、哪些不能养的具体规定仍不够清晰，帮扶养殖企业转产转型政策还不够明确。建议国务院有关部门抓紧研究出台有关野生动物养殖的具体政策，指导地方做好养殖场户转产转型工作，最大限度减少养殖场户经济损失，保证靠“养殖脱贫”的群众不减收、不返贫。养殖场户反映补偿不足，转产转型有难度。按照《决定》精神和法律规定，对养殖场户转产转型应该给予补偿的，要多措并举、加大力度，确保补偿到位。有的出席人员指出，部分养殖户考虑把养殖野生动物转为药用，但相关生物制品标准和管理不够明确。建议国务院有关部门尽快完善非食用性野生动物养殖的相关政策，梳理非食用性利用特别是药用的养殖业需求，加快完善相关审批、检疫规定以及质量检测标准。

二、尽快调整完善野生动物保护名录

部分出席人员指出，我国现行野生动物保护名录繁多，而且更新不及时，国家重点保护野生动物名录自 1989 年发布以来仅有两次微调，国家保护的有益或者有重要经济、科学研究价值的陆生野生动物名录（“三有”名录）2000 年发布后至今未作调整。地方重点保护野生动物名录和国家层面名录重叠交叉，执行标准不统一。建议国务院有关部门统筹现行名录予以优化整合，抓紧修改完善。有的出席人员提出，建议进一步加强高疫病风险物种管理。

三、加强野生动物栖息地保护管理

有的出席人员提出，野生动物保护法规定国务院相关部门应当确定和发布野生动物重要栖息地名录，目前尚未出台。建议加快调查和划定野生动物重要栖息地，理顺野生动物栖息地与自然保护区关系，更好保护、恢复和改善野生动物生存环境。有的出席人员指出，野生动物栖息地破碎化是导致我国野生动物资源减少或濒危的重要原因。应以建立国家公园为主体的自然保护地体系为契机，优化整合以野生动物为保护对象的自然保护地，加强各种群之间的生态廊道建设。

四、充足野生动物保护监管执法力量

有的出席人员提出，一些地方的野生动物保

护执法力量不足，专业人才缺乏。建议加强野生动物保护管理机构建设，配置专业人才，充实执法力量。

有的出席人员指出，野生动物司法鉴定专业性强，目前能够承担这项工作的机构较少。当前活体野生动物鉴定机构少、周期长的问题不利于被查扣野生动物的寄养和放归，易发生“保护性伤害”，建议重视这一问题，研究采取有效措施。

五、抓紧完善野生动物保护法律法规

有的出席人员提出，31个省（区、市）都就革除滥食野生动物陋习、加强野生动物保护作出决定或制定修改地方性法规。建议对各地相关法规及实施情况进行梳理研究，提炼好做法好经验，为修改野生动物保护法提供参考。

一些出席人员指出，革除滥食野生动物陋习需要全社会共同参与，应持续加大法律普及宣传力度，推动人民群众移风易俗，养成科学健康文明的生活方式。有的出席人员建议，《生物多样性公约》第十五次缔约方大会将于明年在我国召开，应用好这一平台，广泛宣传近年来我国在野生动物保护领域履行国际条约、开展国际合作的丰硕成果，展现我国作为负责任大国的形象。

全国人民代表大会常务委员会执法检查组关于检查《中华人民共和国农业机械化促进法》实施情况的报告

——2020年8月10日在第十三届全国人民代表大会常务委员会第二十一次会议上

全国人大常委会副委员长　吉炳轩

全国人民代表大会常务委员会：

农业机械化是现代农业的重要标志，是实施乡村振兴战略的重要支撑。习近平总书记指出，要用现代物质装备武装农业，大力推进农业机械化、智能化，给农业现代化插上科技的翅膀。为了贯彻落实以习近平同志为核心的党中央实施乡村振兴战略，推进农业农村现代化的决策部署，为推动我国农业机械化全程全面高质高效发展提供强有力的法治保障，全国人大常委会对农业机械化促进法（以下简称农机化促进法）贯彻实施情况开展了执法检查。

此次执法检查是自2004年农机化促进法颁布实施以来开展的首次检查。执法检查组由全国人大常委会副委员长吉炳轩、白玛赤林、武维华担任组长，全国人大农业与农村委员会主任委员陈锡文任副组长，成员由全国人大常委会委员、农业农村委和民委组成人员、全国人大代表共16人组成。6月1日，执法检查组召开第一次全体会议，部署检查工作，听取农业农村部、国家发展改革委、科技部、工业和信息化部、财政部关于贯彻实施农机化促进法有关情况的汇报，交通运输部、市场监管总局、中国银保监会等部门提供书面汇报材料。6月至7月，3个执法检查小组分别赴吉林、江苏、河南、重庆、四川等5省（市）开展检查。同时，委托内蒙古、黑龙江、安徽、江西、山东、贵州、新疆等7省（区）人大常委会对本行政区域内农机化促进法实施情况进行检查。7月27日，执法检查组召开第二次全体会议，总结工作、讨论报告。为确保执法检查取得实效，农业农村部成立专门工作组，制定工作方案，配合全国人大开展执法检查。在执法检查过程中，检查组深入33个市县区，实地检查7家农业机械科研教学机构、8家农机制造和销售企业、19个农机专业合作社、5个农机安全监理及试验推广机构，广泛听取农机科研人员、农机企业和合作社、农机户、基层监督执法人员等对贯彻实施农机化促进法的意见和建议。

现将这次执法检查的主要情况报告如下：

一、农机化促进法贯彻实施的基本情况

法律颁布实施以来，国务院及地方各级政府全面贯彻农机化促进法，坚持政府扶持与市场引导相结合，推动农机装备数量快速增长、农机作业面积不断扩大、农机化水平稳步提升，我国农业生产方

式实现了由人力畜力为主向机械作业为主的历史性跨越。2019 年，我国农业机械装备保有量 2.01 亿台套，农机总动力达到 10.3 亿千瓦，总动力比 2004 年增长 60%；全国农作物耕种收综合机械化率达到 70%，比 2004 年提高近 36 个百分点，其中小麦、稻谷、玉米耕种收综合机械化率分别达到 96%、84%、89%，基本实现机械化生产；农作物机耕、机播、机收作业面积达到 48.2 亿亩次，比 2004 年增加 27.4 亿亩次。农业机械化发展有力提高了我国农业生产力水平，促进了城乡一体化发展，推进了中国现代化的进程。

（一）政策扶持力度持续加大

落实农机化促进法第 6 条规定，国务院于 2010 年和 2018 年两次印发促进农业机械化发展的指导意见，16 个部门联合建立了国家农业机械化发展协调机制，合力推进农机化快速健康发展。落实农机化促进法第 3 条规定，各级政府依法将农机化发展纳入国民经济和社会发展计划，河南省在制定乡村振兴战略规划时提出实施全程机械化整省推进行动；江苏省将农机化任务列入政府重点工作督查考核，省财政每年投入 25 亿元支持农机化发展。落实农机化促进法第 27 条规定，中央财政累计安排农机购置补贴资金 2392 亿元，支持 3500 多万农户购置机具 4500 多万台套，目前补贴范围覆盖 15 大类 42 个小类 153 个品目；2019 年中央财政投入报废更新补贴 6.62 亿元，受益农户 1.49 万户，今年在全国全面实施报废更新补贴政策；四川省开展购置补贴综合奖补试点，对购机贷款给予贴息，加大新产品补贴力度。国务院有关部门制定实施了农机作业维修所得税减免、农机批发零售及机耕排灌等服务增值税免征、联合收割机、插秧机跨区作业通行费减免等优惠扶持政策。2018 年以来，全国发展各类农机保险产品 60 多个，累计为 74.85 万台农业机械提供风险保障 1449.7 亿元，支付保险赔款 5.22 亿元。

（二）科研创新能力稳步提升

落实农机化促进法第 7 条规定，我国建立了农机领域 4 家国家工程技术研究中心、2 家国家重点实验室以及 1 个现代农业装备学科群，在国家重大科技计划中投入 16 亿元实施 59 个农机科研项目，自主研发了 700 多种高性能、智能化农机装备新产品。落实农机化促进法第 8 条规定，成立国家农机装备产业技术创新战略联盟，制定实施现代农机关键技术产业化实施方案，2015 年以来安排中央预算投资 7 亿元推动产学研推用融合发展，贵州省积极推动丘陵山地农机设备研制，有力促进了山区农机化发展。落实农机化促进法第 9 条规定，农机制造企业加强农机研发，形成了 65 大类、4200 多个机型品种的农机系列产品，自主品牌国内市场占有率超过 90%。2019 年，国内规模以上农机制造企业 1730 家，主营业务收入 2306 亿元，目前山东省农机装备制造业规模居全国首位，约占全国四分之一。落实农机化促进法第 10 条规定，国务院有关部门将农业机械纳入鼓励外商投资产业目录，积极推动国际先进农机装备引进和再创新。

（三）先进适用农机广泛应用

落实农机化促进法第 16 条规定，全国农业农村部门制定发布现行有效的推广鉴定大纲 232 项、专项鉴定大纲 56 项，共向 3000 多家农机制造企业颁发部级推广鉴定证书 1.86 万张，内蒙古自治区不断强化农机试验鉴定能力建设，累计完成 2296 项推广鉴定项目，有效保障先进适用农机推广应用。落实农机化促进法第 17 条、第 23 条规定，全国共创建 453 个农业机械化示范县，围绕粮棉油糖等 9 大作物积极开展全程机械化推进行动，安徽省 2016 年以来投入 2520 万元支持示范县集成示范推广先进农机技术。落实农机化促进法第 19 条、第 29 条规定，国务院有关部门将丘陵山区宜机化改造、机耕道建设纳入高标准农田建设范围，要求各地在工程实施中充分考虑农机化要求。重庆市近年来投入资金 2.13 亿元，吸引社会资金投入 5 亿元，农田宜机化改造面积 58 万亩，同时从丘陵山区立地条件出发，积极引进果园茶园适用机具，推动标准化种植，提升农机使用效率。

（四）农机作业服务快速发展

落实农机化促进法第 22 条规定，全国共培育各类农机作业服务组织 19.2 万个，其中专业合作社 7.44 万个，服务面积 7.94 亿亩。各地积极发展农机 + 土地合作社、全程机械化 + 综合农事服务、土地托管等作业服务模式，全国托管作业服务面积 9582 万亩。黑龙江省自 2008 年以来投入补贴资金 86.1 亿元，支持组建 1141 个农机专业合作社，合作社单项或全程代耕面积 2309 万亩，服务对象 76.7 万农户，其中小农户占 82%，2019 年农作物耕种收综合机械化率 97%，居全国首位；吉林省自 2016 年以来投入 8.8 亿元，支持建设 662 家全程机械化新型经营主体，基本实现农机强社乡镇全覆盖；江西省累计投入 6000 万元建设 359 个农机维修服务中心，投入 2000 万元支持农机合作社建设 13 万平方米机库机棚，推动解决农机维修难、存放难问题。落实农机化促进法第 28 条规定，中央财政自 2017

年起每年安排20亿元对农机深松整地作业给予补贴；今年预算安排16亿元支持开展东北黑土地保护性耕作，对秸秆覆盖还田免耕播种作业给予补贴；预算安排4.05亿元支持西南地区糖料蔗良法技术推广，对甘蔗机收作业给予补助。落实农机化促进法第21条规定，国务院有关部门统一印制并免费发放农机跨区作业证，2019年全国农机跨区作业面积3.07亿亩。

（五）管理服务能力不断增强

落实农机化促进法第11条规定，国务院有关部门制修订农机国家标准428项，其中强制性国家标准31项、推荐性国家标准397项。落实农机化促进法第12条规定，全国各级市场监管部门近两年依法对3187家农机制造企业生产的3571批次产品进行了质量抽查，抽检不合格率7.4%；省部两级农业农村部门累计对8.9万农户的在用农业机械开展产品质量调查，满意度稳步提升。落实农机化促进法第15条规定，对植保机械、轮式拖拉机产品实施强制性产品认证，目前认证机构共向449家企业颁发768张有效证书，同时积极开展农机自愿性产品认证结果采信试点。落实农机化促进法第13条、第14条、第24条规定，畅通农机质量投诉渠道，督促农机生产者、销售者、维修者履行质量安全责任，2013年以来新疆维吾尔自治区116个质量投诉监督机构共受理投诉778件，为农民挽回直接经济损失3322万元。落实农机化促进法第20条规定，各级农业农村部门及农机安全监理机构依法履行安全监管职责，2019年全国农机事故起数、死亡人数、直接经济损失分别比2004年下降87%、85%、71%。

总体来看，农机化促进法颁布实施以来，法律规定的主要制度和责任得到了有效实施和压实，法律贯彻实施的实践也充分证明，农机化促进法是一部符合我国国情农情、兴机强农、受到广大农民群众拥护的良法善法。

二、实施农机化促进法存在的主要问题

对标新时期实现乡村全面振兴和加快推进农业农村现代化的目标要求，当前我国农业机械化发展不平衡不充分不协调矛盾依然突出，主要表现为粮食与特色作物之间、农林牧渔各业之间、平原与丘陵山区之间的农机化发展还不平衡；传统农机产能过剩与先进适用农机缺门断档问题并存，高品质、智能化、复合型农机装备有效供给还不充分；作物品种、种养方式和农机化结合不紧密，农田作业条件与农机化生产还不协调等，贯彻实施农机化促进法还面临着以下问题：

一是科技创新能力不强是突出短板。农机行业整体研发能力较弱，核心技术有待突破，关键零部件依靠进口，基础材料和配套机具质量不过关，成为影响农机化高质量发展的最大制约。贯彻农机化促进法第5条、第7条，培养农机化专业人才，加强农机基础性研究仍需持续推进，目前在世界排名前20名的农业装备学科高等院校中无一所中国高校，我国465个国家一流学科中仅有2个农业工程学科入选，2019年全国有28所高校院所招收农机装备硕士生，总数不足700人，农机专业研究生与本科生招生人数比仅为0.1%，预计到2025年人才缺口将达44万人，行业内既掌握机电液一体化技术，又懂信息化智能化的复合型人才非常匮乏。落实农机化促进法第9条、第26条规定，支持农机制造企业产品研发力度仍有待加强，执法检查组在江苏省镇江市某农机制造企业检查时了解到，2007年以来该企业先后承担了12项农机科技创新项目，各级财政科技资金支持仅占9%，无法体现企业的创新主体地位；山东省在检查时发现，部分农机制造企业科研开发和制造税收优惠措施没有得到落实。此外，农业机械技术难突破、易模仿，农机知识产权保护制度不健全、科研成果转化渠道不畅通影响到企业创新积极性，有的农机制造企业停留在低档次仿制和重复生产，急于将产品上市拿补贴、收回成本。

二是先进适用农机供需仍不匹配。农机装备供不适需问题依然存在，一方面适用不同立地条件、不同生产领域的新机具有效供给不足；一方面高耗能、低效率农机仍普遍使用，我国农机田间作业亩均动力配置是发达国家的5至6倍，传统农机领域小马力、中低端产品扎推，动力机械行业表现尤为突出，拖拉机与配套农具不匹配，目前黑龙江省拖拉机保有量161.5万台，其中30马力以下拖拉机占比达64.2%。贯彻农机化促进法第16条农机适用性、安全性和可靠性检测的规定，仍面临试验能力不足、协调性不强问题。目前我国农机产品主要集中于动力机械、粮食生产机具等传统产品，特色经济作物、养殖业、农产品初加工、设施农业机械的研发和生产能力相对较弱，农机制造企业多而不强，核心竞争力需要提升，传统农机产品过度竞争、产能过剩、效益下降，产业集中度较低。目前全国农机制造企业超过8000多家，规模以上企业不到四分之一，总规模仅相当于美国约翰迪尔一家，河南省仅6家农机制造企业入选中国农机工业50强，山东省2000多家农机制造企业中80%为中

小企业。农机化促进法第 18 条规定的推广目录制度自 2015 年后停止实施，如何发挥推广目录制度对优化农机装备结构，推动先进适用农机使用的导向作用需要进一步研究。

*三是农机作业服务扶持力度仍待加强。*对推动农机作业服务体系建设、提升作业水平的政策扶持仍有待加强，农机农艺融合、农机化信息化融合发展不够，影响农机作业效益和农机使用效率。落实农机化促进法第 22 条扶持农机服务组织发展的规定仍需发力，目前各地小规模自用型农机户较多，从事专业化服务的农机大户、农机合作社占比不高，安徽省农机合作社发展不均衡，规模较大、效益较好的示范社仅占 20%，大多数合作社机具较少，作业面积不足，发展质量需要进一步提升。农机化促进法第 28 条规定对农机作业燃油给予补贴，目前的燃油补贴纳入耕地地力保护补贴，按土地承包面积补给农民，虽然程序简单、运行成本低，但从事作业服务的农机专业户和合作社难以直接受益。落实农机化促进法第 19 条、第 29 条规定，推动农机作业服务与适度规模经营相适应，满足农机化基础设施建设需求仍有差距。西南丘陵山区农机作业基础条件亟待改善，受山岭林地分隔，丘陵山区地块零散，“巴掌大”“插花田”随处可见，地块不规则且坡陡坎高，开展集中连片农机作业存在较大困难。作物品种、栽培方式与农机装备不配套、农机作业信息化管理手段不足、机耕道路建设滞后、农机机库机棚用地政策难落实是各地各部门的普遍反映。

*四是农机购置补贴政策还需完善。*从检查情况看，一些地方反映当前农机购置补贴资金逐年减少，与农民的实际购机需求相比出现一定缺口，一些地方则反映目前传统农机已趋于饱和、产出效益下降，农民购机意愿在降低，这反映出当前补贴机具机型供给还不能完全满足现代农业发展和农民生产实际需求，落实农机化促进法第 27 条农机购置补贴政策的精准度仍有待提升。在补贴范围上，对购置复合高效农机、适用新型机具的支持不够，一些绿色智能农机需求旺盛，但能够纳入补贴范围的机型不多，当前全国丘陵山区机具补贴资金占比由 2012 年 48% 下降到 30%，新疆维吾尔自治区林果业面积 2200 余万亩，大部分已进入盛果期，但部分果树修剪、果实采收、果品初加工等机械不在补贴范围，出现农民“想用补不了”的情况。在补贴程序上，购置补贴需要 20 天公示期，再加上农业农村部门审核、财政部门兑付的时间，从购机申请到资金兑付周期较长，影响购机者资金回流。在补贴实际操作中，农民购买农机为先买后补，感到资金压力较大，有的生产企业和经销商为促进销售替购机者垫付资金。农机化促进法第 3 条对金融扶持农机化发展的规定较为原则，缺乏可操作的制度性安排，目前银行信贷对农机融资需求支持不够，农机保险保费补贴标准较低，保险覆盖面不广，保障水平有待提升。农机化促进法第 34 条对购置补贴违法违规行为的责任规定还需细化，对一些违规企业的处罚依据不充分，打击力度偏弱。

*五是农机监管服务水平尚待提升。*面对农业农村各个领域农业机械装备的广泛使用，政府相关职能部门的管理服务水平还需进一步提升，质量监督管理、安全生产监管责任需要严格落实。发挥农机化促进法第 11 条标准体系建设对农机化高质量发展的促进作用仍显不足，信息化、自动化、智能化应用标准较少。农机化促进法第 12 条规定的市场监管和农业农村部门的质量监督责任还需进一步厘清，监管工作要加强协调配合，监管信息要实现互通共享。督促农机生产者、销售者、维修者履行农机化促进法第 13 条、第 14 条、第 24 条规定的质量主体责任有待强化，从全国农机质量投诉情况看，农机作业可靠性较低是突出问题，国内农机产品平均故障时间为 300 小时，远低于国外 500 小时的平均水平，贵州省开展水稻插秧机质量调查显示，机具可靠性得分最低。农机维修事后监管力度需要加强，目前全国二级以下农机维修网点占 95.2%，一些维修点没有资质，维修质量难以保证。农机化促进法第 20 条规定的农机安全生产监管责任需要压实，安全生产形势依然严峻，全国拖拉机年检率仅为 27%，联合收割机年检率仅为 23%，超期服役现象较为普遍，存在一定安全隐患。河南、江苏、江西、内蒙古等多地反映，2018 年国家实施农业综合行政执法改革后，基层农机安全监管体制还需理顺，职责需要明确，对基层监管力量不足、经费保障困难等问题要引起高度重视，“最后一公里”监管责任需要进一步强化落实。

三、贯彻实施农机化促进法的意见和建议

进一步贯彻实施农机化促进法要坚持以习近平新时代中国特色社会主义思想为指导，牢固树立和贯彻落实新发展理念，聚焦当前农机化发展不平衡不充分不协调的突出问题，通过落实法律责任，完善治理体系，提升治理效能，推动以良法促进

发展、保证善治。

（一）进一步强化农机科技创新驱动

贯彻落实好农机化促进法第5条、第7至9条、第26条关于培养农机人才、加强农机科研、促进产学研推用结合等法律规定，坚持创新驱动发展，不断夯实农机科技创新基础。一是从国家战略高度统一谋划农机科技创新布局。发挥新型举国体制优势和国务院有关部门农机化发展协调机制作用，系统梳理农机核心技术、基础材料和关键零部件“卡脖子”难题，明确重点方向和任务，制定系统性路线图，整合现有科技资源，加强创新平台基地建设，开展联合集中攻关。加强国内农机专业院校和学科建设，鼓励涉农院校保留或重设农机相关专业，增加农业工程国家一流学科和农机类国家一流专业数量，单列并增加农机装备学科博士、硕士招生指标，培养高端农机创新人才。二是强化农机制造企业的科技创新主体地位。加大各级财政资金对农机技术创新、新装备试验示范和推广应用的支持，创新科研资金投入管理机制，支持有条件的农机制造企业承担国家科技计划项目，以财政资金引导产业基金、社会资金等要素汇集，通过提升创新能力增强企业核心竞争力，提高产业集中度，培育有国际影响力的民族农机制造企业，推动解决科研创新、企业制造、基层推广各自为阵、协调不足问题。三是优化农机科技创新引导鼓励政策。加大国家科技成果转化引导基金对农机科技成果转化应用的支持力度，支持科研机构和院所建立专业化技术转移机构和面向企业的技术服务网络，通过开展技术转让、科技服务、作价投资，建立利益紧密结合的开放式农机科研创新机制，推动创新成果向企业转移转化。强化农机知识产权法律保护，积极实施“首台套”重大农机装备研发及应用转化扶持政策，引导企业加大技术创新力度。

（二）进一步推广应用先进适用农机

贯彻落实好农机化促进法第16至18条、第23条关于开展农机试验鉴定、建设农机化示范基地、提高农机使用率和作业效率等法律规定，推动农机化全程全面发展。一是加大绿色高效农机研发推广力度。加快制修订农业机械试验鉴定大纲，充分发挥试验鉴定的引领作用，调整优化农机试验鉴定结构，重点提升特色作物、养殖业、加工业、设施农业机械和高效智能、绿色环保农机新产品试验鉴定能力，加快淘汰高耗能、低效率、重污染农机。发挥专项鉴定的灵活优势，扩大农机自愿性产品认证结果采信试点范围，积极采信有资质检验检测机构出具的检测数据，解决新产品鉴定能力不足问题，畅通产业急需、农民急用的新型农机装备试验渠道。二是加快薄弱环节和地区适用农机推广应用。推动粮食作物机械化由耕种收环节向植保、烘干、秸秆处理全过程发展，研发推广先进适用的中小型农业机械、适合特色种养业发展的专精特新农机具，着力提升生猪等畜产品、油料、糖料生产机械化水平，加大农机推广应用经费保障力度。三是探索新时期农机推广目录实施机制。坚持推广目录制度对先进适用农机推广应用的引导性定位，拓展新时期推广目录制度内涵，改进目录实施方式，将立足点放在体现方向性、引导性和满足技术要求方面，而不具体到农机生产企业和具体型号产品，更好发挥目录对促进农业产业结构调整、优化农机装备结构、保护农业生态环境的引领作用。

（三）进一步加大作业服务支持力度

贯彻落实好农机化促进法第19条、第22条、第28条、第29条关于建设农机化服务体系、扶持农机化作业服务发展等法律规定，推动农机服务与适度规模经营相适应，促进农机与农艺、农机化与信息化融合发展。一是培育农机作业服务组织。因地制宜培育农机专业户、农机合作社、农机作业公司等农机作业服务主体，发展农机+土地合作社、土地托管、综合农事服务等农机作业服务模式，将扶持农机服务主体的重点放在推动农机化和农业产业融合发展上。引导农机服务组织与农户建立利益联结紧密、互利共赢的生产联合体，推动农机化服务与适度规模经营协调发展。二是加强农机实用人才培养。加大农机职业技能培训力度，将农机专业知识和应用能力作为新型职业农民培育的重要内容，提升从业人员作业服务、农机维修、信息服务能力，提高农机从业人员素质和在农业从业人员中的比重，培育一批懂技术、善经营、会管理的农机服务组织带头人。三是完善农机作业服务燃油补贴政策。选择有条件的地方探索开展农机作业燃油直补试点，逐步加大对秸秆综合利用、农机深松整地、免耕播种、高效植保等农机作业环节和社会化服务的补贴力度。四是强化农机化基础设施建设。加大对丘陵山区农田宜机化改造的资金支持，完善高标准农田建设中机耕道路、田块长宽及平整度等宜机化要求，推动农田灌溉排水、防护林网、输电线路等设施建设与农机化作业要求相适应，鼓励地方制定符合当地实际的果菜茶园、设施农业、种养基地宜机化建设标准，推动机地相适。将农机机库机棚纳入农机化基础设施建设范围，落实机库机棚、烘干、保鲜冷链设施使用农业设施用地政策，支持合作社改善作业配套设施条件。五是推动农机农艺、农机化信息化融合发展。加快选育适合机械化作业的作物品种，推广间作套种等农艺措施，支持地方建立农机农艺融合发展示范基地，推动良种良法良田良机良制集成配套。积极推进智能农机装备、农业传感器、农业物联网管控系统等研发，加快农机信息网络建设，整合研发、生产、管理、使用各环节农机信息资源，建立全国管理服务调度平台，增强信息获取、高效调度、远程运维管理能力。

（四）进一步完善农机购置补贴政策

贯彻落实好农机化促进法第27条、第34条关于农机购置补贴的法律规定，最大限度发挥补贴政策效益，切实提高农民获得感，增强政策满意度。一是稳定实施农机购置补贴政策。加快制定新一轮农机购置补贴实施指导意见，稳定农机企业和购机农民的政策预期，确保粮棉油糖等主要农作物生产全程机械化所需重点机具补贴到位，保障国家粮食安全和重要农产品有效供给。根据各地农业发展实际和地区差异性，在补贴范围、补贴资质、分档定补、新产品补贴等方面赋予省级更大自主权，鼓励支持省级财政增加补贴资金投入。二是提升农机购置补贴政策精准性。围绕推动乡村全面振兴和国家农业战略需求确定农机购置补贴范围，将丘陵山区等薄弱地区，农产品初加工、设施农业等薄弱环节，畜牧水产养殖等薄弱领域，以及与农业绿色生态发展相关的农机具优先纳入补贴范围。实施差别化补贴，适当降低饱和农机具补贴上限额度，对优先补贴农机具按30%的最高额给予补贴，实现“优品优补”。探索将保护性耕作、深松整地、秸秆还田、畜禽粪污资源化利用等与提升耕地质量、保护农业环境相关的农机装备购置补贴纳入“绿箱”政策支持，研究制定促进电动化和智能化农机装备使用的支持政策。三是完善购置补贴方式和管理方法。合理确定农机购置审核、信息公示、资金兑付时间，督促地方限时办结、及时兑付，加大补贴资金审计力度，确保政策廉洁高效实施。积极探索购机贷款贴息支持，推动开展农机金融租赁业务。完善农业机械装备登记管理办法，推动农机装备确权登记，引导金融机构开展大型农机抵押融资贷款业务。将农机保险纳入保费补贴范围，落实好农机保险保费补贴政策，提高保险覆盖面和保障水平。细化完善农机购置补贴违法违规行为法律责任规定，明确对生产销售补贴产品的企业套取、骗取补贴资金行为的处罚措施，加大惩戒力度。

（五）进一步增强农机监管服务能力

贯彻落实好农机化促进法第11至14条、第20条、第24条关于推动农机化标准体系建设、保障农机质量安全、加强农机安全监理等法律规定，不断提升监管服务水平，维护农机使用者合法权益。一是健全完善农机化标准体系。重点推进薄弱环节机械化和先进适用新机具标准体系建设，充实标准类型，优化标准构成，严格标准执行，为提升农机产品质量和推动转型升级提供支撑。二是加强农机质量监管。推动市场监管和农业农村部门执法联动、信息共享，发挥好农机产品质量抽检和在用产品质量调查两方面作用，提升执法专业化水平，综合运用两部门的处罚处理措施，形成监管合力。督促农机制造企业严格按标准组织生产，实现质量安全前置，通过严格执行维修质量标准、规范维修行为、强化投诉监督，加大农机维修事后监管力度。三是强化农机安全监管。修改完善农机安全监管法规，明确执法主体和具体处罚措施，建立完善农机安全监管分工协作机制，加强农机安全生产全过程、各环节监管。深化农业综合执法改革，确保农机安全生产责任落实、基层农机安全监理队伍不散、工作不断、监管不松，防止因职能交接出现监管空档。将设立乡镇农机安全监理员、村级农机安全协管员作为“平安农机”创建的重要标准，推动执法力量向基层延伸下沉。探索采取政府购买服务方式由第三方提供农机安全检验服务，解决农机检验率不高、农机超期服役等问题，减少安全生产隐患。

此外，建议国务院相关部门结合实施乡村振兴战略和农机化发展形势需要，针对执法检查发现的问题，加强对农机推广目录制度、农机作业燃油补贴、农业机械范围界定、农机报废更新补贴、农机金融保险服务等方面，以及农机化促进法与相关领域法律关系的研究，为进一步修改完善农机化促进法及相关法律做好准备，同时对照法律规定加快制修订相关配套法规规章，持续推进农机领域法制化建设。

农机化促进法是推动我国农业机械化发展的基本制度遵循，我们要以此次执法检查为契机，通过加强对法律实施情况的监督，将法律制度转化为治理效能，推动我国农业机械化加快实现全程全面高质高效发展。

以上报告，请审议。

生产工具催生并发展了农业文明和现代文明

（2020年6月19日）

吉炳轩

生产工具是社会生产力中的主要因素之一。社会生产的发展变化，首先是从生产工具的发展变化开始的。

人类社会的发展，最初都来源于或归功于农业，农业的产生与发展是其关键，而这个关键中的主导因素是生产工具的发明创造和不断进步，不断更新换代，从手工和人力劳作而走向机械化、数字化、信息化，不断地向前推进，不断向前发展。

在没有生产工具之前，是没有农业生产的，或者说谈不上农业生产，人们过的是渔猎和采集生活，打鱼捕猎，采集野禾野果。只有生产工具出现以后，人类才开始种植谷物果瓜和蔬菜，才从渔猎采集生活而逐步走上农耕、游牧生活。人类最早的农业生产工具是用石、木、骨、竹等材料制作的，如石斧、石锛、耒耜、石铲、石镢、石犁等，并由石器而发展到木器、铁器。随着生产工具的改进，生产效率大大提高，生产力也快速发展，农业种植成了人们获取食物的重要方面。也正因为有了农业生产工具的不断发明创造，改进提高，才创造出了大量的物质财富，促进了人类社会的不断发展进步。人类社会的大发展、大变动、大调整，就是农业生产发展的结果。人类社会有三次大的分工调整，也是社会进步的三大标志：第一次是农业与畜牧业的分工；第二次是农业与手工业的分工；第三次是农业与商业的分工。这三次分工是三次社会大的变革，而这个变革的推动力都是由于农业生产力的发展而导致的，没有农业生产力的大幅提高，社会关系就难以有大的调整和变动。

用历史学家的观点来看，近现代农业是从公元1500年前后开始的，也是西方社会走上世界舞台，进入快速发展阶段为标志的。所谓近现代农业，即区分于原始农业和古老的传统农业，即农业生产进入了近代化。而这个近代化的标志，或叫最重要的标志是农业机械的出现和发展，以机械动力来替代人力畜力，开始迈向从土壤耕作、播种到收获、加工的全过程机械化。

史学家把19世纪与20世纪之交作为分界线，将16世纪以来的农业称为近代农业（17世纪初—20世纪），而进入20世纪后到现在称为现代农业。这个划分最重要的标志之一，就是农业机械化的出现和发展，或者说，就是以农业机械化的出现为标志来划分的。

在17世纪以前，欧洲农民普遍使用的还是手工农具，如简单的木犁和铁制的锄、铲、耙、叉、钩、镰刀等。从17世纪开始，工业和城市的发展大幅增加了对农副产品和劳动力的需求，促使人们试制和使用各种农业机械以减少人力劳动并提高生产效率。同时，工业技术的发展也为各种农业机械的发明和改进提供了条件，欧洲的农业生产工具开始了巨大变革，也由此推进农业走向了机械化。

英国是近代工业革命和科学革命的策源地，在改良农具方面也走在了欧洲国家的前列，也是世界各国的前列，成为了近代农业机械发明应用的中心。为了开垦荒地和深耕的需要，首先改进的是犁，制造出了全钢的犁、全铁的犁，但仍然是用牛马来拉。当然，铁犁的运用，中国应该更早，在汉代就已经使用了，或者汉以前，春秋战国时期也有使用的。18世纪30年代英国马拉的锄和条播机和水力的脱谷机也相继出现了。在18世纪，从耕到耘到收获，多数农具都进行了改良，生产效率有了很大提高，实际上是促进了生产力的发展。到了19世纪初期，就有了蒸汽机作为动力来脱粒的农业机械的出现，使农业机械开始由畜力向动力变革，机械化也由此起步。19世纪以来，农业机械得到了飞速发展，这有赖于冶炼技术和机械动力技术的进步，钢铁产量的大幅提高和广泛应用。19世纪初，收割机、推土机、簸谷机、切片机、切草机、粉碎机等新式农业机械相继发明。蒸汽机开始作为动力运用到农业机械中来。19世纪三四十年代，英国进行了用蒸汽机牵引犁来耕地的大量实验，到了60年代用缆绳牵引蒸汽机来犁地的犁开始在一些大农场使用。以蒸汽机为动力的排水设备也开始应用。1850年—1870年，用蒸汽机脱粒的使用已很普遍。但直到19世纪中叶，农业的机械化普及率还不高，英国是最早、最好的，但到1871年，用机械收割庄稼的也仅占全国的1/4。最根本的问题是动力问题没有得到很好解决,蒸汽机大而笨重也不便移动,难以同农业耕作机械成为一体而在田间生产。

19世纪以后,农业机械的发明和应用中心由英国转到了美国。农业的半械化和机械化在美国率先发展起来。客观上,美国是个新的殖民国家,有大量的农田需要开垦,而劳动力又极其缺乏,只有依靠机械才能进行生产。更重要的方面是经济的发展需要机械化,只有机械化才能推动经济向前发展。19世纪下半叶,美国的农业机械化取得了全面发展,耕种、收割的各个环节几乎都以机器代替了人力,田间作业基本上实现了机械化。农业机械的使用极大地提高了劳动生产率,扩大了耕地面积,改进了耕作质量,增加了谷物产量,并节约了生产成本。1860年—1900年,美国的一个农业劳动力生产谷物的能力提高了一倍,农业劳动力的比重也随之下降,1790年农业劳动力占全国劳动力总数的80%,到了1860年则降到58%,而到了1910年,则下降到30%,而现在则不足5%。农业机械化解放了大量农村劳动力,为工业的发展、商业的繁荣和城市的建设提供了大量劳动力,推动了城市建设和工商业的快速发展。20世纪初期,美国成为世界上农业机械化程度最高的国家。但由于当时的动力仍然是蒸汽机,所能从事的农业作业还有很大限制,还不能全部取代畜力和人力。农业的全面机械化是在以内燃机为动力的拖拉机发明后才真正实现的。

以工具改良和发明创造为标志的农业革命促进了农业生产效率的显著提高。1700年—1800年,英国每个农业工人的生产能力提高约100%。从19世纪30年代末到50年代末,英国小麦产量提高了50%,而农业劳动力总数仅增长了5%。1840年—1900年,法国的农业劳动生产率增长了45%,比利时增长了50%,瑞典增长了75%,瑞士增长了90%,德国增长了190%,整个欧洲平均增长75%以上。劳动生产率的大幅提高,带来的直接结果是农业产量的快速增长。英国的小麦亩产平均增长了80%左右,法国的土豆单产平均增产66%。美国发展更快,从南北战争以后计算,19世纪60年代,新开垦的土地增加了50万英亩;到了70年代,又新增1.5亿英亩,可谓突飞猛进;而到了19世纪的最后20年间,又新增了3.03亿英亩。1860年—1910年,美国农场的耕地面积由4.07亿英亩增加到8.81亿英亩,农场数由204.4万个增加到636.6万个。在耕地面积迅速扩大的同时,美国的牧场面积也不断扩大,牛群的数量和产量也迅速提高。美国成为当时世界上最强大的农业谷物和畜牧肉奶的出口国。也正是农业的坚实和雄厚,才使美国得以运用更大的资本和劳动力来发展城市和工商业。城市和工商业的快速发展,又回顾头来反哺农业,推动农业的科技进步,效率提高,收获增长。

欧洲和北美近代农业革命证实了一条真理:没有农业的长期发展,任何重大的工业增长都是不可能的。农业革命是工业革命的必要前提。只有农业生产出现大量剩余,才能养活更多的非农业人口,为工业革命铺平道路。农业机械化的发展使农业劳动生产率大幅提高,使大批劳动力从农业中解放出来;农业生产的快速发展为人口的增长提供了稳定的也是基本的食物保障,促进了“人口革命”,为工业的发展提供了不可或缺的劳动力;农业生产的发展还为工业的发展提供了丰富而充足的原料,促进和推动了工业的发展;农业发展需要大量的农业机具、化肥、农药等新型工业产品,又催生了新的工业生产的发展;大量农业人口向工业和城市转移,推动了城市建设和市场繁荣,既刺激了工业生产的发展,扩大了工业品市场,也刺激扩大了消费,使市场日益扩大,作用更为突出。市场经济是以农业的发展稳定为根基的,并由此而派生而发展繁荣起来的。农业革命还为工业革命积累了必要的资金。实现农业机械化后,欧美的大地主和大农场主积累了大量资金,有了雄厚的资本积累,除了向农业投资外,为了获得更高的利润,他们还投向商业、工矿业和交通运输业等。

进入20世纪,尤其是第二次世界大战以后,农业以更快的速度发展,取得了更为巨大的成就,产生了更为深广的影响,形成了农业现代化的新特点。农业机械是提高劳动生产率的主要手段。20世纪以来,农业机械在农业生产中的应用日益广泛,主要发达国家先后实现了农业机械化,引发了农业生产方式的根本变革,农业生产效率的大幅提高,有力地推动了农业生产的发展,也为世界粮食安全创造了条件。1940年美国率先实现以机械化为主的农业现代化。上世纪60年代,欧洲、日本也相继实现农业现代化。农业现代化的特征是用机械代替人力、畜力,用化学化、水利化替代传统的自然农业、雨养农业,用商品经济、市场经济替代传统的自给自足式小农经济,用社会化的生产经营代替家庭式的小生产经营。

1876年,德国工程师尼古拉·奥托取得了四缸内燃机的发明专利权。1889年美国制造出装有这种内燃机的第一台拖拉机。1892年,第一台可以在田间作业实用的内燃机汽油拖拉机在美国问世，1910年开始大批量生产，到1920年就有20多万台拖拉机应用于农业生产。1931年，动力更强、经济性能更好的柴油拖拉机问世，其后逐渐取代了汽油拖拉机，成为20世纪最普遍的农业机械。拖拉机的出现和不断改进，为联合收割机以及其他配套农机的广泛使用创造了条件，农业生产的耕、种、耘、收都实现了全程机械化，一机多挂、一机多用成为了现代农业机械化的先进标志。

美国是最早实现农业机械化的国家，从1910年完成第一次农业革命后开始成批生产拖拉机，到1940年就实现了全面机械化，前后用了30年的时间。美国的农业机械化是先从固定作业和耕作的机械化开始的，逐步实现田间管理和收获的机械化。而收获作业则是从小麦、玉米、大豆开始的，再逐步扩大到甜菜、马铃薯和棉花等作物。其他西方国家稍迟于美国。英国虽然最早发明和应用了农业机械，但用机械普遍代替人力畜力则是从20世纪30年代开始的，在二战以后才完成了机械化，历时将近20年。法国、德国也还稍晚于英国，是从20世纪30年代后期开始的，到1955年才基本实现了农业机械化。前苏联在实现农业集体化的基础上，从1925年就开始了农业机械化的进程，到1955年实现了全部机械化。

农业机械化大幅度减少了农业劳动力。1900年，美国全国总人口约7600万人，而从事农业生产的劳动力就有1200万人；到2000年，美国作为世界上最大的农产品出口国，而从事农业的劳动力还不到200万人，仅占全国总人口的0.7%。欧洲主要发达国家务农的人口比例大约为2%。

20世纪以农业机械化为标志的现代农业的发展，使世界的经济社会面貌发生了革命性的变化。不仅农业的总产值大幅度增长，1987年世界农业增长值同1913年相比，增长了2.45倍；20世纪的人口也出现了爆炸式的增长，由世纪之初的16亿，到1987年，而达到了50亿。如此众多的人口仍能有基本的粮食供应，而且农业人均产值由270美元增长到320美元，不能不说是农业机械的巨大贡献。世界粮食也从总体不足而变为略有季节性、年度性剩余。第二次世界大战后，全世界谷物总产量由5.33亿吨增加到18.4亿吨，增长了2.45倍。1985年世界粮食库存达到4.15亿吨，占消费量的25%。从1950年—1986年，肉类增加了2.9倍。20世纪80年代后期，世界粮食安全系数达到25%。欧美一些地区出现了农产品过剩，导致农产品价格和农民收入下跌。为此，一些发达国家纷纷采取控制粮食生产的政策，限制谷物面积，倡导生态农业、有机农业、自然农业等，农业科研则由高产而转向了优质和环境目标。但这样做的同时又带来了一个问题，世界粮食生产在80年代以后开始徘徊，人均的谷物占有量减少，一些发展中国家，特别是非洲一些国家面临饥饿的威胁。这是现代农业发展过程中的发展不平衡问题，发达国家和一些发展中国家由于自然条件好、经济发展快，农业的机械化、现代化水平也高，而出现了粮食剩余，便开始限制粮食生产；而一些发展中国家和欠发达国家，则由于机械化、现代化水平低下，劳动生产率不高，包括一些自然条件恶劣，而导致粮食欠缺，甚至吃不饱饭、吃不上饭。这个问题还会继续下去，最好的解决办法就是发展中国家和欠发达国家要把自己的农业生产搞上去，加快机械化、现代化的进程，改善生产条件，提高劳动效率，增加农业收成，特别是要生产出更多的粮食，把饭碗端在自己的手上，掌握好饭锅和饭勺。

总的来说，20世纪农业机械化的大范围实现，现代农业的飞速发展，为整个人类社会与经济发展提供了坚实的基础，也使人类有更大空间去从事温饱以外的活动。发达国家纷纷将农业的目标从单纯的农产品产量增长而转到质量提高、收益增加和环境改善上，发展中国家人民的生活水平也得到显著改善，营养不良的人口比例大幅下降，全世界人均寿命都有所提高。

没有农业机械化就没有农业现代化

（2020年6月20日）

吉炳轩

农业生产工具很重要。农业生产的出现也是有了农业生产工具以后。

农业生产用通俗的话讲就是同土地打交道，用农民的话说，是在土里刨食吃；用专业的术语来讲，就是治土、耕作。把土地整治好了,进行适时、适地的耕作,就能有所收获。土地整治得好,耕作精细,运用先进的生产机具进行耕作和先进的科学技术进行栽培管理,就能有好的收成。

我国古人在论述农业耕作时,就提出:“你能把洼地改造成高地吗?你能把劣土除掉而代之以湿润的土地吗?你能使土地状况合宜并用垄沟排水吗?你能使种子播得深浅适度并能在土地里保持湿润吗?你能使你的田地吹遍和风吗?你能使谷物节多而茎杆坚挺吗?你能使庄稼穗大而坚实均匀吗?你能使粮食籽粒饱满而麸皮又薄吗?你能使谷米多油而吃着有咬劲吗?”一连串提出了十来个问题,涉及除涝、防旱、改土、整地、播种、除草、通风和防止倒扶,多结籽粒、提高品质诸多方面。而要做到这些,一靠栽培技术,二靠生产工具,二者缺一不可。而提出这些问题是在2000多年以前,近3000年时的春秋战国时期,从经验积累来说,应该更早,至少在4000年以前,我们的古人就是这样去做的。

从春秋战国时期的一些历史记载来看,当时的土地耕作和整治,大的原则是:刚硬的土地要使它柔和,柔和的土地要使它刚硬;休耕的土地就要频种,频种的土地就要休耕;贫瘠的土地要使它肥沃,过于肥沃的土地要使它贫瘠;坚实的土地要使它疏松,疏松的土地要使它坚实;过湿的土地要使它干燥,干燥的土地要使它湿润。在耕作上,提出:高处的土地,不要把庄稼种在田垅上;低洼的田地,不要把庄稼种在垅沟里。播种前要耕五次,播种后在苗的生长期还要锄五次。耕种的深度,以见到湿土为准。这样做了,田里就不生杂草,又少有各种害虫。种谷子,就好收谷子;种麦子,就好收麦子。对于农业器械也有明确要求:耜的长度为六尺,是为了测定田垄的宽窄;它的刃宽为八寸,是为了用来挖出标准的垄沟。锄的头长为一尺,这是作物行距的标准;锄的刃宽六寸,这是为了便于间苗。指出:土地可以使它肥沃,也可以使它贫瘠,关键在如何进行耕作,用什么样的器具来耕作。耕地一定要趁湿润,这样可以使土质疏松,苗根扎得牢固;锄地一定要在旱时,这样可使地表松软,保持土壤肥力。耕地的原则是:一定要从垆土开始,因为这种土水分少,干土层厚。一定要把柔润的地放到后面耕,即使晚一点耕也还来得及。水分饱和的土地要缓耕,坚硬的土地要根据墒情即时耕,柔润的土地可以先放一放再耕。高处的土地耕后要把地面耙平,低湿的土地首先要把积水排净。

对于播种,也有一定的原则,提出:庄稼应在细软的土中萌发,而在坚实的土中生长。播种一定要慎重,不要使它过密,也不要使它过稀。在覆土盖种时,不要使土不足,也不要使土过厚。播种这件事一定要仔细去做,不能马虎。一定要注意在培土上多下功夫。盖种的土要撒得均匀,均匀了庄稼扎根就一定牢。田畦要又宽又平,这样就不会伤害庄稼根部。禾苗生长在畦中,要把田畦均分为五份,要使禾田出土成行,便于迅速生长。苗与苗之间小时互不妨害,就能发育很快。横行一定要恰当,纵行一定要端直。要使行列端正,和风通畅,特别要注意疏通田地的中心,使田中能到处吹到和风。禾苗幼小时以独生为宜,长起来后应靠拢在一起,成熟时能互相依扶,这可防止倒扶。但也不能太密,不透风更容易倒扶,还结实很差。禾苗三四株长成一簇,就能多打粮食。在肥沃的土地上种植,不要种得过密而使庄稼挤在一起。土地肥沃庄稼长势过旺,就会多生秕子。土地贫脊庄稼又挤在一起,禾苗就多枯死。播种时,覆土过厚,萌芽就钻不出地面;覆土过薄,种子就会遭到闭锢而不能发芽。

以上这些虽是经验之谈,但都有科学道理,其中包含着农业技术和农业机具的作用。就农业机具而言,不同的土地,采用不同的农业机具,旱田、水田的机具不同。即使同是旱田,黄土、红土、黑土、沙土等不同的土壤,所用的农业机具也是不同的。而且不同的粮食作物,耕种、锄草、施肥、收获的机具也有不同,不是所有的机具都是通用的。人类在农业生产的实践中发明创造了适合于农业生产的机具。耕地的曲辕犁,磨地的耙,播种的耧都是中国人发明的,对于把地整好、种好,提高耕作水平和生产效率都起到了很大的作用,成为了农耕文明中的重要内容,也可称之为瑰宝。我们现在提农业机械化,所用的农业机械,始终没有超出传统农业耕作机具的范围:犁、耙、耧、锄等,所不同的是人力、畜力改成了机械动力;靠人的操作机械耕作,发展成为了数字控制。现代化的农业机械比之于人工使用的农业机具,在播种田间管理等方面,深浅、平整、软硬、幅度、播量等,效率要更高,质量要更好,更适应于农作物的生长,而且既抗旱,又耐涝。就播种、插秧来说,播种的深浅、疏密、播幅、播量,覆土的厚薄、细密、松软都比人工摇耧撒籽和人手插秧要好得多。中耕锄草施肥也是一样,现代化的机械不但效率高,而且质量也好。包括育苗、收获、运输、储藏、保鲜等,运用机械化、数字化进行作业和管理,不但能减少损失,而且能保证质量和提高效率。用现代化数字化操作控制的耕地机械，可以使活土层达到50公分左右，既能蓄水保墒，又能抗旱防涝，还能使土壤活化、透气蓄水，十分有利于庄稼生长。而且深耕一年，可以三年免耕，不使活土层来回翻动。大机械深耕比传统的牛驴骡马拉犁耕地20公分深浅不知要好多少倍，而且也更有利于农作物的生长。现代化的数字控制的播种机械，可根据麦、谷、豆等不同的品种，不同的土壤调整最为适宜而精当的播量和播幅、深浅，包括行距、株距都能控制得非常好，既能充分发挥地力，又能适宜机械中耕锄草、浇水和施肥，还能精准掌握农作物的疏密度，更能保证一播全苗、同时出苗，使庄稼能苗齐苗壮、齐整生产。用数字化控制的插秧机，还能同时进行根部施肥，利于生根扎根，能做到秧苗缩短返青期，或基本上没有返青期，从秧田移出到大田栽培，基本不须缓苗，为稻谷生产多争得几天时间和积温，可使多收、早收，又利于稻收后其他冬作物的及时播种。现代化的收割也是一样的，不但能及时收割，快速收割，而且能做到谷物和秸秆迅即分离，秸秆还田，肥沃土壤；粮食收获后可立即进行烘干，然后进入仓库，能减少损失，保证质量。

农业机械化是现代农业的标志和手段，也是基本保障，没有农业机械化，就没有农业现代化和高效率的农业生产和高质量、高效益的农业收获。加快发展先进的农业机械化，是建设现代农业，实现乡村振兴的重要任务，需要抓紧抓好。

我国的农业机械化要走多类型、多功能、实用性、普惠性的发展路子

（2020年6月21日）

吉炳轩

我急切地盼望我们的国家尽快地、全面地实现农业机械化，而且是先进的、发达的，能赶上世界发达国家先进水平的机械化，以进一步解放和发展我们的生产力，取得更好的农业收成，更大的经济效益，使中国农民阔步迈向现代化。

发展现代农业，实现乡村振兴，包括确保国家粮食安全，都需要农业机械来支撑。实现农业现代化，首先要实现农业机械化，没有农业机械化，也就没有农业现代化。

世界上发达的国家，西欧、北欧、北美和大洋洲的一些国家，包括南美的一些国家，中东的一些国家，如以色列等，非洲的一些国家，如南非等，还有亚洲的一些国家，如日本、韩国等，凡工业化程度高，经济实力强，科技水平高的国家，在农业生产上，都已实现了全程的机械化、全面的机械化。有些发达的国家，如美国、德国、英国、法国和北欧的国家，丹麦、瑞典、挪威等，还有加拿大、新西兰、澳大利亚等，正在向农业生产信息化，智能化发展。现代化的具有高智能的装备，不仅武装在农牧业、林果业、畜牧业、渔业的耕作、收获、储运上，而且还体现在加工上，保鲜上，环保上，提质上，增效上等等，正在进行机械化、信息化、科技化的高度融合。

新中国成立以来，我们党和政府高度重视农业机械化建设，特别是改革开放以来，我国农业机械装备有了飞速发展，水平快速提高，可以说，快步进入了机械化、现代化。但实事求是地说，我国的农业机械化总体水平同国际上发达国家相比，还是有很大的差距的。国际上最先进的水平在我们国家也有，而且也有一定的数量和规模，如黑龙江、新疆农垦和一些省市的农村，在农业耕作、收储保鲜、设施农业、产业发展等方面，也有不少达到了世界先进水平。但由于生产条件、气候环境、生产关系等各种因素的影响，我国农业机械化的发展水平很不平衡，快慢差距很大，高低水平不一。在一些地方很少有现代化的高水平的农业机械，仅是在耕作上有一些机械生产，还有的仍然是牛耕驴驭的生产方式，大量劳动还需要人力畜力。我们正在发展之中，还有不少困难和问题，对此要有个十分清醒地认识。换句话说，我们的农业机械化还不是高水平的机械化，要达到高水平的机械化，还有大量工作要做。

中国的农业机械化朝着什么样目标、方向，或叫什么样的标准发展，这是需要认真思考和研究部署的重大问题。

世界上欧美多数国家实现了高水平的农业机械化，而且还正在飞速发展之中。特别是云计算，

大数据,信息化新技术的快速发展,也影响到农业机械化的发展,或应用于农业机械化的发展之中,用数字化、信息化来发展农业机械化,以适应现代农业,特别是设施农业、智慧农业的需要。西方发达国家前行的路子可以给我们提供借鉴,但决不能照抄照搬,更不能紧随其后,亦步亦趋。中国的国情同西方社会有很大不同,不单单是政治制度、发展道路、管理手段不同,而地理环境、气候条件、历史文化、生产方式、生活习惯也都有很大不同。西方的政治制度,发展道路在我们这里行不通,而农业机械化的装备发展、管理应用也有一些行不通。这个道理并不复杂,天地不同人不同,吃什么种什么也不同,生产工具和生产手段自然也就不同,这也是人类社会发展运动的规律,而且是普遍的一般规律。

欧美国家普遍地多人少,多数人口集中在城市,特别是大城市,农业人口很少,土地相对集中在农场主手中,而且多是成方连片的。美国、加拿大、欧洲大平原,土地大多是成方成片的。包括南美巴西、阿根廷,也多是大面积的成方连片的土地,而且这些土地也多是相对集中的,很少有一家一户三五亩地进行耕作的。所以,在这些地方进行机械化农业生产,多是大机械、大马力,实现全程机械化。长期以来,这些地区农业劳动力的成本是很高的,而机械化全程操作相对于人工来说,则是成本最低的。而我们国家则不同,虽然也有华北大平原,东北大平原,黄淮大平原和江汉平原,成都平原等成方连片的土地,但由于人口众多,城镇乡村星罗棋布,道路、林木,包括工矿企业占据了许多土地。而被城市、乡村分割的土地又分散在一家一户手中。多数地区人均也就一亩来地,有许多地方,大中城市近郊,人均仅有三五分地,是根本无法进行大农业机械全程耕作的。黑龙江、新疆农垦可以做到大农机全程耕作,黑龙江、吉林的一些农村通过土地流转,也可以进行大农机全程耕作,但多数地方不行。根据黑龙江我在那里工作时的情况来说,一套大型农业机械,从耕、种、耘、灌、喷、收、运、储、保鲜等,不包括后续加工,扶持一个农机合作社,投资需要3000多万元,需要成方连片的五万到十万亩耕地来进行作业,这才能发挥效率,产生效益,最好能保证有10万亩的耕作区域,可以维持这套机械的运营。如果少了,就会造成浪费和闲置。而五万亩地、十万亩土地集中连片,在中原、江南地区,就是一个乡或两个乡的土地,涉及5万到10万人。这5万人到10万人中的劳动力90%以上要通过土地流转,转移到城镇去从事务工、经商或进行其他行业的生产经营,这在中国多数地方短时间内是办不到的,即便是进行土地流转,多数地方也难以实现大动力、大规模的全程农业机械化生产。

此外,我国西北地区、西南地区,包括东南地区,多是丘陵、山地,大块农田很少。有许多田地洛阳75匹马力的东方红拖拉机就进不了地,即使进去了,也跑不起来,挂上耕作机具根本施展不开,也是无法进行全程大农机耕作的。我们有许多沟地、坡地、梯田,看风景非常美,但耕作起来却十分困难,进行机械化耕作更难。全国各地的土质、气候、环境条件也有很大不同,也很难用统一的、标准的农机具进行耕作。这就是我们的国情,是地理环境、气候条件、生产关系的现实条件所决定的。农业的精耕细作,集约化经营,这是中国的特点,也是特色,还是优势。实现农业机械化,不能违背这个国情,不能丢掉这个优势。中国人多,而且农村人口占比较大,尽管这些年城镇发展很快,城乡人的比例基本上达到了各占50%,但像西方社会那样,从事农业生产的人口仅占5%左右,甚至更低,把土地都集中在少数人手中来进行机械化耕作,这也是办不到的,而且也不能那样去做。人力资源多,这是我们的国情,同时也是我们的优势,这个优势也还要发挥好。推动农业机械化建设,也不是要去掉这个优势,而是要继续发挥好这个优势。联产承包责任制,每家每户拥有自己的承包地,这还是大政策,这一大政策的长期性,也从某种意义上决定了我们的农业生产方式,关系到我们农业机械化的耕作方式和实现形式。

总之,发展中国的农业机械化,必须要从中国的国情、中国的实际、中国的制度和发展道路出发,这是需要切实把握好的。

中国的国情和农业生产的实际决定了中国的农业机械化,必须走多类型、多功能、实用性、普惠性发展的路子。

一是要照现有的较为普遍的农业生产方式和耕作需求来发展实用于联产承包责任制,家庭经营的农业机械及各种农机具。联产承包,家庭经营,这是我国农村的大政策,也是多数地区普遍的生产经营方式。一家一户三五亩地,多则十亩八亩,即使一些种粮大户,通过土地流转,拿到了一些土地的经营权,也就是二三十亩地、四五十亩地,个别的有上百亩,在这样的土地规模上进行农机作业,而且这些几亩、几十亩、上百亩土地也多不是集中连片的,甚至不在同一个作业区,可能分为几区、几块、十块八块。如此零散的土地，要实现机械化耕作，从动力到配件，即从拖拉机到耕、种、除草、施肥、浇水、收获、运输、简单加工，包括烘干、收储等农业机械、机具的配置，就需要小型、灵便、多能、精准、省耗、环保、易护等特点。拖拉机和各种配套机具大了就进不了农田，根本无法作业。而动力太小了，地也耕不好，其他配套的播种、中耕、施肥等配套机具也挂不上用不好。小型，但动力要稍大些，大马拉小车，这样可以使土地的耕作能达到一定的深度要求。个头小，气力大，而且还要非常灵便，进进出出，停停靠靠，拐弯抹角，在小的地块里，一亩两亩地里，甚至三五分地里，都能转得开，跑得起来，耕作得好。农业耕作讲究精准，精耕细作是中国的农业精髓，在农业机械化耕作上，这些精髓也要能够得到充分发挥，这个优势也不能丢。作为一家一户使用的小型农机，从经营效益上来看，还必须要能省耗、环保、易于保养和修理，如果耗油多，易损害，又污染，还不便自我修理，有农机不但多花钱，而且还要增加负担和烦恼，这也就影响了普及和推广。现在有不少农机合作社，联合几十户、上百户，进行合作经营，搞一套农机共同使用，既节省了成本，又便于管理，还能够对外经营。也有专门的农机合作社或农机生产经营公司，通过市场经营来为农民耕作，也都较好地解决了多数农民家庭一家一户买不了农机和管不好、用不好农机的问题。农机合作就是个发展的方向。但多数地区是小型的，规模较小，这同土地的承包情况和地理地形条件是有关的，还是我国目前的主流。所以，所用农机也多是小型而灵敏高效的。

二是要按照农业机械专业化、组织化、企业化发展的趋势和实际要求，来发展适宜的中型农业机械。农业机械化要落实到村村庄庄、家家户户、东西南北、种养加销等各个方面，但不是每家每户、每村每庄、每个生产经营组织都需要配置齐全的各种各样的农机，那是经营管理不了的，也是不划算的。农业机械有一个很大特点，是根据农时气节和耕作收获情况来使用的，即有很强的时效性，而且有不少机具的时效性都很短，只有一季，几天，几十天时间。耕地的犁，磨地的耙，播种机、插秧机、收割机，都是季节性很强的。小麦、玉米、水稻收割机可能一年就用几天、几十天时间，大部分时间是闲置的。所以一家一户多是置办不起、置办不全的。手中只有几亩地，人刨牛耕也能种上，也有收成，何必花一大笔钱去买一大堆农机来耕作呢？这是个很实际的问题。这就需要对农机进行专业化、组织化、企业化、市场化的经营。一些农机合作社、农机公司都是这样应用而生的，但规模较小，覆盖的范围有限。在中国实现高标准的农业机械化，需要走市场化、专业化、组织化经营的路子，有专门的配套齐全的农业机械公司，按照市场需求来为农民提供服务。耕、种、除草、施肥、浇水、喷药、收获、分装，包括运输、储藏，甚至销售等，都可以提供全程的机械化服务。这样的公司只要研究好组织经营问题，包括政府给予一定的补贴，有利的税收政策，金融的必要支持，就肯定大受农民欢迎，就能够兴旺发达起来。专业化农机公司，应该是高水平的，精细化的，能够推动和引领农业现代化的进程的。公司制运作所需要的农业机械基本要求，应该是动力适中，多用多能、智慧智能、精准高效、耐损易护的。公司化经营，一般不受地域条件和土地范围的限制，而是哪里需要就往哪里去，什么时候需要就什么时候去。在动力上不能太小，而应适中，适合大部分地区的生产经营方式，特别是适应土地流转后的适度规模经营。拖拉机的动力应在100匹马力上下，或200匹马力左右，这样才适用和有效。而且这个拖拉机必须是先进的，能够一机多用，一机多挂，耕、种、中耕、施肥、除草、喷雾、收获、秸秆还田等各种机具都能配套，都能挂得上、用得好，而且能够做到精准作业，并能向智能化发展，有利于实用于智慧农业的发展、高效优质农业的发展。耐损、易护，所有的农机都应该具有这样的特性。

三是要盯紧和适应世界发达国家农业机械化发展的大势和最高水平，适应我国部分地区的需求，努力参与国际竞争的需要，加快发展大型、超大型的高水平的、智能化的现代精密农业机械。前边我已经提到，世界上西方发达国家，特别是西欧、北欧和北美，也包括南美的一部分国家，都采用的大农机全程机械化耕作，不但效率高，而且耕作的质量水平也很高，实现了全程机械化。而且这一发展趋势在欧洲、美洲和非洲，包括亚洲的一部分，也包括俄罗斯在内，都走的是这条路，是国际上农业机械化发展的方向。我也在前边讲了，我国由于自然条件、地理特点、生产方式决定了适用不了这种形式，但也不是全部不能实行，而在东北地区，特别是黑龙江省就基本上可以实行这种形势。黑龙江农垦的4000多万亩土地已经全部采用了大农机、高水平现代化耕作，可以说达到了世界先进水平，同欧美比并不逊色，而且在某些方面比他们的水平还要高些。黑龙江的不少县市、乡村、农户，通过土地流转，建立农机合作社，购置大型农机具，也在走这条路,中小型的农机具正在退出农田,而且发展的速度很快。黑龙江能成为中国的大粮仓,其中现代化的大农机耕作是一个重要方面。我个人认为,新疆农垦和一些新疆农业种植业集中地区,吉林省的大部分地区,河南、山东的部分地区,河北的部分地区,江苏、湖北的部分地区,即耕地面积大,成方连片的平原地区,都可以走这条路,但需要政策对头,措施有效,做大量的工作,诸如土地流转、剩余劳动力转移就业等。这是个发展趋势和方向。大农机耕作优势很多,对于活化土壤,保护耕地,蓄水保墒、抗旱除涝、作物生长、病虫防治、田间管理、收获储藏都是极为有利的,而且更为精准,更为高效,也是智慧农业所必须的。我国的大农机及其配套机具的发展目前还是个短板,能生产出国际先进水平的不多。黑龙江的大农机及其配套机具,主要从美国、德国、英国、乌克兰、意大利等国进口,我们自己生产的很少。主要是动力上不去,研发跟不上,市场规模也有限。除了我们需要外,要积极参与国际竞争,就必须把我们大型、重型农机搞上去,否则是说不上话的,也是进入不了国际市场的,至少在国际市场上没有话语权,所占的份额会十分有限。现代化的大农机不是一般的个头大就行,而是要大功率的,一般在300—500匹马力之间;挂件多的,从耕到收到运的全过程,每一个环节都不落下,包括玉米的脱粒和秸秆还田;水稻的育秧、插秧、田间管理,到收获、脱粒和包装、运输、烘干一系列工序等等,各种农作物都能做到全程机械化生产。大农机要做到超强、多能、高效、精准、智能、环保、耐用,是用现代信息技术、数字技术、大数据技术所支撑和武装起来的。

我国的农业机械化建设任务十分艰巨,不但农机制造任务艰巨,农机的推广应用也任务艰巨,需要统筹规划,统筹协调,分区分步实施,积极向前推进。

找差距知不足奋起直追

（2020年6月22日）

吉炳轩

一

当前,我国正处在实现“两个一百年”奋斗目标的历史交汇期,党的十九大作出了实施乡村振兴战略的重大决策,实现农业强、农村美、农民富对农业机械化发展提出了新的更高的要求。今年是全面建成小康社会的收官之年,突如其来的新冠肺炎疫情对经济社会发展造成了前所未有的冲击,疫情防控对稳定农业生产也提出了新的挑战。应对新形势新任务新要求,全面贯彻实施好农业机械化促进法,不仅对于推动我国农业机械化持续健康发展,实现乡村全面振兴具有深远意义,对于克服新冠肺炎疫情影响,稳住农业基本盘也具有重要的现实意义。让农业成为有奔头的产业,农民成为有吸引力的职业,农村成为安居乐业的美丽家园,机械化不可缺位。依法推动农业机械化持续健康发展,以“物”的现代化带动“人”的现代化,实现乡村治理体系和治理能力的现代化,这是推动乡村振兴战略实施,实现农业农村现代化的重要支撑;是贯彻落实新发展理念,不断深化农业供给侧结构性改革,提升现代农业竞争力,富裕农民的重要举措;是提升小农户组织化程度,将小农生产引入现代农业发展轨道的重要途径;是推动农机装备产业高质量发展,建设农机强国的重要基础;是更好发挥“三农”压舱石作用,筑牢国家粮食安全生命线的重要保障。

中国是世界人口最多的国家,确保国家粮食安全始终是国家安全的坚实基础。粮食作为人类生活的必需品,是人类从事其他一切社会活动的前提,粮食既是关系国计民生的重要战略物资,也是维护社会稳定最基础的生活资料。中国是世界人口最多的国家,如果吃饭没有保障,一切发展都无从谈起。党的十八大以来,以习近平同志为核心的党中央始终坚持将解决“三农”问题作为全党工作的重中之重,采取了一系列有力措施来确保国家粮食安全。习近平总书记多次强调,要树立确保谷物基本自给、口粮绝对安全的粮食安全观;要坚持以我为主、立足国内、确保产能、适度进口、科技支撑的国家粮食安全战略;要把中国人的饭碗牢牢端在自己手上,中国人的饭碗应该主要装中国粮。2019

年全国粮食总产量达到66384万吨，谷物自给率保持在95%以上，人均粮食占有量470公斤左右，比中华人民共和国成立初期增长了126%。去年发布的中国国家粮食白皮书中，我国向世界宣告我国保障粮食安全的立场和政策主张，向全世界表明中国依靠自身力量端牢自己饭碗的信心和决心。今年新冠肺炎疫情爆发以来，世界一些地方的民众出现囤积粮食和日用品的现象，越南、印度、泰国、哈萨克斯坦、俄罗斯等10多个国家陆续禁止或配额出口粮食等农产品。灾难来临，人们再次认识到粮食生产的极端重要性，认识到唯有粮食才是最珍贵的资源，越是面对风险挑战，越要稳住农业，保障国家粮食安全。

实现农业现代化，保障粮食和主要农产品供给离不开先进农业机械装备，没有农业机械的现代化，就不可能有中国农业的现代化，确保国家粮食安全的基础也不会牢固。从国外农业发达国家看，美国在上世纪40年代已率先实现了粮食生产机械化，每年可以生产粮食5亿吨左右，是在中国之后的世界第二大粮食生产大国，但是世界第一粮食出口国，因为他人口少，自身所用粮食很少。世界上多数农业发达国家在上世纪60至70年代也都相继实现了粮食等作物生产机械化，到90年代，农业发达国家的粮食作物、经济作物和部分蔬菜等从种植到收获都实现了全程高度机械化，畜牧业生产也实现了机械化、工厂化管理，农业劳动力占全部总劳力的比重降到3%以下。目前在我国三大粮食作物中，小麦已基本实现了全程机械化，但水稻、玉米还未实现全程机械化，特别是水稻的机械种植率才达到50%多一点，玉米机收率只有80%，丘陵山区农作物综合机械化率还不到50%，畜牧水产养殖、设施农业、农产品加工机械化率更低，多不到40%，与发达国家相比还有不小差距。关键核心技术和零部件自给率较低，农机科技创新能力不强；三大主粮作物之间、粮食作物与特色作物之间、农林牧渔各业之间农机化水平发展也很不平衡；先进的农机装备有效供给还不充分，落后农机具产能过剩与先进农机具缺门断档问题并存；作物品种、种养方式、农田作业条件与农业机械化生产还不十分协调，农机农技农艺结合也还不够紧密等等，这些都是我们在推动农机化向全程全面高质高效发展过程中，需要下气力解决的问题。

十四五是我国全国建成全面小康社会后向2035年基本实现农业农村现代化，乡村振兴取得决定性进展战略目标迈进的第一个五年，要更好地发挥农业机械化对农业农村现代化的支撑作用，要进一步解决国家粮食安全面临的突出问题，既要靠政策、靠投入、靠科技，更要靠法治，发挥好法律的引领、保障和推动作用，通过建立完善法律制度、加强法律实施监督，以良法来促进发展、保证善治。

一是要不断夯实农机科技创新发展基础，依法强化公益性科研投入保障，建立以企业为主体、以市场为导向的产业创新体系，强化知识产权保护，推动解决农机自主创新能力不强问题。要促进产学研推用融合，加大自动化、智能化等高端农机装备及其关键核心零部件研发，推动解决农机装备转型升级“卡脖子”问题。要推动主要作物与特色作物、农林牧渔各业、产加储运销各环节之间的农机科研创新，支持薄弱环节专用适用农机装备研发。

二是要依法推动先进适用农机推广应用，加快制定完善精准、智能、绿色农机标准规范，以标准体系建设引领科技创新和产业转型。要建立健全农机装备检验检测认证体系，确保农机安全性、可靠性，强化环境适应性、可维修性。要大力推广应用绿色高效农机，加快耗能高、污染重、性能低的老旧农机更新换代，推动数字信息技术与农机化相结合，促进农业绿色发展。

三是要着力提升农机服务规范管理水平，依法推动农机社会化服务与农业适度规模经营相适应，通过落实农机发展各项优惠扶持措施，培育以农机合作社为重点的各类农机作业服务组织，培养农机实用型人才和农机带头人。要大力推广土地托管、代耕代种、订单作业等社会化服务模式，规范各类主体开展跨区作业、技术培训、农机维修等服务行为，使小农户获得更为高效便捷的农机服务。

四是要健全完善农机购置作业补贴政策，依法保障粮食生产全程机械化补贴资金需求，为确保粮食安全，发展农业生产提供坚实的物质保障。要推动加大农机新品种补贴力度，全面实施农机报废更新补贴，创新贷款、保险等金融扶持措施，将资金向农民急需、产业急用的领域倾斜，向粮食主产区和新型农业经营主体倾斜，解决先进农机装备有效供给不足和供需不匹配问题。

二

现在，西方发达国家的农业生产已经进入全面的机械化、自动化阶段，不但大田作物生产全过程实现了机械化，而且一些难度大的农业产业和作业环节也实现了机械化、自动化。农业机械不仅覆盖面广,而且技术水平也越来越高,从根本上改变了农业生产条件和生产方式。先进的农机技术不断融合现代液压、仪器与控制、现代微电子和信息等高新技术,并向着大型化、高效率、多功能、复合式联合作业和信息化、智能化方向快速发展,还能做到节能与环保。

欧美一些发达国家着眼于规模效益,推动农业机械进一步向大功率和高效化方向发展。比如在拖拉机的生产应用上,最大功率和最高行驶速度持续提升,得到广泛应用的轮式拖拉机最大功率均达到 370 以上千瓦,有不少高达 500 千瓦。田间作业速度一般达到每小时 14 千米。在收获机械方面,大型联合收割机的割台收获宽度普遍达到了 10 米以上,发动机功率达到 400 千瓦以上,前进速度最高可达每小时 30 千米,小麦收获率最高可达每天 500 吨,储粮箱容量最大可达 12 立方米,大大缩短了卸粮时间,提高了工作效率。玉米、甜菜、大豆的播种机,播幅 10 米以上,有的达到 15 米以上,而且做到了深浅一致,株距均等,覆盖精细,能确保出苗均匀,时间一致。

除了大功率以外,而且正向一机多挂、复合式和联合作业发展。一机多挂,耕、耙、磨、播种、中耕、施肥、浇水、收获、粉碎,包括运输等,一台拖拉机、一个动力装置,就可以实现完成多种作业,大大节省了动力,降低了成本。复式作业将多道工序合并到一种机具上,通过一次作业完成,以充分利用功率,减少油耗,节约劳动时间,减少对土壤的碾压。过去常见的是旋耕、施肥、播种一体的复式作业机具,现在有了新的发展。一是适应保护性耕作的要求,生产出免耕深松、灭茬、施肥、播种一次完成的机具;二是兼顾气吸(吹)式精密播种、施肥等高性能作业机具的要求,将多种高性能机具前后挂接,进行联合作业。美国约翰迪尔公司系列气吹式精密播种机,采用大直面圆盘或波纹圆盘实现了开沟、施肥、播种、镇压等一体化作业;凯斯 Austoft 履带式甘蔗收获机实现切顶、剥叶、除杂、粉碎、收集等多工序一体化功能。

随着农业生产现代化的发展,农业生产各环节和不同作物都要实现机械化,所需装备的品种数量大幅增加,须满足不同作物种子加工、苗床整备、播种、田间管理、收获、产后加工、秸秆综合利用全过程的多种需求。这就使得农业生产的各个环节也实现了机械化和多样化发展。美国约翰迪尔 7760 采棉机实现了自动控制的连续采棉、压模成型、缠模、卸模一体化作业,从收获阶段就为后续运输、轧花加工做好了标准化的准备。美国加利福尼亚西红柿收获机械公司生产的大型西红柿收获机,设计生产效率达到每小时 50—70 吨,一台机器作业一天,相当于 500 人的工作量。

同时,为适应农业多样性、环境多变性、经济多层次性,全方位满足不同用户的个性需求,西方发达国家也都在不断研究新技术、开发新产品,建立以标准化、通用化为基础的农机产品设计、开发、系列体系,力求产品的多功能、多品种、多型号生产和零部件供应的通用、互换。农机产品的多用途、多功能、复合性强成为在标准化、通用化基础上产品制造应对市场需求小批量、多品种、多功能的趋势,实现产品功能结构用户定制、生产过程柔性选装,并正在从企业竞争的优势技术转变为一种企业竞争的必备技术。中耕、施肥、喷药、收获等作业部件,一机多用也正在快速发展和普及之中。

此外,随着电子和信息技术发展的突飞猛进,农业机械也正向着高度自动化、智能化方向发展。电子技术应用完成了从监控功能向智能控制的过渡,大型农业机械采用中央处理、总线技术,对农业机械进行智能化控制。田间自动导航系统、机器视觉系统等技术成果已开始应用到农业机械上,实现了农业机械作业的高效率、高质量、低成本,并提高了操作者的舒适性与安全性。激光控制平地技术、GPS 定位系统和产量传感器的应用,为获得质量较高产品的栽培决策提供依据,精确指导耕种、施肥和植保用药。

节能环保也成为农业机械发展的重要方向之一。节能、低排放的拖拉机、保护性耕作机械、节水灌溉机械、精量播种机械、药低残留的植保机械等已成为发达国家农业机械发展的主流。为了降低大型拖拉机及配套耕作机械对土地的压力,很多拖拉机采用超低压轮胎和橡胶履带;钟式犁全部是液压旋转双向犁,减少转弯浪费,既减少了空运转时间、提高作业效率,又节约油料、降低生产成本;气流输送喷雾机械,使药液更加定向集中、雾滴更细,可以喷射到植株叶面的背面及靶标,提高了防治效果,防止了药液飘散,实现了对飘逸雾粒的回收,减轻了对环境的污染;基于大型拖拉机才能够完成的节本增效联合复式作业、改善土壤环境的深松浅耕、联合整地与节约种肥的精密播种施肥等,早作农业保护性耕作技术及机具,也大量用于农业生产,实现了土壤质构改善、节约环保的生态持续发展功能。

总的来说，发达国家农业机械的生产和制造已经从过去传统的制造方式转向现代制造方式，产品的数字化设计技术、数控加工技术、柔性生产线、各种工业机器人已大量运用于生产之中。企业已经建立了完整的信息化管理系统，先进的生产管理技术也已应用到生产实际。采用现代产品开发技术，注重产品的创新设计，缩短产品的设计周期；可靠性预定寿命技术也已应用于产品设计中，立足基础数据，等价设计产品寿命；生产工艺更适应批量小、品种多、质量高的要求，生产柔性更大，效率更高；生产过程在线质量检查技术全面应用，确保全程质量、全生命周期的质量要求。等离子切割、激光切割、数控成型、机器人焊接、高精度加工中心、数控化热处理等保障了零部件的精度和一致性；机器人喷漆、全自动表面涂装线、无人化组装生产线、装备过程在线检测、整机性能测试等全方位把好质量关口；现代物流、智能调度、协同制造进一步精细化，降低了资金成本。

三

为适应经济发展新常态、农业现代化新要求，我国农业机械化不断创新宏观调控方式，推动形成装备结构优化、发展机制变革、发展方式转变的良好态势，农机装备水平、作业水平、科技水平和社会化服务水平实现了前所未有的快速提升。目前，全国农业机械总动力达10多亿千瓦，大中型拖拉机保有量达600多万台。一些薄弱环节机械化取得突破性进展，粮食生产急需的水稻插秧机、玉米联合收获机数量保持高速增长，保有量分别达到70多万台、40多万台，主要农作物耕种收综合机械化水平达近70%。保护性耕作、深松整地、高效植保、秸秆还田等重点机械化技术大范围推广应用。农机社会化服务向纵深发展，农机合作社超过5万多个，农机作业服务实现种植业、养殖业、农产品初加工等领域全覆盖。农业机械化强劲需求拉动了农机工业的快速发展，全国规模以上农机企业主营业务年收入近5000亿元，占全球农机产值的近半壁江山。但要清醒看到的是，与现代农业发展的要求相比，我国农业机械化发展仍存在诸多短板。从作物上看，虽然小麦生产基本实现了耕种收机械化，但其他作物的综合机械化水平仍然偏低；从环节上看，虽然耕整地环节机械化水平较高，但部分作物的播种、植保、收获、烘干、秸秆处理等环节机械化水平仍然滞后；从区域上看，虽然东北、中原、华北、华东等地区装备水平和农机作业水平较高，但其他地区相对落后。至于我们的机械动力、种类、功能、作业质量、技术含量，特别是精细耕作，精准作业、数字控制、全程机械作业等，都还有很大差距。我们的农业机械除了发展不平衡外，还多是初级的、中低水平的。

目前，我国已经进入传统农业向现代农业快速转变的关键时期，农业发展趋势从主要追求数量向质量和数量并重、从生产导向向需求导向、从资源消耗的粗放经营向创新驱动的集约经营转变。农业机械化是现代农业发展的关键和保障，机械化生产方式的主导地位日益增强。农业机械化将朝着全程、全面、高质、高效方向发展。随着农业畜牧业多样化发展的需要，农业机械化的生产也将由粮食作物向经济作物倾斜，由种植业向养殖业延伸，重点突破薄弱环节机械化，大力推进生产全程机械化，积极开拓农业全面机械化，努力实现提质增收。区域结构也将由平原地区向丘陵山区推进，努力开拓发展空间，优化区域发展格局，实现协调平衡发展。装备结构要为构建产前、产中、产后融合发展的全产业链提供农业机械化支撑，主攻薄弱环节先进适用装备并加强装备由中低档向中高档更新换代、提档升级。组织结构方面，将加大培育有适度规模的农机大户、农机专业合作社、家庭农场的力度，进一步提高农机经营的市场化、组织化程度。人员结构方面，须加大职业教育培训力度，大力提高农机从业人员素质和在农业从业人员中的比重，充分发挥农业机械化从业人员在发展现代农业中的主力军作用。应该尽快做到，棉、油、糖等大宗作物育、耕、种、管、收、运、储等主要生产环节全程机械化模式基本构建，大型拖拉机及其复式作业机具、大型高效联合收割机等高端农业装备及关键零部件制造技术水平明显提升。农机装备信息收集、智能决策和精准作业能力显著增强，加快构建“互联网+”、大数据和信息化技术的农机管理、推广、监管、流通和服务体系。主要农作物耕种收综合机械化率达到90%以上，平原、川区和一些条件好的县市应实现主要农作物生产全程机械化。

目前，我国农业机械化发展仍存在薄弱环节急待突破。主要是农机化科技创新能力不强，农机、农艺融合不够紧密，农机装备技术存在许多短板甚至空白，低端产品产能过剩，高效率、多功能、精准化农机装备缺乏。结构性矛盾突出，部分农业生产环节机具趋于饱和或已经饱和，动力机具多、配套机具少，配套比不合理的问题不但存在，而且还较突出。作物间、地区间、行业间机械化差距还很大,马铃薯种植与收获、棉花采摘、油菜种植与收获、甘蔗收获等环节机械化水平都不高。南方水田区、西南丘陵山区机械化发展还较滞后。畜牧业、渔业、农产品初加工机械化水平也还很低。农机服务组织发展质量和效益也不高,熟练机手及高素质的合作社领头人紧缺。局部地区农机具相对饱和,单机作业规模和效益递减态势明显。农机安全生产监管手段也较薄弱。我们必须要着力在优化结构、增强动力、化解矛盾、补齐短板上取得突破性进展。

对检查农业机械化促进法实施情况报告的意见和建议

8月10日,十三届全国人大常委会第二十一次会议审议了全国人大常委会副委员长吉炳轩作的全国人大常委会执法检查组关于检查农业机械化促进法实施情况的报告,共有20人次发言。现根据会议发言情况,将常委会组成人员和列席人员的主要意见整理如下。

出席人员普遍认为,农业机械化是现代农业的重要标志,是实施乡村振兴战略的重要支撑。农业机械化促进法颁布实施以来,国务院及地方各级政府做了大量扎实有效的工作,推动农机装备数量快速增长、农机作业面积不断扩大、农机化水平稳步提升,有力提高了我国农业生产力水平。大家强调,要针对当前农机发展不平衡不充分的突出问题,从推动科技创新、加强推广应用、优化作业服务、完善扶持政策、提升监管能力等方面,大力推进农业机械化、智能化,不断巩固农业基础地位,加快实现乡村振兴。审议中,大家还提出了一些具体意见和建议。

一、推进农业机械科技创新

有些出席人员认为,应从国家战略高度统筹谋划农业机械科技创新,集中力量攻克核心部件、关键工艺等技术短板,积极推进大型现代农业和专业农机具装备的研发和使用,争取掌握产业竞争和发展的主动权。有些出席人员提出,推进农业机械科技创新应统一布局、联合攻关,既强化本领域本学科的创新驱动能力,也鼓励引导机械制造、人工智能等相关行业的优势力量积极参与,为研发创新增添"跨界"力量。有的出席人员指出,农机装备仿制门槛低,有的新机具刚投入使用就被仿制销售,极大影响技术创新的积极性。应高度重视农机知识产权保护,健全保护制度,加大对侵权行为的惩处力度。有的出席人员提出,农机科技人才是提高农机科技创新能力和农机作业服务水平的基石,应从学科建设、高校招生、专业教学、就业促进等方面,加大农机专业人才培养力度。有的出席人员提出,编制"十四五"时期科研领域专项规划时,应把研发农业机械特别是先进适用小型农业机械作为重要内容,进一步加大研发支持力度。

有的出席人员建议,应加大对智慧农机服务平台建设的财政支持力度,大力推广"互联网+"农机作业,促进物联网、大数据、智能控制、卫星通信等信息技术在农业装备、农机作业和监管服务上的应用,促进现代农业向智慧农业跨越发展。有的出席人员提出,应在保护性耕作、秸秆还田、精准播种施肥灌溉、农业废弃物资源化利用等方面重点攻关,推动农机化与信息化融合发展。

二、加快薄弱地区和环节适用农机的研发推广

有些出席人员提到,许多南方丘陵山区田块细碎,高低不平,机耕道路缺乏,农机"下田难""作业难",加之农艺栽培模式复杂、适用机具不多,存在"无机可用""无机好用"等问题。一些农机企业反映,适用丘陵山区的农机装备研发投入大、周期长,但市场规模小、售后成本高、利润微薄,企业研发积极性不高。建议:(1)畅通农田宜机化改造新增耕地的技术审查、数量认定和政策兑现渠道,建立农田宜机化改造新增耕地指标跨行政区域交易机制。(2)完善机耕道路、灌溉排水、输电线路等基础设施,为农业机械化生产创造必要条件。(3)对产量小、利润薄、农业生产切实需要的农业机械,由政府定点招标生产并予以适当补贴。

三、优化农机作业服务

有的出席人员指出,一些新型智能高效农机产品由于鉴定机构不多、标准不完善不统一,不能及时通过鉴定纳入购置补贴目录,使得农民"想要补

不了”。建议:(1)畅通创新产品鉴定渠道,围绕经济作物、养殖业、农产品加工等生产急需、农民急用的农机产品,加快鉴定大纲的制定和鉴定能力建设。(2)深化鉴定工作“放管服”改革,落实鉴定机构主体责任,推进鉴定大纲全国通用、结果全国互认。有的出席人员指出,目前农机技术推广机构存在编制减少、人员老化、经费不足等问题,特别是高层次、专业化人才短缺,农机行业从业人员待遇普遍偏低,人才断代断层问题凸显,建议对此问题予以重视。一些出席人员提出,应积极扶持家庭农场、专业合作社等新型农业经营主体和经营模式,发展多种形式适度规模经营,为农业机械化提供更广阔坚实的基础和条件。

四、完善支持政策

有些出席人员提出,应在总体保持政策连续性和稳定性的前提下,适当调整农机购置补贴结构,突出质优高效、绿色环保导向,向丘陵山区等地区和畜牧业、林果业、设施农业、农产品加工业等领域农机适度倾斜,将更多小型智能农机纳入补贴范围。有些出席人员指出,应进一步改进农机作业燃油补贴方式,选择有条件的地方开展农机作业燃油直补试点,让从事农机作业的合作社和农机手直接享受到政策优惠。有的出席人员认为,应将农机库棚等纳入农业机械化基础设施建设范围,推进农机存放、烘干等用地政策落实落地。有的出席人员提出,应创新支持农机发展的金融产品和服务,研究制定普惠性金融支持政策,拓宽信贷支持范围,完善配套服务,探索推进大型农机抵押融资试点等工作,为农民和农机服务组织多元化融资提供便利。有的出席人员提出,应把农机化、水利化、高标准农田建设等方面资金政策统筹起来,集中优势资源,形成推进农业现代化发展的合力。

全国人民代表大会常务委员会执法检查组关于检查《中华人民共和国土壤污染防治法》实施情况的报告

——2020 年 10 月 15 日在第十三届全国人民代表大会常务委员会第二十二次会议上

全国人大常委会委员长　栗战书

全国人民代表大会常务委员会:

十三届全国人大常委会履职以来,深入学习贯彻习近平生态文明思想,紧扣党中央决策部署和法律制度规定,连续开展了大气污染防治法、水污染防治法等环境保护法律的执法检查。今年开展土壤污染防治法执法检查,是依法助力打好污染防治攻坚战和净土保卫战的又一项实际行动,目的是发挥人大职能作用,推动各地区各部门落实法律责任,着力解决土壤污染农产品安全和人居环境健康两大突出问题,确保人民群众生命健康安全和土壤资源永续利用,确保党中央关于生态文明建设的决策部署落地生根见效。

执法检查组由中共中央政治局常委、全国人大常委会委员长栗战书担任组长,沈跃跃、丁仲礼副委员长,杨振武秘书长和环资委高虎城主任委员任副组长,成员由全国人大常委会委员、环资委委员和部分全国人大代表共 15 人组成。7 月 27 日执法检查组在京召开会议,听取了国务院及有关部门实施土壤污染防治法情况汇报。8 月至 9 月,执法检查组分为 3 个小组,分别赴江苏、山东、甘肃、重庆、天津、河北等 6 个省市开展实地检查,深入到 21 个地市,召开 18 场座谈会,听取了地方政府和有关部门的汇报,与五级人大代表和专家学者、基层执法人员、企业负责人进行了深入座谈,广泛听取各方面的意见建议。同时,委托其他 25 个省(自治区、直辖市)人大常委会对本行政区域法律实施情况开展检查,实现了执法检查范围全覆盖。

这次执法检查有几个特点:一是深入学习贯彻习近平生态文明思想,所到之处检查组带头宣讲,号召各方面以实际行动确保党中央关于扎实推进净土保卫战的决策部署落到实处,及时传达习近平总书记对确保粮食安全、坚决制止餐饮浪费行为重要指示精神。利用“学习强国”平台组织开展法律知识专项答题,组织开展法律知识问卷调查,引导广大干部群众进一步增强法治意识，推动法律学习宣传贯彻。二是法律实施刚刚一年就跟进实施情况检查，把法律实施情况检查与立法工作放在同等重要位置。三是在疫情防控新常态下，采取常规检查与随机抽查相结合，网络调研与问卷调查相结合等方式，执法检查工作安全有序，全面掌握法律实施情况，着力提升监督实效。四是坚持问题导向，突出重点开展检查。紧密围绕"吃得放心、住得安心"的总要求，突出农用地和建设用地安全利用，深入了解法律实施情况，深入分析法律责任落实中的问题，依法推动解决土壤污染防治工作中存在的突出问题。五是将代表议案建议办理工作与执法检查相结合，通过召开座谈会，面对面听取人大代表、专家学者和基层执法人员、企业代表意见建议，全面、准确、深入了解法律实施情况。六是委托第三方开展评估，发挥研究机构、专家的专业优势和集体智慧开展技术评估，助力执法检查，推动精准、科学、依法防治土壤污染。

现将本次执法检查的主要情况报告如下：

一、法律实施进展

土壤污染防治法于 2018 年 8 月 31 日由十三届全国人大常委会第五次会议全票通过，于 2019 年 1 月 1 日起正式施行，填补了我国土壤污染防治领域的立法空白。法律实施以来，各地区各部门深入贯彻落实习近平生态文明思想和党中央决策部署，加快推进实施土壤污染防治法，立足预防为主、保护优先、分类管理、风险管控，采取一系列有效措施，遏制了污染加重趋势，保障了土壤环境质量总体稳定。

（一）全社会土壤生态环境保护意识增强

一是各省（自治区、直辖市）高度重视土壤污染防治法贯彻实施。地方主要负责同志或专题研究或作出指示批示，加强组织指导，依法推动土壤污染防治工作。湖南省委书记、省人大常委会主任带队开展执法检查，北京、内蒙古、黑龙江、上海、浙江、广西、陕西、青海、新疆等地人大常委会主任或党组主要负责同志担任执法检查组组长，江苏、山东、甘肃、重庆、天津、河北等地人大常委会认真配合全国人大常委会开展现场检查，江西、河南、四川、宁夏等地结合执法检查同步开展土壤污染防治立法调研，山西、辽宁、吉林、安徽、湖北、福建、广东、海南、贵州、云南、西藏等地人大常委会扎实开展本行政区域内的执法检查。二是各地政府及其相关部门认真履行法定职责，积极推动土壤污染防治工作。地方政府加强土壤污染防治组织领导，加快部署和落实工作任务。相关部门依法推动土壤污染状况详查，推进落实农用地土壤环境质量类别划分、建设用地土壤污染风险管控等法律制度。三是企业土壤污染防治的自觉性和主动性不断提高，越来越多的企业认识到加强环境保护既是发展大局需要，也符合自身长远利益，依法治污、保护生态环境的法治意识和主体意识逐步增强。四是人民群众依法参与和监督污染治理的意识逐步增强，公众参与土壤污染防治的积极性不断提高，监督环保的行动更加自觉。

（二）依法开展土壤污染普查、调查、监测等基础工作

一是完成农用地普查。2019 年 6 月，完成全国农用地土壤污染状况详查，基本查明了农用地土壤污染的面积、分布及其对农产品质量的影响，并在耕地土壤环境质量类别划分、农用地安全利用等工作中应用。二是推进重点行业企业用地调查。针对在产企业、关停企业开展摸底调查。完成基础信息收集和风险筛查，对 11.4 万个地块开展调查。三是监测网络逐步建立。生态环境、农业农村、自然资源部门整合相关力量，统一规划监测站点设置，共布设约 8 万个监测点位，初步建成国家土壤环境质量监测网。

（三）依法加强土壤污染防治法规标准体系建设

一是推进配套部门规章和地方性法规。按照法律要求，国务院有关部门出台了《污染地块土壤环境管理办法（试行）》《农用地土壤环境管理办法（试行）》《工矿用地土壤环境管理办法（试行）》《农用薄膜管理办法》《农药包装废弃物回收处理管理办法》等部门规章；制定《土壤污染防治专项资金管理办法》《土壤污染防治基金管理办法》等配套文件，土壤环境监管和保障措施不断健全。地方立法加快推进，天津、山西、山东、湖北等地颁布实施土壤污染防治条例，湖南、广东、福建、重庆等地出台土壤污染防治法配套实施办法。二是推进标准制定修订。国务院有关部门制修订了《土壤环境质量　农用地土壤污染风险管控标准（试行）》《土壤环境质量　建设用地土壤污染风险管控标准（试行）》《农用污泥污染物控制标准》，肥料中有毒有害物质的限量要求、全生物降解农用地面覆盖薄膜等国家标准和《环境影响评价技术导则　土壤环境（试行）》《建设用地土壤污染状况调查技术导则》《受污染耕地治理与修复导则》《耕地污染治理效果

评价准则》等一系列标准规范。

(四)依法加大污染预防、源头管控力度

坚持“预防为主、保护优先”原则,抓好工业、农业、生活污染源管控。一是加强工业污染源管控。推进重金属污染防控工作,实施重金属减排工程850多个。生态环境部组织开展耕地周边涉镉等重金属重点行业企业排查整治行动,整治污染源1400多家,切断污染物进入农田的链条,耕地周边工矿污染源得到整治。大幅减少进口固体废物种类和数量,2020年底前基本实现零进口目标。工业和信息化部制定发布《绿色制造工程实施指南》,推进钢铁等7大领域21个重点行业淘汰落后产能大幅减少工业固体废物产生,推动工业固体废物综合利用。31个省(自治区、直辖市)发布土壤污染重点监管单位名录,涉及企业1万余家。应急管理部牵头印发《防范化解尾矿库安全风险工作方案》,完成全国7687家危化品重大危险源企业、2.2万处重大危险源的督导检查,强化危化品重大危险源安全风险管控。完善排污许可证申请与核发技术规范体系,25个有关重点行业的技术规范均规定了土壤污染防治要求,指导地方核发排污许可证,对土壤污染重点监管单位提出明确的土壤污染防治责任和义务。二是强化农业面源污染防控。推进测土配方施肥,开展果菜茶有机肥替代化肥试点,开展耕地质量保护与提升,化肥农药施用量连续四年负增长。支持585个畜牧大县推进畜禽粪污资源化利用,全国畜禽粪污综合利用率达到75%。建设260个秸秆综合利用重点县和100个农膜回收示范县。实施耕地轮作休耕3000万亩,推广保护性耕作1.1亿亩,实施黑土地保护利用综合治理2270万亩。三是推进生活污染源管控。加大生活污水处理、黑臭水体排查治理,非正规垃圾堆放点整治力度。2019年以来,全国城市共排查污水管网27.8万公里,新建改造污水管网4.9万公里。截至2020年6月,全国地级及以上城市建成区黑臭水体消除比例近90%。2019年,全国城市生活垃圾清运量2.47亿吨,无害化处理率99.2%。截至2020年6月底,全国排查出2.4万个非正规垃圾堆放点,整治完成率96.6%。印发《农业农村污染治理攻坚战行动计划》,推进农村环境综合整治。

(五)依法推进土壤污染分类管理和风险管控

一是落实农用地分类管理制度。按照土壤污染程度和相关标准,农用地划分为优先保护类、安全利用类和严格管控类。截至2020年8月底,全国2384个县完成耕地土壤环境质量类别划分,占总任务量的86%。农业农村部、生态环境部印发了《关于进一步做好受污染耕地安全利用工作的通知》,组织召开全国受污染耕地安全利用现场推进会,建立月度调度制度。自然资源部出台了《关于探索利用市场化方式推进矿山生态修复的意见》,明确要求矿山修复形成的耕地及其他农用地质量要达到土壤环境质量要求,联合农业农村部印发了《关于加强和改进永久基本农田保护工作的通知》,依法落实农用地分类管理要求。二是落实建设用地土壤污染风险管控和修复名录制度。全国有30个省份已依法建立并公开建设用地土壤污染风险管控和修复名录。相关部门联合部署应用全国污染地块土壤环境管理信息系统,从建立地块清单到调查、评估、管控、修复等流程管理基本实现信息共享。生态环境部、自然资源部联合部署开展污染地块安全利用情况摸底调查和现场检查,推进污染地块安全利用率核算试点工作。

(六)强化法律宣传和实施保障

一是加强普法宣传。执法检查组在执法检查中推动土壤污染防治法的学习宣传贯彻,对地方各级党政机关、政府相关部门和企业开展问卷调查并组织开展法律知识专项答题活动。通过问卷和答题,进一步推进各级党政机关工作人员、企业负责人和广大社会公众学习法律重点条文规定,理解法律的精神要义。地方政府及其相关部门积极利用新闻媒体宣传土壤污染防治法,督促企业学习法律制度规定,引导公众了解土壤污染防治法和相关知识。二是加强资金保障。中央财政加大资金投入,2018—2020年累计安排土壤污染防治专项资金125亿元,支持土壤污染源头防控、风险管控、修复、监管能力提升等。推动建立省级土壤污染防治基金,撬动社会资本进入土壤污染防治领域,多渠道支持土壤污染防治工作。三是加强执法司法保障。最高法、最高检高度重视土壤污染案件审理,推进环境资源审判体系构建,印发最高人民法院关于审理生态环境损害赔偿案件的若干规定(试行)、关于开展检察机关参与土壤污染防治行动专项监督活动的实施方案,发布中国环境资源审判(白皮书)及典型案例。四是加强科技保障。科技部启动实施场地土壤污染成因与治理技术、农业面源和重金属污染农田综合防治与修复技术研发重点专项,投入国拨经费25亿元。农业农村部开展耕地重金属污染防治联合攻关,生态环境部组织开展土壤污染综合防治先行区建设和土壤污染治理与修复技术应用试点,不断提升土壤污染防治科技支撑能力。

二、存在的主要问题

土壤污染防治法实施一年多时间，各地区各部门依法开展大量工作，但土壤污染防治历史欠账多、治理难度大、工作起步晚、技术基础差，土壤污染形势依然严峻，法律实施中还存在不少问题，依法打好净土保卫战任务艰巨。

（一）法律学习宣传普及不够，法律责任落实有差距

法律第 10 条对法律宣传教育和科学普及作出规定。检查发现，一些地区法律宣传普及形式单一、范围窄，干部群众对依法防治土壤污染的重要性、紧迫性和治理的长期性、艰巨性认识不足。一些部门工作人员对法律不熟悉，对法律理解认识和依法办事能力不足。部分企业负责人学法不主动，对法律制度规定不够了解，依法防治污染的意识不强。公众对法律法规具体内容知晓率不高。法律多个条款规定了各级政府及其有关部门的法定职责，规定了企业污染防治的主体责任，强化了污染者、违法者的法律责任。检查发现，法律责任落实不够。一些地方政府对土壤污染防治重视程度不够，责任落得不实，存在压力传导逐级递减和"政热企冷"等现象。一些部门对法定职责认识模糊，履行职责不到位，多偏重于本部门、本行业的管理，协调协作不够。有的企业履行土壤污染防治义务不够到位。

（二）配套法规标准不健全，规划制度未落实

法律第 48 条规定的土壤污染责任人认定有关办法尚未出台，在土壤污染责任人不明确或存在争议时，污染者担责原则难以有效落实。法律第 12 条规定加强土壤污染防治标准体系建设，但有关污染和修复的标准不够全面、明确、具体，标准体系亟待健全完善。农用地土壤污染风险评估标准体系尚未建立，农用地风险评估规范性、权威性不够。法律第 28 条要求农田灌溉用水应符合相应的水质标准，但目前农田灌溉用水水质标准关于重金属的控制指标与农用地土壤污染风险管控标准相比存在缺项，可能产生"水质可达标，土壤仍污染"的问题。法律第 61、66 条等关于建设用地准入管理的规定，与土地管理法及其实施条例、城乡规划法、建筑法中有关规定缺少衔接。农药管理条例与土壤污染防治法在有关处罚条款方面不一致。法律第 11 条规定，设区的市级以上地方人民政府应当编制土壤污染防治规划，县级以上的地方人民政府应当将土壤污染防治工作纳入国民经济和社会发展规划、环境保护规划。目前各地普遍存在未编制土壤污染防治规划或规划编制不科学的问题，法律制度落实不到位。

（三）农用地分类管理有待加强

法律第 49 条规定了国家建立农用地分类管理制度，但目前农用地分类管理尚未实现全覆盖，需要加快推进。法律第 53、54、56 条对安全利用类和严格管控类农用地地块应当采取的风险管控措施作出规定，但全国受污染耕地安全利用、严格管控措施尚未全面实施，各地工作进展不平衡，部分土壤污染较重的省份实现 2020 年底受污染耕地安全利用率 90% 左右的目标面临一些困难。法律第 27、29、30 条对农用地污染预防作出了规定，但检查发现农业面源污染防控压力大，农业废弃物处理机制不完善，废弃农膜、农药瓶回收处理能力不足，个别地区农膜在土壤中滞留时间长，残膜回收难。法律第 57 条对编制农用地修复方案作出规定，但当前农用地土壤污染修复方案的编制合理性有欠缺，修复技术不成熟，经济技术分析不足，修复成本过高。个别地区农用地土壤污染修复成本高达每亩数万元，甚至高达 30 万元/亩，脱离国情实际。

（四）建设用地风险管控亟待强化

法律第 61 条规定，列入建设用地土壤风险管控和修复名录的地块，不得作为住宅、公共管理与公共服务用地。个别地方将列入名录的污染地块作为公共服务场所使用，存在管理漏洞。法律第 66 条规定，未达到土壤污染风险评估报告确定的风险管控、修复目标的建设用地地块，禁止开工建设任何与风险管控、修复无关的项目。个别企业在建设用地地块没有达到土壤污染风险管控和修复目标要求的情况下，就急于开发利用。法律第 67 条对土壤污染重点监管单位生产经营用地用途变更时开展调查作了规定。个别地方对相应地块用途变更时未依法开展土壤污染状况调查。法律第 40 条规定实施风险管控和修复活动要做好废水、废气和固体废物的处置，设立公告牌等措施。有些项目实施过程中无公告牌，一些建设用地修复项目粗放施工，二次污染防治不到位。

（五）法律实施保障不足

法律第 9 条对土壤污染防治科学技术研究开发应用及人才培养作出规定。当前土壤污染修复和风险防控专业人员严重缺乏，专业人员培养不足。治理和修复关键核心技术原创性不强，科技研发投入评价机制不完善。法律第 43、80 条对土壤污染状况调查和土壤污染风险评估从业单位监管作出规定。但行业技术水平参差不齐，依靠信用系统强化

对从业单位的监管工作尚未启动，存在市场无序竞争问题。法律第69条至74条规定了土壤污染防治的鼓励和保障措施。目前税收、金融等方面尚未出台相关细化举措，法律制度落实缺乏有力抓手。省级土壤污染防治基金尚未建立，土壤污染防治资金来源渠道少，资金保障能力不足。

（六）监督执法不够到位

法律第77、78条对土壤污染防治执法监管作出规定。地方反映，土壤污染的隐蔽性、复杂性强，执法监管的技术性、专业性要求高，执法人员不足、配置不合理，土壤污染防治专业能力较低，存在执法能力欠缺、违法问题发现不及时、违法行为查处力度不够等问题。据初步统计，截至2020年6月，全国各级生态环境部门共立案查处49起案件，罚款合计586.28万元。地方相关部门反映，存在土壤污染调查、修复过程环境监管不到位问题，"二次污染"隐患突出。现场执法缺少具体指导性文件，执法规范性不强。基层司法机关反映，土壤污染案件立案难、起诉难、执行难，执法取证技术鉴定花费时间长、费用高，影响司法办案效率。

三、意见和建议

土壤污染防治法为打好净土保卫战提供了有力法治保障。要高度重视，全面正确有效实施土壤污染防治法，坚持预防为主、保护优先，依法做好土壤污染风险管控和修复工作；坚持从实际出发、区别对待，因时因地因情因需有序有效推进工作；坚持突出重点、统筹兼顾，加快建立政府和社会共同参与的法律实施保障机制；坚持持续发力、久久为功，确保土壤污染防治工作在法治轨道上运行，确保让人民群众"吃得放心、住得安心"。

（一）切实提高政治站位，严格落实法律责任

各地区各部门要深入贯彻习近平生态文明思想和党中央决策部署，牢固树立"绿水青山就是金山银山"的理念，认真贯彻实施土壤污染防治法，依法打好净土保卫战。要认真对照土壤污染防治法各项制度规定，严格落实领导责任、监管责任和工作责任，严格落实土壤污染防治目标责任制和考核评价制度。要把强化预防保护和风险管控原则贯穿土壤污染防治全过程，从源头上控制和减少新的污染发生，已经污染的土壤要坚决遏制污染加重趋势。要构建监管体制完善、责任机制明确、密切协调配合的土壤环境综合管理体系。坚持将土壤污染防治与大气污染防治、水污染防治、固体废物污染防治统筹部署、综合施策、整体推进。企业在生产经营活动中要认真做好隐患排查和污染监测，严格落实污染防治主体责任。

（二）健全配套法规标准，统筹协调推动工作

国务院有关部门要加快工作步伐、加强沟通协调，尽快研究出台土壤污染责任人认定办法等配套法规制度，修改与法律不衔接的法规，使法律法规保持系统性、一致性。要健全相关部门信息共享和协作机制，强化协同联动，形成工作合力。要完善法律配套制度与生态环境损害赔偿制度、公益诉讼制度方面的衔接机制。要严格落实土壤污染防治规划制度，科学编制土壤污染防治规划，依法将土壤污染防治工作纳入国民经济和社会发展规划、环境保护规划。要加大土壤污染防治资金投入力度，鼓励指导地方加快推进落实省级土壤污染防治基金制度，加强资金投入绩效评价与考核。要加快研究制定土壤环境及监测技术规范，尽快形成科学严密、有机衔接的风险管控和修复标准体系，确保标准的制度化、规范化、可操作、可执行。地方人大、政府要主动担当尽责，加快地方立法，结合本地实际将法律制度落实落细，进一步织密织牢土壤污染防治的法制网。

（三）加强农用地风险管控和修复，确保"吃得放心"

加大农用地特别是耕地保护力度，将符合条件的优先保护类耕地划为永久基本农田，依法实行严格保护。要因地制宜、分类施策，严格落实农用地分类管理制度。对安全利用类的土地，优先采取农艺调控、替代种植等措施，在能够保证安全的前提下进行利用，确保农产品安全。对于严格管控的重污染地块，按规定采取调整种植结构、退耕还林还草、退耕还湿、轮作休耕、轮牧休牧等措施，坚决从严管控风险，坚决杜绝危害人民群众生命健康安全的问题发生。要结合地方实际，加快开展耕地土壤污染成因排查与分析工作，加强农用地风险评估，强化污染源头管控。推动发展绿色有机农业，控制农业面源污染、对农药化肥实行总量控制并逐步减量使用，提高农用薄膜、农药包装物安全回收利用和无害化处理率。

（四）严格建设用地准入管理，确保"住得安心"

要严格落实土壤污染风险管控和修复名录制度，做好污染状况调查、监测和评估。建立健全部门联合监管机制，完善并强化建设用地准入管理，重点加强对土壤污染重点监管单位生产经营用地的用途变更及使用权转让的监管。对存在污染风

险的地块,不一定急于修复、急于使用,不能确保安全就坚决不用,特别是不能作为住宅、公共管理和公共服务用地。要根据土地不同用途、不同污染程度,按照不同管理要求,从实际出发,突出重点,把握好轻重缓急,扎实有效开展修复治理,力戒形式主义、盲目“一刀切”。

(五)强化法律保障落实,提高法律实施效力

要坚持需求和问题导向,整合优化科技资源配置,针对不同区域类型、行业特征、污染成因的污染场地,鼓励科研机构和企业针对性加大技术攻关力度,避免科研和实践需求脱节。对土壤污染共性问题,要集中力量攻关,开发易推广、成本低、效果好的修复工程技术与装备,形成标准化、模块化、可复制的治理技术模式,做好研发、转化、应用和推广工作。要建立土壤污染治理和修复从业单位信用评价制度,按照法律规定的范围和程序做好信息公开,加强对土壤修复行业的指导和事中事后监督,引导土壤修复行业健康发展。

(六)强化监督执法,严厉打击违法行为

要严格落实法律规定,着力强化人大监督、执法监督、新闻监督、社会监督。各级人大要切实履行法律监督检查职责,在每年听取政府环境状况和环境保护目标完成情况的报告时,要把土壤污染防治情况作为重要内容,积极督促、推动和支持本级政府及相关部门依法开展土壤污染防治工作。要充分发挥社会公众对土壤污染防治的监督作用,尊重社会组织和公众对污染土壤行为的知情权、报告权和举报权,依法规范社会组织和公众参与土壤污染防治,形成监督合力。要加强土壤环境监管、监测和执法能力建设,重点充实基层一线执法人员,提高执法人员专业素质和执法水平。要注重通过科技手段提高监管能力,加强土壤环境管理信息系统建设,鼓励发挥土壤污染防治领域有关技术单位和专家专业优势。要建立多部门联合执法机制,形成惩治污染土壤违法行为的强大合力。执法部门和司法机关要坚持有法必依、执法必严、违法必究,强化行政执法与刑事司法有机衔接,依法加强对土壤污染防治全过程监管。对典型违法案件要严惩重罚、及时曝光,对违法者严格追究法律责任,让法律利剑出鞘,彰显法治力量,维护法律权威。

同志们,今年是全面建成小康社会的收官之年,是打好污染防治攻坚战的决胜之年。土壤环境质量状况直接关系到农产品安全,关系到人民群众的身体健康、生命安全,关系到全面小康的成色和质量。要深入贯彻实施土壤污染防治法,依法推动解决土壤污染突出问题,以实际行动把习近平生态文明思想和党中央决策部署落实到位,为确保实现全面建成小康社会奋斗目标、加快建设美丽中国作出贡献。

以上报告,请审议。

在全国人大常委会土壤污染防治法执法检查组第一次全体会议上的讲话

(2020 年 7 月 27 日)

栗战书

检查土壤污染防治法实施情况,是今年常委会监督工作的一项重要任务,也是本届常委会深入贯彻习近平生态文明思想,助力打好净土保卫战和污染防治攻坚战的又一项实际行动。今天,我们召开执法检查组第一次全体会议,正式启动这项工作。

刚才,王勇同志介绍了国务院贯彻实施土壤污染防治法进展情况和下一步工作考虑,高虎城同志介绍了执法检查工作安排和前期准备情况,生态环境部、科技部、财政部、自然资源部、住房城乡建设部、农业农村部的负责同志作了发言,国家发展改革委、教育部、工业和信息化部、应急管理部、国家林草局和最高人民法院、最高人民检察院提供了书面材料。大家都高度重视,作了认真准备。下面,我从三个方面讲点意见。

一、持续深入学习贯彻习近平生态文明思想,助力打好污染防治攻坚战,确保全面建成小康社会目标任务顺利实现

党的十八大以来,以习近平同志为核心的党中

央把加强生态文明建设作为统筹推进“五位一体”总体布局的重要内容，习近平总书记亲自部署、亲自指挥，开展一系列根本性、开创性、长远性工作，污染治理力度之大、制度出台频度之密、监管执法尺度之严、环境质量改善速度之快都是前所未有的，推动生态环境保护发生历史性、转折性、全局性变化。习近平总书记发表一系列重要讲话，深刻回答了为什么建设生态文明、建设什么样的生态文明、怎样建设生态文明的重大理论和实践问题，形成了习近平生态文明思想。习近平总书记提出的“绿水青山就是金山银山”、“坚持人与自然和谐共生”、“形成绿色发展方式和生活方式”、“统筹山水林田湖草系统治理”等重要论述已经成为人们的共同理念，天更蓝、水更清、山更绿正在一步一步变为现实。

为了确保实现第一个百年奋斗目标，习近平总书记、党中央着眼全面建成小康社会的短板问题，作出了打好污染防治攻坚战的重大决策部署，其中最主要的任务是打好蓝天、碧水、净土三大保卫战。2018 年 5 月 18 日召开的全国生态环境保护大会上，习近平总书记特别强调，“用最严格制度最严密法治保护生态环境”、“保护生态环境必须依靠制度、依靠法治”、“对那些不顾生态环境盲目决策、造成严重后果的人，必须追究其责任，而且应该是终身追责。对破坏生态环境的行为不能手软，不能下不为例”、“对任何地方、任何时候、任何人，凡是需要追责的，必须一追到底，决不能让制度成为‘没有牙齿的老虎’”。今年是决胜全面建成小康社会的收官之年。习近平总书记强调，要保持加强生态文明建设的战略定力，牢固树立生态优先、绿色发展的导向，打好污染防治攻坚战，坚持方向不变、力度不减，推动生态环境质量持续好转。我们要坚决贯彻习近平总书记指示要求，切实把生态文明建设的各项部署和重要任务落实到位，完成决胜全面建成小康社会目标任务，推动生态文明建设不断取得新的成效，建设望得见山、看得见水、记得住乡愁的美丽中国。

习近平总书记明确要求，各级人大及其常委会要把生态文明建设作为重点工作领域，开展执法检查，定期听取并审议同级政府工作情况报告。为此，本届全国人大常委会成立以来，始终把学习贯彻习近平生态文明思想和党中央重大决策部署作为重要任务，通过执法检查、听取审议专项工作报告、开展专题询问、作出专门决议等方式，持续助力打好污染防治攻坚战。本届常委会履职第一年，我们开展了大气污染防治法执法检查，去年开展了水污染防治法执法检查，今年又开展土壤污染防治法执法检查，目的就是发挥人大职能作用，推动各地区各部门落实法律责任，久久为功，紧抓不放，形成合力，确保党中央关于生态文明建设的决策部署落地生根见效。

二、深刻认识加强土壤污染防治的重大意义，扎实推进净土保卫战，确保人民群众生命健康安全和土壤资源永续利用

习近平总书记、党中央高度重视土壤污染防治和土壤环境保护工作。习近平总书记在中央有关重要会议上、参加全国人代会有关代表团审议、到地方考察时，先后 20 多次对保护土壤环境、推进净土保卫战作出重要指示、提出明确要求。近年来，中央出台了土壤污染防治行动计划（“土十条”），印发了关于加快推进生态文明建设的意见，关于全面加强生态环境保护、坚决打好污染防治攻坚战的意见等文件，都对土壤污染防治作出重要部署，明确了土壤污染防治的目标任务和具体措施。习近平总书记、党中央关于土壤污染防治的重要指示和重大部署，至少包含了三个方面的深刻内涵。

一是土壤是维系人类生存繁衍的必要条件，与人民群众生命健康安全息息相关。土地是农产品生长的“母体”，连接着家家户户的米袋子、菜篮子、水缸子。只有土壤干净，才能生产出优质的农产品。习近平总书记明确指出，要全面落实土壤污染防治行动计划，突出重点区域、行业和污染物，强化土壤污染管控和修复，有效防范风险，让老百姓吃得放心、住得安心。今年 4 月 28 日，习近平总书记对销毁“镉大米”事件作出重要批示，要求加强监管，让老百姓吃上“放心粮”，体现了习近平总书记对人民群众生命健康安全的高度关注。土地也是人居环境的载体，住宅、学校、工厂等建设用地的土壤受到污染，在该地块上居住、学习、工作、生活，生命安全和身体健康就可能受到危害。

二是土壤是人类活动和经济社会可持续发展的物质基础，是保障社会文明进步的战略资源。习近平总书记指出，空气、水、土壤、蓝天等自然资源用之不觉、失之难续，不能吃祖宗饭、断子孙路，用破坏性方式搞发展，要遵循天人合一、道法自然的理念，寻求永续发展之路。土壤是维系人类生存

发展的必要条件,如果开发强度过大或破坏性利用,就会造成地力透支、土壤退化、水土流失等严重后果,就会影响人类生存发展的可能性和可持续性。

三是土壤污染具有隐蔽性、滞后性、累积性、长期存在性等特点,治理修复起来难度大、周期长、成本高。土壤作为大部分污染物的最终受纳体,其污染来源是复杂的,仅就单一污染类型进行控制,效果非常有限。土壤污染防治与大气污染防治、水污染防治、固体废物污染防治高度关联,只有综合施策、整体推进,才能从根本上实现环境质量改善的目标。

习近平总书记、党中央的这些重要指示和决策部署,是习近平生态文明思想的重要组成部分,为防治土壤污染、保护土壤环境提供了科学指引和根本遵循,也为这次执法检查指明了方向、明确了任务。要按照习近平总书记的指示要求,加强土壤污染治理和修复,着力解决土壤污染农产品安全和人居环境健康两大突出问题,有效防范风险,让老百姓吃得放心、住得安心。要切实对土壤等资源实行预防为主、保护优先、集约利用,走出一条以生态优先、绿色发展为导向的高质量发展新路子。要推进土壤污染防治与大气、水等污染防治协同联动,从工业、农业、生活等领域全防全控,有效切断土壤的各类污染源。

三、突出重点,以点带面,一条一条对照法律规定开展检查,推动土壤污染防治法全面有效实施

土壤污染防治法是本届常委会履职第一年制定的一部重要法律。这部法律,将习近平生态文明思想和党中央决策部署及有关各项措施上升为法律制度,与环境保护法、大气污染防治法、水污染防治法、农产品质量安全法等法律衔接互补,织密织严了生态环境保护的“法制网”。

土壤污染防治法颁布实施一年多来,各地区各部门认真贯彻实施这部法律,全社会珍惜土壤、保护土壤的理念进一步牢固,土壤环境保护理念逐步树立,土壤污染防治取得很大成效,为打好污染防治攻坚战发挥了积极作用。同时也要看到,全国土壤环境总体状况仍然堪忧,部分地区污染较为严重,土壤环境风险事件时有发生。常委会在法律施行仅一年多之际就组织开展执法检查,目的是有针对性地发现法律实施中存在的具体问题,推动法律的全面落实,助力打好净土保卫战。这次检查,要把握以下几个重点。

一是法律重要条款和规定的落实情况。法律针对土壤污染防治工作的不同阶段、不同环节,设计了规划、标准、普查、监测、预防、保护、分类管理、风险管控和修复、信息共享与公开等一系列制度。其中,农用地分类管理制度和建设用地管控修复制度尤为重要,事关党中央确定的 2020 年受污染耕地安全利用率达到 90% 左右、污染地块安全利用率达到 90% 以上的目标能否如期实现。去年有关部门核定了受污染耕地面积,目前累计实施安全利用、严格管控措施面积约 3600 万亩,超过目标任务的 70%;全国列入建设用地风险管控和修复名录的地块有 697 块,只有部分省市开展了安全利用率核算试点工作,今年完成指标难度很大。这次检查,要重点关注农用地、建设用地污染治理情况,督促有关方面加强和改进工作,努力完成既定目标。

二是政府法定职责落实情况。做好土壤污染防治工作,关键是要落实好政府责任。土壤污染防治法共 99 条,其中 94 条涉及国务院及其有关部门、司法机关的职责,52 条涉及地方政府和相关部门的职责。今年 4 月,党中央对污染防治攻坚战成效考核工作措施提出了明确的要求。现在还有一些地方和部门对土壤污染防治工作重视不够,认为土壤污染看不见、摸不着,推进工作的紧迫感、责任感不强。这次检查,要结合污染防治攻坚战成效考核工作,推动各级政府及有关部门严格履行领导职责、监管职责和工作职责,落实法律责任,确保土壤污染防治工作在法治轨道上进行。

三是法律实施的保障与监督情况。土壤污染防治工作,离不开资金、技术等要素的保障,离不开各方面的支持和监督。今年大会期间,代表围绕土壤污染防治法实施和相关工作提出了 11 件议案建议,其中 8 件涉及资金保障,9 件涉及技术支撑。法律对科技研发、成果转化、推广应用以及人才培养作出明确规定,专设“保障和监督”一章,规定了财政、税收、价格、金融等保障措施,以及人大监督、约谈整改、现场检查、监管执法、社会监督等监督措施。目前这些法定措施还没有完全落实到位。这次检查,要推动法律规定的保障与监督措施落实落地,为依法推进土壤污染防治工作提供有力支撑。

四是违法行为的查处惩治情况。对污染土壤行为依法实施严惩重罚,让违法者付出沉重代价,才能形成有效震慑。土壤污染防治法规定了污染者的法律责任,明确了政府及有关部门不依法履职

的法律责任，强化了个人的法律责任，对直接负责的主管人员和其他直接责任人员实行“双罚制”，对民事责任、刑事责任作了衔接性规定。刚刚通过的民法典还对故意污染环境的责任人规定了惩罚性赔偿制度。目前，对土壤污染违法犯罪行为进行处罚追责的案例还比较少。这次检查，要督促有关方面严格执行法律，依法打击违法行为，做到执法必严、违法必究。

五是配套规定和标准的制定情况。对法律制度进行细化规定、构建标准体系，是确保法律有效实施、加强执法司法的重要环节。土壤污染防治法第30条、第48条、第71条明确要求国务院有关部门制定配套规定。按照立法法要求，有关国家机关应当在一年内作出配套规定。现在法律已经实施一年多了，有些配套规定还没有出台，要加快进度、抓紧落实。这次检查，还要重点了解标准和规范的制定情况，了解各地是否制定了严于国家标准的地方标准等。

受疫情影响，今年监督工作主要集中在下半年开展，时间紧、任务重，这就要求我们加强统筹协调、周密部署，高质量完成检查任务。这次执法检查，既要监督推动法律有效实施，也要积极宣传习近平生态文明思想，宣传普及法律知识，推动各级国家机关和全社会增强环保意识、法律意识、责任意识。要坚持问题导向，深入基层、深入一线，认真听取人大代表、人民群众的意见建议。要紧扣法律，逐条逐项对照检查，切实推动有关方面增强法治观念、履行法定职责、执行法律规定、落实法律责任。要严格执行中央八项规定精神，力戒形式主义、官僚主义，切实提高检查实效。要落实好疫情防控措施，遵守各地防控要求，确保检查安全有序，确保大家身体健康。

最后，我对国务院及有关部门、最高人民法院、最高人民检察院和各省、区、市人大常委会及有关方面对这次执法检查的高度重视、积极配合，对全国人大代表、地方各级人大常委会给予的大力支持，表示衷心感谢！

在全国人大常委会土壤污染防治法执法检查座谈会上的讲话

（2020年8月26日 山东济南）

栗战书

这次我们到山东来主要是检查土壤污染防治法实施情况。检查组到山东后，去了日照和威海，济南是第三站。从这次执法检查情况看，山东省委、省人大、省政府对土壤污染防治工作高度重视，采取了一系列有力措施，取得了明显成效。一是出台并认真实施《山东省土壤污染防治工作方案》，制定《山东省土壤污染防治条例》，用法治方式防治土壤污染。二是狠抓“土十条”部署的重点任务的落实，完成农用地和重点行业企业用地土壤污染状况调查等，工作进度符合国家要求。三是全省土壤环境质量总体稳定，污染加重趋势得到初步遏制，农用地土壤污染面积保持低位，没有发生重大公共安全事件。这些都应当充分肯定。同时也要看到，山东是工业大省、农业大省、人口大省、资源大省，土地利用强度高、污染源多。老工业区、重化工业区、尾矿库场地污染情况比较普遍，化肥农药使用总量大，农用地土壤污染累积风险也是比较高的。对此，必须高度重视，长抓不懈，久久为功。

首先，要持续深入学习贯彻习近平生态文明思想。党的十八大以来，以习近平同志为核心的党中央把加强生态文明建设摆在突出位置，习近平总书记亲自部署、亲自指挥，开展一系列根本性、开创性、长远性工作，推动生态环境保护发生历史性、转折性、全局性变化。现在，习近平生态文明思想已经深入人心，“绿水青山就是金山银山”、“坚持人与自然和谐共生”等重要论述成为人们信守的共同理念，天更蓝、水更清、山更绿正在变为现实，成为人民群众获得感、幸福感、安全感增强的重要标志。

本届全国人大常委会成立以来，始终把学习贯彻习近平生态文明思想和党中央重大决策部署作为重要任务，持续助力打好污染防治攻坚战。常委会履职第一年，我们开展了大气污染防治法、海洋环境保护法执法检查，去年开展了水污染防治法执法检查，今年又检查土壤污染防治法实施情况，目的就是发挥人大职能作用，推动各地区各部门落实法律责任，确保党中央关于生态文明建设的决策部署落地生根见效。

今年是全面建成小康社会的收官之年。习近平总书记强调，要保持加强生态文明建设的战略定力，牢固树立生态优先、绿色发展的导向，打好污染防治攻坚战，坚持方向不变、力度不减，推动生态环境质量持续好转。我们要认真学习贯彻习近平总书记的重要指示要求，切实把党中央关于加强生态文明建设的各项部署和重要任务落实到位，坚持不懈走出一条生态优先、绿色发展为导向的高质量发展路子，加快建设美丽中国。

第二，要高度重视土壤污染及防治工作，扎实推进净土保卫战。习近平总书记、党中央高度重视土壤污染防治和土壤环境保护工作。习近平总书记先后 20 多次对保护土壤环境、防治土壤污染发表重要讲话、作出重要指示。总书记的重要论述至少包含三个方面的深刻内涵：一是土壤是维系人类生存繁衍的必要条件，与人民群众生命健康安全息息相关。只有土壤干净，才能生产出优质的农产品。只有土地安全，才能保证人民群众生命安全和身体健康。二是土壤是人类活动和经济社会可持续发展的物质基础，是保障社会文明进步的战略资源。我们不能吃祖宗饭、断子孙路，用破坏性方式搞发展，必须遵循天人合一、道法自然的理念，寻求永续发展之路。三是土壤污染防治与大气污染防治、水污染防治、固体废物污染防治高度关联，只有综合施策、整体推进，才能从根本上实现环境质量改善的目标。

党中央对扎实推进净土保卫战作出全面部署。2015 年 4 月，中央印发《关于加快推进生态文明建设的意见》，提出制定实施土壤污染防治行动计划。2016 年 5 月，中央发布土壤污染防治行动计划，即“土十条”，提出了 2020 年、2030 年两阶段工作目标和 35 项具体措施。2017 年 10 月，党的十九大报告指出，要强化土壤污染管控和修复，加强农业面源污染防治。2018 年 4 月，十九届中央财经委员会第一次会议将农业农村污染治理攻坚战作为打好污染防治攻坚战的七大标志性重大战役之一。2018 年 5 月，全国生态环境保护大会要求，落实土壤污染防治行动计划，让老百姓吃得放心、住得安心。2018 年 6 月，中央出台《关于全面加强生态环境保护、坚决打好污染防治攻坚战的意见》，明确提出扎实推进净土保卫战及相关任务。这些重大部署，为我们做好土壤污染防治工作提供了行动指南。要认真贯彻习近平总书记重要指示精神和党中央决策部署，落实预防为主、保护优先、集约利用的方针，依法打好净土保卫战，着力解决土壤污染农产品安全和人居环境健康两大突出问题，确保人民群众生命健康安全和土壤资源永续利用。

第三，要全面有效实施土壤污染防治法，抓住重点，细化措施，确保在法治轨道上推进防治工作。这两年我参加执法检查工作，一个深刻体会是，制定一部法律不容易，执行好法律也不容易。法律是党的主张和人民意志的集中体现，是实践经验和发展规律的科学总结，是规范行为、保障权益、引领工作的共同准则。土壤污染防治法贯彻习近平生态文明思想，将党中央重大决策部署和相关措施转化为法律，建立了一整套规划监测、预防保护、风险管控和修复、保障和监督的制度。现在法律有了，就要抓好落实，树立法律权威，在法治轨道上推进土壤污染防治工作。实际上，抓好法律实施，就是贯彻落实党中央决策部署，就是保障人民群众根本利益，防治工作也会取得事半功倍的效果。

*要坚持一切从实际出发，因地制宜抓好法律实施工作。*土壤污染防治法是一部新的法律，建立了许多新的制度。法律实施一年多来，各级政府及有关部门、企业和公众对土壤污染防治的关注度、重视度明显提高，采取了许多有效措施，取得了初步成效。同时也要看到，我国地域辽阔，各地情况千差万别，土壤污染的成因、程度各不相同，防治措施也不尽相同。东部和西部、南方和北方不一样，城市和乡村不一样，建设用地和农业用地不一样，大江大河流域和小溪小河两岸污染情况也不一样，做好防治工作的难度很大，任务还很艰巨。实施这部法律一定要从实际出发，突出重点，把握好轻重缓急。工作力度要加大，相关举措要落实落细，区分情况，一地一策，不搞盲目“一刀切”，不能花了很大精力见不到效果。

*要坚持预防为主、保护优先，突出风险管控，坚决杜绝增加新的污染，因时因地因情因需有序有效开展治理修复工作。*土壤污染具有隐蔽性、滞后性、累积性、地域性、长期性的特点，污染一旦发生，治理修复的难度大、周期长、成本高。要把强化预防保护和风险管控这一法律规定的重要原则贯穿土壤污染防治全过程，从源头上控制和减少新的污染发生，已经污染的土壤也不能让污染再加重了。要严防有毒有害物质、工业和城市污水、尾矿库、固体废物等对土壤造成污染，对农药、化肥实行总量控制并逐步减量使用，对农用薄膜、农药包装物等

要进行安全回收利用和无害化处理。建设用地首先要做好污染状况调查、监测和评估，在确保安全的情况下方能施工。存在污染风险的地块，不一定急于修复、急于使用，如果不能确保安全就坚决不用，特别是不能作为住宅、公共管理和公共服务用地。同时，要积极治理污染“存量”，对安全利用类的土地，在采取有效修复措施、能够保证安全的前提下进行利用，确保农产品是安全、放心的。对于严格管控的重污染地块，要坚决从严管控，有的就是要“封冻”在那里，决不能出现任何危害人民群众生命健康安全的事件。

*要严格落实法律责任。*土壤污染防治法规定了各级政府及有关部门的法定职责，规定了企业防治污染的主体责任，强化了污染者、违法者的法律责任。各级政府及有关部门要做好配套法规和标准制定、土壤污染情况普查和监测、执法监管等工作，确保法定职责落到实处。企业在生产经营活动中要严格执行法律规定，做好隐患排查和污染监测，有效防控各类污染。对于污染者、违法者要严格追究法律责任，该行政处罚的要严格执法，该民事赔偿的要依法赔偿，涉嫌犯罪的要依法追究刑事责任，让法律长出牙齿、真正咬合起来，形成有效震慑。

*要进一步完善标准体系。*检查中很多同志反映，在实践层面，有关污染和修复的标准还不够全面、明确、具体，标准体系亟待健全完善。标准是风险管控和修复的基本依据，必须制度化、规范化、可操作、可执行。希望有关部门加快工作步伐、加强沟通协调，尽快形成科学严密、有机衔接的标准体系。有的标准制定可能比较复杂，一时出不来，但也不能长期不出台。

*要建立政府和社会共同参与的保障机制。*土壤污染防治工作，政府要发挥主导和引导作用。有同志提出，法律第 69 条至第 74 条规定了对土壤污染防治的鼓励和保障措施，现在不少还没有出台具体细化的落实举措。希望有关部门和地方政府进一步加大财政投入力度，从税收、价格、金融等方面制定切实有效的措施，支持和鼓励各方面参与土壤污染防治。法律实施不是政府及有关部门一方的事，而是包括企业、组织和社会公众在内的各方面的共同责任。土壤污染防治法第 4 条规定，任何组织和个人都有保护土壤、防止土壤污染的义务。第 84 条规定，任何组织和个人对污染土壤的行为，均有向生态环境等部门报告或者举报的权利。群众的眼睛是雪亮的。把人民群众发动起来，就是为执法者增添了无数双眼睛，污染者和违法行为将无所遁形。要加大法律宣传普及力度，形成法律实施和监督的合力，营造珍惜土地、保护土地、同污染行为作斗争的社会氛围。

*要加强土壤污染防治科技研发，提供有效的技术支撑。*我国土壤污染防治科技研发起步较晚，虽然探索形成了一些行之有效的技术方法，比如土地深翻、叶面阻控、秸秆移除、作物替代等，但总的看还不够成熟、有效、安全、经济。过去北方搞盐碱地治理，种红柳、打水压碱、挖深沟排碱，各种洋办法、土办法都用过，也未能根治，突出短板就在于科技。政府要加大支持力度，鼓励科研机构和企业加强技术攻关，做好研发、转化、应用和推广工作。

*要依法做好信息公开工作。*一些同志对信息公开提出了意见建议。法律第 80 条至第 84 条已经对信息公开作出明确规定，应该说是符合实际的。信息公开要把握好“度”，根据法律规定的范围和程序进行。土壤污染及防治基本状况、土壤污染重大风险事件要公开，土壤污染普查报告、监测数据等要及时上传全国土壤环境信息平台，但不是所有的土壤污染情况都要向社会公开。同时，要尊重社会组织和公众的知情权、报告权和举报权。比如说购买住房，就有权知晓房屋周边的土壤环境质量情况。任何组织和个人对污染土壤的行为，都有向有关部门报告或举报的权利。

*要强化监督和执法。*一些同志提出加强对法律实施的监督。法律第 75 条至第 84 条规定了人大监督、执法监督、新闻监督、社会监督等制度措施。人大在每年听取政府环境状况和环境保护目标完成情况的报告时，要重点听取土壤污染防治的情况，督促有关方面加强和改进工作、完善制度机制。政府及有关部门要严格执法，生态环境部门责无旁贷，应急管理、农业农村、住房城建等部门也要把责任担起来，形成监督合力。要让媒体和群众都参与进来，但是也要注意严防有人借土壤污染问题炒作，制造心理恐慌和社会动乱，煽动对党和政府的不满。要持续推进执法队伍和执法能力建设。大量增加工作人员也不现实，关键是工作力量要向基层执法一线充实，配备必要的设备，加强人员培训，不断提高专业素质和执法水平。要注重通过科技手段提高监管能力，加强土壤环境质量监测网络建设，发挥好信息技术和大数据在污染防治中的作用。

对检查土壤污染防治法实施情况报告的意见和建议

10月15日,十三届全国人大常委会第二十二次会议分组审议了全国人大常委会委员长栗战书作的全国人大常委会执法检查组关于检查土壤污染防治法实施情况的报告,共有36人次发言。17日上午,常委会举行联组会议,结合审议报告进行专题询问,共有8人次发言询问,栗战书委员长讲话,王晨副委员长主持会议,王勇国务委员参加专题询问。现根据会议发言情况,将常委会组成人员和列席人员的主要意见整理如下。

出席人员普遍认为,党的十八大以来,以习近平同志为核心的党中央高度重视生态文明建设,提出一系列重大战略思想,作出一系列重大决策部署,美丽中国建设成效显著,生态环境质量明显改善。十三届全国人大常委会贯彻落实党中央决策部署,连续三年相继开展大气、水、土壤污染防治法实施情况的检查,从法律实施角度推动打赢蓝天保卫战、碧水保卫战、净土保卫战。各地区各部门坚持预防为主、保护优先、分类管理、风险管控,采取一系列有效措施,依法推进土壤污染防治。大家高度评价执法检查组的工作,充分肯定执法检查报告,希望国务院及其有关部门认真研究处理。大家强调,要深入学习贯彻习近平生态文明思想,牢固树立"绿水青山就是金山银山"的理念,切实提高政治站位,强化责任意识,坚持问题导向,抓实抓细土壤污染防治法的贯彻实施,确保人民群众"吃得放心、住得安心"。审议中,大家还提出了一些具体意见和建议。

一、切实加强综合防治

一些出席人员提出,土壤污染的来源主要是大气、水、固体废物中污染物的沉降和富集,反过来又影响大气、水的质量。建议建立由各级政府主导,生态环境、农业农村、住房城乡建设、林草、自然资源、水利、财政等部门共同参与的协同机制,实现对各类污染的一体防治、联动治理。有的出席人员建议,加强大气污染防治法、水污染防治法、土壤污染防治法和固体废物污染环境防治法在实施中的相互衔接,为依法开展监督、制定出台政策措施提供支撑。

有的出席人员指出,"十三五"规划把大气污染防治的主要控制目标、劣Ⅴ类水体治理列入核心约束性指标,取得了很好的效果。建议将土壤污染防治的工作目标、主要指标纳入正在编制的"十四五"规划和2035年中长期规划,督促落实相关工作。

二、加大污染源头防控力度

有的出席人员指出,重金属元素在土壤中难以降解,还可随水迁移,通过食物链在人体内蓄积,是土壤污染防治的突出问题。建议有关部门全面清查土壤和农产品重金属污染状况,把污染源搞清楚,为有效遏制重金属污染特别是耕地污染奠定基础。

有的出席人员指出,我国农业生产对农药化肥的依赖性较强,对土壤的污染也较重。建议加大农药化肥研发力度,提升产品质量,加强对使用环节指导,切实提高使用效率,减轻土壤污染。有的出席人员提出,我国每年产生的秸秆、畜禽粪污、生活垃圾等加起来有54亿吨,有效利用空间很大。建议通过奖补激励措施,激发地方政府推广使用有机肥的积极性。

有的出席人员建议,构建符合农业农村特点的面源污染监测防控体系,重点加强对农产品、规模化畜禽养殖场、水源保护区等的监测与保护,推动农村土壤污染防治工作更加精准有效。

三、强化分类管理和风险管控

有的出席人员指出,土壤污染具有隐蔽性、滞后性、长期性等特点,治理修复成本高、周期长、难度大,除了开展常规修复,还应注重综合施策。对于已经受污染的地块,建议综合物理、化学、生物等多种手段进行修复;短期内难以修复的,可以通过移民搬迁、变更土地使用性质、轮耕休耕、种草种树等方式,最大限度降低对人体的危害。

有的出席人员提出,检查中发现,个别地方在严格管控类的农用地上种植农副产品,落实农用地分类管理制度不严格、不托底。建议加大对这方面的监管力度，强化农用地风险管控和修复，切实让人民群众吃得放心。有的出席人员指出，一些地方尚未建立建设用地土壤污染风险管控和修复名录制度，个别地方在列入污染地块名录的土地上建设公共服务设施、开展服务活动。建议进一步严格建设用地准入管理，确保人民群众住得安心。

有的出席人员指出，农用地和建设用地土壤污染风险管控标准涉及近50项监测指标，区县一级生态环境、农业农村部门监测机构多数都不具备监测全部项目的能力，个别贫困县甚至仅能覆盖十几项指标。建议有关部门安排专项补助资金，提高一线监测机构软硬件水平，夯实土壤污染防治工作的基础。有的出席人员提出，有的地方反映，污染土壤修复治理项目审查环节多，仅前期工作就要耗时一年左右。建议有关部门认真研究，简化行政审查手续，降低制度性成本。

四、着力提升科技治污能力

许多出席人员指出，我国土壤污染防治科技研发起步较晚，缺乏成本低、效果好的成熟技术，对土壤污染防治工作的科技支撑不够。建议加强顶层设计和统筹部署，制定重大科研专项计划，整合资金、人才等优势资源，进行集中攻关。有的出席人员建议，加大国家级、省级土壤环境重点实验室和技术中心建设，发挥高等院校和科研院所的人才和智力优势，鼓励企业加强技术研发，实现产、学、研有机衔接。

五、建立健全资金保障制度

一些出席人员提出，法律明确规定设立省级土壤污染防治基金，但目前各地普遍没有建立，其他资金渠道也不畅通。建议国务院有关部门加强督促指导，推动各地尽快落实法律规定。鼓励通过股权投资等市场化方式，吸引社会资本参与土壤污染防治，解决资金不足问题。

有的出席人员提出，中央生态环境资金土壤污染防治项目储备库入库条件高、支持面较窄。建议有关部门认真研究，扩大中央生态环境资金项目入库范围，加大对基层的资金支持力度。

有的出席人员指出，一些土壤污染历时长，涉及当事人多，情况较为复杂，准确认定责任人和区分责任难度较大。建议实施土壤污染责任保险制度，由土地使用人进行投保，保费可依据不同情况相应调整。当难以确定污染责任人或者责任人的资产不足以抵消土壤污染造成的损失时，用土壤污染责任保险予以赔偿。

六、积极构建多渠道监督体系

一些出席人员提出，社会公众对土壤污染的危害性、严重性认识不足，预防和保护意识还比较薄弱。建议充分运用新媒体等手段，加大对法律的宣传普及力度，增强全社会保护土壤意识，自觉践行绿色低碳生活方式。有的出席人员建议，完善土壤环境信息发布制度，打破信息壁垒，支持鼓励社会公众举报违法行为。

有的出席人员建议，进一步发挥公益诉讼力量，支持建立公益诉讼检测实验室，加强对检查技术人员和监督人员的培训和演练，提升发现线索、调查取证、检验鉴定能力，助力破解土壤污染防治的困局。

许多出席人员提出，很多地方生态环境部门的土壤环境专职管理人员不足，专业技术人员更是严重匮乏。建议一方面加大招录和培训力度，重点向基层倾斜，提升管理、监测、执法的能力和水平；另一方面，通过政府购买第三方服务、鼓励高等院校开设相关专业等方式，拓宽人才供给渠道。

七、加快完善配套法规标准

一些出席人员指出，法律对出台土壤污染责任人认定办法、编制土壤防治规划、建设土壤污染防治标准体系、完善鼓励和保障措施等作出明确规定。现在法律已经实施一年多了，相关配套规定还没有出台，很多污染地块缺乏相应的具体规定和标准。建议国务院有关部门加快工作进度，抓紧落实。

有的出席人员建议，国务院相关部门应改进土壤污染评价方法，由检测主要污染物浓度转变为综合考虑元素赋存状态、能否被吸收利用等多个因素，提升科学性和准确性。

全国人民代表大会常务委员会执法检查组关于检查《中华人民共和国慈善法》实施情况的报告

——2020 年 10 月 15 日在第十三届全国人民代表大会常务委员会第二十二次会议上

全国人大常委会副委员长 张春贤

全国人民代表大会常务委员会：

慈善事业是我国基本经济制度、民生保障制度和社会治理制度的重要组成部分。党的十八大以来，以习近平同志为核心的党中央高度重视发展慈善事业，着力推动慈善法治化进程。2016 年，十二届全国人大四次会议通过《慈善法》，为我国传统慈善走向现代慈善、法治慈善提供了法律依据。2017 年，党的十九大强调“完善社会救助、社会福利、慈善事业、优抚安置等制度”，明确把慈善作为我国多层次社会保障体系的有机组成部分。2019 年，党的十九届四中全会进一步将其纳入推进国家治理体系和治理能力现代化的整体框架，为新时代慈善事业发展提供了根本指引。

在全面建成小康社会之际，开展《慈善法》执法检查是十三届全国人大常委会贯彻落实党中央决策部署的重要举措。栗战书委员长专门作出重要批示，对执法检查提出了明确要求。现将执法检查开展情况报告如下。

一、紧扣法律规定和慈善事业特点开展执法检查

执法检查组由全国人大常委会副委员长王晨、张春贤、白玛赤林担任组长，社会委主任委员何毅亭任副组长。7 月 17 日，检查组召开第一次全体会议，深入学习习近平总书记关于慈善工作的重要论述，传达学习栗战书委员长批示精神，听取民政部、财政部、国家税务总局等 9 个部门汇报。8 月至 9 月，检查组分 3 个小组，赴宁夏、浙江、辽宁、山西、陕西等 5 个省（区）开展检查，委托北京、黑龙江、安徽、湖南、广东、四川、云南等 7 个省（市）人大常委会进行自查，共邀请 45 名全国人大代表参加实地检查，以视频方式听取 16 位提出相关议案建议的全国人大代表意见。9 月 21 日，召开第二次全体会议，总结检查工作，研究讨论报告。执法检查过程中，坚持根据法律重点和慈善特点，有针对性地开展监督。

一是坚持普遍调查和重点检查相统一。针对慈善具有广泛群众性的特点，着力做到全面听取意见和重点深入检查。广覆盖：委托中国青年报社会调查中心和慈善公益报，对全媒体平台 5039 个用户和慈善会系统进行民意调查；开设专门微信公众号，征集社会各界意见建议 6375 条。抓重点：检查组对 20 多个慈善组织进行实地检查；召开 8 次视频会议，与来自 13 个省（区、市）的 62 个不同类型的慈善组织进行深度交流；先后到山东、河北等地 6 个基层慈善组织蹲点调研。

二是坚持监督工作和立法工作相协调。针对慈善事业联接延伸经济社会多个领域的特点，统筹推进相关立法和监督。在监督方面，与常委会对国务院社会救助工作的跟踪监督以及关于社会保险制度改革和社会保险法实施情况的专题调研相互配合，在一年之内，对社会保障的三大领域实现接续监督。在立法方面，不仅注重检查《慈善法》需要完善的内容，还与修改《突发事件应对法》联动，调研慈善应急机制，把执法检查和法律完善相结合，实现立法与监督协同发力，一体推进。

三是坚持专业评估和数据分析相结合。针对《慈善法》制定以来慈善理论和实践快速发展的现实，加强第三方评估和统计分析。在理论研究方面，检查组成员带头学习研究法律，围绕新冠肺炎疫情中暴露出的短板和不足，形成综合性理论文章；联合中国社会保障学会召开学术研讨会，形成 14 篇研究报告。北京师范大学对法律实施情况开展第三方评估。召开专题座谈会，听取北京大学、清华大学、中国社会科学院专家学者意见建议。在统计分析方面，对 280 多个设区的市进行统计，获得 1500 余组数据。使用现代统计分析工具，以单因素方差分析、相关性检验等统计学方法，对民意调查数据进行科学处理。

二、慈善法实施促进慈善事业稳步发展

《慈善法》共12章112条。其中,有12条属于解释性条款,内容为概念定义和情况说明;有100条包含明确的法律责任、工作要求或者指导意见。法律制定后,中央和地方共出台400余份配套法规规章和规范性文件,基本涵盖了慈善组织认定登记、公开募捐、慈善信托、活动支出、信用管理、志愿服务、信息公开和财产保值增值等主要环节。其中,国务院制定了《志愿服务条例》;民政部联合财政部、国家税务总局等有关部门出台了14项配套政策;江苏、浙江、安徽、江西、陕西、北京等先后制定了地方性慈善法规。新冠肺炎疫情防控中,国务院有关部门还出台了专门政策,促进慈善力量参与防控。

从执法检查看,中央和地方有关部门以及慈善组织,重视法律实施,主要条款和硬性规定都得到了比较好的落实,有效提高了认识,形成了氛围,规范了行为,维护了权益,推动我国慈善事业的思想理念、法治建设和实践效果达到了新高度。慈善事业作为我国社会主义基本经济制度的重要组成部分,在第三次分配中发挥着越来越重要的作用,已经成为推进中国特色社会主义伟大事业的重要力量。

(一)慈善意识更加普及

慈善是社会文明进步的重要标志。随着法律实施,全国涌现出一批慈善城市、品牌项目、优秀集体和先进个人,发挥了示范引领作用。民政部组织开展了11届"中华慈善奖"评选表彰,牵头举办了8届"中国慈善展览会"。其中,宁夏率先实现慈善城市全覆盖;山西创办全国首家以慈善文化为主题的博物院;江苏建设了南通中华慈善博物馆。调查显示,87%的受访者为公益慈善事业捐赠过现金或者实物,人人行善的社会氛围正在形成。同时,法治意识不断增强,有关部门依法监督管理和促进发展、慈善组织依法开展活动、人民群众依法参与和监督慈善的观念基本建立起来。

(二)慈善力量有序增长

截至2020年6月30日,全国共登记认定慈善组织7169个。此外,还有大量基金会、社会团体、社会服务机构从事慈善法规定的慈善活动。社区慈善与网络慈善蓬勃发展。互联网公开募捐信息平台数据显示,2019年全国共有108.76亿人次点击、关注和参与互联网慈善活动。仅腾讯"99公益日",2020年互动人次高达18.99亿,募得善款30.44亿元。同时,慈善信托从零起步,截至6月30日,增长到420单,合同金额达32.58亿元,其中,浙江备案慈善信托50单,资金10.18亿元,单数和资金总量位居全国第一。

(三)慈善服务迅速发展

慈善服务专业化、规模化趋势明显,志愿服务增长较快。截至2020年6月30日,全国注册志愿者超过1.72亿人,发布志愿服务项目超过390万个,记录志愿服务时间超过21.9亿小时。调查显示,71.3%的受访者参加过志愿服务活动。浙江登记志愿服务组织1093家,注册志愿者1054万人,占常住人口的25.6%。山西等省份将社会救助、扶贫济困等慈善服务纳入政府购买服务指导性目录。

(四)慈善活动逐步规范

2016年以来,各级民政部门对3041家慈善组织开展了抽查、审计等日常监管工作累计15480次;对279家慈善组织进行了执法监督,立案154家,行政处罚105家,重点加强募捐监管、查处违法案件,慈善监管体系初步形成。不断提升慈善公开透明程度,建设全国慈善信息公开平台"慈善中国"。辽宁在民政官方网站开设信息发布专栏,接受社会监督。陕西推动慈善标准化建设,制定"慈善社区创建评价方法"。

(五)慈善创新日益丰富

慈善事业覆盖面大、联系广泛,有跨界融合发展的优势。近年来,在项目设计、运营模式、增值方式等方面,慈善创新不断增多。广州贯彻落实习近平总书记关于"制止餐饮浪费"的重要批示,以连锁餐饮企业为依托,打造"食物银行",将每日结余食物以慈善的形式免费分享给有需要的居民。浙江新湖慈善基金会创建"保险+期货"精准扶贫,通过对冲风险破解了农民"增产不增收"的困境。

(六)慈善功能有效发挥

慈善在扶贫济困、扶老救孤、助残优抚、救助灾害、科教文卫、环境保护等多个领域发挥了重要作用。特别是在打赢脱贫攻坚战等重大战略任务,以及新冠肺炎疫情防控等重大突发事件中作出重要贡献。2019年,全国慈善组织用于扶贫济困的支出近500亿元。"三区三州"等深度贫困地区始终排在捐赠净流入的前列。宁夏燕宝慈善基金会以贫困县为重点,对宁夏所有考上大学的学生全覆盖资助,9年累计投入22.83亿元。截至6月底,全国各级慈善组织共接受社会各界抗疫捐款396.27亿元,抗疫急需物资10.9亿件,捐赠款物(含物资折价)接近各级财政抗疫总投入资金的四分之一。

三、慈善法实施存在的问题和面临的挑战

制定《慈善法》的目的是发展慈善事业，弘扬慈善文化，规范慈善活动，保护慈善组织、捐赠人、志愿者、受益人等慈善活动参与者的合法权益，促进社会进步，共享发展成果。通过执法检查我们体会到，我国现代慈善事业在党和国家的高度重视下，取得了前所未有的快速发展，但由于发展晚、底子薄、规模小和各方面原因，目前，还存在一些突出问题，与社会财富量级、第三次分配的地位不相匹配，在多层次社会保障体系中的效能还需进一步激发。具体表现在 5 个方面。

（一）新冠肺炎疫情暴露的主要问题

《慈善法》规定的 6 类慈善活动，包括救助自然灾害、事故灾难和公共卫生事件等突发事件造成的损害。新冠肺炎疫情是新中国成立以来我国遭遇的传播速度最快、感染范围最广、防控难度最大的重大突发公共卫生事件，也是《慈善法》实施以来接受的最集中、最全面的考验。

1. 应急机制。政府部门与慈善力量缺乏应急协调机制。《国家自然灾害救助应急预案》明确提出，充分发挥公益性社会团体的作用，培育、发展非政府组织和志愿者队伍等，但规定较为原则，可操作性不强。《国家突发公共卫生事件应急预案》等没有相关规定。在新冠疫情防控应急状态下，慈善组织缺乏信息共享和管理平台、物资储备和资源调度机制，导致运行效率低，信息披露不及时、捐赠款物处置迟缓、志愿服务统筹不够等情况。

2. 信息公开。《慈善法》第 8 章共 8 条，详细规范信息公开，提出“真实、完整、及时”的标准。由于慈善组织信息化管理水平整体偏低，对捐赠人特别是网络捐赠的信息掌握不充分，导致信息公开的人力和时间成本过高，存在公开不及时、不完整、有纰漏等问题。在“慈善中国”平台上，很多慈善组织并未按要求公布机构章程、成员、年报、等级评估等信息。《慈善法》第 42 条规定，慈善组织应当及时主动向捐赠人反馈捐赠财产管理使用情况。调查显示，68.7% 的受访者认为不理想。另外，国家层面缺乏集中统一的慈善信息统计和发布体系，制度和标准尚不健全，导致现有数据不能真实反映慈善情况。

3. 志愿服务。《慈善法》第 68 条规定，慈善组织应当为志愿者参与慈善服务提供必要条件，保障志愿者的合法权益。志愿者是推动社会治理创新和促进社会文明和谐的重要生力军。但目前没有将志愿服务纳入重大公共事件应急机制。疫情初期，对志愿服务缺乏统筹协调，志愿服务组织和个人大多是自发地、分散地、随机性地参与抗疫工作，既无必要的物资保障和安全防护，也无规范系统的指导和统筹协调，志愿服务的应有作用没有最大化。另外，常态下的志愿服务，也缺少国家层面的表彰奖励，制度性激励不足，缺乏稳定可持续的资金来源。

4. 法律宣传。调查显示，83% 的受访者表示对慈善法不太了解或者完全不了解。由于法律宣传不到位，新冠肺炎疫情中，部分群众对慈善事业的合法操作有误解。《慈善法》明确规定，捐赠的实物不易储存、运输或者难以直接用于慈善目的的，可以依法拍卖或者变卖。疫情中，一些捐赠的物品在变卖时遭到网民的不理解甚至强烈抨击。同时，部分行政部门和慈善组织，对法律制度的理解和掌握也有偏差，知慈善而不知慈善法，依法行善、依法治善的问题亟待解决。

（二）促进措施落实不到位不彻底

《慈善法》第 9 章共 15 条，规定了信息提供、活动指导、税费优惠、建设用地、金融政策、购买服务、人才培养、文化宣传等 10 多类促进措施。部分法律制度在细化为具体政策、转化为慈善促进措施的过程中，还需要进一步加强。

1. 精神鼓励。虽然社会整体慈善意识提高，但是对部分慈善家、慈善项目，社会上普遍存在期望值高、宽容度低，往往不分是非，群起而攻之，让一些慈善人士献了爱心又伤心落泪。慈善组织普遍反映，对慈善行为的表彰力度不够，大多数慈善组织、捐赠人、志愿者等只能通过感谢信等方式予以答谢，《慈善法》规定的国家层面的表彰制度尚未完全落实，其他层级的表彰激励也不够完善，不利于扩大影响、营造行善光荣的良好社会氛围。

2. 政策支持。一方面，民政、财政、税务等部门已经出台一系列激励优惠政策，明确了延长公益性捐赠税前扣除资格有效期限，改进了慈善组织获得资格的条件和程序，实行了个人所得税对个人捐赠的鼓励，放宽了公益性捐赠税前扣除资格的条件等。但是部分政策刚刚出台，有些慈善组织和基层主管部门宣传学习不到位，掌握还不够精准。另一方面，慈善法规定的金融、土地、慈善信托等方面的优惠政策尚未进一步明确。慈善信托受托人出具捐赠票据困难，相关税收优惠制度难以落实。政府通过购买服务支持慈善组织的机制还有待进一步

完善。慈善组织获得政府购买服务的机会较少,且没有享受特殊税收优惠。

3. 队伍建设。《慈善法》第 88 条规定,国家鼓励高等学校培养慈善专业人才。当前,慈善人才培养和使用机制亟需进一步健全。高等院校主要通过社会工作专业开设慈善相关课程,但相关专业学生较少从事慈善工作。2012 年,有的大学创办国内首个公益慈善管理专业,自 2020 年起不再招生,慈善专业学历教育举步维艰。当前,慈善组织工作人员社会认同度低,职业评价体系不健全,限薪政策阻碍了慈善行业吸引和留住高级管理人才。检查过程中,100 余家慈善组织有三分之一员工流动性较强,连续任职超过 3 年的员工数量比例低于50%。

(三)慈善组织发展不平衡不充分

慈善组织既是慈善活动的主要载体,也是慈善法规制的主要对象。《慈善法》第 2 章共 13 条,对慈善组织的宗旨、章程、设立条件、内部治理等进行规范。目前,慈善组织的质量、数量、结构等与立法预期相比还存在一定差距。

1. 慈善组织公信力有待提升。慈善公信力直接影响市场主体和人民群众的参与积极性。2011 年 6 月涉及慈善的个别事件曝光后,7 月全国社会捐款环比下降 50%,凸显了信任受损的伤害。《慈善法》制定后,失信失序事件有所减少,但社会各界对慈善的信心仍处于低位。调查显示,当前慈善行业公信力一般。2018 年和 2019 年,我国经济高质量发展、GDP 保持稳健增长,但慈善捐赠总量停滞不前,慈善组织公信力偏弱是其中重要因素之一。

2. 慈善组织培育有待加强。目前,我国社会组织超过 87 万个,慈善组织占比不足百分之一,部分县级民政部门尚未受理过慈善组织登记认定。2017 年至 2019 年,新登记设立的慈善组织数量呈现逐年下降趋势。一方面,慈善组织所享受的政策"含金量"不高,慈善组织获得政策优惠力度与一般社会组织没有明显差别。因此,没有出现"雨后春笋"的局面。另一方面,《慈善法》实施后新设立的社会组织,如果创立之初没有登记为慈善组织,之后也无法认定为慈善组织。这对培育慈善组织形成了一定阻碍。

3. 慈善组织结构有待优化。不同规模、不同类型的慈善组织还没有完全形成梯次分工、协调合作的格局。枢纽型慈善组织:中枢作用发挥不够,统筹协调能力不足。一般慈善组织:存在专业趋同化、项目同质化,主要集中在扶贫、助学等领域,特殊群体救助、环境保护、公共卫生等社会普遍关注领域有待加强。基层慈善组织:由于大部分没有公益性捐赠税前扣除资格、公开募捐资格,缺乏稳定的资金来源,基本靠发起人支撑,生存困难。

(四)监管不足与监管过度并存

《慈善法》第 10 章共 6 条对主管部门、行业组织、社会公众在监督、检查、指导慈善活动方面的权利和责任作出规范。

1. 监管力量不足。2019 年,民政部设立慈善事业促进和社会工作司,各级民政部门也参照设立了专门负责慈善工作的内部机构,但是普遍缺人少编。《慈善法》第 94 条规定,县级以上人民政府民政部门对慈善组织、有关单位和个人进行检查或者调查时,检查人员或者调查人员不得少于 2 人,并应当出示合法证件和检查、调查通知书。实际运行中,省级慈善监管和执法工作机构平均不到 4 人,有些地市级、县级甚至没有专人负责,无法达到法律要求。

2. 监督力度不够。《慈善法》第 33 条规定,禁止任何组织或者个人假借慈善名义或者假冒慈善组织开展募捐活动,骗取财产。当前,部分慈善组织存在操作不规范的问题,个别存在侵占慈善财产等现象。法律实施四年多来,全国 31 个省(区、市)很少依据《慈善法》实施行政处罚,大部分设区的市四年来一直是"零处罚"。检查发现,部分基层主管部门行政监督不到位。

3. 监管制约过度。《慈善法》第 12 条规定,慈善组织应当根据法律法规以及章程的规定,建立健全内部治理结构,明确决策、执行、监督等方面的职责权限,开展慈善活动。在监管工作中,对大型慈善组织监管偏严,对小型慈善组织监管较为宽松;存在着要求偏多,指导服务不够的现象。慈善组织的章程、负责人任期年龄以 70 岁为上限等方面规定,与慈善组织自治要求不相一致,影响了社会力量参与的灵活性和积极性。

4. 行业自律薄弱。《慈善法》第 96 条规定,慈善行业组织应当建立健全行业规范,加强行业自律。目前,慈善行业组织自律亟待加强,行业组织自律措施有限,行业标准制定工作落后于实践需要,存在调整范围窄、内容规定粗、制约机制少等问题。行业评估范围和规模依然较小,尚未有效发挥以评促建、以评促改、以评促规范的效能。

(五)互联网衍生的慈善新挑战

《慈善法》第 23、27、41、88、101 条,对以网络为平台和媒介进行的募捐、捐赠和宣传进行了规范,主要是将网络与广播、电视、报刊、电信并列作为一种信息传输渠道，没有将其作为一种支付场所和生活场景，对新问题的规范不足。

1. 网络募捐。2016 年以来民政部先后两批遴选指定共 20 家互联网募捐信息平台为慈善组织提供募捐信息发布服务。网络筹款已成为公开募捐的主要途径。有慈善组织反映，互联网公开募捐信息平台对慈善项目的执行成本、管理费用等要求比法律法规更加严格，限制了募捐渠道；个别互联网平台收取委托费用且比例过高，影响了实际筹款效果。

2. 个人求助。《慈善法》第 110 条规定，城乡社区组织、单位可以在本社区、单位内部开展群众性互助互济活动。随着互联网普及，互助行为从村街社区的地理范围、亲朋同事的人际范围，延伸到每一个网络用户。截至 2020 年 3 月，我国网民数量超过 9 亿。与慈善组织的公开募捐相比，个人求助依靠社交媒体快速传播，更容易触及群众，有额小量大的特点。目前，个人求助不属于慈善募捐、不在《慈善法》规制范围，相关的管理规定不够完善，存在管理漏洞，个别案例造成不良社会影响。《江苏省慈善条例》已经对个人求助进行探索性规范，《慈善法》也有必要填补空白。

另外，除了慈善组织、行政部门、网络平台等方面的问题，也存在部分受益人信息失真、为争取救济虚报伪造信息，少数捐赠人恶意捐赠等问题。

四、以法治方式促进慈善事业发展的建议

习近平总书记强调，“必须坚持依法治国和以德治国相结合，推进国家治理体系和治理能力现代化”。慈善是法治和德治的综合体。要总结法律实施以来，特别是新冠肺炎疫情防控中的经验做法，反思短板不足，有针对性加以改进，确保实现慈善立法目的，发挥慈善事业功能，为全面建成小康社会、顺利开启全面建设社会主义现代化国家新征程作出更大贡献。

（一）以丰富拓展慈善服务实践为主要方式，推动法律普及宣传

习近平总书记强调，要“在慈善中积累道德”。慈善活动是最好的普法载体。通过把“是否参加过志愿服务活动”作为评价参考，把“是否了解慈善法内容”“当前慈善发展环境评价”作为被解释变量，进行相关分析和方差分析。民意调查结果显示，受访者参与志愿服务活动越积极，对慈善法越了解，对当前的慈善发展环境评价越高。事实证明，参与慈善服务是普及《慈善法》的有效方式。

结合即将制定的八五普法规划（2021—2025），充分利用“中华慈善日”等契机，突出执法部门和主流媒体责任担当，发挥慈善组织和新媒体优势，开展丰富的法律宣传、文化建设和慈善实践活动。加大对志愿服务的制度性激励，加大政府对志愿服务的统筹协调、组织指导、政策保障，充分发挥志愿服务在社会治理和社会进步中的巨大正能量。鼓励青少年开展志愿服务实践，在青年一代培养树立法治慈善、道德实践的观念。

（二）以发挥慈善事业的最大功效为主要目标，推动法律制度落到实处

培育慈善组织。打造一批具有良好社会声望、较强专业能力、完善治理结构、合理梯次分工的现代慈善组织。发展枢纽型慈善组织，发挥基金会、慈善总会、红十字会骨干作用和辐射带动作用。引导社区慈善与基层政权建设、基层群众自治有机结合，实现政府治理和社会调节、居民自治良性互动。积极培育慈善行业组织，加强行业统筹、行业联动、行业自律机制。

加强精准慈善。树立精准慈善意识，多做雪中送炭的事，使项目聚焦到困难群众最关心、最需要的地方。拓展慈善领域，重点发展特殊群体救助、公共卫生、环境保护等符合发展大局和发展趋势的项目。改进慈善项目绩效评价制度，鼓励慈善项目差异化。逐步建立全国统一的慈善大数据平台，促进慈善捐赠和救助数据共享，为“精准慈善”提供数据支持。

健全综合监管体系。加强民政部门慈善工作力量，强化部门合作、部门协调，提升信息化、数字化监管水平，发挥云计算、区块链、大数据等技术优势，探索建立多功能、分级赋权的慈善信息化管理系统。借鉴浙江“最多跑一次”和网上办事经验，推进慈善组织信息一码披露、慈善项目一码展示、慈善需求一码发布。完善全社会共同参与的社会监督机制和信用制度，将捐赠行为纳入法人单位、社会公民征信体系。建立健全慈善行政指导机制、分类管理制度，区别不同类型、不同规模的慈善组织，制定不同的监管政策。严格落实对欺诈、骗捐、侵占慈善财产等行为的处罚，保护捐赠人的合法权益。

完善促进支持举措。落实税收优惠、购买服务、用地、金融等支持政策。积极将公益慈善等领域的公共服务事项纳入政府购买服务指导性目录，支持符合条件的慈善组织向社会提供服务。探索大专院校与行业组织、慈善组织合作培养专业人才

的发展模式。完善慈善从业人员的职业评价体系，拓宽职业晋升渠道和发展空间。建立符合法定要求、市场规律且具备激励作用的阶梯式薪酬待遇标准，解决慈善从业人员薪酬水平总体偏低的问题，提升慈善行业对专业人才的吸引力，打造一支高素质、复合型的慈善人才队伍。

（三）以解决新趋势下的新问题为主要内容，推动法律法规修改完善

尽快完善配套法规政策。以《社会团体登记管理条例》《基金会管理条例》《民办非企业单位登记管理暂行条例》为基础，制定统一的《社会组织管理条例》，为慈善组织登记认定和内部治理提供具体依据。修改《社会组织评估管理办法》，推动慈善组织评估与政策优惠挂钩。修改《慈善组织公开募捐管理办法》，增加网络募捐相关内容。在《关于非营利组织免税资格认定管理有关问题的通知》《关于公益性捐赠税前扣除有关事项的公告》基础上，进一步完善税收优惠政策，保障慈善组织、捐赠人应享尽享，解决慈善信托等专项领域税收优惠难题。

适时修改慈善法。明确慈善工作部门协调机制。增加网络慈善专章，系统规范网络慈善的定义边界、募捐办法、法律责任，明确个人求助的条件和义务，加强平台责任、审查甄别、信息公开、风险提示和责任追溯。结合突发事件应对法修改，健全慈善应急机制，明确将社会力量纳入各类应急预案，明确参与突发事件应对的法律地位、法律责任、法律保障。完善慈善组织登记和认定制度，建立动态认定和退出机制。明确公开募捐资格的取消、退出情形和程序。合理调整慈善组织支出标准和管理费用等。注重与公益事业捐赠法、红十字会法，以及相关行政法规的协调，通过完善法律法规，为新时代慈善事业健康有序发展提供有力的法律保障。

在全国人大常委会慈善法执法检查组第一次全体会议上的讲话

（2020 年 7 月 17 日）

王 晨

同志们：

党的十八大以来，以习近平同志为核心的党中央对慈善事业高度重视，对鼓励支持慈善事业发展、发挥慈善事业积极作用作出重要决策部署。栗战书委员长对此次慈善法执法检查作出重要批示，提出明确要求。贯彻党中央决策部署，我们今天召开慈善法执法检查组第一次全体会议，对执法检查工作进行动员，也想通过座谈对法律实施情况作一个初步调研。刚才，何毅亭同志介绍了这次执法检查的背景和安排。民政部、财政部、应急管理部、国家税务总局有关负责同志作了发言，司法部、中国银保监会、国务院扶贫办、共青团中央、中国红十字会等部门也提供了书面材料，都使人很受启发。下面，结合大家的发言，我讲几点意见。

一、准确把握慈善事业和慈善法在党和国家工作大局中的重要位置

早在 2002 年在福建工作时，习近平同志就高度重视慈善事业，提出要普及慈善意识，传播慈善文化，广泛开展慈善活动。党的十八大要求支持发展慈善事业。党的十九大强调“完善社会救助、社会福利、慈善事业、优抚安置等制度”，明确把慈善作为我国多层次社会保障体系的重要组成部分。党的十九届四中全会进一步提出，“重视发挥第三次分配作用，发展慈善等社会公益事业”，将慈善事业上升到坚持和完善社会主义基本经济制度、推动国家治理体系和治理能力现代化的高度。通过梳理，我们可以清晰地看出慈善事业在党和国家整体工作中的定位和层次不断提高，效能也越来越凸显。具体来说，有以下四个方面。

（一）慈善事业是积极应对突发事件，推动经济社会发展的重要力量

按照法律规定，慈善活动专门有一类是“救助自然灾害、事故灾难和公共卫生事件等突发事件造成的损害”。在汶川地震、南方雨雪冰冻灾害中，慈善力量已经得到充分体现。新冠肺炎疫情期间，全国各类慈善组织迅速投入抗疫阻击战，动员整合大量社会资源。截至 6 月底，全国各级慈善组织和红

十字会共接受社会各界捐款396.27亿元,抗疫急需物资10.9亿件,捐赠款物(含物资折价)接近各级财政抗疫总投入资金的四分之一。这一连串数据,是慈善事业在疫情考试中给出的答案,是当之无愧的贡献者,为全国疫情防控阻击战取得重大战略成果发挥了重要作用。

(二)慈善活动是巩固脱贫攻坚成果,推动全面建成小康社会的重要方式

一直以来,慈善活动的首要内容就是扶贫济困。从总量看,每年慈善捐赠有四分之一左右流向扶贫领域;从地区看,"三区三州"等深度贫困地区始终排在捐赠净流入的前列,为团结全社会力量打赢脱贫攻坚战、缩小贫富差距、促进社会公平作出了不可替代的贡献。今年是全面建成小康社会的收官之年,我们将在现行标准下实现农村贫困人口全部脱贫,下一步还要建立解决相对贫困的长效机制。无论是完成今年的目标任务,还是在全面建设社会主义现代化国家新征程中,慈善都是必不可少的一环。

(三)慈善文化是社会文明进步,弘扬社会主义核心价值观的重要内容

中华民族自古就有乐善好施、仁爱济世的传统。孟子讲"出入相友,守望相助,疾病相扶持。"宋代朱熹曾经创办"社仓",由乡间人士经营管理,储存粮食、备荒救灾。类似的典故还有很多,都蕴含着质朴的慈善思想。进入新时代,我们传统的慈善文化,与以人民为中心的发展思想、共享发展理念和社会主义核心价值观相融合,展现出了新的蓬勃生机,慈善氛围越来越浓厚,慈善意识越来越普及,这是社会主义精神文明建设的重要成果。

(四)慈善法是促进社会互助,加强多层次社会保障体系的支柱法律

2016年,慈善法由第十二届全国人民代表大会第四次会议表决通过。宪法规定,全国人民代表大会主要"制定和修改刑事、民事、国家机构的和其他的基本法律"。从2017年到2020年,由大会表决通过的法律,分别是民法总则、宪法修正案、监察法、外商投资法和民法典,都是关乎国计民生、改革开放等重大议题的基本法。慈善法由大会审议通过,可见其特殊地位。慈善法与社会保险法以及正在制定的社会救助法、正在审议的退役军人保障法等构成了我国多层次社会保障法律体系。同时,作为慈善领域的基础性法律,慈善法还统领着公益事业捐赠法、红十字会法、志愿服务条例等法律法规,是我国社会保障领域法律制度的重要支柱。

新冠肺炎疫情发生后,习近平总书记多次强调要构建系统完备、科学规范、运行有效的疫情防控法律体系。今年3月,全国人大常委会召开"强化公共卫生法治保障立法修法工作座谈会",明确建立立法修法协调机制、制定专门立法修法工作计划的任务。其中,慈善法是需要统筹考虑适时修改的法律之一。因此,开展慈善法执法检查对于法律实施和下一步修改完善具有重要作用。

二、严格对照法律规定和现实问题,有重点有针对性地开展执法检查

新冠肺炎疫情发生以来,慈善一直是社会舆论较为关注的话题。那些平时没有暴露出来或者不明显、不尖锐的问题,在疫情中都呈现在聚光灯下。全国人大社会建设委员会作了一些前期基础研究,经过初步梳理,问题主要集中在以下五个方面。

(一)慈善募捐和捐赠

募捐和捐赠是慈善财产的主要来源。慈善法对公开募捐和定向募捐的资格、方式、程序、方案以及捐赠的权利义务等都有详细规范。到今年6月30日,我国已经有1900多个具有公开募捐资格的慈善组织,20家指定互联网募捐信息平台,慈善渠道更加多元,参与群体更加广泛,但也存在募捐和捐赠信息失真、操作失序等问题。要重点检查的问题有:一是公开募捐资格和方案是否合法;二是电视、网络服务提供者、电信运营商等平台的验证责任;三是捐赠人的权益保护;四是公开承诺捐赠或者签订捐赠协议的义务履行情况;五是公共卫生事件等突发事件中政府协调引导募捐的作用等问题,为开展慈善活动提供坚实的物质基础。

(二)慈善财产

人民群众对慈善最关心的问题就是慈善财产在何时使用、怎么使用、效果如何?特别是在突发事件中,物资需求紧急,如果不能做到科学高效分配,解不了燃眉之急,援助效果就大打折扣了。这次抗击疫情期间,全国人民都行动起来,一时间汇聚了大量善款物资。由于慈善应急制度不健全,有的地方存在慈善财产使用不规范、分配不及时、流向不精准等问题,引发群众议论和社会质疑。还有的情况是因为普法工作不到位,导致群众误解。比如,慈善法明确规定,捐赠的实物不易储存、运输或者难以直接用于慈善目的的,可以依法拍卖或者变卖。但在这次疫情中,一些捐赠的物品在变卖时遭

到网民的不理解甚至强烈抨击。这种现象值得认真总结分析。

（三）慈善服务

慈善活动主要以捐赠财产或者提供服务两种方式开展。我国注册志愿者已经超过6000万人。疫情期间，各地配合防控工作，开展多类志愿服务项目超过35.9万个，参与人员达691万，志愿服务时间达2.3亿小时，为联防联控和后勤保障作出了宝贵贡献。与此同时，志愿者、社会工作者的专业性和安全性也受到关注。2月3日，54岁的武汉志愿者何辉，因感染新冠肺炎去世。2月16日，退役军人事务部、中央军委政治工作部联合印发通知，明确志愿者"因履行防控工作职责感染新冠肺炎以身殉职"的，可以评定为烈士。民政部还联合腾讯公益慈善基金会，启动志愿者、社区工作者、社会工作者的关爱保障行动。这些探索值得肯定，要在此基础上进一步检查志愿服务的技能培训、风险提示、人身保障等，为慈善服务发展提供更有力的法律支撑。

（四）信息公开

信息公开是关乎慈善公信力、号召力的根本问题。人民群众对一个慈善组织或者慈善项目的信任，需要长时间的培养和积淀，而失去信心却很容易。例如，某爱心慈善基金会在抗击疫情中坚持每天更新项目进展表现突出，但因为部分投资事项公开不及时被举报，一时形成倍受关注的舆情。慈善法明确规定，县级以上人民政府建立健全慈善信息统计和发布制度；有关部门应当及时向社会公开9类慈善信息；慈善组织应当定期公开年度工作报告、财务会计报告、募捐情况和项目实施情况等。此次执法检查要以"真实、完整、及时"为标准，检查政府部门和慈善组织信息公开情况，保障公众知情权，为加强社会监督创造条件。

（五）促进措施和监督管理

2014年，国务院颁布了《关于促进慈善事业健康发展的指导意见》。慈善法制定后，民政部等有关部门出台了慈善组织认定办法、公开募捐管理办法、信息公开办法、保值增值投资活动管理暂行办法等一系列规章制度，为监督管理提供了系统依据。我国现代慈善事业发展晚、底子薄，与国家的经济实力和社会财富相比还不够匹配。无论是政府监管还是社会监督，都应当成为慈善事业发展的促进力量。要重点检查有关部门有没有在依法监督的基础上，打造一个适度宽松的制度环境、舆论环境，落实税收、金融等优惠政策，保护和激励慈善事业发展。

三、紧密结合疫情防控和慈善法特点，组织实施好执法检查工作

我国现行有效的法律有270多部，全国人大常委会一般每年开展6个左右的执法检查，相当于45选1，比例是相当低的。全国人大常委会选择监督项目非常慎重，我们组织实施更要认真严肃。

*一要紧扣法律规定，全面检查问题和成绩。*人大执法检查是国家权力机关对法律实施情况的检查监督，不同于一般的工作检查、行政督察，也不是一般的工作调研、工作指导。要依照法定职责、限于法定范围、遵守法定程序，一个条款一个条款对照检查。慈善法实施4年多来，成绩是有目共睹的，但也暴露出一些问题。既要总结经验，梳理各地的成熟做法和特殊时期出台的特殊政策，探索推广和长效化的可能；也要直面问题，找准存在的短板和不足，切实促进法律实施、改进慈善工作。

*二要持续改进作风，密切联系代表和群众。*要深入贯彻中央八项规定及其实施细则精神，按照"过紧日子"的要求，在检查中厉行节约。要坚决杜绝形式主义、官僚主义，密切联系代表和群众，深入基层、深入一线，提出务实有效的建议。"两会"期间，人大代表对慈善领域提出2件议案、16件建议，可以邀请相关的人大代表参加执法检查，委托提出相关议案建议的代表开展慈善法实施情况的调研，充分发挥人大代表熟悉基层情况、了解群众心声的优势，为执法检查夯实民意基础。

*三要创新方式方法，加强法律学习和宣传。*要拓宽检查渠道、创新检查方式，比如，委托第三方研究机构和调查机构，开展客观评估和民意调查；通过网络平台，公开征求意见建议；针对善财善款使用方向，选择一些慈善计划或者项目开展蹲点调研，通过多种方法，确保深入准确地检查法律的实施情况。每一次执法检查都是一次集中学法、普法的过程。检查组的同志要带头学习党中央有关决策部署，学习慈善法和相关法律法规，做到应知尽知、应会尽会。要组织好新闻宣传工作，如实反映法律实施的成果和问题，推动各级政府、慈善组织和人民群众更深入、更全面地了解和落实慈善法。

当前，疫情防控进入常态化阶段，要根据这个大的前提，充分考虑各地疫情形势和防控要求，合理安排工作，确保健康安全。希望大家共同努力，完成好执法检查任务，促进法律全面有效实施，为发展慈善事业、完善社会保障体系、推动全面建成小康社会作出新的贡献！

在辽宁省慈善法实施情况座谈会上的讲话

（2020 年 9 月 9 日）

王　晨

同志们：

开展慈善法执法检查，是全国人大常委会贯彻习近平新时代中国特色社会主义思想、落实党中央关于发展慈善事业重要决策部署的实际行动，是今年监督工作的重要任务。辽宁省委、省人大、省政府十分重视此次执法检查。张国清书记、刘宁省长将分别参加有关活动。刚才，崔枫林副省长和姜有为市长分别代表辽宁省政府和沈阳市政府就贯彻实施慈善法情况作了介绍，青杨社会工作服务中心、鞍山市呼吸联盟等 2 个社会组织负责人介绍了开展慈善活动的情况，省民政厅、财政厅、税务局、扶贫办等单位提交了书面材料。大家结合各自工作实际，从不同角度作了全面详实的介绍，使我们了解到不少情况。

听了大家的发言，总体感觉是，辽宁省高度重视贯彻实施慈善法，积极完善配套法规政策，认真落实慈善促进措施，慈善募捐和捐赠日益规范，慈善服务快速发展，法律实施取得了较好成效，有些经验和做法值得认真总结推广。同时，同志们也谈到法律实施过程中还存在一些困难和问题。比如，政策法规不够健全，区域发展不够平衡，慈善信息统计和发布制度不够完善，慈善组织规模较小，专业慈善力量比较匮乏，等等。针对这些问题，大家提出了有针对性的意见建议，执法检查组将认真研究、归纳整理并向全国人大常委会报告。

下面，我讲几点意见。

一、深入学习习近平总书记关于慈善工作的重要指示精神，不断增强法律实施的自觉性

慈善活动是在扶贫、济困、扶老、救孤、恤病、助残、优抚、救灾以及促进教科文卫体事业发展、保护环境等领域自愿开展的公益活动，对于更好发挥第三次分配在国家治理中的作用、使改革发展成果更多更公平惠及全体人民具有重要意义。习近平总书记对慈善工作十分重视，多次作出重要指示和批示。习近平总书记指出，慈善事业是一项全民的事业，要广泛普及慈善文化、弘扬慈善精神、宣传慈善典型，激发社会各界参与慈善事业的热情，在全社会形成人人心怀慈善、人人参与慈善的的浓厚氛围，共同为构建社会主义和谐社会作出应有的贡献。对于做好慈善服务工作，习近平总书记强调，“要多做扶贫济困、扶弱助残的实事好事，以实际行动促进社会进步”、“志愿服务是社会文明进步的重要标志，是广大志愿者奉献爱心的重要渠道。要为志愿服务搭建更多的平台，更好发挥志愿服务在社会治理中的积极作用”。习近平总书记关于慈善工作的重要论述，为我们做好慈善工作提供了指引和遵循。我们要坚持以习近平新时代中国特色社会主义思想为指导，按照党的十九大和十九届四中全会对于发展慈善事业的部署要求，坚持以人民为中心，全面贯彻落实慈善法，更好发挥慈善事业在助力脱贫攻坚、促进社会进步、共享发展成果等方面的积极作用，为全面建成小康社会、乘势而上开启全面建设社会主义现代化国家新征程作出更大的贡献。

二、激发慈善活力，壮大慈善力量

慈善人人可为，关键在于动员，要通过完善体制机制、优化慈善事业发展环境，进一步激发社会慈善活力，不断壮大慈善力量。慈善组织是推动慈善事业发展的微观主体。动员全社会的力量参与慈善事业，其中一个很重要的前提就是要打造一批具有良好社会声望、突出专业能力、完善治理结构、合理梯次分工的现代慈善组织。一方面，我们要特别注意发展社区慈善组织。社区慈善往往与基层政权建设和群众自治组织有机结合，这不仅契合中华邻里互助的传统与现行体制机制，而且畅通了社会成员参与社区治理的途径，有利于增进社会团结，为国家治理筑牢稳定的社会基础。另一方面，我们还要重视发展枢纽型慈善组织。一个优秀的枢纽型慈善组织，既可以与政府相关部门密切协作，也能形成上下左右联动的合作机制，团结凝聚一大批小微慈善组织和社区组织，共同做好本地区

的慈善工作。各级政府可以有意识地对一些运作比较规范、有一定规模、公信力比较高的慈善组织进行重点扶持，使其成长为有较大影响力和带动力的枢纽型慈善组织，更好发挥辐射带动作用。我特别强调诚信，是因为慈善的公信力、影响力均系于此。如果假慈善之名，行营私之实，就必然要砸牌子、毁名誉，使慈善活动的性质和形象受损。近年来网络上、社会上这样的事例不少，一定要吸取教训，切实维护慈善的善良、仁慈、大爱之名。

三、积极开拓创新，拓展慈善活动领域

近年来，伴随信息技术的快速发展，我国互联网公益蓬勃兴起。腾讯公益、阿里巴巴公益等各种网络慈善行动日益活跃，社会公众广泛参与。事实上，自2017年以来，互联网作为发展慈善事业的重要途径与有效载体，已成为公益慈善的主要阵地之一。例如，2018年腾讯99公益日筹款超过14亿元，2019年又创下17.83亿元的新纪录。今天恰逢99公益日，据初步统计，今年99公益日累计有5780万人次参与，募集资金达30.4亿元。在没有官方动员的背景下，一次活动有5780万人参与网上捐款，募集善款30.4亿元，这两个数字，足以说明网络的力量。对此，我们要不断完善相关政策和服务，推动网络慈善持续健康发展。

在互联网公益方兴未艾的同时，互联网新经济公益又开始崭露头角，它的核心内容是互联网新经济自觉把核心市场竞争力，包括知识、信息、网络、技术、人才等，运用于增进社会福祉的公益慈善事业。目前，互联网新经济公益已展现出巨大的能量和创造力。有观点认为，未来几年互联网新经济公益很可能会颠覆传统的慈善模式。可以说，如果不能用好互联网，那就跟不上现代慈善事业发展的步伐。但是，全国人大社会建设委员会在前期调研时发现，不少地方甚至包括一些地市级的慈善总会，仍还没有意识到利用互联网来推进慈善事业发展的重要性。因此，建议大家不仅要重视传统的现金和实物“点对点”捐赠，还要不断拓宽视野，主动跟上时代潮流，只有这样才能把慈善事业进一步做大做强。

四、树立“精准慈善”意识，优化救助效果

慈善的钱物凝聚着社会爱心，花起来要更加地谨慎，确保按照捐赠人的意愿努力把每一分钱都用到刀刃上。要牢固树立“精准慈善”的意识，加强慈善项目调研与评估，科学规范地设计和实施救助项目，使项目聚焦到困难群众最关心、最需要的地方。要想群众之所想、急群众之所以急，努力做到为特殊困难群众雪中送炭。在救助机制上，要根据实际制定合适的救助办法，在充分调查研究、了解群众需求的基础上实施项目，准确定位，科学评估，精细使用。政府主管部门要多出台指导性意见，引导慈善组织精准施救，努力填补政府公共服务尚难以覆盖、市场不能提供但群众急需的空白。

辽宁省委、省人大、省政府对这次执法检查作了周密的部署和安排。今天与会各单位、各有关方面都作了认真准备，提供了详实的材料。在这里，我代表执法检查组全体同志，向省委、省人大、省政府以及其他各有关方面的同志们表示诚挚的感谢！

在全国人大常委会慈善法执法检查组第二次全体会议上的讲话

（2020年9月21日）

张春贤

同志们：

全国人大常委会慈善法执法检查组于今年8至9月，对宁夏、浙江、山西、陕西、辽宁等省（区）贯彻实施法律的情况进行了检查，同时，委托北京等7个省（市）人大常委会对本行政区域内法律实施情况进行了检查。在此基础上，起草了慈善法执法检查报告。今天会议的主要任务，就是总结执法检查、讨论完善报告。

刚才，毅亭同志介绍了执法检查报告的主要内容，大家进行了认真讨论，对这个报告稿既给予了充分肯定，也提出了一些很好的修改意见。会后，请社会委认真研究，充分吸纳这些好的意见和建议，对报告作进一步修改完善。下面，我谈三点意见。

一、执法检查工作进展顺利

《慈善法》执法检查，是全国人大常委会从 279 件法律中选择的 6 个执法检查项目之一。常委会对这次检查非常重视，栗战书委员长作了重要指示，王晨副委员长、白玛赤林副委员长分别带队参加执法检查，给予了重要指导和有力支持。王晨副委员长还作了动员讲话。

中央各有关单位对这次执法检查十分重视，在 7 月 17 日召开的执法检查组第一次全体会议上，民政部、财政部、应急管理部、国家税务总局等 4 个单位详细介绍了实施慈善法的有关情况，司法部、中国银保监会、国务院扶贫办、共青团中央、中国红十字会等 5 个单位提交了书面材料。民政部王爱文副部长以及“慈善事业促进和社会工作司”的同志们陪同检查，协助做了很多工作。检查组所到的宁夏、浙江、辽宁、山西、陕西等省(区)对执法检查工作给予了大力支持。受委托的 7 个省(市)人大常委会也都如期提交了自查报告。社会建设委员会、常委会办公厅等单位密切联系，通力合作。这些，都构成了此次执法检查圆满成功的重要基础和保障。

总的来看，这次执法检查进展顺利、深入扎实、富有成效。有以下几个突出的特点：

*一是克服疫情造成的影响，检查工作高质高效。*今年疫情对执法检查造成了较大影响，有效展开时间非常紧张，同时内容又很多、任务又很重。检查组的同志迎难而上，周密组织，精心安排，认真学习法律法规，严格遵守中央八项规定和实施细则，遵守各项工作纪律，以高度的责任感和严谨务实的工作作风，高效率地推进执法检查。

9 月 9 日，王晨副委员长带队到辽宁检查，到达住地已是下午 6 点，7 点多就召开座谈会，可以说是争分夺秒。白玛赤林副委员长带队检查时，分成两个小组，同时开展检查，提高了工作效率。检查组到宁夏检查，赶路过程中，在车上进行 3 个多小时研讨，民政部贾晓九同志、崔荣华代表、地方民政厅负责同志都作了很有针对性的汇报。

在实地检查中，统筹兼顾行政部门、慈善组织、捐赠人、志愿者等主体，特别是对不同层级、不同规模、不同类型的慈善组织进行了系统深入考察。几个检查组的同志根据既往的经验，结合检查中发现的问题，也结合平常的一些专业性的研究，都分别提出宝贵意见，为起草高质量的执法检查报告奠定了基础。

*二是人大代表广泛参与。*刚才何毅亭同志介绍，先后有 45 名全国人大代表参加了检查工作，还专门听取了 16 位提出慈善法相关议案和建议的全国人大代表的意见。可以说，检查组在落实战书委员长关于加强代表工作的重要指示方面，做得也是相当不错的。

*三是注重方式方法创新。*检查过程中，在坚持以往听取汇报、座谈交流、实地考察等方式的基础上，还采取了第三方评估、社情民意调查、问卷调查、随机抽查、统计分析等方法，取得了较好的效果。特别是中国社会保障学会的第三方评估报告质量很高，为执法检查组提供了有益参考。

二、执法检查报告稿的几个特点

执法检查是人大推动法律有效实施、推进法治国家建设的重要抓手。战书委员长高度重视这项工作，在常委会第 4 次和第 11 次会议上，专门作了重要论述，特别强调要“起草好、审议好执法检查报告”。

执法检查报告不同于一般的调研报告、工作报告。检查组严格落实战书委员长关于报告定位和起草要求的指示精神，从 8 月份实地检查一开始，就谋划起草工作，吸收各方意见，反复调整完善。主要有 4 个特点：

*一是坚决贯彻习近平总书记重要论述和党中央决策部署精神。*报告围绕总书记、党中央的要求，以发挥第三次分配作用、增强民生保障和社会治理效果为出发点，全面总结法律实施以来慈善事业发展的成绩和经验，着重从社会发展阶段、慈善行业生态、慈善事业性质等角度，深入分析法律实施存在问题的深层次原因，有针对性地提出意见建议，力争达到政治站位高、监督视野宽、促进法律实施效果好的目标。

二是紧扣法律规定，坚持问题导向。“执法检查报告主要是报告相关法律落实情况，查找法律实施存在问题。”报告稿以法律条文为依据，紧密结合实际，提出 5 个方面 16 个问题。对行政部门普遍反

映的力量不足、协调困难；慈善组织普遍反映的政策支持不够、专业人才缺乏；捐赠人普遍反映的精神激励不足、信息公开不到位等问题，都有一定体现。基本反映了检查组对照法律、深入一线的检查成果。

三是突出重点，把握趋势，提出可操作可落实的建议。执法检查报告应当“提出明确具体的落实法律的要求，强调政府和有关方面必须严格履行法律责任”。报告稿从实现慈善法目的、促进慈善事业发展的角度，提出了推动法律完善和法律实施的意见建议。其中，既有法律明确规定、需要集中力量尽快落实的着力点；也有法律规范较为原则、甚至存在空白，需要根据发展规律和发展趋势，加以探索尝试的举措。力争为当前和未来一段时期的慈善事业发展，提出要求、提供指导。

四是坚持文风朴实。报告稿主体的篇幅控制在1万字，力求做到条理清晰、语言精炼、数据翔实，不作过多主观阐发和推测，关键是把情况和问题说清楚，力争让各方面有启发。

三、继续做好相关工作

根据全国人大常委会2020年监督计划和慈善法执法检查方案，10月中下旬，将向常委会第22次会议作关于检查慈善法实施情况的报告。下一步，要重点抓好两个方面：

一是认真修改完善报告。今天把报告稿提交会议讨论，大家提出了许多有价值的意见建议，起草组的同志们要认真研究吸纳。报告10月提交常委会审议，在此期间，大家可以继续推敲琢磨，有什么好的意见建议，都可以随时向检查组反馈。

二是抓好后续整改落实。落实整改是执法检查的又一个重要环节，是监督工作取得实效的重要体现。最近几年来，全国人大常委会领导同志也多次强调，要重视跟踪监督工作，切实防止“重监督检查、轻督促整改，听取和审议报告之后不了了之”的问题。国务院及其有关部门要重视并切实解决报告中提出的问题，认真落实执法检查报告和常委会审议意见，在规定期限内报告研究处理情况。全国人大社会委、常委会有关办事机构以及法律实施主管机关，都要按照监督法和全国人大常委会监督工作的有关规定，扎实做好后续工作，确保执法检查取得实实在在的成效。

同志们，慈善事业是利国利民的伟大事业。依法促进慈善事业健康发展，关系到我国多层次社会保障体系的健全，关系到改革发展成果的共享，关系到第三次收入分配的成效，也关系到社会主义核心价值观的实现，从长远看，更是坚持以人民为中心的重要体现，是治理体系和治理能力现代化的重要内容。党的十九届四中全会对发展慈善事业提出了新的更高要求。希望各单位进一步增强贯彻实施法律的紧迫感和自觉性，以执法检查为重要契机，促进慈善事业高质量发展，在全面建成小康社会、顺利迈入社会主义现代化国家新征程中，展现新作为、作出新贡献。

最后，再次对国务院及有关部门、新闻媒体以及各有关方面的积极支持、密切配合表示衷心的感谢！

对检查慈善法实施情况报告的意见和建议

10月15日，十三届全国人大常委会第二十二次会议审议了全国人大常委会副委员长张春贤作的全国人大常委会执法检查组关于检查慈善法实施情况的报告，共有18人次发言。现根据会议发言情况，将常委会组成人员和列席人员的主要意见整理如下。

出席人员普遍认为，2016年慈善法的颁布实施，是我国慈善事业从传统向现代、法治转型的一个重要标志。4年多来，中央和地方有关部门以及慈善组织认真贯彻实施这部重要法律，推动我国慈善事业不断取得新进展新成效。这次执法检查聚焦法定职责，坚持问题导向，运用民意调查、专业评估、数据分析等方式，并将监督检查同修改慈善法结合起来，务实创新，富有成效。大家对执法检查工作和报告给予充分肯定，认为报告真实客观、内容丰富，很有说服力。大家强调，要深入贯彻落实习近平总书记关于慈善事业工作的重要论述，宣传好实施好慈善法和相关配套法规，增强慈善意识，发挥慈善功能，推动新时代慈善事业健康有序发展。审议中，大家还提出了一些具体意见和建议。

一、加强顶层设计，完善促进慈善事业发展的制度机制

有的出席人员指出，慈善法的实施涉及面很广，现在主要由民政部牵头负责，很多具体工作难以统筹，存在“小马拉大车”等问题。希望国务院尽快建立跨部门的工作协调机制，形成促进慈善事业发展的完整体系。有的出席人员认为，目前法律实施中配套政策落实不到位的问题已较突出，考虑到修改慈善法需要一个过程，建议国务院率先行动，抓紧健全相关协调机制。

部分出席人员指出，国家对慈善事业的政策支持力度还不够，财税方面的优惠政策比较分散，同现行税制也不协调；税收优惠、购买服务、费用减免、金融、土地、慈善信托等优惠政策不够明确。建议进一步细化和落实各项法定促进措施，扩大对慈善公益事业的税收优惠力度，简化捐赠个人所得税的扣除手续，提高个人公益捐赠的税前抵扣比例。在所得税、流转税、财产税方面，进一步加大对公益慈善组织的税收减免。推动设立遗产税、赠予税。

二、强化引导和监管，推动各类慈善组织蓬勃发展

有的出席人员认为，从 2017 年到 2019 年新登记设立的慈善组织数量逐年递减，说明社会各界对慈善的信心仍处于低位，同时也暴露出一些体制机制上的问题。建议：(1)尽快修订出台社会组织登记管理条例，简化慈善组织的登记认定程序，明确公益性社会组织认定为慈善组织的标准，切实解决登记难问题。(2)打造一批具有良好社会声望、专业能力强、治理结构完善、梯次分工合理的现代慈善组织，培育慈善行业组织，净化公益慈善环境，提升自我管理、严格自律的能力和水平。

部分出席人员指出，慈善组织发展不平衡问题较为突出，欠发达地区的发展水平滞后；慈善业务主要集中在扶贫济困、教育卫生等领域，涉及科学、文化、体育以及环保等领域的少；有的慈善组织运行效率不高，收取管理费用存在一定障碍。建议：(1)出台促进慈善组织均衡发展的政策举措，鼓励慈善组织更多向西部欠发达地区发展，向科学、文化、体育以及环保等领域延伸。(2)深入研究慈善组织资金保值增值问题，在确保资金安全的前提下，适当减少相关限制性规定。

部分出席人员提出，增强慈善活动透明度，强化慈善组织信息公开，向社会真实、准确、完整、及时地公开慈善项目运作、受赠款物使用等情况。推动全面使用电子捐赠票据并明确其法律地位，在此基础上建立覆盖全社会的慈善捐赠数据统计制度。构建覆盖慈善事业的信息化大数据管理系统，将年检、审查、捐赠管理、数据统计、信息公开等集于一体，促进慈善行业管理科学化、规范化、透明化。

有的出席人员建议，以提高公信力为重点，加强对慈善组织、慈善行业的监管。民政部门应严格执行慈善组织年检制度和评估机制，强化对募捐活动、财产管理的日常检查，健全重大慈善项目专项检查制度、慈善组织及其负责人信用记录制度等。财政、税务部门应对慈善组织、慈善信托享受税收优惠等方面的情况加强监管。推动将公益慈善纳入信用体系建设。有的出席人员指出，政府部门对慈善行业的监管不等同于管控，而是要转变管理观念，精准定位职能，更多支持、鼓励、服务慈善组织，防止监管过度。

有些出席人员认为，网络募捐日益活跃，但仍处于初级阶段，存在管理不规范、制度不健全、评估体系不完善等问题。建议深入研究网络慈善发展状况和存在问题，进一步完善相关政策和服务，推动网络募捐更加规范、更加便捷、更加健康。

三、大力宣传慈善法，激发社会各界参与慈善事业的积极性

部分出席人员提出，应通过大力宣传慈善法、普及慈善文化、弘扬慈善精神等，鼓励和推动更多公民、组织支持和参与慈善事业，激发蕴藏在社会公众中的慈善正能量。有的出席人员提出，主流媒体要加大对慈善行为、典型事例的正面宣传，对一些不实之词、负面报道要敢于发声、及时纠偏。

部分出席人员对修改完善慈善法及其配套法规提出了一些建议：(1)调整充实慈善事业与专业社会工作融合发展的相关内容，增加鼓励慈善捐赠方通过购买专业服务开展慈善活动的条款，进一步提升慈善服务水平。(2)对社会关注度较高的捐赠资金使用、捐赠信息公开等工作，进一步细化完善相关法律法规。(3)把形成完备的慈善事业法律法规体系，作为“十四五”时期慈善事业发展的重要内容。(4)加快慈善事业地方立法步伐，推动各地抓紧出台慈善法实施细则等。

全国人民代表大会常务委员会执法检查组关于检查《中华人民共和国反不正当竞争法》实施情况的报告

——2020年12月23日在第十三届全国人民代表大会常务委员会第二十四次会议上

全国人大财政经济委员会主任委员　徐绍史

全国人民代表大会常务委员会：

根据2020年度监督工作计划，全国人大常委会组织开展了对反不正当竞争法实施情况的检查，现将有关情况报告如下。

一、执法检查工作情况

以习近平同志为核心的党中央高度重视完善社会主义市场经济体制，对维护公平竞争市场秩序、优化营商环境提出明确要求。党的十九届四中、五中全会强调，要健全公平竞争制度，加强反不正当竞争执法司法，提升市场综合监管能力。为深入贯彻落实党中央重大决策部署，全国人大常委会开展反不正当竞争法执法检查。

（一）契合新形势，开展执法检查正当其时。今年以来，新冠肺炎疫情全球蔓延、世界经济严重衰退、美西方对我遏制打压等不确定因素持续发酵，我国经济社会发展面临的不稳定性、不确定性进一步增加。国内一些结构性、周期性、体制性问题尚未完全解决，网络经济等新模式新业态迅猛发展，又带来市场竞争秩序的新挑战，市场主体和社会公众普遍关注。统筹推进疫情防控和经济社会发展，需要有序的市场竞争、良好的营商环境。构建以国内大循环为主体、国内国际双循环相互促进的新发展格局，更需要建设高标准市场体系，维护公平竞争、优化营商环境，充分释放经济潜能。开展反不正当竞争法执法检查契合需要，正当其时。

（二）领导高度重视，精心组织实施。中共中央政治局常委、全国人大常委会委员长栗战书同志亲自审定执法检查方案并作出专门批示："反不正当竞争法是鼓励和保护公平竞争、维护市场经济秩序的基础性法律。这次执法检查，要着眼于强化市场经济秩序治理、完善公平竞争制度、持续优化营商环境、激发市场主体发展活力、推动形成以国内大循环为主体、国内国际双循环相互促进的新发展格局，严格对照法律条文，检查法律实施情况，发现漏条漏款、难点堵点，督促有关方面切实全面落实法律，为完善中国特色社会主义市场经济提供坚实、有效的法制保障。"执法检查组紧紧围绕党中央决策部署，对照法律条款，聚焦突出问题，努力提高执法检查的科学性、针对性和实效性。

全国人大常委会执法检查组由曹建明、陈竺、王东明三位副委员长任组长，全国人大常委会委员、财政经济委员会主任委员徐绍史任副组长，成员由部分财经委组成人员和全国人大代表组成。9月11日，执法检查组召开第一次全体会议，部署检查工作。9月至10月，3个执法检查小组分别赴湖南、广东、四川、黑龙江、上海、北京等6个省（市）开展实地检查，共召开10次部门座谈会，9次企业和行业协会座谈会，实地调研36家企业，听取互联网、高新技术、传统老字号等58家企业和19个行业协会，以及部分专家学者的意见建议。同时委托河北、辽宁、江苏、福建、河南、海南、贵州、甘肃等8个省人大常委会对本省反不正当竞争法实施情况进行检查。

（三）聚焦重点难点问题，创新检查方式方法。检查组既坚持有效的经验做法，又积极探索创新。一是创新运用大数据分析方法，了解市场主体和社会公众的关切诉求。本次检查除委托第三方开展评估外，还委托国家信息中心对法律实施情况利用网络展开监测分析。首次运用大数据技术，抓取互联网舆情数据约4851万条，搜索指数约268.1万条，司法判决数据约5.3万条，学术期刊论文数据5900余条，对2011年1月至2020年10月期间，反不正当竞争法的社会关注度、执法司法效果以及存在问题进行了全面分析，为检查组重点研判和检查网络经济领域法律实施情况提供有力支撑。二是扭住法律实施突出问题，检查工作步步深入。对于社会高度关注、各方反映集中的网络不正当竞争、市场混淆热点难点问题，检查组又深入浙江杭州、江苏苏州进行专项检查并形成报告。三是直面企业和问题症结。执法检查组深入基层、深入企业，面对面了解情况，召集相互竞争激烈的企业、平台，线上企业与线下企业，就网络不正当竞争问题进行座谈交流，了解不同诉求并把握问题症结。

本次执法检查形成了 3 份前期调研简报、6 份实地检查报告、8 份委托检查报告、2 份专项检查报告、1 份法律评估报告和 1 份大数据分析报告。11 月 19 日，执法检查组召开第二次会议，研究执法检查报告，总结执法检查工作。总的看，执法检查工作不断创新，扎实深入，较好地完成了任务。

二、法律实施取得的积极成效

反不正当竞争法是我国第一部专门规范市场竞争行为的基础性法律，1993 年制定实施，2017 年全面修订，2019 年修改完善。各地区各部门深入贯彻党中央、国务院决策部署，统筹推进立法、普法、用法、执法、司法工作，市场竞争秩序得到较好维护，营商环境不断改善，法律贯彻实施情况总体向好。大数据分析表明，社会公众对此予以积极评价。

（一）加大法律宣传力度，全社会公平竞争意识得到增强。各地区各部门注重普法工作，创新方式方法、增强普法效果。一是国务院有关部门部署开展普法宣传工作。市场监管总局全面宣讲法律，编写了培训辅导宣讲系列教材，2020 年在全系统宣讲展示 100 个执法典型案例；商务部组织近 300 家电商企业签署《电子商务企业诚信经营承诺书》；银保监会等部门也采用多种形式开展法律宣传贯彻工作。二是各省（区、市）人大、政府把法律实施与规范市场秩序、优化营商环境、服务经济发展结合起来，通过宣讲法律知识、印发普法材料、制作公益广告、举办法律知识竞赛、法律培训咨询等方式，利用报刊、电视、广播、新媒体等媒介广泛宣传，着力强化宣传效果。三是企业、行业协会开展多种形式的普法宣传活动，不断增强维护公平竞争的自觉性和主动性。

（二）加强制度性建设，不断改善营商环境。党中央、国务院印发《关于新时代加快完善社会主义市场经济体制的意见》等系列重要文件，国务院出台了《优化营商环境条例》等法规，各地区各部门结合实际，完善配套法规规章，营商环境持续改善。一是国务院有关部门就规范促销行为、电信业务经营、保障和服务民营企业健康发展、加强消费者权益保护工作机制等，出台一系列配套文件。最高人民法院、最高人民检察院围绕加强知识产权保护等出台司法解释，遴选发布指导性案例以案释法，指导统一裁判标准、审判实践，在促进行政执法和司法衔接、增强企业依法经营和公平竞争意识等方面发挥积极作用。二是各地因地制宜、结合实际开展地方立法工作。北京今年 4 月颁布实施优化营商环境条例，将促进公平竞争方面的经验以法规形式制度化。上海今年 10 月新修订反不正当竞争条例，将于明年 1 月 1 日起实施。黑龙江、浙江、福建、海南等地已启动相关条例制定和修订工作。广东研究制定《强化粤港澳大湾区竞争政策基础地位先行落地实施方案》，加强和改进反不正当竞争执法，以竞争政策优先地位调整政府与市场关系。大数据分析显示，1993 年至 2020 年 10 月，全国共出台相关地方性法规、规则和各类规范性文件 500 余项。三是积极参与多双边规则制定。有关部门注重将反不正当竞争法实施经验应用到多双边自贸协定关于竞争、知识产权方面谈判和经贸磋商中去，努力构建更加公正合理的竞争规则。

（三）加强重点领域执法司法，市场竞争秩序总体向好。各级行政执法部门和司法机关加大执法力度，严厉打击各类不正当竞争违法犯罪行为。一是加大市场混淆、侵犯商业秘密等行为打击力度。近年来，恶意制造市场混淆的不正当竞争行为呈易发多发趋势，辽宁、河南、甘肃等地对仿冒企业标识的市场混淆行为加大打击力度，江苏、四川等地查办了牛栏山白酒标识混淆案件。检察机关持续加强对侵犯知识产权行为的惩戒，2019 年起诉侵犯商业秘密罪同比上升 51.9%。2017 年至 2019 年，湖南共侦办侵犯知识产权类刑事案件 2253 起，涉案金额 15.48 亿元。二是严打商业贿赂行为。公安机关自 2018 年以来共查办商业贿赂犯罪案件 4200 余起，抓获犯罪嫌疑人近 4000 名，涉案总金额 40 多亿元。河南持续加大商业贿赂案件查处力度，今年商业贿赂案罚没款同比增加约 60%。三是各有关部门加强民生领域反不正当竞争执法。2019 年，针对天津权健事件等群众反映强烈的“保健”市场乱象，市场监管总局会同公安、工信、民政、卫生健康等 13 个部门，在全国范围开展联合整治百日行动，严厉查处保健品、医疗器械重点领域虚假宣传违法犯罪行为，共立案 31684 件，案值 137.72 亿元，罚没款 11.57 亿元。针对瑞幸咖啡虚假交易案件，成立专案组直接查办，对 45 家涉案企业作出行政处罚，处罚金额共计

6100万元。四是查处网络不正当竞争案件。市场监管总局将网络作为重点执法领域,部署开展专项行动,黑龙江、江苏、浙江、四川查办了网络外卖平台利用技术手段妨碍、破坏市场竞争案件。各地加大对网络虚假宣传、“刷单炒信”、违规促销等行为查处力度。今年以来,全国各级市场监管部门查办不正当竞争案件5189件,罚没款2.7亿元。

(四)完善工作机制,法律实施效能进一步提升。各地区探索有效途径,加强制度机制建设,发挥监管合力,着力提升监管效能和社会治理效能。一是落实公平竞争审查制度,强化竞争政策基础地位。按照“谁制定,谁审查”原则,有关部门对规范性文件开展存量清理和增量严查,重点审查关于市场准入、产业发展、招商引资、招标投标、政府采购等涉及市场主体经济活动的政策措施。2016年以来,全国共梳理规范性文件189万件,清理废止涉及地方保护、指定交易、市场壁垒等文件3万多件。二是完善司法审判机制。各级司法机关妥善处理科技创新与公平竞争之间的关系,通过司法裁判推动新模式新业态健康发展。北京等地设立知识产权专门法院,杭州成立全国首家互联网法院,顺应互联网和电子商务发展需求,努力保障网络维权。2016年至2019年,地方各级人民法院共受理不正当竞争案件13354件,审结12363件,收案数量年均增长幅度为30.6%。三是探索建立工作协调机制。部分省(区、市)加强部门协作,努力提升反不正当竞争监管效能。河北、河南、贵州等地成立了省市场监管局牵头、省直十余个部门参加的工作协调机制,加强联络和交流会商。四是建立区域协作机制。长三角、京津冀、东北三省等相继签署区域执法协作框架协议,建立健全区域执法联动机制,强化案件线索和查办情况信息互通,协同查处跨区域的不正当竞争行为,构筑联勤联动、联合打击、资源共享、交流协作的监管执法合作平台。

今年以来,面对新冠肺炎疫情的冲击,各地区各部门贯彻落实以习近平同志为核心的党中央关于统筹推进疫情防控和经济社会发展的各项决策部署,及时出台政策措施,加大反不正当竞争执法力度。市场监管总局印发《关于加强反不正当竞争执法、营造公平竞争环境的通知》,组织市场主体开展“保价格、保质量、保供应”行动,联合有关部门开展全国防疫物资产品质量和市场秩序专项整治行动,司法机关依法严厉打击涉疫情制假售假、哄抬价格等扰乱市场秩序行为,全力支持和保障疫情防控,为做好“六稳”工作,落实“六保”任务发挥积极作用。

三、法律实施中的突出问题

从检查情况看,国务院及有关部门做了大量工作,但有些法律规定还没有落实到位,市场混淆、虚假宣传、商业诋毁等老问题未得到有效解决,新的不正当竞争问题又层出不穷,立法、普法、用法、执法、司法等方面还存在一些突出问题。主要有以下四个方面。

(一)配套法规制度不健全,影响法律有效实施。反不正当竞争法共5章33条,对不正当竞争行为采取“列举+兜底”的方式作了概括性规定,涉及到市场竞争的诸多领域,还需要健全与之配套的法规制度,保障法律有效实施。检查发现,这方面工作还有较大差距。一是配套的法规制度没有及时出台。不少同志反映,由于缺少配套细则,导致不同部门不同地区对法律规定的有些概念和原则理解上存在差异,执行中又标准不一。传统商业贿赂、侵犯商业秘密、商业标识混淆等,大数据、人工智能、区块链、物联网等新模式新业态中的不正当竞争行为,也存在认定标准不清的问题,迫切需要制定配套法规制度等予以明确。还有的部门规章与新修订法律规定存在不一致,比如原国家工商行政管理局1995年制定的《关于禁止仿冒知名商品特有的名称、包装、装潢的不正当竞争行为的若干规定》等规章,至今也未跟进修改。大数据分析表明,在立法执法方面反映最集中的突出问题是“条款概念释义不清带来实际执法困难”。二是部分地方配套法规制定修订进展迟缓。因经济发展水平、结构等存在差异,区域间不正当竞争案件在类别上差异明显:西北、中南地区商业贿赂案件占比较大;西南、华东地区损害商业信誉案件占比较大;东北、华北地区网络领域不正当竞争案件占比较大。地区间不正当竞争行为的差异,客观上需要各地依据自身发展实际制定有针对性的地方法规来加以规制,以提升监管执法的针对性和有效性。从检查情况看,反不正当竞争法最近一次修订后,仅上海市对地方性法规进行了修订,还有9个省(区、市)将配套法规修订列入近期立法计划,三分之二的省份尚处研究论证阶段,制定或修订工作尚未真正提上议事日程。三是司法解释尚未及时跟进。法律评估报告指出,随着新情况新问题的不断出现,人民法院依据反不正当竞争法第二条关于不正当竞争行为原则性规定裁判新类型不正当竞争行为的情形增多,裁判标准不一的现象时有发生;第十二条关于网络不正当竞争行为规定的适用空间大,适用标准有时也存在不一致的情况,亟需及时制定和完善相关司法解释。在开展法律评估问卷调查时,82.2%的受访者认为需要尽快制定配套规定和司法解释。

(二)老问题依然突出,新问题层出不穷。各地普遍反映,随着市场经济的发展和市场主体间的竞争愈发激烈,市场混淆、商业贿赂、虚假宣传、侵犯商业秘密、商业诋毁等长期存在的不正当竞争行为不仅屡禁不止且违法案件不断增多,随着网络经济快速发展,这些不正当竞争行为向线上延伸,商业模式的不断创新又产生新的不正当竞争行为,给市场监管执法带来新的挑战,对公平竞争市场秩序带来新的冲击。一是老问题依然多发频发。大数据分析表明,当前不正当竞争行为主要集中在仿冒混淆、虚假宣传、侵犯商业秘密等方面,在依反不正当竞争法判决的案件中分别占 41.3%、18.8%、17.7%。比如,食品领域仿冒混淆、侵犯商标现象依然普遍,"娃恰恰""康帅傅""粤利粤""雲碧"等仿冒产品屡见不鲜。广东一知名照明公司反映,全国有超千家企业字号与其相同,绝大部分未经授权甚至恶意攀附,该企业在维权过程中逐一进行民事诉讼要求对方改名,费时费力、效果不彰,企业合法权益难以得到有效保护。二是老问题在互联网场景下花样翻新且风险进一步放大。一些老问题通过技术加持转移到线上,一些不良商家的不正当竞争手段更加复杂和隐蔽。比如,过去利用传统传播方式"自卖自夸"的夸大或虚假宣传现今演变为组织专业团队利用网络软文诱骗消费者,甚至通过少数网红"直播带货"等助力虚假宣传,互联网虚假宣传案件已占全部虚假宣传案件的一半以上。销售假冒伪劣产品由传统的实体店面、固定场所向利用网络等新型渠道延伸,有的朋友圈、网店成为假货网络购销的新渠道。商业诋毁演变为专业"水军"带节奏,或假借"打假""维权"恶意投诉举报,呈现出组织化、职业化、规模化特征。上述不正当竞争行为相比线下,具有实时灵活、违法成本低、传播速度快、覆盖范围广、技术深度介入等特点,对被侵权企业合法权益的损害程度和市场竞争环境的破坏程度远远大于线下,对企业经营发展带来较大影响甚至冲击。同时也损害了消费者的权益。三是新问题隐蔽复杂且层出不穷。随着科技快速发展,借助技术手段,衍生出广告屏蔽、流量劫持、数据杀熟、网络链接、骗取点击、捆绑软件、恶意侵犯等新型网络不正当竞争行为,刷单炒信、竞价排名等虚假宣传行为花样翻新,知识产权碰瓷、勒索性维权、黑公关、有偿删帖等新型不正当竞争行为甚至形成黑灰产业。新型不正当竞争行为诋毁企业信誉和产品声誉,成本低、隐蔽性强且传播快,杀伤力大,受害企业举证难、维权成本高,既损害有关经营者、消费者权益,又影响了整个网络经济的健康发展。比如有些商家为增加交易量、吸引消费者关注,通过故意刷单虚增交易量以获得消费者关注,有的电商平台出于同样目的对商家刷单炒信行为态度暧昧,个别平台甚至提供某些便利,导致不搞刷单炒信的电商平台和商家难以吸引消费者而陷入经营困难,反不正当竞争法只适用于经营者,对相关第三方监管处罚缺失,造成市场上"劣币驱逐良币"。随着数据竞争日趋白热化,有的企业、平台利用手机移动应用程序(APP)越界索权过度采集个人信息,有的打造信息"茧房",有的通过对消费者数据的过度获取与算法歧视,干扰消费者的选择,获取不当竞争优势。大数据分析表明,2018 年至 2020 年 10 月,涉及网络不正当竞争行为的判决案件虽然仅占全部以反不正当竞争法判决案件的 3.6%,但其社会关注度高达 72%。四是排除和限制竞争行为也凸显出来。当前,购物、外卖、社交、酒店旅游、音乐等商品和服务网络平台发展迅速,市场集中度日益提高,有的平台利用优势地位和商家对其的依赖性,采取不正当手段强迫中小商家在平台间"二选一",如果发现商家在其他平台继续销售即对商家进行惩处甚至直接下线其所有在售商品。部分商家被迫"二选一"而压减产能、裁减员工,导致线上不正当竞争影响向线下传导。有的外卖平台随着商家对其依赖度的提高而向其收取更高比例的佣金,商家经营压力不断增大,经常是赔本赚吆喝,部分难以承受压力的商户要么离开平台,要么压降商品质量,最终损害消费者的权益。近期,快递行业恶性低价竞争抢夺市场愈演愈烈,头部企业通过规模优势不断压价竞争,中间层商户则被迫降低快递员派送费来跟随降价,有些中小快递商户倒闭,对快递员队伍的稳定性也带来冲击,对市场竞争秩序产生不利影响。另外,大型网络平台又布局社区团购,重现"烧钱补贴""跑马圈地"的场景。

(三)相关法律存在交叉重叠,法律适用存在难点堵点。维护公平竞争秩序、保护经营者消费者合法权益,既要发挥反不正当竞争法的作用,也涉及其他领域的相关专门法律。既有市场监管部门作为执法主体的反不正当竞争法、反垄断法、广告法、消费者权益保护法、电子商务法、商标法等 20 余部法律,也包括其他行业主管部门作为执法主体的商业银行法、保险法、电信条例等方面的专门法律法规。这些法律法规从不同角度规范市场主体经营行为,在违法行为认定、行政处罚设置等方面存在交叉重叠。检查中,不少同志反映,如何协调不同法律之间的适用,成为反不正当竞争法实施中的难点堵点。一是法律处罚标准不易把握。对同类违法行为不同法律规定的罚则不尽一致,比如,反不正当竞争法第二十条和消费者权益保护法第五十六条都对“虚假或者引人误解的商业宣传”行为的处罚作了规定,但两者的处罚标准并不一致,导致执法实践中对适用法律和处罚依据难以判定。还有同志反映,反不正当竞争法对违法行为规定的处罚幅度偏大,且未对违法程度和处罚梯度作进一步的细化,执法自由裁量权过大,容易导致相似案件处罚标准不一等问题。二是法律规定存在交叉重叠。反不正当竞争法规定,发布虚假广告的虚假宣传行为按广告法处罚,但通过多种传播途径以及互联网、新媒体进行虚假宣传的,哪些属于广告、哪些是广告之外的其他宣传行为,区分标准和界限不清晰。对商标侵权与故意混淆包装、装潢、企业名称等违法行为,是以商标侵权为主适用商标法处罚,还是以违法行为的具体表现为主,而适用反不正当竞争法处罚,各方认知存在分歧,执法实践中存在困惑。反不正当竞争法、消费者权益保护法、食品安全法均对虚假宣传行为作出规定,反不正当竞争法、药品管理法均对商业贿赂行为予以规制,在实际查处食品领域的虚假宣传和医药领域的商业贿赂时存在法律适用争议。三是法律适用的协调性不足影响监管。反不正当竞争法第四条规定,市场监管部门对不正当竞争行为进行查处,法律、行政法规规定由其他部门查处的,依照其规定。反不正当竞争的执法权分属多个部门,随之带来竞争法律实施的不正常现象。一方面,由于权益驱动,对容易监管的一些传统不正当竞争行为,相关部门都愿管,有的甚至抢着管;同时,由于新型不正当竞争行为监管难度大,相关部门不愿管,经常出现相互推诿现象而造成监管真空。另一方面,由于涉网案件的主要行为发生地与行为主体所在地不一致,有的案件管辖权难以确定,导致立案难、取证难、执行难;甚至有的出于地方利益保护,以管辖权争议为由对异地执法维权协调配合不够。此外,执法检查中,不少同志反映,一些经营者利用自身的优势经营地位,对交易相对方进行不合理限制或者附加不合理条件的问题较为突出,反不正当竞争法缺乏明确的对应条款加以规制。

(四)协调协作机制不健全,尚未形成有效的监管合力。检查中发现,反不正当竞争工作协调机制尚需落实落地,跨区域监管协调难度较大,法律实施仍然存在难点堵点。一是反不正当竞争工作协调机制有待建立健全。法律第三条规定,“国务院建立反不正当竞争工作协调机制,研究决定反不正当竞争重大政策,协调处理维护市场竞争秩序的重大问题”。今年11月12日,国务院同意建立由市场监管总局牵头的反不正当竞争部际联席会议制度,相关工作正在组织开展,作用尚待发挥。多数地方还未建立相应的工作协调机制,在实际工作中影响甚至制约了部门间执法监管的统筹谋划、高效协同。二是区域监管协作机制建设有较大差距。不正当竞争行为往往涉及多主体、多领域、多地区,特别是网络不正当竞争行为去地域化特征明显,这进一步暴露了各地市场监管部门区域执法、行政监管部门分别执法的短板,执法信息交流不够及时、案件移送不够顺畅、联动配合不够紧密等问题影响执法司法的效果和力度,一定程度上制约了法律有效实施。三是执法司法认定标准不一。例如销售仿冒混淆商品行为是否构成反不正当竞争法第六条规定的“擅自使用”行为,行政执法与司法机关之间、不同司法机关之间对这一问题的认识有时也不尽一致。此外,检查中不少基层执法部门反映,查封扣押强制措施的批准权集中在设区的市级以上政府监管部门,一定程度上影响了执法效率,并容易导致证据转移或灭失,成为法律实施中的堵点。

四、实施存在问题的主要原因

产生上述问题的原因是多方面的,经梳理分析,主要有以下三个方面。

(一)对反不正当竞争法的基础性法律地位认识不到位。加强和改进反不正当竞争执法,着力维护公平竞争秩序,优化营商环境,是党中央作出的重大决策部署。检查中发现,尽管各方面在普法宣传教育等方面做了很多工作,但是在思想认识和宣传学习方面还需要进一步提升。一是对反不正当竞争执法工作重要性的认识不到位。对反不正当竞争法是维护公平竞争市场环境的基础性法律的定位认识不足,以反不正当竞争法的执法来带动相关单项法实施的自觉性不强,从而没有真正把实施反不正当竞争法作为优化营商环境的基础性工作来抓。同时,在落实执法方面缺乏具体工作举措和支撑措施。个别地方甚至将反不正当竞争与发展经济对立起来,阻碍、干预执法,降低了行政执法效率,影响了反不正当竞争法的实施。二是法律宣传和学习运用不到位。有的部门认为,宣传学习反不正当竞争法主要是市场监管部门的事,本部门本系统组织开展法律宣传不深不透,有的甚至流于形式。法律法规宣传进商会协会、进企业、进学校、进社区力度不够,未充分利用网络传播等新媒体进行多角度宣传,导致法律宣传贯彻存在盲区。随机抽查发现,一些经营者法律意识淡薄,知法、守法、用法存在欠缺,遇事不知道找法,也不懂用什么法律保护自身的权益。

(二)对网络经济迅猛发展带来的影响研判不充分。我国网络经济发展迅速、潜力巨大,在畅通国民经济循环、推动经济社会发展等方面发挥重要作用的同时,也带来市场竞争秩序新情况、新问题、新挑战。一大批网络平台迅速崛起,商业模式不断创新,竞争行为日益翻新,专业技术深度介入,各种纠纷与日俱增,法律关系复杂交织,由此产生的不正当竞争问题、治理问题都较为复杂。一是网络经济具有不同于传统经济的特征。网络经济具有规模大、地域广、节点多等特点,各类“互联网 + ”模式的深度应用,各个细分行业的交叉融合极大拓展了经营者之间的竞争关系,形成了网络经济发展新架构和新生态。各类不正当竞争行为在网络经济背景下,通过技术加持,更具复杂性、技术性、隐蔽性。二是第三方电商平台具有独特性质。其本身属性与传统企业存在差异,具有“跨边网络外部性”,一头连着消费者,一头连着经营者,同时兼具企业与市场的双重特征,又要匹配供需,还对利益相关者具有一定的控制力。有的大型平台掌控海量数据,涉及众多领域和大量主体,其经营决策行为关乎社会公众利益。三是网络经济发展进入竞争更激烈的新阶段。近年来网络经济由高速发展渐趋平稳调整的平台期,从技术渗透逐渐转到技术溢出,甚至形成技术壁垒;商业模式和业态高度相似,多为“第三方平台 + 自营”,跨界融合经营亦成常态,同质化竞争和多领域竞争日趋激烈,不正当竞争问题愈加凸显。四是网络经济领域还没有形成稳定行业管理和自律规则约束。网络经济领域的竞争行为变化多样,不确定性强,所涉法律关系复杂,网络自由竞争与不正当竞争界限不够明晰,网络经营行为与传统经营行为交叉融合,还没有形成行业应当普遍遵守和认同的规则底线。有的经营者借助信息技术手段筑技术壁垒,有的心存侥幸、“打擦边球”,有的罔顾诚信为本的商业道德搞不正当竞争,行业规则和平台治理滞后问题凸显。

(三)监管执法对新形势新要求不适应。当前,商业模式不断创新,线上与线下经济快速融合,执法监管面临新形势新挑战。一是监管理念跟不上。网络经济领域不正当竞争行为跨地域、跨行业、跨平台特征日益明显,而相关部门分层级、条块化、属地化的监管定势和主要依靠人力的集中式、运动式等监管理念和方式,跟不上这种新变化。为鼓励支持创新、激发市场活力,需要包容审慎监管,但是有些地方和部门片面理解政策,将包容审慎与“不监管”“少监管”简单混为一谈,没有平衡好鼓励创新与规范秩序的关系。二是有些监管执法人员素质不够高。反不正当竞争案件定性处理对执法人员依法判断要求高,需要监管执法人员具备扎实的法律功底、执法经验,甚至需要较高的财务会计、信息知识和技术水平。但有些基层反不正当竞争监管执法人员青黄不接,新的骨干尚未成长起来,少数执法人员对法律条款理解不深不透,在法律适用上把握不准,存在不会办案、不敢办案、不想办案的畏难情绪,影响和制约法律实施效果。三是执法监管技术和装备落后。网络经济的迅速发展给监管执法提出更高的技术要求,尤其在调查取证、获取数据、固定证据、大数据分析等方面,现有执法技术力量、技术手段、装备和监管水平等都难以提供有效支撑,客观上制约执法工作的深入开展。四是尚未建立健全有效的监管架构。面对新形势新要求,还缺乏一个涵盖科学协同的监管机构体系,成熟健全的监管制度体系,创新有效的机制路径体系,社会共治的现代化治理体系协同发力的综合监管体系。

五、对进一步贯彻实施反不正当竞争法的意见建议

党的十九届五中全会对“十四五”时期我国发展作出系统谋划和战略部署,并锚定了 2035 年远景目标。面对世界正经历的百年未有之大变局及新一轮科技革命、产业变革迅猛发展,我们必须把思想统一到党中央决策部署上来,推动反不正当竞争法更好实施。为此,提出以下意见和建议。

(一)强化公平竞争法治意识,健全市场体系基础制度。坚持平等准入、公正监管、开放有序、诚信守法原则,推动形成高效规范、公平竞争的国内统一市场。一是加大普法宣传力度,树立公平竞争理念。对内外资企业、国有大中型企业、互联网企业,开展有针对性的反不正当竞争法宣传活动。发挥行业协会、商会等组织作用,通过签署行业自律协议、发布自律章程等,引导经营者诚实守信。指导企业加强商业秘密

保护，强化知识产权保护意识。将严重破坏市场公平竞争秩序的市场主体列入失信名单，用信用手段助力营造公平竞争的社会环境。二是健全公平竞争审查机制，强化竞争政策作用。完善公平竞争评估制度，强化公平竞争审查的刚性约束，建立公平竞争审查抽查、考核、公示制度，建立健全第三方审查和评估机制，加大清理废除妨碍全国统一市场和公平竞争的存量政策的工作力度。建立违反公平竞争问题反映和举报绿色通道。三是加快转变政府职能，持续优化营商环境。各级政府要严格落实法律要求，带头遵守法律规定，打造法治政府，既要“退一步”，把属于市场发挥作用的领域还给市场，不干预企业经营和市场竞争；也要“进一步”，依法建立完善公平开放透明的市场规则，创新监管执法方式，维护公平竞争的市场秩序。四是拓宽反不正当竞争执法国际视野，为企业参与国际竞争营造良好条件。加强全球性、前瞻性、战略性谋划，密切跟踪国际趋势，加强侵犯商业秘密、海外商业贿赂、互联网企业走出去等重点前沿问题研究，为有效维护我国企业海外合法权益提出有针对性的政策建议。

（二）完善配套法规和制度建设，推动反不正当竞争法更好落实落地。建设高标准市场体系，必须充分发挥反不正当竞争法的基础作用，完善相关法律法规规章等的协同配套，构建完备的竞争法律制度，为公平竞争的市场环境提供坚实、有效的法治保障。一是加快梳理研究反不正当竞争法配套制度，细化补充法律规定。明确各类不正当竞争行为的认定要件、判定标准，细化处罚梯度，提升法律精准度和可操作性。市场监管部门要会同有关方面，及时修订《关于禁止仿冒知名商品特有的名称、包装、装潢的不正当竞争行为的若干规定》等相关规章，为企业合规提供清晰指引。总结司法实践中反不正当竞争法与商标法、专利法等法律之间的适用规则，司法机关出台相关司法解释，发布指导性案例或指导意见，进一步明确案件办理的标准及尺度，统一法律适用。二是积极支持推动地方立法工作。各地市场监管部门主动加强与地方人大的联系沟通，总结好经验、好做法，加快地方性法规立法工作进度，细化完善法律规定，夯实法律实施基础。三是对涉及市场公平竞争的法律法规进行梳理，做好相关法律的衔接协调。充分发挥反不正当竞争工作协调机制的作用，由市场监管总局统筹推进相关法律关系的研究，着力增强法律的一致性协调性。确有需要，提出对相关法律打包修法的建议。加强与有关部门的协调沟通，深入研究提出增强反不正当竞争法与相关专门法律一致性协调性的修法工作建议。

（三）进一步理顺体制机制，全面提升执法司法水平。一是深化市场监管体制改革，提升市场综合监管能力。根据不同层级政府的事权和职能，优化配置执法力量，进一步加强反不正当竞争执法部门职能机构建设和人才队伍建设，保证权威性、独立性。借助第三方专业技术服务，提升监管能力水平。二是多元协同，发挥反不正当竞争部际联席会议制度作用。明确相关部门职责，构建部门间优势互补、分工协作、齐抓共管的工作格局。同时，加强对竞争政策实施的统筹协调，适应市场监管综合执法体制，研究优化国务院反垄断委员会、公平竞争审查部际联席会议及反不正当竞争部际联席会议的职能配置，加强统筹协调机制建设。三是强化部门间、区域间协作，提升反不正当竞争工作合力。加强行政执法部门间信息共享，加大配合力度，及时有效制止各类不正当竞争行为。明确各类不正当竞争案件行政机关移交公安机关的标准，加强行政执法与刑事司法的有效衔接。加强区域协同，及时总结推广反不正当竞争区域协作方面的经验做法，坚决克服地方保护主义，密切执法联动，加强对游走于地区间的不正当竞争黑灰产业链、上下游违法经营者的打击力度。四是加大重点领域执法司法。聚焦影响公平竞争和人民群众关切的问题，切实发挥司法机关职能，依法惩治不正当竞争违法犯罪行为。针对故意傍名牌、蹭热度的市场混淆行为，建议修改完善企业名称登记管理规定等制度性文件，推进建立全国统一的企业名称规范管理系统，积极研究与商标数据共享对接，为做好企业名称查重比对提供更好服务。加强对行业领军企业、老字号企业、科技密集型企业、中小企业等市场主体商业标识、商业秘密的保护，维护企业合法权益。

（四）探索创新监管方式，加强新兴领域反不正当竞争监管。一是强化平台企业的主体责任。压实平台企业法律责任，教育引导平台企业切实履行社会责任，自觉加强合规审查和伦理审查。积极促进建立规范有效的行业组织，通过签署行业自律协议、发布自律章程、开展普法教育等，构筑稳定、统一、完善、普遍认可的自律规范和行为约束机制，构建公平、自律、健康的竞争秩序环境。二是认真研究解决互联网平台强制经营者“二选一”问题。建议认真研究平台的特性，有针对性地加强监管。依法对互联网平台公司，特别是业内具有优势支配地位的平台在日常运营、制度规范方面依法加强监管，对违规经营者进行教育引导、适时约谈，对强制

“二选一”等破坏公平竞争、扰乱市场秩序的违法行为依法严惩，形成有力震慑。同时，建议司法机关加快发布一批遏制互联网平台恶性竞争的典型案例，为打击平台强制“二选一”等互联网不正当竞争行为提供指引。三是创新监管方式。切实加强网络经济发展的前瞻性研判，把握好支持创新发展和维护竞争秩序的平衡。要促进线上、线下一体化监管，探索对平台开展线上闭环监管、非接触监管、信用监管等柔性管理。充分运用大数据等手段，对各类不正当竞争行为加强预警、分析，及时发现倾向性、苗头性问题和违法行为线索。加快数字转型和数据整合，探索运用互联网、大数据、人工智能等技术手段进行案件查办，提升监管执法水平。

以上报告，请审议。

在全国人大常委会反不正当竞争法执法检查组第二次全体会议上的讲话

（2020 年 11 月 19 日）

王东明

根据全国人大常委会反不正当竞争法执法检查方案，我们今天召开执法检查组第二次全体会议，主要是总结前一阶段工作，研究讨论执法检查报告。刚才，乌日图同志介绍了执法检查报告起草情况和主要内容。大家进行了认真讨论，对执法检查工作给予肯定，对报告稿的框架和主要内容都原则同意，同时提出了一些意见和修改建议。曹建明副委员长、陈竺副委员长发表了重要意见，提出了明确要求。会后，执法检查组要认真研究领导同志的要求和大家的意见建议，对报告作认真修改完善，做好提请全国人大常委会审议的各项准备工作。

全国人大常委会这次对反不正当竞争法实施情况进行检查，是 2019 年法律修订后的首次执法检查，是贯彻落实党中央关于维护市场秩序、优化营商环境等重大决策部署的重要举措，也是今年全国人大经济工作监督的重要任务。中共中央政治局常委、全国人大常委会委员长栗战书同志对这项工作高度重视，专门作了重要批示，提出明确要求，为做好执法检查提供了科学指导和重要遵循。在检查组第一次全体会上，曹建明副委员长作了传达，陈竺副委员长围绕贯彻批示精神对执法检查作了安排部署。在赴地方开展检查的过程中，检查组都及时传达学习栗战书委员长重要批示精神，统一思想，按照批示要求做好工作。自 9 月份第一次全体会议以来，执法检查组和有关方面努力克服疫情带来的不利影响，扎实推进执法检查各项工作。曹建明副委员长、陈竺副委员长和我分别率检查小组赴 6 个省（市）开展了实地检查。检查组委托 8 个省对本行政区内的法律实施情况开展了自查。全国人大常委会办公厅和财经委加强组织协调，国务院及其有关部门、最高法、最高检等积极配合、密切协作，市场监管总局负责同志全程参加，执法检查组所到地方的党委、人大、政府也都高度重视、全力配合，受委托开展检查的地区按要求认真开展相关工作，中央和地方有关新闻媒体通过积极宣传报道为执法检查工作营造了良好氛围。

经过大家共同努力，执法检查工作总体进展顺利，达到了预期目的。一是这次执法检查紧紧围绕党中央关于维护市场竞争秩序、完善公平竞争制度、持续优化营商环境、激发市场主体活力等重大决策部署，认真检查法律实施情况，督促有关方面切实落实法律规定，在推动党中央决策部署有效落实上发挥了积极作用。二是这次执法检查重点围绕社会关注度高、群众反映强烈的不正当竞争行为，围绕民生领域热点难点问题，深入基层和一线，与企业、群众点对点交流，面对面沟通，认真听取意见建议，了解诉求，推动加大监管执法力度，切实维护经营者和消费者合法权益，积极回应了社会关切。三是这次执法检查紧扣法律条文，抓住市场混淆、商业贿赂、损害商誉、网络不正当竞争行为、侵犯商业秘密等问题，突出重点，找准症结，努力推动加以解决，同时也注重发现和总结一些地方和企业的好经验、好做法。四是这次执法检查积极创新方式方法，在委托第三方评估的基础上，运用大数据技术开展专题评估，全面了解法律实施情况，针对网络不正当竞争行为和市场混淆行为开展了专项检查，在改进监督方式方法上作了有益的探索。

下一步，围绕这次执法检查，全国人大常委会还将听取审议执法检查报告、开展跟踪整改、督促落实等一系列后续工作，完成这些工作时间紧、任务重，要求也很高。希望执法检查组全体同志和有关方面继续努力，全力以赴共同做好后续工作，确保执法检查取得实实在在的成效。这里我再强调几项重点工作。

第一，认真修改完善执法检查报告。检查组要认真研究、吸收采纳有关方面包括今天讨论时大家提出的意见建议，认真修改完善，按时拿出一份高质量的执法检查报告。

*一要进一步贯彻中央精神。*要进一步提高政治站位，深入学习领会党的十九届五中全会精神和中央全面依法治国工作会议精神，认真贯彻习近平总书记和党中央关于科学把握新发展阶段、贯彻新发展理念、构建新发展格局的重大决策部署，关于贯彻习近平法治思想、推进全面依法治国的重大决策部署，关于完善公平竞争制度、加大知识产权保护、持续优化营商环境等重大决策部署，以中央精神为指导进一步修改报告，确保在思想上政治上行动上同以习近平同志为核心的党中央保持高度一致，确保人大法律监督与党中央决策部署目标同向、工作合拍、步调一致。

*二要进一步紧扣法律条文分析问题。*人大的执法检查是对法律实施情况进行监督，必须紧扣法律制度和法律规定开展。执法检查工作要把法律制度落实、法定职责履行、法律责任追究作为检查重点，对照法律条文逐条逐项检查。相应地，执法检查报告总结成效、分析问题、提出建议，都要聚焦法律规定，认真分析法律实施存在的突出问题，特别是法律规定和法定职责落实不到位问题，深入剖析问题产生的原因，透过现象看本质，找到症结所在，对症下药提出合理建议，更好地体现法治思维和法治方式。

*三要进一步用好法律评估和大数据分析成果。*这次执法检查委托多个第三方机构，在法律评估上下了很大功夫，特别是运用大数据技术对社会公众关心的反不正当竞争法重点难点问题进行了深度分析，取得了大量分析成果。要把这些成果充分体现在执法检查报告中，也可以搞些参考资料，从而全面反映法律实施情况。对数据分析结果反映较多的网络不正当竞争、仿冒混淆等问题和所涉及的法律条款，要进行深入评估和分析研究，提出相应的立法修法建议。

*四要进一步研究提出务实管用的意见建议。*栗战书委员长在批示中强调，这次执法检查要严格对照法律条文，检查法律实施情况，发现漏条漏款、难点堵点，督促有关方面切实全面落实法律。按照这一要求，执法检查报告要更多从法律制度、体制机制、政策举措等层面提出解决问题、改进工作的意见建议，既要包括治标之策，也要包括治本之策。比如，针对大家普遍反映的违法行为认定难、执法难问题，要深入研究如何推动细化有关法律规定，有关部门和地方如何加强配套法规建设，如何加强立法和执法的协调衔接等，并提出相应的建议。希望报告在这方面再下一番功夫。此外，报告也要体现好的文风，注意适当控制篇幅，做到结构合理、重点突出，言之有物、凝练朴实。

第二，以执法检查为契机不断加强和改进反不正当竞争工作。在前不久胜利闭幕的党的十九届五中全会上，习近平总书记发表了重要讲话，深刻分析国内外形势，提出一系列新思想新论断新要求，为开创中国特色社会主义事业新局面提供了根本遵循、指明了前进方向。全会审议通过的《建议》系统描绘了我国基本实现社会主义现代化的宏伟蓝图，对“十四五”时期和到二〇三五年的经济社会发展作出战略部署，其中对健全公平竞争审查机制，加强反垄断和反不正当竞争执法司法，以及建设高效规范、公平竞争的国内统一市场等作出明确安排。11 月 16 日，习近平总书记出席中央全面依法治国工作会议并发表重要讲话，系统阐述了新时代中国特色社会主义法治思想，对当前和今后一个时期全面依法治国工作提出明确要求，其中提出要坚持依法治国、依法执政、依法行政共同推进，法治国家、法治政府、法治社会一体建设，要不断健全中国特色社会主义法治体系，强化法治思维，运用法治方式，以良法善治促进高质量发展。这些重要精神和要求为我们做好下一步工作指明了方向。

要深入贯彻党的十九届五中全会精神和中央全面依法治国工作会议精神，把做好反不正当竞争工作放到统筹“两个大局”、构建新发展格局当中去谋划和推进，把有效实施反不正当竞争法放到贯彻习近平法治思想、深入推进全面依法治国当中去谋划和推进。要深刻把握新发展阶段特征，围绕推动高质量发展、构建新发展格局，坚定不移贯彻新发展理念，不断强化反不正当竞争执法，改进反不正当竞争工作，有效维护良好市场秩序，打破行业垄断和地方保护，打通经济循环堵点，在推动形成全国统一、公平竞争、规范有序的市场体系上取得更大成效。要全面落实反不正当竞争法关于保护知识产权和商业秘密等有关规定，严厉打击侵犯商业秘密、仿冒混淆等不正当竞争行为,依法加强知识产权保护,更好发挥创新对发展的战略支撑作用。要在更高起点上深化改革开放,深入推进财税、金融、国资国企、行政管理体制、商事制度、产权保护制度等重点领域和关键环节改革,不断完善公平竞争制度,深入实施反不正当竞争法等一系列经济法律,依法打造市场化、法治化、国际化营商环境,建设更高水平开放型经济新体制,为加快构建新发展格局、实现高质量发展注入强大动力活力。

第三,认真做好跟踪监督和整改落实。根据全国人大常委会 2020 年监督工作计划,12 月份召开的常委会会议将听取和审议反不正当竞争法执法检查报告。在此之后,常委会办公厅要及时将执法检查报告和审议意见送交国务院办公厅,国务院有关部门要认真研究处理,提出有针对性的政策措施和整改举措,并在 6 个月内将研究处理执法检查报告和审议意见的情况向全国人大常委会书面报告。全国人大常委会办公厅和财经委要严格落实工作方案,加强统筹协调,按照时间节点抓紧做好各项准备工作。同时,全国人大财经委要及时开展跟踪督查,督促有关方面按照执法检查报告和常委会审议意见不断加强和改进工作,切实增强执法检查和人大监督工作的实效。希望国务院有关部门继续积极配合,密切协作,共同做好有关工作。这次执法检查是对全国范围内反不正当竞争法实施情况的一次全面检查。各地区各部门也要认真对照检查发现的突出问题,系统梳理法律实施情况,结合本地区本部门工作实际,加强和改进反不正当竞争工作,为维护市场公平竞争秩序、统筹推进疫情防控和经济社会发展提供有力法治保障。

对检查反不正当竞争法实施情况报告的意见和建议

12 月 25 日,十三届全国人大常委会第二十四次会议审议了全国人大财政经济委员会主任委员徐绍史受全国人大常委会执法检查组组长委派作的关于检查反不正当竞争法实施情况的报告,共有 17 人次发言。现根据会议发言情况,将常委会组成人员和列席人员的主要意见整理如下。

出席人员普遍认为,反不正当竞争法修订以来,各地区各部门贯彻党中央重大决策部署,统筹推进立法、普法、用法、执法、司法等工作,市场竞争秩序得到较好维护,营商环境不断改善。这次执法检查聚焦法定职责,坚持问题导向,创新检查方式方法,取得了良好效果。大家对执法检查工作和报告给予充分肯定,认为报告查找问题准确、提出建议可行。大家强调,要深入全面贯彻党的十九大和十九届二中、三中、四中、五中全会精神,落实以习近平同志为核心的党中央对维护公平竞争市场秩序、优化营商环境的明确要求,宣传好实施好反不正当竞争法和相关法律法规,进一步强化市场经济秩序治理,完善公平竞争制度,激发市场主体活力,推动形成以国内大循环为主体、国内国际双循环相互促进的新发展格局。审议中,大家还提出了一些具体意见和建议。

一、推动强化公平竞争法治意识

部分出席人员指出,反不正当竞争法是我国第一部专门规范市场竞争行为的基础性法律,应进一步推动各级政府贯彻落实法律有关规定,切实转变观念,持续完善产业政策和竞争政策,健全公平竞争制度机制,在全社会营造公平竞争的法治意识。

有的出席人员提出,目前一些行业自律组织不健全、功能发挥不够,部分企业法治意识淡薄。有关部门应加强与行业组织的沟通协作,推动建立规范统一的行业规则,引导行业健康发展,指导企业加强遵法守法的制度建设,增强内部合规审查能力,培育良好市场行为习惯。

二、依法治理重点领域突出问题

部分出席人员建议,持续加强对重点行业和重点领域不正当竞争行为的监管:(1)做好对知名品牌、老字号、创新企业的保护,依法打击侵权行为。(2)持续打击侵犯知识产权和商业秘密行为,维护企业核心竞争力。(3)加大对衣食住行、医药保健等领域不正当竞争治理力度,及时回应人民群众关切。有的出席人员提出,在一些中小城市、农村地区,制造销售假冒伪劣商品的现象仍较严重,监管既应关注大型企业,也应管好小微企业,着力治理群众身边的侵权违法行为。

部分出席人员提出,目前基层市场监管队伍力量仍相对薄弱、专业性不足,建议加强基层执法人员法律法规学习培训，提高法律素养和工作水平。

三、加强对新兴领域不正当竞争监管

部分出席人员认为，电子商务行业发展迅速，一些不正当竞争现象相伴而生：(1)电商平台、大型企业采用垄断定价、排他协议等方式谋求垄断地位，挤压控制中小商户企业。(2)销售企业通过操纵流量排名、刷单炒信等手段恶意控制评价，误导消费者，获取竞争优势。(3)新兴行业竞争中实施超额补贴、低价倾销，抢占市场份额。(4)制造信息茧房，滥用大数据技术“杀熟”，侵害消费者权益等。建议监管部门深入研究，尽快出台相关政策规章，定期发布指导性案例，明确办案标准，细化执法梯度，开展专项治理行动，有效遏制行业无序发展、野蛮生长。

部分出席人员建议，针对电子商务领域不正当竞争行为，应整合监管力量、转变监管方式：(1)市场监管、广电、网信、电信和商务等部门应加强沟通协调，增强执法一致性和协调性，改变“九龙治水、各管一段”的模式。(2)应用大数据、云计算、人工智能等信息手段，实现对不正当竞争行为有效监测、预警、查办。(3)建立失信经营黑名单，依法对不良行为企业和个人进行公开曝光，对失信行为实行联合惩戒。(4)压实电商平台、商业网站主体责任，督促平台网站加强商户资质认证与行为审查，及时堵住技术漏洞。

有的出席人员提出，互联网经济中的不正当竞争行为更加隐蔽、损害范围更广。信息不对称使消费者权益更易受侵害，不少消费者因维权成本过高而放弃。建议进一步畅通举报和申诉机制，鼓励消费者举报，加强行业内部监督，形成监督合力。有的出席人员说，互联网经济对传统行业结构和经营方式形成挑战，应科学区分新业态模式与不正当竞争，加强跟踪研究，适时作出规范，避免“一刀切”执法，鼓励创新产业发展与合理竞争。

四、完善反不正当竞争相关法律法规

有的出席人员建议，构建完备的反不正当竞争法律制度。认真总结近年来反不正当竞争法实施经验，适时启动反不正当竞争法修订工作。国务院有关部门应尽快完善配套行政法规，细化不正当竞争行为认定要件、判定标准。最高人民法院、最高人民检察院应及时出台相关司法解释，指导各地开展司法实践。各地区应结合本地实际制定有特色、可操作的地方性法规。

有的出席人员提出，实践中涉及商业秘密保护的案件存在取证难、举证难、立案难、鉴定难、赔偿限额过低等问题，相关法律规定较为分散，合法权益保护效果有待提高。建议适时启动商业秘密保护法立法，有针对性地优化执法司法工作程序。有的出席人员提出，应聚焦近年来反不正当竞争案件审理中的新情况新问题，完善诉讼管辖、共同诉讼、简易程序适用等程序规则，为反不正当竞争提供有力司法保障。

全国人民代表大会常务委员会执法检查组关于检查《中华人民共和国公共文化服务保障法》实施情况的报告

——2020年12月23日在第十三届全国人民代表大会常务委员会第二十四次会议上

全国人大常委会副委员长　蔡达峰

全国人民代表大会常务委员会：

加强公共文化服务是对人民美好生活新期待的积极回应，是提高国家文化软实力的重要途径。党的十八大以来，以习近平同志为核心的党中央从统筹推进“五位一体”总体布局、协调推进“四个全面”战略布局、坚定文化自信的全局和战略高度，对公共文化服务工作作出一系列重大决策部署。习近平总书记强调要着力提升公共文化服务水平，让人民享有更加充实、更为丰富、更高质量的精神文化生活。为贯彻落实以习近平同志为核心的党中央关于公共文化服务工作的决策部署，进一步实现好、维护好、发展好人民文化权益，全国人大常委会开展了公共文化服务保障法执法检查。

这次执法检查，是本届全国人大常委会首次对文化方面法律的实施情况进行检查，栗战书委员长专门作出批示，指出"要紧扣党中央决策部署、坚持以人民为中心开展好这次执法检查，督促和支持有关国家机关依法履职、改进工作，健全人民文化权益保障制度，推动构建覆盖城乡、便捷高效、保基本、促公平的现代公共文化服务体系，增强人民群众的文化获得感、幸福感，为坚定文化自信、满足新时代人民对美好生活的新期待、建设社会主义文化强国提供更加有力的法治保障"。

执法检查组由艾力更·依明巴海、万鄂湘、郝明金、蔡达峰副委员长任组长，教科文卫委李学勇主任委员任副组长，成员由全国人大常委会组成人员、教科文卫委委员和全国人大代表共 23 人组成。8 月 28 日，执法检查组召开第一次全体会议，深入学习领会习近平总书记关于社会主义文化建设的重要论述，传达学习栗战书委员长批示要求，听取文化和旅游部、财政部、广电总局、国家发展改革委、人力资源社会保障部以及国家图书馆、国家博物馆贯彻实施法律的情况汇报，部署执法检查工作。9 月，执法检查组分为 4 个小组分别赴河北、山西、内蒙古、安徽、河南、青海 6 个省、自治区开展实地检查，深入到 16 个地市，听取地方政府和有关部门的汇报，与五级人大代表和专家学者、基层工作者座谈交流，实地检查了 96 家公共文化设施。同时，委托吉林、上海、浙江、海南、甘肃 5 个省、直辖市人大常委会开展自查。11 月 13 日，执法检查组召开第二次全体会议，总结检查工作，研究讨论报告。

这次执法检查有几个特点：一是把深入学习贯彻习近平总书记关于社会主义文化建设的重要论述贯穿全过程，及时跟进学习习近平总书记在教育文化卫生体育领域专家代表座谈会上的重要讲话精神，在检查中带头宣讲，时刻遵循，推动落实。认真学习贯彻党的十九届五中全会精神，紧紧围绕落实《中共中央关于制定国民经济和社会发展第十四个五年规划和二〇三五年远景目标的建议》部署安排，提出推进法律实施的意见和建议。二是认真落实栗战书委员长关于执法检查的批示要求，扎实做好前期调研，制定内容详实的检查方案，明确 7 项检查重点并细化为 28 个具体问题。在检查中坚持问题导向，着力增强检查实效；坚持以法律规定为准绳，一个条款一个条款对照检查，把法律制度的引领、规范、保障作用充分发挥出来。三是根据疫情防控形势，及时调整工作安排，主动协调有关部门和人员，扎实做好各环节工作，做到力度不减、标准不降。四是创新方式方法，开展网上问卷调查，委托北京大学国家现代公共文化研究中心等机构对法律实施情况进行第三方评估并形成 4 份专题报告，随机抽查了 22 家公共文化设施，实地检查了 57 家县、乡（镇）、村（社区）公共文化设施，深入实际、深入一线，多方位、多渠道听取意见，全面了解和掌握法律实施真实情况。

现将这次执法检查的主要情况报告如下：

一、法律实施取得明显成效

公共文化服务保障法是党的十八大以来文化立法的代表性成果，是文化领域一部综合性、全局性、基础性的重要法律，是一部充分体现社会主义制度优越性的重要法律。该法于 2016 年 12 月 25 日由十二届全国人大常委会第二十五次会议通过，自 2017 年 3 月 1 日起施行。法律实施以来，全国人大常委会通过了《中华人民共和国公共图书馆法》，国务院有关部门制定了《关于进一步推进政府向社会力量购买公共文化服务工作的意见》《关于加强广播电视公共服务体系建设的指导意见》《文化志愿服务管理办法》等配套规章和规范性文件，广东、江苏、浙江、天津、湖北、陕西、贵州、重庆、安徽、湖南、上海等地先后出台了地方性法规，为法律实施提供了有力支撑。

从检查情况看，各级政府及有关部门把贯彻实施公共文化服务保障法摆在重要位置，践行立法宗旨，切实抓好落实，取得显著成效，推动文化事业在新时代取得新进展，人民文化权益保障达到新水平。

（一）坚持依法履职，政府公共文化服务保障责任得到有效落实

一是高度重视法律实施和监督。国务院有关部门召开全国文化系统学习贯彻公共文化服务保障法视频会议，并在全国范围内对法律实施情况开展督察。一些地方主要负责同志开展专题调研或者作出指示批示，研究部署依法推进公共文化服务工作，有的地方人大常委会主动开展了执法检查。二是加强规划引领。各级政府依法将公共文化服务纳入本级国民经济和社会发展规划，摆在更加突出位置。实地检查和受委托自查的省份把公共文化服务作为全面建成小康社会的重要内容，与脱贫

攻坚、乡村振兴等重大战略实施相结合，纳入相关考核评价体系，统一部署，一体推进。三是加强组织领导。国务院和县级以上地方政府建立公共文化服务综合协调机制，初步形成纵向衔接、横向联动、齐抓共管的工作格局。四是落实保障经费。2017 年至 2020 年，中央财政共安排公共文化服务体系建设相关资金 872.81 亿元，其中 2020 年安排 232.14 亿元，比 2019 年增加 7.08 亿元。许多地方公共文化支出逐年增长，河北等地增速高于当地经济发展和财政收入增速。五是推进标准化建设。国家层面制定了基本公共文化服务指导标准，各省、自治区、直辖市制定了配套实施标准，93.7% 的市（地）级政府和 98.7% 的县级政府出台了公共文化服务目录并认真组织实施。

（二）初步建成覆盖城乡的公共文化设施网络，管理和服务水平不断提升

一是深入实施公共文化基础设施建设提升工程。截至 2019 年底，全国共建有博物馆 5535 个，美术馆 559 个，公共图书馆 3196 个，文化馆 3326 个，文化站 40747 个，基层综合性文化服务中心 564277 个。一些地方建成具有当地特色的公共文化设施，如青海的藏文化博物院、海南的“海上书房”。许多图书馆开设“红色书房（屋）”，传播红色文化，传承红色基因。太原市图书馆开设“马克思书房”，集中收藏、推介马克思主义著作，设立“习近平新时代中国特色社会主义思想文献专区”，引导广大读者学习当代中国马克思主义、21 世纪马克思主义。二是实行公共文化设施免费或者优惠开放。目前，全国所有公共图书馆、文化馆（站）、美术馆和 4929 家博物馆免费开放，实现“无障碍、零门槛”进入，受到群众欢迎。2017 年至 2019 年，国家博物馆年均参观人数超过 800 万。疫情期间，一位农民工手写留言深情告白东莞图书馆，“想起这些年的生活，最好的地方就是图书馆了。”三是创新管理机制和服务理念，提高服务效能。截至 2020 年 6 月，全国 2443 个县（市、区）建成文化馆总分馆制，2320 个县（市、区）建成图书馆总分馆制，实现资源共享，进一步方便群众获取公共文化服务。基层综合性文化服务中心建设深入推进，公共文化资源得到有效整合和统筹利用，实践中涌现出浙江“农村文化礼堂”、甘肃“乡村舞台”、安徽“农民文化乐园”、江西“农家书屋＋电商”等创新典型。一些公共文化机构变被动提供服务为主动引导群众，内蒙古各级图书馆举办的“鸿雁悦读”、河南各级图书馆开展的“书香河南”等活动已经成为当地具有一定影响力的文化品牌。

（三）公共文化产品和服务日益丰富，人民群众文化获得感、幸福感显著增强

一是公共文化资源总量不断扩大，服务方式不断创新。广大文化工作者认真学习贯彻习近平总书记给内蒙古乌兰牧骑队员、给国家图书馆老专家、给中国戏曲学院师生的回信精神，坚持人民至上，不断丰富公共文化服务的内容和形式，推动文化改革发展成果更多更好更广泛地惠及全体人民。2019 年，全国公共图书馆共藏书 11.12 亿册，电子图书 8.66 亿册，博物馆藏品共计 4224 万件，公共数字文化工程资源总量达到 1274TB。上海建成全国首个省级区域全覆盖的公共文化数字服务平台“上海文化云”。青海建成国内首家直播藏语广播电视节目的网络平台。国家图书馆网上“国图公开课”日均访问量超过 21 万人次。二是文化惠民工程深入实施。“戏曲进乡村”“流动舞台车”“一村一月放映一场电影”“广播电视户户通”等项目持续推进，进一步打通基层公共文化服务“最后一公里”。目前，全国广播节目和电视节目综合人口覆盖率分别达到 99.13% 和 99.39%。许多地方开展了面向特殊群体的文化惠民活动，如上海的“老年文化艺术节”、河南的“少儿艺术大赛”、四川的“残疾人文化节”、甘肃的“农民工专场演出”。三是群众性文化活动蓬勃开展。国家级群众文艺奖项“群星奖”多年来为群众展示艺术才华搭建了重要平台。“西北五省区花儿演唱会”“魅力北部湾”“健康生活·悦动吉林”等在当地群众中具有广泛影响。2019 年，227 个县、49607 个村开展了“全国乡村春晚百县万村网络联动”活动，现场观众达 3.79 亿人次，网络参与超过 4.65 亿人次。

（四）引导社会力量参与，公共文化服务供给途径日益多元化

一是积极推进政府购买公共文化服务。建设线上“全国公共文化和旅游产品交易中心”，举办长三角地区、粤港澳大湾区公共文化和旅游产品采购大会，搭建平台引导社会力量提供公共文化产品。二是鼓励和支持社会力量参与公共文化设施管理。上海市超过 90% 的社区文化活动中心委托企业、社会组织等参与管理和运营。三是积极培育文化志愿服务队伍。目前，全国注册文化志愿者近 200 万人。“春雨工程——全国文化志愿者边疆行”“大地情深——国家艺术院团走基层”等文化志愿活动，连续多年将优秀文艺作品送到边疆民族地区。河南出台文化志愿服务管理办法，在全省农村开展的“寻找村宝”文化志愿活动被《人民日报》等媒体报道。

(五)助力疫情防控,公共文化服务开辟新路径

新冠肺炎疫情发生以来,各级政府及有关部门和公共文化机构主动适应群众获取信息渠道的变化,充分利用各种公共文化资源,加强宣传教育和舆论引导,为打赢疫情防控阻击战提供了强大精神力量,为满足疫情期间人民精神文化需求提供了有力保障。广电总局组织协调全国 6182 个乡镇、近 10.5 万个行政村使用 127.2 万只农村应急广播终端设备,宣传有关政策,普及科学知识,织密农村疫情防控“安全网”。文化和旅游部在国家政务服务平台推出“在线公共文化服务”专栏,提供全国博物馆线上展览等多项服务;举办 2020 年全国舞台艺术优秀剧目网络展演,网络点击量突破 8.7 亿次。许多公共文化机构“闭门不谢客、服务不打烊”,有的图书馆推出了线上公益课堂,有的博物馆开展了云端文化遗产展览,有的文化馆、群众艺术馆通过网络向群众提供精彩演出。湖北省图书馆、武汉市图书馆建设“方舱数字文化之窗”,在线提供 8 万多册电子图书和 40 多万个音视频节目,覆盖武汉所有方舱医院和隔离酒店,为当地群众提供了宝贵精神食粮。

二、法律实施存在的主要问题

法律实施三年多来,各地各部门依法开展了大量工作,取得了显著成效,但与满足人民日益增长的美好生活需要、建设社会主义文化强国的要求相比还有一定差距,法律实施中还存在一些问题,需要引起重视并着力解决。

(一)保障责任未完全落实到位

法律第 2 条规定了公共文化服务的政府主导原则。法律第 45 条、第 56 条等条款对经费保障和制度建设等作出规定。目前,有的地方对依法做好公共文化服务工作的重要性、紧迫性认识不充分,政府主体责任、相关部门责任压得不实不紧,采取的保障措施不够有力。一些公共文化机构工作人员对法律不熟悉,对依法承担的责任认识模糊。有的地方经费保障不到位,公共文化设施建设达不到标准,配置的器材和设备更新不及时,部分文化馆(站)免费开放的配套资金不能有效落实,长年依靠中央转移支付资金维持运转。一些公共文化活动的补助标准多年不变,不适应现实需要。检查中还了解到,反映公众文化需求的征询反馈制度和有公众参与的公共文化服务考核评价制度尚未普遍建立,基本公共文化服务标准制度建设还存在空白点。

(二)服务效能发挥不够充分

法律第 4 条规定要提高公共文化服务效能。法律第 15 条、第 30 条、第 33 条等条款对相关工作作出规定,这些规定在落实落地上还存在短板。一是有的地方将公共文化服务简单视为提供娱乐活动,未将其同增强文化自信、弘扬社会主义核心价值观、提高全民族文明素质紧密结合起来。二是群众喜闻乐见的公共文化产品还不够丰富。一些地方举办的公益性演出、组织的送文化下乡等活动以及农家书屋配备的图书等与群众实际文化需求不完全适应,有的文化站主要服务内容仍然是“吹拉弹唱”四件套,对群众缺乏吸引力。三是一些地方建设公共文化设施从实际实效出发不够,未充分结合当地经济社会发展水平、人口状况、环境条件、文化特色等实际情况进行科学规划。有的设施位置偏远,群众利用不便。有的地方存在“重设施建设、轻管理使用”的问题,公共文化设施建成后管理不规范,开展活动少,服务效能低,甚至长期处于闲置状态。四是数字公共文化资源较少,网络服务提供不充分。有的公共文化设施虽然配备了网络设备,但可链接的网络资源较少,互联互通水平较低,有的设备联而不通,无法正常使用。当前的数字化、网络化建设主要集中在公共文化设施场所内,通过移动终端提供的公共文化产品数量有限。

(三)资源配置需要进一步优化

法律第 8 条规定,国家扶助革命老区、民族地区、边疆地区、贫困地区的公共文化服务,促进公共文化服务均衡协调发展。法律第 9 条、第 35 条分别对特殊群体公共文化服务、促进城乡公共文化服务均等化作出规定。目前,全国公共文化设施已基本实现全覆盖,但区域间、城乡间的建设水平和服务质量仍然存在一定差距,特殊群体的文化权益保障还不到位。受经济发展等因素影响,中西部地区一些农村公共文化设施设备老旧、条件简陋,提供的服务种类和数量偏少,形式较为单一。有的偏远地区约半数乡镇文化站、村文化室因缺乏取暖条件在冬季几乎处于闲置状态。此外,适合未成年人、老年人、残疾人的公共文化产品相对较少,对农民工的公共文化服务较为薄弱,盲文出版物、视听读物、手语节目数量有限,一些公共文化场所配备的无障碍设施较少、功能不完善。

(四)社会力量参与不够广泛深入

法律第 32 条、第 42 条、第 43 条、第 48 条、第 49 条等条款对社会力量参与公共文化服务作出规定。近年来,虽然出现了一些社会力量参与公共文化设

施建设、管理以及提供公共文化服务的典型事例，但总体上尚未形成规模性的多元化公共文化服务投入机制、多主体的公共文化产品供给机制，社会力量参与的广度和深度需要进一步拓展。一是有的地方仍然存在政府包揽“办文化”的倾向，向社会购买公共文化服务不到位，引入竞争机制、采用市场手段不充分。同时，政府购买公共文化服务的配套机制尚不健全，缺少专家评审、承接主体资质认定和评价标准等方面的制度规范。二是在一些方面缺乏政策支撑。例如，法律第32条规定，国家鼓励和支持机关、学校、企业事业单位的文化体育设施向公众开放，但在国家层面和许多地方尚未出台具体的实施办法。三是社会力量在公共文化机构管理和运营等方面发挥的作用不明显。例如，一些公共文化机构成立了理事会，吸纳服务对象和有关方面代表参加，但“社会理事”参与管理和决策的积极性不高，有的理事会流于形式。四是文化志愿者管理、教育培训、激励保障等方面的机制还不完善，规范化、专业化水平有待提高。

（五）专业人才紧缺

法律第51条、第52条、第54条对公共文化服务岗位、专业人才和队伍建设作出规定，这些规定在转化为具体工作举措上需要进一步加强。检查中了解到，当前公共文化服务专业人才总量不足，缺口较大，特别是有文艺专长、懂网络、会管理等方面的人才紧缺。在基层特别是农村地区，普遍存在人员不足、年龄老化、专职不专干和“人才进不来、来了留不住”等问题，缺少素质优良、业务适配、热心事业的专业人员。很多文化馆（站）、农家书屋的管理人员都是兼职，缺乏组织开展活动的积极性主动性，有的村文化室、农家书屋时有“铁将军把门”现象。此外，高等教育、职业教育中除图书馆、博物馆以外的公共文化服务相关专业设置较少，人才培养不能满足现实需要。

三、意见和建议

要深入学习贯彻习近平总书记关于社会主义文化建设的重要论述，对标对表党中央决策部署，紧紧围绕举旗帜、聚民心、育新人、兴文化、展形象的使命任务，推进法律全面深入实施，高质量构建现代公共文化服务体系，着力提升公共文化服务水平，推动新闻出版、广播影视、文学艺术、哲学社会科学事业全面繁荣发展，为保障人民文化权益、提高社会文明程度、建设社会主义文化强国作出新贡献。

（一）切实提高政治站位，始终坚持正确方向

一是强化公共文化服务工作的政治导向，把坚持党管宣传、党管意识形态、党管媒体等原则落实到公共文化服务工作的全过程、各环节。二是坚持以人民为中心的工作导向，坚持问需于民、问计于民、问效于民，进一步增强人民文化福祉。三是坚持以社会主义核心价值观为引领，把推进公民道德建设、实施文明创建工程、拓展新时代文明实践中心建设深度融入到法律实施中，加强社会主义精神文明建设，促进满足人民文化需求和增强人民精神力量相统一。把图书馆、博物馆、文化馆（站）等公共文化设施建设成为坚定文化自信、凝聚中国力量、提高国家文化软实力的重要阵地，在推动形成适应新时代要求的思想观念、精神面貌、文明风尚、行为规范等方面发挥更加重要的作用。

（二）压实压紧政府主体责任，进一步加大保障力度

一是把公共文化服务纳入“十四五”国民经济和社会发展规划，纳入国家基本公共服务标准和地方实施标准，根据2035年远景目标加强战略谋划和系统布局。加强国家重大文化设施和文化项目建设，推进国家版本馆、国家文献储备库、智慧广电等工程。实施文艺作品质量提升工程，实施全媒体传播工程，创新实施文化惠民工程，建设长城、大运河、长征、黄河等国家文化公园。二是健全公共文化服务经费保障机制，提高财政资源配置效率、使用效益。认真落实《公共文化领域中央与地方财政事权和支出责任划分改革方案》，形成稳定的各级政府事权、支出责任和财力相适应的制度，将适宜由地方更高一级政府承担的基本公共文化服务支出责任上移，避免过多增加基层政府支出压力。三是推动公共文化服务数字化建设。科学划分各级政府及有关部门责任，加快发展“互联网＋公共文化服务”，加快推进大数据、云计算、物联网、人工智能、5G等新技术新手段的应用，加快建设文化惠民工程数字服务移动终端。开发更多有利于青少年健康成长的网络公共文化产品。四是传承弘扬中华优秀传统文化，推动创造性转化、创新性发展。加强文化遗产保护和研究，促进合理利用。五是加大对革命老区、民族地区、边疆地区的帮扶力度，不断提高脱贫地区公共文化服务质量。加大对特殊群体和困难群众基本文化权益的保障力度，为未成年人、老年人、残疾人和流动人口提供更加丰富、更高质量的公共文化服务。六是推进人才队伍建设，合理设置岗位，配备专业人员，加强教育培训，健全

人才激励和保障机制。七是认真研究总结疫情防控期间的做法经验，进一步做好疫情防控常态化背景下公共文化服务工作。

（三）聚焦基层基础，加快推进城乡公共文化服务体系一体建设

一是坚持从实际实效出发，优化公共文化设施布局，均衡配置城乡公共文化资源，推进城乡资源整合和互联互通。二是把公共文化服务工作深度融入乡村振兴战略实施，完善农村文化基础设施网络，增加农村公共文化服务总量供给，进一步缩小城乡差距。三是发挥中心城市优质资源对周边地区特别是乡村的辐射带动作用，推动共建共享。深入推进图书馆文化馆总分馆制建设，将农家书屋作为县图书馆村级分馆或者村级服务点，统一建设、统筹管理、综合使用。四是把公共文化服务工作纳入社区网格化管理，调动基层群众性自治组织、企业事业单位和社会组织等多方面力量参与相关工作，形成多元联动的工作格局。五是广泛开展群众性文化活动，完善扶持机制。坚持“送”文化与“种”文化并重，培养基层文化骨干，建立健全社区、乡村文化指导员制度。

（四）拓展途径渠道，进一步引导和支持社会力量参与公共文化服务

一是推广运用政府和社会资本合作等模式，完善财税优惠政策以及公益性演出补贴、群众文化消费补贴等制度，激发社会力量参与公共文化服务的活力，培育一批具有良好社会声誉、较强专业能力、致力于从事公共文化服务的社会组织。二是健全政府购买公共文化服务机制，完善指导性意见和目录，建立由购买主体、社会公众、第三方共同参与的综合评价机制。三是推动机关、学校、企业事业单位文化体育设施向公众开放，让群众享有更多、更便捷的公共文化资源。四是支持行业协会依法依规开展工作，充分发挥在行业自律、行业管理、行业交流等方面的重要作用。五是加强文化志愿者队伍建设，完善管理评价、教育培训、激励保障机制，构建参与广泛、内容丰富、形式多样、机制健全的文化志愿服务体系。

（五）深化文化体制改革，不断提升治理效能

一是深入推进公共文化服务供给侧改革，坚持群众需求导向，建立健全“需求征集—服务供给—评价反馈”的互动式、菜单式服务机制，推动公共文化服务与群众文化需求精准有效对接。二是探索建立跨部门、跨机构、跨区域的基层公共资源整合和利用机制，实现公共文化服务与农业、教育、卫生、科普、民政等领域惠民项目融合发展。三是完善公共文化服务工作考核评价指标，建立健全服务质量监测机制、第三方评价机制等。四是深化公共文化机构法人治理结构改革，进一步落实法人自主权。在一些领域通过委托或招投标等方式吸引有实力的社会组织和企业参与公共文化设施的管理和运营。

以上报告，请审议。

在公共文化服务保障法执法检查组第一次全体会议上的讲话

（2020 年 8 月 28 日）

艾力更·依明巴海

同志们：

2020 年是具有里程碑意义的一年，我们将全面建成小康社会，实现第一个百年奋斗目标并开启社会主义现代化建设的新征程。2020 年是极不平凡的一年，我们在以习近平同志为核心的党中央坚强领导下，经过全国上下和广大人民群众艰苦卓绝努力并付出牺牲，疫情防控取得重大战略成果。全国人大常委会根据疫情防控的需要，对今年部分工作进行了调整，在这种情况下仍然决定开展公共文化服务保障法执法检查，彰显了全国人大常委会对文化法治建设的高度重视和保障人民文化权益的高度自觉。栗战书委员长十分重视这次执法检查，作出重要批示，提出明确要求，我们要认真学习领会，在工作中贯彻好、落实好。

为搞好这次执法检查，全国人大常委会办公厅、全国人大教科文卫委以及各有关方面做了大量准备工作。全国人大教科文卫委开展了前期调研，形成调研报告，提出工作建议。刚才，李学勇同志对执法检查作出了安排部署，我都赞成，请检查组和有关单位认真贯彻落实。李学勇同志还介绍了

前期调研情况，国务院有关部门以及国家图书馆、中国国家博物馆的负责同志汇报和介绍了相关工作情况，还有一些单位提供了书面汇报材料和参阅资料，使检查组对公共文化服务保障法的贯彻实施情况有了初步了解和总体把握。可以看出，各有关单位都做了认真准备。在此，我代表检查组向同志们表示感谢，也希望大家继续努力，密切配合协作，做好接下来的各项工作，圆满完成这次执法检查任务。

下面，我讲几点意见。

一、深入学习贯彻习近平总书记关于公共文化服务工作的重要论述和重要指示精神

党的十八大以来，以习近平同志为核心的党中央高度重视公共文化服务工作，作出了一系列重大决策部署。习近平总书记提出一系列重要论述，多次到博物馆、纪念馆等公共文化设施考察并作出重要指示。2015年，习近平总书记在西安博物院考察时强调，“一个博物院就是一所大学校。要把凝结着中华民族优秀传统文化的文物保护好、管理好，同时加强研究和利用，让历史说话，让文物说话，在传承祖先的成就和光荣、增强民族自尊和自信的同时，谨记历史的挫折和教训，以少走弯路、更好前进”。2019年，习近平总书记在给国家图书馆老专家丁瑜、薛殿玺等同志的回信中指出，“图书馆是国家文化发展水平的重要标志，是滋养民族心灵、培育文化自信的重要场所。希望国图坚持正确政治方向，弘扬优秀传统文化，创新服务方式，推动全民阅读，更好满足人民精神文化需求，为建设社会主义文化强国再立新功。”习近平总书记的这些重要论述和重要指示精神，充分展现了坚定文化自信、保障人民文化权益的政治担当，为新时代公共文化服务工作指明了方向路径、提供了根本遵循，我们要认真学习领会，深入贯彻落实，通过推动法律正确有效实施使其转化为生动的工作实践。要进一步强化法治思维和法治观念，充分认识公共文化服务工作在坚定文化自信、提高人民文明素质、建设社会主义文化强国等方面的重要作用，以更加务实的工作态度、更加有力的法治举措，推动构建覆盖城乡、便捷高效、保基本、促公平的现代公共文化服务体系，增强人民群众的文化获得感、幸福感，为满足人民日益增长的美好生活需要提供更加有力的法治保障。

二、统筹推进，突出重点，推动公共文化服务保障法正确有效实施

公共文化服务保障法自2017年3月实施以来，在实践中形成了许多好的做法和经验。在新冠肺炎疫情阻击战中，许多公共文化设施“闭门不谢客、服务不打烊”，积极开展在线公共文化服务，极大丰富了疫情期间人民群众的精神文化生活。同时也要看到，这部法律的实施还存在一些短板和弱项，特别是公共文化服务发展不平衡、不充分的问题在实践中还较为突出。这次执法检查要坚持问题导向、目标导向、效果导向相统一，着力夯实保障人民文化权益的法治基础，使公共文化服务保障法成为政府提供公共文化服务、社会力量参与公共文化服务、人民群众获得公共文化服务的标尺和准绳，使法律规定转化为坚定文化自信、推动社会主义文化繁荣兴盛的治理效能，成为人民群众看得见、摸得着、享受得到的文化福祉。

*一是要坚持以人民为中心。*公共文化服务保障法通篇贯穿以人为本的立法理念。各级法律实施机关要立足新时代人民对美好生活的新期待，依法加大公共文化服务保障支持力度，加强公共文化设施建设，提升公共文化服务效能，让文化改革发展成果更多更好更广泛地惠及全体人民。要进一步完善城乡公共文化服务体系，优化城乡文化资源配置，坚持工作重心下移，把公共文化资源向基层倾斜，推动基层文化惠民工程扩大覆盖面、增强实效性。要把公共文化服务工作深度融入美丽乡村建设中，结合乡村振兴战略实施进一步缩小城乡差距。要加大对革命老区、民族地区、边疆地区、贫困地区公共文化服务工作的帮扶力度。要根据未成年人、老年人、残疾人和流动人口等群体的特点与需求，提供符合他们需要的公共文化服务。要积极推进公共文化服务供给侧改革，进一步丰富公共文化产品供给，支持开展群众性文化活动，深入开展“以需定供”的互动式、菜单式服务，使公共文化产品更好地同人民精神文化需求相对接。

*二是要坚持以社会主义核心价值观为引领。*公共文化服务保障法的一个重要立法目的就是“弘扬社会主义核心价值观”，这是公共文化服务工作的法定价值导向，关系到公共文化服务工作的方向和性质，在法律实施中一定要牢牢把握，决不能有丝毫动摇。各级政府及有关部门一方面要把社会

主义核心价值观作为贯彻实施公共文化服务保障法的重要价值引领，同时要通过依法履职、严格执法筑牢这项凝魂聚气、强基固本的基础工程。各级各类公共文化设施要大力弘扬民族精神和时代精神，加强爱国主义、集体主义、社会主义教育，引导人们树立正确的历史观、民族观、国家观、文化观，努力建设成为坚定文化自信、传承红色基因、凝聚中国力量的重要阵地，成为提高人民思想觉悟、道德水准、文明素养的大学堂。

三是要进一步压实压紧政府主体责任。公共文化服务保障法对政府在建设公共文化设施、提供公共文化服务等方面的职责作出了明确规定。这部法律实施效果好不好，关键在于政府及其有关部门的保障职责能否切实落实到位。县级以上人民政府要结合“十四五”规划纲要编制工作，依法将公共文化服务纳入本级国民经济和社会发展规划，将其作为推动经济社会发展的一项重要工作统筹安排部署。各级政府要根据相应的事权和支出责任，将公共文化服务经费纳入本级预算，并依法履行好制定基本公共文化服务指导标准、实施标准以及建设公共文化服务设施网络、建立反映公众文化需求的征询反馈制度等方面的职责。有关部门要在各自职责范围内依法开展工作，形成合力共同推进公共文化服务保障法贯彻实施。

四是要充分调动社会力量参与的积极性。社会力量参与公共文化服务工作，是公共文化服务保障法的明确要求。各级政府及有关部门要落实好法律规定的各项鼓励和支持措施，推动文化事业和文化产业深度融合发展，建立健全社会力量参与公共文化服务的工作机制。要加强对政府向社会力量购买公共文化服务工作的组织领导、政策支持、财政投入和监督管理，引导社会力量通过兴办实体、资助项目、赞助活动、提供设施、捐赠产品等方式参与公共文化服务工作，构建多层次、多途径、多方式的公共文化服务供给体系。要健全完善文化志愿服务体系，打造专兼结合的公共文化服务队伍。要积极为群众性文化活动搭建平台、提供保障，支持开展全民阅读、全民普法、全民健身、全民科普和艺术普及、优秀传统文化传承等活动，推进红色文化、社区文化、乡土文化、校园文化、企业文化、军旅文化、家庭文化建设，培育积极健康、多姿多彩的社会文化形态。

五是要进一步加强配套制度建设。法律的正确有效实施离不开配套制度的有力支撑。国务院及其有关部门要积极研究制订公共文化服务保障法的配套行政法规和部门规章，地方人大和政府要结合当地实际研究制订相关地方性法规和政府规章，相关行业要进一步加强本领域制度建设，逐步形成以公共文化服务保障法为核心，全方位、多层次、健全完善的公共文化服务法律制度体系。同时，公共文化服务保障法规定了多项具体制度，如县级以上人民政府应当建立健全公共文化服务资金使用的监督和统计公告制度，公共文化设施管理单位应当建立资产统计报告制度和公共文化服务开展情况的年报制度等，这些制度是公共文化服务保障法贯彻实施的重要支点。各级政府及有关部门、公共文化设施管理单位要认真对照法律规定在制度建设上找差距、抓落实。未依法建立制度的要抓紧补课，已经建立的要进一步提升制度执行力，要通过推进制度建设确保法律规定落到实处。

三、强化责任担当，高标准、严要求开展执法检查

这次执法检查时间紧、任务重，同时受到疫情影响，同志们要认真贯彻落实栗战书委员长的重要批示精神，以认真负责的态度、求真务实的作风投入到工作中，确保各项工作任务顺利完成。

一是要加强学习研究。认真学习领会习近平总书记关于文化建设的新理念新思想新战略，自觉对标对表党中央决策部署，深入学习研究公共文化服务保障法，牢牢把握新时代公共文化服务工作的目标任务以及法律实施机关的各项职责，做好知识储备，做到心中有数，使执法检查有的放矢。

二是要紧扣法律规定开展检查。栗战书委员长指出，“开展执法检查，就要以法律规定为准绳，一个条款一个条款对照检查，把法律制度的引领、规范、保障作用充分发挥出来。”这次执法检查一定要坚持好这个导向，充分发挥“法律巡视”监督利剑作用，让法律制度的牙齿真正“咬合”起来，推动法律规定落实落细落到位。

三是要突出问题导向。执法检查重在查找问题并推动问题的解决。要在全面了解公共文化服务保障法实施情况的基础上，找准影响法律实施的关键问题，深入分析原因，对症下药，开对方子。要通过执法检查进一步加强法律实施薄弱环节建设，补短板、强弱项，推动公共文化服务工作法治化、制度化水平全面提升。

四是要加强配合协作。执法检查各小组之间、全国人大各有关部门之间要密切协作，按照执法检

查组统一安排有序开展工作。国务院有关部门要积极配合执法检查,客观真实反映情况和问题。受委托自查的地方要积极主动开展工作,自查报告和有关材料要在规定期限内报送全国人大有关部门。

五是要保持良好的工作作风。坚持工作重心下移,深入实际、深入基层、深入群众开展调查研究。检查组到地方检查时要严格执行中央八项规定及其实施细则和有关要求,严格遵守政治纪律和工作纪律,坚决反对"四风"特别是形式主义和官僚主义,确保执法检查风清气正。

同志们,公共文化服务保障法的贯彻实施承载着全面建成小康社会、坚定文化自信、推动社会主义文化繁荣兴盛的重大使命。希望大家共同努力,密切配合协作,扎实开展工作,积极推动公共文化服务保障法正确有效实施,为人民文化权益提供更加有力的法治保障,为满足人民对美好生活的新期待、建设社会主义文化强国作出新贡献。

在河北开展公共文化服务保障法执法检查座谈会上的讲话

(2020 年 9 月 8 日 石家庄)

艾力更·依明巴海

同志们:

会议开始时,李学勇同志向大家传达了栗战书委员长关于公共文化服务保障法执法检查的重要批示,杨志今同志介绍了我们的来意。栗战书委员长的重要批示对于推进公共文化服务保障法全面深入实施、依法做好公共文化服务工作具有十分重要的指导意义,我们要认真学习领会,在工作中贯彻好、落实好。

今天的会议开得很好,为我们在河北省的检查工作开了个好头。省政府较为全面汇报了河北省近年来贯彻实施公共文化服务保障法的工作情况,有关部门简要汇报了相关工作情况,部分公共文化机构和专家学者作了发言。同志们总结了取得的成绩和经验,分析了工作中存在的问题和困难,对推进公共文化服务保障法贯彻实施提出了许多好的意见和建议。可以看出,同志们非常重视这次执法检查,都做了认真准备,我们收获很大。在此,我代表检查组对河北省领导和同志们的积极配合和大力支持表示感谢!

听了大家的发言,能够明显感觉到河北省的领导和同志们有着坚定的文化自信和强烈的文化自觉。河北省文化底蕴厚重,文化资源丰富,有很多特色文化标识。党的十八大以来,河北省委、省人大、省政府坚持以习近平新时代中国特色社会主义思想为指导,厚植厚培文化繁荣发展根基,积极推进文化强省建设,大力推动公共文化服务保障法贯彻实施,广泛开展普法宣传,不断提高执法水平,着力保障人民文化权益,人民群众的文化获得感、幸福感不断增强,这与同志们所做的大量工作是分不开的,大家的辛苦付出和工作成绩应当予以充分肯定。

同时,从刚才介绍的情况来看,公共文化服务保障法在实施中还存在一些短板和弱项,公共文化服务工作在实践中还面临不少困难和问题。希望同志们在总结好的做法和经验的基础上,以法治思维、法治方式解决好、处理好这些问题,要坚持补短板、强弱项,进一步加强法律实施薄弱环节建设,不断提升公共文化服务工作法治化水平,依法推动公共文化服务工作在新时代取得新进展、迈上新台阶。

下面,我谈几点意见。

一、深入学习贯彻习近平总书记关于公共文化服务工作的重要论述和重要指示精神

党的十八大以来,以习近平同志为核心的党中央从坚定"四个自信"和统筹推进"五位一体"总体布局、协调推进"四个全面"战略布局的高度,对公共文化服务工作作出了一系列重大决策部署。习近平总书记提出一系列重要论述,强调要"完善公共文化服务体系,深入实施文化惠民工程,丰富群众性文化活动"。习近平总书记多次到博物馆、纪念馆等公共文化设施考察并作出重要指示,多次给有关人员回信提出殷切期望。2013 年,习近平总书记到西柏坡纪念馆等地考察时提出,"西柏坡我来过多次,每次都怀着崇敬之心来,带着许多思考走。对我们来讲,每到井

冈山、延安、西柏坡等革命圣地，都是一种精神上、思想上的洗礼。每来一次，都能受到一次党的性质和宗旨的生动教育，就更加坚定了我们的公仆意识和为民情怀。历史是最好的教科书。对我们共产党人来说，中国革命历史是最好的营养剂。多重温这些伟大历史，心中就会增加很多正能量。”2019 年，习近平总书记在给国家图书馆老专家丁瑜、薛殿玺等同志的回信中指出，“图书馆是国家文化发展水平的重要标志，是滋养民族心灵、培育文化自信的重要场所。希望国图坚持正确政治方向，弘扬优秀传统文化，创新服务方式，推动全民阅读，更好满足人民精神文化需求，为建设社会主义文化强国再立新功。”习近平总书记的这些重要论述和重要指示精神，饱含着对公共文化服务工作的深切关心和殷殷厚望，为公共文化服务工作指明了方向、提供了根本遵循，同时也提出了新任务新要求。我们要认真学习领会习近平总书记关于公共文化服务工作的新理念新思想新战略，自觉贯彻到立法、执法、司法实践中，以实际行动做好公共文化服务工作，进一步实现好、维护好、发展好人民文化权益，为满足新时代人民对美好生活的新期待提供更加有力的法治保障。

二、坚持以人民为中心，着力提升公共文化服务水平

随着中国特色社会主义进入新时代，我国社会主要矛盾发生了深刻转化，人民精神文化需求已经从文化产品有没有、够不够转化为好不好、精不精，对公共文化服务工作提出了新的更高要求。公共文化服务保障法通篇贯穿以人为本的立法理念，把“丰富人民群众精神文化生活”“提高全民族文明素质”作为重要的立法宗旨。各级法律实施机关要立足新时代人民对美好生活的新期待，不断激发文化创新创造活力，着力推动公共文化服务标准化、均等化建设，让文化改革发展成果更多更好更广泛地惠及全体人民。要在依法保障人民群众普惠、便利、公平享受公共文化服务的基础上，加大对革命老区、民族地区、边疆地区、贫困地区以及特殊群体公共文化服务工作的帮扶力度。要坚持工作重心下移，聚焦基层，聚焦乡村，把公共文化服务工作深度融入乡村战略实施和社会主义新农村建设中，进一步缩小城乡差距。要紧扣民生福祉，着力推进公共文化产品供给侧改革，支持开展群众性文化活动，深入开展“以需定供”的互动式、菜单式服务，使公共文化产品更好地同人民精神文化需求相对接。各级各类公共文化设施要进一步提高服务效能，充分发挥在加强新时代爱国主义教育、弘扬社会主义核心价值观、建设学习型社会等方面的重要作用，成为坚定文化自信、传承红色基因、凝聚中国力量的重要阵地，成为提高人民思想觉悟、道德水准、文明素养的大学堂。

三、增强责任感使命感，推动公共文化服务保障法全面深入实施

公共文化服务保障法对公共文化服务工作的性质方向、基本原则、重要制度、保障措施等作出了全面系统的规定，为构建现代公共文化服务体系提供了法律依据。法律是党的主张和人民意志的集中统一，是治国理政最大的规矩，是社会共同遵守的最大公约数。法律的生命力在于实施，法律的权威也在于实施。各级法律实施机关要进一步强化法治思维和法治观念，进一步把公共文化服务保障法学习好、宣传好、贯彻好、实施好，使法律规定在实践中转化为尊法学法守法用法的意识和行为。公共文化服务的具体工作任务主要在地方，地方的责任很大、担子很重，要对照公共文化服务保障法一个条款一个条款落实有关工作任务，切实把法律制度的引领、规范、保障作用发挥出来，使公共文化服务保障法在实践中成为政府提供公共文化服务、社会力量参与公共文化服务、人民群众获得公共文化服务的标尺和准绳。

四、坚持政府主导、社会力量参与，形成合力共同推进公共文化服务体系建设

公共文化服务保障法把政府主导、社会力量参与确定为公共文化服务工作的一项基本原则，这是深化文化体制改革的重要成果，也是文化事业和文化产业融合发展的重要体现。各级政府及有关部门要进一步强化建设法治政府、服务型政府的意识，严格依法履职，做好各项工作，以坚定的文化自信和高度的文化自觉担负起构建现代公共文化服务体系的历史重任。要结合“十四五”规划纲要编制工作把公共文化服务纳入本级国民经济和社会发展规划，将公共文化服务经费纳入本级预算，认真履行好制定有关标准、建设公共文化服务设施网络、提供公共文化服务、建立反映公众文化需求的征询反馈制度等法定职责。同时，要落实好法律规定的各项鼓励和支持措施，拓展社会力量参与公共文化服务的途径和渠道，进一步

调动社会力量参与公共文化服务工作的积极性，形成合力共同促进现代公共文化服务体系建设。要注意的是，公共文化服务保障法对未依法履行职责的“地方各级人民政府和县级以上人民政府有关部门”以及相关工作人员明确规定了法律责任，这一点一定要引起大家的高度重视。

五、加强地方立法工作，推进配套制度建设

地方立法是国家法律体系的重要组成部分。2019年7月，习近平总书记对地方人大及其常委会工作作出重要指示强调，地方人大及其常委会要按照党中央关于人大工作的要求，围绕地方党委贯彻落实党中央大政方针的决策部署，结合地方实际，创造性地做好立法、监督等工作，更好助力经济社会发展和改革攻坚任务。2019年9月，栗战书委员长在省级人大立法工作交流会上指出，要以习近平新时代中国特色社会主义思想为指导，坚持党对立法工作的领导，加强和改进新时代地方立法工作，切实提高立法质量，确保立一件成一件，更好助力经济社会发展和改革攻坚任务。我们要认真学习贯彻习近平总书记关于地方人大及其常委会工作的重要指示精神，落实好栗战书委员长关于地方立法工作的指示要求，进一步加强和改进文化方面的地方立法工作，为促进地方文化建设、推动相关法律贯彻实施提供更加有力的制度支撑。河北省文化资源丰富，正在深入推进文化强省建设，在这方面有条件、有机遇大有作为。希望河北省结合本地实际，研究制定公共文化服务方面的地方性法规和政府规章，为公共文化服务法的贯彻实施提供进一步的制度支撑，也为国家健全完善公共文化服务保障制度体系提供有益经验。

同志们，由于时间原因，我先讲这么多。这次座谈会后，我们还要到一些单位、一些地方进行实地考察，请大家继续配合支持我们的工作。大家如果还有什么意见和建议，也欢迎向我们提供。

最后，我代表执法检查组全体同志，对河北省委、省人大、省政府以及各有关方面为这次执法检查所做的认真准备和精心安排表示感谢！

在山西开展公共文化服务保障法执法检查座谈会上的讲话

（2020年9月26日 太原）

艾力更·依明巴海

同志们：

今天的座谈会开得很好。会议开始时，李学勇同志向大家传达了栗战书委员长关于公共文化服务保障法执法检查的重要批示，杨志今同志介绍了我们的来意。今年，由于疫情的影响，全国人大常委会对部分工作进行了调整，在这种情况下仍然决定开展公共文化服务保障法执法检查，彰显了全国人大常委会对文化法治建设的高度重视和保障人民文化权益的高度自觉。栗战书委员长十分重视这次执法检查，作出重要批示，提出明确要求。栗战书委员长的重要批示对推进公共文化服务保障法全面深入实施、依法做好公共文化服务工作具有十分重要的指导意义，我们要认真学习领会，在工作中贯彻好、落实好。

刚才，省政府较为全面汇报了近年来贯彻实施公共文化服务保障法的工作情况，太原市政府及省有关部门简要汇报了相关工作情况，部分公共文化机构负责同志和专家学者作了发言。同志们总结了取得的成绩和经验，分析了工作中存在的问题和困难，对推进公共文化服务保障法贯彻实施提出了许多好的意见和建议。可以看出，同志们非常重视这次执法检查，都做了认真准备，我们收获很大。在此，我代表检查组对山西省领导和同志们的积极配合和大力支持表示感谢！

文化建设是铸魂工程。听了大家的发言，能够明显感觉到山西省的领导和同志们有着坚定的文化自信和强烈的文化自觉。山西省是文化大省，文化底蕴厚重，文化遗产丰富，有很多特色文化标识。党的十八大以来，山西省委、省人大、省政府坚持以习近平新时代中国特色社会主义思想为指导，深入

推进文化强省建设,积极推动公共文化服务保障法贯彻实施,不断提升执法水平,认真做好疫情期间各项工作,着力保障人民文化权益,人民群众的文化获得感、幸福感不断增强,这与同志们所做的大量工作是分不开的,大家的辛苦付出和工作成绩应当予以充分肯定。

同时,从大家刚才介绍的情况来看,公共文化服务保障法在实施中还存在一些短板和弱项,公共文化服务工作在实践中还面临一些困难和问题。希望同志们在总结好的做法和经验的基础上,进一步加强法律实施薄弱环节建设,以法治思维、法治方式解决好、处理好这些问题,不断提升公共文化服务工作法治化水平,依法推动公共文化服务工作在新时代取得新进展、迈上新台阶。

下面,我谈几点意见。

一、深入学习贯彻习近平总书记关于公共文化服务工作的重要论述和重要指示精神

党的十八大以来,以习近平同志为核心的党中央高度重视文化建设,对公共文化服务工作作出了一系列重大决策部署。习近平总书记提出一系列重要论述,多次到博物馆、纪念馆等公共文化设施考察并作出重要指示,多次给有关人员回信提出殷切期望。2017 年 6 月,习近平总书记到晋绥边区革命纪念馆考察时指出,“革命战争年代,吕梁儿女用鲜血和生命铸就了伟大的吕梁精神。我们要把这种精神用在当今时代,继续为老百姓过上幸福生活、为中华民族伟大复兴而奋斗。”2019 年 9 月,习近平总书记在给国家图书馆老专家丁瑜、薛殿玺等同志的回信中指出,“图书馆是国家文化发展水平的重要标志,是滋养民族心灵、培育文化自信的重要场所。希望国图坚持正确政治方向,弘扬优秀传统文化,创新服务方式,推动全民阅读,更好满足人民精神文化需求,为建设社会主义文化强国再立新功。”今年 5 月,习近平总书记在大同云冈石窟考察时强调,这是人类文明的瑰宝,要坚持保护第一,在保护的基础上研究利用好。9 月 22 日,习近平总书记在教育文化卫生体育领域专家代表座谈会上的讲话中指出,要“着力提升公共文化服务水平,让人民享有更加充实、更为丰富、更高质量的精神文化生活。要推进城乡公共文化服务体系一体建设,优化城乡文化资源配置,完善农村文化基础设施网络,增加农村公共文化服务总量供给,缩小城乡公共文化服务差距。”

习近平总书记的这些重要论述和重要指示精神,饱含着对公共文化服务工作的深切关心和殷殷厚望,为公共文化服务工作指明了方向、提供了根本遵循,同时也提出了新任务新要求。我们要认真学习领会习近平总书记关于公共文化服务工作的新理念新思想新战略,自觉贯彻到立法、执法、司法实践中,以实际行动做好公共文化服务工作,进一步实现好、维护好、发展好人民文化权益,为满足新时代人民对美好生活的新期待提供更加有力的法治保障。

二、深入践行以人民为中心的立法理念,着力提升公共文化服务水平

坚持以人民为中心是公共文化服务保障法确定的一项基本原则,是公共文化服务工作的出发点和着眼点。各级法律实施机关要立足新时代人民对美好生活的新期待,不断激发文化创新创造活力,着力推动公共文化服务标准化、均等化建设,让文化改革发展成果更多更好更广泛地惠及全体人民。要在依法保障人民群众普惠、便利、公平享受公共文化服务的基础上,加大对贫困地区以及特殊群体公共文化服务工作的帮扶力度。要坚持工作重心下移,聚焦基层,聚焦乡村,把公共文化服务工作深度融入乡村战略实施和社会主义新农村建设中,进一步缩小城乡差距。要坚持问计于民、问需于民,大力推进公共文化服务供给侧改革,深入开展“以需定供”的互动式、菜单式服务,使公共文化产品同人民精神文化需求精准对接。各级各类公共文化设施要紧扣民生福祉,进一步提高服务效能,充分发挥在加强新时代爱国主义教育、弘扬社会主义核心价值观、建设学习型社会等方面的重要作用,成为坚定文化自信、传承红色基因、凝聚中国力量的重要阵地,成为提高人民思想觉悟、道德水准、文明素养的大学堂。

三、强化政府主体责任,进一步加大保障力度

公共文化服务保障法规定了政府及其有关部门在公共文化服务工作中的主体责任。这部法律实施效果好不好,人民文化权益保障得好不好,关

键在于政府及其有关部门的保障职责是否切实落实到位。各级政府及有关部门要进一步强化建设法治政府、服务型政府的意识,严格依法履职,做好各项工作,以坚定的文化自信和高度的文化自觉担负起构建现代公共文化服务体系的历史重任。要结合“十四五”规划纲要编制工作把公共文化服务纳入本级国民经济和社会发展规划,将公共文化服务经费纳入本级预算,认真履行好制定有关标准、建设公共文化服务设施网络、提供公共文化服务、建立反映公众文化需求的征询反馈制度等法定职责。要认真研究总结疫情期间好的做法和经验,做好疫情常态化背景下公共文化服务工作,提升应对重大突发公共事件的能力。

公共文化服务的具体工作任务主要在地方,地方的责任很大、担子很重要,要对照公共文化服务保障法一个条款一个条款落实有关工作任务,切实把法律制度的引领、规范、保障作用发挥出来,使这部法律在实践中成为政府提供公共文化服务、社会力量参与公共文化服务、人民群众获得公共文化服务的标尺和准绳。要注意的是,公共文化服务保障法对未依法履行职责的“地方各级人民政府和县级以上人民政府有关部门”以及相关工作人员明确规定了法律责任,这一点一定要引起各级政府和有关部门的高度重视。

四、充分调动社会力量参与的积极性,形成合力共同推进现代公共文化服务体系建设

鼓励和支持社会力量参与公共文化服务工作,是公共文化服务保障法的明确规定。各级政府及有关部门要落实好法律规定的各项鼓励和支持措施,建立健全社会力量参与公共文化服务的工作机制,推动文化事业和文化产业深度融合发展。要积极培育社会化公共文化服务力量,规范和引导文化社会组织健康发展,构建多层次、多途径、多方式的公共文化服务供给体系。要引导社会力量通过兴办实体、资助项目、赞助活动、提供设施、捐赠产品等方式参与公共文化服务工作,拓展公共文化服务资金来源渠道。要构建参与广泛、内容丰富、形式多样、机制健全的文化志愿服务体系,提升文化志愿者的服务意识、服务能力和服务水平,打造专兼结合的公共文化服务队伍。要积极为群众性文化活动搭建平台、提供保障,支持开展全民阅读、全民普法、全民健身、全民科普和艺术普及、优秀传统文化传承等活动,推进红色文化、社区文化、乡土文化、校园文化、企业文化、军旅文化、家庭文化建设,培育积极健康、多姿多彩的社会文化形态。

五、推进文化科技深度融合发展,强化现代公共文化服务体系的科技支撑

深入学习贯彻习近平总书记在科学家座谈会上的重要讲话精神,紧紧围绕构建现代公共文化服务体系的科技需求,探索建立文化科技深度融合发展的新机制、新路径。支持公共文化机构、科研院所、科技企业合作开展技术研究,推广科技成果转化应用。加快推进云计算、大数据、物联网、人工智能等技术在公共文化服务领域的应用,建设多业务形态、多屏互动的文化惠民工程数字服务移动终端,充分发挥“两微一端”等新媒体优势,让群众在“掌上”“指尖”提出需求、获取服务、评价效能。结合“宽带中国”、“智慧城市”“智慧乡村”“智慧社区”等重大信息工程实施,着力推动现代公共文化服务体系数字化、网络化、智能化建设。加强公共文化资源大数据采集、存储和分析处理,统筹推进全国文化信息资源共享、数字图书馆博物馆文化馆建设以及直播卫星广播电视公共服务、农村数字电影放映、数字农家书屋建设等项目,构建标准统一、互联互通的公共数字文化服务网络。

六、加强地方立法,推进配套制度建设

地方立法是国家法律体系的重要组成部分。2019 年 7 月,习近平总书记对地方人大及其常委会工作作出重要指示强调,地方人大及其常委会要按照党中央关于人大工作的要求,围绕地方党委贯彻落实党中央大政方针的决策部署,结合地方实际,创造性地做好立法、监督等工作,更好助力经济社会发展和改革攻坚任务。前不久,总书记在专家座谈会上强调,没有社会主义文化繁荣,就没有社会主义现代化。山西省文化资源丰富,正在深入推进文化强省建设,在这方面有条件、有机遇大有作为。希望山西省结合本地实际,研究制定公共文化服务方面的地方性法规和政府规章,这就是以实际行动贯彻落实总书记重要讲话精神,势必为促进地方文

化建设、推动公共文化服务保障法贯彻实施提供更加有力的制度支撑，也为国家健全完善公共文化服务保障制度体系提供有益经验。

同志们，由于时间原因，我先讲这么多。这次座谈会后，我们还要到一些单位、一些地方进行实地考察，请大家继续配合支持我们的工作。大家如果还有什么意见和建议，也欢迎向我们提供。

最后，我代表执法检查组全体同志，对山西省委、省人大、省政府以及各有关方面为这次执法检查所做的认真准备和精心安排表示感谢！

在内蒙古自治区公共文化服务保障法实施情况座谈会上的讲话

（2020 年 9 月 9 日　内蒙古呼和浩特）

郝明金

同志们：

上午好！

会议开始时，杜玉波同志向大家传达了栗战书委员长关于公共文化服务保障法执法检查的重要批示，介绍了此次执法检查的主要任务和有关要求。栗战书委员长的重要批示对于推进公共文化服务保障法全面深入实施、依法做好公共文化服务工作具有十分重要的指导意义，我们要认真学习领会，严格依法开展检查，紧扣法律规定，坚持问题导向，增强执法检查的针对性和实效性。

公共文化服务保障法是我国文化领域一部综合性、全局性、基础性的重要法律，是一部具有鲜明中国特色、充分反映社会主义制度优越性的重要法律。法律对公共文化服务工作的性质方向、基本原则、重要制度、保障措施等作出了全面系统的规定，为构建现代公共文化服务体系提供了法律依据。公共文化服务的根本目的，是更好地满足人民群众的基本文化需求，实现好、维护好、发展好广大人民群众的基本文化权益。实施好这部法律，对实现和保障人民群众基本文化权益，使人民群众共享文化改革发展成果，提高人民群众的获得感和幸福感具有重要意义。

习近平总书记多次作出重要论述和指示批示，强调满足人民过上美好生活的新期待，必须提供丰富的精神食粮；强调要完善公共文化服务体系，深入实施文化惠民工程，丰富群众性文化活动。习近平总书记非常关心内蒙古自治区文化事业发展。2017 年在给乌兰牧骑队员回信中指出："乌兰牧骑的长盛不衰表明，人民需要艺术，艺术也需要人民。"勉励他们"努力创作更多接地气、传得开、留得下的优秀作品，永远做草原上的'红色文艺轻骑兵'"。去年习近平总书记在内蒙古考察时到了乌兰牧骑排演大厅，观看乌兰牧骑指导社区群众表演歌舞。总书记指出："乌兰牧骑很接地气，群众喜闻乐见，永远不会过时。新时代加强精神文明建设，要坚持文艺为人民服务、为社会主义服务的方向，积极支持和推广直接为基层老百姓服务的文艺活动。"习近平总书记的这些重要论述和重要指示精神，充分展现了坚定文化自信、保障人民文化权益的政治担当，为新时代公共文化服务工作指明了方向路径、提供了根本遵循，我们要认真学习领会，深入贯彻落实，通过推动法律正确有效实施使其转化为生动的工作实践，使法律规定切实转化为坚定文化自信、推动社会主义文化繁荣兴盛的治理效能，成为人民群众看得见、摸得着、享受得到的文化福祉。

内蒙古自治区党委、人大、政府十分重视此次执法检查，自治区人大常委会副主任吴团英同志出席并主持今天的会议，自治区政府副主席欧阳晓晖同志全面介绍了内蒙古自治区贯彻实施公共文化服务保障法的有关情况，区政府有关部门负责同志结合工作职责作了很好的发言，既讲成绩和进展，也谈到在法律实施中存在的困难和问题，有针对性地提出了意见建议，使我们了解到不少情况。

内蒙古是我国民族区域自治制度的发源地，民族文化多姿多彩，发展潜力巨大，是祖国北部边境亮丽的风景线。从刚才的介绍中我们了解到，党的十八大以来，内蒙古自治区党委、区人大、区政府坚持以习近平新时代中国特色社会主义思想为指导，大力推动公共文化服务保障法贯彻实施，着力保障人民文化权益，人民群众的文化获得感、幸福感不断增强。坚持从实际出发，抓普惠、促改革，抓特色、强优势,公共文化功能日益提升,公共文化影响力日益增强,构建起覆盖城乡、多元发展、均衡普惠的发展格局,实现了历史性跨越,走出了一条具有内蒙古特色的发展之路。

在座谈中,大家也提出了公共文化服务保障法在实施中还存在一些短板和弱项,实践中还面临着一些困难和问题,实现和保障人民群众基本文化权益的任务还比较艰巨。公共文化服务发展不平衡、不充分的问题还较为突出,服务效能仍需提升。优质公共文化产品供给不足,供需不匹配问题仍然存在,基层公共文化队伍建设还需要加强,一些地区公共文化设施还比较落后,等等。希望大家进一步对照法律规定,查找差距,加强法律实施薄弱环节建设,坚持补短板、强弱项,依法推动公共文化事业在新时代取得新进展、迈上新台阶。

下面,我从宏观上谈几点意见。

一是坚持以社会主义核心价值观为引领。公共文化服务保障法明确提出,公共文化服务要坚持社会主义先进文化发展方向,坚持以人民为中心,坚持以社会主义核心价值观为引领。构建覆盖全社会的公共文化服务体系,要始终贯彻这一重要原则,“以文化人”“以文育人”,通过教育引导、舆论宣传、文化熏陶、实践养成、制度保障,使社会主义核心价值观内化为人们的精神追求,外化为人们的自觉行动。要大力弘扬以爱国主义为核心的民族精神,加强爱国主义、集体主义、社会主义教育,引导人们树立正确的历史观、民族观、国家观、文化观,不断巩固各族人民对伟大祖国的认同、对中华民族的认同、对中国特色社会主义道路的认同。要紧扣民生福祉,着力推进公共文化产品供给侧改革,支持开展群众性文化活动,深入开展“以需定供”的互动式、菜单式服务,使公共文化产品更好地同人民精神文化需求相对接。内蒙古自治区民族文化多姿多彩,要因地制宜,充分发挥优势,挖掘潜力,用群众喜闻乐见的形式,把各级各类公共文化设施建设成为坚定文化自信、传承红色基因、凝聚中国力量的重要阵地,成为提高人民思想觉悟、道德水准、文明素养的大学堂。

二是坚持政府主导,社会参与。公共文化服务保障法把政府主导、社会力量参与确定为公共文化服务工作的一项基本原则,这是深化文化体制改革的重要成果,也是文化事业和文化产业融合发展的重要体现。一方面,各级政府及有关部门要进一步强化建设法治政府、服务型政府的意识,依法履行公共文化服务保障的法定职责,以坚定的文化自信和高度的文化自觉担负起构建现代公共文化服务体系的历史重任。要结合“十四五”规划纲要编制工作,把公共文化服务纳入本级国民经济和社会发展规划,将公共文化服务经费纳入本级预算,认真履行好制定有关标准、建设公共文化服务设施网络、提供公共文化服务、建立反映公众文化需求的征询反馈制度等法定职责。另一方面,要进一步调动社会力量参与公共文化服务工作的积极性。政府主导并不意味着政府主办,政府包办。公共文化为大家,公共文化大家办。要落实好法律规定的各项鼓励和支持措施,拓展社会力量参与公共文化服务的途径和渠道,形成合力,共同促进现代公共文化服务体系建设。加强对政府向社会力量购买公共文化服务工作的组织领导、政策支持、财政投入和监督管理,引导社会力量通过兴办实体、资助项目、赞助活动、提供设施、捐赠产品等方式参与公共文化服务工作,构建多层次、多途径、多方式的公共文化服务供给体系。

三是坚持保障基本,促进均等。要贯彻以人民为中心的思想,以保障人民群众基本文化权益为主要目标,保基本、兜底线、促均等,着力提升公共文化服务水平。随着中国特色社会主义进入新时代,人民精神文化需求已经从文化产品有没有、够不够转化为好不好、精不精,对公共文化服务工作提出了新的更高要求。我们要立足新时代人民对美好生活的新期待,不断激发文化创新创造活力,着力推动公共文化服务标准化、均等化建设,让文化改革发展成果更多更好更广泛地惠及全体人民。要坚持工作重心下移,聚焦基层,聚焦乡村,积极推动基本公共文化服务均等化,助力乡村振兴、促进城乡均等;把公共文化服务工作与脱贫攻坚实践精准对接,深度融入,促进区域均等;着眼于保障特殊群体基本文化权益,加强人文关怀、促进群体均等。除了在硬件设施上加大投入,还要切实加强公共文化服务队伍特别是基层队伍建设,积极引导公共文化服务人才服务基层,完善基层公共文化队伍考核评价机制和激励机制,为他们扎根基层提供政策保障。

四是坚持统筹协调,共建共享。要通过法律实施,进一步明确各部门的责任,促进协同合作,推动创新公共文化设施管理体制和运行机制。加强对公共文化资源的统筹整合和协调发展,实现共建共享,提升整体服务效能。积极引入专业化、市场化管理团队,利用新技术和数字建设,不断丰富公共文化产品和服务,扩大有效供给,贴近群众需求,实现各类公共文化机构在设施上互联互通,在资源上相互融通,在服务上相互借鉴,盘活存量,激发活力,实现综合利用、融合发展、提高效能。

最后,我代表执法检查组全体同志,对内蒙古自治区党委、区人大、区政府以及各有关方面为这次执法检查所做的认真准备和精心安排表示感谢!

谢谢大家!

在公共文化服务保障法执法检查组第二次全体会议上的讲话

(11 月 13 日 人民大会堂第五会议室)

蔡达峰

同志们:

党的十九届五中全会闭幕不久,公共文化服务保障法执法检查组召开第二次全体会议,及时贯彻落实五中全会精神,深入研究执法检查报告和工作,很有现实意义。

执法检查组自 8 月 28 日第一次全体会议以来,深入学习贯彻习近平总书记关于公共文化服务工作的重要论述和党的十九届五中全会精神,紧扣党中央决策部署和法律法规,认真落实栗战书委员长的批示要求,克服疫情影响,工作力度不减、标准不降,开展了紧张有序、务实高效的工作。在大家共同努力和各方的大力配合下,执法检查取得了阶段性成果,人大教科文卫委广泛听取意见、认真研究论证、反复修改完善,形成了执法检查报告稿。刚才,学勇主任委员介绍了报告稿的内容,大家再次研讨,在总体赞成的基础上,又提出了一些建议,为完善检查报告,提请常委会会议审议,奠定了坚实的基础。下面,我结合执法检查活动的体会,谈三点意见。

一、提高政治站位。实施公共文化服务法律必须充分贯彻习近平总书记一系列重要论述,执法检查期间,习近平总书记又强调指出,要“着力提升公共文化服务水平,让人民享有更加充实、更为丰富、更高质量的精神文化生活”。这是习近平总书记坚持以人民为中心的发展思想的重要体现,是新时代公共文化服务的根本目的,也是我们起草执法检查报告、做好公共文化服务工作的根本遵循和努力方向,我们要认真学习领会其深刻内涵。*一是坚持问需于民*,切实了解新时代人民精神文化生活的新需要,切实维护人民享有精神文化生活的权利,在更加充实、更为丰富、更高质量上下功夫,在文化产品更好更精上下功夫,提高服务水平。检查中,反映较多的是公共文化产品如何适应群众实际需要的问题。要更好地建立和完善反映公众文化需求的征询反馈制度和有公众参与的公共文化服务考核评价制度,完善“需求征集—服务供给—评价反馈”的互动式、菜单式服务机制,推动公共文化服务与群众文化需求精准有效对接。同时,要加大对革命老区、民族地区、边疆地区、贫困地区公共文化服务工作的帮扶力度,加大对特殊群体和困难群众基本文化权益保障力度,让文化改革发展成果更多更好更广泛地惠及全体人民。*二是坚持正确的价值导向*。公共文化服务活动和文化产品,内容丰富、形式多样,但都要有利于形成新时代要求的思想观念、精神面貌、文明风尚、行为规范,促进增强文化自信、提高社会文明程度、意识形态建设、社会主义核心价值观、社会主义精神文明建设、增强人民精神力量。

二、深入实施公共文化服务保障法。公共文化服务法律大部分条款和规定得到了落实,特别是新冠肺炎疫情期间,许多公共文化服务机构“闭门不谢客、服务不打烊”,坚持开展服务。同时,法律实施还有需要加强的方面,还有新的任务,我们要坚持问题导向,以查促改,促进发展。*一是贯彻十九届五中全会精神*。五中全会擘画了我国新时代发展的宏伟蓝图,在远景目标中确立了“文化强国”的奋斗目标,在“十四五”文化建设的三大重点中确立了“提升公共文化服务水平”的任务。我们要紧紧围绕党中央决策部署,依法将公共文化服务纳入在“十四五”规划中,明确工作思路,制定工作方案,研究政策举措,排出行动计划,着力构建高质量现代公共文化服务体系,提升公共文化服务水平,确保如期实现文化强国的奋斗目标。*二是强化政府保障责任*。这部法律实施效果好不好,关键在于政府及其有关部门的保障职责能否切实落实到位。检查中发现,有一些地方在经费保障、设施建设、人才队伍建设等方面未完全落实到位。执法检查报告稿对照法律条款把这些问题逐一指出,并提出建议。各级政府及有关部门要以这次执法检查为契机,认真研究梳理依法承担的责任,同时要重视未依法履行职责的法律责任。三是坚持重心下移。这次执法检查实地检查了57家县、乡(镇)、村(社区)的公共文化设施。总体来说,法律实施的薄弱环节在基层,主要短板在农村。要在十四五建设中加快推进城乡公共文化服务体系一体建设,把公共文化资源向基层倾斜,完善农村文化基础设施网络,增加农村公共文化服务总量供给。这是推进法律贯彻实施的一个重要发力点,也是今后做好公共文化服务工作需要重点把握的一个方面。四是激发社会作用。检查中,我们看到、听到一些社会力量参与公共文化服务的典型事例,但社会力量参与还不够广泛深入。要进一步健全政府购买公共文化服务机制,完善财税优惠政策以及公益性演出补贴、群众文化消费补贴等制度,构建参与广泛、内容丰富、形式多样、机制健全的文化志愿服务体系,拓展社会力量参与公共文化服务的途径和渠道,推动形成规模性的多元化公共文化服务投入机制、多主体的公共文化产品供给机制。促进群众主体作用,繁荣社会文化。

三、完成执法检查各项工作。执法检查后续任务还不少,需要我们再接再厉。一是完成执法检查报告稿。请教科文卫委根据今天会议精神和大家发言,进一步修改报告,按照程序报送常委会,同时要准备好向常委会党组、委员长会议汇报执法检查工作情况。二是汇总各项成果。检查活动过程形成了很多成果,我们要汇总习近平总书记关于公共文化服务的重要论述、中央有关文件、相关法律法规以及执法检查分报告、5个省份的自查报告等材料,为12月份召开的常委会会议听取和审议执法检查报告提供充分详实的参阅资料。三是加强督促落实。执法检查要务求实效,促进工作。请常委会办公厅及时将审议意见连同执法检查报告送国务院有关部门研究处理。请教科文卫委加强跟踪监督,督促有关部门整改落实、改进工作,并在规定期限内向常委会报告整改落实情况。

最后,请允许我代表执法检查组,诚挚感谢国务院有关部门、实地检查和开展自查的省、自治区、直辖市人大常委会和各有关方面的大力配合,诚挚感谢执法检查组各位成员、工作人员、全国人大各有关部门以及新闻媒体的同志们,大家辛苦了。

对检查公共文化服务保障法实施情况报告的意见和建议

12月25日,十三届全国人大常委会第二十四次会议审议了全国人大常委会副委员长蔡达峰作的全国人大常委会执法检查组关于检查公共文化服务保障法实施情况的报告,共有24人次发言。现根据会议发言情况,将常委会组成人员和列席人员的主要意见整理如下。

出席人员普遍认为,公共文化服务保障法实施以来,各级政府及其有关部门把贯彻实施公共文化服务保障法摆在突出位置,践行立法宗旨,切实抓好落实,推动文化事业在新时代取得新进展。这次执法检查坚持问题导向,运用问卷调查、随机抽查、专业评估等方式,务实创新,富有成效。大家对执法检查工作和报告给予充分肯定,认为报告查找问题客观深刻,提出建议切实可行。大家强调,要深入贯彻落实习近平总书记关于社会主义文化建设的重要论述,宣传好实施好公共文化服务保障法和相关配套法规,努力构建覆盖城乡、便捷高效、保基本、促公平的现代公共文化服务体系,不断增强人民群众的文化获得感、满足感。审议中,大家还提出了一些具体意见和建议。

一、提升思想认识,完善相关配套法规和制度机制

部分出席人员认为,一些地方将公共文化服务简单视为提供娱乐活动,未将其同增强文化自信、弘扬社会主义核心价值观、提高全民族文明素质结合起来。要深刻认识做好公共文化服务工作对满足人民精神文化需求、保障人民文化权益、提高国家文化软实力的重要意义,提高政治站位,贯彻以人民为中心理念,把社会主义核心价值观深度融入法律实施中。

部分出席人员提出,要加强公共文化服务保障工作的顶层设计,引导和督促有关部门、各地区以编制“十四五”规划纲要为契机,把公共文化建设纳

入总体规划，与经济社会发展任务同部署、同推进、同落实、同考核。同时，要调整完善国家公共文化服务指导标准，推动各地规范公共文化服务内涵与指标，以标准化促进公共文化服务均等化、普惠化、便捷化。

有的出席人员建议，国务院及其有关部门认真梳理法律实施中需要细化明确的内容，进一步完善相关配套法规、规章；各地要结合自身实际，制定有特色、可操作的地方性法规，推动形成以公共文化服务保障法为主体，全方位、多层次、高质量的公共文化服务法律法规体系。

二、优化资源布局，做好特殊群体公共文化服务保障工作

部分出席人员指出，目前全国公共文化设施已基本实现全覆盖，但区域间、城乡间的建设水平和服务质量仍存在一定差距。建议进一步优化公共文化资源配置，针对欠发达地区财力支出有限的客观实际，加大中央财政投入力度，支持欠发达地区新建、改造公共图书馆、文化馆、乡镇文化站和基层综合文化服务中心等。有的出席人员提出，这些年有关部门推动的"结对子、种文化"活动，对丰富欠发达地区精神文化生活效果显著，建议总结推广这一做法，并推动从"一对一"结对向"一对多"、"多对一"拓展。有的出席人员提出，要以国家实施乡村振兴战略为契机，把农村公共文化服务建设融入其中，推动农村公共文化服务水平获得新提升。

部分出席人员认为，老年人、残疾人、农村留守儿童等特殊群体的公共文化服务工作需要进一步加强，建议在公共文化服务体系建设中统筹考虑群体特点，在政策上适当倾斜、在工作中重点关照，促进公共文化服务均等化。有的出席人员建议，丰富符合残疾人需求的文化产品，支持残疾人参与文化产品创作，鼓励广播、电视、网络视听媒体等制作面向残疾人的专题节目。完善公共文化服务无障碍设施，营造鼓励支持残疾人参与、体验公共文化服务的社会氛围。

三、提高工作质效，满足人民群众对文化生活的新期待

部分出席人员提出，一些地方公共文化设施的利用率不高。建议推行公共文化机构年报、绩效评价制度，定期开展专项督查，督促有关单位落实法定责任。各级政府要落实好财政保障责任，提高财政资金分配效率和使用效益。严格按照有关标准建设公共文化设施，突出公益性、基本性、均等性、便利性。部分出席人员提出，公共文化与教育、卫生、科普、民政等领域的很多服务设施、服务项目相关联，建议政府有关部门研究制定具体措施，推动公共服务项目融合发展，扩大公共设施、场地的合理利用。

部分出席人员指出，公共文化服务内容应体现时代主旋律，坚持问需于民，构建"需求征集—服务供给—评价反馈"的互动式、菜单式服务机制，实现服务内容与时俱进，供需有效对接、精准供给。有的出席人员认为，提供公共文化服务要做好内容资源的甄别工作，对质量不高、庸俗媚俗的文化内容要加强管控、及时去除。

部分出席人员建议，深挖公共文化数字服务的巨大潜力，统筹推进全国文化信息资源共享和数字图书馆、博物馆、文化馆等建设，构建标准统一、互联互通的公共数字文化服务网络。用好大数据、云计算等技术手段，加强对公共文化数据的收集、管理和分析，准确预测公共文化服务需求，实现文化产品精准推送，打通公共文化服务的"最后一公里"。

四、加强人才队伍建设，引导、支持社会各界参与公共文化服务

部分出席人员认为，公共文化服务专业人才总量明显不足。建议采取务实举措培养一批具有现代意识、创新意识的公共文化管理者和基层公共文化服务人才队伍。（1）优化岗位设置，明确岗位职责，用制度明确专编专岗、专职专责。（2）完善人才激励机制，鼓励引导支持文化专业人员、高校毕业生等到基层一线从事公共文化服务工作。（3）做好专业教育培训，逐步提高现有工作人员素质和工作水平。（4）加强志愿者队伍建设，完善管理评价和保障机制，吸引更多志愿者投身公共文化事业。

部分出席人员认为，做好公共文化服务工作仅靠政府是远远不够的，需要全社会共同推动。要坚持共建共治共享理念，充分运用购买服务、委托承办、项目外包、税收优惠等方式，提高社会力量参与度。建议完善多渠道投入公共文化服务的体制机制，推广政府和社会资本合作模式，加强税收、财政补贴等政策支持，激发社会力量参与公共文化服务的活力。

四、规范性文件备案审查

国务院行政法规目录

（49 件）

法规名称	公布时间	报备时间	施行时间	立法形式
农作物病虫害防治条例	2020-3-26	2020-3-26	2020-5-1	制定
中华人民共和国渔业法实施细则	2020-3-27	2020-3-27	2020-3-27	修改
城市供水条例	2020-3-27	2020-3-27	2020-3-27	修改
城市房地产开发经营管理条例	2020-3-27	2020-3-27	2020-3-27	修改
人工影响天气管理条例	2020-3-27	2020-3-27	2020-3-27	修改
兽药管理条例	2020-3-27	2020-3-27	2020-3-27	修改
中华人民共和国船员条例	2020-3-27	2020-3-27	2020-3-27	修改
护士条例	2020-3-27	2020-3-27	2020-3-27	修改
防治布氏杆菌病暂行办法	2020-3-27	2020-3-27	2020-3-27	废止
中华人民共和国公民出境入境管理法实施细则	2020-3-27	2020-3-27	2020-3-27	废止
开发建设晋陕蒙接壤地区水土保持规定	2020-3-27	2020-3-27	2020-3-27	废止
药品行政保护条例	2020-3-27	2020-3-27	2020-3-27	废止
卖淫嫖娼人员收容教育办法	2020-3-27	2020-3-27	2020-3-27	废止
外国公司船舶运输收入征税办法	2020-3-27	2020-3-27	2020-3-27	废止
中华人民共和国中医药条例	2020-3-27	2020-3-27	2020-3-27	废止
中华人民共和国行政监察法实施条例	2020-3-27	2020-3-27	2020-3-27	废止
疫苗流通和预防接种管理条例	2020-3-27	2020-3-27	2020-3-27	废止
行政学院工作条例	2020-3-27	2020-3-27	2020-3-27	废止
化妆品监督管理条例	2020-6-16	2020-6-16	2021-1-1	制定
化妆品卫生监督条例	2020-6-16	2020-6-16	2021-1-1	文中废止
保障中小企业款项支付条例	2020-7-5	2020-7-5	2020-9-1	制定
中华人民共和国预算法实施条例	2020-8-3	2020-8-3	2020-10-1	修改
行政执法机关移送涉嫌犯罪案件的规定	2020-8-7	2020-8-7	2020-8-7	修改
国务院办公厅关于印发香港法律执业者和澳门执业律师在粤港澳大湾区内地九市取得内地执业资质和从事律师职业试点办法的通知	2020-10-5	2020-10-25	2020-10-9	制定
国家科学技术奖励条例	2020-10-7	2020-10-7	2020-12-1	修改
中华人民共和国国家金库条例	2020-11-29	2020-11-29	2020-11-29	修改
外债统计监测暂行规定	2020-11-29	2020-11-29	2020-11-29	修改
旅馆业治安管理办法	2020-11-29	2020-11-29	2020-11-29	修改

续表

法规名称	公布时间	报备时间	施行时间	立法形式
中华人民共和国渔业法实施细则	2020-11-29	2020-11-29	2020-11-29	修改
中华人民共和国城镇国有土地使用权出让和转让暂行条例	2020-11-29	2020-11-29	2020-11-29	修改
国有资产评估管理办法	2020-11-29	2020-11-29	2020-11-29	修改
关于外商参与打捞中国沿海水域沉船沉物管理办法	2020-11-29	2020-11-29	2020-11-29	修改
实施国际著作权条约的规定	2020-11-29	2020-11-29	2020-11-29	修改
农业化学物质产品行政保护条例	2020-11-29	2020-11-29	2020-11-29	修改
城市房地产开发经营管理条例	2020-11-29	2020-11-29	2020-11-29	修改
广播电视管理条例	2020-11-29	2020-11-29	2020-11-29	修改
中华人民共和国民用航空器国籍登记条例	2020-11-29	2020-11-29	2020-11-29	修改
中华人民共和国台湾同胞投资保护法实施细则	2020-11-29	2020-11-29	2020-11-29	修改
印刷业管理条例	2020-11-29	2020-11-29	2020-11-29	修改
中华人民共和国技术进出口管理条例	2020-11-29	2020-11-29	2020-11-29	修改
音像制品管理条例	2020-11-29	2020-11-29	2020-11-29	修改
出版管理条例	2020-11-29	2020-11-29	2020-11-29	修改
中华人民共和国认证认可条例	2020-11-29	2020-11-29	2020-11-29	修改
营业性演出管理条例	2020-11-29	2020-11-29	2020-11-29	修改
娱乐场所管理条例	2020-11-29	2020-11-29	2020-11-29	修改
旅行社条例	2020-11-29	2020-11-29	2020-11-29	修改
保安服务管理条例	2020-11-29	2020-11-29	2020-11-29	修改
外国企业或者个人在中国境内设立合伙企业管理办法	2020-11-29	2020-11-29	2020-11-29	废止
政府督查工作条例	2020-12-26	2020-12-26	2021-2-1	制定
企业名称登记管理规定	2020-12-28	2020-12-28	2021-3-1	修改

北京市地方性法规目录

（19 件）

法规名称	通过或批准时间	公布时间	报备时间	施行时间	立法形式
北京市机动车和非道路移动机械排放污染防治条例	2020 年 1 月 17 日北京市第十五届人民代表大会第三次会议通过	2020-1-17	2020-1-20	2020-5-1	制定
北京市人民代表大会常务委员会关于依法防控新型冠状病毒感染肺炎疫情坚决打赢疫情防控阻击战的决定	2020 年 2 月 7 日北京市第十五届人民代表大会常务委员会第十八次会议通过	2020-2-7	2020-2-10	2020-2-7	制定
北京市优化营商环境条例	2020 年 3 月 27 日北京市第十五届人民代表大会常务委员会第二十次会议通过	2020-3-27	2020-3-30	2020-4-28	制定
北京市物业管理条例	2020 年 3 月 27 日北京市第十五届人民代表大会常务委员会第二十次会议通过	2020-3-27	2020-3-30	2020-5-1	制定
北京市野生动物保护管理条例	2020 年 4 月 24 日北京市第十五届人民代表大会常务委员会第二十一次会议通过	2020-4-24	2020-4-27	2020-6-1	制定

续表

法规名称	通过或批准时间	公布时间	报备时间	施行时间	立法形式
北京市实施《中华人民共和国野生动物保护法》办法	在《北京市野生动物保护管理条例》中被明文予以废止	2020-4-24	2020-4-27	2020-6-1	文中废止
北京市文明行为促进条例	2020年4月24日北京市第十五届人民代表大会常务委员会第二十一次会议通过	2020-4-24	2020-4-27	2020-6-1	制定
北京市市容环境卫生条例	2020年4月24日北京市第十五届人民代表大会常务委员会第二十一次会议修改	2020-4-24	2020-4-27	2020-6-1	修改
北京市食品安全条例	2020年6月5日北京市第十五届人民代表大会常务委员会第二十二次会议废止	2020-6-5	2020-6-9	2020-6-5	废止
北京市医院安全秩序管理规定	2020年6月5日北京市第十五届人民代表大会常务委员会第二十二次会议通过	2020-6-5	2020-6-9	2020-7-1	制定
北京市危险废物污染环境防治条例	2020年6月5日北京市第十五届人民代表大会常务委员会第二十二次会议通过	2020-6-5	2020-6-9	2020-9-1	制定
北京市宗教事务条例	2020年7月30日北京市第十五届人民代表大会常务委员会第二十三次会议修改	2020-7-30		2020-11-1	修改
北京市突发公共卫生事件应急条例	2020年9月25日北京市第十五届人民代表大会常务委员会第二十四次会议通过	2020-9-25		2020-9-25	制定
北京市生活垃圾管理条例	2020年9月25日北京市第十五届人民代表大会常务委员会第二十四次会议修改	2020-9-25		2020-9-25	修改
北京市促进中小企业发展条例	2020年9月25日北京市第十五届人民代表大会常务委员会第二十四次会议修改	2020-9-25		2020-12-1	修改
北京市司法鉴定管理条例	2020年9月25日北京市第十五届人民代表大会常务委员会第二十四次会议通过	2020-9-25		2021-1-1	制定
北京市燃气管理条例	2020年9月25日北京市第十五届人民代表大会常务委员会第二十四次会议修改	2020-9-25		2021-1-1	修改
北京市中医药条例	2020年11月27日北京市第十五届人民代表大会常务委员会第二十六次会议通过	2020-11-27	2020-12-28	2021-5-1	制定
北京市发展中医条例	在《北京市中医药条例》中被明文予以废止	2020-11-27	2020-12-28	2021-5-1	文中废止
北京市志愿服务促进条例	2020年12月25日北京市第十五届人民代表大会常务委员会第二十七次会议修改	2020-12-25	2020-12-28	2021-3-1	修改
北京市人民代表大会常务委员会组成人员守则	2020年12月25日北京市第十五届人民代表大会常务委员会第二十七次会议修改	2020-12-25		2020-12-25	修改

天津市地方性法规目录

（26件）

法规名称	通过或批准时间	公布时间	报备时间	施行时间	立法形式
天津市人民代表大会常务委员会关于推进实施国土空间发展战略的决定	2020年1月3日天津市第十七届人民代表大会常务委员会第十六次会议通过	2020-1-3	2020-1-3	2020-1-3	制定
天津市机动车和非道路移动机械排放污染防治条例	2020年1月18日天津市第十七届人民代表大会第三次会议通过	2020-1-18	2020-1-18	2020-5-1	制定

续表

法规名称	通过或批准时间	公布时间	报备时间	施行时间	立法形式
天津市人民代表大会常务委员会关于依法做好新型冠状病毒肺炎疫情防控工作切实保障人民群众生命健康安全的决定	2020 年 2 月 14 日天津市第十七届人民代表大会常务委员会第十七次会议通过	2020-2-14	2020-2-14	2020-2-14	制定
天津市人民代表大会常务委员会关于禁止食用野生动物的决定	2020 年 2 月 14 日天津市第十七届人民代表大会常务委员会第十七次会议通过	2020-2-14	2020-2-14	2020-2-14	制定
天津市突发公共卫生事件应急管理办法	2020 年 5 月 18 日天津市第十七届人民代表大会常务委员会第十九次会议通过	2020-5-18	2020-5-18	2020-5-18	制定
天津国家自主创新示范区条例	2020 年 5 月 18 日天津市第十七届人民代表大会常务委员会第十九次会议通过	2020-5-18	2020-5-18	2020-7-1	制定
天津新技术产业园区管理条例	在《天津国家自主创新示范区条例》中被明文予以废止	2020-5-18	2020-5-18	2020-7-1	文中废止
天津市海洋环境保护条例	2020 年 7 月 29 日天津市第十七届人民代表大会常务委员会第二十一次会议修改	2020-7-29	2020-7-29	2020-7-29	修改
天津市宗教事务条例	2020 年 7 月 29 日天津市第十七届人民代表大会常务委员会第二十一次会议通过	2020-7-29	2020-7-29	2020-9-1	制定
天津市宗教活动场所管理办法	在《天津市宗教事务条例》中被明文予以废止	2020-7-29	2020-7-29	2020-9-1	文中废止
天津市人民代表大会常务委员会关于天津市资源税适用税率、计征方式及减征免征办法的决定	2020 年 7 月 29 日天津市第十七届人民代表大会常务委员会第二十一次会议通过	2020-7-29	2020-7-29	2020-9-1	制定
天津市生活垃圾管理条例	2020 年 7 月 29 日天津市第十七届人民代表大会常务委员会第二十一次会议通过	2020-7-29	2020-7-29	2020-12-1	制定
天津市绿色生态屏障管控地区管理若干规定	2020 年 9 月 25 日天津市第十七届人民代表大会常务委员会第二十三次会议通过	2020-9-25	2020-9-25	2020-9-25	制定
天津市供电用电条例	2020 年 9 月 25 日天津市第十七届人民代表大会常务委员会第二十三次会议修改	2020-9-25	2020-9-25	2020-9-25	修改
天津市大气污染防治条例	2020 年 9 月 25 日天津市第十七届人民代表大会常务委员会第二十三次会议修改	2020-9-25	2020-9-25	2020-9-25	修改
天津市学校安全条例	2020 年 9 月 25 日天津市第十七届人民代表大会常务委员会第二十三次会议修改	2020-9-25	2020-9-25	2020-9-25	修改
天津市水污染防治条例	2020 年 9 月 25 日天津市第十七届人民代表大会常务委员会第二十三次会议修改	2020-9-25	2020-9-25	2020-9-25	修改
天津市学前教育条例	2020 年 9 月 25 日天津市第十七届人民代表大会常务委员会第二十三次会议修改	2020-9-25	2020-9-25	2020-9-25	修改
天津市湿地保护条例	2020 年 9 月 25 日天津市第十七届人民代表大会常务委员会第二十三次会议修改	2020-9-25	2020-9-25	2020-9-25	修改
天津市防震减灾条例	2020 年 9 月 25 日天津市第十七届人民代表大会常务委员会第二十三次会议修改	2020-9-25	2020-9-25	2020-9-25	修改
天津市社会办医机构管理条例	2020 年 9 月 25 日天津市第十七届人民代表大会常务委员会第二十三次会议废止	2020-9-25	2020-9-25	2020-9-25	废止
天津市街道办事处条例	2020 年 9 月 25 日天津市第十七届人民代表大会常务委员会第二十三次会议通过	2020-9-25	2020-9-25	2020-11-1	制定

续表

法规名称	通过或批准时间	公布时间	报备时间	施行时间	立法形式
天津市人民代表大会常务委员会和区人民代表大会常务委员会规范性文件备案审查办法	2020年9月25日天津市第十七届人民代表大会常务委员会第二十三次会议通过	2020-9-25	2020-9-25	2020-11-1	制定
天津市人民代表大会常务委员会和区县人民代表大会常务委员会审查监督规范性文件办法	在《天津市人民代表大会常务委员会和区人民代表大会常务委员会规范性文件备案审查办法》中被明文予以废止	2020-9-25	2020-9-25	2020-11-1	文中废止
天津市网络虚假信息治理若干规定	2020年12月1日天津市第十七届人民代表大会常务委员会第二十四次会议通过	2020-12-1	2020-12-1	2020-12-1	制定
天津市工会劳动法律监督条例	2020年12月1日天津市第十七届人民代表大会常务委员会第二十四次会议通过	2020-12-1	2020-12-1	2021-1-1	制定
天津市道路交通安全若干规定	2020年12月1日天津市第十七届人民代表大会常务委员会第二十四次会议通过	2020-12-1	2020-12-1	2021-1-1	制定
天津市道路交通安全管理若干规定	在《天津市道路交通安全若干规定》中被明文予以废止	2020-12-1	2020-12-1	2021-1-1	文中废止
天津市社会信用条例	2020年12月1日天津市第十七届人民代表大会常务委员会第二十四次会议通过	2020-12-1	2020-12-1	2021-1-1	制定
天津市养老服务促进条例	2020年12月1日天津市第十七届人民代表大会常务委员会第二十四次会议修改	2020-12-1	2020-12-1	2021-1-1	修改

河北省地方性法规目录

（65件）

法规名称	通过或批准时间	公布时间	报备时间	施行时间	立法形式
河北省河湖保护和治理条例	2020年1月11日河北省第十三届人民代表大会第三次会议通过	2020-1-11	2020-1-14	2020-3-22	制定
河北省机动车和非道路移动机械排放污染防治条例	2020年1月11日河北省第十三届人民代表大会第三次会议通过	2020-1-11	2020-1-14	2020-5-1	制定
河北省人民代表大会常务委员会关于依法全力做好新型冠状病毒肺炎疫情防控工作的决定	2020年2月9日河北省第十三届人民代表大会常务委员会第十五次会议通过	2020-2-9	2020-2-11	2020-2-9	制定
保定市禁牧条例	2019年10月15日保定市第十五届人民代表大会常务委员会第十八次会议通过，2020年3月27日河北省第十三届人民代表大会常务委员会第十六次会议批准	2020-4-8	2020-4-30	2020-7-1	制定
保定市河道管理条例	2019年10月15日保定市第十五届人民代表大会常务委员会第十八次会议通过，2020年3月27日河北省第十三届人民代表大会常务委员会第十六次会议批准	2020-4-8	2020-4-30	2020-7-1	制定

续表

法规名称	通过或批准时间	公布时间	报备时间	施行时间	立法形式
承德市城市供热条例	2019 年 10 月 30 日承德市第十四届人民代表大会常务委员会第二十一次会议通过，2020 年 3 月 27 日河北省第十三届人民代表大会常务委员会第十六次会议批准	2020-4-8	2020-4-30	2020-8-1	制定
廊坊市加强大气污染防治若干规定	2019 年 11 月 27 日廊坊市第七届人民代表大会常务委员会第十八次会议通过,2020 年 3 月 27 日河北省第十三届人民代表大会常务委员会第十六次会议批准	2020-4-10	2020-4-30	2020-6-1	制定
邯郸市机动车排气污染防治条例	2019 年 12 月 25 日邯郸市第十五届人民代表大会常务委员会第二十次会议废止，2020 年 3 月 27 日河北省第十三届人民代表大会常务委员会第十六次会议批准废止	2020-4-8	2020-4-30	2020-4-8	废止
秦皇岛市市容管理条例	2019 年 12 月 26 日秦皇岛市第十四届人民代表大会常务委员会第二十一次会议通过,2020 年 3 月 27 日河北省第十三届人民代表大会常务委员会第十六次会议批准	2020-4-1	2020-4-30	2020-6-1	制定
秦皇岛市养犬管理条例	2019 年 12 月 26 日秦皇岛市第十四届人民代表大会常务委员会第二十一次会议通过,2020 年 3 月 27 日河北省第十三届人民代表大会常务委员会第十六次会议批准	2020-4-1	2020-4-30	2020-6-1	制定
石家庄市河道管理条例	2019 年 12 月 30 日石家庄市第十四届人民代表大会常务委员会第二十四次会议修改,2020 年 3 月 27 日河北省第十三届人民代表大会常务委员会第十六次会议批准修改	2020-3-31	2020-4-30	2020-5-1	修改
河北省全民健身条例	2020 年 3 月 27 日河北省第十三届人民代表大会常务委员会第十六次会议通过	2020-3-27	2020-4-30	2020-5-1	制定
河北省各级人民代表大会常务委员会规范性文件备案审查条例	2020 年 3 月 27 日河北省第十三届人民代表大会常务委员会第十六次会议修改	2020-3-27	2020-4-30	2020-5-1	修改
河北省生态环境保护条例	2020 年 3 月 27 日河北省第十三届人民代表大会常务委员会第十六次会议通过	2020-3-27	2020-4-30	2020-7-1	制定
河北省环境保护条例	在《河北省生态环境保护条例》中被明文予以废止	2020-3-27	2020-4-30	2020-7-1	文中废止
邢台市物业管理条例	2018 年 11 月 28 日邢台市第十五届人民代表大会常务委员会第十六次会议通过，2020 年 6 月 2 日河北省第十三届人民代表大会常务委员会第十七次会议批准	2020-6-12	2020-6-24	2020-7-1	制定
邢台市城镇供水用水条例	2020 年 3 月 13 日邢台市第十五届人民代表大会常务委员会第二十九次会议通过，2020 年 6 月 2 日河北省第十三届人民代表大会常务委员会第十七次会议批准	2020-6-12	2020-6-24	2020-7-1	制定
河北省人民代表大会代表建议、批评和意见处理办法	2020 年 6 月 2 日河北省第十三届人民代表大会常务委员会第十七次会议通过	2020-6-2	2020-6-24	2020-6-2	制定
河北省人民代表大会代表建议、批评和意见的提出和办理办法	在《河北省人民代表大会代表建议、批评和意见处理办法》中被明文予以废止	2020-6-2	2020-6-24	2020-6-2	文中废止

续表

法规名称	通过或批准时间	公布时间	报备时间	施行时间	立法形式
河北省科学技术进步条例	2020年6月2日河北省第十三届人民代表大会常务委员会第十七次会议修改	2020-6-2	2020-6-24	2020-8-1	修改
河北省非煤矿山综合治理条例	2020年6月2日河北省第十三届人民代表大会常务委员会第十七次会议通过	2020-6-2	2020-6-24	2020-10-1	制定
河北省冶金矿产品生产经营监督管理条例	在《河北省非煤矿山综合治理条例》中被明文予以废止	2020-6-2	2020-6-24	2020-10-1	文中废止
承德市工业遗产保护与利用条例	2020年4月28日承德市第十四届人民代表大会常务委员会第二十五次会议通过，2020年7月30日河北省第十三届人民代表大会常务委员会第十八次会议批准	2020-8-3	2020-8-18	2020-12-1	制定
石家庄市城市园林绿化管理条例	2020年4月28日石家庄市第十四届人民代表大会常务委员会第二十六次会议修改，2020年7月30日河北省第十三届人民代表大会常务委员会第十八次会议批准修改	2020-8-4	2020-8-18	2020-9-1	修改
张家口市烟花爆竹安全管理条例	2020年7月7日张家口市第十四届人民代表大会常务委员会第二十八次会议修改，2020年7月30日河北省第十三届人民代表大会常务委员会第十八次会议批准修改	2020-7-31	2020-8-18	2020-7-31	修改
河北省人民代表大会常务委员会关于落实纾困惠企政策、保护和激发市场主体活力的决定	2020年7月30日河北省第十三届人民代表大会常务委员会第十八次会议通过	2020-7-30	2020-8-18	2020-7-30	制定
河北省城市建设管理条例	2020年7月30日河北省第十三届人民代表大会常务委员会第十八次会议废止	2020-7-30	2020-8-18	2020-7-30	废止
河北省地质环境管理条例	2020年7月30日河北省第十三届人民代表大会常务委员会第十八次会议废止	2020-7-30	2020-8-18	2020-7-30	废止
河北省辐射污染防治条例	2020年7月30日河北省第十三届人民代表大会常务委员会第十八次会议修改	2020-7-30	2020-8-18	2020-7-30	修改
河北省环境保护公众参与条例	2020年7月30日河北省第十三届人民代表大会常务委员会第十八次会议修改	2020-7-30	2020-8-18	2020-7-30	修改
河北省防震减灾条例	2020年7月30日河北省第十三届人民代表大会常务委员会第十八次会议修改	2020-7-30	2020-8-18	2020-7-30	修改
河北省促进绿色建筑发展条例	2020年7月30日河北省第十三届人民代表大会常务委员会第十八次会议修改	2020-7-30	2020-8-18	2020-7-30	修改
河北省实施《中华人民共和国城市居民委员会组织法》办法	2020年7月30日河北省第十三届人民代表大会常务委员会第十八次会议修改	2020-7-30	2020-8-18	2020-7-30	修改
河北省村民委员会选举办法	2020年7月30日河北省第十三届人民代表大会常务委员会第十八次会议修改	2020-7-30	2020-8-18	2020-7-30	修改
河北省海域使用管理条例	2020年7月30日河北省第十三届人民代表大会常务委员会第十八次会议修改	2020-7-30	2020-8-18	2020-7-30	修改
河北省人民代表大会常务委员会关于河北省资源税适用税率、计征方式及免征减征办法的决定	2020年7月30日河北省第十三届人民代表大会常务委员会第十八次会议通过	2020-7-30	2020-8-18	2020-9-1	制定

续表

法规名称	通过或批准时间	公布时间	报备时间	施行时间	立法形式
河北省人民代表大会常务委员会关于加强船舶大气污染防治的若干规定	2020年7月30日河北省第十三届人民代表大会常务委员会第十八次会议通过	2020-7-30	2020-8-18	2020-10-1	制定
河北省城乡生活垃圾分类管理条例	2020年7月30日河北省第十三届人民代表大会常务委员会第十八次会议通过	2020-7-30	2020-8-18	2021-1-1	制定
保定市清西陵保护条例	2020年6月4日保定市第十五届人民代表大会常务委员会第二十四次会议通过，2020年9月24日河北省第十三届人民代表大会常务委员会第十九次会议批准	2020-10-10	2020-10-19	2021-1-1	制定
唐山市城市供水用水管理条例	2020年6月7日唐山市第十五届人民代表大会第五次会议通过，2020年9月24日河北省第十三届人民代表大会常务委员会第十九次会议批准	2020-9-28	2020-10-19	2021-1-1	制定
唐山市城市供水管理条例	在《唐山市城市供水用水管理条例》中被明文予以废止	2020-9-28	2020-10-19	2021-1-1	文中废止
沧州市城市建筑垃圾管理条例	2020年6月15日沧州市第十四届人民代表大会常务委员会第二十九次会议通过，2020年9月24日河北省第十三届人民代表大会常务委员会第十九次会议批准	2020-10-1	2020-10-19	2021-1-1	制定
唐山市工业遗产保护与利用条例	2020年7月3日唐山市第十五届人民代表大会常务委员会第三十四次会议通过，2020年9月24日河北省第十三届人民代表大会常务委员会第十九次会议批准	2020-9-28	2020-10-19	2021-1-1	制定
廊坊市院前医疗急救服务条例	2020年7月23日廊坊市第七届人民代表大会常务委员会第二十三次会议通过，2020年9月24日河北省第十三届人民代表大会常务委员会第十九次会议批准	2020-10-12	2020-10-19	2021-1-1	制定
邢台市禁止燃放烟花爆竹规定	2020年7月28日邢台市第十五届人民代表大会常务委员会第三十一次会议通过，2020年9月24日河北省第十三届人民代表大会常务委员会第十九次会议批准	2020-10-15	2020-10-19	2020-11-1	制定
邢台市养犬管理条例	2020年7月28日邢台市第十五届人民代表大会常务委员会第三十一次会议通过，2020年9月24日河北省第十三届人民代表大会常务委员会第十九次会议批准	2020-10-15	2020-10-19	2021-1-1	制定
张家口市城市市容和环境卫生管理条例	2020年8月5日张家口市第十四届人民代表大会常务委员会第二十九次会议通过，2020年9月24日河北省第十三届人民代表大会常务委员会第十九次会议批准	2020-10-13	2020-10-19	2021-1-1	制定
邯郸市商业网点建设管理条例	2020年8月27日邯郸市第十五届人民代表大会常务委员会第二十五次会议废止，2020年9月24日河北省第十三届人民代表大会常务委员会第十九次会议批准废止	2020-10-16	2020-10-19	2020-10-16	废止
邯郸市人民代表大会常务委员会关于废止地方性法规中若干行政许可规定的决定	2020年8月27日邯郸市第十五届人民代表大会常务委员会第二十五次会议废止，2020年9月24日河北省第十三届人民代表大会常务委员会第十九次会议批准废止	2020-10-16	2020-10-19	2020-10-16	废止

续表

法规名称	通过或批准时间	公布时间	报备时间	施行时间	立法形式
邯郸市烈士纪念设施保护条例	2020年8月27日邯郸市第十五届人民代表大会常务委员会第二十五次会议通过，2020年9月24日河北省第十三届人民代表大会常务委员会第十九次会议批准	2020-10-16	2020-10-19	2020-11-1	制定
河北省人民代表大会常务委员会关于加强滦河流域水资源保护和管理的决定	2020年9月24日河北省第十三届人民代表大会常务委员会第十九次会议通过	2020-9-24	2020-10-19	2020-9-24	制定
中国（河北）自由贸易试验区条例	2020年9月24日河北省第十三届人民代表大会常务委员会第十九次会议通过	2020-9-24	2020-10-19	2020-11-1	制定
河北省人民代表大会常务委员会关于厉行节约、反对餐饮浪费的规定	2020年9月24日河北省第十三届人民代表大会常务委员会第十九次会议通过	2020-9-24	2020-10-19	2020-11-1	制定
围场满族蒙古族自治县旅游条例	2020年1月11日围场满族蒙古族自治县第七届人民代表大会第四次会议修改，2020年11月27日河北省第十三届人民代表大会常务委员会第二十次会议批准修改	2020-12-1	2020-12-21	2021-1-1	修改
衡水市物业管理条例	2020年8月27日衡水市第六届人民代表大会常务委员会第二十九次会议通过，2020年11月27日河北省第十三届人民代表大会常务委员会第二十次会议批准	2020-12-11	2020-12-21	2021-3-1	制定
衡水市节约用水管理条例	2020年8月27日衡水市第六届人民代表大会常务委员会第二十九次会议通过，2020年11月27日河北省第十三届人民代表大会常务委员会第二十次会议批准	2020-12-11	2020-12-21	2021-3-22	制定
承德市快递市场管理条例	2020年8月28日承德市第十四届人民代表大会常务委员会第二十七次会议通过，2020年11月27日河北省第十三届人民代表大会常务委员会第二十次会议批准	2020-12-3	2020-12-21	2021-1-1	制定
承德市村容村貌管理条例	2020年8月28日承德市第十四届人民代表大会常务委员会第二十七次会议通过，2020年11月27日河北省第十三届人民代表大会常务委员会第二十次会议批准	2020-12-3	2020-12-21	2021-3-1	制定
张家口市河道和水库管理条例	2020年9月25日张家口市第十四届人民代表大会常务委员会第三十一次会议通过，2020年11月27日河北省第十三届人民代表大会常务委员会第二十次会议批准	2020-12-8	2020-12-21	2021-3-1	制定
保定市城市公共汽车客运条例	2020年10月23日保定市第十五届人民代表大会常务委员会第二十六次会议通过，2020年11月27日河北省第十三届人民代表大会常务委员会第二十次会议批准	2020-12-7	2020-12-21	2021-2-1	制定
沧州市禁止燃放烟花爆竹规定	2020年10月27日沧州市第十四届人民代表大会常务委员会第三十一次会议通过，2020年11月27日河北省第十三届人民代表大会常务委员会第二十次会议批准	2020-12-3	2020-12-21	2021-1-1	制定
秦皇岛市沿海防护林条例	2020年10月29日秦皇岛市第十四届人民代表大会常务委员会第二十七次会议通过，2020年11月27日河北省第十三届人民代表大会常务委员会第二十次会议批准	2020-12-4	2020-12-21	2021-1-1	制定

续表

法规名称	通过或批准时间	公布时间	报备时间	施行时间	立法形式
邯郸市水土保持管理条例	2020 年 10 月 29 日邯郸市第十五届人民代表大会常务委员会第二十七次会议修改，2020 年 11 月 27 日河北省第十三届人民代表大会常务委员会第二十次会议批准修改	2020-12-9	2020-12-21	2021-1-1	修改
邯郸市水资源管理条例	2020 年 10 月 29 日邯郸市第十五届人民代表大会常务委员会第二十七次会议修改，2020 年 11 月 27 日河北省第十三届人民代表大会常务委员会第二十次会议批准修改	2020-12-9	2020-12-21	2021-1-1	修改
邯郸市粉煤灰综合利用管理条例	2020 年 10 月 29 日邯郸市第十五届人民代表大会常务委员会第二十七次会议修改，2020 年 11 月 27 日河北省第十三届人民代表大会常务委员会第二十次会议批准修改	2020-12-9	2020-12-21	2021-1-1	修改
邯郸市城市绿化条例	2020 年 10 月 29 日邯郸市第十五届人民代表大会常务委员会第二十七次会议修改，2020 年 11 月 27 日河北省第十三届人民代表大会常务委员会第二十次会议批准修改	2020-12-9	2020-12-21	2021-1-1	修改
邯郸市客运出租汽车管理条例	2020 年 10 月 29 日邯郸市第十五届人民代表大会常务委员会第二十七次会议修改，2020 年 11 月 27 日河北省第十三届人民代表大会常务委员会第二十次会议批准修改	2020-12-9	2020-12-21	2021-1-1	修改
石家庄市供热用热条例	2020 年 11 月 20 日石家庄市第十四届人民代表大会常务委员会第三十一次会议修改，2020 年 11 月 27 日河北省第十三届人民代表大会常务委员会第二十次会议批准修改	2020-11-28	2020-12-21	2020-11-28	修改
河北省多元化解纠纷条例	2020 年 11 月 27 日河北省第十三届人民代表大会常务委员会第二十次会议通过	2020-11-27	2020-12-21	2021-1-1	制定

山西省地方性法规目录

（87 件）

法规名称	通过或批准时间	公布时间	报备时间	施行时间	立法形式
临汾市大气污染防治条例	2019 年 10 月 25 日临汾市第四届人民代表大会常务委员会第三十三次会议通过，2020 年 1 月 9 日山西省第十三届人民代表大会常务委员会第十六次会议批准	2020-1-10	2020-2-14	2020-2-1	制定
忻州市大气污染防治条例	2019 年 10 月 29 日忻州市第四届人民代表大会常务委员会第二十四次会议通过，2020 年 1 月 9 日山西省第十三届人民代表大会常务委员会第十六次会议批准	2020-2-3	2020-2-14	2020-6-1	制定
长治市城市绿化条例	2019 年 10 月 30 日长治市第十四届人民代表大会常务委员会第二十四次会议通过，2020 年 1 月 9 日山西省第十三届人民代表大会常务委员会第十六次会议批准	2020-1-22	2020-2-14	2020-7-1	制定

续表

法规名称	通过或批准时间	公布时间	报备时间	施行时间	立法形式
大同市旅游条例	2019年11月1日大同市第十五届人民代表大会常务委员会第二十六次会议修改，2020年1月9日山西省第十三届人民代表大会常务委员会第十六次会议批准修改	2020-1-20	2020-2-14	2020-3-1	修改
大同市大气污染防治条例	2019年11月1日大同市第十五届人民代表大会常委委员会第二十六次会议通过，2020年1月9日山西省第十三届人民代表大会常务委员会第十六次会议批准	2020-1-23	2020-2-14	2020-3-1	制定
山西省优化营商环境条例	2020年1月18日山西省第十三届人民代表大会第三次会议通过	2020-1-18	2020-2-14	2020-3-1	制定
阳泉市集中供热条例	2019年12月25日阳泉市第十五届人民代表大会常务委员会第二十七次会议通过，2020年3月31日山西省第十三届人民代表大会常务委员会第十七次会议批准	2020-4-13	2020-4-24	2020-7-1	制定
太原市机动车和非道路移动机械排气污染防治办法	2019年12月27日太原市第十四届人民代表大会常务委员会第二十六次会议通过，2020年3月31日山西省第十三届人民代表大会常务委员会第十七次会议批准	2020-4-1	2020-4-24	2020-5-1	制定
太原市机动车排气污染防治办法	在《太原市机动车和非道路移动机械排气污染防治办法》中被明文予以废止	2020-4-1	2020-4-24	2020-5-1	文中废止
太原市城乡环境卫生设施管理条例	2019年12月27日太原市第十四届人民代表大会常务委员会第二十六次会议通过，2020年3月31日山西省第十三届人民代表大会常务委员会第十七次会议批准	2020-4-2	2020-4-24	2020-5-1	制定
太原市城市环境卫生设施管理办法	在《太原市城乡环境卫生设施管理条例》中被明文予以废止	2020-4-2	2020-4-24	2020-5-1	文中废止
长治市红色文化遗址保护利用条例	2019年12月27日长治市第十四届人民代表大会常务委员会第二十五次会议通过，2020年3月31日山西省第十三届人民代表大会常务委员会第十七次会议批准	2020-4-8	2020-4-24	2020-10-1	制定
晋中市医疗废物管理条例	2019年12月31日晋中市第四届人民代表大会常务委员会第三十二次会议通过，2020年3月31日山西省第十三届人民代表大会常务委员会第十七次会议批准	2020-4-7	2020-4-24	2020-5-1	制定
山西省实施《中华人民共和国野生动物保护法》办法	2020年3月31日山西省第十三届人民代表大会常务委员会第十七次会议修改	2020-3-31	2020-4-24	2020-3-31	修改
山西省产品质量监督管理条例	2020年3月31日山西省第十三届人民代表大会常务委员会第十七次会议废止	2020-3-31	2020-4-24	2020-3-31	废止
山西省城市房屋权属登记条例	2020年3月31日山西省第十三届人民代表大会常务委员会第十七次会议废止	2020-3-31	2020-4-24	2020-3-31	废止
山西省宗教事务条例	2020年3月31日山西省第十三届人民代表大会常务委员会第十七次会议修改	2020-3-31	2020-4-24	2020-7-1	修改
山西省实施《中华人民共和国高等教育法》办法	2020年3月31日山西省第十三届人民代表大会常务委员会第十七次会议修改	2020-3-31	2020-4-24	2020-9-1	修改
临汾市农村环境卫生综合治理促进条例	2019年12月27日临汾市第四届人民代表大会常务委员会第三十四次会议通过，2020年5月15日山西省第十三届人民代表大会常务委员会第十八次会议批准	2020-6-3	2020-6-10	2020-7-1	制定

续表

法规名称	通过或批准时间	公布时间	报备时间	施行时间	立法形式
晋城市大气污染防治条例	2019年12月31日晋城市第七届人民代表大会常务委员会第二十九次会议修改，2020年5月15日山西省第十三届人民代表大会常务委员会第十八次会议批准修改	2020-6-19	2020-6-10	2020-6-19	修改
山西省人民代表大会常务委员会关于禁止野外用火的决定	2020年5月15日山西省第十三届人民代表大会常务委员会第十八次会议通过	2020-5-15	2020-6-10	2020-5-15	制定
山西省村民委员会选举办法	2020年5月15日山西省第十三届人民代表大会常务委员会第十八次会议修改	2020-5-15	2020-6-10	2020-5-15	修改
山西省城乡环境综合治理条例	2020年5月15日山西省第十三届人民代表大会常务委员会第十八次会议修改	2020-5-15	2020-6-10	2020-5-15	修改
山西省农业综合开发条例	2020年5月15日山西省第十三届人民代表大会常务委员会第十八次会议废止	2020-5-15	2020-6-10	2020-5-15	废止
山西省禁止公共场所随地吐痰的规定	2020年5月15日山西省第十三届人民代表大会常务委员会第十八次会议通过	2020-5-15	2020-6-10	2020-6-1	制定
山西省创新驱动高质量发展条例	2020年5月15日山西省第十三届人民代表大会常务委员会第十八次会议通过	2020-5-15	2020-6-10	2020-7-1	制定
山西省经济林发展条例	2020年5月15日山西省第十三届人民代表大会常务委员会第十八次会议通过	2020-5-15	2020-6-10	2020-7-1	制定
山西省大数据发展应用促进条例	2020年5月15日山西省第十三届人民代表大会常务委员会第十八次会议通过	2020-5-15	2020-6-10	2020-7-1	制定
山西省人民代表大会常务委员会关于加强吕梁山区生态保护和修复促进高质量发展的决定	2020年5月15日山西省第十三届人民代表大会常务委员会第十八次会议通过	2020-5-15	2020-6-10	2020-7-1	制定
太原市博物馆促进条例	2020年4月21日太原市第十四届人民代表大会常务委员会第三十次会议通过，2020年7月31日山西省第十三届人民代表大会常务委员会第十九次会议批准	2020-8-3	2020-8-26	2020-9-1	制定
太原市城镇企业职工失业保险条例	2020年6月23日太原市第十四届人民代表大会常务委员会第三十一次会议废止，2020年7月31日山西省第十三届人民代表大会常务委员会第十九次会议批准废止	2020-8-3	2020-8-26	2020-8-3	废止
太原市外商投资企业条例	2020年6月23日太原市第十四届人民代表大会常务委员会第三十一次会议废止，2020年7月31日山西省第十三届人民代表大会常务委员会第十九次会议批准废止	2020-8-3	2020-8-26	2020-8-3	废止
太原市市场管理条例	2020年6月23日太原市第十四届人民代表大会常务委员会第三十一次会议废止，2020年7月31日山西省第十三届人民代表大会常务委员会第十九次会议批准废止	2020-8-3	2020-8-26	2020-8-3	废止
阳泉市住宅专项维修资金管理办法	2020年6月23日阳泉市第十五届人民代表大会常务委员会第三十二次会议通过，2020年7月31日山西省第十三届人民代表大会常务委员会第十九次会议批准	2020-8-7	2020-8-26	2021-1-1	制定

续表

法规名称	通过或批准时间	公布时间	报备时间	施行时间	立法形式
晋城市电动车管理条例	2020年6月23日晋城市第七届人民代表大会常务委员会第三十五次会议通过，2020年7月31日山西省第十三届人民代表大会常务委员会第十九次会议批准	2020-8-10	2020-8-26	2020-12-1	制定
大同市酒类商品监督管理条例	2020年6月29日大同市第十五届人民代表大会常务委员会第三十次会议废止，2020年7月31日山西省第十三届人民代表大会常务委员会第十九次会议批准废止	2020-8-3	2020-8-26	2020-8-3	废止
大同古城保护条例	2020年6月29日大同市第十五届人民代表大会常务委员会第三十次会议通过，2020年7月31日山西省第十三届人民代表大会常务委员会第十九次会议批准	2020-8-3	2020-8-26	2020-10-1	制定
大同古城保护管理条例	在《大同古城保护条例》中被明文予以废止	2020-8-3	2020-8-26	2020-10-1	文中废止
大同市文明行为条例	2020年6月29日大同市第十五届人民代表大会常务委员会第三十次会议通过，2020年7月31日山西省第十三届人民代表大会常务委员会第十九次会议批准	2020-8-3	2020-8-26	2020-10-1	制定
大同土林保护条例	2020年6月29日大同市第十五届人民代表大会常务委员会第三十次会议通过，2020年7月31日山西省第十三届人民代表大会常务委员会第十九次会议批准	2020-8-3	2020-8-26	2020-10-1	制定
吕梁市河道管理条例	2020年6月30日吕梁市第三届人民代表大会常务委员会第四十五次会议通过，2020年7月31日山西省第十三届人民代表大会常务委员会第十九次会议批准	2020-8-4	2020-8-26	2020-10-1	制定
晋中市养犬管理条例	2020年6月30日晋中市第四届人民代表大会常务委员会第三十六次会议通过，2020年7月31日山西省第十三届人民代表大会常务委员会第十九次会议批准	2020-8-10	2020-8-26	2020-10-1	制定
晋中市中小学校幼儿园规划建设条例	2020年6月30日晋中市第四届人民代表大会常务委员会第三十六次会议通过，2020年7月31日山西省第十三届人民代表大会常务委员会第十九次会议批准	2020-8-12	2020-8-26	2020-9-1	制定
山西省人民代表大会常务委员会关于我省机构改革涉及地方性法规规定的行政机关职责调整问题的决定	2020年7月31日山西省第十三届人民代表大会常务委员会第十九次会议通过	2020-7-31	2020-8-26	2020-7-31	制定
山西省农业环境保护条例	2020年7月31日山西省第十三届人民代表大会常务委员会第十九次会议废止	2020-7-31	2020-8-26	2020-8-1	废止
山西省人民代表大会常务委员会关于资源税具体适用税率等有关事项的决定	2020年7月31日山西省第十三届人民代表大会常务委员会第十九次会议通过	2020-7-31	2020-8-26	2020-9-1	制定
山西省促进中小企业发展条例	2020年7月31日山西省第十三届人民代表大会常务委员会第十九次会议通过	2020-7-31	2020-8-26	2020-10-1	制定
山西省实施《中华人民共和国中小企业促进法》办法	在《山西省促进中小企业发展条例》中被明文予以废止	2020-7-31	2020-8-26	2020-10-1	文中废止

续表

法规名称	通过或批准时间	公布时间	报备时间	施行时间	立法形式
山西省禁毒条例	2020 年 7 月 31 日山西省第十三届人民代表大会常务委员会第十九次会议修改	2020-7-31	2020-8-26	2020-10-1	修改
太原市城市绿化条例	2020 年 8 月 26 日太原市第十四届人民代表大会常务委员会第三十三次会议修改，2020 年 9 月 30 日山西省第十三届人民代表大会常务委员会第二十次会议批准修改	2020-10-10	2020-10-26	2021-1-1	修改
山西省万家寨引黄工程保护条例	2020 年 9 月 30 日山西省第十三届人民代表大会常务委员会第二十次会议修改	2020-9-30	2020-10-26	2020-9-30	修改
山西省实施《中华人民共和国科学技术普及法》办法	2020 年 9 月 30 日山西省第十三届人民代表大会常务委员会第二十次会议修改	2020-9-30	2020-10-26	2020-9-30	修改
山西省实施《中华人民共和国义务教育法》办法	2020 年 9 月 30 日山西省第十三届人民代表大会常务委员会第二十次会议修改	2020-9-30	2020-10-26	2020-9-30	修改
山西省农民专业合作社条例	2020 年 9 月 30 日山西省第十三届人民代表大会常务委员会第二十次会议修改	2020-9-30	2020-10-26	2020-9-30	修改
山西省气候资源开发利用和保护条例	2020 年 9 月 30 日山西省第十三届人民代表大会常务委员会第二十次会议修改	2020-9-30	2020-10-26	2020-9-30	修改
山西省公民献血条例	2020 年 9 月 30 日山西省第十三届人民代表大会常务委员会第二十次会议修改	2020-9-30	2020-10-26	2020-9-30	修改
山西省重点工业污染监督条例	2020 年 9 月 30 日山西省第十三届人民代表大会常务委员会第二十次会议废止	2020-9-30	2020-10-26	2020-10-1	废止
山西省标准化条例	2020 年 9 月 30 日山西省第十三届人民代表大会常务委员会第二十次会议通过	2020-9-30	2020-10-26	2020-12-1	制定
山西省机关运行保障条例	2020 年 9 月 30 日山西省第十三届人民代表大会常务委员会第二十次会议通过	2020-9-30	2020-10-26	2021-1-1	制定
吕梁市城市道路挖掘管理条例	2020 年 8 月 25 日吕梁市第三届人民代表大会常务委员会第四十六次会议通过，2020 年 11 月 27 日山西省第十三届人民代表大会常务委员会第二十一次会议批准	2020-12-1	2020-12-25	2021-1-1	制定
阳泉市黑热病防治规定	2020 年 8 月 27 日阳泉市第十五届人民代表大会常务委员会第三十三次会议通过，2020 年 11 月 27 日山西省第十三届人民代表大会常务委员会第二十一次会议批准	2020-12-15	2020-12-25	2020-12-15	制定
阳泉市道路交通安全管理条例	2020 年 8 月 27 日阳泉市第十五届人民代表大会常务委员会第三十三次会议修改，2020 年 11 月 27 日山西省第十三届人民代表大会常务委员会第二十一次会议批准修改	2020-12-15	2020-12-25	2020-12-15	修改
阳泉市地方立法条例	2020 年 8 月 27 日阳泉市第十五届人民代表大会常务委员会第三十三次会议修改，2020 年 11 月 27 日山西省第十三届人民代表大会常务委员会第二十一次会议批准修改	2020-12-15	2020-12-25	2020-12-15	修改
阳泉市城市绿化条例	2020 年 8 月 27 日阳泉市第十五届人民代表大会常务委员会第三十三次会议修改，2020 年 11 月 27 日山西省第十三届人民代表大会常务委员会第二十一次会议批准修改	2020-12-15	2020-12-25	2020-12-15	修改

续表

法规名称	通过或批准时间	公布时间	报备时间	施行时间	立法形式
阳泉市大气污染防治条例	2020年8月27日阳泉市第十五届人民代表大会常务委员会第三十三次会议修改，2020年11月27日山西省第十三届人民代表大会常务委员会第二十一次会议批准修改	2020-12-15	2020-12-25	2020-12-15	修改
阳泉市爱国卫生条例	2020年8月27日阳泉市第十五届人民代表大会常务委员会第三十三次会议修改，2020年11月27日山西省第十三届人民代表大会常务委员会第二十一次会议批准修改	2020-12-15	2020-12-25	2020-12-15	修改
阳泉市市容和环境卫生管理条例	2020年8月27日阳泉市第十五届人民代表大会常务委员会第三十三次会议修改，2020年11月27日山西省第十三届人民代表大会常务委员会第二十一次会议批准修改	2020-12-15	2020-12-25	2020-12-15	修改
运城市盐湖保护条例	2020年8月26日运城市第四届人民代表大会常务委员会第四十三次会议通过，2020年11月27日山西省第十三届人民代表大会常务委员会第二十一次会议批准	2020-12-10	2020-12-25	2021-1-1	制定
运城市文明行为促进条例	2020年8月26日运城市第四届人民代表大会常务委员会第四十三次会议通过，2020年11月27日山西省第十三届人民代表大会常务委员会第二十一次会议批准	2020-12-10	2020-12-25	2021-1-1	制定
长治市生活垃圾分类管理条例	2020年8月29日长治市第十四届人民代表大会常务委员会第三十一次会议通过，2020年11月27日山西省第十三届人民代表大会常务委员会第二十一次会议批准	2020-12-15	2020-12-25	2021-7-1	制定
太原市城市供水管理办法	2020年10月29日太原市第十四届人民代表大会常务委员会第三十六次会议修改，2020年11月27日山西省第十三届人民代表大会常务委员会第二十一次会议批准修改	2020-12-1	2020-12-25	2020-12-1	修改
太原市城市节约用水条例	2020年10月29日太原市第十四届人民代表大会常务委员会第三十六次会议修改，2020年11月27日山西省第十三届人民代表大会常务委员会第二十一次会议批准修改	2020-12-1	2020-12-25	2020-12-1	修改
太原市发展新型墙体材料条例	2020年10月29日太原市第十四届人民代表大会常务委员会第三十六次会议修改，2020年11月27日山西省第十三届人民代表大会常务委员会第二十一次会议批准修改	2020-12-1	2020-12-25	2020-12-1	修改
太原市养老机构条例	2020年10月29日太原市第十四届人民代表大会常务委员会第三十六次会议修改，2020年11月27日山西省第十三届人民代表大会常务委员会第二十一次会议批准修改	2020-12-1	2020-12-25	2020-12-1	修改

续表

法规名称	通过或批准时间	公布时间	报备时间	施行时间	立法形式
太原市雷电灾害防御条例	2020年10月29日太原市第十四届人民代表大会常务委员会第三十六次会议修改，2020年11月27日山西省第十三届人民代表大会常务委员会第二十一次会议批准修改	2020-12-1	2020-12-25	2020-12-1	修改
太原市医疗急救服务条例	2020年10月29日太原市第十四届人民代表大会常务委员会第三十六次会议通过，2020年11月27日山西省第十三届人民代表大会常务委员会第二十一次会议批准	2020-12-1	2020-12-25	2021-1-1	制定
晋城市养老服务条例	2020年10月29日晋城市第七届人民代表大会常务委员会第三十八次会议通过，2020年11月27日山西省第十三届人民代表大会常务委员会第二十一次会议批准	2020-12-3	2020-12-25	2021-5-1	制定
晋城市生活垃圾分类管理条例	2020年10月29日晋城市第七届人民代表大会常务委员会第三十八次会议通过，2020年11月27日山西省第十三届人民代表大会常务委员会第二十一次会议批准	2020-12-3	2020-12-25	2021-10-1	制定
吕梁市电动自行车管理条例	2020年10月30日吕梁市第三届人民代表大会常务委员会第四十八次会议通过，2020年11月27日山西省第十三届人民代表大会常务委员会第二十一次会议批准	2020-12-1	2020-12-25	2021-1-1	制定
晋中市静升古镇保护条例	2020年10月30日晋中市第四届人民代表大会常务委员会第三十八次会议通过，2020年11月27日山西省第十三届人民代表大会常务委员会第二十一次会议批准	2020-12-7	2020-12-25	2021-1-1	制定
晋中市太谷传统医药国家级非物质文化遗产保护条例	2020年10月30日晋中市第四届人民代表大会常务委员会第三十八次会议通过，2020年11月27日山西省第十三届人民代表大会常务委员会第二十一次会议批准	2020-12-7	2020-12-25	2021-1-1	制定
临汾市文明行为促进条例	2020年10月30日临汾市第四届人民代表大会常务委员会第四十四次会议通过，2020年11月27日山西省第十三届人民代表大会常务委员会第二十一次会议批准	2020-12-11	2020-12-25	2021-1-1	制定
临汾市农村自建房屋质量管理办法	2020年10月30日临汾市第四届人民代表大会常务委员会第四十四次会议通过，2020年11月27日山西省第十三届人民代表大会常务委员会第二十一次会议批准	2020-12-12	2020-12-25	2021-1-1	制定
临汾市体育设施建设和管理办法	2020年10月30日临汾市第四届人民代表大会常务委员会第四十四次会议通过，2020年11月27日山西省第十三届人民代表大会常务委员会第二十一次会议批准	2020-12-12	2020-12-25	2021-1-1	制定
山西省实施《中华人民共和国土地管理法》办法	2020年11月27日山西省第十三届人民代表大会常务委员会第二十一次会议修改	2020-11-27	2020-12-25	2020-11-27	修改
山西省机关运行保障条例	2020年11月27日山西省第十三届人民代表大会常务委员会第二十一次会议修改	2020-11-27	2020-12-25	2020-11-27	修改
山西省各级人民代表大会选举实施细则	2020年11月27日山西省第十三届人民代表大会常务委员会第二十一次会议修改	2020-11-27	2020-12-25	2020-11-27	修改

续表

法规名称	通过或批准时间	公布时间	报备时间	施行时间	立法形式
山西省城乡居民补充养老保险条例	2020 年 11 月 27 日山西省第十三届人民代表大会常务委员会第二十一次会议通过	2020-11-27	2020-12-25	2021-1-1	制定
山西省保障和促进县域医疗卫生一体化办法	2020 年 11 月 27 日山西省第十三届人民代表大会常务委员会第二十一次会议通过	2020-11-27	2020-12-25	2021-1-1	制定
山西省政务数据管理与应用办法	2020 年 11 月 27 日山西省第十三届人民代表大会常务委员会第二十一次会议通过	2020-11-27	2020-12-25	2021-1-1	制定
山西省农村初级卫生保健条例	2020 年 11 月 27 日山西省第十三届人民代表大会常务委员会第二十一次会议废止	2020-11-27	2020-12-25	2021-1-1	废止

内蒙古自治区地方性法规目录

（53 件）

法规名称	通过或批准时间	公布时间	报备时间	施行时间	立法形式
乌兰察布市粉尘污染防治条例	2019 年 8 月 28 日乌兰察布市第四届人民代表大会常务委员会第十三次会议通过，2020 年 1 月 7 日内蒙古自治区第十三届人民代表大会常务委员会第十八次会议批准	2020-1-17	2020-3-12	2020-6-1	制定
通辽市大气污染防治条例	2019 年 10 月 25 日通辽市第五届人民代表大会常务委员会第十四次会议通过，2020 年 1 月 7 日内蒙古自治区第十三届人民代表大会常务委员会第十八次会议批准	2020-1-21	2020-3-12	2020-3-1	制定
内蒙古自治区红十字会条例	2020 年 1 月 7 日内蒙古自治区第十三届人民代表大会常务委员会第十八次会议通过	2020-1-7	2020-3-12	2020-3-1	制定
内蒙古自治区实施《中华人民共和国红十字会法》办法	在《内蒙古自治区红十字会条例》中被明文予以废止	2020-1-7	2020-3-12	2020-3-1	文中废止
呼伦贝尔市集中式饮用水水源保护条例	2019 年 11 月 28 日呼伦贝尔市第四届人民代表大会常务委员会第十五次会议通过，2020 年 4 月 1 日内蒙古自治区第十三届人民代表大会常务委员会第十九次会议批准	2020-4-24	2020-4-29	2020-6-1	制定
呼伦贝尔市城市养犬管理条例	2019 年 11 月 28 日呼伦贝尔市第四届人民代表大会常务委员会第十五次会议通过，2020 年 4 月 1 日内蒙古自治区第十三届人民代表大会常务委员会第十九次会议批准	2020-4-24	2020-4-29	2020-10-1	制定
巴彦淖尔市集中式饮用水水源保护条例	2019 年 12 月 31 日巴彦淖尔市第四届人民代表大会常务委员会第十四次会议通过，2020 年 4 月 1 日内蒙古自治区第十三届人民代表大会常务委员会第十九次会议批准	2020-4-20	2020-4-29	2020-6-1	制定
内蒙古自治区反家庭暴力条例	2020 年 4 月 1 日内蒙古自治区第十三届人民代表大会常务委员会第十九次会议通过	2020-4-1	2020-4-29	2020-5-1	制定
内蒙古自治区预防和制止家庭暴力条例	在《内蒙古自治区反家庭暴力条例》中被明文予以废止	2020-4-1	2020-4-29	2020-5-1	文中废止

续表

法规名称	通过或批准时间	公布时间	报备时间	施行时间	立法形式
莫力达瓦达斡尔族自治旗河道保护管理条例	2020 年 1 月 20 日莫力达瓦达斡尔族自治旗第十三届人民代表大会第四次会议通过，2020 年 6 月 11 日内蒙古自治区第十三届人民代表大会常务委员会第二十次会议批准	2020-7-7	2020-7-7	2020-9-1	制定
莫力达瓦达斡尔族自治旗旅游条例	2020 年 1 月 20 日莫力达瓦达斡尔族自治旗第十三届人民代表大会第四次会议修改，2020 年 6 月 11 日内蒙古自治区第十三届人民代表大会常务委员会第二十次会议批准修改	2020-7-7	2020-7-7	2020-9-1	修改
呼和浩特市耕地污染防治办法	2020 年 4 月 28 日呼和浩特市第十五届人民代表大会常务委员会第二十次会议通过，2020 年 6 月 11 日内蒙古自治区第十三届人民代表大会常务委员会第二十次会议批准	2020-7-2	2020-7-7	2020-9-1	制定
内蒙古自治区额济纳胡杨林保护条例	2020 年 6 月 11 日内蒙古自治区第十三届人民代表大会常务委员会第二十次会议通过	2020-6-11	2020-7-7	2020-9-1	制定
莫力达瓦达斡尔族自治旗城市市容和环境卫生管理条例	2020 年 1 月 20 日莫力达瓦达斡尔族自治旗第十三届人民代表大会第四次会议修改，2020 年 7 月 23 日内蒙古自治区第十三届人民代表大会常务委员会第二十一次会议批准修改	2020-8-3	2020-8-17	2020-9-1	修改
鄂温克族自治旗环境保护条例	2020 年 6 月 3 日鄂温克族自治旗第十三届人民代表大会第四次会议废止，2020 年 7 月 23 日内蒙古自治区第十三届人民代表大会常务委员会第二十一次会议批准废止	2020-8-11	2020-8-17	2020-8-11	废止
鄂温克族自治旗城市市容和环境卫生管理条例	2020 年 6 月 3 日鄂温克族自治旗第十三届人民代表大会第四次会议废止，2020 年 7 月 23 日内蒙古自治区第十三届人民代表大会常务委员会第二十一次会议批准废止	2020-8-11	2020-8-17	2020-8-11	废止
乌海市地下水保护条例	2020 年 6 月 19 日乌海市第九届人民代表大会常务委员会第二十二次会议通过，2020 年 7 月 23 日内蒙古自治区第十三届人民代表大会常务委员会第二十一次会议批准	2020-8-13	2020-8-17	2021-1-1	制定
鄂尔多斯市绿色矿山建设管理条例	2020 年 6 月 23 日鄂尔多斯市第四届人民代表大会常务委员会第十九次会议通过，2020 年 7 月 23 日内蒙古自治区第十三届人民代表大会常务委员会第二十一次会议批准	2020-8-11	2020-8-17	2020-10-1	制定
呼和浩特市人民代表大会常务委员会讨论决定重大事项的规定	2020 年 6 月 24 日呼和浩特市第十五届人民代表大会常务委员会第二十一次会议修改，2020 年 7 月 23 日内蒙古自治区第十三届人民代表大会常务委员会第二十一次会议批准修改	2020-7-30	2020-8-17	2020-7-30	修改

续表

法规名称	通过或批准时间	公布时间	报备时间	施行时间	立法形式
呼和浩特市养犬管理规定	2020年6月24日呼和浩特市第十五届人民代表大会常务委员会第二十一次会议修改,2020年7月23日内蒙古自治区第十三届人民代表大会常务委员会第二十一次会议批准修改	2020-7-30	2020-8-17	2020-10-1	修改
内蒙古自治区公共安全技术防范管理条例	2020年7月23日内蒙古自治区第十三届人民代表大会常务委员会第二十一次会议修改	2020-7-23	2020-8-17	2020-7-23	修改
内蒙古自治区实施《中华人民共和国村民委员会组织法》办法	2020年7月23日内蒙古自治区第十三届人民代表大会常务委员会第二十一次会议修改	2020-7-23	2020-8-17	2020-7-23	修改
内蒙古自治区测绘管理条例	2020年7月23日内蒙古自治区第十三届人民代表大会常务委员会第二十一次会议修改	2020-7-23	2020-8-17	2020-7-23	修改
内蒙古自治区林木种苗条例	2020年7月23日内蒙古自治区第十三届人民代表大会常务委员会第二十一次会议修改	2020-7-23	2020-8-17	2020-7-23	修改
内蒙古自治区技术市场管理条例	2020年7月23日内蒙古自治区第十三届人民代表大会常务委员会第二十一次会议废止	2020-7-23	2020-8-17	2020-7-23	废止
内蒙古自治区人才市场条例	2020年7月23日内蒙古自治区第十三届人民代表大会常务委员会第二十一次会议废止	2020-7-23	2020-8-17	2020-7-23	废止
内蒙古自治区建筑市场管理条例	2020年7月23日内蒙古自治区第十三届人民代表大会常务委员会第二十一次会议废止	2020-7-23	2020-8-17	2020-7-23	废止
内蒙古自治区建设工程质量管理条例	2020年7月23日内蒙古自治区第十三届人民代表大会常务委员会第二十一次会议废止	2020-7-23	2020-8-17	2020-7-23	废止
内蒙古自治区社会科学普及条例	2020年7月23日内蒙古自治区第十三届人民代表大会常务委员会第二十一次会议通过	2020-7-23	2020-8-17	2020-9-1	制定
内蒙古自治区基层综合行政执法条例	2020年7月23日内蒙古自治区第十三届人民代表大会常务委员会第二十一次会议通过	2020-7-23	2020-8-17	2020-10-1	制定
乌兰察布市农用地膜污染防治条例	2020年8月18日乌兰察布市第四届人民代表大会常务委员会第二十次会议通过,2020年9月23日内蒙古自治区第十三届人民代表大会常务委员会第二十二次会议批准	2020-10-20	2020-10-22	2021-3-1	制定
巴彦淖尔市农药污染防治条例	2020年8月25日巴彦淖尔市第四届人民代表大会常务委员会第十七次会议通过,2020年9月23日内蒙古自治区第十三届人民代表大会常务委员会第二十二次会议批准	2020-10-20	2020-10-22	2021-1-1	制定

续表

法规名称	通过或批准时间	公布时间	报备时间	施行时间	立法形式
鄂尔多斯市养老服务条例	2020 年 8 月 28 日鄂尔多斯市第四届人民代表大会常务委员会第二十次会议通过，2020 年 9 月 23 日内蒙古自治区第十三届人民代表大会常务委员会第二十二次会议批准	2020-10-20	2020-10-22	2021-1-1	制定
呼和浩特市市容环境卫生管理条例	2020 年 8 月 28 日呼和浩特市第十五届人民代表大会常务委员会第二十二次会议修改，2020 年 9 月 23 日内蒙古自治区第十三届人民代表大会常务委员会第二十二次会议批准修改	2020-10-22	2020-10-22	2020-10-22	修改
呼和浩特市节约用水管理条例	2020 年 8 月 28 日呼和浩特市第十五届人民代表大会常务委员会第二十二次会议修改，2020 年 9 月 23 日内蒙古自治区第十三届人民代表大会常务委员会第二十二次会议批准修改	2020-10-22	2020-10-22	2020-10-22	修改
内蒙古自治区城市房地产开发经营管理条例	2020 年 9 月 23 日内蒙古自治区第十三届人民代表大会常务委员会第二十二次会议修改	2020-9-23	2020-10-22	2020-9-23	修改
内蒙古自治区城镇供热条例	2020 年 9 月 23 日内蒙古自治区第十三届人民代表大会常务委员会第二十二次会议修改	2020-9-23	2020-10-22	2020-9-23	修改
内蒙古自治区实施《中华人民共和国药品管理法》办法	2020 年 9 月 23 日内蒙古自治区第十三届人民代表大会常务委员会第二十二次会议修改	2020-9-23	2020-10-22	2020-9-23	修改
内蒙古自治区邮政条例	2020 年 9 月 23 日内蒙古自治区第十三届人民代表大会常务委员会第二十二次会议修改	2020-9-23	2020-10-22	2020-9-23	修改
内蒙古自治区地方金融监督管理条例	2020 年 9 月 23 日内蒙古自治区第十三届人民代表大会常务委员会第二十二次会议通过	2020-9-23	2020-10-22	2020-12-1	制定
内蒙古自治区文明行为促进条例	2020 年 9 月 23 日内蒙古自治区第十三届人民代表大会常务委员会第二十二次会议通过	2020-9-23	2020-10-22	2020-12-1	制定
巴彦淖尔市城市客运交通管理条例	2020 年 10 月 26 日巴彦淖尔市第四届人民代表大会常务委员会第十八次会议通过，2020 年 11 月 26 日内蒙古自治区第十三届人民代表大会常务委员会第二十三次会议批准	2020-12-14	2020-12-24	2021-1-1	制定
呼伦贝尔市文明行为促进条例	2020 年 10 月 27 日呼伦贝尔市第四届人民代表大会常务委员会第二十三次会议通过，2020 年 11 月 26 日内蒙古自治区第十三届人民代表大会常务委员会第二十三次会议批准	2020-12-14	2020-12-24	2021-3-1	制定

续表

法规名称	通过或批准时间	公布时间	报备时间	施行时间	立法形式
鄂尔多斯市中小学校幼儿园规划建设条例	2020年10月27日鄂尔多斯市第四届人民代表大会常务委员会第二十二次会议通过,2020年11月26日内蒙古自治区第十三届人民代表大会常务委员会第二十三次会议批准	2020-12-23	2020-12-24	2021-3-1	制定
呼和浩特市文明行为促进条例	2020年10月29日呼和浩特市第十五届人民代表大会常务委员会第二十三次会议通过,2020年11月26日内蒙古自治区第十三届人民代表大会常务委员会第二十三次会议批准	2020-12-9	2020-12-24	2021-3-1	制定
通辽市蒙医正骨保护条例	2020年10月30日通辽市第五届人民代表大会常务委员会第二十五次会议通过,2020年11月26日内蒙古自治区第十三届人民代表大会常务委员会第二十三次会议批准	2020-12-1	2020-12-24	2021-3-1	制定
赤峰市农村牧区人居环境治理条例	2020年11月6日赤峰市第七届人民代表大会常务委员会第二十二次会议通过,2020年11月26日内蒙古自治区第十三届人民代表大会常务委员会第二十三次会议批准	2020-12-15	2020-12-24	2021-5-1	制定
内蒙古自治区耕地保养条例	2020年11月26日内蒙古自治区第十三届人民代表大会常务委员会第二十三次会议修改	2020-11-26	2020-12-24	2020-11-26	修改
内蒙古自治区农业节水灌溉条例	2020年11月26日内蒙古自治区第十三届人民代表大会常务委员会第二十三次会议修改	2020-11-26	2020-12-24	2020-11-26	修改
内蒙古自治区边境管理条例	2020年11月26日内蒙古自治区第十三届人民代表大会常务委员会第二十三次会议修改	2020-11-26	2020-12-24	2020-11-26	修改
内蒙古自治区行政执法监督条例	2020年11月26日内蒙古自治区第十三届人民代表大会常务委员会第二十三次会议修改	2020-11-26	2020-12-24	2020-11-26	修改
内蒙古自治区人民代表大会常务委员会关于进一步加强未成年人检察工作的决定	2020年11月26日内蒙古自治区第十三届人民代表大会常务委员会第二十三次会议通过	2020-11-26	2020-12-24	2020-11-26	制定
内蒙古自治区土壤污染防治条例	2020年11月26日内蒙古自治区第十三届人民代表大会常务委员会第二十三次会议通过	2020-11-26	2020-12-24	2021-1-1	制定
内蒙古自治区农村牧区公路条例	2020年11月26日内蒙古自治区第十三届人民代表大会常务委员会第二十三次会议通过	2020-11-26	2020-12-24	2021-1-1	制定
内蒙古自治区精神卫生条例	2020年11月26日内蒙古自治区第十三届人民代表大会常务委员会第二十三次会议通过	2020-11-26	2020-12-24	2021-5-1	制定

辽宁省地方性法规目录

（122 件）

法规名称	通过或批准时间	公布时间	报备时间	施行时间	立法形式
辽宁省人民代表大会常务委员会关于依法科学有序做好当前新冠肺炎疫情防控工作的决定	2020 年 2 月 17 日辽宁省第十三届人民代表大会常务委员会第十六次会议通过	2020-2-19	2020-2-21	2020-2-19	制定
锦州市锦凌水库饮用水水源保护条例	2019 年 11 月 20 日锦州市第十六届人民代表大会常务委员会第十八次会议通过，2020 年 3 月 30 日辽宁省第十三届人民代表大会常务委员会第十七次会议批准	2020-4-7	2020-4-9	2020-5-1	制定
本溪市人民代表大会常务委员会讨论、决定重大事项的规定	2019 年 11 月 27 日本溪市第十六届人民代表大会常务委员会第十七次会议修改，2020 年 3 月 30 日辽宁省第十三届人民代表大会常务委员会第十七次会议批准修改	2020-4-7	2020-4-10	2020-4-7	修改
盘锦市文明行为促进条例	2019 年 11 月 27 日盘锦市第八届人民代表大会常务委员会第十六次会议通过，2020 年 3 月 30 日辽宁省第十三届人民代表大会常务委员会第十七次会议批准	2020-4-7	2020-4-10	2020-5-1	制定
营口市物业管理条例	2019 年 11 月 28 日营口市第十六届人民代表大会常务委员会第二十次会议通过，2020 年 3 月 30 日辽宁省第十三届人民代表大会常务委员会第十七次会议批准	2020-4-10	2020-4-14	2020-5-1	制定
营口市大气污染防治条例	2019 年 11 月 28 日营口市第十六届人民代表大会常务委员会第二十次会议通过，2020 年 3 月 30 日辽宁省第十三届人民代表大会常务委员会第十七次会议批准	2020-4-10	2020-4-14	2020-5-1	制定
沈阳市文明行为促进条例	2019 年 12 月 3 日沈阳市第十六届人民代表大会常务委员会第十五次会议通过，2020 年 3 月 30 日辽宁省第十三届人民代表大会常务委员会第十七次会议批准	2020-4-1	2020-4-6	2020-5-1	制定
大连市价格监督检查条例	2019 年 12 月 26 日大连市第十六届人民代表大会常务委员会第十五次会议废止，2020 年 3 月 30 日辽宁省第十三届人民代表大会常务委员会第十七次会议批准废止	2020-4-8	2020-4-10	2020-4-8	废止
大连市劳动和社会保险监察条例	2019 年 12 月 26 日大连市第十六届人民代表大会常务委员会第十五次会议废止，2020 年 3 月 30 日辽宁省第十三届人民代表大会常务委员会第十七次会议批准废止	2020-4-8	2020-4-10	2020-4-8	废止
大连市商品交易市场管理条例	2019 年 12 月 26 日大连市第十六届人民代表大会常务委员会第十五次会议废止，2020 年 3 月 30 日辽宁省第十三届人民代表大会常务委员会第十七次会议批准废止	2020-4-8	2020-4-10	2020-4-8	废止

续表

法规名称	通过或批准时间	公布时间	报备时间	施行时间	立法形式
大连市城市绿化管理条例	2019年12月26日大连市第十六届人民代表大会常务委员会第十五次会议修改，2020年3月30日辽宁省第十三届人民代表大会常务委员会第十七次会议批准修改	2020-4-8	2020-4-10	2020-4-8	修改
大连市城市市政设施管理条例	2019年12月26日大连市第十六届人民代表大会常务委员会第十五次会议修改，2020年3月30日辽宁省第十三届人民代表大会常务委员会第十七次会议批准修改	2020-4-8	2020-4-10	2020-4-8	修改
大连市城市市容管理条例	2019年12月26日大连市第十六届人民代表大会常务委员会第十五次会议修改，2020年3月30日辽宁省第十三届人民代表大会常务委员会第十七次会议批准修改	2020-4-8	2020-4-10	2020-4-8	修改
大连市林地管理条例	2019年12月26日大连市第十六届人民代表大会常务委员会第十五次会议修改，2020年3月30日辽宁省第十三届人民代表大会常务委员会第十七次会议批准修改	2020-4-8	2020-4-10	2020-4-8	修改
大连市粉煤灰综合利用条例	2019年12月26日大连市第十六届人民代表大会常务委员会第十五次会议修改，2020年3月30日辽宁省第十三届人民代表大会常务委员会第十七次会议批准修改	2020-4-8	2020-4-10	2020-4-8	修改
大连市船舶修理和地方船舶建造管理条例	2019年12月26日大连市第十六届人民代表大会常务委员会第十五次会议修改，2020年3月30日辽宁省第十三届人民代表大会常务委员会第十七次会议批准修改	2020-4-8	2020-4-10	2020-4-8	修改
大连市城市环境卫生管理条例	2019年12月26日大连市第十六届人民代表大会常务委员会第十五次会议修改，2020年3月30日辽宁省第十三届人民代表大会常务委员会第十七次会议批准修改	2020-4-8	2020-4-10	2020-4-8	修改
大连市供热用热条例	2019年12月26日大连市第十六届人民代表大会常务委员会第十五次会议修改，2020年3月30日辽宁省第十三届人民代表大会常务委员会第十七次会议批准修改	2020-4-8	2020-4-10	2020-4-8	修改
大连市供水用水条例	2019年12月26日大连市第十六届人民代表大会常务委员会第十五次会议修改，2020年3月30日辽宁省第十三届人民代表大会常务委员会第十七次会议批准修改	2020-4-8	2020-4-10	2020-4-8	修改
大连市机动车排气污染防治条例	2019年12月26日大连市第十六届人民代表大会常务委员会第十五次会议修改，2020年3月30日辽宁省第十三届人民代表大会常务委员会第十七次会议批准修改	2020-4-8	2020-4-10	2020-4-8	修改
大连市节约用水条例	2019年12月26日大连市第十六届人民代表大会常务委员会第十五次会议修改，2020年3月30日辽宁省第十三届人民代表大会常务委员会第十七次会议批准修改	2020-4-8	2020-4-10	2020-4-8	修改

续表

法规名称	通过或批准时间	公布时间	报备时间	施行时间	立法形式
大连市殡葬管理条例	2019年12月26日大连市第十六届人民代表大会常务委员会第十五次会议修改，2020年3月30日辽宁省第十三届人民代表大会常务委员会第十七次会议批准修改	2020-4-8	2020-4-10	2020-4-8	修改
桓仁满族自治县生活垃圾分类管理条例	2019年12月26日桓仁满族自治县第七届人民代表大会第三次会议通过，2020年3月30日辽宁省第十三届人民代表大会常务委员会第十七次会议批准	2020-5-11	2020-5-13	2020-5-18	制定
桓仁满族自治县五女山山城保护管理条例	2019年12月26日桓仁满族自治县第七届人民代表大会第三次会议修改，2020年3月30日辽宁省第十三届人民代表大会常务委员会第十七次会议批准修改	2020-5-11	2020-5-13	2020-5-18	修改
本溪市生态立市条例	2019年12月30日本溪市第十六届人民代表大会常务委员会第十八次会议通过，2020年3月30日辽宁省第十三届人民代表大会常务委员会第十七次会议批准	2020-4-7	2020-4-10	2020-5-1	制定
鞍山市矿山地质环境治理恢复条例	2019年12月30日鞍山市第十六届人民代表大会常务委员会第二十二次会议通过，2020年3月30日辽宁省第十三届人民代表大会常务委员会第十七次会议批准	2020-4-16	2020-4-24	2020-5-1	制定
丹东市农村垃圾管理条例	2019年12月31日丹东市第十六届人民代表大会常务委员会第二十次会议通过，2020年3月30日辽宁省第十三届人民代表大会常务委员会第十七次会议批准	2020-4-20	2020-4-22	2020-5-1	制定
辽宁省出版管理规定	2020年3月30日辽宁省第十三届人民代表大会常务委员会第十七次会议修改	2020-4-1	2020-4-3	2020-4-1	修改
辽宁省促进中小企业发展条例	2020年3月30日辽宁省第十三届人民代表大会常务委员会第十七次会议修改	2020-4-1	2020-4-3	2020-4-1	修改
辽宁省行政执法条例	2020年3月30日辽宁省第十三届人民代表大会常务委员会第十七次会议修改	2020-4-1	2020-4-3	2020-4-1	修改
辽宁省环境保护条例	2020年3月30日辽宁省第十三届人民代表大会常务委员会第十七次会议修改	2020-4-1	2020-4-3	2020-4-1	修改
辽宁省大气污染防治条例	2020年3月30日辽宁省第十三届人民代表大会常务委员会第十七次会议修改	2020-4-1	2020-4-3	2020-4-1	修改
辽宁省机动车污染防治条例	2020年3月30日辽宁省第十三届人民代表大会常务委员会第十七次会议修改	2020-4-1	2020-4-3	2020-4-1	修改
辽宁省大伙房饮用水水源保护条例	2020年3月30日辽宁省第十三届人民代表大会常务委员会第十七次会议修改	2020-4-1	2020-4-3	2020-4-1	修改
辽宁省城市供热条例	2020年3月30日辽宁省第十三届人民代表大会常务委员会第十七次会议修改	2020-4-1	2020-4-3	2020-4-1	修改
辽宁省建设工程质量条例	2020年3月30日辽宁省第十三届人民代表大会常务委员会第十七次会议修改	2020-4-1	2020-4-3	2020-4-1	修改
辽宁省实施《中华人民共和国水法》办法	2020年3月30日辽宁省第十三届人民代表大会常务委员会第十七次会议修改	2020-4-1	2020-4-3	2020-4-1	修改
辽宁省河道管理条例	2020年3月30日辽宁省第十三届人民代表大会常务委员会第十七次会议修改	2020-4-1	2020-4-3	2020-4-1	修改

续表

法规名称	通过或批准时间	公布时间	报备时间	施行时间	立法形式
辽宁省水土保持条例	2020年3月30日辽宁省第十三届人民代表大会常务委员会第十七次会议修改	2020-4-1	2020-4-3	2020-4-1	修改
辽宁省水能资源开发利用管理条例	2020年3月30日辽宁省第十三届人民代表大会常务委员会第十七次会议修改	2020-4-1	2020-4-3	2020-4-1	修改
辽宁省地下水资源保护条例	2020年3月30日辽宁省第十三届人民代表大会常务委员会第十七次会议修改	2020-4-1	2020-4-3	2020-4-1	修改
辽宁省东水济辽工程管理条例	2020年3月30日辽宁省第十三届人民代表大会常务委员会第十七次会议修改	2020-4-1	2020-4-3	2020-4-1	修改
辽宁省水文条例	2020年3月30日辽宁省第十三届人民代表大会常务委员会第十七次会议修改	2020-4-1	2020-4-3	2020-4-1	修改
辽宁省安全生产条例	2020年3月30日辽宁省第十三届人民代表大会常务委员会第十七次会议修改	2020-4-1	2020-4-3	2020-4-1	修改
辽宁省突发事件应对条例	2020年3月30日辽宁省第十三届人民代表大会常务委员会第十七次会议修改	2020-4-1	2020-4-3	2020-4-1	修改
辽宁省煤矿安全生产监督管理条例	2020年3月30日辽宁省第十三届人民代表大会常务委员会第十七次会议修改	2020-4-1	2020-4-3	2020-4-1	修改
辽宁省消防条例	2020年3月30日辽宁省第十三届人民代表大会常务委员会第十七次会议修改	2020-4-1	2020-4-3	2020-4-1	修改
辽宁省计量监督条例	2020年3月30日辽宁省第十三届人民代表大会常务委员会第十七次会议修改	2020-4-1	2020-4-3	2020-4-1	修改
辽宁省食品安全条例	2020年3月30日辽宁省第十三届人民代表大会常务委员会第十七次会议修改	2020-4-1	2020-4-3	2020-4-1	修改
辽宁省行政审批中介服务管理条例	2020年3月30日辽宁省第十三届人民代表大会常务委员会第十七次会议修改	2020-4-1	2020-4-3	2020-4-1	修改
辽宁省合同监督条例	2020年3月30日辽宁省第十三届人民代表大会常务委员会第十七次会议修改	2020-4-1	2020-4-3	2020-4-1	修改
辽宁省商品质量监督条例	2020年3月30日辽宁省第十三届人民代表大会常务委员会第十七次会议修改	2020-4-1	2020-4-3	2020-4-1	修改
辽宁省消费者权益保护条例	2020年3月30日辽宁省第十三届人民代表大会常务委员会第十七次会议修改	2020-4-1	2020-4-3	2020-4-1	修改
辽宁省兵役工作条例	2020年3月30日辽宁省第十三届人民代表大会常务委员会第十七次会议修改	2020-4-1	2020-4-3	2020-4-1	修改
辽宁省职工因工伤亡事故处理条例	2020年3月30日辽宁省第十三届人民代表大会常务委员会第十七次会议废止	2020-4-1	2020-4-3	2020-4-1	废止
辽宁省人民代表大会常务委员会关于促进快递业健康发展的决定	2020年3月30日辽宁省第十三届人民代表大会常务委员会第十七次会议通过	2020-4-1	2020-4-3	2020-5-1	制定
辽宁省防范和处置金融风险条例	2020年3月30日辽宁省第十三届人民代表大会常务委员会第十七次会议通过	2020-4-1	2020-4-3	2020-6-1	制定
清原满族自治县森林资源保护管理条例	2019年12月19日清原满族自治县第七届人民代表大会第三次会议修改，2020年5月11日辽宁省第十三届人民代表大会常务委员会第十八次会议批准修改	2020-9-10	2020-9-22	2020-9-16	修改
宽甸满族自治县农村人居环境管理条例	2019年12月26日宽甸满族自治县第七届人民代表大会第三次会议通过，2020年5月11日辽宁省第十三届人民代表大会常务委员会第十八次会议批准	2020-7-10	2020-7-20	2020-7-20	制定

续表

法规名称	通过或批准时间	公布时间	报备时间	施行时间	立法形式
宽甸满族自治县县城市容管理条例	2019年12月26日宽甸满族自治县第七届人民代表大会第三次会议修改,2020年5月11日辽宁省第十三届人民代表大会常务委员会第十八次会议批准修改	2020-7-10	2020-7-20	2020-7-20	修改
本溪市观音阁水库饮用水水源保护条例	2020年3月31日本溪市第十六届人民代表大会常务委员会第二十次会议通过,2020年5月11日辽宁省第十三届人民代表大会常务委员会第十八次会议批准	2020-5-21	2020-5-23	2020-6-5	制定
抚顺市预算审批监督条例	2020年4月23日抚顺市第十六届人民代表大会常务委员会第十九次会议废止,2020年5月11日辽宁省第十三届人民代表大会常务委员会第十八次会议批准废止	2020-5-11	2020-5-13	2020-5-11	废止
抚顺市社会保险费征缴管理条例	2020年4月23日抚顺市第十六届人民代表大会常务委员会第十九次会议废止,2020年5月11日辽宁省第十三届人民代表大会常务委员会第十八次会议批准废止	2020-5-11	2020-5-13	2020-5-11	废止
鞍山市志愿服务条例	2020年4月26日鞍山市第十六届人民代表大会常务委员会第二十五次会议修改,2020年5月11日辽宁省第十三届人民代表大会常务委员会第十八次会议批准修改	2020-5-18	2020-5-21	2020-5-18	修改
鞍山市社会治安综合治理条例	2020年4月26日鞍山市第十六届人民代表大会常务委员会第二十五次会议废止,2020年5月11日辽宁省第十三届人民代表大会常务委员会第十八次会议批准废止	2020-5-18	2020-5-21	2020-5-18	废止
阜新市防沙治沙条例	2020年4月26日阜新市第十六届人民代表大会常务委员会第二十次会议通过,2020年5月11日辽宁省第十三届人民代表大会常务委员会第十八次会议批准	2020-5-24	2020-5-26	2020-10-1	制定
阜新市草原保护条例	2020年4月26日阜新市第十六届人民代表大会常务委员会第二十次会议通过,2020年5月11日辽宁省第十三届人民代表大会常务委员会第十八次会议批准	2020-5-24	2020-5-26	2020-10-1	制定
沈阳市人民代表大会常务委员会关于市人民政府机构改革涉及本市地方性法规规定的行政机关职责调整问题的决定	2020年4月27日沈阳市第十六届人民代表大会常务委员会第十九次会议通过,2020年5月11日辽宁省第十三届人民代表大会常务委员会第十八次会议批准	2020-5-18	2020-5-20	2020-6-1	制定
铁岭市电动车管理条例	2020年4月27日铁岭市第八届人民代表大会常务委员会第二十次会议通过,2020年5月11日辽宁省第十三届人民代表大会常务委员会第十八次会议批准	2020-5-18	2020-5-22	2020-8-1	制定
辽宁省法治宣传教育条例	2020年5月11日辽宁省第十三届人民代表大会常务委员会第十八次会议通过	2020-5-13	2020-5-15	2020-7-1	制定
辽宁省法制宣传教育条例	在《辽宁省法治宣传教育条例》中被明文予以废止	2020-5-13	2020-5-15	2020-7-1	文中废止

续表

法规名称	通过或批准时间	公布时间	报备时间	施行时间	立法形式
辽宁省人民代表大会常务委员会关于批准辽宁省应税大气污染物和水污染物环境保护税适用税额调整方案的决议	2020年5月11日辽宁省第十三届人民代表大会常务委员会第十八次会议通过	2020-5-13	2020-5-15	2020-7-1	制定
阜新蒙古族自治县实施《辽宁省人口与计划生育条例》的变通规定	2019年12月28日阜新蒙古族自治县第十六届人民代表大会第三次会议废止，2020年8月5日辽宁省第十三届人民代表大会常务委员会第二十次会议批准废止	2020-8-20	2020-8-25	2020-8-20	废止
本溪市无规定动物疫病区管理条例	2020年5月15日本溪市第十六届人民代表大会常务委员会第二十一次会议废止，2020年8月5日辽宁省第十三届人民代表大会常务委员会第二十次会议批准废止	2020-8-25	2020-8-27	2020-8-25	废止
本溪市城镇企业职工养老保险条例	2020年5月15日本溪市第十六届人民代表大会常务委员会第二十一次会议废止，2020年8月5日辽宁省第十三届人民代表大会常务委员会第二十次会议批准废止	2020-8-25	2020-8-27	2020-8-25	废止
本溪市审计监督条例	2020年5月15日本溪市第十六届人民代表大会常务委员会第二十一次会议废止，2020年8月5日辽宁省第十三届人民代表大会常务委员会第二十次会议批准废止	2020-8-25	2020-8-27	2020-8-25	废止
本溪市住房公积金管理条例	2020年5月15日本溪市第十六届人民代表大会常务委员会第二十一次会议修改，2020年8月5日辽宁省第十三届人民代表大会常务委员会第二十次会议批准修改	2020-8-25	2020-8-27	2020-8-25	修改
大连市海洋环境保护条例	2020年5月16日大连市第十六届人民代表大会第三次会议通过，2020年8月5日辽宁省第十三届人民代表大会常务委员会第二十次会议批准	2020-8-12	2020-8-17	2021-1-1	制定
抚顺市促进旅游产业发展条例	2020年6月23日抚顺市第十六届人民代表大会常务委员会第二十次会议修改，2020年8月5日辽宁省第十三届人民代表大会常务委员会第二十次会议批准修改	2020-8-5	2020-8-10	2020-8-5	修改
葫芦岛市饮用水水源保护条例	2020年6月23日葫芦岛市第六届人民代表大会常务委员会第十九次会议修改，2020年8月5日辽宁省第十三届人民代表大会常务委员会第二十次会议批准修改	2020-8-18	2020-8-27	2020-8-18	修改
沈阳市政务数据资源共享开放条例	2020年6月28日沈阳市第十六届人民代表大会常务委员会第二十次会议通过，2020年8月5日辽宁省第十三届人民代表大会常务委员会第二十次会议批准	2020-8-14	2020-8-19	2020-10-1	制定
辽宁省实施资源税法授权事项方案	2020年8月5日辽宁省第十三届人民代表大会常务委员会第二十次会议通过	2020-8-5	2020-8-5	2020-9-1	制定
辽宁省企业民主管理条例	2020年8月5日辽宁省第十三届人民代表大会常务委员会第二十次会议通过	2020-8-5	2020-8-5	2020-12-1	制定

续表

法规名称	通过或批准时间	公布时间	报备时间	施行时间	立法形式
本溪市电力设施保护条例	2020 年 7 月 22 日本溪市第十六届人民代表大会常务委员会第二十二次会议修改，2020 年 9 月 25 日辽宁省第十三届人民代表大会常务委员会第二十二次会议批准修改	2020-10-15	2020-10-28	2020-10-15	修改
本溪市太子河景区管理条例	2020 年 7 月 22 日本溪市第十六届人民代表大会常务委员会第二十二次会议修改，2020 年 9 月 25 日辽宁省第十三届人民代表大会常务委员会第二十二次会议批准修改	2020-10-15	2020-10-28	2020-10-15	修改
丹东市地热水资源保护管理条例	2020 年 7 月 27 日丹东市第十六届人民代表大会常务委员会第二十四次会议修改，2020 年 9 月 25 日辽宁省第十三届人民代表大会常务委员会第二十二次会议批准修改	2020-10-20	2020-10-28	2020-10-20	修改
大连市生活垃圾分类管理条例	2020 年 8 月 10 日大连市第十六届人民代表大会常务委员会第二十二次会议通过，2020 年 9 月 25 日辽宁省第十三届人民代表大会常务委员会第二十二次会议批准	2020-10-19	2020-10-28	2020-12-1	制定
辽宁省矛盾纠纷多元预防化解条例	2020 年 9 月 25 日辽宁省第十三届人民代表大会常务委员会第二十二次会议通过	2020-9-27	2020-10-15	2020-11-1	制定
辽宁省测绘地理信息条例	2020 年 9 月 25 日辽宁省第十三届人民代表大会常务委员会第二十二次会议通过	2020-9-27	2020-10-15	2020-12-1	制定
辽宁省测绘条例	在《辽宁省测绘地理信息条例》中被明文予以废止	2020-9-27	2020-10-15	2020-12-1	文中废止
沈阳市燃气管理条例	2020 年 8 月 25 日沈阳市第十六届人民代表大会常务委员会第二十一次会议通过，2020 年 11 月 24 日辽宁省第十三届人民代表大会常务委员会第二十三次会议批准	2020-12-7	2020-12-18	2021-1-1	制定
葫芦岛市文明行为促进条例	2020 年 9 月 15 日葫芦岛市第六届人民代表大会常务委员会第二十次会议通过，2020 年 11 月 24 日辽宁省第十三届人民代表大会常务委员会第二十三次会议批准	2020-12-4	2020-12-18	2021-1-1	制定
锦州市城市公园管理条例	2020 年 9 月 15 日锦州市第十六届人民代表大会常务委员会第二十三次会议通过，2020 年 11 月 24 日辽宁省第十三届人民代表大会常务委员会第二十三次会议批准	2020-12-9	2020-12-29	2021-2-1	制定
本溪市枫树保护条例	2020 年 9 月 27 日本溪市第十六届人民代表大会常务委员会第二十四次会议通过，2020 年 11 月 24 日辽宁省第十三届人民代表大会常务委员会第二十三次会议批准	2020-12-8	2020-12-18	2021-5-1	制定
营口市城市供水用水管理条例	2020 年 9 月 28 日营口市第十六届人民代表大会常务委员会第二十八次会议修改，2020 年 11 月 24 日辽宁省第十三届人民代表大会常务委员会第二十三次会议批准修改	2020-12-16	2020-12-29	2020-12-16	修改

续表

法规名称	通过或批准时间	公布时间	报备时间	施行时间	立法形式
营口市辽河老街历史文化街区保护条例	2020年9月28日营口市第十六届人民代表大会常务委员会第二十八次会议通过，2020年11月24日辽宁省第十三届人民代表大会常务委员会第二十三次会议批准	2020-12-16	2020-12-29	2021-1-1	制定
抚顺市排水管理条例	2020年10月27日抚顺市第十六届人民代表大会常务委员会第二十三次会议通过，2020年11月24日辽宁省第十三届人民代表大会常务委员会第二十三次会议批准	2020-11-24	2020-12-18	2021-3-1	制定
大连市国土空间规划条例	2020年10月29日大连市第十六届人民代表大会常务委员会第二十四次会议通过，2020年11月24日辽宁省第十三届人民代表大会常务委员会第二十三次会议批准	2020-12-1	2020-12-18	2021-1-1	制定
大连市城乡规划条例	在《大连市国土空间规划条例》中被明文予以废止	2020-12-1	2020-12-18	2021-1-1	文中废止
大连市历史文化名城保护条例	2020年10月29日大连市第十六届人民代表大会常务委员会第二十四次会议通过，2020年11月24日辽宁省第十三届人民代表大会常务委员会第二十三次会议批准	2020-12-1	2020-12-18	2021-1-1	制定
沈阳市电梯安全条例	2020年10月29日沈阳市第十六届人民代表大会常务委员会第二十三次会议通过，2020年11月24日辽宁省第十三届人民代表大会常务委员会第二十三次会议批准	2020-12-7	2020-12-18	2021-1-1	制定
沈阳市林地建设保护条例	2020年10月29日沈阳市第十六届人民代表大会常务委员会第二十三次会议通过，2020年11月24日辽宁省第十三届人民代表大会常务委员会第二十三次会议批准	2020-12-7	2020-12-18	2021-1-1	制定
沈阳市林业建设保护条例	在《沈阳市林地建设保护条例》中被明文予以废止	2020-12-7	2020-12-18	2021-1-1	文中废止
阜新市查海文化遗址保护条例	2020年10月29日阜新市第十六届人民代表大会常务委员会第二十三次会议通过，2020年11月24日辽宁省第十三届人民代表大会常务委员会第二十三次会议批准	2020-12-18	2020-12-29	2021-1-1	制定
鞍山市古树名木保护条例	2020年10月29日鞍山市第十六届人民代表大会常务委员会第二十九次会议通过，2020年11月24日辽宁省第十三届人民代表大会常务委员会第二十三次会议批准	2020-12-30	2021-1-5	2021-5-1	制定
鞍山市文明行为促进条例	2020年10月29日鞍山市第十六届人民代表大会常务委员会第二十九次会议通过，2020年11月24日辽宁省第十三届人民代表大会常务委员会第二十三次会议批准	2020-12-30	2021-1-5	2021-5-1	制定
锦州市锦凌水库饮用水水源保护条例	2020年11月10日锦州市第十六届人民代表大会常务委员会第二十四次会议修改，2020年11月24日辽宁省第十三届人民代表大会常务委员会第二十三次会议批准修改	2020-12-9	2020-12-29	2020-12-9	修改

续表

法规名称	通过或批准时间	公布时间	报备时间	施行时间	立法形式
辽宁省城镇房地产交易管理条例	2020年11月24日辽宁省第十三届人民代表大会常务委员会第二十三次会议修改	2020-11-25	2020-12-18	2021-1-1	修改
辽宁省实施《中华人民共和国土地管理法》办法	2020年11月24日辽宁省第十三届人民代表大会常务委员会第二十三次会议修改	2020-11-25	2020-12-18	2021-1-1	修改
辽宁省物业管理条例	2020年11月24日辽宁省第十三届人民代表大会常务委员会第二十三次会议修改	2020-11-25	2020-12-18	2021-1-1	修改
辽宁省农业集体经济承包合同条例	2020年11月24日辽宁省第十三届人民代表大会常务委员会第二十三次会议修改	2020-11-25	2020-12-18	2021-1-1	修改
辽宁省实施《中华人民共和国农村土地承包法》办法	2020年11月24日辽宁省第十三届人民代表大会常务委员会第二十三次会议修改	2020-11-25	2020-12-18	2021-1-1	修改
辽宁省城市供热条例	2020年11月24日辽宁省第十三届人民代表大会常务委员会第二十三次会议修改	2020-11-25	2020-12-18	2021-1-1	修改
辽宁省建设工程质量条例	2020年11月24日辽宁省第十三届人民代表大会常务委员会第二十三次会议修改	2020-11-25	2020-12-18	2021-1-1	修改
辽宁省公共信用信息管理条例	2020年11月24日辽宁省第十三届人民代表大会常务委员会第二十三次会议修改	2020-11-25	2020-12-18	2021-1-1	修改
辽宁省消费者权益保护条例	2020年11月24日辽宁省第十三届人民代表大会常务委员会第二十三次会议修改	2020-11-25	2020-12-18	2021-1-1	修改
辽宁省实施《中华人民共和国工会法》规定	2020年11月24日辽宁省第十三届人民代表大会常务委员会第二十三次会议修改	2020-11-25	2020-12-18	2021-1-1	修改
辽宁省实施《中华人民共和国妇女权益保障法》规定	2020年11月24日辽宁省第十三届人民代表大会常务委员会第二十三次会议修改	2020-11-25	2020-12-18	2021-1-1	修改
辽宁省老年人权益保障条例	2020年11月24日辽宁省第十三届人民代表大会常务委员会第二十三次会议修改	2020-11-25	2020-12-18	2021-1-1	修改
辽宁省商品质量监督条例	2020年11月24日辽宁省第十三届人民代表大会常务委员会第二十三次会议废止	2020-11-25	2020-12-18	2021-1-1	废止
辽宁省合同监督条例	2020年11月24日辽宁省第十三届人民代表大会常务委员会第二十三次会议废止	2020-11-25	2020-12-18	2021-1-1	废止
辽宁省青山保护条例	2020年11月24日辽宁省第十三届人民代表大会常务委员会第二十三次会议废止	2020-11-25	2020-12-18	2021-1-1	废止
辽宁省各级人民代表大会常务委员会规范性文件备案审查条例	2020年11月24日辽宁省第十三届人民代表大会常务委员会第二十三次会议通过	2020-11-25	2020-12-18	2021-2-1	制定
辽宁省电梯安全管理条例	2020年11月24日辽宁省第十三届人民代表大会常务委员会第二十三次会议通过	2020-11-25	2020-12-18	2021-2-1	制定
辽宁省城镇燃气管理条例	2020年11月24日辽宁省第十三届人民代表大会常务委员会第二十三次会议通过	2020-11-25	2020-12-18	2021-2-1	制定
辽宁省铁路安全管理条例	2020年11月24日辽宁省第十三届人民代表大会常务委员会第二十三次会议通过	2020-11-25	2020-12-18	2021-2-1	制定

吉林省地方性法规目录

（58 件）

法规名称	通过或批准时间	公布时间	报备时间	施行时间	立法形式
吉林省人民代表大会常务委员会关于依法全力做好当前新型冠状病毒肺炎疫情防控工作的决定	2020 年 2 月 9 日吉林省第十三届人民代表大会常务委员会第十九次会议通过	2020-2-9	2020-7-13	2020-2-9	制定
吉林市河道管理条例	2019 年 9 月 29 日吉林市第十六届人民代表大会常务委员会第二十三次会议修改，2020 年 3 月 24 日吉林省第十三届人民代表大会常务委员会第二十次会议批准修改	2020-3-27	2020-4-20	2020-5-1	修改
四平市养犬管理条例	2019 年 11 月 21 日四平市第八届人民代表大会常务委员会第二十七次会议通过，2020 年 3 月 24 日吉林省第十三届人民代表大会常务委员会第二十次会议批准	2020-3-26	2020-4-20	2020-5-1	制定
松原市城市绿化条例	2019 年 11 月 28 日松原市第六届人民代表大会常务委员会第二十一次会议通过，2020 年 3 月 24 日吉林省第十三届人民代表大会常务委员会第二十次会议批准	2020-3-27	2020-4-20	2020-5-1	制定
辽源市城市供热管理条例	2019 年 11 月 28 日辽源市第八届人民代表大会常务委员会第二十三次会议通过，2020 年 3 月 24 日吉林省第十三届人民代表大会常务委员会第二十次会议批准	2020-3-30	2020-4-20	2020-5-1	制定
白城市文明行为促进条例	2019 年 12 月 26 日白城市第六届人民代表大会常务委员会第二十三次会议通过，2020 年 3 月 24 日吉林省第十三届人民代表大会常务委员会第二十次会议批准	2020-3-26	2020-4-20	2020-3-26	制定
白城市城市绿化条例	2019 年 12 月 26 日白城市第六届人民代表大会常务委员会第二十三次会议于通过，2020 年 3 月 24 日吉林省第十三届人民代表大会常务委员会第二十次会议批准	2020-3-27	2020-4-20	2020-5-1	制定
长春市城市管理条例	2019 年 12 月 27 日长春市第十五届人民代表大会常务委员会第二十五次会议通过，2020 年 3 月 24 日吉林省第十三届人民代表大会常务委员会第二十次会议批准	2020-4-3	2020-4-20	2020-5-1	制定
长春市文明行为促进条例	2019 年 12 月 27 日长春市第十五届人民代表大会常务委员会第二十五次会议通过，2020 年 3 月 24 日吉林省第十三届人民代表大会常务委员会第二十次会议批准	2020-4-3	2020-4-20	2020-5-1	制定
长春市饮用水水源保护条例	2019 年 12 月 27 日长春市第十五届人民代表大会常务委员会第二十五次会议通过，2020 年 3 月 24 日吉林省第十三届人民代表大会常务委员会第二十次会议批准	2020-4-3	2020-4-20	2020-5-1	制定

续表

法规名称	通过或批准时间	公布时间	报备时间	施行时间	立法形式
白山市养犬管理条例	2020 年 3 月 3 日白山市第八届人民代表大会常务委员会第二十七次会议通过,2020 年 3 月 24 日吉林省第十三届人民代表大会常务委员会第二十次会议批准	2020-3-24	2020-4-20	2020-5-1	制定
延边朝鲜族自治州延边黄牛管理条例	2020 年 1 月 9 日延边朝鲜族自治州第十五届人民代表大会第五次会议修改,2020 年 6 月 5 日吉林省第十三届人民代表大会常务委员会第二十二次会议批准修改	2020-6-19	2020-7-13	2020-6-19	修改
延边朝鲜族自治州企业和企业经营者权益保护条例	2020 年 1 月 9 日延边朝鲜族自治州第十五届人民代表大会第五次会议修改,2020 年 6 月 5 日吉林省第十三届人民代表大会常务委员会第二十二次会议批准修改	2020-6-19	2020-7-13	2020-6-19	修改
延边朝鲜族自治州朝鲜族非物质文化遗产保护条例	2020 年 1 月 9 日延边朝鲜族自治州第十五届人民代表大会第五次会议修改,2020 年 6 月 5 日吉林省第十三届人民代表大会常务委员会第二十二次会议批准修改	2020-6-19	2020-7-13	2020-6-19	修改
延边朝鲜族自治州土地资产管理条例	2020 年 1 月 9 日延边朝鲜族自治州第十五届人民代表大会第五次会议修改,2020 年 6 月 5 日吉林省第十三届人民代表大会常务委员会第二十二次会议批准修改	2020-6-19	2020-7-13	2020-6-19	修改
延边朝鲜族自治州城市饮用水水源环境保护条例	2020 年 1 月 9 日延边朝鲜族自治州第十五届人民代表大会第五次会议修改,2020 年 6 月 5 日吉林省第十三届人民代表大会常务委员会第二十二次会议批准修改	2020-6-19	2020-7-13	2020-6-19	修改
延边朝鲜族自治州天然矿泉水水源环境保护条例	2020 年 1 月 9 日延边朝鲜族自治州第十五届人民代表大会第五次会议修改,2020 年 6 月 5 日吉林省第十三届人民代表大会常务委员会第二十二次会议批准修改	2020-6-19	2020-7-13	2020-6-19	修改
延边朝鲜族自治州生态环境保护条例	2020 年 1 月 9 日延边朝鲜族自治州第十五届人民代表大会第五次会议修改,2020 年 6 月 5 日吉林省第十三届人民代表大会常务委员会第二十二次会议批准修改	2020-6-19	2020-7-13	2020-6-19	修改
延边朝鲜族自治州城镇绿化管理条例	2020 年 1 月 9 日延边朝鲜族自治州第十五届人民代表大会第五次会议修改,2020 年 6 月 5 日吉林省第十三届人民代表大会常务委员会第二十二次会议批准修改	2020-6-19	2020-7-13	2020-6-19	修改
延边朝鲜族自治州气候资源开发利用和保护条例	2020 年 1 月 9 日延边朝鲜族自治州第十五届人民代表大会第五次会议修改,2020 年 6 月 5 日吉林省第十三届人民代表大会常务委员会第二十二次会议批准修改	2020-6-19	2020-7-13	2020-6-19	修改
延边朝鲜族自治州长白松省级自然保护区管理条例	2020 年 1 月 9 日延边朝鲜族自治州第十五届人民代表大会第五次会议修改,2020 年 6 月 5 日吉林省第十三届人民代表大会常务委员会第二十二次会议批准修改	2020-6-19	2020-7-13	2020-6-19	修改
延边朝鲜族自治州烟草专卖管理条例	2020 年 1 月 9 日延边朝鲜族自治州第十五届人民代表大会第五次会议废止,2020 年 6 月 5 日吉林省第十三届人民代表大会常务委员会第二十二次会议批准废止	2020-6-19	2020-7-13	2020-6-19	废止

续表

法规名称	通过或批准时间	公布时间	报备时间	施行时间	立法形式
延边朝鲜族自治州促进专业农场发展条例	2020年1月9日延边朝鲜族自治州第十五届人民代表大会第五次会议废止，2020年6月5日吉林省第十三届人民代表大会常务委员会第二十二次会议批准废止	2020-6-19	2020-7-13	2020-6-19	废止
四平市机动车停车条例	2020年3月19日四平市第八届人民代表大会常务委员会第二十九次会议通过，2020年6月5日吉林省第十三届人民代表大会常务委员会第二十二次会议批准	2020-6-23	2020-7-13	2020-8-1	制定
吉林省多元化解纠纷促进条例	2020年6月5日吉林省第十三届人民代表大会常务委员会第二十二次会议通过	2020-6-5	2020-7-13	2020-7-1	制定
吉林省广播电视设施保护条例	2020年6月5日吉林省第十三届人民代表大会常务委员会第二十二次会议修改	2020-6-5	2020-7-13	2020-7-1	修改
吉林省反家庭暴力条例	2020年6月5日吉林省第十三届人民代表大会常务委员会第二十二次会议通过	2020-6-5	2020-7-13	2020-8-1	制定
吉林省预防和制止家庭暴力条例	在《吉林省反家庭暴力条例》中被明文予以废止	2020-6-5	2020-7-13	2020-8-1	文中废止
松原市农村人居环境治理条例	2020年5月26日松原市第六届人民代表大会常务委员会第二十五次会议通过，2020年7月30日吉林省第十三届人民代表大会常务委员会第二十三次会议批准	2020-8-12	2020-8-31	2020-10-1	制定
长春市陆生野生动物保护条例	2020年6月15日长春市第十五届人民代表大会常务委员会第二十九次会议修改，2020年7月30日吉林省第十三届人民代表大会常务委员会第二十三次会议批准修改	2020-8-28	2020-8-31	2020-10-1	修改
辽源市河道垃圾治理条例	2020年6月23日辽源市第八届人民代表大会常务委员会第二十八次会议通过，2020年7月30日吉林省第十三届人民代表大会常务委员会第二十三次会议批准	2020-8-10	2020-8-31	2020-10-1	制定
白山市杨靖宇将军殉国地保护条例	2020年6月24日白山市第八届人民代表大会常务委员会第三十次会议通过，2020年7月30日吉林省第十三届人民代表大会常务委员会第二十三次会议批准	2020-8-7	2020-8-31	2020-9-3	制定
吉林市文明行为促进条例	2020年6月30日吉林市第十六届人民代表大会常务委员会第二十八次会议审议通过，2020年7月30日吉林省第十三届人民代表大会常务委员会第二十三次会议批准	2020-8-7	2020-8-31	2020-8-7	制定
吉林市城区供热管理条例	2020年6月30日吉林市第十六届人民代表大会常务委员会第二十八次会议修改，2020年7月30日吉林省第十三届人民代表大会常务委员会第二十三次会议批准修改	2020-8-7	2020-8-31	2020-9-1	修改
吉林省节约用水条例	2020年7月30日吉林省第十三届人民代表大会常务委员会第二十三次会议修改	2020-7-30	2020-8-31	2020-7-30	修改
吉林省林木种子条例	2020年7月30日吉林省第十三届人民代表大会常务委员会第二十三次会议通过	2020-7-30	2020-8-31	2020-10-1	制定

续表

法规名称	通过或批准时间	公布时间	报备时间	施行时间	立法形式
吉林省林木种子经营管理条例	在《吉林省林木种子条例》中被明文予以废止	2020-7-30	2020-8-31	2020-10-1	文中废止
白山市燃放烟花爆竹管理条例	2020年8月25日白山市第八届人民代表大会常务委员会第三十一次会议通过，2020年9月29日吉林省第十三届人民代表大会常务委员会第二十四次会议批准	2020-10-9	2020-10-29	2021-1-1	制定
吉林省行政执法监督条例	2020年9月29日吉林省第十三届人民代表大会常务委员会第二十四次会议通过	2020-9-29	2020-10-29	2021-1-1	制定
伊通满族自治县城乡道路管理条例	2020年1月4日伊通满族自治县第七届人民代表大会第四次会议通过,2020年11月27日吉林省第十三届人民代表大会常务委员会第二十五次会议批准	2020-12-4	2020-12-27	2021-1-1	制定
伊通满族自治县城镇管理条例	2020年9月16日伊通满族自治县第七届人民代表大会第五次会议修改,2020年11月27日吉林省第十三届人民代表大会常务委员会第二十五次会议批准修改	2020-12-4	2020-12-27	2021-1-1	修改
伊通满族自治县玉米种子管理条例	2020年9月16日伊通满族自治县第七届人民代表大会第五次会议废止,2020年11月27日吉林省第十三届人民代表大会常务委员会第二十五次会议批准废止	2020-12-4	2020-12-27	2021-1-1	废止
松原市大气污染防治条例	2020年9月23日松原市第六届人民代表大会常务委员会第二十七次会议通过，2020年11月27日吉林省第十三届人民代表大会常务委员会第二十五次会议批准	2020-12-2	2020-12-27	2021-1-1	制定
四平市城乡规划监察条例	2020年9月23日四平市第八届人民代表大会常务委员会第三十四次会议修改，2020年11月27日吉林省第十三届人民代表大会常务委员会第二十五次会议批准修改	2020-12-8	2020-12-27	2020-12-8	修改
四平市市区挖掘管理条例	2020年9月23日四平市第八届人民代表大会常务委员会第三十四次会议通过，2020年11月27日吉林省第十三届人民代表大会常务委员会第二十五次会议批准	2020-12-9	2020-12-27	2021-5-1	制定
延边朝鲜族自治州城市管理条例	2020年9月29日延边朝鲜族自治州第十五届人民代表大会常务委员会第二十七次会议通过,2020年11月27日吉林省第十三届人民代表大会常务委员会第二十五次会议批准	2020-12-18	2020-12-27	2020-12-18	制定
延边朝鲜族自治州养犬管理条例	2020年9月29日延边朝鲜族自治州第十五届人民代表大会常务委员会第二十七次会议通过,2020年11月27日吉林省第十三届人民代表大会常务委员会第二十五次会议批准	2020-12-18	2020-12-27	2021-3-1	制定
辽源市文明行为促进条例	2020年10月22日辽源市第八届人民代表大会常务委员会第三十次会议通过,2020年11月27日吉林省第十三届人民代表大会常务委员会第二十五次会议批准	2020-12-7	2020-12-27	2021-1-1	制定

续表

法规名称	通过或批准时间	公布时间	报备时间	施行时间	立法形式
白山市文明祭祀条例	2020年10月23日白山市第八届人民代表大会常务委员会第三十二次会议通过，2020年11月27日吉林省第十三届人民代表大会常务委员会第二十五次会议批准	2020-12-4	2020-12-27	2021-1-1	制定
四平市城市环境卫生条例	2020年10月27日四平市第八届人民代表大会常务委员会第三十五次会议通过，2020年11月27日吉林省第十三届人民代表大会常务委员会第二十五次会议批准	2020-12-9	2020-12-27	2021-2-1	制定
白城市农村人居环境治理条例	2020年10月28日白城市第六届人民代表大会常务委员会第三十次会议通过，2020年11月27日吉林省第十三届人民代表大会常务委员会第二十五次会议批准	2020-12-10	2020-12-27	2021-5-1	制定
通化市哈泥河饮用水水源保护条例	2020年11月5日通化市第八届人民代表大会常务委员会第二十七次会议通过，2020年11月27日吉林省第十三届人民代表大会常务委员会第二十五次会议批准	2020-12-17	2020-12-27	2021-6-1	制定
吉林省宗教事务条例	2020年11月27日吉林省第十三届人民代表大会常务委员会第二十五次会议修改	2020-11-27	2020-12-27	2020-11-27	修改
吉林省人民代表大会代表建议、批评和意见办理条例	2020年11月27日吉林省第十三届人民代表大会常务委员会第二十五次会议修改	2020-11-27	2020-12-27	2020-11-27	修改
吉林省村民委员会选举办法	2020年11月27日吉林省第十三届人民代表大会常务委员会第二十五次会议修改	2020-11-27	2020-12-27	2020-11-27	修改
吉林省实施《中华人民共和国城市居民委员会组织法》办法	2020年11月27日吉林省第十三届人民代表大会常务委员会第二十五次会议修改	2020-11-27	2020-12-27	2020-11-27	修改
吉林省实施《中华人民共和国村民委员会组织法》办法	2020年11月27日吉林省第十三届人民代表大会常务委员会第二十五次会议修改	2020-11-27	2020-12-27	2020-11-27	修改
吉林省促进大数据发展应用条例	2020年11月27日吉林省第十三届人民代表大会常务委员会第二十五次会议通过	2020-11-27	2020-12-27	2021-1-1	制定
吉林省中医药发展条例	2020年11月27日吉林省第十三届人民代表大会常务委员会第二十五次会议通过	2020-11-27	2020-12-27	2021-1-1	制定
吉林省发展中医条例	在《吉林省中医药发展条例》中被明文予以废止	2020-11-27	2020-12-27	2021-1-1	文中废止
吉林省生态环境保护条例	2020年11月27日吉林省第十三届人民代表大会常务委员会第二十五次会议通过	2020-11-27	2020-12-27	2021-1-1	制定
吉林省环境保护条例	在《吉林省生态环境保护条例》中被明文予以废止	2020-11-27	2020-12-27	2021-1-1	文中废止

黑龙江省地方性法规目录

（73 件）

法规名称	通过或批准时间	公布时间	报备时间	施行时间	立法形式
黑龙江省人民代表大会常务委员会关于依法加强新型冠状病毒肺炎疫情防控工作的决定	2020 年 2 月 18 日黑龙江省第十三届人民代表大会常务委员会第十七次会议通过	2020-2-18	2020-2-18	2020-2-18	制定
哈尔滨市历史文化名城保护条例	2019 年 12 月 11 日哈尔滨市第十五届人民代表大会常务委员会第二十八次会议修改,2020 年 4 月 9 日黑龙江省第十三届人民代表大会常务委员会第十八次会议批准修改	2020-4-13	2020-4-14	2020-6-1	修改
黑龙江省预防职务犯罪工作条例	2020 年 4 月 9 日黑龙江省第十三届人民代表大会常务委员会第十八次会议废止	2020-4-9	2020-4-14	2020-4-9	废止
黑龙江省人民代表大会常务委员会关于任命黑龙江省监察委员会副主任、决定代理主任的办法的决定	2020 年 4 月 9 日黑龙江省第十三届人民代表大会常务委员会第十八次会议通过	2020-4-9	2020-4-14	2020-4-9	制定
七台河市医疗废物管理若干规定	2020 年 4 月 21 日七台河市第十一届人民代表大会常务委员会第二十六次会议通过,2020 年 6 月 18 日黑龙江省第十三届人民代表大会常务委员会第十九次会议批准	2020-6-18	2020-6-22	2020-8-8	制定
黑龙江省人工增雨防雹管理条例	2020 年 6 月 18 日黑龙江省第十三届人民代表大会常务委员会第十九次会议废止	2020-6-18	2020-6-22	2020-6-18	废止
黑龙江省盐业管理条例	2020 年 6 月 18 日黑龙江省第十三届人民代表大会常务委员会第十九次会议废止	2020-6-18	2020-6-22	2020-6-18	废止
黑龙江省国有重点林区条例	2020 年 6 月 18 日黑龙江省第十三届人民代表大会常务委员会第十九次会议废止	2020-6-18	2020-6-22	2020-6-18	废止
黑龙江省信访条例	2020 年 6 月 18 日黑龙江省第十三届人民代表大会常务委员会第十九次会议废止	2020-6-18	2020-6-22	2020-6-18	废止
黑龙江省土地监察条例	2020 年 6 月 18 日黑龙江省第十三届人民代表大会常务委员会第十九次会议废止	2020-6-18	2020-6-22	2020-6-18	废止
黑龙江省农业机械管理条例	2020 年 6 月 18 日黑龙江省第十三届人民代表大会常务委员会第十九次会议废止	2020-6-18	2020-6-22	2020-6-18	废止
黑龙江省农业综合开发管理条例	2020 年 6 月 18 日黑龙江省第十三届人民代表大会常务委员会第十九次会议废止	2020-6-18	2020-6-22	2020-6-18	废止
黑龙江省港口管理条例	2020 年 6 月 18 日黑龙江省第十三届人民代表大会常务委员会第十九次会议废止	2020-6-18	2020-6-22	2020-6-18	废止
黑龙江省体育发展条例	2020 年 6 月 18 日黑龙江省第十三届人民代表大会常务委员会第十九次会议修改	2020-6-18	2020-6-22	2020-6-18	修改

续表

法规名称	通过或批准时间	公布时间	报备时间	施行时间	立法形式
黑龙江省体育经营活动管理条例	2020年6月18日黑龙江省第十三届人民代表大会常务委员会第十九次会议修改	2020-6-18	2020-6-22	2020-6-18	修改
黑龙江省公共场所和特种行业治安管理条例	2020年6月18日黑龙江省第十三届人民代表大会常务委员会第十九次会议修改	2020-6-18	2020-6-22	2020-6-18	修改
黑龙江省公路条例	2020年6月18日黑龙江省第十三届人民代表大会常务委员会第十九次会议修改	2020-6-18	2020-6-22	2020-6-18	修改
黑龙江省村民委员会选举办法	2020年6月18日黑龙江省第十三届人民代表大会常务委员会第十九次会议修改	2020-6-18	2020-6-22	2020-6-18	修改
黑龙江省道路运输条例	2020年6月18日黑龙江省第十三届人民代表大会常务委员会第十九次会议修改	2020-6-18	2020-6-22	2020-6-18	修改
黑龙江省消防条例	2020年6月18日黑龙江省第十三届人民代表大会常务委员会第十九次会议修改	2020-6-18	2020-6-22	2020-6-18	修改
黑龙江省司法鉴定管理条例	2020年6月18日黑龙江省第十三届人民代表大会常务委员会第十九次会议修改	2020-6-18	2020-6-22	2021-1-1	修改
齐齐哈尔市人民防空条例	2020年5月27日齐齐哈尔市第十六届人民代表大会常务委员会第三十四次会议废止，2020年8月21日黑龙江省第十三届人民代表大会常务委员会第二十次会议批准废止	2020-8-22	2020-8-31	2020-8-22	废止
齐齐哈尔市预防职务犯罪工作条例	2020年5月27日齐齐哈尔市第十六届人民代表大会常务委员会第三十四次会议废止，2020年8月21日黑龙江省第十三届人民代表大会常务委员会第二十次会议批准废止	2020-8-22	2020-8-31	2020-8-22	废止
齐齐哈尔市实施《中华人民共和国城市居民委员会组织法》细则	2020年5月27日齐齐哈尔市第十六届人民代表大会常务委员会第三十四次会议修改，2020年8月21日黑龙江省第十三届人民代表大会常务委员会第二十次会议批准修改	2020-8-22	2020-8-31	2020-8-22	修改
大庆市机动车和非道路移动机械排气污染防治条例	2020年6月24日大庆市第十届人民代表大会常务委员会第二十六次会议通过，2020年8月21日黑龙江省第十三届人民代表大会常务委员会第二十次会议批准	2020-8-31	2020-8-31	2020-10-1	制定
黑河市文明行为促进条例	2020年6月30日黑河市第六届人民代表大会常务委员会第二十六次会议通过，2020年8月21日黑龙江省第十三届人民代表大会常务委员会第二十次会议批准	2020-8-25	2020-8-31	2020-10-1	制定
哈尔滨市摩托车管理规定	2020年6月30日哈尔滨市第十五届人民代表大会常务委员会第三十一次会议通过，2020年8月21日黑龙江省第十三届人民代表大会常务委员会第二十次会议批准	2020-9-2	2020-9-4	2021-1-1	制定
黑龙江省人民代表大会常务委员会关于实施资源税法授权事项的决定	2020年8月21日黑龙江省第十三届人民代表大会常务委员会第二十次会议通过	2020-8-21	2020-8-31	2020-9-1	制定
黑龙江省农村集体经济组织条例	2020年8月21日黑龙江省第十三届人民代表大会常务委员会第二十次会议通过	2020-8-21	2020-8-31	2020-10-1	制定
黑龙江省村集体经济组织资产管理条例	在《黑龙江省农村集体经济组织条例》中被明文予以废止	2020-8-21	2020-8-31	2020-10-1	文中废止

续表

法规名称	通过或批准时间	公布时间	报备时间	施行时间	立法形式
黑龙江省村集体经济组织财务管理条例	在《黑龙江省农村集体经济组织条例》中被明文予以废止	2020-8-21	2020-8-31	2020-10-1	文中废止
黑龙江省农村集体经济审计条例	在《黑龙江省农村集体经济组织条例》中被明文予以废止	2020-8-21	2020-8-31	2020-10-1	文中废止
哈尔滨市燃煤污染防治条例	2020 年 6 月 30 日哈尔滨市第十五届人民代表大会常务委员会第三十一次会议修改,2020 年 10 月 22 日黑龙江省第十三届人民代表大会常务委员会第二十一次会议批准修改	2020-10-23	2020-10-28	2020-10-23	修改
哈尔滨市电梯安全管理条例	2020 年 6 月 30 日哈尔滨市第十五届人民代表大会常务委员会第三十一次会议修改,2020 年 10 月 22 日黑龙江省第十三届人民代表大会常务委员会第二十一次会议批准修改	2020-10-23	2020-10-28	2020-10-23	修改
哈尔滨市少数民族权益保障条例	2020 年 6 月 30 日哈尔滨市第十五届人民代表大会常务委员会第三十一次会议修改,2020 年 10 月 22 日黑龙江省第十三届人民代表大会常务委员会第二十一次会议批准修改	2020-10-23	2020-10-28	2020-10-23	修改
哈尔滨市机动车停车场管理条例	2020 年 6 月 30 日哈尔滨市第十五届人民代表大会常务委员会第三十一次会议修改,2020 年 10 月 22 日黑龙江省第十三届人民代表大会常务委员会第二十一次会议批准修改	2020-10-23	2020-10-28	2020-10-23	修改
哈尔滨市殡葬管理条例	2020 年 6 月 30 日哈尔滨市第十五届人民代表大会常务委员会第三十一次会议修改,2020 年 10 月 22 日黑龙江省第十三届人民代表大会常务委员会第二十一次会议批准修改	2020-10-23	2020-10-28	2020-10-23	修改
哈尔滨市地名管理条例	2020 年 6 月 30 日哈尔滨市第十五届人民代表大会常务委员会第三十一次会议修改,2020 年 10 月 22 日黑龙江省第十三届人民代表大会常务委员会第二十一次会议批准修改	2020-10-23	2020-10-28	2020-10-23	修改
哈尔滨市技术市场条例	2020 年 6 月 30 日哈尔滨市第十五届人民代表大会常务委员会第三十一次会议修改,2020 年 10 月 22 日黑龙江省第十三届人民代表大会常务委员会第二十一次会议批准修改	2020-10-23	2020-10-28	2020-10-23	修改
哈尔滨市防止二手烟草烟雾危害条例	2020 年 6 月 30 日哈尔滨市第十五届人民代表大会常务委员会第三十一次会议修改,2020 年 10 月 22 日黑龙江省第十三届人民代表大会常务委员会第二十一次会议批准修改	2020-10-23	2020-10-28	2020-10-23	修改
哈尔滨市劳动保障监察条例	2020 年 6 月 30 日哈尔滨市第十五届人民代表大会常务委员会第三十一次会议修改,2020 年 10 月 22 日黑龙江省第十三届人民代表大会常务委员会第二十一次会议批准修改	2020-10-23	2020-10-28	2020-10-23	修改

续表

法规名称	通过或批准时间	公布时间	报备时间	施行时间	立法形式
哈尔滨市人工影响天气管理条例	2020年6月30日哈尔滨市第十五届人民代表大会常务委员会第三十一次会议修改,2020年10月22日黑龙江省第十三届人民代表大会常务委员会第二十一次会议批准修改	2020-10-23	2020-10-28	2020-10-23	修改
哈尔滨市环城防护林带管理条例	2020年6月30日哈尔滨市第十五届人民代表大会常务委员会第三十一次会议修改,2020年10月22日黑龙江省第十三届人民代表大会常务委员会第二十一次会议批准修改	2020-10-23	2020-10-28	2020-10-23	修改
哈尔滨市水生态监测条例	2020年6月30日哈尔滨市第十五届人民代表大会常务委员会第三十一次会议修改,2020年10月22日黑龙江省第十三届人民代表大会常务委员会第二十一次会议批准修改	2020-10-23	2020-10-28	2020-10-23	修改
哈尔滨市城市供水条例	2020年6月30日哈尔滨市第十五届人民代表大会常务委员会第三十一次会议修改,2020年10月22日黑龙江省第十三届人民代表大会常务委员会第二十一次会议批准修改	2020-10-23	2020-10-28	2020-10-23	修改
哈尔滨市城市排水与污水处理条例	2020年6月30日哈尔滨市第十五届人民代表大会常务委员会第三十一次会议修改,2020年10月22日黑龙江省第十三届人民代表大会常务委员会第二十一次会议批准修改	2020-10-23	2020-10-28	2020-10-23	修改
哈尔滨市新型墙体材料发展应用和建筑节能管理条例	2020年6月30日哈尔滨市第十五届人民代表大会常务委员会第三十一次会议修改,2020年10月22日黑龙江省第十三届人民代表大会常务委员会第二十一次会议批准修改	2020-10-23	2020-10-28	2020-10-23	修改
哈尔滨市应用散装水泥和预拌混凝土管理条例	2020年6月30日哈尔滨市第十五届人民代表大会常务委员会第三十一次会议修改,2020年10月22日黑龙江省第十三届人民代表大会常务委员会第二十一次会议批准修改	2020-10-23	2020-10-28	2020-10-23	修改
哈尔滨市城市绿化条例	2020年6月30日哈尔滨市第十五届人民代表大会常务委员会第三十一次会议修改,2020年10月22日黑龙江省第十三届人民代表大会常务委员会第二十一次会议批准修改	2020-10-23	2020-10-28	2020-10-23	修改
哈尔滨市城市道路管理条例	2020年6月30日哈尔滨市第十五届人民代表大会常务委员会第三十一次会议修改,2020年10月22日黑龙江省第十三届人民代表大会常务委员会第二十一次会议批准修改	2020-10-23	2020-10-28	2020-10-23	修改
哈尔滨市城乡容貌和环境卫生条例	2020年6月30日哈尔滨市第十五届人民代表大会常务委员会第三十一次会议修改,2020年10月22日黑龙江省第十三届人民代表大会常务委员会第二十一次会议批准修改	2020-10-23	2020-10-28	2020-10-23	修改

续表

法规名称	通过或批准时间	公布时间	报备时间	施行时间	立法形式
哈尔滨市城市公共汽车电车轮渡船客运管理条例	2020 年 6 月 30 日哈尔滨市第十五届人民代表大会常务委员会第三十一次会议修改,2020 年 10 月 22 日黑龙江省第十三届人民代表大会常务委员会第二十一次会议批准修改	2020-10-23	2020-10-28	2020-10-23	修改
哈尔滨市城市出租汽车客运管理条例	2020 年 6 月 30 日哈尔滨市第十五届人民代表大会常务委员会第三十一次会议修改,2020 年 10 月 22 日黑龙江省第十三届人民代表大会常务委员会第二十一次会议批准修改	2020-10-23	2020-10-28	2020-10-23	修改
哈尔滨市科学技术进步条例	2020 年 6 月 30 日哈尔滨市第十五届人民代表大会常务委员会第三十一次会议废止,2020 年 10 月 22 日黑龙江省第十三届人民代表大会常务委员会第二十一次会议批准废止	2020-10-23	2020-10-28	2020-10-23	废止
哈尔滨市林地林木管理条例	2020 年 6 月 30 日哈尔滨市第十五届人民代表大会常务委员会第三十一次会议废止,2020 年 10 月 22 日黑龙江省第十三届人民代表大会常务委员会第二十一次会议批准废止	2020-10-23	2020-10-28	2020-10-23	废止
哈尔滨市渔业船舶管理条例	2020 年 6 月 30 日哈尔滨市第十五届人民代表大会常务委员会第三十一次会议废止,2020 年 10 月 22 日黑龙江省第十三届人民代表大会常务委员会第二十一次会议批准废止	2020-10-23	2020-10-28	2020-10-23	废止
哈尔滨市粉煤灰综合利用管理条例	2020 年 6 月 30 日哈尔滨市第十五届人民代表大会常务委员会第三十一次会议废止,2020 年 10 月 22 日黑龙江省第十三届人民代表大会常务委员会第二十一次会议批准废止	2020-10-23	2020-10-28	2020-10-23	废止
哈尔滨市燃气管理条例	2020 年 6 月 30 日哈尔滨市第十五届人民代表大会常务委员会第三十一次会议废止,2020 年 10 月 22 日黑龙江省第十三届人民代表大会常务委员会第二十一次会议批准废止	2020-10-23	2020-10-28	2020-10-23	废止
哈尔滨市滩涂保护条例	2020 年 6 月 30 日哈尔滨市第十五届人民代表大会常务委员会第三十一次会议废止,2020 年 10 月 22 日黑龙江省第十三届人民代表大会常务委员会第二十一次会议批准废止	2020-10-23	2020-10-28	2020-10-23	废止
黑河市饮用水水源保护条例	2020 年 6 月 30 日黑河市第六届人民代表大会常务委员会第二十六次会议通过,2020 年 10 月 22 日黑龙江省第十三届人民代表大会常务委员会第二十一次会议批准	2020-10-23	2020-10-28	2021-1-1	制定
鹤岗市河道管理条例	2020 年 7 月 28 日鹤岗市第十六届人民代表大会常务委员会第二十八次会议通过,2020 年 10 月 22 日黑龙江省第十三届人民代表大会常务委员会第二十一次会议批准	2020-10-22	2020-10-28	2020-12-1	制定

续表

法规名称	通过或批准时间	公布时间	报备时间	施行时间	立法形式
哈尔滨市人民代表大会常务委员会关于哈尔滨市亚布力滑雪旅游度假区行政管理有关事项的决定	2020年8月27日哈尔滨市第十五届人民代表大会常务委员会第三十二次会议通过,2020年10月22日黑龙江省第十三届人民代表大会常务委员会第二十一次会议批准	2020-10-23	2020-10-28	2020-10-23	制定
伊春市城市绿化条例	2020年8月24日伊春市第十四届人民代表大会常务委员会第二十五次会议通过,2020年10月22日黑龙江省第十三届人民代表大会常务委员会第二十一次会议批准	2020-10-28	2020-10-28	2021-1-1	制定
佳木斯市文明祭祀条例	2020年8月28日佳木斯市第十六届人民代表大会常务委员会第二十七次会议通过,2020年10月22日黑龙江省第十三届人民代表大会常务委员会第二十一次会议批准	2020-10-28	2020-10-28	2021-1-1	制定
黑龙江省人大常委会关于加强公共法律服务体系建设的决定	2020年10月22日黑龙江省第十三届人民代表大会常务委员会第二十一次会议通过	2020-10-22	2020-10-28	2020-10-22	制定
黑龙江省中医药条例	2020年10月22日黑龙江省第十三届人民代表大会常务委员会第二十一次会议通过	2020-10-22	2020-10-28	2021-1-1	制定
牡丹江市红色文化遗存保护利用条例	2020年9月23日牡丹江市第十六届人民代表大会常务委员会第二十四次会议通过,2020年12月24日黑龙江省第十三届人民代表大会常务委员会第二十二次会议批准	2020-12-25	2020-12-28	2021-3-1	制定
七台河市文明行为促进条例	2020年9月23日七台河市第十一届人民代表大会常务委员会第二十九次会议通过,2020年12月24日黑龙江省第十三届人民代表大会常务委员会第二十二次会议批准	2020-12-29	2020-12-28	2021-3-5	制定
鸡西市城市二次供水管理条例	2020年9月25日鸡西市第十五届人民代表大会常务委员会第三十六次会议通过,2020年12月24日黑龙江省第十三届人民代表大会常务委员会第二十二次会议批准	2020-12-28	2020-12-28	2021-3-1	制定
大庆市机动车停车场管理条例	2020年10月27日大庆市第十届人民代表大会常务委员会第二十八次会议通过,2020年12月24日黑龙江省第十三届人民代表大会常务委员会第二十二次会议批准	2020-12-28	2020-12-28	2021-3-1	制定
哈尔滨市社会信用体系建设促进条例	2020年10月30日哈尔滨市第十五届人民代表大会常务委员会第三十三次会议通过,2020年12月24日黑龙江省第十三届人民代表大会常务委员会第二十二次会议批准	2020-12-25	2020-12-28	2021-2-1	制定
齐齐哈尔市城市供水用水管理条例	2020年11月19日齐齐哈尔市第十六届人民代表大会常务委员会第三十七次会议修改,2020年12月24日黑龙江省第十三届人民代表大会常务委员会第二十二次会议批准修改	2020-12-30	2020-12-28	2021-2-1	修改

续表

法规名称	通过或批准时间	公布时间	报备时间	施行时间	立法形式
黑龙江省县、乡两级人民代表大会代表选举工作实施细则	2020 年 12 月 24 日黑龙江省第十三届人民代表大会常务委员会第二十二次会议修改	2020-12-24	2020-12-28	2020-12-24	修改
黑龙江省人民代表大会常务委员会人事任免条例	2020 年 12 月 24 日黑龙江省第十三届人民代表大会常务委员会第二十二次会议修改	2020-12-24	2020-12-28	2020-12-24	修改
黑龙江省公安机关警务辅助人员条例	2020 年 12 月 24 日黑龙江省第十三届人民代表大会常务委员会第二十二次会议通过	2020-12-24	2020-12-28	2021-1-1	制定
黑龙江省住宅物业管理条例	2020 年 12 月 24 日黑龙江省第十三届人民代表大会常务委员会第二十二次会议通过	2020-12-24	2020-12-28	2021-3-1	制定

上海市地方性法规目录

（45 件）

法规名称	通过或批准时间	公布时间	报备时间	施行时间	立法形式
上海市推进科技创新中心建设条例	2020 年 1 月 20 日上海市第十五届人民代表大会第三次会议通过	2020-1-20	2020-2-18	2020-5-1	制定
上海市人民代表大会常务委员会关于全力做好当前新型冠状病毒感染肺炎疫情防控工作的决定	2020 年 2 月 7 日上海市第十五届人民代表大会常务委员会第十七次会议通过	2020-2-7	2020-3-6	2020-2-7	制定
上海市会展业条例	2020 年 3 月 19 日上海市第十五届人民代表大会常务委员会第十八次会议通过	2020-3-19	2020-4-17	2020-5-1	制定
上海市实施《中华人民共和国农民专业合作社法》办法	2020 年 3 月 19 日上海市第十五届人民代表大会常务委员会第十八次会议通过	2020-3-19	2020-4-17	2020-5-1	制定
上海市消防条例	2020 年 3 月 19 日上海市第十五届人民代表大会常务委员会第十八次会议修改	2020-3-19	2020-4-17	2020-5-1	修改
上海市优化营商环境条例	2020 年 4 月 10 日上海市第十五届人民代表大会常务委员会第二十次会议通过	2020-4-10	2020-4-17	2020-4-10	制定
上海市地方金融监督管理条例	2020 年 4 月 10 日上海市第十五届人民代表大会常务委员会第二十次会议通过	2020-4-10	2020-4-17	2020-7-1	制定
上海市急救医疗服务条例	2020 年 5 月 14 日上海市第十五届人民代表大会常务委员会第二十一次会议修改	2020-5-14	2020-5-30	2020-5-15	修改
上海市道路运输管理条例	2020 年 5 月 14 日上海市第十五届人民代表大会常务委员会第二十一次会议修改	2020-5-14	2020-5-30	2020-5-15	修改
上海市公共汽车和电车客运管理条例	2020 年 5 月 14 日上海市第十五届人民代表大会常务委员会第二十一次会议修改	2020-5-14	2020-5-30	2020-5-15	修改
上海市轨道交通管理条例	2020 年 5 月 14 日上海市第十五届人民代表大会常务委员会第二十一次会议修改	2020-5-14	2020-5-30	2020-5-15	修改
上海港口条例	2020 年 5 月 14 日上海市第十五届人民代表大会常务委员会第二十一次会议修改	2020-5-14	2020-5-30	2020-5-15	修改
上海市旅游条例	2020 年 5 月 14 日上海市第十五届人民代表大会常务委员会第二十一次会议修改	2020-5-14	2020-5-30	2020-5-15	修改

续表

法规名称	通过或批准时间	公布时间	报备时间	施行时间	立法形式
上海市商品交易市场管理条例	2020年5月14日上海市第十五届人民代表大会常务委员会第二十一次会议修改	2020-5-14	2020-5-30	2020-5-15	修改
上海口岸服务条例	2020年5月14日上海市第十五届人民代表大会常务委员会第二十一次会议修改	2020-5-14	2020-5-30	2020-5-15	修改
上海市法律援助若干规定	2020年5月14日上海市第十五届人民代表大会常务委员会第二十一次会议修改	2020-5-14	2020-5-30	2020-5-15	修改
上海市实施《中华人民共和国村民委员会组织法》办法	2020年5月14日上海市第十五届人民代表大会常务委员会第二十一次会议修改	2020-5-14	2020-5-30	2020-5-15	修改
上海市居民委员会工作条例	2020年5月14日上海市第十五届人民代表大会常务委员会第二十一次会议修改	2020-5-14	2020-5-30	2020-5-15	修改
上海市教育督导条例	2020年5月14日上海市第十五届人民代表大会常务委员会第二十一次会议修改	2020-5-14	2020-5-30	2020-5-15	修改
上海市实施《中华人民共和国野生动物保护法》办法	2020年5月14日上海市第十五届人民代表大会常务委员会第二十一次会议废止	2020-5-14	2020-5-30	2020-5-15	废止
上海市中华鲟保护管理条例	2020年5月14日上海市第十五届人民代表大会常务委员会第二十一次会议通过	2020-5-14	2020-5-30	2020-6-6	制定
上海市促进中小企业发展条例	2020年6月18日上海市第十五届人民代表大会常务委员会第二十二次会议修改	2020-6-18	2020-6-29	2020-6-18	修改
上海市人民代表大会常务委员会关于加强检察公益诉讼工作的决定	2020年6月18日上海市第十五届人民代表大会常务委员会第二十二次会议通过	2020-6-18	2020-6-29	2020-7-1	制定
上海市人民代表大会常务委员会关于促进和保障长三角生态绿色一体化发展示范区建设若干问题的决定	2020年9月25日上海市第十五届人民代表大会常务委员会第二十五次会议通过	2020-9-25	2020-10-23	2020-10-1	制定
上海市人民代表大会专门委员会工作条例	2020年9月25日上海市第十五届人民代表大会常务委员会第二十五次会议通过	2020-9-25	2020-10-23	2020-10-1	制定
上海市公路管理条例	2020年9月25日上海市第十五届人民代表大会常务委员会第二十五次会议修改	2020-9-25	2020-10-23	2020-10-1	修改
上海市村民委员会选举办法	2020年9月25日上海市第十五届人民代表大会常务委员会第二十五次会议修改	2020-9-25	2020-10-23	2020-10-1	修改
上海市外商投资条例	2020年9月25日上海市第十五届人民代表大会常务委员会第二十五次会议通过	2020-9-25	2020-10-23	2020-11-1	制定
上海市公共卫生应急管理条例	2020年10月27日上海市第十五届人民代表大会常务委员会第二十六次会议通过	2020-10-27	2020-11-6	2020-11-1	制定
上海市反不正当竞争条例	2020年10月27日上海市第十五届人民代表大会常务委员会第二十六次会议修改	2020-10-27	2020-11-6	2021-1-1	修改
上海市公共文化服务保障与促进条例	2020年10月27日上海市第十五届人民代表大会常务委员会第二十六次会议通过	2020-10-27	2020-11-6	2021-1-1	制定
上海市不动产登记若干规定	2020年11月27日上海市第十五届人民代表大会常务委员会第二十七次会议通过	2020-11-27	2020-12-14	2021-3-1	制定
上海市房地产登记条例	在《上海市不动产登记若干规定》中被明文予以废止	2020-11-27	2020-12-14	2021-3-1	文中废止
上海市促进家庭农场发展条例	2020年11月27日上海市第十五届人民代表大会常务委员会第二十七次会议通过	2020-11-27	2020-12-14	2021-1-1	制定

续表

法规名称	通过或批准时间	公布时间	报备时间	施行时间	立法形式
上海市知识产权保护条例	2020 年 12 月 30 日上海市第十五届人民代表大会常务委员会第二十八次会议通过	2020-12-30	2021-1-7	2021-3-1	制定
上海市铁路安全管理条例	2020 年 12 月 30 日上海市第十五届人民代表大会常务委员会第二十八次会议通过	2020-12-30	2021-1-7	2021-3-1	制定
上海市合同格式条款监督条例	2020 年 12 月 30 日上海市第十五届人民代表大会常务委员会第二十八次会议修改	2020-12-30	2021-1-7	2021-1-1	修改
上海市遗体捐献条例	2020 年 12 月 30 日上海市第十五届人民代表大会常务委员会第二十八次会议修改	2020-12-30	2021-1-7	2021-1-1	修改
上海市技术市场条例	2020 年 12 月 30 日上海市第十五届人民代表大会常务委员会第二十八次会议修改	2020-12-30	2021-1-7	2021-1-1	修改
上海市住宅物业管理规定	2020 年 12 月 30 日上海市第十五届人民代表大会常务委员会第二十八次会议修改	2020-12-30	2021-1-7	2021-1-1	修改
上海市建筑市场管理条例	2020 年 12 月 30 日上海市第十五届人民代表大会常务委员会第二十八次会议修改	2020-12-30	2021-1-7	2021-1-1	修改
上海市建设工程质量和安全管理条例	2020 年 12 月 30 日上海市第十五届人民代表大会常务委员会第二十八次会议修改	2020-12-30	2021-1-7	2021-1-1	修改
上海市地下空间规划建设条例	2020 年 12 月 30 日上海市第十五届人民代表大会常务委员会第二十八次会议修改	2020-12-30	2021-1-7	2021-1-1	修改
上海市农村集体资产监督管理条例	2020 年 12 月 30 日上海市第十五届人民代表大会常务委员会第二十八次会议修改	2020-12-30	2021-1-7	2021-1-1	修改
上海市机动车道路交通事故赔偿责任若干规定	2020 年 12 月 30 日上海市第十五届人民代表大会常务委员会第二十八次会议废止	2020-12-30	2021-1-7	2021-1-1	废止
上海市养老服务条例	2020 年 12 月 30 日上海市第十五届人民代表大会常务委员会第二十八次会议通过	2020-12-30	2021-1-7	2021-3-20	制定
上海市养老机构条例	在《上海市养老服务条例》中被明文予以废止	2020-12-30	2021-1-7	2021-3-20	文中废止

江苏省地方性法规目录

（96 件）

法规名称	通过或批准时间	公布时间	报备时间	施行时间	立法形式
泰州市标准化条例	2019 年 11 月 6 日泰州市第五届人民代表大会常务委员会第二十一次会议通过，2020 年 1 月 9 日江苏省第十三届人民代表大会常务委员会第十三次会议批准	2020-1-19	2020-1-22	2020-5-1	制定
常州市文明行为促进条例	2019 年 12 月 11 日常州市第十六届人民代表大会常务委员会第二十一次会议通过，2020 年 1 月 9 日江苏省第十三届人民代表大会常务委员会第十三次会议批准	2020-1-19	2020-1-22	2020-5-1	制定
徐州市出租汽车客运条例	2019 年 12 月 25 日徐州市第十六届人民代表大会常务委员会第三十二次会议修改，2020 年 1 月 9 日江苏省第十三届人民代表大会常务委员会第十三次会议批准修改	2020-1-15	2020-1-22	2020-3-1	修改

续表

法规名称	通过或批准时间	公布时间	报备时间	施行时间	立法形式
徐州市农业机械安全监督管理条例	2019年12月25日徐州市第十六届人民代表大会常务委员会第三十二次会议修改，2020年1月9日江苏省第十三届人民代表大会常务委员会第十三次会议批准修改	2020-1-15	2020-1-22	2020-3-1	修改
徐州市残疾人保障条例	2019年12月25日徐州市第十六届人民代表大会常务委员会第三十二次会议通过，2020年1月9日江苏省第十三届人民代表大会常务委员会第十三次会议批准	2020-1-15	2020-1-22	2020-5-1	制定
南京市社会信用条例	2019年12月27日南京市第十六届人民代表大会常务委员会第十九次会议通过，2020年1月9日江苏省第十三届人民代表大会常务委员会第十三次会议批准	2020-1-16	2020-1-22	2020-7-1	制定
南京市养老服务条例	2019年12月27日南京市第十六届人民代表大会常务委员会第十九次会议通过，2020年1月9日江苏省第十三届人民代表大会常务委员会第十三次会议批准	2020-1-16	2020-1-22	2020-7-1	制定
苏州市精神卫生条例	2019年12月31日苏州市第十六届人民代表大会常务委员会第二十三次会议通过，2020年1月9日江苏省第十三届人民代表大会常务委员会第十三次会议批准	2020-1-19	2020-1-22	2020-5-1	制定
江苏省粮食流通条例	2020年1月9日江苏省第十三届人民代表大会常务委员会第十三次会议通过	2020-1-9	2020-1-22	2020-3-1	制定
江苏省燃气管理条例	2020年1月9日江苏省第十三届人民代表大会常务委员会第十三次会议修改	2020-1-9	2020-1-22	2020-5-1	修改
江苏省电力条例	2020年1月9日江苏省第十三届人民代表大会常务委员会第十三次会议通过	2020-1-9	2020-1-22	2020-5-1	制定
江苏省电力保护条例	在《江苏省电力条例》中被明文予以废止	2020-1-9	2020-1-22	2020-5-1	文中废止
江苏省生态环境监测条例	2020年1月9日江苏省第十三届人民代表大会常务委员会第十三次会议通过	2020-1-9	2020-1-22	2020-5-1	制定
江苏省人民代表大会常务委员会关于依法防控新型冠状病毒感染肺炎疫情切实保障人民群众生命健康安全的决定	2020年2月8日江苏省第十三届人民代表大会常务委员会第十四次会议通过	2020-2-8	2020-2-18	2020-2-8	制定
宿迁市文明行为促进条例	2020年2月26日宿迁市第五届人民代表大会常务委员会第二十一次会议通过，2020年3月3日江苏省第十三届人民代表大会常务委员会第十五次会议批准	2020-3-11	2020-3-20	2020-7-1	制定
苏州市献血条例	2020年2月28日苏州市第十六届人民代表大会常务委员会第二十五次会议修改，2020年3月3日江苏省第十三届人民代表大会常务委员会第十五次会议批准修改	2020-3-11	2020-3-20	2020-5-1	修改
淮安市大运河文化遗产保护条例	2020年2月28日淮安市第八届人民代表大会常务委员会第三十二次会议通过，2020年3月3日江苏省第十三届人民代表大会常务委员会第十五次会议批准	2020-3-12	2020-3-20	2020-6-1	制定

续表

法规名称	通过或批准时间	公布时间	报备时间	施行时间	立法形式
无锡市献血条例	2020 年 2 月 28 日无锡市第十六届人民代表大会常务委员会第二十八次会议通过，2020 年 3 月 3 日江苏省第十三届人民代表大会常务委员会第十五次会议批准	2020-3-12	2020-3-20	2020-6-14	制定
江苏省反间谍安全防范工作条例	2020 年 3 月 3 日江苏省第十三届人民代表大会常务委员会第十五次会议通过	2020-3-3	2020-3-20	2020-4-15	制定
江苏省农村公路条例	2020 年 3 月 3 日江苏省第十三届人民代表大会常务委员会第十五次会议通过	2020-3-3	2020-3-20	2020-6-1	制定
南通市住宅物业管理条例	2020 年 3 月 20 日南通市第十五届人民代表大会常务委员会第二十九次会议通过，2020 年 5 月 15 日江苏省第十三届人民代表大会常务委员会第十六次会议批准	2020-5-19	2020-6-3	2020-10-1	制定
连云港市电梯安全管理条例	2020 年 4 月 26 日连云港市第十四届人民代表大会常务委员会第二十六次会议通过，2020 年 5 月 15 日江苏省第十三届人民代表大会常务委员会第十六次会议批准	2020-5-22	2020-6-3	2020-8-1	制定
无锡市建设工程质量管理条例	2020 年 4 月 30 日无锡市第十六届人民代表大会常务委员会第二十九次会议通过，2020 年 5 月 15 日江苏省第十三届人民代表大会常务委员会第十六次会议批准	2020-5-18	2020-6-3	2020-8-1	制定
江苏省电动自行车管理条例	2020 年 5 月 15 日江苏省第十三届人民代表大会常务委员会第十六次会议通过	2020-5-15	2020-6-3	2020-7-1	制定
江苏省促进政务服务便利化条例	2020 年 5 月 15 日江苏省第十三届人民代表大会常务委员会第十六次会议通过	2020-5-15	2020-6-3	2020-7-1	制定
江苏省人民代表大会常务委员会关于资源税具体适用税率等有关事项的决定	2020 年 5 月 15 日江苏省第十三届人民代表大会常务委员会第十六次会议通过	2020-5-15	2020-6-3	2020-9-1	制定
镇江市文明行为促进条例	2020 年 6 月 19 日镇江市第八届人民代表大会常务委员会第二十七次会议通过，2020 年 7 月 31 日江苏省第十三届人民代表大会常务委员会第十七次会议批准	2020-8-6	2020-8-26	2020-9-1	制定
南京市文明行为促进条例	2020 年 6 月 24 日南京市第十六届人民代表大会常务委员会第二十三次会议通过，2020 年 7 月 31 日江苏省第十三届人民代表大会常务委员会第十七次会议批准	2020-8-7	2020-8-26	2020-8-20	制定
南京市生活垃圾管理条例	2020 年 6 月 24 日南京市第十六届人民代表大会常务委员会第二十三次会议通过，2020 年 7 月 31 日江苏省第十三届人民代表大会常务委员会第十七次会议批准	2020-8-7	2020-8-26	2020-11-1	制定
苏州市专利促进条例	2020 年 6 月 28 日苏州市第十六届人民代表大会常务委员会第二十七次会议修改，2020 年 7 月 31 日江苏省第十三届人民代表大会常务委员会第十七次会议批准修改	2020-8-10	2020-8-26	2020-9-1	修改

续表

法规名称	通过或批准时间	公布时间	报备时间	施行时间	立法形式
苏州市城乡规划条例	2020年6月28日苏州市第十六届人民代表大会常务委员会第二十七次会议修改，2020年7月31日江苏省第十三届人民代表大会常务委员会第十七次会议批准修改	2020-8-10	2020-8-26	2020-9-1	修改
苏州市妇女权益保障条例	2020年6月28日苏州市第十六届人民代表大会常务委员会第二十七次会议通过，2020年7月31日江苏省第十三届人民代表大会常务委员会第十七次会议批准	2020-8-10	2020-8-26	2020-10-1	制定
徐州市工业固体废物管理条例	2020年6月30日徐州市第十六届人民代表大会常务委员会第三十六次会议通过，2020年7月31日江苏省第十三届人民代表大会常务委员会第十七次会议批准	2020-8-10	2020-8-26	2020-10-1	制定
无锡市养老机构条例	2020年7月1日无锡市第十六届人民代表大会常务委员会第三十次会议修改,2020年7月31日江苏省第十三届人民代表大会常务委员会第十七次会议批准修改	2020-8-11	2020-8-26	2020-8-11	修改
无锡市排水管理条例	2020年7月1日无锡市第十六届人民代表大会常务委员会第三十次会议修改,2020年7月31日江苏省第十三届人民代表大会常务委员会第十七次会议批准修改	2020-8-11	2020-8-26	2020-8-11	修改
江苏省野生动物保护条例	2020年7月31日江苏省第十三届人民代表大会常务委员会第十七次会议修改	2020-7-31	2020-8-26	2020-7-31	修改
江苏省矿产资源管理条例	2020年7月31日江苏省第十三届人民代表大会常务委员会第十七次会议修改	2020-7-31	2020-8-26	2020-7-31	修改
江苏省地质环境保护条例	2020年7月31日江苏省第十三届人民代表大会常务委员会第十七次会议修改	2020-7-31	2020-8-26	2020-7-31	修改
江苏省渔业管理条例	2020年7月31日江苏省第十三届人民代表大会常务委员会第十七次会议修改	2020-7-31	2020-8-26	2020-7-31	修改
江苏省渔业港口和渔业船舶管理条例	2020年7月31日江苏省第十三届人民代表大会常务委员会第十七次会议修改	2020-7-31	2020-8-26	2020-7-31	修改
江苏省消费者权益保护条例	2020年7月31日江苏省第十三届人民代表大会常务委员会第十七次会议修改	2020-7-31	2020-8-26	2020-7-31	修改
江苏省妇女权益保障条例	2020年7月31日江苏省第十三届人民代表大会常务委员会第十七次会议修改	2020-7-31	2020-8-26	2020-7-31	修改
江苏省工会劳动法律监督条例	2020年7月31日江苏省第十三届人民代表大会常务委员会第十七次会议修改	2020-7-31	2020-8-26	2020-7-31	修改
江苏省企业民主管理条例	2020年7月31日江苏省第十三届人民代表大会常务委员会第十七次会议修改	2020-7-31	2020-8-26	2020-7-31	修改
江苏省集体合同条例	2020年7月31日江苏省第十三届人民代表大会常务委员会第十七次会议修改	2020-7-31	2020-8-26	2020-7-31	修改
江苏省社会保险费征缴条例	2020年7月31日江苏省第十三届人民代表大会常务委员会第十七次会议修改	2020-7-31	2020-8-26	2020-7-31	修改
江苏省社会保险基金监督条例	2020年7月31日江苏省第十三届人民代表大会常务委员会第十七次会议修改	2020-7-31	2020-8-26	2020-7-31	修改
江苏省中医药条例	2020年7月31日江苏省第十三届人民代表大会常务委员会第十七次会议通过	2020-7-31	2020-8-26	2020-10-1	制定

续表

法规名称	通过或批准时间	公布时间	报备时间	施行时间	立法形式
江苏省发展中医条例	在《江苏省中医药条例》中被明文予以废止	2020-7-31	2020-8-26	2020-10-1	文中废止
江苏省人民代表大会常务委员会关于加强小餐饮管理的决定	2020年7月31日江苏省第十三届人民代表大会常务委员会第十七次会议通过	2020-7-31	2020-8-26	2021-1-1	制定
江苏省各级人民代表大会常务委员会规范性文件备案审查条例	2020年7月31日江苏省第十三届人民代表大会常务委员会第十七次会议修改	2020-7-31	2020-8-26	2021-1-1	修改
南京市供水和节约用水管理条例	2020年8月13日南京市第十六届人民代表大会常务委员会第二十四次会议通过，2020年9月25日江苏省第十三届人民代表大会常务委员会第十八次会议批准	2020-10-13	2020-10-21	2021-1-1	制定
南京市城市供水和节约用水管理条例	在《南京市供水和节约用水管理条例》中被明文予以废止	2020-10-13	2020-10-21	2021-1-1	文中废止
盐城市安全生产条例	2020年8月19日盐城市第八届人民代表大会常务委员会第三十次会议通过，2020年9月25日江苏省第十三届人民代表大会常务委员会第十八次会议批准	2020-10-9	2020-10-21	2020-12-1	制定
苏州市禁止猎捕陆生野生动物条例	2020年8月26日苏州市第十六届人民代表大会常务委员会第二十八次会议修改，2020年9月25日江苏省第十三届人民代表大会常务委员会第十八次会议批准修改	2020-9-30	2020-10-21	2020-11-1	修改
苏州市道路交通安全条例	2020年8月26日苏州市第十六届人民代表大会常务委员会第二十八次会议修改，2020年9月25日江苏省第十三届人民代表大会常务委员会第十八次会议批准修改	2020-9-30	2020-10-21	2021-1-1	修改
无锡市轨道交通条例	2020年8月27日无锡市第十六届人民代表大会常务委员会第三十二次会议修改，2020年9月25日江苏省第十三届人民代表大会常务委员会第十八次会议批准修改	2020-10-10	2020-10-21	2021-1-1	修改
无锡市不动产登记条例	2020年8月27日无锡市第十六届人民代表大会常务委员会第三十二次会议修改，2020年9月25日江苏省第十三届人民代表大会常务委员会第十八次会议批准修改	2020-10-10	2020-10-21	2021-1-1	修改
泰州市住宅物业管理条例	2020年8月28日泰州市第五届人民代表大会常务委员会第二十九次会议通过，2020年9月25日江苏省第十三届人民代表大会常务委员会第十八次会议批准	2020-9-30	2020-10-21	2021-1-1	制定
宿迁市机动车停车场管理条例	2020年8月28日宿迁市第五届人民代表大会常务委员会第二十四次会议通过，2020年9月25日江苏省第十三届人民代表大会常务委员会第十八次会议批准	2020-9-30	2020-10-21	2021-5-1	制定
徐州市生活垃圾管理条例	2020年8月28日徐州市第十六届人民代表大会常务委员会第三十七次会议通过，2020年9月25日江苏省第十三届人民代表大会常务委员会第十八次会议批准	2020-10-9	2020-10-21	2020-12-1	制定

续表

法规名称	通过或批准时间	公布时间	报备时间	施行时间	立法形式
连云港市旅游促进条例	2020年8月28日连云港市第十四届人民代表大会常务委员会第二十九次会议通过，2020年9月25日江苏省第十三届人民代表大会常务委员会第十八次会议批准	2020-10-9	2020-10-21	2021-1-1	制定
扬州市住宅物业管理条例	2020年8月28日扬州市第八届人民代表大会常务委员会第三十次会议通过，2020年9月25日江苏省第十三届人民代表大会常务委员会第十八次会议批准	2020-10-9	2020-10-21	2021-1-1	制定
镇江市电梯安全管理条例	2020年8月28日镇江市第八届人民代表大会常务委员会第二十八次会议通过，2020年9月25日江苏省第十三届人民代表大会常务委员会第十八次会议批准	2020-10-10	2020-10-21	2021-1-1	制定
江苏省人民代表大会常务委员会关于促进和保障长三角生态绿色一体化发展示范区建设若干问题的决定	2020年9月25日江苏省第十三届人民代表大会常务委员会第十八次会议通过	2020-9-25	2020-10-21	2020-10-1	制定
江苏省公安机关警务辅助人员管理条例	2020年9月25日江苏省第十三届人民代表大会常务委员会第十八次会议通过	2020-9-25	2020-10-21	2020-11-1	制定
南通市义务教育优质均衡发展条例	2020年9月18日南通市第十五届人民代表大会常务委员会第三十二次会议通过，2020年11月27日江苏省第十三届人民代表大会常务委员会第十九次会议批准	2020-12-9	2020-12-23	2021-3-1	制定
南京市土地监察条例	2020年10月22日南京市第十六届人民代表大会常务委员会第二十五次会议废止，2020年11月27日江苏省第十三届人民代表大会常务委员会第十九次会议批准废止	2020-12-11	2020-12-23	2020-12-11	废止
南京市种畜禽管理条例	2020年10月22日南京市第十六届人民代表大会常务委员会第二十五次会议废止，2020年11月27日江苏省第十三届人民代表大会常务委员会第十九次会议批准废止	2020-12-11	2020-12-23	2020-12-11	废止
南京市夫子庙秦淮风光带风景名胜区条例	2020年10月22日南京市第十六届人民代表大会常务委员会第二十五次会议通过，2020年11月27日江苏省第十三届人民代表大会常务委员会第十九次会议批准	2020-12-11	2020-12-23	2021-1-1	制定
南京市夫子庙秦淮风光带条例	在《南京市夫子庙秦淮风光带风景名胜区条例》中被明文予以废止	2020-12-11	2020-12-23	2021-1-1	文中废止
南京市商品交易市场管理条例	2020年10月22日南京市第十六届人民代表大会常务委员会第二十五次会议修改，2020年11月27日江苏省第十三届人民代表大会常务委员会第十九次会议批准修改	2020-12-11	2020-12-23	2021-1-1	修改
徐州市节约用水条例	2020年10月28日徐州市第十六届人民代表大会常务委员会第三十八次会议修改，2020年11月27日江苏省第十三届人民代表大会常务委员会第十九次会议批准修改	2020-12-9	2020-12-23	2021-1-1	修改

续表

法规名称	通过或批准时间	公布时间	报备时间	施行时间	立法形式
苏州市供水条例	2020年10月28日苏州市第十六届人民代表大会常务委员会第二十九次会议通过，2020年11月27日江苏省第十三届人民代表大会常务委员会第十九次会议批准	2020-12-9	2020-12-23	2021-3-22	制定
宿迁市农贸市场管理条例	2020年10月28日宿迁市第五届人民代表大会常务委员会第二十五次会议通过，2020年11月27日江苏省第十三届人民代表大会常务委员会第十九次会议批准	2020-12-9	2020-12-23	2021-5-1	制定
无锡市盐业管理条例	2020年10月29日无锡市第十六届人民代表大会常务委员会第三十三次会议废止，2020年11月27日江苏省第十三届人民代表大会常务委员会第十九次会议批准废止	2020-12-9	2020-12-23	2020-12-9	废止
无锡市房屋居住权处理办法	2020年10月29日无锡市第十六届人民代表大会常务委员会第三十三次会议废止，2020年11月27日江苏省第十三届人民代表大会常务委员会第十九次会议批准废止	2020-12-9	2020-12-23	2020-12-9	废止
无锡市社会医疗机构管理条例	2020年10月29日无锡市第十六届人民代表大会常务委员会第三十三次会议修改，2020年11月27日江苏省第十三届人民代表大会常务委员会第十九次会议批准修改	2020-12-9	2020-12-23	2021-1-1	修改
无锡市粮油流通安全条例	2020年10月29日无锡市第十六届人民代表大会常务委员会第三十三次会议修改，2020年11月27日江苏省第十三届人民代表大会常务委员会第十九次会议批准修改	2020-12-9	2020-12-23	2021-1-1	修改
无锡市促进中小企业转型发展条例	2020年10月29日无锡市第十六届人民代表大会常务委员会第三十三次会议修改，2020年11月27日江苏省第十三届人民代表大会常务委员会第十九次会议批准修改	2020-12-9	2020-12-23	2021-1-1	修改
盐城市饮用水安全保护条例	2020年10月29日盐城市第八届人民代表大会常务委员会第三十二次会议通过，2020年11月27日江苏省第十三届人民代表大会常务委员会第十九次会议批准	2020-12-10	2020-12-23	2021-3-1	制定
泰州市垛田保护条例	2020年10月29日泰州市第五届人民代表大会常务委员会第三十次会议通过,2020年11月27日江苏省第十三届人民代表大会常务委员会第十九次会议批准	2020-12-11	2020-12-23	2021-3-1	制定
淮安市人民代表大会常务委员会关于加强安全生产管理的决定	2020年10月29日淮安市第八届人民代表大会常务委员会第三十六次会议通过，2020年11月27日江苏省第十三届人民代表大会常务委员会第十九次会议批准	2020-12-12	2020-12-23	2021-2-1	制定
淮安市住宅电梯安全条例	2020年10月29日淮安市第八届人民代表大会常务委员会第三十六次会议通过，2020年11月27日江苏省第十三届人民代表大会常务委员会第十九次会议批准	2020-12-12	2020-12-23	2021-3-1	制定

续表

法规名称	通过或批准时间	公布时间	报备时间	施行时间	立法形式
扬州市旅游促进条例	2020年10月30日扬州市第八届人民代表大会常务委员会第三十一次会议通过，2020年11月27日江苏省第十三届人民代表大会常务委员会第十九次会议批准	2020-11-27	2020-12-23	2021-1-1	制定
常州市城市绿化条例	2020年10月30日常州市第十六届人民代表大会常务委员会第二十八次会议通过，2020年11月27日江苏省第十三届人民代表大会常务委员会第十九次会议批准	2020-12-9	2020-12-23	2021-3-1	制定
连云港市养老服务促进条例	2020年10月30日连云港市第十四届人民代表大会常务委员会第三十次会议通过，2020年11月27日江苏省第十三届人民代表大会常务委员会第十九次会议批准	2020-12-10	2020-12-23	2021-2-1	制定
江苏省物业管理条例	2020年11月27日江苏省第十三届人民代表大会常务委员会第十九次会议修改	2020-11-27	2020-12-23	2020-11-27	修改
江苏省城市房地产交易管理条例	2020年11月27日江苏省第十三届人民代表大会常务委员会第十九次会议修改	2020-11-27	2020-12-23	2020-11-27	修改
江苏省海域使用管理条例	2020年11月27日江苏省第十三届人民代表大会常务委员会第十九次会议修改	2020-11-27	2020-12-23	2020-11-27	修改
江苏省不动产登记条例	2020年11月27日江苏省第十三届人民代表大会常务委员会第十九次会议修改	2020-11-27	2020-12-23	2020-11-27	修改
江苏省农村土地承包经营权保护条例	2020年11月27日江苏省第十三届人民代表大会常务委员会第十九次会议修改	2020-11-27	2020-12-23	2020-11-27	修改
江苏省审计条例	2020年11月27日江苏省第十三届人民代表大会常务委员会第十九次会议修改	2020-11-27	2020-12-23	2020-11-27	修改
江苏省经纪人条例	2020年11月27日江苏省第十三届人民代表大会常务委员会第十九次会议废止	2020-11-27	2020-12-23	2020-11-27	废止
江苏省村镇规划建设管理条例	2020年11月27日江苏省第十三届人民代表大会常务委员会第十九次会议废止	2020-11-27	2020-12-23	2020-11-27	废止
江苏省优化营商环境条例	2020年11月27日江苏省第十三届人民代表大会常务委员会第十九次会议通过	2020-11-27	2020-12-23	2021-1-1	制定
昆山深化两岸产业合作试验区条例	2020年11月27日江苏省第十三届人民代表大会常务委员会第十九次会议通过	2020-11-27	2020-12-23	2021-1-1	制定
江苏省人民代表大会常务委员会关于加强检察公益诉讼工作的决定	2020年11月27日江苏省第十三届人民代表大会常务委员会第十九次会议通过	2020-11-27	2020-12-23	2021-1-1	制定
江苏省农村水利条例	2020年11月27日江苏省第十三届人民代表大会常务委员会第十九次会议通过	2020-11-27	2020-12-23	2021-2-1	制定
江苏省水污染防治条例	2020年11月27日江苏省第十三届人民代表大会常务委员会第十九次会议通过	2020-11-27	2020-12-23	2021-5-1	制定

浙江省地方性法规目录

（114件）

法规名称	通过或批准时间	公布时间	报备时间	施行时间	立法形式
浙江省民营企业发展促进条例	2020年1月16日浙江省第十三届人民代表大会第三次会议通过	2020-1-16	2020-2-26	2020-2-1	制定
浙江省人民代表大会常务委员会关于依法全力做好当前新型冠状病毒感染肺炎疫情防控工作的决定	2020年2月7日浙江省第十三届人民代表大会常务委员会第十八次会议通过	2020-2-7	2020-2-26	2020-2-7	制定
台州市企业信用促进条例	2019年12月18日台州市第五届人民代表大会常务委员会第二十四次会议通过，2020年3月26日浙江省第十三届人民代表大会常务委员会第十九次会议批准	2020-4-2	2020-4-24	2020-7-1	制定
杭州市居家养老服务条例	2019年12月23日杭州市第十三届人民代表大会常务委员会第二十三次会议通过，2020年3月26日浙江省第十三届人民代表大会常务委员会第十九次会议批准	2020-4-8	2020-7-13	2020-10-1	制定
温州市养犬管理条例	2019年12月24日温州市第十三届人民代表大会常务委员会第二十五次会议通过，2020年3月26日浙江省第十三届人民代表大会常务委员会第十九次会议批准	2020-4-7	2020-4-24	2020-7-1	制定
湖州市大气污染防治规定	2019年12月26日湖州市第八届人民代表大会常务委员会第二十四次会议通过，2020年3月26日浙江省第十三届人民代表大会常务委员会第十九次会议批准	2020-3-30	2020-4-24	2020-4-1	制定
宁波市地名管理条例	2019年12月26日宁波市第十五届人民代表大会常务委员会第二十五次会议通过，2020年3月26日浙江省第十三届人民代表大会常务委员会第十九次会议批准	2020-4-9	2020-7-13	2020-5-1	制定
宁波市养犬管理条例	2019年12月26日宁波市第十五届人民代表大会常务委员会第二十五次会议通过，2020年3月26日浙江省第十三届人民代表大会常务委员会第十九次会议批准	2020-4-9	2020-7-13	2020-6-1	制定
宁波市限制养犬规定	在《宁波市养犬管理条例》中被明文予以废止	2020-4-9	2020-7-13	2020-6-1	文中废止
嘉兴市户外广告和招牌设置条例	2019年12月27日嘉兴市第八届人民代表大会常务委员会第二十二次会议修改，2020年3月26日浙江省第十三届人民代表大会常务委员会第十九次会议批准修改	2020-4-10	2020-4-24	2020-4-10	修改
嘉兴市餐饮业油烟管理办法	2019年12月27日嘉兴市第八届人民代表大会常务委员会第二十二次会议通过，2020年3月26日浙江省第十三届人民代表大会常务委员会第十九次会议批准	2020-4-10	2020-4-24	2020-7-1	制定

续表

法规名称	通过或批准时间	公布时间	报备时间	施行时间	立法形式
舟山市养犬管理条例	2020年1月20日舟山市第七届人民代表大会常务委员会第三十次会议通过,2020年3月26日浙江省第十三届人民代表大会常务委员会第十九次会议批准	2020-7-1	2020-7-23	2020-9-1	制定
浙江省人民代表大会常务委员会关于全面禁止非法交易和滥食野生动物的决定	2020年3月26日浙江省第十三届人民代表大会常务委员会第十九次会议通过	2020-3-26	2020-4-17	2020-3-26	制定
宁波市献血条例	2020年3月10日宁波市第十五届人民代表大会常务委员会第二十八次会议修改,2020年5月15日浙江省第十三届人民代表大会常务委员会第二十一次会议批准修改	2020-6-5	2020-7-1	2020-6-5	修改
宁波市学校安全条例	2020年3月10日宁波市第十五届人民代表大会常务委员会第二十八次会议修改,2020年5月15日浙江省第十三届人民代表大会常务委员会第二十一次会议批准修改	2020-6-5	2020-7-1	2020-6-5	修改
宁波市农业机械管理条例	2020年3月10日宁波市第十五届人民代表大会常务委员会第二十八次会议修改,2020年5月15日浙江省第十三届人民代表大会常务委员会第二十一次会议批准修改	2020-6-5	2020-7-1	2020-6-5	修改
宁波市台湾同胞投资保障条例	2020年3月10日宁波市第十五届人民代表大会常务委员会第二十八次会议修改,2020年5月15日浙江省第十三届人民代表大会常务委员会第二十一次会议批准修改	2020-6-5	2020-7-1	2020-6-5	修改
衢州市文明行为促进条例	2020年4月21日衢州市第七届人民代表大会常务委员会第二十五次会议通过,2020年5月15日浙江省第十三届人民代表大会常务委员会第二十一次会议批准	2020-5-22	2020-6-20	2020-5-22	制定
浙江省电动自行车管理条例	2020年5月15日浙江省第十三届人民代表大会常务委员会第二十一次会议通过	2020-5-15	2020-6-12	2020-7-1	制定
浙江省地方金融条例	2020年5月15日浙江省第十三届人民代表大会常务委员会第二十一次会议通过	2020-5-15	2020-6-12	2020-8-1	制定
浙江省公路条例	2020年5月15日浙江省第十三届人民代表大会常务委员会第二十一次会议通过	2020-5-15	2020-6-12	2020-9-1	制定
浙江省公路路政管理条例	在《浙江省公路条例》中被明文予以废止	2020-5-15	2020-6-12	2020-9-1	文中废止
金华市大气污染防治规定	2020年4月23日金华市第七届人民代表大会常务委员会第二十七次会议通过,2020年7月31日浙江省第十三届人民代表大会常务委员会第二十二次会议批准	2020-8-12	2020-10-12	2020-8-15	制定
温州市荣誉市民条例	2020年4月24日温州市第十三届人民代表大会第五次会议通过,2020年7月31日浙江省第十三届人民代表大会常务委员会第二十二次会议批准	2020-8-7	2020-9-22	2020-10-1	制定

续表

法规名称	通过或批准时间	公布时间	报备时间	施行时间	立法形式
宁波市公共资源交易管理条例	2020年4月24日宁波市第十五届人民代表大会常务委员会第二十九次会议通过，2020年7月31日浙江省第十三届人民代表大会常务委员会第二十二次会议批准	2020-8-11	2020-9-22	2020-10-1	制定
宁波市医疗纠纷预防与处置条例	2020年4月24日宁波市第十五届人民代表大会常务委员会第二十九次会议修改，2020年7月31日浙江省第十三届人民代表大会常务委员会第二十二次会议批准修改	2020-8-17	2020-9-22	2020-8-17	修改
台州市文明行为促进条例	2020年4月27日台州市第五届人民代表大会第五次会议通过，2020年7月31日浙江省第十三届人民代表大会常务委员会第二十二次会议批准	2020-8-20	2020-9-25	2020-10-1	制定
绍兴市村庄规划建设条例	2020年4月29日绍兴市第八届人民代表大会第五次会议通过，2020年7月31日浙江省第十三届人民代表大会常务委员会第二十二次会议批准	2020-8-18	2020-10-12	2020-9-1	制定
台州市长潭水库饮用水水源保护条例	2020年5月13日台州市第五届人民代表大会常务委员会第三十一次会议通过，2020年7月31日浙江省第十三届人民代表大会常务委员会第二十二次会议批准	2020-8-20	2020-9-25	2020-10-1	制定
丽水市文明行为促进条例	2020年5月29日丽水市第四届人民代表大会常务委员会第二十五次会议通过，2020年7月31日浙江省第十三届人民代表大会常务委员会第二十二次会议批准	2020-8-14	2020-9-7	2020-11-1	制定
丽水市城市养犬管理规定	2020年5月29日丽水市第四届人民代表大会常务委员会第二十五次会议通过，2020年7月31日浙江省第十三届人民代表大会常务委员会第二十二次会议批准	2020-8-14	2020-9-7	2020-11-1	制定
湖州市制定地方性法规条例	2020年5月29日湖州市第八届人民代表大会常务委员会第二十八次会议修改，2020年7月31日浙江省第十三届人民代表大会常务委员会第二十二次会议批准修改	2020-8-28	2020-9-7	2020-8-28	修改
杭州市钱塘江综合保护与发展条例	2020年6月19日杭州市第十三届人民代表大会常务委员会第二十八次会议通过，2020年7月31日浙江省第十三届人民代表大会常务委员会第二十二次会议批准	2020-8-17	2020-9-7	2020-10-1	制定
嘉兴市生活垃圾分类管理条例	2020年6月28日嘉兴市第八届人民代表大会常务委员会第二十六次会议通过，2020年7月31日浙江省第十三届人民代表大会常务委员会第二十二次会议批准	2020-8-11	2020-9-7	2020-9-1	制定
金华市文明行为促进条例	2020年6月29日金华市第七届人民代表大会常务委员会第二十九次会议修改，2020年7月31日浙江省第十三届人民代表大会常务委员会第二十二次会议批准修改	2020-8-12	2020-10-12	2020-8-12	修改

续表

法规名称	通过或批准时间	公布时间	报备时间	施行时间	立法形式
金华市无偿施救规定	2020年6月29日金华市第七届人民代表大会常务委员会第二十九次会议通过，2020年7月31日浙江省第十三届人民代表大会常务委员会第二十二次会议批准	2020-8-12	2020-10-12	2020-9-12	制定
宁波市燃气管理条例	2020年6月29日宁波市第十五届人民代表大会常务委员会第三十次会议修改，2020年7月31日浙江省第十三届人民代表大会常务委员会第二十二次会议批准修改	2020-8-17	2020-9-22	2020-8-17	修改
宁波市公路养护管理条例	2020年6月29日宁波市第十五届人民代表大会常务委员会第三十次会议修改，2020年7月31日浙江省第十三届人民代表大会常务委员会第二十二次会议批准修改	2020-8-17	2020-9-22	2020-8-17	修改
宁波市轨道交通运营管理条例	2020年6月29日宁波市第十五届人民代表大会常务委员会第三十次会议修改，2020年7月31日浙江省第十三届人民代表大会常务委员会第二十二次会议批准修改	2020-8-17	2020-9-22	2020-8-17	修改
宁波市遗体捐献条例	2020年6月29日宁波市第十五届人民代表大会常务委员会第三十次会议修改，2020年7月31日浙江省第十三届人民代表大会常务委员会第二十二次会议批准修改	2020-8-17	2020-9-22	2020-8-17	修改
浙江省村民委员会选举办法	2020年7月31日浙江省第十三届人民代表大会常务委员会第二十二次会议修改	2020-7-31	2020-8-19	2020-7-31	修改
浙江省实施《中华人民共和国村民委员会组织法》办法	2020年7月31日浙江省第十三届人民代表大会常务委员会第二十二次会议修改	2020-7-31	2020-8-19	2020-7-31	修改
浙江省村经济合作社组织条例	2020年7月31日浙江省第十三届人民代表大会常务委员会第二十二次会议修改	2020-7-31	2020-8-19	2020-7-31	修改
浙江省广告管理条例	2020年7月31日浙江省第十三届人民代表大会常务委员会第二十二次会议修改	2020-7-31	2020-8-19	2020-9-1	修改
浙江省人民代表大会常务委员会关于资源税具体适用税率等事项的决定	2020年7月31日浙江省第十三届人民代表大会常务委员会第二十二次会议通过	2020-7-31	2020-8-19	2020-9-1	制定
绍兴市道路交通安全管理若干规定	2020年7月30日绍兴市第八届人民代表大会常务委员会第三十二次会议通过，2020年9月24日浙江省第十三届人民代表大会常务委员会第二十四次会议批准	2020-10-9	2020-11-3	2020-12-1	制定
湖州市法治乡村建设条例	2020年8月27日湖州市第八届人民代表大会常务委员会第三十次会议通过，2020年9月24日浙江省第十三届人民代表大会常务委员会第二十四次会议批准	2020-10-9	2020-11-3	2020-11-1	制定
宁波市职业教育校企合作促进条例	2020年8月28日宁波市第十五届人民代表大会常务委员会第三十二次会议修改，2020年9月24日浙江省第十三届人民代表大会常务委员会第二十四次会议批准修改	2020-10-10	2020-11-3	2020-10-10	修改

续表

法规名称	通过或批准时间	公布时间	报备时间	施行时间	立法形式
宁波市电梯安全条例	2020年8月28日宁波市第十五届人民代表大会常务委员会第三十二次会议通过，2020年9月24日浙江省第十三届人民代表大会常务委员会第二十四次会议批准	2020-10-10	2020-11-3	2021-1-1	制定
浙江省农村集体资产管理条例	2020年9月24日浙江省第十三届人民代表大会常务委员会第二十四次会议修改	2020-9-24	2020-10-12	2020-9-24	修改
浙江省农产品质量安全规定	2020年9月24日浙江省第十三届人民代表大会常务委员会第二十四次会议修改	2020-9-24	2020-10-12	2020-9-24	修改
浙江省渔港渔业船舶管理条例	2020年9月24日浙江省第十三届人民代表大会常务委员会第二十四次会议修改	2020-9-24	2020-10-12	2020-9-24	修改
浙江省渔业管理条例	2020年9月24日浙江省第十三届人民代表大会常务委员会第二十四次会议修改	2020-9-24	2020-10-12	2020-9-24	修改
浙江省农业机械化促进条例	2020年9月24日浙江省第十三届人民代表大会常务委员会第二十四次会议修改	2020-9-24	2020-10-12	2020-9-24	修改
浙江省蚕种管理条例	2020年9月24日浙江省第十三届人民代表大会常务委员会第二十四次会议修改	2020-9-24	2020-10-12	2020-9-24	修改
浙江省实施《中华人民共和国农业技术推广法》办法	2020年9月24日浙江省第十三届人民代表大会常务委员会第二十四次会议修改	2020-9-24	2020-10-12	2020-9-24	修改
浙江省社会救助条例	2020年9月24日浙江省第十三届人民代表大会常务委员会第二十四次会议修改	2020-9-24	2020-10-12	2020-9-24	修改
浙江省劳动人事争议调解仲裁条例	2020年9月24日浙江省第十三届人民代表大会常务委员会第二十四次会议修改	2020-9-24	2020-10-12	2020-9-24	修改
浙江省劳动保障监察条例	2020年9月24日浙江省第十三届人民代表大会常务委员会第二十四次会议修改	2020-9-24	2020-10-12	2020-9-24	修改
浙江省工伤保险条例	2020年9月24日浙江省第十三届人民代表大会常务委员会第二十四次会议修改	2020-9-24	2020-10-12	2020-9-24	修改
浙江省军人军属权益保障条例	2020年9月24日浙江省第十三届人民代表大会常务委员会第二十四次会议修改	2020-9-24	2020-10-12	2020-9-24	修改
浙江省国防教育条例	2020年9月24日浙江省第十三届人民代表大会常务委员会第二十四次会议修改	2020-9-24	2020-10-12	2020-9-24	修改
浙江省房屋使用安全管理条例	2020年9月24日浙江省第十三届人民代表大会常务委员会第二十四次会议修改	2020-9-24	2020-10-12	2020-9-24	修改
浙江省国有土地上房屋征收与补偿条例	2020年9月24日浙江省第十三届人民代表大会常务委员会第二十四次会议修改	2020-9-24	2020-10-12	2020-9-24	修改
浙江省绿色建筑条例	2020年9月24日浙江省第十三届人民代表大会常务委员会第二十四次会议修改	2020-9-24	2020-10-12	2020-9-24	修改
浙江省燃气管理条例	2020年9月24日浙江省第十三届人民代表大会常务委员会第二十四次会议修改	2020-9-24	2020-10-12	2020-9-24	修改
浙江省违法建筑处置规定	2020年9月24日浙江省第十三届人民代表大会常务委员会第二十四次会议修改	2020-9-24	2020-10-12	2020-9-24	修改
浙江省历史文化名城名镇名村保护条例	2020年9月24日浙江省第十三届人民代表大会常务委员会第二十四次会议修改	2020-9-24	2020-10-12	2020-9-24	修改
浙江省城市景观风貌条例	2020年9月24日浙江省第十三届人民代表大会常务委员会第二十四次会议修改	2020-9-24	2020-10-12	2020-9-24	修改
浙江省取缔无照经营条例	2020年9月24日浙江省第十三届人民代表大会常务委员会第二十四次会议废止	2020-9-24	2020-10-12	2020-9-24	废止

续表

法规名称	通过或批准时间	公布时间	报备时间	施行时间	立法形式
浙江省军事设施保护实施办法	2020年9月24日浙江省第十三届人民代表大会常务委员会第二十四次会议废止	2020-9-24	2020-10-12	2020-9-24	废止
浙江省民兵工作实施办法	2020年9月24日浙江省第十三届人民代表大会常务委员会第二十四次会议废止	2020-9-24	2020-10-12	2020-9-24	废止
浙江省职工教育条例	2020年9月24日浙江省第十三届人民代表大会常务委员会第二十四次会议废止	2020-9-24	2020-10-12	2020-9-24	废止
浙江省人民代表大会常务委员会关于保障和促进义乌市国际贸易综合改革试点工作的决定	2020年9月24日浙江省第十三届人民代表大会常务委员会第二十四次会议废止	2020-9-24	2020-10-12	2020-9-24	废止
浙江省人民代表大会常务委员会关于加强畜禽养殖污染防治促进畜牧业转型升级的决定	2020年9月24日浙江省第十三届人民代表大会常务委员会第二十四次会议废止	2020-9-24	2020-10-12	2020-9-24	废止
浙江省人民代表大会常务委员会关于推进和保障桐庐县深化“最多跑一次”改革的决定	2020年9月24日浙江省第十三届人民代表大会常务委员会第二十四次会议废止	2020-9-24	2020-10-12	2020-9-24	废止
浙江省人民代表大会常务委员会关于促进和保障长三角生态绿色一体化发展示范区建设若干问题的决定	2020年9月24日浙江省第十三届人民代表大会常务委员会第二十四次会议通过	2020-9-24	2020-10-12	2020-10-1	制定
浙江省水资源条例	2020年9月24日浙江省第十三届人民代表大会常务委员会第二十四次会议通过	2020-9-24	2020-10-12	2021-1-1	制定
浙江省水资源管理条例	在《浙江省水资源条例》中被明文予以废止	2020-9-24	2020-10-12	2021-1-1	文中废止
浙江省大运河世界文化遗产保护条例	2020年9月24日浙江省第十三届人民代表大会常务委员会第二十四次会议通过	2020-9-24	2020-10-12	2021-1-1	制定
杭州市公安机关警务辅助人员管理规定	2020年10月27日杭州市第十三届人民代表大会常务委员会第三十次会议通过，2020年11月27日浙江省第十三届人民代表大会常务委员会第二十五次会议批准	2020-12-9	2020-12-17	2021-1-1	制定
宁波市公安机关警务辅助人员管理规定	2020年10月28日宁波市第十五届人民代表大会常务委员会第三十三次会议通过，2020年11月27日浙江省第十三届人民代表大会常务委员会第二十五次会议批准	2020-12-9	2020-12-17	2021-1-1	制定
杭州城市大脑赋能城市治理促进条例	2020年10月27日杭州市第十三届人民代表大会常务委员会第三十次会议通过，2020年11月27日浙江省第十三届人民代表大会常务委员会第二十五次会议批准	2020-12-9	2020-12-17	2021-3-1	制定
浙江省人民代表大会常务委员会议事规则	2020年11月27日浙江省第十三届人民代表大会常务委员会第二十五次会议修改	2020-11-27	2020-12-17	2020-11-27	修改
浙江省见义勇为人员奖励和保障条例	2020年11月27日浙江省第十三届人民代表大会常务委员会第二十五次会议修改	2020-11-27	2020-12-17	2020-11-27	修改
浙江省实施《中华人民共和国老年人权益保障法》办法	2020年11月27日浙江省第十三届人民代表大会常务委员会第二十五次会议修改	2020-11-27	2020-12-17	2020-11-27	修改

续表

法规名称	通过或批准时间	公布时间	报备时间	施行时间	立法形式
浙江省实施《中华人民共和国献血法》办法	2020 年 11 月 27 日浙江省第十三届人民代表大会常务委员会第二十五次会议修改	2020-11-27	2020-12-17	2020-11-27	修改
浙江省艾滋病防治条例	2020 年 11 月 27 日浙江省第十三届人民代表大会常务委员会第二十五次会议修改	2020-11-27	2020-12-17	2020-11-27	修改
浙江省实施《中华人民共和国人民防空法》办法	2020 年 11 月 27 日浙江省第十三届人民代表大会常务委员会第二十五次会议修改	2020-11-27	2020-12-17	2020-11-27	修改
浙江省港口管理条例	2020 年 11 月 27 日浙江省第十三届人民代表大会常务委员会第二十五次会议修改	2020-11-27	2020-12-17	2020-11-27	修改
浙江省航道管理条例	2020 年 11 月 27 日浙江省第十三届人民代表大会常务委员会第二十五次会议修改	2020-11-27	2020-12-17	2020-11-27	修改
浙江省交通建设工程质量和安全生产管理条例	2020 年 11 月 27 日浙江省第十三届人民代表大会常务委员会第二十五次会议修改	2020-11-27	2020-12-17	2020-11-27	修改
浙江省政府非税收入管理条例	2020 年 11 月 27 日浙江省第十三届人民代表大会常务委员会第二十五次会议修改	2020-11-27	2020-12-17	2020-11-27	修改
浙江省统计工作监督管理条例	2020 年 11 月 27 日浙江省第十三届人民代表大会常务委员会第二十五次会议修改	2020-11-27	2020-12-17	2020-11-27	修改
浙江省气象条例	2020 年 11 月 27 日浙江省第十三届人民代表大会常务委员会第二十五次会议修改	2020-11-27	2020-12-17	2020-11-27	修改
浙江省气象灾害防御条例	2020 年 11 月 27 日浙江省第十三届人民代表大会常务委员会第二十五次会议修改	2020-11-27	2020-12-17	2020-11-27	修改
浙江省水文管理条例	2020 年 11 月 27 日浙江省第十三届人民代表大会常务委员会第二十五次会议修改	2020-11-27	2020-12-17	2020-11-27	修改
浙江省水利工程安全管理条例	2020 年 11 月 27 日浙江省第十三届人民代表大会常务委员会第二十五次会议修改	2020-11-27	2020-12-17	2020-11-27	修改
浙江省钱塘江管理条例	2020 年 11 月 27 日浙江省第十三届人民代表大会常务委员会第二十五次会议修改	2020-11-27	2020-12-17	2020-11-27	修改
浙江省水土保持条例	2020 年 11 月 27 日浙江省第十三届人民代表大会常务委员会第二十五次会议修改	2020-11-27	2020-12-17	2020-11-27	修改
浙江省河道管理条例	2020 年 11 月 27 日浙江省第十三届人民代表大会常务委员会第二十五次会议修改	2020-11-27	2020-12-17	2020-11-27	修改
浙江省大气污染防治条例	2020 年 11 月 27 日浙江省第十三届人民代表大会常务委员会第二十五次会议修改	2020-11-27	2020-12-17	2020-11-27	修改
浙江省机动车排气污染防治条例	2020 年 11 月 27 日浙江省第十三届人民代表大会常务委员会第二十五次会议修改	2020-11-27	2020-12-17	2020-11-27	修改
浙江省水污染防治条例	2020 年 11 月 27 日浙江省第十三届人民代表大会常务委员会第二十五次会议修改	2020-11-27	2020-12-17	2020-11-27	修改
浙江省饮用水水源保护条例	2020 年 11 月 27 日浙江省第十三届人民代表大会常务委员会第二十五次会议修改	2020-11-27	2020-12-17	2020-11-27	修改
浙江省曹娥江流域水环境保护条例	2020 年 11 月 27 日浙江省第十三届人民代表大会常务委员会第二十五次会议修改	2020-11-27	2020-12-17	2020-11-27	修改
浙江省温瑞塘河保护管理条例	2020 年 11 月 27 日浙江省第十三届人民代表大会常务委员会第二十五次会议修改	2020-11-27	2020-12-17	2020-11-27	修改
浙江省滩涂围垦管理条例	2020 年 11 月 27 日浙江省第十三届人民代表大会常务委员会第二十五次会议废止	2020-11-27	2020-12-17	2020-11-27	废止
浙江省实施《中华人民共和国集会游行示威法》办法	2020 年 11 月 27 日浙江省第十三届人民代表大会常务委员会第二十五次会议废止	2020-11-27	2020-12-17	2020-11-27	废止

续表

法规名称	通过或批准时间	公布时间	报备时间	施行时间	立法形式
浙江省房地产开发管理条例	2020 年 11 月 27 日浙江省第十三届人民代表大会常务委员会第二十五次会议废止	2020-11-27	2020-12-17	2020-11-27	废止
浙江省盐业管理条例	2020 年 11 月 27 日浙江省第十三届人民代表大会常务委员会第二十五次会议废止	2020-11-27	2020-12-17	2020-11-27	废止
浙江省预防职务犯罪条例	2020 年 11 月 27 日浙江省第十三届人民代表大会常务委员会第二十五次会议废止	2020-11-27	2020-12-17	2020-11-27	废止
浙江省资源综合利用促进条例	2020 年 11 月 27 日浙江省第十三届人民代表大会常务委员会第二十五次会议废止	2020-11-27	2020-12-17	2020-11-27	废止
绍兴市物业管理条例	2020 年 10 月 21 日绍兴市第八届人民代表大会常务委员会第三十三次会议通过，2020 年 11 月 27 日浙江省第十三届人民代表大会常务委员会第二十五次会议批准	2020-12-4	2020-12-17	2021-1-1	制定
台州市荣誉市民条例	2020 年 10 月 23 日台州市第五届人民代表大会常务委员会第三十四次会议通过，2020 年 11 月 27 日浙江省第十三届人民代表大会常务委员会第二十五次会议批准	2020-12-16	2020-12-17	2021-1-1	制定
浙江省数字经济促进条例	2020 年 12 月 24 日浙江省第十三届人民代表大会常务委员会第二十六次会议通过	2020-12-24	2021-1-5	2021-3-1	制定
浙江省信息化促进条例	在《浙江省数字经济促进条例》中被明文予以废止	2020-12-24	2021-1-5	2021-3-1	文中废止
浙江省生活垃圾管理条例	2020 年 12 月 24 日浙江省第十三届人民代表大会常务委员会第二十六次会议通过	2020-12-24	2021-1-5	2021-5-1	制定

安徽省地方性法规目录

（57 件）

法规名称	通过或批准时间	公布时间	报备时间	施行时间	立法形式
蚌埠市城市生活垃圾管理条例	2019 年 10 月 30 日蚌埠市第十六届人民代表大会常务委员会第十四次会议通过，2019 年 12 月 21 日安徽省第十三届人民代表大会常务委员会第十四次会议批准	2020-1-2	2019-12-23	2020-7-1	制定
淮南市养犬管理条例	2019 年 10 月 30 日淮南市第十六届人民代表大会常务委员会第十四次会议通过，2019 年 12 月 21 日安徽省第十三届人民代表大会常务委员会第十四次会议批准	2020-1-8	2019-12-23	2020-3-1	制定
滁州市文明行为促进条例	2019 年 10 月 31 日滁州市第六届人民代表大会常务委员会第十四次会议通过，2019 年 12 月 21 日安徽省第十三届人民代表大会常务委员会第十四次会议批准	2020-1-3	2019-12-23	2020-2-1	制定
蚌埠市龙子湖景区条例	2019 年 12 月 4 日蚌埠市第十六届人民代表大会常务委员会第十六次会议修改，2020 年 3 月 27 日安徽省第十三届人民代表大会常务委员会第十七次会议批准修改	2020-4-9	2020-4-15	2020-5-1	修改

续表

法规名称	通过或批准时间	公布时间	报备时间	施行时间	立法形式
合肥市市容和环境卫生管理条例	2019年12月24日合肥市第十六届人民代表大会常务委员会第十四次会议修改，2020年3月27日安徽省第十三届人民代表大会常务委员会第十七次会议批准修改	2020-4-8	2020-4-15	2020-5-1	修改
合肥市养犬管理条例	2019年12月24日合肥市第十六届人民代表大会常务委员会第十四次会议通过，2020年3月27日安徽省第十三届人民代表大会常务委员会第十七次会议批准	2020-4-8	2020-4-15	2020-6-1	制定
合肥市限制养犬条例	在《合肥市养犬管理条例》中被明文予以废止	2020-4-8	2020-4-15	2020-6-1	文中废止
黄山市住宅小区物业管理条例	2019年12月26日黄山市第七届人民代表大会常务委员会第十六次会议通过，2020年3月27日安徽省第十三届人民代表大会常务委员会第十七次会议批准	2020-4-8	2020-4-15	2020-7-1	制定
铜陵市生活垃圾分类管理条例	2019年12月27日铜陵市第十六届人民代表大会常务委员会第十五次会议通过，2020年3月27日安徽省第十三届人民代表大会常务委员会第十七次会议批准	2020-4-10	2020-4-15	2020-6-1	制定
安徽省中医药条例	2020年3月27日安徽省第十三届人民代表大会常务委员会第十七次会议通过	2020-3-27	2020-4-15	2020-6-1	制定
安徽省发展中医条例	在《安徽省中医药条例》中被明文予以废止	2020-3-27	2020-4-15	2020-6-1	文中废止
安徽省港口条例	2020年3月27日安徽省第十三届人民代表大会常务委员会第十七次会议修改	2020-3-27	2020-4-15	2020-7-1	修改
安徽省实施《中华人民共和国村民委员会组织法》办法	2020年4月29日安徽省第十三届人民代表大会常务委员会第十八次会议修改	2020-4-30	2020-4-30	2020-4-30	修改
安徽省实施《中华人民共和国城市居民委员会组织法》办法	2020年4月29日安徽省第十三届人民代表大会常务委员会第十八次会议修改	2020-4-30	2020-4-30	2020-4-30	修改
安徽省村民委员会选举办法	2020年4月29日安徽省第十三届人民代表大会常务委员会第十八次会议修改	2020-4-30	2020-4-30	2020-4-30	修改
安徽省食品安全条例	2020年4月29日安徽省第十三届人民代表大会常务委员会第十八次会议修改	2020-4-30	2020-4-30	2020-6-1	修改
安徽省发展新型墙体材料条例	2020年4月29日安徽省第十三届人民代表大会常务委员会第十八次会议修改	2020-4-30	2020-4-30	2020-7-1	修改
蚌埠市文明行为促进条例	2020年4月29日蚌埠市第十六届人民代表大会常务委员会第十九次会议通过，2020年7月1日安徽省第十三届人民代表大会常务委员会第十九次会议批准	2020-7-10	2020-7-28	2020-8-1	制定
铜陵市文明行为促进条例	2020年5月6日铜陵市第十六届人民代表大会常务委员会第十八次会议通过，2020年7月1日安徽省第十三届人民代表大会常务委员会第十九次会议批准	2020-7-20	2020-7-28	2020-9-1	制定
宿州市文明行为促进条例	2020年5月9日宿州市第五届人民代表大会常务委员会第二十一次会议通过，2020年7月1日安徽省第十三届人民代表大会常务委员会第十九次会议批准	2020-7-16	2020-7-28	2020-8-1	制定

续表

法规名称	通过或批准时间	公布时间	报备时间	施行时间	立法形式
安徽省公共文化服务保障条例	2020年7月1日安徽省第十三届人民代表大会常务委员会第十九次会议通过	2020-7-2	2020-7-28	2020-9-1	制定
安徽省节约能源条例	2020年7月1日安徽省第十三届人民代表大会常务委员会第十九次会议修改	2020-7-2	2020-7-28	2020-9-1	修改
合肥市生活垃圾分类管理条例	2020年5月12日合肥市第十六届人民代表大会第三次会议通过,2020年7月31日安徽省第十三届人民代表大会常务委员会第二十次会议批准	2020-8-13	2020-8-27	2020-12-1	制定
合肥市文明行为促进条例	2020年6月17日合肥市第十六届人民代表大会常务委员会第十九次会议通过,2020年7月31日安徽省第十三届人民代表大会常务委员会第二十次会议批准	2020-8-13	2020-8-27	2020-10-1	制定
淮北市户外广告和牌匾标识管理条例	2020年6月24日淮北市第十六届人民代表大会常务委员会第二十次会议通过,2020年7月31日安徽省第十三届人民代表大会常务委员会第二十次会议批准	2020-8-18	2020-8-27	2021-1-1	制定
池州市文明行为促进条例	2020年7月8日池州市第四届人民代表大会常务委员会第二十二次会议通过,2020年7月31日安徽省第十三届人民代表大会常务委员会第二十次会议批准	2020-8-11	2020-8-27	2020-9-1	制定
芜湖市文明行为促进条例	2020年7月10日芜湖市第十六届人民代表大会常务委员会第二十次会议通过,2020年7月31日安徽省第十三届人民代表大会常务委员会第二十次会议批准	2020-8-13	2020-8-27	2020-12-1	制定
安徽省实施《中华人民共和国野生动物保护法》办法	2020年7月31日安徽省第十三届人民代表大会常务委员会第二十次会议修改	2020-8-3	2020-8-27	2020-8-3	修改
安徽省家庭教育促进条例	2020年7月31日安徽省第十三届人民代表大会常务委员会第二十次会议通过	2020-8-3	2020-8-27	2020-9-1	制定
安徽省人民代表大会常务委员会关于安徽省资源税具体适用税率等事项的决定	2020年7月31日安徽省第十三届人民代表大会常务委员会第二十次会议通过	2020-8-3	2020-8-27	2020-9-1	制定
安徽省道路运输管理条例	2020年7月31日安徽省第十三届人民代表大会常务委员会第二十次会议修改	2020-8-3	2020-8-27	2020-10-1	修改
六安市文明行为促进条例	2020年7月24日六安市第五届人民代表大会常务委员会第二十次会议通过,2020年9月29日安徽省第十三届人民代表大会常务委员会第二十一次会议批准	2020-10-26	2020-11-5	2020-11-1	制定
阜阳市城镇燃气管理条例	2020年7月29日阜阳市第五届人民代表大会常务委员会第三十二次会议通过,2020年9月29日安徽省第十三届人民代表大会常务委员会第二十一次会议批准	2020-11-2	2020-11-5	2020-12-1	制定
亳州市文明行为促进条例	2020年8月14日亳州市第四届人民代表大会常务委员会第三十五次会议通过,2020年9月29日安徽省第十三届人民代表大会常务委员会第二十一次会议批准	2020-10-27	2020-11-5	2021-1-1	制定

续表

法规名称	通过或批准时间	公布时间	报备时间	施行时间	立法形式
淮北市文明行为促进条例	2020年8月26日淮北市第十六届人民代表大会常务委员会第二十四次会议修改，2020年9月29日安徽省第十三届人民代表大会常务委员会第二十一次会议批准修改	2020-10-19	2020-11-5	2020-10-19	修改
黄山市文明行为促进条例	2020年8月26日黄山市第七届人民代表大会常务委员会第二十二次会议通过，2020年9月29日安徽省第十三届人民代表大会常务委员会第二十一次会议批准	2020-10-20	2020-11-5	2020-12-1	制定
蚌埠市城市生活垃圾管理条例	2020年8月27日蚌埠市第十六届人民代表大会常务委员会第二十一次会议修改，2020年9月29日安徽省第十三届人民代表大会常务委员会第二十一次会议批准修改	2020-10-20	2020-11-5	2020-10-20	修改
安庆市燃放烟花爆竹管理条例	2020年8月27日安庆市第十七届人民代表大会常务委员会第二十三次会议修改，2020年9月29日安徽省第十三届人民代表大会常务委员会第二十一次会议批准修改	2020-10-29	2020-11-5	2021-1-1	修改
合肥市制止餐饮浪费行为条例	2020年8月28日合肥市第十六届人民代表大会常务委员会第二十次会议通过，2020年9月29日安徽省第十三届人民代表大会常务委员会第二十一次会议批准	2020-9-30	2020-11-5	2020-11-1	制定
合肥市河道管理条例	2020年8月28日合肥市第十六届人民代表大会常务委员会第二十次会议通过，2020年9月29日安徽省第十三届人民代表大会常务委员会第二十一次会议批准	2020-9-30	2020-11-5	2021-1-1	制定
黄山市制止餐饮浪费行为条例	2020年9月14日黄山市第七届人民代表大会常务委员会第二十三次会议通过，2020年9月29日安徽省第十三届人民代表大会常务委员会第二十一次会议批准	2020-10-20	2020-11-5	2020-11-1	制定
宿州市制止餐饮浪费行为条例	2020年9月14日宿州市第五届人民代表大会常务委员会第二十四次会议通过，2020年9月29日安徽省第十三届人民代表大会常务委员会第二十一次会议批准	2020-10-22	2020-11-5	2020-11-1	制定
安徽省实施《中华人民共和国产品质量法》若干规定	2020年9月29日安徽省第十三届人民代表大会常务委员会第二十一次会议修改	2020-10-9	2020-11-5	2020-11-1	修改
安徽省预防接种管理条例	2020年9月29日安徽省第十三届人民代表大会常务委员会第二十一次会议修改	2020-10-9	2020-11-5	2020-11-1	修改
安徽省农产品质量安全条例	2020年9月29日安徽省第十三届人民代表大会常务委员会第二十一次会议修改	2020-10-9	2020-11-5	2020-11-1	修改
安徽省畜产品质量安全管理条例	2020年9月29日安徽省第十三届人民代表大会常务委员会第二十一次会议修改	2020-10-9	2020-11-5	2020-11-1	修改
安徽省实施《中华人民共和国人民防空法》办法	2020年9月29日安徽省第十三届人民代表大会常务委员会第二十一次会议修改	2020-10-9	2020-11-5	2021-1-1	修改

续表

法规名称	通过或批准时间	公布时间	报备时间	施行时间	立法形式
芜湖市养犬管理条例	2020年9月18日芜湖市第十六届人民代表大会常务委员会第二十二次会议通过，2020年11月13日安徽省第十三届人民代表大会常务委员会第二十二次会议批准	2020-11-27	2020-12-14	2021-5-1	制定
六安市城市管理行政执法条例	2020年9月26日六安市第五届人民代表大会常务委员会第二十一次会议通过，2020年11月13日安徽省第十三届人民代表大会常务委员会第二十二次会议批准	2020-11-30	2020-12-14	2021-1-1	制定
滁州市燃放烟花爆竹管理条例	2020年10月28日滁州市第六届人民代表大会常务委员会第二十次会议通过，2020年11月13日安徽省第十三届人民代表大会常务委员会第二十二次会议批准	2020-12-2	2020-12-14	2021-1-1	制定
安庆市长江江豚保护条例	2020年10月28日安庆市第十七届人民代表大会常务委员会第二十四次会议通过，2020年11月13日安徽省第十三届人民代表大会常务委员会第二十二次会议批准	2020-12-11	2020-12-14	2021-1-1	制定
池州市养犬管理条例	2020年10月29日池州市第四届人民代表大会常务委员会第二十五次会议通过，2020年11月13日安徽省第十三届人民代表大会常务委员会第二十二次会议批准	2020-11-27	2020-12-14	2021-3-1	制定
宣城市传统村落保护条例	2020年10月29日宣城市第四届人民代表大会常务委员会第二十八次会议通过，2020年11月13日安徽省第十三届人民代表大会常务委员会第二十二次会议批准	2020-12-4	2020-12-14	2021-5-1	制定
淮北市燃放烟花爆竹管理条例	2020年11月2日淮北市第十六届人民代表大会常务委员会第二十五次会议通过，2020年11月13日安徽省第十三届人民代表大会常务委员会第二十二次会议批准	2020-12-4	2020-12-14	2021-1-1	制定
安徽省老年教育条例	2020年11月13日安徽省第十三届人民代表大会常务委员会第二十二次会议通过	2020-11-16	2020-12-14	2021-1-1	制定
马鞍山市生活垃圾分类管理条例	2020年10月28日马鞍山市第十六届人民代表大会常务委员会第二十三次会议通过，2020年12月24日安徽省第十三届人民代表大会常务委员会第二十三次会议批准	2020-12-29	2021-1-15	2021-5-1	制定
安徽省建筑市场管理条例	2020年12月24日安徽省第十三届人民代表大会常务委员会第二十三次会议修改	2020-12-25	2021-1-15	2021-3-1	修改
安徽省爱国卫生条例	2020年12月24日安徽省第十三届人民代表大会常务委员会第二十三次会议修改	2020-12-25	2021-1-15	2021-3-1	修改
安徽省公安机关警务辅助人员管理条例	2020年12月24日安徽省第十三届人民代表大会常务委员会第二十三次会议通过	2020-12-25	2021-1-15	2021-3-1	制定

福建省地方性法规目录

（37 件）

法规名称	通过或批准时间	公布时间	报备时间	施行时间	立法形式
福建省促进革命老区发展条例	2020 年 1 月 9 日福建省第十三届人民代表大会常务委员会第十四次会议修改	2020-1-9	2020-1-11	2020-1-9	修改
福建省人民代表大会常务委员会关于依法全力做好新型冠状病毒肺炎疫情防控工作的决定	2020 年 2 月 10 日福建省第十三届人民代表大会常务委员会第十五次会议通过	2020-2-10	2020-2-18	2020-2-10	制定
福建省人民代表大会常务委员会关于革除滥食野生动物陋习、切实保障人民群众生命健康安全的决定	2020 年 2 月 18 日福建省第十三届人民代表大会常务委员会第十六次会议通过	2020-2-18	2020-2-20	2020-2-18	制定
宁德市三都澳海域环境保护条例	2019 年 11 月 27 日宁德市第四届人民代表大会常务委员会第二十六次会议通过，2020 年 3 月 20 日福建省第十三届人民代表大会常务委员会第十七次会议批准	2020-3-26	2020-4-2	2020-7-1	制定
龙岩市实施河长制条例	2019 年 11 月 29 日龙岩市第五届人民代表大会常务委员会第十八次会议通过，2020 年 3 月 20 日福建省第十三届人民代表大会常务委员会第十七次会议批准	2020-3-23	2020-4-2	2020-5-1	制定
漳州市建筑垃圾管理办法	2020 年 12 月 26 日漳州市第十六届人民代表大会常务委员会第二十六次会议通过，2020 年 3 月 20 日福建省第十三届人民代表大会常务委员会第十七次会议批准	2020-3-26	2020-4-2	2020-10-1	制定
莆田市城市生态绿心保护条例	2020 年 1 月 7 日莆田市第七届人民代表大会第四次会议通过，2020 年 3 月 20 日福建省第十三届人民代表大会常务委员会第十七次会议批准	2020-3-23	2020-4-2	2020-10-1	制定
福建省文物保护管理条例	2020 年 3 月 20 日福建省第十三届人民代表大会常务委员会第十七次会议修改	2020-3-20	2020-3-26	2020-3-20	修改
福建省实施《中华人民共和国会计法》办法	2020 年 3 月 20 日福建省第十三届人民代表大会常务委员会第十七次会议修改	2020-3-20	2020-3-26	2020-3-20	修改
福建省体育经营活动管理条例	2020 年 3 月 20 日福建省第十三届人民代表大会常务委员会第十七次会议修改	2020-3-20	2020-3-26	2020-3-20	修改
福建省人民代表大会常务委员会任免国家机关工作人员条例	2020 年 3 月 20 日福建省第十三届人民代表大会常务委员会第十七次会议修改	2020-3-20	2020-3-26	2020-3-20	修改
福建省女职工劳动保护条例	2020 年 3 月 20 日福建省第十三届人民代表大会常务委员会第十七次会议通过	2020-3-20	2020-3-26	2020-5-1	制定
福建省企业女职工劳动保护条例	在《福建省女职工劳动保护条例》中被明文予以废止	2020-3-20	2020-3-26	2020-5-1	文中废止

续表

法规名称	通过或批准时间	公布时间	报备时间	施行时间	立法形式
宁德市红色文化遗存保护条例	2020年4月22日宁德市第四届人民代表大会常务委员会第三十一次会议通过，2020年6月1日福建省第十三届人民代表大会常务委员会第十九次会议批准	2020-6-5	2020-6-9	2020-9-1	制定
福建省红十字会条例	2020年6月1日福建省第十三届人民代表大会常务委员会第十九次会议修改	2020-6-2	2020-6-5	2020-8-1	修改
南平市市容和环境卫生管理办法	2020年3月26日南平市第五届人民代表大会常务委员会第二十五次会议修改，2020年7月24日福建省第十三届人民代表大会常务委员会第二十一次会议批准修改	2020-7-29	2020-8-4	2020-10-1	修改
三明市城市扬尘污染防治条例	2020年4月29日三明市第十三届人民代表大会常务委员会第二十四次会议通过，2020年7月24日福建省第十三届人民代表大会常务委员会第二十一次会议批准	2020-7-24	2020-8-4	2020-10-1	制定
福州市文明行为促进条例	2020年4月29日福州市第十五届人民代表大会常务委员会第二十七次会议通过，2020年7月24日福建省第十三届人民代表大会常务委员会第二十一次会议批准	2020-7-31	2020-8-4	2020-10-1	制定
龙岩市长汀水土流失区生态文明建设促进条例	2020年5月22日龙岩市第五届人民代表大会常务委员会第二十一次会议通过，2020年7月24日福建省第十三届人民代表大会常务委员会第二十一次会议批准	2020-7-28	2020-8-4	2020-10-1	制定
福建省人民代表大会常务委员会关于加强公共卫生工作、确保人民生命健康安全的决定	2020年7月24日福建省第十三届人民代表大会常务委员会第二十一次会议通过	2020-7-24	2020-8-4	2020-7-24	制定
福建省人民代表大会常务委员会关于批准资源税我省适用税率和计征方式方案的决议	2020年7月24日福建省第十三届人民代表大会常务委员会第二十一次会议通过	2020-7-24	非法规不报备	2020-9-1	制定
福建省家庭教育促进条例	2020年7月24日福建省第十三届人民代表大会常务委员会第二十一次会议通过	2020-7-24	2020-8-4	2020-10-1	制定
福建省各级人民代表大会常务委员会规范性文件备案审查条例	2020年7月24日福建省第十三届人民代表大会常务委员会第二十一次会议通过	2020-7-24	2020-8-4	2021-1-1	制定
福建省地方政府规章备案审查规定	在《福建省各级人民代表大会常务委员会规范性文件备案审查条例》中被明文予以废止	2020-7-24	2020-8-4	2021-1-1	文中废止
福建省各级人民代表大会常务委员会规范性文件备案审查规定	在《福建省各级人民代表大会常务委员会规范性文件备案审查条例》中被明文予以废止	2020-7-24	2020-8-4	2021-1-1	文中废止
三明市公共文明行为促进条例	2020年6月29日三明市第十三届人民代表大会常务委员会第二十六次会议通过，2020年9月29日福建省第十三届人民代表大会常务委员会第二十三次会议批准	2020-9-29	2020-10-16	2020-12-1	制定

续表

法规名称	通过或批准时间	公布时间	报备时间	施行时间	立法形式
福州市人民代表大会常务委员会任免国家机关工作人员条例	2020年6月30日福州市第十五届人民代表大会常务委员会第二十八次会议修改，2020年9月29日福建省第十三届人民代表大会常务委员会第二十三次会议批准修改	2020-9-29	2020-10-16	2020-9-29	修改
厦门市砂、石、土资源管理规定	2020年6月30日厦门市第十五届人民代表大会常务委员会第三十五次会议修改，2020年9月29日福建省第十三届人民代表大会常务委员会第二十三次会议批准修改	2020-10-10	2020-10-16	2020-10-10	修改
龙岩市长汀历史文化名城保护条例	2020年7月16日龙岩市第五届人民代表大会常务委员会第二十二次会议通过，2020年9月29日福建省第十三届人民代表大会常务委员会第二十三次会议批准	2020-9-29	2020-10-16	2020-11-28	制定
南平市停车场建设和管理办法	2020年7月27日南平市第五届人民代表大会常务委员会第二十七次会议通过，2020年9月29日福建省第十三届人民代表大会常务委员会第二十三次会议批准	2020-10-13	2020-10-16	2021-1-1	制定
漳州市大气污染防治条例	2020年8月25日漳州市第十六届人民代表大会常务委员会第三十二次会议通过，2020年9月29日福建省第十三届人民代表大会常务委员会第二十三次会议批准	2020-10-10	2020-10-16	2021-3-1	制定
莆田市文明行为促进条例	2020年8月27日莆田市第七届人民代表大会常务委员会第二十九次会议通过，2020年9月29日福建省第十三届人民代表大会常务委员会第二十三次会议批准	2020-9-29	2020-10-16	2021-1-1	制定
宁德市城市市容和环境卫生管理条例	2020年8月27日宁德市第四届人民代表大会常务委员会第三十四次会议通过，2020年9月29日福建省第十三届人民代表大会常务委员会第二十三次会议批准	2020-10-9	2020-10-16	2020-11-1	制定
泉州市市容和环境卫生管理条例	2020年8月27日泉州市第十六届人民代表大会常务委员会第三十次会议通过，2020年9月29日福建省第十三届人民代表大会常务委员会第二十三次会议批准	2020-10-13	2020-10-16	2021-1-1	制定
福州市非物质文化遗产保护规定	2020年8月27日福州市第十五届人民代表大会常务委员会第二十九次会议通过，2020年12月3日福建省第十三届人民代表大会常务委员会第二十四次会议批准	2020-12-7	2020-12-14	2021-1-1	制定
福建省村民委员会选举办法	2020年12月3日福建省第十三届人民代表大会常务委员会第二十四次会议修改	2020-12-3	2020-12-14	2020-12-3	修改
福建省县、乡两级人民代表大会代表直接选举实施细则	2020年12月3日福建省第十三届人民代表大会常务委员会第二十四次会议修改	2020-12-3	2020-12-14	2020-12-3	修改
福建省种子条例	2020年12月3日福建省第十三届人民代表大会常务委员会第二十四次会议通过	2020-12-3	2020-12-14	2021-1-1	制定

续表

法规名称	通过或批准时间	公布时间	报备时间	施行时间	立法形式
福建省农作物种子管理条例	在《福建省种子条例》中被明文予以废止	2020-12-3	2020-12-14	2021-1-1	文中废止
福建省交通建设工程质量安全条例	2020年12月3日福建省第十三届人民代表大会常务委员会第二十四次会议通过	2020-12-3	2020-12-14	2021-1-1	制定
福建省宗教事务条例	2020年12月3日福建省第十三届人民代表大会常务委员会第二十四次会议通过	2020-12-3	2020-12-14	2021-3-1	制定

江西省地方性法规目录

（54件）

法规名称	通过或批准时间	公布时间	报备时间	施行时间	立法形式
江西省人民代表大会常务委员会关于依法全力做好新型冠状病毒肺炎疫情防控工作的决定	2020年2月10日江西省第十三届人民代表大会常务委员会第十八次会议通过	2020-2-10	2020-2-13	2020-2-10	制定
鹰潭市智慧城市促进条例	2019年12月27日鹰潭市第九届人民代表大会常务委员会第三十三次会议通过，2020年3月27日江西省第十三届人民代表大会常务委员会第十九次会议批准	2020-4-14	2020-4-22	2020-9-1	制定
赣州市城市管理条例	2019年12月31日赣州市第五届人民代表大会常务委员会第二十五次会议修改，2020年3月27日江西省第十三届人民代表大会常务委员会第十九次会议批准修改	2020-4-20	2020-5-14	2020-4-20	修改
赣州市城市道路车辆通行管理规定	2019年12月31日赣州市第五届人民代表大会常务委员会第二十五次会议修改，2020年3月27日江西省第十三届人民代表大会常务委员会第十九次会议批准修改	2020-4-20	2020-5-14	2020-4-20	修改
赣南客家围屋保护条例	2019年12月31日赣州市第五届人民代表大会常务委员会第二十五次会议修改，2020年3月27日江西省第十三届人民代表大会常务委员会第十九次会议批准修改	2020-4-20	2020-5-14	2020-4-20	修改
上饶市殡葬管理条例	2020年1月5日上饶市第四届人民代表大会常务委员会第二十七次会议通过，2020年3月27日江西省第十三届人民代表大会常务委员会第十九次会议批准	2020-4-16	2020-5-8	2020-7-1	制定
江西省农村供水条例	2020年3月27日江西省第十三届人民代表大会常务委员会第十九次会议通过	2020-3-27	2020-4-7	2020-6-1	制定
萍乡市燃气管理条例	2020年4月21日萍乡市第十五届人民代表大会常务委员会第二十五次会议修改，2020年5月14日江西省第十三届人民代表大会常务委员会第二十次会议批准修改	2020-5-26	2020-6-4	2020-5-26	修改

续表

法规名称	通过或批准时间	公布时间	报备时间	施行时间	立法形式
赣州市水土保持条例	2020 年 4 月 21 日赣州市第五届人民代表大会常务委员会第二十八次会议通过，2020 年 5 月 14 日江西省第十三届人民代表大会常务委员会第二十次会议批准	2020-5-26	2020-6-10	2020-8-1	制定
景德镇市饮用水水源保护条例	2020 年 4 月 28 日景德镇市第十五届人民代表大会常务委员会第二十六次会议通过，2020 年 7 月 24 日江西省第十三届人民代表大会常务委员会第二十一次会议批准	2020-8-18	2020-8-21	2020-9-1	制定
萍乡市文明行为促进条例	2020 年 6 月 30 日萍乡市第十五届人民代表大会常务委员会第二十八次会议通过，2020 年 7 月 24 日江西省第十三届人民代表大会常务委员会第二十一次会议批准	2020-7-31	2020-8-10	2020-9-1	制定
萍乡市养犬管理条例	2020 年 6 月 30 日萍乡市第十五届人民代表大会常务委员会第二十八次会议通过，2020 年 7 月 24 日江西省第十三届人民代表大会常务委员会第二十一次会议批准	2020-7-31	2020-8-17	2020-9-1	制定
九江市文明行为促进条例	2020 年 7 月 6 日九江市第十五届人民代表大会常务委员会第二十九次会议通过，2020 年 7 月 24 日江西省第十三届人民代表大会常务委员会第二十一次会议批准	2020-8-6	2020-8-13	2020-10-1	制定
吉安市红色文化遗存保护条例	2020 年 7 月 9 日吉安市第四届人民代表大会常务委员会第二十九次会议通过，2020 年 7 月 24 日江西省第十三届人民代表大会常务委员会第二十一次会议批准	2020-8-20	2020-8-21	2020-10-1	制定
江西省资源税适用税率方案	2020 年 7 月 24 日江西省第十三届人民代表大会常务委员会第二十一次会议通过	2020-7-24	2020-7-29	2020-9-1	制定
江西省实施《中华人民共和国野生动物保护法》办法	2020 年 7 月 24 日江西省第十三届人民代表大会常务委员会第二十一次会议修改	2020-7-24	2020-8-3	2020-7-24	修改
江西省企业工会工作条例	2020 年 7 月 24 日江西省第十三届人民代表大会常务委员会第二十一次会议通过	2020-7-24	2020-8-3	2020-10-1	制定
江西省标准化条例	2020 年 7 月 24 日江西省第十三届人民代表大会常务委员会第二十一次会议通过	2020-7-24	2020-8-3	2020-10-1	制定
江西省标准化管理条例	在《江西省标准化条例》中被明文予以废止	2020-7-24	2020-8-3	2020-10-1	文中废止
抚州市电动自行车通行管理条例	2020 年 7 月 30 日抚州市第四届人民代表大会常务委员会第二十八次会议通过，2020 年 9 月 29 日江西省第十三届人民代表大会常务委员会第二十三次会议批准	2020-10-28	2020-11-4	2021-1-1	制定
赣州市文明行为促进条例	2020 年 8 月 28 日赣州市第五届人民代表大会常务委员会第三十一次会议通过，2020 年 9 月 29 日江西省第十三届人民代表大会常务委员会第二十三次会议批准	2020-10-21	2020-11-11	2020-12-1	制定
新余市城市管理条例	2020 年 8 月 31 日新余市第九届人民代表大会常务委员会第三十四次会议通过，2020 年 9 月 29 日江西省第十三届人民代表大会常务委员会第二十三次会议批准	2020-10-9	2020-11-3	2021-1-1	制定

续表

法规名称	通过或批准时间	公布时间	报备时间	施行时间	立法形式
吉安市文明行为促进条例	2020年9月4日吉安市第四届人民代表大会常务委员会第三十次会议通过,2020年9月29日江西省第十三届人民代表大会常务委员会第二十三次会议批准	2020-10-20	2020-11-9	2021-1-1	制定
江西省中小企业促进条例	2020年9月29日江西省第十三届人民代表大会常务委员会第二十三次会议修改	2020-9-29	2020-10-13	2020-12-1	修改
宜春市文明行为促进条例	2020年9月24日宜春市第四届人民代表大会常务委员会第三十五次会议通过,2020年11月25日江西省第十三届人民代表大会常务委员会第二十五次会议批准	2020-12-8	2020-12-23	2021-1-1	制定
景德镇市文明行为促进条例	2020年9月24日赣州市第十五届人民代表大会常务委员会第二十八次会议通过,2020年11月25日江西省第十三届人民代表大会常务委员会第二十五次会议批准	2020-12-17	2020-12-28	2021-1-1	制定
南昌市生活垃圾分类管理条例	2020年10月29日南昌市第十五届人民代表大会常务委员会第三十三次会议通过,2020年11月25日江西省第十三届人民代表大会常务委员会第二十五次会议批准	2020-12-10	2020-12-28	2020-12-31	制定
南昌市房屋使用安全管理条例	2020年10月29日南昌市第十五届人民代表大会常务委员会第三十三次会议通过,2020年11月25日江西省第十三届人民代表大会常务委员会第二十五次会议批准	2020-12-10	2020-12-28	2021-5-1	制定
南昌市农村村民住房建设管理条例	2020年10月29日南昌市第十五届人民代表大会常务委员会第三十三次会议通过,2020年11月25日江西省第十三届人民代表大会常务委员会第二十五次会议批准	2020-12-10	2020-12-28	2021-10-1	制定
赣州市城市道路车辆通行管理规定	2020年10月29日赣州市第五届人民代表大会常务委员会第三十二次会议修改,2020年11月25日江西省第十三届人民代表大会常务委员会第二十五次会议批准修改	2020-12-15	2020-12-25	2020-12-15	修改
上饶市城市市容和环境卫生管理条例	2020年10月29日上饶市第四届人民代表大会常务委员会第三十五次会议通过,2020年11月25日江西省第十三届人民代表大会常务委员会第二十五次会议批准	2020-12-18	2020-12-30	2021-3-1	制定
吉安市城市市容和环境卫生管理条例	2020年11月4日吉安市第四届人民代表大会常务委员会第三十一次会议修改,2020年11月25日江西省第十三届人民代表大会常务委员会第二十五次会议批准修改	2020-12-22	2020-12-31	2020-12-22	修改
吉安市水库水质保护条例	2020年11月4日吉安市第四届人民代表大会常务委员会第三十一次会议修改,2020年11月25日江西省第十三届人民代表大会常务委员会第二十五次会议批准修改	2020-12-22	2020-12-31	2020-12-22	修改

续表

法规名称	通过或批准时间	公布时间	报备时间	施行时间	立法形式
吉安市烟花爆竹燃放管理条例	2020 年 11 月 4 日吉安市第四届人民代表大会常务委员会第三十一次会议修改，2020 年 11 月 25 日江西省第十三届人民代表大会常务委员会第二十五次会议批准修改	2020-12-22	2020-12-31	2020-12-22	修改
九江市物业管理条例	2020 年 11 月 9 日九江市第十五届人民代表大会常务委员会第三十一次会议通过，2020 年 11 月 25 日江西省第十三届人民代表大会常务委员会第二十五次会议批准	2020-12-4	2020-12-21	2021-5-1	制定
江西省县级以上地方各级人民代表大会代表建议、批评和意见办理规定	2020 年 11 月 25 日江西省第十三届人民代表大会常务委员会第二十五次会议修改	2020-11-25	2020-12-10	2021-1-1	修改
江西省优化营商环境条例	2020 年 11 月 25 日江西省第十三届人民代表大会常务委员会第二十五次会议通过	2020-11-25	2020-12-10	2021-1-1	制定
江西省公安机关警务辅助人员条例	2020 年 11 月 25 日江西省第十三届人民代表大会常务委员会第二十五次会议通过	2020-11-25	2020-12-10	2021-1-1	制定
江西省土壤污染防治条例	2020 年 11 月 25 日江西省第十三届人民代表大会常务委员会第二十五次会议通过	2020-11-25	2020-12-10	2021-1-1	制定
江西省地方金融监督管理条例	2020 年 11 月 25 日江西省第十三届人民代表大会常务委员会第二十五次会议通过	2020-11-25	2020-12-10	2021-3-1	制定
江西省各级人民代表大会代表选举实施细则	2020 年 11 月 25 日江西省第十三届人民代表大会常务委员会第二十五次会议修改	2020-11-25	2020-12-21	2020-11-25	修改
江西省实施《中华人民共和国工会法》办法	2020 年 11 月 25 日江西省第十三届人民代表大会常务委员会第二十五次会议修改	2020-11-25	2020-12-21	2020-11-25	修改
江西省保护公民举报权利条例	2020 年 11 月 25 日江西省第十三届人民代表大会常务委员会第二十五次会议修改	2020-11-25	2020-12-21	2020-11-25	修改
江西省保护人民代表大会代表人身自由的规定	2020 年 11 月 25 日江西省第十三届人民代表大会常务委员会第二十五次会议修改	2020-11-25	2020-12-21	2020-11-25	修改
江西省消防条例	2020 年 11 月 25 日江西省第十三届人民代表大会常务委员会第二十五次会议修改	2020-11-25	2020-12-21	2020-11-25	修改
江西省科技创新促进条例	2020 年 11 月 25 日江西省第十三届人民代表大会常务委员会第二十五次会议修改	2020-11-25	2020-12-21	2020-11-25	修改
江西省科学技术普及条例	2020 年 11 月 25 日江西省第十三届人民代表大会常务委员会第二十五次会议修改	2020-11-25	2020-12-21	2020-11-25	修改
江西省技术市场管理条例	2020 年 11 月 25 日江西省第十三届人民代表大会常务委员会第二十五次会议修改	2020-11-25	2020-12-21	2020-11-25	修改
江西省促进科技成果转化条例	2020 年 11 月 25 日江西省第十三届人民代表大会常务委员会第二十五次会议修改	2020-11-25	2020-12-21	2020-11-25	修改
江西省就业促进条例	2020 年 11 月 25 日江西省第十三届人民代表大会常务委员会第二十五次会议修改	2020-11-25	2020-12-21	2020-11-25	修改
江西省地质灾害防治条例	2020 年 11 月 25 日江西省第十三届人民代表大会常务委员会第二十五次会议修改	2020-11-25	2020-12-21	2020-11-25	修改

续表

法规名称	通过或批准时间	公布时间	报备时间	施行时间	立法形式
江西省专利促进条例	2020年11月25日江西省第十三届人民代表大会常务委员会第二十五次会议修改	2020-11-25	2020-12-21	2020-11-25	修改
江西省实施《中华人民共和国消费者权益保护法》办法	2020年11月25日江西省第十三届人民代表大会常务委员会第二十五次会议修改	2020-11-25	2020-12-21	2020-11-25	修改
江西省涉案物品价格鉴证管理条例	2020年11月25日江西省第十三届人民代表大会常务委员会第二十五次会议修改	2020-11-25	2020-12-21	2020-11-25	修改
江西省山林权属争议调解处理办法	2020年11月25日江西省第十三届人民代表大会常务委员会第二十五次会议修改	2020-11-25	2020-12-21	2020-11-25	修改

山东省地方性法规目录

（126件）

法规名称	通过或批准时间	公布时间	报备时间	施行时间	立法形式
青岛市实施《中华人民共和国献血法》若干规定	2019年9月20日青岛市第十六届人民代表大会常务委员会第十八次会议修改，2020年1月15日山东省第十三届人民代表大会常务委员会第十六次会议批准修改	2020-1-15	2020-2-12	2020-4-1	修改
烟台市民营经济促进条例	2019年10月29日烟台市第十七届人民代表大会常务委员会第二十二次会议通过，2020年1月15日山东省第十三届人民代表大会常务委员会第十六次会议批准	2020-1-16	2020-2-12	2020-3-1	制定
威海市危险废物管理办法	2019年11月22日威海市第十七届人民代表大会常务委员会第二十次会议通过，2020年1月15日山东省第十三届人民代表大会常务委员会第十六次会议批准	2020-1-16	2020-2-12	2020-3-1	制定
济南市机动车和非道路移动机械排气污染防治条例	2019年12月11日济南市第十七届人民代表大会常务委员会第八次会议通过，2020年1月15日山东省第十三届人民代表大会常务委员会第十六次会议批准	2020-1-15	2020-2-12	2020-3-1	制定
济南市河道管理保护条例	2019年12月11日济南市第十七届人民代表大会常务委员会第八次会议通过，2020年1月15日山东省第十三届人民代表大会常务委员会第十六次会议批准	2020-1-15	2020-2-12	2020-3-1	制定
聊城市城镇容貌和环境卫生管理条例	2019年12月13日聊城市第十七届人民代表大会常务委员会第二十四次会议通过，2020年1月15日山东省第十三届人民代表大会常务委员会第十六次会议批准	2020-1-16	2020-2-12	2020-3-1	制定
滨州市城市绿地管理条例	2019年12月19日滨州市第十一届人民代表大会常务委员会第二十六次会议通过，2020年1月15日经山东省第十三届人民代表大会常务委员会第十六次会议批准	2020-2-12	2020-2-12	2020-3-1	制定

续表

法规名称	通过或批准时间	公布时间	报备时间	施行时间	立法形式
潍坊市城市绿化条例	2019 年 12 月 24 日潍坊市第十七届人民代表大会常务委员会第二十九次会议通过，2020 年 1 月 15 日山东省第十三届人民代表大会常务委员会第十六次会议批准	2020-1-15	2020-2-12	2020-5-1	制定
潍坊市禁用限用剧毒高毒农药条例	2019 年 12 月 24 日潍坊市第十七届人民代表大会常务委员会第二十九次会议修改，2020 年 1 月 15 日山东省第十三届人民代表大会常务委员会第十六次会议批准修改	2020-1-15	2020-2-12	2020-1-15	修改
潍坊市电梯安全条例	2019 年 12 月 24 日潍坊市第十七届人民代表大会常务委员会第二十九次会议修改，2020 年 1 月 15 日山东省第十三届人民代表大会常务委员会第十六次会议批准修改	2020-1-15	2020-2-12	2020-1-15	修改
潍坊市文物保护条例	2019 年 12 月 24 日潍坊市第十七届人民代表大会常务委员会第二十九次会议修改，2020 年 1 月 15 日山东省第十三届人民代表大会常务委员会第十六次会议批准修改	2020-1-15	2020-2-12	2020-1-15	修改
潍坊市大气污染防治条例	2019 年 12 月 24 日潍坊市第十七届人民代表大会常务委员会第二十九次会议修改，2020 年 1 月 15 日山东省第十三届人民代表大会常务委员会第十六次会议批准修改	2020-1-15	2020-2-12	2020-1-15	修改
潍坊市燃放烟花爆竹管理条例	2019 年 12 月 24 日潍坊市第十七届人民代表大会常务委员会第二十九次会议修改，2020 年 1 月 15 日山东省第十三届人民代表大会常务委员会第十六次会议批准修改	2020-1-15	2020-2-12	2020-1-15	修改
潍坊市青州古城保护条例	2019 年 12 月 24 日潍坊市第十七届人民代表大会常务委员会第二十九次会议修改，2020 年 1 月 15 日山东省第十三届人民代表大会常务委员会第十六次会议批准修改	2020-1-15	2020-2-12	2020-1-15	修改
临沂市烟花爆竹燃放管理条例	2019 年 12 月 26 日临沂市第十九届人民代表大会常务委员会第二十四次会议通过，2020 年 1 月 15 日山东省第十三届人民代表大会常务委员会第十六次会议批准	2020-1-15	2020-2-12	2020-1-15	制定
威海市城市风貌保护条例	2019 年 12 月 27 日威海市第十七届人民代表大会常务委员会第二十一次会议修改，2020 年 1 月 15 日山东省第十三届人民代表大会常务委员会第十六次会议批准修改	2020-1-17	2020-2-12	2020-1-17	修改
威海市居民养老服务保障条例	2019 年 12 月 27 日威海市第十七届人民代表大会常务委员会第二十一次会议修改，2020 年 1 月 15 日山东省第十三届人民代表大会常务委员会第十六次会议批准修改	2020-1-17	2020-2-12	2020-1-17	修改
威海市节约用水条例	2019 年 12 月 27 日威海市第十七届人民代表大会常务委员会第二十一次会议修改，2020 年 1 月 15 日山东省第十三届人民代表大会常务委员会第十六次会议批准修改	2020-1-17	2020-2-12	2020-1-17	修改

续表

法规名称	通过或批准时间	公布时间	报备时间	施行时间	立法形式
威海市饮用水水源地保护条例	2019年12月27日威海市第十七届人民代表大会常务委员会第二十一次会议修改，2020年1月15日山东省第十三届人民代表大会常务委员会第十六次会议批准修改	2020-1-17	2020-2-12	2020-1-17	修改
威海市海岸带保护条例	2019年12月27日威海市第十七届人民代表大会常务委员会第二十一次会议修改，2020年1月15日山东省第十三届人民代表大会常务委员会第十六次会议批准修改	2020-1-17	2020-2-12	2020-1-17	修改
淄博市生活饮用水卫生监督管理办法	2019年12月29日淄博市第十五届人民代表大会常务委员会第二十八次会议修改，2020年1月15日山东省第十三届人民代表大会常务委员会第十六次会议批准修改	2020-1-16	2020-2-12	2020-4-1	修改
淄博市土地管理若干规定	2019年12月29日淄博市第十五届人民代表大会常务委员会第二十八次会议废止，2020年1月15日山东省第十三届人民代表大会常务委员会第十六次会议批准废止	2020-1-16	2020-2-12	2020-1-16	废止
淄博市国有土地使用权出让条例	2019年12月29日淄博市第十五届人民代表大会常务委员会第二十八次会议废止，2020年1月15日山东省第十三届人民代表大会常务委员会第十六次会议批准废止	2020-1-16	2020-2-12	2020-1-16	废止
淄博市基本农田保护办法	2019年12月29日淄博市第十五届人民代表大会常务委员会第二十八次会议废止，2020年1月15日山东省第十三届人民代表大会常务委员会第十六次会议批准废止	2020-1-16	2020-2-12	2020-1-16	废止
淄博市机动车维修管理条例	2019年12月29日淄博市第十五届人民代表大会常务委员会第二十八次会议废止，2020年1月15日山东省第十三届人民代表大会常务委员会第十六次会议批准废止	2020-1-16	2020-2-12	2020-1-16	废止
淄博市客运出租汽车管理条例	2019年12月29日淄博市第十五届人民代表大会常务委员会第二十八次会议废止，2020年1月15日山东省第十三届人民代表大会常务委员会第十六次会议批准废止	2020-1-16	2020-2-12	2020-1-16	废止
淄博市地震安全性评价管理办法	2019年12月29日淄博市第十五届人民代表大会常务委员会第二十八次会议废止，2020年1月15日山东省第十三届人民代表大会常务委员会第十六次会议批准废止	2020-1-16	2020-2-12	2020-1-16	废止
淄博市医疗机构药品管理办法	2019年12月29日淄博市第十五届人民代表大会常务委员会第二十八次会议废止，2020年1月15日山东省第十三届人民代表大会常务委员会第十六次会议批准废止	2020-1-16	2020-2-12	2020-1-16	废止
淄博市计量监督管理办法	2019年12月29日淄博市第十五届人民代表大会常务委员会第二十八次会议废止，2020年1月15日山东省第十三届人民代表大会常务委员会第十六次会议批准废止	2020-1-16	2020-2-12	2020-1-16	废止

续表

法规名称	通过或批准时间	公布时间	报备时间	施行时间	立法形式
淄博市地方税收征收管理若干规定	2019年12月29日淄博市第十五届人民代表大会常务委员会第二十八次会议废止，2020年1月15日山东省第十三届人民代表大会常务委员会第十六次会议批准废止	2020-1-16	2020-2-12	2020-1-16	废止
淄博市资源综合利用管理办法	2019年12月29日淄博市第十五届人民代表大会常务委员会第二十八次会议废止，2020年1月15日山东省第十三届人民代表大会常务委员会第十六次会议批准废止	2020-1-16	2020-2-12	2020-1-16	废止
淄博市教育督导条例	2019年12月29日淄博市第十五届人民代表大会常务委员会第二十八次会议废止，2020年1月15日山东省第十三届人民代表大会常务委员会第十六次会议批准废止	2020-1-16	2020-2-12	2020-1-16	废止
淄博市全民健身条例	2019年12月29日淄博市第十五届人民代表大会常务委员会第二十八次会议废止，2020年1月15日山东省第十三届人民代表大会常务委员会第十六次会议批准废止	2020-1-16	2020-2-12	2020-1-16	废止
淄博市生猪屠宰管理办法	2019年12月29日淄博市第十五届人民代表大会常务委员会第二十八次会议废止，2020年1月15日山东省第十三届人民代表大会常务委员会第十六次会议批准废止	2020-1-16	2020-2-12	2020-1-16	废止
山东省人民代表大会常务委员会关于依法加强新型冠状病毒肺炎疫情防控工作的决定	2020年2月13日山东省第十三届人民代表大会常务委员会第十七次会议通过	2020-2-13	2020-2-19	2020-2-13	制定
青岛市环境噪声管理规定	2020年1月14日青岛市第十六届人民代表大会常务委员会第二十次会议修改，2020年3月26日山东省第十三届人民代表大会常务委员会第十八次会议批准修改	2020-3-26	2020-4-7	2020-3-26	修改
青岛市古树名木保护管理办法	2020年1月14日青岛市第十六届人民代表大会常务委员会第二十次会议修改，2020年3月26日山东省第十三届人民代表大会常务委员会第十八次会议批准修改	2020-3-26	2020-4-7	2020-3-26	修改
青岛市海洋渔业管理条例	2020年1月14日青岛市第十六届人民代表大会常务委员会第二十次会议修改，2020年3月26日山东省第十三届人民代表大会常务委员会第十八次会议批准修改	2020-3-26	2020-4-7	2020-3-26	修改
青岛市城市管理相对集中行政处罚权条例	2020年1月14日青岛市第十六届人民代表大会常务委员会第二十次会议修改，2020年3月26日山东省第十三届人民代表大会常务委员会第十八次会议批准修改	2020-3-26	2020-4-7	2020-3-26	修改
青岛市城市排水条例	2020年1月14日青岛市第十六届人民代表大会常务委员会第二十次会议修改，2020年3月26日山东省第十三届人民代表大会常务委员会第十八次会议批准修改	2020-3-26	2020-4-7	2020-3-26	修改

续表

法规名称	通过或批准时间	公布时间	报备时间	施行时间	立法形式
青岛市河道管理条例	2020年1月14日青岛市第十六届人民代表大会常务委员会第二十次会议修改，2020年3月26日山东省第十三届人民代表大会常务委员会第十八次会议批准修改	2020-3-26	2020-4-7	2020-3-26	修改
青岛市城市地下管线管理条例	2020年1月14日青岛市第十六届人民代表大会常务委员会第二十次会议修改，2020年3月26日山东省第十三届人民代表大会常务委员会第十八次会议批准修改	2020-3-26	2020-4-7	2020-3-26	修改
青岛市集贸市场管理办法	2020年1月14日青岛市第十六届人民代表大会常务委员会第二十次会议废止，2020年3月26日山东省第十三届人民代表大会常务委员会第十八次会议批准废止	2020-3-26	2020-4-7	2020-3-26	废止
泰安市城市绿化条例	2020年2月28日泰安市第十七届人民代表大会常务委员会第二十五次会议修改，2020年3月26日山东省第十三届人民代表大会常务委员会第十八次会议批准修改	2020-3-26	2020-4-7	2020-3-26	修改
山东省人才发展促进条例	2020年3月26日山东省第十三届人民代表大会常务委员会第十八次会议通过	2020-3-26	2020-4-7	2020-6-1	制定
山东省养老服务条例	2020年3月26日山东省第十三届人民代表大会常务委员会第十八次会议通过	2020-3-26	2020-4-7	2020-5-1	制定
山东省医疗废物管理办法	2020年3月26日山东省第十三届人民代表大会常务委员会第十八次会议通过	2020-3-26	2020-4-7	2020-3-26	制定
青岛市地下空间开发利用管理条例	2020年3月31日青岛市第十六届人民代表大会常务委员会第二十二次会议通过，2020年6月12日山东省第十三届人民代表大会常务委员会第二十次会议批准	2020-6-12	2020-6-29	2020-7-1	制定
滨州市工程建设项目并联审批管理规定	2020年4月24日滨州市第十一届人民代表大会常务委员会第二十九次会议通过，2020年6月12日山东省第十三届人民代表大会常务委员会第二十次会议批准	2020-6-16	2020-6-29	2020-7-1	制定
临沂市红色文化保护与传承条例	2020年4月28日临沂市第十九届人民代表大会常务委员会第二十七次会议通过，2020年6月12日山东省第十三届人民代表大会常务委员会第二十次会议批准	2020-6-12	2020-6-29	2020-7-1	制定
聊城市养犬管理条例	2020年4月29日聊城市第十七届人民代表大会常务委员会第二十九次会议通过，2020年6月12日山东省第十三届人民代表大会常务委员会第二十次会议批准	2020-6-15	2020-6-29	2020-9-1	制定
山东省标准化条例	2020年6月12日山东省第十三届人民代表大会常务委员会第二十次会议通过	2020-6-12	2020-6-29	2020-8-1	制定
山东省实施《中华人民共和国标准化法》办法	在《山东省标准化条例》中被明文予以废止	2020-6-12	2020-6-29	2020-8-1	文中废止
山东省人民代表大会常务委员会关于山东省资源税具体适用税率、计征方式和免征或者减征办法的决定	2020年6月12日山东省第十三届人民代表大会常务委员会第二十次会议通过	2020-6-12	2020-6-29	2020-9-1	制定

续表

法规名称	通过或批准时间	公布时间	报备时间	施行时间	立法形式
山东省人民代表大会常务委员会关于向中国（山东）自由贸易试验区和中国—上海合作组织地方经贸合作示范区下放部分行政权力事项的决定	2020年6月12日山东省第十三届人民代表大会常务委员会第二十次会议通过	2020-6-12	2020-6-29	2020-6-12	制定
山东省乡镇人民政府工作条例	2020年6月12日山东省第十三届人民代表大会常务委员会第二十次会议通过	2020-6-12	2020-6-29	2020-8-1	制定
山东省民族工作条例	2020年6月12日山东省第十三届人民代表大会常务委员会第二十次会议修改	2020-6-12	2020-6-29	2020-10-1	修改
德州市养犬管理条例	2020年5月27日德州市第十八届人民代表大会常务委员会第三十三次会议通过，2020年7月24日山东省第十三届人民代表大会常务委员会第二十二次会议批准	2020-7-31	2020-8-4	2021-1-1	制定
青岛市禁止焚烧抛撒丧葬祭奠物品规定	2020年6月10日青岛市第十六届人民代表大会常务委员会第二十四次会议通过，2020年7月24日山东省第十三届人民代表大会常务委员会第二十二次会议批准	2020-7-24	2020-8-4	2020-9-1	制定
青岛市市区禁止焚烧抛撒丧葬祭奠物品规定	在《青岛市禁止焚烧抛撒丧葬祭奠物品规定》中被明文予以废止	2020-7-24	2020-8-4	2020-9-1	文中废止
济南市预算外资金管理办法	2020年6月18日济南市第十七届人民代表大会常务委员会第十三次会议废止，2020年7月24日山东省第十三届人民代表大会常务委员会第二十二次会议批准废止	2020-7-24	2020-8-4	2020-7-24	废止
济南市预防职务犯罪工作条例	2020年6月18日济南市第十七届人民代表大会常务委员会第十三次会议废止，2020年7月24日山东省第十三届人民代表大会常务委员会第二十二次会议批准废止	2020-7-24	2020-8-4	2020-7-24	废止
济南市道路旅客运输管理条例	2020年6月18日济南市第十七届人民代表大会常务委员会第十三次会议废止，2020年7月24日山东省第十三届人民代表大会常务委员会第二十二次会议批准废止	2020-7-24	2020-8-4	2020-7-24	废止
济南市油区工作管理办法	2020年6月18日济南市第十七届人民代表大会常务委员会第十三次会议废止，2020年7月24日山东省第十三届人民代表大会常务委员会第二十二次会议批准废止	2020-7-24	2020-8-4	2020-7-24	废止
济南市执法违法责任追究办法	2020年6月18日济南市第十七届人民代表大会常务委员会第十三次会议废止，2020年7月24日山东省第十三届人民代表大会常务委员会第二十二次会议批准废止	2020-7-24	2020-8-4	2020-7-24	废止
东营市城市供水条例	2020年6月28日东营市第八届人民代表大会常务委员会第二十七次会议通过，2020年7月24日山东省第十三届人民代表大会常务委员会第二十二次会议批准	2020-8-10	2020-8-10	2020-10-1	制定

续表

法规名称	通过或批准时间	公布时间	报备时间	施行时间	立法形式
济宁市烟花爆竹燃放管理条例	2020年6月29日济宁市第十七届人民代表大会常务委员会第三十三次会议修改，2020年7月24日山东省第十三届人民代表大会常务委员会第二十二次会议批准修改	2020-7-25	2020-8-4	2020-7-25	修改
枣庄市城市绿化条例	2020年6月29日枣庄市第十六届人民代表大会常务委员会第二十八次会议通过，2020年7月24日山东省第十三届人民代表大会常务委员会第二十二次会议批准	2020-7-30	2020-8-4	2020-9-1	制定
泰安市生活垃圾分类管理条例	2020年6月29日泰安市第十七届人民代表大会常务委员会第二十七次会议通过，2020年7月24日山东省第十三届人民代表大会常务委员会第二十二次会议批准	2020-7-24	2020-8-4	2020-11-1	制定
烟台市文明行为促进条例	2020年6月30日烟台市第十七届人民代表大会常务委员会第二十七次会议通过，2020年7月24日山东省第十三届人民代表大会常务委员会第二十二次会议批准	2020-7-24	2020-8-4	2020-9-1	制定
山东省农民专业合作社条例	2020年7月24日山东省第十三届人民代表大会常务委员会第二十二次会议修改	2020-7-24	2020-8-4	2020-7-24	修改
山东省农村可再生能源条例	2020年7月24日山东省第十三届人民代表大会常务委员会第二十二次会议修改	2020-7-24	2020-8-4	2020-7-24	修改
山东省农业机械管理条例	2020年7月24日山东省第十三届人民代表大会常务委员会第二十二次会议修改	2020-7-24	2020-8-4	2020-7-24	修改
山东省无线电管理条例	2020年7月24日山东省第十三届人民代表大会常务委员会第二十二次会议修改	2020-7-24	2020-8-4	2020-7-24	修改
山东省计量条例	2020年7月24日山东省第十三届人民代表大会常务委员会第二十二次会议修改	2020-7-24	2020-8-4	2020-7-24	修改
山东省公路路政条例	2020年7月24日山东省第十三届人民代表大会常务委员会第二十二次会议修改	2020-7-24	2020-8-4	2020-7-24	修改
山东省水路交通条例	2020年7月24日山东省第十三届人民代表大会常务委员会第二十二次会议修改	2020-7-24	2020-8-4	2020-7-24	修改
山东省民用建筑节能条例	2020年7月24日山东省第十三届人民代表大会常务委员会第二十二次会议修改	2020-7-24	2020-8-4	2020-7-24	修改
山东省国有土地上房屋征收与补偿条例	2020年7月24日山东省第十三届人民代表大会常务委员会第二十二次会议修改	2020-7-24	2020-8-4	2020-7-24	修改
山东省城市建设管理条例	2020年7月24日山东省第十三届人民代表大会常务委员会第二十二次会议修改	2020-7-24	2020-8-4	2020-7-24	修改
山东省建设工程勘察设计管理条例	2020年7月24日山东省第十三届人民代表大会常务委员会第二十二次会议修改	2020-7-24	2020-8-4	2020-7-24	修改
山东省建设工程抗震设防条例	2020年7月24日山东省第十三届人民代表大会常务委员会第二十二次会议修改	2020-7-24	2020-8-4	2020-7-24	修改
山东省社会信用条例	2020年7月24日山东省第十三届人民代表大会常务委员会第二十二次会议通过	2020-7-24	2020-8-4	2020-10-1	制定
临沂市美丽乡村条例	2020年7月10日临沂市第十九届人民代表大会常务委员会第三十次会议通过，2020年9月25日山东省第十三届人民代表大会常务委员会第二十三次会议批准	2020-9-25	2020-10-19	2020-10-1	制定

续表

法规名称	通过或批准时间	公布时间	报备时间	施行时间	立法形式
菏泽市餐厨废弃物管理条例	2020 年 8 月 24 日菏泽市第十九届人民代表大会常务委员会第三十次会议通过，2020 年 9 月 25 日山东省第十三届人民代表大会常务委员会第二十三次会议批准	2020-9-28	2020-10-19	2021-1-1	制定
济南市历史文化名城保护条例	2020 年 8 月 25 日济南市第十七届人民代表大会常务委员会第十五次会议通过，2020 年 9 月 25 日山东省第十三届人民代表大会常务委员会第二十三次会议批准	2020-9-25	2020-10-19	2020-10-1	制定
济南市节约用水条例	2020 年 8 月 25 日济南市第十七届人民代表大会常务委员会第十五次会议通过，2020 年 9 月 25 日山东省第十三届人民代表大会常务委员会第二十三次会议批准	2020-9-25	2020-10-19	2020-11-1	制定
济南市城市节约用水管理办法	在《济南市节约用水条例》中被明文予以废止	2020-9-25	2020-10-19	2020-11-1	文中废止
淄博市节约能源条例	2020 年 8 月 27 日淄博市第十五届人民代表大会常务委员会第三十六次会议修改，2020 年 9 月 25 日山东省第十三届人民代表大会常务委员会第二十三次会议批准修改	2020-9-28	2020-10-19	2020-9-28	修改
淄博市油区管理若干规定	2020 年 8 月 27 日淄博市第十五届人民代表大会常务委员会第三十六次会议修改，2020 年 9 月 25 日山东省第十三届人民代表大会常务委员会第二十三次会议批准修改	2020-9-28	2020-10-19	2020-9-28	修改
淄博市散装水泥管理办法	2020 年 8 月 27 日淄博市第十五届人民代表大会常务委员会第三十六次会议修改，2020 年 9 月 25 日山东省第十三届人民代表大会常务委员会第二十三次会议批准修改	2020-9-28	2020-10-19	2020-9-28	修改
淄博市烟草专卖管理办法	2020 年 8 月 27 日淄博市第十五届人民代表大会常务委员会第三十六次会议修改，2020 年 9 月 25 日山东省第十三届人民代表大会常务委员会第二十三次会议批准修改	2020-9-28	2020-10-19	2020-9-28	修改
淄博市新型墙体材料发展应用与民用建筑节能条例	2020 年 8 月 27 日淄博市第十五届人民代表大会常务委员会第三十六次会议修改，2020 年 9 月 25 日山东省第十三届人民代表大会常务委员会第二十三次会议批准修改	2020-9-28	2020-10-19	2020-9-28	修改
淄博市户外广告设置和建筑物外立面保持整洁管理条例	2020 年 8 月 27 日淄博市第十五届人民代表大会常务委员会第三十六次会议修改，2020 年 9 月 25 日山东省第十三届人民代表大会常务委员会第二十三次会议批准修改	2020-9-28	2020-10-19	2020-9-28	修改
淄博市文物保护管理办法	2020 年 8 月 27 日淄博市第十五届人民代表大会常务委员会第三十六次会议修改，2020 年 9 月 25 日山东省第十三届人民代表大会常务委员会第二十三次会议批准修改	2020-9-28	2020-10-19	2020-9-28	修改

续表

法规名称	通过或批准时间	公布时间	报备时间	施行时间	立法形式
淄博市荣誉市民称号授予办法	2020年8月27日淄博市第十五届人民代表大会常务委员会第三十六次会议修改，2020年9月25日山东省第十三届人民代表大会常务委员会第二十三次会议批准修改	2020-9-28	2020-10-19	2020-9-28	修改
淄博市煤炭清洁利用监督管理条例	2020年8月27日淄博市第十五届人民代表大会常务委员会第三十六次会议修改，2020年9月25日山东省第十三届人民代表大会常务委员会第二十三次会议批准修改	2020-9-28	2020-10-19	2020-9-28	修改
德州市烟花爆竹燃放管理条例	2020年8月27日德州市第十八届人民代表大会常务委员会第三十五次会议通过，2020年9月25日山东省第十三届人民代表大会常务委员会第二十三次会议批准	2020-10-26	2020-10-26	2021-1-1	制定
威海市精致城市建设条例	2020年8月31日威海市第十七届人民代表大会常务委员会第二十七次会议通过，2020年9月25日山东省第十三届人民代表大会常务委员会第二十三次会议批准	2020-9-28	2020-10-19	2020-11-1	制定
聊城市历史文化名城名镇名村保护条例	2020年8月31日聊城市第十七届人民代表大会常务委员会第三十二次会议通过，2020年9月25日山东省第十三届人民代表大会常务委员会第二十三次会议批准	2020-9-29	2020-10-19	2020-12-1	制定
日照市文物保护条例	2020年8月31日日照市第十八届人民代表大会常务委员会第三十次会议通过，2020年9月25日山东省第十三届人民代表大会常务委员会第二十三次会议批准	2020-9-25	2020-10-19	2021-1-1	制定
东营市湿地保护条例	2020年9月3日东营市第八届人民代表大会常务委员会第二十八次会议修改，2020年9月25日山东省第十三届人民代表大会常务委员会第二十三次会议批准修改	2020-10-10	2020-10-19	2020-10-10	修改
山东省人民代表大会常务委员会关于调整村民委员会、城市居民委员会任期和换届选举时间的决定	2020年9月25日山东省第十三届人民代表大会常务委员会第二十三次会议通过	2020-9-25	2020-10-19	2020-9-25	制定
中国（山东）自由贸易试验区条例	2020年9月25日山东省第十三届人民代表大会常务委员会第二十三次会议通过	2020-9-25	2020-10-19	2021-1-1	制定
山东省优化营商环境条例	2020年9月25日山东省第十三届人民代表大会常务委员会第二十三次会议通过	2020-9-25	2020-10-19	2021-1-1	制定
山东省公共法律服务条例	2020年9月25日山东省第十三届人民代表大会常务委员会第二十三次会议通过	2020-9-25	2020-10-19	2021-1-1	制定
山东省通信基础设施建设与保护条例	2020年9月25日山东省第十三届人民代表大会常务委员会第二十三次会议通过	2020-9-25	2020-10-19	2021-1-1	制定
德州市扒鸡保护与发展条例	2020年9月28日德州市第十八届人民代表大会常务委员会第三十六次会议通过，2020年11月27日山东省第十三届人民代表大会常务委员会第二十四次会议批准	2020-12-1	2020-12-18	2021-3-1	制定

续表

法规名称	通过或批准时间	公布时间	报备时间	施行时间	立法形式
潍坊市道路交通安全条例	2020年10月22日潍坊市第十七届人民代表大会常务委员会第三十六次会议通过，2020年11月27日山东省第十三届人民代表大会常务委员会第二十四次会议批准	2020-12-4	2020-12-18	2021-3-1	制定
菏泽市城市供水条例	2020年10月27日菏泽市第十九届人民代表大会常务委员会第三十一次会议通过，2020年11月27日山东省第十三届人民代表大会常务委员会第二十四次会议批准	2020-11-30	2020-12-18	2021-1-1	制定
泰安市供热条例	2020年10月28日泰安市第十七届人民代表大会常务委员会第二十九次会议通过，2020年11月27日山东省第十三届人民代表大会常务委员会第二十四次会议批准	2020-11-27	2020-12-18	2021-1-1	制定
烟台葡萄酒产区保护条例	2020年10月28日烟台市第十七届人民代表大会常务委员会第三十次会议通过，2020年11月27日山东省第十三届人民代表大会常务委员会第二十四次会议批准	2020-11-27	2020-12-18	2021-1-1	制定
临沂市大气污染防治条例	2020年10月28日临沂市第十九届人民代表大会常务委员会第三十二次会议通过，2020年11月27日山东省第十三届人民代表大会常务委员会第二十四次会议批准	2020-11-27	2020-12-18	2021-1-1	制定
威海市山体保护条例	2020年10月29日威海市第十七届人民代表大会常务委员会第二十八次会议通过，2020年11月27日山东省第十三届人民代表大会常务委员会第二十四次会议批准	2020-12-1	2020-12-18	2021-1-1	制定
济南市院前医疗急救条例	2020年10月29日济南市第十七届人民代表大会常务委员会第十六次会议通过，2020年11月27日山东省第十三届人民代表大会常务委员会第二十四次会议批准	2020-12-1	2020-12-18	2021-3-1	制定
济南市生活垃圾减量与分类管理条例	2020年10月29日济南市第十七届人民代表大会常务委员会第十六次会议通过，2020年11月27日山东省第十三届人民代表大会常务委员会第二十四次会议批准	2020-12-1	2020-12-18	2021-5-1	制定
东营市湿地城市建设条例	2020年10月29日东营市第八届人民代表大会常务委员会第二十九次会议通过，2020年11月27日山东省第十三届人民代表大会常务委员会第二十四次会议批准	2020-12-14	2020-12-18	2021-1-1	制定
枣庄市农村公路条例	2020年10月30日枣庄市第十六届人民代表大会常务委员会第三十二次会议通过，2020年11月27日山东省第十三届人民代表大会常务委员会第二十四次会议批准	2020-11-30	2020-12-18	2021-5-1	制定
滨州市电梯安全管理条例	2020年10月30日滨州市第十一届人民代表大会常务委员会第三十三次会议通过，2020年11月27日山东省第十三届人民代表大会常务委员会第二十四次会议批准	2020-11-30	2020-12-18	2021-5-1	制定

续表

法规名称	通过或批准时间	公布时间	报备时间	施行时间	立法形式
山东省清洁生产促进条例	2020年11月27日山东省第十三届人民代表大会常务委员会第二十四次会议修改	2020-11-27	2020-12-18	2020-11-27	修改
山东省水污染防治条例	2020年11月27日山东省第十三届人民代表大会常务委员会第二十四次会议修改	2020-11-27	2020-12-18	2020-11-27	修改
山东省劳动和社会保障监察条例	2020年11月27日山东省第十三届人民代表大会常务委员会第二十四次会议修改	2020-11-27	2020-12-18	2020-11-27	修改
山东省农业机械化促进条例	2020年11月27日山东省第十三届人民代表大会常务委员会第二十四次会议修改	2020-11-27	2020-12-18	2020-11-27	修改
山东省道路运输条例	2020年11月27日山东省第十三届人民代表大会常务委员会第二十四次会议修改	2020-11-27	2020-12-18	2020-11-27	修改
泰山风景名胜区保护管理条例	2020年11月27日山东省第十三届人民代表大会常务委员会第二十四次会议修改	2020-11-27	2020-12-18	2020-11-27	修改
山东省体育市场管理条例	2020年11月27日山东省第十三届人民代表大会常务委员会第二十四次会议废止	2020-11-27	2020-12-18	2020-11-27	废止
山东省红色文化保护传承条例	2020年11月27日山东省第十三届人民代表大会常务委员会第二十四次会议通过	2020-11-27	2020-12-18	2021-1-1	制定
山东省突发事件应急保障条例	2020年11月27日山东省第十三届人民代表大会常务委员会第二十四次会议通过	2020-11-27	2020-12-18	2021-1-1	制定
山东省中医药条例	2020年11月27日山东省第十三届人民代表大会常务委员会第二十四次会议通过	2020-11-27	2020-12-18	2021-1-1	制定
山东省中医条例	在《山东省中医药条例》中被明文予以废止	2020-11-27	2020-12-18	2021-1-1	文中废止

河南省地方性法规目录

（74件）

法规名称	通过或批准时间	公布时间	报备时间	施行时间	立法形式
河南省人民代表大会常务委员会关于暂停实施《河南省高速公路条例》第四十八条规定的决定	2020年1月3日河南省第十三届人民代表大会常务委员会第十五次会议通过	2020-1-3	2020-1-7	2020-1-3	制定
河南省人民代表大会常务委员会关于依法全力做好新型冠状病毒肺炎疫情防控工作的决定	2020年2月10日河南省第十三届人民代表大会常务委员会第十六次会议通过	2020-2-10	2020-2-26	2020-2-10	制定
许昌市机动车和非道路移动机械排气污染防治条例	2019年12月27日许昌市第七届人民代表大会常务委员会第二十四次会议通过，2020年3月31日河南省第十三届人民代表大会常务委员会第十七次会议批准	2020-4-28	2020-4-29	2020-6-1	制定

续表

法规名称	通过或批准时间	公布时间	报备时间	施行时间	立法形式
商丘市城市扬尘污染防治条例	2019年12月30日商丘市第五届人民代表大会常务委员会第十九次会议通过,2020年3月31日河南省第十三届人民代表大会常务委员会第十七次会议批准	2020-4-20	2020-4-29	2020-4-30	制定
商丘市优化营商环境条例	2020年2月28日商丘市第五届人民代表大会常务委员会第二十次会议通过,2020年3月31日河南省第十三届人民代表大会常务委员会第十七次会议批准	2020-4-20	2020-4-29	2020-4-30	制定
河南省人民代表大会常务委员会关于2020年暂停实施《河南省预算审查监督条例》第二十一条第一款规定的决定	2020年3月31日河南省第十三届人民代表大会常务委员会第十七次会议通过	2020-3-31	2020-4-18	2020-3-31	制定
洛阳市市区烟花爆竹安全管理条例	2020年4月1日洛阳市第十五届人民代表大会常务委员会第十四次会议废止,2020年6月3日河南省第十三届人民代表大会常务委员会第十八次会议批准废止	2020-6-29	2020-7-17	2020-6-29	废止
驻马店市燃气管理条例	2020年4月28日驻马店市第四届人民代表大会常务委员会第二十二次会议通过,2020年6月3日河南省第十三届人民代表大会常务委员会第十八次会议批准	2020-6-29	2020-7-17	2020-9-1	制定
濮阳市散煤污染防治条例	2020年4月28日濮阳市第八届人民代表大会常务委员会第十四次会议通过,2020年6月3日河南省第十三届人民代表大会常务委员会第十八次会议批准	2020-6-30	2020-7-17	2020-9-1	制定
郑州市大气污染防治条例	2020年4月29日郑州市第十五届人民代表大会常务委员会第十五次会议修改,2020年6月3日河南省第十三届人民代表大会常务委员会第十八次会议批准修改	2020-8-5	2020-8-17	2020-8-5	修改
郑州市湿地保护条例	2020年4月29日郑州市第十五届人民代表大会常务委员会第十五次会议修改,2020年6月3日河南省第十三届人民代表大会常务委员会第十八次会议批准修改	2020-8-5	2020-8-17	2020-8-5	修改
郑州市生态林管理条例	2020年4月29日郑州市第十五届人民代表大会常务委员会第十五次会议修改,2020年6月3日河南省第十三届人民代表大会常务委员会第十八次会议批准修改	2020-8-5	2020-8-17	2020-8-5	修改
郑州市嵩山历史建筑群保护管理条例	2020年4月29日郑州市第十五届人民代表大会常务委员会第十五次会议修改,2020年6月3日河南省第十三届人民代表大会常务委员会第十八次会议批准修改	2020-8-5	2020-8-17	2020-8-5	修改
郑州市郑韩故城遗址保护条例	2020年4月29日郑州市第十五届人民代表大会常务委员会第十五次会议修改,2020年6月3日河南省第十三届人民代表大会常务委员会第十八次会议批准修改	2020-8-5	2020-8-17	2020-8-5	修改

续表

法规名称	通过或批准时间	公布时间	报备时间	施行时间	立法形式
郑州市基本农田保护条例	2020年4月29日郑州市第十五届人民代表大会常务委员会第十五次会议修改，2020年6月3日河南省第十三届人民代表大会常务委员会第十八次会议批准修改	2020-8-5	2020-8-17	2020-8-5	修改
郑州市矿产资源管理条例	2020年4月29日郑州市第十五届人民代表大会常务委员会第十五次会议修改，2020年6月3日河南省第十三届人民代表大会常务委员会第十八次会议批准修改	2020-8-5	2020-8-17	2020-8-5	修改
郑州市水资源管理条例	2020年4月29日郑州市第十五届人民代表大会常务委员会第十五次会议修改，2020年6月3日河南省第十三届人民代表大会常务委员会第十八次会议批准修改	2020-8-5	2020-8-17	2020-8-5	修改
郑州市节约用水条例	2020年4月29日郑州市第十五届人民代表大会常务委员会第十五次会议修改，2020年6月3日河南省第十三届人民代表大会常务委员会第十八次会议批准修改	2020-8-5	2020-8-17	2020-8-5	修改
郑州市城市供水管理条例	2020年4月29日郑州市第十五届人民代表大会常务委员会第十五次会议修改，2020年6月3日河南省第十三届人民代表大会常务委员会第十八次会议批准修改	2020-8-5	2020-8-17	2020-8-5	修改
郑州市燃气管理条例	2020年4月29日郑州市第十五届人民代表大会常务委员会第十五次会议修改，2020年6月3日河南省第十三届人民代表大会常务委员会第十八次会议批准修改	2020-8-5	2020-8-17	2020-8-5	修改
郑州市建设工程施工安全管理条例	2020年4月29日郑州市第十五届人民代表大会常务委员会第十五次会议修改，2020年6月3日河南省第十三届人民代表大会常务委员会第十八次会议批准修改	2020-8-5	2020-8-17	2020-8-5	修改
郑州市市政工程设施管理条例	2020年4月29日郑州市第十五届人民代表大会常务委员会第十五次会议修改，2020年6月3日河南省第十三届人民代表大会常务委员会第十八次会议批准修改	2020-8-5	2020-8-17	2020-8-5	修改
郑州市城市市容和环境卫生管理条例	2020年4月29日郑州市第十五届人民代表大会常务委员会第十五次会议修改，2020年6月3日河南省第十三届人民代表大会常务委员会第十八次会议批准修改	2020-8-5	2020-8-17	2020-8-5	修改
郑州市公共场所禁止吸烟条例	2020年4月29日郑州市第十五届人民代表大会常务委员会第十五次会议修改，2020年6月3日河南省第十三届人民代表大会常务委员会第十八次会议批准修改	2020-8-5	2020-8-17	2020-8-5	修改
郑州市旅游业管理条例	2020年4月29日郑州市第十五届人民代表大会常务委员会第十五次会议修改，2020年6月3日河南省第十三届人民代表大会常务委员会第十八次会议批准修改	2020-8-5	2020-8-17	2020-8-5	修改

续表

法规名称	通过或批准时间	公布时间	报备时间	施行时间	立法形式
郑州市城市中小学校幼儿园规划建设管理条例	2020年4月29日郑州市第十五届人民代表大会常务委员会第十五次会议修改，2020年6月3日河南省第十三届人民代表大会常务委员会第十八次会议批准修改	2020-8-5	2020-8-17	2020-8-5	修改
郑州市客运出租汽车管理条例	2020年4月29日郑州市第十五届人民代表大会常务委员会第十五次会议修改，2020年6月3日河南省第十三届人民代表大会常务委员会第十八次会议批准修改	2020-8-5	2020-8-17	2020-8-5	修改
郑州市城市饮用水源保护和污染防治条例	2020年4月29日郑州市第十五届人民代表大会常务委员会第十五次会议废止，2020年6月3日河南省第十三届人民代表大会常务委员会第十八次会议批准废止	2020-8-5	2020-8-17	2020-8-5	废止
郑州市商品交易市场建设管理条例	2020年4月29日郑州市第十五届人民代表大会常务委员会第十五次会议废止，2020年6月3日河南省第十三届人民代表大会常务委员会第十八次会议批准废止	2020-8-5	2020-8-17	2020-8-5	废止
郑州市城市建设拆迁管理条例	2020年4月29日郑州市第十五届人民代表大会常务委员会第十五次会议废止，2020年6月3日河南省第十三届人民代表大会常务委员会第十八次会议批准废止	2020-8-5	2020-8-17	2020-8-5	废止
郑州市农产品质量安全条例	2020年4月29日郑州市第十五届人民代表大会常务委员会第十五次会议废止，2020年6月3日河南省第十三届人民代表大会常务委员会第十八次会议批准废止	2020-8-5	2020-8-17	2020-8-5	废止
新乡市居民住宅区消防安全管理条例	2020年4月30日新乡市第十三届人民代表大会常务委员会第十二次会议通过，2020年6月3日河南省第十三届人民代表大会常务委员会第十八次会议批准	2020-7-12	2020-7-17	2020-9-1	制定
河南省人口与计划生育条例	2020年6月3日河南省第十三届人民代表大会常务委员会第十八次会议修改	2020-6-4	2020-6-15	2020-6-4	修改
河南省实施《中华人民共和国村民委员会组织法》办法	2020年6月3日河南省第十三届人民代表大会常务委员会第十八次会议修改	2020-6-4	2020-6-15	2020-6-4	修改
河南省实施《中华人民共和国城市居民委员会组织法》办法	2020年6月3日河南省第十三届人民代表大会常务委员会第十八次会议修改	2020-6-4	2020-6-15	2020-6-4	修改
河南省爱国卫生条例	2020年6月3日河南省第十三届人民代表大会常务委员会第十八次会议修改	2020-6-4	2020-6-15	2020-6-4	修改
河南省实施《中华人民共和国人民防空法》办法	2020年6月3日河南省第十三届人民代表大会常务委员会第十八次会议修改	2020-6-4	2020-6-15	2020-6-4	修改
河南省气象灾害防御条例	2020年6月3日河南省第十三届人民代表大会常务委员会第十八次会议修改	2020-6-4	2020-6-15	2020-6-4	修改
河南省黄河工程管理条例	2020年6月3日河南省第十三届人民代表大会常务委员会第十八次会议修改	2020-6-4	2020-6-15	2020-6-4	修改
河南省建筑市场管理条例	2020年6月3日河南省第十三届人民代表大会常务委员会第十八次会议修改	2020-6-4	2020-6-15	2020-6-4	修改

续表

法规名称	通过或批准时间	公布时间	报备时间	施行时间	立法形式
河南省电信条例	2020年6月3日河南省第十三届人民代表大会常务委员会第十八次会议通过	2020-6-4	2020-6-15	2021-1-1	制定
鹤壁市循环经济生态城市建设条例	2020年4月29日鹤壁市第十一届人民代表大会常务委员会第十四次会议修改，2020年7月31日河南省第十三届人民代表大会常务委员会第十九次会议批准修改	2020-8-31	2020-9-24	2020-8-31	修改
周口市大气污染防治条例	2020年6月23日周口市第四届人民代表大会常务委员会第二十五次会议通过，2020年7月31日河南省第十三届人民代表大会常务委员会第十九次会议批准	2020-9-10	2020-9-24	2020-10-1	制定
郑州市城市公共汽车客运条例	2020年6月24日郑州市第十五届人民代表大会常务委员会第十七次会议通过，2020年7月31日河南省第十三届人民代表大会常务委员会第十九次会议批准	2020-9-8	2020-9-24	2020-10-1	制定
郑州市城市公共交通条例	在《郑州市城市公共汽车客运条例》中予以废止	2020-9-8	2020-9-24	2020-10-1	文中废止
焦作市生活垃圾分类管理条例	2020年6月29日焦作市第十三届人民代表大会常务委员会第十九次会议通过，2020年7月31日河南省第十三届人民代表大会常务委员会第十九次会议批准	2020-8-31	2020-9-24	2021-1-1	制定
漯河市城市绿化条例	2020年6月29日漯河市第七届人民代表大会常务委员会第三十一次会议通过，2020年7月31日河南省第十三届人民代表大会常务委员会第十九次会议批准	2020-9-17	2020-9-24	2020-10-1	制定
洛阳市城市河渠管理条例	2020年6月30日洛阳市第十五届人民代表大会常务委员会第十七次会议通过，2020年7月31日河南省第十三届人民代表大会常务委员会第十九次会议批准	2020-8-25	2020-9-24	2020-10-1	制定
洛阳市城市渠道管理条例	在《洛阳市城市河渠管理条例》中予以废止	2020-8-25	2020-9-24	2020-10-1	文中废止
洛阳市城市轨道交通条例	2020年6月30日洛阳市第十五届人民代表大会常务委员会第十七次会议通过，2020年7月31日河南省第十三届人民代表大会常务委员会第十九次会议批准	2020-8-25	2020-9-24	2020-10-1	制定
南阳市生态文明建设促进条例	2020年6月30日南阳市第六届人民代表大会常务委员会第十四次会议通过，2020年7月31日河南省第十三届人民代表大会常务委员会第十九次会议批准	2020-9-9	2020-9-24	2021-1-1	制定
河南省人民代表大会常务委员会关于河南省资源税适用税率等事项的决定	2020年7月31日河南省第十三届人民代表大会常务委员会第十九次会议通过	2020-7-31	2020-8-17	2020-9-1	制定
郑洛新国家自主创新示范区条例	2020年7月31日河南省第十三届人民代表大会常务委员会第十九次会议通过	2020-8-3	2020-8-6	2020-9-1	制定
河南省文明行为促进条例	2020年7月31日河南省第十三届人民代表大会常务委员会第十九次会议通过	2020-8-3	2020-8-6	2021-1-1	制定

续表

法规名称	通过或批准时间	公布时间	报备时间	施行时间	立法形式
郑州市房屋使用安全管理条例	2020 年 6 月 24 日郑州市第十五届人民代表大会常务委员会第十七次会议通过，2020 年 9 月 26 日河南省第十三届人民代表大会常务委员会第二十次会议批准	2020-11-9	2020-12-4	2021-1-1	制定
鹤壁市浚县古城保护条例	2020 年 8 月 13 日鹤壁市第十一届人民代表大会常务委员会第十七次会议通过，2020 年 9 月 26 日河南省第十三届人民代表大会常务委员会第二十次会议批准	2020-10-28	2020-11-12	2021-1-1	制定
南阳市中小学校幼儿园规划建设条例	2020 年 8 月 26 日南阳市第六届人民代表大会常务委员会第十五次会议通过，2020 年 9 月 26 日河南省第十三届人民代表大会常务委员会第二十次会议批准	2020-11-6	2020-11-12	2021-1-1	制定
濮阳市文明行为促进条例	2020 年 8 月 27 日濮阳市第八届人民代表大会常务委员会第十六次会议通过，2020 年 9 月 26 日河南省第十三届人民代表大会常务委员会第二十次会议批准	2020-10-22	2020-11-12	2021-1-1	制定
许昌市文明行为促进条例	2020 年 8 月 27 日许昌市第七届人民代表大会常务委员会第三十一次会议通过，2020 年 9 月 26 日河南省第十三届人民代表大会常务委员会第二十次会议批准	2020-10-29	2020-11-12	2021-1-1	制定
焦作市全域旅游促进条例	2020 年 8 月 27 日焦作市第十三届人民代表大会常务委员会第二十次会议通过，2020 年 9 月 26 日河南省第十三届人民代表大会常务委员会第二十次会议批准	2020-11-5	2020-11-12	2021-1-1	制定
信阳市文明行为促进条例	2020 年 8 月 28 日信阳市第五届人民代表大会常务委员会第二十四次会议通过，2020 年 9 月 26 日河南省第十三届人民代表大会常务委员会第二十次会议批准	2020-10-20	2020-11-12	2020-11-1	制定
开封古城保护条例	2020 年 8 月 28 日开封市第十五届人民代表大会常务委员会第十三次会议通过，2020 年 9 月 26 日河南省第十三届人民代表大会常务委员会第二十次会议批准	2020-10-22	2020-11-12	2021-1-1	制定
平顶山市城市公共汽车客运条例	2020 年 8 月 28 日平顶山市第十一届人民代表大会常务委员会第十四次会议通过，2020 年 9 月 26 日河南省第十三届人民代表大会常务委员会第二十次会议批准	2020-11-20	2020-12-4	2021-1-1	制定
安阳市文明行为促进条例	2020 年 8 月 31 日安阳市第十四届人民代表大会常务委员会第十五次会议通过，2020 年 9 月 26 日河南省第十三届人民代表大会常务委员会第二十次会议批准	2020-10-16	2020-11-12	2021-1-1	制定
三门峡市文明行为促进条例	2020 年 8 月 31 日三门峡市第七届人民代表大会常务委员会第二十三次会议通过，2020 年 9 月 26 日河南省第十三届人民代表大会常务委员会第二十次会议批准	2020-11-19	2020-12-4	2021-1-1	制定

续表

法规名称	通过或批准时间	公布时间	报备时间	施行时间	立法形式
河南省人民代表大会常务委员会关于向郑州市洛阳市下放部分省级经济社会管理权限的决定	2020年9月26日河南省第十三届人民代表大会常务委员会第二十次会议通过	2020-9-26	2020-9-30	2020-9-26	制定
河南省警务辅助人员条例	2020年9月26日河南省第十三届人民代表大会常务委员会第二十次会议通过	2020-9-27	2020-9-30	2021-1-1	制定
洛阳市历史文化名城保护条例	2020年10月16日洛阳市第十五届人民代表大会常务委员会第二十次会议通过，2020年11月28日河南省第十三届人民代表大会常务委员会第二十一次会议批准	2020-12-22	2021-1-13	2021-3-1	制定
鹤壁市淇河保护条例	2020年10月19日鹤壁市第十一届人民代表大会常务委员会第十八次会议通过，2020年11月28日河南省第十三届人民代表大会常务委员会第二十一次会议批准	2020-12-25	2021-1-13	2021-3-1	制定
驻马店市市政设施管理条例	2020年10月21日驻马店市第四届人民代表大会常务委员会第二十六次会议通过，2020年11月28日河南省第十三届人民代表大会常务委员会第二十一次会议批准	2020-12-31	2021-1-13	2021-3-1	制定
周口市文明行为促进条例	2020年10月23日周口市第四届人民代表大会常务委员会第二十七次会议通过，2020年11月28日河南省第十三届人民代表大会常务委员会第二十一次会议批准	2020-12-16	2021-1-13	2021-1-1	制定
漯河市中小学校幼儿园规划建设条例	2020年10月23日漯河市第七届人民代表大会常务委员会第三十三次会议通过，2020年11月28日河南省第十三届人民代表大会常务委员会第二十一次会议批准	2020-12-16	2021-1-13	2021-3-1	制定
平顶山市河道保护条例	2020年10月23日平顶山市第十一届人民代表大会常务委员会第十六次会议通过，2020年11月28日河南省第十三届人民代表大会常务委员会第二十一次会议批准	2020-12-28	2021-1-13	2021-3-1	制定
河南省优化营商环境条例	2020年11月28日河南省第十三届人民代表大会常务委员会第二十一次会议通过	2020-11-28	2020-12-4	2021-1-1	制定
郑州航空港经济综合试验区条例	2020年11月28日河南省第十三届人民代表大会常务委员会第二十一次会议通过	2020-11-28	2020-12-4	2021-3-1	制定
河南省人民代表大会常务委员会关于新形势下加强人民法院执行工作的决定	2020年11月28日河南省第十三届人民代表大会常务委员会第二十一次会议通过	2020-11-30	2020-12-4	2020-11-30	制定
河南省人民代表大会常务委员会关于加强人民法院执行工作的决定	在《河南省人民代表大会常务委员会关于新形势下加强人民法院执行工作的决定》中予以废止	2020-11-30	2020-12-4	2020-11-30	文中废止

湖北省地方性法规目录

（44 件）

法规名称	通过或批准时间	公布时间	报备时间	施行时间	立法形式
湖北省乡村振兴促进条例	2020 年 1 月 17 日湖北省第十三届人民代表大会第三次会议通过	2020-1-17	2020-3-18	2020-5-1	制定
湖北省人民代表大会常务委员会关于为打赢新型冠状病毒肺炎疫情防控阻击战提供有力法治保障的决定	2020 年 2 月 11 日湖北省第十三届人民代表大会常务委员会第十四次会议通过	2020-2-11	2020-2-15	2020-2-11	制定
湖北省人民代表大会常务委员会关于严厉打击非法野生动物交易、全面禁止食用野生动物、切实保障人民群众生命健康安全的决定	2020 年 3 月 5 日湖北省第十三届人民代表大会常务委员会第十五次会议通过	2020-3-5	2020-3-18	2020-3-5	制定
恩施土家族苗族自治州饮用水水源地保护条例	2019 年 11 月 22 日恩施土家族苗族自治州第八届人民代表大会常务委员会第十九次会议通过，2020 年 6 月 3 日湖北省第十三届人民代表大会常务委员会第十六次会议批准	2020-6-12	2020-7-3	2020-9-1	制定
黄冈市城市公共交通条例	2019 年 12 月 16 日黄冈市第五届人民代表大会常务委员会第二十五次会议通过，2020 年 6 月 3 日湖北省第十三届人民代表大会常务委员会第十六次会议批准	2020-6-24	2020-7-13	2020-10-1	制定
随州市历史文化街区和历史建筑保护条例	2019 年 12 月 25 日随州市第四届人民代表大会常务委员会第二十次会议通过，2020 年 6 月 3 日湖北省第十三届人民代表大会常务委员会第十六次会议批准	2020-6-16	2020-7-3	2020-9-1	制定
武汉市机动车和非道路移动机械排气污染防治条例	2020 年 4 月 14 日武汉市第十四届人民代表大会常务委员会第二十九次会议通过，2020 年 6 月 3 日湖北省第十三届人民代表大会常务委员会第十六次会议批准	2020-7-23	2020-8-2	2020-9-1	制定
武汉市机动车排气污染防治条例	在《武汉市机动车和非道路移动机械排气污染防治条例》中被明文予以废止	2020-7-23	2020-8-2	2020-9-1	文中废止
湖北省食品安全条例	2020 年 6 月 3 日湖北省第十三届人民代表大会常务委员会第十六次会议修改	2020-6-3	2020-6-16	2020-6-3	修改
湖北省药品管理条例	2020 年 6 月 3 日湖北省第十三届人民代表大会常务委员会第十六次会议修改	2020-6-3	2020-6-16	2020-6-3	修改
湖北省实施《中华人民共和国农产品质量安全法》办法	2020 年 6 月 3 日湖北省第十三届人民代表大会常务委员会第十六次会议修改	2020-6-3	2020-6-16	2020-6-3	修改
湖北省中医药条例	2020 年 6 月 3 日湖北省第十三届人民代表大会常务委员会第十六次会议修改	2020-6-3	2020-6-16	2020-6-3	修改

续表

法规名称	通过或批准时间	公布时间	报备时间	施行时间	立法形式
湖北省人民代表大会常务委员会关于进一步加强新时代检察机关法律监督工作的决定	2020年6月3日湖北省第十三届人民代表大会常务委员会第十六次会议通过	2020-6-3	2020-6-16	2020-6-3	制定
湖北省人民代表大会常务委员会关于加强检察机关法律监督工作的决定	在《湖北省人民代表大会常务委员会关于进一步加强新时代检察机关法律监督工作的决定》中被明文予以废止	2020-6-3	2020-6-16	2020-6-3	文中废止
湖北省义务教育条例	2020年6月3日湖北省第十三届人民代表大会常务委员会第十六次会议修改	2020-6-3	2020-6-22	2020-6-3	修改
湖北省法律援助条例	2020年6月3日湖北省第十三届人民代表大会常务委员会第十六次会议修改	2020-6-3	2020-6-22	2020-6-3	修改
湖北省就业促进条例	2020年6月3日湖北省第十三届人民代表大会常务委员会第十六次会议修改	2020-6-3	2020-6-22	2020-6-3	修改
湖北省河道采砂管理条例	2020年6月3日湖北省第十三届人民代表大会常务委员会第十六次会议修改	2020-6-3	2020-6-22	2020-6-3	修改
湖北省人口与计划生育条例	2020年6月3日湖北省第十三届人民代表大会常务委员会第十六次会议修改	2020-6-3	2020-6-22	2020-6-3	修改
湖北省林业管理办法	2020年6月3日湖北省第十三届人民代表大会常务委员会第十六次会议修改	2020-6-3	2020-6-22	2020-6-3	修改
湖北省实施《中华人民共和国种子法》办法	2020年6月3日湖北省第十三届人民代表大会常务委员会第十六次会议修改	2020-6-3	2020-6-22	2020-6-3	修改
湖北省实施《中华人民共和国归侨侨眷权益保护法》办法	2020年6月3日湖北省第十三届人民代表大会常务委员会第十六次会议修改	2020-6-3	2020-6-22	2020-6-3	修改
湖北省森林采伐管理办法	2020年6月3日湖北省第十三届人民代表大会常务委员会第十六次会议废止	2020-6-3	2020-6-22	2020-6-3	废止
湖北省木材流通管理条例	2020年6月3日湖北省第十三届人民代表大会常务委员会第十六次会议废止	2020-6-3	2020-6-22	2020-6-3	废止
湖北省学校安全条例	2020年6月3日湖北省第十三届人民代表大会常务委员会第十六次会议通过	2020-6-3	2020-6-22	2020-8-1	制定
长阳土家族自治县个体经营户和私营企业条例	2020年5月28日长阳土家族自治县第九届人民代表大会第六次会议废止,2020年7月24日湖北省第十三届人民代表大会常务委员会第十七次会议批准废止	2020-8-26	2020-9-7	2020-8-26	废止
长阳土家族自治县新型农村合作医疗条例	2020年5月28日长阳土家族自治县第九届人民代表大会第六次会议废止,2020年7月24日湖北省第十三届人民代表大会常务委员会第十七次会议批准废止	2020-8-26	2020-9-7	2020-8-26	废止
长阳土家族自治县人口与计划生育条例	2020年5月28日长阳土家族自治县第九届人民代表大会第六次会议废止,2020年7月24日湖北省第十三届人民代表大会常务委员会第十七次会议批准废止	2020-8-26	2020-9-7	2020-8-26	废止

续表

法规名称	通过或批准时间	公布时间	报备时间	施行时间	立法形式
五峰土家族自治县森林资源保护条例	2020 年 6 月 6 日五峰土家族自治县第九届人民代表大会第六次会议修改，2020 年 7 月 24 日湖北省第十三届人民代表大会常务委员会第十七次会议批准修改	2020-8-1	2020-8-24	2020-8-1	修改
五峰土家族自治县农村公路条例	2020 年 6 月 6 日五峰土家族自治县第九届人民代表大会第六次会议修改，2020 年 7 月 24 日湖北省第十三届人民代表大会常务委员会第十七次会议批准修改	2020-8-1	2020-8-24	2020-8-1	修改
武汉市轨道交通管理条例	2020 年 6 月 16 日武汉市第十四届人民代表大会常务委员会第三十次会议修改，2020 年 7 月 24 日湖北省第十三届人民代表大会常务委员会第十七次会议批准修改	2020-9-1	2020-9-17	2020-10-1	修改
黄石市文明行为促进条例	2020 年 6 月 23 日黄石市第十四届人民代表大会常务委员会第二十七次会议通过，2020 年 7 月 24 日湖北省第十三届人民代表大会常务委员会第十七次会议批准	2020-7-31	2020-8-24	2020-10-1	制定
荆门市农业面源污染防治条例	2020 年 6 月 23 日荆门市第九届人民代表大会常务委员会第二十九次会议通过，2020 年 7 月 24 日湖北省第十三届人民代表大会常务委员会第十七次会议批准	2020-8-20	2020-9-7	2021-1-1	制定
鄂州市餐饮服务业油烟污染防治条例	2020 年 6 月 28 日鄂州市第八届人民代表大会常务委员会第二十六次会议通过，2020 年 7 月 24 日湖北省第十三届人民代表大会常务委员会第十七次会议批准	2020-8-5	2020-8-24	2020-9-1	制定
湖北省汉江流域水环境保护条例	2020 年 7 月 24 日湖北省第十三届人民代表大会常务委员会第十七次会议通过	2020-7-24	2020-8-2	2020-12-1	制定
湖北省汉江流域水污染防治条例	在《湖北省汉江流域水环境保护条例》中被明文予以废止	2020-7-24	2020-8-2	2020-12-1	文中废止
湖北省人民代表大会常务委员会关于长江汉江湖北段实施禁捕的决定	2020 年 7 月 24 日湖北省第十三届人民代表大会常务委员会第十七次会议通过	2020-7-24	2020-8-7	2020-7-24	制定
湖北省人民代表大会常务委员会关于资源税具体适用税率标准、计征方式及免征减征办法的决定	2020 年 7 月 24 日湖北省第十三届人民代表大会常务委员会第十七次会议通过	2020-7-24	2020-8-7	2020-9-1	制定
十堰市文明行为促进条例	2020 年 8 月 26 日十堰市第五届人民代表大会常务委员会第二十五次会议通过，2020 年 9 月 24 日湖北省第十三届人民代表大会常务委员会第十八次会议批准	2020-10-21	2020-11-11	2021-1-1	制定
湖北省实施《中华人民共和国中小企业促进法》办法	2020 年 9 月 24 日湖北省第十三届人民代表大会常务委员会第十八次会议修改	2020-9-24	2020-10-12	2021-1-1	修改
孝感市府澴河流域保护条例	2020 年 10 月 20 日孝感市第六届人民代表大会常务委员会第三十次会议通过，2020 年 11 月 27 日湖北省第十三届人民代表大会常务委员会第十九次会议批准	2020-12-11	2020-12-21	2021-3-1	制定

续表

法规名称	通过或批准时间	公布时间	报备时间	施行时间	立法形式
黄冈市文明行为促进条例	2020年10月23日黄冈市第五届人民代表大会常务委员会第三十一次会议通过，2020年11月27日湖北省第十三届人民代表大会常务委员会第十九次会议批准	2020-12-16	2021-1-12	2021-3-1	制定
十堰市恐龙地质遗迹保护条例	2020年10月23日十堰市第五届人民代表大会常务委员会第二十六次会议通过，2020年11月27日湖北省第十三届人民代表大会常务委员会第十九次会议批准	2020-12-26	2021-1-21	2021-3-1	制定
襄阳市电动自行车管理条例	2020年10月28日襄阳市第十七届人民代表大会常务委员会第二十七次会议通过，2020年11月27日湖北省第十三届人民代表大会常务委员会第十九次会议批准	2020-12-30	2021-1-21	2021-6-1	制定
湖北省各级人民代表大会常务委员会规范性文件备案审查工作条例	2020年11月27日湖北省第十三届人民代表大会常务委员会第十九次会议修改	2020-11-27	2020-12-14	2021-2-1	修改
湖北省公共法律服务条例	2020年11月27日湖北省第十三届人民代表大会常务委员会第十九次会议通过	2020-11-27	2020-12-21	2021-3-1	制定
湖北省人力资源市场条例	2020年11月27日湖北省第十三届人民代表大会常务委员会第十九次会议通过	2020-11-27	2020-12-21	2021-3-1	制定
湖北省劳动力市场管理条例	在《湖北省人力资源市场条例》中被明文予以废止	2020-11-27	2020-12-21	2021-3-1	文中废止
湖北省人才市场管理条例	在《湖北省人力资源市场条例》中被明文予以废止	2020-11-27	2020-12-21	2021-3-1	文中废止

湖南省地方性法规目录

（116件）

法规名称	通过或批准时间	公布时间	报备时间	施行时间	立法形式
邵阳市人民代表大会及其常务委员会制定地方性法规条例	2019年10月23日邵阳市第十六届人民代表大会第五次会议通过，2020年3月31日湖南省第十三届人民代表大会常务委员会第十六次会议批准	2020-4-8	2020-4-21	2020-6-1	制定
娄底市人民代表大会及其常务委员会制定地方性法规条例	2020年1月7日娄底市第五届人民代表大会第四次会议通过，2020年3月31日湖南省第十三届人民代表大会常务委员会第十六次会议批准	2020-4-8	2020-4-21	2020-5-1	制定
张家界市人民代表大会及其常务委员会制定地方性法规条例	2020年1月8日张家界市第七届人民代表大会第四次会议通过，2020年3月31日湖南省第十三届人民代表大会常务委员会第十六次会议批准	2020-4-28	2020-5-8	2020-5-1	制定

续表

法规名称	通过或批准时间	公布时间	报备时间	施行时间	立法形式
岳阳市人民代表大会及其常务委员会制定地方性法规条例	2020 年 1 月 9 日岳阳市第八届人民代表大会第五次会议通过，2020 年 3 月 31 日湖南省第十三届人民代表大会常务委员会第十六次会议批准	2020-4-13	2020-4-21	2020-5-1	制定
郴州市人民代表大会及其常务委员会制定地方性法规条例	2020 年 1 月 9 日郴州市第五届人民代表大会第四次会议通过，2020 年 3 月 31 日湖南省第十三届人民代表大会常务委员会第十六次会议批准	2020-4-20	2020-4-27	2020-5-1	制定
益阳市人民代表大会及其常务委员会制定地方性法规条例	2020 年 1 月 10 日益阳市第六届人民代表大会第四次会议通过，2020 年 3 月 31 日湖南省第十三届人民代表大会常务委员会第十六次会议批准	2020-4-10	2020-4-21	2020-5-1	制定
衡阳市人民代表大会及其常务委员会制定地方性法规条例	2020 年 1 月 10 日衡阳市第十五届人民代表大会第七次会议通过，2020 年 3 月 31 日湖南省第十三届人民代表大会常务委员会第十六次会议批准	2020-4-27	2020-5-8	2020-5-1	制定
湖南省野生动植物资源保护条例	2020 年 3 月 31 日湖南省第十三届人民代表大会常务委员会第十六次会议修改	2020-3-31	2020-4-7	2020-3-31	修改
湖南省长株潭国家自主创新示范区条例	2020 年 3 月 31 日湖南省第十三届人民代表大会常务委员会第十六次会议通过	2020-3-31	2020-4-10	2020-7-1	制定
湖南省实施《中华人民共和国土壤污染防治法》办法	2020 年 3 月 31 日湖南省第十三届人民代表大会常务委员会第十六次会议通过	2020-3-31	2020-4-28	2020-7-1	制定
邵阳市乡村清洁条例	2020 年 3 月 31 日邵阳市第十六届人民代表大会常务委员会第二十八次会议通过，2020 年 6 月 12 日湖南省第十三届人民代表大会常务委员会第十八次会议批准	2020-7-10	2020-6-30	2020-12-1	制定
怀化市村庄规划和村民建房管理条例	2020 年 4 月 27 日怀化市第五届人民代表大会常务委员会第三十三次会议通过，2020 年 6 月 12 日湖南省第十三届人民代表大会常务委员会第十八次会议批准	2020-6-22	2020-6-30	2020-7-1	制定
娄底市大熊山国家森林公园条例	2020 年 5 月 9 日娄底市第五届人民代表大会常务委员会第二十七次会议通过，2020 年 6 月 12 日湖南省第十三届人民代表大会常务委员会第十八次会议批准	2020-7-13	2020-6-30	2020-9-1	制定
湘西土家族苗族自治州人民代表大会及其常务委员会制定地方性法规条例	2020 年 5 月 15 日湘西土家族苗族自治州第十四届人民代表大会第五次会议通过，2020 年 6 月 12 日湖南省第十三届人民代表大会常务委员会第十八次会议批准	2020-6-22	2020-6-30	2020-8-1	制定
湖南省乡镇人民代表大会工作条例	2020 年 6 月 12 日湖南省第十三届人民代表大会常务委员会第十八次会议通过	2020-6-12	2020-6-18	2020-8-1	制定
湖南省乡镇人民代表大会主席团和乡镇人民代表大会主席副主席工作若干规定	在《湖南省乡镇人民代表大会工作条例》中予以废止	2020-6-12	2020-6-18	2020-8-1	文中废止
湖南省人民代表大会常务委员会人事任免办法	2020 年 6 月 12 日湖南省第十三届人民代表大会常务委员会第十八次会议修改	2020-6-12	2020-6-19	2020-6-12	修改

续表

法规名称	通过或批准时间	公布时间	报备时间	施行时间	立法形式
湖南省人民代表大会常务委员会工作条例	2020年6月12日湖南省第十三届人民代表大会常务委员会第十八次会议废止	2020-6-12	2020-7-6	2020-6-12	废止
湖南省城乡集贸市场管理条例	2020年6月12日湖南省第十三届人民代表大会常务委员会第十八次会议废止	2020-6-12	2020-7-6	2020-6-12	废止
湖南省农业投资条例	2020年6月12日湖南省第十三届人民代表大会常务委员会第十八次会议废止	2020-6-12	2020-7-6	2020-6-12	废止
湖南省基层法律服务所条例	2020年6月12日湖南省第十三届人民代表大会常务委员会第十八次会议废止	2020-6-12	2020-7-6	2020-6-12	废止
湖南省人民代表大会常务委员会关于加强预防职务犯罪工作的决议	2020年6月12日湖南省第十三届人民代表大会常务委员会第十八次会议废止	2020-6-12	2020-7-6	2020-6-12	废止
湖南省盐业管理条例	2020年6月12日湖南省第十三届人民代表大会常务委员会第十八次会议废止	2020-6-12	2020-7-6	2020-6-12	废止
湖南省人民代表大会常务委员会关于禁止向企业乱收费、乱罚款和各种摊派的决议	2020年6月12日湖南省第十三届人民代表大会常务委员会第十八次会议废止	2020-6-12	2020-7-6	2020-6-12	废止
湖南省酒类管理条例	2020年6月12日湖南省第十三届人民代表大会常务委员会第十八次会议废止	2020-6-12	2020-7-6	2020-6-12	废止
湖南省农业综合开发条例	2020年6月12日湖南省第十三届人民代表大会常务委员会第十八次会议废止	2020-6-12	2020-7-6	2020-6-12	废止
湖南省实施《中华人民共和国城市居民委员会组织法》办法	2020年6月12日湖南省第十三届人民代表大会常务委员会第十八次会议修改	2020-6-12	2020-7-6	2020-6-12	修改
湖南省林业有害生物防治检疫条例	2020年6月12日湖南省第十三届人民代表大会常务委员会第十八次会议修改	2020-6-12	2020-7-6	2020-6-12	修改
湖南省东江湖水环境保护条例	2020年6月12日湖南省第十三届人民代表大会常务委员会第十八次会议修改	2020-6-12	2020-7-6	2020-6-12	修改
湖南省大气污染防治条例	2020年6月12日湖南省第十三届人民代表大会常务委员会第十八次会议修改	2020-6-12	2020-7-6	2020-6-12	修改
湖南省风景名胜区条例	2020年6月12日湖南省第十三届人民代表大会常务委员会第十八次会议修改	2020-6-12	2020-7-6	2020-6-12	修改
湖南省武陵源世界自然遗产保护条例	2020年6月12日湖南省第十三届人民代表大会常务委员会第十八次会议修改	2020-6-12	2020-7-6	2020-6-12	修改
湖南省南岳衡山风景名胜区保护条例	2020年6月12日湖南省第十三届人民代表大会常务委员会第十八次会议修改	2020-6-12	2020-7-6	2020-6-12	修改
湖南省崀山风景名胜区保护条例	2020年6月12日湖南省第十三届人民代表大会常务委员会第十八次会议修改	2020-6-12	2020-7-6	2020-6-12	修改
湖南省紫鹊界梯田梅山龙宫风景名胜区保护条例	2020年6月12日湖南省第十三届人民代表大会常务委员会第十八次会议修改	2020-6-12	2020-7-6	2020-6-12	修改
湖南省植物保护条例	2020年6月12日湖南省第十三届人民代表大会常务委员会第十八次会议修改	2020-6-12	2020-7-6	2020-6-12	修改

续表

法规名称	通过或批准时间	公布时间	报备时间	施行时间	立法形式
湖南省饮用水水源保护条例	2020年6月12日湖南省第十三届人民代表大会常务委员会第十八次会议修改	2020-6-12	2020-7-6	2020-6-12	修改
湖南省生猪屠宰管理条例	2020年6月12日湖南省第十三届人民代表大会常务委员会第十八次会议修改	2020-6-12	2020-7-6	2020-6-12	修改
湖南省韶山风景名胜区条例	2020年6月12日湖南省第十三届人民代表大会常务委员会第十八次会议修改	2020-6-12	2020-7-6	2020-6-12	修改
湖南省城镇蔬菜基地管理条例	2020年6月12日湖南省第十三届人民代表大会常务委员会第十八次会议修改	2020-6-12	2020-7-6	2020-6-12	修改
湖南省湿地保护条例	2020年6月12日湖南省第十三届人民代表大会常务委员会第十八次会议修改	2020-6-12	2020-7-6	2020-6-12	修改
湖南省森林公园条例	2020年6月12日湖南省第十三届人民代表大会常务委员会第十八次会议修改	2020-6-12	2020-7-6	2020-6-12	修改
湖南省植物园条例	2020年6月12日湖南省第十三届人民代表大会常务委员会第十八次会议修改	2020-6-12	2020-7-6	2020-6-12	修改
湖南省外来物种管理条例	2020年6月12日湖南省第十三届人民代表大会常务委员会第十八次会议修改	2020-6-12	2020-7-6	2020-6-12	修改
湖南省林产品质量安全条例	2020年6月12日湖南省第十三届人民代表大会常务委员会第十八次会议修改	2020-6-12	2020-7-6	2020-6-12	修改
湖南省实施《中华人民共和国突发事件应对法》办法	2020年6月12日湖南省第十三届人民代表大会常务委员会第十八次会议修改	2020-6-12	2020-7-6	2020-6-12	修改
湖南省食品生产加工小作坊小餐饮和食品摊贩管理条例	2020年6月12日湖南省第十三届人民代表大会常务委员会第十八次会议修改	2020-6-12	2020-7-6	2020-6-12	修改
江华瑶族自治县林业管理条例	2020年5月28日江华瑶族自治县第十七届人民代表大会第五次会议废止，2020年7月30日湖南省第十三届人民代表大会常务委员会第十九次会议批准废止	2020-8-19	2020-8-25	2020-8-19	废止
湘西土家族苗族自治州生物多样性保护条例	2020年6月22日湘西土家族苗族自治州第十四届人民代表大会常务委员会第二十四次会议通过，2020年7月30日湖南省第十三届人民代表大会常务委员会第十九次会议批准	2020-8-7	2020-8-24	2020-10-1	制定
长沙市生活垃圾管理条例	2020年6月24日长沙市第十五届人民代表大会常务委员会第三十三次会议通过，2020年7月30日湖南省第十三届人民代表大会常务委员会第十九次会议批准	2020-8-5	2020-8-24	2020-10-1	制定
永州市古树名木保护条例	2020年6月29日永州市第五届人民代表大会常务委员会第三十一次会议通过，2020年7月30日湖南省第十三届人民代表大会常务委员会第十九次会议批准	2020-8-21	2020-9-1	2021-1-1	制定
湖南省实施《中华人民共和国反恐怖主义法》办法	2020年7月30日湖南省第十三届人民代表大会常务委员会第十九次会议通过	2020-7-30	2020-8-5	2020-9-1	制定
湖南省现场救护条例	2020年7月30日湖南省第十三届人民代表大会常务委员会第十九次会议通过	2020-7-30	2020-8-5	2020-11-1	制定

续表

法规名称	通过或批准时间	公布时间	报备时间	施行时间	立法形式
湖南省实施《中华人民共和国广告法》办法	2020年7月30日湖南省第十三届人民代表大会常务委员会第十九次会议修改	2020-7-30	2020-8-17	2020-7-30	修改
湖南省实施《中华人民共和国公共文化服务保障法》办法	2020年7月30日湖南省第十三届人民代表大会常务委员会第十九次会议通过	2020-7-30	2020-8-18	2020-9-1	制定
湖南省燃气管理条例	2020年7月30日湖南省第十三届人民代表大会常务委员会第十九次会议修改	2020-7-30	2020-8-24	2020-7-30	修改
湖南省实施《中华人民共和国固体废物污染环境防治法》办法	2020年7月30日湖南省第十三届人民代表大会常务委员会第十九次会议修改	2020-7-30	2020-8-24	2020-7-30	修改
湖南省社会治安综合治理条例	2020年7月30日湖南省第十三届人民代表大会常务委员会第十九次会议修改	2020-7-30	2020-8-24	2020-7-30	修改
湖南省实施《中华人民共和国归侨侨眷权益保护法》办法	2020年7月30日湖南省第十三届人民代表大会常务委员会第十九次会议修改	2020-7-30	2020-8-24	2020-7-30	修改
湖南省实施《中华人民共和国台湾同胞投资保护法》办法	2020年7月30日湖南省第十三届人民代表大会常务委员会第十九次会议修改	2020-7-30	2020-8-24	2020-7-30	修改
湖南省实施《中华人民共和国民族区域自治法》若干规定	2020年7月30日湖南省第十三届人民代表大会常务委员会第十九次会议修改	2020-7-30	2020-8-24	2020-7-30	修改
湖南省土地开发整理条例	2020年7月30日湖南省第十三届人民代表大会常务委员会第十九次会议修改	2020-7-30	2020-8-24	2020-7-30	修改
湖南省实施《中华人民共和国测绘法》办法	2020年7月30日湖南省第十三届人民代表大会常务委员会第十九次会议修改	2020-7-30	2020-8-24	2020-7-30	修改
湖南省实施《中华人民共和国人民防空法》办法	2020年7月30日湖南省第十三届人民代表大会常务委员会第十九次会议修改	2020-7-30	2020-8-24	2020-7-30	修改
湖南省城镇划拨土地使用权管理条例	2020年7月30日湖南省第十三届人民代表大会常务委员会第十九次会议修改	2020-7-30	2020-8-24	2020-7-30	修改
湖南省人民代表大会常务委员会关于资源税具体适用税率等事项的决定	2020年7月30日湖南省第十三届人民代表大会常务委员会第十九次会议通过	2020-7-30	2020-8-25	2020-9-1	制定
邵阳市大气颗粒物污染防治条例	2020年7月31日邵阳市第十六届人民代表大会常务委员会第三十一次会议通过，2020年9月25日湖南省第十三届人民代表大会常务委员会第二十次会议批准	2020-10-29	2020-11-2	2021-1-1	制定
衡阳市扬尘污染防治条例	2020年8月27日衡阳市第十五届人民代表大会常务委员会第三十四次会议通过，2020年9月25日湖南省第十三届人民代表大会常务委员会第二十次会议批准	2020-10-25	2020-11-2	2020-12-1	制定
湘西土家族苗族自治州农村村民住房建设若干规定	2020年8月28日湘西土家族苗族自治州第十四届人民代表大会常务委员会第二十五次会议通过，2020年9月25日湖南省第十三届人民代表大会常务委员会第二十次会议批准	2020-9-30	2020-10-20	2020-12-1	制定

续表

法规名称	通过或批准时间	公布时间	报备时间	施行时间	立法形式
岳阳市文明行为促进条例	2020年8月28日岳阳市第八届人民代表大会常务委员会第二十九次会议通过，2020年9月25日湖南省第十三届人民代表大会常务委员会第二十次会议批准	2020-10-13	2020-10-20	2020-12-1	制定
益阳市扬尘污染防治条例	2020年8月28日益阳市第六届人民代表大会常务委员会第二十八次会议通过，2020年9月25日湖南省第十三届人民代表大会常务委员会第二十次会议批准	2020-10-20	2020-11-12	2020-11-1	制定
郴州市文明行为促进条例	2020年9月2日郴州市第五届人民代表大会常务委员会第二十五次会议通过，2020年9月25日湖南省第十三届人民代表大会常务委员会第二十次会议批准	2020-10-21	2020-10-28	2021-1-1	制定
张家界市农村村民住房规划建设管理规定	2020年9月3日张家界市第七届人民代表大会常务委员会第二十九次会议通过，2020年9月25日湖南省第十三届人民代表大会常务委员会第二十次会议批准	2020-10-15	2020-10-21	2021-1-1	制定
湖南省实施《中华人民共和国中医药法》办法	2020年9月25日湖南省第十三届人民代表大会常务委员会第二十次会议通过	2020-9-25	2020-10-19	2020-11-1	制定
湖南省统计管理条例	2020年9月25日湖南省第十三届人民代表大会常务委员会第二十次会议修改	2020-9-25	2020-10-24	2020-9-25	修改
湖南省民用运输机场管理条例	2020年9月25日湖南省第十三届人民代表大会常务委员会第二十次会议修改	2020-9-25	2020-10-24	2020-9-25	修改
湖南省道路运输条例	2020年9月25日湖南省第十三届人民代表大会常务委员会第二十次会议修改	2020-9-25	2020-10-24	2020-9-25	修改
湖南省高速公路条例	2020年9月25日湖南省第十三届人民代表大会常务委员会第二十次会议修改	2020-9-25	2020-10-24	2020-9-25	修改
湖南省行政事业性收费管理条例	2020年9月25日湖南省第十三届人民代表大会常务委员会第二十次会议修改	2020-9-25	2020-10-24	2020-9-25	修改
湖南省交通建设工程质量与安全生产条例	2020年9月25日湖南省第十三届人民代表大会常务委员会第二十次会议修改	2020-9-25	2020-10-24	2020-9-25	修改
湖南省实施《中华人民共和国公路法》办法	2020年9月25日湖南省第十三届人民代表大会常务委员会第二十次会议修改	2020-9-25	2020-10-24	2020-9-25	修改
湖南省消费者权益保护条例	2020年9月25日湖南省第十三届人民代表大会常务委员会第二十次会议修改	2020-9-25	2020-10-24	2020-9-25	修改
湖南省长株潭城市群区域规划条例	2020年9月25日湖南省第十三届人民代表大会常务委员会第二十次会议修改	2020-9-25	2020-10-24	2020-9-25	修改
湖南省通信条例	2020年9月25日湖南省第十三届人民代表大会常务委员会第二十次会议修改	2020-9-25	2020-10-24	2020-9-25	修改
湖南省县级以上人民代表大会常务委员会预算审查监督条例	2020年9月25日湖南省第十三届人民代表大会常务委员会第二十次会议修改	2020-9-25	2020-10-24	2020-9-25	修改
湖南省无线电管理条例	2020年9月25日湖南省第十三届人民代表大会常务委员会第二十次会议修改	2020-9-25	2020-10-24	2020-9-25	修改

续表

法规名称	通过或批准时间	公布时间	报备时间	施行时间	立法形式
湖南省新型墙体材料推广应用条例	2020年9月25日湖南省第十三届人民代表大会常务委员会第二十次会议修改	2020-9-25	2020-10-24	2020-9-25	修改
湖南省实施《中华人民共和国清洁生产促进法》办法	2020年9月25日湖南省第十三届人民代表大会常务委员会第二十次会议修改	2020-9-25	2020-10-24	2020-9-25	修改
湖南省实施《中华人民共和国节约能源法》办法	2020年9月25日湖南省第十三届人民代表大会常务委员会第二十次会议修改	2020-9-25	2020-10-24	2020-9-25	修改
湖南省矿产资源管理条例	2020年9月25日湖南省第十三届人民代表大会常务委员会第二十次会议修改	2020-9-25	2020-10-24	2020-9-25	修改
湘潭市村庄规划建设管理条例	2020年9月24日湘潭市第十五届人民代表大会常务委员会第二十七次会议通过，2020年11月27日湖南省第十三届人民代表大会常务委员会第二十一次会议批准	2020-12-12	2021-1-5	2021-1-1	制定
张家界市古树名木保护条例	2020年10月21日张家界市第七届人民代表大会常务委员会第三十次会议通过，2020年11月27日湖南省第十三届人民代表大会常务委员会第二十一次会议批准	2020-12-25	2021-1-6	2021-3-1	制定
常德市农村村民住房建设管理条例	2020年10月29日常德市第七届人民代表大会常务委员会第三十五次会议通过，2020年11月27日湖南省第十三届人民代表大会常务委员会第二十一次会议批准	2020-12-2	2020-12-15	2021-1-1	制定
常德市大气污染防治若干规定	2020年10月29日常德市第七届人民代表大会常务委员会第三十五次会议通过，2020年11月27日湖南省第十三届人民代表大会常务委员会第二十一次会议批准	2020-12-2	2020-12-15	2021-1-1	制定
怀化市扬尘污染防治条例	2020年10月29日怀化市第五届人民代表大会常务委员会第三十八次会议通过，2020年11月27日湖南省第十三届人民代表大会常务委员会第二十一次会议批准	2020-12-7	2021-1-5	2021-3-1	制定
邵阳市文明行为促进条例	2020年10月29日邵阳市第十六届人民代表大会常务委员会第三十四次会议通过，2020年11月27日湖南省第十三届人民代表大会常务委员会第二十一次会议批准	2020-12-24	2021-1-4	2021-4-1	制定
邵阳市村庄规划和村民建房管理条例	2020年10月29日邵阳市第十六届人民代表大会常务委员会第三十四次会议通过，2020年11月27日湖南省第十三届人民代表大会常务委员会第二十一次会议批准	2020-12-24	2021-1-4	2021-6-1	制定
郴州市农村村民住房建设管理条例	2020年10月30日郴州市第五届人民代表大会常务委员会第二十六次会议通过，2020年11月27日湖南省第十三届人民代表大会常务委员会第二十一次会议批准	2020-12-4	2020-12-15	2021-1-1	制定
郴州市城市市容环境卫生管理条例	2020年10月30日郴州市第五届人民代表大会常务委员会第二十六次会议通过，2020年11月27日湖南省第十三届人民代表大会常务委员会第二十一次会议批准	2020-12-4	2020-12-15	2021-1-1	制定

续表

法规名称	通过或批准时间	公布时间	报备时间	施行时间	立法形式
长沙市农村村民住宅建设管理条例	2020年10月30日长沙市第十五届人民代表大会常务委员会第三十五次会议通过，2020年11月27日湖南省第十三届人民代表大会常务委员会第二十一次会议批准	2020-12-18	2020-12-23	2021-3-1	制定
永州市饮用水水源地保护规定	2020年10月30日永州市第五届人民代表大会常务委员会第三十三次会议通过，2020年11月27日湖南省第十三届人民代表大会常务委员会第二十一次会议批准	2020-12-23	2020-12-28	2021-3-22	制定
衡阳市农村村民住房建设管理条例	2020年10月30日衡阳市第十五届人民代表大会常务委员会第三十五次会议通过，2020年11月27日湖南省第十三届人民代表大会常务委员会第二十一次会议批准	2020-12-24	2020-12-25	2021-3-1	制定
株洲市城市养犬管理条例	2020年11月3日株洲市第十五届人民代表大会常务委员会第三十四次会议通过，2020年11月27日湖南省第十三届人民代表大会常务委员会第二十一次会议批准	2020-12-8	2020-12-23	2021-5-1	制定
娄底市农村住房建设管理条例	2020年11月10日娄底市第五届人民代表大会常务委员会第三十一次会议通过，2020年11月27日湖南省第十三届人民代表大会常务委员会第二十一次会议批准	2020-12-18	2020-12-23	2021-3-1	制定
湖南省宗教事务条例	2020年11月27日湖南省第十三届人民代表大会常务委员会第二十一次会议修改	2020-11-27	2020-11-30	2021-3-1	修改
湖南省实施《中华人民共和国中小企业促进法》办法	2020年11月27日湖南省第十三届人民代表大会常务委员会第二十一次会议修改	2020-11-27	2020-12-11	2021-1-1	修改
湖南省铁路安全管理条例	2020年11月27日湖南省第十三届人民代表大会常务委员会第二十一次会议通过	2020-11-27	2020-12-11	2021-1-1	制定
湖南省实施《中华人民共和国道路交通安全法》办法	2020年11月27日湖南省第十三届人民代表大会常务委员会第二十一次会议修改	2020-11-27	2020-12-15	2020-11-27	修改
湖南省实施《中华人民共和国义务教育法》办法	2020年11月27日湖南省第十三届人民代表大会常务委员会第二十一次会议修改	2020-11-27	2020-12-16	2020-11-27	修改
湖南省实施《中华人民共和国红十字会法》办法	2020年11月27日湖南省第十三届人民代表大会常务委员会第二十一次会议修改	2020-11-27	2020-12-16	2020-11-27	修改
湖南省实施《中华人民共和国高等教育法》办法	2020年11月27日湖南省第十三届人民代表大会常务委员会第二十一次会议修改	2020-11-27	2020-12-16	2020-11-27	修改
湖南省实施《中华人民共和国国家通用语言文字法》办法	2020年11月27日湖南省第十三届人民代表大会常务委员会第二十一次会议修改	2020-11-27	2020-12-16	2020-11-27	修改
湖南省专利条例	2020年11月27日湖南省第十三届人民代表大会常务委员会第二十一次会议修改	2020-11-27	2020-12-16	2020-11-27	修改
湖南省档案管理条例	2020年11月27日湖南省第十三届人民代表大会常务委员会第二十一次会议修改	2020-11-27	2020-12-16	2020-11-27	修改
湖南省科学技术普及条例	2020年11月27日湖南省第十三届人民代表大会常务委员会第二十一次会议修改	2020-11-27	2020-12-16	2020-11-27	修改

续表

法规名称	通过或批准时间	公布时间	报备时间	施行时间	立法形式
湖南省实施《中华人民共和国旅游法》办法	2020年11月27日湖南省第十三届人民代表大会常务委员会第二十一次会议修改	2020-11-27	2020-12-16	2020-11-27	修改
湖南省警务辅助人员条例	2020年11月27日湖南省第十三届人民代表大会常务委员会第二十一次会议通过	2020-11-27	2020-12-21	2021-1-1	制定

广东省地方性法规目录

（141件）

法规名称	通过或批准时间	公布时间	报备时间	施行时间	立法形式
广东省人民代表大会常务委员会关于依法防控新型冠状病毒肺炎疫情切实保障人民群众生命健康安全的决定	2020年2月11日广东省第十三届人民代表大会常务委员会第十八次会议通过	2020-2-11	2020-3-6	2020-2-11	制定
佛山市养犬管理条例	2019年12月30日佛山市第十五届人民代表大会常务委员会第二十七次会议通过，2020年3月31日广东省第十三届人民代表大会常务委员会第十九次会议批准	2020-4-2	2020-4-24	2020-5-1	制定
汕头市人民代表大会常务委员会讨论决定重大事项规定	2019年12月30日汕头市第十四届人民代表大会常务委员会第二十八次会议修改，2020年3月31日广东省第十三届人民代表大会常务委员会第十九次会议批准修改	2020-4-3	2020-4-22	2020-5-1	修改
江门市新会陈皮保护条例	2019年12月30日江门市第十五届人民代表大会常务委员会第二十七次会议通过，2020年3月31日广东省第十三届人民代表大会常务委员会第十九次会议批准	2020-4-14	2020-4-24	2020-7-1	制定
广东省野生动物保护管理条例	2020年3月31日广东省第十三届人民代表大会常务委员会第十九次会议修改	2020-3-31	2020-4-3	2020-5-1	修改
广州市市容环境卫生管理规定	2019年11月20日广州市第十五届人民代表大会常务委员会第二十九次会议修改，2020年4月29日广东省第十三届人民代表大会常务委员会第二十次会议批准修改	2020-5-18	2020-6-1	2020-5-18	修改
广州市水域市容环境卫生管理条例	2019年11月20日广州市第十五届人民代表大会常务委员会第二十九次会议修改，2020年4月29日广东省第十三届人民代表大会常务委员会第二十次会议批准修改	2020-5-18	2020-6-1	2020-5-18	修改
广州市建筑废弃物管理条例	2019年11月20日广州市第十五届人民代表大会常务委员会第二十九次会议修改，2020年4月29日广东省第十三届人民代表大会常务委员会第二十次会议批准修改	2020-5-18	2020-6-1	2020-5-18	修改

续表

法规名称	通过或批准时间	公布时间	报备时间	施行时间	立法形式
东莞市水土保持条例	2019年12月25日东莞市第十六届人民代表大会常务委员会第二十七次会议通过，2020年4月29日广东省第十三届人民代表大会常务委员会第二十次会议批准	2020-5-1	2020-5-13	2020-7-1	制定
佛山市历史文化街区和历史建筑保护条例	2019年12月30日佛山市第十五届人民代表大会常务委员会第二十七次会议修改，2020年4月29日广东省第十三届人民代表大会常务委员会第二十次会议批准修改	2020-5-12	2020-6-1	2020-5-12	修改
佛山市治理货物运输车辆超限超载条例	2019年12月30日佛山市第十五届人民代表大会常务委员会第二十七次会议修改，2020年4月29日广东省第十三届人民代表大会常务委员会第二十次会议批准修改	2020-5-12	2020-6-1	2020-5-12	修改
佛山市扬尘污染防治条例	2019年12月30日佛山市第十五届人民代表大会常务委员会第二十七次会议修改，2020年4月29日广东省第十三届人民代表大会常务委员会第二十次会议批准修改	2020-5-12	2020-6-1	2020-5-12	修改
湛江市电动自行车管理条例	2019年12月31日湛江市第十四届人民代表大会常务委员会第二十九次会议通过，2020年4月29日广东省第十三届人民代表大会常务委员会第二十次会议批准	2020-5-12	2020-5-18	2020-8-1	制定
广州市禁止滥食野生动物条例	2020年3月31日广州市第十五届人民代表大会常务委员会第三十五次会议通过，2020年4月29日广东省第十三届人民代表大会常务委员会第二十次会议批准	2020-5-14	2020-6-1	2020-6-1	制定
广东省促进民族地区发展条例	2020年4月29日广东省第十三届人民代表大会常务委员会第二十次会议通过	2020-4-29	2020-5-11	2020-6-1	制定
广东省学校安全条例	2020年4月29日广东省第十三届人民代表大会常务委员会第二十次会议通过	2020-4-29	2020-5-12	2020-9-1	制定
广东省宗教事务条例	2020年4月29日广东省第十三届人民代表大会常务委员会第二十次会议修改	2020-4-29	2020-5-13	2020-8-1	修改
深圳市安全管理条例	2019年10月31日深圳市第六届人民代表大会常务委员会第三十六次会议修改，2020年6月23日广东省第十三届人民代表大会常务委员会第二十一次会议批准修改	2020-7-6	2020-8-7	2020-7-6	修改
深圳市海上交通安全条例	2019年10月31日深圳市第六届人民代表大会常务委员会第三十六次会议修改，2020年6月23日广东省第十三届人民代表大会常务委员会第二十一次会议批准修改	2020-7-6	2020-8-7	2020-7-6	修改
深圳市第26届世界夏季大学生运动会知识产权保护规定	2019年10月31日深圳市第六届人民代表大会常务委员会第三十六次会议修改，2020年6月23日广东省第十三届人民代表大会常务委员会第二十一次会议批准修改	2020-7-6	2020-8-7	2020-7-6	修改

续表

法规名称	通过或批准时间	公布时间	报备时间	施行时间	立法形式
深圳市建筑市场严重违法行为特别处理规定	2019年10月31日深圳市第六届人民代表大会常务委员会第三十六次会议修改，2020年6月23日广东省第十三届人民代表大会常务委员会第二十一次会议批准修改	2020-7-6	2020-8-7	2020-7-6	修改
深圳市保障性住房条例	2019年10月31日深圳市第六届人民代表大会常务委员会第三十六次会议修改，2020年6月23日广东省第十三届人民代表大会常务委员会第二十一次会议批准修改	2020-7-6	2020-8-7	2020-7-6	修改
深圳市畜禽屠宰与检疫检验管理条例	2019年10月31日深圳市第六届人民代表大会常务委员会第三十六次会议修改，2020年6月23日广东省第十三届人民代表大会常务委员会第二十一次会议批准修改	2020-7-6	2020-8-7	2020-7-6	修改
深圳市公用事业特许经营条例	2019年10月31日深圳市第六届人民代表大会常务委员会第三十六次会议修改，2020年6月23日广东省第十三届人民代表大会常务委员会第二十一次会议批准修改	2020-7-6	2020-8-7	2020-7-6	修改
深圳市建设工程质量管理条例	2019年10月31日深圳市第六届人民代表大会常务委员会第三十六次会议修改，2020年6月23日广东省第十三届人民代表大会常务委员会第二十一次会议批准修改	2020-7-6	2020-8-7	2020-7-6	修改
深圳市建筑废弃物减排与利用条例	2019年10月31日深圳市第六届人民代表大会常务委员会第三十六次会议修改，2020年6月23日广东省第十三届人民代表大会常务委员会第二十一次会议批准修改	2020-7-6	2020-8-7	2020-7-6	修改
深圳市燃气条例	2019年10月31日深圳市第六届人民代表大会常务委员会第三十六次会议修改，2020年6月23日广东省第十三届人民代表大会常务委员会第二十一次会议批准修改	2020-7-6	2020-8-7	2020-7-6	修改
深圳市实施《中华人民共和国人民防空法》办法	2019年10月31日深圳市第六届人民代表大会常务委员会第三十六次会议修改，2020年6月23日广东省第十三届人民代表大会常务委员会第二十一次会议批准修改	2020-7-6	2020-8-7	2020-7-6	修改
深圳市食用农产品安全条例	2019年10月31日深圳市第六届人民代表大会常务委员会第三十六次会议修改，2020年6月23日广东省第十三届人民代表大会常务委员会第二十一次会议批准修改	2020-7-6	2020-8-7	2020-7-6	修改
深圳市资源综合利用条例	2019年10月31日深圳市第六届人民代表大会常务委员会第三十六次会议修改，2020年6月23日广东省第十三届人民代表大会常务委员会第二十一次会议批准修改	2020-7-6	2020-8-7	2020-7-6	修改

续表

法规名称	通过或批准时间	公布时间	报备时间	施行时间	立法形式
深圳市生活垃圾分类管理条例	2019年12月31日深圳市第六届人民代表大会常务委员会第三十七次会议通过，2020年6月23日广东省第十三届人民代表大会常务委员会第二十一次会议批准	2020-7-3	2020-8-5	2020-9-1	制定
清远市村庄规划建设管理条例	2020年4月23日清远市第七届人民代表大会常务委员会第三十六次会议通过，2020年6月23日广东省第十三届人民代表大会常务委员会第二十一次会议批准	2020-7-29	2020-8-17	2020-9-1	制定
汕头市文化市场管理条例	2020年4月28日汕头市第十四届人民代表大会常务委员会第三十二次会议废止，2020年6月23日广东省第十三届人民代表大会常务委员会第二十一次会议批准废止	2020-6-29	2020-7-23	2020-6-29	废止
汕头市惩治生产销售伪劣商品违法行为条例	2020年4月28日汕头市第十四届人民代表大会常务委员会第三十二次会议废止，2020年6月23日广东省第十三届人民代表大会常务委员会第二十一次会议批准废止	2020-6-29	2020-7-23	2020-6-29	废止
茂名市烟花爆竹安全管理条例	2020年4月28日茂名市第十二届人民代表大会常务委员会第三十四次会议通过，2020年6月23日广东省第十三届人民代表大会常务委员会第二十一次会议批准	2020-7-8	2020-8-5	2020-10-1	制定
广州经济技术开发区条例	2019年11月20日广州市第十五届人民代表大会常务委员会第二十九次会议修改，2020年7月29日广东省第十三届人民代表大会常务委员会第二十二次会议批准修改	2020-8-20	2020-11-3	2020-8-20	修改
广州市邮政管理条例	2019年11月20日广州市第十五届人民代表大会常务委员会第二十九次会议修改，2020年7月29日广东省第十三届人民代表大会常务委员会第二十二次会议批准修改	2020-8-20	2020-11-3	2020-8-20	修改
广州市白云山风景名胜区保护条例	2019年11月20日广州市第十五届人民代表大会常务委员会第二十九次会议修改，2020年7月29日广东省第十三届人民代表大会常务委员会第二十二次会议批准修改	2020-8-20	2020-11-3	2020-8-20	修改
广州市奖励和保护见义勇为人员条例	2019年11月20日广州市第十五届人民代表大会常务委员会第二十九次会议修改，2020年7月29日广东省第十三届人民代表大会常务委员会第二十二次会议批准修改	2020-8-20	2020-11-3	2020-8-20	修改
广州市城市快速路路政管理条例	2019年11月20日广州市第十五届人民代表大会常务委员会第二十九次会议修改，2020年7月29日广东省第十三届人民代表大会常务委员会第二十二次会议批准修改	2020-8-20	2020-11-3	2020-8-20	修改

续表

法规名称	通过或批准时间	公布时间	报备时间	施行时间	立法形式
广州市森林公园管理条例	2019年11月20日广州市第十五届人民代表大会常务委员会第二十九次会议修改，2020年7月29日广东省第十三届人民代表大会常务委员会第二十二次会议批准修改	2020-8-20	2020-11-3	2020-8-20	修改
广州市科学技术普及条例	2019年11月20日广州市第十五届人民代表大会常务委员会第二十九次会议修改，2020年7月29日广东省第十三届人民代表大会常务委员会第二十二次会议批准修改	2020-8-20	2020-11-3	2020-8-20	修改
广州市公共汽车电车客运管理条例	2019年11月20日广州市第十五届人民代表大会常务委员会第二十九次会议修改，2020年7月29日广东省第十三届人民代表大会常务委员会第二十二次会议批准修改	2020-8-20	2020-11-3	2020-8-20	修改
广州市教育经费投入与管理条例	2019年11月20日广州市第十五届人民代表大会常务委员会第二十九次会议修改，2020年7月29日广东省第十三届人民代表大会常务委员会第二十二次会议批准修改	2020-8-20	2020-11-3	2020-8-20	修改
广州市违法建设查处条例	2019年11月20日广州市第十五届人民代表大会常务委员会第二十九次会议修改，2020年7月29日广东省第十三届人民代表大会常务委员会第二十二次会议批准修改	2020-8-20	2020-11-3	2020-8-20	修改
广州市生态公益林条例	2019年11月20日广州市第十五届人民代表大会常务委员会第二十九次会议修改，2020年7月29日广东省第十三届人民代表大会常务委员会第二十二次会议批准修改	2020-8-20	2020-11-3	2020-8-20	修改
广州市城镇房地产登记办法	2019年11月20日广州市第十五届人民代表大会常务委员会第二十九次会议修改，2020年7月29日广东省第十三届人民代表大会常务委员会第二十二次会议批准修改	2020-8-20	2020-11-3	2020-8-20	修改
广州市安全生产条例	2019年11月20日广州市第十五届人民代表大会常务委员会第二十九次会议修改，2020年7月29日广东省第十三届人民代表大会常务委员会第二十二次会议批准修改	2020-8-20	2020-11-3	2020-8-20	修改
广州市残疾人权益保障条例	2019年11月20日广州市第十五届人民代表大会常务委员会第二十九次会议修改，2020年7月29日广东省第十三届人民代表大会常务委员会第二十二次会议批准修改	2020-8-20	2020-11-3	2020-8-20	修改
广州市旅游条例	2019年11月20日广州市第十五届人民代表大会常务委员会第二十九次会议修改，2020年7月29日广东省第十三届人民代表大会常务委员会第二十二次会议批准修改	2020-8-20	2020-11-3	2020-8-20	修改

续表

法规名称	通过或批准时间	公布时间	报备时间	施行时间	立法形式
广州市荣誉市民称号授予条例	2019 年 11 月 20 日广州市第十五届人民代表大会常务委员会第二十九次会议修改，2020 年 7 月 29 日广东省第十三届人民代表大会常务委员会第二十二次会议批准修改	2020-8-20	2020-11-3	2020-8-20	修改
广州市妇女权益保障规定	2019 年 11 月 20 日广州市第十五届人民代表大会常务委员会第二十九次会议修改，2020 年 7 月 29 日广东省第十三届人民代表大会常务委员会第二十二次会议批准修改	2020-8-20	2020-11-3	2020-8-20	修改
广州市全民健身条例	2019 年 11 月 20 日广州市第十五届人民代表大会常务委员会第二十九次会议修改，2020 年 7 月 29 日广东省第十三届人民代表大会常务委员会第二十二次会议批准修改	2020-8-20	2020-11-3	2020-8-20	修改
广州市控制吸烟条例	2019 年 11 月 20 日广州市第十五届人民代表大会常务委员会第二十九次会议修改，2020 年 7 月 29 日广东省第十三届人民代表大会常务委员会第二十二次会议批准修改	2020-8-20	2020-11-3	2020-8-20	修改
广州市饮用水水源污染防治规定	2019 年 11 月 20 日广州市第十五届人民代表大会常务委员会第二十九次会议修改，2020 年 7 月 29 日广东省第十三届人民代表大会常务委员会第二十二次会议批准修改	2020-8-20	2020-11-3	2020-8-20	修改
广州市绿化条例	2019 年 11 月 20 日广州市第十五届人民代表大会常务委员会第二十九次会议修改，2020 年 7 月 29 日广东省第十三届人民代表大会常务委员会第二十二次会议批准修改	2020-8-20	2020-11-3	2020-8-20	修改
广州市文物保护规定	2019 年 11 月 20 日广州市第十五届人民代表大会常务委员会第二十九次会议修改，2020 年 7 月 29 日广东省第十三届人民代表大会常务委员会第二十二次会议批准修改	2020-8-20	2020-11-3	2020-8-20	修改
广州市未成年人保护规定	2019 年 11 月 20 日广州市第十五届人民代表大会常务委员会第二十九次会议修改，2020 年 7 月 29 日广东省第十三届人民代表大会常务委员会第二十二次会议批准修改	2020-8-20	2020-11-3	2020-8-20	修改
广州市城乡规划条例	2019 年 11 月 20 日广州市第十五届人民代表大会常务委员会第二十九次会议修改，2020 年 7 月 29 日广东省第十三届人民代表大会常务委员会第二十二次会议批准修改	2020-8-20	2020-11-3	2020-8-20	修改
广州市公共图书馆条例	2019 年 11 月 20 日广州市第十五届人民代表大会常务委员会第二十九次会议修改，2020 年 7 月 29 日广东省第十三届人民代表大会常务委员会第二十二次会议批准修改	2020-8-20	2020-11-3	2020-8-20	修改

续表

法规名称	通过或批准时间	公布时间	报备时间	施行时间	立法形式
广州市公园条例	2019年11月20日广州市第十五届人民代表大会常务委员会第二十九次会议修改，2020年7月29日广东省第十三届人民代表大会常务委员会第二十二次会议批准修改	2020-8-20	2020-11-3	2020-8-20	修改
广州市历史文化名城保护条例	2019年11月20日广州市第十五届人民代表大会常务委员会第二十九次会议修改，2020年7月29日广东省第十三届人民代表大会常务委员会第二十二次会议批准修改	2020-8-20	2020-11-3	2020-8-20	修改
广州市依法行政条例	2019年11月20日广州市第十五届人民代表大会常务委员会第二十九次会议修改，2020年7月29日广东省第十三届人民代表大会常务委员会第二十二次会议批准修改	2020-8-20	2020-11-3	2020-8-20	修改
广州市非机动车和摩托车管理规定	2019年11月20日广州市第十五届人民代表大会常务委员会第二十九次会议修改，2020年7月29日广东省第十三届人民代表大会常务委员会第二十二次会议批准修改	2020-8-20	2020-11-3	2020-8-20	修改
广州市湿地保护规定	2019年11月20日广州市第十五届人民代表大会常务委员会第二十九次会议修改，2020年7月29日广东省第十三届人民代表大会常务委员会第二十二次会议批准修改	2020-8-20	2020-11-3	2020-8-20	修改
广州市停车场条例	2019年11月20日广州市第十五届人民代表大会常务委员会第二十九次会议修改，2020年7月29日广东省第十三届人民代表大会常务委员会第二十二次会议批准修改	2020-8-20	2020-11-3	2020-8-20	修改
广州市生活垃圾分类管理条例	2019年11月20日广州市第十五届人民代表大会常务委员会第二十九次会议修改，2020年7月29日广东省第十三届人民代表大会常务委员会第二十二次会议批准修改	2020-8-20	2020-11-3	2020-8-20	修改
中山市市容和环境卫生管理条例	2019年12月25日中山市第十五届人民代表大会常务委员会第二十六次会议通过，2020年7月29日广东省第十三届人民代表大会常务委员会第二十二次会议批准	2020-8-10	2020-8-21	2020-10-1	制定
汕尾市城市市容和环境卫生管理条例	2020年4月29日汕尾市第七届人民代表大会常务委员会第三十四次会议修改，2020年7月29日广东省第十三届人民代表大会常务委员会第二十二次会议批准修改	2020-8-19	2020-9-16	2020-8-19	修改
汕尾市品清湖环境保护条例	2020年4月29日汕尾市第七届人民代表大会常务委员会第三十四次会议修改，2020年7月29日广东省第十三届人民代表大会常务委员会第二十二次会议批准修改	2020-8-19	2020-9-16	2020-8-19	修改

续表

法规名称	通过或批准时间	公布时间	报备时间	施行时间	立法形式
汕尾市革命老区红色资源保护条例	2020 年 4 月 29 日汕尾市第七届人民代表大会常务委员会第三十四次会议修改，2020 年 7 月 29 日广东省第十三届人民代表大会常务委员会第二十二次会议批准修改	2020-8-19	2020-9-16	2020-8-19	修改
珠海市环境保护条例	2020 年 5 月 27 日珠海市第九届人民代表大会常务委员会第二十九次会议修改，2020 年 7 月 29 日广东省第十三届人民代表大会常务委员会第二十二次会议批准修改	2020-8-6	2020-8-13	2020-8-6	修改
珠海市服务业环境管理条例	2020 年 5 月 27 日珠海市第九届人民代表大会常务委员会第二十九次会议修改，2020 年 7 月 29 日广东省第十三届人民代表大会常务委员会第二十二次会议批准修改	2020-8-6	2020-8-13	2020-8-6	修改
连山壮族瑶族自治县有机稻产业发展条例	2020 年 5 月 28 日连山壮族瑶族自治县第十一届人民代表大会第五次会议通过，2020 年 7 月 29 日广东省第十三届人民代表大会常务委员会第二十二次会议批准	2020-9-23	2020-9-27	2020-11-1	制定
韶关市文明行为促进条例	2020 年 6 月 12 日韶关市第十四届人民代表大会常务委员会第三十五次会议通过，2020 年 7 月 29 日广东省第十三届人民代表大会常务委员会第二十二次会议批准	2020-8-4	2020-8-13	2020-10-1	制定
广州市房屋租赁管理规定	2020 年 6 月 30 日广州市第十五届人民代表大会常务委员会第三十八次会议通过，2020 年 7 月 29 日广东省第十三届人民代表大会常务委员会第二十二次会议批准	2020-8-3	2020-8-13	2020-12-1	制定
广州市文明行为促进条例	2020 年 6 月 30 日广州市第十五届人民代表大会常务委员会第三十八次会议通过，2020 年 7 月 29 日广东省第十三届人民代表大会常务委员会第二十二次会议批准	2020-8-13	2020-8-28	2020-10-1	制定
广东省规章设定罚款限额规定	2020 年 7 月 29 日广东省第十三届人民代表大会常务委员会第二十二次会议修改	2020-7-29	2020-8-6	2020-10-1	修改
广东省标准化条例	2020 年 7 月 29 日广东省第十三届人民代表大会常务委员会第二十二次会议通过	2020-7-29	2020-8-10	2020-10-1	制定
广东省人民代表大会常务委员会关于广东省资源税具体适用税率等事项的决定	2020 年 7 月 29 日广东省第十三届人民代表大会常务委员会第二十二次会议通过	2020-7-29	2020-8-12	2020-9-1	制定
广东省不设区的市和市辖区人民代表大会常务委员会街道工作委员会工作条例	2020 年 7 月 29 日广东省第十三届人民代表大会常务委员会第二十二次会议通过	2020-7-29	2020-8-12	2020-10-1	制定
广东省实施《中华人民共和国反家庭暴力法》办法	2020 年 7 月 29 日广东省第十三届人民代表大会常务委员会第二十二次会议通过	2020-7-29	2020-8-12	2020-10-1	制定
广州市烟花爆竹安全管理规定	2020 年 7 月 29 日广州市第十五届人民代表大会常务委员会第三十九次会议通过，2020 年 9 月 29 日广东省第十三届人民代表大会常务委员会第二十五次会议批准	2020-11-4	2020-11-23	2021-4-1	制定

续表

法规名称	通过或批准时间	公布时间	报备时间	施行时间	立法形式
广州市销售燃放烟花爆竹管理规定	在《广州市烟花爆竹安全管理规定》中被明文予以废止	2020-11-4	2020-11-23	2021-4-1	文中废止
揭阳市市容管理条例	2020年7月30日揭阳市第六届人民代表大会常务委员会第三十七次会议通过，2020年9月29日广东省第十三届人民代表大会常务委员会第二十五次会议批准	2020-10-20	2020-11-2	2021-1-1	制定
东莞市养犬管理条例	2020年8月5日东莞市第十六届人民代表大会常务委员会第三十五次会议通过，2020年9月29日广东省第十三届人民代表大会常务委员会第二十五次会议批准	2020-9-30	2020-11-2	2021-6-1	制定
清远市文明行为促进条例	2020年8月24日清远市第七届人民代表大会常务委员会第四十次会议通过，2020年9月29日广东省第十三届人民代表大会常务委员会第二十五次会议批准	2020-10-19	2020-10-30	2020-11-1	制定
潮州市凤凰山区域生态环境保护条例	2020年8月24日潮州市第十五届人民代表大会常务委员会第三十二次会议通过，2020年9月29日广东省第十三届人民代表大会常务委员会第二十五次会议批准	2020-10-27	2020-12-17	2021-1-1	制定
惠州市扬尘污染防治条例	2020年8月27日惠州市第十二届人民代表大会常务委员会第三十四次会议通过，2020年9月29日广东省第十三届人民代表大会常务委员会第二十五次会议批准	2020-10-19	2020-11-2	2021-1-1	制定
茂名市危险化学品道路运输管理条例	2020年8月27日茂名市第十二届人民代表大会常务委员会第三十七次会议通过，2020年9月29日广东省第十三届人民代表大会常务委员会第二十五次会议批准	2020-10-28	2020-11-26	2021-2-1	制定
江门市历史文化街区和历史建筑保护条例	2020年8月28日江门市第十五届人民代表大会常务委员会第三十四次会议通过，2020年9月29日广东省第十三届人民代表大会常务委员会第二十五次会议批准	2020-11-2	2020-11-23	2020-12-1	制定
汕尾市扬尘污染防治条例	2020年9月1日汕尾市第七届人民代表大会常务委员会第三十九次会议通过，2020年9月29日广东省第十三届人民代表大会常务委员会第二十五次会议批准	2020-10-14	2020-11-3	2020-12-1	制定
广东省政务公开条例	2020年9月29日广东省第十三届人民代表大会常务委员会第二十五次会议废止	2020-9-29	2020-10-20	2020-9-29	废止
广东省个体工商户和私营企业权益保护条例	2020年9月29日广东省第十三届人民代表大会常务委员会第二十五次会议废止	2020-9-29	2020-10-20	2020-9-29	废止
广东省村民委员会选举办法	2020年9月29日广东省第十三届人民代表大会常务委员会第二十五次会议修改	2020-9-29	2020-10-20	2020-11-1	修改
广东省各级人民代表大会代表建议、批评和意见办理规定	2020年9月29日广东省第十三届人民代表大会常务委员会第二十五次会议修改	2020-9-29	2020-10-20	2021-1-1	修改
广东省林地保护管理条例	2020年9月29日广东省第十三届人民代表大会常务委员会第二十五次会议修改	2020-9-29	2020-10-21	2020-9-29	修改

续表

法规名称	通过或批准时间	公布时间	报备时间	施行时间	立法形式
广东省技术秘密保护条例	2020 年 9 月 29 日广东省第十三届人民代表大会常务委员会第二十五次会议修改	2020-9-29	2020-10-21	2020-9-29	修改
广东省农村集体经济审计条例	2020 年 9 月 29 日广东省第十三届人民代表大会常务委员会第二十五次会议修改	2020-9-29	2020-10-21	2020-9-29	修改
广东省机动车排气污染防治条例	2020 年 9 月 29 日广东省第十三届人民代表大会常务委员会第二十五次会议修改	2020-9-29	2020-10-21	2020-9-29	修改
广东省技术市场条例	2020 年 9 月 29 日广东省第十三届人民代表大会常务委员会第二十五次会议修改	2020-9-29	2020-10-21	2020-9-29	修改
广东省商品交易市场管理条例	2020 年 9 月 29 日广东省第十三届人民代表大会常务委员会第二十五次会议修改	2020-9-29	2020-10-21	2020-9-29	修改
广东省老年人权益保障条例	2020 年 9 月 29 日广东省第十三届人民代表大会常务委员会第二十五次会议修改	2020-9-29	2020-10-21	2020-9-29	修改
广东省粮食安全保障条例	2020 年 9 月 29 日广东省第十三届人民代表大会常务委员会第二十五次会议修改	2020-9-29	2020-10-21	2020-9-29	修改
广东省反销赃条例	2020 年 9 月 29 日广东省第十三届人民代表大会常务委员会第二十五次会议修改	2020-9-29	2020-10-21	2020-9-29	修改
广东省森林公园管理条例	2020 年 9 月 29 日广东省第十三届人民代表大会常务委员会第二十五次会议修改	2020-9-29	2020-10-21	2020-9-29	修改
广东省渔港和渔业船舶管理条例	2020 年 9 月 29 日广东省第十三届人民代表大会常务委员会第二十五次会议修改	2020-9-29	2020-10-21	2020-9-29	修改
广东省见义勇为人员奖励和保障条例	2020 年 9 月 29 日广东省第十三届人民代表大会常务委员会第二十五次会议修改	2020-9-29	2020-10-21	2020-9-29	修改
广东省气象灾害防御条例	2020 年 9 月 29 日广东省第十三届人民代表大会常务委员会第二十五次会议修改	2020-9-29	2020-10-21	2020-9-29	修改
广东省禁毒条例	2020 年 9 月 29 日广东省第十三届人民代表大会常务委员会第二十五次会议修改	2020-9-29	2020-10-21	2020-9-29	修改
广东省社会救助条例	2020 年 9 月 29 日广东省第十三届人民代表大会常务委员会第二十五次会议修改	2020-9-29	2020-10-21	2020-9-29	修改
广东省旅游条例	2020 年 9 月 29 日广东省第十三届人民代表大会常务委员会第二十五次会议修改	2020-9-29	2020-10-21	2020-9-29	修改
深圳市节约用水条例	2020 年 8 月 26 日深圳市第六届人民代表大会常务委员会第四十四次会议修改，2020 年 11 月 27 日广东省第十三届人民代表大会常务委员会第二十六次会议批准修改	2020-12-15	2020-12-31	2020-12-15	修改
深圳市查处无证无照经营行为条例	2020 年 8 月 26 日深圳市第六届人民代表大会常务委员会第四十四次会议废止，2020 年 11 月 27 日广东省第十三届人民代表大会常务委员会第二十六次会议批准废止	2020-12-15	2020-12-31	2020-12-15	废止
韶关市农村住房建设管理条例	2020 年 8 月 28 日韶关市第十四届人民代表大会常务委员会第三十七次会议通过，2020 年 11 月 27 日广东省第十三届人民代表大会常务委员会第二十六次会议批准	2020-12-8	2020-12-11	2021-3-1	制定

续表

法规名称	通过或批准时间	公布时间	报备时间	施行时间	立法形式
汕尾市海砂资源保护条例	2020年9月1日汕尾市第七届人民代表大会常务委员会第三十九次会议通过,2020年11月27日广东省第十三届人民代表大会常务委员会第二十六次会议批准	2020-12-8	2021-1-4	2021-2-1	制定
肇庆市星湖风景名胜区七星岩景区保护管理条例	2020年9月8日肇庆市第十三届人民代表大会常务委员会第三十二次会议通过,2020年11月27日广东省第十三届人民代表大会常务委员会第二十六次会议批准	2020-12-7	2020-12-24	2021-1-1	制定
梅州市红色资源保护条例	2020年9月27日梅州市第七届人民代表大会常务委员会第三十九次会议通过,2020年11月27日广东省第十三届人民代表大会常务委员会第二十六次会议批准	2020-12-4	2020-12-11	2021-1-1	制定
汕尾市居住出租房屋安全管理条例	2020年9月29日汕尾市第七届人民代表大会常务委员会第四十次会议通过,2020年11月27日广东省第十三届人民代表大会常务委员会第二十六次会议批准	2020-12-8	2021-1-4	2021-1-1	制定
云浮市石材生产加工污染防治条例	2020年10月21日云浮市第六届人民代表大会常务委员会第二十六次会议通过,2020年11月27日广东省第十三届人民代表大会常务委员会第二十六次会议批准	2020-12-24	2021-1-20	2021-3-1	制定
茂名市村庄规划建设管理条例	2020年10月27日茂名市第十二届人民代表大会常务委员会第三十八次会议通过,2020年11月27日广东省第十三届人民代表大会常务委员会第二十六次会议批准	2020-12-13	2020-12-24	2021-3-1	制定
广州市物业管理条例	2020年10月28日广州市第十五届人民代表大会常务委员会第四十二次会议通过,2020年11月27日广东省第十三届人民代表大会常务委员会第二十六次会议批准	2020-12-8	2020-12-16	2021-1-1	制定
广州市反餐饮浪费条例	2020年10月28日广州市第十五届人民代表大会常务委员会第四十二次会议通过,2020年11月27日广东省第十三届人民代表大会常务委员会第二十六次会议批准	2020-12-8	2020-12-17	2020-12-15	制定
广州市优化营商环境条例	2020年10月28日广州市第十五届人民代表大会常务委员会第四十二次会议通过,2020年11月27日广东省第十三届人民代表大会常务委员会第二十六次会议批准	2020-12-10	2020-12-25	2021-1-1	制定
河源市革命旧址保护条例	2020年10月28日河源市第七届人民代表大会常务委员会第四十九次会议通过,2020年11月27日广东省第十三届人民代表大会常务委员会第二十六次会议批准	2020-12-21	2021-1-7	2021-3-1	制定
阳江市公园绿地管理条例	2020年10月29日阳江市第七届人民代表大会常务委员会第三十五次会议通过,2020年11月27日广东省第十三届人民代表大会常务委员会第二十六次会议批准	2020-12-30	2021-1-7	2020-12-30	制定
广东省人民代表大会常务委员会关于制止餐饮浪费的决定	2020年11月27日广东省第十三届人民代表大会常务委员会第二十六次会议通过	2020-11-27	2020-12-4	2020-11-27	制定

续表

法规名称	通过或批准时间	公布时间	报备时间	施行时间	立法形式
广东省水污染防治条例	2020年11月27日广东省第十三届人民代表大会常务委员会第二十六次会议通过	2020-11-27	2020-12-4	2021-1-1	制定
广东省跨行政区域河流交接断面水质保护管理条例	在《广东省水污染防治条例》中被明文予以废止	2020-11-27	2020-12-4	2021-1-1	文中废止
广东省饮用水源水质保护条例	在《广东省水污染防治条例》中被明文予以废止	2020-11-27	2020-12-4	2021-1-1	文中废止
广东省东江水系水质保护条例	在《广东省水污染防治条例》中被明文予以废止	2020-11-27	2020-12-4	2021-1-1	文中废止
广东省韩江流域水质保护条例	在《广东省水污染防治条例》中被明文予以废止	2020-11-27	2020-12-4	2021-1-1	文中废止
广东省西江水系水质保护条例	在《广东省水污染防治条例》中被明文予以废止	2020-11-27	2020-12-4	2021-1-1	文中废止
广东省高危险性体育项目经营活动管理规定	2020年11月27日广东省第十三届人民代表大会常务委员会第二十六次会议修改	2020-11-27	2020-12-4	2021-1-1	修改
广东省志愿服务条例	2020年11月27日广东省第十三届人民代表大会常务委员会第二十六次会议修改	2020-11-27	2020-12-4	2021-1-1	修改
广东省促进科学技术进步条例	2020年11月27日广东省第十三届人民代表大会常务委员会第二十六次会议修改	2020-11-27	2020-12-8	2020-11-27	修改
广东省人口与计划生育条例	2020年11月27日广东省第十三届人民代表大会常务委员会第二十六次会议修改	2020-11-27	2020-12-8	2020-11-27	修改
广东省房地产开发经营条例	2020年11月27日广东省第十三届人民代表大会常务委员会第二十六次会议修改	2020-11-27	2020-12-8	2020-11-27	修改
广东省城镇房地产转让条例	2020年11月27日广东省第十三届人民代表大会常务委员会第二十六次会议修改	2020-11-27	2020-12-8	2020-11-27	修改
广东省民营科技企业管理条例	2020年11月27日广东省第十三届人民代表大会常务委员会第二十六次会议修改	2020-11-27	2020-12-8	2020-11-27	修改
广东省房地产评估条例	2020年11月27日广东省第十三届人民代表大会常务委员会第二十六次会议修改	2020-11-27	2020-12-8	2020-11-27	修改
广东省水利工程管理条例	2020年11月27日广东省第十三届人民代表大会常务委员会第二十六次会议修改	2020-11-27	2020-12-8	2020-11-27	修改
广东省公路条例	2020年11月27日广东省第十三届人民代表大会常务委员会第二十六次会议修改	2020-11-27	2020-12-8	2020-11-27	修改
广东省查处生产销售假冒伪劣商品违法行为条例	2020年11月27日广东省第十三届人民代表大会常务委员会第二十六次会议修改	2020-11-27	2020-12-8	2020-11-27	修改
广东省城乡生活垃圾管理条例	2020年11月27日广东省第十三届人民代表大会常务委员会第二十六次会议通过	2020-11-27	2020-12-8	2021-1-1	制定
广东省城乡生活垃圾处理条例	在《广东省城乡生活垃圾管理条例》中予以明文废止	2020-11-27	2020-12-8	2021-1-1	文中废止
广东省湿地保护条例	2020年11月27日广东省第十三届人民代表大会常务委员会第二十六次会议修改	2020-11-27	2020-12-8	2021-1-1	修改

续表

法规名称	通过或批准时间	公布时间	报备时间	施行时间	立法形式
广东省绿色建筑条例	2020年11月27日广东省第十三届人民代表大会常务委员会第二十六次会议通过	2020-11-27	2020-12-8	2021-1-1	制定
广东省民用建筑节能条例	在《广东省绿色建筑条例》中予以明文废止	2020-11-27	2020-12-8	2021-1-1	文中废止

广西壮族自治区地方性法规目录

（38件）

法规名称	通过或批准时间	公布时间	报备时间	施行时间	立法形式
广西壮族自治区水污染防治条例	2020年1月17日广西壮族自治区第十三届人民代表大会第三次会议通过	2020-1-17	2020-1-21	2020-5-1	制定
北海市矿产资源保护条例	2019年9月23日北海市第十五届人民代表大会常务委员会第二十六次会议通过，2020年3月27日广西壮族自治区第十三届人民代表大会常务委员会第十四次会议批准	2020-4-14	2020-5-8	2020-5-1	制定
桂林市城乡规划管理条例	2019年10月25日桂林市第五届人民代表大会常务委员会第二十四次会议表决通过，2020年3月27日广西壮族自治区第十三届人民代表大会常务委员会第十四次会议批准	2020-4-21	2020-5-8	2020-6-1	制定
桂林市违法建设防控和查处条例	2019年10月25日桂林市第五届人民代表大会常务委员会第二十四次会议表决通过，2020年3月27日广西壮族自治区第十三届人民代表大会常务委员会第十四次会议批准	2020-4-21	2020-5-8	2020-6-1	制定
柳州市传统村落保护条例	2019年10月30日柳州市第十四届人民代表大会常务委员会第二十三次会议审议通过，2020年3月27日广西壮族自治区第十三届人民代表大会常务委员会第十四次会议批准	2020-4-13	2020-5-8	2020-6-1	制定
南宁市大王滩国家湿地公园保护条例	2019年10月31日南宁市第十四届人民代表大会常务委员会第二十三次会议通过，2020年3月27日广西壮族自治区第十三届人民代表大会常务委员会第十四次会议批准	2020-4-21	2020-5-8	2020-5-1	制定
广西壮族自治区钟乳石资源保护条例	2020年3月27日广西壮族自治区第十三届人民代表大会常务委员会第十四次会议修改	2020-3-27	2020-4-1	2020-3-27	修改
广西壮族自治区食品小作坊小餐饮和食品摊贩管理条例	2020年3月27日广西壮族自治区第十三届人民代表大会常务委员会第十四次会议修改	2020-3-27	2020-4-1	2020-3-27	修改
广西壮族自治区实施《中华人民共和国城市居民委员会组织法》办法	2020年3月27日广西壮族自治区第十三届人民代表大会常务委员会第十四次会议修改	2020-3-27	2020-4-1	2020-3-27	修改

续表

法规名称	通过或批准时间	公布时间	报备时间	施行时间	立法形式
广西壮族自治区实施《中华人民共和国村民委员会组织法》办法	2020年3月27日广西壮族自治区第十三届人民代表大会常务委员会第十四次会议修改	2020-3-27	2020-4-1	2020-3-27	修改
广西壮族自治区村民委员会选举办法	2020年3月27日广西壮族自治区第十三届人民代表大会常务委员会第十四次会议修改	2020-3-27	2020-4-1	2020-3-27	修改
桂林市漓江风景名胜区管理条例	2019年12月20日桂林市第五届人民代表大会常务委员会第二十五次会议通过，2020年5月19日广西壮族自治区第十三届人民代表大会常务委员会第十五次会议批准	2020-6-3	2020-6-11	2020-8-1	制定
南宁市电动自行车管理条例	2019年12月31日南宁市第十四届人民代表大会常务委员会第二十四次会议通过，2020年5月19日广西壮族自治区第十三届人民代表大会常务委员会第十五次会议批准	2020-5-25	2020-6-11	2020-9-1	制定
环江毛南族自治县凤腾山古墓群保护条例	2020年1月21日环江毛南族自治县第八届人民代表大会第六次会议通过，2020年5月19日广西壮族自治区第十三届人民代表大会常务委员会第十五次会议批准	2020-5-26	2020-5-29	2020-7-1	制定
广西壮族自治区优化营商环境条例	2020年5月19日广西壮族自治区第十三届人民代表大会常务委员会第十五次会议通过	2020-5-19	2020-5-22	2020-7-1	制定
三江侗族自治县侗族百家宴保护条例	2020年3月27日三江侗族自治县第十六届人民代表大会第六次会议通过，2020年7月24日广西壮族自治区第十三届人民代表大会常务委员会第十七次会议批准	2020-7-30	2020-8-10	2020-10-1	制定
南宁市生活垃圾分类管理条例	2020年4月29日南宁市第十四届人民代表大会常务委员会第二十六次会议通过，2020年7月24日广西壮族自治区第十三届人民代表大会常务委员会第十七次会议批准	2020-7-31	2020-8-24	2020-8-1	制定
防城港市京族文化保护条例	2020年6月3日防城港市第六届人民代表大会常务委员会第三十四次会议通过，2020年7月24日广西壮族自治区第十三届人民代表大会常务委员会第十七次会议批准	2020-8-3	2020-8-24	2020-11-1	制定
广西北部湾经济区条例	2020年7月24日广西壮族自治区第十三届人民代表大会常务委员会第十七次会议修改	2020-7-24	2020-7-28	2020-9-1	修改
广西壮族自治区开发区条例	2020年7月24日广西壮族自治区第十三届人民代表大会常务委员会第十七次会议通过	2020-7-24	2020-7-28	2020-9-1	制定
广西壮族自治区志愿服务条例	2020年7月24日广西壮族自治区第十三届人民代表大会常务委员会第十七次会议通过	2020-7-24	2020-7-28	2020-9-1	制定
广西壮族自治区物业管理条例	2020年7月24日广西壮族自治区第十三届人民代表大会常务委员会第十七次会议修改	2020-7-24	2020-7-28	2021-1-1	修改

续表

法规名称	通过或批准时间	公布时间	报备时间	施行时间	立法形式
广西壮族自治区人民代表大会常务委员会关于资源税具体适用税率等事项的决定	2020年7月24日广西壮族自治区第十三届人民代表大会常务委员会第十七次会议通过	2020-7-24	2020-8-17	2020-9-1	制定
龙胜各族自治县民族民间传统文化保护条例	2020年4月30日龙胜各族自治县第十六届人民代表大会第五次会议通过,2020年9月22日广西壮族自治区第十三届人民代表大会常务委员会第十八次会议批准	2020-9-23	2020-10-9	2020-11-1	制定
玉林市禁止生产销售使用含磷洗涤用品条例	2020年6月23日玉林市第五届人民代表大会常务委员会第三十二次会议通过,2020年9月22日广西壮族自治区第十三届人民代表大会常务委员会第十八次会议批准	2020-10-1	2020-10-28	2020-11-1	制定
百色市右江流域水环境保护条例	2020年6月23日百色市第四届人民代表大会常务委员会第三十四次会议通过,2020年9月22日广西壮族自治区第十三届人民代表大会常务委员会第十八次会议批准	2020-10-10	2020-10-28	2021-1-1	制定
桂林市机动车船和非道路移动机械排气污染防治条例	2020年6月29日桂林市第五届人民代表大会常务委员会第三十次会议通过,2020年9月22日广西壮族自治区第十三届人民代表大会常务委员会第十八次会议批准	2020-10-10	2020-10-28	2020-12-1	制定
中国(广西)自由贸易试验区条例	2020年9月22日广西壮族自治区第十三届人民代表大会常务委员会第十八次会议通过	2020-9-22	2020-9-22	2020-9-22	制定
广西壮族自治区人口和计划生育条例	2020年9月22日广西壮族自治区第十三届人民代表大会常务委员会第十八次会议修改	2020-9-22	2020-9-24	2020-9-22	修改
广西壮族自治区见义勇为人员奖励和保护条例	2020年9月22日广西壮族自治区第十三届人民代表大会常务委员会第十八次会议通过	2020-9-22	2020-9-24	2020-11-1	制定
广西壮族自治区地方金融监督管理条例	2020年9月22日广西壮族自治区第十三届人民代表大会常务委员会第十八次会议通过	2020-9-22	2020-9-24	2020-12-1	制定
崇左市龙峡山保护条例	2020年8月27日崇左市四届人民代表大会常务委员会第二十九次会议通过,2020年11月26日广西壮族自治区第十三届人民代表大会常务委员会第二十次会议批准	2020-12-10	2020-12-28	2021-1-1	制定
河池市违法建设防控和查处条例	2020年8月28日河池市第四届人民代表大会常务委员会第三十三次会议通过,2020年11月26日广西壮族自治区第十三届人民代表大会常务委员会第二十次会议批准	2020-12-11	2020-12-28	2021-1-1	制定
贵港市城市市容和环境卫生管理条例	2020年8月31日贵港市第五届人民代表大会常务委员会第二十九次会议通过,2020年11月26日广西壮族自治区第十三届人民代表大会常务委员会第二十次会议批准	2020-12-7	2020-12-28	2021-4-1	制定

续表

法规名称	通过或批准时间	公布时间	报备时间	施行时间	立法形式
梧州市宝石加工环境污染防治条例	2020 年 9 月 29 日梧州市第十四届人民代表大会常务委员会第三十二次会议通过，2020 年 11 月 26 日广西壮族自治区第十三届人民代表大会常务委员会第二十次会议批准	2020-12-8	2020-12-28	2021-1-1	制定
来宾市公共文化体育设施管理条例	2020 年 10 月 19 日来宾市第四届人民代表大会常务委员会第三十二次会议通过，2020 年 11 月 26 日广西壮族自治区第十三届人民代表大会常务委员会第二十次会议批准	2020-12-9	2020-12-28	2021-1-1	制定
钦州市青年水闸东西干渠管理利用条例	2020 年 10 月 27 日钦州市第五届人民代表大会常务委员会第三十九次会议审议通过，2020 年 11 月 26 日广西壮族自治区第十三届人民代表大会常务委员会第二十次会议批准	2020-12-10	2020-12-28	2021-1-1	制定
广西壮族自治区人民代表大会代表建议、批评和意见工作条例	2020 年 11 月 26 日广西壮族自治区第十三届人民代表大会常务委员会第二十次会议通过	2020-11-26	2020-12-3	2021-1-1	制定
广西壮族自治区人民代表大会代表建议、批评和意见办理工作条例	在《广西壮族自治区人民代表大会代表建议、批评和意见工作条例》中被明文予以废止	2020-11-26	2020-12-3	2021-1-1	文中废止

海南省地方性法规和海南经济特区法规目录

（43 件）

法规名称	通过或批准时间	公布时间	报备时间	施行时间	立法形式
海口市人民代表大会常务委员会关于市人民政府机构改革涉及本市地方性法规规定的行政机关职责调整问题的决定	2019 年 11 月 21 日海口市第十六届人民代表大会常务委员会第三十次会议通过，2019 年 12 月 31 日海南省第六届人民代表大会常务委员会第十六次会议批准	2020-1-3	2010-1-14	2020-1-3	制定
海南省排污许可管理条例	2019 年 12 月 31 日海南省第六届人民代表大会常务委员会第十六次会议通过	2020-1-13	2020-1-13	2020-3-1	制定
海南经济特区外国企业从事服务贸易经营活动登记管理暂行规定	2019 年 12 月 31 日海南省第六届人民代表大会常务委员会第十六次会议通过	2020-1-22	2020-2-4	2020-3-1	制定
海南省村庄规划管理条例	2019 年 12 月 31 日海南省第六届人民代表大会常务委员会第十六次会议通过	2020-2-1	2020-2-1	2020-2-1	制定
海南省永久基本农田保护规定	2019 年 12 月 31 日海南省第六届人民代表大会常务委员会第十六次会议通过	2020-2-10	2020-2-10	2020-3-1	制定
海南省基本农田保护规定	在《海南省永久基本农田保护规定》中被明文予以废止	2020-2-10	2020-2-10	2020-3-1	文中废止

续表

法规名称	通过或批准时间	公布时间	报备时间	施行时间	立法形式
海南经济特区禁止一次性不可降解塑料制品规定	2019年12月31日海南省第六届人民代表大会常务委员会第十六次会议通过	2020-2-10	2020-2-10	2020-12-1	制定
海南省反走私暂行条例	2020年1月6日海南省第六届人民代表大会常务委员会第十七次会议通过	2020-1-8	2020-1-8	2020-4-1	制定
海南省人民代表大会常务委员会关于依法防控新型冠状病毒肺炎疫情坚决打赢疫情防控阻击战的决定	2020年2月10日海南省第六届人民代表大会常务委员会第十八次会议通过	2020-2-10	2020-2-10	2020-2-10	制定
三亚市公园条例	2019年12月27日三亚市第七届人民代表大会常务委员会第三十七次会议通过,2020年4月2日海南省第六届人民代表大会常务委员会第十九次会议批准	2020-4-29	2020-5-14	2020-6-1	制定
三亚市人民代表大会常务委员会关于设立三亚市投资促进局的决定	2020年2月27日三亚市第七届人民代表大会常务委员会第三十八次会议通过,2020年4月2日海南省第六届人民代表大会常务委员会第十九次会议批准	2020-4-9	2020-4-21	2020-4-9	制定
三亚市人民代表大会常务委员会关于设立三亚市旅游推广局的决定	2020年2月27日三亚市第七届人民代表大会常务委员会第三十八次会议通过,2020年4月2日海南省第六届人民代表大会常务委员会第十九次会议批准	2020-4-9	2020-4-21	2020-4-9	制定
海南省无障碍环境建设管理条例	2020年4月2日海南省第六届人民代表大会常务委员会第十九次会议通过	2020-4-2	2020-4-2	2020-5-1	制定
海南省人民代表大会常务委员会关于海南自由贸易港洋浦经济开发区等重点园区管理体制的决定	2020年4月2日海南省第六届人民代表大会常务委员会第十九次会议通过	2020-4-2	2020-4-17	2020-4-2	制定
三亚市人民代表大会常务委员会关于市人民政府机构改革涉及本市地方性法规规定的行政机关职责调整问题的决定	2020年4月29日三亚市第七届人民代表大会常务委员会第三十九次会议通过,2020年6月16日海南省第六届人民代表大会常务委员会第二十次会议批准	2020-6-23	2020-7-9	2020-6-23	制定
三亚市人民代表大会常务委员会关于授权大社区综合服务中心行使有关行政管理权限的决定	2020年4月29日三亚市第七届人民代表大会常务委员会第三十九次会议通过,2020年6月16日海南省第六届人民代表大会常务委员会第二十次会议批准	2020-6-23	2020-7-9	2020-6-23	制定
乐东黎族自治县河湖(库)保护管理条例	2020年5月28日乐东黎族自治县第十五届人民代表大会第六次会议通过,2020年6月16日海南省第六届人民代表大会常务委员会第二十次会议批准	2020-6-18	2020-7-1	2020-8-15	制定
海南省多元化解纠纷条例	2020年6月16日海南省第六届人民代表大会常务委员会第二十次会议通过	2020-6-16	2020-6-16	2020-8-1	制定
海南省实施《中华人民共和国反家庭暴力法》办法	2020年6月16日海南省第六届人民代表大会常务委员会第二十次会议通过	2020-6-16	2020-6-16	2020-8-1	制定
海南省预防和制止家庭暴力规定	在《海南省实施〈中华人民共和国反家庭暴力法〉办法》中被明文予以废止	2020-6-16	2020-6-16	2020-8-1	文中废止

续表

法规名称	通过或批准时间	公布时间	报备时间	施行时间	立法形式
海南省红树林保护规定	2020年6月16日海南省第六届人民代表大会常务委员会第二十次会议修改	2020-6-16	2020-6-23	2020-8-1	修改
海南省实施《中华人民共和国气象法》办法	2020年6月16日海南省第六届人民代表大会常务委员会第二十次会议修改	2020-6-16	2020-6-23	2020-8-1	修改
海南省气象灾害防御条例	2020年6月16日海南省第六届人民代表大会常务委员会第二十次会议修改	2020-6-16	2020-6-23	2020-8-1	修改
海南省矿产资源管理条例	2020年6月16日海南省第六届人民代表大会常务委员会第二十次会议修改	2020-6-16	2020-6-23	2020-8-1	修改
海南自由贸易港博鳌乐城国际医疗旅游先行区条例	2020年6月16日海南省第六届人民代表大会常务委员会第二十次会议通过	2020-6-16	2020-7-14	2020-6-16	制定
三沙市西沙群岛爱国卫生管理办法	2020年5月27日三沙市第二届人民代表大会常务委员会第三十三次会议通过，2020年6月16日海南省第六届人民代表大会常务委员会第二十次会议批准	2020-9-30	2020-10-14	2020-9-30	制定
海口市养犬管理条例	2020年7月2日海口市第十六届人民代表大会常务委员会第三十九次会议通过，2020年7月31日海南省第六届人民代表大会常务委员会第二十一次会议批准	2020-8-4	2020-8-17	2021-1-1	制定
海口市城市养犬管理条例	在《海口市养犬管理条例》中被明文予以废止	2020-8-4	2020-8-17	2021-1-1	文中废止
海南省人民代表大会常务委员会关于加强检察公益诉讼工作的决定	2020年7月31日海南省第六届人民代表大会常务委员会第二十一次会议通过	2020-7-31	2020-7-31	2020-7-31	制定
海南省实施《中华人民共和国野生动物保护法》办法	2020年7月31日海南省第六届人民代表大会常务委员会第二十一次会议修改	2020-7-31	2020-7-31	2020-8-15	修改
海南自由贸易港消防条例	2020年7月31日海南省第六届人民代表大会常务委员会第二十一次会议通过	2020-7-31	2020-7-31	2020-11-1	制定
海南省消防条例	在《海南自由贸易港消防条例》中被明文予以废止	2020-7-31	2020-7-31	2020-11-1	文中废止
海南省人民代表大会常务委员会关于海南省资源税具体适用税率等有关事项的决定	2020年7月31日海南省第六届人民代表大会常务委员会第二十一次会议通过	2020-8-4	2020-8-4	2020-9-1	制定
三亚市餐厨垃圾管理规定	2020年7月3日三亚市第七届人民代表大会常务委员会第四十次会议通过，2020年7月31日海南省第六届人民代表大会常务委员会第二十一次会议批准	2020-8-28	2020-9-9	2020-10-1	制定
昌江黎族自治县棋子湾景观石保护条例	2020年4月26日昌江黎族自治县第十五届人民代表大会第六次会议通过，2020年7月31日海南省第六届人民代表大会常务委员会第二十一次会议批准	2020-9-11	2020-9-17	2020-10-1	制定
海南省村民委员会选举办法	2020年9月3日海南省第六届人民代表大会常务委员会第二十二次会议修改	2020-9-3	2020-9-4	2020-9-3	修改
海南热带雨林国家公园条例（试行）	2020年9月3日海南省第六届人民代表大会常务委员会第二十二次会议通过	2020-9-3	2020-9-11	2020-10-1	制定

续表

法规名称	通过或批准时间	公布时间	报备时间	施行时间	立法形式
海口市烟花爆竹管理若干规定	2020年9月17日海口市第十六届人民代表大会常务委员会第四十次会议通过，2020年9月30日海南省第六届人民代表大会常务委员会第二十三次会议批准	2020-10-14	2020-10-30	2020-11-1	制定
海口市禁止生产、销售和燃放烟花爆竹的规定	在《海口市烟花爆竹管理若干规定》中被明文予以废止	2020-10-14	2020-10-30	2020-11-1	文中废止
海口市销售和燃放烟花爆竹管理规定	在《海口市烟花爆竹管理若干规定》中被明文予以废止	2020-10-14	2020-10-30	2020-11-1	文中废止
海南省爱国卫生管理条例	2020年9月30日海南省第六届人民代表大会常务委员会第二十三次会议修改	2020-9-30	2020-9-30	2020-11-1	修改
海南省文明行为促进条例	2020年9月30日海南省第六届人民代表大会常务委员会第二十三次会议通过	2020-9-30	2020-9-30	2021-1-1	制定
海南省见义勇为人员奖励和保障规定	2020年12月2日海南省第六届人民代表大会常务委员会第二十四次会议修改	2020-12-2	2020-12-2	2021-1-1	修改
海南省电信设施建设与保护条例	2020年12月2日海南省第六届人民代表大会常务委员会第二十四次会议修改	2020-12-2	2020-12-2	2021-1-1	修改
海南省华侨权益保护条例	2020年12月2日海南省第六届人民代表大会常务委员会第二十四次会议通过	2020-12-2	2020-12-10	2021-1-1	制定
海南省生态保护补偿条例	2020年12月2日海南省第六届人民代表大会常务委员会第二十四次会议通过	2020-12-2	2020-12-16	2021-1-1	制定
海南热带雨林国家公园特许经营管理办法	2020年12月2日海南省第六届人民代表大会常务委员会第二十四次会议通过	2020-12-2	2020-12-16	2021-3-1	制定
海南自由贸易港三亚崖州湾科技城条例	2020年12月2日海南省第六届人民代表大会常务委员会第二十四次会议通过	2020-12-2	2020-12-25	2021-1-1	制定
海南自由贸易港海口江东新区条例	2020年12月30日海南省第六届人民代表大会常务委员会第二十五次会议通过	2020-12-30	2021-1-8	2021-1-1	制定

重庆市地方性法规目录

（23件）

法规名称	通过或批准时间	公布时间	报备时间	施行时间	立法形式
重庆市人民代表大会常务委员会关于耕地占用税适用税额的决定	2019年8月2日重庆市第五届人民代表大会常务委员会第十一次会议通过	2019-8-2	2020-9-10	2019-9-1	制定
重庆市人民代表大会常务委员会关于环境保护税税目中“其他固体废物”具体范围的决定	2019年8月2日重庆市第五届人民代表大会常务委员会第十一次会议通过	2019-8-2	2020-9-10	2020-1-1	制定

续表

法规名称	通过或批准时间	公布时间	报备时间	施行时间	立法形式
重庆市人民代表大会常务委员会关于依法全力开展新冠肺炎疫情防控工作的决定	2020年2月10日重庆市第五届人民代表大会常务委员会第十五次会议通过	2020-2-10	2020-2-11	2020-2-10	制定
秀山土家族苗族自治县殡葬管理条例	2020年1月8日秀山土家族苗族自治县第十七届人民代表大会第四次会议修改，2020年3月26日重庆市第五届人民代表大会常务委员会第十六次会议批准修改	2020-4-16	2020-4-24	2020-4-16	修改
重庆市促进科技成果转化条例	2020年3月26日重庆市第五届人民代表大会常务委员会第十六次会议修改	2020-3-26	2020-3-30	2020-6-1	修改
重庆市技术市场条例	在《重庆市促进科技成果转化条例》中被明文予以废止	2020-3-26	2020-3-30	2020-6-1	文中废止
秀山土家族苗族自治县锰矿资源管理条例	2020年1月8日秀山土家族苗族自治县第十七届人民代表大会第四次会议修改，2020年6月5日重庆市第五届人民代表大会常务委员会第十八次会议批准修改	2020-6-10	2020-6-15	2020-6-10	修改
重庆市特种设备安全条例	2020年6月5日重庆市第五届人民代表大会常务委员会第十八次会议通过	2020-6-5	2020-6-8	2020-9-1	制定
重庆市特种设备安全监察条例	在《重庆市特种设备安全条例》中被明文予以废止	2020-6-5	2020-6-8	2020-9-1	文中废止
重庆市实施《中华人民共和国公共文化服务保障法》办法	2020年6月5日重庆市第五届人民代表大会常务委员会第十八次会议通过	2020-6-5	2020-6-9	2020-8-1	制定
重庆市信访条例	2020年6月5日重庆市第五届人民代表大会常务委员会第十八次会议修改	2020-6-5	2020-6-12	2020-8-1	修改
重庆市矿产资源管理条例	2020年6月5日重庆市第五届人民代表大会常务委员会第十八次会议修改	2020-6-5	2020-6-16	2020-8-1	修改
重庆市地质灾害防治条例	2020年6月5日重庆市第五届人民代表大会常务委员会第十八次会议修改	2020-6-5	2020-6-16	2020-8-1	修改
重庆市水污染防治条例	2020年7月30日重庆市第五届人民代表大会常务委员会第二十次会议通过	2020-7-30	2020-7-31	2020-10-1	制定
重庆市长江三峡水库库区及流域水污染防治条例	在《重庆市水污染防治条例》中被明文予以废止	2020-7-30	2020-7-31	2020-10-1	文中废止
重庆市人力资源市场条例	2020年7月30日重庆市第五届人民代表大会常务委员会第二十次会议通过	2020-7-30	2020-7-31	2021-1-1	制定
重庆市实施《中华人民共和国红十字会法》办法	2020年7月30日重庆市第五届人民代表大会常务委员会第二十次会议修改	2020-7-30	2020-8-10	2020-11-1	修改
重庆市人民代表大会常务委员会关于资源税具体适用税率等事项的决定	2020年7月30日重庆市第五届人民代表大会常务委员会第二十次会议通过	2020-7-30	2020-9-10	2020-9-1	制定
重庆市公共场所控制吸烟条例	2020年9月29日重庆市第五届人民代表大会常务委员会第二十一次会议通过	2020-9-29	2020-10-10	2021-1-1	制定
重庆市人民代表大会常务委员会关于加强对审计查出问题整改情况监督的决定	2020年9月29日重庆市第五届人民代表大会常务委员会第二十一次会议通过	2020-9-29	2020-10-10	2020-11-1	制定

续表

法规名称	通过或批准时间	公布时间	报备时间	施行时间	立法形式
重庆市经纪人条例	2020年12月3日重庆市第五届人民代表大会常务委员会第二十二次会议废止	2020-12-3	2020-12-11	2020-12-3	废止
重庆市查处无照经营行为条例	2020年12月3日重庆市第五届人民代表大会常务委员会第二十二次会议废止	2020-12-3	2020-12-11	2020-12-3	废止
重庆市公共体育场馆条例	2020年12月3日重庆市第五届人民代表大会常务委员会第二十二次会议废止	2020-12-3	2020-12-11	2020-12-3	废止
重庆市查禁卖淫嫖娼条例	2020年12月3日重庆市第五届人民代表大会常务委员会第二十二次会议废止	2020-12-3	2020-12-11	2020-12-3	废止
重庆市实施《中华人民共和国国旗法》办法	2020年12月3日重庆市第五届人民代表大会常务委员会第二十二次会议通过	2020-12-3	2020-12-14	2021-1-1	制定
重庆市河长制条例	2020年12月3日重庆市第五届人民代表大会常务委员会第二十二次会议通过	2020-12-3	2020-12-14	2021-1-1	制定

四川省地方性法规目录

（56件）

法规名称	通过或批准时间	公布时间	报备时间	施行时间	立法形式
四川省人民代表大会常务委员会关于依法做好当前新型冠状病毒肺炎疫情防控工作的决定	2020年2月10日四川省第十三届人民代表大会常务委员会第十六次会议通过	2020-2-10	2020-2-21	2020-2-10	制定
成都市市政工程设施管理条例	2019年10月29日成都市第十七届人民代表大会常务委员会第十三次会议修改，2020年3月31日四川省第十三届人民代表大会常务委员会第十七次会议批准修改	2020-4-3	2020-4-20	2020-6-1	修改
达州市集中式饮用水水源保护管理条例	2019年12月19日达州市第四届人民代表大会常务委员会第二十七次会议修改，2020年3月31日四川省第十三届人民代表大会常务委员会第十七次会议批准修改	2020-4-2	2020-4-20	2020-4-2	修改
资阳市中心城区市容和环境卫生管理条例	2019年12月20日资阳市第四届人民代表大会常务委员会第二十六次会议通过，2020年3月31日四川省第十三届人民代表大会常务委员会第十七次会议批准	2020-4-8	2020-4-20	2020-6-1	制定
绵阳市历史建筑和历史文化街区保护条例	2019年12月27日绵阳市第七届人民代表大会常务委员会第二十六次会议通过，2020年3月31日四川省第十三届人民代表大会常务委员会第十七次会议批准	2020-4-2	2020-4-20	2020-6-1	制定
峨边彝族自治县人居环境综合治理条例	2020年1月19日峨边彝族自治县第九届人民代表大会第五次会议通过，2020年3月31日四川省第十三届人民代表大会常务委员会第十七次会议批准	2020-4-7	2020-4-20	2020-5-1	制定

续表

法规名称	通过或批准时间	公布时间	报备时间	施行时间	立法形式
阿坝藏族羌族自治州文物保护条例	2019年12月12日阿坝藏族羌族自治州第十二届人民代表大会常务委员会第二十一次会议通过,2020年6月12日四川省第十三届人民代表大会常务委员会第十九次会议批准	2020-6-22	2020-7-6	2020-8-1	制定
阿坝藏族羌族自治州宗教事务条例	2020年1月15日阿坝藏族羌族自治州第十二届人民代表大会第四次会议修改,2020年6月12日四川省第十三届人民代表大会常务委员会第十九次会议批准修改	2020-6-24	2020-7-12	2020-8-1	修改
甘孜藏族自治州实施《四川省河道采砂管理条例》的补充规定	2020年1月17日甘孜藏族自治州第十二届人民代表大会第四次会议通过,2020年6月12日四川省第十三届人民代表大会常务委员会第十九次会议批准	2020-6-23	2020-7-6	2020-9-1	制定
成都市文物保护管理条例	2020年3月25日成都市第十七届人民代表大会常务委员会第十六次会议修改,2020年6月12日四川省第十三届人民代表大会常务委员会第十九次会议批准修改	2020-6-17	2020-7-6	2020-8-1	修改
成都市地名管理条例	2020年3月25日成都市第十七届人民代表大会常务委员会第十六次会议修改,2020年6月12日四川省第十三届人民代表大会常务委员会第十九次会议批准修改	2020-6-17	2020-7-6	2020-8-1	修改
巴中市文明行为促进条例	2020年4月2日巴中市第四届人民代表大会常务委员会第二十六次会议通过,2020年6月12日四川省第十三届人民代表大会常务委员会第十九次会议批准	2020-6-17	2020-7-6	2020-8-1	制定
宜宾市文明行为促进条例	2020年4月28日宜宾市第五届人民代表大会常务委员会第三十一次会议通过,2020年6月12日四川省第十三届人民代表大会常务委员会第十九次会议批准	2020-6-18	2020-7-6	2020-8-1	制定
四川省《中华人民共和国城市居民委员会组织法》实施办法	2020年6月12日四川省第十三届人民代表大会常务委员会第十九次会议修改	2020-6-12	2020-7-6	2020-6-12	修改
四川省村民委员会选举条例	2020年6月12日四川省第十三届人民代表大会常务委员会第十九次会议修改	2020-6-12	2020-7-6	2020-6-12	修改
四川省查禁卖淫嫖娼活动的规定	2020年6月12日四川省第十三届人民代表大会常务委员会第十九次会议废止	2020-6-12	2020-7-6	2020-6-12	废止
四川省人民代表大会常务委员会关于加强上市猪肉卫生质量管理的决定	2020年6月12日四川省第十三届人民代表大会常务委员会第十九次会议废止	2020-6-12	2020-7-6	2020-6-12	废止
四川省企业和企业经营者权益保护条例	2020年6月12日四川省第十三届人民代表大会常务委员会第十九次会议通过	2020-6-12	2020-7-6	2020-8-1	制定
四川省测绘管理条例	2020年6月12日四川省第十三届人民代表大会常务委员会第十九次会议修改	2020-6-12	2020-7-6	2020-8-1	修改
北川羌族自治县北川苔子茶古茶树保护条例	2020年4月22日北川羌族自治县第四届人民代表大会第五次会议通过,2020年7月31日四川省第十三届人民代表大会常务委员会第二十次会议批准	2020-8-11	2020-8-25	2020-10-1	制定

续表

法规名称	通过或批准时间	公布时间	报备时间	施行时间	立法形式
北川羌族自治县促进民族团结进步条例	2020年4月22日北川羌族自治县第四届人民代表大会第五次会议通过,2020年7月31日四川省第十三届人民代表大会常务委员会第二十次会议批准	2020-8-11	2020-8-25	2020-10-1	制定
成都市建设施工现场管理条例	2020年4月29日成都市第十七届人民代表大会常务委员会第十七次会议修改,2020年7月31日四川省第十三届人民代表大会常务委员会第二十次会议批准修改	2020-8-3	2020-8-25	2020-8-3	修改
成都市法律援助条例	2020年4月29日成都市第十七届人民代表大会常务委员会第十七次会议修改,2020年7月31日四川省第十三届人民代表大会常务委员会第二十次会议批准修改	2020-8-3	2020-8-25	2020-9-1	修改
达州市莲花湖湿地保护条例	2020年6月5日达州市第四届人民代表大会常务委员会第三十一次会议修改,2020年7月31日四川省第十三届人民代表大会常务委员会第二十次会议批准修改	2020-8-10	2020-8-25	2020-8-10	修改
凉山彝族自治州实施《四川省〈中华人民共和国动物防疫法〉实施办法》的补充规定	2020年6月12日凉山彝族自治州第十一届人民代表大会第五次会议废止,2020年7月31日四川省第十三届人民代表大会常务委员会第二十次会议批准废止	2020-8-9	2020-8-25	2020-8-9	废止
凉山彝族自治州施行《兽药管理条例》的变通规定	2020年6月12日凉山彝族自治州第十一届人民代表大会第五次会议废止,2020年7月31日四川省第十三届人民代表大会常务委员会第二十次会议批准废止	2020-8-9	2020-8-25	2020-8-9	废止
凉山彝族自治州艾滋病防治条例	2020年6月12日凉山彝族自治州第十一届人民代表大会第五次会议通过,2020年7月31日四川省第十三届人民代表大会常务委员会第二十次会议批准	2020-8-9	2020-8-25	2020-9-1	制定
成都市三岔湖水环境保护条例	2020年6月16日成都市第十七届人民代表大会常务委员会第十八次会议通过,2020年7月31日四川省第十三届人民代表大会常务委员会第二十次会议批准	2020-8-3	2020-8-25	2020-12-1	制定
巴中市城市饮用水水源保护条例	2020年6月16日巴中市第四届人民代表大会常务委员会第二十七次会议修改,2020年7月31日四川省第十三届人民代表大会常务委员会第二十次会议批准修改	2020-8-10	2020-8-25	2020-8-10	修改
达州市文明行为促进条例	2020年6月23日达州市第四届人民代表大会常务委员会第三十二次会议通过,2020年7月31日四川省第十三届人民代表大会常务委员会第二十次会议批准	2020-8-10	2020-8-25	2020-9-1	制定
德阳市文明行为促进条例	2020年6月24日德阳市第八届人民代表大会常务委员会第三十一次会议通过,2020年7月31日四川省第十三届人民代表大会常务委员会第二十次会议批准	2020-8-1	2020-8-25	2020-8-10	制定

续表

法规名称	通过或批准时间	公布时间	报备时间	施行时间	立法形式
眉山市文明行为促进条例	2020 年 6 月 30 日眉山市第四届人民代表大会常务委员会第三十次会议通过,2020 年 7 月 31 日四川省第十三届人民代表大会常务委员会第二十次会议批准	2020-8-7	2020-8-25	2020-8-7	制定
四川省人民代表大会常务委员会关于严厉查处生产、销售假冒伪劣商品违法行为的决定	2020 年 7 月 31 日四川省第十三届人民代表大会常务委员会第二十次会议废止	2020-7-31	2020-8-25	2020-7-31	废止
四川省人民代表大会常务委员会关于资源税适用税率等事项的决定	2020 年 7 月 31 日四川省第十三届人民代表大会常务委员会第二十次会议通过	2020-7-31	2020-8-25	2020-9-1	制定
四川省工伤保险条例	2020 年 7 月 31 日四川省第十三届人民代表大会常务委员会第二十次会议通过	2020-7-31	2020-8-25	2020-9-1	制定
四川省司法鉴定管理条例	2020 年 7 月 31 日四川省第十三届人民代表大会常务委员会第二十次会议修改	2020-7-31	2020-8-25	2020-10-1	修改
凉山彝族自治州民族团结进步条例	2020 年 6 月 12 日凉山彝族自治州第十一届人民代表大会第五次会议通过,2020 年 9 月 29 日四川省第十三届人民代表大会常务委员会第二十二次会议批准	2020-10-14	2020-10-20	2020-11-1	制定
凉山彝族自治州水资源管理条例	2020 年 6 月 12 日凉山彝族自治州第十一届人民代表大会第五次会议修改,2020 年 9 月 29 日四川省第十三届人民代表大会常务委员会第二十二次会议批准修改	2020-10-14	2020-10-21	2020-10-14	修改
广安市公共餐具饮具消毒管理条例	2020 年 7 月 22 日广安市第五届人民代表大会常务委员会第三十次会议通过,2020 年 9 月 29 日四川省第十三届人民代表大会常务委员会第二十二次会议批准	2020-10-13	2020-10-21	2021-1-1	制定
遂宁市文明行为促进条例	2020 年 8 月 25 日遂宁市第七届人民代表大会常务委员会第三十四次会议通过,2020 年 9 月 29 日四川省第十三届人民代表大会常务委员会第二十二次会议批准	2020-10-12	2020-10-21	2020-11-1	制定
巴中市扬尘污染防治条例	2020 年 8 月 26 日巴中市第四届人民代表大会常务委员会第二十八次会议通过,2020 年 9 月 29 日四川省第十三届人民代表大会常务委员会第二十二次会议批准	2020-10-12	2020-10-21	2021-1-1	制定
资阳市城区机动车停车条例	2020 年 8 月 27 日经资阳市第四届人民代表大会常务委员会第三十二次会议通过,2020 年 9 月 29 日四川省第十三届人民代表大会常务委员会第二十二次会议批准	2020-10-14	2020-10-21	2021-3-1	制定
成都市社区发展治理促进条例	2020 年 8 月 28 日成都市第十七届人民代表大会常务委员会第二十次会议通过,2020 年 9 月 29 日四川省第十三届人民代表大会常务委员会第二十二次会议批准	2020-10-9	2020-10-21	2020-12-1	制定
成都市违法建设治理条例	2020 年 8 月 28 日成都市第十七届人民代表大会常务委员会第二十次会议通过,2020 年 9 月 29 日四川省第十三届人民代表大会常务委员会第二十二次会议批准	2020-10-9	2020-10-21	2021-1-1	制定

续表

法规名称	通过或批准时间	公布时间	报备时间	施行时间	立法形式
成都市生活垃圾管理条例	2020年8月28日成都市第十七届人民代表大会常务委员会第二十次会议通过，2020年9月29日四川省第十三届人民代表大会常务委员会第二十二次会议批准	2020-10-9	2020-10-21	2021-3-1	制定
泸州市文明行为促进条例	2020年8月28日泸州市第八届人民代表大会常务委员会第三十次会议通过，2020年9月29日四川省第十三届人民代表大会常务委员会第二十二次会议批准	2020-10-12	2020-10-21	2020-11-1	制定
乐山市扬尘污染防治条例	2020年9月1日乐山市第七届人民代表大会常务委员会第三十二次会议通过，2020年9月29日四川省第十三届人民代表大会常务委员会第二十二次会议批准	2020-9-29	2020-10-21	2021-1-1	制定
眉山市物业管理条例	2019年12月30日眉山市第四届人民代表大会常务委员会第二十五次会议通过，2020年11月26日四川省第十三届人民代表大会常务委员会第二十三次会议批准	2020-12-2	2020-12-23	2021-1-1	制定
阿坝藏族羌族自治州野生动物植物保护条例	2020年1月15日阿坝藏族羌族自治州第十二届人民代表大会第四次会议修改，2020年11月26日四川省第十三届人民代表大会常务委员会第二十三次会议批准修改	2020-11-30	2020-12-23	2020-11-30	修改
内江市违法建设治理条例	2020年10月20日内江市第七届人民代表大会常务委员会第四十次会议通过，2020年11月26日四川省第十三届人民代表大会常务委员会第二十三次会议批准	2020-12-14	2020-12-23	2021-1-1	制定
资阳市文明行为促进条例	2020年10月28日资阳市第四届人民代表大会常务委员会第三十三次会议通过，2020年11月26日四川省第十三届人民代表大会常务委员会第二十三次会议批准	2020-12-10	2020-12-23	2021-2-1	制定
自贡市建设施工现场管理条例	2020年10月29日自贡市第十七届人民代表大会常务委员会第三十三次会议通过，2020年11月26日四川省第十三届人民代表大会常务委员会第二十三次会议批准	2020-12-3	2020-12-23	2021-1-1	制定
攀枝花市森林草原防灭火条例	2020年11月3日攀枝花市第十届人民代表大会常务委员会第三十二次会议通过，2020年11月26日四川省第十三届人民代表大会常务委员会第二十三次会议批准	2020-11-27	2020-12-23	2020-12-1	制定
雅安市农村生活垃圾分类处理若干规定	2020年11月5日雅安市第四届人民代表大会常务委员会第三十六次会议通过，2020年11月26日四川省第十三届人民代表大会常务委员会第二十三次会议批准	2020-11-30	2020-12-23	2021-1-1	制定
广元市红色革命遗址遗迹保护条例	2020年11月5日广元市第七届人民代表大会常务委员会第三十一次会议通过，2020年11月26日四川省第十三届人民代表大会常务委员会第二十三次会议批准	2020-12-7	2020-12-23	2021-1-1	制定
四川省传统村落保护条例	2020年11月26日四川省第十三届人民代表大会常务委员会第二十三次会议通过	2020-11-26	2020-12-23	2021-3-1	制定

贵州省地方性法规目录

（67 件）

法规名称	通过或批准时间	公布时间	报备时间	施行时间	立法形式
贵州省人民代表大会常务委员会关于依法科学有序防控新型冠状病毒肺炎疫情坚决打赢疫情防控阻击战的决定	2020 年 2 月 13 日贵州省第十三届人民代表大会常务委员会第十五次会议通过	2020-2-13	2020-2-17	2020-2-13	制定
贵州省节约用水条例	2020 年 3 月 6 日贵州省第十三届人民代表大会常务委员会第十六次会议通过	2020-3-6	2020-4-20	2020-9-1	制定
黔南布依族苗族自治州村寨规划建设管理条例	2020 年 1 月 11 日黔南布依族苗族自治州第十四届人民代表大会第六次会议通过，2020 年 6 月 3 日贵州省第十三届人民代表大会常务委员会第十七次会议批准	2020-6-18	2020-7-3	2020-8-1	制定
务川仡佬族苗族自治县农村公路养护管理条例	2020 年 1 月 13 日务川仡佬族苗族自治县第八届人民代表大会第四次会议通过，2020 年 6 月 3 日贵州省第十三届人民代表大会常务委员会第十七次会议批准	2020-6-18	2020-7-3	2021-1-1	制定
贵阳市房屋使用安全管理条例	2019 年 8 月 30 日贵阳市第十四届人民代表大会常务委员会第二十三次会议修改，2020 年 6 月 3 日贵州省第十三届人民代表大会常务委员会第十七次会议批准修改	2020-6-10	2020-6-17	2020-9-1	修改
贵州省公共文化服务保障条例	2020 年 6 月 3 日贵州省第十三届人民代表大会常务委员会第十七次会议通过	2020-6-3	2020-6-17	2020-9-1	制定
黔东南苗族侗族自治州自治条例	2020 年 4 月 29 日黔东南苗族侗族自治州第十四届人民代表大会第五次会议修改，2020 年 7 月 31 日贵州省第十三届人民代表大会常务委员会第十八次会议批准修改	2020-8-14	2020-9-11	2020-10-1	修改
毕节市城市园林绿化条例	2020 年 4 月 30 日毕节市第二届人民代表大会常务委员会第二十七次会议通过，2020 年 7 月 31 日贵州省第十三届人民代表大会常务委员会第十八次会议批准	2020-8-25	2020-9-11	2020-10-1	制定
印江土家族苗族自治县城镇管理条例	2020 年 5 月 28 日印江土家族苗族自治县第八届人民代表大会第四次会议修改，2020 年 7 月 31 日贵州省第十三届人民代表大会常务委员会第十八次会议批准修改	2020-8-26	2020-9-11	2020-10-1	修改
玉屏侗族自治县乡村生活垃圾和生活污水治理条例	2020 年 5 月 30 日玉屏侗族自治县第九届人民代表大会第四次会议通过，2020 年 7 月 31 日贵州省第十三届人民代表大会常务委员会第十八次会议批准	2020-9-28	2020-10-25	2020-11-1	制定
贵州省人民代表大会常务委员会关于贵州省资源税具体适用税率、计征方式和减征免征办法的决定	2020 年 7 月 31 日贵州省第十三届人民代表大会常务委员会第十八次会议通过	2020-7-31	2020-8-12	2020-9-1	制定

续表

法规名称	通过或批准时间	公布时间	报备时间	施行时间	立法形式
贵州省人民调解条例	2020年7月31日贵州省第十三届人民代表大会常务委员会第十八次会议通过	2020-7-31	2020-8-12	2020-11-1	制定
黔西南布依族苗族自治州民族医药保护与发展条例	2020年1月22日黔西南布依族苗族自治州第八届人民代表大会第五次会议通过，2020年9月25日贵州省第十三届人民代表大会常务委员会第十九次会议批准	2020-10-16	2020-10-25	2021-1-1	制定
六盘水市城市山体保护条例	2020年4月28日六盘水市第八届人民代表大会常务委员会第二十九次会议通过，2020年9月25日贵州省第十三届人民代表大会常务委员会第十九次会议批准	2020-10-20	2020-11-10	2021-1-1	制定
黔东南苗族侗族自治州民族文化村寨保护条例	2020年4月29日黔东南苗族侗族自治州第十四届人民代表大会第五次会议修改，2020年9月25日贵州省第十三届人民代表大会常务委员会第十九次会议批准修改	2020-10-14	2020-10-25	2021-1-1	修改
三都水族自治县山林土地权属争议调查处理条例	2020年5月31日三都水族自治县第十六届人民代表大会第五次会议通过，2020年9月25日贵州省第十三届人民代表大会常务委员会第十九次会议批准	2020-11-9	2020-11-10	2021-1-1	制定
铜仁市非物质文化遗产保护条例	2020年7月9日铜仁市第二届人民代表大会常务委员会第二十七次会议通过，2020年9月25日贵州省第十三届人民代表大会常务委员会第十九次会议批准	2020-9-28	2020-10-25	2021-1-1	制定
贵州省道路交通安全条例	2020年9月25日贵州省第十三届人民代表大会常务委员会第十九次会议修改	2020-9-25	2020-10-25	2020-9-25	修改
贵州省安全技术防范管理条例	2020年9月25日贵州省第十三届人民代表大会常务委员会第十九次会议修改	2020-9-25	2020-10-25	2020-9-25	修改
贵州省学校学生人身伤害事故预防与处理条例	2020年9月25日贵州省第十三届人民代表大会常务委员会第十九次会议修改	2020-9-25	2020-10-25	2020-9-25	修改
贵州省义务教育条例	2020年9月25日贵州省第十三届人民代表大会常务委员会第十九次会议修改	2020-9-25	2020-10-25	2020-9-25	修改
贵州省实施《中华人民共和国村民委员会组织法》办法	2020年9月25日贵州省第十三届人民代表大会常务委员会第十九次会议修改	2020-9-25	2020-10-25	2020-9-25	修改
贵州省实施《中华人民共和国城市居民委员会组织法》办法	2020年9月25日贵州省第十三届人民代表大会常务委员会第十九次会议修改	2020-9-25	2020-10-25	2020-9-25	修改
贵州省村民委员会选举办法	2020年9月25日贵州省第十三届人民代表大会常务委员会第十九次会议修改	2020-9-25	2020-10-25	2020-9-25	修改
贵州省殡葬管理条例	2020年9月25日贵州省第十三届人民代表大会常务委员会第十九次会议修改	2020-9-25	2020-10-25	2020-9-25	修改
贵州省人力资源市场条例	2020年9月25日贵州省第十三届人民代表大会常务委员会第十九次会议修改	2020-9-25	2020-10-25	2020-9-25	修改
贵州省文物保护条例	2020年9月25日贵州省第十三届人民代表大会常务委员会第十九次会议修改	2020-9-25	2020-10-25	2020-9-25	修改

续表

法规名称	通过或批准时间	公布时间	报备时间	施行时间	立法形式
贵州省旅游条例	2020年9月25日贵州省第十三届人民代表大会常务委员会第十九次会议修改	2020-9-25	2020-10-25	2020-9-25	修改
贵州省森林防火条例	2020年9月25日贵州省第十三届人民代表大会常务委员会第十九次会议修改	2020-9-25	2020-10-25	2020-9-25	修改
贵州省消防条例	2020年9月25日贵州省第十三届人民代表大会常务委员会第十九次会议修改	2020-9-25	2020-10-25	2020-9-25	修改
贵州省人民防空条例	2020年9月25日贵州省第十三届人民代表大会常务委员会第十九次会议修改	2020-9-25	2020-10-25	2020-9-25	修改
贵州省见义勇为人员奖励和保护条例	2020年9月25日贵州省第十三届人民代表大会常务委员会第十九次会议修改	2020-9-25	2020-10-25	2020-9-25	修改
贵州省未成年人保护条例	2020年9月25日贵州省第十三届人民代表大会常务委员会第十九次会议修改	2020-9-25	2020-10-25	2020-9-25	修改
贵州省高速公路管理条例	2020年9月25日贵州省第十三届人民代表大会常务委员会第十九次会议修改	2020-9-25	2020-10-25	2020-9-25	修改
贵州省邮政条例	2020年9月25日贵州省第十三届人民代表大会常务委员会第十九次会议修改	2020-9-25	2020-10-25	2020-9-25	修改
贵州省林地管理条例	2020年9月25日贵州省第十三届人民代表大会常务委员会第十九次会议修改	2020-9-25	2020-10-25	2020-9-25	修改
贵州省风景名胜区条例	2020年9月25日贵州省第十三届人民代表大会常务委员会第十九次会议修改	2020-9-25	2020-10-25	2020-9-25	修改
贵州省农业技术推广条例	2020年9月25日贵州省第十三届人民代表大会常务委员会第十九次会议修改	2020-9-25	2020-10-25	2020-9-25	修改
贵州省农业机械管理条例	2020年9月25日贵州省第十三届人民代表大会常务委员会第十九次会议修改	2020-9-25	2020-10-25	2020-9-25	修改
贵州省政府投资建设项目审计监督条例	2020年9月25日贵州省第十三届人民代表大会常务委员会第十九次会议修改	2020-9-25	2020-10-25	2020-9-25	修改
贵州省行政事业性收费管理条例	2020年9月25日贵州省第十三届人民代表大会常务委员会第十九次会议修改	2020-9-25	2020-10-25	2020-9-25	修改
贵州省招标投标条例	2020年9月25日贵州省第十三届人民代表大会常务委员会第十九次会议修改	2020-9-25	2020-10-25	2020-9-25	修改
贵州省气象条例	2020年9月25日贵州省第十三届人民代表大会常务委员会第十九次会议修改	2020-9-25	2020-10-25	2020-9-25	修改
贵州省实施《中华人民共和国水法》办法	2020年9月25日贵州省第十三届人民代表大会常务委员会第十九次会议修改	2020-9-25	2020-10-25	2020-9-25	修改
贵州省水土保持条例	2020年9月25日贵州省第十三届人民代表大会常务委员会第十九次会议修改	2020-9-25	2020-10-25	2020-9-25	修改
贵州省水资源保护条例	2020年9月25日贵州省第十三届人民代表大会常务委员会第十九次会议修改	2020-9-25	2020-10-25	2020-9-25	修改
贵州省黔中水利枢纽工程管理条例	2020年9月25日贵州省第十三届人民代表大会常务委员会第十九次会议修改	2020-9-25	2020-10-25	2020-9-25	修改

续表

法规名称	通过或批准时间	公布时间	报备时间	施行时间	立法形式
贵州省水利工程管理条例	2020年9月25日贵州省第十三届人民代表大会常务委员会第十九次会议修改	2020-9-25	2020-10-25	2020-9-25	修改
贵州省反不正当竞争条例	2020年9月25日贵州省第十三届人民代表大会常务委员会第十九次会议修改	2020-9-25	2020-10-25	2020-9-25	修改
贵州省消费者权益保护条例	2020年9月25日贵州省第十三届人民代表大会常务委员会第十九次会议修改	2020-9-25	2020-10-25	2020-9-25	修改
贵州省合同监督条例	2020年9月25日贵州省第十三届人民代表大会常务委员会第十九次会议修改	2020-9-25	2020-10-25	2020-9-25	修改
贵州省产品质量监督条例	2020年9月25日贵州省第十三届人民代表大会常务委员会第十九次会议修改	2020-9-25	2020-10-25	2020-9-25	修改
贵州省计量监督管理条例	2020年9月25日贵州省第十三届人民代表大会常务委员会第十九次会议修改	2020-9-25	2020-10-25	2020-9-25	修改
贵州省食品安全条例	2020年9月25日贵州省第十三届人民代表大会常务委员会第十九次会议修改	2020-9-25	2020-10-25	2020-9-25	修改
贵州省专利条例	2020年9月25日贵州省第十三届人民代表大会常务委员会第十九次会议修改	2020-9-25	2020-10-25	2020-9-25	修改
贵州省建筑市场管理条例	2020年9月25日贵州省第十三届人民代表大会常务委员会第十九次会议修改	2020-9-25	2020-10-25	2020-9-25	修改
贵州省城镇房地产开发经营管理条例	2020年9月25日贵州省第十三届人民代表大会常务委员会第十九次会议修改	2020-9-25	2020-10-25	2020-9-25	修改
贵州省物业管理条例	2020年9月25日贵州省第十三届人民代表大会常务委员会第十九次会议修改	2020-9-25	2020-10-25	2020-9-25	修改
贵州省政府数据共享开放条例	2020年9月25日贵州省第十三届人民代表大会常务委员会第十九次会议通过	2020-9-25	2020-10-25	2020-12-1	制定
贵州省公共图书馆条例	2020年9月25日贵州省第十三届人民代表大会常务委员会第十九次会议通过	2020-9-25	2020-10-25	2021-1-1	制定
黔西南布依族苗族自治州个体工商户私营企业发展与保护条例	2020年1月22日黔西南布依族苗族自治州第八届人民代表大会第五次会议废止，2020年12月4日贵州省第十三届人民代表大会常务委员会第二十二次会议批准废止	2020-12-22	2020-12-28	2020-12-22	废止
松桃苗族自治县城区燃放烟花爆竹管理条例	2020年6月24日松桃苗族自治县第十六届人民代表大会第四次会议通过，2020年12月4日贵州省第十三届人民代表大会常务委员会第二十二次会议批准	2020-12-9	2020-12-28	2021-1-19	制定
贵阳市医疗急救条例	2020年6月30日贵阳市第十四届人民代表大会常务委员会第三十次会议通过，2020年12月4日贵州省第十三届人民代表大会常务委员会第二十二次会议批准	2020-12-10	2020-12-28	2021-1-1	制定
贵阳市社会急救医疗管理办法	在《贵阳市医疗急救条例》中被明文予以废止	2020-12-10	2020-12-28	2021-1-1	文中废止
安顺市村寨规划建设管理条例	2020年8月27日安顺市第四届人民代表大会常务委员会第二十八次会议通过，2020年12月4日贵州省第十三届人民代表大会常务委员会第二十二次会议批准	2020-12-21	2020-12-28	2021-6-1	制定

续表

法规名称	通过或批准时间	公布时间	报备时间	施行时间	立法形式
贵州省茶产业发展条例	2020年12月4日贵州省第十三届人民代表大会常务委员会第二十二次会议通过	2020-12-4	2020-12-28	2021-2-1	制定
贵州省法治宣传教育条例	2020年12月4日贵州省第十三届人民代表大会常务委员会第二十二次会议通过	2020-12-4	2020-12-28	2021-3-1	制定
贵州省固体废物污染环境防治条例	2020年12月4日贵州省第十三届人民代表大会常务委员会第二十二次会议通过	2020-12-4	2020-12-28	2021-5-1	制定

云南省地方性法规目录

（89件）

法规名称	通过或批准时间	公布时间	报备时间	施行时间	立法形式
云南省人民代表大会常务委员会关于澄江撤县设市有关问题的决定	2020年1月15日云南省第十三届人民代表大会常务委员会第十五次会议通过	2020-1-15	2020-3-2	2020-1-15	制定
云南省人民代表大会常务委员会关于依法全力做好当前新型冠状病毒肺炎疫情防控工作的决定	2020年2月10日云南省第十三届人民代表大会常务委员会通过	2020-2-10	2020-2-12	2020-2-10	制定
昆明市历史文化名城保护条例	2019年12月27日昆明市第十四届人民代表大会常务委员会第二十二次会议修改，2020年3月30日云南省第十三届人民代表大会常务委员会第十六次会议批准修改	2020-4-8	2020-4-14	2020-5-1	修改
昭通市城市河道管理条例	2019年12月27日昭通市第四届人民代表大会常务委员会第二十三次会议通过，2020年3月30日云南省第十三届人民代表大会常务委员会第十六次会议批准	2020-4-9	2020-4-22	2020-6-1	制定
云南省峨山彝族自治县自治条例	2020年1月9日云南省峨山彝族自治县第十七届人民代表大会第五次会议修改，2020年3月30日云南省第十三届人民代表大会常务委员会第十六次会议批准修改	2020-5-22	2020-6-2	2020-7-1	修改
云南省峨山彝族自治县城市管理条例	2020年1月9日云南省峨山彝族自治县第十七届人民代表大会第五次会议通过，2020年3月30日云南省第十三届人民代表大会常务委员会第十六次会议批准	2020-5-22	2020-6-2	2020-7-1	制定
云南省新平彝族傣族自治县自治条例	2020年1月9日云南省新平彝族傣族自治县第十七届人民代表大会第五次会议修改，2020年3月30日云南省第十三届人民代表大会常务委员会第十六次会议批准修改	2020-6-23	2020-6-29	2020-7-1	修改

续表

法规名称	通过或批准时间	公布时间	报备时间	施行时间	立法形式
云南省元江哈尼族彝族傣族自治县自治条例	2020年1月10日云南省元江哈尼族彝族傣族自治县第十七届人民代表大会第五次会议修改,2020年3月30日云南省第十三届人民代表大会常务委员会第十六次会议批准修改	2020-4-27	2020-5-19	2020-6-1	修改
云南省德宏傣族景颇族自治州自治条例	2020年1月11日云南省德宏傣族景颇族自治州第十五届人民代表大会第三次会议修改,2020年3月30日云南省第十三届人民代表大会常务委员会第十六次会议批准修改	2020-4-30	2020-5-19	2020-4-30	修改
保山市人民代表大会及其常务委员会制定地方性法规条例	2020年1月13日保山市第四届人民代表大会第六次会议通过,2020年3月30日云南省第十三届人民代表大会常务委员会第十六次会议批准	2020-4-9	2020-4-14	2020-4-9	制定
云南省景谷傣族彝族自治县自治条例	2020年1月14日云南省景谷傣族彝族自治县第十七届人民代表大会第四次会议修改,2020年3月30日云南省第十三届人民代表大会常务委员会第十六次会议批准修改	2020-5-29	2020-6-3	2020-7-1	修改
云南省普洱哈尼族彝族自治县计划生育条例	2020年1月14日云南省宁洱哈尼族彝族自治县第十七届人民代表大会第四次会议废止,2020年3月30日云南省第十三届人民代表大会常务委员会第十六次会议批准废止	2020-5-29	2020-6-19	2020-5-29	废止
云南省宁洱哈尼族彝族自治县自治条例	2020年1月14日云南省宁洱哈尼族彝族自治县第十七届人民代表大会第四次会议通过,2020年3月30日云南省第十三届人民代表大会常务委员会第十六次会议批准	2020-5-29	2020-6-19	2020-7-1	制定
云南省普洱哈尼族彝族自治县自治条例	在《云南省宁洱哈尼族彝族自治县自治条例》中被明文予以废止	2020-5-29	2020-6-19	2020-7-1	文中废止
云南省文山壮族苗族自治州自治条例	2020年1月17日云南省文山壮族苗族自治州第十四届人民代表大会第五次会议修改,2020年3月30日云南省第十三届人民代表大会常务委员会第十六次会议批准修改	2020-4-27	2020-5-19	2020-4-27	修改
云南省文山壮族苗族自治州文山三七发展条例	2020年1月17日云南省文山壮族苗族自治州第十四届人民代表大会第五次会议修改,2020年3月30日云南省第十三届人民代表大会常务委员会第十六次会议批准修改	2020-4-27	2020-5-19	2020-6-1	修改
云南省金平苗族瑶族傣族自治县自治条例	2020年1月18日云南省金平苗族瑶族傣族自治县第十三届人民代表大会第四次会议修改,2020年3月30日云南省第十三届人民代表大会常务委员会第十六次会议批准修改	2020-6-1	2020-6-12	2020-6-1	修改
怒江傈僳族自治州人民代表大会及其常务委员会立法条例	2020年1月20日怒江傈僳族自治州第十一届人民代表大会第五次会议通过,2020年3月30日云南省第十三届人民代表大会常务委员会第十六次会议批准	2020-4-27	2020-5-15	2020-4-27	制定

续表

法规名称	通过或批准时间	公布时间	报备时间	施行时间	立法形式
云南省怒江傈僳族自治州自治条例	2020年1月20日云南省怒江傈僳族自治州第十一届人民代表大会第五次会议修改,2020年3月30日云南省第十三届人民代表大会常务委员会第十六次会议批准修改	2020-4-27	2020-5-19	2020-4-27	修改
云南省河口瑶族自治县自治条例	2020年1月21日云南省河口瑶族自治县第十四届人民代表大会第五次会议修改,2020年3月30日云南省第十三届人民代表大会常务委员会第十六次会议批准修改	2020-4-24	2020-6-3	2020-5-1	修改
云南省屏边苗族自治县自治条例	2020年1月21日云南省屏边苗族自治县第十六届人民代表大会第五次会议修改,2020年3月30日云南省第十三届人民代表大会常务委员会第十六次会议批准修改	2020-5-29	2020-6-3	2020-7-1	修改
云南省测绘条例	2020年3月30日云南省第十三届人民代表大会常务委员会第十六次会议修改	2020-3-30	2020-4-1	2020-5-1	修改
云南省纳西族东巴文化保护条例	2020年3月30日云南省第十三届人民代表大会常务委员会第十六次会议修改	2020-3-30	2020-4-1	2020-5-1	修改
云南省促进科技成果转化条例	2020年3月30日云南省第十三届人民代表大会常务委员会第十六次会议通过	2020-3-30	2020-4-1	2020-7-1	制定
云南省实施《中华人民共和国促进科技成果转化法》若干规定	在《云南省促进科技成果转化条例》中被明文予以废止	2020-3-30	2020-4-1	2020-7-1	文中废止
云南省人民代表大会常务委员会关于授权主任会议确定云南省第十三届人民代表大会第三次会议召开时间的决定	2020年3月30日云南省第十三届人民代表大会常务委员会第十六次会议通过	2020-3-30	2020-4-14	2020-3-30	制定
云南省创建生态文明建设排头兵促进条例	2020年5月12日云南省第十三届人民代表大会第三次会议通过	2020-5-12	2020-5-20	2020-7-1	制定
云南省怒江傈僳族自治州泸水市城市规划建设管理条例	2020年1月20日云南省怒江傈僳族自治州第十一届人民代表大会第五次会议修改,2020年6月11日云南省第十三届人民代表大会常务委员会第十八次会议批准修改	2020-6-29	2020-7-13	2020-7-1	修改
云南省沧源佤族自治县自治条例	2020年1月22日云南省沧源佤族自治县第十三届人民代表大会第四次会议修改,2020年6月11日云南省第十三届人民代表大会常务委员会第十八次会议批准修改	2020-8-31	2020-9-24	2020-10-1	修改
云南省楚雄彝族自治州自治条例	2020年5月16日云南省楚雄彝族自治州第十二届人民代表大会第五次会议修改,2020年6月11日云南省第十三届人民代表大会常务委员会第十八次会议批准修改	2020-6-28	2020-7-17	2020-7-1	修改
云南省西双版纳傣族自治州禁毒条例	2020年5月17日云南省西双版纳傣族自治州第十三届人民代表大会第五次会议废止,2020年6月11日云南省第十三届人民代表大会常务委员会第十八次会议批准废止	2020-6-23	2020-7-13	2020-7-1	废止

续表

法规名称	通过或批准时间	公布时间	报备时间	施行时间	立法形式
云南省西双版纳傣族自治州自治条例	2020年5月17日云南省西双版纳傣族自治州第十三届人民代表大会第五次会议修改,2020年6月11日云南省第十三届人民代表大会常务委员会第十八次会议批准修改	2020-6-23	2020-7-13	2020-7-1	修改
云南省西双版纳傣族自治州旅游条例	2020年5月17日云南省西双版纳傣族自治州第十三届人民代表大会第五次会议修改,2020年6月11日云南省第十三届人民代表大会常务委员会第十八次会议批准修改	2020-6-23	2020-7-13	2020-8-1	修改
云南省兰坪白族普米族自治县自治条例	2020年5月18日云南省兰坪白族普米族自治县第十四届人民代表大会第四次会议修改,2020年6月11日云南省第十三届人民代表大会常务委员会第十八次会议批准修改	2020-7-3	2020-7-13	2020-8-1	修改
云南省迪庆藏族自治州自治条例	2020年5月18日云南省迪庆藏族自治州第十三届人民代表大会第五次会议修改,2020年6月11日云南省第十三届人民代表大会常务委员会第十八次会议批准修改	2020-8-11	2020-8-19	2020-10-1	修改
云南省红河哈尼族彝族自治州自治条例	2020年5月19日云南省红河哈尼族彝族自治州第十二届人民代表大会第三次会议修改,2020年6月11日云南省第十三届人民代表大会常务委员会第十八次会议批准修改	2020-7-10	2020-8-25	2020-8-1	修改
云南省红河哈尼族彝族自治州多元化解矛盾纠纷促进条例	2020年5月19日云南省红河哈尼族彝族自治州第十二届人民代表大会第三次会议通过,2020年6月11日云南省第十三届人民代表大会常务委员会第十八次会议批准	2020-7-15	2020-8-25	2020-8-1	制定
云南省贡山独龙族怒族自治县自治条例	2020年5月19日云南省贡山独龙族怒族自治县第十五届人民代表大会第四次会议修改,2020年6月11日云南省第十三届人民代表大会常务委员会第十八次会议批准修改	2020-8-7	2020-8-18	2020-8-7	修改
云南省石林彝族自治县自治条例	2020年5月21日云南省石林彝族自治县第十七届人民代表大会第四次会议修改,2020年6月11日云南省第十三届人民代表大会常务委员会第十八次会议批准修改	2020-7-22	2020-8-18	2020-8-1	修改
云南省禄劝彝族苗族自治县自治条例	2020年5月23日云南省禄劝彝族苗族自治县第十七届人民代表大会第四次会议修改,2020年6月11日云南省第十三届人民代表大会常务委员会第十八次批准修改	2020-9-28	2020-10-12	2020-11-25	修改
云南省寻甸回族彝族自治县自治条例	2020年5月24日云南省寻甸回族彝族自治县第十六届人民代表大会第四次会议修改,2020年6月11日云南省第十三届人民代表大会常务委员会第十八次会议批准修改	2020-6-29	2020-7-13	2020-7-1	修改
云南省各级人民代表大会常务委员会规范性文件备案审查条例	2020年6月11日云南省第十三届人民代表大会常务委员会第十八次会议通过	2020-6-11	2020-6-15	2020-7-1	制定

续表

法规名称	通过或批准时间	公布时间	报备时间	施行时间	立法形式
云南省各级人民代表大会常务委员会规范性文件备案审查规定	在《云南省各级人民代表大会常务委员会规范性文件备案审查条例》中被明文予以废止	2020-6-11	2020-6-15	2020-7-1	文中废止
云南省人民代表大会常务委员会关于深入学习宣传和实施《中华人民共和国民法典》的决定	2020年6月11日云南省第十三届人民代表大会常务委员会第十八次会议通过	2020-6-11	2020-6-16	2020-6-11	制定
楚雄彝族自治州人民代表大会及其常务委员会立法条例	2020年5月16日楚雄彝族自治州第十二届人民代表大会第五次会议通过，2020年7月29日云南省第十三届人民代表大会常务委员会第十九次会议批准	2020-8-28	2020-9-2	2020-8-28	制定
西双版纳傣族自治州人民代表大会及其常务委员会立法条例	2020年5月17日西双版纳傣族自治州第十三届人民代表大会第五次会议通过，2020年7月29日云南省第十三届人民代表大会常务委员会第十九次会议批准	2020-8-10	2020-8-14	2020-8-10	制定
普洱市人民代表大会及其常务委员会制定地方性法规条例	2020年5月18日普洱市第四届人民代表大会第四次会议通过，2020年7月29日云南省第十三届人民代表大会常务委员会第十九次会议批准	2020-8-1	2020-8-11	2020-8-1	制定
迪庆藏族自治州人民代表大会及其常务委员会立法条例	2020年5月18日迪庆藏族自治州第十三届人民代表大会第五次会议通过，2020年7月29日云南省第十三届人民代表大会常务委员会第十九次会议批准	2020-8-11	2020-8-25	2020-8-11	制定
云南省大理白族自治州自治条例	2020年5月19日云南省大理白族自治州第十四届人民代表大会第四次会议修改，2020年7月29日云南省第十三届人民代表大会常务委员会第十九次会议批准修改	2020-8-27	2020-11-12	2020-10-1	修改
云南省玉龙纳西族自治县自治条例	2020年5月22日云南省玉龙纳西族自治县第十六届人民代表大会第四次会议修改，2020年7月29日云南省第十三届人民代表大会常务委员会第十九次会议批准修改	2020-9-29	2020-10-10	2020-11-1	修改
云南省江城哈尼族彝族自治县自治条例	2020年5月23日云南省江城哈尼族彝族自治县第十六届人民代表大会第四次会议修改，2020年7月29日云南省第十三届人民代表大会常务委员会第十九次会议批准修改	2020-8-21	2020-9-3	2020-9-1	修改
云南省耿马傣族佤族自治县自治条例	2020年5月24日云南省耿马傣族佤族自治县第十五届人民代表大会第四次会议修改，2020年7月29日云南省第十三届人民代表大会常务委员会第十九次会议批准修改	2020-8-28	2020-9-14	2020-9-1	修改
云南省双江拉祜族佤族布朗族傣族自治县自治条例	2020年5月24日云南省双江拉祜族佤族布朗族傣族自治县第十六届人民代表大会第四次会议修改，2020年7月29日云南省第十三届人民代表大会常务委员会第十九次会议批准修改	2020-9-10	2020-11-20	2020-10-1	修改

续表

法规名称	通过或批准时间	公布时间	报备时间	施行时间	立法形式
云南省维西傈僳族自治县自治条例	2020年5月25日云南省维西傈僳族自治县第十七届人民代表大会第五次会议修改,2020年7月29日云南省第十三届人民代表大会常务委员会第十九次会议批准修改	2020-9-29	2020-11-3	2021-1-1	修改
云南省墨江哈尼族自治县自治条例	2020年5月26日云南省墨江哈尼族自治县第十六届人民代表大会第四次会议修改,2020年7月29日云南省第十三届人民代表大会常务委员会第十九次会议批准修改	2020-9-25	2020-10-12	2020-11-1	修改
云南省南涧彝族自治县自治条例	2020年5月27日云南省南涧彝族自治县第十二届人民代表大会第四次会议修改,2020年7月29日云南省第十三届人民代表大会常务委员会第十九次会议批准修改	2020-8-28	2020-10-10	2020-10-1	修改
云南省澜沧拉祜族自治县自治条例	2020年5月27日云南省澜沧拉祜族自治县第十五届人民代表大会第四次会议修改,2020年7月29日云南省第十三届人民代表大会常务委员会第十九次会议批准修改	2020-9-29	2020-10-19	2020-10-1	修改
云南省漾濞彝族自治县自治条例	2020年5月28日云南省漾濞彝族自治县第十六届人民代表大会第四次会议修改,2020年7月29日云南省第十三届人民代表大会常务委员会第十九次会议批准修改	2020-8-28	2020-11-23	2020-10-1	修改
云南省孟连傣族拉祜族佤族自治县自治条例	2020年5月28日云南省孟连傣族拉祜族佤族自治县第十五届人民代表大会第四次会议修改,2020年7月29日云南省第十三届人民代表大会常务委员会第十九次会议批准修改	2020-8-31	2020-9-15	2020-9-15	修改
云南省西盟佤族自治县自治条例	2020年5月29日云南省西盟佤族自治县第十二届人民代表大会第四次会议修改,2020年7月29日云南省第十三届人民代表大会常务委员会第十九次会议批准修改	2020-9-9	2020-9-30	2020-10-1	修改
云南省景东彝族自治县自治条例	2020年5月29日云南省景东彝族自治县第十七届人民代表大会第五次会议修改,2020年7月29日云南省第十三届人民代表大会常务委员会第十九次会议批准修改	2020-9-28	2020-10-10	2020-12-1	修改
云南省巍山彝族回族自治县自治条例	2020年5月30日云南省巍山彝族回族自治县第十七届人民代表大会第四次会议修改,2020年7月29日云南省第十三届人民代表大会常务委员会第十九次会议批准修改	2020-9-29	2020-10-10	2020-11-1	修改
云南省镇沅彝族哈尼族拉祜族自治县自治条例	2020年6月5日云南省镇沅彝族哈尼族拉祜族自治县第十七届人民代表大会第四次会议修改,2020年7月29日云南省第十三届人民代表大会常务委员会第十九次会议批准修改	2020-8-6	2020-8-21	2020-10-1	修改

续表

法规名称	通过或批准时间	公布时间	报备时间	施行时间	立法形式
云南省镇沅彝族哈尼族拉祜族自治县传统村落保护条例	2020 年 6 月 5 日云南省镇沅彝族哈尼族拉祜族自治县第十七届人民代表大会第四次会议通过，2020 年 7 月 29 日云南省第十三届人民代表大会常务委员会第十九次会议批准	2020-8-6	2020-8-21	2020-10-1	制定
云南省宁蒗彝族自治县自治条例	2020 年 6 月 10 日云南省宁蒗彝族自治县第十七届人民代表大会第四次会议修改，2020 年 7 月 29 日云南省第十三届人民代表大会常务委员会第十九次会议批准修改	2020-9-17	2020-11-2	2020-10-1	修改
迪庆藏族自治州古树名木保护管理条例	2020 年 6 月 19 日迪庆藏族自治州第十三届人民代表大会常务委员会第二十八次会议通过，2020 年 7 月 29 日云南省第十三届人民代表大会常务委员会第十九次会议批准	2020-8-11	2020-8-31	2021-1-1	制定
丽江市文明行为促进条例	2020 年 6 月 23 日丽江市第四届人民代表大会常务委员会第十六次会议通过，2020 年 7 月 29 日云南省第十三届人民代表大会常务委员会第十九次会议批准	2020-8-5	2020-8-13	2020-9-1	制定
普洱市文明行为促进条例	2020 年 6 月 29 日普洱市第四届人民代表大会常务委员会第十八次会议通过，2020 年 7 月 29 日云南省第十三届人民代表大会常务委员会第十九次会议批准	2020-7-31	2020-8-11	2020-9-1	制定
云南省人民代表大会常务委员会关于云南省资源税税目税率计征方式及减免税办法的决定	2020 年 7 月 29 日云南省第十三届人民代表大会常务委员会第十九次会议通过	2020-7-29	2020-7-31	2020-9-1	制定
怒江傈僳族自治州非物质文化遗产保护条例	2020 年 6 月 29 日怒江傈僳族自治州第十一届人民代表大会常务委员会第二十七次会议通过，2020 年 9 月 28 日云南省第十三届人民代表大会常务委员会第二十次会议批准	2020-10-29	2020-10-30	2021-1-1	制定
昆明市区（市）人民代表大会常务委员会街道工作委员会工作条例	2020 年 8 月 28 日昆明市第十四届人民代表大会常务委员会第三十次会议通过，2020 年 9 月 28 日云南省第十三届人民代表大会常务委员会第二十次会议批准	2020-9-30	2020-10-12	2020-9-30	制定
昆明市爱国卫生工作条例	2020 年 8 月 28 日昆明市第十四届人民代表大会常务委员会第三十次会议通过，2020 年 9 月 28 日云南省第十三届人民代表大会常务委员会第二十次会议批准	2020-9-30	2020-10-12	2020-12-1	制定
昆明市爱国卫生工作管理条例	在《昆明市爱国卫生工作条例》中被明文予以废止	2020-9-30	2020-10-12	2020-12-1	文中废止
楚雄彝族自治州乡村清洁条例	2020 年 8 月 28 日楚雄彝族自治州第十二届人民代表大会常务委员会第二十八次会议通过，2020 年 9 月 28 日云南省第十三届人民代表大会常务委员会第二十次会议批准	2020-10-16	2020-10-19	2021-1-1	制定

续表

法规名称	通过或批准时间	公布时间	报备时间	施行时间	立法形式
临沧市南汀河保护管理条例	2020年8月30日临沧市第四届人民代表大会常务委员会第二十次会议修改，2020年9月28日云南省第十三届人民代表大会常务委员会第二十次会议批准修改	2020-10-10	2020-10-19	2021-1-1	修改
云南省实施《中华人民共和国全国人民代表大会和地方各级人民代表大会代表法》办法	2020年9月28日云南省第十三届人民代表大会常务委员会第二十次会议修改	2020-9-28	2020-10-27	2020-9-28	修改
玉溪市革命遗址保护条例	2020年10月26日玉溪市第五届人民代表大会常务委员会第二十四次会议通过，2020年11月25日云南省第十三届人民代表大会常务委员会第二十一次会议批准	2020-11-26	2020-12-9	2021-1-1	制定
大理白族自治州非物质文化遗产保护条例	2020年10月28日大理白族自治州第十四届人民代表大会常务委员会第二十八次会议通过，2020年11月25日云南省第十三届人民代表大会常务委员会第二十一次会议批准	2020-12-25	2020-12-25	2021-1-1	制定
昆明市老年人权益保障条例	2020年10月30日昆明市第十四届人民代表大会常务委员会第三十二次会议修改，2020年11月25日云南省第十三届人民代表大会常务委员会第二十一次会议批准修改	2020-12-11	2020-12-15	2021-1-1	修改
昆明市大气污染防治条例	2020年10月30日昆明市第十四届人民代表大会常务委员会第三十二次会议通过，2020年11月25日云南省第十三届人民代表大会常务委员会第二十一次会议批准	2020-12-11	2020-12-15	2021-3-1	制定
丽江市集中式饮用水水源地保护条例	2020年10月31日丽江市第四届人民代表大会常务委员会第十八次会议通过，2020年11月25日云南省第十三届人民代表大会常务委员会第二十一次会议批准	2020-12-4	2020-12-7	2021-1-1	制定
临沧市集中式饮用水水源地保护条例	2020年11月3日临沧市第四届人民代表大会常务委员会第二十一次会议通过，2020年11月25日云南省第十三届人民代表大会常务委员会第二十一次会议批准	2020-12-1	2020-12-7	2021-1-1	制定
云南省艾滋病防治条例	2020年11月25日云南省第十三届人民代表大会常务委员会第二十一次会议修改	2020-11-25	2020-11-26	2021-3-1	修改
云南省村民委员会选举办法	2020年11月25日云南省第十三届人民代表大会常务委员会第二十一次会议修改	2020-11-25	2020-11-30	2020-11-25	修改
云南省实施《中华人民共和国村民委员会组织法》办法	2020年11月25日云南省第十三届人民代表大会常务委员会第二十一次会议修改	2020-11-25	2020-11-30	2020-11-25	修改
云南省实施《中华人民共和国城市居民委员会组织法》办法	2020年11月25日云南省第十三届人民代表大会常务委员会第二十一次会议修改	2020-11-25	2020-11-30	2020-11-25	修改
云南省人才市场条例	2020年11月25日云南省第十三届人民代表大会常务委员会第二十一次会议修改	2020-11-25	2020-11-30	2020-11-25	修改

续表

法规名称	通过或批准时间	公布时间	报备时间	施行时间	立法形式
云南省失业保险条例	2020 年 11 月 25 日云南省第十三届人民代表大会常务委员会第二十一次会议修改	2020-11-25	2020-11-30	2020-11-25	修改
云南省劳动监察条例	2020 年 11 月 25 日云南省第十三届人民代表大会常务委员会第二十一次会议修改	2020-11-25	2020-11-30	2020-11-25	修改
云南省广播电视管理条例	2020 年 11 月 25 日云南省第十三届人民代表大会常务委员会第二十一次会议修改	2020-11-25	2020-11-30	2020-11-25	修改
云南省消防条例	2020 年 11 月 25 日云南省第十三届人民代表大会常务委员会第二十一次会议修改	2020-11-25	2020-11-30	2020-11-25	修改
云南省人民代表大会常务委员会关于加强行政审判工作的决定	2020 年 11 月 25 日云南省第十三届人民代表大会常务委员会第二十一次会议通过	2020-11-25	2020-12-2	2020-11-25	制定
云南省人民代表大会常务委员会关于加强全省行政审判工作的决议	在《云南省人民代表大会常务委员会关于加强行政审判工作的决定》中被明文予以废止	2020-11-25	2020-12-2	2020-11-25	文中废止
云南省反家庭暴力条例	2020 年 11 月 25 日云南省第十三届人民代表大会常务委员会第二十一次会议通过	2020-11-25	2020-12-7	2021-3-1	制定

西藏自治区地方性法规目录

（22 件）

法规名称	通过或批准时间	公布时间	报备时间	施行时间	立法形式
西藏自治区民族团结进步模范区创建条例	2020 年 1 月 11 日西藏自治区第十一届人民代表大会第三次会议通过	2020-1-11	2020-2-10	2020-5-1	制定
日喀则市犬只管理条例	2019 年 12 月 20 日日喀则市第一届人民代表大会常务委员会第四十二次会议通过，2020 年 3 月 27 日西藏自治区第十一届人民代表大会常务委员会第十七次会议批准	2020-3-31	2020-4-22	2020-5-1	制定
日喀则市城镇排水与污水处理条例	2019 年 12 月 20 日日喀则市第一届人民代表大会常务委员会第四十二次会议通过，2020 年 3 月 27 日西藏自治区第十一届人民代表大会常务委员会第十七次会议批准	2020-3-31	2020-4-22	2020-5-1	制定
西藏自治区人民代表大会常务委员会关于贯彻《全国人民代表大会常务委员会关于全面禁止非法野生动物交易、革除滥食野生动物陋习、切实保障人民群众生命健康安全的决定》的实施意见	2020 年 3 月 27 日西藏自治区第十一届人民代表大会常务委员会第十七次会议通过	2020-3-31	2020-4-22	2020-3-31	制定
西藏自治区教育督导条例	2020 年 3 月 27 日西藏自治区第十一届人民代表大会常务委员会第十七次会议通过	2020-3-31	2020-4-22	2020-6-1	制定

续表

法规名称	通过或批准时间	公布时间	报备时间	施行时间	立法形式
山南市城乡绿化条例	2020年4月10日山南市第一届人民代表大会常务委员会第二十八次会议通过，2020年6月9日西藏自治区第十一届人民代表大会常务委员会第十九次会议批准	2020-6-11	2020-6-17	2020-9-1	制定
西藏自治区建筑市场管理条例	2020年6月9日西藏自治区第十一届人民代表大会常务委员会第十九次会议修改	2020-6-10	2020-6-17	2020-6-10	修改
西藏自治区人民代表大会常务委员会关于资源税具体适用税率等有关事项的决定	2020年7月29日西藏自治区第十一届人民代表大会常务委员会第二十一次会议通过	2020-7-29	2020-8-5	2020-9-1	制定
昌都市爱国卫生管理条例	2020年4月29日昌都市第一届人民代表大会常务委员会第三十三次会议修改，2020年9月27日西藏自治区第十一届人民代表大会常务委员会第二十二次会议批准修改	2020-9-30	2020-10-10	2020-9-30	修改
昌都市城市绿化条例	2020年4月29日昌都市第一届人民代表大会常务委员会第三十三次会议通过，2020年9月27日西藏自治区第十一届人民代表大会常务委员会第二十二次会议批准	2020-9-30	2020-10-10	2020-12-1	制定
山南市文明行为促进条例	2020年9月8日山南市第一届人民代表大会常务委员会第三十二次会议通过，2020年9月27日西藏自治区第十一届人民代表大会常务委员会第二十二次会议批准	2020-9-28	2020-10-10	2020-11-1	制定
山南市砂石料开采管理条例	2020年9月8日山南市第一届人民代表大会常务委员会第三十二次会议通过，2020年9月27日西藏自治区第十一届人民代表大会常务委员会第二十二次会议批准	2020-9-28	2020-10-10	2020-11-1	制定
西藏自治区实施《中华人民共和国村民委员会组织法》办法	2020年9月27日西藏自治区第十一届人民代表大会常务委员会第二十二次会议修改	2020-9-27	2020-10-10	2020-9-27	修改
西藏自治区实施《中华人民共和国城市居民委员会组织法》办法	2020年9月27日西藏自治区第十一届人民代表大会常务委员会第二十二次会议修改	2020-9-27	2020-10-10	2020-9-27	修改
西藏自治区村民委员会选举办法	2020年9月27日西藏自治区第十一届人民代表大会常务委员会第二十二次会议修改	2020-9-27	2020-10-10	2020-9-27	修改
林芝市森林草原防火条例	2020年9月29日林芝市第一届人民代表大会常务委员会第三十四次会议审议通过，2020年11月27日西藏自治区第十一届人民代表大会常务委员会第二十三次会议批准	2020-11-30	2020-12-26	2021-1-1	制定
日喀则市城市管理条例	2020年10月28日日喀则市第一届人民代表大会常务委员会第四十七次会议通过，2020年11月27日西藏自治区第十一届人民代表大会常务委员会二十三次会议批准	2020-11-30	2020-12-26	2021-1-1	制定
日喀则市非物质文化遗产条例	2020年10月28日日喀则市第一届人民代表大会常务委员会第四十七次会议通过，2020年11月27日西藏自治区第十一届人民代表大会常务委员会二十三次会议批准	2020-11-30	2020-12-26	2021-1-1	制定

续表

法规名称	通过或批准时间	公布时间	报备时间	施行时间	立法形式
拉萨市爱国卫生管理条例	2020年10月29日拉萨市第十一届人民代表大会常务委员会第二十五次会议修改，2020年11月27日西藏自治区第十一届人民代表大会常务委员会二十三次会议批准修改	2020-11-30	2020-12-26	2020-11-30	修改
西藏自治区实施《中华人民共和国全国人民代表大会和地方各级人民代表大会选举法》细则	2020年11月27日西藏自治区第十一届人民代表大会常务委员会第二十三次会议修改	2020-11-27	2020-12-26	2020-11-27	修改
西藏自治区反间谍安全防范条例	2020年11月27日西藏自治区第十一届人民代表大会常务委员会第二十三次会议通过	2020-12-1	2020-12-26	2021-1-1	制定
西藏自治区预算审查监督条例	2020年11月27日西藏自治区第十一届人民代表大会常务委员会第二十三次会议通过	2020-12-1	2020-12-26	2021-1-1	制定

陕西省地方性法规目录

（38件）

法规名称	通过或批准时间	公布时间	报备时间	施行时间	立法形式
陕西省中医药条例	2020年1月9日陕西省第十三届人民代表大会常务委员会第十五次会议通过	2020-1-9	2020-1-9	2020-4-1	制定
陕西省发展中医条例	在《陕西省中医药条例》中被明文予以废止	2020-1-9	2020-1-9	2020-4-1	文中废止
宝鸡市大气污染防治条例	2019年10月30日宝鸡市第十五届人民代表大会常务委员会第二十一次会议通过，2019年11月29日陕西省第十三届人民代表大会常务委员会第十四次会议批准	2020-1-8	2020-3-17	2020-3-1	制定
咸阳市大气污染防治条例	2019年10月30日咸阳市第八届人民代表大会常务委员会第二十四次会议通过，2019年11月29日陕西省第十三届人民代表大会常务委员会第十四次会议批准	2019-12-24	2020-3-17	2020-3-1	制定
延安市退耕还林成果保护条例	2019年11月28日延安市第五届人民代表大会常务委员会第二十二次会议修改，2020年1月9日陕西省第十三届人民代表大会常务委员会第十五次会议批准修改	2020-3-9	2020-3-17	2020-4-1	修改
西安市养老服务促进条例	2019年10月29日西安市第十六届人民代表大会常务委员会第二十七次会议通过，2020年1月9日陕西省第十三届人民代表大会常务委员会第十五次会议批准	2020-3-26	2020-4-22	2020-5-1	制定
西安市道路交通安全条例	2019年10月29日西安市第十六届人民代表大会常务委员会第二十七次会议修改，2020年1月9日陕西省第十三届人民代表大会常务委员会第十五次会议批准修改	2020-3-26	2020-5-6	2020-9-1	修改

续表

法规名称	通过或批准时间	公布时间	报备时间	施行时间	立法形式
榆林市节约用水条例	2019年10月30日榆林市第四届人民代表大会常务委员会第二十八次会议通过，2020年3月25日陕西省第十三届人民代表大会常务委员会第十六次会议批准	2020-6-9	2020-6-30	2020-8-1	制定
西安市秦岭生态环境保护条例	2019年12月27日西安市第十六届人民代表大会常务委员会第二十八次会议修改，2020年3月25日陕西省第十三届人民代表大会常务委员会第十六次会议批准修改	2020-6-23	2020-6-30	2020-7-1	修改
陕西省人民代表大会常务委员会关于依法做好新冠肺炎疫情防控工作加强公共卫生应急管理体系建设的决定	2020年3月25日陕西省第十三届人民代表大会常务委员会第十六次会议通过	2020-3-25	2020-3-25	2020-3-25	制定
陕西省人民代表大会常务委员会关于加强检察公益诉讼工作的决定	2020年3月25日陕西省第十三届人民代表大会常务委员会第十六次会议通过	2020-3-25	2020-3-25	2020-3-25	制定
陕西省延安革命旧址保护条例	2020年3月25日陕西省第十三届人民代表大会常务委员会第十六次会议通过	2020-3-25	2020-3-25	2020-5-1	制定
延安革命遗址保护条例	在《陕西省延安革命旧址保护条例》中被明文予以废止	2020-3-25	2020-3-25	2020-5-1	文中废止
陕西省实施《中华人民共和国种子法》办法	2020年3月25日陕西省第十三届人民代表大会常务委员会第十六次会议修改	2020-3-25	2020-3-25	2020-5-1	修改
汉中市大气污染防治条例	2019年12月23日汉中市第五届人民代表大会常务委员会第二十一次会议通过，2020年6月11日陕西省第十三届人民代表大会常务委员会第十七次会议批准	2020-6-15	2020-7-1	2020-8-1	制定
商洛市烟花爆竹燃放管理条例	2019年12月25日商洛市第四届人民代表大会常务委员会第十八次会议通过，2020年6月11日陕西省第十三届人民代表大会常务委员会第十七次会议批准	2020-7-10	2020-7-21	2020-10-1	制定
西安市水环境保护条例	2019年12月27日西安市第十六届人民代表大会常务委员会第二十八次会议通过，2020年6月11日陕西省第十三届人民代表大会常务委员会第十七次会议批准	2020-8-25	2020-8-26	2020-10-1	制定
陕西省人民代表大会常务委员会关于贯彻《全国人民代表大会常务委员会关于全面禁止非法野生动物交易、革除滥食野生动物陋习、切实保障人民群众生命健康安全的决定》的实施意见	2020年6月11日陕西省第十三届人民代表大会常务委员会第十七次会议通过	2020-6-11	2020-6-11	2020-6-11	制定
陕西省实施《中华人民共和国环境保护法》办法	2020年6月11日陕西省第十三届人民代表大会常务委员会第十七次会议修改	2020-6-11	2020-6-11	2020-6-11	修改
陕西省实施《中华人民共和国环境影响评价法》办法	2020年6月11日陕西省第十三届人民代表大会常务委员会第十七次会议修改	2020-6-11	2020-6-11	2020-6-11	修改

续表

法规名称	通过或批准时间	公布时间	报备时间	施行时间	立法形式
陕西省汉江丹江流域水污染防治条例	2020 年 6 月 11 日陕西省第十三届人民代表大会常务委员会第十七次会议修改	2020-6-11	2020-6-11	2020-6-11	修改
陕西省矿产资源管理条例	2020 年 6 月 11 日陕西省第十三届人民代表大会常务委员会第十七次会议修改	2020-6-11	2020-6-11	2020-6-11	修改
陕西省实施《中华人民共和国红十字会法》办法	2020 年 6 月 11 日陕西省第十三届人民代表大会常务委员会第十七次会议修改	2020-6-11	2020-6-11	2020-6-11	修改
陕西省建设工程质量和安全生产管理条例	2020 年 6 月 11 日陕西省第十三届人民代表大会常务委员会第十七次会议修改	2020-6-11	2020-6-11	2020-6-11	修改
陕西省安全生产条例	2020 年 6 月 11 日陕西省第十三届人民代表大会常务委员会第十七次会议修改	2020-6-11	2020-6-11	2020-6-11	修改
陕西省邮政条例	2020 年 6 月 11 日陕西省第十三届人民代表大会常务委员会第十七次会议修改	2020-6-11	2020-6-11	2020-6-11	修改
陕西省农村集体五荒资源治理开发管理条例	2020 年 6 月 11 日陕西省第十三届人民代表大会常务委员会第十七次会议废止	2020-6-11	2020-6-11	2020-6-11	废止
陕西省预算审查监督条例	2020 年 6 月 11 日陕西省第十三届人民代表大会常务委员会第十七次会议通过	2020-6-11	2020-6-11	2021-1-1	制定
铜川市文明行为促进条例	2020 年 6 月 18 日铜川市第十六届人民代表大会常务委员会第三十次会议通过，2020 年 7 月 30 日陕西省第十三届人民代表大会常务委员会第十九次会议批准	2020-8-11	2020-8-20	2020-8-11	制定
西安市查处摩托车和非机动车非法载客若干规定	2020 年 6 月 30 日西安市第十六届人民代表大会常务委员会第三十四次会议通过，2020 年 7 月 30 日陕西省第十三届人民代表大会常务委员会第十九次会议批准	2020-8-25	2020-8-26	2020-9-1	制定
西安市生活垃圾分类管理条例	2020 年 6 月 30 日西安市第十六届人民代表大会常务委员会第三十四次会议通过，2020 年 7 月 30 日陕西省第十三届人民代表大会常务委员会第十九次会议批准	2020-8-25	2020-8-26	2021-1-1	制定
延安市实施《陕西省延安革命旧址保护条例》办法	2020 年 6 月 30 日延安市第五届人民代表大会常务委员会第二十六次会议通过，2020 年 7 月 30 日陕西省第十三届人民代表大会常务委员会第十九次会议批准	2020-9-1	2020-9-9	2020-10-1	制定
陕西省实施《中华人民共和国反家庭暴力法》办法	2020 年 7 月 30 日陕西省第十三届人民代表大会常务委员会第十九次会议通过	2020-7-30	2020-7-30	2020-12-1	制定
陕西省人民代表大会常务委员会关于预防和制止家庭暴力的决议	在《陕西省实施〈中华人民共和国反家庭暴力法〉办法》中被明文予以废止	2020-7-30	2020-7-30	2020-12-1	文中废止
陕西省治理货物运输车辆超限超载条例	2020 年 7 月 30 日陕西省第十三届人民代表大会常务委员会第十九次会议通过	2020-7-30	2020-7-30	2021-1-1	制定
陕西省人民代表大会常务委员会关于批准《陕西省实施〈中华人民共和国资源税法〉授权事项方案》的决定	2020 年 7 月 30 日陕西省第十三届人民代表大会常务委员会第十九次会议通过	2020-7-31	2020-7-31	2020-9-1	制定

续表

法规名称	通过或批准时间	公布时间	报备时间	施行时间	立法形式
延安市延河流域水污染防治条例	2020年7月30日延安市第五届人民代表大会常务委员会第二十七次会议通过，2020年9月29日陕西省第十三届人民代表大会常务委员会第二十二次会议批准	2020-10-20	2020-10-26	2020-11-1	制定
陕西省林业有害生物防治检疫条例	2020年9月29日陕西省第十三届人民代表大会常务委员会第二十二次会议通过	2020-9-29	2020-9-29	2020-12-1	制定
陕西省优化营商环境条例	2020年11月26日陕西省第十三届人民代表大会常务委员会第二十三次会议修改	2020-11-26	2020-11-26	2021-1-1	修改
陕西省人民代表大会常务委员会关于批准陕西省环境保护税适用税额方案的决定	2020年11月26日陕西省第十三届人民代表大会常务委员会第二十三次会议通过	2020-11-26	2020-11-26	2021-1-1	制定
陕西省人民代表大会代表建议、批评和意见办理的规定	2020年11月26日陕西省第十三届人民代表大会常务委员会第二十三次会议修改	2020-11-26	2020-11-26	2021-1-1	修改

甘肃省地方性法规目录

（43件）

法规名称	通过或批准时间	公布时间	报备时间	施行时间	立法形式
庆阳市烟花爆竹燃放管理条例	2019年11月20日庆阳市第四届人民代表大会常务委员会第二十四次会议通过，2020年4月1日甘肃省第十三届人民代表大会常务委员会第十五次会议批准	2020-4-14	2020-4-27	2020-5-1	制定
白银市城市管理综合执法条例	2019年11月20日庆阳市第四届人民代表大会常务委员会第二十四次会议通过，2020年4月2日甘肃省第十三届人民代表大会常务委员会第十五次会议批准	2020-4-21	2020-4-27	2020-5-1	制定
酒泉市锁阳城遗址保护条例	2019年11月20日酒泉市第四届人民代表大会常务委员会第二十五次会议通过，2020年4月1日甘肃省第十三届人民代表大会常务委员会第十五次会议批准	2020-5-12	2020-6-5	2020-5-31	制定
张掖市大气污染防治条例	2020年3月3日张掖市第四届人民代表大会常务委员会第二十二次会议通过，2020年4月1日甘肃省第十三届人民代表大会常务委员会第十五次会议批准	2020-5-5	2020-5-19	2020-6-5	制定
嘉峪关市黑山岩画保护条例	2019年11月20日嘉峪关市第十届人民代表大会常务委员会第二十二次会议通过，2020年4月1日甘肃省第十三届人民代表大会常务委员会第十五次会议批准	2020-4-13	2020-4-23	2020-5-1	制定
甘肃省人民代表大会常务委员会关于全面禁止非法野生动物交易、革除滥食野生动物陋习、切实保障人民群众生命健康安全的决定	2020年4月1日甘肃省第十三届人民代表大会常务委员会第十五次会议通过	2020-4-1	2020-4-9	2020-4-1	制定

续表

法规名称	通过或批准时间	公布时间	报备时间	施行时间	立法形式
甘肃省财政监督条例	2020年4月1日甘肃省第十三届人民代表大会常务委员会第十五次会议废止	2020-4-1	2020-4-9	2020-4-1	废止
甘肃省实施《中华人民共和国乡镇企业法》办法	2020年4月1日甘肃省第十三届人民代表大会常务委员会第十五次会议废止	2020-4-1	2020-4-9	2020-4-1	废止
甘肃省企业负担监督管理条例	2020年4月1日甘肃省第十三届人民代表大会常务委员会第十五次会议废止	2020-4-1	2020-4-9	2020-4-1	废止
甘肃省公证工作条例	2020年4月1日甘肃省第十三届人民代表大会常务委员会第十五次会议废止	2020-4-1	2020-4-9	2020-4-1	废止
甘肃省发展民营科技企业条例	2020年4月1日甘肃省第十三届人民代表大会常务委员会第十五次会议废止	2020-4-1	2020-4-9	2020-4-1	废止
甘肃省暂住人口管理暂行办法	2020年4月1日甘肃省第十三届人民代表大会常务委员会第十五次会议废止	2020-4-1	2020-4-9	2020-4-1	废止
甘肃省道路交通安全条例	2020年4月1日甘肃省第十三届人民代表大会常务委员会第十五次会议修改	2020-4-1	2020-4-9	2020-5-1	修改
甘肃省文明行为促进条例	2020年4月1日甘肃省第十三届人民代表大会常务委员会第十五次会议通过	2020-4-1	2020-4-9	2020-6-1	制定
甘肃省养老服务条例	2020年4月1日甘肃省第十三届人民代表大会常务委员会第十五次会议通过	2020-4-1	2020-4-9	2020-7-1	制定
甘肃省阿克塞哈萨克族自治县非物质文化遗产保护条例	2019年12月28日阿克塞哈萨克族自治县第十八届人民代表大会第五次会议通过，2020年6月11日甘肃省第十三届人民代表大会常务委员会第十七次会议批准	2020-12-2	2020-12-29	2020-12-2	制定
天水市城区引洮供水工程设施保护条例	2020年3月2日天水市第七届人民代表大会常务委员会第二十七次会议通过，2020年6月11日甘肃省第十三届人民代表大会常务委员会第十七次会议批准	2020-7-15	2020-7-27	2020-8-1	制定
甘肃省地方立法条例	2020年6月11日甘肃省第十三届人民代表大会常务委员会第十七次会议修改	2020-6-11	2020-7-2	2020-7-1	修改
甘肃省人民代表大会常务委员会人事任免办法	2020年6月11日甘肃省第十三届人民代表大会常务委员会第十七次会议通过	2020-6-11	2020-7-2	2020-7-1	制定
甘肃省人民代表大会常务委员会人事任免暂行办法	在《甘肃省人民代表大会常务委员会人事任免办法》中被明文予以废止	2020-6-11	2020-7-2	2020-7-1	文中废止
甘肃省人民代表大会常务委员会关于甘肃省监察委员会副主任、委员任免办法	在《甘肃省人民代表大会常务委员会人事任免办法》中被明文予以废止	2020-6-11	2020-7-2	2020-7-1	文中废止
甘肃省实施《中华人民共和国水法》办法	2020年6月11日甘肃省第十三届人民代表大会常务委员会第十七次会议修改	2020-6-11	2020-7-2	2020-8-1	修改
甘肃省价格管理条例	2020年6月11日甘肃省第十三届人民代表大会常务委员会第十七次会议修改	2020-6-11	2020-7-2	2020-8-1	修改
甘肃省建设行政执法条例	2020年6月11日甘肃省第十三届人民代表大会常务委员会第十七次会议修改	2020-6-11	2020-7-2	2020-8-1	修改

续表

法规名称	通过或批准时间	公布时间	报备时间	施行时间	立法形式
甘肃省建筑市场管理条例	2020 年 6 月 11 日甘肃省第十三届人民代表大会常务委员会第十七次会议修改	2020-6-11	2020-7-2	2020-8-1	修改
甘肃省甘南藏族自治州牦牛藏羊保护与发展条例	2020 年 1 月 20 日甘南藏族自治州第十六届人民代表大会第四次会议通过,2020 年 7 月 31 日甘肃省第十三届人民代表大会常务委员会第十八次会议批准	2020-8-27	2020-9-22	2020-8-27	制定
甘肃省甘南藏族自治州生态环境保护条例	2020 年 1 月 20 日甘南藏族自治州第十六届人民代表大会第四次会议修改,2020 年 7 月 31 日甘肃省第十三届人民代表大会常务委员会第十八次会议批准修改	2020-8-27	2020-9-22	2020-8-27	修改
兰州市气象灾害防御条例	2020 年 4 月 29 日兰州市第十六届人民代表大会常务委员会第二十八次会议通过,2020 年 7 月 31 日甘肃省第十三届人民代表大会常务委员会第十八次会议批准	2020-8-7	2020-8-24	2020-10-1	制定
甘肃省甘南藏族自治州城乡环境卫生综合治理条例	2020 年 4 月 29 日甘南藏族自治州第十六届人民代表大会常务委员会第二十八次会议修改,2020 年 7 月 31 日甘肃省第十三届人民代表大会常务委员会第十八次会议批准修改	2020-8-27	2020-9-22	2020-8-27	修改
临夏回族自治州刘家峡库区生态环境保护建设条例	2020 年 5 月 30 日临夏回族自治州第十五届人民代表大会第五次会议废止,2020 年 7 月 31 日甘肃省第十三届人民代表大会常务委员会第十八次会议批准废止	2020-9-2	2020-9-22	2020-9-2	废止
临夏回族自治州生活饮用水源保护管理条例	2020 年 5 月 30 日临夏回族自治州第十五届人民代表大会第五次会议废止,2020 年 7 月 31 日甘肃省第十三届人民代表大会常务委员会第十八次会议批准废止	2020-9-2	2020-9-22	2020-9-2	废止
甘肃省林地保护条例	2020 年 7 月 31 日甘肃省第十三届人民代表大会常务委员会第十八次会议废止	2020-7-31	2020-8-24	2020-7-31	废止
甘肃安西极旱荒漠国家级自然保护区管理条例	2020 年 7 月 31 日甘肃省第十三届人民代表大会常务委员会第十八次会议废止	2020-7-31	2020-8-24	2020-7-31	废止
甘肃省节约用水条例	2020 年 7 月 31 日甘肃省第十三届人民代表大会常务委员会第十八次会议通过	2020-7-31	2020-8-24	2020-9-1	制定
甘肃省人民代表大会常务委员会关于加强检察公益诉讼工作的决定	2020 年 7 月 31 日甘肃省第十三届人民代表大会常务委员会第十八次会议通过	2020-7-31	2020-8-24	2020-9-1	制定
甘肃省人民代表大会常务委员会关于甘肃省资源税适用税率等有关事项的决定	2020 年 7 月 31 日甘肃省第十三届人民代表大会常务委员会第十八次会议批准	2020-7-31	2020-9-8	2020-9-1	制定
甘肃省天祝藏族自治县市容和环境卫生管理条例	2020 年 5 月 31 日天祝藏族自治县第十八届人民代表大会第四次会议通过,2020 年 9 月 24 日甘肃省第十三届人民代表大会常务委员会第十九次会议批准	2020-10-15	2020-10-26	2020-10-15	制定
甘肃省天祝藏族自治县县城市容和环境卫生管理条例	在《甘肃省天祝藏族自治县市容和环境卫生管理条例》中被明文予以废止	2020-10-15	2020-10-26	2020-10-15	文中废止

续表

法规名称	通过或批准时间	公布时间	报备时间	施行时间	立法形式
甘南藏族自治州城乡饮用水安全管理条例	2020年8月27日甘南藏族自治州第十六届人民代表大会常务委员会第三十次会议通过，2020年12月3日甘肃省第十三届人民代表大会常务委员会第二十次会议批准	2020-12-24	2020-12-30	2020-12-24	制定
兰州市物业管理条例	2020年8月28日兰州市第十六届人民代表大会常务委员会第三十次会议修改，2020年12月3日甘肃省第十三届人民代表大会常务委员会第二十次会议批准修改	2020-12-8	2020-12-31	2021-3-1	修改
金昌市文明行为促进条例	2020年10月29日金昌市第八届人民代表大会常务委员会第三十二次会议通过，2020年12月3日甘肃省第十三届人民代表大会常务委员会第二十次会议批准	2020-12-14	2020-12-31	2021-3-1	制定
武威市节约用水条例	2020年11月12日武威市第四届人民代表大会常务委员会第三十一次会议通过，2020年12月3日甘肃省第十三届人民代表大会常务委员会第二十次会议批准	2020-12-16	2021-1-5	2021-1-1	制定
甘肃省水污染防治条例	2020年12月3日甘肃省第十三届人民代表大会常务委员会第二十次会议通过	2020-12-3	2020-12-22	2021-1-1	制定
甘肃省辐射污染防治条例	2020年12月3日甘肃省第十三届人民代表大会常务委员会第二十次会议修改	2020-12-3	2020-12-22	2021-1-1	修改
甘肃省食品小作坊小经营店小摊点监督管理条例	2020年12月3日甘肃省第十三届人民代表大会常务委员会第二十次会议修改	2020-12-3	2020-12-22	2021-1-1	修改
甘肃省中小学校安全条例	2020年12月3日甘肃省第十三届人民代表大会常务委员会第二十次会议通过	2020-12-3	2020-12-22	2021-3-1	制定

青海省地方性法规目录

（79件）

法规名称	通过或批准时间	公布时间	报备时间	施行时间	立法形式
海南藏族自治州自治条例	2020年1月10日海南藏族自治州第十四届人民代表大会第六次会议修改2020年3月25日青海省第十三届人民代表大会常务委员会第十五次会议批准修改	2020-4-20	2020-4-20	2020-5-1	修改
青海省实行国家机关工作人员宪法宣誓制度办法	2020年3月25日青海省第十三届人民代表大会常务委员会第十五次会议通过	2020-3-25	2020-4-20	2020-3-25	制定
青海省实行国家工作人员宪法宣誓制度办法	在《青海省实行国家机关工作人员宪法宣誓制度办法》中被明文予以废止	2020-3-25	2020-4-20	2020-3-25	文中废止
青海省人民代表大会常务委员会任免国家机关工作人员办法	2020年3月25日青海省第十三届人民代表大会常务委员会第十五次会议修改	2020-3-25	2020-4-20	2020-3-25	修改

续表

法规名称	通过或批准时间	公布时间	报备时间	施行时间	立法形式
青海省人民代表大会常务委员会关于禁止非法猎捕、交易和食用野生动物的决定	2020年3月25日青海省第十三届人民代表大会常务委员会第十五次会议通过	2020-3-25	2020-4-20	2020-3-25	制定
黄南藏族自治州草原保护条例	2020年3月11日黄南藏族自治州第十五届人民代表大会常务委员会第二十二次会议通过,2020年6月10日青海省第十三届人民代表大会常务委员会第十七次会议批准	2020-7-1	2020-7-7	2020-8-1	制定
海西蒙古族藏族自治州社会治安综合治理条例	2020年3月27日海西蒙古族藏族自治州第十四届人民代表大会第六次会议废止,2020年6月10日青海省第十三届人民代表大会常务委员会第十七次会议批准废止	2020-6-29	2020-7-7	2020-6-29	废止
海西蒙古族藏族自治州促进中小微企业发展条例	2020年3月27日青海省海西蒙古族藏族自治州第十四届人民代表大会第六次会议通过,2020年6月10日青海省第十三届人民代表大会常务委员会第十七次会议批准	2020-6-29	2020-7-7	2020-7-1	制定
海北藏族自治州全域旅游促进条例	2020年4月1日海北藏族自治州第十四届人民代表大会第六次会议通过,2020年6月10日青海省第十三届人民代表大会常务委员会第十七次会议批准	2020-6-29	2020-7-7	2020-7-1	制定
海北藏族自治州自治条例	2020年4月1日海北藏族自治州第十四届人民代表大会第六次会议修改,2020年6月10日青海省第十三届人民代表大会常务委员会第十七次会议批准修改	2020-6-29	2020-7-7	2020-7-1	修改
循化撒拉族自治县民族团结进步条例	2020年4月18日循化撒拉族自治县第十七届人民代表大会第六次会议通过,2020年6月10日青海省第十三届人民代表大会常务委员会第十七次会议批准	2020-6-22	2020-7-7	2020-7-1	制定
海东市移风易俗促进条例	2020年4月30日海东市第二届人民代表大会常务委员会第二十七次会议通过,2020年6月10日青海省第十三届人民代表大会常务委员会第十七次会议批准	2020-6-19	2020-7-7	2020-7-1	制定
青海省促进科技成果转化条例	2020年6月10日青海省第十三届人民代表大会常务委员会第十七次会议通过	2020-6-10	2020-7-7	2020-7-1	制定
青海省乡、民族乡、镇人民代表大会工作条例	2020年6月10日青海省第十三届人民代表大会常务委员会第十七次会议修改	2020-6-10	2020-7-7	2020-6-10	修改
玉树藏族自治州义务教育条例	2020年3月26日玉树藏族自治州第十三届人民代表大会第六次会议修改,2020年7月22日青海省第十三届人民代表大会常务委员会第十八次会议批准修改	2020-8-1	2020-8-20	2020-9-1	修改
玉树藏族自治州城镇市容和环境卫生管理条例	2020年3月26日玉树藏族自治州第十三届人民代表大会第六次会议废止,2020年7月22日青海省第十三届人民代表大会常务委员会第十八次会议批准废止	2020-8-1	2020-8-20	2020-7-22	废止

续表

法规名称	通过或批准时间	公布时间	报备时间	施行时间	立法形式
玉树藏族自治州自治条例	2020年3月26日玉树藏族自治州第十三届人民代表大会第六次会议修改,2020年7月22日青海省第十三届人民代表大会常务委员会第十八次会议批准修改	2020-8-1	2020-8-20	2020-9-1	修改
玉树藏族自治州藏语言文字工作条例	2020年3月26日玉树藏族自治州第十三届人民代表大会第六次会议修改,2020年7月22日青海省第十三届人民代表大会常务委员会第十八次会议批准修改	2020-8-1	2020-8-20	2020-9-1	修改
玉树藏族自治州城镇管理条例	2020年4月24日玉树藏族自治州第十三届人民代表大会常务委员会第二十六次会议通过,2020年7月22日青海省第十三届人民代表大会常务委员会第十八次会议批准	2020-8-1	2020-8-20	2020-9-1	制定
西宁市物业管理条例	2020年6月23日西宁市第十六届人民代表大会常务委员会第二十九次会议通过,2020年7月22日青海省第十三届人民代表大会常务委员会第十八次会议批准	2020-8-10	2020-8-20	2021-1-1	制定
青海省预算管理条例	2020年7月22日青海省第十三届人民代表大会常务委员会第十八次会议修改	2020-7-22	2020-8-20	2020-7-22	修改
青海省实施《中华人民共和国集会游行示威法》办法	2020年7月22日青海省第十三届人民代表大会常务委员会第十八次会议修改	2020-7-22	2020-8-20	2020-7-22	修改
青海省湟水流域水污染防治条例	2020年7月22日青海省第十三届人民代表大会常务委员会第十八次会议修改	2020-7-22	2020-8-20	2020-7-22	修改
青海省实施《中华人民共和国水法》办法	2020年7月22日青海省第十三届人民代表大会常务委员会第十八次会议修改	2020-7-22	2020-8-20	2020-7-22	修改
青海省实施《中华人民共和国城市居民委员会组织法》办法	2020年7月22日青海省第十三届人民代表大会常务委员会第十八次会议修改	2020-7-22	2020-8-20	2020-7-22	修改
青海省实施《中华人民共和国水土保持法》办法	2020年7月22日青海省第十三届人民代表大会常务委员会第十八次会议修改	2020-7-22	2020-8-20	2020-7-22	修改
青海省罚款和没收财物管理条例	2020年7月22日青海省第十三届人民代表大会常务委员会第十八次会议修改	2020-7-22	2020-8-20	2020-7-22	修改
青海省实施《中华人民共和国义务教育法》办法	2020年7月22日青海省第十三届人民代表大会常务委员会第十八次会议修改	2020-7-22	2020-8-20	2020-7-22	修改
青海省信访条例	2020年7月22日青海省第十三届人民代表大会常务委员会第十八次会议修改	2020-7-22	2020-8-20	2020-7-22	修改
青海省实施《中华人民共和国人民防空法》办法	2020年7月22日青海省第十三届人民代表大会常务委员会第十八次会议修改	2020-7-22	2020-8-20	2020-7-22	修改
青海省地震安全性评价管理条例	2020年7月22日青海省第十三届人民代表大会常务委员会第十八次会议修改	2020-7-22	2020-8-20	2020-7-22	修改
青海省城市房地产管理条例	2020年7月22日青海省第十三届人民代表大会常务委员会第十八次会议修改	2020-7-22	2020-8-20	2020-7-22	修改
青海省儿童计划免疫条例	2020年7月22日青海省第十三届人民代表大会常务委员会第十八次会议修改	2020-7-22	2020-8-20	2020-7-22	修改

续表

法规名称	通过或批准时间	公布时间	报备时间	施行时间	立法形式
青海省清真食品生产经营管理条例	2020年7月22日青海省第十三届人民代表大会常务委员会第十八次会议修改	2020-7-22	2020-8-20	2020-7-22	修改
青海省盐湖资源开发与保护条例	2020年7月22日青海省第十三届人民代表大会常务委员会第十八次会议修改	2020-7-22	2020-8-20	2020-7-22	修改
青海省绿化条例	2020年7月22日青海省第十三届人民代表大会常务委员会第十八次会议修改	2020-7-22	2020-8-20	2020-7-22	修改
青海省外国人登山管理条例	2020年7月22日青海省第十三届人民代表大会常务委员会第十八次会议修改	2020-7-22	2020-8-20	2020-7-22	修改
青海省老年人权益保障条例	2020年7月22日青海省第十三届人民代表大会常务委员会第十八次会议修改	2020-7-22	2020-8-20	2020-7-22	修改
青海省实施《中华人民共和国节约能源法》办法	2020年7月22日青海省第十三届人民代表大会常务委员会第十八次会议修改	2020-7-22	2020-8-20	2020-7-22	修改
青海省发展中医藏医蒙医条例	2020年7月22日青海省第十三届人民代表大会常务委员会第十八次会议修改	2020-7-22	2020-8-20	2020-7-22	修改
青海省发展中药藏药蒙药条例	2020年7月22日青海省第十三届人民代表大会常务委员会第十八次会议修改	2020-7-22	2020-8-20	2020-7-22	修改
青海省人口与计划生育条例	2020年7月22日青海省第十三届人民代表大会常务委员会第十八次会议修改	2020-7-22	2020-8-20	2020-7-22	修改
青海省实施《中华人民共和国母婴保健法》办法	2020年7月22日青海省第十三届人民代表大会常务委员会第十八次会议修改	2020-7-22	2020-8-20	2020-7-22	修改
青海湖流域生态环境保护条例	2020年7月22日青海省第十三届人民代表大会常务委员会第十八次会议修改	2020-7-22	2020-8-20	2020-7-22	修改
青海省旅游条例	2020年7月22日青海省第十三届人民代表大会常务委员会第十八次会议修改	2020-7-22	2020-8-20	2020-7-22	修改
青海省实施《中华人民共和国招标投标法》办法	2020年7月22日青海省第十三届人民代表大会常务委员会第十八次会议修改	2020-7-22	2020-8-20	2020-7-22	修改
青海省实施《中华人民共和国产品质量法》办法	2020年7月22日青海省第十三届人民代表大会常务委员会第十八次会议修改	2020-7-22	2020-8-20	2020-7-22	修改
青海省实施《中华人民共和国政府采购法》办法	2020年7月22日青海省第十三届人民代表大会常务委员会第十八次会议修改	2020-7-22	2020-8-20	2020-7-22	修改
青海省科学技术普及条例	2020年7月22日青海省第十三届人民代表大会常务委员会第十八次会议修改	2020-7-22	2020-8-20	2020-7-22	修改
青海省供用电条例	2020年7月22日青海省第十三届人民代表大会常务委员会第十八次会议修改	2020-7-22	2020-8-20	2020-7-22	修改
青海省实施《中华人民共和国草原法》办法	2020年7月22日青海省第十三届人民代表大会常务委员会第十八次会议修改	2020-7-22	2020-8-20	2020-7-22	修改
青海省劳动保障监察条例	2020年7月22日青海省第十三届人民代表大会常务委员会第十八次会议修改	2020-7-22	2020-8-20	2020-7-22	修改
青海省非税收入管理条例	2020年7月22日青海省第十三届人民代表大会常务委员会第十八次会议修改	2020-7-22	2020-8-20	2020-7-22	修改

续表

法规名称	通过或批准时间	公布时间	报备时间	施行时间	立法形式
青海省市政公用事业特许经营管理条例	2020 年 7 月 22 日青海省第十三届人民代表大会常务委员会第十八次会议修改	2020-7-22	2020-8-20	2020-7-22	修改
青海省实施《中华人民共和国城乡规划法》办法	2020 年 7 月 22 日青海省第十三届人民代表大会常务委员会第十八次会议修改	2020-7-22	2020-8-20	2020-7-22	修改
青海省实施《中华人民共和国文物保护法》办法	2020 年 7 月 22 日青海省第十三届人民代表大会常务委员会第十八次会议修改	2020-7-22	2020-8-20	2020-7-22	修改
青海省科学技术进步条例	2020 年 7 月 22 日青海省第十三届人民代表大会常务委员会第十八次会议修改	2020-7-22	2020-8-20	2020-7-22	修改
青海省饮用水水源保护条例	2020 年 7 月 22 日青海省第十三届人民代表大会常务委员会第十八次会议修改	2020-7-22	2020-8-20	2020-7-22	修改
青海省湿地保护条例	2020 年 7 月 22 日青海省第十三届人民代表大会常务委员会第十八次会议修改	2020-7-22	2020-8-20	2020-7-22	修改
青海省村民委员会选举办法	2020 年 7 月 22 日青海省第十三届人民代表大会常务委员会第十八次会议修改	2020-7-22	2020-8-20	2020-7-22	修改
青海省司法鉴定条例	2020 年 7 月 22 日青海省第十三届人民代表大会常务委员会第十八次会议修改	2020-7-22	2020-8-20	2020-7-22	修改
青海省邮政条例	2020 年 7 月 22 日青海省第十三届人民代表大会常务委员会第十八次会议修改	2020-7-22	2020-8-20	2020-7-22	修改
青海湖景区管理条例	2020 年 7 月 22 日青海省第十三届人民代表大会常务委员会第十八次会议修改	2020-7-22	2020-8-20	2020-7-22	修改
青海省物业管理条例	2020 年 7 月 22 日青海省第十三届人民代表大会常务委员会第十八次会议修改	2020-7-22	2020-8-20	2020-7-22	修改
青海省农村牧区扶贫开发条例	2020 年 7 月 22 日青海省第十三届人民代表大会常务委员会第十八次会议修改	2020-7-22	2020-8-20	2020-7-22	修改
青海省气象灾害防御条例	2020 年 7 月 22 日青海省第十三届人民代表大会常务委员会第十八次会议修改	2020-7-22	2020-8-20	2020-7-22	修改
青海省防震减灾条例	2020 年 7 月 22 日青海省第十三届人民代表大会常务委员会第十八次会议修改	2020-7-22	2020-8-20	2020-7-22	修改
青海省可可西里自然遗产地保护条例	2020 年 7 月 22 日青海省第十三届人民代表大会常务委员会第十八次会议修改	2020-7-22	2020-8-20	2020-7-22	修改
青海省食品生产加工小作坊和食品摊贩管理条例	2020 年 7 月 22 日青海省第十三届人民代表大会常务委员会第十八次会议修改	2020-7-22	2020-8-20	2020-7-22	修改
三江源国家公园条例	2020 年 7 月 22 日青海省第十三届人民代表大会常务委员会第十八次会议修改	2020-7-22	2020-8-20	2020-7-22	修改
青海省实施《中华人民共和国献血法》办法	2020 年 7 月 22 日青海省第十三届人民代表大会常务委员会第十八次会议修改	2020-7-22	2020-8-20	2020-7-22	修改
青海省实施《中华人民共和国村民委员会组织法》办法	2020 年 7 月 22 日青海省第十三届人民代表大会常务委员会第十八次会议修改	2020-7-22	2020-8-20	2020-7-22	修改
青海省电信设施建设与保护条例	2020 年 7 月 22 日青海省第十三届人民代表大会常务委员会第十八次会议修改	2020-7-22	2020-8-20	2020-7-22	修改

续表

法规名称	通过或批准时间	公布时间	报备时间	施行时间	立法形式
青海省大气污染防治条例	2020年7月22日青海省第十三届人民代表大会常务委员会第十八次会议修改	2020-7-22	2020-8-20	2020-7-22	修改
青海省人民代表大会常务委员会关于批准青海省资源税税目税率及优惠政策实施方案的决定	2020年7月22日青海省第十三届人民代表大会常务委员会第十八次会议通过	2020-7-22	2020-8-20	2020-9-1	制定
西宁市城市园林绿化条例	2020年9月1日西宁市第十六届人民代表大会常务委员会第三十一次会议通过，2020年9月25日青海省第十三届人民代表大会常务委员会第二十一次会议批准	2020-10-27	2020-11-2	2021-1-1	制定
西宁市城市园林绿化管理条例	在《西宁市城市园林绿化条例》中被明文予以废止	2020-10-27	2020-11-2	2021-1-1	文中废止
青海省畜禽屠宰管理条例	2020年9月25日青海省第十三届人民代表大会常务委员会第二十一次会议通过	2020-9-25	2020-10-23	2021-1-1	制定
海东市美丽乡村建设条例	2020年8月17日海东市第二届人民代表大会常务委员会第三十次会议通过，2020年12月2日青海省第十三届人民代表大会常务委员会第二十二次会议批准	2020-12-15	2020-12-17	2021-1-1	制定
青海省高原美丽城镇建设促进条例	2020年12月2日青海省第十三届人民代表大会常务委员会第二十二次会议通过	2020-12-2	2020-12-17	2021-3-1	制定
青海省各级人民代表大会常务委员会规范性文件备案审查条例	2020年12月2日青海省第十三届人民代表大会常务委员会第二十二次会议修改	2020-12-2	2020-12-17	2021-1-1	修改

宁夏回族自治区地方性法规目录

（26件）

法规名称	通过或批准时间	公布时间	报备时间	施行时间	立法形式
宁夏回族自治区水污染防治条例	2020年1月4日宁夏回族自治区第十二届人民代表大会常务委员会第十七次会议通过	2020-1-4	2020-1-7	2020-3-1	制定
宁夏回族自治区人民代表大会常务委员会关于依法防控新型冠状病毒肺炎疫情坚决打赢疫情防控阻击战的决定	2020年2月11日宁夏回族自治区第十二届人民代表大会常务委员会第十八次会议通过	2020-2-11	2020-2-12	2020-2-11	制定
银川市基本农田保护规定	2020年3月31日银川市第十五届人民代表大会常务委员会第二十八次会议废止，2020年6月9日宁夏回族自治区第十二届人民代表大会常务委员会第二十次会议批准废止	2020-6-10	2020-6-12	2020-6-10	废止
宁夏回族自治区建筑管理条例	2020年6月9日宁夏回族自治区第十二届人民代表大会常务委员会第二十次会议修改	2020-6-9	2020-6-12	2020-6-9	修改

续表

法规名称	通过或批准时间	公布时间	报备时间	施行时间	立法形式
宁夏回族自治区建设工程勘察设计管理条例	2020年6月9日宁夏回族自治区第十二届人民代表大会常务委员会第二十次会议修改	2020-6-9	2020-6-12	2020-6-9	修改
宁夏回族自治区建设工程造价管理条例	2020年6月9日宁夏回族自治区第十二届人民代表大会常务委员会第二十次会议修改	2020-6-9	2020-6-12	2020-6-9	修改
宁夏回族自治区公路路政管理条例	2020年6月9日宁夏回族自治区第十二届人民代表大会常务委员会第二十次会议修改	2020-6-9	2020-6-12	2020-6-9	修改
宁夏回族自治区人口与计划生育条例	2020年6月9日宁夏回族自治区第十二届人民代表大会常务委员会第二十次会议修改	2020-6-9	2020-6-12	2020-6-9	修改
宁夏回族自治区实施《中华人民共和国文物保护法》办法	2020年6月9日宁夏回族自治区第十二届人民代表大会常务委员会第二十次会议修改	2020-6-9	2020-6-12	2020-6-9	修改
石嘴山市养犬管理条例	2020年6月30日石嘴山市第十四届人民代表大会常务委员会第二十四次会议通过,2020年7月28日宁夏回族自治区第十二届人民代表大会常务委员会第二十一次会议批准	2020-8-3	2020-8-6	2020-10-1	制定
宁夏回族自治区人民代表大会常务委员会关于宁夏回族自治区资源税适用税率等有关事项的决定	2020年7月28日宁夏回族自治区第十二届人民代表大会常务委员会第二十一次会议通过	2020-7-28	2020-7-28	2020-9-1	制定
宁夏回族自治区引黄古灌区世界灌溉工程遗产保护条例	2020年7月28日宁夏回族自治区第十二届人民代表大会常务委员会第二十一次会议通过	2020-7-28	2020-8-6	2020-9-1	制定
宁夏回族自治区眼角膜捐献条例	2020年7月28日宁夏回族自治区第十二届人民代表大会常务委员会第二十一次会议通过	2020-7-28	2020-8-6	2020-9-1	制定
中卫市文明行为促进条例	2020年8月27日中卫市第四届人民代表大会常务委员会第二十六次会议通过,2020年9月27日宁夏回族自治区第十二届人民代表大会常务委员会第二十二次会议批准	2020-9-29	2020-9-27	2020-11-1	制定
宁夏回族自治区公安机关警务辅助人员条例	2020年9月27日宁夏回族自治区第十二届人民代表大会常务委员会第二十二次会议通过	2020-9-27	2020-9-27	2021-1-1	制定
吴忠市村庄规划条例	2020年9月28日吴忠市第五届人民代表大会常务委员会第二十七次会议通过,2020年11月25日宁夏回族自治区第十二届人民代表大会常务委员会第二十三次会议批准	2020-12-4	2020-12-4	2021-1-1	制定
固原市城市环境卫生管理条例	2020年10月30日固原市第四届人民代表大会常务委员会第三十次会议通过,2020年11月25日宁夏回族自治区第十二届人民代表大会常务委员会第二十三次会议批准	2020-11-27	2020-11-27	2021-1-1	制定

续表

法规名称	通过或批准时间	公布时间	报备时间	施行时间	立法形式
宁夏回族自治区实施《中华人民共和国消防法》办法	2020年11月25日宁夏回族自治区第十二届人民代表大会常务委员会第二十三次会议修改	2020-11-25	2020-11-25	2020-11-25	修改
宁夏回族自治区旅游条例	2020年11月25日宁夏回族自治区第十二届人民代表大会常务委员会第二十三次会议修改	2020-11-25	2020-11-25	2020-11-25	修改
宁夏回族自治区实施《中华人民共和国城市居民委员会组织法》办法	2020年11月25日宁夏回族自治区第十二届人民代表大会常务委员会第二十三次会议修改	2020-11-25	2020-11-25	2020-11-25	修改
宁夏回族自治区气象条例	2020年11月25日宁夏回族自治区第十二届人民代表大会常务委员会第二十三次会议修改	2020-11-25	2020-11-25	2020-11-25	修改
宁夏回族自治区气象灾害防御条例	2020年11月25日宁夏回族自治区第十二届人民代表大会常务委员会第二十三次会议修改	2020-11-25	2020-11-25	2020-11-25	修改
宁夏回族自治区全民阅读促进条例	2020年11月25日宁夏回族自治区第十二届人民代表大会常务委员会第二十三次会议通过	2020-11-25	2020-11-25	2021-1-1	制定
宁夏回族自治区促进民族团结进步工作条例	2020年11月25日宁夏回族自治区第十二届人民代表大会常务委员会第二十三次会议通过	2020-11-25	2020-11-25	2021-1-1	制定
宁夏回族自治区中医药条例	2020年11月25日宁夏回族自治区第十二届人民代表大会常务委员会第二十三次会议通过	2020-11-25	2020-11-25	2021-1-1	制定
宁夏回族自治区发展中医条例	在《宁夏回族自治区中医药条例》中被明文予以废止	2020-11-25	2020-11-25	2021-1-1	文中废止
宁夏回族自治区技术市场促进条例	2020年11月25日宁夏回族自治区第十二届人民代表大会常务委员会第二十三次会议通过	2020-11-25	2020-11-25	2021-1-1	制定
宁夏回族自治区技术市场管理条例	在《宁夏回族自治区技术市场促进条例》中被明文予以废止	2020-11-25	2020-11-25	2021-1-1	文中废止

新疆维吾尔自治区地方性法规目录

（44件）

法规名称	通过或批准时间	公布时间	报备时间	施行时间	立法形式
伊犁哈萨克自治州乡村清洁条例	2018年8月26日伊犁哈萨克自治州第十四届人民代表大会常务委员会第十四次会议通过，2019年11月29日新疆维吾尔自治区第十三届人民代表大会常务委员会第十三次会议批准	2020-1-6	2020-1-14	2020-3-1	制定

续表

法规名称	通过或批准时间	公布时间	报备时间	施行时间	立法形式
哈密市历史文化遗产保护条例	2019年9月25日哈密市第一届人民代表大会常务委员会第十八次会议通过,2019年12月19日新疆维吾尔自治区第十三届人民代表大会常务委员会第十四次会议批准	2020-1-13	2020-1-14	2020-2-1	制定
吐鲁番市文明行为促进条例	2019年10月14日吐鲁番市第一届人民代表大会常务委员会第三十四次会议通过,2020年3月31日新疆维吾尔自治区第十三届人民代表大会常务委员会第十五次会议批准	2020-4-22	2020-4-26	2020-6-1	制定
焉耆回族自治县农村人居环境整治条例	2019年12月29日焉耆回族自治县第十七届人民代表大会第五次会议通过,2020年3月31日新疆维吾尔自治区第十三届人民代表大会常务委员会第十五次会议批准	2020-4-23	2020-4-26	2020-5-1	制定
木垒哈萨克自治县生态环境保护条例	2020年1月16日木垒哈萨克自治县第十七届人民代表大会第五次会议修改,2020年3月31日新疆维吾尔自治区第十三届人民代表大会常务委员会第十五次会议批准修改	2020-4-29	2020-5-6	2020-6-1	修改
新疆维吾尔自治区实施《中华人民共和国反家庭暴力法》办法	2020年3月31日新疆维吾尔自治区第十三届人民代表大会常务委员会第十五次会议通过	2020-3-31	2020-4-20	2020-6-1	制定
新疆维吾尔自治区预防和制止家庭暴力规定	在《新疆维吾尔自治区实施〈中华人民共和国反家庭暴力法〉办法》中被明文予以废止	2020-3-31	2020-4-20	2020-6-1	文中废止
伊犁哈萨克自治州绿化管理条例	2019年10月30日伊犁哈萨克自治州第十四届人民代表大会常务委员会第二十三次会议通过,2020年5月14日新疆维吾尔自治区第十三届人民代表大会常务委员会第十六次会议批准	2020-6-19	2020-6-24	2020-7-1	制定
木垒哈萨克自治县文明行为促进条例	2020年1月16日木垒哈萨克自治县第十七届人民代表大会第五次会议通过,2020年5月14日新疆维吾尔自治区第十三届人民代表大会常务委员会第十六次会议批准	2020-5-26	2020-6-3	2020-7-1	制定
库尔勒市城区养犬管理条例	2020年1月18日巴音郭楞蒙古自治州第十四届人民代表大会第四次会议废止,2020年5月14日新疆维吾尔自治区第十三届人民代表大会常务委员会第十六次会议批准废止	2020-10-15	2020-11-2	2020-11-1	废止
克拉玛依市城乡规划条例	2020年4月23日克拉玛依市第十四届人民代表大会常务委员会第二十九次会议修改,2020年5月14日新疆维吾尔自治区第十三届人民代表大会常务委员会第十六次会议批准修改	2020-5-28	2020-6-24	2020-5-28	修改
新疆维吾尔自治区人民代表大会常务委员会关于加强检察公益诉讼工作的决定	2020年5月14日新疆维吾尔自治区第十三届人民代表大会常务委员会第十六次会议通过	2020-5-14	2020-6-3	2020-5-14	制定

续表

法规名称	通过或批准时间	公布时间	报备时间	施行时间	立法形式
新疆维吾尔自治区产品质量监督条例	2020年5月14日新疆维吾尔自治区第十三届人民代表大会常务委员会第十六次会议修改	2020-5-14	2020-6-3	2020-5-14	修改
巴音郭楞蒙古自治州开都-孔雀河流域水环境保护及污染防治条例	2020年1月18日巴音郭楞蒙古自治州第十四届人民代表大会第四次会议废止，2020年9月19日新疆维吾尔自治区第十三届人民代表大会常务委员会第十八次会议批准废止	2020-12-14	2020-12-22	2021-1-1	废止
库尔勒市城区养犬管理条例	2020年3月20日巴音郭楞蒙古自治州第十四届人民代表大会常务委员会第二十三次会议通过，2020年9月19日新疆维吾尔自治区第十三届人民代表大会常务委员会第十八次会议批准	2020-10-15	2020-11-2	2020-11-1	制定
吐鲁番市葡萄干质量管理条例	2020年5月10日吐鲁番市第一届人民代表大会常务委员会第三十八次会议审议通过，2020年9月19日新疆维吾尔自治区第十三届人民代表大会常务委员会第十八次会议批准	2020-10-10	2020-11-2	2020-12-1	制定
哈密市文明行为促进条例	2020年6月15日哈密市第一届人民代表大会常务委员会第二十一次会议通过，2020年9月19日新疆维吾尔自治区第十三届人民代表大会常务委员会第十八次会议批准	2020-10-21	2020-11-2	2020-11-1	制定
新疆维吾尔自治区各级人民代表大会常务委员会规范性文件备案审查条例	2020年9月19日新疆维吾尔自治区第十三届人民代表大会常务委员会第十八次会议修改	2020-9-19	2020-10-9	2020-9-19	修改
新疆维吾尔自治区村民委员会选举办法	2020年9月19日新疆维吾尔自治区第十三届人民代表大会常务委员会第十八次会议修改	2020-9-19	2020-10-9	2020-9-19	修改
新疆维吾尔自治区公路建设工程质量监督管理条例	2020年9月19日新疆维吾尔自治区第十三届人民代表大会常务委员会第十八次会议修改	2020-9-19	2020-10-9	2020-9-19	修改
新疆维吾尔自治区国家建设项目审计监督条例	2020年9月19日新疆维吾尔自治区第十三届人民代表大会常务委员会第十八次会议修改	2020-9-19	2020-10-9	2020-9-19	修改
新疆维吾尔自治区合同格式条款监督条例	2020年9月19日新疆维吾尔自治区第十三届人民代表大会常务委员会第十八次会议修改	2020-9-19	2020-10-9	2020-9-19	修改
新疆维吾尔自治区计量监督管理条例	2020年9月19日新疆维吾尔自治区第十三届人民代表大会常务委员会第十八次会议修改	2020-9-19	2020-10-9	2020-9-19	修改
新疆维吾尔自治区卡拉麦里山有蹄类野生动物自然保护区管理条例	2020年9月19日新疆维吾尔自治区第十三届人民代表大会常务委员会第十八次会议修改	2020-9-19	2020-10-9	2020-9-19	修改
新疆维吾尔自治区平原天然林保护条例	2020年9月19日新疆维吾尔自治区第十三届人民代表大会常务委员会第十八次会议修改	2020-9-19	2020-10-9	2020-9-19	修改
新疆维吾尔自治区湿地保护条例	2020年9月19日新疆维吾尔自治区第十三届人民代表大会常务委员会第十八次会议修改	2020-9-19	2020-10-9	2020-9-19	修改

续表

法规名称	通过或批准时间	公布时间	报备时间	施行时间	立法形式
新疆维吾尔自治区实施《中华人民共和国城市居民委员会组织法》办法	2020年9月19日新疆维吾尔自治区第十三届人民代表大会常务委员会第十八次会议修改	2020-9-19	2020-10-9	2020-9-19	修改
新疆维吾尔自治区实施《中华人民共和国防沙治沙法》办法	2020年9月19日新疆维吾尔自治区第十三届人民代表大会常务委员会第十八次会议修改	2020-9-19	2020-10-9	2020-9-19	修改
新疆维吾尔自治区实施《中华人民共和国消费者权益保护法》办法	2020年9月19日新疆维吾尔自治区第十三届人民代表大会常务委员会第十八次会议修改	2020-9-19	2020-10-9	2020-9-19	修改
新疆维吾尔自治区天山自然遗产地保护条例	2020年9月19日新疆维吾尔自治区第十三届人民代表大会常务委员会第十八次会议修改	2020-9-19	2020-10-9	2020-9-19	修改
新疆维吾尔自治区气候资源保护和开发利用条例	2020年9月19日新疆维吾尔自治区第十三届人民代表大会常务委员会第十八次会议通过	2020-9-19	2020-10-9	2021-1-1	制定
新疆维吾尔自治区信访条例	2020年9月19日新疆维吾尔自治区第十三届人民代表大会常务委员会第十八次会议通过	2020-9-19	2020-10-9	2021-1-1	制定
新疆维吾尔自治区人民代表大会常务委员会关于自治区资源税具体适用税率、计征方式及减免税办法的决定	2020年9月19日新疆维吾尔自治区第十三届人民代表大会常务委员会第十八次会议通过	2020-9-19	2020-11-19	2020-9-1	制定
伊犁哈萨克自治州全域旅游促进条例	2019年10月30日伊犁哈萨克自治州第十四届人民代表大会常务委员会第二十三次会议通过，2020年10月28日新疆维吾尔自治区第十三届人民代表大会常务委员会第十九次会议批准	2020-12-29	2020-12-30	2021-3-1	制定
克拉玛依市制定地方性法规条例	2020年6月28日克拉玛依市第十四届人民代表大会常务委员会第三十次会议修改，2020年10月28日新疆维吾尔自治区第十三届人民代表大会常务委员会第十九次会议批准修改	2020-11-16	2020-12-1	2020-11-16	修改
乌鲁木齐高新技术产业开发区管理条例	2020年9月25日乌鲁木齐市第十六届人民代表大会常务委员会第二十九次会议修改，2020年10月28日新疆维吾尔自治区第十三届人民代表大会常务委员会第十九次会议批准修改	2020-11-18	2020-12-1	2021-1-1	修改
乌鲁木齐经济技术开发区管理条例	2020年9月25日乌鲁木齐市第十六届人民代表大会常务委员会第二十九次会议修改，2020年10月28日新疆维吾尔自治区第十三届人民代表大会常务委员会第十九次会议批准修改	2020-11-19	2020-12-1	2021-1-1	修改
新疆维吾尔自治区预防职务犯罪工作条例	2020年10月28日新疆维吾尔自治区第十三届人民代表大会常务委员会第十九次会议废止	2020-10-28	2020-11-13	2020-10-28	废止
新疆维吾尔自治区乡、民族乡、镇人民代表大会工作条例	2020年10月28日新疆维吾尔自治区第十三届人民代表大会常务委员会第十九次会议修改	2020-10-28	2020-11-13	2021-1-1	修改

续表

法规名称	通过或批准时间	公布时间	报备时间	施行时间	立法形式
巴音郭楞蒙古自治州博斯腾湖水生态环境保护条例	2020年1月18日巴音郭楞蒙古自治州第十四届人民代表大会第四次会议通过，2020年11月25日新疆维吾尔自治区第十三届人民代表大会常务委员会第二十次会议批准	2020-12-14	2020-12-22	2021-1-1	制定
哈密市制定地方性法规条例	2020年9月26日哈密市第一届人民代表大会常务委员会第二十二次会议修改，2020年11月25日新疆维吾尔自治区第十三届人民代表大会常务委员会第二十次会议批准修改	2020-12-17	2020-12-22	2020-12-17	修改
克拉玛依市大气污染防治条例	2020年10月22日克拉玛依市第十四届人民代表大会常务委员会第三十二次会议通过，2020年11月25日新疆维吾尔自治区第十三届人民代表大会常务委员会第二十次会议批准	2020-12-9	2020-12-22	2021-4-1	制定
克孜勒苏柯尔克孜自治州乡村环境治理条例	2020年10月23日克孜勒苏柯尔克孜自治州第十四届人民代表大会常务委员会第二十四次会议通过，2020年11月25日新疆维吾尔自治区第十三届人民代表大会常务委员会第二十次会议批准	2020-12-18	2020-12-22	2021-1-1	制定
博尔塔拉蒙古自治州博尔塔拉河流域生态环境保护条例	2020年10月31日博尔塔拉蒙古自治州第十四届人民代表大会常务委员会第三十四次会议通过，2020年11月25日新疆维吾尔自治区第十三届人民代表大会常务委员会第二十次会议批准	2020-12-25	2020-12-26	2021-3-1	制定
新疆维吾尔自治区地质环境保护条例	2020年11月25日新疆维吾尔自治区第十三届人民代表大会常务委员会第二十次会议通过	2020-11-25	2020-12-1	2021-1-1	制定

深圳经济特区法规目录

（31件）

法规名称	通过或批准时间	公布时间	报备时间	施行时间	立法形式
深圳经济特区注册会计师条例	2019年12月31日深圳市第六届人民代表大会常务委员会第三十七次会议修改	2020-1-6	2020-1-20	2020-1-6	修改
深圳经济特区海域使用管理条例	2019年12月31日深圳市第六届人民代表大会常务委员会第三十七次会议通过	2020-1-8	2020-1-20	2020-5-1	制定
深圳经济特区文明行为条例	2019年12月31日深圳市第六届人民代表大会常务委员会第三十七次会议通过	2020-1-8	2020-1-20	2020-3-1	制定
深圳经济特区文明行为促进条例	在《深圳经济特区文明行为条例》中被明文予以废止	2020-1-8	2020-1-20	2020-3-1	文中废止
深圳经济特区全面禁止食用野生动物条例	2020年3月31日深圳市第六届人民代表大会常务委员会第四十次会议通过	2020-4-1	2020-4-21	2020-5-1	制定
深圳经济特区禁止食用野生动物若干规定	在《深圳经济特区全面禁止食用野生动物条例》中被明文予以废止	2020-4-1	2020-4-21	2020-5-1	文中废止

续表

法规名称	通过或批准时间	公布时间	报备时间	施行时间	立法形式
深圳经济特区文明行为条例	2020 年 4 月 29 日深圳市第六届人民代表大会常务委员会第四十一次会议修改	2020-4-29	2020-4-30	2020-4-29	修改
深圳经济特区心理卫生条例	2020 年 4 月 29 日深圳市第六届人民代表大会常务委员会第四十一次会议废止	2020-4-29	2020-4-30	2020-4-29	废止
深圳市人民代表大会常务委员会关于延长《深圳市人民代表大会常务委员会关于暂时调整适用〈深圳经济特区政府投资项目管理条例〉有关规定的决定》和《深圳市人民代表大会常务委员会关于暂时调整适用和暂时停止适用〈深圳经济特区道路交通安全管理条例〉等法规有关规定的决定》期限的决定	2020 年 6 月 30 日深圳市第六届人民代表大会常务委员会第四十二次会议通过	2020-6-30	2020-7-1	2020-6-30	制定
深圳经济特区知识产权保护条例	2020 年 6 月 30 日深圳市第六届人民代表大会常务委员会第四十二次会议修改	2020-7-3	2020-7-21	2020-7-3	修改
深圳经济特区电梯使用安全若干规定	2020 年 6 月 30 日深圳市第六届人民代表大会常务委员会第四十二次会议通过	2020-7-3	2020-7-21	2020-10-1	制定
深圳经济特区平安建设条例	2020 年 6 月 30 日深圳市第六届人民代表大会常务委员会第四十二次会议通过	2020-7-3	2020-7-21	2020-10-1	制定
深圳经济特区社会治安综合治理条例	在《深圳经济特区平安建设条例》中被明文予以废止	2020-7-3	2020-7-21	2020-10-1	文中废止
深圳经济特区科技创新条例	2020 年 8 月 26 日深圳市第六届人民代表大会常务委员会第四十四次会议通过	2020-8-28	2020-9-16	2020-11-1	制定
深圳经济特区科技创新促进条例	在《深圳经济特区科技创新条例》中被明文予以废止	2020-8-28	2020-9-16	2020-11-1	文中废止
深圳经济特区生态环境公益诉讼规定	2020 年 8 月 26 日深圳市第六届人民代表大会常务委员会第四十四次会议通过	2020-8-31	2020-9-16	2020-10-1	制定
深圳国际仲裁院条例	2020 年 8 月 26 日深圳市第六届人民代表大会常务委员会第四十四次会议通过	2020-8-31	2020-9-16	2020-10-1	制定
深圳经济特区前海深港现代服务业合作区条例	2020 年 8 月 26 日深圳市第六届人民代表大会常务委员会第四十四次会议修改	2020-8-31	2020-9-16	2020-10-1	修改
深圳经济特区前海蛇口自由贸易试验片区条例	2020 年 8 月 26 日深圳市第六届人民代表大会常务委员会第四十四次会议通过	2020-8-31	2020-9-16	2020-10-1	制定
深圳经济特区突发公共卫生事件应急条例	2020 年 8 月 26 日深圳市第六届人民代表大会常务委员会第四十四次会议通过	2020-8-31	2020-9-16	2020-10-1	制定
深圳经济特区个人破产条例	2020 年 8 月 26 日深圳市第六届人民代表大会常务委员会第四十四次会议通过	2020-8-31	2020-9-16	2021-3-1	制定
深圳经济特区道路交通安全管理条例	2020 年 8 月 26 日深圳市第六届人民代表大会常务委员会第四十四次会议修改	2020-9-2	2020-9-18	2020-9-2	修改
深圳经济特区环境噪声污染防治条例	2020 年 8 月 26 日深圳市第六届人民代表大会常务委员会第四十四次会议修改	2020-9-2	2020-9-18	2020-9-2	修改

续表

法规名称	通过或批准时间	公布时间	报备时间	施行时间	立法形式
深圳经济特区查处无照经营行为的规定	2020年8月26日深圳市第六届人民代表大会常务委员会第四十四次会议废止	2020-9-2	2020-9-18	2020-9-2	废止
深圳经济特区实施《中华人民共和国消费者权益保护法》办法	2020年8月26日深圳市第六届人民代表大会常务委员会第四十四次会议废止	2020-9-2	2020-9-18	2020-9-2	废止
深圳经济特区文明行为条例	2020年10月29日深圳市第六届人民代表大会常务委员会第四十五次会议修改	2020-11-5	2020-11-15	2020-11-5	修改
深圳经济特区优化营商环境条例	2020年10月29日深圳市第六届人民代表大会常务委员会第四十五次会议通过	2020-11-5	2020-11-15	2021-1-1	制定
深圳经济特区健康条例	2020年10月29日深圳市第六届人民代表大会常务委员会第四十五次会议通过	2020-11-5	2020-11-15	2021-1-1	制定
深圳经济特区排水条例	2020年10月29日深圳市第六届人民代表大会常务委员会第四十五次会议通过	2020-11-5	2020-11-15	2021-1-1	制定
深圳经济特区商事登记若干规定	2020年10月29日深圳市第六届人民代表大会常务委员会第四十五次会议修改	2020-11-5	2020-11-15	2021-3-1	修改
深圳经济特区养老服务条例	2020年10月29日深圳市第六届人民代表大会常务委员会第四十五次会议通过	2020-11-5	2020-11-15	2021-3-1	制定
深圳经济特区绿色金融条例	2020年10月29日深圳市第六届人民代表大会常务委员会第四十五次会议通过	2020-11-5	2020-11-15	2021-3-1	制定
深圳经济特区城市更新条例	2020年12月30日深圳市第六届人民代表大会常务委员会第四十六次会议通过	2020-12-30	2021-1-19	2021-3-1	制定
深圳经济特区社会养老保险条例	2020年12月30日深圳市第六届人民代表大会常务委员会第四十六次会议修改	2020-12-30	2021-1-19	2021-1-1	修改
深圳经济特区食品安全监督条例	2020年12月30日深圳市第六届人民代表大会常务委员会第四十六次会议修改	2020-12-30	2021-1-19	2020-12-30	修改

珠海经济特区法规目录

（15件）

法规名称	通过或批准时间	公布时间	报备时间	施行时间	立法形式
珠海市人民代表大会常务委员会关于依法全力做好新型冠状病毒肺炎疫情防控工作的决定	2020年2月14日珠海市第九届人民代表大会常务委员会第二十七次会议通过	2020-2-14	2020-2-28	2020-2-14	制定
珠海经济特区生态文明建设促进条例	2020年3月31日珠海市第九届人民代表大会常务委员会第二十八次会议修改	2020-3-31	2020-4-7	2020-3-31	修改
珠海经济特区禁止食用野生动物条例	2020年3月31日珠海市第九届人民代表大会常务委员会第二十八次会议通过	2020-4-2	2020-4-10	2020-5-1	制定

续表

法规名称	通过或批准时间	公布时间	报备时间	施行时间	立法形式
珠海经济特区出租车管理条例	2020 年 5 月 27 日珠海市第九届人民代表大会常务委员会第二十九次会议修改	2020-5-28	2020-6-19	2020-5-28	修改
珠海经济特区户外广告设施和招牌设置管理条例	2020 年 5 月 27 日珠海市第九届人民代表大会常务委员会第二十九次会议修改	2020-5-28	2020-6-19	2020-5-28	修改
珠海经济特区海域海岛保护条例	2020 年 5 月 27 日珠海市第九届人民代表大会常务委员会第二十九次会议修改	2020-5-28	2020-6-19	2020-5-28	修改
珠海经济特区无居民海岛开发利用管理规定	2020 年 5 月 27 日珠海市第九届人民代表大会常务委员会第二十九次会议修改	2020-5-28	2020-6-19	2020-5-28	修改
珠海经济特区港澳旅游从业人员在横琴新区执业规定	2020 年 9 月 29 日珠海市第九届人民代表大会常务委员会第三十二次会议通过	2020-9-29	2020-10-22	2020-12-1	制定
珠海市人民代表大会常务委员会关于优化珠海市营商环境的决定	2020 年 9 月 29 日珠海市第九届人民代表大会常务委员会第三十二次会议通过	2020-9-29	2020-10-26	2020-9-29	制定
珠海经济特区生活垃圾分类管理条例	2020 年 9 月 29 日珠海市第九届人民代表大会常务委员会第三十二次会议通过	2020-9-29	2020-10-27	2021-6-1	制定
珠海经济特区安全生产条例	2020 年 11 月 27 日珠海市第九届人民代表大会常务委员会第三十四次会议修改	2020-12-4	2020-12-23	2020-12-4	修改
珠海经济特区前山河流域管理条例	2020 年 11 月 27 日珠海市第九届人民代表大会常务委员会第三十四次会议修改	2020-12-4	2020-12-23	2020-12-4	修改
珠海经济特区土地管理条例	2020 年 11 月 27 日珠海市第九届人民代表大会常务委员会第三十四次会议修改	2020-12-4	2020-12-23	2020-12-4	修改
珠海市森林防火条例	2020 年 11 月 27 日珠海市第九届人民代表大会常务委员会第三十四次会议修改	2020-12-4	2020-12-23	2020-12-4	修改
珠海经济特区出租屋管理条例	2020 年 12 月 29 日珠海市第九届人民代表大会常务委员会第三十五次会议通过	2020-12-29	2021-1-6	2021-5-1	制定

汕头经济特区法规目录

（6 件）

法规名称	通过或批准时间	公布时间	报备时间	施行时间	立法形式
汕头市人民代表大会常务委员会关于促进和保障第三届亚洲青年运动会筹备和举办工作的决定	2020 年 5 月 26 日汕头市第十四届人民代表大会常务委员会第三十三次会议通过	2020-5-26	2020-5-26	2020-5-26	制定
汕头经济特区文明行为促进条例	2020 年 8 月 13 日汕头市第十四届人民代表大会常务委员会第三十七次会议通过	2020-8-13	2020-8-19	2020-9-15	制定
汕头经济特区城市绿化条例	2020 年 10 月 28 日汕头市第十四届人民代表大会常务委员会第四十次会议修改	2020-10-28	2020-11-10	2021-1-1	修改
汕头经济特区出租汽车客运条例	2020 年 12 月 31 日汕头市第十四届人民代表大会常务委员会第四十一次会议修改	2020-12-31	2021-1-4	2021-2-1	修改

续表

法规名称	通过或批准时间	公布时间	报备时间	施行时间	立法形式
汕头市人民代表大会常务委员会关于保障简政放权促进镇域经济高质量发展的决定	2020 年 12 月 31 日汕头市第十四届人民代表大会常务委员会第四十一次会议通过	2020-12-31	2021-1-4	2020-12-31	制定
汕头经济特区建设工程施工招标投标管理条例	2020 年 12 月 31 日汕头市第十四届人民代表大会常务委员会第四十一次会议废止	2020-12-31	2021-1-4	2020-12-31	废止

厦门经济特区法规目录

（12 件）

法规名称	通过或批准时间	公布时间	报备时间	施行时间	立法形式
厦门经济特区暂住人口登记管理规定	2020 年 2 月 28 日厦门市第十五届人民代表大会常务委员会第三十二次会议废止	2020-2-28	2020-3-5	2020-2-28	废止
厦门经济特区建筑外立面管理若干规定	2020 年 2 月 28 日厦门市第十五届人民代表大会常务委员会第三十二次会议通过	2020-2-28	2020-3-23	2020-4-1	制定
厦门经济特区筼筜湖区保护办法	2020 年 2 月 28 日厦门市第十五届人民代表大会常务委员会第三十二次会议通过	2020-2-28	2020-3-23	2020-5-1	制定
厦门经济特区筼筜湖区管理办法	在《厦门经济特区筼筜湖区保护办法》中被明文予以废止	2020-2-28	2020-3-23	2020-5-1	文中废止
厦门经济特区闽南文化保护发展办法	2020 年 4 月 22 日厦门市第十五届人民代表大会常务委员会第三十三次会议通过	2020-4-22	2020-5-6	2020-6-1	制定
厦门经济特区道路交通安全若干规定	2020 年 4 月 22 日厦门市第十五届人民代表大会常务委员会第三十三次会议修改	2020-4-22	2020-5-6	2020-8-1	修改
厦门经济特区无偿献血条例	2020 年 8 月 28 日厦门市第十五届人民代表大会常务委员会第三十七次会议修改	2020-8-28	2020-9-21	2020-8-28	修改
厦门经济特区邮政条例	2020 年 8 月 28 日厦门市第十五届人民代表大会常务委员会第三十七次会议通过	2020-8-28	2020-9-27	2020-10-1	制定
厦门经济特区知识产权促进和保护条例	2020 年 10 月 30 日厦门市第十五届人民代表大会常务委员会第三十八次会议通过	2020-10-30	2020-11-13	2020-12-1	制定
厦门经济特区专利促进与保护条例	在《厦门经济特区知识产权促进和保护条例》中被明文予以废止	2020-10-30	2020-11-13	2020-12-1	文中废止
厦门经济特区地方金融条例	2020 年 10 月 30 日厦门市第十五届人民代表大会常务委员会第三十八次会议通过	2020-10-30	2020-11-13	2021-1-1	制定
厦门市人民代表大会常务委员会关于授权厦门市人民政府暂时调整适用《厦门经济特区职工基本养老保险条例》《厦门经济特区鼓励留学人员来厦创业工作规定》的决定	2020 年 12 月 11 日厦门市第十五届人民代表大会常务委员会第三十九次会议通过	2020-12-11	2020-12-30	2020-12-11	制定
厦门经济特区志愿服务条例	2020 年 12 月 11 日厦门市第十五届人民代表大会常务委员会第三十九次会议通过	2020-12-11	2020-12-30	2021-3-5	制定
厦门经济特区会展业促进条例	2020 年 12 月 11 日厦门市第十五届人民代表大会常务委员会第三十九次会议通过	2020-12-11	2020-12-31	2021-3-1	制定

司法解释备案目录

（144件）

发布单位	名称	通过情况	公布时间	报备时间	施行时间	立法形式
最高人民法院	最高人民检察院关于适用《中华人民共和国刑法》第三百四十四条有关问题的批复	2019年11月19日最高人民法院审判委员会第1783次会议、2020年1月13日最高人民检察院第十三届检察委员会第三十二次会议通过	2020-3-19	2020-3-23	2020-3-21	制定
最高人民法院	关于内地与澳门特别行政区法院就民商事案件相互委托送达司法文书和调取证据的安排	2019年12月30日最高人民法院审判委员会第1790次会议修改	2020-1-14	2020-2-23	2020-3-1	修改
最高人民法院	关于行政机关负责人出庭应诉若干问题的规定	2020年3月23日最高人民法院审判委员会第1797次会议通过	2020-6-22	2020-7-2	2020-7-1	制定
最高人民法院	关于审理涉船员纠纷案件若干问题的规定	2020年6月8日最高人民法院审判委员会第1803次会议通过	2020-9-27	2020-12-7	2020-9-29	制定
最高人民法院	关于人民法院司法警察依法履行职权的规定	2020年6月22日最高人民法院审判委员会第1805次会议通过	2020-6-28	2020-7-3	2021-1-1	制定
最高人民法院	关于证券纠纷代表人诉讼若干问题的规定	2020年7月23日最高人民法院审判委员会第1808次会议通过	2020-7-30	2020-9-2	2020-7-31	制定
最高人民法院	关于审理民间借贷案件适用法律若干问题的规定	2020年8月18日最高人民法院审判委员会第1809次会议修改	2020-8-19	2020-9-2	2020-8-20	修改
最高人民法院	关于审理侵犯商业秘密民事案件适用法律若干问题的规定	2020年8月24日最高人民法院审判委员会第1810次会议通过	2020-9-10	2020-9-15	2020-9-12	制定
最高人民法院	关于审理专利授权确权行政案件适用法律若干问题的规定(一)	2020年8月24日最高人民法院审判委员会第1810次会议通过	2020-9-10	2020-9-15	2020-9-12	制定
最高人民法院	关于涉网络知识产权侵权纠纷几个法律适用问题的批复	2020年8月24日最高人民法院审判委员会第1810次会议通过	2020-9-12	2020-9-16	2020-9-14	制定
最高人民法院、最高人民检察院	关于办理侵犯知识产权刑事案件具体应用法律若干问题的解释(三)	2020年8月31日最高人民法院审判委员会第1811次会议、2020年8月21日最高人民检察院第十三届检察委员会第四十八次会议通过	2020-9-12	2020-9-15	2020-9-14	制定
最高人民法院	关于审理食品安全民事纠纷案件适用法律若干问题的解释(一)	2020年10月19日最高人民法院审判委员会第1813次会议通过	2020-12-8	2021-2-7	2021-1-1	制定
最高人民法院	关于知识产权民事诉讼证据的若干规定	2020年11月9日最高人民法院审判委员会第1815次会议通过	2020-11-16	2020-12-7	2020-11-18	制定
最高人民法院	关于内地与香港特别行政区相互执行仲裁裁决的补充安排	2020年11月9日最高人民法院审判委员会第1815次会议通过	2020-11-26	2020-12-7	2020-11-27	制定
最高人民法院	关于新民间借贷司法解释适用范围问题的批复	2020年11月9日最高人民法院审判委员会第1815次会议通过	2020-12-29		2021-1-1	制定

续表

发布单位	名称	通过情况	公布时间	报备时间	施行时间	立法形式
最高人民法院	关于适用《中华人民共和国民法典》时间效力的若干规定	2020 年 12 月 14 日最高人民法院审判委员会第 1821 次会议通过	2020-12-29		2021-1-1	制定
最高人民法院	关于废止部分司法解释及相关规范性文件的决定	2020 年 12 月 23 日最高人民法院审判委员会第 1823 次会议通过	2020-12-29		2021-1-1	制定
最高人民法院	关于在民事审判工作中适用《中华人民共和国工会法》若干问题的解释	2020 年 12 月 23 日最高人民法院审判委员会第 1823 次会议修改	2020-12-29		2021-1-1	修改
最高人民法院	关于审理矿业权纠纷案件适用法律若干问题的解释	2020 年 12 月 23 日最高人民法院审判委员会第 1823 次会议修改	2020-12-29		2021-1-1	修改
最高人民法院	关于审理买卖合同纠纷案件适用法律问题的解释	2020 年 12 月 23 日最高人民法院审判委员会第 1823 次会议修改	2020-12-29		2021-1-1	修改
最高人民法院	关于审理融资租赁合同纠纷案件适用法律问题的解释	2020 年 12 月 23 日最高人民法院审判委员会第 1823 次会议修改	2020-12-29		2021-1-1	修改
最高人民法院	关于审理铁路运输损害赔偿案件若干问题的解释	2020 年 12 月 23 日最高人民法院审判委员会第 1823 次会议修改	2020-12-29		2021-1-1	修改
最高人民法院	关于审理铁路运输人身损害赔偿纠纷案件适用法律若干问题的解释	2020 年 12 月 23 日最高人民法院审判委员会第 1823 次会议修改	2020-12-29		2021-1-1	修改
最高人民法院	关于审理环境侵权责任纠纷案件适用法律若干问题的解释	2020 年 12 月 23 日最高人民法院审判委员会第 1823 次会议修改	2020-12-29		2021-1-1	修改
最高人民法院	关于审理医疗损害责任纠纷案件适用法律若干问题的解释	2020 年 12 月 23 日最高人民法院审判委员会第 1823 次会议修改	2020-12-29		2021-1-1	修改
最高人民法院	关于审理生态环境损害赔偿案件的若干规定(试行)	2020 年 12 月 23 日最高人民法院审判委员会第 1823 次会议修改	2020-12-29		2021-1-1	修改
最高人民法院	关于债务人在约定的期限届满后未履行债务而出具没有还款日期的欠款条诉讼时效期间应从何时开始计算问题的批复	2020 年 12 月 23 日最高人民法院审判委员会第 1823 次会议修改	2020-12-29		2021-1-1	修改
最高人民法院	关于审理民事案件适用诉讼时效制度若干问题的规定	2020 年 12 月 23 日最高人民法院审判委员会第 1823 次会议修改	2020-12-29		2021-1-1	修改
最高人民法院	关于在审理经济纠纷案件中涉及经济犯罪嫌疑若干问题的规定	2020 年 12 月 23 日最高人民法院审判委员会第 1823 次会议修改	2020-12-29		2021-1-1	修改
最高人民法院	关于审理建筑物区分所有权纠纷案件适用法律若干问题的解释	2020 年 12 月 23 日最高人民法院审判委员会第 1823 次会议修改	2020-12-29		2021-1-1	制定
最高人民法院	关于审理建筑物区分所有权纠纷案件具体应用法律若干问题的解释	在《最高人民法院关于审理建筑物区分所有权纠纷案件适用法律若干问题的解释》中被明文予以废止	2020-12-29		2021-1-1	文中废止
最高人民法院	关于审理物业服务纠纷案件适用法律若干问题的解释	2020 年 12 月 23 日最高人民法院审判委员会第 1823 次会议修改	2020-12-29		2021-1-1	修改
最高人民法院	关于审理物业服务纠纷案件具体应用法律若干问题的解释	在《最高人民法院关于审理物业服务纠纷案件适用法律若干问题的解释》中被明文予以废止	2020-12-29		2021-1-1	修改

续表

发布单位	名称	通过情况	公布时间	报备时间	施行时间	立法形式
最高人民法院	关于审理涉及农村土地承包纠纷案件适用法律问题的解释	2020 年 12 月 23 日最高人民法院审判委员会第 1823 次会议修改	2020-12-29		2021-1-1	修改
最高人民法院	关于审理涉及国有土地使用权合同纠纷案件适用法律问题的解释	2020 年 12 月 23 日最高人民法院审判委员会第 1823 次会议修改	2020-12-29		2021-1-1	修改
最高人民法院	关于审理涉及农村土地承包经营纠纷调解仲裁案件适用法律若干问题的解释	2020 年 12 月 23 日最高人民法院审判委员会第 1823 次会议修改	2020-12-29		2021-1-1	修改
最高人民法院	关于国有土地开荒后用于农耕的土地使用权转让合同纠纷案件如何适用法律问题的批复	2020 年 12 月 23 日最高人民法院审判委员会第 1823 次会议修改	2020-12-29		2021-1-1	修改
最高人民法院	关于审理旅游纠纷案件适用法律若干问题的规定	2020 年 12 月 23 日最高人民法院审判委员会第 1823 次会议修改	2020-12-29		2021-1-1	修改
最高人民法院	关于审理商品房买卖合同纠纷案件适用法律若干问题的解释	2020 年 12 月 23 日最高人民法院审判委员会第 1823 次会议修改	2020-12-29		2021-1-1	修改
最高人民法院	关于审理城镇房屋租赁合同纠纷案件具体应用法律若干问题的解释	2020 年 12 月 23 日最高人民法院审判委员会第 1823 次会议修改	2020-12-29		2021-1-1	修改
最高人民法院	关于确定民事侵权精神损害赔偿责任若干问题的解释	2020 年 12 月 23 日最高人民法院审判委员会第 1823 次会议修改	2020-12-29		2021-1-1	修改
最高人民法院	关于审理人身损害赔偿案件适用法律若干问题的解释	2020 年 12 月 23 日最高人民法院审判委员会第 1823 次会议修改	2020-12-29		2021-1-1	修改
最高人民法院	关于审理道路交通事故损害赔偿案件适用法律若干问题的解释	2020 年 12 月 23 日最高人民法院审判委员会第 1823 次会议修改	2020-12-29		2021-1-1	修改
最高人民法院	关于审理食品药品纠纷案件适用法律若干问题的规定	2020 年 12 月 23 日最高人民法院审判委员会第 1823 次会议修改	2020-12-29		2021-1-1	修改
最高人民法院	关于审理利用信息网络侵害人身权益民事纠纷案件适用法律若干问题的规定	2020 年 12 月 23 日最高人民法院审判委员会第 1823 次会议修改	2020-12-29		2021-1-1	修改
最高人民法院	关于审理民间借贷案件适用法律若干问题的规定	2020 年 12 月 23 日最高人民法院审判委员会第 1823 次会议修改	2020-12-29		2021-1-1	修改
最高人民法院	关于破产企业国有划拨土地使用权应否列入破产财产等问题的批复	2020 年 12 月 23 日最高人民法院审判委员会第 1823 次会议修改	2020-12-29		2021-1-1	修改
最高人民法院	关于审理存单纠纷案件的若干规定	2020 年 12 月 23 日最高人民法院审判委员会第 1823 次会议修改	2020-12-29		2021-1-1	修改
最高人民法院	关于审理军队、武警部队、政法机关移交、撤销企业和与党政机关脱钩企业相关纠纷案件若干问题的规定	2020 年 12 月 23 日最高人民法院审判委员会第 1823 次会议修改	2020-12-29		2021-1-1	修改
最高人民法院	关于审理与企业改制相关的民事纠纷案件若干问题的规定	2020 年 12 月 23 日最高人民法院审判委员会第 1823 次会议修改	2020-12-29		2021-1-1	修改

续表

发布单位	名称	通过情况	公布时间	报备时间	施行时间	立法形式
最高人民法院	关于适用《中华人民共和国公司法》若干问题的规定(二)	2020年12月23日最高人民法院审判委员会第1823次会议修改	2020-12-29		2021-1-1	修改
最高人民法院	关于适用《中华人民共和国公司法》若干问题的规定(三)	2020年12月23日最高人民法院审判委员会第1823次会议修改	2020-12-29		2021-1-1	修改
最高人民法院	关于适用《中华人民共和国公司法》若干问题的规定(四)	2020年12月23日最高人民法院审判委员会第1823次会议修改	2020-12-29		2021-1-1	修改
最高人民法院	关于审理外商投资企业纠纷案件若干问题的规定(一)	2020年12月23日最高人民法院审判委员会第1823次会议修改	2020-12-29		2021-1-1	修改
最高人民法院	关于适用《中华人民共和国公司法》若干问题的规定(五)	2020年12月23日最高人民法院审判委员会第1823次会议修改	2020-12-29		2021-1-1	修改
最高人民法院	关于审理票据纠纷案件若干问题的规定	2020年12月23日最高人民法院审判委员会第1823次会议修改	2020-12-29		2021-1-1	修改
最高人民法院	关于对因资不抵债无法继续办学被终止的民办学校如何组织清算问题的批复	2020年12月23日最高人民法院审判委员会第1823次会议修改	2020-12-29		2021-1-1	修改
最高人民法院	关于适用《中华人民共和国企业破产法》若干问题的规定(二)	2020年12月23日最高人民法院审判委员会第1823次会议修改	2020-12-29		2021-1-1	修改
最高人民法院	关于适用《中华人民共和国企业破产法》若干问题的规定(三)	2020年12月23日最高人民法院审判委员会第1823次会议修改	2020-12-29		2021-1-1	修改
最高人民法院	关于审理期货纠纷案件若干问题的规定	2020年12月23日最高人民法院审判委员会第1823次会议修改	2020-12-29		2021-1-1	修改
最高人民法院	关于审理期货纠纷案件若干问题的规定(二)	2020年12月23日最高人民法院审判委员会第1823次会议修改	2020-12-29		2021-1-1	修改
最高人民法院	关于审理信用证纠纷案件若干问题的规定	2020年12月23日最高人民法院审判委员会第1823次会议修改	2020-12-29		2021-1-1	修改
最高人民法院	关于审理独立保函纠纷案件若干问题的规定	2020年12月23日最高人民法院审判委员会第1823次会议修改	2020-12-29		2021-1-1	修改
最高人民法院	关于适用《中华人民共和国保险法》若干问题的解释(二)	2020年12月23日最高人民法院审判委员会第1823次会议修改	2020-12-29		2021-1-1	修改
最高人民法院	关于适用《中华人民共和国保险法》若干问题的解释(三)	2020年12月23日最高人民法院审判委员会第1823次会议修改	2020-12-29		2021-1-1	修改
最高人民法院	关于适用《中华人民共和国保险法》若干问题的解释(四)	2020年12月23日最高人民法院审判委员会第1823次会议修改	2020-12-29		2021-1-1	修改
最高人民法院	关于审理涉台民商事案件法律适用问题的规定	2020年12月23日最高人民法院审判委员会第1823次会议修改	2020-12-29		2021-1-1	修改
最高人民法院	关于适用《中华人民共和国涉外民事关系法律适用法》若干问题的解释(一)	2020年12月23日最高人民法院审判委员会第1823次会议修改	2020-12-29		2021-1-1	修改
最高人民法院	关于审理船舶碰撞和触碰案件财产损害赔偿的规定	2020年12月23日最高人民法院审判委员会第1823次会议修改	2020-12-29		2021-1-1	修改

续表

发布单位	名称	通过情况	公布时间	报备时间	施行时间	立法形式
最高人民法院	关于审理海上保险纠纷案件若干问题的规定	2020 年 12 月 23 日最高人民法院审判委员会第 1823 次会议修改	2020-12-29		2021-1-1	修改
最高人民法院	关于审理船舶碰撞纠纷案件若干问题的规定	2020 年 12 月 23 日最高人民法院审判委员会第 1823 次会议修改	2020-12-29		2021-1-1	修改
最高人民法院	关于审理无正本提单交付货物案件适用法律若干问题的规定	2020 年 12 月 23 日最高人民法院审判委员会第 1823 次会议修改	2020-12-29		2021-1-1	修改
最高人民法院	关于审理海事赔偿责任限制相关纠纷案件的若干规定	2020 年 12 月 23 日最高人民法院审判委员会第 1823 次会议修改	2020-12-29		2021-1-1	修改
最高人民法院	关于审理船舶油污损害赔偿纠纷案件若干问题的规定	2020 年 12 月 23 日最高人民法院审判委员会第 1823 次会议修改	2020-12-29		2021-1-1	修改
最高人民法院	关于审理海上货运代理纠纷案件若干问题的规定	2020 年 12 月 23 日最高人民法院审判委员会第 1823 次会议修改	2020-12-29		2021-1-1	修改
最高人民法院	关于审理侵犯专利权纠纷案件应用法律若干问题的解释(二)	2020 年 12 月 23 日最高人民法院审判委员会第 1823 次会议修改	2020-12-29		2021-1-1	修改
最高人民法院	关于审理专利纠纷案件适用法律问题的若干规定	2020 年 12 月 23 日最高人民法院审判委员会第 1823 次会议修改	2020-12-29		2021-1-1	修改
最高人民法院	关于审理商标案件有关管辖和法律适用范围问题的解释	2020 年 12 月 23 日最高人民法院审判委员会第 1823 次会议修改	2020-12-29		2021-1-1	修改
最高人民法院	关于审理商标民事纠纷案件适用法律若干问题的解释	2020 年 12 月 23 日最高人民法院审判委员会第 1823 次会议修改	2020-12-29		2021-1-1	修改
最高人民法院	关于审理注册商标、企业名称与在先权利冲突的民事纠纷案件若干问题的规定	2020 年 12 月 23 日最高人民法院审判委员会第 1823 次会议修改	2020-12-29		2021-1-1	修改
最高人民法院	关于审理涉及驰名商标保护的民事纠纷案件应用法律若干问题的解释	2020 年 12 月 23 日最高人民法院审判委员会第 1823 次会议修改	2020-12-29		2021-1-1	修改
最高人民法院	关于商标法修改决定施行后有关商标案件管辖和法律适用问题的解释	2020 年 12 月 23 日最高人民法院审判委员会第 1823 次会议修改	2020-12-29		2021-1-1	修改
最高人民法院	关于审理商标授权确权行政案件若干问题的规定	2020 年 12 月 23 日最高人民法院审判委员会第 1823 次会议修改	2020-12-29		2021-1-1	修改
最高人民法院	关于人民法院对注册商标权进行财产保全的解释	2020 年 12 月 23 日最高人民法院审判委员会第 1823 次会议修改	2020-12-29		2021-1-1	修改
最高人民法院	关于审理著作权民事纠纷案件适用法律若干问题的解释	2020 年 12 月 23 日最高人民法院审判委员会第 1823 次会议修改	2020-12-29		2021-1-1	修改
最高人民法院	关于审理侵害信息网络传播权民事纠纷案件适用法律若干问题的规定	2020 年 12 月 23 日最高人民法院审判委员会第 1823 次会议修改	2020-12-29		2021-1-1	修改
最高人民法院	关于审理植物新品种纠纷案件若干问题的解释	2020 年 12 月 23 日最高人民法院审判委员会第 1823 次会议修改	2020-12-29		2021-1-1	修改

续表

发布单位	名称	通过情况	公布时间	报备时间	施行时间	立法形式
最高人民法院	关于审理侵害植物新品种权纠纷案件具体应用法律问题的若干规定	2020年12月23日最高人民法院审委员会第1823次会议修改	2020-12-29		2021-1-1	制定
最高人民法院	关于审理侵犯植物新品种权纠纷案件具体应用法律问题的若干规定	在《最高人民法院关于审理侵害植物新品种权纠纷案件具体应用法律问题的若干规定》中被明文予以废止	2020-12-29		2021-1-1	文中废止
最高人民法院	关于审理不正当竞争民事案件应用法律若干问题的解释	2020年12月23日最高人民法院审判委员会第1823次会议修改	2020-12-29		2021-1-1	修改
最高人民法院	关于审理因垄断行为引发的民事纠纷案件应用法律若干问题的规定	2020年12月23日最高人民法院审判委员会第1823次会议修改	2020-12-29		2021-1-1	修改
最高人民法院	关于审理涉及计算机网络域名民事纠纷案件适用法律若干问题的解释	2020年12月23日最高人民法院审判委员会第1823次会议修改	2020-12-29		2021-1-1	修改
最高人民法院	关于审理技术合同纠纷案件适用法律若干问题的解释	2020年12月23日最高人民法院审判委员会第1823次会议修改	2020-12-29		2021-1-1	修改
最高人民法院	关于北京、上海、广州知识产权法院案件管辖的规定	2020年12月23日最高人民法院审判委员会第1823次会议修改	2020-12-29		2021-1-1	修改
最高人民法院	关于人民法院民事调解工作若干问题的规定	2020年12月23日最高人民法院审判委员会第1823次会议修改	2020-12-29		2021-1-1	修改
最高人民法院	关于适用《中华人民共和国民事诉讼法》的解释	2020年12月23日最高人民法院审判委员会第1823次会议修改	2020-12-29		2021-1-1	修改
最高人民法院、最高人民检察院	关于检察公益诉讼案件适用法律若干问题的解释	2020年12月23日最高人民法院审判委员会第1823次会议修改	2020-12-29		2021-1-1	修改
最高人民法院	关于审理环境民事公益诉讼案件适用法律若干问题的解释	2020年12月23日最高人民法院审判委员会第1823次会议修改	2020-12-29		2021-1-1	修改
最高人民法院	关于当事人申请承认澳大利亚法院出具的离婚证明书人民法院应否受理问题的批复	2020年12月23日最高人民法院审判委员会第1823次会议修改	2020-12-29		2021-1-1	修改
最高人民法院	关于对与证券交易所监管职能相关的诉讼案件管辖与受理问题的规定	2020年12月23日最高人民法院审判委员会第1823次会议修改	2020-12-29		2021-1-1	修改
最高人民法院	关于审理民事级别管辖异议案件若干问题的规定	2020年12月23日最高人民法院审判委员会第1823次会议修改	2020-12-29		2021-1-1	修改
最高人民法院	关于军事法院管辖民事案件若干问题的规定	2020年12月23日最高人民法院审判委员会第1823次会议修改	2020-12-29		2021-1-1	修改
最高人民法院	关于产品侵权案件的受害人能否以产品的商标所有人为被告提起民事诉讼的批复	2020年12月23日最高人民法院审判委员会第1823次会议修改	2020-12-29		2021-1-1	修改
最高人民法院	关于诉讼代理人查阅民事案件材料的规定	2020年12月23日最高人民法院审判委员会第1823次会议修改	2020-12-29		2021-1-1	修改

续表

发布单位	名称	通过情况	公布时间	报备时间	施行时间	立法形式
最高人民法院	关于适用《中华人民共和国民事诉讼法》审判监督程序若干问题的解释	2020 年 12 月 23 日最高人民法院审判委员会第 1823 次会议修改	2020-12-29		2021-1-1	修改
最高人民法院	关于涉外民商事案件诉讼管辖若干问题的规定	2020 年 12 月 23 日最高人民法院审判委员会第 1823 次会议修改	2020-12-29		2021-1-1	修改
最高人民法院	关于涉外民事或商事案件司法文书送达问题若干规定	2020 年 12 月 23 日最高人民法院审判委员会第 1823 次会议修改	2020-12-29		2021-1-1	修改
最高人民法院	关于依据国际公约和双边司法协助条约办理民商事案件司法文书送达和调查取证司法协助请求的规定	2020 年 12 月 23 日最高人民法院审判委员会第 1823 次会议修改	2020-12-29		2021-1-1	修改
最高人民法院	关于审理涉及公证活动相关民事案件的若干规定	2020 年 12 月 23 日最高人民法院审判委员会第 1823 次会议修改	2020-12-29		2021-1-1	修改
最高人民法院	关于审理消费民事公益诉讼案件适用法律若干问题的解释	2020 年 12 月 23 日最高人民法院审判委员会第 1823 次会议修改	2020-12-29		2021-1-1	修改
最高人民法院	关于适用简易程序审理民事案件的若干规定	2020 年 12 月 23 日最高人民法院审判委员会第 1823 次会议修改	2020-12-29		2021-1-1	修改
最高人民法院	关于人民法院受理申请承认外国法院离婚判决案件有关问题的规定	2020 年 12 月 23 日最高人民法院审判委员会第 1823 次会议修改	2020-12-29		2021-1-1	修改
最高人民法院	关于中国公民申请承认外国法院离婚判决程序问题的规定	2020 年 12 月 23 日最高人民法院审判委员会第 1823 次会议修改	2020-12-29		2021-1-1	修改
最高人民法院	关于人民法院扣押铁路运输货物若干问题的规定	2020 年 12 月 23 日最高人民法院审判委员会第 1823 次会议修改	2020-12-29		2021-1-1	修改
最高人民法院	关于产业工会、基层工会是否具备社会团体法人资格和工会经费集中户可否冻结划拨问题的批复	2020 年 12 月 23 日最高人民法院审判委员会第 1823 次会议修改	2020-12-29		2021-1-1	制定
最高人民法院	关于产业工会、基层工会是否具备社团法人资格和工会经费集中户可否冻结划拨问题的批复	在《最高人民法院关于产业工会、基层工会是否具备社会团体法人资格和工会经费集中户可否冻结划拨问题的批复》中被明文予以废止	2020-12-29		2021-1-1	文中废止
最高人民法院	关于人民法院能否对信用证开证保证金采取冻结和扣划措施问题的规定	2020 年 12 月 23 日最高人民法院审判委员会第 1823 次会议修改	2020-12-29		2021-1-1	修改
最高人民法院	关于对被执行人存在银行的凭证式国库券可否采取执行措施问题的批复	2020 年 12 月 23 日最高人民法院审判委员会第 1823 次会议修改	2020-12-29		2021-1-1	修改
最高人民法院	关于人民法院执行工作若干问题的规定(试行)	2020 年 12 月 23 日最高人民法院审判委员会第 1823 次会议修改	2020-12-29		2021-1-1	修改
最高人民法院	关于人民法院民事执行中查封、扣押、冻结财产的规定	2020 年 12 月 23 日最高人民法院审判委员会第 1823 次会议修改	2020-12-29		2021-1-1	修改

续表

发布单位	名称	通过情况	公布时间	报备时间	施行时间	立法形式
最高人民法院	关于人民法院民事执行中拍卖、变卖财产的规定	2020年12月23日最高人民法院审判委员会第1823次会议修改	2020-12-29		2021-1-1	修改
最高人民法院	关于适用《中华人民共和国民事诉讼法》执行程序若干问题的解释	2020年12月23日最高人民法院审判委员会第1823次会议修改	2020-12-29		2021-1-1	修改
最高人民法院	关于委托执行若干问题的规定	2020年12月23日最高人民法院审判委员会第1823次会议修改	2020-12-29		2021-1-1	修改
最高人民法院	关于人民法院办理执行异议和复议案件若干问题的规定	2020年12月23日最高人民法院审判委员会第1823次会议修改	2020-12-29		2021-1-1	修改
最高人民法院	关于民事执行中变更、追加当事人若干问题的规定	2020年12月23日最高人民法院审判委员会第1823次会议修改	2020-12-29		2021-1-1	修改
最高人民法院	关于人民法院办理财产保全案件若干问题的规定	2020年12月23日最高人民法院审判委员会第1823次会议修改	2020-12-29		2021-1-1	修改
最高人民法院	关于民事执行中财产调查若干问题的规定	2020年12月23日最高人民法院审判委员会第1823次会议修改	2020-12-29		2021-1-1	修改
最高人民法院	关于执行和解若干问题的规定	2020年12月23日最高人民法院审判委员会第1823次会议修改	2020-12-29		2021-1-1	修改
最高人民法院	关于执行担保若干问题的规定	2020年12月23日最高人民法院审判委员会第1823次会议修改	2020-12-29		2021-1-1	修改
最高人民法院	关于法院冻结财产的户名与账号不符银行能否自行解冻的请示的答复	2020年12月23日最高人民法院审判委员会第1823次会议修改	2020-12-29		2021-1-1	修改
最高人民法院	关于对林业行政机关依法作出具体行政行为申请人民法院强制执行问题的复函	2020年12月23日最高人民法院审判委员会第1823次会议修改	2020-12-29		2021-1-1	修改
最高人民法院	关于审理拒不执行判决、裁定刑事案件适用法律若干问题的解释	2020年12月23日最高人民法院审判委员会第1823次会议修改	2020-12-29		2021-1-1	修改
最高人民法院	关于适用《中华人民共和国民法典》婚姻家庭编的解释(一)	2020年12月25日最高人民法院审判委员会第1825次会议通过	2020-12-29		2021-1-1	制定
最高人民法院	关于适用《中华人民共和国民法典》继承编的解释(一)	2020年12月25日最高人民法院审判委员会第1825次会议通过	2020-12-29		2021-1-1	制定
最高人民法院	关于适用《中华人民共和国民法典》物权编的解释(一)	2020年12月25日最高人民法院审判委员会第1825次会议通过	2020-12-29		2021-1-1	制定
最高人民法院	关于审理建设工程施工合同纠纷案件适用法律问题的解释(一)	2020年12月25日最高人民法院审判委员会第1825次会议通过	2020-12-29		2021-1-1	制定
最高人民法院	关于审理劳动争议案件适用法律问题的解释(一)	2020年12月25日最高人民法院审判委员会第1825次会议通过	2020-12-29		2021-1-1	制定
最高人民法院	关于适用《中华人民共和国民法典》有关担保制度的解释	2020年12月25日最高人民法院审判委员会第1824次会议通过	2020-12-31		2021-1-1	制定

续表

发布单位	名称	通过情况	公布时间	报备时间	施行时间	立法形式
最高人民法院	最高人民检察院关于缓刑犯在考验期满后五年内再犯应当判处有期徒刑以上刑罚之罪应否认定为累犯问题的批复	2019年11月19日最高人民法院审判委员会第1783次会议、2019年9月12日最高人民检察院第十三届检察委员会第二十四次会议通过	2020-1-17	2020-2-7	2020-1-20	制定
最高人民检察院	关于办理非法经营食盐刑事案件具体应用法律若干问题的解释	2020年2月19日最高人民检察院第十三届检察委员会第三十三次会议废止	2020-3-27	2020-4-16	2020-4-1	废止
人民检察院	检察委员会工作规则	2020年6月15日最高人民检察院第十三届检察委员会第三十九次会议通过	2020-7-31	2020-8-18	2020-7-31	制定
人民检察院	检察委员会组织条例	在《人民检察院检察委员会工作规则》中被明文予以废止	2020-7-31	2020-8-18	2020-7-31	文中废止
人民检察院	检察委员会议事和工作规则	在《人民检察院检察委员会工作规则》中被明文予以废止	2020-7-31	2020-8-18	2020-7-31	文中废止
最高人民检察院	关于人民检察院受理民事、行政申诉分工问题的通知	2020年10月23日最高人民检察院第十三届检察委员会第五十三次会议通过	2020-12-26	2020-1-6	2020-12-26	废止
最高人民检察院	关于严格执行《中华人民共和国收养法》的通知	2020年10月23日最高人民检察院第十三届检察委员会第五十三次会议通过	2020-12-26	2020-1-6	2020-12-26	废止
最高人民检察院	关于对不服民事行政判决裁定的申诉仍由控告申诉检察部门受理的通知	2020年10月23日最高人民检察院第十三届检察委员会第五十三次会议通过	2020-12-26	2020-1-6	2020-12-26	废止
人民检察院	民事行政抗诉案件办案规则	2020年10月23日最高人民检察院第十三届检察委员会第五十三次会议通过	2020-12-26	2020-1-6	2020-12-26	废止
人民检察院	提起公益诉讼试点工作实施办法	2020年10月23日最高人民检察院第十三届检察委员会第五十三次会议通过	2020-12-26	2020-1-6	2020-12-26	废止
最高人民法院、最高人民检察院	关于在部分地方开展民事执行活动法律监督试点工作的通知	2020年10月23日最高人民检察院第十三届检察委员会第五十三次会议通过	2020-12-26	2020-1-6	2020-12-26	废止

五、特别行政区报送备案的法律目录

香港特别行政区法律目录

（共26件）

1.《2020年拨款条例》(2020年第1号条例)

2.《国歌条例》(2020年第2号条例)

3.《2020年商标(修订)条例》(2020年第3号条例)

4.《2020年税务(修订)(税务宽免)条例》(2020年第4号条例)

5.《2020年税务(修订)(船舶租赁税务宽减)条例》(2020年第5号条例)

6.《2020年旅馆业(修订)条例》(2020年第6号条例)

7.《消防安全(工业建筑物)条例》(2020年第7号条例)

8.《2020年歧视法例(杂项修订)条例》(2020年第8号条例)

9.《2020年职业退休计划(修订)条例》(2020年第9号条例)

10.《2020年版权(修订)条例》(2020年第10号条例)

11.《追加拨款(2018—2019年度)条例》(2020年第11号条例)

12.《2020年圣约翰学院(修订)条例》(2020年第12号条例)

13.《2020年雇佣(修订)条例》(2020年第13号条例)

14.《有限合伙基金条例》(2020年第14号条例)

15.《2020年税务(修订)(与保险有关的业务的利得税宽减)条例》(2020年第15号条例)

16.《2020年强制性公积金计划(修订)条例》(2020年第16号条例)

17.《2020年保险业(修订)条例》(2020年第17号条例)

18.《2020年保险业(修订)(第2号)条例》(2020年第18号条例)

19.《2020年药剂业及毒药(修订)条例》(2020年第19号条例)

20.《法院程序(电子科技)条例》(2020年第20号条例)

21.《2020年成文法(杂项规定)条例》(2020年第21号条例)

22.《2020年渔业保护(修订)条例》(2020年第22号条例)

23.《2020年广播及电讯法例(修订)条例》(2020年第23号条例)

24.《2020年运货货柜(安全)(修订)条例》(2020年第24号条例)

25.《2020年道路交通法例(泊车位)(修订)条例》(2020年第25号条例)

26.《追加拨款(2019—2020年度)条例》(2020年第26号条例)

澳门特别行政区法律目录

（共 27 件）

1.《订定在横琴口岸澳方口岸区及相关延伸区适用澳门特别行政区法律的基本规范》（第 1/2020 号法律）

2.《电子政务》（第 2/2020 号法律）

3.《修改〈2020 年财政年度预算案〉》（第 3/2020 号法律）

4.《修改第 11/2009 号法律〈打击电脑犯罪法〉》（第 4/2020 号法律）

5.《雇员的最低工资》（第 5/2020 号法律）

6.《修改〈2020 年财政年度预算案〉》（第 6/2020 号法律）

7.《动物防疫法》（第 7/2020 号法律）

8.《修改第 7/2008 号法律〈劳动关系法〉》（第 8/2020 号法律）

9.《修改第 13/2001 号法律〈进入法院及检察院司法官团的培训课程及实习制度〉》（第 9/2020 号法律）

10.《修改第 21/2009 号法律〈聘用外地雇员法〉》（第 10/2020 号法律）

11.《民防法律制度》（第 11/2020 号法律）

12.《修改第 5/2003 号法律〈批准澳门特别行政区政府承担债务〉》（第 12/2020 号法律）

13.《修改第 10/2011 号法律〈经济房屋法〉》（第 13/2020 号法律）

14.《修改第 5/2006 号法律〈司法警察局〉》（第 14/2020 号法律）

15.《非高等教育私立学校通则》（第 15/2020 号法律）

16.《职业介绍所业务法》（第 16/2020 号法律）

17.《司法警察局特别职程制度》（第 17/2020 号法律）

18.《医疗人员专业资格及执业注册制度》（第 18/2020 号法律）

19.《修改第 8/2012 号法律〈保安部队及保安部门的附带报酬〉》（第 19/2020 号法律）

20.《会计师专业及执业资格制度》（第 20/2020 号法律）

21.《修改六月三十日第 27/97/M 号法令》（第 21/2020 号法律）

22.《修改第 17/2009 号法律〈禁止不法生产、贩卖和吸食麻醉药品及精神药物〉》（第 22/2020 号法律）

23.《修改〈2020 年财政年度预算案〉》（第 23/2020 号法律）

24.《修改〈印花税规章〉及〈印花税缴税总表〉》（第 24/2020 号法律）

25.《修改第 1/2001 号法律〈澳门特别行政区警察总局〉》（第 25/2020 号法律）

26.《修改第 9/2002 号法律〈澳门特别行政区内部保安纲要法〉》（第 26/2020 号法律）

27.《2021 年财政年度预算案》（第 27/2020 号法律）

人事任免

第十三届全国人民代表大会常务委员会第十六次会议决定任免、批准任免、任免名单

全国人民代表大会常务委员会免职名单

（2020年2月24日第十三届全国人民代表大会常务委员会第十六次会议通过）

免去柯良栋的第十三届全国人民代表大会常务委员会副秘书长职务。

全国人民代表大会常务委员会任免名单

（2020年2月24日第十三届全国人民代表大会常务委员会第十六次会议通过）

一、免去席小鸿的最高人民法院环境资源审判庭副庭长、审判员职务。

二、任命于蒙（女）、马晓旭（女）、尹晓春（女）、邓亮、邓俊杰（女）、厉文华（女）、叶阳、田娟（女）、朱砂、朱科（女）、朱婧（女）、刘山煽（女）、许昱、许建华（女）、许常海、孙茜（女）、杜军燕（女）、杜曦明、李丽（女）、李希（女）、李光琴（女）、李红伟（女）、李赛敏（女）、杨心忠、肖丹（女）、肖辉（女）、吴笛、沈佳（女）、张娜（女）、张勤（女）、张元光、张文文（女）、张向东、陈新军、罗灿、郑勇、赵娟（女）、赵风暴、钟彦君（女）、姜远亮、姚龙兵、贾亚奇、徐超、徐静（女）、徐霖（女）、高蕾（女）、郭艳地（女）、黄明刚、崔慧（女）、崔英进、梁爽（女）、彭艳（女）、彭凌（女）、景景（女）、踪训峰、何隽（女）、张新锋为最高人民法院审判员。

三、免去王培中、王启全、才旦卓玛（女）、姚裕知（女）的最高人民法院审判员职务。

全国人民代表大会常务委员会免职名单

（2020年2月24日第十三届全国人民代表大会常务委员会第十六次会议通过）

免去王国平、王伦轩的最高人民检察院检察员职务。

全国人民代表大会常务委员会批准任命的名单

（2020年2月24日第十三届全国人民代表大会常务委员会第十六次会议通过）

一、批准任命李成林为辽宁省人民检察院检察长。

二、批准任命尹伊君为吉林省人民检察院检察长。

三、批准任命叶晓颖（女）为湖南省人民检察院检察长。

第十三届全国人民代表大会常务委员会第十七次会议决定任免、批准任免、任免名单

全国人民代表大会常务委员会批准任命的名单

（2020年4月29日第十三届全国人民代表大会常务委员会第十七次会议通过）

批准任命王仁华、刘德伟、田义祥为中国人民解放军选举委员会委员。

全国人民代表大会常务委员会任命名单

（2020年4月29日第十三届全国人民代表大会常务委员会第十七次会议通过）

任命程立峰为第十三届全国人民代表大会环境与资源保护委员会副主任委员。

中华人民共和国主席令

第四十四号

根据中华人民共和国第十三届全国人民代表大会常务委员会第十七次会议于2020年4月29日的决定：

一、免去傅政华的司法部部长职务；

任命唐一军为司法部部长。

二、免去李干杰的生态环境部部长职务；

任命黄润秋为生态环境部部长。

中华人民共和国主席　习近平

2020年4月29日

全国人民代表大会常务委员会决定任免的名单

（2020年4月29日第十三届全国人民代表大会常务委员会第十七次会议通过）

一、免去傅政华的司法部部长职务；

任命唐一军为司法部部长。

二、免去李干杰的生态环境部部长职务；

任命黄润秋为生态环境部部长。

全国人民代表大会常务委员会任免名单

（2020年4月29日第十三届全国人民代表大会常务委员会第十七次会议通过）

一、任命贺荣（女）为最高人民法院副院长、审判委员会委员、审判员。

二、免去江必新的最高人民法院副院长、审判委员会委员、审判员职务。

三、免去孙华璞的最高人民法院审判委员会委员、审判员职务。

四、免去李亮、付双全、段小京（女）、张华的最高人民法院审判员职务。

全国人民代表大会常务委员会决定任免的名单

（2020 年 4 月 29 日第十三届全国人民代表大会常务委员会第十七次会议通过）

一、免去林松添的中华人民共和国驻南非共和国特命全权大使职务。

二、免去程学源的中华人民共和国驻斯里兰卡民主社会主义共和国特命全权大使职务。

三、免去汪文斌的中华人民共和国驻突尼斯共和国特命全权大使职务。

四、免去李立的中华人民共和国驻摩洛哥王国特命全权大使职务。

五、免去吴鹏的中华人民共和国驻肯尼亚共和国特命全权大使职务。

六、免去王世廷的中华人民共和国驻加纳共和国特命全权大使职务。

七、免去耿文兵的中华人民共和国驻瑞士联邦特命全权大使职务；

任命王世廷为中华人民共和国驻瑞士联邦特命全权大使。

八、免去宋昱旻的中华人民共和国驻特立尼达和多巴哥共和国特命全权大使职务。

第十三届全国人民代表大会常务委员会第十八次会议决定任免、批准任免、任免名单

全国人民代表大会常务委员会任命名单

（2020 年 5 月 18 日第十三届全国人民代表大会常务委员会第十八次会议通过）

任命殷一璀（女）为第十三届全国人民代表大会教育科学文化卫生委员会副主任委员。

全国人民代表大会常务委员会免职名单

（2020 年 5 月 18 日第十三届全国人民代表大会常务委员会第十八次会议通过）

一、免去邱学强的最高人民检察院副检察长、检察委员会委员、检察员职务。

二、免去王海的最高人民检察院检察员职务。

全国人民代表大会常务委员会决定任免的名单

（2020 年 5 月 18 日第十三届全国人民代表大会常务委员会第十八次会议通过）

一、任命陈晓东为中华人民共和国驻南非共和国特命全权大使。

二、免去邓励的中华人民共和国驻土耳其共和国特命全权大使职务。

第十三届全国人民代表大会常务委员会第十九次会议决定任免、批准任免、任免名单

全国人民代表大会常务委员会任免名单

（2020 年 6 月 20 日第十三届全国人民代表大会常务委员会第十九次会议通过）

一、任命刘雪梅（女）为最高人民法院立案庭副庭长。

二、任命沈红雨（女）为最高人民法院民事审判第四庭副庭长。

三、任命汪斌为最高人民法院第四巡回法庭副庭长。

四、任命朱理为最高人民法院知识产权法庭副庭长。

五、免去高晓力（女）的最高人民法院民事审判第四庭副庭长职务。

六、免去续文钢的最高人民法院立案庭副庭长、审判员职务。

七、免去李健的最高人民法院刑事审判第四庭副庭长、审判员职务。

八、免去关丽（女）的最高人民法院民事审判第二庭副庭长、审判员职务。

九、免去蒋惠岭、王慧君（女）、陈佳（女）、尹颖舜的最高人民法院审判员职务。

全国人民代表大会常务委员会决定任免的名单

（2020 年 6 月 20 日第十三届全国人民代表大会常务委员会第十九次会议通过）

一、免去周平剑的中华人民共和国驻尼日利亚联邦共和国特命全权大使职务，任命其为中华人民共和国驻肯尼亚共和国特命全权大使。

二、任命郭晓梅（女）为中华人民共和国驻马达加斯加共和国特命全权大使。

三、免去张迅的中华人民共和国驻塞内加尔共和国特命全权大使职务；

任命肖晗为中华人民共和国驻塞内加尔共和国特命全权大使。

四、免去金红军的中华人民共和国驻几内亚比绍共和国特命全权大使职务；

任命郭策为中华人民共和国驻几内亚比绍共和国特命全权大使。

五、免去孙炜东的中华人民共和国驻土库曼斯坦特命全权大使职务；

任命钱乃成为中华人民共和国驻土库曼斯坦特命全权大使。

六、免去黄星原的中华人民共和国驻塞浦路斯共和国特命全权大使职务。

七、任命方遒为中华人民共和国驻特立尼达和多巴哥共和国特命全权大使。

第十三届全国人民代表大会常务委员会第二十次会议决定任免、批准任免、任免名单

中华人民共和国主席令

第五十号

根据中华人民共和国第十三届全国人民代表大会常务委员会第二十次会议于2020年6月30日的决定：

免去胡泽君（女）的审计署审计长职务；

任命侯凯为审计署审计长。

中华人民共和国主席　习近平

2020年6月30日

全国人民代表大会常务委员会决定任免的名单

（2020年6月30日第十三届全国人民代表大会常务委员会第二十次会议通过）

免去胡泽君（女）的审计署审计长职务；

任命侯凯为审计署审计长。

全国人民代表大会常务委员会免职名单

（2020年6月30日第十三届全国人民代表大会常务委员会第二十次会议通过）

免去侯凯的国家监察委员会委员职务。

第十三届全国人民代表大会常务委员会第二十一次会议决定任免、批准任免、任免名单

全国人民代表大会常务委员会任命名单

（2020年8月11日第十三届全国人民代表大会常务委员会第二十一次会议通过）

一、任命王家胜为第十三届全国人民代表大会监察和司法委员会副主任委员。

二、任命宋普选为第十三届全国人民代表大会教育科学文化卫生委员会副主任委员。

三、任命刘粤军为第十三届全国人民代表大会社会建设委员会副主任委员。

中华人民共和国主席令

第五十四号

根据中华人民共和国第十三届全国人民代表大会常务委员会第二十一次会议于2020年8月11日的决定：

一、免去苗圩的工业和信息化部部长职务；任命肖亚庆为工业和信息化部部长。

二、免去雒树刚的文化和旅游部部长职务；任命胡和平为文化和旅游部部长。

中华人民共和国主席 习近平

2020年8月11日

全国人民代表大会常务委员会决定任免的名单

（2020年8月11日第十三届全国人民代表大会常务委员会第二十一次会议通过）

一、免去苗圩的工业和信息化部部长职务；任命肖亚庆为工业和信息化部部长。

二、免去雒树刚的文化和旅游部部长职务；任命胡和平为文化和旅游部部长。

全国人民代表大会常务委员会任免名单

（2020年8月11日第十三届全国人民代表大会常务委员会第二十一次会议通过）

一、免去罗东川的最高人民法院副院长、审判委员会委员、知识产权法庭庭长、审判员职务。

二、任命李勇、王旭光为最高人民法院审判委员会委员。

三、免去王秀梅（女）的最高人民法院刑事审判第二庭副庭长、审判员职务。

四、免去盛学军的最高人民法院民事审判第二庭副庭长、审判员职务。

五、免去秦天宝的最高人民法院环境资源审判庭副庭长、审判员职务。

六、免去余凌云的最高人民法院行政审判庭副庭长、审判员职务。

七、免去尚晓阳、陆效龙、张宏伟、钟宣的最高人民法院审判员职务。

全国人民代表大会常务委员会任免名单

（2020年8月11日第十三届全国人民代表大会常务委员会第二十一次会议通过）

一、任命苗生明、冯小光为最高人民检察院检察委员会委员。

二、任命刘强云、刘霞（女）、龚瑞、陈坚为最高人民检察院检察员。

三、免去解振营、李景晗、张志强的最高人民检察院检察员职务。

全国人民代表大会常务委员会决定任免的名单

（2020年8月11日第十三届全国人民代表大会常务委员会第二十一次会议通过）

一、免去白天的中华人民共和国驻马来西亚特命全权大使职务；

任命欧阳玉靖为中华人民共和国驻马来西亚特命全权大使。

二、免去姚敬的中华人民共和国驻巴基斯坦伊斯兰共和国特命全权大使职务；

任命农融为中华人民共和国驻巴基斯坦伊斯兰共和国特命全权大使。

三、任命戚振宏为中华人民共和国驻斯里兰卡民主社会主义共和国特命全权大使。

四、任命刘少宾为中华人民共和国驻土耳其共和国特命全权大使。

五、免去潘伟芳的中华人民共和国驻约旦哈希姆王国特命全权大使职务；

任命陈传东为中华人民共和国驻约旦哈希姆王国特命全权大使。

六、免去张建国的中华人民共和国驻毛里塔尼亚伊斯兰共和国特命全权大使职务。

七、任命张建国为中华人民共和国驻突尼斯共和国特命全权大使。

八、免去谈践的中华人民共和国驻埃塞俄比亚联邦民主共和国特命全权大使职务；

任命赵志远为中华人民共和国驻埃塞俄比亚联邦民主共和国特命全权大使。

九、免去王卫的中华人民共和国驻圣多美和普林西比民主共和国特命全权大使职务；

任命徐迎真（女）为中华人民共和国驻圣多美和普林西比民主共和国特命全权大使。

十、免去崔启明的中华人民共和国驻白俄罗斯共和国特命全权大使职务；

任命谢小用为中华人民共和国驻白俄罗斯共和国特命全权大使。

十一、免去田二龙的中华人民共和国驻亚美尼亚共和国特命全权大使职务；

任命范勇为中华人民共和国驻亚美尼亚共和国特命全权大使。

十二、免去段洁龙的中华人民共和国驻匈牙利特命全权大使职务；

任命齐大愚为中华人民共和国驻匈牙利特命全权大使。

十三、任命刘彦涛为中华人民共和国驻塞浦路斯共和国特命全权大使。

十四、免去吕健的中华人民共和国驻泰王国特命全权大使职务。

十五、免去徐步的中华人民共和国驻智利共和国特命全权大使职务。

第十三届全国人民代表大会常务委员会第二十二次会议决定任免、批准任免、任免名单

全国人民代表大会常务委员会任命名单

（2020年10月17日第十三届全国人民代表大会常务委员会第二十二次会议通过）

一、任命车俊为第十三届全国人民代表大会监察和司法委员会副主任委员。

二、任命陈求发为第十三届全国人民代表大会教育科学文化卫生委员会副主任委员。

全国人民代表大会常务委员会任免名单

（2020 年 10 月 17 日第十三届全国人民代表大会常务委员会第二十二次会议通过）

任命刘俊臣为第十三届全国人民代表大会常务委员会副秘书长，免去其全国人民代表大会常务委员会法制工作委员会副主任职务。

全国人民代表大会常务委员会任免名单

（2020 年 10 月 17 日第十三届全国人民代表大会常务委员会第二十二次会议通过）

一、任命邹雷为最高人民法院刑事审判第一庭副庭长。

二、任命逄锦温为最高人民法院刑事审判第二庭副庭长。

三、任命杨占富、方文军为最高人民法院刑事审判第五庭副庭长。

四、任命汤锷、董胜为最高人民法院审判员。

五、免去曹士兵、侯伟、任晓兰（女）、高雪（女）、王友祥、李春、王展飞的最高人民法院审判员职务。

全国人民代表大会常务委员会任免名单

（2020 年 10 月 17 日第十三届全国人民代表大会常务委员会第二十二次会议通过）

一、任命迪里夏提·沙依木为最高人民检察院检察员。

二、免去黄河的最高人民检察院检察员职务。

全国人民代表大会常务委员会决定任免的名单

（2020 年 10 月 17 日第十三届全国人民代表大会常务委员会第二十二次会议通过）

一、免去蔡润的中华人民共和国驻葡萄牙共和国特命全权大使职务。

二、任命蔡润为中华人民共和国驻以色列国特命全权大使。

三、免去卢坤的中华人民共和国驻多米尼克国特命全权大使职务。

四、任命卢坤为中华人民共和国驻加纳共和国特命全权大使。

五、免去姜江的中华人民共和国驻马耳他共和国特命全权大使职务；

任命于敦海为中华人民共和国驻马耳他共和国特命全权大使。

六、免去徐宏的中华人民共和国驻荷兰王国特命全权大使职务；

任命谈践为中华人民共和国驻荷兰王国特命全权大使。

七、免去黄亲国的中华人民共和国驻巴哈马国特命全权大使职务。

八、免去赵永琛的中华人民共和国驻格林纳达特命全权大使职务；

任命韦宏添为中华人民共和国驻格林纳达特命全权大使。

第十三届全国人民代表大会常务委员会第二十三次会议决定任免、批准任免、任免名单

全国人民代表大会常务委员会任命名单

（2020 年 11 月 11 日第十三届全国人民代表大会常务委员会第二十三次会议通过）

任命陈武为第十三届全国人民代表大会财政经济委员会副主任委员。

全国人民代表大会常务委员会任免名单

（2020 年 11 月 11 日第十三届全国人民代表大会常务委员会第二十三次会议通过）

一、任命贺小荣为最高人民法院副院长。

二、免去张述元的最高人民法院副院长、审判委员会委员职务。

全国人民代表大会常务委员会任命名单

（2020 年 11 月 11 日第十三届全国人民代表大会常务委员会第二十三次会议通过）

任命杨春雷为最高人民检察院副检察长、检察委员会委员。

第十三届全国人民代表大会常务委员会第二十四次会议决定任免、批准任免、任免名单

全国人民代表大会常务委员会任命名单

（2020 年 12 月 26 日第十三届全国人民代表大会常务委员会第二十四次会议通过）

一、任命陈豪为第十三届全国人民代表大会民族委员会副主任委员。

二、任命孙志刚、杜家毫为第十三届全国人民代表大会财政经济委员会副主任委员。

三、任命刘赐贵为第十三届全国人民代表大会外事委员会副主任委员。

四、任命巴音朝鲁、于伟国为第十三届全国人民代表大会环境与资源保护委员会副主任委员。

中华人民共和国主席令

第六十八号

根据中华人民共和国第十三届全国人民代表大会常务委员会第二十四次会议于2020年12月26日的决定：

一、免去巴特尔（蒙古族）的国家民族事务委员会主任职务；

任命陈小江为国家民族事务委员会主任。

二、免去韩长赋的农业农村部部长职务；

任命唐仁健为农业农村部部长。

三、免去钟山的商务部部长职务；

任命王文涛为商务部部长。

中华人民共和国主席 习近平

2020年12月26日

全国人民代表大会常务委员会决定任免的名单

（2020年12月26日第十三届全国人民代表大会常务委员会第二十四次会议通过）

一、免去巴特尔的国家民族事务委员会主任职务；

任命陈小江为国家民族事务委员会主任。

二、免去韩长赋的农业农村部部长职务；

任命唐仁健为农业农村部部长。

三、免去钟山的商务部部长职务；

任命王文涛为商务部部长。

全国人民代表大会常务委员会免职名单

（2020年12月26日第十三届全国人民代表大会常务委员会第二十四次会议通过）

免去李书磊、陈小江的国家监察委员会副主任职务。

全国人民代表大会常务委员会任免名单

（2020年12月26日第十三届全国人民代表大会常务委员会第二十四次会议通过）

一、任命杨临萍（女）为最高人民法院副院长、审判委员会委员、审判员。

二、免去裴显鼎的最高人民法院审判委员会委员、刑事审判第二庭庭长、第一巡回法庭庭长、审判员职务。

三、任命韩维中为最高人民法院审判监督庭庭长，免去其最高人民法院刑事审判第二庭副庭长职务。

四、任命郃中林为最高人民法院知识产权法庭副庭长，免去其最高人民法院第二巡回法庭副庭长职务。

五、免去颜茂昆的最高人民法院审判监督庭庭长、审判员职务。

六、免去王闯的最高人民法院知识产权法庭副庭长、审判员职务。

七、免去刘雅玲（女）的最高人民法院第三巡回法庭副庭长职务。

八、任命王新为最高人民法院刑事审判第三庭副庭长。

九、任命王伟为最高人民法院民事审判第一庭副庭长。

十、任命章志远为最高人民法院行政审判庭副庭长。

十一、任命王珂（女）、王鑫、邓克珠（女）、龙飞（女）、庄慧娟（女）、刘丽芳（女）、孙勇进、李丽芳（女）、李秀元（女）、李英凯（女）、李宗诚、李敬阳、吴凯敏（女）、张梅（女）、张小洁（女）、张杨民、张丽洁（女）、陈娅（女）、陈新旺、林莹（女）、周觅（女）、周铭芳（女）、贾艳梅（女）、徐燕（女）、高明黎（女）、曹东方、曹吴清（女）、谢颖（女）为最高人民法院审判员。

十二、免去阿依古丽（女）、史正文、林红英（女）、王毓莹（女）的最高人民法院审判员职务。

全国人民代表大会常务委员会免职名单

（2020 年 12 月 26 日第十三届全国人民代表大会常务委员会第二十四次会议通过）

免去董桂文、欧阳鹏、胡延龙、肖卓的最高人民检察院检察员职务。

全国人民代表大会常务委员会决定任免的名单

（2020 年 12 月 26 日第十三届全国人民代表大会常务委员会第二十四次会议通过）

一、免去张向晨的中华人民共和国常驻世界贸易组织代表、特命全权大使，常驻联合国日内瓦办事处和瑞士其他国际组织副代表职务；

任命李成钢为中华人民共和国常驻世界贸易组织代表、特命全权大使，兼常驻联合国日内瓦办事处和瑞士其他国际组织副代表。

二、免去李进军的中华人民共和国驻朝鲜民主主义人民共和国特命全权大使职务；

任命王亚军为中华人民共和国驻朝鲜民主主义人民共和国特命全权大使。

三、免去刘晓明的中华人民共和国驻大不列颠及北爱尔兰联合王国特命全权大使职务；

任命郑泽光为中华人民共和国驻大不列颠及北爱尔兰联合王国特命全权大使。

四、免去李昌林的中华人民共和国驻布隆迪共和国特命全权大使职务。

五、任命李昌林为中华人民共和国驻摩洛哥王国特命全权大使。

六、任命李柏军为中华人民共和国驻毛里塔尼亚伊斯兰共和国特命全权大使。

七、免去崔建春的中华人民共和国驻圭亚那合作共和国特命全权大使职务。

八、任命崔建春为中华人民共和国驻尼日利亚联邦共和国特命全权大使。

九、免去赵彦博的中华人民共和国驻博茨瓦纳共和国特命全权大使职务；

任命王雪峰为中华人民共和国驻博茨瓦纳共和国特命全权大使。

十、任命赵本堂为中华人民共和国驻葡萄牙共和国特命全权大使。

十一、任命戴庆利（女）为中华人民共和国驻巴哈马国特命全权大使。

十二、任命牛清报为中华人民共和国驻智利共和国特命全权大使。

代表工作

一、代表议案审议

全国人民代表大会监察和司法委员会关于第十三届全国人民代表大会第三次会议主席团交付审议的代表提出的议案审议结果的报告

全国人民代表大会常务委员会：

第十三届全国人民代表大会第三次会议主席团交付监察和司法委员会审议代表议案33件，其中12件要求制定法律6项，20件要求修改法律6项，1件要求听取专项工作报告1项。

提出议案是人大代表履职的重要方式。认真办理代表提出的议案，是专门委员会的基本职责，是尊重代表主体地位，支持代表积极发挥作用的具体体现。我委不断改进议案办理工作，增强工作的针对性实效性。一是加强与代表联系，采取电话、当面沟通等方式，听取代表对议案办理的意见建议，努力提高代表满意度。二是加强与有关部门协同配合，按照规定将代表议案转中央政法委、最高人民法院、最高人民检察院、公安部、司法部研究提出意见。对代表多次提出但有关部门尚未形成共识的一些议案，我委采取召开专门座谈会、反复电话沟通等方式深入交换意见，努力增进共识，积极推动有关部门对代表提出的立法建议加强研究论证。三是扎实推进法律援助立法工作，召开立法工作领导小组办公室会议，形成法律草案征求意见稿后，书面征求有关地方人大和代表意见，着力提高立法质量。2020年9月11日，我委召开第13次全体会议对代表议案逐件审议，并邀请部分全国人大代表列席会议。现将审议结果报告如下。

一、19件议案提出的5项立法，已经列入全国人大常委会立法工作计划或者立法规划

1. 关于制定法律援助法的议案2件。
2. 关于修改治安管理处罚法的议案5件。
3. 关于修改律师法的议案3件。
4. 关于修改道路交通安全法的议案6件。
5. 关于修改监狱法的议案3件。

其中，法律援助法由我委牵头起草，正汇总分析有关方面意见，进一步修改完善法律草案征求意见稿，拟于2020年12月提请全国人大常委会审议。其他4项立法，由有关部门牵头起草，正在按立法工作计划或者立法规划抓紧工作。

二、9件议案提出的3项立法和1项监督，建议适时列入全国人大常委会立法、监督工作计划或者立法规划

6. 关于制定司法鉴定法的议案5件。
7. 关于制定检察公益诉讼法的议案1件。
8. 关于修改禁毒法的议案2件。

上述3项立法，有关部门认为有必要并且已经开展了相关工作，建议适时列入全国人大常委会立法工作计划或者立法规划。

9. 关于听取刑事诉讼改革专项工作报告的议案1件。

为全面了解以审判为中心的诉讼制度改革总体情况，推动改革向纵深开展，建议适时列入全国人大常委会监督工作计划。

三、5件议案提出的4项立法，建议有关部门结合代表建议进一步加强研究论证

10. 关于制定多元化纠纷解决促进法的议案

2 件。

11. 关于制定法律监督法的议案 1 件。

12. 关于制定公共安全检查法的议案 1 件。

13. 关于修改居民身份证法的议案 1 件。

上述 4 项立法，已有相关法律作出规定，建议有关部门及时总结现行法律实施情况，结合代表建议不断改进工作，对是否需要制定专门法律或者修改有关法律进一步加强研究论证。

全国人民代表大会监察和司法委员会

2020 年 10 月 13 日

全国人民代表大会财政经济委员会关于第十三届全国人民代表大会第三次会议主席团交付审议的代表提出的议案审议结果的报告

全国人民代表大会常务委员会：

第十三届全国人民代表大会第三次会议主席团交付全国人大财经委审议的代表提出的议案 91 件。将内容相同或相近的归类后，共有 57 个立法项目。

根据全国人大常委会关于代表议案办理工作的要求，十三届全国人大三次会议闭幕后，全国人大财经委及时召开代表议案办理工作会议，邀请中央网信办、全国人大常委会预算工委、最高人民法院、国务院有关部委等 28 个单位的同志，就提出议案初步处理意见作出分工安排，共同研究议案办理工作。各承办单位高度重视议案办理工作，认真研究议案内容，根据《全国人大常委会 2020 年度代表工作计划》要求，在办理过程中注重积极与代表联系沟通，采取电话、视频、当面汇报、召开专题座谈会、实地调研等多种方式征求代表的意见。从承办单位反馈汇总的情况看，代表对议案答复意见基本认可，对办理工作表示满意，同时对加强有关工作提出了进一步的意见和建议。全国人大财经委在对每件议案以及承办单位提出的初步处理意见认真研究的基础上提出了提请审议的代表议案处理意见（送审稿）。9 月 21 日，全国人大财经委召开第 42 次全体会议，对议案进行了审议。现将审议结果报告如下：

一、代表提出的建议修改商业银行法（5 件）、中国人民银行法（4 件）、企业破产法（11 件，含制定个人破产法 2 件、制定金融机构破产法 1 件）、海商法（1 件）、产品质量法（2 件）、税收征收管理法（2 件）、城市房地产管理法（1 件）、民用航空法（1 件）、电力法（1 件）、铁路法（1 件），建议制定社会信用法（6 件）、航空法（1 件）、电信法（1 件）、不动产登记法（1 件）、事业单位国有资产管理法（1 件），共 39 件议案涉及的 15 个立法项目已列入十三届全国人大常委会立法规划或 2020 年度立法工作计划，建议起草单位加快工作进程，按时完成立法任务。

二、代表提出的建议修改建筑法（3 件）、票据法（2 件）、邮政法（3 件）、烟草专卖法（2 件）、港口法（1 件）、价格法（1 件）、消费者权益保护法（1 件）、信托法（1 件）、注册会计师法（1 件）、海关法（1 件）、进出口商品检验法（1 件）、企业国有资产法（1 件）、煤炭法（1 件），建议制定公共资源交易法（1 件）、企业信息公示法（1 件）、金融科技监管法（1 件）、对外投资法（1 件）、财政法（1 件）、国家战略物资储备法（2 件）、商事调解法（2 件）、征信管理法（1 件）、城市管理法（1 件）、物业管理法（3 件）、工业遗产保护和利用法（1 件）、航空航天产业促进法（1 件）、商业秘密保护法（1 件）、传统村落保护法（1 件）、普惠金融促进法（1 件）、县域金融促进法（1 件）、公益广告法（1 件）、国债法（1 件）、住房租赁法（1 件）、业主委员会选举法（1 件）、信用信息公开和保护法（1 件）、经济开发区法（1 件）、中小企业金融纾困法（1 件）、大数据管理法（1 件），共 47 件议案涉及的 37 个立法项目确有立法必要，建议有关部门加强调研论证，待条件成熟时，争取列入全国人大常委会今后立法规划或年度立法工作计划。

三、代表提出的建议制定老字号保护和促进法（1 件）、物流发展促进法（1 件）、数字经济法（1 件）、家政服务法（1 件）、房屋建筑安全管理法（1 件），共 5 件议案涉及的 5 个立法项目，建议通过完善现行法律法规实施细则和办法，或制定相关法规规章和标准规范，解决议案所提问题。

以上报告，请审议。

全国人民代表大会财政经济委员会

2020 年 10 月 13 日

全国人民代表大会社会建设委员会关于第十三届全国人民代表大会第三次会议主席团交付审议的代表提出的议案审议结果的报告

全国人民代表大会常务委员会：

第十三届全国人民代表大会第三次会议主席团交付社会建设委员会（以下简称社会委）审议的48件议案，由18个代表团1467名代表提出，共涉及23个立法项目，其中：关于制定法律（10部）的议案19件，关于修改法律（13部）的议案29件。主要围绕突发事件、安全生产、社会保障、慈善事业、劳动关系、社会治理、家庭教育、特殊群体等8个方面内容。

社会委以习近平总书记关于坚持和完善人民代表大会制度的重要思想为指导，认真贯彻落实栗战书委员长提出的“内容高质量、办理高质量”“既要重结果、也要重过程”“把办理代表议案建议与制定修改法律更紧密地结合起来”的重要指示精神，精心安排部署，制定严谨方案，按照“以联系代表为主线，抓好前中后三阶段”工作方法，通过：①深入了解领衔代表或相关代表的主张；②邀请常委会领导同志、常委会委员直接联系的代表和议案领衔代表或其他相关代表，参与社会委重点立法、监督、调研等工作；③向20个有关方面发函征求研究意见；④与国家医保局等有关部门座谈，研究讨论代表议案办理意见；⑤向议案领衔代表介绍办理情况、反馈研究结果等方式，密切联系代表、虚心听取意见，加强部门联动、回应社会关切，高质高效办理好代表议案，推动改进工作、解决实际问题。

2020年9月，社会委对48件代表议案的办理意见进行了审议，现将审议结果报告如下。

一、21件议案提出8个立法项目，其中：19件涉及的6个项目已纳入十三届全国人大常委会立法规划或2020年度立法工作计划，2件涉及的项目与其密切相关，在立法工作中一并研究考虑，将按规划或计划提请全国人大常委会审议

1. 关于制定《社会救助法》的议案3件

制定《社会救助法》已纳入十三届全国人大常委会立法规划第一类项目和2020年度立法工作计划，由国务院提请审议，社会委负责联系。国务院有关部门已形成《社会救助法（草案）》（征求意见稿），正抓紧工作，按计划于2020年内提请全国人大常委会审议。

2. 关于制定《家庭教育法》的议案5件

制定《家庭教育法》已纳入十三届全国人大常委会立法规划第三类项目和2020年度立法工作计划，由社会委提请审议。社会委于2020年3月牵头成立家庭教育立法工作领导小组，并启动家庭教育立法工作。目前，正广泛征求意见建议，修改完善《家庭教育法（草案）》（征求意见稿），拟于2020年12月提请全国人大常委会审议。

3. 关于突发事件应对领域的议案6件

3.1　关于修改《突发事件应对法》的议案5件

3.2　关于制定《社区应急管理法》的议案1件（通过修改《突发事件应对法》等相关法律，吸收议案内容，解决所提问题）

修改《突发事件应对法》已纳入全国人大常委会2020年度立法工作计划，成立了由张春贤副委员长为组长的修法工作专班，相关工作正稳步推进中。目前，修法工作专班已完成《突发事件应对法（修订草案）》（征求意见稿），将根据征求意见情况进一步完善，拟于2020年12月提请全国人大常委会审议。

4. 关于基层社会治理领域的议案4件

4.1　关于修改《城市居民委员会组织法》的议案1件

4.2　关于修改《村民委员会组织法》的议案2件

4.3　关于制定《城乡社区治理促进法》的议案1件（通过修改《城市居民委员会组织法》《村民委员会组织法》，吸收议案内容，解决所提问题）

修改《城市居民委员会组织法》《村民委员会组织法》已纳入十三届全国人大常委会立法规划第二类项目，由国务院提请审议，社会委负责联系。目前已完成第一步修改，即“法定任期由3年改为5年”；第二步系统修订工作正在抓紧进行，争取在本

届内提请全国人大常委会审议。

5. 关于修改安全生产法的议案3件

修改《安全生产法》已纳入十三届全国人大常委会立法规划第一类项目和2020年度立法工作计划，由国务院提请审议，社会委负责联系。国务院有关部门已形成《安全生产法(修正案草案)》(送审稿)，正按立法程序推进审查工作，争取尽快提请全国人大常委会审议。

二、11件议案提出的7个立法项目有立法必要，建议加强调研起草工作，条件成熟时，提请纳入全国人大常委会年度立法工作计划

6. 关于制定《医疗保障法》的议案4件

今年上半年，社会委开展了社会保险制度改革和《社会保险法》实施情况专题调研，在提交常委会第19次会议的《医疗保障制度改革与发展》报告中提出，要抓紧制定《医疗保障法》，协调推动立法进程。建议国家医保局等部门在前期工作基础上，广泛听取各方面意见，扎实开展调研论证，抓紧起草法律草案，条件成熟时，提请纳入全国人大常委会年度立法工作计划。

7. 关于制定《志愿服务法》的议案1件

社会委将结合《突发事件应对法》修改和《慈善法》执法检查工作，认真研究志愿服务应急能力建设和对接慈善服务等重要内容，适时就议案所提重点问题开展调研，推动有关方面在吸收地方立法探索和实践经验的基础上，研究起草法律，条件成熟时，提请纳入全国人大常委会年度立法工作计划。

8. 关于制定《无障碍环境建设法》的议案1件

社会委将会同有关方面进一步加强对无障碍环境建设立法的研究论证工作，加快立法进程，条件成熟时，提请纳入全国人大常委会年度立法工作计划。

9. 关于慈善事业领域的议案2件

9.1 关于修改《慈善法》的议案1件

9.2 关于制定《网络慈善救助法》的议案1件(通过修改《慈善法》，吸收议案内容，解决所提问题)

修改《慈善法》已纳入十三届全国人大常委会强化公共卫生法治保障立法修法工作计划，作为拟综合统筹、适时修改的项目。全国人大常委会于今年开展了《慈善法》执法检查，并就《慈善法》的修改完善广泛听取了意见建议。社会委将根据执法检查情况，联系民政部等有关部门，对《慈善法》修改进行深入研究论证，条件成熟时，提请纳入全国人大常委会年度立法工作计划。

10. 关于妇女权益保障领域的议案2件

10.1 关于修改《妇女权益保障法》的议案1件

全国妇联认为，修改《妇女权益保障法》具有充分的法规政策基础，经过必要的调研论证，已形成了广泛的立法共识。社会委将积极推动立法工作，拟向全国人大常委会建议，将修改《妇女权益保障法》纳入常委会2021年度立法工作计划。

10.2 关于修改《妇女权益保障法》第二条、第九条、第十五条、第二十二条、第三十条的议案1件

《妇女权益保障法》强调妇女享有同男子平等的权利，并不是以男子权利为对照标准规定女性权利，而是针对妇女发展现状和歧视妇女现象仍然存在的客观现实，作出有针对性的规定，与《宪法》关于男女平等的要求并不冲突。社会委将在《妇女权益保障法》修改时，配合有关方面认真研究，进一步完善相关法律规定，并通过各种形式推动法律有效实施，强化对妇女各项权益的保障。

11. 修改《矿山安全法》的议案1件

全国人大常委会正在积极推进应急管理体系化立法工作。应急管理部将修改《矿山安全法》作为应急管理立法体系框架的重要内容，成立了修法领导小组，正在抓紧研究形成修改草案送审稿。社会委建议应急管理部等部门，在现有基础上进一步研究论证，抓紧起草工作，并做好与正在修改的《突发事件应对法》《安全生产法》的衔接。条件成熟时，提请纳入全国人大常委会年度立法工作计划。

三、3件议案提出的2个立法项目，建议在完善相关法律法规的同时，加大现行法律法规政策的贯彻实施力度

12. 关于修改《消防法》的议案2件

十三届全国人大常委会第10次会议审议通过了《消防法》修正案，厘清了公安机关、住房和城乡建设部门、应急管理部门及消防救援机构的相关消防工作职责。建议应急管理部等部门，按照《关于深化消防执法改革的意见》精神，强化立法和改革

决策相衔接,积极完善配套法规政策,加大对《消防法》的贯彻实施力度,加快推动相关工作。

13. 关于修改《反家庭暴力法》相关条款的议案1件

《反家庭暴力法》颁布以来,不少地方已出台了相关的配套法规,对议案所提问题作出了具体规定,考虑到法律施行尚不足五年,相关法规和制度的实施效果尚待实践检验,社会委将进一步加强对《反家庭暴力法》实施情况的专题调研,并以适当方式建议各地尽快出台配套法规,切实推动《反家庭暴力法》的贯彻落实。

四、13件议案提出的6个立法项目,建议有关方面对议案所提建议和问题继续分析研究,开展调研论证

14. 关于修改《社会保险法》的议案2件

今年上半年,社会委组织开展了社会保险制度改革和《社会保险法》实施情况专题调研,在提交常委会第19次会议的专题调研报告中提出了探索强制参保、平衡待遇水平、完善缴费制度、建立专项制度、完善法律法规等5条建议,涵盖议案所提内容。建议有关部门坚持广覆盖、保基本、多层次、可持续的方针,结合社会保障领域深化改革的进程,广泛听取各方面意见,参考专题调研报告内容,开展修法前期论证,为完善法律创造必要条件。

15. 关于应对人口老龄化领域的议案4件

15.1—15.3 关于修改《老年人权益保障法》的议案3件

15.4 关于修改《劳动法》的议案1件

议案所提关于《老年人权益保障法》建立长期护理保险、子女护理假制度和增加"养老服务"专章,《劳动法》建立子女陪护假制度等建议,社会委在社会保险制度改革和《社会保险法》实施情况的专题调研报告中,总结了长期护理保险试点工作取得的成效及存在的问题,提出了具体的政策建议。建议有关部门,结合地方长期护理保险试点和子女带薪护理假、陪护假制度实践情况以及贯彻落实《关于推进养老服务发展的意见》的经验做法,广泛征求意见,开展立法前期研究论证工作,为法律修改奠定基础。

16.1—16.2 关于修改劳动合同法的议案5件

17. 关于制定文明行为促进法的议案1件

18. 关于制定非营利组织法的议案1件

以上议案提出的制定或修改法律的意见和建议,社会委经征求并综合有关方面的意见,建议加大对上述议案所提问题的研究力度,开展前期论证工作,为有关法律的制定或修改提供理论和实践支撑,创造必要条件。

以上报告,请审议。

全国人民代表大会社会建设委员会

2020年10月13日

全国人民代表大会环境与资源保护委员会关于第十三届全国人民代表大会第三次会议主席团交付审议的代表提出的议案审议结果的报告

全国人民代表大会常务委员会:

第十三届全国人民代表大会第三次会议主席团交付全国人大环境与资源保护委员会(以下简称全国人大环资委)审议的代表议案共93件,由河北、浙江、青海、山西、甘肃5个代表团和22个代表团部分代表2673人次提出,其中关于修改和制定法律的议案88件,关于建议开展执法检查的议案3件,关于建议全国人大常委会通过决定的议案2件。

全国人大环资委深入学习贯彻习近平新时代中国特色社会主义思想,深入学习习近平总书记关于坚持和完善人民代表大会制度的重要思想,贯彻落实栗战书委员长和全国人大常委会党组关于加强和改进全国人大代表工作的部署。按照全国人大常委会关于代表议案办理工作的计划和要求,提前部署安排,制定了办理工作方案;征求了国务院29个部委和有关方面的意见;在疫情防控常态下,探索创新办理方式,将议案办理与立法监督工作相结合,与工作调研和联系代表工作相结合,通过召开专门议案办理会议、视频会议等方式,与地方人大常委会负责同志、议案领衔代表及部分附议代表

进行了面对面或直接的交流，经领衔代表向所有附议代表反馈意见，切实做到了 93 件议案件件有回音，件件有着落。2020 年 10 月 28 日，全国人大环资委召开第二十七次全体会议对代表议案进行了审议。现将审议结果报告如下：

一、29 件代表议案提出的 1 个立法项目已经提请第十三届全国人大常委会审议

1. 关于修改野生动物保护法的议案 29 件

二、15 件代表议案提出的 7 个立法项目已经列入第十三届全国人大常委会立法规划

2. 关于加快南极立法的议案 1 件
3. 关于修改环境噪声污染防治法的议案 1 件
4. 关于制定湿地保护法的议案 2 件
5. 关于制定国家公园法的议案 3 件
6. 关于修改矿产资源法的议案 2 件
7. 关于制定国土空间开发保护法的议案 1 件
8. 关于制定资源综合利用法的议案 5 件

三、6 件代表议案提出的 3 个立法项目确有立法必要，建议列入全国人大常委会年度立法工作计划

9. 关于制定黄河保护相关立法的议案 4 件
10. 关于修改海洋环境保护法的议案 1 件
11. 关于修改可再生能源法的议案 1 件

四、13 件代表议案提出的 6 个立法项目有立法必要，建议继续研究论证，条件成熟时列入全国人大常委会立法规划

12. 关于制定自然保护地法的议案 1 件
13. 关于制定无线电频谱资源法的议案 3 件
14. 关于制定放射性废物管理法的议案 3 件
15. 关于制定电磁辐射污染防治法的议案 3 件
16. 关于制定核损害赔偿法的议案 2 件
17. 关于制定化学安全法的议案 1 件

五、27 件代表议案提出的 23 个立法项目，建议完善相关法律和配套法规，加强现行相关法律实施力度，开展立法前期调研论证工作

18. 关于制定生态文明建设促进法的议案 2 件
19. 关于修改城乡规划法的议案 1 件
20. 关于制定城市更新法的议案 1 件
21. 关于制定生态保护红线管理法的议案 1 件
22. 关于制定动物保护法的议案 2 件
23. 关于制定高原地区绿色发展促进法的议案 1 件
24. 关于修改土地管理法的议案 2 件
25. 关于尽快制定耕地质量保护法的议案 1 件
26. 关于制定地下水资源保护法的议案 1 件
27. 关于制定河湖保护法的议案 1 件
28. 关于制定珠江保护法的议案 1 件
29. 关于制定节约用水法的议案 1 件
30. 关于加快推进生态保护补偿立法的议案 1 件
31. 关于制定海岸带管理法的议案 1 件
32. 关于制定新能源汽车管理法的议案 1 件
33. 关于制定遗传资源保护法的议案 1 件
34. 关于制定绿色建筑促进法的议案 1 件
35. 关于制定垃圾分类管理法的议案 2 件
36. 关于修改环境保护法的议案 1 件
37. 关于修改大气污染防治法的议案 1 件
38. 关于制定环境教育法的议案 1 件
39. 关于作出《依法报告国有自然资源资产管理情况的决定》的议案 1 件
40. 关于设立 8 · 15“国家生态文明日”的议案 1 件

以上代表议案所提出的意见和建议，全国人大环资委已认真研究办理，与议案提出代表进行沟通交流并征求了国务院有关部门的意见。综合各方面意见，全国人大环资委建议全国人大常委会有关专门委员会和国务院有关部门按照立法规划和计划，继续做好有关法律的起草和审议工作；建议国务院有关部门对深入研究论证的代表议案进一步加大工作力度，为今后制定或完善相关法律法规奠

定坚实基础。

六、3件代表议案提出的2个监督项目，法律实施情况的报告已经提请全国人大常委会审议

41. 关于开展野生动物保护法执法检查的议案1件

42. 关于对土壤污染防治法开展执法检查的议案2件

以上报告，请审议。

全国人民代表大会环境与资源保护委员会

2020年11月10日

全国人民代表大会农业与农村委员会关于第十三届全国人民代表大会第三次会议主席团交付审议的代表提出的议案审议结果的报告

全国人民代表大会常务委员会：

第十三届全国人民代表大会第三次会议主席团交付全国人民代表大会农业与农村委员会审议的代表议案共24件，涉及13个立法项目。

按照代表议案办理的有关法律规定和全国人大常委会代表议案办理工作要求，农业与农村委员会就代表议案办理广泛征求中央和国务院有关部门及有关人大代表的意见，结合委员会的立法和监督工作，加强与代表的沟通联系，认真抓好代表议案办理工作，及时征求议案领衔代表对议案办理工作及相关立法进展情况的意见。2020年10月，农业与农村委员会全体会议对代表议案进行了审议。现将审议结果报告如下：

一、3件议案涉及的1个立法项目，已提请十三届全国人大常委会第十九次会议初审，建议尽快审议通过

1. 制定乡村振兴促进法的议案3件。

乡村振兴促进法草案已提请2020年6月召开的第十三届全国人大常委会第十九次会议进行初次审议。我委积极配合宪法和法律委员会、常委会法制工作委员会抓紧开展草案修改工作，建议根据常委会审议意见和各方面意见进一步修改完善后，尽快审议通过。

二、4件议案涉及的3个立法项目，已列入十三届全国人大常委会立法规划，建议继续抓紧开展相关立法工作，按计划提请审议

2. 制定粮食安全法的议案1件。

3. 修改渔业法的议案2件。

4. 修改农产品质量安全法的议案1件。

上述立法项目均由国务院有关部门具体负责起草工作，各有关起草单位已经研究提出相关法律草案稿，司法部正会同有关部门进一步征求意见并抓紧修改完善法律草案稿。我委已提前介入并积极参与有关工作，将进一步推动立法进程，促进代表意见的采纳。

三、17件议案提出的9个立法项目，建议通过修改、制定相关法律法规或改进相关工作，解决议案提出的问题

5. 修改农业法的议案1件。

6. 修改农村土地承包法的议案1件。

7. 修改种子法的议案1件。

8. 制定反虐待动物法(伴侣动物保护和管理法)的议案 7 件。

9. 制定农村水利法的议案 1 件。

10. 制定农村农民住宅建设管理法的议案 1 件。

11. 制定扶贫法的议案 1 件。

12. 制定农产品批发市场法的议案 3 件。

13. 制定肥料法的议案 1 件。

以上议案所涉及的立法问题,有的可以在制定或修改相关法律时解决,有的可以通过制定或修改行政法规予以解决,有的可以通过加强和改进相关工作予以解决,有的需要进一步总结经验,加强研究论证,目前可不急于单独制定法律。我委将在其他有关立法工作中对代表议案提出的问题继续予以重点关注。

以上报告,请审议。

全国人民代表大会农业与农村委员会

2020 年 11 月 10 日

全国人民代表大会宪法和法律委员会关于第十三届全国人民代表大会第三次会议主席团交付审议的代表提出的议案审议结果的报告

(2021 年 1 月 22 日第十三届全国人民代表大会常务委员会第二十五次会议通过)

全国人民代表大会常务委员会:

第十三届全国人民代表大会第三次会议主席团交付宪法和法律委员会审议的代表提出的议案共 128 件,涉及 41 个立法项目。其中,建议修改法律的议案 102 件,涉及 24 个立法项目;建议制定法律的议案 21 件,涉及 13 个立法项目;建议作出法律解释的议案 3 件,涉及 2 个立法项目;建议作出有关法律问题和重大问题的决定的议案 2 件,涉及 2 个立法项目。

宪法和法律委员会、法制工作委员会以习近平新时代中国特色社会主义思想为指导,深入学习贯彻习近平法治思想,全面贯彻落实党的十九大和十九届二中、三中、四中、五中全会精神,按照栗战书委员长高质量做好代表议案建议工作的指示要求,做好新冠肺炎疫情防控常态化下的议案办理工作。一是,将代表议案作为编制立法工作计划、修改制定法律的重要依据,积极采纳吸收议案主要意见。80 件议案提出的 21 个立法项目列入年度立法工作计划,占议案总数的 62.5%。抓紧法律草案审议工作,尽早提请常委会审议。二是,对列入强化公共卫生法治保障立法修法工作计划涉及代表提出的有关立法项目,如制定生物安全法,修改刑法、动物防疫法、野生动物保护法等,作为工作重点,加强研究协调,提请常委会审议,争取早日通过。三是,落实“既要重结果、也要重过程”的要求,采取多种形式加强与代表联系沟通。召开网络视频会议听取代表意见,邀请代表参加调研座谈、法律草案通过前评估,还在行政处罚法修改调研时走访基层代表。四是,完善办理工作机制,推动议案办理提质增效。总结交流办理工作经验,加强议案整理分析,优化办理流程,落实工作责任,注重与有关部门协作配合。

宪法和法律委员会于 2020 年 12 月 30 日召开会议,对 128 件议案的办理意见进行了审议。现将审议结果报告如下:

一、68 件议案涉及的 13 个立法项目已由全国人大常委会审议通过

1. 关于制定公职人员政务处分法的议案 2 件

公职人员政务处分法已于 2020 年 6 月 20 日由十三届全国人大常委会第十九次会议审议通过。议案中提出的完善政务处分程序等意见,已在公职人员政务处分法中作出相应规定。

2. 关于修改档案法的议案 1 件

修订后的档案法已于 2020 年 6 月 20 日由十三届全国人大常委会第十九次会议审议通过。议案中提出的完善档案公布制度、明确档案开放期限、统一相关概念使用等意见,已在修订后的档案法中作出相应规定。

3. 关于修改专利法的议案 1 件

关于修改专利法的决定已于 2020 年 10 月 17

日由十三届全国人大常委会第二十二次会议审议通过。议案中提出的完善专利激励机制等意见，已在修改后的专利法中作出相应规定。

4. 关于制定生物安全法的议案 4 件

生物安全法已于 2020 年 10 月 17 日由十三届全国人大常委会第二十二次会议审议通过。议案中提出的明确生物安全的内涵，加强地方生物安全工作和生物安全基础设施建设，完善生物安全管理体制，明确生物威胁监测预警、应急处置、基础研究、安全管控等内容，建立赔偿制度，加大对违法行为处罚力度等意见，已在生物安全法中作出相应规定。

5. 关于修改未成年人保护法的议案 7 件

修订后的未成年人保护法已于 2020 年 10 月 17 日由十三届全国人大常委会第二十二次会议审议通过。议案中提出的完善青少年控烟长效机制，强化父母或者其他监护人监护职责，建立侵害未成年人违法犯罪人员信息查询系统，落实强制报告制度，加强网络信息内容监管等意见，已在修订后的未成年人保护法中作出相应规定。

6. 关于修改著作权法的议案 1 件

关于修改著作权法的决定已于 2020 年 11 月 11 日由十三届全国人大常委会第二十三次会议审议通过。议案中提出的放宽美术作品、摄影作品的展览权，完善作品登记制度，规范著作权集体管理组织的管理行为等建议，已在修改后的著作权法中作出相应规定。

7. 关于修改预防未成年人犯罪法的议案 4 件

修订后的预防未成年人犯罪法已于 2020 年 12 月 26 日由十三届全国人大常委会第二十四次会议审议通过。议案中提出的修改并完善收容教养制度、强化监护人的法律责任等意见，已在修订后的预防未成年人犯罪法中作出相应规定。

8. 关于制定长江保护法的议案 1 件

长江保护法已于 2020 年 12 月 26 日由十三届全国人大常委会第二十四次会议审议通过。议案中提出的建立跨省级行政区的环境保护司法服务保障机制、长江流域河湖健康综合评价体系和发布机制等主要建议，已在长江保护法中作出相应规定。

9. 关于修改刑法的议案 35 件

10. 关于对刑法作出法律解释的议案 2 件

刑法修正案（十一）已于 2020 年 12 月 26 日由十三届全国人大常委会第二十四次会议审议通过。议案中提出的降低未成年人刑事责任年龄，加强企业产权刑法保护，修改证券犯罪、洗钱罪、妨害传染病防治罪等规定，增设袭警罪，加大对食用野生动物、性侵未成年人等犯罪行为打击力度等主要建议，已在刑法修正案（十一）中作出相应规定。对议案提出的其他意见建议，宪法和法律委员会、法制工作委员会将在刑事立法工作中继续认真研究。

11. 关于修改动物防疫法的议案 6 件

修订后的动物防疫法已于 2021 年 1 月 22 日由十三届全国人大常委会第二十五次会议审议通过。议案中提出的明确动物防疫适用范围，加强野生动物、宠物防疫管理，完善动物卫生监督管理机构及其职责，增加维护生物安全的内容，加强人畜共患病防控，完善动物疫情认定和公布制度，加大对违法行为的处罚力度等意见，已在修订后的动物防疫法中作出相应规定。

12. 关于修改行政处罚法的议案 3 件

修订后的行政处罚法已于 2021 年 1 月 22 日由十三届全国人大常委会第二十五次会议审议通过。议案中提出的增加行政处罚种类，明确行政处罚时效，授予乡镇街道执法机构行政处罚权，完善行政处罚相关程序等主要建议，已在修订后的行政处罚法中作出相应规定。

13. 关于制定海警法的议案 1 件

海警法已于 2021 年 1 月 22 日由十三届全国人大常委会第二十五次会议审议通过。议案中提出的整合各方力量，调动地方资源支持海警部队基本建设等意见，已在海警法中作出规定。

二、5 件议案涉及的 3 个立法项目，已提请全国人大常委会审议

14. 关于制定数据安全法的议案 3 件

数据安全法草案于 2020 年 6 月由十三届全国人大常委会第二十次会议进行了初次审议。议案中提出的界定数据保护范围，确立安全与发展并重原则，建立数据安全管理制度和共享开放规则，明确个人、组织数据安全保护义务和法律责任等主要建议，已在数据安全法草案中作出相应规定。对议案提出的其他意见建议，宪法和法律委员会、法制工作委员会将会同有关方面进一步认真研究。

15. 关于修改全国人民代表大会组织法的议案 1 件

全国人民代表大会组织法修正草案于 2020 年 8 月由十三届全国人大常委会第二十一次会议进行

初次审议,2020 年 12 月由十三届全国人大常委会第二十四次会议进行第二次审议,并决定将修正草案提请十三届全国人大四次会议审议。议案中提出的国家监察委员会可以提出议案、明确国家监察委员会主任的人选提名及罢免程序等意见,已在全国人民代表大会组织法修正草案中作出规定。

16. 关于制定个人信息保护法的议案 1 件

个人信息保护法草案于 2020 年 10 月由十三届全国人大常委会第二十二次会议进行了初次审议。议案中提出的完善个人信息收集、使用、共享规则,建立个人信息跨境转移制度,加强行业自律,强化主管部门监管职责,加大对侵犯个人信息行为处罚力度等主要建议,已在个人信息保护法草案中作出规定。对议案提出的其他意见建议,宪法和法律委员会、法制工作委员会将会同有关方面进一步认真研究。

三、23 件议案涉及的 10 个立法项目,已列入本届全国人大常委会立法规划、年度立法工作计划,督促牵头起草单位抓紧起草、研究论证工作

17. 关于修改地方各级人民代表大会和地方各级人民政府组织法的议案 2 件

修改地方各级人民代表大会和地方各级人民政府组织法已列入全国人大常委会 2020 年度立法工作计划,并继续列入 2021 年度立法工作计划安排,由委员长会议提请审议,法制工作委员会正在抓紧研究起草。对议案提出的与监察法衔接,明确监察委员会的产生、监督等意见,宪法和法律委员会、法制工作委员会将在立法工作中认真研究考虑。

18. 关于修改各级人民代表大会常务委员会监督法的议案 4 件

修改各级人民代表大会常务委员会监督法已列入全国人大常委会 2021 年度立法工作计划安排,由委员长会议提请审议,全国人大常委会办公厅正在研究。

19. 关于修改公司法的议案 3 件

修改公司法已列入全国人大常委会 2021 年度立法工作计划安排,由委员长会议提请审议,法制工作委员会正在抓紧起草工作。对议案提出的完善公众公司制度、加强公司内部法人治理、健全上市公司分立及清算制度、明确公司对外担保合同效力等意见,宪法和法律委员会、法制工作委员会将会同有关方面认真研究。

20. 关于修改行政复议法的议案 4 件

修改行政复议法已列入全国人大常委会 2020 年度立法工作计划,并继续列入 2021 年度立法工作计划安排,由国务院提请审议,司法部正在按照行政复议体制改革方案的要求,抓紧研究起草工作。

21. 关于制定行政程序法的议案 1 件

行政程序方面的立法已列入十三届全国人大常委会立法规划研究论证项目。行政许可法、行政处罚法、行政复议法、行政强制法等法律,对一些重要行政行为的实施程序作了规定,行政处罚法修改进一步完善了行政处罚主体、程序等相关规定。对议案提出的明确行政执法原则、主体、程序、监督和法律责任等意见,宪法和法律委员会、法制工作委员会将认真研究论证。

22. 关于修改人民防空法的议案 1 件

修改人民防空法已列入十三届全国人大常委会立法规划,由国务院、中央军委提请审议,中央有关部门正在研究起草修订草案,积极推进相关立法工作。

23. 关于修改国防教育法的议案 1 件

十三届全国人大常委会立法规划提出,对涉及国防和军队改革需要制定、修改、废止法律的,适时安排审议。中央有关部门正在对国防教育管理体制改革方面立法问题进行研究,积极开展起草工作。

24. 关于修改反洗钱法的议案 1 件

修改反洗钱法已列入全国人大常委会 2020 年度立法工作计划,并继续列入 2021 年度立法工作计划安排,由国务院提请审议,中国人民银行正在抓紧开展研究起草工作。

25. 关于制定彩票法的议案 1 件

制定彩票法已列入全国人大常委会 2020 年度立法工作计划,并继续列入 2021 年度立法工作计划安排。对议案提出的明确彩票市场主体,规范彩票市场行为、彩票资金管理使用,保护彩票购买者等意见,宪法和法律委员会、法制工作委员会将会同有关方面在起草工作中认真研究,积极采纳。

26. 关于修改仲裁法的议案 5 件

修改仲裁法已列入十三届全国人大常委会立法规划,由国务院提请审议,司法部正在按照关于完善仲裁制度提高仲裁公信力的若干意见的要求,抓紧开展起草工作。

四、32 件议案涉及的 13 个立法项目、2 个授权决定，有的可待条件成熟时列入立法规划、年度立法工作计划，有的可在相关法律的制定或者修改等工作中统筹考虑，作进一步研究

27. 关于修改全国人民代表大会和地方各级人民代表大会代表法的议案 1 件

28. 关于修改立法法的议案 1 件

29. 关于制定国家刑事补偿法的议案 1 件

30. 关于修改行政强制法的议案 1 件

31. 关于制定行政征用法的议案 1 件

32. 关于制定信息公开法的议案 2 件

33. 关于制定自由贸易试验区法的议案 1 件

34. 关于修改刑事诉讼法的议案 8 件

35. 关于修改民事诉讼法的议案 8 件

36. 关于修改行政诉讼法的议案 2 件

37. 关于制定公益诉讼法的议案 2 件

38. 关于修改劳动争议调解仲裁法的议案 1 件

39. 关于对刑事诉讼法作出法律解释的议案 1 件

40. 关于授权海南省人大及其常委会就国际船舶登记管理等事项制定自由贸易港法规的议案 1 件

41. 关于授权浦东新区比照经济特区制定法规和规章的议案 1 件

以上报告，请审议。

附件：全国人民代表大会宪法和法律委员会关于第十三届全国人民代表大会第三次会议主席团交付审议的代表提出的议案的审议意见

全国人民代表大会宪法和法律委员会

2021 年 1 月

附件：

全国人民代表大会宪法和法律委员会关于第十三届全国人民代表大会第三次会议主席团交付审议的代表提出的议案的审议意见

第十三届全国人民代表大会第三次会议主席团交付宪法和法律委员会审议的代表提出的议案共 128 件，涉及 41 个立法项目。其中，建议修改法律的议案 102 件，涉及 24 个立法项目；建议制定法律的议案 21 件，涉及 13 个立法项目；建议作出有关法律问题和重大问题的决定的议案 2 件，涉及 2 个立法项目；建议作出法律解释的议案 3 件，涉及 2 个立法项目。

一、68 件议案涉及的 13 个立法项目已由全国人大常委会审议通过

1. 关于制定公职人员政务处分法的议案 2 件

董文琴等代表提出的第 463 号、李亚兰等代表提出的第 467 号议案，建议制定公职人员政务处分法，对明显违法的上级决定或者命令，提出改正或者撤销意见的，不予处分；明确人大及其常委会不通过对相关公职人员撤职、开除处分决定的，决定机关可以采取的处理程序。公职人员政务处分法已于 2020 年 6 月 20 日由十三届全国人大常委会第十九次会议审议通过。议案中提出的完善政务处分程序等意见，已在公职人员政务处分法中作出相应规定。

2. 关于修改档案法的议案 1 件

杨震等代表提出的第 471 号议案，建议修改档案法，明确档案开放的具体期限，完善档案公布制度，准确使用国家档案馆、档案馆、档案行政管理部门概念等。修订后的档案法已于 2020 年 6 月 20 日由十三届全国人大常委会第十九次会议审议通过。议案中提出的意见建议，已在修订后的档案法中作出相应规定。

3. 关于修改专利法的议案 1 件

周云杰等代表提出的第 425 号议案，建议修改专利法，完善专利激励机制，优化专利授权确权程序，提高专利审查速度，解决专利权人举证难问题，

合理设定惩罚性赔偿计算基数等。关于修改专利法的决定已于 2020 年 10 月 17 日由十三届全国人大常委会第二十二次会议审议通过。议案中提出的完善专利激励机制等意见，已在修改后的专利法中作出相应规定。

4. 关于制定生物安全法的议案 4 件

党永富等代表提出的第 221 号、李亚兰等代表提出的第 468 号、马瑞燕等代表提出的第 474 号、周洪宇等代表提出的第 487 号议案，建议制定生物安全法，明确生物安全的内涵，加强地方生物安全工作和生物安全基础设施建设，建立有效的生物安全管理体制机制，明确生物威胁监测预警、应急处置、基础研究、安全管控等内容，建立赔偿制度，加重法律责任等。生物安全法已于 2020 年 10 月 17 日由十三届全国人大常委会第二十二次会议审议通过。议案中提出的意见建议，已在生物安全法中作出相应规定。

5. 关于修改未成年人保护法的议案 7 件

乞国艳等代表提出的第 109 号、崔荣华等代表提出的第 248 号、王家娟等代表提出的第 386 号、方燕等代表提出的第 387 号、牛朝诗等代表提出的第 416 号、洪波等代表提出的第 432 号、陈佐东等代表提出的第 461 号议案，建议修改未成年人保护法，完善青少年控烟长效机制，强化监护人的监护职责及法律责任，建立侵害未成年人违法犯罪人员信息查询系统，落实强制报告制度，加强对网络信息内容的监管等。修订后的未成年人保护法已于 2020 年 10 月 17 日由十三届全国人大常委会第二十二次会议审议通过。议案中提出的意见建议，已在修订后的未成年人保护法中作出相应规定。

6. 关于修改著作权法的议案 1 件

马玉红等代表提出的第 364 号议案，建议修改著作权法，适当放宽美术作品、摄影作品的展览权，增加戏剧作品、“孤儿作品”自愿登记制度，规范著作权集体管理组织的管理行为等。关于修改著作权法的决定已于 2020 年 11 月 11 日由十三届全国人大常委会第二十三次会议审议通过。议案中提出的意见建议，已在修改后的著作权法中作出相应规定。

7. 关于修改预防未成年人犯罪法的议案 4 件

刘华等代表提出的第 80 号、洪波等代表提出的第 250 号、方燕等代表提出的第 388 号、陈佐东等代表提出的第 462 号议案，建议修改预防未成年人犯罪法，完善收容教养制度，强化监护人的法律责任等。修订后的预防未成年人犯罪法已于 2020 年 12 月 26 日由十三届全国人大常委会第二十四次会议审议通过。议案中提出的意见建议，已在修订后的预防未成年人犯罪法中作出相应规定。

8. 关于制定长江保护法的议案 1 件

郭军等代表提出的第 156 号议案，建议制定长江保护法，建立跨省级行政区的环境保护司法服务保障机制、长江流域河湖健康综合评价体系和发布机制等。长江保护法已于 2020 年 12 月 26 日由十三届全国人大常委会第二十四次会议审议通过。议案中提出的主要建议，已在长江保护法中作出相应规定。

9. 关于修改刑法的议案 35 件

马兰等代表提出的第 10 号议案，建议将违反传染病防治法，隐瞒、缓报传染病疫情，引起甲类传染病传播或者有传播严重危险的行为规定为犯罪。冯帆等代表提出的第 216 号、俞学文等代表提出的第 263 号议案，建议将妨害传染病防治罪适用于按甲类管理的乙类传染病等。刑法修正案（十一）已于 2020 年 12 月 26 日由十三届全国人大常委会第二十四次会议审议通过。刑法修正案（十一）总结新冠肺炎疫情防控经验，与传染病防治法等法律的修改制定相衔接，对妨害传染病防治罪作出相应修改。

刘新华等代表提出的第 12 号议案，建议提高欺诈发行股票、债券等犯罪的刑罚配置，完善提供虚假证明文件罪的犯罪主体，增加操纵证券、期货市场犯罪的相关情形。王建军等代表提出的第 331 号议案，建议对控股股东、实际控制人组织、指使从事欺诈发行的刑事责任等作出规定。刑法修正案（十一）对欺诈发行股票、债券罪，违规披露、不披露重要信息罪，操纵证券、期货市场罪，提供虚假证明文件罪作了相应修改。

徐珏慧等代表提出的第 36 号议案，建议将未成年人性同意年龄从十四周岁提高到十六周岁。刑法修正案（十一）对奸淫幼女罪、猥亵儿童罪作了修改，增加特殊职责人员性侵已满十四周岁不满十六周岁未成年女性犯罪的规定。

朱惠英等代表提出的第 135 号议案，建议将贪污罪和职务侵占罪整合为贪污罪，将受贿罪、非国家工作人员受贿罪整合为受贿罪，将挪用公款罪和挪用资金罪整合为挪用资金罪，并提高刑罚。刑法修正案（十一）进一步调整和提高了职务侵占罪、非国家工作人员受贿罪、挪用资金罪的刑罚配置。

翁国星等代表提出的第 150 号、肖胜方等代表提出的第 223 号、黄东兵等代表提出的第 253 号、庹庆明等代表提出的第 329 号、王家娟等代表提出的第 336 号、陈建银等代表提出的第 475 号议案，建议将未成年人最低刑事责任年龄降低至十四周岁以下，或者将实施故意杀人、故意伤害或者其他严重暴力犯罪的刑事责任年龄降低至十二周岁。刑法修正案(十一)规定,可以在特定情形下,经特别程序,对法定最低刑事责任年龄做个别下调。

孟平红等代表提出的第151号议案,建议修改刑法第二百一十八条销售侵权复制品罪的规定,进一步明确该罪的定罪量刑标准。刑法修正案(十一)对刑法第二百一十八条作了修改完善,将销售侵权复制品罪定罪量刑标准修改为违法所得数额加情节。

陈建华等代表提出的第238号议案,建议扩大洗钱罪上游犯罪的范围,将"自洗钱"行为规定为犯罪,并处理好洗钱罪与窝赃罪等罪名的关系。刑法修正案(十一)将实施一些严重犯罪后的"自洗钱"明确为犯罪,同时完善洗钱犯罪行为方式的规定。

王新杰等代表提出的第423号、魏春等代表提出的第476号议案,建议在刑法中增设袭警罪。刑法修正案(十一)采纳了上述意见建议,对暴力袭警的行为单独规定法定刑。

周洪宇等代表提出的第486号议案,建议将刑法第三百四十一条保护的对象由珍贵、濒危野生动物扩大到所有野生动物。刑法修正案(十一)对该条作了修改,将以食用为目的非法猎捕、收购、运输、出售除珍贵、濒危野生动物和"三有野生动物"以外的在野外环境自然生长繁殖的陆生野生动物,情节严重的行为增加规定为犯罪。

王静成等代表提出的第64号议案,建议单设虐待儿童罪。詹国海等代表提出的第102号议案,建议增设高利贷罪。杨国占等代表提出的第104号议案,建议不再将非偷税骗税的虚开增值税专用发票行为规定为犯罪。黄超等代表提出的第132号议案,建议设立藐视法庭罪。韩德洋等代表提出的第153号议案,建议增设传播毒品罪。殷方龙等代表提出的第191号议案,建议将违规飞行"低慢小"航空器的行为规定为犯罪。王培等代表提出的第246号议案,建议将有偿代抢火车票行为规定为犯罪。崔荣华等代表提出的第251号议案,建议加大对虐待、残害老年人犯罪的刑罚力度。吴明兰等代表提出的第268号议案,建议明确拒不支付劳动报酬罪中"有能力支付而不支付"的含义。殷红梅等代表提出的第277号议案,建议将货车严重超载、超限的违法运输行为规定为犯罪。鲜铁可等代表提出的第335号议案,建议增设见危不救罪。方燕等代表提出的第377号议案,建议将拒不执行抚养权、探视权判决、裁定的行为规定为犯罪。买世蕊等代表提出的第379号议案,建议加重拐卖妇女儿童罪刑罚力度。李亚兰等代表提出的第469号议案,建议修改非法行医罪。张海波等代表提出的第485号议案,建议将认罪认罚作为一个独立的量刑情节。高永等代表提出的第490号议案,建议加大破坏监管秩序罪刑罚力度。骞芳莉等代表提出的第496号议案,建议编纂刑法典。对议案提出的上述修改刑法的意见建议,宪法和法律委员会、法制工作委员会将会同有关方面在刑事立法工作中继续认真研究。

10. 关于对刑法作出法律解释的议案2件

王树江等代表提的第122号议案,建议作出立法解释,降低"醉驾"型危险驾驶罪的入罪标准,并增设多个量刑幅度。徐华铮等代表提出的第57号议案,建议对追诉期限的终点作出立法解释。

目前,有关部门正在共同研究起草司法解释,解决危险驾驶罪实践中出现的问题,法制工作委员会将积极配合做好相关工作。对议案提出的就危险驾驶罪进行立法解释的意见建议,宪法和法律委员会、法制工作委员会将会同有关部门,进一步了解司法实践情况和社会各方面意见,加强研究论证。对议案提出的其他解释刑法的意见建议,宪法和法律委员会、法制工作委员会将会同有关方面在相关立法工作中认真研究。

11. 关于修改动物防疫法的议案6件

张兆安等代表提出的第50号、侯蓉等代表提出的第84号、陈玮等代表提出的第266号、黄超等代表提出的第337号、刘宏等代表提出的第382号、李亚兰等代表提出的第466号议案,建议修改动物防疫法,明确动物防疫的适用范围,加强野生动物和宠物的防疫管理,完善动物卫生监督管理机构及其职责,增加维护生物安全的内容,加强防范野生动物、家养动物和人体间的疫病传播,完善动物疫情认定和公布制度,加大对违法行为的处罚力度,明确未履行疫情通报职责的法律责任等。修订后的动物防疫法已于2021年1月22日由十三届全国人大常委会第二十五次会议审议通过。议案中提出的意见建议,已在修订后的动物防疫法中作出相应规定。

12. 关于修改行政处罚法的议案3件

莫华福等代表提出的第134号、曾云英等代表提出的第164号、杨震等代表提出的第478号议案,建议修改行政处罚法,明确单行条例和设区的市地方政府规章可以设定行政处罚,明确执法辅助人员的身份地位,授予乡镇街道执法机构行政处罚权,扩大简易程序适用范围,明确听证笔录效力,科学界定处罚时效,保障执法机关合理调查取证,增加声誉罚,明确程序不合法的行政处罚决定无效,完善一事不二罚原则，完善听证会的适用范围和程序等。修订后的行政处罚法已于 2021 年 1 月 22 日由十三届全国人大常委会第二十五次会议审议通过。议案中提出的增加行政处罚种类，明确行政处罚时效，授予乡镇街道执法机构行政处罚权，完善行政处罚程序等主要建议，已在修订后的行政处罚法中作出相应规定。

13. 关于制定海警法的议案 1 件

王宁等代表提出的第 187 号议案，建议制定海警法，整合各方力量，调动地方资源支持海警部队基本建设。海警法已于 2021 年 1 月 22 日由十三届全国人大常委会第二十五次会议审议通过，议案中提出的意见建议，已在海警法中作出规定。

二、5 件议案涉及的 3 个立法项目，已提请全国人大常委会审议

14. 关于制定数据安全法的议案 3 件

魏明等代表提出的第 24 号、史贵禄等代表提出的第 254 号、郑杰等代表提出的第 308 号议案，建议制定数据安全法，确立数据主权，明确数据安全法域外适用效力，完善数据跨境流动规则；明确数据权利主体和数据安全保护责任主体，实行数据经营准入；加强重要数据保护，建立数据使用规则，平衡数据安全保护和数据合理利用；完善数据安全监管体系和监测预警、应急处置机制；建立公共数据开放共享规则，明确危害数据安全违法行为的法律责任等。数据安全法草案于 2020 年 6 月由十三届全国人大常委会第二十次会议进行了初次审议，议案中提出的界定数据保护范围，确立安全与发展并重的原则，建立数据安全管理制度和共享开放规则，明确个人、组织数据安全保护义务和法律责任等主要建议，已在数据安全法草案中作出相应规定。对议案提出的其他意见建议，宪法和法律委员会、法制工作委员会将会同有关方面，在数据安全法草案审议修改工作中认真研究。

15. 关于修改全国人民代表大会组织法的议案 1 件

莫小峰等代表提出的第 136 号议案，建议修改全国人民代表大会组织法，对国家监察委员会主任列席全国人民代表大会会议、国家监察委员会提出议案、国家监察委员会主任的人选提名及罢免程序等作出规定。全国人民代表大会组织法修正草案于 2020 年 8 月由十三届全国人大常委会第二十一次会议进行初次审议，12 月由十三届全国人大常委会第二十四次会议第二次审议，并决定将修正草案提请十三届全国人大四次会议审议。议案中提出的意见建议，已在全国人民代表大会组织法修正草案中作出相应规定。

16. 关于制定个人信息保护法的议案 1 件

崔荣华等代表提出的第 261 号议案，建议制定个人信息保护法，明确处理个人信息应遵循的原则，完善个人信息收集、使用、共享等规则，建立个人信息跨境转移制度，加强行业自律，规定严格的行政、民事和刑事法律责任，明确个人信息保护方面的监管职责等。个人信息保护法草案于 2020 年 10 月由十三届全国人大常委会第二十二次会议进行了初次审议，议案中提出的主要建议，已在个人信息保护法草案中作出规定。对议案提出的其他意见建议，宪法和法律委员会、法制工作委员会将会同有关方面进一步认真研究。

三、23 件议案涉及的 10 个立法项目，已列入本届全国人大常委会立法规划、年度立法工作计划，督促牵头起草单位抓紧起草、研究论证工作

17. 关于修改地方各级人民代表大会和地方各级人民政府组织法的议案 2 件

海南代表团提出的第 1 号、莫小峰等代表提出的第 133 号议案，建议修改地方各级人民代表大会和地方各级人民政府组织法，删除地方政府监察职权的有关规定，扩大未经许可不得对县级以上地方人大代表采取强制措施的范围，对监察委员会及其主任的产生、监督作出规定，保障监察机关、人民法院、人民检察院依法独立行使职权，明确开发区管理机构的性质和定位等。修改地方各级人民代表大会和地方各级人民政府组织法已列入全国人大常委会 2020 年度立法工作计划，并继续列入 2021 年度立法工作计划安排，由委员长会议提请审议，法制工作委员会正在抓紧研究起草。对议案提出的意见建议，宪法和法律委员会、法制工作委员会将在立法工作中认真研究考虑。

18. 关于修改各级人民代表大会常务委员会监督法的议案 4 件

蒋卓庆等代表提出的第 54 号、陈震宁等代表提出的第 81 号、杨震等代表提出的第 477 号、刘春香等代表提出的第 231 号议案，建议修改各级人民代

表大会常务委员会监督法，完善监督工作的指导思想，增加人民代表大会听取和审议监督事项的规定，建立国有资产管理情况报告等制度，完善质询、特定问题调查、撤职等监督方式，将监察委员会作为执法检查、备案审查、质询和询问等工作的对象，规定县级以上人大常委会有权撤销同级"一府一委两院"制定的不适当的规范性文件等。修改各级人民代表大会常务委员会监督法已列入全国人大常委会2021年度立法工作计划安排，由委员长会议提请审议，全国人大常委会办公厅正在研究。

19. 关于修改公司法的议案3件

刘新华等代表提出的第56号、朱建弟等代表提出的第58号、聂鹏举等代表提出的第205号议案，建议修改公司法，完善公众公司制度，加强公司内部法人治理，健全上市公司分立及清算制度，完善公司股票、债券发行融资以及公司财务会计制度，明确公司对外担保合同效力，对公司股东不通知合法继承人即召开股东大会或修改公司章程、拒不配合合法继承人变更股东名册等情况作出规定等。修改公司法已列入全国人大常委会2021年度立法工作计划安排，由委员长会议提请审议，法制工作委员会正在抓紧起草工作。对议案提出的意见建议，宪法和法律委员会、法制工作委员会将会同有关方面进行认真研究。

20. 关于修改行政复议法的议案4件

刘守民等代表提出的第83号、云南代表团提出的第249号、林毅等代表提出的第381号、杨震等代表提出的第479号议案，建议修改行政复议法，明确行政复议申请的最长期限，增加听证审理方式，设立专门的行政复议机构，拓展复议前置适用范围，扩大行政复议范围，完善行政复议决定监督方式等。修改行政复议法已列入全国人大常委会2020年度立法工作计划，并继续列入2021年度立法工作计划安排，由国务院提请审议，司法部正在按照行政复议体制改革方案的要求，抓紧研究起草工作。

21. 关于制定行政程序法的议案1件

买世蕊等代表提出的第385号议案，建议制定行政程序法，对行政执法的原则、主体、程序、监督和法律责任等作出规定。行政程序方面的立法已列入十三届全国人大常委会立法规划研究论证项目。行政许可法、行政处罚法、行政复议法、行政强制法等法律，对一些重要行政行为的实施程序作了规定，行政处罚法修改进一步完善了行政处罚主体、程序等相关规定。对议案提出的意见建议，宪法和法律委员会、法制工作委员会将认真研究论证。

22. 关于修改人民防空法的议案1件

章联生等代表提出的第163号议案，建议修改人民防空法，明确人防工程使用管理权和收益权，明确公用人防工程的产权归属，规定结合房地产开发和商业行为开发修建的人防地下室的使用原则，增加违法行为的处罚种类，加大处罚力度等。修改人民防空法已列入十三届全国人大常委会立法规划，由国务院、中央军委提请审议，中央有关部门正在研究起草修订草案，积极推进相关立法工作。

23. 关于修改国防教育法的议案1件

张学锋等代表提出的第206号议案，建议修改国防教育法，强化党对国防教育的领导，细化国防教育内容，创新方法手段，将领导干部和青少年作为国防教育重点对象，强化法律责任和问责措施等。十三届全国人大常委会立法规划提出，对涉及国防和军队改革需要制定、修改、废止法律的，适时安排审议。中央有关部门正在研究起草修订草案，积极推进相关立法工作。

24. 关于修改反洗钱法的议案1件

王景武等代表提出的第431号议案，建议修改反洗钱法，完善反洗钱监管框架和协调机制，扩展反洗钱义务主体范围，将反洗钱和反恐怖融资预防措施扩展到非金融行业和职业，强化反洗钱行政处罚力度等。修改反洗钱法已列入全国人大常委会2020年度立法工作计划，并继续列入2021年度立法工作计划安排，由国务院提请审议，中国人民银行正在抓紧开展研究起草工作。

25. 关于制定彩票法的议案1件

耿学梅等代表提出的第358号议案，建议制定彩票法，界定彩票及相关概念，确立彩票发行基本原则，明确彩票市场主体，规范彩票市场行为、彩票资金管理和使用，保护彩票购买者，明确相关法律责任等。制定彩票法已列入全国人大常委会2020年度立法工作计划，并继续列入2021年度立法工作计划安排。对议案提出的意见建议，宪法和法律委员会、法制工作委员会将会同有关方面在起草工作中认真研究，积极采纳。

26. 关于修改仲裁法的议案5件

周玲慧等代表提出的第208号、肖胜方等代表提出的第334号、法蒂玛等代表提出的第403号、杨震等代表提出的第480号、李桂琴等代表提出的第500号议案，建议修改仲裁法，完善仲裁的案件范围，明确仲裁委员会的性质，增加仲裁前财产保全、先予执行、证据保全制度，规范仲裁协会活动和仲裁收费标准，完善仲裁的司法监督，对仲裁法援引的民事诉讼法相关条文的序号按照现行法予以修改等。修改仲裁法已列入十三届全国人大常委会立法规划，由国务院提请审议，司法部正在按照关于完善仲裁制度提高仲裁公信力的若干意见的要求，抓紧开展起草工作。

四、32件议案涉及的13个立法项目、2个授权决定，有的可待条件成熟时列入立法规划、年度立法工作计划，有的可在相关法律的制定或者修改等工作中统筹考虑，作进一步研究

27. 关于修改全国人民代表大会和地方各级人民代表大会代表法的议案1件

秦玥飞等代表提出的第426号议案，建议修改全国人民代表大会和地方各级人民代表大会代表法第十七条，明确“弃权”为一种“票”，将“可以弃权”改为“可以投弃权票”。对议案提出的意见建议，宪法和法律委员会、法制工作委员会将在修改全国人民代表大会议事规则等相关立法工作中统筹考虑，认真研究。

28. 关于修改立法法的议案1件

刘春香等代表提出的第230号议案，建议修改立法法，对地方各级“一委两院”制定的规范性文件进行备案审查，明确县级以上人大常委会有权撤销同级“一委两院”制定的不适当的规范性文件。目前，所有法规规章、司法解释和其他规范性文件出台后都要依法依规纳入备案审查范围，实行有件必备、有备必审、有错必纠。地方各级人大及其常委会应当依法行使职权，保证宪法在本行政区域内得到遵守和执行。对议案提出的意见建议，宪法和法律委员会、法制工作委员会将会同有关方面在相关立法工作中认真研究。

29. 关于制定国家刑事补偿法的议案1件

张海波等代表提出的第497号议案，建议制定国家刑事补偿法，将冤狱赔偿从国家赔偿中单列出来，扩大赔偿范围，细化赔偿程序，明确赔偿标准等。对议案提出的意见建议，宪法和法律委员会、法制工作委员会将会同有关方面在相关立法工作中认真研究。

30. 关于修改行政强制法的议案1件

孙登峰等代表提出的第155号议案，建议修改行政强制法第五十七条，明确行政机关申请强制执行时，对事实清楚、争议不大的案件，法官可以独任审查。对议案提出的意见建议，宪法和法律委员会、法制工作委员会将在相关立法工作中认真研究。

31. 关于制定行政征用法的议案1件

罗卫红等代表提出的第384号议案，建议制定行政征用法，规范行政征用的概念、主体、原则、范围、程序、补偿等基本制度，并对应急征用作出专门规定。突发事件应对法对应急征用作了规定，修改突发事件应对法已列入全国人大常委会2020年度立法工作计划，由国务院提请审议。对议案提出的意见建议，宪法和法律委员会、法制工作委员会将会同有关方面，在相关立法工作中统筹研究。

32. 关于制定信息公开法的议案2件

刘小兵等代表提出的第34号、赵冬苓等代表提出的第422号议案，建议制定信息公开法，明确信息公开的主体，界定信息公开的范围，强化处罚、救济和监督制度，建立多种信息公开途径等。2019年4月，国务院修订了政府信息公开条例，推进完善政府信息公开制度。对议案提出的意见建议，宪法和法律委员会、法制工作委员会将会同有关方面，在相关立法工作中认真研究。

33. 关于制定自由贸易试验区法的议案1件

费少云等代表提出的第502号议案，建议制定自由贸易试验区法，授予自由贸易试验区管理机构更加充分的自主改革创新权限，明确自由贸易试验区改革创新任务中涉及国家层面事权的制度安排，建立鼓励创新和容错纠错的相关机制。在自由贸易试验区改革创新探索实践中，可以采用多种立法形式满足自贸区的法治需求。如改革中出现需要暂时调整实施有关法律等情况，可按程序由全国人大常委会作出授权决定。对议案提出的意见建议，宪法和法律委员会、法制工作委员会将会同有关方面，在总结自贸区实践经验基础上认真研究。

34. 关于修改刑事诉讼法的议案8件

余维祥等代表提出的第152号和第154号、冯帆等代表提出的第219号、黄东兵等代表提出的第267号、吴明兰等代表提出的第275号、肖胜方等代表提出的第332号和第333号、李亚兰等代表提出的第470号议案，建议修改刑事诉讼法，适当扩大刑事和解案件范围；规定人民法院可以决定将未被采取强制措施、暂予监外执行等难以收押执行的罪犯，由公安机关将其缉拿后送交看守所羁押；完善补充侦查等规定；明确人民检察院作出附条件不起诉，听取被害人意见的具体方式；细化未成年人犯

罪记录封存、查询相关规定；建立羁押必要性全程审查制度；完善证人出庭相关规定；明确由法院裁定是否排除非法证据，控辩双方不服的，可以向上级人民法院提出上诉或抗诉。

2018 年刑事诉讼法修改以来，最高人民法院、最高人民检察院、公安部、国家安全部、司法部制定或修改了相关司法解释和规范性文件，对执行刑事诉讼的有关程序作了具体规定。修订后的预防未成年人犯罪法对未成年人犯罪记录封存制度作了明确规定。宪法和法律委员会、法制工作委员会密切关注刑事诉讼法的实施情况，研究进一步完善刑事诉讼制度的相关问题。对议案提出的修改刑事诉讼法的其他意见建议，宪法和法律委员会、法制工作委员会将会同有关方面继续认真研究。

35. 关于修改民事诉讼法的议案 8 件

王静成等代表提出的第 75 号、冯帆等代表提出的第 171 号、殷红梅等代表提出的第 276 号、肖胜方等代表提出的第 429 号和第 430 号、杨震等代表提出的第 493 号、张海波等代表提出的第 482 号和第 483 号议案，建议修改民事诉讼法，规定律师调查令制度，明确人民法院审理涉外民事案件的期限，修改查询被执行人财产的规定，完善撤诉的规定，增设律师费转付制度，细化电子送达相关规定，完善判决前调解制度等。最高人民法院关于依法切实保障律师诉讼权利的规定、关于适用民事诉讼法的解释，对律师调查令制度、细化电子送达等内容作出了相应规定。对议案提出的其他意见建议，宪法和法律委员会、法制工作委员会将会同有关方面总结司法实践经验，在相关立法工作中继续认真研究。

36. 关于修改行政诉讼法的议案 2 件

向伟艺等代表提出的第 207 号、杨震生等代表提出的第 106 号议案，建议修改行政诉讼法，明确对复议前置案件中复议机关不作为等行为可以提起诉讼，完善中级人民法院管辖第一审行政案件的范围等。对议案提出的意见建议，宪法和法律委员会、法制工作委员会将在相关立法工作中认真研究。

37. 关于制定公益诉讼法的议案 2 件

冯键等代表提出的第 127 号、贾宇等代表提出的第 378 号议案，建议制定公益诉讼法，拓展公益诉讼案件范围，明确公益诉讼主体，健全公益诉讼程序，保障检察机关调查取证权，建立公益损害赔偿金制度等。

2017 年 6 月全国人大常委会修改了民事诉讼法、行政诉讼法，2018 年 4 月通过英雄烈士保护法，从法律上确立了检察机关提起民事公益诉讼和行政公益诉讼制度，并对检察机关提起公益诉讼的案件范围、程序等作了规定。公益诉讼制度有利于发挥检察机关的法律监督职能，更好地保护国家利益和社会公共利益，同时也还需要在总结实践经验基础上，进一步探索完善。宪法和法律委员会、法制工作委员会将与最高人民法院、最高人民检察院等有关方面保持沟通，密切关注公益诉讼制度在实践中的发展情况，认真研究议案提出的意见建议。

38. 关于修改劳动争议调解仲裁法的议案 1 件

杨林等代表提出的第 495 号议案，建议修改劳动争议调解仲裁法第四十九条，解决一裁终局案件认定困难，当事人上诉权、审理期限不明确等问题。对议案提出的意见建议，宪法和法律委员会、法制工作委员会将在相关立法工作中认真研究。

39. 关于对刑事诉讼法作出法律解释的议案 1 件

李亚兰等代表提出的第 465 号议案，建议对刑事诉讼法第十九条第二款关于检察机关侦查案件的规定作出解释，解决监察机关调查权与检察机关侦查权的管辖冲突问题。2018 年修改后的刑事诉讼法与监察法有关规定相衔接，对人民检察院侦查职务犯罪的规定作了修改。宪法和法律委员会、法制工作委员会将会同有关方面，在相关立法工作中认真研究议案提出的意见建议。

40. 关于授权海南省人大及其常委会就国际船舶登记管理等事项制定自由贸易港法规的议案 1 件

海南代表团提出的第 3 号议案，建议全国人大常委会授权海南省人大及其常委会根据建设中国特色自由贸易港的具体情况和实际需要，遵循宪法规定和法律基本原则，对国际船舶登记管理、境外人员专业资格认可、极简审批投资制度等事项进行立法创新试验或者对现行有关法律、行政法规予以变通。海南自由贸易港法草案于 2020 年 12 月由十三届全国人大常委会第二十四次会议进行了初次审议。对议案提出的意见建议，宪法和法律委员会、法制工作委员会将按照海南自由贸易港建设的相关方案，在海南自由贸易港法草案审议修改工作中统筹考虑。

41. 关于授权浦东新区比照经济特区制定法规和规章的议案 1 件

杭迎伟等代表提出的第 53 号议案，建议全国人大常委会授权浦东新区根据具体情况和实际需要，遵循宪法法律和行政法规的基本原则，比照经济特区制定法规和规章在浦东新区实施。十三届全国人大常委会立法规划提出，落实全面深化改革，需要由全国人大常委会作出决定的，适时安排审议。议案中提出的授权浦东新区比照经济特区制定法规和规章的意见建议，涉及国家立法体制的重大调整，宪法和法律委员会、法制工作委员会将会同有关方面，在总结实践经验基础上认真研究。

全国人民代表大会教育科学文化卫生委员会关于第十三届全国人民代表大会第三次会议主席团交付审议的代表提出的议案审议结果的报告

全国人民代表大会常务委员会：

第十三届全国人民代表大会第三次会议主席团交付全国人民代表大会教育科学文化卫生委员会审议的代表议案共 87 件，涉及 36 个立法项目，2 个监督项目。

教育科学文化卫生委员会深入学习深刻领会习近平总书记关于坚持和完善人民代表大会制度重要思想，认真贯彻落实栗战书委员长提出的“内容高质量、办理高质量”要求精神，按照代表议案办理的有关法律规定和全国人大常委会代表议案办理工作要求，结合委员会立法和监督工作实际，就代表议案办理广泛征求中央和国务院有关部门的意见，加强与有关代表的沟通联系，在时间紧、疫情防控要求严的情况下，创新议案办理的方式方法，通过到代表驻地交谈、视频会议、电话沟通、邀请代表参加座谈或开展调研等，认真做好代表议案办理，做到了件件有着落有回音。教科文卫委于 2020 年 11 月 10 日召开第 25 次全体会议对代表议案进行了审议，艾力更·依明巴海和蔡达峰副委员长参加了会议。现将审议结果报告如下：

一、49 件议案提出的 13 个立法或修法项目，已经纳入本届全国人大常委会立法规划和今年立法工作计划或已纳入强化公共卫生法治保障立法或修法项目，建议加快立法修法进程，尽早提交常委会审议

1. 关于制定学前教育法的议案(2 件)
2. 关于修改职业教育法的议案(1 件)
3. 关于修改教师法的议案(4 件)
4. 关于制定学位法的议案(1 件)
5. 关于修改科学技术进步法的议案(3 件)
6. 关于制定文化产业促进法的议案(1 件)
7. 关于修改文物保护法的议案(1 件)
8. 关于修改传染病防治法的议案(28 件)
9. 关于修改执业医师法的议案(1 件)
10. 关于修改中医药法的议案(1 件)
11. 关于修改精神卫生法的议案(1 件)
12. 关于修改食品安全法的议案(2 件)
13. 关于修改献血法的议案(3 件)

二、13 件议案提出的 7 个立法或修法项目确有立法必要，建议国务院有关部门加强立法或修法前期调研，抓紧开展相关法律草案起草工作，条件成熟时列入全国人大常委会立法规划

14. 关于修改国家通用语言文字法的议案(5 件)
15. 关于修改高等教育法的议案(1 件)
16. 关于制定终身教育法的议案(1 件)
17. 关于制定全民阅读促进法的议案(1 件)
18. 关于制定执业护士法的议案(3 件)
19. 关于制定药师法的议案(1 件)
20. 关于制定现场救护法的议案(1 件)

三、22件议案提出的16个立法或修法项目，建议国务院有关部门对议案所提建议和问题深入进行分析研究，不断完善相关配套法规，加大现行法律法规政策的贯彻实施力度，开展相关立法前期调研论证工作

21. 关于制定学校安全法的议案(2件)
22. 关于制定教育处罚法的议案(1件)
23. 关于修改民办教育促进法的议案(1件)
24. 关于修改义务教育法的议案(2件)
25. 关于制定教育考试法的议案(1件)
26. 关于编纂教育法典的议案(1件)
27. 关于制定外国留学生管理法议案(1件)
28. 关于制定中外合作办学法的议案(1件)
29. 关于制定人工智能治理法的议案(1件)
30. 关于制定大运河文化遗产保护法的议案(1件)
31. 关于制定公共卫生法或公共卫生安全保障法的议案(3件)
32. 关于制定公共场所卫生管理法的议案(1件)
33. 关于制定禁烟法或公共场所禁烟法的议案(2件)
34. 关于修改人口与计划生育法的议案(2件)
35. 关于制定人体器官捐献与移植法的议案(1件)
36. 关于制定心理师法的议案(1件)

四、3件议案提出的2个监督项目，建议适时列入全国人大常委会监督工作计划

37. 关于开展中医药法执法检查的议案(2件)
38. 关于开展食品安全法执法检查的议案(1件)

以上报告，请审议。

附件：全国人民代表大会教育科学文化卫生委员会关于第十三届全国人民代表大会第三次会议主席团交付审议的代表提出的议案的审议意见

全国人民代表大会
教育科学文化卫生委员会
2021年1月20日

附件：

全国人民代表大会教育科学文化卫生委员会关于第十三届全国人民代表大会第三次会议主席团交付审议的代表提出的议案的审议意见

第十三届全国人民代表大会第三次会议主席团交付全国人民代表大会教育科学文化卫生委员会(以下简称教科文卫委)审议的代表议案共87件，涉及36个立法或修法项目，2个监督项目。2020年11月10日召开第25次全体会议对代表议案进行了审议。审议意见如下：

一、49 件议案提出的 13 个立法或修法项目，已经纳入本届全国人大常委会立法规划和今年立法工作计划或已纳入强化公共卫生法治保障立法或修法项目，建议加快立法修法进程，尽早提交常委会审议

1. 河北代表团陈凤珍等 30 名代表、湖北代表团周洪宇等 31 名代表提出关于尽快制定学前教育法的议案 2 件（第 51、436 号）。议案提出，近年来我国学前教育事业取得了长足进步，但仍然存在普惠性学前教育资源供给不足，城乡之间、区域之间发展不均衡，保教人员数量不够、质量不高等问题，群众对“入园难”“收费高”等问题反映强烈。建议尽快出台学前教育法，并从明确性质定位、强化政府责任、完善投入机制、加强师资队伍建设等方面对立法重点提出了具体建议。

十三届全国人大常委会立法规划将制定学前教育法列为第一类项目。目前，教育部已形成学前教育法草案，面向社会公开征求意见。代表议案提出的意见建议与立法开展的工作高度契合，其中大部分建议在目前的学前教育法草案中已有体现，在下一步立法过程中将进一步深入听取全国人大代表意见，不断完善该部法律草案。我委一直密切关注学前教育立法进程，促请教育部等充分考虑吸纳代表议案的意见建议，并抓紧时间修改完善法律草案，尽早提请全国人大常委会审议。

2. 江苏代表团葛道凯等 32 名代表提出关于加快修订职业教育法的议案 1 件（第 67 号）。议案提出，职业教育是国民教育体系的重要组成部分，当前存在制度不够健全、体系不够完善、法律保障有待加强等突出问题，建议加快推进修改职业教育法工作，强化职业教育的类型特征，强调企业在职业教育中的主体地位。

十三届全国人大常委会把修改职业教育法列入立法规划第二类项目，2019 年，教育部已经形成了职业教育法修订草案，并在广泛征求社会各界、各有关部门意见的基础上进行了修改完善。在充分吸收和考虑代表议案所提建议的基础上，2020 年 8 月，教育部将草案提请国务院审议。按照相关立法程序，司法部已向各地方政府和相关部门征求意见建议，力争尽早提请全国人大常委会审议。人力资源社会保障部表示认真研究、借鉴代表议案中的有关建议，并将全力配合、积极推进职业教育法修订工作。我委通过代表议案办理见面沟通会等形式，促请教育部等有关部门在起草法律草案时认真研究、充分吸纳；同时，将密切关注职业教育法修改工作，积极推动相关部门加强统筹协调、加快工作进度，争取今年内能将修订草案提请全国人大常委会审议。

3. 河北代表团陈凤珍等 30 名代表、重庆代表团刘希娅等 30 名代表、山东代表团张淑琴等 31 名代表、黑龙江代表团曹永鸣等 31 名代表提出关于修改教师法的议案 4 件（第 115、361、394、438 号）。议案提出，随着我国经济社会的快速发展和教育改革的日益深化，与教师职业直接相关的教育惩戒权、教师资格、职称、待遇等方面规定与教育现状不相适应的矛盾日益突出，建议修改教师法。

党中央、国务院对教师队伍建设高度重视，2018 年印发《关于全面深化新时代教师队伍建设改革的意见》。十三届全国人大常委会立法规划将修改教师法列为第二类项目，并由教育部牵头负责修订工作。教育部高度重视代表议案，在修改教师法过程中认真研究、充分吸纳议案中提出的意见建议，进一步完善教师法相关制度。我委将进一步促请教育部等部门就议案中关于修订教师法的具体建议进行深入研究，尽快形成教师法修订草案，早日提请全国人大常委会审议。

4. 浙江代表团沈满洪等 31 名代表提出关于制定学位法的议案 1 件（第 393 号）。议案提出，学位条例实施四十年，为我国教育事业的健康发展做出突出贡献，但面向新时代新形势新要求，学位条例的法律名称不够规范、内容过于简单，难以满足当前学位管理的现实要求，建议尽快制定学位法。

党中央、国务院高度重视人才建设和培养。随着我国经济社会的快速发展，高等教育培养了大批人才，为中国特色社会主义建设做出了重要贡献。党的十九届五中全会提出全面推进中国特色社会主义现代化强国战略，人才队伍建设至关重要。目前，教育部已开展广泛调研，拟从明确法律调整范围、完善学位管理体制、规范学位授予权审批行为、完善学位授予条件与程序、拓展学位类型与主体范围、建立便捷有效的救济渠道等六个方面进行修订，尽快提请国务院审议。我委促请教育部等就代表议案中提出的学位层次、学位类别、授予条件、撤销学位等方面的具体建议，深入研究、充分吸纳，进

持续推动立法进程，早日提请全国人大常委会审议。

5. 浙江代表团陈保华等30名代表、广东代表团陈瑞爱等31名代表、福建代表团陆銮眉等30名代表提出关于修改科学技术进步法的议案3件（第37、48、157号）。议案提出，科技进步法自2007年修订以来，我国科技发展环境发生重大变化，需要对法律进行修改完善，总结我国科技创新工作中行之有效的经验和做法，解决科技创新工作面临的新情况和新问题。建议完善立法目的相关规定、增加法律适用范围的规定、加强知识产权保护、设立国家科研伦理机构、扩大科技开放合作、完善科技金融体系等内容。

党的十八大以来，党中央国务院对实施创新驱动发展战略、深化科技体制改革、增强科技创新能力、实现经济社会高质量发展做出一系列重大决策部署，出台了一系列政策措施，及时上升为法律有利于推动和保障科技进步与发展。目前，由我委牵头负责修改的科技进步法，正在抓紧研究起草，将认真研究吸纳代表议案提出的修法意见，综合研究论证各方面的建议，继续深入开展相关调研，进一步修改完善法律修订草案，争取早日提请全国人大常委会审议。

6. 陕西代表团史贵禄等30名代表提出关于制定文化产业促进法的议案1件（第237号）。议案提出，近年来文化产业总量规模稳步扩大，但立法滞后，缺乏促进文化产业发展完整的法律体系、体制机制，缺乏对文化产业内涵与外延的定位和产业规划，建议尽快制定文化产业促进法。

党的十八届四中全会明确提出了制定文化产业促进法，十三届全国人大常委会立法规划中列为第一类立法项目，由国务院牵头起草并提请审议。2019年10月，文化和旅游部已将文化产业促进法草案送审稿报请国务院审议。目前，征求了一百多个单位和专家学者的意见，并通过互联网向社会公开征求意见。司法部正与文化和旅游部等有关部门共同研究各方面意见和建议，修改完善法律草案，积极推进立法进程。我委已促请有关部门在修改完善法律草案过程中认真研究吸纳代表议案所提意见和建议，加快立法进程，在确保立法质量的基础上尽快将法律草案提请全国人大常委会审议。

7. 山西代表团王文保等32名代表提出关于修改文物保护法的议案1件（第494号）。议案提出，文物保护法部分条款与新时代对文物工作的新要求不相适应，在如何处理好文物保护与利用的关系方面存在不足，建议增加“利用传承”章节。

修改文物保护法是十三届全国人大常委会立法规划第一类项目，由国务院牵头起草法律草案并提交审议。国家文物局正在起草文物保护法修订草案，拟在听取各方面意见后进一步研究论证促进文物利用传承等具体举措，加大促进文物合理利用的力度，对议案提出的具体建议区分情况予以研究吸纳，研究论证增加“利用传承”专章的必要性和可行性。我委促请国家文物局等有关部门在修改文物保护法过程中认真研究吸纳代表议案所提意见和建议，在确保立法质量的基础上尽快将法律草案提请全国人大常委会审议。

8. 云南代表团、花蓓、马兰、王霞、刘艳、车捷、王静成、杨震（江苏团）、刘守民、何学彬、陈张铭、陆銮眉、郑奎城、才华、雷冬竹、冯帆、胡季强、俞学文、肖胜方、李宗胜、买世蕊、胡荃、王诚、王江滨、李亚兰、杨震（黑龙江团）、周洪宇、曹永鸣等920名代表提出关于修改传染病防治法的议案28件（第40、41、44、45、65、66、68、88、89、116、158、159、167、168、169、210、232、262、353、359、368、369、370、391、433、434、435、464号）。议案提出，我国传染病防治法实施以来为疾病预防发挥了重要作用，但是面对新冠肺炎疫情防控中暴露出的法律制度短板弱项，人民群众高度关注。建议进一步加强和完善传染病防治工作，尽快对传染病防治法进行修改完善。

新冠肺炎疫情发生以来，习近平总书记做出一系列重要讲话和指示，多次强调要坚持依法防控，强化公共卫生法治保障，全面加强和完善公共卫生领域相关法律法规建设，并明确要求认真评估传染病防治法等法律修改工作。全国人大常委会高度重视传染病防治法评估、修改工作；3月26日召开强化公共卫生法治保障立法修法工作座谈会，栗战书委员长强调要把习近平总书记重要指示和党中央的决策部署落到实处，对强化公共卫生法治保障立法修法工作做出全面部署，提出明确要求。常委会成立了由艾力更·依明巴海、陈竺、蔡达峰三位副委员长牵头，全国人大教科文卫委、国家卫生健康委、司法部等方面组成的传染病防治法评估修改工作专班，将传染病防治法修改完善的评估和修改作为重大而紧迫的任务，同时加以推进。传染病防治法（修改）已经列入了十三届全国人大常委会强化公共卫生法治保障立法修法工作计划，明确由国务院负责提请审议。目前，国家卫生健康委已从完善关于传染病防控领导体制机制、分类制度、疫情监测制度、预警制度、疫情信息报告制度、疫情信息发布制度、到细化对甲类传染病患者、疑似患者以及密切接触者应当采取的相关措施等七个方面，对传染病防治法做出比较全面的修改完善，已报国务院审议。我委促请国务院有关部门认真分析研究吸纳代表议案提出的建议，尽快力争 2020 年底提请全国人大常委会审议。

9. 崔荣华等 30 名代表提出关于修改执业医师法相关条款的议案 1 件（第 240 号）。议案提出，加强医生队伍管理的政策措施，继续做好医师区域注册和定期考核，促进医师科学配置和合理流动，是我国执业医师法修改完善的重要内容。建议删除执业医师法第十四条中“执业地点”规定。

十三届全国人大常委会已经把执业医师法作为立法修法规划项目，并列入了强化公共卫生法制保障立法修法计划，由全国人大教科文卫委提请审议。关于医师执业地点问题，原国家卫计委于 2017 年修订发布了医师执业注册管理办法，将医师的执业地点由“医疗、预防、保健机构”修改为“省级或者县级行政区划”，建立了医师区域注册制度。医师一次注册，区域有效；在主执业机构以外的其他机构执业，备案即可。国家卫生健康委认为，实施区域注册制度，有利于激发医师执业的活力潜力，促进医师资源有序流动和科学配置，为加强医联体建设、促进分级诊疗、发展社会办医提供了有力支撑。我委认真分析研究了代表议案中的意见建议，综合调研成果和听取多方意见建议，将进一步完善执业医师法修订草案，拟提请 12 月份召开的全国人大常委会审议。

10. 庞国明等 31 名代表提出关于修改中医药法的议案 1 件（第 176 号）。议案提出，现行法律在保护和鼓励中医中药发展方面还存在不足，建议修改完善中医药法，进一步理顺管理体制，建立符合中医药自身发展规律的临床疗效评价体系，鼓励加强理论研究，把握中医药自身发展规律，确保中医药事业沿着正确道路发展。

习近平总书记高度重视我国中医药事业的发展，作出一系列重要论述，4 月举行的第十三届全国人民代表大会常务委员会第十七次会议上，审议关于强化公共卫生法治保障立法修法工作有关情况和工作计划的报告中明确提出适时修改中医药法，已将中医药法修订列为全国人大立法计划。我委认为中医药在此次新冠肺炎疫情防控中医药发挥出不可替代的功效，迫切需要把实践中成功的经验和措施纳入国家法律。建议国务院有关部门认真研究代表议案中反映的意见建议，认真总结经验，加快修法进程，尽快将法律草案提请全国人大常委会审议。

11. 胡梅英等 31 名代表提出关于修改精神卫生法的议案 1 件（第 183 号）。议案提出，2018 年修订后的精神卫生法强调了保护精神障碍患者权益，提出了精神疾病自愿住院治疗和隐私保护原则，却大大增加了精神障碍患者管理工作的责任及难度，以致出现对肇事肇祸（事）的精神障碍患者不敢送、不愿送、不敢管、不愿管等问题，社会公众高度关注。建议对精神卫生法相关条款进行修订。

精神卫生法是全国人大常委会强化公共卫生法治保障立法修法计划中综合统筹、适时制定修改的相关法律之一。国家卫生健康委、公安部、民政部认为议案具有较强的针对性和现实意义，议案提出的关于建立收治等级管理制度等建议，对于保护精神障碍患者权益具有重要的参考价值。我委建议国务院有关部门认真研究论证议案提出的意见和建议，贯彻落实好精神卫生法的相关规定，尽快出台精神卫生法实施办法，适时启动精神卫生法的修订工作。

12. 杨震、辛琰等 61 名代表提出关于修改食品安全法的议案 2 件（第 69、472 号）。议案提出，2009 年制定实施的食品安全法，经过 2015 年、2018 年两次修订，但缺少对可能携带病菌导致传染病的食品进行严格禁止销售和食用的规定，缺少地方政府食品安全监督管理部门必须严格对农贸市场等进行严格执法检查的规定，建议对相关条款进行修订完善。

第十三届全国人民代表大会常务委员会第十七次会议上审议的《关于强化公共卫生法治保障立法修法工作有关情况和工作计划的报告》中明确提出，综合统筹、适时制定修改食品安全法。我委认为，食品安全法涉及全社会公共卫生安全。此次新冠肺炎疫情突发也再次警醒我们要高度重视食品安全问题。建议国务院有关部门进一步做好食品安全法及相关制度规定贯彻落实情况的检查和指导，进一步规范各级市场监管行政部门的执法行为，不断提高执法办案水平。同时深入研究代表议案中反映的意见建议，认真总结经验，加快修法进程，抓紧修改完善法律草案，尽快提请全国人大常委会审议。

13. 陈张铭、侯华梅、刘忠军等 93 名代表提出关于修改献血法的议案 3 件（第 87、117、473 号）。议案提出，对献血法进行修改完善，建议进一步明确部门责任，建立健全地方政府领导、多部门合作、全社会参与的无偿献血工作机制，适当调整献血年龄范围、献血间隔和一次献血量，扩大血浆的供需渠道；拓展血站富余血浆使用空间；增加对献血公民的权益保障条款等。

献血法是全国人大常委会强化公共卫生法治保障立法修法计划中综合统筹、适时制定修改的相关法律之一，国务院已将献血法修订纳入立法计划。建议对议案中提出的调整献血年龄范围、献血间隔和一次献血量、扩大血浆供需渠道等建议，认真总结经验，加强科学论证，在修法工作中充分研究吸纳代表所提意见和建议，尽快将法律草案提请全国人大常委会审议。我委也将继续开展献血法贯彻实施情况的专项调研。

二、13 件议案提出的 7 个立法或修法项目确有立法必要，建议国务院有关部门加强立法或修法前期调研，抓紧开展相关法律草案起草工作，条件成熟时列入全国人大常委会立法规划

14. 上海代表团陈晶莹等 30 名代表、河北代表团安际衡等 30 名代表、辽宁代表团王家娟等 30 名代表、广西代表团樊一平等 30 名代表、北京代表团唐海龙等 33 名代表提出关于修改国家通用语言文字法的议案 5 件（第 38 号、第 182 号、第 360 号、第 363 号、第 395 号）。议案提出，国家通用语言文字法颁布实施 20 年来，极大推动了国家通用语言文字的推广普及，有效保障了语言文字事业持续健康发展。但随着经济社会发展，社会语言生活、人民群众语言观念发生巨大变化，互联网新媒体语言、外国语言文字的使用问题日益凸现，加之法律的执法监管主体不明确，奖励与惩罚措施不具体，现行法律已不能适应新时代语言文字工作的要求，建议修改和完善法律。

国家通用语言文字在促进经济社会发展的作用越来越重要。2013 年以来，国务院重点围绕突出国家通用语言文字主体地位、加强网络空间语言文字监管、妥善处理语言文化多元现象、强化外国语言文字使用管理、促进法律贯彻实施等方面，开展了大量的调研论证工作，认为有必要通过修改国家通用语言文字法，满足新时代事业发展、人民生活的需要。目前，教育部已经形成了国家通用语言文字法修订草案建议稿，我委促请国务院有关部门认真研究吸纳代表议案中提出的具体建议，积极开展相关调研，与法工委沟通配合，为争取列入常委会立法规划做好前期准备。

15. 辽宁代表团杨松等 30 名代表提出关于修改高等教育法的议案 1 件（第 356 号）。议案提出，随着我国经济社会快速发展，高等教育法中一些规定已经与实际不相适应，应及时将近年来国家和地方在高等教育改革发展中取得的成熟经验和制度创新上升为国家法律，建议修改高等教育法，并从九个方面提出了具体修改建议。

高等教育的发展水平是一个国家发展水平和发展潜力的重要标志，全国人大常委会高度重视高等教育工作，2015 年、2018 年分别对高等教育法部分条款进行了修正，2019 年又开展高等教育法执法检查，并积极开展相关工作，及时进行跟踪监督。当前我国高等教育已经进入普及化阶段，面对新形势新任务新要求，需要进一步修订和完善高等教育法。我委促请有关部门认真研究代表议案所提建议，在加大贯彻实施高等教育法力度的同时，开展修法的前期调研，为适时启动高等教育法再次修订做好充分准备。

16. 河南代表团买世蕊等 30 名代表提出关于制定终身教育法的议案 1 件（第 352 号）。议案提出，制定终身教育法对于推动我国经济社会高质量发展具有积极作用。建议从宗旨定义、立法目的、立法原则、政府职责、投入保障等几个方面明确立法内容。

党中央、国务院历来重视终身教育，多次对发展终身教育事业作出战略部署，明确提出构建灵活开放的终身教育体系。教育部积极推进终身教育立法工作，已对立法的必要性、可行性和立法需要解决的问题、应关注的重点等开展了专题研究，并形成初步调研成果。考虑到终身教育法律制度的健全与完善还需要更多实践经验和理论成果支持，教育部拟先在职业教育法等法律修订过程中，强化终身教育相关内容，推动健全终身教育体系。目前，一些省（市、区）已出台关于终身教育的地方性条例先行先试，为在国家层面制定终身教育法奠定了初步的基础。我委促请国务院有关部门加强对终身教育立法的研究论证工作，将与全国人大常委会法工委积极沟通，为争取列入常委会立法规划做好前期准备。

17. 河南代表团买世蕊等 30 名代表提出关于制定全民阅读促进法的议案 1 件（第 365 号）。议案提出，公共图书馆法等法律、部分地方性法规对

促进全民阅读做出了规定，有力推动了全民阅读活动深入开展。但是，公共资源不均衡、经费保障支持不足等问题仍然存在，建议通过立法予以解决。

2020 年 10 月，中宣部印发了《关于促进全民阅读工作的意见》，确定了促进全民阅读工作的指导思想、基本原则和阶段性目标等。中宣部认为，接下来要抓好《意见》贯彻落实，同时启动全民阅读立法调研论证工作。司法部认为，通过加强法治建设大力推动全民阅读，有利于充分保障公民阅读权利、满足人民群众精神文化需求、提升我国文化软实力，议案所提意见很有参考价值。我委赞同中宣部、司法部的意见，建议有关部门在已有工作基础上，认真研究代表议案提出的意见和建议，积极推动调研论证工作，条件成熟时列入全国人大常委会立法规划。

18. 祝淑钗、黄玉梅、宋静等 90 名代表提出关于制定执业护士法的议案 3 件（第 120、362、390 号）。议案提出，目前医院临床一线护士存在数量配备不足、职业安全保障不健全、护士待遇偏低和职业尊严感不高等问题，影响到护士队伍健康发展，也影响到为人民群众提供优良服务，建议制定执业护士法，促进护士队伍建设。

随着卫生健康事业快速发展，护理工作的内容、形态发生较大变化，对护士的数量、质量等方面也提出更高要求，护士待遇以及工作和执业环境面临新问题。目前，国务院有关部门正在研究修订护士条例，国家卫计委等部门联合印发了公立医院薪酬制度改革的指导意见，指导医疗卫生机构不断完善绩效工资内部分配办法，健全内部收入分配激励机制，逐步提高包括护士在内的医疗卫生机构人员工资收入水平。我委促请国务院有关部门加快护士条例的修订工作，认真研究代表议案中关于制定执业护士法的各项具体建议，适时启动执业护士法的立法工作。

19. 王连灵等 31 名代表提出关于制定药师法的议案 1 件（第 244 号）。议案提出，我国居民不合理用药问题普遍存在，涉药安全事件屡有发生。由于药师的责、权、利缺少法律的界定，职称药师与执业药师双轨并行，队伍管理混乱，我国的药师对百姓安全用药的保障作用难以充分发挥。建议制定药师法。

药师作为保障群众用药安全有效的专业技术力量，发挥着日益重要力量，确有必要通过制定药师法，对提供药品和药学服务的药师活动进行规范管理，保证药品质量和药学服务质量。2013 年，国务院将药师法列入立法计划。国家卫生健康委等部门开展起草工作，形成了草案征求意见稿，并分别于 2017 年 5 月、2020 年 6 月两次向有关部门单位征求意见。草案包括建立药师管理制度，明确药师的准入条件和方式、业务范围和权利义务、考核和培训要求、法律责任等方面。我委促请国务院及其有关部门认真研究采纳代表所提意见建议，加快立法进程，尽早提请全国人大常委会审议。

20. 雷冬竹等 30 名代表提出关于制定现场救护法的议案 1 件（第 209 号）。议案提出，建议制定现场救护法，对现场救护的能力培训、保障措施、现场救护行为管理、现场救护设施等方面予以规范。从而有效开展现场救护，逐步提高自救和互救能力，保障公民生命健康权益，解决“不会救”“不能救”“不敢救”问题，促进“现场—院前—院内”一体化建设，推进健康中国建设。

目前，我国群众性应急救护相对缺失，导致很多急症的抢救成功率远低于国际平均水平，缺少一部涵盖群众性应急救护和专业院前医疗救护的法律，我委建议有关方面坚持以人民为中心的发展思想，本着人民至上、生命至上的理念，加强对现场救护立法的研究论证，总结梳理相关法规政策实施的经验，适时启动相关立法工作。

三、22 件议案提出的 16 个立法或修法项目，建议国务院有关部门对议案所提建议和问题深入进行分析研究，不断完善相关配套法规，加大现行法律法规政策的贯彻实施力度，开展相关立法前期调研论证工作

21. 广东代表团阎武等 36 名代表、河南代表团高阿莉等 30 名代表提出关于制定学校安全法的议案 2 件（第 47 号、第 389 号）。议案提出，目前校园安全事故、校园欺凌暴力案件时有发生，极易成为社会关注热点，甚至影响社会稳定。建议将相关的法律规范和政策文件集成到一起，抓住突出矛盾和重点问题，制定一部专门的学校安全法，构建学校安全事故争议解决、法律救济、经费保障的长效机制。

近年来，关于学校安全的制度规范不断完善，

学生伤害事故处理办法、中小学幼儿园安全管理办法、关于完善安全事故处理机制维护学校教育教学秩序的意见等部门规章，逐步构建了从加强预防、妥善处理纠纷，到严格执法、依法惩治“校闹”行为，再到多部门合作、形成共治格局的治理体系。学校安全立法涉及的问题比较复杂，需要做好多个部门、多部法律之间的协调衔接，有必要把学校安全纳入法制化轨道，建立健全矛盾纠纷多元化解机制。目前，国务院有关部门正在积极推进学校安全立法，已经研究形成了学校安全条例的草案稿，力争在行政法规层面的立法取得突破。议案中提出的许多立法具体建议与全国人大常委会正在审议修改的预防未成年人犯罪法密切相关，建议统筹考虑学校安全立法与刑法、行政处罚法、未成年人保护法、预防未成年人犯罪法之间的关系，妥善处理好法律之间的衔接问题。我委促请有关部门结合议案提出的意见建议，对现行部门规章实施情况进行评估，继续充实完善学校安全条例草案稿，先行开展行政法规层面的学校安全立法，为下一步的相关立法工作打牢基础。

22. 河北代表团陈凤珍等 31 名代表提出关于制定教育处罚法的议案 1 件（第 211 号）。议案提出，教师负有履行教育、管理学生的职责，职责与权力是相辅相成的，赋予教师一定强制管理学生的权力，对促进学生健康成长、促使教师全面履职具有重要意义。建议制定专门的教育处罚法，明确教育惩戒的实施条件与程序、实施方式与范围及其滥用的不利后果、救济途径等内容。

教育惩戒在促进学生社会化发展方面具有重要价值和功能，是教育的组成部分，是为了达到教育学生、改正不足的目的。可先以教育部令的方式制定中小学教师实施教育惩戒规则，在部门规章层面明确教育惩戒的实施条件、程序、范围、限度等内容。2019 年 11 月，中小学教师实施教育惩戒规则草案已向社会公开征求意见，共收集到 6400 多条建议，赞同意见占 80% 以上。议案中提出的许多立法具体建议与全国人大常委会正在审议的修改预防未成年人犯罪法密切相关，建议法工委充分借鉴吸收。同时，我委将促请有关部门进一步完善中小学教师实施教育惩戒规则草案，尽快研究通过颁布实施，并考虑将教育惩戒权作为教师管理学生的一项权利，在教师法修订草案中予以体现。

23. 天津代表团才华等 34 名代表提出关于修改民办教育促进法的议案 1 件（第 184 号）。议案提出，民办教育促进法自实施以来，历经三次修改，对我国民办教育的发展起到巨大的促进作用，但关于民办学校举办者变更程序的规定存在不足，建议尽快修改民办教育促进法第五十四条，为举办者身份确认和变更纠纷的解决提供法律依据。

随着民办教育的快速发展，特别是民办学校实行分类管理后，举办者变更出现了一系列新问题，有必要对民办教育促进法修改和完善。针对代表议案提出的建议，教育部提出以下意见：一是民办学校举办者的变更仍需要学校理事会或者董事会同意；二是对有多个举办者的变更规则宜进一步细化规定；三是可以通过民事诉讼解决举办者身份纠纷。我委促请有关部门认真研究、参考吸纳代表议案中提出的相关问题和意见建议，可考虑在修改民办教育促进法实施条例等相关法规时予以完善，加大对民办教育促进法的贯彻实施力度、加强与法律相匹配行政法规的实施力度。

24. 广东代表团白鹤祥等 30 名代表、河南代表团买世蕊等 30 名代表提出关于修改义务教育法，建议将金融知识纳入国民教育体系政策的议案；逐步延长义务教育年限的议案 2 件（第 46、367 号）。议案提出，2015 年以来，国家明确提出要将金融知识普及教育纳入国民教育体系，试点工作虽然取得显著成效，但国民金融素养整体水平依然不高，相关工作依然存在诸多困境，建议将金融知识纳入义务教育必备的基础知识和素质技能，为全面推进金融知识纳入国民教育体系提供法律保障。当前，我国多地已推行 12 年或 15 年免费教育。各地在国家财政支持的基础上，根据实际情况延长义务教育年限已具备可行性，中央和各级地方财政应加大对义务教育的投入力度，建议修改义务教育法，逐步实行十三年义务教育制度，普及学前教育和高中教育。

我国金融知识教育已经作为教学内容包含在国民教育体系当中。在中小学道德与法治（思想政治）、普通高中历史、数学等相关学科课程教材中，结合学生认识发展规律，融入了金融知识相关内容，义务教育法对义务教育的课程设置和教材编写已经作了宏观规定，一些地方和学校也借助综合实践活动开展和强化金融知识教育。将金融知识教育写入义务教育法或国家教育改革和发展规划，以破解推进相关工作中遇到的难题是有必要的，但就某一方面的教育内容作出具体规定并专门就此修订义务教育法的必要性尚不充分。我委促请有关部门认真研究代表议案中的意见和建议，开展相关立法调研，全面落实国家有关规定和要求，加大工作力度，积极推进金融知识纳入国民教育体系。

义务教育是国家统一实施的所有适龄儿童少年必须接受的教育，将学前教育或高中阶段教育纳入义务教育范围内，不仅仅关系到财政保障能力问题，还涉及社会及公民个人权益的问题。近年来国家采取一系列政策措施，加大对义务教育的投入力度。国务院有关部门多次专门研究延长义务教育年限的问题，广泛听取社会意见，普遍认为当前国家面临经济下行压力大、财政收支矛盾突出，教育投入还存在一些短板和薄弱环节，目前修订义务教育法延长义务教育的条件尚不成熟。有关部门应切实贯彻落实义务教育法，促进义务教育均衡高质量发展。我委促请有关部门开展相关立法调研，认真研究论证代表议案所提的意见和建议，进一步强化政府责任，大力发展学前教育和高中阶段教育。积极完善教育领域现行的法律法规，推动制定学前教育法。

25. 河北代表团王凤巧等 30 名代表提出关于制定教育考试法的议案 1 件（第 121 号）。议案提出，国家教育考试是国家选拔人才的重要途径，当前国家教育考试的安全形势比较严峻，考试组织实施和考试环境综合治理压力越来越大，为维护考试的公正性和严肃性，建议制定教育考试法，对考试组织机构、考试工作人员、考生、有关部门的权利义务等作出明确规范，为国家教育考试的组织实施提供法律依据。

现行的教育法、高等教育法中均有专门条款对教育考试做出规定。2015 年通过的刑法修正案（九）也将严重考试舞弊行为入刑。2019 年，教育部配合最高人民法院、最高人民检察院修订完善了《关于办理组织考试作弊罪等刑事案件适用法律若干问题的解释》。目前正在整合现有关于考试管理的规范性文件，积极推进制定《国家教育考试管理规定》，不断规范国家教育考试的组织与管理。我委促请有关部门认真研究、吸收借鉴代表议案对教育考试立法提出的具体建议，开展相关立法调研，加快完善制定相关行政法规，维护国家教育考试公平公正、秩序平稳。

26. 江苏代表团葛道凯等 32 名代表提出关于编纂教育法典的议案 1 件（第 70 号）。议案提出，近年来，我国教育法治建设取得长足进步，但仍存在部分法律内容相互重复、互不协调的现象，有的专门法律修订往往涉及一揽子法律修订问题，建议整合现有 8 部教育法律，编纂一部统一的教育法典，统一教育立法体例，理顺各相关专门法律之间关系，强化法律责任落实。

加强教育法治建设是贯彻全面依法治国战略的重大任务，是加快推进教育现代化的迫切要求，通过对教育领域单行立法进行有计划、有重点、有步骤的法律编纂工作，对教育领域单行立法按照类别开展统一研究和必要整合，可以使教育法律内容和谐一致、形式完整统一，便于法律普及宣传和贯彻实施。编纂教育法典，统筹布局、一体化推进教育立法，对于完善中国特色教育法律和制度体系具有重要意义，但教育法典编纂是一个庞大的系统工程，需要各方面条件的支撑和大量艰苦复杂的工作，需要对教育法典的基本原则、逻辑结构、体例安排、工作机制等重大问题进行深入研究论证。建议有关方面进一步加大力度，对编纂教育法典的必要性、可行性等问题统筹研究、深入论证。我委促请国务院相关部门积极推进已经列入本届全国人大常委会五年立法规划和年度立法计划的教育立法项目，进一步为教育法典化提供实践基础。

27. 江西代表团李秀香等 30 名代表提出关于加快制定外国留学生管理法的议案 1 件（第 178 号）。议案提出，随着我国教育事业的快速发展，来华留学生持续增加，学生层次结构不断变化，管理难度加大。建议制定外国留学生管理法，着重解决多层次来华留学生管理问题，提高留学生教育水平，加强留学生学习、实习，以及入境管理等。

来华留学是我国教育事业的重要组成部分，2017 年，国务院有关部门出台学校招收和培养国际学生管理办法。2018 年、2020 年，教育部制定来华留学生高等教育质量规范（试行）和中国政府奖学金工作管理办法。从加强招生教学管理、提升教育培养质量、规范奖学金管理等多个方面，不断完善来华留学生管理政策体系，建立健全质量保障机制。目前，来华留学事业已进入提质增效的发展阶段，有必要进一步完善制度框架，严格规范管理。有关部门正在积极推进《出境入境管理法》的修订工作，加大对外国留学生管理的调研力度，推动提升外国留学生管理水平。我委促请有关部门认真研究议案中提出的意见，对涉及留学生管理的现行法律、行政法规、部门规章实施状况进行评估，加强对现行管理办法的实施力度，并对立法有关问题开展调查研究，全面推动来华留学事业进入提质增效发展新阶段。

28. 河南代表团薛景霞等 30 名代表提出关于制定中外合作办学法的议案 1 件（第 427 号）。议案提出，2003 年颁布实施的中外合作办学条例，对我国中外合作办学起到了积极的规范引导作用，但随着我国对外开放步入新的历史阶段,条例已不能更好的适应当前教育对外开放向纵深发展的实际需求。建议制定中外合作办学法,明确中外合作办学在新时代背景下的定位,强化服务和监管职能,建立统一的信息共享和办学监管平台,理顺国家、地方政府和高校的关系。

中外合作办学是我国教育事业的有机组成部分和教育对外开放的重要形式。截至目前,经教育部和各省级教育行政部门审批的中外合作办学机构和项目共有2000多个,在丰富教育供给、优化人才培养、促进教育改革、服务对外开放等方面取得了积极成效。国务院于2003年制定了中外合作办学条例,教育部于2004年制定了中外合作办学条例实施办法,并将修订中外合作办学条例列入2020年度工作要点,重点对加大优质资源引入、拓展办学主体、丰富办学模式、优化准入条件、加强质量监管等方面进行了研究论证和制度创新。目前已基本形成中外合作办学条例修订草案,正在抓紧推进相关立法程序,争取列入2021年国务院立法工作计划。鉴于中外合作办学条例是根据教育法授权制定的一部行政法规,我委促请有关部门认真研究、积极吸纳议案中提出的意见建议,依据新修订的教育法、民办教育促进法、外商投资法等,进一步充实完善中外合作办学条例修订草案,为开展高水平、高质量的中外合作办学提供法治保障。

29. 上海代表团陈靖等30名代表提出的关于制定人工智能治理法的议案1件(第424号)。议案提出,基于大数据、物联网、5G等技术的人工智能快速发展,对传统的行为规范和法律规则带来较大冲击,引发的人与机器、机器与社会等诸多社会治理、道德伦理等问题越来越引起关注,需要从人工智能治理入手,加快推进人工智能相关法律、伦理和社会问题研究,建立健全保障人工智能健康发展的制度体系,形成人工智能治理中国准则和标准。建议尽早启动人工智能治理方面的立法调研,及时出台人工智能治理法。

人工智能是引领新一轮科技革命和产业变革的战略性技术,具有溢出带动性很强的"头雁"效应。当前,全球人工智能发展进入新阶段,国家层面应尽早启动人工智能治理方面的立法调研,加强研究,注重政策设计和风险防范,鼓励、支持地方人工智能相关立法先行先试,有序构建与技术发展水平相适应的法律法规体系,推动人工智能健康发展。议案所提具体建议,与全国人大常委会正在审议的数据安全法、个人信息保护法有密切关联的,我们建议请全国人大常委会法工委在数据安全法和个人信息保护法等相关立法工作中认真研究吸纳;促请有关部门针对议案所提建议,加大政策支持力度,加强研究论证,鼓励支持地方在实践基础上的立法探索和先行先试。

30. 河北代表团提出关于制定大运河文化遗产保护法的议案1件(第52号)。议案提出,应从国家层面明确大运河文化遗产保护传承利用的方式方法和文化遗产保护管理体制机制,构建中央统筹、省负总责、分级管理、分段负责的工作格局,建议制定大运河文化遗产保护法。

国务院有关部门认为,大运河文化保护传承利用规划纲要和长城、大运河、长征国家文化公园建设方案明确提出健全法律保障,制定出台大运河保护条例,需要认真研究制定大运河文化遗产保护法与现行法律的关系,研究论证大运河保护的管理体制、保护对象、重点任务、政策措施等问题,稳步推进大运河文化遗产保护立法工作。我委促请有关部门在起草文化产业促进法草案和修改文物保护法时认真研究议案提出的相关意见,吸收采纳相关建议;同时加强关于大运河文化遗产保护的立法调研,重点梳理大运河文化遗产保护实践中的主要问题,进一步深入研究论证大运河文化遗产保护的范围、原则、工作机制等问题。

31. 陈保华、史贵禄、郭玉芬等90名代表提出关于制定公共卫生法或公共卫生安全保障法的议案3件(第49、239、437号)。议案提出,我国现有公共卫生相关的法律,呈现出领域之间的分散性和差异性,新冠肺炎疫情防控暴露出我国还存在法律制度短板弱项,有效应对和防范化解公共卫生重大风险挑战需要立法引领和保障,建议制定一部起到基础性作用的公共卫生法。

全国人大常委会2020年度立法工作计划已将传染病防治法修改和突发事件应对法修改列入"初次审议的法律案"范围。目前,包括基本医疗卫生与健康促进法、传染病防治法、突发事件应对、国境卫生检疫法等在内的14部卫生健康主要法律,与全国人大常委会关于全面禁止非法野生动物交易、革除滥食野生动物陋习、切实保障人民群众生命健康安全的决定和正在制定的生物安全法等,是新冠肺炎疫情的防控的重要法律依据,为维护公共卫生安全提供了基本法律遵循。代表议案中提出的关于构建公共卫生体制,落实公共卫生保障经费,加强公共卫生人才培养,加强防治结合,建立全民监督机制等问题,在传染病防治法修改中均予以了重点考虑。全国人大、国务院有关方面正在贯彻落实十三届全国人大常委会立法规划和十三届全国人大常委会强化公共卫生法治保障立法修法工作计划以及年度立法计划，抓紧进行传染病防治法修改、突发事件应对法修改、国境卫生检疫法修改、执业医师法修改、野生动物保护法修改和生物安全法制定等多项与公共卫生方面密切相关的立法或修法工作。代表议案中的具体立法建议，我委促请牵头负责起草法律草案的相关部门认真研究、予以借鉴吸收。

32. 陈靖等 30 名代表提出关于制定公共场所卫生管理法的议案 1 件（第 43 号）。议案提出，公共场所卫生管理条例作为专门规范公共场所卫生管理的法规，已无法满足现有公共场所卫生管理的需求。建议以传染病防控作为主线，落实经营者主体责任，加强公共场所诚信体系建设，实行联合惩戒，进一步加大案件处罚力度、明确应急处置措施等，开展公共场所卫生管理立法。

公共场所卫生管理是公共卫生的重要内容，基本医疗卫生与健康促进法对公共场所的卫生管理提出了相应要求。国务院于 1987 年制定发布了公共场所卫生管理条例，对公共场所的卫生管理和卫生监督等予以规范，后又根据实际需要多次对条例进行修订。同时，国家制定发布了一系列的公共场所卫生标准和规范，为条例的实施提供技术支撑。新冠肺炎疫情发生以来，国务院结合疫情防控需要和公共场所特点，制定发布了一系列的公共场所卫生防护指南，为科学指导开展公共场所疫情防控工作发挥了重要作用，各地区结合实际，完善监管手段，不断加强公共场所卫生管理，监管效能不断提升，这些有益的探索和实践为开展公共场所卫生管理立法提供了良好基础。目前，全国人大常委会正在统筹推进强化公共卫生法治保障立法修法工作。我委建议国务院有关方面在基本医疗卫生与健康促进法对公共场所的卫生管理相关要求的基础上，在起草传染病防治法修订草案等相关法律草案时，认真研究吸纳代表议案提出的建议，对公共场所的卫生管理和传染病防控作出明确规定。同时，加强对公共场所卫生管理条例修订的研究论证工作，条件成熟时对条例予以修改完善。

33. 乞国艳、买世蕊等 61 名代表提出关于制定禁烟法或公共场所禁烟法的议案 2 件（第 118、366 号）。议案提出，《烟草控制框架公约》规定，缔约方应积极促进采取有效的立法、行政或其他措施，防止在室内工作场所、公共交通工具、室内公共场所接触烟草烟雾。控烟履约是我国政府对国际社会的庄严承诺，多地制定了地方性法规，严格控制室内公共场所吸烟，建议制定公共场所禁烟法。

我国政府积极推进控烟履约各项工作，2013 年印发了关于领导干部带头在公共场所禁烟有关事项的通知，基本医疗卫生与健康促进法对地方控烟工作作出了相关规定。2014 年，原国家卫生计生委向国务院报送了公共场所控制吸烟条例（草案送审稿），原国务院法制办开展了广泛的调研。由于各方面在室内禁烟范围等问题上存在较大分歧。2016 年，中共中央、国务院印发的《“健康中国 2030”规划纲要》明确要求推进公共场所禁烟工作，逐步实现室内公共场所全面禁烟，全国有 29 个地级以上城市制定了公共场所控烟法规规章。目前，国务院有关部门委托相关单位对地方控烟立法实施效果等情况进行了第三方评估，认为推进控烟立法工作，对维护人民群众健康、推进健康中国建设、实现健康中国行动目标具有重要意义，但从我国的基本国情和发展实际来看，目前进行全国范围内的公共场所禁烟立法条件并不成熟。一是要统筹考虑烟草行业对国家经济发展的促进作用；二是立法要统筹考虑卷烟消费者的合法权利；三是要统筹考虑地区、城乡之间巨大发展差异。应继续坚持科学立法、民主立法、依法立法的基本原则，采取渐进式、阶段性推进方式，避免“一刀切”和“硬着陆”，统筹控烟立法工作。我委建议各相关方面认真研究代表议案提出的意见和建议，做好进一步论证与沟通工作，继续推进制定公共场所控制吸烟条例立法进程。我委在相关立法和监督工作中，继续关注并积极推动公共场所控烟法治建设。

34. 庹庆明、周文对等 60 名代表提出关于修改人口与计划生育法的议案 2 件（第 119、179 号）。议案提出，我国人口已经进入严重少子化、快速老龄化与超低生育率并存的新常态。2016 年实施的人口与计划生育法颁布了“国家提倡一对夫妻生育两个子女”的全面二孩政策，但并没有出现预想的人口增长数量，生育率仍然很低。建议按照确保人口安全、促进人口均衡发展的原则，对人口与计划生育法作出进一步修订，明确生育数量限制的内容，废除对社会抚养费的规定，鼓励生育的制度措施等。

党的十八大以来，以习近平同志为核心的党中央科学把握人口发展规律，从实现中华民族伟大复兴的战略高度出发，先后启动实施单独两孩和全面两孩政策，迈出生育政策调整完善的重要步伐，符合我国国情。当前，我国人口发展形势错综复杂，既面临着人口规模庞大的长期压力，又面临着人口迅速转变带来的结构性矛盾，少子老龄化等问题日益加深。生育政策调整完善关乎群众切身利益、关乎经济社会大局、关乎民族长远发展，应本着循序渐进、平稳过渡的原则，稳妥扎实有序地调整完善生育政策，必须正确处理好当前与长远、总量与结构、人口与资源环境的关系，慎之又慎地做出进一步调整完善生育政策的决策，牢牢把握战略主动权。认真贯彻落实党的十九大报告关于促进生育政策和相关经济社会政策配套衔接的要求，进一步加强与相关部门协调配合，切实解决家庭生育养育子女的后顾之忧，积极构建支持家庭生育的制度体系和社会环境。我委建议国务院有关方面结合第七次全国人口普查工作，继续科学评估人口政策实施效果，加强出生人口监测预测，科学研判人口发展态势，组织开展与人口相关的课题研究，不断提升人口预测和相关论证的科学性，做好相关政策储备，为中央决策提供参考。

35. 周松勃等 31 名代表提出关于制定人体器官捐献与移植法的议案 1 件（第 123 号）。议案提出，目前我国实行的有关器官移植的卫生行政法规中并没有提到脑死亡判断标准，导致器官捐献者少、供体器官严重不足且质量较差，器官分配和受体也存在选择不公平、不公正等问题，如果脑死亡判断标准不立法会严重制约自愿捐献器官工作的开展。建议在完善器官移植行政法规的同时，应制定与器官移植法相配套的脑死亡法尽快研究制定人体器官捐献与移植法。

器官捐献是一项社会性很强的工作，自 2007 年国务院颁布的人体器官移植条例施行以来，已经形成了捐献、获取与分配、临床服务、科学登记、监管等五个方面的器官捐献与移植工作体系。目前，国务院有关部门正在加快人体器官移植条例修订工作；考虑到脑死亡立法涉及社会、伦理等方面，要进一步积累实践经验，待全社会广泛接受时再适时启动脑死亡立法工作。我委建议国务院有关部门和有关方面认真研究代表议案中反映的问题和建议，加快人体器官移植条例的修订工作，研究议案中就遗体捐献所涉及的医疗技术问题及其相关的社会和伦理问题，适时稳妥地推进与人体器官移植相关的立法工作。

36. 赵国祥等 30 名代表提出关于制定心理师法的议案 1 件（第 354 号）。议案提出，随着我国经济社会的快速发展，生活节奏明显加快，心理应激因素日益增加，人民群众的心理健康服务需求逐渐增加，尤其是新冠肺炎疫情暴发以来，确诊患者及家属、隔离人员、一线工作人员等重点人群心理健康问题引起了社会各界的广泛关注，对心理健康服务的规范性、专业性提出了更高要求。目前，我国心理健康服务行业面临专业人员不足、服务和管理体系不健全、法律法规保障不到位、管理制度和技术规范缺乏等问题，建议在精神卫生法基础上尽快制定出台心理师法。

精神卫生法第二章明确了政府加强心理健康促进的职责，基本医疗卫生与健康促进法第 28 条规定，国家采取措施，加强心理健康服务体系和人才队伍建设，从实践看，开展心理咨询与心理治疗，目前我国实践尚不充分，专门立法的时机尚不成熟，需要进一步贯彻落实精神卫生法、基本医疗卫生与健康促进法等法律规定，对心理健康服务规范管理等问题开展深入调研，适时研究制订心理健康服务规范管理的相关文件或专门法律。我委认为基本医疗卫生与健康促进法今年 6 月 1 日起施行，其中涉及有心理健康的内容，切实落实好将有助于我国心理健康咨询与相关服务规范管理，同时我们将开展相关调研，为适时制定相关法律做好充分准备。

四、3 件议案提出的 2 个监督项目，建议适时列入全国人大常委会监督工作计划

37. 庞国明、张伯礼等 65 名代表提出关于开展中医药法执法检查的议案 2 件（第 166、177 号）。议案提出，各地区执行中医药法的情况不平衡，仍存在中西医同级医院发展不平衡、中医医疗服务价值体现不够以及确有专长人员转正细则有待完善等问题，在中医医疗机构建设方面，个别地区甚至出现倒退现象，社会各界对中医药认同度参差不齐。建议全国人大常委会组织开展中医药法执法检查，督促中医药法的贯彻实施及配套的制度落实，进一步完善中医药制度体系。

全国人大常委会十分重视中医药法的贯彻实施，在中医药法立法、听取审议专项工作报告、开展相关专题询问时，都对中医药相关问题给予了高度关注。中医药法也被列入全国人大常委会强化公共卫生法治保障立法修法计划中综合统筹、适时制定修改的相关法律之一。我委认为对中医药法的

贯彻落实情况和中医药事业发展情况开展执法检查很有必要，通过对中医药法实施情况开展的执法检查，进一步梳理和凝练修改中医药法的要点，建议全国人大常委会在研究2021年监督工作计划时统筹考虑。

38. 武志永等31名代表提出关于开展食品安全法执法检查的议案1件（第392号）。议案提出，目前我国重大食品安全风险得到控制，人民群众饮食安全得到保障，食品安全形势不断好转，但食品安全工作仍然面临不少困难和挑战。建议疫情结束之后连续三至五年在全国范围内开展食品安全问题的集中整治，从源头上防控重大公共卫生风险。

现行食品安全法是于2009年制定的，2015年进行修订，2018年再次修正，为进一步加强食品安全工作，切实改善食品安全状况，维护人民群众身体健康和生命安全，依法严守“舌尖上的安全”，提供了法治保障。全国人大常委会高度重视食品安全工作，分别于2010年、2011年、2016年组织开展食品安全法执法检查，2016年7月，结合听取和审议食品安全法执法检查报告开展了专题询问，有力推动了食品安全法的全面有效实施。我委将密切关注食品安全法贯彻实施情况，结合代表议案提出的意见和建议开展相关的调研，建议全国人大常委会适时考虑列入监督工作计划。

全国人民代表大会外事委员会关于第十三届全国人民代表大会第三次会议主席团交付审议的代表提出的议案审议结果的报告

全国人民代表大会常务委员会：

第十三届全国人民代表大会第三次会议主席团交付外事委员会审议的代表议案是河北代表团卢庆国等31名代表提出的“关于制定共建‘一带一路’倡议促进法的议案”（第124号）。

外事委员会高度重视代表议案办理工作，按照栗战书委员长“内容高质量、办理高质量”和“既要重结果、也要重过程”的指示要求，制定了办理工作方案，就立法必要性和可行性、立法的重点难点问题等向有关部门书面征求意见，与领衔代表全过程沟通。2020年11月11日，外事委员会第十四次全体会议审议该代表议案。现将审议结果报告如下：

议案建议，通过立法稳固“一带一路”建设成果，以良好的法治秩序推动共建“一带一路”高质量发展。

外事委员会分别向全国人大常委会法工委、最高人民法院、外交部等8个部门征求意见。外事委员会认为，我国已经制定出台多部法规规章，与138个国家和30个国际组织签署了合作文件，为促进“一带一路”建设提供了有力的制度保障。当前应本着共商、共建、共享原则推进“一带一路”建设行稳致远，“一带一路”倡议促进法的可行性宜审慎论证。

以上报告，请审议。

全国人民代表大会外事委员会

2021年1月20日

二、代表建议办理

在十三届全国人大三次会议代表建议、批评和意见交办会上的讲话

（2020 年 6 月 9 日）

王　晨

同志们：

今天，我们召开全国人大代表建议交办会。主要任务是：深入学习贯彻习近平新时代中国特色社会主义思想，学习贯彻总书记在今年全国“两会”期间的重要讲话精神，贯彻落实十三届全国人大三次会议精神，依法统一交办大会期间代表提出的建议、批评和意见，研究部署高质量做好今年代表建议办理工作。

十三届全国人大三次会议是在全国疫情防控阻击战取得重大战略成果之际召开的，承载着更多历史使命，具有重大而深远的意义。在以习近平同志为核心的党中央坚强领导下，会议认真审议并高票通过各项报告、议案，圆满完成预定任务，统一了思想，凝聚了力量，极大地提振了精气神，进一步鼓舞动员全国各族人民更加紧密地团结在以习近平同志为核心的党中央周围，万众一心、攻坚克难，确保完成决战决胜脱贫攻坚目标任务，全面建成小康社会。会议期间，近 3000 名全国人大代表履职尽责、建言献策，提出了 506 件议案、9180 件建议，其中建议数创历史新高。这些议案和建议反映民情民意、汇聚民智民力，充分体现了广大代表参与管理国家事务的政治热情和责任担当，是人民当家作主的具体体现，是社会主义民主政治的生动实践。全国人大常委会办公厅会同有关方面，对代表建议进行了认真梳理和综合分析，形成了初步的交办意见，拟将这 9180 件代表建议交由 194 家承办单位办理。下面，我就做好今年的代表建议办理工作讲几点意见。

一、坚持以人民为中心的发展思想，充分尊重代表主体地位和民主权利，增强办理好代表建议的责任感使命感

人民至上是我们党执政的最大底气。坚持以人民为中心的发展思想是我们国家制度和国家治理体系的显著优势，是以习近平同志为核心的党中央的鲜明执政理念。近些年来，总书记的许多讲话、党中央的部署举措，都彰显着深厚而朴素的为民情怀。我记得，在 2018 年十三届全国人大一次会议的闭幕会上，习近平总书记深刻阐述了中国人民的伟大民族精神，要求一切国家机关工作人员，无论身居多高的职位，都必须始终把人民放在心中最高的位置，始终全心全意为人民服务，始终为人民利益和幸福而努力工作。今年大会期间，习近平总书记在参加内蒙古代表团审议时，再次强调坚持人民至上，紧紧依靠人民，不断造福人民，牢牢植根人民，把以人民为中心的发展思想落实到各项决策部署和实际工作之中。这些重要理念和重要指示，是我们做好人大代表工作、办理好代表建议的指引和遵循。

人民代表大会制度的设计和运行、人大及其常委会依法行使职权，都是为了保证和发展人民当家作主。在我们国家，人民通过民主选举产生人大代表，组成各级人民代表大会，代表人民行使国家权

力。人大代表作为国家权力机关的组成人员，依法参加人大会议和审议表决，提出议案和建议，反映人民的意愿和呼声，集体讨论、决定国家重大事项。正如栗战书委员长在今年的常委会工作报告中所讲："尊重代表的权利就是尊重人民的权利，保障代表依法履职就是保证人民当家作主"，这表明了全国人大常委会支持、服务和保障代表依法履职的工作思路和定位。去年底，经党中央批准，全国人大常委会办公厅召开了深入学习贯彻习近平总书记关于坚持和完善人民代表大会制度的重要思想、加强和改进人大代表工作交流会。大家在学习讨论中有一条重要共识，这就是做好人大代表工作，关键是提高政治站位、突出"服务"意识，全力支持和保障代表依法履职，更好发挥代表作用，紧紧依靠代表做好人大工作。

本届全国人大常委会高度重视代表工作。栗战书委员长多次主持召开会议，专题研究加强和改进代表工作；健全完善常委会组成人员联系人大代表制度，建立与列席常委会会议代表座谈的机制，不断扩大代表对常委会各方面工作的参与。去年，制定并实施关于加强和改进全国人大代表工作的35条具体措施，对做好代表工作提出了更全面、更具体的要求。两年多来，常委会在代表建议工作方面也有许多新举措新要求，强调"内容高质量、办理高质量"，"既要重结果、也要重过程"，与各承办单位共同努力，不断提高代表建议办理质量。去年大会期间，代表们提出的8160件建议，已经全部办理完毕并答复代表，推动解决了一批群众关心的实际问题。这些工作，得到了代表们的充分肯定。

今年的代表建议办理工作已经正式开始了。希望各承办单位从尊重人民主体地位、坚持人民至上的高度，深刻认识代表建议办理工作的重大意义和丰富内涵，深入学习领会、贯彻落实习近平总书记重要讲话精神，增强"四个意识"、坚定"四个自信"、做到"两个维护"，不断提高政治站位和理论水平，认真研究办理代表建议，积极回应民生关切，着力解决好人民群众最关心最直接最现实的利益问题，更好把各方面的智慧和力量凝聚到党和人民的事业中来。

二、聚焦党和国家中心任务，突出代表建议办理工作重点，务求取得实实在在的效果

今年是全面建成小康社会决胜之年、实施"十三五"规划收官之年、脱贫攻坚决战之年。这次新冠肺炎疫情给我国经济社会发展造成了较大的冲击和影响，今年第一季度国内生产总值负增长，中小企业面临困难，就业形势十分严峻，如期完成全年经济社会发展目标面临更多困难。以习近平同志为核心的党中央科学研判、辩证思维，紧扣全面建成小康社会目标任务，提出了统筹推进疫情防控和经济社会发展工作、坚持稳中求进工作总基调、坚决打好三大攻坚战、做好"六稳"工作、落实"六保"任务等一系列重大决策部署，这些都是今年党和国家工作的重中之重。这次大会审议通过的各项报告、议案，贯彻体现党中央这些重大决策部署，对下一阶段各方面工作作了具体安排。

代表们提出的9180件建议，是贯彻习近平总书记提出的"观大势、谋全局、议要事"要求，在深入调研、思考的基础上精心准备的。从汇总分类的情况看，这些建议围绕大局、贴近民生，坚持问题导向。其中，涉及科教文卫、发展规划和建设项目、社会及公共事务等领域的建议数量居多，占建议总数的一半以上。比如，关于"疾病防疫"的建议数量同比增加了179%，关于医疗体制改革的建议数量达474件，反映出代表对总结疫情防控经验、补齐公共卫生建设短板的迫切期盼。发展规划、建设项目和综合经济方面的建议有1707件，占建议总数的18.6%，其中有不少是代表团提出的，说明代表对研究编制"十四五"规划期望很高。还有做好"六稳"、"六保"工作，既是今年政府工作的重点内容，也是代表普遍关注的热点问题，相关的建议数量比较多。这些建议的内容都紧扣中心任务，紧跟党中央步伐，充分体现了"一盘棋"的思想。

希望各承办单位履行好法定职责，把办理代表建议同贯彻落实党中央决策部署结合起来，同解决群众普遍关心的突出问题结合起来，同改进工作、健全机制结合起来，积极研究采纳代表提出的建议举措，以实际行动践行为人民用权、为人民履职、为人民服务。要加强调研和协商，突出重点，抓住关键，努力将代表提出的有价值、高质量建议转化为深化改革、破解难题、推动发展的政策措施，成为加强和改进各方面工作的助力和动力。

做好重点督办建议的办理工作，是增强代表建议办理实效的重要抓手，已经形成了制度化的安排。今年拟重点督办的代表建议有9项、涉及4个方面：一是健全国家公共卫生应急管理体系，贯彻落实野生动物保护法及常委会有关决定，全面禁止非法食用野生动物；二是全面强化就业优先政策，保持制造业产业链供应链稳定性和竞争力，统筹推

进疫情防控和经济社会发展工作；三是围绕打好打赢三大攻坚战，持续推进脱贫攻坚与乡村振兴战略有效衔接；四是围绕研究编制“十四五”规划纲要，推动实施区域发展战略，建设世界科技强国。希望牵头办理单位和有关承办单位高度重视重点督办建议，集中力量研究办理，以点带面，久久为功，务求取得更多实际成效。全国人大有关专门委员会要积极参与，加强沟通协调和跟踪督办。

三、加强同代表的沟通联系，完善办理建议的工作机制，凝聚共识、形成合力

健全有效的工作机制，是保证代表建议办理质量和效率的基础。常委会2018年修改了《全国人大代表建议、批评和意见处理办法》，去年又出台了关于加强和改进全国人大代表工作的35条具体措施，都对促进代表建议办理工作制度化、规范化提出了明确要求。

各承办单位在多年代表建议办理工作的实践中，积累形成了一整套有效的工作制度机制。特别是普遍注重与代表的沟通联系，所有代表建议基本做到了与领衔代表沟通后再答复。有的单位与代表见面沟通的比例不断上升，主动上门拜访代表或者邀请代表参加调研；有的单位不仅做到了“人来人往”，还实现了“常来常往”，这些都赢得了代表的普遍好评。通过全方位、深层次、多样化的沟通联系，拓宽了各国家机关了解民情、汇集民智的渠道，提高了建议办理的针对性和科学性，也使越来越多的代表更加了解国家机关工作情况，增强了代表的参与感和满意度。

希望各承办单位在以往工作的基础上，进一步落细落实工作举措，加强同代表的沟通和联系，积极回应代表关切。比如，承办建议较多的单位，可以结合代表建议较集中的主要问题或者同类问题，召开座谈会、研讨会，邀请代表“面对面”沟通情况，一起研究办理方案。对于代表团提出的189件建议，有关承办单位还要认真听取相关省（区、市）人大常委会的意见，共同做好办理工作。在疫情防控常态化的情况下，“人来人往”、见面沟通的机会有所减少，但可以通过视频连线、电话沟通等灵活多样的方式，千方百计地加强同代表联系，耐心细致地做好沟通情况、说明解释等工作。全国人大和地方人大的代表联络工作机构，要为各承办单位联系代表提供便利，为代表参与建议办理工作做好服务保障。

“重答复、轻落实”，“有答复、没下文”，是多年来各级人大代表反映强烈的问题之一。实践中，代表建议的办理结果一般有三种情形：一是所提问题已经解决或者所提意见已经采纳；二是所提问题已经列入工作计划或者规划，需要继续推进、逐步解决；三是所提问题暂时难以解决或者确实无法解决，需要做好解释说明工作。第一、二种情形一般占到70%以上，比如2019年代表提出的8160件建议中，所提问题得到解决或者计划逐步解决的占71.3%。其中，计划逐步解决的代表建议，虽然已经书面答复了代表，但办理工作并没有真正结束。因此，全国人大常委会建立代表建议答复承诺解决机制，要求承办单位加强综合分析，建立承诺答复事项台账，抓好跟踪落实工作，并及时向代表通报落实情况。国务院常务会议研究部署代表建议办理工作时，也明确要求建立台账挂牌督办，答复承诺要做的工作必须尽快落实。希望各承办单位把落实答复承诺作为检验办理成果、自觉接受监督的重要环节。首先，要抓紧抓实2019年答复承诺解决事项的跟踪督办工作，及时向代表反馈工作进展和落实情况。同时，结合今年代表建议办理工作，建好2020年答复承诺解决事项的台账，推动这项工作常态化、长效化。全国人大常委会办公厅要加强协调督促，会同各单位完善答复承诺解决机制的具体工作办法，共同提高代表建议办理工作水平。

这里，我还想讲一下代表工作信息化建设。这次大会期间，通过视频方式听取代表意见，受到了代表们的一致好评，纷纷建议总结这方面的做法和经验。具体到代表建议办理工作，从海量数据信息的处理，到承办单位的沟通协作，如果有更先进的信息技术、更充分的数据分析作为支撑，将大大提升办理工作的质量和效率。要加快推进代表议案建议办理工作全流程信息化，争取明年大会期间推广试用。同时，紧扣代表执行职务的各个环节，加强代表履职信息化平台建设，让代表在出席会议、参加活动、提出议案建议、学习培训等方面，都能更好享受到信息化的便利和保障。

同志们，今年的代表建议办理工作时间紧、任务重、涉及面广、要求很高。希望各承办单位坚持以习近平新时代中国特色社会主义思想为指导，深入学习贯彻习近平总书记关于代表工作的重要论述，通力协作，密切配合，高质量办理好代表建议，助力统筹推进疫情防控和经济社会发展工作，为完成全年经济社会发展目标任务、实现“第一个百年”奋斗目标作出应有的贡献！

全国人民代表大会常务委员会办公厅关于第十三届全国人民代表大会第三次会议代表建议、批评和意见办理情况的报告

——2021年1月20日在第十三届全国人民代表大会常务委员会第二十五次会议上

全国人大常委会副秘书长　信春鹰

全国人民代表大会常务委员会：

现在，我代表常委会办公厅报告十三届全国人大三次会议期间代表提出的建议、批评和意见（以下简称建议）办理情况。

全国人大常委会深入学习贯彻习近平新时代中国特色社会主义思想特别是习近平总书记关于坚持和完善人民代表大会制度的重要思想，加强改进代表建议办理工作，积极回应民生关切，努力把各方面的智慧和力量凝聚到党和人民事业发展中来。栗战书委员长强调，尊重代表的权利就是尊重人民的权利，保障代表依法履职就是保证人民当家作主。提出议案建议是代表依法履职基本的、最主要的方式，代表议案建议工作应当聚焦党和国家中心任务，着力解决好人民群众最关心最直接最现实的利益问题。要督促有关方面完善办理建议的工作机制，健全代表联络机制，通过全方位、深层次、多样化的沟通联系，提高建议办理的针对性和科学性。

一、代表建议的提出、交办和督办情况

十三届全国人大三次会议期间，代表们认真履行宪法和法律赋予的职责，向大会提出建议9180件，建议数量创历史新高。全国人大常委会办公厅、有关专门委员会提高政治站位，认真落实关于加强和改进全国人大代表工作的具体措施，改进代表建议提出、办理、反馈各环节工作，全力支持和保障代表依法履职。

（一）深入分析代表建议的特点。常委会办公厅组织力量，对代表提出的建议进行了认真梳理和综合分析。代表提出建议主要有以下两个特点：一是建议内容紧扣党中央重大决策部署，重点突出。主要涉及强化公共卫生法治保障，健全公共卫生应急管理体系；坚决打赢脱贫攻坚战，持续推进脱贫与乡村振兴有效衔接；强化就业优先政策，稳就业保民生等。特别是关于“疾病防疫”的建议数量同比增加了179%，关于医疗体制改革的建议数量达474件，反映出代表对总结疫情防控经验、补齐公共卫生建设短板的迫切期盼。二是不少地方把代表建议作为推动经济社会发展的重要抓手，以代表团名义提出建议数量增幅较大。据统计，以代表团名义提出建议189件，占建议总数的2.06%。在本届已召开的三次会议中，以代表团名义提出建议的数量同比涨幅均在20%以上，较十二届环比涨幅均在40%以上，整体呈上升趋势，反映出代表团对代表建议工作的重视程度持续提升。

（二）及时交办代表建议并向代表逐一通报。十三届全国人大三次会议闭幕后，常委会办公厅会同有关方面拟定交办意见，召开代表建议交办会。中共中央政治局委员、全国人大常委会副委员长王晨出席会议并讲话，对办理工作作出部署，提出要求。全国人大常委会秘书长杨振武主持会议。中共中央办公厅、全国人大常委会办公厅、国务院办公厅和有关承办单位负责同志及工作机构负责同志参加会议。9180件代表建议统一交由194家承办单位研究办理。内容涉及多部门职能、需要多部门共同研究办理的有6532件，占建议总数的71.2%，比2019年增加881件，增长15.6%。按照常委会领导同志指示，继续以常委会办公厅名义，向大会期间提出建议的代表及原选举单位逐一通报代表建议的交办情况。

（三）突出代表建议办理工作重点。做好重点督办建议工作，围绕党和国家中心工作，反映社会关切和群众意见，形成改进工作合力，是增强建议办理实效的重要机制，已经形成了制度化安排。在广泛征求各方面意见的基础上，经秘书长办公会议讨论通过，并报全国人大常委会领导同志同意，确定了9项重点督办建议，涉及181件代表建议，交由卫生健康委等11家单位牵头办理，全国人大5个专

门委员会负责督办。

二、办理代表建议的主要做法

十三届全国人大三次会议是在全国疫情防控阻击战取得重大战略成果之际召开的。各有关方面按照党中央要求，统筹推进疫情防控和经济社会发展工作，稳中求进，履职尽责，充分尊重代表主体地位，加强同代表的沟通联系，突出代表建议办理重点，完善工作机制，务求取得实效。主要有以下几个方面做法。

（一）中央领导同志和承办单位主要负责同志高度重视，示范推动办理工作提质增效。习近平总书记分别参加十三届全国人大三次会议内蒙古代表团和湖北代表团审议，同代表们亲切交流，并发表重要讲话，部分代表现场提出了一些意见建议，中办督查室专门就做好相关代表建议办理工作提出要求，推动把办理好代表建议作为贯彻落实以人民为中心发展思想的重要环节。李克强总理主持召开国务院常务会议，听取2019年代表建议办理情况汇报，提出要进一步提高建议办理工作的效能，在不断吸纳民意和接受监督中更好推动政府工作。栗战书委员长批示要求，将代表关于做好疫情防控、加强公共卫生能力建设等建议及时转送主管部门，支持代表依法履职，改进代表建议办理、反馈各环节工作，健全代表建议答复承诺解决机制。王晨副委员长要求加大重点督办建议的跟踪督办力度，把办理代表建议同落实党中央决策部署结合起来，将高质量建议转化为深化改革、推动发展的实际举措，增强代表建议办理效果。

各承办单位负责同志更加重视相关工作。发展改革委、教育部、财政部、水利部、农业农村部、银保监会、证监会、国家能源局、民航局等单位主要负责同志召开会议，明确任务分解方案，统筹办理工作。工业和信息化部、民政部、国家林草局、国务院扶贫办等单位主要负责同志带队分赴地方开展调研，了解实际情况，协调解决问题。科技部、人社部、生态环境部等单位主要负责同志参加代表座谈会，与代表当面沟通，深入了解建议的提出背景、主要诉求和基层存在的问题、短板。常委会法工委、国家民委、司法部、住房城乡建设部、文化和旅游部、国家铁路局、国家邮政局、共青团中央等承办单位负责同志作出批示，要求以高度的政治责任感，扎实做好代表建议办理工作。

（二）承办单位加强沟通，有力提升代表服务保障水平。一是推动线上“常来常往”。各承办单位主动适应疫情防控常态化要求，克服不利影响，灵活采用多种方式，千方百计加强同代表联系。水利部、农业农村部、市场监管总局、中医药局、台办等综合运用视频连线、远程调研、电话沟通、微信邮件等线上方式，充分听取代表意见，做好解释说明工作。工业和信息化部在平台中嵌入视频连线功能，与代表集中或点对点线上沟通，提高办理质效。全国人大教科文卫委多次召开视频会并邀请代表参加，加快推进办理工作全流程信息化。二是丰富见面沟通方式，努力做好“人来人往”。商务部、税务总局、国家医保局等充分发挥基层优势，委托本系统地方部门同志与代表面对面交流。最高人民检察院在建议办理过程中，既请代表“来”参加调研和座谈会，也主动“去”上门拜访代表，与代表深入交流，逐条分析建议相关内容。发展改革委对主办的58件代表团建议，专门制定工作方案，成立18个工作组，多次赴地方人大向代表当面沟通汇报建议办理情况，效果良好。三是进一步优化“文来文往”。主办单位与协办单位、承办单位内部机构间联系更加密切，配合更为顺畅，中央网信办、证监会、最高人民法院等单位，较早完成了协办工作。有的承办单位主动向代表推送相关材料，供代表参考。如卫生健康委结合代表关注热点和工作重点，确定了28个专题，以《卫生健康工作交流》简报形式编发专刊、发送代表。

（三）抓好关键环节，不断强化重点督办建议落实。一是抓督办。根据代表建议处理办法，重点督办建议由全国人大专门委员会负责督促办理。财经委、教科文卫委、环资委、农业农村委等召开重点督办建议协调会、工作会，监察司法委举行重点督办建议追踪办理工作会，委员会主要负责同志参加会议，了解办理情况，提出工作要求，同列席代表交流讨论。社会委等主动联系办理单位，推动就业民生等相关机制健全。二是抓落实。各承办单位从解决问题出发，将重点督办建议与年度重点工作同部署同推进，制定工作方案，明确任务分工，强化跟踪问效。很多承办单位多次会同有关单位和人大代表，开展调研、走访、座谈，实地了解情况。如人社部专门派员赴江西、广东、湖南、黑龙江等地，深入走访代表；应急管理部坚持与代表全过程持续沟通原则，多次邀请代表到地方调研，与有关协办部门座谈研讨；国务院扶贫办办领导、司领导带队调研座谈7次，调研率达100%。最高人民法院、最高人民检察院积极开展协调联动，采取切实措施，推进追踪办理和滚动督办工作。中央农办、财政部等成立工作专班，建立与各协办单位的协调联络机制,共同推进建议办理落实。三是抓重点。在依法认真办理每件代表建议的同时,部分承办单位结合实际,确定了 195 件内部重点建议。办理过程中,有关方面注重以点带面,提升办理质量。

(四)完善工作机制,确保建议办理扎实有序推进。一是注重分析研究。公安部、司法部、国家药监局、全国妇联等对承办建议内容认真分析分类,有针对性地部署办理任务,做到有的放矢。退役军人事务部、人民银行、国家知识产权局、国铁集团等对代表建议工作进行研究梳理,编印了相关工作指引、资料汇编等,进一步规范了办理工作。国家电网等逐件分析建议内容,拟定办理计划,研判预期成效。国务院研究室及时与代表沟通联系,深入调研,结合贯彻落实中央决策部署,推动完善有关政策措施。二是办理与业务相结合。全国人大社会委、监察司法委、外事委、华侨委,常委会法工委等将代表建议办理与立法监督工作结合,在立法修改、检查调研等工作中,充分吸收代表建议的有益内容,反映代表关切,推动改进工作,高质高效办理代表建议。公安部、人民银行、最高人民检察院、广东省政府等将建议办理和业务工作同研究、同部署、同推进、同落实,不断加强和改进自身工作。三是提高答复质量,保证办理效率。工业和信息化部组织承办司局深入交流办理经验,并制定批分清单、任务清单和错情清单,为高质量办理夯实基础。银保监会组织集中校审建议答复,有效提升答复质量。中央军民融合办、外交部、商务部等通过建立台账、跟踪提醒、适时通报等方式,进行动态跟踪督办,保证办理时效。中央组织部、民政部、自然资源部、海关总署等搭建了建议办理相关系统平台,通过信息化方式进行批分、办理、统计,更好推进办理工作。云南省政府针对上年办复情况进行专项检查通报,严格办理要求。四是落实代表建议答复承诺事项,抓好跟踪落实工作。市场监管总局、最高人民法院等单位积极开展承诺解决事项二次反馈,及时向代表通报工作进展和落实情况。教育部针对前两年 B 类答复承诺事项开展跟踪督办,共完成 218 项承诺解决事项的落实反馈工作。

(五)按照常委会领导同志要求,即收即办代表建议,发挥了代表建议在国家突发公共卫生事件应急响应能力建设中的作用。2020 年,面对突如其来的新冠肺炎疫情,全国人大代表认真学习贯彻习近平总书记关于疫情防控的重要讲话和一系列重要指示精神,投身抗疫一线,密切联系群众,积极履职尽责。围绕疫情防控工作重点和突出问题,针对加大立法修法力度,强化疫情防控法治保障,依法科学有序防控,加快科技研发攻关,改革完善疾病预防控制体系,健全应急物资保障体系,加强公共卫生队伍建设,加强基层防控能力建设,统筹疫情防控和经济发展工作等方面,代表们积极提出建议,切实做到民有所呼、我有所应,在反映人民群众呼声和愿望中落实“内容高质量”。截至十三届全国人大三次会议召开前,代表们共提出涉及新冠肺炎疫情防控工作的建议 206 件,涉及 24 个代表团的 129 位全国人大代表。栗战书委员长、王晨副委员长高度重视,审阅批准交办工作方案,对办理工作提出要求。常委会办公厅认真落实常委会领导同志重要批示精神,即收即办、特事特办,在 3 个月内分 11 批次将 206 件建议交由 49 家承办单位参考、办理;其中涉及立法修法等方面的 31 件建议,同时交由全国人大教科文卫委、环资委和常委会法工委参考、办理。编辑代表建议摘编共 11 期,报送中央应对新型冠状病毒感染肺炎疫情工作领导小组秘书组参考。至 2020 年 6 月底,206 件代表建议均已办理完毕并反馈代表。各承办单位充分发挥代表建议在疫情防控中的重要作用,将办理建议与推动改进工作结合起来,推动代表建议转化为疫情防控政策措施,在推动党中央决策部署贯彻落实中实现“办理高质量”,得到代表充分肯定。

三、代表建议办理工作取得的实效

十三届全国人大三次会议期间代表提出的建议已经全部办理完毕并答复代表。从办理结果看,代表建议所提问题得到解决或计划逐步解决的占建议总数的 71.28%。各有关方面提高建议办理效率,支持代表依法履职,充分发挥代表建议在推进科学决策民主决策依法决策中的重要作用,切实推动解决问题,积极回应社会关切,自觉接受人民监督。

(一)坚决打赢脱贫攻坚战,努力实现全面建成小康社会目标任务。中央农办注重吸收转化代表建议,在牵头起草《关于实现巩固拓展脱贫攻坚成果同乡村振兴有效衔接的意见》过程中,将代表提出的设立过渡期、抓好扶贫产业后续发展、做好体制机制衔接等建议转化为具体政策举措。在牵头起草 2021 年中央一号文件、《关于加快推进乡村人才振兴的若干意见》等重要政策文件中,也对代表建议进行认真研究吸纳。财政部结合代表提出的建议,在抓好政策落地见效上见功夫,继续加大财政扶贫投入力度,安排中央专项扶贫资金,连续五年新增200亿元,2020年还一次性安排综合性财力补助资金300亿元,重点用于支持52个挂牌督战县解决脱贫面临的突出问题。专门安排“三区三州”等深度贫困地区重点生态功能区转移支付资金120亿元,支持深度贫困地区打赢脱贫攻坚战,统筹做好生态补偿和脱贫攻坚工作。国务院扶贫办结合建议办理强化产业技术扶贫,全国动员4400多个科研单位和技术部门、15000多名专家参与产业扶贫,累计组建4100多个产业扶贫技术专家组,选聘26万名产业发展指导员,到村到户开展生产指导和技术服务,实现832个贫困县扶贫主导产业技术指导全覆盖。民政部认真研究代表提出的推动政府建立支出型困难家庭的救助政策、加大特困供养人员扶助力度等意见建议,出台《关于改革完善社会救助制度的意见》,完善顶层设计,印发《关于开展社会救助改革创新试点工作的通知》,围绕党建+社会救助、服务类社会救助,积极开展社会救助改革创新试点工作。国家林草局认真办理有关乌兰察布生态屏障建设的代表建议,积极研究将阴山北麓五旗县纳入北方防沙带生态保护和修复重大工程,加大资金和项目支持力度,配套抓好抗旱造林水源工程,多措并举助力脱贫攻坚。

(二)统筹推进疫情防控和经济社会发展工作,保持制造业产业链供应链稳定性和竞争力。发展改革委聚焦代表提出的传统制造业改造提升、现代制造业高质量发展、推进制造业升级等方面建议,引导国家电网、海尔集团、万向集团等企业国家双创示范基地以融通创新为主要内容的主题日活动,促进不同创业主体技术链联通、供应链协同、产业链融通,累计吸引近千家中小企业参与,达成300多个合作项目。财政部结合建议办理,落实就业优先政策,部署中央财政安排就业补助资金547.3亿元,支持地方落实各项就业创业扶持政策。指导地方用好失业保险基金结余中提取的超过1000亿元职业技能提升行动资金,支持开展职业技能培训。充分发挥失业保险金促就业功能作用,支持企业稳定岗位。银保监会、人民银行等部门大力推动支持中小微企业发展方面建议落实,联合出台文件,将中小微企业贷款延期还本付息政策进一步延长至今年3月底,要求普惠小微企业贷款应延尽延,同时,对包括规模以上民营企业在内的其他困难企业,明确企业可与银行自主协商延期还本付息。工业和信息化部认真研究建立更有力的中小企业公共服务体系的建议,推动地方搭建以省级公共服务平台为枢纽、地市和行业窗口平台为依托的全国性中小企业公共服务网络平台,覆盖全国30个省、自治区、直辖市和5个计划单列市,集聚平台1100多个,汇集各类社会服务机构8万多家,形成线上线下相结合的服务网络,完善中小企业公共服务体系。人社部结合代表提出的强化就业优先政策建议办理,报请国务院出台《关于支持多渠道灵活就业的意见》,支持灵活就业健康发展;加大“降返补”力度,将中小微企业免征养老、失业、工伤社保费政策延期至2020年底,助力企业减负稳岗;将个人创业担保贷款额度提高到20万元,并扩大范围、降低门槛,激发创业带动就业的活力。

(三)做好常态化疫情防控工作,健全国家应急管理体系。科技部、卫生健康委、药监局等部门认真办理代表涉及疫苗研制的建议,成立科研攻关组,部署灭活疫苗、重组蛋白疫苗、减毒流感病毒载体疫苗、腺病毒载体疫苗、核酸疫苗等5条技术路线。科技部在“十四五”相关国家重点研发计划重点专项动议工作中认真吸纳代表建议,将加强对感染性疾病领域研究的支持力度,为新发突发传染病防控提供科技支撑。发展改革委、卫生健康委高度关注医疗资源配置方面的建议,印发《区域医疗中心建设试点工作方案》,启动区域医疗中心建设试点,先期选择8个省份,积累试点经验,通过“填平补齐”,在优质医疗资源短缺地区新增、扩容资源,满足群众就近享有高水平医疗服务的需求。国家林草局把办理好代表建议与完善全面禁食野生动物、配合全国人大环资委修订《野生动物保护法》紧密结合起来,详细梳理代表反映的政策落实“中梗阻”问题,认真研究提出解决方案,积极协商有关部委推动解决问题,2020年通过积极沟通协调,全国已向养殖户补偿资金55亿元。应急管理部、民政部落实推动基层应急体系建设的建议,推动由村“两委”成员和社区工作人员担任灾害信息员,同时落实网格员在安全风险防范和突发事件应急处置中的责任,提高应急处置能力。目前,全国共有各级灾害信息员70余万人,在基层社区应急工作中发挥了重要作用。应急管理部将办理重点督办建议与推动应急管理事业改革发展紧密结合,修订完善国家总体应急预案和自然灾害类、安全生产类专项应急预案,规范预案编制、审批、演练、修订等工作流程,并指导各地各有关部门按照职责分工做好相关应急预案制修订工作,狠抓各项责任措施落实,全力维护人民群众生命财产安全。中医药局将建议办理与具体工作相结合,认真办理张伯礼等代表提出的建议,完善重大突发公共卫生事件应急响应机制,在相关应急预案中增加中医药内容,收到很好效果。

（四）围绕研究编制"十四五"规划纲要，推动实施区域发展战略，提高科技创新支撑能力。发展改革委在编制"十四五"规划时，将相关代表建议视作送上门的调研，将加强顶层设计与坚持问计于民统一起来，推动"十四五"规划编制更加顺应人民意愿、符合人民所思所盼。认真办理"落实支持湖北省经济社会发展一揽子政策"重点督办建议，明确时间表路线图，指导湖北用好抗疫特别国债、地方政府专项债券等资金渠道，确保支持政策全部落实。科技部围绕核心技术创新、加强基础研究等建议办理，通过国家重点研发计划和科技创新 2030—"新一代人工智能"重大项目，在区块链、超算、人工智能、物联网、移动通信、集成电路等多个关键领域部署相关研究任务，加强核心芯片与器件攻关，推进关键共性技术研究，并将在 2021—2035 年国家中长期科技发展规划、"十四五"国家重点研发计划中进行统筹布局和重点攻关。工业和信息化部结合代表建议办理，推动湖北省经济社会恢复发展。支持一批国家重点产业在湖北布局，推动"芯屏端网"、生命健康、汽车及零部件、高端装备制造等产业发展。在湖北省布局建设一批国家级创新平台，支持武汉市建设精密重力测量研究设施等国家重大科技基础设施。加快湖北省对外开放通道建设，打造了一批内陆高水平开放平台。

闭会期间，代表们密切联系群众，听取群众呼声，反映群众意愿，依法提出闭会期间代表建议。去年以来，代表们在闭会期间提出的 407 件建议，已按照规定，交由 98 家承办单位研究办理。代表建议的交办和研究办理情况，均逐一向提出意见建议的代表通报。

2020 年的代表建议办理工作基本完成。我们要深入学习贯彻习近平总书记关于坚持和完善人民代表大会制度的重要思想，继续完善工作机制和方式方法，加快代表建议工作信息化建设，为代表高质量提出建议和承办单位高质量办理代表建议提供服务保障，推动代表建议办理工作再上新的台阶。

国家卫生健康委员会关于第十三届全国人民代表大会第三次会议代表建议、批评和意见办理情况的报告

——2021 年 1 月 20 日在第十三届全国人民代表大会常务委员会第二十五次会议上

国家卫生健康委员会副主任　于学军

全国人民代表大会常务委员会：

根据会议安排，现就国家卫生健康委办理十三届全国人大三次会议代表建议、批评和意见情况作简要汇报。

党的十八大以来，以习近平同志为核心的党中央坚持以人民为中心的发展思想，作出实施健康中国战略的重大决策部署，推进卫生健康事业发展理念重大创新、发展方式重大转变，开启了健康中国建设新征程。十三届全国人大把维护人民健康放在优先位置，全国人大常委会先后制定了疫苗管理法、基本医疗卫生与健康促进法、生物安全法，开展传染病防治法执法检查，听取审议国务院关于医师队伍管理和执业医师法实施情况报告，筑牢守护人民生命健康安全的法治防线。面对百年不遇的新冠肺炎疫情，全国人大常委会启动强化公共卫生法治保障体系，推动和监督疫情防控法律实施，为夺取抗疫斗争重大战略成果提供了坚强的法治保障。

全国人大代表高度关注卫生健康事业，积极提出意见和建议。十三届全国人大以来，我委承办人大代表建议、批评和意见 3500 余件，数量居承办单位前列。2020 年承办建议 1436 件，较上年增加 502 件，其中牵头办理 793 件。我委高度重视代表意见和建议，把办理工作作为一项重要政治任务抓好抓实。一是加强组织领导。全国"两会"后即召开委党组会，传达学习"两会"精神，将建议办理纳入重点工作，与业务工作同部署、同考核、同落实。成立委领导任组长、办公厅组织协调、主要司局负责办理的领导小组，建立台账，任务到人，压实责任。代表团建议及其他重要建议办理答复由委主要负责同志审定签发，其他建议办理答复由委分管负责同

志审核把关，确保办理质量。二是严格办理程序。修订委《建议办理工作手册》，印发《关于人大代表建议办理工作的通知》，规范办理流程，实行分办、拟文、审核、发文、归档全程网上办理。建立代表建议B类答复台账155件，明确办理时限。加强督查督办，先后印发12期《建议办理情况通报》。三是做好沟通协商。根据社会关注热点，整理《卫生健康工作答复口径》，供代表提出建议时参考。对代表关注的热点问题和亟待解决的难点问题进行分析，形成《卫生健康工作建议分析报告》和27期《代表重要建议摘编》，供有关方面参阅。创新建立200余人的"代表委员论健康"微信群，做好与代表的日常沟通，增强办理的针对性。对涉及多部委多司局、疑难复杂的建议开展面对面协调，强化委内委外沟通，共同研究推动解决。四是确保办理实效。针对8个承办的"重点督办建议"，成立专题工作领导小组，制定详细工作方案，邀请代表及其他部委，多次召开线上线下的座谈会，研究解决措施和办法，努力做到"办理高要求、落实高质量"。我委承办的建议、议案均已按规定时限和要求办理完毕，代表们对办理工作及答复意见均表示满意。

建议凝聚着代表的心血和智慧，反映着人民群众的意见和呼声，是推动卫生健康工作的重要智力资源和信息资源。办理好代表们的建议，对于推进健康中国建设发挥了重要促进作用，是推动卫生健康事业发展的有力"助推器"。

一、有力推动新冠肺炎疫情防控政策措施完善，为抗疫斗争取得重大战略成果作出了积极贡献

2020年，代表高度关注新冠肺炎疫情，仅在全国"两会"前，代表们就提交了206件疫情防控建议。我委共承办了467件疫情防控相关建议，占承办总数的32.5%。这些建议多数来自抗疫一线代表，他们直接参与医疗救治、社区防控、科研攻关、宣传教育等工作，提出很多务实管用可操作的建议。我委按照"特事特办、急事急办"原则，直接吸纳融入到抗疫斗争的政策措施之中。一是实施科学精准防控。划分为高、中、低三类风险等级，分区分级实施差异化精准防控。印发七版防控方案，提出病毒潜伏期和实验室检测标准，为科学制定防治政策奠定基础。先后发布65类防护指南和55个技术方案，覆盖全场所、全人群。二是加强医疗救治。对所有患者实行免费治疗。先后制定8版诊疗方案。加大药物筛选攻关力度，坚持中西医结合、中西药并用，推出了一批临床有效的中药和西药。三是做好信息发布。建立严格规范、专业高效、分级分层的信息发布机制，及时公开透明发布疫情信息。国务院联防联控机制新闻发布会123场，多层次高密度发布权威信息。我委官网和政务新媒体开设抗疫专题页面，每日发布前一天疫情信息，官方微信、微博阅读量逾42亿人次。配合中宣部发布《抗击新冠肺炎疫情的中国行动》白皮书，全面展示我国抗疫事实。四是发挥信息化支撑作用。充分运用"大数据+网格化"方式，开展流行病学调查和疫情形势分析研判。推动建立"健康码"信息平台，动态识别健康风险，促进人员跨区域安全有序流动。五是关心关爱医务人员。中央应对疫情工作领导小组印发《关于全面落实进一步保护关心爱护医务人员若干措施的通知》，积极商有关部门出台了薪酬待遇、工伤认定、职称评聘、心理调适、人文关怀、先进表彰等多项保护关心爱护医务人员的政策措施。

二、有力推动公共卫生体制机制改革完善，加快构建强大的公共卫生体系

抗疫斗争实践表明，只有构建起强大的公共卫生体系，织紧织密"防护网"，才能切实为维护人民健康提供有力保障。代表围绕健全公共卫生体系、改革疾控体系、强化疾病监测预警、加强医疗救治体系、完善公共卫生法治等方面，集中提出了423件建议。其中，"健全国家公共卫生应急管理体系，提升监测预警和应急响应能力"列为重点督办建议，由我委牵头办理，全国人大教科文卫委督办。我委把建议办理同完善政策措施、解决实际问题有机结合起来。一是落实全国人大常委会部署，起草完成《传染病防治法》修订草案，提交国务院审议。组织专班起草《突发公共卫生事件应对法（草案）》，已形成初稿，正在征求部门和地方意见。二是会同国家发展改革委等部门印发实施《公共卫生防控救治能力建设方案》，2020年安排中央预算内投资456.6亿元，支持全国603个医疗卫生机构建设。落实抗疫特别国债资金200亿元，加强公共卫生体系和重大疫情救治体系建设。三是研究起草改革完善疾控体系政策文件，重点在理顺体制机制、明确功能定位、提升专业能力等方面加大改革力度，强化疾控机构核心职能，创新医防协同机制。目前文件已

按程序报批。四是完善传染病疫情和突发公共卫生事件监测系统，增加医务人员直接报告渠道，拓展专业、部门、社会信息报告渠道，提高监测敏感性和准确性。同时强化信息共享、分析研判和风险评估，及时发出疫情预警。

三、有力推动深化医药卫生体制改革，逐步建立健全中国特色基本医疗卫生制度

深化医改是解决群众“看病难、看病贵”问题的根本途径。这方面代表也提出了许多真知灼见，我委承办260件相关建议，主要涉及“三医”联动改革、优化医疗资源配置、提高基层服务能力、健全药品供应保障机制等。我们积极吸纳代表建议，推进深化医改往深里走、往实里走。一是发挥国务院医改领导小组秘书处作用，积极推进国家组织药品和耗材集中采购和使用改革，坚决打通降价药品和耗材进医院的“最后一公里”，让群众得实惠。二是推动优质医疗资源扩容和均衡布局。规划设置了国家重大公共卫生事件医学中心、呼吸医学中心、儿童区域医疗中心、口腔医学中心，联合发展改革委投入15亿资金加强国家区域医疗中心建设，减少群众跨区域就医。印发《关于印发医疗联合体管理办法(试行)的通知》，实现医联体网格化布局管理。三是巩固完善基层医疗卫生服务体系。继续实施县医院提标扩能工程，全面推开社区医院建设，深入开展“优质服务基层行”活动，已有17500多家基层机构服务能力达到基本标准。积极推进乡村医生队伍建设，提高了村医基药补助标准，出台允许医学专业高校毕业生免试申请乡村医生执业注册政策。四是落实落细短缺药品保供稳价制度。会同有关部门印发《国家短缺药品清单管理办法(试行)》，协调解决10余种紧缺药品供应短缺问题。进一步规范医疗行为，加强药事管理，提高合理用药水平，抗菌药物主要监测指标持续向好。

四、有力推动健康扶贫和健康中国行动，努力全方位、全周期维护人民健康

代表十分关心健康扶贫和健康中国行动推进工作，我委承办了141件建议，主要集中在做好贫困患者救治、提高贫困地区服务能力、传染病防治、慢性病防控、精神卫生、普及健康生活方式等方面。我委积极吸纳代表建议，一是打好健康扶贫攻坚战。大病救治病种扩大到30种，累计分类救治1900多万贫困患者，近1000万因病致贫返贫户成功脱贫。历史性消除贫困地区乡村两级医疗卫生机构和人员“空白点”，实现“基本医疗有保障”目标。二是加强重大疾病防治。贫困地区艾滋病高发态势得到全面遏制，“三区三州”结核病、包虫病危害得到控制并逐步消除。制定高血压、糖尿病健康管理规范，持续推进癌症等慢性病早期筛查和综合干预。在武汉等地开展社会心理服务体系建设试点。三是大力开展爱国卫生运动。国务院印发实施《关于深入开展爱国卫生运动的意见》，配合疫情防控开展了系列爱国卫生活动，大力倡导文明健康生活方式，提升群众健康素养。

五、有力推动实施积极应对人口老龄化战略，促进人口长期均衡发展

有效应对人口老龄化，事关国家发展全局、事关亿万百姓福祉。党的十九届五中全会将积极应对人口老龄化上升为国家战略。2020年人大代表提出了87件建议，我委进行了认真研究。一是采纳代表关于完善老龄政策体系的建议，研究提出“十四五”时期积极应对人口老龄化重大政策举措，其中延迟退休年龄、建立长期护理险等纳入了中央文件。二是采纳代表关于加强老年健康服务的建议，完善上门医疗卫生服务政策，增加居家、社区、机构等医养结合服务供给，在91个地(市)开展安宁疗护试点。实施“智慧助老”专项行动，启动全国示范性老年友好社区创建活动。三是采纳代表关于加强婴幼儿托育服务的建议，制修订托育机构保育指导大纲、喂养与营养指南、保育员标准等系列规范，在290多个城市开展普惠托育服务专项行动试点，新增托位10万个。

下一步，我们将深入学习贯彻习近平总书记关于疫情防控和健康中国建设重要讲话和指示批示精神，自觉接受全国人大监督，毫不松懈抓好常态化疫情防控，全面推进健康中国建设，为开启全面建设社会主义现代化国家新征程提供有力保障。

三、代表资格审查

全国人民代表大会常务委员会公告

〔十三届〕第十三号

山东省第十三届人大常委会第十九次会议补选李干杰为第十三届全国人民代表大会代表。第十三届全国人民代表大会常务委员会第十七次会议根据代表资格审查委员会提出的报告，确认李干杰的代表资格有效。

香港特别行政区第十三届全国人民代表大会代表出缺1名，根据《中华人民共和国香港特别行政区选举第十三届全国人民代表大会代表的办法》的规定，递补黄均瑜为第十三届全国人民代表大会代表。第十三届全国人民代表大会常务委员会第十七次会议根据代表资格审查委员会提出的报告，确认黄均瑜的代表资格有效。

内蒙古自治区人大常委会决定接受高世宏辞去第十三届全国人民代表大会代表职务。浙江省人大常委会决定接受方剑乔、张耕辞去第十三届全国人民代表大会代表职务。四川省人大常委会决定接受陈新有辞去第十三届全国人民代表大会代表职务。云南省人大常委会决定接受车耶辞去第十三届全国人民代表大会代表职务。依照《中华人民共和国全国人民代表大会和地方各级人民代表大会代表法》的有关规定，高世宏、方剑乔、张耕、陈新有、车耶的代表资格终止。

截至目前，第十三届全国人民代表大会实有代表2958人。

特此公告。

全国人民代表大会常务委员会

2020年4月29日

第十三届全国人民代表大会常务委员会代表资格审查委员会关于个别代表的代表资格的报告

（2020年4月29日第十三届全国人民代表大会常务委员会第十七次会议通过）

全国人民代表大会常务委员会：

2020年4月17日，山东省第十三届人大常委会第十九次会议补选十九届中央委员，山东省委副书记、省人民政府副省长、代省长李干杰为第十三届全国人民代表大会代表。经全国人民代表大会常务委员会代表资格审查委员会审查，李干杰的代表资格有效，提请全国人民代表大会常务委员会确认并予以公告。

香港特别行政区第十三届全国人民代表大会代表36名。张俊勇的代表资格终止后，出缺1名。第十二届全国人民代表大会第五次会议通过的《中华人民共和国香港特别行政区选举第十三届全国人民代表大会代表的办法》第二十三条规定："香港特别行政区第十三届全国人民代表大会代表因故出缺，由选举香港特别行政区第十三届全国人民代表大会代表时未当选的代表候选人，按得票多少顺序依次递补，但是被递补为全国人民代表大会代表的候选人的得票数不得少于选票的三分之一。全国人民代表大会常务委员会根据代表资格审查委员会提出的报告，确认递补的代表资格，公布递补的代表名单。"2017年12月19日，香港特别行政区第十三届全国人民代表大会代表选举会议第二次全体会议确定了依次递补顺序，黄均瑜排列递补顺序第2位且得票数多于选票的三分之一（此前排列递补顺序第1位的陈晓峰已递补为第十三届全国人民代表大会代表)。黄均瑜,系香港教育工作者联会会长,香港岭南大学校董,旅港福建商会教育基金发展总监。经全国人民代表大会常务委员会代表资格审查委员会审查,黄均瑜的代表资格有效,提请全国人民代表大会常务委员会确认并予以公告。

由内蒙古自治区选出的第十三届全国人民代表大会代表,内蒙古自治区乌海市委原副书记、原市长高世宏,因涉嫌违纪违法,被责令辞去第十三届全国人民代表大会代表职务。2020年1月7日,内蒙古自治区第十三届人大常委会第十八次会议决定接受其辞职。由浙江省选出的第十三届全国人民代表大会代表,民盟中央常委、浙江中医药大学原校长方剑乔,因违反生活纪律,被责令辞去第十三届全国人民代表大会代表职务。由浙江省选出的第十三届全国人民代表大会代表,浙江省经济和信息化厅原党组书记、原厅长张耕,因违纪被责令辞去第十三届全国人民代表大会代表职务。2020年1月10日,浙江省第十三届人大常委会第十七次会议决定接受方剑乔、张耕辞职。由四川省选出的第十三届全国人民代表大会代表,四川省经济和信息化厅原党组书记、原厅长陈新有,因涉嫌严重违纪违法,被责令辞去第十三届全国人民代表大会代表职务。2020年1月20日,四川省第十三届人大常委会第十五次会议决定接受其辞职。由云南省选出的第十三届全国人民代表大会代表,云南省西双版纳傣族自治州勐腊县人民医院原副院长车耶,因违反中央八项规定精神和廉洁自律规定,被责令辞去第十三届全国人民代表大会代表职务。2020年3月30日,云南省第十三届人大常委会第十六次会议决定接受其辞职。依照《中华人民共和国全国人民代表大会和地方各级人民代表大会代表法》的有关规定,高世宏、方剑乔、张耕、陈新有、车耶的代表资格终止。

以上7名代表资格变动事宜报请全国人民代表大会常务委员会审议通过并予以公告。

本次全国人民代表大会个别代表的代表资格变动后,第十三届全国人民代表大会实有代表2958人。

以上报告,请审议。

第十三届全国人民代表大会
常务委员会代表资格审查委员会
2020年4月26日

全国人民代表大会常务委员会公告

〔十三届〕第十四号

江苏省人大常委会决定接受李生辞去第十三届全国人民代表大会代表职务。依照《中华人民共和国全国人民代表大会和地方各级人民代表大会代表法》的有关规定,李生的代表资格终止。

截至目前,第十三届全国人民代表大会实有代表2957人。

特此公告。

全国人民代表大会常务委员会
2020年5月18日

第十三届全国人民代表大会常务委员会代表资格审查委员会关于个别代表的代表资格的报告

(2020年5月18日第十三届全国人民代表大会常务委员会第十八次会议通过)

全国人民代表大会常务委员会:

由江苏省选出的第十三届全国人民代表大会代表,江苏省沭阳县庙头镇聚贤村党委书记、苏北花卉股份有限公司董事长李生,因个人原因,本人提出辞去第十三届全国人民代表大会代表职务。2020年5月15日,江苏省第十三届人大常委会第十六次会议决定接受其辞职。依照《中华人民共和国全国人民代表大会和地方各级人民代表大会代表法》的有关规定，李生的代表资格终止。

以上代表资格变动事宜报请全国人民代表大会常务委员会审议通过并予以公告。

本次全国人民代表大会个别代表的代表资格变动后，第十三届全国人民代表大会实有代表2957人。

以上报告，请审议。

第十三届全国人民代表大会
常务委员会代表资格审查委员会
2020年5月18日

全国人民代表大会常务委员会公告

〔十三届〕第十五号

福建省第十三届人大常委会第二十一次会议补选王宁为第十三届全国人民代表大会代表。第十三届全国人民代表大会常务委员会第二十一次会议根据代表资格审查委员会提出的报告，确认王宁的代表资格有效。

内蒙古自治区人大常委会决定接受郝茂荣辞去第十三届全国人民代表大会代表职务。湖南省人大常委会决定接受刘和生辞去第十三届全国人民代表大会代表职务。甘肃省人大常委会决定接受尚伦生辞去第十三届全国人民代表大会代表职务。依照《中华人民共和国全国人民代表大会和地方各级人民代表大会代表法》的有关规定，郝茂荣、刘和生、尚伦生的代表资格终止。

第十三届全国人民代表大会代表申纪兰、万卫星去世。全国人民代表大会常务委员会对申纪兰、万卫星代表的去世表示哀悼。申纪兰、万卫星的代表资格自然终止。

截至目前，第十三届全国人民代表大会实有代表2953人。

特此公告。

全国人民代表大会常务委员会
2020年8月11日

第十三届全国人民代表大会常务委员会代表资格审查委员会关于个别代表的代表资格的报告

（2020年8月11日第十三届全国人民代表大会常务委员会第二十一次会议通过）

全国人民代表大会常务委员会：

2020年7月24日，福建省第十三届人大常委会第二十一次会议补选十九届中央候补委员，福建省委副书记、省人民政府副省长、代省长，福州市委书记王宁为第十三届全国人民代表大会代表。经全国人民代表大会常务委员会代表资格审查委员会审查，王宁的代表资格有效，提请全国人民代表大会常务委员会确认并予以公告。

由内蒙古自治区选出的第十三届全国人民代表大会代表，内蒙古自治区通辽市委原副书记、原市长郝茂荣，因涉嫌违纪和职务违法、职务犯罪，被责令辞去第十三届全国人民代表大会代表职务。2020年7月23日，内蒙古自治区第十三届人大常委会第二十一次会议决定接受其辞职。由湖南省选出的第十三届全国人民代表大会代表，湖南省人大社会建设委员会副主任委员刘和生，因涉嫌严重违纪违法，被责令辞去第十三届全国人民代表大会代表职务。2020年7月30日，湖南省第十三届人大常委会第十九次会议决定接受其辞职。由甘肃省选出的第十三届全国人民代表大会代表，甘肃省律师协会会长、甘肃东方人律师事务所主任尚伦生，因涉嫌严重违纪违法，被责令辞去第十三届全国人民代表大会代表职务。2020年7月31日，甘肃省第十三届人大常委会第十八次会议决定接受其辞职。依照《中华人民共和国全国人民代表大会和地方各级人民代表大会代表法》的有关规定，郝茂荣、刘和生、尚伦生的代表资格终止。

由山西省选出的第十三届全国人民代表大会代表，山西省平顺县西沟村党总支副书记申纪兰，因病于 2020 年 6 月 28 日去世。由湖北省选出的第十三届全国人民代表大会代表，全国人大常委会委员、全国人大环境与资源保护委员会委员，九三学社中央委员，中国科学院地质与地球物理研究所学术委员会副主任、地球与行星物理院重点实验室主任，中国科学院院士万卫星，因病于 2020 年 5 月 20 日去世。代表资格审查委员会对申纪兰、万卫星代表的去世表示哀悼。申纪兰、万卫星的代表资格自然终止。

本次全国人民代表大会个别代表的代表资格变动后，第十三届全国人民代表大会实有代表 2953 人。

以上报告，请审议。

第十三届全国人民代表大会
常务委员会代表资格审查委员会
2020 年 8 月 8 日

全国人民代表大会常务委员会公告

〔十三届〕第十六号

浙江省第十三届人大常委会第二十四次会议补选郑栅洁为第十三届全国人民代表大会代表。陕西省第十三届人大常委会第二十一次会议补选赵一德为第十三届全国人民代表大会代表。青海省第十三届人大常委会第二十次会议补选信长星为第十三届全国人民代表大会代表。第十三届全国人民代表大会常务委员会第二十二次会议根据代表资格审查委员会提出的报告，确认郑栅洁、赵一德、信长星的代表资格有效。

新疆维吾尔自治区人大常委会决定接受艾克拜尔·麦提那斯尔辞去第十三届全国人民代表大会代表职务。依照《中华人民共和国全国人民代表大会和地方各级人民代表大会代表法》的有关规定，艾克拜尔·麦提那斯尔的代表资格终止。

第十三届全国人民代表大会代表郑喜兰去世。全国人民代表大会常务委员会对郑喜兰代表的去世表示哀悼。郑喜兰的代表资格自然终止。

截至目前，第十三届全国人民代表大会实有代表 2954 人。

特此公告。

全国人民代表大会常务委员会
2020 年 10 月 17 日

第十三届全国人民代表大会常务委员会代表资格审查委员会关于个别代表的代表资格的报告

（2020 年 10 月 17 日第十三届全国人民代表大会常务委员会第二十二次会议通过）

全国人民代表大会常务委员会：

2020 年 9 月 24 日，浙江省第十三届人大常委会第二十四次会议补选浙江省委副书记、省人民政府副省长、代省长，宁波市委书记郑栅洁为第十三届全国人民代表大会代表（2020 年 9 月 29 日，浙江省第十三届人民代表大会第四次会议选举郑栅洁为浙江省人民政府省长）。2020 年 8 月 21 日，陕西省第十三届人大常委会第二十一次会议补选十九届中央候补委员、陕西省委副书记、省人民政府代省长赵一德为第十三届全国人民代表大会代表（2020 年 8 月 25 日，陕西省第十三届人民代表大会第四次会议选举赵一德为陕西省人民政府省长）。2020 年 8 月 21 日，青海省第十三届人大常委会第二十次会议补选十九届中央候补委员、青海省委副书记、省人民政府代省长信长星为第十三届全国人民代表大会代表（2020 年 8 月 26 日，青海省第十三届人民代表大会第五次会议选举信长星为青海省人民政府省长）。经全国人民代表大会常务委员会代表资格审查委员会审查，郑栅洁、赵一德、信长星的代表资格有效，提请全国人民代表大会常务委员会确认并予以公告。

由新疆维吾尔自治区选出的第十三届全国人民代表大会代表，新疆维吾尔自治区墨玉县萨依巴格乡党委委员、组织干事艾克拜尔·麦提那斯尔，因涉嫌违纪职务违法，被责令辞去第十三届全国人民代表大会代表职务。2020年9月19日，新疆维吾尔自治区第十三届人大常委会第十八次会议决定接受其辞职。依照《中华人民共和国全国人民代表大会和地方各级人民代表大会代表法》的有关规定，艾克拜尔·麦提那斯尔的代表资格终止。

由河北省选出的第十三届全国人民代表大会代表，河北省衡水市中级人民法院二级高级法官、审委会委员郑喜兰，因病于2020年8月24日去世。代表资格审查委员会对郑喜兰代表的去世表示哀悼。郑喜兰的代表资格自然终止。

本次全国人民代表大会个别代表的代表资格变动后，第十三届全国人民代表大会实有代表2954人。

以上报告，请审议。

第十三届全国人民代表大会
常务委员会代表资格审查委员会
2020年10月13日

全国人民代表大会常务委员会公告

〔十三届〕第十七号

黑龙江省人大常委会决定接受于飞辞去第十三届全国人民代表大会代表职务。江西省人大常委会决定接受史文清辞去第十三届全国人民代表大会代表职务。依照《中华人民共和国全国人民代表大会和地方各级人民代表大会代表法》的有关规定，于飞、史文清的代表资格终止。

截至目前，第十三届全国人民代表大会实有代表2952人。

特此公告。

全国人民代表大会常务委员会
2020年11月11日

第十三届全国人民代表大会常务委员会代表资格审查委员会关于个别代表的代表资格的报告

（2020年11月11日第十三届全国人民代表大会常务委员会第二十三次会议通过）

全国人民代表大会常务委员会：

由黑龙江省选出的第十三届全国人民代表大会代表，黑龙江省人大财政经济委员会原副主任委员于飞，因涉嫌严重违纪违法，被责令辞去第十三届全国人民代表大会代表职务。2020年10月22日，黑龙江省第十三届人大常委会第二十一次会议决定接受其辞职。由江西省选出的第十三届全国人民代表大会代表，江西省人大常委会原副主任史文清，因涉嫌严重违纪违法，被责令辞去第十三届全国人民代表大会代表职务。2020年10月19日，江西省第十三届人大常委会第二十四次会议决定接受其辞职。依照《中华人民共和国全国人民代表大会和地方各级人民代表大会代表法》的有关规定，于飞、史文清的代表资格终止。

本次全国人民代表大会个别代表的代表资格变动后，第十三届全国人民代表大会实有代表2952人。

以上报告，请审议。

第十三届全国人民代表大会
常务委员会代表资格审查委员会
2020年11月10日

全国人民代表大会常务委员会公告

〔十三届〕第十八号

广西壮族自治区第十三届人大常委会第二十次会议补选蓝天立为第十三届全国人民代表大会代表。第十三届全国人民代表大会常务委员会第二十四次会议根据代表资格审查委员会提出的报告，确认蓝天立的代表资格有效。

浙江省人大常委会决定接受林天干辞去第十三届全国人民代表大会代表职务。广西壮族自治区人大常委会决定接受唐农辞去第十三届全国人民代表大会代表职务。依照《中华人民共和国全国人民代表大会和地方各级人民代表大会代表法》的有关规定，林天干、唐农的代表资格终止。

截至目前，第十三届全国人民代表大会实有代表 2951 人。

特此公告。

全国人民代表大会常务委员会

2020 年 12 月 26 日

第十三届全国人民代表大会常务委员会代表资格审查委员会关于个别代表的代表资格的报告

（2020 年 12 月 26 日第十三届全国人民代表大会常务委员会第二十四次会议通过）

全国人民代表大会常务委员会：

2020 年 11 月 26 日，广西壮族自治区第十三届人大常委会第二十次会议补选十九届中央候补委员，广西壮族自治区党委副书记、自治区人民政府副主席、代主席蓝天立为第十三届全国人民代表大会代表。经全国人民代表大会常务委员会代表资格审查委员会审查，蓝天立的代表资格有效，提请全国人民代表大会常务委员会确认并予以公告。

由浙江省选出的第十三届全国人民代表大会代表，浙江省温州市铁路与轨道交通投资集团原副总经理林天干，因违纪违法，被责令辞去第十三届全国人民代表大会代表职务。2020 年 11 月 27 日，浙江省第十三届人大常委会第二十五次会议决定接受其辞职。由广西壮族自治区选出的第十三届全国人民代表大会代表，广西中医药大学党委原副书记、原校长唐农，因涉嫌严重违纪违法，被责令辞去第十三届全国人民代表大会代表职务。2020 年 11 月 24 日，广西壮族自治区第十三届人大常委会第二十次会议决定接受其辞职。依照《中华人民共和国全国人民代表大会和地方各级人民代表大会代表法》的有关规定，林天干、唐农的代表资格终止。

本次全国人民代表大会个别代表的代表资格变动后，第十三届全国人民代表大会实有代表 2951 人。

以上报告，请审议。

第十三届全国人民代表大会

常务委员会代表资格审查委员会

2020 年 12 月 22 日

对外交往

一、委员长国内外事活动

会见老挝总理通伦

新华社北京1月6日电　全国人大常委会委员长栗战书6日在人民大会堂会见老挝总理通伦。

栗战书表示，在习近平总书记、国家主席和本扬总书记、国家主席的共同引领下，两国已迈入构建中老命运共同体的新时代。双方应共同努力，传承好中老互为好邻居、好朋友、好同志、好伙伴的“四好”精神，持续深化两国全面战略合作，推动中老命运共同体落地生根。中国全国人大愿同老挝国会加强治国理政经验交流，提升立法机构合作水平，为各领域合作提供法律保障和政策支持，共同提升应对各种风险挑战的能力，推进各自国家治理体系和治理能力现代化。

通伦祝贺新中国成立70年来取得的伟大成就，表示中国人民定能如期实现全面建成小康社会的宏伟目标。老方始终坚持一个中国原则，坚定支持“一带一路”倡议，愿与中方深化包括立法机构交流在内的各领域务实合作。

郝明金参加会见。

会见日本众议院代表团

新华社北京1月9日电　全国人大常委会委员长栗战书9日在人民大会堂会见来华出席中国全国人大与日本国会众议院合作委员会第十一次会议的日本众议院代表团。

栗战书说，习近平主席同安倍晋三首相就推动构建契合新时代要求的中日关系达成重要共识，两国关系面临迈向新台阶的重要机遇。中日关系的健康稳定发展，符合两国和两国人民的根本利益，也是国际社会的普遍期待。中国全国人大愿同日本国会众、参两院共同努力，维护好两国关系的政治基础，促进各领域务实合作，推动地方、青年交流，夯实两国关系民意基础，发挥好立法机构定期交流机制作用，为推进新时代中日关系作出积极贡献。

日本众议院代表团团长高木毅说，愿增进互信、加强交流、深化合作，推进新时代日中关系不断发展。

曹建明参加会见。

同瑞士联邦议会国民院议长莫雷会谈

新华社北京1月16日电　全国人大常委会委员长栗战书16日在人民大会堂同瑞士联邦议会国民院议长莫雷举行会谈。

栗战书说，今年是中瑞建交70周年。瑞士是最早承认新中国的西方国家之一，也是第一个同中国签订自由贸易协定的欧洲大陆国家。在习近平主席和瑞方领导人共同引领下，两国率先建立创新战略伙伴关系。中方愿与瑞方一道，以落实两国领导人重要共识为主线，以庆祝建交70周年为契机，始终坚持互尊互信的伙伴精神、敢为人先的开拓精神、合作共赢的开放精神、交流互鉴的人文精神，尊重彼此核心利益和重大关切，增进理解，扩大共识，深化合作，推动两国关系不断向前发展。

栗战书指出，在2017年达沃斯世界经济论坛上，习近平主席在主旨演讲中深刻阐述了中国对经济全球化和共促全球发展的重要主张。世界经济的大海,你要还是不要,都在那儿,是回避不了的。中瑞都是经济全球化、自由贸易和开放合作的坚定支持者。“一带一路”来自中国,成效惠及世界。中方赞赏瑞方积极支持和参与“一带一路”建设,愿同瑞方加强战略对接,做高质量共建“一带一路”的合作伙伴。

栗战书表示,长期以来,中国全国人大同瑞士联邦议会保持密切交流合作,为促进两国关系发展发挥了重要作用。希望双方密切友好交往,为推动落实两国领导人共识提供法律保障;深化互学互鉴,加强立法、监督、治国理政经验交流;发挥立法机构特点和优势,促进双方在经济、人文、体育、青年等领域交往与合作。

莫雷说,瑞士对中国取得的巨大发展成就感到高兴。中国人民生活水平不断提高,证明中国是世界经济海洋中最好的游泳者之一。在中国继续推进改革开放的进程中,瑞方愿进一步加强同中方在各领域的交流合作。瑞士联邦议会将为促进双边关系发展、增进人民的相互了解和友谊发挥积极作用。

全国人大常委会副委员长王东明参加会谈。

会见巴基斯坦总统阿尔维

新华社北京 3 月 17 日电 全国人大常委会委员长栗战书 17 日在人民大会堂会见巴基斯坦总统阿尔维。

栗战书表示,总统先生在此特殊时刻访华,体现了巴政府和人民对中国的坚定支持。栗战书介绍了中国防控新冠肺炎疫情的总体情况。他说,中国防控疫情取得的成效,再次彰显了中国共产党领导和中国特色社会主义制度的显著优势。我们对在习近平总书记亲自指挥、亲自领导下打赢这场疫情防控战充满信心,对中国制度、中国道路充满信心,对保持中国经济社会平稳健康发展充满信心。人类是一个命运共同体。中方将积极开展防控国际合作,支持和帮助巴方及国际社会共同抗击疫情。中国全国人大愿同巴议会加强各领域交流合作。

阿尔维表示,巴方高度赞赏中国人民在习近平主席坚强领导下,抗击疫情取得的重大成效和对全球抗疫合作的杰出贡献,感谢中方的无私援助,将始终与中国共同应对挑战。

张春贤参加会见。

出席第五次世界议长大会视频会议

新华社北京 8 月 19 日电 全国人大常委会委员长栗战书 19 日在北京人民大会堂出席第五次世界议长大会视频会议。

栗战书在发言中表示,在全球抗击新冠肺炎疫情的关键阶段,以视频方式举行这次世界议长大会,彰显了各国立法机构携手抗疫、共克时艰的坚定决心和信心。

栗战书指出,面对疫情,中国始终把人民生命安全和身体健康摆在第一位。习近平主席亲自指挥、亲自部署,强调人民至上、生命至上,保护人民生命安全和身体健康可以不惜一切代价。中国采取最全面、最严格、最彻底的防控举措,经过艰苦卓绝努力,夺取了疫情防控阻击战重大战略成果。

栗战书表示,抗疫合作,中国秉持构建人类命运共同体理念。习近平主席强调团结合作是战胜疫情最有力的武器,首提共同构建人类卫生健康共同体。中国本着公开、透明、负责任的态度,及时向世卫组织及相关国家通报疫情信息,毫无保留地分享防控和救治经验,尽己所能为有需要的国家提供支持和援助,向 150 多个国家和国际组织提供抗疫援助,并将在两年内提供 20 亿美元国际援助。

栗战书强调,今年是联合国成立和世界反法西斯战争胜利 75 周年。75 年来,联合国在维护世界和平与发展方面发挥了重要作用。突如其来的疫情再次表明,各国利益相连,人类命运与共。各国立法机构应坚定维护多边主义,推动国际抗疫合作,促进世界经济复苏。

一是善做善成,共同抗击疫情。病毒没有国界、不分种族,国际社会只有形成合力,才能战而胜之。我们应反对污名化、政治化,防止“政治病毒”扩散蔓延。要加强信息共享和经验交流,向发展中国家提供更多援助,打赢疫情防控全球阻击战。

二是携手同行,捍卫多边主义。中方愿与国际社会一道,维护以联合国为核心的国际体系和以国际法为基础的国际秩序,倡导共商共建共享的全球治理观,引领全球治理体系改革正确方向,维护国际公平正义。

三是积极有为,促进经济复苏。当务之急是在疫情常态化防控前提下,加快生产生活秩序的全面恢复。同时着眼于“后疫情时代”,维护以世界贸易组织为核心的多边贸易体制,推动世界经济复苏,实现平衡和可持续增长。

栗战书表示,中国全国人大高度重视各国议会联盟的地位和作用,将一如既往地参与议联活动、助力议联发展,愿继续加强同地区议会组织和各国立法机构的交流合作。只要我们同舟共济、守望相助,携手构建人类命运共同体,世界一定能迎来美好的明天。

世界议长大会由议联主办,每5年举行一次。此次会议主题是“发挥议会领导力,强化多边主义,为世界和人民带来和平与可持续发展”。来自110多个国家和地区的130多位立法机构领导人出席会议,联合国秘书长古特雷斯、议联主席奎瓦斯等在开幕式上致辞。

出席第六届金砖国家议会论坛视频会议并讲话

新华社10月27日电 全国人大常委会委员长栗战书27日在北京人民大会堂出席第六届金砖国家议会论坛视频会议并发表讲话。

栗战书指出,突如其来的新冠肺炎疫情,对全世界是一次严峻考验。抗击疫情、稳定经济、保障民生是各国共同面临的艰巨任务。习近平主席亲自指挥、亲自部署,坚持人民至上、生命至上,统筹推进疫情防控和经济社会发展,14亿人民众志成城、顽强拼搏,夺取了全国抗疫斗争重大战略成果。今年前9个月,中国国内生产总值增长0.7%,成为疫情发生以来第一个实现正增长的主要经济体,为世界经济恢复贡献了力量、传递了信心。

栗战书强调,团结合作是抗击疫情最有力的武器。在中国抗疫最艰难的时刻,包括金砖国家在内的许多国家和国际组织向中方提供了支持和援助。中国积极推动国际抗疫合作,主动同国际社会分享防控经验,第一时间向世卫组织及相关国家通报疫情信息,第一时间发布新冠病毒基因序列等信息,向联合国和世卫组织提供抗疫援助,尽已所能为其他国家提供帮助。只要各国守望相助、携手应对,就一定能够战胜这场疫情、维护人类共同家园,为推动构建人类命运共同体作出贡献。

栗战书就金砖国家立法机构加强合作提出四点建议。一是加强公共卫生领域合作,依法助力疫情防控。为疫情防控提供法治保障,是立法机构的职责所在。秉持构建人类卫生健康共同体理念,推进国际联防联控,反对将病毒政治化、污名化、标签化,反对任意“甩锅”“推责”。二是坚持开放创新发展,为世界经济复苏提供法治支撑。推动务实合作、促进经济恢复增长,立法机构责无旁贷。从法治的角度坚定维护以世贸组织为核心的多边贸易体制,共同推动实现2030年可持续发展目标。三是坚定维护国际法权威,推动建设更加公正合理的国际秩序。坚定维护以联合国为核心的国际体系,坚定维护以国际法为基础的国际秩序,坚定维护联合国在国际事务中的核心作用,推动国际秩序朝着更加公正合理的方向发展。四是在金砖机制下深化立法机构合作。进一步完善合作机制,建设好议会论坛这一重要平台,拓展对口交流,鼓励议员和代表开展形式多样的友好交往,让金砖国家伙伴关系更加深入人心。

俄罗斯国家杜马主席沃洛金、联邦委员会主席马特维延科,印度议会人民院议长博拉,南非国民议会议长莫迪塞、全国省级事务委员会主席马松度,巴西众议长马亚等出席视频会议。与会各方围绕“维护全球稳定、保障共同安全、促进创新增长的金砖国家伙伴关系:议会合作”的会议主题进行了深入交流。会议通过了《第六届金砖国家议会论坛宣言》。

出席中俄议会合作委员会第六次会议开幕式并致辞

新华社北京 11 月 2 日电 全国人大常委会委员长栗战书 2 日在北京人民大会堂出席中俄议会合作委员会第六次会议视频会议开幕式并致辞。

栗战书说，元首外交是中俄关系成熟稳定发展的最显著特征。在习近平主席和普京总统亲自引领和推动下，中俄关系进入更高水平、更大发展的新时代。两国元首密切交往，坚定了双方深化新时代全面战略协作、携手抗击疫情、发展互利合作的信心和决心。在百年不遇的新冠肺炎疫情大流行中，中俄战略协作经受住了考验，两国人民患难见真情的友谊更加牢固。中俄守望相助、携手抗疫，充分体现了两国关系的高水平和特殊性，为推动构建人类命运共同体作出了重要贡献。

栗战书指出，中俄议会合作委员会是落实两国元首共识的重要平台，在优化双边合作法律环境、夯实两国关系民意基础等方面发挥着重要作用。中俄立法机构保持交流合作的连续性，讨论共同关心的问题和共同面临的挑战，具有重要意义。中国全国人大愿与俄联邦委员会、国家杜马一道，进一步推进中俄新时代全面战略协作伙伴关系，为实现各自发展振兴目标、携手应对风险挑战、共同维护世界和平安宁、推动构建人类命运共同体，作出立法机构应有的贡献。

栗战书对加强两国立法机构交流合作提出四点建议。一是坚持把落实两国元首共识作为立法机构交流合作的首要任务，从立法机构角度推动共建“一带一路”同欧亚经济联盟对接，推动两国政治、经贸、人文、地方、科技、生态环保等领域合作，为双边协议、合作项目顺利实施提供法律保障。二是促进中俄及国际抗疫合作，支持政府、医疗机构、科研院所、企业交流分享抗疫经验和信息，以中俄科技创新年为契机，加强在疫情防控、公共卫生等领域的立法经验交流，共同支持世卫组织发挥作用，推动构建人类卫生健康共同体。三是加强涉外法治建设经验交流，共同应对单边主义、保护主义、霸凌行径对国际关系和国际秩序的冲击，捍卫各自国家主权、安全和发展利益。四是密切在国际和地区事务中的协作，坚定维护以联合国为核心的国际体系，坚定维护以国际法为基础的国际秩序，坚定维护联合国在国际事务中的核心作用，加强在上合组织、金砖国家等框架内的合作，从立法机构角度发出维护国际和地区安全稳定、改革完善全球治理体系的共同声音。

栗战书介绍了中共十九届五中全会的情况。

全国人大常委会副委员长王晨出席会议。

俄罗斯联邦委员会主席马特维延科和国家杜马主席沃洛金出席会议并致辞。

同老挝国会主席巴妮举行会谈

新华社北京 11 月 23 日电 全国人大常委会委员长栗战书 23 日在北京以视频方式同老挝国会主席巴妮举行会谈。

栗战书说，在习近平总书记和本扬总书记的引领下，中老关系保持良好发展势头。两党两国最高领导人以多种方式就加强中老抗疫合作，深化两党两国关系达成战略共识。中老在疫情阻击战中守望相助、同舟共济，体现了两国和两国人民的深厚友谊。明年是中老建交 60 周年和中老友好年，两党两国关系发展迎来新的重要契机。中方愿同老方一道，落实构建中老命运共同体行动计划，加强战略沟通，深化务实合作，促进人文交流，密切多边协调。

栗战书从落实两党两国最高领导人重要共识的角度，提出四点建议。一是双方要以灵活方式保持高层交往势头，加强对中老关系的政治引领。二是双方要以中老经济走廊为龙头，加强发展战略对接和“一带一路”合作。三是中方支持老方大力改善民生，进一步加强公共卫生合作。四是双方要设计和筹备好明年建交 60 周年和中老友好年系列庆祝活动，筹划一批丰富多彩的文化、教育、青年交流合作项目，不断丰富中老命运共同体的人文内涵。

栗战书说，中国全国人大愿同老挝国会共同努力，进一步加强立法机构合作。要加强两国立法机构高层交流，丰富和拓宽友好交往的渠道，推动两国立法机构对口交往。要密切在多边议会机制中的合作，维护两国共同利益。

栗战书还介绍了中国抗击疫情取得重大战略成果、中共十九届五中全会、习近平法治思想和中央全面依法治国工作会议情况。

巴妮说，中国作为成功抗击疫情的典范，及时向国际社会分享抗疫经验、提供宝贵帮助，以实际行动践行了人类命运共同体理念。老方愿意借鉴中国同志在治国理政、推动经济社会发展、脱贫攻坚等方面的经验，加强两国立法机构间交流合作，促进老中友好事业不断结出新的硕果。

全国人大常委会副委员长沈跃跃参加会谈。

同印尼国会议长普安举行会谈

新华社北京12月10日电　全国人大常委会委员长栗战书10日在人民大会堂以视频方式同印尼国会议长普安举行会谈。

栗战书说，今年以来，面对新冠肺炎疫情，中国和印尼守望相助、共克时艰，传统友谊进一步巩固和深化。习近平主席3次同佐科总统通话，就抗疫合作和恢复经济达成重要共识。中方愿与印尼方一道，以两国建交70周年为契机，围绕抗疫和发展两大主线，深化各领域务实合作，推动两国全面战略伙伴关系不断取得更大发展。

栗战书就落实两国元首共识、加强立法机构合作提出四点建议。一是加强抗疫合作。深化双方在抗疫物资、技术、药物等方面合作，支持两国企业加强疫苗研发、采购、生产等领域合作，继续高举团结抗疫大旗，反对将疫情政治化、污名化，共同推动构建人类卫生健康共同体。二是密切友好交往。运用法治方式防控疫情、推动经济，是当前两国立法机构交流合作的重点之一。愿保持密切沟通，分享治国理政经验，加强法治思想、法律制度互学互鉴，从立法机构角度助力国家关系发展、服务各自国内经济。在涉及彼此核心利益和重大关切问题上相互坚定支持，保持在各国议会联盟等多边机制下的良好协调配合。三是深化经贸合作。加强双方战略对接，推动共建“一带一路”合作，扩大贸易和投资，促进贸易健康平衡发展，确保重点合作项目建设，除基础设施项目合作外，加强农业渔业、中小企业、互联网、人工智能、数字经济以及医疗、卫生、文化、教育等民生领域的合作，推动经济复苏和民生改善。四是促进和平发展。万隆精神仍然是世界发展潮流和大多数国家的共识。任何逆全球化、单边主义、保护主义、霸权主义的行径必失人心。愿共同维护多边主义，携手构建更为紧密的中国—东盟命运共同体、人类命运共同体。

普安说，印尼和中国的友好交往源远流长。双方各领域的务实合作为两国人民带来了实实在在的利益。两国团结抗疫，对于共同战胜疫情挑战、推动经济社会发展具有重要意义。印尼国会愿加强同中国全国人大的交流合作，为促进两国关系深入发展作出贡献。

同日本众议长大岛理森举行会谈

新华社北京12月15日电　全国人大常委会委员长栗战书15日在人民大会堂以视频方式同日本众议长大岛理森举行会谈。

栗战书说，中日拥有广泛的共同利益和广阔的合作空间。今年9月日本新政府成立后，习近平主席和菅义伟首相实现通话，为两国关系未来发展作出了规划，明确了方向。中方愿同日方一道努力，遵循两国领导人战略引领，按照中日四个政治文件各项原则和双方有关共识精神，推动两国关系沿着和平友好、合作共赢的正确轨道稳定运行，加强协调应对全球性课题，坚定维护多边主义和自由贸易体制，努力构建契合新时代要求的中日关系，为地区和世界注入更多稳定性和正能量。

栗战书指出，中日相互支援，携手抗疫，体现了同舟共济、守望相助的情谊。双方应立足疫情防控常态化，统筹推进抗疫和务实合作，维护两国和地区产业链供应链稳定畅通，推动经济社会加快复苏，并着眼“后疫情”时代，打造新的合作增长点。

充分发挥文化渊源深厚的优势，抓住两国明后年相继举办奥运会等重要契机，全方位加强人文交流，扩大地方合作，夯实两国关系的社会民意基础。

栗战书强调，立法机构交流是中日交往的重要组成部分，对推动两国关系发展发挥着特殊作用。近年来，中国全国人大与日本国会的友好交流保持良好态势。希双方进一步加强立法机构领导人、专门委员会、友好小组、人大代表和议员之间的多层次经常性联系沟通，充分发挥定期交流机制平台作用，增进相互了解，正确引导国内舆情民意，为中日关系发展营造良好氛围。

栗战书重申了中方在钓鱼岛等问题上的原则立场。

大岛理森说，日中两国在抗击新冠肺炎疫情中相互支持。面对国际形势的变化和抗击疫情等许多共同挑战，愿加强包括两国立法机构在内的各方面交流，进行坦率对话，推进各领域务实合作，不断改善两国关系。

出席中国全国人大与法国国民议会交流机制第十一次会议并致辞

新华社北京 12 月 16 日电 全国人大常委会委员长栗战书 16 日通过视频方式出席中国全国人大与法国国民议会交流机制第十一次会议开幕式并致辞。

栗战书说，中法是拥有广泛共同利益的全面战略伙伴。面对疫情的共同挑战，中法两国人民本着生命至上、真诚友好的精神相互支持、守望相助。习近平主席与马克龙总统今年以来就团结抗疫、开展双边和多边合作等五次通话，达成多项重要共识。双方要秉持“独立自主、相互理解、高瞻远瞩、合作共赢”的精神，开创双边关系更加美好的未来。

栗战书指出，两国立法机构在推动国家关系发展方面发挥着独特作用。2009 年，中国全国人大和法国国民议会建立定期交流机制。通过这一机制平台，两国立法机构保持稳定经常性交流，开展深入对话、共谋合作，中国人大代表和法国国会议员增进相互了解，中法友好的力量不断壮大。

栗战书强调，中国全国人大愿同法国国民议会一道，以习近平主席和马克龙总统的战略共识为引领，坚定维护中法政治互信，加强各层级对话，深化在经贸、投资、金融、环境、卫生、社保等经济社会民生领域的立法交流。今天举行的视频会议就是迅速落实两国领导人共识的一个具体行动。充分发挥立法机构的职能作用和优势，推动两国发展战略对接，努力为落实双边协议和大项目合作提供法律保障，为两国友好合作搭建广阔平台。丰富和拓展友好小组之间的交往合作，推动科技、教育、文化、卫生、青年、妇女等专门领域人大代表和议员的对话交流，讲好“中法友谊故事”。加强沟通协调，共同维护以联合国为核心的国际体系、以国际法为基础的国际秩序、以世界贸易组织规则为基石的多边贸易体制。

法国国民议会议长费朗表示，法中关系至关重要。不断深化两国深厚悠久的关系，会带来更大的成功。法国国民议会愿充分发挥积极作用，加强定期交流机制合作，为促进法中两国关系长期稳定健康发展作出贡献。

全国人大常委会副委员长陈竺出席开幕式。

同韩国国会议长朴炳锡举行会谈

新华社北京 12 月 21 日电 全国人大常委会委员长栗战书 21 日在人民大会堂以视频方式同韩国国会议长朴炳锡举行会谈。

栗战书说，中韩互为友好近邻和重要合作伙伴。在习近平主席和文在寅总统战略引领下，中韩关系保持良好发展势头。双方互信日益加深，互利合作不断深化，友好交往更加活跃，两国关系充满活力。双方要始终立足大局、着眼长远，尊重彼此核心利益和重大关切，加强各层级沟通，扩大友好共识，确保两国关系始终沿着正确方向行稳致远。

栗战书强调，今年以来，中韩双方携手抗疫、共克时艰，树立了国际抗疫合作典范，也为两国友好增添了新的内涵。要继续发挥好联防联控、“快捷通道”的作用，积极探讨和推进疫苗和药物研发使用等合作，携手控制疫情。加快发展战略对接，推动第三方市场合作早见实质成果，早日完成自贸协定第二阶段谈判。以“中韩文化交流年”为契机，进一步活跃教育、体育、青少年、学术、地方等领域交流。共同维护和促进朝鲜半岛和平发展，加强多边框架内的沟通与协调，维护国际公平正义，推动构建人类命运共同体。

栗战书指出，立法机构交往是中韩关系的重要组成部分。中国全国人大与韩国国会在各层次、各领域保持良好的沟通与合作，特别是2006年建立定期交流机制以来，交流更加全面深入。要继续发挥好交流机制作用，进一步开拓思路，通过函电、视频、通话等灵活方式保持沟通，开展对口交流，加强在治国理政、发展经济、改善民生等领域的互学互鉴，为推动两国关系和服务各自国家发展作出积极贡献。

朴炳锡说，韩中建交以来，两国关系取得了重要的进展。两国抗疫合作意义重大，进一步加深了两国人民的深厚友谊。韩国国会愿不断加强和中国全国人大的交流合作，为增进两国友好的社会和民意基础，促进韩中战略合作伙伴关系发展和地区和平稳定作出积极贡献。

全国人大常委会副委员长王东明参加会谈。

二、委员长出席多边会议情况的书面报告

栗战书委员长出席第五次世界议长大会视频会议情况的书面报告

全国人民代表大会常务委员会：

2020 年 8 月 19 日至 20 日，全国人大常委会委员长栗战书在北京出席第五次世界议长大会视频会议，这是在联合国成立暨世界反法西斯战争胜利 75 周年、新冠肺炎疫情全球蔓延、国际秩序发生深刻演变的背景下，我国多边外交的一次重大行动，也是全国人大常委会委员长首次出席视频国际会议。全国人大常委会秘书长杨振武，全国人大外事委员会主任委员张业遂、副主任委员陈国民，外交部副部长马朝旭，全国人大常委会副秘书长胡晓犁、办公厅研究室主任宋锐等陪同出席。全国人大常委会专职常委程立峰、周敏、于志刚、鲜铁可、欧阳昌琼、李巍、陈福利、冯军全程参加会议。现将有关情况报告如下：

第五次世界议长大会视频会议是由各国议会联盟举行的一次重要国际会议，主题是“发挥议会领导力，强化多边主义，为世界和人民带来和平与可持续发展”。来自世界 113 个国家的 130 多位议会领导人出席大会，围绕主题以视频方式作主旨发言。联合国秘书长古特雷斯、议联主席奎瓦斯等致辞。

栗战书委员长以视频方式出席大会开幕式，发表题为《携手抗疫，共建人类命运共同体》的讲话。他指出，面对疫情，中国始终把人民生命安全和身体健康摆在第一位。习近平主席亲自指挥、亲自部署，强调人民至上、生命至上，保护人民生命安全和身体健康可以不惜一切代价。中国迅速采取最全面、最严格、最彻底的防控举措，全民动员、联防联控、群防群治、共同战疫，经过艰苦卓绝努力、付出巨大代价，夺取了疫情防控阻击战重大战略成果，展现了中国共产党领导、中国制度和国家治理体系的显著优势和巨大功效。当前，中国正在统筹推进疫情防控和经济社会发展工作，坚定不移深化改革开放，努力克服疫情带来的不利影响，确保完成决胜全面建成小康社会，决战脱贫攻坚目标任务。

栗战书委员长重点阐述了习近平主席关于全面加强疫情防控国际合作、推动构建人类命运共同体的重要思想，展示了中国坚持同国际社会携手抗疫的大国担当。他强调，抗疫合作，中国始终秉持构建人类命运共同体理念。习近平主席强调团结合作是战胜疫情最有力的武器，首提共同构建人类卫生健康共同体，密集开展元首外交，阐明携手抗疫的中国主张和方案，与各方领导人共商抗疫大计。中国本着公开、透明、负责任的态度，及时向世卫组织及相关国家通报疫情信息，第一时间发布病毒基因序列等信息，毫无保留地分享防控和救治经验，尽己所能为有需要的国家提供支持和援助。已向 29 个国家派出 31 个医疗专家组，向 150 多个国家和国际组织提供抗疫援助，其中向世卫组织提供 5000 万美元现金捐赠，并将在两年内向受疫情影响的国家特别是发展中国家提供 20 亿美元援助。他说，患难见真情，中国人民的抗疫斗争，得到了国际社会的真诚帮助和支持，也为维护世界公共卫生安全作出了重要贡献。

围绕维护多边主义、推动国际抗疫合作、促进世界经济复苏，栗战书委员长从立法机构层面提出了 3 条建议：一要善做善成，共同抗击疫情。病毒没有国界、不分种族，国际社会只有形成合力，才能战而胜之。我们应反对污名化、政治化，防止“政治病毒”扩散蔓延。要加强信息共享和经验交流，向发展中国家提供更多援助，打赢疫情防控全球阻击战。二要携手同行，捍卫多边主义。中方愿与国际社会一道，维护以联合国为核心的国际体系和以国际法为基础的国际秩序，倡导共商共建共享的全球治理观，坚决反对单边主义、霸权主义、强权政治，引领全球治理体系改革正确方向，维护国际公平正

义。三要积极有为,促进经济复苏。当务之急是在疫情常态化防控前提下,加快生产生活秩序的全面恢复。同时着眼于“后疫情时代”,加快落实2030年可持续发展议程,维护以世界贸易组织为核心的多边贸易体制,推动世界经济复苏,实现平衡和可持续增长。

栗战书委员长积极评价各国议会联盟在维护世界和平与发展、促进立法机构交流合作等方面的重要作用。他说,各国议会联盟是历史最悠久、影响最大的国际议会间组织。中国全国人大高度重视议联的地位和作用,将一如既往地参与议联活动、助力议联发展。为继续支持议联开展工作,中方决定向议联提供150万美元现汇捐助,用于发展中国家议会能力建设,促进可持续发展。我们也愿继续加强同地区议会组织和各国立法机构的交流合作,聚焦完善公共卫生治理体系,开展立法经验互学互鉴,为各自国家战胜新冠肺炎疫情、恢复经济社会发展作出应有贡献。他强调,只要我们同舟共济、锲而不舍,就一定能够打赢疫情阻击战,建设持久和平、普遍安全、共同繁荣、开放包容、清洁美丽的世界,携手构建人类命运共同体。

栗战书委员长的讲话,在各国议会联盟官网的醒目位置播出,赢得了与会各国议会领导人的高度赞赏。讲话中的一些数据和事例被写入议联大会报告,中国的抗疫贡献、成就和经验受到与会各方高度评价。议联主席奎瓦斯表示,中方在全球抗疫中表现出色,“构建人类命运共同体”理念为各国抗击疫情指明了方向。印度尼西亚议长马哈拉尼、摩洛哥参议长本希马等,积极回应栗战书委员长提出的建议和主张,重申这场疫情再次表明,各国利益相连,人类命运与共。

作为第五次世界议长大会筹备委员会成员,中国全国人大积极参与大会各项组织和准备工作,先后6次参加筹委会会议,广泛深入做议联主席、秘书处以及友好国家议会领导人的工作,就大会主题、成果文件草案以及日程议程安排、会议技术保障等,积极参与协调准备,主动引导磋商,确保中方主张和观点得到充分反映。大会期间,中方代表团成员参加了达沃斯式专家讨论,围绕应对疫情、气候变化、经济发展、难民移民、反恐反极端主义等议题开展了专题讨论,还听取了《实现性别平等、增进妇女和儿童权益》《加强政治和议会领域的青年参与》《实现2030年可持续发展议程》等专题报告。

大会以鼓掌方式通过了题为“发挥议会领导力,强化多边主义,为世界和人民带来和平与可持续发展”的宣言。经广泛做工作,宣言充分反映了中方的立场观点,成功写入了构建人类命运共同体,坚持以人民为中心,团结合作、共同抗疫,遵循和平共处五项原则等理念和主张,有力维护了广大发展中国家的共同利益。

以上报告,请审议。

全国人民代表大会常务委员会办公厅

2020年9月3日

栗战书委员长出席第六届金砖国家议会论坛情况的书面报告

全国人民代表大会常务委员会:

2020年10月27日,全国人大常委会委员长栗战书在北京出席第六届金砖国家议会论坛视频会议并讲话。这是在世纪大疫情和百年大变局交织叠加、国际格局深刻演变、金砖合作更趋复杂的背景下,我国领导人的一次重大多边外交行动。全国人大常委会秘书长杨振武,全国人大财政经济委员会主任委员徐绍史、教育科学文化卫生委员会主任委员李学勇、外事委员会主任委员张业遂、社会建设委员会主任委员何毅亭,全国人大常委会副秘书长胡晓犁、办公厅研究室主任宋锐,外交部副部长马朝旭陪同出席。现将有关情况报告如下:

金砖国家议会论坛设立于2015年,在促进金砖国家务实合作、深化金砖战略伙伴关系等方面发挥着重要作用。本届金砖国家议会论坛由轮值主席国俄罗斯举办,主题是“深化金砖伙伴关系,促进全球稳定、共同安全和创新增长”。俄罗斯国家杜马主席沃洛金主持视频会议并致辞,俄联邦委员会主席马特维延科,印度议会人民院议长博拉和化工与化肥常设委员会主席卡鲁纳尼德希,南非国民议会议长莫迪塞和全国省级事务委员会主席马松度,巴西众议长马亚和参议院国际事务与国防委员会副主席瓦尔出席会议并发言。俄罗斯总统普京致信,对论坛的成功举行表示祝贺。

栗战书委员长在视频会议上，发表题为《深化立法机构合作，共同抗击疫情、应对挑战》的讲话。他指出，突如其来的新冠肺炎疫情，对全世界是一次严峻考验。抗击疫情、稳定经济、保障民生是各国共同面临的艰巨任务。面对疫情，中国始终坚持人民至上、生命至上，习近平主席亲自指挥、亲自部署，14 亿人民众志成城、顽强拼搏，调集一切资源，科学精准防治，付出巨大努力，夺取了全国抗疫斗争重大战略成果。在此基础上，统筹做好疫情防控和推动复工复产，经济发展呈现稳定转好态势。今年前 9 个月，中国国内生产总值增长 0.7%，成为疫情发生以来第一个实现正增长的主要经济体，为世界经济恢复贡献了力量、传递了信心。

栗战书委员长主动介绍了中国推动国际抗疫合作的情况和做法。他说，团结合作是抗击疫情最有力的武器。在中国抗疫最艰难的时刻，包括金砖国家在内的许多国家和国际组织向中方提供了支持和援助。这份情谊中国人民将永远铭记。中国积极推动国际抗疫合作，主动同国际社会分享防控经验，尽己所能为其他国家提供帮助。第一时间向世卫组织及相关国家通报疫情信息，第一时间发布新冠病毒基因序列等信息，向世卫组织提供 5000 万美元现汇援助，向 32 个国家派出 34 支医疗专家组，向 150 多个国家和国际组织提供 283 批抗疫援助，并将在两年内向受疫情影响的国家特别是发展中国家提供 20 亿美元援助。上个月，习近平主席在第七十五届联合国大会上宣布，中国将向联合国新冠肺炎疫情全球人道主义应对计划再提供 5000 万美元支持，将设立 5000 万美元的第三期中国—联合国粮农组织南南合作信托基金。患难见真情，团结有力量。只要各国守望相助、携手应对，就一定能够战胜这场疫情、维护人类共同家园。

围绕本届论坛主题，栗战书委员长提出 4 条建议：一是加强公共卫生领域合作，依法助力疫情防控。为疫情防控提供法治保障，是立法机构的职责所在。要秉持构建人类卫生健康共同体的理念，促进疫情防控措施、物资、经验、信息的交流合作，推动疫苗联合研发、生产。全力支持世卫组织发挥关键领导作用，推进国际联防联控，反对将病毒政治化、污名化、标签化，反对任意“甩锅”、“推责”。疫情发生以后，中国全国人大常委会及时制定强化公共卫生法治保障立法修法计划，启动对 30 部法律的制定和修改工作，全面加强公共卫生领域法律法规建设。中方愿同金砖伙伴深化立法经验交流，提高疫情防控法治化水平，更好保障人民生命健康安全。

二是坚持开放创新发展，为世界经济复苏提供法治支撑。经济全球化是客观现实和历史潮流。推动务实合作、促进经济恢复增长，立法机构责无旁贷。要从法治的角度坚定维护以世贸组织为核心的多边贸易体制，促进贸易和投资自由化便利化，维护全球产业链供应链的安全稳定畅通，为各国企业提供公平、公正、非歧视性的营商环境。围绕打造金砖国家新工业革命伙伴关系，及时为疫情催生的新产业、新业态、新模式提供法治保障，推动电子商务、科技创新、绿色发展等领域的互利合作。高度关注疫情对民生、减贫的影响，推动医疗资源、保障措施更多向妇女、儿童、老人和贫困人口倾斜，共同推动实现 2030 年可持续发展目标。

三是坚定维护国际法权威，推动建设更加公正合理的国际秩序。推动建设相互尊重、公平正义、合作共赢的新型国际关系，是立法机构的共同使命。要坚定维护以联合国为核心的国际体系，坚定维护以国际法为基础的国际秩序，坚定维护联合国在国际事务中的核心作用，带头做国际法治的倡导者和维护者，利用好各国议会联盟、金砖国家议会论坛等合作框架，加强政策沟通协调，推动以对话、协商、共赢方式解决分歧和争端。积极参与全球治理体系改革，坚持共商共建共享原则，提高新兴市场国家和发展中国家的代表性和发言权，推动国际秩序朝着更加公正合理的方向发展。

四是在金砖机制下深化立法机构合作。立法机构合作是金砖机制的重要组成部分，对促进经贸财金、政治安全、人文交流三大领域合作发挥着重要作用。要进一步完善合作机制，建设好议会论坛这一重要平台，拓展专门委员会、友好小组、工作机构间的对口交流。围绕各自国家发展目标和战略，加强治国理政经验交流，推动合作协议落实落地。鼓励议员和代表开展形式多样的友好交往，增进民众彼此了解和认同，夯实金砖合作的民意基础，让金砖国家伙伴关系更加深入人心。

栗战书委员长高度评价俄方为推动金砖“三轮驱动”合作、成功举行这次论坛所付出的辛苦和努力。他表示，中国全国人大愿同俄罗斯、印度、南非、巴西立法机构一道，共同落实好五国领导人会晤成果，为推动金砖国家伙伴关系深入发展、构建人类命运共同体作出新贡献。

栗战书委员长的讲话赢得了与会各国领导人的高度评价。与会各方对中国抗疫斗争重大战略成果表示钦佩，对中方推动国际抗疫合作的积极行动和重要贡献给予赞赏，普遍认为讲话为金砖国家携手合作、恢复经济提振了信心、注入了动力。与会各方积极响应栗战书委员长提出的4条倡议主张，认为中方高度重视、坚定支持金砖合作机制建设，所提合作建议务实中肯、很有针对性，为提升金砖立法机构合作水平凝聚了共识、指明了方向。

本届论坛在视频会议中，以鼓掌方式一致通过了《第六届金砖国家议会论坛宣言》，坚定支持以联合国为核心的国际体系，维护以国际法为基础的国际秩序，反对单边主义和保护主义；强调世卫组织在国际抗疫合作中的重要作用，加强金砖国家在全球卫生安全领域合作，推动金砖国家疫苗研发中心早日建成；加强金砖国家立法机构在疫情防控、落实2030年可持续发展议程等领域合作。这些内容向国际社会释放了金砖国家加强团结协作、维护共同利益、携手应对挑战的强烈信号。

以上报告，请审议。

全国人民代表大会常务委员会办公厅

2020年11月3日

三、对外定期交流机制

全国人大与日本国会(众议院)交流机制第十一次会议

2020年1月9日,全国人大与日本国会众议院合作委员会第十一次会议在北京举行,曹建明副委员长与日方团长高木毅共同主持。全国人大华侨委员会主任委员、中日友好小组组长、中日议会交流机制常务副主席王光亚,财政经济委员会副主任委员尹中卿,教育科学文化卫生委员会副主任委员杨树安,宪法和法律委员会委员于志刚,教育科学文化卫生委员会委员李巍,环境与资源保护委员会委员王毅,及日方7名议员参加。

机制会上,双方就中日关系、立法机构交往、经济形势、经贸合作、防灾减灾、环保立法、人文交流和国际地区问题等交换了意见。

中俄议会合作委员会第六次会议

2020年11月2日,中俄议会合作委员会第六次会议以视频方式举行,全国人大常委会委员长栗战书与俄罗斯联邦委员会主席马特维延科、国家杜马主席沃洛金共同出席开幕式并致辞。

全国人大常委会副委员长王晨,全国人大常委会秘书长杨振武,中俄议会合作委员会副主席、宪法和法律委员会主任委员李飞,中俄议会合作委员会副主席、财政经济委员会主任委员徐绍史,教育科学文化卫生委员会主任委员李学勇,中俄议会合作委员会常务副主席、外事委员会主任委员张业遂,外事委员会副主任委员张志军,外交部副部长乐玉成,常委会副秘书长胡晓犁,常委会办公厅研究室主任宋锐,教育科学文化卫生委员会副主任委员刘谦,环境与资源保护委员会副主任委员程立峰,宪法和法律委员会委员郑淑娜,财政经济委员会委员欧阳昌琼,外事委员会委员陈福利等出席了会议。

全国人大常委会副委员长王晨同俄罗斯国家杜马第一副主席梅利尼科夫共同主持中俄议会合作委员会第六次会议第二阶段对话会,双方22名代表出席,就双边关系、立法交流合作、国际形势及地区问题深入坦诚交换了看法。

全国人大与蒙古国家大呼拉尔交流机制第三次会议

2020年11月25日下午,全国人大与蒙古国家大呼拉尔交流机制第三次会议以视频方式举行。中蒙议会机制中方主席、全国人大常委会副委员长白玛赤林与机制蒙方主席、蒙古大呼拉尔副主席、蒙中友好小组主席阿尤尔赛汗共同主持。宪法和法律委员会副主任委员胡可明,外事委员会副主任委员徐科,农业与农村委员会副主任委员蔡昉,财政经济委员会委员周松和,环境与资源保护委员会委员矫勇,教育科学文化卫生委员会委员李巍,中国驻蒙古国大使柴文睿,蒙古驻华大使巴德尔勒出席了会议。双方就中蒙关系、立法机构交往、经贸和抗疫合作等议题坦诚交换了意见。

中法议会(国民议会)交流机制第十一次会议

2020年12月16日下午,全国人大与法国议会(国民议会)交流机制第十一次会议以视频方式举行。全国人大常委会委员长栗战书和法国国民议会议长费朗出席开幕式并致辞。中方出席会议的有:中法议会交流机制中方主席、全国人大常委会副委员长陈竺,常委会秘书长杨振武,外事委员会主任委员张业遂,环境与资源保护委员会主任委员高虎城,外事委员会副主任委员张志军,常委会副秘书长胡晓犁,常委会办公厅研究室主任宋锐,教育科学文化卫生委员会副主任委员刘谦,环境与资源保护委员会副主任委员程立峰,财政经济委员会委员刘修文,外交部副部长秦刚,教育科学文化卫生委员会委员韩永进,外事委员会委员陈福利。法国国民议会副议长圣-保萝女士、法中友好小组主席陈文雄等九名国民议会议员出席了会议。

机制会议由陈竺副委员长和法方机制主席陈文雄共同主持,双方就经贸、文化及抗疫合作、中欧关系、气候变化等议题坦诚深入交换了意见。

四、发表的谈话、声明

全国人大外事委员会
就美国所谓“2019 年台北法案”签署成法发表声明

新华社北京 3 月 27 日电 全国人大外事委员会 27 日就美国所谓“2019 年台北法案”签署成法发表声明，声明如下：

当地时间 3 月 26 日，美方不顾中方的多次严正交涉，将所谓“2019 年台北法案”签署成法。此举严重违反一个中国原则和中美三个联合公报规定，严重违反国际法和国际关系基本准则，粗暴干涉中国内政，向“台独”分裂势力发出严重错误信号。中国全国人大对此表示强烈不满和坚决反对。

台湾问题事关中国的国家主权和领土完整，涉及中国的核心利益。美方有关法案无视一个中国原则是国际社会普遍共识和美国自己在 41 年前就与中国建立正式外交关系的基本事实，毫无道理地阻挠其他国家同中国建交、助台拓展所谓“国际空间”，违背了中美建交以来美历届政府长期奉行的一个中国政策和两国元首的重要共识，将严重干扰中美关系大局和两国在重要领域合作，最终只会损害美自身利益。

世界上只有一个中国，台湾是中国不可分割的一部分。一个中国原则是中美关系的政治基础，也是国际社会的普遍共识。我们强烈敦促美方充分认清台湾问题的高度敏感性，恪守一个中国原则和中美三个联合公报规定，不得实施该法案，慎重处理台湾问题，以实际行动维护中美关系大局和台海和平稳定。

全国人大外事委员会
就美国所谓“2020 年维吾尔人权政策法案”
签署成法发表声明

新华社北京 6 月 18 日电 全国人大外事委员会 18 日就美国所谓“2020 年维吾尔人权政策法案”签署成法发表声明。声明全文如下：

当地时间 6 月 17 日，美方不顾中方的严正交涉，将所谓“2020 年维吾尔人权政策法案”签署成法。此举粗暴干涉中国内政，严重违反国际法和国际关系基本准则。中国全国人大对此予以强烈谴责，表示坚决反对。

尊重和保障人权是中国宪法的重要原则，也是中国全面建成小康社会的重要目标。1990 年至 2016 年底，新疆发生了数千起恐怖袭击事件，造成大量无辜人员伤亡和财产损失。中方采取包括设立职业技能教育培训中心在内的一系列反恐和去极端化举措，符合中国的法律，符合国际社会对反恐的共同期待。新疆已连续三年多未发生恐怖袭击事件，最大限度地保障了新疆 2500 万各族群众的生命权，这才是尊重人权的最好体现，得到了中国人民的真心拥护和国际社会的广泛支持。

涉疆问题根本不是什么人权、民族、宗教问题，而是反暴恐和去极端化问题。美国也是恐怖主义的受害者，理应对中方采取的反恐措施予以支持。然而，美国却以所谓人权为名，恶意攻击中国的反恐和去极端化努力，企图破坏新疆稳定发展的大好局面。这是在反恐问题上典型的双重标准。

新疆事务是中国的内政，任何外部势力无权干涉。中方维护国家主权、安全、发展利益的决心坚定不移。我们敦促美方立即停止对中国内政的干涉，停止严重损害中美关系的错误做法。

全国人大外事委员会发言人就欧洲议会通过涉港国安立法决议发表谈话

新华社北京6月20日电　6月20日，针对欧洲议会就全国人大香港国家安全立法通过所谓决议，全国人大外事委员会发言人尤文泽表示，该决议严重歪曲事实，打着“人权”、“保卫香港高度自治”的幌子，公然插手香港事务、干涉中国内政。我们对此予以强烈谴责，表示坚决反对。

尤文泽说，去年6月“修例风波”以来，香港暴力恐怖活动不断升级，法治和社会秩序遭受严重践踏、繁荣稳定遭受严重破坏，“一国两制”原则底线遭受严重挑战。鉴于香港在维护国家安全方面的严峻形势，根据全国人大有关决定，全国人大常委会制定有关法律，从国家层面建立健全香港特别行政区维护国家安全的法律制度和执行机制，进一步完善香港特别行政区同宪法和基本法实施相关的制度机制，是为了确保“一国两制”行稳致远，维护香港的长期繁荣稳定。

尤文泽说，国家安全与主权和领土完整密切相关，在任何国家都属中央事权。中国政府依照宪法和香港基本法，采取必要措施建立健全香港特别行政区维护国家安全的法律制度和执行机制，是中国内政，符合中央对香港的一贯方针政策。涉港国家安全立法针对的是极少数严重危害国家安全的行为，将更好地保障香港居民享有的合法权益，不会限制香港依法享有的人权和自由，不会损害香港高度自治和“一国两制”。

尤文泽表示，中国管治香港的法律依据是宪法和香港基本法，而不是《中英联合声明》。中国政府在《中英联合声明》中单方面宣示的对港方针政策均已纳入香港基本法，得到全面有效实施，根本不存在中国政府不遵守《中英联合声明》的问题。《中英联合声明》没有赋予英国对香港特别行政区承担任何责任，英国对香港特别行政区无主权、无治权、无监督权。《中英联合声明》不能成为任何外国、组织和个人干涉香港事务和中国内政的借口。

全国人大外事委员会就美国国会参众两院分别通过所谓“香港自治法案”发表声明

新华社北京7月2日电　全国人大外事委员会就美国国会参众两院分别通过所谓“香港自治法案”发表声明。声明全文如下：

近日，美国国会参众两院分别通过所谓“香港自治法案”。此举严重违反国际法和国际关系基本准则，是对香港事务和中国内政的粗暴干涉。中国全国人大对此予以强烈谴责，表示坚决反对。

国家安全立法在世界各国均属中央事权。中央政府对香港特别行政区的国家安全负有最大和最终责任。全国人大常委会依照中华人民共和国宪法、香港基本法和全国人大有关决定，制定香港特别行政区维护国家安全法完全是中国内政，任何外国无权干预。

全国人大常委会通过的有关法律针对的是极少数严重危害国家安全的行为和活动，有利于坚决有效维护国家安全，维护香港法治、止暴制乱，有利于保障香港居民依法享有的各项权利和自由。有关法律是对香港特别行政区依法享有高度自治权的有力维护，将有利于确保“一国两制”行稳致远，维护香港的繁荣稳定。

香港是中国的特别行政区。中国政府治理香港特别行政区的法律依据是中华人民共和国宪法和香港基本法，不是《中英联合声明》。香港回归后，中国政府在《中英联合声明》中宣示的对港方针政策均已纳入香港基本法，得到全面有效实施，根本不存在中方违反“国际义务”的问题。

我们强烈敦促美国国会及一些政客立即停止以任何方式干涉包括香港事务在内的中国内政。如果美方一意孤行，中方必将采取一切必要措施予以坚决回应。

全国人大常委会发言人就美国国务院宣布制裁全国人大常委会副委员长发表谈话

新华社北京 12 月 9 日电　12 月 9 日，针对美国国务院宣布对中国全国人大常委会副委员长进行制裁，全国人大常委会发言人发表谈话，强调美方以香港事务为借口粗暴干涉中国内政的行径极其卑劣，是典型的政治霸凌和双重标准，我们予以强烈谴责，表示坚决反对。

发言人说，香港是中国的香港，香港事务纯属中国内政。中华人民共和国宪法和香港特别行政区基本法共同构成香港特别行政区的宪制基础。全国人民代表大会授权香港特别行政区依照香港基本法规定实行“一国两制”、“港人治港”、高度自治。全国人大常委会依据中华人民共和国宪法、香港基本法和《全国人民代表大会关于建立健全香港特别行政区维护国家安全的法律制度和执行机制的决定》，制定香港特别行政区维护国家安全法，是为了维护中国主权、安全和发展利益，依法防范、制止和惩治危害国家安全的行为和活动，保障香港长治久安和长期繁荣稳定、确保“一国两制”行稳致远。我们坚决反对任何外国和境外势力以任何方式干涉香港事务，将一如既往履行法定职责，依法处理香港事务。中国法律的尊严不容侵犯。

发言人说，中方维护国家主权、安全、发展利益的决心坚定不移，贯彻“一国两制”方针的决心坚定不移，反对任何外部势力干预香港事务的决心坚定不移。中方有关部门将对提出和推动涉港议程，插手香港事务，损害中国主权安全的美方相关人员实施对等制裁。

全国人大外事委员会就美国“2021 财年综合拨款法案”涉华消极条款发表声明

新华社北京 12 月 30 日电　12 月 30 日，全国人大外事委员会就美国“2021 财年综合拨款法案”成法发表声明指出，美方不顾中方多次严正交涉，固守冷战思维、零和博弈理念和对华意识形态偏见，在该法案中塞入涉藏、涉台、涉港、涉疆等多项消极条款，有关内容和条款严重损害中国国家利益，是对中国内政的粗暴干涉。中国全国人大对此表示强烈谴责和坚决反对。

声明表示，在中央政府的关怀和全国人民的大力支持下，经过西藏各族人民的团结奋斗，西藏的经济和社会发展取得巨大成就，人民生活水平大幅提高，生态文明建设不断加强，教育文化卫生等各项事业繁荣发展。西藏各民族宗教信仰自由权利受到宪法和法律的保护，宗教事务管理有法可依，寺庙和僧人权利得到切实保障。我们同达赖集团的矛盾不是民族问题，不是宗教问题，不是人权问题，而是事关国家主权和领土完整的重大原则问题。美国国会一些政客无视这些客观事实，恶意诋毁中方涉藏政策，充分暴露了美方利用涉藏问题干涉中国内政、牵制中国发展的图谋。

声明强调，该法案有关条款为“台独”分子撑腰张目，大肆诋毁中方依法维护香港、新疆繁荣稳定采取的政策措施。美方借有关问题遏制中国发展、破坏中国国家安全和社会稳定的图谋不可能得逞。中方维护国家主权、安全、发展利益的决心坚定不移。我们强烈敦促美方立即停止借有关问题干涉中国内政，不得实施法案中的涉华消极内容和条款。

专门委员会工作

- 第十三届全国人民代表大会第三次会议
- 常委会工作安排和会议议程日程
- 委员长讲话
- 立法工作
- 批准公约和条约
- 监督工作
- 人事任免
- 代表工作
- 对外交往
- 专门委员会工作
- 常委会重要活动
- 大事记

第十三届全国人民代表大会民族委员会 2020年工作总结

（2020年12月22日第十三届全国人民代表大会民族委员会第十一次会议通过）

2020年工作总结

2020年是“十三五”规划的收官之年，也是“十四五”规划的布局之年。党的十九届五中全会对“十四五”时期发展作出全面规划，对民族工作作出重要部署。习近平总书记在中央第七次西藏工作座谈会、第三次中央新疆工作座谈会上发表重要讲话，为做好新时代民族工作提供了行动指南。栗战书委员长就做好民族委员会工作作出长篇重要批示，曹建明副委员长悉心给予指导并提出明确具体要求。民族委员会以习近平新时代中国特色社会主义思想为指导，深入学习贯彻党的十九大和十九届二中、三中、四中、五中全会精神，深刻学习领会习近平法治思想、习近平总书记关于坚持和完善人民代表大会制度的重要思想和关于民族工作的重要论述，增强“四个意识”、坚定“四个自信”、做到“两个维护”，服务统筹抓好疫情防控和经济社会发展，扎实做好立法、监督、调研、联系代表等工作，推动党中央关于民族工作重大决策部署贯彻落实，取得积极成效。

一、深入学习贯彻习近平新时代中国特色社会主义思想，坚持人大民族工作正确政治方向

民族委员会始终把学习贯彻习近平新时代中国特色社会主义思想作为首要政治任务，作为做好人大民族工作的根本保证。2020年，先后召开了5次民族委员会会议、7次分党组会议、5次主任委员办公会议，集中传达学习习近平新时代中国特色社会主义思想，跟进学习习近平总书记最新重要讲话和指示批示精神，坚持全面系统学、深入思考学、联系实际学，坚持读原著、学原文、悟原理，在学懂弄通做实上下功夫，更加自觉地把思想和行动统一到党中央决策部署上来，更加自觉地用习近平新时代中国特色社会主义思想武装头脑、指导实践、推动工作。

着力提高政治判断力、政治领悟力、政治执行力，认真组织学习《习近平谈治国理政》第三卷，总结6个方面的学习体会，提出3项加强分党组建设的重点安排，不断巩固和深化“不忘初心、牢记使命”主题教育成果。深入学习贯彻党的十九届五中全会和中央经济工作会议精神，围绕准确把握新发展阶段，深入贯彻新发展理念，加快构建新发展格局，推动民族地区高质量发展，研究提出做好新时代人大民族工作的举措建议。深入学习贯彻习近平法治思想和习近平总书记关于坚持和完善人民代表大会制度的重要思想，坚持党的领导、人民当家作主、依法治国有机统一，坚持依法治理民族事务促进民族团结，在全面建设社会主义现代化国家新征程上更好发挥人大职能作用。深入学习贯彻习近平总书记在中央第七次西藏工作座谈会和第三次中央新疆工作座谈会上的重要讲话精神，全面贯彻党的民族理论和民族政策，坚持共同团结奋斗、共同繁荣发展。

认真学习贯彻栗战书委员长重要批示精神，连续召开分党组会议、委员会会议进行传达学习，提出“深入学习贯彻习近平总书记关于民族工作的重要论述和党中央重大决策部署，坚持人大民族工作正确政治方向，坚持以铸牢中华民族共同体意识为主线，坚定不移维护国家统一和民族团结”“深入学习贯彻习近平总书记关于坚持和完善人民代表大会制度的重要思想，充分发挥专门委员会职能作用，做好新时代人大民族工作”“深入学习贯彻习近平法治思想，全面贯彻落实宪法和民族区域自治法，推进民族事务治理体系和治理能力现代化”等工作要求，制定了贯彻落实栗战书委员长重要批示具体安排并持续推进落实。王晨副委员长、曹建明副委员长等领导同志对民族委

员会分党组的学习工作和取得成效给予充分肯定。

二、认真组织开展专题调研，助力民族团结进步和民族地区高质量发展

民族委员会紧紧围绕党和国家工作大局和全国人大常委会中心任务，就民族区域自治法贯彻实施、编制“十四五”规划纲要、深入推进兴边富民行动、民族团结进步创建工作、民族文化保护传承等情况，赴 10 个省（区）开展实地调研，形成 10 份调研分报告和 4 份专题调研报告。全国人大常委会领导同志高度重视，栗战书委员长在民族委员会报送的《贵州省深入贯彻实施民族区域自治法情况调研报告》上作出长篇重要批示，对民族委员会工作给予充分肯定，对贯彻落实习近平总书记关于民族工作指示精神和党中央重大决策部署，做好人大民委工作，提出了更高要求。

*围绕深入推进民族区域自治法贯彻实施开展调研。*认真学习贯彻栗战书委员长关于加强和改进调研工作的指示要求，深入总结以往调研了解的情况，精心谋划，担当作为，就贵州省人大连续六年开展“一法两规定”（民族区域自治法、国务院实施民族区域自治法若干规定、贵州省实施民族区域自治法若干规定）贯彻实施情况执法检查的做法成效开展专项调研，解剖麻雀，挖掘经验，立足通过“小切口”解决实际问题。与贵州省委、省人大、省政府有关部门多次座谈交流，深入自治州、自治县、民族乡了解情况，总结概括深入贯彻实施民族区域自治法，必须坚持党对民族工作的集中统一领导，必须紧紧围绕中心、服务大局，必须铸牢中华民族共同体意识，必须加快完善配套法律法规建设，必须加强和改进执法检查工作等五条经验启示。栗战书委员长批示指出，党的民族政策是完全正确的，要立足维护和确保国家统一，促进和维护民族团结进步，推动和保障民族地区经济发展和人民生活水平提高，贯彻实施好民族区域自治法；要进一步总结经验做法，增强监督工作的针对性和实效性。栗战书委员长的重要批示，为依法履行人大监督职责、进一步做好新时代人大民族工作作出了重要指导。曹建明副委员长就贯彻落实栗战书委员长重要批示作出具体指示，民族委员会研究提出 3 个方面 9 项具体贯彻措施。

*围绕深入推进兴边富民行动开展调研。*围绕兴边富民行动实施情况开展调研，是全国人大常委会为审查批准“十四五”规划纲要做准备的一项重要工作安排。曹建明副委员长、白春礼主任委员分别带队，赴云南、广西进行实地调研，内蒙古、吉林、黑龙江、西藏、新疆人大提供了情况材料。调研组深入了解到我国边境地区发展总体仍然滞后，基础设施欠账较多，社会事业发展不平衡不充分，人口人才持续流失，边境安全面临新的挑战，需要在“十四五”时期下大力气解决。建议进一步加强党对边境工作的集中统一领导，强化边境地区开发开放顶层设计，加大对边境地区政策、资金和项目支持力度，提高边境地区各族群众生活水平，推进边疆治理体系和治理能力现代化。栗战书委员长对关于深入推进兴边富民行动情况的报告给予充分肯定，作出重要指示。报告报送中央有关文件起草组、国务院办公厅和有关部门，为“十四五”时期全面加强边疆治理工作提供了重要参考。《中共中央关于制定国民经济和社会发展第十四个五年规划和 2035 年远景目标的建议》明确写入了“支持革命老区、民族地区加快发展，加强边疆地区建设，推进兴边富民、稳边固边”等内容。

*围绕深入推进民族团结进步创建工作开展调研。*赴河北、山西、福建、贵州、西藏、甘肃、宁夏 7 省（区）进行了实地调研，内蒙古、辽宁、新疆等省（区）提供了情况材料。调研组了解到，党的十八大以来，党中央就民族工作作出一系列重大决策部署，推动我国民族团结进步事业取得了新的历史性成就，同时民族团结进步创建工作也面临一些新的困难和挑战，依法维护和加强民族团结的工作有待改进，深化民族团结进步创建的方式和载体有待拓展，开展民族团结进步创建的物质保障水平有待提升。调研组认为，深入推进民族团结进步创建工作，要毫不动摇地坚持和加强党对民族工作的全面领导，始终确保民族团结进步创建工作的正确政治方向；毫不动摇地突出铸牢中华民族共同体意识主线，持续推动各族群众树牢“三个离不开”思想，增强“五个认同”；毫不动摇地提高民族团结进步创建工作法治化水平，切实推进民族事务治理体系和治理能力现代化；毫不动摇地促进各民族交往交流交融，巩固和加强平等团结互助和谐的社会主义民族关系；毫不动摇地加快民族地区科学发展增进民生福祉，不断夯实民族团结进步事业的物质基础。专题调研报告印发十三届全国人大常委会第 24 次会议和有关部门，对于全国人大常委会组成人员了解

情况、督促和支持国务院有关部门加大工作力度起到了积极作用。

民族委员会始终把调查研究作为推进人大民族工作的重要抓手和基本功，着力提高调研水平，推进调研成果转化运用。在2017年至2019年连续三年开展脱贫攻坚专题调研的基础上，做好听取和审议国务院关于脱贫攻坚工作情况的报告相关工作；连续两年开展民族文化保护传承工作专题调研，持续推进政策措施落实，保障增进民生福祉，有力地促进少数民族和民族地区经济社会发展。

三、加强民族法治建设，推动完善中国特色社会主义法律体系

*认真审议法律案。*民族委员会组成人员深入学习领会习近平法治思想，适应国家治理体系和治理能力现代化要求，依法履职尽责，充分发挥作用，在审议民法典、涉港国安决定和香港国安法等过程中，精心准备，查阅大量材料，广泛征求意见，紧紧围绕党和国家工作大局提出意见建议，许多审议意见得到采纳，促进了相关法律法规的制定、修改和完善。立足民族委员会职责，结合民族工作面临的新形势新任务，就保障少数民族合法权益等提出意见，推动落实党的民族政策和民族区域自治法。办事机构制定了服务委员会审议法律案工作办法，强化服务保障工作。在每次全国人民代表大会和全国人大常委会会议前，对提请会议审议的法律草案和各项报告、决定逐一进行研究，提出意见建议，为委员会组成人员做好审议工作提供参考。

*推动完善民族工作法律法规体系。*认真总结梳理民族工作法律法规，持续推进制定完善实施民族区域自治法配套规章、具体措施和办法；与国家民委、司法部等部门沟通协商，就有关法规和文件的修改完善提出意见建议；支持西藏自治区人大制定民族团结进步模范区创建条例和国家生态文明高地建设条例，就内蒙古自治区人大制定促进民族团结进步条例提出意见，指导云南、贵州等地修改完善有关地方性法规，推动提高立法质量。

四、加强与代表联系，支持和保障代表依法履职

尊重代表主体地位，支持和保障代表依法履职，是人大工作保持生机和活力的重要基础。民族委员会认真贯彻栗战书委员长关于加强代表联系工作的指示要求，认真落实《关于加强和改进全国人大代表工作的具体措施》和《全国人大民族委员会联系全国人大代表办法（试行）》，坚持和完善联系全国人大代表机制，畅通联系渠道，反映人民呼声。在十三届全国人大三次会议期间，严格遵守疫情防控要求，创新采取小规模线下座谈、电话联系、来信来函等方式，与民族委员会联系的56名代表逐一进行了沟通，收集涉及4个方面共14条建议，帮助反映了“发挥民族地区在‘一带一路’建设方面的区位优势和语言优势”“提高边境县乡辅警的待遇保障”等建议，推进了相关工作的开展。邀请基层少数民族全国人大代表参加调研活动，及时向少数民族全国人大代表寄送情况资料，支持代表更加密切联系人民群众，为代表提出高质量议案建议做好服务保障。

五、加强联系沟通，增强新时代人大民族工作整体实效

*加强与地方人大工作联系。*认真落实《全国人大民族委员会加强与地方人大工作联系办法》，印发《关于加强与地方人大工作联系的通知》，建立联络员制度，健全联系工作机制。有关省（区）人大民族工作部门借鉴民族委员会做法，制定了加强与各级人大及相关人大代表工作联系的规定。曹建明副委员长批示指出，加强交流沟通，相互学习借鉴，有利于增强整体实效，做好新时代人大民族工作。参加广西、陕西、甘肃等省（区）人大民族工作干部学习班，围绕坚定不移走中国特色解决民族问题的正确道路等作主题讲座，参加全国少数民族自治县（旗）人大工作联席会和民族自治地方成立庆祝活动，接待河北、内蒙古、湖南等省（区）人大常委会及人大民族工作部门负责同志来访，加强学习交流，增强工作实效。

*加强与有关部门联系沟通。*与中央统战部、国家民委、全国政协民宗委、北京市人民政府等部门共同举办“2020年首都各民族人士迎春茶话会”，唱响“中华民族一家亲、同心共筑中国梦”的时代主题。与中央统战部、国家民委、司法部、国务院扶贫办等单位多次沟通，就开展专题调研、完善法律法规等交流意见，加强联系协作，共同做好工作。

六、加强宣传报道，讲好民族团结进步故事

充分发挥民族委员会简报作用。认真学习贯彻习近平总书记关于宣传思想工作的重要思想，紧密结合新时代人大工作和人大民族工作的形势特点，优化简报内容，切实改进文风。编发 10 期调研工作简报，及时向全国人大常委会、有关部门和地方反映民族委员会深入推进兴边富民行动、民族团结进步创建工作等专题调研中了解的情况、发现的问题和提出的意见建议，推进调研成果转化运用。编发 3 期情况交流简报，专题反映云南省紧扣“三个定位”立法、增强边疆民族地区治理能力，西藏创新开展民族团结进步立法、努力建设团结富裕文明和谐美丽的社会主义现代化新西藏等经验做法，曹建明副委员长 3 次作出重要批示，给予充分肯定并指出，要进一步加强依法保护和巩固民族团结的经验交流，推动各级人大民族工作部门坚持以铸牢中华民族共同体意识为主线，共同做好新时代人大民族工作。

办好《民族法制通讯》。坚持正确舆论导向，增设专栏，集中学习宣传习近平总书记在全国民族团结进步表彰大会、中央第七次西藏工作座谈会和第三次中央新疆工作座谈会上的重要讲话精神，推动落实党中央关于民族工作重大决策部署。结合参加民族自治地方成立庆祝活动，组织专题新闻稿，宣传民族自治地方经济社会发展取得的历史性成就，增强坚持和完善民族区域自治制度、全面贯彻党的民族政策的信心和决心。立足人大职责，突出重点亮点，宣传各地人大民族工作的好经验好做法。《民族法制通讯》已经成为各级各地人大民族工作部门加强学习、开展交流、改进工作的有效载体。

增强宣传工作实效。制定《民委办事机构加强委员会工作宣传报道办法》，强化制度保障，推动宣传报道工作规范化、机制化。编辑出版《第十二届全国人民代表大会民族委员会文件资料汇编》（共 190 万字），做好《中国民族年鉴》相关条目编纂工作，用好机关内网、中国人大网等多种平台，优化栏目设置，及时更新资料，增强宣传内容的针对性、时效性和可读性。向大会新闻发言人办公室提供民族工作方面的问答口径，在对外交往中积极宣传阐释人民代表大会制度和民族区域自治制度的优越性，对有关问题及时发声、正确发声。

七、加强自身建设，提升能力水平

加强委员会建设。坚持把党的政治建设摆在首位，持续强化理论武装，增强“四个意识”、坚定“四个自信”、做到“两个维护”，始终在思想上政治上行动上同以习近平同志为核心的党中央保持高度一致。通过专题讲座、学习研讨、个人自学等方式，深入学习习近平法治思想、习近平总书记关于坚持和完善人民代表大会制度的重要思想和关于民族工作的重要论述，加强对规范和完善民族区域自治相关法规和制度的研究，不断提高履职能力和工作水平，做好审议法律案、组织实施专题调研、听取审议专项工作报告等工作，为全国人大及其常委会履行职责提供有力保障。严明政治纪律和政治规矩，重要工作、重要事项坚持请示报告，坚持民主集中制，在专题调研、举办会议等重要工作方案中明确写入纪律要求，在组织实施过程中加强监督检查，锲而不舍落实中央八项规定及其实施细则精神，坚决反对“四风”特别是形式主义、官僚主义。

加强办事机构建设。深入贯彻落实新时代党的建设总要求和全面从严治党各项部署，坚持“三会一课”制度，坚持每周开展集体学习，不断提升理论武装水平。认真参加全国人大机关“强化政治机关意识、走好第一方阵”主题党风廉政宣传教育周活动、学习贯彻党的十九届五中全会精神轮训班，组织参观“铸牢中华民族共同体意识系列展”，坚定理想信念，筑牢思想防线。编印《全国人大民族委员会及办事机构工作制度汇编》，修订《民委办事机构服务委员会开展调查研究工作办法》，坚持用制度管人管事。办事机构党建工作质量和服务保障水平不断提高，民委机关党支部在 2019 年度全国人大机关党建工作述职评议考核中获得“好”的综合评价等次。

第十三届全国人民代表大会宪法和法律委员会 2020 年工作总结

（2021 年 1 月 13 日第十三届全国人民代表大会宪法和法律委员会第一百三十八次会议通过）

2020 年主要工作

一年来，在党中央和全国人大及其常委会领导下，宪法和法律委员会坚持以习近平新时代中国特色社会主义思想为指导，深入学习贯彻习近平法治思想、习近平总书记关于坚持和完善人民代表大会制度的重要思想，全面贯彻落实党的十九大和十九届二中、三中、四中、五中全会精神，牢固树立“四个意识”、坚定“四个自信”、坚决做到“两个维护”，坚持党的领导、人民当家作主、依法治国有机统一，紧紧围绕党和国家工作大局，恪尽职守，认真做好推动宪法实施和监督、统一审议法律案等各项工作。

一、高举思想旗帜，加强政治建设，不断提高履职能力和水平

2020 年是全面建成小康社会和“十三五”规划收官之年，是脱贫攻坚决战决胜之年。我国发展的内部条件和外部环境发生深刻复杂变化，新冠肺炎疫情影响广泛深远，单边主义、保护主义、霸权主义对世界和平与发展构成威胁，国际格局深刻调整。在这极不寻常的一年中，宪法和法律委员会坚持政治属性是立法工作第一属性，把坚持党的领导和讲政治摆在立法工作首要位置，坚决同党中央大政方针和决策部署对标对表，增强行动自觉和政治担当，认真贯彻落实习近平总书记重要指示批示和党中央决策部署，推动党的建设和立法业务一体推进，两手抓、两促进，取得积极成效。

一是，努力学懂弄通做实习近平新时代中国特色社会主义思想。一年来，委员会持之以恒高举思想旗帜，坚持在第一时间传达学习贯彻习近平总书记重要讲话、重要指示批示和党中央重要会议、重要文件精神，深入领会，深刻理解，自觉用以引领和指导依法履职。委员会组成人员按照统一安排，按时列席和参加常委会党组、委员长会议、机关党组的集中学习研讨、专题辅导报告、党风廉政警示教育等活动 60 余场次；委员会分党组会议、“两委”主任会议集体学习 8 次，带领全体组成人员深入学习习近平法治思想、习近平总书记关于坚持和完善人民代表大会制度的重要思想、《习近平谈治国理政》第三卷、党的十九届五中全会和中央全面依法治国工作会议精神等，坚持把学习融入日常工作，强化理论武装，不断增强学习的自觉性坚定性，不断提高政治站位和政治能力。

二是，始终坚持党对立法工作的领导。宪法和法律委员会承担推进宪法实施和监督、统一审议法律案等重要职责，必须将党的领导贯彻到立法工作全过程和各方面，通过立法坚持和完善党的领导制度体系和党对各方面事业的全面领导。一年来，委员会认真学习领会党中央决策部署，提高认识、统一思想、统一步调，坚决贯彻落实习近平总书记对立法工作的重要指示批示和党中央对重要立法所作决策，确保党的主张通过法定程序成为国家意志，体现为法律规定。在审议民法典草案、刑法修正案（十一）草案、选举法修正草案、公职人员政务处分法草案、长江保护法草案、生物安全法草案、出口管制法草案、海警法草案、关于全面禁止非法交易和食用野生动物的决定草案等重要立法工作中，对于重大原则和重要问题都及时按程序报常委会党组，由常委会党组向党中央请示报告，并在法律草案审议中不折不扣地贯彻落实党中央作出的决策。有关法律通过后，组成人员带头学习宣传和贯彻实施，做尊法学法守法用法的模范。

三是，坚持以政治建设为统领，狠抓委员会自身建设。1. 深化开展“不忘初心、牢记使命”主题教育。宪法和法律委员会坚持把开展主题教育与推进宪法实施和监督、统一审议法律案等工作紧密结合。按照年度学习教育活动安排，委员会组

成人员赴陕西延安，开展延安精神和党的优良传统作风学习培训，听取关于陕甘宁边区民主政权建设和人民代表大会制度实践历史讲座，深入开展乡村振兴促进法草案立法调研，通过参观学习、座谈交流、实地走访、专题授课等活动，进一步深化理想信念教育和党性教育，强化坚持和完善人民代表大会制度的使命担当。2. *加强分党组党建工作制度化、规范化、科学化建设*。研究制定《关于加强宪法和法律委员会分党组党建工作的意见》，将政治建设、理论武装、增强团结战斗力、自觉参加基层党支部组织生活等方面要求，细化为15 项具体制度和工作，进一步强化了分党组全面落实管党治党的政治责任。党员委员带头过双重组织生活，严格落实领导干部讲党课制度，经常与办事机构党员群众进行思想交流，引导党支部和党小组成员继承优良传统，保持优良作风。3. *强化作风建设，发扬敬业和奉献精神*。严格执行中央八项规定及其实施细则精神，反对和防止形式主义和官僚主义，密切联系群众，弘扬优良作风，扎实开展调研，全年宪法和法律委员会组成人员共计 67 人次，赴 20 个省（自治区、直辖市）、54 个设区的市（地区、自治州），围绕 21 件法律草案调研 36 次，走访调研点 105 个，深入实际，深入一线，确保法律草案统一审议工作听民声、接地气。在立法工作中，坚持实事求是，坚持原则，守住法制统一的底线，坚决避免立法的部门化、利益化，敢于迎难而上，勇于担当负责，着力解决现实中影响立法进程的重点难点问题，正确把握各种矛盾和利益关系，适时作出法律决断，向常委会党组和委员长会议提出立法决策建议，在保证立法质量的前提下，保证新制定法律和法律修改及时出台。

二、积极稳妥推进合宪性审查工作，大力推进宪法实施和监督

在法律案统一审议中，切实履行合宪性审查职责，确保全国人大及其常委会通过的法律和做出的决定决议，符合宪法规定和宪法精神。认真落实宪法规定的重要制度，推动宪法有效实施，根据宪法和香港基本法，审议关于香港特别行政区第六届立法会继续履行职责的决定草案，对香港特别行政区第七届立法会选举推迟情况下立法机关空缺问题进行妥善安排，为维护香港法治秩序、确保香港特别行政区政府正常施政和香港社会有序运行，提供了宪制依据和法治保障。审议关于香港特别行政区立法会议员资格问题的决定草案，依法维护国家安全、维护香港特别行政区宪制秩序。认真贯彻落实党中央关于推进合宪性审查工作的指导性文件，针对有关部门提出的有关规范性文件中涉宪性、合宪性问题的审查请求，认真深入进行研究，提出有关合宪性研究意见，推动有关部门及时修改相关规定。积极配合做好宪法宣传工作，委员会组成人员通过多种方式开展宪法相关宣传活动，汇报学习认识和体会，提出有关工作思路和建议，努力推动在全社会宣传宪法、普及宪法，弘扬宪法精神，维护宪法权威。

三、认真做好法律案统一审议工作

2020 年，突如其来的新冠肺炎疫情对经济社会发展造成严重冲击，引发各方面的风险挑战，更加凸显在法治轨道上统筹推进疫情防控和经济社会发展、推进国家治理体系和治理能力现代化的重大意义和现实需要。一年来，宪法和法律委员会深刻认识我国社会主要矛盾发展变化带来的新特征、新要求，主动适应立法任务重、节奏快、要求高的立法工作新常态，紧紧围绕党中央关于统筹推进疫情防控和经济社会发展工作的决策部署，紧扣决战决胜脱贫攻坚目标任务、全面建成小康社会这个大局，遵循立法活动规律，丰富立法形式，加快立法进程，提高立法质量，贯彻“全过程民主”要求，充分听取采纳人大代表、常委会委员、各专门委员会、社会各界的意见建议，尽职尽责做好法律案统一审议工作，不断增强法律制度的系统性、整体性、协同性，确保法律制度规范严密、衔接有序、协调统一。全年共召开宪法和法律委员会全体会议 54 次，对 35 件法律案（其中，法律草案 27 件，有关法律问题的决定草案 8 件）进行了统一审议，向全国人大及其常委会提出法律案修改稿 37 件、建议表决稿 31 件，各类审议报告 70 件；还对 10 件法律案和有关报告列入常委会会议议程提出审议意见。其中，大会和常委会已审议通过新的法律 9 件，修改法律 12 件，通过有关法律问题的决定 8 件。

一是，及时审议制定强化健全公共卫生法治保障体系方面的立法。新冠肺炎疫情发生之初，坚决贯彻执行习近平总书记对健全公共卫生法治保障体系重要指示精神和党中央决策部署，适应依法防控疫情需要，审议关于全面禁止非法野生动物交易、革除滥食野生动物陋习的相关决定草

案,以全面禁止食用野生动物为导向,扩大法律调整范围,着重就禁食陆生野生动物涵盖范围、加强公共卫生安全的宣传教育和引导、健全执法管理体制等问题提出审议意见,维护生态系统平衡,严格防范野生动物病原体对人体的影响,保障人民群众生命健康安全。审议生物安全法草案,坚持党对国家生物安全工作的领导,着重就生物安全的内涵和外延,国家生物安全工作协调机制,新发突发传染病、重大疫情、生物安全事件调查溯源制度,应对境外重大生物安全事件应急处置制度等问题,提出修改意见,系统规定生物安全风险监测、评估、预警、应对等基本制度,为有效应对各类生物安全风险做出安排。审议动物防疫法修订草案,积极落实强化公共卫生法治保障立法修法工作计划的要求,着重就法律所调整的动物和动物产品的概念界定,动物卫生监督机构和动物疫病预防控制机构的职能,人畜共患病的防疫管控等问题,提出修改意见,以健全的制度机制强化动物防疫工作。

二是,完成编纂民法典的审议工作。民法典是新中国第一部以法典命名的法律,开创了我国法典编纂立法的先河,是推进全面依法治国、完善中国特色社会主义法律体系的重要标志性立法。编纂民法典是以习近平同志为核心的党中央就加强法治建设做出的重大部署,是一项系统的、重大的立法工程。在往年工作基础上,宪法和法律委员会在十三届全国人大三次会议举行之前多次召开会议深入审议民法典草案,根据全国人大常委会的审议意见、代表研读讨论中提出的意见和各方面的意见等,着重就民事法律行为、物权制度、合同制度、侵权制度、人格权制度等若干重要规范和具体规定修改完善,提出修改意见。三次大会期间,委员会逐条认真研究全体代表的审议意见,着重就绝对诉讼时效的延长,纯获利益的民事法律行为的界定,民事法律行为违反强制性规定的效力,监护人不履行监护职责的界定,特殊时期民事权利的限制,债务人怠于行使其债权的界定,高空抛物侵权责任的认定和分担,侵害英烈姓名、肖像、名誉、荣誉权损害公共利益的民事责任承担,业主共同决定重要事项的表决程序,强化对个人信息的保护等问题,提出审议意见,对草案修改稿进一步修改完善,有力保障大会全体会议表决通过,完成了新中国几代立法人的夙愿,为新时代改革开放和社会主义现代化建设提供更加完备的民事法制保障。

三是,加强完善人民代表大会制度相关法律案审议工作。审议全国人民代表大会和地方各级人民代表大会选举法修正草案,根据扩大基层民主、巩固基层政权建设和加强基层治理的实际需要,适当增加县级和乡级人大代表名额,认真听取各地方人大的意见建议,深入分析基层人大代表减少的客观原因,经过反复测算研究,提出修改意见。审议全国人民代表大会组织法修正草案和全国人民代表大会议事规则修正草案,总结人大工作的新经验新成果,反映党和国家机构改革的新形势新变化,对全国人大及其常委会的组织制度、工作程序进行健全完善,着重就加强党对人大工作的领导,明确人大工作的指导思想,完善全国人大的组织机构,完善会议信息化建设,健全大会发言人制度和会议信息公开制度等问题,提出修改意见,进一步保障和发挥全国人大作为最高国家权力机关的地位和作用,提高全国人大的议事质量和效率。审议关于加强国有资产管理情况监督的决定草案,落实党中央赋予人大加强国有资产管理监督的重要职责,着重就监督的目的及对象,开展监督的方式和内容,国有资产存量情况和变动情况等专项报告的内容等问题,提出修改意见,完善国有资产管理制度,促进提高国有资产管理水平。审议国旗法修正草案和国徽法修正草案,进一步完善国家象征和标志相关法律制度,着重就国旗使用的场合、悬挂国旗的机构范围、国旗及国旗图案的使用,以及国徽的规格标准、制作尺度和缩放比例,国徽、国徽图案、国徽徽章的使用范围和场合等问题,提出修改意见,维护国家的形象和尊严,进一步激发和弘扬爱国主义精神。

四是,做好刑法修正案(十一)草案审议工作。注重统筹发挥刑法对于国家安全、社会稳定和保护人民的重要功能,着重就适当降低刑事责任年龄,增加高空抛物犯罪、危害公共交通工具安全犯罪、生产销售假药劣药犯罪、盗用冒用他人身份犯罪、催收高利贷债务犯罪、侵犯知识产权犯罪、植入基因编辑或克隆胚胎行为犯罪等问题,提出修改意见,进一步完善我国的刑事法律制度和法律规范。

五是,加强和完善国家公职人员管理和有关行政管理方面的立法。审议公职人员政务处分法草案,着重就政务处分和处分的关系,实施政务处分的主体、处分事由、权限和程序,被处分人员维护合法权益的救济途径等问题,提出修改意见,有效推动党内监督和国家机关监督贯通协调,构建全面覆盖、权威高效的监督体系。审议档案法修订草案，着重就充分发挥档案文献的作用，完善档案的保存和移交，加强电子档案的安全储存和保管，优化档案的开放和利用条件等问题，提出修改意见，为我国档案事业现代化提供更加坚实的法治保障。审议行政处罚法修订草案，着重就行政处罚的定义、种类、创设依据，乡镇人民政府和街道办事处被赋予行政处罚权的条件和程序，同一违法行为违反多项法律规范的处罚原则，听证会启动的事由和程序等问题，提出修改意见，进一步完善行政处罚制度，保障行政机关的行政执法权和行政处罚权，加大对行政机关的监督，提高行政机关的行政管理水平。审议海警法草案，着重就海警机构的定位，海警机构对海上行政案件的管辖范围，开展海上执法国际合作的范围，海上维权执法工作的监督范围和方式等问题，提出修改意见，为海警机构依法履行职责，维护国家主权、安全和海洋权益，保护公民、法人和其他组织的合法权益提供法治保障。

六是，做好完善知识产权保护、落实税收法定原则相关法律案的审议工作。审议专利法修正案草案，着重就中国企业涉外诉讼的管辖，产品局部外观设计的专利保护，专利开放许可的救济，药品专利链接制度等问题，提出修改意见，完善相关制度，为加快建设创新型国家提供法治保障。审议著作权法修正案草案，适应网络化、数字化技术发展应用的新形势新要求，着重就作品的定义、版权权利人的推定、保护著作权的技术措施、著作权保护与鼓励文明传播等问题，提出修改意见，促进我国文化和科学事业的发展与繁荣。审议城市维护建设税法草案，加快落实税收法定原则，着重就主税和附加税的关系，城市维护建设税的计税依据等问题，提出修改意见。审议契税法草案，着重就土地使用权转让的范围界定，继承土地使用权和房屋所有权等免征契税当事人的范围，以及契税税率适用标准和减征免征情形等问题，提出修改意见。

七是，加强社会民生方面的立法。贯彻落实党中央全面推进乡村振兴等部署要求，审议乡村振兴促进法草案，全面落实党中央关于“三农”问题的一系列方针政策和重要措施，将脱贫攻坚与促进乡村振兴有机衔接，着重就促进新型集体经济的发展壮大，保障农民的物质利益和民主权利，强化新农村建设规划管控，加强农业农村工作基层干部队伍和保障机制，确保扶持资金的投入、监管以及后续保障等问题，提出修改意见，进一步落实加强农村基层党组织的领导，推动乡村新型产业发展，强化科技和管理人才支撑，切实保护生态和环境，加强村民自治组织建设及保障措施，增强广大农民的获得感、幸福感。审议未成年人保护法修订草案、预防未成年人犯罪法修订草案，切实保障未成年人合法权益，从国家、教育机构、社会组织、家庭等各个方面，加大对未成年人的保护，促进未成年人全面发展，着重就对有不良行为未成年人的教育和矫治，专门教育指导委员会的组成和职责，人民检察院对未成年人犯罪预防工作的监督等问题，提出修改意见，进一步健全全社会爱护和保障未成年人的体制机制。

八是，扎实推进生态环境方面的立法。审议长江保护法草案，坚决贯彻落实习近平总书记“共抓大保护，不搞大开发”的重要指示，坚持把保护和修复长江流域生态环境放在压倒性位置，着重就长江流域协调机制，水资源开发利用的管理和限制，地方水污染排放的标准，重点保护珍稀物种名录，推进长江流域绿色发展，加强公益诉讼的保障职能等问题，提出修改意见，为打好长江保护攻坚战和持久战，实现长江流域科学、有序、绿色、高质量发展提供有力法律保障。审议固体废物污染环境防治法修订草案，充分吸收执法检查提出的意见和代表相关议案、建议内容，着重就城乡并行的生活垃圾分类处理，建立建筑垃圾回收利用体系，深化垃圾污染环境的系统治理，禁止境外固体废物进境贮存等问题，提出修改意见，全面加强对各类固体废物污染环境的防治措施。

九是，做好健全维护国家安全法律制度体系和推进深化国防和军队改革法律案审议工作。审议关于建立健全香港特别行政区维护国家安全的法律制度和执行机制的决定草案和香港特别行政区维护国家安全法草案，审议关于香港特别行政区第六届立法会继续履行职责的决定草案和关于特别行政区立法会议员资格问题的决定草案，坚持和完善“一国两制”制度体系，维护国家安全和香港长治久安、长期繁荣发展，确保“一国两制”事业行稳致远。审议出口管制法草案，着重就管制政策的涵义和具体表述，临时管制实施措施，出口管制管控名单的调整，对等采取相应措施等问题，提出修改意见，加强和规范出口管制工作，维护国家安全和利益。审议国防法修订草案，适应健全完善中国特色军事法规制度体系的需要，进一步在草案中落实了党的十九届五中全会精神，同时着重就完善国防资产的退出程序，明确国防动员征收、征用的补偿原则，推进国防技术成果转化应用等问题，提出修改意见，为加快建设强大巩固的现代国防，捍卫国家主权、安全和发展利益，提供有力的法律保障。审议人民武装警察法修订草案，着重就人民武装警察部队的领导体制、组织结构及职责任务，地方人民政府与武警部队建立任务需求和工作协调机制等问题，提出修改意见，有利于坚持党对武装力量的绝对领导，规范和保障武警部队依法履职，促进建设强大的现代化人民武装警察部队。审议退役军人保障法草案，着重就建立新的退役军人安置工作体系，退役军人范围的界定，促进退役军人医疗保险关系的转移接续，完善退役军人的抚恤待遇种类等问题，提出修改意见，鼓励和引导各方面共同关心关爱退役军人，让军人成为全社会尊崇的职业，厚植强军兴军根基。

此外，做好有关法律问题决定的审议工作。审议关于授权国务院在中国（海南）自由贸易试验区暂时调整实施有关法律规定的决定草案，着重就调整适用的范围，授权决定施行期满后相关法律的修改或恢复适用，向全国人大常委会作中期报告等问题，提出修改意见。审议关于设立海南自由贸易港知识产权法院的决定草案，着重就知识产权法院的案件管辖范围、检察院在诉讼中履行相关检察职责等问题，提出修改意见。审议关于授权国务院在粤港澳大湾区内地九市开展香港法律执业者和澳门执业律师取得内地执业资质和从事律师职业试点工作的决定草案，推动发挥港澳法律人才的专业优势，促进粤港澳大湾区建设，推动香港、澳门更好融入国家发展大局。

四、认真做好其他各项工作

（一）议案办理工作

十三届全国人大三次会议主席团交付宪法和法律委员会审议的代表议案共128件，涉及41个立法项目。其中，建议修改法律的议案102件，涉及24个立法项目；建议制定法律的议案21件，涉及13个立法项目；建议作出法律解释的议案3件，涉及2个立法项目；建议作出有关法律问题和重大问题的决定的议案2件，涉及2个立法项目。68件议案涉及的13个立法项目已由全国人大及其常委会审议通过，5件议案涉及的3个立法项目已提请全国人大常委会审议。在法律草案的修改过程中，对代表议案进行了认真研究，其主要建议在法律条文和具体制度设计中得到体现。

宪法和法律委员会十分重视议案办理工作，不断完善工作机制，提高办理质量和实效，认真听取、研究采纳代表提出的意见，抓紧相关法律草案审议工作，推动尽早提请常委会审议通过。一是将代表议案作为编制立法工作计划、修改制定法律的重要依据，积极采纳吸收议案主要意见。80件议案提出的21个立法项目列入年度立法工作计划，占议案总数的62.5%。二是对列入强化公共卫生法治保障立法修法工作计划涉及代表提出的有关立法项目，如制定生物安全法，修改刑法、动物防疫法、野生动物保护法等，作为工作重点，加强研究协调，提请常委会审议，争取早日通过。三是落实“既要重结果、也要重过程”的要求，采取多种形式加强与代表联系沟通。召开网络视频会议听取代表意见，邀请代表参加调研座谈和立法前评估，调研时走访基层代表。四是完善办理工作机制，加强议案整理分析，优化办理流程，落实工作责任，注重与有关部门协作配合，推动议案办理提质增效。

（二）对外交往工作

2020年受新冠肺炎疫情影响，外事活动主要采用视频会议形式开展。宪法和法律委员会主任委员、副主任委员和有关组成人员先后参加常委会领导会见巴基斯坦总统、中国—俄罗斯议会合作委员会第六次会议、中国—白俄罗斯立法机构友好小组会议、中蒙议会交流机制第三次会议等活动，主持全国人大中国—欧洲议会欧中友好小组视频会议，积极宣传习近平新时代中国特色社会主义思想，宣传我国人民代表大会制度发展以及推进依法治国的成就和经验，努力讲好中国故事、宪法故事、立法故事，取得良好效果。

一年来，宪法和法律委员会工作在不断取得成绩的同时，也存在不足，主要是：对重要立法项目，提前介入的力度还不够大，立法调研还需要扩大范围和深入基层；对新兴领域和涉外领域的立法和法律前沿问题，还需要加强研究和积累；对审议过程中的不同意见还需要进一步加强研究论证，做好与各方面的及时沟通协调；法律宣传和立法工作宣传等法治宣传，还需要进一步加强。

第十三届全国人民代表大会监察和司法委员会2020年工作总结

（2021年1月22日第十三届全国人民代表大会监察和司法委员会第十五次会议通过）

2020年工作总结

2020年是极不平凡的一年。全国人大监察和司法委员会在全国人大及其常委会领导下，以习近平新时代中国特色社会主义思想为指导，全面贯彻落实党的十九大和十九届二中、三中、四中、五中全会精神，认真学习贯彻习近平法治思想和习近平总书记关于坚持和完善人民代表大会制度的重要思想，按照十三届全国人大三次会议精神和常委会2020年工作要求，紧紧围绕全面深化改革的总目标和全面推进依法治国战略部署，担当尽责，扎实工作，统筹推进疫情防控和人大监察司法工作取得新进展新成效。

一、强化政治机关意识，统筹推进疫情防控和委员会各项工作

委员会通过举办培训班，召开专题会议集中学习研讨，组成人员带头讲党课、作专题辅导，参加人大机关组织的集中轮训、专题培训等多种方式，持续深入学习习近平新时代中国特色社会主义思想，系统学习《习近平谈治国理政》，重点学习党的十九届五中全会、中央全面依法治国工作会议和中央经济工作会议精神，把思想和行动统一到党中央决策部署上来。全体党员干部深刻认识全国人大机关首先是政治机关，是践行“两个维护”的“第一方阵”，是贯彻落实党的理论和路线方针政策的“第一棒”，要进一步增强“四个意识”，坚定“四个自信”，做到“两个维护”。

面对新冠肺炎疫情大考，我委坚决贯彻党中央决策部署和常委会要求，把疫情防控作为重要政治任务抓实抓细。在疫情严峻时期，严格落实各项防控措施，精心组织全员做好防控工作，积极捐款捐物支持全国抗疫斗争。同时，保持工作定力，沉下心来开展立法、监督工作重点难点问题研究，收集编印参阅资料，反复打磨有关法律草案，调整完善工作方案，为今后工作做好准备。进入常态化疫情防控后，我委在有效防范疫情风险的前提下，根据项目多、任务重、时间紧的实际，采取一路调研兼顾多题，多路调研同时推进，自行调研与委托调研结合，实地调研与书面调研并用的方式，共赴24个省区市、委托14个省区市开展调研。主要开展监督工作6项、立法工作3项，办理代表议案33件、建议41件，顺利完成2020年全部工作任务。

二、扎实有效做好监督工作

协助常委会首次听取审议国家监委专项工作报告。这是常委会贯彻党中央决策部署，依照监察法规定对监委开展监督的重要探索。我委认真学习领会习近平总书记有关讲话精神，准确把握指导思想、选题原则、方法步骤等，与国家监委有关部门就初步选题、报告重点和时间安排等反复研究提出建议，严格按程序上报批准，确定以“反腐败国际追逃追赃工作情况”为题报告工作。我委赴8个省市、委托4个省区调研，并召开部门和专家学者座谈会征求意见，形成关于开展反腐败国际追逃追赃工作情况的调研报告，提供常委会会议参阅。在国家监委开展调研、起草报告过程中，我委多次就重要问题交换意见，先后两次召开委员会全体会议，听取国家监委介绍有关情况，对报告稿提出修改建议，整个过程高效顺畅，确保常委会首次听取审议国家监委专项报告工作取得良好效果。

协助常委会听取审议国务院关于公安机关执法规范化建设工作情况的报告。加强公安机关执法规范化建设，是全面建设法治公安，提高执法公信力的重要举措。我委赴9个省区市、委托4个省开展调研。调研组深入基层一线，实地考察公安机关执法办案管理中心、涉案财物管理中心、派出所、车辆管理所、警务站（室）等执法单位，全面了解各地公安执法规范化建设工作情况。同时，加强与公安部沟通协调，先后两次召开委员会全体会议，听

取公安部有关情况介绍，对报告稿提出修改建议，并反复修改我委调研报告，切实提高报告质量。我委报告提出的关于增设袭警罪的建议被刑法修正案(十一)采纳，有力维护了国家执法权威。

协助常委会听取审议“两高”专项工作报告。针对我国近年来民事刑事案件新情况新特点，为更好发挥司法服务保障功能，打造法治化营商环境，维护社会和谐稳定，常委会决定听取审议“两高”关于人民法院加强民事审判工作依法服务保障经济社会持续健康发展情况和人民检察院适用认罪认罚从宽制度情况的报告。我委赴7个省区市、委托4个省区市开展调研，专门召开律师座谈会，邀请全国人大代表参加调研或书面征求意见，形成调研报告供常委会会议参考。召开委员会全体会议讨论“两高”报告，提出的修改建议均被采纳。常委会听取审议“两高”上述报告，取得良好效果。

开展“七五”普法决议执行情况调研。2020年是“七五”普法决议实施的最后一年。我委赴福建、江西等地调研，多次与司法部有关部门座谈交流，形成“七五”普法决议执行情况调研报告，为常委会2021年4月听取审议国务院专项报告做好准备。

积极参与“十四五”规划纲要编制工作若干重要问题的专题调研。对总体国家安全观和公安执法规范化情况进行调研，提出许多具体化、可操作的意见建议。我委还认真做好跟踪监督工作，督促“两高”就落实关于加强刑事审判工作情况的报告、开展公益诉讼检察工作情况的报告及常委会审议意见，向常委会提交书面报告。

三、高效有序推进立法工作

积极推进监察官法立法工作。制定监察官法是实施监察法，深化监察体制改革的重要任务。该法由国家监委牵头起草，我委提请审议。我委成立起草工作专班，以常委会初审时间倒排工期，快节奏、高质量推进起草工作。曹建明、郝明金副委员长分别带队赴黑龙江、云南开展立法调研，我委组成人员也分别赴6个省市调研，召开有关部门和专家学者座谈会。在广泛听取各方面意见基础上形成监察官法草案，提请2020年12月常委会会议初审。常委会组成人员普遍认为草案坚持党管干部原则，明确监察官法定职责，建立监督制约机制，确保监察权规范正确行使，总体质量较高。

认真开展法律援助法立法工作。制定法律援助法是党的十八届三中、四中全会提出的重要任务，是体现以人民为中心的发展思想，切实维护人民群众合法权益的民生工程。该法由我委牵头起草，在2019年工作基础上，2020年再次征求中编办、法工委和起草工作领导小组成员单位意见，修改形成法律草案征求意见稿，先后印发国务院办公厅、各省区市人大监察司法委、部分全国人大代表征求意见，并召开起草工作领导小组办公室会议和专家学者座谈会充分讨论，形成法律草案，经委员会全体会议讨论通过，2021年1月常委会会议已初审。

统筹做好其他立法工作。公职人员政务处分法由我委提请常委会初审，已于2020年6月审议通过，我委积极配合做好立法调研、立法前评估、普法宣传等工作。此外，就审议设立海南自由贸易港知识产权法院的决定草案、设立北京金融法院的决定草案，制定法治宣传教育法、民事强制执行法、检察公益诉讼法、多元化解矛盾纠纷促进法，修改民事诉讼法、治安管理处罚法等做好相关工作。

四、全面加强代表工作

积极改进代表议案建议办理方式。十三届全国人大三次会议主席团交付我委审议代表议案33件，办理代表建议23件，滚动督办重点建议18件。我委健全办前、办中、办结全过程联系代表机制，及时反馈工作计划、进展情况和办理结果。对代表普遍关注或连续提出的议案、建议，加大督办力度。每件议案和建议都与代表沟通后再拟定正式处理意见。建立代表建议答复承诺解决事项台账制度。我委关于议案审议结果的报告已经常委会审议并高票通过。

进一步密切与代表的联系。认真落实常委会《关于加强和改进全国人大代表工作的具体措施》和我委联系全国人大代表办法，从对口联系的工作领域及其他相关专业领域，确定70余名全国人大代表加强日常联系，同时根据工作需要，积极邀请其他代表参与我委工作。委员会组成人员通过电话、微信、走访、邀请代表参加有关调研等方式带头加强与代表的联系。办事机构建立代表微信工作群，利用中国人大网代表服务专区等平台，进一步密切与代表的日常沟通。专门召开代表工作座谈会，通报我委三年来的代表工作情况，听取代表意见建议，就代表反映的有关问题现场一一作出回应。

五、积极开展内外交流

加强与有关单位的合作。坚持“请进门”和“上门去”相结合，就立法、监督工作中的重要问题，及时与有关对口单位座谈交流，必要时联合开展调研，共同研究起草相关报告，做好工作协同，形成工作合力。一年来，共研究答复有关单位征求意见函51件。

加强与地方人大的联系。以个别指导、联合或委托调研、调查统计、会议培训交流等多种形式，保持与地方人大监察司法委的经常性联系，努力构建上下联动的工作格局。认真办好全国人大监察和司法工作座谈会暨培训班，学习贯彻党的十九届五中全会精神和习近平法治思想，总结交流工作，开展专题培训，统一思想，提高站位，推动人大监察司法工作整体再上新台阶。

配合做好有关外事工作。按照常委会统一部署，我委主要负责同志以全国人大对外友好小组组长名义，致函有关国家议会对华友好小组主席，介绍有关重要立法工作，讲好人大立法故事，赢得了有关国家的理解支持。有关组成人员参加了第五次世界议长大会视频会议、全国人大中德友好小组和德国联邦议院德中议员小组视频会议协调会、与安哥拉国民议会第一副议长视频会议。

六、持续加强自身建设

抓好委员会组成人员和办事机构工作人员“两支队伍”建设。委员会分党组充分发挥职能作用，紧密结合贯彻落实党中央决策部署，把牢人大监察司法工作政治方向，找准工作切入点和重点，精心组织做好立法、监督等工作，加强对地方开展监督监察工作的指导。组成人员带头做到“两个维护”，坚决贯彻中央八项规定及其实施细则精神，深入调查研究，高效务实开展工作，主动加强与全国人大代表和人民群众的联系。分党组还加强对机关党支部的领导，同时派员参加人大机关党建工作领导小组。

办事机构把党建和业务工作同部署、同推进、同落实，坚持以党建促工作，以制度促规范。新制定关于定期报告贯彻落实栗战书同志重要指示批示情况的办法、重大事项请示报告制度、党风廉政讲评制度实施细则、党员干部使用微信等网络媒体的若干规定等党建类规章制度5项，修订制定业务类规章制度15项。结合开展“强化政治机关意识、走好第一方阵”主题党风廉政教育活动和创建“让党中央放心、让人民群众满意的模范机关”，扎实做好人大机关党组内部巡视反馈问题和中央国家机关工委党的建设专项督查反馈问题整改、“灯下黑”问题专项整治以及整治形式主义为基层减负等工作，机关建设提至新水平。办事机构1室、1人分别被评为全国人大机关创建模范机关先进单位、先进个人。

回顾一年来的工作，我们深刻体会到，党中央权威是危难时刻全党全国各族人民迎难而上的根本依靠，在重大历史关头，重大考验面前，党中央的判断力、决策力、行动力具有决定性作用。做好人大监察司法工作，必须强化政治机关意识，深刻认识监察司法委联系的单位负有维护国家政治安全和社会稳定的重要职责，在工作中必须把牢政治方向，始终坚持党的全面领导。必须坚持以人民为中心，开门立法，为民监督，广泛听取群众呼声，真实反映人民意愿，积极回应社会关切。必须坚持问题导向，深入基层、深入群众，努力摸清情况，找准问题，把调查研究作为人大开展立法和监督工作的重要方式。

第十三届全国人民代表大会财政经济委员会 2020 年工作总结

（2021 年 2 月 3 日第十三届全国人民代表大会财政经济委员会第五十次会议通过）

2020 年主要工作

过去的一年是新中国历史上极不平凡的一年。以习近平同志为核心的党中央团结带领全党全国各族人民，统筹疫情防控和经济社会发展，全面建成小康社会取得伟大历史性成就，决战脱贫攻坚取得决定性胜利，中华民族伟大复兴向前迈出了新的一大步。全国人大财政经济委员会（以下简称财经委）以习近平新时代中国特色社会主义思想为指导，认真学习贯彻党的十九大和十九届二中、三中、四中、五中全会精神，增强“四个意识”、坚定“四个自信”、做到“两个维护”，在全国人大及其常委会领导下，在陈竺、王东明副委员长指导下，认真落实常委会2020年度工作要点和立法、监督、代表工作计划，自觉把人大财经工作融入国家发展大局，毫不放松抓好常态化疫情防控，强化担当、积极履职，攻坚克难、开拓创新，高质量完成了年度各项目标任务。

一、以习近平新时代中国特色社会主义思想为指导，不断增强政治判断力、政治领悟力、政治执行力

财经委认真学习贯彻习近平新时代中国特色社会主义思想，不断巩固提升“不忘初心、牢记使命”主题教育成果，把党的政治建设摆在首位，切实走好践行“两个维护”的第一方阵。

（一）强化政治建设，履行政治责任。财经委自觉做到“两个维护”，严明政治纪律和政治规矩，严肃党内政治生活，始终在思想上政治上行动上同以习近平同志为核心的党中央保持高度一致。坚决贯彻落实习近平总书记重要指示批示，全年交由财经委落实的习近平总书记重要批示共5项，均第一时间组织传达学习，及时研究制定落实方案，建立台账，定期总结进展情况，研究提出意见和建议，务求落到实处、取得实效。自觉接受常委会党组领导，就2019年分党组工作情况和2020年工作打算、政治理论学习、党的建设、传达学习中央经济工作会议精神等有关情况，以及立法、监督工作中的重大事项及时向常委会党组请示报告，确保始终在正确政治方向上推进工作。自觉接受机关党组统筹、指导，按要求认真参加机关党组理论学习中心组专题学习，认真参加机关党组关于中央重要会议和文件精神的传达。一名分党组成员参加机关党建工作领导小组，认真发挥成员作用，按要求每半年报告一次履行全面从严治党主体责任总体情况，并在机关作学习贯彻党的十九届五中全会精神辅导报告。

（二）加强理论武装，夯实“两个维护”的思想基础。一年来，共召开10次分党组会议，集中学习习近平新时代中国特色社会主义思想最新成果，及时传达学习中央重要会议精神，特别是习近平总书记的重要讲话和重要指示批示，在学习中进一步坚定理想信念、加强党性锻炼，增强做好人大财经工作的能力和本领。对于习近平总书记在党的十九届五中全会、中央依法治国工作会议、中央经济工作会议上的重要讲话，及时召开分党组会议专题学习传达。认真学习《习近平谈治国理政》第三卷，先后在3次分党组会议上集体学习讨论，结合重温《习近平谈治国理政》第一卷、第二卷推动学习逐步深入，力求深刻理解习近平新时代中国特色社会主义思想的科学体系，深刻理解习近平总书记崇高的思想境界、高超的领导艺术和真挚的为民情怀，深刻理解我国经济高质量发展的丰富内涵，及时跟进、学深悟透、研究谋划、抓好落实。

（三）建强组织队伍，为做好人大财经工作提供保障。贯彻落实新时代党的组织路线，坚持党管干部原则，切实带好队伍。分党组严格执行民主集中制，认真开展组织生活，分党组成员按要求过好双重组织生活。分党组主要负责同志和部分分党组成员多次参加机关党支部活动，指导促进基层党组织更好发挥战斗堡垒作用。财经委主要负责同志与联系办事机构各室的委员会领导连续三年同办事机构全体同志集体谈心座谈，面对面了解各室工作开展和干部队伍思想作风建设情况，大家总结工作、查找不足、提出意见建议，说真话、实话、心里话，更好推进工作。统筹谋划干部队伍建设，多次研究办事机构干部队伍建设工作，并与有关方面加强沟通，办事机构10余名干部职务或职级得到晋升，部分局处级干部轮岗交流。按规定开展谈心谈话，委员会负责同志就年度考核测评情况向各位局级干部反馈并分别谈心谈话；干部职务晋升后，委员会领导逐一与新任职干部进行任职谈话，肯定成绩、指出不足、指明努力方向。

（四）提高履职能力，继续办好人大财经干部培训班。为进一步提高人大财经干部履职能力，不断加强自身建设，财经委适应常态化疫情防控要求，探索以网络直播授课的模式继续组织全国各级人大财经委、预算工委干部和部分全国人大代表进行培训。培训紧扣学习贯彻十九届五中全会精神，紧扣人大财经工作实际需要，有针对性地邀请知名专家学者分别以“区块链应用与数字货币”、“全球产业链供应链重构：趋势、挑战和对策”、“学习贯彻党的十九届五中全会精神，参与做好‘十四五’规划《纲要草案》编制和审查工作”为题开展了3期网络直播讲座。参训人员普遍表示，培训对提高履职能力有积极帮助，网络直播具有扩大受众范围、减少人员聚集、节约培训经费等特点和优势，达到了较好的培训效果，希望财经委继续将培训班办好。

二、统筹推进新冠肺炎疫情防控和人大财经工作，助力打好疫情防控阻击战

面对突如其来的新冠肺炎疫情，财经委坚决贯彻落实党中央决策部署，严格执行全国人大机关疫情防控有关要求，主动调整和创新工作方式，在有效防控疫情的前提下，有序推进各项工作开展。

（一）按照中央要求开展复工复产调研。按照习近平总书记重要指示和中央统一部署，在 3 月中旬新冠肺炎疫情得到初步控制后，中办国办组织了复工复产调研，徐绍史主任委员任组长的调研组赴浙江开展实地调研。调研组听取了省委省政府统筹推进疫情防控和复工复产总体情况介绍，赴杭州、宁波、绍兴、金华 4 个市 16 个县（区）实地走访调研，与企业和协会商会代表进行座谈，及时协调解决地方各级政府和市场主体提出的困难。形成调研简报 12 份，向中央提交了《浙江省复工复产情况调研报告》和主要问题清单、政策建议清单、典型经验做法三份清单。调研报告总结了浙江省统筹推进疫情防控和经济社会发展有关情况，对调研发现的部分企业复产易达产难、许多小微商户生存压力大、境外疫情输入性风险明显上升、地方重大项目投资落地难等问题提出了意见建议，中央政治局常委会听取了新冠肺炎疫情防控工作和全国复工复产情况调研汇报。

（二）认真做好疫情防控工作。财经委认真贯彻常委会党组和机关党组相关要求，完成各项疫情防控任务。徐绍史主任委员多次对委员会及办事机构落实疫情防控措施和全力保障工作运行作出批示、提出要求，带头执行出差后返京集中隔离政策。委员会及办事机构在保障常委会、委员会各项工作顺利开展的基础上实行弹性工作制，每天报告值班情况和个人身体健康状况，确保疫情防控措施落实、落细、落到位。疫情防控常态化后，严格按照各项防疫要求开展工作，持续巩固防控成效。

（三）主动创新工作方式方法。适应疫情防控新形势新要求，坚持工作进度不能慢、工作质量不下降，在十三届全国人大三次会议召开前，采取书面审议形式召开财经委全体会议，确保如期提出财经委关于年度计划、预算的初步审查意见和审查结果报告。十三届全国人大三次会议闭幕后，财经委根据常委会 2020 年度“一个要点、三个计划”修改情况，及时跟进完善财经委年度工作计划及其分解落实方案，明确重点工作任务、倒排时间进度表、确定牵头责任人和参加人员，每月梳理总结委员会重点工作进展情况，在抓好常态化疫情防控的同时，高效率、高质量推动财经立法、监督、代表、议案建议办理、专题（专项）调研等既定任务按期完成。在疫情防控常态化形势下，全国人大财经干部培训班改用网络直播授课，形式更加灵活、受众大幅增加、成本有所下降，全年 3 期培训班仅参加网络直播授课的观看点就达 23640 个，平均每期参训人数约是以往的 8 倍。

三、持续加强和改进财经立法工作，不断提升立法质量和效率

认真落实常委会立法规划和年度立法工作计划，不断健全完善立法工作机制，高质量完成各项立法任务。

（一）完成期货法牵头起草工作。先后三次召开起草组全体会议，听取起草组成员单位对修改完善草案工作的意见建议，就加快立法工作提出要求。认真梳理国务院办公厅汇总回复的意见、立法调研征集意见和起草组成员单位意见，对期货法的调整范围、期货市场结算体系、期货市场对外开放与期货法的域外适用、股指期货与股票市场的关系等重大问题组织相关专业单位和研究机构进行了课题研究，在此基础上形成了期货法草案。有关部门对立法中的重点难点问题，特别是在监管分工、监管体制等重大问题上达成原则共识。期货法起草组第三次全体会议和财经委第四十四次全体会议，先后审议通过了期货法草案。该草案议案已报送常委会办公厅，按程序提请常委会审议。

（二）做好企业破产法修改牵头起草工作。整理汇编企业破产法（修改）起草成员部门意见，函请最高人民法院民二庭就法律调整范围、法律衔接等问题组织协调江苏、广东两省高院开展课题研究，委托重庆、深圳人大组织有关机构以及上海市企业清算协会分别研究提出企业破产法修改建议，企业破产法修改工作有序推进。

（三）启动《全国人民代表大会常务委员会关于加强经济工作监督的决定》（以下简称《经济工作监督决定》）修订工作。为适应新时代新形势新要求，进一步提高人大经济工作监督的质量和水平，增强监督的针对性、实效性和可操作性，为各级人大常委会依法开展经济工作监督提供更加有力的法律

支持，报经常委会党组批准，财经委启动《经济工作监督决定》修订工作。函请各省（区、市）和副省级城市人大财经委总结梳理各地经验做法并提出修订《经济工作监督决定》的意见建议，赴部分地方开展调研并召开专题座谈会，听取部分省（区、市）人大财经委的意见建议。在此基础上，形成《经济工作监督决定》总体框架和修订草案（初稿）。

（四）落实好联系审议立法项目建立联系机制并实行台账管理。对列入立法规划的联系审议立法项目，建立联系机制实行台账管理，及时了解联系审议法律项目的进展情况，对法律草案的重点难点问题和起草工作安排等及时进行研究，督促有关方面加快立法进程，为高质量审议法律草案做好准备。2020年上半年疫情防控形势尚比较严峻时，向国家发展改革委、财政部等19家部门发函了解掌握有关法律项目的起草进展情况。12月初，召开立法联系审议工作座谈会，进一步了解联系审议的立法项目进展情况、涉及重大问题以及下一步工作安排等，就推进有关法律项目起草工作进度提出相关要求。今年2月初，财经委对承担的立法项目2020年度进展情况和取得的阶段性成效作了总结，就继续发挥好联系机制作用、做好联系审议工作提出意见和建议，并形成专题报告报送常委会有关领导同志。栗战书委员长，王晨、陈竺、王东明副委员长，杨振武秘书长等常委会领导同志对报告作了圈阅。

（五）积极推进联系审议立法项目。会同宪法法律委、常委会法工委和预算工委召开座谈会，征求有关部门、企业及专家学者对出口管制法草案、契税法草案、城市维护建设税法草案意见建议，配合做好相关后续审议工作，上述法律案均已经常委会审议通过。积极参与关于全面禁止非法野生动物交易、革除滥食野生动物陋习、切实保障人民群众生命健康安全的决定草案和反食品浪费法草案起草工作。听取国务院有关部门关于中国人民银行法、商业银行法、反洗钱法和保险法修改工作进展情况介绍，认真研究提出有关法律方面的意见建议20余件。牵头对海上交通安全法（修改）等有关法律草案组织开展有针对性调研，推动有关部门加快修法工作进程，草案经财经委全体会议审议后提请常委会第二十四次会议进行了初次审议。就财经委牵头负责的十八届三中全会以来改革任务的落实情况进行总结评估，研究形成评估材料送常委会办公厅。参与产品质量法、社会信用法等起草单位和相关部门组织的座谈研讨、专家论证、考察调研等活动，及时了解有关法律草案起草情况和重点难点问题。研究答复有关单位关于发展规划法草案、招标投标法修订草案等征求意见近60件。

四、不断提高规划、计划、预算审查和经济工作监督的针对性和实效性，推动中央经济工作重大决策部署有效落实

围绕国家经济工作大局、突出经济工作重点开展经济工作监督，认真做好规划、计划、预算审查各项工作，加强经济形势分析，做好“十四五”规划纲要编制调研和审查准备。

（一）对2020年计划进行初步审查并配合代表大会做好计划审查工作。一是扎实开展2020年计划初步审查。召开系列座谈会听取有关部门、团体和行业协会、企业和专家学者的情况介绍和意见建议，派员参加有关部门年度工作会议，了解计划编制情况。以书面会议形式召开财经委全体会，提出初步审查意见，报常委会领导同志并送国家发展改革委研究。二是配合代表大会开展计划审查。十三届全国人大三次会议召开期间，财经委结合各代表团和有关专门委员会的意见，对2020年计划报告和计划草案继续审查，向大会主席团提交《第十三届全国人民代表大会财政经济委员会关于2019年国民经济和社会发展计划执行情况与2020年国民经济和社会发展计划草案的审查结果报告》。三是配合常委会听取和审议国务院关于年度国民经济和社会发展计划执行情况报告。结合财经委上半年经济形势分析会，对年度计划执行情况进行分析研究和跟踪监督，形成《全国人大财政经济委员会关于2020年上半年经济形势分析会的情况报告》并报委员长会议，作为参阅材料印发常委会第二十一次会议。徐绍史主任委员就上半年经济运行情况向委员长会议作了专题汇报。

（二）完成2019年预算执行情况和2020年预算草案以及2019年中央决算审查等工作。在常委会预算工委协助下，财经委完成对2019年预算执行情况和2020年预算草案的初步审查，向十三届全国人大三次会议主席团提交《第十三届全国人民代表大会财政经济委员会关于2019年中央和地方预算执行情况与2020年中央和地方预算草案的审查结果报告》。配合常委会第十九次会议听取和审议国务院关于2019年中央决算的报告、2019年中央预算执行和其他财政收支的审计工作报告，对中央决

算进行初步审查。配合常委会第二十一次会议听取和审议国务院关于年度预算执行情况的报告，配合常委会第二十四次会议听取和审议国务院关于2019年度中央预算执行和其他财政审计查出问题整改情况的报告，促进加强预算管理，推动积极财政政策加力提效、服务改革发展重大任务。

（三）做好“十四五”规划纲要和2021年计划、预算初步审查的前期准备工作。一是配合常委会开展“十四五”规划纲要编制工作若干重要问题专题调研。常委会办公厅和财经委共同牵头，制定总体工作方案，8个专门委员会、1个工作委员会共同参与，共形成22份专题调研报告，涉及民族、国家安全、财政经济、教科文卫、侨务、环境保护、“三农”、社会保障等诸多领域。财经委就“产业优化升级和产业链、供应链、价值链布局调整完善”开展专题调研并形成调研报告，建议把产业链、供应链、价值链布局调整完善上升为国家战略，推动数字化与经济发展和产业升级深度融合，打造市场化、法治化、公平竞争的营商环境，加大科研攻关和知识产权保护力度，统筹国内国际两个市场，坚持通过扩大开放促进产业优化升级。同时，起草《全国人民代表大会常务委员会办公厅关于“十四五”规划纲要编制工作若干重要问题专题调研工作情况的报告（代拟稿）》，由办公厅负责同志向常委会第二十一次会议报告。全部调研报告汇总后送常委会领导同志、中央文件起草组、国务院办公厅及有关部门参阅。二是认真做好“十四五”规划纲要和2021年计划、预算初步审查工作。研究起草《全国人大财政经济委员会关于开展“十四五”规划和二〇三五年远景目标纲要审查有关工作安排》，经财经委全体会审议通过后，报送常委会有关领导同志。栗战书委员长对工作安排给予肯定，并就做好相关工作作出批示。与国家发展改革委联合召开四场全国人大代表座谈会，分经济发展、农业农村、科技创新与社会事业四个专题听取部分全国人大代表对做好“十四五”规划《纲要草案》编制和审查工作的意见建议。就做好“十四五”规划和2021年计划初步审查工作，分赴湖南、山东开展专题调研，在长沙市和济南市分别召开部分地区人大财经委专题调研座谈会，听取了20个省（区、市）人大财经委和发展改革委有关负责同志的情况介绍和意见建议。召开“十四五”规划和2021年计划编制情况通报会，听取国家发展改革委有关负责同志就“十四五”规划《纲要草案》和2021年计划编制作的情况汇报并进行讨论。召开全年经济运行情况座谈会，听取国家有关部委司局负责同志、部分行业协会和企业负责同志以及专家学者的情况介绍和意见建议。

（四）认真开展国有资产管理情况监督。在常委会预算工委协助下，完成配合常委会听取和审议国务院2019年度国有资产管理情况综合报告，国务院关于2019年度财政部履行出资人职责和资产监管职责企业国有资产管理情况的专项报告，国务院关于2019年度国资系统监管企业国有资产管理情况的专项报告，并开展专题调研。配合常委会制定关于加强国有资产管理情况监督的决定，增强人大国有资产监督的科学性、规范性和操作性。

（五）做好季度经济形势分析工作。按季度召开经济形势分析会，听取国务院有关部门关于当前经济运行情况的汇报，进行分析研究并提出意见建议，报委员长会议并送有关部门。密切关注疫情对经济社会发展的冲击，在季度经济形势分析过程中，围绕应对疫情影响和做好“六稳”工作、落实“六保”任务进行分析，提出建设性意见和建议，推动政策落地生效。开展月度经济运行情况分析，及时跟踪研判经济运行动态，就疫情对经济社会发展影响、财政赤字货币化、数字经济、新就业形态等开展专题研究，整理部分行业协会和企业反映的意见建议，供委员会组成人员和有关方面参阅。

五、精心组织反不正当竞争法执法检查，推动构建和完善公平竞争的市场经济秩序

根据常委会2020年度监督工作计划，财经委承担反不正当竞争法执法检查的具体组织实施工作。常委会领导同志高度重视，栗战书委员长亲自审定执法检查方案并专门作出重要批示。在执法检查中，把贯彻落实以习近平同志为核心的党中央关于维护公平竞争市场秩序、优化营商环境重大决策部署摆在首位，紧扣法律规定，聚焦反不正当竞争工作协调机制和社会关注度高、群众反映强烈的不正当竞争行为等重要问题，在京召开调研座谈会并赴上海等3省（市）开展前期调研，曹建明、陈竺、王东明三位副委员长分别带队赴6省（区）进行实地检查。同时，委托河北等8省（市）人大常委会同步进行了检查，就市场混淆、网络不正当竞争两个重点难点问题分赴杭州、苏州开展专项检查，委托第三方机构进行法律评估，委托国家信息中心创新运用大数据技术对该法实施情况进行全面分析。

本次执法检查共形成了3份前期调研简报、6份实地检查报告、8份委托检查报告、2份专项检查报告、1份法律评估报告和1份大数据分析报告。常委会第二十四次会议听取和审议了执法检查组关于检查反不正当竞争法实施情况的报告。报告在肯定法律实施取得积极成效的同时，提出实施中存在的主要问题：一是配套法规制度不健全，影响法律有效实施；二是老问题依然突出，新问题层出不穷；三是相关法律存在交叉重叠，法律适用存在难点堵点；四是协调协作机制不健全，尚未形成有效的监管合力。分析法律实施存在问题的主要原因：一是对反不正当竞争法的基础性法律地位认识不到位；二是对网络经济迅猛发展带来的影响研判不充分；三是监管执法对新形势新要求不适应。对进一步贯彻实施反不正当竞争法提出意见建议：一是强化公平竞争法治意识，健全市场体系基础制度；二是完善配套法规和制度建设，推动反不正当竞争法更好落实落地；三是进一步理顺体制机制，全面提升执法司法水平；四是探索创新监管方式，加强新兴领域反不正当竞争监管。

六、深入开展调查研究，为更好落实中央重大决策部署和常委会重点工作提供保障

财经委把调查研究作为依法履职的基础，制定涵盖专项调研、专题调研、委托调研的年度调研工作方案，明确各项调研的调研提纲、人员组成、调研方式及地点和时间进度安排，继续采取一地多题、一题多地的方式开展调研，各项调研工作顺利推进，调研质量不断提高。

（一）组织开展股票发行注册制改革情况专项调研。配合常委会第二十二次会议听取和审议国务院关于股票发行注册制改革有关工作情况的报告，财经委组织开展了专项调研。徐绍史主任委员牵头组成调研组，在京分别召开中央有关部门、协会和专家座谈会，先后赴北京、上海、广东进行实地调研，广泛听取各方面意见建议。在此基础上，形成财经委调研报告并提交常委会。调研报告从发行制度改革还需深化、配套基础制度还需改革完善、法治保障还需强化、相关制度还需要经受实践检验等四个方面提出了注册制改革面临的困难和挑战，建议进一步充分认识注册制改革的重要意义，坚定改革决心、把握改革节奏，处理好各方面关系，积极稳妥推进、全面实施证券发行注册制，为推动经济高质量发展贡献力量。调研报告在常委会审议中得到常委委员积极评价，会后印发常委会办公厅简报，报中共中央办公厅。

（二）开展推进产业转型升级、提升产业基础能力和产业链现代化水平专题调研。提升产业基础能力和产业链现代化水平是建设现代化经济体系的重要内容，财经委将其作为专题调研项目，由徐绍史主任委员牵头组成调研组开展了专题调研。调研组先后赴北京、上海、广东进行实地调研，在北京分别召开了中央有关部门、有关企业和专家学者座谈会，听取部委、企业和研究机构专家学者的情况介绍和意见建议。在此基础上，形成财经委调研报告。报告分析了全球产业发展面临大变革的形势，查找了我国产业转型升级的短板弱项，分析了推动产业转型发展的优势和基础，提出了推动产业转型升级从"客场"走向"主场"的意见建议。报告印发常委会办公厅简报，报中共中央办公厅。

（三）开展健全完善金融法律体系调研。财经委在2019年开展防范化解系统性金融风险专项调研的基础上，2020年继续开展健全完善金融法律体系的专题调研。调研组在京召开国务院有关部门座谈会，部分地方人大财经委和地方金融监管部门、部分金融机构和全国人大代表座谈会，听取对健全完善我国金融法律体系的意见和建议。形成了健全完善我国金融法律体系的调研报告，对现阶段我国金融法律体系进行了全面梳理，对金融法律体系的特点、面临的形势、存在的问题进行了深入分析，提出了进一步健全完善我国金融法律体系的意见建议。

（四）加强委员会组成人员调研工作。制定并落实《全国人大财经委发挥组成人员专长和优势，全面加强调研工作的方案》，以更好发挥组成人员专长和优势，做好办事机构服务保障工作，鼓励各位组成人员自愿确定调研题目，自主开展调研并形成调研成果，共同提升委员会整体履职水平。2020年度，有6位组成人员提交了8份调研报告，陆续印发《人大财经工作（增刊）》，供大家交流和有关方面参阅。

（五）做好常委会听取国务院有关专项工作报告的后续跟踪监督工作。推动国务院有关部门对常委会听取审议加快外贸转型升级推进贸易高质量发展工作时的审议意见进行整改落实，对国务

院办公厅《关于落实全国人大常委会对加快外贸转型升级推进贸易高质量发展工作情况报告审议意见的报告》提出审议意见，印发常委会第十七次会议。

七、进一步密切与人大代表和地方人大的联系，凝聚做好人大财经工作的整体合力

认真贯彻落实常委会年度代表工作计划，不断加强与人大代表、地方人大的联系沟通，邀请人大代表、地方人大常态化参与财经委各项工作，举办面向人大代表、地方人大的视频培训班，共同提升履职尽责能力和水平。

（一）认真做好代表议案办理工作。十三届全国人大三次会议主席团交付财经委审议的代表议案 91 件，其中要求制定法律的议案 43 件、修改法律的议案 48 件，共涉及 57 个法律项目。大会结束后不久，财经委召开代表议案办理工作会议，邀请国务院有关部委、最高人民法院等 25 个部门和单位的同志共同研究议案办理工作，明确任务分工和工作安排。各部门高度重视代表所提议案办理工作，通过电话、登门拜访、召开专题座谈会、实地调研等多种方式与代表沟通，充分征求代表的意见，形成议案初步处理意见。在上述工作基础上，财经委对每件议案分别研究提出了处理意见，召开财经委全体会对议案进行审议后，形成议案审议结果的报告，经常委会第二十二次会议审议通过。

（二）认真做好代表建议办理工作。完成了常委会办公厅转交的 21 件代表建议的办理工作，开展了 3 项 61 件重点督办建议的督办工作。对常委会办公厅转交的代表在闭会期间提出的意见建议，认真研究并及时联系回应代表。在代表建议办理工作中，将办理任务落实到专人，明确办理的时限、程序和要求，积极参与重点督办建议承办单位组织的调研、座谈会，当面向代表汇报情况，加强与人大代表的联系沟通，建议办理的代表满意度不断提高。

（三）多渠道加强与代表的联系。在组织开展财经立法、专题调研、执法检查、经济形势分析等工作中，均邀请部分全国人大代表参加，认真听取代表意见和建议。一年来，邀请 70 余位全国人大代表参加财经委组织的会议和调研活动，代表发挥专业优势，积极建言献策，为做好人大财经立法和监督工作贡献智慧和力量。财经委对代表提出的各项意见和建议均进行了认真研究，合理的意见建议得到吸收采纳，积极回应代表关切，各项工作得到了代表的认可。

（四）加强与地方人大财经委的联系。在日常工作中注重加强对地方人大财经委工作联系，并在具体工作开展中给予积极指导。与地方人大财经委积极沟通讨论年度工作重点、疫情期间的人大财经工作安排、国家和地方“十四五”规划纲要审查等工作，努力在工作上达到同频共振。应地方人大邀请，积极协调委员会组成人员赴地方人大就学习十九届五中全会精神、经济形势分析、开展财经立法和监督等作专题讲座，为提高地方人大和人大代表履职能力作贡献。努力打造地方人大沟通交流平台，刊发 10 期《人大财经工作（增刊）》，介绍四川、重庆、湖北、青海等地方人大财经委开展的亮点工作、形成的好经验、取得的新成效，有力促进了全国人大与地方人大以及地方人大之间的财经工作交流。

此外，按照全国人大常委会外事工作安排，认真配合完成各项外事任务。徐绍史主任委员两次陪同栗战书委员长参加外事活动。作为全国人大中国—德国友好小组组长会见德国联邦议院德中议员小组主席并作主旨发言。一年来，财经委共有组成人员 11 人次应邀参加常委会办公厅组织的与国外议会线上视频交流或其他外事活动，积极向外方介绍我国统筹疫情防控和推动经济社会发展等方面采取的举措和取得的成就，增强国际社会对我国发展的信心，为增进多双边立法机构交流合作作出积极努力。

一年来，人大财经工作取得的成绩，离不开全国人大及其常委会的领导，离不开全国人大代表的支持，离不开国务院有关部门和地方人大的积极配合。财经委组成人员和办事机构工作人员勤勉尽责、务实工作，在做好疫情防控的同时，有力保障了委员会各项工作任务圆满完成。同时，我们清楚地看到，工作中还有需要加强和改进的地方，主要是财经立法质量需进一步提高，财经监督实效有待进一步增强，与人大代表和地方人大的联系有待进一步紧密。我们将按照党中央决策部署和全国人大及其常委会要求，虚心听取各方面意见建议，自觉接受各方面监督，依法履职尽责，不断改进工作。

第十三届全国人民代表大会教育科学文化卫生委员会 2020年工作总结

（2021年1月11日第十三届全国人民代表大会教育科学文化卫生委员会第二十六次会议通过）

2020年工作总结

2020年是新中国历史上极不平凡的一年。面对新冠肺炎疫情带来的严峻挑战和决胜全面建成小康社会的艰巨任务，全国人大教科文卫委以习近平新时代中国特色社会主义思想为指导，全面贯彻党的十九大和十九届二中、三中、四中、五中全会精神，认真落实十三届全国人大三次会议精神和常委会各项工作要求，坚持党的领导、人民当家作主、依法治国有机统一，依法履职、担当作为，迎难而上、开拓进取，统筹做好疫情防控和委员会各项工作。在全国人大及其常委会直接领导下，在委员会组成人员的共同努力下，立法、监督、代表工作、调查研究和自身建设等工作取得了新进展新成效。

一、深入学习贯彻习近平新时代中国特色社会主义思想，提升政治站位，把握正确方向

教科文卫委坚持把认真学习贯彻习近平新时代中国特色社会主义思想作为首要政治任务，把加强理论武装、提高政治站位放在首位，注重全面系统学、联系实际学、及时跟进学，坚持用党的创新理论武装头脑、指导实践、推动工作。紧扣党中央决策部署，按照全国人大及其常委会工作要求，结合工作实际，认真研究工作思路和举措，确保党中央决策部署得到贯彻落实。

认真学习《习近平谈治国理政》第三卷。及时安排部署，制订学习计划，围绕19个专题进行系统学习，结合不同主题，开展了5次集体学习交流，努力在学懂弄通做实上下功夫。通过学习，对习近平新时代中国特色社会主义思想的重大意义、历史地位、核心要义、丰富内涵、理论特色和实践要求有了更加深入的理解，对中国共产党为什么“能”、马克思主义为什么“行”、中国特色社会主义为什么“好”有了进一步的认识，对委员会在实践中“怎么办”“怎么干”有了新的认识和思考、提出了更加务实的举措。

认真学习党的十九届五中全会精神。围绕适应新发展阶段、贯彻新发展理念、构建新发展格局、推动高质量发展深入学习交流，根据全会提出的“坚持创新在我国现代化建设全局中的核心地位，把科技自立自强作为国家发展的战略支撑”、“建设高质量教育体系”、“繁荣发展文化事业和文化产业，提高国家文化软实力”、“全面推进健康中国建设”等战略目标和重大举措，结合教科文卫委职责任务，认真组织研究教育、科技、文化、卫生健康领域贯彻落实具体措施，提出面向“十四五”时期的工作方向和重点任务，征求委员会全体委员意见后纳入新一年工作计划。

认真学习习近平法治思想和中央全面依法治国工作会议精神。深刻认识习近平法治思想在全面依法治国中的指导地位，深刻认识全面依法治国在社会主义现代化建设全局中的重要作用，深刻认识教科文卫委在推进全面依法治国中的职责定位，落实好常委会党组提出的关于贯彻落实习近平法治思想的五点要求，坚持以习近平法治思想为引领，坚持党的领导、人民当家作主、依法治国有机统一，加强法律体系建设，增进工作的系统性、科学性、实效性，努力为推进教科文卫领域治理体系和治理能力现代化作出应有贡献。

认真贯彻落实常委会部署安排和栗战书委员长对教科文卫委的批示要求。依法履职尽责、主动担当作为，努力把“四个意识”、“四个自信”、“两个维护”全面融入委员会工作之中，在教科文卫立法监督等相关履职中有新进步，在助力相关领域改革发展中有新作为，在自身特别是党的建设中有新成效。坚持学用结合，坚持问题导向、目标导向、结果导向，充分调动委员会组成人员积极性，把学习成效贯穿体现到委员会工作各领域、各环节，以强烈

的责任感、使命感和担当精神、务实作风，深挖工作潜力，不断提高工作质量和效率，统筹做好教科文卫委全年各项工作任务。

二、强化使命担当，集中力量做好疫情防控法治保障工作

教科文卫委认真学习贯彻习近平总书记关于依法防控疫情、强化公共卫生法治保障的系列重要讲话精神和党中央决策部署，贯彻落实常委会工作部署和栗战书委员长指示要求，聚焦重点任务，积极主动作为，将强化公共卫生法治保障立法修法作为重中之重，集中力量、全力推进，努力高质高效完成任务，为守护人民生命健康安全筑牢法治防线。

*及时跟进学习，形成贯彻落实意见。*习近平总书记2月5日在中央全面依法治国委员会第三次会议上发表重要讲话后，我委及时作出学习安排，研究贯彻落实措施。以习近平总书记关于依法防控疫情、强化公共卫生法治保障的重要讲话和指示批示精神为根本遵循，按照统筹推进新冠肺炎疫情防控和经济社会发展工作部署会议要求，于2月下旬研究制定了教科文卫委《关于贯彻落实党中央决策部署和习近平总书记重要指示精神、落实全国人大常委会关于疫情防控工作要求的意见和措施》，提出加快评估和修改传染病防治法、充实和完善执业医师法修改草案、推动传染病防治法和基本医疗卫生与健康促进法等相关法律的宣传普及和贯彻落实、配合和督促相关部门抓紧完善与公共卫生相关法律法规、强化科学防疫和协同创新等五方面具体措施和建议。栗战书委员长对此作出重要批示，给予充分肯定。

*发挥专班优势，落实强化公共卫生修法任务。*为贯彻落实习近平总书记关于强化公共卫生法治保障的重要指示精神，3月26日，栗战书委员长主持召开强化公共卫生法治保障立法修法工作座谈会，作出整体部署。会议提出立法修法九项重点任务，明确传染病防治法评估修改、执业医师法修改由艾力更·依明巴海、陈竺、蔡达峰副委员长牵头，国境卫生检疫法修改由曹建明、艾力更·依明巴海、蔡达峰副委员长牵头，成立工作专班，负责推进修法工作。三个专班工作机构均由教科文卫委承担，在常委会直接领导下，负责推进具体相关工作。委员会立即研究提出落实方案，抽调办事机构各室精干力量，成立专班工作组，加强组织协调，密切配合有关方面，按照“任务、时间、组织、责任”四落实的工作要求，有序有力推进修法任务。克服疫情影响，创新工作方式，深入开展调研、讨论，组织召开专班工作会议9次、专班工作组会议13次，完成专项报告、会议纪要、参阅材料等重要文稿70余篇，为完成常委会强化公共卫生法治保障立法修法专项任务作出了应有贡献。

*坚持高质高效，全面完成传染病防治法评估任务。*根据常委会批准的工作方案，由教科文卫委负责传染病防治法评估任务，同时同步协同推进法律修改工作。我委会同宪法法律委、常委会法工委提出评估工作方案，得到常委会领导充分肯定。坚持全面客观、科学规范、深入调研、注重实效的评估原则，聚焦重点问题，从健全体系、完善机制、强化责任、提升能力和加强保障等方面开展评估工作。认真梳理有关情况、研究细化工作方案、准确把握工作定位、明确任务分工，密切与有关部门联系和协同，综合采用信息化、网络化等多种手段，多渠道深入征求有关方面意见。委托中国科协和中国医院协会、中国医师协会开展第三方评估，运用大规模问卷调查和互联网大数据分析等多种方式，提出百万余字的第三方报告，为评估工作提供有力支撑。经反复研究论证，于6月底完成评估任务，形成了关于传染病防治法修改完善的评估报告，并提出了法律修改框架和若干条文修改具体建议。栗战书委员长、王晨副委员长审阅批准评估报告，对评估工作给予充分肯定。评估报告作为参阅文件，印发十三届全国人大常委会组成人员审阅，并由常委会办公厅转送国务院办公厅，为有关部门修改传染病防治法提供了重要基础。

在做好上述工作的同时，会同环资委和常委会法工委，组织力量对“健全国家公共卫生应急管理体系，强化公共卫生法治保障”开展课题研究，形成研究报告，为中央相关决策提供参考。认真办理大会闭会期间部分全国人大代表提出的公共卫生方面的建议，将有关意见建议吸纳到立法修法中。组织召开深入贯彻实施疫苗管理法座谈会，进一步推动法律宣传贯彻实施。

三、认真落实常委会立法规划，统筹做好教科文卫领域立法工作

全面贯彻落实常委会立法规划和年度立法计划，积极开展立法调研，密切配合有关部门，有序推进相关立法进程。档案法、专利法、著作权法修改草案经常委会审议通过，公共卫生、科技、教育等领

域相关重点立法项目取得重要进展。

*聚焦重点任务，强化公共卫生法治保障立法修法工作进展顺利。*由我委负责牵头起草的执业医师法修订草案已经委员会会议审议并原则通过，于10月正式向常委会领导报送了“关于提请审议《中华人民共和国医师法（草案）》的请示”，已经常委会第二十五次会议审议。传染病防治法和国境卫生检疫法的修改工作由国务院负责，目前两法修订草案均已完成有关起草、征求意见和审核程序，拟提请国务院常务会议审议后报请常委会审议。我委正与司法部、国家卫生健康委、海关总署等部门密切配合，做好有关法律草案提请常委会审议前的各项准备工作。此外，根据常委会领导指示要求，对突发公共卫生事件应对法提出立法建议，推动立法进程。

*持续跟进推动，档案法、专利法、著作权法修改草案审议通过。*协助做好档案法修订草案的继续审议工作，健全完善档案管理，强化机构和组织责任，优化档案开放和利用条件，鼓励档案数字化和资源共享，为国家档案事业现代化提供更加坚实的法治保障。密切配合宪法法律委、常委会法工委和国务院有关部门加快专利法、著作权法修改工作，联合召开座谈会，听取有关部门和专家学者、企业代表的意见，推动将加大侵权假冒行为惩罚力度、完善新兴领域知识产权保护制度等重要内容纳入法律草案，确保党中央关于强化知识产权保护的决策部署得到有效贯彻落实。

*服务发展需求，加快推进科技进步法修改工作。*认真学习贯彻党的十九届五中全会精神和习近平总书记关于科技创新的新论述新要求，在对地方、部门、高校、科研院所和企业等进行面上调研的基础上，坚持目标导向和问题导向相结合，部署开展系列专题调研。先后赴国家自然科学基金委、中国科学院、中国工程院、中国科协和高等院校调研，召开座谈会，深入听取意见建议。统筹修法和监督工作，结合常委会听取和审议国务院关于贯彻落实创新驱动发展战略推进科学技术进步法实施情况专项报告，认真研究常委会组成人员对科技进步法修改提出的意见和建议。调研中，进一步突出需求导向和问题导向，深化对构建国家创新体系、加强战略科技力量、更好发挥政府作用、完善科技创新资源分配和投入结构、发挥人才作用、完善区域创新体系、提高科技成果转化、推动更高水平开放创新等问题的把握，在重点难点问题上有突破，为提高立法质量奠定了扎实基础。工作小组进一步完善了法律草案，形成了征求意见稿，正按程序征求有关方面意见，力争2021年上半年提请常委会会议审议。

*加大工作力度，协同推进教育立法进程。*进一步贯彻全国教育大会精神，加快推进教育立法项目进程。委员会领导带队赴教育部，重点就修改教育法、职业教育法和制定学前教育法，与教育部负责同志充分交换意见。高度重视、及时跟进教育法修改工作，常委会领导带队赴福建开展专题调研。密切配合、强力推动职业教育法修改进程，召开职业教育法修改座谈会，重点了解修法重点难点问题，赴江西、重庆开展专题调研。将立法工作与监督工作结合起来，加快学前教育立法步伐。目前，教育法修正草案已提请常委会第二十五次会议审议，职业教育法修改已列入2021年常委会立法计划，学前教育法草案力争2021年提请常委会审议。

四、围绕中心服务大局，协助常委会做好监督工作

紧紧围绕党和国家中心工作，聚焦重点领域重点问题，紧扣法律规定，创新方式方法，强化整改落实，提高监督实效。

*围绕保障人民文化权益，协助常委会开展公共文化服务保障法执法检查。*这次执法检查是本届全国人大常委会首次对文化方面法律实施情况进行检查，栗战书委员长专门作出批示，提出明确要求。执法检查组由艾力更·依明巴海、万鄂湘、郝明金、蔡达峰四位副委员长任组长，成员由全国人大常委会委员、教科文卫委委员和全国人大代表共23人组成。检查组分为4个小组赴6个省、自治区开展实地检查，听取地方政府和有关部门的汇报，与五级人大代表和专家学者、基层工作者座谈交流，实地检查了96家公共文化设施。同时，委托5个省、直辖市人大常委会进行自查。此次执法检查克服疫情影响，做到力度不减、标准不降；创新方式方法，开展网上问卷调查、第三方评估、暗访抽查，全面了解和掌握法律实施真实情况；坚持问题导向，坚持以法律规定为准绳，着力增强检查实效。常委会第二十四次会议听取和审议执法检查报告，充分肯定了执法检查工作和报告。

*结合推动科技立法工作，协助常委会听取和审议国务院关于贯彻落实创新驱动发展战略推进科技进步法实施情况的报告。*赴地方开展实地调研，了解科技进步法实施情况。采用书面形式向31个

省(区、市)发函,广泛征求地方人大教科文卫委意见建议。同时,结合科技方面议案建议,多次召开视频会议,听取全国人大代表意见。常委会第二十一次会议听取和审议了国务院关于贯彻落实创新驱动发展战略推进科学技术进步法实施情况的报告。我委汇总梳理前期调研情况,形成综合调研报告,供常委会组成人员参阅。

此外,安排听取教育部对落实常委会关于学前教育事业改革与发展情况报告、高等教育法执法检查报告及其审议意见的情况报告,督促及时整改,提出落实意见,并结合办理有关代表议案建议,加强跟踪调研,进一步提高监督实效。

五、深入开展调查研究,为编制“十四五”规划纲要建言献策

根据常委会领导指示要求,紧紧围绕“十四五”期间教科文卫领域重点问题,研究确定调研专题,创新工作方式,多方征求意见,深入开展调研,为党中央决策和国务院编制“十四五”规划提供参考,为全国人大审议规划奠定基础。

认真学习贯彻习近平总书记关于科技创新的新思想、新论断、新要求,开展深入实施创新驱动发展战略建设科技强国专题调研。结合有关议案建议办理工作赴地方开展实地调研,专门听取科技部有关情况介绍,梳理有关方面对科学技术进步法修法的意见和建议,综合全国 31 个省(区、市)人大教科文卫委所提建议,并参考借鉴部分发达国家创新战略举措与主要经验,研究形成了关于“十四五”期间深入实施创新驱动发展战略、建设科技强国的调研报告,为科技发展方面规划建言献策,为科技进步法修改提出意见建议。

认真学习贯彻全国教育大会精神和强化公共卫生法治保障部署要求,开展高等医学教育改革发展问题专题调研。从高等医学教育改革发展问题这一小切口入手,研究新冠肺炎疫情防控工作中凸显的医学教育和人才培养问题。召开座谈会听取教育部、国家卫生健康委和中医药局情况介绍,到北京大学医学部进行实地调研,委托教育部医学教育专家委员会、中国高教学会医学教育专业委员会、全国医学教育发展中心提出专题研究报告。研究形成关于“十四五”期间高等医学教育改革发展的调研报告,有关建议在国务院出台的关于加快医学教育创新发展指导意见中得到充分采纳。

认真学习贯彻习近平总书记关于文化建设的重要论述和重要指示精神,开展健全现代文化产业体系和市场体系专题调研。围绕文化产业高质量发展、为人民群众提供更加丰富的文化产品,结合正在进行的文化产业促进法立法和监督工作,精心组织调研,向有关部门了解情况,通过部分地方人大教科文卫委收集有关方面的意见,书面征求部分专家学者的建议。在此基础上,研究形成关于“十四五”期间健全现代文化产业体系和市场体系的调研报告,为培育文化产业体系和市场体系、健全法治保障提出具体建议。

同时,结合常委会工作计划和重点,根据常委会领导安排,围绕立法、监督、议案建议办理等工作中有关教科文卫方面专题,专门组织开展有关调研。调研中,深入基层、深入群众、深入实际,强化问题导向,改进调研方式,了解真实情况,提出有针对性的对策建议,提高立法、监督实效。

六、密切联系人大代表,提高议案建议办理质量

认真落实关于加强和改进全国人大代表工作的具体措施要求,扎实做好代表议案和建议办理工作,积极拓展代表参与委员会工作途径,密切联系人大代表,更好发挥代表作用。一年来,邀请全国人大代表参加委员会立法、监督、议案建议办理、专题调研等工作达 20 余次。委员会组成人员中的常委会委员按照有关要求,通过电话、微信、座谈、共同调研等多种途径和方式,加强与代表联系,取得积极效果。

不断提高代表议案办理质量和实效。十三届全国人大三次会议主席团交付我委审议的代表议案 87 件,涉及 36 个立法项目和 2 个监督项目。委员会高度重视,多次召开会议研究部署,提出办理要求,听取工作进展,压实工作责任,做好统筹协调,确保每件议案均有一名局级干部和工作人员具体办理。将议案办理工作与立法、监督工作密切结合,邀请部分议案领衔代表共同参加调研。注重听取有关部门意见,全部议案均与国务院相关部委交换意见,并选择其中部分议案与多个部委共同磋商。创新办理方式,积极探索办理新模式。通过网络视频与议案领衔代表“面对面”沟通议案 14 件,到代表所在地与领衔代表共商办理议案 10 件,与国家有关部委同志专题磋商 7 次。办理过程中,做到

与全部议案领衔代表及部分附议代表交换意见，做到件件有着落、事事有回音。

认真承办或督办代表建议。今年交付我委办理的代表建议18件，重点督办62件。召开专题督办推进会议，积极与有关部门沟通，联合开展调研，认真听取代表意见和建议，并及时按要求和程序回复代表。同时，还认真做好闭会期间代表提出建议的办理工作。

委员会联系代表、办理议案建议的工作，得到代表们的积极支持和反馈。常委会领导同志对此高度肯定，专门作出批示，指出教科文卫委有关做法和经验很有意义，值得认真总结、学习。

七、加强与地方人大联系，提升工作整体效能

加强与地方人大的工作联系，密切沟通交流，及时了解情况，共同研究问题，加强工作协同，提高整体效能。以实施健康中国战略、建立和完善公共卫生法治保障体系为主题，与常委会办公厅积极配合，共同举办全国人大代表培训班，地方人大同志通过人大网络学院参加学习。与部分来访的地方人大负责同志和教科文卫委负责同志座谈交流工作情况。共同开展立法监督调研，与部分地方人大教科文卫委就高质量教育体系、科技创新、卫生健康等开展专题调研。就职业教育法修订、科技进步法修订、公共文化服务保障法实施情况、文化产业体系和市场体系发展情况等进行交流，召开座谈会或视频会议征求地方人大意见。就有关议案办理，与部分地方人大密切合作，共同做好视频沟通、代表联络、调研协调等工作。一年来，地方人大常委会和教科文卫委（含工委）大力支持、密切协作，为全国人大教科文卫委各项工作顺利推进提供了有力支持。

八、服务大局，以抗疫交流为重点，做好对外交往

认真贯彻落实习近平外交思想，服务国内国际两个大局，以抗疫交流为重点，积极参与人大对外交往工作。按照常委会统一部署，配合有关部门做好"云外交"。陪同常委会领导参加重要视频会议，参与有关定期交流机制、友好小组框架内相关活动。派员出席第五次世界议长大会、第六届金砖国家议会论坛，参与全国人大中国—欧洲议会关系小组活动，参加与俄罗斯、法国、老挝、蒙古国、肯尼亚等双边国际交流机制或友好小组会谈，助力发出中国人大声音、提出中国人大倡议。

充分发挥专门委员会的特色和优势，加强对口委员会交流，推动共同抗疫。会见黎巴嫩驻华大使，介绍我国抗疫成就，分享疫情防控和复工复产经验。与菲律宾众议院卫生委员会举行视频会议，就疫情防控和卫生立法进行深入交流，就提供疫苗和医院合作进行磋商。与亚洲议员人口与发展论坛保持工作联系，邀请国内专家出席线上研讨会，就我国积极加强老龄化社会背景下的疫情防控工作发表主旨演讲。应邀与黑山议会联系，促成国内知名医院对黑山国家医院开展疫情防控线上指导。在对口交往中，主动宣介中国抗疫经验成果和加强抗疫国际合作主张，全面介绍我国教科文卫领域立法工作情况，为深化立法机构合作、推动交流作出贡献。

九、以政治建设为统领，全面加强自身建设

深入学习贯彻习近平总书记关于中央和国家机关党的建设的重要论述，坚决落实新时代党的建设总要求和新时代党的组织路线，不断巩固和深化运用"不忘初心、牢记使命"主题教育成果，扎扎实实推进自身建设。突出政治建设，加强政治引领，自觉提高政治站位，把准政治方向，坚定政治立场，明确政治态度，严守政治纪律，始终在思想上政治上行动上与党中央保持高度一致。深化理论武装，召开分党组会议12次，及时传达学习习近平总书记重要讲话和中央会议精神，结合实际研究工作方案，提出贯彻落实意见。强化责任担当，围绕全国人大及其常委会中心工作，召开委员会会议和主任委员办公会议14次，认真研究审议议案，深入开展调查研究，不断提高依法履职能力和工作实效。抓好制度建设，修订完善有关工作制度和规则，完善内部建设、分工负责和督促落实机制，进一步提升委员会工作的规范化制度化水平。严守纪律规矩，主任委员和副主任委员以身作则、勤勉尽责、严于律己，切实发挥"关键少数"模范带头作用。加强党风廉政建设，严格执行中央八项规定及其实施细则精神，持续深入改进作风，注重实干实效，力戒形式主义、官僚主义。重视办事机构建设，分党组负责同志为党支部讲党课，安排办事机构负责同志列席分党组会议，与党支部共同开展主题党日活动，加

强日常工作指导,注重业务党建相融合,进一步加强办事机构干部队伍建设,提升工作质量和办事效率。

在一年来的学习和履职过程中,我们深切体会到,做好人大教科文卫委各项工作,必须坚持以习近平新时代中国特色社会主义思想为指导,必须坚持党中央集中统一领导,必须坚持以人民为中心,切实增强"四个意识",坚定"四个自信",做到"两个维护",紧紧围绕党和国家工作大局,充分发挥分党组"把方向、管大局、保落实"的重要作用,密切联系代表,加强自身建设,注重务实创新,坚持民主决策、科学决策、依法决策,确保党中央决策部署得到有效贯彻落实。常委会领导同志对教科文卫委工作高度重视、十分关心,给予许多指导和支持。委员会组成人员认真履职、齐心协力,共同推进各项工作。地方人大密切协作、加强联系,给予我们工作上大力支持和帮助。办事机构同志恪尽职守、勤勉敬业,为委员会开展工作提供有力服务和保障。

同时我们也清醒认识到,面对新阶段新任务新要求,工作中还存在一些差距和不足,主要是立法工作质量和效率还有待进一步提高,监督工作实效还需进一步增强,议案建议办理工作还要进一步改善,代表联系工作还要进一步提升,教科文卫领域法律体系还有待进一步完善。我们将认真听取委员会组成人员、人大代表和其他各方面意见和建议,切实加以改进,更好回应人民群众关切。

第十三届全国人民代表大会外事委员会2020年工作总结

(2021年1月29日第十三届全国人民代表大会外事委员会第十六次会议通过)

2020年工作总结

2020年,外事委员会在全国人大及其常委会的领导下,坚持以习近平新时代中国特色社会主义思想为科学指引,紧紧围绕党和国家工作大局、全国人大及其常委会中心任务,坚决贯彻落实党中央决策部署和习近平总书记的重要指示批示精神,按照栗战书委员长关于新形势下人大涉外立法、对外交往工作的重要指示和王晨副委员长的有关要求,奋发进取,涉外立法、对外交往、涉外发声、自身建设等各项工作取得新的成绩。

一、涉外立法工作

(一)全力推进陆地国界立法工作。制定陆地国界法对维护国家主权、安全、发展利益,依法稳边防边管边,切实推进陆地国界治理体系和治理能力现代化具有重大意义。经过深入细致的工作,形成了贯彻落实总体国家安全观、体现党和国家机构改革、国防和军队改革成果、凝聚各有关方面主要原则共识的法律草案稿。

(二)认真做好条约议案的审议工作。深入研究相关条约的背景、内容、影响及我国承担的履约义务,加强同国务院有关部门沟通协调,不断提高条约议案预先审议的工作水平。审议条约议案8件,其中双边条约议案6件、多边条约议案2件。分别是国务院关于提请审议批准《中华人民共和国和巴基斯坦伊斯兰共和国关于移管被判刑人条约》《中华人民共和国和塞浦路斯共和国引渡条约》《中华人民共和国和比利时王国引渡条约》《中华人民共和国和比利时王国关于移管被判刑人条约》《中华人民共和国与摩洛哥王国引渡条约》《中华人民共和国和土耳其共和国引渡条约》《〈巴塞尔公约〉缔约方会议第十四次会议第14/12号决定对〈巴塞尔公约〉附件二、附件八和附件九的修正》等7件议案和国务院关于提请审议加入《武器贸易条约》议案。

(三)高度重视代表议案和建议办理工作质量。认真贯彻落实栗战书委员长关于代表议案和意见建议办理工作"内容高质量、办理高质量"和"既要重视结果、也要重视过程"指示要求,创新工作方式方法,进一步提升办理工作水平。共办理十三届全国人民代表大会第三次会议主席团交付审议的代表议案2件、全国人大常委会办公厅交付办理的代表建议3件,分别是关于制定共建"一带一路"倡议促进法的议案(第124号)、关于构建现代化口岸法律体系的建议(第5376号)等。

(四)积极就涉外法治重点工作和涉外法律研提意见建议。坚决贯彻落实党中央关于加强涉外法治工作部署和要求,就涉外法治重点工作和涉外法律研提意见建议。

二、对外交往工作

面对突如其来的新冠肺炎疫情的影响,根据全国人大常委会部署,充分发挥人大对外交往优势,及时调整工作思路,积极主动作为,以线上交流为主,线下交流为辅,着力增强交流实效。

一年来,委员会组成人员15次陪同栗战书委员长和王晨副委员长等会见或视频会见外宾、出席多边议长会议。与常委会办公厅密切配合,牵头举行或参加同俄罗斯、日本、法国、蒙古等国议会交流机制视频会议;接待美国会众院"美中工作小组"助手代表团、议员选区高级助手团虚拟访华;同15国驻华使节会见或视频交流;委员会组成人员27人次出席国际和地区议会多边机制的视频会议。

加强与俄罗斯议会的协作,牵头筹备中俄议会合作委员会第六次会议,继续发挥合作委员会作为落实两国元首共识的重要平台,以及在优化双边合作法律环境、夯实两国关系民意基础等方面的重要作用。多次与美国会交流,就中美关系、双方经贸合作、美国会涉华消极议案、疫情防控等议题深入做工作。委员会组成人员分别与老挝议会外事委、白俄罗斯国民会议代表院对华合作工作小组、韩国国会外交统一委员会举行视频会议,围绕两国关系、立法机构交往、防疫抗疫等议题进行深入交流。

深入宣介人民代表大会制度及其成功实践,增进国际社会对中国道路、中国制度的理解和认同。结合国民经济和社会发展"十四五"规划和2035年远景目标,全面介绍全国人大及其常委会在促进经济社会发展、脱贫攻坚等领域的相关立法、监督和代表工作。主动介绍制定香港特别行政区维护国家安全法的必要性、紧迫性、合法性,表明我维护国家安全、贯彻"一国两制"的决心和信心。积极宣传全国人大常委会关于强化公共卫生法治保障体系的立法修法工作,详细介绍中国政府为疫情防控和推动全面复工复产采取的措施。发挥人大代表作用,邀请基层全国人大代表参与线上交流,以亲身经历讲述人大代表为选民服务以及社区抗疫的感人故事,取得良好效果。

委员会组成人员积极参与各国议会联盟、地区议会组织的活动,广交朋友、深交朋友、增进了解、扩大共识。主动宣介我坚持多边主义、维护以联合国为核心的国际体系、维护以国际法为基础的国际秩序的立场和主张。积极发挥各国议会联盟代主席、执行委员会副主席的作用,深度参与第五届世界议长大会成果文件磋商。

三、涉外发声工作

以全国人大常委会发言人名义就美国国务院宣布制裁全国人大常委会副委员长发表谈话,深入揭批美方的政治霸凌和双重标准,表明我坚决反对美方以香港事务为借口粗暴干涉中国内政的严正立场。境内民众一致谴责美国政府的卑劣行径,普遍支持全国人大发声表态,坚决捍卫国家主权和尊严。

先后5次就美国国会所谓"2019年台北法案"、"2020年维吾尔人权政策法案"、"香港自治法案"、"2021财年综合拨款法案"涉华消极条款以及欧洲议会就香港维护国家安全立法通过所谓决议等发表外事委声明、发言人谈话,对美方欧方固守冷战思维、零和博弈理念和对华意识形态偏见,打着"人权"、"民主"的幌子,无端指责我治港、治疆政策和涉藏政策,为"台独"分子撑腰张目,粗暴干涉中国内政表示强烈谴责和坚决反对。声明和谈话以事实和法理驳斥了美欧议会的诬蔑抹黑,回击了其借有关问题遏制中国发展、破坏中国国家安全和社会稳定的图谋,宣示了中方维护国家主权、安全、发展利益的坚定决心。

四、大会发言人工作

根据大会议程,新闻发布会采用网络视频直播的方式并安排在晚上举行。发布会重点介绍了全国人大常委会在应对新冠病毒疫情、强化公共卫生法治保障体系建设、编纂民法典、确保实现脱贫攻坚目标等方面的工作,就《全国人民代表大会关于建立健全香港特别行政区维护国家安全的法律制度和执行机制的决定》、中美关系和美国国会涉疫情消极议案、国防预算、经济全球化等国内外热点问题作出回应,表明立场。对新闻发布会内容,境内外媒体予以广泛报道,总体反应积极。

五、调研工作

重视并积极做好涉外法治的调研工作，就涉外领域立法、我国法律域外适用体系建设等进行深入调研，多次呈报调研报告和意见建议。着力提升自身履职水平，就我国陆地边境疫情防控法律制度、条约缔结程序以及国际地区形势和深化全国人大对外机制交流等议题广泛开展基础调研。汇编出版《第十二届全国人大常委会决定批准或加入的条约和重要协定汇编》，普及条约知识，为相关研究提供参考。

六、自身建设工作

外事委分党组始终把党的政治建设摆在首位，持续强化理论武装。深入学习领会习近平新时代中国特色社会主义思想、习近平总书记关于坚持和完善人民代表大会制度的重要思想，专题学习交流党的十九届五中全会精神、《习近平谈治国理政》第三卷、习近平法治思想、中央经济工作会议和习近平总书记在会议上的重要讲话精神。认真贯彻落实习近平总书记在中央和国家机关党的建设工作会议上的重要讲话精神、党中央《关于加强和改进中央和国家机关党的建设的意见》、栗战书委员长关于加强全国人大机关党的政治建设的重要批示要求，始终做到在政治立场、政治方向、政治原则、政治道路上同以习近平同志为核心的党中央保持高度一致，切实把做到"两个维护"落实到外事委工作的全过程、各方面。

坚持外交大权在党中央的原则，坚决服从中央对外事工作的集中统一领导，严格执行重大事项请示报告制度。严格贯彻落实中央八项规定及其实施细则精神。

严格执行《关于新形势下党内政治生活的若干准则》，坚持民主集中制原则，严肃和规范党内政治生活。认真执行党的组织生活制度，坚持问题导向，在民主生活会上深入进行党性分析，认真查摆自身存在的不足和差距，提出努力方向和整改措施。

全面加强外事委机关党建工作，建设让党中央放心、让人民群众满意的模范机关。精心指导党支部不断巩固和深化"不忘初心、牢记使命"主题教育成果，统筹做好"灯下黑"问题专项整治、党支部标准化规范化建设，组织好开展好"强化政治机关意识、走好第一方阵"主题党风廉政宣传教育；要求支部提高政治站位，全力配合中央巡视和全国人大机关内部巡视工作，并根据巡视反馈意见，逐条逐项落实整改措施。持续强化办事机构干部思想建设、组织建设、作风建设和素质能力建设，认真做好办事机构内部交流轮岗、外派挂职锻炼等干部队伍建设工作。

第十三届全国人民代表大会华侨委员会 2020年工作总结

（2020年12月25日第十三届全国人民代表大会华侨委员会第十次会议通过）

2020年工作总结

2020年，面对突如其来的新冠肺炎疫情和各种风险挑战，全国人大华侨委员会按照全国人大及其常委会的统一部署，以习近平新时代中国特色社会主义思想为指引，认真贯彻落实党的十九大和十九届二中、三中、四中、五中全会精神和十三届全国人大三次会议、中央全面依法治国工作会议精神，深入学习领会习近平法治思想，忠实履行宪法和法律赋予的职责，切实贯彻习近平总书记关于坚持和完善人民代表大会制度的重要思想、关于侨务工作的重要论述，增强"四个意识"，坚定"四个自信"，做到"两个维护"，坚决落实常委会有关工作要求，积极克服疫情带来的不利影响，扎实做好党建和业务工作，努力推动新时代人大侨务工作取得新进展。

一、分党组率先垂范，持续推进委员会政治建设

（一）深入学习《习近平谈治国理政》第三卷。华侨委员会分党组认真贯彻落实党中央和全国人大常委会党组决策部署，扎实开展党建工作。深入学习贯彻习近平总书记重要讲话和指示批示精神，采用多种形式学深悟透《习近平谈治国理政》第三卷。根据华侨委员会工作实际，坚持个人自学和集体学习相结合，以读原著、学原文、悟原理为主要形式开展个人自学，对《习近平谈治国理政》第三卷逐篇研读；以交流讨论为主要形式开展集体学习，进一步加深对习近平新时代中国特色社会主义思想重大意义、科学体系、实践要求的理解，更加坚定初心和使命，增强做好新时代人大侨务工作的自觉性和坚定性。8月和10月，分党组先后组织开展两次《习近平谈治国理政》第三卷专题学习，结合当前形势和工作实际，谈学习体会，进行交流讨论，不断强化理论武装，进一步提升做好新时代侨务工作的能力和水平。

（二）深入学习贯彻党的十九届五中全会、中央经济工作会议精神和习近平法治思想。11月，分党组书记王光亚同志，成员罗保铭、贾廷安、董中原同志出席传达十九届五中全会精神的会议。12月，分党组召开会议，专题学习研讨党的十九届五中全会精神、中央经济工作会议精神和习近平法治思想。进一步把思想和行动统一到总书记重要讲话精神和党中央决策部署上来，积极谋划做好“十四五”时期华侨委员会的各项工作，为实现党的十九届五中全会确立的目标任务作出应有贡献。分党组成员深入学习、切实贯彻习近平法治思想的核心要义和工作要求，一致认为，涉侨立法工作要全面准确学习领会习近平法治思想，自觉把立法工作放在党和国家工作大局中谋划、推进，准确把握党中央精神，确保党的路线方针政策和决策部署得到全面贯彻落实，坚持中国特色社会主义道路不动摇，坚持和完善中国特色社会主义制度不动摇。

（三）以政治引领推动侨务工作不断取得实效。坚决服从常委会党组的领导，主动向常委会党组请示报告工作。12月4日，栗战书委员长对华侨委员会分党组向常委会党组、机关党组报送的有关工作报告，作出了重要批示。批示对华侨委员会工作给予了充分肯定，对下一步工作提出了明确的、更高的要求。白玛赤林副委员长参加了12月召开的华侨委员会分党组会议，认真传达学习栗战书委员长重要批示精神，研究下一步工作思路和具体落实举措。分党组充分发挥在华侨委员会工作中把方向、管大局、保落实的作用。在调研和外事工作中，重视加强对海外侨胞和归侨侨眷的思想政治引领，引导他们增强对中国特色社会主义道路与制度的认同感，进一步提高依法护侨意识。1月，分党组部分成员带队，与华侨委员会机关党支部党员干部一同赴河北省张家口市共同开展“侨助冬奥”主题外事暨主题党日活动。分党组对活动的指导和参与，既是对侨胞心怀爱国热情、积极参与祖（籍）国建设的充分肯定，也进一步增强了侨胞为社会公益事业作贡献的愿望和决心。12月，分党组委托陈立、董传杰委员，并邀请全国人大代表安然组成调研组，赴海南省调研。调研组实地走访五个华侨农场，充分了解海南华侨农场改革发展状况，并入户走访慰问贫困归难侨职工家庭，为他们送去全国人大的关怀和温暖。2020年华侨委员会共走访慰问贫困归难侨职工家庭92户。

（四）认真履行党建工作职责。按照常委会党组的部署和机关党组的工作安排，分党组成员董中原同志担任全国人大机关党建工作领导小组成员，履行全面从严治党主体责任，定期向机关党建工作领导小组汇报工作。分党组认真指导华侨委员会机关党支部接受机关内部巡视，明确要求以此为契机，进一步深入学习贯彻栗战书委员长重要指示精神，坚决把思想和行动统一到党中央决策部署、常委会领导和机关党组的要求上来；进一步提高政治站位，增强对机关内部巡视工作政治性、严肃性、重要性的认识，强化政治责任和政治担当，积极支持配合巡视组工作，落实好各项巡视要求；自觉主动接受巡视监督，针对巡视组反馈的意见，认真研究制定整改工作方案，明确每项整改措施的落实路径与方法、整改时限与责任人，扎实开展整改落实，进一步促进党建工作和业务工作的深度融合，更好发挥参谋助手和服务保障作用。

二、围绕重点问题，深入开展调查研究工作

（一）开展“十四五”规划专题调研。根据全国人大常委会2020年度监督工作计划和“十四五”规划纲要编制工作若干重要问题专题调研方案的要求，6月，华侨委员会组成两个调研组，分别由白玛赤林副委员长和王光亚主任委员带队，贾廷安副主

任委员、董中原副主任委员、陈立委员参加,就进一步加强侨务法治建设、充分发挥侨务资源优势助力国家发展战略开展专题调研。在深入调研、充分讨论、认真研究的基础上,向常委会提交了《关于"十四五"时期进一步加强侨务法治建设、充分发挥侨务资源优势助力国家发展战略的专题调研报告》。报告建议在编制"十四五"规划纲要时,把发挥我国侨务资源的独特作用作为一项原则确定下来,并把"深入研究新时代侨务工作的新特点与新优势,进一步加强侨务法治建设""强化涉侨工作合力,努力形成大侨务工作格局"等内容写入规划纲要。报告有针对性地向地方和有关涉侨部门提出加强侨务法治建设,确保涉侨法律法规的贯彻实施;充分发挥侨务资源优势,积极助推国家发展战略实施;积极为海外侨胞回国创新创业营造良好的社会环境;强化侨务工作合力,进一步推动形成大侨务工作格局;探索开展侨情摸底调查,为开展侨务工作提供信息支持;着力解决海外侨胞和归侨侨眷权益保护的突出问题等意见和建议。

(二)开展涉侨重点问题调查研究。根据常委会领导同志的批示要求,5 月,华侨委员会对修改归侨侨眷权益保护法的有关问题进行了研究论证。经委员会负责同志与办事机构多次研讨,全面总结、系统归纳了修改归侨侨眷权益保护法的必要性,同时,深入分析了修改工作目前存在的制约因素。在此基础上,提交了专题研究报告,得到常委会领导同志的赞同。白玛赤林副委员长高度重视华侨委员会工作,11 月,率调研组赴湖南省就侨务法治建设情况开展调研。罗保铭、张少琴副主任委员参加调研活动,同时邀请全国人大代表成新湘参加。调研组深入基层、深入群众、深入实际,通过听取工作介绍、实地考察、座谈交流等方式充分了解侨情并听取意见和建议。结合代表建议办理工作,11 月,王光亚主任委员、董中原副主任委员带队赴中国侨联开展调研,听取中国侨联负责同志对机构改革后有关情况的介绍及对涉侨立法工作的意见建议。12 月,董中原副主任委员带队赴人力资源和社会保障部就华侨、外籍华人在国内社会保障权益问题开展调研。12 月,华侨委员会调研组赴海南省就华侨农场改革发展及贯彻落实归侨侨眷权益保护法情况进行调研。

(三)做好调研成果转化运用工作。根据常委会推进调研成果转化运用的要求,华侨委员会赴江苏省开展的"十四五"规划纲要专题调研的有关情况以信息专报的形式报送中央有关部门刊发。同时,专题调研报告和其他调研报告发送中央及地方有关涉侨部门后,一些部门作出了积极回应。中国侨联负责同志批示要求侨联同志要以专题调研为契机,认真学习研究调研报告提出的意见建议,提高工作能力,发挥更大作用。国家统计局向华侨委员会来函,对调研报告中反映的侨情普查建议进行了反馈说明。

三、加强侨法宣传,纪念归侨侨眷权益保护法颁布 30 周年

10 月 20 日,华侨委员会与国务院侨办、全国政协港澳台侨委员会、致公党中央、中国侨联共同在人民大会堂召开座谈会,纪念《中华人民共和国归侨侨眷权益保护法》颁布 30 周年。白玛赤林副委员长出席并讲话,他强调指出:归侨侨眷权益保护法颁布 30 年来,我国侨务立法工作不断推进,依法护侨成效进一步显现,涉侨法律法规的宣传和普及力度不断加大,归侨侨眷在参与管理国家事务中的作用不断增强。进一步推进侨务法治建设、做好新时代侨务工作,要以习近平新时代中国特色社会主义思想为指导,坚持党的全面领导,始终把牢正确政治方向;坚持依法护侨,不断推进侨务法治建设;坚持开拓创新,充分发挥侨务资源优势;坚持协同合作,推动形成大侨务工作格局,不断开创新时代侨务工作新局面。国务院侨办、致公党中央、中国侨联负责同志分别在会上作了发言。为加强归侨侨眷权益保护法的宣传,积极与办公厅新闻局联系,组织邀请人民日报、新华社等 6 家媒体进行报道。《中国人大》《侨务工作研究》等多家媒体平台登载了白玛赤林副委员长、王光亚主任委员在座谈会上的讲话及座谈会综述。

12 月,办事机构有关负责同志应邀赴河南省、广西壮族自治区,就我国侨务法治建设的基本情况,为省、区人大侨委举办的干部培训班进行了讲授。

四、认真履职尽责,做好建议办理工作

(一)为全国人大归侨代表履职做好服务保障。十三届全国人大三次会议召开前夕,主动与全国人大归侨代表联系,向他们提供有关侨情资料,为他们提出涉侨议案和建议作参考。会议期间,江西团归侨代表于集华提出了《关于尽快修改〈归侨侨眷权益保护法〉的建议》;黑龙江团归侨代表冯燕提出

了《关于亟待修改归侨侨眷权益保护法的建议》；江苏团归侨代表沈仁芳提出了《关于就疫情后侨资企业发展情况开展调研的建议》；北京团吴晨代表提出了《关于就涉侨捐赠情况开展调研的建议》。同时，在获悉广东团归侨代表安然正在研究华侨国内身份证件使用便利化问题后，为其寄送了相关书面资料。整理了十届以来全国人大归侨代表的履职情况，并重点对归侨代表提出议案建议情况进行分析汇总，为逐步建立历届全国人大归侨代表履职信息数据库做好基础建设工作。

（二）做好代表建议办理工作。2020 年，常委会办公厅交由华侨委员会办理的代表建议共 4 件，其中，由华侨委员会独办的 2 件，内容为建议修改归侨侨眷权益保护法和建议就涉侨捐赠情况开展调研；由中央统战部主办，中国侨联、华侨委员会协办的 1 件，内容为建议尽快修改归侨侨眷权益保护法；由中央统战部、华侨委员会参阅的 1 件，内容为建议就疫情后侨资企业发展情况开展调研。按照《关于加强和改进全国人大代表工作的具体措施》《关于研究办理十三届全国人大三次会议代表建议、批评和意见的具体要求》等文件制定工作方案，并在建议办理工作中不断密切与代表的联系，严格按照办理流程做好答复和反馈工作，切实提高建议办理的质量和水平。

五、落实部署要求，积极开展侨务外事工作

（一）做好疫情期间侨务外事工作。在中央统一战线工作领导小组的统一部署下，华侨委员会积极开展侨务法治建设、反“独”促统、华文教育等方面工作，定期参加中央统战部召开的会议并认真提出有关意见建议，与统战工作其他部门之间增进信息交流和共享。2020 年新冠肺炎疫情暴发初期，广大海外侨胞心系祖国，自发组织起来，各方筹措、慷慨解囊，驰援国内抗疫行动。华侨委员会积极引导侨胞按照中央统战部的统筹安排，在我驻外使领馆协助下，组织英国、德国、荷兰、西班牙、意大利、塞尔维亚、俄罗斯、加拿大等国家侨胞和侨团有序开展捐赠。3 月以后，国内疫情形势持续向好，境外疫情呈现快速扩散态势。中央明确要求加强对境外公民疫情防控的指导和支持，做好各项工作。华侨委员会对求助的侨团和侨胞积极开展安抚工作，就侨胞反映的当地缺乏医用物资和中草药等问题，积极联系中央统战部、中国侨联、北京市侨办等部门以及中医药企业等为他们提供定向捐助。针对海外侨胞回国不被理解和接纳，被网络污名化等现象，通过与侨胞深入沟通交流，进行情绪疏导和安慰，增强侨胞对祖国的理解、信任和向心力。4 月以来，根据疫情防控进入常态化阶段的特点和要求，华侨委员会继续做好对外联络和沟通工作，倡导侨胞科学防护、严格自律，鼓励他们团结互助、抱团抗疫，并携手当地民众共同抗疫，践行社会责任，展现中华文化涵养，塑造华侨华人良好形象。

（二）持续开展“侨助冬奥”主题外事活动。1 月，华侨委员会邀请的荷兰侨领代表团回国访问期间，王光亚主任委员、贾延安副主任委员率领办事机构党员干部与代表团一同赴河北省张家口市考察调研。代表团成员胡志兴、夏秀娟夫妇以个人名义在张家口冬奥学校设立“志兴”助学基金，这是继他们 2019 年 10 月参与“侨助冬奥”主题外事活动进行捐助后，又一次定向捐助且准备长期延续。海外侨胞作为国家发展的一支重要力量，热切盼望能够参与到 2022 年冬奥会各项活动中来，此次助学基金的建立，不仅有助于提升张家口冬奥学校的赛训条件，同时也提振了运动员学生们的信心和使命感、责任感。“侨助冬奥”主题外事活动自 2015 年开展以来，经过几年的努力取得了积极成果，鼓舞激励了海外侨胞关心和参与国家事业发展的热情，对海外侨胞参与慈善事业和涉侨扶贫，也起到了积极的引导作用。

此外，华侨委员会组成人员积极参与常委会外事活动。1 月，王光亚主任委员参加在澳大利亚举办的亚太议会论坛第 28 届年会；1 月，陈云英委员参与接待瑞士联邦议院国民院代表团；11 月，董传杰委员参加各国议会联盟理事会视频会议等。

六、加强沟通联络，推进代表联系和侨务法治宣传等工作

（一）加强与全国人大归侨代表的联系。华侨委员会认真贯彻落实栗战书委员长关于加强代表联系工作的指示要求，修改完善《全国人大华侨委员会进一步加强与全国人大代表联系办法》，把发挥代表作用作为密切联系侨界群众的主渠道和促进华侨委员会改进工作的重要环节。采取多种方式广泛联系代表，主动为代表提供参阅资料，为他们提出涉侨议案、建议提供帮助，邀请代表列席会议、参加调研等活动，并向他们广泛征求意见建议。先后邀请沈仁芳、银燕、吴晨、秦飞、成新湘、安然、

李潞等代表参加调研和座谈会等活动。

（二）加强与地方人大联系，做好有关意见答复工作。华侨委员会注重加强与地方人大侨委联系工作，先后接待河北省、湖南省、云南省等人大侨委同志来访并座谈，共同探讨推进人大侨务工作。认真做好征求意见答复工作，委托办事机构分别就《海南省华侨权益保护条例（草案）》、《四川省华侨权益保护条例（修订草案）》征求意见稿进行讨论研究，提出相关修改意见并书面答复，受到地方人大常委会及人大侨委的重视和采纳。同时，认真答复全国人大常委会预算工委及办公厅秘书局、联络局、新闻局等单位的征求意见函。

（三）做好《人大侨委通讯》编辑工作。发挥《人大侨委通讯》的平台作用，积极反映地方人大侨委和国家涉侨部门工作动态和经验、侨务理论研究及涉侨法律法规政策等。连续刊登《征稿启事》，扩充稿源，增加原创性稿件，提高办刊质量，先后收到江苏、浙江、吉林、天津、云南等省市侨务部门的来稿，均予采用并陆续刊登。一年来，共编辑印发《人大侨委通讯》4期1900余册，在宣传人大侨务法治建设、为涉侨部门和人大归侨代表提供参阅材料等方面发挥了积极作用。

（四）做好涉侨信访工作。2020年共收到侨界群众来信近100件次。根据机关信访工作办法的规定，对来信认真做好登记、摘要，并将符合要求的初次来信转送常委会办公厅信访局处理，对属于侨务政策方面的来信，按照规定回复来信人或转有关部门处理。

过去一年，在全国人大及其常委会的领导下，华侨委员会全体组成人员及办事机构工作人员认真履职尽责、扎实开展工作，与全国人大归侨代表、涉侨部门和地方人大侨委密切合作，努力完成各项工作任务。但因受新冠肺炎疫情影响，全国人大侨委工作培训班延期举办，侨务外事和侨务对台工作未能按计划进行。下一步工作中，华侨委员会将继续认真听取各方面意见建议，加强学习，不断加强政治建设，提高理论和业务水平，推动各项工作取得新进展。

第十三届全国人民代表大会环境与资源保护委员会2020年工作总结

（2020年12月24日第十三届全国人民代表大会环境与资源保护委员会第二十八次会议通过）

2020年工作总结

2020年是我国全面建成小康社会和“十三五”规划收官之年，是打赢污染防治攻坚战的决胜之年，也是新冠肺炎疫情防控取得重大战略成果之年。全国人大环资委在以习近平同志为核心的党中央坚强领导下，坚持以习近平新时代中国特色社会主义思想为指导，深入学习贯彻党的十九大和十九届二中、三中、四中、五中全会精神，中央全面依法治国工作会议精神以及十三届全国人大三次会议精神，更加自觉地增强“四个意识”、坚定“四个自信”、坚决做到“两个维护”，认真贯彻落实全国人大常委会工作部署和栗战书委员长指示要求，在统筹推进疫情防控和经济社会发展中依法履职，积极主动做好生态环境保护立法、监督、代表等工作，为坚持和完善人民代表大会制度、建设美丽中国做出了新贡献。一年来，承办常委会领导同志批办贯彻落实习近平总书记重要指示批示精神相关工作7件，按要求完成中央有关单位交办的各项工作任务。完成4部法律牵头起草和配合审议任务。配合常委会开展2部法律执法检查、2项专题调研。承办代表议案93件，建议55件，督办重点建议2类29件。

一、以习近平新时代中国特色社会主义思想为指导，坚决贯彻落实习近平总书记重要指示批示

始终把深入学习贯彻习近平新时代中国特色社会主义思想作为首要政治任务，认真学习党的十九届五中全会精神、习近平总书记关于坚持和完善人民代表大会制度的重要思想、习近平生态文明思想和习近平法治思想，做到学思用贯通、知信行统一。领导同志带头学。沈跃跃副委员长年内48次

来到环资委，带领同志们第一时间深入学习交流领会总书记重要讲话、指示批示精神，研究贯彻落实。每年“七·一”为全体党员讲党课并重温入党誓词，巩固“不忘初心、牢记使命”主题教育成果。分党组书记、主任委员高虎城主持召开9次分党组会议，坚持读原著、学原文、悟原理，加强理论武装。分党组和党支部联动学。以分党组学习带动促进党支部学习，有针对性地加强年轻干部思想淬炼、政治历练，办事机构服务保障能力得到加强。全委会集体学。每次全委会均安排学习贯彻总书记近期重要讲话精神，及时领会，做好落实。结合立法监督工作专题学。与总书记系列重要讲话、指示批示精神认真对标对表，逐条逐款精准落实。开展交流研讨深入学。定期召开、精心组织集体学习研讨，委员会组成人员带头作重点发言，有力推动了理论学习入脑入心入行。编印论述摘编及时跟进学。每季度及时摘编印发《习近平总书记关于加强生态文明建设和生态环境保护的重要论述摘编》，人手一册，武装头脑，指导实践。

坚决贯彻落实习近平总书记今年以来对野生动物保护、长江禁渔、雄安新区和白洋淀水资源利用保护等作出的重要指示批示，配合做好《全国人民代表大会常务委员会关于全面禁止非法野生动物交易、革除滥食野生动物陋习、切实保障人民群众生命健康安全的决定》（以下简称《决定》）研究起草和审议工作，配合审议长江保护法，提出增加关于禁渔法律责任专门规定等法律修改完善建议。就雄安新区和白洋淀水资源利用保护会同财经委、法工委与有关地方人大联系沟通协调，开展调研座谈，推动地方加快立法。深入贯彻落实习近平总书记重要指示坚持厉行节约制止餐饮浪费。

二、积极做好立法工作，加快推进生态文明法律体系建设

切实贯彻习近平总书记重要指示要求，认真落实中央全面依法治国工作会议精神，按照党中央确定的重要立法任务和常委会立法规划安排，坚持科学立法、民主立法、依法立法，进一步提高立法质量，积极推进各项立法工作，完成承担的立法工作任务。

推进公共卫生法治保障。环资委坚决落实党中央和全国人大常委会工作部署，承担野生动物保护法修改的牵头起草和提请审议任务，成立由沈跃跃、丁仲礼副委员长牵头，环资委负责、国务院有关部门共同参加的野生动物保护法修改工作专班，全面系统学习领会习近平总书记关于野生动物保护系列重要指示批示，对标对表，逐条逐款体现和落实。加强调查研究，广泛听取全国人大代表、国家机关、社会团体、专家学者等各方面意见，对重难点问题召开专题会议。草案已提请常委会第二十二次会议审议。配合做好法律审议工作。承担生物安全法、长江保护法、固体废物污染环境防治法配合审议任务，针对疫情暴露出的新情况、新问题，研究提出增加地方国家安全领导机构职责、加强重大动植物疫情疫病防范、加强应对重大传染病疫情过程中的医疗废物管理等建议。认真抓好法律牵头起草。做好湿地保护立法、南极活动与环境保护立法、环境噪声污染防治法修改的牵头起草工作，坚持将起草重要法律案放在党和国家工作大局中思考和审视，坚持立法为民，问法于民，从民意中汲取立法营养。坚持质量第一，重点围绕增强法律的可执行性与可操作性下功夫。统筹做好研究论证工作。学习贯彻总书记关于黄河生态保护和高质量发展的讲话精神，组织召开有关部委座谈会听取意见，提出将黄河保护立法列入常委会立法工作计划的建议，推动尽快启动立法。开展资源综合利用、国土空间规划立法研究论证工作。对河北省白洋淀生态环境治理和保护立法、赤水河流域保护共同立法、西藏自治区国家生态文明高地建设条例等工作提供支持。加强法律实施宣传工作。召开固体废物污染环境防治法实施座谈会，传达栗战书委员长重要批示，沈跃跃副委员长对做好法律的学习和贯彻实施，特别对严格贯彻落实垃圾分类、医疗废物管理等制度提出明确要求。积极做好有关法律的联系审议工作，听取有关部门工作进展情况报告，赴地方进行调研。备案审查地方性法规242件。

三、持续强化监督，推动环境资源法律全面有效实施

认真贯彻落实全国人大常委会部署，深入学习贯彻习近平总书记重要指示精神，紧紧围绕党和国家工作大局，聚焦蓝天、碧水、净土三大保卫战，连续3年开展执法检查，依法助力打好污染防治攻坚战。广泛深入学习宣传贯彻习近平生态文明思想，坚持以人民为中心，用好法律武器发挥法治威力，坚持把推进工作与法治宣传紧密结合，完善方式方法增强监督刚性，各级人大上下联动形成合力，统筹推进生态环保领域立法，推动政府法定职责进一步强化，推动企业主体责任有效落实。习近平总书

记在全国人大常委会党组上报的相关报告上作出重要批示，对依法持续推动打好污染防治攻坚战给予肯定和鼓励。

抓好执法检查组织落实。全面禁止野生动物非法交易和食用的决定和野生动物保护法执法检查列为中央全面依法治国委员会年度重点工作任务。栗战书委员长担任执法检查组组长，与王晨、沈跃跃、丁仲礼副委员长分别率队赴广西、江西等6省区18个地市开展实地检查。沈跃跃副委员长代表检查组作报告，有力推动常委会有关决定和法律贯彻实施，推动法律修改完善。配合常委会开展土壤污染防治法执法检查和专题询问，依法推动打好净土保卫战。栗战书委员长担任执法检查组组长，与沈跃跃、丁仲礼副委员长分别率队赴江苏、山东等6省市21个地市开展实地检查。栗战书委员长代表检查组作报告，依法推动人民群众生命健康安全和土壤资源永续利用，依法保障人民群众“吃得放心、住得安心”。专题询问紧扣法律规定，聚焦突出问题，推动了重点法律制度的落实。积极配合开展专题调研。配合常委会开展《关于全面加强生态环境保护依法推动打好污染防治攻坚战的决议》落实情况专题调研，丁仲礼副委员长代表专题调研组作报告，持续深入推进决议的贯彻落实。分6个专题开展“十四五”规划纲要若干重大问题专题调研，积极配合“十四五”规划纲要编制，为十三届全国人大四次会议审议做好准备。坚持持续跟踪监督。坚持久久为功，配合常委会听取和审议国务院关于2019年度环境状况和环境保护目标完成情况与研究处理水污染防治法执法检查报告及审议意见情况的报告，沈跃跃副委员长率队连续8年赴河北调研推动北方地区秋冬季大气污染防治工作。积极探索多种方式提高监督工作实效。委托专业机构开展法律实施情况第三方评估研究；实地检查与委托检查相结合，实现省级行政区执法检查范围全覆盖；在执法检查中组织开展问卷调查和网络答题，约5756万人次参加了“学习强国”专项答题，有效提升公众的环保法治意识。

四、密切联系代表，认真办理代表议案建议

环资委将议案建议办理作为尊重代表主体地位，密切联系代表的重要措施，与立法监督工作相结合，与工作调研和联系代表工作相结合，与代表点对点交流、面对面沟通。疫情期间采取视频会议等方式与地方人大常委会负责同志、议案领衔代表及部分附议代表交流，93件议案和55件建议办理如期完成，做到件件有回音、有着落。

五、加强信息交流，创新方式联系地方人大

以“现场＋视频”会议方式召开2020年度全国人大环境与资源保护工作交流会，沈跃跃副委员长出席会议并讲话，丁仲礼副委员长出席会议。利用简报、网络、视频会等形式加强与地方人大环资委立法监督等工作联系、沟通和协调，加强与生态环境保护立法监督联系点湖州人大的联系。立法草案征求意见和执法检查范围覆盖全国31个省（区、市）。

六、加大对内对外宣传，讲好人大故事

按照办公厅安排，参加与肯尼亚、法国、俄罗斯、蒙古等国家议会以及欧洲议会的7次对外交往活动，积极宣介习近平生态文明思想，党的十八大以来我国生态环境保护取得的历史性成就，并就生态文明法治建设等主题与外方进行深入交流。通过在机关内网发布各类报道，在《中国人大》杂志、中国人大网等发表文章积极宣传习近平生态文明思想。

七、加强政治建设，不断提高履职能力

分党组坚决贯彻落实党中央和常委会党组决策部署，在常委会党组的领导下，在机关党组的统筹指导下，不断加强党的政治建设，切实履行把方向、管大局、保落实责任。严格执行重大事项请示报告制度，落实中央八项规定精神及其实施细则要求，严格遵守党的政治纪律和政治规矩，不断改进工作作风，持续加强廉政建设。分党组重视同机关党支部的联学联建。党支部切实履行基层党建工作主体责任，强化政治机关意识，打造生态文明建设坚强堡垒，走好美丽中国建设第一方阵，切实解决灯下黑问题，标准化、规范化建设水平不断提升，坚决做到“两个维护”，做好“三个表率”，积极创建“让党中央放心、让人民群众满意的模范机关”。围绕中心、建设队伍，在人员紧缺情况下派出3名骨干援疆、援藏、挂职锻炼。办事机构全体同志尽责担

当、闻令则动，努力为委员会开展各项工作提供优质高效可靠的服务保障。

本届环资委履职近三年，聚焦提高立法质量、增强监督实效做好工作。主要体会：一是坚持党的领导是我们做好工作的根本保证。“十三五”时期，在以习近平同志为核心的党中央坚强领导下，在习近平新时代中国特色社会主义思想特别是习近平生态文明思想科学指引下，生态环境质量明显改善，美丽中国建设迈出坚实步伐。一年来，习近平总书记高度重视生态环境保护，多次作出重要指示批示。栗战书委员长亲自率领，王晨副委员长亲自参加，沈跃跃副委员长、丁仲礼副委员长紧密联系、指导推动环资委工作。做到毫不动摇坚持党中央集中统一领导，不折不扣贯彻落实习近平总书记重要指示批示和党中央决策部署，不折不扣推动常委会工作落实落地。二是依法保障人民权益是我们工作的奋斗目标。全面依法治国最广泛、最深厚的基础是人民，坚持为了人民、依靠人民。恪守以民为本、立法为民理念，把增进人民福祉、建设美丽中国作为人大环境资源保护立法监督工作的出发点和落脚点。深刻认识人民群众对美好生活的新期待，攻坚克难、主动作为，紧紧抓住人民群众关心的重大问题，充分反映人民意志，努力做到民有所呼，我有所应，把党的意志和人民意愿体现在工作中。三是坚持依法立法和依法监督是我们根本工作方法。工作中不断提高运用法治思维和法治方式解决问题的能力，不断健全国家治理急需的环境资源保护法律制度。用好法律武器，紧扣法律规定，全面加大法律实施监督力度。以良法善治护航新时代生态文明建设，持续推动生态文明建设实现新进步。四是加强纪律和作风建设是我们工作的保障。严守党的政治纪律和政治规矩，力戒形式主义、官僚主义，营造风清气正的政治生态，形成了敢于担当、奋发有为的精神状态。

第十三届全国人民代表大会农业与农村委员会 2020 年工作总结

（2021 年 1 月 19 日第十三届全国人民代表大会农业与农村委员会第十一次会议通过）

2020 年工作总结

2020 年，全国人大农业与农村委员会全面贯彻落实党的十九大和十九届二中、三中、四中、五中全会精神，坚决贯彻落实习近平总书记重要指示批示精神和党中央决策部署，旗帜鲜明讲政治，增强“四个意识”，坚定“四个自信”，做到“两个维护”，依法履职，担当尽责，扎实开展涉农立法、监督等各项工作，确保党的路线方针政策和决策部署在委员会各项工作中得到全面贯彻落实。

一、认真贯彻落实习近平总书记关于节约粮食、坚决制止餐饮浪费行为的重要批示精神，通过立法、监督工作促进建立长效机制

习近平总书记作出关于节约粮食、坚决制止餐饮浪费行为的重要批示后，委员会立即召开会议传达学习，认真研究提出贯彻落实的意见，先后向常委会领导报送两份报告，提出对现行有效的相关法律进行梳理、在粮食安全保障法草案中强化节约粮食的内容、组织开展节约粮食专题调研等措施和工作建议。按照全国人大常委会贯彻落实习近平总书记重要指示精神的工作安排，我委主要负责两项工作，一是在粮食安全保障法草案中强化节约粮食、反对浪费的内容；二是与常委会办公厅共同组织开展珍惜粮食、反对浪费专题调研。

推进粮食安全保障法草案修改工作。制定粮食安全保障法是列入十三届全国人大常委会立法规划的一类项目，由国家发展改革委、国家粮食和物资储备局与我委共同牵头起草，经过各方面积极努力，已于 2020 年 7 月将草案（送审稿）送司法部审核。为了在草案中落实好习近平总书记重要指示精神，委员会及时与有关部门沟通并进行座谈，传达栗战书委员长关于落实好总书记批示精神和“要把解决粮食浪费问题作为重要内容，形成明确

具体的法律条文”的要求，并就草案如何强化节约粮食反对浪费进行深入讨论。在此基础上，委员会专门召开会议进行研究，提出修改粮食安全保障法草案、强化节约粮食的具体建议：一是设立专章对节约粮食作出规定，在草案现有规定的基础上，增加、充实关于粮食生产经营者的节粮减损责任、国家采取措施降低粮食损失率、增强粮食储备轮换的科学合理性、保护粮食和粮食设施、倡导珍惜和节约粮食等方面内容，并列出建议的条文；二是在草案的其他章节（如法律责任）进一步强化节约粮食、反对浪费的内容；三是增加“粮食安全应当坚持总体安全观”和“粮食安全是食物安全的重要基础”等规定，进一步强化粮食生产能力建设。我委已将上述修改意见送司法部研究，下一步，将积极推进草案的修改完善，把习近平总书记重要指示精神落实到法律条文中。

委员会还就起草反食品浪费法提出意见建议。为贯彻落实习近平总书记重要批示精神，全国人大常委会法制工作委员会组织起草反食品浪费法草案，重点规范和制止餐饮环节的浪费行为，委员会积极配合，加强沟通，认真研究，就做好粮食安全保障法与反食品浪费法的衔接，以及修改完善反食品浪费法草案等提出意见。

组织实施珍惜粮食、反对浪费专题调研。委员会认真研究，起草专题调研工作方案，设计调查问卷，与地方人大沟通协调，落实调研具体安排，与常委会办公厅共同组织召开专题调研部署动员会和专题座谈会，听取有关部门和专家学者的意见。9月至10月，吉炳轩、郝明金、武维华副委员长分别带队赴北京、天津、河南、河北、山东开展调研，我委与民族委员会、财政经济委员会、教科文卫委员会的组成人员和全国人大代表参加；同时委托上海、广东等6省市人大开展调研。调研组采取问卷调查、个别走访、随机抽查方式，广泛听取地方政府、粮食生产经营者、餐饮企业和科研单位等各方面的意见和建议。通过调研深入了解粮食及食品从生产到消费全链条的损失浪费情况，将专题调研与粮食安全保障法立法结合起来，推动将节粮减损政策措施转化为法律规范。调研组召开全体会议对调研报告进行讨论和研究，提出了进一步做好消费前节粮减损工作、切实抓好制止餐饮浪费工作、进一步强化宣传教育、进一步建立健全节粮减损制度体系、加快建立法治化长效机制等促进节约粮食、制止餐饮浪费的具体建议。调研报告已提请12月召开的全国人大常委会会议审议，受到好评。

二、坚决落实中央精神做好强化公共卫生立法修法工作，抓紧开展涉农相关法律修改

新冠肺炎疫情发生后，按照党中央决策部署，全国人大常委会制定了强化公共卫生法治保障立法修法工作计划，安排由我委负责推进动物防疫法、畜牧法、进出境动植物检疫法的修改工作。委员会高度重视，陈锡文主任委员及时主持召开会议，传达学习栗战书委员长在“强化公共卫生法治保障立法修法工作会议”上的讲话精神，研究部署贯彻落实，古炳轩、武维华副委员长出席会议并讲话。会议决定，由委员会领导牵头，成立三个工作专班，分别负责推进三部法律的修改工作。会后，工作专班抓紧工作，三项修法工作取得明显进展。

动物防疫法修改工作基本完成。按照全国人大常委会立法规划的安排，由我委牵头起草动物防疫法修订草案。经过两年多的深入调查研究、广泛听取意见、反复论证，2019年底形成了修订草案，经委员会全体会议审议并原则通过，拟提请审议。2020年初发生新冠肺炎疫情后，我委认真学习领会习近平总书记有关讲话精神，结合疫情防控法律法规建设的要求，按照习近平总书记要完善疫情防控相关立法和《全国人大常委会关于全面禁止非法野生动物交易、革除滥食野生动物陋习、切实保障人民群众生命健康安全的决定》的精神，在征求农业农村部、国家林草局等部门意见的基础上，从野生动物检疫、动物疫情认定、动物疫病监测和通报等方面，对动物防疫法修订草案进行修改完善，并于4月提请全国人大常委会审议。

常委会初次审议动物防疫法修订草案后，我委继续积极配合做好相关工作，及时梳理常委会审议的意见，认真进行研究，并围绕动物防疫法修订草案涉及的重点问题，赴黑龙江、山西、广西继续深入开展调研，广泛征求地方政府及有关部门、动物疫病预防控制机构、动物卫生监督机构、养殖主体及农民群众的意见，召开座谈会听取中国兽医药品监察所关于动物疫苗、兽药生产、使用、管理情况介绍。经反复研究论证，提出了修改完善动物防疫法修订草案二次审议稿的意见。多次参加宪法和法律委员会全体会议，提出意见建议。修订草案经过两次审议，反复修改完善，已趋成熟，常委会拟安排三次审议。

畜牧法修改工作进展顺利。按照全国人大常委会强化公共卫生法治保障立法修法工作计划的安排，由我委牵头起草畜牧法修改草案。工作专班抓紧制定工作方案，并及时发文征求有关部门和各省（区、市）人大农委对修改畜牧法的意见和建议，认真整理各方面意见，逐条进行分析研究，针对重点问题与有关部门共同进行研究，并且先后赴北京、四川、广东就畜牧业发展涉及公共卫生领域的有关情况、畜牧法修改重点内容进行调研，深入走访畜禽养殖企业、科研机构、养殖场等，与地方政府有关部门、专家学者、畜禽养殖企业负责人、养殖户等开展座谈，详细了解畜禽种业、养殖、交易和运输以及屠宰等环节，广泛听取对畜牧法修改的意见和建议。

在广泛征求意见、深入调查研究、认真分析论证的基础上，进一步明确修改的总体思路、指导思想和修改的主要内容，强调修法要坚持问题导向，突出解决涉及公共卫生领域的问题，注意与野生动物保护法、动物防疫法等法律修改的联动和衔接；工作中注重解决畜禽遗传资源目录、畜禽屠宰、畜禽禁限养区划定、畜禽养殖与废弃物处理、畜禽交易和运输等方面相关问题，同时结合十九届五中全会关于加快农业农村现代化的要求，完善有关法律规范，促进畜牧业高质量发展。工作专班按照上述思路和原则，根据各方面意见，认真研究提出了畜牧法修订草案稿，委员会全体会议听取了起草情况的汇报并审议了修订草案稿。

进出境动植物检疫法修改工作积极推进。按照全国人大常委会强化公共卫生法治保障立法修法工作计划的安排，由农业农村部牵头起草修改草案。我委工作专班4月份即向国务院有关部门和各省（区、市）人大农委发文，征求对修改进出境动植物检疫法的意见，并及时将收集的意见转送农业农村部，督促农业农村部认真研究，抓紧起草修改草案。同时，我委对收集的意见特别是有争议的意见进行研究，并有针对性地听取相关部门的意见。12月，工作专班召开会议，听取农业农村部关于进出境动植物检疫法修改工作进展情况的汇报，并着重就修法应遵循的原则、拟解决的主要问题、难点问题等进行座谈讨论，强调修法要坚持与国际规则接轨并符合我国实际情况弥补法律空白、构建严密的防范境外动植物病害风险的管理链条、加强部门之间的协调配合等，督促有关部门加快工作步伐。农业农村部正抓紧起草修改草案。

三、紧紧围绕党中央关于乡村振兴的重大战略部署，保障乡村振兴促进法草案按期提请审议

委员会高度重视乡村振兴促进法草案的起草工作。经过两年的积极努力，2020年初将草案以全国人大常委会办公厅名义征求国务院办公厅意见。委员会克服新冠肺炎疫情的不利影响，及时梳理并逐条分析国务院办公厅的反馈意见，多次召开会议进行研究，并就个别条款的修改分别与有关部门进行沟通，共同研究修改意见，5月召开两会期间，专门就草案内容征求有关全国人大代表意见。

经认真研究，充分沟通，反复修改，6月将乡村振兴促进法草案提请常委会初次审议。起草乡村振兴促进法坚持以习近平总书记关于乡村振兴战略的重要论述为根本遵循，把党中央关于乡村振兴的重大决策部署转化为法律规范，确保乡村振兴战略部署得到落实，把促进乡村振兴的政策推施，特别是坚持农业农村优先发展、健全城乡融合发展的体制机制、建立新型城乡关系方面的政策，通过立法确定下来。草案对乡村振兴的产业发展、人才支撑、文化传承、生态保护、组织建设、城乡融合、扶持措施、监督检查等作了规定。

常委会初次审议后，委员会及时梳理常委会审议意见，认真进行研究，并与宪法和法律委员会、常委会法制工作委员会共同召开座谈会，听取有关部门、专家和基层同志的意见。12月，常委会再次审议乡村振兴促进法草案。目前，我委正研究常委会审议意见，并与有关单位一起，按照习近平总书记在中央经济工作会议和农村工作会议上的重要讲话精神，对照中央一号文件的要求，研究提出修改完善乡村振兴促进法草案的意见。我委将继续积极配合宪法和法律委员会、常委会法制工作委员会做好草案修改工作，争取进一步修改完善后，尽快审议通过。

四、推进农业农村现代化，提升农业质量效益和竞争力，对农业机械化促进法贯彻实施情况开展执法检查

农业机械化是现代农业的重要标志和物质技

术基础，全面贯彻实施农业机械化促进法，对于推动我国农业机械化全面高质高效发展，实现乡村全面振兴具有深远意义，对于克服新冠肺炎疫情影响，稳住农业基本盘也具有重要的现实意义。6 月至 8 月，按照全国人大常委会监督工作计划的安排，委员会组织实施农业机械化促进法执法检查，这是该法自 2004 年颁布实施以来开展的首次检查，由吉炳轩、白玛赤林、武维华副委员长担任组长，农业农村委主任委员陈锡文任副组长，检查组分别赴吉林、江苏、重庆等 5 省市开展实地检查。同时委托内蒙古、黑龙江等 7 省区自查。执法检查组突出问题导向，深入 33 个市（县、区），广泛听取农机科研人员、农机企业、合作社和农机户、基层执法人员的意见和建议。8 月，常委会审议了执法检查报告，执法检查报告按照栗战书委员长对照法律规定逐条检查的要求，检查法律条款 27 条，同时用丰富的数据和生动的案例讲成效、找问题、析原因、提建议，从进一步强化农机科技创新驱动、推广应用先进适用农机、加大作业服务支持力度、完善农机购置补贴政策、增强农机监管服务能力等方面提出落实法律规定的意见和建议，得到了常委会组成人员的肯定。

委员会组成人员还赴重庆、广东开展构建现代农业产业体系生产体系经营体系、推动小农户与现代农业有机衔接调研，就推进农业现代化、新型经营主体带动农户发展现代农业提出意见建议。

五、确保国家粮食安全，组织开展确保国家粮食安全、推进高标准农田建设“十四五”规划编制专题调研

编制国民经济和社会发展第十四个五年规划纲要是 2020 年党和国家的一项重要任务。6 月至 8 月，全国人大常委会组织对“十四五”规划纲要编制工作若干重要问题开展专题调研，我委紧紧围绕夯实国家粮食安全基础，瞄准现代农业基础设施建设的突出短板，就确保国家粮食安全和推动高标准农田建设两个题目开展专题调研。6 月至 8 月，吉炳轩、白玛赤林副委员长分别带队赴河南、重庆等 4 省（市）进行调研，同时委托黑龙江、新疆等 8 省（区）人大农委开展调研，委员会召开由国家发展改革委、科技部、财政部等 11 个部门参加的座谈会，共同研究分析保障粮食安全、推动高标准农田建设的政策措施。8 月，委员会向常委会提交了调研报告。确保国家粮食安全调研报告分析了我国粮食安全面临的形势，针对粮食供需紧平衡态势和品种结构性短缺突出的矛盾，从稳固生产能力基础、明确结构调整重点、完善支持保护政策、增强科技支撑、尽快制定出台粮食安全保障法等方面提出了有针对性的意见和建议。推动高标准农田建设调研报告梳理了“十三五”时期我国高标准农田建设的主要举措和成效，针对基层反映较为突出的建设标准不高、“先建后弃”、后期管护不到位等问题，提出合理确定建设任务、完善资金筹措机制、完善建设管理体制机制等意见和建议。

六、推动农村重点改革任务，配合常委会听取和审议国务院关于农村集体产权制度改革情况的报告

农村集体产权制度改革是以习近平同志为核心的党中央确定的农村重大改革任务，是推动农村改革发展、完善乡村治理、保障农民权益的重要保障措施。4 月，常委会听取并审议国务院关于农村集体产权制度改革情况的报告。为配合常委会开展审议工作，委员会积极克服疫情防控带来的不利影响，一方面按照监督工作有关规定，预审农业农村部代国务院起草的报告稿，确保报告按时提交常委会审议；一方面发挥委员会作为全国农村集体产权制度改革部际联席会议成员单位的作用，加强与国务院相关部门的沟通协调，推动国务院专项工作报告聚焦农村基层改革面临的实际问题，在提升农村集体资产经营管理效能、健全改革扶持政策体系、加快农村集体经济组织立法、加强农村各项改革有效协同等方面，提出了进一步明确深化改革、完善政策、改进工作的思路和举措。

七、助力打赢脱贫攻坚战确保农村同步全面建成小康社会，配合常委会听取和审议国务院关于脱贫攻坚和财政农业农村资金分配使用情况的报告

2020 年是全面打赢脱贫攻坚战的收官之年，为助力打好脱贫攻坚战，12 月召开的常委会会议听取

并审议国务院关于脱贫攻坚工作情况的报告和关于财政农业农村资金分配和使用情况的报告。

审议脱贫攻坚工作情况的报告由我委与民族委员会负责做好相关准备工作，我委在以往开展脱贫攻坚调研的基础上，积极与有关部门沟通，及时与民族委员会共同召开会议，预先听取国务院扶贫办代国务院起草的关于脱贫攻坚工作情况报告稿的汇报，并进行讨论，提出了修改建议，确保报告如期提请审议。

审议财政农业农村资金分配和使用情况的报告由常委会预算工委牵头组织，我委和财政经济委员会配合做好相关工作。5 月以来，委员会组成人员先后参加预算工委组织召开的财政农业农村资金安排和扶贫资金使用情况座谈会，以及听取财政部代国务院起草的报告稿的汇报，参加赴山东开展的专题调研，先后就明确界定财政农业农村资金范围、发挥中央资金导向作用、加大对农业生产的投入力度等，提出意见和建议。

八、尊重代表主体地位，着力加强代表工作

做好议案办理工作。十三届全国人大三次会议主席团交付我委审议的代表议案共 24 件，涉及 13 个立法项目。委员会就代表议案办理广泛征求中央和国务院有关部门及有关人大代表的意见，结合立法和监督工作，加强与代表的沟通联系，认真办理代表议案，及时征求议案领衔代表对议案办理工作及相关立法项目进展情况的意见，认真向代表作出答复。委员会的议案审议结果报告已于 11 月份提请常委会审议。

加强建议办理和重点建议督办工作。委员会高度重视，及时制定建议办理工作方案，明确重点任务、工作措施和进度安排。委员会负责办理和协助办理代表建议 16 件，负责督办重点建议一项（其中包含代表建议 15 件），都已办理完毕。办理工作中，邀请 2 位重点建议领衔代表参加委员会召开的督办协调会，直接面对面与有关部门交流意见；并通过电话问询征求代表的意见，推动建议办理工作。

注重发挥代表作用。牢固树立服务代表意识，在工作中注重广泛听取代表意见，充分发挥代表作用。开展执法检查、专题调研、督办重点建议的调研等，都主动邀请相关代表参加。在赴地方开展畜牧法修改调研中，注重邀请各级人大代表参加座谈发表意见。在起草乡村振兴促进法草案和修改动物防疫法、畜牧法的修订草案过程中，都认真研究并尽可能吸收代表议案提出的立法建议。在涉农监督工作中，邀请 9 位相关领域代表参加农业机械化促进法执法检查，邀请 16 位代表参加“十四五”规划编制以及珍惜粮食、反对浪费专题调研。

九、积极开展对外交往

12 月初，克服新冠肺炎疫情影响，陈锡文主任委员主持视频会议，与泰国国会下议院农业和合作社委员会开展视频交流。我方介绍了我国现阶段农业农村发展的主要特点和成功经验、农业机械化快速发展和农机社会化服务的相关经验、脱贫攻坚成就、农业科技发展等情况，泰方介绍了泰国积极发展有机农业和地理标志农产品、增加畜产品生产能力、农业技术推广等情况，双方还就扩大农产品贸易等问题进行了交流。双方一致认为，中泰是友好邻邦，两国人民情谊深厚，近年来双边关系不断深入发展，两国高层交往密切，共建“一带一路”合作成果丰硕，希望两国议会相关委员会加强联系和交流，切实造福两国人民。

委员会组成人员还多次参加常委会领导同志与外国议会领导人的视频交流。

十、注重加强沟通交流

加强与中央有关部门的协调配合和沟通交流。我委开展立法、监督、议案办理工作，包括提出立法、监督工作的项目建议，注重征求国务院有关部门意见并认真吸收采纳，多次与有关部门开展联合调研和共同研讨，形成工作合力。对国务院有关部门起草的涉农法规规章的征求意见稿，我委高度重视，认真研究提出意见建议，及时回复。

密切与地方人大的交流。注重发挥地方人大作用，我委牵头起草的法律草案，反复征求各省（区、市）人大的意见，并赴地方开展调研，深入了解基层的意见建议。在执法检查和专题调研工作中与地方紧密合作，协商安排，共同搞好服务保障，确保按规定按要求顺利完成工作任务。对地方人大起草地方性法规征求我委意见（如湖北、黑龙江、西藏、上海等地就促进乡村振兴、集体经济组织、扶贫、家庭农场立法等），委员会认真组织研究提出意见并及时回复。

编印《人大农业与农村工作》25 期。

第十三届全国人民代表大会社会建设委员会 2020 年工作总结

（2020 年 12 月 28 日第十三届全国人民代表大会社会建设委员会审议通过）

2020 年，面对新冠肺炎疫情防控的重大挑战和决胜全面建成小康社会的重大任务，社会建设委员会坚持以习近平新时代中国特色社会主义思想为指导，深入贯彻党的十九大和十九届二中、三中、四中、五中全会精神，认真落实党中央和全国人大及其常委会决策部署，开拓进取、奋发作为，取得一系列工作成果，初步形成遵循社会建设和法治建设客观规律的工作机制和方式方法，为不断提升工作水平、发挥职能作用奠定了坚实基础。

过去一年的主要工作

2020 年，社会委履职进一步成熟，整体工作呈现三个特点。一是坚持系统观念。按照每年有所侧重、一届形成体系的目标要求，围绕疫情防控、社会保障、特殊群体等 3 个主要领域的 9 个立法项目和 4 个监督项目，做到立项时通盘考虑，部署时统筹谋划，推进时联动发力，实现由条到块、由单项到综合的转变，不断提升工作的系统性、整体性、协同性。二是理论联系实际。为指导和深化法治实践，全年共起草 126 份研究报告，39 期修法简报。在 3 年履职成果的基础上，分 10 个专题，对 130 余篇研究报告进行分类整理，编订《社会领域法治建设理论与实践资料汇编》（上 · 下册），为各级人大社会委提供借鉴，实现理论和实践双成果。三是注重发扬民主。密切联系人大代表和人民群众，邀请 100 多名人大代表直接参与立法监督工作；制定群众来信办理工作规程。直接听取 30 多个有关部门、50 多位专家学者和 100 多家社会组织的意见建议。加强与地方人大和地方政府的联系，保持与郯城、阜平、穆棱等基层单位的直通车式交流，充分发挥专委会在全过程民主中的职能作用。

一、紧扣“完善疫情防控法律体系”这件大事，修改《突发事件应对法》

新冠肺炎疫情暴发后，习近平总书记强调“要构建系统完备、科学规范、运行有效的疫情防控法律体系”。栗战书委员长主持召开“强化公共卫生法治保障立法修法工作座谈会”，进行专门部署。张春贤副委员长牵头成立《突发事件应对法》修法专班，指导社会委抓好贯彻落实。

领导牵头，发挥专班优势。张春贤副委员长亲自部署修法事项、出席相关会议，明确修法思路和基本原则；主持召开 3 次座谈会，带队赴贵州实地调研，指导研究重点问题。社会委牵头成立协调联系组，司法部牵头成立条文起草组，共 15 个成员单位参加，各自发挥专业特长，共同推进立法。社会委组织司法部、应急管理部和法工委召开 5 次沟通协调会，解决立法程序、内容分歧等问题，切实提高了立法质量和效率。

科学立法，坚持问题导向。落实习近平总书记“科学防控、精准施策”的指示精神，何毅亭主任委员和各位副主任委员分别牵头，联合中共中央党校（国家行政学院）等 9 个单位进行专项研究。全面分析评估法律实施情况，梳理各方面反映比较集中的 14 类 21 个问题。在此基础上，提炼 8 个重点问题、召开 2 次专家座谈会，提出具体修改建议。针对法律定位、法律名称等重大问题形成研究意见后，向常委会领导同志和“强化公共卫生法治保障立法修法协调机制”请示汇报，确保解决问题、方向正确。

凝聚共识，草案基本成熟。已经形成修订草案第四稿，拟于近期提请常委会审议。草案充分吸收了各方面意见建议，总结了法律实施 13 年特别是新冠肺炎疫情发生以来的经验教训，明确“坚持中国共产党对突发事件应对工作的领导”，新增“管理体制”一章，条文增加49%，修改达到82%，做到了应加尽加、应改尽改，是一次全面修订。

统筹兼顾，推进相关工作。以新冠肺炎疫情暴露出的问题为线索，结合《突发事件应对法》修改，在执法检查中提出“健全慈善应急机制，将社会力量纳入各类应急预案，明确参与突发事件应对的法律地位、法律责任、法律保障”；在专题调研中提出“建立社会保险应急制度、风险评估和预警机制，完善应急规划和预案”等；同时，推进应急管理、安全生产、基层治理等相关领域立法，为完善法律体系提供补充和参考。

二、聚焦特殊群体权益保障，开展高质量立法

人民是依法治国的主体和力量源泉。法治建设必须为了人民、依靠人民、造福人民、保护人民。社会委坚持以人民为中心，以法治方式保护特殊群体、弱势群体合法权益，维护社会公平正义，促进社会大局和谐稳定。

牵头起草《家庭教育法》。在张春贤、沈跃跃副委员长指示指导下，起草和完善草案建议稿。认真总结实践经验、充分研究论证，赴广东、重庆开展实地调研，委托地方调研，召开专家座谈会，向“一府两院”和31个省（区、市）人大征求意见，两次征求社会委全体组成人员意见，并请法工委进行审核。经过8易其稿，法律草案基本成熟。

完善未成年人保护体系。继续推进审议《未成年人保护法》《预防未成年人犯罪法》，与腾讯等互联网企业就未成年人网络保护问题座谈研讨，配合宪法法律委、法工委完善草案。社会委组成人员在常委会审议中积极提出修改建议。这两部法律同步启动、一并考虑，分别于10月和12月由常委会第22、24次会议表决通过，是社会委牵头起草、最先通过的两部法律，不仅为未成年人保护提供了主要法律依据，也在立项、起草、修改、审议的完整过程中，为社会委牵头立法修法积累了宝贵经验。

联系审议《退役军人保障法》。这是第一部维护广大退役军人合法权益的基础性法律。社会委主动与退役军人事务部沟通联系，两次听取起草情况汇报，赴江西等地开展实地调研，系统研究退役军人保障相关理论。召开全体会议，初步审议法律草案，提出审议意见。参加宪法法律委全体会议，配合修改草案。11月，常委会第23次会议审议通过，确立了退役军人工作的基本法律制度，规范了退役安置、就业创业、优待抚恤等重点难点问题，为维护退役军人的合法权益提供了法律保障。

推进社会领域法律制度建设。结合社会委工作职责，对《道路交通安全法》《医疗保障基金使用监督管理条例》《未成年人网络保护条例》《法治社会建设实施纲要（2020—2025年）》《关于全面加强和改进新时代学校体育工作的意见》《网络招聘管理规定》等法律法规和中央文件征求意见稿，进行认真研究，提出反馈意见。赴北京、河北、重庆等地调研“两委”组织法和《体育法》《工会法》实施情况。召开基层社会治理和“两委”组织法修法研讨会，研究法律修改和实施的新形势新问题。

三、着眼健全多层次社会保障体系，推进系统性监督

人大监督的目的，是推动党中央决策部署贯彻落实，确保宪法法律全面有效实施。社会委围绕决胜全面建成小康社会、打好精准脱贫攻坚战和疫情防控阻击战，抓住社会保障领域的社会保险、社会救助和慈善事业等三大支柱，开展系统监督，增强监督实效。

组织实施《慈善法》执法检查。慈善事业是我国基本经济制度、民生保障制度和社会治理制度的重要组成部分。社会委紧扣法律规定和慈善事业特点开展执法检查。一是普遍调查和重点检查相统一。王晨、张春贤、白玛赤林副委员长任执法检查组组长，何毅亭主任委员任副组长。听取民政部等9个部门汇报，赴宁夏、浙江、辽宁、山西、陕西等5个省（区）开展检查，委托7个省（市）人大常委会进行自查。对20多个慈善组织进行实地检查；与来自13个省（区、市）的62个不同类型的慈善组织进行深度交流；先后到山东、河北等地6个基层慈善组织蹲点调研。委托中国青年报社会调查中心和慈善公益报，对全媒体平台5039个用户和慈善会系统进行民意调查；开设专门微信公众号，征集社会各界意见建议6375条。二是专业评估和数据分析相结合。检查组成员带头学习研究法律，形成综合性理论文章；联合中国社会保障学会召开学术研讨会，形成14篇研究报告。北京师范大学对法律实施情况开展第三方评估。对280多个设区的市进行统计，获得1500余组数据。使用现代统计分析工具，以单因素方差分析、相关性检验等统计学方法，对民意调查数据进行科学处理。

在此基础上，撰写执法检查报告，提出5个方面

16 个主要问题,以及推动法律普及宣传、推动法律制度落到实处、推动法律法规修改完善等 3 个方面 20 多条建议,促进慈善事业在法治轨道上高质量发展。

组织实施社会保险专题调研。社会保险是以风险共担、互助共济为原则的重要社会保障制度。2 月,在疫情防控形势最为严峻的阶段,社会委采用灵活方式,紧张有序开展调研,自行撰写 8 篇研究报告;委托最高人民法院分析全国各级人民法院引用《社会保险法》的近 4 万个民事案件,形成权威的第三方评估报告;委托中国社会保障学会从学术角度对《社会保险法》分章节、分专题开展研究;委托 6 个省人大常委会对地方情况进行调研。在此基础上,起草形成 1 篇调研总报告、6 篇调研分报告,系统总结了社会保险制度改革与发展成就,集中梳理了 30 多个主要问题,从 5 个大的方面提出了工作建议。6 月,如期提交常委会会议。

同时,立足“十三五”时期社会保险发展经验,深入分析制度优势和弱项,补充形成 4 份专项报告,提出未来 5 年乃至更长一段时期社会保险法律制度完善的基本框架和实施建议,作为“常委会‘十四五’规划纲要编制工作若干重要问题专题调研”的组成部分,提交党中央参考。与《关于制定“十四五”规划和 2035 年远景目标的建议》有 11 处高度吻合。

配合常委会开展社会救助跟踪监督,积极推动《社会救助法》立法进程。围绕常委会听取国务院关于社会救助工作情况报告的审议意见,召开跟踪督办会议,整理 40 项“问题清单”交有关部门。5 月,召开专题会议,听取有关部门关于落实常委会审议意见的情况汇报。召开社会委全体会议,对《反馈报告》提出审议意见。结合跟踪监督,召开专题会议,赴甘肃、四川等地调研,推动加快《社会救助法》立法,健全多层次社会保障体系。

配合常委会开展就业促进跟踪监督,积极推动“稳就业”“保就业”。围绕常委会《就业促进法》执法检查报告和审议意见,督促人力资源和社会保障部会同 28 个有关部门,形成问题和建议清单,抓好整改落实。认真研究《反馈报告》,提出 5 条审议意见,努力实现更充分更高质量就业。

四、支持和保障代表依法履职,充分发挥代表作用

充分发挥代表作用是人大工作保持生机和活力的重要基础。社会委以办理议案建议为重点,密切联系代表,充分发挥代表在立法、监督等工作中的作用。

办理代表议案。十三届全国人大三次会议主席团交付社会委审议的议案共 48 件,是 2018 年的 2.2 倍。社会委坚持“以联系代表为主线,抓好前中后三阶段”的工作方法。办理前,深入了解领衔代表和相关代表主张,制定详细方案。办理中,邀请常委会领导同志和议案领衔代表,参与相关立法、监督、调研等工作;向 20 个有关方面发函征求研究意见;与国家医保局等有关部门座谈讨论代表议案办理意见。办理后,向议案领衔代表介绍办理情况,反馈研究结果,虚心听取意见。10 月,议案审议结果报告已经常委会审议通过。议案共涉及 23 个立法项目,15 个项目正在抓紧推进,6 个项目拟列入常委会 2021 年度立法工作计划,1 个项目拟开展执法检查,还有部分项目条件尚不成熟,将持续开展立法研究和论证调研。

办理代表建议。十三届全国人大三次会议交付社会委承办 48 件代表建议,是 2019 年的 4.4 倍,其中,主(分)办建议 21 件,协办建议 19 件,参阅建议 8 件。负责重点督办建议 1 项;闭会期间代表建议 1 件。建议办理注重与议案研究审议相结合;注重与重点立法监督项目相结合;注重把握时间节点,按要求逐一答复代表、函复主办单位、抄送有关部门。同时,重点督办关于“全面强化就业优先政策,稳就业保民生”的 14 件建议。主动联系承办单位,参加重点督办建议办理工作座谈会,与 10 名代表进行面对面交流,充分吸收借鉴建议内容,推动稳就业、保就业。参加“全国人大代表工作交流会议”,介绍社会委经验。此外,还办理 7 件政协提案。

密切联系代表。深入贯彻栗战书委员长关于代表工作的重要指示精神,落实《关于加强和改进全国人大代表工作的具体措施》。在《慈善法》执法检查中,共邀请 45 名全国人大代表参加实地检查,以视频方式听取 16 位提出相关议案建议的全国人大代表意见。在《突发事件应对法》修改中,张春贤副委员长和何毅亭主任委员委托直接联系的 5 名全国人大代表开展调研;书面征求提出相关议案建议的 21 名全国人大代表意见。在议案办理中,邀请 2 名全国人大代表全程参加基层社会治理和“两委”组织法修法研讨会;邀请 1 名全国人大代表参加关于文明行为促进法的调研。此外,在各项立法、监督工作中,认真听取五级人大代表意见建议,“积极

探索专门委员会联系相关领域、具有相关专业知识的全国人大代表的工作机制。”

五、实事求是开展调研，理论研究逐步深化

栗战书委员长强调，“人大专门委员会组成人员和人大机关工作人员，都要积极支持研究工作、参与研究工作。”社会委坚持理论联系实际，练好调查研究和理论研究的基本功。

调查研究做到“实”。依据工作特点和疫情防控形势，采取4种方式扎实开展调研。一是视频座谈。为克服疫情影响、提高工作效率，创新采用远程交流方式，围绕《慈善法》执法检查组织9次视频会议，听取80多个单位意见；围绕《体育法》修改召开8场视频会议，听取70多个单位意见；围绕《家庭教育法》制定召开1次视频会议。二是书面调研。对涉及部门和人员较多，集中讨论难度大、成本高的问题，进行文本沟通；对拟调研的地方，就主要问题进行书面预调研。三是实地考察。深入乡镇街道、乡村社区，与基层干部、困难群众、医护人员、学生、家长、教师、志愿者、运动员、裁判员、社会组织和市场主体负责人等几十类群体代表，进行面对面沟通。四是专家研讨。邀请中国政法大学、清华大学、北京大学、中国人民大学、山东大学、上海交通大学、苏州大学、南京师范大学、沈阳体育学院等30多个大专院校的专家学者，召开多领域的座谈会、研讨会。通过以上4种方式调研，广泛了解民情、反映民意、集中民智，力争民有所呼、我有所应。

理论研究做到“深”。依托立法监督项目，坚持定性定量相结合，通过成体系、有深度的课题研究，挖掘社会现象和社会问题的产生根源、发展趋势、改革路径，提出系统解决方案。一是自主研究。围绕突发事件应对、退役军人保障、医疗保障、基本劳动标准等，起草整套研究综述。修订《习近平总书记关于社会建设重要论述摘编》，编订《第十三届全国人民代表大会社会建设委员会年鉴》和《社会领域法治建设理论与实践资料汇编》(上·下册)，为全国各级人大社会委提供了有效参考。二是联合研究。委托最高人民法院、中共中央党校(国家行政学院)、中国社会科学院、中华慈善总会、中国社会保障学会、北京师范大学等权威部门和科研院所，形成3个第三方立法后评估报告，10多个专业性、综合性突出的系列课题研究成果，为推进社会领域法治建设，提供了强大的智力支持和理论指导。

六、畅通多方交流联系，加强对外宣传交往

社会委坚持多维度的横向和纵向交流、全方位的新闻宣传、多层次的对外交往，凝聚社会建设合力，展示社会建设成果，借鉴社会建设经验。

部门联系。张春贤副委员长和何毅亭主任委员带队走访国家医保局，听取《社会保险法》在医疗保障领域实施情况、医疗保障法治建设情况，深入交流医保改革和立法事宜。加强与对口联系部门的日常工作沟通，协同推进立法监督项目。参加国家医保局组织的实地调研、体育总局召开的《体育法》颁布25周年座谈会、全国妇联举办的全国抗疫最美家庭相关活动等。

地方交流。组成人员为湖北、贵州、江苏、福建、江西、浙江人大社会建设工作培训班授课，为山西人大社会治理和民生领域立法工作培训班作专题辅导。通过简报形式，介绍全国人大社会委工作进展，展示地方人大社会委工作亮点，实现双向交流。印发13期地方情况简报和浙江关于基层社会治理的研究文章。在严格遵守保密规定的基础上，通过电话、微信、视频等方式，进行工作层面的沟通，做到方向一致、项目衔接、工作协同。

新闻宣传。坚持正确舆论导向，努力讲好人大故事，传递社会委声音，提高社会建设领域新闻舆论的传播力、引导力、影响力、公信力。2020年，涉及社会委的新闻宣传信息，人民日报、光明日报、新华社等权威传统媒体发布30余篇；全国人大微信公众号、人民网、新华网、光明网、搜狐网、澎湃新闻、财新网、凤凰网等新媒体发布160余篇；全国人大机关内网发布400余篇。其中，光明日报社《一份从田间地头到人民大会堂的报告——直击全国人大社会委专题调研社会救助工作》获得第30届中国人大新闻奖一等奖，有效增强了社会关注、提升了社会信心。

外事活动。何毅亭主任委员陪同栗战书委员长在人民大会堂会见老挝总理通伦，参加第六届金砖国家议会论坛视频会议。社会委组成人员参加全国人大中国欧洲议会关系小组与欧洲议会欧中友好小组视频会议、第五次世界议长大会视频会议、中国白俄罗斯立法机构友好小组视频会议等。对《联合国人权理事会老年人权利问题独立专家访华报告(初稿)》提出研究和修改意见。通过对外交往，展现了我国统筹推进疫情防控和经济社会发展

的成果和奇迹。

七、以政治建设为统领，强化委员会自身建设

深入学习贯彻习近平总书记关于中央和国家机关党的建设工作的重要论述，着重从4个方面统筹抓好政治建设、思想建设、组织建设、作风建设、纪律建设和制度建设。

把政治建设摆在首位。社会委认真贯彻新修订的《分党组工作规则》，切实担负起管党治党政治责任，严明政治纪律和政治规矩，不断增强“四个意识”，坚定“四个自信”，做到“两个维护”，当好“三个表率”，从严建设让党中央放心、让人民群众满意的模范机关和政治机关。

把正风肃纪挺在前面。制定《关于群众来信办理工作规程》《关于群众来信办理工作流程图》，栗战书委员长作出重要批示，以办公厅文件印发机关各单位。严格遵守中央八项规定及其实施细则精神，严防形式主义、官僚主义新表现。召开民主生活会，开展批评与自我批评，深刻检视问题，提出整改措施。加强纪律执行和纪律教育，筑牢遵规守纪的底线。

把理论武装贯穿始终。深入学习贯彻习近平新时代中国特色社会主义思想。邀请张春贤副委员长作党课式辅导。何毅亭主任委员以“习近平新时代中国特色社会主义思想最新发展成果的权威著作”为题，为社会委组成人员和机关干部讲党课。召开8次分党组会，专题学习《习近平谈治国理政》第三卷、党的十九届五中全会精神和习近平法治思想等，集体学习领会中央和常委会重要文件精神，确保学深悟透党的路线方针政策和决策部署。

把上下联通落到实处。自觉接受常委会党组领导和机关党组统筹指导。落实请示报告制度，按要求参加常委会党组会议，报告立法监督代表工作情况、社会委分党组2019年工作情况和2020年工作设想、关于中央有关文件的讨论情况及建议内容、关于学习《习近平谈治国理政》第三卷和党建工作情况等。社会委组成人员任机关党建工作领导小组成员，积极配合机关党建和参与内部巡视。指导党支部召开5次党员大会、民主生活会和组织生活会，加强干部队伍建设，推进党的建设和业务工作相融合，切实发挥好把方向、管大局、保落实的重要作用。

总结过去一年，在常委会坚强领导下，社会委全力推进立法监督代表等各项工作，承办紧迫任务、推进重要项目的能力明显增强。随着“两个一百年”奋斗目标的交替和后疫情时代的到来，社会建设重要性更加凸显。社会委对基础民生问题和重大社会问题的关注比较多，对社会领域新兴问题和潜在问题的前瞻性研究还不够，与新征程新阶段的要求还有一定差距，需要统筹协调、一体推进，更好发挥法治对改革发展稳定的引领、规范和保障作用。

2020年履职体会

2020年是极不平凡的一年。在以习近平同志为核心的党中央坚强领导下，举国同心、团结奋斗，经受住了新冠肺炎疫情全球大流行的考验，取得了决胜全面建成小康社会决定性成就。经过3年履职，社会委在坚持以习近平新时代中国特色社会主义思想为指导、坚持以人民为中心、坚持全面依法治国、坚持改革创新等方面体会愈益深化。

（一）习近平法治思想丰富深刻、系统完备，为社会领域法治建设提供了根本遵循和行动指南

习近平法治思想是马克思主义法治理论中国化最新成果，是习近平新时代中国特色社会主义思想的重要组成部分。习近平总书记在中央全面依法治国工作会议上强调“要积极推进国家安全、公共卫生、防范风险等重要领域立法；促进社会和谐稳定；建设德才兼备的高素质法治工作队伍”等，为社会委工作明确了方向。我们要深刻学习领会，把握其丰富内涵和精髓要义，更要紧扣职责定位，发挥职能作用，在学懂、弄通、做实上下功夫。

（二）党的十九届五中全会统揽全局、高远务实，为经济社会发展明确了前进方向和目标任务

党的十九届五中全会明确“十四五”时期经济社会发展的指导思想、重要原则和主要目标，以及到2035年基本实现社会主义现代化远景目标。在12个方面重点任务中，要求“改善人民生活品质，提高社会建设水平；统筹发展和安全，建设更高水平的平安中国”。特别强调，“强化就业优先政策，健全多层次社会保障体系，实施积极应对人口老龄化国家战略，加强和创新社会治理，保障人民生命安全，维护社会稳定和安全。”这要求社会委的工作必须坚持问题导向和目标导向相统一，坚持中长期目标和短期目标相贯通，按照2021年重点清晰、本届有所谋划、为长期任务打好基础的思路，推进立法监督工作，以法治方式为全面建设社会主义现代化

国家提供有力保障。

(三)新冠肺炎疫情影响空前、发人深省，是新时代社会建设事业的一次深度体检和认识重塑

新冠肺炎疫情突如其来，对我国医疗健康、社会保障、社会治理等带来重大挑战。疫情防控既彰显了我国的制度优势，也暴露出一些短板和不足，让人们重新认识了社会建设的基础性、重要性。习近平总书记强调，既要高度警惕"黑天鹅"事件，也要防范"灰犀牛"事件。当前，迅速加剧的人口老龄化、新经济背景下就业形态和劳动关系变化等一系列社会问题，都有可能经过长期演变，发生系统性风险。要坚持防患于未然，在健全应急管理法律法规体系的同时，统筹完善和发展社会领域各类事业和各项法律中防范、应对和化解风险的常态化制度安排。

(四)法治社会建设意义重大、任重道远，是国家治理体系和治理能力现代化的一项主要内容和重要基础

法治社会是构筑法治国家的基础。《法治社会建设实施纲要(2020—2025)》不仅明确了未来5年的指导思想、主要原则、总体目标，以及"推动全社会增强法治观念，健全社会领域制度规范，推进社会治理法治化"等宏观任务；也在微观层面，就完善社会重要领域立法，提出健全劳动就业、安全生产、社会救助等11个领域和妇女、未成年人等5个群体，疫情防控、社会治理、社会主义核心价值观等3个方面的法律法规。其中，部分立法项目已经取得明显进展，有些正在谋划推进。要落实实施纲要，接续开展法治社会建设，统筹社会力量、平衡社会利益、调节社会关系、规范社会行为，为国家治理体系和治理能力现代化筑牢法治基础。

常委会重要活动

一、深入学习贯彻习近平总书记关于坚持和完善人民代表大会制度的重要思想　坚持党的领导、人民当家作主、依法治国有机统一交流会

为建设社会主义现代化国家更好发挥人大职能作用

——深入学习贯彻习近平总书记关于坚持和完善人民代表大会制度的重要思想，坚持党的领导、人民当家作主、依法治国有机统一交流会发言摘编

（2020 年 12 月 25 日）

让法规更加务实管用

内蒙古自治区人大常委会副主任、党组副书记　那顺孟和

学习贯彻习近平总书记关于坚持和完善人民代表大会制度的重要思想，最重要的是自觉主动学、带着问题学、联系实际学，做到知行合一，用以破解地方人大工作中的难点。

突出解决地方立法中不同程度存在的针对性、有效性差的问题，坚持小切口、精细化，让法规更具有操作性和执行力，更加务实管用。习近平总书记指出："发展要高质量，立法也要高质量"。落实总书记的重要要求，我们提出立法新思路，立项上做到"小而少"，法规文本上做到"少而精"，规范设计上做到"精而灵"，确保法规站得住、行得通、真管用。

习近平总书记明确提出"把内蒙古建成我国北方重要生态安全屏障"。这是立足全国发展大局确立的战略定位，是内蒙古必须自觉担负起的重大责任。我们坚持生态立法优先，先后制定了自治区大气、水、土壤污染防治条例，额济纳胡杨林保护条例等一批法规。

突出解决监督工作中不同程度存在的"粗、宽、松、软"问题，始终做到真监督、真见效，在服务大局中体现人大担当、彰显人大作为。我们在实践中探索建立"人大首次监督问题清单制"和"跟踪监督问题清单销号制"。目前，已经形成问题清单工作全链条机制。

坚持少而精，精准提出项目。我们的监督项目始终对标对表习近平总书记对内蒙古重要讲话重要指示批示精神，始终聚焦三大攻坚战、现代能源经济等推动高质量发展重大议题；始终聚焦教育、医疗等民生难点痛点问题；始终做到围绕中心、服务大局。坚持"解剖麻雀"式调研，精准提出问题。我们首次组织三级人大上下开展联动监督，赴 31 个贫困旗县进行调研，在全面了解情况的基础上汇总形成 5 个方面 25 个问题的清单。坚持跟进监督，解决一项、销号一项。我们在首次监督提出问题清单后，第二年持续跟进听取政府落实问题清单情况报告。监督工作问题清单销号制已经成为内蒙古人大工作的一张"名片"。

推进人大制度实践　践行“八八战略”

浙江省人大常委会副主任、党组书记　梁黎明

浙江省人大常委会坚持把深入学习贯彻习近平总书记关于坚持和完善人民代表大会制度的重要思想作为必修课和基本功，并与学习贯彻习近平法治思想、习近平总书记今年春天考察浙江重要讲话精神有机结合起来，聚焦坚持党的领导、人民当家作主、依法治国有机统一，聚力浙江忠实践行“八八战略”、奋力打造“重要窗口”主题主线，奋力推进人大制度实践和各项履职工作。

突出理论先行，强化三者有机统一的政治引领。坚持和完善人民代表大会制度，坚持三者有机统一，最根本是坚持党的领导，最核心是做到“两个维护”。我们改进省人大常委会党组工作制度，推进学习常态化，及时学习领会习近平总书记重要讲话重要指示批示精神，坚决贯彻落实到人大工作全过程和各方面。

突出制度创设，拓展三者有机统一的依托平台。人民代表大会制度是坚持三者有机统一的根本政治制度安排，实现三者有机统一必须着眼固根基、扬优势、补短板、强弱项，把根本政治制度完善、发展好，把制度优势更好转化为治理效能。浙江省委切实加强对人大工作全面领导，持续为推动人民代表大会制度省域实践提供坚强政治保证。

突出担当作为，打通三者有机统一的转化通道。实现三者有机统一，就必须通过人大履职，打通党言党语、民言民语、法言法语三者之间的转化通道。我们坚持把党中央和省委重大决策部署及时转化为法规规范和法治实践，收集反馈代表、群众、专家学者对编制“十四五”规划等方面的意见建议，进一步将民心民意、民言民语有机融入党言党语、法言法语体系当中。

突出自身建设，筑牢三者有机统一的组织基础。通过人民代表大会制度实践把三者有机统一，需要强有力的组织基础和人力保障。我们贯彻落实关于加强上下级人大思想政治建设互动联动的要求，连续两年分别举办全省人大党建工作、政治建设座谈会，营造人大系统党建工作合力，以党建为引领保障纵深推进人大组织建设和队伍建设。

将人大制度优势转化为治理效能

福建省人大常委会副主任、党组副书记　梁建勇

习近平总书记在福建工作期间对人大制度和人大工作提出一系列具有战略性前瞻性指导性的重要论述。福建各级人大深入学习研究和传承弘扬习近平总书记在福建工作期间关于人大制度和人大工作的重要理念与重大实践，从中汲取智慧和力量，不断开创新时代福建人大工作新局面。

做到心中有“党”，始终坚持在党的领导下开展人大工作。坚持以习近平新时代中国特色社会主义思想统领人大工作，第一时间跟进学习习近平总书记重要讲话重要指示批示精神，举办组成人员学习班、常委会会议等专题学习十九届五中全会精神、习近平法治思想，以更高站位贯彻落实党中央决策部署及省委工作要求。

做到心中有“民”，始终坚持民有所呼、我有所应。牢牢把握人民当家作主这个社会主义民主政治的本质和核心，倾听人民呼声，回应人民关切。三级人大联动开展食品安全法、水污染防治法等执法检查，连续四年开展脱贫攻坚工作情况监督；多级人大协同打造“人大代表在身边”工作品牌，开展代表约见活动，采用“一建议一评价”办法，提升建议办理实效。

做到心中有“法”，始终助力推进全面依法治省。积极践行习近平法治思想，助力法治福建再上新水平。今年以来，省人大常委会共审议促进乡村振兴、水污染防治等24项法规草案，通过14项，批准设区市法规19项，开展野生动物保护法、土壤污染防治法等8部法律法规实施情况的检查，进一步为新时代新福建建设提供有力法治保障。

我们将认真贯彻落实本次会议精神，持续深入学习习近平新时代中国特色社会主义思想，认真学习宣传贯彻习近平法治思想、习近平总书记关于坚持和完善人民代表大会制度的重要思想，增强“四个意识”、坚定“四个自信”、做到“两个维护”，坚持党的领导、人民当家作主、依法治国有机统一，紧紧围绕“三个紧扣”的要求，扎实做好新时代地方人大工作，更好地将根本政治制度优势转化为治理效能。

把握工作规律　创新方式方法

山东省人大常委会副主任、党组书记　于晓明

山东省人大常委会坚持以习近平新时代中国特色社会主义思想为指导，牢牢坚持党的领导、人民当家作主、依法治国有机统一，在山东省委领导下，注重把握规律、创新方式，在工作选题、推进、组织、评价等方面初步探索形成了比较清晰的思路，即“围绕中心、服务大局、问题导向、结果评价、师出有名、力所能及”，并取得一定成效。

围绕中心，就是围绕省委贯彻落实党中央大政方针的决策部署，统筹推进人大工作。认真贯彻习近平总书记对山东工作的重要指示要求，围绕省委“八大发展战略”“九大改革攻坚行动”等决策部署，把省委部署及时上升为法律规范并跟踪监督落实。

服务大局，就是紧扣经济社会发展大局和改革攻坚任务，谋划开展人大工作。今年以来围绕全省新冠肺炎疫情防控，省人大常委会及时作出决定，为防控工作提供法律支撑。相继制定出台突发事件应急保障条例和全国首部省级医疗废物管理办法，对野生动物保护、监狱戒毒所疫情防控情况等开展执法检查，督促有关方面依法落实防控措施。

问题导向，就是聚焦发展不平衡不充分的领域和痛点堵点难点问题，推动提升人大工作。针对基层长期反映强烈的乡镇政府权力有限、责任无边问题，制定乡镇人民政府工作条例，理清乡镇与上级政府及部门间权责关系，保障基层在法治框架内履职尽责。

结果评价，就是在抓落实见成效上下功夫，以实践效果检验改进人大工作。经过持续跟踪监督，促进山东安全生产形势持续稳定向好。今年1至10月全省各类安全事故起数、死亡人数同比分别下降44.9%和37.1%。

师出有名，就是依照法定职责、法定范围、法定程序，创新加强人大工作。按照立法法要求，扩大群众参与立法渠道；社会信用立法集中在多地现场开展立法听证；乡镇人民政府工作立法首次试点“返场听评、蹲点调研”工作方式等。

力所能及，就是努力使履职能力与承担的任务相匹配，保障促进人大工作。采取多种方式，提升干部队伍的水平、素质；执法检查前组织专家先行摸底，委托专业智库对政府工作进行评估，从专业角度查找问题。

抗疫斗争彰显根本政治制度优势

湖北省人大常委会副主任、党组书记　王　玲

在伟大抗疫斗争中，我们对中国共产党领导的显著优势有了更深刻的领悟，对习近平新时代中国特色社会主义思想有了更深刻的理解，对国家根本政治制度的显著生命力和巨大优越性有了更深刻的认识。

坚持党的领导，发挥党总揽全局、协调各方的独特优势，是赢得抗疫斗争的根本保证。湖北省人大常委会坚决贯彻党中央关于疫情防控的决策部署，第一时间传达学习贯彻习近平总书记重要讲话重要指示批示精神，特别是总书记考察湖北、参加湖北代表团审议时的重要讲话精神，充分发挥把方向、管大局、保落实的作用，把全省各级人大代表、常委会及其机关工作人员思想统一到党中央决策部署和省委防控工作要求上来，组织动员全省各级人大因时因势调整工作着力点，全部投入到疫情防控一线。

坚持人民当家作主，发挥植根于人民的天然优势，是赢得抗疫斗争的根本依靠。人民代表大会制度之所以具有强大生命力和显著优越性，关键在于它深深植根于人民之中。我们牢记嘱托，坚持人民至上、生命至上，始终把人民群众生命安全和身体健康放在第一位，不惜一切代价救治病人。人大代表在疫情防控一线当先锋、作表率，用实际行动诠释了“人民选我当代表、我当代表为人民”的使命担当。省人大常委会组织动员人大代表宣传解读党中央的决策部署及科学防控知识，深入了解反映群众诉求，千方百计为群众排忧解难。

坚持依法治国，发挥良法善治的治理优势，是赢得抗疫斗争的根本举措。面对这次大考，省人大常委会启动立法修法快速反应机制，创新立法调研、论证方式，发挥法规制度作为“共同遵守的最大公约数”作用，用法治力量守卫人民生命健康安全。支持督促政府严格执行传染病防治、公共事件应急管理条例等法律法规，确保各项防控工作在法治轨道上统筹推进。围绕做好习近平总书记交办的“必答题”，努力从源头上防控重大公共卫生风险，加快补齐治理体系和治理能力短板。

大力推进“四讲四有”人大建设

四川省人大常委会副主任、党组副书记　王铭晖

近年来，四川省人大常委会坚持以习近平新时代中国特色社会主义思想为指导，深入学习贯彻习近平总书记关于坚持和完善人民代表大会制度的重要思想，坚持党的领导、人民当家作主、依法治国有机统一，大力推进“四讲四有”人大建设，着力建设讲忠诚有信念的政治机关、讲法治有权威的权力机关、讲责任有担当的工作机关、讲宗旨有情怀的代表机关，推动地方人大工作创新发展。

举旗帜、明方向，增强党的领导力。我们坚持以建设讲忠诚有信念的政治机关为统领，落实党对人大工作的全面领导，确保正确政治方向。始终与党的核心同心，发挥常委会领导带头、常委会组成人员带动、人大代表带领作用，确保人大系统拥护核心、紧跟核心，引领群众紧密团结在党的核心周围；始终与党的理论同频，坚持把学习习近平总书记关于坚持和完善人民代表大会制度的重要思想作为重中之重；始终与党的部署同步，坚持中央和省委的决策部署指向哪里，人大工作就跟进落实到哪里。

重立法、保善治，增强法治保障力。我们坚持以建设讲法治有权威的权力机关为支撑，深入学习贯彻习近平法治思想，以良法促进发展、保障善治。坚持党委领导立法，省委领导对人大立法交任务、提要求、亲自抓；突出人大主导立法，完善人大主导立法机制，实行提前介入、全程介入、实质介入“三介入”；探索多方协同立法，建立党委领导下的跨区域、全流域协同立法机制。

强担当、扛使命，增强履职行动力。我们坚持以建设讲责任有担当的工作机关为重点，在融入大局、服务大局、推动大局中强化履职担当。主动为大局担责，紧扣疫情防控、“六稳”“六保”、三大攻坚战等任务，统筹做好人大工作；积极为大局尽责，推进重大部署、重要法律、重点工作落实；真正为大局负责，提升人大监督的针对性、及时性、有效性。

守初心、谋民利，增强民心凝聚力。我们坚持以建设讲宗旨有情怀的代表机关为落点，支持和保障代表依法履职，保证和实现人民当家作主。明确代表发挥作用的“方向标”、打造代表发挥作用的“直通车”、架起代表发挥作用的“连心桥”。

坚持法治统一与地方实际相结合

宁夏回族自治区人大常委会副主任、党组副书记　李　锐

宁夏回族自治区人大常委会在立法工作中，以习近平法治思想为指导，紧盯良法善治总目标，增强“四个意识”、坚定“四个自信”、做到“两个维护”，把“坚持党的领导、人民当家作主、依法治国有

机统一”贯彻到地方立法工作中，推进科学立法、民主立法、依法立法取得明显成效。

必须毫不动摇坚持党的领导，落实党中央大政方针。自治区人大常委会始终坚持党对立法工作领导这一重大政治原则，坚持立法规划、立法计划按程序报请常委会党组研究，立法计划调整、重要法规起草、主要制度设计、立法重大舆情等事项经党组研究后，向自治区党委请示报告的制度，把党的领导体现在立法工作全过程各方面。

必须充分回应人民呼声，反映人民意愿。坚持以人民为中心是习近平法治思想的鲜明特征。立法工作必须坚持以人民为中心，每一件立法都要体现和维护人民利益、反映人民意愿、增进人民福祉。本届以来，自治区人大常委会积极探索推进科学立法、民主立法新途径，从源头上拓宽项目征集渠道，最大程度地听取民声、汇集民智、凝聚共识。完善拓展基层立法联系点，扩大数量和覆盖领域，实现设区的市全覆盖。

必须坚持依法立法，坚决维护国家法治统一。自治区人大常委会在立法工作中，严格遵循按照法定立法权限、法定立法程序立法。2016 年及时修改立法程序规定，使其与修改后的立法法相衔接。2019 年制定了重要立法事项引入第三方评估的工作规范，对法规实施情况进行调查分析、跟踪问效，总结经验、发现问题、进行完善。

我们始终坚持维护国家法治统一与我区实际相结合的原则，及时修订自治区各级人民代表大会常务委员会规范性文件备案审查条例，制定规范性文件备案审查工作办法、规范性文件备案审查工作通报制度，在全国率先建成覆盖区、市、县、乡四级的备案审查信息平台，实现了备案审查全过程各环节电子化，通过提前介入、日常沟通、内部审查、专家审查等多种形式，把可能存在的问题解决在法规报批前。

法治是最好的营商环境

沈阳市人大常委会主任、党组书记 潘利国

党的十八大以来，习近平总书记围绕优化营商环境发表了一系列重要论述，强调“法治是最好的营商环境”，要“不断完善市场化、法治化、国际化的营商环境”。2018 年 9 月，习近平总书记在辽宁考察时，就推进东北振兴提出“以优化营商环境为基础，全面深化改革”。近年来，我们以打造民营经济加快发展的良好法治环境为重点，从完善法规制度、强化执法司法监督、发挥代表作用等方面打出“组合拳”，推动营商环境建设。

用足用好地方立法权，推动形成法治化营商环境的制度体系。构建法治化营商环境，必须依靠法治、遵循法治，加快营商环境立法，用健全的制度体系构建良好营商环境。我们主动顺应经济社会发展和治理需要，优先安排涉及营商环境的立法，并注重通过法定程序将市委决策部署上升为法规、转变为全市人民共同遵守的行为规范。

依法履行人大监督职能，推动形成严格执法、公正司法的法治环境。发挥人大在优化营商环境中的职能作用，要切实用好宪法法律赋予的监督权，依法加强对“一府两院”工作的监督，推进形成有法必依、执法必严、违法必究的执法环境和公平正义的司法环境。

充分发挥人大代表的作用和优势，助推建设良好法治化营商环境。人大代表是人民代表大会的主体，来自各行各业，最清楚营商环境建设中存在的问题。建设法治化营商环境，必须紧紧依靠代表，把代表的作用和优势发挥出来、把代表的潜能释放出来。

强化常委会机关示范引领，推动形成全民守法的法治环境。构建法治化营商环境人人有责。我们坚持从人大机关干部抓起，推进学法用法常态化，带头弘扬社会主义法治精神，维护宪法法律权威，树立社会主义法治理念，加强宪法法律法规宣传，带动全社会尊法学法守法用法，形成良好法治氛围。同时，主动融入营商环境建设工作大局，机关处级以上干部全部与企业对接，及时反映和帮助企业解决困难和问题，在构建法治化营商环境、推动民营经济加快发展中贡献人大智慧和力量。

充分彰显我国制度优势和治理效能

全国人大常委会法制工作委员会副主任　许安标

习近平总书记指出，“人民代表大会制度是坚持党的领导、人民当家作主、依法治国有机统一的根本政治制度安排。”党的十八大以来，以习近平同志为核心的党中央，始终坚持三者有机统一并不断深化。党的十九大报告将三者有机统一作为健全人民当家作主制度体系、发展社会主义民主政治的基本原则。党的十九届五中全会将其作为推进国家治理体系和治理能力现代化的总体要求之一。

实践充分证明，三者结合得越紧密，党的领导越坚强有力，人民当家作主越真实充分，依法治国越深入推进，我国制度优势和治理效能越能充分彰显。

坚持党对立法工作的领导，贯彻体现党的主张。要坚持学习贯彻习近平新时代中国特色社会主义思想特别是习近平法治思想，坚持党对立法工作的领导，确保党的主张通过法定程序成为国家意志、体现为法律规定。立法要坚决贯彻党的基本理论、基本路线、基本方略，坚决贯彻党中央的重大决策部署，坚决贯彻习近平总书记的重要指示批示精神。

坚持立法为民，切实体现人民当家作主。为了人民、依靠人民，是我们党的执政使命，也是推进社会主义民主政治和全面依法治国最广泛、最深厚的基础。要把体现人民利益、反映人民愿望、维护人民权益、增进人民福祉贯彻到立法工作的各方面全过程。立法要保障人民当家作主，保障人民享有的广泛权利，充分体现和反映人民群众意愿。要不断完善民主立法程序和机制；健全民主立法回应制度，用好法工委发言人等机制；顺应大数据、人工智能等现代科技迅猛发展的新形势，创新更多实现形式，拓宽人民群众参与立法的广度和深度。

坚持科学立法，不断提高立法质量和效率。必须坚持科学立法、民主立法、依法立法，遵循立法规律，尊重自然规律，反映和体现经济社会发展规律。就具体立法项目而言，该走的程序和环节一个都不能少，不能急于求成，不讲质量。同时，越是任务重、要求高，越要重视立法效率，加快立法工作，增强法律及时性。要根据现实需求和实际情况，区分轻重缓急，合理配置资源，做到急需先立、成熟就立，绝不能贻误战机，错失制度确立的“窗口期”。

二、制度建设

关于进一步加强各级人大常委会对审计查出突出问题整改情况监督的意见

为贯彻落实习近平总书记关于审计查出问题整改工作的重要批示精神，深入贯彻落实《关于改进审计查出突出问题整改情况向全国人大常委会报告机制的意见》，适应新形势新要求，更好发挥人大监督作用，在总结实践经验基础上，就进一步加强各级人大常委会对审计查出突出问题整改情况的监督，提出以下意见。

一、重要意义和总体要求

1. 重要意义。审计监督是党和国家监督体系的重要组成部分，在国家治理中发挥着国家财产看门人、经济安全守护者等重要作用。听取和审议政府关于年度预算执行和其他财政收支的审计工作报告、审计查出问题整改情况报告（以下分别简称审计工作报告、整改情况报告），对审计查出突出问题整改情况开展跟踪监督，是各级人大及其常委会依法开展预算、决算审查监督的重要方式。适应新形势新要求，进一步加强各级人大常委会对审计查出突出问题整改情况的监督，有利于支持和推动依法开展审计监督，更好发挥审计监督"治已病、防未病"的重要作用；有利于加强审计结果运用，切实推进审计查出突出问题的整改，举一反三，完善制度，严肃财经纪律，规范预算行为，提高财政资金使用效益；有利于全面贯彻实施监督法、预算法、审计法规定和深入贯彻落实党中央有关改革要求，结合实际创造性做好监督工作，更好发挥人大常委会的监督作用；有利于全国人大常委会及地方各级人大常委会在党中央集中统一领导下依法履行监督职责，推动政府依法行政、依法理财，加强国有资产管理，保障党中央重大方针政策和决策部署的贯彻落实，更好助力经济社会发展和改革攻坚任务。

2. 指导思想。以习近平新时代中国特色社会主义思想为指导，全面贯彻落实党的十九大和十九届二中、三中、四中全会精神，深入贯彻落实习近平总书记关于坚持和完善人民代表大会制度的重要思想、对审计查出问题整改工作的重要批示精神，紧紧围绕统筹推进"五位一体"总体布局和协调推进"四个全面"战略布局，贯彻落实新发展理念，坚持党的领导、人民当家作主、依法治国有机统一，坚持问题导向，强化跟踪监督，通过审议审计工作报告和整改情况报告等，进一步加强人大常委会对审计查出突出问题整改情况的监督，更好发挥全国人大常委会、地方各级人大常委会的监督作用，推动更好发挥审计监督作用，推动建立健全全面规范透明、标准科学、约束有力的预算制度，保障在财政政策制定和实施中、政府预算编制和执行中，将党中央重大方针政策和决策部署贯彻好、落实好，把我国制度优势更好转化为国家治理效能。

3. 基本原则。一是坚持党中央集中统一领导。认真贯彻落实党中央重大方针政策和决策部署，贯彻落实中央审计委员会部署要求，在人大常委会党组领导下开展监督工作。跟踪监督中的重要情况，及时向党中央或同级党委请示汇报。二是坚持依法监督。按照监督法、预算法、审计法规定，寓支持于监督之中，综合运用法定监督方式，探索创新监督工作方法，拓展监督深度，加大监督力度，增强监督实效。三是坚持问题导向。紧扣贯彻落实党中央决策部署，紧扣人民群众关心的热点难点问题，紧扣体制机制性问题，深入开展监督。四是坚持建立健全长效机制。推动政府及其部门分析问题根源，落实整改责任，健全规范制度，优化财政资源分配，提高资金使用绩效，强化追责问责，不断提升依法行政、依法理财水平。

二、深化拓展监督内容

4. 制定跟踪监督工作方案。各级人大常委会听取和审议审计工作报告后，根据党中央决策部署及地方党委部署安排和人大常委会有关决议与审议意见的要求，人大常委会预算工作委员会等工作机构在本级审计机关、财政部门等配合下，提出跟踪监督工作方案建议，按程序报批后，人大常委会组织开展跟踪监督。跟踪监督工作方案的主要内容，包括跟踪监督突出问题的确定，跟踪监督方式方法的运用，跟踪监督结果的使用等。

5. 聚焦跟踪监督的重点内容。在人大常委会审议审计工作报告后，审计机关应及时向人大常委会提供审计查出问题清单。人大常委会围绕贯彻落实党中央决策部署，聚焦审计查出普遍存在的问题和反复出现的问题，结合问题性质、资金规模、以往整改情况，结合人大代表、人民群众普遍关心的热点难点问题，结合预算审查监督的重点内容，确定跟踪监督的突出问题和责任部门单位。对审计查出的突出问题，着重从政策制定、制度执行、预算管理、项目管理、绩效评价、监督检查、责任落实等环节，督促相关部门单位深入查找原因，跟踪监督整改情况。

6. 督促完善整改情况报告和审计工作报告。整改情况报告，应当与审计工作报告揭示的问题和提出的建议相对应，重点反映审计查出突出问题的整改情况，对审计查出突出问题的整改情况进行评价，并提供审计查出突出问题的单项整改结果和整改详细清单作为附件。审计工作报告应当全面、客观反映审计查出的问题，着重从体制机制和制度方面提出审计建议，并提供专项审计结果公告作为附件。

三、用好监督方式方法

7. 听取整改情况的报告。地方各级政府负责人向本级人大常委会作整改情况的报告，也可委托本级审计机关主要负责人向人大常委会作报告。根据需要，人大常委会可以听取存在审计查出突出问题的责任部门单位的报告。人大常委会分组审议整改情况报告时，存在突出问题的相关责任部门单位有关负责人应当到会听取意见，回答询问。

8. 综合运用法定监督方式。在听取整改情况报告的同时，要结合本地区实际情况，运用专题询问、质询、组织特定问题调查等法定监督方式，加大监督力度，拓展监督深度，增强监督效果，督促政府及有关部门单位认真整改。进一步加强对审计查出突出问题整改情况开展专题询问的工作。具备条件的，可以推动专题询问常态化。

9. 提高跟踪监督质量。人大有关专门委员会、常委会预算工作委员会等工作机构开展跟踪监督具体工作，应选取典型案例，深入剖析，采取座谈调研、听取汇报、实地察看、调阅资料、随机抽查等多种形式。必要时，可以联合本级审计机关，对审计查出突出问题的整改情况进行监督。审计查出的突出问题涉及下级政府的，根据问题的性质等情况，可以与下级人大常委会协同开展监督，实现各级人大监督工作联动，形成监督合力。

10. 探索开展满意度测评。根据需要与可能，人大常委会可以对相关主管部门、被审计部门单位提交的整改情况报告进行满意度测评。对整改情况报告开展满意度测评，应当遵循监督法等法律法规规定，列入人大常委会年度监督工作计划，紧紧围绕审计查出问题整改工作情况，实事求是、客观公正地进行评价。满意度测评的结果应当报送本级党委、抄送本级政府。

11. 依法对审计工作报告和整改情况报告作出决议。按照有关法律规定，人大常委会认为必要时，可以对审计工作报告、整改情况报告作出决议。决议应当对报告作出评价，提出整改要求。

四、强化监督结果运用

12. 落实决议和审议意见。督促政府及有关部门单位认真落实本级人大常委会关于审计工作报告、整改情况报告的决议，研究处理本级人大常委会组成人员的审议意见，并在 6 个月内将落实决议和研究处理审议意见的情况报告本级人大常委会。

13. 推动处理违纪违法问题。与纪检监察机关和审计、财政等部门建立审计查出突出问题整改工作联动机制，加强信息沟通和工作协调。监督和支持有关机关和主管部门依法对审计查出问题的部门单位进行处理处罚、对整改不到位的进行督查或约谈。

14. 推动深化体制机制改革。围绕贯彻落实党中央重大方针政策和决策部署，着力加强对审计查出体制机制性问题整改情况的跟踪监督，深入分析原因，提出意见建议，持续推动落实。着力督促政府及相关主管部门完善制度，深化体制机制改革，努力做到防患于未然。

15. 推动建立健全与预算安排和政策完善挂钩

机制。监督和支持政府结合审计查出的问题及其整改情况，进一步健全预算管理制度，完善有关支出政策，优化年度预算安排，把审计结果及整改情况作为优化财政资源配置和完善政策的参考。

五、与开展预算审查监督、国有资产监督紧密结合

16. 与审查预算、决算草案和监督预算执行紧密结合。要结合审计查出突出问题及其整改情况，对预算、决算草案进行审查。在预算、决算草案初步审查意见和审查结果报告中，应当就发挥审计监督作用、做好审计查出突出问题整改工作等，提出意见建议。在监督预算执行过程中，要将上年审计查出突出问题及其整改情况作为监督的重点内容之一，及时发现问题，推动解决问题，强化预算约束，增强预算执行的规范性和有效性。

17. 与加强国有资产监督紧密结合。推动年度审计工作安排与人大常委会听取国有资产管理情况报告的规划和年度计划相衔接。审计机关应当向本级人大常委会提供国有资产审计有关情况，发挥专项审计对人大履行国有资产监督职能的支持作用。审计查出国有资产管理问题及整改问责情况应作为国有资产管理情况报告的重要内容。加强人大常委会对审计查出国有资产管理问题整改问责情况的跟踪监督。

18. 与发挥人大代表作用紧密结合。邀请常委会组成人员联系代表、预算审查联系代表、提出相关议案建议代表、相关专业领域代表等，参加审计查出突出问题整改情况跟踪监督工作，提出意见建议。同时，代表可以通过本级人大代表履职平台、预算联网监督平台等途径，提出对审计查出问题整改情况的意见建议，有关部门单位应当及时将办理结果答复代表，并抄送本级人大常委会预算工作委员会等工作机构。

19. 与推进预算联网监督紧密结合。要充分利用预算联网系统的数据资源，分析比对历年审计查出突出问题及其整改情况等内容信息，增强开展监督工作的深度和力度，提高监督的针对性和有效性。加强与审计机关相关信息共享，增强监督合力。

六、政府及其部门应当依法接受人大监督

20. 建立健全审计查出问题整改工作机制。各级政府应当及时研究部署审计查出问题整改工作，将审计查出突出问题的整改落实工作纳入督查范围。各级审计机关应当健全完善审计查出问题清单、整改责任清单和部门预算执行审计查出问题整改情况清单制度，实行台账管理，对整改情况进行跟踪检查，推动整改结果公开。审计查出问题的责任部门单位应当深入分析问题的性质和原因，制定行之有效的整改方案，认真扎实开展整改工作，完善制度，堵塞漏洞，做到应改尽改、按时整改。根据要求，审计机关及相关责任部门单位向本级人大常委会提供审计查出突出问题及其整改情况的详细材料。

21. 强化信息公开。审计机关和政府相关部门单位应当加大审计结果及其整改情况信息的公开力度，自觉接受社会监督。审计机关和政府相关部门单位提交人大常委会审议的报告，应当全文向社会公开；对未按要求公开的，应当责令改正。

《中国人大》2020年第13期

附件：

履行人大监督职责　发挥审计监督作用

——全国人大常委会预算工作委员会负责人就《关于进一步加强各级人大常委会对审计查出突出问题整改情况监督的意见》答记者问

人民日报记者　彭　波

近期，全国人大常委会办公厅印发实施《关于进一步加强各级人大常委会对审计查出突出问题整改情况监督的意见》（以下简称《意见》），这是全面贯彻落实习近平总书记关于审计查出问题整改工作重要

批示精神的一项重要措施,是深入贯彻落实中共中央办公厅转发的《关于改进审计查出突出问题整改情况向全国人大常委会报告机制的意见》,更好履行人大常委会监督职责,更好发挥审计监督作用的有力举措。日前,全国人大常委会预算工作委员会负责人就《意见》的有关情况回答了记者提问。

依法开展预算、决算审查监督

问:制定《意见》的背景和必要性是什么?

答:审计监督是党和国家监督体系的重要组成部分,在国家治理中发挥着国家财产看门人、经济安全守护者等重要作用。听取和审议政府关于年度预算执行和其他财政收支的审计工作报告、审计查出问题整改情况报告,对审计查出突出问题整改情况开展跟踪监督,是各级人大及其常委会依法开展预算、决算审查监督的重要方式。

2018 年 12 月,习近平总书记对审计查出问题整改工作作出重要批示。全国人大常委会制定进一步加强各级人大常委会对审计查出突出问题整改情况监督的意见,是坚决贯彻落实习近平总书记重要批示精神的一项重要措施。

2015 年,中共中央办公厅转发全国人大常委会党组《关于改进审计查出突出问题整改情况向全国人大常委会报告机制的意见》。全国人大常委会及地方各级人大常委会、国务院及地方各级政府认真贯彻落实党中央改革措施,建立健全整改工作报告机制,加大整改工作监督力度,形成了一些有益经验和做法,改革取得了积极成效。同时也要看到,现有关于人大常委会开展整改情况监督的重点内容、方式方法、结果运用等规定还不够具体明确,实践中各地开展监督工作还不够均衡,监督深度和力度还需要加大,监督质量和效果还需要提高,审计结果运用和追责问责机制还不够完善,特别是推动从源头上整改审计查出的突出问题还需要着力加强。

适应新形势和新要求,进一步加强各级人大常委会对审计查出突出问题整改情况的监督,对于深入贯彻落实党的十九大和十九届三中、四中全会精神,进一步深入贯彻落实党中央有关改革措施,全面贯彻实施监督法、预算法、审计法规定,具有重要意义。这有利于各级人大常委会结合实际创造性做好监督工作,更好发挥人大监督作用;有利于推动更好发挥审计监督“治已病、防未病”的重要作用,建立健全审计查出问题整改工作长效机制;有利于保障党中央重大方针政策和决策部署得到贯彻落实。

坚持问题导向 强化跟踪监督

问:制定《意见》的主要考虑有哪些?

答:制定《意见》主要考虑有六个方面:

一是坚决维护党中央集中统一领导。坚持以习近平新时代中国特色社会主义思想为指导,贯彻落实习近平总书记关于坚持和完善人民代表大会制度的重要思想和关于审计查出问题整改工作重要批示精神,在党中央及同级党委领导下开展监督,推动党中央重大方针政策和决策部署贯彻落实,在推动问题整改到位的同时,举一反三,加强管理,完善制度,努力做到防患于未然。

二是坚持依法监督。按照监督法、预算法、审计法规定,综合运用法定监督方式,拓展监督深度,加大监督力度,增强监督实效。通过审议审计工作报告和整改情况报告等,强化跟踪监督,切实加强人大预算决算审查监督工作。

三是坚持问题导向。紧扣贯彻落实党中央重大方针政策和决策部署,人大常委会监督工作中的重点问题和人大代表、人民群众普遍关心的热点难点问题,聚焦审计查出普遍存在或反复出现的问题,开展跟踪监督。

四是面向各级人大常委会。审计查出的突出问题,既涉及中央部门单位,也涉及地方政府及其部门单位。各级人大常委会都要推动审计查出问题的整改工作,更好发挥审计监督作用。

五是形成监督合力。注意与加强人大预算决算审查监督、国有资产监督职能各项改革措施的紧密结合,积极推动各级人大协同监督。按照寓支持于监督之中要求,既加强对政府及其部门单位的监督,也做好与审计、财政等部门的沟通协调,支持审计监督和推动审计查出问题整改。

六是增强可操作性和有效性。对监督法、预算法、审计法规定和党中央有关改革措施,作进一步深化细化和补充完善,与党中央有关审计制度改革措施相衔接,增强人大监督的针对性、可操作性和有效性。

问:《意见》中加强监督的主要措施有哪些?

答:《意见》提出,坚持问题导向,强化跟踪监督,通过审议审计工作报告和整改情况报告等,进一步加强人大常委会对审计查出突出问题整改情况的监督,更好发挥全国人大常委会、地方各级人大常委会的监督作用,推动更好发挥审计监督作用,推动建立健全全面规范透明、标准科学、约束有力的预算制度,保障在财政政策制定和实施中、政府预算编制和执行中，将党中央重大方针政策和决策部署贯彻好、落实好，把我国制度优势更好转化为国家治理效能。

《意见》明确提出五个方面的主要措施：

一是深化拓展监督内容。制定跟踪监督工作方案，方案主要内容包括确定突出问题、运用监督方式方法、使用监督结果等。围绕审计查出普遍存在的问题、反复出现的问题，结合问题性质、资金规模和以往整改情况等，确定跟踪监督的突出问题。督促政府完善整改情况报告和审计工作报告内容。

二是用好监督方式方法。听取政府负责人作整改情况报告，也可委托审计机关主要负责人作报告。根据需要，人大常委会可听取存在审计查出突出问题责任部门单位的报告。综合运用专题询问、质询、特定问题调查等法定监督方式。通过座谈调研、实地察看、调阅资料等多种形式，提高跟踪监督质量。探索开展满意度测评。根据需要依法对审计工作报告、整改情况报告作出决议。

三是强化监督结果运用。督促政府及有关部门单位落实人大常委会关于审计工作报告、整改情况报告的决议或审议意见。与纪检监察机关和审计、财政等部门建立整改工作联动机制，推动处理违纪违法问题。推动深化体制机制改革，努力做到防患于未然。推动建立健全审计结果及整改情况与政策完善和预算安排挂钩机制。

四是与预算决算审查监督、国有资产监督紧密结合。加强整改情况监督，与审查决算草案和监督预算执行紧密结合，与加强国有资产监督紧密结合，与发挥人大代表作用紧密结合，与推进预算联网监督紧密结合。

五是政府及其部门应当依法接受人大监督。政府应当健全审计查出问题整改工作机制。审计机关应当对整改情况进行跟踪检查。审计查出问题责任部门单位应当制定可行有效整改方案，积极整改。强化信息公开，自觉接受社会监督。

年底将听取和审议审计整改报告

问：《意见》对政府及其部门单位依法接受人大监督，提出了哪些要求？

答：为了确保《意见》落实到位，《意见》对各级政府及其部门单位建立健全审计查出问题整改工作机制提出了明确要求。

各级政府应当及时研究部署审计查出问题整改工作，将审计查出突出问题的整改落实工作纳入督查范围。各级审计机关应当健全完善审计查出问题清单、整改责任清单和部门预算执行审计查出问题整改情况清单制度，实行台账管理，对整改情况进行跟踪检查，推动整改结果公开。审计查出问题的责任部门单位应当深入分析问题的性质和原因，制定行之有效的整改方案，认真扎实开展整改工作，完善制度，堵塞漏洞，做到应改尽改、按时整改。根据要求，审计机关及相关责任部门单位向本级人大常委会提供审计查出突出问题及其整改情况的详细材料。

审计机关和政府相关部门单位应当加大审计结果及其整改情况信息的公开力度，自觉接受社会监督。审计机关和政府相关部门单位提交人大常委会审议的报告，应当全文向社会公开。

问：全国人大常委会在2020年监督工作中，对落实《意见》有哪些具体安排？

答：按照全国人大常委会2020年监督工作计划，今年12月份召开的全国人大常委会会议将听取和审议国务院关于审计查出问题整改情况的报告，并开展专题询问。

为帮助全国人大常委会组成人员更好听取和审议审计查出问题整改情况的报告，全国人大常委会将在6月份常委会会议审议审计工作报告后，聚焦重大政策措施落实等方面审计查出的突出问题，组织开展跟踪监督，并提出跟踪监督报告。

全国人大常委会将加强与地方人大常委会的工作联系，交流工作经验，推动更好落实《意见》。同时，根据审计查出突出问题的情况，鼓励实践探索，推动各级人大协同监督，形成监督合力，增强人大监督工作整体实效。

《人民日报》2020年6月19日

三、副委员长和秘书长讲话及有关文稿

在全国人大机关网上信访平台开通仪式上的讲话

（2020 年 1 月 10 日）

王 晨

同志们：

今天，我们在这里举行全国人大机关网上信访平台开通仪式，共同开启全国人大信访工作新的篇章。首先，我代表栗战书委员长，代表全国人大常委会，向所有参与网上信访平台设计、建设、运行、维护的同志们，表示衷心的感谢、致以诚挚的问候！

党的十八大以来，以习近平同志为核心的党中央高度重视信访工作，把信访工作作为贯彻党的群众路线，了解民情、集中民智、维护民利、凝聚民心的一项重要工作。习近平总书记就加强和改进信访工作作出一系列重要指示和重要论述，深刻阐述信访工作在党和国家工作大局中的重要地位和作用，科学总结新形势下信访工作的规律特点，明确提出做好信访工作需要把握的重大辩证关系、坚持的重要原则、践行的路径方法，为做好新时代信访工作提供了根本遵循。我们要深入学习贯彻习近平总书记关于加强和改进人民信访工作的重要思想，自觉用以武装头脑、指导实践，做好人大信访工作。

建设网上信访平台，实现群众信访网上受理、网上办理、网上答复，是落实党中央关于信访工作制度改革重大决策部署的实际行动，是贯彻党的十九届四中全会精神、推进国家治理体系和治理能力现代化的具体举措。全国人大机关网上信访平台的开通，架起了人大直接联系人民群众的桥梁，拉近了最高国家权力机关与基层群众的距离，畅通了人民群众诉求表达、利益协调、权益保障的渠道。要把网上信访平台运用好、管理好，进一步在便捷畅通、安全高效、公开透明上下功夫，让群众少跑路，让数据多跑腿，把网上信访平台打造成人大信访工作的主渠道、人大联系人民群众的“直通车”。

人民群众通过来信来访表达诉求、反映情况、提出建议，是人民当家作主的具体体现，反映了人民群众对人民代表大会制度和人大的信任和信心。2019 年全国人大机关信访总量近 8 万件次，在中央和国家机关中是排在前几位的。群众诉诸人大的信访事项涉及面比较广，有关于立法、法规备案审查、代表履职监督等内容，也有反映执法、司法方面的情况和问题，期盼人大通过监督推动解决。我们要切实增强责任感使命感，增强“四个意识”、坚定“四个自信”、做到“两个维护”，以高度的政治自觉和政治担当认真对待群众每一封来信、每一次来访、每一件投诉，切实做到对党忠诚、为党分忧。要坚持以人民为中心的发展思想，以百姓心为心，千方百计为群众着想，解决群众最急最忧最盼的一些问题，解民忧、纾民怨、暖民心，真正把解决信访问题的过程作为贯彻党的群众路线、为人民服务的过程。要坚持全面依法治国，严格依法依规分类处理信访事项，推动群众诉求依法理性表达、合法权益依法有效保护。要坚持改革创新，进一步完善理念思路、体制机制、方法手段，以全国人大机关网上信访平台的开通为契机，在新的起点上推动全国人大信访工作再上新台阶！

下面，我宣布：全国人大机关网上信访平台正式开通！

依法全面禁止食用野生动物 保障人民群众生命健康安全

王　晨

在党中央集中统一领导下，在疫情防控人民战争的关键阶段，十三届全国人大常委会第十六次会议于2月24日通过了《全国人民代表大会常务委员会关于全面禁止非法野生动物交易、革除滥食野生动物陋习、切实保障人民群众生命健康安全的决定》（以下简称《决定》）。这个《决定》聚焦滥食野生动物的突出问题，为各级执法、司法机关严厉打击非法交易、食用野生动物等行为提供了有力法律依据，为全力做好疫情防控工作、夺取抗疫全面胜利提供了坚实法治支撑。我们要毫不松懈、再接再厉，抓实抓细《决定》的贯彻实施工作，加强宣传阐释和教育引导，依法保障人民群众生命健康安全，推动全社会形成科学健康、绿色环保的生活方式和文明风尚。

一、充分认识制定全面禁止食用野生动物决定的重要意义

新冠肺炎疫情发生以来，党中央对滥食野生动物威胁公共卫生安全问题高度重视并作出重要部署。经研究，全面修订野生动物保护法需要一个过程，在疫情防控的关键时期，由全国人大常委会通过一个专门决定既十分必要又十分紧迫。全国人大常委会抓紧推进相关工作，在不到一个月的时间完成立法程序。《决定》出台后，人民群众广泛支持和赞同，有专家学者称"这是一次历史突破，文明推进了一大步"，国际社会也给予积极评价。《决定》的法治效果、社会效果初步显现，对于在法治轨道上统筹推进各项防控工作发挥了重要作用。

第一，这是坚决贯彻以习近平同志为核心的党中央决策部署的实际行动。习近平总书记始终把人民群众生命安全和身体健康放在第一位。1月27日，习近平总书记作出重要批示，深刻指出非法交易、滥食野生动物的突出问题及对公共卫生安全构成的重大隐患，明确提出完善相关立法、坚决取缔和严厉打击非法野生动物市场和贸易、革除滥食野生动物的陋习等要求。2月3日，习近平总书记主持中央政治局常委会会议研究应对新冠肺炎疫情工作，明确指出食用野生动物风险很大，但"野味产业"依然规模庞大，对公共卫生安全构成了重大隐患，再也不能无动于衷了！2月5日，中央全面依法治国委员会第三次会议讨论了全国人大常委会关于作出专门决定的有关问题，习近平总书记对相关立法作了明确要求。按照习近平总书记重要指示精神，全国人大常委会党组迅速组织开展有关工作，多次进行专题研究部署。全国人大宪法法律委、环资委和常委会法工委抓紧启动立法工作，征求有关方面意见，认真修改完善《决定》草案。2月24日，《决定》经全国人大常委会审议通过，具有法律效力，成为全社会一体遵循的行为准则，在疫情防控工作中发挥出引领推动和规范保障作用，充分体现了党的领导、人民当家作主、依法治国有机统一的制度体制优势，充分体现了法治在应对突发事件、推进国家治理体系和治理能力现代化中的重要作用。

第二，这是防范公共卫生安全风险、保障人民群众生命健康安全的客观需要。随着人类社会发展和科技日新月异，人类活动范围的广度、宽度和深度空前扩大，同时未知的风险也随之而来。在卫生健康领域，有研究表明超过70%的新发传染病来源于动物。近些年来，世界各地出现的SARS病毒、埃博拉病毒、中东呼吸综合征等都与野生动物密切相关，而滥食野生动物是人感染病毒的主要途径之一。尽管此次新冠肺炎疫情的源头尚未确定，但源于野生动物的致病风险始终威胁人类生命安全和身体健康是确凿无疑的。在实践中，对一些重点保护野生动物进行人工繁育、人工饲养，原本目的是为了挽救珍贵、濒危物种，其中一些却进饭馆上餐桌成为"野味"。有些动物制品难以辨别是来自野外生长还是人工驯养的动物，这就为市场上鱼目混珠、欺骗牟利的现象提供了条件，甚至出现将偷猎的野生动物拿到饲养场"洗白"后高价出售的情况。有的地方名为海鲜市场

实际上已成为野生动物市场，还有的铤而走险从境外大批走私野生动物。这些乱象不仅危害重点保护野生动物的安全，而且存在重大公共卫生安全风险，听之任之后患无穷，确实已经到了不能置之不理的时候了。

新冠肺炎疫情是对我国治理体系和治理能力的一次大考，暴露出我国在公共卫生安全、应急管理体系等方面存在的问题与短板。从法律制度来看，现行野生动物保护法重在保护，主要禁止食用的范围是国家重点保护的珍贵、濒危野生动物，这当然是对的，但法律对于有重要生态、科学、社会价值的陆生野生动物（即“三有”野生动物）和其他非保护类陆生野生动物是否禁止食用没有作出明确规定。这应该是一个漏洞。为有效维护公共卫生安全，回应社会重大关切，必须发挥法律制度防范化解安全风险“保护闸”、“安全阀”的作用，坚持以法治手段管源治本，紧紧抓住“全面禁止食用野生动物”这个突破口，切断威胁人民生命健康的传染源，把公共卫生安全的这一道至关重要的闸门筑牢守好。

第三，这是积极回应社会期待、促进国家和民族永续发展、树立文明大国形象的有力举措。随着我国经济社会发展，崇尚自然、讲求科学、注重健康，已成为人民群众对美好生活向往的重要方面。一段时间以来，社会各界对于滥食野生动物严重威胁公共卫生安全的问题反映强烈。不少全国人大代表、政协委员提出议案、提案要求全面禁食野生动物，专家学者和媒体也对此不断进行呼吁。此次疫情出现并开始蔓延后，广大人民群众通过各种形式和渠道，表达了要求禁止滥食野生动物的强烈呼声。移风易俗、革除陋习，全面禁止食用野生动物，是时代潮流、民心所向、当务之急。及时出台《决定》，依法坚决革除滥食野生动物的陋习，有利于实现更加健康的生活方式，促进社会文明进步，推动国家和民族的长治久安、永续发展；有利于坚持以人民为中心，推进健康中国、平安中国建设，打造安全和谐友好的人居环境；有利于维护生态安全和生物多样性，建立人与自然和谐共处的美丽家园，树立我负责任大国的文明形象。

二、准确理解和把握全面禁止食用野生动物决定的基本内涵

《决定》全文共八条，866 字，虽然篇幅不长，但主题鲜明，内容丰富，导向精准，举措有力。总体来看，《决定》确立了全面禁止食用野生动物、严厉打击非法野生动物交易的制度，以严密的规范、严格的标准、严明的责任，筑起公共卫生安全法治防线。做好《决定》的贯彻实施工作，要准确理解其基本内涵，把握以下几个突出特点。

第一，“史上最严”的全面禁止食用野生动物决定。《决定》立足于严，严就严在“全面”二字上。现行野生动物保护法于 1988 年制定，已经实施 30 多年，期间进行过几次修改，2016 年作过较大修订，主要强调的都是对于野生动物的保护，其规定的禁食范围较窄。据统计，我国自然分布的野生脊椎动物有 7300 多种，还有数量庞大的野生无脊椎动物。目前，列入国家重点保护野生动物名录禁止食用的仅有 406 种。对于“三有”野生动物（根据“三有”野生动物名录，共有 1591 种及昆虫 120 属的所有种）和其他非保护类陆生野生动物，由于没有明确规定禁食，成为威胁人民群众生命健康的潜在风险源。例如，蝙蝠被发现是 SARS 病毒等多种冠状病毒的携带者，果子狸被发现是 SARS 病毒的中间宿主，食用这些动物隐患极大。此外，还有大量人工繁育、人工饲养的陆生野生动物，法律上也没有明确规定禁食。针对以上情况，《决定》清楚地划定了禁食野生动物的红线：首先，强调凡野生动物保护法和其他法律规定禁止食用野生动物的，必须严格执行，不能食用；其次，全面禁止食用国家保护的“三有”陆生野生动物以及其他陆生野生动物，包括人工繁育、人工饲养的陆生野生动物。因此，《决定》是对现行野生动物保护法全面、严格、兜底式的一次补充，消除了法律上的模糊、空白地带，实现了野生动物“应保尽保、应禁全禁”。

同时，《决定》坚持实事求是，没有搞“一刀切”。在规定全面禁食野生动物的前提下，《决定》从实际出发，区分不同情况作出相应规定，做好与畜牧法、渔业法等法律的有效衔接。一是明确规定列入畜禽遗传资源目录的动物属于家畜家禽，适用畜牧法的规定，为可繁育、饲养（包括食用）的具体畜禽品种。这个目录应该是动态调整的，可以根据具体情况定期补充完善。对于人工养殖利用时间长、技术成熟、已为人民群众广泛接受的饲养动物，经科学论证慎重评估后可以纳入家畜家禽范围。二是明确禁食范围不包括鱼类等水生野生动物。考虑到捕捞鱼类等天然渔业资源是一种重要的农业生产方式，也是国际通行做法，渔业法等已有规范，因此，除野生动物保护法等法律法规禁止食用的珍贵、濒危水生野生动物外，不禁止食

用其他水生野生动物。三是允许依法对野生动物进行非食用性利用。按照野生动物保护法、中医药法、实验动物管理条例、城市动物园管理规定等法律法规和国家有关规定，对因科研、药用、展示等特殊需要的，可以对野生动物进行非食用性利用。这既体现了贯彻全面从严禁食野生动物的要求，又从实际出发，保证了科学研究和社会价值需求。

第二，突出保障人民生命健康安全的立法目的。习近平总书记强调，确保人民群众生命安全和身体健康，是我们党治国理政的一项重大任务。全国人大常委会作出《决定》的根本目的，就是保障人民生命健康安全，这一点从《决定》名称上就能直接体现出来。《决定》不仅是野生动物保护法律制度的重要内容，更重要的是国家公共卫生法治保障的重要依据，是国家生物安全法律法规体系的重要组成部分。全面禁止食用野生动物，弥补了重大疫情防控和公共卫生应急管理制度的短板，有利于提高国家生物安全维护治理能力，有利于为人民群众提供更加安全的生态环境。

一方面，《决定》兼顾了人民群众的当前利益和长远利益。全面禁止食用野生动物，尽可能斩断致病源，直接保护人民群众免受来自野生动物病毒感染新发传染病的侵袭，有助于打赢疫情防控这场人民战争。从长远看，全面禁止食用野生动物有利于促进生物多样性，改善我们居住的自然环境，实现人与动物保持合理距离，人类与自然和谐互动、良性循环。另一方面，《决定》保障了人民群众的整体利益。有人说吃“野味”是个人爱好和权利，不影响他人，不应当干涉。从公共卫生防控角度来看，这是一种“只见树木、不见森林”的片面观点。由于滥食野生动物，食用的人、接触的人都有可能成为疫情的“零号病人”，对身边的人、社会公众都会带来潜在的致病风险，这绝不是危言耸听。全面禁止食用野生动物，禁住的是个人口欲，维护的是“舌尖上的安全”，保障的是人民群众生命健康安全的根本性整体性利益。

第三，坚持全链条管控，以严格的法律制度筑牢公共卫生安全法治防线。禁止食用是一个主要目标，但在以食用为目的的链条上还有猎捕、交易、运输等多种行为，如果不全面加以管控，全面禁食就将落空。在现实生活中，有形市场买卖、网络交易、黑市交易、走私贩卖、偷捕盗猎等涉及野生动物的非法行为和活动相当猖獗，滋生大量犯罪行为，在国际上也产生负面影响。

没有食用，就没有交易；没有交易，就没有杀戮。全面禁止食用野生动物，就需要坚决斩断非法野生动物交易的利益链条，对违法猎捕、交易、运输野生动物的行为进行严厉打击，规定更加严格的法律责任予以有力惩治。为此，《决定》明确规定，凡野生动物保护法和其他有关法律明确禁止猎捕、交易、运输野生动物的，必须严格禁止；全面禁止以食用为目的的猎捕、交易、运输在野外环境自然生长繁殖的陆生野生动物。在加强从捕、运、买、卖到食全链条管控的同时，《决定》还明确要求加强对非食用性利用野生动物活动的管理，有关主管部门依法实行严格审批和检疫检验，保证对于人工繁育、人工饲养的陆生野生动物，按照非食用性予以合法利用，实现科研、维护生态等目的，防止非食用性利用野生动物进入食用领域，切实杜绝公共卫生安全风险。

第四，移风易俗、革除陋习，依法引领文明生活新风尚。在我国历史上，食用野生动物确有悠久的传统和习惯。在古代，由于生产力水平低下、食物短缺等原因，捕食野生动物是获取食物来源的一种重要方式，如《诗经》将“不狩不猎”与“不稼不穑”相提并论，《红楼梦》中也有年底收租时进献野生动物的描述。随着现代社会物质生活的极大丰富，人类的食物来源充足多样，已经跨越了靠食用野生动物来维持生存的阶段。野生动物有食用价值，也存在风险和弊端。对此，古人早有认识，《本草纲目》等古籍中对食用野生动物的许多危害已有记载。在人类食物丰足的今天，我们要历史地辩证地看待食用野生动物这个“传统”，要认识到这是可以变革、摒弃和创新的。尤其是现在一些人食用野生动物，不是为了继承“传统”，而是出于猎奇、炫富和“养生”等目的，在价值观上、科学依据上都立不住脚。食用营养与致病风险，丰富饮食与物种减少，大快朵颐与生态破坏，孰轻孰重，答案分明。可以说，全面禁食野生动物，既是遵守法律规定，也是遵循科学规律。

新时代要有新风尚。3 月 2 日，习近平总书记在北京考察新冠肺炎防控科研攻关工作时强调，要坚持开展爱国卫生运动，从人居环境改善、饮食习惯、社会心理健康、公共卫生设施等多个方面开展工作，特别是要坚决杜绝食用野生动物的陋习，提倡文明健康、绿色环保的生活方式。《决定》贯彻习近平生态文明思想，要求各方面积极开展生态环境保护和公共卫生安全的宣传教育，开展移风易俗行动，顺乎国际社会普遍的文明理念，有利于引导全体社会成员自觉养成科学健康文明的生活方式，在全社会形成“不敢吃、不想吃、耻于吃”野生动物的良好饮食风气，依法引领文明生活新风尚。

三、切实做好全面禁止食用野生动物决定的贯彻实施工作

法律的生命力在于实施，法律的权威也在于实施。面对突发的公共卫生安全问题，我们既要看到法律制度供给不足的问题，也要看到已有的一些法律制度并没有得到严格贯彻落实的问题。在开展新冠肺炎疫情防控工作的关键阶段，我们要坚定坚持依法防控、依法治理，在法治轨道上推进各项工作，把《决定》的各项要求落实到位，切实保障人民群众生命健康安全。

第一，抓紧完善相关配套法规制度。有关方面要依据《决定》和有关法律的规定，抓紧制定、调整国家重点保护野生动物名录、“三有”野生动物名录、畜禽遗传资源目录等相关名录和配套规定，细化落实《决定》的各项要求。目前，很多相关产业的农户遇到能不能继续经营、饲养的野生动物后续如何处理等问题，各级政府和执法部门开展相关工作都需要有关配套目录予以明确。这些配套目录和法规是《决定》实施的关键，必须抓紧制定出台。有立法权的地方人大常委会要根据国家的有关名录和规定，因地制宜修改完善相关地方性法规，落实落细上位法规定，保证国家法律和《决定》的有效实施。

第二，加大执法力度，严厉查处违反《决定》和有关法律法规的行为。有关方面要严格执行《决定》，健全执法管理体制，落实执法管理责任，加强监督检查和责任追究，严格查处违法行为。特别是要加强市场监管，严厉打击非法野生动物市场和交易，依法取缔或者查封、关闭违法经营场所。司法机关要依法履职、公正司法，严厉查处涉及野生动物的违法犯罪行为，震慑违法犯罪分子。

第三，加强《决定》的宣传普及和措施保障。要组织动员社会各方面，广泛宣传、正确理解《决定》出台的重要意义和主要内容，大力普及生态环境保护、公共卫生法律法规和科学知识，为有效实施创造良好环境。我国野生动物养殖业具有一定规模，产值较大，从业人员众多。有的地方把野生动物养殖作为重要的扶贫产业，一些养殖户、从业者还是贫困地区的贫困户。《决定》的出台实施，难免会给部分饲养动物的农户带来一些经济损失。《决定》第七条为此专门作出规定，体现了对这种情况的重视、预判和制度安排。有关地方人民政府应当按照要求提供相应保障，根据实际情况及时给予一定补偿，并积极主动支持、指导、帮助受影响的农户识大体、顾大局，稳妥实现调整和转产，尽量减少损失，确保《决定》的贯彻实施取得良好效果。

（本文发表于 2020 年 3 月 19 日《人民日报》第 6 版。）

在中国法学会八届四次会长会议上的讲话

（2020 年 4 月 16 日）

王　晨

同志们：

今天，我们在这里召开第四次会长会议，主要任务是：以习近平新时代中国特色社会主义思想为指导，深入学习贯彻党的十九届四中全会精神和习近平总书记一系列重要指示精神，谋划部署当前和今后一个时期的工作，积极担当作为，狠抓工作落实，加强思想政治引领和法学研究、法学交流、法治实践、法律服务，组织动员广大法学法律工作者在统筹推进疫情防控和经济社会发展工作中充分发挥职能作用。

陈训秋同志对两个文件起草稿作了说明，各位副会长发表了很好的意见，在修改完善文件时要认真研究吸纳。下面，我讲几点意见。

一、关于换届以来的主要工作和成效

2019 年是中国法学会第八届领导机构履职的第一年。换届以来，中国法学会坚持以习近平新

时代中国特色社会主义思想为指导，全面贯彻落实党的十九大和十九届二中、三中、四中全会精神，贯彻党中央决策部署，紧紧围绕保持和增强政治性、先进性、群众性这条主线，坚持改革、规范、管理一并推进，全年工作取得了积极成效，实现了良好开局。

第一，深入学习贯彻习近平总书记关于全面依法治国的重要论述，推动中国特色社会主义法治理论研究取得重要进展。始终把学习贯彻习近平总书记关于全面依法治国的重要论述作为法学会首要政治任务抓紧抓实，设立“习近平总书记全面依法治国新理念新思想新战略形成和发展脉络”重大专项研究课题，初步形成了相关研究成果。通过举办“学习贯彻习近平总书记全面依法治国新理念新思想新战略论坛”、召开“新中国法治建设成就与经验座谈会”、组织教育培训、开展“百名法学家百场报告会”重大法治宣讲和青年普法志愿者法治文化基层行活动等多种形式，在广大法学法律工作者中掀起了学习研究、宣传贯彻的热潮。大家更加充分认识到，习近平总书记关于全面依法治国的重要论述是马克思主义法治思想中国化的最新成果，是全面依法治国的根本遵循，进一步增强了将科学理论贯彻到全面依法治国全过程各方面的自觉性和坚定性。

第二，始终坚持正确政治方向，坚决维护法学领域意识形态安全。制定《中国法学会关于坚决维护党中央集中统一领导进一步加强自身建设的若干规定》等规范性文件，把毫不动摇坚持党的领导，增强“四个意识”，坚定“四个自信”，做到“两个维护”作为法学会领导班子成员、机关干部、会员必须严格遵守的最根本的政治原则和政治规矩。对重大活动、重要事项严把政治关，确保举办的论坛、年会、研讨培训活动和主办的网站、刊物等坚持正确政治方向。发现违反政治纪律、危害政治安全的言行，敢于亮剑、善于发声，防范化解意识形态风险取得积极成效。

第三，认真开展“不忘初心、牢记使命”主题教育活动，紧密配合中央巡视工作，党的建设全面推进。高标准高质量组织开展“不忘初心、牢记使命”主题教育活动，找差距、抓落实和突出问题专项整治成效明显。认真接受中央第八巡视组为期两个半月的巡视，党组切实担负巡视整改主体责任，巡视整改工作取得阶段性成效。以主题教育活动和巡视整改为契机，中国法学会党的政治建设、思想建设、组织建设、作风建设、纪律建设、党风廉政建设和制度建设质量进一步提高。

第四，坚决贯彻党中央决策部署，服务党和国家工作大局。根据党中央相关工作任务部署，切实完成由中国法学会牵头或参与负责的工作任务，有效服务科学决策和法治实践。例如，组织“民法典编纂”立法专家咨询会，对各分编草案提出修改建议；围绕制定《反有组织犯罪法》《加快推进社会治理现代化开创平安中国建设新局面的意见》等，组织起草专家建议稿和课题研究报告；组织召开高空抛物坠物法治工作座谈会，就依法治理高空抛物坠物建言献策；依托综治中心建设法学会工作站，为基层群众提供法律咨询、矛盾调处等服务。这些活动的开展，充分说明新时代法学事业大有可为，进一步增强了我们更好服务党和国家工作大局、服务广大人民群众的信心和决心。

第五，深化法学交流，推动共建“一带一路”法治合作。成功举办中国法治国际论坛（2019），习近平总书记专门向论坛致信祝贺，对于加强国际法治合作、推动共建“一带一路”具有重要指导意义。组织4期培训班，对东盟等39个国家86名法学法律界人士进行培训。举办“两岸和平发展法学论坛”，深化两岸法学交流。

第六，坚持从严要求，加强法学会自身建设。加强对所属研究会的服务、管理和监督，指导、推动研究会做好党建、换届等工作，研究会秘书处实体化建设取得重要进展。认真贯彻中央关于政法领域全面深化改革的部署，督促尚未出台改革方案的省级法学会抓紧制定出台。坚决整治形式主义、官僚主义方面突出问题，切实减轻基层负担；严格控制发文、会议、论坛数量。充分发挥法学会党组把方向管大局保落实的重要作用，加强法学会机关、各级法学会和所属研究会党组织建设。中国法学会政治性、先进性、群众性进一步增强，工作规范化水平明显提升，法学会组织更加坚强有力、更加充满活力。

第七，主动担当，积极作为，投身疫情防控人民战争、总体战、阻击战。疫情发生以来，中国法学会认真学习贯彻习近平总书记关于依法科学有序做好疫情防控工作、统筹做好疫情防控和经济社会发展工作系列重要讲话精神，印发《关于组织动员广大法学法律工作者在统筹推进新冠肺炎疫情防控和经济社会发展工作中充分发挥职能作用的通知》，充分发挥职能和优势，组织广大会员围绕依法科学有序做好疫情防控工作集中攻关，提出对策建议，中国法学会《要报》得到中央领导同志重视和批示。组织编写《依法抗疫—新冠肺炎法律热点 160 问》等,较好发挥了法治高端智库在防控疫情中的重要作用。各地法学会通过组织开展法学理论研究、积极参与疫情防控检验、开展相关法律法规宣传、提供心理疏导服务等方式,为促进疫情防控工作顺利进行发挥了积极作用。

二、关于当前和今后一个时期法学会工作的总体思路和重点任务

今年是全面建成小康社会和"十三五"规划收官之年。当前我国疫情防控阶段性成效进一步巩固,复工复产取得重要进展,经济社会运行秩序加快恢复。同时,国际疫情持续蔓延,世界经济下行风险加剧,不稳定不确定因素显著增多。我国防范疫情输入压力不断加大,复工复产和经济社会发展面临新的困难和挑战。在这种特殊环境和重大挑战面前,我们要更加紧密地团结在以习近平同志为核心的党中央周围,增强"四个意识",坚定"四个自信",做到"两个维护",坚持底线思维,加强对法学法律工作者的思想政治引领和工作指导,在开展法学研究、法学交流、法治实践和法律服务中担当尽责,为统筹推进疫情防控和经济社会发展工作,为确保实现决胜全面建成小康社会、决战脱贫攻坚目标任务贡献力量。

*第一,深入学习贯彻习近平总书记关于全面依法治国的重要论述,推动中国特色社会主义法治理论研究不断深化、拓展和创新。*组织开展好重大课题研究,适时推出一批研究成果。注重从我国法治建设的丰富实践中提炼规律性认识和创新性理论,加快构建中国特色法学学科体系、学术体系、话语体系。加强对中国特色社会主义国家制度和法律制度的理论研究,总结 70 多年来我国制度建设的成功经验,为坚定制度自信提供理论支撑。

要加强疫情防控和经济社会发展重点问题和热点问题研究,更充分地发挥法学会专业性强的特点和人才智力优势。围绕依法防控疫情、全面推进复工复产工作、加强保障和改善民生、加大宏观政策调节力度、坚决完成脱贫攻坚历史任务等重大部署涉及到的法律政策问题,针对"涉疫新型诉讼纠纷"如财产征用、劳动纠纷、合同违约、人身财产保险等问题,针对疫情对外资外贸和"一带一路"建设带来的影响及法律应对等问题,加强调查研究,组织协同攻关,及时从法治角度提供高质量的理论成果和对策建议。要加强战略谋划和前瞻布局,就强化公共卫生法治保障、改革完善重大疫情防控体制机制、健全国家公共卫生应急管理体系等涉及的法律问题加强研究,推动全面加强和完善公共卫生领域法律法规建设。

*第二,认真学习贯彻党的十九届四中全会精神,加强对广大法学法律工作者的思想政治引领。*党的十九届四中全会《决定》作出了"坚持和完善中国特色社会主义法治体系"等任务部署,我们要把学习贯彻全会精神作为一项重要政治任务,引导广大法学法律工作者充分认识我国国家制度和治理体系的科学内涵、本质特征和显著优势,坚定不移坚持和完善中国特色社会主义制度,推进国家治理体系和治理能力现代化。要结合此次疫情防控工作取得的成效,引导广大法学法律工作者充分认识中国共产党领导和中国特色社会主义制度显著优势,将广大法学法律工作者最广泛、最紧密地团结在以习近平同志为核心的党中央周围。要组织法学法律界专家围绕全会提出的重大思想观点、重大制度安排、重大工作部署开展深入研究阐释,推出有深度、有分量的研究成果;在对外法学交流工作中主动向国际社会介绍我国国家制度建设和国家治理取得的成就和经验,主动设置议题,积极创新话语体系,传播中国制度特征。

要坚持党对法学会工作的全面领导,增强政治意识,发扬斗争精神,严格落实意识形态工作责任制。加强对学术会议、课题研究、评奖评优等活动的政治引领,进一步健全严把政治关、政审关制度。加强对重要活动、重要事项、重要人员的政治审核。加强各类意识形态阵地建设和管理,规范党员干部网络行为,坚决防止网站失管、失控。要敢于发声亮剑,加强宣传阐释、解疑释惑,坚决反对和抵制所谓西方"宪政"、"三权鼎立"、"司法独立"、"军队国家化"等错误思潮和负面言论。

*第三,积极投身全面依法治国伟大实践,为党和国家工作大局提供优质法治服务。*要深刻认识法治在国家治理体系和治理能力现代化中的重要作用,深刻认识依法防控在疫情防控中的重要作用,围绕统筹推进疫情防控和经济社会发展工作全力以赴、担当作为,以更强的工作力度、更快的工作节奏,全力推进落实各项工作任务。

要积极参与法治实践。组织动员法学法律工作者积极参与疫情防控和应急处置法律法规风险评估等工作,积极参与依法严惩扰乱医疗秩序、防

疫秩序、市场秩序、社会秩序等违法犯罪,积极参与依法严厉打击妨害疫情防控、企业复工复产违法犯罪,充分发挥政法战线重要组成部分的职能作用,为切实维护社会稳定贡献力量。

要积极参与法律服务工作。对疫情期间和疫情后可能引发的社会矛盾纠纷,要组织法学法律工作者积极参与分析研判、排查化解工作,为重点人群提供有效法律援助,对困难群众进行帮扶救助等,为完善矛盾纠纷源头预防、排查预警、多元化解机制贡献力量。通过组建法律服务团、法律服务组等多种形式,有针对性地开展面向困难行业和中小微企业的法律服务。

要积极参与法治宣传教育和舆论引导工作。深入宣传解读习近平总书记重要指示批示精神和党中央重大决策部署,宣传传染病防治法、野生动物保护法和全国人大常委会有关全面禁食野生动物的决定及其他相关法律法规,加强劳动就业、民生保障以及疫情防控期间维护社会秩序、经济秩序相关法治宣传,引导广大人民群众增强法治意识,依法行动、依法行事。以合同法、劳动法等法律法规为重点,针对企业复工复产中出现的法律问题进行宣传解读,促进企业加强合规管理,防范各类法律风险,依法依规复工复产。

要按照今年的工作安排统筹推进全年工作,坚决贯彻党中央重大决策部署,完成好中央全面依法治国委员会、中央相关部门交办、委托的任务,加强对全面建成小康社会、全面深化改革、全面依法治国、全面从严治党等重大理论和实践问题的研究,更好服务科学决策和法治实践。积极参与编制"十四五"规划以及国家哲学社会科学"十四五"发展规划的调研论证、建言献计工作,积极参与法治人才培养、法学教育改革创新,加大法学研究领军人物、优秀法治人才特别是涉外法治人才培养力度。扎实开展法治宣传,服务人民群众日益增长的法治需求;积极整合资源,指导省、市、县法学会依托综治中心建立法学会工作站(会员之家),进一步发挥法学会在参与社会治理、化解矛盾纠纷、维护社会和谐稳定、建设平安中国中的重要作用。

第四,稳妥开展对外和对港澳台法学交流,积极参加涉外法律斗争。当前国际疫情持续蔓延,我们要严格执行党中央关于疫情防控的相关规定,待国际疫情形势好转后,适时举办中国法治国际论坛,推动共建"一带一路"法治合作,加强"一带一路"法治保障研究。继续积极开展双边、多边法学法律交流,深化同港澳台地区法学法律界的交流合作,办好第九届两岸和平发展法学论坛,加强对港澳台法学法律界青年的教育培训,组织好内地与港澳青年法律交流周、两岸青年法律交流研修班等活动。

强化涉外法治工作,运用法律方式坚定维护国家主权、安全和发展利益。近期,国际社会出现一些污蔑抹黑中国、追究中国国家责任的噪音,少数国际组织、民间组织甚至出面发起诉讼、状告中国,妄图索赔追偿。对此,我们要保持政治定力,提高政治警觉,积极组织包括法学教授、律师、法官等在内的法学专家从法理上进行有力批驳,向国际社会介绍我国坚持依法科学有序做好疫情防控工作的有效措施,介绍在防控工作中彰显的中国共产党领导和中国特色社会主义制度的显著优势,讲好中国抗疫法治故事,积极争取国际社会支持,为抗击疫情、为经济社会发展营造良好外部环境。要加强公共卫生国际法治领域交流与合作,加强相关国际法研究和运用,为维护地区和世界公共卫生安全贡献力量。

三、坚持不懈加强自身建设,不断提升做好新时代法学会工作的能力和水平

以习近平同志为核心的党中央对法学会工作高度重视,我们要认真贯彻落实党中央部署要求,牢记使命担当,加强自身建设,增强工作本领,推动各项工作再上新台阶。

第一,坚决落实中央巡视整改意见,以政治建设为统领,全面提高法学会党的建设质量。要深刻认识对中央和国家机关开展巡视的重要意义,全面落实中央巡视整改要求,把巡视整改与推动改革、完善制度结合起来,与做好日常工作结合起来,切实做好巡视"后半篇文章"。要以巡视整改为契机,以党的政治建设为统领,深化理论武装,夯实基层基础,推进正风肃纪,全面提高中国法学会机关党的建设质量,在深入学习贯彻习近平新时代中国特色社会主义思想上作表率,在始终同以习近平同志为核心的党中央保持高度一致上作表率,在坚决贯彻落实党中央各项决策部署上作表率,更好践行初心使命、履行职能责任。

第二,巩固深化"不忘初心、牢记使命"主题教育成果,确保整改措施落实到位。要把"不忘初心、

牢记使命”作为加强党的建设的永恒课题和法学会全体党员、干部的终身课题常抓不懈，形成长效机制。要以党的创新理论滋养初心、引领使命，从党的非凡历史中找寻初心、激励使命，在严肃党内政治生活中锤炼初心、体悟使命，以只争朝夕、不负韶华的精神状态，把初心和使命转变为埋头苦干、真抓实干的原动力。

第三，以深化改革为动力和抓手，推动地方法学会工作迈上新台阶。要把深化地方法学会改革作为重点任务抓紧、抓实、抓细、抓出成效，进一步完善法学会领导管理体制，健全联系广泛、服务群众的群团工作体系，做好省级法学会年度考核工作，加强地方法学会组织建设，建立健全参与立法、执法、司法、普法等法治领域的工作机制。要鼓励地方法学会在服务中心工作大局和法治建设、治理体系能力建设中创新方式方法，并予以总结推广。

第四，提升所属研究会服务、管理和监督水平，着力发挥研究会的重要平台和阵地作用。要认真履行国务院授权的社会团体业务主管单位职责，加强对所属研究会的服务、管理和监督，积极推进相关研究会在民政部登记，建立健全对未登记研究会年检制度，抓好研究会换届、秘书处实体化等工作，进一步加强法学研究基地管理工作。加强对所属各研究会典型工作经验的总结、推广、交流，充分发挥示范带动作用。全面推进所属研究会党建工作，探索符合实际情况和工作规律的研究会党建工作新模式，履行好政治领导、廉洁自律等职责。研究会专业性强、人才荟萃，一些研究成果此前已通过中国法学会《要报》形式上报，发挥了积极作用。各研究会要继续担负起职责使命，进一步发挥法学法律工作者的积极性主动性，繁荣法学研究，多出重要成果。

第五，从严从实加强机关自身建设，建设让党中央放心、让人民群众满意的模范机关。深入开展党风廉政建设和反腐败斗争，一以贯之、坚定不移推进全面从严治党，加强对干部教育管理监督，加强机关规范化建设，持之以恒抓好中央八项规定及其实施细则的落实，建设风清气正的政治机关。法学会领导班子同志要带头从严要求自己，时刻自重自省自警自励，做到慎独慎初慎微慎友，不断自我净化，防止“围猎”，杜绝损友，管好亲友和身边工作人员，老老实实做人、踏踏实实干事、清清白白为官。要把抓落实作为开展工作的主要方式，动脑子、想办法，不兴伪事，不务虚功，切实把党中央决策部署的各项任务一项一项抓好。要继续加大干部交流力度，增强干部培养质效，激发干部队伍活力，把干部交流和干部培养的成果转化为各方面工作的效能。

同志们，让我们更加紧密地团结在以习近平同志为核心的党中央周围，不忘初心、牢记使命，扎实工作、奋发有为，助力彻底打赢疫情防控人民战争、总体战、阻击战，团结带领广大法学法律工作者坚定不移走中国特色社会主义道路，在全面依法治国伟大实践中作出无愧于时代、无愧于人民的新贡献！

在“2020 年青年普法志愿者法治文化基层行”电视电话会议上的讲话

（2020 年 5 月 12 日）

王　晨

同志们：

今天，我们在这里举行“2020 年青年普法志愿者法治文化基层行”电视电话会议，标志着这项活动如期全面展开。刚才，司法部副部长刘炤同志，共青团中央书记处书记傅振邦同志，北京市委常委、政法委书记、市法学会会长张延昆同志，湖北省法学会会长傅德辉同志，青年普法志愿者代表、中国政法大学副教授刘炫麟同志作了发言，讲得都很好。今年以来，面对突如其来的新冠肺炎疫情，在以习近平同志为核心的党中央坚强领导下，在各方面大力支持下，经过艰苦卓绝的努力，全国疫情防控阻击战取得重大战略成果，展现了中国共产党领导和中国特色社会主义制度的显著优势。疫情发生以来，中国法学会坚决贯彻习近平总书记系列重要指示精神和党中央决策部署，主动担当、积极作为，组织广大法学法律工作者围绕依法科学有序做好疫情防控工作集中攻关，提出对策建议，努力发挥法治高端智库在疫情防控中的重要作用。围绕全面推进复工复产工作，主动介入、提前研究，密切配合参与有关部门出台复工复产、扩大内需、维护企业和职工的合法权益等方面的政策规定。针对我国在重大疫情防控体制机制、公共卫生应急管理体系等方面存在的突出问题和短板加强研究，为提高应对突发重大公共卫生事件提供了理论支持和智力服务。

青年普法志愿者法治文化基层行活动，由中国法学会、司法部、共青团中央联合主办。自2008年5月开展以来，组织动员广大青年普法志愿者，走进企业、社区、学校和广大农村开展普法宣传、法律咨询、法律服务，宣传法律知识，服务法治实践，对于加大全民普法力度、推进法治社会建设起到了十分重要的作用。今年是这项活动开展的第12个年头。去年五四青年节前夕，我们在人民大会堂为青年普法志愿者授旗，启动了青年普法志愿者法治文化基层行活动。2019年以来，全国50多万青年普法志愿者参与了此项活动，遍及2800个县区，开展了64万多场活动，普法受众近1.1亿人次，法治文化基层行活动成绩斐然、效果显著。

2020年是“七五”普法规划的收官之年。青年普法志愿者要始终保持对党的忠诚、对人民的热爱、对法治的信仰，切实增强责任感和使命感，以更加坚定的理想信念、更加强烈的责任担当，投身法治宣传教育和全面依法治国实践之中，深入学习宣传贯彻习近平总书记关于全面依法治国的重要论述，深入学习宣传贯彻习近平总书记关于统筹推进疫情防控和经济社会发展工作的重要讲话精神，把中国特色社会主义法治建设的理论和实践带进千家万户，不断增强广大人民群众的法律意识和法治观念，在波澜壮阔的历史画卷中，书写全面依法治国的时代华章。

下面，我就青年普法志愿者法治文化基层行活动提几点希望。

一、增强政治意识，始终坚持以习近平新时代中国特色社会主义思想为指导

习近平新时代中国特色社会主义思想，是马克思主义中国化的最新成果，是全面依法治国的根本遵循。青年普法志愿者法治文化基层行活动，要以习近平新时代中国特色社会主义思想为指导，深入学习贯彻习近平总书记关于全面依法治国的重要论述，学习贯彻党的十九届四中全会精神，增强“四个意识”，坚定“四个自信”，做到“两个维护”。要深入宣传我国法治建设取得的巨大成就和宝贵经验，使全社会不断增强走中国特色社会主义法治道路的自觉性和坚定性。要深入宣传党中央关于全面依法治国的重大部署，宣传科学立法、严格执法、公正司法、全民守法的实践精神，使全社会了解和掌握全面依法治国的重大意义和总体要求，更好地发挥法治的引领、规范和保障作用。要突出学习宣传宪法，牢固树立宪法权威，推动宪法深入人心，使全社会自觉以宪法为根本准则，让宪法精神、宪法制度、宪法规范落地生根。

二、服务党和国家工作大局，为统筹推进新冠肺炎疫情防控和经济社会发展工作作出新的贡献

青年普法志愿者法治文化基层行活动，要紧紧围绕党和国家工作大局，以统筹推进新冠肺炎疫情防控和经济社会发展工作为中心任务，坚持和完善中国特色社会主义法治体系，大力弘扬社会主义法治精神，着力推进社会主义法治文化建设和法治乡村建设，着力推进“七五”普法规划的全面落实，着力推进法治宣传教育与法治实践相结合，不断满足人民群众日益增长的法治需求，不断夯实全面依法治国的群众基础，为实现“两个一百年”奋斗目标、实现中华民族伟大复兴的中国梦提供有力法治保障。要围绕疫情防控和经济社会发展的重点难点以及人民群众关心的热点问题，以全民普法促进全民守法。要在全国范围内组织开展防控新冠疫情专项法治宣传和实践行动，深入宣传贯彻习近平总书记重要讲话精神，深入宣传党中央关于疫情防控的决策部署，积极配合党和国家统筹推进各项防控工作的有力举措，推进疫情防控和经济社会发展战略部署的落地落实。要围绕强化公共卫生法治保障，积极参与改革完善疾病预防控制体系、重大疫情防控救治体系、健全重大疾病医疗保险和救助制度、建立健全统一的应急物资保障体系，使全社会更加重视加强传染病防治、应急管理、野生动物保护、食品药品监督管理等问题。

当前，新冠肺炎疫情还有很大不确定性。要紧

密结合常态化疫情防控、扎实推进复工复产、保障和改善民生等重要工作，加强对合同法、劳动法等法律法规的宣传解读，促进企业依法依规复工复产，防范各类法律风险。要组织开展专项法律服务，针对疫情引发的劳动就业、合同违约等矛盾纠纷，及时为相关行业和群众提供法律咨询与法律援助，积极推动做好“六稳”工作、落实“六保”任务。要讲好中国抗击疫情故事，大力宣传抗击疫情中涌现出的法学法律工作者的优秀典型和先进事迹，向全社会传递法治正能量。这次新冠肺炎疫情防控是一次加强制度教育的极好机会。法律就是制度，法律制度是国家制度的重要组成部分。在疫情防控和应对中，中西对照、中美对照，制度孰优孰劣，一目了然。美国号称世界上科技最先进、医疗设备最好的国家，号称最讲法治的国家，现实却是确诊数量、死亡数量居高不下，谁的国家制度好、谁的治理能力强、谁的措施更得力，实践是最好的证明。我们的基层行法治宣传要结合这些实际情况，讲好中国制度故事，扩大中国法律、中国制度的影响力和感召力，引导全社会充分认识中国共产党领导和中国特色社会主义制度的显著优势，增强政治定力，坚定制度自信。

三、加大全民普法力度，建设社会主义法治文化，为全面依法治国打下坚实社会基础

全面推进依法治国需要社会各界共同参与。开展全民普法工作，不断增强广大人民群众对全面依法治国的思想认同、感情认同和积极参与，才能更好地弘扬社会主义法治精神，让法治更好地发挥对全社会的引领、规范和保障作用，在全社会打下坚实的法治文化基础。要着力推进群众性法治文化活动的广泛开展，紧密结合“决战决胜脱贫攻坚、全面建成小康社会”的战略部署，紧密结合当前“外防输入、内防反弹”的抗疫决策，紧密结合当前推进经济社会发展、恢复生产生活和工作学习秩序的形势要求，紧密结合宣传学习民法典，深入开展法治宣传教育，增强全社会尊法学法守法用法意识，在法治轨道上推进各项工作。中国法学会、司法部、共青团中央要密切沟通配合，探索全方位、多渠道的普法工作模式，积极建设不同类型、不同特色、不同规模的法治文化阵地和法治文明实践基地，充分发挥法治文化的引领、熏陶作用，不断扩大法治文化建设覆盖面，更好弘扬社会主义法治精神，使人民群众内心拥护和真诚信仰法律。

四、顺应时代潮流，不断创新青年普法志愿者法治文化基层行活动的方式方法

各地要根据疫情实际，以有利于疫情防控的方式开展青年普法志愿者法治文化基层行活动。通过不断创新活动形式，丰富活动载体，统筹推进宣传理念创新、内容创新，开展“法治文化网络基层行”，加大新媒体普法产品开发，提升普法的针对性、时效性、趣味性和精准性，做好法治宣传和法律服务工作。要针对不同时期、不同地域的实际情况，因地制宜采用群众喜闻乐见的形式，以“润物细无声”的方法循序推进、久久为功。在做好“普法四个一”（一堂法治讲座、一场普法宣传、一个模拟法庭、一次法律服务）的基础上，采取知识竞赛、普法上门、问卷调查、书画展览等多种形式，增强法治宣传的吸引力、感染力，积极探索新时代法治宣传工作的新路径，发挥法治文化建设在国家治理体系和治理能力现代化中的独特作用，为统筹推进疫情防控和经济社会发展工作作出新的贡献。刚才，北京市法学会、湖北省法学会等介绍了开展法治文化基层行的一些好的经验做法，我们就是要充分利用互联网、新媒体来讲好法治故事，在网上开展对话、论坛、直播、访谈等，不断创新宣传形式，切实增强宣传实效。

2020 年的抗疫号角一经吹响，广大青年不惧风雨、勇挑重担，在疫情防控阻击战中发挥了重要作用。青年普法志愿者要坚定理想信念、强化责任担当，深入基层，投身实践，敢为人先，锐意进取，在普法宣传中磨练意志和能力，在普法实践中收获成长和喜悦。

同志们，时代在召唤我们，使命催人奋进。让我们更加紧密地团结在以习近平同志为核心的党中央周围，加大普法工作力度，增强全社会法治观念，圆满完成“七五”普法任务，为推进全面依法治国、建设社会主义法治国家作出新贡献。

在《反分裂国家法》实施15周年座谈会上的主持词

（2020年5月29日）

中共中央政治局委员、全国人大常委会副委员长　王　晨

尊敬的栗战书委员长，各位领导，同志们，朋友们：

今天，我们在人民大会堂召开座谈会，隆重纪念《反分裂国家法》实施15周年。

出席今天座谈会的党和国家领导人有：中共中央政治局常委、全国人大常委会委员长栗战书同志，中共中央政治局委员、中央军委副主席许其亮同志，中共中央政治局委员、中央外事工作委员会办公室主任杨洁篪同志，中共中央书记处书记、中央统战部部长尤权同志，两岸企业家峰会理事长郭金龙同志。

出席今天座谈会的还有：中央和国家机关有关部门负责同志，全国人大、全国政协有关委员会负责同志，最高人民法院、最高人民检察院有关负责同志，解放军和武警部队有关负责同志，有关民主党派中央和人民团体负责同志，北京市有关负责同志。

解决台湾问题、实现祖国完全统一，是全体中华儿女的共同愿望，是中华民族的根本利益所在。当前台海形势更加复杂严峻。为贯彻落实习近平总书记在《告台湾同胞书》发表40周年纪念会上的重要讲话精神，回顾展望《反分裂国家法》在打击"台独"分裂势力、维护台海和平稳定、推动两岸关系和平发展、推进祖国和平统一进程方面的独特重要作用，中共中央台湾工作办公室与全国人大常委会法工委今天隆重召开《反分裂国家法》实施15周年座谈会。栗战书委员长等党和国家领导人莅临座谈会，栗战书委员长将发表重要讲话，这充分体现了以习近平同志为核心的党中央对坚决挫败"台独"分裂图谋，坚定捍卫国家主权、领土完整和发展利益，解决台湾问题，推动实现祖国完全统一的高度重视和坚强决心。

刚才，栗战书委员长发表了重要讲话。栗战书委员长的重要讲话，全面回顾了《反分裂国家法》实施15年来两岸关系取得的历史性进展，深刻总结《反分裂国家法》的重要历史和现实作用，深入分析当前两岸关系面临的主要风险和挑战，郑重重申我们有坚定的意志、充分的信心、足够的能力挫败任何形式的"台独"分裂图谋。

统一是历史大势，是正道。"台独"是历史逆流，是绝路。栗战书委员长的重要讲话充分体现了以习近平同志为核心的党中央坚持贯彻"和平统一、一国两制"方针、坚决挫败一切"台独"分裂行径的坚强意志和决心，充分展现了包括台湾同胞在内的海内外中华儿女共同捍卫国家主权、领土完整和发展利益，携手实现祖国完全统一的坚定信念和高昂斗志。

我们要深入学习贯彻习近平新时代中国特色社会主义思想，特别是习近平总书记关于对台工作的重要论述，贯彻落实栗战书委员长的重要讲话精神，继往开来，锐意进取，奋发有为，为推动两岸关系和平发展，推进祖国和平统一进程，完成祖国统一大业，实现中华民族伟大复兴作出新的更大贡献！

在全国人大常委会"十四五"规划纲要编制工作若干重要问题专题调研动员部署会议上的讲话

（2020年6月2日）

王　晨

编制"十四五"规划，是今年党和国家的一项重要工作。围绕"十四五"规划编制开展专题调研，为党中央决策提供参考，是今年常委会监督工作的一个重点。常委会领导同志对这项工作高度重视，栗

战书委员长作出重要指示，我们要认真贯彻落实。刚才，陈竺副委员长、王东明副委员长作了讲话，徐绍史主任委员介绍了调研方案，国家发展改革委胡祖才副主任介绍了"十四五"规划纲要编制工作有关情况，各专门委员会、工作委员会负责同志分别介绍了各自的工作安排，讲得都很好。请大家按照调研方案和工作安排认真组织实施。这里，我再讲几点意见。

一、坚定信心，把思想和行动统一到党中央对形势的分析判断和对工作的决策部署上来

领导制定和实施国民经济和社会发展中长期规划，历来是我们党治国理政的重要方式。从 1953 年制定新中国第一个五年计划到现在，我们党团结带领人民连续实施了十三个五年发展计划、规划，创造了世所罕见的经济快速发展奇迹和社会长期稳定奇迹。今年是全面建成小康社会决胜之年，实施"十三五"规划收官之年、脱贫攻坚决战之年，我们将实现第一个百年奋斗目标。明年，我国经济社会发展将进入"十四五"时期、踏上实现第二个百年目标的新征程。编制好、实施好"十四五"规划，对于确保未来 15 年基本实现社会主义现代化、进而实现第二个百年奋斗目标，具有十分重要的意义。

科学分析国内外形势，准确把握发展大势，是编制好"十四五"规划的基础，也是搞好专题调研的前提。党的十九大作出中国特色社会主义进入新时代，我国社会主要矛盾已经转化为人民日益增长的美好生活需要和不平衡不充分的发展之间的矛盾的重大判断，强调我国发展仍处于重要战略机遇期，在综合分析形势和我国发展条件的基础上，对全面建设社会主义现代化国家作出"两个阶段"战略安排。党的十九届四中全会对坚持和完善中国特色社会主义制度，推进国家治理体系和治理能力现代化作出了"三个阶段"的全面部署。这些重大判断和重大部署，对我国经济社会发展具有长期指导意义，为编制"十四五"规划提供了基本原则和根本遵循。

党的十八大以来，以习近平同志为核心的党中央统筹推进"五位一体"总体布局、协调推进"四个全面"战略布局，推动我国经济社会发展取得了新的重大成就。2019 年国内生产总值近百万亿元，经济总量稳居世界第二位；人均突破 1 万美元，具有重要标志性意义；脱贫攻坚取得决定性成就，生态环境质量持续改善，一系列保障和改善民生政策举措密集出台，人民群众获得感、幸福感、安全感不断增强。特别是面对突然暴发的新冠肺炎疫情，习近平总书记、党中央坚持人民至上、生命至上，领导全党全国人民团结奋战，取得了疫情防控阻击战重大战略成果，保持了经济发展和社会稳定大局。经过这场艰苦卓绝的斗争，中国共产党领导和中国特色社会主义制度的显著优势再次充分彰显，全体人民的国家荣誉感、民族自豪感空前高涨，对以习近平同志为核心的党中央高度信任、高度拥护，同心协力攻坚克难的勇气和信心进一步凝聚。这些，为"十四五"时期的经济社会发展奠定了坚实物质基础，凝聚了强大精神力量。

今年以来，受新冠肺炎疫情冲击，我国经济社会发展面临前所未有的困难和挑战。一季度国内生产总值同比负增长 6.8%，中小企业困难，就业形势严峻，生产生活秩序受到很大影响。同时，我国正处于转变发展方式、优化经济结构、转换增长动力的攻关期，结构性、体制性、周期性问题相互交织，发展质量和效益还不高，创新能力还不强，科技"卡脖子"问题、人口老龄化问题、区域发展不平衡等问题尚未根本解决，民生保障、生态保护、社会治理领域还有不少短板。当前，世界百年未有之大变局向纵深发展，新冠肺炎全球大流行加剧了这一趋势，保护主义、单边主义、逆全球化愈演愈烈，世界经济陷入深度衰退，中美战略博弈加剧，美国对我全方位、多领域展开遏制打压，外部环境的不稳定性不确定性大幅增加。总的看，我国发展进入充满挑战的重要战略机遇期，"十四五"时期经济社会发展的任务十分艰巨。

越是面临困难挑战，越是要统一思想、坚定信心，增强战略自信和必胜勇气。要看到，我国经济稳中向好、长期向好的基本趋势没有变，我国经济潜力足、韧性强、回旋空间大、政策工具多的基本特点没有变。面向未来，我国发展具有一系列有利条件：一是有以习近平同志为核心的党中央坚强领导，有习近平新时代中国特色社会主义思想的科学指引，这是做好我国经济社会发展工作的科学思想指引和根本政治保证。二是有中国特色社会主义制度和国家治理体系，能够集中力量办大事，解放和发展社会生产力，发展和维护最广大人民的根本利益。这是我们的制度优势和制度保障。三是经过新中国成立 70 多年

特别是改革开放 40 多年来的快速发展，我们拥有坚实的制造业基础，有世界上最完整、规模最大的工业体系，有强大的生产能力和完善的配套能力。这是我们经济社会发展的雄厚物质技术基础。四是有包括 4 亿多中等收入群体在内的 14 亿人口所形成的超大规模市场优势和内需潜力，有 1.2 亿多市场主体和 1.7 亿多受过高等教育或拥有专业技能的人才，还有新型工业化、信息化、城镇化、农业现代化快速发展带来的巨大投资需求，以及较高水平的总储蓄率，这是我国经济社会发展的坚强底气。

总之，党的十九大和十九届二中、三中、四中全会已经为我们的未来发展绘制了宏伟蓝图，以习近平同志为核心的党中央提出新发展理念、以人民为中心的发展思想、适应和引领经济发展新常态、坚持稳中求进工作总基调、推进供给侧结构性改革、推动高质量发展、建设现代化经济体系等重要思想和决策部署，为"十四五"时期经济社会发展提供了科学指引和基本思路。我们要深入学习贯彻习近平新时代中国特色社会主义经济思想，以对党、对国家、对人民高度负责的态度，扎扎实实做好这次专题调研，为党中央决策和国务院编制"十四五"规划作出贡献。

二、围绕大局，从人大的职能作用出发提出有价值的意见建议

五年规划是指导我国经济社会发展的重要纲领性文件，涉及经济社会生活的方方面面，需要集中全党全国上下的智慧和力量。全国人大常委会立足自身职能作用，围绕五年规划纲要编制开展专题调研、提出意见和建议，为党中央决策提供参考，也是为全国人民代表大会审查批准五年规划纲要做准备。

2010 年编制"十二五"规划时，全国人大常委会首次围绕规划编制开展专题调研，经过多年探索，已经形成比较成熟的做法，取得了较好的效果。常委会对"十四五"规划纲要编制的专题调研高度重视，栗战书委员长要求，题目选精、选实，契合今后五年经济社会发展的重点难点问题，提出的意见建议一定要具体化、可操作，不能泛泛而谈。这项工作从 2019 年年底就开始谋划，有关专门委员会、工作委员会已经做了前期调研。目前拟出 22 个调研题目，有的涉及多个方面，有的聚焦一个主题，内容覆盖了五大领域，总体是切实可行的。结合今天会议情况，在实际工作中，有些题目也可以再作调整。我们要紧紧围绕习近平总书记重要指示要求和党中央决策部署，从人大角度提出有价值有见地的意见建议。

第一，坚定不移贯彻新发展理念。我国经济已由高速增长阶段转向高质量发展阶段，建设现代化经济体系成为我国发展的战略目标。"十四五"时期及今后的发展，关键是把习近平总书记提出的新发展理念贯彻好落实好。习近平总书记反复强调，新发展理念既有各自内涵，更是一个整体，不能只顾一点不及其余。党中央对贯彻落实新发展理念提出了一系列部署要求，比如，加快建设创新型国家，突出解决关键共性和"卡脖子"技术；实施区域协调发展战略，建立更加有效协调发展新机制；坚持人与自然和谐共生，建设美丽中国；推动"一带一路"建设，形成全面开放新格局；完善公共服务体系，不断满足人民日益增长的美好生活需要，等等。这次调研的 22 个题目，都要把贯彻新发展理念作为重要原则，把注意力集中到解决各种不平衡不充分的问题上来，对照新发展理念深入了解情况、分析解决问题、提出意见建议。

第二，坚持以人民为中心的发展思想。习近平总书记在参加今年人代会内蒙古代表团审议时强调，坚持人民至上、紧紧依靠人民、不断造福人民、牢牢植根人民，把坚持以人民为中心的发展思想落实到各项决策部署和实际工作之中。编制五年规划与人民群众切身利益密切相关，各方面会有不同要求。调研组要始终把人民群众的安居乐业、安危冷暖放在心上，聚焦群众关心的就业、教育、社保、医疗、住房、养老、食品安全、社会治安等实际问题，深入调查研究，广泛听取意见，真正搞清楚人民群众的所思所想所盼，提出有针对性、可行性的建议，推动解决人民群众最关心最直接最现实的利益问题。要把这次专题调研作为践行党的群众路线的一次具体行动，切实加强同人大代表、人民群众的联系，充分听取各方面的意见和呼声，兼顾不同群体、不同方面的利益诉求，广泛凝聚共识，努力做到民有所呼、我有所应。

第三，努力为高质量发展提供制度保障。高质量发展对制度建设提出更高要求。"十四五"时期，我们要建设更高标准的现代产权、市场准入、公平竞争等基础性制度，筑牢市场经济体制根基；要建设更高标准要素市场化配置制度，提高要素配置效率和全要素生产率；要建立更高标准市场监管体

系，守住不发生系统性风险的底线；还要建立更高标准的法治环境，切实保护各类市场主体的合法权益。这次新冠肺炎疫情，暴露出我国制度建设上的一些短板和不足。支持和保障重大改革，推进各方面工作制度化、法治化，人大承担着重要职责。调研组要紧扣推进国家治理体系和治理能力现代化总体目标，深入查找制度机制中的弊端和弱项，查找影响法律和制度全面实施的问题和原因，充分收集完善有关法律和制度的意见建议，在制度供给、制度创新上多思考多研究，努力为推动各方面制度更加成熟更加定型提出有价值的建议，为高质量发展提供法治保障，为进一步做好人大立法工作提供坚实基础。

三、精心组织，高质量完成专题调研任务

这项工作参与单位多、任务重、时间紧，从今天起到 8 月份常委会会议听取审议报告，只有不到 3 个月时间。各专门委员会、工作委员会和常委会办公厅要高度重视、精心组织、加紧工作，按时完成专题调研任务，确保取得高质量调研成果。

一要坚持问题导向。围绕今后五年经济社会发展的重点难点问题深入调查研究，查找问题症结，提出具体化、可操作的意见建议，建议贵在精、不在多。要突出特点，提高质量，务实管用。调研中发现的重大问题、形成的阶段性成果，可以通过简报等形式及时反映，调研完成后抓紧起草调研报告，提供给常委会领导和有关方面参考。每个题目都要确定一名同志作为主要负责人。要增强调研的时效性，尽快启动调研工作。

二要密切协同配合。要在疫情防控常态化前提下，加强工作协同配合，确保调研顺利开展，人员身体健康。各专门委员会、工作委员会和常委会办公厅要结合疫情防控形势和本单位实际作出具体安排，做到“任务、时间、人员、责任”四落实。今年余下的时间只有 7 个月了，各专门委员会、工作委员会都承担了大量工作，又密集在下半年开展，一定要做好统筹安排。同时，请国务院有关部门大力支持配合，共同做好调研工作。

三要展现优良作风。要深入基层、深入群众、深入一线，了解真实情况，不能走形式、走过场。要密切同人大代表、人民群众的联系，吸收相关领域的代表参加专题调研。要严格执行中央八项规定精神，合理安排出差地点和频次，避免扎堆出差；要轻车简从、厉行节约，把对地方的影响降到最小。

会后大家要行动起来，以高度的政治责任感、饱满的精神状态和务实的工作作风，通力合作、扎实工作，确保专题调研达到预期目的，取得积极成果。

在“百名法学家百场报告会”活动组委会会议上的讲话

（2020 年 6 月 11 日）

王　晨

同志们：

今天，我们在这里召开 2020 年“百名法学家百场报告会”活动组委会会议，以习近平新时代中国特色社会主义思想为指导，深入学习宣传贯彻习近平总书记关于全面依法治国的重要论述，围绕认真学习贯彻全国“两会”精神和关于进一步加强法学会建设的意见，安排部署今年“双百”活动相关工作，组织动员广大法学法律专家在统筹推进疫情防控和经济社会发展工作中发挥积极作用。刚才，各成员单位的负责同志讲了意见建议，听后很受启发。

党的十八大以来，以习近平同志为核心的党中央对全面依法治国作出一系列重大决策部署，明确提出要坚持把全民普法和守法作为依法治国的长期基础性工作。习近平总书记高度重视普法工作，多次就推进法治社会建设作出重要指示批示，强调“要加大全民普法工作力度，弘扬社会主义法治精神，增强全民法治观念，完善公共法律服务体系，夯实依法治国社会基础。”习近平总书记关于全面依法治国的重要论述，是做好新时代普法工作的根本遵循。按照习总书

记指示要求，开展好今年的“双百”活动，进一步加强法治宣传教育，对于全面推进依法治国、营造良好法治环境、推动国家治理体系和治理能力现代化具有十分重要的意义。我们要增强“四个意识”，坚定“四个自信”，做到“两个维护”，精心组织、周密部署，进一步提升“双百”活动实效，在全社会弘扬社会主义法治精神，为建设社会主义法治国家作出积极贡献。下面，我讲几点意见。

一、找准新定位，充分发挥“双百”活动积极作用

从1985年至今，我国已先后制定七个“五年普法规划”，连续35年开展全民普法和法治宣传教育活动，取得明显成效。“双百”活动正是伴随着全国普法工作深入开展而形成的一个重要平台和特色活动，有力推动了领导干部带头尊法学法守法用法，在全社会弘扬了法治精神，有效服务了全面依法治国实践。过去一年，“双百”活动覆盖面进一步扩大、影响力进一步提高。面对新形势新任务，“双百”活动要找准新的定位，组织动员广大法学法律专家在法治宣讲中发挥更大作用。

*一是更加自觉主动地深入学习宣传贯彻习近平总书记关于全面依法治国的重要论述。*习近平总书记关于全面依法治国的重要论述，集中体现了我们党在法治领域的理论创新，是中国特色社会主义法治理论的最新成果，是21世纪的马克思主义法治思想。中国法学会坚持把学习贯彻习近平总书记关于全面依法治国的重要论述作为首要政治任务，设立了重大专项研究课题，组织知名法学专家团队，深入研究并形成了相关研究成果。“双百”活动要对这些研究成果进行突出的系统深入的阐述和宣讲，紧紧围绕深入学习贯彻习近平总书记关于全面依法治国的重要论述这一主题，掀起学习研究、宣传贯彻的热潮，引导各级领导干部、高校师生以及广大人民群众增强走中国特色社会主义法治道路的自觉性和坚定性。

*二是更加自觉主动地继续助力常态化疫情防控、统筹推进疫情防控和经济社会发展工作。*在以习近平同志为核心的党中央坚强领导下，全国人民上下一心、众志成城，我国疫情防控阻击战取得重大战略成果。疫情防控斗争实践再次证明，中国共产党领导和我国社会主义制度、我国国家治理体系具有强大生命力和显著优越性，能够在百年未有之大变局中，战胜任何艰难险阻，为人类文明进步作出重大贡献。我们要充分利用“双百”活动这一平台，围绕这次抗击疫情的中国行动，讲清讲透党的领导和我国社会主义制度的优势，讲清讲透法治在疫情防控以及国家治理体系和治理能力现代化中的重要作用。要充分发挥专业性强和人才智力优势，紧密结合常态化疫情防控、扎实推进复工复产、保障和改善民生等重大部署涉及到的法律政策问题，针对“涉疫新型诉讼纠纷”等问题，加强调查研究和宣传解读，以法治的力量助力做好“六稳”工作、全面落实“六保”任务。

*三是更加自觉主动地服务党和国家工作大局，推动重要领域立法的法治宣传教育。*加强重要领域立法工作，以良法保障善治，既包括制定完善国家治理体系和治理能力现代化急需的法律制度，也包括建立健全满足人民对美好生活新期待必备的法律制度。民法典是新中国第一部以法典命名的法律，是新时代我国社会主义法治建设的标志性立法成果。切实实施好民法典，对于推进国家治理体系和治理能力现代化，坚持和完善社会主义基本经济制度、推动经济高质量发展，维护最广大人民根本利益，具有重大意义。作为社会主义市场经济的基本法律，民法典被称为“社会生活的百科全书”。“双百”活动要加强民法典重大意义的宣传教育，真正落实习近平总书记关于“民法典要实施好，就必须让民法典走到群众身边、走进群众心里”的重要指示。要广泛开展民法典普法工作，引导各级领导干部做学习、遵守、维护民法典的表率，提高运用民法典维护人民权益、化解矛盾纠纷、促进社会和谐稳定的能力和水平。5月28日，全国人大通过《关于建立健全香港特别行政区维护国家安全的法律制度和执行机制的决定》。下一步，全国人大常委会将制定相关法律并决定将相关法律列入香港基本法附件三，由香港特别行政区在当地公布实施。这种采取“决定+立法”的方式，就是从国家层面建立健全香港特别行政区维护国家安全的法律制度和执行机制。“双百”活动要组织动员法学法律专家广泛宣传、正确理解《决定》和下一步出台香港维护国家安全法的重要意义和主要内容，依法维护香港长治久安和长期繁荣稳定，确保“一国两制”事业行稳致远。

二、把握新规律，不断增强“双百”活动实效

要从以下两个方面重点探索法治宣讲新的做

法和规律，推动“双百”活动取得更大实效。

一是准确把握分众化、差异化等现代传播规律。作为法学法律界与宣传思想界的跨界结合，“双百”活动既要符合法治建设规律，还要符合现代传播规律。要更加聚焦领导干部和高校师生这两个关键和重点方面，精准满足不同层级、不同地域、不同专业受众的法治需求。去年有些地方开展“菜单式”法治宣讲，加强互动，还有的地方加强事前调研、完善事后反馈，按照“需求”与“供给”进行双向匹配，效果都不错。要在此基础上，不断探索分众化、差异化的改革途径，增强“双百”活动针对性和有效性。

二是积极推进法治宣讲方式创新发展。去年，全国组委会在“学习强国”平台上发布“习近平总书记全面依法治国新理念新思想新战略”专项试题，有近 3000 万人次参与答题，一些地方也以视频连线、电视电话会议形式把省级专场报告开到市、县两级，取得良好效果。在疫情防控形势下，今年的“双百”活动面临新的挑战，以往聚集性、接触式线下活动将受到一定限制。我们要严格执行疫情防控相关规定，主动适应新形势下法治宣传教育的特点和要求，坚持网上网下结合，探索通过视频会议、直播、线上公开课等创新方式开展法治宣讲，不断提高法治宣讲的传播力、引导力、影响力、公信力。

三、探索新机制，努力开创“双百”活动新局面

中央对进一步加强法学会建设十分重视，要求我们积极开展法治宣传，深入开展“双百”活动等形式多样的法治宣讲活动。我们要立足深化全面依法治国实践，根据人民群众新的法治需求，不断探索新的法治宣讲机制。

一是探索建立“双百”活动的制度机制。长期以来，“双百”活动以一年为一个周期，在活动组织流程等方面形成了一定之规。各级组委会要及时总结实践中的好经验好做法，将成熟的经验和做法上升为制度，对行之有效的新形式、新办法、新举措，及时总结提炼，在制度机制层面固化下来，进一步增强法治宣讲工作活力和效能。要梳理“双百”活动组织流程，进一步明确组委会各成员单位职责任务、“双百”活动进入省市县三级党委理论学习中心组等制度，推动“双百”活动规范化、程序化、制度化。

二是探索建立“双百”活动讲师队伍建设机制。各地以往在开展法治宣讲时，有的联系上级部门推荐宣讲专家，有的依托本地高校资源建立宣讲队伍。下一步，要按照系统化、专业化的要求，借鉴各地经验、整合讲师资源、广泛征求意见，与建设高素质法治人才队伍等工作有效衔接，逐步、逐层建立“双百”活动讲师队伍，组建法治宣讲的“国家队”和“地方队”。同时，要依托法学会会员队伍这一资源优势，充分调动和激发广大会员的积极性、主动性、创造性，开展多种形式的法治宣讲活动。

三是探索建立“双百”活动对外宣讲机制。习近平总书记多次强调加强涉外法治建设，做好涉外法治工作，我们要全面贯彻落实，坚定不移维护我国主权、安全、发展利益，积极参与涉外法律斗争，推动“双百”活动向外拓展，借助各类法治国际论坛、研讨会、培训班等平台，向国际社会介绍习近平新时代中国特色社会主义思想，介绍习近平总书记关于全面依法治国的重要论述，宣讲中国共产党领导和中国特色社会主义制度是中国人民的选择，是历史的选择，是符合中国国情、得人心顺民意的，给中国带来了巨大发展变化。中国人民的前进步伐，是任何力量也阻挡不住的。近期，一些西方国家政府、政要借疫情污蔑抹黑中国、“甩锅”中国，少数国际组织、民间组织甚至出面发起诉讼，妄图索赔追偿。对此，我们要保持政治定力，提高政治警觉，坚决予以回击，毫不含糊坚决斗争。法学法律工作者要讲清楚我国坚持依法科学有序做好疫情防控工作的有效措施、对国际社会抗击疫情作出的贡献，讲好中国抗疫法治故事，积极争取国际社会的理解和支持，为营造良好外部环境贡献力量。

同志们，组织好今年的“双百”活动，意义重大、责任重大。我们要坚持以习近平新时代中国特色社会主义思想为指导，深入学习贯彻习近平总书记关于全面依法治国的重要论述，努力开创法治宣讲工作新局面，为决胜全面建成小康社会、夺取脱贫攻坚战全面胜利、实现中华民族伟大复兴的中国梦作出更大贡献！

贯彻以人民为中心的发展思想 高质量做好代表建议办理工作

王　晨

在以习近平同志为核心的党中央坚强领导下，十三届全国人大三次会议于2020年5月22日至28日胜利召开并取得圆满成功。这次大会是在非常特殊的背景下召开的，具有十分重要的意义。会议认真审议并高票通过各项报告、议案，顺利完成预定议程，进一步鼓舞动员全国各族人民团结一心、攻坚克难，确保完成决战决胜脱贫攻坚目标任务，全面建成小康社会。会议期间，近3000名全国人大代表履职尽责、建言献策，提出506件议案、9180件建议，其中建议数量创历史新高。代表们心系大局、深入基层、调查研究，特别是在统筹推进疫情防控和经济社会发展中结合履职工作实际，提出高质量的议案和建议，反映民情民意、汇聚民智民力，充分体现了广大代表参与管理国家事务的政治热情和责任担当，是人民当家作主的充分体现，是社会主义民主政治的生动实践。我们要深入学习贯彻习近平新时代中国特色社会主义思想，贯彻落实十三届全国人大三次会议精神，依法办理代表提出的建议、批评和意见，高质量做好代表建议办理工作。

一、贯彻以人民为中心的发展思想，充分尊重代表主体地位和民主权利，增强办理好代表建议的责任感和使命感

人民至上是我们党执政的最大底气。不忘初心、牢记使命，坚持以人民为中心的发展思想是我们国家制度和国家治理体系的显著优势，是以习近平同志为核心的党中央的鲜明执政理念。在2018年十三届全国人大一次会议闭幕会上，习近平总书记深刻阐述了中国人民的伟大民族精神，要求一切国家机关工作人员，无论身居多高的职位，都必须始终把人民放在心中最高的位置，始终全心全意为人民服务，始终为人民利益和幸福而努力工作。今年大会期间，习近平总书记在参加内蒙古代表团审议时，再次强调坚持人民至上，紧紧依靠人民，不断造福人民，牢牢植根人民，把以人民为中心的发展思想落实到各项决策部署和实际工作之中。习近平总书记的这些重要理念和重要指示，是我们做好人大代表工作、办理好代表建议的指引和遵循。

坚持和完善人民代表大会制度，必须保证和发展人民当家作主。在我们国家，人民通过民主选举产生人大代表，组成各级人民代表大会，代表人民行使国家权力。人大代表作为国家权力机关的组成人员，依法参加人大会议和审议表决，提出议案和建议，反映人民的意愿和呼声，集体讨论、决定国家和地方重大事项。可以说，尊重代表的权利就是尊重人民的权利，保障代表依法履职就是保证人民当家作主。在2019年底召开的深入学习贯彻习近平总书记关于坚持和完善人民代表大会制度的重要思想、加强和改进人大代表工作交流会上，与会同志在学习讨论中有一个重要共识：做好人大代表工作，必须提高政治站位，全力支持和保障代表依法履职，更好发挥代表作用，紧紧依靠代表做好人大工作。

全国人大常委会高度重视加强和改进代表工作，召开会议专题研究部署，健全完善常委会组成人员联系人大代表制度，建立与列席常委会会议代表座谈机制，不断扩大代表对常委会各方面工作的参与；制定并实施关于加强和改进全国人大代表工作的35条具体措施，对做好代表工作提出全面、具体的要求；强调“内容高质量、办理高质量”，“既要重结果、也要重过程”，与各承办单位共同努力，采取一系列新举措，不断提升代表建议办理水平。2019年大会期间代表提出的8160件建议，在法定时限内已经全部办理完毕并答复代表，推动解决了一批人民群众关心的实际问题。

做好今年的代表建议办理工作，要深入学习贯彻习近平新时代中国特色社会主义思想，增强“四个意识”，坚定“四个自信”，做到“两个维护”，不断提高政治站位和理论水平，从尊重人民主体地位、坚持人民至上的高度，深刻认识代表建议办理工作的重大意义

和丰富内涵，认真研究办理代表每一个建议、每一条批评和意见，积极回应民生关切，着力解决好人民群众最关心最直接最现实的利益问题，更好把各方面的智慧和力量凝聚到党和人民的事业中来。

二、聚焦党和国家中心任务，突出代表建议办理工作重点，务求取得实效

今年是全面建成小康社会和“十三五”规划收官之年。突如其来的新冠肺炎疫情，给我国经济社会发展造成了较大冲击和影响。习近平总书记亲自指挥、亲自部署，以巨大的政治勇气和强烈的历史担当，坚毅果敢地作出一系列重大决策，率领全党全军全国人民投身疫情防控人民战争，疫情防控阻击战取得重大战略成果。党中央科学研判、精准施策，紧扣全面建成小康社会目标任务，提出了统筹推进疫情防控和经济社会发展工作、坚持稳中求进工作总基调、坚决打好三大攻坚战、做好“六稳”工作、落实“六保”任务等一系列重大决策部署，这些都是今年党和国家工作的重中之重。

代表们提出的 9180 件建议，是贯彻习近平总书记提出的“观大势、谋全局、议要事”要求，在深入调研、思考的基础上精心准备的，建议内容围绕大局、贴近民生，坚持问题导向，来自基层一线。从汇总分类的情况看，涉及科教文卫、发展规划和建设项目、社会及公共事务等领域的建议数量居多，占建议总数的一半以上。例如，关于“疾病防疫”的建议数量同比增加了 179%，关于医疗体制改革的建议数量达 474 件，反映出代表对总结疫情防控经验、补齐公共卫生安全体系建设短板和漏洞的迫切期盼。关于发展规划、建设项目和综合经济方面的建议有 1707 件，占建议总数的 18.6%，其中还有不少是以代表团名义提出的，说明代表对研究编制“十四五”规划十分关心。作为今年政府工作的重点内容，做好“六稳”、“六保”工作同样是代表普遍关注的热点问题，相关建议数量也比较多。

中央和国家机关各承办单位要牢记初心使命，履行好法定职责，把办理代表建议同贯彻落实党中央决策部署结合起来，同解决群众普遍关心的突出问题结合起来，同改进工作、健全机制结合起来，积极研究采纳代表提出的建议举措，以实际行动践行为人民用权、为人民履职、为人民服务。要加强调研和协商，突出重点，抓住关键，努力将有价值、高质量的建议转化为深化改革、破解难题、推动发展的政策措施，转化为加强和改进各方面工作的助力和动力。

做好重点督办建议办理工作，是增强代表建议办理实效的重要抓手。今年重点督办的代表建议有 9 项、涉及 4 个方面：一是健全国家公共卫生应急管理体系，贯彻落实野生动物保护法及全国人大常委会有关决定，全面禁止非法食用野生动物；二是全面强化就业优先政策，保持制造业产业链供应链稳定性和竞争力，统筹推进疫情防控和经济社会发展工作；三是围绕打好打赢三大攻坚战，持续推进脱贫攻坚与乡村振兴战略有效衔接；四是围绕研究编制“十四五”规划，推动实施区域发展战略，建设世界科技强国。牵头办理单位和有关承办单位要高度重视这些重点督办建议，集中力量研究办理，以重点带全面，务求取得更多实际成效。全国人大有关专门委员会要积极参与，与代表和承担单位密切沟通，强化跟踪督办。

三、加强同代表的沟通联系，完善办理建议的工作机制，凝聚共识、形成合力

健全有效的工作机制，是保证代表建议办理质量和效率的基础。全国人大常委会 2018 年修改了《全国人大代表建议、批评和意见处理办法》，2019 年出台了关于加强和改进全国人大代表工作的具体措施，这些举措都对促进代表建议办理工作制度化、规范化提出了明确要求。

多年以来，各承办单位在代表建议办理工作实践中积累形成了一整套有效的工作制度机制，特别是普遍注重与代表的沟通联系，基本做到了与提出建议的领衔代表沟通后再答复。有的单位与代表见面沟通的比例不断上升，主动上门拜访代表或者邀请代表参加调研。有的单位不仅实现了“人来人往”，还努力做到“常来常往”，这些都赢得了代表的普遍认可。通过全方位、深层次、多样化的沟通联系，拓宽了中央和国家机关了解民情、汇集民智的渠道，提高了建议办理的针对性和科学性，也使越来越多的代表更深入全面了解中央和国家机关工作情况，保障了代表知情知政。

我们要在以往工作的基础上，进一步落细落实工作举措，加强同代表的沟通和联系，积极回应代表关切。承办建议较多的单位，可以结合代表

建议反映比较集中的主要问题或者同类问题召开座谈会、研讨会，邀请代表“面对面”沟通情况，一起研究办理方案。对于以代表团名义提出的189件建议，有关承办单位要认真听取相关省（区、市）人大常委会的意见，共同做好办理工作。在疫情防控常态化的情况下，“人来人往”、见面沟通的机会有所减少，但可以通过视频连线、电话沟通等灵活多样的方式，创造条件加强同代表联系，耐心细致地做好沟通情况、说明解释等工作。全国人大和地方人大的代表联络工作机构，要为各承办单位联系代表提供便利，为代表参与建议办理工作做好服务保障。

“重答复、轻落实”，“有答复、没下文”，是多年来各级人大代表反映强烈的问题，虽然有不少改进，但仍要高度重视。实践中，代表建议的办理结果一般有三种情形：一是所提问题已经解决或者所提意见已经采纳。二是所提问题已经列入工作计划或者规划，需要继续推进、逐步解决。三是所提问题暂时难以解决或者确实无法解决，需要做好说明解释工作。其中，第一、二种情形一般占70%以上，例如2019年大会期间代表提出的8160件建议中，所提问题得到解决或者计划逐步解决的占71.3%。对于计划逐步解决的代表建议，虽然已经书面答复了代表，但办理工作并没有真正结束。为此，全国人大常委会建立了代表建议答复承诺解决机制，要求承办单位加强综合分析，建立答复承诺事项台账，抓好跟踪落实工作，并及时向代表通报落实情况。国务院常务会议研究部署代表建议办理工作时，明确要求建立台账挂牌督办，答复承诺要做的工作必须尽快落实。各承办单位都要把落实答复承诺事项作为检验办理成果、自觉接受监督的重要环节。要抓紧抓实2019年答复承诺解决事项的跟踪督办工作，及时向代表反馈工作进展和落实情况。同时，结合今年代表建议办理工作，建好2020年答复承诺解决事项的台账，推动这项工作常态化、长效化。全国人大常委会办公厅要加强协调督促，会同各单位完善答复承诺解决机制的具体工作办法，共同提高代表建议办理工作水平。

今年的代表建议办理工作时间紧、任务重、要求高。我们要深入学习贯彻习近平总书记关于代表工作的重要论述，通力协作，密切配合，高质量办理好代表建议，助力统筹推进疫情防控和经济社会发展工作，为完成全年经济社会发展目标任务、实现第一个百年奋斗目标作出应有贡献。

（本文为中共中央政治局委员、全国人大常委会副委员长王晨同志2020年6月9日在十三届全国人大三次会议代表建议、批评和意见交办会上的讲话，发表于《求是》2020年第13期，有删节）

在深入贯彻实施疫苗管理法座谈会上的讲话

（2020年8月25日）

王　晨

我们召开这次座谈会，就是要深入贯彻落实习近平总书记重要指示精神和党中央决策部署，进一步贯彻实施和运用宣传好疫苗管理法，为推动疫苗的研制、开发、生产、接种、等各项工作提供法治支持和保障。

疫苗是人类在医学领域最重大的发明之一，也是预防控制传染性疾病最有效、最经济的手段。2019年6月29日，十三届全国人大常委会第十一次会议高票通过疫苗管理法。作为世界上首部综合性疫苗法律，疫苗管理法的制定实施，是贯彻落实习近平总书记坚持以人民为中心的发展思想、改革和完善我国疫苗管理体制的重要举措，是在医药卫生领域推进国家治理体系和治理能力现代化的重要实践，是我国疫苗领域法治建设的一项标志性成果，开辟了依法促进保障疫苗事业发展的新局面。

疫苗管理法通过后，各方面围绕法律贯彻实施做了大量工作。全国人大常委会召开法律宣传贯彻座谈会，教科文卫委、法工委通过立法解读、阐释等工作主动宣介疫苗管理法，督促推动法律配套规定的制定修改。国务院有关部门和其他各方面密切配合，建立疫苗管理部际联席会议制度，推动疫苗管理体制进一步改革完善，加强疫苗研制创新，保障生产供应，优化流通配送，规范预防接种，提升监管能力，严厉打击疫苗违法行为。通过各方面的共同努力，疫苗管理法得到有效贯彻实施，取得良好的法治效果和社会效果，得到人民群众广泛支持和赞同，重塑了全社会对我国疫苗安全的信心。

疫苗是件大事，必须高度重视、常抓不懈。疫苗作为一种特殊药品，关系人民生命健康，关系公共卫生安全，是国家战略性、公益性产品，从长远看其重要性将愈加突显。刚才，各参会单位负责同志、疫苗研发生产企业和疾控机构代表从不同角度，围绕疫苗管理法的贯彻实施和当前疫苗研制、生产、流通、预防接种中的情况和问题作了发言，讲得都很好，对深入贯彻实施好这部法律将起到重要推动作用。大家提出的工作思路和考虑，针对性很强，希望下一步抓紧抓好抓实。下面，我讲几点意见。

一、深入贯彻落实习近平总书记重要指示精神，坚持运用法治思维和法治方式做好新冠病毒疫苗相关工作

党的十八大以来，以习近平同志为核心的党中央高度重视人民群众生命健康安全，要求用最严谨的标准、最严格的监管、最严厉的处罚、最严肃的问责加快建立科学完善的食品药品安全治理体系。2018 年长春长生公司问题疫苗案件发生后，习近平总书记多次作出重要指示批示，要求一查到底，严肃问责，依法从严处理，加快完善疫苗药品监管长效机制，完善法律法规和制度规则。2018 年 9 月，习近平总书记主持召开中央全面深化改革委员会第四次会议，要求抓紧完善相关法律法规，尽快解决疫苗药品违法成本低、处罚力度弱等突出问题。

贯彻落实习近平总书记重要指示精神，全国人大常委会党组召开会议专题研究疫苗管理立法问题，一致赞同就疫苗管理进行专门立法，并建议作为一项重点立法任务予以推进。在报经习近平总书记和党中央同意后，全国人大常委会充分发挥在立法工作中的主导作用，教科文卫委、法工委与市场监管总局、国家卫健委、国家药监局等有关部门加强沟通协调，推动成立疫苗管理法起草工作小组，坚持立法质量与立法效率相统一，在半年多的时间里顺利完成了制定疫苗管理法这一重大任务，创造了立法的“特快”速度，受到各方面积极评价。疫苗管理法自 2019 年 12 月 1 日施行后不久，我国就发生了新冠肺炎疫情，亟需新的疫苗来助力疫情防控。疫苗管理法对疫苗研发创新、生产、流通、预防接种全链条管理作了全面系统的规定，为新冠肺炎疫苗研发及生产使用提供了有力法治保障。

新冠肺炎疫情发生后，习近平总书记高度重视疫苗在维护人民生命安全和身体健康中的重要作用，多次对疫苗研发、临床试验和上市使用等作出重要指示。2020 年 1 月 25 日农历正月初一，习近平总书记主持召开中央政治局常委会会议，在讲话中强调加快疫苗研发，提高疫情防控的科学性和有效性。3 月 2 日，习近平总书记在北京专程考察新冠肺炎防控科研攻关工作，对新冠肺炎疫苗工作又提出明确要求，强调疫苗作为用于健康人的特殊产品，对疫情防控至关重要，对安全性的要求也是第一位的；要加快推进已有的多种技术路线疫苗研发，同时密切跟踪国外研发进展，加强合作，争取早日推动疫苗的临床试验和上市使用；要推进疫苗研发和产业化链条有机衔接，加快建立以企业为主体、产学研相结合的疫苗研发和产业化体系，建立国家疫苗储备制度，为有可能出现的常态化防控工作做好周全准备。习近平总书记多次强调要加大疫苗研发力度，同临床、防控实践相结合，注重调动科研院所、高校、企业等的积极性，在确保安全性和有效性的基础上推广有效的临床应用经验，力争早日取得突破。

习近平总书记的重要指示深刻阐明了疫苗在疫情防控中的重要作用，为我们打赢疫情防控人民战争、总体战、阻击战，尽快攻克疫情防控重点难点问题，加强疫苗管理相关工作提供了遵循和指南。我们要把思想认识统一到习近平总书记的重要指示要求上来，从保障人民生命安全和身体健康、防范化解重大公共卫生风险、提升国家治理体系和治理能力现代化、维护国家安全和长治久安的高度，深刻认识、全面贯彻习近平总书记关于加强疫苗管理的重要指示精神，以实际行动推动疫苗管理法深入贯彻实施。

二、依法促进疫苗研发，推动疫苗生产供应

目前，境外疫情扩散蔓延势头尚没有得到有效遏制，我国“外防输入、内防反弹”任务依然艰巨。

在疫情还有很大不确定性的形势下，疫苗研发及生产供应至关重要，是疫情防控的核心关键之一。防范化解重大疫情和突发公共卫生风险，尽快推出安全有效的疫苗产品，事关人民生命健康，事关国家安全和发展，事关社会政治大局稳定。新冠肺炎疫情发生以来的实践证明，习近平总书记和党中央关于制定实施疫苗管理法的决策部署是完全正确、及时有效的，具有很强的前瞻性和战略性。加大疫苗研发力度，争取早日取得突破，是贯彻落实习近平总书记关于加强疫苗管理重要指示精神和党中央决策部署的需要，是积极回应人民群众期待、维护人民生命安全和身体健康的需要，是尽快攻克疫情防控重点难点问题、巩固疫情防控人民战争成果的需要。

为促进疫苗研发，加快新型疫苗上市，疫苗管理法规定多项制度举措。一是明确支持方向，规定国家制定相关研制规划，安排必要资金，支持新型疫苗的研制。二是推动疫苗技术进步，鼓励疫苗上市许可持有人加大研制和创新资金投入，优化生产工艺，提升质量控制水平。三是对疾病防控急需疫苗的研发作出有针对性规定，包括联合攻关、优先审评审批、附条件批准、一定范围和期限内紧急使用等制度。通过这些制度举措，疫苗管理法释放了一系列制度红利，在保证疫苗质量和安全性的基础上，最大限度提速研发。

为推动疫苗生产供应，疫苗管理法第一条开宗明义，将“保证疫苗质量和供应”作为一项重要的立法目的，并在整部法律中将生产供应摆在突出位置。一是完善工作机制，要求国务院和省级政府建立部门协调机制，定期分析疫苗安全形势，保障疫苗供应。二是对传染病暴发、流行时的疫苗生产、供应和运输等作了专门规定，特别是针对预防、控制传染病疫情或者应对突发事件急需的疫苗，规定了“免予批签发”制度，加速推动生产。三是加强风险应对，当疫苗存在供应短缺风险时，国务院有关部门要采取有效措施，疫苗上市许可持有人要依法组织生产。四是强化战略物资储备，实行中央和省级两级储备，加强储备疫苗的产能、产品管理，建立动态调整机制。五是完善信息共享，建立疫苗质量、预防接种等信息共享机制，加强相关主体之间的交流沟通。这一系列制度措施，以完善的机制、严明的责任、严格的措施，为保障疫苗生产供应提供了制度保证。

疫苗被视为防控疫情最有力的武器，各国都在加紧研发生产。我国在疫情发生后迅速完成新冠病毒测序，并与世界各国分享，为疫苗研发打下基础。国务院有关部门认真贯彻落实党中央决策部署，设立科研攻关组疫苗研发专班，组织专家团队同时推进多条技术路线的疫苗研发，还启动了境外III期临床试验工作，目前我国疫苗研发总体处于国际领先位置。这是全国科技战线积极响应党中央号召，拼搏奋斗、共同努力的结果。

我国疫苗研发已经进入关键阶段，相关部门要在前期依法办事取得成效的基础上，毫不松懈、再接再厉，继续严格按照法律规定，认真履行法定职责，进一步把疫苗管理法赋予的制度手段用足用好，通过有关保障和激励措施，充分调动各种资源、动员各方力量，在法治轨道上全力加快推进疫苗研发及生产供应各项工作，争取早日推出高质量的疫苗，确保我国疫苗产品安全有效、经得起实践和历史检验。要提前做好大规模生产准备，推动企业进一步扩大疫苗产能，保障疫苗生产供应，满足各方面疫苗需求，坚决打赢疫情防控这场硬仗。

除了新冠肺炎疫苗外，其他疫苗也要进一步做好保障工作。近期，我在有关材料上看到狂犬疫苗供应出现“紧平衡”，还有的地方疫苗短缺。一些群众为了接种狂犬疫苗需要跨省跨市，付出额外的时间、精力和费用。据材料反映，全国狂犬疫苗年需求量为1300万人份到1600万人份，但国内疫苗年产能仅1000万人份，仍存较大缺口，这就意味着还有几百万人的疫苗不能保证。狂犬病致死率高，狂犬疫苗是“救命疫苗”，需要在犬伤后第一时间接种，否则将对人民生命健康造成极大威胁。究其原因，除了前期新冠肺炎疫情对疫苗运输造成影响外，个别疫苗企业停产导致产量减少，一些基层疾控机构、接种单位疫苗库存分布不均也是重要原因。此外，2018年以来，有的省份百白破疫苗出现不同程度的供应紧张或者短缺情况，对国家免疫规划疫苗接种工作也造成一定程度的影响。这些情况表明，我国疫苗生产、供应、接种等环节还有不到位的地方，疫苗管理法的制度要求还未得到有效落实。秋冬季马上就要到来，群众对流感疫苗、肺炎疫苗的需求可能会增加，还有宫颈癌疫苗等供应紧张的品种，有关方面要提前研判形势，做好生产、流通、接种等各环节工作，提高供应保障水平。

刚才大家也谈到，应对近期疫苗供应“紧平衡”问题，疫苗管理部际联席会议制度发挥了积极作用，加强部门协作配合。国家卫健委、工信部、国家药监局等采取了积极行动，提出了具体措施，下一步关键是要落到实处，严格执行疫苗管理法的规定，还可研究对有关制度作进一步完善，充分调动各方面的积极性，更好做好疫苗供应保障工作。

三、深入贯彻实施疫苗管理法

法律的生命力在于实施，法律的权威也在于实施。面对突发的公共卫生安全问题，我们既要充分发挥相关法律制度的作用，也要看到已有的一些法律制度并没有得到严格贯彻落实。要全面有效深入贯彻实施疫苗管理法，特别是针对疫苗领域存在的突出问题，重点抓好法定职责、重要制度、关键措施的落实，坚定推进依法防控、依法治理，切实维护人民生命安全和身体健康。

第一，各有关方面要认真履行法定职责，把法律规定的制度措施落实到位。疫苗管理法对疫苗研制、生产、流通、预防接种作出了系统全面的规定，明确了政府及其有关部门、有关方面的责任义务。要发挥好疫苗管理部际联席会议制度的作用，加强部门间联动、上下级联动，定期分析疫苗安全形势，统筹研究疫苗管理工作中的重大问题，形成权责清晰、运行高效的疫苗管理体系。各级政府及其有关部门要按照各自职责分工严格依法履行职责，为疫苗事业发展提供政策支持和条件保障。疫苗上市许可持有人、疾控机构、接种单位以及其他各相关主体也要履行各自责任，严格落实疫苗管理法的各项规定。全国人大常委会依法监督法律的实施，将在适当时候开展疫苗管理法实施情况的检查或者专题调研，推动疫苗管理法正确有效实施。十三届全国人大常委会强化公共卫生法治保障立法修法工作计划已将疫苗管理法纳入开展深入评估的项目，对疫苗研发生产、监督管理实践中提出的问题，有关方面要加强研究论证，有必要又可行的，可提出法律修改需求，作出有针对性的制度安排。

第二，抓紧完善相关配套法规制度。经梳理，疫苗管理法中需要制定配套规定的条文有 16 个之多，实施中可能需要制定新的配套规定。目前，药品注册管理办法、疫苗追溯标准规范、药物临床试验机构管理规定等已出台，有些是沿用已有的配套规定，不少配套规定还在制定、修改过程中。从实践来看，不少关于疫苗管理法的实施问题，比如疾控机构配送非免疫规划疫苗收取存储、运输费用问题，儿童入托、入学预防接种证查验问题，预防接种异常反应补偿后续如何处理问题等，各级政府及有关部门在开展相关工作时都需要有关配套规定予以明确。有关方面要依据法律规定，抓紧对相关法规、规章、标准和规范进行梳理，落实落细上位法规定，确保疫苗管理法落地生根、有效实施。

第三，加大执法力度，严厉查处违法行为。疫苗管理法规定，国家对疫苗实行最严格的管理制度。有媒体对该法冠以“史上最严”的称谓。特别是在法律责任制度方面，着力落实“四个最严”要求，对涉及疫苗领域危害公共安全的违法犯罪行为，坚决严厉处罚，明确构成犯罪的，依法从重追究刑事责任。有关方面要严格执行疫苗管理法的规定，健全执法管理体制，落实执法管理责任，严惩重处违法行为，落实处罚到人，严肃责任追究。对长春长生公司那样利欲熏心、无视规则的不法疫苗企业，对那些敢于挑战道德和良知底线的人，要严厉打击，决不姑息。

第四，以法开路、靠法保障，做好向国际社会提供高质量疫苗的准备。疫苗管理法坚持以人为本，规定全面详细，体现世界潮流，符合国际惯例。这部法律的制定和实施，有利于增强我国疫苗的合法性、正当性、规范性、权威性、安全性和可靠性。在开展新冠病毒疫苗国际合作过程中，要以法开路，在国际上加大对我国依法推进疫苗相关工作的宣介力度，从法治角度讲好“中国疫苗故事”，重点强调中国疫苗研发生产等工作都是严格依照疫苗管理法各项规定和国际通行规则进行的，积极稳妥向世界推出高质量、可负担的新冠病毒疫苗。要靠法保障，推动疫苗“走出去”，积极运用法治方式和法治手段，及时澄清事实，驳斥不实炒作，回应各方关切，维护中国疫苗良好的国际形象，提升我国疫苗在国际公共卫生领域的话语权和影响力。

面对新冠肺炎疫情这场百年未有的重大突发公共卫生事件，我们要增强“四个意识”，坚定“四个自信”，做到“两个维护”，进一步强化忧患意识，切实履职尽责，主动担当作为，坚持运用法治思维和法治方式推动发展、解决问题，深入贯彻实施好疫苗管理法，为战胜新冠肺炎疫情提供高质量的疫苗，为维护人民生命安全和身体健康、维护国家战略安全作出更大贡献。

在天津开展贯彻新发展理念推动高质量发展立法调研时的讲话

（2020 年 9 月 4 日）

王　晨

同志们：

这次来天津开展贯彻新发展理念、推动高质量发展立法调研，主要是深入了解天津经济社会发展、科技创新、生态环境保护的新进展新成效和地方立法的创新实践，听取对国家立法的意见建议。天津市委、市人大、市政府对此次调研十分重视，鸿忠书记主持今天的座谈会作了重要讲话。国勋市长出席会议。段春华主任介绍了市人大及其常委会有关工作情况，马顺清常务副市长和科技局、工业和信息化局、生态环境局等负责同志分别介绍了相关工作。天津市委、市人大、市政府坚决贯彻习近平总书记重要指示精神和党中央决策部署，克服一系列困难和挑战，经济社会发展取得来之不易的成绩。市人大积极履行法定职责，推动立法、监督等各项工作取得新成绩，特别是在贯彻新发展理念、以高质量立法推动高质量发展、着力加强科技创新、生态环境保护立法方面，有许多好的做法，探索和积累了有益经验。

下面，我讲几点意见。

一、深入学习贯彻习近平新时代中国特色社会主义思想，把思想和行动统一到党中央决策部署上来

今年是全面建成小康社会决胜之年，也是实施“十三五”规划收官之年。突如其来的新冠肺炎疫情，对我国经济社会发展产生巨大冲击。以习近平同志为核心的党中央坚持把人民生命安全和身体健康放在第一位，统筹推进疫情防控和经济社会发展工作，党和国家各项事业取得新的重大成果。当前，环顾世界，中国可以说是“风景这边独好”。我们要以习近平新时代中国特色社会主义思想为指导，深入贯彻创新、协调、绿色、开放、共享发展理念，奋力推动高质量发展，构建新发展格局，注重法律法规建设，为全面建成小康社会、开启全面建设社会主义现代化国家新征程作出新贡献。

*一是充分认识新冠肺炎疫情的影响，统筹推进常态化疫情防控和经济社会发展工作。*今年因受新冠肺炎疫情影响，我国经济社会发展下行压力较大，中小企业发展困难，就业形势严峻，人民生产生活受到很大影响。同时，我国正处于转变发展方式、优化经济结构、转换增长动力的攻关期，结构性、体制性、周期性问题相互交织，民生保障、生态保护、社会治理还有不少短板。目前境外疫情还在扩散蔓延，我国“外防输入、内防反弹”任务仍然十分繁重。人大工作、立法工作要适应疫情防控常态化要求，积极应对、善作善成，做到制度建设始终紧跟实践需要，有效发挥法治的促进和保障功能。

*二是深刻认识和准确把握我国经济社会发展外部环境的变化，妥为应对世界百年未有之大变局。*当前，世界进入动荡变革期，新冠肺炎全球大流行加剧了这一趋势。9 月 3 日，在纪念中国人民抗日战争暨世界反法西斯战争胜利 75 周年座谈会上，习近平总书记发表重要讲话，强调要弘扬伟大抗战精神，锲而不舍为实现中华民族伟大复兴而奋斗。习近平总书记在讲话中特别强调了“五个绝不答应”，铿锵有力、掷地有声，充分反映了中国人民的共同心声。面对新征程上各种风险挑战，我们要迎难而上，增强斗争精神，提升斗争本领，勇于战胜前进道路上的一切困难和挑战。

针对近年来反中乱港势力同一些外国和境外势力相互勾结、利用香港从事危害我国国家安全的活动，今年全国人大及其常委会分别就建立健全香港特别行政区维护国家安全的法律制度和执行机制作出决定，制定《香港特别行政区维护国家安全法》，为全面贯彻“一国两制”方针、维护国家安全和香港长期繁荣稳定提供了有效法治保障。在许多重要工作中，人大工作是一线、是火线，我们要切实担负起宪法法律赋予的职责，以法治方式和手段坚决维护我国主权、安全和发展利益。同时，要坚持对外开放，创造更好的法治营商环境，吸引世界经

济、科技、文化先进企业融入我国市场，推动我国科技进步、经济高质量发展。

三是深刻认识和准确把握党中央对我国经济形势的重大判断，贯彻新发展理念，推动高质量发展。“十四五”时期是我国乘势而上开启全面建设社会主义现代化国家新征程、向第二个百年奋斗目标进军的第一个五年，我国将进入新的发展阶段。全国人大和省级人大都承担着审查批准国民经济和社会发展规划的重要职责，承担着落实“十四五”规划涉及的立法等方面重要任务。我们要把思想和行动统一到党中央决策部署上来，以辩证思维看待新发展阶段的新机遇新挑战，统一思想，坚定信心，努力在危机中先机，在变局中开创新局。要牢牢把握扩大内需这个战略基点，大力保护和激发市场主体活力，提高产业链供应链稳定性和竞争力，提升供给与国民经济、社会发展需求的适配性，加快形成以国内大循环为主体、国内国际双循环相互促进的新发展格局，以高质量立法推动高质量发展，保障“十四五”规划顺利实施。

二、紧紧抓住科技创新这个关键，依靠制度优势持续不断催生新发展动能

创新驱动发展战略是强化现代化经济体系的战略支撑，是关系发展全局的重大问题。我国科技实力正处于从量的积累向质的飞跃、点的突破向系统能力提升的重要时期，同时又面临国际科技交流的外部环境发生剧烈变化的影响。习近平总书记反复强调，关键核心技术是要不来、买不来、讨不来的。最近发生的美西方打压制裁华为等企业充分证明了这一论断。我们要直面现实，逆势而上，刻苦攻关，大力提升自主创新能力，尽快突破关键核心技术，把创新主动权、发展主动权牢牢掌握在自己手中，实现依靠创新驱动的内涵型增长，推动新发展格局落地落实。

天津高校云集、人才荟萃，具有国家在自由贸易试验区、自主创新示范区等方面给予的政策支持优势，可谓是“天时、地利、人和”，科技创新大有作为。结合本地实际和发展特点，把握好京津冀协同发展重大国家战略机遇，加强科技创新交流合作，加大对基础研究的支持和投入，加快建设高水平创新平台，推动互联网、大数据、人工智能和实体经济深度融合，培育发展战略性新兴产业，加速科技成果向现实生产力转化，不断提升科技竞争力。

科技创新具有探索性、不确定性，这就需要发挥制度稳预期的作用，把科技创新决策与立法决策衔接好，通过立法建立完善促进科技创新的体制机制，优化科技创新的法治环境，激发和调动科研人员、人民群众的创造力和积极性，把制度优势转化成推动科技创新的动力机制，向制度要创新力，向法治要生产力。天津在这个方面已经有了很好的立法实践和探索，比如，制定了《促进科技成果转化条例》、《促进大数据发展应用条例》和全国首部省级知识产权保护综合性地方性法规等。下一步要总结经验，继续创造性地做好地方科技创新立法工作，发挥立法的引领、推动和保障作用，努力打造出科技创新的法治高地。

三、坚决贯彻绿色发展理念，加强生态环境保护，以法治方式不断提高人民群众的幸福指数

绿水青山就是金山银山。党的十九大对我国社会主要矛盾的转化作出科学判断，人民群众对优良环境的要求成为美好生活需要的重要组成部分。我们要坚持以人民为中心的发展思想，加强环境保护立法，建立健全有效约束开发行为和促进绿色发展的法律制度，摒弃和纠正不适应、不适合甚至违背绿色发展理念的制度、行为和做法，解决损害群众健康的突出环境问题，依法提供更多优质生态产品，以满足人民日益增长的优美生态环境需要，不断提升人民群众的幸福指数。

生态环境问题归根结底是发展方式和生活方式问题。今年突然爆发的新冠肺炎疫情，在某种程度上对我们的发展方式和生活方式敲响了警钟。为有效防范重大公共卫生风险，切实保障人民群众生命安全，加强生态文明建设，全国人大常委会迅即作出了关于全面禁食野生动物的决定，前一段时间还开展了执法检查。天津市人大常委会及时作出《关于禁止食用野生动物的决定》，这既是疫情防控、加强公共卫生法治保障的需要，也是贯彻绿色发展理念、实现可持续发展的立法行动。

天津具有丰富的自然资源和独特的自然环境，有多样性的生态环境，生态文明建设有很好的基础。天津深入贯彻习近平生态文明思想，坚持走绿色发展路子，全面加强生态环境保护立法，制定了

国内首部省级生态环境保护地方性法规《天津市生态环境保护条例》,推动土壤、大气、水污染防治条例有效实施,污染防治攻坚战取得明显成效。建设736平方公里的绿色生态屏障区,是贯彻绿色发展理念、构建生态宜居城市、满足人民群众美好环境需要的实际举措。有的地方性法规因地制宜、因事制宜,灵活立法,很有特色,对优化城市空间布局、全面推动绿色发展发挥了促进作用。下一步,要在继续加强制度建设的同时,狠抓法律法规的实施,增强制度的执行力,让制度成为刚性约束和不可触碰的高压线,坚持用严格的制度护蓝增绿,确保新发展理念在海河两岸落实见效。

同志们,下个月即将召开的党的十九届五中全会,将研究关于制定"十四五"规划和二〇三五年远景目标的建议。我们要深入贯彻落实习近平总书记重要指示精神和党中央决策部署,增强"四个意识",坚定"四个自信",做到"两个维护",紧紧围绕制定"十四五"规划和二〇三五年远景目标,加快建设创新型国家,加强生态文明建设,全面深化改革,推动高水平对外开放。立法工作要主动适应经济社会发展新形势新要求,为催生新发展动能、激发新发展活力提供有力法治保障。

在中国延安精神研究会第六次会员大会上的讲话

(2020年9月19日)

王　晨

各位会员、同志们:

中国延安精神研究会第六次会员大会顺利完成各项议程,取得圆满成功。中共中央总书记、国家主席、中央军委主席习近平同志专门向大会发来贺信,向大会的召开表示热烈祝贺,向所有致力于弘扬延安精神的同志们致以诚挚问候!习总书记指出:"延安是中国革命的圣地,老一辈革命家和老一代共产党人在延安时期培育形成的延安精神是我们党的宝贵精神财富。希望同志们在新的历史条件下,坚持正确政治方向,服务党和国家工作大局,深入研究、大力宣传、认真践行延安精神,努力为全面建成小康社会、乘势而上开启全面建设社会主义现代化国家新征程提供强大精神动力。"习总书记青年时期到延安插队并工作生活了七年,对延安和延安人民有着深厚的感情,对延安精神有着深刻的思考。习总书记多次在重要讲话中对弘扬延安精神提出明确要求,对延安精神研究会工作和建设作出重要指示批示。今年4月,习总书记在考察陕西时深刻指出,"延安精神培育了一代代中国共产党人,是我们党的宝贵精神财富。要坚持不懈用延安精神教育广大党员、干部,用以滋养初心、淬炼灵魂,从中汲取信仰的力量、查找党性的差距、校准前进的方向"。习总书记的重要指示和贺信内涵深刻、意义重大,充分体现了总书记对弘扬延安精神、做好延安精神研究会工作的高度重视、亲切关怀和殷切期望,是对我们的巨大鼓舞、激励和鞭策,是新时代研究、宣传、践行延安精神的指引和遵循。

大会选举产生了研究会第六届理事会组成人员,并选举我为会长,选举令狐安、艾平、李慎明、杨胜群、林炎志、汪鸿雁、李忠杰、刘建、靳诺、李勇库、李卫红、周吉平、耿焱、孙晓莉等14位同志为副会长,我们深感使命光荣、责任重大。在此,我代表新一届领导班子成员,衷心感谢出席会员大会的全体同志对我们的信任。我们要认真学习领会、坚决贯彻落实习近平总书记的重要指示和贺信要求,开拓进取、共同奋斗,开创弘扬延安精神各项工作新局面,不负总书记、党中央的关怀和期望,不负同志们的信任和重托。

中国延安精神研究会成立30年来,特别是党的十八大以来,在以习近平同志为核心的党中央坚强领导和亲切关怀下,在中央党校(国家行政学院)和有关部门的指导支持下,李铁映同志和常务理事会各位同志带领广大会员深入学习贯彻习近平新时代中国特色社会主义思想,贯彻落实习近平总书记关于弘扬延安精神的重要指示批示,坚持正确政治方向,服务大局、艰苦奋斗,大力弘扬延安精神,深入推进研究会工作和建设,为传承革命文化、加强社会主义核心价值观建设、推进中国特色社会主义事业发展作出了积极贡献。在此,我代表新一届理事会、常务理事会,向李铁映同志致以崇高敬意,向研究会第五届理事和常务理事表示衷心感谢!

各位会员、同志们,延安是中国革命的圣地。

以毛泽东同志为核心的党的第一代中央领导集体扎根延安13年，团结带领中国人民进行新民主主义革命的伟大斗争，推进马克思列宁主义基本原理同中国革命实际相结合的理论创新和实践创新，探索根据地经济建设、政治建设、军事建设、文化建设，全面加强党的建设，夺取了抗日战争的伟大胜利，实现了解放战争的战略转折。13年波澜壮阔的光辉历程，铸就了以“坚定正确的政治方向，解放思想、实事求是的思想路线，全心全意为人民服务的根本宗旨，自力更生、艰苦奋斗的创业精神”为主要内容的延安精神，成为党和人民创造的革命文化的重要组成部分，成为激励中国共产党人和中国人民接力奋斗的宝贵精神财富。今天，中国特色社会主义进入新时代，我们即将实现全面建成小康社会第一个百年奋斗目标，乘势而上开启全面建设社会主义现代化国家新征程。站在新的历史起点上，弘扬延安精神必须矢志不渝，必将大有可为。我们要把握时代要求，以对党、对人民、对历史高度负责的态度，提高政治站位，始终坚持正确政治方向，深入研究延安精神，大力宣传延安精神，认真践行延安精神，让延安精神更加深入人心、发扬光大，更好服务党和国家工作大局。

*第一，要以延安精神夯实理想信念之基，增强“四个意识”、坚定“四个自信”、做到“两个维护”，不断汲取信仰的力量，校准前进的方向。*坚定正确的政治方向是延安精神的灵魂。1938年，毛泽东同志在延安抗日军政大学回答“在抗大学习什么”的问题时表示，“首先是学一个政治方向”。1939年在纪念抗大成立三周年时，毛泽东同志更是明确将“坚定正确的政治方向”确定为抗大首要的教育方针。在延安的13年中，我们党从之前经历的挫折中快速成熟起来，成为中国人民革命事业当之无愧的领导核心。其中最根本的原因，就是确立了毛泽东思想的指导地位，形成了以毛泽东同志为核心的中央领导集体，实现了全党在思想上、政治上、组织上的空前团结和统一。从此，我们党领导人民夺取革命、建设、改革的一个又一个伟大胜利，这充分证明坚持党的指导思想、坚决维护党中央权威，是党和国家前途命运所系，是全国各族人民根本利益所在。今天我们弘扬延安精神，就是要推动全党全国各族人民高举习近平新时代中国特色社会主义思想伟大旗帜，坚决维护习近平总书记党中央的核心、全党的核心地位，坚决维护党中央权威和集中统一领导，自觉在思想上政治上行动上同以习近平同志为核心的党中央保持高度一致，确保中国特色社会主义事业始终沿着正确方向前进，在全面建成小康社会、全面建设社会主义现代化国家新征程中不断夺取新的胜利。

*第二，要以延安精神砥砺初心使命，牢固树立宗旨意识，切实践行以人民为中心的发展思想。*在延安时期，毛泽东同志发表了《为人民服务》的演讲，开宗明义指出“我们这个队伍完全是为着解放人民的，是彻底地为人民的利益工作的”。我们党将“全心全意为人民服务”写入党章，确立为党的根本宗旨，形成了一整套相信群众、依靠群众、从群众中来、到群众中去的群众路线。正是因为我们党与人民风雨同舟、生死与共，始终保持血肉联系，为实现中国人民从站起来到富起来、强起来的伟大飞跃提供了根本保证。在党的十九大报告中，习近平总书记明确指出：“中国共产党人的初心和使命，就是为中国人民谋幸福，为中华民族谋复兴。”习总书记多次强调要坚持以人民为中心的发展思想，坚持人民至上、紧紧依靠人民、不断造福人民、牢牢植根人民。这一系列重要思想、重要论述，体现了党的理想信念、性质宗旨、初心使命，是对党的奋斗历程和实践经验的深刻总结。今天我们弘扬延安精神，就是要大力彰显人民立场这个中国共产党的根本政治立场，坚定以人民为中心的价值追求，始终坚持人民主体地位，倾听人民呼声，汲取人民智慧，维护人民利益，为实现人民对美好生活的向往而努力奋斗。

*第三，要以延安精神强化责任担当，发扬优良传统，凝聚起亿万人民攻坚克难、奋勇前进的磅礴力量。*延安精神熔铸于艰苦卓绝的革命年代。面对残酷战争环境的考验，我们党开展成立以来的第一次大规模整风运动，确立解放思想、实事求是的思想路线，形成了理论联系实际、密切联系群众、批评与自我批评的优良作风；面对当时根据地的严重困难局面，我们党开展大生产运动，自己动手、丰衣足食，发扬了自力更生、艰苦奋斗的光荣传统。这些都是党和人民战胜各种艰难险阻的可靠法宝。当前，我国正处于实现中华民族伟大复兴的关键时期，世界正经历百年未有之大变局，面对一系列前所未有的风险挑战，习近平总书记高瞻远瞩、运筹帷幄，带领全党全军全国各族人民砥砺奋进，党和国家事业发生历史性变革、取得历史性成就。今天我们弘扬延安精神，就是要在以习近平同志为核心的党中央坚强领导下，进一步激发全体中国人民的伟大创造精神、伟大奋斗精神、伟大团结精神、伟大梦想精神，坚持改革开放，坚持自立自强，无惧风

雨，勇往直前，敢于并善于战胜前进道路上的一切困难和挑战，在具有许多新的历史特点的伟大斗争中，做到“不管风吹浪打，胜似闲庭信步”。

弘扬延安精神是中国延安精神研究会的中心任务，也是研究会加强自身建设的内在要求。我们要紧跟时代新要求，扎根实践新沃土，深入挖掘延安精神的历史资源、文化资源，推出更多高质量研究成果，不断丰富延安精神的时代特色、实践特色。要继续讲好延安精神故事，大力推动延安精神进基层，着力加强对青年一代的思想教育工作，确保优良作风代代相传。要充分发挥老同志作用，虚心听取咨询委员会的意见建议，学习和发扬老同志的好经验、好作风，推动研究会工作不断取得新进展新成效。

延安精神研究会全体会员，都应当作弘扬延安精神的表率。作为新一届理事会成员，我们更应当从严要求自己，从会长、副会长做起，提高政治站位，强化政治担当，落实政治责任，带头增强“四个意识”、坚定“四个自信”、做到“两个维护”。要不断加强学习，全面增强本领，进一步提升弘扬延安精神的能力和水平。要贯彻民主集中制原则，加强团结协作，密切沟通协调，提升工作实效。要落实全面从严治党要求，严守政治纪律和政治规矩，扎实改进作风，始终做到忠诚、干净、担当，以实际行动践行延安精神。

各位会员、同志们，

伟大的时代需要伟大的精神。让我们更加紧密地团结在以习近平同志为核心的党中央周围，深入学习贯彻习近平新时代中国特色社会主义思想，不忘初心、牢记使命、扎实工作，让延安精神在新时代焕发出更加灿烂的光芒，为实现“两个一百年”奋斗目标、实现中华民族伟大复兴的中国梦贡献强大正能量！

在第三届“21 世纪世界百所著名大学法学院院长论坛”上的致辞

（2020 年 10 月 2 日）

王　晨

各位校长、各位院长、各位老师，

女士们、先生们、朋友们：

金秋十月，第三届“21 世纪世界百所著名大学法学院院长论坛”在北京隆重举行。论坛汇聚了来自中国和世界各地著名法学院校的院长和校长，是世界法学教育界的一次盛会。我谨向论坛的召开表示热烈祝贺，向出席论坛的各位嘉宾表示热烈欢迎！

法治是治国理政的基本方式，具有固根本、稳预期、利长远的保障作用。习近平主席和中国政府高度重视法治，把全面依法治国摆在突出位置，以前所未有的决心和力度推进法治中国建设，中国特色社会主义法律制度日趋成熟、法治体系不断完善、法治社会加快建设。今年 5 月，中国全国人民代表大会审议通过了民法典，这是中华人民共和国建国以来第一部以“法典”命名的法律，是中国实施全面依法治国战略的标志性立法成果，为满足人民日益增长的美好生活需要提供了有力法治保障。新冠肺炎疫情发生以来，中国坚持在法治轨道上统筹推进疫情防控和经济社会发展工作，全面提高依法防控、依法治理能力，抗疫斗争取得重大战略成果，经济社会逐步恢复发展，取得明显成效，这充分体现了中国精神和中国担当，也是中国为维护全球公共卫生安全所作的贡献。

当今世界正经历百年未有之大变局，新冠肺炎疫情全球大流行使这个大变局加速变化，全球治理体系深刻重塑，新一轮科技革命和产业变革蓬勃兴起。在此背景下，法学教育面临着前所未有的机遇和挑战，肩负着时代赋予的重大责任和使命。“21 世纪世界百所著名大学法学院院长论坛”自创办以来，规模不断扩大，影响日益提升。本次论坛紧跟时代发展前沿，与会嘉宾将围绕文明转型时期的法学教育进行交流研讨，相互学习借鉴，回应国际社会共同关切，这对于促进法学教育发展、深化国际法治合作具有重要意义。

中国坚持对外开放的基本国策，坚持打开国门搞建设，中国开放的大门不会关闭，只会越开越大。我们坚定不移走中国特色社会主义法治道路，同时也愿意与世界各国法学界人士一道，加强互学互鉴，拓展合作渠道，创新合作模式，广泛开展在法学教育、法学研究和法律实务等领域的交流合作,围绕强化公共卫生法治保障、全球科技治理、全球治理体系变革、法治人才培养等重大课题,深入研究探讨,分享有益经验,达成更多共识,为促进法治文明交流、推动构建人类命运共同体贡献力量。

中国人民大学法学院是中华人民共和国第一批新型正规高等法学教育机构。自成立以来,学院致力于培养高素质法治人才,积极参与中国宪法、刑法、民法典等立法修法工作,为中国法治建设作出了重大贡献。中国高度重视法学教育在全面依法治国中的基础性、先导性作用,将继续大力支持法学院校发展,鼓励法学院校开展对外交流,努力培养一大批熟悉中国实际、具有国际视野的法治人才,更好服务建设法治国家、推动国际法治合作。

最后,预祝本次论坛取得圆满成功!谢谢大家。

贯彻以人民为中心的思想 做好选举法修改

——在全国人大常委会会议分组审议选举法修正草案时的发言

(2020 年 10 月 14 日)

王 晨

选举法是一部非常重要的基础性法律,与代表法、组织法以及全国人民代表大会议事规则等,共同构成了我国人民代表大会制度的基础性法律制度体系。我国于 1953 年制定了选举法,第一届全国人民代表大会第一次会议于 1954 年召开。选举法的出台要早于全国人民代表大会的成立,这是在毛主席亲自关心下,为选举全国人民代表大会及地方各级人民代表大会代表而制定的法律。1979 年重新修订选举法,此后又进行了六次修改。贯彻党的十九届四中全会决定要求,这次对选举法进行修正,主要内容有两个方面,一是在法律中更好体现坚持党对选举工作的领导,二是适当增加县乡两级人大代表数量。这些都是健全人大选举制度的重要举措,有利于更好地坚持和完善人民代表大会制度,有利于更好地发展社会主义民主政治、充分保障人民当家作主权利。

关于适当增加县乡两级人大代表数量的建议,最初是由地方人大特别是基层人大的同志提出来的。在调研中,一些城镇化进程比较快的省市首先提出了这个建议。比如,浙江省人大同志提出,近年来大量乡镇改设街道、撤乡并镇,其中改设街道的情况更多一些。乡镇是我国一级基层政权,但是街道作为县级人民政府派出机构,不是一级政权,所以乡镇一级设人大,改设为街道之后就不设人大了。原来选出的乡镇人大代表,一般是在街道人大代表联络站继续发挥作用,但是根据现行有关法律制度规定,到换届的时候也就不再担任代表职务。这是随着我国社会改革发展实践而产生的,也是最近 20 多年尤其是最近 10 多年来在代表工作中比较突出的一个问题。由于乡镇人大代表数量减少,我国五级人大代表总数从 1997 年的 312.5 万名减少到 2017 年的 262.32 万名,总共减少了 50.18 万名,降幅为 16.05%,且呈现逐届减少的趋势并一直延续至今。这个问题怎么解决?究竟多少数量的人大代表合适?这是一个十分复杂的问题,不能简单下结论。总体而言,我国人口数量是增加的,除去名额基数,人大代表数量根据人口数量按照一定比例确定。在人口数量增长的情况下,人大代表数量应该适当增加。再者,我国经济社会发展很快,各个领域都在不断发展完善,但人大代表数量却在下降,这也是与形势不相适应的。

我们针对这个问题进行了反复调查研究。在党的十九届四中全会决定中,关于人大制度有这样两句话,由人大同志首先提出建议,经党中央同意写到了全会决定里,相关举措成为推进国家治理体系和治理能力现代化的一个组成部分。第一句话是"适当增加基层人大代表数量"。第二句话是"加强地方人大及其常委会建设"。地方人大从 1979 年开始设立常委会,但 40 多年过去,地方人大常委会组成人员名额基本保持不变。对此,下一步还要深入研究能否适时适当增加省、市、县三级人大常委会组成人员的名额,切实加强地方人大常委会建设。

这次修正选举法主要是为了解决增加县乡两级人大代表数量这一问题。怎么增加呢?第一,根据选举法规定,人大代表名额由基数加按人口确定的代表数来确定。过去也是这样来确定代表名额的,有相应的计算方法。此次对选举法进行修正,一方面把县乡人大代表名额基数加大,另一方面由于县乡行政区域的人口数量增加,因此按人口确定的代表数也会增加。二者都有所增长,总体测算县乡人大代表数量大约会增加31万。第二,乡镇改设街道后,有一些地方同志提出,能否在街道也设立人大。这涉及到我国基层政权建设的构成,是一个较为复杂的问题。目前可行的办法是,增加不设区的市、市辖区、县、自治县人大代表名额,并在分配时向由乡镇改设而来的街道适当倾斜。在选举法(修正草案)的说明里特别有这样一段话,就是"在分配这些增加的县级人大代表名额时,重点向由乡镇改设的街道倾斜,进一步优化县级人大代表结构"。现行体制下街道不设人大,但可以增加县级人大代表名额,这些增量要往街道上多分配一些。这样,我们就能从两头发力,一是原来的县乡人大代表名额要增加,二是将增加的县级人大代表名额重点分配给由乡镇改设的街道。在我国五级人大代表中,1997年每名代表所对应的人口数是390人,现在每名代表所对应的人口数是530人,差了140人。考虑到未来一段时间全国乡镇数量还会有一定的减少,预计按照此次修正后的选举法选举后,届时每名代表所对应的人口数约为490人。这虽然还没有达到1997年的水平,但是已经比2017年好了很多。

按照法律规定,县乡人大每五年进行换届选举。今年年底之前,中央将作出重要部署,2021年上半年开始进行新一届县乡人大换届选举。因此,选举法(修正草案)需要常委会会议尽快审议通过。我们要贯彻落实好党中央决策部署,认真做好相关审议工作,提出高质量意见建议,扎扎实实为坚持和完善人民代表大会制度贡献力量。

在中国延安精神研究会六届一次常务理事会会议上的讲话

(2020年10月22日)

王　晨

同志们:

2020年9月19日,中国延安精神研究会第六次会员大会选举产生了新一届常务理事会。今天,我们召开研究会六届一次常务理事会会议,主要任务是深入学习贯彻习近平总书记致中国延安精神研究会第六次会员大会的贺信精神,对研究会自身建设进行研究,明确工作运行机制和分工,对今年重点工作进行谋划。刚才,同志们从不同角度提出了一些很好的意见建议,很有启发性,要认真研究吸纳。下面,我再讲几点意见。

一、深入学习贯彻习总书记贺信精神,始终坚持正确政治方向。习近平总书记的贺信,对在新的历史条件下更好弘扬延安精神提出明确要求,具有很强的思想性、指导性和针对性。这充分体现了习近平总书记和党中央对弘扬延安精神、做好延安精神研究会工作的高度重视、亲切关怀和殷切期望,是对我们的巨大鼓舞、激励和鞭策,是新时代研究、宣传、践行延安精神的指引和遵循。我们要坚持以习近平新时代中国特色社会主义思想为指导,深入学习领会、认真贯彻宣传习近平总书记贺信的丰富内涵和重大意义,胸怀中华民族伟大复兴的战略全局和世界百年未有之大变局,从延安精神中不断汲取砥砺奋进、克敌制胜的磅礴力量。要统一思想认识,强化政治责任,始终坚持正确政治方向,团结带领广大会员增强"四个意识"、坚定"四个自信"、做到"两个维护",始终在思想上、政治上、行动上与以习近平总书记为核心的党中央保持高度一致。

二、服务党和国家工作大局,不断推出更多具有时代特色、实践特色的高质量研究成果。新一届研究会要接过弘扬延安精神的接力棒,紧跟时代新要求,扎根实践新沃土,破解发展新课题,紧紧围绕改革发展需要,深入研究、大力宣传、认真践行延安精神,努力为全面建成小康社会、乘势而上开启全面建设社会主义现代化国家新征程提供强大精神动力。要深入挖掘延安时期的历史资源、文化资源,深化和拓展弘扬延安精神重大课题研究,不断推出更多具有时代特色、实践特色的高质量研究成果。要加大力度研究延安精神的形成与发展史，系统总结改革开放以来特别是党的十八大以来弘扬延安精神好的做法与经验，概括新观点，探索新规律，让延安精神焕发出新的时代光芒。

三、加强自身建设，创新工作机制，努力开创弘扬延安精神工作新局面。加强研究会自身建设，是做好弘扬延安精神工作的前提和基础。各位常务理事要增强责任感、使命感，提升自身能力和水平，围绕研究、宣传、践行延安精神这一中心任务，自觉当弘扬延安精神的表率，做党和人民的忠诚儿女。要主动担当、真抓实干，相互支持、相互配合，共同完成好研究会各项任务。要充分发挥自身优势，创新工作机制，探索有效方法，下大力气研究和解决研究会面临的新情况新问题。理论宣传委员会要组织领导好研究会的理论研究和宣传工作，积极组织有能力的同志深入基层开展调查研究，围绕党和国家中心工作撰写有价值的调研报告，为改革发展积极建言献策。组织联络委员会要在负责发展会员、加强研究会组织建设的同时，进一步加强与全国各地延安精神研究会的沟通联系，形成工作合力，为传承革命文化、加强社会主义核心价值观建设、推进中国特色社会主义事业发展做出积极贡献。文化青年工作委员会要肩负起在青年一代中弘扬延安精神的责任，积极利用新的载体、新的形式宣传延安精神，让青年一代主动学习、宣传、践行延安精神。

四、积极推进各地延安精神研究会的建设与发展，充分发挥广大会员弘扬延安精神的重要作用。目前，各地共有省级延安精神研究会 18 个，市县级延安精神研究会 300 多个，还有 8 个大专院校建有延安精神研究会，全国共有会员 23 万多人。这支队伍是弘扬延安精神、传承党的优良传统的重要力量。我们要继续加强弘扬延安精神的组织建设与队伍建设，积极推进各地延安精神研究会的建设与发展，充分发挥广大会员的重要作用，大力宣传延安精神，认真践行延安精神。新吸收的会员一定要听党的话，热爱延安精神，热心传承党的优良传统。要加强对新会员的培训，提高他们弘扬延安精神的自觉性和主动性。党员会员要积极参加党支部组织的活动，自觉用延安精神滋养初心、淬炼灵魂，从中吸取信仰的力量、找到党性的差距、校准前进的方向，努力成为清正廉洁、无私奉献、热心为人民服务、认真弘扬和践行延安精神的带头人。

五、继续讲好延安精神故事，确保优良作风代代相传。习近平总书记指出，“延安是中国革命的圣地，老一辈革命家和老一代共产党人在延安时期培育形成的延安精神是我们党的宝贵精神财富”。我们要在新时代讲好延安精神故事，大力推动延安精神进基层、进机关、进企业、进学校。要充分发挥老同志作用，学习和发扬老同志的好经验、好作风，着力加强对青年一代的思想教育工作，确保优良作风代代相传。要发扬改革创新精神，加强对互联网和各种新媒体的运用，用群众喜闻乐见、易于接受的方式弘扬延安精神。

今年是中国延安精神研究会成立三十周年。站在新的历史起点上，我们要更加紧密地团结在以习近平同志为核心的党中央周围，以对党、对人民、对历史高度负责的态度，推动研究会各项工作不断取得新进展新成效，让延安精神更加深入人心、熠熠生辉。

进一步贯彻实施国家通用语言文字法
铸牢中华民族共同体意识

——写在《中华人民共和国国家通用语言文字法》颁布 20 周年之际

王　晨

推广普及国家通用语言文字，是我国宪法规定的责任。2000 年 10 月，全国人大常委会根据宪法规定和精神制定了《中华人民共和国国家通用语言文字法》，自 2001 年 1 月 1 日起施行。这部法律的制定和实施，确立了普通话和规范汉字作为国家通用语言文字的法律地位，是推广普及国家通用语言文字的重要法制保障。今年是国家通用语言文字法颁布 20 周年。20 年来特别是党的十八大以来，党和国家依法推动国家通用语言文字事业发展，大力推广普通话、推行规范汉字，极大促进了民族团结和各民族、各地区经济文化交流,有效推动了经济社会发展和对外交往,有力维护了国家统一和社会稳定,成功走出了一条中国特色社会主义语言文字事业发展道路。在全面建成小康社会、乘势而上开启全面建设社会主义现代化国家的新征程上,我们要进一步贯彻实施这部法律,充分发挥国家通用语言文字的重要作用,不断发展和巩固各民族共同团结奋斗、共同繁荣发展的文化基础,不断发展和巩固维护我国国家安全和统一的文化基础,不断发展和巩固推进国家治理体系和治理能力现代化的文化基础,铸牢中华民族共同体意识,为实现“两个一百年”奋斗目标、实现中华民族伟大复兴的中国梦作出积极贡献。

一、深刻认识贯彻实施国家通用语言文字法、做好国家通用语言文字工作的重大意义

习近平总书记指出,“文化是一个国家、一个民族的灵魂”。语言文字作为文化的重要载体,已成为国家文化软实力的重要组成部分。在世界百年未有之大变局和中华民族伟大复兴的战略全局背景下,进一步贯彻实施国家通用语言文字法,推广普及国家通用语言文字,是关系党和国家工作全局的一件大事。

*一是有利于促进传承中华优秀文化,增强民族文化自信,为实现中华民族伟大复兴凝聚强大精神动力。*中华文明是人类历史上唯一绵延5000多年至今未曾中断的灿烂文明。历史和现实都已证明,拥有统一的语言文字是一个国家一个民族加强团结、走向强盛的重要基础和强大动力。我国自秦朝推行“书同文,车同轨,行同伦”以来,各朝各代至今都以汉语言文字为主要交流语言文字,这已成为维系中华文明传承五千年而不断流的主要载体,是中华民族共同的精神财富。新中国成立以来,党和国家高度重视语言文字工作,建国初期就发布了《关于推广普通话的指示》和《汉字简化方案》,在全国范围内推行普通话和规范汉字,汉字被确定为国家通用语言文字。改革开放以来,党和国家遵循语言文字发展规律,总结中华民族语言文字发展成果,大力推进国家通用语言文字事业,根据宪法规定制定了国家通用语言文字法等法律,为传承中华优秀文化、推动提升国家文化软实力奠定了坚实法制基础,为推动中华文明绵延发展、增强文化自信提供了有力制度支撑。

*二是有利于促进民族交流,加快民族地区发展,维护国家安全和统一。*习近平总书记深刻指出,“语言相通是人与人相通的重要环节。语言不通就难以沟通,不沟通就难以达成理解,就难以形成认同”。推广普及国家通用语言文字,是做好民族工作、增进民族团结、维护国家安全和统一的长久之策、固本之举。我国是一个多民族、多语言、多文种的国家,有56个民族73种语言,30个有文字的民族共有55种现行文字,其中正在使用的有26种。很难想象,一个有着14亿人口、陆地面积达960万平方公里的大国,没有通用的语言文字会是什么样子。数千年来,中华民族多元一体格局的形成发展,很大程度上正是得益于各民族能够以通用的汉语言文字进行不断深化的交往交流交融。新中国成立后特别是改革开放以来,我国大力推广普通话、推行规范字,这不仅方便了沟通,增强了民族凝聚力,推动了民族地区的发展进步,也使得人口的流动更加频繁,全国统一的劳动力市场加快形成,工业化、城镇化进程加速推进。实现中华民族伟大复兴,一定要促进各民族的平衡发展,让各民族共享祖国发展荣光,同心共筑中国梦。我们要深入贯彻党的十九届五中全会精神,提高民族地区教育质量和水平,加大国家通用语言文字推广力度,使其更加有利于各族群众加强沟通交流,促进各民族的国家认同;更加有利于提高民族地区经济发展水平,逐渐消除我国发展不平衡不充分的地区差距,实现各族人民生活幸福;更加有利于少数民族群众创业发展、人才成长和文化繁荣,共建中华民族的精神文明家园;更加有利于增进民族团结,使中华民族“像石榴籽一样紧紧抱在一起”,维护国家安全和统一。

*三是有利于落实全面依法治国战略举措,推动宪法实施,推进国家治理体系和治理能力现代化。*对一个多民族国家来说,统一的文字是国家建设和治理的重要工具。通过宪法法律确定官方语言,是世界上多数国家的通行做法。据统计,在世界范围内142部成文宪法中,有79部宪法规定了官方语言,占55.6%。有些国家虽然没有明确规定官方语言,但也对教育、行政、司法中使用的语言作出了规定。法国、加拿大、俄罗斯、比利时等国都制定了语言方面的专门法律。我国宪法第十九条规定:“国家推广全国通用的普通话。”这为推动国家通用语言文字工作发展提供了宪法依据。国家通用语言文字法是我国语言文字领域的第一部专门性法律,为落实宪法规定作出了科学制度安排。各省、自治

区、直辖市也先后制定地方性法规或规章，推进国家通用语言文字法的贯彻实施。目前，我国已形成以宪法规定为统领，以法律、地方性法规、规章等不同层级法律规范为一体的国家通用语言文字法律制度体系，为依法推进国家通用语言文字事业发展提供了坚实法治保障。国家语言文字事业“十三五”发展规划明确提出，要大力提升农村地区普通话水平、加快民族地区国家通用语言文字普及，目标是在 2020 年实现全国范围内基本普及国家通用语言文字。进一步贯彻实施国家通用语言文字法，全面推广普及国家通用语言文字，是落实宪法规定的重大举措，有利于进一步深化依法治国实践、推进实现国家治理体系和治理能力现代化，加快建设社会主义法治国家。

四是有利于适应信息化时代发展要求，促进我国与国际社会的文明交流互鉴，实现更高水平对外开放。当今世界信息技术日新月异，数字化、网络化、智能化深入发展，在推动经济社会发展、促进国家治理体系和治理能力现代化、满足人民日益增长的美好生活需要方面发挥着越来越重要的作用。信息技术的这些发展，都是以国家通用语言文字规范化、标准化为技术基础的。我国的数字化进程已经扩展到政务、民生、文化、社会、实体经济等各个领域。学好国家通用语言文字，就是掌握了一把易于在多种岗位就业工作、易于接受现代科学文化知识、更好融入现代社会的钥匙。同时，在经济全球化、社会信息化的背景下，我国通用语言文字作为联合国 6 种主要工作语言之一，已被广泛应用到世界政治、经济、科技、文化等多领域，成为外国人了解中国、进入中国的必要工具，得到国际社会的广泛重视。我们要把贯彻实施国家通用语言文字法与国家一系列重大战略紧密联系起来，充分发挥国家通用语言文字作为文化资源、经济资源、战略资源的重要作用，及时确立我国通用语言文字的信息化技术发展标准，为国际社会提供汉语交流的法定范本，稳定国际交流预期，促进新技术发展和经贸合作，深化对外开放。

二、准确把握国家通用语言文字法的核心要义，充分保障人民群众学习和使用国家通用语言文字的权利

进一步贯彻实施国家通用语言文字法，必须准确把握其法理精神，深刻理解其核心要义，维护和保障公民学习和使用国家通用语言文字的合法权利，并在工作中切实落实到位。

一是准确把握推广国家通用语言文字的任务要求，依法推动这项事业健康发展。国家通用语言文字法规定“国家推广普通话，推行规范汉字”，教育法、民族区域自治法等法律也对国家通用语言文字的推广使用作出了具体规定。党的十八大以来，国家相继出台一系列政策文件，实施一批重大工程，推动这些规定的落实。比如，国家制定出台《国家中长期语言文字事业改革和发展规划纲要（2012—2020 年）》、《国家语言文字事业“十三五”发展规划》、《推普脱贫攻坚行动计划（2018—2020 年）》等；实施了“国家通用语言文字普及攻坚工程”“中国语言资源保护工程”等重大工程；服务港澳台同胞普通话学习和培训测试，积极推进国际汉语教育；在内蒙古、西藏、新疆等民族地区推进国家统编教材使用，加强少数民族地区国家通用语言文字教育等，推动我国通用语言文字普及工作取得积极进展。相关部门和机构要切实承担起宪法法律赋予的职责，主动担当作为，推动国家通用语言文字事业取得新进展新成效。

二是准确把握推广国家通用语言文字与使用少数民族语言文字之间的关系。党和国家十分重视对少数民族语言文字的保护。宪法第四条第四款、第一百二十一条和第一百三十九条都涉及民族语言文字的使用，民族区域自治法也对保障少数民族使用民族语言文字权利作出了明确规定。这些规定完整地体现了我国各民族之间平等、团结、互助的社会主义民族关系。宪法和法律在作出这些规定的同时，还强调了应当推广使用国家通用语言文字，明确国家通用语言文字是法定的全国各民族通用的语言文字。在实践中，我们要倡导树立“中华民族一家亲”的理念，正确认识推广普及国家通用语言文字和保护各民族语言文字并行不悖的关系，保证有关法律规定落到实处、不打折扣，让多元一体的中华文明更加精彩。

三是准确把握国家通用语言文字法与其他相关法律、配套法规的衔接，发挥法律体系的整体功效。国家通用语言文字法除要求推广普通话、推行规范汉字外，还明确规定“学校及其他教育机构以普通话和规范汉字为基本的教育教学用语用字”。此外，在民族区域自治法、教育法、居民身份证法等法律中，都有关于国家通用语言

文字及其使用的规定。例如，教育法在要求教育教学应当使用国家通用语言文字的同时，还明确规定“民族自治地方以少数民族学生为主的学校及其他教育机构，从实际出发，使用国家通用语言文字和本民族或者当地民族通用的语言文字实施双语教育”。民族区域自治法规定招收少数民族学生为主的学校（班级）和其他教育机构，“根据情况从小学低年级或者高年级起开设汉语文课程，推广全国通用的普通话和规范汉字”等。这些规定为贯彻实施宪法、在民族地方推广使用国家通用语言文字提出明确要求。另外，各省、自治区、直辖市普遍根据本地实际，制定了国家通用语言文字法实施办法或者语言文字条例等。特别是内蒙古、广西、西藏、宁夏、新疆等民族自治地方的地方性法规，都对大力推广国家通用语言文字、科学保护少数民族语言文字作了具体规定，充分发挥了中国特色社会主义法律体系的整体功效。

当前，现实和网络空间情形纷繁复杂，对语言文字标准化规范化建设提出了新的更高要求。推广国家通用语言文字，要遵循语言文字工作规律和特点，在坚持相关基本法律制度的前提下，与时俱进、守正创新，完善国家通用语言文字标准和规范，妥善处理好引导与规范的关系，不断满足人民群众对美好生活的新需要。

三、守土有责、守土尽责，采取多种措施保障国家通用语言文字法贯彻实施

法律的生命在于实施，法律的权威也在于实施。我们要深刻认识推广普及国家通用语言文字工作的重要性，加强组织领导和统筹协调，明确责任、细化措施，坚定不移贯彻实施国家通用语言文字法，不断提高语言文字工作科学化、规范化水平。

*一是各级人大要认真行使好立法权、监督权，保证国家法律的有效实施。*各级人大要履行好保证宪法法律在本行政区域内遵守和执行的重大职责，加强对国家通用语言文字法实施情况的执法检查，督促各地区、各部门切实履行好推广国家通用语言文字工作职责，把法律规定落到实处。对人大代表提出的有关语言文字工作的议案和建议，要高度重视、认真研究，开展专题调研。有立法权的地方人大要运用好立法权，坚持问题导向，立足解决实际问题，及时制定或修改完善相关配套法规，把党中央关于发展国家通用语言文字事业的决策部署落实到地方立法中，推动国家通用语言文字法在本地全面准确实施。

*二是各级政府及其相关部门要坚持依法行政，认真履行法定职责，不断开创法律实施新局面。*按照法律规定，各级政府应当采取切实有效措施，加强对国家通用语言文字工作的领导，健全组织机构和体制机制。各级政府及其有关部门要加强对本地区、本行业、本部门国家通用语言文字使用情况的监督检查，及时纠正和处理使用中的不规范和违法违规现象。要强化对重点行业领域的监测，健全相关监测体系、评价体系和服务体系，不断提升人民群众规范使用国家通用语言文字能力和水平。要妥善处理各种语言文字之间的关系，积极回应社会生活中外文使用过多、一些网络语言低俗化等问题，营造文明规范使用国家通用语言文字的社会环境。要提高法治思维和依法办事能力，在执法中强化风险意识，正确处理语言文字规范与发展的关系、规范化与保留文化遗产的关系，创新语言文字服务方式，提高国家通用语言文字服务能力。

*三是做好法律的宣传普及教育工作，为全民守法营造良好氛围。*要进一步加大对国家通用语言文字法的宣传普及，充分利用全国推广普通话宣传周、中华经典诵写讲等平台，将普法宣传教育与传承中华优秀文化、弘扬社会主义核心价值观紧密结合起来，切实增强人民群众使用语言文字的规范意识、文明意识，提高全社会的语言文字素质和应用水平。要充分发挥各类媒体特别是新媒体的作用，利用融媒体发展的新契机，积极创新宣传手段和工作方式，推动全社会尊法学法守法用法，使国家通用语言文字深入人心。要着力加强对广大农村和边远地区、民族地区的宣传，提高这些地区人民群众学习使用国家通用语言文字的法治意识、权利意识、自觉意识，推动实现从“要我学”向“我要学”转变，形成说普通话、使用规范汉字的习惯和风尚。要重点加强对机关、学校、新闻出版、广播影视、新媒体、公共服务行业等领域从业人员的宣传培训，提高依法管理和服务能力。

*四是做好语言文字的科学研究工作，促进语言文字创新发展。*语言文字法律法规、方针政策的制定，要以科学研究为基础，围绕生活重点、热点和难点问题，开展语言文字的战略性、前瞻性和对策性研究；加强语言文字信息化研究，聚焦网络语言、新词新语、字母词、外语词等监测研究，为现实社会以

及互联网等新兴领域中语言文字规范管理提供专业咨询，为法律政策的制定实施奠定基础。在做好国家通用语言文字基础性研究的同时，要不断加强各民族语言文字研究，科学保护各民族语言文字，创新发展我国语言文字事业，促进各民族文化文明融合，共同谱写中华民族文明新篇章。

贯彻国家通用语言文字法是一项长期的战略任务。我们要以习近平新时代中国特色社会主义思想为指导，坚持党的领导，增强“四个意识”、坚定“四个自信”、做到“两个维护”，适应国际国内新形势新变化新要求，大力推广国家通用语言文字，铸牢中华民族共同体意识，为全面建成小康社会、全面建设社会主义现代化国家做出新的更大贡献。

（本文发表于 2020 年 11 月 11 日《人民日报》第 6 版。）

加强国际法治合作　推动共建“一带一路”

——在中国法治国际论坛(2020)开幕式上的主旨演讲

(2020 年 11 月 13 日，北京)

王　晨

尊敬的俄罗斯最高法院首席大法官维亚切斯拉夫·列别杰夫先生、巴西联邦总检察长奥古斯托·阿拉斯先生、巴基斯坦最高法院首席大法官古扎尔·艾哈迈德先生、尼泊尔最高法院首席大法官科伦德拉·舒穆舍先生、白俄罗斯国民会议代表院副主席瓦列里·米茨克维奇先生、印度尼西亚最高法院首席大法官穆罕默德·沙里福丁先生，各位与会代表，女士们、先生们：

值此中国法治国际论坛(2020)开幕之际，我谨代表主办方中国法学会，对出席论坛的各位嘉宾表示诚挚欢迎！

中华人民共和国主席习近平专门致信中国法治国际论坛(2020)，对各国朋友出席会议表示欢迎，对开好这次会议、办好这个论坛寄予厚望。下面，我宣读习近平主席的信。

各位与会代表，女士们、先生们，

习近平主席向中国法治国际论坛(2020)专门致信，充分体现了中国政府对加强国际法治合作、促进世界经济复苏、推动共建“一带一路”的高度重视，充分彰显了中方愿同各方一道营造良好法治营商环境、建设开放性经济的坚定决心，对于我们运用法治手段助力“一带一路”高质量发展、共同应对全球性挑战具有重要指导意义。

2019 年 11 月中国法治国际论坛(2019)举办以来，中国法学法律工作者积极与“一带一路”参与方开展多层次、多渠道、全方位的法治合作，深化同相关国家议会、执法司法机构的交流，健全“一带一路”国际商事争端解决机制，推动成立“国际商事争端预防与解决组织”，推动仲裁机构、调解组织等涉外公共法律服务平台建设，加强“一带一路”国别法研究和法律查明实践，以法治推动共建“一带一路”高质量发展，取得了积极成效。

今年以来，面对突如其来的新冠肺炎疫情，中国人民同各国人民相互支持、相互帮助，共同为应对疫情带来的各种困难挑战作出了艰苦努力。习近平主席亲自指挥、亲自部署，中国人民团结一心、共同抗疫，用 1 个多月的时间初步遏制疫情蔓延势头，用 2 个月左右的时间将本土每日新增病例控制在个位数以内，用 3 个月左右的时间取得武汉保卫战、湖北保卫战的决定性成果，夺取了全国抗疫斗争重大战略成果，最大限度保护了人民生命安全和身体健康。中国作为负责任大国，积极履行国际义务，毫无保留分享防控和救治经验，尽己所能向国际社会提供抗疫物资，以实际行动帮助挽救了全球成千上万人的生命，努力推动构建人类命运共同体。当前，全球范围疫情尚未得到全面控制，世界经济持续低迷，国际贸易和投资大幅萎缩，不稳定不确定因素显著增多。中国正全面做好外防输入、内防反弹工作，努力恢复经济社会发展，为全球抗疫贡献智慧和力量。

在此背景下，加强法治交流合作，坚持厉行法治、依法防控，坚持团结合作、同舟共济，具有愈加凸显的重要作用。今天，我们以“新冠疫情背景下的国际法治合作”为主题，举办中国法治国际论坛(2020)，来自世界各地的嘉宾围绕“‘一带一路’国际商事争端预防与解决”等议题深入探讨，就是要通过深化国际法治合作，增进法治共识，更好发挥法治在共建“一带一路”进程中稳预期、化纠纷、利长远的保障作用，为早日战胜疫情、高质量共建“一带一路”贡献力量。

各位与会代表，女士们、先生们，

今年，中国将全面建成小康社会、实现第一个百年奋斗目标，之后将开启全面建设社会主义现代化国家新征程、向第二个百年奋斗目标进军。前不久闭幕的中国共产党十九届五中全会审议通过了《中共中央关于制定国民经济和社会发展第十四个五年规划和二〇三五年远景目标的建议》，描绘了中国未来5年乃至15年的国家发展蓝图。这将是中国人民和中华民族奋进新时代、书写中华文明新篇章的又一段新历程。习近平主席和中国政府高度重视法治建设，把全面依法治国作为坚持和发展中国特色社会主义的基本方略之一，坚定不移厉行法治，建设法治国家、法治政府和法治社会。我们将矢志不渝走中国特色社会主义法治道路，不断创新和深化依法治国实践，为全面扩大开放、携手应对各种全球性挑战、构建人类命运共同体贡献法治力量。

当今世界正经历百年未有之大变局，但和平与发展的时代主题没有变，各国人民和平发展、合作共赢的期待更加强烈。2013年，习近平主席提出共建“一带一路”的重大倡议。7年来，“一带一路”国际合作坚持共商共建共享原则，持续深化务实合作，有力推动了相关国家经济社会发展，给当地民众带来了实实在在的好处，受到国际社会普遍欢迎。法治是共建“一带一路”不可或缺的重要基础和保障。下面，我就“加强国际法治合作、推动共建‘一带一路’”谈几点意见，与大家分享交流。

第一，高质量共建“一带一路”，需要营造稳定的法治营商环境。“法者，治之端也。”各国关系和利益只能以制度和规则加以协调；规则和法治是贸易投资主体应对不确定性和风险挑战的“防护网”，也是妥善化解商事争端的“公平秤”。只有坚持在法治轨道上推进“一带一路”国际合作，加强发展政策对接，加强规则和标准体系相互兼容，积极完善合作国家之间的贸易规则、投资规则、交通和基础设施规则、争端解决机制等，才能以稳定的法治营商环境促进和保障贸易投资自由化便利化，全面提升互利合作水平。

第二，高质量共建“一带一路”，需要营造公平的法治营商环境。“一带一路”沿线各国在国情、历史、文化等方面都存在差异，但和平、发展、公平、正义、民主、自由是全人类的共同价值，各国相互尊重、一律平等是国际社会的广泛共识。加强法治合作，坚定不移践行多边主义，坚决反对单边主义，坚定捍卫国际公平正义，有助于推动全球治理体系改革和完善，推动各国权利平等、机会平等、规则平等，充分发挥各自的优势和潜能；有助于保障各国企业平等参与市场竞争，保障市场交易公平公正，平等保护各方当事人合法权益，通过公平竞争提高效率、促进繁荣，推动世界经济焕发生机活力。

第三，高质量共建“一带一路”，需要营造透明的法治营商环境。良好的法治营商环境要求坚持开放包容，加快推进规则标准等制度型开放，建设更高水平开放型经济新体制。各国加强相互间政策、规则、标准和机制的“软联通”，促进战略对接、规划对接、平台对接、项目对接，建立多边、双边投资促进合作机制，有利于营造公开透明的法律政策环境，为各国合作开辟更加广阔的空间。只有依法及时公布相关法律政策、规范性文件、裁判文书、案例等，及时解决投资者合理关切，才能改善投资和市场环境，降低市场运行成本，促进“一带一路”建设不断走深走实。

通过深化国际法治合作，营造稳定、公平、透明的法治化营商环境，必将切实增强法律及其实施的可预期性，增强投资信心和贸易安全，充分释放互联互通的积极效应，汇聚起可持续发展的强大合力，促进经济全球化朝着更加开放、包容、普惠、平衡、共赢的方向发展。

各位与会代表，女士们、先生们，

促进互联互通、坚持开放包容，是应对全球性危机和实现长远发展的必由之路。在此大道上，法治不能缺位，亦不能滞后。希望各国法学法律界人士树立命运共同体意识和合作共赢理念，进一步深化国际法治合作，共同推进国际商事争端预防与解决，为共建“一带一路”提供有力法治支撑。为此，我提出三点倡议：

第一，深化国际法治合作，完善国际商事争端预防与解决机制。中国有一句谚语说得好：“病后求医，不如病前预防”。加强国际商事争端事前预防，有利于从源头上减少国际商事争端的产生。建议“一带一路”参与方树立国际商事争端事前预防理念，有效运用国际商事争端预防与解决机构和平台，公正高效便利解决商事争端。在国际商事通行规则的基础上，加强商事法治领域的合作，积极推进各国国际商事争端预防与解决相关政策、规则、标准、机制的完善与对接。积极开展法律风险防范合作，加强合规建设、磋商谈判、宣传培训等，强化企业合规意识，有效预防和减少国际商事争端，帮助商事主体防范法律风险、实现合作共赢。充分发挥律师、公证等法律服务机构和专业人士的作用，为国际商事争端预防与解决提供优质高效的法律服务。

第二，深化国际法治合作，建立健全多元化纠纷解决机制。“一带一路”建设参与主体的多样性、纠纷类型的复杂性以及各国立法、司法、法治文化的差异性，决定了“一带一路”参与方当事人纠纷解决需求的多元化。建议“一带一路”参与方依法妥善化解国际商事争端，尊重当事人协议选择纠纷解决方式等权利，积极适用国际条约、国际惯例，推动完善诉讼与调解、仲裁有效衔接的多元化纠纷解决机制。深化司法执法领域合作，推动缔结双边或多边司法协助协定，积极协调司法管辖、调查取证、商事司法文书送达等司法协助事项，便利商事判决相互承认和执行。在新冠肺炎疫情仍在全球蔓延的背景下，“一带一路”参与方立法、执法、司法等部门和组织应依法公正合理地处理涉疫情案件，依法准确适用不可抗力规则，支持企业渡过难关。

第三，深化国际法治合作，充分发挥信息化在国际商事争端预防与解决中的作用。当今世界新一轮科技革命和产业革命蓬勃兴起。我们要抓住机遇，通过加强信息化建设破解国际商事争端送达难、耗时长等问题，不断增强国际商事争端解决的有效性。支持“一带一路”参与方加强数字技术运用，探索大数据、人工智能、区块链等信息技术在国际商事争端预防与解决中的运用，推动在线纠纷解决机制建设，优化送达方式和纠纷调处程序，通过在线调解、在线庭审、在线仲裁等提供便利、快捷、低成本的国际商事纠纷多元化解决方案。探索建立国际商事法庭的案例交换分享机制、法律适用交流机制、法官培养合作机制等，建立健全“一带一路”参与方的法律查明机制，推动建设法律库和案例库，为“一带一路”参与方提供权威、智能的服务。

各位与会代表，女士们、先生们，

突如其来的新冠肺炎疫情，阻挡不了我们携手共进、加强国际法治合作的信心和行动。我们愿同各国法学法律界一道，加强交流、凝聚共识，齐心协力、并肩前行，更好发挥中国法治国际论坛的重要平台作用，坚定不移推动“一带一路”法治合作行稳致远、硕果累累，为构建更加公正合理的国际治理体系，构建人类命运共同体作出新的贡献。

最后，祝本届中国法治国际论坛取得圆满成功，祝各位身体健康！谢谢。

推进中国特色社会主义政治制度自我完善和发展

王　晨

党的十九届五中全会通过的《中共中央关于制定国民经济和社会发展第十四个五年规划和二〇三五年远景目标的建议》（以下简称《建议》），对我国经济社会发展作出新的战略部署，同时提出推进中国特色社会主义政治制度自我完善和发展的重大任务。这对推动和保障我国顺利实现经济社会发展新的目标任务、推动和保障国家政治建设和各项事业全面协调发展，具有十分重要的意义。

一、中国特色社会主义政治制度为党和国家兴旺发达、长治久安提供有力政治保证和制度保障

政治是经济的集中体现。政治属于上层建筑范畴，是由物质的经济社会关系决定的。马克思曾指出：“法的关系正像国家的形式一样，既不能从它们本身来理解，也不能从所谓人类精神的一般发展来理解，相反，它们根源于物质的生活关系”。政治产生和发展的根源在于社会的物质生产活动和生产关系，在于社会的经济基础；同时，政治上层建筑又会能动地反作用于经济基础，顺应、推动或者迟滞、阻碍经济社会发展。这是马克思主义揭示的人类社会政治现象和政治生活的基本原理。

政治制度是特定历史条件和环境的产物，是对建立政治秩序、调节政治关系、宣示政治价值、实现政治目标、推动政治发展、维护政治稳定的一整套原则、规则、规范、架构、体制、机制的总称。习近平总书记指出：“设计和发展国家政治制度，必须注重历史和现实、理论和实践、形式和内容有机统一。要坚持从国情出发、从实际出发，既要把

握长期形成的历史传承，又要把握走过的发展道路、积累的政治经验、形成的政治原则，还要把握现实要求、着眼解决现实问题，不能割断历史，不能想象突然就搬来一座政治制度上的'飞来峰'。"世界上不存在完全相同的政治制度，也不存在适用于一切国家的政治制度模式。每个国家的政治制度都是独特的，都是长期发展、渐进形成、内生演化的结果。

中国特色社会主义政治制度是在长期实践探索中形成的。建立什么样的国家政治制度，是近代以后中国人民、中华民族面临的一个历史性课题。鸦片战争以后，延续了2000多年的封建专制制度已经腐朽不堪，难以应对日益深重的政治危机和民族危机。无数仁人志士上下求索改变中华民族前途命运的道路，先后尝试了君主立宪制、议会制、总统制、多党制、分权制等各种政治制度模式，但都以失败告终。

中国共产党自成立之日起就致力于建立人民当家作主的新社会。土地革命时期，在中央苏区建立了中华苏维埃共和国。抗日战争时期，在陕甘宁边区建立了抗日民主政权。新中国成立后，我们党进而致力于社会主义建设，创造性地运用马克思主义国家学说，为建设社会主义国家政治制度进行了积极努力。从1949年中国人民政治协商会议第一届全体会议和具有临时宪法作用的《中国人民政治协商会议共同纲领》，到1954年第一届全国人民代表大会第一次会议和新中国第一部宪法，再到1978年党的十一届三中全会和1982年宪法及此后的五个宪法修正案，逐步确立和形成了国家政治制度，人民共和国的国体、政体、根本领导制度、根本政治制度、基本政治制度和各方面重要制度在实践中愈益成熟、定型，中国特色社会主义政治制度不断完善和发展。

中国特色社会主义政治制度具有独特的优势和功效。为党和国家兴旺发达、长治久安提供了有力政治保证和制度保障的中国特色社会主义政治制度，在推动中国特色社会主义事业发展的历史进程中展现了并将继续展现出显著的政治优势和巨大的制度功效。主要体现在：(1)拥有能够团结带领全国各族人民不懈奋斗、从胜利走向新的胜利的中国共产党，成为被历史证明和人民公认的中国特色社会主义的坚强领导力量。(2)拥有能够凝聚全国各族人民意志和力量的共同思想基础和理想追求，成为坚持和完善中国特色社会主义政治制度的科学指导思想。(3)确立人民当家作主的政治主体地位，坚持全面依法治国，保证人民依法享有广泛的权利和自由。(4)动员和组织全体人民以国家主人翁地位投身中国特色社会主义事业，齐心协力建设国家，有领导、有秩序地朝着国家发展目标持续前进。(5)实行民主集中制，正确处理民主与集中、分工与协同、监督与支持、制约与配合、程序与实体、局部与整体等一系列政治关系，保证国家机关和各类组织依法协调高效运转。(6)调动一切积极因素，妥善协调社会成员各方面利益关系和诉求，广泛凝聚社会政治正能量，及时化解消极因素。(7)维护国家统一、民族团结和社会和谐，维护国家主权、安全、发展利益，巩固和发展生动活泼、安定团结的政治局面。(8)适应经济社会发展要求，坚持并不断完善政治制度和相关制度，推进国家治理体系和治理能力现代化。

新中国成立70多年来，我们党把马克思主义基本原理同中国具体实际相结合，在古老的东方大国建立、巩固、完善和发展了能够切实保证亿万人民当家作主、不断实现人民对美好生活向往的中国特色社会主义政治制度。这是人类政治文明制度史上的伟大创造，不但为当代中国创造出经济快速发展、社会长期稳定两大奇迹提供了坚强政治保证和坚实制度保障，也为人类探索建设更好政治制度贡献了中国智慧和中国方案。

二、中国特色社会主义政治制度在推动国家经济社会发展中与时俱进实现自我完善和发展

我国政治制度的完善发展是国家全面发展进步事业的重要组成部分。马克思主义唯物史观揭示了人类社会结构及其运动规律。人类社会的发展进步，是经济、政治、文化、社会、生态诸领域有机结合、相互作用的整体运动和系统演进，是不断地从低级走向高级、从不发达走向发达的历史过程。以往有一种观点片面认为，社会主义制度基本确立以后，发展主要是经济方面的任务，只要把经济搞上去了，其他方面就不会有什么问题了。这既不符合马克思主义关于人类社会发展的基本原理，也不符合我国社会主义现代化建设的具体实际。社会主义社会是一个需要并且能够实现全面发展、全面进步的社会。我们党在新时代开启全面建设社会主义现代化国家新征程、向第二个

百年奋斗目标进军，统筹推进经济建设、政治建设、文化建设、社会建设、生态文明建设的总体布局，协调推进全面建设社会主义现代化国家、全面深化改革、全面依法治国、全面从严治党的战略布局，这必然是物质文明、政治文明、精神文明、社会文明、生态文明全面发展、协调发展的历史进程。中国特色社会主义政治制度作为上层建筑，在为国家经济社会发展提供政治保证和制度保障的同时，作为国家全面发展进步事业的重要组成部分，也必将在这一历史进程中不断实现自我完善和发展。

坚定不移走中国特色社会主义政治发展道路。中国特色社会主义政治发展道路，是近代以来中国人民长期奋斗历史逻辑、理论逻辑、实践逻辑的必然结果，为当代中国政治发展确立了正确方向、开辟了广阔空间、展现了光明前景。其基本要求是：(1)始终坚持党的领导、人民当家作主、依法治国有机统一，发展更加广泛、更加充分、更加健全的人民民主，实行民主选举、民主协商、民主决策、民主管理、民主监督。人民民主是一种全过程的民主，不仅需要完整的制度程序，而且需要完整的参与实践。必须始终保证人民当家作主的本质要求在国家和社会生活中实现过程与结果、程序与实体、形式与内容、间接与直接相统一。(2)始终坚持和完善中国共产党领导这一根本领导制度，人民代表大会制度这一根本政治制度，中国共产党领导的多党合作和政治协商制度、民族区域自治制度、基层群众自治制度的基本政治制度，马克思主义在意识形态领域指导地位的根本制度。(3)始终坚持全面依法治国，建设中国特色社会主义法治体系，建设社会主义法治国家，依法维护人民权益、维护社会公平正义、维护国家安全稳定，坚决维护国家法制统一、尊严、权威。(4)始终以保证人民当家作主为根本，以增强党和国家活力、调动人民积极性为目标，积极稳妥推进政治体制改革，推进中国特色社会主义制度不断实现自我完善和发展、永葆生机和活力。

新时期和新时代推进社会主义政治制度自我完善和发展取得重大成就。党的十一届三中全会以来，我们党深刻总结正反两方面历史经验，在推进我国政治制度改革创新、兴利除弊、完善发展等方面勇于自我革命，成功地发展社会主义民主、健全社会主义法治、建设社会主义政治文明，中国特色社会主义政治制度焕发出巨大优越性、展现出蓬勃的生机活力。党的十八大以来，以习近平同志为核心的党中央以前所未有的决心、举措和力度推进改革。习近平总书记指出："推进改革的目的是要不断推进我国社会主义制度自我完善和发展，赋予社会主义新的生机活力。"在以习近平同志为核心的党中央坚强领导下，通过紧紧围绕坚持党的领导、人民当家作主、依法治国有机统一深化政治体制改革，推进我国政治制度自我完善和发展，取得了一系列重大成果和成效。健全了党的集中统一领导和全面领导体制机制，推动了党和国家指导思想与时俱进，加强人民当家作主制度建设，推动人民代表大会制度完善发展，将全面依法治国纳入"四个全面"战略布局并大力推进，完成宪法部分内容修改，推动社会主义协商民主广泛多层制度化发展，深化党和国家机构改革，深化司法体制综合配套改革，深化国防和军队改革，深化国家监察体制改革，推进群团组织改革，坚持和完善"一国两制"制度体系，有效推进了国家治理体系和治理能力现代化。中国特色社会主义政治制度和相关制度在新时代的伟大实践中，更加趋于成熟和定型。

与时俱进不断实现自我完善和发展是中国特色社会主义政治制度的内在逻辑和必然要求。中国特色社会主义政治制度之所以成为行得通、真管用、有效率、充满生机活力的好制度，就在于它是从中国的社会土壤中生长起来的；同时还在于它具有面向现代化、面向未来、面向实践，与时俱进、开拓创新，兼收并蓄、包容开放，善于总结、自我修正的制度品格，不断从新的实践中获得生机活力，是能够持续推动国家发展进步、实现人民对美好生活向往的好制度。

新中国成立 70 多年特别是改革开放 40 多年成功实践形成的多方面宝贵经验，深化了我们党对国家政治制度建设和政治发展规律的认识，回答了面向未来我国政治制度"坚持和巩固什么、完善和发展什么"这一重大课题，为新时代推进中国特色社会主义政治制度自我完善和发展提供了基本遵循。对此，我们必须长期坚持、全面贯彻、不断发展。

三、推进社会主义政治建设、推进我国政治制度自我完善和发展的总体要求和重点任务

在新时代和新发展阶段，要做到统筹中华民

族伟大复兴战略全局和世界百年未有之大变局，深刻认识我国社会主要矛盾发展变化带来的新特征新要求，深刻认识错综复杂的国际环境带来的新矛盾新挑战，发挥我国政治制度的保证保障作用并推动这个制度完善和发展，具有非同寻常的重要意义。

实现“十四五”时期和今后更长时期我国经济社会发展新的战略部署和目标任务，必须推进中国特色社会主义政治制度自我完善和发展。总体要求是：高举中国特色社会主义伟大旗帜，深入贯彻党的十九大和十九届二中、三中、四中、五中全会精神，坚持以马克思列宁主义、毛泽东思想、邓小平理论、“三个代表”重要思想、科学发展观、习近平新时代中国特色社会主义思想为指导，围绕统筹推进经济建设、政治建设、文化建设、社会建设、生态文明建设的总体布局，协调推进全面建设社会主义现代化国家、全面深化改革、全面依法治国、全面从严治党的战略布局，适应把握新发展阶段、贯彻新发展理念、形成新发展格局的要求，坚持党的领导、人民当家作主、依法治国有机统一，坚定不移走中国特色社会主义政治发展道路，加快建设社会主义法治国家，团结一切可以团结的力量，调动一切可以调动的积极因素，广泛动员和组织全社会成员和各方面力量投身全面建设社会主义现代化国家的伟大事业，为“十四五”时期和未来15年经济社会发展、全面建设社会主义现代化国家开好局起好步提供有力政治保证和制度保障。

按照《建议》的顶层设计和全面部署，当前和今后一个时期推进社会主义政治建设、推进我国政治制度自我完善和发展的重点任务和工作要求，主要有以下九个方面。

——坚持和完善人民代表大会制度。坚持国家的一切权力属于人民，支持和保证人民通过人民代表大会行使国家权力，保证各级人大都由民主选举产生、对人民负责、受人民监督，保证各级国家机关都由人大产生、对人大负责、受人大监督，加强人大对“一府一委两院”的监督，保障人民依法通过各种途径和形式管理国家事务、管理经济文化事业、管理社会事务。支持和保证人大及其常委会依法行使立法权、监督权、决定权、任免权，密切人大代表同人民群众的联系，健全代表联络机制，更好发挥人大代表作用。健全人大组织制度、选举制度和议事规则，适当增加基层人大代表数量，加强地方人大及其常委会建设。

——坚持和完善中国共产党领导的多党合作和政治协商制度。贯彻长期共存、互相监督、肝胆相照、荣辱与共的方针，加强中国特色社会主义政党制度建设。发挥社会主义协商民主独特优势，提高建言资政和凝聚共识水平。统筹推进政党协商、人大协商、政府协商、政协协商、人民团体协商、基层协商以及社会组织协商。加强人民政协专门协商机构建设，丰富协商形式，健全协商规则，推动协商民主广泛多层制度化发展，形成完整的制度程序和参与实践，保证人民在日常政治生活中有广泛持续深入参与的权利。

——坚持和完善民族区域自治制度。全面贯彻党的民族政策，坚持走中国特色解决民族问题的道路。铸牢中华民族共同体意识，不断增强各族群众对伟大祖国、中华民族、中华文化、中国共产党、中国特色社会主义的认同。高举中华民族大团结的旗帜，促进各民族共同团结奋斗、共同繁荣发展。全面贯彻落实民族区域自治法，依法管理民族事务，依法保障各民族合法权益。

——全面贯彻党的宗教工作基本方针。全面贯彻党的宗教信仰自由政策，依法管理宗教事务，坚持独立自主自办原则，积极引导宗教与社会主义社会相适应。坚持我国宗教的中国化方向，发挥宗教界人士和信教群众在促进经济社会发展中的积极作用，努力调动积极因素、抑制消极因素。

——健全基层群众自治制度。健全基层党组织领导的基层群众自治机制，增强群众自我管理、自我服务、自我教育、自我监督实效。健全企事业单位民主管理制度，保障职工群众的知情权、参与权、表达权、监督权，维护职工合法权益。

——发挥工会、共青团、妇联等人民团体作用。推动人民团体等群团组织增强政治性、先进性、群众性，健全联系广泛、服务群众的群团工作体系，把各自联系的群众紧紧凝聚在党的周围，更好发挥联系群众的桥梁和纽带作用。

——完善大统战工作格局。巩固和发展最广泛的爱国统一战线，坚持一致性和多样性统一，谋求最大公约数，画出最大同心圆，促进政党关系、民族关系、宗教关系、阶层关系、海内外同胞关系和谐，巩固和发展大团结大联合局面。全面贯彻党的侨务政策，凝聚侨心、服务大局。

——坚持法治国家、法治政府、法治社会一体建设。完善以宪法为核心的中国特色社会主义法律体系，加强重点领域、新兴领域、涉外领域立法，提高依法行政水平，完善监察权、审判权、检察权运行和监督机制，促进司法公正，深入开展法治宣传教育，有效发挥法治固根本、稳预期、利长远的保障作用，推进法治中国建设。

——促进人权事业全面发展。走符合国情的人权发展道路，奉行以人民为中心的人权理念，把生存权、发展权作为首要的基本人权，协调推进经济、政治、社会、文化、环境权利，努力维护社会公平正义，促进人的全面发展。

站在“十四五”开启的全面建设社会主义现代化国家新征程上，我们要更加紧密地团结在以习近平同志为核心的党中央周围，增强“四个意识”，坚定“四个自信”，做到“两个维护”，毫不动摇走中国特色社会主义政治发展道路，推进中国特色社会主义政治制度自我完善和发展，为实现“两个一百年”奋斗目标、实现中华民族伟大复兴中国梦而努力奋斗。

自觉做习近平法治思想的坚定信仰者、积极传播者、模范实践者

——在第九届“全国杰出青年法学家”座谈会上的讲话

（2020 年 12 月 9 日）

王　晨

同志们：

今天，我们在这里举行第九届“全国杰出青年法学家”颁奖仪式及获奖者座谈会，表彰第九届“全国杰出青年法学家”和“全国杰出青年法学家”提名奖获得者。首先，我代表中国法学会向全体获奖者表示热烈祝贺！

“全国杰出青年法学家”评选是经党中央、国务院同意设立的、由中国法学会主办的法学领域重要奖励项目，写入了中共中央办公厅印发的《关于进一步加强法学会建设的意见》，旨在发挥导向激励作用，推动社会主义核心价值观融入法治建设，推动优秀法学人才脱颖而出，打造一支政治立场坚定、理论功底深厚、熟悉中国国情的高水平法学家和专家队伍。“全国杰出青年法学家”评选表彰从 1995 年开始，至今已进行了九届，共评选出 89 位“全国杰出青年法学家”、93 位提名奖获得者。25 年平均下来，“全国杰出青年法学家”一年不到 4 位，和提名奖获得者加在一起，一年 7 位左右。可见，获此殊荣，难能可贵，值得倍加珍惜。25 年来，很多获奖者走上了立法、执法、司法等领域重要领导岗位，或者成为法学教育科研领域著名学者，为法治中国建设作出了重要贡献。刚才，获评本届“全国杰出青年法学家”的王迁、李洪雷、陈柏峰、聂鑫、栗峥 5 位代表作了发言，讲得都很好，我听了以后很受感动、很受感染。希望大家珍惜荣誉、再接再厉，谦虚谨慎、戒骄戒躁，不辜负党的期望、国家重托、人民期待，继续发挥示范引领作用，更好担负时代使命。

前不久召开的中央全面依法治国工作会议具有划时代的里程碑意义。会议最重要的成果就是明确提出习近平法治思想，并确立为新时代全面依法治国的指导思想，这在我国社会主义法治建设进程中具有重大政治意义、理论意义、实践意义。学习宣传贯彻习近平法治思想是全国法学法律界当前和今后一个时期的重大政治任务。大家要立时代之潮头，在学习宣传贯彻习近平法治思想上走在前、做表率，坚持用习近平法治思想武装头脑、指导实践、推动工作，自觉做习近平法治思想的坚定信仰者、积极传播者、模范实践者。下面，我讲三点意见。

第一，认真学习领会习近平法治思想，做习近平法治思想的坚定信仰者。习近平法治思想内涵丰富、论述深刻、逻辑严密、系统完备，是顺应实现中华民族伟大复兴时代要求应运而生的重大理论创新成果，是马克思主义法治理论中国化最新成果，是习近平新时代中国特色社会主义思想的重要组成部分，是全面依法治国的根本遵循和行动指南。习近平总书记在长期的领导实践中，从依法治县、依法治市、依法治省到依法治国，一直非常重视法治。党的十八大以来，以习近平同志为核心的党中央明确提出全面依法治国，并将其纳入“四个全面”战略布局予以有力推进，作出

一系列重大决策部署，推动我国社会主义法治建设发生历史性变革、取得历史性成就。党的十九大报告将坚持全面依法治国作为新时代坚持和发展中国特色社会主义的基本方略之一，在以习近平同志为核心的党中央坚强领导下，全面依法治国实践又取得重大进展，有力促进了中国特色社会主义制度更加完善，有力推进了国家治理体系和治理能力现代化，有力保障了中国经济快速发展奇迹和社会长期稳定奇迹，有力提升了中国特色法治文明在全球治理的影响力、感染力、引领力。这些变革和成就的取得，根本在于习近平新时代中国特色社会主义思想特别是习近平法治思想的科学指引，雄辩地证明了习近平法治思想的科学真理性。广大法学法律工作者要认真学习领会习近平法治思想，吃透基本精神、把握核心要义、明确工作要求，做到学深悟透、融会贯通、真信笃行，不断增强对习近平法治思想的政治认同、思想认同、理论认同、情感认同，自觉做习近平法治思想的坚定信仰者。要毫不动摇地坚持党对全面依法治国的领导，坚持正确政治方向，坚定不移听党话、跟党走，增强"四个意识"，坚定"四个自信"，做到"两个维护"。要坚持走中国特色社会主义法治道路，用马克思主义法治理论和习近平法治思想指导法学教育、法学研究和法治实践，加强对法治领域错误思想观点的辨析批驳，坚决反对和抵制西方"宪政"、"三权鼎立"、"司法独立"等错误思潮和负面言论。要坚持建设中国特色社会主义法治体系，紧紧抓住这一建设社会主义法治国家的总抓手，切实履职尽责，积极主动作为，为全面建设社会主义现代化国家、实现中华民族伟大复兴的中国梦提供有力法治保障。

第二，深入研究阐释习近平法治思想，做习近平法治思想的积极传播者。推进全面依法治国是国家治理的一场深刻变革，必须以科学理论为指导。习近平法治思想从历史和现实相贯通、国际和国内相关联、理论和实际相结合上，深刻回答了新时代为什么实行全面依法治国、怎样实行全面依法治国等一系列重大问题。广大法学法律工作者处于推进全面依法治国的第一线，要深入研究习近平法治思想，深刻把握习近平法治思想形成发展的实践逻辑、理论逻辑和历史逻辑，准确理解其基本精神、核心要义、丰富内涵、实践要求，把研究阐释习近平法治思想同学习贯彻党的十九届五中全会精神结合起来，把党的创新理论转化为推进新时代中国特色社会主义法治建设事业的实践力量。要围绕"十一个坚持"，对习近平法治思想进行学理化阐释、学术化表达、系统化构建，推出一批有分量、有深度的研究成果，为学习贯彻习近平法治思想提供有力的学理支撑。要坚持从我国国情和实际出发，正确解读中国现实、回答中国问题，提炼标识性学术概念，推进法学理论创新、法律制度创新和法治文化创新，打造具有中国特色和国际视野的法学学科体系、学术体系、话语体系，推动中国特色社会主义法治理论创新发展。要大力弘扬马克思主义学风，加强作风和学风建设，营造良好学术生态，培育优良学术道德，激发创新创造活力，坚持理论和实践相结合，立志做大学问、做真学问，多出高水平的法学研究成果。要在研究阐释、准确把握习近平法治思想精髓要义的基础上，大力宣传习近平法治思想，把习近平法治思想融入法学教材、融入学校教育，作为课堂教学的重要内容，推动马克思主义法治理论中国化最新成果进教材、进课堂、进头脑，培养德法兼修的高素质专业化法治人才；积极参与法治宣传教育和公共法律服务，讲好法治故事、弘扬法治精神、传递法治能量，推动习近平法治思想走近群众、深入人心，让法治成为广大人民群众的思维方式和行为习惯。

第三，全面贯彻落实习近平法治思想，做习近平法治思想的模范实践者。习近平总书记对当前和今后一个时期推进全面依法治国要重点抓好的工作提出了十一个方面的要求。这些要求为广大青年法学法律工作者提出了重大课题研究任务，也为广大青年法学法律工作者履行政治责任、实现学术抱负、以专业智慧报效国家提供了广阔舞台。要提高政治站位、强化政治担当，坚持习近平法治思想在全面依法治国中的指导地位，把习近平法治思想贯彻落实到全面依法治国全过程和各方面，更好转化为建设社会主义法治国家的生动实践。要紧紧围绕进入新发展阶段、推动高质量发展、构建新发展格局、促进全体人民共同富裕、统筹发展和安全等要求，紧紧围绕党中央重要法治建设规划、重大立法事项、重点改革举措，聚焦党中央关注的重点问题、经济社会发展中的关键问题，紧盯就业、教育、医疗、社保、住房、养老、食品安全、生态环境、社会治安等群众"急难愁盼"问题以及法治领域人民群众反映强烈的突出问题，加强调查研究，集中进行攻关，积极参与全面依法治国顶层设计、国家和地方立法工作，筑法治之基、行法治之力、积法治之势，服务政法领域全面深化改革，服务平安中国、法治中国建设，服务推进国家治理体系和治理能力现代化，努力为做好党和国家各项工作营造良好法治环境。要积极参与法学教育改革，加快构建中国特色法学学科体系和教材体系，坚持立德树人、德法兼修，坚持建设德才兼备的法治人才队伍，推进法治专门队伍革命化、正规化、专业化、职业化，确保做到忠于党、忠于国家、忠于人民、忠于法律，为科学立法、严格执法、公正司法、全民守法，加快建设社会主义法治国家提供有力人才保障。要主动对接统筹推进国内法治和涉外法治的战略部署，积极参与对外法学交流，解读中国实践，构建中国理论，打造易于为国际社会所理解和接受的新概念、新范畴、新表述，深化对共建“一带一路”、全球治理体系变革等领域重大法律问题研究，积极参与国际规则制定等工作，努力以中国智慧、中国实践为世界法治文明建设作出贡献。要勇于和善于参与涉外法治斗争，强化法治思维，运用法治方式，有效应对挑战、防范风险、反制打压，牢牢把握涉外法治斗争战略主动权。郑板桥有诗说，“千磨万击还坚劲，任尔东西南北风”。我们要在党和人民需要的关键时刻，以中国法学法律工作者的铮铮铁骨，坚定维护国家主权、安全、发展利益，坚定维护中国法律、中国制度的神圣尊严，坚决回击、反制国外反华势力的无理打压和霸凌挑衅。

同志们，青年一代有理想、有本领、有担当，国家就有前途、民族就有希望。让我们更加紧密地团结在以习近平同志为核心的党中央周围，深入学习宣传贯彻习近平法治思想，积极投身全面依法治国伟大实践，以奋进者、搏击者的姿态，创造无愧于新时代的新业绩，为实现中华民族伟大复兴中国梦作出新的更大贡献！

在中国美国商会第 21 届年度答谢晚宴上的演讲

（2020 年 12 月 10 日）

王　晨

葛国瑞主席，女士们、先生们、朋友们：

大家晚上好！很高兴应邀出席中国美国商会第 21 届年度答谢晚宴。多年来，中国美国商会及其会员企业始终致力于维护和促进中美友好互利合作关系的健康稳定发展，并为此做出了重要贡献。我们对此表示高度赞赏与肯定。

正如葛主席刚才所言，2020 年对世界各国都是充满挑战的一年。人类经历了百年来最严重的传染病大流行。各国人民的身体健康和生命安全受到严重威胁。世界经济也因此陷入严重衰退，各国政府都经受了“世纪大考”。

今年以来，面对突如其来的新冠肺炎疫情，中国始终坚持生命至上、人民至上，习近平主席亲自指挥、亲自部署，全国上下一心，取得抗疫斗争重大战略成果，在全世界范围内率先控制住疫情，率先有序复工复产，率先实现经济由负转正增长，并将如期实现决胜脱贫攻坚任务目标。同时，中国积极参与国际抗疫合作，与世界卫生组织保持密切合作，向世界公布新冠病毒基因序列，参与疫苗研发合作，同各国无私分享抗疫经验，无条件提供物资支持，以实际行动践行人类命运共同体理念，彰显了大国担当。

为应对新冠肺炎疫情严重冲击，我们坚持统筹推进疫情防控和经济社会发展，实施了一系列助企纾困政策，坚定不移推进改革开放，多措并举挖掘国内巨大的内需市场潜力，激发市场主体活力和发展内生动力，稳住了经济、外贸、外资和就业增长，维护了全球产业链、供应链稳定。前三季度，中国经济增长实现由负转正，展现了中国经济的强大韧性和旺盛活力，今年可能成为世界唯一实现正增长的主要经济体，为世界战胜疫情、实现经济复苏发展树立了典范，增强了信心，做出了贡献。

总的看，中国经济发展稳中向好、长期向好的基本面没有变、也不会变。我们完全有信心、有能力保持经济平稳运行，如期实现全面建成小康社会、打赢脱贫攻坚战的目标。

在中国抗疫和实现经济社会复苏发展进程中，中国美国商会及其会员企业慷慨解囊，捐资捐物，与中国人民和衷共济、攻坚克难，为各地疫情防控、复工复产和经济复苏做出贡献。你们的贡献也将印刻在 2020 年的历史上。

女士们，先生们，

不久前，中共十九届五中全会胜利闭幕，宣告中国将如期实现全面建成小康社会目标，开启全面建设社会主义现代化国家新征程。中国将全面贯彻创新、协调、绿色、开放、共享的新发展理念，以更高水平扩大开放，致力于高质量发展。我们将积极构建以国内大循环为主体、国内国际双循环相互促进的新发展格局；坚持以改革创新为根本动力，大力推动科技创新，打造经济发展新动能；持续深化改革，充分激发国内市场活力和潜力，建设高标准市场体系，完善公平竞争制度，让各类市场主体活力充分涌现。

今年7月，习近平主席专门召开企业家座谈会，听取企业界对“十四五”时期改革发展的意见和建议，这其中就包括外资企业代表。习近平主席在会上表示，我们要打造市场化、法治化、国际化营商环境，依法平等保护包括外资在内的各种所有制企业产权和自主经营权，全面实施市场准入负面清单制度，全面实施外商投资法，放宽市场准入，对在中国注册的企业一视同仁，完善公平竞争环境。这是中国最高领导人和中国政府的郑重宣示和承诺。

全国人民代表大会及其常务委员会行使国家立法权，我们积极推进全面依法治国，以立法形式加强法治，为中国扩大对外开放提供法律保障，向世界展现中国政府扩大对外开放、保障外商投资企业合法权益的坚定决心。

持续推进立法工作是中国全面依法治国的前提和保障。中国改革开放之初，就依法进行了一系列鼓励和保护外资的相关立法，及时出台有关配套规定，不断完善和健全外资法律体系。加入世贸组织前后，根据履行承诺的需要，中国对涉外经贸法律法规进行了大规模清理和修订。2019年3月，十三届全国人大二次会议表决通过了《中华人民共和国外商投资法》，确立了我国新型外商投资法律制度的基本框架，进一步明确了我国对外开放、促进外商投资的基本国策和大政方针，对外商投资的准入、促进、保护、管理作出了统一规定。这是我国外商投资领域新的基础性法律，是对我国外商投资法律制度的完善和创新，充分彰显了新时代中国坚持全面依法治国，进一步扩大对外开放、积极促进外商投资的决心和信心。今年5月，全国人大审议通过了《中华人民共和国民法典》，为构建市场化、法治化、国际化的营商环境，奠定了更加坚实的法律基础。

习近平主席多次强调，中国开放的大门不会关闭，只会越开越大。我们将秉持人类命运共同体理念，坚定不移维护多边主义，推动经济全球化和贸易自由化，实行高水平投资便利化政策，以更高水平扩大开放，为外资企业积极营造安全、公平、便捷、法治的营商环境，让外资企业愿意来、留得住、发展好！

40多年来，中国美国商会各会员企业一直与改革开放同频共振，与中国发展深度融合、共同成长。我相信，随着中国“十四五”规划的实施和2035年远景目标的持续推进，各会员企业必将迎来新的发展机遇和更广阔的发展前景。

女士们，先生们，

当前，世界正在经历百年未有之大变局，新冠肺炎疫情暴发蔓延加速了国际关系和世界格局的演变。世界在变化，中国和美国也在变化。面对世纪变局，有人担心焦虑、甚至对中美关系何去何从感到困惑迷惘。对此，我们应清醒认识并准确把握时代发展的大趋势，在危机中育先机，于变局中开新局。

一是和平发展、合作共赢的时代潮流没有变。新冠肺炎疫情肆虐全球再次证明，当今世界各国紧密相连，人类命运与共。坚持和平发展道路，秉持合作共赢理念，致力于共同发展，既是中国的成功之要，也是各国政府和人民的共同期待。以意识形态划线，固守零和博弈的冷战思维已经过时，没有出路，单边主义注定失败。只有以对话代替冲突，以协商代替胁迫，以共赢代替零和，以合作代替脱钩，把本国利益同各国共同利益结合起来，才能把中美和世界的蛋糕做大，让世界人民都过上和平安宁与发展繁荣的好日子。

二是中国对美政策始终保持连续性和稳定性。11月25日，习近平主席致电约瑟夫·拜登先生，祝贺他当选美国总统。习近平主席在贺电中指出，推动中美关系健康稳定发展，不仅符合两国人民根本利益，而且是国际社会的共同期待。希望双方秉持不冲突不对抗、相互尊重、合作共赢的精神，同各国和国际社会携手推进世界和平与发展的崇高事业。这是中方对中美关系的原则主张，也是对未来中美关系的期待。

三是中美关系互利共赢的本质没有改变。中美建交40多年来，两国优势互补、互利合作，已形成了紧密融合的利益共同体。今年前三季度，在新冠肺炎疫情冲击下，中美贸易总值仍逆势增长，同比上升2%。今年上半年，美国对华投资同比增长6%。这充分说明，合作共赢、共同发展已成为两国人民、特别是双方市场主体的共同愿望。

事实一再证明，中美合则两利、斗则俱伤，合作是双方唯一正确的选择。希望美方同中方相向而行，排除各种干扰阻力，实现中美关系平稳过渡。同时，朝着符合两国人民根本利益的方向，努力推动下阶段中美关系重启对话、重回正轨、重建互信。

希望中国美国商会及会员企业继续充分发挥维护和促进中美关系“稳定器和助推器”的积极作用，尽己所能，做出新的努力。

最后，预祝各位朋友新年快乐，身体健康，事业顺遂！祝愿中国美国商会的各家企业在新的一年都有新的发展！

以习近平新时代中国特色社会主义思想为指导 让延安精神在新时代不断发扬光大

——在弘扬延安精神理论研讨会上的讲话

（2020 年 12 月 12 日，湖南韶山）

王　晨

今天，在毛泽东主席诞辰纪念日即将到来之际，我们共聚毛主席的家乡湖南韶山，举行“以习近平新时代中国特色社会主义思想为指导，进一步弘扬延安精神”理论研讨会，这是中国延安精神研究会和湖南省延安精神研究会、湘潭市延安精神研究会共同举办的一项活动，主要任务是深入学习贯彻习近平总书记关于弘扬延安精神的重要论述精神，做好延安精神的学习、研究、宣传、贯彻等各项工作，让延安精神在新时代不断发扬光大，更好服务党和国家工作大局。

韶山是毛泽东同志出生和早期成长的地方。青年时期的毛泽东，胸怀救国救民远大志向，走出韶山，投身革命，从井冈山、瑞金、遵义，一路走到延安、西柏坡、北京，建立了新中国，开创了中国社会主义道路。在延安，毛主席带领中国共产党人培育了伟大的延安精神。今天，我们弘扬延安精神，就是要坚持正确政治方向，始终坚守初心使命，大力弘扬优良传统，以伟大精神凝聚起全面建设社会主义现代化国家的磅礴力量，为实现中华民族伟大复兴提供强大精神动力。

下面，我讲几点意见，与大家交流。

一、以习近平新时代中国特色社会主义思想为指导，深刻认识和把握弘扬延安精神的重大意义

延安精神是以毛泽东同志为代表的老一辈无产阶级革命家和老一代共产党人在延安时期，团结带领中国人民在进行新民主主义革命的伟大斗争中铸就的伟大精神，其主要内容是“坚定正确的政治方向，解放思想、实事求是的思想路线，全心全意为人民服务的根本宗旨，自力更生、艰苦奋斗的创业精神”。习近平总书记对弘扬延安精神有许多重要论述，对中国延安精神研究会工作作出重要指示批示。在中国延安精神研究会成立 20 周年、30 周年之际，习近平总书记两次专门发来贺信。习近平总书记多次作出重要指示，指出“延安精神是我们党的宝贵精神财富”，“弘扬延安精神，对于推进中国特色社会主义事业、实现中华民族伟大复兴具有重要意义”，“要把红色资源利用好，把红色传统发扬好，把红色基因传承好”。习近平总书记关于弘扬延安精神的重要论述，是习近平新时代中国特色社会主义思想的重要组成部分，为做好新时代弘扬延安精神各项工作提供了遵循，我们要认真学习领会，深入贯彻落实。

*一是深刻认识和把握延安精神是我们党的性质和宗旨的集中体现。*我们党一成立，就明确自己是以马克思主义为指导、以共产主义为奋斗目标的无产阶级政党，旗帜鲜明地把实现社会主义、共产主义作为奋斗目标，并为之进行了不懈奋斗。从 1935 年到 1947 年，以毛泽东同志为核心的党的第一代中央领导集体扎根延安 13 年，围绕国家独立、民族解放、民主自由，团结带领中国人民进行了艰苦卓绝的英勇奋斗。这个时期形成了理论联系实际、密切联系群众、批评与自我批评三大优良作风，领导了大生产运动和整风运动，建立了民主革命政

权。我们党以全心全意为人民服务的历史自觉,唤醒了根据地广大人民乃至全国人民追求解放、建立新中国的奋斗精神,领导全国各族人民积极投身伟大的新民主主义革命和社会主义革命建设实践中,开辟了中华民族的新纪元。从此,中华民族走上了实现伟大复兴的壮阔道路。可以说,延安精神充分体现了我们党的远大理想和崇高追求,体现了我们党"为中国人民谋幸福,为中华民族谋复兴"的初心和使命。

二是深刻认识和把握延安精神是中华民族优良传统的继承和发展。文化是一个国家、一个民族的灵魂。坚持"四个自信",就包括坚持文化自信。在5000多年文明发展进程中,中华民族创造了博大精深的灿烂文化,为中华民族生生不息、发展壮大提供了丰厚滋养。延安精神之所以能够成为指引我们奋进的伟大精神,就是因为它是中国共产党人把马克思列宁主义与中华民族优良传统相结合而形成的产物,其与中国优秀传统文化强调的"大道之行,天下为公""民为邦本""天行健,君子以自强不息""革故鼎新,与时俱进"等是一脉相承、息息相关的,是对这些优秀传统文化的继承和发展,始终体现着中国风格、中国气派、中国精神。

三是深刻认识和把握延安精神是新时代夺取全面建设社会主义现代化国家新胜利的强大精神力量。当前,世界正经历百年未有之大变局,新冠肺炎疫情影响广泛深远,世界经济陷入二战以来最严重的衰退,单边主义、保护主义、霸凌行径愈演愈烈。从国内来看,发展不平衡不充分问题仍然突出,重点领域关键环节改革任务仍然艰巨。在我国发展环境面临深刻复杂变化的背景下,面对一系列前所未有的风险挑战,我们更加需要弘扬延安精神,充分发挥延安精神凝聚人心、战胜困难、砥砺奋进的强大精神力量,教育引导广大党员干部筑牢信仰之基、补足精神之钙、把稳思想之舵,不断提高进行具有许多新的历史特点的伟大斗争能力。

今年是十分特殊、极不平凡的一年。面对突如其来的疫情,习近平总书记亲自指挥、亲自部署,坚持人民至上、生命至上,全国上下一心,迅速打响疫情防控的人民战争、总体战、阻击战,中国实现了从疫情首当其冲到模范抗疫的"剧情反转"。在党中央的坚强领导下,我们统筹推进疫情防控和经济社会发展工作,中国成为今年全世界唯一实现经济正增长的主要经济体,党和国家各项事业取得新的重大成就。这再次彰显了习近平总书记的高瞻远瞩、运筹帷幄、核心作用,展现了党中央卓越的领导力、判断力、决策力和行动力。我们要切实把思想认识统一到党中央对形势的重大判断上来,保持战略定力,坚定必胜信心,善于在危机中育先机、于变局中开新局,努力夺取全面建设社会主义现代化国家新胜利。

二、坚持正确政治方向,大力弘扬延安精神,更好服务党和国家工作大局

党的十九届五中全会为我国未来经济社会发展擘画了宏伟蓝图。"十四五"时期是我国开启全面建设社会主义现代化国家新征程、向第二个百年奋斗目标进军的第一个五年。立足新发展阶段、贯彻新发展理念、构建新发展格局,都对我们提出了新任务新要求,要紧跟时代步伐,大力弘扬延安精神,激发全党全国各族人民的昂扬斗志,将伟大精神转化为干事创业、攻坚克难、砥砺奋进的实际行动。

第一,始终坚持正确政治方向,增强"四个意识"、坚定"四个自信"、做到"两个维护"。"坚定正确的政治方向"是毛主席在延安时期为抗日军政大学提出的教育方针,也是我们党特有的政治品格。同党中央保持高度一致,坚决听从党中央指挥,这是我们不断战胜前进道路上的各种艰难险阻、不断消除发展道路上的各种风险隐患、始终走在时代前列、不断取得一个又一个伟大胜利的根本保证。党的十八大以来,党和国家事业发生历史性变革,取得历史性成就,根本在于有习近平同志作为党中央的核心、全党的核心领航掌舵,在于有习近平新时代中国特色社会主义思想的科学指导。新时代弘扬延安精神,要把坚定正确政治方向摆在第一位,坚持不懈用延安精神教育广大党员干部,用以滋养初心、淬炼灵魂,从中汲取信仰力量、查找党性差距、校准前进方向,自觉在思想上政治上行动上同以习近平同志为核心的党中央保持高度一致,确保中国特色社会主义事业始终沿着正确方向前进。

第二,始终坚持解放思想、实事求是,与时俱进、开拓创新。实事求是,是马克思主义的根本观点,是中国共产党人认识世界、改造世界的根本要求,是我们党的基本思想方法、工作方法、领导方法。过去,我们搞革命、建设、改革所取得的一切胜利,靠的是解放思想、实事求是。现在,我们要全面建设社会主义现代化国家、实现中华民族伟大复

兴,同样要靠解放思想、实事求是。新时代弘扬延安精神,要始终坚持解放思想、实事求是,一切从实际出发,理论联系实际,牢牢把握社会主义初级阶段这个基本国情,牢牢立足社会主义初级阶段这个最大实际,与时俱进,勇于创新,为中国特色社会主义伟大事业而努力奋斗。

第三,牢固树立全心全意为人民服务的宗旨意识,始终坚持以人民为中心的发展思想。1944年在延安时,毛主席发表了《为人民服务》的演讲,开宗明义指出"我们这个队伍完全是为着解放人民的,是彻底地为人民的利益工作的"。1945 年,党的七大把"全心全意为人民服务"写入党章,确立为我们党的根本宗旨,形成了一整套相信群众、依靠群众、从群众中来、到群众中去的群众路线。正是因为我们党与人民风雨同舟、生死与共,始终保持血肉联系,为实现全国人民从站起来、富起来到强起来的伟大飞跃提供了根本保证。当前,我国社会的主要矛盾已经转化为人民日益增长的美好生活需要和不平衡不充分的发展之间的矛盾。新时代弘扬延安精神,要永远保持对人民的赤子之心和真挚情怀,不断践行"人民对美好生活的向往,就是我们奋斗的目标"的庄严承诺,坚持人民主体地位,扎实推动共同富裕,让改革发展成果更多更公平惠及全体人民,不断增强人民群众的获得感、幸福感、安全感。

第四,大力弘扬自力更生、艰苦奋斗的优良传统和作风,砥砺顽强意志,汇聚磅礴力量。习近平总书记指出,"自力更生、艰苦奋斗是我们共产党人的品质,是我们立党立国的根本,也是党员、干部立身立业的根本"。延安精神是中国共产党人在艰苦卓绝、创建伟业的史诗中铸就的,是中国共产党卓越品质和坚强意志的集中凝练。今天,经过几代共产党人带领亿万人民艰苦奋斗,我国已经成为世界第二大经济体,综合国力实现了历史性提升,人民的生活水平和国家在世界舞台的影响力,都发生了翻天覆地的变化。今年中国 GDP 将突破 100 万亿人民币,人均 GDP 超过 1 万美元。越是在这样的情况下,我们越要保持清醒,自力更生的意志不能移,艰苦奋斗的作风不能丢。新时代弘扬延安精神,就要在以习近平同志为核心的党中央坚强领导下,进一步在全国全党培育涵养实干苦干、艰苦奋斗、自立自强的优良作风,始终保持延安时期那么一种忘我精神、那么一股昂扬斗志、那么一种科学精神,敢于并善于战胜前进道路上的一切困难和挑战。

三、加强延安精神研究会自身建设,深入研究、大力宣传、认真践行延安精神

一代人有一代人的使命。我们要大力弘扬延安精神,当好伟大精神的坚定传承者、大力弘扬者和自觉践行者,积极顺应时代发展要求,紧紧围绕党和国家事业发展大局,提高政治站位,主动担当作为,不断开创弘扬延安精神工作新局面。

一是认真学习习近平总书记关于弘扬延安精神的重要论述精神,夯实思想理论根基。研究会要把学习贯彻习近平新时代中国特色社会主义思想特别是关于弘扬延安精神的重要指示要求,作为当前和今后一个时期首要政治任务,作为学习、研究、宣传、贯彻延安精神的根本遵循和指引,自觉用以武装头脑、指导实践、推动工作,贯彻落实到工作的全过程和各方面。

二是进一步深化延安精神研究,继续深耕和挖掘延安精神的时代内涵和时代价值。要深化和拓展弘扬延安精神重大课题研究,提炼新观点,探索新规律,不断推出更多具有时代特色、实践特色的高质量研究成果,使延安精神在新时代不断丰富发展。要加强理论成果的转化运用,积极营造弘扬伟大精神、推动伟大实践的良好氛围。

三是大力宣传延安精神,继续讲好延安精神故事。要拓宽宣传渠道,丰富宣传形式,创新传播手段,线上线下结合,以更加生动活泼、群众喜闻乐见的形式,多维度、全方位传播弘扬延安精神,积极推动延安精神进基层、进机关、进企业、进学校。要及时推广弘扬延安精神的好经验、好做法,以领导干部和青少年为重点对象,探索"红色文旅"、精准培训等新的方式,确保光荣传统和优良作风代代相传。

四是积极推进各地延安精神研究会的建设,共同推进事业发展。要加强各地研究会之间以及研究会和相关社会组织的联系,畅通沟通渠道,形成工作合力,增强工作的辐射性和联动性。要继续加强弘扬延安精神的组织建设、队伍建设,充分发挥广大会员弘扬和践行延安精神的带动作用,不断提高工作的自觉性和主动性。

刚才,湖南省委书记许达哲同志给我们作了一个很好的报告,介绍了湖南的红色革命传统和经济社会发展情况,我们深受鼓舞。借此机会,感谢湖南省委、省人大和省政府对弘扬延安精神工作的支

持、对延安精神研究会的支持，也感谢湖南省延安精神研究会、湘潭市延安精神研究会为举办这次会议所做的工作。

同志们，今年是中国延安精神研究会成立30周年。站在新的起点上，我们要更加紧密地团结在以习近平同志为核心的党中央周围，坚持以习近平新时代中国特色社会主义思想为指导，大力弘扬延安精神，努力为全面建设社会主义现代化国家、实现中华民族伟大复兴的中国梦而奋斗，以优异成绩迎接中国共产党成立100周年！

在云南省开展深入推进兴边富民行动调研座谈会上的讲话

（2020年9月3日，云南昆明）

曹建明

我们全国人大调研组这次到云南调研，主要是根据《全国人大常委会2020年度工作要点》和《全国人大常委会2020年度监督工作计划》，就制定实施好“十四五”规划纲要和深入推进兴边富民行动进行调研，重点就贯彻落实以习近平同志为核心的党中央“治国必治边”的战略思想和强边固防战略部署，统筹加快边境地区经济社会发展，维护边境团结稳定和边防巩固安宁等情况深入调研，为党中央决策和国务院编制“十四五”规划纲要草案提供参考，为十三届全国人大四次会议审议和批准“十四五”规划纲要作好准备。

下面，我结合近期的学习和调研主题谈三点体会。

第一，以习近平新时代中国特色社会主义思想为指导，推进新时代民族团结进步事业迈上新台阶

党的十九大以来，习近平总书记站在中华民族伟大复兴的时代高度，就做好民族工作提出一系列新理念新思想新战略。《习近平谈治国理政》第三卷集中展示了马克思主义中国化的最新成果，是全面系统反映习近平新时代中国特色社会主义思想的权威著作。认真学习《习近平谈治国理政》第三卷，是加强党的建设的重大政治任务，也是做好新时代人大工作和民族工作的重要保障。全国人大常委会党组高度重视，栗战书委员长多次主持会议深入学习讨论。

处理好民族关系、做好民族工作，是关系祖国统一和边疆巩固的大事，是关系民族团结和社会稳定的大事，是关系国家长治久安和中华民族繁荣昌盛的大事。《习近平谈治国理政》第三卷19个专题，通篇贯穿实现中华民族伟大复兴这一宏伟目标，通篇贯穿国家统一、民族团结、各民族共同发展和共同繁荣。特别是习近平总书记在全国民族团结进步表彰大会上的重要讲话，深刻总结了新中国成立70年特别是党的十八大以来我国民族团结进步事业取得的辉煌成就和宝贵经验，深刻揭示了民族工作的内在规律，科学回答了新时代我国民族工作一系列方向性、全局性、战略性问题，是对我们党推动民族团结进步事业的创新发展。习近平总书记关于做好民族工作的一系列重要论述，是习近平新时代中国特色社会主义思想的“民族篇”，是马克思主义民族理论中国化的新篇章，是做好新时代民族工作的纲和魂。

“彩云之南”，“七彩云南”。云南是我国世居少数民族最多、特有民族最多、跨境民族最多、民族自治地方最多的省份，是中华民族大家庭的缩影。做好云南的民族工作，对于全国具有重要示范引领作用。习近平总书记对云南提出了“努力成为我国民族团结进步示范区”的明确要求。要深入学习贯彻习近平总书记关于民族工作的一系列重要论述和考察云南重要讲话精神，推动新时代云南民族工作不断取得新进展新成效。

一要坚持党对民族工作的集中统一领导，坚持走中国特色解决民族问题的正确道路，坚持和完善民族区域自治制度，准确把握我国统一的多民族国家的基本国情，不断增强各族群众对伟大祖国、中华民族、中华文化、中国共产党、中国特色社会主义的认同。二要坚持“治国必治边”的战略思想，加快少数民族和民族地区发展，深入推进兴边富民行动，推进基本公共服务均等化，把改善民生、凝聚人心作为经济社会发展的出发点和落脚点，确保少数民族和民族地区同全国一道实现全面小康和现代化，促进各族人民共享改革开放成果，不断满足各族群众对美好生活的向往。三要大力传承发展中华优秀传统文化，全面加强国家通用语言文字教育，以各种方式让各族群众了解中华民族的悠久历史和灿烂文化，了解各民族文化是中华文化的组成部分，所有民族优秀文化都在中华民族大家庭中得到尊重、传承、发展，推动各民族文化的传承保护和创新交融，构筑中华民族共有精神家园。四要坚持促进各民族交往交流交融，全面深入持久开展民族团结进步创建工作，不断深化“三个离不开”的思想，打牢中华民族共同体思想基础，大力营造中华民族一家亲的社会氛围。五要全面贯彻落实民族区域自治法，健全民族工作法律法规体系，加强对民族工作法律法规和政策执行情况的监督检查，依法保障各民族合法权益，依法治理民族事务，促进民族团结。

中央于 8 月 28 日至 29 日在北京召开了中央第七次西藏工作座谈会，习近平总书记发表重要讲话。总书记强调指出，中华民族共同体意识是国家认同、民族交融的情感纽带，是祖国统一、民族团结的思想基础，是中华民族绵延不息、永续发展的力量源泉，筑牢中华民族共同体意识是我们民族工作的主线。近年来，在云南省委领导下，云南各族干部群众牢记习近平总书记殷切嘱托，紧紧围绕“中华民族一家亲，同心共筑中国梦”的共同心愿和目标，坚决守好民族团结这条“生命线”，牢牢把握“发展”这把解决民族问题的“总钥匙”，紧紧围绕“三个定位”加强民族立法，坚持用法规制度保障民族团结。省人大常委会审议通过《云南省民族团结进步示范区建设条例》《云南省民族乡工作条例》等民族工作地方性法规 220 多件，持续巩固民族团结进步、边疆繁荣稳定的良好局面，民族团结进步示范区建设迈出坚实步伐。希望进一步总结发扬好的经验做法，夯实民族团结法治根基，为实现总书记对云南提出的“富民强省、稳边固边”的目标提供更加有力的法律保障。

第二，以高质量发展为主题，扎实做好“十四五”规划纲要编制专题调研工作，助力民族地区跨越式发展

编制“十四五”规划纲要，是今年党和国家的一项重要工作。全国人大常委会把认真做好“十四五”规划编制开展专题调研作为今年监督工作的一个重点。栗战书委员长强调，要认真做好“十四五”规划编制工作若干重要问题的专题调研，真正为党中央决策和国务院编制规划草案提供参考。王晨副委员长亲自动员部署，8 位副委员长分别牵头参加有关专题调研。我们这次调研，就是按中央要求，按照栗战书委员长、王晨副委员长的指示，着眼长远、把握大势，开门问策、集思广益，把加强顶层设计和坚持问计于民统一起来，共同把“十四五”规划专题调研搞好。

一是要坚定信心，把思想和行动统一到党中央对形势的分析判断和对工作的决策部署上来。“十四五”时期是我国全面建成小康社会、实现第一个百年奋斗目标之后，乘势而上开启全面建设社会主义现代化国家新目标、向第二个百年奋斗目标进军的第一个五年，我国将进入新发展阶段。我们要认真学习领会以习近平同志为核心的党中央对国内外形势的分析判断和决策部署，以辩证思维看待新发展阶段的新机遇新挑战，深刻认识我国社会主要矛盾发展变化带来的新特征新要求。特别是党的十九大以来，习近平同志为核心的党中央提出新发展理念、我国经济发展进入新常态、深化供给侧结构性改革、推动经济高质量发展、建设现代化经济体系、加快形成以国内大循环为主、国内国际双循环相互促进的新发展格局等重要思想和理论，为“十四五”时期经济社会发展提供了根本遵循。我们要深刻领会习和把握近平新时代中国特色社会主义经济思想的精髓要求，扎扎实实做好这次专项调研，加强前瞻性思考，为党中央决策和编制审议“十四五”规划提供重要参考。

二是要突出重点，从人大的职能作用出发提出有价值的意见建议。围绕大局，突出重点，立足人大职能提出具体化意见建议，是人大监督工作取得成效的基本条件。要深入学习宣传贯彻习近平总书记关于坚持和完善人民代表大会制度的重要思想，坚持以人民为中心的发展思想，聚焦发展不平衡不充分问题，推动解决就业、教育、社保、医疗、养老、生态、食品安全、社会治安等涉及群众利益的突出问题，充分听取各方面的意见和呼声，广泛凝聚共识，努力做到民有所呼、我有所应。同时，要围绕推进国家治理体系和治理能力现代化总体目标，进一步查找制度机制中的不足和弱项，查找影响法律和制度全面实施的问题和原因，为推动各方面制度更加成熟更加定型提出有见地的建议，为做好新时代人大立法工作奠定坚实基础。

三是要抓住机遇，加快推动少数民族和民族地区发展。习近平总书记今年春节前夕在云南考察调研时强调，全面建成小康社会，一个民族都不能少，要加快少数民族和民族地区发展，让改革发展成果更多更公平惠及各族人民。受自然、历史等多种因素的影响,民族地区相对落后的状况还没有得到根本改变,民族地区是夺取脱贫攻坚全面胜利最难啃的硬骨头:全国14个集中连片特困地区,有11个位于民族地区或包含民族自治地方;全国120个自治县(旗),有85个是国家级贫困县;中央确定的深度贫困"三区三州"都在民族地区。要深入贯彻习近平总书记有关加快民族地区发展的重要指示,落实完善差别化的区域政策,优化转移支付和对口支援机制,实施好促进民族地区和人口较少民族发展等规划,提高把"绿水青山"转变为"金山银山"的能力,切实谋划好"十四五"时期少数民族和民族地区发展。

第三,以铸牢中华民族共同体意识为主线,深入贯彻落实"治国必治边"战略思想,不断增强边疆民族地区治理能力

我国陆地与14个国家接壤,陆地边境线长2.2万公里,其中1.9万公里在民族地区。边境地区国土面积197万平方公里,人口2300多万,其中少数民族人口近一半,有30多个民族与周边国家同一民族毗邻而居。边境地区地处我国对外开放的前沿,是确保国土安全和生态安全的重要屏障,在全国改革发展稳定大局中具有重要战略地位。

党的十八大以来,以习近平同志为核心的党中央站在全面建成小康社会、实现"两个一百年"奋斗目标和中华民族伟大复兴的高度,把边疆治理摆到极为重要的战略位置,提出"治国必治边"的战略思想,作出强边固防等一系列重大部署,为中国特色社会主义新时代边疆治理指明了方向。在中央第七次西藏工作座谈会上,总书记再次强调深入推进兴边富民行动。全国人大民族委员会连续两年开展兴边富民行动专题调研,认真督办相关代表建议,向中央、国务院有关部门提出建议,取得良好成效。

云南边境线长4060公里,占全国陆地边境线的1/5。沿边是云南的一大省情,有8个自治州、29个自治县,有25个世居少数民族,占总人口的60%。云南省深入学习贯彻以习近平同志为核心的党中央"治国必治边"的战略思想和习近平总书记考察云南重要讲话精神,主动服务和融入国家重大发展战略,成立省委主要领导挂帅的工作小组,坚持把兴边富民作为重大政治责任、重大民生工程、重大发展机遇谋划推动,作为全面发展、优先发展、开放发展的重点统筹布局,连续实施两轮"兴边富民工程改善沿边群众生产生活条件三年行动计划"。25个边境县(市)地区生产总值年均增长10%,沿边行政村生产生活条件明显改善,城乡公路畅达率、乡村公路硬化率100%。云南边境地区展现了经济持续发展、民生显著改善、民族团结进步、社会和谐稳定、边防巩固安宁的良好局面。今年1月,习近平总书记再次亲临云南考察指导,作出"认真贯彻落实党的十九届四中全会精神,不断增强边疆民族地区治理能力"重要指示,为云南和全国进一步做好新时代边疆治理和民族工作指明了方向。希望进一步深入学习贯彻以习近平同志为核心的党中央"治国必治边"的战略思想和习近平总书记考察云南重要讲话精神,深入推进兴边富民行动,加大工作力度,走出一条跨越式发展的路子,谱写好中国梦的云南篇章。

*一是铸牢中华民族共同体意识。*中华民族共同体意识是国家统一之基、民族团结之本、精神力量之魂。深入推进兴边富民行动,必须以铸牢中华民族共同体意识为主线。要深入开展党史、新中国史、改革开放史、社会主义发展史教育,引导各族群众树立正确的国家观、历史观、民族观、文化观、宗教观,以社会主义核心价值观为引领,打牢中华民族共同体思想基础,使爱我中华的信念牢牢扎根在边境地区各族人民心灵深处。

*二是提升边境经济发展水平。*发展是解决边境问题的总钥匙。要把握全面小康、乡村振兴、"一带一路"、强边固防等战略机遇,坚持因地制宜、分类指导,坚持统筹兼顾、突出重点,推动政策向边境地区倾斜,项目向边境地区靠拢,资金向边境地区集聚。要按照总书记要求和党中央、国务院部署,充分发挥区位优势,实施好基础设施建设、特色优势产业发展、保障和改善民生、守边固边、提升我国辐射南亚东南亚国门工程等,加快建设沿边开发开放新高地,加快同周边国家互联互通国际大通道建设步伐,以大开放促进大发展,不断增强边境地区综合经济实力,探出一条边境地区跨越式发展的创新实践之路。

*三是改善边境群众生产生活条件。*要把巩固脱贫成果作为"十四五"时期深入推进兴边富民行动的重点任务,完善精准扶贫工作机制、持续巩固脱贫成果,确保边境地区全面实现小康。加强教育、卫生、社会保障体系、公共就业服务体系建设,改善边境地区发展条件和农村人居环境,提升基本公共服务水平。大力实施守边固边试点工程,建设边境少数民族特色村镇廊带,持续提高边民补贴标准,适当扩大发放范围,全面改善一线边民生产生活条件,稳定边境一线地区人口规模,确保边防安全边疆稳固。

*四是推进边疆治理体系和治理能力现代化。*加强边疆治理,推进兴边富民,是党的十九届四中全会作出的重要部署,是坚持和完善共建共治共享

的社会治理制度，保持社会稳定、维护国家安全的重要内容，是保持边境地区发展稳定的重要举措。加强党对边境工作的集中统一领导，健全强边固防工作机制，开创睦邻友好新格局，切实维护边疆稳固。深入贯彻落实习近平总书记关于民族宗教工作的重要论述，牢牢把握边境地区民族宗教工作的新特点、新趋势、新问题，加快推进边境治理体系建设。加强民族法治体系建设和边疆治理法治建设。加快制定修改陆地边界法、乡村振兴促进法、国境卫生检疫法等法律，加强边境贸易、口岸管理方面法律制定修改工作，指导推动国务院有关部门和边境地区制定完善边境治理配套政策措施，不断提高"依法治边"的能力和水平。

最后，再次感谢云南省党委、人大、政府同志们对这次调研的大力支持和帮助。衷心祝愿云南各族人民按照总书记要求，在建设我国民族团结进步示范区、生态文明建设排头兵、面向南亚东南亚辐射中心上不断取得新成就，谱写中国梦的云南新篇章！

在《突发事件应对法》修法工作专班第一次会议上的讲话

（2020 年 4 月 24 日，根据录音整理）

张春贤

同志们：

今天，我们召开《突发事件应对法》修法专班第一次全体会议，这既是一次动员部署会，也是一次调研交流会。各成员单位高度重视，积极主动、相互配合，前期已经按照各自职责作了先行研究，做了不少工作，并进行了沟通协调，为正式启动修法工作奠定了很好的基础。

刚才，毅亭同志作了简明扼要的介绍，司法部、应急管理部、公安部、国家卫生健康委、法工委分别作了发言，其他成员单位提供了书面材料。会前，我仔细阅读了这些材料，刚才又认真听取了同志们的发言。我感到大家对问题分析比较深入，意见建议比较务实，充分展现了大家的法治精神和专业素养，对修改《突发事件应对法》有重要启发作用，是个良好的开端。对于大家提到的重要意见，包括之前应急管理部来沟通的意见，社会委、法工委、司法部、应急管理部碰头的意见，以及相关专家们提出的建议，下一步修法专班都要认真加以考虑和研究。今天侧重于把这项工作先部署下去，开展起来。

下面，结合大家的发言，我再讲几点意见。

一、要深入贯彻习近平总书记重要指示精神，充分认识修改《突发事件应对法》的重要性和特殊性

新冠肺炎疫情发生以来，习近平总书记亲自部署、亲自指挥，发表了一系列重要讲话，作出一系列重要指示批示，为统筹疫情防控和经济社会发展提供了根本遵循。围绕"依法防控，依法治理"，习近平总书记强调，要把人民群众生命安全和身体健康放在第一位，明确提出要完善疫情防控法律体系、健全国家公共卫生应急管理体系、构建生物安全法律法规体系。这三个方面的体系，都与《突发事件应对法》有密切关系。这次修法是落实习近平总书记重要指示精神的重大举措，是党中央确定的 2020 年重大立法事项，也是栗战书委员长在"强化公共卫生法治保障立法修法工作座谈会"上，明确要求成立专班推进的重点立法项目。我们要切实提高政治站位，深刻认识这次修法工作的重要性和特殊性。

第一，这部法律的地位内容特殊

一是基础性强。《突发事件应对法》是与宪法密切联系的基础性法律。2004 年，十届全国人大二次会议通过宪法修正案，在总结抗击非典经验教训的基础上，引入了"紧急状态"这一概念。之后，为承接宪法有关国家机构职权规定，全国人大常委会制定了《突发事件应对法》，对突发事件中人大、军队、各级政府及其有关部门的权力范围、法律责任等作出规范。突发事件应对涉及的主体多，有国家机构、企事业单位、社会组织和广大人民群众。这次中央应对疫情工作领导小组有 30 多个成员单位，也充分说明了这个问题。二是综合性强。突发事件在类型上包括自然灾害、事故灾难、公共卫生事

件、社会安全事件；在流程上，包括从预防、预警、应急处置到事后恢复和重建的全过程，是少有的涉及事后恢复的法律。涉及的法律也多，与《传染病防治法》以及将要制定的《生物安全法》、《社会救助法》等几十部法律都有紧密关联。正如战书委员长所强调的，“这部法律综合性强”，是维护人民群众生命安全、社会安全、国家安全的重要保障。三是实效性强。凡是突发事件，都是比较急迫的，需要优先处理的，这反映到法律上来，就是要为及时预警、处置等提供可操作、管用有效的手段。这次修改得好不好，下次突发事件就会得到检验，所以来不得半点马虎。

第二，疫情防控的形势任务特殊

新冠肺炎疫情是新中国成立以来在我国发生的传播速度最快、感染范围最广、防控难度最大的一次重大突发公共卫生事件。经过4个月的艰苦努力，我们是世界上最早的、也是唯一一个控制住疫情的大国，为全球疫情防控争取了时间、作出了典范。但同时也要看到国际疫情持续蔓延，全球确诊病例累计突破270万，疫情防控压力依然很大。习近平总书记强调，“要坚持底线思维，做好较长时间应对外部环境变化的思想准备和工作准备，外防输入、内防反弹防控工作决不能放松。”最近，黑龙江出现“1传57”的传染链。有专家认为，新冠肺炎会长期存在，下半年可能再次爆发。这种观点虽不见得完全准确，但警示我们必须尽快完善法律制度，做好应对更大风险挑战的准备。

《突发事件应对法》是包括公共卫生在内各种突发事件应对的统领性法律。通过这次疫情的集中检验，平时很难发现的短板、缺陷、不足，都在这次实践大考中逐一显露出来。在疫情防控常态化的关键节点，亟需总结经验教训，健全法律制度，为应对突发事件提供更完备、更坚实的法律基础。

第三，法律修改的工作机制特殊

人大立法通常有两种形式：一种是专门委员会或者常委会工作机构牵头起草；另一种是“一府一委两院”等牵头起草，人大有关专委会负责联系和审议。本次修法不同以往。“建立工作专班和协调机制，是本届常委会在立法工作机制方面的新探索”，也是这次修法工作的特殊性之一。

具体来说，专班下设协调联系组和条文起草组，分别由社会委、司法部牵头。需要明确的是，两组的分工，同以往的牵头起草和联系审议这种链条式、流程式的分工有很大区别，从一开始所有牵头单位和成员单位就要总体协同、通力合作、共同推进，充分发挥人大统筹作用和各部门的专业优势。分工是为了更好地合作。目的只有一个，就是尽快形成高质量的法律修订草案。

这次修法工作，习近平总书记和党中央高度关切，栗战书委员长和全国人大常委会高度重视，人民群众和社会各界高度关注，再加上刚才提到的特殊背景，这将是一项艰巨的任务、一个沉甸甸的担子，同时也体现了党和国家对我们的充分信任，是我们为推进全面依法治国贡献力量的难得机遇。

二、要牢固树立目标导向、问题导向、效果导向，准确把握修法的基本思路、原则要求、重点问题

这次修法的目标任务很明确，主要是围绕新冠肺炎疫情防控暴露出来的短板和不足，强化公共卫生法治保障，推进突发事件“依法防控、依法治理”体系和能力现代化。要抓关键、保重点，着力从三个方面修改法律。

一是增强法律的完整性，解决法律不健全、不完善的问题。要把2007年法律制定后发生的机构改革、机制调整、措施改进、技术进步等新情况新变化，与时俱进地纳入进来。另外，2007年以来，我们经历了汶川地震、南方雨雪冰冻灾害、禽流感、天津港火灾爆炸事故、新冠肺炎疫情等重大突发事件，积累了许多经验教训，要科学总结归纳，上升到法律层面。

二是增强法律的可操作性，解决影响法律有效实施的问题。这次疫情防控，有法不依的问题比较严重。其中，既有部分领导干部运用法治思维和法治方式开展工作不到位的因素；也有法律过于原则，遇到突发事件难以对照执行的原因。本次修法要当细则细、提升刚性，为执行和问责提供具体依据。司法部、应急管理部在这方面已经作了一些研究，有了一定成果。应急管理部还组织了一批专家，提出了不少好的建议。

三是增强法律的统一性，解决法律不协调、不一致的问题。《突发事件应对法》涉及法律众多，存在一些交叉衔接、差异冲突。特别是《传染病防治法》等多部公共卫生领域法律正在修改。既要与现行法律保持静态和谐，也要及时与其他立法修法单位沟通联系，做到动态协调。

近期，各成员单位、人大代表和专家学者提出了很多有价值的意见建议。主要分为两个大的方面。

（一）针对修法方向和总体框架提出初步构想。

围绕法律定位，普遍建议：对外要明确与其他法律的关系，对内要明确坚持什么理念、解决什么问题。比如，大家比较关注四类突发事件的协调。有的提出是否需要修改体例，增设专章应对公共卫生事件。如果改体例，怎么协调与其它三类突发事件的关系；如果不改体例，怎么突出公共卫生法治保障？

围绕体制机制，普遍建议：要建立健全一些重要体系、机制、制度。比如，领导指挥体系，要明确集中统一的领导体制、国家机构之间的关系，以及属地责任、部门责任等。还有重大疫情防控机制、联防联控机制、集中生产调度机制，吹哨人保护制度、征收征用补偿制度、重大疾病医疗保险和救助制度，等等。

（二）针对疫情防控和重点领域提出具体问题。

1. 比如预警方面

①预警权限要明确。《突发事件应对法》第 42、43 条，将突发事件划分为四级，要求县级以上地方各级人民政府根据法律法规和权限程序，发布相应级别的警报。但《传染病防治法》规定的预警主体是国务院卫生行政部门和省、自治区、直辖市人民政府。按照法理来说，《突发事件应对法》《传染病防治法》是一般法和特别法的关系，具体规定应当以特别法为准。但是两部法律都正在修改，对发布不同级别警报的权限界定还需要进一步协调。前期沟通中，应急管理部提出了相关问题。

②预警内容要规范。现行法律主要规定了预警级别、范围，对警报内容规定不够详尽。疫情防控中预警不规范、口径不统一、内容反复的问题比较突出。对此，有学者建议，借鉴国务院发布的《国家突发公共事件总体应急预案》。其中要求，预警信息应当包括突发公共事件的类别、预警级别、起始时间、可能影响范围、警示事项、应采取的措施和发布机关等。

③预警时间要及时。目前法律对预警时间的规定为突发事件“即将发生或者发生的可能性增大时”。这一标准比较宽泛。预警时间，不仅影响着人民群众对突发事件的了解和防范程度，也决定着有关部门采取应急处置措施的合法性。因此，有学者建议对预警时间作出更可操作、可衡量的规定。

2. 比如应对方面

①应急主体要适格。这次疫情防控，村委会、居委会（社区）、志愿组织发挥了重要作用。习近平总书记在北京调研时强调，“社区是疫情联防联控的第一线，也是外防输入、内防扩散最有效的防线。”有学者提出，非政府组织采取应急措施是否具有行政属性的问题。对此，人大代表宋亚平提出，完善社区应急管理授权机制。民政部也提出，明确基层群众性自治组织、社会组织在突发事件应对中的地位和作用。

②处置措施要适当。主要是与突发事件级别、风险程度相匹配。应急处置过程中管控过松、过紧的问题都或多或少存在，比较普遍的是封村断路。我记得，2003 年非典发生后，也有个别地方出现擅自封锁国道、阻断交通等问题。那时我在交通部工作，还对“保障交通运输、特别是保障医疗及生产生活物资运输及时、顺畅”进行了专门部署。

③物资供应要到位。这次疫情传染迅速，又恰逢春节，对物资供应造成了很大挑战。在党中央集中统一领导下，各地互相驰援，慈善机构积极组织捐赠，大量企业临时转产，投入防护服、口罩等关键物资的生产线，有效缓解了物资紧缺问题。但是也暴露出应急物资保障方面的一些不足。人大代表王静成提出，优化关键物资生产能力布局。市场监管总局建议，建立物资生产、储备、调配和价格管控协调制度。

3. 比如善后方面

①社会保障的跟进。习近平总书记强调，“疫情防控不只是医药卫生问题，而是全方位的工作，是总体战。”每一类、每一次突发事件，都是对国家综合实力和社会保障能力的考验。社会救助、社会保险已经在疫情防控中发挥了重要作用。在全面建成小康社会之际，如何在事后恢复和重建阶段，持续加强社会保障值得进一步研究。

②生产生活的恢复。经济社会是一个动态循环系统，不能长时间停摆。《突发事件应对法》第 59 条规定，人民政府要组织受影响地区尽快恢复生产、生活、工作和社会秩序，制定恢复重建计划。现在看来，这是减轻突发事件社会危害的重要环节。要把习近平总书记和党中央统筹推进疫情防控和经济社会发展的重要决策和成效用法言法语体现出来。

③事后评估的开展。突发事件应对的事后评估既包括社会危害和损失评估，也包括对突发事件发生经过和原因的调查，对应急处置工作中经验教训的总结。这些评估有利于恢复生产生活，提高依法治理能力，也可以为激励或者追责提供依据。现行法律中已经有一些相关条款，可加以概括完善。

各方面提出的问题和建议还有很多，都有待深入研究和思考。现在这个阶段就是要打开视野、拓宽思路、发扬民主。当然，也要分出轻重缓急，对一些复杂纠缠、短期内难以解决、不是我们这部法律主攻方向的问题，不要耗费太多精力。对一些有专门法律规范的，可以条件成熟时打包修改，不见得毕其功于一役。

三、要充分发挥修法专班组织优势，高效率、高质量开展修法工作

在此之前，《突发事件应对法》未列入全国人大常委会五年立法规划，也未列入年度立法计划，对我们来说也算是个“突发事件”。这要求我们立即进入状态，根据栗战书委员长批准的修法工作方案，按照“任务、时间、组织、责任”抓好落实。

第一，要保证正确的政治方向

党的十八届四中全会《关于全面推进依法治国若干重大问题的决定》明确提出，“凡立法涉及重大体制和重大政策调整的，必须报党中央讨论决定。”条文起草组和协调联系组在修法过程中遇到重大问题、敏感问题，要形成基本观点和处理建议，及时报专班研究和常委会立法修法协调机制把关。确有必要的，及时报党中央和常委会党组，确保法律符合正确政治方向，符合党中央要求。

第二，要紧盯修法的时间节点

栗战书委员长强调，总书记、党中央有明确要求，人民群众和社会各方面期待、关切程度都很高的法律，要在确保质量的基础上加快推进。具体到修改《突发事件应对法》，要重点对标几个时间节点。①力争8月份形成修订草案第一稿。②力争10月份形成正式修订草案。③力争尽早提请常委会初次审议。这个安排是根据党中央的要求和全国人大常委会2020—2021年“强化公共卫生法治保障”专项立法计划进行设计的。时间很紧张。要顺利如期完成修法任务，必须有步骤、有节奏加快进度。“草鞋没样、边打边像”，这部法律综合性强，难免遇到的问题多，边修改边完善是个办法。

第三，要开展务实的调查研究

没有调查，就没有发言权。《突发事件应对法》内容广泛、问题复杂。要注意邀请提出相关议案建议的人大代表参加调研，委托地方人大、地方政府、科研院所开展调研，广开言路、深入研究，发现最现实、最紧迫的问题，拿出最管用、最有效的办法。协调联系组已经制定了一个调查研究计划表，由社会委主任委员、副主任委员牵头，进行9个专题研究。条文起草组也要尽快拿出方案，各成员单位都要参与，有针对性地开展调研，提出具体修法建议和对重要问题的处理方案。

强化公共卫生法治保障，是统筹疫情防控和经济社会发展这场总体战的重要组成部分。现在，任务已经明确，目标已经清晰。我们要以奋发作为、只争朝夕的姿态，高效率、高质量推进修法工作，力争经过这次疫情“大考”交出一份让人民满意的答卷！

经验教训皆可贵

（2020年2月15日）

吉炳轩

抗击新冠肺炎的战争进入了关键时刻，也可以说决战时刻。全国总动员，全民皆参战，坚持下去，就能取得决定性胜利。人们期盼封闭的门早日打开，揪着的心能够放下，紧锁的眉得以舒展，放心走到户外，来到超市，走进公园，吸一口新鲜的空气，购买些必须的物品，舒展一下憋屈在家中倦曲的身躯，孩子们蹦蹦跳跳去上学，职员们说说笑笑来上班。如果说自由，这才是真正的解放人们身心的自由。而捆绑这个自由的是看不见、摸不着，来无踪影、动无响声，却作恶又凶残的小小病毒。战胜了病毒才能获得自由，战胜不了病毒，何来幸福自由？

坚持下去就是胜利。我们所采取的措施是正确而科学的，唯有坚持，大家听从以习近平同志为核心的党中央统一指挥，步调一致，齐心合力，就一定能取得决定性胜利！

我们还在同病毒进行艰难的斗争之中，现在还不是总结经验教训的时候。我更不赞成事后诸葛，病毒来了，支不出妙招，却在那里评头论足，说三道四。看到党中央领导人民抗击病毒十分艰辛，看到战斗在防疫前线的白衣天使、解放军指战员、交通运输战线的干部职工、社区工作者、公安干警和参战的干部职工，勇敢而辛苦，我敬仰他们，也心痛他们，难以用语言进行表达，心有所愿，笔有所动，就写下了一些学习与思考的东西。对错与否，很难断

定。一是不在一线，缺乏实感；二是不知病毒，难讲贴切。只能算作一点想法，也是一点建言。

瘟疫是个客观存在，人类自产生以来，就开始同瘟疫进行斗争，始终是道高一尺、魔高一丈；魔高一尺，道又高一丈；而道高一尺，魔又高了一丈的不停地循环往复，起起伏伏的斗争之中。人类治住了天花、疟疾，包括可以有效应对鼠疫等几近毁灭人类的重大流行病，但流感这些常见的时疫，至今还没有绝招予以根治，更不用说新型冠状病毒这些新发生的和一些变了异的病毒危害。今后还会发生什么的瘟疫，还会有什么妖魔鬼怪要出来，不知道！神仙也难以预测。各种各样的病毒是个客观存在，什么时候出来肆虐，人类难知也难控，只有等它出来了，才能研究它、对抗它，最终消灭它。这需要不断积累经验，不断研究探索，也才能够一个一个地去战胜它们。

令人欣慰的是，我们同新冠病毒的斗争已经取得了很大胜利，控制住了它的蔓延肆虐。这个胜利来之不易，是用生命代价和无数的辛劳而换来，也是泪水和着汗水，科技加着精神，意志伴着信念，辛苦会同劳累而得来的。

在这场艰险的斗争中，充分体现了党的集中统一领导的正确和英明。习近平总书记洞悉疫害，抢抓战机，迅疾做出果断决策，并亲自指挥，在中华大地上打响了一场有史以来最为广泛和惊心动魄的抗疫战疫。从中央到地方各级党委、党的组织在党中央的统一指挥下，充分发挥了组织领导作用和战斗堡垒作用。我们之所以能做到全国一盘棋，九州统一行，就在于有英明的领袖决策，坚强的组织领导。我们迅速动员和调运了大批的医疗物资、生活用品、医护人员，能够做到有条不紊，令行风动，靠的是什么？靠的就是党的集中统一领导。中国共产党的集中统一领导在抗击新冠肺炎的艰险斗争发挥了团结统一、凝心聚力，行动一致、令行禁止的不可替代的巨大作用。这一政治优势在当今世界是罕见的，弥足珍贵的。

在这场艰险的斗争中，充分彰显了中国特色社会主义制度的无比优越性。社会主义制度有很多优势是其他制度都不可比拟的，其中一个很大的优势就是可以集中力量办大事，集中力量攻难关，集中力量克艰险。全国的医护人员，全国的医疗设施，全国的医疗用品，很快就能统一调拨，运往武汉、运往湖北，包括许多生活用品，也能统一调拨，集中使用，包括快速运输，专机、专列、专车、专线，都能做到集中统一。有许多医用产品，如口罩、防护服、呼吸机、氧气袋、消毒液，包括酒精等，在通常情况下，用量都是有限的，生产厂家也是有限的，因为多了就销售不了。突如其来的疫情，使这些物资成为紧缺商品，曾造成了一度紧缺，供不应求，但我们能快速组织生产，很快供应所需，这靠的是社会主义制度大协作的制度优势，没有社会主义制度，这些事在短时间内是根本办不到的。

在这场艰险斗争中，充分展示了白衣天使的敬业精神、宽广胸怀和大仁大爱的无私奉献的高尚品格。“妖魔鬼怪”来了，人们唯恐避之不及，而我们的白衣天使却挺身而出，迎了上去。他们走进的是“鬼屋”，迎战的是“魔鬼”。他们整日奋战在抗击“魔鬼”的最前沿。可以想见，他们一进隔离病房，周身都被“妖魔鬼怪”所包围，浑身上下，前后左右都是看不见、摸不着的病毒。但他们无所畏惧，任凭群魔乱舞，我自奋力搏斗。厚厚的防护服，汗水不能渗透，衣带不可漏气，无法喝水，难以解手，一旦穿上，就如同上了绳索，直到打完一场战斗为止。我们的白衣天使，一批批倒下，一批批上来，可谓前赴后继，慷慨向前，他们是在用生命进行战斗。他们是最苦、最累、最难、最险，而又最勇敢、最可信，给病人以信心和希望，挽救人的生命的最可敬可歌可赞的人。扶大厦于将倾，救危难于水火，功盖天地，光照日月。他们是当今时代最为可爱的人！

在这场艰险的斗争中，再次展现了人民子弟兵为人民而战斗，救国难勇向前的大无畏精神和英勇革命斗志。人民战士为人民，越是艰险越向前，这是中国人民解放军的宗旨、使命和军魂。中国人民解放军自从红军建立之日起，就以救国家民族于危亡，救劳苦大众于水火，为国家、民族、人民而赴汤蹈火，勇往直前为大任。不论是革命战争年代，还是在和平建设年代，哪里有艰险，哪里就有人民军队的身影，他们始终是冲在最前沿。抗洪抢险，抗震救灾，无不是伟大的人民军队在承担最为急难险重的任务。新冠病毒来了，他们遵照习主席的命令，立即出发奔向武汉，接受最重最难的任务，而且是一批又一批的向前。我敢说，我们的军队是当今世界最好的军队，因为他们是正义之师、仁爱之师，能救人民群众脱离危难苦海的雄壮之师。

在这场艰险的斗争中，充分展现了中国特色社会主义制度下的社会各界在党的集中统一领导下分工合作、各尽其责、高效运转的优势和能量。病毒突袭，措手不及，一切应对都在仓促之中，谁也没有料到疫情发展如此之迅猛，如此之凶险。防护服不够，口罩不足，各种医疗应急物资短缺，就连医务人员也严重不足，医院床位更是告急，大批患者进不了医院，只能被隔离在家中。城封闭，户关门，路断行，车难通，这都是阻击疫情的特效措施、救护之举。但由此也带来了诸多问题，就连市场供应也出现了紧张，人们的正常生活完全被打乱。但这仅是暂时的，在很短的时间内，我们的各个部门、社会各界在党中央的统一指挥下，即刻行动，各种医疗物资源源不断运往湖北、运往武汉，全国对口支援的医疗队迅速抵达，直接投入战斗。火神山、雷神山，方舱医院迅速建立，一些宾馆、校舍很快腾出，用以收治病人；各种生活物资也迅速入市，全国各地都迅速行动，万众一条心，全国一盘棋，共同应对病毒疫情的战斗迅即打响。这又是一场人民战争，新时代新形势新形态的人民战争。在这场伟大的斗争中，我们的人心没有慌乱，而且更加团结而坚定；市场没有混乱，而且依然有序而平稳；物价没有震荡，而且仍处于于正常波动之中；社会没有涣散，而且更加和谐和稳定，这不能不说是个奇迹。这是中国共产党的领导、社会主义制度的奇迹。

在这场艰险的斗争中，充分展现了中华民族大爱无疆、一方有难，八方支援的伟大仁爱之心。一方有难，八方支援，是中华民族的传统美德，每当一个地方发生了灾难，四面八方都会伸出援助之后，有钱出钱，有力出力，不计任何成本和代价，毫无保留地、毫无条件地给以支援。社会各界，不论从事什么职业，不论收入多寡，都会伸出友爱之手，献上仁爱之心，以各种不同的方式来进行支援。公交司机，出租车师傅，快递小哥，超市售货员，从高铁到飞机，所有的司乘人员；从工厂到农村，所有的能为抗疫出把力的人们，都在做着积极的贡献。感人的事情数不胜数，仁爱之心在中华大地上流淌。不添乱就是帮忙，少走动就是安宁，宅在家就是贡献，十几亿的人民基本上停止来往和走动，自动困在家中，这也是一种伟大的仁爱精神，唯有如此，才能阻断病毒的传播。同时，也可看出，这需要多大的组织力和自制力。特别是在这样的环境条件下，一个国家，而且是有一个拥有14亿人口的大国，能够有效运转，稳定安宁，这又需要多么强大的领导能力、组织能力和应变能力。还有那些科研工作者，夜以继日地在攻关，寻求妖魔踪迹，研制胜敌武器，尽管很难很难，但仍不停地探索，不停地实践。还有那些广大基层干部、公安干警和众多志愿者，他们奋战在一线，组织指挥，服务协调，操心流汗又流泪，他们也是艰辛的人，可敬又可爱的人。特别值得一提的是湖北、武汉的人民和干部，他们承受的压力最大，遭受的磨难最多，损失也最为惨重，他们为全国、全世界做出了贡献。

妖魔无情人有情，我们得到了国际社会的广泛支持和援助，这也是国际主义友好合作精神的体现。

经历了这场磨难和考验，我为我们这个伟大的党而骄傲和自豪，为我们这个优越的制度而骄傲和自豪，为我们这个坚强的国家和民族而骄傲和自豪，也为我有幸于这个时代、见证这段历史而骄傲和自豪。

感慨之余，痛中思痛，还有些哀痛和无奈。如果从冠状病毒被发现从野生动物身上而传染到人第一例开始，就能引起高度重视，采取积极有效的措施，会有后边这些艰难和险恶吗？如果没有动物病毒不传人，人不传人等一些过早的言论权威发布，使人们早日引起警觉后的局面又会是如何呢？如果在初发之始、初发之地没有这样那样的顾虑担心，能够实事求是，直面问题，果断采取措施，又会是什么样呢？问题已经出来了，成了暴发之势，如果能够按照中央的要求，力争打主动仗，真正做到层层管理，细细筛查，及时收治，又会是怎么样呢？等等，等等。历史是没有如果的，现在说这些话也是不当的。我没有任何资格和权力去指责任何人，挑剔任何事。将心比心，换位想想，如果我们身处武汉，如果我们在前方参与组织指挥这场战役，我们又会怎么做呢？我们能够比身处前线的同志做得好吗？因为这个仗太难打了，也打得太难了，是在同看不见、摸不着的妖魔作战，而且没有任何踪迹可循，经验可鉴。我敬佩参与这场战斗的所有的同志，不能再说什么如果这样，如果那样的话。但做为总结经验教训，留给后人警诫借鉴，还是有益的。特别是对于在抗疫斗争中的一些官僚主义、形式主义，还是不满的；对于一些任性胡来，不听劝阻，不守法令，捕杀野生动物，为了口福，而招致如此惊天大祸，还是痛恨的；对于那些不服从隔离、报告、防护等要求，任意胡作非为，而导致聚集性传播还是很悲愤的；对湖北人民、特别是武汉人民所受到的磨难，丧失的亲人还是很哀痛的；对于人民在病毒面前，显得是如此脆弱，高大的身躯难以抵挡看不见的极其微小的病毒，聪明的智慧还很难消灭害人的疫魔，还是感到很无奈。静下心来想事情，不论干什么工作，做什么事情，还是少些机械教条，少些形式官僚，少些表演作秀，少些任性胡来，一切都实事求是，一切都实际实效，勤勤恳恳地干，实实在在地做，这才是最有利的。这场艰难的战争，使我们看到了有许多事情还需要抓紧去做，而且要抓紧一件一件地去办，亡羊补牢，为时不晚。补住了盗洞和坏的栏杆，可防止羊再被狼给吃掉了。

就法律方面来说，经过多年的努力，我国已经形成了一整套疫情防控和公共卫生法律制度，为政府及有关部门、医疗卫生机构和社会各方面采取防控措施、参与防控活动提供了法治保障。同时也要看到的是，这场疫情呈现的新特点、新挑战，也暴露了现行法律中还有不适应、不完备的地方，特别是在法律的实施中还存在着落实不到位的问题。我们要进一步健全疫情防控法律体系，保证法律制度有效实施。要按照习近平总书记的要求，加快完善疫情防控相关立法，推动配套制度建设，完善处罚程序，强化公共安全保障，构建起系统完备、科学规范、运行有效的疫情防控法律体系。要修改完善野生动物保护法、动物防疫法、传染病防治法等法律，尽快制定出台生物安全法、研究论证应急管理方法的法律的完善和论证。要发挥好人大的监督作用，推动各地各部门严格依法实施防控措施，依法处置重大公共卫生事件和突发事件，加大对危害公共卫生事件处置提供法律支持，严惩扰乱社会秩序、市场秩序、医疗秩序、管制措施的各种违法犯罪行为。要加强社会法治意识的培养，加大法治宣传力度，引导人民群众增强法治意识，做到知法、懂法、信法、守法。

痛中思痛，既有沉痛的教训，更有宝贵的财富。痛中思痛，不忘伤痛，以后可以减少或避免同样的伤痛。牢记沉痛教训，珍惜宝贵财富，争取不再有痛，这是我们需要做到的。

天灾乎？人过乎？

（2020 年 2 月 16 日）

吉炳轩

2020 年的春节是令人揪心的。

2019 年的 12 月份，新闻媒体就报道湖北武汉发现了冠状病毒而引发的新型肺炎，是动物感染了人，但仅限于武汉华南市场，感染的人数不多，且当时的说法是人与人不相传播，所以全国各地、包括湖北、武汉都并没有引起太多的在意，认为只要人与人不相传，是动物传染给了人，只要不接触野生动物，如蝙蝠、蛇之类，就不会有大事。人们都在忙于春节的准备，一些长年在外的人，要回家过年，这也是中国的传统习俗。辛苦一年，阖家团圆，妻盼夫归，母盼儿还，孩子也想念爸爸妈妈，这都是常情常理。殊不知，此时的病毒已经开始在人间传播，但传者不知，被传者更不知，人员来来往往，乘车、住店、请客吃饭，一切照旧。

春节到了，形势突变，不但已知此病毒人传人，而且传播速度极快，还有很长的潜伏期，不发烧照样传染。人们这才开始重视了，并有了恐慌之感。自武汉采取封城措施以后，人们还寄希望只要不大规模扩散，天下还是太平的。但毒事难料，形势一日比一日严峻，仅仅几天时间，病毒由湖北武汉出发，传遍湖北全省，周边省市，北上首都，南下广东，并在全国传播开来。党中央、国务院很快采取果断措施，习总书记亲自部署和指挥，克强总理亲临前线，春兰副总理坐镇武汉，全国各级党的组织、政府部门迅速行动，采取了一系列有力的举措，打响了一场防治新型冠状病毒流行的阻击战。行动之迅速，措施之果断，全国之心齐，意志之坚定，世所罕见。所有的白衣天使都冲到了第一线，全国从军队到地方，抽出精兵强将支援武汉，国家顶级专家亲自上阵，社会各方同心协力，中国人民在中国共产党的领导下打响了一场同看不见的魔鬼进行殊死较量的战斗。

胜利必将属于中国人民！

大半个月的时间过去了，冠状病毒这个妖魔仍然十分张狂，被确诊感染的人数已突破六万，接近七万，每天还有 2000 到 3000 人，甚至更多的人被确诊感染，最多者，一天曾确定上万人感染。疑似病例也在增加，危重病人也在增添，可喜的是已有许多人被治愈，走出了医院，回到了家中。战斗还在进行之中，敌我双方还在较量，对于敌情的认识也在战斗中越来越清晰，战略战术也更加有效。这也是在斗争中学会斗争。妖魔一定会被消灭，必须还给中国人民一个安定的世界、繁盛的世界，这是无须置疑的。

战中观敌，痛中思痛，这个妖魔是从哪里来的？为什么魔力如此之大，让人猝不及防？现在有一种说法，此病毒为新冠状病毒，发现于华南市场，发生在宰杀和出售野生动物时被感染。但毒源在何处，说法不一，难有定论。在中国传播时被发现了，其他国家的早期出现可能不知。毒源肯定不在中国，这也是无须置疑的。有研究认为，此毒魔寄居在蝙蝠身上，不是什么新妖，而是人们早已知道的妖魔，但以前的研究是不知毒性如此之大，传播如此之快，防备如此之难，消灭如此之艰。科学研究还在进行之中，克敌的法宝也正在实践之中。疫情防治，最好的办法就是阻断、隔离，相对封闭起来，少聚集、不走动就是贡献。困在家中，忧心忡忡，只能为战斗在一线的白衣天使、各级干部和负责维护社会安定、物资供应、仍在紧张工作的同志祈祷平安。在家也不能闲着，就翻些书籍，想从历史中了解一点瘟疫这个祸害人类的凶恶妖魔的一些来龙去脉、蛛丝马迹。

从古书记载中来看，瘟疫是天灾，有史以来，就不断地肆虐人类，可以说，从来就没有消停过。先就我国来说，自有史记载以来，疫病就伴随着中华民族的前进而没有离开过。中华民族在同天斗、同地斗，同外来侵略者斗争之外，还在同从没有看到过的、但确危害人类的恶魔瘟疫进行着顽强的斗争，历朝历代从没有停歇过，只是发生的疫病、疫情不同，而采取的斗争方式不同罢了。

对于这种危害人类的流行性疾病，中国人统称为瘟疫，又叫时疫或大流行病。其中，最常见的，危害也是最大的是鼠疫，又叫黑死病。鼠疫也有几种，有腺型的、肺型的和败血症型的。此外还有天花、霍乱，以及大头瘟、羊毛瘟、疙瘩瘟、吐血瘟等几种。在安阳殷墟出土的甲骨文中，就有“虫”、“蛊”、“疟疾”、“疾年”等字，说明当时就有流行性瘟疫发生，人们在卜筮中是要诅咒和驱逐的。最早成书的《尚书》和《山海经》中，也有“疠”的记载，《左传》这部史书中也有记载。“疠”也是流行性的瘟疫，俗称“恶疠”。

自汉以来，历史记载就较为详尽，而且越往后，越注重记史和修史，记载的也就更多些。如，史载：

汉代时期，青州发生大疫，造成大量人员死亡，“十室九空，死者甚众。”三国时期，建安二十年，即公元217年，北方发生疫病，死亡人数众多。曹操的儿子曹植曾专门写了一篇文章《说疠气》。他在文中说：“疠气流行，家家有僵尸之痛，室室有号泣之哀。或阖门而殪，或覆族而丧。”说明当时疫情相当严重，家家都有人死，有的族亡户绝。有名的建安文士集团，多是高官望族和名人，但有多人也难逃厄运，在这场瘟疫中命丧黄泉。瘟疫不看你官大官小，尊卑贫富，再有权势和才华也难以逃脱。

魏晋南北朝时期，晋惠帝光熙元年，即公元306年，宁州发生了大饥荒，由于自然灾害，人们没有饭吃，但又祸不单行，同时又发生了瘟疫，死亡的人数以十万计，“流尸满河，白骨蔽野。”公元408年，蜀地，即今四川一带也发生大疫。当时一方割据政权刘裕派兵伐蜀，正赶上这个瘟疫大流行，结果军队被传染，死亡将士过半，没有了战斗力，就赶快撤兵返回，但已经染病，回到建康时，“十不存一”，即出去征战十人，没有打仗就大量死亡，被瘟疫传染而死的占90%。

隋朝，开皇十年，即公元590年，首都长安发生瘟疫，造成大批人员死亡；大业八年，即公元612年，时隔20余年，山东、河南发生水灾，黄河泛滥决口，给两地人民造成极大危害，紧接着疫害又至，死者甚众，不计其数。灾疫同时发生，危害十分严重。

唐朝，代宗广德元年，即公元763年，江东地区发生大疫，民众死亡过半。公元762年时这里曾发生了大旱，人们没有饭吃，出现了人吃人的事件。紧接着大疫又来，连旱灾在内，灾和疫共死亡的人数有十之七八，仅存二三，“城郭邑居为之空虚，生者无可食，死者无棺覆，道路积骨相支，覆者弥二千里。”可见灾疫之重，二千里的道路上躺遍了尸体而没人去安葬。

宋朝，北宋庆历八年，即公元1048年，河北发生大水灾，第二年，即公元1049年，又发生大瘟疫，死亡之人，难以数计。看来，往往大灾之后，很容易发生大疫，这也算是个规律，原因是尸骨遍野，卫生条件极差，极易生疫病。南宋嘉定元年，即公元1208年，江淮一带发生大疫，死亡甚众；公元1271年，即宋度宗咸淳七年，浙江永嘉地区发生大疫；德佑元年，即公元1275年，常州等地又发生大疫，也是死者不可胜数。当时元兵攻打常州，又出现了兵祸，兵祸疫灾同时发生，没了老百姓的活路，一夜之间，民皆出逃，四处流散，又造成了疫病的大传播。德佑二年，即公元1276年，临安府又发生大疫，很可能是常州的疫病传播扩散而来，死亡也是很惨重的。

辽金时期，公元1232年，汴京发生疫疾，“都人病死者大半”，不病者万无一二，看来普遍受感染，而死亡的人数过半。史书记载：“伏而死者，接踵不绝。”此疫来势很猛，京城很凶险，得病者倒地而死，一个接着一个。当时汴京有城门12座，各个城门每日分别送出去的尸体都在千具以上。

元朝在中国统治时间不长，前后80来年，但疫病却没少发生。至大元年，即公元1038年，绍兴、庆元、召州大疫，死亡26000余人；皇庆二年，即公元1313年，京师大疫，死者无数；至顺二年，即公元1331年，衡州连年大旱后又发生疫病，“死者十之八九”。公元1344年，淮河流域暴发鼠疫，海外经商的人从海路传到了印度，又由印度传到了叙利亚、美索不达米亚等地；同时蒙古西征时，又将染疫而亡的尸体用投石机投入城中，由此而散播到整个欧洲，造成了公元1347年的欧洲黑死病大流行，死亡2000余万人，西欧的城市人口死亡近半。公元1359年，莒州、沂水、日照和广东南路又发生大疫，也造成了众多人员死亡。

明朝也是疫病记载较多的朝代。万历八年，即公元1580年，大同发生大疫，“十室九病，传染接踵而至，数口之家，一人得病，阖家不起。”“病者不敢问，死者不敢吊。”崇祯六年，山西大疫，朝发夕亡。崇祯十年，山西全境疫病大流行，“死者过半”；疫情传播到河南，“病者十九，亡者无数”；榆林地区，“死者枕籍”。崇祯十三年，大疫又起，十六年再发，顺德（今邢台）、河间、大名等府，人死八九”；崇祯十年的大疫北京也未能幸免，天津也在流行，染病者一二日即亡，每天死亡不下数百人，逐门排户，无一保全；此疫一直到崇祯十七年，天津十室九空，一些户丁尽绝，尸体遍地，无人收敛。明朝崇祯年间，是内忧外患和天灾疫病同时来袭，加速了明王朝灭亡。

清朝统治近300年，从清史稿中看，也是疫病多发、频发。可能其他朝代并没有少发，只是史书少有记载，或所载不详，较为简单罢了。清代据现在最近，清史稿是当时的人记下来的，没有经后来修史者删减，当然现在已在做整理工作，所以记载就较为详细。

先拿清初康熙帝执政来说。所谓的康熙盛世并不太平，除治理黄河水患、三藩作乱、收复台湾和平定西域这些特大的事件外，在同疫病的斗争中，也是艰苦卓绝的。从清病入关，顺治元年开始，即公元1644年，就在怀来、龙门、宣化发生了大疫；到顺治四年，即公元1647年，江西抚州发生大疫，死亡数万人，“尸相枕籍”，即尸体压着尸体。顺治九年，万全大疫；顺治十三年，西宁大疫；顺治十六年，涿州大疫。康熙登基，从元年开始，到康熙六十年，疫病可以说始终伴随。康熙元年即1662年，钦州大疫；康熙七年，即公元1668年，内丘大疫；康熙九年（1670年）灵州、枣阳大疫；康熙十二年（1673年），新城大疫，枣阳又大疫；十六年（1677年）上海大疫，青浦大疫，商州大疫；十九年（1680年）苏州大疫，溧水大疫，青浦又大疫；二十年（1681年），晋丘大疫，曲阳大疫；二十一年（1682年）榆次大疫；二十二年（1687年）宣城大疫；三十一年（1692年）郧阳大疫，房县大疫，广宗大疫，富平大疫，陕西大疫、凤阳大疫；三十二年（1603年）德平大疫；三十七年（1698年）寿光、昌乐、隰州等地大疫；四十二年（1703年），琼州、灵州、景州先后发生大疫，死人无数；四十五年（1706年），房县、蒲圻、崇阳先后发生疫病；四十六年（1707年），平乐、永安又大疫，房县、公安、沔阳也大疫；四十七年（1708年）、四十八年（1709年）、四十九年（1710年），公安、沁源、灵州、武宁、蒲圻、凉州、湖州、相乡、象山、高淳、溧水、太湖、青州、潜山、南陵、铜山、无为、东流、当涂、江西、江苏、芜湖、代州、阳江、广宁等都相继发生大疫，死亡人数过半。说明疫病就一直没有控制住，在不停地四散传播，只要气候适宜，就暴发出来。康熙五十三年，即公元1714年，阳江又发生大疫；五十六年（1717年）、五十七年（1718年）永定等地也相继发生疫病，死者千余人。到康熙六十年，也是康熙大帝执政的第六十个年头，富平、山阳又发生了大疫。到康熙六十一年，即他执政的最后一年，嘉兴等地又发生疫病。可以说，康熙帝一生，在同疫病斗争了一生，但始终没能控制住疫病。康熙帝玄烨一生很辉煌，被时人和后世广为称颂，他下力治理黄河水患，打通南北漕运，平定“三藩”之乱，消灭西北分裂国家的祸患，收复孤悬海外的台湾，发展经济，改善民生，推动科技进步，可谓政绩卓著，但在瘟疫面前却无能为力。他自己曾被感染过，经救治而活了下来。历史上康熙盛世人口大增，经济繁荣，国家安定，是被后人所津津乐道的，但瘟疫这个妖魔一点面子也不给，不停地对人们进行攻击，造成死亡人口无数。由此可见，疫病是同人类如影随形的，不看你强大赢弱，不看你尊贵贫贱，只要逮住机会，就出来肆虐一番。

康熙以后，清王朝延续了200余年。这200多年间，瘟疫并没有因为康熙帝的离去而远去，而是始终伴随着诸代的君王们在不停地肆虐他的子民。这里简要罗列了一下：从雍正朝开始，到宣统帝逊位，疫病连年不断。发生疫病的年份有：公元1728年、1733年、1738年、1740年、1742年、1745年、1747年、1748年、1749年、1753年、1756年、1757年、1758年、1764年、1767年、1770年、1771年、1775年、1783年、1785年、1786年、1790年、1793年、1795年、1797年、1798年、1800年、1805年、1806年、1811年、1815年、1816年、1819年、

1820 年、1821 年、1822 年、1823 年、1824 年、1826 年、1831 年、1832 年、1833 年、1835 年、1836 年、1839 年、1842 年、1843 年、1846 年、1847 年、1848 年、1849 年、1853 年、1854 年、1855 年、1857 年、1861 年、1862 年、1863 年、1865 年、1866 年、1867 年、1868 年、1870 年、1871 年、1872 年、1878 年、1890 年、1894 年、1895 年、1900 年、1901 年、1902 年、1907 年、1910 年、1911 年。从雍正元年到宣统二年，近 200 年间，各种疫病始终不断，规模、范围和危害大小不同，但都给人们的生命安全造成了极大危害，而且死人无数，难以计算。各种疫病主要是鼠疫、天花、霍乱等。如雍正六年，即公元 1728 年 3 月，武进大疫、镇江大疫、常山大疫；四月太原大疫、井陉大疫、沁源大疫、甘泉大疫、枝江大疫、崇阳大疫、蒲圻大疫、荆门大疫、巢县大疫、山海关大疫、松江大疫，百姓说是“蛤蟆瘟”。嘉庆十年，即 1806 年，发生天花流行，幼儿多夭折。嘉庆二十五年，即 1820 年，嘉兴发生大疫，人死极多，此疫为霍乱，时称转筋瘟，得病者在很短时间内就毙地而亡。得此病而亡者有十之七八，而无染者仅十之一二。道光元年，即 1821 年，山东、河北、山西等地暴发霍乱，“死者甚众”，难以计数。光绪二十一年，即 1895 年，山西发生鼠疫，染者肿项、吐血、结核，流行甚快，死亡也速。此疫最早由一个戏班子的演员先得，是在枫亭被传染的，坐船东去，死在船中。船停泊到河港之后，数日内，就又传染了几十人，很快传播全城，死了数百人，接着由从城里传至乡村，五月份又传到北京，死亡的人难以数计。宣统二年，即公元 1911 年，东北又发生了鼠疫流行，死亡了 6 万余人。当时的医学已能较快诊断为肺鼠疫，立即采取了强制性封堵、隔离、焚尸、交通管制等措施，仅用了四个多月的时间，就控制住了鼠疫的蔓延传播。

瘟疫不是中国仅有的，而是一个世界性的流行性疾病，至今人类的认识还很有限，对这个妖魔还看得不是很清，也还难逮住，更一下子控制不了。世界各国发生的疫病不比中国少，而且在一些国家疫病的流行比中国还要频繁，如欧洲和北美的流行性感冒，受感染的人很多，死亡率也是很高的。去年下半年到今年开春，美国的流感就有几千万人感染，上万人死亡，至今还在流行之中。

这里简要列举一下历史上给人类社会造成极大危害的世界性十大瘟疫。

1. 雅典鼠疫

公元前 430 年—427 年，雅典发生大瘟疫，近二分之一的人口死亡，整个雅典几乎被摧毁。希腊文明的衰落也与此疫有关。

2. 古罗马“安东尼瘟疫”

公元 164 年—180 年，罗马士兵打仗回来，带回了天花和麻疹，传染给了安东尼的人们。当时罗马每天有 2000 人死亡，连罗马帝王也未能幸免，维鲁斯大帝及安东尼大帝先后染病而死。此次瘟疫持续了十几年，使罗马死亡近 500 万人，军队丧失了战斗力，罗马的辉煌也因此失去。

3. 中国建安大瘟疫

东汉末年，从建安九年到建安二十四年，中国中原地区流行大瘟疫，十余年间，死亡者达三分之二，“家有伏尸之痛，室室有号泣之声。”总共死了多少人，史书没有详细记载。

4. 查士丁尼瘟疫

公元 541 年—542 年，地中海地区暴发了一次大规模鼠疫。刚开始是在埃及暴发随后蔓延到拜占庭帝国的首都君士坦丁堡及其他地区。最严重时，一天就有上万人死去。此次瘟疫持续了近半个世纪，消灭了近四分之一的罗马人口，引起了罗马帝国的饥荒和内乱，使罗马帝国元气大伤，彻底崩溃。

5. 欧洲黑死病

公元 1348 年—1350 年，西欧暴发了黑死病，即鼠疫，共造成 2500 万人死亡。40 年后，疫病再次暴发，造成全世界 7500 万人死亡。

6. 美洲瘟疫

16 世纪，美洲曾居住着 400 万到 500 万的原住民。当哥伦布抵达新大陆后，欧洲的病毒细菌也传染到了该地区。腮腺炎、麻疹、天花、霍乱、淋病、黄热病等欧洲的疫病多都传染给了印第安人，造成了大量印第安人的死亡，由一个原住的强大民族，而成为了弱势的小民族。

7. 米兰大瘟疫

公元 1629 年—1631 年，意大利暴发一系列鼠疫，被称为米兰大瘟疫，共造成 28 万人死亡。

8. 马赛大瘟疫

1720 年，法国马赛突发大瘟疫，造成了 10 万人死亡。这场瘟疫是一个土耳其的乘客在前往马赛的商船传染的。这位乘客突发疾病死在了船上，他的主治医生及数名船员也相继染病死亡。商船靠岸后即被隔离，但一些商人因货物被扣押而强行要求港口取消隔离，结果几天后，瘟疫在市区大规模暴发。为了阻止瘟疫蔓延，法国下令隔绝马赛和普罗旺斯及其他地区，违者被处死，并且修建了一堵瘟疫隔离墙，最终控制住了瘟疫的继续蔓延。

9. 西班牙流感

1918 年—1920 年，暴发了全球性 H1N1 甲型流感，造成了全球 5 亿人感染，近 5000 万到 1 亿人死亡。因西班牙疫情最严重，被称为“西班牙流感”。但这次流感是从美国传播出去的。当时正是一战期间，流感在 6 个月内造成了死亡人数比第一次世界大战死亡的人数还要多。

10. 亚洲流感

1957 年，在亚洲暴发了一次流行性感冒，8 个月内传遍全世界。这次流感是 A 型流感，H2N2 病毒，全球共有 100 万人死于该病毒，发病率在 15%—30% 左右。流感疫苗 1957 年被研发出来。

瘟疫，天灾乎？人过乎？

天灾是肯定的。各种各样的可造成人得疫病的细菌、病毒是自然界万物生灵中的一种，尽管它是小得只有在高倍显微镜下才能观察得到的比尘埃还要小几十倍、几百倍的微生物（对于病毒是否定为微生物，目前尚未确切定论，仍有不同意见）。在土壤中、空气中、水中，各种各样的有害的或无害的微生物不知要有多少，成千上万是不止的，可能会更多，难以数计，只是人类不知道罢了。按照宇宙万物阴阳平衡、相生相克的学说，宇宙间的万物都有其生存空间和生存法则，物与物之间有着错综复杂的联系，既是相生的，也是相克的。如果都能按自然法则生存，大家和谐相处，天下就可能太平无事。日月星斗，各有其位，春夏秋冬，运转有时。如果那颗星球脱离了运行的轨道，出了圈子，在宇宙中任意行走，不用太长时间，就会灰飞烟灭。如果撞上其他星球，还会祸及他人。地球上的生物也是如此，大家各守其职，各安其位，和谐相处，可能就太平无事。如果以强凌弱，打了起来，天下就会大乱，谁输谁赢，可就说不定了。疫毒是个客观存在，如果坏了规矩，就会肆虐、伤害人类和其他生灵。有害病毒就是人和一些动植物的天敌。

说人过，也是有一定的道理的。天敌就在那里，而会永世相生，如果没有人去招惹它，它也可能不会到人间来施威。这个妖魔是被人在不经意中放出来的，是人惹的祸，是人把病毒这个妖魔惹毛了。试想：如果不吃果子狸，是不是就不会有 2003 年的非典大流行？如果不吃蝙蝠汤，不去猎杀野生动物，寄生在野生动物身上的冠状病毒也就不可能会出来肆虐？当然，这个定论现在还不能确切地肯定。有观点认为，这两场瘟疫最初是吃出来的。再有，病毒出了魔瓶，尚未开始发威，人如果能及时去隔离、阻断，把它扼杀在初期阶段，也就不会有以后的四散传播，任意横行。这也应该是肯定的。怕影响一个地方的声誉，怕引起社会恐慌，怕这怕那，最后祸惹大了，怕什么也都没有用了。开始时，工作中有不了解、不深入、知识欠缺、识毒有限、反应迟缓、措施不力、担责不够等问题，这也是肯定的。中国在这场抗疫斗争中付出了巨大代价，做出了很大牺牲，为国际社会提供了经验，做出了贡献，但仍有一些西方国家不以为然，不做防备，还自以为是，结果很快遭到报应，病毒很快打上门来，并肆意传播。如果早发预警、早做防备，何至于会出现大规模的扩散感染？天灾、人过碰到了一起，瘟疫这个魔鬼也就抖起了威风，大肆来伤害人类。新冠状病毒而引起了疫病大流行，是天灾和人过共同作用的结果。

人类迄今为止，对于各种各样病毒的认识还很有限，对于这个天敌怎样对付，也缺乏十分有效的方法，特别是在防疫和治疗上，特效的药物、特效的手段还不多，这是需要下大力气去解决的一大难题。我们要兴旺发达，福寿康宁，既要关注研究看得见摸得住的有形有影的东西，也要研究那些看不见、摸不着，但与人类生活息息相关、利害相连的几乎看不见踪影的东西。毒魔始终是存在的，而且是大量的，只有认真研究，知其生存发展和危害的规律，才有可能制服他。不论是历史，还是现在，抗击瘟疫，主要是四个字：知、防、治、抗。所谓知，就是要了解它，研究它，弄清楚它。要知道它怎么生，怎么死，在什么样的条件下它会变得强大，在什么样的情况下，就可以制服它。所谓防，就是要预防，不给它创造肆虐的机会和条件。中国医学对于各种疾病，特别是流行性的疫病，强调以防为主，防重于治。防患于未然，就是在病魔没有发生时就控制住它。相互隔离，阻断病源，让其在一定范围内自生自灭，这是流行性传染病最好的解决办法。如果每个人都能自觉做到自设堤防，不任性作为、不胡乱走动，老老实实呆在家里，就不会被传染；得了传染病，只要封闭住自己，也不会去传染给他人。所有的流行病之所以能够流行起来，一传十，十传百，百传千，千传万，以至蔓延开来，难以收拾，就在于没有管住人。管住了人，就管住了魔。管魔首要在于管人，魔随人走，带魔之人走到哪里，魔就会在哪里横行。对于民众来说，瘟疫流行之时，就要自我隔离，呆在一定的封闭空间中别乱动，既是保护自己，也是保护他人。这个时候，不干事就是少惹事，在家闲着，就是对社会的最大贡献。所谓治，就是治病救人。有疫病，已经传染到了人，就要诊治。医生、护士是最辛苦的，他们不能自我封闭，而且还要冲到一线，来到病魔之中，同病魔抗争。科学技术要突破，得研发出抗击病魔的有效药物，这个关一定要攻。所谓抗，就是同病毒这个恶魔对抗。军事斗争中有狭路相逢勇者胜之说，同病魔斗争，也需要这个战术，就是敢于对抗，勇于对抗。冠状病毒在有的人身上十分凶恶，而在有的人身上，确凶恶不起来，就在于人的体质不同。魔鬼来了，有人抗得住，有人抗不住，用中医的话说，就是正与邪的较量。凡正气足者，就能战胜邪魔，凡正气不足者，就战胜不了邪魔。培根固元，涵养正气，人的正气足了，也就不怕外邪，这也是真理。

瘟疫的生成发展有外因和内因两种因素，即天灾和人过共同构成，而要战胜这个恶魔，也要应天道，顺地道，合人道，用好天时、地利和人和，共同努力，才能制胜。

对人类社会一些世纪之患的一点思考

（2020 年 2 月 18 日）

吉炳轩

人类社会有许多灾难，其中一些大的灾难是带有毁灭性的，如玛雅文化的消亡，整个民族都没有了。对于玛雅文明的消失，有多种说法，至今还是个谜，但多数研究者认为是欧洲人的入侵带去了感冒病毒，出现了时疫，夺去了对这些病毒没有抵抗能力的民族的生命。

人类社会的灾难从大的方面来说，可分为自然的和人为的两大类，即自然灾害和人类之间的战争。自然灾害有多种，最大的危害是地震，火山爆发并由此引发的海啸和持续长久的旱灾和洪涝灾害，以及一些危害极大的虫灾，如蝗虫灾害等，这些都是带有毁灭性的。人为的灾害主要是持久的、大规模的战争，而且是众多国家卷入的世界性的战争，可造成城市毁灭、乡村凋蔽、田地荒芜，人员大批大批死亡。除了这两个方面的灾祸以外，还有天灾和人祸共同作用而形成的灾难——疫病。大灾之后往往会有大疫，特别是洪涝灾害之后，就会有大的流行疫病发生。一些腐烂的尸体、植物就会发臭而滋生细菌、病毒，进而危害人类社会。还有由于不健康的卫生习惯，垃圾遍地、污水横流，到处臭气熏天、蚊虫遍地，就会滋生许多有害细菌和病毒，这都是人类社会的杀手。此外，还有动物身上携带的病毒，由于人的捕杀食用而传染到了人的身上，进而人传人，一传十、十传百，很快流行起来，造成大批人员死亡。这样的事情不断发生。如鸡瘟、猪瘟、疯牛病等等。流行性感冒、埃博拉病毒、冠状病毒的肆虐就是自然灾害和人的危害共同作用的结果。时下正流行的新型冠状病毒就是在适宜的气候条件下，从动物的身上传染到人的身上，并在人群中肆意传播，而在大肆危害人类。

2003 年的非典肆虐也是如此。

人类历史上这样的祸患很多。

在所有的灾害中，据有史可查的，疫病是对人类危害最大的。早期的恐龙灭绝，造成了整个地球的面貌和生态改变，大量物种灭绝，科学研究认为是彗星撞击地球所致，但这仅是推论，是宇宙间的事情，人类不可抗拒，当然，也属于自然灾害。但自人类有史以来，还没有出现过这样的危害，可能以后会有，地球也可能再次被撞，那也是人类无可奈何的事情，只能听天由命。就人类的生存发展来说，可以抗拒或预防的灾害，而由于种种原因而未能抗拒得住或预防得了、而造成的极度危害的灾祸就是疫病。

这里拿 14 世纪的欧洲来说。

全球人类发展在早期社会，即古典社会，公元 1000 年以前，领先的是中东和东亚地区，即中东地区的两河流域，东亚中国地区的黄河、长江流域，而欧洲社会还处于落后状态，且长期处于你争我夺的战争之中。从公元 900 年到 1300 年这 400 年间，欧洲才得以相对稳定，特别是西欧得以有几百年的稳定发展期。13 世纪蒙古人曾横扫亚欧大陆，侵占了今天俄罗斯大片土地，但尚未到达西欧。以后 15 世纪和 16 世纪奥斯曼土耳其人征服了巴尔干半岛，柏柏尔人屡次进攻北非，而地处偏远的西北欧却幸免于难，得以安稳地发展。可以说，西北欧从公元900年开始进入了稳步发展期，公元1500年后又进入了快步发展期，到17世纪、18世纪、19世纪，乃至20世纪、21世纪始终处于领先世界的、长达数百年的繁荣阶段。出现这种情况的原因有很多，这里不作分析，只谈灾祸。但就在这长达千余年的稳定发展中，却有三次巨大的灾难。一次是20世纪发生了两次世界大战，主战场在欧洲、亚洲、非洲，其中欧洲是主战场的核心，战争最为惨烈，毁坏更为严重，造成死亡的人数也最多。对于欧洲、特别是西北欧和南北美洲的长期稳定和发展，和在20世纪百年中的半个世纪的悲惨史，大家都是知道的。这里值得一提的是另外两次灾难，即14世纪发生在西北欧的几乎灭绝人类的重大疫病流行事件和20世纪发源于美国而流行于全世界的感冒大流行事件。

一是黑死病流行。

公元11世纪、12世纪和13世纪，西北欧有300年的相对稳定期，战争和灾害也有，但不多，未形成大的灾难。300年间，科技不断进步，文化日益昌盛，经济稳步发展，从世界上一个相对落后的区域而逐步走上了进步繁荣。但天公难遂人愿，进入14世纪，先发生了持续的自然灾害，干旱和水患相继而至，持续不断，造成了全面的大饥荒。1315年到1316年，粮食几近绝收，人们衣不果腹。到了1349年，黑死病又流行于西欧，并急速扩散暴发，一下子夺去了三分之一到三分之二的城市居民的生命，以后又在数代人的时间里周期性地暴发。紧接着又发生了英法之间的“百年战争”和德国及意大利的斗争，直到进入15世纪，形势才开始稳定下来，经济出现复苏，并日益上升起来。这是天灾人祸共同作用的结果，造成了欧洲百年祸患，百年危急。

黑死病就是鼠疫，是从老鼠身上而传染到人的。至今黑死病仍是疫病中致死率最高的。

二是流感大流行。

现在人们谈起流感，认为是一般性的疾病，得了也就得了，是可以治疗或自愈的。尽管美国自去年下半年以来就暴发了大流感，有数千万人感染，上万人死亡，但并未引起社会恐慌，连美国人自己也不太上心，其他各国也不太在乎，各国间的往来一切照旧，没有受到影响。这是人们对流感有了认识和预防治疗的手段，而有时流感的大流行，则是致命的一种“瘟疫”，如洪水猛兽一样肆虐人类。

据有关资料介绍，20世纪初期曾暴发一起全球性的大流感，造成了大量人员死亡。这次流感发起于美国堪萨斯州哈斯克尔县。从1918年1月末至2月初被发现，但人们并不在意，因为到3月份就基本消失了。2月份哈斯克尔县的一些年轻人应征入伍，他们把流感病毒带到了军营之中，仅三周时间，福斯顿军营就有1100人被感染而住进了医院。由于军营与军营之间相互是开放的，交流不断，很快有24个军营也被感染，紧接着，毗邻军事基地的30个大中城市也流行起来。到了6月30日，也就四个来月的时间，英国的一艘货船来到美国的费城，一靠岸就被传染，船员们鼻腔、耳朵、咽喉都出血，头疼、咳嗽、身体剧痛，皮肤颜色异常，并有船员死亡。9月初，波士顿的300名水手来到费城海军码头，4天后，19名水手被感染。而这些被感染的水手有的还被调派到了其他海军基地和码头，包括美国当时规模最大的、拥有4.5万名水兵的五大湖海军训练基地。在波士顿被感染的水手犹如感冒病毒的播种机，把病毒带到了大西洋、墨西哥湾、太平洋、五大湖等军事基地和相关城镇，并向纵深发展，周边扩散。病毒就像四溅的火花，向四面八方散开。到了1918年底，至1919年初，病毒几乎扩散传播到了整个世界。法国军队在1918年4月10日出现了第一个病例，4月底就扩散袭击了整个法国，并波及到意大利。英国军队4月中旬出现了第一例，但很快暴发，到5月份仅陆军中就有36473人住院治疗，英全国也大流行起来。德国军中至4月下旬发现病例，但很快暴发，波及整个军队。5月份西班牙也遭到袭击，紧接着葡萄牙、希腊也都被感染流行。到了6、7月间，整个欧洲都大肆流行起来，死亡率猛增。亚洲也照样未能幸免。5月底，孟买港出现首个病例，疾病沿铁路线扩散到印度其他城市。在中国方面，流感病从5月底来到上海，并在中国扩散开来。大洋洲是9月份开始暴发的，悉尼的流感病人占到了城市人口的30%。

这次大流感造成了多少人死亡，没有十分确切的数字，因为当时是第一次世界大战期间，因战争、饥饿而死亡的人数也很多，相互交织在一起，至少有数千万人死亡。当时受到危害最大的是军营。拥挤、狭小、寒冷以及医院设施的欠缺是当时军营的共同特点，而持续的、大量的征兵更加剧了军营的拥挤状况。以美国格兰特军营为例，从发现第1例流感病症后，尽管军营实行了严格的隔离命令，但由于被流感感染的人在自己感觉不到任何症状之前就可以感染其他人，同现在流行的新冠肺炎十分相似，也有很长一段时间的潜伏期，不发烧、无症状就可传染他人，所以，隔离措施采取时已为时已晚。48 小时内，军营里所有部门都有人感染上了流感。6 天之内，医院被占床位从 610 张升至 4102 张，几乎是以前最多治疗时人数的 5 倍。住院人数迅猛增长，死亡人数也与日俱增。床位严重不够，军营各处共有 10 座营房被改成了医院，但这些仍旧不够。与此同时，药品短缺、医护人员精疲力竭，健康的士兵都被委派以这样或那样的方式帮着照管病号。而更糟的是，格兰特军营一支 3108 人的队伍还乘火车前往佐治亚州的一个军营。当火车抵达时，2000 人因流感而入院，其中 143 人死亡。病毒，也乘坐火车跟随这些士兵被运送到了那里。与此同时，密歇根州等州的其他一些军营出现的流感病例也爆发性增长。美军最大的 20 个军营中，最先受到流感侵袭的 5 个军营约有 20% 患流感的士兵并发肺炎，其中 37.3% 的人死亡。每 67 名士兵中就有 1 人死于流感及其并发症，美国军队中与流感相关的死亡总数超过了以后在越南战争中死亡的美军人数。

就城市而言，第一批受到流感病毒攻击的城市有：波士顿、巴尔的摩、匹兹堡、费城、路易斯维尔、纽约、新奥尔良等，都遭受了极为惨烈的打击。费城的情况具有较强的代表性。当时，疫情已经在波士顿港口、五大湖海军训练基地以及费城海军码头出现，但费城公共卫生主管克鲁森等人对此置若罔闻。克鲁森甚至公然否认流感会对城市造成任何威胁，并没有安排任何应急措施以备不测。他们当时更担心的是，如果采取任何类似隔离行动会引起社会恐慌，并会对军事行动造成干扰，所谓的维持民心稳定是他们的宗旨。与此同时，水兵们死亡的人数渐增，平民中也出现病例，尽管流感疫情已日益严峻，但在美国参加一战的战时状态下，为确保士气，克鲁森坚持要如期进行自由公债游行及相关集会，这是费城历史上规模最大的游行，也是病毒扩散传播的大游行。在游行结束后的 72 小时内，全城 31 家医院里的病床全部爆满，开始有患者死亡，医疗措施也无济于事。游行后第 3 天，当日死于流感的人数就超过了 100 人。政府这才开始下令关闭公共场所、禁止公共集会，满街挂满巨幅布告，警告公众不要集会，告知人们打喷嚏、咳嗽时要用手帕掩口等等。仅仅 10 天，流行病就从媒体报道有几百个平民患病、仅死亡一两例，发展成每天都有成千上万人患病、几百人死亡。医院几乎每天都会有 1/4 的病人死掉，而通常每家都会有两人死掉，一家人全部死亡的情况也很多。费城的死亡人数不断增加，尸体不断堆积而得不到掩埋。人们都谈论着“瘟疫”这个词，恐惧随之而来。费城有数十万人生了病，整个社会处于恐慌之中，既为患病的人担心，也为自己害怕。在纽约的长老会医院，每天早上医生查房时，都会惊骇地发现，就在前一夜，重症部所有病人都死去了。这一幕天天上演，仿佛永无休止。

在此次大流感期间，美国 47% 的死亡是由流感及其并发症导致的。流感的杀伤力令美国人均寿命期望值降低了 10 多岁。与普通流感通常是导致年老者生病、死亡不同，最健康、最强壮的人在 1918 年流感中的死亡率最高。在芝加哥，20—40 岁的死亡人数几乎是 41—60 岁的死亡人数的 5 倍，在美国拥有可靠统计数据的州的城市，人口不论性别按 5 岁为一年龄段进行分组，死亡人数最多的是 25—29 岁组，其次是 30—34 岁组，位于第三的是 20—24 岁组。这几组中每一组的死亡人数都比 60 岁以上的总死亡人数要多。流感患者的内脏都受到了影响。病毒会导致一种最终并发症，也是一种最终后遗症。流感病毒会影响大脑及神经系统。1927 年，美国医学会对来自世界的成百上千份医学文件进行了审阅，总结说：“流感可能对脑部有所影响……从应急性发作而产生的谵妄症状，到演变成‘后流感’症状的精神病，流感的神经性影响毫无疑问是深远而又多样的……流感病毒对神经系统的影响不亚于其对呼吸道的影响。”1918 年的病毒对大脑产生的影响是严重的，通常破坏脑细胞，使人无法集中思想，或改变行为，或干扰判断，甚至会导致暂时性精神病。流感对于神经系统的影响，可以用来解释美国时任总统威尔逊在巴黎和会中的表现。当时，流感已在巴黎蔓延开来，在谈判最紧要的关头，威尔逊突然地“猛烈咳嗽起来，频繁而严重的咳嗽使他无法正常呼吸”，并且“发烧达 39.4 度以上，严重腹泻……卧床期间无法动弹”，甚至好几次臆想自己家中满是法国间谍。被流感侵袭的威尔逊立场反复，突然性地放弃了他生病前一直恪守的原则——持久的和平只有通过“没有胜利的和平”才能获得，而是同意了由法国总理克列孟梭制定的规则，如要求德国赔款并承担发起战争的全部责任等等。连英国首相劳合·乔治都评论威尔逊的“神经和精神在会议期间崩溃了”。4 个月后，威尔逊遭受病毒侵袭打击而元气大伤。部分历史学家认为威尔逊参加和会时就患有动脉硬化，或是血管梗塞、“血栓”“中风”之类，但一位名叫克罗斯的史学家注意到了威尔逊的实际症状——包括高烧、剧咳、卧床不起,所有症状都全然符合流感,当时陪伴在威尔逊身边的私人医生格雷森也认为流感是威尔逊"最后崩溃"的肇因。流感病毒对肺的损伤极为剧烈。患者的肺部通常呈现被撕裂的状况,所遭受的这种损伤"只有在肺鼠疫及毒气导致的急性死亡中看到的情况才可与之相提并论",因为病毒对肺部的侵染过于"高效",于是人体免疫系统不得不发动大规模的应答来对抗。而免疫系统可以像特种部队一样将人质连同绑匪一起杀死,也可以像军队一样为拯救村庄而将其整个毁掉。在人群中,年轻的成年人拥有最强的免疫系统,最有能力发起大规模的免疫应答。一般而言,这让他们成了人群中最健康的人,然而,在特定条件下,这个强项却变成了弱点。1918 年的大流感中,年轻人的免疫系统就对病毒发起了大规模应答,那些免疫应答令肺部充斥着液体和碎片,使肺无法进行氧气交换。因此,在数日内夺取年轻人生命的并非病毒,罪魁祸首正是大规模的免疫应答本身。此外,病毒还造成心包和心肌发炎,或者影响它们。而对肾的损伤程度不一,但至少有些损伤,"几乎发生在每个病例中",肾上腺则出现"坏死区域,有明显出血,时而伴有脓肿……"。肝有时也会受到损伤。病理学家还注意到,经过内部中毒过程和外部咳嗽压力的双重作用,附着胸腔的肌肉被扯裂,许多肌肉"坏死"或者"蜡样变性"。

20 世纪初暴发的全球大流感,被记载在美国人所著的《大流感:最致命瘟疫的史诗》一书中,对我们了解疫病和认识今天的新冠肺炎会有些帮助。20 世纪初的这次全球大流感,病毒由美国起源,而很快扩散到全世界。由于当时正是第一次世界大战期间,疫病的流行不但给各国军队造成了重创,更使民不聊生的民众雪上加霜。1918 年的世界总人口为 18 亿,仅占当今世界人口的三分之一,但那一年的流感病毒却夺去了 5000 万到 1 亿人的生命,而且大部分流感导致的死亡发生在短短 24 周以内。至于造成的经济损失与社会动荡,则更是无法用数字来计算的。

人类在同这次大流感的斗争中,也认识到随着流感病毒的行进,其致命性开始减弱。病毒第一次从动物宿主转移到人身上,在人传给人的过程中病毒渐渐适应了新宿主,感染能力越来越强。而一旦病毒的传染效率接近顶峰,有两种自然因素便会发生作用。其中一种作用与免疫有关:当流感病毒感染过一批人后,这批人至少会对它产生一定的免疫力。被感染者不太会被同种病毒再度感染,除非发生抗原漂变(即抗体发生了变化)。在城市里,从出现第 1 例患者开始约 6 周达到高峰期,然后会慢慢减弱。军营内由于人口高度集中,大概 3 至 4 周就能攀至顶峰。第二种作用发于病毒内部。1918 年的大流感是病毒肆虐的巅峰,这在历史上其他大规模流感暴发中是前所未有的。但这一病毒同所有流感病毒、所有能形成突变株的病毒一样,突变速度非常快。而任何突变都更可能使病毒的致命性变弱,而非变强。所以,就在病毒几乎让文明社会屈服在它脚下之时,它开始"回归"突变,向大多数流感病毒所具有的行为突变,随着时间流逝,其致命性慢慢降低。因此,流感暴发得越晚,其毒性就越低。在一个军营内,最初 10 天或两周内病倒的士兵死亡率比在流感暴发后期或流感结束后病倒的人的死亡率高得多;流行病后期受感染城市的死亡率也大多较低。最早暴发流感的美国东部和南部情况最为惨烈,西海岸相对就好一点,中部地区的损失则是最轻微的。这次新冠肺炎病毒的流行,一些国家,如英国、瑞典把其看成同 1918 年的大流感那样来看待,想通过拖延高峰到来的时间,使其毒性减弱,或靠群体增强免疫能力来抵抗,是对是错,只有靠实践来回答了。我看很难。以此来看我国的抗击非典和阻击新冠肺炎,着眼于以人为本,切实保护人民的生命安全,立足于隔离、阻断、抗击,打主动仗、阵地战、阻击战、分割围歼战,勇于同病毒进行殊死的斗争,但也不是蛮干,而是寻找规律,科学防治,讲究策略和方法,并同时做到齐心协力、同仇敌忾。这是中国共产党的领导威力,社会主义制度的优越,中华文明的优秀基因。我们阻止了病毒的迅速扩散和传播,为世界赢得了时间,做出了贡献。如果不是我们早发现、早隔离、早打阻击战,那这次新冠肺炎的肆虐将会如何呢?不敢想象。美国 1918 年初发生的大流感就是沉痛的教训和鲜明的比照。

20 世纪是人类社会悲哀与欢喜并存的世界。前半个世纪是灾难的世纪,后半个世纪是发展的世纪。21 世纪才刚刚开启,就已灾祸不断,但也喜事多多,好运连连。天灾人难抗拒,但愿人祸不再出现。佛祖、上帝如若有灵就该尽点责任,管管那些人间邪恶。共产党人是唯物主义者,不信邪、不怕邪,也不靠什么神仙上帝,而是依靠人民和带领人民去战胜邪恶。我们努力争取、也真诚希望 21 世纪是个光明的世纪,和谐的世纪,繁荣昌盛的世纪,少灾少祸美满幸福的世纪。

五行失位　疫害必生

（2020 年 2 月 22 日）

吉炳轩

流行性疫病是人类的大敌，而且是难以预知的，是可给人类造成极度恐慌和重大伤亡的恶魔。流行性疫病是怎样形成和爆发肆虐的，现在还很难说得很清。因各种疫病不同，形成和爆发的时机、传播的载体和渠道也有不同。我们现在就只能从已发现的疫病在治疗和预防过程中积累的一些经验来进行判断，当然也是在付出了极其惨痛的代价基础上的宝贵经验，才知道了一些流行性疫病的轨迹，并能较为有效地控制住了一些疫情，如天花、麻疹、疟疾，一般性的流行性感冒，包括鼠疫等等，但仍有许多疫病还认识不是很清，还在探索之中，如2003 年的非典和 2020 年初爆发的新冠病毒。今后还会有什么兴风作浪的流行性病毒可以致人死命，造成疫病大流行，现在还说不清楚。上帝和佛祖也无此能，圣经、佛经中也都从未说过。这是神仙都无法知道的事。不待妖魔出现，是捉不了妖的。

流行性疫病在中国古代就有研究，并有不少的文字记载。中国古时把一些流行性的疫病称为疠、瘟、瘴等等，统称瘟疫，又叫时疫，即在不同的季节、时间、气候条件下而流行的带有传染性的疾病。从历史记载来看，流行性疫病是伴随着人类社会的发展变化而不断发生发展的，是一种共生共行的关系，而且始终处于魔高一尺，道高一丈；道高一尺，魔又高一丈的不停斗争之中。人类社会不断发展进步，各类病毒也在不断发生变异；人类社会经常有发明创造，出现新的事物；各类病毒也在不断发展变化，出现新的种类。只是人类看不见病毒，而病毒可以看得见人类，这是大与小在争斗，明与暗在较量，而且这种斗争和较量将会无休无止地进行下去。宇宙万物种类繁多，大到星球，超极大星球，小到微生物，都在不停地生生死死，不停地运动发展，也都是你中有我，我中有你，相生相克的关系。正义与邪恶，神仙与魔鬼，慈善与暴戾，美丽与丑陋，还有穷人与富人，君子与小人等等，就这样共生共存着。这就是宇宙的物质世界。正义要战胜邪恶，神仙要打败魔鬼，就必须要进行斗争，斗争了，这个世界才能相对地和谐安宁。如果邪恶流窜，魔鬼横行，那这个世界将是极其悲惨的。

瘟疫是个客观存在，它的出现和流行也是有条件的，一旦时机成熟，它就会流窜出来，肆虐人类。我国古人按照宇宙万物、天地运行的五行运动规律来解释这一问题，把其归于金木水火土五行运动失常，又叫失位，用现在的话说，就是气候异常，而就会出现疫病大流行，认为是自然灾害的一种。同时也提出，能否抗击和防备疫病的袭击关键在人，在人自身的预防和抵抗能力，也包括一定的治疗手段。结论是人强魔就弱，人弱魔就强。

《黄帝内经 · 素问 · 刺法论》篇有这方面的论述。

《黄帝内经》是很古老的一部医学论著，也是哲学论著，社会学论著和政治学论著。现代的学科分类很多，也很精细，把医学作为治疗疾病，维护人体健康为目的学科，归属于自然科学的范畴。但在中国古代不这样看，也不这样做。在我国古代，中医学家从来没有把医学看成是孤立的为医学专家所垄断的专门学问，而是把它放在天地自然和社会文化的大视野中来思考。医者，要上知天文，下知地理，中知人事，这样才可以为医，才能为人治病。还提出，治病如同治世，治病如同治国，或治国同治病是一样的道理，即治世如同治人。这是因为中国的古典哲学是把包括人在内的整个宇宙看成是一个大的生命体系的运动发展过程，人仅是这些宇宙万物生命中的一分子，一切学问都要立足于这个大生命系统的运动规律的揭示。医学与其他学术之间不是独立分割的，而是相联系的，内在统一的。特别是研究医学，离不开哲学、社会学、天文学、地理学、动植物学，包括现代学科所划分的物理学、化学等等。研究人的生命，不能不知道宇宙万物的运行规律和生存之道，不能不了解人与人之间的社会关系和恩怨情仇，否则就人体说人体，器官说器官，这个复杂的生命学科是很难研究得明白的。

对于疫病的流行，《黄帝内经》就是放在宇宙自然运动不断变化的条件下来看待的。当然，《黄帝内经》太古老了，成书于 2000 多年前，近 3000 年的春秋战国时期，最晚也是在秦汉时期，当时的科学技术同现在比还是相当落后的，对生命学科的认知也是低水平的，不能同今日相提并论，或者不能拿今日的是非标准来衡量对与错，更不能拿西方的医学标准来判定是与非，我们只能从中了解一点中国的古人，也是传统的中医学是怎样来认识疫病的发生和流行的。

《黄帝内经·素问·刺法论》篇中说：五运（即五行：金木水火土）升降往来失常是疫疠产生的根源。应升而不能升，应降而不能降，气之升降交通异常，就要成就暴烈的疠气，疫病就要流行。文中说，五运之气应该升而不升，就会有巨大的凶险。厥阴风木，应该从在泉右间，上升为司天左间，而在天的金气过胜阻滞压抑它，木要疏发被阻郁之气，到它当位之时就要发病。少阴君火应该上升，而在天的水气过胜阻抑它，火要疏发被阻郁之气，等到它当位之时就要发病。太阴湿土应该上升，而在天的木气过胜阻抑它，土要疏发被阻郁之气，等到它当位之时就要发病。阳明燥金应该上升，而在天的火气过胜阻抑它，金要疏发被阻郁之气，等到它当位之时就要发病。太阳寒水应该上升，而在天的土气过胜抑阻它，水要疏发被阻郁之气，等它当位之时就要发病。这是讲的应升而不能升而出现的问题。对于应降而不能降，文中也说：厥阴风木应该从司天之右间下降到在泉之左间，而在地之金气阻窒压抑它，使它欲降而不深入，木气受阻，必然使郁滞之气疏发消散，才得降入在泉之左间位置，应降而不能降所产生的郁滞，为害也和司天之间气应升而不能升需要等到当位之时才能消除。应降而不能降，郁滞将很快形成，要使它下降，可以折服胜它的金气。少阴君火，少阳相火应该从司天右间下降为在泉左间，而在地的水气阻窒压抑它，使它降而不深入，火受阻抑，必使郁滞之气疏发消散，才能降入在泉天左间的位置，当折服它的水气，可以散火气之郁，当刺足少阴之所出涌泉穴，刺足太阳之入委中穴。太阴湿土，应该从司天右间降入在泉左间，而在地的木气阻窒压抑它，使它欲降而不深入，土受阻抑，必使郁滞之气疏发消散，才可降入在泉左间的位置，当折服它的木气，可散土气之郁。阳明燥金应该从司天右间降入在泉左间，而在地的火气阻窒压抑它，使它欲降而不得入，金被阻抑，必使郁滞之气疏发消散，才可降入在泉左间的位置，应该折服它的火气，以散金气之郁。太阳寒水应该从司天右间降入在泉左间，而在地的土气阻窒压抑它，使它欲降而不得入，水受阻抑，必使郁滞之气疏发消散，才可降入在泉左间的位置，应该折服土气，就可以散水气之郁。

这些话今天读来比较难以理解，主要是年代不同，语境不同，古人对气象的认识、表述同现代不同。古人对于宇宙的认识和气候变化的认识，是依据阴阳五行学说来区分和描述的。五行应五时（春、夏、秋、冬，加上一个长夏），五行对五脏（心、肾、肝、肺、脾），五时合五味（苦、辣、酸、甜、咸）等等，而且相互影响，不断变化。看待气候变化，也以五行来论。以上这些用五行学说来对四时大气升降不当进行论述，并由天气联系到人气，按照五行相生相克理论，来看待天气与人气，即天气变化对人气的影响，提出用针刺的办法，来打通一些经络解决气郁气滞的问题，也是通过打通人体的经络，使气血顺畅而应对天气恶劣而造成的人气不顺畅，以此来防预疫病的侵袭。文中指出：气太过要疏泻，气不足要资补。要按照气体升降的次序，抑制其郁滞的发作。要取法于五运气化的本源，来折服郁滞之气，通过扶植正气，以避免虚邪之气。天气运行不当、失常，人是管不了的，但人可以通过适当的方法来调节好身体中的运气，即气体的运动，保持和谐畅通，以来抵御外邪。至于这些论述放在今天来看，有多少可资参考的价值，可以在中医的实践中进行印证，但了解一些古人对疫病流行的认识则肯定是有益处的。

对于五运不畅，出现了异常，而造成的疫病流行，文中还说：司天在泉之气逐年更迭迁移，三年左右可造成时疫流行，如果能找到它变化的根源，就必定有避免的方法门路。说明在古人看来，天气不正常不是随即就会出现瘟疫流行的，而是连续不正常在三年左右，才有可能发生瘟疫。

文中说：假如甲子司天之年，刚柔失守，司天之气未能迁正，在泉之气孤立而空虚，四时气候顺序不按节令到来，就像音律不能相应一样，这样三年之后，就要变成大疫。又有在泉之气巳卯不能迁正，而司天甲子孤立的，过三年之后，可能发生土疫，即土运之年的疫病。

假如丙寅司天之年，刚柔失守，司天之气未能迁正，在泉之气也不能独主其令，丙年虽属水运太过，但上下失守，就不能拘执定法，以太过论治。阴年司天曾属有余，但刚柔失守而不能迁正，天地上下就不能相合，正如律吕不协调而发音各异，这样自然界的气候就失去了正常时序，三年之后，就会变成疫疠。详细审察它程度的微与甚及差异的大与小，徐缓到来的就在三年后发一疾疠，急骤到来的头三年就发生疫疠。又有在泉之气，三年之后变成水疠。

假如庚辰之年，刚柔失守，司天之气失守，在泉之气不能相合，庚是金运，刚柔失守，所以上下不相呼应，上年司天的阳明燥金未退，在泉之火胜中运之金，上下胜复相错，叫做失守，使太商阳律之姑洗与少商阴吕之林钟不能相应，这样天运变化异常，三年之后变为大疫。审察其天运变化规律和相差的微与甚，凡相差轻微的疫情也轻微，三年之后发生；相差严重的疫情也严重，也是三年之后发生。又或在泉之气，乙未不能迁正，就是乙未失守，即下乙柔干不至，而上位庚辰独自司天，也叫失守，即司天与中运单独主治之年，三年之后发生疫疠，叫做金疠，它的发生要等到一定时候。审察在泉之气变化的差异等，也能推断病气的微与甚，可以知道发病的迟与速。

假如壬午司天之年，刚柔失守，属壬司之年不能迁正，属丁之在泉单独迁正，虽然是阳年，而阴年太过，阴年不及的规律就不适用了，上位下位失守，总会有相应的时候，因为差异的微甚，各有一定之数，太角的阳律和少角的阴吕，相失而不和，待上下得位之时，则律吕之音相同有日，如见其微甚，三年之后，要有大疫流行。又或在泉之气甲子，丁酉失守，未能迁正，就是运气不当位，在泉之气不能同司天之气相合，也叫做失守，不能称为合德。因柔不服于刚，二者不相应，就是在泉之气与中运不合，三年之后，变为疫疠。

假如戊申司天之年，刚柔失守，虽然戊癸年是火运阳年，如刚柔失守，那么阳年也不属太过了，司天刚干失守，在泉柔干独主，相差的程度有浅有深，等到刚柔将合之时，阳律与阴吕必先应而同，如此天运失去正常时位，三年之内火疫就要发生。又或在泉之气甲子，癸亥失守，就是柔干失守不能迁正，就是在泉之气不能上合司天之气，也就称为戊癸不相合德，使运气与在泉之气空虚，三年之后变为疫疠，就叫火疠。

文中提出用金木水火土五行来分年，不同的年份和气候变化，以音乐的律吕来对应和比喻，天气失常如同音乐律吕不合一样，是要出问题的，以此来说明刚柔失守，就可知道疫和疠的发生。疫和疠的本性是一样的，都是流行性的疾病，统称疫病，也叫疫疠，之所以有的叫疫，有的叫疠，是根据上下刚柔失守来定的。中国传统医学同中国的传统哲学一样，分阳刚和阴柔，刚柔相济才和谐安宁，刚强柔弱或刚弱柔强，都是要出问题的。

《黄帝内经》把疫病分为金疫、木疫、水疫、火疫、土疫五种，是根据五行的运动和不同的年份而定的，但绝不是仅此一种疫病或仅此五种疫病。具体的疫病除提到疟疫外，其他种类文中没有提到，可能当时还划分不清或没有具体的检测手段，难以像现在这样根据细菌、病毒的危害情况和主要致病的器官来命名。也可能古人同今人对疫病的看法在思维方法上有所不同，或者叫法不同。总之，2000多年前，我国古人对疫病的流行，同今天的认识肯定是不一样的，拿今天的一些定位标准来对照衡量古人，也就难以理解祖宗们给我们留下的一些宝贵东西，并难以从中受益。

疫病可防可控，这也是《黄帝内经》提出来的，而且观点十分鲜明。

文中曾说：五疫的到来，都相互传染，不论大人小孩，病状都是一样的。要想不相传染，就必须在未病之前进行预防。文中指出：要使人不相传染，一方面要正气充实于内，使邪气不能侵犯；另一方面要避开疫毒，使它从鼻孔而来，仍从鼻孔而去，不要进入脏腑。只要正气出于脑，外邪就不能侵犯了。所谓正气出于脑，就是在进入病室之前，是想象心像太阳一样。将要进入病室，要想象有一股青气从肝脏发出，向左运行到东方，化作繁茂的树林；其次想象有一股白气从肺脏发出，向右运行到西方，化作兵戈金甲；其次想象有一股红气从心脏发出，向上运行到南方，化作火焰光明；其次想象有一股黑气从肾脏出发，向下运行到北方，化作寒冷之水；再其次想象有一股黄气从脾脏发出，住留于中央，化作万物之土。有了五脏之气想毕，再想象头上如北斗星一样煌煌之光，然后进入疫病之室。这段话讲的是医家如何防止被疫病传染。医家救死扶伤，疫病流行不是躲避，而是勇往直前，迎疫而上。现在理解，就是首先要从精神、心理和意志上战胜疫病，无所畏惧，正气在身，就能百邪不侵。精神、意念可增强免疫能力，这是古人的看法，不一定科学，但有一定的道理。对于普通人来说，在疫情流行之时，能够意志坚定，无所畏惧，肯定比无比恐惧、担惊受怕要好得多。从心理学上看，这也是有道理的。文中提出要避免同疫毒接触，这是对民众而言的，隔离阻断是最好的办法。而对医者，则要从精神上不畏惧，斗志上更胜邪。所以这段话讲的是精神，是正气，是勇敢，就是心存正气，浑身是胆，不要怕邪毒侵入，让它从鼻孔进来，再从鼻孔出去，而不能入内，办法就是用正气来保护好五脏六腑，首先要在精神上战胜病毒，这个道理是正确的。不怕邪者才能驱邪。包括对于民众而言,这个方法也是管用的,在疫病流行之时不要胆怯、恐慌,要想象有金刚护身,百邪难入。

文中同时也提出了一些当时的预防方法。对于疫病流行之时如何预防,文中说:又有一种方法,是在春分这一天,太阳未出之时,用吐法,就是吐出腹中存留不消化的食物,除湿去滞。又有一法,在雨水节后,用药汤沐浴三次,以药力出汗。又有一法,用小金丹方:辰砂二两,水磨雄黄一两,叶子雌黄一两,紫金半两,一同放在盒中,外面封固,在地上挖一尺深筑成地穴,不用炉子,也没有制法上的限定,只要燃料二十斤锻炼,封七天,等冷却;七天后拿出地穴,第二天从盒子中取出来,把药埋在地中,再过七天拿出来,天天研,研三天,用熬过的白沙蜜做成梧桐子大的药丸。每天早晨向东方,吸日华之气一口,再用水送服一丸,连气一同咽下去,服十粒,也就没有疫邪侵袭了。这些方法今天看来很不科学,或者说没有什么科学道理,但说明当时的古人就是拿这种办法来预防流行性疫病的,至于效果如何,无法考证。史书记载发生过多次大疫,死了很多人,但也救了很多人,也有很多人没有感染,就说明肯定有有效的预防方法。但由于信息不发达,好的方法不一定都知道用。就文中所讲到的预防方法,吐法是中药治疗疾病的一种常用之法,效果是有的。用吐法,可以吐出腹中滞留的污秽之物,连同毒素一同排出。此法今日一些中医还用。排汗之法就较为普遍,感冒发烧,清热解毒,中医通过发汗来退烧解毒,效果很好。至于文中提到的小金丹方,可能是编写《黄帝内经》之人用的一种预防瘟疫的方子,用今日的话说,就是中成药,丹丸之药。至于服用的方法,早晨向东方吸气,吞气服药,也不算神秘弄玄,而是用新鲜口气来清洗肺中之气的一种方法,不是伪科学。今日倡导的开窗通气,保持室内空气流通和清新,道理是一样的。

对于人体虚弱,抵抗不了疫病的侵袭,即患了疫病怎么治疗,文中也有提及,主要讲的针刺之治法。文中说:人体虚弱,精神运行失去本位,使邪气自外侵袭,以致使人死亡,最重要的是要保持好真气。精神游离失守,虽然身体上有所表现,然而不致于死亡。如果再有外邪袭侵,便能使他夭折寿命。假如厥阴风木司天失守,而天运空虚,若人的肝气也虚,人体之虚,再感受天之虚,就成了重虚,使魂不藏而游于上,再有外部邪毒侵入,发生大气厥逆。身体温暖的,可以针刺救治,先刺足少阳经所过的原穴丘墟,再刺足太阳膀胱经的肝俞穴。人平素心气虚弱,又遇到君火或相火司天失守,再感受外邪,便成三虚,遇到火运不及的年份,水邪侵犯,使人猝死,可先刺手少阳经所过的原穴阳池,再刺足太阳膀胱经的心俞穴。人平素脾气虚弱,又遇到太阴湿土司天失守,再感受外邪,便成三虚,又遇土运不及年份,风邪侵犯,使人猝死,可先刺足阳明经所过的原穴冲阳,再刺足太阳膀胱经的脾俞穴。人平素肺气虚弱,遇到阳明燥金司天失守,再感受外邪,便成三虚,又遇金运不及的年份,火邪侵犯,使人猝死,可先刺手阳明经所过的原穴合谷,再刺足太阳膀胱经的肺俞穴。人平素肾气虚弱,又遇到太阳寒水司天失守,再感受外邪,便成三虚,又遇水运不及的年份,有湿邪侵犯,损伤正气,吸食人的神魂,致使突然死亡,可先刺足太阳经所过的原穴京骨,再刺足太阳膀胱经的肾俞穴。

《黄帝内经》中所讲的这些治疗方法很深奥,也很玄妙。深奥在要知道病人的身体素质状况,并要清楚到五脏六腑的状态,这就很难;还要知道不同的年份,不同的气候特征,和这些气候同人体结合的情况及所产生的反应;还要知道是遇到了什么样的疫邪之病。这三种情况要弄清楚是很难的,没有高超的医术是办不到的,而且不直接接触病人,通过望闻问切也是不知道的,而要望闻问切,就面临医家被感染的风险。玄妙在用针刺之法,通过通经活络,舒通气血来治疫病,可以说在今天是没有多少人相信的,也是少有实践的。但书中这样记载了,是作为医学经典而流传下来的,是值得思考和研究的。

对于针刺之法可以治病,这现在疑义不多,但可治疫病,则信者不多,至于为何能治疫病,文中也有论述。文中说:人体十二脏腑之间相互为用,任何一脏神气失位,则使神采不能丰满,就容易受外邪侵犯。人的精气神的活动是符合天道自然规律的。心脏如君主一样的器官,精神活动从此出发,可刺手少阴经的原穴神门。肺脏犹如宰相一样的器官,治理调节周身,可刺手太阴经的原穴太渊。肝脏犹如将军一样的器官,深谋远虑从此出发,可刺足厥阴经原穴太冲。胆犹如中正之官,决定判断从此出发,可刺足少阳经的原穴丘墟。膻中犹如臣使之官,喜乐从此出发,可刺心包经络的荥穴劳宫。脾脏犹如谏议之官,智慧周密从此出发,可刺足太阴经的原穴太白。胃犹如仓库一样的器官,饮食五味从此出发,可刺胃经的原穴冲阳。大肠犹如传导之官,变化糟粕从此出发,可刺大肠经的原穴合谷。小肠犹如受盛之官,化生精微从此出发,可刺小肠的原穴腕骨。肾脏犹如用强力之官，技巧从此出发，可刺肾经的原穴太溪。三焦犹如疏通隧道之官，水道从此而出，可刺三焦经的原穴阳池。膀胱犹如州都之官，能够存储水液，气化则小便从此而出，可刺膀胱经的原穴京骨。以上十二个脏器，相互之间不能失调。所以，针刺有保全精神，调养真气的作用，并不只是用来治病的。所以，要修养真气，调和精神，并能做到持之以恒，才能固本补神，做到精气不耗散，神气内守而不分离。只要神守不离，就能保全真气。抗病防疫的关键在于神气内守，正气常存，回复本元，保养人身之精。这就是针刺防疫的道理，核心是培元固本，增强抵抗能力，使外邪难以入内。文中多处强调，受针者要身体洁净，精神清静，斋戒素食，排除乱念；要内心充实，减少思虑，不要过喜极欲，不要耗散精气；要宁静守神，不要发怒，平和温顺，淡泊利欲；要注意饮食，不能吃得太饱，不能吃生冷东西，不要大醉，不要歌舞取乐，要吃清淡的食物，不能久坐，也不能吃太酸的东西，防止气机郁滞；要注意调养气息，不能太悲伤，悲伤就会扰动肺气，耗散真气，等等，这说的都是要固本培元，保住真气，用自身的精气神来同恶疫做斗争。当代的非典和新冠病毒肆虐，也说明了这个道理的正确。人的免疫功能好，抵抗能力强，是可以防备病魔侵入的，即使入内了，也能进行抗争，把病毒杀死。

《黄帝内经》对疫病的防治还有专门的论述，特别是针刺防治之法，专业性很强，这里难以详述，有兴趣者可去查阅。就疫病发生的根源来说，《黄帝内经》认为是天灾，之所以人人相传，成为流行性疾病，病毒侵入人体则主要是人的抵抗能力不足。因为这是2000多年前的古人所写的文章，其中有许多说法和思路现在理解起来比较困难，这主要是思维方法和语言环境大不相同。文中把金木水火土的五行运动同人体的五脏六腑和疫病的发生、流行紧密联系起来，从今天的科学观点来看，是说不通的，因为找不出必然联系的实证。但古人这样讲了，要理解这些观点，就必须认清中国传统医学的一些思维和认知观念，也可称之为哲学观念。

中国的传统中医学有以下几个基本观念：

——天人相应观。

天人问题是中国古代哲学的基本问题。中国的思想家、哲学家，不论是儒家、道家、法家、兵家、墨家、农家，还是阴阳家等等，都认为天人是合一的，相应的，人是天地万物之间的生灵之一，是受天地影响和支配的。中国医家的哲学观念同中国的众多思想家的观念是相同的，也认为天地人是合一的，相应的。《黄帝内经·灵枢·岁露论》中就明确指出："人与天地相争也，与日月相应也。"所谓天人相应，就是说人是由天地之气所化生的，人的生命活动取决于天地自然的变化规律，人也应该主动去顺应天地自然的变化而生存。在《素问·宝命全形论》篇中说："人能应四时者，天地为之父母；知万物者，谓之天子。"中国古代中医学认为，顺应天地自然对于养生和治病十分重要，顺之则生，逆之则亡。

——万物气化观。

中国古人认为气是宇宙和生命的本源，人与天地万物都是由气化所生。思想家庄子在《知北游》一文中说："人之生，气之聚也；聚则为生，散则为死。"思想家王充说："天地，含气之自然也。"（《论衡·谈天》）"天地合气，万物自生。"（《论衡·自然》）都认为，天与人之间存在着相应的关系，天人一气，和谐则生。气是沟通天与万物的中介，气是人与万物生存死亡的根据，是生命的本质。认为，整个宇宙是一个大生命体，是由气所推动的大化流行过程。就人来说，养气、保气、调气是养生和治病的基本要求。

——五行协调观。

阴阳五行是中医学认识世界的基本框架。中国的古人认为，作为天地万物来源的气，具有运动化生的本性。气是世界万物的基本结构。五行是宇宙间的五种基本的物质，即金木水火土，但都与气有密切关系，也是气化所生，并由气来运动。整个世界就是以气为内在本质的，以阴阳五行为外在形态表现的动态统一系统。万事万物通过阴阳五行联系为一个统一的整体。《黄帝内经》根据这一观点建立了五脏为中心而联系周身所有脏器的统一体，在内联系六腑、经脉、五体、五华、五窍、五志等，在外联系五方、五时、五味、五色、五音、五畜、五气等，形成了相互关联相互作用的体系，把宇宙之气同人体联系起来，形成了阴阳脏腑辩证的医学论，成为认识疾病和治疗疾病的一个基本思维模式。

——形神统一观。

形神统一，而且重神而轻形，是中医的一个基本特征。中国的古代医家认为，天地万物由气化所生，是由在天之气，又称为阳气，和在地之气，又称为阴气，和合而成，即阴阳二气结合而成。就人来说，则是形神合一的。神是气之功能的极致表现，神本质上也是气。人的生命活动表面看，是以形体为依托的，但最本质的是以气在支撑。人活一口气，气在生命则存，气去生命则亡。所以，中国医学在生命观上,既强调形神统一,更强调重神轻形。最佳的生理状态应该是形神兼备,形气相得,而在病理状态下,则最好是气能胜形,因为气胜形则生,形胜气则亡。

——阴阳平和观。

阴阳平和是中医学最高的价值追求,追求宇宙万物的和谐平安也是中华民族的永恒价值观。孔子提出中庸的思想观将中和提升到宇宙本体的高度来认识,认为中和是天地居其位、万物得育化的前提条件。中国医家也持同样的观念。《黄帝内经》曾指出:阴阳和平是生命存在的前提。《素问·生气通天论》篇中就说:“凡阴阳之要,阳密乃固。两者不和,若春无秋,若冬无夏。因而和之,是谓圣度。故阳强不能密,阴气乃绝;阴平阳秘,精神乃治;阴阳离决,精气乃绝。”强调的都是阴阳平和,不能一胜一衰。不论是养生还是治病,都特别强调调和阴阳。认为,人之所以生病,在很大程度上是阴阳失调,阴阳逆乱所致。

——观物取象观。

观物取象是中国传统哲学的最原始、也是最基本的思维方法。这一思维方法来自于《周易》,或更早来说,来自于传说中的远古时期的伏羲氏画八卦。《易传·系辞》中说:“古者有包牺氏(伏羲氏)之王天下也,仰则观象于天,俯则观法于地,观鸟兽之文,与地之宜。近取诸身,远取诸物。于是如作八卦,以通神明之德,以类万物之情。”八卦就是用观天地万物之象的方法而制作的。象是物象、表象、形态,即事物显现于外的形象;观是对物象的观察、揣摩、探究。古人认为,万物皆由五行之气所化生,相同的气所生之物具有相同或类似的作用功能和形象,彼此之间有一定的联系和亲和力,所谓“同类相聚”、“同类相动”、“同气相求”,并以此为根据来划分事物,认识事物。《周易》把天下事物归于八大类,即八卦,后又演化出六十四卦。中国古代医学根据这一思维方式,采取观物、取象、运数、比类的方法来研究人体的生命运动和病因病理,把人体分为五脏、六腑、七窍等等,并找出它们相互联系和影响的规律。

中国传统医学的思想是极其丰富的,非上述几个方面能概括得了,这里仅作个简要的说明,以此来理解疫病的发生流行和天人的关系,以及如何预防和治疗。当然,古人这些观点毕竟是2000多年前的,很难说有多少是科学的认识,至少放在科技更为发达的今天,有很多是不太适应的,或者说是不对路的。但了解一些古人的想法和看法,汲古铸今,有益的启示还是有的,至少有下列几点:

1. 疫病天生。

疫毒是个客观存在,是宇宙万物中的一种,至于能不能出来肆虐人类,取决于两个条件:一个是天气条件;一个是人体条件。气候异常,该热不热,该冷不冷,该雪不雪,该雨不雨;冷热不定,旱涝无常,就容易发生疫病并流行起来,这是不以人的意志为转移的。至于疫病出现了,具体到每一个人会不会被感染,在很大程度上看每个人的身体素质情况。疫病对谁都是一样的,只要有入侵的机会和条件,它都会对人发起攻击。但有的人得病,有的人不得病,这主要是每个人的身体状况不同,即抗病抗疫的能力不同。身体好的,正气旺的,就可以同疫毒进行斗争,并消灭它们;而身体状况差的,正气不足的,就抵挡不住疫毒的攻击而得病。

2. 疫有不同。

疫病有很多,不同的年份,不同的气候条件,不同的地理环境,乃至不同的人群,所发生和感染的疫病都会有所不同。古人按不同的年份和气候条件分为金疫、木疫、水疫、火疫、土疫,这也只是划分疫病流行的一种方法,即根据天年来定,而今天则根据病毒的性质和危害来为时疫命名,虽然叫法不同,但其实质都说明了一个问题,瘟疫有很多种类,在不同的年份和气候条件下,疫情是不一样的。2003年的非典和今年的新冠病毒流行,都是经过呼吸道进入而造成肺部感染发炎,可能也有通过眼睛等其他身体部位而进入的,但主要是通过呼吸系统感染,而其病毒的种类和危害的程度是不一样的,包括传播的渠道,速度也是有所差别的。疫有不同,预防的路径和治疗的方法也就应有所不同,这在古今都是一样的。因疫而设防,因疫而施治,这是经验,也是科学,古今同理。

3. 祸患人招。

疫毒是天生的,客观存在,同宇宙万物一样,相互共同生活在天地之间,各自都有其生存的法则和生活的规律。如果都能各行其道,各自安好,大家和谐相处,也就可能平安无事,但如果这个和谐共生的平衡打破了,那就不知道要发生什么事情。气候条件的变化会带来很多自然灾害,疫病的流行也是自然灾害的一种,包括每年都要发生的流行性感冒,在一定的气候条件下,感冒病毒就会滋生蔓延,张狂发威。但对于人来说,如果遵守自然运行的规律,按照四时运动的变化来劳作和生活,同自然界的所有动植物、微生物和谐相处,不去人为地搅动或打破这种平衡,也就不可能会遭到疫毒的侵袭;

或者由于自然环境的变化,疫毒出现了,而自身能够协调阴阳平衡,疫毒也就袭击不了。病魔上身,疫毒来袭,有些是人类自找的。仅现在已知的就有吃出来的病,住出来的病,行出来的病,喝出来的病,想出来的病,忧出来的病,思出来的病,累出来的病,等等,包括人类毫无节制的生产开发而毁坏了自然,污染了环境,结果又害了人类,招致了各种疾病的发生等。祸患多是人招的,疫病的流行也是如此,是吃喝无度,预防不当,任意胡为,而招魔上身的。

4. 可防可控。

疫病的发生和流行情况很复杂,有些已经发生过的疫病至今也说不清来由,人类对宇宙万物的认识还是极其有限的,与无限的宇宙空间万物相比,所知的还是寥寥的。且不说广袤无垠的大宇宙空间的那些数不清的星球,仅就生活在地球大气层和地球上的微生物来说,我们又能认识多少?可以说是少而又少。疫病的病毒有很多,但从历史经验来看,多是可防可控的。一是要崇敬自然,不要破坏自然。打破了平衡,毁坏了自然界的万物协调,不知道会出现什么样的妖魔鬼怪来发威,这也是被历史证明了的真理。万物相生又相克,一物降一物,世界得安宁。不要打乱这个平衡。二是管住行为,即人要管住人,自己要管住自己。特别是管住爱吃的这张嘴巴,不要贪吃新奇别味。不吃野味,何来野味身上的病毒肆虐。古人讲"五色令人目盲,五音令人耳聋,五味令人口爽,驰骋打猎令人发狂,难得之货令人行妨。"就是告诫人们要管住眼睛,管住耳朵,管住嘴巴,管住双脚,还要管住永不知足的欲望,管住了就少生祸端。三是要强身健体。"虚其心,实其腹,弱其志,强其骨"。我们从另外一个角度来理解老子这几句话,是要净化好心灵,减少些欲望,讲究科学饮食,加强身体锻炼,使筋骨强壮。元气旺盛,何惧毒邪来袭?四是要避邪养正。老子讲水德有几句话也可借证:"居善地,心善渊,与善仁,言善信,正善治,事善能,动善时,夫唯不争,故无尤。"对于防疫则是有用的。防避要正确,封闭隔离,远离疫地居住善地是个好方法;心胸要宽阔,不要过度的紧张和恐慌;要有仁人之心,讲究诚实有信;行动要讲究规矩,不要扰乱秩序,要应时而动,有所节制等等。特别是不要去争这争那,也就没有了失误的祸患。尽管这些讲的是为政之道,同时也是人的处世之道,但借用到防疫中也是有道理的。

降妖除魔　培元扶正

(2020 年 2 月 24 日)

吉炳轩

一

瘟疫是威胁人类生命健康最危险的敌人,也是致人死命最多的敌人。人与人的战争,人与兽的斗争,能够看得见、摸得着,可以防,也可以攻,就看敌对双方的实力、能力和智慧了。而对抗瘟疫则不行。瘟疫看不见,摸不着,来无影,去无踪,不知何时从何而来,也不知何时因何而去,防与治都很困难,至今仍是个世界性难题。人类在同瘟疫的斗争中,也在寻找规律、积累经验,破解了一些难题,如天花、疟疾等流行性疫病,就找到了规律,有了克敌的方法和药物。这是人类的伟大。但仍有许多瘟神尚未找到踪影,还拿不出有效的整治方法。

查看历史,疫病是伴随着人类社会的产生发展而产生发展的,即有人类产生,就有疫病发生,而与人类共生存,从来没有停歇过。历史上曾发生过多次几近区域性灭绝人类的大瘟疫,每次疫病流行就造成数十万、数百万,乃至上千万人的死亡。人类进入现代化社会,科学技术水平提高,各种防疫和抗疫措施加强,虽然疫病也不时来袭,但造成的死亡人数则大大减少。人类还是伟大的,还是可以找到抗击疫病的方法的。近几年的非洲埃博拉病毒、非洲猪瘟、亚洲非典、北美大流感和 2020 年初发生的世界性新冠肺炎,都曾肆虐人类和动物,至于禽流感,则在世界各地年年发生,造成大量的禽类死亡或被灭杀。2003 年的"非典"、2020 年的新冠病毒,包括美国正在流行的流感,也都是来时无影,而去时无踪,让人在一定时间内还琢磨不透,也就拿不出有效特别的根除之法。现在最有效的办法仍然是隔离、阻断，防止再传播，而对于被感染的人群，就只能极力救治，但在很大程度上，还要靠人的自身抗体来同病毒殊死搏斗，并辅助一定的外力，即药物干预、设施救急，但起根本作用的还是人的自身抗疫能力。即免疫功能强的人，就可战胜病毒，而免疫功能弱的人，则就会被病毒所伤害。这场斗争还在斗争之中，而且这种斗争还会持续不断，将是长期的、艰难的，防不胜防的，需要时时提防，不懈斗争。

现在中西医对治疗病毒，包括治疗病毒性疾病的特效药物，特别是完全对症的特效的药物都还不多，最好的办法是免疫疗法，但需要研究生产出对症的疫苗。人类对抗细菌现在有了不少办法，特别是青霉素的出现，解决了杀菌消毒的问题。而对待比细菌还要小，还要可怕，危害力更大的病毒来说，则多还无能为力。多数杀菌药还杀不了病毒，特别是新冠类这样的病毒。也有研究认为，一些病毒变异很快，耐药性很强。病毒有多少种？会一代一代不断变异成什么样子？现在还说不清楚。至于它们的生活规律，适应的条件，也就更说不清楚了。但我个人认为，任何生物都是相生相克的，即对立的统一，有生必有死，有流必有止，再强大的生物，都有它的天地空间，也都有它的克星对手，只是我们还没有找到罢了。病毒属于极其微小的生物，只有在高倍的显微镜下才能发现它，而要弄清它的生活规律和天敌克星也就更难，还需要假以时日，下更大的功夫。我国古人也在不停地研究这个问题，并积累了丰富的经验，对世界人类做出了极其重大的贡献。《伤寒论》的推出，解决了当时危害人类极大的伤寒病毒的大规模流行。“种痘”技术的发明，即用疫苗接种，以痘治痘，来对抗天花病毒，解决了天花肆虐人类的问题。青蒿素的发现和提取，就解决了抗疟疾的问题，有效地对抗了疟疾这一祸害人类疫病的大流行。

就拿种痘术来说，人痘接种是我国古代用于预防天花病的一种技术，方法是用天花患者的痘痂或者痘浆制成疫苗，接种于健康儿童使之发生一次较为轻微的感染，以此来产生抗体，增强免疫能力，来对抗天花病毒的侵害达到预防天花感染的目的。天花是由天花病毒感染人而引起的一种烈性传染病，死亡率极高。数千年来，这种病在全世界广泛流行，造成数百万人死亡。据有关历史资料记载，埃及法老拉美西斯五世就是因天花而死于公元前 1157 年，因他的木乃伊头部就有天花疤痕。罗马城在公元 251 年到 266 年，长达 15 年的瘟疫流行可能就是天花，对罗马帝国造成了沉重地打击，使罗马帝国从强而转向衰败。天花曾多次在欧洲流行，仅 1719 年，巴黎就因此疫死亡了 14 万人。16 世纪初，欧洲殖民者把天花病毒带到了美洲大陆，造成半数以上印第安人死亡，有些部落被灭绝。日本、印度、澳大利亚等都曾出现过天花病毒大流行，死亡无数。1770 年，印度死于天花病毒的有 300 多万人。中国免疫接种的发明，有效地预防了该病的发生和流行，基本上根除了这一人类杀手。天花成为最早被人类彻底消灭的传染病毒。这是中国医学的伟大发明，也是伟大贡献。据有关史料介绍：“种痘法起于明隆庆年间，宁国太平县有个丹传之家，课之异人奇方，并由此而蔓延天下。”而实际上，中国民间进行人痘接种要早于明隆庆年间，大概在 16 世纪已经发明，而见诸于文字较晚，是先有实践而后成理论，上升到医学之中。种痘之法先后传入俄罗斯、土耳其、欧洲、日本等国，并传到美国，在世界广泛应用，解救了无数生命。

再拿疟疾来说，也是一种流行性很广的传染性疾病，是通过蚊虫而传染到人体的。这种病也是烈性传染病，死亡率极高，曾被称为人类有史以来最具毁灭性的疾病。在我国 3000 多年前的商代就有关于疟疾流行而致人大批死亡的记载。甲骨文中就有疟、疥、蛊、龋、蛔、疫等重大传染性疾病的文字。《周礼·疾医》曾载：“秋时有疟寒疾”，即秋季最易流行疟疾之病。中国南方湿热，更容易流行此病，古时称为瘴气、瘴疠。《汉书·严助传》曾载：“南方暑湿，近夏瘅热，暴露水居，蝮蛇蠚生，疾疠多作，兵未血刃而病死者十二三。”东汉初年南征交趾，《后汉书·马援传》载：“军吏经瘴疠疫死者十四五。”《后汉书·南蛮传》也记载说：“南州水土温暑，加有瘴气，至死亡者十必四五。”在中华文明的早期发展中，南方地区开发较晚，也与流行疫病较多有些关系。疟疾在世界范围内，也是一种常见的流行性疾病，属于时疫，即蚊虫活跃猖獗的季节。因为这是一种常见时疫，对人类伤害极大，所以也都极为重视，极力进行攻关。中国 2000 多年前的《黄帝内经》就有“疟论”、“刺论”两篇专讲疟疾的治疗，是有一定的效果的。后世不断积累经验，也产生了许多有明显疗效的验方，但都未能从根本上解决。直到 17 世纪，有人发现金鸡纳树的树皮磨成粉末来治疗疟疾产生了很好的效果，才开始在欧洲广泛应用。这种抗疟药曾流行于世界各地，药名叫“金鸡纳霜”或“奎宁”，也曾传入中国，治愈了康熙皇帝的疟疾。到第二次世界大战时，印度尼西亚被日军占领,很多国家的奎宁来源断绝,急需替代药物,美国、英国都先后开发出新的药物,如氯喹、乙胺嘧啶等,都有一定的疗效。人们在实践中知道疟疾来源于蚊虫,通过灭蚊驱蚊防疟,取得了很大成效,使全球疟疾的发病率大大降低。但虫是会耐药的,也是会变异的。上世纪60年代末,疟疾又死灰复燃,大肆流行,奎宁等药物已经对抗不了疟原虫,此时正值越美战争之间,双方都受到疟疾的侵害。越南请求中国帮助,青蒿素的研究和开发就是在这个时候形成的。据有关研究报告,自2000年以来,由于青蒿素的推出,全球在控制和消除疟疾方面已挽救了300多万人的生命,死亡率下降了近50%。而青蒿素的研制成功,正是来自于传统中医药的临床经验,是中药现代研究的光辉典范。

如此种种,还有许多,如对抗麻疹、鼠疫和流感等,也都有不少神奇而有效的办法,使这些疫病不能大规模地、爆发式的威胁人类。但也有许多瘟神没有捕捉得到,还没有拿出战胜他们的武器。

二

对于瘟疫的论述和危害的记载,史书中很多,就医学而言,最早的医书《黄帝内经》曾有专章论述,《素问·疟论篇》、《素问·刺疟篇》、《素问·刺法论篇》、《素问·本病论篇》,就是专门论述疫病防治的,但更多的是归于热病、奇病和疑难杂病之中来论述的。

《素问·热论篇》曾载:人为寒邪所伤,就要发热。假如阳经、阴经同时感受寒邪为病,就必然死亡。这里说的"寒邪",即受了风寒,邪气入内;所谓阳经、阴经,即表里都受到了寒邪,不但伤表,而且入内,进入了五脏六腑之中。这个"邪"就是细菌、病毒而随风进入了体内。古时不知细菌、病毒这些微生物,因为没有显微镜,但知道空气中含有毒邪的东西,一旦进入人的体内后,就会兴风作乱,所以称为"邪"。文中记述了几种伤寒的症状:伤寒第一天,太阳经感受寒邪,所以头颈疼痛,腰脊僵硬。第二天,病邪传到阳明,阴明经主肌肉,它的经脉挟鼻,络于目,所以身热、目疼、鼻干,不能安卧。第三天,病邪传到少阳,少阳主胆,它的经脉循行于两胁,络于两耳,所以胸胁痛,耳聋。如果三阳经络都已受病,但还没有传到脏腑里面,可以用发汗来治愈。第四天,病邪传到太阴,太阴经脉分布于胃,络于咽嗌,所以腹胀满,咽嗌发干。第五天,病邪传入少阴,少阴经脉通肾、络肺,连系舌根,所以口燥、舌干而渴。第六天,病邪传入厥阴,厥阴经脉环绕阴器,络于肝,所以烦闷,阴囊紧缩。如果三阴经、三阳经、五脏六腑都受到了病害,营卫不运行,腑脏不通畅,那就要死了。这里讲的"寒邪"就是病毒,由表及里,由外入内而对人体遭成病害,直到死亡。这里讲的是当时的普遍寒邪之病,也包括类似今天的流行性感冒,也包括一些流行性的时疫,但主要是就伤风受寒而说的。文中还指出:如果不是两感于寒邪,即今天所说的不是重复受风寒而造成感冒,即使不用任何药物,到了第七天,阳明病就会减轻,头痛也会稍好些,即感冒的症状就会缓解。到了第八天,阴明病就会减轻,身热也会渐渐消退。到了第九天,少阳病就会减轻,耳聋也会好转而能听到声音。到第十天,太阴疮就会减轻,胀满的腹部也会平软得和往常一样,就想吃东西了。到了第十一天,少阴病也会减轻,口也不渴了,也不胀满了,舌也不干了,还会打喷嚏。到了第十二天,厥阴病就减轻了,阴囊也松缓上来,少阴部也觉得舒服,邪气也就全退了,病也就好了。这是2000多年前的人受到寒邪侵袭而得热病,即感冒发热之病,也应包括一些流行性疾病,靠自身的免疫功能,进行正邪对抗,以正祛邪的情况。今天的西医治疗,对于伤风感冒也没有特效的药物对症施治。如果是细菌或病毒感染,肺部、咽喉等处出现了炎症,多用抗菌素,但实践证明,抗菌素对于病毒来说,也多是不起作用的。真正对付病毒的良药,就是人的自身抗体,中医的说法就是自身的正气、元气来战胜病毒邪气。时下流行的新冠病毒的救治,在很大程度上,也要看不同人的抵抗能力。抵抗能力强的,就可以同病毒抗衡,并战胜病毒;而抵抗能力弱的,则就难以抗衡,病情日益加重,直接威胁到人的生命安全。中医治病强调固本,以增强人的正气、元气,即增强人的抵抗能力来同病毒搏斗。现在的病毒性感冒治疗,也仍然是遵循着这样的规律。

《素问·评热病论》中,还谈了几种不同的热病的症状和治疗,多次明确指出:疾病的产生和治疗是邪正相争的一个过程。疾病的治愈与死亡,取决于邪正双方力量在人体内的比拼,正能胜邪则生,邪若胜正则亡。如,文中所说:因为劳累而伤了风寒,这种病称为劳风病。这种病的症状是头颈强直,眼目昏眩,唾出粘痰,恶风而身体寒战。治疗这种风邪之病,首要的是引导太阳经气,疏风散寒、疏通郁闭、以通肺气,使其呼吸调畅,俯仰自如。对于这种病,青年人,三日可以病愈;中年人,五日可以病愈;而老年人或精气不足的青年人、中年人,须七日才能病愈。得这种病的人,咳出青黄色痰液,颜色如脓,凝结成块,大的如弹丸。这种痰应从口中或鼻中排出,如果不能排出,就要伤肺。肺脏受伤,就会死亡了。用现在的话来说,就是细菌或病毒感染到了肺部,得了肺炎,也就很难治了。还有患肾风病的人,即风邪入肾,邪气到来一定出现气短,发热,口干口渴,小便色黄,干热,汗出,目下红肿,腹中鸣响,身体沉重,行走困难。许多感冒都有此症状,时下正流行的新冠肺炎,也有这样的症状,而且凡患于糖尿病的人感染了此疫,病情就会加重,治愈就更困难,这是因为风邪伤到了肾。糖尿病人的肾功能本来就差,受损也严重,如再有细菌或者病毒侵入,功能也就更差了。新冠肺炎患者之所以糖尿病患者救治困难,原因也在这里。文中还特别指出:邪气侵入人体,是因为他的正气必定虚弱。肾气不足,风阴之邪就会乘虚而入,所以气短,时常发热而汗出。小便色黄,是小腹中有热。不能仰卧,是胃中不和。仰卧后咳嗽加剧,是水气上迫肺脏。这种病称为水气病。一般水气病,不能仰卧,仰卧会惊悸不安,惊悸会使咳嗽加剧。腹中鸣响,是因为胃中有水气。如果波及到脾脏,就烦闷而不能饮食。食物不进,是胃脘阻隔。身体沉重行走困难,是因为胃的经脉循行于足胫部。许多感冒都涉及到胃,包括一些流行性时疫,也涉及到肠胃。我们的古人从阴阳的角度来解释这个问题,之所以伤及肠胃,就在于水属于阴,目下也属于阴,腹部为至阴脾脏所居之处。

《灵枢·邪气脏腑病形》篇中说:上半身发病的,是受了风寒外邪所致;下半身发病的,是受了湿邪所致。外邪侵犯人体,没有固定部位。外邪侵犯阴经,会流传到六腑;外邪侵犯阳经,也可能流传在本经的通路而发病。邪气伤人,往往趁着体虚之时,以及刚劳累用力后,或热饮食出了汗,腠理开泄,而被邪气侵袭。邪气侵入面部,就会下行至足阳明胃经;邪气侵入项部,就会下行至足太阳膀胱经;邪气侵入颊部,就会下行至足少阴胆经;如果邪气侵入胸腐、脊背、两胁,也会分别下行它所属的阴明经、太阳经、少阳经。这里讲出一个道理,人的各个部位,从头到脚,面部、身体表面的皮肤都可以使外邪病毒侵入。有些疾病传染病通过呼吸道呼吸传染、通过饮食进入口腔传染,通过手脚触碰传染,通过皮肤的腠理开张传染等,这也是被实践所证实了的。时下的新冠病毒和2003年非典病毒,除了呼吸道传染外,还有皮肤传染,这是因人体的结构、皮肤的腠理和表里相关所致。文中也强调,人身感受风邪,不一定会伤及五脏,这要看人的抵抗能力了,即正气的强弱如何。假若外邪侵入了阴经,而脏气充实,正气旺盛,就是邪气入里它也留不住,而且还要被逼出去。文中还指出,忧愁恐惧会使心脏受伤,形体受寒;如果喝了冷水,就会使肺脏受伤。两种寒邪交感,内外受伤,就会发生肺气上逆的病变。如果从高处跌坠,淤血留滞体内,又因大怒刺激,气上冲而不下,郁结胁下,就会伤肝。被人打击跌倒,或醉后行房,出汗冒风,就会伤脾。如用力举重,或房事过度,或出汗以后,浴于水中,就会伤肾。这些观点也是真知灼见的经验之谈。心情不好,劳累过度,有了外伤,如果再感受了风邪,邪气入内,就会生病而加重。保持一个好心情,乐观向上对于抗击风邪和时疫是有益的,我们的古人很早就看到了这一点。文中特别强调:内脏生伤再感受外邪,内外之邪结合,风邪才能侵入内脏作恶。文中还把邪风分为贼风和正风,即虚邪和正邪。所谓虚邪、贼风,指的四时反常的天气所产生的风邪;所谓正邪是指在正常的气候条件下所产生的邪气。认为:虚邪贼风伤了人,病人就会恶寒战栗;而正风正邪伤人所得的病就要轻得多。虚邪恶风所伤,人的身体病症比较明显,有许多不适症状能表现出来;而正风正邪侵入体内,则在短期内看不出来,不容易被人察觉。这也是很可怕的。如发生流行性传染病,不少人被传染了并不知道,照常参加活动,就又会传染更多的人。时下新冠肺炎就有不少这样的感染者。

《灵枢·五邪》篇对于外邪入内伤及五脏也有论述:病邪在肺脏,就会发生皮肤疼痛,恶寒发热,气上逆而喘,汗出、咳嗽,牵引着背疼痛。病邪在肝脏,就会发生两胁疼痛,寒气留中,恶血淤留在内,走路时关节牵引作痛,并且有脚肿症状。病邪在脾胃,就会发生疼痛。如果阳气有余,阴气不足,则热邪在中而易饥;阳气不足,阴气有余,则寒邪在中而肠鸣、腹痛;若阴阳均有余或不足,则有寒有热。病邪在肾脏,就会发生骨痛、阴痹。所谓阴痹,就是形体表面触按不到,证见腹胀、腰痛、大便难,肩、背、颈、项疼痛,时常目眩。病邪在心脏,就会发生心痛,易悲伤,时时目眩跌倒。

三

中国传统医学认为,人同疾病的斗争,特别是人同疫毒的斗争,就是正邪之争。正胜邪则生,邪胜正则亡。对于正邪的关系,黄帝内经多有论述,在《灵枢·口问》篇中说:病邪都是奇邪侵入孔窍形成的。邪气侵害的部位,都是因为正气不足。上气不足,则脑髓不满,症见耳鸣、头倾、目眩;中气不足,症见大小便失常、肠中鸣响;下气不足,两足痿弱无力、厥冷,心胸窒闷。在《灵枢·病传》篇中指出,外邪侵害身体,既没有声响,也没有形迹,只是在不知不觉中毛发折断,腠理开泄,正气随时耗散,淫邪散溢肌体,邪气传留血脉之中,因之流入内脏,所致人死命而难以救治。文中还指出:外邪入内,疾病开始发于心脏的,过了一日就可以传到肺脏;过了三日,就又传到肝脏,过了五日,又可传到脾脏。如果再过三日,病还未好,就会死的。疾病开始发于肺脏的,过了三日,就传到肝脏;再过一日,就传到脾脏;过了五日,就可传到肾脏。如果再过十日,病还没好,就会死的。疾病开始发于肝脏的,过了三日,就会传到脾脏;过了五日,就会传到胃腑;再过三日,就会传到肾脏。如再过三日还不好,就会死去。疾病开始发于脾脏的,一日就会传到膀胱。如再过十日还不好,就会死。疾病开始发生于胃的,过了五日,就会传到肾脏,再过三日,就会传到了膀胱;再过五日,就上传到心脏。如再过三日还不好,就会死。疾病开始发于肾脏的,过了三日,就传到了膀胱,再过三日,就向上传到心脏,再传到小肠。如再过三日,还不好,就会死。疾病开始发生在膀胱的,过了五日,就会传到肾脏;再过一日,就传到小肠,再过一日,就传到心脏。如再过三日还不好,就会死。文中指出,各种疾病都是按着一定的次序相互传变的,像这样的传变,如果正气不能战胜邪气,都可以预期死亡。

对于外部病邪是如何进入人的体内的,《黄帝内经》也有论述。在《灵枢·五变》篇中说:各种疾病的开始,必定由风雨寒暑外感引起,邪气就沿着毫毛而进入腠理。或传变,或留止,或形成风肿而出汗,或发为消瘅,或寒热往来,或成为久痹,或形成积聚。不正的邪气散漫于体内,以致病证难以尽数。文中指出:自然界发生的风,不会偏私某个人,它普遍吹动,公平正直,触犯它,就会得病;避开它,就没有危险。不是风邪找人,是人自己去触犯它才生病的。文中说,同一时候遇到风,有的得病,有的不得病;同时得病的,而病情又不同,这是因为人的体能不同。人的身体就同木材一样,坚脆柔弱不一样。坚硬的强壮,脆薄的易折。木材的种类不同,外皮的厚薄,内含汁液的多少,也各不相同。那些早开花先生叶的,遇到春霜烈风,就会花落而叶萎。久经暴洒、大旱、脆弱皮薄的木材,枝条中所含水分少的,就会树叶枯萎。或久经阴天,阴雨连绵,木材皮薄而多含水分的,就容易树皮溃烂而渗水进去。或遇到狂风暴起,刚脆的树木就容易折断,树干损伤。或遇到秋霜疾风,刚脆的树木,树根就容易摇动,树叶就会凋落。人的身体也是如此,体质不同,得病抗病就不同。凡骨节皮肤腠理不坚固的,外邪就容易进入,所以就容易得病。同时还指出,人体发病的关键还不在于外邪的侵袭,而在于人体的强弱,即抗邪的能力如何。《灵枢·本脏》篇指出:"邪气所凑,其气必虚",人体发病是否的关键在于人体自身的素质状况。人体的血气精神,是养生而使性命存续的物质。人的经脉是运行血气,转输清浊之气,濡润筋骨,滑利关节的;人的卫气,是温养肌肉,充养皮肤,肥盛腠理,管理皮肤腠理开合的;人的意志是驾驭精神,收聚魂魄,适应温寒变化,调节情绪的。所以,血脉调和则经脉流行,营养固身内外,筋骨强劲,关节滑利。卫气调和则分肉感到舒畅滑利,皮肤和柔,腠理致密。意志和顺则精神专一,魂魄不散漫、悔怒不妄起,五脏不受邪气侵袭。适应气候的寒温变化,则六腑能正常运化水谷,不致发生风痹,经脉通畅,四肢活动正常。这些都是人体协调的常态。五脏是储藏精神血气魂魄的;六腑是运化谷物而布津液的。这些都是人天然的禀受,不论愚智贤不肖,没有不同的。但有的人独得大寿,未发生过什么疾病,直到百岁,身体不衰,虽然遇到了风雨、暴冷、大暑的气候,也不能损害其健康;还有的人从不离开屏风、室内,也没有遭到惊恐的事,但仍然免不了要生病。这是因为,人的身体状况的不同。

文中指出:人的五脏与天地相参,阴阳相配,与四时五季的变化相应。人的五脏有大小、高下、坚脆、端正偏倾等不同;六腑也有大小、长短、厚薄、曲直、缓急等差异。心脏小的,则心气安定,外邪不能伤害,但易被内忧所伤;心脏大的,不致为内忧所伤,但易为外邪所伤。心脏位置高的,则充满肺部,多烦闷,好忘事,很难用言语开导他;心脏低的,则脏气不紧密,易为寒邪所伤,又容易用言语去恐吓他。心脏紧实的,则所藏的神气安定,内守固密;心脏脆弱的,则多患消瘅热中。心脏位置端正,则脏气和谐,外邪难以伤害;心脏位置偏倾不正,则操持各种事物不能如一,精神不能内守。肺脏小的,就饮水少,也不患喘咳的病;肺脏大的,就饮水多,容易患胸痹、喉痹逆气等症。肺脏位置高的,就会逆气向上、肩息、咳嗽等症;肺脏位置低的,就会逼迫胸膈,多胁下痛。肺脏坚实的,就不会患咳嗽,气逆向上的病;肺脏脆弱的,就会患有瘅病,容易感受外邪。肺脏位置端正,则肺气和利,外邪难以伤害;肺脏位置偏倾不正,就会影响胸胁偏痛。肝脏小的,则脏气安定,没有胁下作痛的病;肝脏大的,就会逼近胃部,上迫咽喉,胸中膈塞不通,并且胁下疼痛。肝脏位置高的,就会上支胸膈,并且胁下拘急,发为息贲;肝脏位置低的,则胃部安和,胁下空虚,因为空虚就容易感受外邪。肝脏坚实,则脏气安定,外邪难以伤害;肝脏脆弱,则多患消瘅,而易被外邪所伤。肝脏的位置端正,则肝气和利,不易为外邪伤害;肝脏的位置偏倾的,则胁下也会偏痛。脾脏小的,则脏气安定,外邪难以伤害;脾脏大的,就会经常影响腋下胁上空软部分作痛,走路不快;脾脏位置高的,胁下空软处会牵引季胁作痛;脾脏位置低的,就向下加于大肠之上,常受邪气伤害。脾脏坚实的,则脏气安和,难被外邪所伤;脾脏脆弱的,就会患消瘅病,容易为外邪侵害。脾脏位置端正,则脾气和利,不易为外邪伤害;脾脏位置偏倾,就容易发生胀满。肾脏小的,则脏气安定,外邪难以伤害;肾脏大的,则常患腰痛,不能俯仰,容易为邪所伤。肾脏位置高的,经常有脊背疼痛,不能俯仰;肾脏位置低的,就会腰尻部疼痛,不能前后俯仰,且有孤疝。肾脏坚实,就没有腰背痛;肾脏脆弱,就多病消瘅,容易为邪气所伤。肾脏位置端正,则肾气和利,不易为外邪伤害;肾脏位置偏倾,就会经常发生腰尻偏痛。五脏都小的,生病就少,但经常要劳心焦虑,免不了忧愁;五脏都大的,做事缓慢,很难使他忧愁。五脏的位置都高,举动措置,好高骛远而不切实际;五脏的位置都低,意志薄弱,情愿居于人下。五脏都坚实的,不会生病;五脏都脆弱的,病患缠身。五脏的位置都端正的,性情和顺而受人喜欢;五脏的位置都偏倾的,居心不正而常为盗窃,不够做人的条件。

文中还指出:肺与大肠表里配合,大肠外应于皮肤;心与小肠表里配合,小肠外应于血脉;肝胆表里配合,胆外应于筋;脾与胃表里配合,胃外应于肉;肾与三焦膀胱表里配合,三焦膀胱外应于毫毛腠理。肺与皮肤相应,又与大肠相表里。皮肤厚的,大肠就厚,皮肤薄的,大肠就薄。皮肤松、胆囊大的,大肠就缓纵而长;皮肤紧、大肠就紧而短。皮肤滑润的,大肠就滑利;皮肉不相附丽的,大肠就不滑利。心与脉相应,又与小肠相比里。脉在皮中,皮肤厚的,血脉就厚,小肠也厚;皮肤薄的,血脉就薄,小肠也薄。皮肤缓弛的,血脉就缓弛,小肠的形状就大而长。皮肤薄,血脉虚少的,小肠就小而短。脾与肉应,而与胃相表里。脾主肉,肉䐃坚大的,胃体就厚;肉䐃小而薄的,胃就不坚实;肉䐃与身体不相称的,胃的位置偏下,致胃下口被压迫拘束,食物不能顺利通过。肉䐃不坚实的,则胃体紧敛。肉䐃上出现很多小颗粒的,则胃气郁结。胃上口拘束,就会饮食困难。肝与爪甲相应,而与胆相比里。肝主筋,爪甲是筋之余,爪甲厚而色黄的,胆囊就厚;爪甲薄而色红的,胆囊就薄。爪甲坚硬而色青的,胆紧敛;爪甲柔润而色赤的,胆弛缓。爪甲平直无纹而白色的,胆气舒畅和顺;爪甲畸型色黑而多纹的,胆气郁结不舒。肾与骨相应,而肾主骨,内三焦和膀胱相应。纹理密,皮肤厚,则三焦膀胱厚;纹理粗,皮肤薄,则三焦膀胱薄腠理疏松的,则三焦膀胱之气就和缓;皮肤紧绷,而无毫毛的,则三焦膀胱之气就紧促。毫毛美好而粗的,则三焦之气就条达;毫毛稀少的,则三焦膀胱之气就郁结不舒了。

《黄帝内经》中的这些论述,多是经验之谈,也有大量的解剖学说,但多是一代代医家在诊病治病中经过细心感悟而得来的。尽管属于经验之谈,但完全符合科学和哲学道理,即事物的相互连系性和事物的内在统一性及内外相表里性。观表而知里,内实表其外,这是科学的。

我国古代在大量的实证病例中得出了结论是:各种疾病开始发生,都是风雨寒暑,静燥喜怒内外各种因素所致。喜怒没有节制,会伤及内脏;外感风雨,会伤及人体上部;感受寒湿,会伤及人体下部。上中下三部之气伤人,各不相同。一般情况下,喜怒没有节制,则病起于内部;热湿乘虚袭人筋骨,则病起于下部;风雨乘虚袭人肌表,则病起于上部。这是邪气侵袭的三个主要部位。待至病邪蔓延深入,发生的症状,就不能计数了。风雨寒暑皆伤人,但如果没有虚邪病毒之气,也就不能单独伤人。有人突然遇到疾风暴雨,但没有生病,这大多是没有邪毒,因此不能伤人。疾病的发生,必有虚邪贼风,与人体素虚,两虚相遇,邪气就会侵入人体。若气候正常,体质强健,两实相逢,多数人又皮肉坚实,虚邪就不能侵害。人为虚邪所伤,那必定因为有四时不正之气以及身体虚弱,体虚邪实,相互结合,才能成病。这个论述是精辟的。对于外部虚邪是什么虚,什么邪,中医没有细菌和病毒的概念,但根据四时气候不同,也有许多种类,观察了解是很细的,提出,邪有虚邪、寒邪、热邪等等。但这也都是中医论邪病的概念,现在可理解为带菌、带毒的邪气,即空气中会有致人得病的细菌和病毒,在不同的季节里发生并传播。人体素质好,皮肉坚实,心情舒达,五脏六腑运转和顺,这些病毒风邪也很难进入体内,即使进入了,也会被赶出来会被杀死。内因和外因的相互作用可以使人得病或不得病,这个道理是正确的。对于虚邪伤人,文中还指出:虚邪伤害人体,一般先从皮肤开始,这里未指从口腔、鼻腔而吃进或吸入的传染病。皮肤弛缓则腠理开泄,腠理开泄,则邪气从毛发侵入;到达深部后,会促使毛发竖起。毛发竖起,就会感觉寒栗,皮肤疼痛。邪气留而不除,就会传入经脉。邪在经脉,寒栗恶冷,多惊。滞留不除,就会传入输脉。邪在输脉,手之六经不通,四肢感到疼痛,腰脊不能屈伸。滞留不除,就会传入伏冲之脉。邪在伏冲之脉,就会体重身痛。滞留不除,就会传入肠胃。邪在肠胃,会腹胀肠鸣。多寒就要泄泻,食物不化;多热就要便溏,赤白相兼。滞留不除,就会传入肠胃之外,募原之间,留在募原血脉之中。滞留不除,就会停在这里成为积块。总之,邪气侵入体内,或留著于孙脉,或留著于络脉,或留著于经脉,或留著于输脉,或留著于伏冲之脉,或留著于脊膂之筋,或留著于肠胃募原,或留著于缓筋,邪气就会在体内泛滥作恶,变化多端,不能尽述。

在中国古代,多是把风邪和疟疾作为同类病看待的,统称为时疫,流行性疾病,但也清楚地知道,病与病是不同的。认为风邪为病,常常持续存在,而疟疾的发作则会按时休止。这是因为,风邪常停留在发病部位,而疟疾之气却能随着经络,深入而搏结于内,所以与卫气相遇,发生搏击,引起抗邪反应。这个认识也是很深刻的。

四

我国古人对一些流行性疾病多是同天时地理和人体联系在一起考虑的,认为一些疾病的发生,特别是流行性疾病的发生,与气候条件有很大关系。在《黄帝内经·灵枢·岁露论》篇中有这么一段话:人与天地自然相参,与日月运行相应。所以在满月时,海水西盛。这时人的血气清和,肌肉充实,皮肤致密,毛发紧竖,腠理闭合,皮脂多而表固。在这个时候,即便遇到贼风侵入,也浅不能深。如果到了月缺时,海水东盛。这时人的气血较虚,卫气离开了体表,深入于里,外形虽然如常,但肌肉消减,皮肤弛缓,腠理开张,毛发残损,皮脂剥落。在这个时候,若遇到贼风,它就能深入内里,使人发病急暴。这个论述也是有道理的。人是自然界的生灵,生于自然,归于自然,自然界的变化,影响着,甚至左右着人体的变化。仅就血压和心率而言,早、中、晚是不一样的。四时的气温变化,也同样影响着人的体能变化。文中还有一段话,虽然缺乏科学依据,而且带有巫术色彩,或武断之语,但都是值得去思考和研究的。这段话的大意是:正月初一日,太一移居天留宫,这一天刮西北风而不下雨雪,人多病死。正月初一日,早晨刮北风,到了春季,患病的人多死。正月初一日,早晨刮北风,患病的人还多,大约十之有三。正月初一日,中午刮北风,到了夏季,人多病死。正月初一日,傍晚刮北风,秋天人多病死。整天刮北风,人患大病而死的约有十之六七。正月初一日,风从南方来,叫旱风;风从西方来,叫白骨堆积,全国会有祸殃流行,人多死亡。正月初一日,风从东方刮来,掀翻房屋,飞沙走石,国家将有大灾发生。正月初一日,风从南方来,春天人多病死。正月初一日,天气温和,不刮风,是丰年的先兆,人也少病。如果天气寒冷刮风,这是荒年的先兆,人也多病。在正月初一日观察风向,可以预测虚邪贼风伤人的情况。如果二月的丑日,不起风,人多患心腹病;三月的戌日,气候不温暖,人多患寒热病;四月的巳日,不热,人多患黄疸病;十月的申日不冷,人多暴死。以上所谓的风,不是一般的刮风,而是指恶风、邪风、强风,可损坏房屋、折断树木、飞沙走石,吹得使人毫毛竖起,腠理开张的大风、狂风。这段论述肯定是不科学的,带有巫术性质。我之所以还摘录下来,是希望有研究兴趣和能力者,能从气候变化来研究疾病、特别是疫病的一些发病规律。疾病的发生,包括疫病,肯定与气候条件有关,这应该做为一个研究的方面。

中国古代医学,对于风邪、时疫常用的办法多是防,强调防重于治。首先是防,如防潮、防湿、防寒,防暑、防晒、防冻等等。防的办法从修房盖屋,烧炕通风到加衣加被,减衣减被等。中国多数房屋坐北朝南,北面山墙俗称后山墙,多是不开窗的,主要是为了防止寒冷的北风。当然,这是农村,现在城市建筑不太注重这些,但北窗阴冷,称为凉台,而南窗则称阳台,北屋的房间是少住人的,这都是防的举措,即防止风邪进入体内。但这仅是从外部来防,而更重要的是要强身健体,使其身强力壮,增强抵抗能力。自然界春夏秋冬,有温有凉,有暑有寒,人必须要适应这个环境。自然界虽然四时有律,但也经常变化不定,冷热寒暑并不按季节时发,风霜雨雪经常违时而降,这就需要适应。所以,中国人在很早以前就知道人要顺应自然。所谓的道法自然,就是顺应自然,人要顺天、适地、合时,能够适应和应对自然界的各种变化,特别是各种灾害。除了增强抗御自然灾害的各种物质条件外，更重要的是要锻造坚强的意志、平和的心态和强壮的体魄。

《黄帝内经·素问》的开篇《上古天真论》篇就指出：养生之道，就是取法天地阴阳的变化规律，饮食有节制，起居有规律，对于四时不正之气，能够及时回避，思想上清静安闲，真气深藏顺从，精神守内不散，做到从容和顺，自然朴实，形体和精神协调统一。特别强调，人要符合天地阴阳的变化，适应四时气候的变迁，调整好自己的爱好以适合世俗的习惯，以清静愉悦为本务，以悠然自得为目的，做到身体与精神合二为一。在《素问·四气调神大论》篇中指出：春季是万物复苏的季节，生机勃发，草木欣荣，人要适应这种环境，夜卧早起，散步锻炼，使身体舒缓，使志气随着生发之气而舒畅。夏季是草木茂盛秀美的季节，天地阴阳之气上下交通，各种草木开花结果，人要适应这种环境，夜卧早起，没有郁怒，使腠理宣通，阴气疏泄于外，与夏长之气相应。秋季是草木成熟的季节，天气劲急，地气清明，适应这种环境，应早卧早起，闻鸡起舞，保持意志安定，精神内守，不急不躁，舒缓秋天劲急之气对身体的影响，使秋天肃杀之气得以平和，不使意志外弛，使肺气清和均匀。冬天是万物生机潜伏闭藏的季节，寒冷的天气，使河水结冰，大地冻裂，这时不能扰动阴气，适应这种环境，应早睡晚起，使意志如伏似藏，心里充实，要避开寒凉，保持温暖，不要使皮肤张开出汗，以防耗伤元气。在《素问·宝命全形论》篇中特别指出：人虽然生活在地上，但片刻也离不开天，天地之气相合，才产生了人。人如果能适应四时的变化，那么自然界的一切，都会成为生命的源泉；如果能够了解万物的话，那就是天才了。人与自然是相应的，天有阴阳，人有十二骨节；天有寒暑，人有虚实。所以能效法天地阴阳的变化，就不会违背四时的规律了；了解十二骨节的道理，就是所谓的圣智也不能超过他；能够观察八风的变化和五行的衰旺，又能够通达虚实的变化规律，就能洞晓病情，即使像呼吸那样的细微不易察觉的变化，也如秋毫在目，逃不过他的眼睛。对于气候变化，日月运动对人体的影响，文中也有论述，指出：如果气候温和，人体的血液就濡润而卫气上浮；如果气候寒冷，日光晦暗，人体的血液就滞涩而卫气沉浮。月亮初升的时候，人的血气随月新生，卫气亦随之畅行；月亮正圆的时候，人的血气强盛，肌肉坚实；月黑无光的时候，人的肌肉消瘦，经络空虚，卫气不足。所以，人要顺着天气的变化来调和气血，养生治病都要因天因地因时因人而宜。这些话都是很有道理的，是把天地人做为一个整体来考虑的。

成书于 2000 多年前的《吕氏春秋·尽数》篇也曾指出：天生出阴阳、寒暑、燥湿、四时的更替，万物的变化，没有一样不给人带来益处，也没有一样不对人产生危害。圣人能洞察阴阳变化的合宜之处，能辨识万物的有利一面，以利于生命，因此能使精神安守在形体之中，寿命就能长久。生命长久，就是能终其天年。而能自然终其天年，活到老死，最主要的就是能避害。什么是害？饮食不当就是害。过甜、过酸、过苦、过辣、过咸这五种所谓的美味，食用不当，充满形体，那生命就受到危害了。情志把握不住也是害。过喜、过怒、过忧、过恐、过衰这五种情志和精神交接，把握不住，就成了危害了。外界气候变化也是害。过冷、过热、过湿、过燥、过多的风、过多的雨、过多的雾，这七种东西摇动人的精气，没有了不行，而多了也就成了危害了。而要防止这些危害，就要做到，凡饱食，不要滋味过浓，不要吃厚味，不要饮烈酒，厚味烈酒是导致疾病的开端。饮食能有节制，身体必然少得疾病。盖的房屋不要过大，过大阴气就会盛；台也不能太高，太高了，阳气就会盛。阴阳不适都会带来疾病。穿衣不能过厚过暖，过厚过暖脉理就会闭结，气就不会通畅。包括为政者发布政令，也不能违背自然规律，不要无视气候和土地的条件，不能扰乱人世的纲纪，即人们的生活规律。这一切都属于防的内容。具体到一些疾病的预防，特别是流行性疾病的预防，从外部防和从内部防，我国古人积累了丰富的经验，特别是尽可能远离病源，果断封闭、隔离等，这里不再赘述。总的原则是顺天应地，体适四时；应时而作，合时而息；调和心志，涵养正气；培根固本，强身健体；劳逸结合，起卧有律；恬淡安宁，戒贪去欲。要始终能保持一个好心情，一副好身板。

但再强壮的身体，也是会生病的，人无疾而终是很少的。人的一生实际上也是同各种各样的病魔相抗争的一生。在防的同时，得了病，还必须要治。所以中医学强调防治结合，以防为主，以治为辅，但病来了，没有防住，就要在治上下功夫。对于疾病的治疗，包括疫病的治疗，中医学讲究整体考虑，辩证施治，而不简单地去头痛治头，脚痛治脚。因为中医看待人的病源病理，是从天地人为一体综合考虑的，从宏观到微观，是把一个人的身体各种机能来统筹看待的，即他们之间的相互作用和影响，然后找出主要矛盾，即病根所在，病源所在，再进行治疗。不同的病，不同的治法，即使相同的病，不同的人，在不同的地域和气候条件下，也采用不同的治疗方法。这是中医的神奇之处。对于风邪之症，包括许多病症，中医在治疗上原则上是两大方面：一是坚持固根培元、强身壮体，以增强人的抗病能力，靠人自身的免疫功能来同病魔做斗争，这是抓的根本，也是要害，好像去病很慢，但是能够把病根除，而且还能很快恢复，少有毒副作用。二是药物或其他方法辅助祛病除魔，给以补充元气给战胜疾病以助力。中医在治病中常用的舒肝理气、和胃健脾、强筋健骨，清心宣肺、镇静安神等，都是在帮助恢复元气，培植正气，而很少是针对细菌病毒的，目的是把人的元气培养出来，去抗击病毒危害。在辅助去病除魔上，采取的清热解毒、驱风散寒、解表发散、消炎止痛等，则是针对细菌病毒而去的，包括采取借力打力，以毒攻毒之法，都是在用药物同病魔开战。中医治病很神奇，但大道理也不复杂，神奇之处在于既明了病情病理，又深知药理药效，还能熟知人的个体差异包括各种影响人的外部条件，做到恰如其分地用药，这才能做到药到病除。而要做到这些，需要的是真功夫，真学问，而且还须有大量的、丰富的实践经验。

总的来说，对于疾病防控，中国传统医学采取的是无病防病，有病治病，病魔来了也不怕，降妖除魔，勇于斗争，辩证施治，培元扶正。

法律要为应对突发公共卫生事件提供有力保障

（2020年2月28日）

吉炳轩

这次抗击新冠肺炎，法律起到了有力的保证作用，依法防疫已经深入人心，并落实到防疫工作的方方面面，这是依法治国、依法行政、依法处理重大公共卫生事件的充分展示和具体体现。这次疫情给我们一条重要启示，就是要牢固树立法治思维，善于用法治方式，依法来防控疫情。习近平总书记在防疫工作的关键时刻曾深刻指出：疫情防控越是到最吃劲的时候，越要坚持依法防治，在法治轨道上统筹推进各项防控工作，保障疫情防控工作顺利开展。

经过多年努力，我国已经形成了一整套疫情防控和公共卫生法律制度，为政府及有关部门、医疗卫生机构和社会各方面采取防控措施、参与防控活动提供了法治保障。但由于疫病的发生是不同的，有许多是未知的，并不都是同样的疾病重复循环出现的。2003年的非典，今年的冠状病毒，虽然都是病毒，都是通过呼吸道传染和空气传播，但其病毒的种类、危害的程度、传播的速度、潜伏不被人知的时间，则都是不一样的。由此，也暴露出我们的法律还有没有涵盖到、顾及到的地方，即还有不完备、不适应的情况。因为没有碰到过的事物，不知道的问题，是很难写进法律条文中的。这就需要根据新情况、新问题来对我们的法律进行修订和完善。

法律所涉及的问题，应该说多是过去式的。即以往发生的事情，也是经验教训的总结和体现；而所针对的事情则是现实性的，即要依法处理各种矛盾，也有一些预见性、前瞻性的，但也多是在经验教训的基础上生发出来的。因为法律是事实为依据的，没有见到过、发生过的事情是入不了法的，所以也就不可能去顾及未来可能发生的事情。实事求是地说，从未见到过的事情要入法也是不实际的。法律不能推论，更不能预测。就拿公共卫生事件来说，2003年发生了非典，对于如何预防和应对，在沉痛的教训中和艰巨的斗争中，我们积累了一定的经验，也发现了不少问题，并着手制定了一些有效的对策和相应的法律。可以说，再遇到非典这样的流行性疫病，我们是有较为完整的防治系统和法律对策的。这次新冠肺炎，尽管同2003年发生的非典有许多相似之处，如：都是病毒肆虐，都是通过空气近距离传播，都是通过呼吸系统首先进入肺部，造成肺部感染，然后又波及五脏六腑，其危害的程度是基本相同的。但同时也有很大不同。这次新冠肺炎疫情要比2003年的非典来势凶猛，传播的速度也快，危害之大，波及之广，是非典所不能比的。特别其隐蔽性、潜伏期，是2003年的"非典"所没有的。非典的传播主要在发病期，即病人发烧时才具有很强的传播性，而不发烧时一般是不传播的，可以通过检测体温来发现和预防。而这次的新冠病毒是神不知鬼不觉地来，神不知鬼不觉地传，带毒者不发烧照样传播，被感染了，初期并没有任何表现，看不出有什么不适，而一旦发病，就来势凶猛。特别是有长达 14 天的潜伏期，这是最可怕的，也是过去所未知的。非典期间也要求戴口罩、勤洗手、常消毒、少聚集，但有很多人没戴口罩，人员的正常流动并没有停止，工厂很少停产的，商店也照常营业，各种需要开的会议也照常进行，旅游业、餐饮业、交通运输业、文化娱乐业虽然也受到了一些影响，但都没有关门歇业，只是人员的流动少了些。而这次的新冠肺炎则不行，不进行完全的封闭、隔离，采取断然的措施就控制不住。这次集群性、聚集式、全家性感染的最多，而都是在不知不觉中，毫无觉察的情况下被传染的。这些情况，过去从未经历过，是在法律和对策中难以企及的，只能在抗疫的斗争创造性地来应对。

法律要为应对突发公共卫生事件提供有力的保障，就要根据新情况、新问题来不断地进行完善修订我们的法律，甚至制定出针对性更强的新的法律。这是依法防疫、依法治国所需要的。正如习近平总书记所深刻指出的：要从立法、执法、司法、守法的各环节发力，全面提高依法防控、依法治理能力，为疫情防控提供有力法治保障；要完善疫情防控相关立法，加强配套制度建设，完善处罚程序，强化公共安全保障，构建系统完备、科学规范、运行有效的疫情防控法律体系。

根据抗击新冠肺炎的斗争实践来看，在法律的修订完善中，我认为有几个方面是需要强化或补充完善的。

*一是要强化和完善传染病预警机制。*传染病防治法第十九条规定，国家建立传染病预警制度；国务院卫生行政部门和省级政府根据传染病发生，流行趋势的预测，及时发出传染病预警，根据情况予以公布。原则的规定是有了，但不具体。这次新冠肺炎的预警工作，至少在疫情初期做得不好，基本上没有预警，不论有多少客观理由，或者说当时还认识不清，定不了性，无法预警，但都不是理由，说服不了人，还是制度有欠缺、有漏洞。这涉及到疫情的报告和判定问题，这是预警的重要组成部分，或者说是前期工作。2003 年“非典”发生后，我国就建成了在国际上最大规模的传染病疫情和突发公共卫生事件网络直报系统，目的就是早发现，早预警，早防备，以防疫情扩散。这个系统已经覆盖全国绝大多数医疗卫生机构，通过这一系统，各级卫生医疗机构发现的传染病，包括不明原因的疾病，都可以通过网络直接报告到中国疾控中心，由中国疾控中心进行研判，然后决定是否采取措施，包括发出预警、指导防治等。但这次新冠肺炎的发生初期，这个系统却没有起到作用，不知是什么原因？至少是责任划分不够明确，报告不及时、不直接，或就没有直接报告，甚至瞒报的问题。对于疫情的报告，特别是发病初期，人们多不知危害，或根本不知道有多厉害，怎样看待、怎样报告、怎样评估、怎样预警，都需要有个说法，在法律上做出规定。因为所有疫情的发生初始都是不明晰的，也是认识不清楚的，不但定不了性，而且也找不到原因，这是疫病发生的规律。流行性传染病都是由一到二、到三、到四、到十、到百，然后成倍快速增长，初始阶段也都是不经意的、不易觉察的。如果认清了，察觉了，就不会有以后的暴发流行。这是恶性传染病的特性。既然知道了这个规律，也知道需要早发现、早报告、早预防，那就要在法律上讲明确，并把责任压上去，哪个环节出了问题，不管有多少客观理由，都要追究法律责任。

*二是要强化和完善疫情信息公布制度。*传染病防治法第三十八条第三款规定，传染病暴发、流行时，国务院卫生行政部门负责向社会公布传染病疫情信息，并可以授权省级卫生部门向社会公布本行政区域的传染病疫情信息。这个规定是对的，因为疫情信息的发布不是小事，是牵涉到整个社会生活的重大问题，是要统一发布、权威发布，而不能任意发布。但权威发布的核心，也是实质，就是真实、快捷、准确、透明，而不能延缓发布或隐瞒不发。2003 年的“非典”和这次新冠肺炎的疫情发布，我们坚持了公开、透明、及时、准确的原则，做的是好的，得到国际社会的广泛赞誉，也到了人民群众的赞许。但在疫情发生的初期，由于报告、判定不及时，不准确，而信息发布也滞缓，甚至有其他信息夹杂其中，如“不会人传人”、“可防可控”等。说“可防可控”是对的，但怎样做才能“可防可控”而没有说，这就造成了麻痹轻敌。这里面都是有教训和漏洞的，需要进一步查找和完善。信息发布要有权威部门来做，但不是慢做或缓做，而是要十分快捷地做出反映。我们在发布这类信息的初期，总会有些担心，问题可能没有认准，问题还没有爆发出来，也看不到危害，总担心把问题说重了，造成了人心恐慌、社会混乱，甚至出现抢购风潮等。有这些顾虑可以理解，是个客观实在，不能说没有道理。但正因为有这样或那样的顾虑和担忧，结果由于迟报、滞报，发布不及时，造成防范不到位、措施不得力，而出现暴发之势，反而造成的心理压力和社会压力则更大。这样的教训 2003 年的“非典”发生初期有，这次的新冠肺炎发生初期也有，是在同一个地方摔了

两次跤，是不应该的。自党中央采取果断措施后，我们的信息发布才真正高度重视起来，起到了很好的警示和引导作用，并创造了很多经验，发挥了宣传教育和动员凝聚的作用。疫情发生的规律决定了信息的发布不容迟缓，不容担忧这个、顾虑那个，应把心思放在早预警、早防备上来。很有可能及时及早发布，及早采取措施控制住了疫情，没有传播开来，会有人说是小题大做、虚张声势，不稳妥、不慎重等等，甚至扣上扰乱正常社会秩序的帽子，但也比发布迟了、慢了，而造成十分被动局面要好得多。疫情发布要有权威部门来做，但要把层层的责任搞清楚、定明确，哪个环节出了问题，就在哪个环节追究责任。我国地域广阔、人口众多，东西南北差异较大，应该给省级政府和卫生部门发布信息的权力。

三是要强化和完善疫情防控特殊措施的法律支撑。对于疫病的防控，古今中外，都还没有从根本上来解决的特效办法，特别是治疗的特效药很少，尤其是对于过去曾未发生过的疫病，治疗起来更是十分困难，只要经过一定时间的实践后，才能摸出些门道，研究出相应的药物和防治方法。疫病的危害在于传染，危险也在于传染，即不分什么人种，不分什么年龄，不分尊卑贫富，可谓“一视同仁”，照传不误，是不看面子的。防控疫病的暴发和流行，目前最有效的办法是查清传染源，阻断传染链，实行封闭式的防控和治疗。必要时，要进行休克防控，即整个社会在一定的时间段和范围内，要全部禁止流动。只要人员不流动，病毒就流动不了，也就无法传染。这次新冠肺炎，流动式、集聚式的传播最多，就在于没有完全封闭和隔离。我们对武汉采取封城措施，各个地方、单位、企业、社区、村庄进行封闭式管理，对于被传染者进行隔离，都是绝对正确而十分有效的。如果没有这些措施，如此猛烈凶残的疫情是很难在短时间内控制得住的。在一个十四亿人口的大国，没有共产党的集中统一领导，没有优越的社会主义制度，是做不到这些的。这是领导的坚强，制度的优越。疫情来了，各自封闭，会采取一些措施，包括封路、封门、设卡、检查等等，有不少是缺少法律依据的。虽然一些地方采取的措施可能有点过严、过狠，引起了一些群众的生活不便，也引发了一些新的矛盾，但一定要看到，这是不得宜而为之，是必须要采取的措施，效果绝对是好的。我们需要做的是要为封闭、隔离提供法律支撑，一定要从防控疫情传播的实际出发，来完善我们的法律，使封闭、隔离和一些强制性措施于法有据。同时，还要为封闭、隔离期间的必要流动、往来、生产，生活所必须的物资供应，商品流通，在确保疫情不扩散、不传播的前提下，提供便利条件和有力法律支撑。

除了上述三个方面外，还要加强全社会法治意识的培养，推动依法防控的各项工作沿着法治的轨道来进行。这次新冠肺炎疫情防控工作，也是一次依法行政、依法履职、依法推动各项工作、实现社会依法治理的重大实践。各级国家机关严格履行法定职责，依法奋起来同疫病做顽强斗争，包括依法进行流行病的调查，依法对疫区进行隔离，依法阻断疫毒的传播，依法进行社会管理和进行宣传教育，依法维护生产和生活秩序等，都充分体现了法治的精神，彰显了法治的威力，发挥了法治的作用。处置重大事件，依法开展工作，这是至关重要的。在重大突发事件到来和处置的过程中，加强法治的宣传教育，强化公民的法治意识是至关重要的。越是在危急关头，越要固牢法治意识、强化法律服务、做到依法办事，这是取得斗争胜利的保障。

还要依法保障社会运转有序，各项工作顺利进行。防控疫情是重中之重，但决不是单一的事情，即使全力防控疫情，也需要为疫情的防控提供众多物质和精神的保障。在处置重大突发事件中，保持社会运行的正常进行是十分重要的，这就需要发挥法律的保障作用。疫情要控制，疫病要防治，交通要畅通，物资要保证，生产还要进行，人们的生活也需要保证，为抗击疫情传播，封闭一地、几地，一时、几时都是十分必要的，但封闭之中怎样合理流动，怎样尽可能减少损失，都还有大量的工作要做，这都需要提供法律支持和保障。抗疫斗争取得了重大胜利，但也付出了巨大的代价，造成了很大损失，怎样使这些代价没有白费，把损失能够补回来，快速组织生产，加快推进发展，并要确保疫病不再起而复燃，在防疫的各种有效措施中来恢复正常的生产和生活秩序，这也都需要提供必要的法律支持和保障。

全国人大常委会在疫情防控的紧要关头，于2月24日召开第十三届人大常委会第十六次会议，作出了《全面禁止非法野生动物交易，革除滥用野生动物陋习、切实保障人民群众生命健康安全的决定》，作出了《关于推迟召开第十届全国人民代表大会第三次会议的决定》，这是贯彻党中央的决策部署，回应社会和人民群众的普遍关切，以利于集中力量全力以赴打好疫情防控阻击战，切身保护人民利益、保障人民群众生命安全的重大决定。这两个决定体现了以人民为中心的思想,体现了以法治国的理念,是在为有利抓住时机、彻底打赢疫情防控阻击战,保障公共卫生安全和人民群众生命健康和生态安全所提供的法律支持和保障。会议还就依法做好有序复工复产、三大攻坚战、“六稳”工作、春季农业生产、人员安全流动、就业、民生等工作,如何提供法律保障和服务进行了研究,作出了相应部署,提出了强化公共卫生法治保障,改革完善疾病预防控制体系、改革完善重大疫情防控救治体系、健全重大疾病医疗保障和救助制度、健全统一的应急物资保障体系等重大问题,从法律保障和支撑的层面进行了研究,并提出了一些意见和建议。这些都是法治精神的具体体现。

要充分发挥好人大法律监督的职能和作用,推动各地各部门严格执行传染病防治法、野生动物保护法、动物防疫法、突发事件应对法等疫情防控和应急处置法律法规,严格依法实施防控措施。要加大对危害疫情防控行为执法司法的支持,严惩扰乱医疗秩序、防疫秩序、市场秩序、社会秩序等违法犯罪行为。要通过法律监督和工作监督,规范捐赠、受赠行为,确保受赠财物全部及时用于疫情防控。要依法处理防疫期间的各种矛盾纠纷,以利于防疫工作的顺利进行。

防控疫情需要绝对的法律权威

(2020年3月1日)

吉炳轩

防控疫情需要法律的绝对权威,说到做到,雷厉风行,不能有任何的质疑和懈怠。疫情似火,甚至比火还要猛烈凶险,因为火可以看见,而病毒则不知在何方。所以,要把疫情阻断,就必须要采取超常规的果断措施,并要令出必行,绝对执行。这都要依靠法律,运用法律的绝对权威。而这个法律的绝对权威不是简单的几个条文、一篇文字,而是要转化为组织领导和领导者的决策施行,即要以法来树起领导者在抗疫斗争中的绝对权威,以法来支持和维护领导者抗疫决策的绝对权威。唯有如此,才能控制疫毒、战胜疫情。

这次新冠肺炎是新中国成立以来,在我国发生的传播速度最快、感染范围最广、防控难度最大的一次突发公共卫生事件。疫情发生后,以习近平同志为核心的党中央高度重视,习近平总书记果断决策,亲自指挥,带领全党全国各族人民迅速打响了疫情防控的人民战争。经过全党全国各族人民的团结奋斗,新冠病毒这一恶魔终将被治服,防控工作必定能够取得决定性的胜利,创造出人类社会防疫抗疫史上的奇迹,并为世界抗疫和防疫斗争提供大量新鲜经验。

抗疫斗争的节节胜利,充分展示了以习近平同志为核心的党中央的卓越领导能力,特别是每遇大事有静气,危急关头显神力,在急难关头的果敢英明决策能力和坚定沉着的应对能力,再次彰显了中国共产党所领导的中国特色社会主义制度的显著优势。在疫情防控的工作中,在关乎人民群众利益的紧要关头,习近平总书记把舵领航,多次召开会议,亲自到一线调研,及时做出科学决策,起到了中流砥柱、定海神针的作用。党中央的坚强领导,总书记的英明指挥,人民群众的同心协力,广大医务工作者的奋力拼搏,人民解放军的迅速支援,以及国际社会的大力支持,使抗疫防疫工作取得了伟大成就。在这场抗疫斗争中,充分显示了领导的重要、决策的重要、绝对权威的重要。中国共产党的权威、习总书记的权威,从中央到地方各级党组织的权威是在革命、建设、改革的伟大实践中形成的,同时也是法律所赋予的,并全力支持和保护的。紧急关头、危难时刻,必须发挥权威的决断作用,各个方面都必须绝对服从,法律要为其提供强有力保障。这是抗疫斗争所必须的政治条件和司法保障。

人类社会多灾多难,天灾人祸始终不断,应急处置是少不了的事,建立一套应急处置的制度和领导体制,并从法律上提供有力的保障,赋予绝对权威,这是必不可少的,十分必要的。不但突发战争、冲突、重大自然灾害、暴乱等,需要立即响应,作出果断处置,大规模的、突发的传染性疾病等公共卫生事件,这一非传统的安全威胁,也是需要立即响应,果断处置的。这个问题上,世界各国认识都是一致的,都很重视应急能力的建设,都很重视权威的组织领导,并在法律上给予支持和保障。

如:美国就建有国家突发事件应急管理系统,由总统来决定“应急状态”,启动应急管理。并授权总统很大的权力来进行应急处置,在危难关头,总统的权威是至高无上的。美国实行“三权分置”,相互制衡,但那是在平时,而在战时,是难以制衡,也是不能制衡的,仗怎么打,由总统来决定。就突发公共卫生事件的处置来说,除了美国总统的绝对处置权外,美国建立了联邦、州、地方三级公共卫生部门为基本构架的防控系统。在联邦层面,美国卫生及公众服务部是联邦政府主要的公共卫生执法机构,下设国立卫生研究院、疾病控制与预防中心、卫生资源与服务管理局、印第安人卫生服务部、食品药品监督管理局、有毒特质及疾病登记处,以及滥用毒品与精神健康管理局等。其中,疾病控制和预防中心是联邦疾控体系的核心部门,总部设在亚特兰大,下设国家传染病中心、恐怖与突发事件应对办公室等。该中心的主要任务是制定全国疾病控制和预防战略、开展公共服务卫生监测和预警、突发事件应对、以及对公共卫生领域管理者及工作人员的培养,通过对疾病伤害和残疾的预防和控制,增进健康并提高人们的生活质量。中心管理大量应急储备物资,可在发生公共卫生事件后十二小时内运到发生地。在有公共卫生危机情况时,中心负责人直接向总统汇报。中心各部门间会就跨领域的卫生问题和威胁相互协调、支持、信息分享。中心与州级和地方卫生部门在工作需要时可提出要求,联邦政府会介入。在州一级,卫生局是负责辖区内疾控事物的主体,都建有完善的传染病报告系统,有的还负责当地卫生保健政策的制定。在正常时期,各地卫生局每天都要向美国疫控中心报告各种不同疾病的病例数量。地方卫生局的疾控管理部门主要采用应急储备系统,通过提高医院、门诊中心和其他卫生保健部门合作的应急能力,拓展区域内应对突发公共卫生事件的能力。在地市层面,地市级的卫生组织是美国公共卫生体系与民众直接联系的重要执行机构,负责地方的临床预防工作,包括人群免疫、儿童免疫、控制肺结核、传染病检测与咨询服务等,有的还负责对餐馆卫生状况进行检查、饮用水卫生控制和对污水排放体系等进行干预管理。地市级卫生机构都建有传染病通报系统。大城市医疗应急系统是地市级卫生部门使用的主要疾控系统,通过医院、消防、自然灾害处理等部门和现场救援人员的合作,确保在突发公共卫生事件中,可在48小时内得到有效应对。医院和诊所等医疗机构处于美国疾控工作的最前线,医院有责任在发现异常病情或传染病时向上级卫生部门报告,并协助政府开展调查。医院有责任实施安全部门下达的通知,切实采取预防措施、隔离和治疗。社区、社会组织在美国疾控防治体系中负责有关宣传教育、组织协调的作用。在疾控系统中,美国的军队在需要时,充当应急骨干。今年的新冠肺炎发生后,美国从武汉撤侨的工作是由军方担任的。只要总统下令,军队立刻出动。美国的疾控系统在发生重大公共卫生事件时,在总统的直接领导下,或授权副总统、以及其他官员的领导下,可以最大限度地利用全国资源,形成合力来对付疫情。这次新冠肺炎的防控,不是美国的法律不健全,也不是没有给总统法律权威的支持,而是美国政府从一开始就没当成事,依法建立和支持的预警、预防系统就没有去真正启动发挥作用,也可以说是迟了半拍,才出现了暴发之势。这不是法律问题和权威问题,而是政府一开始就没有太当回事,根本没有去重视,这才出现了被动局面。而一旦重视起来了,应急系统和应急机制有效运转了,权威的作用发挥了,局势就能得到扭转。

英国在应对重大突发事件和公共卫生事件中,有最高级别的危急管理机制。较早的是政府最高级别会议——民事紧急事件委员会,以后重新命名为在国家安全委员会下的“威胁、灾害、复原和紧急事件委员会”,并赋予很大权力和绝对权威,负责协调和统筹应对重大自然灾害和公共卫生事件及各种突发事件。在疫情暴发、情况危急时,该委员会由首相或内政大臣直接出任主席;在疫情稳定后,由卫生大臣牵头、内阁办公室负责统筹协调,各部门、各地区配合。英国国家安全委员会是应对疫情的最高总协调机构,确保政府各部门、各地区和行业间的通力协作。实际上,在应急处置上,最高权力和绝对权威还是掌握在首相手上,只要发布命令,全国就会行动,法律给予绝对保障。但这次英国作出了同世界多数国家不一样的另类决定,任其疫情发展,缓其高峰到来,让人增强群体抗疫能力,基本上是放弃正面防控,并认为这样做是科学的。效果如何,只有天知道。但随着疫情的发展,英国首相也下令采取了一些强制性措施。英国这样做也不是不要权威的领导和法律的保障,而作出这样的决定,恰恰正是由首相作出的,全国各地都得执行,不执行都不行。首相下令不抵抗,一个地区想抵抗也抵抗不住。

法国对疫情公共健康危急的责任归属卫生部,

并设立法国卫生监察中心，专门负责管辖和监督公共医学机构。但在应急事件的定性、升级、发布和重大处置决定上，权力在总统，赋予总统最高决定权和指挥权，也是至高无上的，不容置疑的。在这次抗疫斗争中，法国总统也发布了一系列过硬措施，实行了一些战时管理体制。法律还规定，在疫情暴发期间，地方政府可根据实际需要拥有更多的自主卫生管辖权。从 2003 年以来，法国在对抗非典、埃博拉、中东呼吸综合症等传染性疾病中，还建立起了比较完备的防疫机制，其中包括防疫科研人员开展长期科学研究、完善医院隔离机制、建设病毒研究的实验室网络、建立大量紧急中心和急救中心等。在应对埃博拉疫情期间，法国政府专门成立了由卫生部和外交部参与的跨部门机制，统一协调对疫情的管控。2012 年，法国传染病病学会还建立起了全国性的应急小组，负责协调防疫专家的集体合作，并与医院等机构密切合作。

日本将医药品、食品、食物中毒、传染病等引发的威胁国民生命健康安全的突发公共卫生事件纳入国家应急体系建设之中，公共卫生事件应急管理由厚生劳动省负责，在其统筹指挥下由该省派驻各地的分局、检疫所、公立医院、国立大医院、国立疗养院、各地保健所等各司其职，负责执行全国各地的防控和救治工作。日本通过纵向行业系统管理和横向地区管理的衔接，形成了全国性的公共卫生应急管理网络。出现重大疫情时，国立传染病研究所作为权威机构，提供专业分析结果和对策建议。各地传染病指定医院和各级保健所作为一线执行机构，负责防控救治和信息上报工作。今年的新冠肺炎疫情初期，主要由厚生劳动省负责信息收集和分析研判，随着国内出现首例病例，政府即启动应急机制。1 月 21 日、24 日安倍首相两次召开阁僚会议，政府网站开设“新冠病毒对策”专栏，28 日安倍首相向全国发布政令，要求各相关机构按照“指定传染病”防控处置疫情。鉴于疫情扩散蔓延，1 月 30 日内阁成立“新型冠状病毒传染病对策本部”，由安倍首相亲自担任本部长，内阁官房长官和厚生劳动大臣任副本部长，其他所有内阁成员参加，负责疫情的防控和救治。

从这些国家的应急管理来看，都有常设的机构，能够及时尽早发现疫情，处置疫情，尽量避免疫情的扩散、蔓延和大规模地流行。一旦失控或因多种因素而防不胜防，就会提高领导级别，由国家元首或行政最高长官来负责，赋予绝对权力，行使绝对权威，统一协调各方面的力量，动用一切可以动用的资源，采取一切坚定有力的措施，来共同抗击疫情。

在这次世界性抗击新冠肺炎大流行的斗争中，从新闻报告来看，世界各国的重视和处置情况大不相同，深层原因很复杂，非三言两语能说得清楚，而且国情不同，制度有别，也有许多不同之处。但有一点是共同的，只要真重视了，采取了果断措施，发挥了法律和领导的权威作用，做到了令出必行，令行禁止，就能够较好较快地控制住疫情的传播，而一步步战胜疫情，否则就只能听天由命、任凭疫毒肆虐，就看命运如何了。

抗疫需要权威，权威果断英明，法律为权威提供绝对保障，这是斗争实践得出的结论。

我们有以习近平同志为核心的党中央的坚强的集中统一领导，有各级党组织的组织领导和共产党员的先锋模范作用，由从中央政府到各级政府和行政管理部门的统一协调指挥这一严密齐整强大的组织系统，有社会主义制度可以集中一切力量办大事的优势，在抗击重大传染性疾病和各类突发的公共卫生事件中，显示出了强大的领导能力。在组织领导能力方面，在崇高威望和绝对权威方面，这是当今任何一个国家都不可比拟的。这也是我们引以为自豪的。应对重大突发事件我们有强大的组织领导能力，有绝对权威，能够形成强大的合力来战胜各种艰难险阻，这一法律和制度的优势是需要坚定的继往开来，发展下去。同时还需要重视的是，怎样在平常的疫情防控中能做到尽早的发现和控制，使其不扩散，不形成重大的突发公共卫生事件，也无须动用全国的资源和力量，就能够把问题处置在萌芽状态，这里也需要一个专门的、灵敏的、高效的组织领导机构和网络系统的，即也是需要权威的，既是组织领导的权威，也是法律的权威。就拿信息报告发布和预警机制来说，2003 年“非典”以后，我国就建立了国际先进的传染病监测信息网络直报系统，只要真正去依法严格执行，国家疾控中心及各级卫生行政部门都可在第一时间掌握疫情信息，并快速作出反应。但就这次新冠肺炎疫情的初发阶段来看，出现了一些漏洞和不足，也正是这些漏洞和不足，才很快形成了暴发之势。当时一些医疗机构已经发现了苗头，但疫情的报告却没能很快直接上达，而是被层层滞留，使早期的信息未能公开，失去了把疫情控制在小范围内和解决在萌芽状态之中。这个教训是沉痛的，一定要从有关的领导体系和运作机制上来找原因，并在法律上进一步完善。

防控疫情需要权威的信息发布

（2020 年 3 月 2 日）

吉炳轩

现代社会是信息社会，信息传播的速度不但非常快，而且非常广泛，用老百姓的话说，现在无密可保，没有老百姓不知道的事。这是手机、互联网、大数据、云计算的成果，由此织出了很大的一个全世界可互联互通的网络。不论在何时何地发生了一件事情，只要有一个人知道，用手机拍了下来，或发出去了一条文字消息，就会很快传播开来。如果是众人关注的事情，你传我，我传你，就会瞬间传播全世界，而不仅仅是一个人、几个人、几十个人、上百个人的朋友圈。朋友圈连着朋友圈，这个圈套着那个圈，是成几何倍数增长的。更不用说直接上了互联网站，那就传播的速度更快，收到信息的人更多。

疫情是重大公共卫生事件，涉及到人类的生命安全，可以说是举世关注，人人关心。当然，也有人不在乎，认为传染不到自己，存在侥幸心理。而往往正是这不在乎、侥幸心理，才酿出了弥天大祸。2003 年的非典，今年的新冠肺炎都是或多是由这些不在乎、心存侥幸而引起并广泛传播开来的。今年的新冠肺炎聚集性的群体感染最多，有不少是整家感染，同桌聚会餐饮的亲戚朋友感染，参加同一活动的同事感染。多是不听指挥，不能自律，执意聚集活动而造成的祸患。这是题外的话，顺嘴一提。重大公共卫生事件人人关注，人人上心揪心和担心，所以就特别关注疫情的发展变化和控制情况。人们对于防疫的信息需求是渴望的，打开电视、拧开收音机、翻开报纸、拿起手机，第一时间要看疫情的防控和发展情况，都快成了神经质，为病例减少而兴奋，也为病例增加而担忧。信息既是消息、情况介绍和反映，更是一种宣传的策略和手段，给人引导和力量，也包括通过信息发布教人如何看待疫情，如何预防疫情，在防疫期间该怎么做，而不要怎么做。疫情的信息发布太重要了，通过疫情发布，权威解读，就可以引导民众、宣传民众、教育民众，组织动员民众参与到防疫的伟大斗争中来。今年入春以来，我们的疫情发布、防疫宣传是成功的，是为抗疫斗争做出了突出贡献的。

防疫抗疫是战争，而且其艰难的程度，动员的力量比一场大的战争还要艰巨、还要广泛。打仗要靠情报，信息要十分灵通，并要对情报进行分析研判，这才能做出科学决策，取得战争胜利。防疫抗疫也是一样，也同样需要情报和分析，同样要根据情报和各方面的信息来做出决断。所不同的是，战争的情报是要极度保密的，而且有时为了迷惑敌人，还要散布点假情报出去；而防疫的情报信息则是需要公开透明的，因为战争的性质不同，面对的敌人不同，参与的范围也不同。全民都参与防疫和抗疫，全民就要知道疫情的发生发展和变化，否则这个仗是打不了的。所以，防疫信息的收集、研判、公开、透明，及时发布十分关键，越公开、越透明，发布的越及时、越迅速，效果就越好，就越有利于防控和阻击。这是被实践所证明了的最为有效的做法。

由于疫情发布的极端重要性，世界各国都十分重视依法对疫情进行权威的公开发布。日本的首相官邸网站首页就常设有“传染病对策”专栏，提示各种传染病应对措施。今年的新冠病毒疫情发生后，日本首相官邸等相关政府部门及时在官网新设了“新冠病毒传染病对策”页面，公布基本防护知识及主管中央政府部门和地方政府的热线电话，发布政府应对举措，即时更新全球疫情数据。各级政府机构还通过推特等社交媒体和新闻媒体、大众传播工具来及时发布信息，扩大传播效应和宣传效果。日本的主流媒体，不但适时发布疫情信息，而且还开展相关报道，制作专题节目和邀请专家宣传普及相关卫生常识和防护措施。日本之所以这样做，是有过沉痛教训的。上世纪 80 年代，日本首次发现艾滋病病毒携带者后，没有及时进行信息发布和正确引导，而是任由社会各种传闻四处扩散，夸大艾滋病的传染性，造成了社会恐慌，致使艾滋病患者承受不了舆论的压力而自杀。在应对 O157 大肠杆菌的疫情中，厚生劳动省发布了一条未经证实的信息，也曾引起了一度的社会恐慌。所以，疫情的发生发现，要及时进行如实发布，并引导民众冷静看待，沉着应对，这是很关键的。特别是要及时、准确、全面，而不可隐瞒，不能迟报，更不能发布不实的信息，也不能凭想象去推测。

欧洲的做法也是一样，都是要做到确保疫情信息发布及时、畅通有效。英国政府认为，疫情蔓延期间，各类信息混杂，什么样的说法都有，民众最容易听风即雨，产生恐慌情绪。因此提出，要发布准确信息，就必须有权威机构，由权威机构来统一发布准确的权威信息，并保持同各种传媒机构和医疗部门密切沟通，始终保持信息畅通，协调一致。英国鼓励政府官员参与电视、广播和网络直播，由政府官员、专家等来回应民众的关切，并提供防护指导。但遗憾的是，英国关于疫情信息发布的法律是有的，重要性也是明白的，但由于对疫情的判断、危害和防控方法问题，致使这次应对新冠肺炎的信息发布有点难尽人意。瑞典更奇特，干脆来个一般轻症患者不检测，也不发布，传染情况如何，民众无法知晓，有效防范也就不可能了。德国的疫情发布也是迅速、快捷、透明、公开的。如 2011 年 5 月份，德国自埃及进口的葫芦巴籽被污染而暴发出血性大肠杆菌疫情，造成 4321 人感染，50 人死亡。疫情很快蔓延，波及荷兰、瑞典、美国、加拿大等 16 个国家，是迄今世界范围内最大规模的出血性大肠杆菌疫情。在应对过程中，德国政府及时迅速地披露疫情，并同步公布调查进程和调查结果。德国政府在全国医疗急诊部门启动应急监测，要求地方和州卫生部门实施疫情病例和疑似病例“日报告制度”。在初步确定为病源来自蔬菜后，德国政府随即向民众发出避免生吃蔬菜的提示，并先后禁止进口蔬菜，封锁农场等措施，以控制疫情蔓延。在疫情结束后，德国外交部、卫生部、疫情检验局和研究机构联合就疫情发生经过、调查工作等具体信息进行整理，向社会公布。

美国有比较完备的突发事件信息管理制度，并对突发事件进行分析，对于需要向社会公布的信息在联邦政府公报上予以公布。美国联邦应急管理局以及各州应急管理机构在社交媒体上开设专门账户和应用软件，设有专门的信息报告通道，供公众个人上报身边的突发事件信息。美国的公共卫生应急机制，一旦发生异常病例，将通过网络和美国疾控中心进行连接，及时传递信息资料。疾控中心会根据这些信息资料组织专家会诊、研究，拿出指导性意见和处理方案，并指导地方医疗机构开展工作。美国政府赋予公共卫生机构和执法机构对疫情的检疫和对外发布的权力，确保信息发布及时准确和公开透明，要求各相关机构不断更新网站数据，建立每天向社会通报制度，稳定民众恐慌情绪。应该说，信息发布的法律和制度是比较完备的。但这次新冠肺炎发生以来，美国的信息发布也有点差强人意，不知是出于何种目的，一直有点犹犹豫豫、躲躲闪闪，似明似暗，让人琢磨不定。从信息发布的表现看，美国政府对新冠肺炎的重视程度明显不够，一开始并没有太当作一回事，政府不够重视，民众也就不太知情，加上流行性感冒肆虐，被传染和死亡的人数要比新冠肺炎厉害得多，也就麻痹轻敌，检测也跟不上，给人的印象是不太严重，没有什么大不了的。美国在新冠肺炎面前更强调的稳定民众恐慌情绪，所以就出现了信息发布不力的局面。信息发布不力，也是引导不力，后果是很严重的。

自新冠肺炎发生以来，我国政府采取完全公开透明，及时准确发布的态度和做法，对于确诊病例，疑似病例、留观人数，密切接触人数都全部公布，包括有时被确诊的人数增长很快，但也如实让公众知道，并说明原因，请专家进行权威解读，答疑释惑等等，这些做法得到了国际社会的广泛赞誉，做到了信息公开透明、发布及时，全球共享，也有效地引导了民众来如何看待疫情和如何防控疫情，以及如何齐心协力地去战胜疫情。抗击新冠肺炎的疫情信息发布，充分显示了中国党和政府的无比自信，勇于担当，说明中国是个负责任的大国，是勇于担当的大国。

抗击新冠肺炎疫情发布的成功经验，给我们以有益的启示：

——疫情信息的发布必须依法进行，得到有力的法律支持和保障，坚决杜绝对疫情直报和发布的干预，更不能容许隐瞒不报。传染病疫情信息的发布必须做到及时准确、公开透明。要实行严格的责任管理和责任追究制度，对于瞒报、迟报和干预上报及向社会公布的行为，要依法进行惩处。

——要有完善的疫情信息收集和预警机制。在发挥好疫情直报系统收集主渠道作用的同时，还要充分利用网络搜索、药品销售、医院就诊、在线问诊、社交媒体等方面的大数据，建立多渠道的疫情信息收集和预警机制。要鼓励保护一线专业人员所提供的疫情相关信息。有关部门在收到各方面信息后，必须迅即组织研判，不能有片刻的迟误和犹疑，即使一时认识不清、判断不明，也要如实向社会公布,以引起重视。

——疫情信息的发布必须要真实准确有权威。疫情信息发布事关重大,既要及时、公开、透明,更要真实准确有绝对的权威。准确可靠是第一位的,必须有权威的机构依法来发布,而不是任何个人都可以私自发布的。疫情信息发布必须要开通大道,主流媒体和网站必须发挥引导舆论的主体责任,既要第一时间发布,还要根据需要进行权威的解读,能够追踪溯源,解疑释惑。

疫情防控中的信息发布和舆论引导是至关重要的,其作用是不可估量的,我们需要在法律上更加明确,提供有力支持。

彩虹尽在风雨后

(2020 年 3 月 12 日)

吉炳轩

新冠肺炎的防控已经持续了两个多月,在党中央的坚强领导下,经过全党全国人民、各行各业、各条战线的共同努力,已经取得了阶段性的重大胜利,恶性暴发的疫情基本上得到了控制,确诊的病例越来越少,治愈出院的病人越来越多,取得决定性的胜利为期不远。这是中国人民在以习近平同志为核心的党中央坚强领导下英勇抗疫斗争的伟大胜利,也是中国经验和中国奇迹。

2020 年开春以来新冠肺炎的传播危害极大、影响极大、损失极大,我们取得的胜利是举全党、全民、全国之力取得的,也是不计成本,不惜付出,集中一切力量,采取一切可以采取的措施取得的。胜利来之不易,经验十分珍贵,但教训也很多,损失也很重。同疫病的斗争非常艰难,需要阻挡,需要隔离,需要区域性地封闭,要限制人员交往和流动,不能相互聚集,许多工作都要停下来,只有这样才能阻断传染的链条,进行完全封闭式的治理。许多生产活动要停下来,整个社会需要放慢脚步,半停顿或大部停顿下来,进行暂时性的休克治疗。实践证明,这样的措施是最有效的,也是以最有力的,两害相较取其轻,是以最小的代价来换取最大的胜利。相对于战胜疫情来说,这样的代价是必须的,也是值得的。但就经济社会发展和人民的正常生活来说,这个代价也是沉重的,损失也是严重的。面对如此猛烈凶残的巨大疫情,没有损失是不可能的,损失小也是战胜不了的。

抗击新冠肺炎,我们以救人民于水火之中为宗旨,不计任何成本,要钱给钱,要物给物,这在世界上任何一个国家都是没能完全做到的,也是很难做到的。这次抗击新冠肺炎疫情,直接的费用花了多少,我不知道,但肯定是个不小的数目。据有关资料说,救治一个危重病人需要花费 40 万元人民币,而为防止疫情扩散,运送各种物资,保证社会正常生活,以及对几十万人进行流调、观察、隔离、检测等,花费的费用又有多少呢? 有些费用是无法计算的。这是社会主义制度的优越。对于这些费用的付出都是值得的。但话说回来,如果没有疫情,这些支出的钱则可以办许多事情。尽管账不能这样算,这里仅是借此说明,费用很高,开销很大,而这一切都可以不论。再就对经济生产来说,影响也是多方面的,甚至是全方位的。

首先就工业生产来说,由于受疫情的影响和抗疫的需要,以及材料进不来,货物出不去等多种因素的影响,全国许多企业,都受到延迟开工或停工停产的影响,其中汽车、电子、装备制造和一些高科技产业,一些大型企业、中小企业都受损严重。尽管我们想了不少办法,采取了许多措施,尽可能在确保防疫各项措施有力实施的同时,尽量复工投产,但困难仍然很大,仍有许多企业不能全面复工,也不可能不能不敢全面复工,因疫情疫病流行的风险依然存在,特别是国际上正处在流行的上升期、高峰期,回流的风险很大,仅我们自己控制住是不行的,稍有不慎,就还会有再次被传染的风险。在所有工业企业中,劳动密集型的企业,由于人员不能返岗,所造成的损失也就最为严重;而用工很少,技术密集,智能化程度高的企业,开工率、到岗率相对要高一些,损失也就小一些。即使一些复工的企业,也还不能开足马力,全员生产。除了这些问题外,现在有许多企业都是协作生产,众多企业共同完成一种产品,如汽车工业,合作的企业就有数十家、上百家,还有许多是国际合作。我国的汽车零部件有一部分是从外国进口的,每年大体在 50 亿美元左右,如果有一个零部件不能到货,整台车就生产不了,整个企业也就不能顺利生产。防疫是世界性的,抗疫期间,许多部件运输受阻,这都影响到了企业的顺利生产。电子设备也是一样,许多部件是多家协作生产的,国际协作生产的,由于世界性的防疫需要,产业链的闭环被打破了,企业的生产就受损了,而且损失是很大的。还有一些外贸出口企业,现有的订单难以按时交付,新的订单又没有着落,即使生产,也难以顺利销售。

再就农业生产来说,由我们防控严密,这次疫情虽然如此猖獗和猛烈,可还没有让扩散蔓延到农村,这是不幸中的大幸,也是我们各级党的领导的坚强和制度的优越、组织的优势和农村基层组织所采取的有力措施。但对农业生产的影响也仍然是很大的。仅就春耕生产来说,虽然没有误时,农民照常下地生产,但农用物资的供应却受到了一定的影响,一些地方降低了春耕生产的质量。对农业生产影响最大的是农村产业的发展。在乡村振兴和脱贫攻坚中,农村产业起着顶梁柱的作用,这几年发展很快,可以说,出现了红红火火的发展局面。但疫情一来,火势一下减弱,甚至有的几乎被扑灭,农业产业的损失是很严重的。由于受疫情的影响,不少屠宰厂、饲料加工厂延迟复工,造成养殖,特别是规模养猪、养鸡和养鱼业“人难回、料难进、成品难出”;鸡、猪、鱼虾蟹待哺,该出栏的又出不出,还有一些孵化的小鸡也卖不出去,只能埋掉。农业产业中的养殖业损失也很大,而且后绪影响更大,会造成一段时间的供应紧张,产生一些市场波动。蔬菜是人们餐桌必备,在防疫期间开了不少绿色通道,一些超市也采取送货上门,网上销售等办法,基本上保证了蔬菜的供应不断档,但销量则大幅度减少,造成了蔬菜瓜果生产能力大幅减弱,因为生产多了还一时卖不出去,只能烂在地里、大棚里;备储的蔬菜瓜果也有许多运不出去,开春返暖后只能任其腐烂。渔业生产也受影响,仅山东日照市的贻贝养殖基地,就有大量贻贝滞销。卖不出的贻贝死亡腐烂后,还会污染海洋生态环境,产生有毒有害物质。春季谷雨前,清明前正是绿茶生产最好的时机,也是品质最好的时期,但由于疫情的影响,采摘和收购,包括销路也受到了不同程度地影响。疫情对农业产业的影响是多方面的,春暖花开时节,也是农村山水景观最美的时节,是踏春旅游的旺季,但由于受疫情的影响,农村旅游业也受到巨大冲击,农民收入大大减少。疫情对农民工外出打工影响很大,使脱贫攻坚增加了不小的难度。

就商业贸易来说,影响更是巨大的。国际贸易因世界性疫情的影响,海运、空运都受阻,需要的进不来,外销的出不去,甚至连医用物资的进出口也困难重重、关卡众多,但这又是无奈的事,不设卡、不检查谁也不敢放行。多数外贸企业都受到冲击,从事外贸经营的企业损失更大。据不少外贸企业反映,“旧订单完不成,新订单不敢接”,一些辛苦开辟的经营渠道可能会被中断或转移;一些产业链条断裂后,可能会再也接续不上,一些合作伙伴可能被迫分开。围绕外贸进出口的港口、海运、空运、仓储、物流等整个系统都受到巨大冲击,损失也是很重的。物流业的损失是很大的。再就出境旅游来说,2019 年我国出境旅游的人数达到 1.34 亿。原来曾预计今年春季期间至少有 700 万人赴境外旅游,而由于疫情突袭,基本上停滞下来,节前出去了一些,也遭受了很多困难,有的甚至被感染。国内旅游损失更大,基本上处于停滞状况,所有的为旅游服务的行业,如宾馆、餐馆等,受损严重,许多企业已难以经营。疫情对交通运输业、餐馆服务业的冲击很大,基本上少有客人,特别是餐馆业,已经很少有人光顾。不少餐馆业开辟网上订餐,送餐上门,但经营的规模和额度十分有限,仅是维持而已。这些影响是世界性的。全球的酒店、饭店都不景气,有许多航班停航,许多游轮停港,已出港的,还很难返港。

各个方面的经济受损,也造成金融业股市的受损,都受到了不小的影响。这个反应是连锁的,可谓“一损俱损,一荣俱荣”,谁也难逃干系。有些股市暴跌,反过来又影响经济的发展,并可能增大系统性风险。对于今年的经济形势,国际社会多不看好,悲观失望的情绪很浓。

疫情不但对经济发展带来重大影响,对于社会的管理也影响很大,使就业形势变得更加严峻,直接影响到人们的工作、生活、学习和收入,面临的困难和问题也是很多的。

更需要注意的是,疫情可以在一定的时间内得到控制,并消除,但后续影响依然是存在的。中国的疫情得到了基本控制,不少企业都陆续复工,社会流动也慢慢开始,逐步回归正常,国内的许多事情也就慢慢步入正轨。我们自己的事情好办,通过积极努力,完全可以把损失夺回来,我们有这样的制度优势和领导能力。但国际上疫情却不能和我们同步得到遏制，而出现了后发之势。我们既要防备疫毒回流，二次传染，又要解决进出口不畅，人员往来交流困难的难题，面临新的双重压力。这个压力将会持续一段时间，要看国际上的疫情发展和控制情况来定。

总之，疫情的危害和所造成的损失是个客观存在，造成的各种不利影响也是客观存在，是非人力可以抗拒的，只能面对现实，来探索解决的办法。既不怨天尤人，也不悲观丧气，只能直面风险，勇克困难，用我们的智慧和力量去夺取抗疫斗争和经济发展的双胜利。我们应有这个信心和决心、办法和招数。

事在人为！办法总比困难多！

我们坚信，在以习近平同志为核心的党中央的坚强领导下，我们能够战胜如此狂暴凶险的新冠疫情，就一定能够把受疫情影响造成的各种损失夺回来，去创造新的经济发展奇迹。只要发挥好我们的制度优势和政治优势，运用科学的精神和顽强的斗志，就一定能够战胜一切艰难险阻而取得伟大胜利！

党中央、国务院对于当前和今后一个时期的工作已经做出了全面部署，习近平总书记多次召开会议，发表了一系列重要讲话，做出了许多重要指示，都需要去认真贯彻落实。学习习总书记关于防疫发展两不误，同时都要抓好的重要指示，我有几点体会：

一、稳定农业，坚实基础

越是在艰难困苦面前，越要首先把农业的事业办好。

农业是国民经济的基础，农业稳，天下宁；农业丰，万物兴。在农业生产中首先要抓好粮食生产，确保粮食高产稳产和优质。粮安天下，粮定人心，只要有粮食吃，人心就不会慌、不会乱，市场物价也就不会有太大的波动，各业也就能够兴旺发达。一旦粮食出了问题，必将导致人心慌乱，社会不宁，百业凋零。粮食生产的季节性很强，讲究适时种植、耕耘和收获。农谚讲："人误地一时，地误人一年"，如果错过了节气，也就难有收成或减少收成。不论疫情如何肆虐，农业生产，特别是粮食、蔬菜、瓜果的种植生产和围绕生产所必需的物资供应，不能停顿，而且要在确保防疫安全的前提下，做到及时畅通。在抓好粮食生产的同时，也要抓好肉蛋奶、瓜果蔬的生产和加工，以确保市场供应，避免造成缺货断档，防止个别产品价格飚升。要特别注意猪肉、鸡蛋和时令蔬菜的生产供应，确保生产过程中需要的饲料、肥料、种子的及时供应，防止因供应不上而影响生产。各类农村产业也要逐步走向正规，研究出一套在防疫中正常运营的好办法，做到防疫运营两不误。脱贫攻坚工作更要下力气办好，采取更为有力有效的措施，确保任务圆满完成。只要把农业这个基础打牢，把农村这个根基稳住，就不会出现大的问题，也就没有过不去的火焰山。这些工作都是基础性的、正常性的工作，必须着力抓好。除此以外，要研究进一步优化政策，搞好农村经济的问题。今年要全面完成脱贫攻坚的任务，要实现全面的小康，还要实施好乡村振兴战略，这些已经定下来的规划和战略要坚持不懈地进行下去。怎样去完成这些任务，使农村经济活起来，还有很多难题需要破解，这方面还要下很大的功夫。

二、多措并举，扩大内需

这些年来，国际贸易一直磕磕绊绊，这是多种因素形成的，这种磕磕绊绊的情况还会继续下去，因为这是国家利益、民族利益之争。社会制度、意识形态之争是个现实存在，有斗争肯定就会有摩擦，各种各样的限制和制约就不会停止。疫情来袭，就又增加了对外贸易的难度，这就决定了我们的对外贸易将长期处于风风雨雨之中，斗争始终就不会消停，这也符合市场经济相互竞争的规律。中国的经济发展已经融入到世界经济之中，已经离不开世界，而世界也更离不开中国，这是互为依存，互为促进的关系。我们还要在不利中多争有利，努力掌握外经外贸的话语权、主动权，继续努力建好"一带一路"，大力推进人类命运共同体的建设和形成，这对我们的发展，世界经济的发展都是有利的。外经外贸这一手不论遇到多少困难都不能放松。但必须要看到的是，外经外贸的不顺不利也是一个客观实在，不是我们一厢情愿的事，只能"尽人事而看天命"。我们不能把发展的"宝"主要押在外经外贸上，而要着眼于着力于扩大内需，在内需上要速度、增效益。我们人口多，地域大，而且东西南北发展不同，需求也不同，差异也较大。中国内需这篇文章很大，做好了，照样可以拉动经济增长，照样可以使市场繁荣起来，生产旺盛起来。我们在内需上可干的事情很多，有许多基础设施需要建设和完善，有许多科研成果需要转化为现实的生产力,有许多公益性设施需要加快建设,人民的住房、交通、供气、供水等许多方面都还需要进行大量的投资建设,这一些都是经济增长的着力点和发展的潜能所在。特别是人们的消费水平还在增长,只要能够稍微提升一点人们的购买力,多增加一点收入,通过刺激和扩大消费,就能带动更多的行业生产,形成百业繁昌的局面。扩大内需潜力巨大,应去努力挖掘好这个潜力。

三、深化改革,调整结构

不论是长远发展,还是现实需要,不论在什么样的形势下,供给侧结构性改革不能停步,还要深入推进。我们的经济社会发展进入了新时代,这是大背景、大趋势,一场疫情的来袭是改变和阻挡不了的。我们要适应进入新时代的发展需要,就要拿出、生产出适应新时代需要的东西来。现代社会是数字社会、信息社会、大数据社会,也可称为是科学引领的社会,科技这一生产力的威力越来越大,许多传统的东西要被淘汰。就经济生产来说,不适应的产品,不适应的设备,不适应的经营模式,不适应的生产方式和不适应的思想观念等,都要更新换代。数字化、信息化正在取代机械化,这是一股不可抗拒的潮流。经过这几年的供给侧结构改革,我们的各行各业都出现了许多变化,可以说,更新换代,脱胎换骨的阵痛已基本过去,或就要过去,新的产品、新的事业、新的生产经营方式正在蓬勃兴起。但同时,深化改革正在深入推进之中,有许多难题还要破解,硬骨头还要啃,决不能因为有了新冠肺炎的袭击,就停顿下来。改革就是逆水行舟,不进则退,只能前进,不能停顿。船进中流,停下来了就会被冲击而倒退。我们的社会主义现代化建设,实现两个一百年的奋斗目标和中华民族伟大复兴的中国梦,需要大量的现代化的高科技企业、产业来支撑,需要许多大量的硬实力和软实力来强身,这些都需要我们去奋斗出来,需要改革调整那些不适应的、过时了的东西,而发展起符合时代进步和人民需求的新的东西。这就必须要深入推进改革,深入推进我们的思想观念、发展思路、工作方式的不断更新和改进,以适应形势变化的需要,矢志不渝地按照党中央的决策部署把改革进行下去,把各项事业发展好,把我们的国家建设好。

四、力倡节俭,确保民生

节俭是美德,也是兴旺发达的标识。兴由俭,败由奢,这是历史得出的宝贵经验。我们现在家大业大,开销确实也大。在这次抗疫斗争中,习总书记和政治局常委带头捐款支援抗疫斗争,短短几天时间,仅全国的党员、干部就捐赠了几十个亿的人民币,可以看出人多力量大的巨大优势。全中国14亿人口,如果每人捐出 1 元钱,就是 14 亿元,10 元钱就是 140 亿元,而 100 元钱就是 1400 亿元。每人捐出 100 元钱,就多数人来说,对生活不会受太大的影响,但集中起来,就能办成很大的事情。当然,账不能这样算,我们从来也没有动员组织过全国人民平均来捐赠,这里仅是做个比喻。由于人口众多,力量用好了,就会发出巨大威力,但如果用不好,就会造成极大浪费。如果每个人每天浪费 1 元钱,那就是 14 个亿;如果一年浪费 100 元钱,那就是 1400 亿元。现在有许多人和单位,何止一天浪费 1 元钱、一年浪费 100 元钱呢?当然,也有许多人和单位是非常节俭的,从不乱花一分钱。这里只是借以说明,我们要形成节俭的风气,特别是在疫情肆虐、花钱很多的情况下,更要厉行节约,坚决杜绝一切铺张浪费。只要每个人、每个单位,都把花钱的手攥得紧一点,可花可不花的钱坚决不花,特别是大吃大喝、请客送礼、面子工程、形象活动等都停下来,那必将节省大量的资金和物资。少浪费了,就是增加收入,这方面的余地是很大的。要把节俭下来的钱用在改善民生上。民生工程还有许多事情要干,不能因为有了疫情,就把一些该干的事情停下来。民生也是民心,我们一切工作的目的,都是为了让人民过上好日子,所以民生工程还是要抓紧抓实,每年要办的几件实事好事,还是要实实在在地办实办好。

全国人大和各级地方人大,都要为落实党中央的决策部署提供法律支持和保障。这是今年工作的重中之重。

危难之中见精神,彩虹尽在风雨后。

我们一定能够夺得抗击疫情和经济发展的双胜利!

要毫不动摇地做到为“四个坚持”提供坚强有力的法律保障

（2020年3月14日）

吉炳轩

习近平总书记深刻指出：确保人民群众生命安全和身体健康，是我们党治国理政的一项重大任务。要始终把人民群众生命安全和身体健康放在第一位，从立法、执法、司法、守法各个环节发力，切实推进依法防控、科学防控、联防联控。既要立足当前，科学精准打赢疫情防控阻击战，更要放眼长远，总结经验，吸取教训，针对这次疫情暴露出来的短板和不足，抓紧补短板、堵漏洞、强弱项，完善重大疫情防控体制机制，健全国家公共卫生应急管理体系。特别强调，疫情防控越是到最吃劲的时候，越要坚持依法防控，在法治轨道上统筹推进各项防控工作，全面提高依法防控、依法治理能力，保障疫情防控工作顺利开展，维护社会大局稳定。要强化公共卫生法治保障，改革完善疾病预防控制体系，改革完善重大疫情防控救治体系，健全重大疾病医疗保险和救助制度，健全统一的应急物资保障体系。

习总书记的重要讲话站在全局和战略高度，深刻阐明了依法防控在疫情防控工作中的重要作用，科学分析了法治在国家治理体系和治理能力现代化中的基础和保障作用，对坚持依法防控、在法治轨道上统筹推进各项防控工作，推进全面依法治国作出了战略部署，是依法做好防疫工作，建设更高水平法治中国的行动指南和根本遵循。

为疫情防控提供强有力的法律支持和保障是全国人大和各级人大的职能和责任，我们应按照习总书记的重要指示，做好法律的制定和完善工作。

为疫情防控提供强有力的法律支持和保障，根据这次防疫斗争所积累的经验和暴露的问题，我感到最为重要的就是：我们的法律要始终毫不动摇地做到为“四个坚持”提供坚强有力的法律保障。

一是要毫不动摇地为始终坚持党的集中统一领导提供坚强有力的法律支持和保障。党的集中统一领导是做好各项工作、应对各种危急、取得各项胜利的根本保障，更是打赢疫情防控阻击战的坚强保证。这是被中国近现代以来发展的历史所反复证明了的。新冠肺炎疫情发生以来，党中央敏锐察觉，高度重视，迅速做出应急反应。习总书记亲自部署、亲自指挥，先后多次主持召开中央政治局常委会议，中央政治局会议，召开统筹推进新冠肺炎疫情防控和经济社会发展工作部署会，召开中央全面依法治国委员会、中央网络安全和信息化委员会、中国全面深化改革委员会、中央外事工作委员会等会议，赴北京市调研指导疫情防控工作，亲自到疫情最为严重的湖北省武汉市考察新冠肺炎疫情防控工作，看望慰问奋战在一线的医务工作者、解放军指战员、社区工作者、公安干警、基层干部、下沉干部、志愿者和居民群众，听取工作汇报，作出重要指示。党中央成立应对疫情工作领导小组，部署要求国务院联防联控机制充分发挥协调作用，印发《关于加强党的领导，为打赢疫情防控阻击战提供坚强政治保证的通知》，向湖北等疫情严重地区派出指导组，深入一线抗击疫情。各地各部门按照党中央的统一指挥、统一协调、统一调度，加强联防联控，积极救治病患，全力保民生、保稳定，形成全面动员、全面部署、统一指挥、协同作战的防疫斗争坚强堡垒。这才使暴发的疫情很快得到了有效控制，防止了更大范围的扩散。疫情防控没有边界，不分人群，不看尊卑贫富，完全一视同仁，只有上下左右联防联控，统一行动，这才能控制得住。疫情防控所涉及到医疗卫生、公共安全、治安管理、市场监管、交通运输、物资供应、应急处置、临时管制等等多个领域，涵盖立法、执法、司法、守法各个环节，范围广、头绪多、任务重，需要统一指挥、需要各方配合、需要齐心协力、需要众志成城。只有坚持党中央的集中统一领导，才能总揽全局，统一指挥，协调各方，步调一致，才能真正做到全国一盘棋，上下一条心，防控一股劲。疫情防控必须要由党中央的集中统一领导和各级党组织的发奋工作，所以，必须在法律上为确保党的集中统一领导和各级党组织的有效工作提供强有力的支持和保障。这是我国的制度优势和政治优势,必须要依法保护好、利用好、发挥好。

二是要毫不动摇地为始终坚持做到人的生命安全至上提供坚强有力的法律支持和保障。我们共产党人的宗旨、初心、使命就是保护人民利益,为人民的幸福安康而奋斗。人民群众的利益有很多,其中最为重要的是生命安全。保护好人民的生命安全,是中国共产党人的最大职责。疫情发生以来,习总书记最大的关切就是人民群众生命安全和身体健康,多次强调,要始终把人民群众安全和身体健康放在第一位,全力以赴救治患者,集中展现了习总书记“我将无我,不负人民”的赤子情怀,展现了人民利益高于一切,人民生命重于泰山的执政理念,展现了共产党人不忘初心,牢记使命的历史担当。各地区、各部门认真践行以人民为中心的发展思想,广泛动员群众、组织群众、依靠群众,积极落实联防联控、群防群控等措施,一方面切实保障群众生命健康和生活安定有序,另一方面凝聚起共克时艰的强大合力。人民是依法治国的主体和力量源泉,法治依靠人民,法治为了人民,我们的法治建设一切都是以保障人民群众根本利益为出发点和落脚点,一切都是为了人民、保护人民、造福人民。以人民为中心,是我们立法和监督工作的宗旨。依法防控疫情,无论是执行法律、制定法律,或者是修订法律、司法解释,包括出台法规和相应的政策措施,提供有效的法律服务,都必须要把人民群众生命健康安全、维护人民合法权益,摆在最为突出的位置,坚持问需于民,问计于民,听取群众意见,了解群众呼声,知道群众所求,把疫情防控工作建立在群众基础之上,以人民的满意度来检验我们的工作,用防疫工作的成效来检验我们不忘初心,牢记使命的责任担当,切实用法治来守护好人民群众的生命安全和身体健康。

三是要毫不动摇地为始终坚持依法进行科学防控提供坚强有力的法律支持和保障。习近平总书记深刻指出:当前疫情防控正处于关键时期,依法科学有序防控至关重要,要坚持依法防控,在法治轨道上统筹推进各项防控工作,保障疫情防控工作顺利开展。法治是维护正常社会秩序、保障社会正常运转的“安全阀”、“稳定器”,明确应急状态下的处置原则、程序、措施和相关主体的权利、义务、责任,就能为依法科学有序开展疫情防控工作提供遵循和依据。法治是增强社会免疫力,提供抗疫整体战斗力的良方,所以,在抗疫斗争中,必须要将法治思维和法治方法贯穿到疫情防控工作的各个方面,让法治成为全社会的基本共识和行为准则,为打赢防疫阻击战提供坚强有力的法治保障。社会的正常运行和管理离不开法治,各种各样的违法犯罪活动始终都是存在的,如果社会真正实现了清明世界、朗朗乾坤,那也就不需要什么法治了。不过这样的社会是没有的,至少在一定的历史时期内是没有的。抗击疫情如同战争、甚至比战争还要危险。虽然广大人民都在为抗击疫情而奋斗,有的甚至献出了生命,但仍有人在抗击疫情的艰难斗争中我行我素、任性胡为,违法违纪、祸害社会。这就需要从严执法,从重处罚。抗疫斗争应采取战时管理方法来执行法律,否则疫情就难以控制。在平时小小的过失可以既往不咎,因其对整个社会造成不了太大的危害,批评教育也就可以了,而在抗击疫情的斗争中则不行,小不忍则必乱大局,就会闯出惊天大祸,会使疫情扩散传播,会对整个社会带来重大破坏。这次抗疫斗争中出现了不少不守规矩、任意私行,而造成成片成群传染的情况,并造成大量的人员被隔离,给人民的生活造成了很大困难。所以对于疫情防控期间的暴力伤医、制假售假、哄抬物价、造谣传谣、不服管理、任意出行等妨碍疫情防控的违法犯罪行为,必须依法从快从重进行严厉打击,决不能姑息纵容。对于疫情发布、慈善捐赠、社区管理等,都要依法规范。对于各种各样的纠纷、矛盾,凡是涉及和影响抗疫的,都必须要尽快处置,果断处置,不能拖延。抗疫期间所制定的各种各样的规定,也都要合宪、合法、合规,经得起历史和法律的检验。

四是要毫不动摇地为始终坚持依法进行应急管制提供坚强有力的法律支持和保障。抗疫是斗争,疫情似军情,甚至比战争还要艰难,比军情还要重要。抗疫斗争需要采取一系列应急手段和非常规措施,但这些应急手段和非常规措施也需要有法律的支持和保障。一定要看到,应急状态下的法治同常规下的法治是有区别的,在一些方面也是有很大不同的。常规状态下,公权力运行一般坚持“法无授权不可为”的原则,私权力运行则一般奉行“法无禁止即可为”的理念。而在疫情防治的应急状态下,政府必须要当机立断,果敢决策,来不得半点的犹豫或犹疑。更不可能去认认真真的走程序,等拿出了条文才执行。而是要迅速做出判断，当即发出禁令，并要很快集中力量和资源，加大投入和力度，在一定的范围和限度内，通过行使紧急行政权，采取超常规的紧急措施，以控制或扼制疫情的蔓延，以更好地保护国家安宁和人民利益。这就要突破“法无授权不可为”的局限，而应是“法无授权力当为”，如果守教条、循程序，就会错过战机，而成为人民的罪人。这属于大是大非问题，也是重大原则问题，我们的法律应授予政府在特殊情况下进行应急管理的权力，并要确保这样的权力畅通无阻，有威有效。对于公民来说，在应急状态下，必须要限制自己的私权力，而要服从公权力，自觉做到服从抗疫斗争的大局，不能说的话坚决不说，不能迈的步坚决不迈，不能做的事坚决不做，任何妨碍抗疫斗争的事都不能沾惹，要接受统一的管理和指挥，并要承担必要的义务，做到容忍和自觉。当然，应急状况下的公权力使用和扩张，决不是任意行事，想一出是一出，也要进行科学规范；对于私权力的限制，也不是什么都不能说，什么都不能做，而是要坚持人道主义的底线和保障人民的基本权益。我们在抗疫斗争中已经用实践回答了这个问题，我认为做得是很好的，尽管还有需要完善地地方，但总体上公权力的行使和私权力的限制把握得都是好的。这也是一条很重要的经验。

严实短简　绩著效显

（2020年6月19日）

吉炳轩

会风也是作风，更折射出党风政风。改进作风需要转变会风。今年的“两会”是在抗疫斗争中召开的，为了防疫的需要而做了很大改进，结果带来了作风转变，引起了各方面很强烈的反响。总结好今年的“两会”会风，对于我们今后改进会风，转变作风是非常有益的。

我的感受，今年“两会”会风好，好就好在四个字上：严、实、短、简。

严：严肃、严格、严谨、严密。一切都体现了这个“严”字。大家很严肃地对待在抗疫斗争中能召开“两会”；都能够严格执行防疫和开会的各项要求；会议的各项活动安排都非常严谨，而没有任何疏漏；各项决定程序一项不少，一步不落，组织得非常严密，而且各种保密工作做得很好，没有发生任何泄密事件。看来，“严”字当头，效果大好。

实：实话实说，实际实在，实用实效。报告实，多述实事，少有虚话；发言实，有啥说啥，少讲套话；提案实，讲实情，提实事，求实办。实事求是，实话实说，实事实办，在“两会”中得到了较好的体现。包括组织会议，进行审议，多能开门见山，直奔主题，各种客套少了许多。

短：会期短，报告短，发言短，短成了今年“两会”一个很突出的特点。多少年来，为文山会海令人头疼和烦恼，我们也一直努力去解决会议多、会期长，文件多、文件繁的问题，但收效甚微。但这次“两会”，在会期上、报告上、审议发言上，有了很大突破，取得很大成效。会期减了将近一半，报告也都减了大半，大会时间均控制在一个半小时以内，这是破天荒的，而照样达到了目的，并取得了很好的效果，而且赢得了阵阵掌声。掌声就是心声，这条经验是最为珍贵的。

简：简洁、简练，简要、简单。有许多事情，复杂容易，简单很难。用最为简单的方法，来解决最为复杂的矛盾；用最为简洁的语言，来说清最为深奥的道理，这是很难的。而往往是不太复杂的事情，反而人为地复杂化了。很一般的道理，“理论”起来，反而叠床架屋，没完没了。要言不繁，要事不冗，这次会议有所体现。限制了大会报告的时间，你不简就不行，简了反而比繁了的效果要好的多得多。这条经验告诉我们，在许多事情上，还可以简化、简练，这方面还有很大的余地。

这四个字，也是四个方面，希望能坚持下去，不断改进提高。

我们应该从新冠肺炎的斗争中学点什么

（2020 年 6 月 20 日）

吉炳轩

流行全球的新冠肺炎给整个人类社会造成了沉重的灾难，现在已有八百多万人感染，四十多万人丧命，而且还在肆虐之中，每天仍还有数万人感染，数千人丧生。造成的经济损失更是无法估量的，给人类社会造成的伤痛也是无法消除难以弥补的。

这是一场人类的灾难！

灾难来了，谁也抗不住，再强大的国家，拥有强大的军事力量，拥有导弹、原子弹，可以杀害无数生灵，甚至毁灭地球，但在小小病毒面前却显得无能为力。美国很强大，欧洲很发达，但都败在了病毒脚下，至今仍没有控制住流行传播。也可能疫苗的研发成功，就能有效防备；也许制造出新的药物就能有效治疗；也可能有了什么新的招数就能把病毒驱逐，但至少现在还拿不出妙招。中国在共产党的领导下，靠优越制度和优秀文化，以及人的齐心协力和自制自律，很快控制住了病毒的传播，创造了一个人间奇迹，这是中国的智慧和贡献。在同新冠肺炎的斗争中，东西方社会，特别是中国和西方社会采取了不同的防治方法，取得了不同的防治效果，这是值得研究的。这里抛开政治因素，制度区别，但就人同病毒的斗争来说，至少有四点经验教训是值得思考的。

一是人与自然要和谐相处。

新冠病毒从哪里来？为什么出来肆虐人类？对于这个问题科学家们还正在研究，难有定论。但从人类历史同各类病毒，即各种瘟疫的斗争来看，各种各样的有害病毒和不危害人类的病毒同人类及其他生物一样，都是地球上的生物，只是形状、构造和性能不同罢了。天生万物，各得其所。自然界如果和谐稳定了，就能相安无事，而如果这个平衡打破了，噩运也就来了，不知道什么生物会制造祸端，什么生物会遭受祸殃。从人类的历史来看，各类病毒肆虐人类从来就没有停止过，隔一段时间就会出现一次，只是危害的程度不同罢了。病毒出来肆虐，现在可以肯定的是，自然界万物和谐相处的关系被打破了，而破坏这种关系的因素很多，有自然的灾害，也有人的行为不当，即对自然造成的破坏。人毁自然，自然毁人，这也是被无数历史事件所证明了的。人是万物生灵中最有智慧的而有别于其他生物的高级生灵，应该比别的生灵更聪明，做得更好。保护自然生态平衡，做到万物和谐相处，也就是在保护人类自己，这个道理应该明了，并要采取措施，限制、阻止，以至取消各种各样的破坏自然的活动，否则还会有更大的灾难降临。这绝不是危言耸听。这是新冠病毒向我们发出的警告！

二是防患于未然也是科学。

同新冠病毒的斗争再次告诉我们一个道理，保护人的生命安全，保护社会和谐安宁，防患于未然是最为有效的办法。各种各样的自然灾害，非人力可以抗拒，有多数也是未知的。风雨乍起，火山爆发，大地颤抖，这都不是人类能够决定的，现在可做的，只能够早点知道征兆，进行提前防备而已，而根本无法阻止。病毒的肆虐也是如此，并非所有的病毒是人打扰它了，它才出来肆虐，自然界的异常也会导致病毒的蔓延流行，这也是非人力所能抗拒的。人同灾害的斗争，同病毒的斗争，预防是最为有效的方法，这是科学的。病毒来袭，随动物传播，随人传播，人或动物是病毒的载体，也是运行工具。带毒之人、之物走到哪里，就会把病毒传播到哪里。人类历史上所发生的所有瘟疫都是这样传播开来，造成重大危害的。这次新冠肺炎病毒的传播也是如此，发达的交通，快速的运输工具，经流不息的人群，相互聚集接触，就使病毒很快传播开来。而要防止病毒传播，就必须阻断隔离，使其不能流动。防毒就是防人，把人防住了，管住了，毒就无法行动。治病救人，开发药物，研发疫苗都是对的，也是必须的，但都不如预防来得干脆直接而有效。防重于治，不被传染，不让传播，这是真道理。

三是自律是道德也是生命。

防毒在于防人，管毒在于管人，这是抗疫斗争中最为宝贵的经验，也是真知灼见，至理要义。不论是制度、文化、法律，还是权威，谁能管住人的行为，谁就能控制住疫情的蔓延。中国经验的核心要义就是管住了人。不但管住了被病毒感染了的人，不再去更多地传染他人，也管住了没有被感染的人，防止行为不当而被感染。这才在较短的时间内就把病毒封锁在一定范围和空间中进行剿杀。管不住人就根本管不住毒，这我在前边已经说了。但管人不仅需要纪律、法律、权威，但更需要的是道德和自律。在看不见、摸不着的病毒面前，西方社会所谓的民主、自由是不起作用的，你越民主、越自由，它就越高兴、越猖狂，越能四处传播，疯狂地繁衍生息。要同病毒斗争，就只能禁足限行，每个人都谨言慎行，把自己相对封闭起来，使病毒失去传播的可能，让其自生自灭。新冠肺炎的大流行，从一定意义上说，是一些人的任性胡为所致。不听劝阻，任意游动，而且还相互聚集，造成感染的不少。有许多人是被那些自以为是不自律的人所传染的。当然，也有许多是工作需要，迫不得已而被感染，在不知情的情况下而又感染了他人。西方的一些政治家为了选票，为了名声，在病毒猖狂肆虐之时，还大谈所谓的自由民主，有的甚至提出，不能为了防疫而丢掉民主自由。这是拿人的生命在玩政治游戏。人的生命都保不住了，还谈什么民主、自由？所以真正的民主、自由，就是保护人的生命安全。同病毒进行斗争，每个人都要能够约束自己的行为，老老实实在一个地方呆着，这是道德，也是保命，更是对社会的贡献。

四是全球的事需要全球合作。

病毒无国界，不分种族、民族，尊卑和贫富，只要是人，照传不误。任何一种病毒在一地的暴发流行，都有可能很快传遍世界。地球很大，但也很小。现代化的交通四通八达，一天一夜，只要飞机能够降落起飞的地方，人都可以到达。毒随人行，带毒之人走到哪里，病毒也会走到哪里。病毒利用现代化的成果也变得越来越迅速，越来越猖狂。抗疫斗争是全世界的事，全人类的事。全世界的事，全人类的事，要靠全世界的人民，各国政府共同努力、精诚合作才能真正取得胜利。任何一个国家都难以独善其身，任何一个国家也难以独立应对。新冠肺炎病毒在中国暴发后，即时向世卫组织通报，迅速采取封城措施，可以说是作出了巨大牺牲和贡献的。凡是立即重视，严加防范的国家和地方，被传染的就少，损失也最低。而一些大国、强国，自认为医疗条件优越，甚至认为人种优良，不会被传染，不去采取积极有效的措施，结果很快被病毒所攻陷。特别是欧美，基本上互不设防，照样来来往往，甚至已经传染开了，还不引起高度重视，到了一发不可收的时候，还往外推卸责任，到处“甩锅”采取不合作的态度，而导致疫情严重失控，造成成批成片的人感染和死亡。疫情的危害是全球性的，所有的国家都受到牵连，不论疫情重的，还是轻的，经济发展也都停滞不前。因为当今的世界已成为一个命运共同体，谁都难以封闭起来独立发展，更不可能去独立应对疫情这样重大的自然灾害，唯有同仇敌忾，精诚合作，才能战胜人类共同的敌人。

人与自然要和谐相处，防患于未然也是科学，自律是道德也是生命，全球的事需要全球合作，这是新冠病毒给我们造成的教训中而得出的经验，应当倍加珍惜，并体现在公共卫生事件防治的法律之中。敬重自然，防患未然，自律自制，全球合作，也需要用法律的手段来规范。

知早·阻早·治早·稳好

（2020年6月21日）

吉炳轩

我在黑龙江工作期间，参与过几场森林大火的战斗。黑龙江初春季节，特别是三四月份，冰雪消融，天干气燥，极易发生森林火灾，而且是年年发生，从未间断过。

黑龙江林区森林茂密，杂草丛生，为了保护森林，大部林区都已停伐，而且封山封场，不许人进去，杂草枯木也很多。春秋之季绿树成荫，青草铺地，一般情况下不易引发火灾，即使有点火情，也很难大面积燃烧起来。但也有一些特殊年份，长期干旱，土地龟裂，绿树青草遇有火情也极易燃烧而造成森林火灾。冬天大雪覆盖，也一般起不了森林大火，除非一年无雪，也就会火灾频发。这些年，黑龙江年年都有几场森林大火，但也都很快扑灭，而没有造成大的经济损失，主要在于黑龙江有一支强干的灭火队伍，有一套成功的森林灭火经验。这套森林灭火经验就是四句话，八个字：打小、打早、打弱、打好。

所谓打小，就是发现火情在初发之时，尚未形成燎原之势，就派出重兵把火围住，在一两天内迅即扑灭。通常情况下，发现一个火点，在一平方公里左右，派出一二百人的森林灭火队就行了，但打起来很困难，在实践中总结出来的经验是：要派十倍的兵力上去，把火团团围住，不让其外延，这才能迅即歼灭。平常派一二百人，现在派一两千人，这是孙子兵法中的十倍于敌方可围歼的战略。否则，小火人少也打不了。所谓打早，就是发现即打，不要让其成长燃烧起来。森林之火，越烧越大，越烧越旺，大火一旦燃起，一般的雨水也难以浇灭，是靠人工根本灭不了的，而只能阻断、隔离，在大火燃烧的前行路上砍掉大片树木，形成隔离带，使火燃烧到此为止，无法再继续前进；或者根据风势，放火回烧，使两火相击，烧出一片焦土，而使火不能前行。所谓打弱，就是打火最弱之时。森林大火有其燃烧规律，一般是白天旺、夜里弱，风大旺、风小弱，温高旺、温低弱。白天、高温、大风是不能打的，不但打不了，还会造成人员伤亡。森林打火主要在晚上，晚上一般风小，温度低，火势就减弱，打起来就容易些。所谓打好，就是明火扑灭后，还要清暗火，防止死灰复燃。一般情况下，一天能把明火灭掉，而清理暗火则需要三天，三天后还要留人看守火场十天到半个月，看有没有死灰再燃。这才能算打得好、打得彻底，才能结束战斗。

由黑龙江的森林打火而联想到今天的抗疫斗争，这都是人在同灾害进行斗争。抗疫如救火，而且比救火还要艰难。火能够看得见，认得清，并知道其运行发展的规律。水有水路，火有火道，火的规律是见柴即燃，顺风而行；林疏草旺，易燃快行；火成风势，风助火威；火乐上去，不易下行，等等。太密的林子，也不易燃火，因空气不流通。火往山上烧，而少下山燃，这是空气上升的作用。所以，打火要顺风，而不要迎风；要人来撵火打，而不要让火来撵人；要跟着火屁股打，而不要迎面上；要撵打上山火，迎阻下山火等等。但对于病毒，人的认识还很有限，看不见、摸不住、逮不着，也不知道其生存发展的规律，不知其何时生，何时亡，最适宜什么样的环境条件，在什么样的条件下可以使其灭亡等等，现在还弄不清楚。新冠肺炎发生以来，我们靠坚强的党的领导，优越的社会主义制度，万众一心，举国行动，以及科学的防治方法，才取得了抗疫斗争的战略性成果，尚还不敢言决定性的胜利。因为世界多数国家还在流行，谁也没有把这个妖魔镇住。我们的抗疫斗争之所以能很快见到成效，除了组织领导，政治优势外，就同病毒斗争来说，很类似打火的经验，就是做到“四早”：早发现、早报告、早隔离、早治疗。这也可以说是抗疫斗争的真经。

病毒性传染病早发现很难，因为不传染就发现不了，而一旦发现，确诊为流行性传染病，往往就已经流行了起来，并扩散开去。“非典”和新冠肺炎病毒都有这个特点，也都是这样流行起来的。这就给我们一条十分重要的启示，对于病毒性传染病发病初期，人们不知道是什么病，定不了性，就是在已知的病例中找不到相同的病例，而定为不明原因疾病，如“非典”和“新冠”早期都认为是不明原因肺炎，以后也有可能再发生其他疫病，不是反映在肺部、呼吸系统，而是在消化系统，神经系统，甚至是皮肤、肌肉、骨骼等体征上，也可能是初期不知道有没有传染性，就像这次新冠病毒，一开始并不知道会不会传染人，这样的情况今后还会出现。这就告诉我们，对于不明原因的突发疾病，不知道传染不传染的疾病，在没有定性、结论前，都需要引起高度警觉，按照烈性传染病来对待，立即上报，迅速进行研究、论证和认定。即使认定不了，也不要放松警惕。只有早报告，及时进行研究，并把病患封闭隔离起来，即使毒性很强的烈性很强的传染病只要封闭住，也就传染不了。或者在一定范围内已经传染了，也便于小范围控制，而不再扩散开去。早发现，早报告，早隔离，是对待烈性传染病最好的办法，也是投资最小，风险最小，危害最小，效果最好的办法。防范于病毒未起之时，这同救火救早打小是一样的。早治疗，就是这次新冠肺炎的救治，一条很重要的经验就是对于轻症患者，或无症状患者，一旦发现就立即治疗，用几副中草药就能解决问题，控制病情发展。而如果治得晚了，轻症变成了重症，上了呼吸机，不但费时、费力，成本高昂，而且人也受罪，救治十分困难。

新冠肺炎的流行，给我们很重要的一条警示就是要建立公共卫生事件的预警机制、报告制度、新闻发布制度和很强的专家研判队伍。有些传染病，或者许多传染病，不要等弄清楚病理、病因才去报告和发布，而且只有认为有传染的可能，就要及时预警，进行发布，以引起人的重视。即使经研究认定不是烈性传染病也不要紧，人们紧张一阵子，解除警报了，就会安下心来。而如果消息不灵通，发布不及时，人们什么也不知道，而到认定了、知道了，也就来不及了。早发布、早知道、早警觉、早预防，代价要小得多。“非典”和新冠肺炎的流行都有预警不及时,研判不到位,发布略迟缓的问题,这样的错误不能再犯,并要进行法律规范。

从新冠肺炎的流行来看,我们在重大疫情防控机制上还存在一些问题,如:疫情直报系统失灵;疫情预警系统反应滞后;疫情信息监测流程复杂;疫情风险评估不力;疫情信息发布迟缓;应急医疗保障不足;社会应急响应的法律也不完备等。所以,必须要完善重大疫情防控预警机制,建立更加灵敏有效的传染病监测预警系统;完善重大疫情防控信息监测与风险评估机制,构建智能、简约共享的信息监测与风险评估体系;完善重大疫情防控信息发布与舆论引导机制,明确信息发布的主体,优化信息发布的内容和质量,做到权威发布,有效引导;完善舆情问题反馈和应急处理机制,防止虚假信息,恶意炒作和错误引导;完善重大疫情防控民生保障机制,建立完善民生物资储备的供给、调配、协调机制,确保社会稳定,物价稳定和市场供应;完善重大疫情防控医疗物资保障机制,做到应急医疗物资备得足,调得出,用得上,不断档;还要完善重大疫情防控社会秩序保障机制,化解社会矛盾,协调社会关系,确保社会稳定,能及时有力地依法处置各种突发事件,尤其是群体性事件,为防疫工作营造良好的社会环境。

以上这些,都需要用法律的形式明确下来,上升到法律层面,为防疫工作提供法律保障。

从全球抗疫斗争看东西方文化差异

(2020年6月23日)

吉炳轩

2020年开春以来,凶恶的新冠病毒疯狂地席卷全球,四下蔓延,在短短四五个月的时间里,就造成了九百多万人被感染,四十多万人死亡,出现了自第二次世界大战70多年来最凶残的一幕,成为了世界性特大灾难。

在这场全球奋起的抗疫斗争中,世界绝大多数国家和地区,不同的社会制度,不同的种族民族,不同的政党派别,不同的阶级阶层,多都行动起来,共仇敌忾,专心抗疫;多都采取了不同程度的封闭、阻断、隔离,限制大规模人员聚集和流动的做法,也多都采取了间断、不间断地,一时或临时性的停工、停产、关门、闭户、限行、限足等措施,也都遭受了极大磨难,也多都取得了一定的成效。绝大多数国家还是互相支持、互相帮助的,都希望疫情快点过去,都希望世界能够安宁,也都遭受了重大损失,急切的心情和良好的愿望都是一样的。但有个别国家或这些国家的掌权者们有些例外,不但抗疫不力,没有专心致志,还不断挑事惹事,愚弄人民,真有点另类,让人难以理解。

但总的来说,在抗疫斗争中还是看到了世间大爱和人间真情。

也必须承认,在这场全球参与的抗疫斗争中,由于所处的地域不同、气候条件不同、社会制度不同,发展水平不同,以及对疫情的认识程度不同、领导人的判断决策和应对能力不同,也还有医疗卫生的基础条件不同等,而造成了抗疫成效的不同。还值得研究的是,因为不同国度、不同民族、不同文化差异,而致使抗疫的方法、形式和手段也有所不同,而使抗疫的成果也有很大不同。东西方社会因为文化上的差异,而使在政治、经济、社会管理等诸多方面出现了诸多不同,并在这场抗疫斗争中这种差异表现得尤为突出。

由于地域、生物、历史等多种因素的综合影响,东西方文化出现了明显的差异,这个差异同时反映在世界观、人生观、价值观和生活方式、处事方式等诸多方面。在这次全球化的防疫抗疫斗争中,这个差异在以下几个方面十分明显。

——物质与精神

从哲学观念上来讲,物质与精神是统一的,物质可以变精神,精神也可以变物质,但在这个统一体中,物质是第一位的。就人的生命体来说,生命是物质的,也是精神的,只讲物质,就是一具躯体;只讲精神,就是虚无缥缈。但物质和精神发生矛盾时,东方人是把人的生命这个物质体作为第一位的。执政为民,首先是保护人的生命安全,在满足生命基本需求的基础上,才会去考虑精神的需要。中华文化中的“以人为本”,“民以食为天”,都是这一思想观念的具体体现。但在西方社会,更着重的是精神的享受。“不自由，毋宁死”，不听劝告，不愿封闭，任意行事，就是这种文化观念的具体反映。疫情肆虐，来去无踪，只有封闭起来，才能阻断传播，这些道理西方社会是清楚的，但限制了人身自由和行动，他们就接受不了，宁可冒着被传染而致死的风险，也不愿把自己封闭在一定的空间里不要走动。政府下达了居家令，还有不少人走上街头抗议，而在东方诸国这种现象一般就不会发生。连西方不少政要都说，不能因为防疫的需要而限制了人的自由。所谓的思想舒放、精神自由在西方文化中是第一位的，看得比生命还重要。

——生命与财富

生命与财富在东方人看来，生命至上，财富次之，如果没有生命，财富也就什么都不是，连命都没有了，还要钱做什么。“钱财乃身外之物”、“保命要紧”、“破财消灾”，这是东方人的普遍观念。而西方则不这么看，虽然也重视生命，但有时把财富看得比生命更重要。西方社会的许多法律，都是在保护私有财产，讲物权要比人权更多，而许多纠纷也是由于财产问题而生。在这场防疫抗疫斗争中也看得十分明显，防疫抗疫，工厂停产，商店关门，世界经济基本处于停滞半停滞状态，所有国家都遭受巨大损失，没有任何一个国家能够幸免。东方诸国对于造成的重大经济损失同为了确保人民的生命安全相比，认为只要控制住了疫情，减少了人的死亡，那就是值得的。只要有人在，健健康康、平平安安，损失的东西还能夺回来，所以，就能集中力量采取封闭措施，也能很快阻断疫情传播。而西方社会多数国家则不这样看，他们把经济发展看得比控制疫情的传播更为重要，一开始就在封闭与发展问题上犹疑不定，疫情大肆传播后，被逼无奈才不得已而采取了一些封闭措施，但也是老大不情愿，始终扭扭捏捏，硬不起来，并还一直在强调经济发展，还采取了许多措施，拿出了大量资金去救助经济，而对于医疗物资的缺乏却迟迟不快速解决。疫情稍有好转，就急于放开各种限制，想尽快恢复生产，结果又出现了新的聚集感染。这也是一种文化观念，即重视财富的思想观念，在生命与财富发生冲突时，仍然把财物看得很重很重。

——政治与人民

政治与人民本是统一的。政治是治理人民的，实质就是为人民服务的。东方政治，特别是中国的政治，是人本政治，即一切都是为了人民的利益而服务的，是从广大人民的根本利益出发，照顾绝大多数劳动人民的需求，按人民的愿望来施政。在中国，特别是当代中国，如果不能为人民去谋利益，这样的政权是存在不住的。西方文化应该说也是人本文化，政治也是人本政治，但多不是绝大多数人民的政治，特别是劳动人民的政治，而是少数利益集团和政客们的政治。不要从表面上看他们实行的是全民选举，人人都有选举权和被选举权，而实际上即进入近代社会以来，西方诸国的选举权一直玩弄在少数利益集团和政客们的手中，这在这次抗击新冠疫情中就看得十分明显。瘟疫来袭，不论贫富尊贵谁也逃脱不掉，本该合力抗疫，一切从阻断疫情、救治病患出发，而西方的政客却不这样做，还在那里借疫情玩政治，该集会照样集会，该选举照样选举，而且还天天在电视机前、互联网上作秀表演，实质性的抗疫决策什么也没有，而是一切从选票形象出发，甚至不惜互相攻讦，借机造势。这就是西方的政治文化，是在玩政治，是由所谓的民主选举而形成的政治游戏。

——道义与权谋

道义与权谋原则是相悖的，道义是真诚的，权谋是奸诈的。权谋用于战争，用于不得已的政治斗争，也是无可非议的，因为战争和一些政治斗争就是靠权谋的，是成王败寇的勾当。但道义不是，道义发自于真情和真诚，是人的仁爱本性的表现。新冠病毒是人类共同的敌人，不管肆虐哪个国家、地区和民族，都是令人悲哀的，值得同情的。疫情在中国流行时，得到了世界许多国家的支援、同情和帮助。疫情在全球暴发，中国在艰难的抗疫斗争中，主动伸出援手，拿出大量物资，包括派出医护人员，支援帮助许多国家，并把中国在抗疫斗争中积累的经验毫无停留地提供出来供各国借鉴参考。中国的支援是真诚的，是出于道义，不求回报，也不求说好，什么都不图，就是一份诚心诚意。而西方不少政客，包括一些团体却不这样看，而认为中国借抗疫有所图谋，是要扩大影响，是要占领市场，是要发财赚钱，等等，以小人之心度君子之腹，并还诬蔑中国的抗疫物资不合格、有问题、不能用等。西方政客爱玩权谋，重利而轻义，见利而忘义，不惜借用一切机会，利用一切手段，对中国打压、攻击，连疫情疯狂肆虐这样的危难之机也不放过，不停地造谣、污蔑。从西方的政治文化这个角度来看这个问题，也就不奇怪了。抹黑中国、围攻中国是西方政治中一贯的伎俩，过去是，现在是，将来还会是，不要寄希望他们会有所改变。

——守诚与奔放

内敛、中庸、守诚、遵规是东方中华文明十分显著的一个特点。为人处事执行中道，不偏激，不逾矩，能耐得住寂寞，守得住委屈，不张扬自己的个性，这在中华文化中是被称道和推崇的。表现在这次抗疫斗争中，绝大多数中国人都能按照政府、部门、街道、里弄、村庄的一些管理规定，宅在家里，不出门、不聚集、不交往，这才使疯狂的疫情在较短的时间内就能得到有效控制。对于湖北武汉封城的决定，中国人不但都能够接受，而且是十分赞同、竭力拥护的。中国政府并没有做出在全国各地都进行封闭管理的决定，而采取自行封闭措施多是街道、里弄、村庄做出的，而且并没有很具体的法律依据，但绝大多数人都能自觉遵守。尽管也有极少数任性之人，不服从区街、村庄的一些过严的管理规定，影响了防疫工作，但都受到了普遍的舆论谴责。不合民意，不守村规、妨碍他人、破坏公俗，这在中华文化中是被唾弃的。这是中华文明中的中庸、守诚的具体体现。但西方社会则大不相同。多数西方人强调奔放、自由，张扬个性，并称其为“人权”，把个人的自由散漫之权凌驾于他人的生命安全之权之上。多数西方人对于“禁足”、“居家”、“封城”的做法是抵触的，包括西方政要，也多不赞同，连戴口罩这样基本的防护措施，也以妨碍人权而拒绝。疫情的传播泛滥，使他们不得不“禁足”、“封城”，但也是极不情愿的，而且还上街游行抗议。包括美国、巴西、荷兰、丹麦的总统、首相，都不赞同“禁足”、“封城”。抛开一些政治因素不说，很重要的一个原因是文化不同，追求不同，所以结果也就大不相同。

——集体与个体

集体与个体从道理上来讲，也是一个统一体，是不可分割的。中国人强调大河有水小河满，大河无水小河干，注重集体的力量和作用。反映在利益分配上，就是先考虑集体的利益，个人利益不能侵占集体利益。“公家”的思想在中华文化中是根深蒂固的。如实行联产承包责任制初期，中国农民喊出的歌谣就是“交够国家的，留足集体的，剩余就是自己的”，是先国家，再集体，然后才是自家。在危难时期，知道“危巢之下无完卵”，会毫不畏惧地共赴国难。在抗疫斗争中，都能做到国家为上，大局为重，全国的医护人员，医疗物资，从不讲任何条件而支援武汉，包括大量生活物资也都自觉送往武汉，充分展示了集体主义的观念和集体的力量和威力。反映在政治上、社会管理上，强调的是从众，个人服从组织，自觉接受调动和管理。西方文化中国家观念、集体观念也是有的，但没有中国这么自觉、这么强烈，而在集体与个体关系的处理上，更注重的个体利益的保护，包括保护私有财产，保护个人隐私。尽管这都是对的，但在危难之时，特别强调个体利益，也就形不成共同抗疫的合力。特别是在抗疫斗争中，各自为政，以邻为壑，互不支持，也造成了很被动的局面。美国政府同一些州政府的对立和矛盾，除政治因素外，也有文化因素，甚至是很重要的一个因素。疫情在欧美地区的疯狂蔓延，是与这种自私自利的个人主义有很大关系的。

——忧远与乐近

忧远与乐近是一种价值观念和生活态度。中国人在价值追求和生活态度上着眼于虑后致远，即考虑到未来的生活和发展，反对“今日有酒今日醉，明日无酒喝凉水”的得过且过、混日子的思想观念。这一思想观念是同中国曲折发展的苦难历史有关的。中国人知道生活的艰辛和不易，世世代代在同自然灾害进行斗争，同外来的敌人进行斗争，同邪恶的疫病进行斗争，对于食不果腹、衣不遮体有切肤之痛。勤俭持家，留有后路，有所储备，从不挥霍浪费，从不吃干榨净是作为祖训和美德世代流传下来的。在抗疫斗争中，中国的多数地方都自我封闭，暂停流通，但中国人的生活可以说没有受到太大的影响，特别是吃喝没有受到影响，这是因为绝大多数中国人和中国的家庭都有一定的储备，基本的生活资料是能够自给的，包括各个地方也都有一定的物质储备，国库更有较为充足的物质储备，目的是以防荒年灾年，应对不可预知的突发事变，而保证人民在一段时间内生活不受影响。西方社会由于市场经济高度发达，社会分工精细明确，数百年乃至上千年形成的市场文化，使人们的生活完全依赖市场，多数家庭不但不存粮、不储油、不备菜，而且连钱都不存，甚至超前消费，借债享乐。“封城”了，“禁足”了，没有活干，没有工资，连基本的生活都没了保障，即使政府救济，但市场流通不畅，家里又无储备，生活也就受到了很大影响。这也是西方民众反对“封城”、“禁足”的一个重要原因，也是一种文化因素。

——协和与自顾

睦邻友好、协和万邦，命运与共、四海一家是中华文明的一个很突出的特征。中国自古以来，就特别强调五湖四海、相敬相亲，一方有难、八方支援。特别是在危难之时，更加注重守望相助。在国与国的交往中，一直追求和强调的是互惠互利、平等公正。在道义上更强调扶危济困、救苦救难。表现在这次抗疫斗争中，全国人民支援武汉，而武汉也把自己封闭起来，同毒魔进行斗争。全国各地利用各种方式支援武汉，医疗物资，生活用品，医务人员都向武汉聚集，还有许多志愿者默默无闻地在做贡献。疫区风险很大，不论是在里面的、还是新进去的，都有被感染的可能，但这些人置自身的生死而不顾，明知毒横行，偏向疫区行。这种大爱的精神是中华文明中所固有的美德。全球疫情暴发，中国在艰难的抗疫斗争中，拿出大量物资支援世界各地，而且还派出医疗人员到一些疫情严重、医疗资源不足的国家去指导和帮助。在中华文化中，看到别人受苦，如同自己受苦，看到别人作难，如同自己作难。喜天下之喜、悲天下之悲，忧天下之忧、乐天下之乐，这是一种大仁大爱、协和万邦的文明。西方社会也讲仁爱和奉献，这是人类的共性，但由于历史的、地理的多种因素的影响，形成了自顾自怜自卫的城邦文化，虽然非常重视交流和交往，特别是在自由贸易、世界贸易上十分广泛而活跃，但在涉及重大利益、面临重大灾难时，多是自顾自救的，民族主义、地域观念，包括种族意识非常强烈。美国公然提出自家利益优先就是这种文化本质的反映。欧盟本来已实现经济发展一体化，而且还设想实现政治一体化，但在这次抗击新冠肺炎疫情中，欧盟各国都是自己顾自己，很少伸出援手帮助自家兄弟。这是城邦文化的新的表现。

通过抗疫斗争中的中西方文化的比较，可以更为清楚地看到中华文化的优质内涵，看到中华文明的高尚品行，并能更清晰地感受到在这块沃土上所产生的伟大民族的优秀品质和在中国共产党的领导下所形成的社会主义制度的无比优越，更能增强我们的理论自信、制度自信、道路自信和文化自信，坚定不移地在以习近平同志为核心的党中央坚强领导下，在习近平新时代中国特色社会主义思想的光辉指引下，阔步走向中华民族伟大复兴的璀璨未来。

令行风动还须持之以恒

（2020 年 9 月 19 日）

吉炳轩

从我们在北京和天津调研的情况和各方面反映的情况看，习近平总书记对制止餐饮浪费行为作出重要批示后，全国各地迅速形成了贯彻落实的热潮。从中央到地方，从机关到学校，从大众餐馆到外卖平台，各行各业都行动起来，由细节入手，从制度发力，向管理要效益，用科技堵漏洞，纷纷推出厉行节约、减少浪费的新举措，见到了明显成效，积累了一些经验。

*一是新闻宣传力度大、声势浓，形成了良好的舆论氛围。*全国从中央到地方，从广播电视报刊杂志到互联网手机，各媒体、各网站纷纷推出专栏、专题，倡导勤俭节约，反对铺张浪费，寻找节约良策，高歌俭朴之举，推广先进经验，批评不良习俗，着力营造“浪费可耻、节约为荣”的浓厚社会氛围，发挥了很好的舆论引导作用。各种形式的社会宣传也迅速行动，厉行节约、珍惜粮食、反对浪费的宣传栏、宣传画、板报、标语、提示牌，出现在大街小巷、各个餐馆、餐厅和食堂，形成了浓郁的文化氛围。各党政机关、餐饮企业、行业协会、外卖平台，纷纷推出减少浪费的新举措。不少店家在门口、餐桌等醒目位置张贴或摆放了倡导节约、减少浪费的海报和提示牌。“光盘行动从你我做起”、“文明就餐，杜绝浪费”、“珍惜粮食就是爱护劳动成果”等宣传标语随处可见。几乎每家饭店都能看见提倡节约的标语和提示。服务员对客人点菜定餐也都会提醒要适量，并推出小份菜、半份量，过去那种希望顾客多点菜，点名贵菜，以此来进行推销，增加流水的做法几乎没有了，开始出现了文明新食尚。

*二是党政机关率先垂范，起到了很好的示范带动作用。*全国有不少党政机关，企事业单位的机关食堂、职工食堂将过去的定量配餐改为自助餐，小份多品，称重计价，努力做到每顿饭盆光盘净，厨余垃圾大量减少，有的就减少 70% 以上，效果十分明显。北京人民大学采取半份菜、小份菜，多品种小量拼盘菜，既让学生能吃到较多的不同口味和品种的菜，而又能杜绝了浪费，反映非常好。有不少地方机关食堂改变过去一次性大锅炒大菜，一旦吃不完而造成大量浪费的做法，而改为小炒、勤炒、快炒，根据需求来烹制的做法，大大减少了菜品的浪费。一些机关、企业、高校，采取大数据管理分析的

办法,根据干部、职工、学生一周的饮食需求来购买食材,按需备份,分批制作,尽力做到物尽其用,做到从购买和备餐环节就精打细算,杜绝浪费,效果也十分明显。多数采取积极措施的机关、企事业单位食堂的厨余垃圾至少减量在三分之二以上,效果极其明显。

三是大小餐馆反映迅速,纷纷推出“小份菜”、“半份菜”,“节约有奖”、“吃不了兜着走”等光盘行动。全国各地不少菜馆纷纷推出“小份菜”、“半份菜”根据顾客需要,以吃好吃饱而不剩余为原则,按照需要来定单下菜,并推出光盘有奖活动,吃完吃净买单时打折,盘光盘净者赠送水果、饮料等,都深受顾客的欢迎和赞赏。每个餐桌都摆有醒目的厉行节约、反对浪费、光盘有奖的提示牌,服务员在客人点菜时也随时提醒,这同过去诱导客人多点菜、点大菜、点名贵菜,花费越多越高兴、越热情的做法大相径庭,呈现出一股以节俭为美德的餐饮业新风。现在不少饭店从餐桌的摆放到餐具的选用都有了很大改进,“小盘小碗”、“小份小餐”、“小桌小凳”、“单桌单椅”成为了一种新常态,文明食尚越来越浓。

四是智慧食堂充分发挥智慧之能,利用大数据互联网帮助后厨计划备料、精准配餐。有不少机关、企业、学校、食堂采用餐饮管理软件系统,运用大数据来分析研究干部、职工、学生的用餐需求,根据需要来购买食材食料,按需备料配餐。一些外卖平台通过大数据分析,为各个后厨及时提供区域内的用餐人数、时间和饮食习惯等需求,使后厨的制作能够更加有计划性,准确性,从而减少了盲目性,以此来减少和杜绝浪费。有不少超市采取计算机管理,大数据分析,根据区域内的消费需求来定货,特别是鲜活食品,尽量做到随进随出,减少积压,因货物积压过了食用期而浪费的食物也大大减少。

看来,凡事只要重视,只要认真,只要有人抓,有人管,只要抓到了点子上,符合民心民意,动员人民参与,就一定能够办成、办好,办出成效。珍惜粮食,反对浪费,厉行节约,勤俭质朴,是中华优秀的文化传统,是兴业之必须,是人民之心愿,所以,习总书记作出重要批示后,全社会就迅速响应,立即行动,动则见效,立竿见影。

造成粮食浪费有许多原因,需要综合分析,采取多种措施,而且还需要持之以恒地抓下去,久久方能为功。根据调研的情况看,珍惜粮食、反对浪费还需要从以下几个方面进一步采取一些有效的措施:

第一,还要强化宣传教育。浪费粮食有诸多原因,但其中很重要的一条是思想观念和行为习惯问题。思想观念和行为习惯方面的问题,需要从教育入手来抓解决。这一段时间关于珍惜粮食反对浪费的新闻宣传和社会宣传搞得很好,形成了浓厚的舆论氛围,引导各行各业,各个方面都从我做起来珍惜粮食,收到了很好的效果。宣传教育还要深入进行下去,形成更大的更浓的社会氛围。新闻宣传、网络宣传、文化宣传、社会宣传,包括广告宣传,利用各种方式,生动地、鲜活地来引导教育人民都来珍惜粮食,都来反对浪费,逐步成为自觉行动。

第二,要进行必要的立法。依法来厉行节约,反对浪费,确保国家粮食安全,这是十分必要的。现有的一些法律中,已有厉行节约,反对浪费,珍惜粮食的条款,但仅是原则的要求,不具体、不明晰,缺乏针对性和操作性。珍惜粮食反对浪费要入法,在起草的粮食安全保障法中要立专章,对造成粮食浪费的各个环节都要有针对性地提出具体的要求和可操作的规范。这还要深入进行调查研究,征求各个方面的意见和建议。以法来确保国家粮食安全,其中珍惜粮食,反对浪费是很重要的一个方面。但入法要严肃,要准确,要能够进行操作。

第三,要建立一定的规章制度。珍惜粮食,反对浪费有许多问题还上升不到法律层面来进行规范和惩处的程度,而是要通过机关、单位、学校、行业协会,包括社区、村镇等制定的制度、规矩来解决。制度的约束虽不具有法律效应,但有组织效应,是进行社会管理十分有效的手段。诸如行业协会所制定的服务标准、厨师和服务人员资质认定及一些管理制度等,都发挥了很好的作用。人是社会的,也是有组织的,任何组织对其成员都有一定的管理要求和约束力,这就是规章制度的作用。所有在组织的人,不论什么样的组织形式,都要遵守组织所制定的制度和纪律,否则就要退出这个组织。所以,在珍惜粮食,反对浪费方面,发挥好组织的制度、纪律的约束作用是十分必要和有效的。

第四,要形成良好的社会风气。造成粮食浪费,多数是一种不自觉的行为,即在不经意中,不好的生活习俗中而形成,诸如大吃大喝,海吃海喝;请客吃饭以多为好,以吃不完、有所剩来显示大方、厚重的待客之道;还有认为自己花钱请人吃饭,点的多一点,吃不完剩一点,反正已经付了钱,任何人无权干涉;还有的认为自己种的粮食是自己辛勤所得,做的饭多了,吃不了,倒掉一些,都是自家的事,别人也没有必要去指责批评等等。这一些,都要通过移风易俗,改变不良的生活习惯,而形成良好的社会风尚来解决,而不能用简单的强制手段去解决。

第五,要提供必要的技术支撑。粮食在播种、收获、运输、储藏、保质,包括一些加工环节的浪费,多是缺乏必要的设施和手段而造成的。而要解决这些环节的浪费,就要提供好的设施和好的手段,这需要进行科技创新。如发展精量的播种机,精准的收割机,建立烘干设施,通风设施,建造标准的仓储,进行严格的管理,研发建设能保鲜保质的储藏设施等。珍惜粮食,反对浪费需要大量技术支撑,特别是解决大宗的粮食浪费,更需要现代科学技术和高质量的设施来提供保障。

第六,要注重开发粮食替代品。人的食物构成是多方面的,人体所需要的能量也是多方面的。长期以来,我们的食物构成主要是粮食,即所谓的主食,而其他副食较少,结果造成粮食越发紧缺。改革开放以后,粮食连年丰收,而其他肉蛋奶果蔬等也数量大增,人们的食物构成发生了很大变化,结果食用粮大幅下降,而其他副食量大幅上升,这是一种好的现象。开发更多的富有营养的肉、蛋、奶、瓜、果、菜等副食品,就能减少粮食的消耗,这也是节约粮食,确保粮食安全的重要举措,还要很好地去开发。

追粮食浪费之踪 寻粮食浪费之源

(2020 年 9 月 20 日)

吉炳轩

不要小看了浪费,“千里之堤,溃于蚁穴”,“针尖大的洞,可以透过斗大的风”,你浪费一点,他浪费一点,看似不显眼,无所谓,但汇聚起来就不得了。我们人口众多,家很大,业很大,稍不注意,就会造成重大的损失。

珍惜粮食,杜绝浪费,就需要对浪费的各个环节进行调研分析,找准问题所在。根据这一段调查了解的情况看,造成粮食浪费主要有以下几个方面:

一是播种环节。

粮食播种需要大量种子,就小麦来说,平均每亩需要 12—15 斤左右,全国播种数亿亩的小麦,这个量是很大的。玉米也是一样,全国每年的种子数量也需数十亿斤。通常情况,粮食播种是有量的要求的,多了少的都不行。但如果有三个方面把握得不好,就会造成浪费。一是种子的纯度不够,发芽率不高,就需要加大播量,一般都需要加大 20% 到 30% 之间,这样浪费就出来了。全国 18 亿亩耕地,10 多亿亩粮食种植,每亩多 1 斤,就是 10 多亿斤。多 2 斤就是 20 多亿斤,浪费也是很大的。二是播种机械和播种技术不好不高,也能造成很大浪费。播幅不匀,深浅不一,疏密不均,出苗也就参差不齐,都会造成很大浪费。三是播期不当,早了、晚了,都会造成浪费。农作物因时而种,因时而长,因时而收,早了、晚了都会影响收成。中原地区种植冬小麦,必须要在 9 月底,10 月 20 日以前种上,这才能保其苗全苗壮,有效分蘖,而到了 10 月 23 日霜降以后,再播种小麦,就会成为单根独苗不分蘖。按期播种的小麦,需要种子每亩 12—15 斤之间,根据不同的品种,有多有少;而霜降后播种的小麦,则每亩需要 25—30 斤的种子,一粒种子一颗苗,就要增大一倍的播量,而且还不能保证苗全苗壮有个好收成。水稻也是一样,中原地区不能过了夏至,“夏至不插秧,插秧一把糠”,主要是插的晚了不分蘖。东北地区不能插在 6 月,错过了这个季节,水稻也就不分蘖,所以插的秧苗要多出 3—4 倍,才能保证有效的株数。这就造成了浪费。种子浪费是很多的,也是很大的。

二是收获环节。

粮食丰产了,但能不能全部丰收,就在于在收获中是否造成浪费。过去常讲,丰产一定要丰收,要做到颗粒归仓,做到场光地净。在收获中粮食浪费有多少,很难精确统计,据各方面观察了解到的情况看,多数在 2%—5% 之间。小麦、水稻、玉米、大豆、土豆、红薯这些主要农作物,收获时都有浪费。造成浪费的原因大体有这么几个方面:一是没能做到适时收获。粮食收获季节性很强,必须适时,早了晚了都会造成浪费。就拿小麦来说,如果不熟而收,籽粒不饱满,灌浆不充盈,没有干透,就会造成欠收。但如果熟透了,会在收获的过程中造成籽粒脱落,掉进土地中,难以拣拾,这也是很大的浪费。如果收割不及时，遇到了雨天，成熟的小麦就会在穗中发芽，使小麦无法食用，更会大大减少收成。农民在实践中得出了一个结论，粮食作物，特别是秸秆类粮食作物，小麦、水稻、玉米、大豆等，多是八成熟，会有十成收，而十成熟，只能有八成收。同时，熟透了的粮食作物，根部已经死掉，没有了营养供应，而秸秆还需营养，就会使籽粒中的养分倒流，照样影响粮食收成和品质。二是农业机具、机械质量不高，技术不过硬，收的不干净，不利落，也会造成很大浪费。小麦撒粒，水稻碾压，玉米破穗，大豆炸荚，土豆落土，这样浪费的粮食不少。三是自然条件的影响，在收获季节，遇到了狂风暴雨或连阴雨，不能及时收获，而倒在地里，烂在地里，这种情况每年都有发生。所以，农民称收获粮食为“虎口夺粮”，“龙口抢食”，说的都是这个道理，要去争去抢，才能把丰收的粮食收到家。收获中的浪费是很大的浪费，还需要进一步解决好。

三是运输环节。

对于运输环节造成的粮食浪费，多是不被人重视的，认为少之又少，或几乎没有。其实在运输环节造成的粮食浪费也是不容小视的。粮食从农田进入仓库，从仓库走向市场，这些个环节的浪费也是不小的。不论是机械收获，还是人工收获，从装到卸，需要经过多个环节，每一个环节处理不好，或多或少，都会造成一些浪费，积少成多，统算下来，也就不得了。就小麦、水稻、玉米、大豆这四大作物来说，现多是机械收割，现场脱粒，秸秆和粮食在收获中就已分离，然后装车运输入库。在装卸和运输过程中，由于密闭不好，操作不当，而抛撒出来的粮食随处可见。我曾在收获小麦、水稻、玉米、大豆的现场看过，装卸过程中撒出的粮食虽然是星星点点，稀稀落落，但一车车、一趟趟，累积起来，就是不小的数目。这仅是一个方面。另一个方面，刚收获的粮食都有一定的水分，就地不可能干燥到可以堆放储存的程度。小麦、大豆收获后现在有不少就直接送到粮库或面粉加工厂，能很快进行烘干，损失会少一点或损失不多；农民个体会拉到场地上晾晒，也会防止霉变。而玉米、水稻，收获后则多是露天堆放。我看到不少玉米运到家里或仓库里，大堆大堆地堆放在露天的场院里；水稻一袋一袋放在田里等待装车。这些粮食每年都因运输不及时，后处理跟不上，而热捂变质，坏掉一些粮食，有时坏掉的量是很大的，造成了丰产不能丰收，甚至没有收成的悲剧。有不少地方，都有一些收获后，入库前的霉变粮食，这是很可惜的。此外，粮食在以后的使用长途调运过程中，也有一些浪费，从火车到汽车，从仓库到市场，每个环节都有一些损失，这也是不小的数字。

四是加工环节。

粮食加工环节的浪费主要是两个方面：一个是粗放加工；一个是过度精细加工。粗放加工造成的浪费主要是不洁净、不利落而使粮食出现损耗。如水稻加工，技术不好，设备落后，米糠分离不利落，碎米较多，杂质较大，在食用时，需要反复洗陶方能去掉杂质，结果而造成了浪费。小麦加工，干湿度掌握的不好，太干燥了，会出现扬粉损耗；水分大了，容易结块变质，不易保存，也是很大的浪费。大豆榨油也有这个问题，粗放加工就会影响出油率，也是一种浪费。这些浪费多是不经意的，认为加工损耗就是如此，多被忽视。精细地过度地加工浪费更大。市场经济，讲究卖相，大米、面粉、谷类、豆类都有个好看的问题。就大米来说，除了吃品牌、产地外，还要看品相。籽粒饱满，个头匀称，油光发亮，洁白如霜，这才被认为是好米，虽然价格高一点，还是备受青睐的。而大米要做到这个美丽的品相，并不是大米的本形和本色，而是经过多道工序的精细加工而形成的。大米要个头均匀，就要进行筛选，把小的、碎的都筛出去，进入米糠之中；而要又白又亮，就要进行多次抛光，抛一遍抹掉一层，越抹就越光、越白。有的大米抛光达四五遍之多。一斤水稻，正常情况下，每百斤可碾出65斤—70斤大米，即农民所说的能出六个半到七个大米。而经过筛选和多次抛光的大米，每百斤水稻出米率在50斤—60斤之间，有十来斤就进了米糠而浪费了。有些高价精制品，出米率则更低，也就40斤左右。小麦面粉讲究头箩面、二箩面、三箩四箩面。100斤小麦，通常是出85斤面粉、15斤麸皮，这是标准粉。现在见不到了，或很少见到了，而市场上多是精粉，即过去讲的头箩、二箩、三箩面，每百斤也就60斤多一些。个别强精粉，出粉率更低，每百斤也就50斤左右，其他也都进入了麸皮之中。过度精细加工浪费是很大的。这个问题也需要引起重视，引导市场健康消费，节约消费。精粉人们有需求，也要有效供给，但要引导人们注意粗细搭配，这对人的健康有益，还能节约粮食，减少浪费。这个问题是市场规律在起作用，还要通过市场引导来逐步解决。

五是储藏环节。

储藏环节的浪费不论家庭储藏，还是国家单位储藏，或多或少，都有浪费现象，而且是相当普遍的。就家庭来说,农民要储备自己一年够用的粮食和种子,有的还有储备两年到三年粮食的习惯,以备灾年之需。这是好现象,手里有粮,心里不慌,国储、民储都是必要的。抗击疫情,市场稳定,储备充足是很重要的一个方面。但在储藏的过程中,由于保管不当,而霉变,生芽,虫咬,鼠啃的不少。具体到每家每户可能不多,几十斤、数十斤不等,但统算下来,也是一笔很大的浪费。这种浪费自古以来,就年年发生,人们都很注意,但还是没有根本解决的办法。特别是遇到阴雨连绵的天,存粮湿度过大,又不能及时晾晒,就肯定会发霉变质。就城市居民来说,每家每户只要开伙做饭,也都会备些大米、面粉和豆类杂粮,虽然数量不多,但各样食材都会有一些。食用不了而变质不能再用的或多或少也有一些。具体到一个家庭数额很小,但集中起来,你扔一点,我坏一点,也是很大的量。就各个机关、单位、企业、学校来说,干部、职工、学生集中就餐,大食堂做饭,备的米面也就要更多,由于储存不当而造成的浪费也是很常见的。不论家庭还是单位,适度备粮是必要的,如今年疫情大流行,没有储备,就会影响生活,完全指靠市场,遇到特殊情况,就有可能断炊。所以,家中和单位的备粮必须要适量并保存好。国库存粮过去的浪费主要是两个方面:一个损耗,第二个是陈化。现在这两个问题都解决的比较好,但也不能有任何放松。特别要防止霉变和陈化。玉米是最不耐存的粮食作物,也是最容易霉变的粮食,还要继续解决好。

六是销售环节。

销售环节造成的浪费主要有三个方面:一是出库、上市、出售过程中的损耗,多在合理损耗之内,但如果再管理的科学一点,损耗可能会更少。但如果稍微松懈一点,损失就可能会加大。二是包装上的浪费。我曾管理过机关食堂,每次买回面粉,每袋50斤,把面粉从袋里倒出来,把袋抖搂再干净,每个面袋还沾有二两面粉,我都要把面袋翻过来,用小扫把扫下来,至少再扫出二两面,积少成多,每年也能扫出不少面粉。这种浪费多数人是不知道的。食用油的浪费也很明显。现在我们买的油多是塑料桶或塑料瓶装的。有一斤装的,二斤装的,五斤装的,十斤装的不等。我多买十斤装的,也多是鲁花花生油。我用油先从塑料桶中倒出来,倒进一个专门盛油的盆中,以用着方便。到一桶油倒完的时候,看着干净了,桶空了,我爱人总是要把空桶再倒放在一个碗中10到20分钟,还能控出一两汤勺的油,炒一顿菜没有问题。如果不控空,把空桶扔了,桶中所沾的油也就浪费了。这种不在意的看似不浪费的浪费,每个家庭、每个单位,每袋面、每桶油,若能都集中起来,打扫得干干净净,就可增加不少的粮食和油脂。不要小看了这点点滴滴,涓涓细流汇大海,点点滴滴成江河。三是销售过程中因商品积压,过了保质期而造成的浪费。这个数字我没有统计过,但各地商家或多或少都有一些。就食品来说,瓜果蔬菜烂掉的多一点,米面也有一些,但不多,食用油和豆制品,特别是豆腐一类,相对多一些。但不论多少,销售环节这方面的浪费还是不少的。粮食经过加工,进入市场,没有及时销售出去,结果腐烂变质而不能用,这是很可惜的。

七是食品环节。

现代社会节奏很快,许多青年人因工作太忙,多无暇开伙做饭,有的叫外卖,有的就近去餐馆点餐,还有不少用现成的食品来代替,如饼干、点心、面包、蛋糕之类。现在食品销量很大。在食品环节,浪费很严重,其中最为主要的是大量的过期食品而不能食用而造成的浪费。我国在食品方面最大的浪费是“四节”:一是元宵节的元宵浪费,节前节后判如天地,节后不但要降价处理,而且吃不掉扔掉的也不少。二是五月五的端午节,节前粽子紧俏,节后粽子萧条,同元宵节一样,吃不掉而扔掉的粽子不少。三是八月十五的中秋节,浪费掉的月饼很多,相对于元宵和粽子,月饼浪费的更多。四是春节,家家户户都备许多食物,特别是农村,蒸大堆的馒头,包大堆的饺子,炸大堆的油制食品,而开春返暖后气温急速升高,有不少食品就会霉变而不能食用。“四节”期间,也是产生生活垃圾最多的时期,从所产生的垃圾就可看出,也是浪费粮食和各种食物最多的时期。怎样做到喜庆过节,既能吃的好,而又能不浪费,这是需要很好进行引导的。此外,还有生产和销售食品环节,因为对市场把握得不好,而造成的浪费;由于保存不当,过了保质期而造成的浪费,这方面的情况也是很严重的。现在还有大量进口食品,因运输保管不当,不能及时销售,而造成的浪费也很多。对于食品的浪费需要引起高度重视,下大力气来抓。

八是餐饮环节。

餐饮浪费很严重,这是大家都知道的,也是司空见惯的,有的还认为是习以为常的。餐饮浪费主要表现在五个方面:一是商业餐馆的浪费,点的菜吃不完,只能倒掉。这个问题目前正在解决,而且已见到很大成效。各大小餐馆纷纷推出小份菜，对顾客提醒，打招呼，采取“光盘行动”，效果就很好。二是学校集体食堂的浪费，这方面当前也都采取了积极措施，见到了很大成效，坚持下去，必见大效。三是机关和企事业单位的集体食堂，当前也都开始采取行动，收效也十分明显。四是家庭，剩饭剩菜的浪费现象也不少，还需要从每一个家庭自觉做起。这要靠宣传引导，推动形成良好的生活习惯。五是各类宴会和宴请，这方面的浪费还是惊人的。各类公务活动自中央“八项规定”以来，狠刹请客吃饭之风，收到了很大成效，既正了党风，改进了作风，也杜绝了浪费，这还要坚持下去，绝对不能再回潮反弹。现在的主要问题是一些家庭的婚丧嫁娶所摆的宴会，特别是喜宴，浪费还是很严重的。这里有思想观念问题，风俗习惯问题，礼仪往来问题等各种因素，需要综合施策，特别是要强化教育引导，从移风易俗，树立良好的社会风尚角度来解决。只要方法对头，措施得当，也是能够逐步解决的。

对2020年计划和预算初步审查的书面意见

（2020年2月17日）

王东明

为开展好2020年计划和预算初步审查，前期各有关单位做了大量认真细致的工作。人大财经委、预算工委召开一系列座谈会，赴地方开展调查研究，广泛听取人大代表、政府部门和企业等各方面的意见建议。国务院有关部门特别是国家发改委和财政部，认真研究起草年度计划和预算报告，制定计划预算草案，及时向全国人大有关专门委员会和部分人大代表通报计划预算编制情况，听取意见建议。近期，在充分吸收代表委员意见建议的基础上，国务院有关部门向全国人大提交了2020年计划预算报告和草案，以及有关部门的工作安排。总的看，这些报告符合中央经济工作会议精神，体现了党中央关于经济工作的决策部署，指导思想明确，主要目标和政策措施总体可行，为代表大会作进一步审查打下了良好基础。

编制审查年度计划和预算是我国的一个重要制度优势。这项制度安排充分体现了坚持党的领导、人民当家作主和依法治国三者有机统一，有利于将我国特有的制度优势有效转化为强大的治理效能。各有关单位要从推进国家治理体系和治理能力现代化的高度，更加重视计划预算编制和审查工作，密切沟通协作，共同努力做好这项工作。人大财经委、预算工委要会同有关专门委员会，切实履行好初步审查的法定职责，提出符合实际的初步审议意见和审查结果报告。代表大会期间，有关单位要密切配合，广泛听取各代表团的意见建议，认真研究代表们的审议意见，进一步修改完善计划预算报告和草案以及两个审查结果报告，高质量完成代表大会审查计划预算的议程，确保开成团结鼓劲、圆满成功的大会。这里，再对几个重点问题提一些原则性意见和要求。

*第一，辩证看待把握经济形势，进一步增强发展信心。*2019年是我国发展进程中极不平凡的一年。面对复杂严峻的形势，我国经济保持了总体平稳、稳中有进的运行态势，主要预期目标和重点任务较好完成，人民群众得到更多实惠，社会大局保持和谐稳定，为庆祝新中国成立70周年创造了良好环境，也为全面建成小康社会收官打下决定性基础。这样的成绩，是在国际风险挑战明显增多的背景下取得的，是在国内深层次矛盾凸显的背景下取得的，是在我国经济总量已经形成高基数的基础上取得的，成绩确实来之不易。这是以习近平同志为核心的党中央统揽全局、坚强领导、科学决策的结果，是习近平新时代中国特色社会主义思想科学指引的结果，是各地区各部门迎难而上、顶压前行、奋力拼搏、真抓实干的结果。

在充分肯定成绩的同时也必须看到，今年国内外环境更趋复杂严峻。世界经济今年将呈现低增长、低通胀、低利率、高债务、高风险的“三低两高”特征，国内“三期叠加”影响继续加深，经济下行压力持续加大，特别是受到新冠肺炎疫情的冲击，面临的两难甚至多难问题更多，政策选择和工作推进的难度更大。对此，要进一步强化忧患意识，坚持底线思维，把形势看得更复杂一点，把挑战看得更严峻一些，把困难估计得更充分一些，制定好各种应对预案，做到未雨绸缪、有备无患，牢牢掌握经济工作主动权。当前形势下,"信心"是影响市场预期和经济走势的关键因素。信心来自于对形势的科学分析和判断,来自于对存在问题的清醒认识,来自于实事求是确定全年的主要目标任务和政策举措。

从短期看,这次新冠肺炎疫情将对经济运行造成一定冲击,特别是对旅游、餐饮等服务业冲击较大,同时也给大多数企业特别是中小企业生产经营带来困难,但对经济总体影响程度仍需进一步观察和评估。如果疫情能够得到及时、有效控制,前期受到影响的投资、消费和进出口将在后期迅速释放,宏观经济受到的冲击仍是有限的。从长期看,我国经济发展的基本面仍然是好的,经济韧性好、潜力足、回旋余地大的特征没有变,影响持续健康发展的结构性问题正在逐步得到解决,支撑高质量发展的条件不断改善。我国有改革开放以来积累的雄厚物质技术基础,有超大规模的市场优势和内需潜力,有庞大的人力资本和人才资源,有社会主义制度与市场经济有机结合的经济制度,以及包含一系列根本制度、基本制度、重要制度在内的制度优势,最关键的,我们有坚持党的领导这一根本领导制度的优势。谋划做好全年经济工作,要坚持从世界看中国、从全局看局部、从未来看当下,保持战略定力,不为经济运行短期波动所惑,始终立足经济基本面,坚定战胜一切困难、保持持续发展的信心。两个报告在分析形势和问题、安排部署主要工作上,要把思想和行动进一步统一到中央对经济形势的判断和决策部署上来,与中央经济工作会议精神和党中央决策部署对标对表,全面客观总结成绩,深入分析面临形势,不回避问题,务实管用安排应对举措,充分发挥统一思想、凝聚共识、振奋精神、增强信心的积极作用。

第二,进一步突出稳字当头的要求,全面体现稳中求进工作总基调。截至去年底,我国经济已连续 18 个季度保持在 6% 至 7% 之间运行,城镇新增就业已连续 7 年超过 1300 万人,促改革、调结构、防风险、惠民生等工作不断取得新进展,这主要得益于较好地坚持了稳中求进工作总基调,较好地落实了"稳"的要求和"进"的举措,特别是党中央提出的"六稳"要求,即稳就业、稳金融、稳外贸、稳外资、稳投资、稳预期。经过多年快速发展,我国经济体量不断迈上新台阶,去年 GDP 接近 100 万亿元,人均 GDP 超过 1 万美元。在高基数基础上的"稳"实质上也是"进",经济下行压力持续加大情况下更是如此。综合各方面情况看,今年我国遇到的困难和挑战可能更多,保持经济运行在合理区间的难度更大,更要把"稳"放在第一位,坚持稳字当头,千方百计稳住经济基本盘,保持住经济社会发展良好势头。两个报告要进一步完善"六稳"举措,有些方面需要再强化。一要突出保持宏观政策的连续性和稳定性。实施好积极的财政政策和稳健的货币政策,落实大规模减税降费措施,不断提高调控的针对性和精准度,重大政策出台和调整要进行综合影响评估,防止政策制定中的脱离实际,防止执行中的"一刀切"和层层加码现象,切实稳定市场主体预期。二要突出"稳投资"的拉动作用。围绕重大国家战略加大城乡基础设施、交通骨干网络特别是中西部民航铁路公路、干线航道、水利等基础设施建设投资,围绕转型升级加大技术改造项目投资,围绕改善民生加大教育、医疗、养老等领域投资,重点要推动重大项目建设尽快形成实物工作量。三要突出积极扩大居民消费需求。大力培育消费新业态新模式,支持定制消费、体验消费、夜间消费等发展,积极发展假日经济,促进养老、家政、旅游、文体等服务消费高质量发展,不断培育和壮大新消费热点。要通过简政放权给消费松绑,推动汽车限购政策向引导使用政策转变,合理释放汽车消费需求。四要突出把"稳就业"作为重中之重。进一步明确就业优先导向,出台政策和工作举措都要有利于稳定和扩大就业。要加强就业形势跟踪监测,建立分级分类应对预案,实施有针对性的援企稳岗措施,鼓励企业坚持多转岗、少下岗,稳就业、不失业,突出抓好下岗失业人员、农民工、退役军人等重点群体就业工作,确保零就业家庭动态清零,保持就业总体形势稳定。

第三,进一步突出贯彻新发展理念,推动经济高质量发展。在去年的中央经济工作会议上,习近平总书记再次强调要坚定不移贯彻新发展理念,强调新发展理念是一个整体,提出的要求是全方位的、多层次的,绝不是只有经济指标这一项;强调要紧紧扭住新发展理念推动发展,把注意力集中到解决各种不平衡不充分的问题上来,绝不能再回到简单以 GDP 增长率论英雄的老路上去,绝不能再回到以破坏环境为代价搞所谓发展的做法上去,更不能再回到粗放式发展的模式上去。这些重要理念和要求应在经济工作中得到全面深入贯彻落实,在制定主要目标、重点任务、重要举措时得到充分体现。

在贯彻创新发展理念方面,研发费用占 GDP 比重这个指标,"十三五"前四年都没有完成年度目标，按目前趋势“十三五”确定的预期目标也难以完成，这充分暴露了我国科技创新方面存在的短板。美国一直以来将科技作为与我进行战略竞争的杀手锏，在中美贸易战的交锋中，不断抛出限制关键零部件出口、实施技术出口管制等措施，对我从“卡现在”升级到“卡未来”。在安排科技工作和科技投入方面，要立足应对美对我的战略遏制、立足抢占未来科技制高点，把世界科技前沿、经济主战场、国家重大需求作为战略主攻方向，深入实施创新驱动发展战略。要充分利用我国集中力量办大事的制度优势，在科研院所、高等学校、科技企业作系统布局，整合资源集中攻克关键核心技术、颠覆性技术和战略性技术。要把发展基点放在创新上，进一步完善支持企业创新的普惠性政策体系，深化项目评审、人才评价、科技成果权益管理等领域改革，完善科技成果转化激励评价制度，激发科技人员积极性，不断增强自主创新能力，为推动高质量发展提供强大科技支撑。

在贯彻协调发展理念方面，我国区域经济发展差距呈现增大趋势，而且出现一些新情况。对这些新情况新问题两个报告应作出回应，要进一步突出深入实施西部大开发、东北振兴、中部崛起、东部率先发展等区域发展总体战略，加快推进京津冀协同发展、长江经济带发展、粤港澳大湾区建设、长三角一体化以及黄河流域生态保护和高质量发展等重大国家战略，提高区域发展协调性。

在贯彻绿色发展理念方面，作为重要的节能环保“约束性指标”，“单位国内生产总值能耗降低”2019 年没有完成全年目标，两个报告对此除要作分析说明外，要在安排投资项目、财政投入方面拿出过硬的解决措施。去年经济增速逐季放缓，在此情况下六大高耗能产业增速却出现反弹，对这种苗头应高度重视，研究提出有效应对措施，进一步助力打赢污染防治攻坚战。

第四，进一步聚焦决胜全面建成小康社会，着力补短板、强弱项、守底线。全面建成小康社会到了一鼓作气、决战决胜的历史时刻，今年既是决战期，更是攻坚期，越是接近目标，越得紧盯重点任务特别是底线任务，坚持问题导向，努力补齐短板，使全面建成小康社会所有目标任务不折不扣得到落实。两个报告要进一步聚焦全面建成小康社会目标任务，对一些重点任务作出细化安排。一要着力在打赢三大攻坚战上补齐短板。要把打赢脱贫攻坚战作为重中之重，围绕“两不愁三保障”攻坚克难，确保全面实现目标任务。要高度重视脱贫后返贫的问题，特别是做好异地搬迁安置、就业等工作，强化后续帮扶，结合实施乡村振兴战略建立脱贫攻坚长效机制。要严格执行环保标准不放松，实施能源消费总量和强度“双控”制度，确保主要污染物排放总量大幅减少，生态环境质量总体改善。要坚持治理金融市场乱象，遏制政府隐性债务，坚决守住不发生系统性风险的底线。二要着力在提升公共服务水平上补齐短板。紧扣社会主要矛盾变化，更好发挥政府作用，增加公共服务供给，加快推进基本公共服务均等化。加大对学前教育、职业教育发展的支持，切实保障农村留守儿童和农民工随迁子女教育。加快发展养老事业和产业，积极应对人口老龄化趋势。三要着力在兜底民生保障特别是困难职工群众生活上补齐短板。要围绕民生大事难事急事，精准发力、补齐短板，做好关键时点、困难人群的基本生活保障。在就业压力增大的情况下，城镇困难职工群众的生活将面临更大困难，各级政府、群团组织、有关企业要合力做好民生兜底工作，切实保障困难职工基本生活，在此基础上群策群力进一步加强帮扶，助其解困脱困，与广大人民群众同步迈入小康社会。

第五，进一步突出推进市场化改革和扩大高水平开放，不断为发展注入新的动力活力。困难越是增多越要加快改革、越要扩大开放，关键是要坚持市场化改革取向，充分发挥市场在资源配置中的决定性作用、更好发挥政府作用，推动重点领域改革走深走实，特别是对事关提升国家治理体系和治理能力现代化水平的重大改革，要有更加有力的措施加以推进。一要加快推进产权制度改革取得新进展。加快建设统一的市场体系，提高要素市场化配置水平，彻底破除阻碍民营企业和中小企业发展的制度性限制包括隐性障碍，健全支持民营经济发展的法治环境。二要加快推进国资国企改革取得新进展。改革国有资本授权经营体制，加大混合所有制改革力度，完善各类国有资产管理体制。三要加快推进金融供给侧结构性改革取得新进展。优化融资结构和金融机构体系，发展更多专业化金融机构，特别是专注服务社区、服务小微企业的中小型机构，鼓励加大竞争，引导各类金融机构回归本源、聚焦主业，提高服务实体经济的效率和质量。2020 年要落实普惠小微贷款综合融资成本再降 0.5 个百分点，将政府性融资担保和再担保机构平均担保费率逐步降至 1% 以下等政策措施，确保解决小微企业融资难融资贵有明显进展。四要加快推进财税体制改革取得新进展。坚持用改革的办法把该减的税费彻底减到位,用法治的办法把该征的税费确定下来,进一步释放减税降费效应,巩固和提升减税降费政策效果。要坚持优化税制结构、完善税收功能、稳定宏观税负、推进依法治税的改革方向,加快落实税收法定原则,建立现代税收制度。要合理划分政府间事权与支出责任,加快建立事权和支出责任相适应的现代财政制度,充分发挥中央和地方两个积极性,全面提升国家治理效能。*五要突出落实党中央确定的一系列重大开放举措。*全面实施准入前国民待遇加负面清单管理制度,以首创性、差异化的改革探索推进自贸区、自贸港建设。以"一带一路"建设为重点,进一步提高贸易投资自由化便利化水平,积极参与全球经济治理体系变革,加快形成对外开放新格局。

新冠肺炎疫情牵动着亿万人民群众的心,当前正处于疫情防控的关键时期。党中央高度重视疫情防控工作,习近平总书记亲自指挥、亲自部署,多次作出重要指示、发表重要讲话,中央政治局常委会多次召开会议,作出一系列决策部署,提出一系列明确要求。两个报告要深入贯彻习近平总书记重要指示和讲话精神,全面落实党中央的重大决策部署,积极回应社会关切,适当充实疫情防控相关内容。要根据疫情防控需要及时调整计划预算有关安排,加强重点医疗物资的供应保障,加大患者医疗救治费用保障力度,增加相关试剂、疫苗、药品研发投入和攻关力度,全力支持做好疫情防控重点工作,坚决打赢疫情防控的人民战争、总体战、阻击战。要针对这次疫情中暴露出来的问题,重点查找补齐医疗卫生领域存在的短板,通过优化调整年度目标任务和预算安排,加大医疗卫生领域投资投入,支持加强疾控体系建设、重大疫情应急处置能力建设和重点医疗物资储备体系建设,进一步健全完善应对重大公共卫生事件体制机制,提高医疗卫生服务能力和服务水平,夯实保障人民生命安全和身体健康基础。这次疫情将对我国全年经济社会发展走势产生一系列影响,将增加经济平稳运行的不确定性,增大实现全面建成小康社会和"十三五"规划顺利收官的难度。对此两个报告在修改完善时要作充分考虑,要抓紧就疫情对经济运行的影响作出科学预测和评估,在坚持大方向不变的前提下根据评估结果适当调整计划预算的相关指标、政策举措和资金安排,统筹疫情防控和经济社会发展,优化逆周期调节政策,提出有针对性的应对举措,加强财政经济运行调度,尽可能把疫情的不利影响降到最低,千方百计保持经济平稳运行和社会和谐稳定,确保打赢三大攻坚战,确保实现党中央确定的全年经济社会发展主要目标任务,确保实现全面建成小康社会宏伟目标和"十三五"规划胜利收官。

对 2020 年一季度经济形势分析的书面意见

(2020 年 4 月 20 日)

王东明

新冠肺炎疫情发生以来,在以习近平同志为核心的党中央坚强领导下,全国各族人民万众一心、团结奋战、共抗疫情,目前防控工作已取得重大阶段性成效,生产生活秩序正在加快恢复,统筹推进疫情防控和经济社会发展工作取得积极成果。与国外疫情快速扩散蔓延相比,这样的局面为我国下阶段夺取疫情防控全面胜利和恢复经济运行秩序抢占了先机,赢得了战略主动。成绩来之不易,根本在于习近平总书记亲自指挥、亲自部署,审时度势、果断决策,充分发挥了坚强的领导核心和中流砥柱作用;是各地区、各部门认真贯彻党中央决策部署、攻坚克难、扎实工作的结果,也是亿万党员干部群众,特别是奋战在一线的广大医务人员、社会工作者、基层干部、志愿者等不畏艰险、顽强拼搏的结果,充分体现了中国共产党的领导和中国特色社会主义制度的显著优势,充分展示了中国人民顽强不屈、敢于斗争、敢于胜利的中国精神和中国力量。

今年一季度的经济形势很不寻常,受疫情冲击影响,我国经济社会发展面临前所未有的挑战。全球疫情仍在快速扩散蔓延,经济全球化遭遇重大波折,国际货币基金组织(IMF)预测 2020 年全球经济将下降 3%,世界贸易组织(WTO)预测全球贸易将下降 13% 至 32%,世界经济下行风险将通过外贸外资、供应链、资金链等多种渠道对我实体经济和金融市场产生冲击,导致我国外部风险明显增加,保持国民经济平稳运行的难度明显加大。一是内外需求明显回落，投资、消费、出口三大需求一季度分别下降19%、16.1%和11.4%，经济下行压力持续加大，经济循环不畅问题突出。二是部分行业企业特别是小微企业生产经营困难加重，复工复产达产率偏低，产业链循环不畅和产业安全问题突出。三是重点领域风险不断积聚，信用违约和银行不良贷款增多，财政收支压力持续加大，特别是基层政府“三保”压力突出。四是社会民生领域挑战增多，就业压力明显增加，困难职工群众基本保障矛盾突出。

统筹做好疫情防控和经济社会发展工作，既是一次大战，也是一次大考，是对我国治理体系和治理能力的一场重大考验。越是在这个时候，我们越要用全面、辩证、长远的眼光看待我国发展，越要增强信心、坚定信心。综合来看，我国经济长期向好的基本面没有改变，发展的韧劲、空间和回旋余地仍然很大。只要我们努力变压力为动力，善于化危为机，抓紧恢复生产生活秩序，加大政策调节力度，不断通过深化改革开放激发动力活力，把我国发展的巨大潜力和强大动能充分释放出来，就能够确保打赢疫情防控人民战争，实现经济社会持续健康发展。要进一步增强“四个意识”、坚定“四个自信”、做到“两个维护”，把思想和行动统一到习近平总书记重要讲话精神上来，统一到党中央对形势的判断和决策部署上来，坚定信心、迎难而上、主动作为，紧扣全面建成小康社会目标任务，坚持稳中求进工作总基调，坚定不移贯彻新发展理念，深化供给侧结构性改革，加大宏观政策对冲力度，有效扩大内需，力争把疫情造成的损失降到最低，维护经济发展和社会大局稳定，确保实现决胜全面建成小康社会、决战脱贫攻坚目标任务。

第一，贯彻稳中求进工作总基调，因时因势调整工作着力点和应对举措。稳定是大局，当前要重点抓住“稳”的两个方面，一方面要稳住疫情防控，坚持常态化防控策略，时刻绷紧防控这根弦，抓紧完善同新防控策略相适应的工作机制和举措，抓好“外防输入，内防反弹”，确保疫情不反弹。另一方面要稳住经济基本盘，防止经济运行持续偏离合理区间，加大“六稳”工作力度，实现“六保”要求，即保居民就业、保基本民生、保市场主体、保粮食能源安全、保产业链供应链稳定、保基层运转。在稳的基础上要积极进取，全面推进复工复产达产，恢复正常经济社会秩序，培育壮大新的增长点增长极，不断提高经济发展质量。要根据疫情形势和经济运行走势调整优化政策着力点和应对举措。一要在加大对冲力度上下功夫。加大宏观政策逆周期调节力度，财政政策要更加积极有为，适当提高赤字率，发行特别国债，扩大地方政府专项债券发行规模，加快发行和使用进度，加大对地方政府的转移支付力度，缓解基层政府收支压力。货币政策要更加灵活适度，综合运用货币政策工具，疏通传导机制，引导市场利率下行，保持流动性合理充裕。必要情况下应对年度计划和预算当中的主要目标任务、重点措施和资金支出等作出适当调整。二要在精准施策上下功夫。进一步完善、落实分区分级精准防控和复工复产策略，目前低风险地区的县区占比超过98%，要推进低风险地区全面复工复产，帮助企业解决用工、能源、交通、原材料供应等困难，有针对性地打通物流、上下游企业、产业链各环节之间的“堵点”，推动协同复工复产。三要在落实见效上下功夫。抓紧按程序再提前下达一定规模的专项债务，督促地方加快发行并用好资金，增加有效投资。对已出台的大规模减税降费、财政贴息、缓缴停缴社会保险费等惠企政策，要加大宣传力度，帮助符合条件的企业用足用好政策，切实增强企业减负的获得感，同时要及时做好政策执行效果监测和分析研判，不断改进完善相关政策。在推动工作落实中，人的因素至关重要。要进一步完善干部考核机制，建立容错纠错机制，激励广大党员干部干事创业、担当作为、攻坚克难，出实招、求实效，扎实推进各项政策措施落地见效。

第二，大力支持实体经济发展，筑牢经济持续健康高质量发展基础。实体经济是国民经济的立身之本、财富之源。这次疫情对我国农业、制造业以及交通运输、餐饮、住宿、旅游等服务业造成较大冲击，很多民营企业和小微企业生产经营陷入困难，应采取有效措施加以应对。

一是强化“三农”压舱石作用。支持化肥、农药等农资企业尽快复工复产，抢抓农时组织好春耕春播，加强农作物病虫害防治和气象灾害防范，保持粮食播种面积和粮食产量基本稳定，有效保障粮食安全。落实各项支农政策，加快恢复生猪生产，促进农林牧副渔业协调发展，加快农村富余劳动力转出，多渠道增加农民收入，不断夯实“三农”发展基础。

二是帮助民营企业和小微企业渡过难关。对受疫情影响较大的劳动密集型行业，特别是吸纳重点群体就业、不裁员或少裁员的企业，要加大税收减免、贷款贴息、就业补贴等政策支持力度。督促指导各类园区、国有企业减免中小企业房租、物业费等，进一步降低企业综合成本。创新金融支持方式，为防疫重点地区单列信贷规模，加大贷款展期、续贷力度,适当减免小微企业贷款利息。餐饮、住宿、旅游等生活服务业受疫情冲击较大,其中民营企业和小微企业众多,许多企业面临“不开张困难,开张也困难”的处境,行业整体复工复业难度更大、进展更慢。要出台专门救助措施,大幅减免行政事业性收费、政府性基金和物业租金,提高稳岗补贴标准,运用专项再贷款资金给予特殊信贷支持,促进全行业尽快走出低谷。要充分发挥地方积极性,鼓励各地因地制宜制定实施帮扶民营企业和小微企业政策措施,防范化解大面积企业倒闭和失业增加风险。

三是提升产业链安全性和竞争力。我国是世界制造大国和货物贸易第一大国,产业链深度融入全球生产网络。由于疫情防控使多国停产限产、封锁边境,国际产业链供应链正常运转受到干扰,我国制造业上游断供、下游需求不足的风险加大。一些西方发达国家为减少对我国的产业依赖,明确提出推动产业加快从我国转出,对我国产业链安全和竞争力提升将产生重大影响。当前,在推动我国产业链上下游企业协同复工复产的同时,要科学评估疫情对我国产业链和产业安全造成的影响,作出前瞻性战略应对安排。要进一步优化中西部地区营商环境,支持中西部承接东部产业转移,尽可能把产业链供应链留在国内。要以知识产权、技术标准等为抓手,把最核心、有系统集成能力的产业环节维护好,充分发挥我国市场规模优势,提高产业链韧性和对全球供应链的整合能力,巩固以我国为目标市场的产业链、供应链和价值链体系。要加大产业关键核心技术攻关,加强国产替代,增强本土供应链配套能力,顺势推动产业链优化升级,切实维护产业链安全,提升产业整体竞争力。

第三,瞄准重点领域和关键环节,积极扩大有效投资。增加有效投资需求,既是应对疫情冲击的短期关键之举,也是改善供给、推动经济高质量发展的长远之策。要科学确定合理的投资方向,加大财政投入力度,充分调动民间投资积极性,着力增强投资的有效性和带动作用。一要扩大重大国家战略项目投资,重点加强中西部交通水利等基础设施建设投资,结合制定“十四五”规划再谋划实施一批符合长期方向、带动性强的重大基建项目。二要扩大包括 5G 网络、人工智能、工业互联网、物联网等在内的新型基础设施投资,扩大技术改造投资,加快推进传统制造业转型升级,抢占未来发展制高点。三要扩大中小城市、小城镇和农村公共卫生设施建设投资,加大疾病预防控制体系相关设施和设备投资,补齐公共卫生事业发展短板。四要扩大城镇老旧小区改造投资,重点改造完善小区配套和市政基础设施,提升社区养老、托育、医疗等公共服务水平,改善居民生活条件。关键是要提高投资审批效率,加强用地、用能、资金等政策配套,推动重大投资项目早落地、早见效。

第四,促进消费回补与培育新消费增长点并重,多措并举提振居民消费。这次疫情使居民消费短期受到较大抑制,但并不影响我国超大规模市场优势和巨大消费潜力,一些领域消费在疫情结束后会出现回补和反弹,一些领域还会出现新的消费增长点,关键是要做好政策引导和支持。一要鼓励有条件的地区发放“消费券”,可以向低收入者、城镇困难职工、老年人、残障人士等特定群体发放,帮助其解决生活困难,也可以发放用于购买餐饮、住宿、旅游等服务的消费券,促进扩大相关消费,支持受冲击较大行业恢复发展。二要支持扩大汽车消费,放宽汽车限购政策,增加换购新车和购买新能源车补贴,降低小排量汽车相关税费,刺激汽车消费需求。三要优化布局社区超市、便利店,支持电商发展,扩大电商进农村覆盖面,促进线上线下有机结合,提高居民消费便利性。四要鼓励发展消费新业态模式,支持餐饮外卖、线上买菜等“互联网 + 消费”快速发展,支持企业发展预约制、无接触服务等新服务模式,加强无接触服务基础设施建设。五要落实带薪休假制度,通过假期调休等方式形成“小长假”,大力发展假日经济、夜间经济、全时经济,举办旅游节、美食节、购物节等,推动消费回补和复苏,激发居民消费潜力。

第五,千方百计稳就业、保就业,兜牢基本民生底线。就业是民生之本,也是经济保持平稳运行不能突破的下限,复工复产、恢复经济、居民增收、社会保障集中到一点就是就业。要进一步强化就业优先导向,加快落实阶段性减免社保费、失业保险费稳岗返还、吸纳重点群体就业补贴等政策,减负、稳岗、扩就业并举,重点解决部分企业稳岗压力大和重点群体就业难等突出问题,因地因企因人分类帮扶,提高政策精准性和有效性,有效缓解新增就业压力。脱贫攻坚是全面建成小康社会的一项底线任务,也是今年的一项硬任务,疫情冲击加大了完成难度。要按照党中央的决策部署狠抓工作落实,加快脱贫攻坚项目开工复工进度,帮助贫困劳动力尽快返岗就业,通过发展农村电商、精准对接农商超等措施,有效解决贫困地区农产品卖难问题。要加快建立健全防止返贫机制,对因疫情或其他原因返贫致贫的，要及时落实帮扶措施，同时要做好城镇困难职工群众基本生活保障，通过纳入低保、特困人员救助、专项困难帮扶等办法，做到应保尽保，确保基本生活有保障。

第六，稳住外贸外资基本盘，以市场化改革促进高水平开放。在贸易保护主义、单边主义抬头的大背景下，中美经贸摩擦对我国经济的不利影响仍在不断显现，叠加今年全球疫情蔓延对国际经贸的严重冲击，未来较长一段时期，我国对外经贸发展将面临持续趋紧的外部环境，对此应有充足应对准备。要加强同欧盟、日本、印度、俄罗斯等国经贸合作，提升"一带一路"沿线国家经贸比重，开拓多元化国际市场，力争稳定我国在全球的市场份额。要抓住世界贸易低迷和国际油价大幅下挫的时间窗口，积极扩大重要原材料、先进技术设备和原油进口规模，增加战略物资储备，提高能源和产业链安全。面对全球化进程遇到空前挑战的形势，我们要进一步落实党中央确定的一系列重大开放举措，支持外资企业加快复工复产，进一步缩减外资负面清单，扩大鼓励类外商投资范围，加快服务业对外开放，高质量推进"一带一路"建设，积极参与全球经济治理体系变革，加快形成对外开放新格局。统筹推进疫情防控和经济社会发展既要治标，更要治本，根本上还是要保持战略定力，做好自己的事，以更大的决心和勇气，推动产权、财税、金融、国企、行政体制等重点领域和关键环节的改革走深走实，构建更加完善的要素市场化配置体制机制，建设统一开放、竞争有序的市场体系，营造国际化法治化便利化营商环境，用市场化改革推进高水平开放，为经济社会持续健康发展注入持久的动力活力。

在全国人大财经委2020年上半年经济形势分析会上的讲话

（2020年7月16日）

王东明

今天，我们在这里召开会议，主要是贯彻"两会精神"，共同分析当前经济形势，从人大角度对财经工作提出意见建议，加强财经工作监督，推动落实党中央关于经济工作的重大决策部署。上午，十三个部门介绍了上半年经济运行情况、采取的主要措施和成效，分析了突出问题和困难挑战，提出了有力的应对举措，反映出做了大量认真细致、卓有成效的工作。刚才，陈竺副委员长和各位委员都发表了很好的意见，既对形势作出分析，也对做好下一步工作提出意见和建议，都很有针对性。希望国务院有关部门给予足够重视，在安排部署下半年和今后一个时期经济工作时认真研究采纳。下面，我结合大家发言再讲几点意见。

一、科学分析当前经济形势，坚定发展信心，努力实现在危机中育新机、于变局中开新局

关于当前经济形势，我总的赞成国家发改委等部门的判断。上半年我国经济先降后升，二季度经济增长由负转正，主要经济指标恢复性增长，夏粮再获丰收，农产品供应充足，城镇新增就业稳步增长，脱贫攻坚扎实推进，新产业新业态逆势增长，产业转型升级取得积极进展，市场预期不断改善，民生得到有力保障，社会大局总体稳定。总的看，我国经济运行逐步企稳回升，经济社会发展势头好于预期，但经济持续复苏的基础仍不稳固，做好下阶段经济工作仍面临许多困难和挑战。分析当前形势，做好下一步工作，我感到重点要把握好三个问题。

第一，深入分析和妥善应对新冠肺炎疫情的重大影响。今年年初，新冠肺炎疫情突然爆发。面对疫情带来的严峻挑战，以习近平同志为核心的党中央见微知著、果断决策，习近平总书记亲自指挥、亲自部署，坚持把人民群众生命安全和身体健康放在首位，领导全党全军全国各族人民打响疫情防控的人民战争、总体战、阻击战。经过艰苦卓绝的努力，我国疫情防控取得重大战略成果，统筹疫情防控和经济社会发展取得积极成效，经济运行和社会生活秩序持续恢复。在全球疫情仍在扩散蔓延的情况下，这样的成绩来之不易、成之惟艰，赢得国际社会的广泛认可，充分证明了党中央关于统筹推进疫情防控和经济社会发展的一

系列重大决策部署是完全正确的,也再次彰显了习近平总书记的坚强领导核心作用和党中央对复杂局面的驾驭能力,充分体现了中国共产党的领导和中国特色社会主义制度的显著优势。

同时要看到,这次疫情是一次世界性重大公共卫生事件,对整个世界政治经济格局和国际秩序,以及人类生产生活方式都将产生重大而深远的影响。疫情令多国经济陷入停摆半停摆状态,导致国际交往受限、国际贸易和投资大幅萎缩、全球产业链供应链受阻、国际金融市场动荡。一些国家和跨国公司主动调整产业布局,加快推动制造业回归。世界经济陷入严重衰退,世界银行 6 月份最新预测,2020 年全球经济将萎缩 5.2%,最悲观的情况可能回落 8%,世界贸易组织预测全球货物贸易将下降 13% 至 32%。一季度,我国国内生产总值同比下降 6.8%,出现 1992 年有季度统计以来的首次负增长,一般公共预算收入下降 14.3%,主要宏观经济指标出现明显下滑。进入二季度,尽管部分指标降幅有所收窄,但经济运行仍面临较大下行压力,供需两侧保持回落态势,经济循环持续受阻,面临的困难和问题明显增多,主要是内外需求不足矛盾突出,实体经济不振,各类市场主体特别是小微企业面临严峻考验;产业链供应链循环不畅,产业安全受到严重威胁;重点群体和困难人群失业率上升,就业压力明显增大;财政收支矛盾突出,民生保障和基层运转难度加大,重点领域的风险不断积聚,等等。目前看,全球疫情何时结束尚难预测,其影响程度仍在不断拓展深化,要充分估计风险和不确定性,妥善加以应对,同时要做好长期应对的准备。

第二,深入分析和有效应对美对我的全方位打压遏制。随着近几年保护主义、单边主义和民族主义兴起,全球化遭遇逆风和回头浪,全球动荡源和风险点明显增多,我国外部环境持续趋紧。特别是,美国特朗普政府利用贸易、科技、金融、军事、外交等手段对我进行全方位打压遏制,从开始通过贸易战不断施压,到打击华为、中兴等高科技企业、加强技术出口管制,加大对我科技制裁,再到以“国家安全”为名限制我海外投资,定向制裁我在美上市企业,利用金融领域优势对我形成制约。同时,还肆意插手香港、台湾、新疆、西藏、南海等我国内部事务,粗暴干涉我国内政,对我政治体制、意识形态、发展模式和战略意图等展开全面抨击,这次又乘疫情之机使用“甩锅”“抹黑”“污名化”等手段转移矛盾、转嫁危机,进一步升级对我的打压遏制。对此,我们必须有清醒认识,充分看到对美斗争的长期性、复杂性、艰巨性,发扬斗争精神,敢于斗争、善于斗争,从战略和战术层面有效加以应对。

第三,深入分析和加快解决我国经济社会发展中长期积累的深层次矛盾和问题。总的看,这些年我国经济在朝着形态更高级、结构更合理的方向转变,但还没有完全闯过转变发展方式、优化经济结构、转换增长动力这道关口,长期积累的结构性、体制性、周期性矛盾和问题还没有得到彻底解决,包括供需结构、产业结构、投资消费结构、城乡区域结构、收入分配结构、金融与实体经济结构等不合理问题,以及财税体制、金融体制、行政管理体制、国有资产管理体制、科技管理体制、要素配置机制、市场价格和竞争机制等不健全不完善问题,仍然不同程度存在。这些矛盾和问题相互交织、叠加作用,在经济下行过程中更容易集中显现,使经济运行承受更大压力,使经济发展面临的困难更为突出。这些矛盾和问题解决起来不可能一蹴而就,需要一个长期的渐进的过程,同时又有现实紧迫性,要采取有力措施扎实推进解决。

在充分认识和把握上述三个问题的基础上,面对严峻的风险挑战,一方面,我们要一以贯之增强忧患意识,强化底线思维,宁可把困难想得充分一些,把风险估计得严重一些,从最坏处着眼,争取最好的结果,做好应对的思想准备和工作准备。另一方面,我们要坚持用全面、辩证、长远的眼光看待当前困难、风险和挑战,胸怀两个大局,从世界看中国、从全局看局部,从长期大势认清当前形势。要看到尽管困难重重、压力很大,但我国经济潜力足、韧性强、回旋空间大、政策工具多的基本特点没有变,经济长期向好的基本面没有变,经济持续增长的良好支撑基础和条件没有变。我们有改革开放以来积累的雄厚物质技术基础,有超大规模的市场优势和内需潜力,有庞大的人力资本和人才资源,特别是有以习近平同志为核心的党中央的坚强领导,有中国特色社会主义制度的独特优势,有勤劳智慧的亿万人民群众。只要我们直面挑战,坚定发展信心,增强发展动力,当前的难关一定能闯过去。按照惯例,近期党中央将分析研究当前经济形势和经济工作。我们要注意及时学习会议精神,把思想和行动统一到党中央对形势的重大判断和决策部署上来,进一步增强“四个意识”、坚定“四个自信”、做到“两个维护”,坚定战胜一切困难、保持持续发展的信心决心,振奋精神、强化担当、迎难而上,狠抓各项工作落实,努力克服疫情带来的不利影响,变压力为动力,善于转危为机,把我国发展的巨大潜力和强大动能充分释放出来，实现在危机中育新机、于变局中开新局。

二、立足当前，扎实做好“六稳”工作，落实“六保”任务，进一步稳住和巩固经济基本盘，确保如期完成决战脱贫攻坚、决胜全面建成小康社会目标任务

做好今年财经工作至关重要，直接关系到全面建成小康社会目标是否能如期实现。对此，党中央已作出决策部署，政府工作报告和计划预算报告也有明确安排，我们要不折不扣推动落实。这里再突出强调几个方面。

一要聚焦稳住经济基本盘持续发力。对我国目前经济体量而言，在今年这种严峻形势下，站稳脚跟是第一位的，站“稳”了在一定意义上也就是“进”，就是贯彻稳中求进工作总基调。今年中央没有提出经济增速具体目标，但不量化不等于不要增长速度，不等于不重视发展了。无论是调结构、转方式、防范化解重大风险，还是保就业、保民生、实现脱贫攻坚目标，都要有一定经济增长作支撑。要看到，我国仍处于并将长期处于社会主义初级阶段的基本国情没有改变，我国是世界最大发展中国家的国际地位没有改变，发展仍是解决我国所有问题的基础和前提。要坚持以经济建设为中心，坚持发展是硬道理、发展必须是科学发展和高质量发展的战略思想，深入贯彻新发展理念，努力实现经济平稳健康可持续发展。要更好地贯彻稳中求进工作总基调，把握我国疫情防控和复工复产取得积极成效的先机，进一步强化宏观对冲力度，扎实做好“六稳”工作，落实“六保”任务，畅通国内市场循环、产业循环，尽快恢复经济活力，努力实现全年经济社会发展主要目标任务。

二要千方百计保住市场主体。保障就业和民生，必须稳住上亿市场主体，尽力帮助企业特别是中小微企业、民营企业和个体工商户渡过难关。要加大已出台支持政策的落实力度，督促落实减税降费、减免房租、物业费等，取消各种不合理收费，再适当降低工商业电价和宽带资费，助力企业特别是中小微企业纾困解困。要抓住金融行业回归主业、支持实体经济这个关键，促进银行合理让利，积极落实金融系统全年向各类企业让利1.5万亿元的目标。需要注意的是，在帮扶中既要强化阶段性政策，更要有制度性安排，坚持放水养鱼理念，增强市场主体的发展后劲和活力。

三要全面落实“就业优先”政策。就业是民生之本。要加强对重点行业的就业支持，继续加大援企稳岗力度，努力做到多转岗、少下岗，多转业、少失业。要强化对高校毕业生、农民工、退役军人等重点群体和贫困劳动力的就业援助，确保零就业家庭动态清零。要加强面向市场的技能培训，鼓励以工代训，落实今明两年职业技能培训3500万人次以上、高职院校扩招200万人的目标，让更多劳动者长技能、好就业。

四要全力补齐全面建成小康社会短板。今年是全面建成小康社会决战决胜之年，补短板、强弱项是硬任务。这些短板和弱项，主要是深度贫困地区、老弱病残贫困人口以及生态环境、公共服务、基础设施等方面的突出问题，必须紧盯这些底线任务，坚持问题导向，实施精准攻坚。要把扶贫工作重心向深度贫困地区和重点贫困群体再聚焦，以更加有力的举措、更加精细的工作和更加精准的措施，在普遍实现“两不愁”的基础上，重点攻克“三保障”难点，确保全面完成脱贫攻坚任务。要重点解决城市和农村环境污染突出问题，加强农村水电路讯等基础设施建设和危房改造，加快推进基本公共服务均等化，继续加大对义务教育、基本医疗、住房和饮水安全、育幼养老等方面投入，解决好部分群众上学难、看不起病、住危房等急迫的现实问题，确保不留短板弱项，确保全面建成小康社会成色不打折扣。

五要充分挖掘和释放内需潜力。疫情过后，我国超大规模市场优势将更加明显，关键是有效实施扩大内需战略，选准方向，加大政策支持，支持投资和消费快速回补，把投资的关键性作用和消费的基础性作用发挥出来。要重点支持既解决民生之困、又推动经济增长的“两新一重”投资，加快新型基础设施建设、新型城镇化建设和重大工程建设。要抓住时机多措并举促进消费回补，支持餐饮、住宿、旅游等行业恢复增长，适当放宽限购促进汽车消费，落实带薪休假制度，加快发展数字经济、生命健康、智能制造等新兴产业，鼓励“互联网+消费”等新业态新模式，培育新兴消费增长点。要多渠道增加居民收入，特别是增加低收入群体和农民收入，采取一些政策措施，着力提高居民消费意愿和能力。

六要想方设法稳住外贸外资基本盘。从有关部门企业调查和广交会成交情况看，下半年外贸外资形势仍十分严峻。要积极开拓多元化国际市场，

推进加工贸易转型升级，努力稳定我国在全球的市场份额。要进一步缩减外资准入负面清单，扩大鼓励类外商投资范围，不断深化制造业开放，扩大高端服务业开放，推动一批重大外资项目落地。

三、着眼长远，统筹谋划布局，深入贯彻新发展理念，夯实经济高质量发展基础

今年，我们既要实现“十三五”收官、全面建成小康社会，又要编制“十四五”规划、开启全面建设社会主义现代化国家新征程。各项工作都具有重要的承上启下作用，需要既立足当前，又放眼长远，统筹兼顾，研究提出对高质量发展具有牵引性作用的重大战略、重大改革、重大举措，着力解决突出问题和明显短板，确保实现“两个一百年”奋斗目标有机衔接。

一是坚定不移推进经济结构调整和发展方式转变。习近平总书记多次强调，从经济大国向经济强国迈进，最关键的就是要坚定不移跨过转方式调结构这道坎。当前和今后一段时期，我国仍处于转变发展方式、优化经济结构、转换增长动力的攻坚期，要始终保持清醒头脑和战略定力，始终突出转方式调结构这条主线，深入贯彻新发展理念，聚焦一些重点方向，加快推进经济增长方式由粗放型向集约型转变，实现增长方式创新；推进城乡二元结构向城乡协调发展转变，实现城乡发展一体化；推进产业结构从中低端向中高端转变，构建现代产业体系等，推动不断取得新进展新成效，加快建设现代化经济体系。

二是坚定不移提升我国产业链供应链安全性、稳定性和竞争力。这次疫情使全球产业链受阻，直接冲击我国产业链供应链上下游。为降低对我国的产业依赖，一些国家产业链本土化、多元化呼声高涨，美国等国家通过政府出资方式推动企业撤离中国，有的国家甚至公开推动产业链“去中国化”和“产业脱钩”，亚洲一些国家已开始出台支持政策承接我产业外迁，这些都对我产业链供应链安全构成较大威胁。当前和今后一个时期，要瞄准产业链供应链关键环节，积极扶持一批骨干企业，成为行业中重要节点的“单打冠军”，提高我在产业链中的位势和吸引力。要加快打造一批具有全球影响力的先进制造业产业集群和战略性新兴产业集群，完善中西部和东北地区承接产业转移的利益共享机制，优先支持国内产业梯次转移，优化国内生产力布局。要聚焦产业链安全战略布局新一轮全球化分工，深耕周边及“一带一路”沿线，大力建设区域性产业链供应链，构建以国内大循环为主体、国内国际双循环相互促进的新发展格局，培育新形势下我国参与国际合作和竞争的新优势。

三是坚定不移把发展基点放在科技创新上。西方“卡”我们首当其冲就是科技。美国一直以来将科技作为与我进行战略竞争的杀手锏，通过技术出口管制、科技制裁等手段，利用关键核心技术卡住我重点产业发展，而且从“卡现在”升级到“卡未来”。当前和今后一段时期，要立足应对美对我的战略遏制、立足抢占未来科技制高点，把世界科技前沿、经济主战场、国家重大需求作为主攻方向，充分发挥新型举国体制优势，集中力量、协同攻关，加快攻克一批关键核心技术、颠覆性技术和战略性技术，彻底缓解“卡脖子”矛盾。对于我国突出的科技型企业，包括华为、中芯国际、北斗星通等，不论所有制类型，都应在技术攻关、项目、资金、政策、市场、人才等方面给予特殊支持，努力打造成为引领全球行业技术发展的世界领先企业。总之，要切实把发展的基点放在创新上，深入实施创新驱动发展战略，进一步完善支持企业创新的普惠性政策体系，完善科技成果转化激励评价制度，不断增强自主创新能力，为推动高质量发展提供强大科技支撑。

四是坚定不移坚持以人民为中心推动发展。在今年两会参加内蒙古代表团审议时，习近平总书记再一次深刻阐释了以人民为中心的发展思想，强调要坚持人民至上、紧紧依靠人民、不断造福人民、牢牢植根人民，做到发展为了人民、发展依靠人民，发展成果由人民共享。当前，我国仍存在收入差距、城乡区域公共服务水平差距偏大问题，一边是工业产能过剩，另一边是大量低收入群体特别是农民收入偏低、消费能力不足，发展不平衡不充分矛盾仍然突出。通过实施脱贫攻坚，我国将历史性地消除绝对贫困，但建立防止返贫长效机制、帮扶城镇困难职工解困脱困等，又成为重大而长期的任务。要多谋民生之利、多解民生之忧，围绕民生大事难事急事，集中发力、补齐短板，努力实现幼有所育、学有所教、劳有所得、病有所医、老有所养、住有所居、弱有所扶。要更加注重对特定人群特殊困难的精准帮扶，做好民生兜底保障，把钱花在刀刃上，使困难群众有现实获得感，使他们以及后代发展能力得到有效提升。要着力扩大中等收入群体，把

“增加低收入者收入”和“扩大中等收入阶层”作为重点任务，调整收入分配格局，缩小收入差距，逐步形成橄榄形分配格局。

五是坚定不移靠改革开放激发发展动力活力。应对风险挑战，激发动力活力，推进国家治理体系和治理能力现代化，根本上要靠改革开放。经济体制改革是全面深化改革的重中之重，关键是坚持市场化改革取向，通过进一步理顺政府和市场的关系，解决好市场激励不足、要素流动不畅、资源配置效率不高、微观经济活力不强等问题。要加快推进要素市场化配置改革，完善要素价格形成机制和市场运行机制，建立健全城乡统一的建设用地市场，引导各类要素向先进生产力集聚。要加快推进财税体制改革，合理调整优化税制结构，健全地方税体系，加快税收法定进程，继续推进中央地方财政事权和支出责任划分。要加快推进国资国企改革，加大推进混合所有制改革力度，完善各类国有资产管理体制，切实转换国有企业经营机制。要加快金融供给侧结构性改革，壮大国内金融市场，引导金融机构回归本源、聚焦主业，进一步强化监管，补齐制度短板，坚决守住不发生系统性风险底线。要加快转变政府职能，最大限度减少对市场资源的直接配置和对市场活动的直接干预，提高资源配置效率和公平性，营造良好市场环境。改革与开放相辅相成、相互促进。要加快构建对外开放新格局，面对逆全球化趋势，必须坚定站在历史正确的一面，高举多边主义和互利共赢旗帜，以“一带一路”建设和构建人类命运共同体为重点，不断健全对外开放体制机制，以高水平开放拓展发展空间、增强发展活力。

在全国人大财经委2020年前三季度经济形势分析会上的讲话

（2020年10月19日）

王东明

刚才，国务院有关部门汇报了前三季度经济运行情况和有关工作情况，准备得都比较充分。这次会议之前，全国人大财经委召开多个座谈会，赴地方开展实地调研，全面了解当前经济运行情况，也为开好这次会作了充分准备。陈竺副委员长一会儿将作讲话，希望大家认真学习领会，抓好贯彻落实。下午，财经委组成人员还将共同分析研究当前经济形势，提出意见和建议。希望有关部门认真研究吸收采纳，不断加强改进经济工作，努力把党中央关于经济工作的重大决策部署落到实处。下面，我结合大家汇报谈几点看法和建议。

一、关于今年以来的经济工作

今年以来，面对突如其来的新冠肺炎疫情，以习近平同志为核心的党中央坚持人民至上、生命至上，团结带领全国各族人民，进行了一场惊心动魄的抗疫大战，经受了一场艰苦卓绝的历史大考，取得了抗击新冠肺炎疫情斗争重大战略成果。疫情发生之后，党中央第一时间实施集中统一领导，习近平总书记亲自指挥、亲自部署，统揽全局、果断决策，各地区各部门闻令而动，全国上下万众一心、众志成城，坚决打赢疫情防控的人民战争、总体战、阻击战，有效遏制了疫情大面积蔓延，我国在全球范围内率先控制住疫情，最大限度保护了人民生命安全和身体健康，保持了社会大局和谐稳定。在此基础上，党中央准确把握疫情形势变化，及时作出统筹疫情防控和经济社会发展的重大决策。各地区各部门加大宏观政策落实力度，扎实做好“六稳”工作，全面落实“六保”任务，采取了一系列纾困惠企、促进就业、扩大内需、稳定外贸、脱贫攻坚等政策措施，加快推动复工复产。经过艰苦努力，我国成功顶住了巨大的经济下行压力，成为全球第一个恢复增长的主要经济体。宏观调控政策落实有力，有效对冲了疫情严重冲击；改革开放取得积极进展，增强了发展动力活力；人民生活得到有力保障，决战决胜脱贫攻坚、全面建成小康目标任务胜利在望；特别是在党中央坚强领导下，有理、有利、有节应对美对我全方位打压遏制，防范化解一系列重大风险挑战，赢得了战略主动。从全球来看，我国不仅夺取了抗疫斗争重大战略成果，铸就了伟大抗疫精神，而且也取得了统筹疫情防控和经济社会发展的重大成果,在疫情防控和经济恢复上都走在了世界前列。在国内外形势异常复杂的情况下,这样的成绩来之不易,根本在于有习近平新时代中国特色社会主义思想的科学指引,在于有以习近平同志为核心的党中央的坚强领导、科学决策,在于全国各族人民紧密团结在党中央的周围风雨同舟、众志成城。这充分彰显了中国共产党领导和中国特色社会主义制度的显著优势,充分展现了中国人民和中华民族的伟大力量,极大增强了全党全国各族人民的自信心和自豪感、凝聚力和向心力,激励我们为全面建成小康社会、开启全面建设社会主义现代化国家新征程而奋勇前进。

二、关于当前经济形势

从国际上看,当前疫情仍在全球快速扩散,一些国家已经出现第二波反弹,疫情加速国际经济、科技、文化、安全、政治等格局深刻调整,全球进入动荡变革期。世界经济陷入深度衰退,国际贸易、投资持续低迷。美对我的全方位打压遏制不断升级,世界百年未有之大变局加速演进,我国外部环境之复杂严峻前所未有。从国内来看,改革发展稳定任务仍然艰巨繁重,复工复产当中需求恢复慢于供给、消费恢复慢于投资,内需不足、产业链安全受到威胁、就业压力增大、财政收支平衡难度加大、中小企业面临较大困难、企业债务风险上升、关键核心技术受制于人等矛盾凸显,与一些体制性、机制性中长期问题交织并存、相互作用,发展不平衡不充分问题仍然突出,经济持续回升的基础尚不稳固。同时要看到,前三季度,主要经济指标持续改善,运行中的积极因素和有利条件在不断累积增多。一是生产持续改善。农业生产形势良好,粮食再获丰收。工业生产由降转升,一、二、三季度规模以上工业增加值增长分别是-8.4%、4.4%和5.8%,单月连续6个月实现正增长。二是内需继续回暖。固定资产投资已接近上年同期水平,新开工项目计划总投资前8个月同比增长12.1%。社会消费品零售总额增速降幅大幅收窄,8、9两个月连续实现正增长。三是外贸表现好于预期。在世界贸易大幅萎缩、美对我打压不断升级的情况下,我国出口第一、二、三季度当季增速分别为-11.4%、4.5%和10.2%,从4月份开始,出口连续6个月实现正增长,其中7月份单月出口创历史新高。四是企业效益有所改善。规模以上工业企业实现利润8月份同比增长19.1%,连续3个月保持两位数以上增长。服务业企业利润降幅明显收窄,其中高技术服务业企业利润前7个月增长7.4%。五是市场预期不断好转。9月份制造业采购经理指数(PMI)为51.5%,非制造业商务活动指数55.9%,均连续7个月处于扩张区间。这些积极变化是宏观调控政策成效逐步显现的结果,显著增强了全国乃至世界对我国经济发展的信心。国际货币基金组织(IMF)13日发布最新预测,预计2020年全球经济将萎缩4.4%,但中国经济将增长1.9%,将成为今年全球唯一实现正增长的主要经济体。这些充分说明,我国经济长期向好的基本面没有改变,我国经济潜力足、韧性强、回旋空间大、政策工具多的基本特点没有改变。关键是要进一步增强发展信心,保持战略定力和团结统一,集中力量办好自己的事。要进一步增强"四个意识"、坚定"四个自信"、做到"两个维护",坚持用全面、辩证、长远的眼光看待当前的困难和挑战,坚定发展信心,牢牢抓住"发展"这个党执政兴国的第一要务,坚定不移贯彻新发展理念,推动高质量发展,全面落实党中央各项决策部署,稳住经济基本盘,以保促稳、稳中求进,确保在纷繁复杂的局面中始终把握发展主动权。

三、关于下一步工作

第一,要努力完成经济社会发展主要目标任务。要进一步贯彻落实党中央关于统筹疫情防控和经济社会发展的各项决策部署,毫不放松抓好常态化疫情防控特别是输入性疫情防控,加快打通复工复产复业痛点、堵点,不断巩固疫情防控成果和发展向好势头,继续抢占发展先机,赢得战略主动。要认真贯彻去年底召开的中央经济工作会议和今年以来中央一系列重要会议精神,扎实做好"六稳"工作,全面落实"六保"任务,对标对表党中央决策部署,按照十三届全国人大三次会议确定的各项目标任务,深入分析形势,认真理清思路,真抓实干、埋头苦干,以钉钉子精神抓政策落地见效,确保完成全年经济社会发展主要目标任务。要坚持问题导向,在脱贫攻坚、民生保障、生态环保等领域着力补短板、强弱项,确保完成决胜全面建成小康社会、决战脱贫攻坚目标任务,为顺利启动"十四五"、开启全面建设社会主义现代化国家新征程奠定坚实基础。

第二,要做好"十四五"规划编制工作。

习近平总书记指出，用中长期规划指导经济社会发展，是我们党治国理政的一种重要方式。"十四五"时期是"两个一百年"奋斗目标的历史交汇期，是我国全面建成小康社会之后、乘势而上开启全面建设社会主义现代化国家新征程的第一个五年，我国将进入新发展阶段。"十四五"规划应该是一个体现新时代特点、符合现代化方向的五年规划。习近平总书记高度重视"十四五"规划编制工作，多次发表重要讲话、作出重要指示批示。最近一个时期，总书记连续主持召开6场座谈会，广泛听取党外人士、各领域专家、企业家和基层代表对编制规划的意见建议，并发表重要讲话，强调要以辩证思维看待新发展阶段的新机遇新挑战，以畅通国民经济循环为主构建新发展格局，以科技创新催生新发展动能，以深化改革激发新发展活力，以高水平对外开放打造国际合作和竞争新优势，以共建共治共享拓展社会发展新局面；强调要贯彻以人民为中心的发展思想，大力发展教育、科技、文化、卫生健康事业；强调要加强基层党组织和基层政权建设，发挥基层代表带头作用；强调要大力弘扬企业家精神，打造市场化、法制化、国际化营商环境，保护和激发市场主体活力，等等。这些重要论述为编制好"十四五"规划指明了努力方向，提供了根本遵循。即将召开的党的十九届五中全会，将集中研究"十四五"规划和二〇三五年远景目标问题并提出建议。要坚持以习近平新时代中国特色社会主义思想为指导，认真贯彻落实习近平总书记重要讲话和指示批示精神，把思想统一到党中央对"十四五"时期形势的分析判断上来，按照中央五中全会提出的建议，科学编制"十四五"规划纲要和有关专项规划，充分体现党中央战略意图。要胸怀"两个大局"，科学判断国际政治经济发展大势，准确把握我国经济发展阶段性特征和趋势性变化，紧扣社会主要矛盾新变化，坚持以经济建设为中心，深入贯彻新发展理念，坚持稳中求进工作总基调，继续统筹推进"五位一体"总体布局、协调推进"四个全面"战略布局，保持国家宏观战略的连续性和稳定性。要贯彻以人民为中心的发展思想，积极促进就业创业，加快提高公共服务水平，大力发展公共卫生等社会事业，不断加强和改善民生，毫不动摇抓好生态环境保护，巩固蓝天、碧水、净土保卫战成果，切实提高人民群众的获得感、幸福感、安全感。要坚持以供给侧结构性改革为主线，坚定不移推进转方式、调结构，加快建设现代化经济体系，推动经济高质量发展。要实施好城乡区域协调发展战略，深入实施乡村振兴战略，统筹推进京津冀协同发展、长江经济带、粤港澳大湾区建设、长三角一体化、黄河流域生态保护和高质量发展、成渝地区双城经济圈建设等重大战略，着力解决城乡区域发展不平衡不充分问题。要深入分析错综复杂的国际环境带来的新矛盾新挑战，增强忧患意识，树立底线思维，落实总体国家安全观，对防范化解重大风险作出战略安排。财经委要会同其他有关专门委员会，密切与有关部门沟通交流，做好规划纲要初审工作，为全国人民代表大会审查批准五年规划做好准备。

第三，要加快构建"双循环"新发展格局。今年以来，习近平总书记在不同场合多次就形成"以国内大循环为主体、国内国际双循环相互促进的新发展格局"发表重要论述。这一重大论断具有深刻的历史背景和极端重要的意义。当今世界正经历百年未有之大变局，新冠肺炎疫情使这个大变局加速演进，与中华民族伟大复兴战略全局历史交汇、相互激荡，我国发展面临的形势之复杂、风险之多、挑战之大前所未有。从世界发展历史看，国际形势的剧烈变动往往是破旧立新、格局重塑的重要推手。面对国内外形势的历史激变，必须保持战略定力和耐心，主动应变、积极求变，在"两个大局"中塑造我国新发展格局，把中国特色社会主义伟大事业继续推向前进。"双循环"新发展格局的提出，就是总书记和党中央着眼"两个大局"，着眼我国发展阶段、环境、条件变化作出的重大决策，是重塑我国国际合作和竞争新优势的战略抉择。我国改革开放的历史进程和这次疫情防控的国内外成效对比表明，越是外部环境复杂严峻，越要激发出我国自身的发展潜力，充分发挥我国超大规模市场优势和内需潜力，通过激发新的增长动力、打造新的增长点增长极，实现以自身发展的稳定性应对外部环境的不确定性。强调以国内大循环为主体，并不是关起门来封闭运行，而是通过发挥内需潜力，使国内市场和国际市场更好联通，实现更加强劲更可持续的发展。要深刻认识构建"双循环"新发展格局的重要性和紧迫性，加快制定完善配套政策措施加以推动落实。要继续深化供给侧结构性改革，加快制造业转型升级，推动建设质量强国和品牌强国，提升供给体系对国内需求的适配性，形成需求牵引供给、供给创造需求的更高水平动态平衡。要深入实施扩大内需战略，积极扩大有效投资，加快传统基建"补短板"

和“新基建”投资，调整收入分配格局，重点增加低收入者收入，扩大中等收入群体比重，积极发展消费新业态新模式，进一步增强居民消费能力、激发居民消费潜力。要把畅通国民经济循环作为重要着力点，加快建设统一开放、竞争有序的高标准市场体系，打通影响双循环相互促进的堵点，更好统筹利用国际国内两个市场、两种资源。

第四，要从国家战略层面维护产业链稳定和安全。产业链安全既关乎国家安全，又关乎未来发展。受疫情冲击，全球产业链出现本土化、多元化和区域化趋势，一些国家甚至公然推动“产业脱钩”和“去中国化”，对我国产业安全和发展形成重大威胁。维护产业链供应链稳定和安全是一项系统工程，涉及多部门、多领域，需要在工作中摆在更加突出的位置，形成协同合力。要加强顶层设计与统筹谋划，把维护产业链安全提升为国家战略，制定相关法律法规，建立起合理分工负责机制。要调整优化国内生产力布局，优先支持国内产业梯次转移，加快打造一批先进制造业产业集群和战略性新兴产业集群。要以知识产权、技术标准等为抓手，把最核心、有系统集成能力的产业环节维护好，充分发挥我国市场规模优势，提高产业链韧性和对全球供应链的整合能力，进一步巩固以我国为目标市场的产业链供应链体系。要聚焦产业链安全参与新一轮全球分工，着力打造稳定的区域性产业链供应链，形成有利于我的贸易、投融资、生产、服务全球网络，培育我国国际合作和竞争新优势。

第五，要在更高起点上推进改革开放。习近平总书记14日在深圳经济特区建立40周年庆祝大会上发表重要讲话，深刻总结经济特区建立以来取得的显著成就和宝贵经验，对新时代特区建设和改革发展作出重大部署，再一次向全世界宣示了中国改革不停顿、开放不止步的坚定决心。作为全国改革开放和社会主义现代化建设的重要窗口和试验区，经济特区取得的辉煌成就、实现的历史性跨越，充分显现了我国改革开放的伟大成就和中国特色社会主义的光明前景。总书记强调，进入新发展阶段，改革又到了一个新的历史关头，面临很多新问题和新任务，必须拿出更大的勇气、更多的举措攻坚克难不断推进。要坚持解放思想，守正创新，深入推进财税金融、国企国资、行政管理体制、营商环境、农业农村、公共卫生等重点领域和关键环节改革，更加注重加强改革的顶层设计、系统集成和评估问效，促进各项改革往深里走、往实里落，不断提高改革综合效能。要落实党中央关于新时代加快完善社会主义市场经济体制、关于构建更加完善的要素市场化配置体制机制等意见，开展要素市场化配置综合改革试点，推行权力清单、责任清单、负面清单制度，进一步加强产权和知识产权保护，完善公平竞争制度，夯实社会主义市场经济制度基础。要充分发挥经济特区、自贸试验区、国家级新区等在改革中的先行先试、示范带动作用，赋予更多自主权，鼓励在战略战役性改革，创造型、引领型改革上积极探索，形成可复制可推广的重大制度创新成果。要坚持以开放促改革、促发展，始终站在历史正确的一边，坚定维护多边主义和自由贸易，建设更高水平开放型经济新体制，高质量稳步推进共建“一带一路”，推动构建人类命运共同体，为构建新发展格局、推动高质量发展注入源源不断的动力活力。

第六，要着力增强科技创新能力。实现高质量发展，必须实现依靠创新驱动的内涵型增长。加快建设创新型国家、提升科技创新能力，对我国既是一项中长期任务，也具有很强的现实紧迫性。随着美不断升级对我全方位打压、推动实施所谓“科技脱钩”，我国自主创新能力不强，基础研究薄弱，原创性技术、颠覆性技术不足，不少关键核心技术受制于人等问题更加突出，对发展和安全的制约作用更加凸显。这也倒逼我们必须把发展的基点更多放在创新上，深入实施创新驱动发展战略，加快建设创新型国家。要坚持需求导向和问题导向，精准分析存在的薄弱环节和短板弱项，列出问题清单，充分发挥新型举国体制优势，集中攻克一批应对科技遏制的“卡脖子”技术和抢占未来发展制高点的先进技术。要深化科技体制改革，狠抓创新体系建设，充分发挥人才济济、组织有序的优势，在整合优化科技资源配置、提高创新效率上下大功夫，克服分散、低效、重复的弊端。要发挥企业技术创新主体作用，推动创新要素向企业集聚，促进产学研用深度融合，强化创新链和产业链、服务链和资金链对接，加快科技成果产业化。要更加重视基础研究，提高基础研究在全社会研发投入中的比重，建立健全科学评价体系、激励机制，创造有利于基础研究的良好科研生态，让科研人员潜心搞研究。要尊重人才成长规律和科研活动自身规律，培养造就一批具有国际水平的战略科技人才、科技领军人才和创新团队。

充分发挥财政农业农村资金使用效益
推动落实党中央“三农”重大决策部署

王东明

农业是国民经济的基础，“三农”问题关系经济社会均衡发展和国家长治久安。党和国家历来重视“三农”工作。党的十八大以来，以习近平同志为核心的党中央，着眼于实现“两个一百年”奋斗目标、顺应亿万农民对美好生活的向往，对做好新时代“三农”工作作出一系列重大决策部署。全国人大常委会紧紧围绕贯彻落实习近平总书记重要指示精神和党中央决策部署履职尽责。在栗战书委员长的领导和推动下，全国人大常委会连续几年每年安排多项涉及“三农”的立法、监督工作。今年主要包括审议乡村振兴促进法草案，开展农业机械化促进法执法检查，听取审议关于财政农业农村资金分配和使用情况专项工作报告，开展“珍惜粮食、反对浪费”专题调研和相关立法等。

为深入了解财政农业农村资金分配和使用情况，全国人大常委会预算工委和全国人大财经委、农业农村委联合成立调研组开展专题调研。9月中旬我带队赴河南进行实地调研，走访了农业产业园区、高标准农田示范区、农业技术推广站、农业专业合作社等基层单位，了解财政涉农资金分配使用情况，听取意见建议。河南是农业大省，也是农业强省，财政农业农村资金分配和使用中取得的成效、遇到的问题在全国具有典型性、代表性。习近平总书记高度重视河南农业农村发展，在四次视察河南、三次参加全国“两会”河南代表团审议时都对做好“三农”工作作出重要指示，提出明确要求。近些年，河南全面贯彻习近平总书记重要指示精神和党中央重大决策部署，高度重视“三农”工作，坚持农业农村优先发展，围绕决胜全面建成小康社会、决战脱贫攻坚，持续加大资金投入力度，推进高标准农田建设，大力发展粮食生产；积极推进农业供给侧结构性改革，加快农业科技创新；稳步实施乡村振兴战略，着力补齐农村发展短板；创新农业资金使用方式，提高资金配置效率和支农效能，全省农业农村持续稳定发展，为全国农业农村发展和经济社会发展作出了重要贡献，也探索积累了很多宝贵经验。同时，河南也面临保障财政农业农村投入难度较大、整合涉农资金改革尚需完善、农业农村基础设施薄弱、农业投入方式创新不足等困难和问题。从全国来看，“十三五”时期我国不断加大财政农业农村投入力度，2016至2019年，全国财政一般公共预算安排农业农村相关支出累计超过6万亿元，年均增长幅度高于全国一般公共预算支出平均增幅。一方面，在支出方向上聚焦重点任务，全力支持打赢脱贫攻坚战，保障粮食生产和重要农产品有效供给，壮大村级集体经济，加快补齐农业农村基础设施和公共服务短板，深入推进农业供给侧结构性改革，取得了明显成效，可以及时总结好经验、好做法继续巩固提升。另一方面，财政农业农村投入稳定增长机制仍需进一步完善，涉农补贴安排需要更加精准高效，资金统筹整合和绩效管理仍需加强；投入结构和方式需要调整优化，农业科技研发推广能力有待提升，农业农村改革支持力度需要加大；在资金投入和使用中市场机制的作用还没有充分发挥，对农民积极性的调动力度还不够大等，需要认真分析研究加以解决。

促进农业农村持续健康发展是解决我国发展不平衡不充分、实现共同富裕的内在要求，是全面建设社会主义现代化国家的重要内容。党的十九届五中全会站在党和国家事业全局高度，擘画了我国基本实现社会主义现代化的宏伟蓝图，强调坚持把解决好“三农”问题作为全党工作重中之重，走中国特色社会主义乡村振兴道路，全面实施乡村振兴战略，加快农业农村现代化，提高农业经济效益和竞争力。这是党中央着眼全面建设社会主义现代化国家全局，针对我国农业发展的主要矛盾和突出问题作出的战略部署。我们要认真学习领会，全面贯彻落实，充分发挥财政农业农村资金使用效益，把党中央关于“三农”的重大决策部署落地落实。

第一，要深入贯彻习近平总书记关于“三农”工作的重要论述，始终坚持正确政治方向。党的十八大以来，习近平总书记从党和国家事业全局出发，以实施乡村振兴战略为总抓手，不断推进“三农”工作理论创新、实践创新、制度创新，对做好“三农”工作提出了一系列新理念新思想新战略，为做好新时代“三农”工作提供了根本遵循和行动指南。这些重要思想和论述成为习近平新时代中国特色社会主义思想的重要组成部分。要进一步增强“四个意识”、坚定“四个自信”、做到“两个维护”，始终在思想上政治上行动上同以习近平同志为核心的党中央保持高度一致，胸怀“两个大局”，紧密结合实际进一步贯彻落实习近平总书记关于“三农”工作重要论述，充分认识做好“三农”工作的重大意义，把“三农”工作放在经济社会发展全局、放在党和国家事业大局中统筹谋划和推进。要切实增强做好“三农”工作的责任感和紧迫感，不断完善工作机制，压实岗位责任，推动党中央重大决策部署和各项强农惠农政策落地落实，更好维护农民合法权益，不断夯实“三农”基础。

第二，要统筹推进疫情防控和经济社会发展，实现农业农村发展不断取得新进展。面对复杂严峻的国内外形势和新冠肺炎疫情的严重冲击，以习近平同志为核心的党中央统揽全局、科学决策，团结带领全党全军全国各族人民万众一心、众志成城，奋力夺取抗击疫情斗争重大战略成果，根据疫情形势变化及时作出统筹疫情防控和经济社会发展重大决策，加大宏观调控应对力度，积极推动复工复产，实现经济社会发展稳定转好。经过努力，我国在世界上率先控制住了疫情，在全球主要经济体中率先恢复正增长，疫情防控和经济恢复两方面都走在了世界前列。要进一步落实党中央关于统筹推进疫情防控和经济社会发展工作的一系列决策部署，毫不放松抓好疫情常态化防控，继续扎实做好“六稳”工作，全面落实“六保”任务，确保宏观调控政策落地见效。要坚定不移抓好农业生产特别是粮食生产，搞好产销衔接，确保供应稳定。要聚焦有效保障国家粮食安全，瞄准农业农村基础设施建设短板，不断加大投入，加强扶贫项目资金资产管理和监督，巩固拓展脱贫攻坚成果同乡村振兴有效衔接，全面改善农业农村生产生活条件。要坚持依靠改革激发农业农村发展活力，深入推进农业供给侧结构性改革，加快农业科技创新，大力实施乡村振兴战略，推动经济高质量发展，加快构建新发展格局。

第三，要不断探索完善中国特色粮食安全保障体系，确保国家粮食安全万无一失。粮食安全是国家安全的重要基础，党中央把保障粮食安全作为治国理政的头等大事。习近平总书记多次强调，“中国人的饭碗任何时候都要牢牢端在自己手上。我们的饭碗应该主要装中国粮。”“在粮食问题上不可能长期出现高枕无忧的局面，什么时候都不能轻言粮食过关。”前不久，习近平总书记对制止餐饮浪费行为、切实培养节约习惯作出重要批示，要求在全社会营造浪费可耻、节约为荣的氛围。这不仅反映出我们党厉行勤俭节约、反对铺张浪费的鲜明态度和坚定决心，也反映出习近平总书记高度重视粮食安全的深谋远虑和一以贯之的忧患意识。从中长期看，随着新型城镇化快速推进和资源环境要素日趋紧张，我国粮食供需仍将持续维持紧平衡态势；从近期看，受疫情冲击影响，今年以来全球多个产粮国陆续宣布禁止或者限制粮食出口，对一些粮食进口国粮食安全造成严重威胁。要把粮食安全放在更加突出的位置，在继续毫不放松发展粮食生产、增加粮食产量的同时，更加重视节约粮食和食物，做到增产与节约两手抓，两手都要硬。要大力推进藏粮于地、藏粮于技，加大高标准农田建设支持力度，不折不扣落实各项强农惠农政策，充分发挥财政涉农资金使用效益，积极探索完善体制机制，加快构建中国特色粮食安全保障体系，筑牢国家粮食安全的坚实基础。

第四，要不断加强改进财政涉农资金使用，推动全面实施乡村振兴战略。党中央对财政支持“三农”发展有明确的决策部署，各级财政在保障农业农村投入方面责任重大。要把农业农村作为财政支出的优先保障领域，根据乡村振兴目标任务压实各级政府投入和保障责任，建立财政投入稳定增长机制，确保投入力度不断增强、总量持续增加。要进一步创新体制机制，通过研究发行乡村振兴专项债券、设立乡村振兴产业基金等，发挥财政资金撬动作用，引导金融和社会资本有序参与，探索形成多元投入机制。要大力支持高标准农田建设，确保投资到位、项目达标，不断加大种业科研投入力度，探索建立财政科研支持种业发展长线支持机制，加强对粮食生产特别是生态治理、土地整治、农田基础设施建设等方面投入，改善耕作条件，促进规模化机械化生产，有效保障粮食安全。要进一步推进资金统筹整合，完善“大专项 + 任务清单”管理模式，健全涉农资金部门统筹协调机制，提高地方资金统筹整合能力，不断加强和改进绩效管理，更好发挥财政涉农资金的使用效益，促进提高农业质量效益和竞争力，改善农村生产生活条件，助力增加农民收入，走出一条农业强、农村美、农民富的中国特色社会主义乡村振兴道路。

在归侨侨眷权益保护法颁布30周年座谈会上的讲话

（2020年10月20日）

白玛赤林

同志们：

今天，全国人大华侨委员会联合国务院侨务办公室、全国政协港澳台侨委员会、致公党中央、中国侨联等在这里召开座谈会，纪念《中华人民共和国归侨侨眷权益保护法》颁布30周年。刚才几位同志结合本部门实际，介绍了归侨侨眷权益保护法颁布实施以来的基本情况和经验感受，我听了深受启发，深有感触。

党中央历来关心海外侨胞和归侨侨眷，高度重视侨务工作。党的十八大以来，以习近平同志为核心的党中央统筹国内国际两个大局，对凝聚侨心侨力、进一步做好侨务工作作出新的部署、提出新的要求。习近平总书记高瞻远瞩，以实现中华民族伟大复兴的战略胸怀，提出了"团结统一的中华民族是海内外中华儿女共同的根，博大精深的中华文化是海内外中华儿女共同的魂，实现中华民族伟大复兴是海内外中华儿女共同的梦"的重要论述，进一步强调"海外侨胞对实现中国梦有不可替代的作用"，"把广大海外侨胞和归侨侨眷紧密团结起来，发挥他们在中华民族伟大复兴中的积极作用，是党和国家的一项重要工作"。习近平总书记希望侨务战线的同志们坚持胸怀全局、坚持为侨服务、坚持改革创新，当好海外侨胞和归侨侨眷的贴心人，成为侨务工作的实干家。新冠肺炎疫情发生以来，习近平总书记时刻牵挂海外侨胞的安危，多次提出：要加强对境外中国公民疫情防控的指导与支持，做好各项工作，保护他们的生命安全和身体健康。近日，习近平总书记在广东省考察时指出："华侨一个最重要的特点就是爱国、爱乡、爱自己的家人。这就是中国人、中国文化、中国人的精神、中国心。中国的改革开放，中国的发展建设跟我们有这么一大批心系桑梓、心系祖国的华侨是分不开的。"他特别强调："新时期打好侨牌，要深入调研、摸清情况，调动广大华侨的积极性，引进先进技术和高水平产业，扬长避短、久久为功，团结广大海外华侨共同实现中国梦。"这些都充分体现了习近平总书记对海外侨胞和归侨侨眷的亲切关怀，对侨务工作的高度重视，进一步激励和鞭策我们必须全力做好新时代的侨务工作。

1990年9月7日，七届全国人大常委会第十五次会议审议通过归侨侨眷权益保护法，以法律的形式明确规定了归侨侨眷的各项合法权益，体现了党和政府对广大侨胞特别是归侨侨眷的关心和爱护，标志着我国侨务工作进入了落实宪法有关规定、依法保护归侨侨眷各项权益的新阶段。

——30年来，侨务立法工作不断推进。归侨侨眷权益保护法出台后，全国人大常委会根据国情、侨情发展变化，对该法进行了两次不同程度的修改。在此期间，国务院及有关部门，30个省、自治区、直辖市以及部分有立法权的市，制定、修改了一批涉侨法规、规章、规范性文件等，推动侨务立法工作不断向前发展。

——30年来，依法护侨成效进一步显现。2006年，全国人大常委会就归侨侨眷权益保护法实施情况开展执法检查；此后相继听取了国务院关于侨务工作、华侨权益保护工作情况的报告。全国人大华侨委员会通过调研、听取有关部门涉侨工作情况介绍等方式，促进相关部门落实归侨侨眷权益保护法，依法维护好归侨侨眷各项权益。地方人大及其常委会切实履行职责，根据侨务工作实际，适时对"一法两办法"实施情况开展执法检查，切实推动归侨侨眷权益保护法的贯彻落实。

——30年来，涉侨法律法规的宣传和普及力度不断加大。各地把涉侨法律法规作为普法宣传重点内容，借助多种平台，面向全社会开展形式多样的法治宣传教育活动。通过宣传和普及，各级党政部门和广大人民群众对党和国家侨务方针政策有了基本了解，各级侨务干部对归侨侨眷权益保护法有了进一步的理解和认识，广大侨胞的法律素质和法治意识有了较大提高，全社会逐渐形成了爱侨、敬侨、护侨的良好氛围。

——30年来，归侨侨眷在参与管理国家事务中的作用不断增强。各级人大归侨代表、政协侨界委员根据自身优势，积极参与管理国家事务，为我国经济社会建设建言献策。这里有一组数据值得与大家分享。自 1983 年全国人大华侨委员会成立以来，共有 309 人次当选全国人大归侨代表。十届全国人大至今，全国人大归侨代表共提出议案、建议 3000 多件，其中 600 余件涉及侨务立法、侨务管理和服务等工作。这些议案、建议的提出和办理，对于促进侨务工作不断改进、完善，推动我国改革开放和现代化建设向前发展具有十分重要的意义。

当然，我们在肯定归侨侨眷权益保护法颁布实施以来取得显著成效的同时，也要清醒地看到，面对 30 年来世情、国情、侨情发生的巨大变化，面对"百年未有之大变局"带来的机遇和挑战，新时代侨务工作新格局亟待形成，新时代侨务法治建设亟需改进和加强。这就要求我们：要高举习近平新时代中国特色社会主义思想伟大旗帜，深入学习贯彻习近平总书记关于侨务工作的重要论述，坚决贯彻党中央决策部署，进一步完善归侨侨眷权益保护的法律制度，切实加强涉侨法律法规实施的监督，着力改善侨界民生，推动侨务工作改革创新，最大限度凝聚侨心侨力，紧密团结广大海外侨胞和归侨侨眷同圆共享中国梦。

为进一步推进侨务法治建设、做好新时代侨务工作，我谈几点意见，与同志们一起交流。

第一，坚持党的全面领导，始终把牢正确政治方向。中国共产党是中国人民和中华民族的领路人和主心骨，坚持党的全面领导始终是我们开创伟大事业、战胜艰难险阻的最大优势和根本保证。新冠肺炎疫情发生后，习近平总书记、党中央坚持人民至上、生命至上，领导全党全国各族人民团结奋战，统筹疫情防控和经济社会发展取得了显著成效。习近平总书记在全国抗击新冠肺炎疫情表彰大会上的重要讲话指出："抗疫斗争伟大实践再次证明，中国共产党所具有的无比坚强的领导力，是风雨来袭时中国人民最可靠的主心骨。""历史和现实都告诉我们，只要毫不动摇坚持和加强党的全面领导，不断增强党的政治领导力、思想引领力、群众组织力、社会号召力，永远保持同人民群众的血肉联系，我们就一定能够形成强大合力，从容应对各种复杂局面和风险挑战。"应当看到，我们从事的侨务工作点多面广，是一项全局性、综合性、系统性都很强的工作。我们必须坚定坚持党的全面领导，旗帜鲜明讲政治，自觉把党的领导贯穿于新时代侨务工作的各方面、全过程，确保党中央关于侨务工作的决策部署得到坚决贯彻和有效落实。当前，要把进一步学习贯彻习近平总书记关于侨务工作重要论述与深入学习领会《习近平谈治国理政》第三卷紧密结合起来，系统掌握贯穿其中的马克思主义立场观点方法，增强"四个意识"，坚定"四个自信"，做到"两个维护"，坚持以习近平新时代中国特色社会主义思想统领侨务工作，始终把牢侨务工作正确的政治方向。

第二，坚持依法护侨，不断推进侨务法治建设。习近平总书记强调："要坚定不移走中国特色社会主义法治道路，建设中国特色社会主义法治体系，建设社会主义法治国家"。加强侨务法治建设是深入贯彻以习近平同志为核心的党中央关于全面依法治国战略部署的必然要求，是做好新时代侨务工作的重要基础和根本保障。当前，海内外侨情不稳定、不确定因素增多，扎实有效地开展侨务工作迫切需要坚强有力的法治保障。在侨务立法方面，坚持以人民为中心的思想，深入开展华侨权益保护方面的调研论证，把广大侨胞最关心、最直接、最现实的利益问题以及解决这些问题的制度、措施梳理清楚，进一步完善涉侨法律法规体系，为推进我国侨务法治建设贡献力量。在涉侨执法监督方面，坚持监督与支持相统一，抓住发展不平衡不充分的重点问题、影响社会大局和谐稳定的关键问题、侨界群众普遍关注的热点难点问题，开展持续有效的执法监督，督促有关国家机关改进工作、完善制度、有效实施法律法规，确保党中央决策部署得到有效落实。在侨法宣传教育方面，各级涉侨部门要切实把侨务法治宣传教育摆上重要议事日程，切实履职尽责，加强领导，做好示范，在全社会营造依法护侨的良好氛围。

第三，坚持开拓创新，充分发挥侨务资源优势。6000 多万海外侨胞和 3000 多万归侨侨眷是推动我国改革开放和现代化建设、维护国家利益和促进祖国统一、实现中华民族伟大复兴的重要力量。当前，我国经济已转向高质量发展阶段，加快建设现代化经济体系，推动形成以国内大循环为主体、国内国际双循环相互促进的新发展格局，需要广纳贤才、聚集创新成果。这就要求我们必须进一步调动广大侨胞深度参与改革开放和现代化建设的积极性、主动性、创造性，为建设中国特色社会主义现代化强国作出新贡献。要鼓励和支持广大侨胞把资金、技术、管理、人脉等优势发挥出来，积极参与"一带一路"建设、京津冀协同发展、长江经济带发展、长三角一体化发展、粤港澳大湾区建设、黄河流域生态保护和高质量发展等国家重大发展战略。同时，鼓励和引导广大侨胞以侨为"桥"，以血缘、地缘、语缘为基础，以亲情、乡情、友情为纽带，融洽感情、增进共识，为推动祖国和平统一进程发声奔走、多作贡献。全国各族人民的大团结是中华民族的根本利益所在。要鼓励和引导广大海外侨胞和归侨侨眷筑牢中华民族共同体意识，旗帜鲜明反对一切分裂国家、分裂民族的言论、行为和活动，促进各民族共同团结奋斗、共同繁荣发展。

第四，坚持协同合作，推动形成大侨务工作格局。习近平总书记早在上世纪80年代就提出"大侨务"的工作观念，指出："新时期的侨务工作要打破地域的界限，跳出侨务部门的范围，使之成为党和各级政府的大事，成为全社会共同关心、参与的大事"，"在工作力量上，要从侨务部门唱独角戏，向各级各部门共同参与转变"。展望新时代的侨务工作，我们要切实贯彻落实习近平总书记关于建立大侨务工作格局的重要论述，紧紧围绕新时代"同圆共享中国梦"的侨务工作主题和"根""魂""梦"的侨务工作主线，在党中央的集中统一领导下，统筹全国侨务资源，加强各涉侨部门的沟通与合作，大力推动形成大侨务工作格局。

同志们！今年是归侨侨眷权益保护法颁布30周年，也是全面建成小康社会的收官之年、"十四五"规划谋篇布局之年。在这个重要的历史交汇点上，我们要更加深刻认识到，积极推进侨务法治建设，不断开创新时代侨务工作新局面，是时代赋予我们的光荣使命和神圣职责。我们一定要在以习近平同志为核心的党中央坚强领导下，大力弘扬伟大抗疫精神，广泛汇聚海外侨胞和归侨侨眷的巨大力量，同心同德、群策群力，奋发有为、扎实工作，为实现"两个一百年"奋斗目标、实现中华民族伟大复兴的中国梦作出应有贡献！

在山东省珍惜粮食、反对浪费专题调研汇报座谈会上的讲话

（2020年10月10日）

郝明金

同志们：

开展珍惜粮食、反对浪费专题调研，是全国人大常委会为贯彻落实习近平总书记关于坚决制止餐饮浪费行为重要指示的具体行动举措。会议开始时，王宪魁同志向大家讲了全国人大常委会这次到山东进行专题调研的内容、目的和要求，组织大家学了习近平总书记关于珍惜粮食、反对浪费的重要批示精神，传达了战书委员长关于贯彻落实习近平总书记重要批示的有关要求，希望大家认真学习、深刻领会、全面贯彻落实。

今天会前，调研组还到德州、济南市的粮食收获现场、粮食储备库、农贸市场、学校食堂、餐饮企业、科研院所等进行了实地调研，时间虽短，但收获很多，也很受启发。刚才，省政府和有关部门介绍了山东省推动节粮减损，杜绝粮食浪费的工作情况，讲到，省委办公厅、省政府办公厅专门印发《关于厉行节约反对食品浪费的实施意见》，制定《山东省实施〈党政机关厉行节约反对浪费条例〉办法》，还启动了节俭养德全民节约行动，养成健康文明生活方式，发起吃尽盘中餐的"光盘行动"、掀起浪费可耻节约为荣的餐桌新风，全社会厉行节约的良好风尚正在形成。同时，还在粮食的生产、储存、运输、加工、销售等多个环节采取了有针对性的节粮减损措施。调研组感到，山东省认真贯彻落实习近平总书记粮食安全观和国家粮食安全战略，各地各部门高度重视、统筹推进节粮减损工作，措施得力、责任明确，也取得了较好成效。刚才会上，有关部门和各位专家还分析了相关政策措施实施过程中遇到的问题，提出了具有很强针对性、很有价值的意见和建议，希望全国人大农委同志认真归纳总结、梳理研究大家提出的意见建议，反映到专题调研报告中。下面，结合调研和座谈了解的情况，我就珍惜粮食、反对浪费再谈几点认识。

粮食是人类生存与发展的必需品，是人民群众最基本的生活资料。粮安天下，对粮食问题要从战略上看，看得深一点、远一点。粮食安全是国家安全的重要基础，只有确保谷物基本自给、口粮绝对安全，把饭碗牢牢端在自己手中，才能保持社会大局稳定。党的十八大以来，以习近平同志为核心的

党中央高度重视发展粮食生产、保障粮食安全，始终把粮食安全作为治国理政的头等大事。在习近平总书记一系列关于确保国家粮食安全重要讲话、重要指示的指引下，我国粮食生产连年丰收，2019 年全国粮食产量创历史新高，达到 13277 亿斤，连续 5 年稳定在 1.3 万亿斤水平以上，我国人均粮食占有量已连续多年超过人均 400 公斤的国际粮食安全标准线。居安思危，安不忘危。尽管我国粮食生产连年丰收，但农业生产资源环境压力持续加大，农产品增产空间有限，粮食安全基础仍不稳固，粮食损耗和浪费非常严重，粮食安全形势不容乐观。餐桌消费环节是粮食浪费的大头。2018 年，中国科学院地理科学与资源研究所和世界自然基金会联合发布的《中国城市餐饮食物浪费报告》显示，中国城市餐饮业人均食物浪费量为每餐每人 93 克，浪费率为 12%；2015 年中国城市餐饮业餐桌食物浪费量在 1700 万至 1800 万吨之间，相当于 3000 万到 5000 万人一年的食物量。2020 年，农业农村部食物与营养发展研究报告显示，我国主粮类全产业链总损耗率约 12%，其中最主要的损耗是由消费端浪费引起的，对总损耗的贡献率达 35%，其次是收割环节和加工环节，贡献率分别为 26% 和 16%。若严格控制每个环节的损耗率，主粮类全产业链总损耗率可下降四成以上。

珍惜粮食、反对浪费，历来是我们党和中华民族的优良传统，杜绝粮食和食物浪费就是保障国家粮食安全。习近平总书记一直大力提倡“厉行节约、反对浪费”的社会风尚。七年来，习近平总书记对食物浪费连续多次作出重要指示。这些重要指示，具有很强的针对性和指导性，为做好厉行节约、反对浪费工作指明了方向，提供了遵循，对时刻保持对粮食安全的危机意识，具有重大的现实意义。

一、要提高政治站位，充分认识节粮减损、杜绝浪费的重要意义

粮食关乎国运民生，粮食安全是实现经济发展、社会稳定、国家安全的重要基础，要时刻紧绷粮食安全这根弦，全面落实总体国家安全观，做到居安思危，有备无患。习近平总书记指出，“粮食问题不能只从经济上看，必须从政治上看，保障粮食安全是实现经济发展、社会稳定、国家安全的重要基础”。我国正处于全面建成小康社会和开启全面建设社会主义现代化国家新征程的历史交汇期。今年以来新冠肺炎疫情冲击，国际形势日趋复杂，粮食安全的重要性进一步凸显。要深入学习贯彻习近平总书记关于确保国家粮食安全和厉行节约、反对浪费的系列重要指示，将粮食减损降耗和杜绝浪费放在突出位置，切实把党中央关于确保国家粮食安全的各项部署和重要任务落实到位，始终筑牢国家粮食安全防线。

当前，粮食和食品在生产、储存、运输、加工、消费等环节损失浪费问题仍然存在，尤其是讲排场、比阔气等不良消费方式造成的食品浪费令人触目惊心。必须一手抓粮食生产、稳定和提高粮食产量；一手抓粮食节约，提高粮食综合利用率，抑制不合理的需求。要做到温饱不忘饥寒，丰年不忘灾年，增产不忘节约，消费不能浪费。大力促进节粮减损反对粮食浪费，是新形势下保障国家粮食安全和增加粮食有效供给的迫切需要，是弘扬中华民族勤俭节约传统美德、培育和践行社会主义核心价值观、加快建设资源节约型环境友好型社会的重要举措，有利于保障粮食供应，有利于在全社会形成勤俭节约的良好风尚，是一项长期任务。

二、要立足全链条、多环节，系统解决粮食和食物损耗浪费问题

珍惜粮食、反对浪费，既是弘扬中华民族勤俭节约传统美德的重要举措，也是保障国家粮食安全的迫切需要。针对粮食损耗浪费问题，要全链条全环节系统化研究节粮减损问题，把每一个环节的浪费尽可能降到最低。

对于粮食生产、收获环节。当前在粮食种植过程中，由于种子发芽率不高，技术落后等影响，还存在种子消耗偏大、成苗率有待提高等问题。在粮食收获时，由于基础设施不完善、机械化收割精细化程度不高等原因，损耗较重。人工收获小麦和水稻，需要收割、捆绑、装运、脱粒和清选 5 道工序，总损失率在 10% 左右；而使用联合收割机能够一次性完成，损失率一般不高于 3%。同时因田块不规整、机耕道窄、机手操作水平不高等原因又进一步影响了机收效率。根据国家粮食和物资储备局的调查，小麦、水稻及玉米在收获时每亩损失分别为 7.9、7.9 和 5.2 公斤，仅此一项全国每年要浪费上百亿公斤的粮食。

抓好粮食生产环节节粮减损，要抓好农作物播种、田间管理、收获的节约。加快农业科技创

新，着力攻克粮食生产“卡脖子”技术，培育推广一批高产稳产、多抗广适、品质优良的新品种，加快粮食作物生产全程机械化，推进农田宜机化改造，推动农机农艺融合，发展多种形式适度规模经营，大力发展粮食生产社会化服务组织，组织和引导农业机械化主体高效率跨区收割，从源头上扎好“粮食口袋”。

对于粮食储存环节。据国家粮食和物资储备局统计，每年因农户存粮不当造成的粮食损失在400亿斤以上；粮食运输和仓储环节损耗超过150亿斤，粮食损失数量巨大。主要原因是农户田间运输和晒场作业不当，导致粮食出现霉变、碎粒；部分农户存粮场所简陋，缺乏科学储粮知识和必要技术，造成虫鼠害侵袭和季节性霉变；受出入仓作业方式、储藏技术形式以及储粮生态环境和部分仓房老旧等因素影响，粮库储粮存在部分损失。

抓好粮食储存环节节粮减损，要进一步普及科学储粮知识，提高农户防治病虫鼠害技能，大力推广先进适用的新装具、新技术，改善农户储粮条件。加强储粮基础设施建设，改善储粮条件，推广应用机械通风、谷物冷却、环流熏蒸、粮情测控的储粮“四合一”技术，推广绿色储粮和信息化管理技术，减少因储备技术不当造成的粮食损失。要加快建设粮食产后服务中心和粮食质量检验检测中心，引导分等分仓储存和精细化管理，最大限度避免因质量问题造成粮食损失。

对于粮食运输环节。目前，我国粮食省内运输以公路运输为主，跨省运输以铁路和水运为主，水路运输主要有散装运输和集装箱运输两种方式。在运输环节造成的粮食浪费不容小视，还有需要值得改进的地方。一方面，粮食从包装到装载再到运输，标准性不够，规范性不强，造成了一定的浪费。另一方面，粮食运输上的冷链、除湿等运输端的技术手段还较为落后。同时，粮食运输的大数据体系还不够完善，各个要素部门之间各自为政，仓储体系布局有待优化，使得运输过程中需要多次装载，造成了大量浪费。有些特定的粮食及蔬菜从田间走到零售一环，运输损耗接近一半。

抓好粮食运输环节节粮减损，要完善粮食包装装卸作业标准，加快制修订急需的重要标准，优化粮食运输操作规程和技术规范，做到有标可循。积极推进粮食水路运输“散改集”，大力发展粮食集装箱运输，推进粮食“四散化”（散储、散运、散装、散卸）运输。推进提升公路运输组织效率，提升粮食公路运输规模化，大力发展粮食物流多式联运，发展集装箱公铁海多式联运等模式。要加快粮食现代仓储物流工程建设，优化设施资源配置，完善粮食集疏运网络，减少运输环节、缩短运输周期，推动多式联运无缝衔接。

对于粮食加工环节。一直以来，粮食加工环节浪费严重。据农业农村部统计，我国粮食在加工环节每年损失达700亿斤，约占2019年粮食产量13277亿斤的5.27%。一方面是粮食产后初加工设施简陋、工艺落后，加上虫食鼠咬、腐烂变质，在初加工环节每年损失粮食约400亿—500亿斤。一方面是我国部分地区存在“过度加工”问题，在一些主粮上过度追求“精、细、白”，造成出品率降低，每年损失粮食在150亿斤以上。另一方面是我国农产品加工副产物综合利用水平不高，每年有大量副产物损失浪费，初步统计，我国每年粮食加工产生稻壳、麦麸等加工副产物有5.8亿吨，利用率平均不到40%。

抓好粮食运输环节节粮减损，要引导消费者培育健康的饮食文化，将片面的追求“精细”转变为更好地追求营养均衡。统筹发展粮食初加工、精深加工和综合利用加工，组织粮食科研机构和企业开展粮油加工关键技术装备研发，提升加工技术装备水平，倡导适度加工。加强粮食加工副产物综合利用技术研发，引导和推进加工企业发展粮食循环经济，有效利用粮食资源。

对于粮食消费环节。在粮食消费端，浪费现象最突出的是餐饮浪费，爱面子、讲排场的过度消费还不同程度存在，禁而难绝。前面也提到了，我国城市餐饮业人均食物浪费量为每餐每人93克，浪费率为12%；2015年城市餐饮业餐桌食物浪费量在1700万至1800万吨之间，相当于3000万到5000万人一年的食物量。究其原因，随着我国国家整体生活水平的大幅提高，农产品供给的极大丰富，人们已经逐渐淡忘了饥饿的滋味，远离了农业生产一线，忽视了粮食的珍贵，忘却了对食物的敬畏。广大城乡地区婚宴铺张浪费现象普遍严重，名目繁多的各类“事件性宴聚”，商务宴请、朋友聚餐，以及大、中小学校园餐饮浪费，是餐饮食物浪费的重点领域。

抓好餐饮浪费，要自觉抵制无度消费、非理性消费等不良风气，倡导绿色健康生活模式，在全社会形成科学理性的食物消费文化。要把珍惜粮食、反对浪费的理念贯彻到食堂就餐、公务活动、家庭聚餐、在外用餐等方方面面,引导广大消费者将节粮惜粮意识内化于心、外化于形,坚决制止餐饮浪费行为。要加大对新一代年轻人的教育,针对部分学校存在食物浪费和学生节俭意识缺乏的问题,切实加强引导和教育,对培养学生勤俭节约良好美德等提出明确要求。加快餐饮业信息化建设,减少粮食和食品采购、储运、加工环节的浪费。加强餐厨垃圾管理,积极推进餐厨垃圾的资源化利用。

三、要加快建立长效机制,推进节粮减损反对浪费

要加大宣传教育力度,养成科学消费观念。“一粥一饭,当思来之不易;半丝半缕,恒念物力维艰。”自古以来,勤俭节约是中华民族的传统美德,有大量的古训都提醒我们要敬天惜粮、爱惜食物。要大力宣传节约光荣、浪费可耻的思想观念,努力营造厉行节约、反对浪费的社会风气。要移风易俗,大力破除讲排场、比阔气等陋习。积极倡导崇尚节俭、科学饮食、健康消费的生活理念和饮食文化,减少食品的不合理消费,倡导科学文明消费方式,摒弃不健康的消费习惯,促进形成科学合理的膳食结构。采取多种形式教育青少年和儿童养成爱惜粮食、节约粮食的好习惯。培养艰苦奋斗、勤俭节约的美德,自觉爱惜每一粒粮食。

*要加快建立法治化长效机制。*我国现行法律中有珍惜粮食、反对浪费的规定,但都是原则性规定,约束性不强。当前,《粮食安全保障法》已列入十三届全国人大常委会立法规划第一类项目,相关部门在起草法律草案时,要按照习近平总书记的要求,增加和完善关于珍惜粮食、反对浪费的有关内容;对加强粮食生产、加工、流通、储存、消费等全产业链管理作出规定,减少损失浪费。要尽快制定出台专门法律,为全社会确立餐饮消费、日常食物消费的基本行为准则,构建事前防范、事中监督、事后惩罚并重的体制机制,以法治方式进行综合治理,坚决制止餐饮浪费行为和各相关环节中的粮食、食物、食品浪费行为,改变餐饮消费陋习。

总之,进一步杜绝粮食和食品浪费,需要将推动节粮减损贯彻落实在粮食生产、储存、运输、加工、销售、消费等全链条、各环节,需要全社会的共同参与,努力形成厉行节约、反对浪费的良好社会风尚。最后,衷心感谢山东省委、人大、政府及有关方面对我们这次调研所提供的支持和帮助。谢谢大家。

坚定不移落实全面从严治党要求 持之以恒推进机关党风廉政建设

杨振武

1 月 13 日至 15 日,十九届中央纪委第四次全体会议在北京召开,这是在决胜全面建成小康社会、决战脱贫攻坚的关键时刻召开的一次重要会议,是继党的十九届四中全会之后党和国家政治生活中的又一件大事。习近平总书记在会上发表重要讲话,站在实现“两个一百年”奋斗目标的历史交汇点上,深刻总结新时代全面从严治党的历史性成就,深刻阐释我们党实现自我革命的成功道路、有效制度,深刻回答管党治党必须“坚持和巩固什么、完善和发展什么”的重大问题,充分表明党中央把“严”的主基调长期坚持下去、不断巩固和发展反腐败斗争压倒性胜利的坚定决心。总书记的重要讲话立意高远、思想深邃,内涵丰富、催人奋进,为以全面从严治党新成效推进国家治理体系和治理能力现代化指明了方向、提供了遵循。

习近平总书记指出:“全面从严治党是新时代党治国理政的一个鲜明特征,取得了历史性、开创性成就,产生了全方位、深层次影响。”党的十八大以来,以习近平同志为核心的党中央旗帜鲜明坚持和加强党的全面领导,以前所未有的勇气和定力推进全面从严治党、推进党的建设新的伟大工程,探索出一条长期执政条件下解决自身问题、跳出历史周期率的成功道路,构建起一套行之有效的权力监督制度和执纪执法体系,使我们党始终成为中国特色社会主义事业的坚强领导核心。习近平总书记作为党的核心、人民领袖,在以伟大自我革命引领伟大社会革命的生动实践中,举旗定向、掌舵领航,以身作则、以上率下,彰显了坚定不移的信仰信念、顽强奋进的意志品质、诚朴真

挚的为民情怀、许党许国的“无我”境界，得到全党全国人民的坚决拥护、衷心爱戴。

当今世界正经历百年未有之大变局，我国正处于实现中华民族伟大复兴关键时期。面对新形势新任务新挑战，习近平总书记以马克思主义政治家的高瞻远瞩，深刻指出了当前党风廉政建设中存在的积弊和问题，强调要清醒认识反腐败斗争的严峻性、复杂性、长期性、艰巨性，切实增强防范风险意识，永葆党的先进性和纯洁性。我们要把学习贯彻习近平总书记重要讲话和中央纪委四次全会精神作为一项重大政治任务，时刻牢记习近平总书记的指示要求，自觉向总书记看齐、向总书记学习，一以贯之、坚定不移落实全面从严治党要求，安不忘危，治不忘乱，保持定力，持续用力，把党的建设新的伟大工程不断引向深入。

习近平总书记指出，“中央和国家机关离党中央最近，服务党中央最直接，对机关党建乃至其他领域党建具有重要风向标作用”，强调“深化全面从严治党、进行自我革命，必须从中央和国家机关严起、从机关党建抓起”。全国人大机关是党中央领导下的政治机关，是为全国人大及其常委会依法履职提供服务保障的中央国家机关，党的建设必须走在前、作表率。十三届全国人大常委会党组全面加强对全国人大机关党建工作的领导，专门召开党组会议听取机关党建工作情况的汇报，作出重要部署，提出明确要求。在党中央坚强领导和常委会党组正确领导下，机关党组自觉履行管党治党政治责任，每年年初召开落实全面从严治党要求、加强党风廉政建设工作会，传达学习中央纪委全会精神，统筹部署全年机关党建工作。去年专题研究党建工作20余次，作出相关批示200余件，推动解决党建工作中的重点难点问题。机关党委与各单位党组织签订落实全面从严治党要求责任书，各单位党组织与下级组织层层压实责任、传导压力，确保全面从严治党的各项要求落地落实见效。

2020年是具有里程碑意义的一年，全面建成小康社会和“十三五”规划即将收官，既是决胜期，也是攻坚期，党和国家各项工作十分繁重。越是形势复杂、任务艰巨，越是要从严管党治党，把党建设得更加坚强有力。全国人大机关要坚持以习近平新时代中国特色社会主义思想为指导，深入学习贯彻党的十九届四中全会和中央纪委四次全会精神，增强“四个意识”，坚定“四个自信”，做到“两个维护”，坚持党要管党、从严治党，把“不忘初心、牢记使命”作为加强党的建设的永恒课题和党员干部的终身课题，全面提升机关党的建设质量和水平，努力建设让党中央放心、让人民群众满意的模范机关。

一是坚定理想信念。近百年来，我们党之所以能够经历血与火的考验，抵御名和利的诱惑，在极端困境中发展壮大，在濒临绝境中突出重围，在困顿逆境中毅然奋起，团结带领中国人民从胜利走向胜利，靠的就是理想信念的感召。今天，我们要实现国家富强、民族振兴、人民幸福的崇高目标，同样要靠理想信念的凝聚。全国人大机关坚持以理想信念固本培元、凝神聚魂，打造具有人大机关特点的党内政治文化。去年，组织2000余名党员干部职工参观新中国成立70周年大型成就展，组织机关党校学员赴江西、河北、陕西开展系列实践教学活动，回顾光辉历程，增强前进信心。今后将充分利用人大制度红色资源，引导机关全体党员干部不断砥砺初心，自觉担负使命，把理想信念变成锐意进取、开拓创新的精气神和埋头苦干、真抓实干的原动力。

二是把牢政治方向。革命和建设时期，全党以毛泽东同志的方向为方向。新时代，全党以习近平总书记的方向为方向。全国人大机关坚持把“两个维护”作为最高政治原则和根本政治规矩，体现在坚决贯彻习近平总书记指示要求和党中央决策部署的实际行动上，体现在对党忠诚、为党分忧、为党尽职的具体工作中。对习近平总书记关于人大工作的重要指示批示逐条进行梳理，明确分工，落实责任，完善工作台账，加强跟踪问效，确保落到实处。去年认真做好52件重要指示批示的落实工作，包括服务常委会制定疫苗管理法、增设立法联系点、加强代表专题培训等。按照党中央统一部署，参与应对香港“修例风波”等，建立外事委发言人、法工委发言人机制，对相关问题及时主动发声，取得积极的社会效果。面对前进道路上的各种风险挑战，机关全体党员干部将不断增强“两个维护”的定力和能力，增强忧患意识，发扬斗争精神，切实做到在大是大非面前旗帜鲜明，在风浪考验面前无所畏惧，在各种诱惑面前立场坚定，在关键时刻让党信得过、靠得住、能放心。

三是强化理论武装。习近平新时代中国特色社会主义思想承载着中国共产党人的初心和使命，是引领中华民族伟大复兴的指路明灯。全国人大机关坚持把学习贯彻习近平新时代中国特色社会主义思想作为重大政治责任和长期政治任务，按照党中央统一部署，扎实开展“不忘初心、牢记使命”主题教育，充分发挥机关党组理论学习中心组的示范作用，组织带动机关党员干部开展“大学习大培训”，通过举办轮训班、系列辅导报告会、主题征文、知识竞赛等形式，在机关营造浓厚的学习氛围。聚焦学习贯彻习近平总书记关于坚持和完善人民代表大会制度的重要思想，召开两次全国范围的学习交流会，制定实施五年规划，由机关党组成员牵头督促推进重点任务，努力把学习成果转化为破解难题、推动工作的能力。下一步，将巩固和深化主题教育成果，持续推动学习贯彻往深里走、往心里走、往实里走，在学思践悟中牢记初心使命，使科学理论在内心深处铸魂扎根，自觉用党的创新理论引领和指导人大工作。

四是勇于自我革命。习近平总书记指出，“强大的政党是在自我革命中锻造出来的”。敢于直面问题、勇于修正错误，是我们党的显著特点和优势。在派驻纪检监察组监督指导和支持配合下，全国人大机关以刀刃向内的勇气强化监督执纪问责，深入推进机关党风廉政建设和反腐败斗争。落实栗战书委员长指示要求，去年首次开展机关内部巡视，目前已完成两轮对 12 个直属党组织的巡视，发现四个方面的 126 个问题，针对首轮巡视发现的 40 个问题，制定 109 条整改措施。今年将实现机关内部巡视全覆盖，把学习贯彻四中全会精神、主题教育问题整改、整治形式主义官僚主义、落实中央和国家机关党的建设工作会议精神等方面情况纳入巡视监督范围，坚持和完善选派专职常委担任组长、工作人员“模块化”配置、拓展谈话范围和对象、发挥临时党支部作用等行之有效的做法，推动巡视工作高质量深入开展，锻造忠诚干净担当的机关党员干部队伍。

五是增强工作实效。习近平总书记反复强调，要重实干重实绩。机关党的建设的成效，最终要体现到围绕党和国家工作大局担当作为、开拓进取的实效上。全国人大机关将紧跟习近平总书记重要指示批示和党中央决策部署，紧扣全面建成小康社会目标任务，围绕全国人大及其常委会中心工作，以钉钉子精神狠抓落实，为推动新时代人大工作与时俱进、完善发展提供优质高效的服务保障，为坚持和完善中国特色社会主义制度、推进国家治理体系和治理能力现代化，为实现“两个一百年”奋斗目标、实现中华民族伟大复兴的中国梦作出应有的贡献。

（来源：《旗帜》2020 年第 2 期。作者系全国人大常委会秘书长、机关党组书记）

着力深化理论武装
用党的创新理论统揽机关党的建设

杨振武

全国人大常委会机关党组深入学习贯彻习近平总书记在中央和国家机关党的建设工作会议上的重要讲话精神，准确把握中央和国家机关的政治属性和职责定位，增强“四个意识”、坚定“四个自信”、做到“两个维护”，以党的政治建设为统领，全面提高机关党的建设质量，坚决做好“三个表率”，努力建设“模范机关”。在深化理论武装方面，机关党组贯彻落实习近平总书记提出的“自觉主动学、及时跟进学、联系实际学、笃信笃行学”的要求，在深入学习贯彻习近平新时代中国特色社会主义思想上走在前、作表率，走好“第一方阵”。

以理论清醒保证思想政治坚定，带头做到“两个维护”

机关党组始终把学习贯彻习近平新时代中国特色社会主义思想作为首要政治任务，作为改造主观世界、分析解决问题的强大思想武器，带领机关党员干部在学懂弄通做实上下功夫，真正做到学深悟透、融会贯通、真信笃行。通过认认真真读原著、学原文、悟原理，准确领会和把握习近平新时代中国特色社会主义思想的核心要义、精神实质、丰富内涵和实践要求，提升了政治站位、理论水平和工作能力。最为重要的收获是，通过深入持续的学习，大家更加深刻地认识到，正是因为有习近平新时代中国特色社会主义思想科学指引和以习近平同志为核心的党中央坚强领导，党和国家事业才能取得一个又一个新的伟大胜利；更加深切感受到习近平总书记作为马克思主义政治家的高超领导艺术、人民领袖的家国情怀、治国理政的雄才大略，进一步坚定了对习近平总书记、党中央的拥护和爱戴，夯实了“两个维护”的思想政治基础。机关党组会议的安排，首先是及时传达学习习近平总书记重要讲话、重要指示批示精神和党中央重要会议、重要文件精神，自觉在思想上政治上行动上同以习近平同志为核心的党中央保持高度一致。坚决贯彻落实习近平总书记关于人大工作的重要指示批示精神，切实担负起政治责任、领导责任、工作责任，建立健全工作台账机制，逐条明确分工、落实责任、加强督办，确保习近平总书记重要指示批示落地生根。

加强理想信念教育，增强为党和国家事业不懈奋斗的责任感使命感

理想信念是共产党人的精神支柱和政治灵魂。机关党组把加强理想信念教育作为深化理论武装的基础性工程，常抓不懈，久久为功。按照党中央统一部署，扎实开展“不忘初心、牢记使命”主题教育，认真学习习近平总书记关于“不忘初心、牢记使命”的重要论述，学习党史、新中国史，深化对党的创新理论中所蕴含的马克思主义立场、观点、方法的理解和领悟，铸牢宗旨意识，把牢“总开关”，锤炼忠诚干净担当的政治品格。组织机关党员干部认真学习习近平总书记在庆祝新中国成立70周年活动期间的重要讲话，参观大型成就展，举行“喜迎新中国成立70周年·中国人大故事汇”等活动，回顾光辉历程，坚定“四个自信”，把庆祝活动激发出的精气神，转化为干事创业的实际行动。组织机关党校学员赴江西、河北、陕西等红色教育基地开展实践教学活动，传承和弘扬党的优良传统。严明政治纪律和政治规矩，及时传达学习党中央、中纪委有关通报精神，教育党员干部吸取反面典型教训，对党绝对忠诚，筑牢反腐防线，始终保持共产党人廉洁奉公、无私奉献的政治本色。

紧扣大局开展学习，推动党中央决策部署贯彻落实

学习的目的全在于运用，理论学习成果必须体现为贯彻落实党中央决策部署的实效。机关党组坚持把理论学习与履行职责紧密结合，围绕党和国家中心任务，为全国人大及其常委会依法履职当好参谋助手、做好服务保障。全面深入学习贯彻党的十九届四中全会精神，深刻认识我国国家制度和国家治理体系的显著优势，准确把握“坚持和巩固什么”“完善和发展什么”的重大政治原则，认清人大在推进国家治理体系和治理能力现代化中的定位和职责。制定《机关党组关于认真学习贯彻党的十九届四中全会精神的工作方案》，系统安排学习培训的10项重点内容、贯彻落实的16项重点任务、理论研究阐释的10个重点课题、对外宣传的6项重点内容，确保全会确定的任务举措在人大工作中得到贯彻落实。新冠肺炎疫情暴发后，全国人大机关认真学习习近平总书记关于疫情防控的一系列重要讲话、重要指示精神，贯彻党中央关于统筹推进疫情防控和经济社会发展工作的决策部署，为全国人大常委会作出关于全面禁止野生动物非法交易和食用的决定、制定实施强化公共卫生法治保障立法修法工作计划等做好服务保障工作，主动宣传解读疫情防控有关法律问题。为贯彻习近平总书记关于开好今年全国“两会”的重要指示精神，做好十三届全国人大三次会议的筹备和组织服务工作，制定并执行最严格的疫情防控措施，做到各项工作万无一失，保证了大会安全顺利进行，推动会风改进取得新成效。一年来，贯彻党中央决策部署，全国人大机关为全国人大及其常委会审议48件法律、有关法律问题和重大问题的决定草案，开展25项监督工作提供了服务保障。

突出人大特色，将学习研究宣传贯彻习近平总书记关于坚持和完善人民代表大会制度的重要思想不断推向深入

习近平总书记关于坚持和完善人民代表大会制度的重要思想，是习近平新时代中国特色社会主义思想的重要组成部分，是坚持和完善人民代表大会制度、做好新时代人大工作的根本遵循。机关党组坚持把学习贯彻习近平总书记关于坚持和完善人民代表大会制度的重要思想作为基本功和看家本领，研究制定《全国人大机关深入学习贯彻习近平总书记关于坚持和完善人民代表大会制度的重要思想的意见(2018—2022年)》及重点任务分工方案，明确19项重点任务，由党组成员牵头，持续推进抓落实。经党中央批准，2019年组织召开纪念地方人大设立常委会40周年座谈会、“深入学习贯彻习近平总书记关于坚持和完善人民代表大会制度的重要思想，加强和改进人大代表工作”交流会、省级人大立法工作交流会、第25次全国地方立法工作座谈会等重要会议，推动各级人大深入学习贯彻

习近平总书记对地方人大及其常委会工作的重要指示精神，自觉把习近平总书记关于坚持和完善人民代表大会制度的重要思想贯彻到人大工作各方面全过程。邀请河北、陕西、浙江等省人大常委会负责同志作关于人民代表大会制度历史发展的辅导报告，推动机关党员干部深刻认识我国根本政治制度从哪里来、往哪里去，增强坚持和完善人民代表大会制度的坚定性自觉性。

注重建章立制学，不断深化全国人大机关理论武装工作格局

全国人大常委会党组高度重视机关党的建设，加强领导和指导。栗战书委员长多次就深化理论武装提出明确要求。在常委会党组领导和示范下，机关党组狠抓学习制度建设，发挥领学促学作用，带动全机关各级党组织和全体党员干部加强理论学习，全面提升素质能力。经过多年实践，全国人大机关形成了以机关党组理论学习中心组为龙头、局处级干部为重点、党支部同步跟进的理论武装工作格局。坚持和完善机关党组集体学习制度，每年年初制定机关党组理论学习中心组专题学习重点内容安排及学习计划，在主动自学的基础上，把党组成员重点发言和集体研讨、专题学习和系统学习结合起来。机关各级党组织根据机关党组集体学习计划，同步安排开展集体学习研讨。机关党组成员参加常委会党组集体学习、常委会专题讲座，拓展学习的广度和深度。扩大机关党组理论学习中心组专题学习范围，请全国人大各专门委员会分党组成员、组织关系在机关的中管干部、机关各直属党组织主要负责同志等参加。坚持机关党组书记带头讲党课，推动各基层党组织书记认真讲党课，把“三会一课”制度落到实处。集中抓好党的代表大会和中央全会精神的学习贯彻工作，确保做到局处级干部学习轮训全覆盖。修订《全国人大机关党组织集体学习和党建活动制度》，着力解决理论学习中系统把握、融会贯通不够的问题，增强理论学习的吸引力。围绕学习制度落实情况开展督查考核，每年通报上一年度各单位集体学习研讨情况，机关党委探索开展集体学习的巡听旁听等工作。

丰富理论学习形式，不断提高学习教育的针对性和实效性

深入实施机关党员“大学习大培训”计划，进一步拓展学习形式和内容，大力推进学习型机关、学习型支部建设。发挥全国人大专门委员会人才优势，邀请各专门委员会和工作委员会负责同志结合各自领域，在机关作专题报告、进行辅导交流。落实《关于推进中央和国家机关年轻干部深入学习习近平新时代中国特色社会主义思想的意见》，以青年理论学习小组为抓手，通过线上学习竞赛、线下征文讨论等活动，推动青年党员理论学习入脑入心。精心选派干部参加中央党校（国家行政学院）、中央和国家机关党校等组织的学习培训，办好机关党校处级干部进修班，推动机关党员干部系统学、全面学。积极用好中国干部网络学院学习平台，抓紧推进“全国人大（干部）网络学院”筹建工作，为理论武装提供更加有效的平台。机关党组理论学习中心组和机关各级党组织开展主题教育、集体学习的情况和成果，均通过党委简报、机关内网、园地、支部工作 APP 等载体进行宣传、交流，推动机关形成良好的学习习惯和氛围。

（来源：《旗帜》2020 年第 7 期，作者系全国人大常委会秘书长、机关党组书记）

贯彻习近平法治思想　推动宪法全面实施

杨振武

中央全面依法治国工作会议确立了习近平法治思想在全面依法治国工作中的指导地位，对当前和今后一个时期全面依法治国工作作出战略部署。习近平法治思想是顺应实现中华民族伟大复兴时代要求应运而生的重大理论创新成果，是马克思主义法治理论中国化最新成果，是习近平新时代中国特色社会主义思想的重要组成部分，是全面依法治国的根本遵循和行动指南。坚持依宪治国、依宪执

政,是习近平总书记提出的"十一个坚持"的重要内容,是全面依法治国的重大原则和重点工作,也是以习近平同志为核心的党中央治国理政的鲜明特点。站在"两个一百年"历史交汇点上,以习近平法治思想为指引,弘扬宪法精神,树立宪法权威,全面贯彻实施宪法,对于全面建设社会主义现代化国家、实现中华民族伟大复兴的中国梦具有重大意义。

依宪治国、依宪执政依据的是中华人民共和国宪法,我们要增强和坚定宪法自信

宪法是国家根本法,是治国安邦的总章程,是党和人民意志的集中体现。我国宪法确认了中国共产党领导人民进行革命、建设、改革的伟大斗争和根本成就,体现了中国特色社会主义道路、理论、制度、文化发展的成果,反映了我国各族人民的共同意志和根本利益,成为党和国家的中心工作、重大方针、重要政策在国家法制上的最高体现。习近平总书记指出:"维护宪法权威,就是维护党和人民共同意志的权威。捍卫宪法尊严,就是捍卫党和人民共同意志的尊严。保证宪法实施,就是保证人民根本利益的实现。"实践充分证明,我国宪法是符合国情、符合实际、符合时代发展要求的好宪法,是我们国家和人民经受住各种困难和风险考验、始终沿着中国特色社会主义道路前进的根本法治保证,必须长期坚持、全面贯彻。

坚定"四个自信",必须坚定宪法自信,增强宪法自觉。我国宪法好不好,中国人民最有发言权。在新中国第一部宪法制定过程中,全国有1.5亿人参加了宪法草案的学习讨论,提出了118万多条意见,这在世界制宪史上是极为罕见的,体现了广泛的人民民主。毛泽东同志说:"搞宪法是搞科学。""宪法的起草是慎重的,每一条、每一个字都是认真搞了的。"我们不能用西方宪政理论来评价中国的法治实践,更不能套用西方的宪法规则或条款来设计我国的宪法制度。我们讲依宪治国、依宪执政,同西方所谓"宪政"有本质区别,不能把二者混为一谈,我们依据的是中华人民共和国宪法。在这一点上,必须头脑清醒、立场坚定,保持战略定力。

党的十八大以来,以习近平同志为核心的党中央把全面贯彻实施宪法作为全面依法治国、建设社会主义法治国家的首要任务和基础性工作,在习近平法治思想的引领和推动下,我国宪法实施的实践不断丰富,体制机制不断健全。通过宪法修正案,完善以宪法为核心的中国特色社会主义法律体系,用科学有效、系统完备的制度体系保证宪法实施。实施宪法规定的特赦制度,依法颁授国家勋章和国家荣誉称号,设立国家宪法日,实施宪法宣誓制度,完善国旗法、国徽法、国歌法等国家标志法律制度。推进合宪性审查工作,加强和改进备案审查工作,确保法律法规、制度政策符合宪法规定、原则和精神,维护国家法治统一。依据宪法作出关于香港维护国家安全的法律制度和执行机制的决定、制定香港国安法,维护宪法权威和香港的宪制秩序。习近平总书记在多个重要会议、重要活动上发表重要讲话,三次对国家宪法日作出重要指示,就我国宪法发展历程、性质特点、地位作用、宪法实施和监督、宪法宣传教育等作出一系列重要论述,丰富和发展了中国特色社会主义宪法理论。习近平总书记关于宪法的重要论述,是习近平法治思想的重要组成部分,引领着新时代依宪治国、依宪执政新实践。我们要深入学习领会习近平法治思想,深刻认识我国宪法的深厚底蕴、实践根基、优势功效,切实尊崇宪法,严格实施宪法,把全面贯彻实施宪法提高到一个新水平,更好发挥宪法在治国理政中的重要作用。

毫不动摇坚持宪法确定的中国共产党领导地位,坚持和加强党的全面领导

中国共产党领导是中国特色社会主义最本质的特征,是中国特色社会主义制度的最大优势。回顾我国宪法制度发展历程,可以清楚地看到,我国宪法同党和人民进行的艰苦奋斗和创造的辉煌成就紧密相连,同党和人民开辟的前进道路和积累的宝贵经验紧密相连。历史和人民选择了中国共产党,党领导人民制定体现党和人民统一意志的宪法法律,人民自觉接受宪法确认的党的领导,党自身也在宪法法律范围内活动,这就是坚持党的领导的历史逻辑、政治逻辑和法理逻辑,是坚持党的领导、人民当家作主、依法治国有机统一。

现行宪法旗帜鲜明坚持四项基本原则。现行宪法实施38年来,党领导人民推动宪法与时俱进,邓小平理论、"三个代表"重要思想、科学发展观、习近平新时代中国特色社会主义思想先后载入宪法,把党的指导思想确立为国家的指导思想。2018年第五次修改现行宪法,把"中国共产党领导是中国特色社会主义最本质的特征"增写入宪法总纲第

一条,以国家根本法形式确保党总揽全局、协调各方的领导核心地位,确保党的领导成为国家治理的根本准则,确保党和国家事业始终沿着正确方向前进。

党政军民学,东西南北中,党是领导一切的。党的领导是一项重大的政治原则,同时又是具体的、实在的,需要通过系统完备的国家制度和国家治理体系来实现。具体到人大工作中,就是要深入学习贯彻习近平新时代中国特色社会主义思想,增强"四个意识"、坚定"四个自信"、做到"两个维护",自觉在思想上政治上行动上同以习近平同志为核心的党中央保持高度一致;就是要自觉同党的基本理论、基本路线、基本方略对标对表,同党中央大政方针和决策部署对标对表,通过人民代表大会制度保证党的理论和路线方针政策得到全面贯彻实施;就是要把坚持党的领导贯彻落实到人大工作全过程各方面,用制度体系保证和实现人民当家作主。

毫不动摇坚持宪法确定的国体、政体和国家各项制度,推动中国特色社会主义制度不断完善发展

习近平总书记指出,制度优势是一个国家的最大优势,制度竞争是国家间最根本的竞争。我国宪法是中国特色社会主义制度的最高法律表现形式。宪法以国家根本法的形式确立了国家的领导核心力量和指导思想,确立了工人阶级领导的、以工农联盟为基础的人民民主专政的社会主义国家的国体,确立了人民代表大会制度的政体。中国共产党领导的多党合作和政治协商制度、民族区域自治制度、基层群众自治制度的基本政治制度,公有制为主体、多种所有制经济共同发展,按劳分配为主体、多种分配方式并存,社会主义市场经济体制等基本经济制度,以及经济、政治、文化、社会、生态文明、军事、外交、"一国两制"等方面的重要制度,还有社会主义法治原则、民主集中制原则、尊重和保障人权原则等,都在宪法中得到了确立和体现。我国宪法确立的一系列制度、原则和规则,规定的一系列大政方针,具有显著优势、坚实基础、强大生命力,为我国创造出世所罕见的经济快速发展奇迹、社会长期稳定奇迹提供了法治保障。今年以来,面对突如其来的新冠肺炎疫情,以习近平同志为核心的党中央团结带领全党全国各族人民取得疫情防控重大战略成果,我国将成为今年全球唯一恢复经济正增长的主要经济体,充分彰显了中国特色社会主义制度集中力量办大事、办难事、办急事的独特优势。

党的十九届四中全会对坚持和完善中国特色社会主义制度、推进国家治理体系和治理能力现代化作出全面部署。在我国未来发展中,要发挥制度优势续写"两大奇迹"新篇章,运用制度威力应对风险挑战的冲击。我们要坚定不移坚持宪法确认的中国特色社会主义制度建设成果,坚持宪法确定的人民民主专政的国体和人民代表大会制度的政体不动摇,不断完善根本制度、基本制度、重要制度,把我国制度优势更好转化为国家治理效能。在人大工作中,要紧紧围绕党中央的重大决策部署和任务要求,统筹谋划和推进相关立法,填空白、补短板、强弱项,加快形成完备的法律规范体系,推动国家制度和治理体系更加成熟、更加定型。要坚持好、发展好、完善好人民代表大会制度这一国家根本政治制度,健全完善适合国家权力机关特点、体现民主集中制原则、充满活力的组织制度和运行机制,不断改进立法、监督、代表等工作制度和工作方式,努力提高人大工作质量和水平。

紧紧围绕宪法确定的国家发展目标努力奋斗,为全面建设社会主义现代化国家提供法治保障

用宪法来规定国家的根本任务、发展道路、奋斗目标,并对经济建设、政治建设、文化建设、社会建设、生态文明建设和国家各方面事业提出明确要求,是我们党治国理政的一个重要方式,也是我国政治制度的一大特点和优势。这有利于最大限度凝聚社会共识,集中全党全国各族人民的智慧,激发全社会的创造力和发展活力。

新中国成立以来特别是改革开放40多年来,我们党带领人民向着实现宪法确立的目标接续奋斗,连续实施十三个五年计划或规划,我国经济实力、科技实力、综合国力实现历史飞跃,即将实现第一个百年奋斗目标。预计2020年国内生产总值超过100万亿元人民币,绝对贫困问题将历史性得到解决,建成世界上规模最大的社会保障体系,人民生活水平不断提高。决胜全面建成小康社会取得决定性成就,为开启全面建设社会主义现代化国家新征程奠定了坚实基础。我国各方面事业发展取得的重要成就,都离不开宪法的根本保证。

2018年3月，十三届全国人大一次会议通过宪法修正案，调整充实中国特色社会主义事业总体布局和第二个百年奋斗目标的内容，提出“推动物质文明、政治文明、精神文明、社会文明、生态文明协调发展，把我国建设成为富强民主文明和谐美丽的社会主义现代化强国，实现中华民族伟大复兴”。党的十九届五中全会通过《中共中央关于制定国民经济和社会发展第十四个五年规划和二〇三五年远景目标的建议》，为实现宪法确定的国家发展目标描绘了新的宏伟蓝图。当前全国人大工作的一项重要任务，就是抓紧做好十三届全国人大四次会议审查批准“十四五”规划和二〇三五年远景目标纲要的各项准备工作。要加强重点领域、新兴领域、涉外领域立法。积极推进国家安全、科技创新、公共卫生、生物安全、生态文明、防范风险、涉外法治等重要领域立法，健全国家治理急需的法律制度、满足人民日益增长的美好生活需要必备的法律制度。抓紧研究完善数字经济、互联网金融、人工智能、大数据、云计算等领域的法律制度，以良法善治保障新业态新模式健康发展。进一步加强涉外法治建设，深化国际法研究，更好运用法治方式应对单边主义、保护主义、长臂管辖等。围绕大局、贴近民生、突出重点开展监督工作，推动宪法法律实施，更好助力经济社会发展和改革攻坚任务。

自觉坚持宪法规定的人民主体地位，实现人民对美好生活的向往

中国共产党执政，就是支持和保证人民当家作主，为中国人民谋幸福，为中华民族谋复兴。我们党领导人民制定宪法，为人民当家作主提供根本的制度保障。我国宪法是一部真正的人民宪法，彰显了以人民为中心的理念。宪法确立了人民当家作主的制度体系，专章规定了“公民的基本权利和义务”并置于“国家机构”之前，还通过宪法修正案把“国家尊重和保障人权”载入宪法，保障我国人民享有最广泛、最真实、最管用的民主。宪法确立的各项制度和大政方针，都是为了实现好、维护好、发展好最广大人民根本利益。根据宪法，建立并不断完善中国特色社会主义法律体系，保障公民的人身权、财产权等不受侵犯，公民的经济、政治、文化、社会、生态等各方面权利得到落实。要坚持国家一切权力属于人民的宪法理念，不断健全民主制度、丰富民主形式、拓宽民主渠道，保证人民通过人民代表大会行使国家权力，保证人民依法管理国家事务、管理经济和文化事业、管理社会事务，努力解决人民群众最关心最直接最现实的利益问题，增进民生福祉。

我国社会主要矛盾已经转化为人民日益增长的美好生活需要和不平衡不充分的发展之间的矛盾。党的十九届五中全会提出，扎实推动共同富裕，改善人民生活品质，不断实现人民对美好生活的向往。我们要坚持宪法规定的人民主体地位，健全完善人民当家作主制度体系，让改革发展成果更多更公平惠及全体人民。人大工作必须坚持为了人民、依靠人民，把体现人民利益、反映人民愿望、维护人民权益、增进人民福祉落实到依法履职各项工作中，推动解决法治领域人民群众反映强烈的突出问题，用法治保障人民安居乐业。完善立法听证、论证、座谈、评估、公开征求意见等机制，建好用好基层立法联系点和代表之家、代表联络站，不断拓展公民参与立法的有效途径，更好发挥人大代表作用，广泛凝聚立法共识，努力使每一项立法都符合宪法精神、反映人民意志、得到人民拥护。

全面贯彻实施宪法规定的依法治国基本方略，加快建设社会主义法治国家

历史告诉我们，法治从来都是同国家、民族和百姓的命运息息相关。什么时候我们厉行法治，国家就繁荣，民族就强盛，百姓就幸福。在全面建设社会主义现代化国家新征程上，我们要更加重视法治、厉行法治，更好发挥法治固根本、稳预期、利长远的重要作用。我国宪法明确规定中华人民共和国实行依法治国，建设社会主义法治国家。依法治国首先是依宪治国，依法治国必须在宪法的框架内进行，必须以全面贯彻实施宪法为首要任务和基础性工作。要坚持习近平法治思想在全面依法治国中的指导地位，牢牢把握全面依法治国的政治方向、重要地位、工作布局、重点任务、重大关系、重要保障，把习近平法治思想贯彻落实到全面依法治国全过程，更好转化为建设社会主义法治国家的生动实践。

全国人大及其常委会承担着宪法法律赋予的立法、监督等职责，在全面依法治国中发挥着重要职能作用。要加强宪法实施和监督，不断完善以宪法为核心的中国特色社会主义法律体系，用科学有效、系统完备的制度体系保证宪法实施、推动全面依法治国实践。推进合宪性审查工作，对一切违反宪法法律的规范性文件必须坚决予以纠正和撤销。按照“有件必备、有备必审、有错必纠”的要求，加强

和改进备案审查工作,坚决纠正违背上位法规定、立法“放水”问题,切实维护国家法治统一。加强对法律实施情况和“一府一委两院”工作的监督。认真履行人大预算审查监督和国有资产管理监督职责,推动提高财政资金使用绩效和政策实施效果,推进国有资产管理监督深化拓展、提质增效。加强宪法宣传教育,组织好国家宪法日活动和宪法宣誓,使全体人民成为宪法的忠实崇尚者、自觉遵守者、坚定捍卫者。深入开展全民普法活动,培育全社会遇事找法、解决问题用法、化解矛盾靠法的法治环境。进一步丰富法治宣传教育的理念、载体、机制、渠道、方法,让宪法法律走入生活、深入人心,为加快建设社会主义法治国家打下坚实基础。

(作者为全国人大常委会秘书长、机关党组书记)

深入学习宣传贯彻习近平法治思想 发挥人大在全面依法治国中的职能作用

杨振武

党中央召开全面依法治国工作会议,在我们党和国家历史上是第一次,在法治中国建设进程中具有里程碑意义。这次会议最重大的成果是确立了习近平法治思想在全面依法治国工作中的指导地位。习近平法治思想内涵丰富、论述深刻、逻辑严密、系统完备,从历史和现实相贯通、国际和国内相关联、理论和实际相结合上深刻回答了新时代为什么实行全面依法治国、怎样实行全面依法治国等一系列重大问题,标志着我们党关于法治建设的理论和实践达到新的高度。这一重要思想产生于全面依法治国的实践中,又对全面依法治国具有有力指导作用,是顺应实现中华民族伟大复兴时代要求应运而生的重大理论创新成果,是马克思主义法治理论中国化最新成果,是习近平新时代中国特色社会主义思想的重要组成部分,是全面依法治国的根本遵循和行动指南。

全国人大及其常委会担负着宪法法律赋予的立法、监督等职责,在全面依法治国中发挥着重要职能作用。习近平总书记提出的“十一个坚持”的部署要求,都与人大工作密切相关,有的要由人大直接落实,有的需要通过立法、监督工作来推动和保障。学习宣传贯彻习近平法治思想,是一项长期而重大的政治任务,是人大依法履职、开展工作的基本功和必修课。要增强“四个意识”、坚定“四个自信”、做到“两个维护”,深入学习领会习近平法治思想的丰富内涵和精髓要义,找准人大在全面依法治国中的定位和职责,自觉把人大工作放在法治建设全局中来谋划和推进,为全面建设社会主义现代化国家提供有力法治保障。

一是牢牢把握全面依法治国正确方向。“十一个坚持”既是重大工作部署,又是重大战略思想,每一项内容都要深入学习领会、抓好贯彻落实。这当中,最首要的是坚持全面依法治国正确方向。要坚持党对全面依法治国的绝对领导。深刻认识党的领导是中国特色社会主义法治之魂,是推进全面依法治国的根本保证。要把党的领导贯彻体现到人大工作全过程和各方面,落实好党的领导各项制度,紧紧围绕党和国家工作大局行使职权,通过法治保障党的路线方针政策有效实施。要坚持法治为了人民、依靠人民。始终牢记推进全面依法治国的根本目的是依法保障人民权益,积极回应人民群众新要求新期待,系统研究谋划和解决法治领域人民群众反映强烈的突出问题,用法治保障人民安居乐业。要坚定不移走中国特色社会主义法治道路。更好发挥法治固根本、稳预期、利长远的重要作用,运用法治应对重大挑战、抵御重大风险、克服重大阻力、解决重大矛盾。我们要对我国的法治道路、法治理论、法治体系充满自信,不能用西方所谓“宪政”或西方的法学理论、法律制度来套用我国的法治建设实践。在这个重大原则和方向问题上,要头脑清醒、立场坚定。要加快建设中国特色社会主义法治体系。认真贯彻落实党中央确定的法治建设任务,通过立法、监督等工作,推动法治体系不断健全完善,推动国家各项工作在法治轨道上运行。要把学习贯彻习近平法治思想,与学习研究宣传贯彻习近平总书记关于坚持和完善人民代表大会制度的重要思想结合起来,准确把握全面依法治国的政治方向、重要地位、工作布局、重点任务、重大关系、重要保障,把学习成果转化为推进法治建设的强大动力和思路举措,不折不扣把党中央关于全面依法治国的决策部署落到实处。

二是加快完善科学完备、权威统一的中国特色社会主义法律体系。习近平总书记提出，“要加快完善中国特色社会主义法律体系，使之更加科学完备、统一权威”。习近平总书记对加强重点领域立法、推动法典编纂、丰富立法形式、维护法治统一、统筹国内法治和涉外法治等方面作出一系列部署，对做好新时代立法工作提出新的更高要求。要坚持党对立法工作的领导，发挥人大及其常委会在立法工作中的主导作用，不断提高立法质量和效率，加快完善科学完备、统一权威的法律体系。积极推进国家安全、科技创新、公共卫生、生物安全、生态文明、防范风险、涉外法治等重要领域立法，健全国家治理急需的法律制度、满足人民日益增长的美好生活需要必备的法律制度。抓紧研究补齐数字经济、互联网金融、人工智能、大数据、云计算等领域的法律短板和空白，以良法善治保障新业态新模式健康发展。加快推进涉外领域立法，形成系统完备的涉外法律法规体系，更好运用法治方式应对单边主义、保护主义、长臂管辖等。深入推进科学立法、民主立法、依法立法，把体现人民利益、反映人民愿望、维护人民权益、增进人民福祉落实到立法工作之中，广泛凝聚立法共识，努力使每一项立法都符合宪法精神、反映人民意愿、得到人民拥护。完善立法听证、论证、座谈、评估、公开征求意见等机制，建好用好基层立法联系点和代表之家、代表联络站，更好发挥人大代表作用，不断拓展公民参与立法的有效途径。进一步丰富立法形式，可以搞一些“大块头”，也要搞一些“小快灵”，增强立法的针对性、适用性、可操作性。

三是推动宪法法律全面有效实施、权力依法正确行使。习近平总书记指出，“全面依法治国是一个系统工程”，要求“坚持依法治国、依法执政、依法行政共同推进，法治国家、法治政府、法治社会一体建设”。习近平总书记对法治政府建设和公正司法提出明确要求，既是对行政机关、司法机关提出的，也是对加强和改进人大监督工作提出的更高要求。要把宪法法律赋予的监督权用起来，找准人大监督在党和国家监督体系中的定位和作用，推动权力依法行使、责任落到实处。加强宪法实施和监督，推进合宪性审查工作，对一切违反宪法法律的法规、规范性文件坚决予以纠正和撤销。按照“有件必备、有备必审、有错必纠”的要求，加强和改进备案审查工作，坚决纠正违背上位法规定、立法“放水”问题，切实维护国家法治统一。加强对法律实施情况和“一府一委两院”工作的监督，推进法治政府建设、督促行政机关严格规范公正文明执法；推动司法机关规范司法权力运行，提高司法办案质量和效率。进一步增强人大监督的针对性、实效性，大力加强跟踪监督，推动有关方面切实解决问题、健全制度，更好助力经济社会发展和改革攻坚任务。

四是积极推进法治宣传教育。习近平总书记指出，“宪法法律的权威源自人民群众的内心拥护和真诚信仰”；强调“坚持把全民普法和守法作为依法治国的长期基础性工作，深入开展法治宣传教育”。这是一项长期而艰巨的任务，需要持续发力、久久为功。人大要把宪法宣传教育摆在重要位置，组织好宪法日活动和宪法宣誓，深入开展尊崇宪法、学习宪法、遵守宪法、维护宪法、运用宪法的宣传教育，弘扬宪法精神，坚定宪法自信，增强宪法自觉，使全体人民成为宪法的忠实崇尚者、自觉遵守者、坚定捍卫者。积极推进全民普法活动，特别是加强对青少年的法治教育，不断提升全体公民法治意识和法治素养，培育全社会遇事找法、解决问题用法、化解矛盾靠法的法治环境。履行人大法定职责，深入推进“七五”普法工作，研究起草“八五”普法决议，推动落实“谁执法谁普法”普法责任制。特别是进一步丰富法治宣传教育的理念、载体、机制、方法、渠道，提高法治宣传教育实效，让宪法法律走入生活、深入人心，为建设社会主义法治国家打下坚实基础。

五是建设高素质人大干部队伍。习近平总书记指出，“全面推进依法治国，首先要把专门队伍建设好”，要求“推进法治专门队伍革命化、正规化、专业化、职业化，确保做到忠于党、忠于国家、忠于人民、忠于法律”。强调抓住“关键少数”，“让尊法学法守法用法成为领导干部的自觉行为和必备素质”。这些重要论述，阐明了领导干部和人才队伍在推动全面依法治国中的重要性，为加强全国人大机关干部队伍建设指明了方向。要按照习近平总书记提出的“四化”“四个忠于”的要求，加强理想信念教育，深入开展社会主义核心价值观和社会主义法治理念教育，有组织、有计划开展法律专业知识学习教育，锻造一支既讲政治又懂法律、既有理论水平又能实干担当、既熟悉党言党语又熟悉法言法语并且善于把党言党语转化为法言法语的高素质人大干部队伍。抓住“关键少数”，推动人大领导干部带头尊崇法治、敬畏法律、了解法律、掌握法律，自觉做尊法学法守法用法的模范，不断提高法治意识和依法办事能力，更好运用法治思维和法治方式做好人大各项工作。

（来源：《旗帜》2020 年第 12 期）

大事记

2020年大事记

一　月

1月3日　全国人大财政经济委员会召开座谈会，为审查2020年国民经济和社会发展计划做好前期准备工作，陈竺、王东明副委员长出席会议并讲话。

1月6日　栗战书委员长会见老挝总理通伦。郝明金副委员长，杨振武秘书长参加会见。

1月7日　中共中央政治局常务委员会召开会议，听取全国人大常委会、国务院、全国政协、最高人民法院、最高人民检察院党组工作汇报，听取中央书记处工作报告。中共中央总书记习近平主持会议并发表重要讲话。

会议指出，坚持党的领导，首先要坚定维护党中央权威和集中统一领导。这些年，面对严峻复杂的国内外形势，面对各种风险挑战，我们都能够笃定前行，从根本上讲就是牢牢把住了党的领导这一条，就是因为党中央有权威。党的十九届四中全会对健全总揽全局、协调各方的党的领导制度体系作出全面部署、提出明确要求，党中央每年听取全国人大常委会、国务院、全国政协、最高人民法院、最高人民检察院党组工作汇报和中央书记处工作报告，就是党的领导制度体系的重要内容，必须毫不动摇坚持和完善，使之更好转化为国家治理效能。

会议认为，过去一年，全国人大常委会、国务院、全国政协、最高人民法院、最高人民检察院党组毫不动摇坚持党中央集中统一领导，认真贯彻落实党中央决策部署，围绕党和国家工作全局履职尽责，切实加强党组自身建设，认真履行全面从严治党责任，为经济社会持续健康发展和社会大局稳定作出了积极贡献，各方面工作取得了新成效。

会议强调，今年是决胜全面建成小康社会和“十三五”规划的收官之年。全国人大常委会、国务院、全国政协、最高人民法院、最高人民检察院党组要以习近平新时代中国特色社会主义思想为指导，全面贯彻党的十九大和十九届二中、三中、四中全会精神，增强“四个意识”、坚定“四个自信”、做到“两个维护”，始终在政治立场、政治方向、政治原则、政治道路上同党中央保持高度一致，把党的领导体现到工作各领域各方面各环节。要坚持稳中求进工作总基调，坚定不移贯彻新发展理念，观大势、谋全局、抓大事，凝心聚力、担当作为，扎扎实实做好各项工作，确保全面建成小康社会和“十三五”规划圆满收官。要按照新时代党的建设总要求，以政治建设为统领，加强党组自身建设，认真履行管党治党主体责任，巩固深化“不忘初心、牢记使命”主题教育成果，一以贯之落实中央八项规定及其实施细则精神。

同日　吉炳轩副委员长会见以法国国民议会法中友好小组主席陈文雄为团长的法国青年议员团。

1月8日　栗战书委员长出席“不忘初心、牢记使命”主题教育总结大会。

1月8日至15日　应汤加议长法卡法努阿、澳大利亚联邦议会众议长史密斯和参议长瑞恩邀请，丁仲礼副委员长率全国人大代表团访问汤加并赴澳大利亚出席亚太议会论坛第28届年会。在访问汤加期间，会见首相图伊奥内托阿，同议长法卡法努阿会谈并同部分议员座谈。在澳大利亚出席亚太议会论坛第二十八届年会期间，丁仲礼在大会上作了发言。会议就政治与安全、经济和贸易、区域合作等议题展开讨论并通过相关决议和联合公报。

1月9日　栗战书委员长会见来华出席中国全国人大与日本国会众议院合作委员会第十一次会议的日本众议院代表团。曹建明副委员长，杨振武秘书长参加会见。

同日　十三届全国人大三次会议秘书处召开第一次筹备工作会议，王晨副委员长主持并讲话。

同日　曹建明副委员长与日本国会众议院议院运营委员长高木毅共同主持中国全国人大与日本国会众议院合作委员会第十一次会议。

1月10日　全国人大机关网上信访平台开通，王晨副委员长出席开通仪式。

同日　王晨副委员长出席部署组织全国人大代表研读讨论民法典草案工作会议。

1月13日　栗战书委员长出席中国共产党第十九届中央纪律检查委员会第四次全体会议。

同日　王晨副委员长出席庆祝中国—越南建

交 70 周年招待会。

1 月 13 日至 15 日 亚太议会论坛第 28 届年会在澳大利亚堪培拉举行。二十多个亚太国家的议会代表团出席会议。丁仲礼副委员长率团与会。

1 月 13 日至 18 日 应全国人大常委会委员长栗战书邀请,瑞士联邦议会国民院议长莫雷率团访华。16 日,栗战书委员长同瑞士联邦议会国民院议长莫雷举行会谈。王东明副委员长,杨振武秘书长参加会谈。

1 月 15 日 中共中央统战部、全国人大民族委员会、国家民族事务委员会、全国政协民族和宗教委员会、北京市人民政府举行首都各民族人士迎春茶话会。曹建明副委员长发表致辞。艾力更·依明巴海、白玛赤林副委员长出席茶话会。

同日 艾力更·依明巴海副委员长前往阿曼驻华使馆,代表中方出席阿曼苏丹卡布斯吊唁活动,并在吊唁簿上题词。

同日 宁夏回族自治区十二届人大三次会议选举陈润儿为宁夏回族自治区人大常委会主任。

同日 全国人大常委会办公厅在广东省珠海市为港澳全国人大代表举办情况通报会。杨振武秘书长通报了全国人大常委会 2019 年主要工作和今年工作初步安排。国家发展和改革委员会、财政部负责人通报了 2019 年国民经济和社会发展计划、中央财政预算执行情况。港澳全国政协委员列席。全国人大常委会法工委负责人还向港澳全国人大代表介绍了民法典草案的有关情况。

1 月 15 日至 16 日 习近平主席特使、全国人大常委会副委员长、民进中央主席蔡达峰 1 月 15 日在莫桑比克首都马普托出席莫总统纽西就职仪式,并于 16 日会见纽西。

1 月 16 日 中共中央政治局召开会议,审议《中央政治局常委会听取和研究全国人大常委会、国务院、全国政协、最高人民法院、最高人民检察院党组工作汇报和中央书记处工作报告的综合情况报告》。中共中央总书记习近平主持会议。

会议对全国人大常委会、国务院、全国政协、最高人民法院、最高人民检察院党组和中央书记处 2019 年的工作给予充分肯定,同意其对 2020 年的工作安排。会议认为,过去一年,5 家党组认真学习贯彻习近平新时代中国特色社会主义思想,全面落实党的十九大和十九届二中、三中、四中全会精神,增强"四个意识"、坚定"四个自信"、做到"两个维护",认真贯彻落实党中央决策部署,围绕党和国家工作大局扎实工作,加强党组自身建设,自觉履行管党治党主体责任,为经济社会持续健康发展和社会大局稳定作出了积极贡献,各方面工作取得了新成效。中央书记处深入贯彻党中央决策部署,认真履职尽责,在推动党中央决策部署贯彻落实、加强党内法规制度建设、指导群团工作和群团改革、配合党中央组织协调有关重大活动等方面做了大量工作。

会议强调,今年是决胜全面建成小康社会和"十三五"规划的收官之年。全国人大常委会、国务院、全国政协、最高人民法院、最高人民检察院党组要以习近平新时代中国特色社会主义思想为指导,增强"四个意识"、坚定"四个自信"、做到"两个维护",始终在思想上政治上行动上同党中央保持高度一致,坚持稳中求进工作总基调,坚定不移贯彻新发展理念,紧扣全面建成小康社会目标任务尽职尽责、担当作为,积极研判和防范化解各种风险,确保党中央大政方针和决策部署不折不扣落到实处。要按照新时代党的建设总要求,把党的政治建设摆在首位,贯彻中央八项规定及其实施细则精神,加强党组自身建设,认真履行全面从严治党主体责任,巩固深化"不忘初心、牢记使命"主题教育成果,持之以恒整治"四风",坚持不懈反对形式主义、官僚主义。中央书记处要带头增强"四个意识"、坚定"四个自信"、做到"两个维护",围绕中央政治局和中央政治局常委会工作安排,突出重点,扎实工作,完成好党中央交办的各项任务。

同日 中共全国人大常委会党组举行会议,认真学习领会习近平总书记在十九届中央纪委四次全会上的重要讲话和全会精神,结合人大工作实际,研究部署贯彻落实工作。中共中央政治局常委、全国人大常委会委员长、党组书记栗战书主持会议并讲话。

会议指出,习近平总书记在十九届中央纪委四次全会上的重要讲话,深刻总结新时代全面从严治党的历史性成就,深刻阐述我们党实现自我革命的成功道路、有效制度,深刻回答管党治党必须"坚持和巩固什么、完善和发展什么"的重大问题,对以全面从严治党新成效推进国家治理体系和治理能力现代化作出战略部署。讲话高屋建瓴、内涵丰富、指向清晰、要求明确,是新时代加强党风廉政建设、推动全面从严治党向纵深发展的纲领性文献,具有重大而深远的指导意义。

会议认为,党的十八大以来,习近平总书记带领全党以前所未有的勇气和定力推进全面从严治党,极大增强党自我净化、自我完善、自我革新、自我提高的能力，探索出一条长期执政条件下解决自身问题、跳出历史周期率的成功道路，构建起一套行之有效的权力监督制度和执纪执法体系。要深刻认识新时代全面从严治党的历史性、开创性成就，深刻认识这条道路、这套制度是我们党治国理政的宝贵经验和重要遵循，把思想和行动统一到党中央决策部署上来，把"严"的主基调长期坚持下去。

会议强调，全国人大常委会党组要坚决贯彻习近平总书记重要讲话和中央纪委四次全会精神，一以贯之落实好管党治党责任，全面加强全国人大党的建设，以全面从严治党新成效推动人大工作迈上新台阶。一是深入学习贯彻习近平新时代中国特色社会主义思想特别是习近平总书记关于坚持和完善人民代表大会制度的重要思想，切实把学习贯彻成果转化为推进人大工作的强大动力；二是坚定坚持党中央集中统一领导，始终把"两个维护"作为最高政治原则和根本政治规矩，在思想上政治上行动上同以习近平同志为核心的党中央保持高度一致；三是持之以恒抓好党风廉政建设和反腐败斗争，深入落实中央八项规定精神，深化治理形式主义、官僚主义等问题，始终保持永远在路上的精神状态，不松劲、不懈怠；四是持续加强常委会党组自身建设，深刻认识人民代表大会制度是支撑国家治理体系和治理能力的根本政治制度，不忘初心，牢记使命，全面提升政治能力和政治水平，确保人大工作的正确方向；五是按照党中央要求和统一部署，紧扣全面建成小康社会目标任务，紧扣全面从严治党部署安排，充分发挥人大的职能作用，以法治力量保障党中央大政方针和决策部署得到全面贯彻和有效执行。

王晨、曹建明、张春贤、沈跃跃、吉炳轩、艾力更·依明巴海、王东明、白玛赤林、杨振武出席会议并发言。

同日　栗战书委员长在人民大会堂同瑞士联邦议会国民院议长莫雷举行会谈。

同日　内蒙古自治区十三届人大三次会议选举石泰峰为自治区人大常委会主任。

1月17日　陈竺副委员长应邀出席瑞士驻华使馆举行的庆祝中瑞建交70周年活动启动仪式并致辞。

同日　全国人大常委会预算工作委员会召开2019年预算执行和2020年预算安排情况通报会议，王东明副委员长出席会议。

1月18日　山西省十三届人大三次会议选举楼阳生为山西省人大常委会主任。

1月20日　栗战书委员长主持召开座谈会，就全国人大常委会工作报告稿听取部分全国人大代表意见和建议。

座谈会上，全国人大代表李伟、冯乐平、罗瀛、阎建国、秦飞、戴天方、李彦平、于旭波、徐锦庚、刘石磊结合履职实践，对修改完善常委会工作报告稿、加强和改进人大工作提出意见建议。

栗战书表示，全国人大常委会工作成绩的取得，根本在于以习近平同志为核心的党中央坚强领导，在于习近平新时代中国特色社会主义思想科学指引。全国人大代表大力支持、积极参与常委会的工作，发挥了重要作用。常委会将认真研究、积极采纳大家提出的意见建议，进一步修改完善常委会工作报告稿，积极改进常委会工作。

栗战书指出，回顾一年来的工作，全国人大常委会更加深刻认识到，坚持党的领导，是实行人民代表大会制度的内在要求，也是人民代表大会制度本质特征和政治优势的集中体现。要牢牢把握人大工作的正确政治方向，坚定坚持党中央集中统一领导，增强"四个意识"、坚定"四个自信"、做到"两个维护"，保证人大工作与党中央要求步调一致、行动一致，保证党的领导、人民当家作主、依法治国有机统一。要适应新时代新要求，紧扣全面建成小康社会目标任务，紧紧围绕坚持和完善人民代表大会制度这一根本政治制度，聚焦党和国家中心任务来谋划和开展人大工作，不断提高立法的精细化、精准度、针对性，坚持依法监督、正确监督、有效监督，推动人大制度和人大工作与时俱进。

栗战书强调，人大代表是国家权力机关的组成人员。要坚持代表主体地位，更好发挥代表作用，紧紧依靠代表做好人大工作。当前，十三届全国人大三次会议正在紧张筹备中。希望代表们以对党、对人民高度负责的精神，积极主动依法履职，凝神聚力开好大会，确保完成党中央交付的重大政治任务，凝聚起全党全国人民万众一心、攻坚克难的强大正能量。

王晨副委员长参加座谈会。

同日　上海市十五届人大三次会议选举蒋卓庆为上海市人大常委会主任。

1月23日　栗战书委员长出席中共中央、国务院举行的2020年春节团拜会。

1月31日　全国人大环境与资源保护委员会召开专题会，认真学习领会习近平总书记重要指示精神、栗战书委员长批示要求，研究贯彻落实具体措施。副委员长沈跃跃、丁仲礼出席并讲话。

二 月

2 月 5 日 中共中央总书记、国家主席、中央军委主席、中央全面依法治国委员会主任习近平主持召开中央全面依法治国委员会第三次会议并发表重要讲话。栗战书委员长出席会议。

2 月 7 日 王晨副委员长在听取全国人大宪法法律委、常委会法工委负责同志关于完善疫情防控立法的汇报时强调,要坚决贯彻习近平总书记在中央全面依法治国委员会第三次会议上的重要讲话精神,贯彻党中央决策部署,坚持依法治国、依法防控,加大立法、修法以及执法、普法等工作力度,为打赢疫情防控阻击战提供有力法治支撑。王晨指出,依法科学有序做好疫情防控工作,对于战胜疫情至关重要。王晨强调,要以对人民高度负责的态度,聚焦防控工作中的薄弱环节,坚持问题导向,补短板、强弱项,修改完善疫情防控相关法律,进一步健全配套制度,抓紧构建系统完备、科学规范、运行有效的疫情防控法律体系。要加强法律法规的宣传普及,法工委要积极发声,提升人民群众防控意识,推动形成全社会积极支持和依法做好疫情防控的氛围,在法治轨道上统筹推进各项防控工作。

2 月 11 日 《人民日报》报道,全国人大常委会法工委有关部门负责人就疫情防控相关法律问题回答了记者提问。

2 月 17 日 十三届全国人大常委会委员长会议召开第四十七次会议,栗战书委员长主持。会议决定,十三届全国人大常委会第十六次会议 2 月 24 日举行。会议审议并原则通过全国人大常委会 2020 年度代表工作计划稿。

同日 沈跃跃副委员长主持召开全国人大环境与资源保护委员会负责同志会议,学习贯彻习近平总书记关于依法防控疫情重要讲话精神,专题研究部署加大环境资源立法、监督工作力度。

2 月 23 日 栗战书委员长出席统筹推进新冠肺炎疫情防控和经济社会发展工作部署会议。

2 月 24 日 十三届全国人大常委会举行第十六次会议。会议采用现场出席和网络视频出席相结合的方式举行,常委会组成人员 113 人现场出席会议,57 人通过网络视频方式出席会议,共 170 人。闭幕会议,常委会组成人员 114 人现场出席会议,57 人通过网络视频方式出席会议,共 171 人。出席人数符合法定人数。

会议通过十三届全国人大常委会第十六次会议表决议案办法。

会议听取全国人大常委会法制工作委员会主任沈春耀关于全面禁止非法野生动物交易、革除滥食野生动物陋习、切实保障人民群众生命健康安全的决定草案的说明。会议印发全国人大宪法和法律委员会关于全面禁止非法野生动物交易、革除滥食野生动物陋习、切实保障人民群众生命健康安全的决定草案审议结果的报告。会议通过《全国人民代表大会常务委员会关于全面禁止非法野生动物交易、革除滥食野生动物陋习、切实保障人民群众生命健康安全的决定》。本决定自公布之日起施行。

会议听取全国人大常委会法制工作委员会主任沈春耀关于推迟召开第十三届全国人民代表大会第三次会议的决定草案的说明。会议通过《关于推迟召开第十三届全国人民代表大会第三次会议的决定》。

会议免去柯良栋的十三届全国人大常委会副秘书长职务。

会议批准任命李成林为辽宁省人民检察院检察长、尹伊君为吉林省人民检察院检察长、叶晓颖为湖南省人民检察院检察长。

会议还通过其他任免事项。

会议闭幕时,栗战书委员长发表讲话。栗战书说,新冠肺炎疫情发生后,以习近平同志为核心的党中央团结带领全党全军全国各族人民,坚定信心、同舟共济、科学防治、精准施策,习近平总书记亲自指挥、亲自部署,发挥了核心领导作用,凝聚起众志成城抗疫情、风雨无阻向前进的坚定意志和强大正能量,防控形势积极向好的态势正在拓展。实践证明,党中央对疫情形势的判断是正确的,各项工作部署是及时的,采取的措施是有力有效的。这充分彰显了中国共产党领导和中国特色社会主义制度的显著优势。在以习近平同志为核心的党中央坚强领导下,我们一定能够夺取疫情防控的全面胜利,实现全年经济社会发展目标任务。

栗战书指出,贯彻习近平总书记重要指示要求和党中央决策部署,本次会议作出关于全面禁止非法野生动物交易、革除滥食野生动物陋习、切实保障人民群众生命健康安全的决定。这有利于回应社会重大关切，为维护公共安全和生态安全提供法律保障，也有利于提升我国良好的国家形象。各有关方面要严格执行决定，加强市场监管，严厉打击非法野生动物市场和贸易，倡导和推动全社会增强生态环境保护和公共卫生安全意识，养成科学健康文明的生活方式。

栗战书说，本次会议作出了关于推迟召开十三届全国人大三次会议的决定。这是全国人大常委会根据党中央部署，分析疫情形势和防控工作需要，按照宪法原则和有关法律规定，经过认真研究、慎重考虑作出的决定。全国人大代表中有各级领导干部，还有许多医护工作者、科研人员、专业技术人员、工人、农民、人民解放军等各方面代表，他们奋战在疫情防控工作第一线。适当推迟召开大会，有利于集中力量做好疫情防控工作，也有利于大会召开时聚焦主题，顺利完成大会各项任务。大会各项组织筹备工作要继续推进，为会议召开做好周密准备。

栗战书强调，全国人大常委会要认真学习领会、全面贯彻落实习近平总书记重要讲话精神，在统筹推进疫情防控和经济社会发展中作出积极贡献。一要健全疫情防控法律体系，保证法律制度有效实施；二要加强全社会法治意识的培养，推动依法防控各项工作；三要依法履行职责、发挥作用，助力实现全年经济社会发展目标任务。要增强必胜之心、责任之心、仁爱之心、谨慎之心，在本职岗位上担当作为，结合人大的立法、监督、代表等方面工作，强化公共卫生法治保障，推动重大疫情防控救治体系等改革完善。（全文见本书第305页）

同日　十三届全国人大常委会委员长会议召开第四十八次会议，栗战书委员长主持。会议听取有关草案议案审议情况的汇报，决定将草案建议表决稿等提交常委会会议审议。

同日　十三届全国人大常委会委员长会议召开第四十九次会议，栗战书委员长主持会议。会议研究提请常委会会议表决事项。

2月26日　中共中央政治局常务委员会召开会议，听取中央应对新型冠状病毒感染肺炎疫情工作领导小组汇报，分析当前疫情形势，研究部署近期防控重点工作。响应党中央对广大党员的号召，栗战书委员长为支持新冠肺炎疫情防控工作捐款。

2月27日　王晨副委员长主持召开全国人大宪法和法律委员会、全国人大常委会法制工作委员会负责人会议并讲话。会议研究加强公共卫生领域立法工作。

2月28日　全国人大环境与资源保护委员会召开专题会议，副委员长沈跃跃、丁仲礼与环资委负责同志研究部署贯彻落实《全国人民代表大会常务委员会关于全面禁止非法野生动物交易、革除滥食野生动物陋习、切实保障人民群众生命健康安全的决定》工作措施。

三　月

3月2日　陈竺副委员长在人民大会堂会见埃及总统特使、卫生部长哈拉。

3月11日　全国人大环境与资源保护委员会召开专题会议，研究完善生物安全法草案的意见和建议。副委员长沈跃跃、丁仲礼出席并讲话。

3月13日　全国人大环境与资源保护委员会采取视频会议的方式召开第24次全体会议，沈跃跃副委员长出席会议并讲话，丁仲礼副委员长出席会议。

3月17日　栗战书委员长会见巴基斯坦总统阿尔维。张春贤副委员长参加会见。

3月26日　全国人大常委会召开强化公共卫生法治保障立法修法工作座谈会，栗战书委员长出席会议并讲话。他强调，要坚持以习近平新时代中国特色社会主义思想为指导，加强和完善公共卫生领域立法修法工作，把习近平总书记关于强化公共卫生法治保障的重要指示精神和党中央的决策部署落到实处。栗战书指出，习近平总书记和党中央始终把人民群众生命安全和身体健康放在第一位，多次强调依法防控、依法治理的极端重要性，明确要求强化公共卫生法治保障和法律体系建设，就疫情防控、国家公共卫生应急管理、国家生物安全等提出立法任务。全国人大及其常委会要切实履行法定职责，从保障人民群众生命安全和身体健康、防范化解重大风险、推进国家治理体系和治理能力现代化的高度来理解和推进立法修法工作。栗战书强调，多年以来，特别是党的十八大以来，我国在公共卫生领域制定了多部法律，为依法防控疫情、应对公共卫生事件提供了法律保障。这次疫情暴露了现有法律存在一些短板和不足，法律本身也需要根据时代和实践的发展与时俱进，更好适应国家治理体系和治理能力现代化的要求。要充分认识加强和完善公共卫生领域立法修法工作的重要性、紧迫性，构建起防范化解重大公共卫生风险的坚实法治屏障。栗战书强调，要坚持党中央对立法工作的集中统一领导，坚持以人民为中心的立法宗旨，坚持从国情和实际出发，总结实践经验，体现中国特色，全面提高公共卫生依法治理能力。要坚持问题导向、系统规划、统筹布局、加快推进，从体系建设的角度进行考虑，在确保立法质量的基础上加快工作进度。要建立立法修法协调机制，成立工作专班，全面梳理有关法律实施情况，特别是这次疫情防控中暴露出来的问题以及各方面提出的意见建议，明确具体任务、责任和时间，有序推进立法工作，做到立一件成一件、改一条成一条，确保立的法、修的法科学管用。王晨副委员长主持座谈会。副委员长曹建明、张春贤、沈跃跃、吉炳轩、艾力更·依明巴海、万鄂湘、陈竺、王东明、白玛赤林、丁仲礼、郝明金、蔡达峰、武维华出席会议。全国人大教科文卫委、全国人大常委会法工委、司法部、国家卫生健康委负责同志在座谈会上发言。

3月27日　全国人大外事委员会就美国所谓“2019年台北法案”签署成法发表声明。

同日　全国人大环境与资源保护委员会召开专题会，进一步深入贯彻习近平总书记重要指示精神，传达学习栗战书委员长讲话要求，研究贯彻落实具体措施。沈跃跃副委员长出席并主持会议，丁仲礼副委员长出席会议并讲话。

3月30日　全国人大农业与农村委员会召开会议，贯彻落实栗战书委员长在“强化公共卫生法治保障立法修法工作会议”上的讲话精神，研究部署涉农公共卫生法律修改工作。副委员长吉炳轩、武维华出席并讲话。

3月31日　全国人大环境与资源保护委员会召开专题会，研究野生动物保护法修改工作方案、野生动物保护法及常委会相关决定执法检查方案建议稿相关工作。

同日　全国人大教育科学文化卫生委员会召开执业医师法修改专题推进会议，学习贯彻习近平总书记关于疫情防控和强化公共卫生法治保障的重要指示精神，传达学习全国人大常委会强化公共卫生法治保障立法修法工作座谈会精神和栗战书委员长重要讲话，研究落实执业医师法修改工作的意见和措施。艾力更·依明巴海副委员长出席并主持会议，陈竺、蔡达峰副委员长出席会议并讲话。

同日　全国人大教育科学文化卫生委员会召开传染病防治法评估修改专题推进会议，学习贯彻习近平总书记关于疫情防控和强化公共卫生法治保障的重要指示精神，传达学习全国人大常委会强化公共卫生法治保障立法修法工作座谈会精神和栗战书委员长重要讲话，研究落实传染病防治法评估、修改工作的意见和措施。艾力更·依明巴海副委员长出席并主持会议，陈竺、蔡达峰副委员长出席会议并讲话。

同日　全国人大教育科学文化卫生委员会召开国境卫生检疫法修改专题研究落实会议，学习贯彻习近平总书记关于疫情防控和强化公共卫生法治保障的重要指示精神，按照全国人大常委会及栗战书委员长重要讲话要求，围绕国境卫生检疫法的修改完善，研究部署工作。艾力更·依明巴海副委员长出席并主持会议，曹建明、蔡达峰副委员长出席会议并讲话。

四　月

4月1日　王晨副委员长主持召开生物安全法草案有关工作座谈会。

4月2日　沈跃跃副委员长主持召开会议，研究野生动物保护法修改工作方案、常委会有关决定及野生动物保护法实施情况执法检查方案建议稿等有关工作。

4月3日　栗战书委员长在北京市大兴区旧宫镇的植树点参加首都义务植树活动。

4月4日　庚子年清明节，全国各地各族人民深切悼念抗击新冠肺炎疫情斗争牺牲烈士和逝世同胞。栗战书委员长在北京参加悼念。

4月9日　栗战书委员长主持召开会议，研究常委会第十七次会议和十三届全国人大三次会议有关工作。

同日　全国人大教育科学文化卫生委员会召开国境卫生检疫法修法工作专题会议，深入学习习近平总书记关于疫情防控和强化公共卫生法治保障的重要指示精神，贯彻落实栗战书委员长在强化公共卫生法治保障立法修法工作座谈会上的讲话要求,研究落实修法工作方案部署,艾力更·依明巴海副委员长主持会议并讲话,副委员长曹建明、蔡达峰出席会议并讲话。

4月10日　全国人大环境与资源保护委员会召开野生动物保护法修改专班第一次会议,副委员长沈跃跃、丁仲礼出席会议并讲话。

4月15日　全国人大常委会副委员长张春贤、沈跃跃、吉炳轩、艾力更·依明巴海、陈竺、王东明、白玛赤林、蔡达峰、武维华,秘书长,副秘书长、机关党组成员,各专门委员会、工作委员会负责人在北京市丰台区青龙湖植树场地参加义务植树活动。

4月17日　十三届全国人大常委会委员长会议召开第五十次会议,栗战书委员长主持。会议决定,十三届全国人大常委会第十七次会议4月26日至29日举行。会议审议了2019年全国人大常委会组成人员联系全国人大代表工作情况的报告。

同日　全国人大环境与资源保护委员会召开野生动物保护法修改专班第二次会议,副委员长沈跃跃、丁仲礼出席会议。

4月24日　全国人大社会建设委员会召开突发事件应对法修法工作专班第一次全体会议。张春贤副委员长出席并讲话。会议深入学习贯彻习近平总书记重要指示精神,认真落实栗战书委员长在"强化公共卫生法治保障立法修法工作座谈会"上的重要讲话精神。社会委主任委员、部分副主任委员和委员,以及全国人大常委会法制工作委员会、司法部、应急管理部、国家卫生健康委、公安部、中央网信办、国家发展改革委、工业和信息化部、民政部、财政部、人力资源社会保障部、交通运输部、市场监管总局、国家医保局等单位相关负责同志参加会议。

4月26日　王晨副委员长主持召开十三届全国人大三次会议秘书处第二次筹备工作会议并讲话。大会副秘书长人选,秘书处各组负责同志,常委会副秘书长、机关党组成员等出席会议。

4月26日至29日　十三届全国人大常委会举行第十七次会议。会议采用现场出席和网络视频出席相结合的方式举行,常委会组成人员123人现场出席会议,47人通过网络视频方式出席会议,共170人。闭幕会议,常委会组成人员123人现场出席会议,46人通过网络视频方式出席会议,共169人。出席人数符合法定人数。

会议通过十三届全国人大常委会第十七次会议表决议案办法。

会议听取全国人大宪法和法律委员会副主任委员徐辉关于固体废物污染环境防治法修订草案审议结果的报告。会议印发全国人大宪法和法律委员会关于固体废物污染环境防治法修订草案三次审议稿修改意见的报告。会议通过修订后的《中华人民共和国固体废物污染环境防治法》。

修订后的《中华人民共和国固体废物污染环境防治法》共9章,126条,包括:总则,监督管理,工业固体废物,生活垃圾,建筑垃圾、农业固体废物等,危险废物,保障措施,法律责任,附则。本法自2020年9月1日起施行。

会议听取司法部副部长袁曙宏关于关于授权国务院在中国(海南)自由贸易试验区暂时调整实施有关法律规定的决定草案的说明。会议印发全国人大宪法和法律委员会对关于授权国务院在中国(海南)自由贸易试验区暂时调整实施有关法律规定的决定草案审议结果的报告。会议通过《关于授权国务院在中国(海南)自由贸易试验区暂时调整适用有关法律规定的决定》。本决定自2020年5月1日起施行。

会议审议全国人大常委会关于十三届全国人大三次会议召开时间的决定草案。会议通过《关于第十三届全国人民代表大会第三次会议召开时间的决定》。根据决定,十三届全国人大三次会议2020年5月22日在北京召开。

会议听取司法部副部长袁曙宏关于提请审议批准中华人民共和国和巴基斯坦伊斯兰共和国关于移管被判刑人的条约的议案的说明。会议通过《关于批准〈中华人民共和国和巴基斯坦伊斯兰共和国关于移管被判刑人的条约〉的决定》。

会议听取全国人大宪法和法律委员会副主任委员刘季幸关于公职人员政务处分法草案修改情况的汇报,全国人大宪法和法律委员会副主任委员丛斌关于生物安全法草案修改情况的汇报,并对这两部法律草案进行再次审议。

会议听取全国人大农业与农村委员会副主任委员刘振伟关于动物防疫法修订草案的说明,司法部副部长袁曙宏关于著作权法修正案草案的说明,中国人民武装警察部队司令员王宁关于人民武装警察法修订草案的说明,并对这三部法律草案进行初次审议。

会议听取全国人大常委会代表资格审查委员会主任委员吴玉良关于个别代表的代表资格的报告并通过这个报告。

会议听取并审议生态环境部副部长黄润秋关

于 2019 年度环境状况和环境保护目标完成情况与研究处理水污染防治法执法检查报告及审议意见情况的报告、农业农村部部长韩长赋关于农村集体产权制度改革情况的报告、全国人大常委会法制工作委员会主任沈春耀关于强化公共卫生法治保障立法修法工作有关情况和工作计划的报告。

会议印发全国人大代表团访问汤加并赴澳大利亚出席亚太议会论坛第 28 届年会的书面报告。

会议批准任命王仁华、刘德伟、田义祥为中国人民解放军选举委员会委员。

会议任命程立峰为十三届全国人大环境与资源保护委员会副主任委员。

会议决定免去傅政华的司法部部长职务；任命唐一军为司法部部长。免去李干杰的生态环境部部长职务；任命黄润秋为生态环境部部长。

会议任命贺荣为最高人民法院副院长、审判委员会委员、审判员。免去江必新的最高人民法院副院长、审判委员会委员、审判员职务。

会议还通过其他任免事项。

会议闭幕时，栗战书发表讲话。栗战书说，会议通过了关于十三届全国人大三次会议召开时间的决定。会议时间的确定，综合考虑了各方面因素。要统一思想，发扬民主，凝聚力量，全力做好各项组织筹备工作，确保大会顺利进行。

栗战书指出，助力三大攻坚战，推进生态文明建设，全面建成小康社会，是本届常委会在立法、监督工作中持续着力的重点。本次会议安排和完成了三项相关议程，审议通过了固体废物污染环境防治法修订草案，听取审议了国务院关于 2019 年度环境状况和环境保护目标完成情况与研究处理水污染防治法执法检查报告及审议意见情况的报告、关于农村集体产权制度改革情况的报告。贯彻党中央关于支持海南全面深化改革开放的战略部署，会议作出决定，授权国务院在海南自由贸易试验区暂时调整适用土地管理法、种子法、海商法的有关规定，为推进这项重大改革提供了法律依据。

栗战书说，新冠肺炎疫情发生以来，全国人大常委会紧跟党中央决策部署，召开两次常委会会议，出台全面禁止野生动物非法交易和食用的决定，主动宣传解读疫情防控有关法律问题，部署推进公共卫生领域立法修法工作，推动落实党中央决策部署，回应人民群众关切。

栗战书强调，强化公共卫生法治保障，是党中央交给人大的一项重要政治任务。本次会议审议了生物安全法草案、动物防疫法修订草案，听取了全国人大常委会法工委关于强化公共卫生法治保障立法修法工作有关情况和工作计划的报告，这也是常委会首次听取专门领域立法工作情况的报告。要深刻学习领会习近平总书记关于强化公共卫生法治保障的重要指示要求，全面贯彻落实到立法修法工作中；充分认识强化公共卫生法治保障的重要性、紧迫性，高质高效推进相关立法修法工作；充分发挥人大在立法工作中的主导作用，强化对立法修法各项工作的统筹组织协调；要着眼于建立和完善公共卫生法治保障体系，作“系统考虑、统筹安排”，为防范化解重大公共卫生风险、保障人民生命安全和身体健康筑牢法治体系防线。（全文见本书第 308 页）

会议结束后，十三届全国人大常委会举行第十六讲专题讲座，栗战书委员长主持。中国工程院院士李松作了题为《生物技术与生物安全》的讲座。

27 日，十三届全国人大常委会第十七次会议举行分组会议，审议固体废物污染环境防治法修订草案、公职人员政务处分法草案、关于授权国务院在中国（海南）自由贸易试验区暂时调整实施有关法律规定的决定草案。栗战书委员长参加审议。

4 月 28 日 十三届全国人大常委会委员长会议召开第五十一次会议，栗战书委员长主持。会议决定将有关草案的建议表决稿提交常委会会议审议。

4 月 29 日 十三届全国人大常委会委员长会议召开第五十二次会议，栗战书委员长主持。会议研究提请常委会会议表决事项。

同日 十三届全国人大常委会举行宪法宣誓仪式。白玛赤林副委员长主持并监誓。十三届全国人大常委会第十七次会议任命程立峰为全国人大环境与资源保护委员会副主任委员，决定任命唐一军为司法部部长、黄润秋为生态环境部部长。上述三人依法进行宪法宣誓。全国人大机关、司法部、生态环境部有关负责同志参加宣誓活动。

同日 全国人大常委会发布公告。公告说，山东省第十三届人大常委会第十九次会议补选李干杰为十三届全国人大代表。十三届全国人大常委会第十七次会议根据代表资格审查委员会提出的报告，确认李干杰的代表资格有效。香港特别行政区十三届全国人大代表出缺 1 名，根据《香港特别行政区选举第十三届全国人民代表大会代表的办法》的规定，递补黄均瑜为十三届全国人大代表。十三届全国人大常委会第十七次会议根据代表资格审查委员会提出的报告，确认黄均瑜的代表资格有效。内蒙古自治区人大常委会决定接受高世宏辞去十三届全国人大代表职务。浙江省人大常委会决定接受方剑乔、张耕辞去十三届全国人大代表职务。四川省人大常委会决定接受陈新有辞去十三届全国人大代表职务。云南省人大常委会决定接受车耶辞去十三届全国人大代表职务。依照《代表法》的有关规定，高世宏、方剑乔、张耕、陈新有、车耶的代表资格终止。截至目前，十三届全国人大实有代表2958人。

五　月

5月8日　全国人大环境与资源保护工作座谈会召开，沈跃跃副委员长出席会议并讲话，丁仲礼副委员长出席会议。会议指出，要深入学习贯彻习近平生态文明思想和依法防控疫情的重要指示精神，紧扣决胜全面建成小康社会目标，加强生态环境保护立法修法，加大法律实施监督力度，依法推动生态文明建设。提高立法质量和效率，抓紧做好野生动物保护法修改工作，配合做好生物安全法等法律审议工作。增强监督工作的针对性和实效性，配合做好全面禁止野生动物非法交易和食用的决定、野生动物保护法等法律的执法检查，开展专题调研。加强政治建设，提高履职能力，依法推动打好污染防治攻坚战。全国31个省（区、市）人大环资委负责同志参加会议并交流发言。

5月11日　十三届全国人大常委会委员长会议召开第五十三次会议，栗战书委员长主持会议。会议决定，十三届全国人大常委会第十八次会议5月18日举行。

5月12日　全国人大教育科学文化卫生委员会召开执业医师法修改专项工作会议，副委员长艾力更·依明巴海、陈竺、蔡达峰出席会议。

5月13日　沈跃跃副委员长率全国人大调研组在北京就野生动物保护、土壤污染防治和生活垃圾分类工作开展调研，与北京市人大常委会主任李伟座谈，还实地前往海淀区翠湖国家城市湿地公园、海淀区循环经济产业园、城市副中心城市绿心调研检查。

5月14日　沈跃跃副委员长在生态环境部就深入学习贯彻习近平总书记重要指示批示精神、共同推动生态环境保护立法修法和监督工作进行调研。

同日　全国人大环境与资源保护委员会召开野生动物保护法修改专班座谈会，副委员长沈跃跃、丁仲礼出席会议。

5月15日　受十三届全国人大三次会议秘书处委托，全国人大外事委员会主任委员张业遂就大会有关工作接受新华社记者专访。张业遂说，为有效防控疫情、共同维护公共卫生与健康，今年大会安排将作出以下调整：一是会期考虑适当缩短，具体议程、日程将分别由会前召开的预备会议、主席团第一次会议通过；二是邀请部分在京的中外记者采访会议，不邀请境外记者临时来京采访；三是新闻发布会、记者会、“代表通道”、“部长通道”等采访活动将适当精简，创新形式，采用视频方式进行。

5月17日　十三届全国人大常委会委员长会议召开第五十四次会议，栗战书委员长主持。委员长会议建议，十三届全国人大常委会第十八次会议增加审议全国人大常委会代表资格审查委员会关于个别代表的代表资格的报告和有关任免案等。

同日　《人民日报》报道，全国人大财政经济委员会经济室负责同志表示，十三届全国人大三次会议推迟召开，但年度计划、预算的编制和审查工作没有停止，一直在有序推进。

5月18日　十三届全国人大常委会举行第十八次会议。

会议听取并审议国务院港澳事务办公室主任夏宝龙关于国务院关于香港特别行政区维护国家安全情况的报告，全国人大常委会第五十五次委员长会议根据审议情况，提出了全国人民代表大会常务委员会关于提请审议全国人民代表大会关于建立健全香港特别行政区维护国家安全的法律制度和执行机制的决定草案的议案。会议印发全国人大宪法和法律委员会关于全国人民代表大会关于建立健全香港特别行政区维护国家安全的法律制度和执行机制的决定草案审议意见的报告。会议决定将这个决定草案提请十三届全国人大三次会议审议。

会议听取全国人大常委会代表资格审查委员会主任委员吴玉良关于个别代表的代表资格的报告，并通过这个报告。

会议原则通过全国人大常委会工作报告稿，并委托栗战书委员长代表常委会向十三届全国人大三次会议报告工作。

会议印发关于十三届全国人大三次会议议程草案、主席团和秘书长名单草案、列席人员名单草案等议案的说明，通过十三届全国人大三次会议议程草案、主席团和秘书长名单草案，决定提请十三届全国人大三次会议预备会议审议；通过十三届全国人大三次会议列席人员名单。

会议任命殷一璀为十三届全国人大教育科学文化卫生委员会副主任委员。

会议免去邱学强的最高人民检察院副检察长、检察委员会委员、检察员职务。

会议还通过其他任免事项。

会议闭幕时，栗战书发表讲话。栗战书说，在审议常委会工作报告稿时，常委会组成人员和列席会议的同志充分肯定常委会过去一年多来的工作，普遍赞成工作报告稿。大家认为，在以习近平同志为核心的党中央坚强领导下，全国人大常委会坚持以习近平新时代中国特色社会主义思想为指导，认真履行法定职责，立法、监督、代表工作、对外交往和自身建设都取得了新进展新成效。要认真梳理研究会议对报告稿和今后常委会工作提出的意见建议，抓紧修改完善报告稿；对常委会工作的意见建议，要认真吸收采纳，积极改进工作。

栗战书指出，十三届全国人大三次会议即将召开。这是在境外疫情严峻复杂、我国疫情防控阻击战取得重大战略成果的背景下召开的一次重要会议。开好这次大会，对于进一步统一思想、坚定信心、凝聚力量，鼓舞和动员全国各族人民更加紧密地团结在以习近平同志为核心的党中央周围，齐心协力做好当前和今后一个时期各项工作，努力克服新冠肺炎疫情带来的不利影响，确保完成决战决胜脱贫攻坚目标任务，全面建成小康社会，具有十分重要的意义。

栗战书强调，要坚决贯彻落实党中央决策部署，紧扣今年党和国家工作大局，突出民主、团结、求实、奋进的主旋律，做好疫情防控工作，坚持不懈改进会风、严肃会纪，以高度的政治责任感和使命感，全力以赴完成会议各项任务，确保十三届全国人大三次会议圆满成功。（全文见本书第 310 页）

同日，十三届全国人大常委会第十八次会议分组审议拟提请十三届全国人大三次会议审议的全国人大常委会工作报告稿等。栗战书委员长参加审议。

同日 十三届全国人大常委会委员长会议召开第五十五次会议，栗战书委员长主持。会议听取有关草案、报告审议情况的汇报，决定将有关议案、草案等提交常委会会议审议。

同日 十三届全国人大常委会委员长会议召开第五十六次会议，栗战书委员长主持。会议研究提请常委会会议表决事项。

同日 十三届全国人大常委会举行宪法宣誓仪式。丁仲礼副委员长主持并监誓。十三届全国人大常委会第十八次会议任命殷一璀为全国人大教育科学文化卫生委员会副主任委员。殷一璀依法进行宪法宣誓。全国人大机关有关负责同志参加了宣誓活动。

同日 全国人大常委会发布公告。公告说，江苏省人大常委会决定接受李生辞去十三届全国人大代表职务。依照《代表法》的有关规定，李生的代表资格终止。截至目前，十三届全国人大实有代表 2957 人。

5 月 20 日 王晨副委员长主持召开十三届全国人大三次会议代表团召集人会议。大会副秘书长人选，秘书处各组负责同志等出席会议。

5 月 21 日 十三届全国人大三次会议、政协十三届全国委员会三次会议党员负责同志会议召开，习近平总书记作了重要讲话。

同日 十三届全国人大常委会委员长会议召开第五十七次会议，栗战书委员长主持。会议研究提请大会预备会议选举和表决事项。

同日 十三届全国人大三次会议举行预备会议。栗战书委员长主持会议。十三届全国人大现有代表 2956 人，出席 2889 人，缺席 67 人，出席人数符合法定人数。栗战书指出，十三届全国人大三次会议的指导思想是：以习近平新时代中国特色社会主义思想为指导，深入贯彻落实党的十九大和十九届二中、三中、四中全会精神，增强“四个意识”，坚定“四个自信”，做到“两个维护”，坚持党的领导、人民当家作主、依法治国有机统一，紧紧围绕党和国家工作大局，认真履行宪法和法律赋予的职责，圆满完成大会各项任务，将大会开成一个民主、团结、求实、奋进的大会，动员全国各族人民更加紧密地团结在以习近平同志为核心的党中央周围，万众一心、开拓进取、扎实工作，确保完成决战决胜脱贫攻坚目标任务，全面建成小康社会，为实现“两个一百年”奋斗目标、实现中华民族伟大复兴的中国梦而奋斗。

会议选举产生了由 174 人组成的大会主席团和

秘书长。主席团成员有：丁仲礼、丁薛祥、乃依木·亚森、于伟国、万鄂湘、习近平、马伟明、马逢国、王东明、王东峰、王光亚、王刚、王岐山、王沪宁、王国生、王建军、王砚蒙、王宪魁、王勇超、王晨、王银香、支月英、尤权、车俊、巴音朝鲁、邓丽、邓凯、艾力更·依明巴海、左中一、石泰峰、布小林、旦正草、叶诗文、史大刚、史耀斌、白玛赤林、白春礼、丛斌、冯淑玲、吉狄马加、吉炳轩、吕世明、朱国萍、向巧、刘艺良、刘远坤、刘奇、刘海星、刘家义、刘赐贵、齐玉、江天亮、许为钢、许立荣、许宁生、许其亮、孙志刚、苏嘎尔布、杜家毫、杜德印、李飞、李飞跃、李玉妹、李伟、李作成、李希、李学勇、李钺锋、李家俊、李鸿、李鸿忠、李强、李锦斌、李静海、杨洁篪、杨洪波、杨振武、杨蓉、肖开提·依明、肖怀远、吴月、吴玉良、吴英杰、邱勇、何健忠、何毅亭、邹晓东、应勇、冷溶、汪其德、汪洋、汪鸿雁、沙沨、沈春耀、沈跃跃、张又侠、张少琴、张升民、张平、张业遂、张庆伟、张志军、张轩、张伯军、张春贤、张毅、陆东福、陈全国、陈求发、陈希、陈武、陈竺、陈润儿、陈敏尔、陈锡文、陈豪、武维华、苗华、林建华、林铎、罗保铭、罗萍、罗毅、郑军里、郑奎城、降巴克珠、赵乐际、赵宪庚、赵贺、郝明金、胡和平、咸辉、哈尼巴提·沙布开、段春华、信春鹰、娄勤俭、洛桑江村、姚建年、骆惠宁、袁驷、栗战书、夏伟东、徐延豪、徐绍史、徐留平、殷一璀、高红卫、高虎城、郭声琨、黄久生、黄龙云、黄志贤、黄坤明、黄路生、曹建明、曹鸿鸣、雪克来提·扎克尔、康志军、鹿心社、彭清华、董中原、蒋卓庆、韩立平、傅自应、傅莹、谢经荣、楼阳生、嘉木样·洛桑久美·图丹却吉尼玛、赫捷、蔡达峰、蔡奇、廖晓军、谭耀宗、魏后凯。秘书长为王晨。会议通过十三届全国人大三次会议议程。

会议开始时，栗战书说，5 月 20 日晚，全国人大代表万卫星因病医治无效逝世。让我们以大会的名义对万卫星代表的不幸逝世表示沉痛的哀悼。

同日　十三届全国人大三次会议主席团举行第一次会议。全国人大常委会委员长栗战书主持会议。

会议推选栗战书、王晨、曹建明、张春贤、沈跃跃、吉炳轩、艾力更·依明巴海、万鄂湘、陈竺、王东明、白玛赤林、丁仲礼、郝明金、蔡达峰、武维华、杨振武为主席团常务主席。

会议通过十三届全国人大三次会议日程。根据会议日程，这次大会定于 5 月 22 日上午开幕，5 月 28 日下午闭幕，会期 7 天。

会议通过大会全体会议执行主席。会议决定杨振武、信春鹰、李飞、张业遂、唐方裕、李宝荣为大会副秘书长。会议指定，张业遂兼任大会发言人。

会议通过十三届全国人大三次会议表决议案的办法。会议决定，代表提出议案的截止时间为 5 月 25 日 12 时。

同日　十三届全国人大三次会议新闻发布会举行，大会新闻发言人张业遂介绍本次大会有关情况并回答中外记者提问。

5 月 22 日　《人民日报》发表题为《激发制度优势　凝聚奋斗伟力》的社论，热烈祝贺十三届全国人大三次会议开幕。

5 月 22 日至 28 日　十三届全国人大三次会议举行。

22 日上午，十三届全国人大三次会议开幕。出席代表 2897 人，缺席 59 人，出席人数符合法定人数。会议执行主席是：栗战书、王晨、曹建明、张春贤、沈跃跃、吉炳轩、艾力更·依明巴海、万鄂湘、陈竺、王东明、白玛赤林、丁仲礼、郝明金、蔡达峰、武维华、杨振武，由栗战书主持。栗战书在主持会议时说，新冠肺炎疫情是新中国成立以来在我国发生的传播速度最快、感染范围最广、防控难度最大的一次重大突发公共卫生事件。在抗击疫情的严峻斗争中，一批医务人员、干部职工、社区工作者等因公殉职，许多患者不幸罹难。我们对牺牲烈士和逝世同胞，表示深切悼念。随后，全体与会人员向新冠肺炎疫情牺牲烈士和逝世同胞默哀。

会议听取国务院总理李克强代表国务院向大会作政府工作报告。报告共分八个部分：一、2019 年和今年以来工作回顾；二、今年发展主要目标和下一阶段工作总体部署；三、加大宏观政策实施力度，着力稳企业保就业；四、依靠改革激发市场主体活力，增强发展新动能；五、实施扩大内需战略，推动经济发展方式加快转变；六、确保实现脱贫攻坚目标，促进农业丰收农民增收；七、推进更高水平对外开放，稳住外贸外资基本盘；八、围绕保障和改善民生，推动社会事业改革发展。

大会审查国务院关于 2019 年国民经济和社会发展计划执行情况与 2020 年国民经济和社会发展计划草案的报告及 2020 年国民经济和社会发展计划草案、2019 年中央和地方预算执行情况与 2020 年中央和地方预算草案的报告及 2020 年中央和地方预算草案。

会议听取王晨副委员长作关于民法典草案的说明。说明指出，编纂民法典是坚持和完善中国特色社会主义制度的现实需要，是推进全面依法治国、推进国家治理体系和治理能力现代化的重大举措,是坚持和完善社会主义基本经济制度、推动经济高质量发展的客观要求,是增进人民福祉、维护最广大人民根本利益的必然要求。说明介绍了编纂民法典的总体要求和基本原则。说明指出,编纂民法典的指导思想是:高举中国特色社会主义伟大旗帜,以马克思列宁主义、毛泽东思想、邓小平理论、"三个代表"重要思想、科学发展观、习近平新时代中国特色社会主义思想为指导,增强"四个意识",坚定"四个自信",做到"两个维护",全面贯彻党的十八大、十九大和有关中央全会精神,坚持党的领导、人民当家作主、依法治国有机统一,紧紧围绕统筹推进"五位一体"总体布局和协调推进"四个全面"战略布局,紧紧围绕建设中国特色社会主义法治体系、建设社会主义法治国家,总结实践经验,适应时代要求,对我国现行的、制定于不同时期的民法通则、物权法、合同法、担保法、婚姻法、收养法、继承法、侵权责任法和人格权方面的民事法律规范进行全面系统的编订纂修,形成一部具有中国特色、体现时代特点、反映人民意愿的民法典,为新时代坚持和完善中国特色社会主义制度、实现"两个一百年"奋斗目标、实现中华民族伟大复兴中国梦提供完备的民事法治保障。

会议听取王晨副委员长作关于全国人民代表大会关于建立健全香港特别行政区维护国家安全的法律制度和执行机制的决定草案的说明。说明指出,香港回归以来,国家坚定贯彻"一国两制"、"港人治港"、高度自治的方针,"一国两制"实践在香港取得了前所未有的成功;同时,"一国两制"实践过程中也遇到了一些新情况新问题,面临着新的风险和挑战。当前,一个突出问题就是香港特别行政区国家安全风险日益凸显。贯彻落实党中央决策部署,在香港目前形势下,必须从国家层面建立健全香港特别行政区维护国家安全的法律制度和执行机制,改变国家安全领域长期"不设防"状况,在宪法和香港基本法的轨道上推进维护国家安全制度建设,加强维护国家安全工作,确保香港"一国两制"事业行稳致远。说明指出,深入贯彻总体国家安全观,坚持和完善"一国两制"制度体系,把维护中央对特别行政区全面管治权和保障特别行政区高度自治权有机结合起来,加强维护国家安全制度建设和执法工作,坚定维护国家主权、安全、发展利益,维护香港长期繁荣稳定,确保"一国两制"方针不会变、不动摇,确保"一国两制"实践不变形、不走样。必须遵循和把握好以下基本原则:一是坚决维护国家安全,二是坚持和完善"一国两制"制度体系,三是坚持依法治港,四是坚决反对外来干涉,五是切实保障香港居民合法权益。说明介绍,决定草案分为导语和正文两部分,导语部分扼要说明作出这一决定的起因、目的和依据,决定草案正文部分共有 7 条。

香港特别行政区行政长官林郑月娥、澳门特别行政区行政长官贺一诚列席会议并在主席台就座。出席全国政协十三届三次会议的政协委员列席大会。中央和国家机关有关部门、解放军有关单位、各人民团体有关负责人列席或旁听了大会。外国驻华使节旁听了大会。

同日下午,各代表团召开全体会议进行审议。

国家主席习近平参加内蒙古团审议,全国政协主席汪洋参加四川团审议,中央书记处书记王沪宁参加河北团审议,中央纪委书记赵乐际参加黑龙江团审议,国务院副总理韩正参加陕西团审议。

栗战书委员长参加江西团审议。栗战书认真听取了张伟、王少玄、冯帆等代表的发言,不时同大家交流讨论。栗战书表示,过去一年多来,以习近平同志为核心的党中央,立足大局、统筹全局、引领变局,统筹推进"五位一体"总体布局、协调推进"四个全面"战略布局取得了新的重大进展。李克强总理所作的政府工作报告,全面贯彻习近平新时代中国特色社会主义思想,体现了在克服困难中决战决胜脱贫攻坚、全面建成小康社会的目标任务,是一个旗帜鲜明、主题突出、精炼务实的报告,完全赞同这个报告。在党中央的坚强领导下,按照既定方针政策抓好落实,增强战略自信和必胜勇气,就一定能实现今年各项既定目标任务。栗战书说,新冠肺炎疫情发生后,以习近平同志为核心的党中央将疫情防控作为头等大事来抓,习近平总书记亲自指挥、亲自部署,经过艰苦卓绝的努力,武汉保卫战、湖北保卫战取得决定性成果,疫情防控阻击战取得重大战略成果,统筹推进疫情防控和经济社会发展工作取得积极成效,这再次彰显了中国共产党领导和中国特色社会主义制度的显著优势。栗战书希望江西全面贯彻习近平总书记对江西工作的重要指示要求、落实好党中央决策部署,努力在加快革命老区高质量发展上作示范,在推动中部地区崛起上勇争先,描绘好新时代江西改革发展新画卷。一是学好用好习近平新时代中国特色社会主义思想,转化为生动实践和工作动力,推进经济高质量发展,推进改革开放走深走实,推进农业农村现代化,推进社会治理创新,推进红色基因传承。

二是统筹推进疫情防控和经济社会发展工作。正确全面辩证看待当前的形势，坚定实施扩大内需战略，切实做到“六保”，奋力实现“六稳”。三是确保完成决战决胜脱贫攻坚目标任务，全面建成小康社会。继续做好脱贫工作，巩固脱贫成果，防止“因疫返贫”。四是自觉坚持党的全面领导，围绕地方党委贯彻落实党中央大政方针的决策部署，认真履行立法、监督等工作职责，加强自身建设，做好新时代地方人大工作。栗战书强调，编纂民法典是以习近平同志为核心的党中央确定的重大立法任务，是新中国第一部以法典命名的基本法律，是全面依法治国的标志性立法。要以高度的政治责任感和历史使命感，审议好、完善好民法典草案。栗战书强调，这次大会将审议全国人民代表大会关于建立健全香港特别行政区维护国家安全的法律制度和执行机制的决定草案，并授权常委会制定相关法律，完全符合宪法和香港基本法，也一定会得到包括香港同胞在内的全国各族人民的全力支持和衷心拥护。

王晨副委员长参加浙江代表团审议。王晨说，过去一年多来，以习近平同志为核心的党中央团结带领全国各族人民攻坚克难，有效应对国内外风险挑战，党和国家各项工作取得新的成就。面对新冠肺炎疫情，习近平总书记亲自指挥、亲自部署，疫情防控阻击战取得重大战略成果，统筹推进疫情防控和经济社会发展工作取得的成效殊为不易。祖国岿然不动、更加强大，人民同心同德、更加团结。完全赞成李克强总理所作的政府工作报告。做好今年工作，必须增强“四个意识”、坚定“四个自信”、做到“两个维护”，主动担当作为，认真履职尽责，坚决贯彻党中央各项决策部署，确保完成决战决胜脱贫攻坚目标任务，全面建成小康社会。

张春贤副委员长参加湖北代表团审议。张春贤说，完全赞成李克强总理作的政府工作报告。报告全面贯彻习近平新时代中国特色社会主义思想，客观总结成绩并结合疫情实际对今年目标任务进行了合理安排部署，是一个针对性强、重点突出、回应当前普遍关切的好报告。过去一年的成绩和这次疫情防控的重大战略成果充分体现了坚持以人民为中心。按照习近平总书记重要指示精神，全国人大常委会专门成立专班协调推进公共卫生领域重点立法修法工作，这是进一步完善健全法律体系的重要举措，也将为“依法防控、依法治理”提供有力法治保障。我们要不断增强“四个意识”、坚定“四个自信”、做到“两个维护”，用法治去保障治理体系和治理能力现代化。

沈跃跃副委员长参加福建代表团审议。沈跃跃说，完全赞成政府工作报告。去年以来，在以习近平同志为核心的党中央坚强领导下，党和国家事业取得新的重大成就，疫情防控阻击战取得重大战略成果，充分彰显了中国共产党领导和社会主义制度的显著优势，展现了新时代“中国之治”的硬核实力和中国人民的磅礴伟力。妇联组织要以习近平新时代中国特色社会主义思想为指导，紧扣全面建成小康社会目标任务，把“两个维护”体现在行动上、落实在工作中，团结带领广大妇女为统筹推进疫情防控和经济社会发展发挥半边天作用，在脱贫攻坚中积极作为，在家庭家教家风建设中担当责任，在服务妇女中加强引领，为实现“两个一百年”奋斗目标贡献巾帼力量。

吉炳轩副委员长参加江苏代表团审议。吉炳轩说，完全同意李克强总理所作的政府工作报告。在以习近平同志为核心的党中央坚强领导下，我们取得了抗疫斗争的重大战略成果。疫情的危害和所造成的损失是个客观存在，非人力可以抗拒，只能面对现实，直面挑战，坚定信心，勇克困难，积极探索解决的办法。我们坚信，在习近平总书记的领导下，我们能够战胜如此狂暴凶险的新冠疫情，就一定能够把受疫情影响造成的各种损失夺回来，去创造新的经济发展奇迹。疫情是重大灾害，也是新的发展机遇。只要我们发挥好我们的制度优势和政治优势，运用科学精神和顽强斗志，坚持改革开放不动摇，坚持创新发展不停步，就一定能够战胜一切艰难险阻去取得新的更大胜利！

艾力更·依明巴海副委员长参加新疆团审议。艾力更·依明巴海说，完全赞成政府工作报告。我国统筹推进疫情防控和经济社会发展工作取得积极成效，凝聚起新时代的伟大民族精神，坚定了信心，稳定了民心。在这场抗疫人民战争中，充分彰显中国共产党领导和中国特色社会主义制度的显著优势。根本在于习近平总书记亲自指挥、亲自部署和党中央集中统一领导。政府工作报告始终贯穿习近平新时代中国特色社会主义思想，贯彻党中央重要战略部署，是一个意志坚定、鼓舞人心、执政为民的好报告。要增强“四个意识”、坚定“四个自信”、做到“两个维护”，初心不动摇，夺取疫情防控和脱贫攻坚、决胜全面建成小康社会的全面胜利。

陈竺副委员长参加宁夏团审议。陈竺说，过去一年多来，以习近平同志为核心的党中央团结带领全国人民攻坚克难，全年经济社会发展主要目标任务较好完成，新冠肺炎疫情防控取得重大战略成果。政府工作报告总结成绩用事实和数字说话，部署工作综合考虑国际与国内、当前与长远、需要与可能，文字凝练、文风朴实，是一份直面困难问题、体现责任担当、坚定信心、提振士气的好报告。我完全赞成和拥护。要坚定必胜信心、保持战略定力、增强底线思维，巩固和拓展疫情防控成果，携手取得疫情防控最终胜利；扎实做好“六稳”工作，全面落实“六保”任务，实现经济社会稳中有进和高质量发展；坚决打好三大攻坚战，确保如期完成各项目标任务。

郝明金副委员长参加湖北团审议。郝明金说，完全赞成李克强总理作的政府工作报告，报告以习近平新时代中国特色社会主义思想为指导，政治站位高，部署工作实，是求真务实、振奋人心、鼓舞信心、增强决心的好报告。报告强调抓好“六稳”“六保”工作，把保就业、稳就业放在更加重要的位置。建议要发挥中小微企业稳就业的主渠道作用，加大帮扶力度，实施好中小企业促进法，营造良好法治营商环境，增强企业发展信心和预期。要利用网络技术，提升帮扶中小微企业精准性，建立中小微企业数据中心。要重视新产业、新业态领域的就业，完善职业教育和培训体系，深化产教融合与校企合作，扩大就业机会。

蔡达峰副委员长参加江苏团审议。蔡达峰说，去年两会以来，国务院在以习近平同志为核心的中共中央坚强领导下，有效应对复杂严峻形势，努力保持经济社会平稳发展，全面控制新冠肺炎疫情，如期完成去年任务，成绩来之不易。今年我们要完成“十三五”规划的目标任务，全面建成小康社会，应对经济下行和疫情的挑战，坚持稳中求进的工作总基调，保持经济社会平稳健康发展的态势，难度很大，任务很重。政府工作报告把握大局，研判形势，积极应对，守住底线，提出了今年发展主要目标、总体部署和主要任务，指向明确、重点突出、措施得当、文风务实，对公众理解大局、坚定信心、把握机遇、谋求发展具有重要的引导作用，我赞同这个报告。

同日，十三届全国人大三次会议开始前举行首场“代表通道”采访活动，邀请部分全国人大代表通过网络视频方式接受采访。会议结束后举行首场“部长通道”采访活动，邀请部分列席会议的国务院有关部委负责人通过网络视频方式接受采访。记者会采用网络视频形式进行。两场采访活动中央广播电视总台央视作现场直播。

23日，各代表团召开代表小组会议或全体会议进行审议。

国务院总理李克强参加广西团审议。

曹建明副委员长参加四川团审议。曹建明说，李克强总理作的政府工作报告是一个迎难而上、为民务实、催人奋进的好报告，完全赞成和拥护。去年以来，面对国内外风险挑战明显上升的复杂局面，特别是疫情的严重冲击，在以习近平同志为核心的党中央坚强领导下，我国经济社会发展经受住了重大考验，全面建成小康社会取得新的重大进展。这充分彰显了中国共产党领导的政治优势、中国特色社会主义的制度优势、中国国家治理体系的体制优势、中华民族的伟大精神和中国经济的坚强韧性。我们要坚定“四个自信”，科学认识中国经济发展基本面，把发展的巨大潜力和强大动能充分释放出来，把制度优势更好转化为国家治理效能，奋力实现经济社会发展目标任务。

万鄂湘副委员长参加河南团审议。万鄂湘说，政府工作报告直面疫情带来的严峻挑战，充分体现了以人民为中心的发展思想，是一个求真务实、笃志进取的好报告。我对报告完全赞同。过去一年多，在我们国家历史上极不容易、极不平凡。以习近平同志为核心的党中央勇立潮头、攻坚克难，有效应对重大挑战、抵御重大风险，充分彰显出中国特色社会主义制度无可比拟的优越性。报告回顾总结客观实在、重点突出，推动打赢脱贫攻坚战、增强创新能力，深化“放管服”改革等亮点鲜明，对下一段工作安排，坚持底线思维、强化责任担当，围绕全面建成小康社会和“六稳”“六保”作出一系列重要部署，统筹疫情防控和经济社会发展各项举措明确具体，扎实有效，凝聚共识、鼓舞民心。

王东明副委员长参加四川团审议。王东明说，面对疫情严重冲击和复杂国际环境，要深入贯彻落实习近平新时代中国特色社会主义思想，一以贯之增强忧患意识，强化底线思维，主动防范化解重大风险。要进一步统一思想，树立必胜信心。要坚持以人民为中心，贯彻落实新发展理念，深入推进改革开放，努力完成决战决胜全面建成小康社会目标任务。各级工会要进一步增强“四个意识”、坚定“四个自信”、坚决做到“两个维护”，团结带领亿万职工群众坚定不移听党话、矢志不渝跟党走。要大力弘扬劳模精神、劳动精神、工匠精神，认真履行维权服务基本职责，加大城镇困难职工精准帮扶力度，确保广大职工群众同步迈入小康社会。

白玛赤林副委员长参加西藏团审议。白玛赤

林说，完全赞成李克强总理所作的政府工作报告。过去一年来，我国经历了一系列大事要事难事，特别是面对突如其来的疫情，习近平总书记亲自指挥、亲自部署，充分发挥了举旗定向、掌舵领航的核心和领袖作用。经过全国上下艰苦卓绝的努力，疫情防控阻击战取得重大战略成果，统筹推进疫情防控和经济社会发展工作取得积极成效，充分彰显了党中央集中统一领导和中国特色社会主义制度的显著优势。我们要以习近平新时代中国特色社会主义思想为指导，增强“四个意识”、坚定“四个自信”、做到“两个维护”，做好“六稳”工作，落实“六保”任务，勠力同心决战决胜脱贫攻坚，攻坚克难全面建成小康社会。

武维华副委员长参加河南团审议。武维华说，政府工作报告站位高、内容实、文字精，通篇贯穿了习近平新时代中国特色社会主义思想，充分展示了人民政府一年多以来的责任担当、工作实绩，科学研判、精准谋划了下一阶段的工作任务和目标，彰显了党中央、国务院驾驭复杂局面、处理复杂问题的能力和战胜困难挑战的信心、决心。我完全赞同这个报告。报告对下一阶段工作的部署处处体现了以人民为中心的发展思想，实事求是、科学研判、精准谋划的底线思维，以及统筹推进疫情防控和经济社会发展的大局意识。我们坚信，有以习近平同志为核心的党中央坚强领导，我们一定能战胜艰难险阻，完成今年的目标任务，为“十四五”开局和迈向第二个百年奋斗目标奠定坚实基础。

24 日，各代表团召开代表小组会议或全体会议进行审议。

国家主席习近平到湖北团与代表一起审议，全国政协主席汪洋到台湾团与代表一起审议，国务院副总理韩正到香港团、澳门团与代表一起审议。国家副主席王岐山参加湖南团审议。

同日，十三届全国人大财政经济委员会召开全体会议，在初步审查的基础上，根据各代表团和有关专门委员会的审查意见，对 2020 年计划报告和计划草案、预算报告和预算草案作进一步审查。会议通过财政经济委员会《关于 2019 年国民经济和社会发展计划执行情况与 2020 年国民经济和社会发展计划草案的审查结果报告》和《关于 2019 年中央和地方预算执行情况与 2020 年中央和地方预算草案的审查结果报告》，并决定将这两份报告提交大会主席团。财政经济委员会建议十三届全国人大三次会议批准国务院提出的《关于 2019 年国民经济和社会发展计划执行情况与 2020 年国民经济和社会发展计划草案的报告》，批准 2020 年国民经济和社会发展计划草案；批准国务院提出的《关于 2019 年中央和地方预算执行情况与 2020 年中央和地方预算草案的报告》，批准 2020 年中央预算草案，同时批准 2020 年地方政府一般债务余额限额 142889.22 亿元、专项债务余额限额 145185.08 亿元。财政经济委员会还对做好 2020 年经济社会发展工作提出八条建议；对做好 2020 年财政预算工作提出六条建议。

同日，十三届全国人大三次会议举行记者会，邀请国务委员兼外交部长王毅就“中国外交政策和对外关系”相关问题回答中外记者提问。记者会采用网络视频形式进行。中央广播电视总台进行现场直播，新华网进行现场图文直播。

25 日上午，各代表团召开代表小组会议或全体会议进行审议。

丁仲礼副委员长参加上海团审议。丁仲礼说，李克强总理所作的政府工作报告，直面当前复杂严峻形势和各种挑战，立足底线思维，既采取切实有效的措施针对现实问题，又着眼国家长远发展，是一个很好的报告，我完全赞成。报告给我一个深刻的印象是充分体现了以人民为中心这一思想。受全球疫情冲击，我国一些外向型企业、服务行业将不可避免地面临困难。政府对此采取了一系列有力措施，聚焦“六稳”“六保”，特别在稳就业、保市场主体、新基建等方面作出了具体部署。我们相信，在以习近平同志为核心的中共中央坚强领导下，全国人民同心同德、积极作为，今年我国经济社会发展目标任务一定能够实现。

同日下午，十三届全国人大三次会议举行第二次全体会议。会议执行主席是：王晨、曹建明、张春贤、沈跃跃、吉炳轩、艾力更·依明巴海、万鄂湘、陈竺、王东明、白玛赤林、丁仲礼、郝明金、蔡达峰、武维华、杨振武，由王晨主持。会议听取栗战书委员长作全国人大常委会工作报告。常委会工作报告分两部分，关于十三届全国人大二次会议以来的主要工作，主要内容是：一是确保宪法在治国理政各个方面得到全面实施。二是不断完善中国特色社会主义法律体系。三是依照法定职责围绕重大改革发展任务推进监督工作。四是全面加强支持和服务代表依法履职的工作制度机制建设。五是围绕服务党和国家外交大局开展对外工作。六是紧扣坚持党的领导、人民当家作主、依法治国有机统一加强自身建设。关于今后一个阶段的主要任务，主要内容是：一是确保宪法全面实施。二是加强重要领域立法。三是依法做好监督工作。四是支持代表依法履职。五是积极开展对外交往。六是加强常委会自身建设。

会议听取周强院长作最高人民法院工作报告，张军检察长作最高人民检察院工作报告。

同日，十三届全国人大宪法和法律委员会召开全体会议，根据各代表团的审议意见，对民法典草案、全国人民代表大会关于建立健全香港特别行政区维护国家安全的法律制度和执行机制的决定草案进行统一审议。会议对代表们对民法典草案提出的意见逐条认真研究，对民法典草案进行了修改完善，提出了关于民法典草案审议结果的报告和草案修改稿，并向大会主席团会议作出报告，由主席团决定再次提请各代表团审议。会议对代表们对全国人民代表大会关于建立健全香港特别行政区维护国家安全的法律制度和执行机制的决定草案提出的意见连同之前全国人大常委会的审议意见逐条认真研究，对决定草案进行了修改完善，提出了关于决定草案审议结果的报告和草案修改稿，并向大会主席团作出报告，由主席团决定再次提请各代表团审议。

26 日，各代表团召开代表小组会议或全体会议进行审议。

国家主席习近平到解放军和武警部队团与代表一起审议。

同日，十三届全国人大三次会议主席团常务主席第一次会议举行。大会主席团常务主席、全国人大常委会委员长栗战书主持会议。

会议听取大会主席团常务主席、全国人大常委会秘书长杨振武作的大会秘书处关于政府工作报告审议和修改情况的汇报，审议了关于政府工作报告的决议草案代拟稿。

会议听取全国人大财政经济委员会主任委员徐绍史关于 2019 年国民经济和社会发展计划执行情况与 2020 年国民经济和社会发展计划草案的审查结果报告有关情况的汇报，审议了审查结果报告。

会议听取全国人大财政经济委员会副主任委员史耀斌关于 2019 年中央和地方预算执行情况与 2020 年中央和地方预算草案的审查结果报告有关情况的汇报，审议了审查结果报告。

会议听取杨振武关于 2019 年国民经济和社会发展计划执行情况与 2020 年国民经济和社会发展计划的决议草案代拟稿、关于 2019 年中央和地方预算执行情况与 2020 年中央和地方预算的决议草案代拟稿的汇报，审议了两个决议草案代拟稿。

会议听取全国人大宪法和法律委员会主任委员李飞关于民法典草案审议结果的报告，审议了民法典草案修改稿。

会议听取全国人大宪法和法律委员会主任委员李飞关于全国人民代表大会关于建立健全香港特别行政区维护国家安全的法律制度和执行机制的决定草案审议结果的报告，审议了决定草案修改稿。

会议同意将上述决议草案、报告、草案修改稿等提请大会主席团第二次会议审议。

同日，十三届全国人大三次会议主席团举行第二次会议。主席团常务主席栗战书主持会议。

国务院认真研究了代表们的审议意见，对政府工作报告作了修改充实，共修改 89 处。主席团常务主席根据各代表团的审议意见和报告修改情况，建议批准政府工作报告，并代拟了关于政府工作报告的决议草案。会议决定将十三届全国人大三次会议关于政府工作报告的决议草案提请各代表团审议。

会议听取全国人大财政经济委员会主任委员徐绍史关于 2019 年国民经济和社会发展计划执行情况与 2020 年国民经济和社会发展计划草案的审查结果报告，并建议批准国务院提出的《关于 2019 年国民经济和社会发展计划执行情况与 2020 年国民经济和社会发展计划草案的报告》，批准 2020 年国民经济和社会发展计划草案。

会议听取全国人大财政经济委员会副主任委员史耀斌关于 2019 年中央和地方预算执行情况与 2020 年中央和地方预算草案的审查结果报告，并建议批准国务院提出的《关于 2019 年中央和地方预算执行情况与 2020 年中央和地方预算草案的报告》，批准 2020 年中央预算草案，同时批准 2020 年地方政府一般债务余额限额 142889.22 亿元、专项债务余额限额 145185.08 亿元。

会议通过全国人大财政经济委员会的两个审查结果报告。

主席团常务主席根据各代表团的审查意见、报告修改情况和财政经济委员会的审查结果报告，建议批准计划报告和计划草案、预算报告和中央预算草案，并代拟了关于计划报告和计划、预算报告和预算的两个决议草案。会议决定将关于 2019 年国民经济和社会发展计划执行情况与 2020 年国民经济和社会发展计划的决议草案、关于 2019 年中央和地方预算执行情况与 2020 年中央和地方预算的决议草案提请各代表团审议。

会议听取宪法和法律委员会主任委员李飞关于关于民法典草案审议结果的报告。会议通过了这一审议结果的报告和草案修改稿，并决定将民法典草案修改稿提请各代表团审议。

会议听取李飞关于全国人民代表大会关于建立健全香港特别行政区维护国家安全的法律制度和执行机制的决定草案审议结果的报告。会议通过了这一审议结果的报告和草案修改稿，并决定将全国人民代表大会关于建立健全香港特别行政区维护国家安全的法律制度和执行机制的决定草案修改稿提请各代表团审议。

27 日，各代表团召开代表小组会议进行审议。

同日，十三届全国人大三次会议主席团常务主席第二次会议举行。大会主席团常务主席、全国人大常委会委员长栗战书主持会议。

会议听取全国人大宪法和法律委员会主任委员李飞分别关于民法典草案修改稿修改意见的报告、关于全国人民代表大会关于建立健全香港特别行政区维护国家安全的法律制度和执行机制的决定草案修改稿修改意见的报告，审议了民法典草案、决定草案建议表决稿。

会议听取大会主席团常务主席、全国人大常委会秘书长杨振武分别关于全国人大常委会工作报告、最高人民法院工作报告、最高人民检察院工作报告审议和修改情况的汇报，审议了关于全国人大常委会工作报告、最高人民法院工作报告、最高人民检察院工作报告的三个决议草案代拟稿。

会议听取并审议大会副秘书长、全国人大常委会副秘书长信春鹰作的关于代表提出议案处理意见的报告。

会议同意将有关草案建议表决稿、决议草案和报告提请大会主席团第三次会议审议。

同日，十三届全国人大三次会议主席团举行第三次会议。主席团常务主席栗战书主持会议。

主席团会议听取全国人大宪法和法律委员会主任委员李飞分别关于民法典草案修改稿修改意见的报告、关于全国人民代表大会关于建立健全香港特别行政区维护国家安全的法律制度和执行机制的决定草案修改稿修改意见的报告。会议通过上述草案修改稿修改意见的报告和草案建议表决稿，决定将两个草案建议表决稿提请各代表团审议。

会议决定将十三届全国人大三次会议关于全国人大常委会工作报告的决议草案提请各代表团审议。

会议决定将十三届全国人大三次会议关于最高人民法院工作报告的决议草案提请各代表团审议。

会议决定将十三届全国人大三次会议关于最高人民检察院工作报告的决议草案提请各代表团审议。

会议听取大会副秘书长信春鹰关于十三届全国人大三次会议代表提出议案处理意见的报告。信春鹰说，到 5 月 25 日 12 时，大会秘书处共收到代表提出的议案 506 件。其中，代表团提出的 17 件，代表联名提出的 489 件。在这些议案中，有关立法方面的 499 件，有关监督方面的 7 件。代表们结合在各条战线、各自岗位上参与疫情防控斗争的实践，依法提出相关议案 122 件，占代表议案总数的 24%。代表议案关注较多的还有：完善民生领域立法，完善国家机构组织和职能立法，完善生态文明建设立法，完善社会治理领域立法，完善市场经济秩序、推动科技创新方面的立法等。大会秘书处对代表提出的议案逐件认真分析研究，认为没有需要列入本次大会审议的议案。大会秘书处建议，将代表提出的议案分别交由全国人大有关专门委员会审议。有关专门委员会对上述议案进行审议后，向全国人大常委会提出审议结果的报告，经全国人大常委会审议通过后印发十三届全国人大四次会议。会议通过大会秘书处关于十三届全国人大三次会议代表提出议案处理意见的报告。

28 日上午，各代表团召开代表小组会议进行审议。

同日，十三届全国人大三次会议主席团常务主席第三次会议举行。大会主席团常务主席、全国人大常委会委员长栗战书主持会议。

会议听取大会副秘书长、全国人大宪法和法律委员会主任委员李飞关于民法典草案建议表决稿审议情况的汇报、关于全国人民代表大会关于建立健全香港特别行政区维护国家安全的法律制度和执行机制的决定草案建议表决稿审议情况的汇报，审议了民法典草案表决稿、决定草案表决稿。

会议听取大会主席团常务主席、大会副秘书长、全国人大常委会秘书长杨振武作的大会秘书处关于政府工作报告、2019 年国民经济和社会发展计划执行情况与 2020 年国民经济和社会发展计划、2019 年中央和地方预算执行情况与 2020 年中央和地方预算、全国人大常委会工作报告、最高人民法院工作报告、最高人民检察院工作报告的六个决议草案审议情况的汇报，审议了这六个决议草案表决稿。

会议听取主席团常务主席、大会副秘书长、全国人大常委会秘书长杨振武关于全国人大常委会接受冯忠华辞职请求的决定审议情况的汇报，审议了十三届全国人大三次会议关于确认全国人大常委会接受冯忠华辞去第十三届全国人大常委会委员职务的请求的决定草案代拟稿。

会议同意将上述草案表决稿提请大会主席团第四次会议审议。

同日，十三届全国人大三次会议主席团举行第四次会议。主席团常务主席栗战书主持会议。

会议决定将十三届全国人大三次会议关于政府工作报告、2019 年国民经济和社会发展计划执行情况与 2020 年国民经济和社会发展计划、2019 年中央和地方预算执行情况与 2020 年中央和地方预算、全国人大常委会工作报告、最高人民法院工作报告、最高人民检察院工作报告的六个决议草案表决稿，民法典草案表决稿，全国人民代表大会关于建立健全香港特别行政区维护国家安全的法律制度和执行机制的决定草案表决稿，全国人大常委会关于接受冯忠华辞去第十三届全国人大常委会委员职务的请求的决定草案，提请大会全体会议表决。

28 日下午，十三届全国人大三次会议举行闭幕会。会议执行主席是：栗战书、王晨、曹建明、张春贤、沈跃跃、吉炳轩、艾力更·依明巴海、万鄂湘、陈竺、王东明、白玛赤林、丁仲礼、郝明金、蔡达峰、武维华、杨振武，由栗战书主持。

会议通过《中华人民共和国民法典》。《中华人民共和国民法典》共 7 编，1260 条，包括：总则、物权、合同、人格权、婚姻家庭、继承、侵权责任和附则。本法自 2021 年 1 月 1 日起施行。《中华人民共和国婚姻法》、《中华人民共和国继承法》、《中华人民共和国民法通则》、《中华人民共和国收养法》、《中华人民共和国担保法》《中华人民共和国合同法》、《中华人民共和国物权法》、《中华人民共和国侵权责任法》、《中华人民共和国民法总则》同时废止。

会议通过《全国人民代表大会关于建立健全香港特别行政区维护国家安全的法律制度和执行机制的决定》。本决定自公布之日起施行。

会议通过《关于政府工作报告的决议》、《关于 2019 年国民经济和社会发展计划执行情况与 2020 年国民经济和社会发展计划的决议》、《关于 2019 年中央和地方预算执行情况与 2020 年中央和地方预算的决议》、《关于全国人大常委会工作报告的决议》、《关于最高人民法院工作报告的决议》、《关于最高人民检察院工作报告的决议》、《关于确认全国人大常委会接受冯忠华辞去十三届全国人大常委会委员职务的请求的决定》。

大会完成各项议程后，栗战书发表讲话。栗战书说，十三届全国人大三次会议已经圆满完成各项议程，是一次民主、团结、求实、奋进的大会。会议高度评价过去一年多来党和国家的工作。代表们一致认为，在以习近平同志为核心的党中央坚强领导下，在习近平新时代中国特色社会主义思想指引下，按照党中央决策部署，全党全国各族人民紧密团结，乘风破浪推进党和国家事业发展取得新的重大成果。新冠肺炎疫情发生后，习近平总书记亲自指挥、亲自部署，用 1 个多月时间初步遏制了疫情蔓延势头，用 2 个月左右时间将本土每日新增病例控制在个位数以内，用 3 个月左右时间取得疫情防控重大战略成果。对我们这样一个拥有 14 亿人口的大国来说，这样的成效来之不易。这是中国人民的英雄壮举，这是中国特色社会主义的伟大力量。

栗战书说，会议审议批准了政府工作报告和其他报告，对今后一个阶段的工作作出部署。我们要认真贯彻落实大会精神，依法履职、担当尽责，统筹推进疫情防控和经济社会发展工作，确保完成决战决胜脱贫攻坚目标任务，全面建成小康社会。

栗战书说，会议审议通过的民法典是新中国第一部以法典命名的法律，是推进全面依法治国、完善中国特色社会主义法律体系的重要标志性立法，必将为新时代改革开放和社会主义现代化建设提供更加完备的民事法制保障。我们要带头学习、宣传、遵守这部法律，在全社会普及这部法典。全社会都自觉依法从事民事活动，就能够减少民事纠纷，化解民事矛盾，促进社会文明、和谐、稳定。

栗战书指出，会议作出了关于建立健全香港特别行政区维护国家安全的法律制度和执行机制的决定。这是贯彻落实党的十九届四中全会精神、坚持和完善“一国两制”制度体系的重大举措，符合宪法和香港特别行政区基本法，符合包括香港同胞在内的全体中国人民的根本利益。全国人大常委会将依法制定香港特别行政区维护国家安全的相关法律，依法维护国家主权、安全、发展利益，维护香港长治久安和长期繁荣稳定，确保“一国两制”事业行稳致远。

栗战书最后说，中国人民具有伟大创造精神、伟大奋斗精神、伟大团结精神、伟大梦想精神，这是我们风雨无阻、奋勇前行的根本力量。让我们更加紧密地团结在以习近平同志为核心的党中央周围，增强“四个意识”、坚定“四个自信”、做到“两个维护”，坚持人民至上，紧紧依靠人民，不断造福人民，牢牢植根人民，同心协力、砥砺奋进，谱写新时代中国特色社会主义伟大事业新篇章。（全文见本书第3页）

中央和国家机关有关部门、解放军有关单位、各人民团体有关负责人列席或旁听了大会。外国驻华使节旁听了大会。

同日，十三届全国人大三次会议举行记者会，国务院总理李克强应大会发言人张业遂的邀请出席记者会，并回答中外记者提问。记者会采用网络视频形式进行，主会场设在人民大会堂三楼金色大厅，分会场设在梅地亚两会新闻中心。

5月28日 全国人大常委会法制工作委员会发言人臧铁伟就第十三届全国人大三次会议表决通过涉港决定发表谈话。

5月29日 中共中央政治局就“切实实施民法典”举行第二十次集体学习。习近平在主持学习时发表了讲话。习近平强调，民法典在中国特色社会主义法律体系中具有重要地位，是一部固根本、稳预期、利长远的基础性法律，对推进全面依法治国、加快建设社会主义法治国家，对发展社会主义市场经济、巩固社会主义基本经济制度，对坚持以人民为中心的发展思想、依法维护人民权益、推动我国人权事业发展，对推进国家治理体系和治理能力现代化，都具有重大意义。全党要切实推动民法典实施，以更好推进全面依法治国、建设社会主义法治国家，更好保障人民权益。

他强调，《中华人民共和国民法典》，是新中国成立以来第一部以“法典”命名的法律，是新时代我国社会主义法治建设的重大成果。安排这次集体学习，目的是充分认识颁布实施民法典的重大意义，更好推动民法典实施。

习近平指出，要加强民法典重大意义的宣传教育，讲清楚实施好民法典，是坚持以人民为中心、保障人民权益实现和发展的必然要求，是发展社会主义市场经济、巩固社会主义基本经济制度的必然要求，是提高我们党治国理政水平的必然要求。民法典实施水平和效果，是衡量各级党政机关履行为人民服务宗旨的重要尺度。国家机关履行职责、行使职权必须清楚自身行为和活动的范围和界限。各级党和国家机关开展工作要考虑民法典规定，不能侵犯人民群众享有的合法民事权利，包括人身权利和财产权利。有关政府机关、监察机关、司法机关要依法履行职能、行使职权，保护民事权利不受侵犯、促进民事关系和谐有序。

习近平强调，有关国家机关要适应改革开放和社会主义现代化建设要求，加强同民法典相关联、相配套的法律法规制度建设，不断总结实践经验，修改完善相关法律法规和司法解释。对同民法典规定和原则不一致的国家有关规定，要抓紧清理，该修改的修改，该废止的废止。要发挥法律解释的作用，及时明确法律规定含义和适用法律依据，保持民法典稳定性和适应性相统一。随着经济社会不断发展、经济社会生活中各种利益关系不断变化，民法典在实施过程中必然会遇到一些新情况新问题。要坚持问题导向，适应技术发展进步新需要，在新的实践基础上推动民法典不断完善和发展。

习近平指出，严格规范公正文明执法，提高司法公信力，是维护民法典权威的有效手段。各级政府要以保证民法典有效实施为重要抓手推进法治政府建设，把民法典作为行政决策、行政管理、行政监督的重要标尺，不得违背法律法规随意作出减损公民、法人和其他组织合法权益或增加其义务的决定。要规范行政许可、行政处罚、行政强制、行政征收、行政收费、行政检查、行政裁决等活动，提高依法行政能力和水平。依法严肃处理侵犯群众合法权益的行为和人员。民事案件同人民群众权益联系最直接最密切。各级司法机关要秉持公正司法，提高民事案件审判水平和效率。要加强民事司法工作，提高办案质量和司法公信力。要及时完善相关民事司法解释，使之同民法典及有关法律规定和精神保持一致，统一民事法律适用标准。要加强对涉及财产权保护、人格权保护、知识产权保护、生态环境保护等重点领域的民事审判工作和监督指导工作，及时回应社会关切。要加强民事检察工作，加强对司法活动的监督，畅通司法救济渠道，保护公民、法人和其他组织合法权益，坚决防止以刑事案件名义插手民事纠纷、经济纠纷。要充分发挥律师事务所和律师等法律专业机构、专业人员的作用，帮助群众实现和维护自身合法权益，同时要发挥人民调解、商事仲裁等多元化纠纷解决机制的作用，加强法律援助、司法救助等工作，通过社会力量和基层组织务实解决民事纠纷，多方面推进民法典实施工作。

习近平强调，民法典要实施好，就必须让民法典走到群众身边、走进群众心里。要广泛开展民法典普法工作，将其作为“十四五”时期普法工作的重点来抓，引导群众认识到民法典既是保护自身权益的法典，也是全体社会成员都必须遵循的规范，养成自觉守法的意识,形成遇事找法的习惯,培养解决问题靠法的意识和能力。要把民法典纳入国民教育体系,加强对青少年民法典教育。要聚焦民法典总则编和各分编需要把握好的核心要义和重点问题,阐释好民法典关于民事活动平等、自愿、公平、诚信等基本原则,阐释好民法典关于坚持主体平等、保护财产权利、便利交易流转、维护人格尊严、促进家庭和谐、追究侵权责任等基本要求,阐释好民法典一系列新规定新概念新精神。

习近平强调,要坚持以中国特色社会主义法治理论为指导,立足我国国情和实际,加强对民事法律制度的理论研究,尽快构建体现我国社会主义性质,具有鲜明中国特色、实践特色、时代特色的民法理论体系和话语体系,为有效实施民法典、发展我国民事法律制度提供理论支撑。

习近平指出,各级党和国家机关要带头宣传、推进、保障民法典实施,加强检查和监督,确保民法典得到全面有效执行。各级领导干部要做学习、遵守、维护民法典的表率,提高运用民法典维护人民权益、化解矛盾纠纷、促进社会和谐稳定能力和水平。

全国人大常委会法制工作委员会民法室主任、中国法学会行政法学研究会副会长黄薇同志就这个问题进行了讲解,提出了意见和建议。

同日 《反分裂国家法》实施15周年座谈会举行。栗战书委员长在会上发表讲话强调,要深入贯彻落实习近平总书记在《告台湾同胞书》发表40周年纪念会上的重要讲话精神,深刻认识《反分裂国家法》的重要作用,坚决反对"台独"分裂、坚定推进祖国和平统一。栗战书指出,《反分裂国家法》以宪法为依据,贯彻党中央对台工作大政方针,是坚持"一国两制"、推进祖国和平统一制度体系的重要组成部分,是反"独"促统政治责任和使命要求的重要遵循。实施15年来,为维护台海和平稳定、促进两岸关系发展提供了坚实法治保障。栗战书指出,一段时间以来,"台独"分裂势力误判形势,不断挑衅,严重损害两岸同胞切身利益和中华民族根本利益,严重破坏台海和平稳定,严重挑战我们维护国家主权和领土完整的底线,必须坚决遏制打击。世界上只有一个中国,大陆和台湾同属一个中国。无论"台独"分裂分子使出什么谋"独"花招,都是非法无效的;无论他们怎么折腾,都是徒劳的;无论他们与外国势力如何勾连表演,都无法改变台湾是中国一部分的历史和法理事实。"台独"是绝路一条,以身试法必遭严惩。栗战书指出,海峡两岸同胞要携手共同反对"台独"、促进统一。党和国家始终关心台湾同胞的利益福祉,积极为两岸交流合作创造条件。广大台湾同胞要做堂堂正正的中国人,深入思考台湾在民族复兴中的地位和作用,认清"台独"势力包藏的祸心,坚守民族大义。解决台湾问题,实现祖国统一,是中国内部事务,不受任何外国势力的干涉。栗战书强调,"和平统一、一国两制"是实现国家统一的最佳方式。坚持一个中国原则,是实现祖国和平统一的基础。我们愿意为和平统一创造广阔空间,但我们绝不为各种形式的"台独"分裂活动留下任何空间。海内外中华儿女要坚定信心,不懈努力,共担民族大义,共促祖国统一,共圆民族复兴的伟大梦想。(全文见本书第324页)

座谈会由中共中央政治局委员、全国人大常委会副委员长王晨主持。许其亮、杨洁篪、尤权等出席座谈会。中共中央台湾工作办公室、国务院台湾事务办公室主任刘结一,全国人大常委会法工委主任沈春耀,中央军委联合参谋部参谋长李作成,中国和平统一促进会香港总会会长姚志胜在座谈会上发言。中央和国家机关有关部门,全国人大、全国政协,最高人民法院、最高人民检察院,中央军委有关部门及北京市有关负责同志等参加了座谈会。

同日 《人民日报》发表题为《凝聚智慧力量 迈上新的征程》社论,热烈祝贺十三届全国人大三次会议胜利闭幕。

5月30日 栗战书委员长主持召开全国人大常委会有关决定和野生动物保护法执法检查组第一次全体会议。栗战书强调,要坚持以习近平新时代中国特色社会主义思想为指导,全面贯彻落实习近平总书记关于强化公共卫生法治保障的重要指示要求,依法保护野生动物,健全完善法律制度,进一步筑牢织密维护公共卫生安全法治防线,推动生态文明建设。栗战书指出,新冠肺炎疫情发生后,习近平总书记多次发表重要讲话、作出重要指示,要求强化公共卫生法治保障。此次执法检查是全国人大常委会贯彻习近平总书记重要指示要求、党中央决策部署和刚刚召开的十三届全国人大三次会议精神,强化公共卫生法治保障的具体行动。要通过执法检查,推动习近平总书记指示要求在各地区各部门全面贯彻落实;推动人民至上、生命至上和生态文明理念的贯彻落实;立足于体系建设,全面评估野生动物保护法,为修法工作提供依据。栗战书说,今年2月,全国人大常委会作出全面禁止野生动物非法交易和食用的决定。对决定和野生动物保护法一并开展执法检查,要侧重五个方面内容:一是革除滥食野生动物陋习的落实情况,推动禁食野生动物的红线落到实处、深入人心。二是依法取缔和打击非法野生动物市场和贸易的情况，推动有关部门加强监督检查和责任追究，斩断非法利益链。三是非食用性利用野生动物的管理情况，确保在法治轨道上有序发展。四是野生动物栖息地的保护情况，为野生动物生存繁衍创造良好的自然生态环境。五是加强法制建设、增强法治意识的情况，推动政府、组织、公众共同行动，养成文明健康的生活方式。栗战书强调，要精心做好执法检查的组织实施工作。紧扣决定和法律，以法律为依据准绳，督促有关方面一个条款一个条款对照落实。坚持问题导向，既了解决定和法律实施的全面情况，又善于抓住影响法律实施的突出问题和典型案例，真正形成监督压力。贯彻中央八项规定及其实施细则精神，持续改进作风，完善方式方法，确保检查取得实效。

副委员长王晨、沈跃跃、丁仲礼出席会议，国务委员王勇出席会议并发言，国务院有关部门负责人作了发言。

此次执法检查由栗战书委员长任组长，分为4个检查小组赴8个省份进行实地检查，同时委托其他省级人大常委会开展检查，实现31个省（区、市）“全覆盖”。

六　　月

6月1日　十三届全国人大常委会委员长会议召开第五十八次会议，栗战书委员长主持并讲话。会议学习贯彻习近平总书记在十三届全国人大三次会议期间的重要讲话和大会精神，审议全国人大常委会2020年度工作要点和立法、监督、代表工作计划修改稿。

同日　全国人大常委会农业机械化促进法执法检查组召开第一次全体会议，副委员长吉炳轩、白玛赤林、武维华出席会议。在听取农业农村部等5部门关于农业机械化促进法实施情况的汇报后，吉炳轩副委员长发表讲话。

6月2日　全国人大常委会召开“十四五”规划纲要编制专题调研工作会议，王晨副委员长出席并讲话。副委员长陈竺、王东明出席会议并讲话。

6月2日至5日　白玛赤林副委员长率调研组在江苏调研侨务法治建设情况。

6月2日至7日　丁仲礼副委员长率全国人大常委会执法检查组在广东省和贵州省对关于全面禁止非法野生动物交易、革除滥食野生动物陋习、切实保障人民群众生命健康安全的决定和野生动物保护法贯彻实施情况进行检查。

6月2日至13日　吉炳轩副委员长率全国人大常委会执法检查组在河南省和江苏省对农业机械化促进法贯彻实施情况进行检查，并就确保国家粮食安全、推动高标准农田建设问题开展专题调研。

6月3日至4日　全国人大财政经济委员会召开“十四五”规划“产业优化升级和产业链、供应链、价值链布局调整完善”专题调研座谈会，听取有关部门、企业、研究机构及专家学者的意见建议，陈竺、王东明副委员长出席会议。

6月8日至9日　为配合常委会做好审查批准2019年中央决算相关工作，8日上午和9日上午全国人大财政经济委员会分别召开第38次、39次全体会议，结合审计工作报告对2019年中央决算草案进行初步审查，研究讨论财经委《关于2019年中央决算草案的初步审查意见》和《关于2019年中央决算草案审查结果的报告》。副委员长陈竺、王东明出席会议并讲话。常委会预算工委有关负责同志，部分全国人大代表应邀列席会议。

6月9日　十三届全国人大常委会委员长会议召开第五十九次会议，栗战书委员长主持。会议学习习近平总书记在中央政治局第二十次集体学习时关于切实实施民法典的重要讲话。

会议认为，习近平总书记在讲话中深刻阐明了颁布实施民法典的重大意义，对推动民法典实施提出了明确要求。讲话坚持以人民为中心的发展思想，体现了以法治方式推进国家治理体系和治理能力现代化的深刻思考，进一步丰富了中国特色社会主义法治理论和法治实践，具有很强的思想性、理论性、指导性、实践性。实践证明，以习近平同志为核心的党中央坚强领导，是民法典编纂工作取得成功的根本原因，也必将更好地推动民法典全面有效实施。

会议强调，民法典是新时代中国特色社会主义制度建设、法治建设的一个重大标志性成果，是坚持人民至上、实现人民对美好生活向往的重要制度保障，也是科学立法、民主立法、依法立法的一次生动实践。全国人大常委会要按照习近平总书记重要指示要求，结合人大职责定位和工作实际，认真研究落实举措，切实推动民法典全面有效实施。近期要重点抓好五项工作：一是统筹考虑有关民事法律的修改完善，聚焦问题提出一揽子工作方案；二是推动有关部门修改完善配套法规、司法解释；三是做好民法典的宣传普及工作；四是加强对民事法律制度的理论研究；五是认真总结民法典编纂工作经验，为今后做好立法工作、提高立法质量提供参考。

会议决定，十三届全国人大常委会第十九次会议6月18日至20日举行。

同日 十三届全国人大三次会议代表建议、批评和意见交办会召开。代表们会议期间共提出506件议案、9180件建议，建议数量创历史新高。代表们提出的建议比去年增加1020件，增长12.5%。其中，涉及科教文卫、发展规划和建设项目、社会及公共事务等领域的建议占总数一半以上。关于"疾病防疫"的建议数量同比增加179%，关于医疗体制改革的建议数量达到472件。发展规划、建设项目和综合经济方面的建议1707件，占建议总数的18.6%。

今年代表提出的建议拟交由194家承办单位研究办理。全国人大常委会办公厅初步提出了9项重点督办建议选题，涉及4个方面，包括：健全国家公共卫生应急管理体系，贯彻落实野生动物保护法及常委会有关决定，依法全面禁止食用野生动物；全面强化就业优先政策，保持制造业产业链供应链稳定性和竞争力，统筹推进疫情防控和经济社会发展工作；围绕打好打赢三大攻坚战，持续推进脱贫攻坚与乡村振兴战略有效衔接；围绕研究编制"十四五"规划纲要，推动实施区域发展战略，建设世界科技强国。

王晨副委员长出席会议并讲话，杨振武秘书长介绍了有关情况。

6月10日至13日 白玛赤林副委员长率全国人大常委会执法检查组在重庆市对农业机械化促进法贯彻实施情况进行检查。

6月11日 张春贤副委员长率全国人大调研组赴国家医保局就社会保险制度改革和社会保险法实施情况进行走访调研。

同日 陈竺、王东明副委员长率领全国人大调研组，赴国务院国资委开展国有资产管理情况监督调研和"十四五"规划纲要有关国有资产管理体制改革专题调研。

6月11日至14日 沈跃跃副委员长率全国人大常委会执法检查组在福建省对关于全面禁止非法野生动物交易、革除滥食野生动物陋习、切实保障人民群众生命健康安全的决定和野生动物保护法贯彻实施情况进行检查。

6月15日 艾力更·依明巴海、陈竺、蔡达峰副委员长召开传染病防治法评估修改工作专班工作汇报会，研究讨论传染病防治法修改完善评估报告(讨论稿)。艾力更·依明巴海副委员长主持会议并作总结讲话，陈竺、蔡达峰副委员长出席会议并讲话。

6月17日 十三届全国人大常委会委员长会议召开第六十次会议，栗战书委员长主持。会议听取并原则同意有关法律情况的汇报。会议确定将法律草案提请常委会第十九次会议审议。

同日 陈竺、王东明副委员长率全国人大常委会预算工作委员会专题调研组赴国家税务总局，就"十四五"规划纲要编制税制改革问题开展调研。

6月18日 全国人大外事委员会就美国所谓"2020年维吾尔人权政策法案"签署成法发表声明。

6月18日至20日 十三届全国人大常委会举行第十九次会议。

会议听取全国人大宪法和法律委员会副主任委员刘季幸关于公职人员政务处分法草案审议结果的报告。会议印发全国人大宪法和法律委员会关于公职人员政务处分法草案三次审议稿修改意见的报告。会议通过《中华人民共和国公职人员政务处分法》。

《中华人民共和国公职人员政务处分法》共7章，68条，包括：总则，政务处分的种类和适用，违法行为及其适用的政务处分，政务处分的程序，复审、复核，法律责任，附则。本法自2020年7月1日起施行。

会议听取全国人大宪法和法律委员会副主任委员胡可明关于档案法修订草案审议结果的报告。会议印发全国人大宪法和法律委员会关于档案法修订草案二次审议稿修改意见的报告。会议通过修订后的《中华人民共和国档案法》。

修订后的《中华人民共和国档案法》共8章，53条，包括：总则、档案机构及其职责、档案的管理、档案的利用和公布、档案信息化建设、监督检查、法律责任、附则。本法自2021年1月1日起施行。

会议听取全国人大宪法和法律委员会副主任委员刘季幸关于人民武装警察法修订草案审议结果的报告。会议印发全国人大宪法和法律委员会关于人民武装警察法修订草案二次审议稿修改意见的报告。会议通过修订后的《中华人民共和国人民武装警察法》。

修订后的《中华人民共和国人民武装警察法》共8章,51条,包括:总则、组织和指挥、任务和权限、义务和纪律、保障措施、监督检查、法律责任、附则。本法自2020年6月21日起施行。

会议听取外交部副部长乐玉成关于提请审议加入《武器贸易条约》的议案的说明,并通过《全国人民代表大会常务委员会关于加入〈武器贸易条约〉的决定》。

会议听取全国人大常委会法工委主任沈春耀关于香港特别行政区维护国家安全法草案的说明,全国人大农业与农村委员会主任委员陈锡文关于乡村振兴促进法草案的说明,退役军人事务部部长孙绍骋关于退役军人保障法草案的说明,并对这三部法律草案进行初次审议。

会议听取并审议财政部部长刘昆关于2019年中央决算的报告,全国人大财政经济委员会副主任委员史耀斌关于2019年中央决算草案审查结果的报告,通过《关于批准2019年中央决算的决议》。

会议听取并审议审计署审计长胡泽君关于2019年度中央预算执行和其他财政收支的审计工作报告。

会议还通过人事任免事项。

会议闭幕时,栗战书委员长发表讲话。栗战书说,贯彻党中央决策部署和全国人大相关决定,会议初次审议了香港特别行政区维护国家安全法草案。从国家层面建立健全香港特别行政区维护国家安全的法律制度和执行机制,是坚持和完善"一国两制"制度体系的重大举措,是保证香港长期繁荣稳定、"一国两制"事业行稳致远的治本之策。常委会组成人员认真审议了法律草案,大家认为,法律草案符合宪法和香港基本法精神,全面准确贯彻了"一国两制"、"港人治港"、高度自治方针,充分考虑维护国家安全的现实需要和香港特别行政区的具体情况。要根据常委会审议提出的修改意见,修改好、完善好这部法律。栗战书指出,会议审议通过公职人员政务处分法,织密预防和惩戒职务违法犯罪的法网,有利于构建党统一领导、全面覆盖、权威高效的监督体系。审议通过人民武装警察法修订草案,对于坚持党对武装力量的绝对领导、规范和保障武警部队依法履行职责,具有重大意义。审议通过档案法修订草案,健全完善档案管理制度,为我国档案事业现代化提供更加坚实的法治保障。栗战书指出,会议听取审议了2019年中央决算报告和审计工作报告,批准了2019年中央决算。常委会组成人员认为,国务院及其有关部门加力提效实施积极的财政政策,较好完成了全国人大批准的中央预算。审计机关依法履行审计监督职能,在推动党中央政令畅通、促进经济社会健康发展等方面发挥了重要作用。财政政策和财政工作要全力支持做好"六稳""六保"工作,审计工作要加强对重大政策措施落实情况的跟踪审计。栗战书指出,当前和今后一个时期,立法工作任务重、节奏快、要求高成为常态。要紧紧围绕新时代提出的新课题新任务新要求,以高度的责任感使命感加强和改进立法工作,进一步发挥法治固根本、稳预期、利长远的重要作用。一要深入贯彻习近平新时代中国特色社会主义思想,坚持党中央对立法工作的集中统一领导,确保党的路线方针政策通过法定程序成为国家意志。二要坚持人民至上,切实做到立法工作依靠人民、造福人民、植根人民。三要立足体系建设,着眼于发挥制度整体功效,不断增强法律制度的系统性、整体性、协同性。四要把握好立法质量和效率的关系,以良法促进发展、保障善治。五要发挥人大在立法工作中的主导作用,充分调动各部门各方面的积极性主动性创造性,围绕中心,服务大局,加强组织协调,形成工作合力。(全文见本书第311页)

会议结束后,十三届全国人大常委会举行第十七讲专题讲座,栗战书委员长主持。中国政法大学校长马怀德作了题为《我国的行政法律制度》的讲座。

19日,十三届全国人大常委会第十九次会议举行分组会议,审议退役军人保障法草案和拟提请表决事项等。栗战书委员长参加审议。

6月19日 十三届全国人大常委会委员长会议召开第六十一次会议,栗战书委员长主持。会议听取有关草案审议情况的汇报和任免案审议情况的汇报,决定将相关草案的建议表决稿等提交常委会会议审议。

同日 湖北省十三届人大四次会议选举应勇为湖北省人大常委会主任。

6月20日 针对欧洲议会就全国人大香港国家安全立法通过所谓决议,全国人大外事委员会发言人尤文泽表示,该决议严重歪曲事实,打着"人权""保卫香港高度自治"的幌子,公然插手香港事务、干涉中国内政。我们对此予以强烈谴责,表示坚决反对。

同日 十三届全国人大常委会委员长会议召开第六十二次会议,栗战书委员长主持。会议研究提请常委会会议表决事项。

同日 十三届全国人大常委会委员长会议召开第六十三次会议,栗战书委员长主持。会议决定,十三届全国人大常委会第二十次会议6月28日至30日举行。

6月24日 十三届全国人大常委会委员长会议召开第六十四次会议,栗战书委员长主持。会议听取并原则同意第十三届全国人大常委会第二十次会议日程安排。会议确定,将有关法律草案提请常委会第二十次会议审议。

6月28日至30日 十三届全国人大常委会举行第二十次会议。

会议听取全国人大宪法和法律委员会副主任委员沈春耀关于香港特别行政区维护国家安全法草案审议结果的报告。会议印发全国人大宪法和法律委员会关于香港特别行政区维护国家安全法草案二次审议稿修改意见的报告。会议通过《中华人民共和国香港特别行政区维护国家安全法》。

《中华人民共和国香港特别行政区维护国家安全法》共6章,66条,包括:总则,香港特别行政区维护国家安全的职责和机构,罪行和处罚,案件管辖、法律适用和程序,中央人民政府驻香港特别行政区维护国家安全机构,附则。本法自公布之日起施行。

会议听取全国人大常委会法制工作委员会主任沈春耀关于增加香港特别行政区基本法附件三所列全国性法律的决定草案的说明。会议印发全国人大常委会香港特别行政区基本法委员会关于中华人民共和国香港特别行政区维护国家安全法列入中华人民共和国香港特别行政区基本法》附件三问题的意见和香港特别行政区政府关于中华人民共和国香港特别行政区维护国家安全法列入中华人民共和国香港特别行政区基本法附件三问题的意见。会议通过《关于增加〈中华人民共和国香港特别行政区基本法〉附件三所列全国性法律的决定》。

会议听取全国人大宪法和法律委员会副主任委员江必新关于专利法修正案草案修改情况的汇报,全国人大宪法和法律委员会副主任委员周光权关于未成年人保护法修订草案修改情况的汇报,全国人大宪法和法律委员会副主任委员胡可明关于出口管制法草案修改情况的汇报,并对这三部法律草案进行再次审议。

会议听取全国人大常委会法制工作委员会副主任李宁关于刑法修正案(十一)草案的说明,全国人大常委会法制工作委员会副主任许安标关于行政处罚法修订草案的说明,全国人大常委会法制工作委员会副主任刘俊臣关于数据安全法草案的说明,并对这三部法律草案进行初次审议。

会议决定免去胡泽君的审计署审计长职务;任命侯凯为审计署审计长。

会议还通过其他任免事项。

会议闭幕时,栗战书委员长发表讲话。栗战书说,本次会议最为重要的议程,是审议通过香港特别行政区维护国家安全法,并决定将这部法律列入香港基本法附件三,由香港特别行政区在当地公布实施。法律和决定获得全票通过,充分反映了包括香港同胞在内的全国人民的共同意志。

栗战书说,常委会组成人员审议时认为,贯彻党的十九届四中全会精神,根据宪法、香港基本法和全国人大相关决定,常委会制定香港特别行政区维护国家安全法,对香港特别行政区维护国家安全制度机制作出了法律化、规范化、明晰化的具体安排。法律充分考虑两种制度差异和香港具体情况,与维护国家安全的全国性法律相衔接,与香港现有法律体系相兼容,体现了"惩治极少数、保护大多数"的原则,为维护国家安全和香港长治久安、长期繁荣发展,为确保香港居民依法享有的权利和自由,为保护外国人在香港的合法权益和外国投资者的利益,为确保"一国两制"事业行稳致远,提供了法律支撑和保障。

栗战书指出,国家安全、社会稳定、法治秩序是香港发展的前提,这次立法是人心所向、大势所趋。香港特别行政区维护国家安全法施行后,将坚决有效维护国家安全,推动"一国两制"事业沿着正确方向前进,有力维护香港特别行政区宪制秩序、法治秩序,防范和遏制外来干涉,保障香港根本利益、长远利益和当前利益,也必将为香港创造更加安全、稳定、和谐、便利的社会环境,更好地发展香港经济、改善香港民生,充分展现"一国两制"的制度优越性。

栗战书强调,有关方面要学习好、宣传好、贯彻好、实施好这部重要法律,加强法律的宣讲解读,加快建立健全与法律制度相适应的执行机制、专门机构和执法力量,切实履行维护国家安全法定职责。香港特别行政区应尽早完成有关立法,完善本地相关法律。要深入开展宪制法治教育、国家安全教育、历史文化教育,弘扬爱国精神,增强国家意识,为法律有效实施创造良好的社会条件和广泛的民意基础。(全文见本书第313页)

28日,十三届全国人大常委会第二十次会议举行分组会议，审议香港特别行政区维护国家安全法草案。栗战书委员长参加审议。

6 月 28 日　十三届全国人大常委会委员长会议召开第六十五次会议，栗战书委员长主持。会议确定，将香港特别行政区维护国家安全法草案建议表决稿提请常委会第二十次会议审议，将增加议程事项提请常委会第二十次会议决定。会议还确定，在常委会第二十次会议表决通过《中华人民共和国香港特别行政区维护国家安全法》后，由全国人大常委会办公厅向香港特别行政区基本法委员会和香港特别行政区政府发出征询意见函，依法征询意见。

6 月 30 日　十三届全国人大常委会委员长会议召开第六十六次会议，栗战书委员长主持。会议研究提请常委会会议表决事项，同时确定将有关任免事项的议案提请常委会第二十次会议审议。

同日　十三届全国人大常委会委员长会议召开第六十七次会议，栗战书委员长主持。会议确定，将有关法律草案和有关任免事项的议案提请常委会第二十次会议审议。

同日　十三届全国人大常委会委员长会议召开第六十八次会议，栗战书委员长主持。会议研究提请常委会会议表决事项。

同日　十三届全国人大常委会举行宪法宣誓仪式。郝明金副委员长主持并监誓。十三届全国人大常委会第二十次会议决定任命侯凯为审计署审计长。侯凯依法进行宪法宣誓。全国人大机关、审计署有关负责同志参加了宣誓活动。

七　月

7 月 1 日　中国共产党的优秀党员，久经考验的忠诚的共产主义战士，我国社会主义法制建设的杰出领导人，九届全国人大常委会副委员长曹志同志因病逝世，享年 93 岁。

同日　全国人大网络学院于正式运行，成为覆盖全国人大代表、地方人大负责同志、全国人大机关干部的学习培训网络平台，充分运用信息化手段，实现线上线下学习培训同步推动、互相促进，更好满足代表学习培训需求。

7 月 2 日　全国人大外事委员会就美国国会参众两院分别通过所谓“香港自治法案”发表声明。

7 月 6 日至 7 日　为贯彻落实习近平总书记关于切实推动民法典实施的重要讲话精神，更好发挥全国人大代表和地方各级人大在宣传、推进、保障民法典实施中的作用，全国人大常委会办公厅和全国人大常委会法工委举办“民法典主要制度与创新”专题网络视频直播学习班，全国人大代表、地方人大负责同志、各级人大机关干部等近 6 万人通过视频系统参加学习。

7 月 6 日至 9 日　沈跃跃副委员长率全国人大常委会执法检查组在云南省对全国人大常委会关于全面禁止非法野生动物交易、革除滥食野生动物陋习、切实保障人民群众生命健康安全的决定和野生动物保护法贯彻实施情况进行检查。

7 月 12 日至 15 日　栗战书委员长率全国人大常委会执法检查组在广西对野生动物保护法和全国人大常委会关于全面禁止非法野生动物交易、革除滥食野生动物陋习、切实保障人民群众生命健康安全的决定贯彻实施情况进行检查。检查组深入养殖场户、市场、海关、自然保护区实地检查，在崇左市扶绥县、百色市田阳区检查蛇类、竹鼠的人工繁育养殖情况，在广西花鸟宠物交易市场检查市场监管责任落实情况，到凭祥海关听取查处走私野生动物情况介绍，考察了崇左白头叶猴国家级自然保护区建设保护工作，并在南宁召开座谈会听取有关情况汇报。栗战书说，要深入学习贯彻习近平新时代中国特色社会主义思想特别是习近平生态文明思想，严格依照“一法一决定”保护野生动物，维护自然生态平衡安全，保障人民群众生命健康安全。栗战书强调，要认真贯彻习近平总书记关于野生动物保护的重要指示要求，全面实施“一法一决定”，进一步完善野生动物保护法治保障。政府及有关部门、有关方面要认真履行法定职责，推动革除滥食野生动物陋习，管好管住野生动物“捕、运、售、购、食”全过程。栗战书指出，凡“一法一决定”和其他有关法律禁止的侵害野生动物的行为活动，必须严格禁止、依法打击。在决定颁布前，有一些以食用为目的并经有关部门审核许可的野生动物人工繁育、饲养，有的规模还比较大，有的已成为当地脱贫的重点项目，现在不能以食用为目的进行养殖了。对这类养殖，要客观、具体分析对待。属于禁养品种的要禁止继续养殖；有些要改为其他国家允许人工养殖的品种进行养殖；有的现有养殖品种被禁食后，可做其他国家允许的开发利用。总之，要区别情况，稳妥处理，不要“一刀切”“一关了之”“一杀了之”。要从物种、检疫、资金、技术、信息、设施、保管、运输、加工利用、合理补偿等各环节、各渠道帮助解决实际问题，使这些养殖场户依法合规经营、有序有效转产转型升级，特别是要保证贫困养殖户不减收不返贫。

检查期间，栗战书考察了北部湾国际港务集团，参观了百色脱贫攻坚展示馆。他说，习近平总书记对广西工作十分关心、寄予厚望。希望广西全面贯彻习近平总书记对广西的重要指示精神，按照构建面向东盟的国际大通道、打造西南中南地区开放发展新的战略支点、形成“一带一路”有机衔接的重要门户“三大定位”新使命，推进富民兴桂各项事业，如期全面建成小康社会。

栗战书到南宁市青秀区新竹社区调研人大代表联络站和基层立法联系点建设情况，到自治区人大环资委、常委会法工委调研，希望进一步提高人大工作水平，为地方经济社会发展做出积极贡献。

栗战书参观了百色起义纪念馆，瞻仰了百色起义纪念碑，并向革命先烈敬献花篮。

7月13日 《人民日报》报道，中央宣传部、中央组织部、中央政法委、中央网信办、全国人大常委会办公厅、教育部、司法部、全国普法办等部门联合印发通知，部署开展《中华人民共和国民法典》学习宣传工作。

7月13日至16日 王晨副委员长率全国人大常委会执法检查组在江西省对全国人大常委会全面禁食野生动物有关决定和野生动物保护法贯彻实施情况进行检查。检查组先后到南昌、景德镇、鹰潭等地进行检查，听取江西省“一决定一法”实施情况汇报，征求基层有关部门同志的意见建议。在全国人大常委会法工委景德镇市立法联系点，王晨还与基层全国人大代表就相关法律贯彻实施进行交流。

7月13日至16日 白玛赤林副委员长率全国人大常委会执法检查组在四川省对农业机械化促进法贯彻实施情况进行检查。

7月16日至20日 武维华副委员长率全国人大常委会执法检查组在吉林省对农业机械化促进法贯彻实施情况进行检查。

7月17日 全国人大常委会慈善法执法检查组召开第一次全体会议，王晨副委员长出席会议并讲话。副委员长张春贤、白玛赤林出席会议。

7月27日 栗战书委员长主持召开全国人大常委会土壤污染防治法执法检查组第一次全体会议。栗战书强调，要深入学习贯彻习近平新时代中国特色社会主义思想特别是习近平生态文明思想，突出重点，以点带面，一条一条对照法律规定开展检查，推动土壤污染防治法全面有效实施。栗战书说，以习近平同志为核心的党中央作出打好污染防治攻坚战的重大决策部署，全面推进蓝天、碧水、净土三大保卫战，确保生态环境质量持续改善。近年来，全国人大常委会相继开展了大气污染防治法执法检查、水污染防治法执法检查，这次开展土壤污染防治法执法检查，目的就是推动各地区各部门落实法律责任，紧抓不放，形成合力，久久为功，确保党中央关于生态文明建设决策部署落地生根见效。栗战书强调，要深刻认识土壤污染防治的重大意义，加强土壤污染治理和修复，着力解决土壤污染危害农产品安全和人居环境健康两大突出问题，有效防范风险，让老百姓吃得放心、住得安心。要切实对土壤等资源实行预防为主、保护优先、集约利用，走出一条以生态优先、绿色发展为导向的高质量发展新路子。要推进土壤污染防治与大气、水等污染防治协同联动，从工业、农业、生活等领域全防全控，有效切断土壤各类污染源。栗战书指出，土壤污染防治法是本届常委会履职第一年制定的一部重要法律。这次执法检查要围绕五个重点开展：一是法律重要条款和规定的落实情况，重点关注农用地、建设用地污染治理；二是政府法定职责的落实情况，推动各级政府及有关部门严格履行领导职责、监管职责和工作职责；三是法律实施的保障与监督情况，推动财政、税收、金融等保障措施落实到位；四是违法行为的查处惩治情况，督促有关方面严格执行法律，做到执法必严、违法必究；五是配套规定和标准的制定情况，推动有关部门加快出台、抓紧落实。栗战书强调，要加强统筹协调、周密部署，高质量完成检查任务。积极宣传习近平生态文明思想，普及法律知识，推动有关方面增强法治观念、履行法定职责、执行法律规定、落实法律责任。严格执行中央八项规定精神，切实提高检查实效。

副委员长沈跃跃、丁仲礼出席会议，国务委员王勇出席会议并发言。国务院有关部门负责人作了发言。各省（区、市）人大常委会负责同志通过视频形式参加会议。

此次执法检查由栗战书委员长任组长，分为3个检查小组赴6个省份进行实地检查，同时委托其他省级人大常委会开展检查，实现31个省（区、市）

"全覆盖"。

同日　全国人大常委会农业机械化促进法执法检查组举行第二次全体会议,研究讨论执法检查报告稿。副委员长吉炳轩、白玛赤林、武维华出席。在听取执法检查组成员和国务院有关部门的意见建议后,吉炳轩副委员长发表讲话。

7月28日　全国人大常委会全面禁食野生动物有关决定和野生动物保护法执法检查组举行全体会议,王晨副委员长出席会议并讲话,沈跃跃、丁仲礼副委员长出席会议。

7月29日　十三届全国人大常委会委员长会议召开第六十九次会议,栗战书委员长主持。会议决定,十三届全国人大常委会第二十一次会议8月8日至11日举行。会议还审议了全国人大财政经济委员会关于2020年上半年经济形势分析会的报告。

7月31日　全国人大常委会办公厅、全国人大环境与资源保护委员会举办"美丽中国建设"专题网络视频学习班,全国人大代表、地方人大负责同志、各级人大机关干部等通过视频系统参加学习。

八　月

8月2日至6日　丁仲礼副委员长在甘肃、青海就黄河水利工程构想进行调研。

8月8日至11日　十三届全国人大常委会举行第二十一次会议。

会议听取全国人大宪法和法律委员会副主任委员江必新关于城市维护建设税法草案审议结果的报告。会议印发全国人大宪法和法律委员会关于城市维护建设税法草案二次审议稿修改意见的报告。会议通过《中华人民共和国城市维护建设税法》。本法共11条,自2021年9月1日起施行。1985年2月8日国务院发布的《中华人民共和国城市维护建设税暂行条例》同时废止。

会议听取全国人大宪法和法律委员会副主任委员江必新关于契税法草案审议结果的报告。会议印发全国人大宪法和法律委员会关于契税法草案二次审议稿修改意见的报告。会议通过《中华人民共和国契税法》。本法共16条,自2021年9月1日起施行。1997年7月7日国务院发布的《中华人民共和国城市契税暂行条例》同时废止。

会议听取全国人大常委会法制工作委员会主任沈春耀关于授予在抗击新冠肺炎疫情斗争中作出杰出贡献的人士国家勋章和国家荣誉称号的决定草案的说明。会议通过《关于授予在抗击新冠肺炎疫情斗争中作出杰出贡献的人士国家勋章和国家荣誉称号的决定》。

会议听取国务院港澳事务办公室主任夏宝龙作的国务院关于提请全国人民代表大会常务委员会就香港特别行政区第六届立法会继续运作作出决定的议案的说明。会议印发全国人大宪法和法律委员会关于全国人大常委会关于香港特别行政区第六届立法会继续运作的决定草案审议结果的报告。会议通过《关于香港特别行政区第六届立法会继续履行职责的决定》。

会议听取司法部部长唐一军关于授权国务院在粤港澳大湾区内地九市开展香港法律执业者和澳门执业律师取得内地执业资质和从事律师职业试点工作的决定草案的说明。会议印发全国人大宪法和法律委员会对关于授权国务院在粤港澳大湾区内地九市开展香港法律执业者和澳门执业律师取得内地执业资质和从事律师职业试点工作的决定草案审议结果的报告。会议通过《全国人民代表大会常务委员会关于授权国务院在粤港澳大湾区内地九市开展香港法律执业者和澳门执业律师取得内地执业资质和从事律师职业试点工作的决定》。本决定自公布之日起施行。

会议听取全国人大宪法和法律委员会副主任委员周光权关于预防未成年人犯罪法修订草案修改情况的汇报,全国人大宪法和法律委员会副主任委员丛斌关于动物防疫法修订草案修改情况的汇报,全国人大宪法和法律委员会副主任委员江必新关于著作权法修正案草案修改情况的汇报,并对这三部法律草案进行再次审议。

会议听取全国人大常委会法工委主任沈春耀关于全国人民代表大会组织法修正草案的说明,全国人民代表大会议事规则修正草案的说明;全国人大常委会法制工作委员会副主任武增关于国旗法修正草案的说明,关于国徽法修正草案的说明,并对这四部法律草案进行初次审议。

会议听取全国人大常委会代表资格审查委员会主任委员吴玉良关于个别代表的代表资格的报

告。经过审议,会议通过这个报告。

听取并审议国家发展和改革委员会主任何立峰关于今年以来国民经济和社会发展计划执行情况的报告,财政部部长刘昆关于今年以来预算执行情况的报告,科学技术部部长王志刚关于贯彻落实创新驱动发展战略推进科学技术进步法实施情况的报告,公安部部长赵克志关于公安机关执法规范化建设工作情况的报告。

会议听取并审议国家监察委员会主任杨晓渡关于开展反腐败国际追逃追赃工作情况的报告。

会议听取并审议沈跃跃副委员长作的全国人大常委会执法检查组关于检查《关于全面禁止非法野生动物交易、革除滥食野生动物陋习、切实保障人民群众生命健康安全的决定》和《中华人民共和国野生动物保护法》实施情况的报告,吉炳轩副委员长作的全国人大常委会执法检查组关于检查《中华人民共和国农业机械化促进法》实施情况的报告。

会议听取全国人大常委会副秘书长信春鹰作的全国人大常委会办公厅关于"十四五"规划纲要编制工作若干重要问题专题调研工作情况的报告。

会议任命王家胜为十三届全国人大监察和司法委员会副主任委员,宋普选为十三届全国人大教育科学文化卫生委员会副主任委员,刘粤军为十三届全国人大社会建设委员会副主任委员。

会议决定免去苗圩的工业和信息化部部长职务;任命肖亚庆为工业和信息化部部长。免去雒树刚的文化和旅游部部长职务;任命胡和平为文化和旅游部部长。

会议通过免去罗东川的最高人民法院副院长、审判委员会委员、知识产权法庭庭长、审判员职务。

会议还通过其他任免事项。

会议闭幕时,栗战书发表讲话。栗战书指出,会议通过了关于香港特别行政区第六届立法会继续履行职责的决定。香港特别行政区行政长官会同行政会议因应当地新冠肺炎疫情的严峻形势,决定将第七届立法会选举推迟一年,这是维护香港市民生命健康安全、保障立法会选举参与度和公平公正的重要举措,十分必要,合理合法。国务院对此表示支持并提出了相关议案。全国人大常委会根据宪法和香港基本法作出决定,对选举推迟情况下立法机关空缺问题进行妥善安排,为维护香港法治秩序、确保香港特别行政区政府正常施政和香港社会有序运行提供了宪制依据和法治保障。希望香港社会各界在特别行政区政府的带领下,早日打赢疫情阻击战,为尽快恢复经济、改善民生创造良好条件。会议还通过了关于授权国务院在粤港澳大湾区内地九市开展香港法律执业者和澳门执业律师取得内地执业资质和从事律师职业试点工作的决定。

栗战书指出,贯彻党中央决策部署,会议作出关于授予在抗击新冠肺炎疫情斗争中作出杰出贡献的人士国家勋章和国家荣誉称号的决定。要在全社会营造崇尚英雄、争做先锋的良好氛围,激励全国人民更加紧密地团结在以习近平同志为核心的党中央周围,为统筹推进疫情防控和经济社会发展工作、决胜全面建成小康社会不懈奋斗。

栗战书指出,会议听取审议国家监委关于开展反腐败国际追逃追赃工作情况的报告。常委会组成人员充分肯定报告,认为国家监委坚决贯彻党中央决策部署,依法加强追逃追赃工作,取得重要成果,回应了社会关切。要更好发挥党的领导和中国特色社会主义制度优势,健全追逃追赃领导体制、协调机制和法治体系,巩固发展反腐败斗争压倒性胜利。

栗战书说,会议听取审议了国务院关于计划执行情况的报告和预算执行情况的报告;听取了常委会办公厅关于"十四五"规划纲要编制工作若干重要问题专题调研工作情况的报告;听取审议了全国人大常委会执法检查组关于检查全面禁止野生动物非法交易和食用的决定和野生动物保护法实施情况的报告、农业机械化促进法实施情况的报告;听取审议了国务院关于贯彻落实创新驱动发展战略推进科学技术进步法实施情况的报告、关于公安机关执法规范化建设工作情况的报告。要把思想和行动统一到党中央科学判断和决策部署上来,围绕大局依法履职尽责,把新发展理念贯穿发展全过程和各领域。(全文见本书第 315 页)

会议结束后,十三届全国人大常委会举行第十八讲专题讲座,栗战书委员长主持。财政部部长刘昆作了题为《我国的中央和地方财政关系》的讲座。

8 月 10 日　十三届全国人大常委会委员长会议召开第七十次会议,栗战书委员长主持。会议决定,将有关草案建议表决稿提交常委会会议审议。

8 月 11 日　十三届全国人大常委会委员长会议召开第七十一次会议,栗战书委员长主持。会议研究提请常委会会议表决事项。

同日　十三届全国人大常委会举行宪法宣誓仪式。蔡达峰副委员长主持并监誓。十三届全国人大常委会第二十一次会议任命王家胜为全国人大监察和司法委员会副主任委员，宋普选为全国人大教育科学文化卫生委员会副主任委员，刘粤军为全国人大社会建设委员会副主任委员；决定任命肖亚庆为工业和信息化部部长，胡和平为文化和旅游部部长。上述人员依法进行宪法宣誓。全国人大机关、工业和信息化部、文化和旅游部有关负责同志参加了宣誓活动。

同日　全国人大常委会发布公告。公告说，福建省十三届人大常委会第二十一次会议补选王宁为十三届全国人大代表。十三届全国人大常委会第二十一次会议根据代表资格审查委员会提出的报告，确认王宁的代表资格有效。

内蒙古自治区人大常委会决定接受郝茂荣辞去十三届全国人大代表职务。湖南省人大常委会决定接受刘和生辞去十三届全国人大代表代表职务。甘肃省人大常委会决定接受尚伦生辞去十三届全国人大代表职务。依照代表法的有关规定，郝茂荣、刘和生、尚伦生的代表资格终止。

第十三届全国人大代表申纪兰、万卫星去世。全国人大常委会对申纪兰、万卫星代表的去世表示哀悼。申纪兰、万卫星的代表资格自然终止。

截至目前，十三届全国人大实有代表2953人。

8月16日至19日　张春贤副委员长率全国人大常委会执法检查组在宁夏回族自治区对慈善法贯彻实施情况进行检查。

8月17日至20日　沈跃跃副委员长率全国人大常委会执法检查组赴甘肃省对土壤污染防治法贯彻实施情况进行检查。

8月17日至22日　丁仲礼副委员长率全国人大常委会执法检查组在天津市、河北省对土壤污染防治法贯彻实施情况进行检查。

8月19日　栗战书委员长在北京人民大会堂出席第五次世界议长大会视频会议。栗战书在发言中表示，在全球抗击新冠肺炎疫情的关键阶段，以视频方式举行这次世界议长大会，彰显了各国立法机构携手抗疫、共克时艰的坚定决心和信心。栗战书指出，面对疫情，中国始终把人民生命安全和身体健康摆在第一位。习近平主席亲自指挥、亲自部署，强调人民至上、生命至上，保护人民生命安全和身体健康可以不惜一切代价。中国采取最全面、最严格、最彻底的防控举措，经过艰苦卓绝努力，夺取了疫情防控阻击战重大战略成果。栗战书表示，抗疫合作，中国秉持构建人类命运共同体理念。习近平主席强调团结合作是战胜疫情最有力的武器，首提共同构建人类卫生健康共同体。中国本着公开、透明、负责任的态度，及时向世卫组织及相关国家通报疫情信息，毫无保留地分享防控和救治经验，尽己所能为有需要的国家提供支持和援助，向150多个国家和国际组织提供抗疫援助，并将在两年内提供20亿美元国际援助。栗战书强调，今年是联合国成立和世界反法西斯战争胜利75周年。75年来，联合国在维护世界和平与发展方面发挥了重要作用。突如其来的疫情再次表明，各国利益相连，人类命运与共。各国立法机构应坚定维护多边主义，推动国际抗疫合作，促进世界经济复苏。一是善做善成，共同抗击疫情。病毒没有国界、不分种族，国际社会只有形成合力，才能战而胜之。我们应反对污名化、政治化，防止“政治病毒”扩散蔓延。要加强信息共享和经验交流，向发展中国家提供更多援助，打赢疫情防控全球阻击战。二是携手同行，捍卫多边主义。中方愿与国际社会一道，维护以联合国为核心的国际体系和以国际法为基础的国际秩序，倡导共商共建共享的全球治理观，引领全球治理体系改革正确方向，维护国际公平正义。三是积极有为，促进经济复苏。当务之急是在疫情常态化防控前提下，加快生产生活秩序的全面恢复。同时着眼于“后疫情时代”，维护以世界贸易组织为核心的多边贸易体制，推动世界经济复苏，实现平衡和可持续增长。栗战书表示，中国全国人大高度重视各国议会联盟的地位和作用，将一如既往地参与议联活动、助力议联发展，愿继续加强同地区议会组织和各国立法机构的交流合作。只要我们同舟共济、守望相助，携手构建人类命运共同体，世界一定能迎来美好的明天。

世界议长大会由议联主办，每5年举行一次。此次会议主题是“发挥议会领导力，强化多边主义，为世界和人民带来和平与可持续发展”。来自110多个国家和地区的130多位立法机构领导人出席会议，联合国秘书长古特雷斯、议联主席奎瓦斯等在开幕式上致辞。

8月23日至26日　栗战书委员长率全国人大常委会执法检查组在江苏省和山东省对土壤污染防治法贯彻实施情况进行检查。

检查期间，栗战书考察了新亚欧大陆桥东端起点，参观了胶东（威海）党性教育基地刘公岛教学区，并到山东省人大常委会机关调研。栗战书希望江苏、山东深入贯彻习近平总书记对两省的重要指示精神和党中央决策部署，坚持新发展理念，深化改革开放，加强自主创新，以辩证思维看待新发展阶段的新机遇新挑战，推动形成以国内大循环为主体、国内国际双循环相互促进的新发展格局。

8 月 24 日至 27 日 张春贤副委员长率全国人大常委会执法检查组在浙江省对慈善法贯彻实施情况进行检查。

8 月 25 日 深入贯彻实施疫苗管理法座谈会召开。王晨副委员长出席座谈会并讲话，艾力更·依明巴海副委员长出席会议，有关部门负责同志、企业和专家代表等出席座谈会。

同日 陕西省十三届人大四次会议选举刘国中为陕西省人大常委会主任。

8 月 26 日 国境卫生检疫法修改第三次专班工作会议听取海关总署关于国境卫生检疫法修改工作情况的介绍，通报传染病防治法评估工作进展，研究部署下一步工作。艾力更·依明巴海副委员长主持会议并作总结讲话，副委员长曹建明、蔡达峰出席会议并讲话。

8 月 28 日 全国人大常委会公共文化服务保障法执法检查组召开第一次全体会议。艾力更·依明巴海、万鄂湘、郝明金、蔡达峰副委员长出席。在听取有关部门关于公共文化服务保障法实施情况的汇报后，艾力更·依明巴海副委员长发表讲话。

8 月 28 日至 29 日 栗战书委员长出席中央第七次西藏工作座谈会。

8 月 31 日 全国人大环境与资源保护委员会和生态环境部举办固体废物污染环境防治法实施座谈会，沈跃跃副委员长出席会议并讲话。

8 月 31 日至 9 月 4 日 白玛赤林副委员长率全国人大常委会执法检查组在山西省对慈善法贯彻实施情况进行检查。

九 月

9 月 1 日 全国人大教科文卫委员会召开第 24 次会议，审议执业医师法修订草案。副委员长艾力更·依明巴海、蔡达峰出席会议并讲话。

9 月 1 日至 4 日 沈跃跃副委员长率全国人大常委会执法检查组在重庆市对土壤污染防治法贯彻实施情况进行检查。

9 月 3 日 栗战书委员长出席中共中央、国务院、中央军委举行的纪念中国人民抗日战争暨世界反法西斯战争胜利 75 周年座谈会。

同日 栗战书委员长出席在中国人民抗日战争纪念馆举行的纪念中国人民抗日战争暨世界反法西斯战争胜利 75 周年向抗战烈士敬献花篮仪式。

9 月 3 日至 7 日 曹建明副委员长率全国人大常委会专题调研组，在云南省就“十四五”规划编制和深入推进兴边富民行动有关工作开展调研。

9 月 8 日 栗战书委员长出席全国抗击新冠肺炎疫情表彰大会。

9 月 8 日至 11 日 白玛赤林副委员长率全国人大常委会执法检查组在陕西省开展慈善法执法检查。

9 月 8 日至 11 日 艾力更·依明巴海副委员长率全国人大常委会执法检查组在河北省检查公共文化服务保障法实施情况。

9 月 8 日至 12 日 郝明金副委员长率队来到内蒙古自治区就公共文化服务保障法实施情况进行执法检查。

9 月 9 日 全国人大常委会召开珍惜粮食、反对浪费专题调研动员部署会，副委员长吉炳轩、武维华出席。

9 月 9 日至 11 日 王晨副委员长率全国人大常委会执法检查组在辽宁省对慈善法贯彻实施情况进行检查。

9 月 10 日至 11 日 丁仲礼副委员长在山东就黄河流域生态保护与高质量发展、黄河西线调水工程等问题进行调研。

9 月 10 日至 12 日 吉炳轩副委员长率调研组在北京就珍惜粮食、反对浪费进行专题调研。

9 月 11 日 全国人大常委会反不正当竞争法执法检查组第一次全体会议召开，曹建明、陈竺、王东明副委员长出席会议。

9 月 11 日至 14 日 武维华副委员长率全国人大常委会专题调研组在河南省、河北省就珍惜粮食、反对浪费情况开展专题调研。

9 月 14 日至 17 日 十三届全国人大第十六期代表学习班在全国人大北戴河培训基地举办，这是今年全国人大举办的首期线下代表学习班，此前已举办了 3 期网络学习班。战“疫”之年，本期学习班将学习专题确定为“实施健康中国战略”，采取“小规模线下 + 线上”形式组织，150 名全国人大代表参加线下集中学习。

9月14日至18日　陈竺副委员长率全国人大常委会执法检查组在四川省对反不正当竞争法贯彻实施情况进行检查。

9月15日至17日　王东明副委员长率调研组在河南开展财政农业农村资金分配和使用情况专题调研。

9月15日至19日　曹建明副委员长率调研组在黑龙江省开展监察官法立法调研，并召开座谈会。

9月15日至19日　蔡达峰副委员长率全国人大常委会执法检查组在青海省对公共文化服务保障法实施情况进行检查。

9月16日　王晨副委员长同德国联邦议院副议长弗里德里希举行视频会见。

9月17日　王晨副委员长同俄罗斯联邦委员会副主席乌马哈诺夫举行视频会晤。

9月17日至19日　吉炳轩副委员长在天津就珍惜粮食、反对浪费专题进行调研。

9月19日　中国延安精神研究会在京召开第六次会员大会。王晨副委员长出席会议，宣读习近平总书记贺信并讲话。

9月21日　全国人大常委会慈善法执法检查组举行第二次全体会议，研究讨论执法检查报告稿，部署有关工作。张春贤、白玛赤林副委员长出席会议。

同日　全国人大常委会土壤污染防治法执法检查组举行第二次全体会议，研究讨论执法检查报告稿。沈跃跃、丁仲礼副委员长出席。

9月21日至22日　全国人大常委会调研组在云南省开展监察官法立法调研并举行座谈会。

9月21日至23日　王晨副委员长在海南就制定海南自由贸易港法进行调研。

9月21日至24日　郝明金副委员长在云南就监察官法立法情况进行调研。

9月21日至25日　万鄂湘副委员长率全国人大常委会执法检查组在安徽省对公共文化服务保障法实施情况进行检查。

9月22日至24日　王东明副委员长率全国人大常委会执法检查组在上海市对反不正当竞争法贯彻实施情况进行检查。

9月22日至25日　沈跃跃副委员长率全国人大调研组在广东省开展家庭教育法立法调研。

9月26日至28日　艾力更·依明巴海副委员长率全国人大常委会执法检查组在山西省对公共文化服务保障法贯彻实施情况进行检查。

9月26日至28日　蔡达峰副委员长率全国人大常委会执法检查组在河南省对公共文化服务保障法贯彻实施情况进行检查。

9月29日　十三届全国人大常委会委员长会议召开第七十二次会议，栗战书委员长主持会议。会议决定，十三届全国人大常委会第二十二次会议10月13日至17日举行。

同日　全国人大教科文卫委员会召开传染病防治法评估修改工作专班会议，听取国家卫生健康委等部门关于传染病防治法修改工作进展情况的介绍和有关工作考虑，研究部署下一步工作。副委员长艾力更·依明巴海、陈竺、蔡达峰出席会议并作重要讲话。

9月30日　栗战书委员长出席烈士纪念日向人民英雄敬献花篮仪式。

同日　栗战书委员长出席庆祝中华人民共和国成立71周年招待会。

十　月

10月2日　第三届“21世纪世界百所著名大学法学院院长论坛”在京举行，王晨副委员长在论坛上发表视频致辞。

10月9日至10日　郝明金副委员长率全国人大常委会调研组在山东省开展珍惜粮食、反对浪费专题调研。

10月9日至11日　曹建明副委员长率全国人大常委会执法检查组在广东省对反不正当竞争法贯彻实施情况进行检查。

10月10日　栗战书委员长主持召开会议，听取机关党组关于中央巡视准备工作情况的汇报。王晨副委员长、杨振武秘书长及机关党组成员出席。

10月12日　全国人大常委会法工委举行记者会，介绍了制止餐饮浪费行为立法工作进展情况以及即将召开的十三届全国人大常委会第二十二次会议拟审议的法律案等。

同日　中央第十三巡视组巡视全国人大常委会机关党组工作动员会召开。

10 月 13 日 王晨副委员长与乌兹别克斯坦议会参议院第一副主席萨法耶夫举行视频会晤。

10 月 13 日至 17 日 十三届全国人大常委会举行第二十二次会议。

会议听取全国人大宪法和法律委员会副主任委员江必新关于专利法修正案草案审议结果的报告。会议印发全国人大宪法和法律委员会关于修改专利法的决定草案修改意见的报告。会议通过《全国人民代表大会常务委员会关于修改〈中华人民共和国专利法〉的决定》。本决定自 2021 年 6 月 1 日起施行。

会议听取全国人大宪法和法律委员会副主任委员丛斌关于生物安全法草案审议结果的报告。会议印发全国人大宪法和法律委员会关于生物安全法草案三次审议稿修改意见的报告。经过审议，会议通过《中华人民共和国生物安全法》。

《中华人民共和国生物安全法》共 10 章，88 条，包括：总则，生物安全风险防控体制，防控重大新发突发传染病、动植物疫情，生物技术研究、开发与应用安全，病原微生物实验室生物安全，人类遗传资源与生物资源安全，防范生物恐怖与生物武器威胁，生物安全能力建设，法律责任，附则。本法自 2021 年 4 月 15 日起施行。

会议听取全国人大宪法和法律委员会副主任委员周光权关于未成年人保护法修订草案审议结果的报告。会议印发全国人大宪法和法律委员会关于未成年人保护法修订草案三次审议稿修改意见的报告。会议通过修订后的《中华人民共和国未成年人保护法》。

修订后的《中华人民共和国未成年人保护法》共 9 章，132 条，包括：总则、家庭保护、学校保护、社会保护、网络保护、政府保护、司法保护、法律责任、附则。本法自 2021 年 6 月 1 日起施行。

会议听取全国人大宪法和法律委员会副主任委员胡可明关于出口管制法草案审议结果的报告。在审议的基础上，会议印发全国人大宪法和法律委员会关于草案三次审议稿修改意见的报告。经过审议，会议通过《中华人民共和国出口管制法》。

《中华人民共和国出口管制法》共 5 章，49 条，包括：总则，管制政策、管制清单和管制措施，监督管理，法律责任，附则。本法自 2020 年 12 月 1 日起施行。

会议听取全国人大宪法和法律委员会副主任委员沈春耀关于国旗法修正草案审议结果的报告。会议印发全国人大宪法和法律委员会关于修改国旗法的决定草案修改意见的报告。会议通过《全国人民代表大会常务委员会关于修改〈中华人民共和国国旗法〉的决定》。本决定自 2021 年 1 月 1 日起施行。

会议听取全国人大宪法和法律委员会副主任委员沈春耀关于国徽法修正草案审议结果的报告。会议印发全国人大宪法和法律委员会关于修改国徽法的决定草案修改意见的报告。会议通过《关于修改〈中华人民共和国国徽法〉的决定》。本决定自 2021 年 1 月 1 日起施行。

会议听取全国人大常委会法制工作委员会主任沈春耀关于全国人民代表大会和地方各级人民代表大会选举法修正草案的说明。会议印发全国人大宪法和法律委员会关于全国人民代表大会和地方各级人民代表大会选举法修正草案审议结果的报告。会议通过《关于修改〈中华人民共和国全国人民代表大会和地方各级人民代表大会选举法〉的决定》。本决定自 2020 年 10 月 18 日起施行。

会议听取生态环境部部长黄润秋关于提请审议批准《〈巴塞尔公约〉缔约方会议第十四次会议第 14/12 号决定对〈巴塞尔公约〉附件二、附件八和附件九的修正》的议案的说明，外交部副部长乐玉成关于提请审议批准《中华人民共和国和塞浦路斯共和国引渡条约》的议案的说明、关于提请审议批准《中华人民共和国和比利时王国引渡条约》的议案的说明。会议决定批准这三个文件。

会议听取全国人大宪法和法律委员会副主任委员徐辉关于长江保护法草案修改情况的汇报，全国人大宪法和法律委员会副主任委员刘季幸关于退役军人保障法草案修改情况的汇报，全国人大宪法和法律委员会副主任委员周光权关于刑法修正案（十一）草案修改情况的汇报，全国人大宪法和法律委员会副主任委员胡可明关于行政处罚法修订草案修改情况的汇报，并对这四部法律草案进行再次审议。

会议听取全国人大常委会法制工作委员会副主任刘俊臣关于个人信息保护法草案的说明，全国人大环境与资源保护委员会主任委员高虎城关于野生动物保护法修订草案的说明，中央军委委员、国务委员兼国防部长魏凤和关于国防法修订草案的说明，中国人民武装警察部队司令员王宁关于海警法草案的说明，有关法律草案的说明，并对这五部法律草案进行初次审议。

会议听取全国人大常委会代表资格审查委员会主任委员吴玉良关于个别代表的代表资格的报

告，并通过这个报告。

会议听取并审议栗战书委员长作的全国人大常委会执法检查组关于检查土壤污染防治法实施情况的报告，张春贤副委员长作的全国人大常委会执法检查组关于检查慈善法实施情况的报告。

会议审议国务院关于2019年度国有资产管理情况的综合报告。会议听取并审议财政部部长刘昆关于2019年度财政部履行出资人职责和资产监管职责企业国有资产管理情况的专项报告，国资委主任郝鹏关于2019年度国资系统监管企业国有资产管理情况的专项报告。会议听取全国人大财经委副主任委员史耀斌关于企业国有资产（不含金融企业）管理情况的调研报告。

会议听取并审议证监会主席易会满关于股票发行注册制改革有关工作情况的报告，最高人民法院院长周强关于人民法院加强民事审判工作依法服务保障经济社会持续健康发展情况的报告，最高人民检察院检察长张军关于人民检察院适用认罪认罚从宽制度情况的报告。

会议听取全国人大监察和司法委员会主任委员吴玉良、全国人大财政经济委员会副主任委员乌日图、全国人大社会建设委员会主任委员何毅亭关于十三届全国人大三次会议主席团交付本专门委员会审议的代表提出的议案审议结果的报告，并通过这三个报告。

会议审议栗战书委员长出席第五次世界议长大会视频会议情况的书面报告。

会议经表决，任命车俊为十三届全国人大监察和司法委员会副主任委员；任命陈求发为十三届全国人大教育科学文化卫生委员会副主任委员；任命刘俊臣为十三届全国人大常委会副秘书长，免去其全国人大常委会法制工作委员会副主任职务。

会议还通过其他任免事项。

会议闭幕时，栗战书发表讲话。栗战书说，会议审议通过生物安全法、出口管制法，修改的专利法、未成年人保护法、国旗法、国徽法、选举法，是政治、经济、国家安全、社会治理领域的重要法律，体现了习近平新时代中国特色社会主义思想和党中央治国理政的最新理论和实践成果，适应了进入新发展阶段、形成新发展格局的要求，对于从法律上完善国家制度和国家治理体系具有重要意义。

栗战书强调，要从贯彻总体国家安全观的高度，宣传好解读好实施好生物安全法，使这部法律服务于国家发展、人民幸福，造福于人类文明进步；要深入贯彻习近平生态文明思想，更好发挥人大职能作用，继续用法律手段助力打赢污染防治攻坚战；要进一步探索和加强人大对国有资产管理监督工作，通过完善制度机制、提高审议质量、强化落实问政，依法监督国有资产管理情况，推动管好全体人民的共同财富；要支持和推动“两高”继续加强民事审判工作、适用认罪认罚从宽制度改革，适应新时代人民群众对司法诉求的新变化，切实维护社会公平正义、和谐稳定。（全文见本书第317页）

会议结束后，十三届全国人大常委会举行第十九讲专题讲座，栗战书委员长主持。国家发展和改革委员会宏观经济研究院党委书记、院长王昌林作了题为《国民经济和社会发展五年规划（计划）制定和实施的主要历程、重要作用、宝贵经验与建议》的讲座。

10月14日　栗战书委员长与列席十三届全国人大常委会第二十二次会议的全国人大代表座谈交流。参加座谈会的51位全国人大代表大多来自基层，有教师、工人，也有专家学者和民营企业家等。代表们积极发言，围绕进一步加强同人民群众联系谈体会、提建议。栗战书强调，要深入学习贯彻习近平新时代中国特色社会主义思想，把坚持人民至上、紧紧依靠人民、不断造福人民、牢牢植根人民的要求贯彻到代表履职全过程各方面。

他说，坚持以人民为中心是习近平新时代中国特色社会主义思想的精髓要义，是以习近平同志为核心的党中央的鲜明执政理念，是党中央谋划和推进工作的出发点、落脚点。习近平总书记多次强调人大代表要密切联系人民群众，努力做到民有所呼、我有所应。这是人大代表的法定职责和光荣使命，也是常委会支持和保障代表依法履职的重要内容。

栗战书指出，要深深扎根人民之中，更加紧密、经常性地联系人民群众。我国五级人大代表工作和生活在人民群众之中，熟悉和了解基层的实际情况、群众所思所想所盼，这是我们制度的优势。对人大代表而言，密切联系人民群众是宪法法律赋予的重要职责，是依法履职的重要基础。要从践行初心使命、夯实党执政的根基、坚持和完善人民代表大会制度的高度，充分认识密切联系群众的重要意义，深入了解民情，真实反映民意，广泛集中民智，积极宣传并带头贯彻党中央大政方针和宪法法律，当好党和国家联系人民群众的桥梁纽带。

栗战书强调，要用好人大代表联系人民群众的制度机制和工作平台。党中央对代表联系群众的制度和形式、方式等提出明确要求，对密切代表同群众联系、加强代表联络机构建设作出了部署安排。经过多年实践探索，各级人大普遍建立起代表联系群众的制度机制。全国人大代表要主动经常参加当地代表小组、代表之家、代表联络站的活动，不断丰富和拓展联系群众的渠道、方式、内容。全国人大常委会工作机构要做好相关工作衔接和服务保障。

栗战书说，要积极推动解决人民群众普遍关心的热点难点问题。人大代表特别是基层代表在履职中，经常会遇到涉及老百姓切身利益的问题。只要是老百姓的事，都是大事。代表一定要为老百姓办实事、办好事。要及时把群众所思所想所盼收集起来反映给党委和政府，推动问题解决。对一些普遍性的问题，可以通过提出议案和建议推动从法律、政策层面予以解决。

王晨副委员长主持座谈会。

同日 十三届全国人大常委会第二十二次会议举行分组审议，审议国旗法修正草案、国徽法修正草案、选举法修正草案、长江保护法草案等。栗战书委员长参加审议。

10 月 15 日 王晨副委员长与哈萨克斯坦议会下院副议长伊希姆巴耶娃举行视频会晤。

同日 十三届全国人大常委会委员长会议召开第七十三次会议，栗战书委员长主持。会议决定，将有关草案等建议表决稿提交常委会会议审议。

10 月 17 日 十三届全国人大常委会第二十二次会议举行联组会议，审议土壤污染防治法执法检查报告并开展专题询问。栗战书委员长参加审议和询问。王晨副委员长主持会议。赵宪庚、袁驷、窦树华、程立峰、谭耀宗、李晓东等 6 位全国人大常委会委员，王小宁、王秀峰等与会同志，围绕如何落实土壤污染防治目标责任制，如何保护耕地环境、确保粮食安全，如何科学稳妥推进农用地安全利用和污染修复，如何加强建设用地准入管理，如何更好解决土地修复权责问题，如何加大对土壤修复的政策支持等提出询问。国务委员王勇，全国政协副主席、国家发展和改革委员会主任何立峰，科学技术部、财政部、自然资源部、生态环境部、住房和城乡建设部、农业农村部等国务院有关部门主要负责人回答询问。

栗战书在讲话中指出，在以习近平同志为核心的党中央坚强领导下，在习近平生态文明思想指引下，我国生态环境保护发生历史性、转折性、全局性变化，天更蓝、水更清、山更绿一步步成为现实。全国人大常委会坚决贯彻落实党中央关于污染防治攻坚战的决策部署，先后制定修改多部环保法律，作出专项决议，连续开展大气污染防治法、水污染防治法、土壤污染防治法等执法检查，听取审议多个工作报告，持续加大生态环保立法和监督工作力度。污染防治既是攻坚战也是持久战，要深入学习贯彻习近平生态文明思想，从人大职能定位出发，依法推动污染防治和生态环保工作，持续发力，久久为功。

栗战书强调，要坚持以人民为中心，回应人民群众所想、所盼、所急，守护好良好生态环境这个最普惠的民生福祉。要紧扣法律制度和法律规定，继续以法律武器助力打赢蓝天、碧水、净土保卫战。要坚持科学态度、运用科学方法，一切从实际出发，因时因地因情因需开展污染治理。要大力支持科研机构和有关企业加强基础研究、技术攻关和成果转化应用，认真总结推广实践中行之有效的治污好经验好办法。（全文见本书第 334 页）

王勇表示，近年来土壤污染防治成效明显，但仍存在一些薄弱环节和突出问题，防治任务依然艰巨。国务院及各有关部门要坚持以习近平新时代中国特色社会主义思想为指导，深入贯彻习近平生态文明思想，以此次执法检查为契机，以压实目标责任制、强化考核结果运用、加大督察和执法监管力度、提升全社会参与意识、增强支撑保障能力等为重点，进一步加大工作力度，抓好突出问题整改，依法扎实推进土壤污染防治，让老百姓“吃得放心、住得安心”。

副委员长曹建明、张春贤、沈跃跃、吉炳轩、艾力更·依明巴海、万鄂湘、陈竺、王东明、白玛赤林、丁仲礼、郝明金、蔡达峰、武维华，秘书长杨振武出席会议。

同日 十三届全国人大常委会委员长会议召开第七十四次会议，栗战书委员长主持。会议研究提请常委会会议表决事项。

同日 十三届全国人大常委会举行宪法宣誓仪式。全国人大常委会副委员长武维华主持并监誓。十三届全国人大常委会第二十二次会议任命车俊为全国人大监察和司法委员会副主任委员，陈求发为全国人大教育科学文化卫生委员会副主任委员，刘俊臣为十三届全国人大常委会副秘书长。上述人员依法进行宪法宣誓。

同日 全国人大常委会发布公告。公告说，浙江省十三届人大常委会第二十四次会议补选郑栅洁为十三届全国人大代表。陕西省十三届人大常委会第二十一次会议补选赵一德为十三届全国人大代表。青海省十三届人大常委会第二十次会议补选信长星为十三届全国人大代表。全国人大常委会第二十二次会议根据代表资格审查委员会提出的报告，确认郑栅洁、赵一德、信长星的代表资格有效。新疆维吾尔自治区人大常委会决定接受艾克拜尔·麦提那斯尔辞去十三届全国人大代表职务。依照代表法的有关规定，艾克拜尔·麦提那斯尔的代表资格终止。十三届全国人大代表郑喜兰去世。全国人大常委会对郑喜兰代表的去世表示哀悼。郑喜兰的代表资格自然终止。截至目前，十三届全国人大实有代表2954人。

10月19日　栗战书委员长出席纪念中国人民志愿军抗美援朝出国作战70周年主题展览。

同日　全国人大财经委召开前三季度经济形势分析会，听取国家发展改革委等13个部门关于今年前三季度经济形势的汇报，并进行分析和讨论。陈竺、王东明副委员长出席会议并讲话。

10月19日至21日　张春贤副委员长在贵州就突发事件应对法修改进行调研。

10月20日　归侨侨眷权益保护法颁布三十周年座谈会在京举行，白玛赤林副委员长出席并讲话。

10月21日　栗战书委员长主持召开开展大气、水、土壤污染防治法执法检查及专题询问工作总结会。

10月21日至22日　王东明副委员长率执法检查组在京开展反不正当竞争法执法检查。

10月22日　全国人大常委会副委员长、中国延安精神研究会会长王晨在京出席中国延安精神研究会常务理事会议并讲话。

10月23日　栗战书委员长出席纪念中国人民志愿军抗美援朝出国作战70周年大会。

10月26日至29日　党的十九届五中全会举行。全会听取和讨论了习近平受中央政治局委托作的工作报告，审议通过了《中共中央关于制定国民经济和社会发展第十四个五年规划和二〇三五年远景目标的建议》。习近平就《建议（讨论稿）》向全会作了说明。

10月26日至30日　陈竺副委员长率队赴黑龙江开展反不正当竞争法实施情况实地检查。

10月27日　栗战书委员长出席第六届金砖国家议会论坛视频会议，杨振武秘书长陪同。

10月30日　栗战书同志主持中共第十三届全国人大常委会党组第19次集体学习，学习贯彻习近平总书记在党的十九届五中全会上的重要讲话和全会精神。王晨、曹建明、张春贤、沈跃跃、吉炳轩、艾力更·依明巴海、王东明、白玛赤林、杨振武同志出席。各专门委员会、工作委员会主要负责同志，机关党组成员列席。

十一月

11月1日至2日　蔡达峰副委员长在安徽出席2020年度长江保护与发展论坛。

11月2日　栗战书委员长出席中俄议会合作委员会第6次会议开幕式并致辞。王晨副委员长、杨振武秘书长陪同。

同日　王晨副委员长与俄罗斯国家杜马第一副主席梅利尼科夫共同主持中俄议会合作委员会第6次会议第二阶段会议。

同日　中华全国总工会第十七届执行委员会第八次主席会议在京召开。全国人大常委会副委员长、中华全国总工会主席王东明主持会议并讲话。

11月3日　十三届全国人大常委会第七十五次委员长会议举行，栗战书委员长主持。会议决定，十三届全国人大常委会第二十三次会议11月10日至11日在北京举行。会议听取全国人大常委会秘书长杨振武就常委会第二十三次会议议程草案和日程安排的汇报。全国人大常委会有关副秘书长，全国人大有关专门委员会、常委会有关工作委员会负责人就常委会第二十三次会议有关议题作了汇报。

11月3日至6日　艾力更·依明巴海副委员长率调研组赴重庆市就职业教育法修改工作开展专题调研。

11月10日　全国人大教科文卫委员会召开第25次全体会议，艾力更·依明巴海、蔡达峰副委员长出席会议。

11月10日至11日　十三届全国人大常委会举行第二十三次会议。

会议听取审议全国人大宪法和法律委员会副主任委员江必新作的著作权法修正案草案审议结果的报告。会议通过关于修改著作权法的决定。

会议听取审议宪法和法律委员会副主任委员

刘季幸关于退役军人保障法草案审议结果的报告。会议通过了《中华人民共和国退役军人保障法》。

会议听取环境与资源保护委员会主任委员高虎城、农业与农村委员会副主任委员杜德印分别作的关于十三届全国人大三次会议主席团交付该委员会审议的代表提出的议案审议结果的报告。会议通过了两个报告。

会议审议栗战书委员长出席第六届金砖国家议会论坛情况的书面报告和栗战书委员长出席中俄议会合作委员会第六次会议情况的书面报告。

会议听取审议全国人大常委会代表资格审查委员会主任委员吴玉良作的关于个别代表的代表资格的报告，审议了有关任免案等。会议通过了这个报告。

会议通过《关于香港特别行政区立法会议员资格问题的决定》。

会议任命陈武为全国人大财政经济委员会副主任委员；任命贺小荣为最高人民法院副院长，免去张述元的最高人民法院副院长、审判委员会委员职务；任命杨春雷为最高人民检察院副检察长、检察委员会委员。

会议闭幕时，栗战书委员长发表讲话。栗战书说，会议审议通过了退役军人保障法。要认真学习宣传、贯彻实施这部重要法律，坚持服务优先，依法加强管理，鼓励和引导各方面共同关心关爱退役军人，让军人成为全社会尊崇的职业，厚植强军兴军根基。

栗战书指出，会议审议通过关于修改著作权法的决定。要更好运用法律武器加强知识产权保护，维护创作者、传播者、使用者的合法权益，加大对违法侵权行为的执法和处罚力度，为创新、创造、创作提供良好法治环境，促进我国文化和科学事业的发展与繁荣。

栗战书强调，会议审议通过关于香港特别行政区立法会议员资格问题的决定，这是全国人大常委会坚持和完善“一国两制”制度体系，依法维护国家安全、维护香港特别行政区宪制秩序的又一重要立法。常委会组成人员在审议中一致认为，全国人大常委会作出决定是必要的、适当的。香港特别行政区立法会议员是香港特别行政区公职人员的重要组成部分，必须真诚拥护中华人民共和国香港特别行政区基本法，效忠中华人民共和国香港特别行政区。全国人大常委会作出决定，确立香港特别行政区立法会议员因宣扬或者支持“港独”主张、拒绝承认国家对香港拥有并行使主权、寻求外国或者境外势力干预香港特别行政区事务，或者具有其他危害国家安全等行为，不符合拥护中华人民共和国香港特别行政区基本法、效忠中华人民共和国香港特别行政区的法定要求和条件，一经依法认定，即时丧失立法会议员的资格。同时明确上述规定适用于在原定第七届立法会选举提名期间被依法取消参选资格的第六届立法会议员，以及今后参选或出任立法会议员遇有上述情形的。全国人大常委会作出这项决定，符合包括香港同胞在内的全体中国人民的根本利益，有利于维护国家主权、安全和发展利益，有利于香港长治久安和繁荣发展，有利于香港治理机构正常运转和社会稳定，有利于香港社会凝聚正能量、齐心协力提振经济、保障民生。要全面准确实施香港基本法、香港特别行政区维护国家安全法和全国人大常委会的解释、决定，推进特别行政区本地立法，落实特别行政区维护国家安全的法律制度和执行机制，确保香港公职人员符合法定条件和要求，维护宪法和基本法确定的特别行政区宪制秩序，确保“一国两制”实践行稳致远（全文见本书 320 页）。

闭幕会后，十三届全国人大常委会举行第二十讲专题讲座，栗战书委员长主持。中央宣讲团成员、中央财经委员会办公室分管日常工作的副主任韩文秀作了题为《学习党的十九届五中全会精神的几点体会》的讲座。

11 月 11 日　十三届全国人大常委会举行宪法宣誓仪式。王晨副委员长主持并监誓。十三届全国人大常委会第二十三次会议任命陈武为十三届全国人民代表大会财政经济委员会副主任委员。上述人员依法进行宪法宣誓。

同日　全国人大常委会珍惜粮食、反对浪费专题调研组举行第二次全体会议，研究讨论专题调研报告稿，部署有关工作。吉炳轩、郝明金、武维华副委员长出席。

11 月 13 日　全国人大常委会公共文化服务保障法执法检查组举行第二次全体会议，研究讨论执法检查报告稿，部署有关工作。艾力更·依明巴海、万鄂湘、郝明金、蔡达峰副委员长出席。

11 月 16 日　中央全面依法治国工作会议在北京召开。中共中央总书记、国家主席、中央军委主席习近平出席会议并发表重要讲话，强调推进全面依法治国要全面贯彻落实党的十九大和十九届二中、三中、四中、五中全会精神，从把握新发展阶段、贯彻新发展理念、构建新发展格局的实际出发，围绕建设中国特色社会主义法治体系、建设社会主义法治国家的总目标，坚持党的领导、人民当家作主、依法治国有机统一，以解决法治领域突出问题为着力点，坚定不移走中国特色社会主义法治道路，在法治轨道上推进国家治理体系和治理能力现代化，为全面建设社会主义现代化国家、实现中华民族伟大复兴的中国梦提供有力法治保障。

会议强调，习近平法治思想内涵丰富、论述深刻、逻辑严密、系统完备，从历史和现实相贯通、国际和国内相关联、理论和实际相结合上深刻回答了新时代为什么实行全面依法治国、怎样实行全面依法治国等一系列重大问题。习近平法治思想是顺应实现中华民族伟大复兴时代要求应运而生的重大理论创新成果，是马克思主义法治理论中国化最新成果，是习近平新时代中国特色社会主义思想的重要组成部分，是全面依法治国的根本遵循和行动指南。全党全国要认真学习领会习近平法治思想，吃透基本精神、把握核心要义、明确工作要求，切实把习近平法治思想贯彻落实到全面依法治国全过程。

李克强主持会议。栗战书、汪洋、赵乐际、韩正出席会议。王沪宁作总结讲话。

习近平在讲话中强调，我们党历来重视法治建设。党的十八大以来，党中央明确提出全面依法治国，并将其纳入“四个全面”战略布局予以有力推进。党的十八届四中全会专门进行研究，作出关于全面推进依法治国若干重大问题的决定。党的十九大召开后，党中央组建中央全面依法治国委员会，从全局和战略高度对全面依法治国又作出一系列重大决策部署，推动我国社会主义法治建设发生历史性变革、取得历史性成就，全面依法治国实践取得重大进展。

习近平对当前和今后一个时期推进全面依法治国要重点抓好的工作提出了11个方面的要求。

习近平强调，要坚持党对全面依法治国的领导。党的领导是推进全面依法治国的根本保证。国际国内环境越是复杂，改革开放和社会主义现代化建设任务越是繁重，越要运用法治思维和法治手段巩固执政地位、改善执政方式、提高执政能力，保证党和国家长治久安。全面依法治国是要加强和改善党的领导，健全党领导全面依法治国的制度和工作机制，推进党的领导制度化、法治化，通过法治保障党的路线方针政策有效实施。

习近平强调，要坚持以人民为中心。全面依法治国最广泛、最深厚的基础是人民，必须坚持为了人民、依靠人民。要把体现人民利益、反映人民愿望、维护人民权益、增进人民福祉落实到全面依法治国各领域全过程。推进全面依法治国，根本目的是依法保障人民权益。要积极回应人民群众新要求新期待，系统研究谋划和解决法治领域人民群众反映强烈的突出问题，不断增强人民群众获得感、幸福感、安全感，用法治保障人民安居乐业。

习近平指出，要坚持中国特色社会主义法治道路。中国特色社会主义法治道路本质上是中国特色社会主义道路在法治领域的具体体现。既要立足当前，运用法治思维和法治方式解决经济社会发展面临的深层次问题；又要着眼长远，筑法治之基、行法治之力、积法治之势，促进各方面制度更加成熟更加定型，为党和国家事业发展提供长期性的制度保障。要传承中华优秀传统法律文化，从我国革命、建设、改革的实践中探索适合自己的法治道路，同时借鉴国外法治有益成果，为全面建设社会主义现代化国家、实现中华民族伟大复兴夯实法治基础。

习近平强调，要坚持依宪治国、依宪执政。党领导人民制定宪法法律，领导人民实施宪法法律，党自身要在宪法法律范围内活动。全国各族人民、一切国家机关和武装力量、各政党和各社会团体、各企业事业组织，都必须以宪法为根本的活动准则，都负有维护宪法尊严、保证宪法实施的职责。坚持依宪治国、依宪执政，就包括坚持宪法确定的中国共产党领导地位不动摇，坚持宪法确定的人民民主专政的国体和人民代表大会制度的政体不动摇。

习近平指出，要坚持在法治轨道上推进国家治理体系和治理能力现代化。法治是国家治理体系和治理能力的重要依托。只有全面依法治国才能有效保障国家治理体系的系统性、规范性、协调性，才能最大限度凝聚社会共识。在统筹推进伟大斗争、伟大工程、伟大事业、伟大梦想的实践中，在全面建设社会主义现代化国家新征程上，我们要更加重视法治、厉行法治，更好发挥法治固根本、稳预期、利长远的重要作用，坚持依法应对重大挑战、抵御重大风险、克服重大阻力、解决重大矛盾。

习近平指出，要坚持建设中国特色社会主义法治体系。中国特色社会主义法治体系是推进全面依法治国的总抓手。要加快形成完备的法律规范体系、高效的法治实施体系、严密的法治监督体系、有力的法治保障体系，形成完善的党内法规体系。要坚持依法治国和以德治国相结合，实现法治和德治相辅相成、相得益彰。要积极推进国家安全、科技创新、公共卫生、生物安全、生态文明、防范风险、涉外法治等重要领域立法，健全国家治理急需的法律制度、满足人民日益增长的美好生活需要必备的法律制度，以良法善治保障新业态新模式健康发展。

习近平强调，要坚持依法治国、依法执政、依法行政共同推进，法治国家、法治政府、法治社会一体建设。全面依法治国是一个系统工程，要整体谋划，更加注重系统性、整体性、协同性。法治政府建设是重点任务和主体工程，要率先突破，用法治给行政权力定规矩、划界限，规范行政决策程序，加快转变政府职能。要推进严格规范公正文明执法，提高司法公信力。普法工作要在针对性和实效性上下功夫，特别是要加强青少年法治教育，不断提升全体公民法治意识和法治素养。要完善预防性法律制度，坚持和发展新时代“枫桥经验”，促进社会和谐稳定。

习近平指出，要坚持全面推进科学立法、严格执法、公正司法、全民守法。要继续推进法治领域改革，解决好立法、执法、司法、守法等领域的突出矛盾和问题。公平正义是司法的灵魂和生命。要深化司法责任制综合配套改革，加强司法制约监督，健全社会公平正义法治保障制度，努力让人民群众在每一个司法案件中感受到公平正义。要加快构建规范高效的制约监督体系。要推动扫黑除恶常态化，坚决打击黑恶势力及其“保护伞”，让城乡更安宁、群众更安乐。

习近平强调，要坚持统筹推进国内法治和涉外法治。要加快涉外法治工作战略布局，协调推进国内治理和国际治理，更好维护国家主权、安全、发展利益。要强化法治思维，运用法治方式，有效应对挑战、防范风险，综合利用立法、执法、司法等手段开展斗争，坚决维护国家主权、尊严和核心利益。要推动全球治理变革，推动构建人类命运共同体。

习近平指出，要坚持建设德才兼备的高素质法治工作队伍。要加强理想信念教育，深入开展社会主义核心价值观和社会主义法治理念教育，推进法治专门队伍革命化、正规化、专业化、职业化，确保做到忠于党、忠于国家、忠于人民、忠于法律。要教育引导法律服务工作者坚持正确政治方向，依法依规诚信执业，认真履行社会责任。

习近平强调，要坚持抓住领导干部这个“关键少数”。各级领导干部要坚决贯彻落实党中央关于全面依法治国的重大决策部署，带头尊崇法治、敬畏法律，了解法律、掌握法律，不断提高运用法治思维和法治方式深化改革、推动发展、化解矛盾、维护稳定、应对风险的能力，做尊法学法守法用法的模范。要力戒形式主义、官僚主义，确保全面依法治国各项任务真正落到实处。

习近平指出，推进全面依法治国是国家治理的一场深刻变革，必须以科学理论为指导，加强理论思维，不断从理论和实践的结合上取得新成果，总结好、运用好党关于新时代加强法治建设的思想理论成果，更好指导全面依法治国各项工作。

李克强在主持会议时指出，习近平总书记的重要讲话全面总结了党的十八大以来法治建设取得的成就，深刻阐明了深入推进新时代全面依法治国的重大意义，系统阐述了新时代中国特色社会主义法治思想，科学回答了中国特色社会主义法治建设一系列重大理论和实践问题，对当前和今后一个时期全面依法治国工作作出了战略部署，具有很强的政治性、思想性、理论性，是指导新时代全面依法治国的纲领性文献。要认真学习领会和贯彻落实。要增强“四个意识”、坚定“四个自信”、做到“两个维护”，把会议精神转化为做好全面依法治国各项工作的强大动力，转化为推进法治建设的思路举措，转化为全面建设社会主义法治国家的生动实践，不断开创法治中国建设新局面。

王沪宁在总结讲话中表示，习近平总书记重要讲话高屋建瓴、视野宏阔、内涵丰富、思想深刻，体现了深远的战略思维、鲜明的政治导向、强烈的历史担当、真挚的为民情怀，是指导新时代全面依法治国的纲领性文献。要全面准确学习领会习近平法治思想，牢牢把握全面依法治国政治方向、重要地位、工作布局、重点任务、重大关系、重要保障，切实在全面依法治国各项工作中加以贯彻落实。

11 月 16 日至 17 日 沈跃跃副委员长在河北就大气污染防治及雄安新区和白洋淀生态保护情况进行调研。

11 月 16 日至 18 日 栗战书委员长在山西调研。栗战书深入运城、长治、晋中、太原等地人大代表联络站点、基层立法联系点和人大机关考察，召开人大代表、基层法治工作者、专家学者座谈会，了解人大工作，听取各方面意见建议；来到企业、城镇社区、转型综合改革示范区政务服务中心、汾河晋阳桥段，实地查看山西转型发展、科技创新、环境治理、古城保护情况；瞻仰八路军太行纪念馆，缅怀革命先烈；听取有关工作汇报，就学习贯彻习近平法治思想和习近平总书记对山西工作的重要指示精神、做好新时代人大工作进行座谈交流。栗战书指出，中央全面依法治国工作会议最重大的成果，就是确立了习近平法治思想。这一重要思想是马克思主义法治理论中国化最新成果，是习近平新时代中国特色社会主义思想的重要组成部分，是全面依法治国的根本遵循和行动指南。全国人大和地方人大都要把学习宣传贯彻习近平法治思想作为当前和今后一个时期的重要政治任务，吃透基本精神、把握核心要义、明确工作要求，牢牢把握全面依法治国的政治方向、重要地位、工作布局、重点任务、重大关系、重要保障，发挥好在全面依法治国中的职能作用。要尊重代表主体地位，用好人大代表联系人民群众的制度机制和工作平台，畅通群众表达意愿、提出建议的渠道，更加密切联系群众，更好服务和保障代表依法履职，把各方面的智慧和力量凝聚到做好"十四五"时期经济社会发展工作上来。

栗战书强调，要紧紧围绕贯彻落实习近平总书记对山西工作的重要指示要求，在转型发展上率先蹚出一条新路来。一要把山西发展放到国家战略全局和"十四五"规划中来谋划，融入到国家大政方针和战略布局之中。二要坚持把转型发展作为经济工作和各项事业的总纲，做到抓纲带目、纲举目张。三要按照自立自强要求加强科技创新，奋发有为推进高质量发展。四要传承红色文化，弘扬太行精神、吕梁精神、右玉精神，培育和践行社会主义核心价值观，为山西各项事业发展注入强大动力。

11月16日至20日　白玛赤林副委员长在湖南就进一步加强侨务法治建设、充分发挥侨务资源优势、更好助力国家发展战略实施进行调研。

11月19日　第二十六次全国地方立法工作座谈会在山西太原召开。栗战书委员长出席会议并讲话。栗战书强调，要认真学习贯彻习近平法治思想和中央全面依法治国工作会议精神，坚持党的领导、人民当家作主、依法治国有机统一，坚持科学立法、民主立法、依法立法，为全面建设社会主义现代化国家提供法律保障。

栗战书指出，中央全面依法治国工作会议最重大的成果是确立了习近平法治思想。这一重要思想，是在党的十八大以来进行伟大斗争、建设伟大工程、推进伟大事业、实现伟大梦想的实践中形成和丰富发展的，是顺应实现中华民族伟大复兴时代要求应运而生的重大理论创新成果，是马克思主义法治理论中国化最新成果，是习近平新时代中国特色社会主义思想的重要组成部分。这一重要思想，从历史和现实相贯通，国际和国内相关联，理论和实际相结合上深刻回答了新时代为什么实行全面依法治国、怎样实行全面依法治国等一系列重大问题，是新时代全面依法治国的根本遵循和行动指南。

栗战书强调，全国人大、地方人大在立法工作中都要增强"四个意识"、坚定"四个自信"、做到"两个维护"，全面准确学习领会习近平法治思想，自觉把立法工作放在党和国家工作大局中来考虑、来谋划、来推进。一是在立法工作中，首要的是吃透习近平法治思想精髓要义，坚持党的领导，准确把握党中央精神，确保党的路线方针政策和决策部署在立法工作中得到全面贯彻落实，以法律来保障坚持中国特色社会主义道路不动摇，坚持和完善中国特色社会主义制度不动摇。二是坚持立法为了人民、依靠人民，回应人民群众对立法工作的新要求新期待，把体现人民利益、反映人民愿望、维护人民权益、增进人民福祉落实到全面依法治国各领域全过程。三是紧密结合地方实际，突出地方立法特色，善于通过"小切口"解决实际问题，可以搞一些"大块头"，也要搞一些"小快灵"，增强立法的针对性、适用性、可操作性。四是维护国家法治统一，处理好上位法和下位法关系，国家立法和地方立法既要相互补充、支持，又要协调统一，做到科学完备，确保地方性法规和国家法律、行政法规协调一致、有效衔接。五是坚持急用先行，区分轻重缓急，紧紧围绕党的十九届五中全会和中央全面依法治国工作会议提出的任务谋划立法项目，努力提高立法质量和效率。六是建设德才兼备的高素质立法工作队伍，推动立法队伍革命化、正规化、专业化、职业化建设，不断提高做好立法工作的能力和本领。（全文见本书第600页）

全国人大常委会秘书长，全国人大宪法和法律委员会、全国人大常委会法工委、常委会办公厅、各省区市人大常委会有关负责同志等参加会议。

11月18日至20日　中共中央政治局委员、全国人大常委会副委员长王晨在重庆调研。调研期间，王晨来到渝北区、南岸区、永川区和两江新区等地考察。王晨还来到重庆市人大机关，强调要加强区域协同立法，为建设成渝地区双城经济圈提供有力法治保障。

11月20日　曹建明副委员长出席全国人大与肯尼亚议会线上研讨会开幕式并致辞。

11月23日　栗战书委员长在京以视频方式同老挝国会主席巴妮举行会谈。

11月24日　栗战书委员长出席全国劳动模范和先进工作者表彰大会。

11月25日　全国人大常委会副委员长、中国法学会会长王晨在北京部分高等院校就加强涉外法治人才培养工作进行调研。他强调，中央全面依法治国工作会议明确了习近平法治思想在全面依法治国中的指导地位，这是我国社会主义法治建设进程中具有里程碑意义的大事。习近平法治思想内涵深刻、论述精辟、逻辑严密、系统完备，是全面依法治国的根本遵循和行动指南。广大法学法律工作者要认真学习研究、深入贯彻落实习近平法治思想，自觉用以指导法学研究和法治实践，以更大力度扎实推进涉外法治人才培养，更好服务党和国家工作大局。

调研期间，王晨先后来到北京大学、清华大学、中国政法大学、中国人民大学等高校，观看涉外法治人才培养成果展，与师生代表座谈。王晨指出，长期以来，法学院校加大涉外法学教育力度，在学科建设、培养模式、国际合作、学习实践等方面做了大量探索，取得了积极成效。王晨强调，要深刻认识加强涉外法治人才培养的重大意义，坚持党的教育方针，坚持立德树人，坚持问题导向，补短板、强弱项，为加快涉外法治工作战略布局提供有力人才支撑。加强法律储备和人才储备，努力培养大批政治立场坚定、专业素质过硬、跨学科跨领域、善于破解实践难题的一流涉外法治人才队伍。健全国际法学科体系，建立以实践为导向的涉外法治人才培养机制，主动服务国家战略，服务重点领域、新兴领域、涉外领域立法，为提升我国在国际法律事务和全球治理方面的话语权和影响力作出积极贡献。

同日 白玛赤林副委员长主持全国人大与蒙古国家大呼拉尔交流机制第三次会议（视频）并发表主旨讲话。

11 月 27 日 十三届全国人大常委会委员长会议召开第七十八次会议，栗战书委员长主持。会议决定，十三届全国人大常委会第二十三次会议 12 月 22 日至 11 月 26 日召开，会期 5 天。

同日 王东明副委员长与新加坡国会副议长迪舒沙举行视频会晤。

11 月 30 日 十三届全国人大第 17 期代表学习班开班式在京举行，来自 30 个选举单位 195 名全国人大代表参加学习。全国人大常委会秘书长、机关党组书记杨振武出席开班式并讲话，全国人大常委会副秘书长信春鹰主持开班式，全国人大常委会副秘书长郭振华出席开班式。

十　二　月

12 月 1 日至 4 日 艾力更·依明巴海副委员长率全国人大常委会调研组赴福建就教育法修改开展专题调研。

12 月 3 日 全国人大常委会秘书长、机关党组书记杨振武到全国人大常委会办公厅人民来访接待室调研时强调，要深入学习贯彻习近平法治思想，以百姓之心为心，带着对人民群众的深厚感情，以高度的政治责任感做好新时代人大信访工作。

12 月 4 日 全国人大常委会办公厅会同中央宣传部、司法部在京召开“深入学习宣传贯彻习近平法治思想，完善以宪法为核心的中国特色社会主义法律体系”座谈会。全国人大常委会委员长栗战书出席座谈会并讲话。他强调，要深入学习贯彻习近平法治思想，深刻理解和把握其中关于宪法的重要论述，总结宪法实施经验，弘扬宪法精神，推动宪法全面实施，为全面建设社会主义现代化国家提供有力的宪法保障。

栗战书强调，要深刻理解习近平法治思想及其中关于宪法的重要论述，推动宪法理论和实践不断发展。习近平法治思想是全面依法治国的根本遵循和行动指南。这一重要思想包含的一系列关于宪法的重要论述，丰富和发展了中国特色社会主义宪法理论，标志着我们党对宪法的认识和实践达到了一个新的高度。习近平总书记关于宪法的重要论述，构成了一整套科学完备的宪法理论体系。一是深刻论述了我国宪法的根本政治原则，这就是坚持党的领导。二是深刻论述了我国宪法至上的法制地位。三是深刻论述了我国宪法的人民属性，这就是国家一切权力属于人民。四是深刻论述了我国宪法的独特优势，这就是明确规定了国家的根本任务、发展道路、奋斗目标和国家各方面事业发展要求。五是深刻论述了我国宪法在国家制度和国家治理体系中的作用。六是深刻论述了我国宪法的实施监督机制。七是深刻论述了我国宪法的实施保障措施。

栗战书指出，习近平法治思想与宪法在精神实质上是统一的、一致的。宪法是全面依法治国的根本大法，习近平法治思想是全面依法治国的总纲领和总遵循，产生于全面依法治国的实践，又对全面依法治国具有强有力指导作用。2018 年十三届全国人大一次会议通过的宪法第五个修正案，把党和人民在实践中取得的重大理论创新、实践创新、制度创新成果上升为宪法规定，充分体现了习近平法治思想的主要精神。要把学习贯彻习近平法治思想和宪法结合起来、统一起来，用习近平法治思想推动宪法实施，保证依法治国、依宪治国正确方向，不断推动宪法理论和实践创新发展。

栗战书强调，要坚持以习近平法治思想为指导，坚定宪法自信，维护宪法权威，推动宪法全面有效实施，维护国家法治统一，加强宪法制度和实践宣传，讲好中国宪法故事、中国法治故事，让宪法法律走入日常生活、走入人民群众，推动依法治国、依宪治国提高到一个新水平。

全国人大常委会副委员长王晨主持座谈会。全国人大常委会副委员长万鄂湘、郝明金出席。

中央宣传部、全国人大宪法法律委、司法部、教育部、最高人民法院、最高人民检察院、中国法学会、中国社科院有关负责同志和全国人大代表在座谈会作了发言。

同日　中国人民对外友好协会举办庆祝中国智利建交50周年招待会。丁仲礼副委员长出席招待会，并在招待会前礼节性会见智利驻华大使施密特。

12月9日　针对美国国务院宣布对中国全国人大常委会副委员长进行制裁，全国人大常委会发言人发表谈话，强调美方以香港事务为借口粗暴干涉中国内政的行径极其卑劣，是典型的政治霸凌和双重标准，我们予以强烈谴责，表示坚决反对。

同日　全国人大常委会机关党组理论学习中心组召开集体学习扩大会议，深入学习贯彻习近平总书记关于坚持和完善人民代表大会制度的重要思想，学习重温《中国共产党章程》。全国人大常委会秘书长、机关党组书记杨振武主持并讲话。

12月10日　栗战书委员长在京以视频方式同印尼国会议长普安举行会谈。

同日　王晨副委员长出席中国美国商会答谢晚宴并发表主旨演讲，中国将坚定不移推进改革开放，持续构建市场化法治化国际化营商环境。

12月12日至14日　王晨副委员长在湖南出席“以习近平新时代中国特色社会主义思想为指导，进一步弘扬延安精神”理论研讨会并进行调研。

12月14日　全国人大常委会办公厅举办第30届中国人大新闻奖评选结果发布会。来自报纸、通讯社、电台、电视台、新闻网站和人大报刊的271件作品获奖。其中，特别奖4件，一等奖56件，二等奖90件，三等奖121件。

12月15日　栗战书委员长在京以视频方式同日本众议长大岛理森举行会谈。

同日　武维华副委员长与瓦努阿图议会领导层举行视频会晤。

12月16日　栗战书委员长在京以视频方式出席中国全国人大与法国国民议会交流机制第十一次会议开幕式并致辞。

同日　陈竺副委员长主持中国全国人大与法国国民议会交流机制第十一次会议（视频）对话会。

12月16日至18日　中央经济工作会议召开，栗战书委员长出席会议。

12月18日　王晨副委员长在京以视频方式会见安哥拉国民议会第一副议长迪亚斯。

12月21日　深入学习贯彻习近平总书记关于坚持和完善人民代表大会制度的重要思想，坚持党的领导、人民当家作主、依法治国有机统一交流会21日在京举行。栗战书委员长出席会议并讲话强调，要深入学习习近平法治思想和习近平总书记关于坚持和完善人民代表大会制度的重要思想，坚持党的领导、人民当家作主、依法治国有机统一，在全面建设社会主义现代化国家新征程上更好发挥人大职能作用。

栗战书指出，习近平总书记多次就我国民主政治建设、法治建设、人大制度和人大工作发表重要讲话，其中始终贯穿的一条主线就是坚持党的领导、人民当家作主、依法治国有机统一。人民代表大会制度是“三者有机统一”的根本政治制度安排，是打通坚持党的领导、人民当家作主、依法治国有机统一的重要制度平台和有效载体，要将三者统一于中国特色社会主义民主政治伟大实践，统一于全面建设社会主义现代化国家伟大实践，统一于坚持和完善中国特色社会主义制度、走中国特色社会主义道路的伟大实践。坚持人民代表大会制度，本身就是体现人民当家作主，特别需要重视和坚持两点，一是始终坚持党中央的集中统一领导，二是始终坚持走中国特色社会主义政治发展道路。

栗战书强调，要深刻理解党的领导是人民当家作主和依法治国的根本保证，深刻理解人民当家作主是社会主义民主政治的本质特征，深刻理解依法治国是党领导人民治理国家的基本方式，牢牢把握人大制度、人大工作在坚持“三者有机统一”中的职责定位，自觉把人大工作放在党和国家工作大局中来谋划、来推进。一是把坚持党的全面领导作为人大工作的首要政治原则，以习近平新时代中国特色社会主义思想指导人大工作，坚决贯彻落实习近平总书记重要指示精神和党中央决策部署，严格执行重大事项请示报告制度，确保人大工作正确方向。二是通过人民代表大会制度充分保证人民当家作主，确保各级人大代表具有广泛的代表性，确保人大代表忠实代表人民意志，推动人大代表更加密切联系群众，使人民当家作主更加具体地、现实地、有效地落实到国家政治生活之中。三是继续推进法律体系的完善，丰富立法形式，既要“大块头”也要“小快灵”，提高立法质量，加强宪法法律实施和监督，为国家各项事业在法治轨道上运行提供法律保障。

全国人大常委会副委员长王晨主持学习交流会。

同日 栗战书委员长在京以视频方式同韩国国会议长朴炳锡举行会谈。

12月22日至26日 十三届全国人大常委会举行第二十四次会议。

会议听取全国人大宪法和法律委员会副主任委员沈春耀关于全国人民代表大会组织法修正草案修改情况的汇报、关于全国人民代表大会议事规则修正草案修改情况的汇报。会议决定将两个修正草案提请十三届四次会议审议，并委托王晨副委员长向十三届全国人大四次会议作说明。

会议听取宪法和法律委员会副主任委员周光权关于预防未成年人犯罪法修订草案审议结果的报告。会议印发全国人大宪法和法律委员会关于预防未成年人犯罪法修订草案三次审议稿修改意见的报告。会议通过修订后的《中华人民共和国预防未成年人犯罪法》。

《中华人民共和国预防未成年人犯罪法》共7章，68条，包括：总则、预防犯罪的教育、对不良行为的干预、对严重不良行为的矫治、对重新犯罪的预防、法律责任、附则。本法自2021年6月1日起施行。

会议听取宪法和法律委员会副主任委员徐辉关于长江保护法草案审议结果的报告。会议印发全国人大宪法和法律委员会关于长江保护法草案三次审议稿修改意见的报告。会议通过《中华人民共和国长江保护法》。

《中华人民共和国长江保护法》共9章，96条，包括：总则、规划与管控、资源保护、水污染防治、生态环境修复、绿色发展、保障与监督、法律责任、附则。本法自2021年3月1日起施行。

会议听取周光权作的关于刑法修正案（十一）草案审议结果的报告。会议印发全国人大宪法和法律委员会关于刑法修正案十一草案三次审议稿修改意见的报告。会议通过《中华人民共和国刑法修正案（十一）》。

会议听取宪法和法律委员会副主任委员刘季幸关于国防法修订草案审议结果的报告。会议印发全国人大宪法和法律委员会关于国防法修订草案二次审议稿修改意见的报告。会议通过了修订后的《中华人民共和国国防法》。

《中华人民共和国国防法》共12章，73条，包括：总则，国家机构的国防职权，武装力量，边防、海防、空防和其他重大安全领域防卫，国防科研生产和军事采购，国防经费和国防资产，国防教育，国防动员和战争状态，公民、组织的国防义务和权利，军人的义务和权益，对外军事关系，附则。本法自2021年1月1日起施行。

会议听取宪法和法律委员会主任委员李飞关于乡村振兴促进法草案修改情况的汇报；会议听取宪法和法律委员会副主任委员胡可明关于海警法草案修改情况的汇报；会议听取审议法制工作委员会主任沈春耀关于提请审议海南自由贸易港法草案的议案；会议听取审议法制工作委员会副主任许安标关于提请审议反食品浪费法草案的议案的说明；法制工作委员会副主任李宁关于提请审议反有组织犯罪法草案的议案的说明；监察和司法委员会主任委员吴玉良关于提请审议监察官法草案的议案说明；交通运输部部长李小鹏关于海上交通安全法修订草案的议案的说明。

会议听取审议中央军委国防动员部部长盛斌关于国务院、中央军事委员会关于提请审议兵役法修订草案的议案、关于提请审议军事设施保护法修订草案的议案的说明。

会议听取审议中央军委委员、中央军委政治工作部主任苗华关于提请审议军人地位和权益保障法草案的议案的说明。

会议听取审议全国人大常委会关于加强国有资产管理情况监督的决定草案的议案。会议表决通过了这个决定。

会议听取最高人民法院院长周强关于提请审议关于设立海南自由贸易港知识产权法院的决定草案的议案的说明。

会议听取审议关于提请审议全国人大常委会关于召开十三届全国人大四次会议的决定草案的议案。会议通过关于召开十三届全国人大四次会议的决定。根据决定，十三届全国人大四次会议于

2021年3月5日在北京召开。

会议听取外交部副部长乐玉成关于《中华人民共和国和土耳其共和国引渡条约》的议案的说明。会议通过关于批准《中华人民共和国和土耳其共和国引渡条约》的决定。

会议听取全国人大常委会代表资格审查委员会主任委员吴玉良关于个别代表的代表资格的报告,并通过这个报告。

会议决定免去巴特尔的国家民族事务委员会主任职务,任命陈小江为国家民族事务委员会主任,免去韩长赋的农业农村部部长职务,任命唐仁健为农业农村部部长,免去钟山的商务部部长职务,任命王文涛为商务部部长。

会议任命陈豪为全国人大民族委员会副主任委员;孙志刚、杜家毫为全国人大财政经济委员会副主任委员;刘赐贵为全国人大外事委员会副主任委员;巴音朝鲁、于伟国为全国人大环境与资源保护委员会副主任委员;免去李书磊、陈小江的国家监察委员会副主任职务;任命杨临萍为最高人民法院副院长、审判委员会委员、审判员。

全国人大常委会副委员长王晨、曹建明、张春贤、沈跃跃、吉炳轩、艾力更·依明巴海、万鄂湘、陈竺、王东明、白玛赤林、丁仲礼、郝明金、蔡达峰、武维华,秘书长杨振武出席会议。

会议闭幕时,栗战书发表讲话。栗战书说,过去的一年,面对新冠肺炎疫情严重冲击和各方面风险挑战,以习近平同志为核心的党中央团结带领全党全国各族人民攻坚克难、团结奋战,交出了一份人民满意、世界瞩目、可以载入史册的答卷。中国人民的自信心、自豪感极大增强,对习近平总书记、对党中央的信赖和拥护更加坚定,战胜艰难险阻、实现奋斗目标的斗志更加昂扬。

栗战书说,在党中央坚强领导下,一年来全国人大常委会紧紧围绕党和国家工作大局依法履职尽责、主动担当作为,高质量做好立法修法工作,拓展深化监督工作,支持和保障代表依法履职,服务国家外交战略做好人大对外交往工作,坚持不懈加强常委会自身建设,为应对重大风险挑战、推动经济社会发展作出了积极贡献。

栗战书指出,全国人大常委会在依法履职工作中始终坚持以习近平新时代中国特色社会主义思想为指导,坚持党中央集中统一领导,坚定不移走中国特色社会主义政治发展道路,围绕党和国家工作大局谋划和推进工作,注重发挥代表主体作用,依靠人大代表做好人大各项工作,确保人大工作始终沿着正确方向前进。

栗战书强调,2021年是我国现代化建设进程中具有特殊重要性的一年。要深入学习贯彻习近平新时代中国特色社会主义思想,深入学习贯彻习近平法治思想和关于坚持和完善人民代表大会制度的重要思想,提高政治站位,增强做好工作的能力和本领。要全面贯彻落实党的十九届五中全会、中央经济工作会议精神,为推动贯彻新发展理念、构建新发展格局、实现高质量发展提供法律支持和保障,为"十四五"时期开好局、开启全面建设社会主义现代化国家新征程作出人大贡献。(全文见本书321页)

闭幕会后,十三届全国人大常委会举行第二十一讲专题讲座,栗战书委员长主持。全国人大民族委员会主任委员白春礼作了题为《世界科技前沿发展态势》的讲座。

12月22日　王晨副委员长主持召开列席常委会第二十四次会议的省级人大常委会负责同志情况通报会,杨振武秘书长通报十三届全国人大三次会议以来全国人大常委会的主要工作和2021年工作初步安排等情况。各专门委员会、工作委员会主要负责同志,机关党组成员等出席。

同日　陈竺副委员长在京以视频方式出席中日新时代健康论坛并致辞。

12月23日　十三届全国人大常委会委员长会议召开第七十九次会议,栗战书委员长主持。会议决定将有关议案、草案等提交常委会会议审议。

同日　栗战书委员长同列席十三届全国人大常委会第二十四次会议的全国人大代表座谈,听取代表对今年以来全国人大常委会工作情况和明年工作的意见建议。他强调,要深入学习贯彻习近平法治思想,提升政治站位,忠实代表人民意志,更加密切联系群众,为人民履职、为人民服务,行使好人民赋予的权力。参加座谈会的55位全国人大代表大多来自基层一线。代表们积极发言,对全国人大常委会一年来的工作给予充分肯定,并提出意见建议。栗战书说,过去一年,是新中国历史上极不平凡的一年。面对新冠肺炎疫情严重冲击和各方面风险挑战,以习近平同志为核心的党中央团结带领全党全国各族人民攻坚克难、团结奋战,疫情防控取得重大战略成果,是世界唯一实现经济正增长的主要经济体,交出了一份人民满意、世界瞩目、可以载入史册的答卷。栗战书指出,今年以来,在党中央集中统一领导下,全国人大常委会紧紧围绕党和国家工作大局履职尽责,各方面工作都取得了新进展新成效。常委会工作最突出的特点,就是紧跟党中央决策部署,在大事要事上担当尽责。凡是党中央部署的、改革开放需要的、人民群众期盼的,就立足人大职责抓紧谋划安排,推动落到实处。特别是在积极参与疫情防控、完善香港特别行政区宪制、助力打好“三大攻坚战”等方面,依法履职、主动作为,发挥了应有的职能作用。这其中,人大代表积极建言献策,积极参与常委会、专委会工作,为人大工作的顺利开展作出了重要贡献。栗战书强调,要保障代表依法履职,通过人民代表大会制度充分保证人民当家作主。我国人大代表具有广泛的代表性,生活在人民之中,最能代表人民。要为确保代表依法履职提供保障,认真办理代表议案建议,深化代表对立法、监督等工作的参与,反映人民诉求,汇聚人民智慧。要推动人大代表更加密切联系群众,积极宣传并带头贯彻党中央大政方针政策和宪法法律,善于在联系群众、接触实际中发现带有普遍性、共性、典型性的问题,推动从制度上、法律上、政策上予以解决,当好党和国家联系人民群众的桥梁纽带。栗战书强调,2021 年是我国现代化建设进程中具有特殊重要性的一年。要深入学习习近平法治思想,深入领会习近平总书记关于坚持和完善人民代表大会制度的重要思想,用科学理论武装头脑、指导实践、推动工作。常委会将继续紧紧依靠人大代表做好工作,支持和保障代表依法履职、发挥作用。希望代表更加密切联系群众,认真执行代表职务,共同提高新时代人大工作水平。王晨副委员长主持座谈会。

12 月 24 日 全国人大常委会机关党组理论学习中心组召开集体学习会议,传达学习习近平总书记在中央经济工作会议上的重要讲话和会议精神。全国人大常委会秘书长、机关党组书记杨振武主持并讲话。

12 月 26 日 十三届全国人大常委会第二十四次会议举行联组会议,审议国务院关于 2019 年度中央预算执行和其他财政收支审计查出问题整改情况的报告并开展专题询问。栗战书委员长出席并讲话。

陈竺副委员长主持会议,共有 6 名全国人大常委会组成人员和列席同志在会上提出询问。吕薇委员就如何加强对部分未按时开工项目跟踪督促整改等问题;朱明春委员就如何进一步提高科技资源使用效率等问题;徐如俊委员就如何用好就业补助和职业技能培训资金等问题;尹中卿委员就如何加强保障性住房分配管理工作等问题;重庆人大常委会副主任王越就如何加强国有资本经营预算编报等问题;全国人大财经委副主任委员郭庆平就如何进一步明确审计查出问题的整改责任等问题分别提问。

国家发展改革委主任何立峰,审计署审计长侯凯、财政部部长刘昆、住房城乡建设部部长王蒙徽、国务院国资委主任郝鹏、人力资源社会保障部副部长李忠、国家知识产权局局长申长雨、国家自然科学基金委主任李静海等有关部门负责同志到会听取意见、回答询问。

栗战书在讲话中指出,党的十八大以来,以习近平同志为核心的党中央对加强和改进人大监督、审计监督工作,提出许多新的要求,作出一系列重大部署。要对标对表党中央决策部署,思想上高度重视,把查问题和改问题、治已病和防未病有机结合起来,从根子上解决“屡改屡犯”问题。围绕查出问题,特别是一些普遍性、共性、顽固性问题,逐条逐项明确整改要求、责任和时限,严格落实责任追究制度,树立法律的权威、监督的权威。找准背后的深层次原因,通过深化改革、建章立制,加强管理和制度执行,完善法律制度,从制度和源头上解决问题。健全审计工作报告、审议意见和审计结果、整改结果公开的制度机制,通过信息公开加大监督力度,推动各方面支持人大监督和审计监督工作。要改进人大监督工作方式方法,完善工作机制,加强工作协调配合,加强跟踪监督,进一步提高监督工作水平。

副委员长王晨、曹建明、张春贤、沈跃跃、吉炳轩、艾力更·依明巴海、万鄂湘、王东明、白玛赤林、丁仲礼、郝明金、蔡达峰、武维华,秘书长杨振武出席会议。

同日 十三届全国人大常委会委员长会议召开第八十次会议,栗战书委员长主持。会议研究提请常委会会议表决事项。

同日 举行宪法宣誓仪式。全国人大常委会委员长栗战书主持并监誓。全国人大民族委员会副主任委员陈豪,全国人大财政经济委员会副主任委员孙志刚、杜家毫,全国人大外事委员会副主任委员刘赐贵,全国人大环境与资源保护委员会副主任委员巴音朝鲁、于伟国,国家民族事务委员会主任陈小江、农业农村部部长唐仁健、商务部部长王文涛依法进行宪法宣誓。

12 月 31 日 栗战书委员长出席中国人民政治协商会议全国委员会举行的新年茶话会。